Florian Matzner Ulrich Schulze

Johann Conrad Schlaun 1695–1773

Das Gesamtwerk

herausgegeben von
Klaus Bußmann

im Auftrag des
Landschaftsverbandes Westfalen-Lippe mit Unterstützung der
NRW-Stiftung Naturschutz, Heimat- und Kulturpflege

Oktagon

Johann Conrad Schlaun
Das Gesamtwerk

Band 1

Vorwort des Herausgebers

Westfalens Künstler haben es gut – jedenfalls nach ihrem Tode. Kaum eine andere »Kunstlandschaft« Deutschlands hat so intensiv und gründlich das Werk ihrer bedeutendsten Künstler erforscht – erwähnt seien nur der fünfbändige catalogue raisonné für August Macke, das Oeuvreverzeichnis für Wilhelm Morgner, die zweibändige Kunstgeschichte des Bistums Münster. Das Engagement des Landschaftsverbandes Westfalen-Lippe mit seinen Einrichtungen der regionalen Kulturpflege, das der Westfälischen Wilhelms-Universität in Münster, aber auch anderer westfälischer Universitäten, des Westfälischen Landesamtes für Denkmalpflege, nicht zuletzt auch des Westfälischen Landesmuseums für Kunst und Kulturgeschichte, das sich seit der berühmten Geisberg-Zeiten auch immer als Forschungseinrichtung verstand, haben die Basis für diese umfassende wissenschaftliche Aufarbeitung der westfälischen Kunstgeschichte geschaffen.

Der hier vorgelegte kritisch-wissenschaftliche Katalog der Arbeiten Johann Conrad Schlauns ist ein Musterbeispiel für die fruchtbare Zusammenarbeit der regionalen Kultureinrichtungen. Schon die große Schlaun-Ausstellung des Landesmuseums 1973 hatte sich zum Ziel gesetzt, ein wissenschaftliches Verzeichnis der Werke Schlauns vorzulegen. Doch waren damals die Grundlagen seines architektonischen Schaffens zu wenig erforscht. Erst die Reihe von Dissertationen, die zu einem wesentlichen Teil vom Landesmuseum als »Schlaunstudien« herausgegeben wurden, schufen die Grundlage des vorliegenden Gesamtverzeichnisses der Arbeiten Schlauns. Trotz dieser Vorarbeiten erforderte das Werkverzeichnis weitgehende eigene Recherchen der beiden wissenschaftlichen Bearbeiter Florian Matzner und Ulrich Schulze, die aufgrund ihrer Forschungen in vielen Fällen zu neuen Einsichten der Entstehungsgeschichte der Bauten Schlauns kamen, in kritischer Kenntnisnahme der bisherigen Forschungsgeschichte viele Fakten neu beurteilt und mit ihren einführenden und analysierenden Texten zu jedem Projekt und den entsprechenden Zeichnungen das Werk Schlauns historisch und stilkritisch innerhalb der Architektur des 18. Jahrhunderts einschätzbar und damit seinem Rang entsprechend bewertbar gemacht haben.

Die besondere Position Schlauns innerhalb des europäischen Spätbarock ist außerordentlich schwer zu definieren. Seine Qualitäten liegen nicht in der Weiterentwicklung des Zeitstils – dafür war seine Tätigkeit weitab von den großen europäischen Zentren kaum geeignet –, sondern in der Adaption seiner europäischen Erfahrungen auf die Bautradition der Region. Im europäischen Spätbarock ist er eine Einzelerscheinung – konventionell im Stil, genial in der Erfindung individueller Formen, vor allem in komplizierten städtebaulichen Lösungen. Sein Beitrag zur Kunst des 18. Jahrhunderts ist höchst modern. Seine »Regelverstöße« gegen die Prinzipien absolutistischer Planung, seine Einfühlsamkeit für das »tissu urbain« sind für das späte 18. Jahrhundert sehr ungewöhnlich.

Dank der Unterstützung der Nordrhein-Westfalen-Stiftung Naturschutz, Heimat- und Kulturpflege konnten meine Mitarbeiter Florian Matzner und Ulrich Schulze nicht nur die Bilanz der bisherigen Forschung sichern, sondern eine neue Sicht aufgrund detaillierter Kenntnis des Zeichnungsbestandes und der Planungsvorgänge entwerfen, die im Kontext einer Ausstellung höchst ungewöhnlich ist. Mein Dank gilt beiden Mitarbeitern dafür, daß sie neben dem Ausstellungskatalog, in denen die Leitmotive der Konzeption angesprochen werden, es geschafft haben, den kompletten »œuvre raisonné« vorzulegen, eine Werkmonographie, die auf lange Zeit Bestand haben wird. Die sorgfältige Edition wäre nicht möglich gewesen ohne das Engagement von Klaus Jürgen Sembach und den Enthusiasmus von Walther König und Uwe Kraus vom Oktagon Verlag, die ihren Ehrgeiz daran gesetzt haben, ein ungewöhnlich schönes Architekturbuch zu machen.

Klaus Bußmann

Inhalt

Band 1

Band 2

Vorwort der Autoren

Als nach dem Tode Schlauns bei der Verlesung des Testaments in seinem Wohnhaus in der Hollenbeckerstraße »eine auf dem Speisezimmer befindliche Comode« erbrochen wurde, entdeckte man neben einer ziemlichen Summe baren Geldes in Pistolen »auch Briefe pp. vom Bauwesen … so nichts werth!« In Schlauns Wohnhaus befand sich das Baubüro und vermutlich auch das Archiv des Architekten, das zum einen Teil, wie das Protokoll erweist, den Weg alles Irdischen ging, zum anderen Teil aber, vielleicht schon vorher, an einen Mitarbeiter Schlauns übergeben worden war.

Die Geschichte der Bauzeichnungssammlung im Landesmuseum Münster ist kompliziert und ihr nachzugehen, bedarf ähnlichen Engagements wie die Entschlüsselung einer verwickelten Baugeschichte. Für die unschätzbare Hilfe dabei möchten wir uns in erster Linie bei Karl Eugen Mummenhoff bedanken, der uns ›Nichtwestfalen‹ darüber hinaus manchen Hinweis aus seiner langen Erfahrung in der Münsteraner Architekturforschung zuteil werden ließ.

Vermutlich war es Schlaun selbst, der seinen Schüler und engsten Mitarbeiter Johann Mauritz Güding beauftragte, systematisch Bauzeichnungen, Originale wie Kopien, zu archivieren und, wie es üblich war, ab 1752 in Klebebänden zusammenzufassen. Ein Registerblatt über 70 Nummern, »Catalogus über vorhergehenden eingebundenen Abrissen«, war dem in Leder gebundenen sogenannten ersten Schlaunband beigefügt. Die jüngsten Zeichnungen des zweiten Bandes mit 159 Plänen sind Entwürfe von Haus Beck. Der dritte Band enthält fast nur Kopien Güdings nach Schlaun.

Die beiden ersten Klebebände sind um 1939 aus konservatorischen Gründen auseinandergenommen und von der damaligen Restauratorin des Landesmuseums Annie Coppenrath geglättet und gereinigt worden. Auch der dritte Band, 87 Blätter, darunter eine Reihe Militaria sowie Signaturanweisungen für das Kartenzeichnen, ist inzwischen aufgelöst. Die Lehrblätter wurden erst nach dem Tod Schlauns 1773 aufgenommen und waren vermutlich für den Sohn Güdings, den Landmesser Johann Conrad Güding, bestimmt, von dem sich in Bückeburg die späte Kopie eines frühen Entwurfs Schlauns zum Münsteraner Schloß gefunden hat.

Die älteste Serie der Zeichnungen in den Klebebänden stammt von Peter Pictorius d.Ä., der sie an seine Söhne Gottfried Laurenz und Peter Pictorius weitergegeben hat. Von ihnen gelangten sie auf dem Dienstweg an Schlaun, der 1729 Gottfried Laurenz Pictorius im Amt des Landingenieurs folgte. Ähnlich verhält es sich mit den Plänen von Lambert Friedrich Corfey, dessen Amt als Artillerie-Kommandeur Schlaun 1733 übernahm. Wahrscheinlich sind die Zeichnungen über Maria Josephine Boner, geb. Güding, nach dem Tod ihres Vaters Johann Mauritz Güding an die Familie Boner übergegangen. Wiederum ausgehend von Gottfried Laurenz Pictorius, diesmal über die Verwandtschaftslinie Pictorius-Lipper-Reinking, über die Wilhelm Rave berichtet hat, ist wohl der große Bestand an Architekturzeichnungen des Baudirektors Wilhelm Ferdinand Lipper und seines Bruders, des Baudilettanten und versuchten Architekturtraktatschreibers Clemens Lipper, schließlich auf den Major und Baudirektor August Reinking (1776–1819) gekommen. Dessen Schwester Margarete (1772–1862) heiratete in Coesfeld den Advokaten Franz Wilhelm Crone, der schon 1807 starb. Ihr Sohn Clemens Crone (1802–83) wurde Baumeister in Münster. Er übernahm die Architekturzeichnungen der beiden Lipper und Reinking. Vermutlich kam er über den Steuerrevisor J.J.C. Boner (gest. 1840) in den Besitz der Zeichnungssammlung Schlauns, ob durch Kauf oder Schenkung ist nicht bekannt. 1859 wurde Clemens Crone als Baumeister und Stadtrat von Münster in den Verein für Geschichte und Altertumskunde aufgenommen, dessen Bibliothek er 1882 verschiedene Pläne und Situationskarten schenkte. Dabei handelt es sich mit hoher Wahrscheinlichkeit um

LITERATUR
Westfälische Zeitung 20, 1859, S. 371; 22, 1862, Mitgliederliste; 40, 1882, S. 195; 41, 1883, S. 188; Wilhelm Rave, Die Nachfahren des Peter Pictorius, in: Westfalen 18, 1933, S. 189ff.; Bau und Kunstdenkmäler von Westfalen, Max Geisberg, Die Stadt Münster, 1932–1941, Teil I bis VI und Register, bes. 1935, Münster IV, S. 103, 286.; Kat. Schlaun 1973 und 1976.

die Blätter mit dem Stempel des Altertumsvereins und einer P-Nummer. 1883, in seinem Todesjahr, übergab Crone der Bibliothek des Altertumsvereins »eine Sammlung wertvoller Pläne, Skizzen u.s.w. aus dem Nachlaß von Peter und Gottfried Laurenz Pictorius, den Kanonikern Wilhelm Ferdinand und Clemens Lipper, General Schlaun, Major Reinking, Gröninger u.a«.

Das »Verzeichnis der Karten, Pläne und Ansichten in der Bibliothek des Altertumsvereins zu Münster« von 1904 nennt neben anderem den »Sammelband von Handzeichnungen und Kupfern, collecta a Mauritio Guding Artilleriae Capitaneo 1752«, den »Sammelband von Handzeichnungen des Petrus Pictorius« (d.Ä.), den »Plan des Canals von A.J. Thelen, Artill.Major 1753«, eine Rolle von etwa elf Metern Länge, sowie einen weiteren Plan Thelens vom Max-Clemens-Kanal zwischen Clemenshaven und der Ems von etwa drei Metern Länge. Wilhelm Rave erwähnt 1933 in einem Aufsatz über die Nachfahren des Peter Pictorius: »Die mehrere hundert Blätter zählende Sammlung von Zeichnungen der drei Pictorius, der beiden Lipper und des A. Reinking kamen 1883 zunächst in den Besitz des Altertumsvereins und wurden von diesem kürzlich dem Landesmuseum als Jubiläumsgabe übereignet … Clemens Crone, welcher Baumeister in Münster war und aus dessen Nachlaß die ihm überkommenen Blätter seiner berühmten Vorfahren ins Landesmuseum kamen…«. Auch Max Geisberg, der alle für Münster in Frage kommenden Zeichnungen in seinem Inventarwerk ausgewertet hat, schreibt 1935 im Artikel zum Plettenberger Hof: »Wir erhielten von dieser Planung erst durch die Entwürfe des Pictorius eine Vorstellung, die aus dem Nachlaß des Baumeisters Crone in den Besitz des Vereins für Geschichte und Altertumskunde Westfalens und neuerdings in den Besitz des Landesmuseums kamen.«

Bei Kriegsausbruch 1939, nachdem Max Geisberg bereits den Inventarband zur Münsteraner Residenz publiziert hatte, fand man im Rahmen der Luftschutzmaßnahmen auf dem Dachboden des Landesmuseums eine sorgfältig verpackte große Rolle mit etwa 80 Bauzeichnungen zum Schloß, von deren Existenz niemand etwas geahnt, die Geisberg aber bereits aus den Bauakten erschlossen hatte. Auch im Rahmen der Vorbereitungen der Herausgabe des Gesamtwerks sind aus den unterschiedlichsten Quellen immer wieder neue Pläne und Archivalien aufgetaucht, die das Œuvre des Baumeisters abrunden halfen: zuletzt im Stadtmuseum Münster Konkurrenzpläne für den Plettenberger Hof in Münster und Entwürfe für Schloß Nordkirchen, im Archiv Twickel Pläne für eine Domkurie in Münster und eine Stiftsdamenkurie in Nottuln, in Bückeburg die Stadtfassade einer frühen Planstufe des Residenzschlosses Münster, eine Bauaufnahme von Schloß Ahaus, zu dem bislang überhaupt keine Pläne vorlagen, ein Umbauentwurf für Schloß Hovestadt, ein Altarentwurf für Nievenheim aus dem Kunsthandel sowie weitere kleinere Funde. Aus dem Archiv Wolff-Metternich zur Gracht wurden eine ganze Reihe bisher unpublizierter Pläne zu Haus Beck bekannt. Das reiche Material aus den Privatsammlungen und -archiven stellten uns die Verantwortlichen in generöser Weise und dankenswert unbürokratisch zur Verfügung.

Aus der Paderborner Zeit vor der Studienreise nach Rom und Paris sind – soweit es die Architektur betrifft – keine Zeichnungen erhalten; die Zuverlässigkeit der ungenauen, von Hartmann 1910 umgezeichneten Pläne des Jesuitenkollegs in Büren wird heute bezweifelt. Grenzvermessungskarten zwischen Paderborn und Corvey von 1717 und der Herrlichkeit Drensteinfurt, ebenfalls 1717, zeugen von Schlauns Tätigkeit in den Fürstbistümern Paderborn und Münster. Die beiden ungeschickten Veduten von Paderborn und Schloß Neuhaus von 1719, mit Widmung versehene Dedikationszeichnungen an den Fürstbischof Clemens August, waren vermutlich als Vorlagen für Kupferstiche gedacht. Der Feuerwerksentwurf vom April 1720 diente als Schauzeichnung für die Geldgeber.

Die meisten Entwürfe und Pläne Schlauns aus den Jahren nach seiner Rückkehr aus Rom und Paris sind eigenhändige Zeichnungen, oft, wie etwa bei den Aufrissen zur Augustusburg in Brühl, von herausragender Qualität, denn erst in den 30er Jahren, als er mit dem Bau von Clemenswerth nach Brühl seinen zweiten kurfürstlichen Großauftrag erhalten hatte, beschäftigte Schlaun Gehilfen, die er aus der Münsteraner Artillerie rekrutierte. An erster Stelle ist der Offizier Johann Mauritz Güding (1715–1784) zu nennen, 1740 Fähnrich, 1744 Lieutenant, 1747 Capitain, 1753 Obristwachtmeister und 1770 Obristlieutenant, zuletzt bis zu seiner Verabschiedung im Jahr 1779 Gouverneur der Festung Vechta. Zeichnungen von ihm als Kopien der Entwürfe Schlauns zu Clemenswerth, dem Zwinger und dem Clemenshospital in Münster waren für den Verbleib im Baubüro bestimmt. Güding hat das Archiv der Bauzeichnungen Schlauns angelegt und systematisiert.

Mit zwei weiteren Mitarbeitern seiner Werkstatt war Schlaun verwandtschaftlich verbunden. Aus der Ehe seiner Schwester Anna Maria mit Levin Engelbert Thelen aus Marsberg entstammte Anton Joseph Thelen (1718–1798), Neffe und Patenkind Schlauns, 1739 Fähnrich in der münsterischen Artillerie und zuletzt Obristlieutenant und Vermessungsingenieur (1753). In Münster wohnte er 1756–61 in der Frauenstraße 30, der ehemaligen Wohnung Schlauns. Thelen hat mehrfach im Auftrag Schlauns Vermessungen für den Max-Clemens-Kanal durchgeführt. 1767/72 wurde das Gardehotel am Krummen Timpen 24/25 nach seinen Plänen erbaut. Sein jüngerer Bruder Anton Wilhelm Thelen war 1744 Fähnrich der Artillerie und brachte es bis zum Obristwachtmeister (1792). Er war an der Ausarbeitung der Pläne für die Promenade in Münster beteiligt.

Zwei weitere Artillerieoffiziere und Mitglieder von Schlauns Baubüro entstammten einer aus Süddeutschland zugewanderten Familie. Es waren der Fähnrich Johann Engelbert Boner (1735–1815), der es 1802 zum Oberst brachte, und Franz Arnold Matthias Boner (1723–1813), seit 1779 Capitain und Festungsbaumeister (bis 1802). Geisberg vermutete, daß sie Vettern waren.

Franz Arnold Matthias nahm 1748 die Vermessung des abgebrannten Stifts Nottuln vor und hat zusammen mit Schlaun die Wiederaufbaupläne erarbeitet. Auf Veranlassung Schlauns bestellte ihn der Kurfürst beim Residenzbau in Münster 1767 zum Bauschreiber. Gegen den Willen des Nachfolgers Schlauns, des leitenden Architekten des Schloßbaus Wilhelm Ferdinand Lipper, blieb er im Amt und wurde 1776 zum Bauinspektor ernannt. Boner war Mitglied der Bauschadenkommission und lieferte 1779 ein statisches Gutachten für die Verstärkung des Hauptsaals. 1788 besorgte er die Endabrechnung des Residenzbaus.

Johann Engelbert Boner leitete 1754 im Auftrag Schlauns Reparaturen am Emswehr und an der Schleuse in Rheine. Eigene Bauten hat er erst nach Schlauns Tod in Münster errichten können: Umbauten an der Universität und den Hof von Ketteler an der Königsstraße. Sein Vater Johann Boner, Hauptmann der Artillerie (gest. 1780), war seit 1774 in zweiter Ehe mit Maria Josephine Güding, Tochter des Johann Mauritz Güding, verheiratet. Die engen Verflechtungen der Familien lassen das Baubüro trotz der durchgängigen Zugehörigkeit seiner Mitglieder zur münsterischen Artillerie als einen mehr oder weniger verwandtschaftlich organisierten Betrieb erscheinen.

Als Schlaun mit dem Bau der Residenz beauftragt wurde, baute er, abgesehen von seinen militärischen Aufgaben, an Schloß Ahaus, an Haus Beck, an Haus Loburg und an seinem eigenen Hof in Nievenheim. Man muß davon ausgehen, daß er im Obergeschoß seines Hauses in der Hollenbecker Straße ein betriebsames Architekturbüro unterhielt, denn eine ganze Reihe der überlieferten Zeichnungen stammen von seinen Mitarbeitern, die nur sehr schwer auseinanderzuhalten sind, da diese offenbar darauf verpflichtet waren, den Altmeister in der Zeichentechnik möglichst perfekt zu imitieren. Vermutlich hat Schlaun sie darin ausgebildet. Ein Schriftvergleich gäbe einigen Aufschluß, doch muß man auch dabei vorsichtig sein, denn es ist durchaus möglich, daß eine Reihe der Pläne erst im nachhinein beschriftet wurde oder Schlaun die Pläne zwar selbst gezeichnet, aber nicht beschriftet hat. Sicherheitshalber fertigte man von allen Plänen Kopien für die Werkstatt an, für den Fall, daß die Originale bei den Transporten verloren gehen sollten oder als Archivbelege. Diese Kopien sind vielfach Werkstattkopien, doch oft sind auch bereits die sogenannten Originale Kopien, ja sogar die approbierten Zeichnungen zeigen nicht grundsätzlich die Schrift Schlauns, obwohl die Erfindung unzweifelhaft auf ihn zurückgeht. In einer Reihe von Fällen hat er Pläne beschriftet, die eindeutig nicht von ihm stammen, in anderen hat er Entwürfe seiner Werkstatt beschriftet, mit Maßangaben ausgestattet oder mit nachträglichen Kommentaren versehen. Wir haben deshalb in der Regel darauf verzichtet, die Zeichnungen in Originalzeichnungen und Werkstattkopien zu unterscheiden, da man sich dabei auf äußerst unsicherem Terrain bewegt. Die Werkstatt Schlauns hat zumindest seit den 1750er Jahren arbeitsteilig funktioniert.

Die Idee, das Werkverzeichnis Johann Conrad Schlauns in der vorliegenden Form zu publizieren, kam uns beim Schreiben. Als wir merkten, aus welch enger Sicht, trotz immer neuer Ansätze, der Blick auf den Baumeister zweier Kurfürsten in der bisherigen, fast 100jährigen Wissenschaftsgeschichte noch immer gerichtet wurde, haben wir uns entschlossen, das Gesamtwerkverzeichnis nicht nur auf der Basis der vorliegenden Forschungsergebnisse zu publizieren, sondern die wichtigen Baumaßnahmen auf der Grundlage eigener Forschungen neu zu bearbeiten. Der anders gelagerte methodische Ansatz hat es erlaubt, in einigen wichtigen Fällen neue Zusammenhänge aufzuzeigen, die für das besondere und unmittelbar kenntliche Erscheinungsbild der Architekturen Schlauns ein wesentlich erweitertes Deutungsmodell bereitstellen.

›Das Gesamtwerk‹ ist ein anspruchsvoller Titel, der voraussetzt, daß wirklich alles enthalten und abgebildet ist, was der Architekt in seinem Leben geschaffen hat. Das ist bei dem vorliegenden Werk der Fall. Jeder Entwurf ist in seinen technischen Daten erfaßt, und die Titel, Beischriften und Legenden sind transkribiert worden. Bei dieser oft mühevollen Kleinarbeit konnten wir auf die Vorarbeiten von Max Geisberg und Karl Eugen Mummenhoff zurückgreifen, vor allem aber auf die unschätzbare Ausdauer und Genauigkeit unserer engsten Mitarbeiterin Andrea Pufke. Falls Daten fehlen, war uns die Zeichnung nicht zugänglich, oder aber sie ist verschollen. Jeder Entwurf ist abgebildet, mit Ausnahme einiger Kopien, die keine nennenswerten Veränderungen gegenüber dem Original aufweisen. Die einzelnen Katalognummern sind nach der Chronologie der Bauaufgaben geordnet, wobei jedes Bauprojekt die Forschungsgeschichte enthält, die von uns kritisch kommentiert und – falls notwendig – durch eigene Forschungsergebnisse ergänzt wurde.

Bei der Erfassung der Pläne Schlauns hat sich das Problem ergeben, daß in den drei Klebebänden aus dem Nachlaß Schlauns Zeichnungen enthalten waren, die eindeutig nicht von ihm stammen. Dasselbe Problem ergab sich beim Klebeband Clemenswerth, dessen Zusammmenstellung und Numerierung offenbar noch zu Schlauns Zeit geschah. Die Werkstatt arbeitete mit den Plänen; oft hat man Aufträge zu Ende geführt, die von anderen Architekten begonnen wurden und deren Zeichnungen entweder auf dem Dienstweg oder aber über den Auftraggeber in den Besitz Schlauns übergingen. Um die in den Klebebänden erhaltenen Zusammenhänge nicht aufzulösen, haben wir trotz des verwirrenden Inventar-Nummern-Systems im Landesmuseum, das auf die genannten Klebebände, auf neue Planfunde, Ankäufe, Funde in anderen Planzusammenhängen, begonnene und wieder aufgegebene Bearbeitungsversuche zurückgeht, auf die Neuvergabe von Inventar-Nummern verzichtet und lediglich Katalognummern für alle Zeichnungen Schlauns und solche aus dem Werkstattzusammenhang Schlauns vergeben. Die alte Klebeband-Nummer wird immer mitgenannt, und vor allem sind auch die Zeichnungen mit einer Katalog-Nummer versehen, die nicht von Schlaun stammen, um sicherzugehen, daß der damit überkommene Zusammenhang der Arbeit in der Werkstatt an einer bestimmten Bauaufgabe nicht verlorengeht. Ein weiterer Aspekt ist die Vergabe von Katalog-Nummern für abgeschriebene und unsichere Werke, die im Anschluß an die gesicherten Bauten Schlauns fortlaufend numeriert erscheinen.

Ein besonderes Problem stellen die zahlreichen Zeichnungen aus dem technischen und industriellen, vermessungstechnischen und militärischen Bereich dar, die zwar wichtige Aufgabengebiete des Militärs und Ingenieurs Schlaun beleuchten, künstlerisch jedoch meist kaum von Belang sind. Hier ist vieles delegiert, nicht eigenhändig, steht jedoch im Zusammenhang mit dem Amt Schlauns. Auch diese Zeichnungen sind, soweit bekannt, im Anhang aufgeführt und zum Teil abgebildet.

Die institutionelle Basis für die Publikation des Gesamtwerks hat der Landschaftsverband Westfalen-Lippe bereitgestellt. Unser persönlicher Dank richtet sich vor allem aber an die Nordrhein-Westfalen-Stiftung Naturschutz, Heimat- und Kulturpflege, die in großzügiger Form die mehrjährige wissenschaftliche Forschungsarbeit ermöglicht hat. Andrea Pufke gebührt unser Dank für ihre Kooperation und Kollegialität des letzten Jahres, weiterhin Elisabeth Kieven, Wilfried Hansmann, Hans Peter Boer und Gisbert Knopp, die uns zu Schlauns Studienzeichnungen in Rom, zur Werkbiografie und einigen Bauten im Rheinland ihre Texte zur Verfügung stellten. Nicht zuletzt gilt unser Dank Werner Dopheide im Westfälischen Landesmuseum, der in unermüdlicher und sorgfältiger Zusammenarbeit das Planmaterial für uns bereitstellte und mehr als einmal verschollen Geglaubtes ans Tageslicht brachte. Für die hervorragende Zusammenarbeit bei der Enstehung dieses Buches und den liebenswerten Umgang bei der Arbeit und dem Glas Soave im Teatrino danken wir Klaus Jürgen Sembach und vor allem Klaus Bußmann, ohne dessen wissenschaftliche und persönliche Unterstützung das Werkverzeichnis nicht in der vorliegenden Form hätte publiziert werden können.

Münster, im Juni 1995
Florian Matzner, Ulrich Schulze

1
Kapuzinerkirche St. Franziskus und St. Kilian, 1715–18
Brakel

Erste öffentliche Bauaufgabe Schlauns als Architekt und Bauleiter war die Kapuzinerkirche St. Franziskus und St. Kilian, 1715–18, gestiftet durch Franz-Arnold von Wolff-Metternich, Fürstbischof von Paderborn und Münster; auch die Einrichtung wurde nach Entwürfen Schlauns ausgeführt, Stifter der beiden Nebenaltäre und der Kanzel waren die Freiherren von Mengersen.

Bereits 1645 hatte der Paderborner Erzbischof Ferdinand von Bayern den Kapuzinern das Privileg zur Errichtung eines Klosters in Brakel erteilt. Nach Errichtung der Klostergebäude und vorläufiger Nutzung der ruinösen Kirche des Heilig-Geist-Hospitals erhielten die Brüder 1715 als Stiftung des Paderborner Fürstbischofs Franz Arnold von Wolff-Metternich eine neue Kirche, Grundsteinlegung am 12. September 1715, entwerfender Architekt im Auftrage des Fürstbischofs ist Schlaun, der am 25.1.1716 mit dem Maurermeister Schwartze, den er auch in Delbrück beschäftigt, und dem Steinmetz Schneider einen Vertrag abschließt, bei dem er seiner Unterschrift selbstbewußt den Titel »Architect« beifügt.

Schon bald kamen die Arbeiten ins Stocken. Schlaun hatte dem Provinzial der Kapuziner in Köln im November zusammen mit zwei Fassadenentwürfen einen Brief gesandt, aus dem hervorging, daß sein erster Entwurf vom Guardian in Brakel als zu prächtig abgelehnt worden war und die zweite Fassung ebenfalls »noch nicht recht gefallen tut«. Schlaun wandte ein, daß der Fürstbischof ein Gotteshaus und kein Kapuzinerhaus bauen wolle. Er werde es jedoch »nicht so kostbar machen wie in Paderborn«. Womit er sich offenbar nicht auf die schlichte Ordenskirche der Kapuziner in Paderborn bezog, sondern auf die reichen Fassaden der Franziskaner oder der Jesuiten. Er schließt mit dem Nachsatz, er habe »in der frömde gesehen Capuziner kirchen, die noch beßer heraußkommen als hier«. Der Provinzial schickt die Pläne mit der Bemerkung zurück, ihm gefalle die schlichtere Ausführung besser, er überlasse aber die Entscheidung dem Fürstbischof mit der Bitte, das Armutsgebot der Kapuziner zu achten. Weitere Querelen mit dem Provinzial um die ordensgemäße Schlichtheit beantwortet schließlich der Paderborner Geheime Rat Burchard Bruno von Mengersen mit der Drohung, daß der Fürstbischof als Bauherr und Financier die Kirche einem anderen Orden zur Betreuung übergeben werde, sollte seinen Anweisungen nicht Folge geleistet werden. Von Mengersen, der Schlaun auch in Rheder beschäftigte, führte die Bauaufsicht in Brakel, hatte diese aber Schlaun übertragen. Der Fürstbischof begründete in einem weiteren Brief die Verwendung des repräsentativeren Hausteins an der Fassade funktional, indem er auf die bereits reparaturbedürftige Putzfassade der Paderborner Kapuzinerkirche verweist, und ordnete den unverzüglichen Weiterbau an. Damit war zunächst Ruhe, und die Arbeiten schritten zügig voran. Im Sommer 1717 stand der Rohbau, und es konnte der Innenausbau beginnen. Die feierliche Weihe der Kirche erfolgte am 12. Juni 1718.

Baupläne sind nicht überliefert. Schlaun konzipierte die Kirche als vierjochigen Saalbau mit eingezogenen äußeren Strebepfeilern an der südlichen Schiffswand, eingezogenem Kastenchor und Kreuzgratgewölben mit Gurtbögen auf profilierten Konsolen und folgt damit dem in der rheinisch-westfälischen Ordensprovinz gebräuchlichen Schema der Kapuzinerkirchen. Beiderseits des Chores die Nebenräume für Sakristei und Oratorien, östlich schließt sich der tonnengewölbte Psallierchor für die Kapuzinerbrüder an. Durch die breite Mitteltür hinter dem Altar und das obligate Fenster in der Predella konnten die Patres dem Gottesdienst folgen. Der Saal war äußerst schlicht und durch die großen Rundfenster lichtdurchflutet.

Als direktes Vorbild für die Gestaltung des Innenraums hat Bußkamp die Paderborner Kapuzinerkirche des Ambrosius von Oelde benannt, deren Portal, eine Stiftung Ferdinand von Fürstenbergs, geradezu emblemhaft zitiert und der Fassade vor-

LITERATUR

Ludorf 1914, S. 39; Rensing 1934, S. 73–76; Rensing 1935, S. 1–3; Rensing 1936, S. 13; Rensing 1941, S. 20f.; Rensing 1954, S. 7f., 37; Peters 1955, S. 242; Schmitz 1969, S. 105, 119, 131, 144; Strohmann 1986, S. 126f.; Eva-Maria Höper, *Ambrosius von Oelde. Ein Kapuzinerarchitekt des Frühbarock im Dienst der westfälischen Fürstbischöfe*, Dülmen 1990; Bußkamp 1992, S. 82–91.

QUELLEN

Stadtarchiv Brakel, A 1059, fol. 125-31; ebd.: XI, 17: Graf von Bocholtz-Asseburg auf Schloß Hinnenburg: *Chronik des Kapuzinerklosters zu Brakel* (eine Fotokopie davon befindet sich im Staatsarchiv Münster – Fot. 368, S. 135ff.); Archiv der Rheinisch-Westfälischen Kapuzinerprovinz in Ehrenbreitstein, Akten: Brakel (PAKK C Gu 11, fol. 95, 99 – publiziert bei Rensing 1935, S. 1ff.); Archiv Rheder B 524, Nr. 4 (Altäre); ebd. B 5223.

DENKMALPFLEGE

Einzelberichte zur Denkmalpflege in: Westfalen 41, 1963, S. 41; 46, 1968, S. 227; 53, 1975, S. 335; 62, 1984, S. 411; 67, 1989, S. 432.

1 Brakel, Kapuzinerkirche St. Franziskus und St. Kilian (1936)

2 Brakel, Kapuzinerkirche
St. Franziskus und St. Kilian, Portal (1973)

geblendet wurde. Allerdings verwendet Schlaun keine aufgesockelten Säulen, sondern die modernere Variante mit einer Pilasterstellung, wie sie am Portal der Paderborner Franziskanerkirche vorgebildet war – Auftraggeber ebenfalls Fürstenberg, Architekt der römisch geschulte Petrini. Schlaun versucht bei seinem ersten Bauauftrag, seine Modernität unter Beweis zu stellen und gerät damit unter Beschuß der konservativen Ordensoberen. Mit dem Verweis auf das Vorbild der Kapuzinerkirche in Paderborn gelang es ihm immerhin, den Konflikt zwischen dem Armutsgebot des Ordens und dem Repräsentationsbedürfnis des fürstlichen Bauherrn zu mindern. Bei der Fassade stellte sich das Problem schärfer dar. Trotz aller Schwächen in der Proportionierung und bei der Verbindung etwa von Portal und Rundfenster gelang Schlaun hier ein großer Wurf, weil er es als gerade zwanzigjähriger Neuling verstand, die Vorbilder solcherart abzuwandeln, daß sie zwar als Zitat kenntlich blieben, das Ergebnis jedoch völlig neuartig, eigenständig und nobel wirkte.

Zur Ausführung kam der zweite einfachere Entwurf einer Fassade in Haustein, die sich zunächst durch das Material aus der gebräuchlichen Backstein- oder Fachwerkbebauung heraushebt. Doch auch in der Form weicht die eingeschossige Fassade mit Giebelaufsatz und vermittelnden Voluten von den üblichen verputzten Giebelfassaden der Kapuziner ab (vgl. Kapuzinerkirche des Ambrosius von Oelde in Paderborn) und orientiert sich an römischen Vorbildern. Wahrscheinlich wies sein erster Entwurf eine Pilasterordnung auf, ähnlich der Franziskanerkirche in Paderborn, denn die ausgeführte Fassade erweist sich insgesamt als Reduktion dieses Vorbilds. Bei dem ersten Projekt der Clemenskirche sollte Schlaun nach der Romreise gleichfalls eine reduzierte Fassung ohne Ordnung als Alternative vorlegen. Die Dreiteiligkeit der Fassade Petrinis erreicht er durch Wandschichtung. Ein Tafelfeld wird als Mittelrisalit akzentuiert, in dessen ausgeschnittenen Rücksprung er die Vertikalglieder Portal, Rundfenster und Okulus einsetzt. Ein kräftiges Gesims schließt das Untergeschoß ab und dient als Sockel des Giebelfelds und der kugelbesetzten Attika über den Flanken, die wie die Wand im Untergeschoß zurückspringt und sich hinter dem Giebelfeld fortzusetzen scheint. Die seitlichen Voluten in Verbindung mit den Kugelaufsätzen und dem Kreuz auf dem Dreiecksgiebel – noch einmal Voluten an dessen Sockel – takten die Fassade vollends im Dreierrhythmus, dem gängigen Prinzip römischer Fassadengestaltung des 17. Jahrhunderts.

Schlaun war auch für die Ausstattung der Kirche zuständig, für die er Entwürfe zeichnete. Im Auftrag der Herren Burchard Bruno (linker Seitenaltar), Ferdinand Christian (rechter Seitenaltar) und Johann Mauritz von Mengersen schloß er 1717 die Verträge über die Seitenaltäre und die Kanzel mit dem Schreinermeister Johannes Ashoff, »wie der gegebene abris zeiget«. Die Altargemälde – Mariae Verkündigung sowie der hl. Antonius von Padua – werden Johann Martin Pictorius zugeschrieben. Die Seitenaltäre sind 1718 datiert. Über den Hochaltar liegen keine Archivalien vor. Der Maler des Blattes, einer Nachbildung von Baroccis Darstellung des hl. Franziskus in der Kapelle, ist unbekannt. Die Nebenaltäre nehmen in reduzierter Form die Architektur des Hochaltars wieder auf. Im Rhythmus ihrer Anordnung steigert sich das inszenierte heilige Geschehen zum hellerleuchteten Auftritt Christi im Zentrum des Hauptaltars, dessen Architektur triumphbogenartig wirkt mit seitlich gestaffelten Säulen und einem schweren gesprengten Giebel, in dem das von Putti getragene Stifterwappen des Fürstbischofs erscheint. An den Landesherrn gemahnen hier weiterhin die Figuren des hl. Kilian auf dem Giebel des Retabels sowie sein Gegenstück, der hl. Liborius, beides heilige Bischöfe, die, wie Bußkamp zeigen konnte, nicht zu dem engeren Kreis des Heiligenpersonals in Kapuzinerkirchen gehören. Sie manifestieren vielmehr den geistlich-weltlichen Absolutheitsanspruch des Fürstbischofs, der sich auf eine gottgegebene Ordnung beruft.

Als Vorbilder für die Altararchitektur haben Seifert und Bußkamp flämische Altäre ausmachen können, die Säulenstaffelung ist jedoch romisch, vermutlich in flämischer Rezeption; sie fand bereits 1662 am neuen Hochaltar des Paderborner Domes Verwendung und wurde damit wiederum Vorbild für eine Reihe weiterer Altäre untergeordneter Kirchenbauten im Bistum.

3 Brakel, Kapuzinerkirche St. Franziskus und St. Kilian, Innenraum (1960)

2

Pfarrkirche St. Katharina, 1716–19

Rheder

Bauherr war Burchard Bruno von Mengersen, der in enger Beziehung zu Schlauns erstem Auftraggeber, dem Fürstbischof von Paderborn stand. Schon unter Franz Arnold von Wolff-Metternichs Vorgänger Hermann Werner aus derselben Familie war er zum Geheimen Rat ernannt worden, 1715 wurden ihm die von Papenheim entzogenen Lehen übertragen, 1716 erfolgte seine Bestallung zum Drosten zu Schwalenberg.

St. Katharina in Rheder war eine Tochterkirche der Pfarrei Brakel, bereits 1434 von Hermann von Mengersen der Jungfrau Maria, den Elftausend Jungfrauen und der Hl. Katharina geweiht. Nachdem die Bitte der Familie Mengersen, in der Brakeler Pfarrkirche eine Familiengrablege einrichten zu dürfen, abschlägig beschieden worden war und sich die Pfarrkirche in Rheder in ruinösem Zustand befand, entschied Burchard Bruno Graf von Mengersen am 27.2.1716, »zu Rheder eine auß dem fundament ganz Newe Kirche zu bauen«. Dem Meister Bartholomäus Schüler wurden per Vertrag die Maurer- und Steinhauerarbeiten sowie die Bauleitung übertragen. Offenbar war Schlaun noch nicht an dem Bau beteiligt. Entwürfe seiner Hand sind zu dieser Zeit nicht nachweisbar, möglicherweise ist Schlaun der Bau erst nachträglich mit einer bereits bestehenden Planung überantwortet worden. Im Auftrag von Mengersen gab er bei dem bereits aus Brakel bekannten Steinmetzen Schneider am 6. 5. 1716 das Portal für die Kirche in Rheder, vermutlich nach seinem Aufriß, in Auftrag. Beim Kirchenbau selbst scheint es Unterbrechungen gegeben zu haben, denn über ein Jahr nach dem ersten Vertrag geht von Mengersen am 18. 3. 1717 erneut einen Vertrag über die Errichtung eines Kirchenbaus und des Kirchturms ein, diesmal mit dem schon für Schlaun tätigen Maurermeister Schwartze. Man kann als gesichert annehmen, daß Schlaun die Bauleitung übernahm und Kirchturm und Portal konzipierte; dies schließt nicht aus, daß der Kirchenbau selbst zunächst auf dem Konzept eines anderen Architekten beruhte.

Böker hat nach Planfunden für Schloß Rheder vermutet, daß St. Katharina auf Lambert Friedrich Corfey zurückgeht, und sieht typologische Übereinstimmungen des gotisierenden Kirchenbaus mit der Münsteraner Dominikanerkirche Corfeys von 1708–27: den 5/8-Schluß des Chores, die Einfügung des Querhauses und die Kreuzgratwölbung. Dazu muß man sagen, daß letzteres auch in der benachbarten Kapuzinerkirche Schlauns in Brakel (ab 1715) begegnet und von einem Querhaus in Rheder nicht die Rede sein kann, da es sich hier um eine Dreikonchenanlage handelt, der ganze Bau eine deutliche Tendenz zum Zentralbau aufweist. Sein Zuschreibungsversuch ist deshalb abzulehnen.

Wie Hans-Peter Boer von den Herren von Spiegel in Erfahrung bringen konnte, ist die Turmspitze 1888 erneuert worden, den vorherigen Zustand zeigt ein Ölgemälde (Abb. 3) im Besitz der Familie, auf dem man eine welsche Haube mit Laterne erkennt, vergleichbar der zeitgleichen Sakramentskapelle Schlauns in Büren (vgl. Kat.-Nr. 6).

Das Gebälk des Hochaltars trägt die Jahreszahl 1718, das Altargemälde von Johann Martin Pictorius mit der Rückkehr der heiligen Familie aus Ägypten ist bezeichnet »Pictorius fe.c Ao 1717« und mit Wappen der Mengersen und Initialen des Stifters Johann Mauritz von Mengersen versehen. Ein ebenfalls Pictorius zugeschriebenes Gemälde der Flucht nach Ägypten, ursprünglich vermutlich als Hochaltarauszug gedacht, mußte aufgrund einer Planänderung der Figur des hl. Michael weichen. Dieses zusätzliche Patrozinium verweist auf die neue Funktion der Kirche als Grablege der gräflichen Familie.

Entwurfszeichnungen oder Pläne zum Bau der Kirche in Rheder sind nicht bekannt. Der ausgeführte Bau zeigt eine für das Bistum ungewöhnliche Lösung: ein zweijochiger Saal mit Turmvorhalle und Trikonchos, wobei das ›Langhaus‹ zum Turm hin gleichfalls gebrochen wurde. Dem entspricht im Innern die Brechung des Gewölbes in Stichkappen. Von außen erscheint die Kirche mit der dominanten

LITERATUR

Meyer 1938, S. 69; Rensing 1941, S. 208; Rensing 1954, S. 8; Seifert 1983, S. 474; Strohmann 1986, S. 126; Böker 1989, S. 173; Püttmann 1990, S. 233, 235; Bußkamp 1992, S. 92–104.

QUELLEN

Erzbistumsarchiv Paderborn, Best. Rheder, blau 314, fol. 240; ebd. Best. Brakel I, blau 77, fol. 128; Archiv Rheder, B 524, dort auch weitere Baurechnungen; ebd. 2660, fol. 5–6v.

DENKMALPFLEGE

Einzelberichte zur Denkmalpflege in: Westfalen 46, 1968, S. 426; 53, 1975, S. 671; 56, 1978, S. 595; 62, 1984, S. 641f.; 67, 1989, S. 434. 1954 wurde die neubarocke Ausmalung entfernt und die 16 Wappen- und Inschriftscheiben von 1716, eine Stiftung der Mengersens, wieder angebracht.

1 Pfarrkirche Sankt Katharina in Rheder (vor 1945)

Einturmfassade als kleine Saalkirche mit Querhaus und Chorpolygon, im Innern jedoch ist besonders in der Gewölbeformation die Tendenz zum Zentralbau unübersehbar. Breite Gurte auf den Kämpfern der Pfeilervorlagen scheiden eine Vierung aus, an die die polygonalen Kreuzarme angesetzt sind. In der Ostkonche mit 5/10-Schluß steht der repräsentative Hochaltar, die Nebenkonchen, schmaler, mit 5/8-Schluß, waren für das separat zugängliche herrschaftliche Oratorium (Süd) und Beichtstuhl mit dahinterliegender Sakristei (Nord) bestimmt, im Westen auf der Empore die Orgel unter einem eingewölbten dreiseitigen Abschuß. Kreuzgratgewölbe auf Konsolen im Langhaus – die polygonalen Schlüsse sind mit Stichkappen auf Konsolen gewölbt – tragen zu dem, trotz der modernen Ausstattung, altertümlich anmutenden Erscheinungsbild bei, das in den Bistümern Münster und Paderborn tradiert war. ›Gotisch‹, in Westfalen gerade bei Bauten des Landesherrn bis ins 18. Jahrhundert hinein dominant, erscheinen die Strebepfeiler, die den Bau allseitig umstehen und die großen Rundbogenfenster einrahmen, mit Ausnahme des ungegliederten Turmuntergeschosses, das wohl noch von Schlauns Vorgänger stammte. In den Archivalien erwähnte notwendige Veränderungen sprechen dafür.

Offenbar sollte der kleine Bau architekturikonographisch aufgeladen werden. Da sich der Bauherr von vornherein Nebenoratorien wünschte, die Kirche als Grablege gedacht war – Gruft unter der Vierung –, zugleich Beziehungen seiner Familie zum Deutschen Ritterorden bestanden, lag es nahe, die berühmteste Dreikonchenanlage zu zitieren, die Elisabethkirche in Marburg, ebenfalls 5/10-Schluß über dem Hauptaltar und Turmfassade, Grablege der hl. Elisabeth, erste Großkirche des Deutsch-Ordens und dazu Grablege der Landgrafen. Der dreiseitige westliche Abschluß könnte von Schlaun aus Hannover importiert worden sein, wo mit der Clemenskirche ein prominenter Zentralbau entstand. Die Leistung Schlauns in Rheder liegt eben darin, einem kleinen Bauwerk, das bei seiner Übernahme offenbar noch nicht sehr weit gediehen war, unter Verwendung ausdrucksstarker Formen seinen Stempel aufzuprägen, es unverwechselbar aus der Masse gleicher Baumaßnahmen herauszuheben.

Nahezu vollständig erhalten ist die Ausstattung. Dreiteilige Triumphbögen mit Skulpturenprogramm (Pietà, Kreuzigung) schließen die seitlichen Konchen, deren eine mit heraufziehbarer Sprossenverglasung, die Brüstung als Kommunionbank gestaltet, die Anwesenheit der gräflichen Familie den

Blicken der Öffentlichkeit entzog. Die andere diente der Aufnahme des Beichtstuhls, die seitlichen Bögen führten zum Kanzelaufgang und zur Sakristei hinter dem Beichtstuhl. Auch die polygonale kassettierte Kanzel mit Schalldeckel (Guter Hirte) gehört ebenso wie die Orgel (König David mit Harfe) in Gestalt und Dekorum zu dem einheitlichen Entwurf der Gesamtausstattung, die offenbar von Schlaun konzipiert wurde. Bußkamp vermutet, daß Schlaun die Architektur und die Plazierung der Figuren vorgegeben hat, während die Ausführung der Figuren im Detail der Phantasie des Bildhauers Johann Matthias Wilmers überlassen blieb.

Der Hochaltar dominiert den Raum: eine aufgesockelte monumentale Ädikula römischen Zuschnitts, wie sie in den Stichwerken etwa von Andrea Pozzo oder Giovanni Giacomo de Rossi zur Verfügung stand, entsprechend den zeitgenössischen Festarchitekturen, etwa der Ehrenpforte für Clemens X. von Carlo Rainaldi (1670) – somit nichts anderes als ein moderner ›Triumphbogen‹. Die konvergierende Säulenstellung war in Westfalen bereits eingeführt, wie Bußkamp in ihrer Reihe der Rezeptionen nach den entsprechenden Stichwerken zeigen konnte. Zur Ausbildung des Adels auch in den Bistümern Münster und Paderborn gehörte in der Regel die Kavalierstour nach Rom, einzelne studierten am Collegium Germanicum. Es gehörte gleichsam zum guten Ton, römische Zitate als Ausweis des gebildeten Geschmacks, aber auch der guten Beziehungen zum Heiligen Stuhl zu verwenden. Die Stichvorlagen jedenfalls waren im Lande vorhanden, wie einzelne Stücke aus den Nachlässen belegen.

Angelpunkt des Altars ist der kleine Drehtabernakel in Höhe der Sockelzone, dessen Zusammenspiel mit der hohen Ädikula bereits Prinzipien von Schlauns Gestaltungsweise offenbart, der sich schon vor seiner Romreise an borrominesken Kompositionen orientierte. Gegen die konvergierenden Säulen und Pilaster der großen Ordnung des Altars, der die Perspektive des bühnenhaft disponierten Altargemäldes öffnet, steht das konvexe Vortreten des Ta-

2 Rheder, Pfarrkirche Sankt Katharina, Portal (1994)

3 Rheder, Schloß und Pfarrkirche, unbekannter Maler, vor 1880

4 Rheder, Pfarrkirche Sankt Katharina (1953)

bernakels, in dessen architektonischen Körper wiederum die Nische des Expositoriums geschnitten ist. Der Dialektik des optischen Vortretens und Zurückweichens, von Zentrum und Rahmenmotiv, entspricht die Gesamtkonzeption des Raumes, auf dessen Längsausrichtung auf den Altar die Querachse von Fürstenstuhl und Kanzel antwortet. Zudem ist die Perspektive zwar bezogen auf den dem Altar gegenüberstehenden Betrachter, die konvergierenden Säulen und Pilaster weisen jedoch auch vom Zentrum, also von Gottvater aus, zum Fürstenstuhl bzw. dessen architektonischem Pendant. Diese Lesart wird unterstrichen durch die Apotheose des Familienwappens, wo auf einem Postament zwischen der Verkröpfung der Pilaster im Gebälk des gesprengten Giebels hoch oben der Erzengel Michael erscheint, Patron der Ritterschaft, also des Standes der Mengersen.

5 Rheder, Pfarrkirche Sankt Katharina, Innenraum (1973)

6 Rheder, Pfarrkirche Sankt Katharina, Innenraum (1973)

7 Rheder, Pfarrkirche Sankt Katharina, Altartabernakel (1973)

Rheder, Schloß Mengersen, Vorburg (1965)

Rheder, Schloß Mengersen, Vorburg (1916)

Delbrück, Pfarrhaus (1994)

3
Schloß Mengersen, Vorburg, 1716–22
Rheder

Der Auftraggeber war Burchard Bruno Graf von Mengersen, die Pläne stammen von Gottfried Laurenz Pictorius, Schlaun hatte die Bauleitung inne.

Bereits 1714 hatte Corfey Pläne für die Gesamtanlage gezeichnet. Konkrete Planungsaufgabe waren zu jener Zeit die Ökonomiegebäude. Ihre Ausführung erfolgte ab 1716 in veränderter Form mit risalitartigem Torhaus und polygonalen Ecktürmen nach Plänen von Gottfried Laurenz Pictorius, der der sehr einfachen Planung Corfeys repräsentative Elemente wie Risalit mit Dreiecksgiebel und die etwas unglücklich plazierten Flankentürme hinzufügte. Es existiert ein Entwurf für die gesamte Schloßanlage von der Hand des Gottfried Laurenz Pictorius, die Zeichnung trägt den Vermerk Schlauns: »Concept eines plani vom hausse Reher«. Diese Eintragung kann aus der Erbauungszeit stammen oder ist hinzugefügt worden, als Schlaun Zeichnungen aus dem Nachlaß von Pictorius übernahm.

Burchard Bruno von Mengersen wurde in dieser Zeit zu einem wesentlichen Förderer des jungen Architekten und war auch bereit, ihm Bauaufgaben zu übertragen, ungeachtet schon bestehender Pläne eines verdienten anderen Architekten. Der westfälische Freiherr beabsichtigte, seinen Sitz in Rheder völlig neu errichten zu lassen. Er besaß bereits einen Entwurf des Gottfried Laurenz Pictorius. Doch dieser fand schließlich kaum Verwendung. Das Wohnhaus wurde erst 1750 in veränderter Form errichtet; möglicherweise gelten die überlieferten Handwerkerrechnungen von 1714/15 der Renovierung des bestehenden Haupthauses. Ab 1715 erfolgten Steinlieferungen wohl für die geplante Vorburg, mit deren Bau Schlaun 1716 begann. Er hielt sich schließlich nur in den Grundzügen an den Entwurf des älteren Kollegen. Die Arbeiten dauerten nach den Abrechnungen bis 1722 und wurden im wesentlichen von Schlauns bewährten Handwerkern Schwartz und Schneider ausgeführt. Von Schlaun selbst ist neben einer Abrechnung über Maurerarbeiten für die Jahre 1717/18 eine »Spezificatio des eigenholtzes behuff deren aussenwenden zu Reher vom porthause an biß an die scheuer undt schweinestellen gerechnet« überliefert.

LITERATUR

Rensing 1934; Rensing 1954, S. 37; Püttmann-Engel 1987, S. 249; Böker 1989, S. 173; Schopf 1988, S. 76.

QUELLEN

Archiv Rheder, B 524, Nr. 12; ebd. B 522, Nr. 7; ebd. B 522, Nr. 29; ebd. 2660, fol. 5–6v.

DENKMALPFLEGE

Einzelberichte zur Denkmalpflege in: Westfalen 46, 1968, S. 426; 53, 1975, S. 671; 56, 1978, S. 595; 62, 1984, 641f.

4
Pfarrhaus, 1716
Delbrück

Das Pfarrhaus in Delbrück ist ein zweigeschossiger repräsentativer, laut Denkmalpflegebericht von 1935 ursprünglich verputzter Fachwerkbau mit Mansarddach. Die Autorschaft Schlauns ist archivalisch belegt. Anfang 1716 nimmt er die Planung zum Neubau des Pfarrhauses in Delbrück auf, für das er am 15.1.1716 in Neuhaus einen Vertrag mit dem Maurermeister Oswald Schwartze schließt, dessen Mitarbeit auch an der Kapuzinerkirche in Brakel und in Rheder bezeugt ist (Kat.-Nr. 1 und 2). Zeichnungen sind nicht erhalten. Die im Sinne einer verfehlten Denkmalpflege erfolgte Freilegung des Fachwerks entspricht nicht dem von Schlaun intendierten Aussehen des Pastorats.

LITERATUR

Rensing 1954, S. 37; Völker 1936, S. 6f.

QUELLEN

Paderborn, Archiv des Erzbischöflichen Generalvikariats, Bd. 120 blau (Delbrück 1), S. 233.

DENKMALPFLEGE

Einzelberichte zur Denkmalpflege in: Westfalen 20, 1935, S. 303; 41, 1963, S. 58.

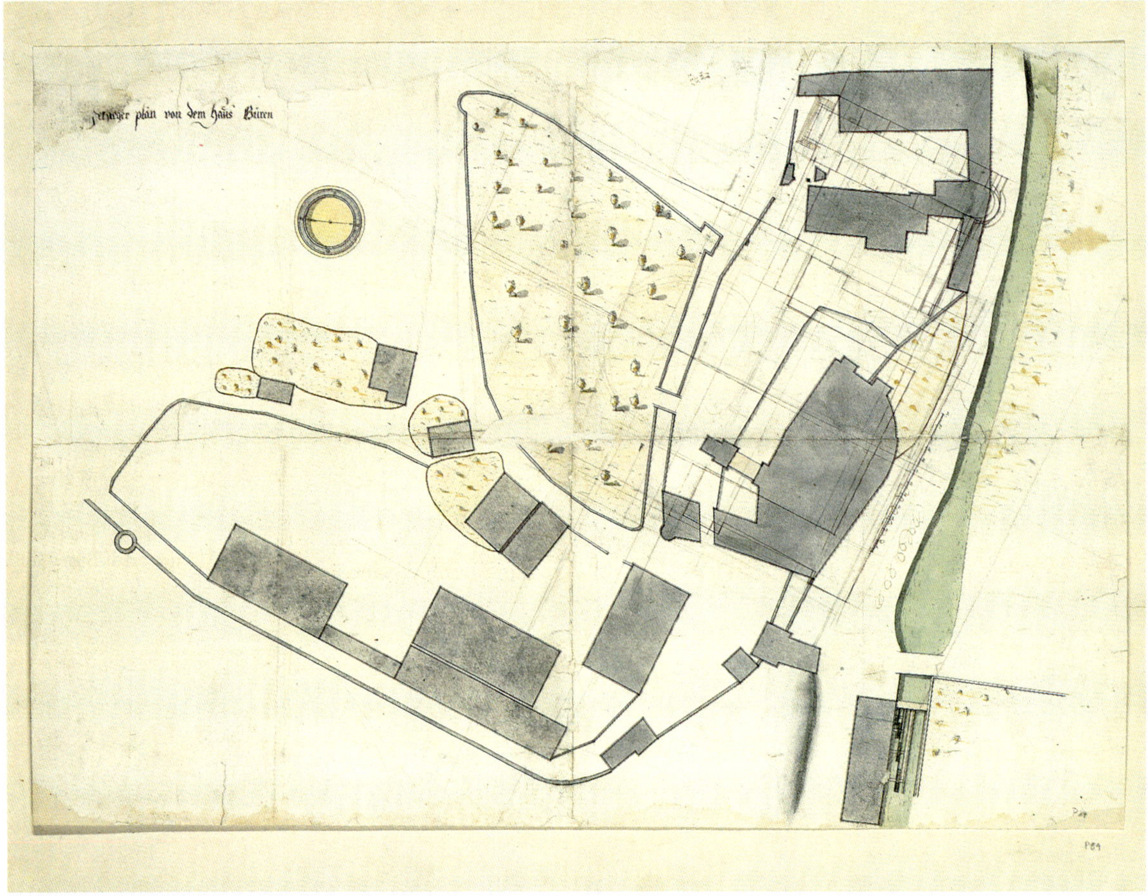
Jetziger plan von dem haus Büren

5

Jesuitenkolleg, 1716–28

Büren

Bauherren sind die Jesuiten, gefördert von Franz Arnold von Wolff-Metternich, Fürstbischof von Münster und Paderborn, Architekt Gottfried Laurenz Pictorius, Bauleitung Johann Conrad Schlaun.

Um 1715 beabsichtigten die Jesuiten in Erfüllung einer Auflage aus dem Testament des Moritz von Büren, ein Kolleg und eine Kirche zu bauen, maßgeblich unterstützt und gefördert vom Fürstbischof von Münster und Paderborn, Franz Arnold von Wolff-Metternich (1704/06–18). Die Pläne von Johann Conrad Schlaun, nach denen die Kirche in der Hauptachse des Kollegs errichtet werden sollte, gelangten nicht zur Ausführung. Der Vorschlag von Gottfried Laurenz Pictorius, das Kolleg als eine sich nach Osten öffnende Dreiflügelanlage, in deren Südflügel die Kirche Platz finden sollte, aufzubauen, fand dagegen die Zustimmung der Bauherren. Diese Entscheidung wurde beeinflußt durch ein Gutachten, das Lambert Friedrich Corfey über die von Schlaun vorgelegten Entwürfe erstellt hatte. In den Jahren von 1719 bis 1728 wurde nach Plänen beider Baumeister unter Leitung des Laienbruders Ambrosius Brandhauer eine stattliche Dreiflügelanlage errichtet, dabei der ursprüngliche Plan einer Einbindung der Kirche in das Kolleg aufgegeben. Zahlreiche Pläne und Zeichnungen zum Bau von Kolleg und Kirche sind erhalten, eine geschlossene Plansammlung liegt aber nicht vor. Die Vorschläge Schlauns sind lediglich als Umzeichnungen Hartmanns über-liefert, die Planung des Gottfried Laurenz Pictorius kann dagegen durch Zeichnungen, die sich im Westfälischen Landesmuseum in Münster befinden, genauer belegt werden.

Am 8. Juli 1716 legte Schlaun seinen ersten Plan vor. Die Zeichnung fand die volle Zustimmung der Jesuiten, besonders gefiel ihnen »der Abschluss des ganzen nach dem alten Stadttore hin«, der Fürstbischof Franz Arnold von Wolff-Metternich sprach sich ebenfalls für den Entwurf Schlauns aus.

Schlaun plant eine zweigeschossige Dreiflügelanlage auf hohem Sockel- und einem Mezzaningeschoß. Die Gartenseite, eine lange Front gleichgestalteter Fensterachsen, wird in der Mitte durch einen dreiachsigen Risalit zentriert. Eine zweiläufige Freitreppe, große Pilasterordnung und ein über Voluten vermittelter hoher Giebel sind allerdings eine etwas schwache Vorbereitung der über dem Dach des Kollegsgebäudes aufragenden kompakten Gruppe der Türme mit der Kuppel der Kollegkirche. Dreiachsige Eckrisalite, mit Segmentgiebeln und einläufigen Freitreppen ausgezeichnet, fassen den Bau zusammen. Etwas hilflos wirkt die Rhythmisierung der Dachfenster und der Schornsteine, trotz des Versuchs, die Mitte der Flügel zu betonen.

Aus dem Grundriß wird ersichtlich, daß die Kirche, ein Kuppelbau mit den Chor flankierenden Türmen, zwischen die Seitenflügel des Kollegs geschoben werden sollte und so den Ehrenhof besetzte. Der Chor sollte in die übereinander gestaffelten Säle des Mittelrisalits ragen, über Coretti hätten die Angehörigen des Kollegs stets optischen Anteil an den Messen am Hauptaltar nehmen können. Eine im Prinzip ähnliche Disposition hat Schlaun bei seiner ersten Planung der Hospitalkirche St. Clemens am Schloßplatz in Münster entworfen, wo der Chor in den Kreuzgang ragen sollte und die Coretti durch umlaufende Gänge erreichbar gewesen wären (Kat.-Nr. 44.1).

Der Vorschlag Schlauns, die Kirche als Kuppelbau aufzuführen, stieß auf Ablehnung. Pictorius schreibt in einem Gutachten zu Büren von 1721: »So befinden sich doch auch viele ursachen undt wichtighe rationes, warumb eine solche kirchen in hiesieghen ländern nicht woll kann gebawet, undt gebraucht werden«.

Als Vorbild ist die Clemenskirche in Hannover genannt worden, in deren Planungen Schlaun möglicherweise während seines Aufenthaltes bei den Hannoverschen Fußtruppen in Hannover Einblick gehabt hat. Neben der Tambourkuppel zeigt auch der polygonal gebrochene Chor Übereinstimmungen mit dem Bau in Hannover. Abweichend von dem durch-

LITERATUR

Hartmann 1910, S. 25–31; Rudigkeit 1989, S. 51–58, S. 248; Hartmann 1910, S. 25f. mit Nachzeichnungen der Pläne Schlauns; eine Zeichnung befand sich lt. Hartmann im Besitz des Westfälischen Provinzialvereins für Wissenschaft und Kunst zu Münster. Rudigkeit konnte die Zeichnung nicht nachweisen; ebenso verhält es sich mit den Grundrißentwürfen, lt. Hartmann im Besitz des Schulrats Freusberg in Büren; Rensing 1941, S. 208; Kat. *Schlaun* 1973, Bildteil, S. 5; Reuther 1975; Reuther 1982; Rudigkeit 1989, S. 1–98; Bußkamp 1992, S. 105–10.

QUELLEN

StA Münster, Fürstbistum Paderborn, Hofcammer, Nr. 215: Streit zwischen der Stadt Büren und den Jesuiten wegen der Errichtung des Kollegs (1716). Bei der von Hartmann angeführten Quelle, »Paderborner Hofkammer, Rep. IV, 344«, handelt es sich nach dem Repertorium der in Schloß Neuhaus verwahrten älteren Kabinetts- und Kammerakten [StA Münster, Alte Repertorien, Nr. 200] um die Akte StA Münster, Fürstbistum Paderbom, Hofkammer, Akten IV, Nr. 15. Die heutige Bezeichnung der Akte lautet: StA Münster, Fürstbistum Paderborn, Hofkammer, Akten Nr. 215. Aus dieser Akte geht nicht hervor, daß Schlaun am 8. Juli 1716 seinen ersten Plan für den Kollegsbau einreichte; ebd. fol. 6–11: »Prothocollum ocularis inspectionis«, 2. Juli 1716; StA Münster, Herrschaft Büren, Akten Nr. 404, fol. 164r [Abschrift von fol. 171^r]. Eine Zusammenfassung der Gründe für einen Bau nach dem Entwurf Schlauns in lateinischer Sprache: StA Münster, Herrschaft Büren, Akten Nr. 404, fol. 169^r, 163^r

5.1 Büren, Jesuitenkolleg, Gesamtplan

1 Büren, Jesuitenkolleg, Hoffassade (1953)

brochenen Tambouroktogon in Hannover plante Schlaun eine zylindrische Tambourkuppel; die unverhältnismäßig großen Fenster schneiden in die Kuppelrundung ein. Diese unter dem Gesichtspunkt der Statik problematische Lösung, die nur einem sehr unerfahrenen Baumeister oder einem Laien zuzutrauen ist, läßt Rudigkeit daran zweifeln, daß die Umzeichnung nach einem Aufriß Schlauns angefertigt wurde. Im übrigen orientiere sich die Gestaltung des Kollegs eindeutig am Bestand, auch wenn in der Abbildung der Umzeichnung beispielsweise die Betonung des Erdgeschosses als Sockelgeschoß und die Horizontalgliederung durch umlaufende Gesimse fehlten. Hinsichtlich der Ausmaße hätte sich der von Schlaun vorgeschlagene Kollegsbau nur unwesentlich vom Entwurf des Pictorius unterschieden, die Seitenflügel wären sogar kürzer gewesen. Der von Schlaun vorgelegte Entwurf, so wie er sich nach den Abbildungen der Umzeichnungen darstellt, hätte durchaus auf dem zur Verfügung stehenden Grundstück – ohne Einziehung der Wege – verwirklicht werden können. Rudigkeit nimmt an, daß Schlaun das Projekt über Agostino Steffani, den Apostolischen Vikar von Norddeutschland, bekannt war, der den Bau der Clemenskirche im Zuge der Rekatholisierung des Königreichs Hannover betrieben hatte. Steffani stand Fürstbischof Franz Arnold über Jahre als Berater und Vertrauter zur Seite und hielt sich häufig als dessen Gast im Schloß in Neuhaus auf. Franz Arnold wird es gewesen sein, der entsprechende Pläne von Schlaun angefordert hat.

Allerdings erhoben sich auch kritische Stimmen, denen die Pläne des Pictorius besser gefielen. Sie sahen nur wenige »Uhrsachen, warumb nach des Herren Schluens abriß von denen PP. S. J. zu Bühren das newe Collegium mit der Kirchen zu bauwen … 1. form und ansehen würden beßer dan nach den anderen abriß sich hervortuhen. 2. auch die vorwercker undt baw häußer förmlicher eingerichtet. 3. in dem fürnehmsten flügell die Cämmer und Keller nacher Norden hin gebauwet. 4. undt mehr von dem westwindt, 5. dan auch von der Nachmittags Sonnen befreyet werden«.

Die »Gegen Uhrsachen, warumb nicht nach des H. Schluens, sondern des H. Pictorius abriß des bührischen Collegii undt Kirchen baw PP. S. J. anzulegen«, wurden deutlich herausgestellt: »1. würde des H. Schluens abriß zufolge, woh jetz die Burgstraße hergehet, so ungern die Stadt quitiren will, unter der gantzen Kirchen in die lange [Einfügung: oder nechzt dabey] ein canal zu abführung des von der oberen pforten zum Erdtfang ablauffenden waßers und s[alva] v[enia] Koths nicht ohne große Kosten angelegt und conservirt werden müßen; wobey zu bedencken, ob nicht, wan daß waßer zur zeit des ungewitters etwa häuffiger hinzu lieffe, das das gebäw mercklich beschädiget, auch sonsten von dem stehen bleibendem s.v. Koth großer ungemach veruhrsachet werden könte. 2. in dem fürnehmbsten flügell, von welchem die außsicht bey weiten nicht so guth nach diesen abriß, als nach des H. Pictorii fallen würde. 3. müste das refectorium nach der straßen hin ohnweit der pforten, worauß die mehrsten fahren und gehen, angelegt werden. 4. das waßer auß der Alm könte nicht so fueglich zur küchen, brauhauß und anderen örthern geleitet werden. 5. würde vom Schloßgarten undt anderen unseren freyen Plätzen viel abgenohmmen, [Einfügung: auch der garten bey weiten nicht so bequäm werden.] 6. das Licht, wan die Kirch mitten zwischen die flügell gesetzet würde, vieleicht in etwah behindert. 7. undt die bawkösten mercklich vergrößert werden.«

Um ihren Willen gegen den Fürstbischof durchzusetzen, dem an einem baldigen Baubeginn gelegen war, forderten die wohl uneinigen Jesuiten ein Gutachten des erfahrenen Architekten und Münsteraner Baudirektors Lambert Friedrich Corfey, das sich in zwei Abschriften erhalten hat: »Copia von H.ren obrist Lieutenandt Corfei eingeschickter re-

marquen, uber das newe Collegium zu Bühren nach den letzten vom H.rn Schluen gemachten abriß:
1. Befinde Ich, daß der gantze Baw sich richte nach die äcker= und vieh= häußer, undt diese gleichsahmb pro fundamento et principio genohmmen seind. dar auß dan folget, daß dieselbe den besten prospect der principalisten faciata benehmen werden; und durch den immerwehrenden tumult von der passage, fuhren vieh, undt was zur küchen, keller und brawhauß gehöret, alle die Cämmere, wie dan auch das refectorium incommodiren werden, solches ist im ersten abriß viel ordentlicher.
2. die küche ist nicht allein zu klein, sondern hat auch keinen bequemen holtzplatz, und ist allzu hoch, umb holtz und andere requisita 24 stapffelen hinauff und ab zu tragen. solches ist im ersten abriß viel commoder, neben der Erden gelagt, und einen bequemen holtzplatz etc.
3. die entre ist zu klein, und das oratorium will sich auffm grunde in der ersten estage dabey nicht schicken, sondern wehre beßer in der zweyten estage oder 1. dormitorio, gleich wie dieses im ersten abriß gnugsahmb observirt ist.
4. das kellerwerck ist nicht tieff gnug unter der Erden, absonderlich, da ihr situs loci ein solches nach verlangen permittirt, so im ersten Riß beßer ist.
5. der Beste prospect auff das thael wirdt ahm weinigsten genoßen, wie dan auch das ansehen der kirchen von seithen der Stadt gantz schreg ins auge fallen tuhet, welches im ersten abriß beßer observirt ist.
6. die kirch selbsten und ahn sich könte viel regulierer undt mit weiniger aussprungen ahngeordtnet werden, wan schon die coupel verbleiben solte.
7. alle die stiegen in collegio correspondiren im ersten abriß viel ordentlicher auff einander alß in diesem.
8. wegen die gerichts undt Lehn Cammer item sprechhäußer undt dergleichen ist im ersten abriß viel mehr commodität alß im letzteren.
9. der garte des Collegii ist viel zu zertheilt undt eingeschloßen, dahingegen im ersten abriß derselbe mehrley Cammeren, von keinen häußeren bebauwet, undt die morgen= mittag= undt abendt Sonne hat.«

Corfey sprach sich mit Nachdruck für den Entwurf von Pictorius aus: Lage von Kolleg und Kirche, die Raumaufteilung innerhalb des Kollegs und der Zuschnitt einzelner Räume seien im ersten Abriß »viel ordentlicher« und »genugsahmb observirt«. Es sind ausschließlich Gründe der Disposition, die Corfey anführt, zu baukünstlerischen Fragen äußert er sich nicht. Sein Urteil jedenfalls stärkte die Pictorius-Partei der Jesuiten, auch gegen den Willen des Fürstbischofs nach dessen Plänen zu bauen. Die Entscheidung fiel im Herbst/Winter 1716 zugunsten des Pictorius. Vermutlich auf Vermittlung des Fürstbischofs blieb Schlaun jedoch auf der Baustelle. Er war für Pictorius bis zum Spätsommer 1720 als Bauleiter tätig und erhielt dafür von den Jesuiten die Summe von 100 Reichstalern, ebensoviel wie er selbst im Jahre 1717 »für dreijahrige Absicht des gantzen Bawwesens« beim Dalheimer Hof in Paderborn gefordert hatte.

Von Schlaun stammt die genaue Vermessung des Geländes um die alte Burg in Büren, wo das Jesuitenkolleg entstehen sollte. Sie ist im Westfälischen Landesmuseum für Kunst und Kulturgeschichte Münster unter der Nummer P 84, damit eigentlich unter den Pictoriuszeichnungen. Die Zeichenweise, grau-schwarze Tusche, die Geländedarstellung sowie die Kompaßdose weisen laut Mummenhoff auf Schlaun. Die Umrisse des Kollegs und der Kirche in brauner Tusche sind von der Hand des Gottfried Laurenz Pictorius nachträglich eingezeichnet. Der knappe Zusatz in einer Frakturschrift ist weder von Schlaun noch von Pictorius oder Lambert Friedrich Corfey, sondern vermutlich von einem Mitglied der Baukommission der Jesuiten hinzugefügt. Der Plan muß 1716 oder 1717 entstanden sein.

2 Büren, Jesuitenkolleg, Gartenfassade (1954)

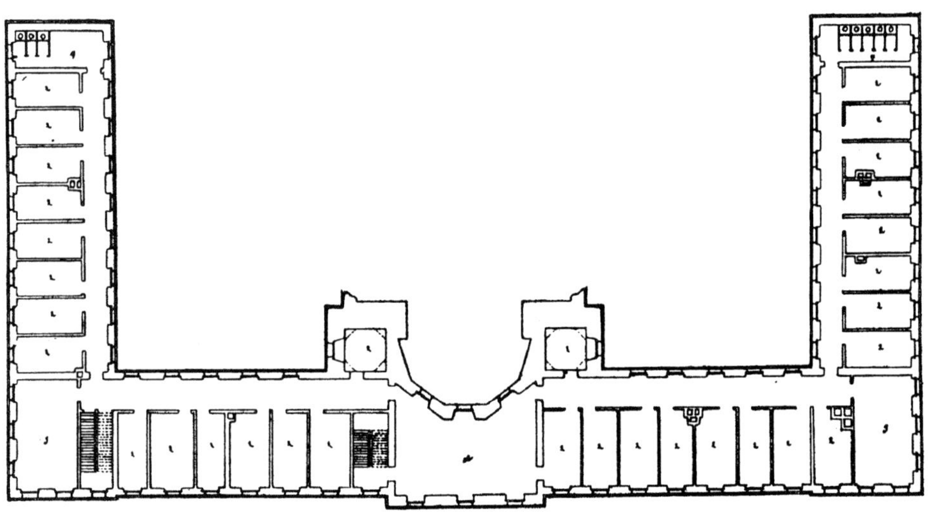

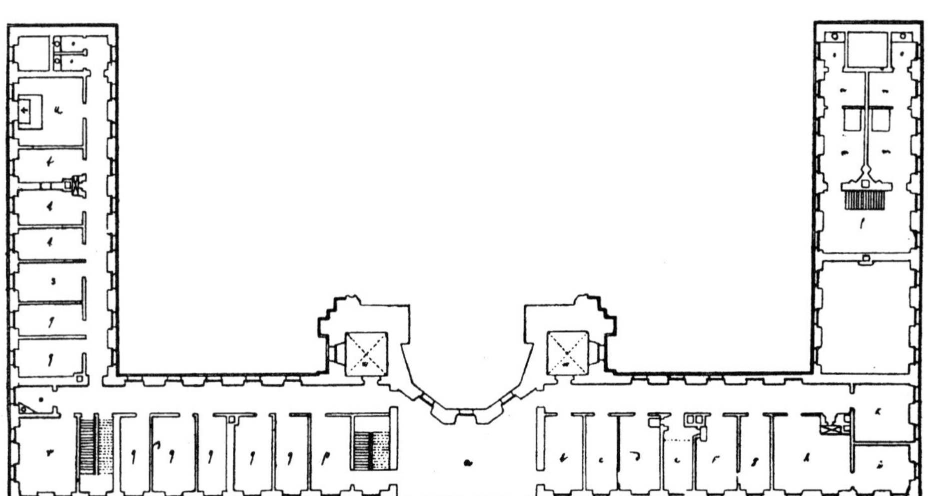

5.2–5.4

5.1
Büren, Jesuitenkolleg
Gesamtlageplan der Burg mit Eintrag des Projekts zum neuen Jesuitenkolleg (Abb. S. 28)

Lavierte Federzeichnung (schwarz, grau, grün, gelb), Bleigriffel, 52,4 x 75,1 cm
Titel: *Jetzieger plan von dem Hause Büren*
Maßstab: *120 (Fuß)* = 10,35 cm

Westfälisches Landesmuseum Münster, P 84

5.2
Büren, Jesuitenkolleg
Aufriß, 1716

Umzeichnung Hartmanns nach einer verlorenen Zeichnung Schlauns (?), ehemals im Westfälischen Provinzialverein für Wissenschaft und Kunst zu Münster, nicht mehr nachweisbar

5.3
Büren, Jesuitenkolleg
Grundriß 2. Obergeschoß, 1716

Umzeichnung Hartmanns nach einer verlorenen Zeichnung Schlauns (?)
Legende: *3. Etage. 1. Entrée. 2. Kammer. 3. für 2 professores. 4. prive*

Ehemals Privatbesitz Freusberg, Büren, nicht mehr nachweisbar

5.4
Büren, Jesuitenkolleg
Grundriß 1. Obergeschoß, 1716

Umzeichnung Hartmanns nach einer verlorenen Zeichnung Schlauns (?)
Legende: 2. *Etage. a.Entrée. b.Pförtnerkammer. c.d.logement vor patrem procuratorem. e.einheitzung. f.g.logement vor pater superior. h.i.logement vor patre provinciali. k.vor dem socio provincialis. l.entrée. m.n.Schlafkammern mit garderobes. o.prive. p.Kammer vor dem socio provincialis. q.gemeine Kammern. r.vor patre spirtuali. s.vor dem Krankenwärter. t.vor kranken. u.Kapelle.*

Ehemals Privatbesitz Freusberg, Büren, nicht mehr nachweisbar

3 Büren, Jesuitenkolleg, Portal einer Flügelfront (1953)

5.5

5.5

Büren, Jesuitenkolleg
Gottfried Laurenz Pictorius
Grundriß und Aufriß des Portals der Flügelfront, 1719

Lavierte Federzeichnung, 36,1 x 21,7 cm, 43,8 x 30,4 cm
Titel: *Porthal des Collegii S. J. zu Bühren Nr.25*

Nordrhein-Westfälisches Staatsarchiv Münster, Kartensammlung, 907/5

Die Zeichnung ist auf ein größeres Blatt aufgeklebt und ist von Schlauns Hand beschriftet: »Porthal des Collegii S. J. zu Bühren Nr. 25«. Sie stammt aus dem Nachlaß des Adolf von Vagedes, befand sich also im Besitz Schlauns. Rudigkeit weist die Zeichnung jedoch Pictorius zu, gestützt auf ein Schreiben vom März 1719, in dem Pictorius äußert, er habe als Eingang zum Kolleg an eine Tür mit einem rundbogigen Abschluß gedacht, seitlichen Säulen und einer darüber liegenden Balustrade. Vergleichbare Portale von Pictorius findet man am Mittelrisalit von Nordkirchen oder beim Beverfoerder Hof und Merveldter Hof in Münster. Aufgrund der geringfügigen Abweichungen von den ausgeführten Portalen der Kollegflügel in Büren kann es sich nicht um eine spätere Aufnahme Schlauns handeln, sondern um eine Präsentationszeichnung.

6
Sakramentskapelle »Sacellum Corporis Christi«, 1717–20
Büren

Schlaun baute, neben seiner Tätigkeit als Bauleiter des Kollegs, in Büren die Sakramentskapelle Corpus Christi, die durch den Stadtbrand im Jahre 1666 zerstört worden war. Ihre Stiftung ging zurück ins Mittelalter, ein angeblich von einem Bürener Juden begangener Hostienfrevel und das darauf sich ereignende Blutwunder waren der Anlaß. Auftraggeber des Neubaus von Schlaun war der Dompropst von Paderborn und Domherr von Osnabrück, Ignaz Anton Friedrich von Asseburg, Grundsteinlegung 16. Juni 1717 durch den Superior der Residenz Büren. In der Urkunde, die dem Grundstein beigefügt wurde, ist der Baumeister namentlich genannt: »Architecto Dno Joanne Conrado Schluen«.

Der Bau der Kapelle wurde von den Jesuiten beaufsichtigt und war laut Portalinschrift 1720, laut Ablaßbrief spätestens im Frühsommer 1721 abgeschlossen. 1810 wurde die Kapelle säkularisiert und verfiel. Bei einer Instandsetzung 1888 wurde das schadhafte Altarblatt und das Gemälde im Auszug durch Bilder von Josef Suntermann aus München ersetzt, zwischen 1960 und 1962 Restaurierungen an Bau und Ausstattung; dabei wurde die Originalfassung des Altars freigelegt und ergänzt, die Kapelle als Kriegergedenkstätte hergerichtet.

Die Kapelle ist ein schlichter oktogonaler Putzbau, vier hohe Rundfenster in den Diagonalen wechseln mit Flachnischen, der Altar im Süden, darüber ein achtteiliges, scharfgratiges Gewölbe auf kleinen Konsolen. Der Außenbau wird lediglich durch das Portal mit Segmentbogen, Kartusche mit der Jahreszahl 1720, der Inschrifttafel darüber und dem Stifterwappen ausgezeichnet. Unterhalb der Traufline umzieht ein Gesims das Oktogon, darüber die schiefergedeckte geschweifte Haube mit Laterne.

Der Ädikulaaltar, durch das Wappen als Stiftung Asseburgs ausgewiesen, mit flankierenden Einzelsäulen, die ein verkröpftes Gebälk und einen gesprengten Segmentgiebel tragen, ist bis auf den seitlich einschwingenden Retabelauszug stilistisch eng mit den Brakeler Seitenaltären verwandt, das Rankenwerk mit deutlichen Zügen des Régence, und vermutlich von Schlaun entworfen.

Bußkamp verweist auf die Ähnlichkeit der Gewölbebildung der Konchen in Rheder 1716, während die flache Ausbildung des zierlichen Portals auf das Vorbild der Bürener Kollegportale des Pictorius verweist.

LITERATUR

J. Spanke, *Nachrichten über die Sakramentskapelle in Büren und ihre Stiftung*, in: Zeitschrift für vaterländische Geschichte und Altertumskunde 48, 1890, 2. Abt., S. 192–210; Rensing 1936, S. 32; Kat. *Schlaun* 1973, Bildteil, S. 22; Rudigkeit 1989, S. 97; Bußkamp 1992, S. 109f.

DENKMALPFLEGE

Einzelberichte zur Denkmalpflege in: Westfalen 41, 1963, S. 48.

1 Büren, Sakramentskapelle »Sacellum Corporis Christi« (1923)

2 Büren, Sakramentskapelle »Sacellum Corporis Christi«, Altar (vor 1945)

150 m

7
Dalheimer Hof, 1717–20
Paderborn

Auftraggeber war der Abt des südöstlich von Paderborn gelegenen Klosters Dalheim, der in der Hauptstadt des Fürstbistums einen repräsentativen Stadtpalast von Schlaun errichten ließ. Nach der Zerstörung im 2. Weltkrieg wiederaufgebaut, wird er heute als Palais des Erzbischofs genutzt. Die Zuschreibung an Schlaun durch Rensing (1936) kann durch eine schriftliche Quelle abgesichert werden: »1717 hatt Herr Schlun für den Abriß oder Grundriß des Cottmannischen angekaufften Hau-ses bekommen 2 Rthlr 24 Gr, item für den neuen 8 Rthlr, item für dreijählige Absicht des gantzen Bawwesens daselbsten gefordert 100 Rthlr, ad cornputum bekommen 21 Rthlr«. Zeichnungen des Baus haben sich nicht erhalten.

Der Dalheimer Hof ist ein gut proportioniertes neunachsiges Stadtpalais, drei Achsen betonen den von aufgesockelten Kolossalpilastern ionischer Ordnung mit kurzen Gehängen gerahmten Mittelrisalit mit Dreiecksgiebel (Wappen) in Form eines Zwerchhauses, das ein Mezzanin ausbildet. Der Bau steht auf hohem Sockel (Souterrain für die Küche und Magazinräume) und ist an den Kanten durch wechselnd gesetzte Hausteine gefaßt. Das Portal ist über eine zweiläufige Freitreppe zugänglich. Rustizierte Pfeiler mit vorgelegten Pilastern ionischer Ordnung, im Gebälk verkröpft, tragen den geschweiften Giebel mit einem Okulus in der Aufsprengung. Gegen den Vertikalzug des monumentalen Mittelrisalits stehen die breitgelagerten Seitenflügel des Stadthauses. Der prominente Mittelrisalit mit Dreiecksgiebel in Form eines Zwerchhauses zitiert offensichtlich das barocke Hauptportal des Klosters Dalheim. Ab 1710 war unter dem Prior Bartholdus Schonlau (1708–30) der Komplex zu einer schloßähnlichen Dreiflügelanlage ausgebaut worden. Auch wenn der Westflügel erst 1729 vollendet wird, haben die Pläne im Zuge der Gesamtplanung sicherlich schon wesentlich früher vorgelegen. Die Hauptfassade, ebenfalls zweigeschossig und neunachsig, wird durch den dreiachsigen, pilastergerahmten Mittelrisalit betont, der im Dachbereich wie in Paderborn in ein Zwerchhaus mit Mezzanin und Dreiecksgiebel überführt ist. Ob der Dalheimer Hof vor und nach den Planungen für die Hauptfassade des Klosters entstand, ist letztlich zweitrangig, war der Prior Schonlau als Bauherr doch für beide Projekte maßgeblich verantwortlich. Wichtig jedoch bleibt für die Architektur in Paderborn, daß die mächtige Klosteranlage in Dalheim auch im bescheidenen Stadtpalais der Äbte – gleichsam vor den Augen des Fürstbischofs – anwesend war.

Die urkundlich gesicherte Autorschaft Schlauns für das Paderborner Stadtpalais der Dalheimer Äbte hat Mette (1993) zu der Vermutung veranlaßt, Schlaun sei auch beim Bau der Klosteranlage beteiligt gewesen. Das Vokabular der Kleinformen in Dalheim ebenso wie das des jungen Schlaun – erst 1720 trat er seine stilprägende Studienreise durch Europa an – sind jedoch zu wenig spezifisch ausgebildet, um den Bau oder Teile davon begründet zuschreiben zu können.

LITERATUR
Rensing 1936, S. 32; Rensing 1954, S. 9; Völker 1936, S. 6f., 25; Mette 1993, S. 65, 73f.

QUELLEN
Paderborn, Archiv des Erzbischöflichen Generalvikariats, Hs. IV 2, Rechnungsbuch des Klosters Dalheim, 1708–1732: Einnahmen und Ausgaben in alphabetischer Folge.

DENKMALPFLEGE
Einzelberichte zur Denkmalpflege in: Westfalen 31, 1953, S. 171.

1 Paderborn, Dalheimer Hof

2 Hauptfassade des Klosters Dalheim, Detail aus dem Memorialbild für den Prior Bartholdus Schonlau, nach 1737

1 Warburg, Neustädter Pfarrkirche St. Johannes Baptist, Hochaltar (vor dem Abbruch 1882)

2 Fischer von Erlach, Hochaltar in der Wallfahrtskirche Mariazell, Stich von Engelbrecht und Pfeffel (um 1693) >

8
Neustädter Pfarrkirche St. Johannes Baptist, Hochaltar, 1719
Warburg

Der Hochaltar wurde 1719 nach einem Entwurf Schlauns errichtet, Auftraggeber war die Gemeinde. 1882 wurde der Altar zugunsten des heutigen neugotischen Altars abgebrochen. Entwurfszeichnungen sind nicht erhalten, ein historisches Foto dokumentiert den ursprünglichen Aufstellungszusammenhang. Reste des Skulpturenprogramms befinden sich an der Ostseite des südlichen Querhausarmes (Mittelgruppe mit der Taufe Christi durch den Kirchenpatron, zwei seitliche Assistenzfiguren) sowie im Museum im ›Stern‹ (sog. Pauluskopf).

Der Gemeindeauftrag wurde stellvertretend durch den Pastor Dr. Rose vergeben, das Protokoll der Warburger Stadtverwaltung vom 10.1.1719 weist darauf hin, daß Schlaun den Altar in Paderborn anfertigen lassen werde, wo er noch bis 1720 als Leutnant und Ingenieur diente. Vom Typus her ist der Altar eine Weiterentwicklung von Rheder (vgl. Kat.-Nr. 2), Ädikula mit Ziborium, ein erweiterter monumentaler Triumphbogen in Form einer über Eck gestellten Serliana, der die Strukturen des römischen Barock in Grund- und Aufriß verarbeitet (publiziert in den Stichwerken von Rainaldi und Andrea Pozzo).

Eine konkretere Vorbildfunktion hatte nach Rensing allerdings der Hochaltar der Wallfahrtskirche in Mariazell von Fischer von Erlach, der bereits um 1693 in einem Stich von Engelbrecht und Pfeffel vorlag (Abb. 2). Allerdings erklärt sich die veränderte Grundrißform in Warburg nicht dadurch, daß sich das »Vorbild eine Abwandlung zur starren Linie der Flügel im Sinne der Klassik gefallen lassen mußte« (Rensing), sondern durch den Aufstellungszusammenhang in einer gotischen Architektur: Die ›diagonale‹ Grundrißstellung des Altars schloß durch die Parallelität zum Grundriß des mittelalterlichen 5/8-Schlusses den zweijochigen Chor elegant ab. Die Überleitung von der Grundrißstellung des mittelalterlichen Chorraums zur Diagonalstellung des Altars vermitteln zwei freistehende ›Pfeiler‹ mit Postamenten für weitere Assistenzfiguren und oberem Volutenabschluß, der auf das Sockelgeschoß des Altars überführt.

Seifert konstatiert für die Verarbeitung römischer Motive vergleichbare zeitgenössische Rezeptionsprozesse durch die flämische Schule des Johann Franz von Helmont, mit der Schlaun nach seiner Rückkehr aus Rom bei der Kapuzinerkirche in Münster (Kat.-Nr. 15) kooperierte. Hartmann vermutet für die unverhältnismäßig kleine, in der Gesamtarchitektur des Altars unproportioniert wirkende Figurengruppe mit der Darstellung der Taufe Christi die Autorschaft von Johann Christoph Manskirch. Da dieser nachweislich 1715 für den Baden-Durlacher Hof verpflichtet wurde und Schlaun ihn erst Mitte der zwanziger Jahre an den Bonner Hof holte, ist die Ausführung durch Manskirch unwahrscheinlich.

LITERATUR

Hartmann 1910, S. 271f., Abb. 148; Meyer 1938, S. 72; Rensing 1954, S. 8, 37; Peters 1955, S. 242; M. Freiherr von Erffa, *Die Ehrenpforten für den Possess der Päpste im 17. und 18. Jahrhundert*, in: *Festschrift Harald Keller*, Darmstadt 1963, S. 349, Abb. 8; R. Grosche, *Der Kölner Altarbau im 17. und 18. Jahrhundert*, hg. von Chr. Pesch und H. P. Hilger, Köln 1978 (Diss. Köln 1923/24), T. 38; Seifert 1983, S. 379f., 476f.

QUELLEN

Pfarrarchiv Warburg: Vertrag; Stadtarchiv Warburg: Protocollum Civile, 1719–21, zit. in: Hartmann 1910, S. 271: *Sabbathi den 10. janr. 1719. Herr Doctor Rose Pastor novi oppidi zeigte an, was Gestalt Er mit dem Herrn Ingenieur Schlaun wegen Verfertigung eines neuen hohen Altars in der neuenstädter Pfarrkirchen sich bereits in etwa eingelassen, damit nun aber desfalss ein desto bündiger Contract zwischen Ihnen aufgerichtet werden mögte, als wollte gebetten haben, solchen ad Protocollum in praesentia sui und des gedachten Herrn Ingenieur zu nehmen, sein demnach die beiden Herrn Contrahentes desfalss folgender Gestalt eine worden. Nehmblich gedachter Herr Ingenieur verspricht das völlige Altar in der Schreiner und Bildhauerarbeit nach dem in curia praesentierten Abriss jedoch mit der Ausnahme des darauf befindlichen Pedals um neunhundert Thaler zu verfertigen und zwar die Materialia ex suis mediis darzu zu verschaffen, weil aber die Arbeit nicht allhier in loco sondern zu Paderborn verfertigt werden soll, als hat sich der Herr Pastor dahin erklärt, sothane verfertigte Arbeit mediis Ecclesiae anhero bringen zu lassen. Inmass dann auch die Aufrichtung des verfertigten Altars mediis ecclesiae geschehen soll, wobei dann auch wegen Zahlung obgedachter 900 Thaler absonderlich inter dd. contrahentes annoch vereinbahrt und von seit des Herrn Ingenieurs eingewilliget worden, dass ihm falls etwa, nach verfertigtem Altar der Herr Pastor den Rückstandt solcher 900 Thaler nicht abführen könnte, dass dann der Herr Ingenieur wenigst zwei Jahr lang desfalss ohne Forderung einger pension stehen wolle, nach Verfliessung der zwei Jahren aber die völlige Zahlung geschehen solle.*

DENKMALPFLEGE

Einzelberichte zur Denkmalpflege in: Westfalen 62, 1984, S. 401f.

9
Domkurie von Merveldt, 1720
Münster

LITERATUR
Geisberg 1933, Münster II, S. 83–90; Rensing 1941, S. 206 ff.; Lahrkamp 1980, S. 141; Mummenhoff 1984, S. 106.

Der Umbauentwurf für die nach 1700 errichtete Merveldtsche Domkurie wurde nie ausgeführt; Auftragggeber war der Domherr Max Heinrich Burchard von Merveldt, der sie 1713 erhalten hatte. Es existieren drei verschiedene Entwürfe: der erste vom Januar 1720 ist von Corfey, der zweite vom April 1720 von dem Paderborner Baumeister Georg Sigismund Schmidt, der dritte, eine Grundstücksvermessung, ist von Schlaun und entstand vermutlich noch im Sommer 1720. Der Merveldter Hof wurde 1941 durch Brandbomben völlig zerstört.

Das Gelände der Kurie lag südlich des Domplatzes hinter dem Altbau des heutigen Landesmuseums, dazu gehörte die Margaretenkapelle mit einigen älteren Bauten um einen kleinen Garten. Im Archiv von Ketteler haben sich vier Bauzeichnungen erhalten, die sich auf das Projekt eines Dreiflügelbaus südlich der Kapelle beziehen: die erste mit der Darstellung des Erdgeschoßgrundrisses trägt die Bezeichnung »Plan des Hauses und Gartens«. Die zweite zeigt einen Aufriß, den Kellergrundriß und einen Querschnitt mit den Beischriften: »Profil des Hauses«, »Kellerwerck« und »profil des Flügels«. Diese beiden Entwürfe gehören zusammen und sind, wie Mummenhoff zeigen konnte, von Lambert Friedrich Corfey. Der dritte Plan gibt wiederum das gesamte Erdgeschoß, erläutert durch viele Beischriften und ist signiert: »Apr. 1720 Georg Schmidt«. Der vierte Plan, eine Vermessung des gesamten Grundstücks zwischen Margaretenkapelle und Rothenburg, ist nach Zeichenweise und Schriftduktus eindeutig von Schlaun.

Erst am 27. Januar 1720 erklärt sich der Bauherr laut Sitzungsprotokoll bereit, die verfallene Kurie neu zu bauen und legt die Pläne Corfeys vor, dessen Erdgeschoßgrundriß rückseitig den Präsentationsvermerk vom 21. Januar 1720 trägt. Kurz danach entstand im April 1720 der Erdgeschoßgrundriß von Georg Schmidt. Trotz einzelner kleiner Unterschiede ist zu erkennen, daß beide Architekten die gleiche Grundstücksvermessung für ihre Entwürfe benutzt haben. Diese Vermessung glaubte Rensing in der Zeichnung von Schlaun gefunden zu haben, weshalb er auch die Zeichnungen Corfeys Schlaun zuschrieb. Schlaun müßte die Vermessung also spätestens 1719 angefertigt haben, denn im Januar 1720 liegen die Zeichnungen Corfeys vor.

Die Frage, ob Schlaun 1719 Vermessungen in Münster durchgeführt hat, berührt die immer wieder behauptete ›Lehre‹ Schlauns bei Corfey, die in den Zeitraum zwischen 1713 und 1718 verlegt wird. Mummenhoff hat jedoch schlüssig dargelegt, daß Schlaun aufgrund seiner Tätigkeit im Fürstbistum Paderborn dafür gar keine Zeit gehabt haben kann. Gelernt hat er vielmehr auf der Baustelle, nämlich als Bauleiter in Büren ab 1716, bei der Ausführung der Kapuzinerkirche in Brakel 1715–18, bei der Pfarrkirche in Rheder 1716–18, beim Bau des Dalheimer Hofs in Paderborn 1717–20. 1717 führte er Vermessungen zwischen Paderborn und Corvey und in Drensteinfurt durch, 1719 hat er den Hochaltar der Neustädter Kirche in Warburg entworfen und für dessen Ausführung gesorgt, und schließlich entwarf und organisierte er 1719 das große Feuerwerk zu Ehren des neuen Fürstbischofs, das am 24. April 1720 in Schloß Neuhaus aufgeführt wurde. Eine ganze Reihe von Zeichnungen, die sich in den Klebebänden aus dem Nachlaß Schlauns befanden, stammen von Corfey und sind erst später in Schlauns Besitz gekommen und von ihm mit Zusatznotizen versehen worden. Schlaun und Corfey haben sich persönlich gekannt, schon allein durch die Gutachtertätigkeit Corfeys bei der Entscheidung über die Planungen zum Jesuitenkolleg zwischen Pictorius und Schlaun. Die Vermessung des Kuriengeländes durch Schlaun, die in manchen Punkten von der Grundlage für die Neubaupläne Corfeys und Schmidts abweicht, kann Schlaun auch nach dem 27. Februar 1720 angefertigt haben, denn damals wurde er zum Landmesser des Fürstbistums Münster ernannt. Der Bauherr von Merveldt könnte einen weiteren Planvorschlag gewünscht haben, denn auf der Vermessung hat Schlaun dünn punktiert einen nach Norden offenen Dreiflügelbau angegeben, der, im Gegensatz zu den beiden anderen Projekten, weitestgehend die vorhandenen Fundamente der älteren Bauten kostensparend ausnutzt. Rensing hat zu recht auf die Unterschiede in den Winkeln und Maßen zwischen der Schlaunschen Vermessung und den Erdgeschoßentwürfen hingewiesen. Die Zeichnung könnte also vor dem Herbst 1720 entstanden sein, als Schlaun zu seiner großen Studienreise nach Italien und Frankreich aufbrach, von der er erst im März 1723 zurückkam.

Von Merveldt starb am 25. September 1732; das Kapitel stellte fest, »daß von der Kurie das (alte) Prinzipalhaus abgebrochen, der neue Bau nicht perfectirt, sondern allein angefangen. Das Wohnhaus sei in einem nicht bewohnbaren Stand, die dazu gehörigen Gademe seien auch sehr baufällig«, hingegen aber seien ein ganz neuer Pferdestall und »viele Materialia vorrätig«.

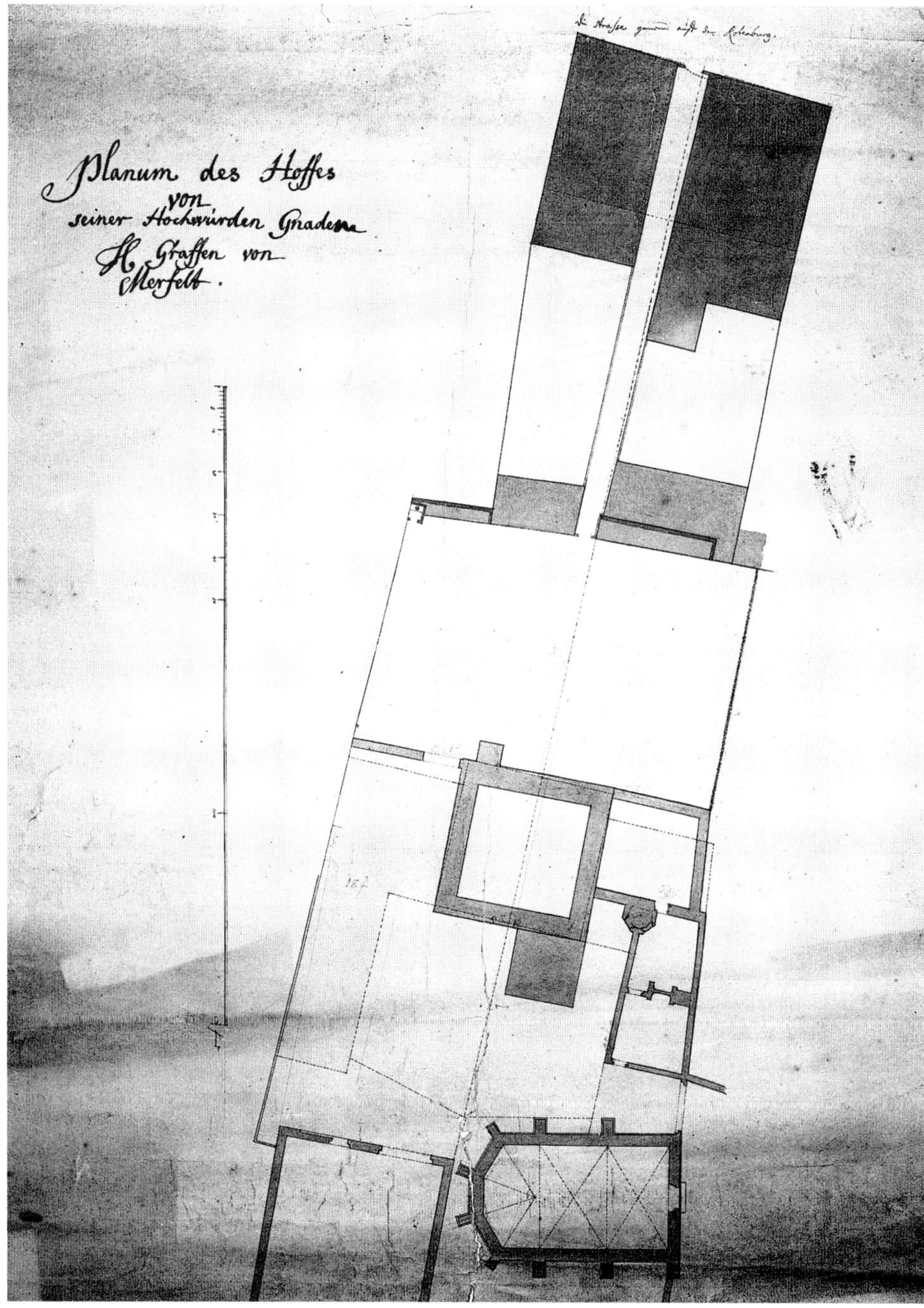

9.1

9.1
Münster, Domkurie von Merveldt
Bauaufnahme, Gesamtplan, 1720?

Lavierte Federzeichnung
Titel: *Planum des Hoffes von seiner Hochwurden Gnaden H Graffen von Merfelt.*
Beischrift: *die strasse genand auff der Rotenburg.*
(Maßangaben)
Maßstab: *150 fues*

Nordrhein-Westfälisches Staatsarchiv Münster, ohne Inv.-Nr.

Pianta e la Facciata della Chiesa di S. Andrea
del Nouitiato

10

Studienreise, 1720-23

Würzburg – Rom – Wien? – Paris

Am 27. Februar 1720 wurde Schlaun zum Münsterschen Landmesser ernannt, am 19. März folgte seine Beförderung zum Capitain-Lieutnant. In Schloß Neuhaus brannte am 24. April das Begrüßungsfeuerwerk für Clemens August ab, dem er sich ein Jahr zuvor mit zwei Dedikationsblättern (Kat.-Nr. 77) empfohlen hatte. Offensichtlich mit Erfolg, denn Schlaun trat noch im Spätherbst des gleichen Jahres eine große Studienreise an, finanziert von seinem jungen Mäzen und ausgestattet mit Empfehlungsschreiben seines späteren Auftraggebers. Auch wenn Schlauns Reise nur fragmentarisch durch einige wenige Zeichnungen dokumentiert ist, so entspricht die Route durch Europa mit Rom als Höhepunkt doch den gängigen Kavalierstouren junger Adeliger und Künstler, wie dies das Reisetagebuch Lambert Friedrich Corfeys dokumentiert. Clemens August selbst war in den Jahren 1718–19 zusammen mit seinem Bruder incognito in Rom gewesen, und man kann davon ausgehen, daß er Schlaun eine Liste der zu besichtigenden und aufzunehmenden Bauten mitgab.

Auf dem Weg nach Rom machte Schlaun für längere Zeit in Würzburg halt, um den Ausbau zu einer groß angelegten Residenzstadt durch die Schönborns zu besichtigen. Die wichtigsten Bauprojekte in diesem Jahr waren die Planungen zur Schönbornkapelle sowie zum Neubau des Schlosses. Die einzige von diesem Aufenthalt erhaltene Zeichnung zeigt die Konstruktion einer Wassermühle (Kat.-Nr. 10.1) und mag die Angabe Johann Mauritz Güdings, des engsten Mitarbeiters der Schlaun-Werkstatt, bestätigen, Schlaun habe »bei dem Artilleriekapitän Neumann die Artillerie- und Ingenieurkunst« erlernt.

Schlaun selbst erwähnte Rom neben Paris als den für seine Ausbildung wichtigsten Ort. Hier traf er vermutlich noch im Laufe des Jahres 1721 ein. Auf einem der 12 erhaltenen Studienblätter (Kat.-Nr. 10.2) hat er handschriftlich vermerkt: »da me Giovanni Conrado Schluen per il mio Studio tutto mesurato 1722«. Die Reise von Deutschland nach Italien führte meistens über den Brenner. Von Verona aus konnten mehrere Routen nach Süden gewählt werden. Entweder entschied man sich ab Genua für den Seeweg bis Livorno und setzte dann die Reise über Florenz, Siena und Viterbo bis nach Rom und Neapel fort, oder man wählte den Landweg über Bologna, mit einem Abstecher nach Mailand. Für den Rückweg plante man oft einen Aufenthalt in Venedig. Während Städte wie Bologna, Florenz, Mailand und Genua nur kurz besucht wurden, stand der römische Aufenthalt im Mittelpunkt der Reise. Daß sich von Schlauns Italienaufenthalt nur Zeichnungen römischer Bauten erhalten haben, ist deshalb sicherlich kein Zufall – Italien war für Schlaun Rom. Die päpstlichen Repräsentationsprojekte ebenso wie die aktuellen Diskussionen an der Accademia di San Luca über die Renaissance Borrominis um 1720 und die modernen Bauprojekte etwa Filippo Juvarras setzten internationale Standards. Neben der Bauaufnahme römischer Kirchen in Form qualitativ hochwertiger Schauzeichnungen (Kat. Nr. 10.2–13) besuchte Schlaun die prominenten Sammlungen des Vatikans, vor allem aber die Akademie als Treffpunkt der internationalen Künstlerszene.

Das Paßregister der kaiserlichen Botschaft nennt im April 1722 den Eintrag »Schluen, Konr., Baumeister des Bischofs von Münster u. Paderborn; in R. 1722; erhielt 27.4. Paß für die Reise nach Wien«. Ob Schlaun von Rom aus wirklich in die »Kaiserstadt« Wien weiterreiste, kann nicht angenommen werden. Planungen und Kontakte dieser Art müssen aber offensichtlich bestanden haben, zumal ein römisches Studienblatt (Kat.-Nr. 10.12) neben dem üblichen Maßstab der »Palmi romani« einen zweiten, »un piede naturale di Vienna«, nennt. Vielleicht bedeutet dies, daß Schlaun die Zeichnung für den Aufenthalt in Wien vorbereitet hatte oder in Rom in der kaiserlichen Botschaft präsentieren wollte. Am wahrscheinlichsten ist wohl, daß er Pläne kopierte, die ein Architekt (aus Wien) in seinem ver-

LITERATUR

Klocke 1953; Wolff-Metternich 1963; Steckelings 1989; Bußkamp 1992, S. 30–47; Hanemann 1995; Kieven 1995; Krause 1995; Matzner 1995; Muth 1995.

QUELLEN

Paßregister der kaiserlichen Botschaft in Rom aus den Jahren 1720–34: *Schluen, Konr., Baumeister des Bischofs von Münster u. Paderborn; in R. 1722; erhielt 27.4. Paß für die Reise nach Wien* (zit.n. Steckelings 1989).

10.3 Rom, S. Andrea al Quirinale, Grundriß des Fassadenverlaufs in zwei Ebenen und Aufriß der Fassade

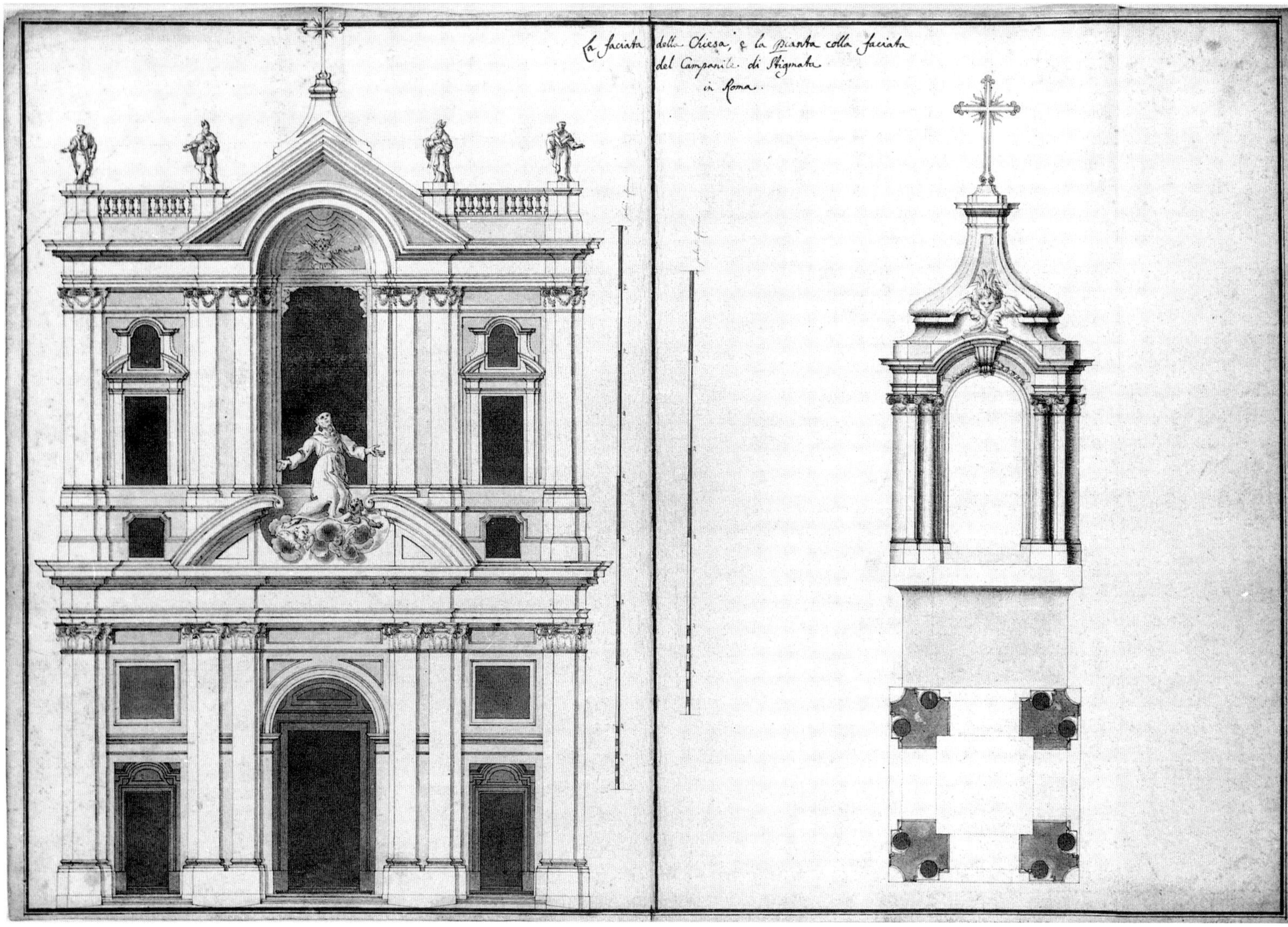

10.8 Rom, SS. Stimmate di Francesco, Aufriß der Fassade, Grundriß und Aufriß des Campanile

trauten Maß angelegt hatte. Es ist damit durchaus vorstellbar, daß Schlaun in Rom und bereits in Würzburg Kontakte zu Wiener Architekten knüpfen konnte, zumal die Schönborns besonders Lucas von Hildebrandt großen Wert beimaßen.

Wann und auf welcher Route Schlaun von Rom aus nach Paris reiste, ist nicht überliefert. Man kann davon ausgehen, daß Schlaun dasselbe Pensum absolvierte wie Balthasar Neumann, der im Auftrag Johann Philipp Franz von Schönborns nach Paris kam und der durch seine gut vorbereiteten Kontakte zu den beiden führenden Architekten, zum Leiter der königlichen Baubehörde, Robert de Cotte, und zu Germain Boffrand als Premier Architecte des Herzogs von Lothringen, ein ausführliches Besuchsprogramm absolvieren durfte. Im Frühjahr 1723, also gleichzeitig mit Schlauns Aufenthalt in Paris, sah Neumann selbstverständlich die großen Anlagen Ludwigs XIV., besuchte aber auch die älteren kleineren Landsitze auf dem Weg nach Fontainebleau sowie Issy im Südwesten der Stadt. Schließlich verschaffte er sich Zutritt zu den neu eingerichteten Pariser Palais', wie etwa den Paraderäumen des Palais Royal, und konnte so sehr anschaulich und präzise über die aktuellen Moden der Innendekoration nach Würzburg berichten. In vergleichbarer Form tat dies auch Schlaun nach seiner Rückkehr von der Reise in Schloß Nordkirchen (Kat.-Nr. 11). Hier konnte er sich durch die Einführung moderner französischer Innenraumdekorationen erfolgreich gegen seine Vorgänger und Konkurrenten durchsetzen.

Am 19. März 1723 kehrte Schlaun nach Münster zurück. Die seinem Mäzen vorgelegten Schauzeichnungen und Berichte müssen Eindrücke hinterlassen haben, denn lediglich eine Woche später wird der junge Architekt zum Capitain befördert.

S. Agnese in Piazza Navona (Kat.-Nr. 10.2)
Papst Innozenz X. Pamphilj (1644–1655) ließ kurz nach seinem Regierungsantritt den Palast seiner Familie an der Piazza Navona umbauen und erweitern. Nach der Ausführung von Berninis Entwurf des Vierströmebrunnens begannen Girolamo und Carlo Rainaldi 1652 mit dem Neubau der neben dem Palast gelegenen Kirche S. Agnese. Der Legende nach hatte sich an dieser Stelle das Martyrium der Heiligen ereignet. Bereits 1653 wurde Girolamo Rainaldi auf Befehl des Papstes von der Bauleitung suspendiert, da dieser die Nähe der im Bau befindlichen Fassade zu Berninis Brunnen bemängelte. Der von Innozenz X. favorisierte Architekt Francesco Borromini wurde um Rat gebeten. Ihm ist, vielleicht in Zusammenarbeit mit Carlo Rainaldi, die Idee zu verdanken, die Fassade in einem weiten Konkavschwung zurückweichen zu lassen und dadurch genügend Abstand zwischen Brunnen und Kirche zu schaffen. Borromini übernahm bis 1657 die Bauleitung und veränderte den ursprünglichen Entwurf im Innern wie an der Fassade. 1655 wurde die Fassade zu beiden Seiten verbreitert, die auf diesen Flanken aufsitzenden Glockentürme aber erst ab 1663 ausgeführt. Die Kuppel war 1654 im Rohbau vollendet, allerdings noch ohne Laterne. 1657 überwarf sich Borromini mit Fürst Camillo Pamphilj, und Carlo Rainaldi kehrte in die Bauleitung zurück. Er veränderte beim Bau der Kuppellaterne die Höhe und reduzierte den sie umgebenden Säulenkranz von sechzehn auf acht Säulen. Nach 1666 wurde die Attika der Fassade auf Veranlassung Berninis geändert, der auch in die Innendekoration eingriff. Die Innenausstattung der Kirche war im wesentlichen gegen 1680 abgeschlossen.

Das besondere Interesse Schlauns für die Bauten Borrominis wird auch in seinen Zeichnungen deutlich. Die Blätter mit der Darstellung von S. Agnese in Piazza Navona (Kat.-Nr. 10.2) und der Plansatz von S. Ivo (Kat.-Nr. 10.4–6) gehören zu den graphisch besonders sorgfältig ausgeführten, deren Anlage den Rahmen einer normalen Studienaufnahme überschreitet und bereits als Schauzeichnung zu bewerten ist. Die dekorativen Schmuckelemente – Inschriftkartuschen, kartuschenhaltende Putti, fingiertes Einsatzblatt – zeigen, wie sehr sich Schlaun mit der durch Juvarra in Rom etablierten aufwendigen Gestaltung solcher Blätter auseinandergesetzt hat. Die platzsparende Kombination verschiedener horizontaler Schnittebenen, die den Bau praktisch von unten nach oben aus dem Blatt herauswachsen läßt, ist von Borromini angewandt worden, kommt aber auch in Architekturpublikationen vor, wie zum Beispiel in Carlo Fontanas ›Templum Vaticanum‹ von 1694. Der Zeitaufwand, den Schlaun in ein solches Blatt investierte, war erheblich, und es ist daher verständlich, daß er dieses Blatt signierte und datierte. Schlaun interessierte sich in dieser Bauaufnahme für Borrominis Anteil am äußeren Erscheinungsbild von S. Agnese, indem er nur den Fassadenverlauf und die Kuppel wiedergab. Da die Kuppellaterne aber nicht exakt Borrominis Entwurf entspricht, sondern der späteren Ausführung, könnte die Vorlage für dieses Blatt aus dem Zusammenhang der Stichvorlagen für die Publikation des »Studio d'architettura civile« von de Rossi stammen.

S. Andrea al Quirinale (Kat.-Nr. 10.3)
1565 wurde den Jesuiten die mittelalterliche Kirche S. Andrea a Montecavallo übertragen, ein Jahr später errichteten sie dort ihr Noviziat. Nach dem ersten Neubau der Kollegkirche wurde bald eine größere Kirche notwendig. Der Bau verzögerte sich aber aus finanziellen Gründen, auch waren nicht alle Päpste an einem repräsentativen Neubau direkt gegenüber des päpstlichen Palastes auf dem Quirinal interessiert. 1658 gab Papst Alexander VII. seine Zustimmung zum Kirchenbau nach einem Entwurf Berninis, der von Fürst Camillo Pamphilj finanziert wurde. Die komplizierte und langwierige Baugeschichte ist erst seit einiger Zeit bekannt. Nach nur einmonatiger Planung begannen die Bauarbeiten im November 1658. Im November 1659 war der Rohbau bereits vollendet. Die Kuppellaterne wurde nachträglich 1660 hinzugefügt. Danach folgte schrittweise die Ausführung der Innenausstattung. Die Fassade errichtete man erst 1670, auch die beiden viertelkreisförmigen Mauern zu beiden Seiten der Fassade wurden erst in den siebziger Jahren angesetzt. 1676 erfolgte der Abbruch der Trennmauer zwischen Kirche und Straße. Erst danach war die Fassade mit ihrem Vorplatz voll sichtbar.

Schlauns Darstellung der Fassade von S. Andrea al Quirinale (Kat.-Nr. 10.3) läßt vermuten, daß er die Zeichensammlung der Accademia di San Luca konsultiert hat. 1706 war die Aufnahme dieser Fassade Thema der dritten Klasse des Concorso Clementino gewesen, und im Vergleich mit den Blättern der Teilnehmer wird sofort klar, daß Schlaun sich dieses Materials bedient hatte. Die Konzentration der Dar-

LITERATUR

Zu S. Agnese in Piazza Navona:
G. Eimer, *La Fabrica di S. Agnese in Piazza Navona*, 2 Bde., Stockholm 1970; R. Preimesberger, *Pontifex romanus per Aeneam praesignatus*, in: Römisches Jahrbuch für Kunstgeschichte 16, 1976, S. 221–87.

Zu S. Andrea al Quirinale: T. K. Kitao, *Bernini's Church Facades: Method of Design and the Contrapposti,* in: Journal of the Society of Architectural Historians XXIV, 1965, S. 263–84; J. Connors, *Bernini's S. Andrea al Quirinale: Payment and Planning,* in: Journal of the Society of Architectural Historians, XLI, 1982, S. 15–37; C.L. Frommel, *S. Andrea al Quirinale: genesi e struttura,* in: *Gianlorenzo Bernini architeto e l'architettura europea del seisettecento,* hg. von G. Spagnesi und M. Fagiolo, Rom 1983, S. 211–53; T. Marder, *The Evolution of Bernini's Designs for the facade of Sant' Andrea al Quiriale: 1658–76,* in: Architectura 1990, S. 108–32.

Zum Palazzo della Sapienza und S. Ivo alla Sapienza: H. Thelen, *Der Palazzo della Sapienza in Rom,* in: Miscellanea Bibliothecae Hertzianae, München 1961, S. 285ff.; J. Wassermann, *Giacomo Della Porta's Church for the Sapienza in Rome,* in: Art Bulletin XLVI, 1966, S. 501ff.; H. Ost, *Borrominis römische Universitätskirche,* in: Zeitschrift für Kunstgeschichte 30, 1967, S. 191ff.; P. Portoghesi, *Francesco Borromini,* 2. Aufl. Mailand 1982; E. Cirielli, A. Marino, *Il complesso della Sapienza: le fasi del cantiere, gli interventi successivi al Borromini, le manutentioni,* in: Ricerche di Storia dell' Arte 20, 1983, S. 39–64.

Zu SS. Stimmate di Franceso: P. Ferraris, *La fabbrica della chiesa delle Stimmate in Roma e la statua di San Francesco di Bernardino Cametti,* in: Storia dell' Arte 65, 1987, S. 69–86.

Zu SS. Giovanni e Paolo: A. Prandi, *Il complesso monumentale della basilica celimontana dei SS. Giovanni e Paolo,* Rom 1953; F. Chiavadia, *SS. Giovanni e Paolo,* in: Ricerche di Storia dell' Arte 31, 1987, S. 41–42.

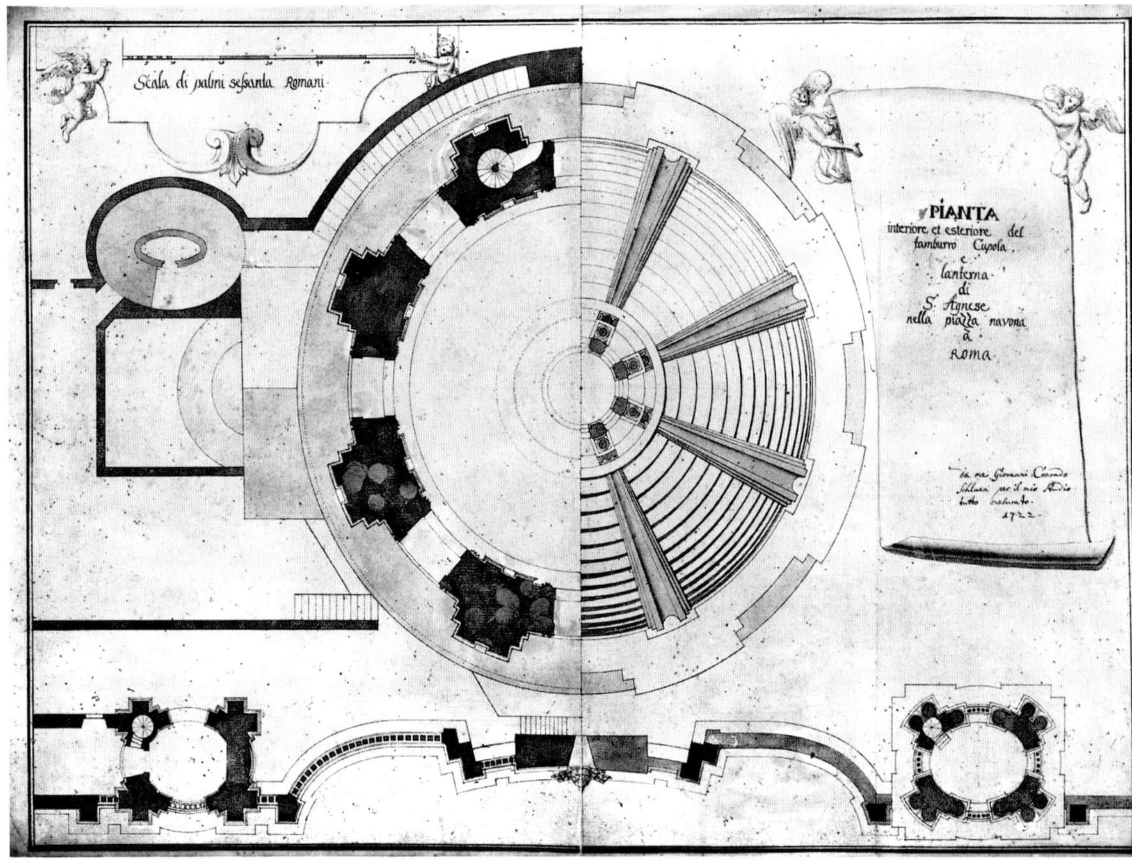

10.2 Rom, S. Agnese in Piazza Navona, Grundriß des Fassadenverlaufs und der Kuppellaterne in zwei Ebenen, 1722

stellung auf den Mittelteil unter Fortfall der flankierenden Seitenmauern isoliert die Fassade aus ihrem Zusammenhang und trägt damit deutlich den Charakter einer Akademiezeichnung. Im Vergleich zu den Wettbewerbsaufnahmen fällt Schlauns subtile Lavierung auf, mit der er im gekonnten Schattenschlag der vortretenden Säulen auf die dahinterliegende Wand das Spannungspotential zwischen Fläche und Raum andeutet.

Palazzo della Sapienza und
S. Ivo alla Sapienza (Kat.-Nr. 10.4–10.6)

Die römische Universität, »Sapienza« genannt, war im Stadtzentrum zwischen Piazza Navona und dem Pantheon ursprünglich in zwei Gebäuden untergebracht. Unter Papst Gregor XII. (1572–1585) begann Giacomo della Porta mit einem Neubau, der die Anlage eines großen, längsrechteckigen und arkadengesäumten Innenhofes vorsah, um den sich an drei Seiten die Flügel des Universitätspalastes schlossen. Die vierte Seite war für den Neubau der Universitätskirche S. Ivo vorgesehen. Della Porta hatte an eine Kirche über Kreisgrundriß gedacht, die von einer Kuppel überragt werden und zwischen den flankierenden Längsflügeln des Palastes aufragen sollte. Er wollte die Kirche zum Innenhof hin mit einer konkav einschwingenden Blendmauer abschließen, die auch ausgeführt wurde. Der Kirchenneubau blieb aber aus finanziellen Gründen aus. 1632 wurde Francesco Borromini zum Architekten der römischen Universität ernannt. Im Januar 1643 begannen auf Veranlassung von Papst Urban VIII. Barberini (1623–1644) nach Borrominis Entwurf die Arbeiten am Neubau der Kirche, der bis 1648 im Rohbau vollendet war – allerdings fehlte die Kuppellaterne. Der Tod des Papstes und Probleme mit den Handwerkern, die sich über durch die ungewöhnliche Form des Baus bedingte technische Schwierigkeiten beklagten, führten zur Bauunterbrechung. Erst 1652 entschloß sich Papst Innozenz X. zum Weiterbau der Laterne. Papst Alexander VII. (1655–1667) finanzierte endlich ab 1659 die Fertigstellung des Baus und ließ die noch fehlende Bibliothek bauen. Borromini nutzte die zweite Bauphase im Innen- wie im Außenbau zu einer teilweisen Revision seiner Entwürfe. Die Kirche wurde zwar 1660 geweiht, die Fertigstellung der Innenausstattung zog sich aber noch längere Zeit hin.

SS. Stimmate di Francesco (Kat.-Nr. 10.7.–10.10)
1597 schenkte Papst Clemens VIII. der drei Jahre zuvor gegründeten Bruderschaft von den Wundmalen des hl. Franziskus von Assisi eine Kirche in der Nähe des Pantheons im römischen Stadtzentrum. Die dem dritten Orden des hl. Franziskus zugeordnete Bruderschaft entwickelte sich schnell zu einer der gesellschaftlich bedeutendsten religiösen Vereinigungen der Stadt, der auch viele Künstler angehörten. 1704 wurde der Neubau der Kirche und eines Oratoriums erwogen, die nach dem Entwurf des der Bruderschaft angehörenden Architekten Giovanni Battista Contini ausgeführt werden sollte. Mit dem Bau des Chores konnte aber erst 1714 begonnen werden, im Dezember 1715 folgte das Langhaus. In der Zwischenzeit war der Entwurf nach mehreren Planänderungen immer aufwendiger geworden. 1716 wurde Contini nach Streitigkeiten Antonio Canevari, ebenfalls ein Mitglied der Bruderschaft, zur Seite gestellt, nach dessen Entwurf 1717 die Fassade und der Glockenturm abweichend vom ursprünglichen Plan gebaut wurden. Die Weihe der Kirche erfolgte 1719.

Verfolgt man für die Jahre von 1718–19, in denen Clemens August in Rom lebte, im »Diario Ordinario«, der römischen Zeitung, welchen im Bau befindlichen Planungen das besondere Interesse des Papstes galt, so fallen zwei Projekte auf: der Neubau von SS. Stimmate di S. Francesco und der Umbau von SS. Giovanni e Paolo. Im Juni 1718 begab sich der Papst zusammen mit Kardinal Paolucci in dessen Titelkirche S.S. Giovanni e Paolo »per godere la bella, e vaga modernatura, e riduzzione dall'antico al moderno di quella Chiesa, fatta fare dalla generosità, e buon gusto di S(ua) E(minenza) Titolare, che da tutti si mira, e gode con particolar attenzione … S(ua) S(antità) ritornò … ben sodisfatto«. Im September 1718 besichtigt er den Bau von SS. Stimmate. Diese öffentliche Auszeichnung des Papstes für beide Bauten macht es mehr als wahrscheinlich, daß auch Clemens August und sein Bruder beide Kirchen umgehend besucht haben dürften. Schlauns Auswahl könnte ihm also vorgegeben gewesen sein. Während der Umbau von SS. Giovanni e Paolo keine Spuren in seinem späteren Werk hinterlassen hat, scheint SS. Stimmate stärker auf ihn gewirkt zu haben. Die dort vorkommenden abgerundeten Ecken des Innenraumes, ein von Borromini übernommenes und weiterentwickeltes Motiv, tauchen umgehend in Schlauns Kirchenbauten auf; er sollte, wie Bußkamp (1992) ausführlich dargelegt hat, öfter auf diese Anregung zurückgreifen.

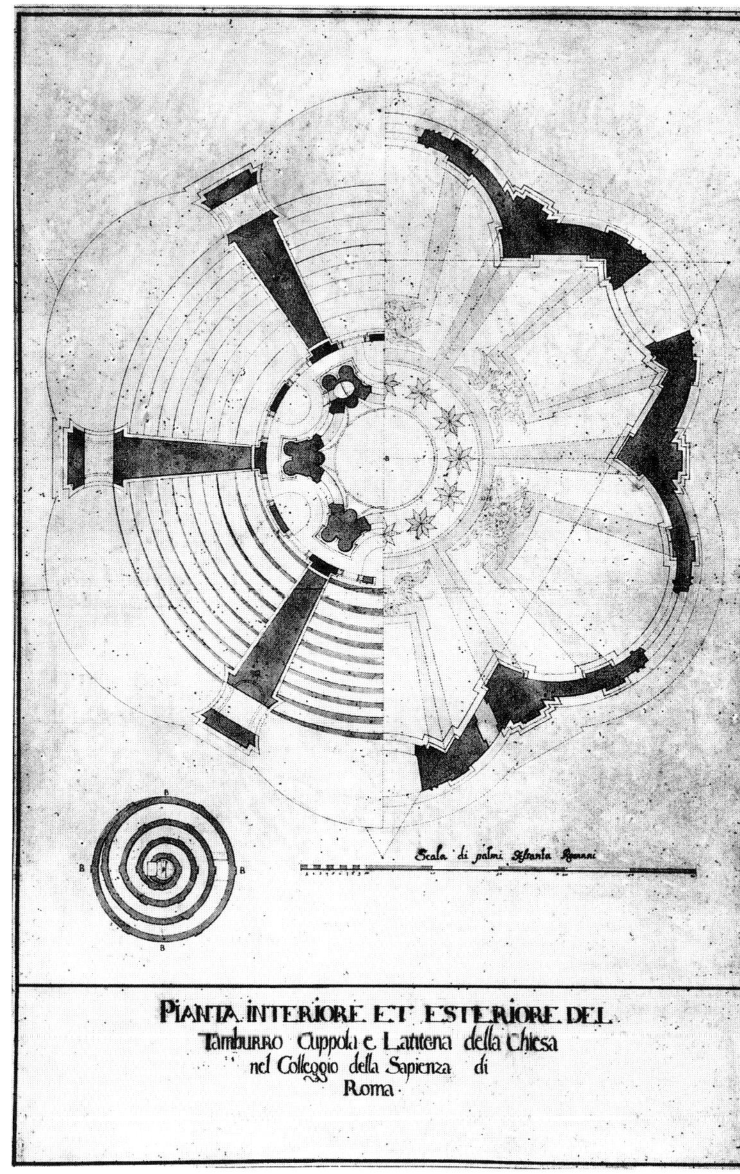

10.6 Rom, S. Ivo alla Sapienza, Grundriß der Kuppel in zwei Ebenen

SS. Giovanni e Paolo (Kat.-Nr. 10.11–10.12)
Die Gründung der Kirche auf dem Celio unweit des Kolosseums geht auf das 5. Jahrhundert zurück. Sie entstand zu Anfang des Jahrhunderts über den Häusern zweier Hofbeamter, die unter Kaiser Julian Apostata 361 das Martyrium erlitten hatten. Um die Mitte des 12. Jahrhunderts ließ der an der Vorhalle inschriftlich genannte Kardinal Johannes die Kirche erneuern und fügte Vorhalle, Campanile und wahrscheinlich auch die Zwerggalerie an der Außenseite der Apsis hinzu. Die weit vom Stadtzentrum entfernte Basilika überstand im Lauf ihrer langen Geschichte zahlreiche Zerstörungen und Erneuerungen. 1715-18 veranlaßte der Titelkardinal Fabrizio Paolucci eine durchgreifende Modernisierung im Zeitgeschmack nach den Entwürfen von Antonio Cane-

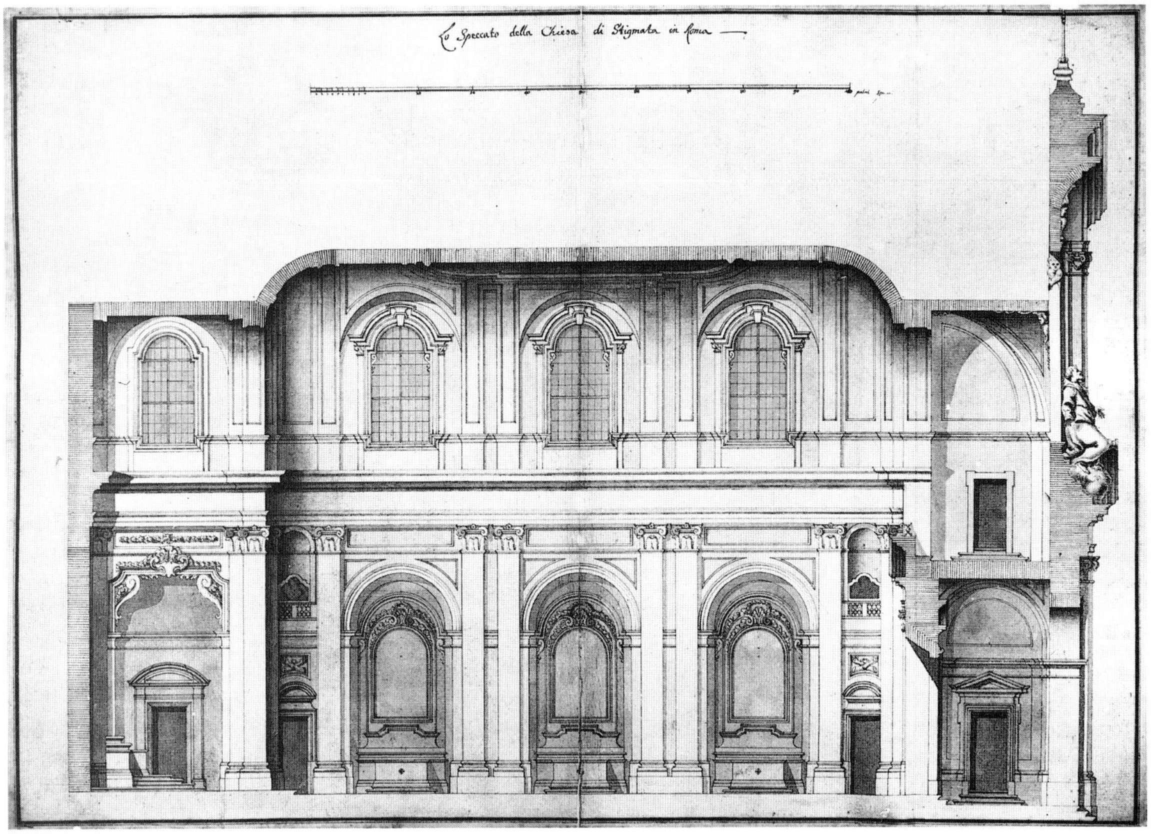

10.9 Rom, SS. Stimmate di Francesco, Längsschnitt

10.11 Rom, SS. Giovanni e Paolo, Aufriß der südlichen Langhausseite, Grundriß der Südhälfte

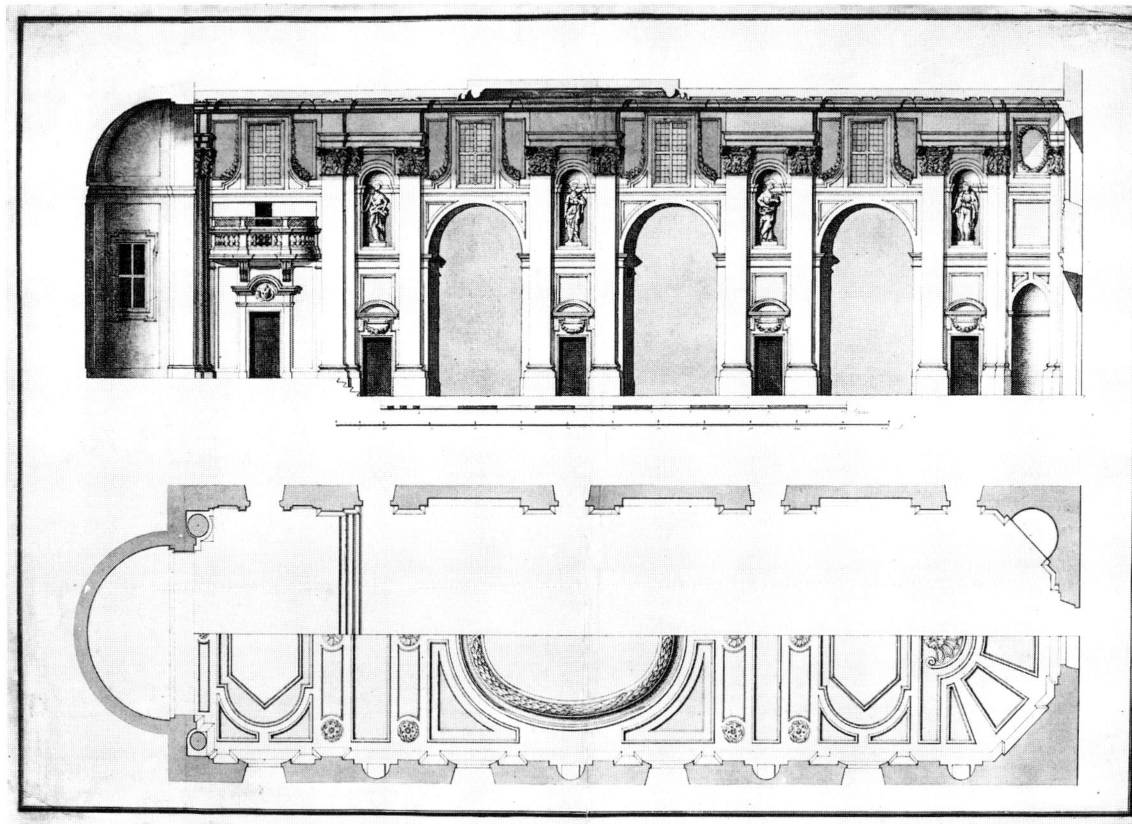

10.13 Rom, unbekannte Kirche, Längsschnitt sowie halber Grundriß des Bodens und der Decke

vari. 1726 datiert die Umgestaltung des Chores nach Plänen von Francesco Ferrari. 1949 wurde die Fassade ›zurückrestauriert‹ und die teilweise noch antike Substanz freigelegt.

Schlauns Aufnahmen der Bauten von SS. Stimmate di S. Francesco (Kat.-Nr.10.7–10.10) und von SS. Giovanni e Paolo (Kat.-Nr. 10.11–10.12) sind weniger aufwendig angelegt als die vorhergehenden. Dies wird an der Art der Beschriftung Schlauns klar, der sich hier nicht einer Schönschrift bedient, sondern in normaler Schreibschrift den Bau identifiziert. Trotzdem sind die Blätter nicht nur sorgfältig maßstabsgerecht gezeichnet, sondern sie sind nach allen Regeln der Reinzeichnung laviert. Dies geht über den Zweck reiner Studienblätter hinaus und läßt vermuten, daß Schlaun sich hier einen Satz von aufwenig gestalteten Vorlageblättern anlegte, die seine Reise dokumentieren und rechtfertigen konnten. Auffällig ist die Verwendung unterschiedlicher Maßeinheiten. Während für SS. Stimmate der römische Palmo angegeben wird, tragen die Pläne von SS. Giovanni e Paolo eine Maßskala in Klaftern bzw. in Wiener Fuß. Hatte Schlaun hier ganz speziell die Vorlage der Blätter in Wien oder Deutschland im Auge? Könnte auch dies auf einen gezielten Auftrag verweisen, der ihm aufgetragen worden war?

Unbekannte Kirche (Kat.-Nr. 10.13)
Die Darstellung Schlauns einer bis heute von der Forschung nicht identifizierten Kirche zeigt einen Sakralbau über langgestrecktem, längsrechteckigem Grundriß mit abschließender Apsis von ungewöhnlicher Form. Bußkamp (1992) hat vermutet, daß es sich nur um die Darstellung eines Mittelschiffes handelt; dies wäre sehr ungewöhnlich. Die geschlossenen Wandfelder der Blendarkaden schließen die Fortsetzung durch Seitenschiffe nahezu aus. Im Wandaufriß findet sich in der Abfolge einer rhythmischen Travée, die allerdings mit Blendarkaden auskommen muß, ein Echo von Borrominis Umgestaltung des Langhauses von S. Giovanni in Laterano von 1646–50. Es könnte sich um ein Projekt für eine Klosterkirche oder ein Oratorium handeln. Eine ähnlich schlauchartige Grundrißdisposition besitzt die Kirche des Konvents von S. Sisto Vecchio, die unter Papst Benedikt XIII. (1724–1730) von Filippo Raguzzini renoviert wurde. Die bewußte, wenn auch vereinfachende Übernahme borrominesker Motive deutet auf einen zeitgenössischen römischen Entwurf hin, wie bereits mehrfach vermutet wurde, der durchaus aus dem Contini-Umkreis stammen könnte.

ELISABETH KIEVEN

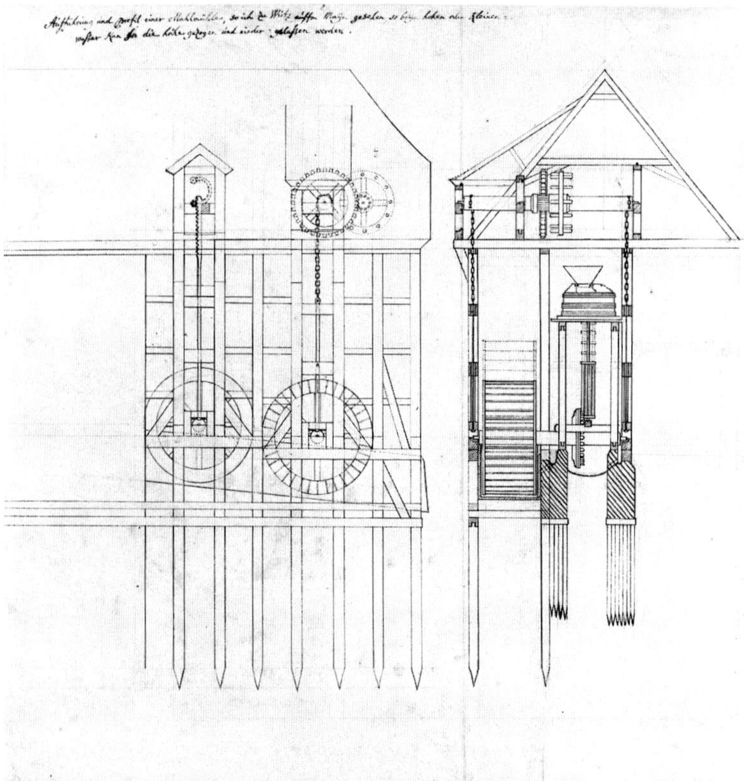

10.1

10.1
Würzburg, Wassermühle am Main

Lavierte Federzeichnung (grau), Bleigriffel, 47 x 47 cm
Titel: *Aufführung und profil einer Mahlmühle, so ich zu Wirtz auffm Mayn gesehen, so beym hohen oder Kleinen=wasser kan In die höhe gezogen und nieder=gelassen werden.*
Rückseite: Jagdschloß Clemenswerth, Marstall, Grundriß Erdgeschoß, Ausführungsentwurf

Westfälisches Landesmuseum Münster, Schl.-Bd. 200

10.2
Rom, S. Agnese in Piazza Navona
Grundriß des Fassadenverlaufs, Grundriß der Kuppellaterne in zwei Ebenen, 1722 (Abb. S. 46)

Lavierte Federzeichnung, 73,5 x 51,3 cm
Titel: *PIANTA interiore et esteriore del tamburro Cupola e lanterna di S. Agnese nella piazza navona à Roma.*
Signatur: *da me Giovanni Conrado Schluen per il mio Studio tutto mesurato 1722.*
Maßstab: *Scala di palmi sessanta Romani* = 18,4 cm

Staatliche Museen zu Berlin, Preußischer Kulturbesitz, Kunstbibliothek, Hdz. 4853, Kasten 3811 m gr.

10.3
Rom, S. Andrea al Quirinale
Grundriß des Fassadenverlaufs, Aufriß der Fassade (Abb. S. 42)

Lavierte Federzeichnung, 50,5 x 35,9 cm (46,8 x 30,1 cm)
Titel: *Pianta e la Facciata della Chiesa di S.Andrea del Novitiato.*
Maßstab: *Scala di palmi ottanta Romani* = 23,1 cm

Staatliche Museen zu Berlin, Preußischer Kulturbesitz, Kunstbibliothek, Hdz. 4854, Kasten 3052

10.4
Rom, Palazzo della Sapienza
Grundriß

Lavierte Federzeichnung, 74,1 x 50,1 cm (72,3 x 48,4 cm)
Titel: *Pianta del Pian Terreno del Colleggio e Chiesa della Sapienza di Roma*
Maßstab: *Scala di Palmi Ottanta Romani* = 15,1 cm

Staatliche Museen zu Berlin, Preußischer Kulturbesitz, Kunstbibliothek, Hdz. 4855, Kasten 3811 m gr.

10.5
Rom, S. Ivo alla Sapienza
Grundriß

Lavierte Federzeichnung, 74 x 50,1 cm (69 x 49,4 cm)
Titel: *Pianta Superiore Della Chiesa Nel Colleggio Della Sapienza di Roma*
Maßstab: *Scala di palmi ottanta Romani* = 30,9 cm

Staatliche Museen zu Berlin, Preußischer Kulturbesitz, Kunstbibliothek, Hdz. 4856, Kasten 3811 m gr.

10.6
Rom, S. Ivo alla Sapienza
Grundriß der Kuppel in zwei Ebenen (Abb. S. 47)

Lavierte Federzeichnung, 67 x 43 cm (49,8 x 37,7 cm)
Titel: *PIANTA INTERIORE ET ESTERIORE DEL Tamburro Cuppola e Lanterna della Chiesa nel Colleggio della Sapienza di Roma*
Maßstab: *Scala di palmi Sessanta Romani* = 23,2 cm

Staatliche Museen zu Berlin, Preußischer Kulturbesitz, Kunstbibliothek, Hdz. 4857, Kasten 3811 m gr.

10.7
Rom, SS. Stimmate di Francesco
Grundriß

Lavierte Federzeichnung, 52 x 74,8 cm (50 x 72,7 cm)

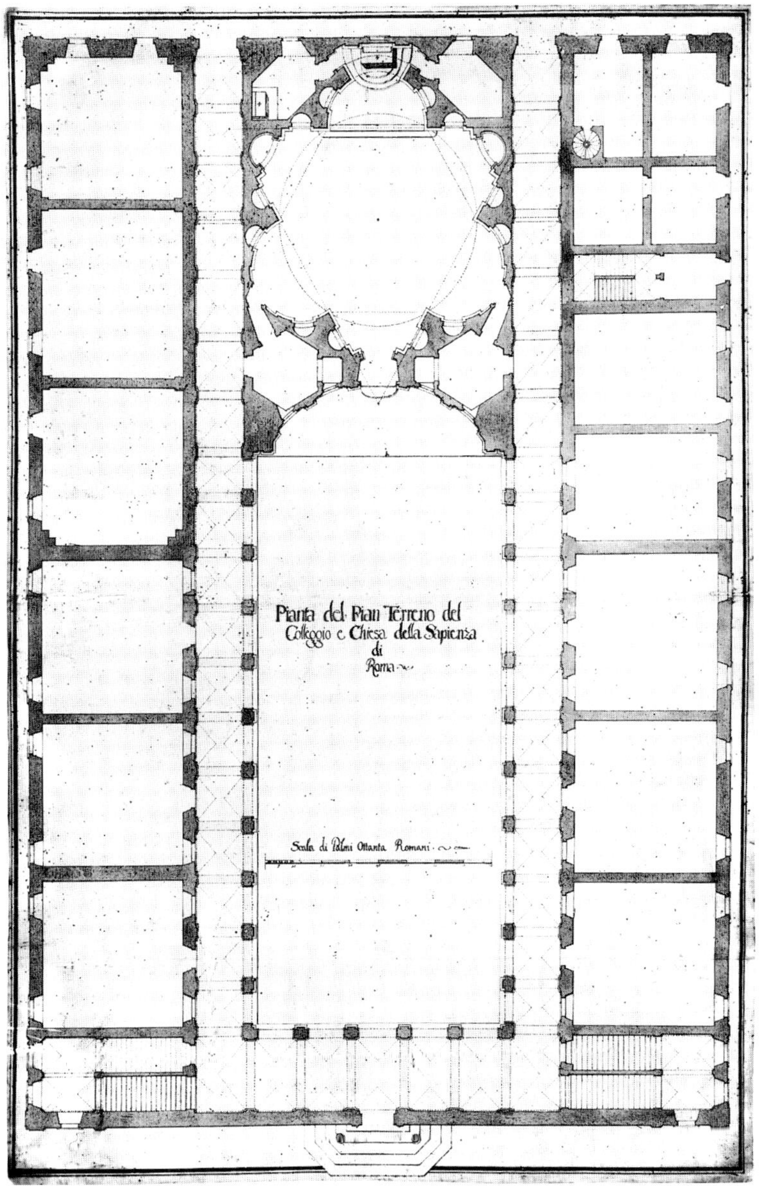

10.4

10.5

Titel: *Pianta della Chiesa di Stigmata in Roma*
Maßstab: *120 palmi* = 41,9 cm

Staatliche Museen zu Berlin, Preußischer Kulturbesitz, Kunstbibliothek, Hdz. 4858, Kasten 3811 m gr.

10.8
Rom, SS. Stimmate di Francesco
Aufriß der Fassade, Grundriß und Aufriß des Campanile (Abb. S. 44)

Lavierte Federzeichnung, 50,6 x 74,5 cm (48,9 x 72 cm)
Titel: *La faciata della Chiesa, e la pianta colla faciata del Campanile di Stigmata in Roma*
Maßstäbe: *90 palmi romani* = 31,3 cm (links);
50 palmi romani = 24,7 cm (rechts)

Staatliche Museen zu Berlin, Preußischer Kulturbesitz, Kunstbibliothek, Hdz. 4859, Kasten 3811 m gr.

10.9
Rom, SS. Stimmate di Francesco
Längsschnitt (Abb. S. 48)

Lavierte Federzeichnung, 74,8 x 51 cm (72,2 x 49,5 cm)
Titel: *Lo Speccato della Chiesa di Stigmata in Roma*
Maßstab: *100 palmi Romani* = 35 cm

Staatliche Museen zu Berlin, Preußischer Kulturbesitz, Kunstbibliothek, Hdz. 4860, Kasten 3811 m gr.

Gli Spaccati del Choro e della porta della Chiesa di Stigmata
in Roma

10.10

10.7

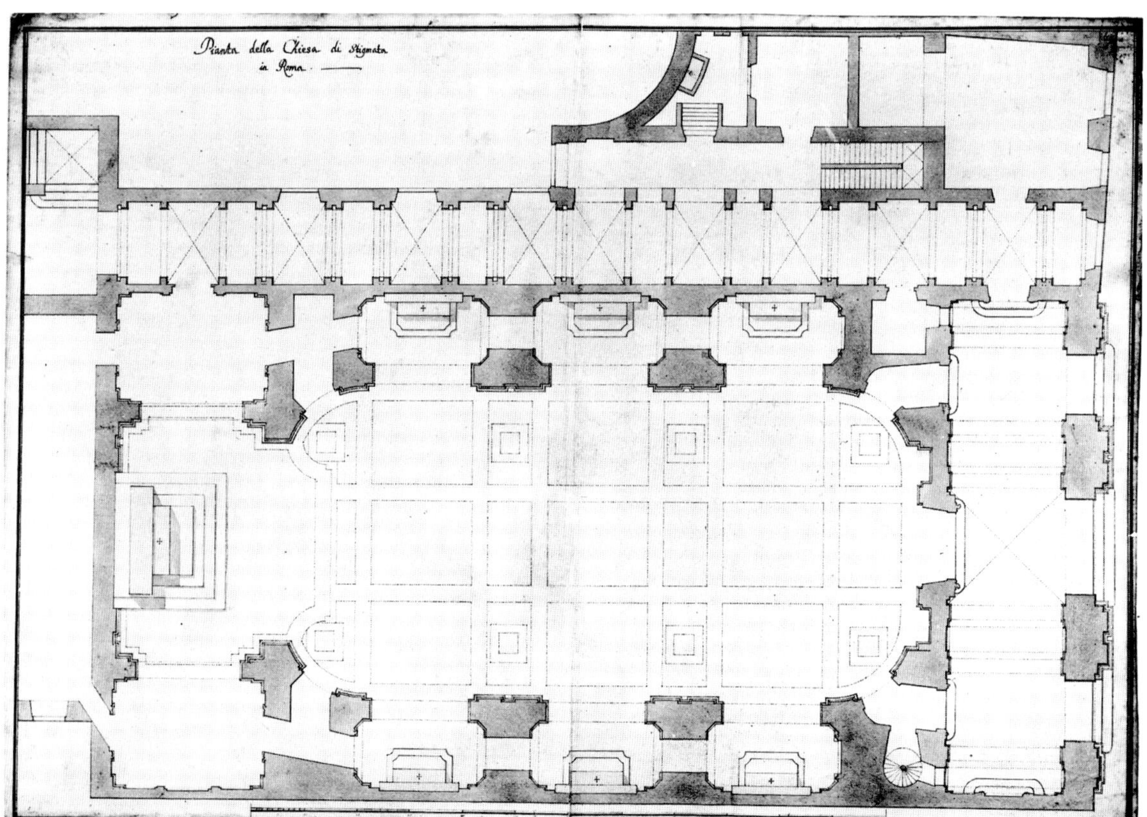
Pianta della Chiesa di Stigmata
in Roma

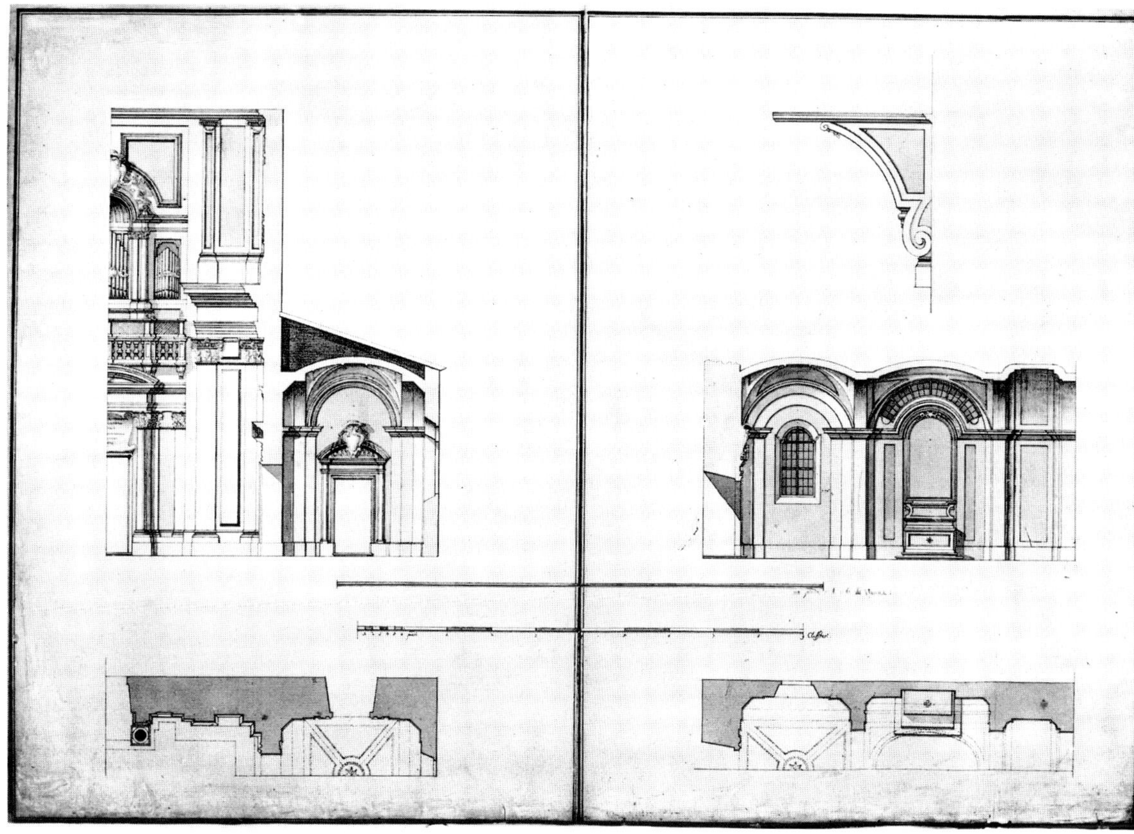

10.12

10.10
Rom, SS. Stimmate di Francesco
Querschnitte zum Altar und zum Portal

Lavierte Federzeichnung, 51 x 74,8 cm (49,5 x 72,2 cm)
Titel: *Gli Speccati del Choro e della porta della Chiesa di Stigmata in Roma*
Maßstab: *80 palmi* Romani = 28 cm

Staatliche Museen zu Berlin, Preußischer Kulturbesitz, Kunstbibliothek, Hdz. 4861, Kasten 3811 m gr.

10.11
Rom, SS. Giovanni e Paolo
Aufriß der südlichen Langhausseite, Grundriß der Südhälfte (Abb. S. 48)

Lavierte Federzeichnung, 74,6 x 50,8 cm (73,5 x 49,4 cm)
Maßstab: *6 piedi (und) 9 claffteri* = 29 cm

Staatliche Museen zu Berlin, Preußischer Kulturbesitz, Kunstbibliothek, Hdz. 4862, Kasten 3818 gr.

10.12
Rom, SS. Giovanni e Paolo
Halber Aufriß und Grundriß (links), Konsole, Ansicht, Querschnitt und Grundriß (rechts)

Lavierte Federzeichnung, 75 x 51 cm (73 x 50 cm)
Maßstäbe: *un piede naturale di Vienna* = 31,6 cm (oben); *6 piedi (und) 9 claffteri* = 28 cm (unten)

Staatliche Museen zu Berlin, Preußischer Kulturbesitz, Kunstbibliothek, Hdz. 4863, Kasten 3818 gr.

10.13
Rom, unbekannte Kirche
Längsschnitt, halber Grundriß des Bodens und der Decke (Abb. S. 49)

Lavierte Federzeichnung, 74,3 x 50,5 cm (70,7 x 47,2 cm)
Maßstäbe: *12 claffteri* = 29,8 cm (oben); *120 palmi* = 35,2 cm

Staatliche Museen zu Berlin, Preußischer Kulturbesitz, Kunstbibliothek, Hdz. 4864, Kasten 3818 gr.

11

Schloß Nordkirchen, 1723–35

Nordkirchen

Auftraggeber war Ferdinand von Plettenberg, Obersthofmeister und erster Minister des 23jährigen Kurfürsten und Fürstbischofs Clemens August und Protektor des jungen Schlaun. Von 1703–23 hatten die Brüder Pictorius die Bauleitung in Nordkirchen. Doch mußte Plettenberg Anschluß an die Mode in Bonn und München gewinnen, wollte er nicht hoffnungslos altmodisch mit seiner westfälischen Residenz dastehen. Schlaun wurde von Plettenberg unmittelbar nach seiner Rückkehr aus Paris nach Nordkirchen berufen, um die Pictorius abzulösen und den Bau zu übernehmen. Gleichsam als Gründungsraum der Régence in Westfalen entwarf er das bereits von Peter Pictorius in Teilen dekorierte Speisezimmer im Corps de logis und stattete die Paradeträume einschließlich der kleinen Hauskapelle im östlichen Flügel aus. 1725–28 baute er die alte eingeschossige Orangerie im Westgarten zu einem zweigeschossigen Lusthaus, der Oranienburg, um, wobei Erdgeschoß und Innenausstattung weitgehend erhalten blieben. Eine neue große Orangerie im Westgarten entstand 1729–32 nach seinen Plänen, die Fasanerie 1727–30. Im Stile Dominique Girards, dessen Mitarbeiter Moreau ihm von Plettenberg für kurze Zeit als Berater zur Seite gestellt wurde, plante Schlaun die groß angelegten Gärten von Nordkirchen. Ab 1725 arbeitete er intensiv an der Erneuerung des bereits von Pictorius angelegten Westgartens, der 1736 bis auf die Wasserkünste fertig war. Auch der Inselgarten im Norden, ebenfalls nach Plänen und unter der Leitung Schlauns angelegt, war 1735 nahezu vollendet. Die große Ökonomie im Süden der Schloßinsel, nach seinen Plänen 1732 begonnen, wurde nicht mehr gebaut.

BAUGESCHICHTE

1694 erwarb der Fürstbischof von Münster, Friedrich Christian von Plettenberg, das Gut der Herren von Morrien, ließ das alte Wasserschloß abreißen und neu planen (Abb. 2–6). Neben Ahaus und Sassenberg war Nordkirchen bereits der dritte Schloßbau des Fürstbischofs. 1703 wurde der Grundstein gelegt. Als Kernstück des ganzen Schloßbezirks ist die rechteckige Schloßinsel das Werk des Gottfried Laurenz Pictorius und in Teilen auch seines Bruders Peter. Ihre Anteile an der Planung sind schwer voneinander zu trennen. Konkurrenzpläne des Architekten Jacob Roman aus Den Haag wurden verworfen. Das Hauptschloß aus Corps de logis mit den beiden Flügelpavillons entstand 1703 bis 1706. Die beiden Nebenflügel, östlich der Kapellenflügel und westlich der Marstallflügel, sind 1708–12 gebaut worden, die vier achteckigen turmähnlichen Eckpavillons von 1707–12. Die beiden kleinen Wachthäuschen am südlichen Haupteingang waren 1713 fertig. 1714–16 folgte das östliche Viehhaus, der westliche Ackerstall 1717–20. Die drei Torpfeilerpaare an der Südbrücke, der Westbrücke und der Ehrenhofmauer entstanden 1717, ihr Meister ist Rudolf Stengelberg. Am Ehrenhoftor wurden 1722 die Figuren ›Honor‹ und ›Virtus‹ durch Johann Wilhelm Gröninger hinzugefügt.

Die Disposition der Gebäude und ihre einheitliche Eindeckung mit Mansarddächern ist französisch (Abb. 10–11). Ihr stufenweises Zusammentreten, die energische Tiefenstaffelung, die strenge Symmetrie steigern den Zug der Anlage zu ihrem Zentrum, dem Fürsten. Der Bau steht auf einem Sockelgeschoß, eine kolossale Pilasterordnung zeichnete den Zwerchhaus-Mittelrisalit mit Attikageschoß und Dreiecksgiebel mit Wappen aus, die drei mittleren Achsen der Flügelfronten liegen auf einer risalitartig vortretenden Wandschicht und waren in der Planung des Pictorius durch eine Attika mit Wappentrophäe gekrönt (Abb. 4). Die Gartenfassade steht hoch aufgesockelt über der Gräfte mit breitem kolossal gegliederten Mittelrisalit, hinter dessen fünf Achsen der zentrale Festsaal liegt (Abb. 5). Der hohe

LITERATUR

Notice des meilleurs Tableaux exposés dans le Château de Nordkirchen, Münster, Aschendorff, o.J. (ca. 1810); Julius Schwieters, *Geschichtliche Nachrichten über den östlichen Theil des Kreises Lüdinghausen*, Münster 1886; ders., *Die Bauernhöfe des östlichen Theils des Kreises Lüdinghausen*, Münster 1888; Georg Tumbült, *Zur Geschichte der Herren v. Morrien*, in: Westfälische Zeitschrift, Bd. 56, 1898, S. 109ff.; Hartmann 1910, S. 64, 79, 266–69; Erler 1912, S.22ff., 59ff; von Kerckering zur Borg 1912, S. 49; F. J. Barta, *Stronzian und Graf Nikolaus Esterhazy in Nordkirchen*, in: Heimatkalender Lüdinghausen, 1931, S. 60ff.; Glasmeier 1932, S. 4; Rave 1935, S. 344ff; Mummenhoff 1958, S. 23; Rensing 1954, S. 9, 14f., 38; Braubach 1962, S. 43; W. Kordt, *Die Gärten von Brühl. Untersuchungen über die Entstehung und Durchführung des Brühler Parkplans und die Mitwirkung Dominique Girards*, Köln 1965, S. 80; Noehles 1966, S. 299; Hansmann 1973, S.64ff.; Mummenhoff 1975; Mummenhoff 1976, S.207ff.; Lahrkamp 1977, S.301ff.; Mummenhoff 1978, S. 146–73; Hennebo/Hoffmann/Wörner 1981, S.302ff.; Püttmann-Engel 1987, S. 69, 236–41; Kat. *Orangerien* 1988, S. 95; Schopf 1988, S. 90-96, 150-57; Karl E. Mummenhoff, *Schloß Nordkirchen 1903–1914*, in: *Die Arenberger. Geschichte einer europäischen Dynastie*, Bd. 2, 1990, S.207ff.; Gerd Dethlefs, *Fünf Dekorationsentwürfe für den Plettenberger Hof in Bonn von Stephan Laurent Delarocque*, in: Kat. *Schlaun in Münster 1995*; Mummenhoff 1995.

1 Schloß Nordkirchen, Oranienburg

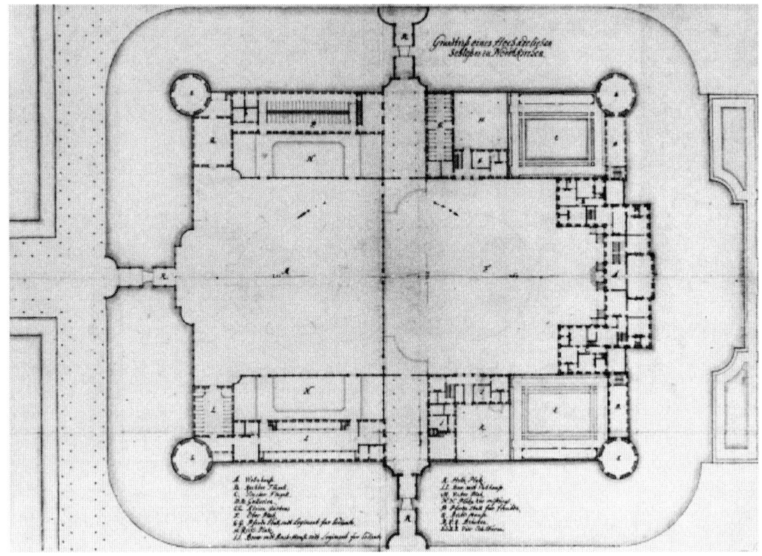

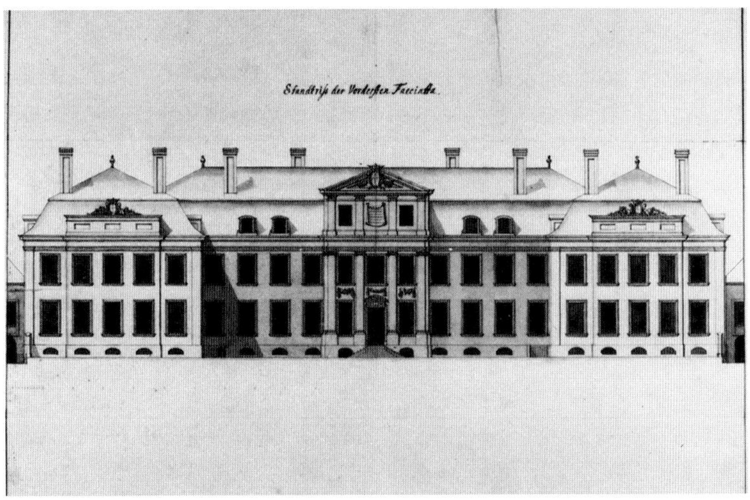

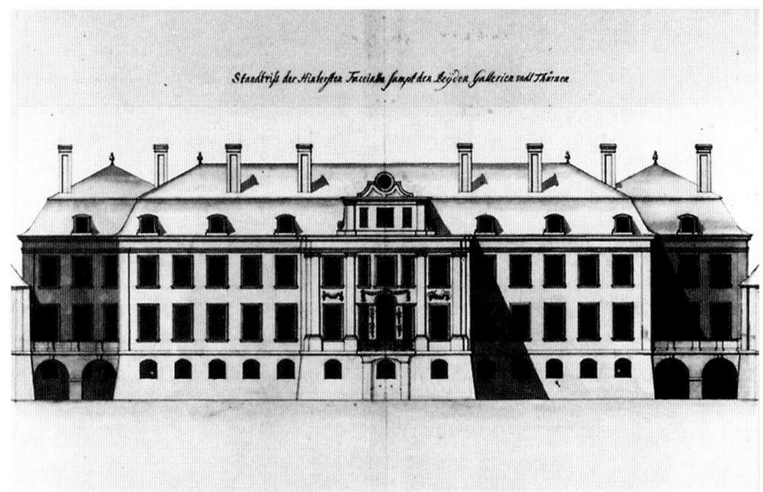

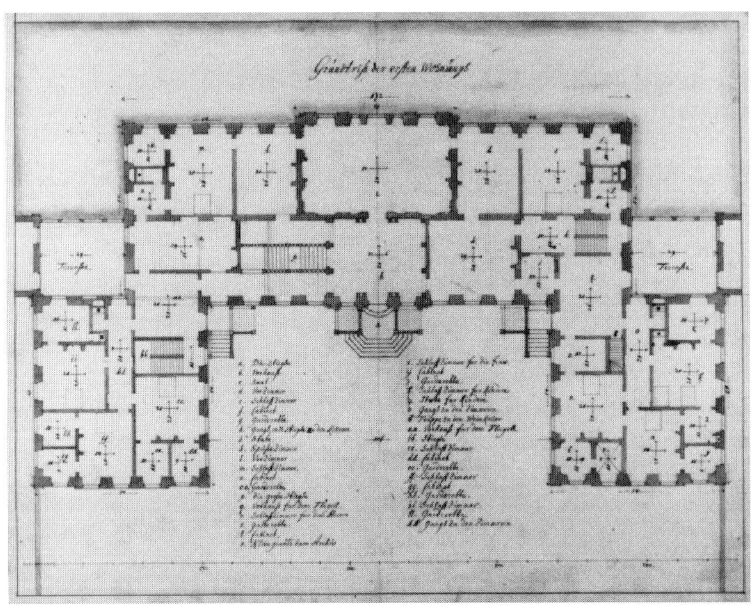

2 Nordkirchen, Altes Schloß – Peter Pictorius d. J., Perspektive der Gesamtanlage (vor 1703)

3 Schloß Nordkirchen – Gottfried Laurenz Pictorius, Gesamtplan, Ausführungsentwurf

4 Schloß Nordkirchen – Gottfried Laurenz und Peter Pictorius, Hoffassade

5 Schloß Nordkirchen – Gottfried Laurenz und Peter Pictorius, Gartenfassade

6 Schloß Nordkirchen – Gottfried Laurenz und Peter Pictorius, Grundriß Erdgeschoß

7 Schloß Nordkirchen – Gottfried Laurenz und Peter Pictorius, Planskizze der Gärten und der nördlichen Umgebung >

Anspruch Plettenbergs zeigt sich in der Planung des Serlianamotivs über einem Balkon, eine direkte Übernahme des durch Raffaels Borgobrand berühmten Motivs der päpstlichen Benediktionsloggia. Auch hier sind die drei mittleren Achsen über der Serliana durch eine Attika mit Voluten und einem von Borromini (S. Agnese) übernommenen Bekrönungsmotiv mit Okulus zusammengefaßt. Ursprünglich sollte ein Gitter den inneren Hof als Ehrenhof von der Ökonomie abtrennen und Brükken in der Querachse den Park im Osten und den Westgarten erschließen.

1712, als Ferdinand von Plettenberg nach dem Tode seines Onkels die Güter übernahm, waren auf der Schloßinsel das Hauptschloß, die beiden Nebenflügel und die nördlichen Eckpavillons errichtet und bis 1718 der größte Teil der Innenräume und die Schloßkapelle ausgestattet. Der alte Westgarten war so gut wie vollendet, von der Schloßinsel aus nach Westen, dem Gelände folgend, in drei leicht ansteigenden Stufen aufgebaut (Abb. 7).

Die Westgrenze bezeichnete der Querweg zwischen den beiden noch heute erhaltenen Rundtürmen. Angelehnt an die erste niedrige Terrasse lag ein großes rundes Bassin mit Ziegelpflaster. Es gab eine Fasanerie, nach Entwurf von Peter Pictorius 1717 erbaut, die vermutlich in der Hauptachse als westlicher Abschluß lag; ferner eine Orangerie am Nordrand der westlichen Gartenstufe, 1715 ebenfalls von Peter Pictorius als eingeschossiger Bau errichtet und noch immer im Erdgeschoß der heutigen Oranienburg erhalten. In den Baurechnungen ist die Rede von zwei großen Steinvasen und einer Reihe von Skulpturen.

1723 holte Plettenberg, selbst gerade 33 Jahre alt, den jungen Schlaun nach Nordkirchen, wo noch an der Ausgestaltung des Schlosses und den Gärten gearbeitet wurde. Mit Schlaun wehte ein frischer Wind in Nordkirchen. Das Speisezimmer ist der erste Raum im Fürstbistum Münster im Stil der ›Régence‹. Gerade aus Rom und Paris zurückgekehrt, war Schlaun für den aufstrebenden Plettenberg, Erster Minister des Kurfürsten und 1724 zum Reichsgrafen erhoben, der richtige Mann am richtigen Ort. Am Speisezimmer kann man sehen, wie er die etwas altertümliche Dekoration der bereits in Teilen von den Pictorius fertiggestellten Staatsräume mit französischen Formen überzieht. Die italienischen Dekorateure des Kurfürsten, Morsegno und Castelli, wurden aus Brühl ›ausgeliehen‹ und statteten nach den Vorgaben Schlauns, Leveillys oder Delarocques die Räume im Ostflügel aus.

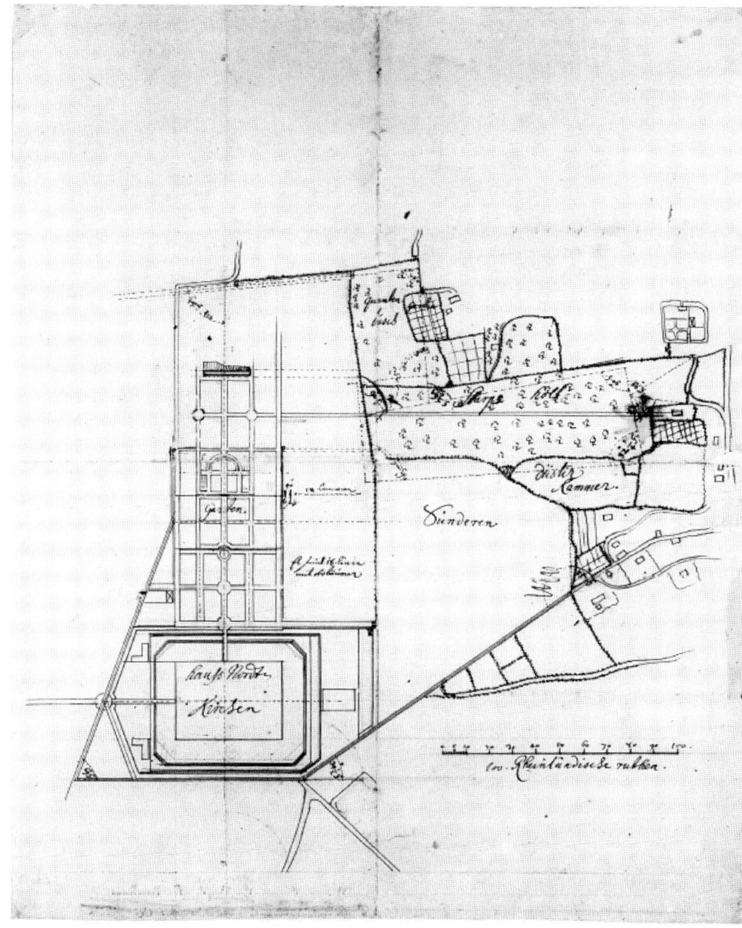

BILDQUELLEN

Die Zeichnungen Renier Roidkins sind publiziert bei Walther Zimmermann und Heinrich Neu, *Das Werk des Malers Renier Roidkin. Ansichten westdeutscher Kirchen, Burgen, Schlösser und Städte aus der 1. Hälfte des 18. Jahrhunderts*, (Rheinischer Heimatbund, Jahrgang 1939), Düsseldorf 1939: 37 Skizzen Nordkirchens finden sich in drei Skizzenbüchern zusammen mit über 200 weiteren Ansichten aus dem Rheinland und Westfalen. Sie werden im Rheinischen Denkmalamt in Pulheim aufbewahrt. 14 Ansichten Roidkins, vollständiger ausgeführt und mit Staffagefiguren versehen, befinden sich im Arenbergschen Archiv in Enghien (Belgien).

QUELLEN

Das Nordkirchener Bauarchiv umfaßt 112 Faszikel, deren jeder bis zu 100 Einzelnachrichten enthält. Archiv Schloß Nordkirchen, Faszikel 6410, 6415, 6417, 6418, 6421, 6422, 6423, 6435, 6436, 6437, 6445, 6446, 6447, 6448, 6454, 6480, 6483, 6484, 6490, 6493, 6494, 6497, U 1210, U 2266, U 2277, U 2271, U 2281, U 2282, U 2533, U 2871, U 3360, U 3436, U 3730, Vz-497, Kasten 21, Nr. 3. *tableaux so seine Excellence noch nicht marquiret*, mit den Nummern 94 bis 265, Handschrift Schlauns. Zahlreiche Quellen, u.a. zu dem Skulpturenprogramm der Gärten, finden sich in dem nicht publizierten Nachlaß Theodor Rensings.

DENKMALPFLEGE

Einzelberichte zur Denkmalpflege in: Westfalen 31, 1953, S. 163; 41, 1963, S. 181; 46, 1968, S. 401f.; 53, 1975, S. 639f.; 56, 1978, S. 565f.; 62, 1984, S. 609f.; 67, 1989, S. 688f. Die umfangreiche Restaurierungsgeschichte von Schloß Nordkirchen seit der Übernahme der Anlage durch die Arenbergs bis in die heutige Zeit zu dokumentieren, würde den Rahmen eines Werkkatalogs bei weitem sprengen. Sie ist hervorragend dokumentiert in den Berichten der Denkmalpflege und dem Aufsatz Mummenhoffs in der Zeitschrift Westfalen 56, 1978, S. 146–73.

8 Schloß Nordkirchen – Peter Pictorius d. J., Speisezimmer, Aufriß der Westwand mit der Schenke

9 Schloß Nordkirchen – Peter Pictorius d. J., Speisezimmer, Aufriß der Südwand

10 Schloß Nordkirchen, Ansicht von Süden (vor 1913)

11 Schloß Nordkirchen, Ansicht von Nordosten (vor 1913)

Ausstattung Schloß

Die innere Aufteilung des Schlosses folgte dem französischen Distributionsprinzip, wie Leonhard Christoph Sturm es bereits 1699 in seiner »Ausführlichen Anleitung zu der ganzen CIVIL-Baukunst« beschrieben hatte (Abb. 6). Die Anlage stand auf hohem Sockel, die Paraderäume lagen im ersten Geschoß. Über eine zweiflügelige Freitreppe gelangte man in das reich ausgestattete Vestibül mit Treppenhaus links, Speisezimmer rechts und dem Festsaal an der Gartenseite über der Gräfte. Der Plafond des Festsaals mit einem Herkulesprogramm war höher gelegt, zu beiden Seiten folgten die Staatsappartements für den Hausherrn rechts und einen hohen Gast links, dem eine zusätzliche Garderobe zur Verfügung gestellt wurde. Vor die versetzt angeschlossenen Flügelpavillons war jeweils ein weiteres Vestibül gelegt, dahinter lagen über einen Gang erschlossen im Ostflügel links die Appartements für die Dame des Hauses sowie rechts ein weiteres Appartement für den Hausherrn. Ein dritter Salon an der Fassade der Hofseite wurde vielleicht von beiden benutzt. Der von Pictorius als Archivgewölbe vorgesehene Raum an der Hoffassade wurde von Schlaun zu einer Kammerkapelle umgestaltet. Im linken westlichen Flügelpavillon gab es drei Appartements für rangniedrigere Gäste. Die Kinder und weitere Besucher wurden im zweiten Obergeschoß untergebracht, für die Bedienten gab es Platz im Mansardgeschoß. Sturm zur Hierarchie der Räume: »Die übrigen Fürstliche Zimmer müssen in guter Proportion Stuffen=weiß / an Gemächlichkeit und Raum abnehmende / angelegt werden / damit man auf alle Casus Fürstliche Persohnen bequem / und doch mit Distinction zu logieren im Stande sey.«

Sturm hatte bereits in seinem Traktat von 1699 beschrieben, wie die französische Gliederung der Appartements an die deutschen Verhältnisse anzupassen sei. Für die Prunkräume mit Vestibül und Sala terrena im Erdgeschoß konnte er keine wesentlichen Unterschiede zwischen Frankreich, Italien und Deutschland benennen. Was die Wohnräume anbelangt, äußerte er: »Weil ich aber hier vor Teutschland schreibe / die Frantzösische Lebens=art fast allzuviel beliebet wird / will ich mich bemühen die Frantzösische Austheilung der Gemächer auf unsere bequemlichkeit also einzurichten / wie ich es itziger zeit am besten zu seyn befinden werde.« Vier Räume mindestens – »Vor-gemach«, »Schlafgemach«, »Cabinet«, »Garderobbe« – sollten dem französischen Appartement entsprechend zu einer

12–15 Schloß Nordkirchen, Speisesaal

Wohnung gehören. Jeweils zwei derartige Wohnungen sollten symmetrisch zu seiten der Prunksäle angeordnet und hintereinander, mit gegenüberliegenden Türen aufgereiht werden. Entgegen dem bisherigen Brauch sei diese Enfilade nicht im Zentrum der Zimmer, sondern entlang der Fenster anzulegen. Zwar müsse dann die Binnensymmetrie der Räume durch Scheintüren an der Innenseite wiederhergestellt werden, die französische Enfilade habe aber den Vorteil, daß die Mitte der Zwischenwände für den Kamin oder für das Bett freibleibe. Genau diese Grundregel der französischen Distribution haben die Pictorius in Nordkirchen für die gartenseitige Hauptraumfolge im Erdgeschoß beachtet.

Im Schloß selbst hatte man, abgesehen vom unverändert belassenen Staatsappartement im Erdgeschoß des Corps de logis, damit begonnen, den eigentlichen Wohntrakt rechts in bescheidenem Maße zu modernisieren. Der prominenteste Raum war das Speisezimmer gleich rechts vom Vestibül, für das Peter Pictorius 1721 Entwürfe der Wandtäfelung gezeichnet hatte. Sie waren 1723 zum Teil bereits ausgeführt (Abb. 8, 9). Schlaun, dem Plettenberg unmittelbar nach seiner Rückkehr noch im Sommer 1723 die Ausstattung des Schlosses übertragen hatte, um von den frischen Pariser Kenntnissen seines neuen Baumeisters zu profitieren, mußte aus Gründen der Sparsamkeit die bereits fertiggestellten Teile in seinen Entwurf integrieren. Auch Pictorius hatte sich für die Dekoration der Wände um einen modernen französischen Stil bemüht, der ihm allerdings nur aus Stichwerken bekannt war. »Er hatte alternativ eine Verkleidung mit Stoffen oder mit Eichenholz vorgeschlagen. Dabei benutzte er für die Drapierung des Stoffs und die darauf montierte Plakette, die das Licht der Kerzen wiederspiegeln sollte, das in Holland erschienene Stichwerk von Daniel Marot. Marot besaß zwar als hugenottischer Flüchtling vollständige Kenntnis der französischen Dekoration aus der Zeit um 1680, hatte diese aber in einer altertümlichen Weise weiterentwickelt. Pictorius' Vorschlag entsprach also keineswegs den neuesten Moden, und sein Auftraggeber, dem dies aufgrund seiner Reiseerfahrungen oder seiner Kontakte nach Kurköln bekannt war, entschied sich folgerichtig für die andere Fassung, die Vertäfelung. Auch deren Motive, schmale Panneaux mit einer zentralen Blattrosette und Bandelwerkfüllungen, hatte Pictorius einem Stichwerk entnommen, Paul Deckers ›Fürstlichem Baumeister‹ von 1711. Die Übernahme wird am Entwurf für die Schmalseite des Raums mit dem Buffet besonders deutlich [Abb. Krause 1995, S. 229].

Pictorius paßte Deckers Musterblatt für das ›erste Vorgemach‹ eines fürstlichen Palastes der Proportion und Funktion des Raums in Nordkirchen an, in dem er die kompositen Pilaster eliminierte, deren Dekor mit Mosaik auf die Wandfelder übertrug und den Kamin durch ein Buffet zur Präsentation des Prunkgeschirrs sowie zwei Fontainen ersetzte. Die Einzelmotive im Bereich der Türe blieben bis hin zu den Themen der Supraporten identisch.

Pictorius bemühte sich redlich um die Aktualität seines Entwurfs; das zehn Jahre zuvor erschienene Vorlagenwerk Deckers mußte ihm als der jüngste Stand der Dinge erscheinen. Er konnte nicht wissen, daß Deckers Werk, das die Motive Jean I. Berains weiterentwickelte, in Frankreich in seiner allzugrossen Furcht vor einer leer gelassenen Fläche als Paradebeispiel verwerflich schlechten Geschmacks abgeurteilt worden wäre. Zudem hatte Berains kleinteilige Prägung des Bandelwerks entgegen aller Beliebtheit im Ausland in Frankreich für Boiserien kaum Anhänger gefunden, um 1710/1720 war sie veraltet.

Für Schlauns Beitrag zum Speisezimmer läßt sich keine Stichvorlage nachweisen [Kat.-Nr. 11.1–3]. Mit großem Geschick und geringem Aufwand paßte er die schon fertiggestellten Teile in ein moderneres Dekorationssystem ein. So nahm er an der allgemeinen Aufteilung der Wände noch Verbesserungen vor, indem er die Rosetten der schmalen Tafeln auf das Niveau der Supraporten brachte und somit in der horizontalen Gliederung eine größere Ruhe einführte. Vielleicht aus Mißtrauen gegenüber den Domestiken, vielleicht auch, weil die Präsentation von Prunkgeschirr in Frankreich nicht mehr üblich war, führte Schlaun über dem Konsoltisch einen mit Gitterwerk verschlossenen Schrank ein. Der Spiegel mußte deutlich verkleinert werden – ein Rückschritt gegenüber der Planung durch Pictorius. Dagegen entsprach die Verwendung von Spiegeln und Konsoltischen an den schmalen Feldern der Fensterwand ganz dem Usus in den Pariser Hôtels particuliers. Zudem wagte Schlaun es, mit Büsten am Schrank und Karyatiden an den Spiegeln figürliche Motive einzuführen, die in Paris durch Vassés und Oppenords Wanddekorationen beliebt geworden waren. Schlaun blieb hier aber etwas zaghaft; selbst kein guter Zeichner von Figuren, hat er wohl – zu Recht – den Nordkirchener Handwerkern nicht viel zugetraut.

Trotz aller motivischen Angleichung in der Vertäfelung mußte das Speisezimmer von Nordkirchen aus französischer Sicht ungewöhnlich erscheinen. Plettenberg und seine Architekten haben die franzö-

sischen Bräuche nicht vollständig kopiert, sich vielmehr deutschen Gewohnheiten in der Innendekoration und Lebensweise angepaßt. Gewiß wurde auch in Frankreich in Ausnahmefällen die Boiserie holzsichtig gelassen. Das erste und berühmteste Beispiel, das auch Kurfurst Joseph Clemens besichtigt hatte, war das Appartement à la Capucine des Dauphin in Meudon von 1695: eine Wohnung mit kleinen Zimmern im Zwischengeschoß, die nach der sonst nur im sakralen Bereich üblichen Holzsichtigkeit benannt wurde. In Nachahmung dieser privaten Wohnung des Dauphin wünschte sich Kurfürst Joseph Clemens für sein Buen-Retiro von Bonn die Holzsichtigkeit mit Teilvergoldung, aber auch hier sollte sie in den meisten Räumen durch einen kostengünstigeren braunen Anstrich ersetzt werden. Eine derartige Boiserie stellte hohe Ansprüche an die Qualität des Materials und das Können der Schreiner und Schnitzer. Fehler im Holz wie z.B. Astlöcher konnten nicht durch eine Fassung verdeckt werden, und die Verzierung mußte aus dem Brett herausgeschnitzt werden. Letzteres ist in Nordkirchen unterblieben: Hier wurden die Konsolen und Bandelwerkmotive nur aufgeleimt, das sparte Material und Arbeitszeit, hat aber inzwischen zu einigen Verlusten geführt.

Was sich für das Petit Appartement, die komfortable Privatwohnung empfahl, galt nicht für die öffentliche, zu den Paradezimmern gehörende Salle à manger. Sie wurde in Frankreich nicht mit einer holzsichtigen Boiserie ausgestattet, sondern im allgemeinen betont kuhl gehalten, die Vertafelung daher weiß gefaßt und teilvergoldet. In dieser Weise sollten in Nordkirchen erst die Wohnräume im rechten Flügel des Schlosses dekoriert werden. Plettenberg ließ sich vielleicht von den Bonner Plänen beeinflussen, als er die Vertäfelung für das Nordkirchener Speisezimmer bestellte. Zugleich wird er die gewünschte Nutzung des Zimmers überlegt haben: Sturm z. B. empfiehlt in Kenntnis adliger Sitten, neben dem eigentlichen Hauptsaal, der zu Festessen dienen könne, ein Speisezimmer zu bauen, das für 18-20 Personen ausreiche und – im Unterschied zum Saal – auch im Winter zu benutzen sei. Das Speisezimmer zählte daher in Deutschland zu den Räumen, die nicht nur durch Kamin oder Ofen, sondern auch den Charakter ihrer Ausstattung warmgehalten werden mußten. [Da die gegenüberliegende Ostwand genau gleich aufgeteilt werden sollte, ist anstatt einer weiteren Zeichnung auf dem Blatt Schl.-Bd. 107, Kat.-Nr. 11.3, ein Deckblatt aufgelegt, das anstatt der Schenke einen

16 Schloß Nordkirchen, westlicher Salon des Ostflügels, Detail der Stuckdecke (1973)

17 Schloß Nordkirchen, südlicher Salon des Ostflügels, Stuckdecke (1973)

18 Schloß Nordkirchen, südlicher Salon des Ostflügels, Detail der Stuckdecke (1973)

19 Schloß Nordkirchen, Kammerkapelle im Ostpavillon

20 Schloß Nordkirchen, Kammerkapelle im Ostpavillon

Kachelofen zeigt.] Unter diesem Aspekt war die flach geschnitzte holzsichtige Boiserie französischer Prägung als die modernisierte Form der »alt-fränkischen« Vertäfelung ›auch wohl in Speise=Gemächern‹ angebracht. Das Speisezimmer von Nordkirchen zeigt damit beispielhaft die Probleme und Verfahrensweisen, die sich bei der Einrichtung französischer Muster auf lokale oder persönliche Verhältnisse ergaben.« (Krause 1995, S. 226–30))

In die Supraporten wurden Bildnisse der Verwandten der Gräfin eingelassen, über der Anrichte und dem Kachelofen gegenüber Portraits des Bauherren-Ehepaares, dazu die großen Bildnisse der bayerischen Kurfürsten Joseph Clemens und Clemens August. Im Januar 1725 wurde, wie die Quellen ausweisen, ein weiß-blau bemalter Kachelofen für das Speisezimmer geliefert. Der Lieferant war L. H. Großheim in Hannover; möglicherweise hat Schlaun dafür den Entwurf geliefert (Kat.-Nr. 11.3).

Für den südlichen Salon des Ostflügels ist die Skizze von Teilen der Wanddekoration erhalten (Kat.-Nr. 11.4). Sie trägt alle Merkmale der Hand Schlauns. Er hat darauf eine Türachse mit Supraporte, ein schmales Wandpaneel mit Mittelrosette, den Kaminaufbau mit Spiegel und Gemäldefeld darüber, flankiert von schmalen pilasterartigen Streifen und den Trumeauspiegel zwischen den beiden Fenstern angegeben. Türachse und Wandpaneel waren mehrfach herzustellen. Die anderen breiten, einfach gerahmten Wandfelder waren für Stoffbespannung vorgesehen und sind daher nicht eigens dargestellt. Ebenso fehlt die Angabe der Lambriszone, die vielleicht schon vorhanden war.

Eine weitere Skizze von Schlaun (Kat.-Nr. 11.5) gehört zur Wanddekoration im östlichen Salon. Sie ist detaillierter ausgeführt. Der Kamin mit Spiegelfeld und Gemälderahmen ist unverändert erhalten. Als Gemälde sollte, wie Schlaun handschriftlich vermerkt, ein Portrait des Deutschordensmeisters Wolter von Plettenberg (1450–1535) angebracht werden, in den übrigen Supraporten weitere Portraits aus der Familie. Ferner ist eine der drei Türachsen des Zimmers dargestellt. Das dritte Feld ist dem Trumeauspiegel gewidmet, der ebenfalls nach der Skizze ausgeführt wurde. Die freien, aber gerahmten Wandfelder waren auch hier für die Stoffbespannung bestimmt. Die dekorative Ausschmückung der hölzernen Wandelemente besorgte der Schnitzer Johann Bernhard Fix, Lackierung und Vergoldungen der Hofvergolder Joseph Heydeloff aus Bonn.

Erst vor kurzem ist eine technische Zeichnung Schlauns bekannt geworden (Kat.-Nr. 11.9). Es handelt sich um den Entwurf zu einem reich verzierten und technisch komplizierten Eisenofen, der von der Rückseite zu bedienen war. Den Hauptschmuck der Vorderfront bildet der leere kurfürstliche Wappenschild mit der Kette des bayerischen Michaelsordens mit Herzogskrone, Krummstab und Schwert. Die Seitenwand zeigt martialischen Schmuck, hier wohl als Allegorie des Feuers gemeint. Wenn ein solcher Ofen für Nordkirchen bestimmt war, so war er wohl nur für einen der kurfürstlichen Repräsentationsräume gedacht. Der Ankauf von Eisenöfen durch Schlaun wird in den Akten mehrfach erwähnt. Er besorgte sie und Herdplatten entweder in Marsberg bei Lothar Engelbert Thelen oder in der Eifel. Im Jahr 1729 war es Plettenberg gelungen, den Stukkateurmeister Carlo Pietro Morsegno mit Gehilfen nach Nordkirchen zu verpflichten. Dieser hat im Laufe des Jahres 1730 fünf Räume im Erdgeschoß des Ostflügels mit Stuckdecken im Stil der französischen Régence versehen, zu denen drei Vorzeichnungen erhalten sind (Kat.-Nr. 11.10-12, Abb. 16-18). Die erste mit Wiedergabe eines Plafondviertels ist die Vorlage für den südlichen Salon im Ostflügel. Die zweite gibt die Hälfte der Decke im südwestlichen kleinen Eckkabinett wieder und die dritte, jüngst bekannt geworden, bezieht sich auf den westlichen Salon. Vergleicht man sie in Stil und Zeichenweise mit den Clemenswerther oder Arnsberger Zeichnungen, kommen als Autoren nur Leveilly oder Delarocque in Frage.

Am Ende der prächtigen und repräsentativen Raumfolge im Ostpavillon lag die dem Heiligen Johannes Nepomuk geweihte Kammerkapelle (Abb. 19, 20, 22), kreuzgewölbt und ursprünglich als Archiv geplant. Die Entwürfe für die Wandgliederung stammen von Schlaun (Kat.-Nr. 11.8), der bunte Marmorstuck vermutlich von Castelli. Im Dezember 1732 hat man ein Fenster vom westlichen Salon der Gräfin auf den Altar angelegt. Dem Allianzwappen in der Lünette ist nachträglich die Kette des Goldenen Vlieses hinzugefügt worden, das Plettenberg 1732 vom Kaiser verliehen wurde.

In dem ansonsten schlicht gehaltenen Kabinett des östlichen Salons Plettenbergs befindet sich in der Südwestecke eine illusionistische Wandmalerei des Münsteraner Malers Johann Anton Koppers, die den Blick über Eck in einen weiteren Raum suggeriert: Amor weist die Wappenschilde Plettenberg-

Westerholt vor, die er durch seinen Pfeil fest aneinandergeheftet hat, darüber vier Putten, die den Adelshelm mit dem Goldenen Vließ und die Grafenkrone halten (Abb. 21). Das Wandbild wurde im Auftrag Schlauns 1732 gemalt.

Die Schloßkapelle hatte Gottfried Laurenz Pictorius erbaut. Sie wurde 1713 mit von dem italienischen Meister Stephano Melchion stuckiert, die Gemälde stammen von Johann Martin Pictorius. Die Bestandsaufnahme Schlauns mit der Bleistiftzeichnung eines Altars (Kat.-Nr. 11.13) ist offensichtlich angefertigt worden, weil der Bauherr, möglicherweise aufgrund der 1727 erworbenen Reliquien aus Rom, einen neuen Altar für die Konche wünschte (nach Mummenhoff 1995).

21 Schloß Nordkirchen, Kabinett Plettenbergs im Ostflügel, Wandmalerei von Johann Anton Koppers (1732)

22 Schloß Nordkirchen, Kammerkapelle im Ostpavillon, Decke

11.1

11.2

11.3

11.1
Schloß Nordkirchen, Corps de logis
Speisezimmer, Aufriß der Fensterwand

Lavierte Federzeichnung (braun, grau, gelb, blau),
27,6 x 40,8 cm

Westfälisches Landesmuseum Münster, Schl.-Bd. 105

11.2
Schloß Nordkirchen, Corps de logis
Speisezimmer, Aufriß der inneren Längswand (Türwand)

Lavierte Federzeichnung (grau, gelb, blaßrot),
27,3 x 40,9 cm
Maßstab: *20* Einheiten = 22 cm

Westfälisches Landesmuseum Münster, Schl.-Bd. 106

11.3
Schloß Nordkirchen, Corps de logis
Speisezimmer, Aufriß der Buffetwand (Westwand)

Lavierte Federzeichnung (grau, gelb, blaßrot),
28,8 x 38,4 cm
Deckblatt mit Ofen (nicht mehr vorhanden) >
Maßstab: *20 Fuß* = 21,9 cm

Westfälisches Landesmuseum Münster, Schl.-Bd. 107

11.4

11.5

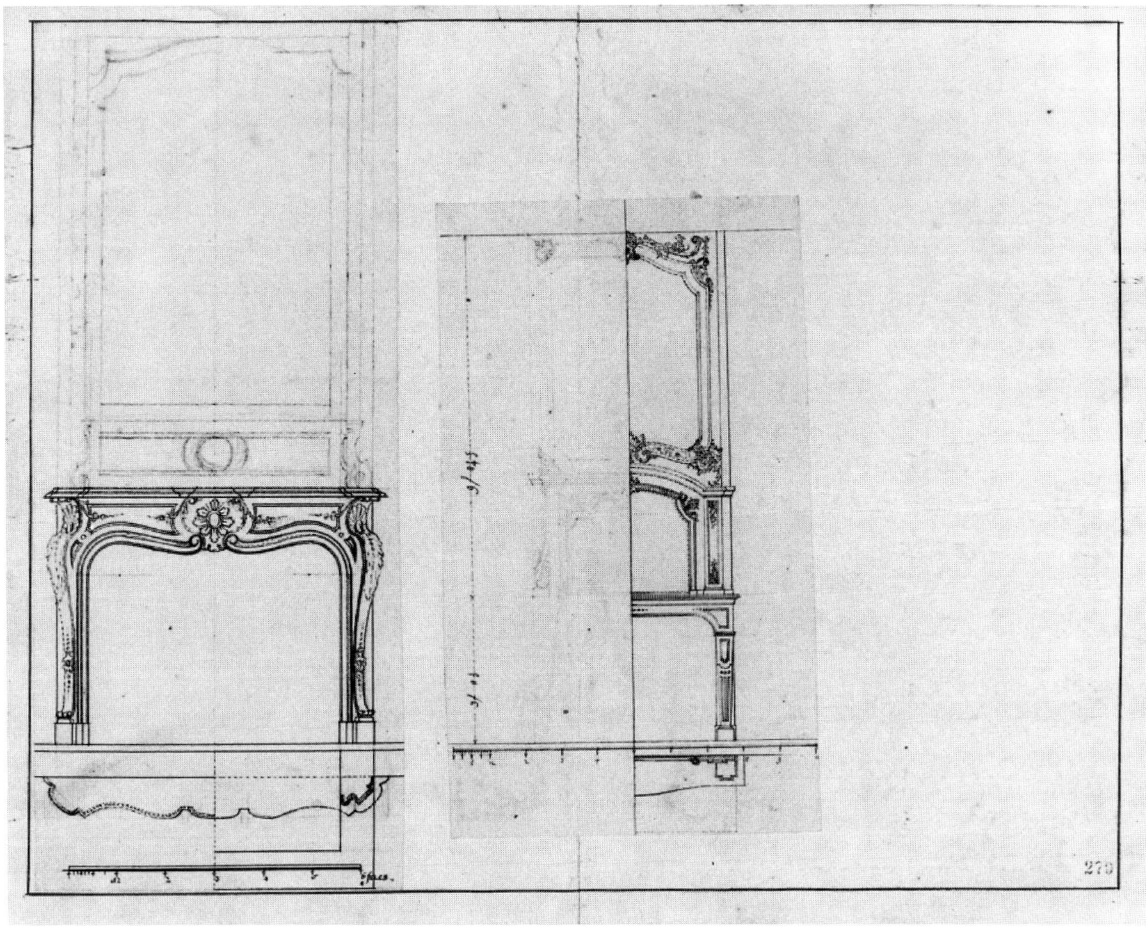

11.6

11.7

11.4
Schloß Nordkirchen, Corps de logis
Dekorationsentwurf für ein Zimmer des Hauptschlosses (Tür, Kamin, Spiegelrahmen)

Lavierte Federzeichnung (grau, rot), 30,4 x 40,5 cm
Maßstab: *10 Fuß* = 15,9 cm

Westfälisches Landesmuseum Münster, Schl.-Bd. 108

11.5
Schloß Nordkirchen, Seitenflügel
Dekorationsentwürfe für den Ostflügel (Kamin, Tür und Spiegelrahmen)

Lavierte Federzeichnung (grau, rot, blaßgrün), 29,1 x 47 cm
Beischrift: *Groes Teuchs-Meister* (im Gemäldefeld des Kaminaufrisses) *H. Dumscholaster H. DumCantor Alten DumKelner u. Dumprobst zu Paderborn* (in der Supraporte des Türaufrisses)
Maßstab: *20 Fuß* = 35,4 cm

Westfälisches Landesmuseum Münster, Schl.-Bd. 109

11.6
Schloß Nordkirchen (?)
Zwei Kamine mit Aufsätzen, Aufrisse und Schnitte

Lavierte Federzeichnung (grau), Bleigriffel, 31,7 x 40,4 cm (Grundblatt); 29,4 x 38,1 cm; 29,3 x 12,8 cm (linkes Blatt); 21,4 x 12,8 cm (rechtes Blatt)
Maßstäbe: *6 Fuß* = 10,2 cm (links); *10 Fuß* = 12,6 cm (rechts)

Westfälisches Landesmuseum Münster, Schl.-Bd. 270

11.7
Schloß Nordkirchen (?)
Unbekannter Zeichner
Kaminaufsatz, Spiegelrahmen in zwei Variationen

Bleigriffel, Rötel, 26,5 x 15 cm

Westfälisches Landesmuseum Münster, o.Nr. N 22

Von der Technik her ist die Zeichnung kaum von Schlaun. Möglicherweise handelt es sich um eine Musterzeichnung aus einem anderen Zusammenhang.

la face du cote de la porte.
la face du cote de la fenetre.
104

11.8

11.9

Neu inventirter owe so Herr Graff
von Plettenberg hatt giesen
lasen.

11.10

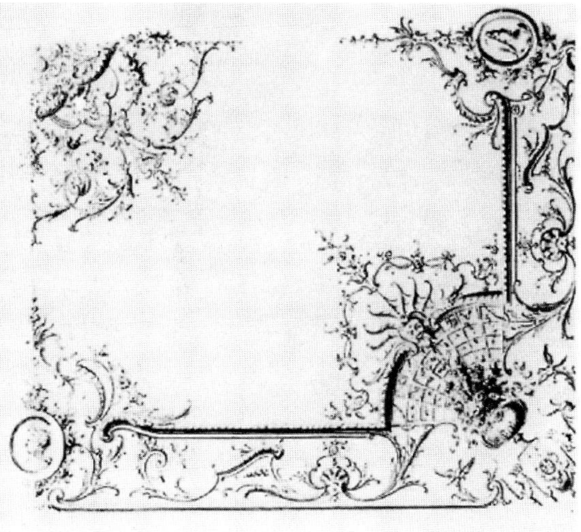

11.11

11.12

11.8
Schloß Nordkirchen
Hauskapelle, Aufrisse der Tür- und Fensterwand

Lavierte Federzeichnung (grau), Bleigriffel,
28,2 x 43,6 cm
Titel: *la face du cote de la porte. – la face du cote de la fenetre*
Maßstab: *15* Einheiten = 19,2 cm

Westfälisches Landesmuseum Münster, Schl.-Bd. 104

11.9
Schloß Nordkirchen
Entwurf für einen Ofen im Corps de logis

Lavierte Federzeichnung (grau, gelb), 30,7 x 42,7 cm
Titel: *Neu inventirter owe so Herr Graff von Plettenberg hatt giesen lasen.*
Numerierung: *6.*
Maßstäbe: *8 fues* = 18,5 cm; *12 zoll* = 2,3 cm

Stadtmuseum Münster

11.10
Schloß Nordkirchen
Michel Leveilly oder Stephan Laurent Delarocque
Entwurf für die Stuckdecke des südlichen Salons im Ostflügel

Lavierte Federzeichnung

Verwalter nicht bekannt (Foto im Westfälischen Amt für Denkmalpflege)

11.11
Schloß Nordkirchen
Michel Leveilly oder Stephan Laurent Delarocque
Entwurf für die Stuckdecke des südwestlichen Eckkabinetts im Ostflügel

Lavierte Federzeichnung

Verwalter nicht bekannt (Foto im Westfälischen Amt für Denkmalpflege)

11.12
Schloß Nordkirchen
Michel Leveilly oder Stephan Laurent Delarocque
Entwurf für die Stuckdecke des westlichen Salons im Ostflügel

Lavierte Federzeichnung (grau), Bleigriffel, 23,2 x 38,4 cm (29 x 41,3 cm durch angesetzte Streifen)
Titel: *Plafond dans le Cabinet de S:E. Madame la Comtesse de Plettenberg à Nordkirchen* (von der Hand Schlauns)
Numerierung: *4*
Maßstab: *10* Einheiten = 19,85 cm

Stadtmuseum Münster

11.13

11.13
Schloß Nordkirchen, Kapellenflügel
Schloßkapelle, Aufriß der Ostwand und Grundriß der Altarnische

Lavierte Federzeichnung (schwarz), Bleigriffel, 49,9 x 31,5 cm

Westfälisches Landesmuseum Münster, Schl.-Bd. 111

11.14
Schloß Nordkirchen
Generalplan für die Schloßinsel, das südliche Vorwerk und den Nordgarten

Lavierte Federzeichnung (braun, grau), Bleigriffel, 77,6 x 56,2 cm

Westfälisches Landesmuseum Münster, Schl.-Bd. 87

11.14

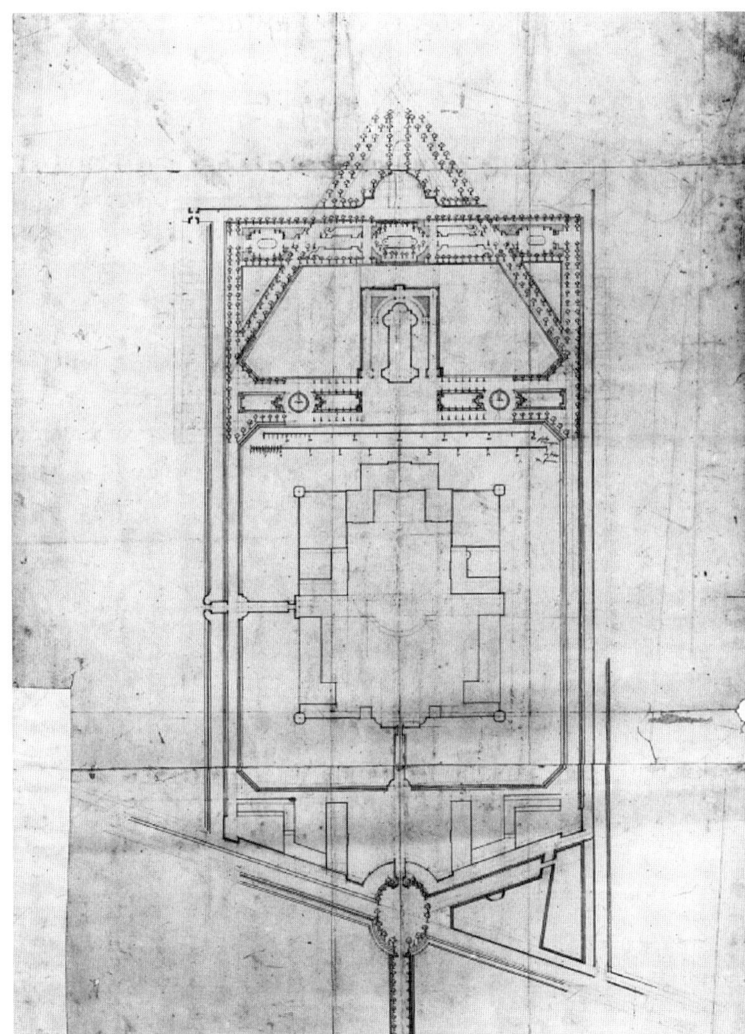

Westgarten

Den Entwurf Schlauns für den Garten in Brühl hatte der Kurfürst abgelehnt. Auf Empfehlung des Kurfürsten Max Emanuel wurde der kurbayerische Garten- und Brunnenmeister Dominique Girard nach Brühl berufen. Schlaun, inzwischen zum Kölnischen Oberbaumeister und Ingenieur ernannt, reiste im Januar 1725 nach Mannheim, um Girard abzuholen und per Schiff nach Bonn zu geleiten. Bei Girard befand sich ein Mitarbeiter namens Moreau (sein Vorname ist nicht bekannt), der noch im Februar 1725 nach Nordkirchen kam, wo er bis April blieb. Mummenhoff, auf den sich die Ausführungen über Nordkirchen im wesentlichen stützen, hält es für sicher, daß Schlaun und Moreau in dieser Zeit die Grundplanung für den Westgarten festgelegt haben. Noch im Februar fertigte der Schreinermeister Thomas Palster »einen Tisch für die Herren Ingenieure und einen besonderen Tisch für Herrn Moreau«. Aus dieser Planungsphase sind zwei Gesamtentwürfe des Gartens erhalten, die auf den Generalplan Schlauns, eine Bauaufnahme des Bestands der Pictoriuszeit, Bezug nehmen.

ERSTER ENTWURF: Der erste Entwurf (Kat.-Nr. II.15) zeigt das neu geplante Westparterre mit den vier Fontänen und der von breiten Treppen begleiteten großen Kaskade zwischen leicht ansteigenden breiten Alleen. Sie münden auf das Plateau des ›Oranienplatzes‹ mit seinen vier Broderie-Kompartimenten und einer weiteren Fontäne im Zentrum. Die Kaskade bildet das eigentliche Zentrum des Westgartens, denn in ihrem Ursprung, der Fontäne des oberen Parterres, ist sie der Drehpunkt für die Richtungsänderung der wichtigen Querachse auf den Bau der Orangerie, der späteren Oranienburg. Als westliche Erweiterung folgt auf das Orangerieparterre der Boskettgarten, symmetrisch zuseiten der Hauptachse angeordnet. In etwa gleicher Größe nördlich davon sind zwei Leerflächen, angegeben in Schlauns Handschrift: »A plantage, A fesanerie« und »A baumen undt scharmilien B laborinte«. Die Bestimmung der Flächen stand also schon fest, die Einzelentwürfe waren aber noch nicht fertig. Ganz unverbindlich ist auch als Westabschluß auf der Hauptachse eine höher gelegene halbrunde Wasserreservoiranlage nur angedeutet.

Die Orangerie des Peter Pictorius ist im Grundriß angegeben. Zusammen mit einem anschließenden Boskettstreifen mit Paßspiel, Wegen und Baumsälen schließt sie den zentralen Gartenteil nach Norden ab. Die Anlage ist in das Rechteck des alten Pictoriusgartens eingepaßt, sogar die beiden runden Gartentürme auf der Südwest- und Nordwestecke wurden übernommen. Nördlich des Gartenkasinos liegt ein kleiner, ganz von Mauern eingefaßter Kabinettgarten mit einem einteiligen Parterre en Broderie und einer Fontäne, zwei Kompartimente sind als Rasenparterre mit einer Einfassung von Blumenrabatten geplant, streng nach den Vorschriften der französischen Gartentheoretiker. An der Nordseite des kleinen Parterres befindet sich eine Heckenarkade, dahinter eine kleine Baumpflanzung ›en quinconce‹. Außerdem ist die Umformung des nördlich des Hauptparterres gelegenen ehemaligen Obstgartens in ein großes Boskett mit kompliziert geführten Wegen, einigen Kabinetten und einem Brunnenbassin vorgeschlagen. Der Boskettstreifen zwischen dem Hauptparterre und diesem großen Boskett ist mit einem in drei Abschnitte geteilten Deckblatt versehen. Ohne Deckblatt erkennt man die Orangerie des Pictorius mit dem großen Saal, mit Deckblatt erscheint diese nur in Umrissen, durch zwei mit Laubengängen verbundene Anbauten erweitert. Diese Diposition ist die Erfindung des Monsieur Moreau (Kat.-Nr. II.22).

Das große Parterre zeigt unverkennbare Verwandtschaft mit den Plänen Dominique Girards, des Le Nôtre-Schülers, für Schloß Brühl, Schloß Schleißheim bei München und das Belvedere in Wien. Der Plan wurde teilweise anders ausgeführt und später nach Westen und Norden erweitert.

ZWEITER ENTWURF: Der zweite Plan ist in den Hauptteilen des Gartens fast identisch (Kat.-Nr. II.16). Neu sind die Einzeichnungen der Fasanerie und des Irrgartens und das nördlich anschließende Boskett, dessen Diagonalachse den großen Gartenteil mit Baumpflanzungen ›en quinconce‹ erschließt. Fortgefallen ist das große Boskett nördlich des Hauptparterres. Der Umriß des Gartenkasinos ist ohne Erweiterungen dargestellt, so wie es unter Peter Pictorius errichtet wurde.

Im Kreuzungspunkt der nach Süden gerichteten Mittelachse der Oranienburg und der Hauptachse des Gartens lag auf dem Parterre der Oranienburg ein achteckiges Bassin, nach Osten hin mit einer Kaskade verbunden, die den Geländehang zwischen

Oranienplatz und großem Parterre in mehreren Wasserstufen überbrückte und in ein großes rechteckiges Bassin im östlichen Parterre mündete. Diese Wasseranlage ist auf den Gartenplänen (Kat.-Nr. II.17–18) dargestellt. Zu beiden Seiten des Bassins führten Steintreppen auf den Oranienplatz. Für eine der Treppen ist ein Detailentwurf erhalten (Kat.-Nr. II.19). Das große östliche Rasenparterre mit den vier Bassins und dem Teich, in den die Kaskade mündete, gerahmt von den langsam steigenden Alleen, ist in der Grundidee von Dominique Girard und in die Planungen von Nordkirchen 1725 wohl durch Girards Mitarbeiter Moreau eingeflossen. Diese Formation findet sich in großen Linien im Mittelteil des Wiener Belvederegartens, der, von Girard und Lucas von Hildebrand entworfen, zwischen 1716 und 1721 ausgeführt wurde.

Baunachrichten über den östlichen Teil mit den zwei ›parterres à l'anglaise‹, den vier Bassins und dem Kaskadenteich sind spärlich. Es scheint, als ob hier die Arbeiten sehr spät, erst nach dem Sturz des Ministers Graf Plettenberg, eingesetzt haben und noch bis 1736 fortgesetzt wurden. Ob die vier Bassins im unteren Parterre ausgeführt wurden, ist fraglich. Auch sonst ist die Existenz von Wasserspielen aus den Akten nicht ersichtlich.

GLORIETTE: Nicht ausgeführt wurde die »Gloriette en grotesce so eins zu Nortkirchen hatt söllen angelacht werden« (Kat.-Nr. II.20–21). Typologisch handelt es sich um ein Gartenbelvedere mit Wasserspielen in einer Grotte. Vermutlich sollte der Bau als Point de vue in der Mittelachse des Westgartens errichtet werden (Kat.-Nr. II.15). Mit der Rückseite hätte er unmittelbar an das erste Reservoir im westlichen Gartenteil gegrenzt. Eine auf der Rückseite verborgene Handpumpe versorgte den obenliegenden Wasserkasten aus dem Reservoir zum Betrieb der Wasserspiele in der Grotte, zahlreiche feine Strahlen sollten unter der Bogenhalle austreten, während in deren Mitte ein hoher Springstrahl zumindest eine zeitlang den Betrachter mit seinem Glitzern vor dem freien Hintergrund erfreuen sollte. Eine schmale, steile Treppe führte auf das Dach, von dem aus man den Garten in Richtung Schloß betrachten konnte. In der Grotte stehen links Minerva und rechts vermutlich die Muse Urania. Auf der Balustrade tragen Voluten über einer Inschrifttafel in der Art von Berninis St. Peter-Baldachin eine Krone und das Allianzwappen der Plettenbergs, flankiert, soweit erkennbar, von Allegorien der Malerei, der Geometrie, der Astronomie und der Skulptur. Wie der Gartenplan Schlauns (Kat.-Nr. II.31) vermuten läßt, wäre die Gloriette bei dem kunstvoll gestalteten Überlauf in das östliche Becken errichtet worden, anstelle des 1733 in Holz ausgeführten kleinen Rundpavillons.

BEPFLANZUNG: Seit 1721 wurde die Bepflanzung der Gärten und deren Pflege durch den Gartenmeister Bainier betreut. 1727 trat Jean Hubert Lenné an seine Stelle. Er stammte aus der Bonner Hofgärtnerfamilie und war der Urgroßvater des später in preußischen Diensten berühmt gewordenen Peter Joseph Lenné (geboren 1789 in Bonn). Lenné brachte den tüchtigen Gärtner Henrich Goessen als Mitarbeiter mit, der bis zum Schluß 1736 eng mit Schlaun zusammenarbeitete. 1726 hatten die großen Anschüttungs- und Planierungsarbeiten unter Schlauns Leitung begonnen. Zunächst im großen Parterre im Anschluß an die Schloßinsel mit den beiden Hauptalleen, dann die Erweiterung nach Westen in zwei Abschnitten (bis 1731). Lenné ließ zunächst die zahlreichen Hecken pflanzen, dann folgte die Anlage der diversen Alleen. So sind im März 1727 die beiden Hauptalleen mit Kastanien bepflanzt worden. Eine große Baumlieferung kam im Januar 1728 auf drei Schiffen die Lippe von Wesel herauf. Aus der weiteren Umgebung des Schlosses wurden zahlreiche Hainbuchen geliefert, vor allem aus der Mergelbredde (Februar 1729). Eine Sendung Taxusbäume kam 1731 aus Bremen. 1734 begann das Setzen des Buxbaums und die Anlage der Blumenrabatten, die auf Schlauns Gartenplänen mit bunten Tuschetupfen kenntlich gemacht sind. Sehr viel wurde jetzt auch für die Pflege und Erweiterung der Orangen- und Lorbeerplantagen getan. Neben zahlreichen Baumkästen wurden im Mai 1730 355 Blumentöpfe geliefert. Zum Transport der schweren Orangenbäume lieferte der Schreinermeister Franz Brinkmann zum Oktober 1730 einen Spezialwagen.

Mit dem Sturz des Ministers Graf Plettenberg scheint im Dezember 1733 ein gewisser Abschluß der Gartenarbeiten eingetreten zu sein. Nach dem Fortgang Lennés im Oktober führte Henrich Goessen die Arbeiten. Auch Schlaun, der sich seit 1730 so gut wie ständig in Nordkirchen aufhielt, hat offenbar 1734 Anweisung aus Bonn erhalten, als Artillerieoffizier und kurfürstlicher Baudirektor seine Tätigkeit für Plettenberg zu beenden. Er hat dem nur bedingt Folge geleistet, denn die Bau- und Gartenarbeiten gingen in Nordkirchen zunächst weiter. Er ließ sich auf Durchreisen dort sehen, vieles regelte er von Münster aus.

Der große Nordkirchener Waldbezirk lag nordwestlich und nördlich von Schloß und Gärten. Schon vor 1723 war auf Veranlassung des Peter Pictorius mit Baumpflanzungen begonnen worden. Die erste Schneise führte in Verlängerung der Westgrenze des Gartens zwischen den beiden Gartentürmen und der späteren Oranienburg nach Norden. 1724 und 1725 wurden weitere Alleen angelegt. Es gibt von diesem Bereich keine Karte und keinen Plan, nur die ältere Skizze des gesamten Schloßbezirks von Gottfried Laurenz Pictorius zeigt die Anlage in den Grundlinien (Abb. 7). Allerdings bieten die zwischen 1730 und 1731 vor der Natur aufgenommenen Skizzen des Renier Roidkin einen Einblick in das künstlich geformte Waldgebiet, das mit einem Netz von Achsen und Alleen überzogen wurde (Abb. 30–39). Man erkennt die durch hohe Hecken eingefaßten Waldstücke, mit hohen alten Bäumen oder mit jungen Beständen bepflanzt. Die Arbeiten waren noch nicht vollendet, denn bis 1734 liegen einzelne Nachrichten über Pflanzungen und Alleen vor. Ab 1725 übernahm Schlaun die Arbeiten im Boskettwald. Die Sichtachsen wurden so gelegt, daß als Points de vue etwa die Windmühle an der Straße nach Selm und auf der Gegenseite der Gartenrisalit des Schlosses erschienen, auch die Pfarrkirche im Dorf und die Rentei dienten als Blickpunkte. Skulpturengruppen waren in den Kreuzungspunkten der Achsen, den Etoiles, aufgestellt. Heute ist von diesem ganzen Schneisensystem nach französischer Art kaum etwas erhalten, da der Waldbezirk im 19. und 20. Jahrhundert mehrfach durchforstet wurde.

Nordgarten

Auch die Gestaltung des Nordgartens, ein rechteckiger Teich und eine Wiese als Wäschebleiche, in der Mitte eine rechteckige Garteninsel, wurde Schlaun übertragen (Kat.-Nr. 11.14). Die Insel als Zentrum der Anlage behielt Schlaun bei, die Teiche wurden symmetrisch angelegt, das dabei gewonnene Erdreich hat er vermutlich für die Anhebung des Geländes im Westgarten verwendet. Vor dem Schloß lagen Rasenparterres mit Fontänen, jenseits des Teiches ein weiterer von Bäumen eingefaßter Gartenstreifen. Alleen wurden angelegt, zwei von ihnen führten diagonal durch den Teich auf den großen Sternplatz im Norden, von wo aus das Waldgebiet erschlossen wurde. Die Ausführung des Inselgartens lag von 1732 bis 1735 in den Händen Henrich Goessens, dem Mitarbeiter Lennés. Er hat mit Hilfe einer großen Kolonne von Tagelöhnern die Teich- und Grabenufer gezogen, Hecken und Bäume gepflanzt und die Treillage-Glorietten nach den Angaben Schlauns errichtet.

Die Existenz des ganzen Inselgartenbezirks ist bezweifelt worden, doch sind die Anlage des Inselgartens und die Baumpflanzungen archivalisch zu belegen, die formale Verteilung von Wasser, Alleen und Gartenstreifen gemäß dem Entwurf Schlauns zeigen in groben Umrissen die Katasterpläne der 1820er Jahre. 1834 ist der Inselgarten auf Veranlassung der Gräfin Maria von Plettenberg, seit 1833 mit Graf Nikolaus Esterhazy-Galantha verheiratet, in einen Landschaftsgarten umgewandelt worden.

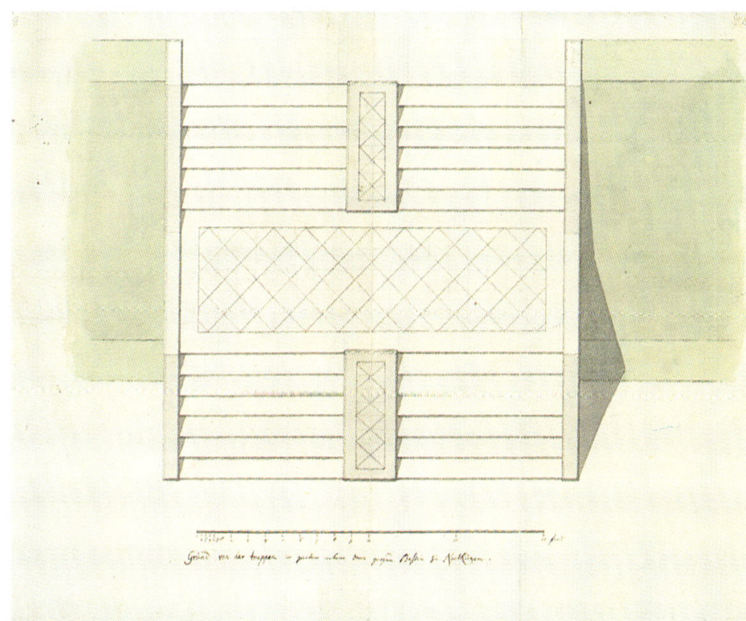

11.19 Schloß Nordkirchen, Westgarten, Aufsicht auf eine Gartentreppe

Nach der Übernahme des Schlosses durch Herzog Engelbert von Arenberg wurde der Landschaftsgarten 1906 durch den französischen Landschaftsarchitekten Achille Duchêne aus Paris in einen französischen neubarocken Parterregarten verwandelt. In diesen Zustand ist der Bereich jüngst sorgfältig rekonstruiert worden.

11.15

11.15
Schloß Nordkirchen
Monsieur Moreau
Gesamtentwurf der westlichen Gärten, Teilplan um die Oranienburg

Lavierte Federzeichnung (schwarzgrau, grün, rot, gelb, blau),
58,2 x 31,7 cm
Beischrift: *A plantage von baumen undt Scharmilien – A Fesanerie – B laborinte.*
Kennbuchstaben
Rückseite: *antonio Zaneldi* (?)
Deckblatt 1 über der Oranienburg
Deckblatt 2 und 3 über dem Boskettstreifen nördlich des Hauptparterres
Maßstab: *100 toises* = 22,1 cm

Westfälisches Landesmuseum Münster, Schl.-Bd. 85

11.16
Schloß Nordkirchen
Plan des Hauptparterres und der Gärten um die Oranienburg

Lavierte Federzeichnung (schwarzgrau, grün, rot, gelb, blau, grau), Bleigriffel, 106 x 83,5 cm

Westfälisches Landesmuseum Münster, Schl.-Bd. 86

11.16

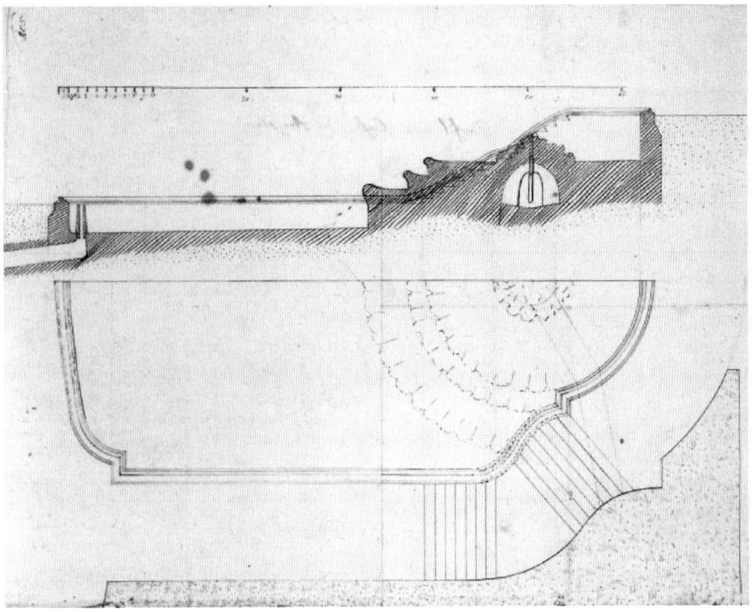

11.17

11.17
Schloß Nordkirchen (?)
Brunnenbassin mit Kaskade
Grundriß und Längsschnitt

Federzeichnung, 32 x 42 cm
Num.: *105*
Maßstab: *60* (Fuß – ohne Angabe der Maßeinheit) = 31,6 cm

Privatbesitz, Klebeband Clemenswerth, P 80r

Vom flachen oberen Becken mit einer Fontäne in der Mitte (Zulauf unter den Treppenstufen) läuft das Wasser über drei Stufen in das untere Bassin, von da über einen Überlauf in den weiteren Verlauf der Brunnenanlagen und zurück ins Pumpenhaus. Um die Anlage herum verläuft ein etwa drei Meter breiter Weg, der den Fall der Kaskade von knapp drei Metern mit zweimal sieben Stufen begleitet. Der Plan entstammt dem Klebeband Clemenswerth aus dem Nachlaß Arenberg. Auf den Plänen zu Clemenswerth ist ein Bassin dieses Grundrisses jedoch nicht zu finden. Der Plan gehört vermutlich zu Nordkirchen und stellt möglicherweise eine Variante dar. Vielleicht hat Schlaun den Plan nach Clemenswerth mitgenommen, weil er dort eine ähnliche Anlage konzipieren wollte.

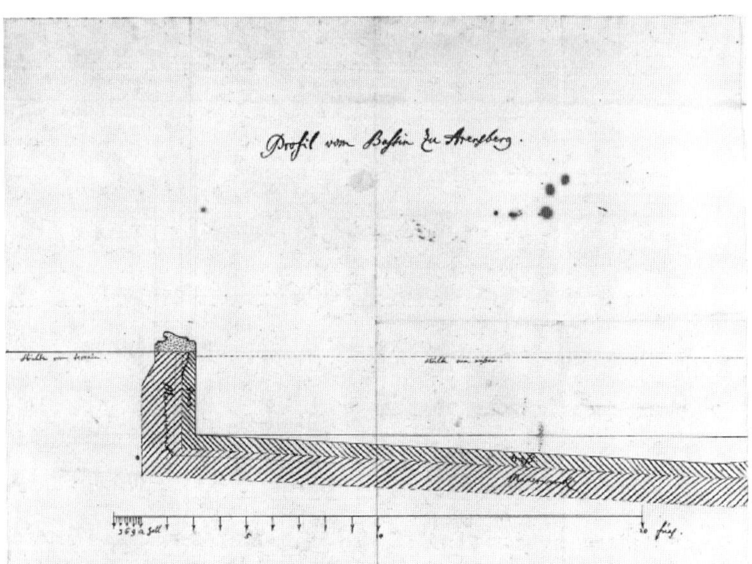

11.18

11.18
Schloß Nordkirchen (?)
Brunnenbassin, Längsschnitt

Federzeichnung, 32 x 42 cm
Titel: *Profil vom Bassin zu Arensberg*
Beischrift: *Höhe vom terrain; Höhe vom wasser; trass, Mauerwerck*
Num.: *105v*
Maßstab: *20 fues* = 29,9 cm

Privatbesitz, Klebeband Clemenswerth, P 80v

Gehört zu Kat.-Nr. 11.17 und bezeichnet die wasserdichte Ausmauerung des Beckens. Von einem Bassin in Arnsberg liegen keine Nachrichten vor.

11.19
Schloß Nordkirchen, Westgarten
Aufsicht auf eine Gartentreppe neben dem großen Bassin (Abb. S. 77)

Lavierte Federzeichnung (grün, grau), Bleigriffel, 47,6 x 58,6 cm
Titel: *Grund von der trappen im garten neben dem großen Baßin zu Nortkirgen.*
Maßstab: *20 fues* = 27,1 cm

Westfälisches Landesmuseum Münster, Schl.-Bd. 89

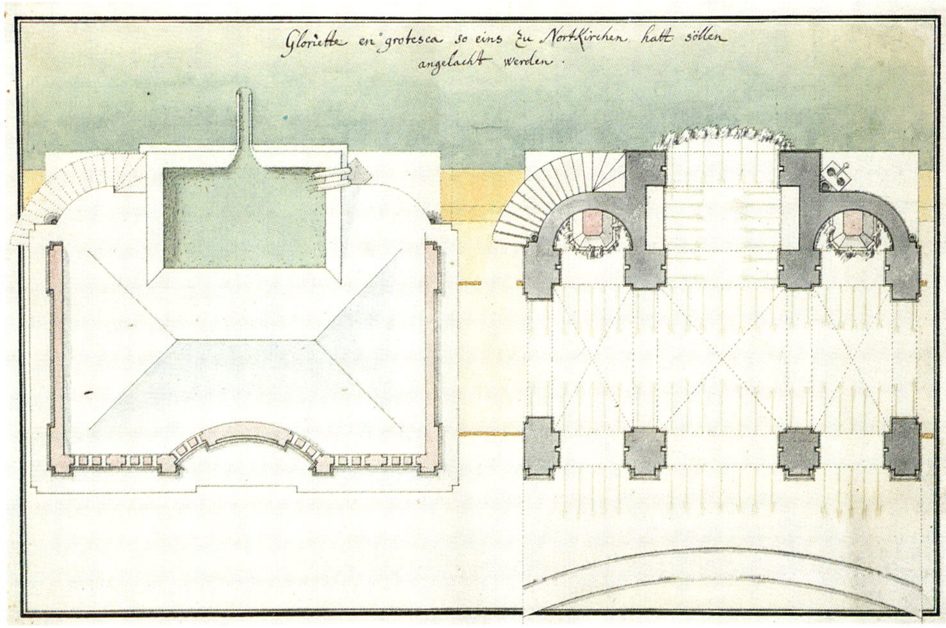

11.20

11.21

11.20
Schloß Nordkirchen, Gloriette
Schnitt und Aufriß

Lavierte Federzeichnung (grau, blau, gelb, rosa), 29,3 x 42,1 cm
Titel: *Profil. – ; Aufführung. –*
Beischrift: *11; 57*
Maßstab: *40 fues* = 28 cm

Stadtmuseum Münster

11.21
Schloß Nordkirchen, Gloriette
Grundriß und Aufsicht mit Zisterne

Lavierte Federzeichnung (grau, grün, gelb, rosa), 27 x 42 cm
Titel: *Gloriette en grotesca so eins zu NortKirchen hatt söllen angelacht werden.*
Beischrift: *10; 57*

Stadtmuseum Münster

23 Schloß Nordkirchen, Oranienburg, Nordseite (1913)

24 Schloß Nordkirchen, Oranienburg, Festsaal (1994)

25 Schloß Nordkirchen, Oranienburg, Südseite (1913)

Oranienburg

BAUGESCHICHTE: Aus den Baurechnungen geht hervor, daß die eingeschossige Orangerie des Pictorius hinter einem vermutlich flachen Dach einen bleigedeckten schmalen Umgang mit Balustrade oder Attikamauer hatte, der durch eine Treppe im rückwärtigen Anbau zugänglich gewesen sein muß. Der große Orangeriesaal und die beiden Eckkabinette im Erdgeschoß haben stuckierte Muldendecken, die Kabinette stuckierte Wände mit Ecknischen (1719 von A. Rainaldi). Schlaun setzte auf den Bau des Peter Pictorius ein ausgebildetes Obergeschoß, ohne dabei die Innenausstattung des Erdgeschosses anzutasten. Bereits im November 1725 wurde das neue Mansarddach aufgerichtet, einen Monat später erhielt der Maurermeister Johann Rußweg für den vollendeten Bau seinen Lohn. Im Juni hatte Schlaun den Bildhauer Hendrich Ansum mit den beiden Skulpturen über dem Mittelrisalitgiebel beauftragt, laut Rechung »Kunst und Arbeit«. Bis März 1726 kamen Schieferlieferungen aus Bonn, und noch im selben Monat wurde das neue Dach gedeckt. Erst jetzt ließ Schlaun das alte Erdgeschoß-Schieferdach abnehmen.

1727 wandte man sich Arbeiten im Inneren zu. Die Decken im Obergeschoß wurden teils für flachen Plafondstuck vorbereitet (fünf Räume), teils erhielten sie nur Wellerwerk (vier Räume). Das entspricht genau der Raumaufteilung des Plans (Kat.-Nr. 11.23). 1728 wurden die neuen französischen Sprossenfenster eingesetzt, wie übrigens auch im Erdgeschoß. Im Oktober dieses Jahres erhielt der Schreinermeister Arnold Ohrmes aus Bonn für die neue Doppeltreppe im rückseitigen Anbau, die er nach einer Zeichnung Schlauns angefertigt hatte, seine Bezahlung. Im gleichen Monat machte Schlaun einen genauen Vertrag mit dem Schlossermeister Pierre Courtin, ebenfalls aus Bonn, über zehn kleine und ein großes Schmiedeeisengitter für Fenster und Balkon der Hauptfront. Die Bildhauerarbeiten erledigte Johann Bernhard Fix (1726). Um der gesteigerten Bedeutung des Lusthauses gerecht zu werden, nannte man die Orangerie jetzt ›Oranienburg‹.

ABLEITUNG DER FORM: Die Grunddisposition der Oranienburg hatte bereits Peter Pictorius festgelegt (Abb. 23–27). Von ihm stammt die Gliederung in neun Achsen mit Mitteltafel und turmartigen einachsigen Eckrisaliten, die in das Rahmensystem der Fassade eingebunden, deren Ecken jedoch abgerundet sind. Schlaun hat diese Gliederung übernommen (Kat.-Nr. 11.23). Durch die Aufstockung entstand jedoch ein anderer Bautypus, der auch ein anderes Dekorum verlangte: eine Art Maison de plaisance mit zweigeschossigen Gartenpavillons als Flügelbauten, wobei die Sala terrena wechselweise als Festsaal oder im Winter als Aufstellungsort der Orangenbäumchen dienen konnte. Im Obergeschoß gab es einen weiteren Saal sowie zwei repräsentative Appartements, bestehend aus je vier Räumen; die Enfilade an der Schauseite führte bis in die Räume der Pavillonrisalite, die als Oktogone mit Statuennischen in den Ecken besonders ausgezeichnet waren, ja sogar über die Fenster der Flanken bis in die gestaltete Natur des Gartens hinaus. Das gilt auch für das Erdgeschoß, wo am Ende der Sichtachse im Garten eine Statue als Point de vue aufgestellt war. Die Vorbilder der Obergeschoßfenster, wie sie im Gesamtentwurf erscheinen, findet man in Domenico de Rossis ›Studio d'architettura civile‹ (Tafel 80, Fassade des Collegio di Propaganda Fide). In erhaltenen Ausführungsentwürfen der Obergeschoßfenster (Kat.-Nr. 11.25–27) verändert Schlaun diese jedoch. Vorlage für das Portal ist Berninis Palazzo Barberini, für die Fenster Michelangelos Konservatorenpalast, Borrominis Propaganda Fide und Giovanni Antonio de Rossis Palazzo Altieri, dessen Formen Borromini verpflichtet sind.

Das römische Moment der Architektur wird verstärkt durch die klare Unterscheidung der Geschosse, durch die Ordnung der Fenster und den Wechsel von Segment- und Dreiecksgiebel in deren Bekrönungen – prominenteste Vorbilder in Rom der Palazzo Farnese oder der Senatorenpalast auf dem Kapitol, beide mit dem Namen Michelangelos verbunden. Ist man erst einmal gedanklich auf dem Kapitol angelangt, fällt es nicht schwer, auch das Hauptmotiv der Fassade, das Fenster im Piano nobile des Mittelrisalits richtig einzuordnen. Die Verbindung von Segmentbogen und Dreiecksgiebel zusammen mit freistehenden Säulen und vor allem den oben umknickenden Rahmen in einer repräsentativen Ädikula findet man an Michelangelos Konservatorenpalast und zwar bei dem zentralen ›Finestrone‹ des Giacomo del Duca, ebenfalls abgebildet bei de Rossi. Schlaun unterscheidet die Geschosse deutlich durch die feinere Behandlung der Motive im Obergeschoß: während die Tafeln mit den hängenden Guttae unter den Giebeln der Ädikulen im Erdgeschoß ungestaltet bleiben, ein

Hinweis auf die niedrigste, die dorische Ordnung, sind sie im Piano nobile profiliert und mit Büsten oder Muscheln ausgestattet, die Säulen des zentralen loggiaartigen Balkonfensters werden mit der korinthischen Ordnung ausgezeichnet – im Gesamtentwurf hatte er noch die Dorica vorgesehen und einen geschwungenen Giebel vorgeschlagen, für den es auch einen Detailentwurf gibt. Ausgeführt wurde der Dreiecksgiebel, auf dessen Flanken die Allegorien der Architektur und der Gartenbaukunst ruhen: der Fürst läßt sich als Bauherr feiern.

Schlaun stand hier vor einer im Prinzip ähnlich gearteten Aufgabe wie Michelangelo beim Palazzo Farnese, der sich bei der Aufstockung des Palastes ebenfalls mit dem vorhandenen Bau Antonio da Sangallos auseinandersetzen mußte, und diese Auseinandersetzung führte er wie dieser über die Ordnung der Fenster.

An diesem Bau wird besonders deutlich, wie Schlaun den Ansprüchen seines Mäzens gerecht zu werden suchte. Die traditionellen Baumaterialien wurden beibehalten, das schiefergedeckte Mansarddach wurde auch witterungsbedingt französisch und erlaubte die Abstufung der Baukörper, die durch die Setzung der Kamine und Fenster rhythmisiert und akzentuiert werden. Das Hausteindekorum in den Rahmenfeldern erzielt durch die Wandschichtung geradezu emblematische Wirkung, so daß die gezielt eingesetzten Architekturzitate ihre Wirkung kaum verfehlen. Daß dabei die dorische Ordnung dem Gartensaal zugeordnet wurde, ein Festsaal, von dem aus die Hofgesellschaft ins Freie treten konnte und mithin aus dem Blickwinkel des Fürsten zu einem Bestandteil der geordneten Natur als Abbild des idealen Staatswesen wurde, ist nur logisch. Im Piano nobile lagen die herrschaftlichen Appartements des Lusthauses, ausgezeichnet nicht mehr durch die ›heroische‹ Dorica oder Tuscana, sondern die dem Fürsten gemäße aufwendige korinthische Säulenordnung; von hier aus betrachtete Plettenberg mit seinen Staatsgästen die geformte Natur, hatte er den beherrschenden Blick auf die Broderieparterres.

Seitlich der Oranienburg hatte Schlaun niedrige Balustraden vorgesehen, die auf das Broderieparterre bezogen im Grundriß die Form der Eckpavillons noch einmal aufnahmen und Durchlaß gewährten zu den Laubengängen aus geschorenen Hecken (›Charmillen‹) in den intimen Parterregarten nördlich der Oranienburg (Kat.-Nr. 11.23). In der Ausführung seit Mai 1732 wurden daraus architektonisch gegliederte Scheinwände mit Fenstern und einem rundbogigen Portal als Fassaden der dahinter angelegten Treillagepavillons (Abb. 23, Kat.-Nr. 11.24). Auf dem Kranzgesims der Fenstermauern standen je fünf Steinvasen, die im Oktober 1732 durch Stephan Rettenbacher aufgesetzt wurden. Johann Christoph Manskirch erhielt für die Vasen im November 1732 seine Bezahlung. Die beiden Flankenwände sind etwas verändert als Frontwände in die beiden Flügelbauten integriert, die der Herzog von Arenberg als Erweiterung der Oranienburg 1910 errichten ließ.

Die rückwärtige Fassade der Oranienburg auf das Nordparterre wird durch den dreiachsigen Treppenhausrisalit beherrscht, die Mittelachse durch die Verbindung der konvex ausladenden Portalädikula mit der hohen, das geschoßteilende Gesims durchbrechenden Fenstertür ausgezeichnet (Abb. 27, Kat.-Nr. 11.28). Johann Bernard Fix übernahm die Ausführung und wurde im Mai 1731 dafür bezahlt.

Bereits 1730 arbeitete man intensiv an der Ausstattung der Obergeschoßräume, den Lambris, Türen und Fensterbekleidungen. Die Kaminaufsätze in den Obergeschoß-Kabinetten der Eckpavillons stammen von Johann Bernhard Fix (September 1730). Schlauns Zeichnungen dazu sind erst jüngst bekannt geworden (Kat.-Nr. 11.29). Ende 1731 dürfte die Oranienburg so gut wie fertig gewesen sein. 1910 ist der alte Dachstuhl durch eine Betonkonstruktion ersetzt worden. Dabei wurden die Obergeschoßdecken zerstört.

26 Schloß Nordkirchen, Oranienburg, Portal der Südseite

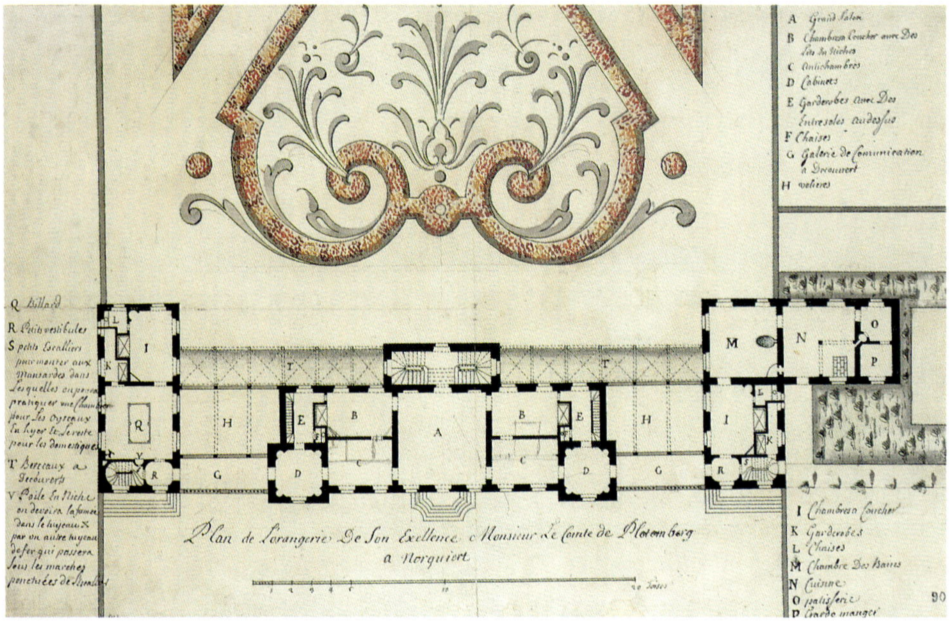

11.22

11.22
Schloß Nordkirchen, Oranienburg
Monsieur Moreau
Grundriß des Erdgeschosses

Lavierte Federzeichnung (schwarz, grau, rot, violett, grün), Bleigriffel, 27,8 x 43,6 cm
Titel: *Plan de L'orangerie De Son Exellence Monsieur Le Comte de Pletemberg a Norquiert*
Beischrift: *A Grand Salon-; B Chambres a Coucher avec Des Lits En Niches-; C Antichambres-; D Cabinets-; E Garderobes avec Des Entresoles au dessus-; F Chaises-; G Galerie de Communication a Decouvert-; H volieres-; I Chambres a Coucher-; K Garderobes-; L Chaises-; M Chambre Des Bains-; N Cuisine-; O patisserie-; P Garde manger-; Q Billard-; R Petits vestibules-; S petits escalliers pour monter aux mansardes dans Lesquelles on pouva pratiquer une Chambres pour les Oyseaux En Hyer Et Le reste pour les domestiques-; T Berceaux a Decouverts-; V Poile En Niche on devoira la fümee dans le tuyeau; X par un autre tuyeau de fer qui passera Sous les marches ponctuées de l'Escallier*
Maßstab: 20 *Toises* = 17,6 cm

Westfälisches Landesmuseum Münster, Schl.-Bd. 90

Der Detailplan des französischen Gehilfen von Girard, Monsieur Moreau, der mit Schlaun über einen Monat in Nordkirchen zusammengearbeitet hat, teilt den großen Saal des Kasinos auf in einen Mittelsalon mit je zwei flankierenden Zimmern und den Kabinetten in den Eckpavillons. Zwei neu zu errichtende ebenerdige Nebenbauten enthalten Schlafzimmer, Bad, Küche, Billardsaal. Sie sind durch Terrassen, Volièren und Laubengänge mit dem Kasino verbunden. Ausführliche Beischriften in französischer Sprache erläutern das Ganze. Der Plan muß zwischen Februar und April 1725 entstanden sein und sieht bereits ein hinteres Treppenhaus vor, von dem das obere Geschoß zugänglich wäre.

11.24

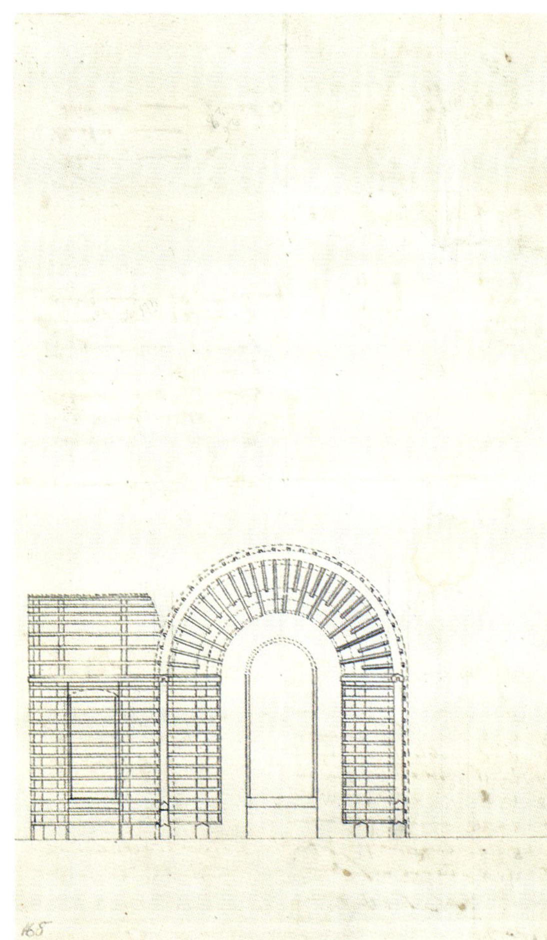

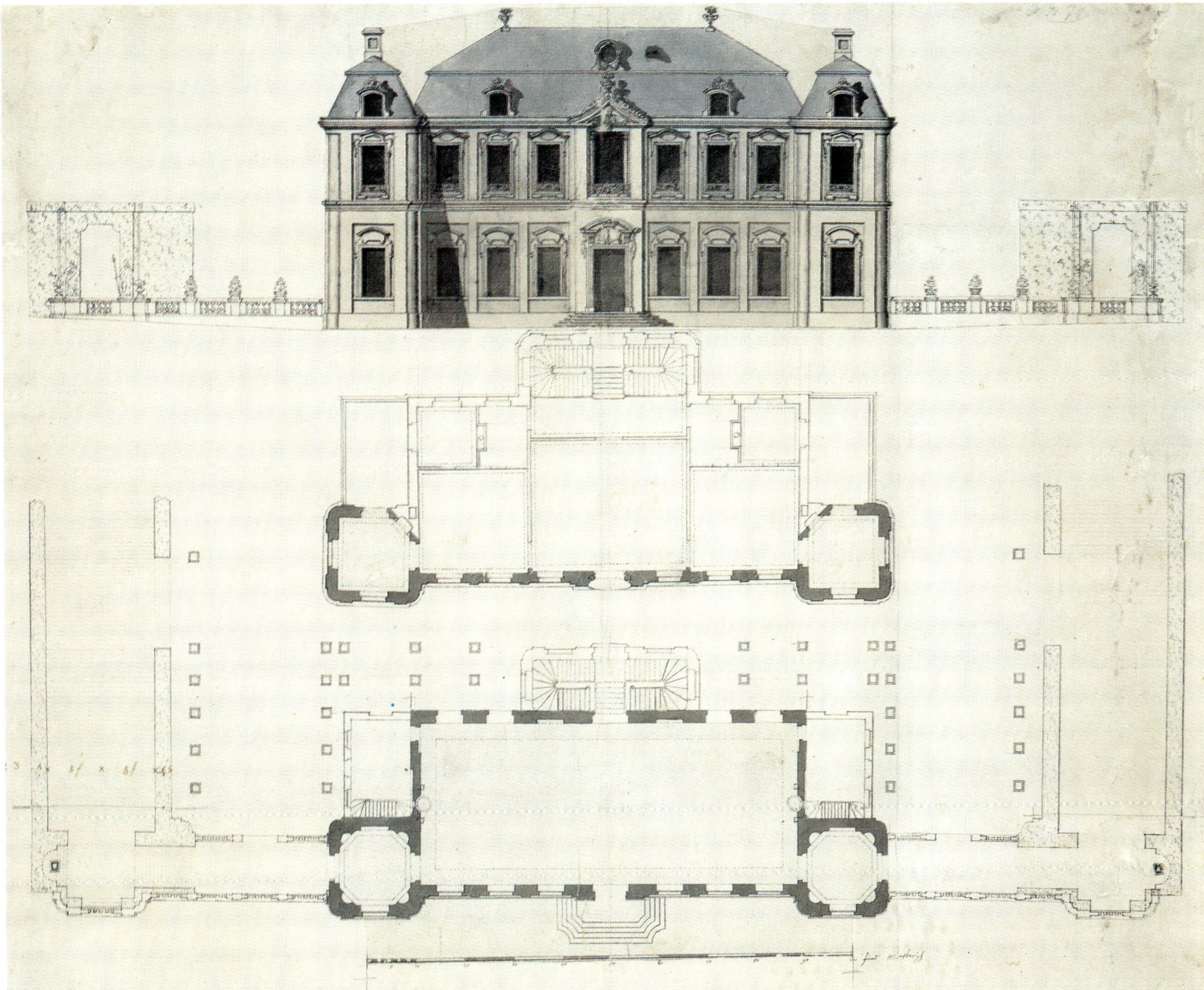

11.23

11.23
Schloß Nordkirchen, Oranienburg
Aufriß der Hauptfront und Grundrisse des Erd- und Obergeschosses

Lavierte Federzeichnung (grauschwarz, blau, grau), 45,5 x 57,4 cm
Maßstab: *100 Fuß* = 22,7 cm

Westfälisches Landesmuseum Münster, Schl.-Bd. 91

Der Aufriß und Teile der Grundrisse sind aus anderem Papier ausgeschnitten und auf den Bogen aufgeklebt. Die Bauausführung folgte weitgehend diesem Plan.

11.24
Schloß Nordkirchen, Westgarten
Aufriß und Schnitt einer Gitterlaube

Lavierte Federzeichnung (grau), 30,8 x 19 cm
Beischrift: mehrere Kolonnen Abrechnungen, z.T. mit Namen

Westfälisches Landesmuseum Münster, Schl.-Bd. 99

11.25

11.25

11.25

Schloß Nordkirchen, Oranienburg

Aufriß und Grundriß des Mittelfensters im Obergeschoß, Schauseite

Lavierte Federzeichnung (hellrot, grau), 57,7 x 41,4 cm
Deckblatt mit einer Entwurfsvariante des Giebels (ausgeführt)
Maßstab: *20 Fuß* = 33,5 cm

Westfälisches Landesmuseum Münster, Schl.-Bd. 92

11.26

11.27

11.26
Schloß Nordkirchen, Oranienburg
Aufriß eines Fensters und Profil des Giebels

Lavierte Federzeichnung (grau, rot), 42,5 x 30 cm
Beischrift: *Horizont – der Etage.*
Maßstab: *10 fues Munsterisch* = 16,8 cm
Maßstab zum Profil: *2 fues Münsterisch von beystähender brettierungen* = 13,5 cm

Westfälisches Landesmuseum Münster, Schl.-Bd. 94

11.27
Schloß Nordkirchen, Oranienburg
Aufriß eines Fensters und Profil des Rahmens

Lavierte Federzeichnung (grau, rot), 42,8 x 29,2 cm
Beischrift des Aufrisses: *Horizont - der Etage.*
Maßstab des Aufrisses: *10 fues Munsterisch* = 16,8 cm
Maßstab zum Profil: *2 fues Munsterisch von beystähender brettierungen* = 13,5 cm

Westfälisches Landesmuseum Münster, Schl.-Bd. 95

27 Schloß Nordkirchen, Oranienburg, Nordseite des Mittelbaus (1973)

11.28

Schloß Nordkirchen, Oranienburg

Mittelbau Nordseite, Aufriß und Grundriß des Treppenhausportals mit Balkonfenster

Lavierte Federzeichnung (grau), 77,8 x 47,1 cm
Beischrift: unleserlich

Westfälisches Landesmuseum Münster, Schl.-Bd. 93

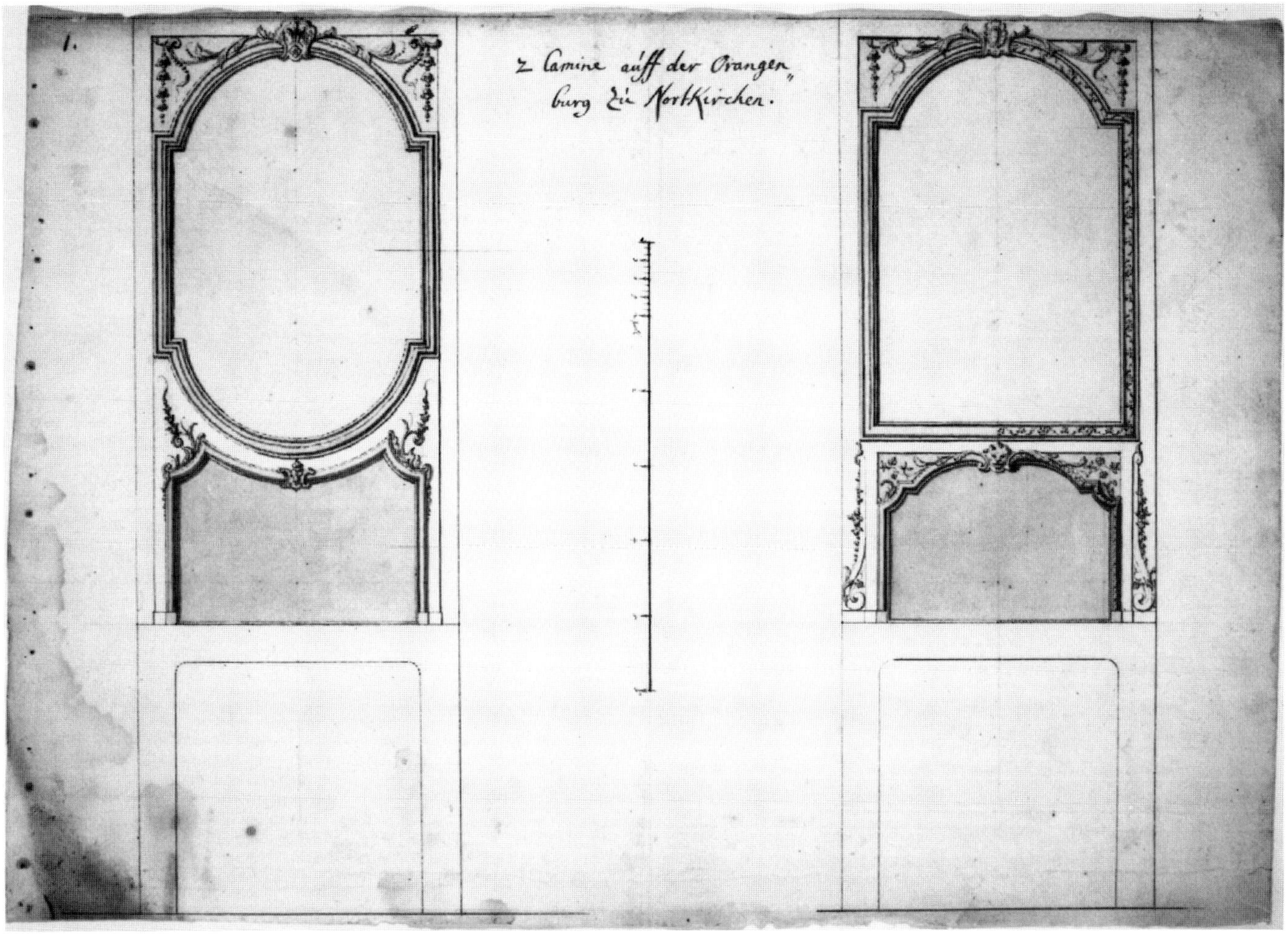

11.29

Schloß Nordkirchen, Oranienburg

Aufrisse zweier Kamine für die Obergeschoß-Kabinette

Lavierte Federzeichnung (grau, blau, gelb, rosa), 29,3 x 42,1 cm
Titel: *2 Camine auff der Orangenburg Zu NortKirchen.*
Beischrift: *1.*
Maßstäbe: *6* (ohne Angabe der Maßeinheit) = 14,4 cm; *12 Zoll* = 2,35 cm

Stadtmuseum Münster

Fasanerie

Die halbkreisförmig geschwungene Fasanerie (1727–30) aus Ziegelmauerwerk mit Werksteingliedern fängt die Querachse eines ummauerten mehrteiligen Gartenkompartiments hinter dem Labyrinth des Westgartens ab. Die Zeichnung Schlauns zur Fasanerie (Kat.-Nr. 11.30) ist eine nur teilweise ausgeführte Werkzeichnung, worin außer den Erläuterungen des Architekten zahlreiche Maßzahlen und Bemerkungen der Handwerker eingetragen sind. Der Bau bestand aus drei Pavillons, die durch halbkreisförmige Arkadengalerien verbunden waren. Der dreiachsige, durch einen Dreiecksgiebel mit Allianzwappen ausgezeichnete Mittelpavillon hatte ein Mansarddach, während die geschweiften Dachhauben von einem Vorgängerbau des Pictorius übernommen wurden. Auch die aufbewahrten Fenster- und Türrahmen wurden wiederverwendet und ein großer Teil der alten Gehegezäune wanderten in die neue Fasanerie. Drahtgitter in Eisenrahmen wurden 1728/29 in die Arkaden der Zirkelbauten eingebaut. Schlaun kümmerte sich um die Schutz-, Brut- und Futtereinrichtungen für die Vögel: 25 Brutmaschinen für Fasanen, ein Wachtelkasten, 60 Brutkästen für Tauben, Sitzstangen für die Ägyptischen und Englischen Hühner, weitere 83 Taubennester, ein Tisch für Kanarienvögel, 100 weitere Vogelnester, 24 kleine und sechs große Vogelkörbe.

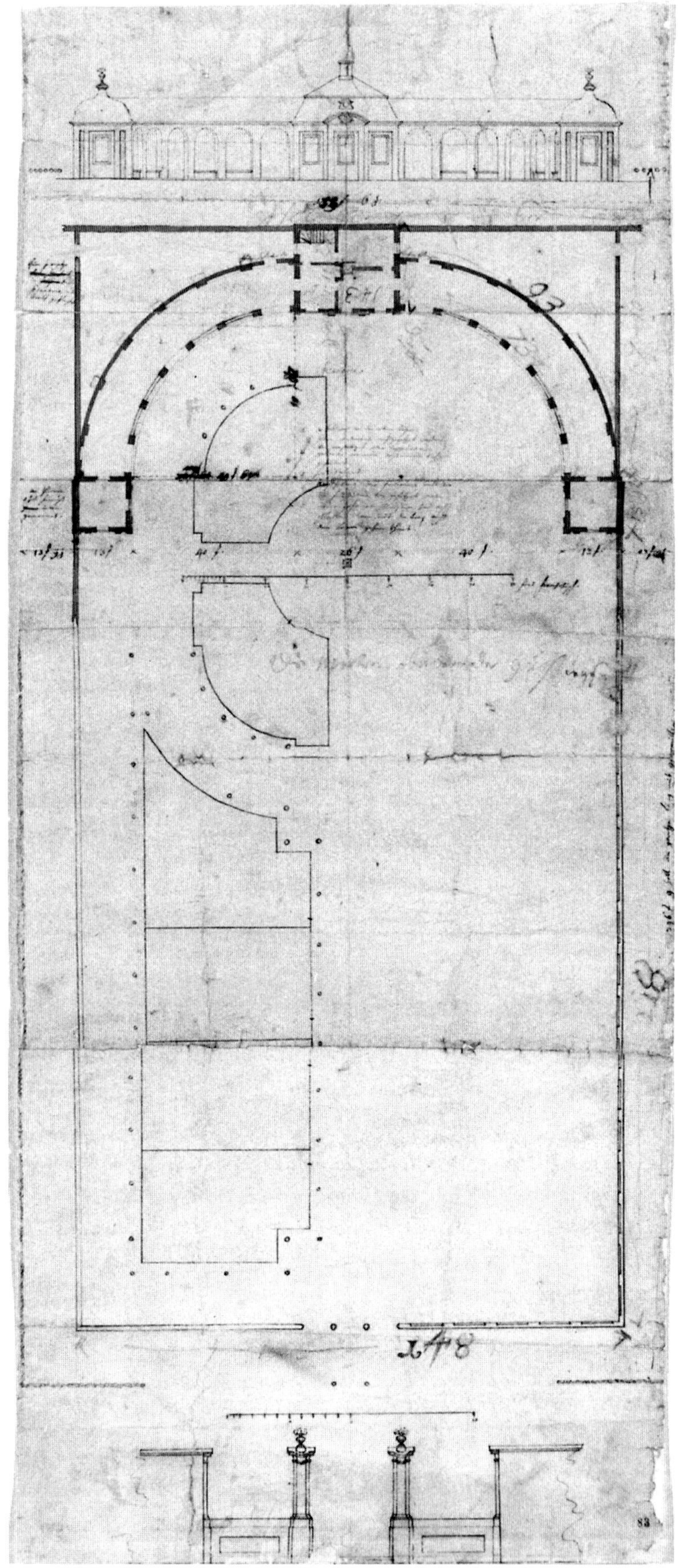

11.30
Schloß Nordkirchen, Fasanerie
Gesamtgrundriß, Aufriß der Schauseite, Aufriß des Tores

Lavierte Federzeichnung (grau, braun), 83,4 x 35,8 cm
Beischrift: (Maßzahlen in Tinte, Maßzahlen und unlesbare Beischriften in Bleigriffel). (Links am Rand:) *thüre so anjetzo in der Fesanerie mit drath geflegtet - die thüren* (?) *1 Zoll herauß u rein gemauert.* (In der Mitte:) *thüre so hinter die treibhauser – Fesanerie – 1. 2 bablions wo die alten tühren sollen wiederum auffgesetzet werden vor mestvögel oder Capaunen. 2. gallerie worinnen daß merste vieh gefudert 3. herdstubens 4. auffhebung der fuderung undt wo die herdstuben von gehitzet werden 5. woder fasanen Meister zur noht schlaffen kan, undt die trap auff den boden gehen thuet.* (Rechts am Rand:) *396 f 9 Zoll die gantze läng mit giormillen* (?).
Maßstäbe: *80 fues fransosisch* = 17,8 cm; *20 fues* = 13,35 cm (für den Toraufriß)

Westfälisches Landesmuseum Münster, Schl.-Bd. 83

28 Schloß Nordkirchen, Fasanerie (vor 1935)

29 Schloß Nordkirchen, Orangerie (um 1900)

Orangerie

Durch den Ausbau der Oranienburg fehlte der nötige Raum zur Überwinterung der Orangenbäume und anderen empfindlichen Pflanzen, so daß sich Plettenberg entschloß, in einem nördlichen Abschnitt des Westgartens eine neue Orangerie errichten zu lassen (Kat.-Nr. II.31–33). Die hier schon als Teil des großen Bosketts gepflanzten jungen Eichen wurden im März 1729 versetzt. Im Februar 1729 hatte Schlaun zusammen mit dem Maurermeister Johann Rußweg in einer ungewöhnlich genauen ›designation‹ alle Maße, Bautechniken und einen Voranschlag über 1856 Reichstaler festgelegt. Im August 1729 standen die Außenwände der Orangerie mit ihren beiden rückwärts angesetzten Wohnflügeln bis zum Kranzgesims, so daß der durch den Zimmermeister Schulte-Palster vorbereitete Dachstuhl aufgesetzt werden konnte, der im Oktober mit Pfannen gedeckt wurde.

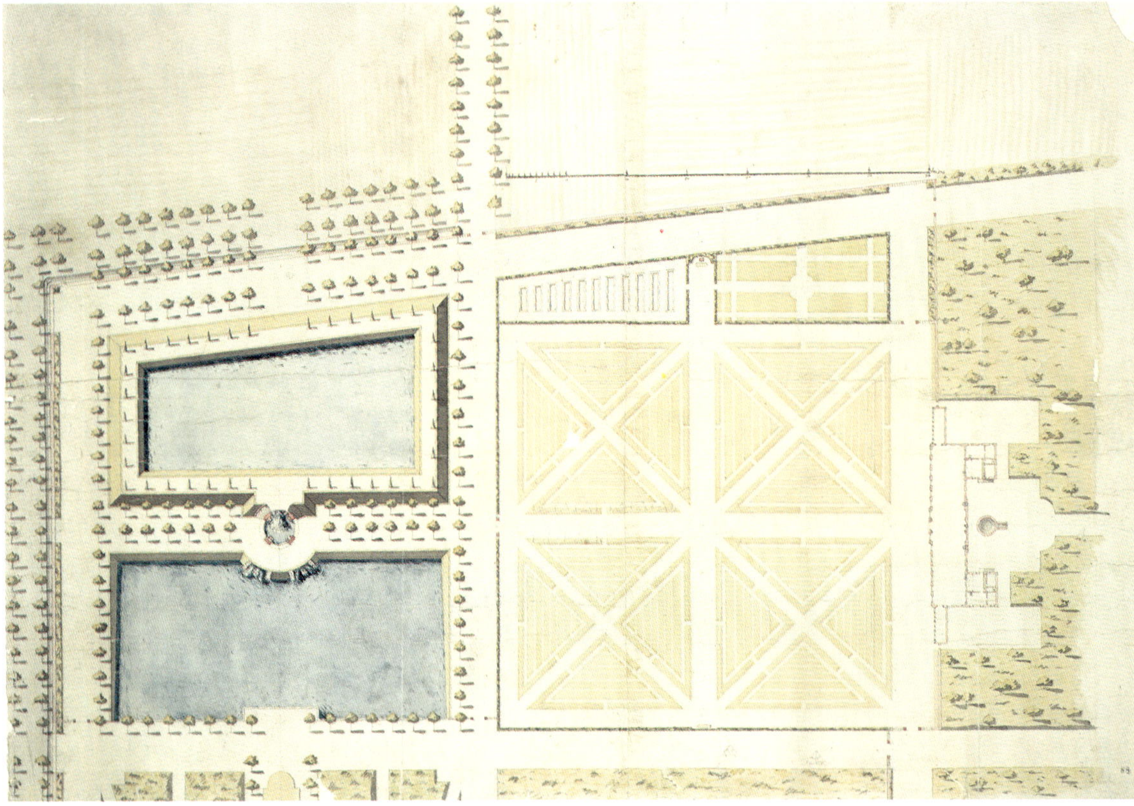

11.31

11.32

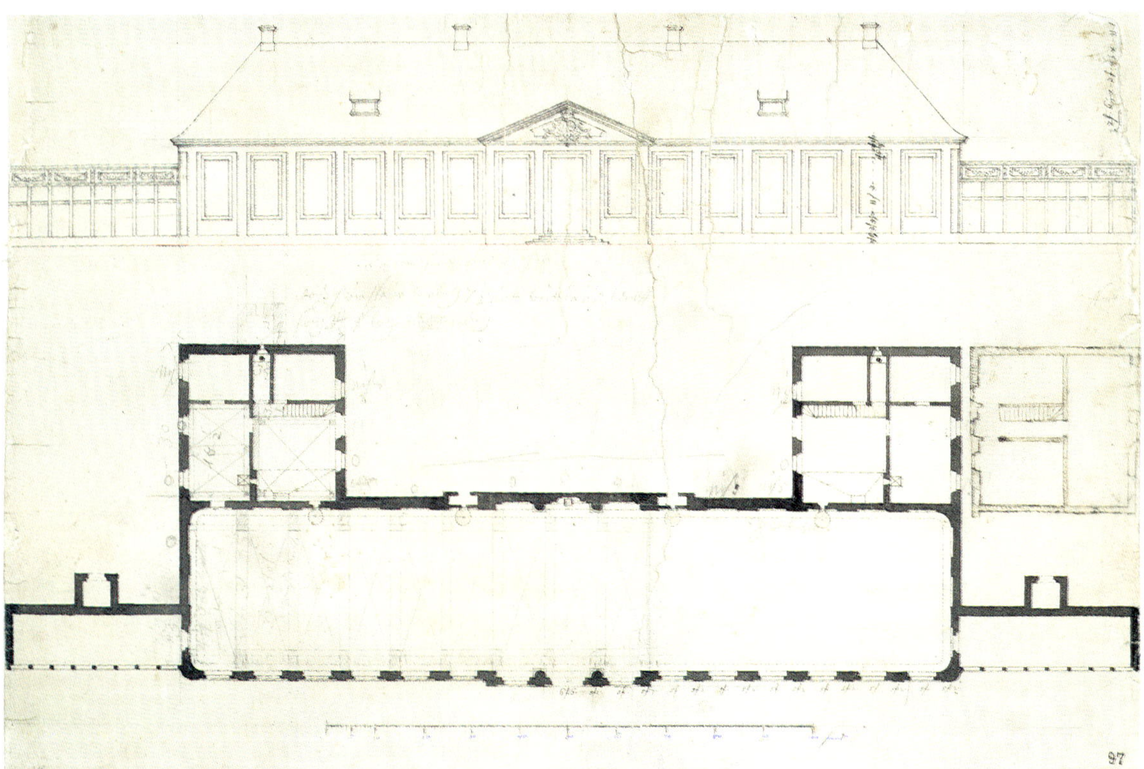

Der ausgeführte Plan (Kat.-Nr. 11.32) zeigt einen eingeschossigen langgestreckten Ziegelbau mit hohem Walmdach, durch Fenster und Streifen gegliedert, der dreiachsige Mittelrisalit durch Dreiecksgiebel mit Wappen betont.

Der weite Orangeriesaal, im Sommer auch Festsaal, war laut ›designation‹ mit Ausnahme der Muldendecke nicht verputzt, sondern die sauberen Ziegelwände waren sorgfältig gefugt (Kat.-Nr. 11.33). Der weite Raum wurde in der Breite des Mittelrisalits durch drei Rücksprünge gegliedert, der mittlere von zwei Halbsäulen aus Baumberger Stein flankiert. Man erkennt Aufsicht und Profil eines der großen Südfenster mit den faltbaren Fensterläden. Die Beheizung des riesigen Raums erfolgte durch vier von außen beheizbare Öfen. Die Gewächshäuser an den Stirnseiten, sogenannte Schwanenhals-Glashäuser, waren von der Oranienburg hierher versetzt worden. Die komfortablen Wohnungen in den beiden Nordflügeln für den Gartenmeister und den Fasanenmeister waren zweigeschossig über gewölbten Kellern, mit Küche, Abtritt und je sechs Zimmern. Im Oktober 1731 wurden die Orangenbäume auf einem Spezialwagen in die Orangerie gebracht. Die Ausstattungsarbeiten zogen sich bis 1732 hin, zuletzt erfolgte der Ausbau der Wohnflügel. Als Nordabschluß des ganzen Gartenteils entstand beidseitig in Verlängerung der Gewächshäuser 1733 eine mit Weinstöcken bepflanzte hohe Backsteinmauer. Die große Orangerie hat bis ins 20.Jahrhundert hinein ihrem Zweck gedient. Dann folgte der Einbau von Pferdeställen und die völlige Verwahrlosung. Kurz vor dem Einsturz wurde sie Ende der siebziger Jahre restauriert und dient inzwischen als Galerie für moderne Kunst.

11.33

11.32
Schloß Nordkirchen, Orangerie
Ausführungsplan, Aufriß der Hauptfront und Grundriß

Lavierte Federzeichnung (grau), 30,2 x 45,5 cm
Beischrift: unleserliche Bleigriffelnotizen
Maßstab: *100 Fuß* = 19,6 cm

Westfälisches Landesmuseum Münster, Schl.-Bd. 97

11.31
Schloß Nordkirchen
Plan des Parterres und einer Wasserkunst vor der Orangerie, Grundriß der Orangerie

Lavierte Federzeichnung (grau, grün, blaßrot, blaßgelb, blau), 57,6 x 84,2 cm
Maßstab: *70 toises* = 31 cm

Westfälisches Landesmuseum Münster, Schl.-Bd. 88

11.33
Schloß Nordkirchen, Orangerie
Mittelbau, Teilaufriß der Südwand von innen

Lavierte Federzeichnung (grau), Bleigriffel, 44,6 x 33 cm
Beischrift: *15-4 tol hog ... gesiems ladett auß 8 tol*
Maßstab: *12 Fuß* = 22,4 cm

Westfälisches Landesmuseum Münster, Schl.-Bd. 98

Ausstattung der Gärten

Auf dem Gartenplan (Kat.-Nr. 11.31) sind beim Gemüsegarten und in den nach Norden in das Waldboskett führenden Alleen mehrere Tore angegeben. Sie sind mit steinernen Pfeilern und hölzernen Torflügeln alle in den 1730er Jahren ausgeführt worden. Eine Zeichnung Schlauns (Kat.-Nr. 11.34) stellt die beiden Seiten eines rundbogigen Gartenportals dar, links die Außenseite mit rustiziertem Rahmen und abschließendem Schlußstein, bekrönt von einem profilierten eingeschwungenen Giebel, rechts die Innenseite mit schlichtem Rundbogenrahmen und schöner Schmiedeeisentür. Unten der Grundriß, woraus hervorgeht, daß nur der kräftige Torrahmen aus Stein bestehen sollte, das Ganze aber in einer doppelten Charmille stand. Der einzige Platz, der für diese Schmuckarchitektur in Frage kam, war nach den Plänen (Kat.-Nr. 11.15–16) in der Mitte des Nordabschlusses im kleinen Parterregarten hinter der Oranienburg. Ob das Tor ausgeführt wurde, ist nicht bekannt.

Ähnlich steht es mit der Zeichnung Schlauns (Kat.-Nr. 11.35), die einen überdachten Sitzplatz, Grundriß und Aufriß der Schauseite darstellt. Die Front ist offenbar aus Werkstein gedacht mit dreijochigem toskanischem Aufbau. Als Abschluß eine Attika, daran in der Mitte das Allianzwappen Plettenberg. Die eigenartige parallel-trapezförmige Verschiebung des Grundrisses ergibt sich wie bei der Gloriette in Clemenswerth durch den Standort am Treffpunkt zweier Alleen irgendwo im großen Waldboskett.

11.34

11.34
Schloß Nordkirchen, Westgarten
Heckentor, Aufrisse der beiden Seiten und Grundriß

Lavierte Federzeichnung (grau, blaßgrün, blaßrot, braun), Bleigriffel, 31,9 x 29 cm
Maßstab: *20 Fuß* = 18,5 cm

Westfälisches Landesmuseum Münster, Schl.-Bd. 101

11.35
Schloß Nordkirchen, Westgarten
Gloriette (als Blickpunkt einer Achsenallee), Grundriß und Aufriß

Lavierte Federzeichnung (grauschwarz, grau), Bleigriffel, 39 x 30 cm
Beischrift: *mittel von der Allee, ANNO 1734*
Maßstab: *30 fues* = 15,1 cm

Westfälisches Landesmuseum Münster, Schl.-Bd. 102

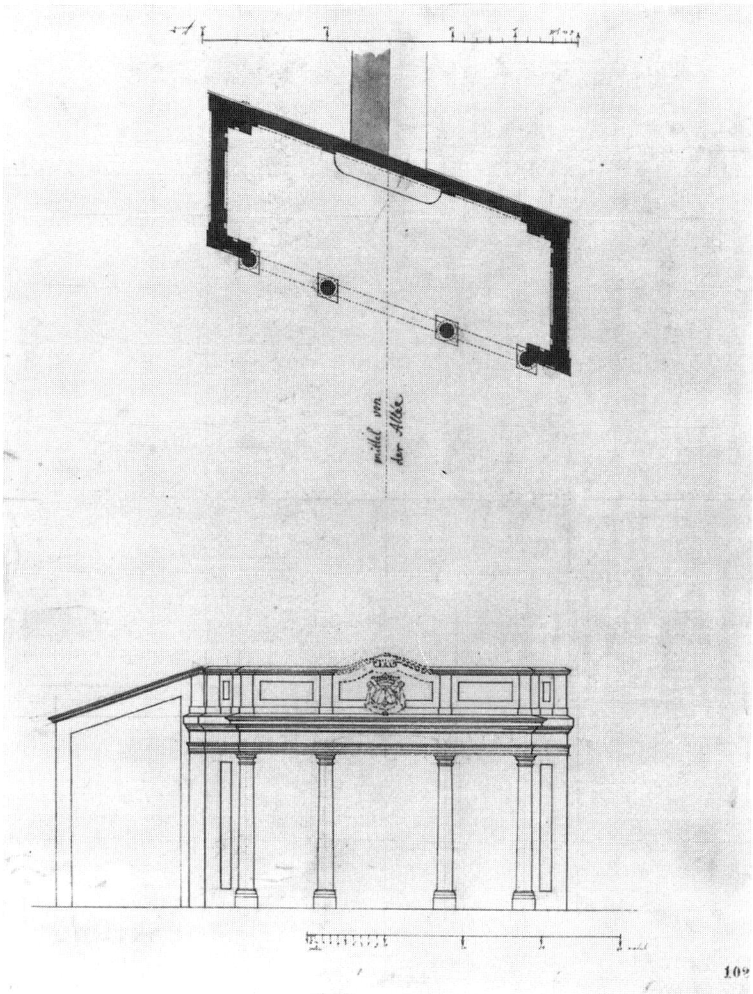
11.35

achse verbanden das Schloß mit der Umgebung. In der Hauptachse des Vorwerks lag ein schon aus der Pictoriuszeit stammender ›rond point‹ als Kreuzungspunkt der Straßen und Alleen (Abb. 7). Schlaun hat ihn als leichtes Längsoval neu trassiert. Schon 1725 baute man nach seinen Angaben die kleine unauffällige Tiergartenallee-Brücke. An der Vorwerkseite entstand im Fond einer kreisförmigen Einziehung der Futtermauer 1733 die äußere Südbrücke auf dem Vorwerk (Kat.-Nr. 11.38). An der inneren Südbrücke der Schloßinsel standen bereits die sogenannten Löwenpfeiler von Pictorius, denen Schlaun Schilderhäuschen aus Werkstein anfügen sollte (Kat.-Nr. 11.39–40 – nicht ausgeführt).

Brücken und Brückenpfeiler

Mit der Vorwerksplanung stand die Regulierung der westlichen und östlichen ›Zingelwälle‹ in Verbindung. Mit der exakten Trassierung von Zingelwall und -graben nach dem Plan Schlauns wurde 1732 eine neue steinerne Außenbrücke mit Zugbrückenjoch zwischen Torpfeilern angelegt (Kat.-Nr. 11.36). Der Aufriß eines der zugehörigen Pfeiler ist als eine Kopie Johann Mauritz Güdings nach Schlaun erhalten (Kat.-Nr. 11.37). Betrachtet man den Lageplan (Kat.-Nr. 11.14), so wird deutlich, wie Schlaun mit diesem Außensystem das gesamte Schloß straff durch den alles einfassenden Graben von den umgebenden Flächen abgesetzt hat. Nur die axialen Südbrücken mit der ›Drehscheibe‹ Rond point und die westliche Gartenbrücke in Richtung Garten-

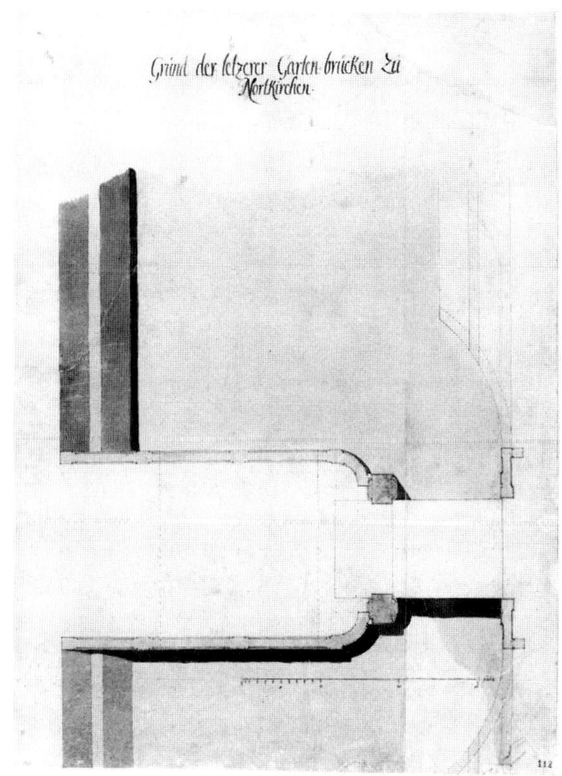
11.36

11.36
Schloß Nordkirchen, Westgarten
Gartenbrücke, Grundriß

Lavierte Federzeichnung (rot, grau, gelb), 50,9 x 37,4 cm
Titel: *Grund der letzterer Garten-brücken zu Nortkirchen.*
Maßstab: *30 Fuß* = 16,2 cm

Westfälisches Landesmuseum Münster, Schl.-Bd. 112

11.37
Schloß Nordkirchen, Westgarten
Johann Mauritz Güding, Kopie nach Schlaun
Aufriß eines Brückenpfeilers und Schnitt durch die Brückenplatte, Grundriß des Pfeilers

Lavierte Federzeichnung (grau, blaßrot, blaßgelb, blaßgrün), 31,3 x 20 cm
Maßstab: *20 fues* = 10,9 cm

Westfälisches Landesmuseum Münster, Schl.-Bd. 279

11.38
Schloß Nordkirchen
Äußere Südbrücke mit Zugbrückenjoch und Brückenpfeiler, Aufriß eines Torpfeilers und der Brüstungsmauer

Lavierte Federzeichnung (grau, blaßrot), 26,7 x 36,8 cm
Titel: *Auffürung von beidenseiten des Zuchs des vorderen platzes zu Nortkirchen.*

Westfälisches Landesmuseum Münster, Schl.-Bd. 113

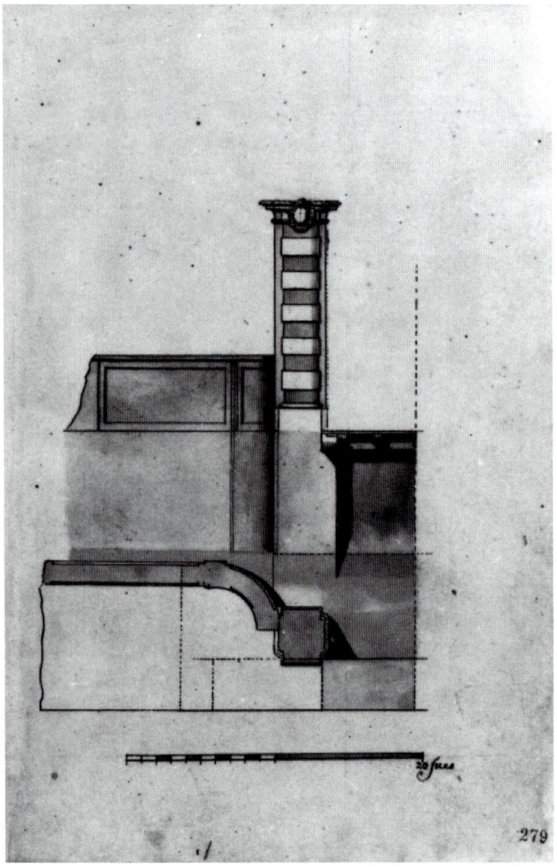

11.37

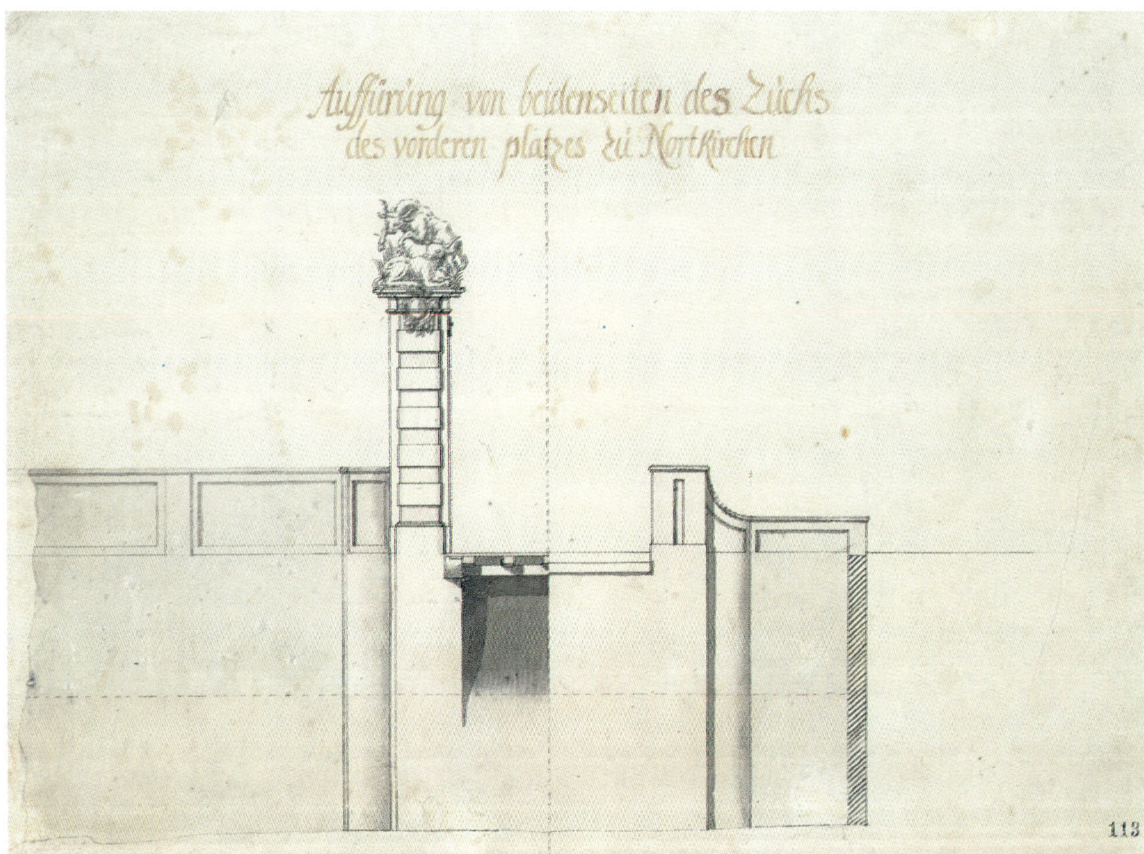

11.38

11.39
Schloß Nordkirchen, Südbrücke der Schloßinsel
Brückenpfeiler, Aufriß der Frontseite und Grundriß

Lavierte Federzeichnung (grau, blaßrot), 32,3 x 26,2 cm
Deckblatt über dem Schilderhäuschen, 12,6 x 6,8 cm
Maßstab: *20 Fuß* = 12,5 cm

Westfälisches Landesmuseum Münster, Schl.-Bd. 114

11.40
Schloß Nordkirchen, Westbrücke der Schloßinsel
Brückenpfeiler, Aufriß der Frontseite und Grundriß

Lavierte Federzeichnung (grau, blaßrot), 36,9 x 26 cm
Beischrift: *B – C* (Kennbuchstaben)
Deckblatt über dem Schilderhäuschen, 13 x 6,8 cm
Maßstab: *20 Fuß* – 12,6 cm

Westfälisches Landesmuseum Münster, Schl.-Bd. 115

11.40

11.39

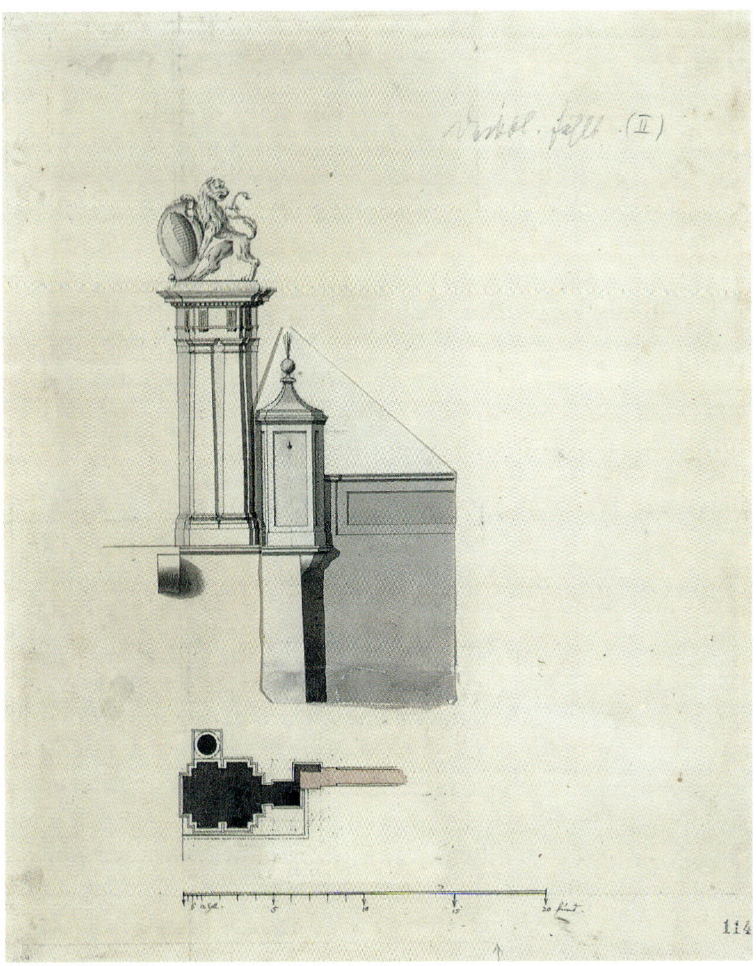

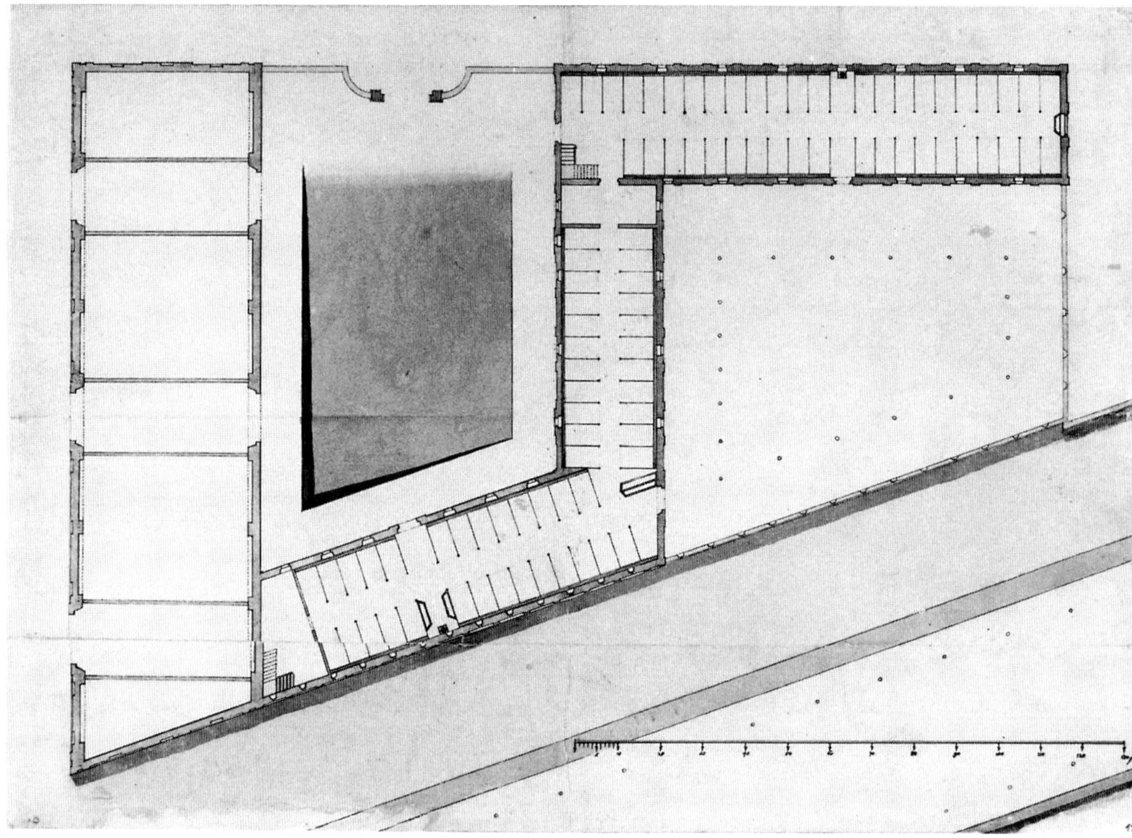

11.41

Vorwerk

Schon auf den Vorplanungen der Brüder Pictorius war im Süden der Schloßinsel ein Vorplatz in der Gestalt eines stumpfwinkligen Dreiecks angegeben (Abb. 6), im Süden begrenzt von zwei Alleearmen, die in Verlängerung ein sogenanntes Andreaskreuz bildeten und von einem schmalen Graben eingefaßt waren. Auf dem Gelände standen zwei eingeschossige Wirtschaftsbauten. Plettenberg beauftragte Schlaun 1731, der ›Basse Cour des Ecuries‹ auf der Schloßinsel eine ›Basse Cour des Remises‹ hinzuzufügen und gleichzeitig das Vorwerk repräsentativer auszubauen. Die Lage der beiden geplanten großen Bauten geht aus dem Gesamtlageplan hervor (Kat.-Nr. 11.14, 11.41–45). Beide Ökonomiekomplexe integrieren dabei die schon vorhandenen eingeschossigen Winkelflügel aus der Pictoriuszeit. Die Grundrisse des westlichen Wirtschaftsbaues haben sehr genaue Erläuterungen, woraus die Nutzung aller Räume hervorgeht. Hier waren das Hornvieh, die Schweine, die Hunde und das Federvieh untergebracht. Darüber der große Kornboden. An Schweineküche, Werkstätten und Schlafgelegenheiten des Stallpersonals war gedacht. Der östliche Wirtschaftsbau enthielt die weiträumige Scheune und in den Seitenflügeln nur Pferdeställe. Es ist Schlaun gelungen, hier einen für die damalige Zeit sehr modernen Landwirtschaftskomplex zu entwerfen. Die große Zahl der Pferdeboxen, zumal es auf der Schloßinsel schon den großen ›Ackerstall‹ und den Marstall im westlichen ›Marstallflügel‹ (heute als Dienerflügel bezeichnet) gab, erklärt sich aus der Absicht Plettenbergs, eine Pferdezucht einzurichten.

In Verbindung mit den Ökonomiehäusern und ihren Seitenflügeln entlang der Futtermauern auf der Grabengrenze des Vorwerks hat Schlaun das Hochziehen der Futtermauer bis zu den Vorwerksecken geplant, wobei die Eckstücke in den Hinterhöfen der Ökonomien bastionsartig vorspringen sollten (Kat.-Nr. 11.14). Hier sollten Geschütze als Salutbatterie aufgestellt werden (Kat.-Nr. 11.46–47).

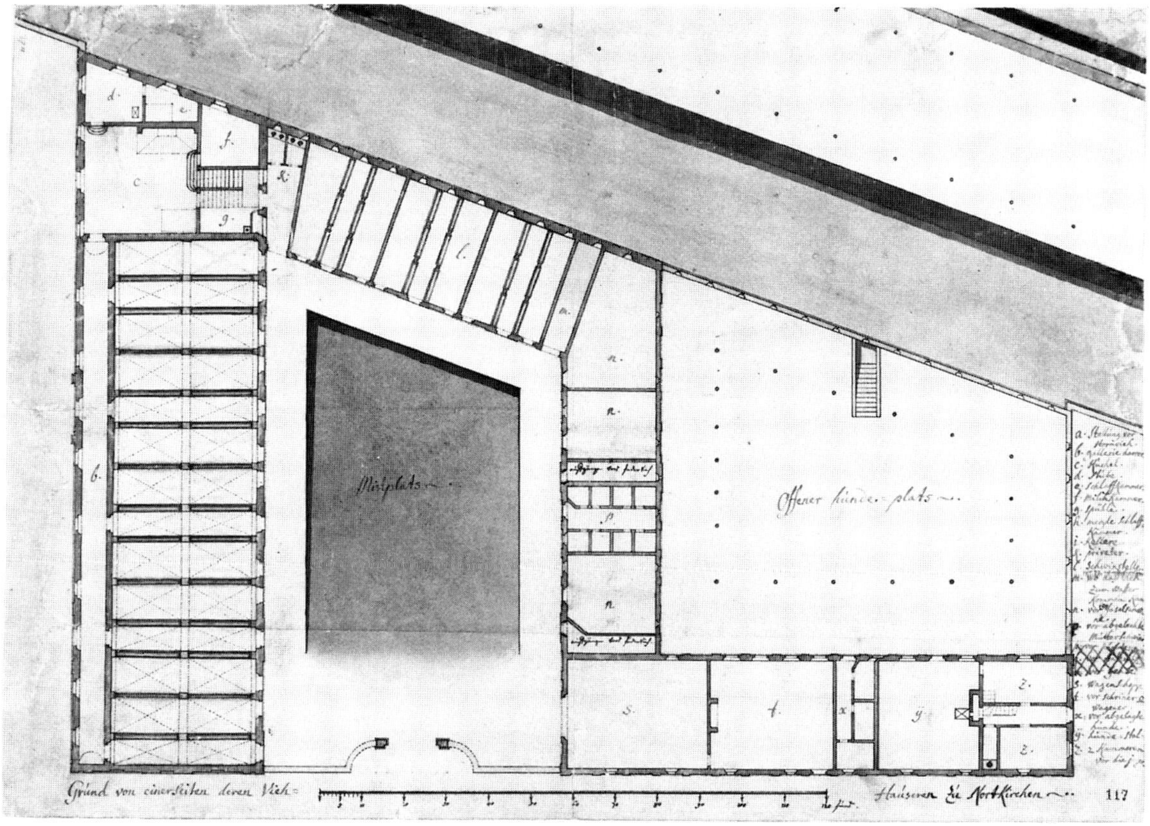

11.42

11.41
Schloß Nordkirchen, Vorwerk
Osthälfte, Grundriß des Pferdestalls

Lavierte Federzeichnung (grau, rot, grün, gelb), 36,7 x 52,3 cm
Maßstab: *130 fues* = 25 cm

Westfälisches Landesmuseum Münster, Schl.-Bd. 116

11.42
Schloß Nordkirchen, Vorwerk
Westhälfte, Grundriß des Viehhauses

Lavierte Federzeichnung (rot, grau, grün, gelb), 36,3 x 52,3 cm
Titel: *Grund von einer Seiten deren Vieh-Hauseren zu Nortkirchen*
Beischrift: *Mistplats. Offener hunde=plats*
Legende: *a. Stallung vor Hornvieh. b. Gallerie darvor. c. Küchel. d. Stube. e. SchlaffKammer. f. Milchkammer. g. Spühle. h. megde Schlaff=Kammer. i. Kellere. k. priveter. l. Schwinstalle. m. Wo das vieh zum wasser Kommen Kan. n. vorige Fasel-schweine. p. vor abgelechte MutterSchweine. s. WagenSchoff. t. vor schriner u. wagener. x: vor abgelagte hunde. y. hunde=stall. z. 2 Kammeren vor die jager.*
Deckblatt über dem Hornviehstall
Maßstab: *120 fues* = 23,1 cm

Westfälisches Landesmuseum Münster, Schl.-Bd. 117

11.43
Schloß Nordkirchen, Vorwerk
Wirtschaftsgebäude, Grundriß des Obergeschosses

Lavierte Federzeichnung (rot, grau, gelb), 31,6 x 40,9 cm
Titel: *2te Etage.*
Beischrift: *Untere Korn bode. - Rauchbode so etwas ins tag*

gehenkan um durchgehende lufft zu faßen . *Kammer* (hier Zusatz in brauner Tinte: *diese kamer kan mit ertrag ..... mit zum Rauchbod gelagt werden folglich die mauer der Zweiten etage mus gelost werden*) – *Kammer* – *Huner=bode* – Maßstab: *120 fues* = 23 cm

Westfälisches Landesmuseum Münster, Schl.-Bd. 118

11.44

Schloß Nordkirchen, Vorwerk

Wirtschaftsgebäude (Westhälfte), Aufriß der Hofseite und der Schmalwand mit Nebenflügel und Querschnitt

Lavierte Federzeichnung (rot, grau, gelb), 28,9 x 47,2 cm
Maßstab: *130 fues* = 25,3 cm

Westfälisches Landesmuseum Münster, Schl.-Bd. 120

11.45

Schloß Nordkirchen, Vorwerk

Viehhaus und Schweinestall, Aufriß der Hofseite und der Schmalwand mit Nebenflügel und Querschnitt

Lavierte Federzeichnung, 28,9 x 47,2 cm
Titel: *Eüserliche Aufführung vom Schweinestall nach dem Graben zu NortKirchen.* – *Profil vom Viehstall und Korn=boden.* – *aufführung des Vieh=Hauses zu NortKirchen.*

Westfälisches Landesmuseum Münster, Schl.-Bd. 119

11.46

Schloß Nordkirchen, Vorwerk

Wachthaus einer Bastion an der Südost- oder Südwestspitze, Grundriß

Lavierte Federzeichnung (schwarz, grau, blaßrot), Bleigriffel, 31,3 x 18,5 cm

Westfälisches Landesmuseum Münster, Schl.-Bd. 121

11.47

Schloß Nordkirchen, Vorwerk

Wachthaus einer Bastion an der Südost- oder Südwestspitze, Aufriß

Lavierte Federzeichnung (braun, grau), 39 x 31,2 cm
Maßstab: *20 fues* = 21,7 cm

Westfälisches Landesmuseum Münster, Schl.-Bd. 122

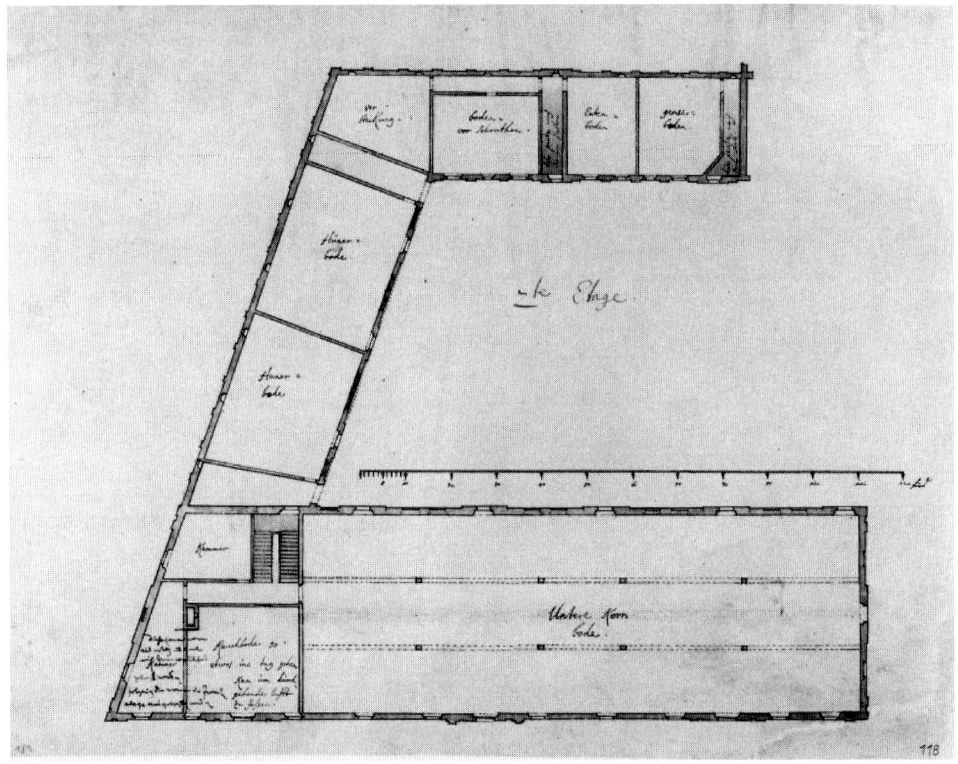

11.43

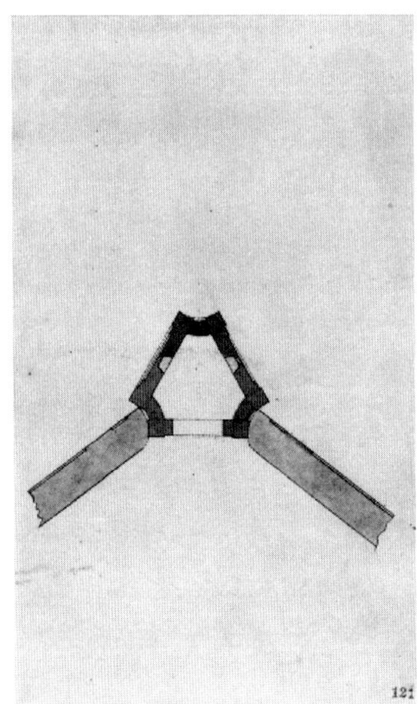

11.46

11.47

120

11.44

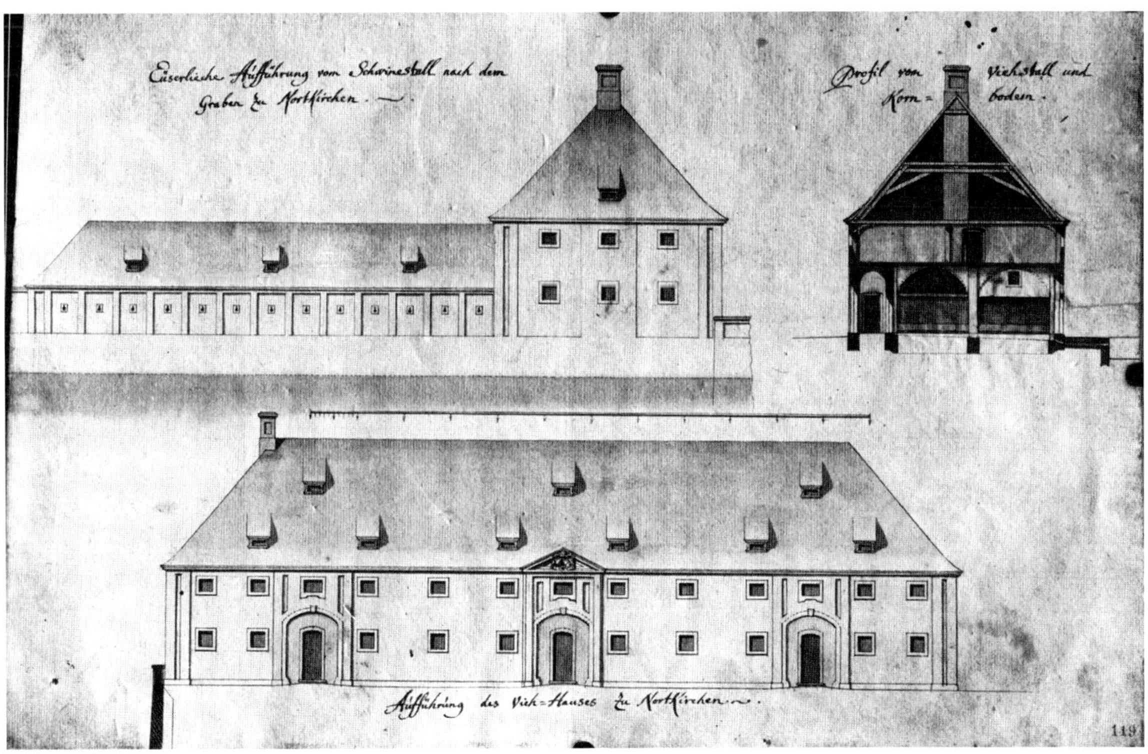
Eüserliche Auffuhrung vom Schwinestall nach dem Graben zu Nortkirchen.
Profil von Viehstall und Korn=boden.
Auffuhrung des Vieh=Hauses zu Nortkirchen.
119

11.45

30–39 Zehn Zeichnungen von Renier Roidkin (Geburtsort und -jahr unbekannt, gestorben 1741 in Spa). Roidkin hat als reisender Zeichner für den Kurfürsten Clemens August wie auch für andere adelige Herren Schlösser, Gutshöfe und Städte aufgenommen. Er war auch für

Ferdinand von Plettenberg in Nordkirchen tätig. Seine vor der Natur angefertigten Skizzen, die hier in Umzeichnungen für die geplante Stichpublikation vorliegen, zeigen die Schloßanlage mit den Gärten sowie die Umgebung von Schloß Nordkirchen in den Jahren 1730–32.

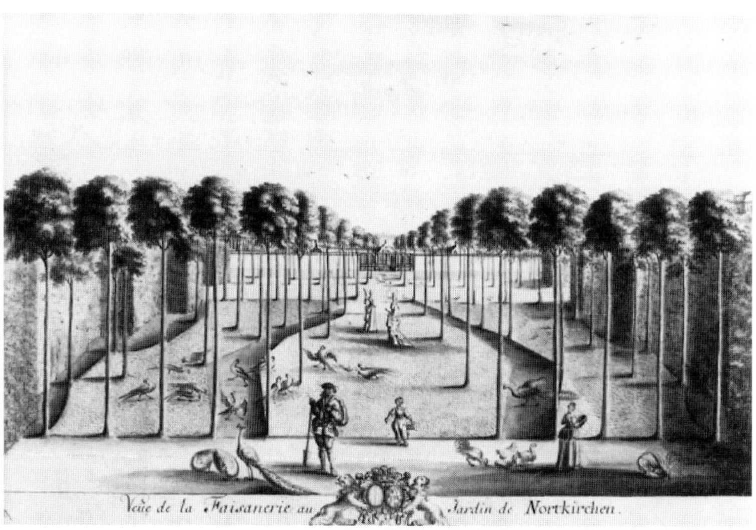

12

Bauten für die Familie Plettenberg, 1724–34

Nordkirchen

LITERATUR

Mummenhoff 1975, S. 85–88; ders. 1995, mit Angabe der Quellen.

DENKMALPFLEGE

Einzelberichte zur Denkmalpflege in: Westfalen 41, 1963, S. 181; 53, 1975, S. 639f.; 56, 1978, S. 565.

Ferdinand von Plettenberg stiftete in dem seit dem 16. Jahrhundert langsam und regellos gewachsenen Dorf Nordkirchen eine neue Pfarrkirche, die von 1715–18 nach Plänen des Gottfried Laurenz Pictorius als barocke Hallenkirche gebaut wurde. 1719–20 errichtete Peter Pictorius den Turm. Die Ausstattungsarbeiten zogen sich bis 1722 hin. Zwischen 1727 und 1734 wurden nach Angaben Schlauns ein neuer Orgelprospekt, Kirchenbänke und zuletzt ein Heiliges Grab hergestellt, letzteres eine Stiftung der Gräfin Plettenberg.

1730–33 ließ Graf Plettenberg das alte Armenhaus aus dem 16. Jahrhundert auf der Nordseite der Kirche neu bauen. Schlauns Plan zeigt die geschickte Raumaufteilung: ein Viertel des Hauses ist als Vikarie abgeteilt, der Rest beherbergt neben Küche, Aufenthaltsräumen und Quartier für das Hauspersonal 16 Pfründnerstuben. Das schlichte zweigeschossige Bauwerk unter hohem Walmdach ist durch eine einfache Wandschichtung mit Rahmen und Streifen gegliedert, über dem Portal Allianzwappen der Plettenberg-Westerholt von Christoph Manskirch. (Abb. 1 – Kat.-Nr. 12.1).

Ebenfalls im Auftrag des Grafen Plettenberg erbaute Schlaun von 1733–34 die neue Küsterei westlich vor der Kirche (Abb. 2). Das kleine Haus war zwar schlimm heruntergekommen, bis zum Umbau in den 1970er Jahren innen unverändert erhalten: eine große Küche mit Stube, in der Nordwestecke ein kleiner Stallteil für eine Kuh, ein Pferd, Schafe und Geflügel mit großem Tor nach Westen, im niedrigen Obergeschoß mehrere Stuben. Über dem mittleren Fenster, vielleicht einst der Eingang des Hauses, wurde das Allianzwappen mit dem Goldenen Vlies von 1732 angebracht. Vom Küsterhaus hat sich kein Entwurf erhalten, doch in den Schloßakten wird Schlaun ausdrücklich als Baumeister genannt.

Auch die regellose Bebauung des Dorfes wurde auf Anordnung Plettenbergs reguliert, der die Kosten übernahm. Schlaun ließ die Dächer der Fachwerkbauten abdecken, die Gefache herausschlagen, Schornsteine und Herdblöcke abbrechen. Ein neues Fundament für die Grundschwelle wurde gelegt und mit Hilfe von Rollen und Flaschenzügen das Fachwerkgerüst aufgestellt. Nachdem die Methode schon 1728 am Brauhaus der Rentmeisterei ausprobiert worden war, haben Zimmerleute und einige Helfer auf diese Weise im Jahre 1732 sechs Häuser versetzt. Die Standorte der übrigen in den Quellen erwähnten Bauten, Brauhaus und Fischhaus, sind nicht bekannt. Die offenbar um 1730 errichtete Rentei stammt nicht von Schlaun.

1 Nordkirchen, Armenhaus (1973)

2 Nordkirchen, Küsterei (1973)

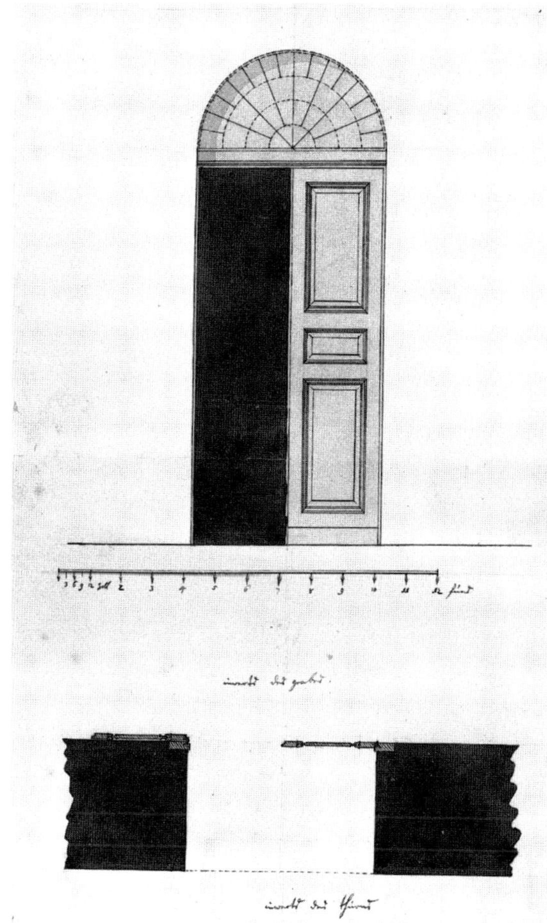

12.2

12.1

12.1
Nordkirchen, Armenhaus
Aufriß der Straßenfront und Grundrisse des Kellers, des Erd- und Obergeschosses

Lavierte Federzeichnung (grau), Bleigriffel, 54,5 x 43,9 cm
Beischrift: Maßangaben
Maßstab: *100 fues* = 30,2 cm

Westfälisches Landesmuseum Münster, Schl.-Bd. 96

12.2
Nordkirchen, Pfarrkirche, Heiliges Grab
Aufriß und Schnitt einer Tür

Lavierte Federzeichnung (grau, gelb), 31,2 x 19,3 cm
Beischrift (zum Grundriß der Tür): *inwerts des grabes inwerts des thurns*
Maßstab: *12 fues* = 13,1 cm

Westfälisches Landesmuseum Münster, Schl.-Bd. 100

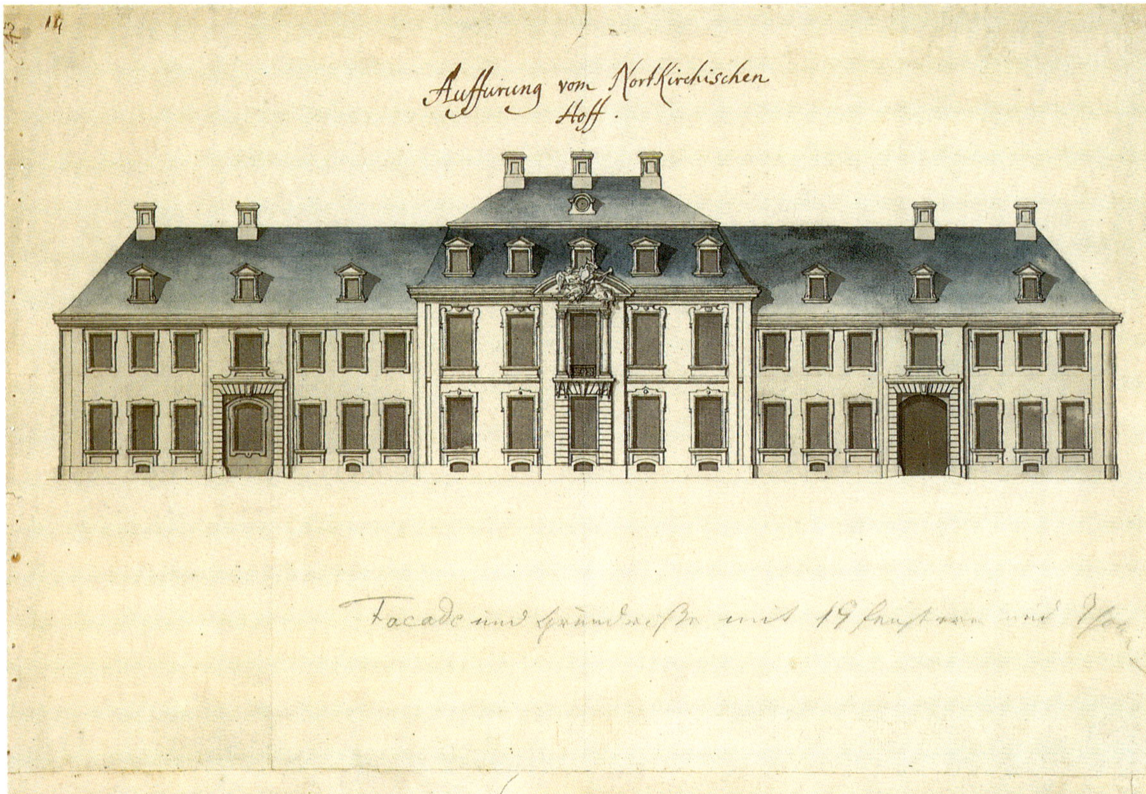
Auffurung vom NortKirchischen Hoff.

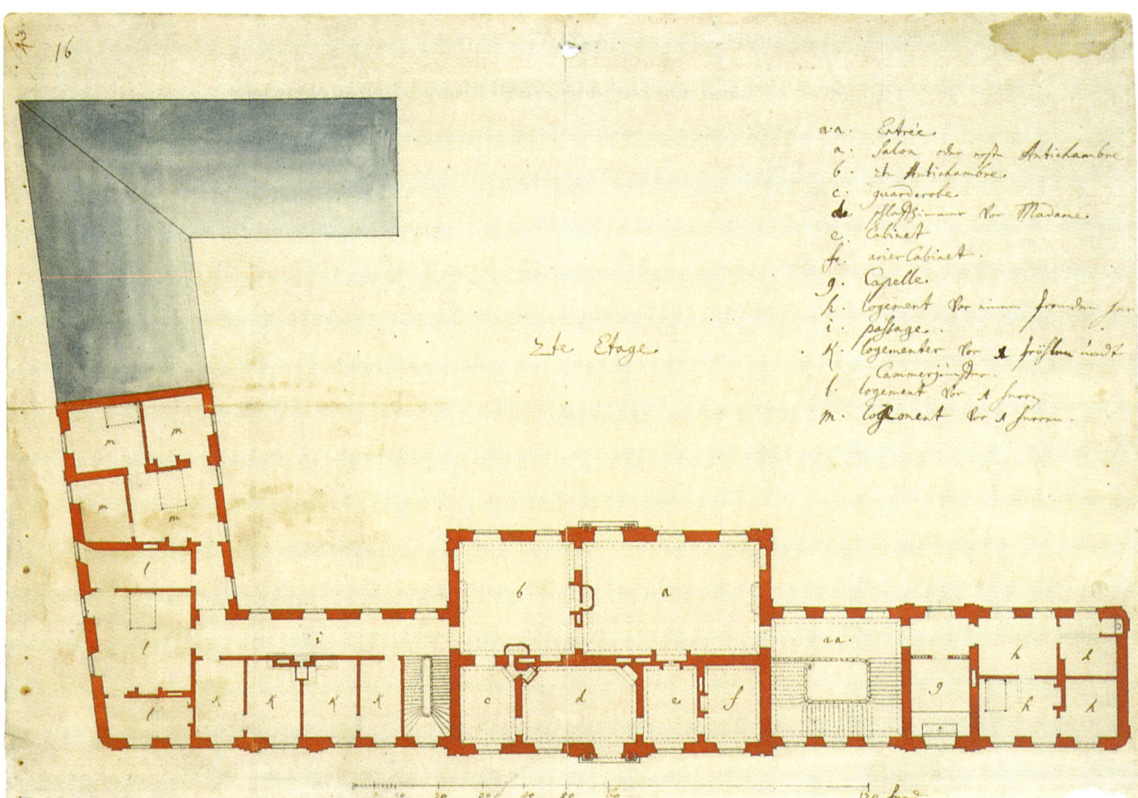
aa. Entrée
a. Salon oder erste Antichambre
c. guarderobe
e. Cabinet
g. Capelle
i. passage
2te Etage
120 fuß

13
Plettenberger Hof, ab 1723
Münster

Bauherr war Graf Ferdinand von Plettenberg, seit 1723 Erster Minister des Kurfürsten von Köln und mächtigster Mann im Fürstbistum Münster, einflußreich in der Reichspolitik des Kurfürsten Clemens August, der ihm in Bonn einen Adelshof zur Verfügung gestellt hatte, wo Plettenberg eine glänzende Hofhaltung einrichtete. Ähnliches hatte er auch in Münster vor, doch reichten offenbar die Geldmittel am Ende nicht, um das Projekt zu realisieren. Als Architekten traten neben Schlaun Peter Pictorius d. J. und ein nicht näher bekannter Mitarbeiter Dominique Girards namens Moreau auf den Plan.

»Der herr von Nordtkirchen hat negst beym dorff Nortkirchen einen adelichen sitz hat bawen lassen, so überaus courieus, also das wohl ein solches für einen könniglichen pallast bestehen konte; wie dan hat dieser herr würcklich im 1721 und 1722sten jahr eine unerhörte anzahl von Baumberge undt anderen steinen beyeinander fahren laessen, wovon im folgenden jahre auff St. Aegidiistraßen ein newer pallast soll gebawet werden.« (Bischofschronik)

Nach dem Tode des letzten Herrn von Morrien im Jahr 1691 war dessen gesamter Besitz zunächst an Friedrich Christian von Plettenberg, Fürstbischof von Münster (1688–1706), übergegangen. Graf Ferdinand von Plettenberg, sein Neffe und Erbe, erwarb bis 1720 auch die übrigen Häuser an der Ägidiistraße zwischen der Breiten Gasse und der Grünen Gasse und plante, zunächst von Peter Pictorius d. J., schließlich von Schlaun einen großen Adelshof erbauen zu lassen. Keiner der Entwürfe ist ausgeführt worden.

Zwei neu aufgefundene Pläne im Stadtmuseum Münster von der Hand des Peter Pictorius d. J. (1673–1735), beide von Schlaun mit Titeln versehen (Kat.-Nr. 13.1–2), gehören zu einer ersten Planstufe zwischen 1720 und 1723, als Schlaun noch auf Studienfahrt war. Pictorius legte mehrere grundsätzlich unterschiedene Planvarianten vor (die übrigen sind bei Geisberg abgebildet): eine in französischer Manier der Renaissance mit einem viergeschossigen Mittelpavillon und dreigeschossigen Eckpavillons, eine andere in der Art eines italienischen Renaissancepalastes, ein viergeschossiger Baublock, durch verschieden angeordnete Risalite gegliedert, Bänderrustika in den Untergeschossen, das Piano nobile ausgezeichnet durch besondere Fensterformen, in der Variante im Stadtmuseum mit dem darüberliegenden Mezzanin durch eine übergreifende Streifenrahmung zusammengefaßt. Ein zwar zur selben Planung, jedoch nicht zu dieser Fassade gehörender Grundriß (Kat.-Nr. 13.2) zeigt eine glatte Straßenfassade ohne Risalite mit einer dreischiffigen Tordurchfahrt in der Mitte. Den ›italienischen‹ Plänen gemeinsam ist der Verzicht auf ein wie auch immer gestaltetes steiles Dach, in diesen Breitengraden unbedingt notwendig, das hochliegende Souterrain und ein Mezzaningeschoß, die ganz und gar italienisch ausgeprägte Horizontalgliederung und die Abrundung der Ecken am Mittelrisalit oder an den Gebäudekanten, dort durch Lisenen betont. Das letztere Motiv war zwar seit langem bekannt, im Lande der Wittelsbacher etwa bei der Theatinerkirche in München, seit Hildebrandts Treppenhaus in Pommersfelden und der Grabkapelle der Schönborn am Würzburger Dom als repräsentative Form eingeführt, hatte im Fürstbistum Münster jedoch bislang keine Anwendung gefunden. Plettenberg hat die Pläne für die ›Luftschlösser‹ des Peter Pictorius in ihrer altmodischen Hypertrophie allerdings allesamt verworfen und, kaum war Schlaun aus Paris zurück, diesen mit der weiteren Planung beauftragt. Seit 1723 ist Schlaun im übrigen auch in Nordkirchen tätig, wo er die inzwischen etwas altmodischen Brüder Pictorius ebenfalls verdrängte.

Bei den neu aufgefundenen Plänen zum Plettenberger Hof kann man außer Pictorius und Schlaun am Zeichenduktus und an der flüssigen französischen Schreibweise einen dritten Entwerfer ausmachen, den Mummenhoff anhand einer Reiseabrechnung als Monsieur Moreau (Schlaun schreibt »Morro«) identifizieren konnte. Schlaun war nach

LITERATUR

Geisberg 1935, Münster IV, S. 102–10; Theodor Rensing, *Fürstbischof Friedrich Christian von Plettenberg als Auftraggeber und Mäzen*, in: Westfalen 38, 1960, S. 185–95; Lahrkamp 1980, S. 141f.; Mummenhoff 1995; zur Zuschreibung der Pläne des französischen Zeichners vgl. Kat. *Schlaun in Münster 1995*.

QUELLEN

Archiv Nordkirchen Nr. 6448; U3730; A. N. Nr. 6448; Münsterische Bischofschronik 1720–22 (Handschrift 5, früher Nr. 925, im Westfälischen Staatsarchiv Münster) zit. n. Lahrkamp 1980, S. 141f.

13.9 Plettenberger Hof in Münster, Umbauentwurf, Aufriß der Fassade

13.8 Plettenberger Hof in Münster, Umbauentwurf, Grundriß Obergeschoß

Mannheim gereist, um dort den Gartenarchitekten des bayrischen Kurfürsten Dominique Girard abzuholen und nach Bonn zu begleiten. Girard war vom Kurfürsten Clemens August mit Zustimmung seines Bruders in München engagiert worden, um die Gärten in Brühl anzulegen. Diese Reise von Mannheim nach Bonn fand vom 29. Januar bis 2. Februar 1725 statt. Als Begleiter und Zeichner Girards nennt Schlaun einen gewissen Moreau, der sich dann von März bis April 1725 in Nordkirchen aufhielt und von dem eine Zeichnung der Oranienburg mit Parterre erhalten ist (Kat.-Nr. 11.15). Plettenberg hatte vermutlich die Anwesenheit Girards in Brühl genutzt, dessen im modernen französischen Geschmack geschulten Mitarbeiter für kurze Zeit ›auszuleihen‹, nach Nordkirchen zu holen, damit dieser mit Schlaun die Planungen der Gärten in Nordkirchen und des neuen Stadtpalastes in Münster nach dem neuesten Geschmack ausrichten sollte.

Nach den drei Grundrißplänen Moreaus sollte der Palast wie bei Pictorius die gesamte Breite des Grundstücks zwischen den beiden Gassen einnehmen. Deutlich hervorgehoben ist ein siebenachsiger Mittelbau mit fünfachsigen Flügeln, von denen der eine an der Breiten Gasse zum Küchen- und Stallbau nach hinten erweitert wird. Der Obergeschoßgrundriß hebt ebenfalls den Mittelbau deutlich heraus, der im übrigen, wie es der dritte Plan zeigt, ein Attikageschoß erhalten sollte. Die Raumdispositionen dieses Entwurfs folgen französischen Regeln, wie auch die Aufteilung der hinteren Hof- und Gartenräume, die, von den Räumlichkeiten der Herrschaft durch Mauern geschieden, die Regeln der französischen Disposition widerspiegeln. Der Titel des Erdgeschoßplans ist von der Hand Schlauns eingetragen: »Autre Idee de la place de Nortkirgen a Munster« – eine weitere Idee also neben seiner eigenen. Aus der Anlage der Zeichnung geht hervor, daß der Bauherr mit einer Ausführung in zwei Bauabschnitten rechnete. Der südliche Seitenflügel zur Grünen Gasse hin ist in Rot gezeichnet, und der Übergang zum Mittelbau ist unter einem Deckblatt angegeben. Plettenberg hatte überlegt, zunächst den alten Morrienschen Hof aus dem 16. Jahrhundert stehen zu lassen und ihn in den Neubau zu integrieren, was im übrigen auch aus der französischen Erläuterung auf dem Erdgeschoßgrundriß hervorgeht.

Auch Schlaun plante, den Stadtpalast in zwei Etappen zu errichten (vgl. Kat.-Nr. 13.6). Der Grundriß des Mittelpavillons ist auf ein Deckblatt gezeichnet, das auf den Lageplan des Häuserblocks geklebt ist. Er ist identisch mit der dritten Gruppe der neu aufgetauchten Zeichnungen, zwei Grundrissen und einem Aufriß, die ohne Zweifel eigenhändige Entwürfe Schlauns darstellen. In der Gesamtdisposition ähnelt der Gesamtplan (Kat.-Nr. 13.7) dem des französischen Entwerfers. In den Einzelheiten, etwa der Folge der Haupträume, ist er jedoch sehr verschieden. Schlaun verlegt die Einfahrt auf die rechte Seite, von wo aus man trockenen Fußes in das Haupttreppenhaus gelangen konnte, zugleich das Entrée zu den Antichambres des Hausherrn im Erdgeschoß, von denen das erste zugleich als Salon oder Speisezimmer genutzt wurde. Eine lange Enfilade von beinahe siebzig Metern gibt einen Eindruck von der repräsentativen Größe der Paraderäume. Kamine und Wandnischen ergänzen die Türen der Enfilade symmetrisch. An der Straße sollte die Folge der Privaträume des Reichsgrafen liegen: Garderobe, Schlafzimmer, dahinter zwei Kabinette; die ›Örtlichkeiten‹ hatte Schlaun unter den Treppenanläufen versteckt, zu ihnen führen aus dem Mittelpavillon Tapetentüren. Die Küche liegt ›geruchsarm‹ am Ende des linken Flügels; dahinter um den von einer Mauer abgetrennten Wirtschaftshof mit eigener seitlicher Zufahrt gruppieren sich der Marstall und die Remise. Das Gartenparterre, ein Parterre de Broderie in der Achse des Mittelbaus, bleibt frei von eventuellen Störungen durch den alltäglichen Betrieb. Zur Grünen Gasse hin ist der französische Garten en miniature durch ein Boskett erweitert, das einen kleinen, festlich mit Fontänen besetzten Innenraum im Freien ausbildet und in illuminiertem Zustand den Rahmen für glänzende sommerliche Festlichkeiten hätte abgeben können.

Der bereits im Grundriß angelegten Eleganz der kleinen Schloßanlage entspricht die Gestaltung der Fassade (Kat.-Nr. 13.9): an den fünfachsigen, zweigeschossigen Mittelpavillon mit Mansarddach schließen sich seitlich etwas niedrigere Flügel mit Walmdach an, deren Firstlinie den Bruch des Walmdachs aufnimmt. Die Fassade ist insgesamt im Dreitakt aufgebaut: dem Tafelmotiv in der zentralen Achse des Mittelpavillons mit Bandrustika und Keilsteinen, konsolengetragenem Balkon mit eingestellten Säulen, das Dachgesims überschneidendem Segmentgiebel mit den wappentragenden Fama und Nike, entsprechen Tafeln in den Mittelachsen der siebenachsigen Seitenflügel, auf denen im Erdgeschoß die mit Bandrustika und Keilsteinen gebildete rechteckige Rahmung der als Korbbogenarkade gestalteten Durchfahrt einen starken Akzent setzt. Die linke Durchfahrt ist vermauert und die blinde Wand mit einem Fenster besetzt.

Architekturikonographisch fallen hier zwei Motive zusammen: einmal Ammanatis Innenhof des Palazzo Pitti der Familie Medici in Florenz, ein Hinweis auf den Typus der Villa suburbana, als die sich Schlauns Palast durch das ebenerdige Erdgeschoß mit den Paraderäumen des Hausherrn ausweist – die Dame des Hauses sollte in einer identischen Raumfolge darüber residieren (Kat.-Nr. 13.8).

Zum anderen verweist das auf die Blendwand gesetzte Fenster auf die von Michelangelo zugemauerte Loggia des Stadtpalastes der Medici, die dieser geradezu emblematisch mit einem besonders gestalteten Fenster besetzt hatte. Anders als dort verbirgt sich dahinter allerdings kein hervorgehobener Raum, sondern lediglich das Speisezimmer der Bediensteten.

Schöner Schein ist im übrigen auch das durch Fensterrahmungen angezeigte Kellergeschoß, das diese Mischung aus Stadtpalast und Villa suburbana gleichsam auf einen nicht vorhandenen Sockel stellt. Die typologische Mischform wird übrigens durch den gleichzeitigen Bau der Oranienburg in Nordkirchen bestätigt, ein Lusthaus im Garten mit Festsaal unten und einer repräsentativen Hauptraumfolge für zwei Personen oben, wo der Mittelrisalit in gebührender Variation die Hauptformen des Stadtpalastes wiederholt und die Identität des Bauherrn vor Augen führt. Wie dort wird der Bau an den Kanten durch Streifen und sogenannte ›runde Ecken‹ akzentuiert, eine Überleitungsform, die Schlaun von den Bauten der Schönborn in Würzburg und Pommersfelden kannte, die er hier aber bereits von den Planungen des Pictorius übernehmen konnte.

Die Streifen gehören zu einer rahmenden Wandschicht, die sich kontinuierlich hinter dem Tafelmotiv und dem gesamten Mittelpavillon fortzusetzen scheint, ein Motiv der Wandschichtung, an dem Schlaun Zeit seines Lebens als Gliederungssystem festhält. Gegenüber den gleichsam mit umbiegenden ›runden Ecken‹ an den Einmündungen der Gassen tritt der Mittelpavillon traditionell kantig hervor, ausgezeichnet durch das Doppelstreifenmotiv, auch hier zugehörig zu der rahmenden Wandschicht, hinter der übrigens auch das horizontale, die Geschosse teilende Gesims läuft. Bleibt noch zu erwähnen, daß Schlaun den langgestreckten Bau sehr ausgewogen zu proportionieren verstand, verbunden mit einer eleganten Taktung des Baus, dessen Steigerung zur Mitte hin man auch an der Häufung und Anordnung der Mansardfenster und der mächtigen Kamine ablesen kann.

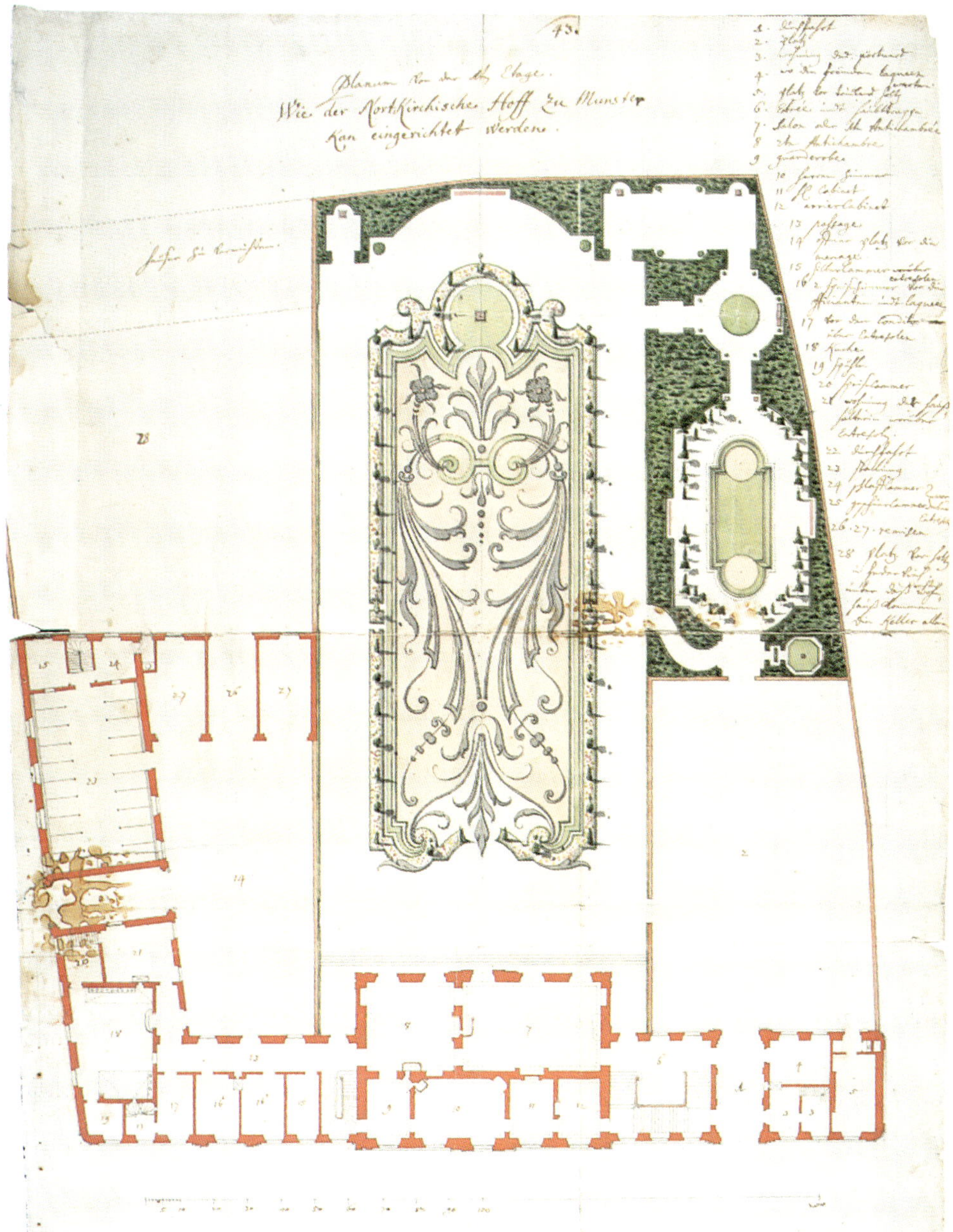

13.7 Plettenberger Hof in Münster, Grundriß Erdgeschoß und Gartenplan

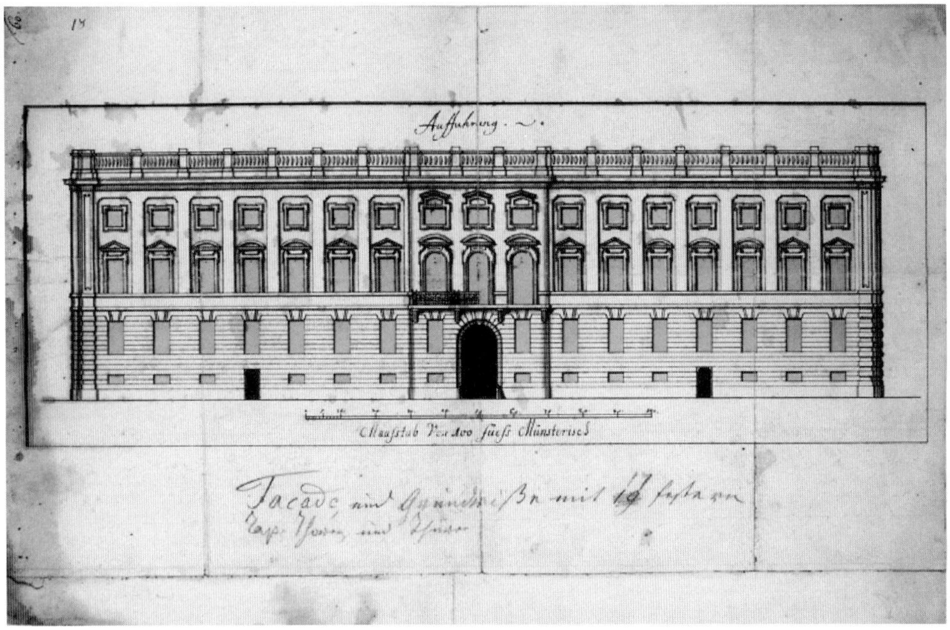

13.1

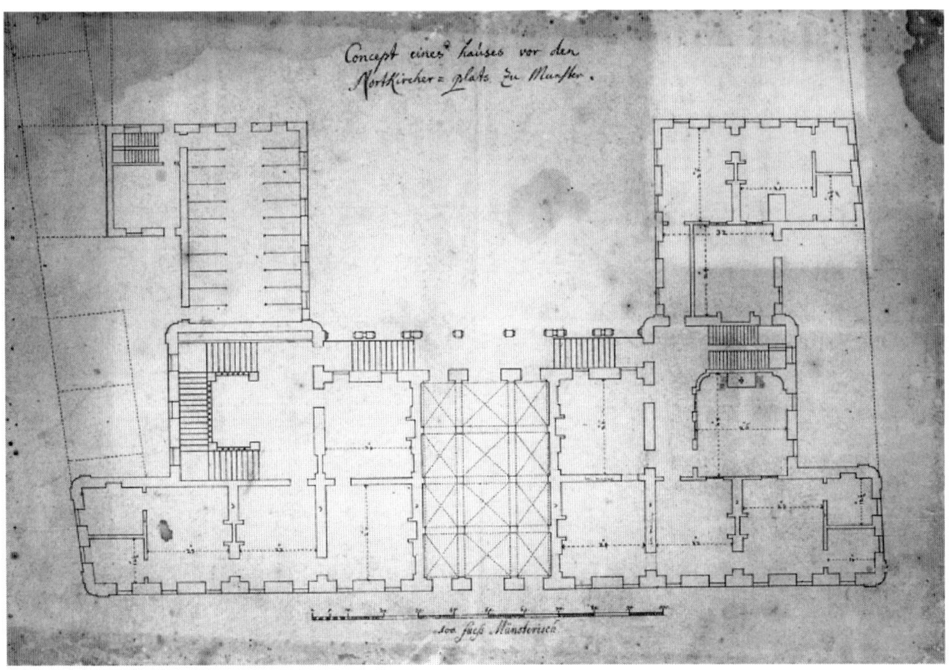

13.2

13.1
Plettenberger Hof in Münster
Peter Pictorius d. J.
Umbauentwurf, Aufriß der Fassade

Lavierte Federzeichnung, 27,3 x 42,2 cm
Titel: *Auffuhrung.–.* (von der Hand Schlauns)
Beischrift: *Facade, und Grundriße mit 19* (durchgestrichen und ersetzt durch:) *17 festere* (?...) *Thore, und Thüren* (von fremder Hand)
Beischrift: *Maasstab Von 100 fuess Münsterisch; 60.; 18*
Maßstab: *100 fuess Münsterisch* = 15,4 cm

Stadtmuseum Münster

13.2
Plettenberger Hof in Münster
Peter Pictorius d. J.
Umbauentwurf, Grundriß Erdgeschoß

Lavierte Federzeichnung, 28,1 x 42 cm
Titel: *Concept eines hauses vor den NortKircher=plats zu Munster.* (von der Hand Schlauns)
Beischrift: *in medio* (2x); *60.; 22;* Maßangaben
Maßstab: *100 fuess Münsterisch* = 15,5 cm

Stadtmuseum Münster

13.3
Plettenberger Hof in Münster
Monsieur Moreau
Umbauentwurf, Grundriß Erdgeschoß

Lavierte Federzeichnung (schwarz, rot), 28,7 x 42,2 cm
Titel: *Autre Idée de la place de Nortkirgen â Munster* (von der Hand Schlauns)
Beischrift: *A petit Escallier pour monter aux EntreSole qui sont audessus De la Cuisine office Et Ecurie; aucas que L'on vinne a Batire ce qui Est En Rouge on fera Le Grand arriere Cabinet Comme il Est marqué par Le Papier volant*
Grand Cour; Remise (3x); *Lieux; harnois* (2x) *Ecurie; Passage; Garde manger* (2x); *office; Cuisine; Portier; Passage D'Entrée; Coridore; Jardin; Sale à Manger ou Premiere antichambre; Second antichambre; 3e. antichambre; Chambre à Coucher; Cabinet; ariere Cabinet; Cabinet de Toilette; Passage; Petit Jardin; Chaise; Garderobe; Chambre* (2x); *Passage; Lieux; 44.*; 19
Deckblatt mit vergrößertem zweiten Kabinett
Maßstab: 200 *Pieds* = 32,35 cm

Stadtmuseum Münster

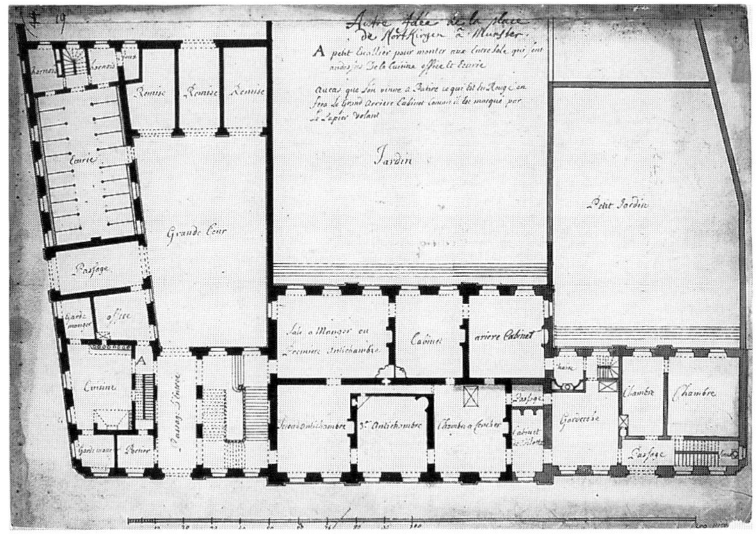

13.3

13.4
Plettenberger Hof in Münster
Monsieur Moreau
Umbauentwurf, Grundriß Obergeschoß

Lavierte Federzeichnung, 28,7 x 42,3 cm
Titel: *Pland du Premier Etage*
Beischrift: *Coridore; Chambre Des Domestique; Chambre* (4x); *Cabinet* (3x); *Pallier* (2x); *Sale à manger; Premiere antichambre; Second antichambre; Chambre à Coucher; Ariere Cabinet; Cabinet de Toilette; Lieux; Garderobe; 44.;* 20
Maßstab: 200 *Pieds* = 32,2 cm

Stadtmuseum Münster

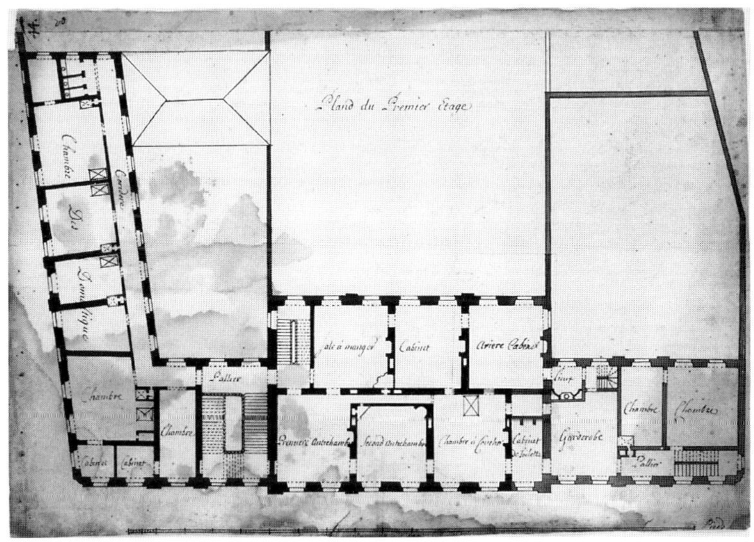

13.4

13.5
Plettenberger Hof in Münster
Monsieur Moreau
Umbauentwurf, Grundriß Attikageschoß

Lavierte Federzeichnung, 29,3 x 42,2 cm
Titel: *Pland De L'atique*
Beischrift: *antichambre* (2x); *Chambre a Coucher; chambre á Coucher; Cabinet* (2x); *Garderobe* (2x); 44.; 21

Maßstab: *60 Pieds* = 9,6 cm

Stadtmuseum Münster

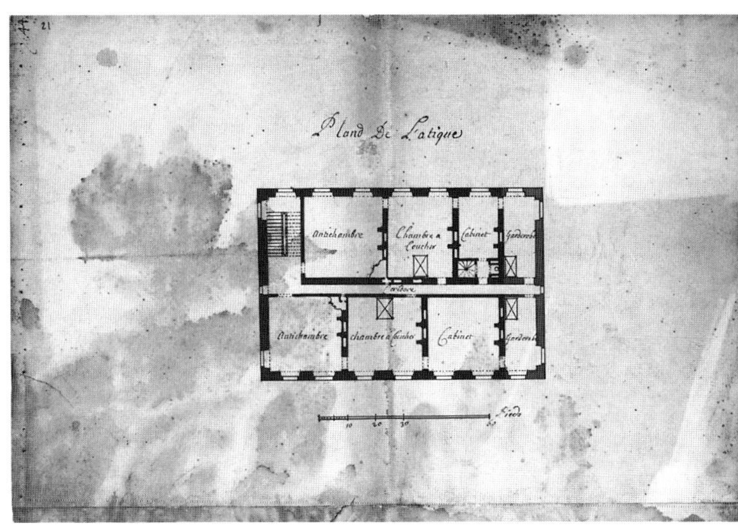

13.5

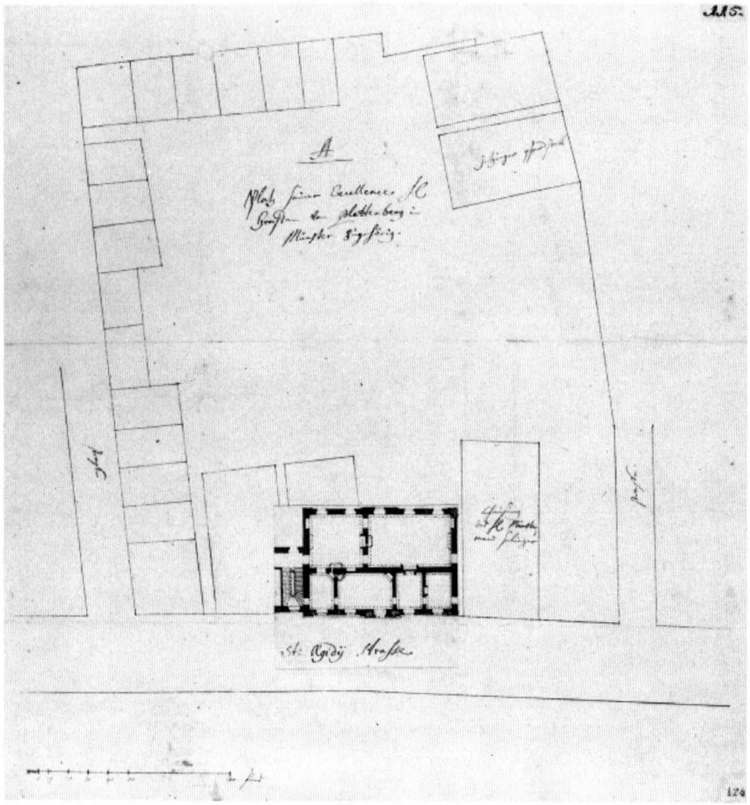

13.6

13.6

Plettenberger Hof in Münster
Umbauentwurf, Lageplan des Grundstückes und Grundriß Erdgeschoß

Lavierte Federzeichnung (schwarzbraun), 41,5 x 39,7 cm
Titel: *A.* (unterstrichen); *Platz seiner Excellence H Graffen von Plettenberg in Münster zugehörig.*
Beischrift: *Behausung des H. Münstermann seliger; St: Agidy Straße;* (2x) *Straße; jetzieger pferdstall.*
Deckblatt mit dem Grundriß des Erdgeschosses
Lavierte Federzeichnung (schwarzbraun, rot), 8,3 x 9,8 cm
Maßstab: *100 fues* = 10,8 cm

Westfälisches Landesmuseum Münster, Schl.-Bd. 124

13.7

Plettenberger Hof in Münster
Grundriß Erdgeschoß und Gartenplan (Abb. S. 111)

Lavierte Federzeichnung, 56,5 x 44,5 cm
Titel: *Planum Von der 1ten Etage.; Wie der NortKirchische Hoff zu Munster Kan eingerichtet werden.*
Beischrift: *früher zu Verrichten*(?); *43.;* Kennziffern
Legende: *1. durchfahrt; 2. platz; 3. wohnung des pörtners; 4. wo die frömden laqueen warten.; 5. platz vor trucKenes* (?) *holtz; 6. Entrée und haubttrappe; 7. Salon oder 1te Antichambrée; 8 2te Antichambre; 9 guarderobe; 10 herren Zimmer; 11 H Cabinet; 12 arrierCabinet.; 13 passage; 14 offener platz Vor die menage.; 15 SilberCammer worüber entresolen; 16 2 SpeiseZimmer Vor die officianten und laqueen; 17 Vor den Conditor worüber Entresolen; 18 Kuche; 19 Spühle; 20 SpeiseCammer; 21 wohnung der haußhalterin worüber Entresole.; 22 durchfahrt; 23 stallung; 24 schlaffCammer; 25 geschierCammer;* (Zusatz zu 24–25 zusammenfassende Klammer) *worüber Entresolen; 26.27. remisen; 28 platz. Vor holtz u feder Vieh. unter daß erste wohnhauß Kommen die Keller alleine* (?)
Maßstab: 200 (Fuß?) = 32,1 cm

Stadtmuseum Münster

13.8

Plettenberger Hof in Münster
Umbauentwurf, Grundriß Obergeschoß (Abb. S. 108)

Lavierte Federzeichnung, 28,9 x 42,2 cm
Titel: *2te Etage*
Beischrift: Kennbuchstaben
Beischrift: *43.; 16*
Legende: *a.a. Entrée; a. Salon oder erste Antichambre; b. 2te Antichambre; c. guarderobe; d. schlaffZimmer Vor Madame; e. Cabinet; f. arrierCabinet.; g. Capelle; h. logement Vor einen fromden herr; i. passage.; K. logementer Vor 1 fröhlen* (Fräulein?) *undt Cammerj*(?)*ster.; l. logement Vor 1 herren; m. logement Vor 1 herren.*
Maßstab: *120 fues* = 19,25 cm

Stadtmuseum Münster

13.9

Plettenberger Hof in Münster
Umbauentwurf, Aufriß der Fassade (Abb. S. 108)

Lavierte Federzeichnung, 28,6 x 42,2 cm
Titel: *Auffurung vom NortKirchischen Hoff.*
Beischrift: *Facade und Grundriße mit 19 fensteren und Thore* (von fremder Hand); *43.; 14*

Stadtmuseum Münster

Garten des Grafen Plettenberg

Ferdinand von Plettenberg hat das Grundstück zwischen Ägidiitor und Schüttor erworben, um hier einen weiteren Garten anzulegen, der in dieser Größe am Plettenberger Hof nicht ausführbar war. Nach den Nordkirchener Bauakten entstand der Garten zwischen 1723 (Vorarbeiten) und 1725/26 (Pflanzarbeiten). Allerdings ist nicht bekannt, ob der Garten in der von Schlaun vorgesehenen Weise angelegt wurde. Nach dem Tode Plettenbergs 1737 ist er von der Familie vermutlich verkauft worden. Das Grundstück gelangte Ende des 18. Jahrhunderts in den Besitz eines Grafen Zumbrink. Um 1835 wurde es parzelliert. Ein Teil davon wurde bis zum Zweiten Weltkrieg als Gärtnerei genutzt. Diese Gartenanlage im Festungsbereich war möglich, weil seit 1661 der mächtige Bastionswall zwischen dem Ägidiitor und der Zitadelle ausreichend Schutz bot.

Die Zeichnung zeigt die Situation des Aegidiitorwegs mit den beiden Tortürmen und den Verlauf der Stadtmauer vom inneren Torturm bis zum Schleusenturm am Eintritt der Aa in die Stadt, dem sogenannten Schüttor. Die inneren Gräben mit dem Wall sind beseitigt. An der Stelle liegt ein großes, etwa rechteckiges Gartengrundstück. Schlaun hat gleich an seinem Eingang ein vierpaßförmiges Parterre geplant, an das sich der rechteckige, leicht ansteigende Garten anschließt. Dessen in einzelne Beete unterteilte Rasen- oder Nutzpflanzenparterres liegen plan, damit zum Teil vertieft und steigen nicht mit den Wegen an. Gerahmt ist der Garten durch Hecken und umlaufende Laubengänge. In der Mitte des westlichen Teils ist in der Achse ein vertieft gelegenes Bassin vorgesehen, dessen Wasseroberfläche die Ebene angibt und das von den ansteigenden Wegen umlaufen wird. Am Ende der Achse befindet sich eine Fontäne, die zugleich als Point de Vue für die querlaufende Abschlußallee dient.

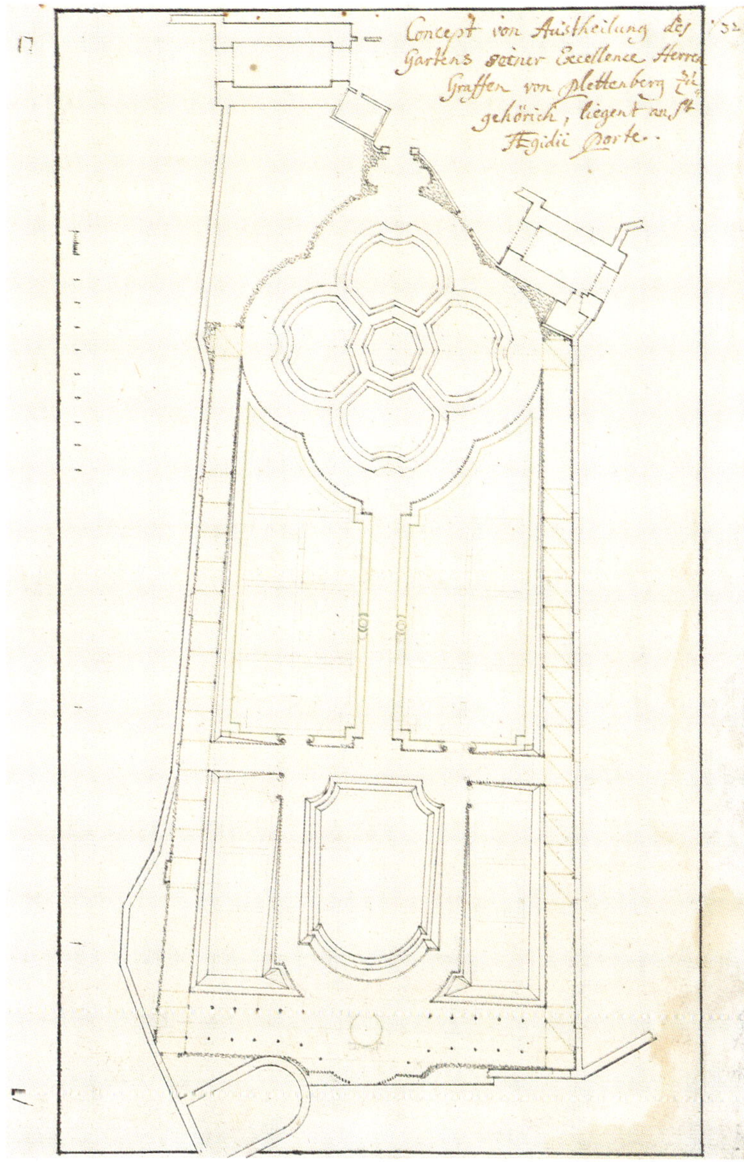

13.10

13.10
Garten des Grafen Plettenberg zwischen Ägidiitor und Schüttor in Münster
Gesamtplan

Lavierte Federzeichnung, 28,4 x 42,3 cm
Titel: *Concept von Austheilung des Gartens seiner Excellence Herren Graffen von Plettenberg zu gehörich, liegent an St AEgidii Porte.*
Numerierung: *32*.
Maßstab: (ohne Maßeinheit und Zahlen) 25,85 cm

Stadtmuseum Münster

14

Plettenberger Hof, Umbau, ab 1723

Bonn

Der neue Flügel des Hofes wurde 1715–20 für den Generalfeldzeugmeister, den Grafen von St. Maurice, durch Guilleaume Hauberat erbaut, die Konsolen durch den Hofbildhauer Rousseau skulptiert. Nach dem Tode des Grafen (1719) ging der Hof als Schenkung des Kurfürsten 1723 an Plettenberg, der zwischen 1723 und 1725 den Bau durch Hauberat vollenden und ausstatten ließ. Hauberat verließ Bonn 1725, um als Hofarchitekt an den kurpfälzischen Hof nach Mannheim zu gehen. Sein Nachfolger war, wie nicht anders zu erwarten, Schlaun, der die Bauarbeiten bis zu seiner Entlassung in Brühl leitete. Ihm folgte 1729 Michel Leveilly. Offensichtlich sind 1729–30 erneut Ausstattungen geändert worden. Nach dem Sturz Plettenbergs 1733 nahm der Kurfürst den Hof in seinen Besitz zurück, nannte ihn Clemenshof, ließ ihn 1745–55 noch einmal prachtvoll ausstatten und schenkte ihn seinem Ersten Minister, dem Grafen Belderbusch. Von diesem kam der Hof durch Erbgang an die Freiherren von Böselager. Im Zweiten Weltkrieg wurde er zerstört.

Der zweigeschossige Backsteinbau umfaßte neun Achsen mit Mansardgeschoß; die drei mittleren Achsen waren als Risalit ausgebildet, von einem Dreiecksgiebel mit Wappen bekrönt und durch einen schmiedeeisernen Balkon über den Portalarkaden ausgezeichnet. Das Erdgeschoß des Mittelrisalits weist eine Werksteinrustika auf, die im Obergeschoß als Bänderung den Risalit an den Kanten faßt. Die Keilsteine der Arkaden liefen in große Konsolen aus, die zusammen mit acht figürlichen kleineren Konsolen den dreiteiligen Balkon trugen. Wie weit die Beteiligung Schlauns und Leveillys bei den Umbauarbeiten 1723–33 im einzelnen ging, läßt sich heute nicht mehr nachweisen, da der Hof nicht mehr existiert. Wie die aktuellen Forschungen von Gerd Dethlefs und Wilfried Hansmann ergeben haben, war der kurkölnische »Kabinettsmaler« Stephan Laurent Delarocque an diesen Maßnahmen beteiligt, dessen Handschrift anhand überlieferter Rechnungen klar auf den fünf neu aufgefundenen Zeichnungen zu identifizieren ist. Drei der Zeichnungen tragen Vermerke Schlauns und belegen damit die Zusammenarbeit von Architekt und Ausstattungskünstler.

LITERATUR

Edmund Renard in: Bonner Jahrbücher 99, 1896, S. 216; 100, 1896, S. 57; Edmund Renard in: Paul Clemen, *Kunstdenkmäler der Rheinprovinz,* Bd. 5, Teil 3 (Stadt Bonn), Düsseldorf 1900, S. 471–74, Abb. S. 472, 474; Kat. *Clemens August* 1961, S. 220; Hansmann 1970, S. 250–53; Mummenhoff 1995; Gerd Dethlefs, *Fünf Dekorationsentwürfe für den Plettenberger Hof in Bonn von Stephan Laurent Delarocque,* in: Kat. *Schlaun in Münster* 1995.

14.1 Bonn, Plettenberger Hof, Plafondentwurf

14.2 Bonn, Plettenberger Hof, Plafondentwurf

1 Bonn, Plettenberger Hof

14.3

14.1
Bonn, Plettenberger Hof
Stephan Laurent Delarocque
Plafondentwurf für ein chinesisches Kabinett
(Abb. S. 116)

Lavierte Federzeichnung, 28,3 x 42,2 cm
Titel: *Tapis dans le Cabinet de Chine à Bonn.* (von der Hand Schlauns)
Numerierung: *6*
Maßstab: *20 pieds de france* = 37,5 cm

Stadtmuseum Münster

14.2
Bonn, Plettenberger Hof
Stephan Laurent Delarocque
Plafondentwurf für ein chinesisches Kabinett
(Abb. S. 116)

Lavierte Federzeichnung 28,5 x 41,8 cm
Titel: *Motie du Plafond du dite Cabinet.* (von der Hand Schlauns)
Maßstab: *18 pieds* = 35,6 cm

Stadtmuseum Münster

14.3
Bonn, Plettenberger Hof
Stephan Laurent Delarocque
Plafondentwurf mit Lageangabe der Tür und des Fensters

Lavierte Federzeichnung, 28,4 x 41,4 cm
Titel: *Plafonds du Cabinet des Tableaux*
Numerierung: *8*
Maßstab: abgeschnitten

Stadtmuseum Münster

14.4

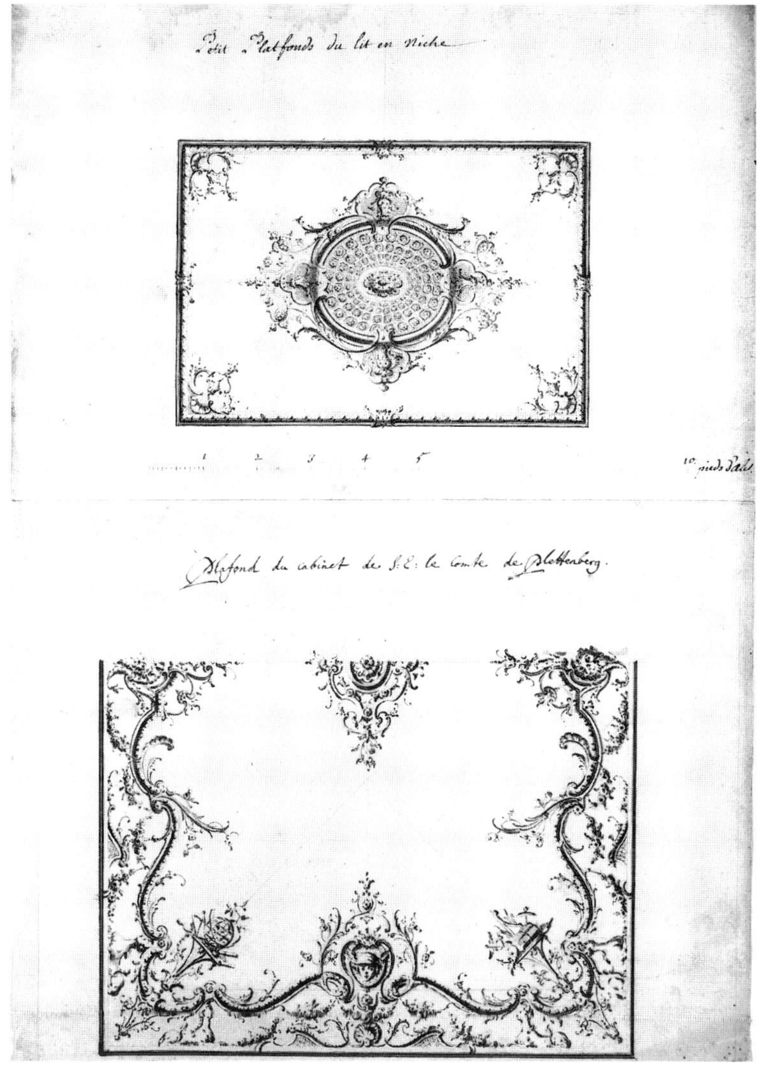

14.5

14.4
Bonn, Plettenberger Hof
Stephan Laurent Delarocque
Plafondentwurf für ein chinesisches Kabinett, Skizze

Lavierte Federzeichnung, 41,1 x 28,5 cm
Titel: *l'autre motie du Tapis du dite Cabinet*. (von der Hand Schlauns)
Numerierung: 7

Stadtmuseum Münster

14.5
Bonn, Plettenberger Hof
Stephan Laurent Delarocque
Zwei Plafondentwürfe für das Kabinett des Grafen von Plettenberg

Lavierte Federzeichnung, 41,2 x 28,9 cm
Titel: (oben) *Petit Platfonds du lit en niche*
Titel: (unten) *Plafond du cabinet de S:E: le comte de Plettenberg.*
Numerierung: 2
Maßstab: *10 pieds d'ale.* = 20,8 cm

Stadtmuseum Münster

15

Kapuzinerkirche Beata Maria Virginis, 1724-29
seit 1823 Pfarrkirche St. Ägidii

Münster

1. PROJEKT VON PICTORIUS: Im Jahre 1721 – Schlaun war in Rom – beauftragte Kurfürst Clemens August Gottfried Laurenz Pictorius, Pläne für den Umbau von Kloster und Kirche der Münsteraner Kapuziner an der Ägidiistraße anzufertigen. Die Pläne dazu befinden sich im Landesmuseum. Die Kirche sollte mit einer vermutlich zweigeschossigen Säulenhalle nach Westen hin erweitert werden und das Kloster dem Schema folgend mit Kirche einen Klosterhof mit Kreuzgang bilden. Ein anderer Plan zeigt die Fassade in drei Pfeilerarkaden zu einem Portikus geöffnet, über dem Gesims ein großes, rundbogiges Mittelfenster mit seitlichen Figurennischen, darüber ein Dreiecksgiebel mit dem Wappen des Fürstbischofs. Die Fassade wird von breiten Lisenen an den Kanten gefaßt, eigentlich eine Kolossalordnung, die sehr unglücklich vom weiterlaufenden Gesims der Arkaden überschnitten wird. Die Fassade hat Pictorius in eine Flucht mit dem Westflügel des Klosters gelegt. Im Grundriß erkennt man, daß von Anfang an ein schlichter Saalbau mit eingezogenem Chor und drei Altären geplant war. Bußkamp hat auf das Vorbild von Sorias S. Caterina da Siena in Rom verwiesen, wenngleich die Proportionen der Fassade von Pictorius gedrungener, die Schmuckformen zurückhaltender sind. Zwar war man mittlerweile zum Neubau der Kirche entschlossen, doch wurden von Pictorius nur die 1721 gezeichneten Pläne des Westflügels ausgeführt.

AUSFÜHRUNGSPROJEKT DURCH SCHLAUN: Auftraggeber war der Minister Ferdinand von Plettenberg; Rensing vermutet, daß Schlaun, der von seiner Studienreise 1723 zurückkehrte, Gottfried Laurenz Pictorius als Architekt verdrängte. Bußkamp meint, daß die für eine Kapuzinerkirche untypische und aufwendige Kirchenfassade von Pictorius auf Ablehnung der Klosterleitung bzw. des Provinzials stieß und der Neubau der Kirche sich deshalb verzögerte. Plettenberg, der Schlaun nach seiner Rückkehr aus Rom und Paris protegierte und den alternden Pictorius bei mehreren seiner Bauprojekte durch den jungen Schlaun ersetzt hat, trat nun als Bauherr auf und stiftete 1000 Reichstaler für den Kirchenneubau nach Plänen Schlauns. Warum auf einmal Plettenberg als Stifter und Förderer des Projekts hervortrat und Clemens August als Fürstbischof von Münster sich weitgehend davon zurückzog, läßt sich nur vermuten. Plettenberg war inzwischen zum Minister des Kurfürsten avanciert und plante in der Ägidiistraße, in unmittelbarer Nähe der Kirche, einen aufwendigen Stadtpalast, für den bereits Steine angeliefert waren. Als Architekt war zunächst Pictorius vorgesehen, doch ließ Plettenberg jetzt von Schlaun Pläne zeichnen, die die Überlegenheit des in Rom und Paris geschulten Baumeisters klar herausstellen. Vermutlich sollte die Kapuzinerkirche in Münster die Hauskirche der Plettenbergs werden, wenn sie im Winter in der Stadt residierten. Die Bauarbeiten an der Kapuzinerkirche begannen 1724 und schritten zügig voran, so daß Fürstbischof Clemens August bereits am 5. Dezember 1728 die Kirche weihen konnte. Im Oktober des folgenden Jahres begann man mit dem Neubau des östlichen Klosterflügels, der 1732 weitgehend abgeschlossen wurde.

KAPUZINER

Im Jahre 1612 hatten sich die Kapuziner in Münster niedergelassen und 1619 zeitgleich mit ihrer ordensrechtlichen Selbständigkeit ein Kloster mit einer kleinen Kirche errichtet. Der Ordo Fratrum Minorum Capuccinorum ist neben den Franziskanern und den Konventualen der dritte selbständige Zweig des Ordens des hl. Franziskus von Assisi. Durch eine päpstliche Bulle von 1528 erhielten die Kapuziner

LITERATUR

Giovanni Giacomo de Rossi, *Disegni di vari Altari e Cappelle.* Nachdruck der Ausgabe Rom 1713, Richmond 1972; M. von Spießen (Hg.), *Wappenbuch des westfälischen Adels*, 2 Bde., Görlitz 1901–1903, Tafelband, Abb. 340, Textband, S. 133; Rave 1932, S. 3; Rensing im Münsterischen Anzeiger 1109 vom 22.10.1933; Rensing 1935, S. 200ff.; E. Moßmaier O. F. M. Cap., *Beiträge zur Geschichte des ehemaligen Kapuzinerklosters zu Münster i.W. (1615–1811)*, Paderborn 1937; Geisberg VI, 1941, S. 285ff.; Rensing 1960, S. 186; Max Braubach, *Ferdinand von Plettenberg (1690–1737)*, in: *Westfälische Lebensbilder*, hg. von W. Steffens und K. Zuhorn, Bd. 9, Münster 1962, S. 34–51; Edgar Hertlein, *Die Basilika San Francesco in Assisi. Gestalt, Bedeutung, Herkunft*, Florenz 1964, S. 194; G. Jacob, *Die Hofkammer des Fürstbistums Münster von ihrer Gründung bis zu ihrer Auflösung (1573–1803)*, in: Westfälische Zeitschrift 115 (1965), S. 10; Noehles 1966, S. 16, Abb. 4, 5; Maurizio e Marcello Fagiolo dell'Arco, *Bernini. Una introduzione al gran teatro del barocco*, Rom 1967, Kat.-Nr. 133; Schmitz 1969, S. 86–114; Hager 1973, S. 19; Mummenhoff 1975, S. 24; Lahr-kamp, 1980, S. 139; Dieter Kimpel, *Ökonomie, Technik und Form in der hochgotischen Architektur*, in: *Bauwerk und Bildwerk im Hochmittelalter. Anschauliche Beiträge zur Kultur- und Sozial geschichte*, Gießen 1981, S. 181; H. K. L. Schulze, *Klöster und Stifte in Westfalen. Geschichte, Baugeschichte und -beschreibung*, in: Kat. *Monastisches Westfalen. Klöster und Stifte 800–1800*, Münster 1982, S. 404f.; A. Schröer, *Die Pfarre St. Aegidii Münster*, in: *800 Jahre Sankt Aegidii Münster*,

1 Münster, Kapuzinerkirche (vor 1945)

Münster 1983, S. 25; Ursula Ouednau, *Die ehemalige Kapuzinerkirche als neue Aegidiikirche*, in: ebd., S. 54–56; Wolfgang Schenkluhn, *Ordines Studentes. Aspekte zur Kirchenarchitektur der Dominikaner und Franziskaner im 13. Jahrhundert*, Berlin 1985, S. 190; Walther Hümmerich, *Anfänge des kapuzinischen Klosterbaus. Untersuchungen zur Kapuzinerarchitektur in den rheinischen Ordensprovinzen,* Mainz 1987, S. 299ff.; Bußkamp 1992, S. 111-31. Zu Helmont: H. Gerson, E. H. Ter Kuile, *Art and Architecture in Belgium 1600–1800 (The Pelican history of Art)*, Harmondsworth 1960, S. 42, Abb. 22 B, 23A u. B.; L. Baron Döry, *Spätwerke des Kölner Hofbildhauers Johann Franz van Helmont im Jagdschloß Falkenlust,* in: Wallraf-Richartz-Jahrbuch 26, 1964, S. 167–86; Horst Vey, *Kölner Zeichnungen aus dem 16.. 17. und 18. Jahrhundert*, in: ebd., S. 154ff.; Wilfried Hansmann, *Fünf unbekannte Modelle des kurkölnischen Hofbildhauers Johann Franz van Helmont,* in: Wallraf-Richartz-Jahrbuch 33, 1971, S. 161–74; J. van Ackere, *Belgique Baroque et Classique (1600–1789)*, Brüssel 1972, S. 38, Abb. 57; A. Gräfin Ballestrem, H.P. Hilger, *Eine Halbfigur Gottvaters von Johann Franz van Helmont im Expositorium des Hochaltars*, in: *Die Jesuitenkirche St. Mariae Himmelfahrt in Köln*, Düsseldorf 1982, S. 125; Seifert 1983, S. 379; Bußkamp 1992, S. 127.

QUELLEN

Annales Conventus Monasteriensis Westph. Fratrum Minorum Capucinorum. De Anno 1612. PAKK, PC Sp 19, S. 40, 80, 90, 112, 115, 123, 126; STAM, Kleinere Klöster Stadt Münster; Kapuziner in Münster, Nr. 1, Nr. 2, fol. 4–29; anonyme münsterische Bischofschronik aus den Jahren 1720/22 im Stadtarchiv Münster, z.T. veröffentlicht bei Lahrkamp 1980, S. 141 f; Archiv Nordkirchen, 6453, fol. 1, fol. 2 v.

DENKMALPFLEGE

Einzelberichte zur Denkmalpflege in: Westfalen 31, 1953, S. 152; 41, 1963, S. 164; 46, 1968, S. 380; 53, 1975, S. 606; 62, 1984, S. 590; 67, 1989, S. 663.

die Bestätigung als »Minderbrüder vom eremitischen Leben«: erste Niederlassungen des Reformordens in aufgegebenen Klosteranlagen und Festungen in den Marken, seit 1574 Ausbreitung in ganz Europa, 1619 löste Papst Paul V. die Bindung der Kapuziner an den Generalminister der Konventualen (Franziskaner) und gab dem Orden die rechtliche Selbständigkeit. In Anlehnung an das Testament des hl. Franziskus stellte der Orden im 6. Kapitel seiner Konstitutionen auch Bauvorschriften für seine Kirchen auf, die dem Armutsgebot entsprachen: »Unsere Kirchen sollen klein und arm / aber andächtig und zum saubersten seyn / sollen auch nit darumb groß zu sein begert werden«. Um die Befolgung der Armutsvorschrift zu gewährleisten, sollten »die besten tauglichsten und der prouintz eiffrigsten Brüder« den Bauplatz aussuchen und ein Modell von Konvent und Kirche anfertigen. In der Kölnischen Ordensprovinz, zu der die von Schlaun errichteten Kapuzinerkirchen gehörten, hatte man bereits eine gewisse Bautradition entwickelt, die rückblickend auf das Ideal der ersten Franziskaner in Assisi oder Cortona an mittelalterlichen Formen festhielt. Üblich war eine schlichte Saalkirche mit eingezogenem Kastenchor, beiderseits des Sanktuariums häufig Oratorien mit Fenstern zum Chor, die den Mitbrüdern die Teilnahme am Gottesdienst ermöglichten, hinter dem Altarraum der Psallierchor der Mönche. Die einfachen, verputzten Giebelfassaden folgten einem bei den Kapuzinern der Niederlande entwickelten Schema, in der Regel mit einem schmucklosen Portal. Fielen dieses, die Fassade oder gar der Innenraum durch aufwendige Gestaltung aus dem Rahmen, stand dahinter immer ein Stifter.

FASSADE

Die Fassade, aus Backstein gemauert und mit fein behauenen Werksteinquadern verblendet, geht im Typus auf die Paderborner Franziskanerkirche Antonio Petrinis zurück, führt andererseits die bereits in Brakel vorgeführte Gliederung durch Streifen und Felder anstelle der Säulenordnung fort. Die Zeichnungen der Fassade und des Portals von der Hand Schlauns entsprechen weitgehend der Ausführung: Die dreigeteilte, zweigeschossige Fassade steht auf einem Sockel, der in der Mitte durch das Portal durchbrochen wird, darüber das große Fenster. Das mittlere Feld mit dem Portal tritt risalitartig vor. Es wird von Streifen gerahmt, die sich in dem schweren Gebälk leicht verkröpfen und damit gleichsam den Sockel bilden für das zentrale Giebelfeld im Obergeschoß. Streifen gliedern auch die Seitenfelder, doch scheint die Rahmung durch das Fehlen der inneren Streifen zur Mitte hin offen, die zurückliegende Wand der Seitenteile scheint sich hinter dem Mittelrisalit fortzusetzen – am deutlichsten hatte Andrea Palladio dieses Prinzip bei der venezianischen Kirche Il Redentore vorgeführt. Die Gliederung der Fassade entspricht somit dem einheitlichen Innenraum, erlaubt aber die Ausbildung einer zentralen Würdeform, des Portals mit dem Wappen der Plettenbergs im gesprengten Giebel. Der enorme Höhenzug, vorbereitet durch die Verbindung von Portal und hohem Fenster, wird durch die steilen Proportionen der Fassade gesteigert. Schlaun hat deshalb das in der Zeichnung formulierte Gebälk zum Gesims reduziert. Das zentrale Giebelfeld über diesem Gesims ist doppelt gerahmt und entgegen Schlauns Plan geradezu emblematisch mit einem Ovalfenster besetzt. Die seitlichen segelartigen Voluten, ein in der Basilikaarchitektur entwickeltes Überleitungsmotiv, hier vorbereitet im seitlichen Ausschwingen der mittleren Rahmenform, sind ein dekoratives, nicht funktional eingesetztes Motiv. Sie nehmen die im Untergeschoß vorbereitete Struktur auf, dienen in der Öffnung der Rahmenform nach innen als scheinbar durchlaufende Folie des zentralen Rahmenfeldes, das von einem von unten aufgebrochenen Dreiecksgiebel ausgezeichnet wird und auf der Spitze ein schmiedeeisernes Kreuz mit den Arma Christi trägt, Symbol der Präsenz des Kapuzinerordens, der in der Regel als Zeichen der Inbesitznahme des Bauplatzes zunächst Kreuz und Passionswerkzeuge zu errichten pflegte. Flammende Herzen, »Flamma Caritatis«, umgeben von Dornenkronen, stehen auf den Postamenten der Segelvoluten, Symbol der christlichen Nächstenliebe der Kapuzinermönche.

Der eigentliche Höhepunkt der Fassade ist das nach einer gesonderten Zeichnung Schlauns ausgeführte Ädikulaportal, das dem konvexen Ausbreiten der Treppenstufen entgegen einladend zurückschwingt. Über der Sockelzone erheben sich schräg nach innen gestellte, schlanke, profilierte Pilaster, die kapitellartige, mit Puttoköpfen und Festons besetzte Voluten zieren. Diese kleinen Wandpfeiler werden von Wandstreifen hinterlegt, die sich über abknickende Viertelkreise mit den horizontalen Fassadenstreifen verbinden. Die Überleitungsform, ein Wandstreifen mit ausgeprägtem Gebälk, verbin-

det das raumgreifend skulpturale Element der Fassade mit den flächigen Bauteilen, so daß das Portal trotz der gegensätzlichen Gestaltung eng mit ihm verbunden scheint. Es ist ohne Frage das römische Moment an der Fassade, zugleich aber auch Signum des Stifters, der dem an der Fassade zurückhaltend formulierten Armutsideal des Ordens ein gutes Teil fürstlicher Prachtentfaltung entgegenhält, zugleich aber seiner Verbundenheit zum Orden architektonisch Ausdruck verleiht.

Bußkamp leitet den kontrapunktisch angelegten Konvex-Konkav-Schwung der Stufen und des Portals allgemein von Borromini, den Aufbau und insbesondere das gerundete, verkröpfte Gebälk mit seinem gesprengten Segmentgiebel von Berninis Altar der Capella Raymondi in S. Pietro in Montorio ab, abgebildet in de Rossis Stichwerk ›Disegni di vari altari e capelle‹, das Schlaun auch beim Entwurf des Altars benutzt. Auch die zierlichen profilierten Pilaster mit ihren plastisch geschmückten Volutenkapitellen sind an römischen Ädikulaportalen und -fenstern orientiert, ebenso wie das aufgebogene Giebelgesims auf römische Vorlagen zurückgeht. Genannt wurde das Oratorium des hl. Filippo Neri, wo man auch die doppelte Wandschichtung im Giebel der münsterischen Kirche wiederfindet.

2, 3 Münster, Kapuzinerkirche, Portal und Innenraum (1994)

Die ungewöhnlich große vierjochige Saalkirche mit breiten Gurtbogen auf Pilastern und profilierten Kämpferplatten, sogenannten gebusten Kreuzgratgewölben mit höher liegenden Gewölbescheiteln, eingezogenem Kastenchor und anschließendem Psallierchor wird im allgemeinen als Wandpfeilersaal leider falsch beschrieben; Bußkamp sieht die Strebepfeiler als gestaffelte Wandvorlagen nach innen genommen, die Pilaster von breiten Wandpfeilern hinterlegt, die übergangslos in Schildbögen übergehen. Es gibt jedoch gar keine Strebepfeiler im Innern der Kirche und erst recht keine Schildbogen. Bußkamp bemerkt an anderer Stelle, daß Hülse und Pictorius die »kulissenhafte Wirkung der Wandpfeiler süddeutscher Prägung« bereits auf ein Minimum reduziert hätten und Schlaun »diesen Weg« in Münster und Eys fortgesetzt und konsequent bis zur äußersten Reduktionsstufe der geschichteten Mauer weitervollzogen hätte. Sie geht davon aus, daß die optimale Schichtung der Wand das gestalterische Problem Schlauns gewesen sei. Es ist jedoch so, daß Schlaun in Eys eine ganz andere Lösung für die Bauaufgabe einer Pfarrkirche gefunden hat, die nicht besser und nicht schlechter, schon gar nicht weiter entwickelt, sondern ganz einfach anders als die Kapuzinerkirche ist.

Als Vorbild für die Bettelordenskirche in Münster greift er direkt auf die Hauptkirche des Franziskanerordens zurück, die Oberkirche von Assisi, die ihrerseits das Vorbild zahlreicher Rezeptionsbauten war (etwa S. Chiara in Assisi, San Fortunato in Todi). Die Besonderheiten des Wandsystems hat Wolfgang Schenkluhn beschrieben: »Die Oberkirche zeigt sich als ein ganzheitlicher, in Joche untergliederter Raum, während sich in der Unterkirche der Raum durch die Aneinanderreihung einzelner Joche erst konstituiert. Unstimmig ist das Gewölbe-Wandvorlagen-System der Oberkirche insofern, als den äußeren Wanddiensten die Schildbogen fehlen. Jene tragen dafür die Quertonne bzw. den ›Aquäduktbogen‹ mit … Ein Schildbogen ist nur im Chor vorhanden, im Schiff dagegen wird er vorgetäuscht durch Bemalung und Abschrägung seiner Stirn.« Schenkluhn kritisiert die Sichtweise Hertleins, der wie Bußkamp bei der Kapuzinerkirche auch in Assisi den Aquäduktbogen als Schildbogen beschreibt, der zur Hälfte auf der Zugwand des Laufgangs, den es in Münster nicht gibt, und zum Teil auf dem Schilddienst säße. Ein Schildbogen ist nicht vorhanden. Wie in Münster ist die Fensterwand dem Gewölbe entrückt und mit ihm durch eine kurze Quertonne verbunden, die von Dieter Kimpel aus statischer Sicht als Aquäduktbauweise beschrieben wurde. Wie in Assisi ist die Wandfläche wie eine Membran zwischen die Pfeiler der Arkaden des Aquäduktsystems gespannt; die hohen Rundbogenfenster sitzen wie in Assisi sehr hoch. Unterhalb der Fenster, wo in Assisi in großen Rahmen die Fresken Giottos die Ordensgeschichte erzählen, befanden sich auch in der Kapuzinerkirche neun große und seitlich des Portals zwei kleine eingemauerte Gemälde, darunter, wie bei den Kapuzinern üblich, flache Nischen mit Segmentbögen zur Aufnahme der sieben Beichtstühle. Es gab also wie heute einen elfteiligen Bilderzyklus, ungewöhnlich für die Kapuziner der Kölnischen Ordensprovinz. Ein Triumphbogen zeichnet den Chor aus, gesteigert von den hier halbierten Pilastervorlagen mit Gurtbogen und der Arkade des Aquäduktsystems. Die Übertragung der Ordnung der Langhauswand auf den Triumphbogen macht die optische Absonderung des Chors vom Predigtsaal deutlich. Kompliziert, wie Bußkamp meint, ist die »Ecksituation zwischen Langhaus und Bogen« überhaupt nicht; sie ist logisch. Es ergibt sich keine »behutsame Überleitung vom Langhaus zum Triumphbogen«, sondern eine strikte Trennung von Langhaus und Chor. Das System entspricht mit der Ausnahme des Laufgangs exakt der Übertragung der Langhauswandgliederung auf die Eingangswand in Assisi, wie folgerichtig auch die Eingangswand in Münster dieser Anordnung folgt. Das Zitat von Assisi haben übrigens die ›Nazarener‹, die in der zweiten Hälfte des 19. Jahrhunderts die Kirche ausmalten, erkannt und ihre Wandmalereien dem Rahmensystem Giottos angeglichen. Auch die Bemalung der Rippen und das Sternengewölbe folgt Assisi. Das scheinbar altertümliche oder gotisierende Element der Raumgestaltung Schlauns für die Kirche der Kapuziner in Münster erweist sich als Zitat der Grabeskirche des hl. Franziskus. Die Ordensregel der Kapuziner geht direkt auf das Testament des Gründers Franz von Assisi zurück, der zusammen mit dem hl. Bonaventura, seinem Nachfolger, dem hl. Antonius von Padua und der Muttergottes, die von den Kapuzinern besonders verehrt wurde, an den Altären verteten ist. Von Schlaun, eben aus Italien zurückgekehrt, wird der Auftraggeber Plettenberg ebenso wie Clemens August erwartet haben, daß er über die Möglichkeiten eines Anton Huelse, Ambrosius von Oelde, Pictorius und seiner eigenen Raumlösung in Brakel hinausging und mit dem Zitat von Assisi eine schlichte, jedoch bedeutende Architektur als zukünftige Münsteraner ›Hauskirche‹ des kurfürstlichen Ministers errichtete. Man muß dabei bedenken, daß die in den Konstitutionen verankerte notwendige Genehmigung der Pläne durch den Ordensprovinzial nicht einfach durch die Vorstellungen des Stifters vom Tisch gewischt werden konnten. Ihrer Forderung nach einfacher Bauweise war jedenfalls mit der gefundenen Lösung Genüge getan.

An das Schiff schließen sich die für die ordensdienstlichen Tätigkeiten notwendigen Räumlichkeiten an: der Chor, der Psallierchor und weitere Anräume. Der eingezogene, leicht eingeschnürte Kastenchor war im Niveau vier Stufen angehoben. Er wird von einem Kreuzgratgewölbe überspannt und wie das Langhaus von hohen Rundbogenfenstern hell beleuchtet. Vor der flachen Rückwand hat man sich den Maria geweihten Hochaltar mit gedrehten Säulen von Johann Wilhelm Gröninger vorzustellen, rechts und links führten Türen zum Psallierchor der Mönche. Die Chorlösung ist ganz und gar Ordenstradition, Vorbilder etwa die Franziskanerkirche oder die Kapuzinerkirche in Paderborn oder Schlauns Kapuzinerkirche in Brakel für den Vorgänger des Kurfürsten. In Rom konnte Schlaun das Schema in einer reich ausgestatteten, von Papst Urban VIII. erbauten Kapuzinerkirche studieren, die von 1626–31 erbaute Immacolata Concezione, eine ›echte‹ Wandpfeilerbasilika mit zwischen den Pfeilern angeordneten Kapellen, tonnengewölbt wie Il Gesù, mit Triumphbogen als Serliana und eingezogenem Chor und dahinterliegendem Psallierchor, wie üblich durch zwei seitlich des Altars liegende Zugänge zu erreichen.

INVENTAR

Das in den Säkularisationsakten von 1811 befindliche Inventarverzeichnis nennt an Ausstattungsstücken der Kirche: »sieben große Gemälde über die Beichtstühl eingemauert, zwey große Gemälde über die Kirchen Thüren eingemauert, zwey kleine Gemälde an beiden Seiten der vordersten Kirchen Thürn, ein großer und zwey kleinere Seiten Altäre, sieben Beichtstühle, ein Predigtstuhl, eine Communicanten Bank, vier und dreißig Kirchen Banken, eine kleine Orgel, eine Läute-Glocke«. Der Hauptaltar wurde laut Vertrag von 1702 von Johann Wilhelm Gröninger errichtet: vier lebensgroße Skulpturen des hl. Joseph, des hl. Franziskus, des hl. Ludger und des hl. Willebrord, die Architektur des Retabels aus zwei gedrehten Säulen mit Weinranken- oder Blumenschmuck.

Im Auftrag Ferdinand von Plettenbergs wurde nach einer Zeichnung Schlauns 1727 ein Nebenaltar errichtet. Das Altarbild zeigte die Stigmatisierung des hl. Franz, Skulpturen der hl. Clara und des hl. Bonaventura sowie Engel, die die Wundmale anbeten, für den Retabelauszug die Glorie Gottvaters. Der zweite bei der Kirchenweihe bezeugte Seitenaltar war dem hl. Antonius geweiht.

Schlaun lieferte auch die Entwürfe für die Kanzel, ebenfalls eine Stiftung Plettenbergs, wie das Wappen erweist, vom Typ her eine flämische Naturkanzel, deren Korb im Geäst eines Baumes aufgehängt scheint, darüber der Schalldeckel, ein von Putten getragener Teppich. Putti raffen auch den Vorhang vor der rundbogigen Tür zur Kanzel, wo der Prediger erscheint, links über dem Eingang das Wappen Plettenbergs. Unter dem Korb, der Baumkrone, kniet der hl. Franziskus vor der Tür zu seiner Eremitage. Christus ist erschienen und überreicht ihm die Ordensregel. Auf dem Grundriß erkennt man, daß die Kanzel über eine Treppe durch die Wandvorlage vom Kreuzgang aus zu betreten war. Ist der Aufbau der Kanzel niederländisch, hat die Figurengruppe ein italienisches Vorbild aus de Rossis Stichsammlung ›Disegni di vari altari e cappelle nelle chiese di Roma‹, den Altar der Capella Alaleona in SS. Domenico e Sisto in Rom nach einem Entwurf Berninis, eine Noli me tangere-Szene, die Schlaun thematisch anverwandelte.

Das Stifterwappen, auf der Zeichnung noch das Ferdinand von Plettenbergs, ist an der ausgeführten Kanzel als das des münsterischen Dompropstes Georg Wilhelm Wolff von Guttenberg zu identifizieren, der von 1723 bis zu seinem Tode 1726 den Konvent führte. Als Bildhauer konnte Bußkamp die Werkstatt des Johann Franz van Helmont nachweisen, der zunächst in Köln, später beim Schloßbau in Brühl tätig war und 1729 zum kurkölnischen Hofbildhauer ernannt wurde. Unter seiner Leitung wurden zuerst die mit Köpfen besetzten Kragsteine der Südfassade des Schlosses und zwischen 1730 und 1732 die vier Plastiken der Erdteile für die Giebel der Seitenrisalite angefertigt, deren Tonbozzetti das Landesmuseum bewahrt.

15.1

4 Münster, Kapuzinerkirche, Kanzel (1954)

DENKMALPFLEGE

1811 wurde das Kloster säkularisiert, die Patres ausgewiesen, das Inventar versteigert. 1813 bis 1821 diente die Kirche als preußisches Zeughaus. 1821 stürzte die alte Pfarrkirche St. Aegidii ein, und man überließ der Gemeinde die ehemalige Kapuzinerkirche als Pfarrkirche. 1828 wurden die Klostergebäude abgerissen. Zwischen 1857 und 1860 entstanden unter der Leitung Prof. Edward Steinles die Ausmalungen des Chores und des Triumphbogens im Stil der Nazarener. Die Gemälde der Seitenaltäre stammen von Steinle selbst. In den folgenden Jahren wurden an der Nordseite der Kirche durch Hilger Hertel d. Ä. Umbauten an den Kirchennebenräumen vorgenommen. Joseph Anton Settegast ergänzte in den Jahren zwischen 1861 und 1879 die bereits bestehenden Malereien im Chorbereich durch Gemälde an den Langhauswänden. Während des 2. Weltkrieges wurden die Gewölbe in den westlichen Jochen beschädigt und zwischen 1945 und 1947 wieder instandgesetzt. 1953/54 wurden Arbeiten an der Westfassade nötig, wobei der gesamte Giebelaufsatz erneuert wurde. Nach zahlreichen Restaurierungen und Übermalungen wurden die in Öl-Wachs-Technik ausgeführen Malereien in den Jahren 1977 bis 1981 wieder freigelegt. 1988/89 erfolgten neuerliche Restaurierungen an der Fassade.

15.3

15.3

15.1
Münster, Kapuzinerkirche
Aufriß und Grundriß der Westfassade

Lavierte Federzeichnung, 41 x 31,5 cm
Titel: *Aufführung der Capuziner Kirchen in Münster*
Maßstab: *60 fues*

Ehemals Pfarrarchiv St. Ägidii Münster

15.2
Münster, Kapuzinerkirche
Portal der Westfassade, Aufriß und Grundriß

Lavierte Federzeichnung, 47 x 32,5 cm
Titel: *Portall der Capuziner Kirchen in Münster*
Maßstäbe: Fuß und Pieds

Ehemals Pfarrarchiv St. Ägidii Münster

15.3
Münster, Kapuzinerkirche
Kanzel, Aufriß und Grundriß

Lavierte Federzeichnung, 46 x 32 cm
Maßstab: Fuß

Ehemals Pfarrarchiv St. Ägidii Münster

Die drei Pläne Schlauns, der Aufriß der Fassade, des Portals und ein Kanzelentwurf, befanden sich früher im Pfarrarchiv St. Aegidii (Münster) und sind heute verschollen, Photographien bewahrt das Westfälische Landesamt für Denkmalpflege (Münster) auf.

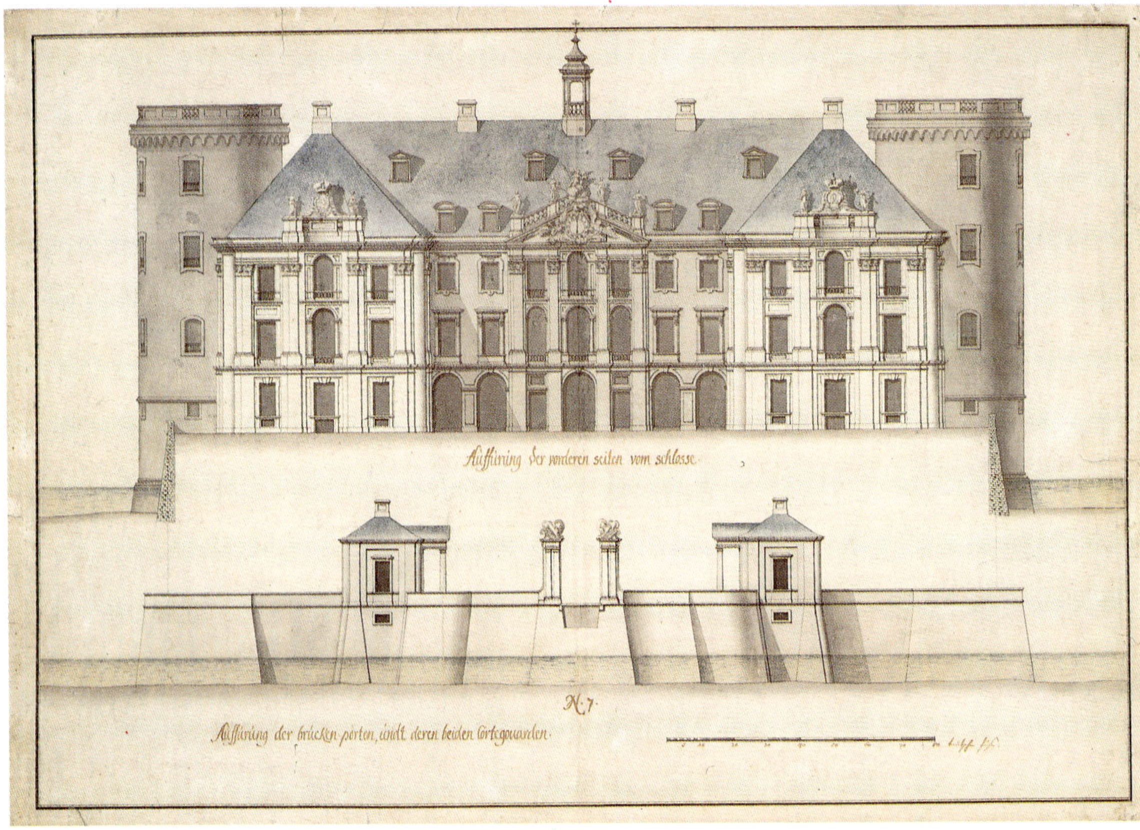
Aüffüring der vorderen seiten vom schlosse
N. 7
Aüffüring der brücken porten, undt deren beiden Cortegouarden

16
Schloß Augustusburg, 1724–28
Brühl

Bauherr war Clemens August (1700–1761), der fünfte und letzte Kurfürst und Erzbischof von Köln aus dem Hause Wittelsbach. Als er 1723 die Kurwürde erhielt, übernahm er zwar die Bonner Residenz seines Onkels und Vorgängers Joseph Clemens als Regierungssitz, doch Clemens August wollte seine eigene Herrscherwürde in einem von ihm selbst errichteten Schloßbau dargestellt sehen. Den Grundstein hierzu legte er 1725 in den Ruinen einer Wasserburg in Brühl, die im 13. Jahrhundert als Landesburg der Kölner Erzbischöfe errichtet, im 14. und 16. Jahrhundert erweitert und 1689 im Dritten Eroberungskrieg Ludwigs XIV. zerstört worden war.

BAUGESCHICHTE: Kurfürst Joseph Clemens (1688–1723) widmete sich nach den Verwüstungen durch die französischen Truppen zunächst dem Neubau seiner Bonner Residenz. Erst nach dem Ende des Spanischen Erbfolgekrieges konnte er an eine Wiederherstellung der Brühler Anlage denken. Nach seinen Worten wollte er sie als eine »simple maison de campagne«, als einfaches Landschloß, herrichten. 1715 entwickelte der Kurfürst hierfür in einem Brief an den Pariser Hofarchitekten Robert de Cotte seinen Plan. Es schien ihm möglich, die Ruine aus Sparsamkeitsgründen wieder aufzubauen. Doch wollte er keineswegs auf die Errungenschaften der modernen französischen Baukunst verzichten, die er während seiner Verbannung wegen Teilnahme am Spanischen Erbfolgekrieg auf seiten Frankreichs kennengelernt hatte. Den stark zerstörten Südflügel nach dem Tiergarten dachte er daher, durch ein Corps de logis mit seinen persönlichen Gemächern zu ersetzen. Dieser neue Haupttrakt sollte mit zwei ebenfalls neu zu errichtenden Flügeln einen Hof einfassen, der zu einem Garten in Verbindung mit dem Tiergarten überleiten sollte. Geplant war eine Allee zum Lustschloß in Bonn-Poppelsdorf, die auf die Mitte des Corps de logis zuführte. Joseph Clemens wollte ferner zum Rhein hin einen Kanal graben lassen, so daß er von seiner Bonner Residenz aus das Brühler Landschloß unmittelbar zu Schiff hätte erreichen können. Wohl aus finanziellen Gründen blieben alle diese Ideen unausgeführt. Der Neffe und Nachfolger, Kurfürst Clemens August, verwirklichte andere Pläne.

Zwei Motive veranlaßten Clemens August zum Bau der Augustusburg an der Stelle der alten Wasserburg: die Schönheit des Ortes und seine günstige Lage für die Falkenjagd, die der Fürst mit Leidenschaft betrieb. 1724 verlangte er von Guillaume Hauberat, dem Vertreter Robert de Cottes am Bonner Hof, Entwürfe für den Wiederaufbau des Schlosses. Sie wurden jedoch vermutlich wegen ihrer zu trockenen französisch-klassizistischen Formensprache abgelehnt (Abb. 2–5). Clemens August bestimmte die wohl gleichzeitig in Auftrag gegebenen römisch-wienerisch beeinflußten Pläne Johann Conrad Schlauns zur Ausführung.

Am 8. Juli 1725 legte der Kurfürst den Grundstein. 1728 war unter Schlauns Leitung bereits der Rohbau fertiggestellt. Auch Clemens August hielt an der Forderung seines Onkels Joseph Clemens fest, durch Wiederbenutzung der Ruinen Baukosten einzusparen. Schlaun trug in eine Zeichnung ein, welche Mauerteile wiederverwendbar waren. Er entwickelte den Plan für die bestehende dreiflügelig nach Osten geöffnete Anlage. Ihre für eine barocke Residenz kleinen Abmessungen entsprechen fast denen des mittelalterlichen Vorgängerbaus. Seine Mauern sind im Nordflügel des Schlosses teilweise bis ins zweite Obergeschoß erhalten. Schlaun übernahm auch den schweren Rundturm an der Nordwestecke und plante, einen gleichartigen an der Südwestecke als Kapellenturm zu errichten. Das Schloß sollte von den Wassergräben der mittelalterlichen Burg umschlossen bleiben. Ferner war daran gedacht, im Westen die alte Vorburg wiederherzustellen und symmetrisch anzubauen, im Osten ein langgestrecktes Gartenparterre anzulegen. Die Hauptzufahrt war über die Vorburg von der Stadt aus vorgesehen.

Wohl die Kritik des bayerischen Kurfürsten Karl Albrecht, des kunsterfahrenen Bruders Cle-

LITERATUR

Hartmann 1910, S. 45–52, 92, 114f., 140, 145, 213, 251, 290, 295; Renard 1922; Renard 1934; Braubach 1951, S. 122–26, 145; Rensing 1954, S. 12–14, 29; Kalnein 1956, S. 134, 137; Kisky 1961 (Leveilly), S. 316-30; ders. (Euskirchen), S. 57, 61, 101f., Katalog *Clemens August* 1961, S. 112–22, passim; Bader 1961; Kordt, Bader 1965; Noehles 1966, S. 300; Hansmann 1970, S. 241; ders. 1972; ders. 1973; Hansmann, Knopp, 1977; dies. 1982 (mit umfangreichen Literaturverzeichnis); Wilfried Hansmann, *Zur farbigen Außenfassung von Schloß Augustusburg in Brühl.* In: *Landeseigene Denkmäler. Dokumentation der Baudenkmäler im Eigentum des Landes Nordrhein-Westfalen* (Schriftenreihe des Ministers für Stadtentwicklung, Wohnen und Verkehr des Landes Nordrhein-Westfalen 18), Düsseldorf 1987, S. 11f.; Gisbert Knopp/Norbert Nußbaum, *Brühl – Die kurkölnische Landesburg,* in: Denkmalpflege im Rheinland 6, 1989, S. 10–12.

DENKMALPFLEGE

Wilfried Hansmann, *Denkmalpflege an Schloß Augustusburg in Brühl 1984-86.* In: Jahrbuch der Rheinischen Denkmalpflege 33, 1989, S. 229–61; Wilfried Hansmann/Raimund Schmitz, *Denkmalpflege an Schloß Augustusburg und Schloß Falkenlust in Brühl 1973–83.* In: Jahrbuch der Rheinischen Denkmalpflege 30/31, 1985, S. 199–350.

16.4 Schloß Augustusburg, Ostseite, Aufriß, um 1724

16.5 Schloß Augustusburg, Westseite, Aufriß, um 1724

1 Brühl, Schloß Augustusburg Stadtseite (1995)

mens Augusts, verhinderte, daß die Augustusburg die altertümliche Gestalt einer Wasserburg erhielt. Bei einem Besuch in München 1728 ließ sich Clemens August zu einer grundlegenden Planänderung bewegen, wozu Karl Albrecht seinen Hofarchitekten François de Cuvilliés und seinen Gartenkünstler Dominique Girard nach Brühl entsandte. Schlaun wurde als Bauleiter entlassen. De Cuvilliés erhielt den Titel »Erster Baumeister«. Die örtliche Bauleitung übernahm Michel Leveilly. 1728 entwickelte de Cuvilliés einen neuen Gesamtplan für die Umgestaltung und Verbesserung des eben erst durch Schlaun vollendeten Rohbaus. Die Überlegungen betrafen die gesamte Innenraumdisposition und die gärtnerischen Anlagen. Cuvilliés nahm dem Bau den Charakter einer Wasserburg und wandelte ihn in eine moderne Residenz um. Die Wassergräben wurden zugeschüttet, und vor der Südfront entstand nach dem Plan Dominique Girards ein großartiges Gartenparterre.

Schlaun hatte die Gästequartiere, Küchen- und Dienerschaftsräume im Südflügel untergebracht. Da hier nach Cuvilliés' Plan die Repräsentationsräume des Kurfürsten im Zusammenhang mit dem Garten eingerichtet werden sollten, mußte ein neuer Wirtschaftstrakt westlich des Schlosses errichtet werden. Um 1730 wurde die Terrasse angelegt, die zwischen dem unteren Südflügelappartement (Sommerappartement) und dem Garten vermittelt. Gleichzeitig wurde an der Ausstattung des Gelben Appartements und am plastischen Schmuck der Fassaden gearbeitet. Ausgeschmückt wurden die Räume des Corps de logis: Treppenhaus und Gardensaal, ferner die Kapelle im Südwestturm. Als letzte Bauteile, die noch an die Wasserburg erinnerten, ließ Cuvilliés 1735 die Türme abbrechen. Von den Räumen des Südflügels wurden das Grüne Appartement im zweiten Obergeschoß und bis zur Mitte der vierziger Jahre das Sommerappartement ausgestattet.

In diese Zeit fiel auch die räumliche Neuordnung des Corps de logis, die Voraussetzung für die Einrichtung der von de Cuvilliés geplanten neuen Hauptraumfolge. Schlaun hatte südlich der Durchfahrt im Hauptflügel das Treppenhaus errichtet und auf das Gelbe Appartement hin orientiert, das nach seinem Plan mit Treppe und Gardensaal die Hauptraumfolge bilden sollte. Cuvilliés verlegte diese Raumflucht in den Südflügel. So mußte das Treppenhaus an der Nordseite der Durchfahrt angeordnet werden. Für die Planung dieses neuen Treppenhauses gewann Clemens August Balthasar Neumann. 1740 weilte er zum erstenmal in Brühl, und in den folgenden Jahren kam er zu kurzen Arbeitsaufenthalten. Die Ausführung überließ Neumann dem kurkölnischen Hofarchitekten Michel Leveilly und seinem ausgezeichneten Künstlerstab, darunter der Dessinateur Johann Adolf Biarelle, der die Entwürfe für die Kunsthandwerke lieferte. Zwischen 1747 und 1750 malte der hochgeschätzte Carlo Carlone die Deckenfresken im Treppenhaus, in den anschließenden Sälen und in der Nepomukkapelle. Kurz nach 1750 entstanden die Stukkaturen des Gardensaals

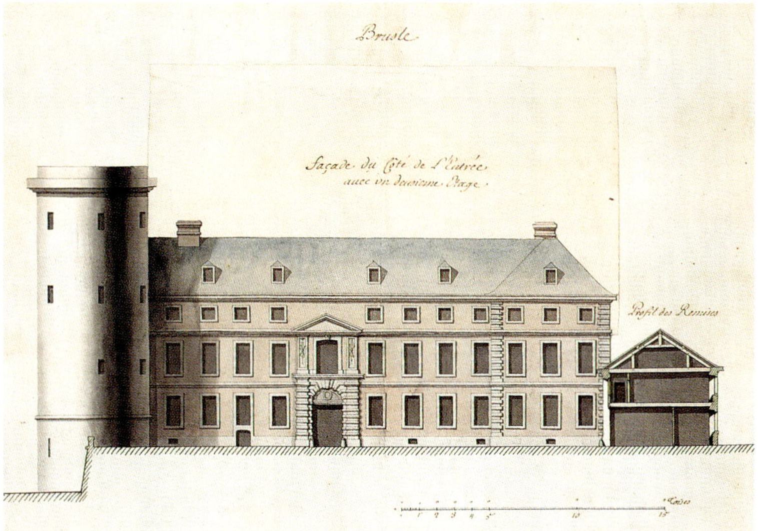

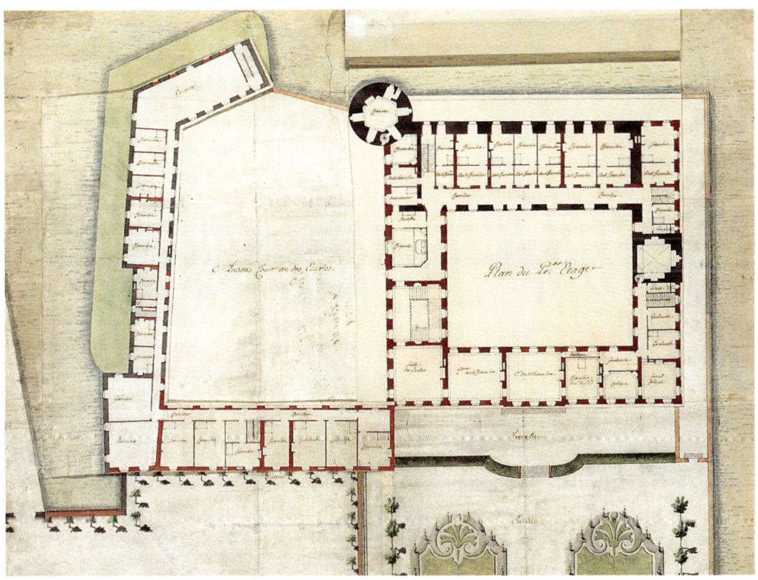

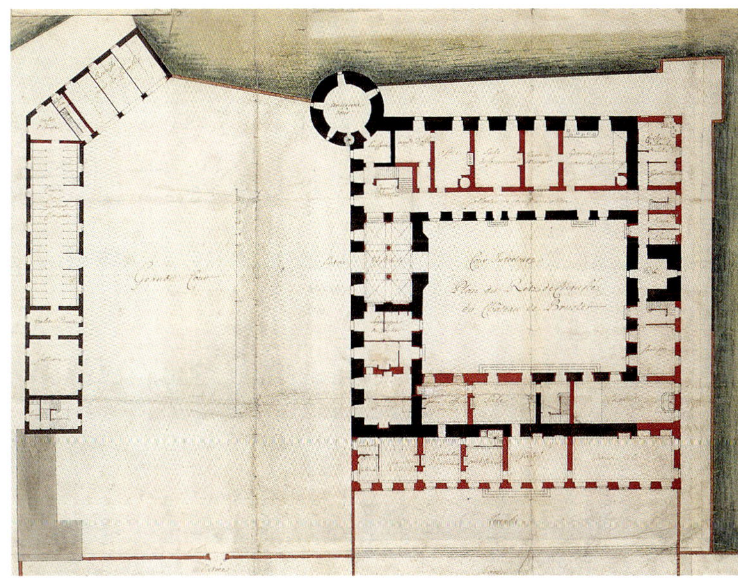

2 Schloß Augustusburg, Aufriß der Südseite – Guillaume Hauberat

3 Schloß Augustusburg, Aufriß der Ostseite – Guillaume Hauberat

4 Schloß Augustusburg, Grundriß der Étage noble – Guillaume Hauberat

5 Schloß Augustusburg, Grundriß Erdgeschoß – Guillaume Hauberat

6 Brühl, Schloß Augustusburg, Ostseite
(Aufnahme 1994)

und um 1750 die der Südflügelräume des Großen Neuen Appartements. Die Bauleitung hatte zu dieser Zeit Johann Heinrich Franz Roth.

Als Clemens August 1761 starb, waren die Arbeiten an der Hauptraumfolge noch im Gange. Der Nachfolger, Kurfürst Max Friedrich von Königsegg-Rothenfels (1761–84), vollendete diese Räume nach den Plänen seines Vorgängers. Hierbei wurden für die Südflügelräume Wandvertäfelungen aus dem Jagdschloß Herzogsfreude übertragen, das Clemens August von 1753 an errichtet hatte, vom Nachfolger aber wieder aufgegeben wurde. Max Friedrich ließ von Poppelsdorf ein Glockenspiel übertragen. Hierfür wurde 1763 wohl nach dem Entwurf von E. Dupuis ein mit Blei beschlagenes Glockentürmchen über dem westlichen Mittelrisalit auf die Dachschräge aufgesetzt, das zu Beginn des 19. Jahrhunderts wieder beseitigt wurde.

AUSSENBAU

Dreiflügeliger nach Osten geöffneter Bau aus verputztem Ziegelstein (Abb. 6–8). Drei Geschosse. Mansarddach. Bauplastik, Fenster- und Türrahmungen aus Siebengebirgstrachyt oder Sandstein. Die meisten Skulpturen auf den Attiken und Giebeln sowie der Giebel der Westseite wurden, weil die Originale bis zur Unkenntlichkeit verwittert waren, 1977–81 neu geschlagen, 1985–88 alle Werksteinteile instandgesetzt, verwitterte Partien erneuert. Die ockergelbe Außenfassung und die dünne hellgraue Schlämme der Werksteinfassung wurden zuletzt 1988/89 nach Befund wiederhergestellt.

Die Aufrißgliederung gestalterisch auf die Ostfassaden der Seitenflügel sowie auf die Mittelrisalite am Corps de logis und an der Gartenfront des Südflügels konzentriert. Zwischen Untergeschoß und Obergeschossen ein kräftiges Gesims, das an der Nordfront unterbrochen ist. Breites, stark profiliertes Dachgesims.

Das Corps de logis nach der Cour d'honneur hin siebenachsig. In der Mitte ein dreiachsiger Risalit, im Erdgeschoß mit rundbogiger Durchfahrt, flankiert von Türen mit rechteckigen Oberlichtern; die beiden Obergeschosse durch komposite Kolossalpilaster zusammengefaßt, wobei die äußeren als Stufenpilaster gestaltet sind; das Gebälk des Giebels in der Mittelachse unterbrochen; Fenstertüren im ersten Obergeschoß rundbogig, die mittlere über der Durchfahrt von Säulen römischjonischer Ordnung mit kurzen Gebälkstücken flankiert; die Fenster des zweiten Obergeschosses außen hochrechteckig, in der Mitte segmentbogig. Die Scheitel aller rund- und segmentbogigen Öffnungen durch Agraffen verziert. Die komposite Grundform der Pilasterkapitelle bereichert durch Löwenköpfe, die den Michaelsorden im Maul halten; außerdem durch Kartuschen mit den heraldischen Zeichen des kurkölnischen Wappens (von links: Köln, Westfalen, Engern, Arnsberg). Im Giebelfeld das kurfürstliche Hauswappen (Bayern-Pfalz), umgeben vom Michaelsorden und den kurfürstlichen Insignien; außerdem fünf Putten mit den Wappen der fünf geistlichen Territorien des Kurfürsten (von links: Osnabrück, Paderborn-Pyrmont, Köln, Hildesheim und

Münster); auf den Giebelschrägen monumentale Liegefiguren eines Papstes (hl. Clemens?) und eines Kriegers (wohl Mars) als Personifikationen der geistlichen und der weltlichen Macht; auf der Giebelspitze ein Putto mit dem Kreuz und den Attributen des Hochmeisters des Deutschen Ritterordens. Die ursprünglichen Giebelfiguren 1732 von Gesellen Johann Franz van Helmonts ausgeführt.

Die vier Achsen links und rechts vom Risalit haben im Erdgeschoß Segmentbogenfenster über Sockeln in rundgeschlossenen Blendbögen; diese mit Schlußsteinen; darauf verteilt die Jahreszahl 1728 (Fertigstellung des Rohbaus). Im ersten Obergeschoß Fenstertüren mit Gebälkverdachungen, im zweiten Obergeschoß manieristisch konturierte Einfassungen, oben mit einem seitlich überstehenden Profil abgedeckt. Zwischen den Außenachsen hochrechteckige Blendfelder.

Die Fensterformen wiederholen sich auf den Hofseiten der Nebenflügel ohne die Blendbögen und zwischengeschalteten Blendfelder. Hier ist auf beiden Seiten die zweite Achse von Osten als Eingangsachse dadurch hervorgehoben, daß die sie flankierenden Achsen in Risaliten vorgezogen und ihre Erdgeschoßfenster wie die der Seitenflügel-Ostfassaden gestaltet sind.

Die Fassadengestaltung geht im wesentlichen auf Schlaun zurück. Zutaten Cuvilliés' sind die Fenster der Mittelachse am Corps de logis sowie der bauplastische Schmuck über Türen und Fenstern. Abgeändert gegenüber den Plänen Schlauns ist auch der Giebel.

Die Ostfassaden der Nebenflügel sind dreiachsig durch gestufte Kolossalpilaster kompositer Ordnung gegliedert. Abgerundete Gebäudeecken mit Spiegeln. Die Fenster zwischen den Pilastern liegen in unterschiedlich starken Wandschichtungen. Die Rechteckfenster im Erdgeschoß mit Sockeln und dreigegliederten Keilsteinen in Werksteinrahmen. Als Zentralmotiv der Fassaden im ersten Oberge-

7 Brühl, Schloß Augustusburg, Mittelrisalit der Ostseite (1954)

8 Brühl, Schloß Augustusburg, Fassade des Südflügels (1954)

schoß ein ›Palladio-Fenster‹; die mittlere Gebälkzone durch ein weiteres Rundbogenfenster im zweiten Obergeschoß verdrängt. Als Abschlüsse eingeschwungene Attiken mit zentralen Okuli; der am Nordflügel umgeben mit der Inschrift: ›ANNO 1726‹. Auf den Attiken in der Mitte Volutensockel mit Löwen, die im Maul die Kette des Michaelsordens halten und eine kurhutbekrönte Kartusche mit den Initialen ›CA‹ flankieren. Die nördliche Kartusche nach Zerstörung im letzten Weltkrieg erneuert. Auf den seitlichen Sockeln der Attiken die vier Erdteile: auf dem Südflügel Europa und Asia, auf dem Nordflügel Afrika und Amerika. Terrakotta-Bozzetti zu den vier Erdteilen von der Hand Johann Franz van Helmonts im Westfälischen Landesmuseum für Kunst und Kulturgeschichte Münster. Die Großplastiken wohl 1732 durch Bildhauergesellen Helmonts fertiggestellt. In den Kapitellen der Pilaster neben den Wittelsbacher Rauten Bestandteile aus dem Wappen des Kurfürsten (Südflügel, von links: Hildesheim, Köln, Paderborn, Osnabrück; Nordflügel, von links: Münster, Stromberg, Berkeloh, Werth).

Die Ostfassaden der Nebenflügel entsprechen dem Schlaunschen Konzept bis auf einzelne Details; z.B. sind die schweren Fensterbänke und -balustraden in Schlauns Entwurf durch leichtere Gitter ersetzt. Verändert ausgeführt sind auch die Attiken und ihre Bekrönungen, in Schlauns Aufrißplan unmittelbar von den Attiken auf Berninis Kolonaden von St.Peter in Rom übernommen.

An der Nordfront sind nur die Achsen eins und drei an der östlichen Seite durch Risalite und reiche Fensterformen betont, wobei das Gesims zwischen Erd- und Obergeschoß von der Ostfassade auf die drei Achsen übergreift (Abb. 10). Die restlichen Achsen ohne Zwischengliederung. Die Fenster der einzelnen Geschosse in unterschiedlichen Formen, jedoch schlichter als in den Risaliten gerahmt. Mansardenfenster mit Segmentgiebeln. Die Schlaunsche Konzeption dürfte – bis auf den abgebrochenen Nordwestturm – bewahrt sein.

Die Stadtseite nach Westen ist fünfzehnachsig; fünf Achsen umfaßt der Mittelrisalit, dessen drei Mittelachsen von einem Dreiecksgiebel zusammengefaßt werden (Abb. 1, S. 130). Gliederung des Risalits wie auf der Ostseite durch gestufte oder einfache Kolossalpilaster kompositer Ordnung. Auch die Fensterformen der Risalite und ihre Schmuckelemente entsprechen denen der Ostseite; nach der Zerstörung von 1945 sind die Mittelachse und die nördlich anschließende Achse des Risalits erneuert. In den abseitigen Achsen haben die Fenster des ersten Obergeschosses Rundbogenfelder mit Puttenreliefs. Die Kompositkapitelle bereichert durch Löwenköpfe mit dem Michaelsorden, Kartuschen mit den Initialen ›CA‹, Schabracken mit Wittelsbacher Rauten und Herrschaftsattributen. Als Giebelrelief Chronos mit einer Uhr; neben ihm Putten mit erhobenen und gesenkten Fackeln, die Morgen und Abend symbolisieren. Auf den Giebelschrägen liegend Aurora und Diana als Personifikationen von Morgen und Abend, die ursprünglichen Figuren 1732 ausgeführt von den Bildhauergesellen Kirchhoff und Dierix aus der Werkstatt Johann Franz van Helmonts. Daneben auf Sockeln monumentale Waffentrophäen. Das Erdgeschoß außerhalb des Risalits völlig schmucklos mit Segmentbogenfenstern auf Sockeln. Im ersten Obergeschoß Fenstertüren mit Gebälkverdachung, die Fenster im zweiten Obergeschoß mit gesimsartig abgeschlossenen Schmuckaufsätzen. Zwischen den Obergeschoßfenstern große Blendfelder. Mansardfenster mit Segmentgiebeln.

Von Schlaun stammt die Konzeption des Erdgeschosses und die Architektur des Mittelrisalits. Die Fenstertüren der Obergeschosse und der Mittelachse, die Bauplastik und die Giebelform gehen auf Cuvilliés zurück.

Die Gartenfassade nach Süden ist dreizehnachsig (Abb. 9). Vier Achsen umfaßt der Mittelrisalit, wovon die beiden äußeren zurückgestuft sind; einfache und gestufte Kolossalpilaster kompositer Ordnung im Bereich der Obergeschosse verdeutlichen die Abstufung. Die zwei östlichen und die drei westlichen Fassadenachsen liegen ebenfalls in flachen Risaliten. Im Erdgeschoß stichbogige Fenstertüren mit Keilsteinen, die nur im Bereich des Mittelrisalits als Kartuschen ausgebildet sind. Vor den Fenstertüren des ersten Obergeschosses im Mittelrisalit ein schmaler Balkon auf maskengeschmückten Konsolen, 1728/29 von Johann Franz van Helmont. Die Fenstertüren des ersten Obergeschosses im Risalit segmentbogig mit Gesimsverdachungen; diese reich bekrönt mit Waffentrophäen. Zwischen den mittleren Fenstertüren ein monumentales Falkenjagdgehänge, darüber im zweiten Obergeschoß ein Figurenrelief: zwei Putten bei der Falkenjagd. In den Kompositkapitellen Hirsch- und Wildschweinköpfe, Waffentrophäen und Wittelsbachsche Rauten. Der Mittelrisalit bekrönt von einer Attika: als Mittelteil auf reliefierter Brüstung ein Aufbau aus Kriegstrophäen, flankiert von zwei Ruhmesgöttinnen; als Abseiten der Attika Balustraden, begrenzt durch Sockel mit Vasen. Die Fenstertüren des ersten Obergeschosses neben dem Mittelrisalit mit Gebälkverdachungen, die Obergeschoßfenster mit Gesimsverdachungen. Die Mansardfenster abwechselnd mit Segment- oder Dreiecksgiebeln.

Die Südfassade ist insgesamt das Werk François de Cuvilliés'. Charakteristische Einzelformen für ihn sind die Trophäen auf den gesimsartigen Fensterverdachungen und das Falkenjagdgehänge (vgl. Palais Piosasque de Non in München, 1726ff., zerstört im Zweiten Weltkrieg). Die Fenstertüren der Obergeschosse und der Balkon der Südfassade mit dünngliedrigen reichen Gittern aus Schmiedeeisen. Monogramme oder Jagdstücke in vergoldetem Bleiguß, die ehemals in den runden Mittelfeldern der Gitter saßen, sind bis auf einige Jagdmotive im zweiten Obergeschoß der Westseite abhandengekommen (neuerdings hier durch Nachgüsse der Originale ergänzt). Die Gitter stammen von Peter Courtin, Wittmann und Johann Georg Sandtener.

Das Erscheinungsbild der Südfassade wird durch die vorgelagerte, breit angelegte Terrasse monumental gesteigert. Sie ist aus Ziegel gemauert, mit Werksteinen gegliedert und mit einer Werksteinbalustrade gesichert, auf deren Postamenten Vasen standen. Die Ziegelflächen verputzt und ursprünglich wohl in gleicher Art wie die Fassaden ockergelb gefaßt. Das Mittelstück schwingt vor dem Risalit der Südfassade zurück und faßt eine zweiläufige Freitreppe ein. An den Enden greift die Terrasse seitenflügelartig aus, wobei die inneren Ecken viertelkreisförmig ausgefüllt sind. Außen an den Seitenstücken einläufige Treppen.

WILFRIED HANSMANN

9 Brühl, Schloß Augustusburg, Fassade der Südseite (1994)

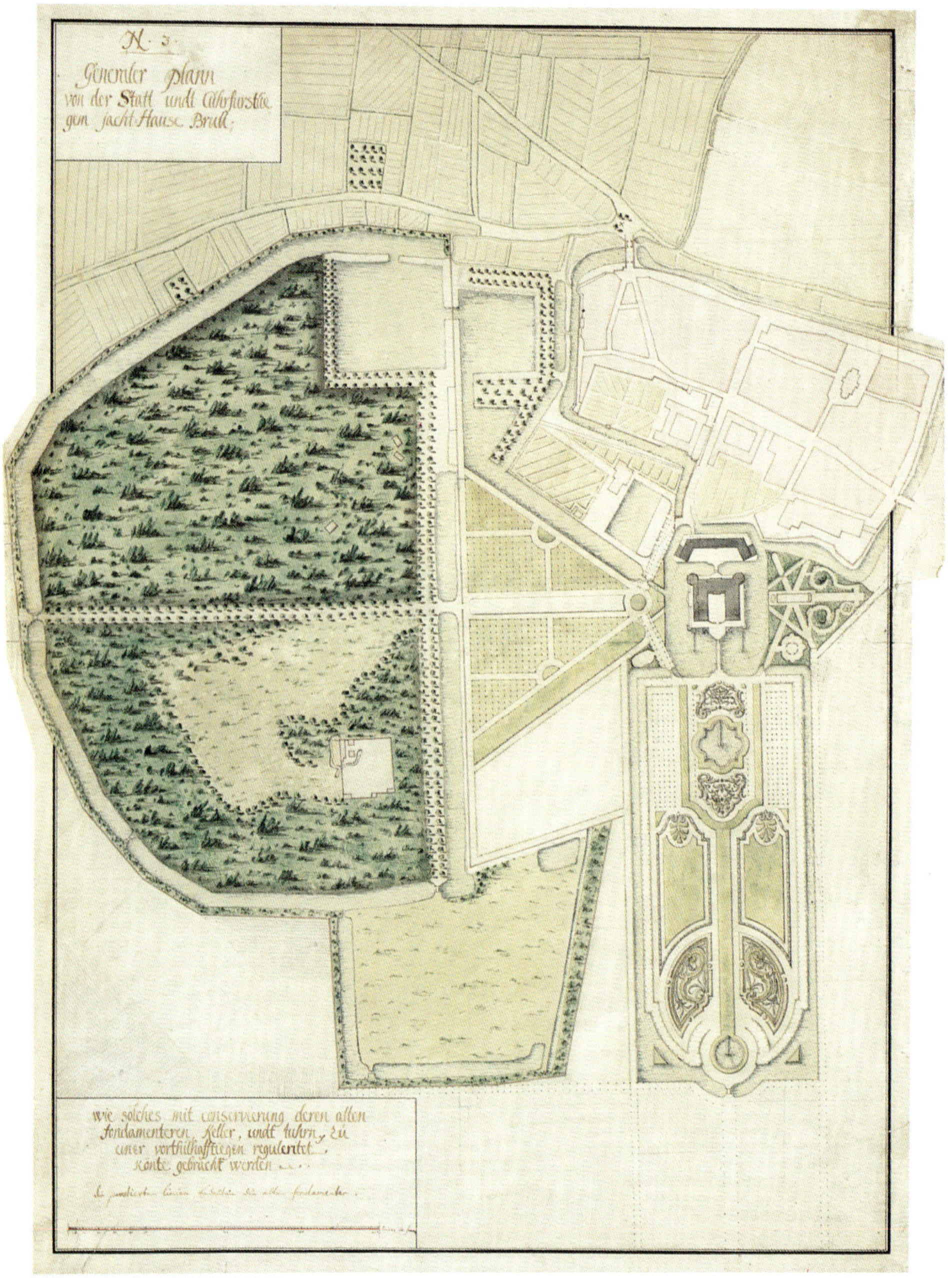

16.3

16.1
Brühl, Landesburg der Kölner Erzbischöfe und Kurfürsten
Zustand nach der Zerstörung von 1689, Grundriß, um 1724

Lavierte Federzeichnung (grau, schwarz, blau, grün), 71,5 x 51 cm
Beschriftung: *plan von dem jetziegem ruiniertem Cuhrfurstliegem jachthause Brull. N. 1.*
Maßstab: *150 fues* = 11,2 cm

Rheinisches Amt für Denkmalpflege, Pulheim, Abtei Brauweiler, 28462

Grundriß der mittelalterlichen Wasserburg mit Angabe der Beschädigungen von 1689 in Grau und Hervorhebung der für den Neubau zu verwendenden Teile des Nordflügels mit Rundturm an der Nordwestecke in Schwarz. Der Grundriß des geplanten Neubaus mit ergänzendem Turm an der Südwestecke unter Verwendung des alten Mauerwerks gestrichelt über den gezeichneten Bestand gelegt. Die Burg allseitig von breitem Graben mit unregelmäßigem Umriß umgeben. An der Westseite Verbindungsweg zu quervorgelagerter Insel mit den Gebäuden der Vorburg. Von hier Verbindungsweg zum Westufer des Grabens.

16.2
Brühl, Landesburg der Kölner Erzbischöfe und Kurfürsten
Zustand nach der Zerstörung von 1689, Aufriß, um 1724

Lavierte Federzeichnung (grau, blau), 24,5 x 43 cm
Beschriftung: *N. 2. Auffurung und profill des jetziegem ruiniertem Cuhrfurstliegem jachthause Brull. / linie nach denen stallungen / linie im platze nach der Cölnischen seite*
Maßstab: *150* (Fuß) = 11,2 cm

Rheinisches Amt für Denkmalpflege, Pulheim, Abtei Brauweiler, 28463

Zwei Ansichten. Links: Ansicht der Westseite von außen, rechts: Blick von Süden auf Nordwestturm und Nordflügel (Hofseite).

16.3
Brühl, Schloß Augustusburg
Gesamtplan Park und Stadt Brühl, um 1724

Lavierte Federzeichnung (grau, grün, blau, rosa), 73 x 52,5 cm
Beschriftung: *N. 3. Generaler plann von der Statt undt Cuhr-*

furstliegem jacht-Hause Brull; wie solches mit conservierung deren alten fondamenteren, Keller, undt tuhrn(en) *zu einer vorthilhafftiegen reguleritet könte gebracht werden. die punctierten linien bedeuten die alten fondamenter.*
Maßstab: *200 toises de france* = 17 cm

Rheinisches Amt für Denkmalpflege, Pulheim,
Abtei Brauweiler, 28468

Entwurf für den von Clemens August geplanten Wiederaufbau des Schlosses zu Brühl mit symmetrischer Ergänzung der alten Bauteile unter Beibehaltung des Charakters der ›Wasserburg‹. Nach Osten reichgestaltetes Gartenparterre vorgesehen, nach Süden einfachere, patte-d'oie-förmige Anlage mit Quincunxpflanzung als Überleitung zum von einem Wassergraben umzogenen Wildpark. An der Nordseite ein Boskett.

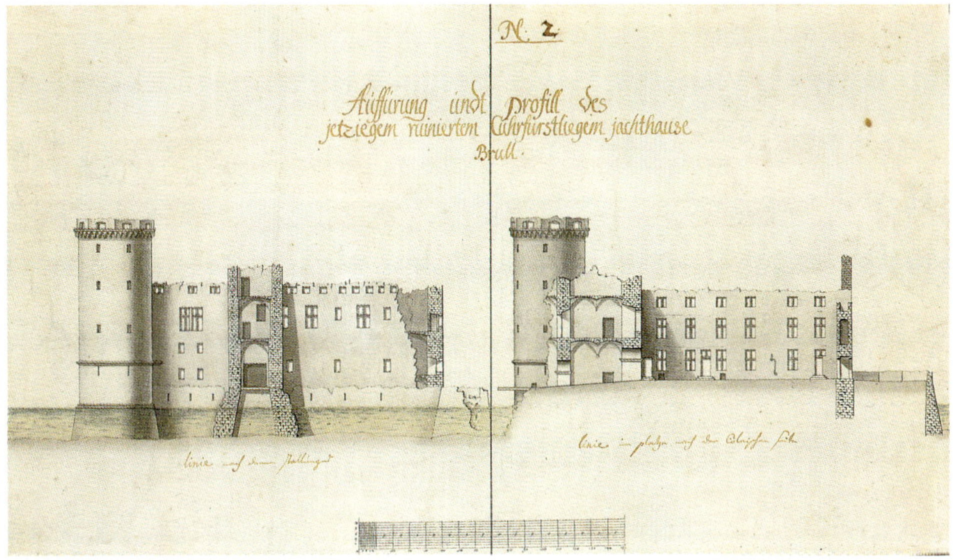

16.2

16.1

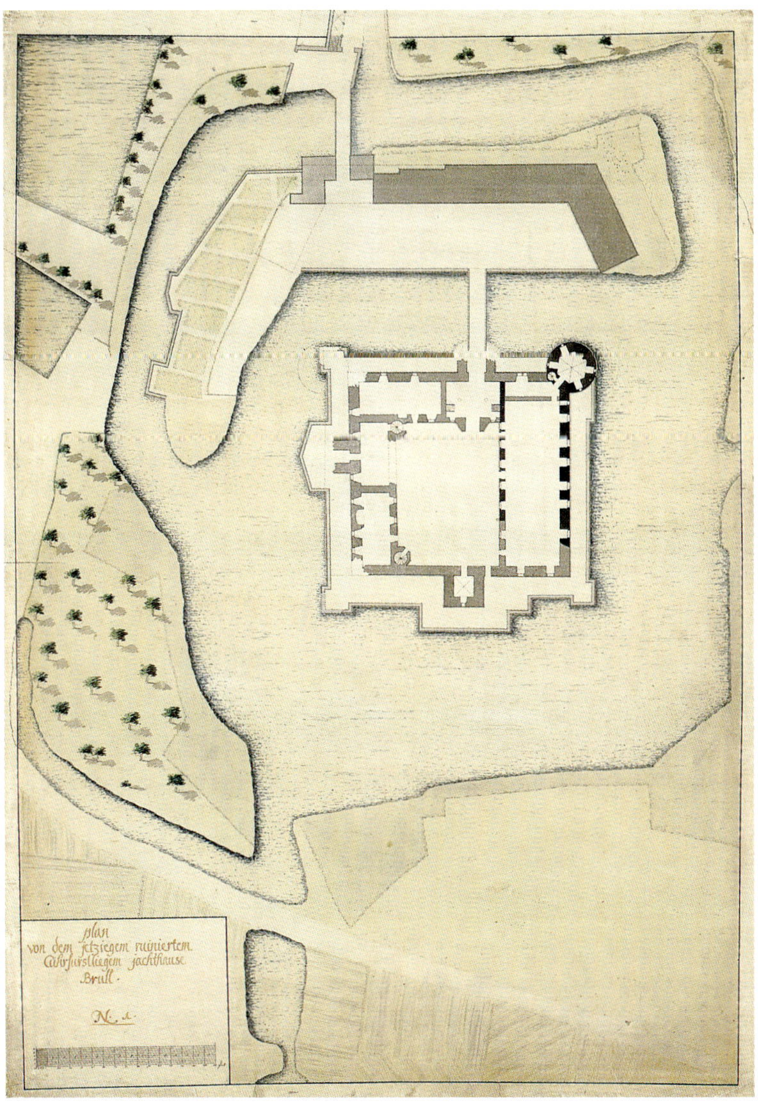

16.4
Brühl, Schloß Augustusburg
Ostseite, Aufriß, um 1724 (Abb. S. 128)

Lavierte Federzeichnung (grau, blau), 50 x 74 cm
Beschriftung: *Auffurung der vorderen seiten vom schlosse* (und) *Auffurung der brücken-porten, undt deren beiden Cortegouarden. N.7.*
Maßstab: *80 teutsche fusse* = 16,5 cm

Rheinisches Amt für Denkmalpflege, Pulheim,
Abtei Brauweiler, 28469

Entwurf für den von Clemens August geplanten Wiederaufbau. Dreiflügelig nach Osten geöffnete Anlage unter Beibehaltung des alten Rundturmes auf der Nordwestecke, symmetrische Ergänzung durch zweiten Turm an der Südwestecke. Mitteltrakt siebenachsig, mit dreiachsigem, von Giebel bekröntem Mittelrisalit. Einfaches Walmdach mit Fensterausbauten in zwei Geschossen. In der Mitte Dachreiter (Glockentürmchen). Stirnseiten der Seitenflügel dreiachsig, Mittelachse von Attiken mit kurhutbekrönten Kartuschen und Figuren bekrönt. Ansicht der beiden Wachthäuschen mit dem Zufahrtstor über der östlichen Böschungsmauer.

16.5
Brühl, Schloß Augustusburg
Westseite, Aufriß, um 1724 (Abb. S. 128)

Lavierte Federzeichnung (grau, blau), 49,5 x 71,4 cm
Maßstab: *100* (Fuß) = 20,8 cm

Rheinisches Amt für Denkmalpflege, Pulheim,
Abtei Brauweiler, 28470

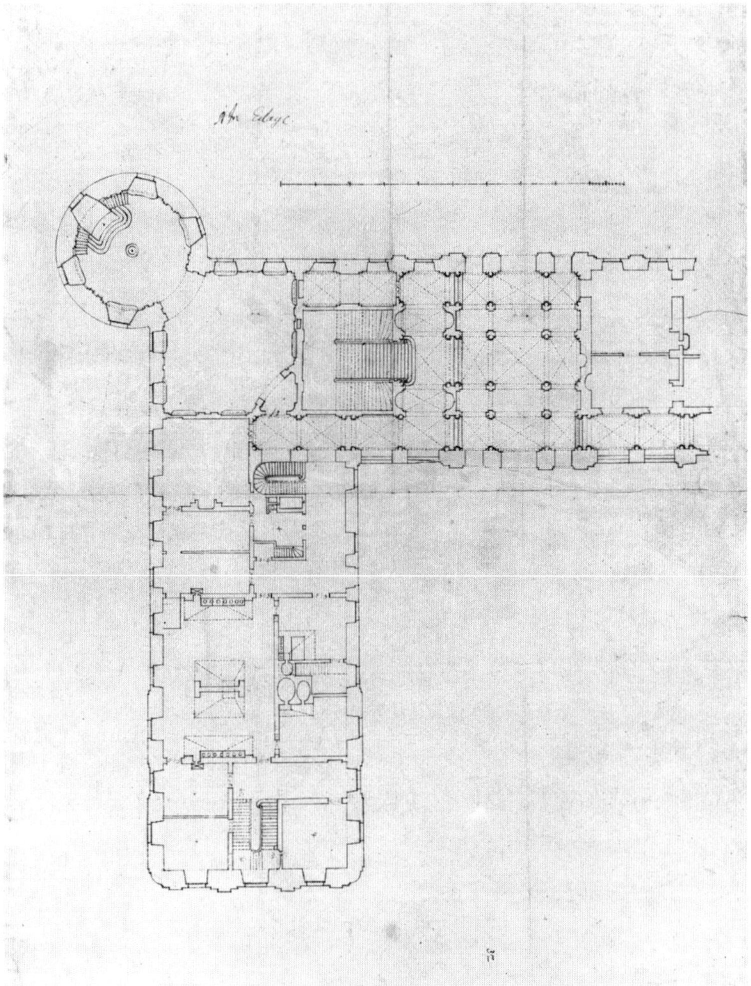

16.6

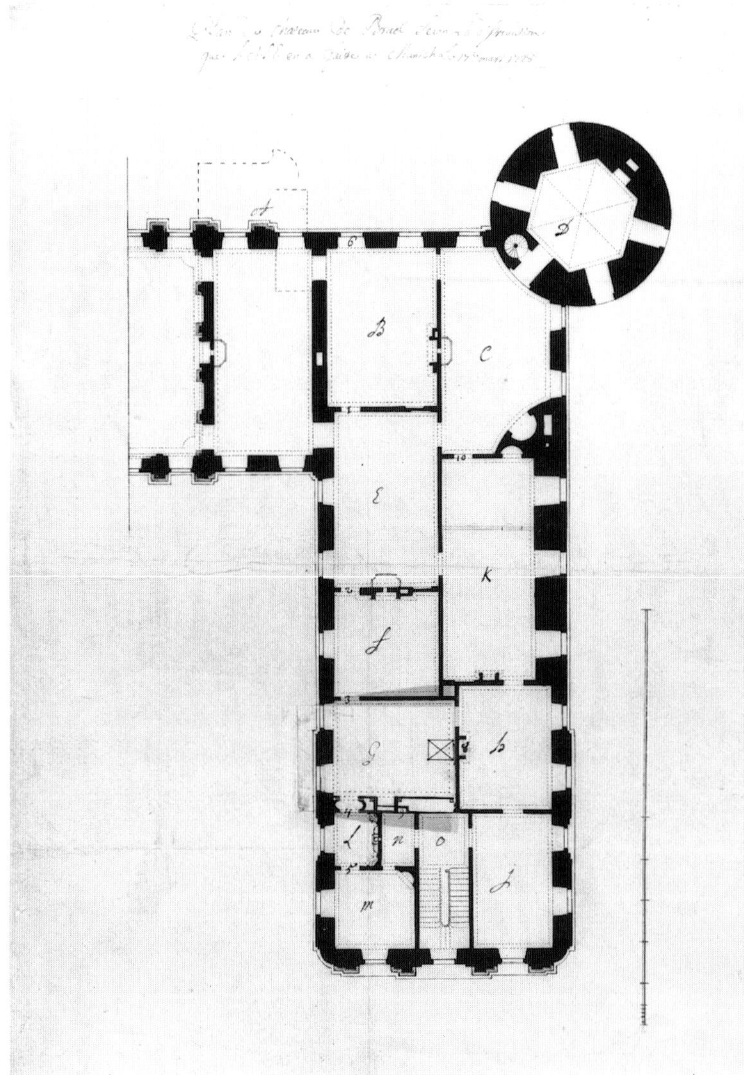

16.7

16.6
Brühl, Schloß Augustusburg
Erdgeschoß, Grundriß der Südhälfte, um 1725

Federzeichnung, 59,5 x 46,7 cm
Beschriftung: *Ite Etage*
Maßstab: *100* (Fuß) = 20,6 cm

Rheinisches Amt für Denkmalpflege, Pulheim,
Abtei Brauweiler, 28473

Entwurf für die Einrichtung des Erdgeschosses im Südflügel und Teil des Mitteltraktes. Südlich der Durchfahrt im Mittelteil das Treppenhaus, im Südflügel Küchen mit Nebenräumen. Von Eckzimmer erreichbare Kapelle in dem neu geplanten Rundturm der Südwestecke.

16.7
Brühl, Schloß Augustusburg
Erstes Obergeschoß, Grundriß, 1728

Federzeichnung (schwarz ausgetuscht), 55,5 x 39,6 cm
Beschriftung: *Plan du chateau de Bruel Selon La distribution que S.A.S.E. en a faitte a Munich Le 17e mars 1728*
Deckblatt zum Schlafzimmer (G)
Maßstab: *100* (Fuß) = 20,6 cm

Rheinisches Amt für Denkmalpflege, Pulheim,
Abtei Brauweiler, 28474

Entwurf für das erste Obergeschoß des Nordflügels und Teile des Mitteltraktes. Mit Abänderungen (gegenüber Plan Kat.-Nr. 16.8) nach persönlichen Angaben des Kurfürsten. Das Schlafzimmer (G) mit Alternativdeckblatt.

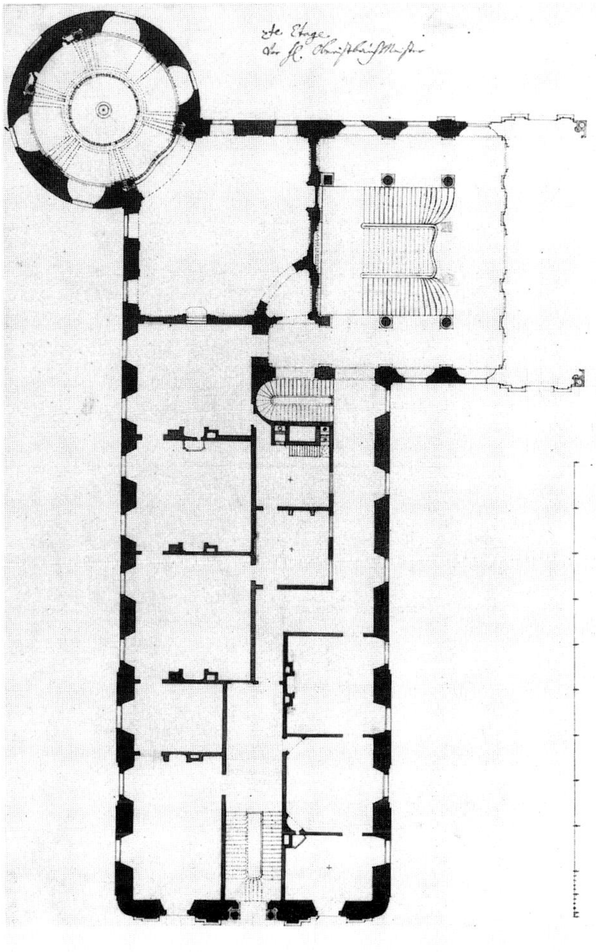

16.8

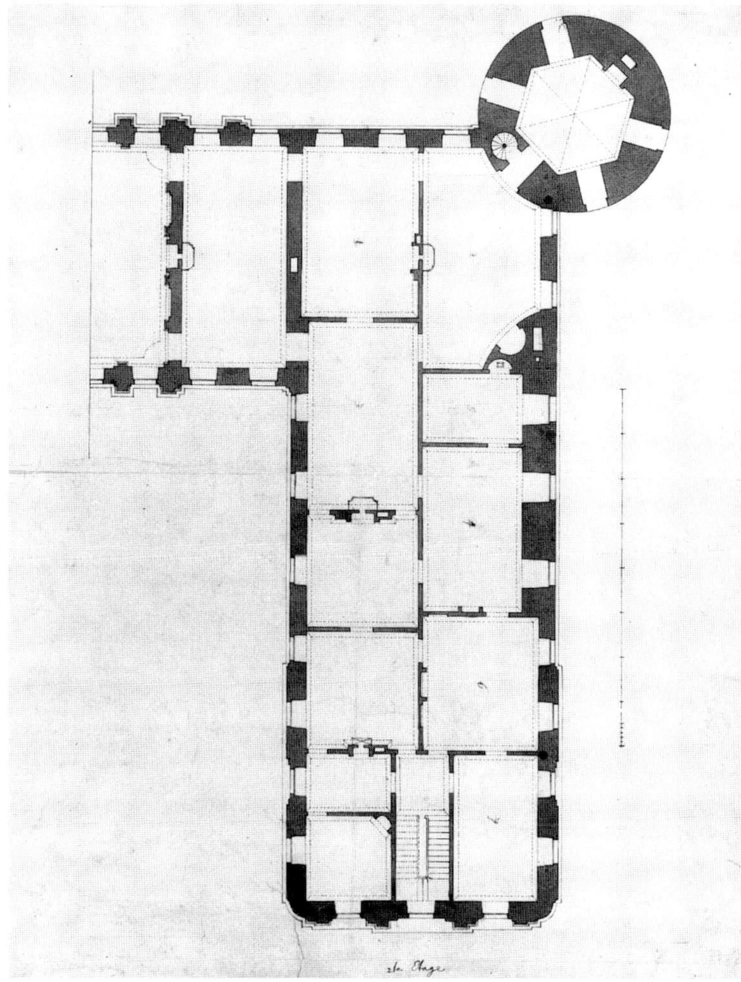

16.8

Brühl, 16.8
Schloß Augustusburg
Erstes Obergeschoß, Grundriß, nach 1724

Lavierte Federzeichnung (grau), 2 Teile: 42,8 x 28,7 cm (links); 47,7 x 37,2 cm (rechts)
Beschriftung: *2te Etage vor H. ObristbauhMeister* (bzw.) *2te Etage*
Maßstab: *100* (Fuß) = 20,6 cm (links); *80* (Fuß) = 16,5 cm (rechts)

Rheinisches Amt für Denkmalpflege, Pulheim, Abtei Brauweiler, 28472

Das linke Blatt zeigt den Südflügel mit Gasträumen, Teil des Mitteltraktes mit Treppenhaus; das rechte Blatt den Nordflügel mit dem Repräsentationsappartement des Kurfürsten, im Rundturm sechseckiger Raum vorgesehen.

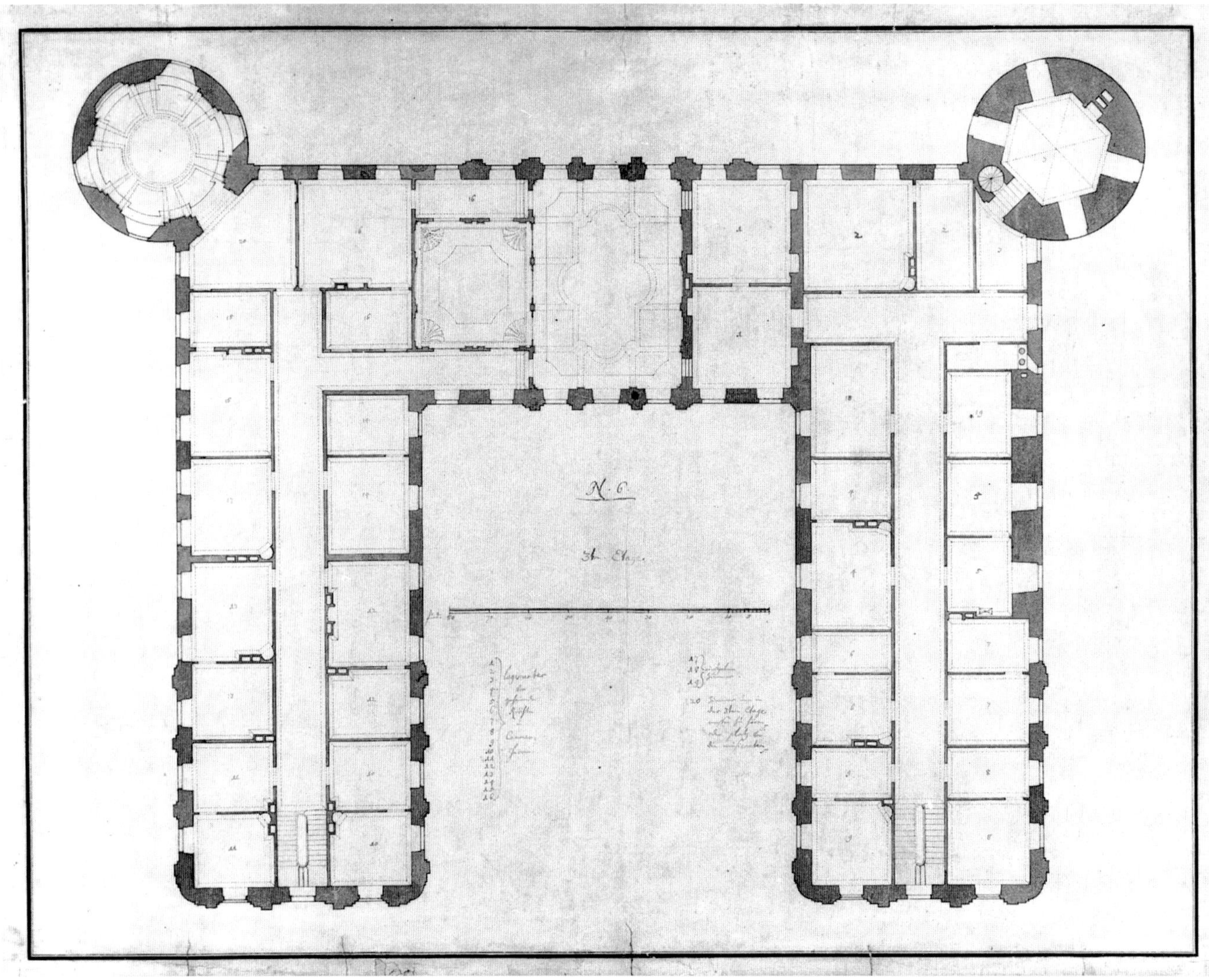

16.9

16.9
Brühl, Schloß Augustusburg
Grundrißentwurf 2. Obergeschoß, nach 1724

Lavierte Federzeichnung (grau), 50,4 x 69,5 cm
Beschriftung: *N. 6. 3te Etage*
Beischrift (Nr. 1–16): *logementer der geheimde Räthe u. Cammer-Herren;* (Nr. 17–19:) *eintzelne Zimmer;* (Nr. 20:) *Zimmer um in der 3ten Etage messe zu hören oder platz vor die musicanten*
Maßstab: *80 Fuß* = 16,5 cm

Rheinisches Amt für Denkmalpflege, Pulheim, Abtei Brauweiler, 28471

Grundrißentwurf für den Gesamtbau im zweiten Obergeschoß, im Nord- und Südflügel an Mittelgängen aufgereihte Räume (numeriert).

Als 1768 die beiden Wachthäuschen an der Hauptzufahrtsbrücke standen, war die Augustusburg nach einer Bauzeit von mehr als vierzig Jahren fertiggestellt. Den einstigen Reichtum an beweglicher Ausstattung verlor das Schloß schon bald nach dem Tode des Clemens August. Porzellane und andere Kostbarkeiten mußten verkauft werden, um die Schulden zu tilgen, die der Wittelsbacher hinterlassen hatte. Mit Hilfe der Schloßinventare läßt sich die Ausstattung der einzelnen Räume im Zustand des 18. Jahr-hunderts lückenlos rekonstruieren.

Das Kurfürstentum Köln ging 1794 in den Wirren der Französischen Revolution unter. Französische Truppen besetzten das Schloß, und es tauchte der Plan auf, hier ein Gestüt einzurichten. Doch wurde es statt dessen 1804 zum Sitz der 4. Kohorte der Ehrenlegion bestimmt. Alle noch verbliebenen Möbel verschwanden. Napoleon schenkte das Gebäude seinem Marschall Davoust. Dieser ließ es völlig verkommen. 1815 ging die Augustusburg in den Besitz der preußischen Krone über, bei der sie bis 1918 verblieb. Die Rettung des Bauwerks ist König Friedrich Wilhelm IV. zu verdanken, der sich 1842 erstmals für längere Zeit hier aufhielt und eine Restaurierung der Räume für den Besuch der englischen Königin Victoria 1845 anordnete. Man bemühte sich, Bilder aus ehemals kurfürstlichem Besitz zurückzukaufen. Zahlreiche Gemälde und Möbel wurden aus Berliner Beständen übertragen. Eine größere Bildersammlung kam 1840 aus Schloß Bensberg. Um die gleiche Zeit wandelte Peter Joseph Lenné den Park in einen englischen Landschaftsgarten um. Die umfangreichsten Sicherungs- und Erneuerungsarbeiten im Schloß führte 1876/77 der Königliche Hofbaurat Persius durch. Schloß Augustusburg diente wieder als Residenz, wenn Kaiser Wilhelm I. an den Herbstmanövern in der Eifel teilnahm.

Im Zweiten Weltkrieg wurde das Schloß schwer beschädigt. Eine Sprengbombe fiel 1944 in den Nordflügel und zerstörte das Cabinet de la musique und das originelle Indianische Lackkabinett. Eine Artilleriesalve traf 1945 den Hauptflügel und richtete große Schäden im Garden-, Speise- und Sommerspeisesaal an. Bereits im gleichen Jahr begannen die dringendsten baulichen Wiederherstellungsarbeiten. Ihnen folgte eine umfassende Restaurierung des gesamten Baubestandes. Seit 1946 ist das Schloß einschließlich seines Parks im Besitz des Landes Nordrhein-Westfalen. 1984 wurde die Anlage zusammen mit Schloß Falkenlust in die UNESCO-Liste des Kultur- und Naturerbes der Welt aufgenommen.

10 Brühl, Schloß Augustusburg, Nordseite (1995)

11/12 Brühl, Schloß Augustusburg, zwei Ansichten von Renier Roidkin

17
Gefängnis, 1724
Bad Lippspringe

LITERATUR
Ludorff 1899, S. 45f.; Rensing 1936, S. 19, 32; ders., 1954, S. 37; Kat. *Schlaunstudie III,* S. 78; Kat. *1200 Jahre Lippspringe,* Stadtarchiv Bad Lippspringe 1980 (zur Stadtgeschichte).

QUELLEN
Vergleich über die Gerichtsbarkeit zwischen Fürstbischof und Domkapitel vom 20.9.1717 als Kopie im Archiv des Paderborner Altertumsvereins; Ratsprotokollbuch der Stadt 1715–49 im Stadtarchiv Bad Lippspringe. Nach einer alten Aktennotiz im Westfälischen Landesmuseum Münster existierte zum Gefängnis in Bad Lippspringe noch ein Blatt (32,9 x 20,8 cm) mit einer Kostenübersicht Schlauns mit dem Titel: *Specificatio waß vor Materialien, u. waß vor Kösten Zu beyliegenden Kerker gehen werden.*

Lippspringe war bereits seit dem Mittelalter eines der wichtigsten Besitztümer des Paderborner Domkapitels. Im Jahre 1586 mußte Fürstbischof Dietrich von Fürstenberg den in der Wahlkapitulation von 1585 übernommenen Verpflichtungen gemäß einen Richtplatz bei Lippspringe zur Bestrafung der Verbrechen bewilligen, die in den der domkapitularischen Gerichtsbarkeit unterstellten Ortschaften begangen wurden. Seitdem lag die Zivil- und Kriminalgerichtsbarkeit der Stadt ausschließlich beim Domkapitel. Diese Konstellation blieb bis in das 18. Jahrhundert trotz Auseinandersetzungen mit dem Fürstbischof gültig: Die Gerichtsbarkeit wurde erneut bestätigt in einem am 20. September 1717 zwischen dem Fürstbischof Franz Arnold von Wolff-Metternich und dem Domkapitel geschlossenen Vergleich. In diesem Zusammenhang muß wohl auch der Neubau des Gefängnisses gesehen werden, der den ständigen Streit gleichsam architektonisch entschied und die Kompetenz des Domkapitels manifestierte.

1724 beauftragte das Paderborner Domkapitel Schlaun mit dem Entwurf und der Ausführung eines Gerichtsgebäudes mit Gefängnis. Vielleicht waren schon vor seiner Studienreise 1720, als Schlaun noch in Paderborn arbeitete, entsprechende Gespräche geführt worden, jedenfalls ist dies seine letzte Bauaufgabe im Fürstbistum Paderborn. Ein heute verlorenes Blatt trug eine detaillierte Kosten- und Materialaufstellung von seiner Hand. Der Bau wurde im frühen 19. Jahrhundert abgerissen.

Von den zahlreichen Plänen ist lediglich der Aufriß einer Seitenfassade erhalten (Kat.-Nr. 17.1). Die erklärende Legende des Blattes bezieht sich aber auf die Grundrisse des Erd- und Obergeschosses, die vermutlich auf der (abgeschnittenen) zweiten Hälfte der Zeichnung abgebildet waren. Da Schlaun um 1724 in Brühl (Kat.-Nr. 16) tätig war, gleichzeitig den Neu- und Umbau des Kurfürstlichen Residenzschlosses in Arnsberg (Kat.-Nr. 18) begann, kann davon ausgegangen werden, daß Planung und Bauleitung einem seiner Mitarbeiter unterstanden.

Die schlichte dreiachsige Fassade ist durch breite umlaufende Ecklisenen und den leicht hervortretenden Mittelrisalit mit Segmentgiebel vor dem Walmdach gegliedert. Das hohe sockellose Erdgeschoß beherbergte das Gefängnis. Vermutlich betrat man das Gebäude durch den Eingang an der Hauptfassade, gelangte hier in das »Entree«, von dem aus beidseitig zwei vergitterte Gänge in der Längsachse lagen, die an der Seitenfassade durch das kleine quadratische Fenster Licht erhielten. Die fensterlosen Einzelzellen, die »5 Kerker«, befanden sich an diesem Versorgungs- und Kontrollgang. Über die Treppe im Eingangsraum erreichte man das Obergeschoß: Hier nennt die Legende auf der Zeichnung das »Vorzimmer« und die »gerigtstube«, in der die Verhandlungen und Verurteilungen stattfanden, sowie »zwey Cabinette um Acta oder brieffe darein gelegen« zur Archivierung der Prozeßakten.

Schlaun, der sich auf seiner Studienreise auch mit römischen Gefängnissen beschäftigt hatte und später in Münster (Kat.-Nr. 28) und Osnabrück (Kat.-Nr. 68) große Zuchthäuser und Gefängnisse errichtete, greift in der Architekturikonographie des Lippspringer Gebäudes gemäß dem Bibelzitat des Gerechten, der mit der Hilfe Gottes über Löwen und Nattern wandelt, einen Topos der Rechtsprechung auf (vgl. Kat.-Nr. 28): Nach der Verurteilung im Obergeschoß wurden die Delinquenten lediglich ein Stockwerk tiefer in den Kerker ›geworfen‹, die Gerichtsbarkeit stand im buchstäblichen Sinne des Wortes über Verbrechen und Gesetzesverstoß. Sinnfällig ist deshalb das beinahe fensterlose Erdgeschoß ohne Sockel eigentlich als Kellergeschoß zu lesen. Gleichzeitig wurde den Bürgern der Stadt täglich eindringlich ›vor Augen geführt‹, wie die Gerichtsbarkeit des Domkapitels mit ihnen verfahren würde, sollten sie sich gesetz- und sittenwidrig verhalten.

17.1
Bad Lippspringe, Gefängnis
Schlaun-Werkstatt
Aufriß der Seitenwand

Lavierte Federzeichnung, 41,9 x 28,1 cm
Titel: *Aufführung*
Legende: *Erqlerung deren Grundrissen. A. Entree; B. gang wordurch die Kercker ihres einfallende licht bekommen.; C 5 Kercker; D Vorzimmer; E. gerigtstube; F. zwey Cabinette um Acta oder brieffe darein gelegen.*
Maßstab: *40* (Fuß) = 26,3 cm

Staatsarchiv Münster, Domkapitel Paderborn, Akten-Nr. 350

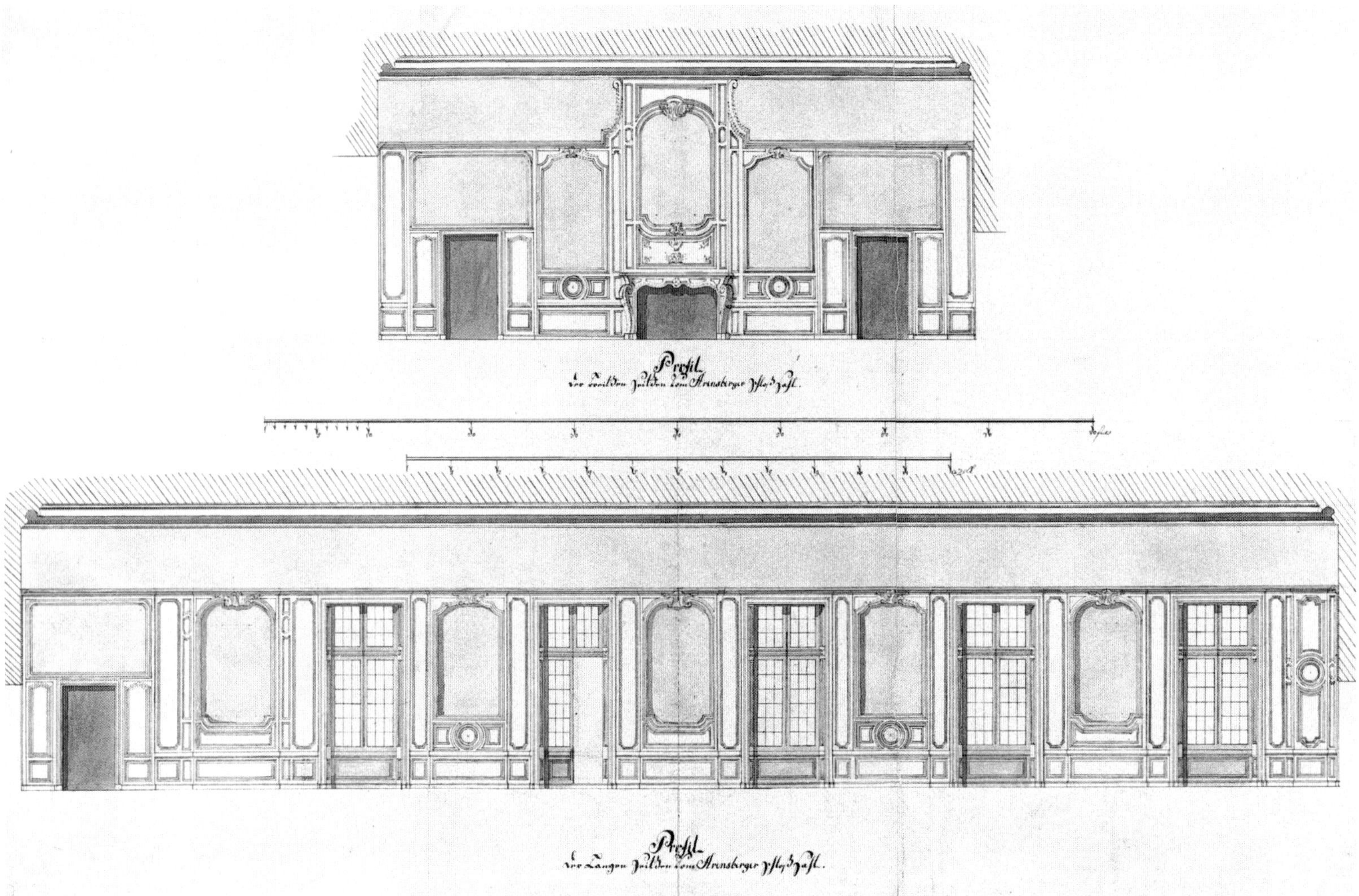
Profil
der breiten Seiten vom Arnsberger Schloß Saal.
Profil
der Langen Seiten vom Arnsberger Schloß Saal.

18
Kurfürstliches Residenzschloß, Um- und Neubau, 1725–47
Arnsberg

BAUGESCHICHTE: Die oberhalb der Stadt gelegene Burg der Grafen von Arnsberg, spätere Landesburg und Residenz der Erzbischöfe und Kurfürsten von Köln im Herzogtum Westfalen, wurde vermutlich nach Plänen von Laurenz von Brachum 1575–78 unter Kurfürst Salentin von Isenburg ausgebaut. 1661–63 erfolgten eingreifende Umbauten durch den Baumeister Hans Deger (Abb. 2). Nach verheerenden Bränden 1713 und 1723, die die Burg nahezu ruiniert hatten, entschloß sich Kurfürst Clemens August 1725 zu einem weitgehenden Neubau des Schlosses. Er hatte am 7. August 1724 in Arnsberg feierlichen Einzug gehalten, ohne daß eine standesgemäße Residenz zur Verfügung stand. In seinem Auftrag reiste Schlaun 1726 von Bonn nach Arnsberg, bald darauf wurde, parallel zum Umbau der Augustusburg in Brühl, mit der eingreifenden Umgestaltung des Schlosses durch Schlaun und unter der Mitarbeit Stephan Laurent Delarocques zu einer prunkvoll ausgestatteten Dreiflügelanlage, wie die zeitgenössische Ansicht aus dem Skizzenbuch des Renier Roidkin zeigt (Abb. 4), begonnen. Die Bauarbeiten waren vermutlich bis um 1730 im wesentlichen abgeschlossen, allerdings folgte erst 1747 die Weihe der Kapelle. Im Siebenjährigen Krieg wurde das Residenzschloß 1762 bis auf die heute noch vorhandenen Fundamente zerstört.

ANLAGE: Zunächst erfolgte der Abbruch des mittelalterlichen Bergfrieds und der Burgkapelle. Der ältere Südflügel mit den beiden Ecktürmen blieb erhalten. Ihm wurden an der Nordseite Seitenflügel angefügt, so daß ein Dreiflügelbau mit Eckpavillons entstand, dessen Ehrenhof mit einer auf dem mittelalterlichen Burgplatz gelegenen Terrasse verbunden war. Aufgrund der hohen Untergeschosse sollte eine monumentale Freitreppe vom Hof aus die kurfürstlichen Appartements erschließen. Im Ostflügel wurde die neue Schloßkapelle eingerichtet. Der mächtige Hauptsaal im Südflügel wurde beibehalten, allerdings neu ausgestattet und dekoriert. Auf Grund der erhaltenen Zeichnungen von Schlaun und Delarocque lassen sich wesentliche Teile des Schlosses und seiner Ikonographie rekonstruieren. Den Grundriß übernahm der Architekt von Brühl (Kat.-Nr. 16.3); Clemens August ließ die Ruine der mittelalterlichen Wasserburg durch Schlaun unter Beibehaltung wesentlicher Teile des Vorgängerbaus zu einer von Wassergräben der mittelalterlichen Burg umschlossenen Dreiflügelanlage umbauen. Auch in Brühl hatte Schlaun den schweren Rundturm an der Nordwestecke stehengelassen und ihm einen gleichartigen für die Schloßkapelle gegenübergestellt. Das Konzept der Modernisierung einer mittelalterlichen Wasserburg zu einem Barockschloß unter Wahrung der ›historischen Verweise‹ übertrug Schlaun auf die Bergburg nach Arnsberg, die gegenüber der im Tal gelegenen Stadt weiterhin als ›Trutzburg‹ präsentiert wurde, sich dem Hausherrn und seinen Gästen dagegen mit dem ›intimen‹ Ehrenhof und anschließendem Gartenparterre wie in Brühl als ›modernes‹ Residenz- und Lustschloß darstellte.

FREITREPPE: Repräsentatives ›Aushängeschild‹ des Um- und Neubaus durch Clemens August war die monumentale Freitreppe im Ehrenhof (Kat.-Nr. 18.1), die sich im Innern gleichsam fortsetzte und so die kurfürstlichen Appartements erschloß, vor allem den langgestreckten Hauptsaal im Südflügel (Kat.-Nr. 18.3). Auf der Ansicht von Roidkin ist die Freitreppe deutlich erkennbar. Auch Schlaun hat den Auf- und Grundriß der Treppe (Kat.-Nr. 18.1) mit dem Vermerk »und gemacht worden« versehen.

Die hier gezeigte Treppenform ist im Œuvre Schlauns einzigartig: Über vier konvex ausschwingende Stufen erreicht der Besucher das erste Podest mit drei Arkaden, von denen die mittlere als Portal, die äußeren als Fenster gestaltet sind. Die zweiläufige Treppe führt über je einen Ruheplatz, wo die Richtung wechselt, zum oberen altanartigen Podest. Die etwa 26 m breite Treppenanlage erschloß den Südflügel, dessen mittlere Achse leicht konvex nach außen vortrat. Dieser Konvex-Schwung wurde elegant von dem Treppenhaus sowie den unteren Trep-

LITERATUR

K. Féaux de Lacroix, *Geschichte Arnsbergs*, Arnsberg 1895, S. 202f., 393f.; Hartmann 1910, S. 252–55, 272, 284; B. Mommertz, *Das Schloß zu Arnsberg*, Arnsberg 1917, S. 14–18, 45–49, 72f.; Rensing 1936, S. 13f., S. 19; Rensing 1954, S. 14, 17, 38; Kisky 1961; Günther Sandgathe, *Ein Jagdjahr im Arnsberger Wald zur Zeit des Kurfürsten Clemens August*, in: Westfalen 45, 1967, S. 189–92; Kat. *Clemens August* 1961, S. 177, 264f., 273; Püttman-Engel 1987, S. 158–60; Mummenhoff 1994.

QUELLEN

Das Schloßinventar von 1761 nennt folgende Räume und Ausstattungsstücke: *Großer Festsaal, ausgekleidet mit venezianischen Tapeten, ausgestattet mit 11 großen Kronleuchtern und 24 Wandleuchtern, zwei Kaminen, 12 Tischen und 30 Sesseln; Billardzimmer mit fünf Gobbelins; ein Antichambre; die alte Anticamera; das alte Schlafzimmer in blauer Seide; das Speisezimmer mit grünen Tuchtapeten; ein Audienzzimmer in blauem Damast, Turmkabinett in gelber Seide; das Garderobezimmer; die Hofkapelle mit Sakristei; Geheime Kanzlei; eine Reihe von Unterkünften für den Obristhofmeister, den Oberstallmeister, den Beichtvater; für Kavaliere, Haiducken, den Marschall, den Kammerdiener, Lakaien und Jäger; ferner u.a. die Konditorei, die Silber- und die Porzellankammer, die Geschirrkammer und die große Küche; die unteren Räume waren Weinkeller, Back- und Brauhaus, Zeughaus, zwei Jagdhäuser* usw. (zit.n. Mommertz 1917, S. 14).

18.3 Residenzschloß Arnsberg, Festsaal, Aufrisse der Schmal- und Längswand

penstufen nach außen fortgeführt. Beidseits der Repräsentationstreppe lag je eine breite Treppe mit sechs Stufen für die Dienerschaft, die von hier aus über Nebeneingänge ins Sockelgeschoß gelangte. Das Konzept der doppelläufigen Treppenanlage mit Richtungsänderung auf mittleren Podesten sowie das durch die Dreierarkade geöffnete Treppenhaus verwendete Schlaun nur in Arnsberg. Das direkte Vorbild sind die gleichgestalteten Treppenanlagen der Stadt- und Gartenseite von Schloß Nymphenburg bei München (Abb. 1), die Schlaun 1724 bei seinem Besuch des Kurfürsten in München gesehen haben muß. Seit den Anlagen der römischen ›Ville suburbane‹, wie etwa der Villa Aldobrandini in Frascati oder dem Palazzo Farnese in Caprarola, ist diese Treppen- oder Rampenanlage zur Überbrückung hoher Sockelgeschosse von Landschlössern und zur ikonographischen Distanzierung der Architektur von der Natur benutzt worden. Das 1664–75 als Lust- und Landschloß für Henriette Adelaide von Savoyen, die Großmutter von Clemens August, im italienischen Stil angelegte Schloß Nymphenburg (Abb. 3) ist durch das hohe Sockelgeschoß mit der repräsentativen, zweiläufig gewendeten Treppenanlage ausgezeichnet. Der Verweis auf das bayerische Lustschloß war für Clemens August selbstverständlich, hatte doch sein Vater, Kurfürst Max Emanuel, die Nymphenburg ab 1702 mit anschließenden Seitenflügeln und Pavillons systematisch ausbauen lassen, die während der Arbeiten am Arnsberger Schloß zum Teil noch in Bau waren. Über drei Generationen behielt Nymphenburg die Funktion und Bedeutung als Landsitz der Wittelsbacher und galt aufgrund der ständigen Um- und Ausbauten sowie der großen Parkanlagen mit weiteren Lustschlössern wie der Pagodenburg und später der Amalienburg als das modernste, was das Bayern der Wittelsbacher zu bieten hatte.

FESTSAAL: Ebenso wie in Nymphenburg wurde der zentrale, quergelagerte Festsaal des Arnsberger Schlosses über die Freitreppe erschlossen. Er nahm mit einer Länge von etwa 44 Metern und einer Breite von etwa 20 Metern den gesamten Südflügel ein. Mommertz hat die Ausmaße mit 125 Fuß Länge, 61 Fuß Breite und 25 Fuß Höhe angesetzt, die Angaben Schlauns und Delarocques weichen hiervon leicht ab. Der Wandaufriß der Südseite ist durch die hohen Fenster in fünf Achsen gegliedert, die sechste im Osten – links – wird durch eine Tür mit Supraporte gebildet. Der Aufriß der Stirnseiten zeigt nach französischer Disposition den vortretenden Kamin mit großem Spiegel, flankiert von Türen mit Supraporten, die in Wirklichkeit nicht vorhandene Enfiladen vortäuschen. Über der Wandvertäfelung befindet sich ein umlaufender Wandstreifen, vermutlich vorgesehen für Malereien, der lediglich durch den Kaminaufsatz unterbrochen wird. Das gekehlte Gesims leitet zur Flachdecke über.

KAPELLE: Am Ende des östlichen Seitenflügels befand sich die um 1743 angelegte und 1747 eingeweihte Schloßkapelle. Aus den vorhandenen Zeichnungen kann geschlossen werden, daß sie zumindest zweigeschossig, mit einem Haupt- und zwei Nebenaltären ausgestattet war. Die Wandgliederung folgte dem für Schlaun typischen Schema der Kombination von Feldern mit rahmenden Streifen. Die relativ steile Voutendecke nahm vermutlich wie in der Schloßkapelle in Clemenswerth (Kat.-Nr. 36.95, 96) die Fenster des Mansardgeschosses auf. Eine oder zwei Seitenwände der Arnsberger Kapelle waren wohl mit Blindfenstern ausgestattet. Die Deckenentwürfe gehen von einem zentralen Gemälde oder Fresko im Spiegel aus. Der von Delarocque vorgelegte Plan der halben Stuckdecke unterscheidet sich von der nüchternen Version Schlauns merkwürdigerweise auch in den Ausmaßen, beide Grundrisse divergieren in der Kapellenbreite um mehr als einen Meter. Vermutlich gab es mehrere Planungen für die Schloßkapelle.

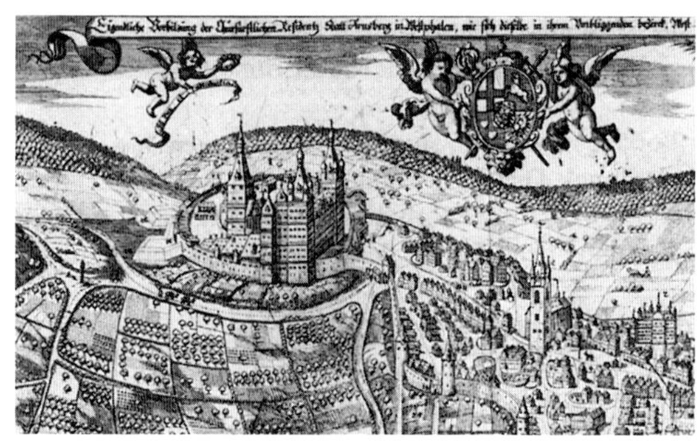

1 München, Schloß Nymphenburg, Gartenseite

2 Arnsberg, Residenzschloß, Ansicht von Südwesten, Zustand von 1669 vor der Zerstörung und dem Neubau Schlauns, Detail

3 München, Schloß Nymphenburg vor dem Ausbau ab 1702, Kupferstich von Michael Wening, 1701

4 Arnsberg, Residenzschloß, Ansicht aus dem Skizzenbuch des Renier Roidkin

18.1

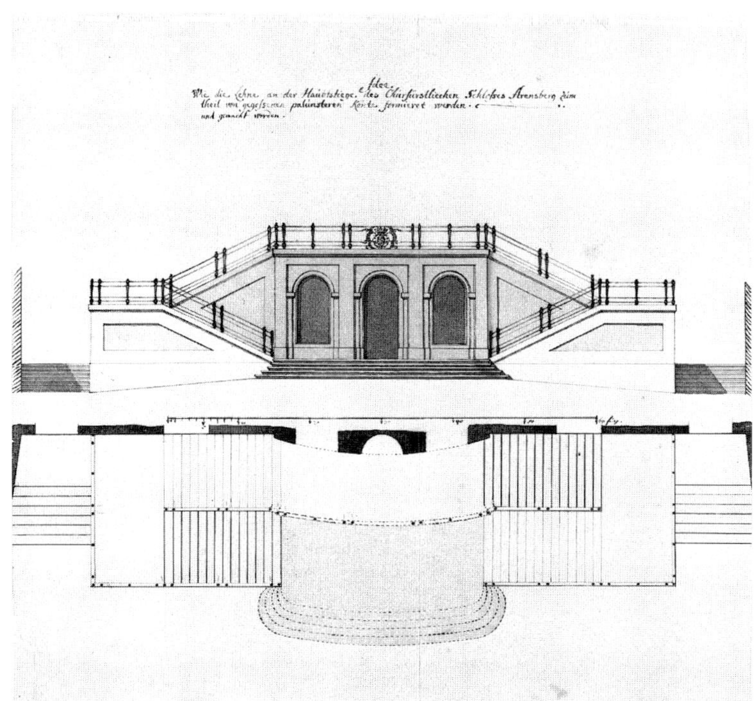

18.1
Arnsberg, Residenzschloß
Freitreppe, Aufriß und Grundriß

Lavierte Federzeichnung (grau, schwarz), 43,2 x 47,5 cm
Titel: *Idee. Wie die Lehne an der Haubtstiege des Churfürstliechen Schloßes Arensberg zum theil von gegossenen palunsteren könte formieret werden. – und gemacht worden.*
Maßstab: *60 fues* = 27,4 cm

Westfälisches Landesmuseum Münster, Schl.-Bd. 161

Aufgrund des Titels liegt hier keine Entwurfszeichnung der Treppe selbst vor, sondern lediglich des Geländers bzw. der Balustrade und der symmetrischen Anordnung der einzelnen Baluster mit dem zentral plazierten kurfürstlichen Wappen. Man kann also davon ausgehen, daß über das Aussehen der Treppe in der vorliegenden Form bereits positiv entschieden worden war, Schlaun hat außerdem nachträglich die Zeichnung mit dem Vermerk »und gemacht worden« versehen. Mögliche Balusterformen stellt die folgende Zeichnung Schl.-Bd. 162 (Kat.-Nr. 18.2) zur Disposition.

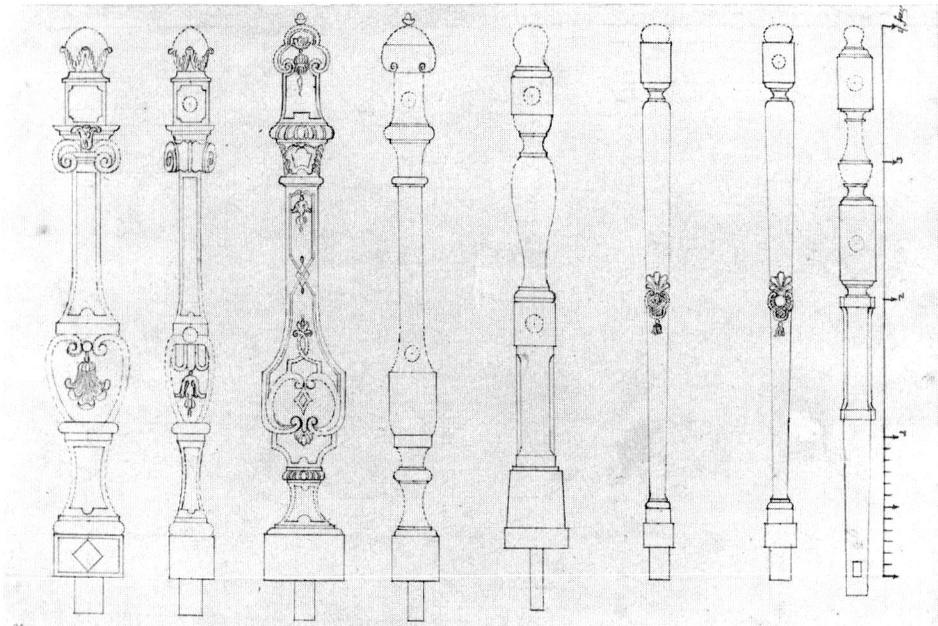

18.2

18.4

18.2

Arnsberg, Residenzschloß

Geländer der Freitreppe, Aufrisse von gußeisernen Balustern (fünf Varianten)

Lavierte Federzeichnung (grau), 20,5 x 32,7 cm
Maßstab: *4 fues* = 18 cm

Westfälisches Landesmuseum Münster, Schl.-Bd. 162

Von den acht einzelnen Darstellungen gehören folgende zusammen (von links gezählt): 1 und 2; 3 und 4; 6 und 7 (?). Die zusammengehörigen Aufrisse stellen jeweils die Vorder- und Seitenansicht dar.

18.3

Arnsberg, Residenzschloß

Festsaal, Aufrisse der Schmal- und Längswand

Lavierte Federzeichnung (grau, blaßrot), Bleigriffel, 47 x 72,9 cm
Titel: *Profil der breithen Seithen vom Arensberger Schloßsahl.; Profil der Langen Seithen vom Arensberger Schloßsahl.*
Maßstäbe: *80 fues* = 44,3 cm; *12 Zoll* = 29,1 cm

Westfälisches Landesmuseum Münster, Schl.-Bd. 163

18.4

Arnsberg, Residenzschloß

Schlaun-Werkstatt
Schloßkapelle, Aufriß des Altars und Schnitt durch die Altarwand

Lavierte Federzeichnung (grau, blaßrot), 40,5 x 30,8 cm
Titel: *Aufführung eines kleinen Altahrs in der Schloß Capelle Zu Arensberg.*
Beischrift: *Schnitt: profil*
Maßstab: *12 Zoll* = 2,3 cm; *10 Fuß* = 23 cm

Westfälisches Landesmuseum Münster, Schl.-Bd. 160

Lediglich die Beschriftung »profil« im Schnitt ist von Schlauns Hand. Die Bezeichnung als »kleiner Altahr« läßt vermuten, daß es sich hier um einen der Nebenaltäre handelt. Aus der Wandgliederung im Hintergrund ist ersichtlich, daß die Schloßkapelle zweigeschossig angelegt war. Während der Altar auf einer flachen Stufe wie ein Konsoltisch in den Raum reicht, liegt das Retabel direkt an der Wand, leicht nach vorne gekippt durch das vorspringende Abschlußgesims. In der Bekrönung des Altars wird durch das Gottesauge mit Strahlenkranz eine Verbindung zu dem umlaufenden, geschoßteilenden Gesims geschaffen.

18.5

Arnsberg, Residenzschloß

Schloßkapelle, Entwurf der Stuckdecke

Lavierte Federzeichnung (grau, blaßgelb, blaßblau, hellrot), 43,5 x 37,4 cm

Maßstab: *30 pieds d'almagne* = 18,1 cm

Westfälisches Landesmuseum Münster, KdZ 292 p.

Die Deckengliederung erfolgt mittels konkav und konvex schwingender Profilleisten, die zwischen den Mansardfenstern geometrische Felder bilden und die Form des rhythmisierten Deckenspiegels – vermutlich mit Gemälde – angeben.

18.6

Arnsberg, Residenzschloß

Stephan Laurent Delarocque

Schloßkapelle, Entwurf der halben Stuckdecke

Lavierte Federzeichnung (grau, schwarzgrau, blaßrot), 26,7 x 38 cm

Titel: *Platfond de la Chapelle: d'Arensberg. pour S.A.S.E. de Cologne*

Maßstab: *30 pieds* = 18,1 cm

Westfälisches Landesmuseum Münster, KdZ 292 m.

Die Zeichnung war bisher, wie einige andere Entwürfe für das Jagdschloß Clemenswerth (Kat.-Nr. 36.34, 35, 64, 103, 104), Michel Leveilly zugeschrieben. Neueste Erkenntnisse belegen die Autorschaft von Stephan Laurent Delarocque (s. Gerd Dethlefs, ›Fünf Dekorationsentwürfe für den Plettenberger Hof in Bonn von Stephan Laurent Delarocque‹, in: Kat. ›Schlaun in Münster 1995‹). Dargestellt ist die halbe Decke, deren Dekoration spiegelbildlich verdoppelt werden kann. In den Vouten feine Stukkaturen, im Zentrum der Eckornamente dampfende Weihrauchkessel, dazwischen in der Mitte das Lamm Gottes. Als Überleitung zu dem rechteckigen Deckenspiegel in den Eckstukkaturen Putten mit Papstinsignien, links mit Tiara und Hirtenstab, rechts mit den Schlüsseln Petri und einem aufgeschlagenen Buch, in der Mitte Cherubsköpfe in Wolken ›eingehüllt‹.

18.6

18.5

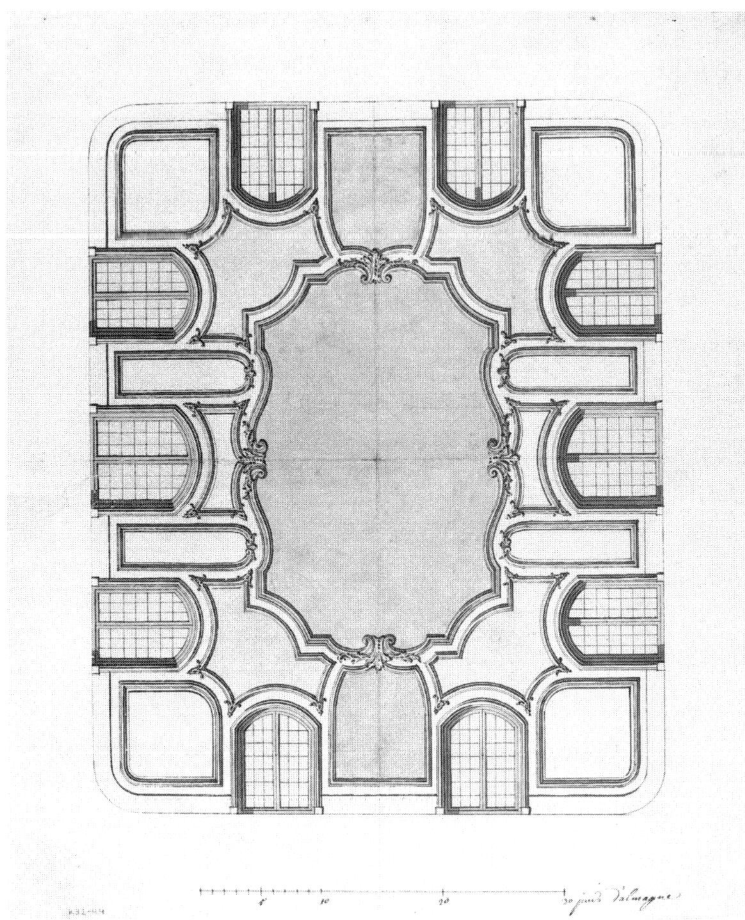

19
St. Michaelskapelle, 1726–27
Lembeck

Auftraggeber war die Freifrau Maria Anna Theodora von Westerholt zu Lembeck, geborene Freiin von Walbott-Bassenheim zu Gudenau, die Witwe des letzten Grafen von Westerholt, Dietrich Konrad Adolf. Sie plante um 1725 die Errichtung eines kleinen Landsitzes, an den sich die Kapelle und eine karitative Stiftung anschließen sollten. Die Michaelskapelle war von Anfang an auch als Grabkapelle geplant, worauf das Patrozinium hinweist. Zeichnungen Schlauns oder urkundliche Belege für seine Autorschaft haben sich nicht erhalten, die stilkritische Zuschreibung nahm erstmals Rensing 1936 vor. Die Verbindung zu Schlaun kam wahrscheinlich durch den Schwiegersohn der Freifrau zustande, Graf Ferdinand von Plettenberg, für den Schlaun seit 1723 in Nordkirchen tätig war.

Die Michaelskapelle (Abb. 1) bildete zusammen mit den Flügeln der angrenzenden, 1738 errichteten Anstalt zur Pflege von kranken Witwen und Waisen einen Innenhof. Die Kapelle ist ein schlichter Saalbau mit halbrunder Apsis, Walmdach und Dachreiter, lediglich die Hausteinfassade der ansonsten verputzten Kirche ist architektonisch gegliedert. Zum Zentrum der Fassade mit Portal und Figurennische aus hellem Baumberger Sandstein erfolgt die Staffelung der drei Wandschichten, der die Verkröpfungen des Sockels wie auch des Gebälks entsprechen. Lediglich das abschließende Kranzgesims läuft unverkröpft durch und bereitet das Walmdach mit aufgesetztem Glockenreiter vor. Ähnlich den Fassaden der Kapuzinerkirchen in Brakel und Münster (Kat.-Nr. 1, 15) erfolgt die Auszeichnung des risalitartigen Mittelteils durch die Streifengliederung, die an der Michaelskapelle allerdings verdoppelt und durch den eingefügten Architrav zu Doppellisenen ausgebildet wird, ein Motiv, das Schlaun auch in den späteren Kirchenbauten in Wittem (Kat.-Nr. 22) und Eys (Kat.-Nr. 23) verwandte.

Das schlichte Portal mit geradem Türsturz wird durch profilierte Sandsteineinfassungen gerahmt, die sich oberhalb des Sturzes beiderseits viertelkreisförmig und mittig im Halbkreis einziehen. Ein verkröpfter, in der Mitte halbrund aufgebogener Giebel schließt das Portal nach oben hin ab. In dem so entstandenen ›Okulus‹ sitzt das Allianzwappen der Westerholt-Walbott, gerahmt von Akanthusranken. Die profilierte Sandsteinädikula der Figurennische bildet mit dem Portal eine Einheit; der verkröpfte, flache Dreiecksgiebel bekrönt die Muschelnische, welche von der Figur des drachentötenden Erzengels Michael eingenommen wird, und leitet in der Vertikalen über das Kranzgesims hinaus zum Dachreiter über.

Bußkamp hat gezeigt, daß im Portal in Lembeck die Nebenportale von Borrominis S. Agnese in Piazza Navona zitiert werden, deren Grundriß Schlaun während seines römischen Studienaufenthalts aufgenommen hatte (Kat.-Nr. 10.2); darüber hinaus war dieses Motiv durch die ›Perspectiva pictorum‹ von Pozzo hinlänglich bekannt.

Die Stuckdecke (Abb. 2) der flachen Segmenttonne, die – wie Bußkamp meint – »seltsam unorganisch« an die Triumphbogenwand stoße, habe ihr Vorbild offenbar in Schlauns Fundus römischer Studienblätter; so weise seine Zeichnung einer unbekannten Kirche (Kat.-Nr. 10.13) im Plafond ähnliche, wenngleich reichere Stukkaturen auf. Die formal äußerst disharmonischen Berührungspunkte der Segmenttonne mit Apsis- und Fensteröffnung lassen eine ursprüngliche Planung einer flachen Holzdecke vermuten. Insofern kann angenommen werden, daß Schlaun nur für die Fassadengestaltung und den Entwurf der Stuckdecke der bereits im Rohbau befindlichen Kapelle verantwortlich war, also nachträglich – wie etwa in Nordkirchen auch – in die bestehende Bauaufgabe ›modernisierend‹ eingriff.

LITERATUR

Weskamp 1909, S. 82–86; Glasmeier, *200 Jahre Micheliskapelle,* in: Heimat-Kalender der Herrlichkeit Lembeck, 4, 1928, S. 88–93; Rensing 1936, S. 18; Rensing, 1954, S. 16, 38; BKW Landkreis Recklinghausen, Münster 1929, S. 360, 385–88; Bußkamp 1992, S. 132–36, 247f.

QUELLEN

Archiv Graf von Merveldt, Schloß Lembeck, Akten 868; und teilweise unverzeichneter Bestand (z.T. publiziert bei Bußkamp 1992, S. 247f.).

DENKMALPFLEGE

Einzelbericht zur Denkmalpflege in: Westfalen 46, 1968, S. 346; Westfalen 53, 1975, S. 554. 1824 wurden die anschließenden, ursprünglich einstöckigen Stiftgebäude durch den Neubau des zweistöckigen Krankenhauses ersetzt.

1 Lembeck, St. Michaelskapelle, Außenansicht

2 Lembeck, St. Michaelskapelle, Lembeck, Innenansicht

20

Aufträge für Ferdinand Dietrich von Merveldt, 1727–38

Lembeck, Wolbeck

Im Jahre 1702 war Schloß Lembeck durch Heirat in den Besitz der Herren von Merveldt zu Wolbeck gelangt, für deren Stadtpalais in Münster Schlaun 1720 eine Vermessungsskizze der Gesamtanlage angefertigt hatte (Kat.-Nr. 9). Während der Bauarbeiten in Schloß Nordkirchen entwarf Schlaun 1727 vermutlich den Memorienaltar für den ein Jahr zuvor in den Reichsgrafenstand erhobenen Goswin Hermann Otto von Merveldt in Münster-Wolbeck und führte nach 1729 Erweiterungs- und Modernisierungsarbeiten an Schloß Lembeck durch. Auftraggeber beider Projekte war Graf Ferdinand Dietrich von Merveldt (gest. 1765), Freiherr zu Westerholt und Lembeck, Herr zu Westerwinkel, Wolbeck Angelmodde, Huesdyck, Werne, Sendenhorst und Ahlen.

Schloß Lembeck ist neben Nordkirchen die größte Wasserschloßanlage Westfalens, im späten 17. Jahrhunderts von den Westerholt als gestaffelte Anlage mit Vorburg und Herrenhaus auf zwei getrennten Inseln mit zentraler Wegachse errichtet, die aus der Weite auf das Schloß zuführt und sich auf der Gartenseite wieder in der Landschaft verliert. Schlaun entwarf auf der Gartenseite eine Brücke mit flankierenden Pfeilern, danach wurde der Festsaal nach seinen Plänen neu ausgestattet.

Schloß Lembeck, Gartenbrücke und Festsaal

GARTENBRÜCKE, 1729/31

Schlaun baute von der Insel des Herrenhauses aus eine Zugbrücke mit Torpfeilern zum Garten hin (Abb. 2), wodurch die in sich geschlossene Gesamtarchitektur der Wasserschloßanlage zur Natur hin repräsentativ geöffnet und weitergeführt werden sollte, wie Schlaun dies später auch in Schloß Ahaus realisierte (Kat.-Nr. 73).

Zu den Lembecker Torpfeilern existieren vier Entwürfe Schlauns, von denen einer mit geringen Abänderungen realisiert wurde (Kat.-Nr. 20.3): die Pfeiler sind aus rotem Backstein gearbeitet und an den vier konkav eingezogenen Ecken mit gelbem Baumberger Sandstein gefaßt, bekrönt in symmetrischer Spiegelung von einem nach innen volutenartig aufschwingenden Giebelansatz, auf dem je ein geflügelter Putto die Wappenkartusche hält. Die Giebelteile der beiden Pfeiler vervollständigen sich zu einem gesprengten Giebel, die Brückenpfeiler werden so zu einem Portal für Blick und Gang in den Garten. Obwohl urkundlich nicht belegt, nimmt Evers zu Recht für die Ausführung der Putti die Autorschaft von Johann Christoph Manskirch an. Zu den Brückenpfeilern führt die geschwungene Hofmauer in Höhe der Pfeilersockel, auf der Gartenseite öffnet sich, gerahmt durch die Pfeiler, der Blick in die lange Wegachse, an deren Ende die später angelegte Architekturkulisse aus Obeliskenpaar und allegorischen Figuren die hintere Gartengrenze angibt.

LITERATUR

BKW Kreis Recklinghausen, Münster 1929, S. 390–409; Rensing 1954, S. 31, 38; Evers 1981, S. 51–55, 82-92.

QUELLEN

Schloßarchiv Lembeck, L 712: Urkunde von 1741 über die Lieferung und Bezahlung eines von Schlaun entworfenen Kamins für den Festsaal (zit.n. Evers 1981, S. 91): *Anno 1741 7ten Juny ist nahmens … von Merveldt mit Meistern Joan Tobias Sultzer Marmorier meister zu … bey Hagen Merveldtschen Landes ein schwartz undt weiß Marmor steinern Camin nach des ihme zu gebenden abriß des Hn Obristen Schlaun als 6 1/2 fueß breith und 5 fueß hoch Von genügsahmer starke und Dickte mit einem vorhergehenden platten Marmor stück für 37 1/2 Rt. sauber ohntadelhafft gehauen, undt polirt mit der condition accordirt, daß selber gegen den halben Sept. fertig sein und abgeholet werden.*

DENKMALPFLEGE

Einzelberichte zur Denkmalpflege in: Westfalen 46, 1968, S. 346; Westfalen 53, 1975, S. 554; Westfalen 56, 1978, S. 498–502; Westfalen 62, 1984, S. 536; Westfalen 67, 1989, S. 461.

1 Schloß Lembeck, Gesamtansicht (Aufnahme um 1900)

2 Schloß Lembeck, Brückenpfeiler mit Blick zum Garten

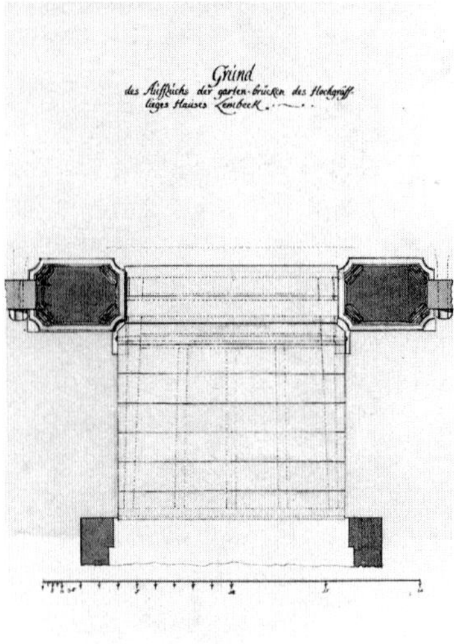

20.1

20.3

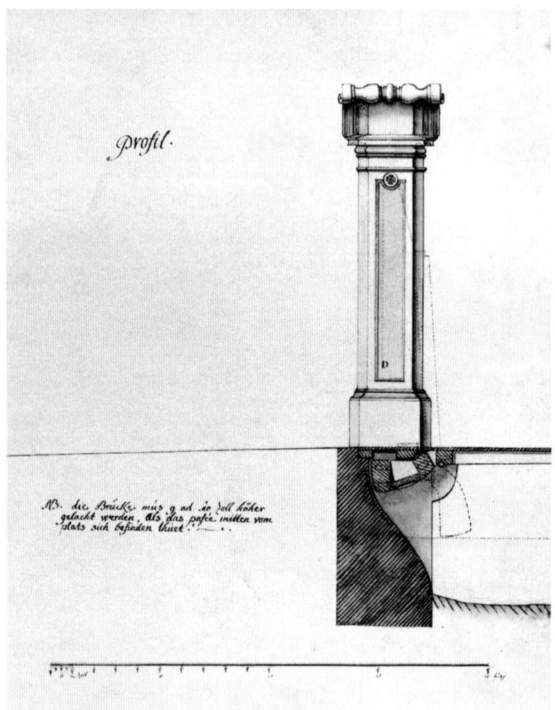

20.4

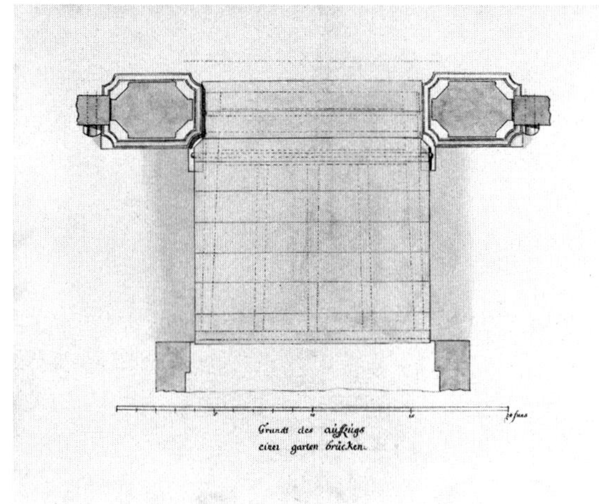

20.2

20.1
Schloß Lembeck
Zugbrücke am Garten, Grundriß

Lavierte Federzeichnung (grau, schwarz, rot, blaßgrün, blaßgelb), Bleigriffel, 40,8 x 31 cm
Titel: *Grund des Auffzuchs der garten-brücken des Hochgräff-lieges Hauses Lembeck.* –
Maßstab: *20 fues* = 24,4 cm

Westfälisches Landesmuseum Münster, Schl.-Bd. 144

20.2
Schloß Lembeck
Kopie der Schlaun-Werkstatt
Zugbrücke am Garten, Grundriß

Lavierte Federzeichnung (grau, blaßrot, blaßgelb, hellgrün), 31,4 x 38,3 cm
Titel: *Grundt des auffzugs einer garten brücken*
Maßstab: *20 fues* = 24,4 cm

Westfälisches Landesmuseum Münster, Schl.-Bd. 275

20.3
Schloß Lembeck
Zugbrücke zum Garten, Aufriß der Brückenpfeiler und halbierter Schnitt durch die Brückenplatte

Lavierte Federzeichnung (grau, rot, blaßgelb), 40,7 x 31,7 cm
Titel: *Aufführung.* –
Maßstab: *20 fues* = 24,4 cm

Westfälisches Landesmuseum Münster, Schl.-Bd. 145

20.4
Schloß Lembeck
Zugbrücke am Garten, Aufriß eines Brückenpfeilers, Schmalseite und Schnitt durch das Fundament mit der Brückenplatte

Lavierte Federzeichnung (grau, rot, blaßgelb), 40,7 x 30,5 cm
Titel: *Profil.*
Beischrift: *NB. die Brücke mus 9 ad 10 Zoll höher gelacht werden, als das pafée mitten vom plats sich befinden thuet.* – Maßstab: *20 fues* = 24,3 cm

Westfälisches Landesmuseum Münster, Schl.-Bd. 146

20.5
Schloß Lembeck
Kopie der Schlaun-Werkstatt
Zugbrücke am Garten, Aufriß des Brückenpfeilers, Stirnseite, Schnitt durch das Fundament mit der Brückenplatte

Lavierte Federzeichnung (grau, blaßrot, blaßgelb, blaßgrün), 31,3 x 20,3 cm
Titel: *Auffuhrung einer garten brücken Beischrift: Lembeck*
Maßstab: *20 fues* = 24,4 cm

Westfälisches Landesmuseum Münster, Schl.-Bd. 276

20.6
Schloß Lembeck
Kopie der Schlaun-Werkstatt
Zugbrücke am Garten, Aufriß des Brückenpfeilers, Schmalseite, Schnitt durch das Fundament mit der Brückenplatte

Lavierte Federzeichnung (grau, blaßrot, blaßgelb, blaßgrün), 31,3 x 20,3 cm
Titel: *Profil*
Beischrift: *Lembeck*

Westfälisches Landesmuseum Münster, Schl.-Bd. 277

20.7
Schloß Lembeck
Gartentor, zwei Torpfeiler mit Holzgittertür, Aufriß und Grundriß der Pfeiler

Lavierte Federzeichnung (grau, blaßrot), 35,5 x 29,4 cm
Beischrift: *Profil vom Wohn Hause*
Maßstab: *15 fues* = 18,4 cm

Westfälisches Landesmuseum Münster, Schl.-Bd. 147

20.5

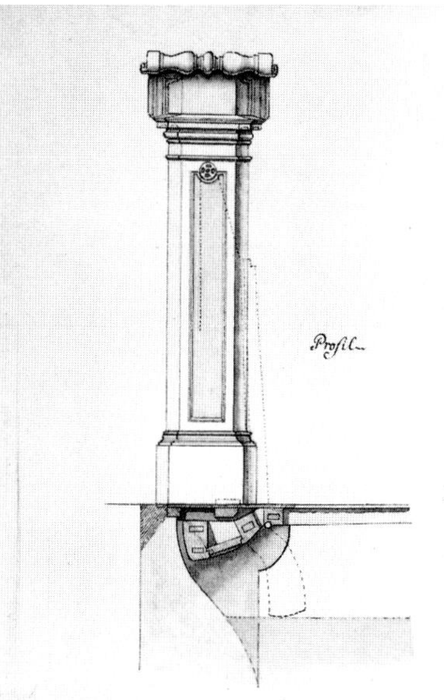

20.6

20.7

3 Schloß Lembeck, Festsaal

4 Schloß Lembeck, Festsaal

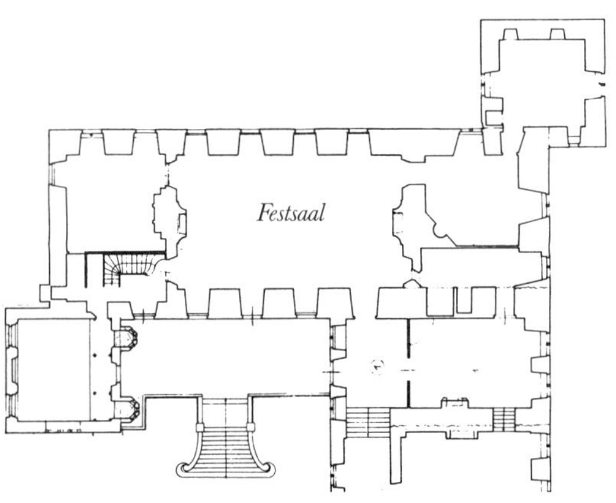

5 Schloß Lembeck, Grundriß des Nordflügels

FESTSAAL, 1730/38

Der Lembecker Festsaal (Abb. 3, 4) liegt im ersten Obergeschoß des Nordflügels des Herrenhauses und nimmt mit seinem ausgewogen proportionierten Verhältnis von 2 zu 3 dessen gesamte Breite ein. Auch wenn keine Zeichnungen Schlauns erhalten sind, so beweisen archivalische Belege und die stilistische Nähe der Stukkaturen zu Schloß Nordkirchen seine Autorschaft. Der Saal weist eine vollkommen symmetrische Gliederung auf (Abb. 5). An den Stirnseiten treten die Kamine raumbeherrschend vor, die konkav schwingenden Seitenteile leiten zu den Flügeltüren mit Supraporten über, die nicht vorhandene Enfiladen vortäuschen. An den Längsseiten liegen sich in den tiefen Laibungen des Mauerwerks je vier große Fenster gegenüber, eine Fenstertür führt auf die Terrasse zwischen Eckturm und Hofseite, eine andere in das Vestibül zwischen Terrasse und Galerie des Südflügels. Die korrespondierenden Kaminrisalite mit Spiegeln und den Porträts des Schloßherrn und seiner Gemahlin verdeutlichen den dynastischen Anspruch der Merveldts, der in der Ahnengalerie an den Wänden und im Deckenprogramm fortgeführt wird.

Der kassettierte Lambris in dunkler Eiche an den Wänden bildet die Sockelzone und wird in den Fensterlaibungen bis unter die Decke fortgesetzt. Die freibleibenden Wandflächen sind mit grünem Seidendamast bekleidet. Auf den Schmalseiten setzen die analog zu den Fensterlaibungen ebenfalls mit Eichenholz vertäfelten Aufsätze der Marmorkamine einen kräftigen Akzent.

Ein dreifach profiliertes Gesims leitet von der Wand zur fein stuckierten Flachdecke über. Das ikonographische Programm (Abb. 6) in den Medaillons, den Podesten und den Ecken verbildlicht entsprechend der Herrscherallegorese des 18. Jahrhunderts die idealen Beschäftigungen des Fürsten: Eingeschrieben in den Jahreszeitenzyklus sorgt er durch den Ackerbau und die in den Supraporten dargestellten Tätigkeiten der Geflügelzucht, des Fischfanges, der Jagd und des Gartenbaus für die Belange der Vita activa, seine Vorliebe aber gilt der wissenschaftlich orientierten Vita contemplativa, der Musik, der belesenen Gelehrsamkeit und der durch Studium und Reisen erlernten Politik (Schema der Ikonographie bei Evers, Abb. 35). Evers hat im Vergleich mit den Stukkaturen des Ostflügels von Schloß Nordkirchen die enge stilistische Verwandtschaft belegen können und datiert die Fertigstellung der Innenausstattung des Lembecker Festsaals in die Jahre bis 1738.

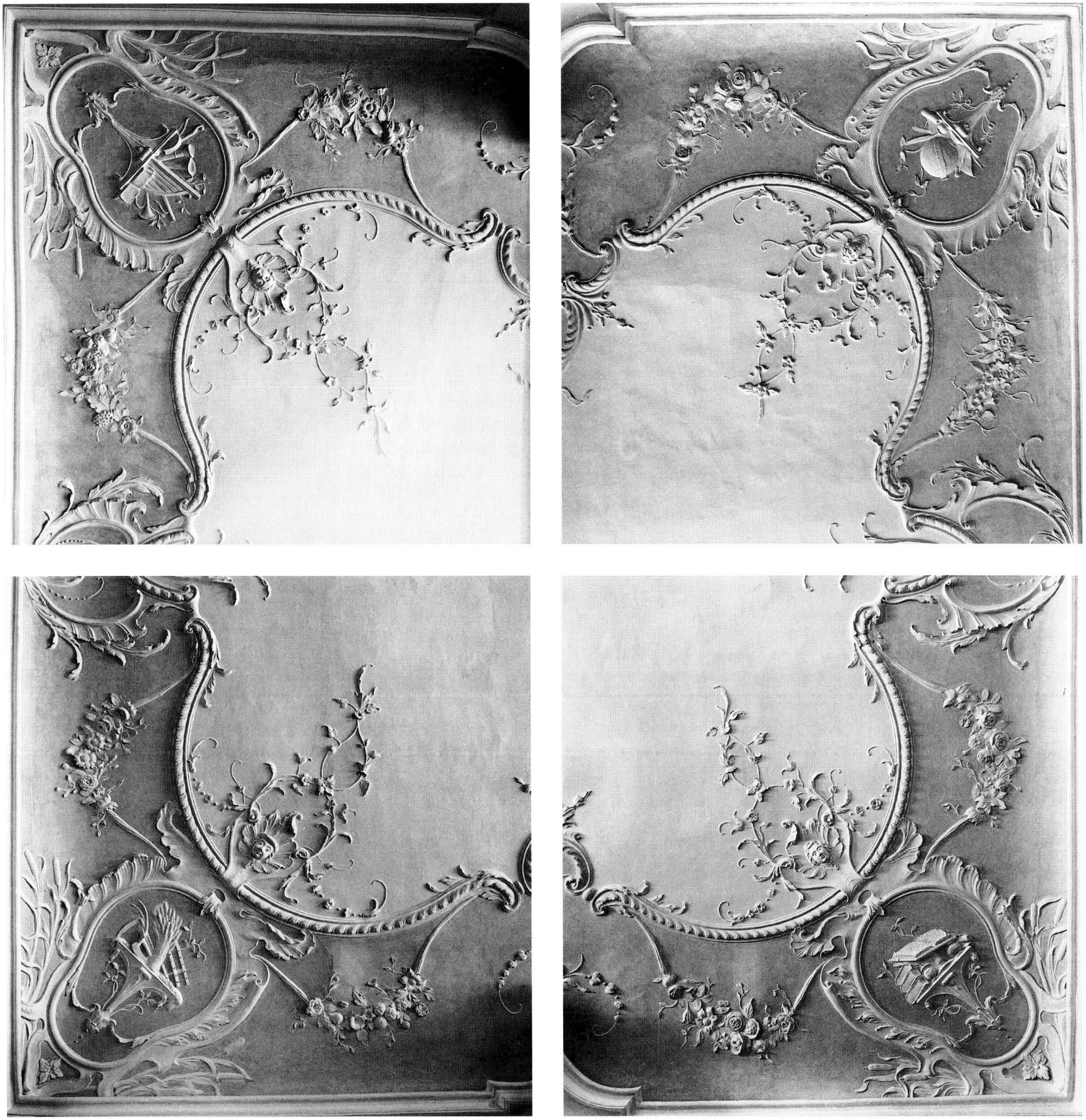

6–9 Schloß Lembeck, Stukkaturen in den Raumecken mit Darstellung der Musik, des Reisens und der Politik, des Ackerbaus und der Gelehrsamkeit

Memorienaltar für Graf Goswin Hermann Otto von Merveldt, 1727
Münster-Wolbeck, Pfarrkirche St. Nikolaus

10 Münster-Wolbeck, Memorienaltar für Goswin Hermann Otto von Merveldt

11 Münster-Wolbeck, Memorienaltar für Goswin Hermann Otto von Merveldt

LITERATUR

Rensing 1941, S. 112f.; Rensing 1954, S. 16f., 38; Seifert 1983, S. 380, 480f.; Udo Grote, *Johann Mauritz Gröninger. Ein Beitrag zur Skulptur des Barock in Westfalen,* (Denkmalpflege und Forschung in Westfalen, 20), Bonn 1992 S. 105f.; Seifert 1993, S. 239–41; Klaus Wittstadt, *St. Nikolaus Wolbeck,* Regensburg 1994.

QUELLEN

Übersetzung des lateinischen Textes auf der Inschrifttafel nach Wittstadt 1994: *Gott in unendlicher Erhabenheit und zum Gedächtnis an den sehr verehrungswürdigen erlauchten Fürsten und Herrn, Herrn Goswin Hermann Otto, aus dem Hause der Hochgeborenen Reichsgrafen von Merveldt, in dem hervorragenden Orden der Malteser war er durch sechs Jahre und zwei Tage Großprior in Deutschland als des Heiligen Römischen Reiches Fürst zu Heitersheim, am 9. Mai 1661 geboren, am 8. November 1727 gestorben, seine Seele ruhe in Frieden.*

DENKMALPFLEGE

Einzelbericht zur Denkmalpflege in: Westfalen 18, 1933, S. 212. Anstelle des 1933 abgebrochenen neugotischen Hochaltars in der Pfarrkirche wurde 1935 der Gedächtnisaltar hier aufgestellt. Nach Abbruch der Merveldtschen Gruftkapelle hatte man den Altar vorerst in der Sakristei aufbewahrt. Nach Wittstadt wurde der Altar 1942 von der Grabkapelle in die Pfarrkirche gebracht.

1727, ein Jahr nach der Erhebung der Familie in den Reichsgrafenstand, starb Graf Goswin Hermann Otto von Merveldt, Großkomtur des Malteserordens in Rothenburg, später Großprior des Ordens und Fürst der kleinen Herrschaft Heitersheim bei Freiburg. Ferdinand Dietrich von Merveldt gab den Gedächtnisaltar (Abb. 10, 11) für die Schloßkapelle des Drostenhofes in Wolbeck in Auftrag, vermutlich auf Grund der Verdienste Goswins, der der Familie den Titel der Reichsgrafen eingebracht hatte. Obwohl keine Entwurfszeichnungen Schlauns oder schriftliche Quellen als Beweise für die bereits von Rensing (1941) vorgenommene Zuschreibung vorliegen, ist diese doch aus stilistischen Gründen und den erwähnten engen Kontakten Schlauns zum Auftraggeber wahrscheinlich.

Auf der sockelartigen Mensa stehen halbkreisförmig angeordnet vier Vollsäulen kompositer Ordnung mit wuchtigem Gebälk, die eine Kolonnade bilden. Sie formt zusammen mit dem halbkreisförmigen Abschluß an der Rückwand die herrschaftliche Würdeform der Serliana. Das Gebälk verdoppelt sich an den Vorderseiten und schwingt nach oben auf, so daß zwei äußere Teile eines geprengten Portalgiebels entstehen, die einen starken Perspektivzug bewirken und die Schließung der Säulenstellung zu einem Vollkreis evozieren. Die Tiefe des Halbkreises ist aufgebrochen durch die ebene Rückwand, die seitlich in Form kompositer Pilaster abgeschlossen wird. Auf halber Höhe befindet sich die Gedächtnistafel in Form eines Sarkophags, sie bildet zugleich den Sockel für das Relief mit der Grablegung Christi, das die Gebälkzone durchstößt und von einem Halbkreisbogen mit illusionistischem Perspektivraum des Kalvarienberges nach oben hin begrenzt wird; hier tragen zwei Engel eine dreifach gespaltene Krone wohl als Zeichen der Dreifaltigkeit, seitlich auf den Gebälkteilen assistiert von weiteren Engeln, die Palmenzweige und ein Kreuz tragen. Den oberen Abschluß der Architektur bildet das Wappenrelief mit Volutenrahmung: zwei Adler flankieren das bekrönte Wappen, eine Kombination aus dem Ordenswappen der Malteser und dem Familienwappen der Merveldt.

Seifert hat darauf hingewiesen, daß die Komposition auf Grabmäler Borrominis im Lateran zurückgeht, vor allem auf das Grabmal des portugiesischen Kardinals Martinez. Die Gesamtanlage des Altars ebenso wie die Einzelformen sind zu dieser Zeit in Westfalen nicht nachweisbar

Über den urspünglichen Aufstellungszusammenhang in der Gruftkapelle der Familie Merveldt ist nichts bekannt, allerdings erscheint der heutige Kontext ungünstig, da zum einen die Säulenbasen auf eigenen Postamenten stehen und zum anderen der Sarkophag mit der Inschrift unverhältnismäßig hoch angebracht ist. Das darunter befindliche, ›leere‹ Wandfeld erscheint deplaziert und unharmonisch. Darüber hinaus ist das Material des heutigen Sockels und des Wandfeldes neueren Datums und vermutlich bei der Neuaufstellung eingearbeitet worden. Deshalb kann vermutet werden, daß die Säulenstellung nicht auf dem hohen Sockelgeschoß, sondern direkt auf dem Boden stand. Erst so erklärt sich das jetzt als Mensa zu definierende Wandfeld unter dem Sarkophag mit der Inschrifttafel. Der Gedächtnisaltar konnte also betreten werden und ist ikonographisch zu verstehen als kleines freistehendes Mausoleum.

21

Große Burg, um 1730

Kleinbüllesheim

LITERATUR

Hartmann 1910, S. 250–52; Rensing 1954, S. 15, Abb. 19; Kisky (Euskirchen), 1961; Hansmann, Knopp (Hg.) 1981, S. 214f.

1/2 Kleinbüllesheim, Große Burg, Grundriß Obergeschoß und Erdgeschoß

3 Kleinbüllesheim, Große Burg, Gartenseite (Ostseite), Zustand 1936

Sieben Generationen lang, über fast drei Jahrhunderte von 1449–1747, war die im Kreis Euskirchen gelegene »Große Burg von Kleinbüllesheim« im Besitz der Herren von Bourscheidt. Lothar Friedrich, Kurkölnischer Kammerherr (gest. 1743), wohnte zu Büllesheim und ist der Erbauer des noch heute stehenden Barockschlosses. Unter dem Planmaterial für die Schlaun-Ausstellung 1973 fand sich ein bislang unbekannter und auch nicht vollständig erhaltener Brief des Ferdinand Graf von Schall vom 28. Oktober 1750 aus Wahn (bei Köln), der die bisherige Zuschreibung der »Großen Burg« an Johann Conrad Schlaun als nahezu sicher erweist. »Ich habe vor einigen Jahren«, schreibt der Graf, »das Schloß von Bulesheim gesehen, ein wahres Schmuckstück, und es ist fast in der Art errichtet, wie ich mir ebenfalls ein Gebäude wünsche, weil mit wenigen Kosten und mit wenig Terrain der Bauherr wie die Fremden alle notwendigen Annehmlichkeiten finden. Man sagt mir heute …, daß ein gewisser Baron von Schlaun, Brigadier der Truppen Seiner Hoheit, des Kurfürsten von Köln, es gebaut habe und daß dieser Kavalier die berühmtesten Architekten in Deutschland an Kenntnissen der Architektur in den Schatten stelle … .«

Schlaun errichtete die »Große Burg« um 1730 anstelle einer zweiteiligen Wasserburg. Von dieser mittelalterlichen Vorgängeranlage wurden die äußeren Wassergräben und Teile der Vorburg übernommen. Renier Roidkin hat um 1735 die »Große Burg« mit ihrem großzügigen Gartenareal in mehreren Ansichten gezeichnet. Bis heute ist das stattliche Hauptgebäude so erhalten, wie es Roidkin und eine Lithographie nach einer Zeichnung von Christian Hohe um 1880 darstellen: Auf nicht ganz regelmäßigem, H-förmigem Grundriß errichtet unter Einbeziehung von Mauerzügen der Vorgängeranlage. Das Gebäude ist zweigeschossig auf hohem Kellergeschoß. Es hat verputzte Wandflächen und ein Mansarddach. Der Mittelteil ist dreiachsig, die nach beiden Seiten über ihn herausragenden Seitentrakte sind jeweils zweiachsig. Charakteristisch für Schlaun ist die Wandgliederung mit großen Spiegeln und abgerundeten, ebenfalls als Spiegel behandelten Ecken. Fenster und Türen, alle segmentbogig, sind mit Haustein gerahmt; reicher behandelt wurde nur das Eingangsportal an der Südseite mit dem Bourscheidtschen Wappen (drei Lindenblätter) als Bekrönung und die Türöffnungen der Mittelachse nach der Gartenseite. Hier fassen die beiden Seitenflügel über dem Kellergeschoß eine Terrasse ein. Zum Eingangsportal an der Südseite führte ursprünglich eine zweiläufige Treppe mit schmiedeeisernem Gitter.

Die Bauformen spiegeln vereinfacht die des Brühler Schlosses wider, das Schlaun 1728, im Jahr des Baubeginns der »Großen Burg«, im Rohbau vollendete. Der Baukörper ist eigentlich ein althergebrachtes Burghaus in barocker Neuformulierung mit klarer Gliederung und straffer Zusammenbindung der einzelnen Bauteile, wobei die Schlaunsche Architekturauffassung nicht zu übersehen ist. Für den H-förmigen Grundrißtypus waren vielleicht Beispiele maßgebend, die Schlaun aus seiner westfälischen Heimat kannte (Schloß Körtlinghausen, Schloß Vinsebeck). Bemerkenswert im Innern ist nur noch die Holztreppe des 18. Jahrhunderts im südlichen Flügel hinter dem Haupteingang.

Den Zugang auf die Burginsel vermittelt ein im Kern spätgotisches Tor mit Rundtürmen und Spitzbogenfries an der Feldseite, das im 18. Jahrhundert, vermutlich ebenfalls durch Schlaun, ein Mansarddach und eine ähnliche Wandgliederung wie das Herrenhaus erhielt. Die übrigen Seiten der Insel umschließen Wirtschaftsgebäude mit schräggestellten Ecktürmen, die Schweifhauben tragen. Der am Torbau anstoßende Südflügel stammt ebenfalls von Schlaun; West- und Nordflügel wurden nach einem Brand 1765 in Feldbrandziegel neu errichtet.

GISBERT KNOPP

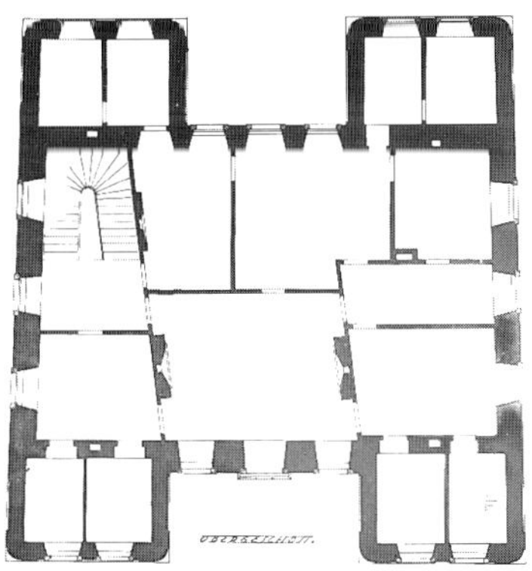

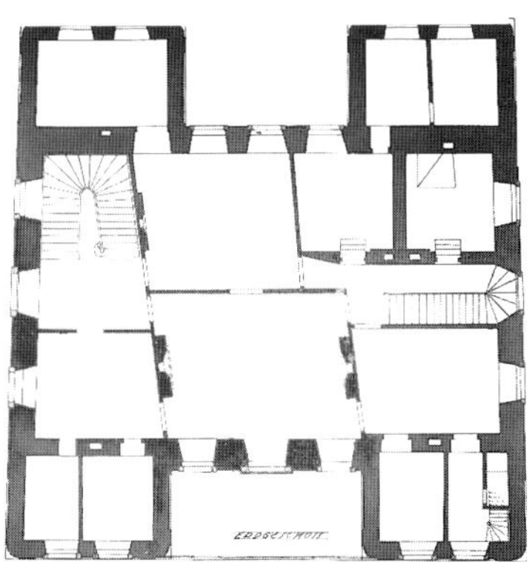

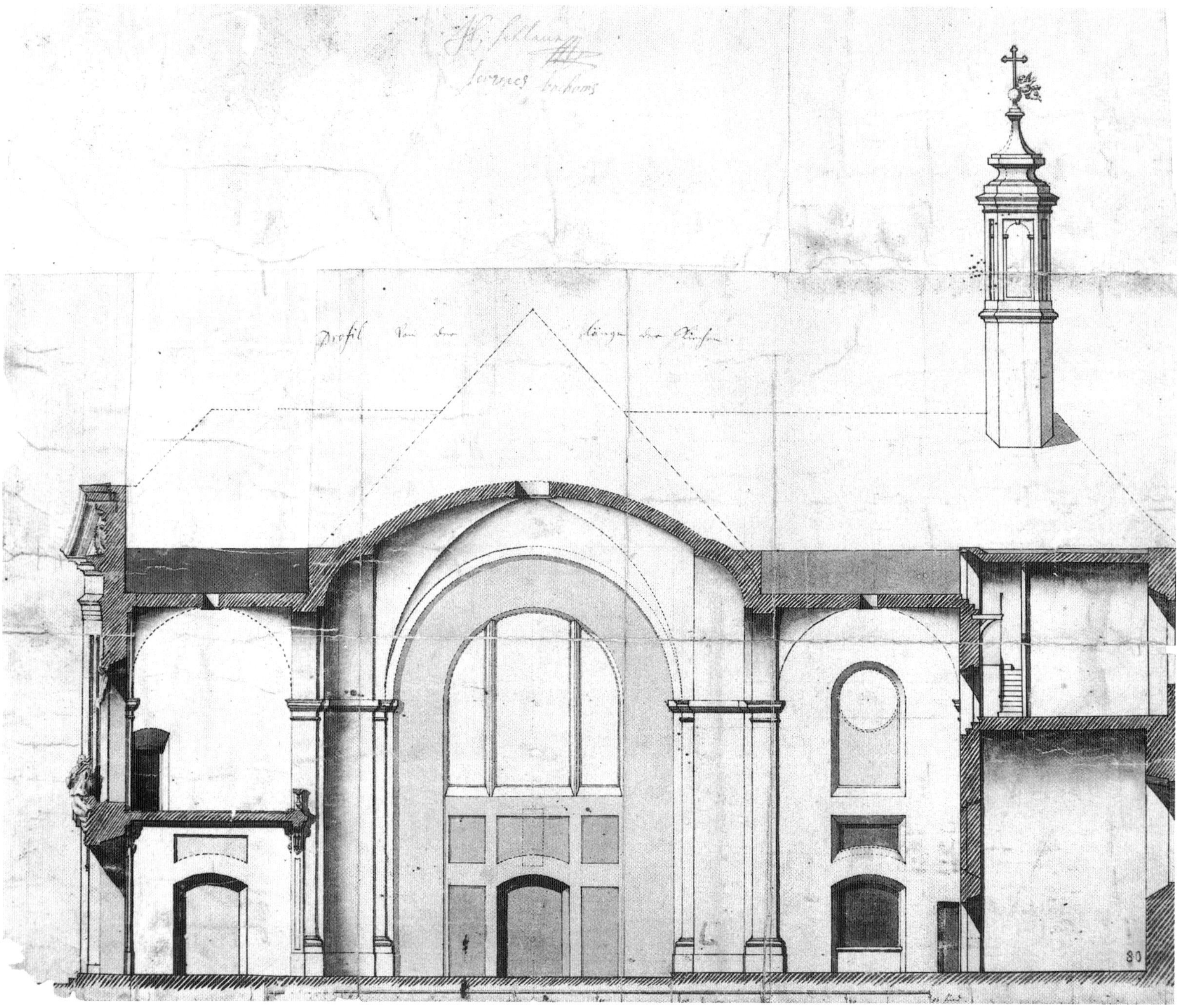
80

22

Residenz mit Kapuzinerkloster, 1729–33
Schloß Neubourg, 1732
Stauwehr des Nylswijler Baches, 1731–35

Wittem und Gulpen

Graf Ferdinand von Plettenberg, der Bauherr von Schloß Nordkirchen (Kat.-Nr. 11), erwarb am 10. Juni 1722 die freie Reichsherrlichkeit Wittem in Südlimburg in den heutigen Niederlanden, auf halbem Weg zwischen Aachen und Maastricht. Im November desselben Jahres vergrößerte Plettenberg seinen limburgischen Adelssitz durch Ankauf der Herrschaft Eys (vgl. Kat.-Nr. 23), 1728 kam noch die freie Reichsherrlichkeit Slenacken hinzu. Wittem, Eys und Slenacken wurden 1732 als freie Reichsgrafschaft vereint, wodurch Plettenberg Sitz und Stimme im Reichsgrafenkollegium des Westfälischen Kreises erhielt. Plettenberg, durch seinen Einfluß auf den Kurfürsten und den Wiener Hof inzwischen einer der einflußreichsten Männer im Reich, war auf dem Höhepunkt seiner politischen Karriere. Er hielt seinen Einzug in Wittem am 20. August 1724; dort stand ihm als Wohnung nur das heruntergekommene Kastell zur Verfügung. Deshalb plante er zunächst, das Kastell zum Teil abzureißen und neubauen zu lassen. 1728 wurde die Bauleitung Schlaun übertragen; die Abbrucharbeiten am Kastell waren 1729 abgeschlossen. Zugleich bemühte sich Plettenberg, das nahegelegene Schloß Neubourg bei Gulpen zu erwerben. Schlauns Berichte von den Baumaßnahmen in Wittem veranlaßten Plettenberg, vom weiteren Ausbau des Kastells abzusehen und statt dessen eine Residenz mit Schloßkirche und anschließendem Kapuzinerkloster zu errichten.

Wittem, Residenz mit Kapuzinerkloster, 1729–33

BAUGESCHICHTE: Am 16. Juni 1729 legte Plettenberg den Grundstein zum Bau einer Residenz mit Kirche und Kloster. Bußkamp hat darauf hingewiesen, daß Papst Benedikt XIII. Plettenberg und seiner Gattin das Privileg erteilt hatte, in der Herrschaft Wittem Privatgottesdienste zu feiern, so daß von der Existenz einer Kapelle bereits im alten Kastell ausgegangen werden kann. Plettenberg plante die neue Kirche von Anfang an vor allem als Schloßkirche und vermutlich auch Familiengrablege, in der die Kapuziner zwar das Nutzungsrecht haben, vor allem aber für die geistliche Betreuung zuständig sein sollten. Das Domkapitel zu Lüttich erteilte dem Provinzial der Kapuziner in Köln erst am 28. Juli 1730 die offizielle Erlaubnis zur Nutzung des Klosters und der Kirche. Eine Woche später erklärte dann auch der Bischof von Lüttich sein Einverständnis.

Unabhängig davon schritten die Bauarbeiten nach der Grundsteinlegung zügig voran. Die signierten Baupläne im Landesmuseum legte Schlaun Anfang Juli in Wittem vor. Der Grundriß des Erdgeschosses von Residenz, Kloster und Kirche ist datiert und bezeichnet: »J.C. Schlaun mp. Wittum dn 5tn Juni 1730 – Servaes Bochoms«. Drei der Pläne sind ebenfalls von dem Maurermeister Servaes Bochoms unterzeichnet; als leitender Zimmermeister war Meister Arnold aus Bonn vorgesehen, als Bildhauer kommt mit großer Wahrscheinlichkeit Renier Panhay de Rendeux in Betracht, der entsprechend den Zeichnungen Schlauns die Nepomukfigur und die Putten an der Fassade fertigte. Der Bau war 1731 weitgehend vollendet. Durch eine Schenkungsurkunde, die am 16. Mai 1735, dem Festtag des hl. Nepomuk, ausgestellt wurde, übereignete Plettenberg das Kloster den Kapuzinern der Kölnischen Ordensprovinz. Er begrenzte zugleich die Zahl der Konventsmitglieder auf maximal zwanzig Religiose. 1734 hat vermutlich der Aachener Architekt Johann Joseph Couven die Bauleitung übernommen, noch 1735 arbeitete man am Dach der Kirche und des Klosters. 1737 starb Plettenberg in Wien, sein Herz wurde in der Gruft der Wittemer Kapuzinerkirche beigesetzt, erst 1770 fand die Weihe der Kirche statt.

Nach Aufhebung des Klosters 1797 und mehrfachem Besitzerwechsel wurde die Anlage in den Jahren 1892–94 abgebrochen, auch die Fassade der Kirche mußte einem neugotischen Bau weichen, der

LITERATUR

Hartmann 1910, S. 261–63; Rensing 1933/34, S. 75; Braubach 1937; Rensing 1954, S. 16f.; Paul Schoenen, *Johann Joseph Coven,* Düsseldorf 1964, S. 20, 36, 41; Helmut Knirim, *Kurfürst Clemens August und der westfälische Adel als Verehrer des hl. Johannes von Nepomuk,* in: Kat. *Johannes von Nepomuk. Variationen über ein Thema,* Corvey 1973, S. 64–69; Walther Hümmerich, *Anfänge des kapuzinischen Klosterbaues. Untersuchungen zur Kapuzinerarchitektur in den rheinischen Ordensprovinzen* (Rhenania Franciscana Antiqua, Bd. 3), Mainz 1987, S. 121–23, 328–32; Bußkamp 1992, S. 60–62, 65–67, 81, 137–59, 147–50 (mit umfassender Bibliographie).

QUELLEN

Klosterarchiv Wittem, Nutzungserlaubnis des Domkapitels zu Lüttich, gerichtet an den Provinzial der Kapuziner in Köln, 28. 7. 1730; Erlaubnis des Bischofs Georg Ludwig von Lüttich, in Wittem einen Kapuzinerkonvent einzurichten, 4. 8. 1730; Schenkunsgurkunde Ferdinand von Plettenbergs, 16. 5. 1733 (publiziert bei Bußkamp 1992, S. 249–51); zahlreiche weitere Archivalien, vor allem aus dem Rijksarchief in Limburg, ebd., S. 157-59, und bei Hümmerich 1987, S. 330f. publiziert.

22.5 Wittem, Kirche der Kapuziner, Längsschnitt mit Aufriß des Dachreiters

Innenraum wurde durch eine klassizistische Architrav-Konstruktion an den Seitenwänden verändert, 1881 die Gewölbe mit Heiligenbildern ausgemalt.

GESAMTANLAGE: Betrachtet man die erhaltenen Zeichnungen Schlauns, die dieser teilweise zusammen mit dem Maurermeister signiert hat (Kat.-Nr. 22.1–4), so fällt auf, daß die Anlage grundsätzlich in drei Bauteile unterschieden ist, von denen man zunächst jedoch nur die langgestreckte Fassade des Residenzflügels wahrnimmt. Die Kirche ist der Residenzfassade eingegliedert und tritt nur durch ihren schmalen Aufriß in Erscheinung, was noch dadurch besonders deutlich wird, daß Plettenberg die Fassade der Residenz links der Kirche über drei Achsen fortsetzen läßt. Das Kloster der Kapuziner liegt im Winkel zwischen der Kirche und dem Residenzflügel, mit denen es eine Vierflügelanlage um den Kreuzgang bildet.

Der Zugang zur Residenz sollte über eine Hofdurchfahrt erfolgen, von der aus man links zum Treppenhaus gelangt. Offenbar hat Schlaun hier Änderungen vorgenommen, denn im Erdgeschoßgrundriß war im rechten Teil des Flügels merkwürdigerweise lediglich eine enge, oval geschwungene Treppe zur Beletage vorgesehen, die im Obergeschoßgrundriß als Dégagement definiert ist. Eine solche Treppe hätte jedoch keinerlei repräsentativen Ansprüchen genügt, so daß im späteren Grundriß des Obergeschosses eine breitere Treppe vorgesehen wurde, die auf eine lange Enfilade führte, die die Appartements des Fürsten und seiner Gemahlin und den Festsaal im Zentrum erschließen sollte. Der Festsaal von quadratischem Grundriß erstreckte sich über die gesamte Breite des Flügels und war an den Stirnseiten durch Kamine gegliedert und mit je zwei Türen zu den Enfiladen geöffnet. Südlich des Festsaals liegt das Appartement des Reichsgrafen mit Antichambre, fürstlichem Schlafzimmer mit Lit en niche, Garderobe, Privée und einem weiteren Kabinett; nördlich des Festsaals ein weiteres Appartement mit Antichambre, Schlafzimmer, Cabinet, Garderobe mit Leibstuhl. Die Enfilade der Klosterseite diente als Gang für die Lakaien und garantierte die störungsfreie Versorgung der Herrschaft. Die großzügige Enfilade an der Hauptfassade durchläuft den gesamten Residenzflügel, im Süden wird die Sichtachse durch ein Fenster in die Natur weitergeführt, im Norden endet sie in der Fürstenloge der Schloßkirche. Der prominenten Disposition der Raumfolgen und dem hochherrschaftlichen Anspruch der Gesamtanlage folgt auch der Aufriß der repräsentativen Westfassade.

SCHLOSSFASSADE: Der langgestreckte zweigeschossige Backsteinbau mit Mansarddach wird beherrscht von der schmalen Fassade der Schloßkirche mit repräsentativer Rampe und Nebenportalen sowie dem mit Rustika und Rahmenmotiven betonten Hauptportal der Hofdurchfahrt. Ungewöhnlich ist die Gliederung der Fassade: Während die Kirche durch eine ›kolossale‹, zu einem Rahmenmotiv erweiterte Doppelstreifenordnung ausgezeichnet ist, wird der Residenzflügel durch den Rhythmus der Fensterachsen bestimmt, akzentuiert durch die Schleppgauben und Kamine. Die Fensterachsen, die Beletage durch wesentlich höhere Fenster gekennzeichnet, liegen in der vorderen Wandschicht, so daß der Flügel an den Seiten durch einen einzelnen Streifen abgefaßt wird, der von einer ›Schlitzblende‹ begleitet wird. Man erkennt deutlich, daß diese Blende ebenso wie die Portale zu der hinteren Wandschicht gehört, denn Schlaun hat dort ein kleines Stück des geschoßteilenden Gesimses angebracht, das auch in den Wandfeldern der Portalachsen erscheint und so das Kontinuum der hinteren Wandfläche verdeutlicht. Die gesamte Anlage steht auf einem hohen Sockel, der rechte Teil der Residenz über einem Kellergeschoß, das Portal der Kirche und die Nebeneingänge werden über eine ausschwingende Rampe erschlossen.

Die Fassade geht auf Schlauns Entwürfe für das Stadtpalais Plettenbergs in Münster zurück (Kat.-Nr. 13), das Portalmotiv der Durchfahrt mit dem aufgesetzten Wandfeld als Überleitung zu dem darüberliegenden Fenster ist beinahe eine Kopie der ab 1723 geplanten, jedoch vermutlich aus Geldmangel nicht mehr ausgeführten münsterschen Residenz des Grafen; hier in Wittem konnten die Pläne jedoch wenigstens zum Teil realisiert werden. Die Fassadengliederung ist zwar insgesamt schlichter gehalten, die Funktion des prominenten Mittelrisalits in Münster übernimmt in Wittem die Kirchenfassade, die ›Würde‹ der Einzelformen, Mansarddach, Dachgauben, Kaminfolge, kommen dadurch jedoch erheblich zum Tragen. Eingebunden in die Fassade dieser einflügeligen Schloßanlage und der Portaldurchfahrt gegenübergestellt ist die schmale Fassade der fürstlichen Hof- und Grabeskirche mit aufgesetztem Dreiecksgiebel, der durch die Staffelung der dahinterliegenden Kulisse aus Walmdach und Zeltdach noch aufgewertet wird.

Das Motiv der Einbindung einer Kirchenfassade in flankierende Flügelbauten (Abb. 1) – zu lesen als schloßartige Klosteranlage mit Kirche oder aber als Schloßanlage mit Hofkirche – rezipiert oder antizipiert einen weiteren zeitgleichen Großbau, in dessen Planung Schlaun und Plettenberg maßgeblich involviert waren: das um 1732 erneut in Angriff genommene Projekt der Residenz in Münster (Kat.-Nr. 27) mit Hof- und Grabkirche und Hospital (Kat.-Nr. 44.1). Was Plettenberg in Münster als repräsentative Bauaufgabe für Kurfürst und Stadt entschieden vorantrieb, hatte der Erste Minister bereits kurz zuvor in seiner Reichsgrafschaft im Kleinen nahezu realisiert.

Von den geplanten 21 Achsen des Westflügels wurde jedoch nur die linke Hälfte bis zur Hofdurchfahrt ausgeführt (Abb. 2), so daß sich die Gesamtanlage zu einer regelmäßigen Vierflügelanlage mit südlich anschließendem ummauerten Hof vervollständigte. Bußkamp vermutet, daß Plettenberg nach dem Erwerb von Schloß Neubourg bei Gulpen im Jahre 1732 eine repräsentative Residenz zur Verfügung stand und er deshalb in Wittem lediglich eine kleinere Wohnung einzurichten gedachte. Im übrigen hatte sein Sturz nach der Roll-Affäre im Frühling 1733 für ihn auch finanziell so weitreichende Folgen, daß er die ohnehin hochfliegenden Bauprojekte, man denke nur an Nordkirchen, zum großen Teil einstellen mußte.

KIRCHENFASSADE: Die Kirchenfassade erhält durch die kolossalen Doppelstreifen und das Gebälk mit aufgesetztem, kräftig profiliertem Dreiecksgiebel einen klassischen strengen Charakter, der allerdings durch den eleganten Konkavschwung der Fassade sowie durch den konvexen Gegenschwung des Portals und, parallel dazu, der doppelläufigen Rampe relativiert wird. Die ungewöhnliche, in diesem Kontext höchst repräsentative Rampe mit altanartigem Mittelpodest verklammert die schmale Kirchenfassade mit den seitlich anschließenden ersten beiden Achsen der Flügel und findet ihre Entsprechung in dem pyramidenartig ausladenden Zeltdach des zentralen Kirchenraums. Als Vorbild für die Wittemer Fassade, die sie als Ädikulafassade bezeichnet, hat Bußkamp Berninis S. Andrea al Quirinale benannt, die Schlaun während seines Studienaufenthalts in Rom gezeichnet hatte (Kat.-Nr. 10.3). Doch kann man außer dem Dreiecksgiebel keinerlei Gemeinsamkeiten mit diesem oft zitierten römischen Bau entdecken. Das Prinzip des Vor- und Zurückschwingens ist sicherlich römisch, doch der einzige Bau in Rom, der dieses Prinzip ins Kolossale steigert und über die gesamte Breite der Fassade in sanfter Bewegung vollzieht, ist Borrominis Oratorium der Filippiner, bei dessen Konzeption er sich ebenfalls mit der benachbarten Fassade der Kirche auseinandersetzen mußte. Dieses Motiv kommt später noch

1 Residenz mit Kapuzinerkloster – Ansicht aus dem Skizzenbuch von Renier Rodkin

2 Wittem, Kloster und Kirche vor 1862, Zeichnung von Ph. B. J. van Gulpen

3 Domenico de Rossi, Studio d'architettura civile, Rom 1713, Teil 1, Taf. 82: Eingangstür zum Saal der Kongregation im Collegio di Propaganda Fide

4 Wittem, Nepomukgruppe von der Kirchenfassade

5 Rom, Santa Maria degli Angeli, Innenansicht, 1703 – Stich von F. Bianchini

einmal im kurfürstlichen Residenz- und Jagdschloß in Liebenburg zur Anwendung. Auch bei dem Oratorium hatte Borromini mit dem Portal für die konvexe Gegenbewegung im Untergeschoß gesorgt.

Zentrales und dominantes Motiv der Fassade ist das Portal mit der freistehenden, von Engeln flankierten Nepomukfigur auf Wolken vor dem unmittelbar auf dem Portal angesetzten hohen Rundbogenfenster, an dessen Bogen ein Engel mit Palmzweig schwebt, am Dreiecksgiebel das Plettenbergsche Wappen. Auf ausdrücklichen Wunsch des Bauherrn sollte die Schloßkirche dem hl. Nepomuk geweiht werden. Der »Familienheilige« des Hauses Wittelsbach (Knirim 1973) ist der Retter in Todesnot und der Patron einer guten Sterbestunde, insofern war er prädestiniert als Heiliger für Kirchenbauten, die auch als Grablegen dienen sollten. In Nordkirchen, dem Familiensitz der Plettenbergs, hatte man bereits zwei Kapellen dem hl. Nepomuk geweiht: im Dorf selbst den kleinen achteckigen Zentralbau, von Peter Pictorius d. J. 1722 vollendet, der als Grabstätte für Graf Maximilian Friedrich von Plettenberg diente, und auch die von Schlaun entworfene Hauskapelle im Ostflügel des Corps de logis im Schloß war dem hl. Nepomuk geweiht. Darüber hinaus konnte der Heilige auch als Personifikation des Glaubens verstanden werden. In der ostentativen Anbringung dieser großen, wie auf einer Bühne agierenden Figurengruppe kann demnach nur ein gleichsam verspätetes gegenreformatorisches Zeichen eines der Germania Sacra verpflichteten Reichsfürsten in einem an calvinistisch geprägte Gebiete angrenzenden Terrain gesehen werden. Bußkamp hat ebenso für das Portalmotiv wie für die Figurengruppe römische Vorbilder benennen können, die durch ihren dezidiert gegenreformatorischen Kontext ausgezeichnet sind: das Portal zitiert die in Domenico de Rossis ›Studio d'architettura‹ publizierte Tür zum Saal der Kongregation im Collegio di Propaganda Fide beinahe wörtlich (Abb. 3), das Motiv der frei vor der Fassade angebrachten Figurengruppe (Abb. 4) geht auf Continis Fassade von S. Francesco di Stimmate zurück (vgl. Kat.-Nr. 10.7–10). Schloß mit Kloster und Kirche in Wittem sind also zu verstehen als sinnbildliches Bollwerk gegen den niederländischen Calvinismus, gleichsam als vorgeschobene Missionsstation, schließlich hatte Plettenberg auch in der Schenkungsurkunde von 1735 die Absicht geäußert, daß die Kapuziner den katholischen Glauben gegenüber dem Calvinismus stärken sollten – vorbildlich angeführt durch den Schloßherrn.

INNENRAUM: Obwohl die aufwendige Kirchenarchitektur und die ebenfalls von Schlaun entworfene prächtige Innenausstattung beim Konvent Aufsehen und Kritik hervorrief – 1730 wandte sich der Generalminister Hartmann von Brixen bei einer Visitation »gegen die für die Kapuziner unpassende Kostbarkeit der Wittemer Kirche« –, setzte Plettenberg die von ihm genehmigten Pläne durch, schließlich war dies seine Hof- und Grabeskirche, in der er den Kapuzinern lediglich ein ›Nutzungsrecht‹ eingeräumt hatte.

Das kann man bereits am Grundriß ablesen. Im Gegensatz zu Bußkamp, der die Kirche als »Saalkirche mit quadratischem Langhaus«, als »Verquikkung aus Zentral- und Longitudinalbau« beschreibt, hat man die Kirche als reinen Zentralbau mit Annexräumen zu lesen, deren Vorbilder in der römischen Thermenarchitektur zu suchen sind. Ein Langhaus gibt es nicht, die »sphärisch gerundeten Bogen« binden den quadratischen Raum einerseits zusammen, andererseits stellen sie die Verbindung der prominenten Anräume her: über dem Eingangsvestibül die Fürstenempore, direkt zugänglich von den herrschaftlichen Appartments, dem Fürstenstuhl gegenüber der Altar, dahinter erst, unsichtbar, der Psallierchor der Kapuziner.

Das prominenteste Motiv sind die monumentalen, geradezu emblemhaft in die Seitenwände des Zentralraums eingepaßten Thermenfenster, ein Architekturdetail, das Schlaun nur an diesem Bau verwendet hat und das im übrigen in der gesamten Barockarchitektur Nordeuropas völlig außergewöhnlich ist. Und weiter: Über einem Zentralraum würde man üblicherweise eine Kuppel erwarten, hier aber hat Schlaun ein Kreuzgewölbe vorgesehen, das nach außen hin durch das Pyramidendach prominent kenntlich gemacht ist. Insgesamt handelt es sich um eine im Dekorum sehr zurückhaltende Architektur – toskanische Ordnung, einfache Wandgliederung, keine Schmuck- oder Dekorationselemente –, die ausschließlich mit Monumentalformen argumentiert. Thermenfenster und das vereinzelte Zitat des antiken Kreuzgewölbes über dem Quadrat weisen die Kirche als Kaiserarchitektur aus. Vorbild sind die von Michelangelo in den Jahren 1563–66 zu einer Marienkirche S. Maria degli Angeli umgebauten Thermen des Kaisers Diokletian in Rom (Abb. 5). Unter Nutzung der vorhandenen antiken Architektur hatte Michelangelo die gewaltige Aula des Tepidariums, die sogenannnte Basilika, zum Querschiff eines Kirchenbaus ›umfunktioniert‹, die auf kreuzförmigem Grundriß einen außergewöhnlichen Aufriß von Säulenarkaden mit Segmentbögen und bekrönenden Thermenfenstern entwickelt, überspannt von Kreuzgewölben. Bereits zwanzig Jahre zuvor hatte Antonio da Sangallo d. J. das Thermenfenster in der Sala Regia des Vatikan als kaiserliche Würdeform in die zeitgenössische Staatsikonographie eingeführt: hier empfing der Papst weltliche Herrscher, hier begegneten sich geistliche und weltliche Macht unter dem architektonischen Vorzeichen antiker Kaiserikonographie. Das antike Thermenfenster, als kaiserliches Zitat im übrigen in der von Wittem nur wenige Kilometer entfernten Pfalzkapelle Karls des Großen in Aachen präsent, verknüpft mit der Ikonographie des Thermengewölbes, bestimmte die ›Großform‹ der Schloß- und Grabeskirche Ferdinand von Plettenbergs. Das Zitat der römischen Thermenkirche in Wittem ist um so sinnfälliger, als bis ins 18. Jahrhundert hinein Michelangelos Architektur neben St. Peter der meistbeachtete und diskutierte Kirchenbau war – 1749 noch einmal ›modernisiert‹ von Trevisani –, verbanden sich hier doch in idealer Weise Antike und Neuzeit, Profan- und Sakralarchitektur zu einer Symbiose von Architektur schlechthin. Nicht von ungefähr als Grablege genutzt, dient Santa Maria degli Angeli noch bis heute bevorzugt als ›Austragungsort‹ geistlicher Feierlich-

6 Wittem, Kirche, ehemaliges Hochaltarblatt mit dem hl. Johannes von Nepomuk, 1742 von Gerhard Koppers (?)

7 Wittem, Kirche, Nördlicher Seitenaltar mit der Madonna-Immaculata von de Rendeux

keiten mit offiziellem weltlichem Charakter. Das Zitat des antiken Rom in der Reichsgrafschaft Wittem ist ebenso außergewöhnlich wie simpel: Der bereits konstatierte, dezidierte gegenreformatorische Anspruch Plettenbergs und der so begründete Rückgriff auf römische Architekturformen verbildlicht in der Wittemer Schloß- und Grabeskirche gleich einem Monument, einem Denkmal ›mit großer Geste‹ das Ideal der Germania Sacra, dessen Bauherr auch nach seinem Tode Vorreiter dieser Bewegung bleibt. ALTÄRE: »Nachweislich sind auch die drei Altäre und die Kommunionbank nach Schlauns Entwürfen entstanden. Von den Zeichnungen hat sich jedoch nur ein unsigniertes Blatt vom ›Profil des grosen Altars‹ von Schlauns Hand erhalten. Da Braumann den Entwurf schon im November 1729 erwartete, ist anzunehmen, daß die Zeichnung Ende 1729 entstanden ist. ... Erst Ende 1733 erhielten die Kapuziner die noch fehlenden Ausstattungsstücke für ihre Kirche. Die Seitenaltäre (Abb. 7) waren eine Stiftung des münsterischen Dompropstes Friedrich Christian von Plettenberg-Marhülsen, für den Schlaun ab 1735 die Dyckburg erbaute, einen Landsitz mit Loreto-Kapelle vor den Toren Münsters (Kat.-Nr. 35).... Die Seitenaltarretabel, die Schlauns Entwürfe für die 1758 aufgestellten Seitenaltäre der Meppener Jesuitenkirche (Kat.-Nr. 66) vorwegzunehmen scheinen, sind in der Kirche erhalten. Jedoch stand ursprünglich auf dem südlichen Seitenaltar die Figur des hl. Antonius, die heute im Westen des Langhauses aufgestellt ist, während die Statue des hl. Josef sich zusammen mit der des hl. Franziskus (heute ebenfalls im westlichen Langhaus) auf den südlichen Konsolen des Hochaltars befanden. Die Retabel der Nebenaltäre erhielten 1851 eine neue Marmorierung, die Mensen stammen aus demselben Jahr. Aufgrund der stilistischen Übereinstimmung mit den Retabelauszügen der Seitenaltäre kann auch der Auszug des heutigen Hochaltars mit der Darstellung der Glorie des hl. Geistes und zwei flankierenden Engeln als Fragment des barocken Retabels angesehen werden. Die Geist-Taube im Strahlenkranz wird ›berninesk‹ vor der ursprünglichen Fensteröffnung oberhalb des Retabels angebracht zu denken sein. ... Die Skulpturen der Altäre sind aufgrund der stilistischen Ähnlichkeiten dem Schöpfer der Figur des hl. Nepomuk für die Kirchenfassade, Renier Panhay de Rendeux, zuzuschreiben. ... Die Retabelarchitektur geht deutlich von römischen Anregungen aus. So ist zunächst die sanfte, raumgreifende Schwingung des Retabels zu nennen, die eine borromineske Gegenbewegung

zur eingerundeten Triumphbogenwand bildet. Die Nischenfiguration dürfte ebenso wie der Eindruck einer konvex gewölbten Architektur von A. Pozzos Ignatiusaltar im Gesù angeregt worden sein. Die Bewegung der Säulen, des Gebälks und der Giebelstücke nach vorn in den Raum hinein findet sich in Berninis Cappella Alaleona in S. Domenico e Sisto, die durch G.G. de Rossi ebenfalls als Stich publiziert war. ... Die Strahlenglorien über den Wittemer Altären dürften auf P. da Cortonas Altar des hl. Franziskus Xaverius in Il Gesù zurückgehen, der ebenfalls durch Stiche bekannt war. ... Das ehemalige Hochaltarblatt mit der Darstellung des hl. Johannes von Nepomuk (Abb. 6) in der Glorie als ›Sieger über die personifizierte Allegorie der Verleumdung und der üblen Nachrede‹ ist unsigniert und in das Jahr 1742 datiert. Das Plettenbergsche Wappen (mit Wappenzelt und dem Orden des Goldenen Vlieses) weist es als Stiftung Ferdinand von Plettenbergs aus. Der Auftrag muß somit noch vor seinem Tode 1737 vergeben worden sein. Bei dem qualitätvollen Werk könnte es sich um eine Werk des Münsteraner Malers Gerhard Koppers handeln, der nahezu gleichzeitg mit Schlaun am Hochaltar des Klosters Brunnen in Brenschede arbeitete (Kat.-Nr. 41). Koppers hatte bereits 1733 für Plettenberg in Nordkirchen gearbeitet und war um 1738/39 in Clemenswerth tätig« (Bußkamp 1992).

Schloß Neubourg in Gulpen, 1732

Im Jahre 1732 konnte Ferdinand von Plettenberg das Schloß erwerben, die Räumlichkeiten im Kloster waren wohl nur als Übergangslösung zu verstehen, bis in Neubourg eine repräsentative Residenz zur Verfügung stand. Die Erneuerungsarbeiten sollten möglicherweise nach Entwürfen Schlauns durchgeführt werden, ein Plan aus der Schlaun-Werkstatt von der Gesamtanlage befindet sich angeblich noch heute im Schloß. Bußkamp vermutet allerdings, daß es sich hier lediglich um eine Bauaufnahme mit dem Vermerk »aufgenohmen 1732« handelt und die Umbaumaßnahmen in der Verantwortung des Architekten Johann Josef Couven lagen.

Stauwehr des Nyswijler Baches, 1731/35

Bis zu seinem Tode 1737 ließ Plettenberg in seinen limburgischen Besitzungen Alleen, z.T. mit Kanälen, Weihern und Forellenteichen, anlegen und Dorfkirchen, Mühlen, ein Jagdhaus, Wirtshäuser, Stallungen sowie Brauhäuser errichten. Die folgenden drei Zeichnungen zeugen nur noch fragmentarisch von diesen Baumaßnahmen, es handelt sich um zwei Entwürfe für das Stauwehr des Nyswijler Baches sowie um einen drehbaren Schlagbaum zur Sperrung einer Straße. Bußkamp hat darauf hingewiesen, daß Plettenberg zwischen dem Schloß Wittem und Cartils eine Allee anlegen ließ, die am 26.3.1729 fertiggestellt war; es ist vorstellbar, daß die vorliegende Zeichnung zu dieser Straße gehörte.

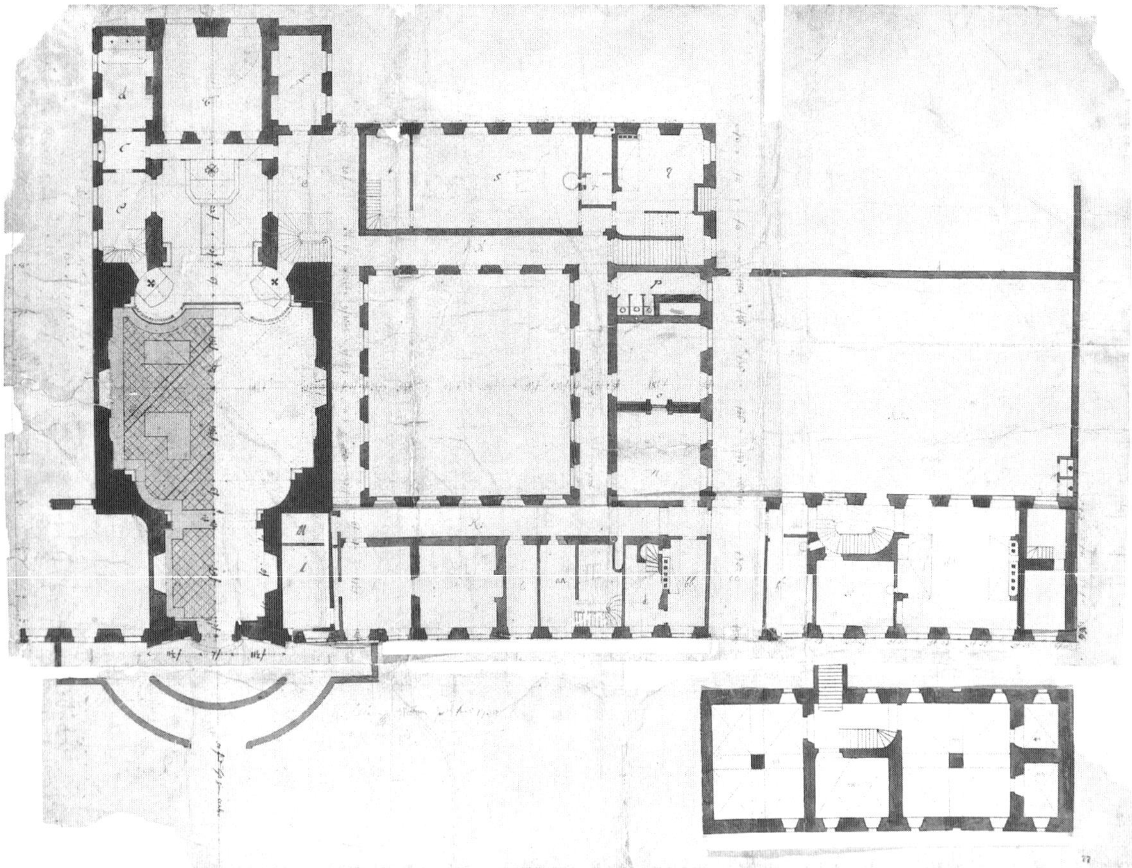

22.1

22.2

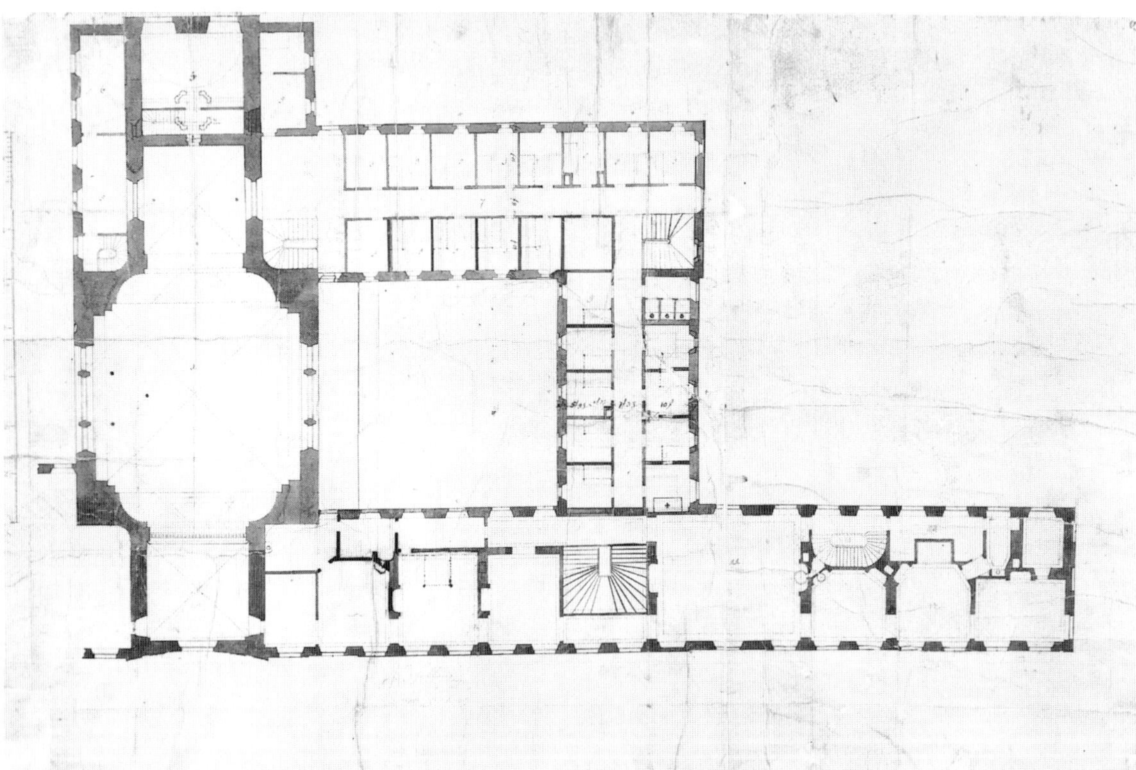

22.3

22.1
Wittem, Kirche und Kloster der Kapuziner
Grundriß des Erdgeschosses, 1730

Lavierte Federzeichnung (grau), 63 x 84,2 cm
5 Deckblätter zum Grundriß des Ergeschosses:
Deckblatt 1: Ostflügel und Kellergeschoß
Deckblatt 2: Westflügel, Erdgeschoß, Variante
Deckblatt 3: Westflügel, Treppenhausvariante zu Deckblatt 2
Deckblatt 4: Erweiterungsflügel, Kellergeschoß
Deckblatt 5: Erweiterungsflügel, Entresols
Signatur: *J.C. Schlaun mp. Wittum dn 5tn Juni 1730 – Servaes Bochoms.*
Beischrift: Kennziffern; Maßangaben
Maßstab: *80 fues* = 27,8 cm

Westfälisches Landesmuseum Münster, Schl.-Bd. 77

Der Grundriß ist wie die folgenden Blätter 22.2 – 3, 5–6 von Schlaun und dem Maurermeister Servaes Bochoms unterzeichnet; zu der Zeichnung gehören fünf Deckblätter mit Varianten zum Grundriß des Erdgeschosses.

22.2
Wittem, Kirche und Kloster der Kapuziner
Grundriß des Obergeschosses

Lavierte Federzeichnung (grau), 56,3 x 84,7 cm
Signatur: *J.C. Schlaun mp. – Servaes Bochoms*
Beischrift: Kennziffern; Maßangaben
Maßstab: *80 fues* = 27,6 cm

Westfälisches Landesmuseum Münster, Schl.-Bd. 76

22.3
Wittem, Kirche und Kloster der Kapuziner
Aufriß der Westseite von Kirche und Kloster

Lavierte Federzeichnung (grau), Bleigriffel, 40,5 x 77,4 cm
Signatur: *J:C: Schlaun mp. – Servaes bochoms.*
Deckblatt mit Treppenrampe, 5,6 x 23,7 cm

Westfälisches Landesmuseum Münster, Schl.-Bd. 78

Der Aufriß der Kirchenfassade und des Kirchendaches sind aus einem Bogen ausgeschnitten und auf den Aufriß der Klosterfassade aufgeklebt. Unten ein Deckblatt mit der Treppenrampe. Wahrscheinlich ist nur der Riß der Kirchenfassade und der Rampe eigenhändig von Schlaun.

22.4

Wittem, Kirche der Kapuziner

Aufriß des Westportals mit dem darüberliegenden Fenster, Grundriß der Portalgewände

Lavierte Federzeichnung (grau, schwarz), 66,6 x 29,2 cm
Titel: *portahl mit dem oberligt*
Beischrift (oben rechts neben dem Fenster): *dieses portahl kan gleich so hoch auffgerichtet werden, als die dieffe Vom Fenster mit einer punctirten Linie marquieret. Die Kinder mit dem gewölck kan nachdem auch frey auffgesetzet werden.*
(im Portalfeld): *punct der Centri zum grund.*
(neben den Grundrissen der Gewände): *Üntere grund – obere grund.*
Kennbuchstaben
Maßstab: 20 *fues* = 28,1 cm

Westfälisches Landesmuseum Münster, Schl.-Bd. 79

Die Zeichnung ist aus vier einzelnen Blättern zusammengesetzt; die Nahtstellen sind durch Kreuz, Kreis und Quadrat markiert. »In der Detailzeichnung des Portals und des Fensters behielt Schlaun die Form der Portalrahmung gegenüber dem Fassadenaufriß bei. Die von Profilen eingefaßte ebene Türöffnung wird beiderseits von schräg nach außen gestellten, schmalen, profilierten Pilastern auf Sockeln gerahmt. Antikisierende Triglyphen mit Regulae und Guttae übernehmen die Funktion der Kapitelle. Das sich analog zu den Eingangsstufen konvex wölbende, verkröpfte Gebälk wird durch ein kräftig profiliertes, sich mittig rund aufbiegendes Giebelgesims mit Zahnschnitt abgeschlossen. Dieses bildet die Bühne für die vollplastische Figurengruppe des hl. Johannes von Nepomuk in der Glorie.
Der Heilige ist durch Soutane, Rochette und Mozzetta als Kanoniker charakterisiert und in anbetende Betrachtung des Kruzifix', welches er im rechten Arm hält, versunken. Damit folgt der Entwurf dem Typus der 1683 vollendeten, auf Kooperation der Bildhauer Matthias Rauchmiller und Johannes Brokoff zurückgehenden Statue auf der Prager Karlsbrücke. Die Darstellung bezieht sich auf eine Szene der Heiligenvita: In seiner Todesangst erfuhr Johannes von Nepomuk durch das Gebet zum gekreuzigten Christus Trost und Stärkung. Auf den Gesimsflanken befinden sich, ebenfalls auf Wolken, zwei Engelsfiguren, wobei der linke das Birett des Heiligen und der rechte ein Buch hält. Dieses Attribut charakterisiert den Heiligen als Gelehrten. Durch das hoch aufragende Fassadenfenster wird die Nepomuk-Figur gerahmt. Gleichzeitig verdeckt die Gruppe die Fensterbrüstung, so daß Portal und Fenster eine Einheit bilden. Dieses Anliegen Schlauns geht auch deutlich aus der Beischrift des Blattes hervor: ›dieses portahl kan gleich so hoch auffgerichtet werden, als die dieffe vom fenster mit einer punctirten Linie marquiret…‹« (Bußkamp 1992).

22.6

22.6

22.5
Wittem, Kirche der Kapuziner
Längsschnitt mit Aufriß des Dachreiters (Abb. S. 162)

Lavierte Federzeichnung (grau), 42 x 49,9 cm
Titel: *Profil von der länge der Kirchen*
Signatur: *JC Schlaun mp – Servaes bochoms.*
Maßstab: *80 fues* = 27,8 cm

Westfälisches Landesmuseum Münster, Schl.-Bd. 80

22.6
Wittem, Kirche der Kapuziner
Querschnitt der Kirche, zwei Dachstuhlschnitte

Lavierte Federzeichnung (grau, schwarz, rot), 41,7 x 29,4 cm
Titel (heute verblaßt): *Profil von der breihte der Kirchen, so wohl hinterwerts als vorwerths undt seyen an der Chormauer die äuserliegen Chorfenster punctieret*
Signatur: *J:C: Schlaun mp. Servaes bochoms.*
Beischrift (zum linken Dachstuhlschnitt): *Profil von den Seitendächern*
Deckblatt mit Aufriß der Fürstenloge auf der Eingangsseite der Kirche (heute verloren)
Maßstab: *80 fues* = 27,7 cm

Westfälisches Landesmuseum Münster, Schl.-Bd. 81

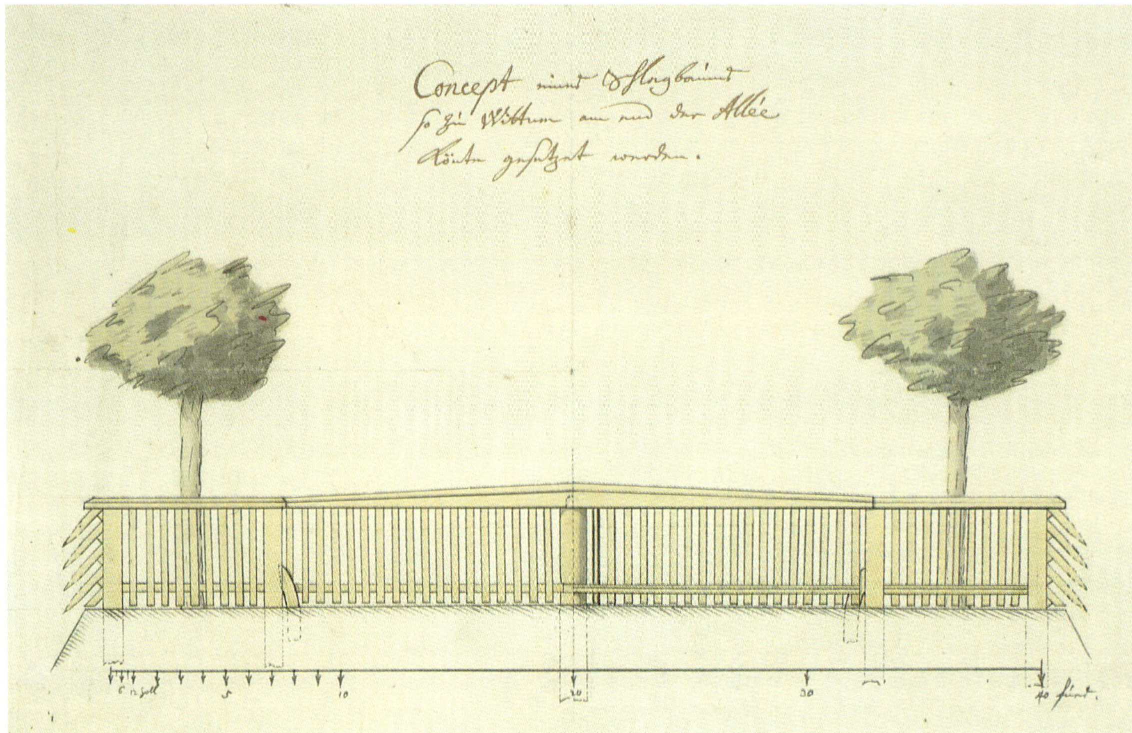

22.10

22.7
Wittem, Kirche der Kapuziner
Querschnitt durch den Hauptaltar

Lavierte Federzeichnung (grau, hellrot), 43,9 x 29,8 cm
Titel: *Profil des grosen Altars*
Maßstab: *20 fues* = 20,8 cm

Westfälisches Landesmuseum Münster, Schl.-Bd. 82

22.8
Wittem, Stauwerk im Flußbett
Grundriß

Lavierte Federzeichnung (grau, grün, blaßgelb), Bleigriffel, 56,3 x 47,1 cm
Titel: *Plan von der Stauung der Nis(wieler bach) zu Wittum*
Maßstab: *60 fues* = 26,6 cm

Westfälisches Landesmuseum Münster, Schl.-Bd. 2

22.9
Wittem, Stauwerk im Flußbett
Querschnitt

Lavierte Federzeichnung (grau, hellrot), Bleigriffel, 39,5 x 31,3 cm
Titel: *Profil von der Stauung der Niswieler Bach zu Wittum*
Maßstab: *60 fues* = 26,3 cm

Westfälisches Landesmuseum Münster, Schl.-Bd. 1

Titel laut alter Kartei im Landesmuseum, die Schrift ist heute nicht mehr erhalten; oben rechts eine größere Flickstelle erkennbar.

22.10
Wittem, Drehbarer Schlagbaum

Lavierte Federzeichnung (grün, gelb), 19,8 x 31,4 cm
Titel: *Concept eines Schlagbaumes so zu Wittum am end der Allée könte gesetzet werden.*
Num.: *116.*
Maßstab: *40 fues* = 25,1 cm

Privatbesitz, Klebeband Clemenswerth, 90r oben

Das Blatt war möglicherweise Muster für eine ähnlich geplante Anlage, um die Allee zwischen Clemenswerth und Sögel zu sperren (Kat.-Nr. 36).

22.7

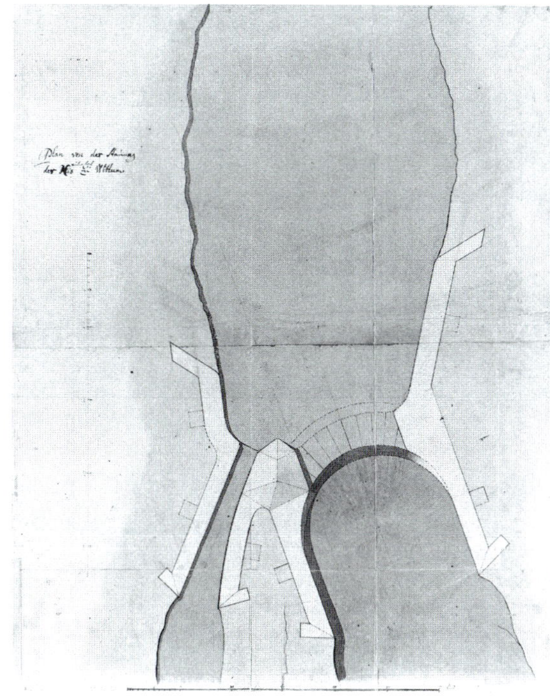

22.8

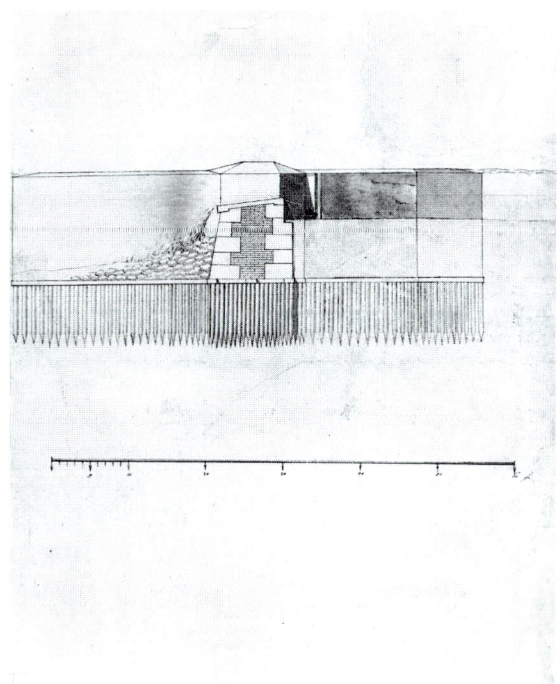

22.9

23

Pfarrkirche Sankt Agatha, 1731–36

Eys

Seit dem frühen 17. Jahrhundert ist in Visitationsprotokollen das Patrozinium der hl. Agatha in der Kirche in Eys belegt, und der Bau wurde seit 1613 als »ecclesia matrix« und seit 1624 als »ecclesia parochialis« bezeichnet. Seit 1624 lag das Kollationsrecht alternierend beim St. Pauls-Kapitel und beim jeweiligen Herrn von Wittem, der auch mit der Herrschaft Eys belehnt war. Die alte Kirche, gelegen auf dem Boerenberg nordöstlich des heutigen Baus, war 1712 in einem schlechten baulichen Zustand und für die gewachsene Gemeinde zu klein.

BAUHERR: Ferdinand von Plettenberg, der 1722 die Herrschaft Eys erworben hatte (vgl. Kat.-Nr. 22), schloß am 9. Juli 1731 durch seinen Bevollmächtigten Braumann mit dem Vertreter des Lütticher St. Pauls-Kapitels, Kanoniker Baron von Horst, einen Vertrag über den Neubau der Pfarrkirche, in dem die Finanzierung des Baus festgelegt wird. Weitere Geldmittel wurden vom Domherrn von Schell und dem Eyser Pastor Duckweiler zur Verfügung gestellt, während das St. Pauls-Kapitel durch den Erhalt des Zehnten zum Bau und Unterhalt der Kirche verpflichtet war. Am 16. Juni 1732 wurde der Grundstein gelegt, im März 1734 übernahm vermutlich Johann Joseph Couven die Bauleitung, die Maurerarbeiten wurden von Meister Paulus Klausener ausgeführt. Die Gewölbe der Kirche entstanden offensichtlich erst 1735, letzte Arbeiten zogen sich bis zum Herbst 1736 hin. 1738 wurden rund um den Friedhof Bäume angepflanzt »ad conservarum muri ecclesiae«, möglicherweise nach der ursprünglichen Planung Schlauns (Kat.-Nr. 22.1). Der Hochaltar wurde 1743 gestiftet, die Altäre dürften im übrigen aus stilistischen Gründen nicht auf Entwürfe Schlauns zurückgehen. Die Weihe der Kirche fand am 16. Juni 1770 statt, am gleichen Tag mit der Konsekration der Wittemer Kirche durch den Weihbischof von Lüttich. 1934–45 wurde die Kirche durch Anbauten nördlich und südlich des Chores erweitert, im Zweiten Weltkrieg wurde der Kirchturm beschädigt, die letzte Restaurierung fand 1982 statt.

LITERATUR

Hartmann 1910, S. 272; E. Schoolmesters, *Hanson – Aynse – Eyss,* in: Leodium 9 (1910), S. 61-63; H. Mosmans, *Kerkbouw Eys,* in: De Maasgouw 45, 1925, S. 4f.; Rensing 1936, S. 18; Rensing 1954, S. 17; J. F. van Agt, *Zuid-Limburg. Vaals Wittem en Slenaken, (De Nederlandse Monumenten van Geschiedenis en Kunst)* s'Gravenhage 1983, S. 229-32; Bußkamp 1992, S. 58-62, 67f., 73f., 160–71 (mit ausführlicher Bibliographie).

QUELLEN

Briefwechsel über den Stand der Bauarbeiten in: Rijksarchief in Limburg, Maastricht; *E. Kreuwels, Inventaris van het Archief van de Parochie Eys-Wittem 1696–1964,* Maastricht 1987 (MsKr.), Gemeentelijke Archiefdienst Maastricht (teilweise publiziert bei Bußkamp 1992).

AUSFÜHRUNG: Die Zeichnungen Schlauns sind in das Jahr 1731 datiert (Kat.-Nr. 23.2 und 3), der ein Jahr später vorgelegte Alternativentwurf (Kat.-Nr. 23.4 und 5) wurde nicht realisiert. Der dreijochige Saalbau ist über eine kleine, annähernd quadratische Turmvorhalle im Westen zugänglich, im Osten schließen der ebenfalls quadratische, leicht eingeschnürte Chor mit flach konkav geführter Abschlußwand sowie die kleine Sakristei an.

Der Gliederung des Innenraums entspricht im wesentlichen die Fassadengestaltung des Außenbaus. Den konkav gerundeten Raumecken – hier sind im Westen eine querovale Taufkapelle und der Emporenaufgang, im Osten die diagonal gestellten Seitenaltäre angebracht – antwortet außen eine ebenfalls konkave Einziehung, die im Walmdach fortgeführt wird. Die Jochgliederung des Innenraums wird an der Langhausfassade durch die Mauerstreifen verdeutlicht, der Verjüngung des Grundrisses nach Osten im Chor und der Sakristei entspricht im Aufriß die Abstufung der jeweiligen Walmdächer. Prominentes ›Repräsentationsstück‹ der Architektur ist der extrem schlanke, halb eingezogene Glockenturm, dessen Westseite die dreigeschossige Hauptfassade mit Dachreiter bildet. Der enorme Vertikalzug wird noch durch die Überleitung von einer quadratischen Grundrißform in ein Oktogon im Glockengeschoß unterstützt. Ähnlich wie an der Fassade der Lembecker Michaelskapelle (Kat.-Nr. 19) vervollständigen sich der Aufriß des Westturms und die Doppelstreifen des eigentlichen Baus zu einer zur Mitte hin gestaffelten Gesamtfassade. Die Profile des Portalrahmens führen oberhalb des Türsturzes in die Inschrifttafel über, ein an den Seiten nach oben gebogenes Gebälk trägt das Gesims mit dem Allianzwappen des Stifters, vermutlich

23.4 Eys, Pfarrkirche St. Agatha, Alternativentwurf, Aufriß der Längsseite, Querschnitt und Grundriß, 1732

der Familien Plettenberg-Westerholt. Das in ungewöhnlicher Form aufschwingende Gesims bereitet auf die Form des Doppelrundfensters vor, über dem ein ebenfalls einschwingendes Wandfeld korrespondiert. Dieses Motiv markiert nicht nur die prominenteste Stelle der Außenfassade, sondern ist gleichzeitig auch das wichtigste Gestaltungselement des Innenraums. Bußkamp hat für das Portalmotiv auf den Vorbildcharakter römischer Architektur verwiesen, vor allem auf die Grabmäler in den äußeren Seitenschiffswänden von S. Giovanni in Laterano, die Borromini im Zuge der Umbaumaßnahmen neu gestaltet hatte und die durch de Rossis Traktat ›Studio d'architettura civile‹ in publizierter Form vorlagen (Abb. 3). Darüber hinaus ist das Motiv der korrespondierenden angrenzenden Wandfelder, die den Fenster- oder Türenschwung parallel aufnehmen, ebenfalls bei Borromini bereits vorgeprägt und im ›Musterbuch‹ de Rossis dem Architekten des 18. Jahrhunderts vorgeführt (Abb. 4).

Im Innenraum werden ebenso wie in der Kapuzinerkirche in Münster die drei Joche der Saalkirche mit breiten Gurtbogen auf Pilastern und profilierten Kämpferplatten sowie den Kreuzgratgewölben voneinander getrennt. Die Beschreibung von Bußkamp als Wandpfeilersaal mit »nach Innen genommenen Strebepfeilern mit flachen Pilastervorlagen und Schildbogen« ist nicht richtig, die Bezeichnung als »Aquäduktbogen« (Kimpel) sicherlich zutreffender (siehe Kat.-Nr. 16). Der Wandaufriß in Eys kann beinahe als Kopie des Münsterschen Schemas bezeichnet werden: Über dem flach vertieften Wandfeld mit Segmentbogen – im mittleren Joch als Nische ausgebildet – folgt in Münster das Rundbogenfenster, dem in Eys das Doppelrundbogenfenster mit darunter liegender, zweifach eingezogener Wandfläche entspricht. Dieses außergewöhnliche Motiv vervielfacht letztlich das Portalmotiv mit dem Stifterwappen, macht so den mildtätigen Bauherrn auch im Innenraum für die Gemeinde ›allerorts‹ präsent. Ähnlich wie in Wittem (Kat.-Nr. 22) werden im Gegensatz zu Münster die inneren Mauerecken als konkave Rundungen ausgebildet. Die scheinbar schlichte Pfarrkirche erhält so ein Formenrepertoire, das die Bauten in Münster und Wittem gleichsam zusammenfaßt, sinnfällig den Stifter aller drei Kirchen immer wieder architekturikonographisch nennt: in ›seiner‹ Hauskirche in Münster, in ›seiner‹ Schloßkapelle in Wittem und in der Pfarrkirche ›seiner‹ Gemeinde in Eys.

1 Domenico de Rossi, Studio d'architettura civile, Rom 1713, Teil I, Taf. 46, Portal im Palazzo Barberini von Bernini

2 Eys, Pfarrkirche St. Agatha, Ansicht von Südosten vor der Erweiterung (1924)

ALTERNATIVENTWURF: Die nicht realisierte Alternativplanung Schlauns, die er erst 1732 vorlegte (Kat.-Nr. 23.4 und 5), vermutlich kurz vor der Grundsteinlegung des ausgeführten Baus, geht nach Bußkamp davon aus, die kleine alte Kirche auf dem Boerenberg zu erweitern, worauf die dunklere Lavierung des alten Bestandes schließen läßt. Vermutlich hatte Plettenberg auf Grund der anfänglichen Zahlungsschwierigkeiten mit dem St.-Paulus-Kapitel von einem grundsätzlichen Neubau absehen wollen und statt dessen an eine kostengünstigere Erweiterung der bestehenden Kirche gedacht. Demnach plante Schlaun, das dreijochige, kreuzgratgewölbte Langhaus um ein westliches, zum Quadrat verbreitertes Querhaus und eine Turmhalle zu erweitern. Im Osten ersetzt ein eingezogener Kastenchor den Vorgänger und teilt sich im Innern in den eigentlichen Chorraum mit Hochaltar und die dahinter liegende Sakristei, die durch seitliche Türen bzw. Öffnungen vom Chor aus betreten werden kann. Der Außenaufriß macht eine eindeutige Unterscheidung zwischen dem ›mittelalterlichen‹ Vorgängerbau und dem ›modernen‹ Erweiterungsbau möglich, werden doch nur das Querhaus und die Turmhalle durch Mauerstreifen architektonisch gegliedert. Den konkav einschwingenden Gebäudeecken des Ausführungsentwurfs entsprechen hier konvex abgerundete, seitlich durch je einen hervortretenden Mauerstreifen akzentuierte Ecken, wie dies bereits beim Familiensitz der Plettenbergs nach dem Vorbild Borrominis realisiert worden war: In Schloß Nordkirchen (Kat.-Nr. 11) hatte Schlaun die von Peter Pictorius d.J. bereits vollendete Orangerie unter Beibehaltung der Grundrißdisposition 1725–28 um ein Stockwerk erhöht und mit einer modernen Fassade versehen.

Der Aufriß der Turmfassade folgt prinzipiell dem Ausführungsentwurf, allerdings ist die Inschrifttafel mit dem Allianzwappen des Bauherrn in das mittlere Turmgeschoß verlegt, die Rundbogenöffnung des Glockengeschosses wird durch die Doppelrundbogenöffnung ersetzt, die im Ausführungsentwurf zum zentralen Gestaltungsmotiv wird. Das Portal mit aufgesetztem Okulusfenster und bekrönendem Segmentbogengiebel, dessen Gesims seitlich in der Horizontalen kurz weitergeführt wird, ist ein gängiges römisches Motiv zur ikonographischen Auszeichnung von Fenstern und Türen bei Bernini und Borromini; beispielhaft sei hier auf ein bei de Rossi publiziertes Portal im Palazzo Barberini (Abb. 1) verwiesen.

Auch der Aufriß des Innenraums folgt römischen Vorbildern: Ob die seltene Verwendung der Lunettenfenster durch den Vorgängerbau vorgegeben war, kann nur spekuliert werden, jedenfalls macht Schlaun das Motiv zum bestimmenden Gestaltungsmerkmal, vergleichbar dem Thermenfenster in der Wittemer Kirche. Das Fensterpaar des Langhauses wird im Chor noch einmal in leicht abgeflachter Form wiederholt und im Querhaus in beinahe monumentaler Form eingesetzt. Bußkamp hat für den Innenaufriß der Querhauswand mit den seitlichen Doppelstreifen und dem umlaufenden Kämpfergesims auf die Vorbildfunktion der von Antonio Canevari gestalteten Seitenkapellen in der frühchristlichen Basilika SS. Giovanni e Paolo hingewiesen, die im übrigen durch eine der erhaltenen römischen Studienzeichnungen Schlauns dokumentiert sind (Kat.-Nr. 10. 11).

Ebenso wie in der benachbarten Wittemer Schloßkapelle hat der Bauherr auch in Eys von Schlaun eine Verbindung alter, das heißt antiker und mittelalterlicher, mit zeitgenössischer moderner Architektur gefordert, ist doch der architektonische Verweis auf die kaiserliche und päpstliche Roma Aeterna Ausweis und Würde zugleich für die Bauten und ihren Stifter Plettenberg.

3 Domenico de Rossi, Studio d'architettura civile, Rom 1713, Teil II, Taf. 40, Grabmal des Kardinals Molara in S. Giovanni in Laterano von Borromini

4 Domenico de Rossi, Studio d'architettura civile, Rom 1713, Teil I, Taf. 92, Fenster in der Fassade des Oratoriums von S. Filippo Neri von Borromini

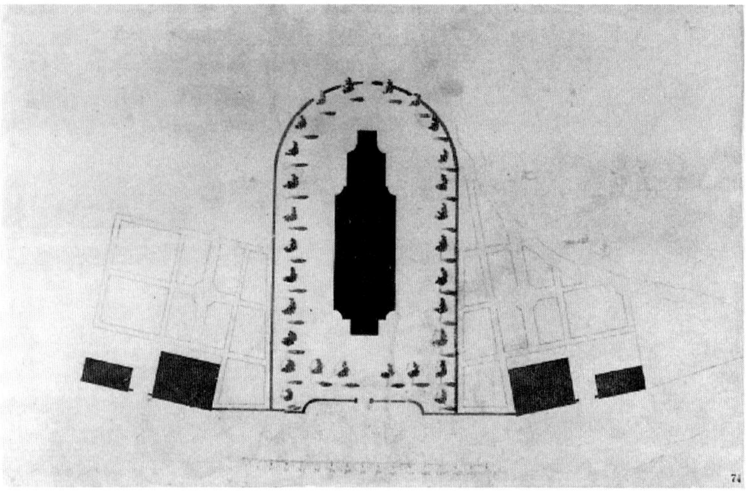

23.1

23.2

23.3

23.1
Eys, Pfarrkirche St. Agatha
Lageplan der ausgeführten Kirche

Lavierte Federzeichnung (grau), 29 x 45,9 cm
Maßstab: *160 fues* = 15 cm

Westfälisches Landesmuseum Münster, Schl.-Bd. 74

23.2
Eys, Pfarrkirche St. Agatha
Ausführungsentwurf, Aufriß der Längsseite, Querschnitt und Grundriß, 1731

Lavierte Federzeichnung (grau, blaßrot, blaßblau, gelb), 59 x 44,5 cm
Beischrift: im Grundriß Maßangaben
Datierung (in der Wetterfahne): *1731*
Maßstab: *100 fues* = 31,5 cm

Westfälisches Landesmuseum Münster, Schl.-Bd. 75

23.3
Eys, Pfarrkirche St. Agatha
Ausführungsentwurf, Querschnitt nach Westen, Aufriß der Turmseite, Querschnitt nach Osten

Lavierte Federzeichnung (grau, blaßrot, blaßblau, gelb), Bleigriffel, 50,5 x 47,8 cm
Maßstab: *100 fues* = 31,5 cm

Westfälisches Landesmuseum Münster, Schl.-Bd. 73

23.4
Eys, Pfarrkirche St. Agatha
Alternativentwurf, Aufriß der Längsseite, Querschnitt und Grundriß, 1732 (Abb. S. 176)

Lavierte Federzeichnung (grau, schwarz, blaßrot, blaßblau, gelb), Bleigriffel, 55,6 x 38 cm
Datierung (in der Wetterfahne): *1732*
Maßstab: *80 fues* = 25,5 cm

Westfälisches Landesmuseum Münster, Schl.-Bd. 71

23.5

23.5
Eys, Pfarrkirche St. Agatha
Alternativentwurf, Querschnitt nach Westen, Aufriß des Fassadenturms, Querschnitt nach Osten

Lavierte Federzeichnung (grau, grauschwarz, gelb, blau, rot), 43,7 x 44,2 cm
Maßstab: *80 fues* = 25,3 cm

Westfälisches Landesmuseum Münster, Schl.-Bd. 72

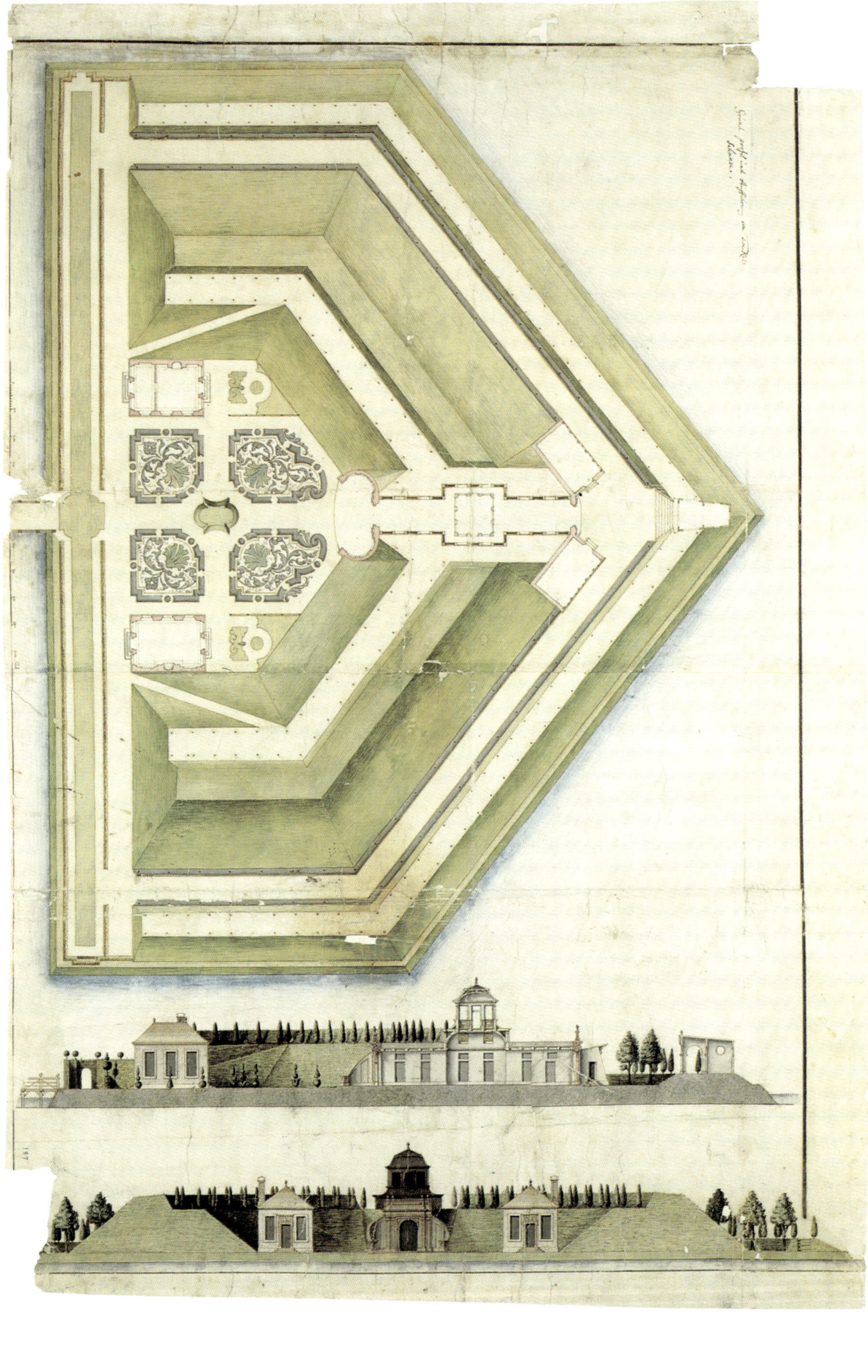

24

Lustgarten auf der Twickelschanze, 1729/31

Münster

Auftraggeber war der Freiherr Wilhelm von Twickel, seit 1731 Vicedominus im Domkapitel zu Münster, seit 1734 Weihbischof von Hildesheim, der von Schlaun auf einer der Schanzen einen Lustgarten für friedliche Zeiten anlegen ließ. Zentrum der Anlage ist eine Grotte mit darüberliegendem Belvedere, von dem aus man, aufgrund der exponierten Lage des Gartens, die umliegende Landschaft aus sicherer Entfernung betrachten konnte. Durch die Grotte gelangte man vom Gartenparterre aus zu einer Gloriette, die, an die Spitze der Bastion hinausgeschoben, Zielpunkt der auf verschiedenen Ebenen angeordneten Gartenwege war. Entgegen früheren Annahmen wurde die Anlage, wie ein Gutachten des Landmessers Berteling aus dem Jahre 1775 zeigt, auch ausgeführt: »die drei Gartenhäuser, so sehr kostbar gebauet, aber in baufälligen Stande, seint nicht angeschlagen.«

Der Kurfürst hatte in diesem Jahr die bislang nur zur Nutznießung überlassene Schanze dem Freiherrn Clemens August von Twickel zum Kauf angeboten, nachdem sie seit dem Siebenjährigen Krieg als Schießstand der Großen Schützen gedient hatte. Um 1780 wurde durch Clemens August von Vagedes ein Herrenhaus auf der Schanze für den Pfennigkammersekretär Engelen errichtet, daher der heutige Name Engelenschanze. Das klassizistische Palais wurde nach reparablen Beschädigungen im Zweiten Weltkrieg abgerissen, die Spitze des Ravelins abgeschnitten und nach der Auffüllung der Gräben zum Nutzen einer breiten Autostraße nur ein Teil des Grabens entlang der heutigen Promenade erhalten und auf dem kaum noch kenntlichen Grundstücksrest ein moderner Garten angelegt.

Münster war seit dem Mittelalter von einer hohen Stadtmauer mit einzelnen Türmen und festen Torwerken, einem Wallfuß und Wassergraben, einem mächtigen Außenwall und zweitem Graben außerordentlich stark befestigt. Vor der langen Wallflanke an der Südostseite des Festungsrings entstand 1633 ein Ravelin mit Flanken, ganz von Wassergräben umgeben, mit dem Namen Johannisschanze, versehen mit einem breiten, hohen Erdwall mit Brustwehr als Standort für schweres Geschütz. Zur Stadtseite hin offen, führten vom kleinen Innenplatz Rampen auf den Wall. An der Spitze des Ravelins stand eine Wachthütte. Außen, direkt über der Wasserlinie, gab es eine sogenannte ›fausse braie‹, einen durch Erdbrüstungen gedeckten Weg, für die Verteidigung durch Infanterie. Die Verbindung zum Stadtwall erfolgte über eine Holzbrücke, die Anlage war also eine Insel.

Eine Planzeichnung Schlauns (Kat.-Nr. 24.1) zeigt die Umformung der Schanze zu einem Inselgarten in italienischer Manier, sie ist zugleich militärisches Bollwerk und Lustgarten, eine einzigartige Verbindung, der das architektonische und das ikonographische Programm zu folgen hatten. Die Anlage wird vom Stadtwall aus über eine Holzbrücke in einer langen Achse bis hin zur Gloriette erschlossen, wobei man ein kleines vierteiliges Parterre de broderie passiert, an den Seiten flankiert von zwei beheizbaren Pavillons mit rückwärtigem Ausgang zu je einem winzigen, eigenen abgeteilten Rasenparterre. In der Mitte des Giardino secreto ist anstelle eines Bassins, was in Italien gefordert wäre, ein allerdings wie ein Brunnen geformtes vertieftes Rasenstück eingelassen. Anschließend gelangt man auf einen Vorplatz, dessen einladend geöffnete Wangen den Besucher auffordern, die unter dem Hauptwall durchgeführte dunkle Ganganlage zu betreten. Sie wird in der Mitte zu einem quadratischen Raum mit Muldengewölbe erweitert und ist beiderseits mit Nischen für ein Skulpturenprogramm ausgestattet – mit hoher Wahrscheinlichkeit eine Grottenanlage, selten genug in kühleren Landstrichen. Am Ende des Ganges tritt man zwischen zwei schräg gestellten Orangerien holländischen Typs wieder ans Licht auf einen sechseckigen Vorplatz, um über wenige Treppenstufen die höhergelegene Gloriette mit offener Bogenstellung an der äußersten Spitze zu erreichen, von wo aus der Blick frei ins Land geht.

LITERATUR

Westfalen, 11, 1921/22, S. 45 ff.; Geisberg 1932, Münster I, S. 185–89, 219; Rensing 1954, S. 38, um 1733/35; Schopf 1988, S. 162 (nicht behandelt); Mummenhoff 1994, S. 56–60, eingehende Analyse.

QUELLEN

Staatsarchiv Münster, Fürstentum Münster, Kabinetts-Registratur Nr. 3040.

24.1 Münster, Twickelschanze, Gesamtplan, Aufriß und Querschnitt der Halle

1 Münster, Twickelschanze, Perspektive – Gottfried Laurenz Pictorius (?)

2/3 Münster, Twickelschanze, Aufrisse und Längsschnitt, Grundriß – Gottfried Laurenz Pictorius, 1728/29

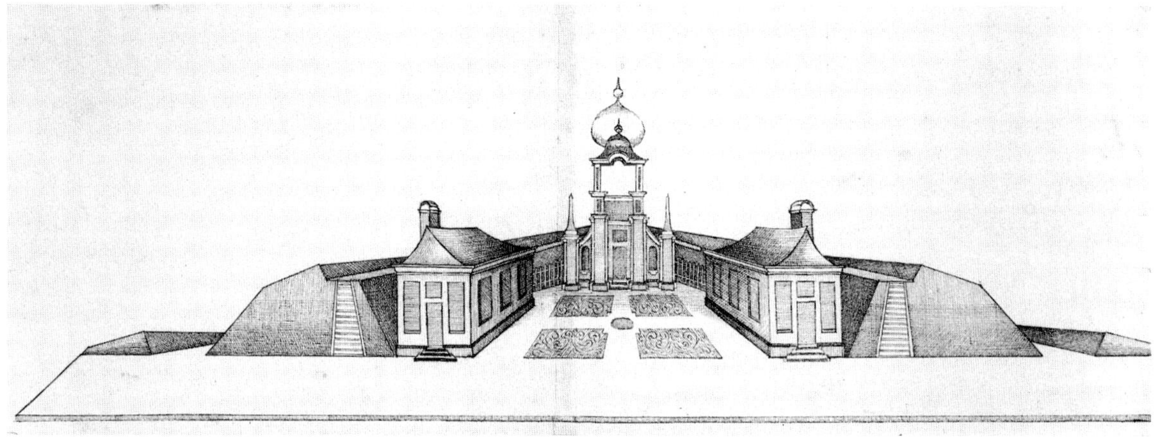

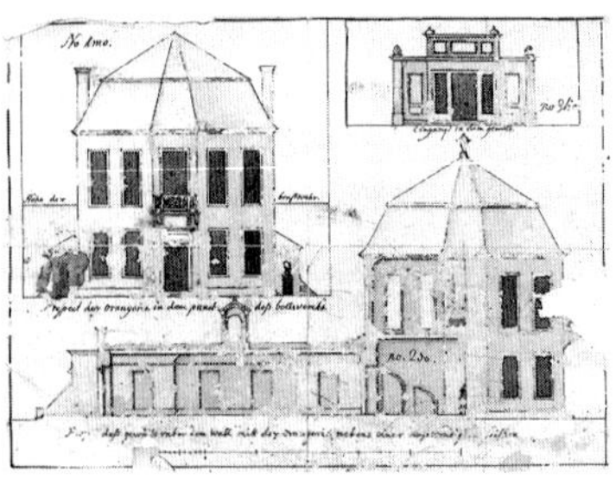

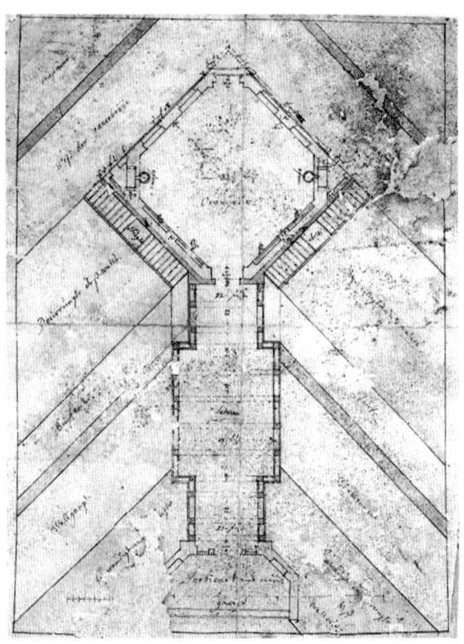

Zwei weitere Zeichnungen desselben Sammelbandes (Kat.-Nr. 24.2–3), der Längsschnitt des unterirdischen Ganges mit dem aufgesetzten Belvedere und der Grundriß, geben eine Variante des ersten Plans zum verstärkten Ausbau des Ganges in massivem Mauerwerk, wobei die Wände zum Schutz gegen Erddruck und Feuchtigkeit doppelt mit Luftzwischenraum gemauert werden und die Decke ein massives Tonnengewölbe erhalten sollte. Dazu gehört der Querschnitt (Kat.-Nr. 24.4). Mittelteil und Südhälfte des Ganges sind nur skizziert und mit einer Flachdecke angegeben.

Durch die militärische Anlage bedingt, für den Festungsbaumeister Schlaun als Bauaufgabe vermutlich besonders reizvoll, war das Wegesystem der Anlage auf verschiedenen Ebenen. Von der Zufahrtsbrücke gelangte man entweder auf der Hauptachse über den Giardino secreto direkt in die Grotte bis zur Gloriette oder aber man benutzte die zweiteilige Querachse, ein von Hecken abgeschlossenes fast einhundert Meter langes rasenbepflanztes Spielfeld, an dessen Enden eine Steinbank und ein Ausblick angelegt waren, parallel dazu ein breiter Weg zu den seitlichen Pavillons, von wo aus man zu den höhergelegenen, mit zypressenartigen Bäumchen bepflanzten inneren Wegen gelangen konnte. Diese führten zu einer Aussichtsplattform unterhalb des Belvederes und von dort aus über einige Stufen zu diesem selbst hinauf. Von der Plattform des Belvederes konnte man zu einer Brüstung gelangen, von der aus man den besten Blick auf das Parterreornament des kleinen Gartens hatte. Blieb man unten auf der Querachse und passierte den großen Wall, konnte man außen herum auf dem mit größeren Bäumen bepflanzten sogenannten Rondenweg des Niederwalls ebenerdig auf den sechseckigen Vorplatz vor der Gloriette gelangen. Wie der Querschnitt zeigt, ist auch die breite Brustwehr des Rondenwegs über unauffällige Holztreppchen zu besteigen und zum Flanieren geeignet. Sie ist mit zypressenartigen Bäumchen (Pappeln) bepflanzt, die die Erinnerung an Italien wachhalten sollten. Dieser Weg hatte die Vorhalle der Gloriette als Ziel. Von hier aus wiederum gelangte man über einige Stufen auf die untere Ebene und durch die Grottenanlage zurück in den kleinen Garten.

Höhepunkt der Anlage ist zweifellos die dunkle Grottenanlage unten mit dem darüberliegenden hellerleuchteten Belvedere, ein reich durchfensterter Raum mit einer Holzkuppelkonstruktion. Licht und Fernblick oben, Dunkelheit und ›Aussichtslosigkeit‹ unten. Unten, gleichsam innerhalb des Schanzwerkes, sollte man mit den finsteren vergänglichen, eben auch dem Kriege zugeordneten Mächten konfrontiert werden, während man oben Ausblick hatte auf das im Frieden gedeihende Land.

Der Bau war bereits im Gang, als Schlaun das Projekt übernahm und entscheidend veränderte. Seine Anteile sind vor allem das Belvedere anstelle einer einfachen Laterne, die große Grotte darunter, die Form der einladend geschwungenen Mauern, obwohl auch die Brüder Pictorius etwas ähnliches vorsahen (Abb. 1–3), und der Ersatz des großen Orangeriepavillons am Ende des Ganges, an dessen Stelle der Vorplatz mit der Gloriette trat. Die Disposition der Gärten, Wege und Alleen ist ganz und gar Schlauns Werk, Hinweise auf Entwürfe der Pictorius dazu gibt es nicht.

Die Zeichnungen des Gottfried Laurenz Pictorius stammen spätestens von 1728, da er im Januar 1729 starb. Twickel stand mit ihm seit 1713 in Verbindung. Schlaun war 1728 noch mit Aufgaben in Bonn und Brühl beschäftigt, wo er auch wohnte. 1729 wurde er in Münster als Nachfolger des Pic-

24.4

torius zum Landingenieur ernannt, war aber schon 1728 nach Münster versetzt worden. Schlaun ist mit großer Wahrscheinlichkeit nach dem Tode des Pictorius 1729, spätestens jedoch 1731 von dem Freiherrn Wilhelm von Twickel, seit diesem Jahr Vicedominus von Münster, mit dem Bau der Twickelschanze beauftragt worden.

24.1
Twickelschanze in Münster
Gartenprojekt, Gesamtplan, Aufriß nach Südosten, Querschnitt nach Norden (Abb. S. 182)

Lavierte Federzeichnung (braun, blaßrot, grau, grün, blau), 67,5 x 97,8 cm
Titel: *Grund profil und Aufführung von Twickels-Schanse.*
Maßstab: *100 fues* = 20,2 cm

Westfälisches Landesmuseum Münster, Schl.-Bd. 197

24.2
Twickelschanze in Münster
Gartenhalle, Längsschnitt

Lavierte Federzeichnung (grau), 31 x 62,9 cm
Titel: *Profil vom gebeude in Twickels-Schanse.*
Maßstab: *50 fues* = 24,7 cm

Westfälisches Landesmuseum Münster, Schl.-Bd. 195

24.3
Twickelschanze in Münster
Gartenhalle, Grundriß

Lavierte Federzeichnung (grau), 32,7 x 63,6 cm
Titel: *Grund vom gebäude in Twickels-Schanse.*

Westfälisches Landesmuseum Münster, Schl.-Bd. 196

24.4
Twickelschanze in Münster
Gartenhalle, Querschnitt des tonnengewölbten Ganges

Lavierte Federzeichnung (rot, blaßrot, grau), 12,6 x 17 cm

Westfälisches Landesmuseum Münster, Schl.-Bd. Sch 248

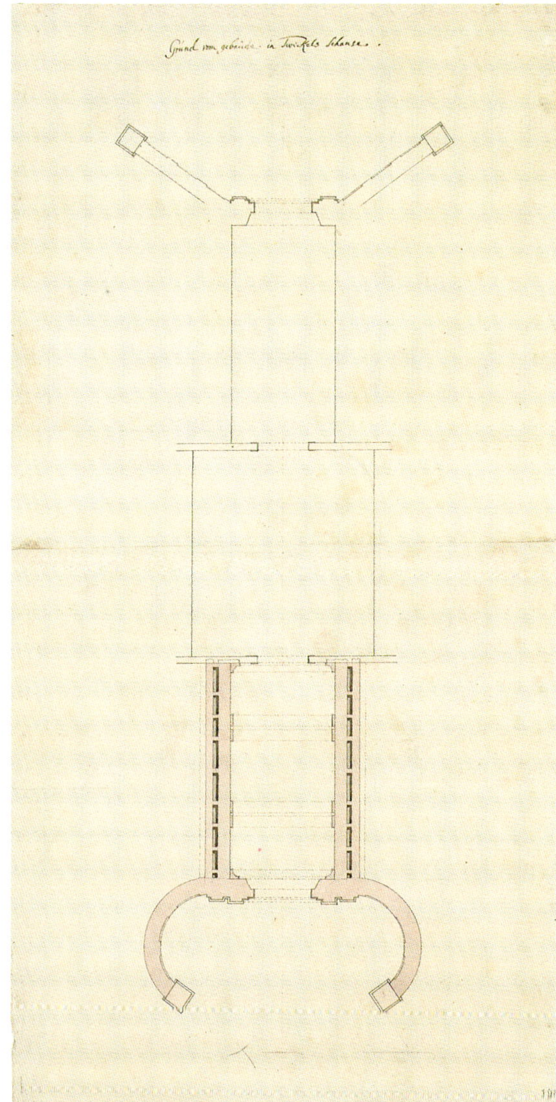

24.3

24.2

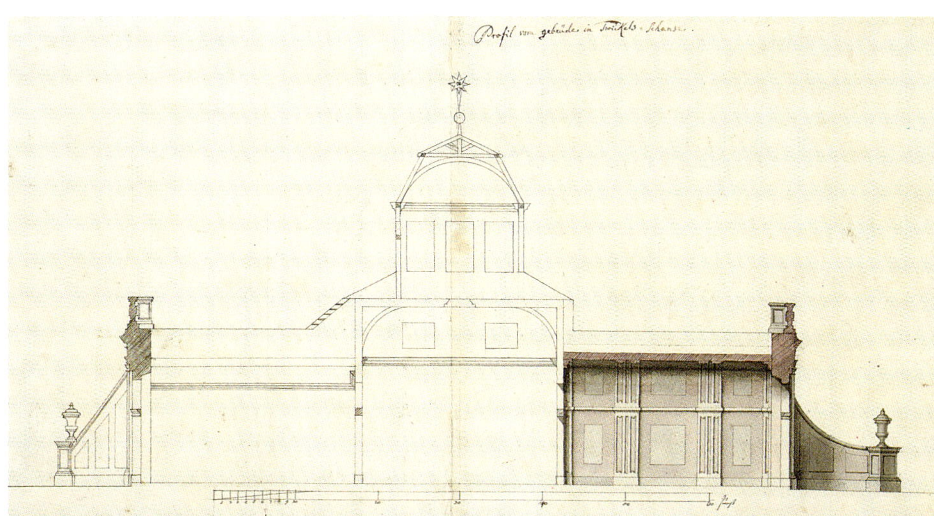

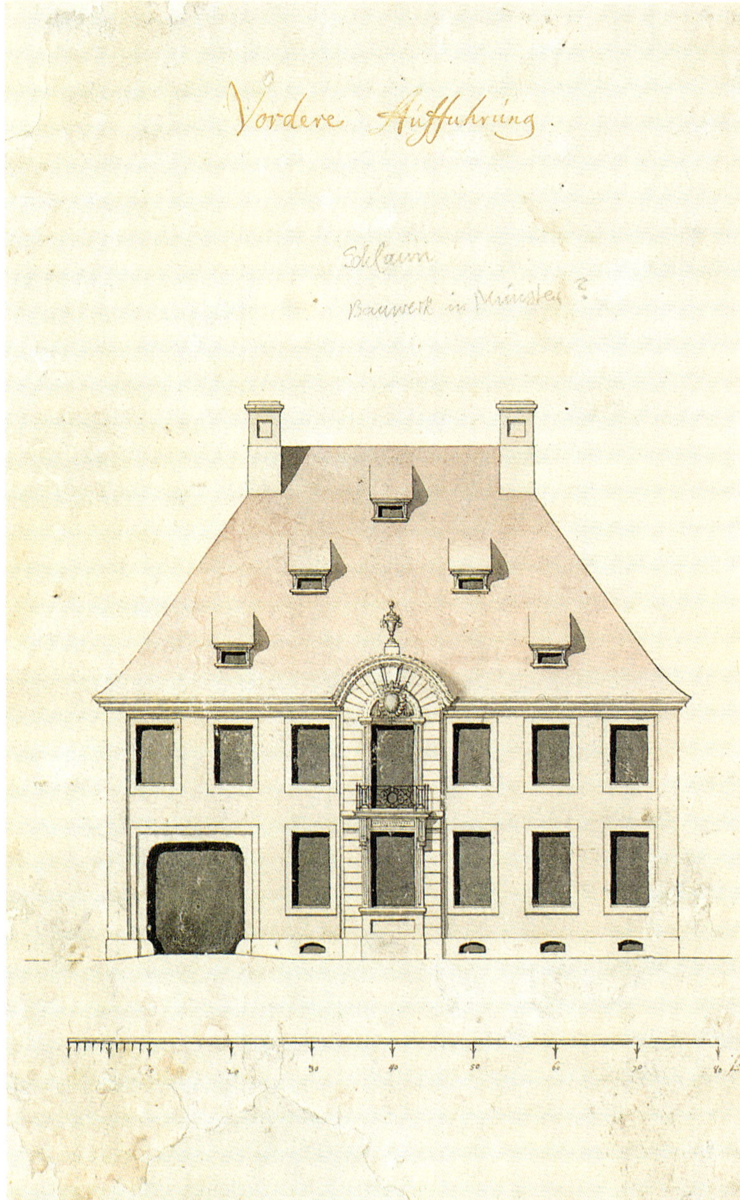
Vordere Auffuhrung
Schlaun
Bauwerk in Münster ?

25
Domkurie für den Freiherrn von Twickel, 1731
Münster, Domhof

Auftraggeber war der Freiherr Johann Wilhelm von Twickel zu Havixbeck. Diese Domkurie ist von der Forschung bislang mehr oder weniger vergessen worden, da man sie keinem konkreten Bauvorhaben zuordnen konnte. Ihre Planungsgeschichte ist jedoch äußerst interessant, da insgesamt vier Architekten daran beteiligt waren: Gottfried Laurenz Pictorius 1713, ein unbekannter Architekt, Lambert Friedrich Corfey und Johann Conrad Schlaun 1731. Die Kurie sollte an prominenter Stelle des Domplatzes anstelle einer abbruchreifen älteren Wohnung errichtet werden. 1798 zeichnet Lipper neue Pläne, die der Freiherr von Elverfeld ausführen läßt.

Schlauns Aufriß der Fassade zum Domplatz zeigt einen zweigeschossigen, siebenachsigen Ziegelbau auf dem Sandsteinsockel eines Kellergeschosses. Das traufenständige Dach ist ebenso hoch wie der Baukörper selbst. Die Mittelachse wird durch einen Risalit aus Backsteinrustika betont, der mit seinem Bogen das Gesims überschneidet, ein Motiv, das Schlaun aus Paris importiert hatte und das später (1743) von Charles Etienne Briseux in ›L'Art de bâtir des maisons de campagne etc.‹ publiziert wurde. Im Bogen das gekrönte Wappen, darüber eine antike Vase. Die Fenster liegen in einem Rahmenfeld, an den Außenkanten des Gebäudes Streifen, die Schlaun in Anlehnung an die früheren Planungen des Gottfried Laurenz Pictorius als ›Kolossal-Lisenen‹ aufgefaßt hat, einerseits um den Bau an den Kanten abzufangen, andererseits um den unregelmäßigen Grundriß zu kaschieren. Die Einheit aus aufgesockeltem Erdgeschoßfenster mit Inschriftfeld, Balkon und Portal im Obergeschoß ebenso wie die kraftvolle Symmetrie der Kamine und der Dachfenster, die konkave Einziehung der Tordurchfahrt im Zusammenhang mit der guten Proportionierung beherrscht zu dieser Zeit in Münster nur Schlaun, der seinen Plan eigenhändig beschriftet hat.

Im Grundriß erkennt man die in den Details sehr sorgfältige Durcharbeitung des Plans: Die Durchfahrt etwa erweist sich im Innern als von Pilastern oder Lisenen gegliederter Raum, in den Ecken gedoppelt; ein vertieftes Wandfeld in der Querachse des Portals leitet über Treppenstufen den Besucher trockenen Fußes in das Haus, wo ihn Entrée und Treppenhaus erwarten, das Entrée zugleich Vestibül des Salons im Erdgeschoß; unter der Treppe sind die Zugänge für die Diener versteckt: zum Heizen und Auftragen der Speisen.

Ähnlich komfortabel und repräsentativ erweist sich das Obergeschoß. Ein schmales Entrée, die Brücke über der Treppe, bietet Zugang zum Vorzimmer, die kleine Enfilade abgefangen durch ein vertieftes Wandfeld im Kabinett. Zwei Appartements an den Seiten des Salons mit komfortablen Nebenräumen für den Hausherrn und einen noblen Gast, im Nebentrakt ein weiteres großzügiges Appartement, jedes mit eigener Toilette, im Keller an die Abwasserleitung angeschlossen.

Zu dieser Planfolge gibt es Konkurrenzentwürfe von Gottfried Laurenz Pictorius, für die sich ebenfalls Pläne im Archiv Twickel erhalten haben: Aufriß der Straßen- und Hofseite, Längsschnitt, Gesamtplan und Grundrisse des Keller- und Obergeschosses (Abb. 1, 2). Ihnen liegt ein Skizzenblatt zugrunde, durch die Schrift eindeutig von der Hand des Pictorius, das eine Bauaufnahme an Ort und Stelle wiedergibt. Pictorius zeichnet die Maßangaben des leicht trapezförmigen Grundstücks in den flüchtig hingeworfenen Grundriß eines zweiflügeligen Herrenhauses, dem an der schrägen Straßenfront eine ungewöhnliche und eigentlich nicht zulässige gerade Achsenzahl zugrunde liegt. Diese unschöne Planung, die es nicht gestattet, eine Mittelachse anzulegen – in späteren Jahren wurde Schlaun beim Schloßbau durch die Planänderungen gezwungen, selbst eine solche gerade Achsenzahl an den Fronten der Seitenflügel zu konzipieren –, zeigt zwar wie der spätere Schlaunentwurf eine Enfilade an der Straßenfront, ist aber in der Distribution der Räume umständlich und altertümlich. Der Salon etwa liegt in der Ecke, hinter den mittleren vier Achsen verbergen sich das

LITERATUR
Geisberg 1932, Münster I, S. 10, Nr. 15, S. 45, Abb. 84, S. 80, Nr. 169; Geisberg 1933, Münster II, S. 32f., 37–42, 112ff.; Rensing 1936, S. 243ff.; ders. über Corfey in: Auf Roter Erde, Nr. 116, 1969; Mummenhoff 1973, S. 164f., Abb. 2; ders. 1984, S. 104, Abb. 102, 103; ders. 1994, S. 57.

25.1 Münster, Domkurie für den Freiherrn von Twickel, Aufriß der Straßenfassade

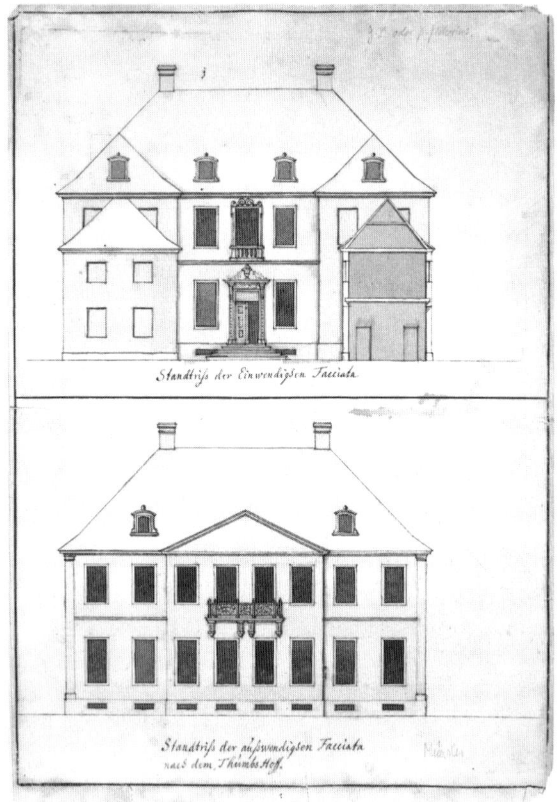

1 Münster, Domkurie für den Freiherrn von Twickel, Aufrisse der Straßen- und Hoffassaden – Gottfried Laurenz Pictorius

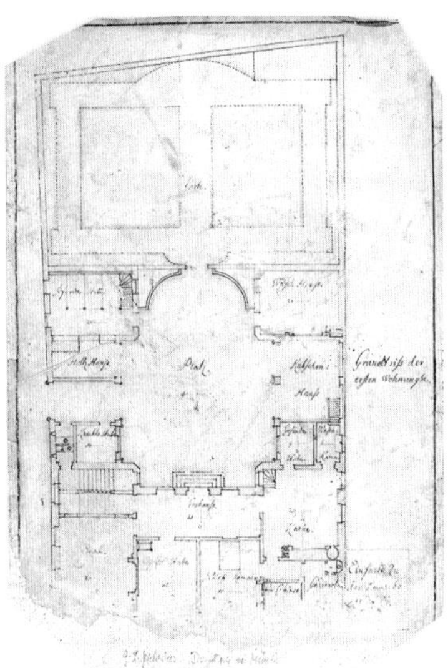

2 Münster, Domkurie für den Freiherrn von Twickel, Gesamtplan, Grundriß Erdgeschoß – Gottfried Laurenz Pictorius

Speisezimmer und ein Schlafzimmer, dessen Kabinett und Garderobe in die Ecke gequetscht sind. Ungeschickt ist die Unterbringung des Treppenhauses halb im Flügel, halb im Haupthaus. Ansonsten handelt es sich bei dem Bau um eine traditionelle Münsteraner Dom- oder Adelskurie mit Haupthaus und zwei Flügelbauten, gruppiert um einen Hof mit seitlicher Zufahrt durch den linken Flügel; in der Achse des Eingangs fangen zwei halbrunde Mauerstücke den Blick zum Garten, der in zwei Beete unterteilt, am Ende segmentförmig bewachsen abschließt. An der Fassade überfängt Pictorius die vier zentralen Risalitachsen mit einem Dreiecksgiebel, ein über zwei Achsen des Obergeschosses geführter Balkon auf schweren Konsolen betont die im Denken des 18. Jahrhunderts asymmetrische Fassade. Die zurücktretenden Seiten sind horizontal durch ein die Geschosse teilendes Gesims gegliedert, an den Ecken fassen Kolossalpilaster das Gebäude zusammen. Die Hoffassade ist dagegen traditionell gestaltet. Flügel, deren einer entgegen den Grundrissen schmaler ausgefallen ist, stehen vor den Risaliten, deren Dachformen den Dreiecksgiebel der Fassade anklingen lassen, in der Mitte nur drei Achsen, man läuft im Innern also auf eine ›tote‹ Wand zu, das geschoßteilende Gesims befindet sich hier im Mittelbau, etwas unglücklich die horizontale Verbindung von Treppe, Vase, die Fenstertür sprengend. Auch die Mansardfenster sind eher gleichmäßig als akzentuierend verteilt. Eine insgesamt recht brave Lösung, die sicherlich keine Begeisterungsstürme hervorrief und nicht ausgeführt wurde.

Die Planung stimmt in den Abmessungen mit den Planungen Schlauns ziemlich genau überein. Mit 72 Fuß gibt Pictorius die Breite des Hauses an, mit 137 Fuß die Tiefe des gesamten Grundstücks. Bei Schlauns Plänen errechnet man eine Fassadenbreite von knapp über 70 Fuß, die Tiefe des Grundstücks beträgt etwa 135 Fuß. Die geringen Abweichungen sind dabei wohl vor allem auf die Begradigung der Domhoffassade durch Schlaun zurückzuführen, die Pictorius bereits auf der Skizze eingestrichelt hatte. Der Grundrißplan von Pictorius zeigt, daß er seine Fassade zu Lasten des seitlichen am Grundstück vorbeiführenden öffentlichen Weges verbreiterte, um seine acht Fassadenachsen einigermaßen proportional unterzubringen. Bei Schlaun ist das bereits korrigiert, vermutlich sind auf den erfahrenen Landmesser Schlaun auch die exakteren Maße zurückzuführen. Der Plan zeigt aber auch deutlich die übereinstimmende unregelmäßige Grundrißform, denn auch bei Pictorius verläuft die Außenmauer leicht schräg in die Tiefe.

Die Idee, die Zahl der Achsen auf sieben zu beschränken, geht auf Lambert Friedrich Corfey zurück. Die Pläne aus dem Archiv Twickel, Aufriß und Grundriß, sind bei Mummenhoff publiziert (Abb. 3, 4). Corfeys Grundriß zeigt in den Maßen vollkommene Übereinstimmung mit dem Grundriß Schlauns. Er übernimmt von Pictorius die seitliche Einfahrt an der linken Seite des Hofes, behält einen Teil des Gartens bei, woran man sehr schön die allmähliche Entfernung des neuen Plans von den Vorstellungen des Pictorius beobachten kann, besetzt den anderen Teil aber bereits mit der Remise. Andererseits greift er mit der zweiflügeligen Freitreppe auf die Skizze von Pictorius zurück, die hier allerdings nur ein Portal bedient. Entscheidend ist der Verzicht auf den zweiten Flügel, der bei der geringen Ausdehnung des Grundstücks angemessen erschien.

Diese Idee geht nicht auf Corfey, sondern auf einen vierten Architekten zurück – Grundriß des Obergeschosses im Archiv Twickel –, der die gerade Achsenzahl des Pictorius zwar beibehielt, den linken Flügel jedoch völlig eliminierte (Abb. 5). Der Entwurf zeigt an der Hofseite eingespannt einen konkav hervortretenden Risalit, hinter dem sich das Treppenhaus verbirgt. Dennoch hat der Entwurf einige

Vorzüge in der Distribution, an die Schlaun anknüpfen konnte, etwa die symmetrische Aufteilung der Appartements im Obergeschoß rechts und links des Salons und die Erschließung des dritten Appartements im Flügel durch einen Gang. Außerdem hatte er bereits die Idee, den Flügel im Erd- und Obergeschoß niveaugleich mit dem Haupthaus zu konzipieren; ein Manko des Corfeyschen Plans erkennt man nämlich im Aufriß: der Flügel für Küche und Stall ist eher ein Schuppen, jedenfalls viel zu klein.

Schlaun endlich verlegt die Remisen ebenso wie den Stall und den Holzplatz an die Stelle des ehemaligen Gartens, auf den er ganz verzichtet, und erhält damit eine geschlossene Hofanlage. Seine Entscheidung, auf die Einfahrt an der Seite zu verzichten, erlaubt es ihm, den Eingang in die Durchfahrt zu legen, eine hochherrschaftliche Lösung, die er in Rom etwa am Palazzo Farnese studieren konnte und die er bei den Planungen zum Plettenberger Hof bereits verwendet hatte. Die Erweiterung der Durchfahrt zum Hof hin bedeutete für den Betrachter eine optische Steigerung des Raumerlebnisses, das Schlaun gleichfalls in den städtebaulichen Lösungen Roms kennengelernt hatte, wo Bernini und Borromini mit Licht und Perspektive Raumillusionen zur Steigerung des Eindrucks erzeugt hatten. In der Achse der Zufahrt hat man sich als Point de vue die gestaltete Einfahrt der Remise vorzustellen.

Nachdem der Planungsprozeß unter Beteiligung von drei bekannten und einem unbekannten Architekten geklärt ist, bleibt die Frage, wo das Gebäude, das niemals gebaut wurde, eigentlich stehen sollte. Die Präsentationszeichnungen des Pictorius geben dazu zwei Hinweise: Zum einen sollte die Fassade am Domhof zu stehen kommen, womit die Annahme Mummenhoffs, daß das Corfeyprojekt mit der Kettelerschen Kurie, heute Dompropstei, in Verbindung stehen könne, hinfällig ist, abgesehen davon, daß dieser Bau etwa zehn Jahre früher entstand. Zweitens hat Pictorius auf dem Grundriß rechts neben der Fassade eingetragen: »Einfarth Zu der Thumb=Kellnerey«. Bei Geisberg wird die Landsberger, später Ascheberger Kurie im Jahre 1702 zum ersten Male als alte Domkellnerei bezeichnet. Landsberg optiert die Kurie mit dem Versprechen, sie bis 1707 nach einem dem Domkapitel vorzulegenden Abriß neu zu erbauen. Verhandlungen über die Verbreiterung der Pferdegasse durch den Herrn Ingenieur Gottfried Laurenz Pictorius. Dieser erhält 12 Reichstaler für die Vollendung des Risses. Bis 1707 ist die Kurie nach seinen Plänen errichtet. Da das Grundstück neben dieser Kurie keinerlei Ähnlichkeit mit dem Grundriß Schlauns hat und mit Einzelhäusern bebaut ist, zudem nicht am Domhof, sondern an der Pferdegasse lag, kommt es jedoch nicht in Frage. Im übrigen sollte der projektierten Kurie nicht nach dem französischen Prinzip ein Ehrenhof vorgelagert werden, sondern der kleine Domherrenpalast hätte direkt an der Straße, d.h. am heutigen Domplatz gestanden.

Da die Pläne sich im Archiv Twickel zu Havixbeck befinden, liegt es nahe, in einem Mitglied der Familie auch den Auftraggeber der Zeichnungen zu vermuten. Johann Wilhelm von Twickel, seit 1731 Vicedominus von Münster, gestorben 1757, bewohnte seit 1713 eine Kurie am Domplatz, nach dem Hofgelderbuch die Kurie Nr. 9, nach der Liste der Immunitas Campi Dominici 1771 die Nr. 23, die spätere Elverfelder Kurie am Domplatz. Der Hof wird als sehr baufällig geschildert, was einen Neubau nahelegt. Die Twickelsche Kurie wird allerdings erst von Graf Max Friedrich Elverfeld nach Auszahlung eines Twickelschen Kapitals nach den Plänen Wilhelm Ferdinand Lippers 1798 durch einen Neubau ersetzt. Lippers Kurie, deren Pläne sich im Landesmuseum befinden, zeigt die nahezu identische Fassadenbreite von etwa 73 Fuß und den charakteristischen schrägen Verlauf der linken Flanke. Der

3 Münster, Domkurie für den Freiherrn von Twickel, Aufriß der Hofseite – Lambert Friedrich Corfey

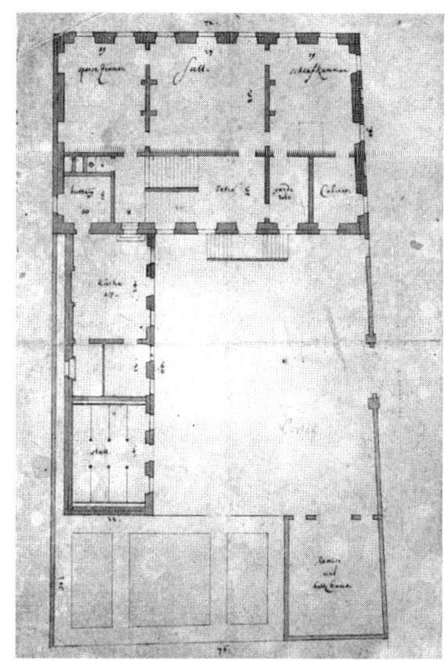

4 Münster, Domkurie für den Freiherrn von Twickel, Gesamtplan, Grundriß Erdgeschoß – Lambert Friedrich Corfey

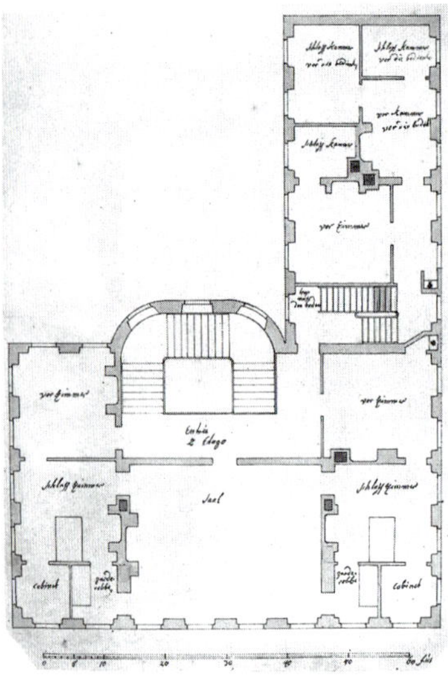

5 Münster, Domkurie für den Freiherrn von Twickel, Grundriß Obergeschoß – Unbekannter Architekt

Vergleich von Maßen und Form des Grundstücks mit den vorhandenen Plänen und Stadtplänen der Zeit, angefangen mit Alerdings Vogelschau von 1636, Schlauns Domhofplan von 1748, Schlauns Umzeichnung von 1771 des Stadtplans von Schmitz von 1695 bis hin zu Mangers Plan von 1839, zeigt, daß von den zur Disposition stehenen Grundstücken nur das Areal der ehemaligen Kurie von Elverfeld in Frage kommt, vor allem da dieses Grundstück rechts ein als Durchfahrt zur Kellnerei bezeichnetes Gebäude ausweist und links eine Gasse, die die seitliche Durchfahrt erschließen konnte.

Mummenhoff hat in seiner Studie zur Twickelschanze festgestellt, daß der Bauherr der Schanze, Johann Wilhelm von Twickel, erst Pictorius, dann um 1729/31 Schlaun mit dem Bau der Schanze beauftragt hat. Twickel hatte seit 1706 eine Präbende am Münsteraner Domkapitel, seit 1711 ein Kanonikat am Domkapitel von Speyer, wo er alsbald resident wurde, 1717 kam noch ein Domkanonikat in Hildesheim dazu. Offenbar hat er dem Domkapitel angeboten, die Kurie neu zu bauen, wozu es dann aus unbekannten Gründen nicht kam. Anfang 1731 wurde er von Clemens August, dessen Parteigänger er war, zum Vizedominus, das heißt zum Stellvertreter des Kurfürsten in Münster ernannt. Es ist zu vermuten, daß der erneute Auftrag an Schlaun, nachdem Pictorius 1729 gestorben war, mit dieser Ernennung in Zusammenhang steht, eine Datierung der Pläne in das Jahr 1731 also naheliegt. Zur selben Zeit müssen auch die Pläne Corfeys entstanden sein. Twickel wünschte als einer der ranghöchsten Münsteraner Domherren einen repräsentativen Stadtpalast mit Fassade zum Domplatz. Schlauns Plan der Domplatzbebauung aus dem Jahre 1748 rechnet offenbar noch mit dem möglichen Ausbau der Kurie, denn er legt eine dominante Achse von der Twickelkurie zur südlichen Querhausfassade des Doms, die er mit einem Podest für eine Skulpturengruppe besonders markiert.

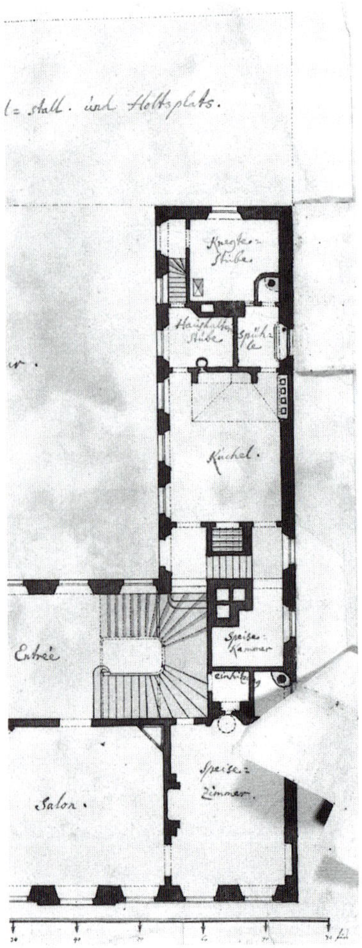

25.3

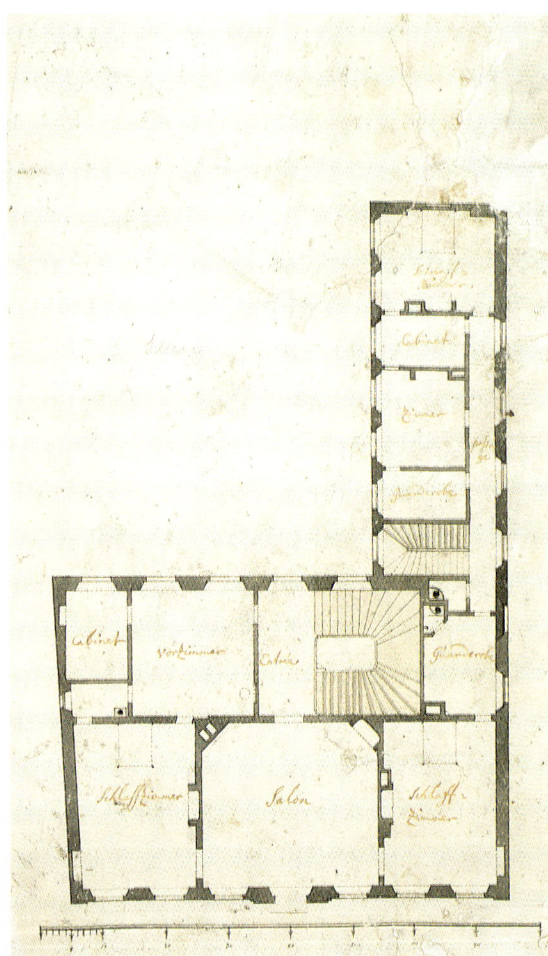

25.1
Münster, Domkurie für den Freiherrn von Twickel
Aufriß der Straßenfassade (Abb. S. 186)

Lavierte Federzeichnung (blaßrot, grau), 31,5 x 19,7 cm
Titel: *Vordere Aufführung.*
Maßstab: *80 fües* = 16,5 cm

Archiv von Twickel, Havixbeck, Lade 3

25.2
Münster, Domkurie für den Freiherrn von Twickel
Grundriß Keller

Lavierte Federzeichnung (grau, grün, rosa), 32 x 20 cm
Titel: *Fundament und Kellerwerck.*
Beischriften: *Obst=Keller; feth=Keller; bierKeller; Wein=Keller*
Maßstab: *80 fues* = 16,5 cm

Archiv von Twickel, Havixbeck, Lade 3

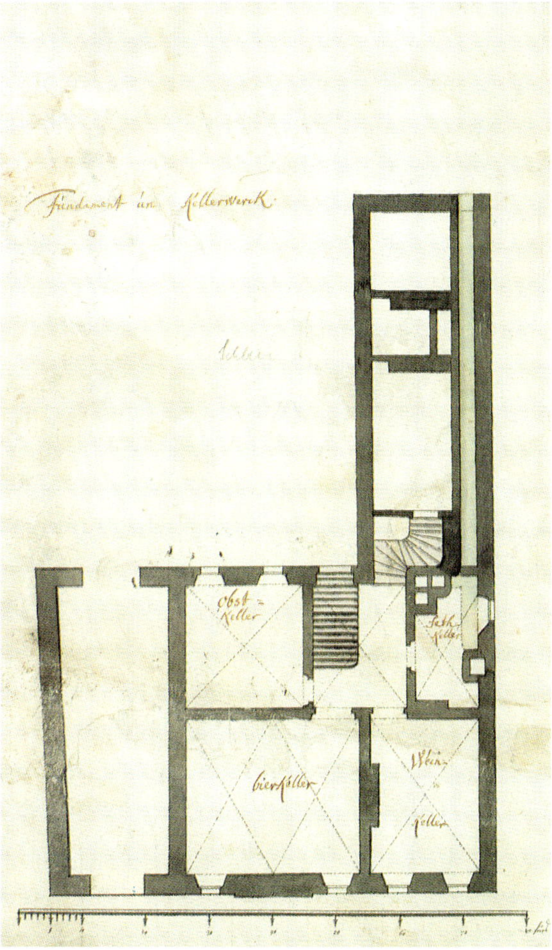

25.2

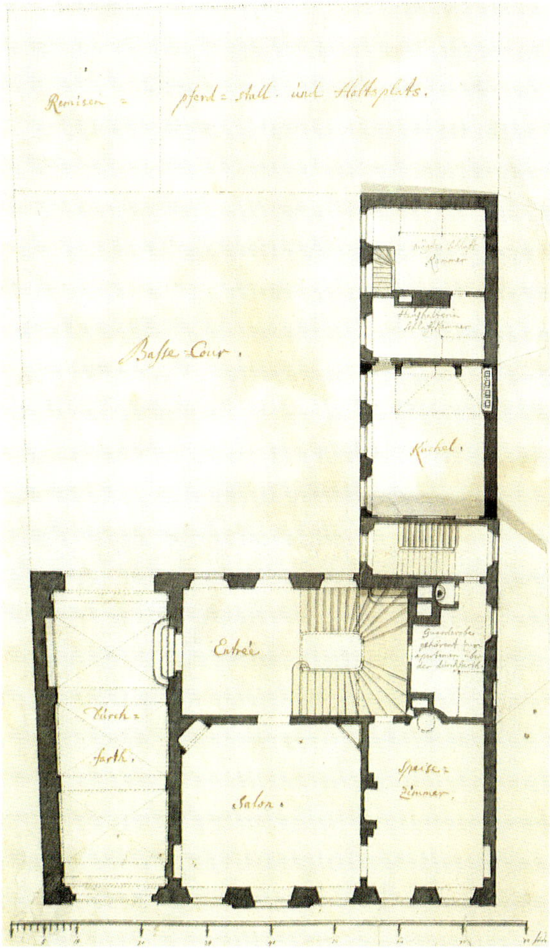

25.4

25.3
Münster, Domkurie für den Freiherrn von Twickel
Grundriß Erdgeschoß

Lavierte Federzeichnung (grau, braun), 30 x 18 cm
Beischrift: *Kuhel.; Speise=Kammer; Einhitzung; Speise=Zimmer.; Salon.; Entrée; Dúrchfarth.; Knegte=Stube; Haushalterin Stube; spüh=le; Remisen=; pferd=stall und Holtsplats.; Basse=Cour.*
Deckblatt mit Grundriß Entresol über der Speisekammer und dem Heizraum
Beischrift: *Guarderobe gehörent zum apartemen über der durchfarth.*
Deckblatt mit Grundriß Entresol über Knechte- und Haushalterinnen-Stube
Beischrift: *mägde Schlaff Kammer; Haushalterin Schlaff Kammer*
Maßstab: *80 fues* = 16,5 cm

Archiv von Twickel, Havixbeck, Lade 3

25.4
Münster, Domkurie für den Freiherrn von Twickel
Grundriß Obergeschoß

Lavierte Federzeichnung (grau, braun), 32 x 20 cm
Beischriften: (3x) *Schlaff=Zimmer;* (2x) *Cabinet; Zimmer;* (2x) *Guarderobe; Passage; Vorzimmer; Salon; Entrée*
Maßstab: *80 fues* = 16,5 cm

Archiv von Twickel, Havixbeck, Lade 3

26

Schloß Rösberg bei Brühl, 1731

Sechtem

LITERATUR

Rensing 1954, S. 15f., S. 38; Kisky 1965, S. 106; *Rheinlands Schlösser und Burgen,* hg. von Alexander Duncker 1857-1883. Zur Hundertjahrfeier der Gesellschaft für Rheinische Geschichtskunde neu herausgegeben und kommentiert von Wilfried Hansmann und Gisbert Knopp (Publikationen der Gesellschaft für Rheinische Geschichtskunde LXII), I. Faksimile-Band, II. Kommentar-Band, Düsseldorf 1981, S. 74f.; Zinkann 1989, S. 35ff.

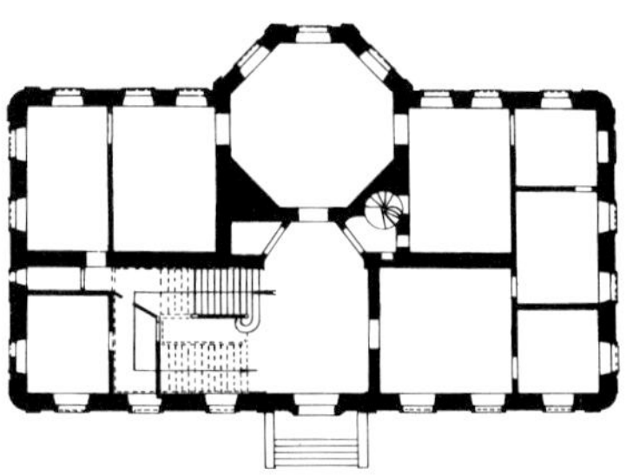

1 Schloß Rösberg, Gesamtansicht von Nordosten (um 1935)

2 Schloß Rösberg, Grundriß Erdgeschoß

3 Schloß Rösberg, Ansicht der Gartenfassade

Auftraggeber war der kurkölnische Geheimrat, Obristjägermeister des Kurfürsten Clemens August und Amtmann von Bonn, Ferdinand Joseph Freiherr von und zu Weichs (1695–1765), Ausführung nach Entwürfen von Schlaun.

Auf der Höhe des Vorgebirges oberhalb von Sechtem gelegen, ragt Schloß Rösberg über die Baumgipfel hinaus, ein dreigeschossiger, siebenachsiger, mit Walmdach gedeckter Bau, dessen drei mittlere Achsen in einem dreiseitigen Risalit hervortreten. Zum Rot des Ziegelmauerwerks kommt eine Gliederung aus verputzten Lisenen und Horizontalgesimsen. Die ursprüngliche Gestalt der Anlage ist vor allem durch vier Skizzen Renier Roidkins aus seinem ›Skizzenbuch‹ (fol. 419–422) bekannt. Nahe der Kirche hatte die ursprüngliche, von Erzbischof Friedrich von Saarwerden 1372 zerstörte Burg gestanden. Mit Urkunde vom 19. August 1726 genehmigten die kurkölnischen Stände den Verkauf des Steinackers von den Erben Osten an Ferdinand Joseph Freiherrn von Weichs, der auf diesem Grund sein im Krieg eingeäschertes adeliges Wohnhaus des Rittersitzes Rösberg neu errichten wollte. Ein Jahr später übernahm Kurfürst Clemens August das neue Grundstück als Lehen und erklärte dafür den Platz des alten Hauses zum Allodialgut. Gleichzeitig erlaubte er, daß das Bauholz für den Neubau aus den Büschen des Lehngutes Rösberg genommen werden dürfe. Die Ziegelsteine für den Neubau waren hinter dem alten Herrenhaus geformt worden.

Das Hauptgebäude war in der Schlaunschen Konzeption zweigeschossig und trug ein Mansarddach. Es war der erste Herrensitz des Baumeisters im Typ der Maison de plaisance, vielleicht von Schloß Falkenlust in Brühl angeregt, aber dann doch eigenständig disponiert. Wie an so vielen Bauten Schlauns kehren auch hier die für ihn charakteristischen abgerundeten Ecken wieder (vgl. Brühl, Kleinbüllesheim, Lippesches Landhaus). Grundriß und Raumnutzung folgten französischen Regeln, zeigten aber durchaus eine eigenständige Durchbildung, die Schlaun bei einer späteren Schöpfung vom gleichen Bautypus, bei Haus Beck, modifizierte. In der Mitte lagen in beiden Geschossen ein Vestibül mit Treppenhaus und ein achteckiger Saal. An diese räumliche Mittelfiguration schlossen sich seitlich die übrigen Zimmer und Kabinette an.

Die Nebengebäude, die zur Anlage gehören, sind zwei Winkelbauten aus Ziegel mit Mansarddächern, die mit dem Hauptgebäude den Ehrenhof umschließen. Auf diesen Hof führt axial eine Allee, die sich vor dem Hoftor mit einer zweiten vom Dorf her angelegten Allee schneidet. Bei der Wahl des Bauplatzes spielte sicher die grandiose Aussicht auf das Rheintal eine Rolle, die Roidkin besonders herausstellte. Mit dieser Architektur schuf Schlaun dem Freiherrn von Weichs eine Architektur, die seiner Stellung am Hofe des Kurfürsten Clemens August entsprach, aber aus Gründen der ›Convenance‹ die kurfürstlichen Bauten keineswegs überflügelte.

Im April 1833 brannten die Ökonomiegebäude, im Oktober des gleichen Jahres das Hauptgebäude ab. Beim Wiederaufbau wurde die Schlaunsche Form verfälscht: Es wurde um ein Stockwerk erhöht und erhielt eine neue Dachform. Der Balkon auf dem Risalit und der Dachausstich als Zugang zum Balkon wurden der ursprünglichen Konzeption nachgestaltet. Auch behielt man die Terrasse zur Feldseite bei. Von ihr aus erstreckte sich hangabwärts ursprünglich eine regelmäßig gestaltete barocke Gartenanlage mit Wasserkunst. Im 19. Jahrhundert wurde sie durch unregelmäßige Rasenstücke im englischen Stil ersetzt. Im Zweiten Weltkrieg, 1941, fiel das Hauptgebäude einem Fliegerangriff zum Opfer und brannte völlig aus. Nach jahrzehntelangem Ruinendasein wurde Schloß Rösberg in jüngster Zeit zu Wohnzwecken aus- und umgebaut. Von Schloß Rösberg war eine Zeichnung im Staatsarchiv Münster erhalten geblieben, die jedoch bereits 1973 verschollen war.

GISBERT KNOPP

26.1
Schloß Rösberg
Herrenhaus, Aufriß der Fassade

Lavierte Federzeichnung

Nordrhein-Westfälisches Staatsarchiv Münster
Nicht auffindbar

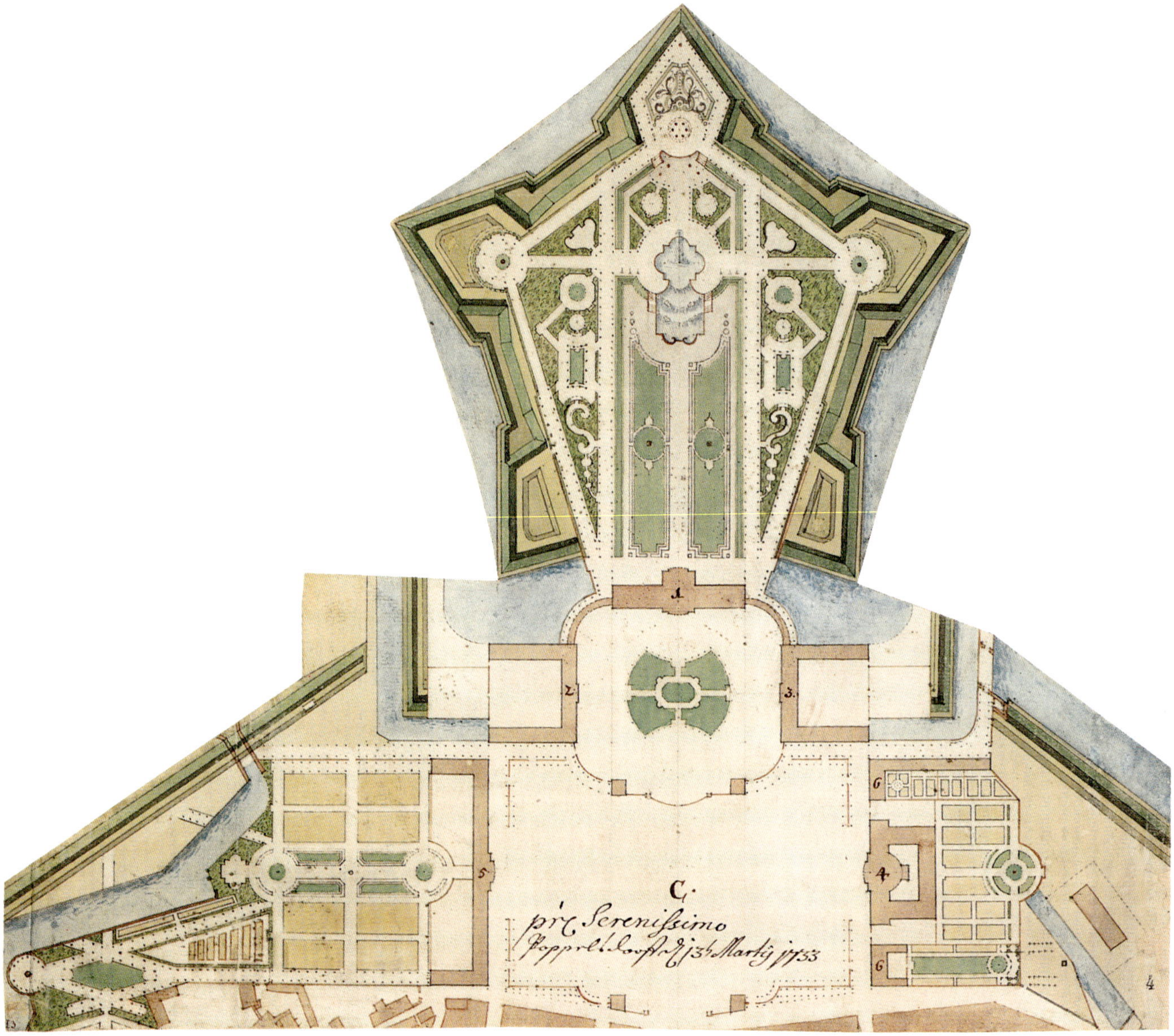
C.
Serenissimo

27
Kurfürstliche Residenz, Planungen, 1732/33
Münster

Vergleiche Residenzschloß Münster, Planungen ab 1766 (Kat.-Nr. 75), und Kloster der Barmherzigen Brüder, St. Clemenskirche und Hospital 1745, Planungen ab 1732 (Kat.-Nr. 44).

VORGESCHICHTE: Fürstbischof Christoph Bernhard von Galen hatte 1661 nach der Niederwerfung der Stadt Münster vor den westlichen Toren der Stadt durch seinen Ingenieur Bernhard Spoede eine Zitadelle in Form eines Fünfsterns anlegen lassen, mit Wassergräben, Bastionen, Ravelins vor den Kurtinen, Halbmonden vor den Bollwerken, schmaleren Gräben vor den Ravelins und Halbmonden und Kavalieren in den Bastionen (Kat.-Nr. 27.1). Jahrzehntelang hatten daraufhin die Landstände, besonders Domkapitel und Magistrat der Stadt Münster, mit den Fürstbischöfen um den Abbruch des verhaßten Bauwerks gestritten, während diese immer neue Pläne zum Ausbau und zur Modernisierung der stadtbeherrschenden Festung anfertigen ließen. Galen hatte die Zitadelle nicht direkt an die westliche Bebauungsgrenze der Stadt anschließen lassen, sondern zwischen Stadt und Festung einen großen freien Platz gelassen, der in die neue Stadtbefestigung mit einbezogen wurde, so daß sich das Territorium der Stadt einerseits um ein Beträchtliches vergrößerte, andererseits aber freies Schußfeld zwischen den Befestigungen der Zitadelle und der an dieser Stelle jetzt unbefestigten Stadt lag.

Der »Abritz von der Stadt Munster und die Cittadel Anno 1695 so Vom Ingeniur Smits deliniret worden« im Staatsarchiv Münster zeigt den Status Quo, wie er 1719, 1732 und letztlich auch 1766 nahezu unverändert bestand. Die Linien der Gebäude der Domdechanei und der Kettlerschen Kurie sind nachträglich eingezeichnet. Das Straßennetz ist von einem älteren Plan des Peter Pictorius d. Ä. übernommen, der letzten Endes auf Alerdings Vogelschau zurückgeht. Die Rechtecke der Häuser sind willkürlich und schematisch eingezeichnet; größere Neubauten, wie die Klosterbauten der Observanten, Jesuiten, Minoriten, Klarissen, Kapuziner und Lotharinger Jungfrauen wie auch die Dominikanerkirche sind richtig angegeben. Der Plan ist zum Kopieren durchstichelt worden. Er diente als Grundlage der Bauaufnahmen Schlauns 1732 und 1766. Eine erhaltene Kopie Schlauns wurde von ihm nach 1766 mit einem Deckblatt versehen, das die zweite Residenzplanung im Kontext der Stadt darstellte: »PLANUM der vornehmen Handels undt HaubtStadt MÜNSTER nebst ihrer citadelle 1695 und wie auf selben 1766 eine Residence erbauet worden.«

Bereits am 20. März 1719 hatte sich der neugewählte Fürstbischof von Münster, Clemens August von Wittelsbach, in seiner Wahlkapitulation gegenüber dem Domkapitel dazu verpflichten müssen, daß »eine beständige Residentz Behuef den künfftigen Landtsfürsten und dessen Successoren uffgebauet ..., das Modell der danach einzurichtenden ... Residentz zufordrist mit dem gesambten Tumbkapitull und Ständen beständig concertirt und verglichen werde«. Ob der Fürst allerdings je ernsthaft daran dachte, die Pläne zu realisieren, ist unwahrscheinlich. Er hat Münster nie geliebt und hat sich selten und dann nur kurz hier aufgehalten. Wenn er in Münster war, diente ihm eine bereits unter Bischof von Galen hergerichtete Wohnung im Fraterhaus zur Residenz, d.h. wohl eher zur Herberge, denn sie verfügte zwar über eine Folge von Paraderäumen, war jedoch äußerst bescheiden im Hinblick auf die glänzende Hofhaltung, die der Wittelsbacher gewohnt war. Im übrigen standen ihm mit Ahaus und Neuhaus repräsentative Schlösser in seinen neuen Landen zur Verfügung. Ein Residenzprojekt auf dem Gelände des Neuwerks und des Fraterherrenhauses, ein Vierflügelbau mit Vorburg, hat Geisberg 1932 beschrieben (Münster I, S. 26, Nr. 60 und S. 30, Nr. 64).

LITERATUR

Rensing 1954, S. 18f.; Geisberg 1932, Münster I, S. 30ff., 43f., 48f., 54, 219–41 (ausführliche Beschreibung der Geschichte der Zitadelle), S. 376; Mummenhoff 1966, S. 298; Noehles 1973, S. 128–30; Bußmann 1973, S. 178–94, bes. S. 178f.; von Schopf 1988, S. 79f.; Ringbeck 1993, S. 3–34.

QUELLEN

Staatsarchiv Münster, Handschrift des Altertumsverein, Nr. 109a, Nr. 69.

27.3 Münster, Residenzschloß, Neuplatz und Hofgarten, Gesamtlageplan des Entwurfs C

Pläne von Gottfried Laurenz Pictorius

1 Gottfried Laurenz Pictorius, Plan einer Residenz auf der Zitadelle Münster, vermutlich 1719

2 Gottfried Laurenz Pictorius, Entwurf einer Residenz mit Garten, Esplanade und Hornwerk, vermutlich 1719

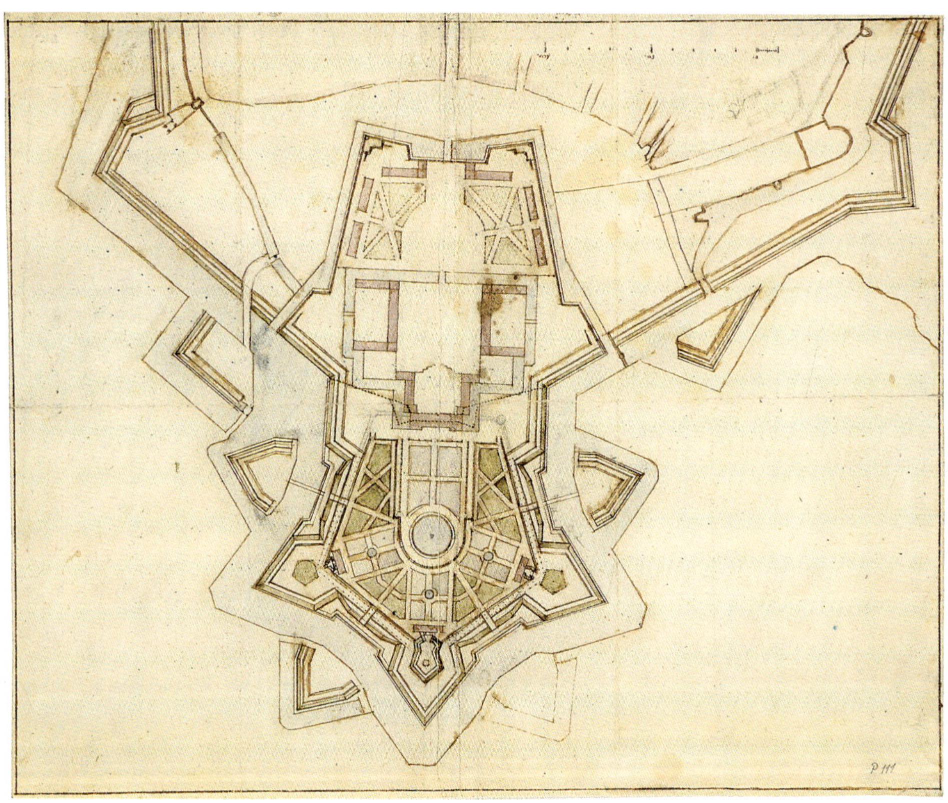

Vermutlich hat Clemens August 1719 an Gottfried Laurenz Pictorius den Auftrag erteilt, Entwürfe einer Residenz auf der Zitadelle von Münster vorzulegen, Pläne, die über Gedanken grundsätzlicher Art jedoch nicht hinausgekommen sind. Immerhin formulieren die vier erhaltenen Entwürfe (Abb. 1, 2) einen Gedanken, der bis zur endgültigen Ausführung des Schlosses das Leitmotiv aller weiteren Planungen bleibt: die Verbindung von Stadt, Schloß und Hofgarten durch eine Ost-Westachse, deren Zielpunkt die äußerste westliche Spitze der Zitadelle sein sollte. Die Anlage des Gartens ist allerdings eher trostlos als fürstlich, dagegen imponiert die genaue Zeichnung der vermutlich gleichzeitig ins Auge gefaßten Fortifikation der Stadt selbst. Das Schloß erscheint in den Planungen zunächst als rechteckiger Block mit an der Gartenseite vorgezogenen Eckrisaliten, der zusammen mit den aus je drei Pavillons bestehenden Seitenflügeln einen Ehrenhof mit vorgeschwungenem Gitter ausbildet. Für die weiteren Planungen Schlauns verbindlich wird die Anordnung der Nebengebäude, die in der Front der Marställe den gestaffelten Ehrenhof zur Stadt hin fortführen und zu einem Schloßplatz öffnen. Die Zitadelle ist zur Stadt hin aufgebrochen. Wenn auch die Befestigung nicht völlig aufgegeben wird, so hat sie doch nur noch symbolischen Charakter. Immerhin stehen auf dem Vorplatz mit symmetrisch angelegten Rasenflächen sechs langgestreckte Gebäude, Kasernen, zwei von ihnen mit den Wachthäusern an der Brücke mit der Stadt verbunden. »Die Aufteilung des Schloßgartens ist freilich nicht viel besser geworden. Seine Mitte nimmt ein großes, rundes Wasserbecken ein, das konzentrisch fünf dürftig erfundene Beete umgeben. In den Winkeln des von den Wällen gebildeten Fünfeckes liegen Gartenhäuser, hinter denen Treppen zu den in zweireihigen Promenaden verwandelten Wällen emporführen« (Geisberg 1932, Münster I, S. 240).

Der zweite Plan von Pictorius zeigt einen veränderten Grundriß. Pictorius läßt die Flügel jetzt zu den Risaliten der Gartenseite durchlaufen, behält jedoch die Staffelung im Ehrenhof bei, ohne einen Mittelrisalit auszubilden. Neu ist auch der Schwung der Gräfte, der die Form des Ehrenhofgitters aufnimmt und den Zug der Achse entschieden betont. Der Fürst hatte jedoch nach seinem schnellen Aufstieg zum Koadjutor, dann Kurfürsten von Köln 1723 kein Interesse mehr an einem Residenzschloß in Münster und ließ die ungeliebten Pläne fallen.

Die Pläne Schlauns

Vermutlich Ende des Jahres 1732 nahm der Kurfürst einen neuen Anlauf und beauftragte Schlaun mit der Planung der Residenz in Münster. Der geistige Vater dieses ergeizigen Projekts war mit Sicherheit der Herr von Nordkirchen, Graf Ferdinand von Plettenberg, einer der größten Staatsmänner des Reiches, der mit seiner klugen Politik als Minister und damit erster Mann im Fürstbistum Münster den unerfahrenen Wittelsbacher von einem Erfolg zum anderen führte. Clemens August sagte, wie Max Braubach es ausdrückte, zu allem ja und amen, was sein Minister ihm vorschrieb. Im August 1731 unterzeichneten Plettenberg und der österreichische Gesandte Harrach in Bonn einen Geheimvertrag, durch den der Kölner Kurfürst gegen ein Jahrgeld von 100.000 Reichstalern und die Zusicherung seiner Unterstützung bei zukünftigen Vakanzen im Fürstbistum Lüttich oder im Meistertum des Deutschen Ordens den vollen Anschluß an die kaiserlichen Absichten und Pläne im Reich versprach. Mit kölnischer Hilfe kam dann auch im Januar 1732 auf dem Regensburger Reichstag das Reichsgutachten über die Pragmatische Sanktion zustande, eine schwere Niederlage Bayerns und Frankreichs, die sie nicht zum wenigsten Plettenberg zuzuschreiben hatten. Alle Versuche von München und Paris, Clemens August umzustimmen, stießen auf frostige Zurückhaltung: ohne seinen zur Zeit in Nordkirchen weilenden Minister wolle er keine politischen Verhandlungen führen. Im Frühjahr 1732 erfüllten die Habsburger ihr Versprechen: Clemens August wurde zum Hochmeister des deutschen Ordens gewählt, womit zugleich das Ansehen des bereits 1724 in den Reichsgrafenstand erhobenen Plettenberg stieg. Die Chancen waren so günstig wie nie, in der Hauptstadt ›seines‹ Fürstbistums endlich für die Anbindung des gesellschaftlichen und politischen Lebens an Köln/Bonn zu sorgen, was ohne ein repräsentatives Residenzschloß illusorisch gewesen wäre.

Plettenberg hat den an Münster eher desinteressierten Fürsten davon überzeugen können, daß es für seinen gesteigerten Rang im Reich opportun sei, in Münster eine angemessene Residenz zu bauen, und daß jetzt vor allem auch ein fähigerer Baumeister zur Verfügung stünde als 1719.

Bereits im April des Jahres hatte Clemens August für die Gründung eines Hospitals in Münster 100.000 Gulden bereitgestellt, die Grundsteinlegung war im November 1732 an der Nordseite des Neuplatzes erfolgt. Die Pläne zum Kloster tragen den gleichen Präsentationsvermerk wie der Gesamtentwurf Schlauns zur Residenz, »Poppeldorff, d. 13. Martij 1733«, gehören also zu einer Planstufe. Möglicherweise wollte man dem Kurfürsten den Schloßbau über das von ihm selbst angeordnete Projekt eines Hospitals mit Kloster und Kirche nahebringen, indem man den Hospitalskomplex von vornherein in eine Residenzplanung einband und die Hospitalskirche als Schloßkirche ausbildete. Denn es erstaunt, daß sich von Kloster und Kirche eine Reihe einzelner Pläne erhalten haben, vom Schloß dagegen nur die anvisierte Grundform der Gesamtpläne überliefert ist. In den Quellen ist in der Tat niemals vom Schloßbau die Rede, während mit dem Bau des Hospitals begonnen wurde (die Beschreibung von Kirche und Kloster der Barmherzigen Brüder unter Kat.-Nr. 44). Vorbehalte von seiten des Kurfürsten gab es offenbar nach wie vor.

Die drei wichtigsten Pläne zur Residenz aus der Zeit des Kurfürsten Clemens August stammen aus dem ersten Sammelband Schlauns. Der Grundplan A (Kat.-Nr. 27.1) stellt die Esplanade und die Zitadelle mit allen Außenwerken dar. Er ist nicht das Ergebnis einer Neuaufmessung Schlauns, sondern eine Kopie des alten Planes von 1695. In der Esplanade, dem Ostravelin und den Halbmonden sind die Bebau-ungslinien des zweiten Deckblattes C eingezeichnet. Das Schloß, das Kloster und Hospital der Barmherzigen Brüder, die Kasernen und verschiedene Nebengebäude sind um den Neuplatz gruppiert, wobei der erste Plan B (Kat.-Nr. 27.2) die eigentliche Zitadelle nicht in Anspruch nimmt, sondern das Schloß mit seinen Nebengebäuden auf der Südseite des Platzes dem Kloster und Hospital an der Nordseite gegenüberstellt, so daß eine nordsüdliche, nicht auf die Stadt bezogene Achse die Beziehung zwischen den beiden Baukomplexen hergestellt hätte. Man erkennt eine rechteckige, von einer Mauer eingefaßte Esplanade mit zwei Paaren von Torhäusern, eine doppelte Baumreihe begleitet innen die Mauern. Auch für die Streifen des Geländes nach Osten und nach Westen bis zum Zitadellengraben war ursprünglich eine Bepflanzung mit Bäumen vorgesehen. Dieser Entwurf ohne Präsentationsvermerk läßt den Charakter der Zitadelle als Festung unangetastet. Ein nachträglich angeklebtes Stück Papier mit Einzeichnung eines kleinen Ravelins und je zwei seitlicher Eckschanzen anstelle der dort zuerst vorgesehenen Baumalleen zeigt vielmehr die Absicht, die Fortifikation in diesem Entwurf beizubehalten.

Das Schloß des Kurfürsten mit einem konvex vorgewölbten Mittelrisalit und ebenso bestücktem, weit ausladendem Mittelbau zum Garten hin weist anstelle der Seitenflügel an beiden Seiten rechtwinklige Flügelbauten für Stallungen und Remisen auf. An der Nordseite der Esplanade liegt dem Schlosse gegenüber das von Clemens August gestiftete Kloster der Barmherzigen Brüder. Die beiden Seitengebäude rechts und links vom Kloster sind vermutlich die Wirtschaftsgebäude, die Gärten dahinter Wirtschafts- und Küchengärten, während der Hofgarten hinter dem Schloß durch Beete französischen Charakters, ein rundes Bassin mit Springbrunnen und eine Allee aufgeteilt ist, die bis zu einer Gloriette auf dem alten Rondell des Neuwerks reicht. Nach Geisbergs sicher zutreffendem Urteil wäre die Verbindung des Schlosses mit den Stallungen und Remisen gewiß kein Vorzug des Entwurfes gewesen, ebensowenig die riesige tote Fläche der Esplanade mit ihren schurgeraden Begrenzungen. Der Verkehr zwischen den in der Zitadelle untergebrachten Kasernen und der Altstadt, der über die Esplanade hinwegging, hätte eine günstigere Ausgestaltung von vornherein unmöglich gemacht. Ebenso fehlte dem Schloß der wünschenswerte Abstand von der Stadt.

Auf dem Deckblatt C (Kat.-Nr. 27.3) mit dem Präsentationsvermerk ist im Gegensatz zu Plan B der Charakter der Zitadelle als Festung aufgegeben, wenn auch die Wälle der Bastionen und Kurtinen noch beibehalten sind. Die Kavaliere in den Bastionen sind beseitigt. Der zweite Wassergraben, die Halbmonde und das Glacis waren damals im Gegensatz zu der Darstellung Schlauns nicht mehr vorhanden (Aufmaß von 1695). In der Variante C greift Schlaun auf den Entwurf des Pictorius zurück und wandelt die Innenfläche der Zitadelle zum Schloßgarten um. Zwischen Garten und Esplanade schiebt er den Rechteckbau des Schlosses als Riegel mit dem weit in den Garten vorspringenden Mittelbau des Treppenhauses und gewinnt so die logische, von Pictorius bereits projektierte Achsenbeziehung zur Stadt. Allerdings verzichtet er wie in Deckblatt B auf die Fügel, vielmehr verbindet er das Schloß und die beiden dreiflügeligen Marstallkomplexe durch viertelkreisförmige Galeriebauten, eine Disposition, die direkt von Palladio abgeleitet ist, etwa von der Villa Trissino, die Schlaun entweder selbst gesehen hatte oder die ihm über die ›Vier Bücher‹ zur Verfügung stand. Allerdings hatte auch Fischer von Erlach mit dem ersten Entwurf von Schönbrunn viertelkreisförmige Flügelbauten in das allgemein verfügbare Formengut eingebracht. Auch die Wachthäuser werden durch viertelkreisförmige Mauerstücke an die Marställe angebunden, so daß ein Ehrenhof entsteht, der in der Mitte ein geteiltes Rasenparterre erhält und durch Gräben, Wachthäuschen und Gitter gegen den Neuplatz abgrenzt ist. Zwischen den Wachthäusern schwingt das Gitter wie bei Pictorius vor. Der dadurch entstehende Tiefenzug wird durch die Wiederholung des Motivs der vorgezogenen Wachthäuser mit zugeordneten Schilderhäuschen an der Stadtseite des Schloßplatzes verstärkt, ein Zitat der zweifach ausschwingenden Gitter von Versailles (Abb 3). Begleitet wird die Hauptachse zur Stadt von der Kaserne, einem Dreiflügelbau riesigen Ausmaßes an der Südseite des Neuplatzes und dem gegenüberliegenden Kloster mit Nebengebäuden. Klosterkirche und Mittelrisalit der Kaserne sind in Wiederholung des vorschwingenden Zentralmotivs des Mittelbaus vom Schloß aufeinander bezogen und bilden ebenso wie die Duchfahrtsrisalite der Marställe eine kraftvolle Querachse aus, die der Staffelung der Gesamtanlage ein ideales Koordinatenkreuz auflegt und ideale Standpunkte auf der Esplanade und im Ehrenhof festlegt. Dieser Querzug wird noch einmal aufgenommen durch die Allee, die zwischen den Marstallflügeln, der Kaserne und dem östlichen Nebengebäude des Klosters entlangläuft. Sie vollzieht den Schwung der viertelkreisförmigen Mauern zu den Wachthäusern mit, Baumreihen begleiten auch die die Esplanade abschließende Mauer.

Schlaun verarbeitet bei diesem Entwurf die Staffelung der Bauten in Versailles und der frühen Residenzplanung Neumanns in Würzburg, wo jedesmal dem inneren Ehrenhof ein Schloßplatz vorgelegt wurde, der von langgstreckten Flügeln begleitet wurde. In Versailles finden sich 1722 zudem die inneren Balustraden, wie auch Schlaun sie als innere Rahmung des weiten Platzes vorsah, nicht zu vergessen die Vorgaben des Pictorius, der bei aller Unsicherheit in den Details in der Grunddisposition die auch dreißig Jahre später noch gültige Lösung bereits vorgedacht hatte (Abb. 1, 2).

Der Schloßgarten ist streng in das Fünfeck der Zitadelle eingeschrieben und vom Schloß aus mit Ausnahme des Rasenparterres nach Westen hin ansteigend zu denken. Tritt man aus dem Treppenhaus, erschließt die Hauptachse den Garten bis zu einem Rundtempel als Point de vue auf der höhergelegenen Westbastion. Dazwischen schiebt Schlaun ein dreistufiges Buffet d'eau, eine Kaskade, wie er sie bereits in Nordkirchen anlegen wollte. Die Achse ist also nur zum Teil begehbar, dort wo die Ebene sich ändert, wird sie als optische Achse mit Wassertreppe, Fontäne und Tempel vollendet.

Von den Enden des Schlosses ausgehend, begleiten zwei weitere nach Westen gerichtete Alleen das Parterre à l'angloise, zwei andere führen zu den auf den Nord- und den Südbastionen untergebrachten Rondellen und von dort zum Rundtempel. In den Winkeln zwischen den Alleen liegen Bosketts. An den Flanken der Kaskade führen Treppenstufen auf eine erhöhte Ebene, das Rondell darüber nimmt ein vierpaßförmiges Bassin mit der Fontäne ein, begleitet von Bosketts. Es ist zugleich Zentrum der Querachse, die zu den Rondells auf den Bastionen führt. Am Ende der Hauptachse geht es wiederum zwei seitliche Treppen hinan, deren Zugänge von Podesten für Statuen betont werden. Man gelangt auf die Ostbastion, auf der Schlaun ein weiteres Rondell mit dem aufgesockelten Rundtempel als Höhepunkt der Gesamtanlage vorgesehen hatte. Von diesem Monopteros aus schaut man auf ein von Baumreihen begleitetes Parterre en broderie oder zurück über die Kaskade auf die östliche Schauwand des Schlosses.

Hinter der Kaserne und dem Kloster sind geometrische Küchengärten angelegt; an der Kaserne mit Rasenparterres, Springbrunnen und einem Boskett am Ende der Hauptachse; eine der begleitenden Alleen teilt sich bei einem rautenförmigen Rasenpaterre und endet am Festungsgraben in einem Rondell. Der Klostergarten ist in regelmäßige Beete geteilt, erhält jedoch als Zielpunkt ebenfals ein Rondell mit einem Rasenparterrre und einem Figurensockel im Zentrum.

Mit dieser Anlage wäre in Münster eines der großzügigsten Residenzschlösser in Deutschland entstanden. Doch kaum schaute der bereits begonnene Bau des Klosters über die Fundamente hinaus, wurden alle Arbeiten abrupt eingestellt. Äußerer Anlaß war die sogenannte Roll-Affaire: einer der engsten Freunde des Kurfürsten, der Minister für die Angelegenheiten des Deutschen Ordens, der Komtur Freiherr Johann Baptist von Roll, wurde am 5. Mai 1733 in Brühl von einem Verwandten Plettenbergs, dem Viceobriststallmeister Freiherrn von Beverförde zu Werries, im Duell getötet. Intrigen taten das übrige, Plettenberg mußte gehen, all dies verbunden mit nicht unerheblichen Folgen für die Reichspolitik, aber auch die Sache des Landes. Der von Clemens August nicht geliebte Residenzbau wurde von ihm endgültig zu den Akten gelegt.

Auf die Grundidee seines Entwurfs von 1733 griff Schlaun zurück, als ihm über dreißig Jahre später von Max Friedrich Graf von Königsegg-Rothenfels, dem Nachfolger von Kurfürst Clemens August, unter günstigeren Auspizien die gleiche Bauaufgabe erneut gestellt wurde (Kat.-Nr. 75).

3 Stadt und Schloß Versailles, Kupferstich von Pierre Aveline, 1688

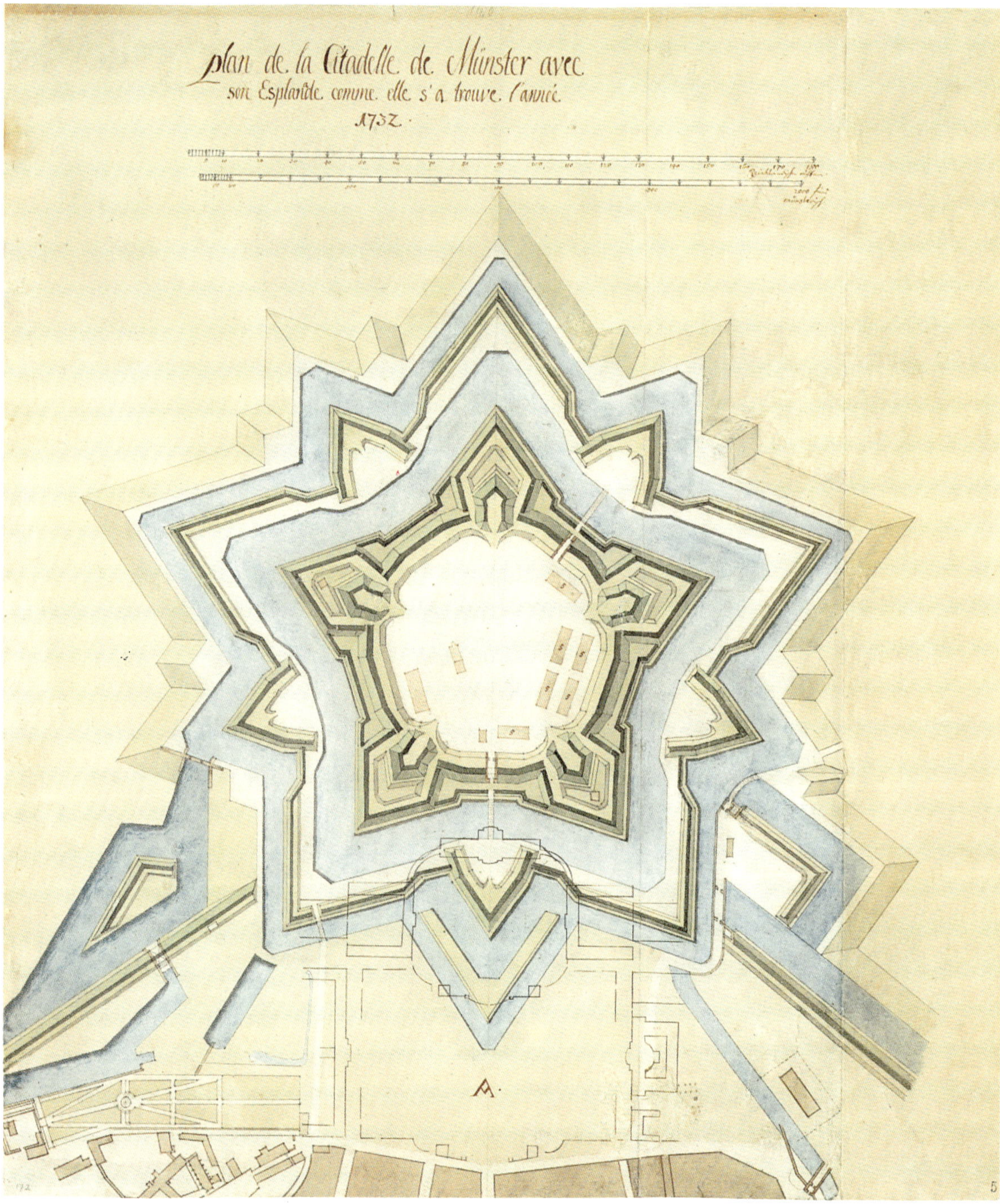

plan de la Citadelle de Münster avec
son Esplanade comme elle s'a trouve l'année
1732.

27.1

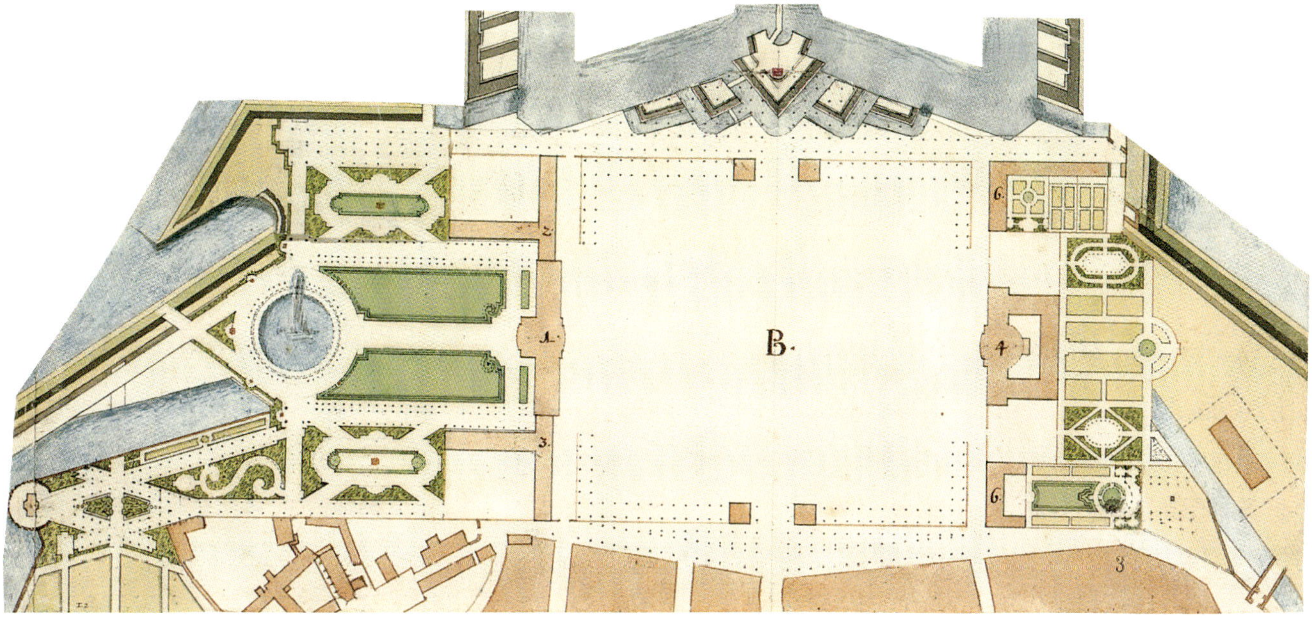

27.2

27.1
Münster, Residenzschloß
Lageplan der Zitadelle und des Neuplatzes mit Einzeichnung des Residenzprojektes C

Lavierte Federzeichnung (blau, grün, grau, braun), 51,4 x 44,5 cm
Titel: *Plan de la Citadelle de Münster avec son Esplan*(a)*de comme elle s'a trouve l'année 1732.*
Beischrift: *A.;* Kennziffern
Maßstäbe: *180 Reinhlandische ruhten* = 15,25 cm; *2000 fues Münsterisch* = 132,5 cm

Westfälisches Landesmuseum Münster, Schl.-Bd. 5

Zu dieser Zeichnung gehören die Deckblätter mit den Residenzprojekten von 1733 und den Kennbuchstaben »B« und »C«. Der Plan der Zitadelle trägt den Buchstaben »A«.

27.2
Münster, Residenzschloß
Neuplatz und Hofgarten, Gesamtlageplan des Entwurfs B

Lavierte Federzeichnung (blau, grün, grau, braun, gelb), 17,4 x 38,3 cm (unregelmäßig beschnitten)
Beischrift: *B.;* Kennziffern
Deckblatt mit Entwurfsvariante zum Hofgarten
Lavierte Federzeichnung, 4,2 x 9,5 cm

Westfälisches Landesmuseum Münster, Schl.-Bd. 3

27.3
Residenzschloß Münster
Neuplatz und Hofgarten, Gesamtlageplan des Entwurfs C

Lavierte Federzeichnung (blau, grün, grau, braun, gelb), 33 x 38,5 cm (unregelmäßig beschnitten)
Präsentationsvermerk: *prs Serenissimo Poppelsdorff dn 13tn Marty 1733*
Beischrift: Kennziffern

Westfälisches Landesmuseum Münster, Schl.-Bd. 4

28
Zuchthaus und Gefängnis, 1731–38
Münster, Lotharingerstraße, ehem. Kalkmarkt

BAUGESCHICHTE: Der 1536 an Stelle des alten Nordost-Turmes der Stadtbefestigung errichtete Wehrturm des Zwingers hatte die Funktion, die Stellung des Landesherrn gegenüber etwaigen Aufständen der Bevölkerung zu sichern. Bereits 1537 wurde er in den Quellen als »Zwinger« bezeichnet. Als Gefängnis diente im 16. Jahrhundert ein nahegelegenes Türmchen zwischen Hörster- und Neubrückentor. 1619 wurde erstmals erwogen, den Zwinger als Zuchthaus zu nutzen; das Ratsprotokoll vom 26. Juni berichtet: »Ward fur notig und ratsam angesehen, etwan uf Verordnung eines Platzes zum Zuchthaus zu gedenken, dazu man vermeinet, vorerst den Dwenger zu verordnen, allda die mutwilligen Scheltere, untugende Buben und andere Incorrigibiles der Vagabunden, item welche sich mutwillig in matrimonio verhalten und sich selbsten propria authoritate separieren, nach Gelegenhait der Verbrechung zu züchtigen.« Erst 1732 ist dieser schon 1619 nachweisbare Plan einer domus correctionis in Münster verwirklicht worden.

Die Baugeschichte gliedert sich in drei Phasen: Der erste Entwurf aus den Jahren 1731–32, der Ausführungsentwurf von 1732–34 und die Erweiterung in den Jahren 1735–38. Bereits Ende des Jahres 1731 müssen Vorschläge Schlauns vorgelegen haben, denn das Landtagsprotokoll vom 17. Dezember notiert: »Designatio, was eigentlich ein Zuchthaus, falls es dahier am Kalckplatz gebaut würde, kosten würde... der Abriß praesentiert und wahrgenommen, daß es ungefähr 18.000 kosten wollte.«

Die Zeichnungen des ersten Entwurfs von Schlaun und die Umzeichnungen von Johann Mauritz Güding (Kat.-Nr. 28.1–9) zeigen einen einfachen, längsgerichteten Zuchthausbau, der auf den Zwinger ausgerichtet und mit diesem durch einen mauerumwehrten Gefängnishof verbunden war. Der Ausführungsentwurf von 1732–34 ist durch zahlreiche Zeichnungen Schlauns und einige Kopien Güdings (Kat.-Nr. 28.10–20) detailliert rekonstruierbar und sah eine zweiflügelige Anlage in einem weiten Winkel mit zentralem Mittelrisalit vor, die sich zum Kalkplatz hin öffnete und auf deren Rückseite der Zwinger lag. 1735–38 wurde ein dritter Flügel angefügt, der den östlichen Flügel nach Süden verlängerte und leicht nach Westen vorsprang (Kat.-Nr. 28.23–27). Anscheinend sind die Planänderungen in kurzer Zeit im Laufe des Jahres 1732 entschieden worden, denn Güding hat in seiner Nachzeichnung des ersten Entwurfs (Kat.-Nr. 28.8) bereits die Position des Zuchthauses in der späteren Ausführung markiert.

BAUHERR: Die Initiative zur Errichtung ging nicht vom Kurfürsten, sondern von den beiden ersten Ständen des Fürstbistums aus, dem Domkapitel und der Ritterschaft. Clemens August billigte das Bauvorhaben und ordnete per Dekret mehrere Kollekten und Lotterien zur Finanzierung des Projekts an. Der Landtag berief eine Kommission, in die seitens des Domkapitels Freiherr von Galen und der Kammerpräsident Droste zu Erwitte, seitens der Ritterschaft der Oberstallmeister Freiherr von der Reck zu Steinfurt und Graf Merveldt gewählt wurden. Der Landtag schlug am 27. Januar 1732 dem Fürstbischof die Genehmigung »einer freiwilligen Kollekte absque ullo personarum aut status respectu, (eine) von sich leicht aus- und von statten gehende Lotterie« vor. Darüber hinaus wollte man sich das Baumaterial auf eigene Rechnung beschaffen und sich über Zuchthäuser benachbarter Staaten informieren. Am 24. Januar 1733 schloß die zur Erbauung des Zuchthauses zuständige Kommission, der jetzt der Dompropst Freiherr von Plettenberg, Domdechant Freiherr von Galen, Vizedominus Freiherr von Twickel, Generalvikar Freiherr von Ketteler, Graf Merveldt, Freiherr Droste von Schmising und Oberstleutnant Schlaun angehörten, mit dem Maurermeister Wilm Spalthoff einen Vertrag über die Übernahme der Bauleitung. 1734 ordnete Clemens August per Dekret »zur Finanzierung des kostspieligen Zuchthaus-Baues eine wiederholte Kollekte an«.

Die Planung und Errichtung des Zuchthauses fällt zeitlich und inhaltlich zusammen mit der gro-

LITERATUR

Rudolf Quanter, *Deutsches Zuchthaus- und Gefängniswesen von den ältesten Zeiten bis in die Gegenwart*, Leipzig 1905; Ernst Rosenfeld, *Zur Geschichte der ältesten Zucht-Häuser*, in: Zeitschrift für die gesamte Strafrechtswissenschaft 26, 1906; Hartmann 1910, S. 53–56, 238; Hastings Hart, *Plans and Illustrations of Prisons and Reformatories*, New York 1922; Geisberg 1932, Münster I, S. 163; ders. 1935, Münster IV, S. 150–73, bes. S. 150–53, 166–70; Hellmuth von Weber, *Zum Aufbau des Strafrechtssystems*, Jena 1935; Griese 1952, S. 139; Crusius 1952, S. 37, 39; Rensing 1954, S. 18, 30, 38; Noehles 1966, S. 300; Kat. *Schlaun* 1976, S. 96, 109–11, 157; Allan Braham/Hellmut Hager, *Carlo Fontana. The Drawings at Windsor Castle*, London 1977, S. 143–49, Abb. 344–66; Robin Evans, *Fabrication of Virtues*, Cambridge 1982; Jean Delumeau, *Die Geschichte kollektiver Ängste im Europa des 14. bis 18. Jahrhunderts*, Hamburg 1985; Andreas Bienert, *Gefängnis als Bedeutungsträger, Studien zur Geschichte der Strafarchitektur*, Diss. masch. Marburg 1991; Ulrich Schulze, *Brunnen im Mittelalter. Politische Ikonographie der Kommunen in Italien*, Frankfurt a. M. u. a. 1994, S. 30–37, 277; Kieven 1995; Matzner 1995.

28.15 Münster, Zuchthaus, Ausführungsentwurf

QUELLEN

Bauinschrift am Hauptrisalit: sVB feLICI gVbernIo / CLeMentIs aV gVstI prInCIpIs nostrI pro pIa InsoLentIs pLebIs CorreCtIone / Corrogatae DIVI paVLi statVVM / VrbIs et patrIae pIae LargItIones / erIgebant. Bauinschrift an der Westfront: ergastVLVM praesens CorrogatIs patrIae eXpensIs Deo VoLente erIgebatVr. Beide Inschriften sind durchgehend in Versalien gehalten; die Großbuchstaben in den Inschriften ergeben als Chronogramm die Jahreszahl 1734.
Akten und Protokolle zur Baugeschichte publiziert bei Geisberg 1935, Münster IV, S. 150–52.

DENKMALPFLEGE

Das Zuchthaus wurde 1914 von der Stadt Münster zugunsten des Neubaus einer Berufsschule abgerissen. Eine Renovierung des Zwingers steht nach wie vor aus.

ßen Residenzplanung am Neuplatz (Kat.-Nr. 27).
FUNKTION: Der Zwinger diente als Gefängnis für maximal 16 Verbrecher, die die bürgerlichen Rechte verloren hatten, das Zuchthaus aber als Besserungs- und Arbeitsanstalt für mehr als 80 männliche und weibliche »Corrigendi«. Der Kurfürst ordnete 1738 deshalb an, »daß alle noch jetzt im Lande betroffenen Landstreicher verhaftet und in das inzwischen fertig gewordene Zuchthaus abgeliefert werden sollen«. Neben der Einrichtung des Zuchthauses und dem Umbau des Zwingers ließ Clemens August die noch gültige Polizeiordnung Münsters von 1553 im Jahre 1742 zum ersten Mal drucken, um sie als verbindlichen Katalog reglementierter Verhaltensweisen der bürgerlichen Öffentlichkeit zu präsentieren.
LAGE IN DER STADT: Die ideale Position von Gefängnis und Zuchthaus im Nordwesten der Stadt beim Neubrücker Tor berücksichtigt mehrere Faktoren: der Standort war durch den mittelalterlichen Rundturm des Zwingers mit dem »Kalckplatz«, dem mittelalterlichen Richtort innerhalb der Stadt, für den Zuchthausbau geradezu prädestiniert. Dazu kommt die tatsächliche und sinnbildliche Nähe einer ›Müllkippe‹ auf der anderen Seite des Neubrücker Tores, die Schlaun 1728 geplant hatte, »um den Koth auß der Stadt darauff zu fahren« (Kat.-Nr. 79.3.3). Neben diesen funktionalen Gründen sind aber stadtplanerische und architekturikonographische Aspekte verbindlich: Das Zuchthaus, auf der anderen Seite der Stadt, liegt dem Schloß gegenüber; wie dieses markiert und definiert es die Grenze zwischen Stadt und Land. Die Stadt und ihre Bevölkerung werden so durch die Residenz und das Zuchthaus symbolisch verklammert, gleichsam in das landesherrlich absolutistische Regelwerk von Regierung und Bestrafung integriert. Darüber hinaus lagen Zwinger und Zuchthaus am Flußlauf der Aa und den beiden Wassergräben der Stadtbefestigung: Die tatsächliche und sinnbildliche Verbindung des Wasser, etwa Brunnen oder Flüsse, mit der Rechtsprechung, Verkündigung von Edikten, Urteilen usw. ist seit dem Mittelalter geradezu ein Topos im Kontext städtischer Ikonographie.

1. Entwurf, 1731–32

Der Umbau des Zwingers bildete mit dem Neubau des Zuchthauses eine Einheit, der schmale Flügelbau war exakt auf den Mittelpunkt des Gefängnisses ausgerichtet, eine hohe Mauer umgab den gesamten Komplex. Der Eingang lag nicht an der Stadtseite, wie der an der Hauptfassade angelegte Garten an der Stelle des Kalkmarktes suggeriert, sondern an der Schmalseite im Westen. Über eine doppelläufige Freitreppe betrat man das Zuchthaus also vom Neubrücker Tor kommend, gleichsam von einem Standpunkt außerhalb der Stadt. Architekturikonographisch außergewöhnlich befindet sich also der Eingang nicht an der Hauptfassade, wo Schlaun auf dem alten Kalkmarkt eine symmetrische Gartenanlage vorgesehen hatte, die sich entsprechend der Grundstückssituation rautenförmig öffnet. Die zentrale Alleeachse führt auf den Mittelrisalit zu, an dem sich sicherlich noch einmal das oder die Stifterwappen wiederholten. Der Garten bewirkt eine Distanzierung des Zuchthauses von der Stadt, hier auf hohem Sockelgeschoß, gleichzeitig nobilitiert er das Bauwerk als repräsentativ bedeutende Anlage. Die Alleeachse endet in einem kleinen, einladend halbkreisförmigen Platz, die Fassade ohne Eingang signalisiert gleich einem Emblem die Funktion der Architektur als ›geschlossene Anstalt‹.

FASSADE: Von der Hauptfassade ebenso wie von der Eingangsseite haben sich keine Zeichnungen erhalten, man kann allerdings davon ausgehen, daß die stadtauswärts gerichtete Nordfassade in ähnlicher Form auch im Süden wiederholt wurde, hier selbstverständlich mit wesentlich höherem Sockelgeschoß, wie der Querschnitt über dem Fassadenaufriß zeigt (Kat.-Nr. 28.6). Der massive elfachsige Baukörper mit links anschließendem, kurzem Kapellenraum präsentiert sich dem vom Land kommenden Reisenden als dreigeschossige Architektur, gegliedert durch die kleinen rechteckigen Fenster und dem vergleichsweise repräsentativen Mittelrisalit. Die tieferliegende Wandfläche wird durch die ›Kolossalordnung‹ der Lisenen an den Gebäudeecken und das umlaufende Gesimsband eingefaßt, die Ecken so mit dem Mittelrisalit verklammert. Hier im Zentrum der Fassade wiederholt sich dieses Motiv, bekrönt durch den abschließenden Segmentgiebel mit dem Wappen des Kurfürsten, unter dessen mildtätiger Schirmherrschaft die Arbeits- und Besserungsanstalt eingerichtet werden sollte. Die umlaufende Gefängnismauer verdeckte den Sockel und das halbe Erdgeschoß, so daß an der Fassade eine Folge von drei, sich nach oben hin vom Quadrat zum Querrechteck verkleinernde Fenster präsentiert wurde.

Das Satteldach mit Dachgauben und Schornsteinen rhythmisiert noch einmal die Gesamtarchitektur zum Zentrum hin, der Würdeform des Segmentgiebels mit dem kurfürstlichen Wappen.

Zusammen mit dem links anschließenden mittelalterlichen Rundturm des Zwingers, dessen Runddach am oberen Abschluß mit dem Dachansatz des Zuchthauses eine exakte Verbindungslinie bildet, unterscheidet das Ensemble deutlich zwischen dem Kerker für die Verbrecher und der Besserungsanstalt des Zuchthauses, zumal dessen Erscheinungsform dem Hospitalbau entlehnt ist. Die parallele Residenzplanung am Neuplatz - gleichsam ›aus einem Guß‹ – sah vor dem Schloß zwei flankierende Baugruppen vor, die Kaserne links und rechts das Clemenshospital mit der Hofkirche (Kat.-Nr. 44.1). Vergleicht man den Fassadenaufriß der Flügel des projektierten Hospitals mit dem des Zuchthauses, so überraschen die Ähnlichkeiten: Gliederung der Wandfläche, leicht hervortretender Mittelrisalit, das einfache Satteldach mit dem ›Dreiertakt‹ der Dachgauben. Sinnfällig erhält die mildtätige Einrichtung eines Hospitals zur Pflege körperlich Kranker durch den Kurfürsten dieselbe Erscheinungsform wie die Anstalt zur Pflege und Besserung der moralisch Kranken – Bettler, Prostituierte, Vagabunden, Müßiggänger, Nichtsnutze und Tagediebe.

INNENRAUM: Über den ›Hintereingang‹ mit doppelläufiger Freitreppe an der schmalen Westfassade betritt man im Ergeschoß (Kat.-Nr. 28.3) ein kleines Vestibül, rechts das Treppenhaus, links die Wohnung des Direktors, eine Raumfolge mit Enfilade. Die rechte Ergeschoßhälfte nehmen die große Küche, die angrenzende Kammer mit Treppe zu den Vorratskellern sowie der Speisesaal ein. ›Herzstück‹ des gesamten Zuchthauses sind die beiden annähernd quadratischen Arbeitsräume. Hier wurde unter Aufsicht gearbeitet, immer im ›Angesicht des Herrn‹, anwesend in der kleinen Gefängniskapelle mit Altar, die in Form eines einfachen Kastenchors explizit aus der Gesamtarchitektur ausgeschieden ist, verschlossen werden konnte und während der Gottesdienste von beiden Geschossen einsehbar war. Im Erdgeschoß arbeiteten die Männer, im Obergeschoß war die »arbits=Stube vor weiblieches geschleg, dawo selbe ebenfals können messe hören«.

Wie im Hospitalbau (vgl. Kat.-Nr. 44.1,21) ist die hier verschließbare Kapelle so plaziert, daß sie ständig im Blickbereich der Kranken beziehungsweise der Arbeiter im Zuchthaus liegt, damit die einen Trost und Hoffnung auf Heilung finden, die anderen aber stetige Ermahnung zu moralisch reiner Lebensweise erfahren. Die tägliche Arbeit der Corrigendi fand im buchstäblichen Sinne des Wortes zwischen Himmel und Hölle statt, da auf der gegenüberliegenden Seite des Arbeitsraums vermutlich der sogenannte Prügelknabe saß, der den Fleiß und das Benehmen der zu Erziehenden kontrollierte. In den beiden erheblich flacheren Obergeschossen (Kat.-Nr. 28.4–5) lagen beidseitig der mittleren »Passage« die Zellen der Zuchthäusler: im ersten Obergeschoß »22 Kammeren vor Zúchtleute manlieches geschlegts, auff jede Kommen 2 britschen«, im zweiten Obergeschoß die identische Raumfolge für die »Zuchtleuhte weibliechen geschlegts«. Die maximale Kapazität lag also bei 44 männlichen und 44 weiblichen Insassen. Als Personal waren neben dem Anstaltsdirektor vier »Zuchtknechte« vorgesehen, hinzu kamen Küchen- und anderes Dienstpersonal.

ZWINGER: Das Gefängnis konnte durch eine kleine Brücke über dem Wassergraben betreten werden, die in einen unterirdischen Gang zum Kellergeschoß führte. Von dem kleinen mauerumwehrten Zwingerhof führte das vergitterte Portal in den Kerker. Selbst in der Disposition von Zwingerhof und Zuchthausgarten wird noch einmal zwischen hoffnungslosen Verbrechern und den formbaren Corrigendi unterschieden: den einen steht ein kleiner ungeordneter Hof zur Verfügung, den anderen ein großzügiger, barock angelegter Park.

Der Umbau durch Schlaun, die Systematisierung der Raumdisposition im Innern und das Ersetzen des alten Kegeldachs durch ein ringförmiges Satteldach, muß 1732 abgeschlossen gewesen sein. Diese Jahreszahl nannte das kurfürstliche Deutschordenskreuz im Wappen über dem Eingang, Clemens August war erst im Frühjahr des Jahres zum Hochmeister des deutschen Ordens gewählt worden (Abb. 1). Durch das Portal betrat man den dreiecksförmigen Hauptraum, Schlaun hatte den kreisrunden Grundriß des Zwingers durch ein gleichmäßiges Zehneck mit zentralem Lichtschacht und außen umlaufendem Gang perfekt kontrollierbar gegliedert. Je acht Zellen befanden sich im Erd- und Obergeschoß, wobei im umlaufenden Gang die Fenster und die Tür jeder Zelle mit den Außenfenstern alternieren, so daß der Verbrecher von seiner Zelle aus kein direktes Tageslicht, geschweige denn die Umgebung sehen konnte. Über den dreiecksförmigen Hauptsaal, der im Obergeschoß noch einmal wiederholt ist, und die links anschließende Treppe wird die Gesamtanlage übersichtlich erschlossen. Die Verbrecher wurden zu den Gottesdienstzeiten in den beiden großen Räumen versammelt, damit sie die

»messe durch ein gegitter hören können«, wie Schlaun vermerkt. Im Gegensatz zu den Zuchthäuslern verbüßten die Verbrecher eine meist lebenslange Haft, sie hatten die bürgerlichen Ehrenrechte verloren und durften deshalb der heiligen Messe lediglich zuhören, nicht aber wie die Insassen des gegenüberliegenden Zuchthauses ihr zusehen.

TYPUS: Richtungweisend für den Zuchthausbau des 18. Jahrhunderts ist der Hospitalbau, etwa beim Projekt des Clemenshospitals von Schlaun selbst realisiert, von dem nicht nur Zucht- und Waisenhäuser, sondern auch der um 1700 beginnende Fabrikbau abgeleitet wurde – Güding bezeichnet in seiner Kopie nach Schlaun das Münsteraner Projekt auch als »Zucht=und fabriquen haus«. Prominentes Beispiel und Vorbild dieser neuen Bauaufgabe war die Casa di correzione am Ospizio di San Michele in Rom, ein Waisenhaus für junge Männer, das in den Jahren 1701–04 von Carlo Fontana erweitert wurde. Als Schlaun 1723 in Rom war, gehörte dieses Zuchthaus, eine mildtätige Stiftung des Papstes, immer noch zu einer der meistdiskutierten Bauaufgaben, so daß Domenico de Rossi die »Carceri per correzione della gioventu« Fontanas als einzigen ›Nutzbau‹ 1721 im dritten Band seiner ›Architettura civile‹ publizierte – als höchst repräsentative Bauaufgabe gleichwertig zwischen dem Dom zu Mailand und der Villa Farnese in Caprarola. Kieven hat darüber hinaus bemerkt, daß Schlaun mit großer Sicherheit das Konvolut der Fontana-Zeichnungen im Vatikan gesehen hat. Im übrigen hatten die Auftraggeber des Münsteraner Projekts in ihrem Protokoll der Landtagssitzung vom 27. Januar 1732 festgehalten, daß man sich über Zuchthäuser benachbarter Staaten informieren wolle, so daß vermutlich Schlaun selbst das ›Vorbild‹ seinen Bauherrn vorlegte und ›schmackhaft‹ machen konnte.

Nach basilikalem Schema war das Mittelschiff der päpstlichen Casa di correzione in Rom als Arbeitsraum mit Altar im ›Chor‹ vorgesehen. Dem Altar gegenüber lag der sogenannte Prügelbock. In den dreistöckigen Seitenschiffen reihen sich die Zellen der jungen Corrigendi. Dieses Schema der Einheit von Arbeits- und Betraum mit angrenzenden Zellen hat Schlaun aufgrund der anderen Grundstücksbedingungen gleichsam über zwei Geschosse verteilt. In der von de Rossi abweichenden Ausführung Fontanas wurde der Altar dann in der Mitte des Schiffes plaziert, hier entstand durch Aussparung je einer Zelle ein Querschiff. Diese zentrale Stelle wird am Außenbau durch den Mittelrisalit mit großem Rundbogenfenster deutlich gemacht. Ebenso wie am Münsteraner Zuchthaus befindet sich auch hier nicht der Eingang, sondern, in architekturtheoretischem Sinne regelwidrig, an den Eckrisaliten.

Die Vorbildfunktion der Casa di correzione liegt vor allem in der modernen Disposition der unmittelbaren Nähe von Schlaf-, Arbeits- und Betraum gemäß dem moralisierenden Ideal des ›Ora et labora‹. Darüber hinaus ist die Ableitung der Architekturformen aus dem Hospital- und Sakralbau um so sinnfälliger, als beide Anstalten den Anspruch erheben, mildtätige Gesten des Papstes beziehungsweise des Kurfürsten gegenüber dem Volke zu sein.

Ausführungsentwurf, 1732–34

Im Laufe des Jahres 1732 folgte der Planwechsel: Im Frühjahr hatten die Habsburger Clemens August zum Deutschordensmeister gemacht, sein Minister Plettenberg, der eigentliche Motor des Residenzprojektes, war auf der Höhe seiner Karriere. Im April stellte der Kurfürst eine stattliche Summe zur Gründung des Clemenshospitals am Neuplatz zur Verfügung, im November erfolgte die Grundsteinlegung (vgl. Kat.-Nr. 27). Gleichzeitig warb er im Juni für den Bau des Zuchthauses mit einer Geldkollekte, der kurz darauf eine Holzkollekte folgte. Ende des Jahres hatte man das gesamte Baumaterial beschafft, im Januar 1733 wurde der Kontrakt mit dem Maurermeister, im August 1734 mit dem Dachdeckermeister geschlossen. Die Jahreszahl 1734 nennt auch das Chronogramm in der Inschrift am Mittelrisalit.

Man kann davon ausgehen, daß der Kurfürst und sein Minister im Laufe des Jahres 1732 das Zuchthausprojekt zu ›ihrer Sache‹ gemacht hatten. Ging ein Jahr zuvor die Initiative und der vorgelegte erste Entwurf Schlauns von den Ständen aus, so muß die Planänderung zugunsten einer wesentlich repräsentativeren Ausführung in der veränderten Auftraggebersituation gesehen werden: Hatte Clemens August das erste Projekt lediglich mildtätig gebilligt, so war der jetzt vorgelegte Ausführungsentwurf in enger Absprache zwischen ihm, Plettenberg und Schlaun entschieden worden, dem sich auch die Stände anschlossen. Im Rahmen des Ausbaues Münsters zur Residenzstadt sollten sich das Schloß mit Kaserne und Hospital auf der einen, das Gefängnis und Zuchthaus auf der anderen Seite der Stadt,

1 Münster, Zuchthaus, Ansicht von Südosten (vor 1914)

miteinander verbunden durch den Befestigungsgürtel der späteren Promenade, zu einem ›ausgewogenen‹ architektonischen Regelwerk absolutistischer Macht verbinden. Das Zuchthausprojekt fungiert somit als Bild der mustergültigen Staatsfürsorge und Aushängeschild der von Bettlern, Prostituierten und Vagabunden gesäuberten Metropole. Schließlich gehörten Wohlfahrtseinrichtungen und Zuchthäuser seit dem 17. Jahrhundert – wie Quellen aus Amsterdam berichten – zum ›touristischen‹ Besuchsprogramm hochrangiger Staatsgäste. Schlaun selbst hatte in Sorge um die repräsentative Funktion des Zuchthauses 1749 in einem Bericht über die Visitation der Befestigungen und der Zitadelle geäußert, daß »an solchem Zuchthaus von außen bemercket worden, daß wegen allerhandt auß denen Fensteren giesenden Unflaht die Maueren und Fenstersteine sehr unsauber gemachet werden, so ist solches zu befehlender Ab- und Einstellung dem Geheimbsten Raht oder Zuchthauß Commission vor nötig erachtet«.

GESAMTANLAGE: Statt des einflügeligen Gebäudes im 1. Entwurf sah Schlaun jetzt zwei, in stumpfem Winkel aufeinandertreffende Flügel vor (Kat.-Nr. 28.10). Die Kontur des dritten, südlichen Erweiterungsflügels ist bereits mit Strichen angedeutet. Gleichzeitig verweist die Titelbeischrift »ist angelacht worden« darauf, daß der Generalplan nach Vollendung und vor dem Erweiterungsbau, also in den Jahren 1734–35 angefertigt worden ist. Nicht vermerkt ist der hinter dem Ostflügel liegende Zwinger, Teile des Zuchthausgartens aus dem 1. Entwurf sind als realisiert eingezeichnet. Auf den Garten mit Allee vor der Hauptfassade auf dem Kalkplatz war völlig verzichtet worden.

Der gewählte Ausschnitt aus dem Stadtgrundriß macht im Vergleich zum Gesamtplan des ersten Entwurfs (Kat.-Nr. 28.1) die veränderte Lösung der Platzsituation deutlich: Waren die Hauptfassade und die Allee des vorgelegten Gartens aus dem ersten Entwurf gleichsam ziellos auf die Straße entlang der Stadtbefestigung ausgerichtet, so drehte Schlaun im Ausführungsprojekt die Gesamtarchitektur und den Mittelrisalit in die Diagonale. Der so entstandene rhombusförmige Vorhof wird durch eine Mauer eingefaßt und erhält durch das konkave Einschwingen des zur »Herrn Strasse« ausgerichteten Eingangs die repräsentative Funktion einer Cour d'honneur. Die Architektur wird damit zur Stadtmitte hin zentriert. Parallel zur Neubrücker Straße führt die Herrenstraße in ihrem weiteren Verlauf über die Hörsterstraße und den Fischmarkt direkt auf den heutigen Prinzipalmarkt und die anschließende Domfreiheit. Hier tagte der Landtag im Rathaus, der Auftraggeber des Zuchthauses verweist stadtplanerisch auf sich selbst als Urheber der wohltätigen Besserungsanstalt zurück.

Auch wenn der Kurfürst und sein Minister als Initiatoren der aufwendigen Planänderung im Jahre 1732 anzusehen sind, so konnten sich die Stände des Fürstbistums doch ebenso wie beim Schloßbau an prominenter Stelle des Zuchthauses präsentieren: Unter dem kurfürstlichen Wappen stehen gleichberechtigt die drei Wappen des Domkapitels in der Mitte, der Ritterschaft links und der Städte rechts (Abb. 1). Wie politisch brisant die Planung und Finanzierung des Projekts gewesen sein muß, verdeutlicht die im Laufe des Jahres 1732 angefertigte Zeichnung Schlauns des Mittelrisalits (Kat.-Nr. 28.15): Lediglich das beherrschende Deutschordenswappen des Kurfürsten und das mittlere der drei Wappen ist als Paulusfigur mit Schwert als das Wappen des Domkapitels identifizierbar. Auf der linken Seite hatte Schlaun die Möglichkeit eines weiteren Wappens durch Strichlinien angedeutet, die Stände der Ritterschaft und der Städte sind hier noch nicht expressis verbis anwesend.

FASSADE: Auch vom Ausführungsprojekt sind lediglich Aufrisse der Nord- und Westfassade erhalten (Kat.-Nr. 28.16), darüber hinaus aber der bereits erwähnte Aufriß des Mittelrisalits sowie der halbe Aufriß der Westfassade. Im Unterschied zum 1. Entwurf ist der Mittelrisalit stark zurückgenommen, im Gegenzug werden die Fassadenecken jetzt durch die ›kolossale‹ Doppelstreifenordnung wesentlich kräftiger akzentuiert, das Zitat der Fassade des Clemenshospitals am Neuplatz noch offensichtlicher (Kat.-Nr. 44.1). In Gegenüberstellung zur schmucklosen Architektur der Seitenflügel in ihrer Funktion als Nutzbauten wird am beherrschenden Mittelrisalit die große Würdeform in der Sprache Borrominis inszeniert.

Die konkav geschwungene zweiachsige Vorlage in Form eines ›gemeinten‹ Mittelrisalits fungiert als Drehscheibe der Architektur wie des gesamten Platzes und zeigt eine stadtplanerische Disposition von offensichtlicher Raumbeherrschung, wie sie Schlaun erst Jahre später an den prominenten Projekten des Erbdrostenhofes und der Clemenskirche wiederholt. Über der doppelläufig geschwungenen Freitreppe wird die Fassade nach oben hin konsequent gesteigert, die zwei Fensterachsen zu einer zentralen Vertikalen zusammengefaßt: die Doppeltür, das aufgesetzte Tafelfeld mit der Bauinschrift, darüber das

2 Münster, Zuchthaus, Westfassade (vor 1914)

28.10 Münster, Zuchthaus und Zwinger, Ausführungsentwurf

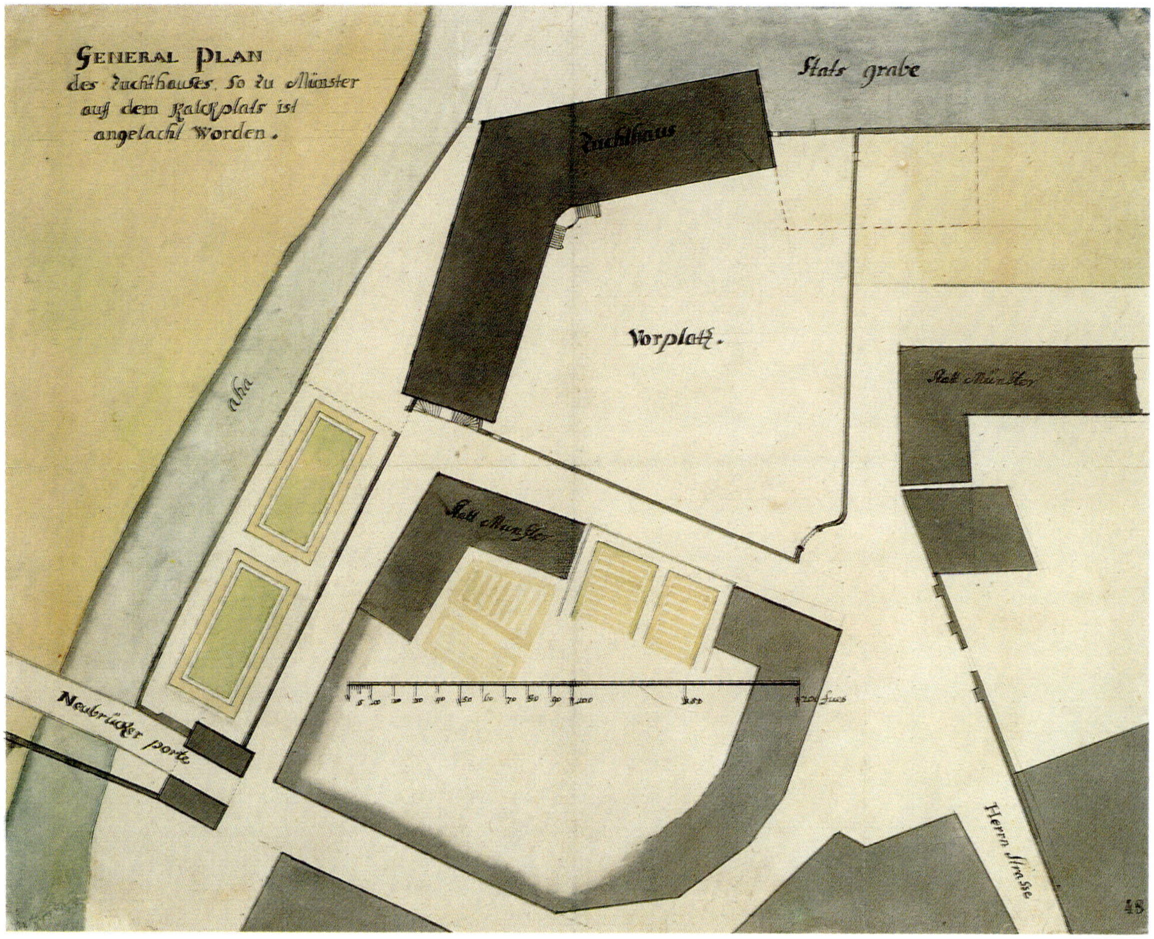

Doppelfenster des ersten Obergeschosses mit dem geschwungenen, scheinbar vor der Fassade schwebenden Wappenaufsatz der drei Stände, die kleine Tafel über den Fenstern des folgenden Geschosses, verkröpft mit dem reich profilierten Dachgesims, als Überleitungsmotiv zum bekrönenden Ädikulagiebel mit dem vergrößerten Wappen des Kurfürsten.

Der aufwendig dekorierte Mittelrisalit, erstes und einziges architektonisches Manifest des umfangreichen Bauprogramms Münsters als Residenzstadt und Metropole, ist sicherlich das modernste, was Schlaun bis dato seinen Auftraggebern geliefert hatte. Entsprechend der ›großen‹ Aufgabe kommen ausschließlich Motive höchster Architekturikonographie zum Einsatz. Die konkav abgerundete Ecksituation konnte Schlaun am ersten Hof des Oratorio di S. Filippo Neri in Rom studieren, die Kleinformen der Tür- und Fensterrahmungen sind dem bei de Rossi publizierten römischen Formenrepertoire entnommen. Mit der Doppeltür in der Konkavecke, ein Vorbild aus dem Innenraum der Universitätskirche Sant'Ivo della Sapienza, kommt hier ein weiteres, ausschließlich als höchste Würdeform verwandtes Borrominizitat zum Einsatz. Das Motiv der Doppeltür kennzeichnet darüber hinaus das Portal zugleich als Eingang und Ausgang: Das Betreten des Zuchthauses zur moralischen Besserung und geistigen Reinigung begründet das Verlassen der Anstalt nach einem zeitlich begrenzten Aufenthalt.

Das hochherrschaftliche Doppelportal des Zuchthauses steht in krassem Gegensatz zu dem lochartigen Eingang im Bereich des Sockelgeschosses. Zwischen den beiden Treppenflügeln führten mehrere Stufen in den Keller, um von hier aus auf der Rückseite in den Gefängnishof und den Zwinger zu leiten (Kat.-Nr. 28.11). Der Eingang zum Kerker wird also an die Hauptfassade des Zuchthauses verlegt, der hierarchische Unterschied zwischen Besserungsanstalt und Gefängnis, zwischen Erziehung und Bestrafung, zwischen Himmel und Hölle emblematisch deutlich gemacht. Dieser Topos aus der mittelalterlichen Stadtikonographie verweist auf den Bibelspruch, daß der Gerechte mit Gottes Hilfe über Löwen und Nattern wandelt (Psalter 91, 13).

INNENRAUM: Die so festgelegte ikonographische Besetzung der beiden Eingänge zum Kerker und Zuchthaus an der Hauptfront erfordert konsequenterweise einen weiteren Eingang für die dritte Personengruppe, die sich hier aufhält, das Dienstpersonal: Über den Nebeneingang an der schmalen Westfassade wird das gesamte Erdgeschoß des Flügels erschlossen, rechts die Raumfolge der Direktorenwohnung mit durchlaufender Enfilade an der Hofseite, links die große Küche, Vorratsräume und der lange Speisesaal zum Garten hin. Die Nutzung des Westportals als Personaleingang wird vermutlich auch der Grund gewesen, warum die Fassadengestaltung im Vergleich zum Entwurf Schlauns (Kat.-Nr. 28.12) wesentlich bescheidener ausfiel (Kat.-Nr. 28.16, Abb. 2). Feierte die Inschrift am Mittelrisalit der Hauptfassade den Kurfürsten und die Stände als edle Stifter, so wird hier verallgemeinernd von »Deo volente« als Baumotiv gesprochen.

Zurück zu den Corrigendi: Durch das Doppelportal gelangt man entweder links auf die große Treppe, die auf dreieckigem Grundriß alle Stockwerke miteinander verbindet (Kat.-Nr. 28.19), oder aber rechts in das Vestibül mit anschließender Zuchthauskapelle. Die beiden Flügel teilen sich prinzipiell in zwei Funktionsbereiche: Im rechten Ostflügel sind im Erd- und Obergeschoß je zwei große Arbeitsräume vorgesehen; wie beim ersten Entwurf arbeiteten Männner und Frauen in getrennten Stockwerken. Den Fabrikationsräumen entsprechen im linken Westflügel die Schlafräume in den beiden Obergeschossen mit zentral gelegenen Aborten (Kat.-Nr. 28.13–14).

Die dem Eingang gegenüberliegende, zweigeschossige Kapelle ist wie beim Hospitalbau von allen Seiten und Geschossen einsehbar, Mahnung und Lob zugleich für die sich moralisch reinigenden Anstaltsinsassen. Der kleine oktogonale Raum (Kat.-Nr. 28.20–22) wies an drei Seiten Fenster in beiden Geschossen auf, die durch Blendläden verschlossen werden konnten. Schlaun hatte den Grundriß der Kapelle aus der Diagonale nach Osten hin verschoben, damit war auch den Insassen des gegenüberliegenden Zwingers ein Hör- und Sichtkontakt möglich. Zu den Messezeiten wurden die Blendläden geöffnet, so daß die Zuchthäusler von den Fabrikationsräumen aus dem Gottesdienst folgen konnten, die Nähe von Arbeits- und Betraum verbildlicht sinnfällig das Postulat des ›Ora et labora‹.

Erweiterungsflügel, 1735–38

Kurz nach Vollendung des Zuchthauses plante man bereits eine Erweiterung der Anlage, um die Kapazität der Fabrikationen zu erhöhen. Kostengünstig wurde der Südflügel durch ein anschließendes neunachsiges Gebäude erweitert, das nach Westen zum Platz hin vorgezogen ist, da man vermutlich die teure Aufschüttung des Wassergrabens einsparen wollte. Aufgrund der bereits im Gesamtplan (Kat.-Nr. 28.10) verzeichneten konturierten Plazierung kann der Baubeginn im Jahre 1735 vermutet werden, ein Edikt des Kurfürsten vom 10. Februar 1738 bezeichnet das Zuchthaus als »inzwischen fertig geworden«, Schlaun hatte nachträglich auf der Rückseite der einzelnen Geschoßgrundrisse (Kat.-Nr. 28.23-26) einen Vermerk der Zustimmung durch die Auftraggeber vom 14. Februar 1738 vorgenommen.

Vom eigentlichen Zuchthaus wurde ein kleiner Verbindungstrakt zu der neuen Fabrik errichtet, die ansonsten vom ummauerten Vorplatz über die Tür in der zweiten Achse zu betreten war, das anschließende Treppenhaus erschloß alle vier Stockwerke.

Schlauns exakte Beschriftung der einzelnen Geschosse vermittelt eine Vorstellung von den Tätigkeiten der Zuchthäusler: Tuchschneiderwerkstatt, Färberei, Waschhaus, Hutmacherei, Spinnerei und Lagerraume für das zu verarbeitende Material. Eine »öffentliche Auktion der in der Zuchthaus-Arbeitsanstalt fabrizierten wollenen Tücher« war am 13. Februar 1741 genehmigt worden. Drei Jahre später wurde den Lehrlingen, die »während vier Jahren in der Zuchthaus-Fabrik die Wollenweberei erlernt hatten, die Zunftmäßigkeit verliehen«. Aus einem gegen die Straßenbettelei gerichteten Edikt von 1756 geht hervor, daß man den Arbeitsbetrieb »in eine Hanf- und Flachs-Spinn und -Weberei umgeändert« hatte. Diese Quellen belegen die enorme Produktivität des Zuchthauses, das in der Tat seiner Funktion als Arbeitsanstalt gerecht wurde. Die landesherrliche Stiftung berücksichtigte parallel dazu auch die Sozialpflege, indem sie erstmals vier Krankenzimmer unterbringen ließ. Darüber hinaus beherbergte der Bau bemerkenswerterweise auch »4 Zimmer vor arrestierte geistlieche«, da die Kleriker einer anderen Gerichtsbarkeit unterstanden und man sie in diplomatischer Weitsicht von den anderen Insassen diskret zu separieren suchte, mußten doch Angehörige der Bauherrn selbst sich ihrem eigenen Regelwerk unterwerfen.

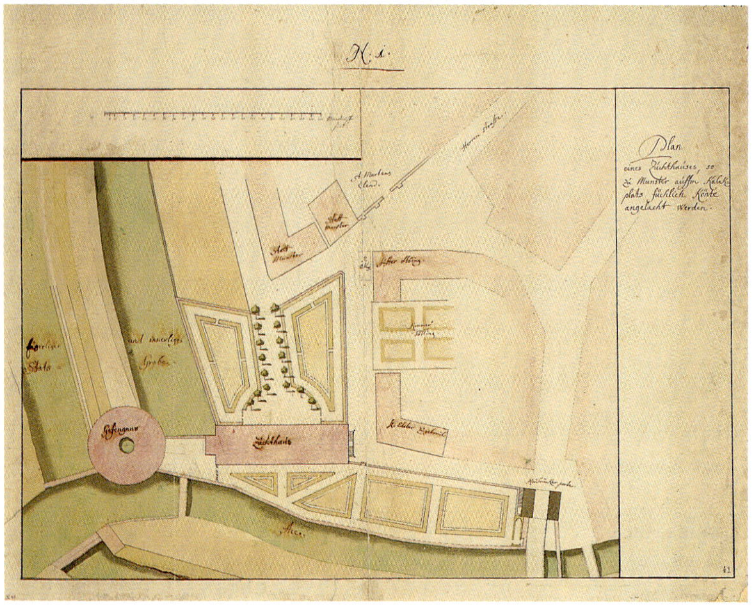

28.1

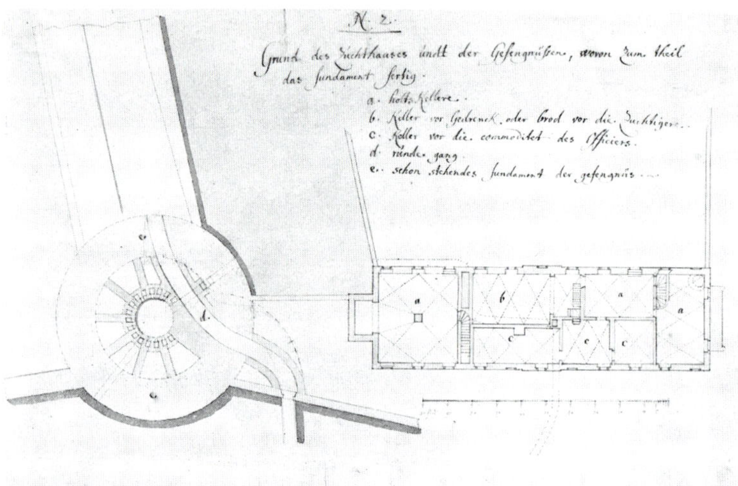

28.2

28.3

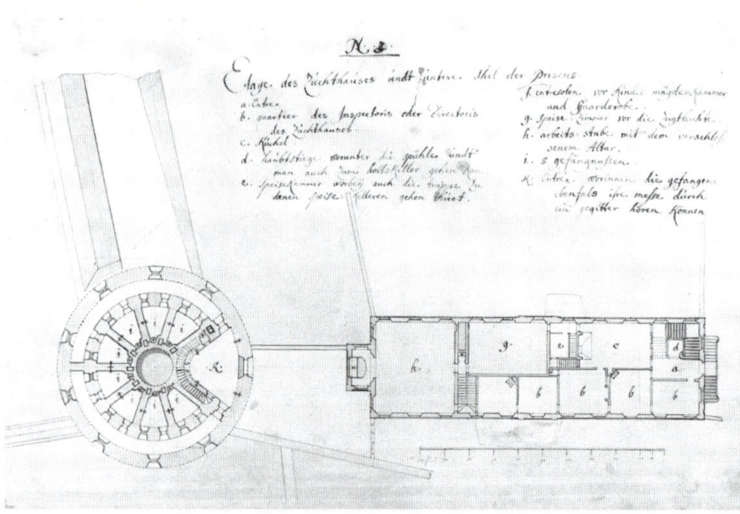

28.1

Münster, Zuchthaus und Zwinger, 1. Entwurf
Gesamtlageplan des Grundstücks

Lavierte Federzeichnung, 46,3 x 59,1 cm
Titel: *N.1.* (unterstrichen); *Plan eines Zuchthauses, so zu Munster auffm KalcKplatz füchlich Könte angelacht Werden.*
Beischrift: *Statt Munster* (2x); *St Mertens Elend.; Herren strasse.; H Osthues.; Jüffer Höning.; Kramer Tölling.; H. Edeler zugehrei(..?).; NeübrücKer porte.; Zuchthaus; Gefengnus; Aa.; Eüserlige und innerlige Stats=Graben.*
Maßstab: *200 Münstersche fues* = 15,1 cm

Westfälisches Landesmuseum Münster, Schl.-Bd. 41

28.2

Münster, Zuchthaus und Zwinger, 1. Entwurf
Grundrisse der Kellergeschosse

Lavierte Federzeichnung, 29,1 x 46 cm
Titel: *N.2.* (unterstrichen); *Grund des Zuchthauses undt der Gefengnüssen, wovon Zum theil das fundament fertig.*
Beischrift: Kennbuchstaben
Legende: *a. holtzKellere.; b. Keller vor GedrencK, oder brod vor die Zuchtigen.; c. Keller vor die commoditet des Officiers.; d. runde gang.; e. sehen stehendes fundament der gefengnüs.*
Maßstab: *100 Münstersche fues* = 15,1 cm

Westfälisches Landesmuseum Münster, Schl.-Bd. 42

28.3

Münster, Zuchthaus und Zwinger, 1. Entwurf
Grundrisse der Erdgeschosse

Lavierte Federzeichnung, 29,7 x 47 cm
Titel: *N.3.* (unterstrichen); *Etage des Zuchthauses undt untere Thil der Prisons.*
Beischrift: Kennbuchstaben
Legende: *a. Entre; b. quartier des Inspectoris oder Directoris des Zuchthauses; c. Küchel.; d. haubtstiege worunter die spühle undt man auch Zum holtzKeller gehen Kan.; e. SpeiseKammer worbey auch die trappe Zu denen Speise=Kelleren gehen thuet.; f. entresolen vor Kinder mägde=kammer und Guarderobe.; g. Speise=Zimmer vor die Zugtleuhte.; h. arbeits=stube mit dem verschlossenem Altar.; i. 8 gefängnissen.; k. Entrée worinnen die gefangene ebenfals ihre messe dúrch ein gegitter hören können.*
Maßstab: *100 Münstersche fues* = 15,1 cm

Westfälisches Landesmuseum Münster, Schl.-Bd. 43

Das von Geisberg noch beschriebene Deckblatt mit einer Grundrißvariante des Treppenhauses und des Direktorentraktes existiert heute nicht mehr (siehe auch Kat.-Nr. 28.12)

28.4

Münster, Zuchthaus und Zwinger, 1. Entwurf

Grundrisse des ersten Obergeschosses

Lavierte Federzeichnung (grau, rot, blaßgrün), 29,7 x 47,2 cm

Titel: *N.4.* (unterstrichen); *Zweite Etage des Zuchthauses undt obere thel der Gefängnüssen.*

Beischrift: Kennbuchstaben

Legende: *a. passage.; b. 22 Kammeren vor ZuchtLeuhte manlieches geschlegts, auff jede Kommen 2 britschen.; c. 2 Kammeren vor 2 vorgenger oder unterauffsichter deren leuhten.; d. arbits=Stube vor weiblieches geschleg, dawo selbe ebenfals können messe hören.; e. 8 gefängnissen; f. vorplatz um messe zu hören.*

Maßstab: *100 fueß* = 15 cm

Westfälisches Landesmuseum Münster, Schl.-Bd. 44

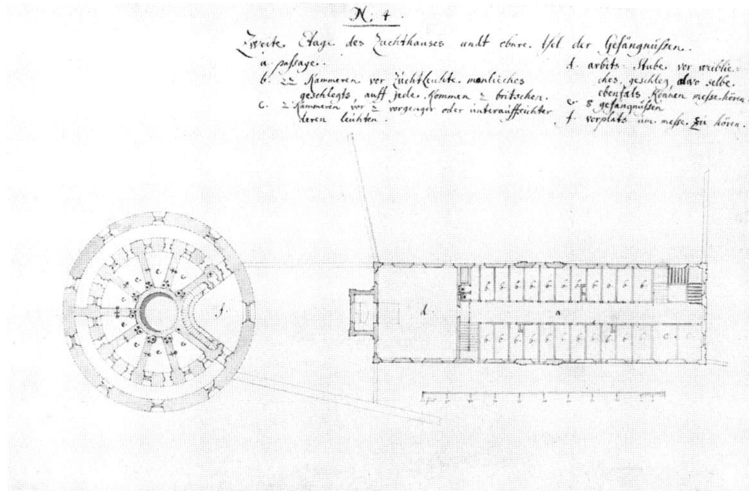

28.4

28.5

Münster, Zuchthaus und Zwinger, 1. Entwurf

Grundriß des zweiten Obergeschosses und des Dachgeschosses des Zwingers

Lavierte Federzeichnung (grau, rot, blaßgrün), 29,4 x 44,7 cm

Titel: *N.5.* (unterstrichen); *Obere Etage undt Grund des DachwercKs der gefängnus.*

Beischrift: Kennbuchstaben

Legende: *a. passage; b. 22 Kammeren vor Zuchtleuhte weibliechem geschlegst.; c. Kammeren vor 2 unterauffsichten; d. arbeitsKammer der 2ten* (ten unterstrichen) *Etage so durchgehet.*

Westfälisches Landesmuseum Münster, Schl.-Bd. 45

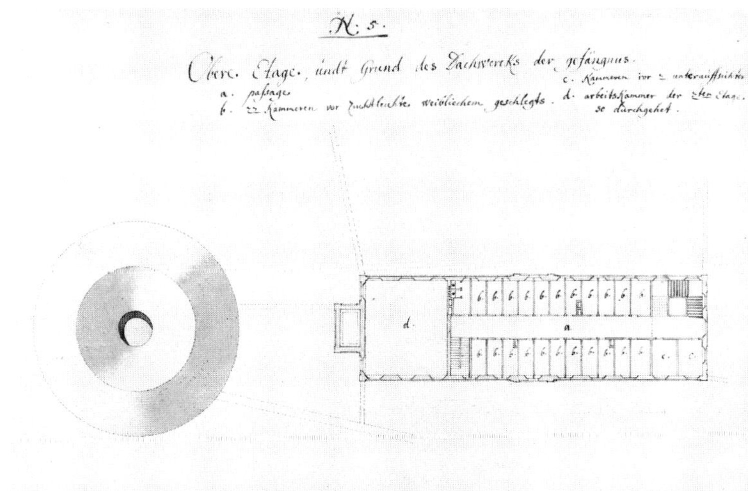

28.5

28.6

Münster, Zuchthaus und Zwinger, 1. Entwurf

Querschnitte und Aufrisse

Lavierte Federzeichnung, 29,5 x 46 cm

Titel: *N.6.* (unterstrichen); *Profil undt Aufführung*=(unten) *der Gefängnussen.*

Profil undt Aufführung (unten) *des Zuchthauses.-.*

Maßstab: *100 fues* = 15 cm

Westfälisches Landesmuseum Münster, Schl.-Bd. 46

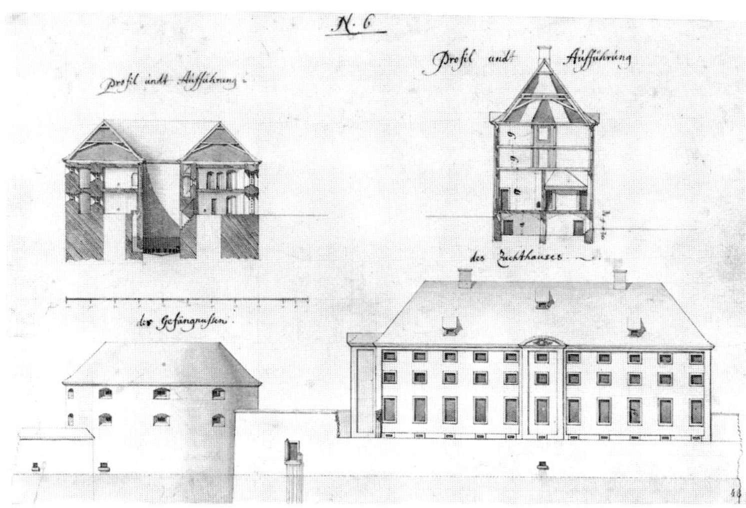

28.6

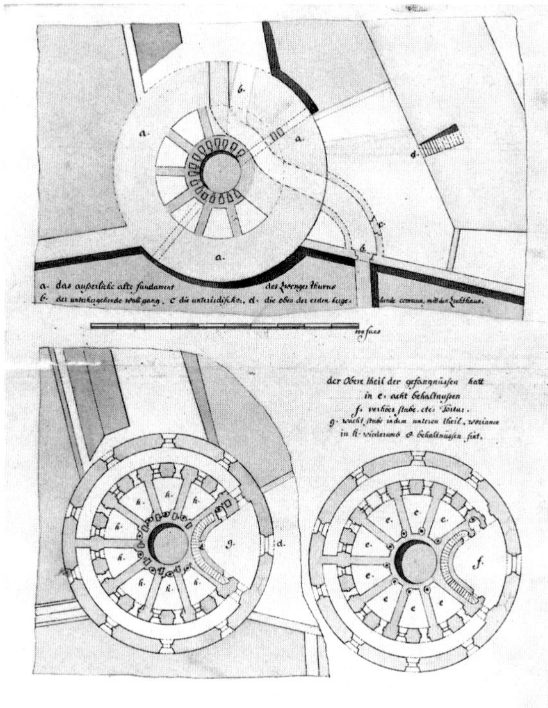

28.8

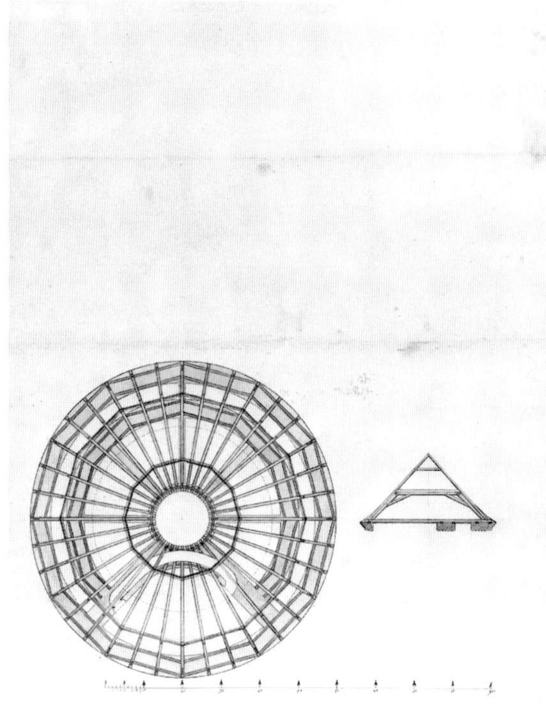

28.9

28.7 (ohne Abb.)
Münster, Zuchthaus und Zwinger, 1. Entwurf
Johann Mauritz Güding
Querschnitt und Aufriß, Aufriß des östlichen Drittels des Zuchthauses

Lavierte Federzeichnung (grau, rot, blaßrot, blaßgrün, hellgrün), 31,7 x 38,5 cm
Titel: *Auffuhrung und Profil des Zwengerthurns=gefangnüßen fur malefis personen sambt communication des Zugthauses in Münster.*
Maßstab: unbezeichnet (10 Einheiten) = 15 cm

Westfälisches Landesmuseum Münster, Schl.-Bd. 253

Teilkopie und Nachzeichnung von Schl.-Bd. 45 (Kat.-Nr. 28.6), es fehlt z. B. der Kapellenraum im Osten.

28.8
Münster, Zwinger, 1. Entwurf
Johann Mauritz Güding
Grundrisse der drei Geschosse

Lavierte Federzeichnung (grau, rot, blaßrot, grün, hellgrün), Bleigriffel, 40 x 31,5 cm
Beischrift: Kennbuchstaben

Legende (zum Grundriß des Kellergeschosses): *a. das außerliche alte fundament des Zwengerthurns; b. der unterhergehende wallgang,; c. die unterirdische=,; d. die oben der erden hergehende commun. mitt den Zuchthaus;* (zu den Grundrissen der beiden Obergeschosse:) *der Obere theil der gefangnüßen hatt in e: acht behaltnußen f: veröer stube, etc: Tortur. g. wacht stube in dem unteren theil, worinnen in h. wiederumb 8. behaltnüßen sint,*
Maßstab: *100 fues* = 15 cm

Westfälisches Landesmuseum Münster, Schl.-Bd. 254

Teilkopie und Nachzeichnungen von Schl.-Bd. 42, 43 und 44 (Kat.-Nr. 28.1-3).

28.9
Münster, Zwinger, 1. Entwurf
Grundriß der Dachbalkenlage und Querschnitt des Dachwerks

Lavierte Federzeichnung (schwarz, grau, braun, blaßgelb), 39,5 x 31,8 cm
Maßstab: *100* (Fuß) = 22 cm

Westfälisches Landesmuseum Münster, Schl.-Bd. 47

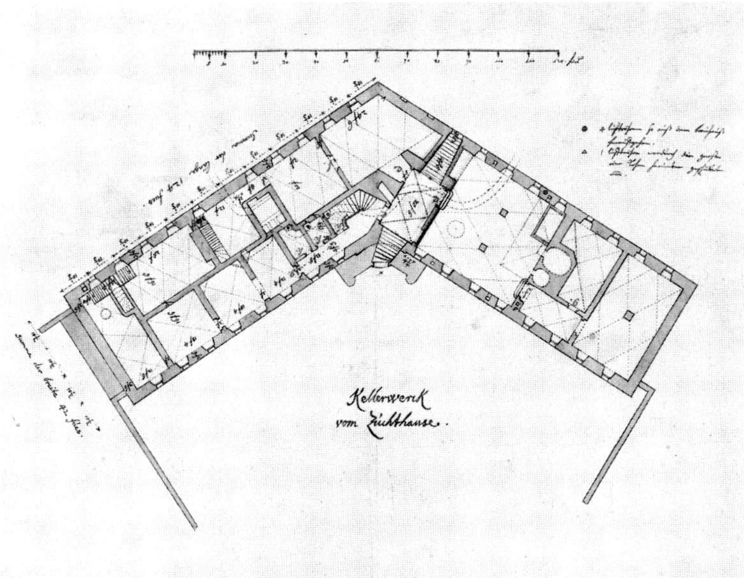

28.11

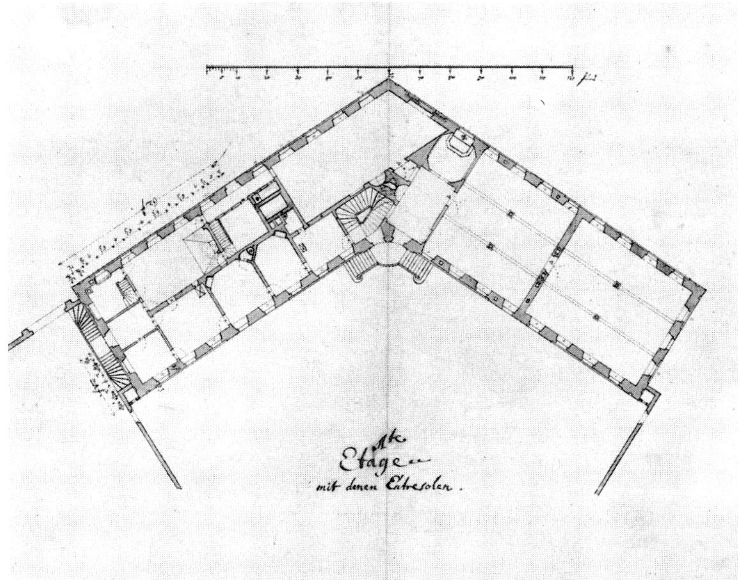

28.12

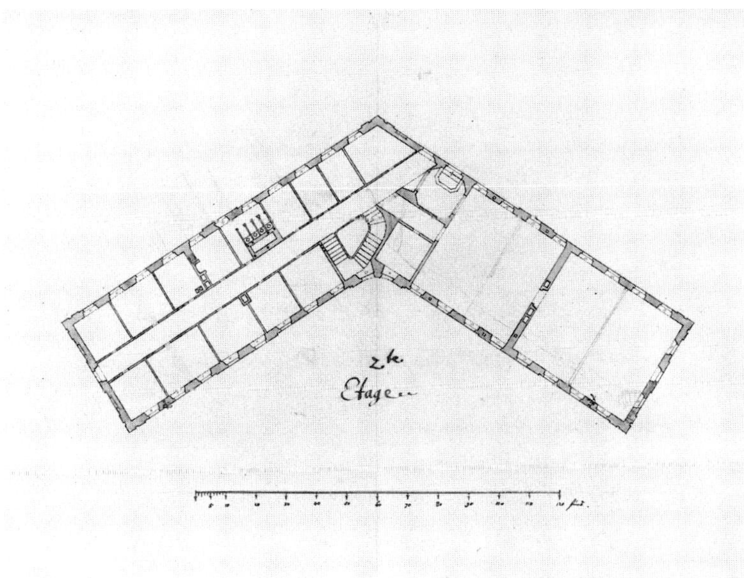

28.13

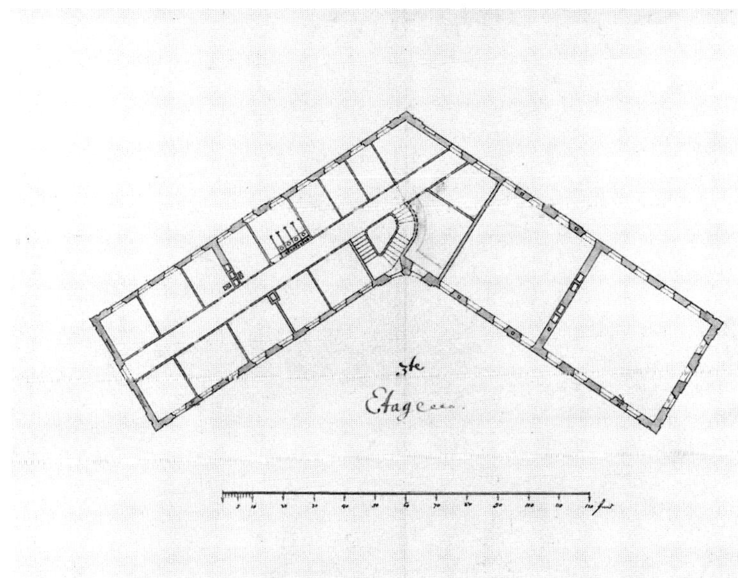

28.14

28.10
Münster, Zuchthaus und Zwinger, Ausführungs-entwurf
Gesamtlageplan des Grundstücks (Abb. S. 210)

Lavierte Federzeichnung, 30,8 x 39,1 cm
Titel: *GENERAL PLAN des Zuchthauses. So Zu Münster auff dem KalcKplats ist angelacht Worden.*
Beischrift: *Stats grabe; Zuchthaus; Vorplatz.; aha; Statt Münster* (2x); *NeubrücKer porte; Herren Strasse*
Maßstab: *200 fues* = 15 cm

Westfälisches Landesmuseum Münster, Schl.-Bd. 48

28.11
Münster, Zuchthaus, Ausführungsentwurf
Grundriß des Kellergeschosses

Lavierte Federzeichnung (schwarz, braun), Bleigriffel, 31,1 x 40,8 cm
Titel: K*ellerwerK vom Zuchthause.*
Beischrift: Maßangaben; Kennzeichen
Beischrift: *Summa der breite 42 fues.; Summa der länge 124 fues.*
Legende: (Kreis im Umriß mit eingeschriebenem Kreuz:) *4 luftröhren so auß dem brauhauß heraußgehen.;*

28.16

(Dreieck im Umriß:) *1 luftröhre wodurch die gerste oder Kohrn herunter geschüttet wird.*
Maßstab: *120 fues* = 17,9 cm

Westfälisches Landesmuseum Münster, Schl.-Bd. 49

28.12
Münster, Zuchthaus, Ausführungsentwurf
Grundriß des Erdgeschosses

Lavierte Federzeichnung (braunrot), 31,3 x 38,9 cm
Deckblatt mit Entwurfsvariante des Zwischengeschosses in der westlichen Hälfte des Nordflügels
Titel: *1te Etage mit denen Entresolen*
Beischrift: Maßangaben
Maßstab: *100 fues* = 15,1 cm

Westfälisches Landesmuseum Münster, Schl.-Bd. 50

Das Zwischengeschoß der westlichen Hälfte des Nordflügels ist durch ein Deckblatt angedeutet, das heute nicht mehr existiert.

28.13
Münster, Zuchthaus, Ausführungsentwurf
Grundriß des ersten Obergeschosses

Lavierte Federzeichnung (braun, schwarz), Bleigriffel, 28,4 x 39,4 cm
Titel: *2te Etage*
Maßstab: *120 fues* = 18 cm

Westfälisches Landesmuseum Münster, Schl.-Bd. 51

28.14
Münster, Zuchthaus, Ausführungsentwurf
Grundriß des zweiten Obergeschosses

Lavierte Federzeichnung (grau, braun), Bleigriffel, 31,1 x 37 cm
Titel: *3te Etage*
Maßstab: *120 fues* = 18 cm

Westfälisches Landesmuseum Münster, Schl.-Bd. 52

28.15
Münster, Zuchthaus, Ausführungsentwurf
Aufriß und Grundriß des Mittelrisalits und der halben Westfront (Abb. S. 202)

Lavierte Federzeichnung (grau, rotbraun), 52,7 x 41,6 cm
Beischrift: Maßangaben
Maßstab: *20 fues* = 15,1 cm

Westfälisches Landesmuseum Münster, Schl.-Bd. 65

Neben beiden Aufrissen sind die Fenster- und Geschoßhöhen eingetragen, Treppengeländer und Gitterstäbe sind nicht eingezeichnet.
Schlaun hat nur ein Jahr später dieses Portalmotiv mit doppelläufiger Freitreppe und mittlerem Kellereingang in leicht veränderter Form beim Umbau von Schloß Grimberg verwandt (Kat.-Nr. 31.1), Bauherr war hier bezeichnenderweise ein ranghoher Militär, Reichsgraf Johann Hermann von Nesselrode, Generalfeldzeugmeister und General-Kriegskommissar, seit 1732 kaiserlicher Minister.

28.16
Münster, Zuchthaus, Ausführungsentwurf
Aufrisse der Nord- und Westseite

Lavierte Federzeichnung, 38,3 x 31 cm
Maßstab: *100 fues* = 15,1 cm

Westfälisches Landesmuseum Münster, Schl.-Bd. 57

28.17 (ohne Abb.)
Münster, Zuchthaus, Ausführungsentwurf
Johann Mauritz Güding
Aufrisse der Nord- und Westseite, Nachzeichnung zum 2. Entwurf von Schlaun

Lavierte Federzeichnung (grau, blaßrot), 31 x 38,4 cm
Titel: *Vordere und Seiten aüffuhrung eines der flugelen. des Zucht=und fabriquen hauses in Münster.*
Maßstab: *120 fueß* = 17,9 cm

Westfälisches Landesmuseum Münster, Schl.-Bd. 255

28.18
Münster, Zuchthaus, Ausführungsentwurf
Aufrisse der Außentüren

Lavierte Federzeichnung (grau, hellblau), 29,9 x 19,7 cm
Beischrift: *halbe porte von der Entrée im flügel x halbe porte zu denen Zweyen porten in der Fronte.*
Maßstab: *15 fues* = 27,8 cm

Westfälisches Landesmuseum Münster, Schl.-Bd. 63

28.19

28.18

28.19
Münster, Zuchthaus, Ausführungsentwurf
Schnitt und Grundriß des Treppenhauses im ersten Geschoß

Lavierte Federzeichnung (grau, rot, gelb), 50,7 x 31,1 cm
Beischrift: Kennziffern
Maßstab: *30 fues* = 23 cm

Westfälisches Landesmuseum Münster, Schl.-Bd. 66

Eine Variante des Treppenanfangs mit etwas geänderten Balustern ist eingezeichnet; Kennziffern zur Numerierung der Treppenstufen.

28.20
Münster, Zuchthaus, Ausführungsentwurf
Kapelle im Ostflügel, Grundrisse des ersten und zweiten Geschosses

Lavierte Federzeichnung (grau, blaßgelb), Bleigriffel, 31,8 x 21 cm
Maßstab: *20 fues* = 14,6 cm

Westfälisches Landesmuseum Münster, Schl.-Bd. 61

28.22

28.21

28.20

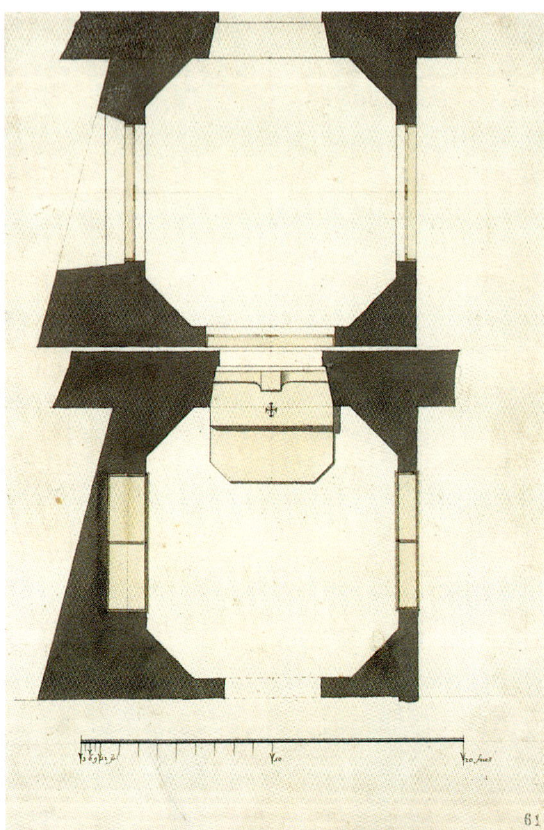

28.21
Münster, Zuchthaus, Ausführungsentwurf
Kapelle im Ostflügel, Querschnitt und Aufriß der Altarwand

Lavierte Federzeichnung, 31,1 x 21 cm
Maßstab: *20 fues* = 14,8 cm

Westfälisches Landesmuseum Münster, Schl.-Bd. 62

28.22
Münster, Zuchthaus, Ausführungsentwurf
Kapelle im Ostflügel, Längsschnitt

Lavierte Federzeichnung (blaßrot, grau, blaßgelb), 32,5 x 21,1 cm
Maßstab: *20 fues* = 14,6 cm

Westfälisches Landesmuseum Münster, Schl.-Bd. 64

28.23

Münster, Zuchthaus, Ausführungsentwurf

Südlicher Erweiterungsflügel, Grundriß des Kellergeschosses

Lavierte Federzeichnung (schwarz), 20,4 x 32,2 cm
Titel: *Brouillon du ReZ chausse.*
Beischrift: Kennbuchstaben
Legende: *a. Entrée.; b. Dröchscherer WerKstät.; f.* (verbessert aus c.) *platz vor die pressen.; d. rühaus.; e. farberey .; c.* (verbessert aus f.) *wasch=haus.; g. Húth=macherey; h. Keller in dem schon gebaúheten flügel.*
Präsentationsvermerk (auf der Rückseite des Blattes): *Prs et approbatum in Conferentia Veneris dn 14. Febry 1738*
Maßstab: *100 fues* = 15,1 cm

Westfälisches Landesmuseum Münster, Schl.-Bd. 54

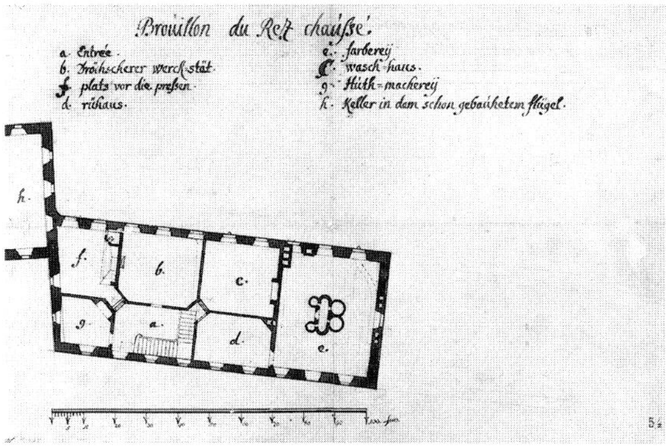

28.23

28.24

Münster, Zuchthaus, Ausführungsentwurf

Südlicher Erweiterungsflügel, Grundriß des Erdgeschosses

Lavierte Federzeichnung (grau, schwarz), Bleigriffel, 20,6 x 32,2 cm
Titel: *Broullon von der ersten Etage.*
Beischrift: Kennbuchstaben; Maßangaben
Legende: *i. passage.; k. Cammer vor das Spohl=rath.; l. spin=stube vor die frauens.; m. Cammer vor gesponnene Wohlle.; n. Vor gewäschene wohlle.; o. vor verfertigte laquens.; p. 4 Zimmer vor arrestierte geistlieche., q. werck-Zimmer im gebauten flugel.; r. Communication von einem flugel zum anderen.*
Präsentationsvermerk (auf der Rückseite des Blattes): *Prs et approbatum in Conferentia Veneris dn 14. Febry 1738*
Maßstab: *100 fues* = 15 cm

Westfälisches Landesmuseum Münster, Schl.-Bd. 53

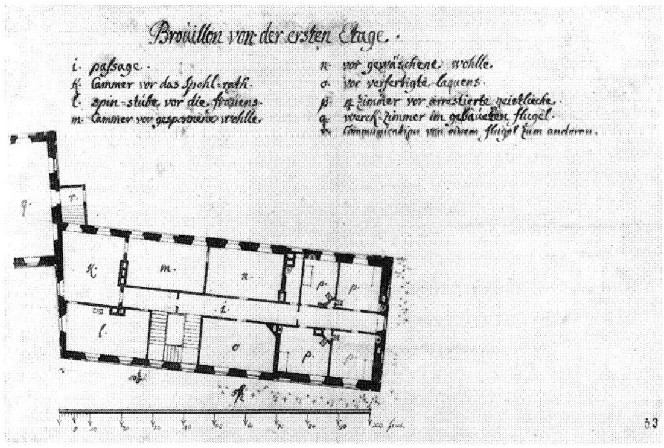

28.24

28.25

Münster, Zuchthaus, Ausführungsentwurf

Südlicher Erweiterungsflügel, Grundriß des ersten Obergeschosses

Lavierte Federzeichnung (grau, schwarz), 20,2 x 32 cm
Titel: *Brouillon von der Zweiten Etage.*
Beischrift: Kennbuchstaben
Legende: *s. passage.; t. spohl=rath.; u. Spin=stube.; v. 4 Cammeren vor frauens.; w. werck=stube im gebueten flugel.; x Communication von einem flügel Zum anderen.; y 3 Zimmers vor eingesperrete.*
Präsentationsvermerk (auf der Rückseite des Blattes):

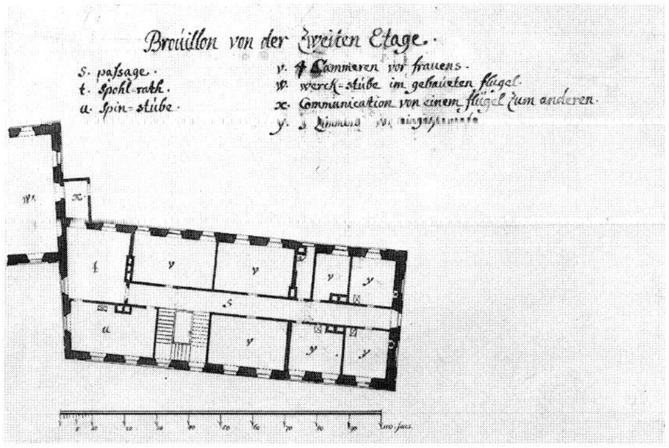

28.25

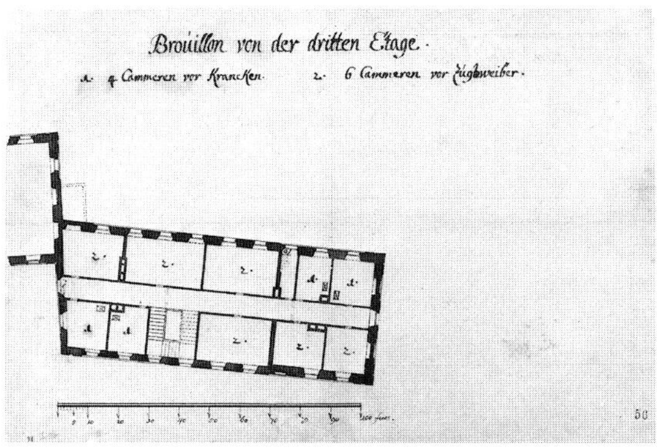

28.26

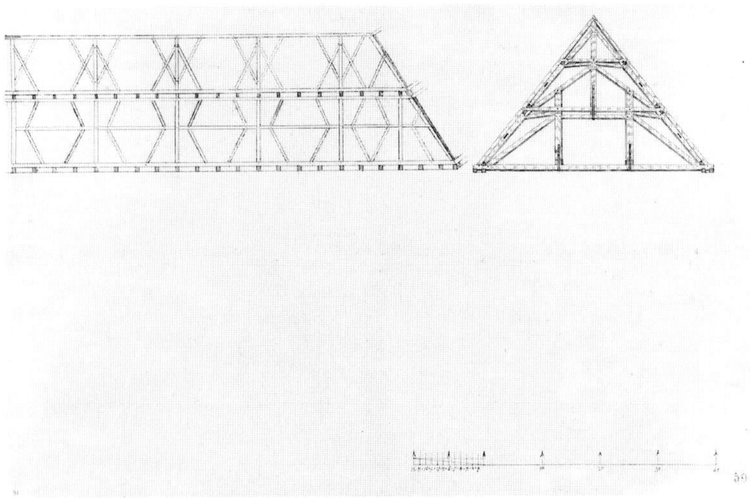

28.27

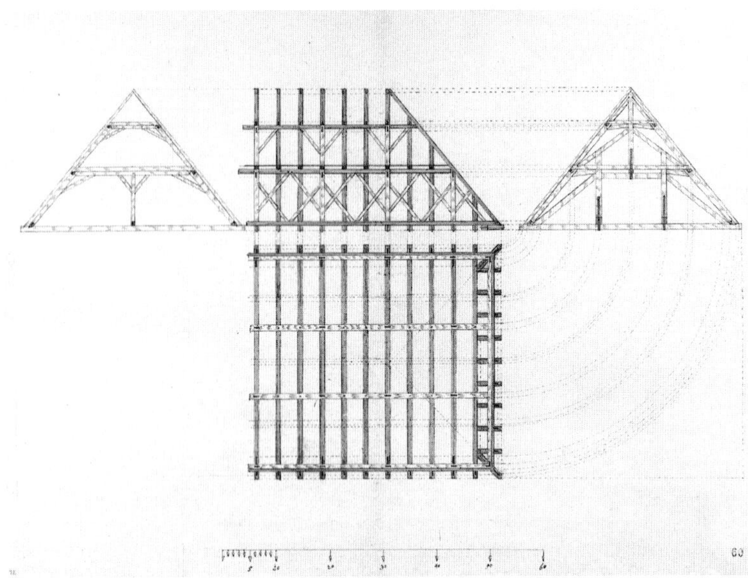

28.28

Prs et approbatum in Conferentia Veneris dn 14. Febry 1738
Maßstab: *100 fues* = 15 cm

Westfälisches Landesmuseum Münster, Schl.-Bd. 55

28.26
Münster, Zuchthaus, Ausführungsentwurf
Südlicher Erweiterungsflügel, Grundriß des zweiten Obergeschosses

Lavierte Federzeichnung (grau, schwarz), 21 x 32,4 cm
Titel: *Brouillon von der dritten Etage.*
Beischrift: Kennziffern
Legende: *1. 4 Cammeren vor KrancKen.; 2. 6 Cammeren vor Zugtweiber.*
Präsentationsvermerk (auf der Rückseite des Blattes): *Prs et approbatum in Conferentia Veneris dn 14. Febry 1738*
Maßstab: *100 fues* = 15 cm

Westfälisches Landesmuseum Münster, Schl.-Bd. 56

28.27
Münster, Zuchthaus, Ausführungsentwurf
Ostflügel, Querschnitt und Längsschnitt des Dachstuhls

Lavierte Federzeichnung (grau), Bleigriffel, 24 x 37,4 cm
Maßstäbe: *40 fues* = 15,1 cm; *40 Einheiten* = 11,7 cm; *50 m. F.* = 5,9 cm

Westfälisches Landesmuseum Münster, Schl.-Bd. 59

28.28
Münster, Zuchthaus, Ausführungsentwurf
Ostflügel und Nordflügel, Zwei Querschnitte, Längsschnitt und Grundriß der Dachstühle

Lavierte Federzeichnung (grau, schwarz), 31,3 x 40,7 cm
Maßstäbe: *60 fues* = 17,5 cm; *50 fues* = 15,1 cm

Westfälisches Landesmuseum Münster, Schl.-Bd. 60

28.29
Münster, Zuchthaus, Ausführungsentwurf
Nordflügel, Querschnitt des Dachstuhls

Lavierte Federzeichnung (schwarz, grau), Bleigriffel, 24,5 x 24,2 cm
Maßstab: *40 Einheiten* = 15,7 cm

Westfälisches Landesmuseum Münster, Schl.-Bd. 58

28.30
Münster, Zuchthaus, Ausführungsentwurf
Kranhäuschen, Aufriß und Schnitt; Dachfenster mit Schleppdach, Aufriß und Schnitt

Lavierte Federzeichnung (grau, rot, gelb),
39,4 x 31,5 cm
Maßstab: *10 fues* = 15,2 cm

Westfälisches Landesmuseum Münster, Schl.-Bd. 67

28.31 (ohne Abb.)
Münster, Zuchthaus, Ausführungsentwurf
Johann Mauritz Güding
Kranhäuschen und Dachfenster mit Schleppdach, Aufrisse und Schnitte, Nachzeichnung zum Ausführungsentwurf Schlauns

Lavierte Federzeichnung (grau, blaßgelb, blaßrot),
39,2 x 31,7 cm

Westfälisches Landesmuseum Münster, Schl.-Bd. 252

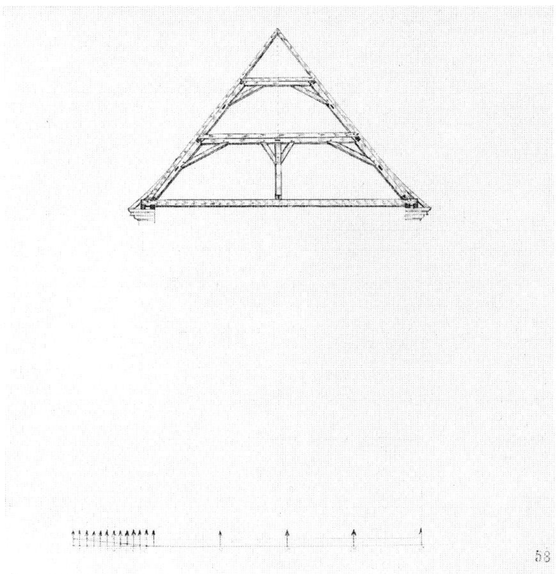

28.29

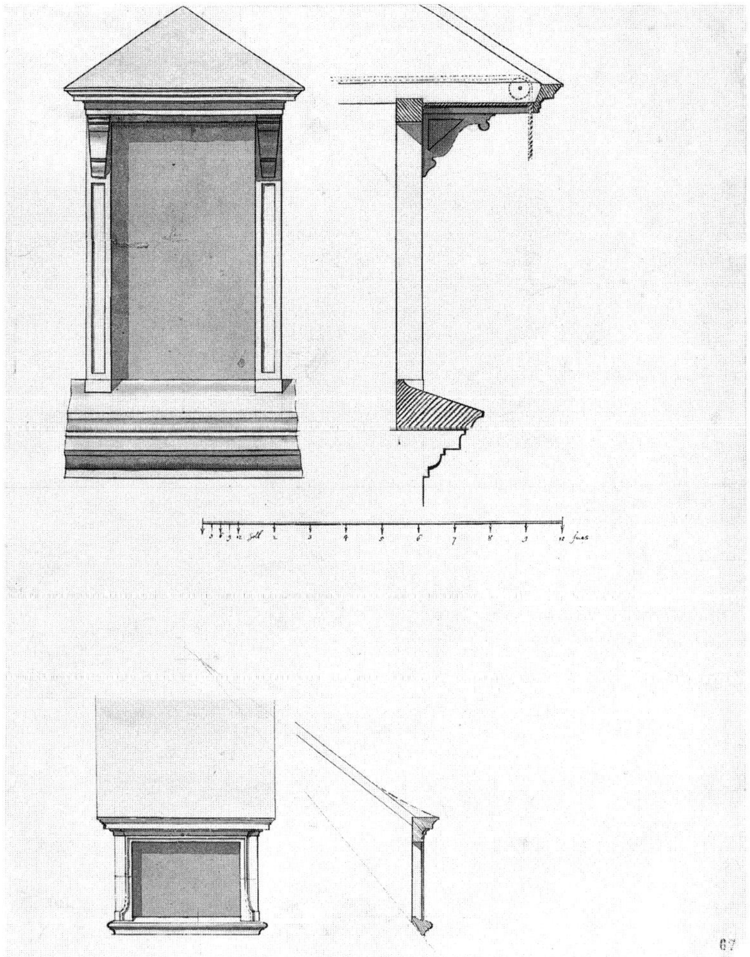

28.30

FRIDERICH. LAMBERT. VON
CORFEY. SEINER CHURFURST.
DURCH: ZU CÖLLEN GENERAL
MAIOR OBRISTER UND COMMEN
DANT DER MUNSTR: ARTILLE:
Modul
fues
284

29

Epitaph des Lambert Friedrich Corfey, 1733
Dominikanerkirche Sankt Joseph
Münster

Lambert Friedrich Corfey hatte in den Jahren 1707–27 die Klosterkirche der Dominikaner als gewölbte Pfeilerbasilika errichtet. Wie sich Corfey das Recht auf ein Grabmal in der Kirche ›erkauft‹ hat, ist archivalisch nicht überliefert. Vielleicht war ein Teil seines Honorars für den Kirchenbau damit verrechnet worden, worauf die Grabinschrift hinweisen könnte (siehe Quellen). Auf jeden Fall hatte Corfey mit einigen privaten Spenden auch zur Vollendung der Kirche beigetragen und darüber hinaus zwei Glocken gestiftet, die dem hl. Lambertus und dem hl. Joseph geweiht waren – gleichsam eine für sich selbst und die andere für den Konvent. Corfey war am 18. Februar 1733 gestorben und wurde kurz danach unter dem Hochaltar beigesetzt. Eine zeitgenössische Nachricht berichtet über das Begräbnis: So seien dem Generalmajor alle militärischen Ehren zuteil geworden, und beim Leichenzug sei sein Sarg von den Dominikanerpatres getragen worden. Luckhardt hat vermutet, daß Corfey allerdings nicht als Stifter und Wohltäter gedacht worden sei, sondern vielmehr als Architekt, was die erst sehr viel später erfolgte Einrichtung eines Anniversarium zu seinem Gedächtnis zeige; so wurde 1753 mit dem Vermerk »titulo gratitudinis« für ihn eine Jahresmesse eingetragen.

PLAN UND AUSFÜHRUNG: Der mit Sicherheit Schlaun zuzuschreibende Entwurf für das Epitaph Corfeys ist durch eine Zeichnung von Johann Mauritz Güding (Kat.-Nr. 29.1) erhalten und wurde vermutlich durch den Bildhauer Johann Christoph Manskirch erst 1753 realisiert; ob deshalb auch Schlaun seinen Entwurf erst 1753 und nicht bereits 1733 vorgelegt hat, wie die Forschung annimmt, kann daraus allerdings nicht gefolgert werden. Vielmehr wird Corfey das Epitaph noch zu Lebzeiten bei Schlaun in Auftrag gegeben haben, sicherlich mit konkreten Vorstellungen bezüglich des ikonographischen Programms, ebenso wie er seine Grabinschrift selbst verfaßte. Ob das Wandepitaph jemals entsprechend der vorliegenden Zeichnung ausgeführt worden ist, muß offen bleiben. Als Standort vermutet Geisberg die Chorabschlußwand, Luckhard aufgrund der eingezeichneten Wandnische die Nordseite der Chortrennwand als symmetrisches Gegenstück zur südlichen Sakristeitür, während Mummenhoff das Epitaph in eine der Langhaus-Fensternischen plaziert. Der heutige Zustand (Abb. 1) links hinter dem Altar vereinigt die Grabplatte mit der lateinischen Inschrift in der Mitte vor dem ehemaligen Hochaltar mit der Sandsteinreliefplatte, die weitgehend mit der Entwurfszeichnung übereinstimmt.

IKONOGRAPHIE: Wie viele seiner Künstlerkollegen war Lambert Friedrich Corfey Architekt und Militär. Deshalb vereinte er in seiner Person die Titel des Fürstlich Münsterschen Generalmajors, des Chefs der Artillerie und des Baudirektors der Stadt. Dieser ›Doppelfunktion‹ folgt das ikonographische Programm des Wandepitaphs: In einer flachen, perspektivisch dargestellten Nische mit markierter Wandöffung ist die eigentliche Reliefplatte mit der Inschrift in einer rahmenden, pyramidal angelegten Berglandschaft, wohl aus Stuck gefertigt, angesiedelt, die von dem emporsteigenden Pegasus bekrönt wird. Der auf dem Nischengrund eingezeichnete Grundriß zeigt die flache, an der Wand verankerte Reliefplatte, eingeschrieben in den beidseitig konvex vorschwingenden Architekturrahmen, ädikulaähnlich mit hoher Sockelzone, mehrfach gestaffelter Pilasterstellung dorischer Ordnung und abschließendem Gebälk. Über der Inschrift »FRIDERICH. LAMBERT. VON / CORFEY. SEINER CHURFÜRST: / DURCH: ZU CÖLLN GENERAL / MAIOR OBRISTER UND COMMEN / DANT: DER MUNSTRIS: ARTILLE:« halten zwei gepanzerte Figuren unter einer Krone das Corfeysche Wappen, ihre Standarten wiederholen noch einmal das Wappenmotiv. In der Ausführung (Abb. 1) sind die beiden Figuren inschriftlich als der Kriegsgott »Mars« links und die Göttin »Pallas« Athene rechts bezeichnet, worauf auch die lateinische Inschrift der Grabplatte Bezug nimmt. In dieser ikonographischen Gegenüberstellung verbild-

LITERATUR

Rensing (Corfey) 1936; Geisberg 1941, Münster VI, S. 404; Rensing 1954, S. 38; ders. 1957; Lahrkamp 1977; Luckhard 1978, S. 22, 57; Kat. *Architekt und Ingenieur. Baumeister in Krieg und Frieden*, Herzog August Bibliothek Wolfenbüttel 1984; Mummenhoff 1984, S. 124–28; Florian Matzner / Ulrich Schulze, *›Natura Mensura Ars‹. Das Zeichenbesteck von Franz Arnold Boner*, Münster 1993 (Kunstwerk des Monats Januar, Westfälisches Landesmuseum für Kunst und Kulturgeschichte Münster); Florian Matzner, *Vita activa et Vita contemplativa. Formen und Funktionen eines antiken Denkmodells in der Staatsikonographie der italienischen Renaissance*, Frankfurt a.M. / Bern / Berlin / New York / Paris / Wien 1994, S. 328–47.

29.1 Epitaph für Lambert Friedrich Corfey, Zeichnung von Johann Mauritz Güding

lichen die beiden Göttergestalten das antike Ideal der »Vita activa et Vita contemplativa«, das seit der Frührenaissance bis in das späte 18. Jahrhundert hinein dem Fürsten die Vereinigung der »Arma et Litterae« als ausgewogene Regierungsweise vorschreibt. Der »weltliche Mars« – wie Corfey ihn in der Grabinschrift nennt – steht für die perfekte Kriegsführung, die »heilige Pallas« für die humanistische Bildung und musische Betätigung in Friedenszeiten. Seit dem Beginn des 17. Jahrhunderts ist dieses Ideal auch auf die literarische und bildliche Selbstdefinition der Künstler übertragen worden.

Deutsche Baumeister des 17. und 18. Jahrhunderts waren in der Regel Architekt, Militär und Ingenieur in einer Person: unter dem Schutze des Mars war der Ingenieur als Kriegsbaumeister zuständig für den Festungsbau, die Feuerwerke und Landvermessung, was umfangreiche ballistische Kenntnisse erforderte und eine militärische Laufbahn als Offizier in der Artillerie voraussetzte. Der Architekt unter dem Schutz der Athena als Zivilbaumeister war für die kirchlichen und zahlreichen zivilen Baumaßnahmen verantwortlich. Diese Gegenüberstellung erläutern noch einmal die seitlich angebrachten Attribute: der Göttin der Weisheit sind die Bücher, Meßgeräte des Architekten und oben eine vollendete Bauzeichnung zugeordnet, dem Gott der Kriegskunst dagegen ein Zitadellenentwurf, allerlei Meßinstrumente, Kanonen, rauchende Bomben. Beide Aussagen werden als obere Pilasterbekrönung noch einmal emblematisch gegenübergestellt: dem Himmelsglobus des gebildeten Architekten rechts steht links der Helm des kriegsführenden Artilleristen und Festungsingenieurs gegenüber.

Diese Ikonographie wird maßgeblich durch die Einbeziehung des Pegasus erweitert. Durch den Hufschlag des göttlichen geflügelten Pferdes, entstiegen dem Leib der von Poseidon enthaupteten Medusa, entsteht auf dem Berg Helikon oder Parnaß die Musenquelle, das mit Wunderkräften ausgestattete ›Musenroß‹ trägt den Dichter himmelwärts. Die Berglandschaft bildet den szenischen Hintergrund des Epitaphs, unten steht auf grasbewachsenen Felsen, die teilweise selbst zu Flügeln werden, die Deckelurne des Verstorbenen, emblematisch ausgezeichnet mit einem ebenfalls geflügelten und bekrönten Totenkopf, oben auf der Bergspitze setzt Pegasus zur ›Himmelfahrt‹ an. Die Verwendung des Pegasus im Corfey-Grabmal ist zum einen sicherlich eine Anspielung auf den in der Dichtkunst dilettierenden Architekten, der neben seinem Reisetagebuch unter anderem mehr als 60 Epigramme auf die münsterischen Bischöfe verfaßt hatte; darüber hinaus aber ist die Pegasus-Ikonographie seit der Renaissance in Grabmälern verwendet worden zur Verbildlichung geistiger Erhebung und unsterblichen Ruhms. Im 18. Jahrhundert wird dieses Motiv aber auch in der Staatsikonographie eingesetzt, so etwa im Freskenprogramm des Stiftes St. Florian (1722–24) zur Darstellung der Apotheose des Hauses Habsburg.

Vor diesem Hintergrund wird im Corfey-Epitaph ikonographisch außergewöhnlich das antike Ideal der »Vita activa et contemplativa« zur selbstbewußten Defintion des eigenen Berufsstandes mit der aktuellen Pegasus-Thematik verknüpft, die ideale Ausführung der Tätigkeiten als Militär und Architekt begründet die im Grabmal bereits vollzogene Apotheose des Lambert Friedrich Corfey.

QUELLEN

Von Corvey verfaßte Inschrift auf der Grabplatte, zit.n. Lahrkamp 1977: *Utroque / memoriae sacrum. Hic habitabo, quoniam elegi eam. Ps. 131. / Conditur hoc loculo, qui templum condidit istud / et quatuor lustris impiger ursit opus./ Numinis instinctu nil dignius esse puitavit / quam Josephinam condecorare domum. / Absolvensque pium rutilo colophone laborem / hunc meruit tumuli post sua fata locum / Scilicet haud satis est Martem coluisse profanum / si non et sacrae Palladis adsit honos. / Discite, mortales, qui vos ad grandia natos / et plures quam vestros esse putatis avos / Non mercari auro verum virtute mereri / quem designavit scandere quisque locum. / Discite praeterea pretiosi temporis usum / et nihil a superis absque labore dari. / Denique furtivi memores ita vivite Lethi / ne quos ante diem mors inopina premat.* (*Hier ruht im Grabe der Mann, der diese Kirche erbaute und der in vier mal fünf Jahren mit Fleiß war am Werk. Göttlichem Winke gemäß hielt er das für die würdigste Arbeit, Sankt Josefs kirchliches Haus kunstvoll mit Schmuck zu verseh'n. Er vollendet' das Werk, das fromme, mit goldroter Kuppel und verdiente sich hier nach seinem Tode das Grab. Denn nicht genug kann es sein, den weltlichen Mars zu verehren, wenn man zugleich nicht auch Pallas, die heilige, ehrt. Lernt nun, ihr sterblichen Menschen, die ihr für das Große geboren und die ihr mehr glaubt zu sein, als eure Vorväter einst, niemals für Gold zu erkaufen, durch Tüchtigkeit nur zu verdienen, Aufstieg und Stellung und Rang, die jeder für sich bestimmt. Lernt außerdem noch, die kostbare Zeit doch nicht zu verschwenden und daß die Götter euch nichts schenken, wenn ihr euch nicht müht*).

Chronik über den Tod und das Begräbnis Corfeys, vielleicht aus dem Tagebuch Güdings: *1733 den 18. Februarii des abends ist der Herr Generalmajor Lambert Friedrich Corffey, da er von Herrn Grottheid nach Haus gehen wöllen auf St. Lambert Kirchhoff mit dem Schlagfluß überfallen gestorben und den 23. dito bey den Patribus Dominicanis unter dem End des hohen Altars sehr pompös begraben worden. Die Beerdigung war folgendermassen eingerichtet: erstlich marschirte füraus das halbe Graf Lippische Regiment mit Waldhornisten und Hautboisten, hierauf das Kreutz und der Herr Pastor mittm Weyquast, wofür hier die Weisen Kinder, die Marianer mitt ihren musikalischen Instrumenten, darauf das Trauerpferd, so mit schwartzen Tuch bis auf die Erden behangen, der Kopf und Hals ganz überzogen. Wie nun die Leichnamb, so von den Patribus Dominikanis getragen aufgenommen worden, wurden von der Höxer Baterie 3 12 stückige Kanons abgefeuret. Hinter der Leiche folgete ein Stückjunker mit 4 Mann mit Zündruhten, darauf folgeten 3 Kanonen von Pferden gezogen, hierauf 1 Leutenant, demnächst 1 Fähnrich, 3 Stückjunker und die gantze Gemeinde. Hinten schlossen 1 Stückjunker und 1 Leutenant, darauf die Suite Herr Thumpropst und Dechant nebst unterschiedlichen Thumbherren, vielen Kanonikern und Vikarien der gantzen Stadt, folgends ginge sein Herr Bruder, der Obrister sambt den Anverwandten, diesen folgeten unterschiedliche Offiziere, so Stabs-, als andere, von verschiedenen Regimentern, denen das halbe Regiment folgete und den Schluß gemacht. Als nun die Leiche in die Kirch getragen, wurden abermahl 3 Kanonen, sub elevatione abermahl 3 Kanonen und endlich bey der Senkung zum letzten Mal 3 Kanonen abgefeuert und ist die letzte dreimalige Salve die Kanonen jedesmal vom ganzen Regiment mit ihrer Salve verfolget worden.* (Zit.n. Rensing 1957); Johannes Janssen, *Vorrede zur Edition der münsterischen Chroniken von Röchell, Stevermann und Corfey,* Münster 1856 (Die Geschichtsquellen des Bistums Münster, Band III), S. XIIf. (zit.n. Mummenhoff 1984, S. 128): *Sein marmornes Epitaphium enthält die Inschrift: Marte et Arte. obiit Oberster und Commandant der Artillerie; dessen Leichnam allhier unter dem hohen Altar im Keller beygesetzet ... Neben dem Epitaphium hängt noch jetzt (die Kirche wird gegenwärtig als Zeughaus gebraucht) eine Tabelle aus Pappendeckel in Kleinfolio mit folgenden Gedenkversen....*

1 Corfey-Grabmahl, heutiger Zustand in der Dominikanerkirche, Münster

29.1

Münster, Dominikanerkirche St. Joseph

Johann Mauritz Güding

Epitaph für Lambert Friedrich Corfey

Aufriß und Schnitt (Abb. S. 222)

Lavierte Federzeichnung (grau, blaßgelb, blaßrot), 40,5 x 31,7 cm (38,4 x 29,8 cm)
Inschrift (unter der Wappendarstellung): *FRIDERICH. LAMBERT. VON CORVEY. SEINER CHURFURST: DURCH: ZU CÖLLEN GENERAL MAIOR OBRISTER UND COMMEN DANT: DER MUNSTRIS: ARTILLE:*
Maßstäbe: *15 Modul* = 9 cm; *9 Fuß* = 22,7 cm

Westfälisches Landesmuseum Münster, Schl.-Bd. 284

30
Haus Oberwerries, Marstall und Hundezwinger, um 1733
Dolberg

LITERATUR
Rensing 1936, S. 18f.; Rensing 1954, S. 31.

DENKMALPFLEGE
Einzelberichte zur Denkmalpflege in: Westfalen 31, 1953, S. 164; 41, 1963, S. 186; 46, 1968, S. 405; 53, 1975, S. 646.

Auftraggeber war der Freiherr Friedrich Christian von Beverförde-Werries, ein Verwandter des kurfürstlichen Ministers Plettenberg. Er war aufgrund eines Duells mit dem Komtur Roll im Jahre 1733 (vgl. Kat.-Nr. 27) indirekt für die Entlassung des mächtigen Ministers verantwortlich. Schlaun plante am Ostende der Wasserschloßanlage mit Vorburg und Herrenhaus von Ambrosius von Oelde einen langgestreckten Marstall mit Hundezwinger. Entsprechend der L-förmigen Anordnung der Schloßgebäude ist der Hundezwinger als Abschluß der Anlage über Eck gestellt. Die Zuschreibung von Rensing wird durch eine eigenhändige Zeichnung Schlauns unterstützt, wenn auch der ausgeführte zweigeschossige Bau erheblich von der Zeichnung abweicht. Diese weist als Gliederung eine einfache Dreiteilung auf: der Mittelrisalit mit dem Reithaus im Innern zeigt ein Tempelmotiv mit Dreiecksgiebel und Wappen, versetzter Rustikaquaderung an den Kanten und eine Durchfahrt mit Rücklage, verbunden mit einem durch die Profilierung ausgezeichneten Obergeschoßfenster. Der Risalit sitzt auf einer Tafel, die als Rahmengliederung mit den Tafeln der zweiachsigen Außenseiten verbunden ist. Diese sind mit doppelten Durchfahrten besetzt und beherbergen die Wagenremisen und links zusätzlich die Schmiede.

Die Ausführung zeigt eine differenziertere Anwendung von Rahmenstreifen und Tafeln. Die einzelnen Teile werden aufgrund der Zugehörigkeit zu der jeweiligen Wandschicht stärker aneinandergebunden. Insgesamt ist die Architektur weniger repräsentativ: die seitlichen Einfahrten für die Kutschen sind entfallen, die Zugänge reduziert, der Mittelrisalit ist auf eine einfache Werksteinrahmung ohne Giebel reduziert worden, die Einfahrt als hohe Arkade gegeben.

Der eingeschossige dreiachsige Hundezwinger nimmt die Gliederung in vereinfachter Form wieder auf. Die Ähnlichkeit der Wandgliederung mit der des münsterischen Zuchthauses hat Rensing zu einer Datierung des Marstalls um 1733 geführt. Auch die Nordkirchener Bauten, vergleichbar etwa das Hospital (vgl. Kat.-Nr. 12), kommen der Ausführung sehr nahe. Der Marstall wurde 1949–52 durchgreifend restauriert und als Ausbildungsstätte für den ›Deutschen Turnerbund‹ hergerichtet. Die Decke über dem großen Erdgeschoßraum, von Eichenbalken getragene Backsteingewölbekappen, blieb erhalten.

1 Haus Oberwerries, Marstall (um 1890)

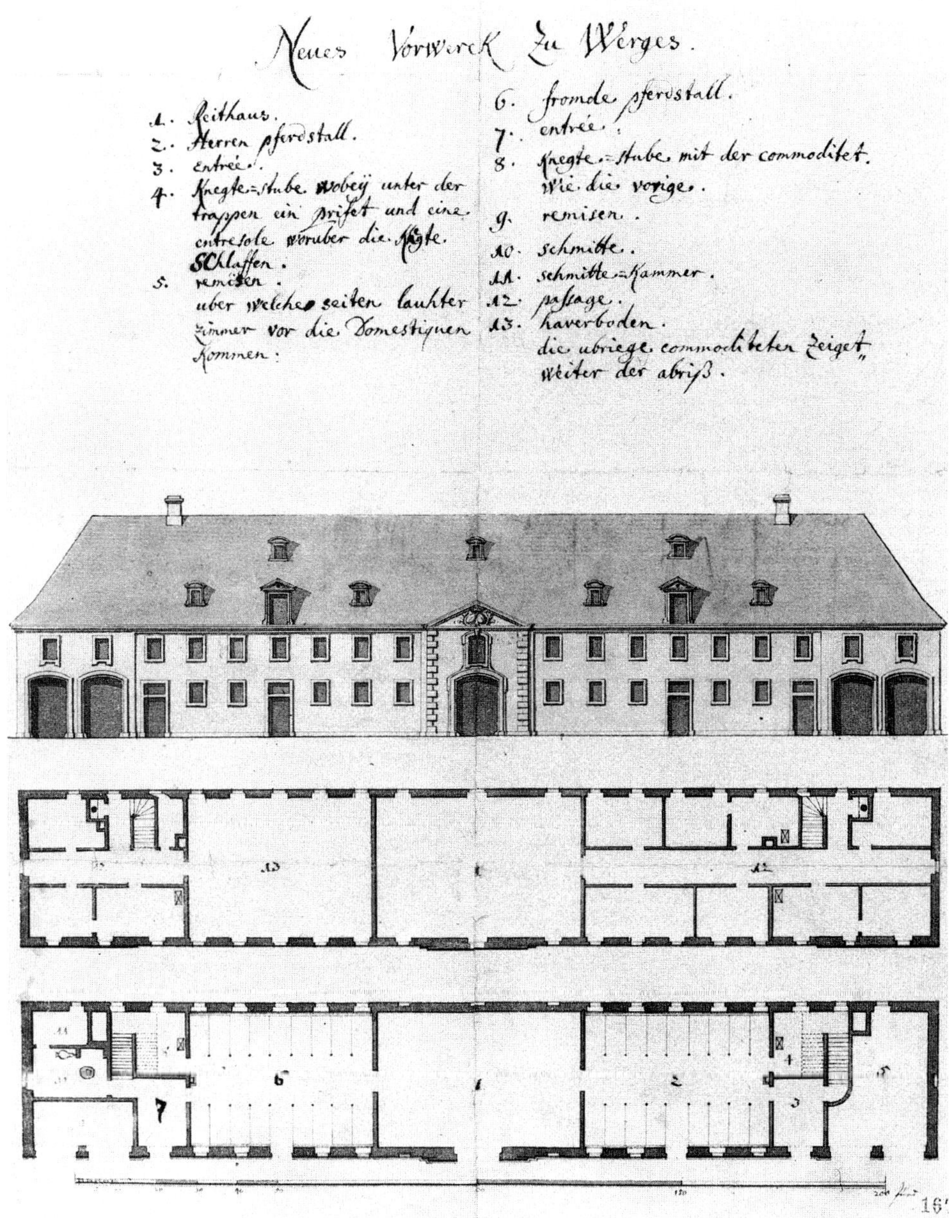

30.1

Dolberg, Haus Oberwerries

Marstall, Aufriß der Hofseite und Grundrisse des Erd- und Obergeschosses

Lavierte Federzeichnung (grau, blaßblau, rot), 36,4 x 29,4 cm
Titel: *Neues Vorwerck zu Werges.*
Beischrift: Kennziffern
Legende: *1. Reithaus. 2. Herren pferdstall. 3. Entrée. 4. Knegte=stube wobey unter der trappen ein prifet und eine entesole woruber die Knegte schlaffen. 5. remisen. uber welche seiten lauhter zimmer vor die Domestiquen Kommen. 6. fromde pferdstall. 7. entrée. 8. Knegte=stube mit der commoditet. Wie die vorige. 9. remisen. 10. schmitte. 11. schmitte=Kammer. 12. paßage. 13. haverboden. die ubriege commoditeten Zeiget weiter der abriß.*
Maßstab: *200 fues* = 25 cm

Westfälisches Landesmuseum Münster, Schl.-Bd. 167

31
Schloß Grimberg, 1733–48
Gelsenkirchen

Haus Grimberg, benannt nach den ersten Burgherren, war eine Wehrburg an dem strategisch wichtigen Ort der märkischen Grenze zur kurkölnischen Veste Recklinghausen (Abb. 2). Ein alter Weg, der im 18. Jahrhundert zum Gahlenschen Kohlenweg ausgebaut wurde, führte in der Nähe von Grimberg durch die Landwehr nach Buer und Dorsten. Der Übergang über die Emscher, die Grimberger Brücke, wurde durch die Wasserburg gedeckt. Zwischen 1540 und 1578 ließ Heinrich Knipping, Herr auf Grimberg, die alte Wehrburg durch ein Wasserschloß ersetzen. Auf fünf Inseln lagen die Vorburg mit der Schloßkapelle, die Unterburg mit den Wirtschaftsgebäuden, die Oberburg mit dem zweiflügelig im Winkel errichteten Herrenhaus mit einem Bergfried auf kreisförmigen Grundriß in der Gräfte, eine Kuhwiese und die Garteninsel.

Johann Hermann Franz von Nesselrode hatte Schloß Grimberg durch eine ›Donatio inter vivos‹ 1707 von dem kinderlosen Mauritz Bernhard Adolph Freiherrn von Brempt und Isabella Theodora Freiin von Westerholt zu Lembeck anläßlich seiner Vermählung mit Maria Agnes Theodora Freiin von Merfeld erhalten. Aufgrund der Verdienste und der glänzenden Leistungen des inzwischen zum Obristen avancierten Burgherrn von Grimberg wurde dessen Vater von Kaiser Joseph 1710 in den erblichen Grafenstand erhoben; nach der Lehnsentsetzung seines Vaters wurde Reichsgraf Johann Hermann Franz von Nesselrode im Jahre 1713 vom König von Preußen mit Grimberg belehnt. Nesselrode, durch und durch ein Militär, seit frühester Jugend geprägt durch den Waffendienst im münsterischen, kurpfälzischen und kaiserlichen Heere, war im Jahre 1732 Minister des Kaisers, Geheimer Rat, Generalfeldzeugmeister und General-Kriegskommissar; Kaiser Karl VI. ernannte ihn 1740 zum General-Feldmarschall. Er beaufragte Schlaun nach dem verheerenden Brand zu Anfang des 18. Jahrhunderts mit dem Wiederaufbau und Ausbau des Schlosses und Vorwerkes Grimberg.

Nach sechs Bauplänen von Schlaun, die im März 1733 vorlagen, und zahlreichen Zeichnungen für die Innenausstattung, die zum Teil erst während des Ausbaus entstanden, begann der Wiederaufbau im Sommer 1733. Nach dem Wunsch der Schloßherrschaft sollte der Bau im Herbst 1736 »in völligem Perfektionszustand« sein. Die Bauarbeiten zogen sich jedoch bis 1748 hin. Schlaun hat den Bau von Münster aus geleitet, ist jedoch mehrere Male für längere Zeit in Grimberg gewesen. Aus den Verträgen mit den Bau- und Kunsthandwerkern, die Schlaun angeworben hatte, sowie den Besichtigungsprotokollen geht hervor, daß er den Schloßbau persönlich oder, wenn er verhindert war, durch seine engsten Mitarbeiter, die königlichen und münsterischen Festungsmaurermeister von Gülich und Stephan Retenbacher, überwacht hat. Arbeiten, die nicht bis in alle Einzelheiten nach seinen Plänen ausgeführt waren, mußten erneuert werden. In langen Besichtigungsprotokollen berichteten sie Schlaun und dem Bauherrn vom Fortschritt der Bauarbeiten, den Beanstandungen oder von notwendigen Verbesserungen, die im Interesse des Architekten und der Herrschaft vorgenommen werden konnten.

Das Schloß aus dem 16. Jahrhundert bestand aus zwei Wohnflügeln und einem runden Eckturm, dem »dicken, runden Stocken«. Der gepflasterte Schloßplatz, Pavé oder Binnerplatz genannt, war mit eingerammten starken eichenen Bohlen eingefaßt. Eine Bogenbrücke, verbunden mit einer Zugbrücke, führte von der Unterburg über die Binnengräfte auf den quadratförmigen Platz der Oberburg. Der Brand hatte vom Ostflügel nur den Dachstuhl und den Südgiebel vernichtet. Die Schäden am westlichen Flügel waren jedoch so groß, daß das ganze Mauerwerk und das Fundament abgebrochen werden mußten.

Laut Vertrag vom 2.8.1733 wurde der Entrepreneur oder Baumeister Bartholomäus Bongertz (Bungarts) aus Kempen, Meister Mevis oder Meves genannt, für 10.000 Reichstaler mit dem Wiederauf-

LITERATUR

Hartmann 1910, S. 246f.; Schmidt und Klapheck 1922, S. 174–84; Rensing 1936, S. 20, 25; Gustav Griese, *Burg, Schloß und Herrlichkeit Grimberg,* in: Gelsenkirchen in alter und neuer Zeit, Bd. 5, 1952; Griese 1952, S. 134-51.

QUELLEN

Archiv Grimberg, Rentei Grimberg, G I 1a Fach 1.

31.1 Schloß Grimberg bei Gelsenkirchen, Hauptportal mit Freitreppe, Aufriß, Grundrisse, Schnitt

bau des Schlosses, der Unterburg und der Vorwerke nach den Abrissen Schlauns, der Ausführung der Maurerarbeiten, Lieferung und Heranschaffung des gesamten Baumaterials, der für die Instandsetzung erforderlichen Schreiner-, Schlosser- und Glaserarbeiten, der Aufrichtung eines neuen Portals, Anlage und Aufbau der steinernen Freitreppe und der hölzernen Haustreppe, Pflasterung des Platzes der Oberburg und den Aufbau der Umfassungs- und Brustmauer beauftragt.

Meister Meves verpflichtete sich, unter Verpfändung seiner Habe und Güter die übernommenen Arbeiten pünktlich und gewissenhaft bis zum Herbst 1736 auszuführen, doch ergab eine »Visitation des Grimbergischen Bauwesens« 1736, daß Bongertz seinen Verpflichtungen nicht ausreichend nachzukommen verstand; er mußte es sich gefallen lassen, daß Schlaun im Einverständnis mit dem Bauherrn dem »tüchtigen Meister St. Retenbacher« die Bauarbeiten übertrug.

Am Ostflügel wurden der Dachstuhl erneuert, zum Teil neue Wände und Decken gezogen, die alten Türen, Fenster und Fenstereinfassungen erneuert. Der Turm erhielt nur neue und größere Fenster und außen hängende Abtritte wurden abgeschlagen. Die Reste des Westflügels mußten ganz abgebrochen werden. Auf neuem Fundament entstand ein Wohnflügel in der Größe und Gestalt des alten Flügels, den Fotos nach zur urteilen, ein nur durch die großen Fenster gegliederter zweigeschossiger Kubus mit Sandsteinsockel und schiefergedecktem Mansardendach.

Im Kellergeschoß befanden sich Weinkeller, Speisezimmer für die Bediensteten, Entrée zur Küche und den übrigen Räumen, Bierkeller, Lakaienstube, Küche, Speisekammer, Mägde-Schlafkammer, Haushälterinnenstube und -kammer, die Passage und der Milchkeller. Von der Waschkammer mit Pumpe, der Zisterne sowie dem Klärkasten haben sich Aufrisse und ein Grundriß Schlauns erhalten, die einen hervorragenden Einblick in die ›Technik‹ eines Wasserschlosses im 18. Jahrhundert bieten, das sein Wasch- und vermutlich auch Trinkwasser aus dem geklärten Regenwasser bezog (Kat.-Nr. 31.5, 6). Im ersten Obergeschoß, der Beletage, befanden sich der große Saal, das Antichambre, mehrere Schlafzimmer, Kabinetts und Garderoben, der Speisesaal, das Herren-Retraitezimmer und das Archiv, im zweiten Obergeschoß Gang, Schlafzimmer und Garderoben.

Die Zeichnungen Schlauns überliefern das Portal des neuen Flügels mit doppelläufiger Freitreppe, darunter liegendem Kellereingang, schmiedeeisernem Gitter und den schräggestellten Portalpfeilern mit hängenden Triglyphen, ein Motiv von Palladio (Vicenza), verkröpftem Gebälk, Inschriftentafel und Wappenfeld, letzteres abgewandelt von dem Entwurf für Lembeck, der wiederum auf S. Agnese an der Piazza Navona zurückgeht (Kat.-Nr. 31.1). Das Wappen über der Inschriftentafel ließ der Steinhauer für 10 Reichstaler durch den Bildhauer Türck, »so würklich bei einem Bildhauer zu Münster arbeitet, aufs Sauberste verfertigen«. Die »herrschaftlichen Wappen« auf dem Entwurf von Schlaun wurden jedoch »von Wien aus«, vermutlich auf Wunsch des Bauherrn, der zur Zeit des Wiederaufbaues in Wien wohnte, so verändert, »daß sie durch einen Löwen und Hund gehalten werden«. Über dem Wappen ist ein fein profiliertes Fenster mit dem Portal verbunden über eine aus der Hinterlegung des Rahmens ›herausgedrehte‹ sockelartige Form, die direkt auf der Verkröpfung des Gebälks aufsitzt. Das Portal wurde nach dem Entwurf Schlauns durch den Steinhauermeister Gerhard Fischer aus Steele an der Ruhr angefertigt. Unter Verpfändung seiner Habe und Güter versicherte er dem Bauherrn im Vertrag vom 18. März 1735, dieses Portal, »die auswendige große steinerne Treppe und auch die darunter gelegene Treppe zum Kellerwerk« für 190 Rt. von Anfang Juni bis Mitte August 1735 nach Grimberg zu liefern, »damit die Satzung nicht zu spät in der Herbstzeit geschehe«. Die dazu erforderlichen Sandsteine, »die besten Sorten, so in Wind und Wetter dauren, ohnvergänglich bleiben und, mit der Länge der Zeit sich nicht schölfern«, wurden in der dem Steinhauer gehörenden »Cevela-Kuhle auf der Eichen« in Steele gebrochen. Die »völlige Arbeit« mußte in der Werkstatt des Meisters laut Schlauns Vorschrift so angefertigt werden, »als wenn sie aus einem Stein gehauen wäre«.

Als Fuhrlohn berechnete der Steinhauermeister, falls die Fuhren nicht durch den herrschaftlichen Verwalter Siegfried ausgeführt wurden, 85 Reichstaler. Für die »Setzung« des gesamten Portals, die Erbauung des Fundamentes und für die Lieferung der dazu erforderlichen Steine, des Kalkes, des Bleis und der Anker erhielt der Entrepreneur Bongertz, der diese Arbeiten zu verrichten hatte, 55 Reichstaler.

Die Haupttreppe für den neuen Wohnflügel (Abb. 3 – Kat.-Nr. 31.2, 3) wurde laut Vertrag vom 20. Juli 1735 durch den Zimmermeister Johannes Bonner in Münster, »bürtig auß Ulmb«, für 236 Reichstaler angefertigt. Schlauns Zahlungsanweisung unter dem Vertragsschreiben lautet: »Vermelte Haubtrappe

habe ebenfals bey meiner letzeren anwesenheit zum Grimberg besichtieget undt alles daran ohntadelhaft befunden undt also von Herrn Lieutenant Siegfrid beliebig zu zahlen mit zweyhundert dreyzig sechs Rthr. Münster den 18ten Aprilis 1738. J. C. Schlaun.«

Die alte Bogenbrücke, auch Hauptbrücke genannt, die von der Unterburg zur Oberburg führte, wurde abgebrochen und auf neuem Fundament eine kombinierte Bogen- und Zugbrücke mit schweren Brückenpfeilem errichtet (Kat.-Nr. 31.7), vergleichbar den Planungen für Lembeck und Havixbeck (Kat.-Nr. 20 und 33). Zwei Figuren aus Baumberger Stein, die Mutter Gottes mit dem Kind und St. Joseph, standen vermutlich auf den Podesten der einladend geöffneten Mauerwangen.

Beim Wiederaufbau der Unterburg mit den Wirtschaftsgebäuden wurde neben dem zweigeschossigen Haus des Verwalters, dem sogenannten Teutschen Haus mit Backhaus, Brauhaus, Schmiede, Schlafkammern der Pferdeknechte, Vikariuskammer, fünf Remisen und Hundezwinger, ein neuer Marstall gebaut, der gesamte Platz mit einer Mauer aus Backsteinen eingefaßt, die mit Sandsteinplatten aus den »Steeler Brüchen an der Ruhr« bedeckt wurden. Die alte »Erste Schloßbrücke« mußte vollständig abgebrochen werden und wurde als Zugbrücke neu errichtet. Das Eisenwerk bezog der Bauherr »auf Bestellung des Herren Brigadir de Schlaun« von der St. Michaelis Eisenhütte durch den Kommissar C. W. Bötticher zum Preis von 40 Reichstaler und 18 Stüber.

Eines der vom Zimmermeister Johannes Bonner nach den Plänen von Schlaun angefertigten Taubenhäuser (Kat.-Nr. 8-10) wurde in die Gräfte gestellt, das andere war für die Verwendung ›an Land‹ bestimmt. Am 18. April 1738 bestätigt Schlaun, daß Bonner die Taubenhäuser, mit deren Anfertigung er laut Vertrag vom 20. Juli 1735 beauftragt war, »ohntadelhaft verfertigt« hat.

Auch die wasserumwehrte Vorburg, die sogenannte »Freiheit Grimberg«, wurde beim Wiederaufbau vollständig umgestaltet. Die Gebäude der Freiheitsbewohner und das alte Leibzuchtsgebäude des Rittersitzes ließ der Bauherr abreißen und zum Leidwesen der evangelischen Bewohner nicht wieder aufbauen. An ihrer Stelle entstand ein Baumhof. Der alte Friedhof, den die evangelisch-lutherische Sondergemeinde zu Grimberg benutzte, wurde in einen Garten umgewandelt.

Die bereits im 14. Jahrhundert auf der Vorburg erbaute Burgkapelle stand seit dem 16. Jahrhundert der protestantischen Gemeinde und den Insassen des Armenhauses zur Verfügung, doch fiel sie aufgrund einer Entscheidung des preußischen Königs von 1734 als Hauskapelle an die Schloßherrschaft zurück, die im Gegenzug verpflichtet wurde, den Protestanten eine neue, ebenso große Kapelle zur Verfügung zu stellen. Graf Nesselrode ließ von Schlaun Zeichnungen für eine neue Einrichtung und für ein neues Portal für die Kapelle entwerfen, das 1747 von dem Steinhauermeister Matthias Brandt aus Bochum angefertigt wurde. Laut Kontrakt vom 17. April 1747, den Schlaun im Auftrage der Herrschaft mit der Witwe des Schreinermeisters Schild (auch

1 Herten, Portal von Schloß Grimberg

2 Schloß Grimberg bei Gelsenkirchen, Herrenhaus

Schils geschrieben) in Münster abschloß, wurden in deren Werkstatt der Altar, das Tabernakelhäuschen, zwei Oratorien, die Kniebänke und das Holzwerk der beiden Sakristeien angefertigt. Diese »völlig ohntadelhaften Schreinerarbeiten« mußte die »Meisterin« für 200 Rt. bis September 1747 liefern und durch ihre »Meisterknechte« in der Kapelle aufrichten lassen. Das Altarbild (»ein Altarblatt, die Mutter Gottes mit dem Kinde und St. Joseph und St. Franciskus da unter«) und acht »Suporten« ließ Schlaun im Auftrage der Schloßherrschaft von dem Maler Johann Anton Kappers in Münster malen. Ihm wurden dafür 150 Reichstaler (40 Rt. für das Altarblatt) am 16. 12. 1747 »von Herrn General Major von Schlaun richtig und zu Danke bezahlt«. Die alte Einrichtung, Altar, Predigtstuhl und Kirchenbänke, wurde, soweit sie noch brauchbar war, der protestantischen Gemeinde für ihre neue Kapelle auf dem Bleck zur Verfügung gestellt.

Die Schloßkapelle mit dem Vorbau von Schlaun ist im Jahre 1908 in Grimberg abgebrochen und auf Schloß Herten wieder aufgebaut worden. Die Schreinerarbeiten aus der Schildschen Werkstatt und das Altarbild von Kappers sind dort noch erhalten, ebenso die Figur der Madonna von der Hauptbrücke. Vor der Kapelle hat man offenbar in den zwanziger und dreißiger Jahren das Hauptportal Schlauns von Schloß Grimberg mit dem Wappen des Bauherrn aufgestellt (Abb. 1, Auskunft von Herrn Mummenhoff).

3 Schloß Grimberg bei Gelsenkirchen, Treppenhaus im Herrenhaus

31.1

Schloß Grimberg bei Gelsenkirchen

Hauptportal mit Freitreppe, Aufriß, zwei Grundrisse, Schnitt durch die Hauswand (Abb. S. 228)

Lavierte Federzeichnung (grau, blaßrot, grün), 81,4 x 47,1 cm
Titel: *Aufführung des portahls mit seinem ober*(fenster)*, eingang vom Keller und der euserliegen tr*(a)*ppen, wie auch* (von?) *einem fenster in jeglieger Etage, und Kellerw*(erck?).
Beischrift: Kennbuchstaben
Deckblatt mit Aufrißvariante zur Portalbekrönung
Lavierte Federzeichnung, 9,7 x 8,4 cm
Maßstab: *20 fues* = 22,6 cm

Westfälisches Landesmuseum Münster, Schl.-Bd. 127

31.2
Schloß Grimberg bei Gelsenkirchen
Treppenhaus, Querschnitt mit Aufriß der Treppe

Lavierte Federzeichnung (rot, grau), 40,7 x 30,5 cm
Titel: *Aufführung der Grimbergischen Haubtrappen mit Höltzernen Lehnen und palustren.*
Beischrift: *L:A*
Beischrift (in den zwei nebeneinander liegenden Türen): *führe zu 2 guarderoben.*
Maßstab: *30 fues* = 25,45 cm

Westfälisches Landesmuseum Münster, Schl.-Bd. 129

Unten das Allianzwappen der Grafen von Nesselrode-Landscron und der Grafen von Auersperg.

31.2

31.3

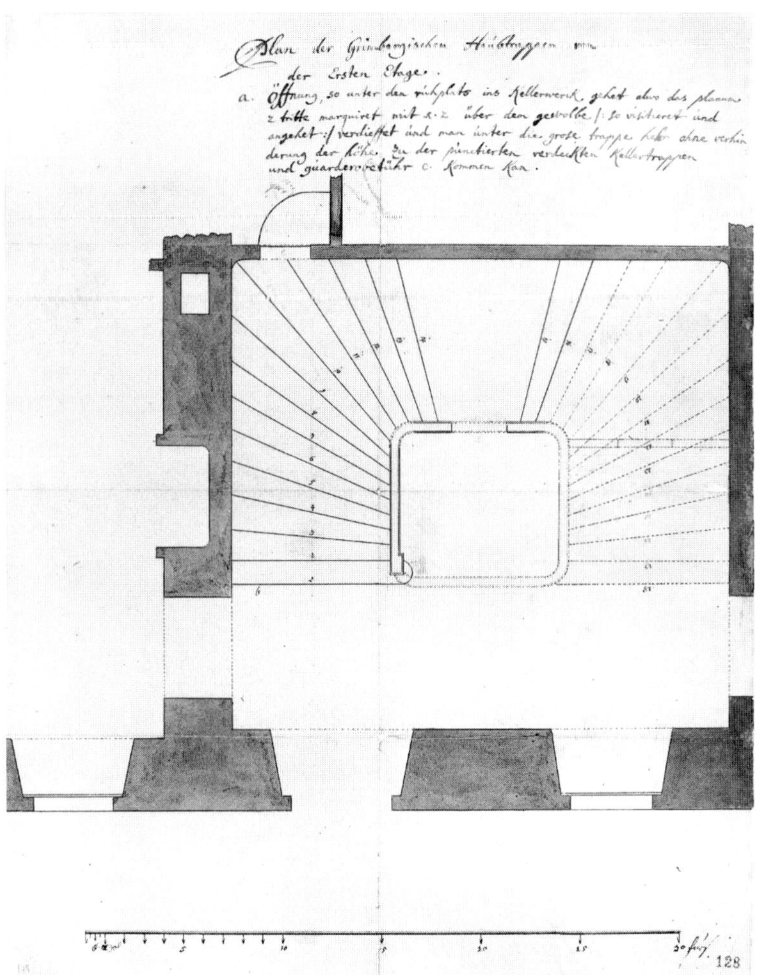

31.3
Schloß Grimberg bei Gelsenkirchen
Grundriß der Haupttreppe

Lavierte Federzeichnung (grau, blaßgelb), 40,4 x 32 cm
Titel: *Plan der Grimbergischen Haubtrappen von der Ersten Etage*
Legende: *a. Öffnung, so unter den ruhplats ins Kellerwerck gehet alwo das planum 2 tritte marquiret mit 1 – 2 über dem gewolbe /: so visitieret und angehet:/ verdieffet und man unter die große trappe hehr ohne verhinderung der höhe zu der punctierten verdeckten Kellertrappen und guarderobetühr c. kommen kan.*
Maßstab: *30 fues* = 25, 25 cm

Westfälisches Landesmuseum Münster, Schl.-Bd. 128

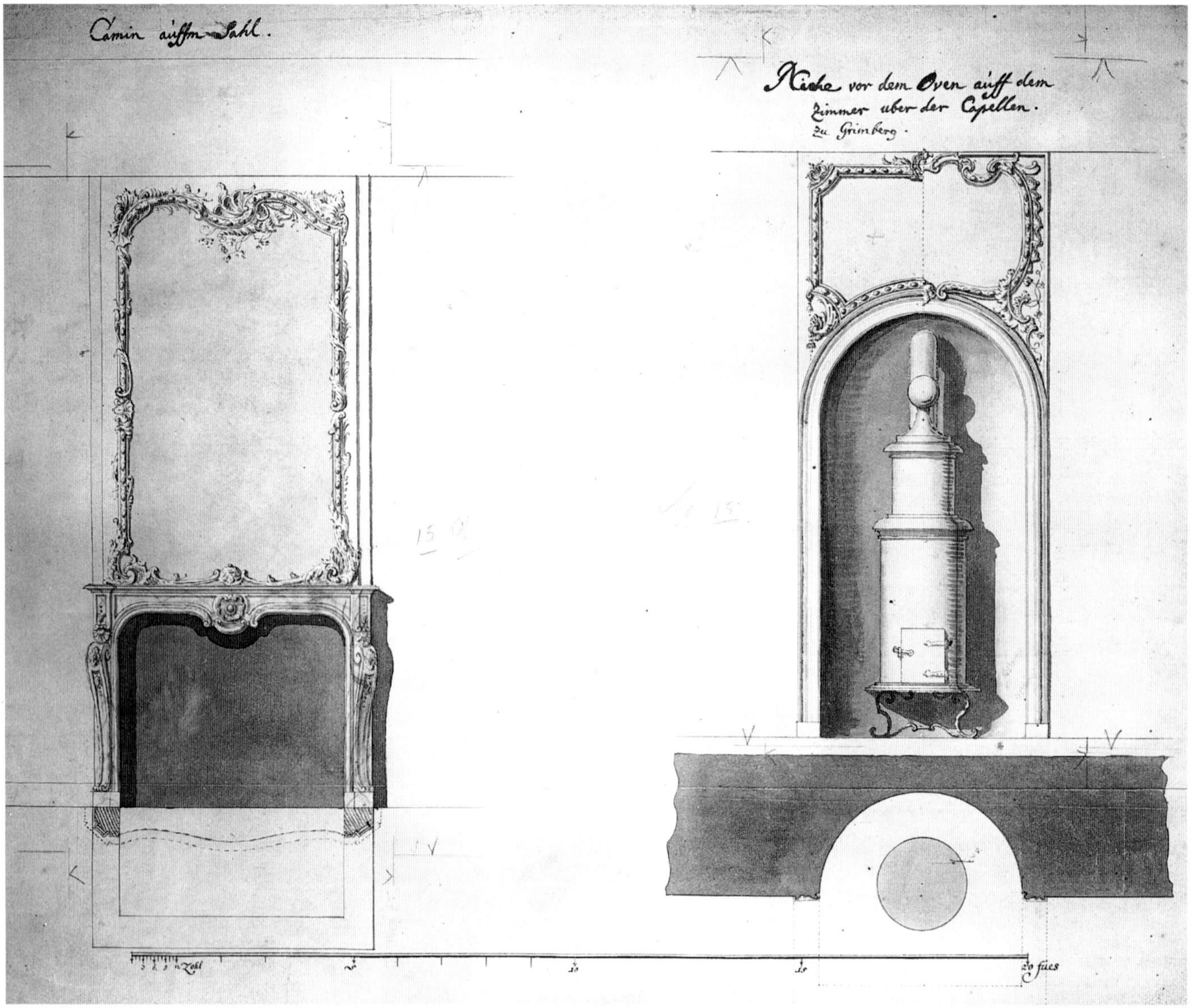

31.4

31.4
Schloß Grimberg bei Gelsenkirchen
Stephan Laurent Delarocque
Entwurf zur Wanddekoration im Salon und im Raum über der Kapelle

Lavierte Federzeichnung
Titel: *Camin auffm Sahl.; Niche vor dem Oven auff dem Zimmer uber der Capellen. Zu Grimberg.*
Maßstäbe: *20 fues; 12 Zoll*

Westfälisches Landesmuseum Münster, Schl.-Bd. 164
Zur Zeit nicht auffindbar

Die Beschriftung ist zwar von Schlaun, doch stammt die Zeichnung für den Kamin und den Rocaillerahmen von Stephan Laurent Delarocque. Man kann die Binnenform des Spiegelrahmens, die Art der Muschelzeichnung und die Leichtigkeit der hingeworfenen Blattformen am besten mit dem eigenhändigen Entwurf Delarocques für das Chinesische Kabinett in Clemenswerth vergleichen (Kat.-Nr. 36.64) oder auch mit seinen Entwürfen für den Plettenberger Hof in Bonn (Kat.-Nr. 14).

31.5

Schloß Grimberg bei Gelsenkirchen

Längsschnitt durch den Klärkasten, die Zisterne und die Waschkammer, Schnitt durch die Räume des Erdgeschosses darüber, Grundriß der Anlage im Keller

Lavierte Federzeichnung (grau, rot, grün, blaßgelb), 58,2 x 47,7 cm
Titel: *profil von der Sisterne, wasch-Kammer, und darüber befintliegen Zimmeren. – – Grund von der Sisterne und wasch-Kammer.*
Maßstab: *30* (Fuß) = 31,3 cm
Unten links der Siegelabdruck der Grafen von Nesselrode-Landscron.

Westfälisches Landesmuseum Münster, Schl.-Bd. 125

31.5

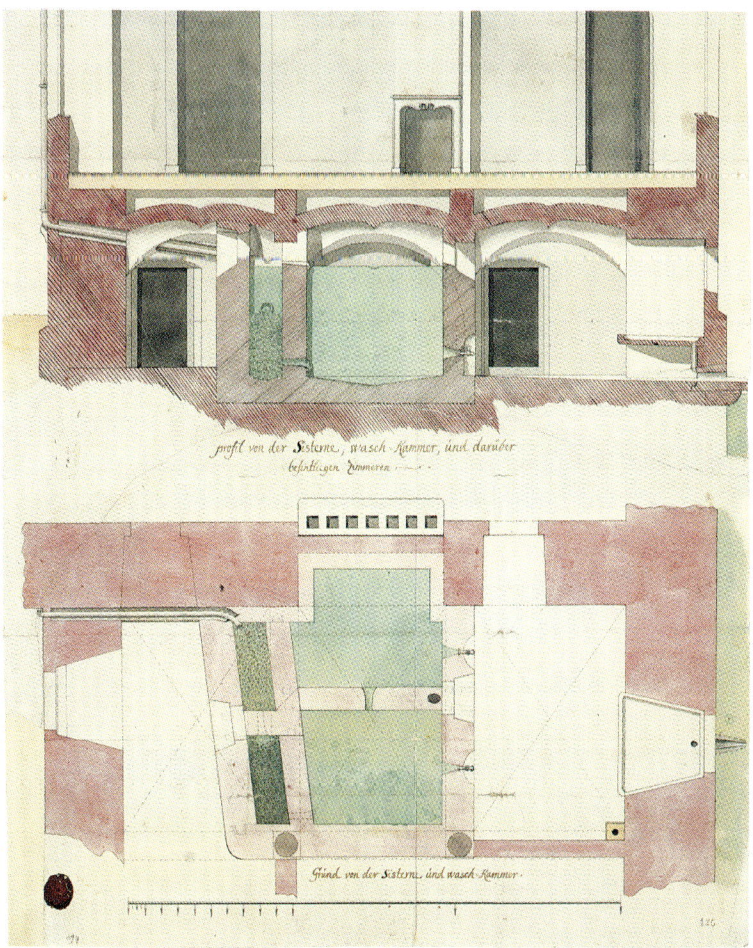

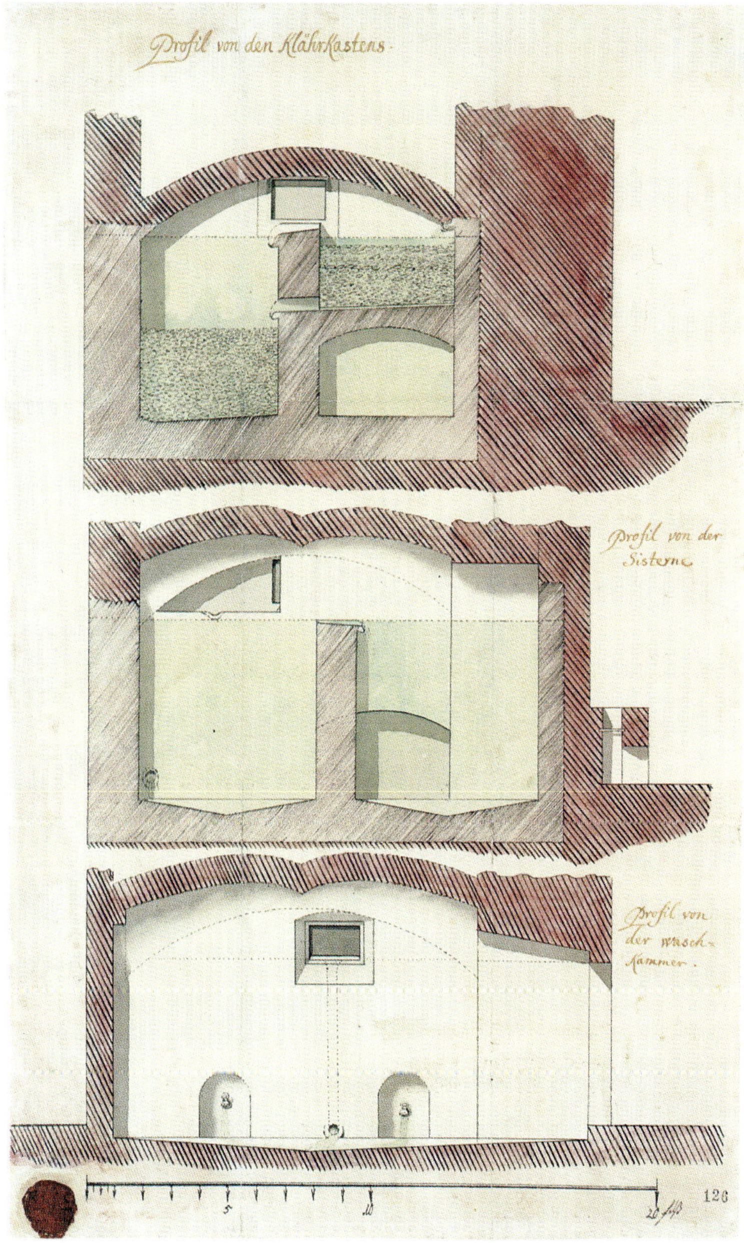

31.6

31.6

Schloß Grimberg bei Gelsenkirchen

Querschnitte durch den Klärkasten, die Zisterne und die Waschkammer

Lavierte Federzeichnung (grau, rot, blaßgrün), 47,4 x 29,2 cm
Titel: *Profil von den KlährKastens – Profil von der Sisterne – Profil von der wasch-Kammer.*
Maßstab: *20 fuß* = 22,6 cm
Unten links der Siegelabdruck der Grafen von Nesselrode-Landscron.

Westfälisches Landesmuseum Münster, Schl.-Bd. 126

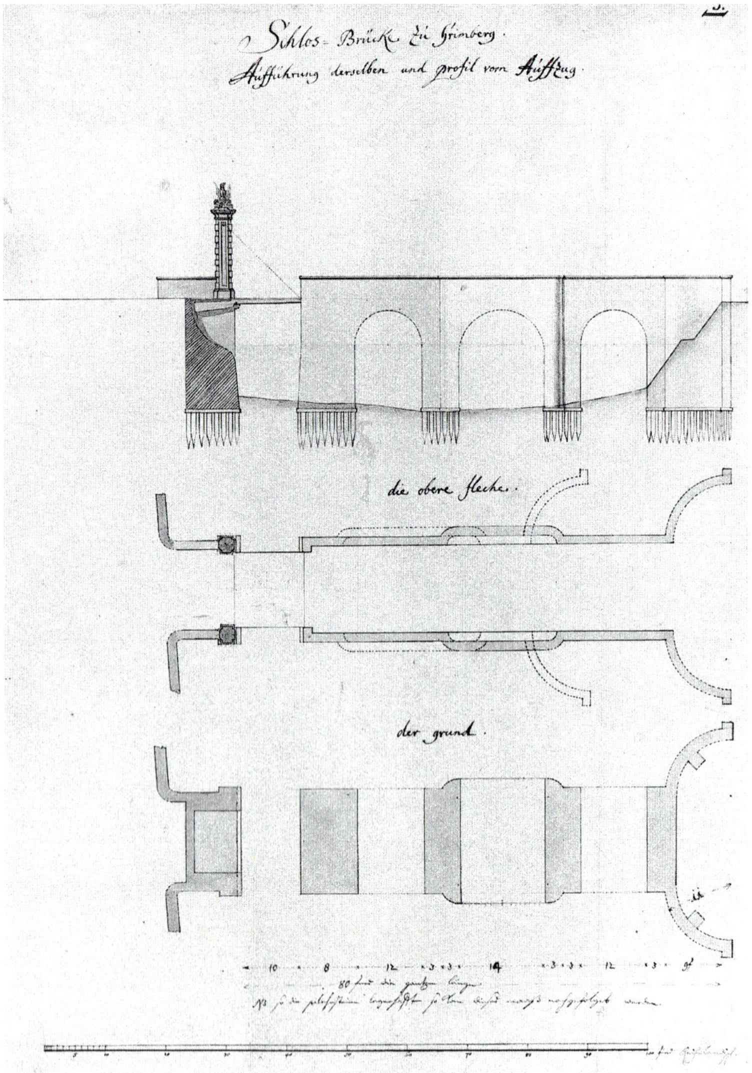

31.7

31.7
Schloß Grimberg bei Gelsenkirchen
Brückenanlage, Aufriß und zwei Grundrisse

Lavierte Federzeichnung (grauschwarz, blaßrot, gelb, grün), 50,6 x 36,1 cm
Titel: *Schlos-Brücke zu Grimberg. Auffühung derselben und profil vom Auffzug.*
Beischrift (zum Grundriß in Höhe der Fahrbahn): *die obere fleche;* (zum Grundriß der Brückenpfeiler:) *der grund;* (Beischrift zur Aufgliederung der ganzen Länge in Fußmaß:) *80 fues die gantze länge.; NB so die pilahrsteine lagerhafft so kan dieses maaß nachgefolget werden.*
Maßstab: *100 fues Rheinlandisch* = 28,25 cm

Westfälisches Landesmuseum Münster, Schl.-Bd. 130

31.8
Schloß Grimberg bei Gelsenkirchen
Taubenschlag, Aufriß und drei Schnitte

Lavierte Federzeichnung (blaßgelb, hellblau), 40,6 x 30,5 cm
Titel: *Tauben-Haus.*
Beischrift: *Aufführung, Profil, Grund vom Corps, Grund vom fues*
Beischrift (zum Aufriß): *remarque von der ordinairen höhe des Wassers, so die tauben heüser in die Grafften sollen zu stehen Kommen.*
Maßstab: *30 fues* = 23,2 cm

Westfälisches Landesmuseum Münster, Schl.-Bd. 132

31.9
Schloß Grimberg bei Gelsenkirchen
Taubenschlag, Aufriß und drei Schnitte

Lavierte Federzeichnung (blaßgelb, grau, blau), Bleigriffel, 40,1 x 31,7 cm (38,4 x 29,8 cm)
Maßstab: *30 Fuß* = 23,1 cm

Westfälisches Landesmuseum Münster, Schl.-Bd. 296

31.10

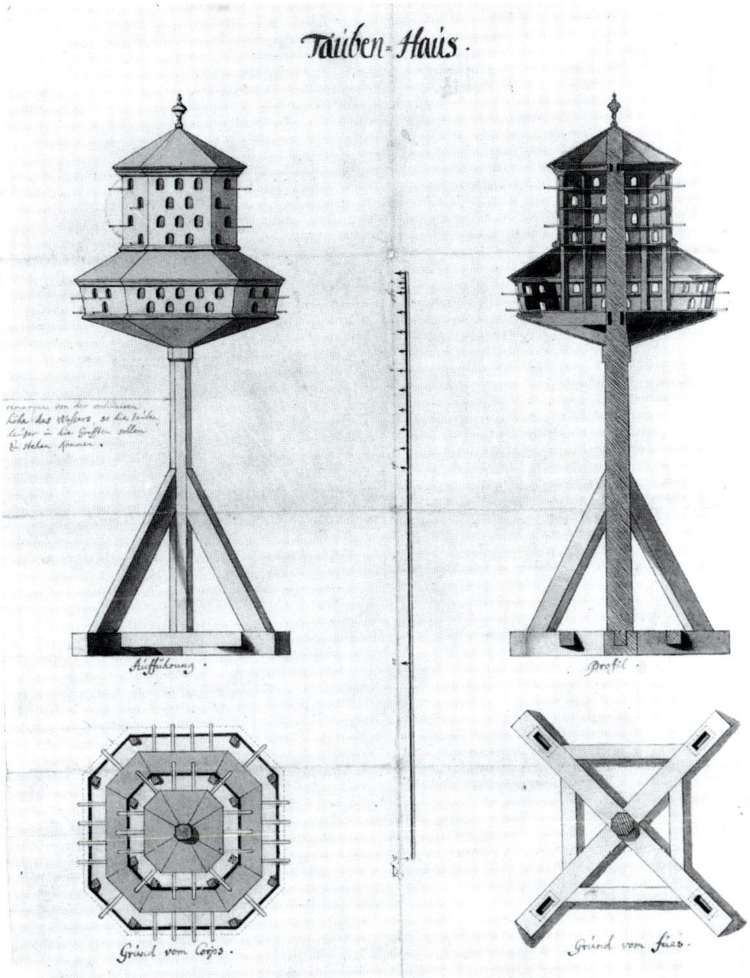

31.8

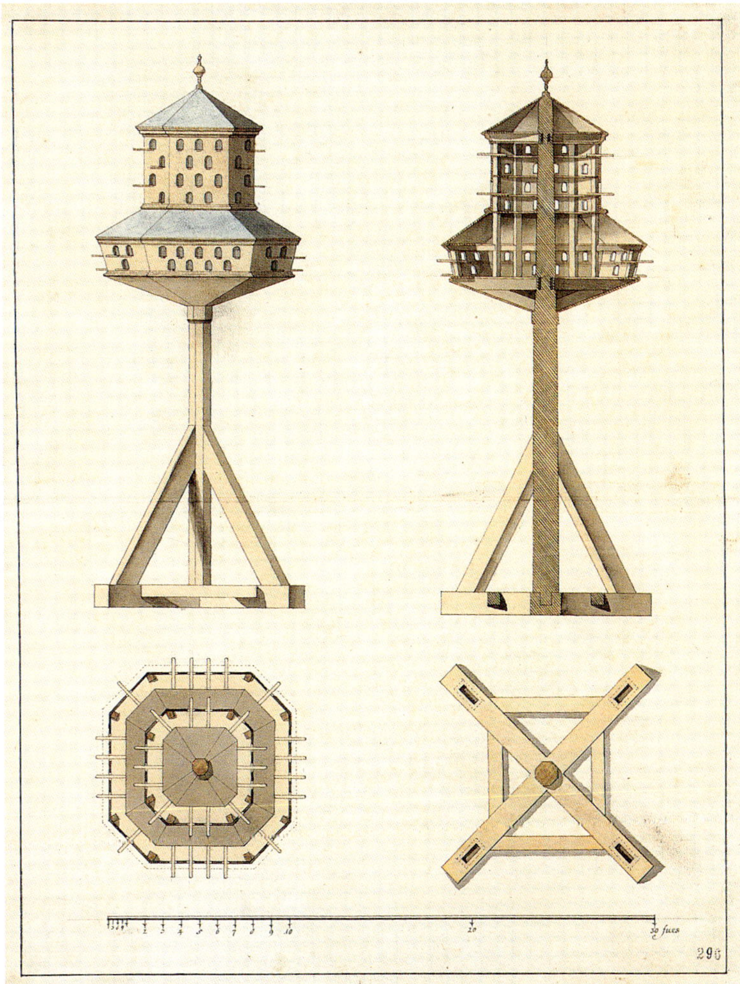

31.9

31.10
Schloß Grimberg bei Gelsenkirchen
Aufriß eines Taubenschlages

Lavierte Federzeichnung (schwarz, grau, blaßblau), 36,3 x 25,6 cm (35,4 x 24,7 cm)
Titel: *Tauben-Haus.*
Beischrift: *Auffuhrung.*
Maßstab: *20 fuß* = 15,5 cm
Unten rechts das Siegel der Grafen von Nesselrode-Landscron und der Grafen von Auersperg

Westfälisches Landesmuseum Münster, Schl.-Bd. 131

32

Schloß Hovestadt, Um- und Erweiterungsbauten, nach 1733

Lippetal-Hovestadt

LITERATUR

Rensing 1936, S. 18, 33; Rensing 1954, S. 31; Püttmann-Engel 1987, S. 191; Püttmann 1988, S. 23, 91, Kat.-Nr. 25; Schopf 1988, S. 90.

QUELLEN

BGVA, Paderborn, Bd. 289 blau, Ostinghausen, Fol. 202-26: Schreiben von Joseph Clemens an das Generalvikariat von Paderborn zwecks Errichtung einer Loreto-Kapelle vom 17.12.1755.

DENKMALPFLEGE

Einzelberichte zur Denkmalpflege in: Westfalen 41, 1963, S. 125 (datiert die Vorburg auf 1741); 46, 1968, S. 326; 62, 1984, S. 520; 67, 1989, S. 622.

Das bereits 1563–72 von Laurenz von Brachum auf einer Gräfteninsel erbaute Schloß Hovestadt, ein L-förmiges Herrenhaus mit quadratischem Turm und zugehöriger Kapelle, kam 1726 durch Kauf an Friedrich Bernhard von Plettenberg-Lenhausen, einen Bruder von Schlauns Mentor, dem Minister Ferdinand von Plettenberg. Die Zuschreibung der Gebäude an Schlaun erfolgte 1936 durch Rensing ohne archivalische Belege und ist mit Vorsicht zu genießen, vor allem da die einzelnen Gebäude sich nicht gerade durch besondere Eleganz der Einzelformen oder durch feine Proportionierung auszeichnen. Ein vor kurzem aufgefundener Plan zum Umbau des Herrenhauses allerdings stammt, wie der Zeichenduktus und die Behandlung der Wand nahelegen, wenn auch nicht von ihm selbst, so doch von einem Mitarbeiter Schlauns. Die Datierungen schwanken zwischen 1733, dem Todesjahr des Friedrich Bernhard von Plettenberg-Lenhausen, 1741 ohne Begründung und 1755/56, dem Jahr, in dem von Joseph Clemens um die Meßerlaubnis einer zu errichtenden Loretokapelle geschrieben wurde, deren Einrichtung mit dem Bau aller Nebengebäude gleichgesetzt wurde. Es steht aber auch nichts im Wege, als Datierung nach 1726 anzusetzen.

Man betritt die Anlage über eine Zugbrücke mit kräftigen Brückenpfeilern, die von kleinen Wachthäusern flankiert werden. Vier eingeschossige, verputzte, langgestreckte Wirtschaftsbauten mit Mansarddächern begleiten die Hauptachse zu einer zweiten Brücke, deren geschwungene Form und kräftige, an den Ecken gekehlte Pfeiler an vergleichbare Anlagen Schlauns in Lembeck und Havixbeck erinnern. Die Zuschreibung der Nebengebäude erfolgte vermutlich über die ›typischen‹ runden Ecken mit Streifenrahmung und die in Rudimenten durchgeführte Wandschichtung, ganz ähnlich wie etwa in Kleinbüllesheim oder Oberkassel. Zwerchhausrislite gliedern die Bauten an den Mitten der Schmal- und Langseiten. Eines dieser Gebäude ist durch einen Dachreiter und die bleiverglasten Dachgauben als Schloßkapelle ausgezeichnet. Im selben Gebäude war die Orangerie mit axialem Bezug zu dem dahinterliegenden Garten untergebracht. Sie wurde später zu einem Teil für den Fürstenstuhl und eine Sakristei umgebaut. Man erreichte die Sakristei über einen kleinen Vorraum in der Achse des Eingangs, an dessen Rückwand der ursprüngliche Hauptaltar mit der Muttergottes von Loreto steht. Die jetzige Einrichtung ist das Produkt späterer Veränderungen, lediglich das Deckenfresko mit illusionistischen Malereien der hl. Dreifaltigkeit und der Immaculata gehört zum ursprünglichen Bestand.

Die Umbauplanung (Kat.-Nr. 32.1) für das Herrenhaus hatte sich am Bestand zu orientieren. Schlaun oder sein Mitarbeiter wollten die Anlage mit einem dritten Flügel um einen Ehrenhof vollenden, dem wie in Brühl ein weiterer quadratischer Turm zugeordnet wird. Die Arkaden des Corps de logis sollten erhalten bleiben, doch in der Beletage wird dem Baukörper ein gliederndes Rahmenstreifensystem übergelegt. Die Fronten der Flügel werden um eine Achse schmaler, die Gebäudekanten durch über zwei Geschosse reichende, also gleichsam kolossale gekoppelte Streifen betont. Auch die Dachlandschaft ist systematisiert worden: Schleppgauben in jeder zweiten Achse, an den Flügeln über dem breiten Streifen in der Mitte angeordnet, und die auf die Streifengliederung bezogenen Kamine setzen rhythmische Akzente. Die Mittelachse wird durch einen Dreiecksgiebel mit darüber angebrachtem Mansardokulus verstärkt. Ganz genau diese Fensterform verwendet Schlaun bei den Nebenpavillons in Clemenswerth (Kat.-Nr. 36.48), ein weiterer stilistischer Beleg für die Mitarbeit Schlauns für Hovestadt. Auch im Innern des Herrenhauses wurde modernisiert, der Salon mit anschließendem Kabinett im französischen Geschmack vertäfelt und die Decken stuckiert. Über planende und ausführende Künstler ist nichts bekannt.

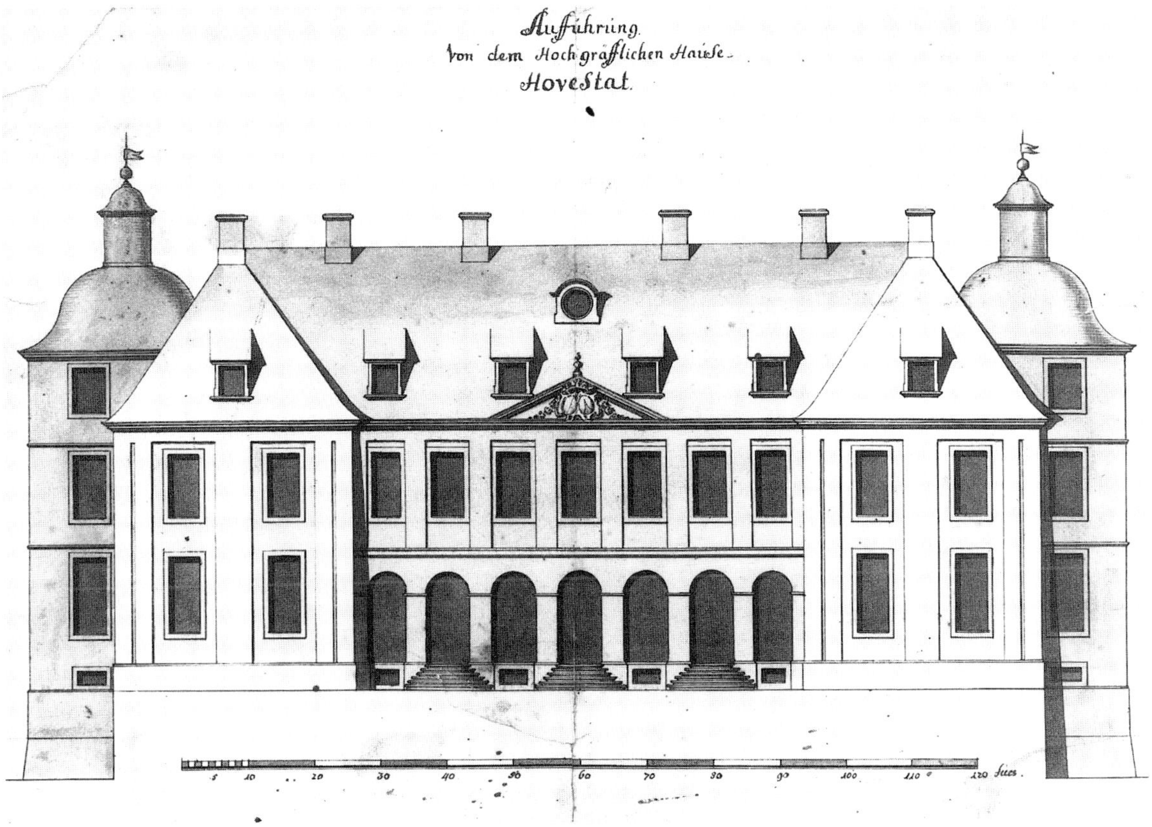

32.1
Schloß Hovestadt
Aufriß der Hoffassade, nach 1733

Lavierte Federzeichnung (grau), 35 x 49 cm
Titel: *Aufführung von dem Hochgräfflichen Hause Hovestat.*
Maßstab: *120 fues* = 29,7 cm

Niedersächsisches Staatsarchiv Bückeburg, A 1379 Bl. 1

DENKMALPFLEGE

Vermutlich wurde um die Mitte des 18. Jahrhunderts ein architektonischer Garten angelegt, von dem sich Spuren noch erhalten haben. Neuerdings planen die Besitzer in Zusammenarbeit mit der Gemeinde, den Garten wiederherstellen zu lassen und zugänglich zu machen. Von den bekannten Gartenarchitekten (Parkpflegewerk Nordkirchen, Clemenswerth) Gustav und Rose Wörner aus Wuppertal wurde im März 1982 ein Gutachten erstellt, das die stufenweise Herstellung der Anlage vorsah. Völlig überraschend wurde jedoch vom Rat der Gemeinde Lippetal aufgrund befürchteter Folgekosten die Wiederherstellung des Gartens abgelehnt, der in Aussicht gestellte Zuwendungsbescheid des Landes mußte wieder zurückgenommen werden.

1 Schloß Hovestadt, Herrenhaus (1994)

2 Schloß Hovestadt, Wirtschaftsgebäude (1911/30)

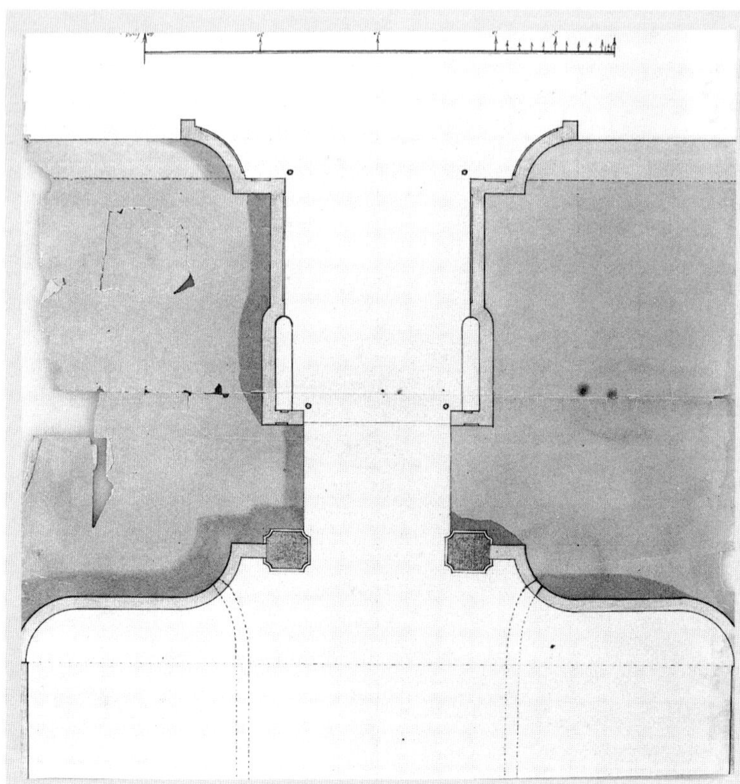

33
Haus Havixbeck, Brücken und Torpfeiler, um 1733
Havixbeck

Südwestlich von Havixbeck liegt die seit 1562 in mehreren Bauphasen bis 1711 errichtete Wasserschloßanlage, seit 1601 im Besitz der Freiherren von Twickel. Die nach Süden geöffnete Dreiflügelanlage stellt sich als wenig homogener Gebäudekomplex dar. Bereits im frühen 18. Jahrhundert hatte man versucht, das Herrenhaus der Renaissance im Sinne barocker Symmetrie zu ›ordnen‹: Der sechsachsige Mittelrisalit erhielt in der dritten Achse ein Barockportal mit Segmentgiebel, das zwar exakt auf die zentrale Südachse ausgerichtet ist, im Gegenzug aber die gesamte Symmetrie der Fassadengliederung negiert.

Nachdem Schlaun für den Freiherrn Johann Wilhelm von Twickel den Garten auf der Twickelschanze gebaut und die Pläne für die Domkurie in Münster vorgelegt hatte (Kat.-Nr. 24 und 25), erteilt ihm dieser um 1733 den Auftrag, seinen Stammsitz in Havixbeck zu barockisieren. Die Umbauten Schlauns beziehen sich verständlicherweise nur auf die Außenanlagen, eine konsequente Systematisierung der eigentlichen Architektur wäre, so lehrt das oben beschriebene Beispiel, nahezu unmöglich und zu kostenspielig gewesen und vermutlich einem Neubau gleichgekommen. Schlaun verstand es, mit geringem Aufwand die Gesamtanlage dem Grundgedanken der axialen Symmetrie unterzuordnen: Er akzentuierte lediglich die beiden Hauptachsen und markierte sie entsprechend prominent mit Brücken, Pfeilern mit Skulpturen und ausschwingenden Mauerstücken. Der vorhandene Baubestand als Dreiflügelanlage war auf die zentrale Südachse ausgerichtet, gleichzeitig existierte eine Ostachse, die den Garten über eine Durchfahrt mit dem Hof verbindet.

Die zentrale südliche Achse (Kat.-Nr. 33.1 und 2), die auf den Hof und das Hauptportal des Herrenhauses (Abb. 1) über die Gräfte hinweg führt, erhielt zwei Torpfeiler mit aufgesetzten wappenhaltenden Putti, beinahe eine Kopie der kurz zuvor errichteten Lembecker Torpfeiler (Kat.-Nr. 20). Beidseitig angelegte Umfassungsmauern mit eingelassenen Sitzbänken führen auf die Zugbrücke zu, die Brückenpfeiler werden durch geschwungene Mauern mit den Seitenflügeln verklammert. Gegenüber Schlauns Entwurfsplänen sind lediglich diese letztgenannten Mauern realisiert worden, zurückhaltend dekoriert mit vertieften Wandfeldern. Ein zweites, vorgelagertes Pfeilerpaar mit Vasenbekrönung und anschließenden Gartenmauern verlängert die Achse nach außen hin und gibt für den Ankommenden die zentrale Blickachse vor. Zu diesen Pfeilern existieren keine Zeichnungen Schlauns, vielleicht sind diese erst später in stilistischer Anlehnung an die Brückenpfeiler errichtet worden.

Zur Ostachse existiert neben einem Alternativentwurf (Kat.-Nr. 33.7 und 8) der verändert realisierte Ausführungsentwurf (Kat.-Nr. 33.4 und 6): Ebenso wie bei der Hauptachse im Süden führen auch hier mehrfach geschwungene Mauerstücke auf die Brückenplattform mit eingelassenen Sitzbänken, allerdings wird hier die Mauer neben den Wandfeldern relativ aufwendiger mit Streifenrahmung aus Sandstein gegliedert. Die Realisierung als Dreibogenbrücke ohne Zugbrücke ist die kostengünstigste Variante einer möglichen Ausführung des vorliegenden Entwurfs. Offenbar hatte Schlaun auch geplant, die Durchfahrt als Portal mit Giebel repräsentativ auszugestalten, der Aufriß zeigt über der Durchfahrt ein Wappen und ein abschließendes Kranzgesims, das dem einfachen Satteldach vorgelagert ist. Diese Disposition entspricht nicht dem Baubestand des 1674 errichteten, dreigeschossigen Torturms, vielleicht waren durchgreifendere Baumaßnahmen, unter anderem der Seitenflügel, in Betracht gezogen worden.

Der Alternativentwurf (Kat.-Nr. 33.7 und 8) geht dagegen von dem vorhandenen Baubestand des Torturms aus, hinzugefügt ist eine kleine Treppe zum Wasser und zwei prominente Doppelpfeiler, die den Beginn der Brückenplattform markieren und den perspektivischen Tiefenzug der Tordurchfahrt in den Hof hinein rahmen sollten.

LITERATUR

Rensing 1954, S. 31, 38; Schopf 1988, S. 51f., 140, 153, 179.

DENKMALPFLEGE

Einzelberichte zur Denkmalpflege in: Westfalen 41, 1963, S. 106.

1 Haus Havixbeck, Südachse (um 1900)

33.1 Haus Havixbeck, Schlaun-Werkstatt, Südachse, Brücke und Torpfeiler, Grundriß

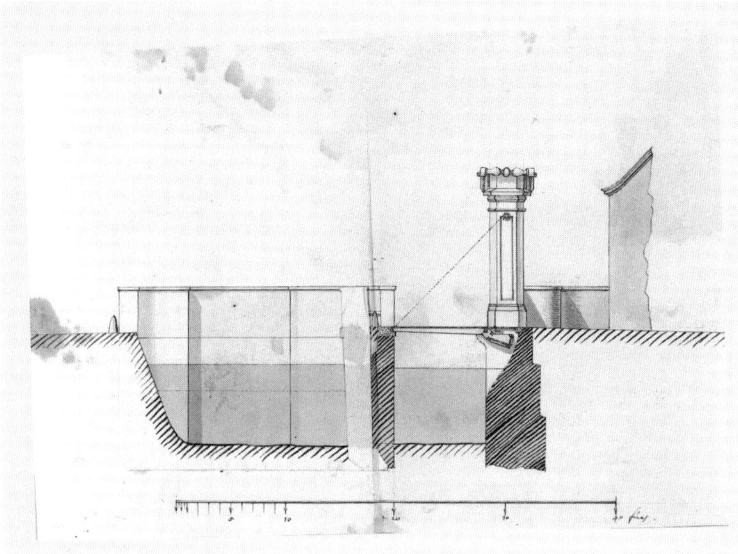

33.2

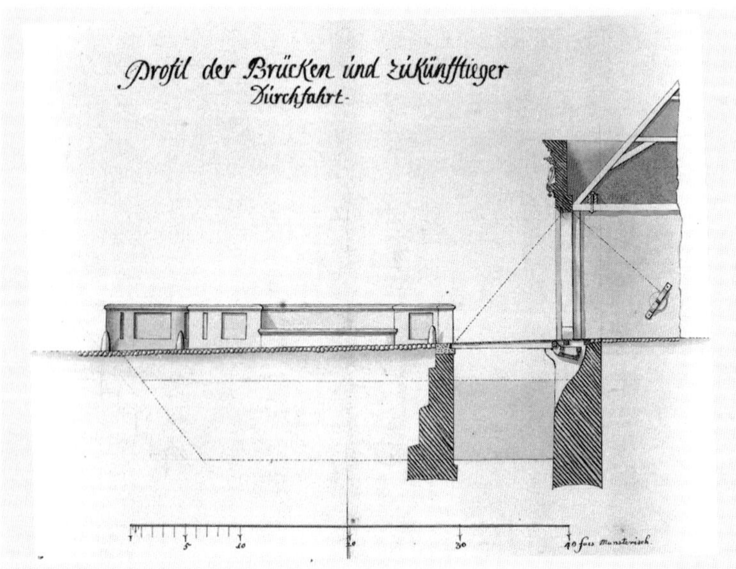

33.6

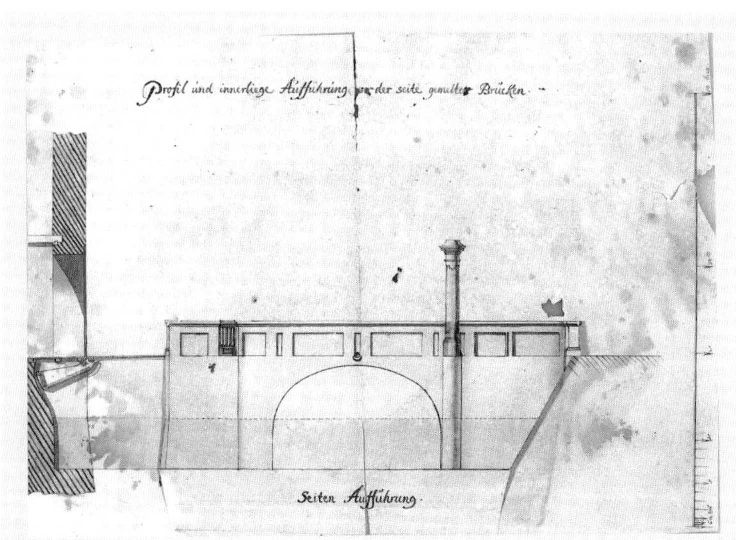

33.8

33.1
Haus Havixbeck
Schlaun-Werkstatt
Südachse, Brücke und Torpfeiler, Grundriß

Lavierte Federzeichnung (rot, grün, grau), 31 x 34,5 cm
Maßstab: *40 fues* = 21,4 cm

Havixbeck, Archiv von Twickel, Lade 1

33.2
Haus Havixbeck
Schlaun-Werkstatt
Südachse, Brücke und Torpfeiler, Aufriß und Längsschnitt
Deckblatt mit Schnitt durch den Graben und Aufriß der Innenseiten der Brückenmauern

Lavierte Federzeichnung (grün, rosa, grau), 23,5 x 34,8 cm
Maßstab: *40 fues* = 21,7 cm

Havixbeck, Archiv von Twickel, Lade 1

33.3 (ohne Abb.)
Haus Havixbeck
Schlaun-Werkstatt
Südachse, Brücke und Torpfeiler, Aufriß und Längsschnitt
Deckblatt mit Aufriß der Außenansicht

Lavierte Federzeichnung (grün, rosa, grau), 31,5 x 40,3 cm
Maßstab: *40 fues* = 21,7 cm

Havixbeck, Archiv von Twickel, Lade 1
Kopie nach Kat.-Nr. 33.2

33.4
Haus Havixbeck
Schlaun-Werkstatt
Ostachse, Brücke zur Durchfahrt, Grundriß

Lavierte Federzeichnung (rot, grün, grau), 31 x 34,5 cm
Titel: *Grund der Brücken und zukünfftiegen Durchfahrt am Hochadeliegen Hause Hawicksbeck.*
Maßstab: *30 fues Munsterisch* = 16 cm

Havixbeck, Archiv von Twickel, Lade 1

33.5 (ohne Abb.)
Haus Havixbeck
Schlaun-Werkstatt
Ostachse, Brücke zur Durchfahrt, Grundriß

Lavierte Federzeichnung (rot, grün, grau), 30 x 33,5 cm
Titel: *Grund der Brücken und zukünfftigen Durchfahrt am Hochadeliegen Hause Hawixbeck*
Maßstab: *30 fues Munsterisch* = 16,2 cm

Havixbeck, Archiv von Twickel, Lade 1
Kopie nach Kat.-Nr. 33.4

33.6
Haus Havixbeck
Schlaun-Werkstatt
Ostachse, Brücke zur Durchfahrt, Aufriß und Längsschnitt

Lavierte Federzeichnung (rot, grün, grau), 26,3 x 34,2 cm
Titel: *Profil der Brücken und zukünfftieger Durchfahrt.*
Maßstab: *40 fues Munsterisch* = 21,75 cm

Havixbeck, Archiv von Twickel, Lade 1

33.7
Haus Havixbeck
Schlaun-Werkstatt
Ostachse, Alternativentwurf, Brücke zur Durchfahrt, Grundriß

Lavierte Federzeichnung (rot, rosa, grün), 38 x 31 cm
Titel: *Grund der vorderen Brücken des Hochadliegen Hauses Hawicksbeck.*
Maßstab: *50 fues* = 20,9 cm

Havixbeck, Archiv von Twickel, Lade 1

33.8
Haus Havixbeck
Schlaun-Werkstatt
Ostachse, Alternativentwurf, Brücke zur Durchfahrt, Aufriß und Längsschnitt mit Fundamenten
Deckblatt mit Außenansicht der Brücke

Lavierte Federzeichnung (rot, blau, rosa), 24,5 x 35 cm
Titel: *Profil und innerliege Auffühung von der seite gemelter Brücken.*
Titel des Deckblatts: *Seiten Aufführung.*
Maßstab: *50 fues* = 20,8 cm

Havixbeck, Archiv von Twickel, Lade 1

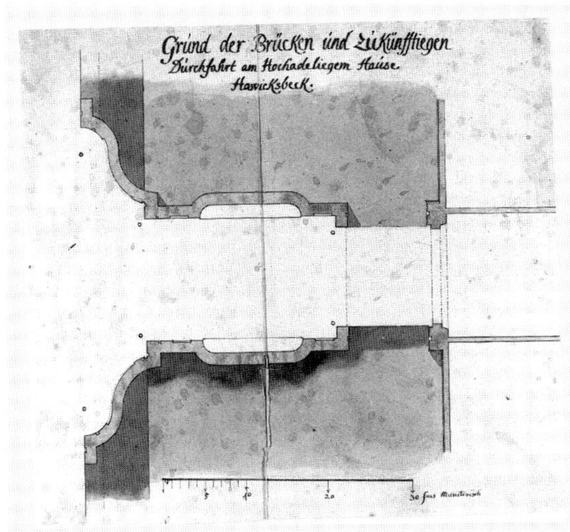

33.4

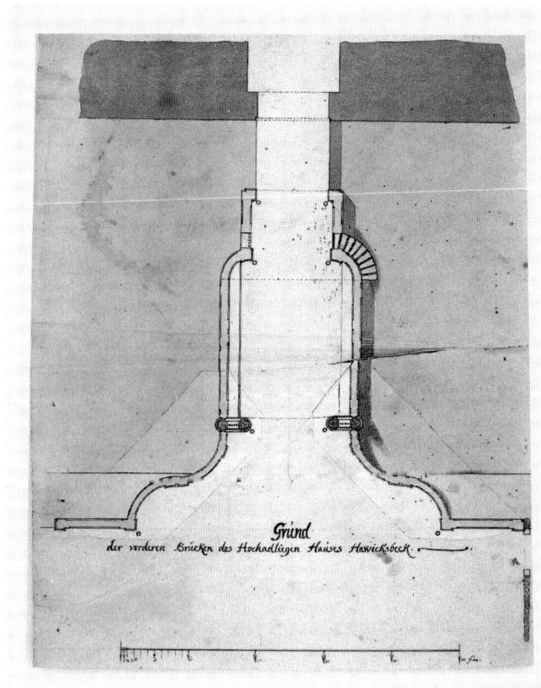

33.7

34

Domherrenkurie von Sparr, Umbau 1737

Münster

LITERATUR

Kat. *Schlaun* 1973, Bildteil, S. 130, Nr. 42.0; Geisberg 1932, Münster I, S. 91f; ders., 1933, Münster II, S. 190–200, bes. S. 198f.

QUELLEN

Protokolle des Domkapitels: 10. März 1736; 13. November 1737; 2. März 1751; 9. September 1751.

Die Kurie lag im Osten des Domplatzes links von der Michaeliskapelle, an die rechts der Fürstenhof grenzte (vgl. Kat.-Nr. 54). Eine Zeichnung des Johann Krafft überliefert den damaligen Zustand (Abb. 2). Mit Hilfe eines Deckblattes sind Erd- und Obergeschoß aller drei Gebäude, Kurie, Michaeliskapelle und Fürstenhof, dargestellt. Der Zeichner hat alle schiefen Winkel in rechte verwandelt, so daß seine Maße sehr unzuverlässig sind. Die Kurie befand sich seit 1634 in der Verfügungsgewalt des Domherrn Christoph Bernhard von Galen, der seit 1642 die Würde eines Thesaurars bekleidete. Geisberg hält es für unwahrscheinlich, daß gerade er der geistige Urheber des Entwurfes gewesen sei. Eher käme sein ehrgeiziger Gegner Bernhard von Mallinckrodt in Betracht, der seit 1625 als Dechant die Leitung des Domkapitels in Händen hatte und gute Aussichten auf das Amt des Fürstbischofs von Münster zu haben glaubte. Von Galen, der als Sieger aus dem Wahlkampf hervorging und im Januar 1651 vom Papst bestätigt wurde, scheint auch als Bischof seine alte Domherrenkurie als Residenz und Absteigequartier behalten zu haben. Als jedoch 1655 das Scheitern seines Überfalls auf Münster das Verhältnis zur Stadt so sehr verschlechtert hatte, daß er seine dauernde Residenz nach Coesfeld verlegte, mochte für ihn ein Aufenthalt mitten in der ihm feindlich gesinnten Stadt wenig empfehlenswert erscheinen, vollends nach der Belagerung von 1657. 1661 gab er die Kurie zur Option durch den Domherrn Goswin Freiherrn von Droste frei und verlegte die Residenz ins Fraterherrenhaus. »Mögen nun die Entwürfe des Krafft ausgeführt sein oder nicht, sie bleiben als Festlegung der Ansprüche eines Prätendenten auf den Münsterer Bischofsstuhl von großem Interesse« (Geisberg 1933).

Den ersten Umbau erfuhr die Kurie durch den Vicedominus Dietrich Anton von Velen, der sie 1677 erhielt und 1694 wieder verließ. Seine Bautätigkeit ist durch das Wappen über dem Portal der südlichen Freitreppe bezeugt. Über den zweiten Umbau im Jahre 1737 durch Johann Karl von Sparr geben die Protokolle des Domkapitels Auskunft. Danach legte der Domherr im März 1736 einen Grund- und Aufriß Schlauns vor, wonach ein Teil der Kurie vollständig neu gebaut, ein anderer fundamental umgebaut werden sollte. Schlaun plante, dem bestehenden Herrenhaus seitliche Flügel anzuschließen, so daß ein Palais mit Ehrenhof in der Art etwa des Merveldter oder Beverförder Hofes entstanden wäre.

Über die Beteiligung Schlauns geben die Protokolle des Domkapitels Nachricht. Sparr optiert die Kurie im August 1735: »ad supplicam des jüngeren Herren v. Sparr cum addita designatione sub manu des Herrn Obristen Schlaun, inhalts derselbe nicht allein einen Grund- und Standriß, wie die an seinem bei S. Michaeliskirche belegenen Hof vorhabende

1 Münster, Kurie von Sparr, Domplatz

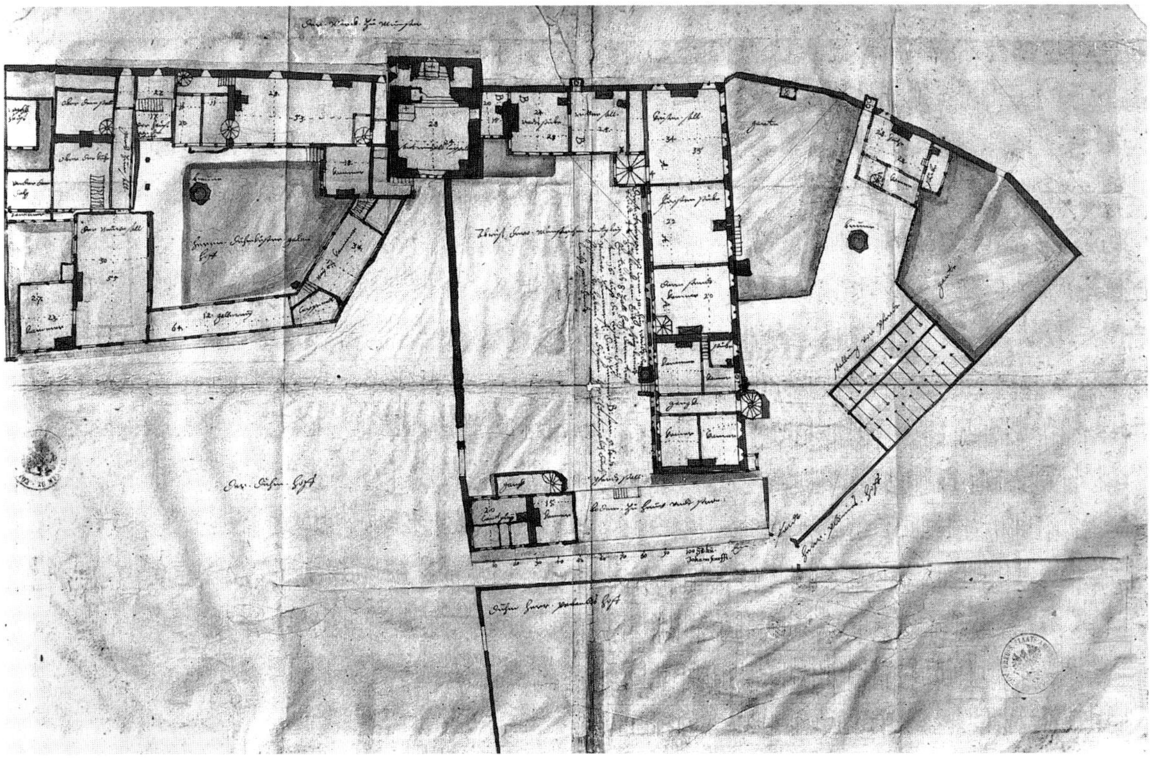

2 Abriß der Münsterischen Kanzlei, Fürstenhof, Michaeliskapelle und Kurie des Domküsters – Johann Krafft, 1650

teils Neuerbauung, teils Fundamentalreparation eigentlich geschehen sollte, und falls das dem Rectori ad S. Michaelem zugehörige an der Kirchen belegene kleine Häuslein abgebrochen würde, das Gebäu am reguliertesten eingerichtet werden könnte, praesentieret, sondern auch begehrt, daß ein Hochwürdig Thumb Capitul ihm gleich anderen Herren in dergleichen Fällen widerfahren, zu behuf solches vorhabenden Baues sowohl einige Bäume, Balken, Spannfuhren, Landfolgen als auch die gewohnliche Nomination, vermitz welcher er einen dahier residierenden Capitularherren benennen möge, so post ipsius vitam aut resignationem solchen Hof bewohnen dörfe, angedeihen möge«.

Im November 1737 bittet Sparr das Domkapitel, zur Fortsetzung seines »angefangenen neuen Gebäues und in specie des noch ermangelnden einen Flügels weitere Hilfe durch Bewilligung von Holz und Spannfuhren«. Auch das Protokoll von 1736 erwähnt einen geplanten südlichen Flügel der Kurie, deren Grundriß am regelmäßigsten gestaltet werden könne, wenn ein an der Michaeliskirche gelegenes, dem Rektor derselben zuständiges Haus abgebrochen werde. Das Bauholz und die Spannfuhren, um die Sparr im November 1737 zur Fortsetzung des begonnenen Baues bat, besonders des noch fehlenden Flügels, sind dem nördlichen Flügel zugute gekommen, der auf der 1748 entstandenen Karte des Domhofes von Schlaun vollendet erscheint (Kat.-Nr. 46.1). Für diesen Flügel ist die Karte Schlauns die einzige zeichnerische Quelle; sie zeigt allerdings nur den Außenkontur der West- und Südwand mit einigen Lisenen und einer Vorlage; aus den Akten des Domkapitels über die Instandsetzung der 1826 vom Staat überwiesenen Kurie geht hervor, daß der Flügel im Innern Stallung, Remise und Küche barg und zweigeschossig war. Das Vorbild der Kettelerschen Kurie ist für die Aufteilung der Front unverkennbar (Abb. 1). Der südliche Flügel wurde nicht ausgeführt. Noch 1755 verwahrte sich ein späterer Nachfolger Sparrs, Franz Christian von Hanxleden, bei der Übernahme der Kurie gegen die etwaige Verpflichtung, diesen Flügel auszubauen und das Haus des Rektors der Michaelskapelle zu übernehmen.

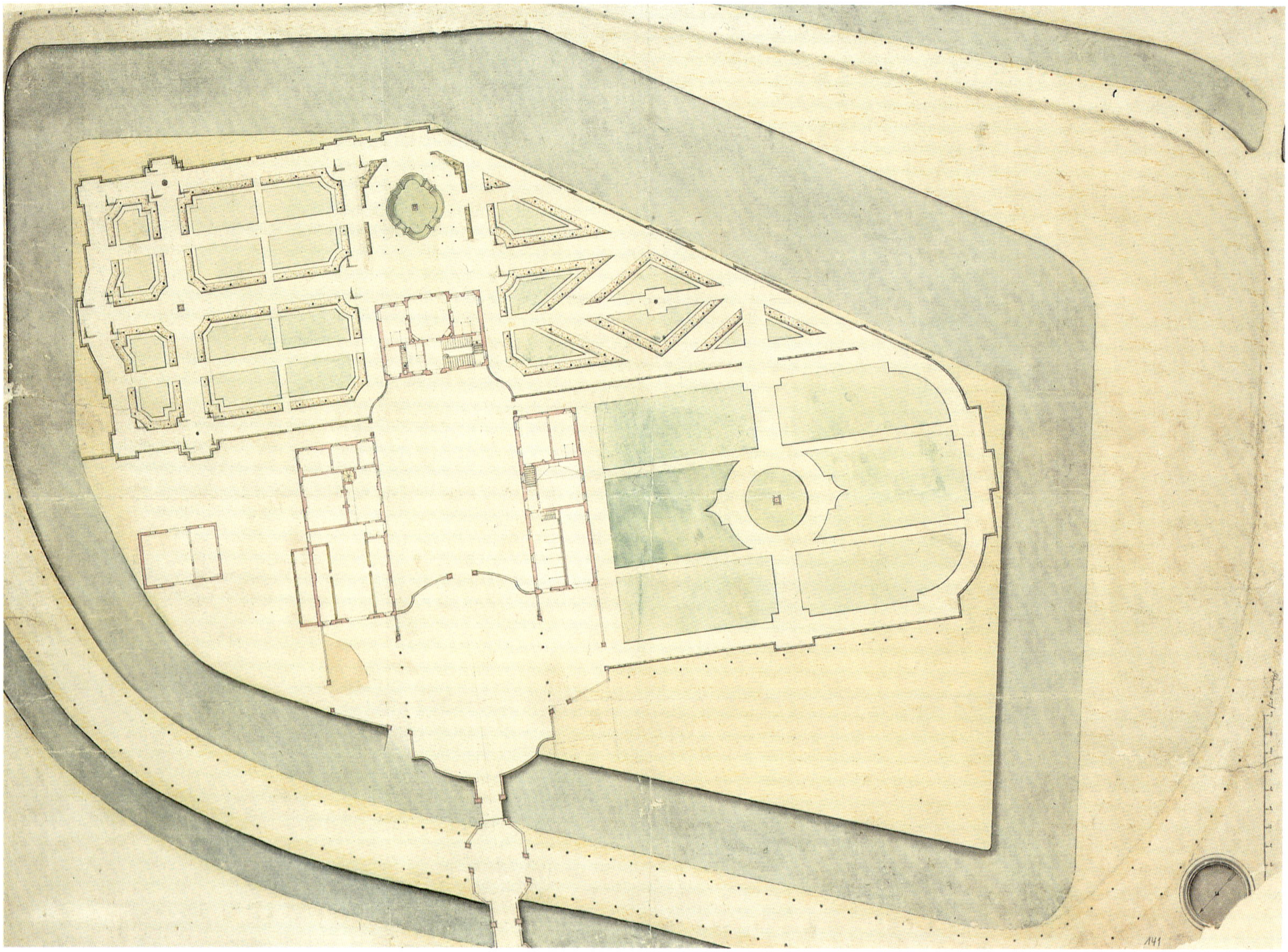

35

Haus Dyckburg mit Loretokapelle, 1735–46

Münster-Sankt Mauritz

BAUHERR: Die Dyckburg ist bereits im 16. Jahrhundert urkundlich belegt, der 1658 durch Everhard Allerdings angefertigte Vogelschauplan der Belagerung Münsters von 1657 zeigt eine Vierflügelanlage mit Wassergraben und einer ebenfalls von Wasser umgebenen Vorburg. Am 30. Juli 1722 erwarb Friedrich Christian von Plettenberg-Marhülsen das Haus, alle Güter mit den zugehörigen Schulten- und Bauernhöfen und »alle … daran habende richt= und gerichtigkeiten«. Plettenberg-Marhülsen, seit 1712 Repräsentant des Domkapitels und seit 1732 münsterscher Dompropst, oblag der Präsenzpflicht, die Dyckburg sollte ihm als repräsentativer Landsitz in unmittelbarer Stadtnähe dienen.

BAUGESCHICHTE: Bereits zwischen 1729 und 1731 ließ Plettenberg-Marhülsen kleinere Reparaturen ausführen, um 1735 muß er sich jedoch entschlossen haben, einen Neubau des Landsitzes mit eigener Ökonomie vorzunehmen. Aus dieser Zeit stammt der von Schlaun entworfene Gesamtplan (Kat.-Nr. 35.1), der ein zentrales Herrenhaus mit flankieren den Wirtschaftsgebäuden um einen Ehrenhof und weitläufige Gartenanlagen mit einer abseits gelegenen kleinen Kapelle vorsah. Das Herrenhaus wurde jedoch nie ausgeführt, Plettenberg-Marhülsen bezog seine bescheidene Wohnung im Bau-haus, im hinteren Teil des linken Ökonomiegebäudes. An prominenter Stelle, dem Ehrenhof seitlich vorgelagert, wurde jedoch 1740–41 die Loreto-Kapelle errichtet, die Bauarbeiten an der Gesamtanlage in einer erheblich reduzierten Form um 1745–46 abgeschlossen (Abb. 1).

GESAMTPLAN: Schlaun hatte eine eine völlig unregelmäßige, auf Inseln in einem großen Hausteich verteilte Anlage vorgefunden; durch Zuschütten der trennenden Wassergräben ergab sich eine rhombusähnliche, quergelagerte Hauptinsel, umgeben von einer mehr oder minder regelmäßigen, doppelten Gräfte. Durch das Drehen und Ausrichten der Hauptachse in die der Zufahrt gegenüberliegende Inselecke suchte Schlaun die größtmögliche Tiefendistanz auszunutzen. Über zwei Brücken erreicht man den vorne und hinten mit konkaven Mauerschwüngen eingefaßten Vorhof, dessen Mittelpunkt nach rechts hin die Seitenachse des großen Hausgartens und damit die Symmetrie der Gesamtanlage definiert. Durch den von Torpfeilern flankierten Eingang gelangt man in den großen längsrechteckigen Ehrenhof mit zentralem Haupthaus und seitlichen, langgestreckten Ökonomiegebäuden, die mit dem Herrenhaus durch geschwungene Mauern verbunden sind. Das Gesamtkonzept geht von einer enormen Tiefenstaffelung der Anlage aus; Schlaun projektiert hier vorbildhaft seine 1732 vorgelegten Pläne zum Neubau der Residenz in Münster (Kat.-Nr. 27.3): Vor- und Ehrenhof, gestaffelt durch konvexe bzw. konkave Mauern, flankierende Nebengebäude, die mit dem Hauptbau durch geschwungene Mauern bzw. Bauten verbunden sind.

Das in seinen Dimensionen bescheidene Herrenhaus zeigt sich als »kleiner, aber vornehmer Bau mit dreiräumiger Gartenenfilade, der nur eine redu zierte Maison de plaisance-Form darstellt. In der Distributiuon gleicht es völlig Schloß Falkenlust, wenn man davon absieht, daß statt des vorspringenden Avantcorps des Mittelsalons hier nur ein flacher Mittelsrisalit vorgesehen ist. Vestibül mit Treppenhaus rechts und Graderobe links, Mittelsalon mit drei Fenstern und zu beiden Seiten Zimmer mit je zwei Fenstern zum Garten, das linke Zimmer mit einem Kabinett hinter der Graderobe, alle diese Details decken sich. Während das Zimmer rechts des Salons in Falkenlust als ›Salle de Compagnie‹ ausgewiesen ist, ist in Dyckburg ein Bett vorgesehen. Daher ist diesem Raum auch eine Toilette in einem Nebenraum unter der Treppe zugeordnet. Die Treppe ist aus diesem Grunde in die andere Richtung geführt« (Zinkann 1989).

Die Gartenanlage organisierte Schlaun »entsprechend den geforderten Regeln von Bienséance und Convenance und fügte die Inseln zusammen zu einem großen Grundstück, das bei Verzicht auf eine

LITERATUR

Rensing 1954, S. 31; Hedwig Greuling, *Die Dyckburg in Münster. Aus der Geschichte des Hauses und der Kirche,* Münster 1955; Karl E. Mummenhoff, *Die Profanbaukunst im Oberstift Münster von 1450 bis 1650,* Münster 1961 (Westfalen, Sonderheft 15), S. 164; Püttmann-Engel 1987, S. 26; Schopf 1988, S. 54f., 82f., 140, 161, 167, 177, 198f., 215; Zinkann 1989, S. 20, 43–44; *250 Jahre Dyckburg-Kirche Münster,* hg. von der Kath. Pfarrgemeinde St. Mariä Himmelfahrt Münster, Münster 1990, S. 14–73; Bußkamp 1992, S. 173–84 (mit weiterführender Bibliographie).

QUELLEN

Inschrift über dem Kapellenportal: *Frid. XTIAN. L B. de Plettenberg / ex Marhulsen cathedralis Monsis / ppts et Paderborn. / capitularis veteris / ppts consilii intimi bellici et regiminis praeses iudex aulicus / et / Joes Mauritius L. B. de Plettenberg scholarcha Monsis came-rarius Paderborn. / Osnabrugensis capitularis / ppts in Busdorf / hIC LaVretanI sVrgVnt PIa CVLMIna fanI / Cernens teCta CaVe ne taCeatVr aVe / DIVIte ponebant soCIoqVe eX aere strVebant / fratres has aeDes qUeIs saCra VIrgo seDes* (Übersetzung nach Greuling 1955, S. 13: *Friedrich Christian Freiherr von Plettenberg / aus Marhülsen Dompropst zu Münster / und Paderborn Propst des Alten Domes / Vorsitzender des Geheimen Kriegsrates und der Regierung; Hofrichter /*

35.1 Münster-Sankt Mauritz, Haus Dyckburg, Plan der Gesamtanlage

und / Johannes Mauritius Freiherr von Plettenberg, Domscholaster zu Münster / Domkämmerer in Paderborn, Domkapitular in Osnabrück / Propst in Busdorf / Der Hohen Frau von Loreto zum Ruhm Siehst du von ferne des Kirchleins Dach / Erhebt sich allhier das Heiligtum. Sprich fromm den Gruß des Engels nach! / Brüder fanden sich einig zum Werk und geizten nicht Geldes, / Heilige Jungfrau, Dir Wohnung zu richten und Thron. Die beiden lateinischen Distichen sind Chronogramme. Die Zahlenwerte des ersten ergeben als Jahr der Stiftung der ursprünglichen Loretokapelle (»ponebant«) 1735, das Todesjahr des Freiherrn Johannes Mauritius von Plettenberg; als Jahr der Vollendung der Kapelle wird im zweiten Chronogramm das Jahr 1740 angegeben.
Zahlreiche Archivalien zur Baugeschichte im Archiv Graf Plettenberg, Hovestadt (teilweise publiziert bei Bußkamp 1992).

DENKMALPFLEGE
Einzelberichte zur Denkmalpflege in: Westfalen 41, 1963, S. 174.

weiterführende Systematisierung und Uferbegradigung noch immer alles andere als ideal war. Auf einen eigentlichen Ziergarten hat man verzichtet und statt dessen die Nutzgärten in ein angemessenes geometrisches Gerüst eingepaßt. Seitlich der Wirtschaftsgebäude wurde ein großer längs dreigeteilter Nutzgarten angelegt, dessen rückwärtiger gebogener und abgetreppter Abschluß gerade soviel von dem Land einbezog und aussparte, wie es die ideale symmetrische Grundrißform erforderte. Die breite Querachse, durch eine randständige ›Ädikula‹ über die Begrenzung hinaus erweitert, führt in den anschließenden Garteneil, der durch seine differenzierte Gliederung und die Beetrahmung mit Blumenrabatten mehr Ziergartencharakter erhält. Dieser Garten ist auf das Wohnhaus hin ausgerichtet. Ein Miroir d'eau, von Bäumen umgeben, nimmt die Stelle ein, die üblicherweise das Parterre innehat. Eine Querachse vor dem Haus setzt sich nach links als Längsachse eines nach auswärts verschobenen Achsenkreuzes fort. Etwas schmalere Längsachsen zweiter Ordnung teilen die Gevierte und eine noch schmalere Querachse teilt wiederum die vorderen oblongen Beete. Auf diese Weise kann man selbst die althergebrachte Form des Achsenkreuzes den Forderungen nach Subordination anpassen. Zusätzlich wird jede Wegachse über die Rahmenwege verlängert. Die Längsachse zweiter Ordung wird, ideell in gleicher Breite weitergeführt, in dem jenseitigen, schräg vom Uferrand beschnittenen Gartenteil zur Hauptachse. Daneben besteht auch der Ausläufer der vor dem Haus verlaufenden breiten Achse weiter fort, die für das, auch vom Betrachter erfahrbare Zusammenwirken beider Seiten sorgt. Unter Zugrundelegung der schrägen Uferbegrenzung wird durch Parallelverschiebung ein Rhombus konstruiert, an dessen Form sich alle übrigen Linien kongruent anpassen. Mit bescheidensten und einfachsten Mitteln wird hier großartig, fast spielerisch und trotzdem streng folgerichtig hantiert… Heute ist die Gartenanlage in Grundzügen schwach zu erkennen« (Schopf 1988).

Aus der Gesamtanlage ausgeschieden sollte die kleine Kapelle am Ufer der Gräfte liegen, demonstrativ abseits zur privaten Andacht und zum kontemplativen Gebet des geistlichen Hausherrn bestimmt. Der schlichte Rechtecksaal mit seitlichen Türen und einem durch Gitter abgetrennten Sanktuarium läßt die Vermutung zu, daß es sich bereits bei dieser ersten Planung um eine Nachbildung der Santa Casa zu Loreto handeln sollte. »Der Plan Schlauns wurde anscheinend nur teilweise ausgeführt. In den Archivalien findet das Haupthaus keine ausdrückliche Erwähnung, lediglich Abrechnungen über Arbeiten am Brauhaus, am Pferdestall, am Wagenhaus und an den Viehställen sind verzeichnet. Demnach wäre das Wohnhaus unausgeführt geblieben. Nur die Wirtschaftsgebäude wurden gebaut und die Kapelle an einer anderen Stelle errichtet. Eine Wohnung für den Dompropst dürfte sich im linken Gebäude befunden haben, das in der Raumaufteilung mit Stallungen, Tenne und Querküche im vorderen und Wohnräumen im hinteren Bereich den Bauhäusern auf den Vorburgen adeliger Wohnsitze vergleichbar erscheint. Diese recht bescheidene Lösung folgt vermutlich dem persönlichen Wunsch Plettenberg-Marhülsens nach einem demonstrativ einfachen Landsitz in der nahen Umgebung Münsters. Geldprobleme – wie von der Forschung vermutet – werden keine Rolle gespielt haben, da er bei seinem Tode 1752 ein ungewöhnlich großes Vermögen hinterließ« (Bußkamp 1992).

LORETOKAPELLE: Um 1740 entschloß sich Plettenberg-Marhülsen, offenbar als demonstrativen Akt seiner Marienverehrung, zusammen mit seinem Bruder eine Loreto-Kapelle zu bauen, eine Kopie der Santa Casa zu Loreto, dem Geburts- und Wohnhaus der Maria, das der Legende nach durch Engel von Nazareth nach Loreto transportiert wurde, um es vor der Bedrohung der Ungläubigen zu schützen. Die Kapelle der Dyckburg wurde 1894 um einen Rundbau, 1914 um eine Grabkapelle erweitert. Bereits Lambert Friedrich Corfey hatte im heutigen Drensteinfurt eine Loretokapelle errichtet, die geradezu eine ›Wallfahrtswelle‹ zur Folge hatte. Auch bei Schlauns erster Planung der Clemenskirche und des Hospitals am Neuplatz in den Jahren 1732–33 war auf persönlichen Wunsch des Kurfürsten eine Loretokapelle vorgesehen, die beim Ausführungsprojekt realisiert wurde (Kat.-Nr. 44).

Plettenberg-Marhülsen ließ die Loretokapelle in Dyckburg an prominenter Stelle direkt rechts hinter der Zufahrt (Kat.-Nr. 35.2, 3 – Abb. 3) errichten; der Standortwechsel von der abgelegenen Stelle im Garten zum Eingang des Anwesens war bedingt durch ihre Doppelfunktion als private ›Schloßkapelle‹ zur Andacht der beiden Geistlichen und gleichberechtigt als öffentliche, jederzeit zugängliche Wallfahrtskapelle für die Pilger. Bereits im Gesamtplan von 1735 war links von der Einfahrt in gestrichelten Linien ein alternativer Standort vorgesehen, der beinahe symmetrisch gespiegelt jetzt ausgeführt wurde. Grund- und Längsaufriß (Kat.-Nr. 35.4) zeigen die Kapelle – dem Vorbild in Loreto folgend – als einfa-

chen längsrechteckigen Saal, dessen vordere Hälfte vom Gemeinderaum eingenommen wird, an den der um zwei Stufen erhöhte Altarraum mit dem vergitterten Sanktuarium anschließt (Kat.-Nr. 35.5). Diese Zweiteilung des Raums wird am Außenaufriß der Längswand in der einfachen Wandgliederung durch Doppelstreifen sichtbar gemacht. Bußkamp hat gezeigt, daß sich Schlaun eng an das Lauretanische Vorbild gehalten hat, das durch zeitgenössische Publikationen bekannt war, wie etwa das dreibändige Werk von Martorelli über das ›Teatro istorico della Santa Casa Nazarena della B. Virgine Maria e sua ammirabile in Loreto‹ (Rom 1732–35). Anders als in Loreto und dem ersten, auf dem Gesamtplan von 1735 eingetragenen Entwurf wird die Dyckburger Kapelle allerdings nicht von den Seiten durch einen Ein- und gegenüberliegenden Ausgang zum problemlosen ›Durchschleusen‹ der Pilgermassen erschlossen, sondern durch den zentralen Eingang von der repräsentativen Hauptfassade her (Kat.-Nr. 35.5, Abb. 3). Die pilasterartigen Doppelstreifen mit dem segmentbogig geschwungenen Kranzgesims rahmen das zentrale Portal, der aufgesetzte ädikulaähnliche Dreiecksgiebel multipliziert den Segmentschwung des Gesims zu einem allseitig konkav eingezogenen Giebel mit zentralem Okulus, der so als Überleitungsmotiv zu der bekrönenden Glockenlaterne fungiert: Portal, Stifterwappen, Okulus, Glocke und Kreuz bilden so eine zentrale Hauptachse, gerahmt durch das Fassadenmotiv der Doppelstreifen mit verbindendem Segmentgesims, hier zu begreifen als monumentale Vereinfachung der Würdeform der Serliana. Das Portal rezipiert, wie Bußkamp gezeigt hat, römische Motive aus dem ›Musterbuch‹ de Rossis, die scheinbar einfache Fassade der Santa Casa argumentiert emblematisch mit den Standards der höchsten Architekturikonographie. Ähnlich einer Supraporte ist zwischen der Türöffnung und dem bekrönten Stifterwappen die Dedikationsinschrift angebracht, hier feiern sich selbstbewußt die finanzstarken Plettenberg-Brüder: »Brüder fanden sich einig zum Werk und geizten nicht Geldes, Heilige Jungfrau, Dir Wohnung zu richten und Thron.«

1 Münster-Sankt Mauritz, Dyckburg, Gesamtansicht (um 1930)

2 Münster-Sankt Mauritz, Dyckburg, Torpfeiler der Zufahrt

35.3

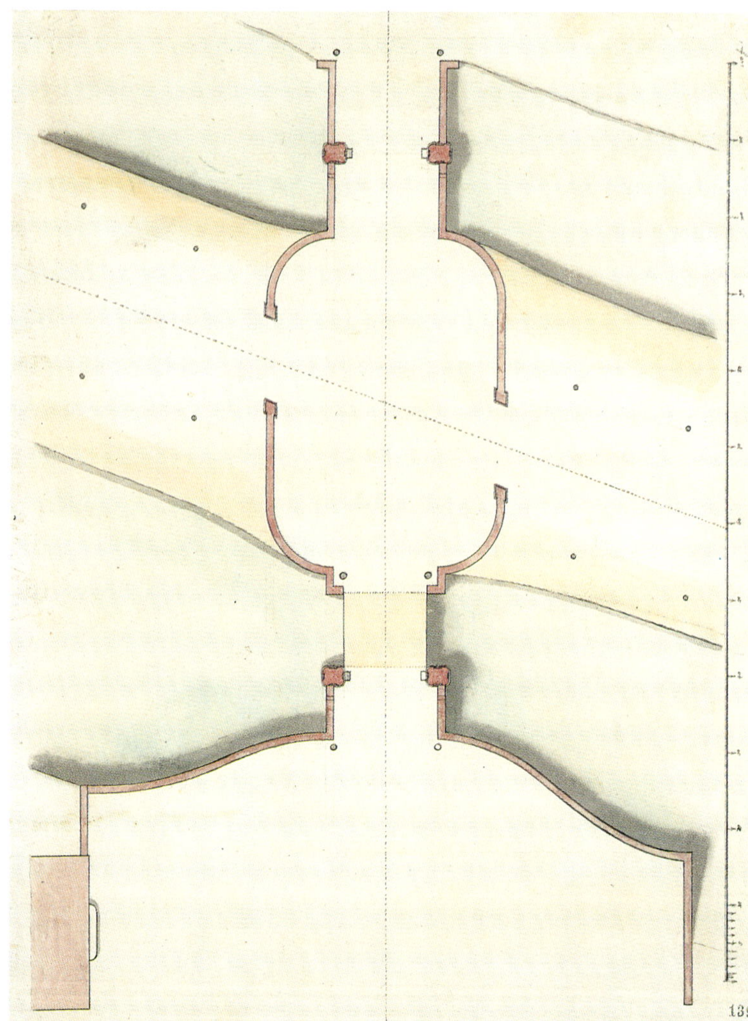

35.1

Münster-Sankt Mauritz, Haus Dyckburg

Plan der Gesamtanlage

Lavierte Federzeichnung (grün, grau, blaßrot), 53,4 x 75 cm
Maßstab: *120 fues Münsterisch* = 12,2 cm

Westfälisches Landesmuseum Münster, Schl.-Bd. 141

35.2

35.2
Münster-Sankt Mauritz, Haus Dyckburg
Aufriß der Loretokapelle mit der Zufahrtsbrücke und Pfeilern

Lavierte Federzeichnung (grau, rot, blaßgelb), 30 x 41,5 cm
Maßstab: *120 fues* = 37,1 cm

Westfälisches Landesmuseum Münster, Schl.-Bd. 140

35.3
Münster-Sankt Mauritz, Haus Dyckburg
Grundriß der Toreinfahrt mit Positionierung der Loretokapelle

Lavierte Federzeichnung (schwarz, rot, grau, grün), 41,6 x 31,7 cm
Maßstab: *120 fues* = 37,1 cm

Westfälisches Landesmuseum Münster, Schl.-Bd. 139

35.4

3 Münster-Sankt Mauritz, Dyckburg, Fassade der Loretokapelle

35.4
Münster-Sankt Mauritz, Haus Dyckburg
Loretokapelle, Aufriß der Längswand und Grundriß

Lavierte Federzeichnung (grauschwarz, grau, blaßrot, gelb), 51,8 x 33,5 cm
Maßstab: *40 fues* = 28,1 cm

Westfälisches Landesmuseum Münster, Schl.-Bd. 137

35.5
Münster-Sankt Mauritz, Haus Dyckburg
Loretokapelle, Aufriß der Hauptfassade und Querschnitt des Innenraums

Lavierte Federzeichnung (grauschwarz, grau, blaßrot, gelb), 35,6 x 50,4 cm
Maßstab: *40 fues* = 28,4 cm

Westfälisches Landesmuseum Münster, Schl.-Bd. 138

35.5

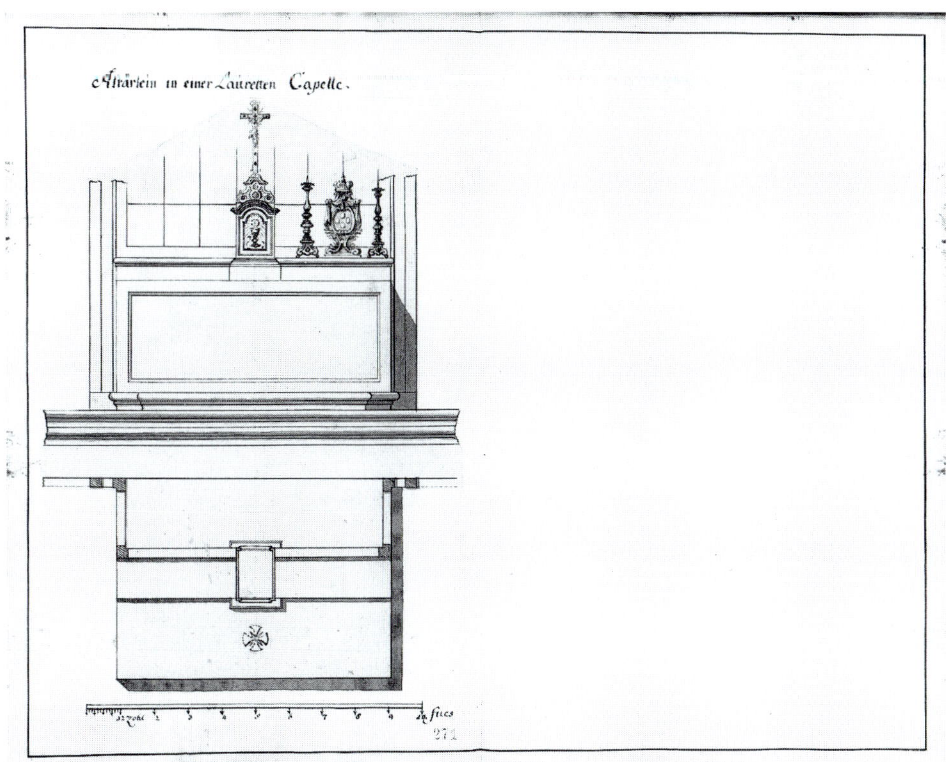

35.6

Münster-Sankt Mauritz, Haus Dyckburg

Loretokapelle, Aufriß und Grundriß des Altars

Lavierte Federzeichnung (grau), 31,7 x 40,1 cm (29,6 x 38,3 cm); Zeichnung: 24,2 x 17,7 cm
Titel: *Altärlein in einer Lauretten Capelle*
Maßstab: *10 Fuß* = 14,1 cm

Westfälisches Landesmuseum Münster, Schl.-Bd. 271

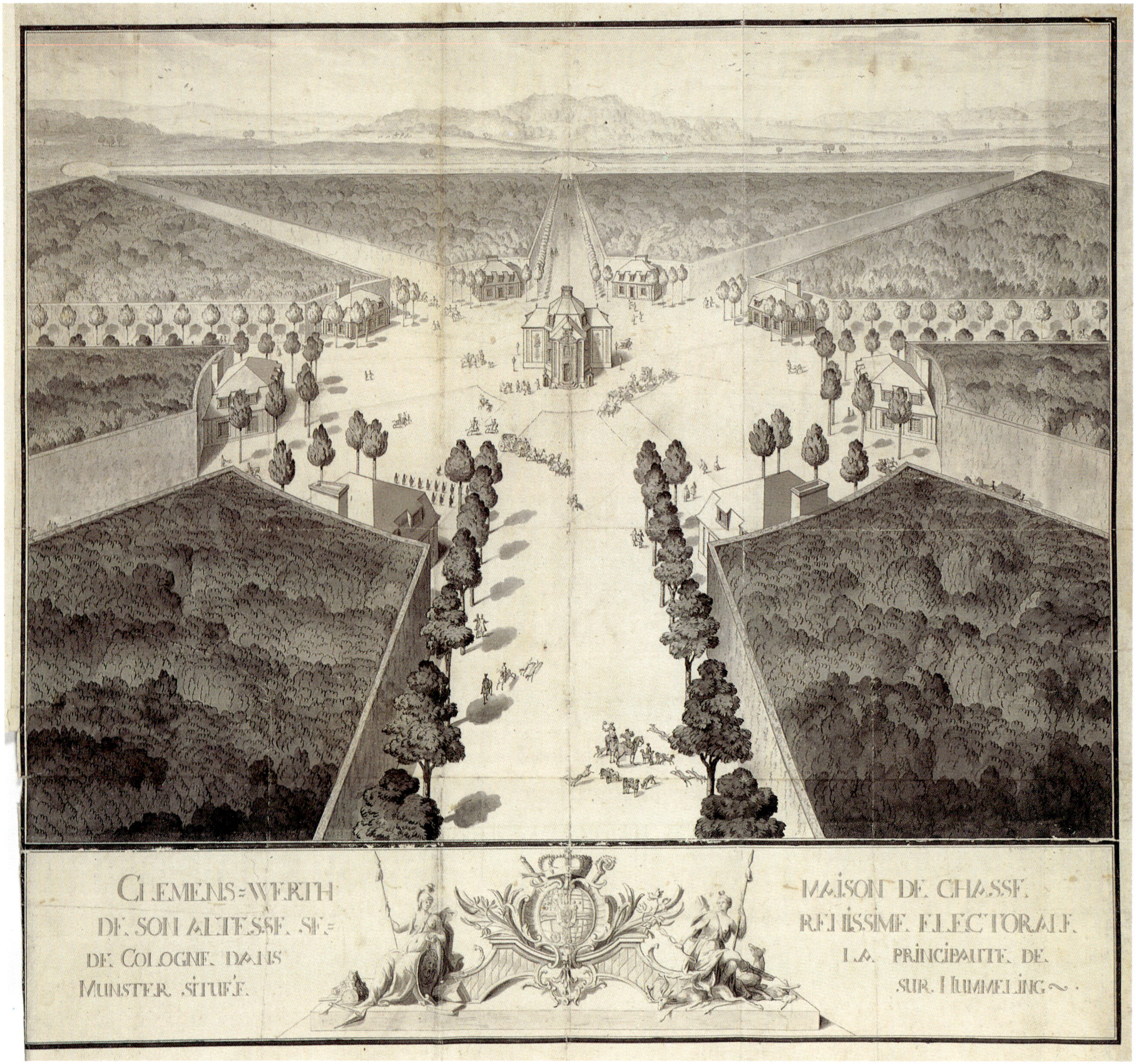
CLEMENS=WERTH MAISON DE CHASSE
DE SON ALTESSE SE=RENISSIME ELECTORALE
DE COLOGNE DANS LA PRINCIPAUTE DE
MUNSTER SITUEE SUR HUMMELING

36
Jagdschloß Clemenswerth, 1735–44
Sögel

Das Jagdschloß Clemenswerth ist eine Anlage, die zugleich dem Machtanspruch des Kurfürsten, seiner Jagdleidenschaft wie auch seiner Stellung als hoher geistlicher Würdenträger gerecht werden mußte. Inmitten der wald- und wildreichen Einöde der Emslandmoore wurde ein Teilstück der Natur künstlerisch geformt und gestaltet, in einen symbolbeladenen Kreuzrahmen gesetzt, mit achsial gelegten Schneisen ausgerichtet und im Zentrum mit einer Architektur besetzt, die zugleich Ziel- und Ausgangspunkt aller Wege und Blickachsen ist. Im Schnittpunkt von acht Alleen, die den von Wall und Graben eingefaßten Park durchschneiden, steht der Hauptpavillon auf weitem, kreisformigem, ehemals gepflasterten Platz, von acht Nebengebäuden eingefaßt. Der Kernbau des Hauptpavillons ist ein Oktogon, in den Hauptrichtungen vier fast quadratische Flügelbauten. Der westliche Flügel beherbergt das Treppenhaus; er weitet sich trapezförmig zur Hauptfassade hin. Die Gestaltung dieser Eingangsfront unterscheidet den Bau von seinem unmittelbaren Vorbild, der Pagodenburg im Park von Nymphenburg, die der Vater von Clemens August erdacht, das Hofbauamt unter Effner ausgeführt hatte.

Dem Rund des Saales im Innern entspricht ein konvexes Vorstoßen der Mittelachse, während die zurückschwingenden Seitenachsen, seit Bernini als einladende architektonische Geste verstanden, bereits zu den Seitenflügeln überleiten. Das war das modernste, was das Bayern der Wittelsbacher an architektonischer Leitform zu bieten hatte – Vorbild: die Gartenfassade von Cuvilliés' Amalienburg, ebenfalls im Schoßpark von Nymphenburg. In den acht Pavillons waren die Damen und das Gefolge des Kurfürsten untergebracht, einer diente als Küche, ein anderer als Hofkapelle, verbunden mit einem kleinen Kapuzinerkloster mit eigenem Garten und einer Gloriette in der Achse, die als Eremitage dem Rückzug des Kurfürsten aus den Zwängen des Zeremoniells diente. Dem Zitat bedeutender Form entsprach die Reduktion der eingesetzten Mittel, mit denen Schlaun die Wirkung des kleinen Ensembles ins Monumentale zu heben verstand. Die sinnvolle Relation von Aufwand und Bedeutung, aber auch die Steigerung der Bedeutung durch Weglassen des Apparats kennzeichnen die Qualität der Gesamtanlage Clemenswerth. In der nuancierten Abstimmung der Größen- und Maßverhältnisse, im Korrespondieren der Bauvolumen, in der rhythmischen Steigerung auf die Mitte zu und in der Tiefenstaffelung der einzelnen Bauteile auf den Einzelbau wie auf die Gesamtanlage bezogen liegt die Leistung des Architekten Schlaun.

BAUHERR: Bau- und Jagdherr war der Kurfürst Clemens August. Seit Xenophon galt die Jagd als eine der vornehmsten Fürstentugenden, ihre Beherrschung war Spiegel der Staatsführung. Jagd und Diplomatie, eingebunden in die Regeln des Zeremoniells, waren untrennbar miteinander verbunden; der Fürst bestimmte den Jagderfolg seiner Gäste. Der Fürst hat auch die Grundformen der Gebäude wie des Geländes festgelegt: Für den Jagdherrn war der Jagdstern verbindlich, eine Form, die allerorten in Europa gebräuchlich war. Für den hohen Reichsfürsten war es der Zentralbau mit den umliegenden Pavillons, die ihn als absolutistischen Herrscher ins Zentrum rückten; für den geistlichen Herrscher, den vierfachen Bischof sowie Hoch- und Deutschmeister (seit 1732) war das Kreuz maßgeblich, einmal präsent im Hauptpavillon, womit die vier Hauptrichtungen festgelegt waren, zum anderen in der meist als Schildform beschriebenen trapezförmigen Gesamtanlage des Schloßparks, die in ihrer Zentrierung im Nabel des Pavillons sowie dem Ausschwingen der Bassins im östlichen, oberen Teil und dem ›Standmotiv‹ der Marställe im Westen die Kreuzform aufnimmt, eine symbolische Form ausgrenzt, die sich in ihrer Bedeutung an die Weltkarten des Mittelalters anlehnt: Im Zentrum Jerusalem, die Welt umfangen von Christus. Als einer der mächtigsten Reichsfürsten des »Heiligen Römischen

LITERATUR

J. B. Diepenbrock, *Geschichte des vormaligen münsterischen Amtes Meppen oder des jetzigen hannoverschen Herzogthums Arenberg-Meppen*, Münster 1838, S. 557; Johann Georg Kohl, *Nordwestdeutsche Skizze,* Bremen 1864, S. 256f.; Hartmann 1910, S. 70–104, 109f., 127, 135, 139, 144, 228, 238, 251, 257, 275f., 291, 296, Abb. 35–61; Rensing 1936, S. 21ff.; Max Osborn, *Die Kunst des Rokoko* (Propyläen-Kunstgeschichte, Bd. XIII), Berlin 1929, S. 61; Rensing 1933, S. 75; Rensing 1941, S. 35–38; Hager 1942, S. 133; Trier 1948, S. 48–60; Gerlach 1950; Geppert 1951, S. 75, 90; Tintelnot 1951, S. 139–48; Crusius 1952, S. 35; Griese 1952, S. 139; Henseler 1952, S. 36; Braubach 1953, S. 131–32, 134; Max Braubach, *Kurfürst-Fürstbischof Clemens-August in Clemenswerth*, in: Osnabrücker Mitteilungen, 66 (1954), S. 197–219; Rensing 1954, S. 20–25, Abb. 21, 23, 29, 38; Fried Lübbecke, *Das Palais Thurn und Taxis zu Frankfurt am Main*, Frankfurt 1955, S. 266; Peters 1955, S. 242; Kalnein 1956, S. 137; Gerlach 1958, S. 3–14; P. C. Ofm. Cap., *Clemenswerth. – Seine Entstehung und seine Geschichte,* Aschendorf 1958, S. 8–14; Kisky 1961, S. 317, 320f., 327; Kat. *Clemens August* 1961, S. 26f., 83, 87–89, 102, 115, 189, 248–52, 261–63, 361, 375, Abb. 15, Tafel 111-16, 134a; Arthur Schlegel, *Die Baugeschichte des Mainzer Deutschordenshauses*, in: Mainzer Zeitschrift, 56/57 (1961/62), S. 1–54; Braubach 1963, S. 9–18; Hennebo/Hoffmann 1965, Bd. II, S. 241–46; Kisky 1965, S. 115; B. Holtmann, *Das Dekanat Hümmling*, Osnabrück

36.24 Jagdschloß Clemenswerth, Ausführung, Vogelperspektive der Gesamtanlage

1966, S. 49–54; Jörg Gamer, *Die Entwürfe von François Cuvilliés d.Ä. für den Kurfürsten Clemens August von Köln und den Kardinal Fürstbischof Johann Theodor von Lüttich*, in: Aachener Kunstblätter, 32 (1966), S. 126–62; Müller 1967, S. 315f.; Borchers 1969, S. 9–17; Hobbeling 1969, S. 29–38; Nolte/Schmeling 1969, S. 39–46; Pappenheim 1969, S. 18–29; Plagemann 1969, S. 9, 19–30; Hansmann 1970, 254f., 259, 261, Abb. 8; Tiedeken/Zürlik 1971, S. 66–81; Borchers 1973, S. 80–103; Bußmann 1973, S. 104–23; Ilisch 1973, S. 304; Norberg-Schulz 1975, S. 15; *Jagdschloß Clemenswerth* 1975; Reuther 1975, S. 148–51; Horstmann 1976, S. 271–76; F. Gösmann, *Clemenswerth – die letzte Station Johann Evangelist Holzers,* in: Der Schiern. Zeitschrift für Südtiroler Landeskunde, 51 (1977), Heft 9, S. 476–78; Hansmann 1978, S. 158–65; Edgar F. Warnecke, *Das große Buch der Burgen und Schlösser im Land von Hase und Ems*, Osnabrück 1980, S. 180; Seifert 1983, S. 388; E. Mick, *Johann Evangelist Holzer. Ein frühvollendetes Malergenie des 18. Jahrhunderts,* München/ Zürich 1984, S. 14–17; Günter Sandgathe, *Jagd und Politik am Hoflager des Kurfürsten Clemens August im Herzogtum Westfalen (1724–1761),* in: Westfälische Zeitschrift, 136 (1986), S. 336f.; H. Lemmermann, *Sögel im Spiegel seiner Häuser*, Sögel 1983, S. 60f., 134, 196; *Clemenswerth – Schloß im Emsland,* Hg. R. A. Krewerth, E. Wagner, H.-R. Jarck, H. Lemmermann, R. Poppe, D. Hennebo, Sögel 1987; Kat. *Clemens August* 1987: Grote/ Königfeld 1987, S. 109–18; Wagner 1987, S. 119–48; Jarck 1987, S. 149–60; Jahrbuch des Emsländischen Heimatbundes, 33 (1987): Aufsätze von Harms, S. 32–38; Pardey, S. 39–51; Krewerth, S. 52–71; Wagner, S. 72–95; Jarck, S. 96–123; Wagner, S. 124–67; Lemmermann, S. 168–89; Poppe, S. 190–205; Hennebo, 206–22; Bons, S. 227–37; Püttmann-Engel 1987, S. 68, 168–72; Verspohl 1988, S. 65–69; Karlheinz Haucke, *August Reinking. Leben und Werk des westfälischen Architekten und Offiziers*, Münster 1991, S. 44–49; Eckard Wagner, *»De Aqua Clementiswerdiana«. Fast unglaubliche Geschichten rund ums Wasser im Clemenswerther Park,* in: Jahrbuch des Emsländischen Heimatbundes, 40 (1994), S. 323–42; Schulze 1995; Gerd Dethlefs, *Fünf Dekorationsentwürfe für den Plettenberger Hof in Bonn von Stephan Laurent Delarocque*, in Kat. *Schlaun in Münster* 1995; Schopf 1988, S. 83f.

Reichs Deutscher Nation« beanspruchte Clemens August diese Form, um seine geistliche Machtfülle und den Anspruch des Deutschen Ritterordens zu verdeutlichen, wenn schon nicht Jerusalem zu befreien, so doch zumindest die Erbfeinde christlichen Glaubens, die Türken, zu bekämpfen. Clemenswerth sollte als Beratungsort des Deutschen Ritterordens fungieren, wie aus den Geheimprotokollen der Jahre 1737 und 1739 hervorgeht. Die Kapuzinerresidenz hatte er als Missionsstation gegenüber den protestantischen Niederlanden eingerichtet.

BAUGESCHICHTE: Planung seit Ende des Jahres 1735, Baubeginn 1737, bis 1744 Fertigstellung des Haupt- und der Nebenpavillons, 1742 der Park- und Bassinanlagen; 1747 endgültige Bauübergabe; Arbeiten in der Kapelle bis 1752; Innendekorationen des Hauptbaues und der Kapelle durch Castelli und Morsegno aus Brühl; Altar und Kanzel nach Plänen von Franz Joseph Roth. Seit 1803 im Besitz der Herzöge von Arenberg, die es 1968 an den Kreis Aschendorf-Hümmling verkauften; seitdem umfangreiche Restaurierungsarbeiten und Einrichtung eines Museums.

Die Baugeschichte läßt sich in drei Planstufen gliedern. Die Pläne müssen in kurzer Folge im Laufe des Jahres 1736 vorgelegen haben.

1. PLANSTUFE: Konkurrenzentwürfe des bayerischen Hofbaumeisters François de Cuvilliés, des kurkölnischen Bauleiters in Brühl Michel Leveilly und von Schlaun. Diesen Entwürfen ist gemeinsam, daß sie den Hauptpavillon als Bautypus der Maison de plaisance ausbilden, allerdings in einer eher akademischen Form – Vorbild: mit Einschränkung Schloß Falkenlust bei Brühl. Einzig Cuvilliés bezieht seinen Plan, die Achsen und Enfiladen, auf den Kontext des zu gestaltenden Geländes. Diese Pläne werden in Bausch und Bogen verworfen, da der Kurfürst offenbar auf der Grundlage der Pläne Cuvilliés' beschließt, die zunächst noch offene Gesamtanlage in Form zu bringen, zu schließen und das Schloß in Kreuzform zu errichten.

2. PLANSTUFE: Schlaun erhält den Bauauftrag. Der Kurfürst läßt Pläne zeichnen, die sich in Form und Maß eng an die Pagodenburg Max Emanuels anlehnen – ein Zitat. Zwei Grundrisse, die das Placet des Kurfürsten tragen, wurden von der Forschung bislang nicht zur Kenntnis genommen.

3. PLANSTUFE: Den Ausführungsentwürfen des Hauptpavillons liegt die Gartenfassade der Amalienburg zugrunde, die Cuvilliés gerade fertiggestellt hatte, das modernste Jagdschloß der Wittelsbacher, wie Clemenswerth Zentrum eines, wenn auch kleineren Achtstrahls. Schlaun verändert den Grundriß des Hauptpavillons, indem er der Treppe mehr Raum gibt und den konkav-konvex geschwungenen Fassadengrundriß der Gartenseite der Amalienburg übernimmt.

PLÄNE: Bei den Plänen zu Clemenswerth gibt es Probleme der Zuschreibung. Es wird wie folgt unterschieden: Einige Pläne der frühen Planung sind von François de Cuvilliés. Die Zuschreibung ist eindeutig. Andere Pläne sind eigenhändig von Michel Leveilly gezeichnet. Man hat bisher angenommen, daß er es war, der die Ausstattung des Treppenhauses, des chinesischen Kabinetts wie der Kapelle festlegte und damit den Maßstab für die übrige Dekoration setzte. Neuere Vergleiche der Schriften haben jedoch ergeben, daß es sich bei dem Zeichner um den kurkölnischen »Kabinettsmaler« Stephan Laurent Delarocque handeln muß, der für Plettenberg in Bonn tätig war. Leveilly ist persönlich nicht in Clemenswerth gewesen, jedoch belegt ein Briefwechsel mit Schlaun die Zusammenarbeit. Die übrigen Pläne hat offenbar ein Dessinateur aus Leveillys Werkstatt gezeichnet, der dessen Stil zwar perfekt nachzuahmen verstand, dennoch aber nicht mit ihm zu verwechseln ist. Da kein konkreter Autor benannt werden kann, sind diese Pläne mit Leveilly-Werkstatt bezeichnet.

Die meisten Pläne sind jedoch von Schlaun, wobei es kaum gelingt, Werkstattzeichnungen zu separieren, es sei denn, es liegen Kopien vor. Diese sind dann mit Schlaun-Werkstatt bezeichnet. Auch ein Schriftvergleich hilft wenig, da Schlaun eine Reihe von Zeichnungen ›der Ordnung halber‹ nachträglich beschriftet hat, die von Mitarbeitern gezeichnet wurden. Aufschlußreich sind meistens die unterschiedlichen Maßstäbe, französisch oder deutsch, um die Werkstätten zu unterscheiden. Obwohl zumindest im Hauptpavillon Dekorationsentwürfe Schlauns oder seiner Werkstatt nicht zur Anwendung kamen, sondern er gehalten war, mit den Brühler Ausstattungskünstlern zusammenzuarbeiten, behielt in Clemenswerth die Architektur absoluten Vorrang vor der Dekoration. Delarocque, Leveilly und sein Dessinateur hatten das Schlaunsche Ausstattungskonzept nur in eine moderne Sprache zu übertragen.

Alle mit P (recto, verso) bezeichneten Pläne gehören zu einem Klebeband mit über hundert Zeichnungen zu Clemenswerth, der sich in Privatbesitz befindet. Die Zahlenangaben P wurden 1973 vergeben und bezeichnen die Seiten dieses Bandes.

Da sich die Literatur seitdem auf diese Numerierung bezogen hat, wird sie beibehalten und um die fehlenden Nummern ergänzt. Die Zeichnungen sind numeriert (Num.), teils auf dem Blatt selbst, teils auf ihrem Trägerblatt. Maße sind Blattmaße, in Klammern Rahmenmaß, soweit vorhanden.

Planung und Bauten

Die Absicht, im Niederstift Münster auf dem Hümmling ein Jagdschloß zu errichten, wird konkret greifbar in dem Organisationsplan des münsterschen Hofkammerpräsidenten Johann Rudolf von Twickel vom 31. Dezember 1735 mit dem Titel: »Ohnvorgreiffliche Anmerckungen, welcher Gestalten der Jagtschloßbaw auff dem Humbling pro Interesse Serenessimi Electoris nostri zu veranstalten und zu führen wehrde« (Abdruck im Wortlaut im Anschluß an das Kapitel). Es geht um die Beschaffung der Baumaterialien, die Organisation des Rechnungswesens, die Finanzierung des Projekts und die Baukommission. Clemens August unterzeichnet und kommentiert das 19 Punkte umfassende Leitpapier bereits am 9. Januar 1736.

Twickel schlägt vor, dem »herrn Artillerie obristen Schlaun« in Abhängigkeit von der Münsteraner Hofkammer die Direktion des Bauwesens zu übergeben, der Kurfürst gibt sein placet, kündigt jedoch die Ernennung einer Baukommission an. Unter Punkt 17 ist von einem Riß die Rede, aus dem hervorgeht, daß der Kurfürst die Anlage eines Mezzanins unter dem Dach angeordnet hat. Ob dieser Riß bereits von Schlaun gezeichnet war, ob es sich überhaupt um einen der überlieferten Pläne handelt oder um eine Skizzierung des ungefähren Vorhabens, wird man nicht mehr feststellen können.

Ein kurfürstliches Rescriptum von Clemens August vom 27. März 1736, abgefaßt vom Geheimsekretär Steffné in der Bonner Residenz, ernennt die Baukommission: »da wir gnädigst entschlossen, zu Unseren bequemlichen Wohnung ein jacht Schloß auff dem sogenannten Hümmeling erbawen zu laßen, und darüber bereits einen Abriß durch Unseren Obristen Schlaun verfertigen lassen; also committiren wir Unseren münsterschen Geheimen Rath und Cammer Praesidenten Freiherr von Twickel, so dann Unseren Obristen Schlaun und Cammerathen Honecamp gnädgst hiermit.« In die Bauleitung vor Ort wurden der Münsteraner Hofkammerrat Dietrich Friedrich Vagedes als Schloßbaudeputierter, der Bauführer Anton Joseph Thelen, ein Neffe Schlauns, und der Sögeler Kaufmann Jürgen Behnes als Bauzahlmeister berufen.

Offenbar hat man dann das gesamte Jahr 1736 damit verbracht, das Gelände vorzubereiten und die große Menge, »zehenmal hundert Tausend«, notwendiger Ziegel zu beschaffen. Pläne wurden vorgelegt und verworfen. Die Grundsteinlegung am Hauptpavillon erfolgte erst im Frühjahr 1737 in Abwesenheit des Bauherrn, zugleich begann man mit der Errichtung zweier Nebenpavillons. Im Herbst 1737 stehen die Gebäude im Rohbau; im August 1737 reist der Kurfürst zur Jagd auf den Hümmling, um am 30. Oktober den Grundstein zur Kapelle zu legen, womit der offizielle Baubeginn markiert ist. Er schreibt an seinen Bruder Karl Albrecht in München, den späteren Kaiser Karl VII.: »Anbelanget daß neue hiesige Lusthaus, wird selbes schir in meinen und viellen anderen Augen ybrige alle übertreffen, mit welchen in meinen Landen versehen bin. Den ersten September, mit Gotttes Hülff, soll selbiges ihren Tauff Namen bekommen, und zwar Clemenswerth.« Er hoffe, so schreibt er weiter, daß die Anlage spätestens in zwei Jahren fertig sei.

Im Frühjahr 1738 beginnt man mit der Innendekoration des Hauptpavillons, der zur Jagd im Herbst 1739 bereits bezugsfertig ist. Auch die Ausstattung der Kapelle fällt in das Jahr 1739. Doch die Bauarbeiten schleppen sich hin, das Geld wird knapp. Der Kurfürst befiehlt, erst einmal die Gehälter auszubezahlen und alle Arbeiten bis auf den Kapellenbau einzuschränken. Ein Rechnungsbuch vom Bauzahlmeister Jürgen Behnes belegt die Einnahmen und Ausgaben des Jahres 1739: danach beliefen sich die Einnahmen auf insgesamt 26.890 Reichstaler, die Ausgaben und Abschläge ergaben eine Summe von 24.379 Reichstalern. 1740 ist der Baumeister Franz Joseph Roth, Hofarchitekt in Mergentheim, in Clemenswerth wegen des Altars und der Kanzel, der Augsburger Freskant Engelbert Evangelist Holzer, der das Deckengemälde ausführen soll, stirbt unerwartet am 21. Juli 1740. Am 24. Juli 1740 schreibt Schlaun seinem Fürsten: »Der Churfürstl. Pavillion ist würcklich von denen Stockadorer völlig geweisszet auszgenommen die zwey unteren Cabinetter, und ist die Entree eine von denen magnifiquesten piecen; mit denen darin gehörenden vier jachtstücken avencieret ebenfals der hiesige mahler und verspricht selben am end septembris fertig zu seyn, alleine es manquiret ihm ein gutes wohlgetroffenes Portrait von Ew. Churfürstl. Durchl. um dero höchste darin repraesentierte Person deszo besser zu exprimieren.«

QUELLEN

Niedersächsisches Staatsarchiv Osnabrück: Rep. 100 Abschn. 180, Nr. 7; Dep. 22b, A XXI, Nr. 2; Dep. 62b, A XXI, 5, 1 (Herzoglich-Arenbergsches Archiv) Nr. 595 (Rechnungen Bildhauer, Schiffsfuhren, Sandsteinfuhren, Tagelohnlisten etc.); 596, 608, 610, 625, 2274, 3496, 3540 (Ausstattung); Nr. 607 (Organisationsplan, Rescriptum des Kurfürsten, Brief des Kurfürsten); Nr. 600 (Rechnungsbuch); Rep. 140, Münsterische Zentralbehörde betr. Amt Meppen, 164; Osnabrück, Bistumsarchiv (Fundationsurkunde Kapuziner); Bayerisches Hauptstaatsarchiv München, Kasten schwarz 1137; Wien, Deutschordensarchiv, Urkundenraum (geheime Konferenz-Protokolle Clemenswerth); Westfälisches Staatsarchiv Münster, Dep. Landsberg-Velen 8448, 9018 (Kanal von Clemenswerth); Nachlaß Nünning im Archiv Haus Ruhr, Bösensell – vgl. Helmut Müller, *Dülmener Stühle für Clemenswerth*, in: Westfalen 45, 1967, S. 315f. Weitere Klarheit über die Baugeschichte könnte die Aufarbeitung des umfangreichsten Aktenbestandes aus Arenberger Besitz (350 laufende Meter auf Besitzungen in Deutschland bezogene Akten) im Kloster Edingen (Enghien) bringen, die bereits für 1981 geplant, jedoch zu keinem Abschluß gekommen ist: vgl. Peter Brommer, *Inventarisation des Archivs der Herzöge von Arenberg im Kloster Edingen*, in: Der Archivar, 34, (1981), Heft 1, S. 151ff.; vgl. dazu auch: Ursula Rötrige, *Die Jagdstern-Anlage des Schlosses Clemenswerth auf dem Hümmling* (Masch.-Ex.), Osnabrück 1990: kommentierte Quellensammlung zum Parkpflegewerk 1993.

DENKMALPFLEGE

Roswitha Poppe, *Die Instandsetzung von Schloß Clemenswerth bei Sögel, Kreis Aschendorf-Hümmling*, in: Niedersächsische Denkmalpflege, 4 (1958/59), S. 58–73, Abb. 27–31; Roswitha Poppe, *Ein Schloß wird erhalten. 150 Jahre Denkmalpflege der Herzöge von Arenberg für Clemenswerth*, S. 190–205, und Theo Kröger, *Clemenswerth im 2. Weltkrieg – die Kanadier in Sögel*, S. 249-63, beide in: Jahrbuch des Emsländischen Heimatbundes, 33 (1987): Sonderteil zum Jagdschloß Clemenswerth; Gustav und Rose Wörner, *Parkpflegewerk Clemenswerth*, Wuppertal 1993.

In der zweiten Ausbauphase werden die übrigen Pavillons fertiggestellt. Eckard Wagner schildert die ungeheure Organisationsarbeit Schlauns und seiner militärisch geschulten Bauführung, die verschiedenen Baumaterialien in die entlegene Gegend zu schaffen, ebenso generalstabsmäßig vorbereitet wie die Jagdreisen des Kurfürsten. Für die Jahre 1739 und 1740 haben sich insgesamt 9 Reisekostenabrechnungen für Reisen Schlauns nach Clemenswerth erhalten, aus denen deutlich wird, daß er den Bau weitgehend selbst leitet: vom 25. April bis 6. Mai 1739, vom 11. Juni bis 28. Juni 1739, vom 14. Juli bis 27. Juli 1739, vom 6. August bis 21. Oktober 1739, vom 18. April bis 7. Mai 1740, vom 28. Juni bis 27. Juli 1740, vom 11. August bis 26. August 1740, vom 29. September bis 14. Oktober 1740 und vom 9. November bis 16. November 1740.

Erhalten sind weiterhin 18 unterschiedlich umfangreiche Tagelohnlisten-Konvolute aus den Jahren 1739 bis 1743 über die einfachen Dienste und Leistungen am Schloßbau von Clemenswerth »Specification deren arbeitsleuthen, so vom ... bis ... selbigen Jahres am Churfürstlichen jagtschloß Clemenswerth in arbeit gestanden«. Daraus geht hervor, daß viele Handlangerdienste und sonstige Arbeitsleistungen täglich erfaßt und wochenweise abgerechnet wurden. Die detailliert von Bauinspektor Thelen geführten Listen lagen dem Bauzahlmeister Behnes und Schlaun zur Prüfung vor. Behnes zahlte im Jahr 1739 803 Reichstaler, 1740 567 Reichstaler, 1741 172 Reichstaler, 1742 219 Reichstaler, 1743 438 Reichstaler an namentlich genannte Arbeiter aus. Der Schloßbau von Clemenswerth wurde also nicht, wie vermutet, nur mit unbezahlten Hand- und Spanndiensten dienstpflichtiger Bauern errichtet, sondern zum größten Teil durch bezahlte Dienstleistungen. Zwar gab es ständig Querelen wegen der Spanndienste der Bauern, doch darf man nicht vergessen, daß der Schloßbau auch zahlreiche Einkünfte neuer Art brachte. Die gesamten Baukosten für Clemenswerth hat man mit insgesamt knapp 195.000 Reichstaler veranschlagt; zum Vergleich: die Residenz zu Münster kostete 500.000 Reichstaler.

1744 waren die letzten Nebenpavillons fertig; am 30. August meldet Schlaun dem Kurfürsten den Abschluß der Bauarbeiten, offizielle Übergabe findet jedoch erst 1747 statt. Verschiedene Arbeiten ziehen sich bis in die fünfziger Jahre hin, als die Besuche des Kurfürsten bereits spärlicher werden.

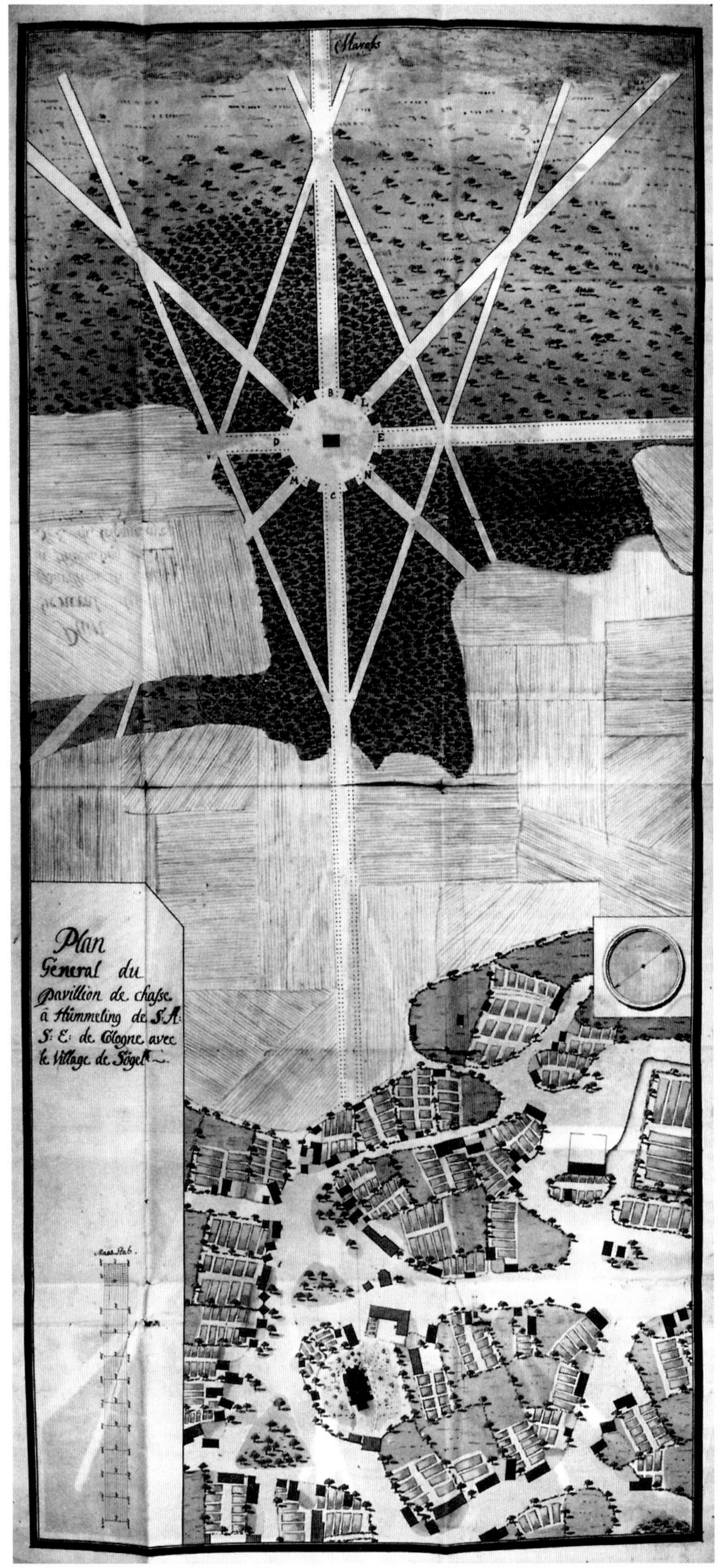

36.2 Jagdschloß Clemenswerth, Plan der Gesamtanlage und des Dorfes Sögel

I. Planstufe

In nahezu sämtlichen Publikationen zu Clemenswerth wird Schlaun die Autorschaft der Schloßanlage mehr oder weniger unbesehen zugesprochen, werden Vergleichsbeispiele herangezogen, die als Vorbilder herausgestellt werden; ihre Zahl variiert und führt letztlich in die große Beliebigkeit. Einige Argumente sollen den Anteil Schlauns von dem seines Bauherrn trennen, damit die eigentliche Leistung des Baumeisters klarer wird.

1. Nach vergleichbaren, vorbildhaften Jagdsternen Europas zu suchen, macht keinen Sinn, denn in welcher Form sonst sollte die Anlage angelegt werden? Jagdsterne, meist in Form eines Achtstrahls, waren im Europa des 18. Jahrhunderts Standard.

2. Ebenso Standard war die Zuordnung von Pavillons zu einem zentralen Hauptbau, dem Lust- oder Jagdschloß des Fürsten. Da man die Pavillons schlechterdings in die Achsen stellen konnte, ergab sich ihre Plazierung gleichsam von selbst.

3. Die Erschließung der Anlage durch eine Hauptachse war unumgänglich, Ausgangspunkt der Chor der Pfarrkirche.

4. Das Waldgebiet, in dem die Anlage errichtet werden sollte, war festgelegt. Clemens August kannte das Gebiet von mehreren Jagden seit 1720 genau. Damit sind vier wichtige Voraussetzungen des Kurfürsten als Bauherrn benannt, die die Form der Anlage bereits weitgehend festgelegt haben.

5. Weiterhin hatte der Kurfürst zunächst bestimmt, das Jagdschloß als Lusthaus zu errichten, als Maison de plaisance. Auch dafür gab es Standards, die in und vor allem um Paris zu besichtigen und in Jean Mariettes ›Architecture française‹ (1727) und später in Jacques-François Blondels ›Distribution des maisons de plaisance‹ (1737/38) in großzügigen Stichwerken publiziert und jedermann zugänglich waren. Bereits ab 1729 hatte Clemens August mit Falkenlust durch François de Cuvilliés bei Brühl eine Maison de plaisance nach französischem Muster errichten lassen, und Falkenlust war noch in Bau, als Schlaun durch den Oberjägermeister des Kurfürsten, von Weich, den Auftrag zum Bau von Schloß Rösberg erhielt. Katharina Krause hat gezeigt, daß die Übereinstimmung der Gesamtdisposition und der allgemeinen Züge von Grundriß und Geschoßgliederung kein Zufall ist, sondern der Bauherr die Imitation des neuesten und modernsten kurkölnischen Baus bestimmt hat.

Der erste Generalplan (Kat.-Nr. 36.2) ist das Ergebnis der Vermessungen vor Ort, in den Schlaun die vom Kurfürsten bestimmte Konfiguration der Anlage eingetragen hat. Dieser Planstufe liegt das Idealkonzept eines Jagdsterns im Radialsystem langer, unbestimmt auslaufender, sich ins Endlose fortsetzender Waldschneisen zugrunde. Die Gebäudegruppe liegt folgerichtig im Schnittpunkt eines grenzenlosen, offenen Wegesystems, das sich im zentralen Bauwerk verdichtet. Franz Verspohl hat betont, daß diese Konzeption noch durchaus dem barocken Denken entspricht, da sie das herrschaftliche Schloß als die sichtbar herausgestellte Mitte eines axialen Symmetriesystems versteht, in der sich der Kurfürst seines vorrangigen Anteils am kosmologischen Ordnungsprinzip vergewissert. Seine absolute Souveränität verlangt nach sinnlich erfahrbarer Übertragung in der Architektur, die durch keine Abweichung oder Regelwidrigkeit gestört werden darf, geschweige denn ein inhomogenes Verhältnis zwischen Repräsentations- und Funktionswerten zuläßt. Schlaun hat das Jagdschloß im Zentrum als einfaches Rechteck eingetragen. Im Kreis (oder Sechzehneck), in den Zwickeln der Alleen stehen die uniformen Nebengebäude.

Dieser Plan diente offenbar Michel Leveilly als Grundlage seiner Pläne für ein Jagdschloß als Maison de plaisance (Kat.-Nr. 36.4–8). Dieser Plan ist als Kopie eines im Sinne von Falkenlust verkleinerten Issy zu begreifen. Schloß Issy, von Pierre Bullet um 1686 entworfen, war der Prototyp eines Landsitzes des Pariser Adels: kompakt, querrechteckig, ohne Platz für die lange Enfilade, bescheidene Paraderäume – niedriges Vestibül und Salon im Erdgeschoß, Vorzimmer und Salon im Obergeschoß. Es blieb gerade Platz für die unerläßlichen Nebenräume, wie Garderoben, Dienstbotenzimmer und Toiletten. Erd- und Obergeschoß waren nahezu identisch, Keller und Mansarddach für Diensträume genutzt. Die Ähnlichkeit von Leveillys Grundrissen ist frappierend. Abweichungen bestehen lediglich in der Reduzierung der Achsen, im Wegfall des Kellergeschosses und des Portikus wie der strengen Horizontalgliederung.

Offenbar hat Schlaun zu dem ihm vorgelegten Entwurf Leveillys eine Variante entwickelt (Kat.-Nr. 36.3). Aufgrund der formalen Ähnlichkeit der Entwürfe von Schlaun und Leveilly, wie etwa der Verteilung der Achsen, der Rustika, der gliedernden Tafelmotive, der Fenster- und Dachform, kann man ausschließen, daß die Pläne parallel entwickelt wurden. Schlaun hat den Leveilly-Entwurf verbessert.

Der grundsätzliche Unterschied betrifft die Behandlung der Wand: während Leveilly durch die akademische Behandlung der Rustika am Mittelrisalit den Eindruck von sich durchdringenden Raumkörpern erzeugt, als wäre der Risalit mit Vestibül und Salon durch den Bau hindurchgeschoben, deutet Schlaun die Rustika auch in der tiefer liegenden Wandschicht an, das imaginäre Kontinuum einer jeden Wandschicht bezeugend, als laufe die Wandschicht der Seitenachsen hinter dem Mittelrisalit durch; dasselbe wiederholt er bei der Portalachse. Da die Wandfläche als Folie der Fenster hinter der Rustikaebene liegt, Tafeln lisenenartig aufgesetzt sind, Felder unter den Fenstern noch einmal vertieft, ergibt sich eine ungemein lebendige Wandschichtung, ein Licht- und Schattenspiel auf der Fassade, demgegenüber der Entwurf Leveillys akademisch trocken wirkt. Die Mitte selbst wird durch Überleitungsformen zwischen Tür und Balkonfenster zu einem Zentralmotiv zusammengefügt, wie es seit Nordkirchen zu Schlauns Stammrepertoire gehörte. Den Dreiecksgiebel Leveillys ersetzt er durch eine zur Mitte hin einschwingende Giebelform, die die Schichtung der Achsen noch einmal betont. Das Motiv ist an dieser beherrschenden Stelle bewußt gegen die akademische Tradition des Franzosen gesetzt. Eigentlich ein sakrales Motiv, Überleitungsform einer Basilikafassade, enstammt es hier dem Vokabular der kaiserlichen Architektur in Wien, etwa den Hofburgplänen Hildebrandts, die von Salomon Kleiner verbreitet wurden.

Der einschwingende Giebel als Sockel von Trophäen, bei der Hofburg sind es Waffen, bei Schlaun das beherrschende Jagdmotiv, findet sich bereits bei Fischer von Erlachs berühmtem ersten Entwurf für das Jagdschloß Schönbrunn, publiziert 1721 in der Historischen Architektur, wo eine Quadriga das gerahmte einschwingende Giebelfeld bekrönt. Vergleicht man noch die exakte Setzung der wuchtigen Kamine mit den schmächtigen, aus der Achse gerückten Schornsteinen Leveillys, wird klar, warum Schlaun mit diesem Entwurf Leveilly leicht hatte übertreffen können.

Doch hatte man den Gesamtplan auch nach München geschickt, und mit den Plänen Cuvilliés, die sich auf die topographischen Angaben und die Buchstabenkennungen von Schlauns Generalplan beziehen, entstand ihm eine weitaus gewichtigere Konkurrenz (Kat.-Nr. 36.9–10). Zudem hatte Schlaun aufgrund der Münchener Einwände bereits einmal beim Brühler Schloßbau dem Hofarchitekten Karl Albrechts weichen müssen. Klaus Bußmann hat angedeutet, daß Schlaun möglicherweise zunächst gar nicht als leitender Architekt von Clemenswerth vorgesehen war. Ein Brief des Kurfürsten aus München, in dem er Pläne übersendet und von einem weiteren Plan spricht, der ihm zu weitläufig erschien, deutet auf die verbreitete, eigentlich übliche Vorgehensweise, verschiedene Architekten Pläne zeichnen zu lassen, um daraus das Ausführungsprojekt zu entwickeln – prominenteste Beispiele Brühl oder Würzburg.

Cuvilliés jedenfalls war es, der über Enfiladen und Sichtachsen seinen Pavillon mit den Alleen der Gesamtanlage verband. Den Bezug zu den Diagonalachsen erreicht er durch Abschrägen der Gebäudeecken, in die je eine Fensterachse gesetzt wurde. An der Rückseite des Hauses sind jeweils die drei äußeren Achsen dreiseitig gebrochen vorgezogen, so daß, in Verbindung mit der Brechung des Daches, eine eher an ein verkleinertes römisches Stadttor erinnernde Fassade entsteht, die in einer Planvariante auch für die Eingangsfront vorgesehen war. Cuvilliés verbessert sich jedoch selbst, indem er (auf dem Deckblatt) den Saal vergrößert und das Vestibül nach vorn verlegt, so daß die Eingangsfassade in den mittleren fünf Achsen eine Front bildet. Die Raffinesse der Grundrißbildung, die Logik der Durchführung komplizierter Enfilade- und Achsensysteme bis unter die Arkaden der Stiege, die flachen Pilaster zwischen den Fensterachsen, im Obergeschoß der Eingangsfront mit Tafeln ausgezeichnet, die elegante Formulierung des mehrfach gestuften Mittelrisalits, das Ausschwingen der Balkonplatte, die Form der Balkonkonsolen und die Überleitung vom Balkonfenster zur plastischen Bekrönung, die Profile, Fensterformen und die Brechung des Mansarddachs der dreiseitig vorgezogenen Schlafzimmer der Rückseite gebieten im Vergleich mit den Nachzeichnungen Lespilliez' nach Cuvilliés' Plänen für Falkenlust I und II (vgl. Gamer 1966, S. 126–40) oder mit Schloß Wilhelmstal für den späteren Landgrafen Wilhelm VIII. die Zuschreibung an Cuvilliés. Wie bei den Entwürfen für Falkenlust I und Wilhelmstal sind Vestibül und Salon von rechteckigem Grundriß; lediglich durch Pfeiler voneinander getrennt, lassen sie sich als einheitlichen Raum nutzen. Eindeutig wird die Sache, wenn man die Variante der Klappe mit dem zweiten Projekt für Falkenlust vergleicht. Die Ausbuchtung des Salons mit den Statuennischen in den abgerundeten Ecken ist eine Übernahme Cuvilliés' eigener Pläne. In der Ausführung von Falkenlust wandern die Statuennischen ins Vestibül.

Vergleicht man noch Cuvilliés' Pläne für Clemenswerth mit den im Stichwerk seines Sohnes publizierten Entwürfen für ein Lustschloß in Seraing – um 1750 für den Bruder von Clemens August, den Kardinal Fürstbischof Johann Theodor von Lüttich –, das die vier dreiseitigen Risalite wieder aufnimmt, im Innern jetzt als Ovalräume gestaltet, und in der Distribution trotz der Verbreiterung um zwei Achsen zahlreiche Übereinstimmungen zeigt, wird klar, daß Cuvilliés hier die unausgeführten Pläne für Clemenswerth wieder aus der Schublade geholt und überarbeitet hat. Ein kleines Detail mag im übrigen diesen Verdacht noch unterstützen: 1733/34 entstanden die Pläne für die Amalienburg, 1734 wurde der Bau hochgezogen, die Dekoration dauerte im Innern bis 1739. An der Gartenseite lagert eine Diana mit Jagdtrophäen auf dem Segmentbogen der Fensterbekrönung, ein Bein lässig darüber baumelnd. Dieses Motiv erscheint beinahe wörtlich an der Rückseite des Entwurfs für Clemenswerth, auch hier in einen, wenn auch anders gestalteten Rundbogen eingeschrieben.

Offenbar hat der Cuvilliéssche Plan mit seiner ausführlich beschriebenen Systematik im Bezug auf die Gesamtanlage den Kurfürsten dazu bewogen, ein im Grunde naheliegenderes Modell für Clemenswerth zu fordern. Der Kurfürst schreibt mit Datum vom 16. Januar 1737 an die Hofkammer: »daß der neue Entwurf, den wir hier [in Münster] haben machen lassen, weil der erste zu weitläufig und dessen Befolgung zu beschwerlich angesehen wird, bald geprüft werde.« Ob mit »zu weitläufig« der Cuvilliés'-Entwurf gemeint ist oder noch ein weiterer Plan von Schlaun vorlag, läßt sich heute nicht mehr feststellen. Mit Datum vom 30. März 1737 heißt es jedenfalls: »Wir haben den von unserem Artillerie-Obrist und Oberbau-Ingenieur gefertigten neuen Abriss und Anschlag, in dem Schlaun zu unserer Gemächlichkeit nach das Tachwerk zur Mansard umgestaltet, genehmigt.«

36.1 Jagdschloß Clemenswerth, Lageplan

36.3 Jagdschloß Clemenswerth, Mittelpavillon, Fassadenaufrisse

36.1
Jagdschloß Clemenswerth bei Sögel
Lageplan von Sögel und dem benachbarten Waldgebiet
(Abb. S. 261)

Lavierte Federzeichnung (rot, grün), 86,0 x 30,1 cm
Num.: *26to*

Privatbesitz, Klebeband Clemenswerth, P 2r

Erste Aufnahme des Dorfes Sögel und des nahegelegenen Waldgebiets mit Einzeichnung einer Hauptachse von der Pfarrkirche (geplante Sichtverbindung zum Schloß).

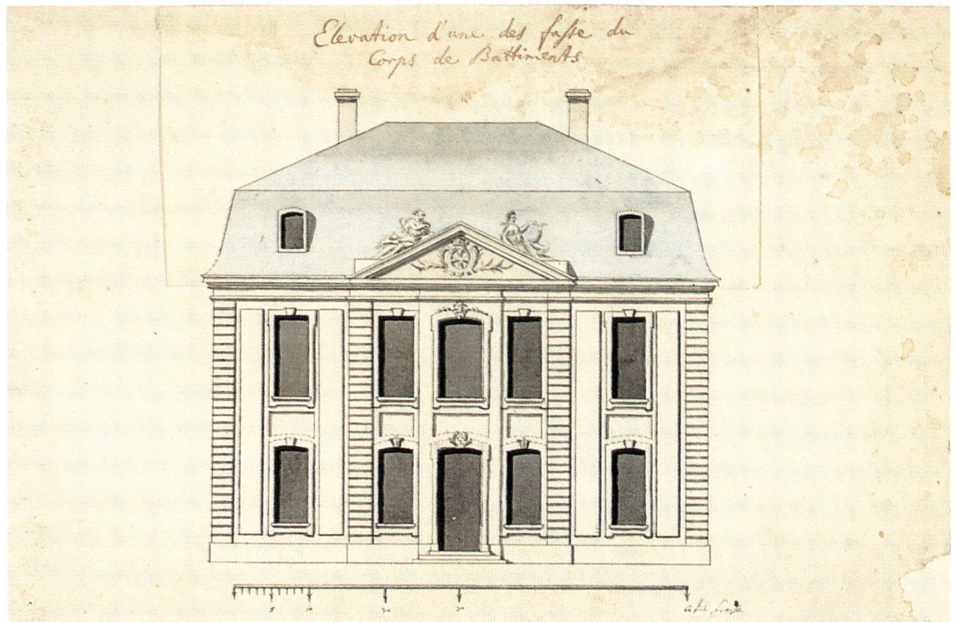

36.2
Jagdschloß Clemenswerth bei Sögel
Plan der Gesamtanlage und des Dorfes Sögel
(Abb. S. 258)
Zwei aneinanderlegbare Pläne
Lavierte Federzeichnung (gelb, rot, grun), 103,5 x 47,5 cm,
(je 49 x 44 cm, zusammen 98 x 44 cm Rahmenmaß)
Titel: *Plan General du pavillion de chasse à Hümmeling de S:A:S:E: de Cologne avec le Village de Sögel.*
Beischrift: *Marets;* Kennbuchstaben
Maßstab: *1000 Fuß* = 15 cm

Niedersächsisches Staatsarchiv Osnabrück, K 51 Clemenswerth Nr. 1, Bl. 1 und 2 H

Erster exakt genordeter Gesamtplan der Schloßanlage in ihrer Beziehung zum Dorf Sögel, der Mittelpavillon noch ein rechteckiges Jagdhaus in Form einer Maison de plaisance (erste Planstufe). Eingetragen sind die zu schlagenden Schneisen in Form eines Jagdsterns. Dieser Plan muß als Grundlage für die Zeichnungen der ersten Planstufe Schlauns, Leveillys und Cuvilliés' gedient haben, denn letzterer bezieht sich ausdrücklich auf die Buchstabenbenennung der Alleen: A benennt das Schloß, B C die Ostwestachse, D E die Nordsüdachse, K N und L M die Diagonalachsen. Über das Radialsystem sind vier Achsen gelegt, die eine Rautenform ergeben. Ihre Schnittpunkte liegen in den Hauptachsen, so daß vier Nebenstrahlsysteme entstehen, die das Beobachten der Wechsel bei der Parforcejagd ermöglichen. Die Anlage ist im Gegensatz zum ausgeführten abgegrenzten Entwurf offen.
Die Alleen wurden nach den Orten benannt, zu denen sie führten: Sögeler Allee – West, Börger Allee – Nord, Haselünner Allee – Süd, Horstsche Allee – Ost.

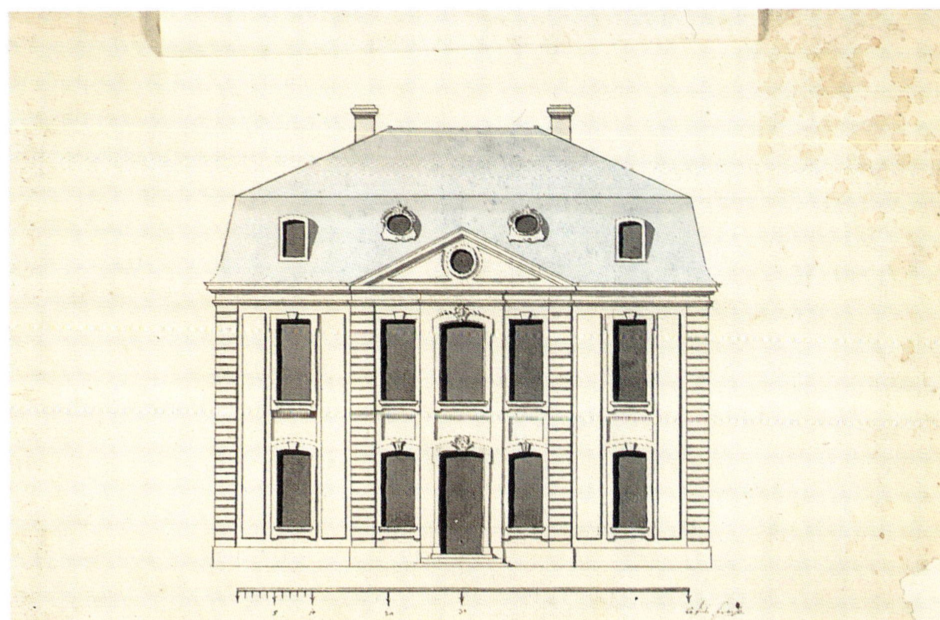

36.4 Jagdschloß Clemenswerth, Mittelpavillon, Fassadenaufrisse

36.3
Jagdschloß Clemenswerth bei Sögel, erster Entwurf
Mittelpavillon, Fassadenaufrisse

Lavierte Federzeichnung (grau, rot), 29,4 x 47,2 cm
Deckblatt mit Dachzone der Ostseite, 14,1 x 25,8 cm
Titel: *Elevation de deux Fasses du Corps de Battiment.*
Num.: *103.*
Maßstab: *60 fues* = 22,7 cm

Privatbesitz, Klebeband Clemenswerth, P 78r

36.5

36.4

Jagdschloß Clemenswerth bei Sögel, erster Entwurf
Michel Leveilly
Mittelpavillon, Aufriß der Fassaden (Abb. S. 263)

Lavierte Federzeichnung (grau, blau), 20,5 x 32,3 cm
Deckblatt mit Alternative für Giebel und Mansardfenster der Westseite, 9,1 x 19,7 cm
Titel auf dem Deckblatt: *Elevation d'une des fasse du Corps de Bâtiment* (nachträglich von der Hand Schlauns)
Num.: *96.*
Maßstab: *60 fues* (unleserlich) = 15 cm

Privatbesitz, Klebeband Clemenswerth, P 71r oben

36.5

Jagdschloß Clemenswerth bei Sögel, erster Entwurf
Michel Leveilly
Mittelpavillon, Aufriß der Fassaden

Lavierte Federzeichnung (grau, blau), 20,5 x 32,3 cm
Deckblatt der Dachzone der Ostfassade 11,3 x 30 cm
Deckblatt des Balkons im Obergeschoß der Ostfassade, 3,6 x 4,4 cm
Titel auf dem Deckblatt: *Elevation de deux fassades du Corps de Batiment*
Num.: *102.*
Maßstab: *60* (Pieds) = 25,35 cm

Privatbesitz, Klebeband Clemenswerth, P 77r oben

36.6
Jagdschloß Clemenswerth bei Sögel, erster Entwurf
Michel Leveilly
Mittelpavillon, Grundriß Erdgeschoß

Lavierte Federzeichnung (grau), 19,8 x 30,7 cm
Titel: *Plan du Rez de chaussee du Corps de Bâtiment*
Num.: *95.*
Maßstab: *60* (fues France) = 15 cm

Privatbesitz, Klebeband Clemenswerth, P 70r oben

36.7
Jagdschloß Clemenswerth bei Sögel, erster Entwurf
Michel Leveilly
Mittelpavillon, Grundriß Obergeschoß

Lavierte Federzeichnung (grau), 19,6 x 30,1 cm
Titel: *Plan du premier Etage du Corps de Bâtiment*
Num.: *95.*
Maßstab: *60* (Fuß) = 15 cm

Privatbesitz, Klebeband Clemenswerth, P 70r unten

36.8
Jagdschloß Clemenswerth bei Sögel, erster Entwurf
Michel Leveilly
Mittelpavillon, Grundriß Mansardgeschoß

Lavierte Federzeichnung (grau), 19,8 x 30,2 cm
Titel: *Plan de la Mansarde du Corps de Bâtiment*
Num.: *96.*
Maßstab: *60* (Pieds?) = 15 cm

Privatbesitz, Klebeband Clemenswerth, P 71r unten

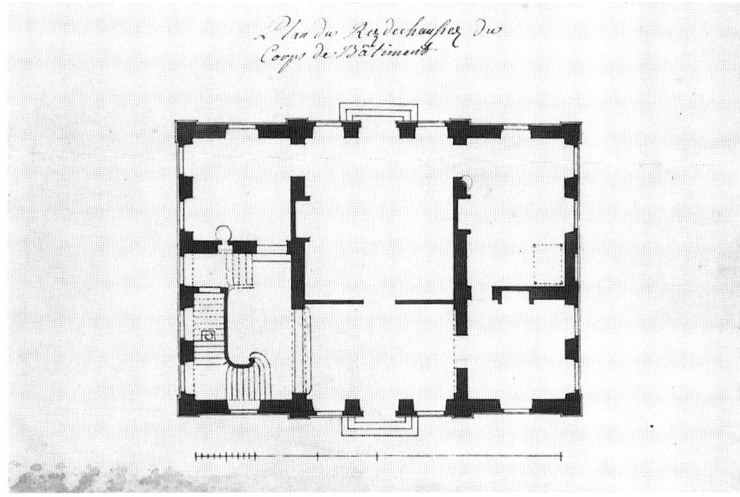

36.6

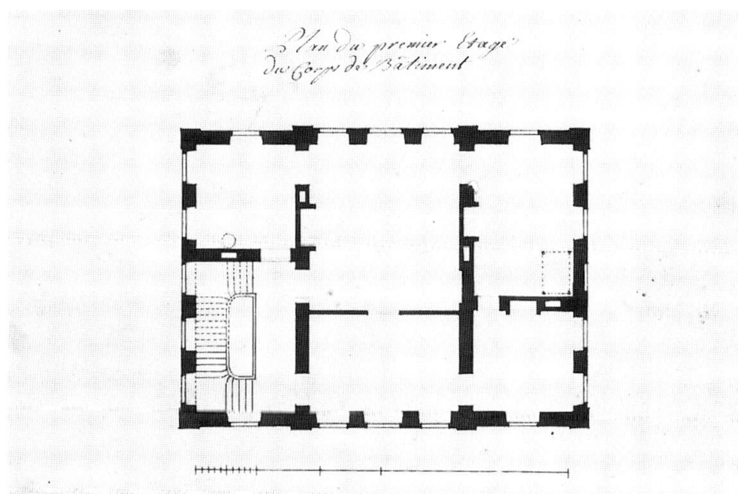

36.7

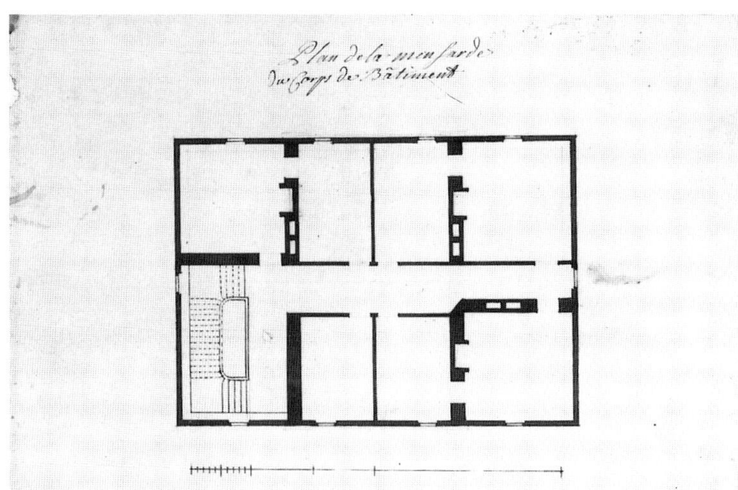

36.8

36.9

36.10

36.9

Jagdschloß Clemenswerth bei Sögel, erster Entwurf
François de Cuvilliés
Mittelpavillon, Aufriß der Westseite

Lavierte Federzeichnung (grau, blau), 27,9 x 40,3 cm
Titel: *façade du Cotéz de Lentrée*
Num.: *100.*
Maßstab: *60* (Pieds) = 23,3 cm

Privatbesitz, Klebeband Clemenswerth, P 75r

36.10

Jagdschloß Clemenswerth bei Sögel, erster Entwurf
François de Cuvilliés
Mittelpavillon, Aufriß der Ostseite

Lavierte Federzeichnung (grau, blau), 27,9 x 44,0 cm
Titel: *façade oposée a cette de LEntrée*
Num.: *101*
Maßstab: *60* (Pieds) = 23,2 cm

Privatbesitz, Klebeband Clemenswerth, P 76r

36.11

Jagdschloß Clemenswerth bei Sögel, erster Entwurf
François de Cuvilliés
Mittelpavillon, Grundriß Erdgeschoß

Lavierte Federzeichnung (schwarz), 29,4 x 41,0 cm
Deckblatt: 14,2 x 25,2 cm
Titel: *Plan du Réz de chaussée*
Beischriften: (Buchstaben) *A-N;* (2x) *Perron; Vestibulle Dentrée; Grand Sallon;* (1. Appartement mit) *chambre à Coucher* (mit) *Lit en niche, Passage, Cabinet; Garderobe,* (2x) *armoire, chaise, Lit* (für Bedienten); (2. Appartement mit) *chambre à Coucher* (mit) *Lit en niche,* (Passage), chaise, *armoire; Escalier 5 6* (mit 2x) *Lieux.*
Bemerkungen: *1.re Observation / Ce Batiment a environ 13. pieds de face de plus quil na dans Celui qui à été envoyé et environ dix pieds de plus de largeur; mais il y a une si grande difference dans la distribution tant pour les enfilades que pour Larangement du tout; que je crois qu'on aura pas Egard* (?) *a cette petitte augmentation*
2.me observation / il faudra faire une arcade dans Lendroit marque 5. 6. affin de ne pas interompre Lenfilade H.I. cette arcade poura avoir 9 pieds 1/2 de hauteur, et il restre encor assé de hauteur pour la voute qui doit porter le limond de L'escalier
3.me observation / Comme ce batim.t est une peux plus grand que l'autre on pouvoit Eloigner les petits pavillions de dix pieds de plus de part et dautre du pavillion du milieux jentens de Celuy marque sy dessus.
1.re Remarque / je crois quil vaudroit mieux Exécuter ce Plan selon la feuille volant A. que selon Lautre projet qui est dessous – d'autant que le vestibulle ést plus proportioné au fallon, ét que dailleur il ést nécessaire de faire le dit fallon un peux grand; puisque C'est dans cette piece que tout le monde se rassemble 2.me Remarque / Tout les enfilades qu'il est possible de trouver sont observer dans ce Plan; les voicy par lettre alphabétiques / 1.mo Lenfilade B.C. / 2.o Lenfilade D.E. / 3.o Lenfilade F.G. / 4.o Lenfilade H.I. / Les deux premieres B.C. et D.E. sont les milieux des allées capitales / Les quattre milieux des croisées marque K.L.M.N. sont aussi les milieux des quatres alles Cotées des memes lettres sur le plan general
Num.: *97*
Maßstab: *60* Pieds = 23,5 cm

Privatbesitz, Klebeband Clemenswerth, P 72r

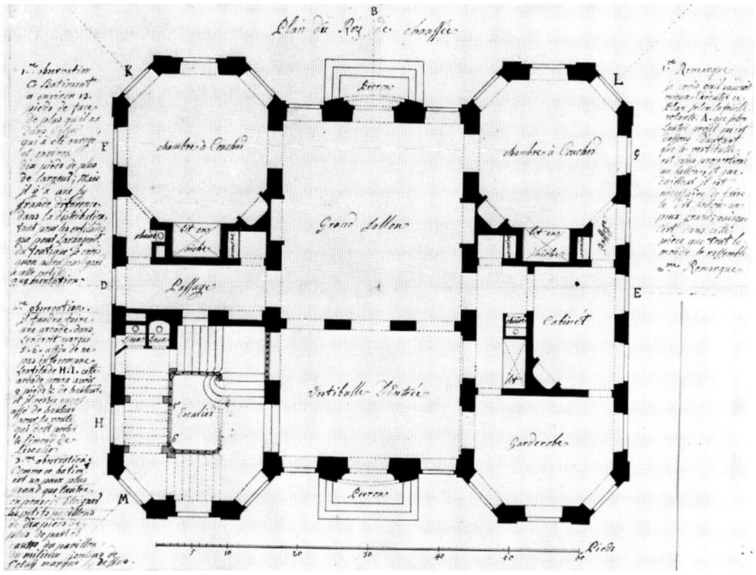

36.11

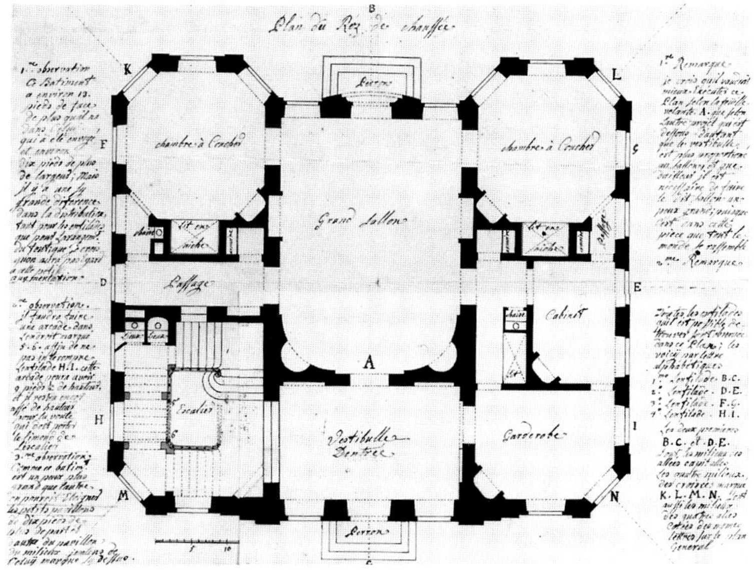

36.12
Jagdschloß Clemenswerth bei Sögel, erster Entwurf
François de Cuvilliés
Mittelpavillon, Grundriß Obergeschoß

Lavierte Federzeichnung (schwarz), 29,4 x 40,8 cm
Titel: *Plan du premier Etage*
Beischrift: (2x) *Balcon; Vestibulle; Grand Sallon;* (Appartement mit) *chambre à Coucher* (mit) *Lit en niche,* (2x) *Passage, Cabinet; Garderobe, armoire, chaise, Lit* (fur Bedienten); *chambre à Coucher (mit) Lit en niche; Escalier; Passage* (mit) *Lieux* (und Platz) *pour le bois*
Num. *98*.
Maßstab: *60 Pieds* = 23,5 cm

Privatbesitz, Klebeband Clemenswerth, P 73r

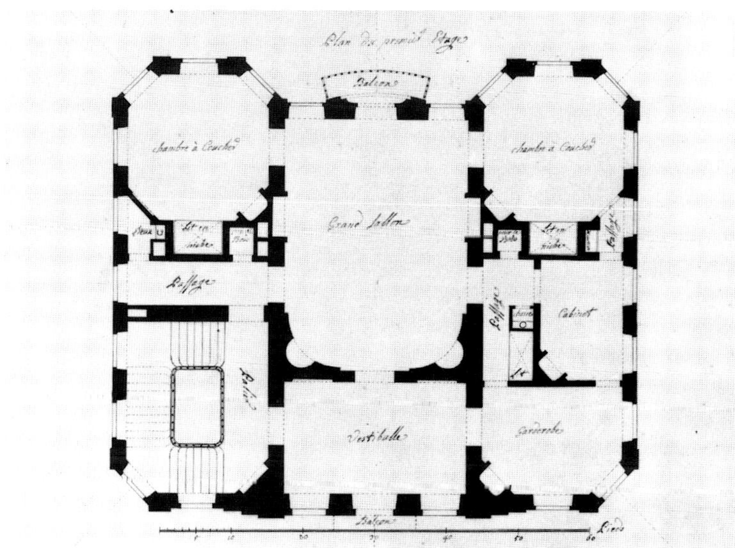

36.12

36.13
Jagdschloß Clemenswerth bei Sögel
François de Cuvilliés
Erster Entwurf zum Mittelpavillon, Grundriß Mansardgeschoß

Lavierte Federzeichnung (schwarz), 29,5 x 41 cm
Titel: *Plan de la Mansard*
Beischrift: (5x) *chambre;* (2x) *chambre ou garderobe; Lieux; Corridor*
Num. *99*.
Maßstab: *60 Pieds* = 23,5 cm

Privatbesitz, Klebeband Clemenswerth, P 74r

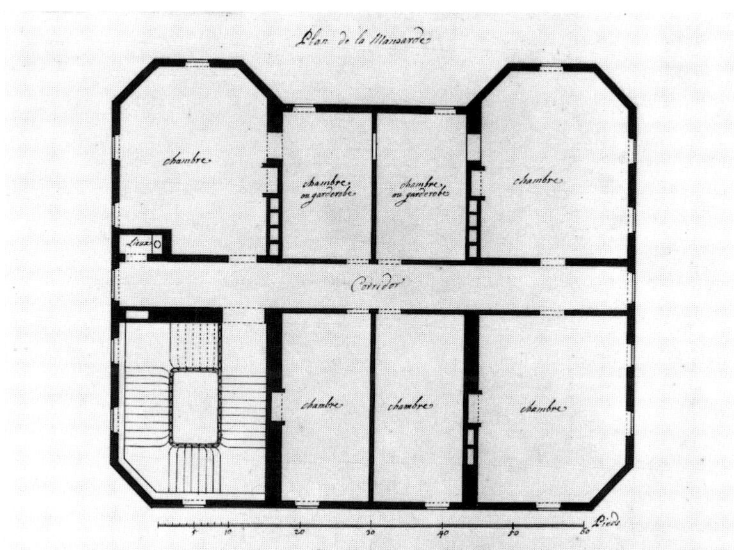

36.13

II. Planstufe

Das zweite Projekt ist in Grundrißzeichnungen überliefert, die den Placet-Vermerk des Kurfürsten tragen und von der Forschung bislang wenig beachtet wurden (Kat.-Nr. 36.14). Der Bau hat bereits seine endgültige Form gefunden: zweigeschossiges Oktogon mit rechteckigen Flügelanbauten in den Hauptachsen, Treppenhaus und Entrée im Westflügel, dahinter der kreisförmige Saal, Fensterachsen in den Diagonalen. Der endscheidende Unterschied zur Ausführung liegt im Grundriß der Fassade. Der Westflügel ist quadratisch, um Platz für das Treppenhaus zu schaffen, die Portalachse konvex herausgeschoben. Der Bau kann, betrachtet man die Aufteilung des Obergeschosses, als Kopie der Pagodenburg im Park von Nymphenburg angesehen werden, von dem Pater Pierre de Bretagne in seinem Buch über die Hochzeit Karl Albrechts 1722 berichtet, Max Emanuel, der Vater des Kölner Kurfürsten, habe den Grundriß selbst gezeichnet. Die Pagodenburg, 1716–19 vermutlich von Effner, vielleicht von Cuvilliés erbaut, ist ein kleiner oktogonaler Zentralbau, in den Hauptachsen angesetzte Flügel, die Diagonalachsen mit Fenstern besetzt, zweigeschossige Kolossalordnung, kräftiges Kranzgesims und Attika. Ein früher Rezeptionsbau in Rastatt kommt der endgültigen Konzeption von Clemenswerth erstaunlich nahe. Das oft bemühte »Gelbe Haus«, eine eher ephemere Holzarchitektur im Zentrum eines Jagdsterns im Forstenrieder Park bei München (1733), zeigt nur noch einmal, daß das Grundprinzip der Gesamtanlage nicht mehr zu erfinden, sondern Allgemeingut war. Das immer wieder herangezogene Bouchefort, 1705 von Germain Boffrand für Max Emanuel begonnen, nie zuende gebaut, die Entwürfe erst 1745 veröffentlicht, ist eine Villa Rotonda-Rezeption, ohne ein durchdachtes Raumprogramm. Man sollte sich von der Vorstellung verabschieden, daß dieses Castello in aria mit der sehr realen Architektur Schlauns zu tun haben könnte.

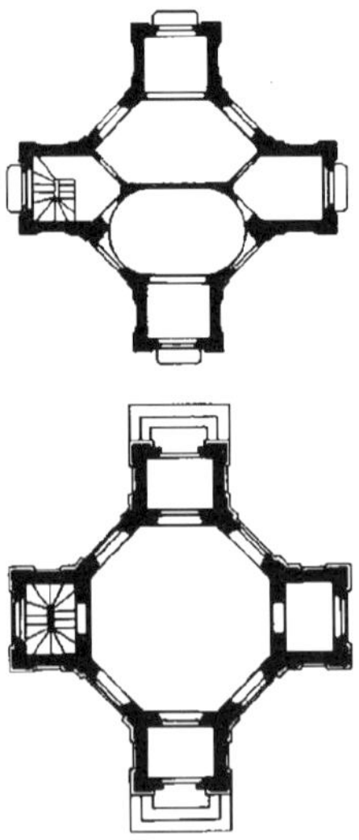

1/2 Pagodenburg im Park von Nymphenburg – Joseph Effner, Grundrisse 1716–19

Der enge Kontakt zu Kurbayern und die politische Annäherung, die die Brüder Wittelsbach nach dem Sturz Plettenbergs in der Reichspolitik suchten, schlug sich auch in der Auswahl der Bauformen nieder. 1735 war Cuvilliés wegen Falkenlust und der Augustusburg in Brühl. Mit Sicherheit wird er dem Kurfürsten über den neuesten Münchener Bau berichtet haben. Vermutlich hat er Zeichnungen vorlegen können. Vielleicht war dieser Neubau überhaupt Anlaß der Planungen für Clemenswerth, denn am 14. November 1734 berichtet der bayerische Gesandte General Graf Santini aus Bonn nach München, daß Clemens August beschlossen habe, mitten im Wald ein Jagdschloß zu bauen, ein Projekt, daß freilich angesichts der schlechten Finanzlage, der Gehaltsrückstände und sonstiger Schulden in manchen Kreisen wenig freundlich aufgenommen werde. Der bayerische Minister und General Graf Törring antwortete Santini hierauf, daß der Kurfürst den Plan des Gebäudes auch nach Bayern geschickt, gleichzeitig aber mitgeteilt habe, daß er zur Zeit an eine derartige Ausgabe nicht denken könne. Vermutlich handelte es sich um den Plan, der Ende 1735 dem Hofkammerpräsidenten Twickel in Münster vorlag. Es steht jedenfalls fest, daß Clemens August seinen Bruder in den Planungen für ein neues Jagdschloß in Clemenswerth einerseits zu übertreffen suchte, andererseits so etwas wie eine Wittelsbacher ›Corporate Identity‹ herzustellen suchte, indem er Schlaun befahl, zwei der modernsten bayerischen Jagdschlösser zu zitieren. Der Maßstab für den jungen Kurfürsten und seinen Baumeister im Jahre 1735/36 war München.

36.14

Jagdschloß Clemenswerth bei Sögel, zweiter Entwurf
Kopie der Schlaun-Werkstatt
Hauptpavillon, Grundriß Erdgeschoß und Obergeschoß

Lavierte Federzeichnung (grau), 31,7 x 40,4 cm
(29,8 x 38,3 cm)
Titel: *Plan du premier Etage de la maison de Chaſse à Hümmeling / Plan du Rez de chaussée de la maison de Chaſse à Hümmeling*
Präsentationsvermerk: *Placet Clemens Augustus mp*
Beischrift (zum Grundriß des Obergeschosses): *guarderobe,* (2x) *Cabinet,* (2x) *Chambre à Choucher, Antichambre, Escalier*
(zum Grundriß des Erdgeschosses:) (3x) C*abinet, Sallon, Entrée*
Maßstab: *60 Fuß* = 17,4 cm

Westfälisches Landesmuseum Münster, Schl.-Bd. 236

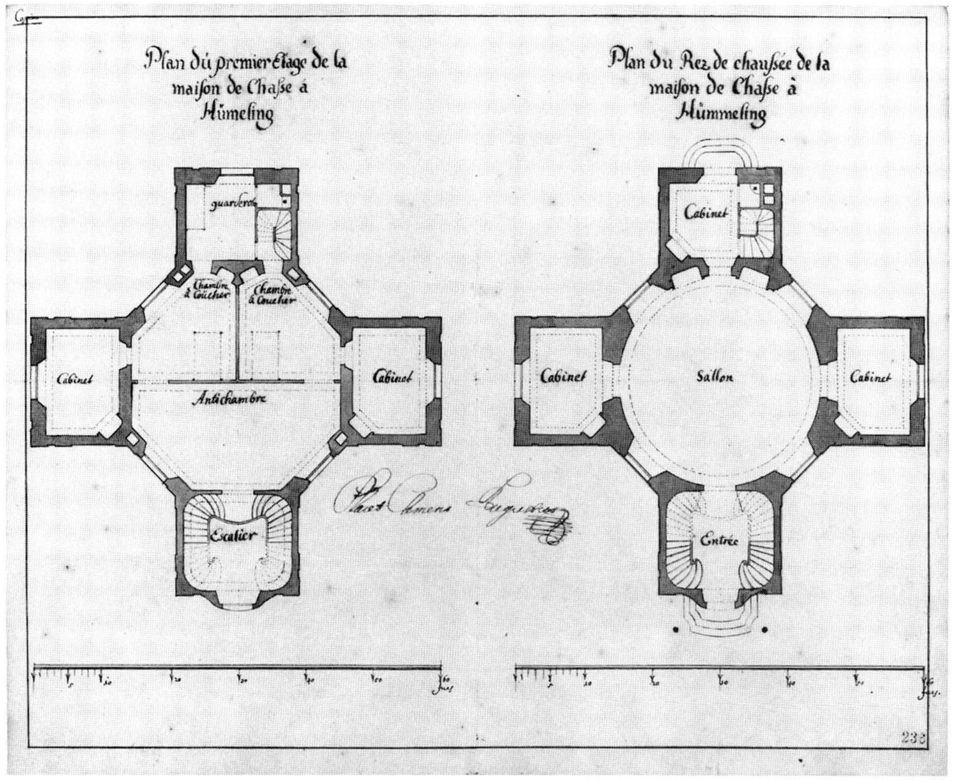

36.14

36.15

Jagdschloß Clemenswerth bei Sögel, zweiter Entwurf
Kopie der Schlaun-Werkstatt
Hauptpavillon, Grundrisse des Kellers und der Mansarde
Lavierte Federzeichnung (grau), 31,7 x 40,4 cm
(29,8 x 38,3 cm)
Titel: L*a Mansarde de la maison de Chaſse à Hümmeling. / Les Caves de la maison de Chaſse à Hümmeling* (nicht von Schlauns Hand).
Präsentationsvermerk: *Placet Clemens Augustus mp*
Beischrift: *Copia* (oben links); (zum Grundriß der Mansarde:) (4x) *garderobe, Chambre à Coucher* (viermal)
Maßstäbe: *60 Fuß* = 17,4 cm

Westfälisches Landesmuseum Münster, Schl.-Bd. 235

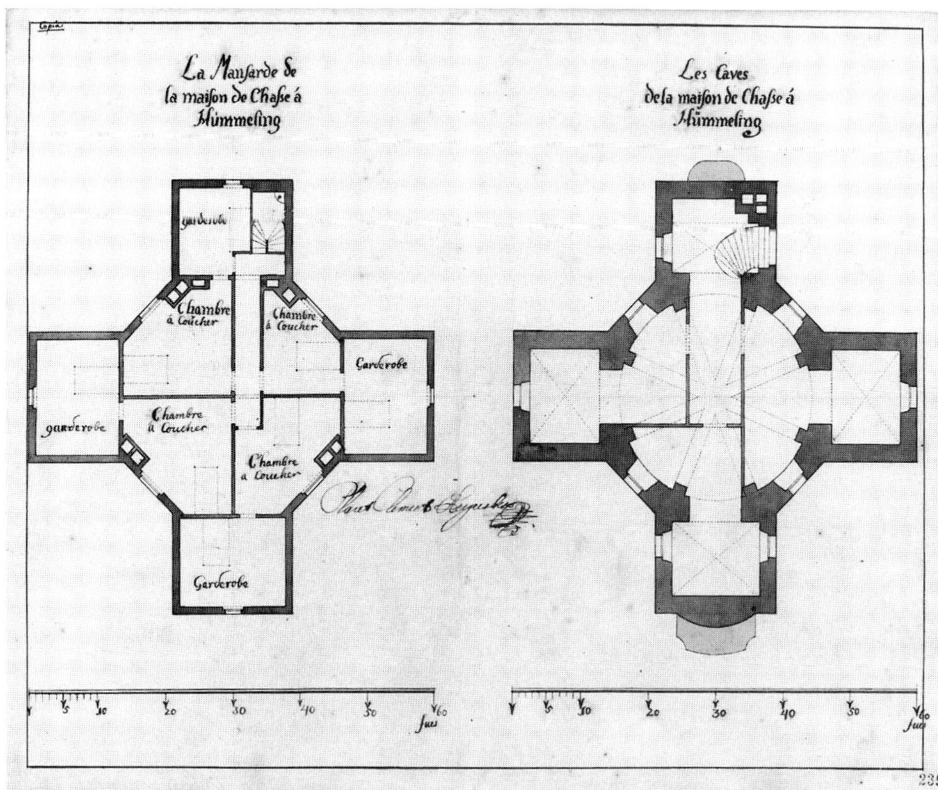

36.15

3 Jagdschloß Clemenswerth, Fassade des Hauptpavillons von Westen (1953)

III. Planstufe – Ausführung

GESAMTANLAGE

Nachdem Schlauns Grundrißpläne (Kat.-Nr. 36.14–15) approbiert waren, sind zwei grundsätzliche Änderungen vorgenommen worden. Die eine betraf den Grundriß des Hauptpavillons, die andere den der Gesamtanlage.

Die Gesamtanlage des Jagdparks wurde geschlossen und in eine symmetrische Grundrißfigur eingeschrieben; Gräben wurden ausgehoben, ein kleiner Wall angelegt (eine Zeichnung Schlauns dazu ist erhalten, vgl. Kat.-Nr. 36.18), der, begleitet von einer Allee, die Grenze die Anlage markiert. Im Osten wurden drei große Bassins angelegt, durch Kanäle miteinander verbunden, auf denen der Kurfürst mit seiner Lustjacht auf Entenjagd gehen konnte – mehr als ein Dutzend Schiffe und Boote wurden 1764 versteigert. Die Diagonalwege endeten bei den Bassins, die Zentralachse ebenfalls. Der Unterschied zwischen dem engeren Schloßbereich und den außerhalb liegenden Jagdgründen wurde herausgestellt. Der zweite Gesamtplan Schlauns grenzte einen künstlichen Teil gestalteter Natur aus der ungestalteten Landschaft aus und gleicht damit eher einem herrschaftlichen Tiergarten als einer barocken Radialanlage, die die Tendenz hatte, immer über sich hinauszuweisen, sich endlos weiterzuentwickeln. Die Perspektive (Kat.-Nr. 36.23) gibt weiteren Aufschluß über die Ausgrenzung der Natur aus dem gestalteten Bereich. Selbst da, wo sie innerhalb der Form zugelassen ist, wird sie durch hohe, wie Architektur behandelte Hecken zur Kunstform.

Für den Jagdherrn war der Jagdstern verbindlich, eine Form, die allerorten in Europa gebräuchlich war und in den Traktaten ausführlich beschrieben wurde. Die Parforcejagd wurde an fast allen Höfen Europas betrieben: das von der Meute gestellte Wild wurde von den reitenden Jägern verfolgt, gestellt und »par force« abgefangen. Man benötigte dafür ein möglichst ebenes Gelände und ein System von Schneisen, die den Jägern als Sicht- und Orientierungsbahnen sowie als Reitwege dienten. Sogar Wagen konnten so an der Jagd teilnehmen. Das Revier war leicht zu übersehen, und Verirrte konnten sich schneller sammeln. Ein Muster eines noch als Tiergarten bezeichneten Jagdparks bildet Johann Tänzer in seiner 1686 erschienenen Schrift ›Der Dianen Hohe und Niedere Jagdgeheimnuß‹ ab: acht mit Tierfiguren oder Zahlen bezeichnete Tore führen in regelmäßigen Abständen in den etwa achteckigen, ummauerten Park. Orthogonale und diagonale Wege verbinden die Tore miteinander und bilden eine Sternfigur, auf der sich das Lusthaus erhebt, »so recht in der Mitte des Gartens«. Diese Betonung der Mitte war ebenso verbindlich wie die möglichst große Zahl von geraden Wegen. »… und lauft von jeder Pforte eine Allee darauf zu, daß man von dem Hause nach allen sehen kann, welches auch angenehm zu sehen.« Über den Türen und Fenstern der Kreuzarme des zentralen Pavillons in Clemenswerth sind außen vier lateinische Inschriften angebracht, die die bauplastisch dargestellten vier Hauptjagden erklären: Nach einer Erläuterung Schlauns stehen diese Jagden zugleich für die Jahreszeiten: »winter – wohlfsjacht – nach Norden; frühling – reyerbeitz – osten; sommer – hasenjacht – süden; herbst – proforsjacht – westen« – in nuce Tänzers Ordnungssystem, verbunden mit der Einordnung des Fürsten in den kosmologischen Zusammenhang.

Die »Kunst mit Vögeln zu jagen« war Spiegel der Staatskunst. Die höfische Repräsentation, in der die Staatsjagd gehalten wurde, empfing noch nach Jahrhunderten aus der Ethik Friedrichs II. ihren Sinn, die seit 1596 in gedruckter Form vorlag: Nur wer es in der Kunst der Falkenjagd zur Meisterschaft gebracht habe, könne ein Amt im Staate verwalten. Das Bild des idealen Falkners, des idealen Jägers, ist danach nichts anderes als das Bild des idealen Menschen, des idealen Fürsten oder Staatsbeamten. Clemens August ließ seine besten Falken porträtieren, den erfolgreichsten hatte er persönlich abgerichtet. In den Beschreibungen der Jagden von Clemens August in Arnsberg oder auf dem Hümmling wird immer wieder der zeremonielle Aspekt betont. Der Fürst allein entscheidet, wer welchen Hirsch erlegt. Die Zahl der Enden konnten die Abgesandten dabei gleichsetzen mit der Anzahl der Treppenstufen, die man ihnen entgegenkam. Das führt zu einer weiteren Leitidee der Anlage.

Für den absoluten Fürsten war es der Zentralbau mit den umliegenden Pavillons, die ihn als Herrscher ins Zentrum rückten. Schlaun hat in einem frühen Entwurf (Kat.-Nr. 36.21) die Achsenbeziehungen mit Bleigriffel peinlich genau eingetragen. Dieser Plan macht deutlich, welchen Wert der Kurfürst und mit ihm Schlaun der geometrischen Konzeption des Sterns zugemessen haben. Es ist schon mehrfach festgestellt worden, daß die Portal- und Fensterachsen der kreuzförmigen Flügelarme des Hauptpavillons die Kardinalachsen des Waldgebietes beherrschen, die Diagonalachsen über die Diagonalfenster des innen kreisförmigen, im Außenbau jedoch oktogonalen Zentralbaus optisch erschlossen werden. Diese Beherrschung aus der fürstlichen Mitte wird im Fußboden des Salons deutlich (Kat.-Nr. 36.54): die Sternspitzen im Zentrum und die zweifarbigen Rhombenfelder verlaufen in den Sichtachsen. Die übrigen schmalen Segmente des Fußbodens stoßen an die Wand bzw. die Kamine und Spiegelfelder, reflektieren also in das Zentrum zurück. Dieser Gedanke wird auch deutlich in der Position der Pavillons. Ihre Achsen stoßen direkt auf die Flankenwände der Flügelbauten, der Blick fällt also auf die Jagdgehänge, die Trophäen, und macht dem Besucher gleichsam den Zweck seines Daseins in Clemenswerth klar. Um diesen Achsbezug deutlich herauszustellen, hat Schlaun vier Schildhäuser in der Eingangsachse und vier Laternen in der Querachse der Flügel so aufgestellt, das sie die Blickbahn von den Pavillons zu den Gehängen aufnehmen. Zugleich wären diese Versatzstücke wiederum Points de vue der Nebenwege zu seiten der Alleen gewesen, deren Baumstellungen gleichfalls in den Plan eingetragen sind.

Erschließt der Blick des Fürsten das in den Alleen wechselnde Jagdwild, so hängt es umgekehrt für den Blick des im Nebenpavillon beherbergten Diplomaten bereits als Trophäe an der Wand. Der uneingeschränkten optischen Beherrschung des Jagdparks steht die gebaute Panegyrik des antichambrierenden Höflings oder Diplomaten gegenüber. Ohne die auch konstruktiv bedingte degradierende Haltung des zentralen Pavillons überbetonen zu wollen, muß man sich vorstellen, daß die Gäste des Kurfürsten, Diplomaten ausländischer Staaten, die Teilnehmer an den Geheimkonferenzen des Ordens, von ihm zunächst in dieses abgelegene Gebiet befoh-

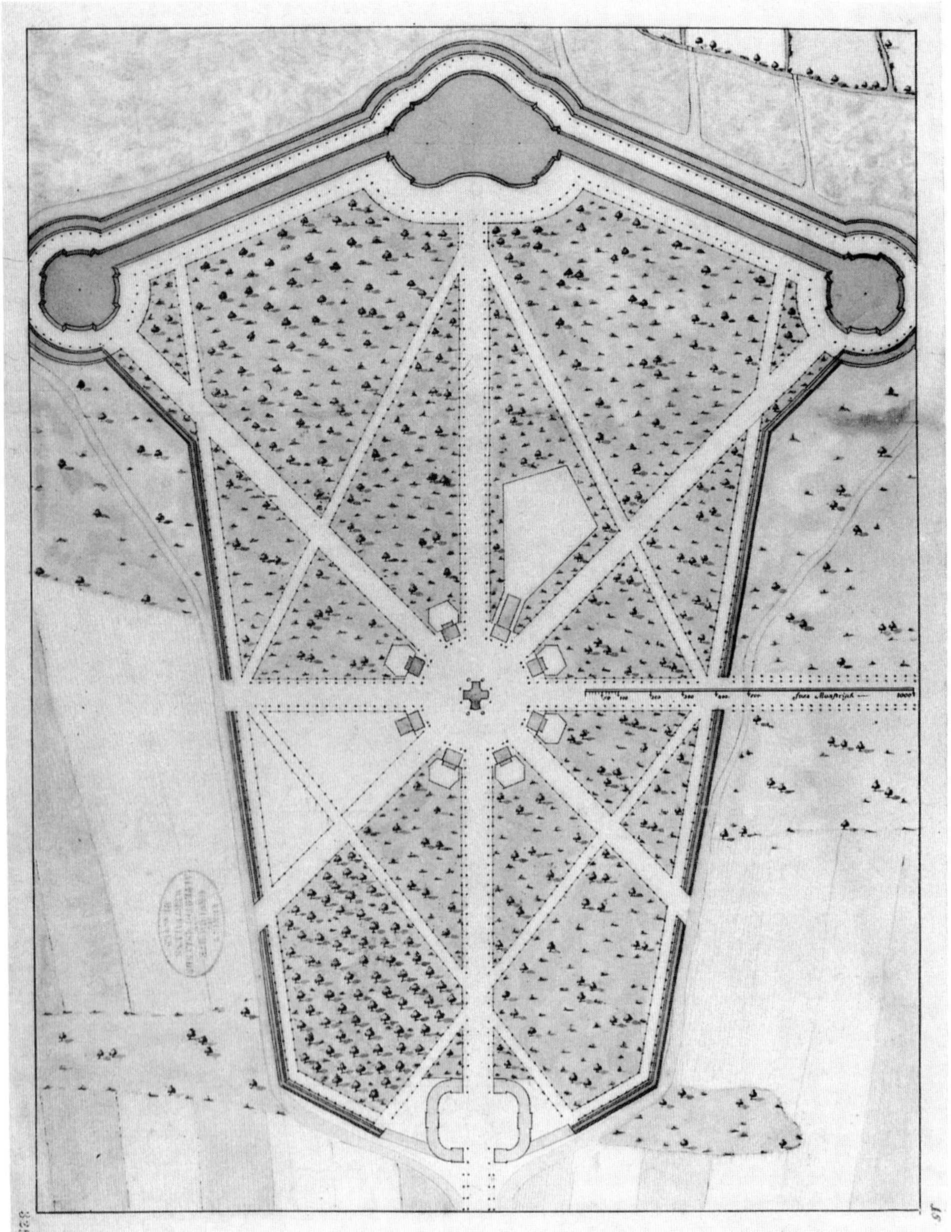

36.17 Jagdschloß Clemenswerth, Ausführung, Plan der Gesamtanlage – Schlaun-Werkstatt

len wurden, wo sie teils böse Berichte über den wüsten Zustand des Landes nach Hause schickten, wo ihnen zugleich aber die Größe des Landes und die Macht seines Herrschers vor Augen geführt wurden, der selbst im entlegendsten Winkel noch über eine Hofhaltung dieser Güte verfügen konnte.

Für den geistlichen Herrscher, vierfachen Bischof sowie Hoch- und Deutschmeister (seit 1732), war das Kreuz maßgeblich, präsent im Hauptpavillon, womit die Hauptrichtungen festgelegt waren. Der Grundstein ist ein Chronogramm auf das Jahr 1737: »In CrVCe DoMInI paX VIta reqVIes et tVta habItatIo est« (Im Kreuze des Herrn ist Friede, Leben, Ruhe und sichere Wohnung). Ohne auf die lange Tradition und Bedeutung des oktogonalen Zentralbaus mit vier Flügeln im christlichen Sakralbau weiter eingehen zu wollen, kann man doch zumindest einen Verweis auf sakrale Zusammenhänge konstatieren. Die Grundrißform des Hauptpavillons steht in Bezug zu der mit Bedeutung aufgeladenen Form der Gesamtanlage des Schloßparks, die keineswegs zufällig oder lediglich aus der Grundform des Waldgebietes entwickelt ist, sondern ihre Erscheinung umfangreichen Geländearbeiten verdankt, zu denen auch die Anpflanzung eines halben Waldes gehörte. Die klar begrenzte schildförmige Anlage nimmt in ihrer Zentrierung im ›Nabel‹ des Hauptpavillons sowie dem Ausschwingen der Bassins im östlichen, oberen Teil einerseits, dem ›Standmotiv‹ der Marställe im unteren, südlichen Teil andererseits die Kreuzform noch einmal auf und stellt somit eine den Weltkarten des Mittelalters entlehnte symbolische Form dar. Als einer der mächtigsten Reichsfürsten »von Gottes Gnaden« beanspruchte Clemens August diese Form, um seine geistliche Machtfülle und den Anspruch des Deutschen Ritterordens zu verdeutlichen. Clemenswerth sollte als Beratungsort des Deutschen Ritterordens fungieren, wie aus den Geheimprotokollen der Jahre 1737 und 1739 hervorgeht. Den permanenten Kampf gegen die Un- oder Andersgläubigen führte der Erzbischof auch gegen die protestantischen Niederlande: »Vier Kapuziner, welche als Missionare an gemeldetem Ort fundieret, verhoffend, mit der gnade Gottes, daß sie allda viel Gutes auswirken werden, indem Friesland und Holland da anstößt, sind schon auf dem Hinweg«, heißt es in einem Brief des Kurfürsten an seinen Bruder vom 4. August 1739. Im Kapuzinergarten, der als eine architektonisch gegliederte, kleine Wiederholung der Gesamtanlage gelten kann, verweist auch das Skulpturenprgramm auf diesen Zusammenhang: In der zentralen Achse zwischen Kloster und der Gloriette, der Eremitage des Kurfürsten, stehen auf hohen Sockeln eine Weltkugel und der kreuztragende Christus.

Der Standort der Schloßkapelle wurde im übrigen so gewählt, daß durch ihren Pavillon in Richtung Gloriette die exakte Nord-Süd-Achse verläuft. Der Altar steht somit, wie von der Liturgie gefordert, im Osten. Der Schloßbau selbst mit seinen auf die Himmelsrichtungen verweisenden Inschriften stimmt in Wahrheit nicht damit überein. Der geistliche Bereich des Jagdschlosses hat seinen richtigen Achsenbezug in den Himmelsrichtungen, der weltliche Bereich der kurfürstlichen Wohnung hingegen suggeriert ihn nur. Sichtbaren Ausdruck findet dieser Zusammenhang in der Grundrißform der Gloriette des Klostergartens, ein Trapez, das die divergierenden Grundzüge von Kirche und Schloß unter der Herrschaft des geistlichen und weltlichen Kurfürsten als Stellverteter Christi auf Erden vereint. Es versteht sich in diesem Zusammenhang von selbst, daß die Gegenüberstellung von Christus und Fürst, seit dem Mittelalter ein Topos, ihre Entsprechung findet in der Achse vom Schloß zum Chor der Pfarrkirche von Sögel, der Zufahrtsstraße und Hauptachse der Gesamtanlage. Dieses Motiv, ein Leitmotiv der Gesamtanlage, findet sichtbaren Ausdruck in der Gestaltung des Fensters über dem Hauptportal. Steht der Fürst in Erwartung seiner Gäste auf dem Altan über der Treppe, wird sein Blick durch die wie ein ›Zielfernrohr‹ angelegte Sprossung des Fensters auf die Achse zur Pfarrkirche zentriert.

In diesem Zusammenhang muß auf die Stellung des Marstalls verwiesen werden, der zwar in seiner symmetrischen Verdoppelung, nicht aber in der Zuordnung quer zur Achse der Hauptallee auf Versailles verweist, vielmehr auf Berninis Petersplatz-Kolonnaden in Rom, die Bernini selbst als die einladend geöffneten Arme der Kirche bezeichnet hat, ähnlich wie Borromini über die ausschwingenden Flügel seiner Fassade des Oratorio dei Filippini in Rom äußerte: »Als ich die Fassade zeichnete, hatte ich den menschlichen Körper im Sinn (mi figurai il Corpo Umano con le braccia aperte), mit ausgestreckten Armen, als ob er alle umarme, die eintreten. Dieser Körper ist in fünf Teile geteilt, das heißt die Brust ist in der Mitte und die beiden Arme jeder in zwei Teilen« (Francesco Borromini, Opus Architectonicum, Rom 1725, S. 11). Borromini meint damit selbstverständlich Christus, dessen Wort »Ich bin die Tür« er an der Fassade ebenso sinnfällig werden läßt, wie Clemens August der Gesamtform seines Jagdparks einen tieferen Sinn unterlegen läßt. Einen weiteren Hinweis auf Rom bietet im übrigen auch die Serliana am Mittelrisalit, die als ein päpstlich geprägtes Hoheitssymbol der römischen Kirche zu verstehen ist, das in Schlauns Bauten vornehmlich dem Kölner Erzbischof vorbehalten bleibt.

HAUPTPAVILLON

Die zweite wichtige Änderung betraf den Grundriß des Hauptpavillons, dessen Westflügel sich nun trapezförmig zur Hauptfassade hin weitet und dadurch dem zeremoniellen Erfordernis mehr Raum bot, vor allem aber dem Ankommenden eine breitere Schauseite vorführt, die, mit Treppenstufen, Segmentgiebel und Wappen ausgezeichnet, in der Portalachse konvex vortritt, zu den Seiten jedoch elegant zurückweicht und zu den Flügeln überleitet (Kat.-Nr. 36.28, 29 – Abb. 3–5). Diese Systematik, verbunden mit einem kreisförmigen Saal, hatte Cuvilliés an der Gartenseite der Amalienburg im Park von Nymphenburg formuliert, hier allerdings im Rahmen der ionischen Ordnung. Die Amalienburg lag ebenfalls im Zentrum eines, wenn auch kleinen, auf den Garten bezogenen Achsstrahls. Im Gegensatz zu Effners Pagodenburg (Abb. 1, 2), deren Salon oktogonal geformt ist und keinerlei Rundungen am Außenbau aufweist, bereitet Cuvilliés die Kreisform des Raumes bereits an der Fassade vor. Die kräftige Vorwölbung wird elegant hinterfangen von den Seitenschwüngen, die die Logik der angrenzenden Flügel nachvollziehen. Im Gegensatz zu der plastischen Gewalt des Cuvilliés-Baus artikuliert Schlaun jedoch zurückhaltend: Rahmensysteme an Stelle der Ordnung, Tafeln und vertiefte Felder gliedern die Fassade, die monumentalen Kolossalpilaster der Pagodenburg sind hier unvorstellbar, die Proportionen reguliert.

Ein weiteres Motiv, das Schlaun von der Amalienburg übernommen hat beziehungsweise übernehmen mußte, sind die Jagdgehänge an den Flanken der Flügelarme, bei der Amalienburg zwischen den Pilastern der von Diana beherrschten Gartenseite plaziert. Übrigens hatte Cuvilliés ein monumentales Jagdgehänge mit Gegenständen der Falkenjagd bereits zwischen den beiden zentralen Achsen der Brühler Gartenfassade angebracht.

Der Hauptpavillon ist in krassem Gegensatz zu den Nebenpavillons formuliert, lediglich das Baumaterial sowie einige Einzelformen stützen den formalen Zusammenhang. Während jene gedrungen dem Boden verhaftet sind, strebt hier alles nach oben. Die Horizontale ist gegenüber der dominanten Vertikalen kaum akzentuiert. Kein Mansarddach

4 Jagdschloß Clemenswerth, Fassade des Hauptpavillons von Osten (1953)

aus grauem Schiefer, sondern das ranghöhere Material eines Kupferdachs beansprucht der Fürst für sich. Knapp an die Traufe gesetzt, steigt das Dach an den Flügeln in nahezu italienischer Eleganz, lediglich das zentrale Oktogon hat ein Mansarddach, gekrönt von einem hohen Kamin, der ursprünglich eine Hirschgruppe als Symbol der Parforce-Jagd tragen sollte.

Das Schloß ist klein – großartige Raumfolgen wie in der Amalienburg waren hier nicht zu entfalten. Im übrigen war aufgrund der typologischen Herkunft des Hauses aus der Tradition der Pavillons eine Abfolge der Räumlichkeiten im Sinne der Distribution nicht verbindlich. Durch die Flügelbauten war im übrigen einiges bereits festgeschrieben. Die Devise mußte heißen: äußerste Raumausnutzung unter Beachtung der Regeln des Zeremoniells.

Das auf engstem Raum konzipierte Treppenhaus weicht, wie Klaus Bußmann dargelegt hat, in der an sich unzulässigen Verbindung von Vestibül und Treppe entschieden von den Regeln der französischen Distribution ab (Kat.-Nr. 36.32–35, Abb. 6, 7). Auch die Steilheit der Treppe will schlecht zu der Forderung nach commodité passen. In den Saal gelangte man nur, indem man unter der Treppe hindurchschritt. Dennoch weist sich das Treppenhaus durch Größe und dekorativen Aufwand als das eigentliche Zentrum der Gesamtanlage aus, ganz im Sinne der deutschen Auffassung von der Bedeutung des Treppenhauses – gleichsam ein Pommersfelden en miniature. Hier wird der ansonsten private und intime Charakter des Hauses verlassen und in der Verbindung der die gesamte Architektur beherrschenden Motivik der Jagd mit den Hoheitszeichen des Fürsten – seinem Monogramm, seinem Wappen als Deutschordensmeister, den Insignien seiner geistlichen und weltlichen Macht – der gesamte zur Verfügung stehende Repräsentationsapparat bemüht.

Der Salon ist demgegenüber eher zurückhaltend dekoriert: den relativ niedrigen Raum gliedert ein ganz und gar französisches Wandsystem, in dem Flügeltüren, Trumeauxspiegel mit Kaminen und Lambris de hauteur in rhythmischem Wechsel aufeinander bezogen sind. Im Nord- und Südflügel sind kleine viereckige Kabinette untergebracht, deren innere westliche Ecke abgeschrägt ist zur Aufnahme des Kamins. Der Ostflügel, in den von außen ein zweiter, hinterer Eingang führt, ist bestimmt für die Bedienung. Ein schmales Treppenhaus, das etwa ein Drittel des verfügbaren Raumes einnimmt, führt vom Erdgeschoß bis zu den Dienerräumen in der Mansarde, gibt Raum für versteckte Nebenräume und Toiletten. Im Obergeschoß hat Schlaun das Oktogon des Kernbaus halbiert: in der vorderen Hälfte das Antichambre, zugänglich nur über die Hauptstiege, in der hinteren die Schlafräume des Kurfürsten, Viertelachteckräume von scheinbar unregelmäßigem Zuschnitt. In den seitlichen Flügeln waren die Kabinette untergebracht, Geheimtüren führten zu den Abgängen des Dienertreppenhauses. Im Mansardgeschoß sind die Räumlichkeiten für die Lakaien und Kammerdiener untergebracht.

AUSSTATTUNG UND DEKORATIONSKÜNSTLER

Die Entwurfszeichnungen für die Jagdgehänge und den plastischen Fensterschmuck enstammen der Hand Schlauns. Der Bildhauer Johann Christoph Manskirch hat sie, wie die Rechnungen zeigen, ausgeführt, ebenso übrigens wie die Marmorkamine, die geschnitzten Trumeaux, die Supraporten und die Konsoltische im Innern.

Die Dekoration der Haupträume lag in den Händen von Stephan Laurent Delarocque und der Werkstatt Michel Leveillys (Abb. 8–10). Man hat bisher angenommen, daß die Zeichnungen für den Plafond und die Stirnwand des Treppenhauses sowie für das Chinesische Kabinett von Leveilly stammten, doch haben Schriftvergleiche eindeutig gezeigt, daß der kurkölnische »Kabinettmaler« Delarocque der Urheber ist (Hinweis Gerd Dethlefs). Den Rest besorgte ein nicht namentlich bekannter Mitarbeiter aus der Leveilly-Werkstatt; die Beteiligung Leveillys ist durch einen Schriftwechsel mit Schlaun belegt: lambris, trumeaux, dessus de la porte (Surporten), glaces (gerahmte Spiegel), portes á deux battants (zweiflügelige Türen mit reichem Schnitzwerk), plafonds (stuckierte Decken), trophées de la musique et de la chasse, girlandes de fleurs, corniches aux légers rinceaux (Karniese mit leichtem Laubwerk), moulures feuillages (belaubte Gesimse), Arabesken, Chinoiserien und vieles mehr zeigen ein in allen Einzelheiten ganz nach den Regeln der französischen Dekorationskunst ausgeführtes Ausstattungsprogramm.

Im Klebeband aus dem Besitz Arenberg fanden sich zwei äußerst qualitätvolle, farbig angelegte Zeichnungen, die nur schwer zuzuordnen waren: mit Sicherheit nicht von Schlaun, kaum von Leveilly, da die Qualität der lockeren Federführung und der gleichsam impressionistischen Lavierungen alles übertrifft, was bisher im Zusammenhang mit Clemenswerth bekannt geworden ist (Kat.-Nr. 36.65–66). Die Blätter sind offenbar Musterblätter aus einem anderen Zusammenhang des Brühler Hofdessinateurs Johann Adolf Biarelle, dessen Stukkaturen in Ansbach (1737/40) im Linienschwung, aber auch in den Einzelmotiven, etwa der Rahmung der Medaillonbüsten, große Gemeinsamkeiten aufweisen. Ähnlich wie die Zeichnungen Leveillys sollten sie offenbar als Grundmuster für die ausführenden Stukkateure dienen. In diesen Zusammenhang gehört offenbar eine bislang nicht zuzuordnende Zeichnung einer Wandabwicklung (Kat.-Nr. 36.62). Es gibt jedoch auch eine Reihe von Ausstattungszeichnungen von der Hand Schlauns und aus seiner Werkstatt, die seinen Anteil an der Ausstattung belegen. Es ist nicht so, daß bereits eine vollständige Trennung der Bereiche zwischen Architekt und Dekorateur vollzogen war.

Die Stuckdekorationen nach den Entwürfen von Stephan Laurent Delarocque und der Werkstatt Michel Leveillys wurden von den italienischen Stukkateuren Carlo Pietro Morsegno, seit 1723 Mitarbeiter von Leveilly, und Carlo Pietro sowie Domenico Castelli ausgeführt. Es gibt an der Urheberschaft Delarocques keinen Zweifel, wie der Vergleich mit einer Zeichnung von Falkenlust zeigt, die früher ebenfalls Leveilly zugeschrieben wurde. Wer allerdings das Programm ersonnen hat, muß offen bleiben; vermutlich wurde es im Umkreis des Kurfürsten in groben Zügen festgelegt und von Delarocques im einzelnen ausgeführt. Schlauns eigene Dekorationsentwürfe etwa für die Kapelle oder den Hauptpavillon kamen nicht oder nur in Einzelfällen zur Anwendung. Er war gehalten, mit den Brühler Ausstattungskünstlern des Kurfürsten zusammenzuarbeiten. Die Dekoration wurde jedoch in Abstimmung mit dem Architekten gezeichnet, denn die Architektur hat in Clemenswerth Vorrang. Delarocque und der Dessinateur Leveillys hatten das Schlaunsche Ausstattungskonzept in eine modernere Sprache zu übertragen. Möglicherweise liegt hier der Grund für die immer wieder konstatierte Altertümlichkeit Leveillys und nicht in dem verlorenen Anschluß an den Pariser Geschmack etwa eines Oppenord oder Meissionnier.

Der Maler der Supraporten und der Jagdgemälde des Treppenhauses ist Gerhard Koppers, seit 1709 als guter Porträtmaler der Münsteraner Malergilde zugehörig.

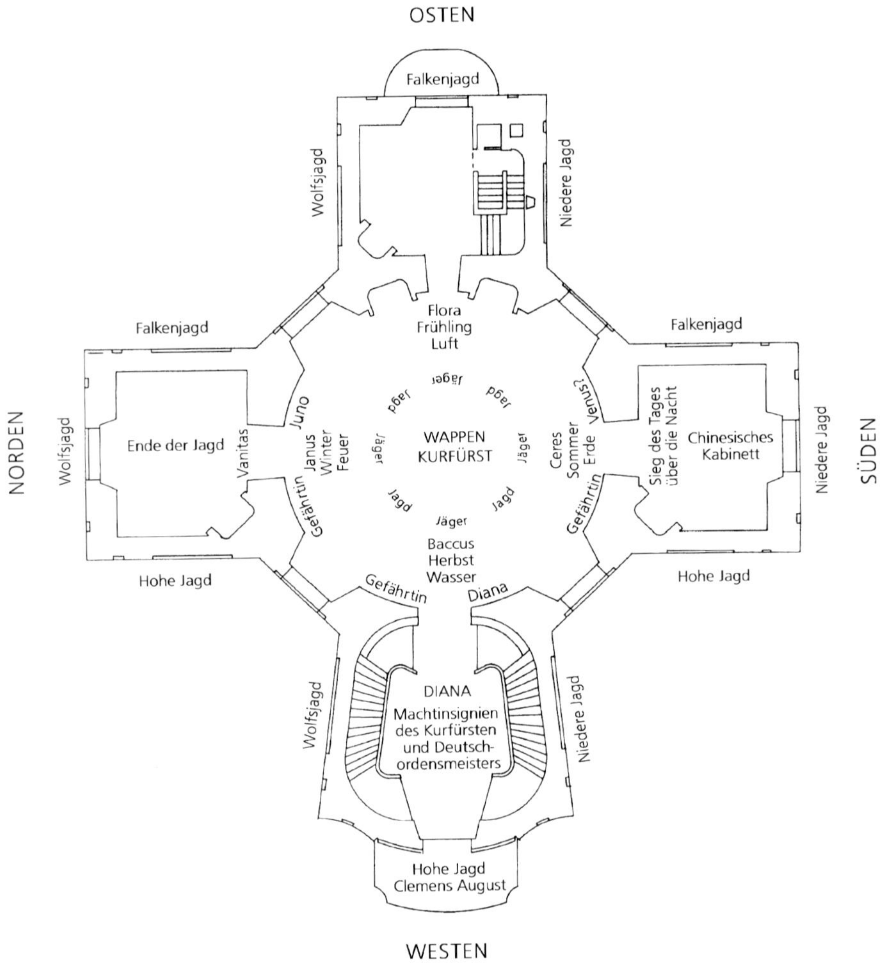

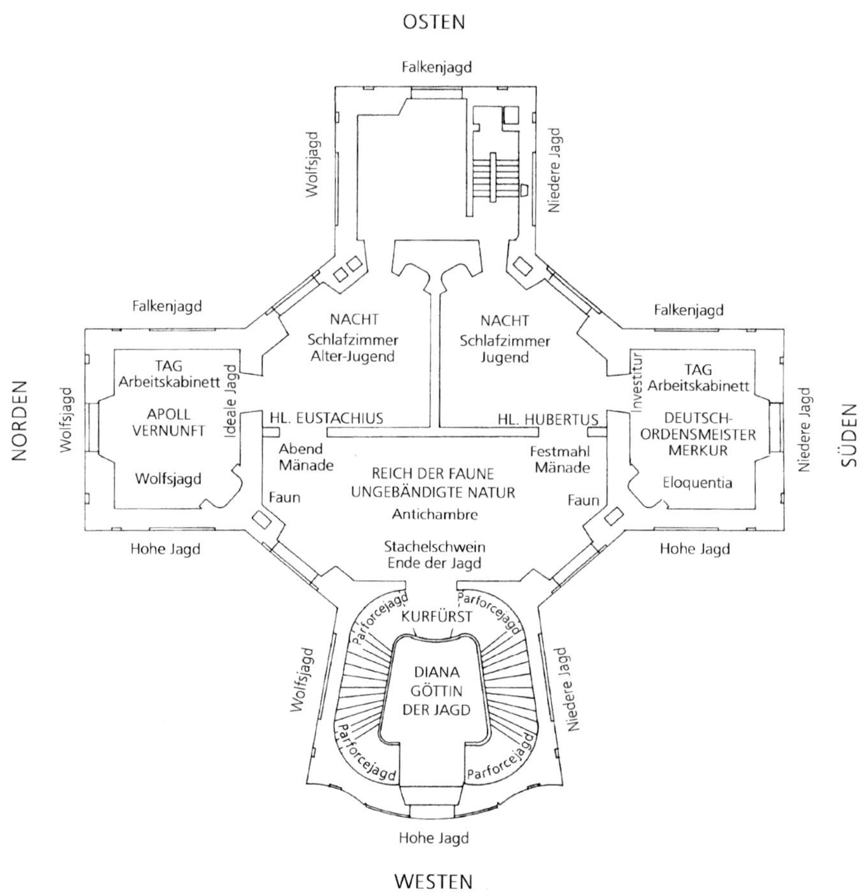

Jagdschloß Clemenswerth,
Schematisierte Darstellung des ikonographischen Programms im Erdgeschoß (links) und Obergeschoß (unten).

Ikonographie

Die Ikonographie des Schlosses ist bislang nicht im Zusammenhang untersucht, sondern lediglich in Ansätzen, teilweise falsch, von Borchers beschrieben, der Zusammenhang des Programms nicht erkannt worden. Eine endgültige Deutung aller Einzelheiten war auch jetzt nicht möglich, doch soll innerhalb dieser Untersuchung zumindest das Generalthema dargelegt werden, denn es hat sich herausgestellt, daß das Programm bis in die Einzelheiten hinein sorgfältig durchdacht ist. Als Erfinder kommt auf keinen Fall einer der Künstler in Frage, sondern einer der Hofikonographen, die Clemens August in Brühl beraten haben (Abb. Schema).

5 Jagdschloß Clemenswerth, Ansicht von Südosten (1973)

AUSSENBAU

Beschriftung der Supraporten und zugehöriges Relief über dem Fenster des Obergeschosses. Sie alle rühmen Clemens August als königlichen Jäger und nehmen Bezug auf das Programm der Innenräume des Schlosses (Abb. Schema).

HAUPTEINGANG-WEST: »DeCet haeC VenatIo aVgVsto regVM eX sangVIne natus« (Diese [die hohe] Jagd geziemt dem Herrscher von königlichem Geblüt): Hirschkopf, Jagdhörner, Jagdspieße, im Segmentgiebel das kurfürstliche Wappen; innen: Diana als Königin der Jagd.

NORDEN: »InnoCentes a verI InsIDIasqVe gressVs LUpI eVertere gLorIosVM est« (Es ist rühmlich, die Unschuldigen zu beschützen und die Nachstellungen und Schritte des Wolfes abzuwehren): Wolf mit Netz, Jagdspießen, Flinte, Gabeln; innen im Obergeschoß: Clemens August als Apoll und Beschützer der Herden vor den Wölfen.

OSTEN: »aD VsqVe nVbes et per arDVa seqVItVr DoneC VInCat« (Bis in die Wolken und über alle Hindernisse hinweg verfolgt er sein Ziel bis zum Sieg): Falke über Reihern mit Falknergeschirr (über die Falkenjagd als Spiegel fürstlichen Handelns vgl. oben).

SÜDEN: »qVot lepores aLItesqVe eDVCat sogeLenVs ager tot eCCe sVo nVtrIt prInCIpI DeLICIas« (Wieviel an Hasen und Federwild das Sögeler Land hervorbringt, ebenso viel Vergnügen verschafft es fürwahr seinem Fürsten): Hasen, Feldhühner, Flinten, Pulverhorn, Hirschfänger; der Aspekt der Arbeit und Vorbereitung der Jagd als vorausschauendes Handeln kommt im südlichen Kabinett des Obergeschosses mit dem Merkurprogramm zum Ausdruck.

Die Jagdgehänge an den Flanken der Flügelanbauten sind aus gelbem Sandstein auf rotem Backstein: Je zwei dieser Gehänge zeigen die Parforcejagd auf den Hirsch im Westen, die Wolfsjagd im Norden, die Reiherbeize im Osten und die niedere Jagd im Süden. Steht man in einer der Hauptachsen, hat man jeweils drei Schauseiten vor sich, eine Flügelfront und zwei Flügelflanken mit den Jagdgehängen, die dasselbe Thema der Jagd in drei symmetrisch angeordneten Varianten vor Augen stellen. Nähert man sich dagegen in einer Diagonalachse, so steht im Zentrum des Blicks eine Fensterachse des zentralen Oktogons, begleitet von den Flanken der Flügelbauten mit im Thema unterschiedenen Jagdtrophäen, daß heißt der Übergang von einem Thema zum anderen wird verdeutlicht. Die Hauptansichten sind jeweils dreigeteilt, im Zentrum der Fürst, gegenwärtig im Monogamm, den Inschriften oder durch die direkte Sichtachse ins Innere des Pavillons, an den Seiten gleichsam wie die aufgeklappten Flügel eines Altars die Trophäen der Jagd. Man bemerkt zwar deutlich, wie sehr die geplante krönende Kaminskulptur mit der Hirschgruppe gleichsam als Zusammenfassung des Themas in den Achsansichten fehlt (Kat.-Nr. 36.46), andererseits jedoch der Fürst selbst als das eigentliche Zentrum und Ziel der Anlage in den Vordergrund tritt.

Thema des Außenbaus ist die fürstliche Jagd als Teil seiner Herrschaft über die Natur, eingebunden in den Ablauf der Zeit, in der gleichsam sakralen Darstellung der dreiteiligen Ansichten des Pavillons über kreuzförmigem Grundriß zeigt sich die herausragende Stellung des Fürsten als Vicarius Christi.

6 Jagdschloß Clemenswerth,
Westflügel, Plafond des Treppenhauses

7 Jagdschloß Clemenswerth,
Westflügel, Treppenhaus (1953)

8/9 Jagdschloß Clemenswerth, Westflügel, Treppenhaus, Stucksupraporten der seitlichen Scheintüren

TREPPENHAUS

Das Treppenhaus steht unter der Herrschaft der Diana. Das Deckengemälde von Gerhard Koppers »Diane dans les airs, qui préside la chasse« war auf den Eintretenden bezogen, dessen Blick von den steilen Läufen der Treppe nach oben gezogen wurde, wo ihn auf dem Altan der Fürst erwartete: Clemens August als Herrscher im Reich der Diana, der Schwester des Apoll, der traditionellen Identifikatonsfigur des Herrschers (Abb. 6–10). Vier Ölbilder von Koppers über dem Altan der Stiege zeigen den Kurfürsten in vier Szenen der »königlichen« Parforcejagd, die bereits außen an der Eingangsfront vorgeführt wurde: das Setzen des Leithundes auf die verbrochene Fährte; die Meute kommt an den Hirsch; die Meute hat den Hirsch gestellt, er wird abgefangen; Tod des Hirsches. Der Stuckrahmen des Plafond, mit Doppelkonsolen in Gestalt von Hundeköpfen, zeigt Jagdszenen, in den Hauptachsen Eber-, Bär- und Hirschköpfe vor Fangnetzen. Die Stucksupraporten der Tür zum Antichambre und der Scheintüren an den Seiten des Treppenhauses schildern Jäger, die von der Jagd ausruhen, und leiten damit bereits ein in die Thematik des oberen kleinen Paradeappartments mit den Schlafzimmern des Kurfürsten. Im unteren Bereich des Treppenhauses, das zugleich als Vestibül diente, werden dem Besucher jedoch zunächst die weltlichen Zeichen der Macht des Kurfürsten und Deutschordensmeisters vorgeführt: das schmiedeeiserne Geländer trägt Wappenschilde mit den Initialen des Fürsten, den bayerischen Rauten und dem Deutschordenskreuz. An den Treppenaufgängen zu seiten des Portals sind bärtige Masken angebracht, daran aufgehängt links eine Trophäe mit dem kurfürstlichen Hut, der Mitra und dem Bischofsstab – der Fürst als Kurfürst und Erzbischof – und rechts eine Trophäe mit Küraß, Helm, Schwert, Standarten und Lanzen – der Fürst als Deutschordensmeister. Auf halber Höhe der Treppe passiert man das stuckierte Wappen des Kurfürsten, das von posaunenden Engeln in den Himmel getragen wird. Weitere Stukkaturen zeigen Jagdszenen, künden von der Ruhe am Ende der Jagd: über der Tür zum Salon ein Jäger mit abgefangenem Hirsch, unter dem Altan ein Hirschkopf in einer Rocaille.

Das Treppenhaus ist durch seine Ausstattung als das eigentliche Zentrum des Hauses ausgewiesen. Hier werden dem eintretenden und wartenden Gast zunächst einmal Macht und Würden des mehrfachen Bischofs, Erzbischofs, Deutschmeisters und Mitglieds einer der mächtigsten Familien des Reiches vor Augen gestellt. Der zeremonielle Aufstieg des Besuchers im steilen Treppenhaus entspricht den Gepflogenheiten der Etikette an deutschen Höfen und keineswegs der französischen commodité. Dem Bezug des Herrschers zu Diana als Herrscherin der Jagd ist in der Schloßkapelle der Bezug zu Maria als Herrscherin des Himmels gegenübergestellt; es sind die beiden Mächte, unter deren Präsidium Clemens August sein Handeln in Clemenswerth gesetzt wissen will. Dem entspricht der Blick des Kurfürsten, wenn er auf dem Altan der Treppe seine Gäste erwartet, denn das westliche Fenster des Teppenhausflügels weist eine besondere Form der Metallsprossung auf, die den Blick des Kurfürsten gleichsam wie in einer Zielscheibe zentriert: als Ziel der in einiger Entfernung gerade noch sichtbare Chor der Pfarrkirche von Sögel. Dieser geleitete, gleichsam sakral gebundene Blick findet seine Entsprechung im Programm der kurfürstlichen Schlafzimmer ebenso wie in der Schloßkapelle.

10 Jagdschloß Clemenswerth, Westflügel, Treppenhaus, Stuckrahmen des Plafond

11 Jagdschloß Clemenswerth, Westflügel, Treppenhaus, Stuckdecke unter dem Altan

12/13 Jagdschloß Clemenswerth, Salon, Ostwand

14–17 Jagdschloß Clemenswerth, Salon, Supraporten mit den vier Jahreszeiten

SALON

Betritt man den Salon, wird unmittelbar der Zentralraum wirksam: In der Mitte beherrscht ein in die Hauptrichtungen ausstrahlender, kostbarer Marmorstern im Fußboden den Raum, dem entspricht am Plafond die Deckenrosette mit dem Wappen des Kurfürsten im Zentrum (Abb. 12–18). In vier Kartuschen jagen Hunde hinter Hirsch und Hirschkuh her, eine ewige Hetzjagd gleichsam im Kreis um das Wappen herum, vergleichbar einer Schlange, die sich in den Schwanz beißt – Symbol der verrinnenden Zeit. Dem zugeordnet, so wie die Bilder der Evangelisten Christus umstehen, in Muschelrocaillen die Köpfe vierer erfolgreicher Jäger mit Bruch am Hut, die auf die ewige hierarchische Ordnung der Welt verweisen: der fürstliche Jäger, assistiert von seinen Trabanten. Der Deckenfries zeigt in den Diagonalen die Jagd auf Wolf, Bär, Wildschwein und Hirsch, daneben Brustbilder von Jägern mit Brackenhörnern, in den Hauptrichtungen Jagdtrophäen verbunden mit weiblichen Büsten, Wappenschilde mit den bayerischen Rauten, dem Pfälzer Löwen und den Initialen des Kurfürsten, zwei davon (in der realen Nord-Südachse) spiegelbildlich wiedergegeben, laut Wagner ein Hinweis auf die im Hauptpavillon nur scheinbare, vorgestellte Ausrichtung der Anlage nach Osten, der in der Schloßkapelle die reale Ostung des Altars entspricht.

Die sechs Trumeaux sind ähnlich den Sandsteingehängen am Außenbau mit Jagdtrophäen verziert, aufgehängt an einer Rocailleform. Im Zentrum dieser Rocaille befinden sich Porträts weiblicher Gottheiten, nur zwei von ihnen konnten bisher eindeutig identifiziert werden: Diana gleich rechts vom Eingang mit ihrem Attribut, dem Mond, und Juno im Norden, kenntlich an ihrem Diadem, möglicherweise ist die dritte im Norden Venus. Einige der Damen tragen Hüte, vielleicht hat man hier die Referenz vor den Damen im Gefolge vor sich, die, wie die vier erfolgreichen Jäger am Plafond dem Fürsten, als ideale Gefährtinnen je einer weiblichen Gottheit zugeordnet sind.

Die Supraporten, ebenfalls Gemälde von Koppers, zeigen die vier Jahreszeiten verbunden mit den vier Elementen, ein Verweis auf die übergeordnete Bedeutung der Zeit als Folie fürstlicher Macht, die Einordnung der Herrschaft in den Makrokosmos: Frühling/Luft im Osten: Putti mit der Büste einer blumenbekränzten Flora, Vogelflug, ein Vogelnest mit Jungen, ein Schmetterling, ein Putto mit Strohhalm und Muschel, Verweis auf Luft und die Vergänglichkeit zugleich; Sommer/Erde im Süden: Ceres, Tochter des Saturn und Mutter der Proserpina, steht für das Wachsen und Vergehen in der Natur, ihre Attribute sind Ährenkrone und Sichel, dazu Putti mit Sonnenschirm, Sichel, Korngarbe, ein Putto löscht seinen Durst; Herbst/Wasser im Westen: feiernde Putti mit Bacchus und dem ihm zugeordneten Ziegenbock, Weintrauben und Obst, eine

volle Amphore mit Wein, zwei umgestürzte, wie sie die Flußgötter haben, verweisen auf das Element Wasser, ein Tambourin auf die Musik; Winter/Feuer im Norden: Putti um eine mit Efeu umrankte Janusbüste, einer geht auf Eis, andere wärmen sich an einer Feuerschale. Das Janushaupt drückt in diesem Zusammenhang aus, daß sich die Überlegung des Fürsten gleichermaßen auf die Vergangenheit und die Zukunft richtet, bedeutet zugleich Ende und Anfang im Sinne der ewigen Jagd im Plafond.

18 Jagdschloß Clemenswerth, Salon, Plafond

19/20 Jagdschloß Clemenswerth, Südflügel, Chinesisches Kabinett, Eckkartuschen des Plafond

Das chinesische Kabinett im Südflügel zeigt in der Mitte des Plafonds einen hockenden Chinesen mit Pfeil und Bogen, in der Rahmenleiste Muscheln, Blüten, Rankenwerk mit einem Pfauen und Drachen, drei Eckkartuschen zeigen Chinesen bei der Jagd auf Drachen, Wolf und Vogel (Abb. 19–20).

In der Supraporte ist der Sieg des Tages über die Nacht dargestellt. Ein Putto in Siegerpose, der Tag, stößt einen zweiten Fackelträger mit Füßen. Die Nacht geht mitsamt Maske und Mond unter. Ein dritter Putto reicht dem Tag einen Reif und den Lorbeer des Siegers, der hell von der aufgehenden Sonne beleuchtet wird. Die Szene spielt auf dem Gipfel eines hohen Berges, über den das Band der Zeit, der Tierkreis, gespannt ist. Man erkennt die Monatsdarstellungen Löwe und Krebs, das südliche Kabinett ist, wie schon am Außenbau dargestellt, als Ort des Sommers gekennzeichnet. Die Palme des Sieges im Hintergrund verweist zugleich auf den dornenreichen Weg der Tugend zum Gipfel, gleichzusetzen mit dem Kampf des Tugendhelden über die Mächte der Finsternis. Der Fußtritt des strahlenden Siegers verdeutlicht, bezogen auf die Ikonographie der Minerva, den Sieg der Vernunft über die Sinne, ein Topos, hier Grundgedanke des Gesamtprogramms. Der goldene Reif, in dem der Sieger gewissermaßen sitzt, ist beim genaueren Hinsehen als Schlange zu identifizieren, die sich selbst in den Schwanz beißt: omnia vorat – die alles verzehrende Zeit. Palme und Lorbeer, die dazu kommen, komplizieren die Bedeutung jedoch weiter. Nach einer verbreiteten Imprese mit der Weltkugel, hier Tierkreis, der Schlange, die als Reif einen Spaten, Symbol der Arbeit, umschließt, und dem Lorbeer bedeutet das Bild neben der Darstellung der Welt in der Zeit zugleich: unsterblicher Ruhm wird dem Sieger über die dunklen Kräfte der Nacht zuteil.

Das nördliche Kabinett des Winters verbindet die Jagd mit dem Aspekt der Vanitas: im Plafond gekreuzte Jagdwaffen mit Netz, in den Eckkartuschen ausruhende Jäger mit Hunden, einer von ihnen bläst ins Horn (Abb. 21–22). Die Supraporte hat als Hauptthema die Vergänglichkeit irdischen Daseins, des Reichtums und weltlicher Macht. All das, was der Fürst an Symbolen seiner Herrlichkeit vorgeführt hat, erscheint im Angesicht der Ewigkeit als Seifenblase, wie sie ein Putto durchs Bild schweben läßt. Rosen, eine geflügelte Lebensuhr, eine Landkarte, die umgestülpte Krone, Zepter, Geldstücke – Vanitas. Dem Anbruch des Tages im chinesischen Kabinett steht der Ablauf des irdischen Da-

21/22 Jagdschloß Clemenswerth, Südflügel, Nördliches Kabinett, Eckkartuschen des Plafond

seins gegenüber. Im Hintergrund ein Obelisk als Pendant zur Palme des Tages bedeutet den beschwerlichen Weg der Tugend, ein frommes Leben gestützt auf den Glauben, Standhaftigkeit im Wandel der Zeiten: sic itur ad astra.

Das Programm hat gegenüber der Zentriertheit des Salons gleichzeitig eine Zeitachse von Süd nach Nord, vom Sommer zu Winter. Das versteckte Treppenhaus im Ostflügel wird durch die Spiegel über den Kaminen gleichsam aus dem Programm ausgeblendet, indem es auf das Treppenhaus zurückverweist. Hier gingen die Lakaien auf und ab, um den Fürsten unbemerkt durch die Tapetentüren zu bedienen und um ihre Schlafzimmer in der Mansarde zu erreichen.

ANTICHAMBRE

Während das Treppenhaus der Diana gehört, ist das anschließende Wartezimmer vor den Schlafzimmern des Kurfürsten, das Antichambre, als Reich der Faune definiert, Fortsetzung des Programms im Salon, wo ebenfalls im Westen Bacchus den Herbst vertrat (Abb. 23–25). Diana, zugleich Göttin der Nacht, gehört der Westflügel, der Sonnenuntergang. Die Eckkartuschen zeigen Masken von Satyrn und zornig blickende Frauenbüsten, Gestalten des Waldes mit einem Reif und Eichenlaub im Haar, Mänaden, die mit Vorliebe kleine Rehkälbchen zerfleischen. Am Plafond steht die Jagdtrophäe eines erlegten Bären, in der Randleiste Hifthörner, Waffen und erlegtes Wild: Bär, Hirsch und ein Eber im Netz. Die Supraporte zum Treppenhaus zeigt den hereinbrechenden Abend, das Ende der Jagd; die Waffen sind beiseite gelegt, Hunde werden weggeführt, Putti betrachten die Jagdbeute, Vogel und Hasen. Die Supraporte zum südlichen Schlafzimmer bietet ein gleichsam bacchantisches Festmahl im Reich der Putti; die Waffen sind abgelegt, man genießt die Früchte des Landes, am Baum hängt die Jagdbeute, ein Reiher; die Supraporte zum nördlichen Schlafzimmer zeigt die hereinbrechende Nacht, die von einem Putto eingeblasen wird, ein anderer wischt sich die Augen, ein dritter ist drauf und dran, ihn ins Stroh zu betten.

Die Ikonographie zeigt die Jagd als Beherrschung der Natur. Am Ende der Jagd, wenn mit der Nacht die Geister der Natur freie Bahn bekommen, die Sonne als Symbol der Vernunft untergeht, droht der Mensch seiner Sinnlichkeit zu erliegen, dargestellt in der Triebhaftigkeit der Faune und Mänaden, deren Reich der Fürst im Vorzimmer seiner Schlafgemächer zuläßt. Da, wo es gleichsam privat wird, wenn der Fürst schlafen geht, zeigt Clemens August seine den Versuchungen der Naturhaftigkeit ausgesetzte Herrschertugend vor. Selbstverständlich wird er den Sieg davontragen, wenn er morgens zur Jagd aufbricht, bedeutet ihm das seltene Stachelschwein über der Tür zum Treppenhaus die Stärke und Weisheit des Herrschers. Die Dialektik des Freilassens und Beherrschens der Natur wird weitergeführt an den Wänden des Antichambre. Dort hängen flämische Tapisserien, die eine weite bewohnte, offenbar befriedete Landschaft zeigen – der illusionistische Ausblick auf das ideale Reich des Wittelsbachers, der es verstanden hat, sich die Natur untertan zu machen.

23/24 Jagdschloß Clemenswerth,
Antichambre, Eckkartuschen des Plafond
mit Mänade und Satyr (1973)

25 Jagdschloß Clemenswerth,
Antichambre (1936)

Südliches Schlafzimmer: Zentrales Thema ist die Vision des hl. Hubertus in der Supraporte zum Antichambre, dem sich während der Jagd Christus in Gestalt des verfolgten Hirsches offenbarte. Hubertus wurde wie Eustachius als Patron der Jäger verehrt, er gehörte zu den vier Marschällen Gottes, es gab einen Hubertus-Ritterorden. Clemens August hatte sich auch in der Schloßkapelle des Hirschberger Jagdschlosses einen Hubertus-Altar aufstellen lassen. Der hl. Bischof Hubertus war wie kein zweiter geeignet, als Identifikationsfigur des Kurfürsten für die christliche Seite des Jagens zu dienen, ihm während der Nacht beizustehen, den Anfechtungen der Triebhaftigkeit zu widerstehen, und ihn am Morgen, wenn er im Jagdkostüm das Schlafzimmer verließ, zu mahnen, die Jagd zu begreifen als das sich Untertanmachen der Natur. Der Plafond zeigt einen sitzenden Putto unter Mond und Sternenhimmel, der den rechten Zeigefinger zum Mund führt, als wolle er Stille gebieten: es ist Nacht (Abb. 26–27). Im Fries Büsten von jugendlichen Jägern, die schlafend den Kopf in die Hand gelegt haben, daneben Hunde, der eine schläft, der andere wacht, Waffen, Füllhörner, ein Hirsch- und ein Eberkopf.

Nördliches Schlafzimmer: Zentrales Thema ist die Bekehrung des hl. Eustachius, die Supraporte zeigt ihn mit den Attributen eines römischen Militärs. Putti tragen sein Schwert und seinen Helm. Eustachius war Feldherr Trajans und wurde während der Jagd durch die Erscheinung des Gekreuzigten im Geweih eines Hirsches bekehrt. Seine Taufe zog den Verlust von Stellung, Besitz, Frau und Söhnen nach sich, führte schließlich zum Märtyrertod. Sein Attribut hier ist der Palmwedel des Martyriums, in der Kapelle ist es der Löwe, der ihn in der Arena verschonte. Die beiden Schlafzimmer sind als Pendants zu begreifen, eines hielt der Fürst für einen hohen Gast bereit, und verkörpern im Zusammenhang mit den zugeordneten Kabinetten ideale Eigenschaften des Kurfürsten. Eustachius als edler Feldherr stand dabei für die weltliche Seite, während Hubertus als heiliger Bischof die geistliche Seite des Kurfürsten widerspiegelt. Der Plafond zeigt einen schwebenden Putto mit einem Blütengehänge in der Hand unter Sternenhimmel. Frauenköpfe, darunter Diana als Königin der Nacht, die Endymion die Glieder mit tiefem Schlaf beschwerte, ein schlafender Jüngling und ein schlafender Greis verweisen auf die Lebensalter (Abb. 28).

Südliches Kabinett: Das zentrale Thema ist Clemens August als Hoch- und Deutschmeister, assistiert durch Merkur. Die Supraporte preist das »Annus Electionis MDCCXXXIX«, das Jahr der Wahl, mit den Attributen seiner Investitur: Löwe, Schwert, Mantel und Feldherrnstab des Deutschen Ritterordens, Putti halten den Helm und ein Buch mit der Inschrift. Der Plafond zeigt im Zentrum das Wappenschild des Deutschordensmeisters mit Fahnen, Helm, Schwert, Lanze, Kanone und Trommel. Über dem Kamin der geflügelte Hut, Schlangenstab, Schwert und Drache – Attribute des Merkur, in der Eckkartusche Malerei, Skulptur und Architektur, in der anderen Globus, Zirkel, Fernrohr, Winkelmaß und Posaune – Künste und Wissenschaften, die auf Merkur zurückgehen, im dritten Feld eine Leier mit gekreuzten Posaunen – die Musik, dazu Putti mit Hunden und vier nicht näher identifizierbare Frauenbüsten in Muschelrocaillen, vielleicht Nymphen (Abb. 30–32); Merkur, in Arkadien geboren, Erfinder der Leier, musizierte als Reigenführer der Nymphen, bevor er das Instrument Apoll überließ, der ihm umgekehrt den Caduceus übergab. Das Kabinett war zugleich Arbeitszimmer des Fürsten, darauf verweisen die Eigenschaften des Merkur. Der Fürst in seiner Eigenschaft als Deutschordensmeister zeigte sich in den Wissenschaften und Künsten erfahren. Eine der hervorragendsten Eigenschaften des Merkur ist die Eloquentia, die Überzeugung kraft des gesprochenen Wortes, die bei schwierigen Verhandlungen mit ausländischen Diplomaten gefordert war.

Nördliches Kabinett: Das nördliche Kabinett steht unter der Herrschaft des Apoll, der Fürst als Sonnengott, ein Topos (Abb. 29). Als Lenker des Sonnenwagens verkörpert er analog zu dem Thema des südlichen Kabinetts im Erdgeschoß den Sieg des Tages über die Nacht, hier nicht der Himmelsrichtung zugeordnet, sondern dem Schlafzimmer, dem das Kabinett als Arbeitsraum zugeordnet war. Apoll und die Künste heißt das zentrale Thema im Plafond: Musik – Lyra und Posaunen –, dazu die Attribute der Malerei, Skulptur und Architektur, Palette, Pinsel, Malstab, Skulptur, Maßstab und Zirkel; in den Kartuschen der Randleiste Szenen der Wolfsjagd mit Hunden. Die Supraporte zeigt eine Puttenjagd auf Hasen, im Hintergrund ein Zeltlager – die ideale Jagd.

Der Fürst als Apoll tritt auf als Jäger der Pythonschlange, der Verkörperung des Bösen schlechthin, als Beschützer der Herden vor den Wölfen in der Wolfsjagd, was dasselbe bedeutet, und als Mentor

26/27 Jagdschloß Clemenswerth, Südliches Schlafzimmer, Plafondstuck

28 Jagdschloß Clemenswerth, Nördliches Schlafzimmer, Plafondstuck

29 Jagdschloß Clemenswerth, Nördliches Kabinett, Plafondstuck, Apoll

der Künste, die sich im Reich der Vernunft frei entfalten können. Apoll steht für den Sieg der Vernunft über die Triebhaftigkeit der Natur, eine Fürstentugend, verkörpert einmal im Sieg des Sonnengottes, des Beherrschers des Tages über die Nacht, zum anderen über Marsyas, der die Panflöte spielte. Apoll schlug ihn aus dem Rennen, indem er die Lyra schlug, ein Instrument, das im Gegensatz zur Flöte den Einsatz des Wortes erlaubte, Eloquentia, eine Eigenschaft, die er mehr noch als Merkur für sich verbuchen kann. Die Kabinette sind somit zum einen aufeinander bezogen, zum anderen als Pendants der Schlafzimmer zu verstehen und vor allem auch antithetisch auf die zugelassene »wilde Natur« des Antichambre bezogen.

ZUSAMMENFASSUNG

Das untere Geschoß stellt die reale Herrschaft des Fürsten dar, eingeordnet in den kosmologischen Zusammenhang der Zeit und der Elemente. Die Jagd in ihren, dem Kreislauf des Jahres zugeordneten Spielarten wird als Spiegel der guten Regierung aufgefaßt, die Parforcejagd als höchste der Jagden in den Bildern des Treppenhauses gleichsam wie eine profane Heiligenvita in Einzelszenen geschildert. Im Erdgeschoß wie im Obergeschoß bilden die Kabinette eine Querachse aus, sind aufeinander bezogen. Dem Sieg des Tages über die Nacht, der Vernunft über die dunklen Mächte der Triebhaftigkeit als Leitmotiv des tugendhaften Herrschers steht die Mahnung an die Vergänglichkeit irdischen Seins gegenüber, Vergangenheit und Zukunft zugleich zu bedenken. Das Treppenhaus verbindet den irdischen Ablauf des Lebens mit den Privaträumen des Fürsten. Im Antichambre läßt der Fürst die triebhaften Kräfte der Natur in Erscheinung treten, um sie kraft göttlicher Vernunft und Glaubensstärke in die Schranken zu weisen. Hubertus und Eustachius, Bischof und Krieger, stehen zugleich für die christliche Dimension der Jagd, die in der Kreatur die Gottheit entdeckt, und selbst im Sinne des rechten Glaubens überzeugend tätig wird, zum einen im Martyrium, zum anderen in der strahlenden Rolle des heiligen Bischofs. Derselbe Aspekt kommt im übrigen in Münster beim Bau der Clemenskirche zum Ausdruck, wenn Clemens August zum einen seinen Namenspatron, den heiligen Märtyrerpapst Clemens verehrt, er zum anderen mit Augustus, also als Imperator, angesprochen wird – Begriffspaare oder Aspekte, die im idealen Herrscher vereint werden. Diese Aspekte vereint Clemens August auf sich, wenn er als Deutschordensmeister gleichsam den Aszendenten des Merkur für sich in Anspruch nimmt, zugleich aber die Eigenschaften des Sonnengottes in seiner Person verkörpert.

Die Lesbarkeit des Programms von unten nach oben klingt im Treppenhaus an, aber auch in der Verbindung Bacchus/Faun im Westen. Folgt über dem südlichen Kabinett mit dem Sieg des Tages die Betriebsamkeit des Merkur, Kunst und Wissenschaft, vereint mit der gewiß idealen Bereitschaft des Deutschordensmeisters, die Welt dem Christentum zu erobern, so triumphiert im nördlichen Kabinett der strahlende Apoll als Herrscher des Tages über die Vergänglichkeit irdischen Daseins im Erdgeschoß. Die beiden Schlafzimmer sind entsprechend dem Sommer und dem Winter im Erdgeschoß Lebensaltern gewidmet, der Jagd des Tages im Plafond des Saales entspricht die Ruhe der Nacht im Obergeschoß, der Verkörperung des regierenden Fürsten im Wappen unten die Aufteilung in die Aspekte seines Handels in den Supraporten der Schlafzimmer.

30–32 Jagdschloß Clemenswerth, Südliches Kabinett, Plafondstuck

SCHLOSSKAPELLE

Im Herbst 1737, wenige Monate nach Baubeginn des Schlosses, war Clemens August in Sögel. In einem Brief an seinen kurfürstlichen Bruder Karl Albrecht in München heißt es: »Sogleich gehe nacher Clemenswehrt, den Ersten stein zu legen an der Capellen gebäu.« Der Grundstein an der Rückwand im Innern der Kapelle nennt das Datum des damit offiziellen Baubeginns, den 30. Oktober 1737; 1739 war der Bau laut Inschrift beendet. Die Kapelle war dem hl. Hubertus und der Himmelfahrt Mariens geweiht. Clemens August erhielt die Erlaubnis des Papstes zur Gründung einer Mission, betreut durch den Orden der Kapuziner. Drei Patres und ein Bruder trafen bereits am 15. August 1739 in Clemenswerth ein, am 9. August 1741 konnte der Orden das neue Kloster beziehen.

Im Januar 1740 hatte Franz Joseph Roth, der Baumeister des Deutschen Ordens zu Mergentheim, mit der Arbeit an Altar und Kanzel in blauem Stucco lustro begonnen. Am 24. Juni 1740 berichtete Schlaun nach Bonn, daß »die Stokkadorer in so weith am Plaffon der Capellen avancieret, dasz anjetzo ein mahler an dem frescomahlen nicht gehindert würde.« Der dafür verpflichtete Augsburger Freskomaler Johann Evangelist Holzer starb jedoch bereits am 21. Juli 1740 in Clemenswerth. An seine Stelle traten der Maler Vittorio Maria Bigari aus Bologna und sein Gehilfe Vanelli, sie vollendeten das Deckengemälde zu Ehren der Himmelfahrt Mariens im Jahre 1741 (Signatur und Datierung im Deckengemälde). Am 22. März 1741 war »das Altar im hiesigen churfürstlichen Capellen auffgerichtet«, mit Ausnahme der Figuren des hl. Georg und des hl. Eustachius von dem Mainzer Bildhauer Burkhard Zamels. Der Maler des Altarbildes mit dem Wunder des hl. Hubertus ist unbekannt.

Am 22. Juli 1741 wurde die Reliquie des hl. Fructuosus, ein Geschenk Papst Benedikts XIV. an den Kurfürsten, unter dem Hochaltar der Kapelle niedergelegt. Am 15. August 1741, am Fest Maria Himmelfahrt, fand die Konsekration der Kapelle statt. Clemens August stiftete in diesem Zusammenhang dem Ort Sögel einen achttägigen freien Markt.

Im Pavillon-Ensemble der Schloßanlage nimmt die Schloßkapelle neben dem kurfürstlichen Zentralbau eine hervorragende architektonische Stellung ein, auch wenn ihre Fassadenseite nur durch einen Dachreiter mit Kreuz und Leidenswerkzeugen Christi betont ist (Abb. 33–36). Ein quergelagerter, durch alle Geschosse gehender Saalbau mit doppelstöckiger Herrschaftsempore und Hofloge dem Altar gegenüber verweist auf die Funktion als Schloßkapelle. Der Fürstenstuhl, durch das Kloster zu betreten, ist durch das Motiv der Serliana ausgezeichnet, ein römisches Motiv, das Schlaun bereits bei der ersten Residenzplanung in Münster 1732 für die Fürstenloge (Kat. Nr. 36.96) vorgesehen und das in Brühl politische Dimensionen erhalten hatte. Nicht nur von den Pfeilern wird das Gebälk getragen, sondern Atlanten stützen den Bogen über dem Kurfürsten, gleichsam die höchste der Ordnungen, die Schlaun in Clemenswerth sonst überhaupt nicht verwendet.

Formuliert ist damit zugleich der schon im Programm der Gesamtanlage Clemenswerth angesprochene Bezug Kurfürst/Gottvater, seit dem Mittelalter ein Topos, in dem sich Gottesgnadentum und die Vicarius Christi-Vorstellung treffen, während Höflinge und fremde Diplomaten eine Etage tiefer Platz zu nehmen hatten. Trotz aller Unterschiede bleibt die Grundkonzeption und der disziplinierende Charakter der Versailler Schloßkapelle auch in Clemenswerth gültig, mit der einen Ausnahme vielleicht, daß die Blicke des Hofstaates nicht auf den Herrscher, sondern auf den Altar gerichtet waren. Ein weiterer von Johann Christoph Manskirch ausgeführter Altar auf der Empore, der Muttergottes geweiht, war der Privatandacht des Kurfürsten vorbehalten.

Schlaun gliedert den Innenraum dem Außenbau entsprechend mit einem Streifen-Felder-System, das die Achsenstruktur des Außenbaus aufnimmt (Kat.-Nr. 36.95). Doppelstreifenfigurationen als Überleitungsmotiv in den abgerundeten Ecken, ein stark verkröpftes Gesims und das sich darüber aufbauende hohe Gewölbe mit dem illusionistischen Deckenfresko betonen die architektonische Einheitlichkeit des Raumes. Nicht einmal der Schmuck der einzelnen Felder mit illusionistischen Malereien führt zu einer Verunklärung der Struktur, obwohl der Wandgliederung in der Voute nur noch die Mansardfenster entsprechen. Erst im Deckenbereich vollzieht sich die einzige wirkungsvolle Raumerweiterung durch das illusionistische Marienfresko.

Die Altarseite (Kat.-Nr. 36.96), dem Fürsten zugeordnet, betont in der Ikonographie des Hubertus und der beiden gewappneten Heiligen, dem Drachentöter Georg und dem Löwenbändiger Eustachius, den religiösen Aspekt der Jagd, wie übrigens die Himmelfahrt Mariens durchaus mit der Diana des Treppenhauses als regina coeli des Jägerhimmels vergleichbar ist – oder umgekehrt. Der Altar bleibt ein Fremdkörper im Raum, da er, nicht nach den Plänen Schlauns ausgeführt, wie Bußmann betont, ein ganz anderes, bewegteres Raumgefüge voraussetzt. Der Altar Schlauns, dessen Giebelelemente unmittelbar mit dem umlaufenden Kranzgesims verbunden waren, sollte in dem gesprengten Giebel der Erscheinung Gottvaters Raum geben und die Bewegung der kurfürstlichen Loge mit konkav-konvexem Schwung wiederaufnehmen, womit eine absolute Stimmigkeit der räumlichen Beziehungen formuliert worden wäre. Dieser Schwung wurde in der Ausführung auf die Kommunionbank übertragen.

Schlaun hat die Gestaltung in großen Zügen überwacht, wenn auch die Stuckdecke und die Voute auf Delarocque (man vermutete bisher von Leveilly; vgl. oben) – ausgeführt von den Brüdern Castelli –, die Form des Altares auf Roth, das Deckenfresko auf Bigari zurückgehen. So zeigt sich im Ergebnis trotz der auf den ersten Blick französisch wirkenden Raumgestaltung insgesamt eine Divergenz zwischen der Deckenformation Delarocques und der Wandstruktur Schlauns. Die Illusionismen in beiden Bereichen sind in Anlehnung an süddeutsch-italienische Vorbilder auf die Wünsche des Kurfürsten selbst zurückzuführen – die Secco-Malerei der über den Stuckrahmen tretenden Wolken, die über dem Fürstenstuhl und über dem Altar einmal das Wappen von Clemens August, einmal Gottvater selbst mit dem wundersamen Geschehen des Deckenfreskos enger verknüpfen. Es ist betont worden, daß die Kombination des Stuckdekors mit der schlichten, strengen, wenn auch plastischen Raumgliederung eines Schlaun, sei sie real oder gemalt, stets unvereinbar gegeneinander stehen müssen.

33 Jagdschloß Clemenswerth, Schloßkapelle, Außenansicht

34 Jagdschloß Clemenswerth, Schloßkapelle, Fürstenloge

IKONOGRAPHIE

Das Thema des Deckengemäldes ist die Himmelfahrt Mariens, über den Fenstern und Türen Kartuschen mit den Brustbildern der Ordensheiligen Franziskus und Clara, Nepomuk, Felix, Joseph, Seraphicus, vor den gemalten Lisenen Gehänge mit liturgischem Gerät. Das Thema der Stuckreliefs ist die Lauretanische Litanei: nach den lateinischen Inschriften der Entwurfszeichnungen sind folgende Anrufungen symbolisch dargestellt: das auxilium Christianorum – in hoc signo vinces, das vas insigne devotione, die sedes Sapientiae, die regina prophetaria, die rosa mystica, die turris Davidica, die ianua coeli, die stella matutina, das refugium peccatorum, die regina angelorum. Putti halten oder zeigen einander die einzelnen Sinnbilder. Allerdings dominiert das kurfürstliche Wappen den Raum, nicht von Putti gehalten, sondern von ausgewachsenen Engeln wie im Treppenhaus. In seiner Gegenüberstellung mit der Dreieinigkeit – Gottvater in der Aureole, darunter im Lichtschein des Ostfensters die Taube, in der Kommunion Christus selbst gegenwärtig – wird der oben skizzierte Anspruch noch einmal deutlich gemacht. Auch den Altar selbst ziert das Wappen des Kurfürsten, über der Kanzel und an der Eingangswand ein Schild mit seinen Initialen. Die Kanzel zeigt die Kirchenväter und Putti mit Kreuz und Kelch, an der Kommunionbank verweisen Putti mit Ähren und Weintrauben auf die Funktion, an den Beichtstühlen der hl. Nepomuk und der Gute Hirte. Die Gemälde minderer Qualität vor den Ecklisenen der Altarseite stellen die Qualen der Gottlosen in der Hölle und die Erscheinung Christi mit dem Kreuz dar (inzwischen entfernt). Bleibt noch die Kirchenmusik zu erwähnen, präsent in der Orgel in einem der Voutenfenster zwischen Kanzel und Altar. Der Kapellenpavillon ist geostet, der Fürst hat seine Dominanz der Himmelsrichtungen, wie sie der Hauptpavillon zeigt, zugunsten Christi aufgegeben: ex oriente lux – der Kurfürst sitzt dem Herrn der Welt gegenüber.

35 Jagdschloß Clemenswerth, Schloßkapelle, Plafond

36 Jagdschloß Clemenswerth, Schloßkapelle, Altarwand

PAVILLONS

Die Wohnpavillons (Abb. 37 – Kat.-Nr. 36.117–125) hielten jeweils sieben geräumige Gemächer für die Gefolgschaft des Kurfürsten bereit, »zur Aufnahme der Bedienung und der Damen, die der Kurfürst mit sich führt«, so der französische Gesandte Augustin Blondel, der sich in Clemenswerth sogleich an Marly erinnert fühlt. Sie sind eingeschossig auf Sandsteinsockel, dreiachsig, mit einem weit überladenden Mansarddach gedeckt, mit einer akzentuierten Mittelachse, das fein bearbeitete Portal auf einer Tafel, darüber Okulus und Kamin, die Fenster in einem vertieften Feld, die Außenkanten durch Doppelstreifen betont. Ein Backstein-Kranzgesims trennt Wand und Mansarddach, das mit Sandsteinaufsätzen in Form von Vasen verziert wurde. Die einzelnen Pavillons um das Jagdschloß tragen den Namen des Kurfürsten, Clemens August, seiner Bistümer Münster, Hildesheim, Paderborn, Osnabrück, Köln und Mergentheim, Sitz des Deutschen Ordens. Die Pavillons Köln und Mergentheim waren Wachthäuser, der Pavillon Paderborn mit seinem Anbau beherbergte die kurfürstliche Küche, der achte Pavillon, durch ein Türmchen mit Glockenstuhl und geschweifter Haube gekennzeichnet, die Schloßkapelle. Die Pavillons sind trotz der heutigen musealen Nutzung zum Teil noch in ihrer Raumaufteilung und der alten Ausstattung erhalten: Kamine, einfach profilierte Stuckrahmung der Decken, Paneele mit eingelegten »Delfter Steinen«, blaßrosa Kacheln aus den Niederlanden.

KAPUZINERRESIDENZ UND KLOSTERGARTEN

Das Kloster oder die Residenz der Kapuziner, das sich dem Pavillon der Kapelle anschließt, hat bis zu seiner endgültigen Form verschiedene Planungsphasen durchlaufen: von einem einfachen Anbau in der Art, wie ihn auch die übrigen Pavillons zeigen, nur ein wenig länger (Kat.-Nr. 36.94), über einen zweifach abgestuften Anbau, der sich zum Garten hin verjüngt (Kat.-Nr. 36.97), entwickelte sich eine Konzeption, die eine erhebliche Ausweitung des Klosters zu einer Kapuzinerresidenz mit Refektorium, Gäste- und Krankenzimmern in einem breiten Kernbau vorsah, an den sich zwei Flügelbauten viertelkreisförmig zum Garten hin anschließen sollten, eine spannungsreiche Verbindung von Pavillon und Längsbau, von Zentralisierung und Ausdehnung, hier durch die knappe Biegung der Flügel – in gewisser Weise eine Reduktion des Marstallmotivs (Kat.-Nr. 36.98–100). Geradezu modern erscheint die Gartenfassade mit den bis unter das Dachgesims geführten flachen Obergeschoßfenstern, das mittlere über das Gesims in die Dachzone geschoben.

Der ausgeführte Bau ist sehr viel weniger prätentiös, ursprünglich offenbar nach dem ersten Plan ausgeführt; das hat seine Ursache darin, daß der Kurfürst mit dem im Grundriß eingezeichneten Rückzugsgemach für das stille Gebet im Garten nicht zufrieden war, sondern nach einer Gloriette verlangte, die am Ende der Nord-Süd-Achse des Gartens am Rande des Parks aufgestellt wurde. Bei einem späteren Umbau, offenbar nicht mehr unter Schlaun, wurde die Wohnung der Kapuziner zum Garten hin um zwei Achsen verlängert, die an den Flanken risalitartig nach vorn gezogen wurden.

Der dazugehörige Garten zeigt zwei grundsätzlich unterschiedene, durch eine der Wegachsen des Parks voneinander getrennte Bereiche (Kat.-Nr. 36.91–93). Vor der Kapuzinerresidenz liegt ein kleines Blumenparterre, daran seitlich anschließend Heckenkabinette – »cabinets de verdure«. Den Hauptteil des vorderen Gartens nimmt der durch ein breites Wegekreuz gegliederte und von einem zwischen Hecken verlaufenden Umgangsweg begrenzte Küchengarten mit seinen deutlich markierten Beetfeldern ein. Das Kreuz wird begleitet von zwei weiteren, in Form einer Patte d'oie verlaufenden Wegen, die die vier großen, von Blumenrabatten eingefaßten Gartenflächen noch einmal teilen. Auf dem Rundplatz im Zentrum zeigt der Osnabrücker Plan noch ein kleines Fontänenbecken, der Clemenswerther Plan dagegen einen Sockel für »das große Himmelsgewölbe« mit dem Äquator, den

37 Jagdschloß Clemenswerth, Wohnpavillon

38 Jagdschloß Clemenswerth, Klostergarten mit Blick auf die Gloriette

39 Jagdschloß Clemenswerth, Gloriette

Wende- und Polarkreisen, den Zeichen der Tierbilder und einer kleinen Nebenkugel mit dem Hirsch als Wetterfahne. Die erweiterten Plätze am Ende der Querachse haben die Form von Parallelogrammen und verweisen bereits auf die Form der später am Ende der Längsachse aufgestellten Gloriette. Dieser Teil wurde im wesentlichen nach den Plänen ausgeführt und kann in seiner auf das Kreuz bezogenen Grundform als reduzierte Wiederholung der Gesamtanlage des Schloßparks begriffen werden. In dem übrigbleibenden Dreieck im Norden vermutet Dieter Hennebo den Kräutergarten.

Anders der nördliche Teil: Wie in Nordkirchen traf die Längsachse hier auf eine Querachse, die ein von Hecken umgebenes Dreieck strukturierte, dessen Rasenflächen zunächst mit Obstbäumen gleichmäßig bestückt werden sollten. Als zentrales Gliederungsmotiv sollte wiederum ein als Wasseranlage konzipiertes Kreuz dienen, an einem Ende ein Bassin, am anderen ein Heckenkabinett. Die Errichtung der Gloriette als Refugium oder Eremitage des Kurfürsten am Ende der nun ohne Unterbrechung durchlaufenden Achse führte zu entscheidenden Veränderungen in der Konzeption, vor allem zum Verzicht auf das die beiden Gartenbereiche trennende Teilstück der Diagonalallee und zur Einrichtung eines schlichten Obstbaumquartiers im hinteren Teil des Gartens. Vermutlich erschlossen auch die beiden auseinanderfluchtenden seitlichen Achsen der Patte d'oie den hinteren Baumgarten, wie dies ein Situationsplan des 19. Jahrhunderts nahelegt. In die Hauptachse zur Gloriette wurde eine zweite Sonnenuhr gestellt, die den kreuztragenden Christus zeigt – pars pro toto für die verworfenen Kreuzwegstationen, Hinweis auch auf die meditative Funktion der Anlage, die in der Ikonographie der »Gartenplastik« auf die Erlöserrolle Christi im kosmischen Geschehen verweist (Abb. 38). Diese Konstellation ist zugleich die Bestätigung des Gesamtprogramms der Anlage, wo der Fürst die Rolle Christi übernimmt. Klostergarten und -kirche sind mithin als Abbild der Gesamtanlage im Kleinen zu verstehen, das alle wesentlichen Elemente in reduzierter Form bereits enthält.

Von daher kann man auch die seltsame Form der Gloriette mit trapezförmigem Grundriß erklären (Kat.-Nr. 36.114). Ihre Form ergibt sich aus der Lage als Point de vue in der Achse der Kirche. Diese Achse stößt auf die Begrenzungsallee der Gesamtanlage, die hier nicht rechtwinklig verläuft. Die Durchdringungsform beider Wege ist das Trapez oder Parallelogramm, Schlauns Grundrißfigur. In dieser Form ist jedoch zugleich die Verbindung des weltlichen mit dem geistlichen Bereich dargestellt, eine Verbindung, die ausschließlich der Kurfürst als geistlicher und weltlicher Herrscher und damit idealer Vicarius Christi auf Erden verkörperte.

Die Gloriette (Abb. 39) ist zugleich ein Follie, in das Schlaun geschickt ein Appartement verschiedener fünfeckiger Räume einzupassen verstand. Zunächst lediglich als kleiner offener Pavillon mit Holz-

säulen und einfacher innerer Gliederung geplant, dann als Spielzimmer mit Billardtisch, schafft er am Ende ein extravagantes Ensemble von Räumlichkeiten, ein Appartement auf kleinstem Raum mit Vorhalle, Treppenhaus, Antichambre, Schlafraum, Cabinet und Garderobe, eine Distribution, die raffinement und commodité miteinander verbindet.

Clemens August hatte mit dem Clemenswerther Kloster eine Missionsstation schaffen wollen, zugleich diente die Anlage ihm jedoch als private Rückzugsmöglichkeit aus dem öffentlichen Bereich der Anlage, sicherlich auch als Ort geheimer politischer Konferenzen. Vorbilder einer höfischen Einsiedelei gab es viele, zu nennen wären in Bayern die von zwei Karthäusermönchen bewohnte Grotten- und Eremitenanlage, die Herzog Wilhelm V. nach seinem Rücktritt 1597 in der Münchener Maxburg schuf, seine Einsiedeleien in Schleißheim, die Magdalenenklause von Max Emanuel, die Effner in einem als Jardin sauvage bezeichneten Boskett des Nymphenburger Petit parc errichten ließ.

MARSTALL

Der ursprünglich zweiflügelig geplante Marstall (ein Flügel 1739 ausgeführt) hätte im Erdgeschoß Boxen für je 100 Pferde bereitgestellt, im Obergeschoß des Mittelrisalits das Appartement des Obrist-Stallmeisters, in den Flügeln die Zimmer der übrigen Stalloffiziere und der Stallknechte (Abb. 37, 38 – Kat.-Nr. 36.126–130). Über den Pferdeboxen war ein über die Treppenhäuser zugänglicher Hängeboden angebracht, offenbar zur Lagerung von Heu. Die beiden in stumpfem Winkel angesetzten Gebäude waren als Remise und Magazinhaus zur Unterbringung der Wagen und des Pferdefutters gedacht.

Auch beim Marstall schlägt Schlaun das Thema der Verbindung von zentralem Pavillon und Längsbau an. Hier demonstriert er, wie flexibel er sich auf Grund seines Gestaltungsprinzips bei derartigen Anlagen auf die jeweilige Raumsituation einstellen kann: der Platz vor dem Marstall wird mit zwei sich entsprechenden Halbovalbauten (Viertelkreise) als eigentlicher Vorhof der Schloßanlage ausgebildet, die über den Platz hinweg durch ihre zentralen Pavillons miteinander korrespondieren. Die damit entstehende Querachse hebt so für einen Augenblick den Tiefenzug der Hauptallee auf, um ihn verstärkt zu entlassen. Die Ausbildung der zentralen Pavillons ist allerdings ungleich differenzierter als die des projektierten Klosterbaus. Mit breitem Mansarddach, das die Binnenform, eine Kombination aus Dreiecksgiebel, Serliana, Überleitungsmotiv und Portal, überfängt, nur wenig über die Höhe der Flügelbauten hinausgehoben, ist die Marstallanlage erst voll verständlich durch die in der Verdoppelung angelegte Korrespondenz der Bauformen. So lassen auch die Fronten der Flügelbauten nicht nur das Thema der Fronten der Nebenpavillons im Rund um das Schloß anklingen, sie sind auch auf ihr Gegenüber bezogen. Der infolge des nicht ausgeführten südlichen Marstalls dem Betrachter sich darbietende Torso, der die erstrebte querachsiale Verspannung über die Hauptallee nicht erlaubt, macht die Besonderheit der Form des Marstalls heute fast ebenso unverständlich wie ihre Bedeutung als Platzanlage, die, gleichermaßen von den Marställen Versailles' wie Berninis Kolonnaden abgeleitet, einen ersten Höhepunkt der Gesamtanlage bietet. Der Platz wird durch drei Treppenstufen, in der Mitte als Auffahrt, herausgehoben, womit an diesem Punkt gleichsam die gesamte Anlage angehoben wird, auf einem imaginären Sockel steht. Von der Mitte dieses Platzes erblickt man zwischen den Linien der Alleebäume ausschließlich das kurfürstliche Jagdschloß – die Nebengebäude bleiben ausgegrenzt. Erst in der allmählichen Annäherung wird der singuläre Bau mit seinen Nebengebäuden als Ensemble sichtbar.

40/41 Jagdschloß Clemenswerth, Marstall

HUNDEZWINGER

Das Thema der Verbindung von Zentralpavillon und Längsbau taucht ein drittes Mal in der Planung zu Clemenswerth auf. Beim Entwurf zum nicht ausgeführten Hundezwinger am Ende der südlichen Querachse steigert Schlaun mit geringem Aufwand an architektonischem Vokabular den Bau rhythmisch zur Mitte hin: dreifach vorspringender Mittelbau mit je dreiachsigen Flügeln, die sich gradlinig anschließen. Er verzichtet hier auf die Serliana ebenso wie auf die eleganten Verbindungen zu Tor- und Fensteröffnungen, um ein Höchstmaß der Wirkung der nuanciert in den Maßverhältnissen abgestimmten Baugestalt zu erzielen.

Schlaun hat den Hundezwinger als Point de vue der Allee E (südliche Querachse) in der Gesamtanlage geplant (vgl. Kat. Nr. 36.132), südlich der Anlage in der Flur des »Lienbusch«, weit außerhalb des Parks, damit die Jagdgäste durch das Gebell der Hunde nicht gestört werden sollten. Wie der Gesamtplan des Zwingers zeigt, sollte von der östlich an Clemenswerth vorbeifließenden Nordradde ein Stichgraben in ein offenes Laufgatter am Zwingerbau geleitet werden (als Badestelle für die Hunde und wohl auch zur Abfallbeseitigung). Der Zwinger wurde nicht ausgeführt. Es blieb bei der provisorischen Lösung eines Hundezwingers in Marktplatznähe im Ort Sögel.

BASSINS UND KANAL

Der Kurfürst unterhielt auf den östlichen Bassins und der Kanalanlage eine Lustjacht, die er in Nachahmung des Bucenttauro seines Vaters auf dem Starnberger See hatte bauen lassen, dazu eine Reihe von Schiffen und Booten. Zwei Zugbrücken führten über den Kanal, irgendwo gab es ein Bootshaus zur Unterbringung und Pflege der Flotte, und auf den fünf Inseln waren Entenhäuser errichtet worden. Vom Kanal abgeleitet war ein Graben, der die gesamte Anlage bis zu den Marställen umzog. Bassins, Kanal und Gräben waren gesichert mit Pfählen und Faschinen. Um 1750 ließ der Kurfürst von Schlaun Pläne für ein größeres Kanalprojekt erarbeiten, die aber nicht erhalten sind. Der Kurfürst wünschte einen »Seeweg« zum Spohner und Harrenstätter Meer, später wurde der Kurs geändert und eine neue Kanalroute zum Teecken und Haanen Meer festgelegt. Das Projekt scheiterte jedoch aufgrund der hohen Kosten von 50.000 Reichstalern und des Widerstands der Bauern, die um den Erhalt ihrer Viehwiesen fürchteten.

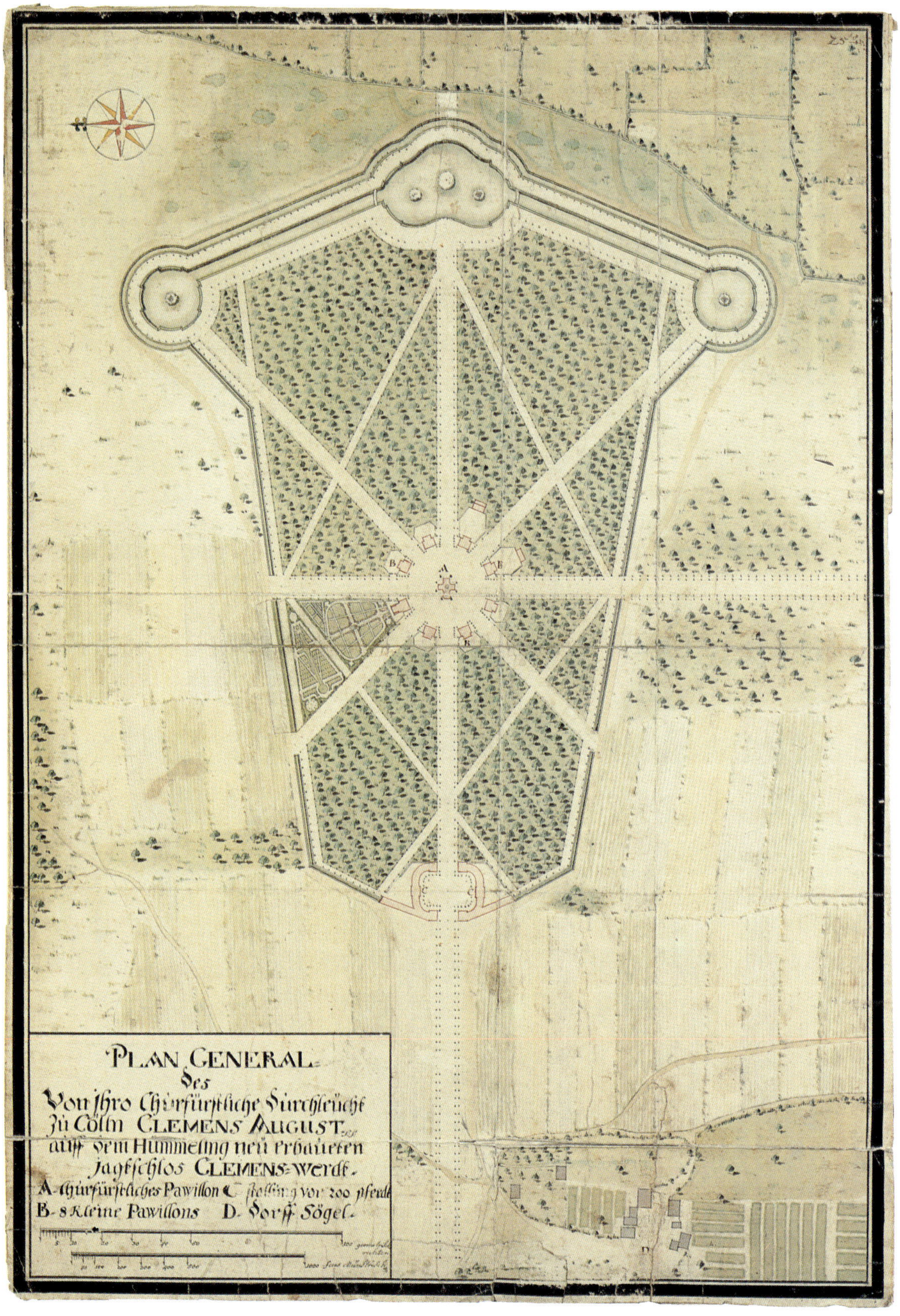
PLAN GENERAL
des
Von ihro Chürfürstliche Durchleücht
zü Cölln CLEMENS AUGUST
auff dem Hümmeling neü erbaüeten
Jagtschlos CLEMENS=werdt.
A. Chürfürstliches Pawillon C. stalling vor 200 pferde
B. 8 Kleine Pawillons D. Dorff Sögel.

36.16

Pläne der Gesamtanlage und Perspektiven

36.16
Jagdschloß Clemenswerth bei Sögel, Ausführung
Plan der Gesamtanlage

Lavierte Federzeichnung (rot, gelb, blau, grün), 71,7 x 51,0 cm (69,0 x 47,8 cm)
Titel: *PLAN GENERAL des Von Ihro Churfürstliche Durchleücht Zu Cölln CLEMENS AUGUST S:S: auf dem Hummelin neü erbaueten Jagdschlos CLEMENS=Werdt*
Legende: *A Churfürstliches Pawillon; B 8 Kleine Pawillons; C stallung vor 200 pferdt; D dorff Sögel*
Num.: *25to*
Maßstäbe: *100 geometrische Ruthen* = 17,35 cm; *1000 fues Münsterisch* = 13,4 cm
Rückseite: *27.D.10* (Kugelschreiber); Stempel *TAB. PROV. FLAND. BELG. G.F.M.C.A.P. SECT. ARENBERGICA ANGHIENE;* schematische Zeichnung mit Beischriften der Namen der Pavillons *Schloss, Münster, Hildesheim, Paderborn, Osnabrück, Clemens August, Köln, Mergentheim; Teich; Sögel*

Privatbesitz, Klebeband Clemenswerth, P 1r

Der Plan zeigt bereits den kreuzförmigen Pavillon der zweiten Planstufe und die symmetrische Marstallanlage am Beginn der Hauptzufahrt in den durch einen Wall begrenzten Park (Jardin clos), der in eine symbolische Kreuzform gebracht wurde. Entgegen dem ersten Gesamtplan sind die Alleen verändert. Nur noch die Querachse und die westlichen Diagonalachsen erschließen das Gebiet jenseits der Wälle, die übrigen Achsen werden innerhalb der Anlage auf einen Point de vue geführt, auf eines der drei Bassins des großen Étangs an der Ostseite. Die rautenförmige Achsanlage bleibt innerhalb des eingegrenzten Bezirks. Die ursprünglichen Brachflächen sind aufgeforstet, der Kapuzinergarten geplant. Die Residenz der Kapuziner hat noch die Rechteckform. Die Standorte der Bäume sind angegeben, ebenso die der Wachthäuser und Laternen um das Schloß herum. Schl.-Bd. 325 ist eine veränderte Kopie dieses Plans.

36.17
Jagdschloß Clemenswerth bei Sögel, Ausführung
Kopie der Schlaun-Werkstatt
Plan der Gesamtanlage (Abb. S. 272)

Lavierte Federzeichnung (schwarz, grau, grün, blaßrot, braun), 49 x 38,1 cm (46,6 x 36 cm)
Titel: *plan von ClemensWert.*
(Anbringungsort: Rückseite)
Maßstab: *1000 Fuß* = 13,4 cm

Westfälisches Landesmuseum Münster, Schl.-Bd. 325 (Kopie von P 1r)

Kopie des Plans von Schlaun mit Veränderungen der Anbauten des Küchenpavillons (Paderborn) und des Pavillons Osnabrück. Der Kapuzinergarten ist nicht ausgeführt.

36.18
Jagdschloß Clemenswerth bei Sögel, Ausführung
Schema für den Grabenaushub und die Aufschüttung der umlaufenden Wälle

Lavierte Federzeichnung (grau), 20,4 x 32,7 cm
Beischrift: Maßzahlen
Num.: *116.*
Maßstab: *20 fues* = 23,5 cm

Privatbesitz, Klebeband Clemenswerth, 90r unten

Der Aushub der Gräben entspräche genau der Aufschüttung des Walls.

36.18

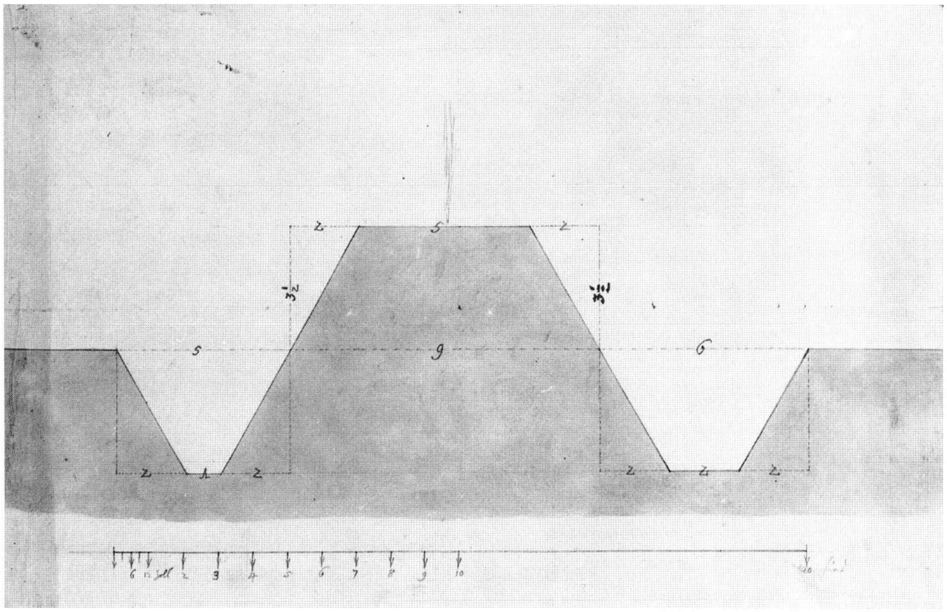

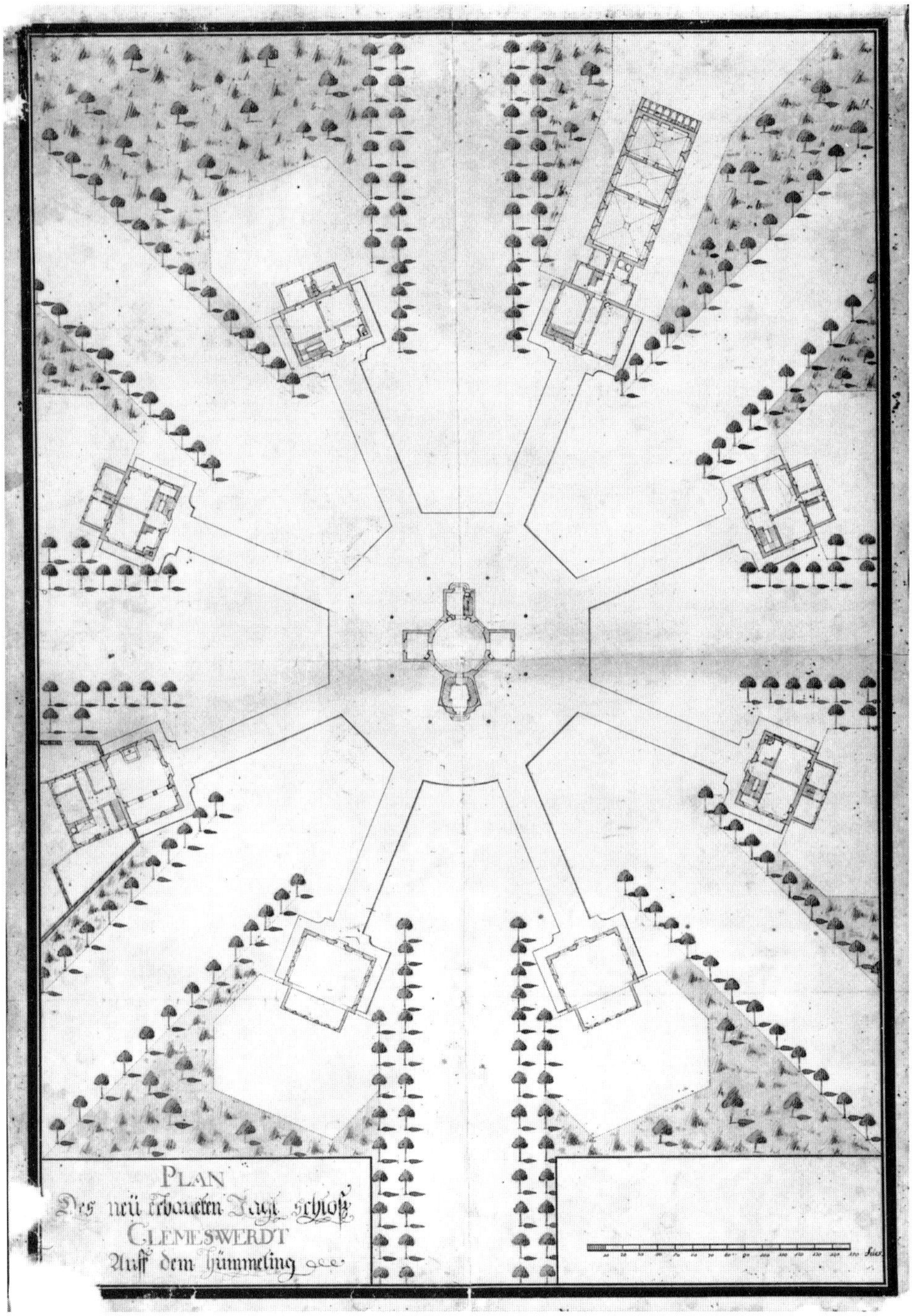

36.19

36.19

Jagdschloß Clemenswerth bei Sögel, Ausführung
Plan der Gesamtanlage

Lavierte Federzeichnung (rot, blaßrot, grün, hellgrün), 75,7 x 52,7 cm (72,4 x 50,4 cm)
Titel: *Plan des neü erbaueten Jagt schloß CLEMESWERDT Auf dem Hümmeling*
Maßstab: *150 fues* = 15,35 cm

Westfälisches Landesmuseum Münster, o. Inv. Nr. 18

36.20

Jagdschloß Clemenswerth bei Sögel, Ausführung
Entwurf eines Plans der Gesamtanlage

Federzeichnung, 78,7 x 54,8 cm
(unregelmäßig beschnitten)
Beischriften: *hoff-capelle, munster, hildesheim, paderborn, osnabruk, Clem.aug, Cölln, werth*

Westfälisches Landesmuseum Münster, o. Inv. Nr. 17

Die Zeichnung gehört offenbar zum Ausführungsplan, obwohl der kreuzförmige Hauptpavillon ohne die trapezförmige Erweiterung des Eingangsflügels dargestellt ist. Die Fassade wölbt sich konvex vor, die seitlichen, halbwegs konkaven Rückschwünge sind ungenau, mit unsicherer Hand angedeutet. Offenbar kam es darauf hier nicht an. Die Schrägachse, die ursprünglich durch den Klostergarten führen sollte, ist bereits ausgespart. Der Plan entstand also, als man sich bereits für den Bau der Gloriette entschieden hatte. Schlaun sieht für den Schloßplatz ein Wegesystem vor, das das zentrale Oktogon aufnimmt, von dessen Ecken die Achsen der Pavillons erschlossen werden. Vor der West- und Ostfassade ornamentale Pflasterung in Form eines Längsovals für die Initialen des Kurfürsten. Zwischen dem Küchenpavillon und dem Pavillon Osnabrück ist ein unterirdischer Gang eingestrichelt.

36.21

Jagdschloß Clemenswerth bei Sögel, Ausführung
Plan der Gesamtanlage

Federzeichnung, Bleigriffeleinträge, 73 x 54,3 cm
Beischriften zu den Pavillons: *Münster, Hildesheim, Paderborn, Osnabrück, Clemens August, Köln, Mergentheim* (offenbar nicht zeitgenössisch)
Num.: (nicht bezeichnet)
Maßstab: *10 fues* = 17,15 cm

Privatbesitz, Klebeband Clemenswerth, P 67r

Nur Haupt- und Küchenpavillon im Grundriß, die übrigen Pavillons der rechten Blatthälfte in den Außenmauern ausgeführt, die der linken Blatthälfte schematisch; Kapelle fehlt noch. Wichtig sind die Achsenbeziehungen, die mit Bleigriffel eingetragen sind und verdeutlichen, welchen Wert Schlaun der geometrischen Konzeption des Sterns zugemessen hat. Es ist schon mehrfach festgestellt worden, das die Portal- und Fensterachsen der kreuzförmigen Flügelarme des Hauptpavillons die Kardinalachsen des Waldgebietes beherrschen. Die Diagonalachsen werden über die Diagonalfenster des innen kreisförmigen, außen jedoch (ohne die Flügel) oktogonalen Zentralbaus optisch erschlossen. Diese Beherrschung des Lan-

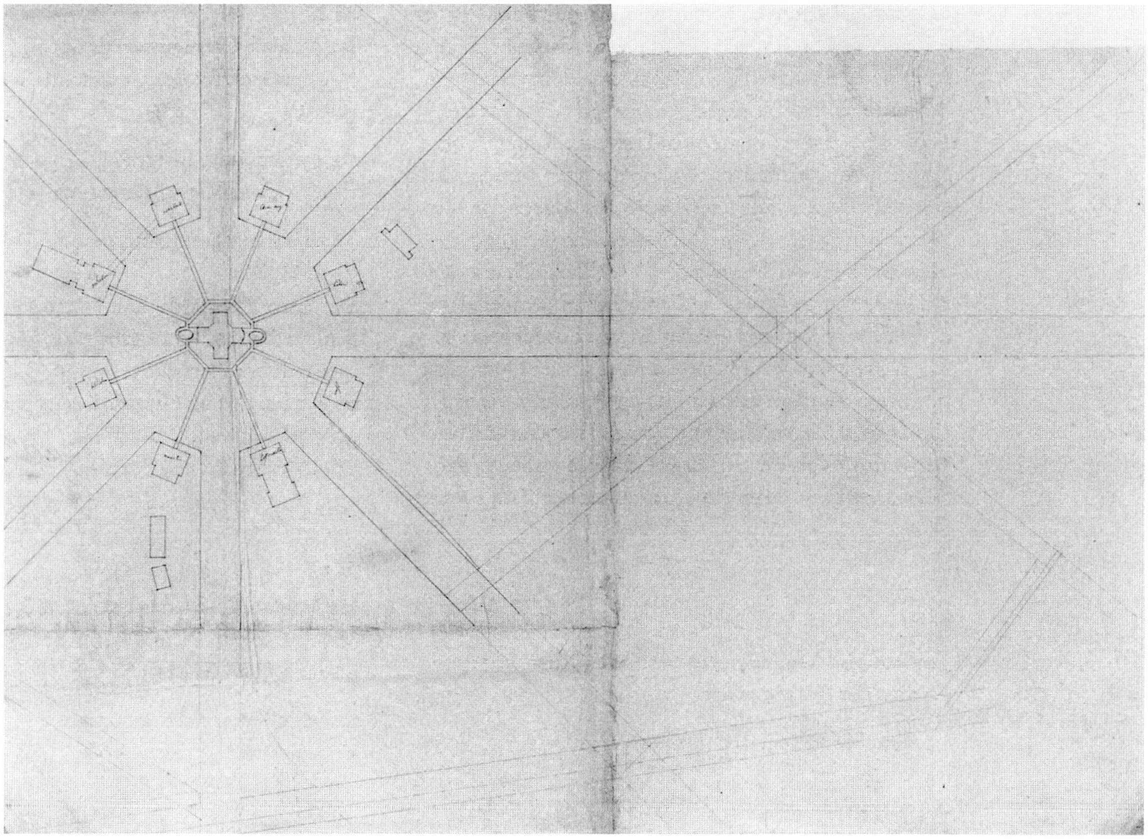

36.20

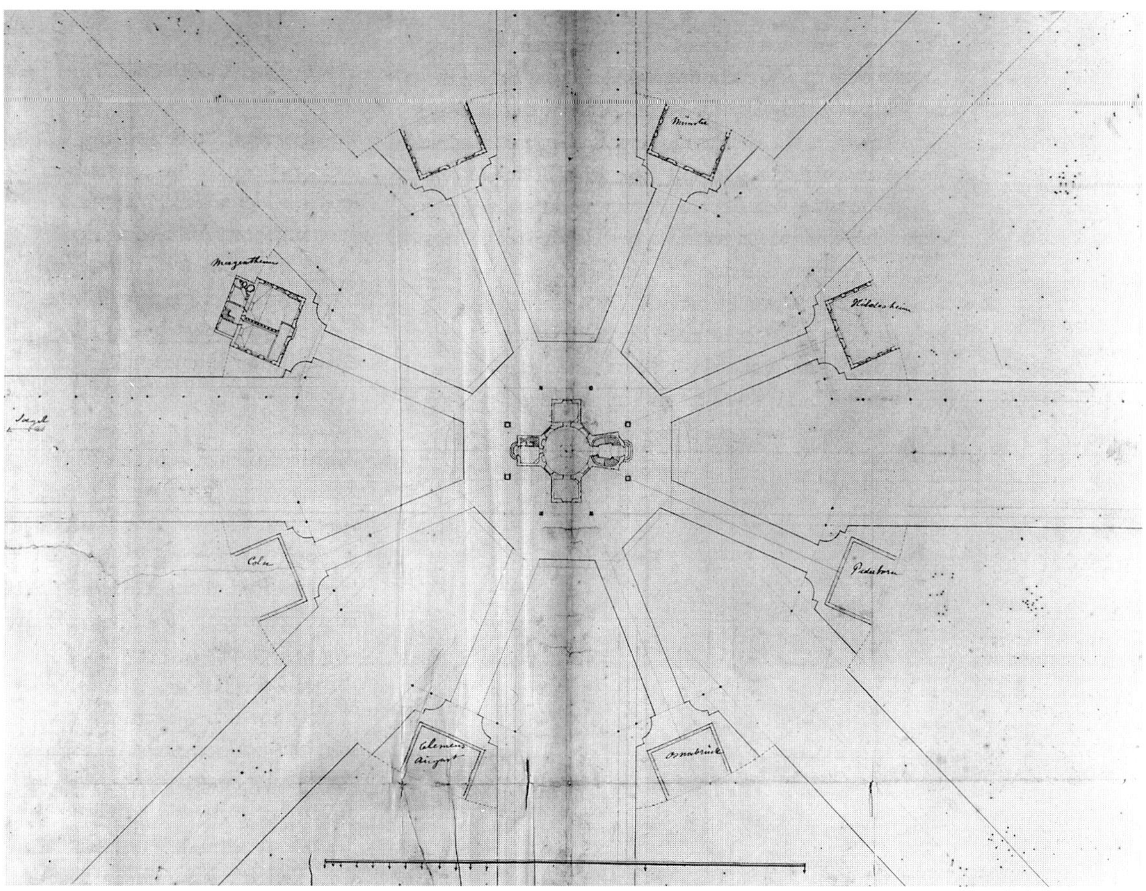

36.21

des aus dem Zentrum heraus wird im Fußboden des Saales im Erdgeschoß verdeutlicht: die Sternspitzen im Zentrum und die zweifarbigen Rhombenfelder verlaufen in den Sichtachsen. Die übrigen schmalen Segmente des Fußbodens stoßen an die Wand bzw. die Kamine und Spiegelfelder, reflektieren also ins Zentrum zurück. Dieser Gedanke wird auch deutlich in der Anlage der Mittelrisalite der Pavillons. Ihre Achsen stoßen direkt auf die Flankenwände der Flügelbauten, der Blick fällt also auf die Jagdgehänge. Um diese Sichtachse zu betonen, hat Schlaun in diesem ersten Entwurf vier Schildhäuser in der Eingangsachse und vier Laternen in der Querachse der Flügel so aufgestellt, daß sie die Blickbahn zu den Gehängen betonen. Zugleich wären diese »Parkmöbel« wiederum Points de vue der Nebenwege zu Seiten der Alleen gewesen, deren Baumstellungen ebenfalls eingetragen sind.

36.22

Jagdschloß Clemenswerth bei Sögel, Ausführung
Ansicht der Gesamtanlage

Lavierte Federzeichnung (braun, rot, grün),
34,9 x 54,0 cm
Num.: *93.*

Privatbesitz, Klebeband Clemenswerth, P 68r

Die grüne Farbe hat auf der Gegenseite einen Abdruck hinterlassen, ist also nicht original. Auch das Braun ist für Schlaun ungewöhnlich. Vermutlich war der Entwurf nicht koloriert. Die Zeichnung zeigt im Gegensatz zu der Perspektive (vgl. Kat.-Nr. 36.23) die Ansicht der Anlage von einem normalen Betrachterstandpunkt aus in der Querachse und macht gerade in der Gegenüberstellung mit dem heutigen Zustand klar, daß Bäume in barocken Anlagen gepflegt werden müssen. Denn der Eintrag der Baumstellung auf dem Rondell des Schloßplatzes zeigt neben der lichten Stellung der Bäume die vorgesehene Fülle der Krone an sowie die maximale Höhe der Stämme durch eine gestrichelte Linie in Höhe der Mansardfenster.

36.23

Jagdschloß Clemenswerth bei Sögel, Ausführung
Vogelperspektive der Gesamtanlage gegen den »Canal« gesehen

Federzeichnung, Bleigriffel, 45,4 x 70,9 cm, 44,1 x 70 cm
Titel: *ClemensWehrt* (Anbringungsort: Rückseite)

Westfälisches Landesmuseum Münster, Schl.-Bd. 323

Die Vorzeichnung zu Kat.-Nr. 36.24 von der Hand Schlauns ist insofern wichtig, als sie einerseits seine Autorschaft der Perspektive bestätigt, andererseits zeigt, daß es sich bei den im Grundriß eingezeichneten sockelartigen Gebilden um Schildhäuser vor den Eingängen und um Laternen an den Seitenflügeln handelt.

36.24

Jagdschloß Clemenswerth bei Sögel, Ausführung
Vogelperspektive der Gesamtanlage gegen den »Canal« gesehen (Abb. S. 254)

Lavierte Federzeichnung (grau), 67,5 x 70,0 cm,
auf Leinwand gezogen
Titel: *CLEMENS=WERTH MAISON DE CHASSE DE SON ALTESSE SERENISSIME ELECTORALE DE COLOGNE DANS LA PRINCIPAUTE DE MUNSTER SITUÉE SUR HUMMELING*
Num.: *94.*
Privatbesitz, Klebeband Clemenswerth, P 69r

Einzige erhaltene Perspektive von Schlaun; Zuschreibung aufgrund der für ihn charakteristischen weichen, etwas leblosen Figurenzeichnung und der mathematisch-geometrischen Auffassung der Perspektive. Der Wald erscheint hier in der Tat unter die Ordnung des Architekten gezwängt, eingesperrt in architektonisch behandelte Hecken – ein Idealplan, es fehlen die Anbauten der Pavillons der Küche und der Kapelle mit dem Kapuzinergarten.
Architektonisch symmetrisiert präsentiert sich auch der Aufbau des kurfürstlichen Wappens mit der Inschrift. Minerva und Diana verkörpern die Aspekte der Herrschaft von Clemens August an diesem Ort. Oberster Jagdherr – Diana mit Waffen, Hunden und erlegtem Hirsch – und in den Künsten erfahrener Bauherr – Minerva, gewappnet, aber ausgestattet mit Zirkel, Richtscheit, Kapitell und Gebälkstück sowie einem Traktat, Ausweis der Theoriekenntnis. Minerva verkörpert den Aspekt fürstlichen Seins, für den der fürstliche Baumeister, hier Schlaun, steht. Sie steht sowohl für den Aspekt der architectura civilis als auch, schwer bewaffnet, der architectura militaris. In dieser Figur kommt also auch das Selbstverständnis des Architekten zum Ausdruck, der seine Erfindung mit dieser Zeichnung stolz präsentiert.

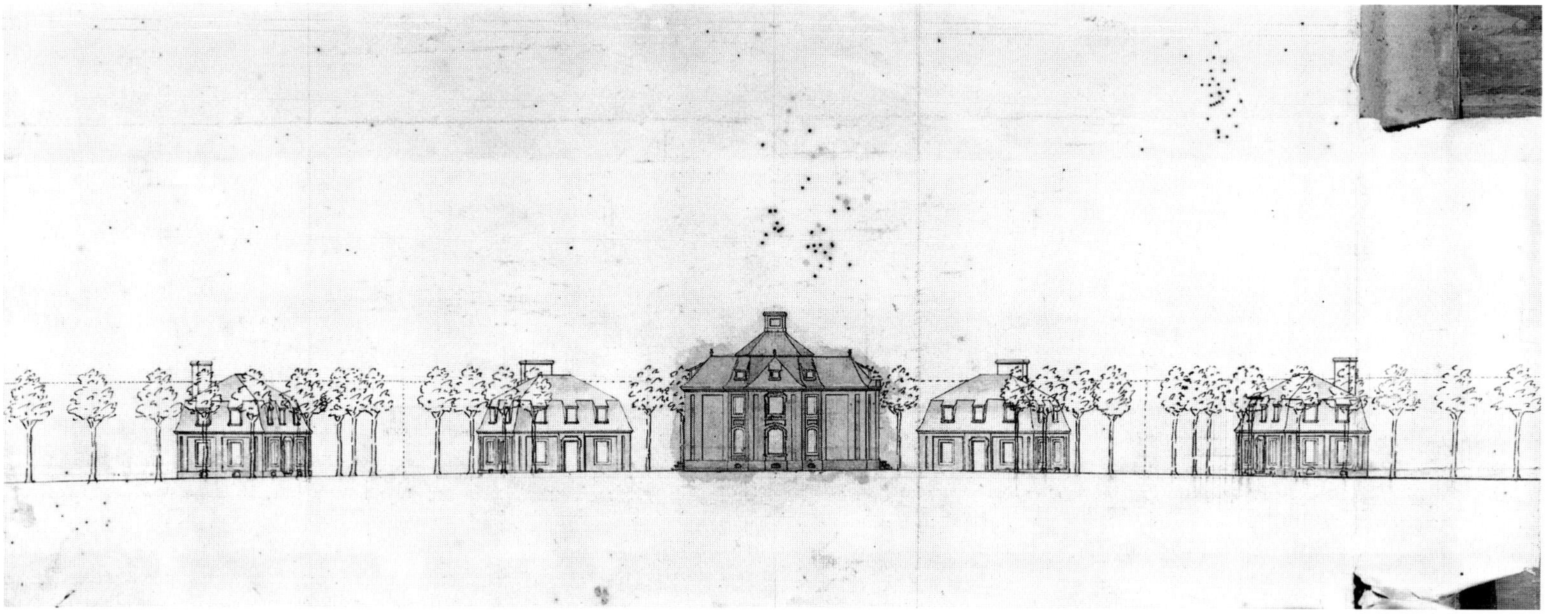

36.22

36.23

Hauptpavillon – Ausführungsentwürfe

36.25
Jagdschloß Clemenswerth bei Sögel, Ausführung
Hauptpavillon, Aufriß des östlichen Flügels

Lavierte Federzeichnung (grau, blaßrot, rot),
32,0 x 20,1 cm
1. Deckblatt: Fassade der Westseite, 12 x 6,6 cm
2. Deckblatt: Querschnitt des Treppenhausflügels mit Kellergewölbe, 12 x 6,6 cm
Beschriftung, 14,8 x 7,2 cm
Num.: *29me*
Maßstab: *60* (Fuß) = 17,4 cm

Privatbesitz, Klebeband Clemenswerth, P 5r

Der Entwurf zeigt auf dem Blatt die rückwärtige Front mit Bleigriffeleintrag des vergrößert ausgeführten Dachfensters, auf den Deckblättern die Fassade mit den konvex-konkaven Schwüngen und den Schnitt durch das vergrößerte Treppenhaus.

36.26 (ohne Abb.)
Jagdschloß Clemenswerth bei Sögel, Ausführung
Hauptpavillon, Aufriß der Hauptansicht mit der Front des westlichen Flügels
Schlaun-Werkstatt, Kopie von Kat.Nr. 36.25 mit erstem Deckblatt

Lavierte Federzeichnung (grau, rot), 30 x 42 cm
Num.: *31me*
Maßstab: *60* (Fuß) = 17,3 cm

Privatbesitz, Klebeband Clemenswerth, P 7r

36.25

36.25 1. Deckblatt

36.25 2. Deckblatt

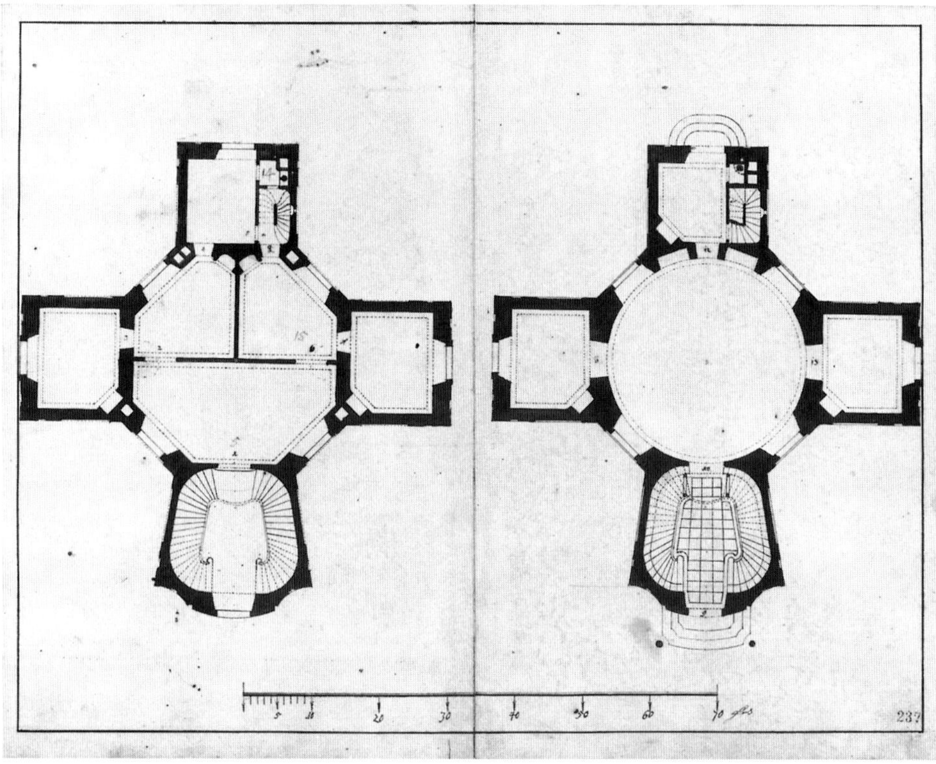

36.27

36.27
Jagdschloß Clemenswerth bei Sögel, Ausführung
Hauptpavillon, Grundriß Erdgeschoß und Obergeschoß

Lavierte Federzeichnung (grau), 31,7 x 40,4 cm
(29,8 x 38,5 cm)
Beischrift: Kennziffern
Maßstab: *70 Fuß* = 20,1 cm

Westfälisches Landesmuseum Münster, Schl.-Bd. 237

Vorentwurf zu den ausgeführten Plänen mit dem trapezförmig erweiterten Eingangsflügel im Westen und den konvex-konkaven Fassadenschwüngen: im östlichen Flügel erkennt man noch die größeren Räume für die übereinanderliegenden Aborte, die im Ausführungsplan auf nur einen kleineren Raum im Obergeschoß reduziert wurden.

36.28

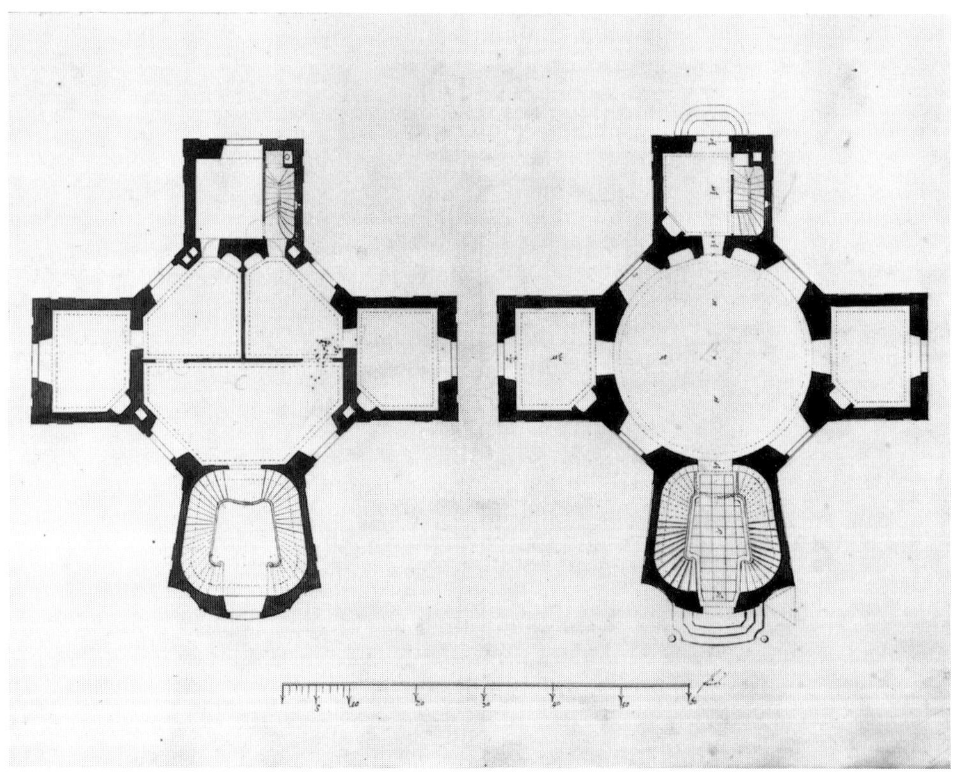

36.28
Jagdschloß Clemenswerth bei Sögel, Ausführung
Hauptpavillon, Grundriß Erdgeschoß und Obergeschoß

Lavierte Federzeichnung (schwarz), 31,8 x 42,1 cm
Num.: *28vo*
Maßstab: *60 fues* (Schrift nicht von Schlaun) = 17,5 cm

Privatbesitz, Klebeband Clemenswerth, P 4r

36.29
Jagdschloß Clemenswerth bei Sögel, Ausführung
Hauptpavillon, Grundriß des Kellers und des Mansardgeschosses

Lavierte Federzeichnung (schwarz), 32 x 40,8 cm
Num.: *27mio*
Maßstab: *60 fues* = 17,55 cm

Privatbesitz, Klebeband Clemenswerth, P 3r

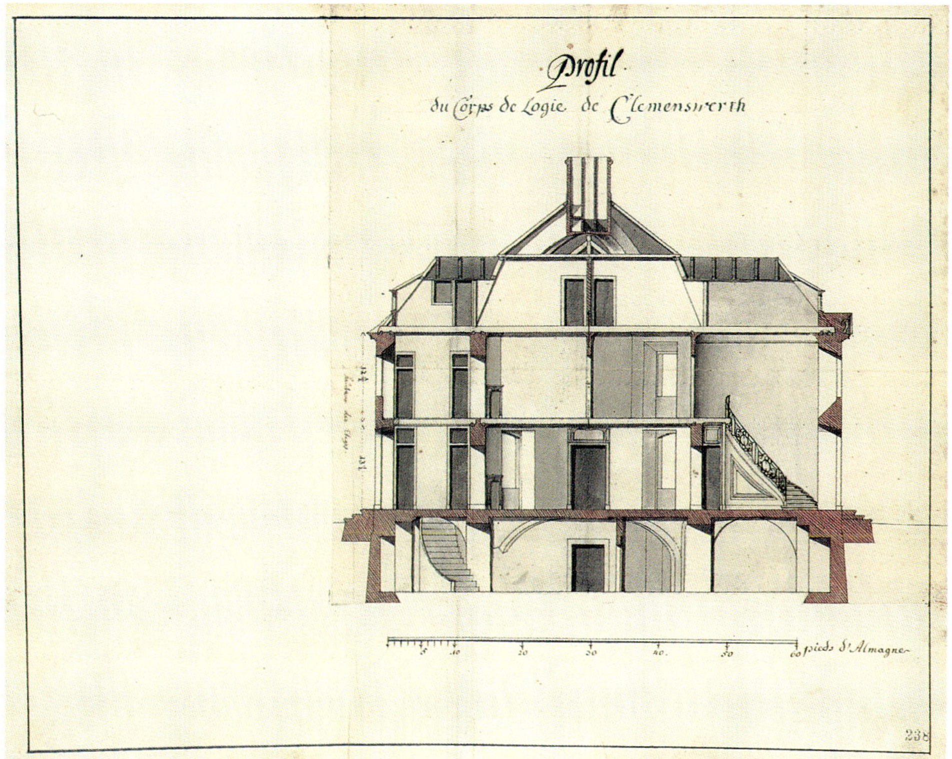

36.30
Jagdschloß Clemenswerth bei Sögel, Ausführung
Hauptpavillon, Querschnitt in der Mittelachse Ost-West

Lavierte Federzeichnung (grau, gelb, rot), 31,7 x 40,4 cm (30 x 38,4 cm)
Titel: *Profil* (Schlauns Hand) *du Corps de Logie de Clemenswerth* (andere Schrift)
Beischrift: *12 1/2 – 13 1/2 – hauteur des Etages.*
Maßstab: *60 pieds d'Almagne* (andere Hand) = 17,4 cm

Westfälisches Landesmuseum Münster, Schl.-Bd. 238

Der Querschnitt ist auf ein Blatt von ca. 24,5 x 26 cm gezeichnet, das durch ein ausgeschnittenes Blatt auf die angegebene Gesamtgröße gebracht ist. Rückseite des Zusatzblattes: Konstruktionsskizze eines Gebäudeaufrisses, Bleigriffel. Teilweise abgeschnitten.

36.29

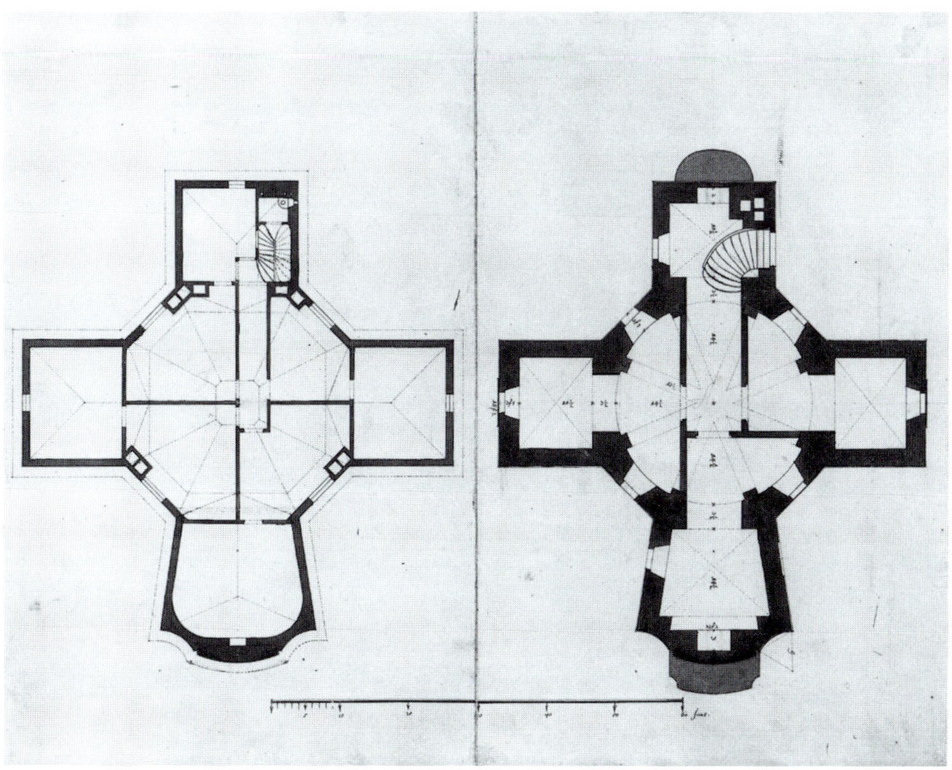

36.31 (ohne Abb.)
Jagdschloß Clemenswerth bei Sögel, Ausführung
Kopie der Schlaun-Werkstatt nach Schl.-Bd. 238
Hauptpavillon, Querschnitt in der Mittelachse Ost-West

Lavierte Federzeichnung (grau, rot), 33,1 x 42,0 cm
Maßstab: *60* (Fuß) = 17,45 cm
Num.: keine

Privatbesitz, Klebeband Clemenswerth, P 6r

36.32
Jagdschloß Clemenswerth bei Sögel, Ausführung
Schlaun-Werkstatt
Hauptpavillon, Längsschnitt durch die Haupttreppe

Lavierte Federzeichnung (grau), Bleigriffel,
65,5 x 45,8 cm (64,7 x 44,5 cm)
Titel: *Seÿten Auffuhrung der haubt Trappen in der vorderen Entrée zu Clemenswerth, sambt den durchgang im Saall.* (nicht von der Hand Schlauns)
Datierung: *1738*
Bleigriffeleintrag der Treppenstufenniveaus
Maßstab: *10 fues* = 17,15 cm

Westfälisches Landesmuseum Münster, Schl.-Bd. 326

36.33
Jagdschloß Clemenswerth bei Sögel, Ausführung
Schlaun-Werkstatt
Hauptpavillon, Querschnitt durch den Westflügel, Ansicht der Haupttreppe

Federzeichnung, Bleigriffel, 65,9 x 45,7 cm
(64,6 x 44 cm)
Titel: *Auffühurung der haupt=Treppen in der vorferen Entrée zu Clemenswerth* (nicht von der Hand Schlauns)
Maßstab: *10 fues* = 17,25 cm

Westfälisches Landesmuseum Münster, Schl.-Bd. 324

36.34

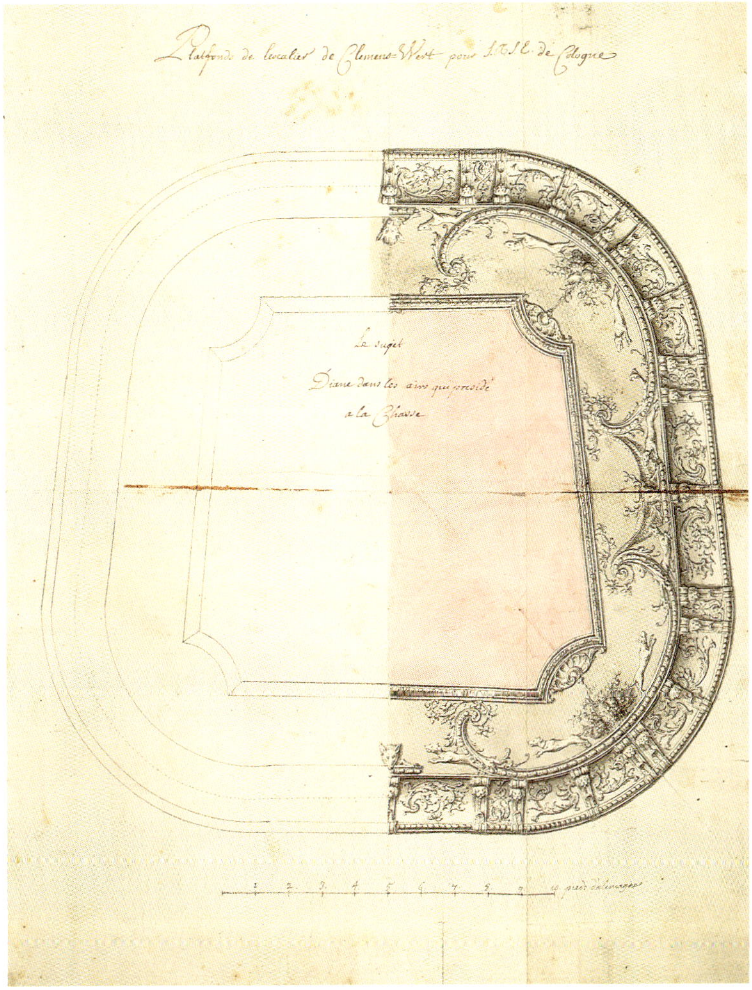

36.35

36.34
Jagdschloß Clemenswerth bei Sögel, Ausführung
Stephan Laurent Delarocque
Hauptpavillon, Treppenhaus, Querschnitt, Dekorationsentwurf

Lavierte Federzeichnung (grau, hellrot), 62,4 x 41,9 cm
Titel: *Decoration de Lescâlier de Clemens=Werth pour S.A.S.E. de Cologne*
Beischrift: *B*
im linken Tableau: *Sujets des tableaux / quand on met les chiens sur la Voye / dans lautre la Chasse forcée*
im rechten Tableau: *Sujet la mort du Cerf / dans lautre la prise*
Num.: *42de*
Maßstab: *10 pieds d'almagne* = 17,05 cm

Privatbesitz, Klebeband Clemenswerth, P 18r

Zuschreibung an Leveilly durch Bußmann 1973, an Stephan Laurent Delarocque durch Dethlefs 1995. Beim Vergleich des Schlaun-Plans mit der Zeichnung Delarocques kann man klar erkennen, wie weit die Vorgaben Schlauns für die Wanddekoration gingen. Er macht Vorschläge für die Rahmung der Supraporten und die Gestaltung des schmiedeeisernen Geländers, die jedoch nicht eingehalten wurden. Schlauns Leistung liegt in der Architektur, seine Befugnis endete gleichsam an den Rahmenformen. Die jedoch hatte Delarocque zu akzeptieren. Gegenüber dem Plan sind Einzelformen wie etwa das Portal zum Appartement im Obergeschoß noch verändert worden.

LITERATUR: Kisky 1961, S. 317, 320f., 327; Ludwig Baron Döry, *Die Stukkaturen der Mainzer Deutschordens-Kommende. Fragen der kunstgeschichtlichen Erforschung von Raumdekorationen der Zeit um 1735*, in: Mainzer Zeitschrift, 56/57, 1961/62, Abb. 54; Kat. *Clemens August* 1961, 359, Tafel 164; Jörg Gamer, *Die Entwürfe von François Cuvilliés d.Ä. für den Kurfürsten Clemens August von Köln und den Kardinal Fürstbischof Johann Theodor von Lüttich,* in: Aachener Kunstblätter, 32, 1966, S. 126–62; Gerd Dethlefs, *Fünf Dekorationsentwürfe für den Plettenberger Hof in Bonn von Stephan Laurent Delarocque, in:* Kat. *Schlaun in Münster* 1995.

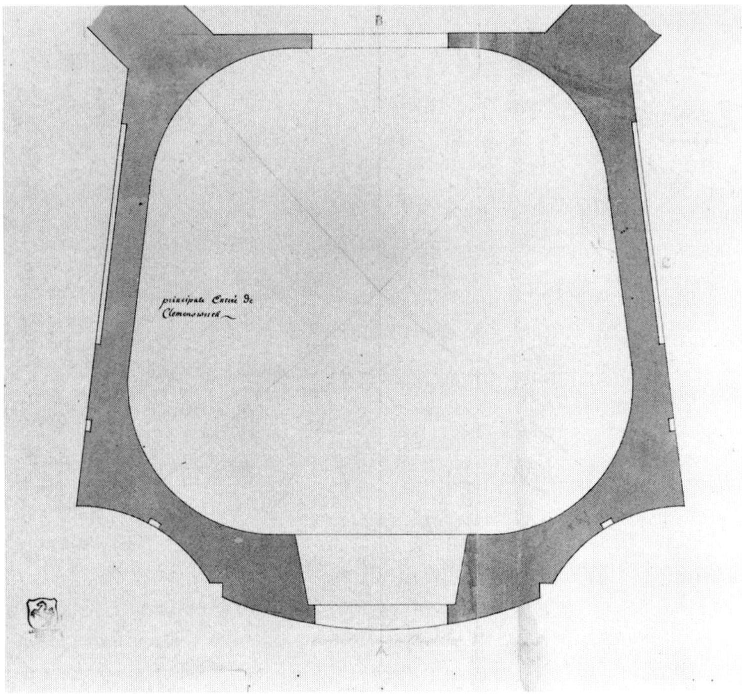

36.36

36.37

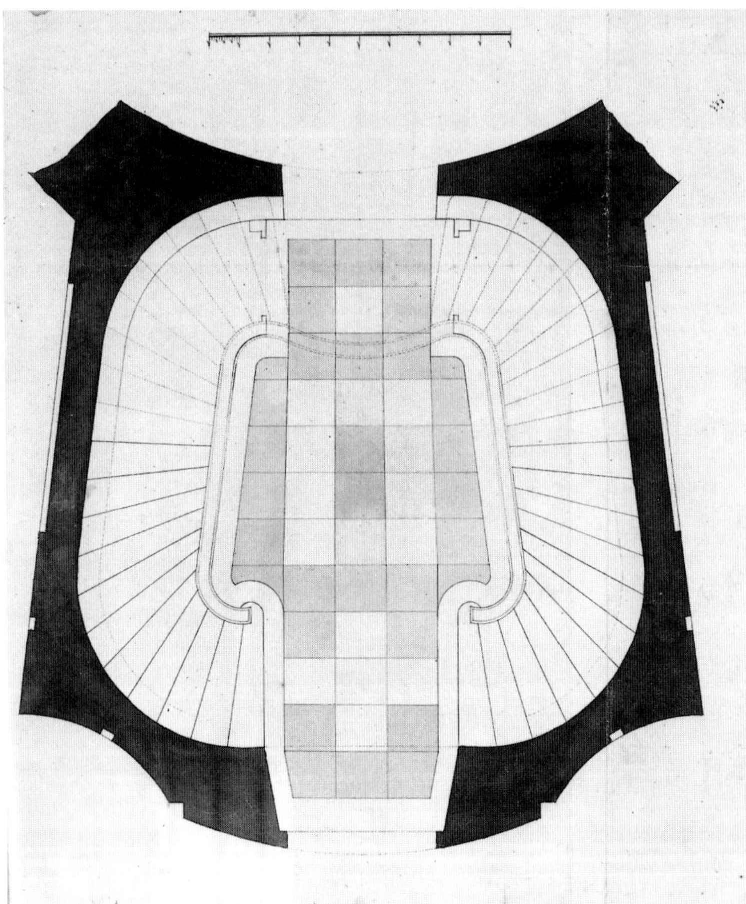

36.35
Jagdschloß Clemenswerth bei Sögel, Ausführung
Stephan Laurent Delarocque
Hauptpavillon, Treppenhaus, Deckenentwurf
(Abb. S. 313)

Lavierte Federzeichnung (grau, hellrot), 51,3 x 40,3 cm
Titel: *Platfondo de lescalier de Clemens=Wert pour S.A.S.E. de Cologne*
Beischrift: *Le sujet / Diane dans les air qui preside a la chasse*
Num.: *44to*
Maßstab: *10 fues* = 17,15 cm

Privatbesitz, Klebeband Clemenswerth, P 19r

Zuschreibung an Leveilly durch Bußmann 1973.

36.36
Jagdschloß Clemenswerth bei Sögel, Ausführung
Hauptpavillon, Grundriß des Vestibüls

Lavierte Federzeichnung (grau), 44,5 x 52,3 cm
Titel: *principale Entrée de Clemenswerth.* (wiederholt in Bleigriffel)
Beischrift: (Kennbuchstaben) *A B C*

Westfälisches Landesmuseum Münster, Schl.-Bd. 343 (Rückseite)

36.37
Jagdschloß Clemenswerth bei Sögel, Ausführung
Hauptpavillon, Treppenhaus, Grundriß mit Angabe der Plattierung

Lavierte Federzeichnung (schwarz, grau), 51,2 x 43 cm
Num.: *40*
Maßstab: *10* (Fuß) = 17,1 cm
Privatbesitz, Klebeband Clemenswerth, P 16r

36.39

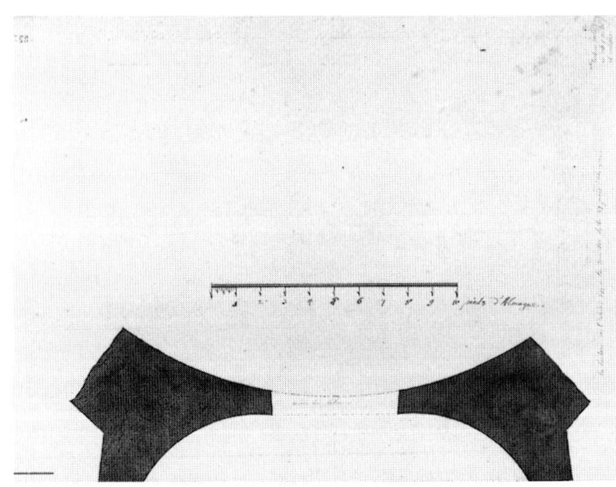

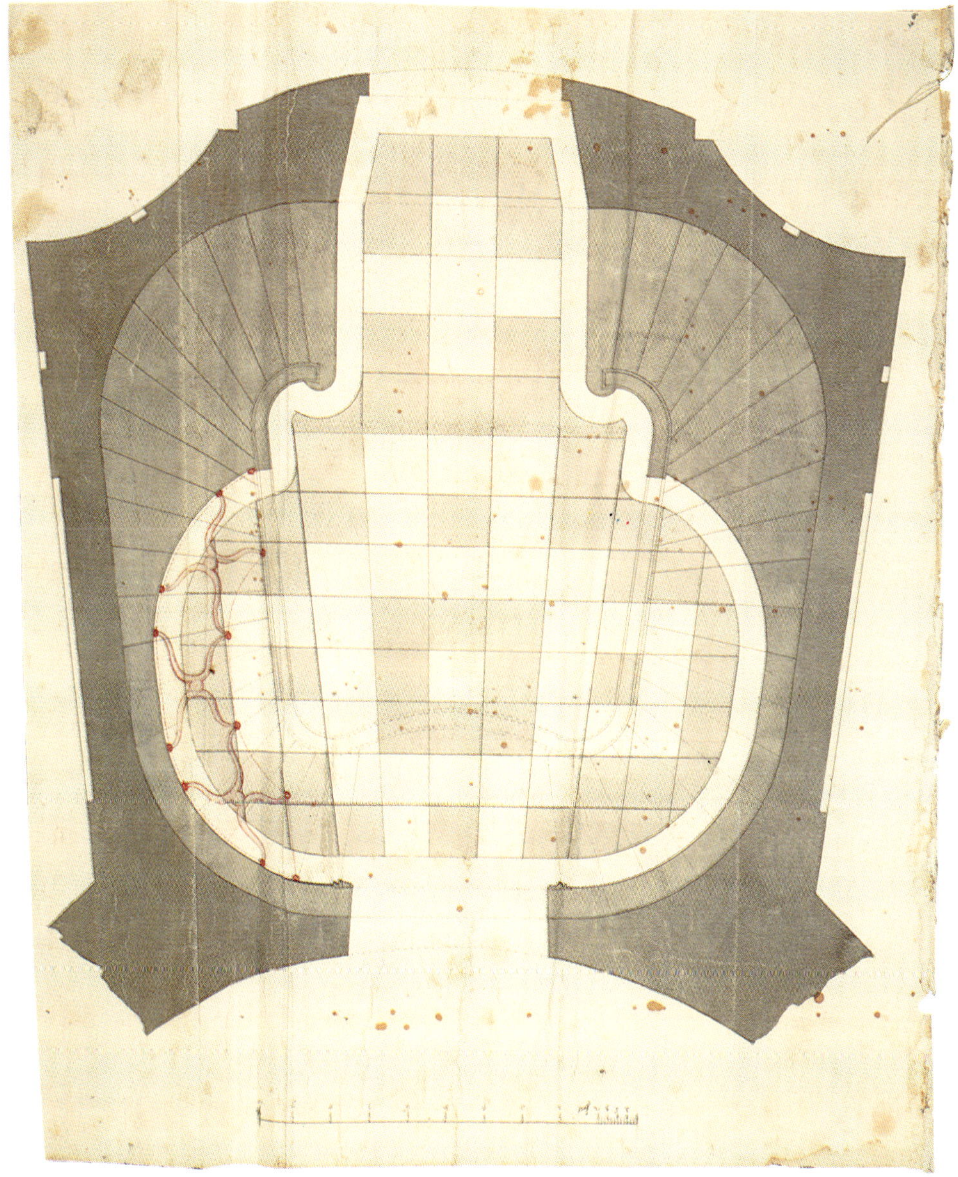

36.38

36.38
Jagdschloß Clemenswerth bei Sögel, Ausführung
Hauptpavillon, Treppenhaus, Grundriß mit Angabe der Plattierung und einer Bank

Lavierte Federzeichnung (grau), rote Feder (rot), 49,8 x 41,1 cm
Num.: keine
Maßstab: *10* (Fuß) = 17 cm

Privatbesitz, Klebeband Clemenswerth, P 17r

36.39
Jagdschloß Clemenswerth bei Sögel, Ausführung
Hauptpavillon, Grundriß, gekurvtes Mauerstück zwischen Treppenhaus und Salon im Erdgeschoß

Lavierte Federzeichnung (grau), Bleigriffel, 32 x 47,2 cm
Beischrift: *porte du Salon*
Beischrift: (zur Bleigriffelzeichnung) *la hauteur de l'Entrée jusqu à la corniche fait 27 pieds d'Almagne. – hauteur de la Corniche au dessus de la porte et croisée.* (Schrift Schlauns)
Maßstab: *10 pieds d'Almagne* (Schrift Schlauns) = 17,1 cm

Westfälisches Landesmuseum Münster, Schl.-Bd. 351

Auf dem Blatt befindet sich eine stark verblichene Bleigriffelzeichnung eines schematischen Teilschnitts durch die Treppenhalle.

3 Ausschnitte aus 36.40 ▷

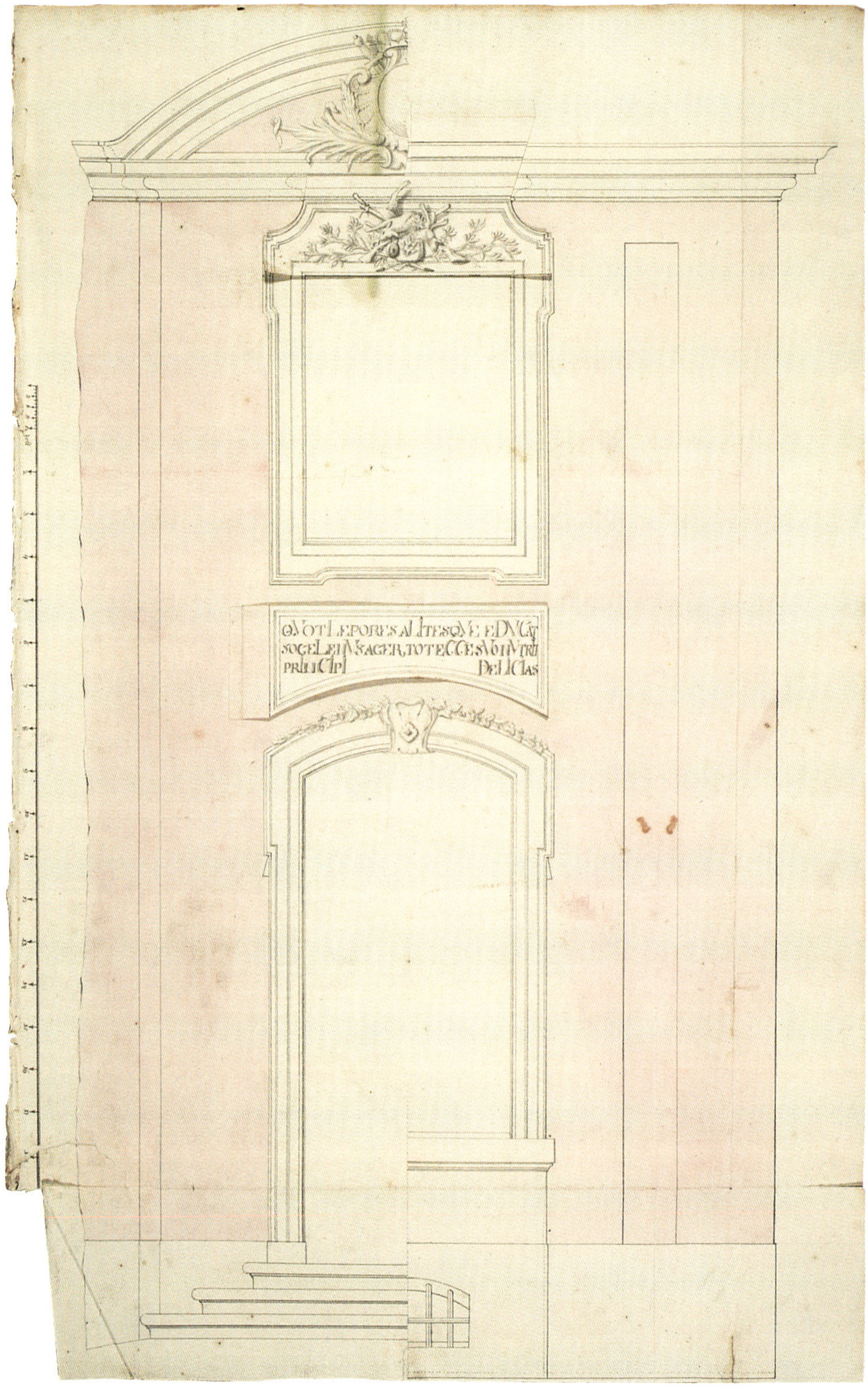

36.40

36.40

Jagdschloß Clemenswerth bei Sögel, Ausführung

Hauptpavillon, Aufriß der Front des westlichen Flügels

Lavierte Federzeichnung (grau, hellrot), 55,3 x 35,1 cm
Drei Deckblätter zur Dekoration der Fensterbekrönungen und drei Deckblätter zu den Schrifttafeln der übrigen Fronten, oben 6,9 x 11,9 cm, unten 4,4 x 3,1 cm
Beschriftung der Supraporten und Thema des zugehörigen Reliefs:
Haupteingang – West: *DECET HAEC VENATIO AVGVSTO REGVM EX SANGVINE NATUS* – (Diese [die hohe] Jagd geziemt dem Herrscher von königlichem Geblüt); Hirschkopf, Jagdhörner, Jagdspieße, im Segmentgiebel das kurfürstliche Wappen.
Norden: *INSIDIARI LVPO, EIVSQVE GRESSVS INVERTERE LICET ET HONESTVM EST* – (Es ist geboten und ehrenwert, dem Wolf aufzulauern und seine Angriffe zunichte zu machen); Wolf mit Netz, Jagdspieße, Flinte, Gabeln.
Osten: *ADVSQVE NVBES ET PER ARDVA SEQVITVR DONEC VINCAT* – (Bis in die Wolken und über alle Hindernisse hinweg verfolgt er sein Ziel bis zum Sieg); Falke über Reihern mit Falknergeschirr.
Süden: *QVOT LEPORES ALITESQVE EDVCAT SOGELENVS AGER, TOT ECCE SVO NVTRIT PRINCIPI DELICIAS* – (Wieviel an Hasen und Federwild das Sögeler Land hervorbringt, ebenso viel Vergnügen verschafft es fürwahr seinem Fürsten); Hasen, Feldhühner, Flinten, Pulverhorn, Hirschfänger.

Maßstab: *20 fues* = 34,2 cm

Privatbesitz, Klebeband Clemenswerth, P 10r

Der Eingangsseite nach Westen ist mit der königlichen Parforcejagd auf den Hirsch zugleich die Jahreszeit des Herbstes zugeordnet, der gegenüberliegenden Seite im Osten die Reiherbeize, also die Jagd mit Falken, der Frühling; dem Sommer an der Südseite gehört die Hasenjagd, dem Winter im Norden die Wolfsjagd (vgl. Kat.-Nr. 36.41). Zuschreibung an Schlaun aufgrund der figürlichen Zeichentechnik.

36.41

Jagdschloß Clemenswerth bei Sögel, Ausführung
Hauptpavillon, Aufriß der Front des westlichen Flügels und der übrigen Fronten

Lavierte Federzeichnung (grau, hellrot), 61,8 x 33 cm
Beischrift Rückseite (mit Feder): *winter Wolfsjagd nach Norden / Frühling reyerbeitz – Osten / Sommer hasenjagd – Süden / Herbst proforsjagd Westen;* Maßzahlen
Num.: *36to*
Maßstab: *15 fues* = 25,5 cm

Privatbesitz, Klebeband Clemenswerth, P 12r

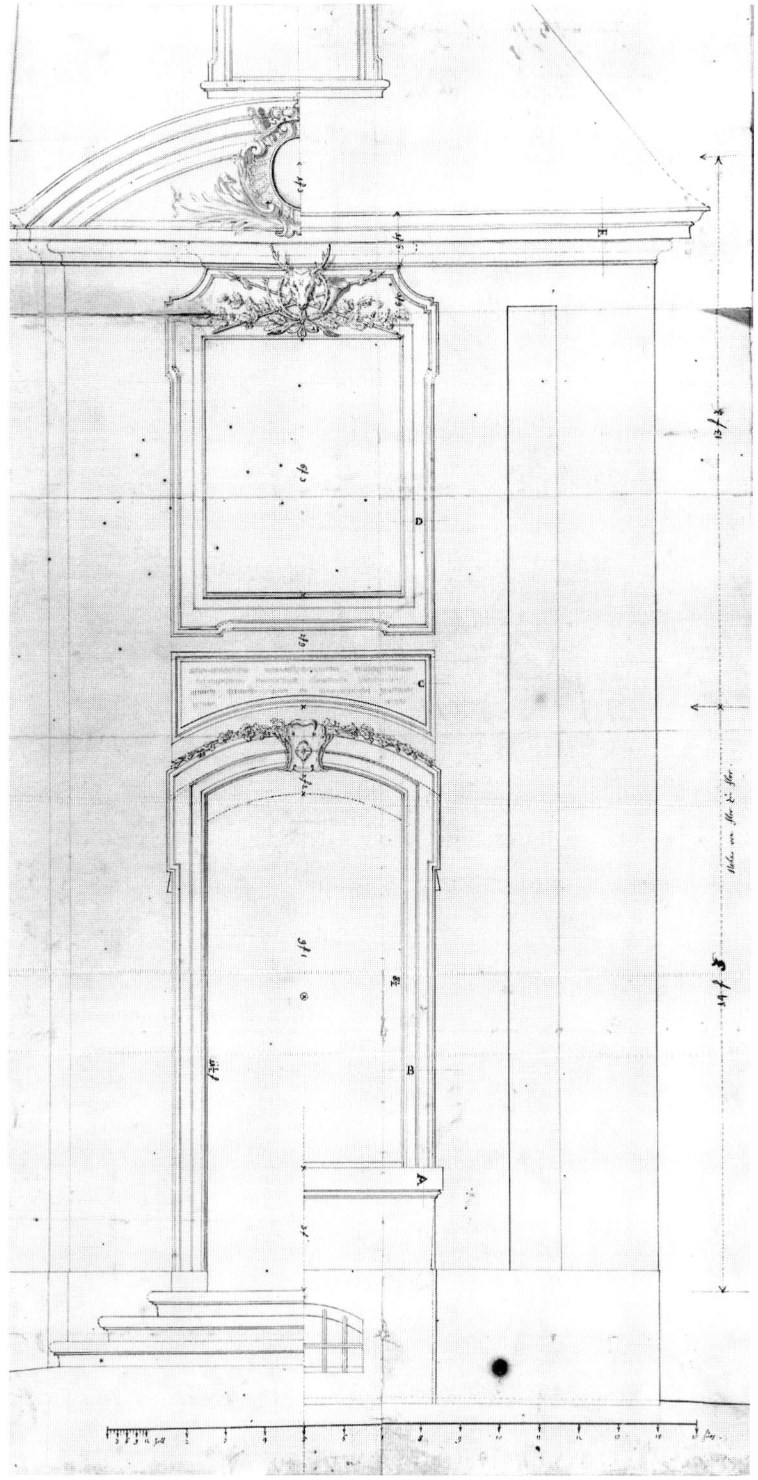

36.41

36.42

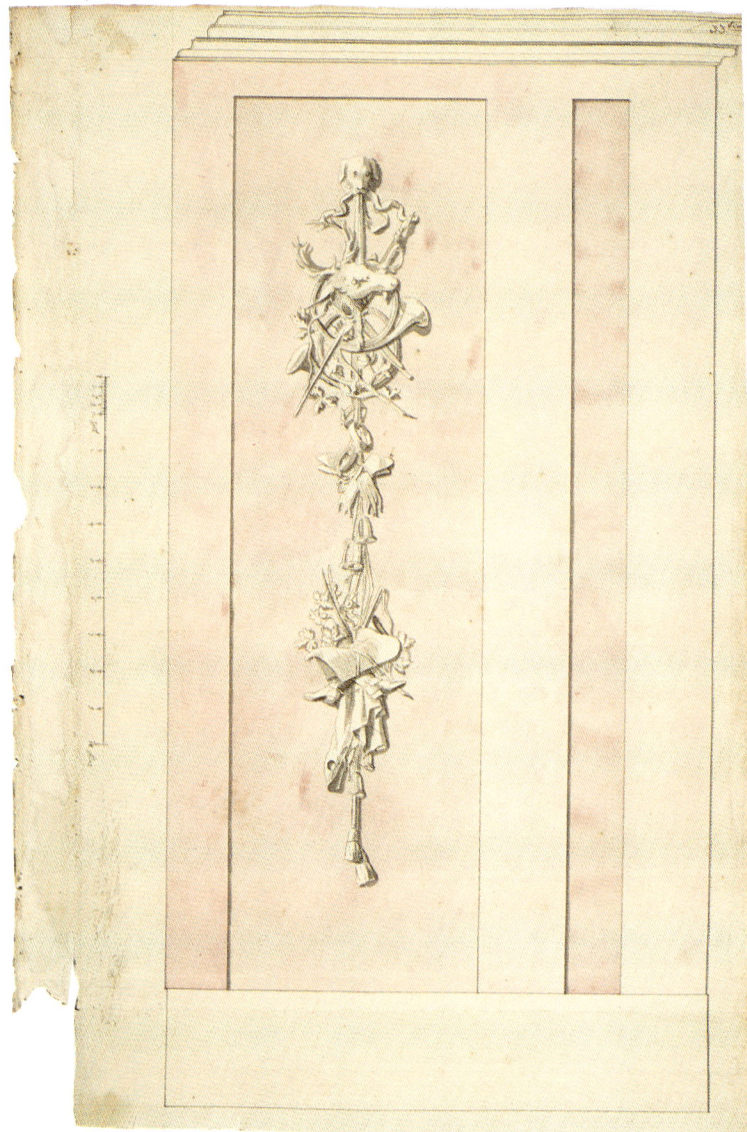

36.43

36.42
Jagdschloß Clemenswerth bei Sögel, Ausführung
Hauptpavillon, Entwurf für das Gehänge der Westseite

Lavierte Federzeichnung (grau, hellrot), 51,3 x 33,7 cm
Num.: *32*
Maßstab: *10 fues* = 17,15 cm

Privatbesitz, Klebeband Clemenswerth, P 8r

36.43
Jagdschloß Clemenswerth bei Sögel, Ausführung
Hauptpavillon, Entwurf für das Gehänge der Westseite

Lavierte Federzeichnung (grau, hellrot), 52,5 x 35 cm
Num.: *33tio*
Maßstab: *10 fues* = 17,1 cm

Privatbesitz, Klebeband Clemenswerth, P 9r

Die Zeichnungen sind mit Sicherheit von Schlaun, kenntlich an den weichen, fleischlosen Tierköpfen und der für ihn typischen Schattenbildung, gerade genug, damit der Bildhauer bzw. Stukkateur danach seine eigenen Zeichnungen des Sujets anzufertigen wußte.

36.44
Jagdschloß Clemenswerth bei Sögel, Ausführung
Hauptpavillon, Skizze zur Dekoration der Fensterbekrönungen

Bleigriffel, nicht ausgezogen (Architektur),
Lavierte Federzeichnung (grau), 21 x 33 cm
Num.: *35to*

Privatbesitz, Klebeband Clemenswerth, P 11r oben

36.45
Jagdschloß Clemenswerth bei Sögel, Ausführung
Hauptpavillon, Skizze zur Dekoration der Fensterbekrönungen

Bleigriffel, nicht ausgezogen (Architektur),
Lavierte Federzeichnung (grau), 21,0 x 32,9 cm
Beischrift: *junge felthüner, junger Hase, hirschfänger, pulverhorn* (Schlaun)
Num.: *35to*

Privatbesitz, Klebeband Clemenswerth, P 11r unten

36.44

36.45

36.46

36.46

Jagdschloß Clemenswerth bei Sögel, Ausführung
Leveilly-Werkstatt
Hauptpavillon, Entwurf der Kaminbekrönung

Lavierte Federzeichnung (rotgelb, gelbgrün), 65,9 x 53 cm
Titel: *Schornstein vom Churfürstliegem Jacht-Pavillion zu Clemenswerht.* (Schrift Schlaun)
Präsentationsvermerk: *Placet Clemens August Churfürst.*
Maßstab: *12 Pieds de Munster* = 32,3 cm

Privatbesitz, Klebeband Clemenswerth, P 42r

1973 Schlaun zugeschrieben. Auffallend der französische Maßstab und die für Schlaun ungewöhnliche Farbe. Die Schrift zum Maßstab gehört eindeutig dem Mitarbeiter der Leveilly-Werkstatt. Schlaun kopiert die Skulpturengruppe für seinen Entwurf eines Jagdpokals Kat.-Nr. 36.141.

36.47

Jagdschloß Clemenswerth bei Sögel, Ausführung
Hauptpavillon, Ansicht und Schnitt der Fensteröffnungen in den Diagonalachsen sowie einer Blindtür der Flügelflanken

Lavierte Federzeichnung (hellrot), 32,8 x 42 cm
Beischriften: *horizont vom plaster / 1 thüre, wovon eine blind. / 8 Kellerfenster* (Maßangaben)
Num.: *37mo*
Maßstab: *10 fues* = 17,2 cm

Privatbesitz, Klebeband Clemenswerth, 13r

36.48

Jagdschloß Clemenswerth bei Sögel, Ausführung

Haupt- und Nebenpavillon, vier halbierte Aufrisse der Dachfenster

Lavierte Federzeichnung (grau), 30,4 x 38,8 cm
Titel: *Dach=fenster aufm Churfürstliegen Pavillon / Dach=fenster auff die neben Pavillons*
Num.: *38vo*
Maßstab: *10 fues* = 17,15 cm

Privatbesitz, Klebeband Clemenswerth, P 14r

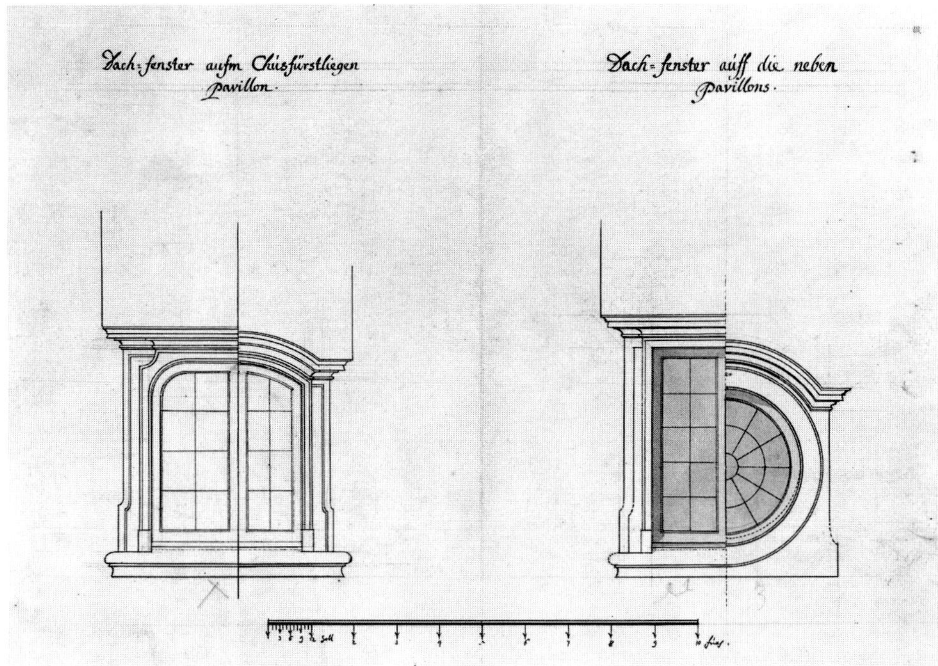

36.48

36.49

Jagdschloß Clemenswerth bei Sögel, Ausführung

Hauptpavillon, Aufriß, Grundriß und Schnitt des Eingangsportals mit Angabe der Füllung für den Schreiner

Federzeichnung, Bleigriffel, 41,6 x 32,5 cm
Titel: *vordere thür*
Num.: *39no*
Maßstab: *10 fues* = 17,05 cm

Privatbesitz, Klebeband Clemenswerth, P 15r

Drei ungenaue Skizzen einer Kassette mit Bleigriffel sind vermutlich später hinzugefügt.

36.47

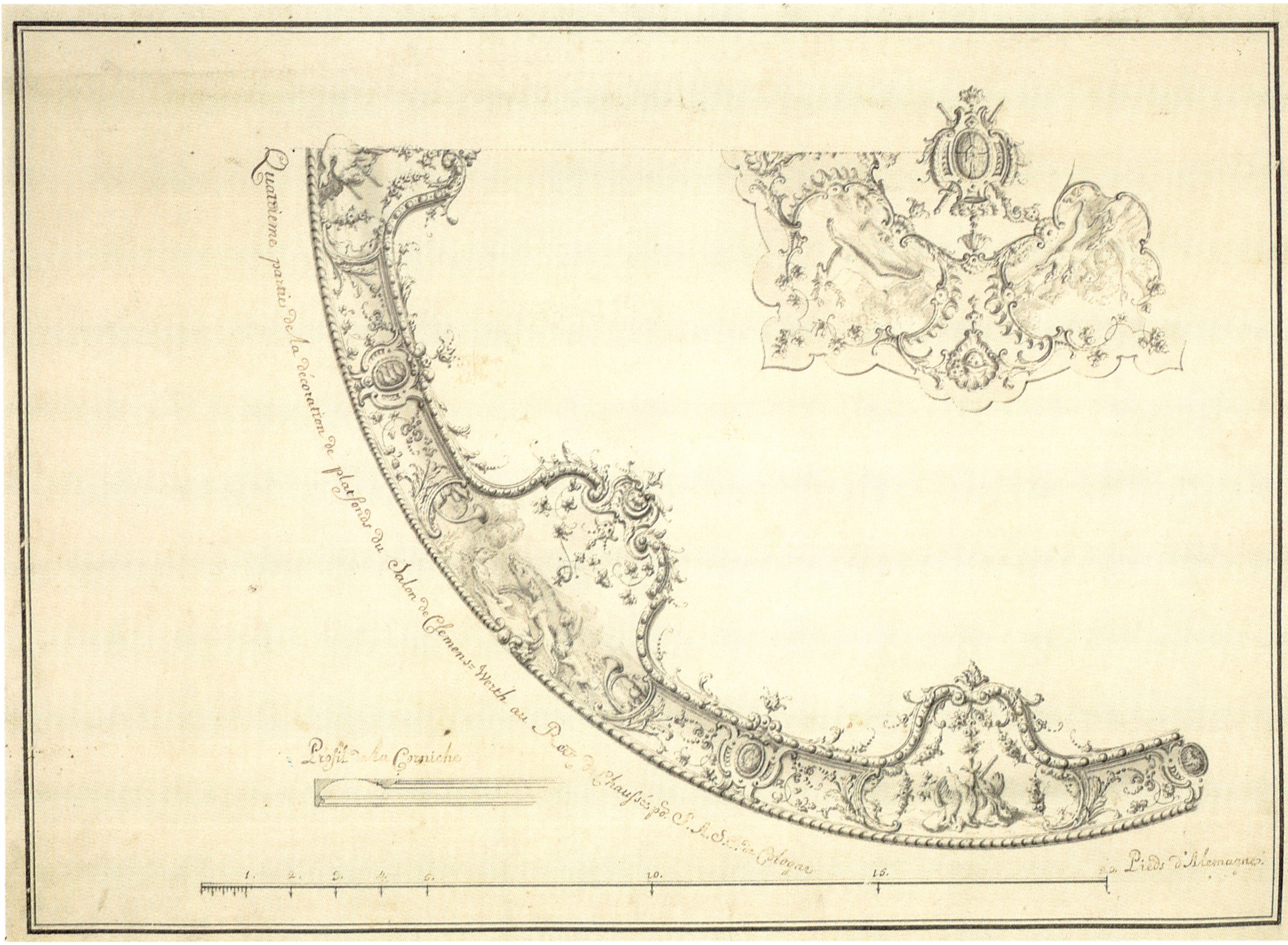

Salon im Ergeschoß

36.50

Jagdschloß Clemenswerth bei Sögel, Ausführung

Leveilly-Werkstatt

Hauptpavillon, Erdgeschoß, Salon, Entwurf zum Plafond, Querschnitt

Lavierte Federzeichnung (grau), 34,9 x 51,5 cm (32,5 x 47,0 cm)

Titel: *Quatrieme partie de la décoration de platfonds du Salon de Clemens=Werth au Retz de Chaussée po. S.A.S.E. de Cologne / Profil de la Corniche*

Num.: *5* (?)

Maßstab: *20 pieds d' Alemagne* = 34,2 cm

Privatbesitz, Klebeband Clemenswerth, P 25r

36.51

Jagdschloß Clemenswerth bei Sögel, Ausführung

Leveilly-Werkstatt

Hauptpavillon, Erdgeschoß, Salon, Entwürfe zu den einzelnen Kartuschen des Plafonds

Lavierte Federzeichnung (grau), 35 x 51,3 cm (32,9 x 47,5 cm)
Titel: (Mitte) *Les 4. Sujets de Chasse pour le platfonds du Salon de Clemens=Werth pour S.A.S.E. de Cologne;* (links) *Bas=reliefs pour le platfonds de Clemens=Werth dans le Salon pour S.A.S.E. de Cologne;* (rechts) *Trophées pour le platfonds de Clemens=Werth dans le Salon pour S.A.S.E. de Cologne*
Beischriften zu den Kartuschen: (Mitte) *La Premiere: La Chasse au Sanglier, voyez cy devant au platfonds* (auf dem vorhergehenden Blatt); *La Seconde: la Chasse a Lours; La Troisieme: la Chasse au Loup; La Quatrieme: La Chasse au Cerf;* (links) *Le 3me basrelief du milieu du plafonds; Le 4me basrelief du milieu du plafonds;* (rechts) *Le 3me Trophée de gibier dans la Corniche; Le 4me Trophée de gibier dans la Corniche*
Num.: 5 (?)

Privatbesitz, Klebeband Clemenswerth, P 26r

Ausführungszeichnung: die Kartuschen gehören zu Kat.-Nr. 36.50 und sind ebenfalls von der Werkstatt Leveillys ausgeführt. Sie ergänzen die nur zu einem Viertel ausgeführte Zeichnung um die fehlenden Motive. In der Mitte des Plafonds um das Wappen des Kurfürsten Motive der Hirschhatz, am Rande Wechsel von Parforcejagd-Motiven, also der Hatz auf Bär, Wolf, Hirsch und Eber, alternierend mit Trophäen von Wildbret.

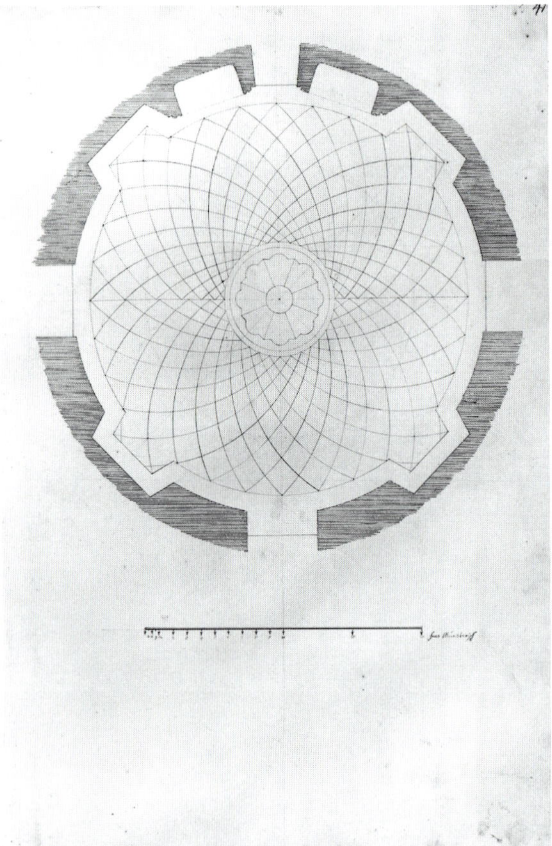

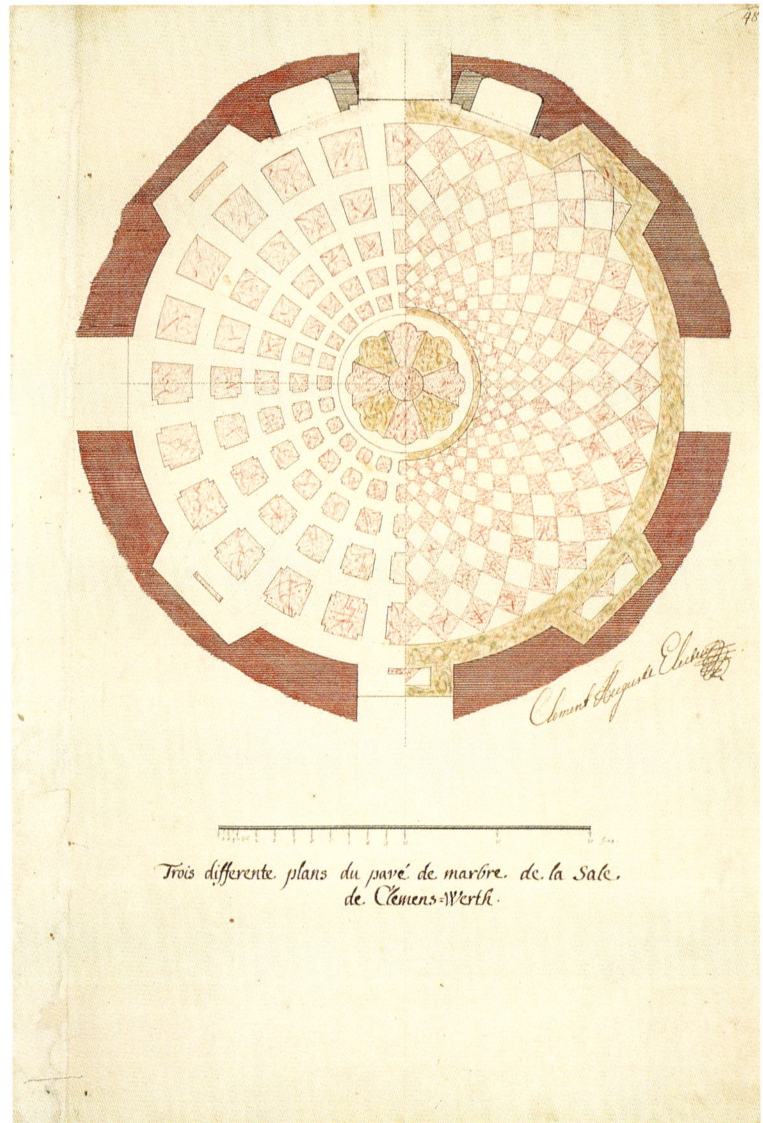

36.52
Jagdschloß Clemenswerth bei Sögel, Ausführung
Hauptpavillon, Erdgeschoß, Salon, Entwurf zur Marmorplattierung

Federzeichnung, 51,2 x 35 cm
Num.: *47m* (o)
Maßstab: *20 fues Münsterisch* = 17,1 cm

Privatbesitz, Klebeband Clemenswerth, P 22r

36.53
Jagdschloß Clemenswerth bei Sögel, Ausführung
Hauptpavillon, Erdgeschoß, Salon, Entwürfe zur Marmorplattierung

Lavierte Federzeichnung (rot, grün, gelbgrün), 51,5 x 34,7 cm
Titel: *Trois differente plans du pavé de marbre de Sale de Clemens=Werth*
Präsentationsvermerk: *Clemens August Electeur*
Num.: *48vo*
Maßstab: *20 fues* = 17,1 cm

Privatbesitz, Klebeband Clemenswerth, P 23r

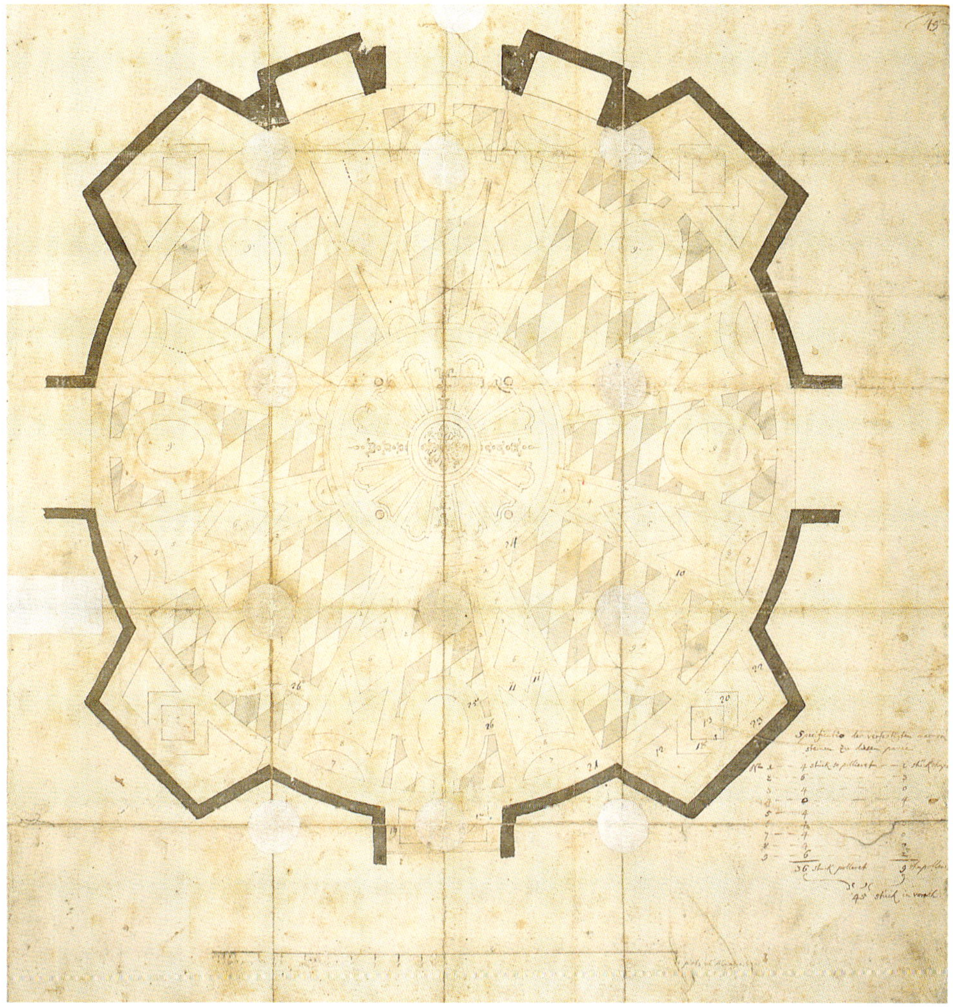

36.54

Jagdschloß Clemenswerth bei Sögel, Ausführung
Hauptpavillon, Erdgeschoß, Salon, Entwürfe zur Marmorplattierung

Lavierte Federzeichnung (grau, rot, gelbgrün), 51,2 x 48 cm
Beischrift: *Specificatio der verfertigten marmor steinen zu diesem pavée*

Nr.	*1 – 4 stück so polieret – -*	*0 stück ohnpolieret*
2 – 6		*3*
3 – 4		*0*
4 – 0		*4*
5 – 4		*0*
6 – 4		*0*
7 – 4		*0*
8 – 4		*0*
9 – 6		*2*
36 stück polleret	*9 ohnpolleret*	
45 stück in vorrath		

Num.: *49no*
Maßstab: *20 pieds d'Alemagne* = 24,2 cm

Privatbesitz, Klebeband Clemenswerth, P 24r

Ausführungsentwurf: Man hatte zu diesem Entwurf bereits Marmorstücke angefertigt, zum Teil poliert, um einen Eindruck des Ganzen zu bekommen. Der zentrale Bereich des Fußbodens ist dann nach einem anderen Plan ausgeführt worden. Die Raffinesse dieses Entwurfs besteht darin, daß die Fliesenrhomben entgegen dem Rund des Raumes in einheitlichem Muster gelegt sind. Das bedeutet zum einen, daß in jedem Kreiskompartiment ein unterschiedliches Muster entsteht, wogegen zum anderen, gleichsam unter den Strahlen der gleichbehandelten Kompartimente, ein durchgehendes Fliesenmuster den Gesamtraum zusammenhält.

36.55

36.56

Jagdschloß Clemenswerth bei Sögel, Ausführung
Leveilly-Werkstatt
Hauptpavillon, Erdgeschoß, Salon, Ausführungsentwurf zur Wanddekoration

Lavierte Federzeichnung (grau, rot, gelbgrün),
31,9 x 46,5 cm
Titel: *Quatrieme partie de la décoration du Salon de Clemens=Werth au Retz de Chaussée pour S.A.S.E. de Cologne*
Num.: *52*
Maßstab: *20 pieds d'Alemagne* = 34,3 cm

Privatbesitz, Klebeband Clemenswerth, P 27r

Jagdtrophäe mit Hirschkopf, Hirschfänger, Horn und Jagdflinte, die übrigen fünf Motive der Trophäen mit Hirschkuh, Eber, Wolf, Hirsch und Eber folgen auf den beiden nächsten Blättern. Durch die Beigabe der Jagdmittel wie Jagdspieß, Netz, Flinten usw. ist die Art der Jagd dargestellt.

36.58

36.55

Jagdschloß Clemenswerth bei Sögel, Ausführung
Hauptpavillon, Erdgeschoß, Salon, Ausführungsentwurf der Fensterfüllung und Wanddekoration – Aufriß, Grundriß, Längsschnitt

Lavierte Federzeichnung (rot, grüngelb, grau),
41 x 32 cm
Titel: *Croise de la Sale à Clemens=werth avec son profil*
Präsentationsvermerk: *Clemens August Electeur*
Beischrift: (Buchstaben) *A – H*
Num.: *45to*
Maßstab: *10 fues* = 17,1 cm

Privatbesitz, Klebeband Clemenswerth, P 20r

36.56

36.57
Jagdschloß Clemenswerth bei Sögel, Ausführung
Leveilly-Werkstatt, Kopie nach Kat.-Nr. 36.56
Hauptpavillon, Erdgeschoß, Salon, Aufrisse einer Tür, eines Kamins mit Wandspiegel und eines Fensters

Lavierte Federzeichnung (grau, grün, rot, blaßgelb, blaßblau), 31,7 x 40,4 cm (29,8 x 37,8 cm)
Maßstab: *15 pieds d'Almagne* = 25,7 cm

Westfälisches Landesmuseum Münster, Schl.-Bd. 241

36.58
Jagdschloß Clemenswerth bei Sögel, Ausführung
Hauptpavillon, Saal, Türentwurf

Lavierte Federzeichnung (grau), 33 x 41,8 cm
Num.: *113*.
Maßstab: *10* (Fuß) = 17,1 cm

Privatbesitz, Klebeband Clemenswerth, 87r

36.57

2.
3.
4.
Suitte des Trophées de Chaſse de la décoration du Salon de Clemens= Werth
au Retz de Chauſsée pour S.A.S.E. de Cologne

36.59

36.61

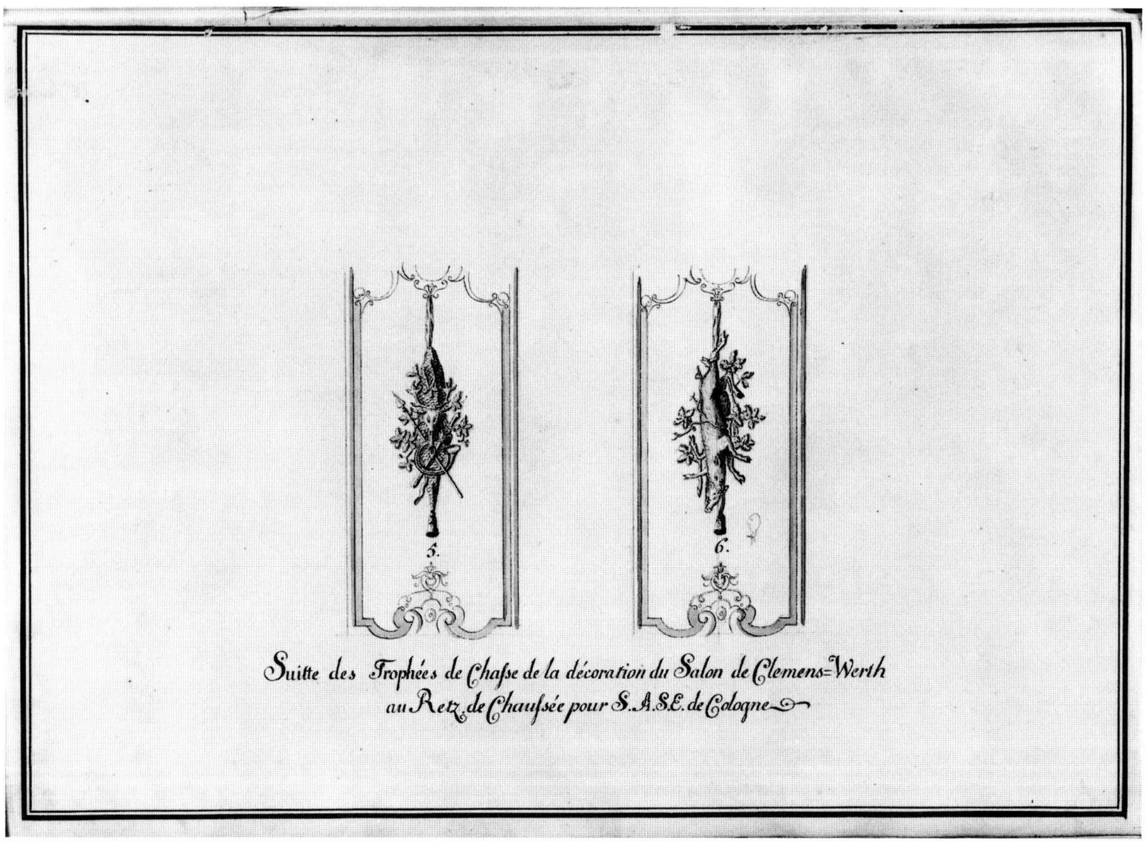
5.
6.
Suitte des Trophées de Chaſse de la décoration du Salon de Clemens=Werth
au Retz de Chauſsée pour S.A.S.E. de Cologne

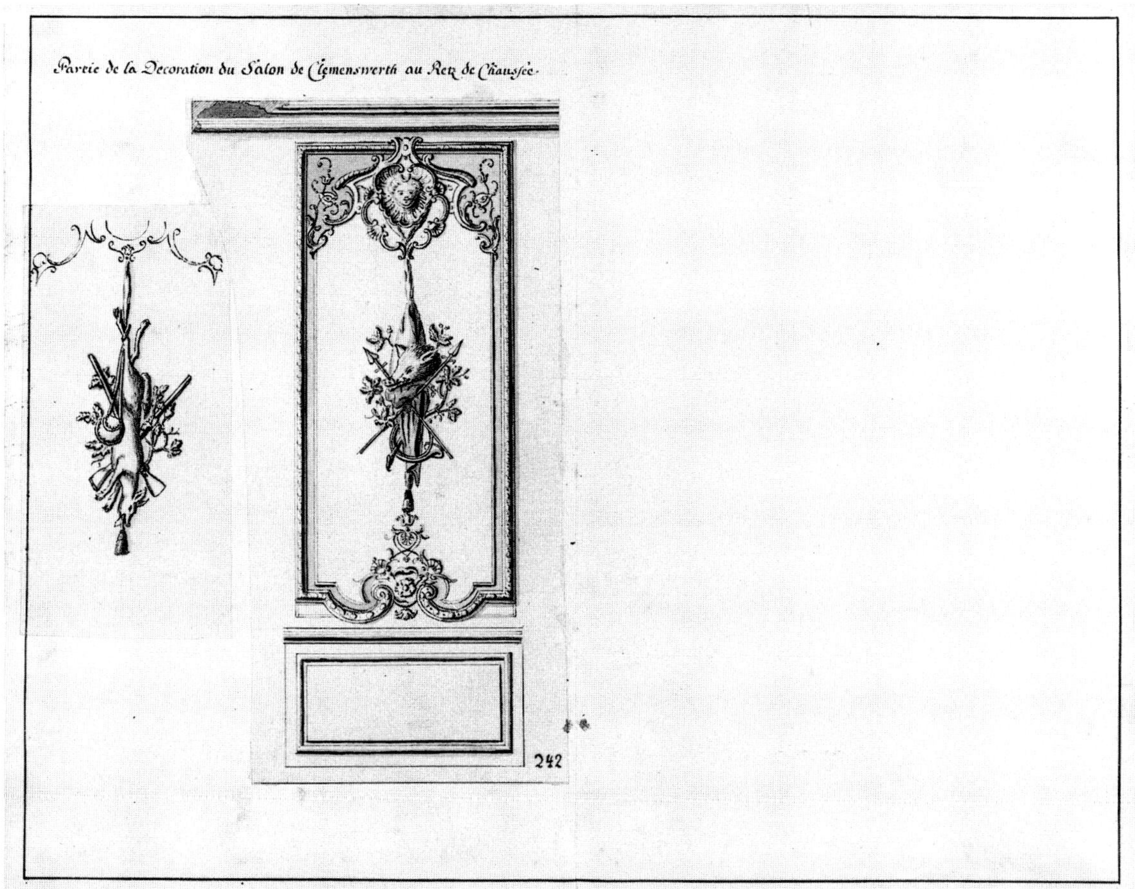

36.60

36.59
Jagdschloß Clemenswerth bei Sögel, Ausführung
Leveilly-Werkstatt
Hauptpavillon, Erdgeschoß, Salon, drei Wandfelder mit Jagdtrophäen

Lavierte Federzeichnung (grau), 35 x 51,2 cm (32,7 x 47,3 cm)
Titel: *Suitte des Trophées de Chasse de la décoration du Salon de Clemens=Werth au Retz de Chaussée pour S.A.S.E. de Cologne*
Num.: *53*.

Privatbesitz, Klebeband Clemenswerth, P 28r

36.60
Jagdschloß Clemenswerth bei Sögel, Ausführung
Leveilly-Werkstatt, Kopie nach Kat.-Nr. 36.59
Hauptpavillon, Erdgeschoß, Salon, Wandgehänge und Wandfeld

Lavierte Federzeichnung (grau), 31,7 x 40 cm (29,5 x 38,3 cm)
Beide Zeichnungen sind auf das Grundblatt aufgeklebt: Blatt Wandgehänge: ca. 14,7 x 7,4 cm; Blatt Wandfeld: ca. 23,3 x 13 cm
Titel: *Partie de la Decoration du Salon de Clemenswerth au Rez de Chaussée* (Schrift wie Kat.-Nr. 36.32 u. 36.33)

Westfälisches Landesmuseum Münster, Schl.-Bd. 242

36.61
Jagdschloß Clemenswerth bei Sögel, Ausführung
Leveilly-Werkstatt
Hauptpavillon, Erdgeschoß, Salon, Ausführungsentwurf zur Wanddekoration – zwei Wandfelder mit Jagdtrophäen

Lavierte Federzeichnung (grau), 35 x 51,2 cm (32,7 x 47,6 cm)
Titel: *Suitte des Trophées de Chasse de la décoration du Salon de Clemens=Werth au Retz de Chaussée pour S.A.S.E. de Cologne*
Num.: *54*.

Privatbesitz, Klebeband Clemenswerth, P 29r

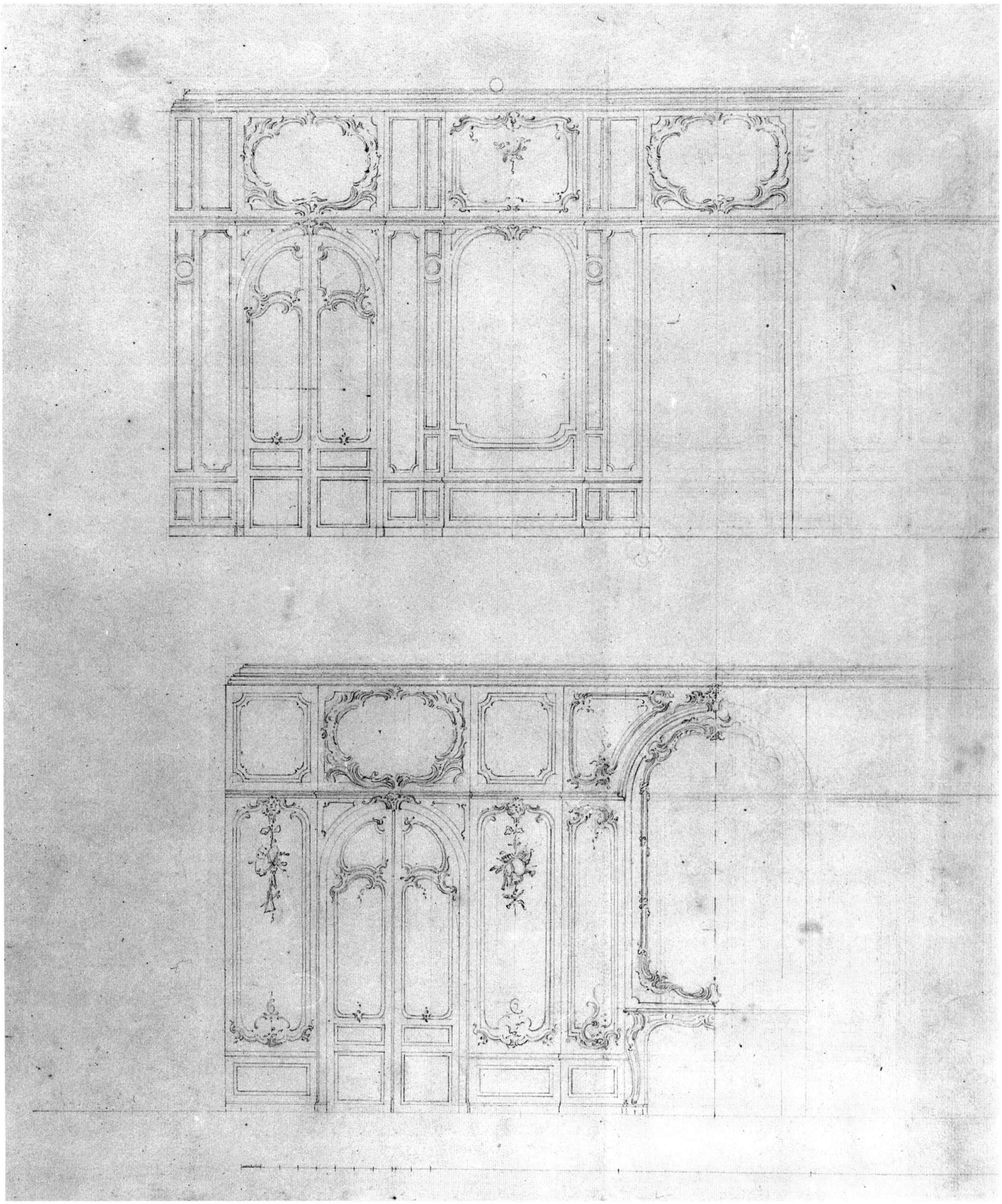

36.62

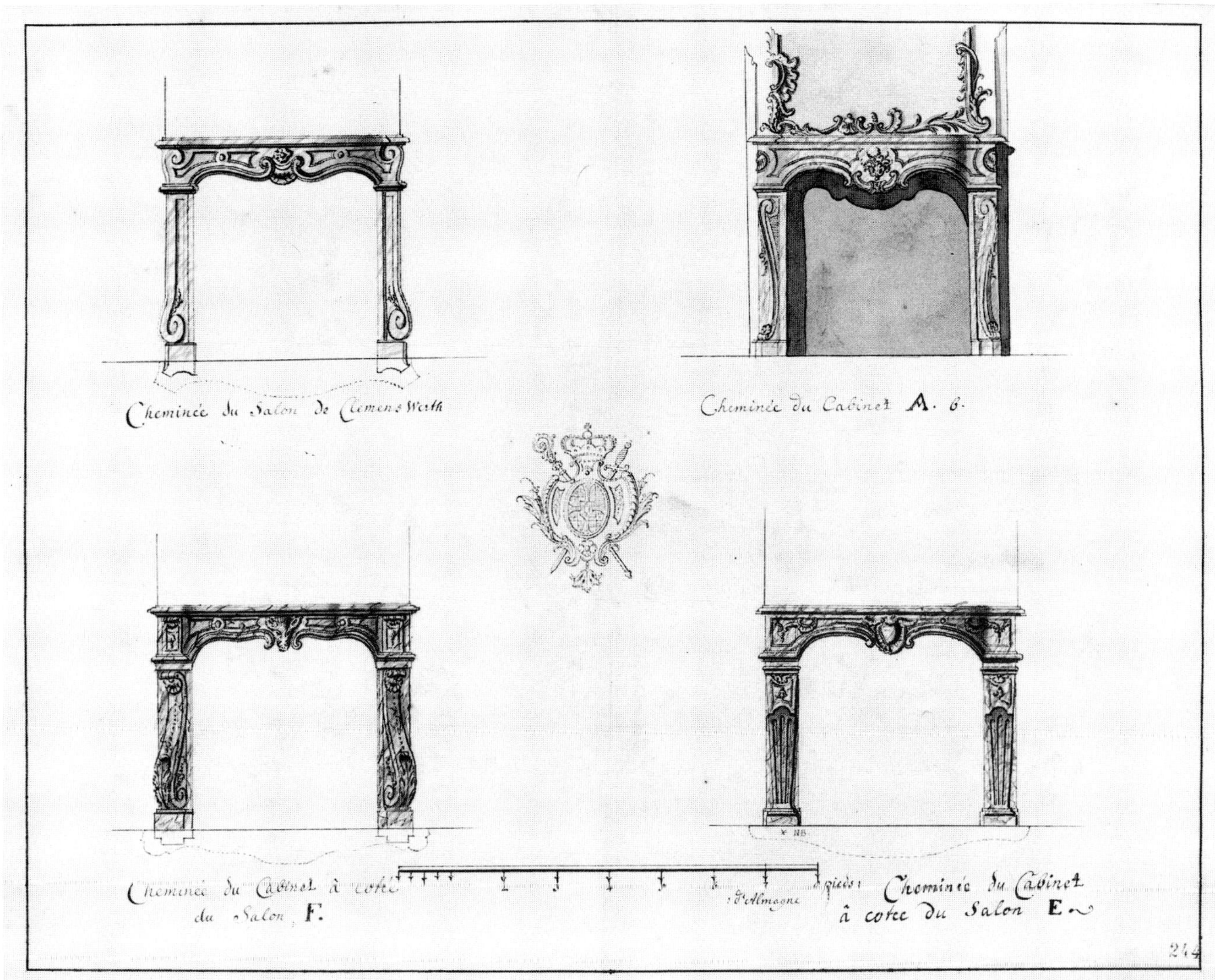

36.63

36.62
Michel Leveilly (?), François de Cuvilliés (?)
Zwei Wandaufrisse eines Saals

Federzeichnung, Bleigriffel, 48,7 x 65 cm
Num.: *104*
Maßstab: *50* (Fuß?) = 37 cm

Privatbesitz, Klebeband Clemenswerth, P 79r

Versuchsweise Zuschreibung, mit Sicherheit nicht Schlaun. Diese Aufrisse dienten möglicherweise als Muster, wie etwa sich der Kurfürst die Gestaltung vorstellte.

36.63
Jagdschloß Clemenswerth bei Sögel, Ausführung
Leveilly-Werkstatt, Kopie nach Kat.-Nr. 36.56, 36.67, 36.69, 36.88

Hauptpavillon, Aufrisse von vier Kaminen und drei Grundrisse, Wappenkartusche des Kurfürsten Clemens August von Bayern

Lavierte Federzeichnung (grau, rot, blaßgrün), 31,7 x 40 cm (29,8 x 38,3 cm)
Titel: *Cheminée du Salon de Clemens Werth / Cheminée du Cabinet A. b. / Cheminée du Cabinet à cotée du Salon F. / Cheminée du Cabinet à cotée du Salon E.*
Maßstab: *8 pieds d'Alemagne* = 13,6 mm

Westfälisches Landesmuseum Münster, Schl.-Bd. 244

Die Kamine links und rechts unten haben Angaben des Profils bzw. der Deckplattenform. Über dem Kamin oben rechts Andeutung des Wandspiegels. Die Wappenkartusche des Kurfürsten in der Mitte zeigt die endgültige große Form des Wappens mit dem Deutschordenskreuz.

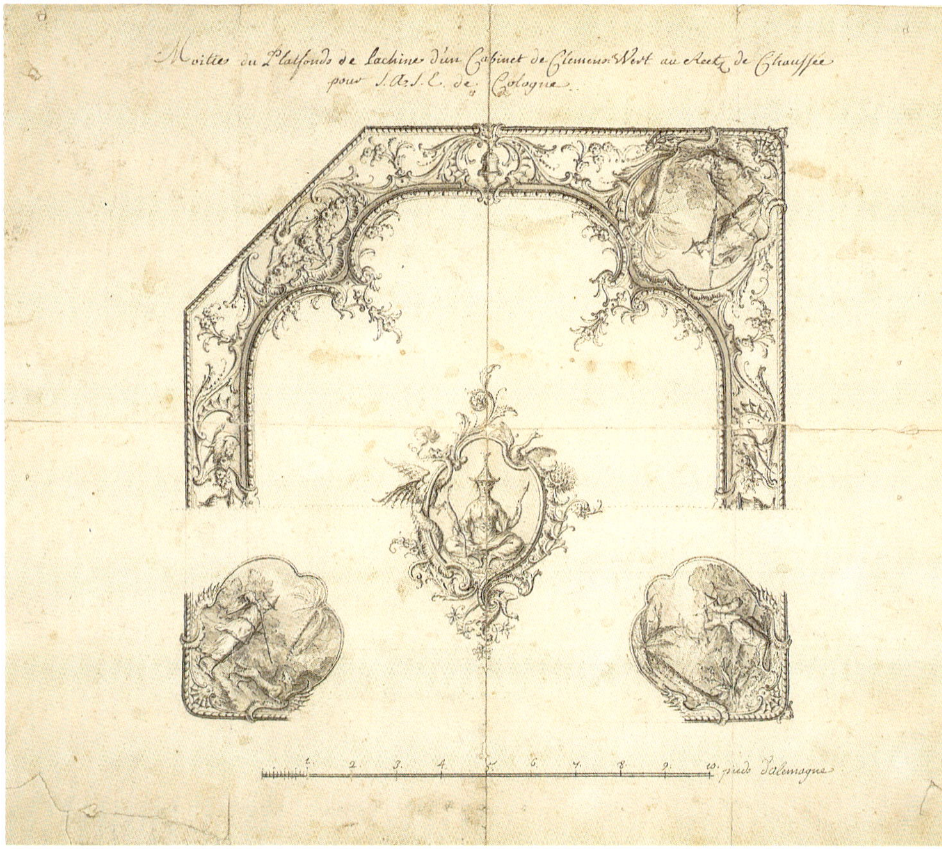

36.64

36.64
Jagdschloß Clemenswerth bei Sögel, Ausführung
Stephan Laurent Delarocque
Hauptpavillon, Erdgeschoß, Südflügel, Chinesisches Kabinett, Plafondentwurf

Lavierte Federzeichnung (grau), 31,5 x 36,9 cm
Titel: *Moitie du Platfonds de Lachine d'un Cabinet de Clemens=Wert au Retz de Chaussée pour S.A.S.E. de Cologne.* (von der Hand Leveillys)
Num.: *56.*
Maßstab: *10 pieds d'alemagne* = 17,3 cm

Privatbesitz, Klebeband Clemenswerth, P 31r

Ausführungsentwurf Delarocque, vgl. Kat.-Nr. 36.35

36.65
Johann Adolf Biarelle (?)
Detailstudie einer Stuckdecke: Chinoiserien

Lavierte Federzeichnung (blau, violett, hellrot, grün), 18,5 x 29,4 cm
Num.: *115*
Maßstab: *1* (Modul/Fuß ?) = 8,9 cm (Maßstab abgeschnitten)

Privatbesitz, Klebeband Clemenswerth, 89r unten

36.66
Johann Adolf Biarelle (?)
Detailstudie einer Stuckdecke: Chinoiserien

Lavierte Federzeichnung (blau, violett, hellrot, grün), 19,7 x 29,1 cm
Num.: *115*
Maßstab: *1* (Modul/Fuß ?) = 8,9 cm (Maßstab abgeschnitten)

Privatbesitz, Klebeband Clemenswerth, 89r oben

Schwer zuzuordnen; mit Sicherheit nicht Schlaun, kaum von Leveilly, da die Qualität der lockeren Federführung und der gleichsam impressionistischen Lavierungen alles übertrifft, was bisher im Zusammenhang Clemenswerth bekannt geworden ist. Die Blätter sind offenbar Musterblätter aus einem anderen Zusammenhang. Als Entwerfer kommt der Brühler Hofdessinateur Johann Adolf Biarelle in Frage, dessen Stukkaturen in Ansbach (1737/40) – vgl. Hansmann 1972, S. 87, Abb. 154–56 – im Linienschwung, aber auch in den Einzelmotiven, etwa der Rahmung der Medaillenbüsten, große Gemeinsamkeiten aufweisen. Möglicherweise kommt auch der Zeichner der Decke der Bibliothek in Brühl in Frage, dessen Chinoiserien noch weiter getrieben erscheinen, aber in der lockeren Setzung wie in Einzelmotiven Übereinstimmungen zeigen.

36.65

36.66

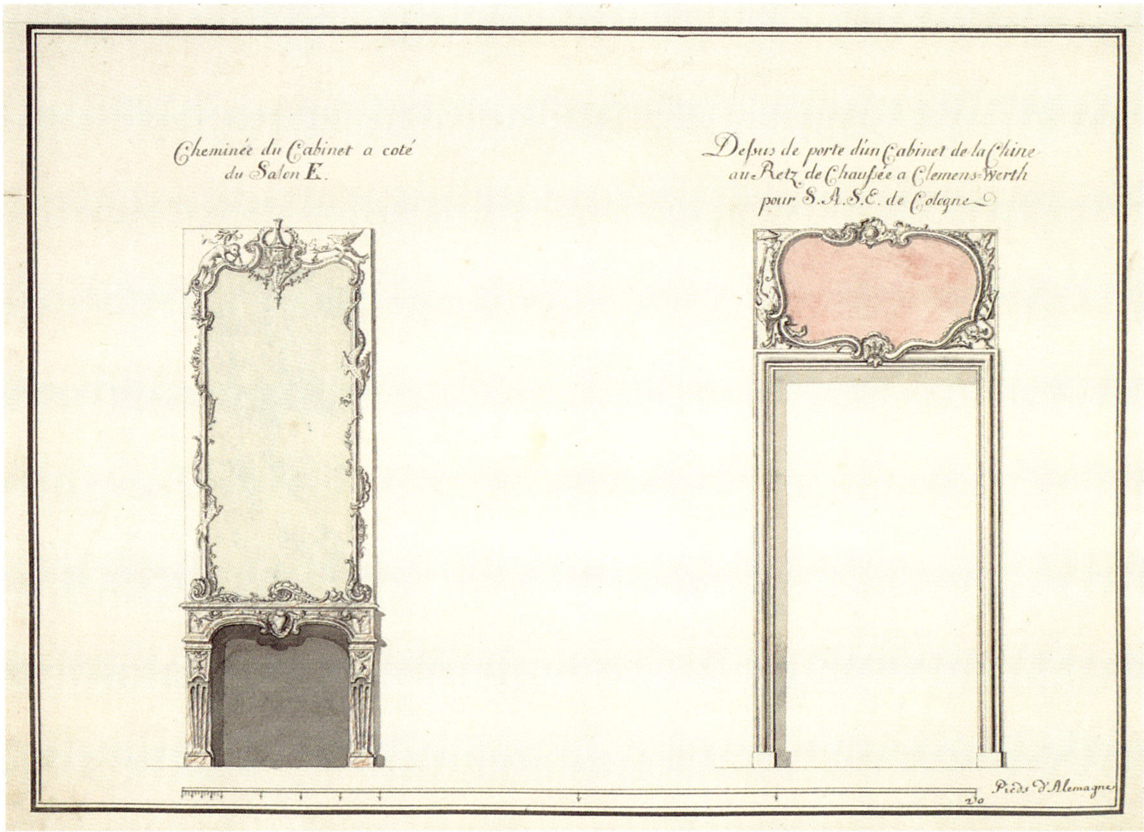
Cheminée du Cabinet a coté du Salon E.
Dessus de porte d'un Cabinet de la Chine au Retz de Chaussée a Clemens-Werth pour S.A.S.E. de Cologne
Pieds d'Alemagne

36.67

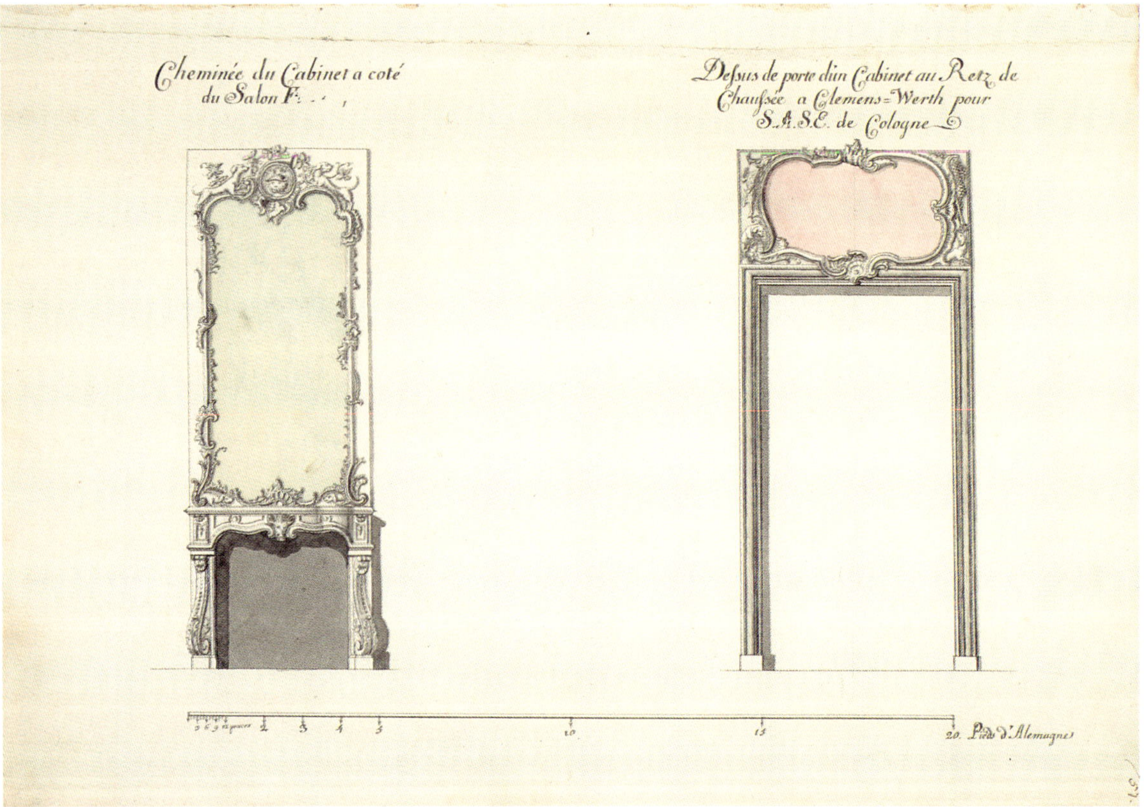
Cheminée du Cabinet a coté du Salon F.
Dessus de porte d'un Cabinet au Retz de Chaussée a Clemens=Werth pour S.A.S.E. de Cologne
5
10
15
20. Pieds d'Alemagne

36.69

36.67

Jagdschloß Clemenswerth bei Sögel, Ausführung
Leveilly-Werkstatt
Hauptpavillon, Erdgeschoß, Südflügel, Chinesisches Kabinett, Entwurf eines Kamins und einer Supraporte

Lavierte Federzeichnung (grau, rot, gelbgrün), 35 x 51,4 cm (32,9 x 47,4 cm)
Titel: *Cheminée du Cabinet a coté du Salon E; Dessus de porte d'un Cabinet de la Chine au Retz de Chaussée a Clemens=Werth pour S.A.S.E. de Cologne*
Num.: *55.*
Maßstab: *20 pieds d'Alemagne* = 34,3 cm

Privatbesitz, Klebeband Clemenswerth, P 30r

36.68

Jagdschloß Clemenswerth bei Sögel, Ausführung
Schlaun-Werkstatt
Hauptpavillon, Erdgeschoß, Südflügel, Chinesisches Kabinett, Fußboden

Lavierte Federzeichnung (grau, schwarz, braun, blaßgelb, blaßrot), 31,7 x 40 cm (29,9 x 38,3 cm)
Maßstab: *10 Fuß* = 17,1 cm

Westfälisches Landesmuseum Münster, Schl.-Bd. 245

36.68

36.69

Jagdschloß Clemenswerth bei Sögel, Ausführung
Leveilly-Werkstatt
Hauptpavillon, Erdgeschoß, Nordflügel, Kabinett, Kamin und Supraporte

Lavierte Federzeichnung (grau, rot, gelbgrün), 35 x 51,2 cm
Titel: *Cheminée du Cabinet a coté du Salon F; Dessus de porte d'un Cabinet au Retz de Chaussée a Clemens=Werth pour S.A.S.E. de Cologne*
Num.: *57.*
Maßstab: *20 pieds d'Alemagne* = 34,3 cm

Privatbesitz, Klebeband Clemenswerth, P 32r

36.70

Jagdschloß Clemenswerth bei Sögel, Ausführung
Schlaun-Werkstatt
Hauptpavillon, Erdgeschoß, Nordflügel, Fußboden

Lavierte Federzeichnung (grau, schwarz, braun, blaßgelb, blaßrot), 31,7 x 40,4 cm (29,9 x 38,3 cm)
Maßstab: *10 Fuß* = 17,1 cm

Westfälisches Landesmuseum Münster, Schl.-Bd. 246

36.70

36.71

36.71

Jagdschloß Clemenswerth bei Sögel, Ausführung
Leveilly-Werkstatt, Kopie nach Kat.-Nr. 36.67 und 36.69
Hauptpavillon, Erdgeschoß, Aufrisse zweier Kabinetttüren mit Supraporten

Lavierte Federzeichnung (grau, rot), 31,7 x 40,4 cm (29,8 x 38,3 cm)
Titel: *Deßus de porte d un Cabinet au Retz de chaußee à ClemnsWerth / Deßus de porte d un Cabinet de Cachine au Retz de Chaußee*
Maßstab: *15 Fuß* (pieds d'Alemagne) = 25,8 cm

Westfälisches Landesmuseum Münster, Schl.-Bd. 243

36.72

Jagdschloß Clemenswerth bei Sögel
Hauptpavillon, Erdgeschoß, Salon, Entwürfe für Türen, Supraporten und einen Kaminaufsatz

Lavierte Federzeichnung (grau, hellrot, gelbgrün), 35 x 51,3 cm
Num.: *112.*
Maßstab: *10 fues* = 17,1 cm

Privatbesitz, Klebeband Clemenswerth, 86r

Vorstufe für Kat.-Nr. 36.73, vgl. Kat.-Nr. 36.56

36.73

Jagdschloß Clemenswerth bei Sögel
Hauptpavillon, Erdgeschoß, Salon, Vorentwürfe eines Kamins und zweier Türen

Lavierte Federzeichnung (grau, hellrot, gelbgrün), 34 x 48 cm
Titel: *Cheminé et portes de la Sale de Clemens=Werth* (Hand Schlauns ?)
Präsentationsvermerk: *Clemens August Electeur*
Num.: *106.*
Maßstab: *10 fues* = 17,1 cm

Privatbesitz, Klebeband Clemenswerth, P 81r

Während Kat.-Nr. 36.56 der Werkstatt Leveillys zuzuordnen ist (Schrift, französischer Maßstab, Asymmetrien der Rocaillen unter Verwendung der Rahmenarchitektur Schlauns), ist dieser Entwurf von Schlaun. Das strenge Einpassen der Spiegelsysteme in die Rahmung der Architektur, Symmetrie des Aufbaus und die verwandten Elemente des Dekorum zeigen eine kontinuierliche Weiterentwicklung des bereits von Nordkirchen bekannten Vokabulars. Die Entwürfe Kat.-Nr. 36.73 – 36.77 kamen nicht zur Ausführung.

36.72

36.73

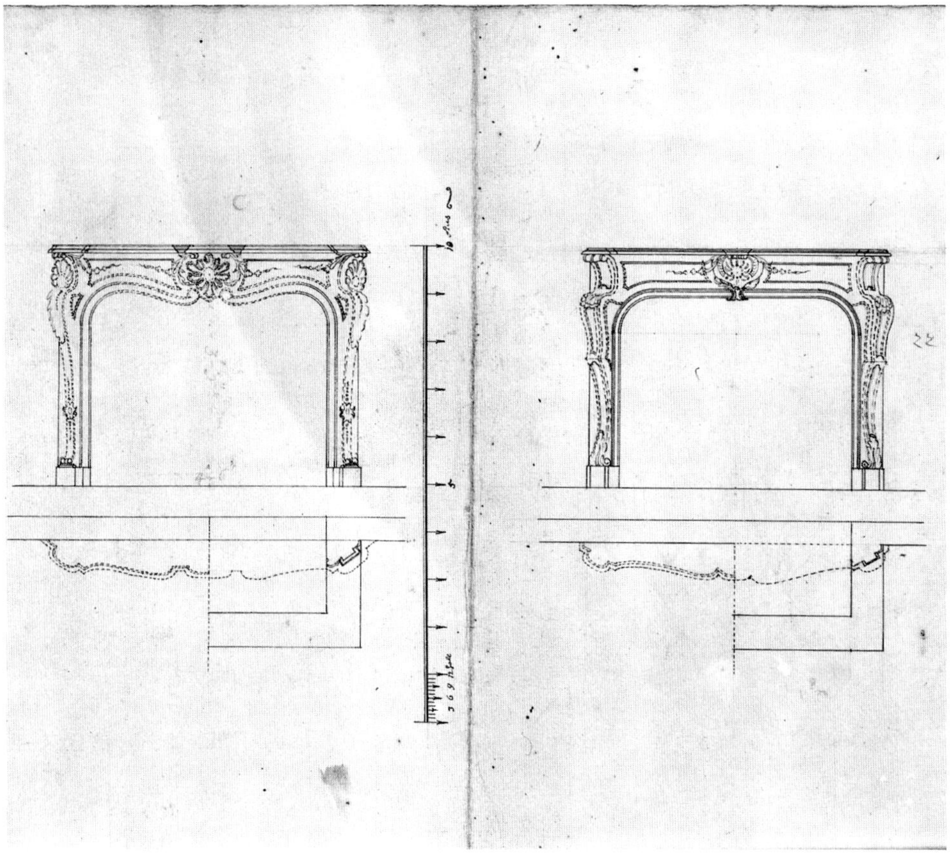

36.76

36.74
Jagdschloß Clemenswerth bei Sögel
Hauptpavillon, Erdgeschoß und Obergeschoß, drei Doppelentwürfe zu Kaminspiegeln in den Nebenräumen, Variante zu Kat.-Nr. 36.73

Lavierte Federzeichnung (grüngelb, hellrot), 30 x 47,5 cm
Num.: *114.*
Maßstab: *10 fues* = 17,15 cm

Privatbesitz, Klebeband Clemenswerth, 88r

36.75
Jagdschloß Clemenswerth bei Sögel
Hauptpavillon, Erdgeschoß und Obergeschoß, drei Doppelentwürfe zu Kaminen in den Nebenräumen, Variante zu Kat.-Nr. 36.74 mit ausgeführten Kaminen

Lavierte Federzeichnung (grau, gelbgrün, hellrot), 35 x 51 cm
Beischriften: *Cheminé de deux chambres â couché de S:A:S:E: de Cologne.; Cheminé de deux Cabinets à coté de la Sale.; Cheminé des deux Cabinets â coté des chambres â couché.*
Präsentationsvermerk: *Clemens August Electeur*
Num.: *107.*
Maßstab: *10 fues* = 17,1 cm

Privatbesitz, Klebeband Clemenswerth, 82r

36.76
Jagdschloß Clemenswerth bei Sögel
Zwei Kaminentwürfe

Federzeichnung, 31 x 41,7 cm
Beischrift: (Bleigriffel) *25; 22*
Num.: *109*
Maßstab: *10 fues* = 16,8 cm
Privatbesitz, Klebeband Clemenswerth, 83r

10 pies.

36.74

Cheminé de deux chambres
à couché de S.A.S.E. de Cologne
Cheminé de deux Cabinets à
coté de la Sale.
Cheminé des deux Cabinets à
coté des chambres à couché.

36.75

36.77

36.77
Jagdschloß Clemenswerth bei Sögel
Schlaun-Werkstatt
Drei Kaminentwürfe

Lavierte Federzeichnung (grau, gelb, hellrot), 31 x 41,1 cm
Num.: *110*
Maßstab: *10 fues* = 16,95 cm

Privatbesitz, Klebeband Clemenswerth, 84r

36.78

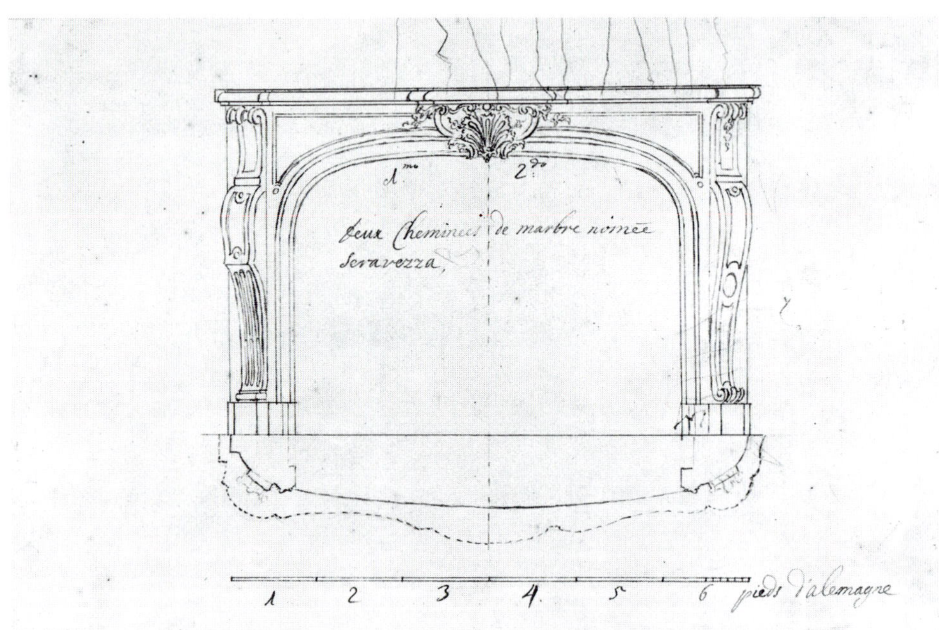

36.78
Jagdschloß Clemenswerth bei Sögel, Ausführung
Michel Leveilly
Kaminentwurf

Federzeichnung, 20,4 x 30,5 cm
Titel: *Deux Cheminees de marbre nomée Seravezza*
Num.: *111*
Maßstab: *6 Pieds d'Alemagne* = 16,6 cm

Privatbesitz, Klebeband Clemenswerth, 85r

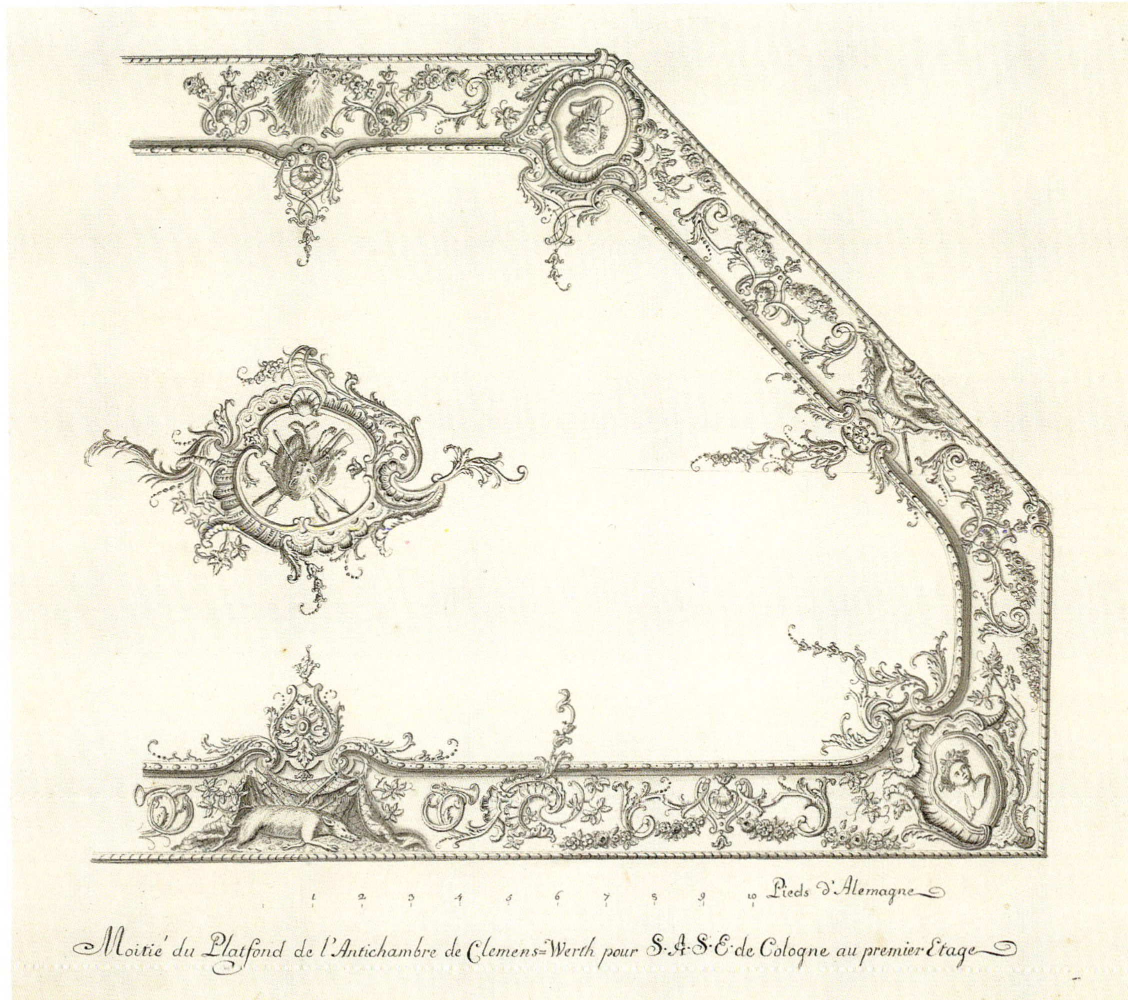

36.79

Obergeschoß

36.79
Jagdschloß Clemenswerth bei Sögel, Ausführung
Leveilly-Werkstatt
Hauptpavillon, Obergeschoß, Antichambre,
Plafondentwurf

Lavierte Federzeichnung (grau), 35 x 51,3 cm
Titel: *Moitié du Platfond de l'Antichambre de Clemens=Werth pour S.A.S.E. de Cologne au premier Etage*
Num.: *60.*
Maßstab: *10 Pieds d'Alemagne* = 17,45 cm

Privatbesitz, Klebeband Clemenswerth, P 35r

36.80

36.80
Jagdschloß Clemenswerth bei Sögel, Ausführung
Hauptpavillon, Obergeschoß, Entwürfe für die Türen des Kabinetts, der Tür und des Trumeau im Antichambre

Lavierte Federzeichnung (grau, grün, hellrot), 33,8 x 51,5 cm
Beischriften: *des portes dans les Cabinets, qui seront caché dans la chambre à couché.; Trumeaux de l'antichambre avec une table de marbre de S:A:S:E: de C:; Porte de l'Antichambre et de la chambre â couché.*
Präsentationsvermerk: *Clemens August Electeur*
Num.: *58*
Maßstab: *10 fues* = 17,15 cm

Privatbesitz, Klebeband Clemenswerth, P 33r

Schrift Schlauns, kaum Verwendung von Rocaillen, die Rahmung umschließende Agraffen, auch die Schattierungen deuten auf Schlaun als Autor.

36.81 (ohne Abb.)
Jagdschloß Clemenswerth bei Sögel, Ausführung
Kopie der Schlaun-Werkstatt nach Kat.-Nr. 36.80
Hauptpavillon, Obergeschoß, Entwürfe für Türen und Trumeau

Lavierte Federzeichnung (grau, rot, blaßgelb, blau), 31,7 x 38,9 cm
Maßstab: *10 fues* = 17 cm

Westfälisches Landesmuseum Münster, Schl.-Bd. 240

36.82 (ohne Abb.)
Jagdschloß Clemenswerth bei Sögel, Ausführung
Kopie der Schlaun-Werkstatt nach Kat.-Nr. 36.80 entspricht Kat.-Nr. 36.81
Hauptpavillon, Obergeschoß, Entwürfe für Türen und Trumeau

Lavierte Federzeichnung
Stempel: *110*
Maßstab: *10 fues*

Westfälisches Landesmuseum Münster, Schl.-Bd. 110 (zur Zeit nicht auffindbar)

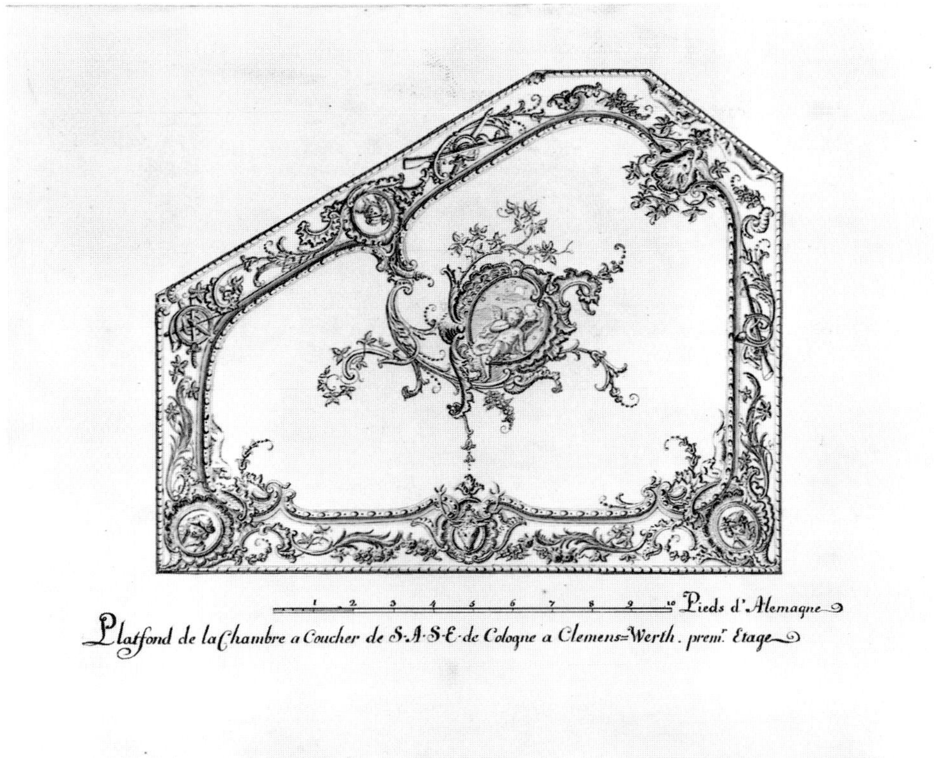
1 2 3 4 5 6 7 8 9 10 Pieds d'Alemagne
Platfond de la Chambre a Coucher de S.A.S.E. de Cologne a Clemens=Werth. prem.r Etage

36.83

1 2 3 4 5 6 7 8 9 10 Pieds d'Allemagne
Platfonds d'une Chambre a Coucher de S.A.S.E. de Cologne au premier Etage a Clemens=Werth

36.84

36.85

36.83
Jagdschloß Clemenswerth bei Sögel, Ausführung
Leveilly-Werkstatt
Hauptpavillon, Obergeschoß, nördliches Schlafzimmer, Plafondentwurf

Lavierte Federzeichnung (grau), 35 x 51,3 cm
Titel: *Platfond d'une Chambre a Coucher de S.A.S.E. de Cologne au premier Etage a Clemens=Werth*
Num.: *63*.
Maßstab: 10 *Pieds d'Alemagne* = 17,15 cm

Privatbesitz, Klebeband Clemenswerth, P 38r

36.84
Jagdschloß Clemenswerth bei Sögel, Ausführung
Leveilly-Werkstatt
Hauptpavillon, Obergeschoß, südliches Schlafzimmer, Plafondentwurf

Lavierte Federzeichnung (grau), 35 x 51,3 cm
Titel: *Platfond de la Chambre a Coucher de S.A.S.E. de Cologne a Clemens=Werth. prem.^r Etage*
Num.: *66.*
Maßstab: *10 Pieds d'Alemagne* = 17,3 cm

Privatbesitz, Klebeband Clemenswerth, P 41r

36.85
Jagdschloß Clemenswerth bei Sögel, Ausführung
Hauptpavillon, Obergeschoß, Schlafzimmer, Aufriß, Grundriß und Schnitt der Portalfüllung

Lavierte Federzeichnung (rot, gelbgrün, grau), 40,8 x 32 cm
Titel: *Croisé dans la Chambre à couché avec son profil*
(Buchstaben) *A, B, C, H*
Präsentationsvermerk: *Clemens August Electeur*
Num.: *59*.
Maßstab: *10 fues* = 17,1 cm

Privatbesitz, Klebeband Clemenswerth, P 34r

36.86
Jagdschloß Clemenswerth bei Sögel, Ausführung
Leveilly-Werkstatt
Hauptpavillon, Obergeschoß, nördliches Kabinett, Plafondentwurf

Lavierte Federzeichnung (grau), 35 x 51,3 cm
Titel: *Moitié du Platfond de l'Antichambre de Clemens=Werth pour S.A.S.E. de Cologne au premier Etage*
Num.: *61*.
Maßstab: *10 Pieds d'Alemagne* = 17,15 cm

Privatbesitz, Klebeband Clemenswerth, P 36r

36.87
Jagdschloß Clemenswerth bei Sögel, Ausführung
Leveilly-Werkstatt
Hauptpavillon, Obergeschoß, südliches Kabinett, Plafondentwurf mit Profil

Lavierte Federzeichnung (grau), 35 x 51,3 cm
Titel: *Moitié de Platfond du Cabinet de S.A.S.E. de Cologne a Clemens=Werth au premier Etage*
Beischrift: *Profil de la Corniche*
Num.: *65*.
Maßstab: *15 Pieds d'Allemagne* = 25,2 cm

Privatbesitz, Klebeband Clemenswerth, P 40r

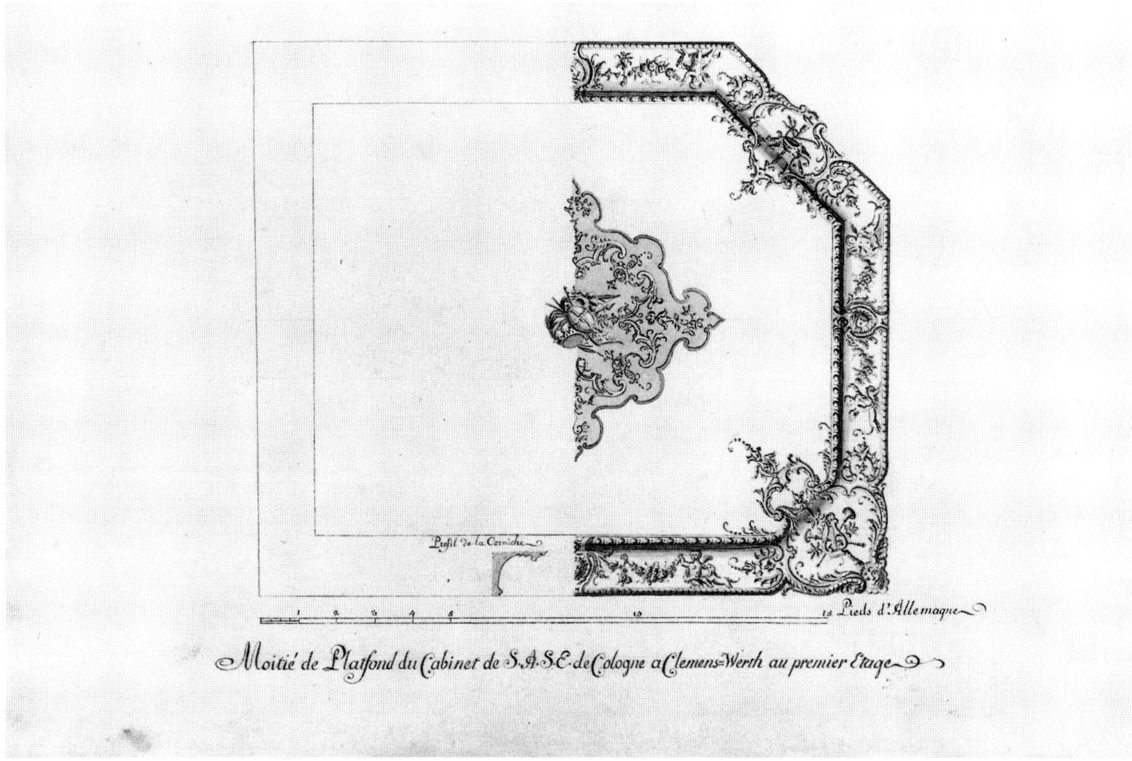
Profil de la Corniche
Pieds d'Allemagne
Moitié de Platfond du Cabinet de S.A.S.E. de Cologne a Clemens=Werth au premier Etage

36.86

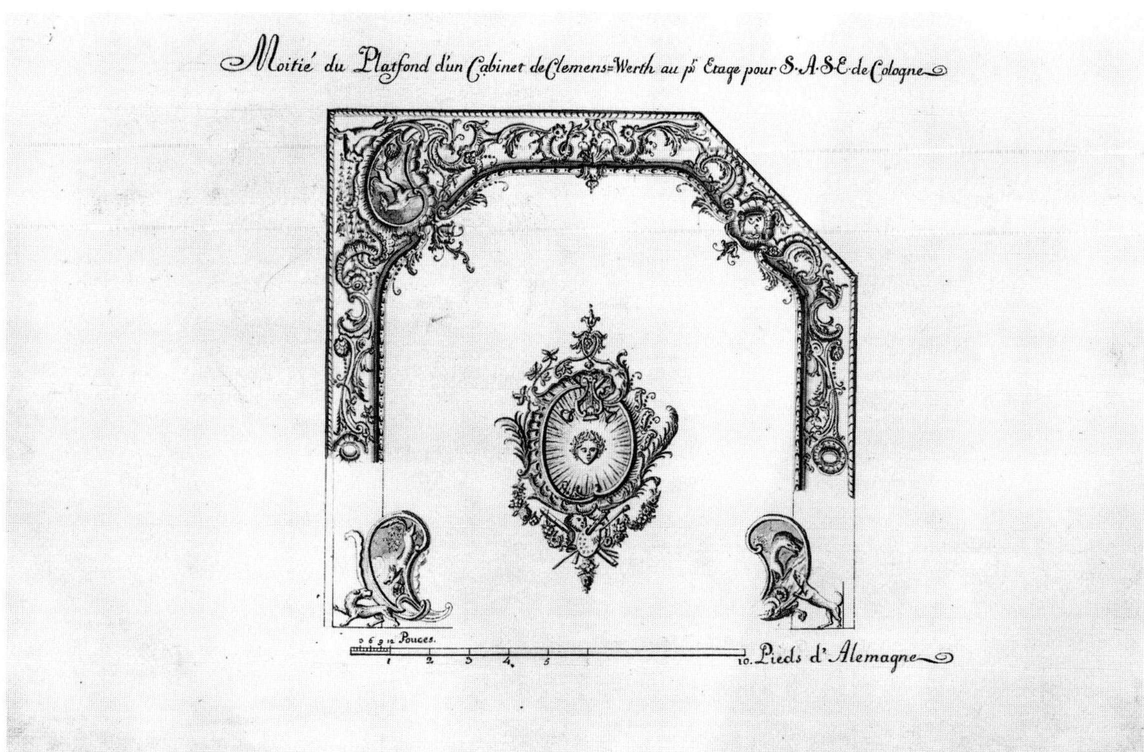
Moitié du Platfond d'un Cabinet de Clemens=Werth au pr Etage pour S.A.S.E. de Cologne
Pouces
Pieds d'Alemagne

36.87

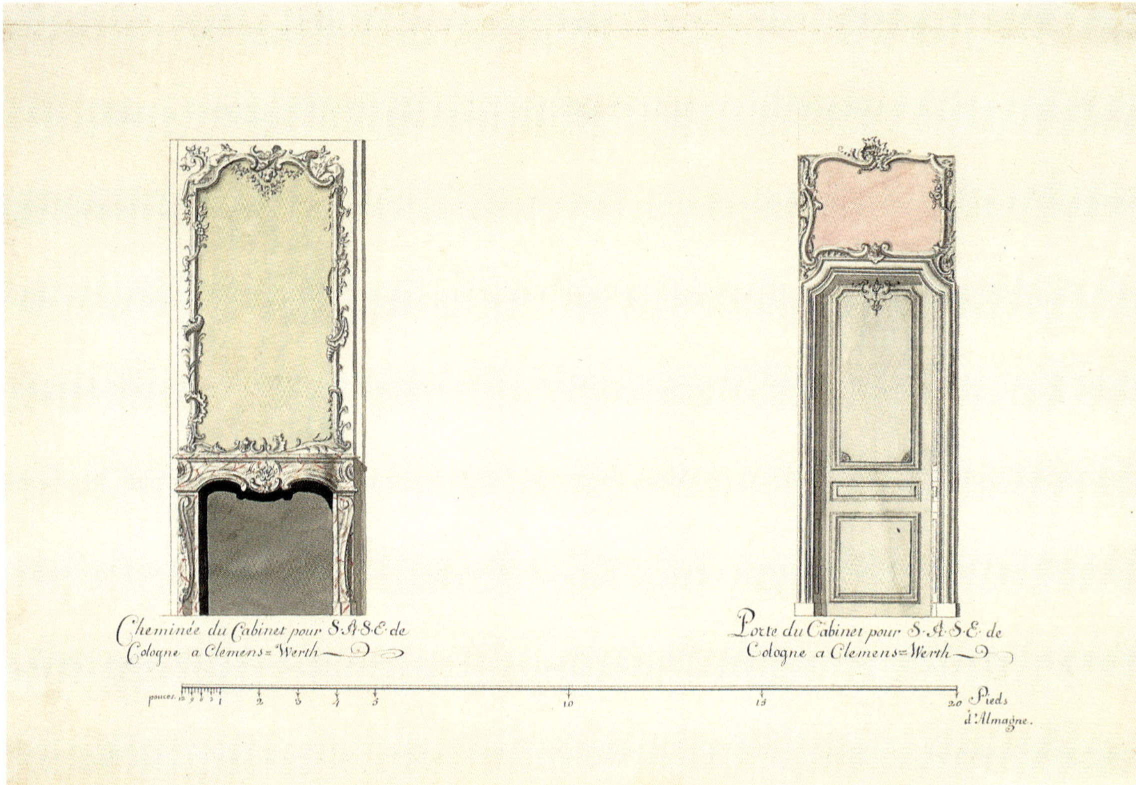

36.88

36.90

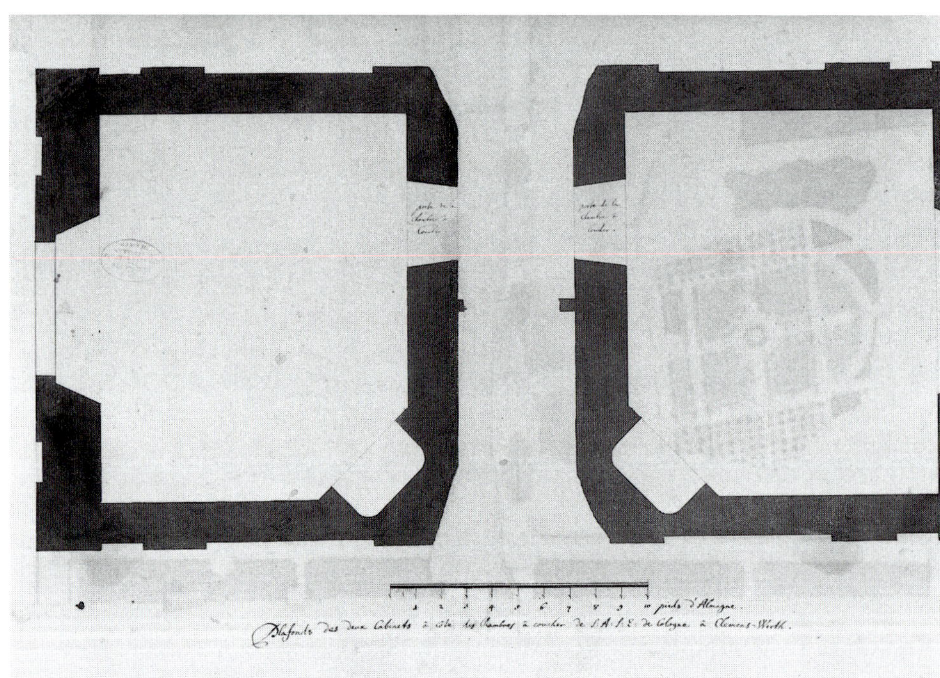

36.88

Jagdschloß Clemenswerth bei Sögel, Ausführung
Leveilly-Werkstatt
Hauptpavillon, Obergeschoß, Kabinett, Entwurf eines Kamins und einer Supraporte

Lavierte Federzeichnung (grau, rot, gelbgrün), 35 x 51,4 cm
Titel: *Cheminée du Cabinet pour S.A.S.E. de Cologne a Clemens=Werth; Porte du Cabinet pour S.A.S.E. de Cologne a Clemens=Werth*
Num.: *62*.
Maßstab: 20 *Pieds d'Almagne* = 34,3 cm

Privatbesitz, Klebeband Clemenswerth, P 37r

36.89

36.89
Jagdschloß Clemenswerth bei Sögel, Ausführung
Hauptpavillon, Obergeschoß, Kabinett, Entwurf zur Wanddekoration

Lavierte Federzeichnung (grau, rot, hellblau), 35 x 51,4 cm
Titel: *Motié de la décoration d'un Cabinet de Clemens=Werth au premier Etage pour S.A.S.E. de Cologne* (von der Hand Schlauns)
Num.: *64.*
Maßstab: *20* (deutsche Fuß) = 34,1 cm

Privatbesitz, Klebeband Clemenswerth, P 39r

Schlaun 1973 zugeschrieben aufgrund seiner Handschrift. Trotz der asymmetrischen, allerdings sehr sparsam eingesetzten Rocaille-Formen des Wandspiegels und der Supraporte scheint die Autorschaft Schlauns gegeben. Er scheint sich den Vorgaben der ausführenden Dessinateure angepaßt zu haben. Im übrigen bleibt die Wandgliederung dem strengen System Schlauns ganz verhaftet.

36.90
Jagdschloß Clemenswerth bei Sögel, Ausführung
Hauptpavillon, Obergeschoß, Grundrisse zweier Kabinette

Lavierte Federzeichnung (grau), 45 x 63,1 cm
Titel: *Plafonds des deux Cabinets à côté des Chambres à choucher. de S:A:S:E. de Cologne à Clemens=Werth*
Beischrift: (in beiden Grundrissen) *porte de la chambre à choucher.*
Maßstab: *10 pieds d'Almagne* = 16,9 cm

Westfälisches Landesmuseum Münster, Schl.-Bd. 330 (Rückseite)

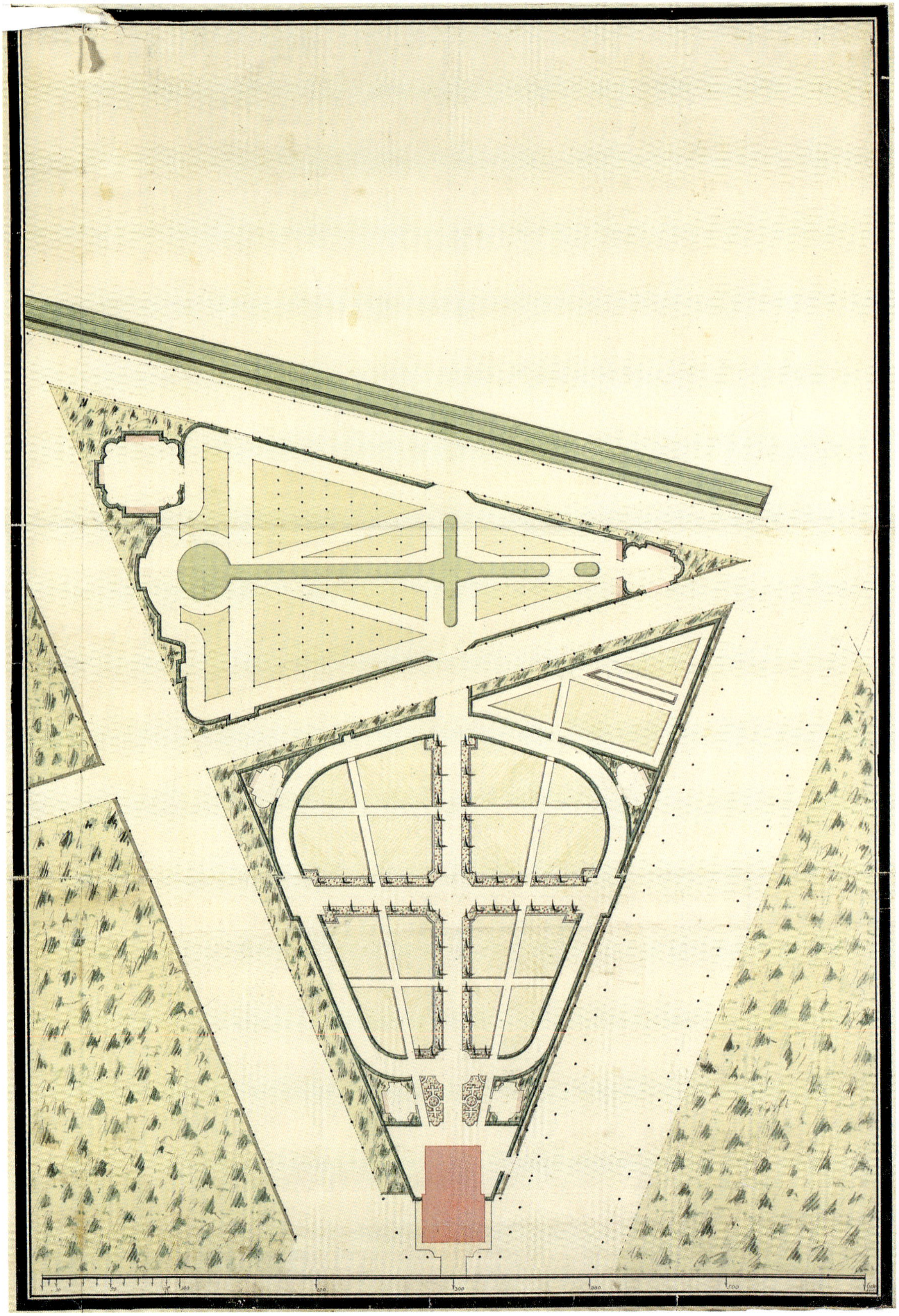

36.91

Schloßkapelle und Pavillons

36.91
Jagdschloß Clemenswerth bei Sögel
Kapuzinergarten mit Schloßkapelle, Gesamtplan, erster Entwurf

Lavierte Federzeichnung (grau, rot, grün, grüngelb), 75 x 53,3 cm (71,7 x 50,3 cm)
Num.: *68.*
Maßstab: *600 fues* = 47,2 cm

Privatbesitz, Klebeband Clemenswerth, P 43r

36.92 (ohne Abb.)
Jagdschloß Clemenswerth bei Sögel
Kopie der Schlaun-Werkstatt nach Kat.-Nr. 36.91
Kapuzinergarten mit Schloßkapelle

Lavierte Federzeichnung (grau, rot, grün, grüngelb), 70,4 x 49,5 cm
Titel: *Capuciner Garte zu Clemenswerdt wie Selber in eine Mauer zu bringen, undt ohnedehm mit einer Hecke könte verdecket werden.*
Legende: *a. öffnungen in der Mauer, so mit traillen versehen werden.*
+++++++ *alwo 7 Stationes könten appliciret werden.*
Maßstab: *600 fues* = 47,2 cm

Niedersächsisches Staatsarchiv Osnabrück, K 51, Clemenswerth, Nr. 3 H

36.93
Jagdschloß Clemenswerth bei Sögel, Ausführung
Kapuzinergarten, Garten- und Lageplan

Lavierte Federzeichnung, 72 x 50 cm
Titel: *Plan des zu Clemenswerdt neu angelegten gartens hinter den Capuziner Closter*
Legende: *A. Capelle; B. Capuziner Closter; C. Küchelgarte; D. Baumgarte; E. Allee; F.wall*
Beischrift: unter und neben der (falschen) Nordung kleine handschriftliche Eintragungen über zu pflanzende Gewächse, Sträucher und Bäume.

Kapuzinerkloster Clemenswerth

Von dem vorgenannten Entwurf unterscheidet sich dieser durch den Verzicht auf die Umschließungsmauern mit ihren vergitterten Öffnungen und Kreuzwegstationen, durch die fehlende Gliederung der beiden hinter dem Kloster angeordneten Blumenbeete oder die abweichende Grundform der Heckenkabinette und der Beete in dem Zwickel des vorderen Gartenareals.

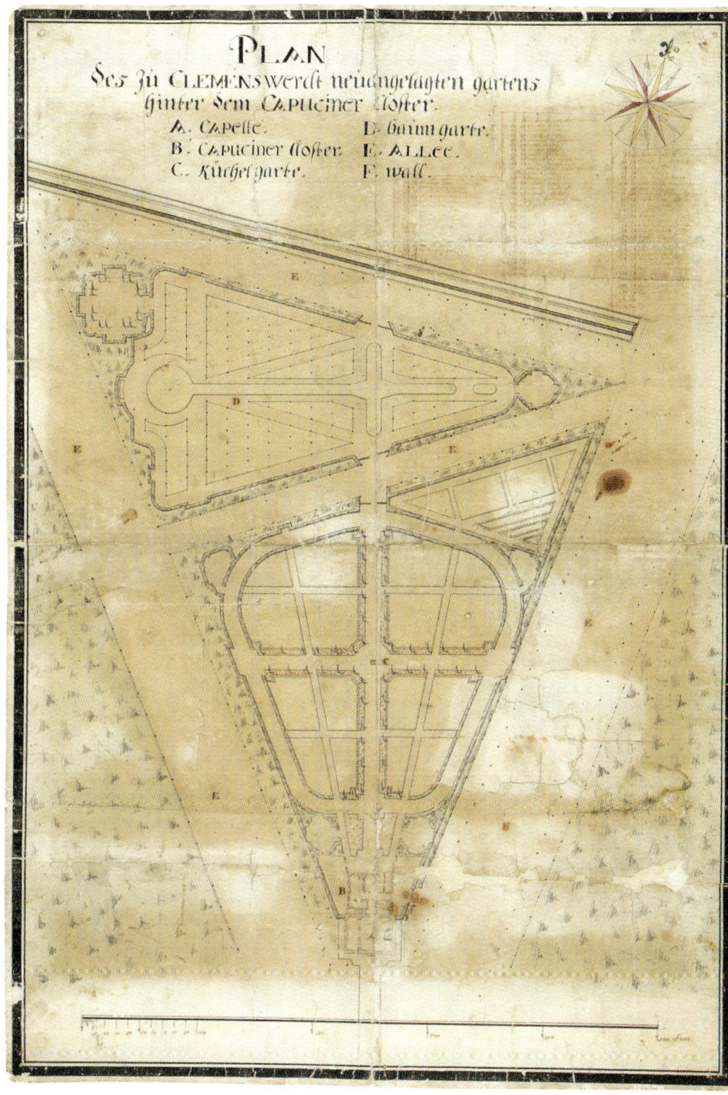

36.93

36.94
Jagdschloß Clemenswerth bei Sögel
Schloßkapelle, Kloster der Kapuziner, Grundriß Erdgeschoß, erster Entwurf

Deckblatt mit dem Grundriß des Obergeschosses der an die Kapelle angebauten Kapuzinerresidenz.
Lavierte Federzeichnung (grau), 31,7 x 39,5 cm (38 x 29,9 cm)
Maßstab: *60 Fuß* = 26,2 cm

Westfälisches Landesmuseum Münster, Schl.-Bd. 239

36.94

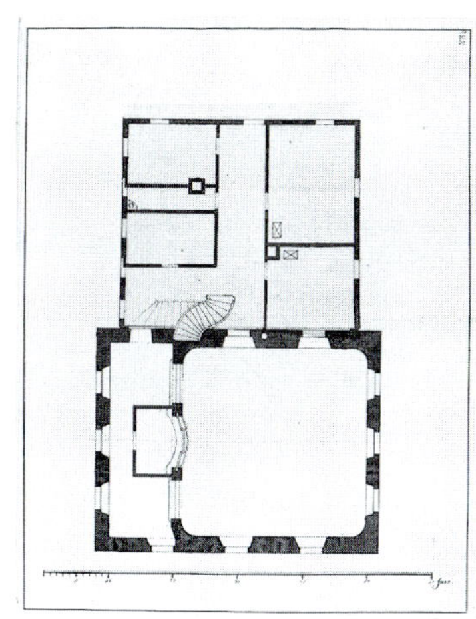

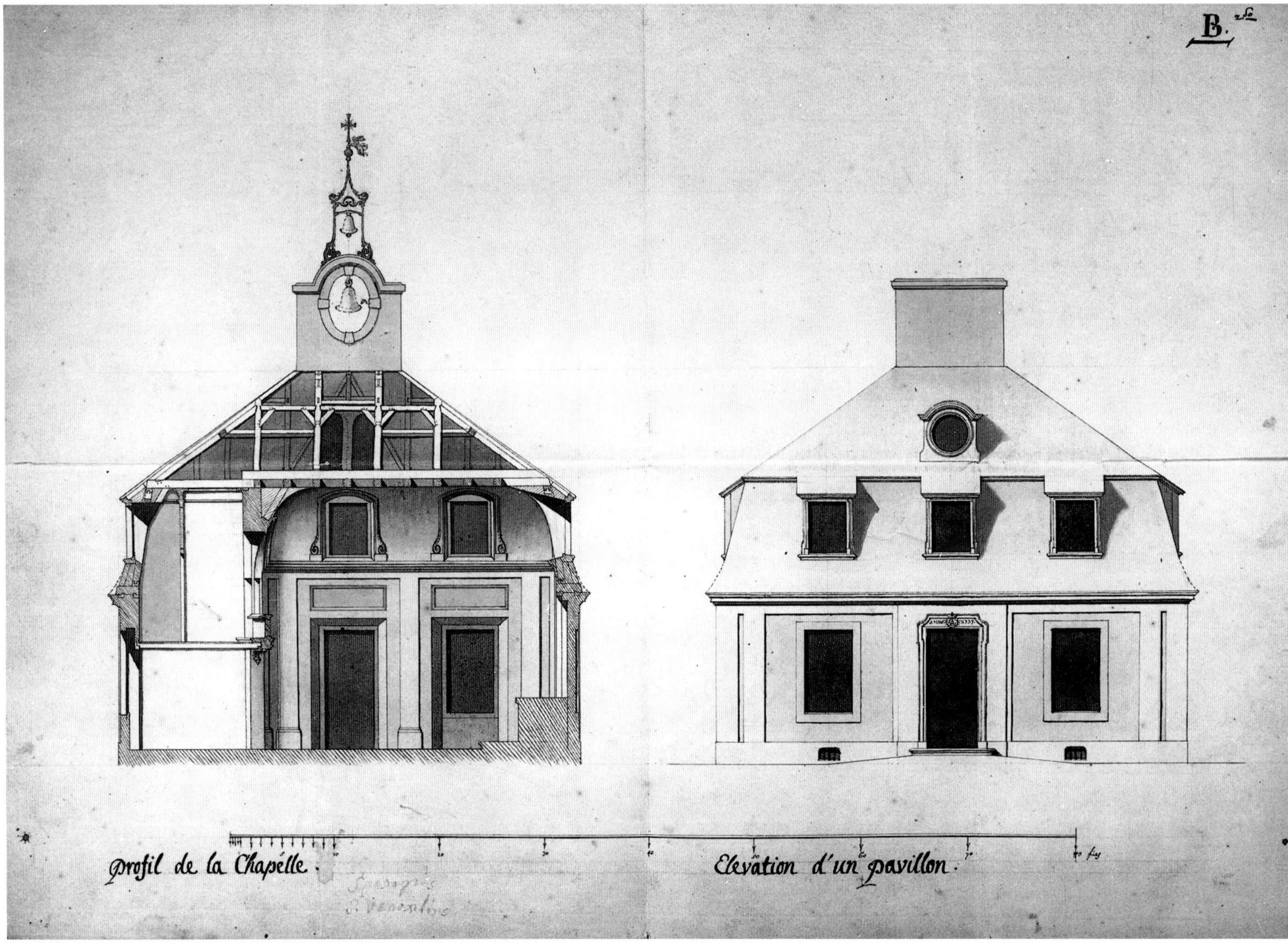

36.95

36.95
Jagdschloß Clemenswerth bei Sögel, Ausführung
Schloßkapelle und Pavillon, Querschnitt und Aufriß, zweiter Entwurf

Lavierte Federzeichnung, 37,8 x 54,2 cm
Titel: *B 2 do. – profil de la Chapelle* (in Bleigriffel darunter: *S. Georgius, S. Venantius) – Elevation d'un pavillon*
Datierung: *1737* (im Türsturz des Nebenpavillons)
Maßstab: *80 fues* = 34,8 cm

Niedersächsisches Staatsarchiv Osnabrück, K 51 Clemenswerth Nr. 2, Bl. 2 H

36.96
Jagdschloß Clemenswerth bei Sögel, Ausführung
Schloßkapelle, Längsschnitte mit Ansicht der Altarwand und des Fürstenstuhls

Lavierte Federzeichnung, 37,6 x 35,2 cm (?)
Titel: *C 3 tio. – Broullon du l'Hautel de St. Huberth – profil du cote de la loge de S:A:S:E:*
Beischrift: neben den Querschnitten, den Anschluß zum Klosterbau verdeutlichend, jeweils in Bleigriffel: *ici viendra le profil du logement des Capucines.*
Maßstäbe: *80 fues* = 34,8 cm; 40 moduli = 7,3 cm

Niedersächsisches Staatsarchiv Osnabrück, K 51 Clemenswerth Nr. 2, Bl. 3 H

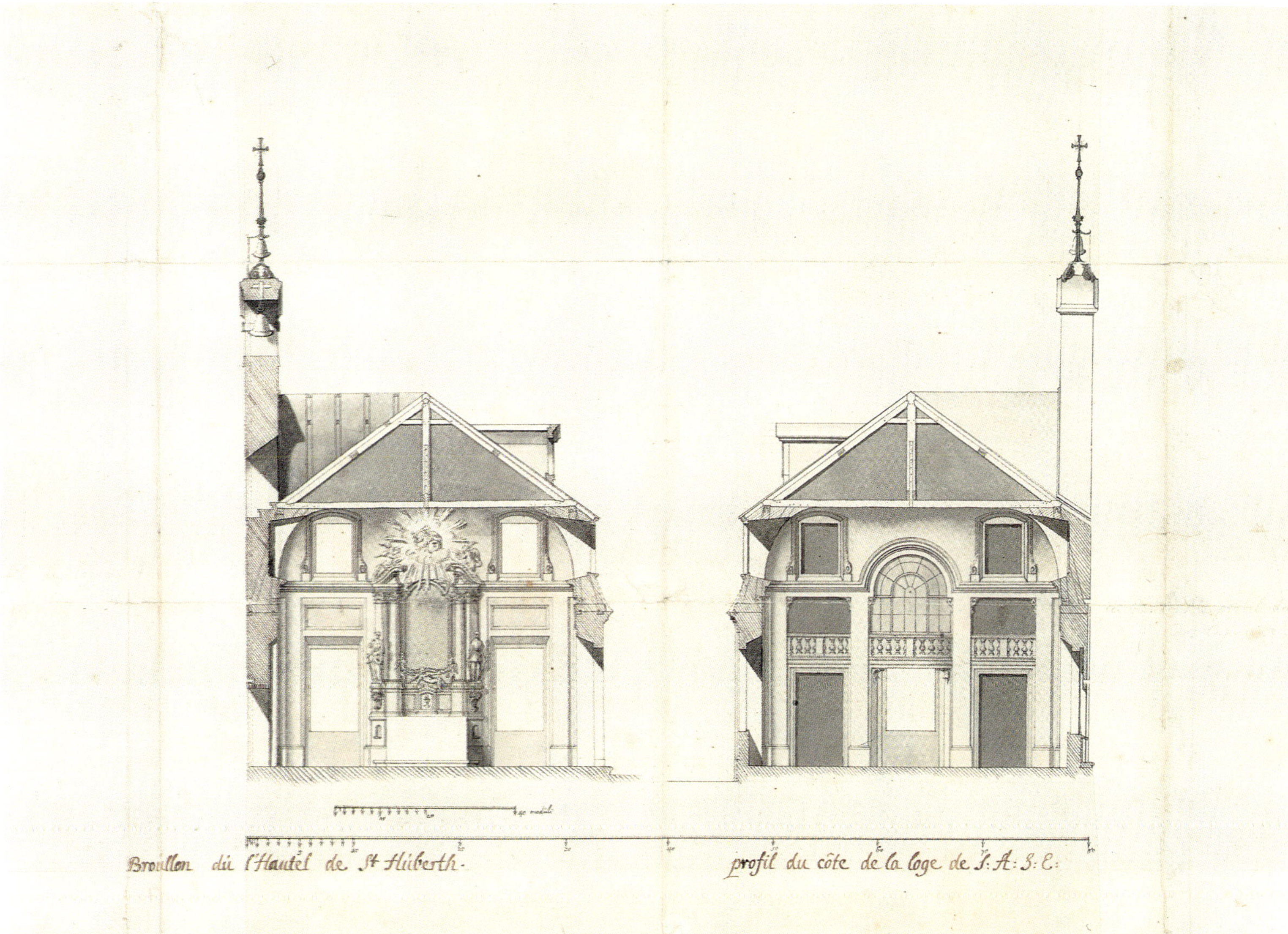

36.96

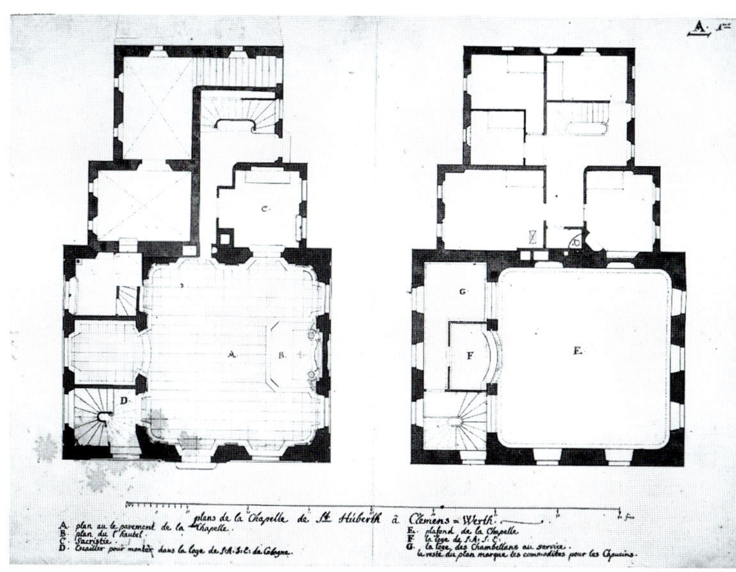

36.97
Jagdschloß Clemenswerth bei Sögel, Ausführung
Schloßkapelle, Kloster der Kapuziner, Erdgeschoß- und Obergeschoß-Grundriß

Lavierte Federzeichnung, 47,4 x 54 cm
Titel: *A 1 mo. – Plans de la Chapelle de St. Huberth a Clemens-Werth.*
Legende: *A. plan au le pavement de la Chapelle.; B. plan du l'hautel.; C. Sacristie; D. Escailler pour monter dans la loge de S:A:S:E: de Cologne.; E. plafond de la Chapelle; F. la loge de S:A:S:E:; G. la loge des Chambellans au service.; le reste du plan marque les commodites pour les Capucins.*
Maßstab: *80 fues* = 34,8 cm

Niedersächsisches Staatsarchiv Osnabrück, K 51 Clemenswerth Nr. 2, Bl. 1 H

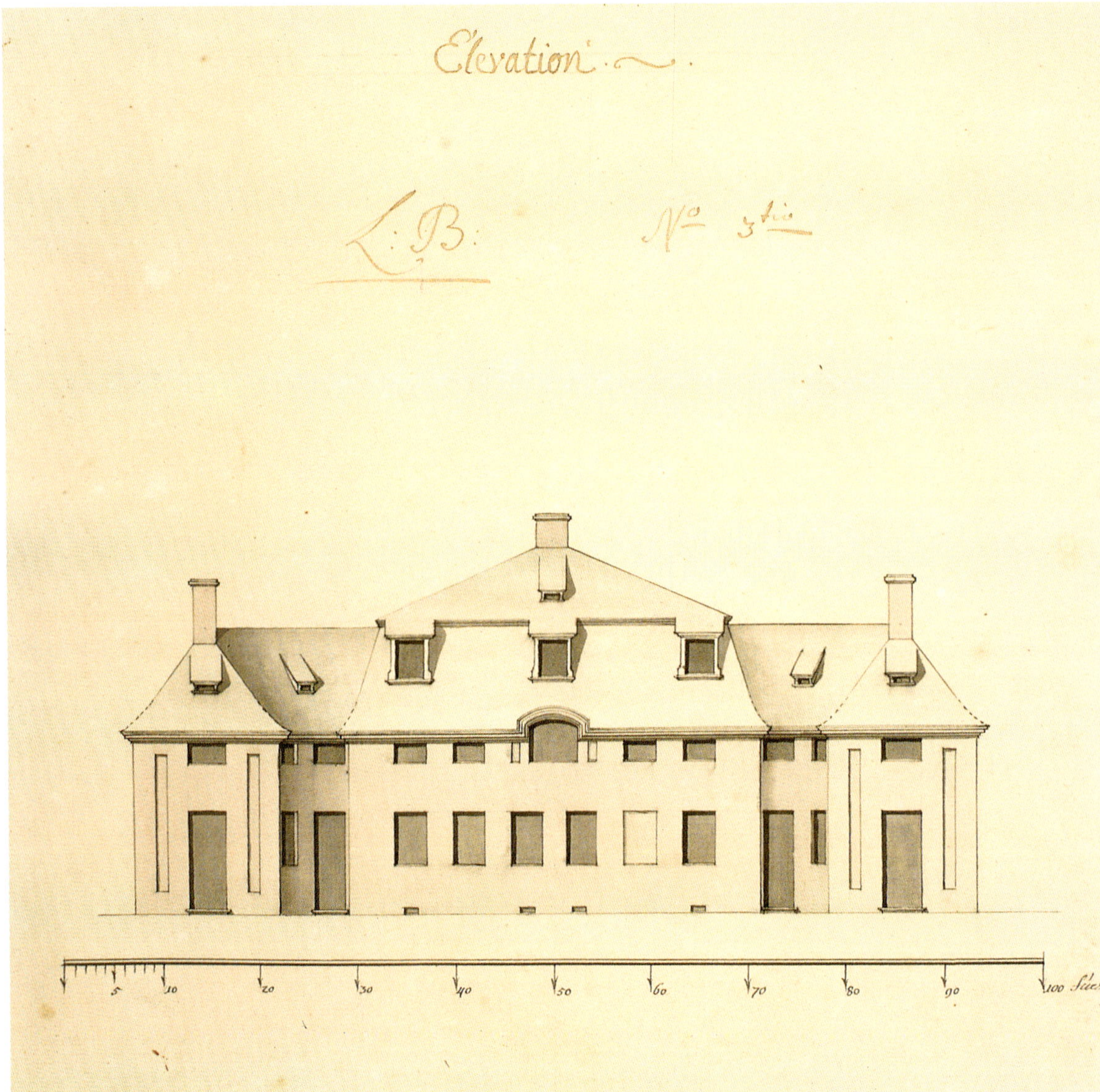

36.98

36.98
Jagdschloß Clemenswerth bei Sögel
Schloßkapelle, Kloster der Kapuziner, Aufriß der Nordseite, dritter Entwurf

Lavierte Federzeichnung (grau, rosa), 40,5 x 31,8 cm
Titel: *Elevation L:B: No 3tio*
Num.: *87.*
Maßstab: *100 fues* = 27,7 cm

Privatbesitz, Klebeband Clemenswerth, P 62r

36.99

Jagdschloß Clemenswerth bei Sögel

Schloßkapelle, Kloster der Kapuziner, Plan mit Grundriß des Erdgeschosses, dritter Entwurf

Lavierte Federzeichnung (grau, grün, rot), 40,8 x 31,6 cm
Titel: *L:B: No 1mo Brouillon d'un plan d'agrandir la Residence des Capucins á Clemenswerth.*
Legende: *1. Chapelle; 2. Entrée; 3. Refectoir; 4. 4. Chambres pour les Etrangers; 5. Cuisine; 6. dispence; 7. place pour les Utils du jardinier; 9. Cabinet pour S.A.S.E. en faisant mouvais temps pour faire sa priére dans les Jardins*
Num.: *85.*
Maßstab: *100 fues* = 27,7 cm

Privatbesitz, Klebeband Clemenswerth, P 60r

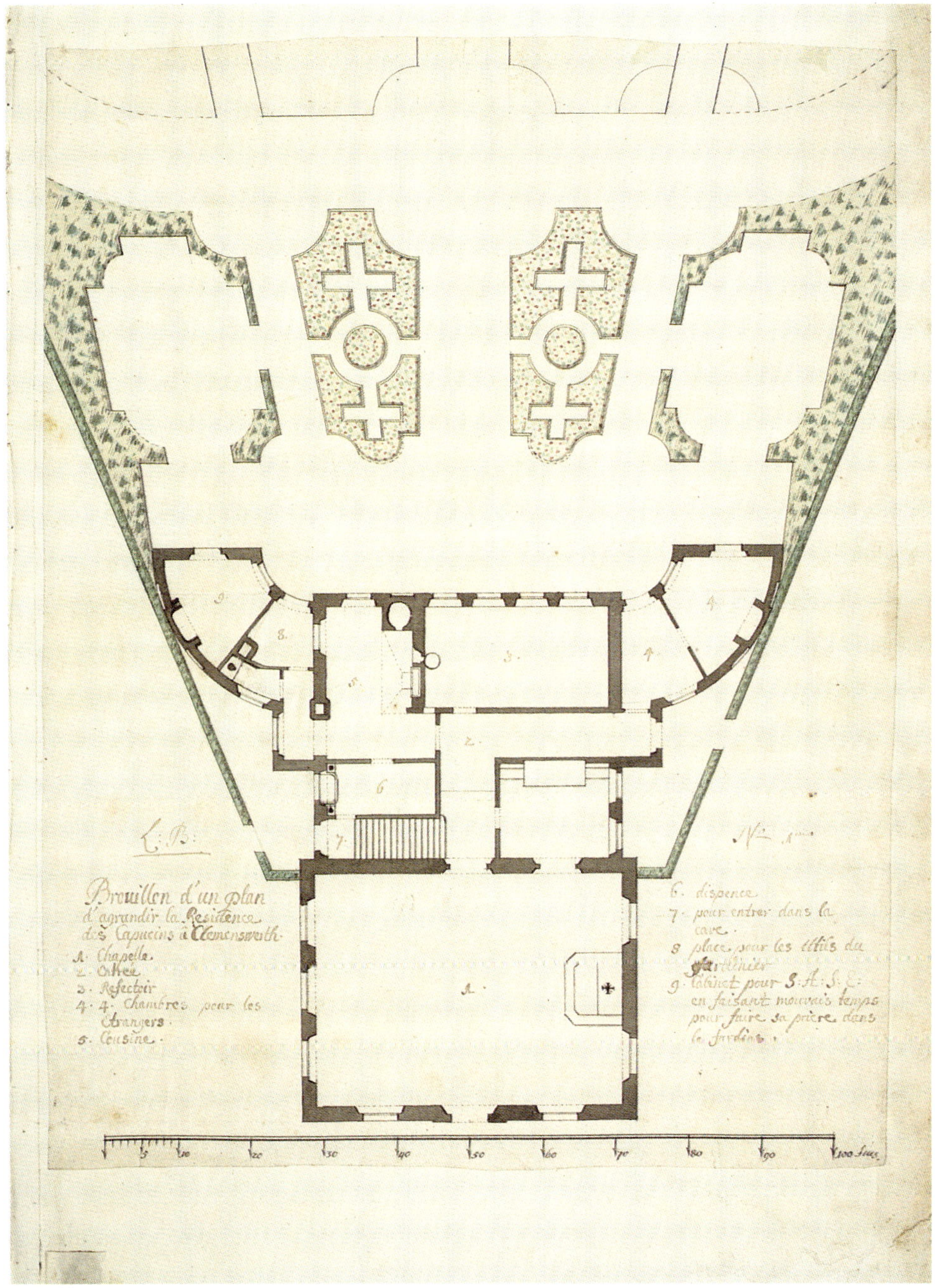

36.99

36.100

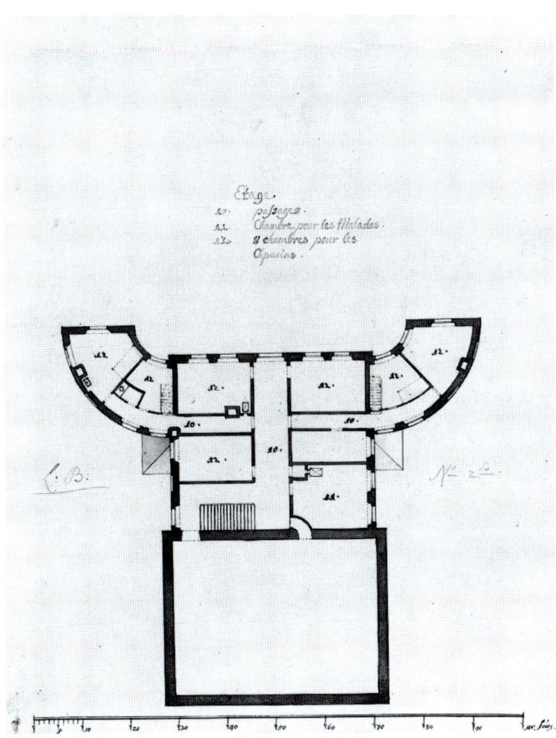

36.100

Jagdschloß Clemenswerth bei Sögel

Schloßkapelle, Kloster der Kapuziner, Grundriß des Obergeschosses, dritter Entwurf

Lavierte Federzeichnung (grau), 41,0 x 32,0 cm
Titel: *L:B: No 2do Etage*
Legende: *10. passages.; 11. Chambres pour les malades.; 12. 8 chambres pour les Capucins.*
Num.: *86.*
Maßstab: *100 fues* = 27,7 cm

Privatbesitz, Klebeband Clemenswerth, P 61r

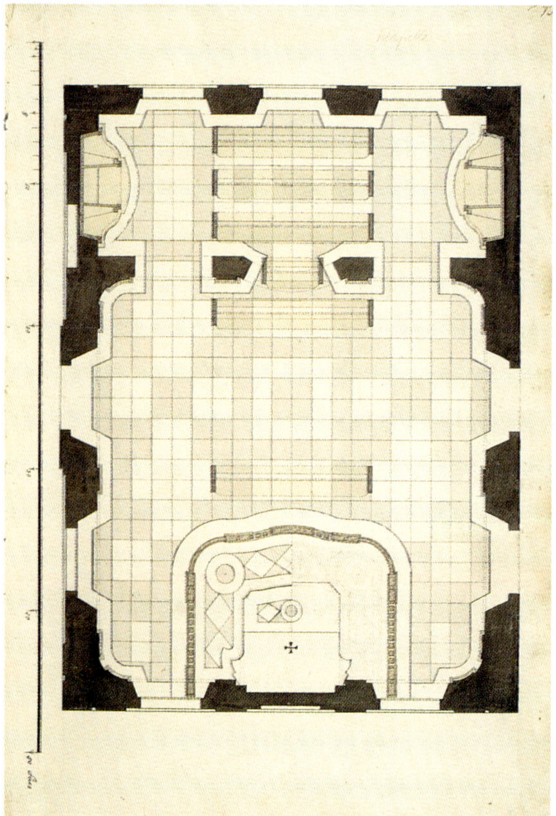

36.101

36.102

36.101
Jagdschloß Clemenswerth bei Sögel, Ausführung
Schloßkapelle, Grundriß mit Angabe der Plattierung des Fußbodens

Lavierte Federzeichnung (schwarz, grau, gelb), 51,3 x 35,5 cm
Num.: *73* (mit Bleigriffel:) *Kapelle*
Maßstab *50 fues* = 43,6 cm

Privatbesitz, Klebeband Clemenswerth, P 48r

Bleigriffeleintrag der ausgeführten Plattierung des Altarbereichs.

36.102
Jagdschloß Clemenswerth bei Sögel, Ausführung
Schloßkapelle, Aufriß der Chorschranken und Grundriß des Altarbereichs

Lavierte Federzeichnung (grau), 51,1 x 35 cm
Num.: (abgeschnitten)
Maßstab: *10 fues* = 17,5 cm

Privatbesitz, Klebeband Clemenswerth, P 58r

36.103
Jagdschloß Clemenswerth bei Sögel, Ausführung
Stephan Laurent Delarocque
Schloßkapelle, Teilentwurf für die Stuckdekoration der Deckenkehlung über der Eingangsseite (Abb. S. 356)

Lavierte Federzeichnung (grau), 37,3 x 56,0 cm (unregelmäßig beschnitten)
Titel: *B Coté de la Chapelle de Clemens=Werth pour S.A.S.E. de Cologne* (Schrift Delarocque)
Legende: *h. auxilium Christianorum (in hoc signo vinces); i. Vas insigne Devotioni; k. Santa Maria; l. sedes Sapientiae; m. Regina prophetarum* (Schrift Delarocque)
Num.: *80.*
Zustand: großer Tuschfleck quer über das Blatt

Privatbesitz, Klebeband Clemenswerth, P 55r

36.105, 36.106

36.104

Jagdschloß Clemenswerth bei Sögel, Ausführung

Stephan Laurent Delarocque

Schloßkapelle, Teilentwurf zur Stuckdekoration der Deckenkehlung über der Loge des Kurfürsten

(Abb. S. 357)

Lavierte Federzeichnung (grau), 51 x 34,2 cm (unregelmäßig beschnitten)

Titel: (abgeschnitten); *C*

Legende: *n. rosa mistica; o. turris Dauidica; p. janua Coeli; q. Stella matutina; r. Refugium peccatorum; s. Regina angelorum; les termes de la tribune marquee x doiue estre de bois de même que la balustrade* (Schrift Delarocque)

Num.: *81*.

Privatbesitz, Klebeband Clemenswerth, P 56r

36.105

Jagdschloß Clemenswerth bei Sögel, Ausführung

Stephan Laurent Delarocque

Schloßkapelle, Entwurf der Stuckdekoration der Voutenfenster

Lavierte Federzeichnung (grau), 24,2 x 20,2 cm

Num.: *82*.

Maßstab: *10 pieds* = 17,2 cm

Privatbesitz, Klebeband Clemenswerth, P 57r oben

36.106

Jagdschloß Clemenswerth bei Sögel, Ausführung

Stephan Laurent Delarocque

Schloßkapelle, Entwurf der Stuckdekoration der Voutenfenster

Lavierte Federzeichnung (grau), 24,5 x 20,3 cm

Num.: (abgeschnitten)

Maßstab: *10 pieds* = 17 cm

Privatbesitz, Klebeband Clemenswerth, P 57r unten

B.
de l'Entree dela Chapelle de Clemens-Werth pour
de Cologne
80.
B.
h. auxilium Christian
K. santa Maria
l. sedes sapientiae

36.103

C.
n. rosa mistica
o. turris Dauidica
p. janua Cœli
q. Stella matutina
r. Refugium peccatorum
s Regina Angelorum
les termes dela tribune
marquée * doiue estre
de bois de même que la
balustrade

36.104

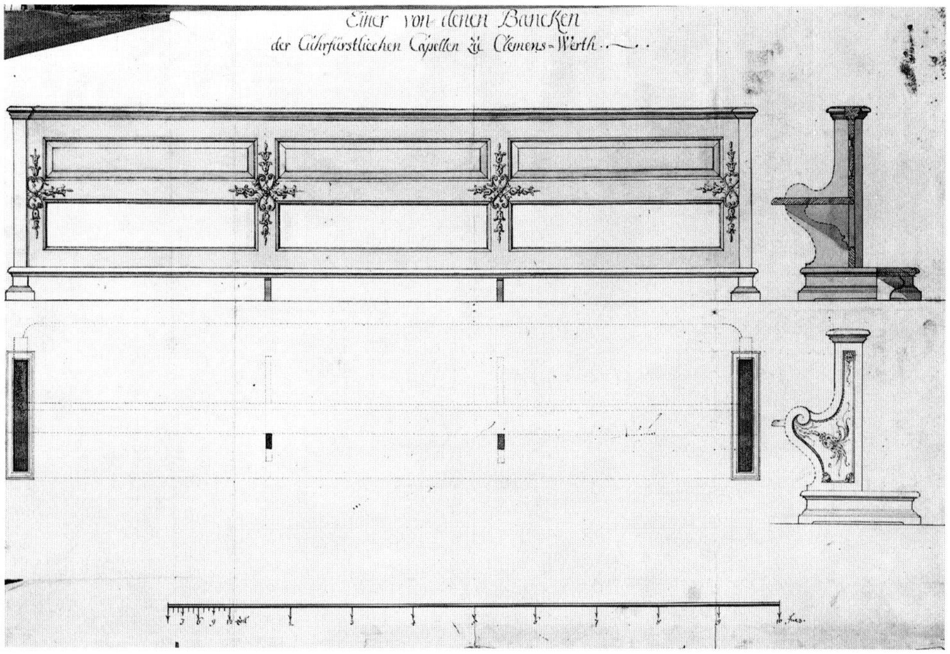

36.107

36.107
Jagdschloß Clemenswerth bei Sögel
Schlaun-Werkstatt
Schloßkapelle, Kloster der Kapuziner, Aufriß,
Schnitt und Grundriß einer Bank

Lavierte Federzeichnung (grau), 35,4 x 54,0 cm
Titel: *Einer von denen Bancken der Curfürstlichen Capellen zu Clemens=Werth*
Num.: *84*.
Maßstab: *10 fues* = 34,9 cm

Privatbesitz, Klebeband Clemenswerth, P 59r

36.108
Jagdschloß Clemenswerth bei Sögel
Altarleuchter, Aufriß

Lavierte Federzeichnung (schwarz), Bleigriffel,
40,2 x 31,7 cm (38,2 x 29,7 cm)
Maßstab: Maßstab unbekannter Größe. Darunter dünn in Bleigriffel ein zweiter Maßstab von 30 Einheiten (Zoll?) = 277 mm.

Westfälisches Landesmuseum Münster, Schl.-Bd. 285

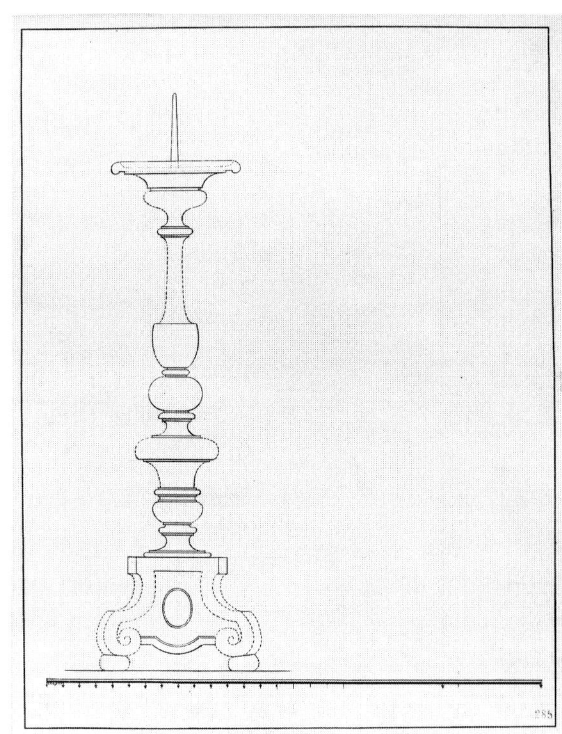

36.108

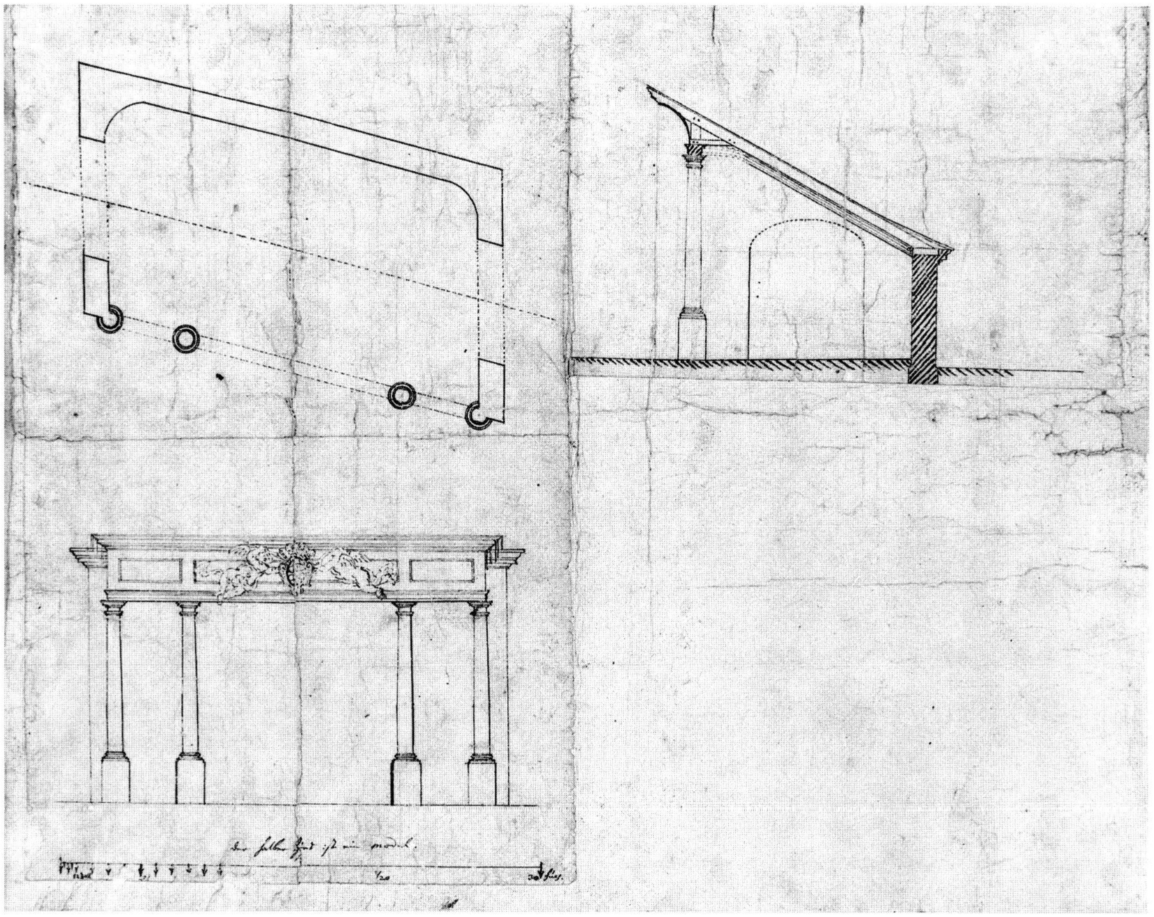

36.110

36.109
Jagdschloß Clemenswerth bei Sögel (?)
Gloriette, Aufriß der Vorderfront

Lavierte Federzeichnung (grau, blaßrot, braun), 40,2 x 31,5 cm
Titel: *Aufführung darvon.*
Maßstab: *20 fues* = 15,6 cm

Westfälisches Landesmuseum Münster, Schl.-Bd. 222

Wohl ein Vorentwurf, der den komplizierten Achsenbezug negiert hätte – oder für eine andere Planung.

36.110
Jagdschloß Clemenswerth bei Sögel
Gloriette, Aufriß, Grundriß, Längsschnitt, erster Entwurf

Federzeichnung, 31 x 40 cm (unregelmäßig beschnitten)
Beischrift: *Der halbe fues ist ein Modul*
Maßstab: *30 fues* = 17,1 cm

Privatbesitz, Klebeband Clemenswerth, P 54v

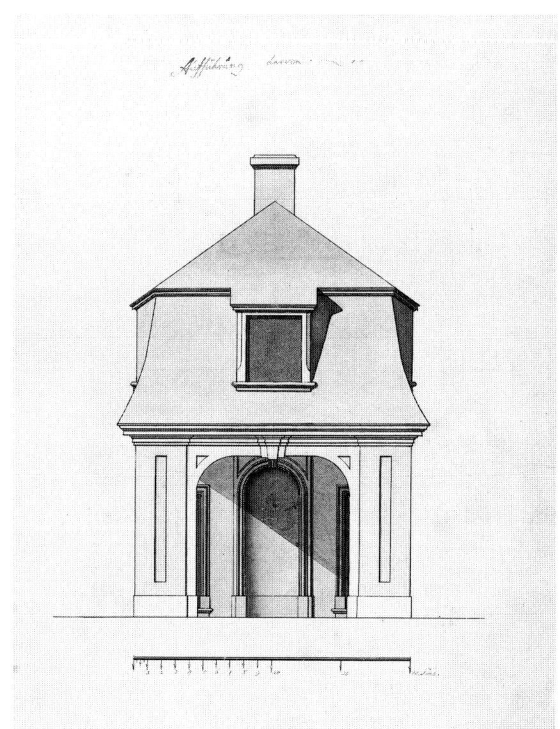

36.109

36.111

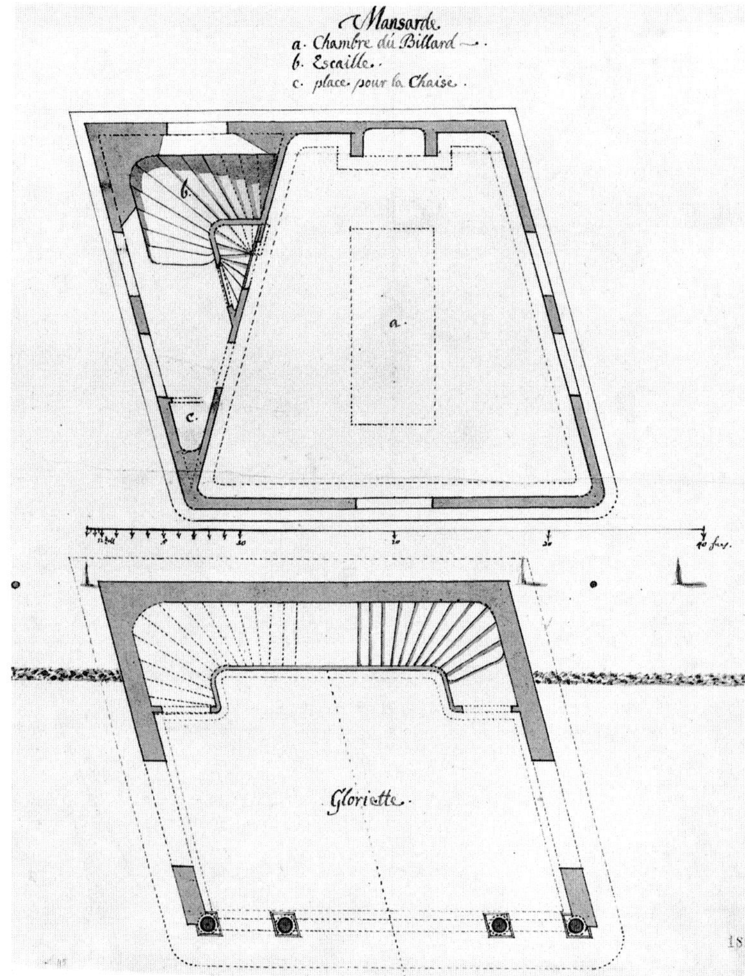

36.113

36.111
Jagdschloß Clemenswerth bei Sögel, Ausführung
Gloriette, Aufriß der Schauseite und Teilschnitt

Lavierte Federzeichnung (grau), 38 x 29,7 cm
Titel: *Gloriette de Clemenswerth avec une Mansarde.*
Maßstäbe: *40 Fuß* = 24,8 cm; *20 moduli* = 6,2 cm

Westfälisches Landesmuseum Münster, Schl.-Bd. 188

Die für Schlauns Wandgliederung völlig ungewöhnliche Form der Säulenvorhalle kann sich aus der Entstehungsgeschichte der Gloriette erklären. Die Säulen und das mit dem Wappen des Kurfürsten und Putti besetzte Gebälk (aus Holz) finden sich fast identisch schon im ersten Entwurf, eine Selbstkopie der Gloriette in Nordkirchen. Schlaun verwendet diese Form der Vollsäulen-Gebälk-Kombination sonst nur im Innenbau, vor allem für Kirchenemporen (s. Bonn, Welschnonnenklosterkirche; Münster, Schloßkapelle).

36.112
Jagdschloß Clemenswerth bei Sögel, Ausführung
Schlaun-Werkstatt
Gloriette, Aufriß der Schauseite und Querschnitt, Ausführungsentwurf

Lavierte Federzeichnung (grau, blaßrot, blaßgelb), 31,3 x 40 cm
Titel: *Gloiett de Clemenswerth*
Maßstäbe: *20 Fuß* = 12,5 cm; *20 Modul* = 6,2 cm

Westfälisches Landesmuseum Münster, Schl.-Bd. 190

36.113
Jagdschloß Clemenswerth bei Sögel
Schlaun-Werkstatt
Gloriette, Grundrisse des Erd- und Obergeschosses

Lavierte Federzeichnung (grau), 38,6 x 31,2 cm

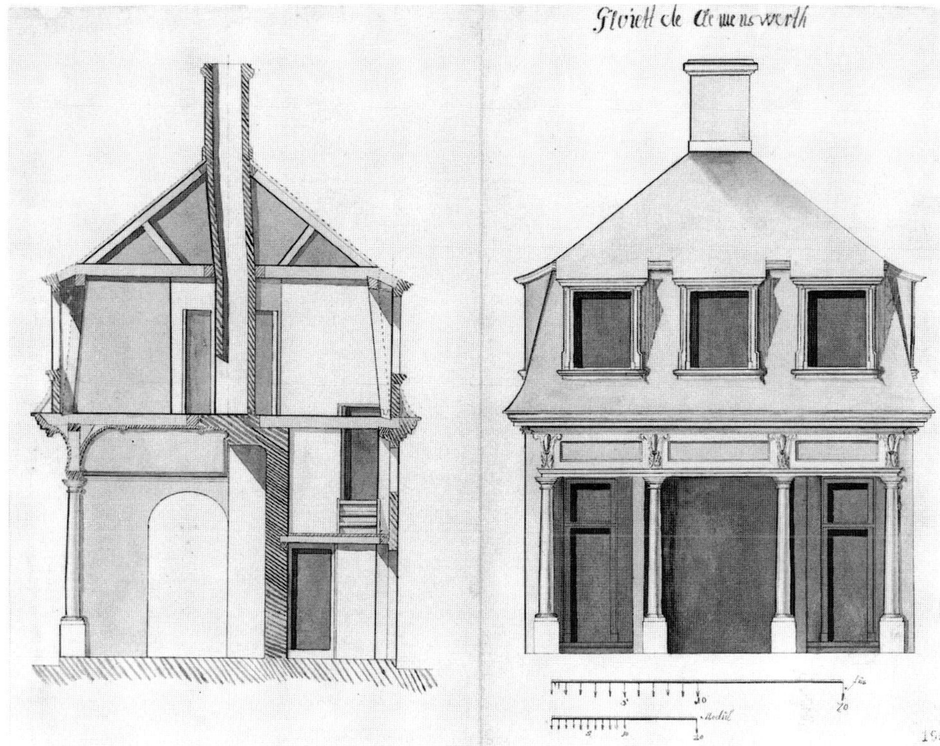

36.112

36.114

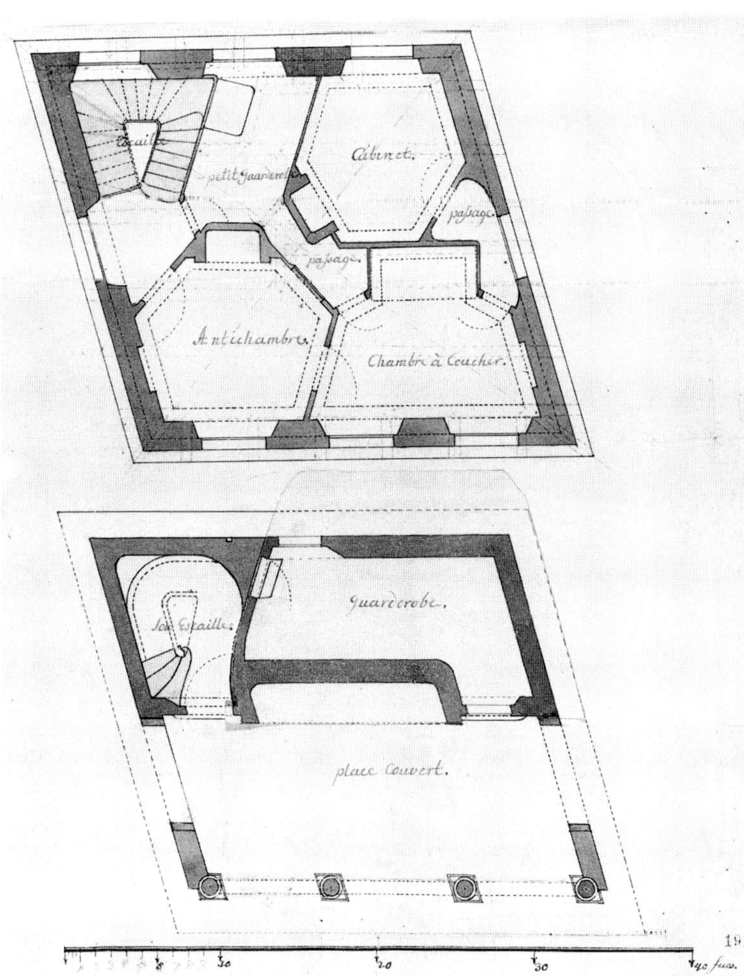

Titel: *Gloriette / Mansarde*
Legende (zum Grundriß der Mansarde): *a. Chambre du Billard – b. Escaille. c. place pour la Chaise*
Maßstab: *40 Fuß* = 24,8 cm

Westfälisches Landesmuseum Münster, Schl.-Bd. 189

36.114
Jagdschloß Clemenswerth bei Sögel, Ausführung
Schlaun-Werkstatt
Gloriette, Grundrisse des Erd- und Obergeschosses, Ausführungsentwurf

Lavierte Federzeichnung (grau), Bleigriffel,
36,5 x 31,2 cm
Beischrift (Erdgeschoß): *place Couvert, Sou Escaille, Sortie, Lieux, pour le Jardinier;* (Obergeschoß): *Escaille, petit Guarderobe, Cabinet, paßage, Chambre à Coucher, Antichambre*
Deckblatt über den letzten drei Räumen des Erdgeschosses
Beischrift: *Guarderobe*
Rückseite: Skizze eines Portalrahmens (?)
Maßstab: *40 Fuß* = 24,8 mm

Westfälisches Landesmuseum Münster, Schl.-Bd. 191

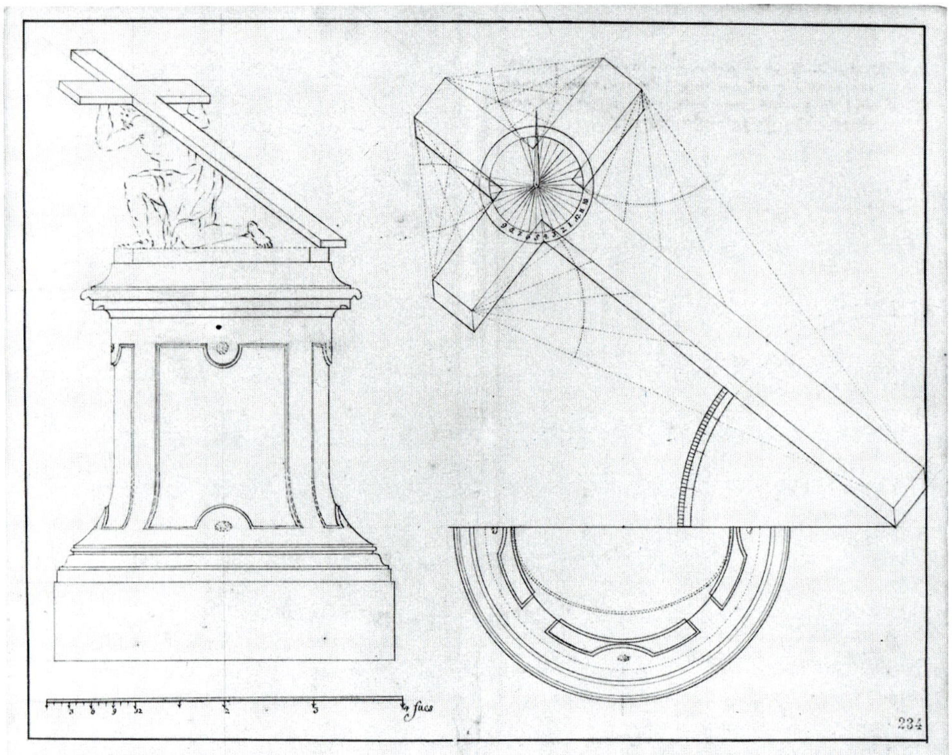

36.115

36.115

Jagdschloß Clemenswerth bei Sögel, Ausführung
Klostergarten, Entwurf zu einer Sonnenuhr
in Gestalt des kreuztragenden Christus

Federzeichnung, Bleigriffel,
31,7 x 40,4 cm (29,8 x 38,3 cm)
Beischrift (Rückseite): *NB: Diese Kreutz uhr ist guth in beyden aquinoxiis, ohngefehr eine monath fur und eine monath danach, ceteroq non valet. Daß Kreutz stehet gegen mittag mittem gesicht, und 38 grad eleviret, der Kreutz balcken wagericht*
Maßstab: *4 Fuß* = 15,2 cm

Westfälisches Landesmuseum Münster, Schl.-Bd. 234

36.116

36.116

Jagdschloß Clemenswerth bei Sögel, Ausführung
Klostergarten, Entwurf zu einer Sonnenuhr
in Gestalt des kreuztragenden Christus

Lavierte Federzeichnung (grau, hellrot), 32,7 x 21 cm
Num.: 7(8.) (mit Bleigriffel:) *Sonnenuhr im Klostergarten*
Maßstab: *4 fues* = 15,15 cm

Privatbesitz, Klebeband Clemenswerth, P 54r

Darstellung des unter dem Kreuz stürzenden Christus. Auf den Kreuzbalken die Sonnenuhr; links: Aufriß; rechts oben: der Kreuzbalken mit Sonnenzifferblatt und Angabe der Schräglage in Grad, perspektivische Darstellung; unten: Aufsicht des Sockels.

Pavillons

36.117
Jagdschloß Clemenswerth bei Sögel, Ausführung
Pavillon (Hildesheim), Keller, Grundriß

Lavierte Federzeichnung (grau), 42,0 x 33 cm
Titel: *Der bier=Keller.*
Num.: *69*
Maßstab: *60 füess* = 26,2 cm

Privatbesitz, Klebeband Clemenswerth, P 44r

36.118
Jagdschloß Clemenswerth bei Sögel, Ausführung
Pavillon (Hildesheim), Erdgeschoß, Grundriß

Lavierte Federzeichnung (grau), 42,0 x 32,5 cm
Titel: *Pavillon über den Bier=Keller.*
Legende: *a. Apartement vor einen Minister.; c. geistliege taffel-Zimmer.; d. Kuchel.; f. confecturen=Kammer;* (d. und f.) *vor den Conditor.*
Num.: *70* (mit Bleigriffel:) *Hildesheim*
Maßstab: *60 fues* = 26,3 cm

Privatbesitz, Klebeband Clemenswerth, P 45r

36.119
Jagdschloß Clemenswerth bei Sögel, Ausführung
Pavillon (Hildesheim), Mansarde, Grundriß

Lavierte Federzeichnung (grau), 42 x 31,2 cm
Titel: *La Mansarde*
Legende: *e apartement vor einen Minister.; b 2 Zimmer vor den Confiturier.*
Num.: *71.*
Maßstab: *60 fues* = 26,3 cm

Privatbesitz, Klebeband Clemenswerth, P 46r

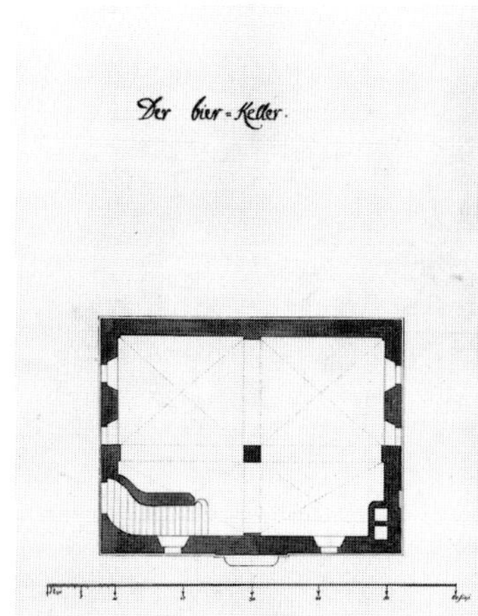

36.117

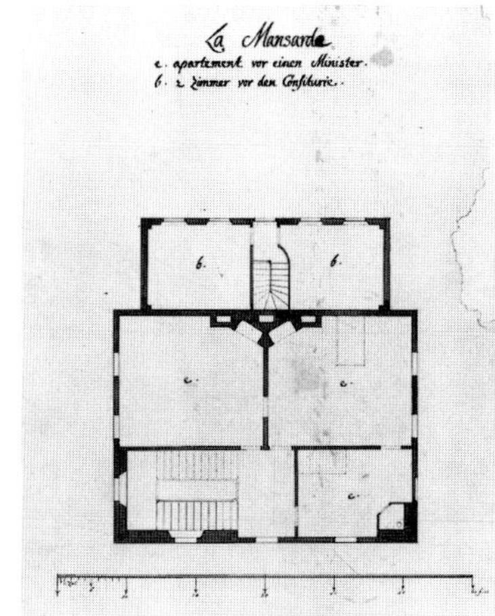

36.119

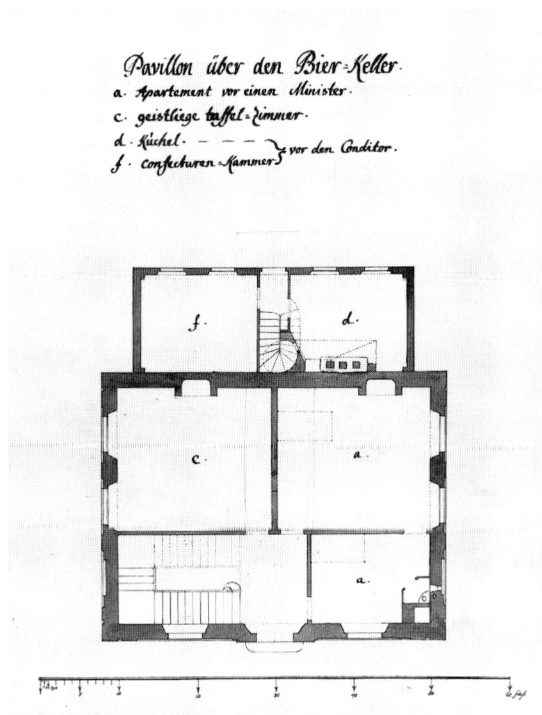

36.118

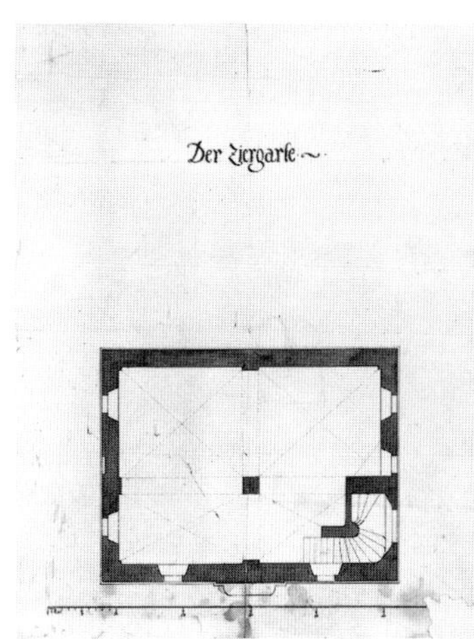

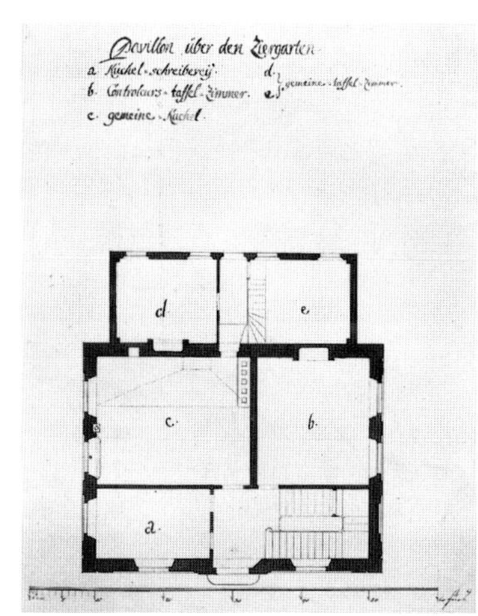

36.120
36.121

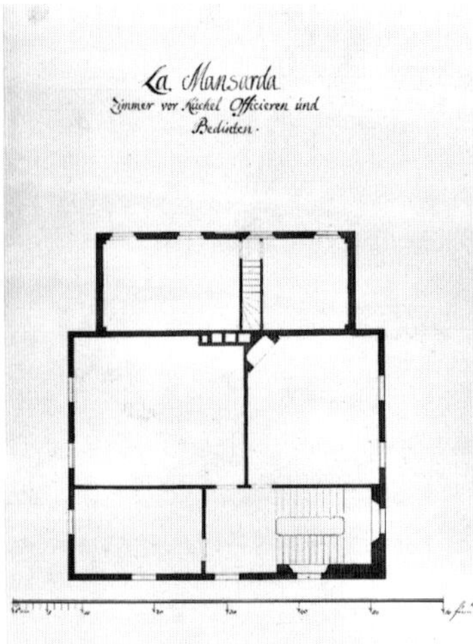

36.122

36.120
Jagdschloß Clemenswerth bei Sögel, Ausführung
Pavillon (Osnabrück), Keller, Grundriß

Lavierte Federzeichnung (grau), 40,8 x 31,5 cm
Titel: *Der Ziergarte*
Num.: 72. (mit Feder:) *Pavillon Osnabrück*
Maßstab: *50* (Fuß) = 21,9 cm

Privatbesitz, Klebeband Clemenswerth, P 47r

36.121
Jagdschloß Clemenswerth bei Sögel, Ausführung
Pavillon (Osnabrück), Erdgeschoß, Grundriß

Lavierte Federzeichnung (grau), 39,4 x 30,5 cm
Titel: *Pavillion über den Ziergarten.*
Legende*: a. Kuchel=schreiberey.; b. Controlleurs=taffel=Zimmer.; c. gemeine Kuchel.; d. e. gemeine taffel=Zimmer.*
Num.: *73.* (mit Feder:) *Osnabrück*
Maßstab: *60 fues* = 26,25 cm

Privatbesitz, Klebeband Clemenswerth, P 49r

36.122
Jagdschloß Clemenswerth bei Sögel, Ausführung
Pavillon (Osnabrück), Mansardgeschoß, Grundriß

Lavierte Federzeichnung (grau), 39,4 x 30,5 cm
Titel: *La Mansarda*
Legende: *Zimmer vor Kuchel=Offizieren und Bedinten.*
Num.: *74.* (mit Feder:) *Osnabrück*
Maßstab: *60 fues* = 26,15 cm

Privatbesitz, Klebeband Clemenswerth, P 50r

36.123
Jagdschloß Clemenswerth bei Sögel, Ausführung
Pavillon, Keller, Grundriß

Lavierte Federzeichnung (grau), 41,2 x 32 cm
Num.: *75*
Maßstab: *60 fues* = 26,35 cm

Privatbesitz, Klebeband Clemenswerth, P 51r

36.124
Jagdschloß Clemenswerth bei Sögel, Ausführung
Pavillon, Erdgeschoß, Grundriß

2 Deckblätter: Entresols links neben dem Treppenaufgang und rechts des Eingangs (Räume für Bediente)
Lavierte Federzeichnung (grau), 41,5 x 32 cm
Num.: *76.*
Maßstab: *60 fues* = 26,3 cm

Privatbesitz, Klebeband Clemenswerth, P 52r

36.125
Jagdschloß Clemenswerth bei Sögel, Ausführung
Pavillon, Mansardgeschoß, Grundriß

Lavierte Federzeichnung (grau), 41,3 x 32 cm
Num.: *77.*
Maßstab: *60 fues* = 26,3 cm

Privatbesitz, Klebeband Clemenswerth, P 53r

36.123

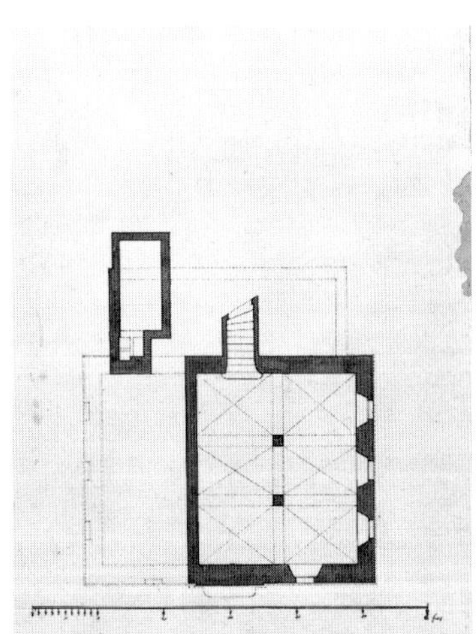

36.124

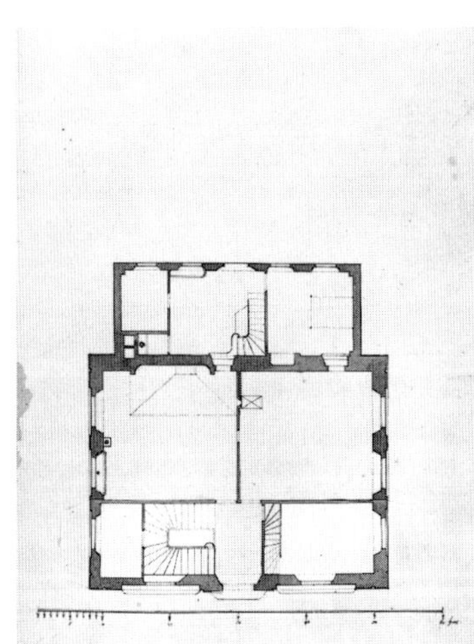

36.125

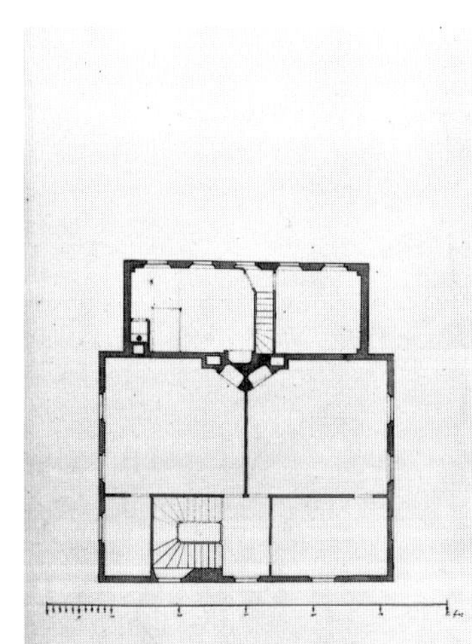

36.126

36.127

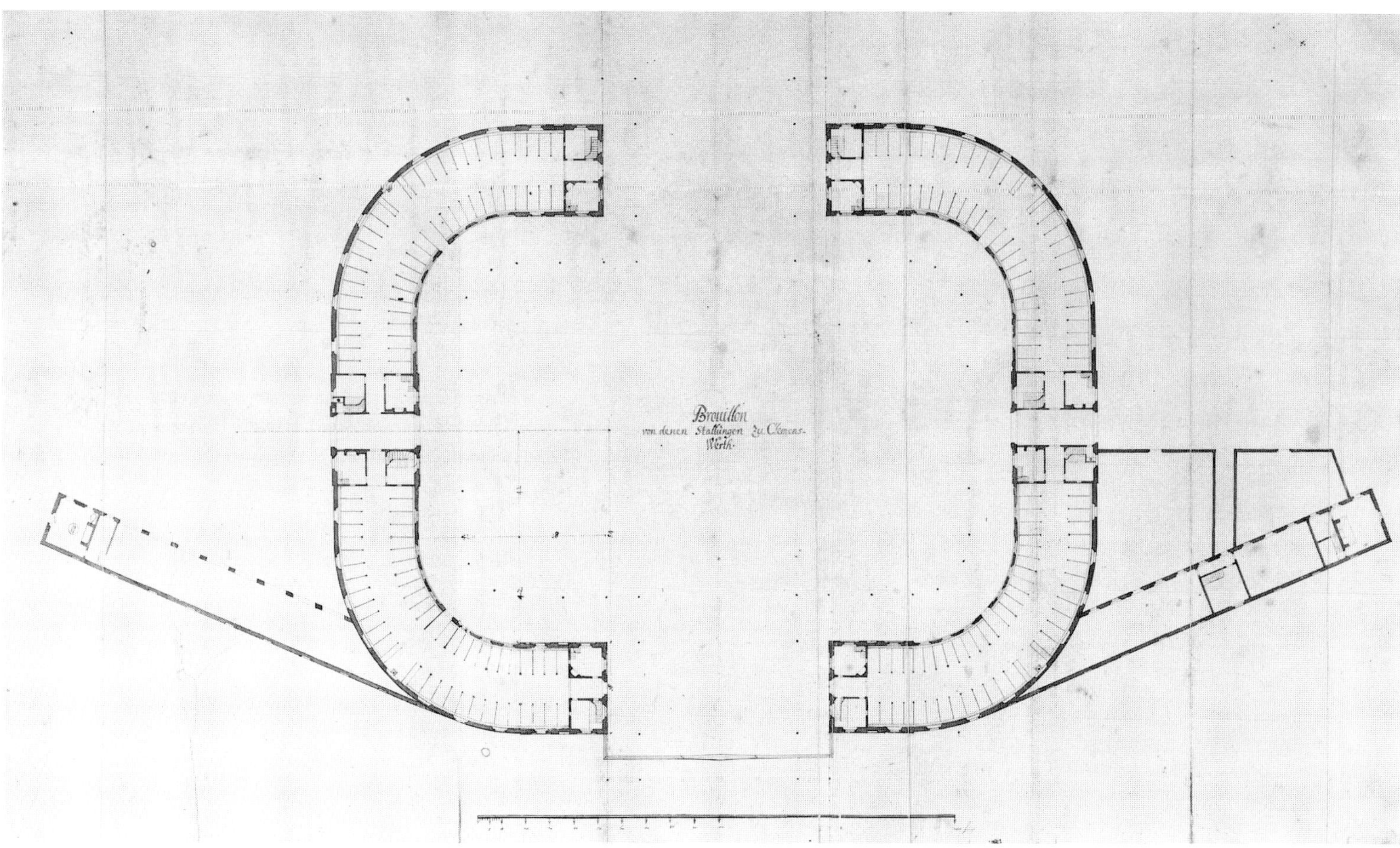

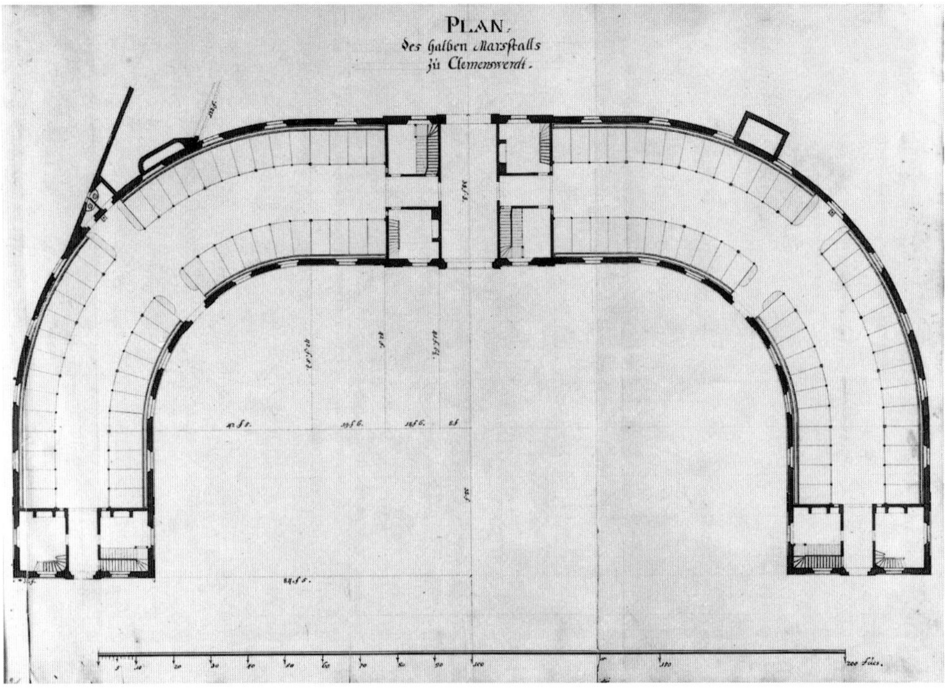

36.128

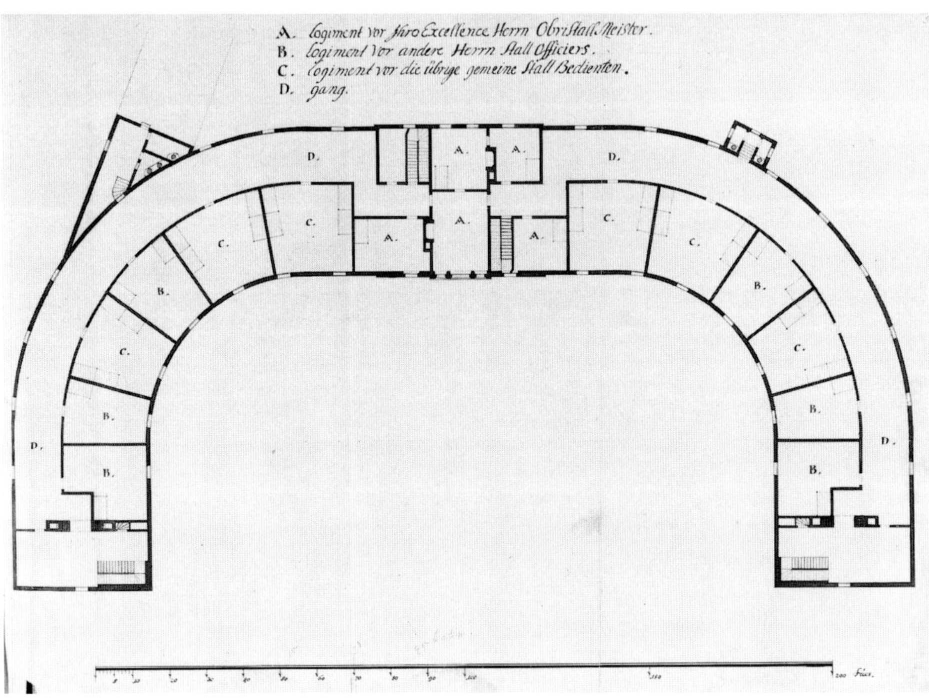

36.129

Wirtschaftsgebäude

36.126
Jagdschloß Clemenswerth bei Sögel, Ausführung
Marstall, Aufriß der Westhälfte (Abb. S. 365)

Lavierte Federzeichnung (grau, rot), 21,6 x 49,2 cm
Beischrift von der Hand Schlauns zu den Maßangaben: *am den Seiten nach dem Churfürstl: Pavillion kan der Sockel über dem Horizont der Allee stehen 15 Zoll. nach dem Dorf hin aber kan der Sockel von der Höhe* (?) *bleiben wie es der Sandstein gibt wan es auch nicht mehr als 11/2 fues weren. und also denen sandsteinen .nter nun ander will gesetzet* (?) *haben. sonderen mit dem plaster von Vinserlingen* (?) *unter der dachdrüppe es*
Num.: *91.*
Maßstab: *100 fues* = 29,3 cm (Maßstab in cm auf dem Trägerpapier)

Privatbesitz, Klebeband Clemenswerth, P 66r

36.127
Jagdschloß Clemenswerth bei Sögel, Ausführung
Marstallanlage, Erdgeschoß, Grundriß (Abb. S. 365)

Lavierte Federzeichnung (grau), 48,5 x 86,2 cm
Titel: *Brouillion von denen Stallungen zu Clemens=Werth.* (Maßzahlen)
Num.: *88.*
Maßstab: *200 fues* = 29 cm

Privatbesitz, Klebeband Clemenswerth, P 63r

36.128
Jagdschloß Clemenswerth bei Sögel, Ausführung
Schlaun-Werkstatt
Marstallanlage, Erdgeschoß, Grundriß

Lavierte Federzeichnung (schwarz, gelb), 51,3 x 73 cm
Titel: *Plan des halben Marstalls zu Clemenswerdt.* (ungelenke Hand) (Maßzahlen)
Num.: *89*
Maßstab: *200 fues* = 57,4 cm

Privatbesitz, Klebeband Clemenswerth, P 64r

36.129
Jagdschloß Clemenswerth bei Sögel, Ausführung
Schlaun-Werkstatt
Marstallanlage, Obergeschoß, Grundriß

Lavierte Federzeichnung (schwarz, gelb), 51,3 x 73 cm
Legende: *A. Logement Vor Ihro Excellence Herrn*

ObriStallMeister.; B. Logiment Vor andere Herren StallOfficiers.; C. Logement vor die übrige gemeine Stall Bedienten.; D. gang. (ungelenke Hand)
Num.: *90*
Maßstab: *200 fues* = 57,4 cm (Bleigriffelzusatz Skala:) Centim.

Privatbesitz, Klebeband Clemenswerth, P 65r

36.130 (ohne Abb.)
Jagdschloß Clemenswerth bei Sögel, Ausführung
Marstallanlage, Erdgeschoß, Grundriß

Bleigriffel, 47 x 47 cm

Westfälisches Landesmuseum Münster, Schl.-Bd. 200 (Rückseite)

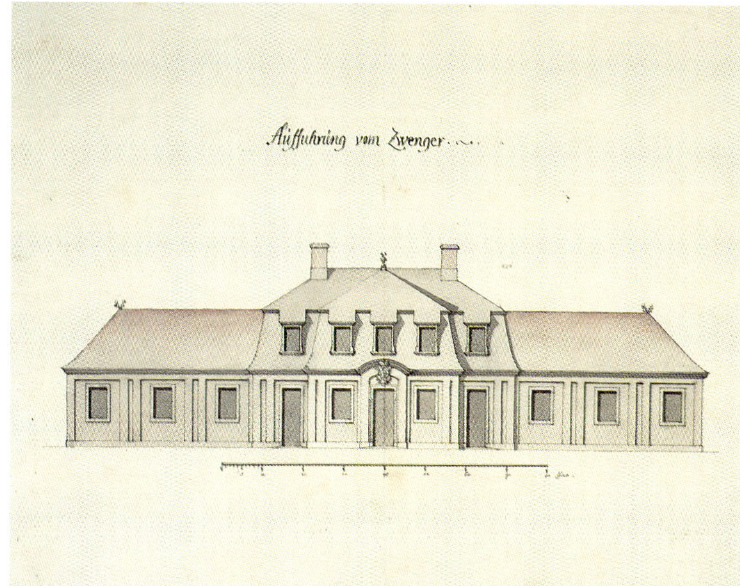

36.132

36.131

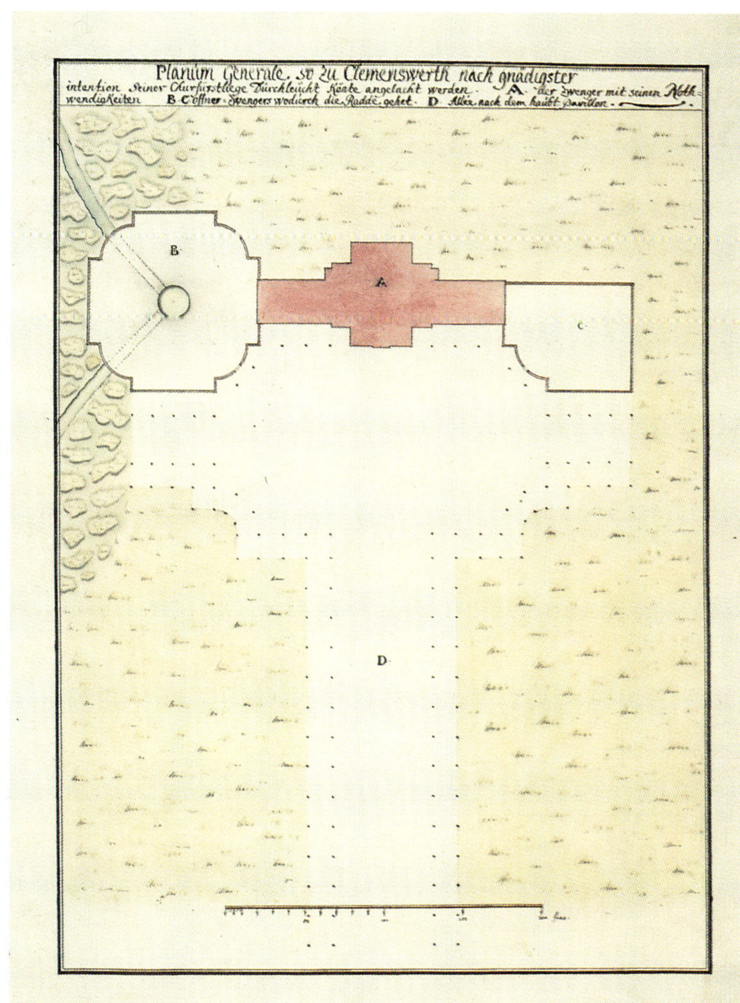

36.131
Jagdschloß Clemenswerth bei Sögel
Hundezwinger, Gesamtplan

Lavierte Federzeichnung (grün, grüngelb, rot), 41,0 x 31,7 cm (36,0 x 26,7 cm)
Titel: *Plaum Generale so zu Clemenswerth nach gnädigster intention seiner Churfürstliege Durchleücht könte angelacht werden.*
Legende: *A. der Zwenger mit seinen Nothwendigkeiten; B. C. offne=Zwengers wodurch die Radde gehet.; D. Allée nach dem haubt Pavillon.*
Num.: *117*
Maßstab: *200 fues* = 13,2 cm

Privatbesitz, Klebeband Clemenswerth, P 91r

36.132
Jagdschloß Clemenswerth bei Sögel
Hundezwinger, Aufriß der Fassade

Lavierte Federzeichnung (grau, rot), 31,5 x 41,0 cm
Titel: *Auffuhrung vom Zwenger.*
Num.: *120.*
Maßstab: *80 fues* = 17,6 cm

Privatbesitz, Klebeband Clemenswerth, P 94r

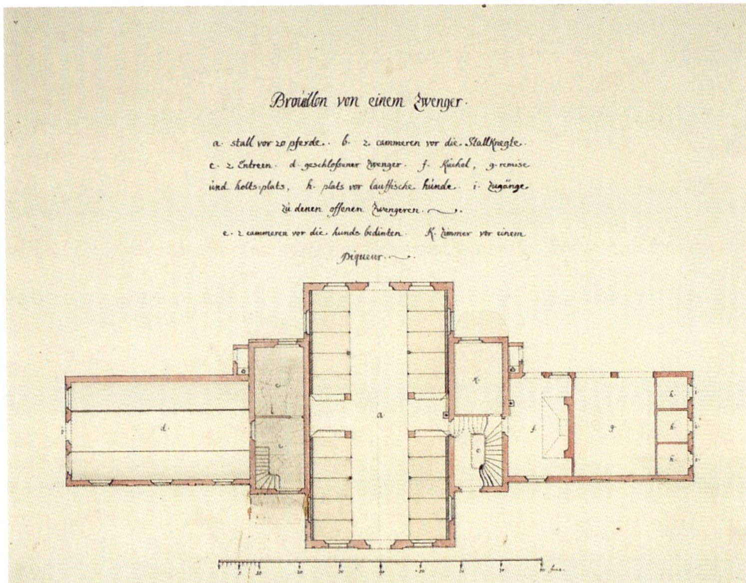

36.133

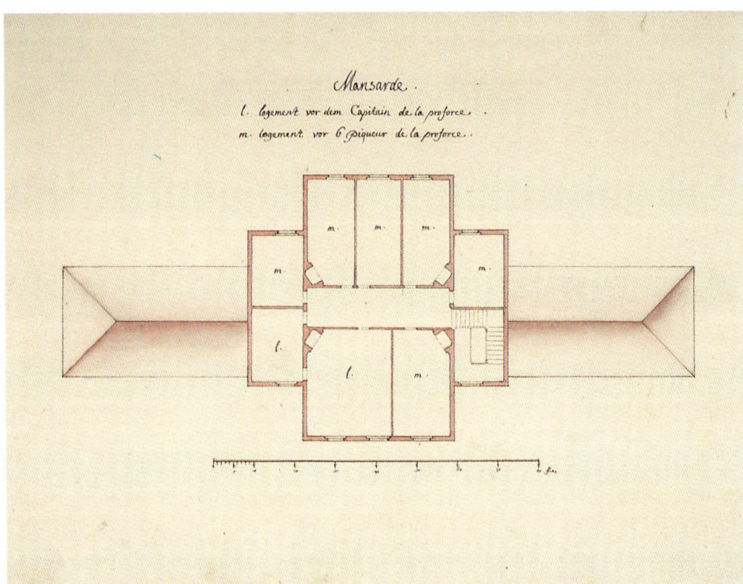

36.134

36.133

Jagdschloß Clemenswerth bei Sögel

Hundezwinger, Grundriß Erdgeschoß

Lavierte Federzeichnung (grau, rot, gelb), 31,6 x 41,2 cm
Deckblatt k., darunter b.
Deckblatt e. e., darunter b. c.
Titel: *Brouillon von einem Zwenger.*
Legende: *a. Stall vor 20 pferde.; b. 2 cammeren vor die Stallknegte.; c. 2 Entreen.; d. geschlossener Zwenger.; f. Kuchel,; g. remise und holts=plats,; h. plats vor lauffische hunde.; i. Zugänge zu denen offenen Zwengeren.; e. 2 cammeren vor die hunds bedinten.; k. Zimmer vor einem Piqueur.*
Num.: *118.*
Maßstab: *80 fues* = 17,65 cm

Privatbesitz, Klebeband Clemenswerth, P 92r

36.134

Jagdschloß Clemenswerth bei Sögel

Hundezwinger, Grundriß des Obergeschosses

Lavierte Federzeichnung (rot), 31,5 x 41,4 cm
Titel: *Mansarde.*
Legende: *l. logement vor dem Capitain de la proforce.; m. logement vor 6 Piqueur de la proforce.*
Num.: *119*
Maßstab: 80 fues = 17,65 cm

Privatbesitz, Klebeband Clemenswerth, P 93r

36.135

Jagdschloß Clemenswerth bei Sögel

Hundezwinger, Aufriß der Fassade – Alternativentwurf

Lavierte Federzeichnung (grau, rot), 32 x 41,2 cm
Titel: *Aufführung vom Zwenger. enface. von Clemenswerdt*
Maßstab: *80 fues* = 17,4 cm
Num.: *322*

Niedersächsisches Staatsarchiv Osnabrück,
Rep. 140, Nr. 164

36.136

Jagdschloß Clemenswerth bei Sögel

Hundezwinger, Grundriß Erdgeschoß – Alternativentwurf

Lavierte Federzeichnung (grau, rot, gelb), 32 x 41,2 cm
Deckblatt c.m., darunter die Räume l.i.
Deckblatt n, darunter Raum b
Deckblatt e, darunter Raum e *(backcammer)*
(vgl. Kat.-Nr. 36.133)
Titel: *Planum vom Zukünfftigen Zwenger zu Clemenswerdt.*

36.135

Legende: *a. Hundestall worin eine pumpe undt das plaster darinne so formiret, das selber alle tage kan ausgewaschen werden.; b. Cammer vor die Wacht, worinne zugleich ein Schap vor die Hunde=Kuppelen (Ledergeschirr), Medicin undt Salben können gesetzet werden.; c. noch eine Schlaffkammer vor Hunde bediente.; d. Kuchel mit einem backoven.; e. backcammer mit einer EntreSole, wo der becker schlaffet.; f. Wagenhaus.; g. Stallung vor lauffende Hündinnen.; h. Stallung vor LeidtHunde.; i.i. 2 Entreen.; k. Stallung vor 20 pferde.; l. Cammer vor die Wacht.; m. EntreSole vor die Stallbediente.*
Num.: *323*
Maßstab: *80 fues* = 17,4 cm

Niedersächsisches Staatsarchiv Osnabrück,
Rep. 140, Nr. 164

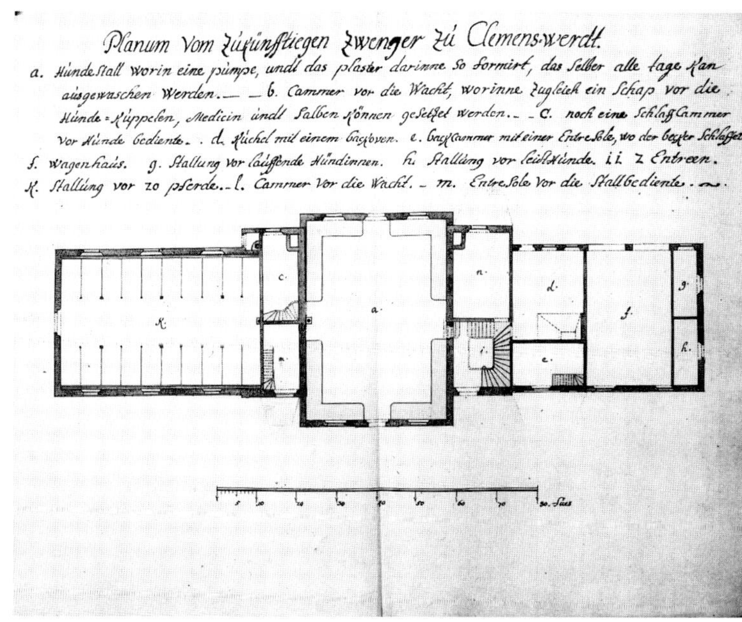

36.136

36.137

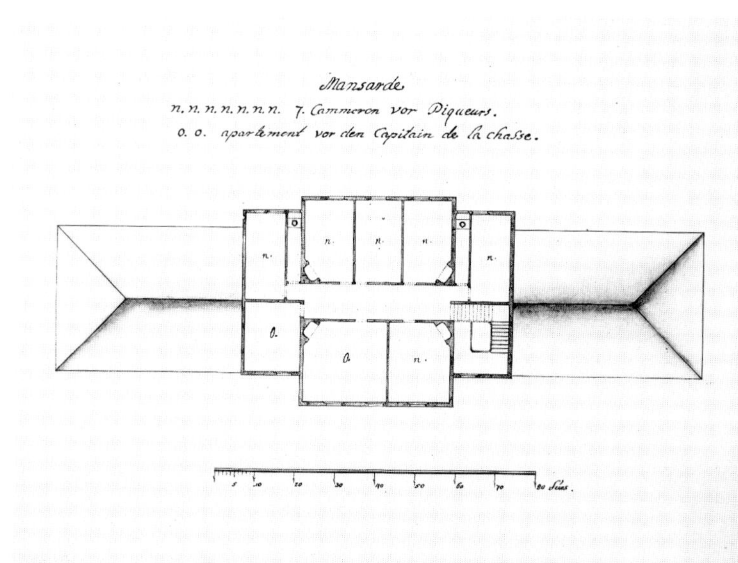

36.137
Jagdschloß Clemenswerth bei Sögel, Ausführung
Hundezwinger, Grundriß der Mansarde – Alternativentwurf

Lavierte Federzeichnung (grau, rot, gelb), 32 x 41,2 cm
Titel: *Mansarde*
Legende: *n. n. n. n. n. n. n. 7 Cammeren vor Picquers; o. o. apartement vor den Capitain de la chasse.*
Num.: *320*
Maßstab: *80 fues* = 17,5 cm

Niedersächsisches Staatsarchiv Osnabrück,
Rep. 140, Nr. 164

Der Alternativentwurf verlegt den Hundezwinger in den Mittelrisalit, der in dem anderen Entwurf für den Marstall vorgesehen war; das bedingt geringe Änderungen in den Proportionen der Räume und der Wandgliederung.

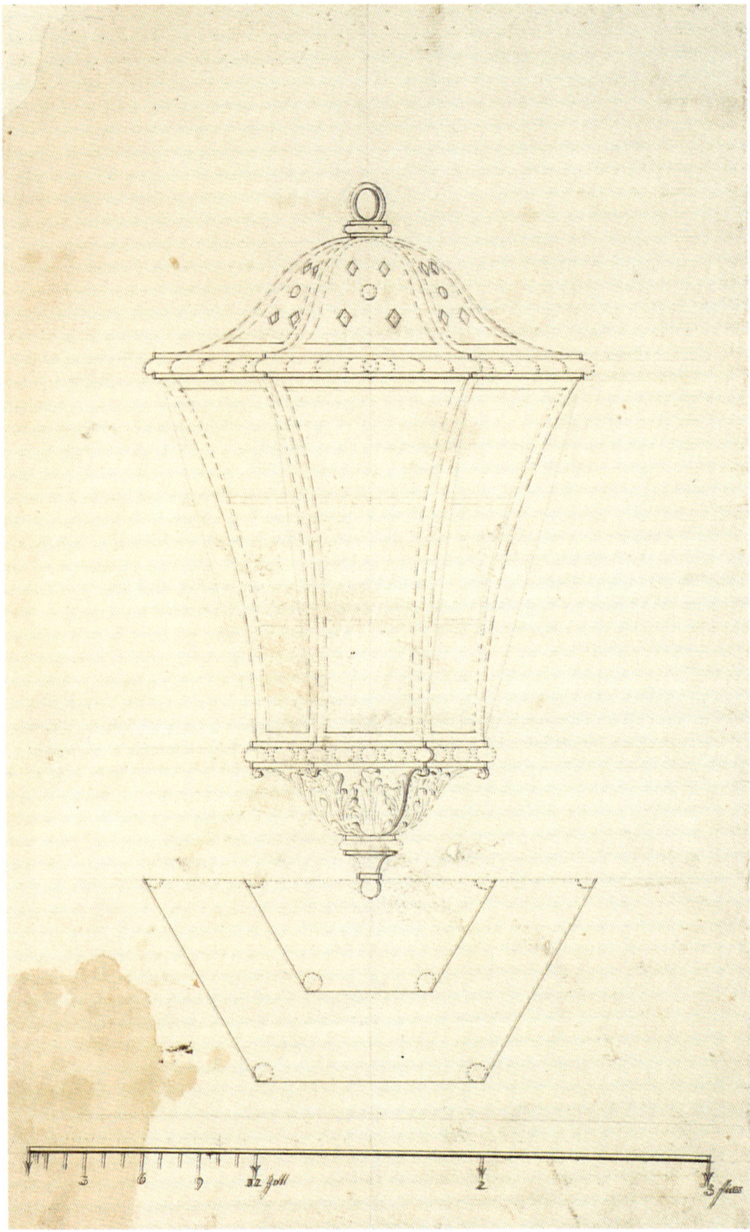

36.138

36.139

36.139
Jagdschloß Clemenswerth bei Sögel
Leveilly-Werkstatt
Hauptpavillon, Entwurf einer Hängelampe

Lavierte Federzeichnung (grau, hellgrün), 20,5 x 15,5 cm
Num.: *46to*
Maßstab: *3. pieds d'almagne* = 13,7 cm

Privatbesitz, Klebeband Clemenswerth, P 21r, unten

Ausstattung, Instrumente

36.138
Jagdschloß Clemenswerth bei Sögel
Schlaun-Werkstatt
Entwurf einer Hängelampe

Federzeichnung, Bleigriffel, 33 x 21 cm
Num.: *46to*
Maßstab: *3 fues* = 18,6 cm

Privatbesitz, Klebeband Clemenswerth, P 21r, oben

36.140
Jagdschloß Clemenswerth bei Sögel
Leveilly-Werkstatt, Kopie von Kat.-Nr. 36.139
Hauptpavillon, Entwurf einer Hängelaterne

Lavierte Federzeichnung (grau, gelb, grün, blaßblau), 31,7 x 40,4 cm (29,4 x 38,4 cm)
Maßstab: *3 pieds d'Alemagne* = 13,6 cm

Westfälisches Landesmuseum Münster, Schl.-Bd. 247

36.141

Jagdschloß Clemenswerth bei Sögel

Perspektive eines Tafelaufsatzes als Jagdpokal

Lavierte Federzeichnung (grau), 45,7 x 31 cm (44,1 x 29,6 cm)
Stempel des Altertumsvereins.
Unten in Bleigriffel: *»Auktion Sp.Kerkerinck«.*

Westfälisches Landesmuseum Münster, Schl.-Bd. 359

Schlaun kopiert die Kaminbekrönung des Hauptpavillons der Leveilly-Werkstatt von Kat.-Nr. 36.46. – Literatur: Eckard Wagner, Der Meißener Jagdpokal des Kurfürsten Clemens August, in: Keramos 12, 1975; Yvonne Hackenbroch, Der Jagdpokal des Kurfürsten Clemens August. Antwort und Ergänzung, in: Keramos 73, 1976, S. 47–50; dies., Der Jagdpokal des Kurfürsten Clemens August, in: Keramos 88, 1980, S. 109-18; Hildegard Westhoff-Krummacher, Jagdplaisir in Porzellan. Der Jagdpokal des Kurfürsten Clemens August, in: Weltkunst, 22, 1981, S. 3474 f.; Hildegard Westhoff-Krummacher, Jagdreportage in Porzellan – Der Jagdpokal des Kurfürsten Clemens August. Ein Exemplar im Westfälisches Landesmuseum in Münster, in: Keramos 95, 1982, S. 27–36.

36.141

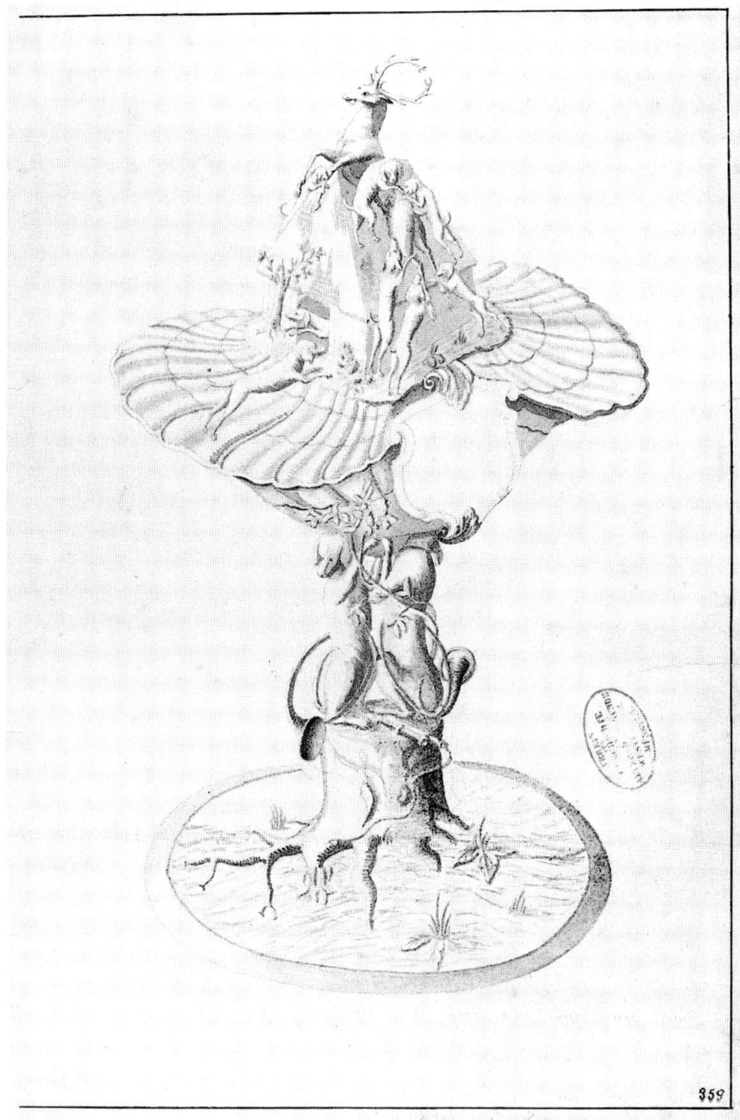

36.140

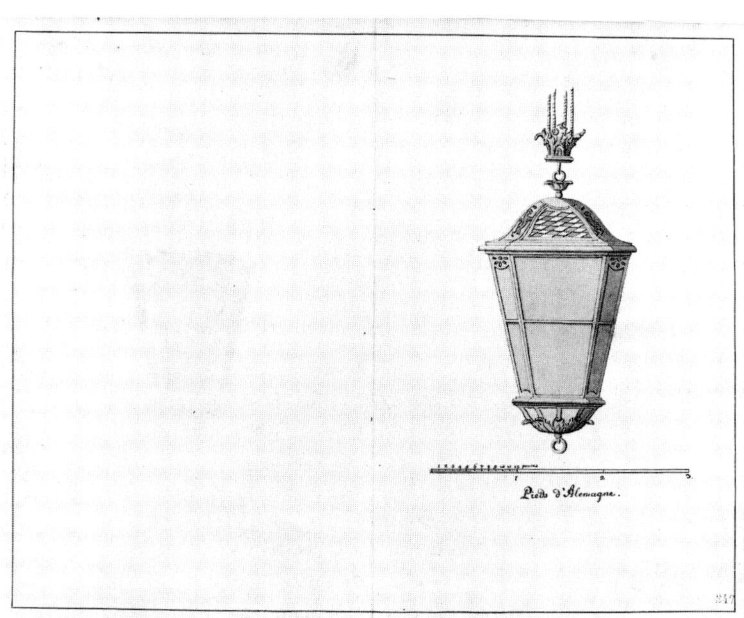

36.142

Jagdschloß Clemenswerth bei Sögel

Bratenwender, drei Aufrisse;
Bratenspieß herausgezeichnet

Lavierte Federzeichnung (grau), Bleigriffel, 31,7 x 40,5 cm (29,9 x 38,6 cm)
Titel: *Braten=Wender*
Beischrift: *Wie die vordere seiten anzusehen* (links); *daß Mittlere* (Mitte); *die hintere seiten* (rechts)
Legende: *1. Vordere treibradt ist in 20 theile, daß darhinten stehende Zahn radt a in 72 theile getheilet. 2. Rahder woran noch 2 brathspieße können gestochen werden, seint in 15 theile getheilet 3. Zapffen ümb den brathspies anzu stechen, 4. das hintere Zahn radt hatt 60 theile. 5to das kam Radt hatt 50 theile, 6. tambour.*

7. die drey treiber seint alle in 6 theile getheilet, 8. einer von dehnen drey brath spießen. NB. so weith als die corde auff den winder gehet, so ist sölcher von holtz gemacht. das übrige alles ist aus dehnen drey figuren zu ersehen.
Maßstab: *4 Fuß* = 26,4 cm

Westfälisches Landesmuseum Münster, Schl.-Bd. 294

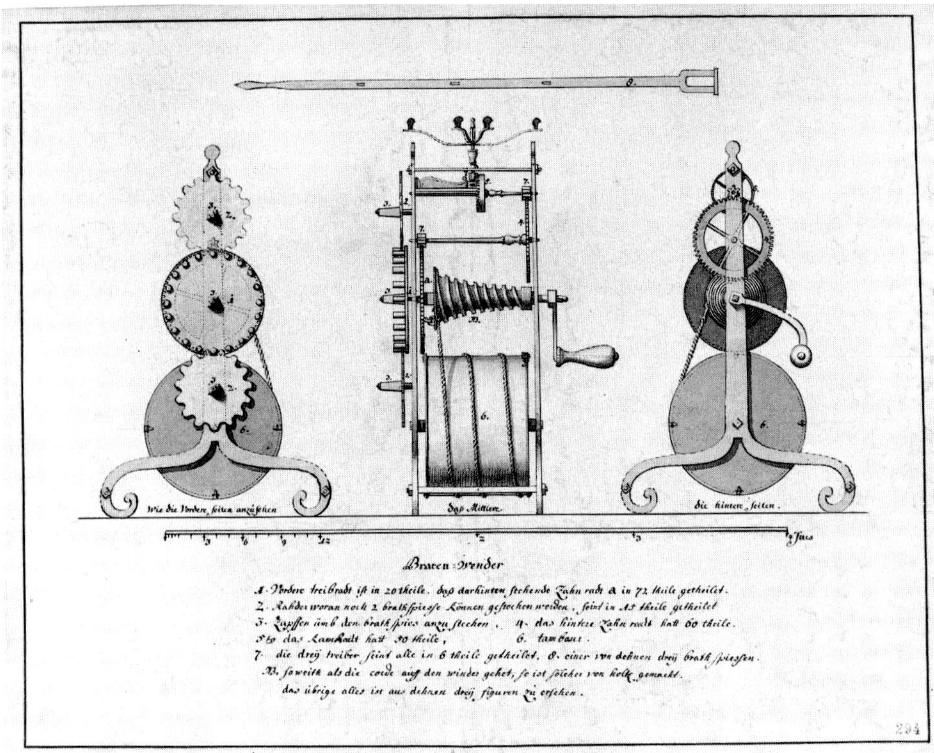

36.142

36.143
Jagdschloß Clemenswerth bei Sögel, Ausführung
Entwurf einer Sänfte,
Rückansicht, Vorder- und Seitenwand

Lavierte Federzeichnung (grau), Bleigriffel,
31,7 x 40,5 cm (29,2 x 38,3 cm)
Maßstab: *(6) pieds de France* = 22,5 cm

Westfälisches Landesmuseum Münster, Schl.-Bd. 295

36.143

36.144
Jagdschloß Clemenswerth bei Sögel, Ausführung
Gartenbank, zwei Aufrisse und ein Schnitt

Lavierte Federzeichnung (grau), Bleigriffel,
31,7 x 40 cm (29,8 x 38,3 cm)
Titel: *Abris Einer banck im garten so auffgeschlagen werden kan wie selbe auff die grund von vorne und von der seythen zu sehen.*
(von der Hand Schlauns)
Maßstab: *10 fues* = 35,3 cm

Westfälisches Landesmuseum Münster, Schl.-Bd. 297

36.145
Jagdschloß Clemenswerth bei Sögel, Ausführung
Meßinstrument, Quadrant

Lavierte Federzeichnung (schwarz),
31,7 x 40 cm (29 x 37,8 cm)
Titel: *Quadrant Womitt man nicht allein die Mortier nach die behörige gradus richten, sonderen auch wan man sich nach den 15ten gradt eine distance vorhero bekandt gemachet zu allen distancen welche mitt selben Mortier und lahdung immer geschehen Können, die nöhtige gradus ohne einigen Wurff-Tabellen nuhr mitt hülffe des Visiers erfahren kan.*
Monogramm: *J.W.A.G.*
Beischrift: Kennbuchstaben

Westfälisches Landesmuseum Münster, Schl.-Bd. 298

Erklärungsblatt zu Kat.-Nr. 36.145 (ohne Abb.)
Die Erläuterungen nehmen Bezug auf die Kennbuchstaben in der Zeichnung

Tinte, 31,7 x 20,8 cm
Legende: *Gebrauch dieses Quadranten*

Man wird diese inventirte linien leicht erfahren, wan man nuhr den in unserer neüen feüerwercker lehr angegebenen Quadranten /: weßen gebrauch in allen bleibet :/ da neben haltet, umb nuhn dürch dieß linien zu erfahren wie viel grad man Zu erreichung einer gegebenen distance auff der Mortier appliciren müß verharet man also: Ich mache mihr mitt 15 grad eine distance bekandt P: E: ich hätte auß einen mortier auff 15 grad gerichtet eine bombe 56 Ruhten weith geworffen; auff wie viel grad muß dan den mortier mitt derselben lahdung /: so alle Zeith supponiert wierd :/ gerichtet werden? ümb die bombe 74 Ruhten weith zu werffen; ? so setzet nuhr zwey 00 hinter die verlangte weithe, alhier 74 so stehet 7400; diese Zahl dividiret dürch die mitt 15 grad erreichte distance nemblich 56. so kommen 132; selbe 132 suche auff die unten und oben an den Quadranten inventirte linien, und lege das Visier oder ein linial darauff, wie die durch punctirte linie anZeiget, so wird selbe die circul linie schneiden in den Vierten punct uber die Zahl 20, welches die antwohrt; daß nemblich der Quadrant Zu erreichung dehrer verlangten 74 Ruhten auff 20 grad, 40 minuten /: dan jehder punct zwischen die Zahlen bedeütet 10 minuten:/ müße gerichtet werden; wie alhier daß loth mitt A: bezeignet anzeiget; welches ebenso geschwindt, ja fertiger geschehen kan alß wan man in den Herren Bellid'or gegebenen Tabellen die Zahlen nachfinden muß; item ich hätte mitt 15 grad geworffen 1000 Ruhten nuhr wölte aber gerne 1850 Ruhten weith werffen,? so setze zu dieser Zahl zwey 00. so stehet 1850.00 diese Zahl mitt 1000 alß die dürch 15 grad bekante weithe dividiret, v. dividiret, Kommen 185. solche Zahl auff dehren maeßaben oder linien gesucht, daß linial darauff gelagt, so wird selber circul linie schneiden funf strich oder puncta uber 33. welches bedeütet daß Zu erreichnung der 1850 Ruhten der Quadrant auff 33 grad und 50 minuten müße gerichtet werden, wie daß loth mitt B. marquiret anZeiget; NB: die beyde maeßtabe konnen in so viel gleiche theile getheilet werden alß man will ist aber da hier des wegen in 200 getheilet weilen selbe fur die bequembste erachtet; und konnen diese linien auff allen schon fertigen mäßtaben Quadranten leicht gemacht werden, weilen sich der platz dar Zu von selbst anZeiget, wo durch man ein großes buch mitt wurf tabellen bey sich Zu schleppen überhoben were, und ist die manier auch so leicht, daß sie den jungesten feüerwercker könne in kurtzer Zeit beygebracht werden.

Demonstratio

1 ma ist Zu nehmen auß denen wurf Tabellen des Herren Bellid'or, welche in allen exemplen daß in beyden oben angefuhrten daßelbe Statuion und beKraftigen

2 da Kan genohmmen werden ex tabulis Sinuum welche ebenfalß daß nemblich anZeigen, worauß auch auf verlangen des Hn Bellid ors Tabellen mitt weniger mühe Konnen extrahiret werden, wan nuhn dieses Zu sammen Zutrift alß ist Zu schließen, daß nach an geZeigten diesen linien auf den Quadranten eben so gewiß begehrte weithe erreicht werden Könne

Westfälisches Landesmuseum Münster, Schl.-Bd. 298

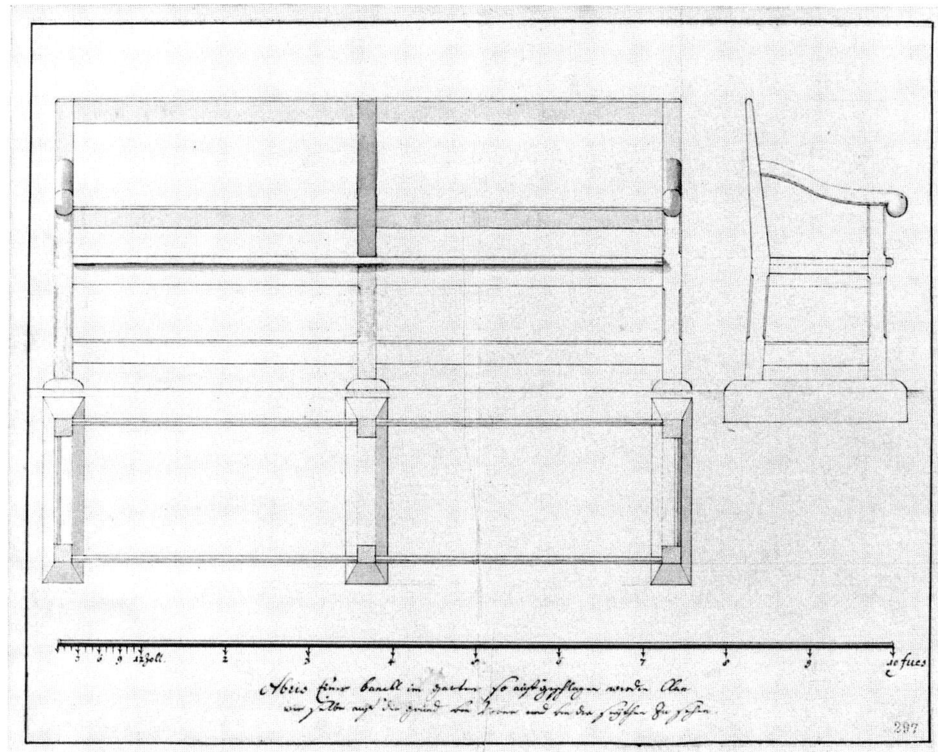

36.144

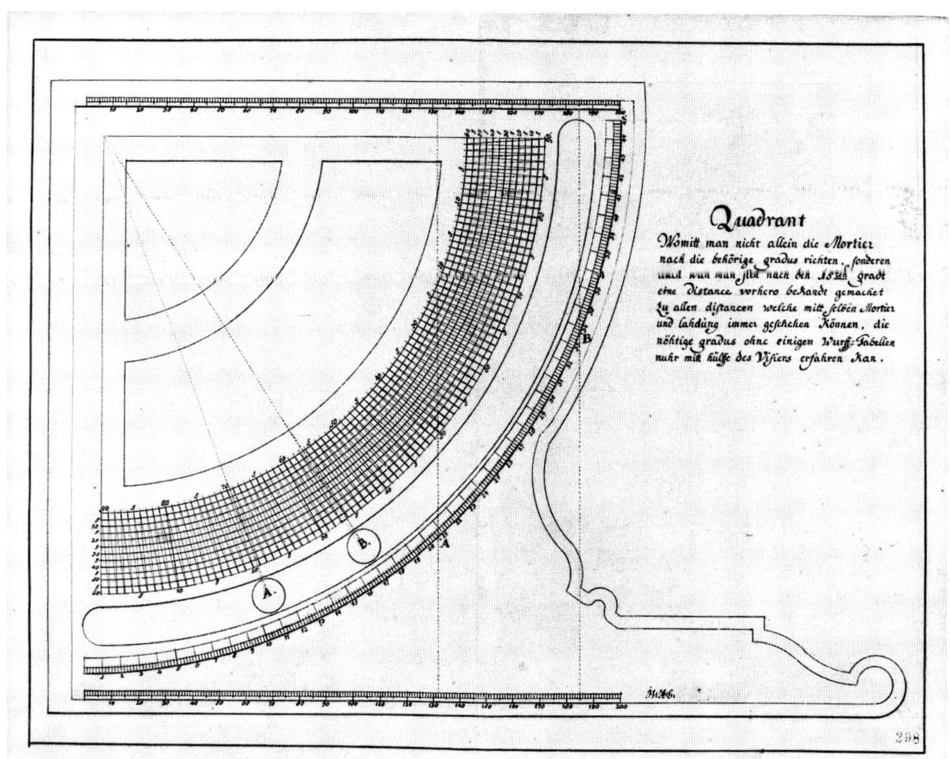

36.145

Denkmalpflege

Nach Aufhebung des geistlichen Fürstbistums Münster 1803 gelangte Clemenswerth in den Besitz des belgischen Herzogs Arenberg. Das Schloß war zu dieser Zeit sehr verwahrlost. Prosper Ludwig von Arenberg beauftragte im Frühsommer 1804 August Reinking mit der Vermessung des Schlosses. 1805 legte Reinking Pläne vor, die, wären sie zur Ausführung gekommen, nichts Geringeres als die vollständige Zerstörung der Architektur Johann Conrad Schlauns zur Folge gehabt hätten. Er plante den Abriß der Nebenpavillons und nördlich des Hauptpavillons die Errichtung eines Herrenhauses. Das Achssystem des Parks wäre zerstört worden zugunsten eines Sechsstrahls und neuer peripherer Achsen; das Ganze, insgesamt wenig durchdacht und äußerst kostenaufwendig, war eher utopisch. Ähnlich verhält es sich mit einem Plan, der sich im Klebeband Clemenswerth aus dem Nachlaß Arenberg befindet. Auch er hätte die Zerstörung des Hauptpavillons durch vollständigen Umbau zur Folge gehabt. Reinking plante, in beiden Geschossen den Zwischenraum der Flügel mit außen polygonalen, innen ovalen Räumen zu füllen, die den größeren Raumbedarf der Arenberger decken sollten. Im Erdgeschoß sollten die kleinen Ovalräume durch Vollsäulen gegliedert werden. Weitere Entwürfe zeigen Lösungen, die sich irgendwo zwischen dem Pantheon und der Villa Rotonda bewegen, alles in allem aber kaum noch als Umbaupläne zu bezeichnen waren, jedenfalls vom Bauherrn verworfen wurden. Die nachfolgenden Generationen gingen zwar weniger brutal mit dem ihnen zugefallenen Besitz um – Prinz Carl von Arenberg sorgte sich um die Erhaltung der Gebäude wie sie waren und wünschte keine dem Zeitgeschmack unterworfenen Neuerungen. Ihm ist es zu danken, daß sich die Anlage noch heute in relativ authentischem Zustand befindet. In einem Brief von 1879 an seinen Verwalter heißt es: »... wobei ich Ihnen sehr anempfehle in Bezug auf Styl ganz dem Charakter der betreffenden Gebäude gemäss die Reparaturen vornehmen zu lassen.« Doch Zeitgeschmack oder Sparsamkeit hatten bereits dazu geführt, daß die Bleiverglasung der Fenster 1849 durch Holzsprossen ersetzt wurde, eine der einschneidendsten und bis heute nicht rückgängig gemachten Veränderungen. Die alte bourettseidene ländliche Wandbespannung in Naturweiß mit eingewebten blauen Streifen wurde ersetzt. Im Park hatten die Arenbergs dem englischen Geschmack entsprechend die hohen geschnittenen Alleen beseitigt und die Bäume dem natürlichen Wachstum freigegeben, was das Aussehen der Anlage bis hin zur Verwahrlosung verändert hat, da man nicht begriffen hatte, daß auch die auf Ansichten angelegten englischen Gärten ständiger Pflege bedürfen, auch das heute kaum reparabel. Der runde, leicht befestigte Platz um das Schloß wurde, vermutlich bereits kurz nach der Übernahme, in einen Rasen umgewandelt. In der Schloßkirche legten die Arenbergs einen neuen Fußboden in ihren Wappenfarben. Die gelbroten Fliesen wurden im späteren 19. Jahrhundert eingefügt. Das Mausoleum der Arenbergs im Klostergarten wurde inzwischen abgebrochen.

Der letzte Krieg hat in Clemenswerth kaum wiedergutzumachenden Schaden hinterlassen: zerschossener Stuck, zerschnittene seidene Wandbespannungen, zerschlagene Spiegel, zerstörte und gestohlene Möbel, Kommoden, Paravents, Spiel- und Konsoltische, Stühle und Sessel, Brandruten aus feuervergoldeter Bronze, geraubte Gobelins. Hatte man im Ersten Weltkrieg das kostbare Kupfer- und Messinggut abgegeben, so verschwand jetzt die gesamte Einrichtung der Küche: Eisengeräte, Bratenwender und dergleichen mehr (zu den Schäden im Einzelnen vgl. Kröger 1987, S. 260–63).

Nach 1945 ließ der Herzog von Arenberg in Zusammenarbeit mit der Denkmalpflege Sicherheitsarbeiten ausführen und die teilweise Instandsetzung betreiben. Einfache Gesimsstücke und Vasen wurden durch Kopien ersetzt und der plastische Schmuck über dem Hauptportal restauriert. Verrostete Eisenklammern wurden ausgewechselt, das Kupferdach erneuert. Das Auswechseln der Deckenbalken über dem Salon zog die Freilegung und Instandsetzung des Deckenstucks nach sich. Hinzu kamen Verglasung der Spiegel und Ergänzung der gestohlenen Teile ihrer Rahmen. Die farbige Gestaltung der Wände, Türen und Decken wurde nach den Originalbefunden vorgenommen, die gestohlenen Wappen und Initialen des schmiedeeisernen Gitters im Treppenhaus nachgebildet, die Bänke unter den Treppenläufen erst instandgesetzt, dann beim Besitzerwechsel verkauft und inzwischen durch Nachbildungen ersetzt. Die Originale stehen im Stadtmuseum Münster. Bei der Renovierung der Schloßkapelle war die Freilegung und Sicherung des bereits abgeschriebenen Deckenfreskos ein besonderes Problem. Die Signatur des Malers wurde sichtbar gemacht. Kacheln am Sockel wurden ergänzt. Zum Abschluß der Arbeiten wurden die acht Kavaliers-Pavillons und die Gloriette mit graurosa Sollingplatten neu eingedeckt.

1967 wurde der Landkreis Aschendorf, nach der Kreisreform der Landkreis Emsland Eigentümer der Anlage. Eine umfassende Sanierung, die inzwischen dringend erforderlich und für den Ausbau der Schloßanlage zum Emslandmuseum Voraussetzung war, diente auch der Schaffung von Ausstellungsflächen. Im Mittelpunkt stand jedoch die Restaurierung des Hauptpavillons und die Rückgewinnung seiner originalen Erscheinung auf der Grundlage von Archivalien und Befunduntersuchungen. Ergebnis war die Rekonstruktion der ursprünglichen Raumnutzung und der Ausstattung, die in ein detailliertes denkmalpflegerisches Konzept eingingen (Gutachten vom 20. 11. 1983 im Archiv des Instituts für Denkmalpflege in Hannover). Wichtigste Quelle dafür waren der Bericht des jeverschen Gesandten Anton Balich von 1739 und die drei Schloßinventare (eine ausführliche Synopse der Inventare im Staatsarchiv Osnabrück befindet sich im Institut für Denkmalpflege in Hannover, der Bericht des Gesandten im Wortlaut im Anschluß an das Kapitel). Die Wiederherstellung des Hauptpavillons wurde 1988 abgeschlossen. Ziel war die Rekonstruktion des Zustandes zur Zeit des Kurfürsten Clemens August.

1983 wurde im Erdgeschoß des Hauptpavillons der intarsierte Marmorboden restauriert. Die Erforschung der Wandfarbgebung hat zu überraschenden Kenntnissen handwerklicher Fähigkeiten des 18. Jahrhunderts geführt. Die Verwendung von Marienglas in der Farbe hatte eine starke Lichtreflektion der Wände zur Folge, die sie gleichsam zu entmaterialisieren schien. Auf Stuck und hölzernen Einbauten bewirken die auf das jeweilige Interieur abgestimmten Farben, deren heutige Ausführung der ursprünglichen, hochwertigen handwerklichen Arbeit entspricht, durch Oberflächengüte und Brillanz eine optische Weitung der kleinen Räume. Die Stoffbespannungen wurden nach den Originalstoffresten neu gewebt. Im Antichambre hat man begonnen, die flämischen Tapisserien mit Landschaftsdarstellungen anhand historischer Aufnahmen zu rekonstruieren; das Hauptstück ist inzwischen fertig. Die historische Beleuchtung wurde wiederhergestellt: in den Verkehrs- und Kommunikationsbereichen Laternen, in den repräsentativen Räumen Glaslüster und Armleuchter, in den Kabinetten den Spiegeln zugeordnete Armleuchten. In den Schlafzimmern hatte man vermutlich mobile Leuchten verwendet, wie sie 1984 bei Bauarbeiten in einer Sickergrube gefunden wurden. Der gesamte Bau war mit einem Anstrich mit farblosem Leinöl geschützt, das Fugenbild durch Scheinfugen reguliert, die in die Ziegel eingeschlagen und ausgefugt wurden. Als wesentliche Gestaltungselemente sollten die ursprünglich graublauen Türen und Fenster mit vergoldeten Bleisprossen wieder hergestellt werden.

Da die Schloßkapelle nicht unterkellert ist, konnten Salze Putz und Wandmalereien angreifen. Das Deckenfresko wurde inzwischen gesichert, gereinigt und von den Secco-Übermalungen der Restaurierung in den fünfziger Jahren befreit, die Stucke restauriert, der Altar gereinigt und Fehlstellen ergänzt, die Kanzel wird folgen. Der Arenbergsche Fußboden ist inzwischen entfernt. Auf der Basis von Schlauns Entwurfszeichnungen hat man den Fußboden des 18. Jahrhunderts rekonstruiert. Zur Zeit erhalten die Kommunionbank und die Balustrade der Fürstenloge ihre ursprüngliche farbige Fassung zurück. Der Klostergarten ist nach den Angaben Dieter Hennebos weitgehend rekonstruiert worden.

Die Nebenpavillons sind zum Teil in ihrer ursprünglichen Raumaufteilung erhalten, die Ausstattung ist jedoch zum größten Teil verloren. In den Pavillons Clemens August, Hildesheim und Münster haben sich die Kaminsimse erhalten. Der hintere Teil des Küchenpavillons, die sogenannte Wildpretküche, ist nach den Aufmessungen Hubert von Wartenbergs aus dem Jahre 1916 rekonstruiert und wird museal genutzt (Küche, Jagdservice, Bratenwender). Auch die übrigen Pavillons dienen musealen Zwecken: es gibt ein Jagdmuseum, ein Deutschordensmuseum, ein Museum des Hauses Arenberg.

Durch Freilegung und Freihaltung der Sichtachsen, Aufforstung und Pflege des Baumbestandes, die »Regeometrisierung« des Parks sollten das ungehinderte Wachstum der Bäume und Pflanze reguliert, die Eingriffe der Arenbergs in die gestaltete Natur rückgängig gemacht werden. Dazu hat der Landkreis Emsland von 1990 bis heute von Ursula Rötrige/Osnabrück auf der Basis der Quellen in Enghien, Osnabrück und Düsseldorf unter Beratung des Gartenarchitekten Gustav Wörner/Wuppertal ein Parkpflegewerk erstellen lassen.

Die Bassins und die Kanalanlage im Osten haben nach Grabungen ihre ursprüngliche Form wiedererhalten. Dabei hat sich herausgestellt, daß die Schlaunsche Lehmauskleidung inzwischen undicht geworden war. Sinkende Wasserstände waren die Folge, die Anlage drohte zu versanden. Die Inseln haben ihre Form zurückerhalten und sollen mit Entenhäusern besetzt werden. Der Graben war ursprünglich mit Faschinen gesichert und diente zur Aufzucht von Fischen für die kurfürstliche Tafel.

Anhang 1

Organisationsplan des münsterschen Hofkammerpräsidenten Johann Rudolf von Twickel vom 31. Dezember 1735 (Transskription durch Hans-Georg Volkhardt, Wardenburg bei Oldenburg, in: Niedersächsisches Staatsarchiv Osnabrück, Dep 62b, 607; alte Signatur Dep 62b, A XXI, Nr. 5):

Ohnvorgreiffliche Anmerckungen, welcher Gestalten der Jagtschloßbaw auff dem Humbling pro Interesse Serenissimi Electoris nostri, zu veranstalten und zu führen wehre.

Resolutiones Serenissimi Electoris

1 mo hat man hinter der Sögeler Windtmühle im Saltzer Pohll, fernere beym Kleinen Taubenbusch, so dan beym großen Taubenbusch einige Leimbbäncke gefunden, und davon fünff Vässer voll nach meinem Hauße Stoveren zur Ziegelerey, umb von der Tüchtigkelt des Leimbs die Probe zu machen, abgeschickt, selbigen auch würcklig guth und tüchtig befunden, wohrvon negster Tagen die Probe unterthänlgst praesentiret werden soll. Es wirdt aber zu rathen sein, die zwey letztere Örther nicht zu erwehlen, gestalten dadurch der Wildtstand gestöhret werden könnte.

Ad 1 mum

Der nöthige Leimb soll von solchen Örtheren genommen werden, wodurch der Wildtstand am wenigsten gestöhret wird.

2 do Woher ohne den geringsten Verschub ein gewölbter ZIegelloeffn sambt dem Trockenhauß am Orth und Ende, wohe es diensamb scheinen würde zu erbawen, maeßen dle dazu erforderlichen Steine von denen an der Embse belegenen adelichen Hauseren Stoveren und Hertzeforth hergenohmen und zu Wasser biß Meppen, demnegst aber per Axe bis Sögell transportiret werden könnten, und wollen diese Kosten wohll sehr nutzlig verwendet werden, maeßen nach vollstreckten Schloßbaw diese Ziegelerey ein bestendiges Emolumentum Camerae verbleiben kan, angesehen in der gantzen Nachbarschaft keine Steine gebrennet, sonderen mit großen Kosten aus Frießlandt genohmen werden.

ad 2 dum

Placet. Inzwischen were zu überlegen und zu berichten, weiIen dem Angeben nach dleses ein beständiges Emolumentum Camerae verbleiben kan, ob die daran erforderte Kösten auß denen wlederums (?) Gelderen nicht bestritten werden können.

3 tio. Wehren bey erst bequemer Saison einige Feldt Ziegell Oeffen anzurichten und hierzu aus dem Hessen Landt oder aus dem Vest von Recklinghausen eine Compagnie zu verschreiben, maeßen weilen alles auswendige Ziehr gemawert und gefoeget werden soll, die im ordentlichen Ziegellwerck gebrennte Steine zum aus wendigen, die aber im offenen Feldt gebrennte zum einwendigen Mawerwercke zu gebrauchen seyn.

ad 3 tium

Placet, es müste aber mit denen Leuthen ein Accord dergestalten geschlossen werden, daß ihnen die brauchbahre und tüchtige Steine allein bezahlet werden sollen.

4 to Wehren so forth etwah 200 Fueder trockenen Torff von denen Pflichtigen Unterthanen Ambst Meppen auszuschreiben, wohll verwahrlig hin zu backen, und mittels selbigen dle Ziegelerey anfangs zu speißen, bis man selbst stechen und den Torff trocknen lassen kan, wie nuhn auch eintges Brandt Holtz zu der Ziegelerey erfordert werden will, so konnte

ad 4 tum

Placet

5 to aus denen benachbarten Marcken und Gemetnhetzen, auch aus dem der Hoffcammer privative zuständigen, negst bey Meppen belegenen Papenbusch die Noturfft hergenohmmen werden.

ad 5 tum

Similiter, falß es ohne befügte Contradiction anderer etwah interessirten geschehen mag.

6 to müssen zum Wasserschlag, Stiegen und dergleichen die am negsten angelegenen Huxberger Steine genohmmen werden, Weilen nuhn zur Erbawung des Verlasses zu Rheine deren eine zimbliche Quantität an die Embste gebracht seindt, so könnten die mittells der Pünten den Embste Strohmb herab nach Meppen transportiret, In deren Platz oben erheyschender Noturfft nach andere gebrochen und angefahren werden, wehen dan

ad 6 tum

Placet.

7 mo diese Huxberger als ein dawerhaffter Sandtstein sich nicht rhein hawen lasset, dahere zu Fenster, Thueren, Caminen und sonstigerfeiner Arbeit, wenigstens am Churfürstlichen pavillion sich nicht wohllfuegen will, so wehren die dahier am Barmhertzigen Closter Baw vorräthigen Baumberger Steine ad interim per Canal und ferners auff der Embste bis Meppen abzuschicken, ahn deren Stelle aber und die fernere Noturfft auff dem Baumberge zu brechen und mittells deren Dienstpflichtigen bis am Canal zu liefferen.

ad 7 timum

Placet. Es sollen aber denen Barmhertzigen eben soviel Steine wieder angeschaffet, oder für die dermahlige vorrähtige der Preiß gegeben, und dahero eine accurate Designation darüber geführet werden.

8 vo brauchet man keine rauhe Fundament Steine, wan die Ziegellbrennerey, wie man die Hoffnung hat, glücklig von statten gebet, allenfalls man sich der Kiesensteine zu bedienen haben wird.

9 no kan der Steinkalck näher nicht als von Rheine genohmmen werden. Alldieweilen aber der Transport zu Wasser misslig zu gehen und zu Lande es vieles Beschwehr geben wirdt, so wehre man der Meinung, den Klippstein von Rheine mit denen Punten abzuschicken und auff dem Humbling nebst denen Ziegellsteinen zugleich den Kalck brennen zu lassen.

ad 9 num

Similiter.

10 mo müsten zu denen Platen und anderen erforderlichen Eysen Gießwerck die Modellen gegeben werden, gestalten 1 mo Marty 1736 der Oeffen zu Bocholt angezündet, und auff sechs Monathe geschmoltzen werden soll. Ein gleiches ist mit dem nötigen Stabeysen und Nägelen zu verstehen.

ad 10 mum

Ihre Churf: Dchl: wollen die Modellen verfertlgen lassen.

11 mo kan daß notige Bawholtz theills aus denen Gemeinheiten und Marcken der Ämbter Meppen, Cloppenburg und Vechte, als worin Ihre Churfürstl: Dchl: pro tertia interessiert seindt, theills auch aus dem privativen Papenbusch, so dan von denen eigen- und hoffhörigen Hoeffen und Erben genohmmen werden, gestalten die Hoff-Cammer selbiges zu nutzen schier niemahlen die Gelegenheit gehabt hat, weilen dan auch

ad 11 mum

Placet. Es soll aber solches alßo veranstaltet werden, damit keinem befugter Anlaß gegeben werde, sich dawieder zu beschwehren.

12 my im Ambt Vechta ein Fürstl: privates weithlauffiges

ad 12 mum

Placet, wan die Verkauffung ohne Contradiction geschehen kan; es were aber fürdersambst ein Überschlag zu machen, wie viel Holtz ohngefehrlich verkauftet, so dan wie viel Stück dannen dafür wieder angehandelt werden können.

ad 13 tium

Placet, es were dan Sache, daß diese Schreinerarbeit etwah durch abzuschickenden Meister und nöthige Gesellen besser in loco verfertiget werden könte.

ad 14 tum

Placet.

ad 15 tum

Ihre Churf: Dchl: laßen sich die zum Bawschreiber und Zahlmeister in unterthänigsten Vorchlag gebrachte Schultze und Beenes ggst gefallen; inzwischen were eine Instruction, wornach dieselbe sich zu halten hätten, zu entwerffen und zur ggsten Begnehmung einzusenden.

ad 16 tum

Placet, und werden Ihre Churf: Dchl: mit nechten eine ggste Commihsion anordtnen.

ad 17 timum

Sollen dle Tächer mit Schieffersteinen, weilen dieselbe am dauerhafften seynd, bedecket werden.

ad 18 vum

Cehsat.

Gehöltz, Holle Velde Hausen genanndt, obhanden, so könnte daraus ohne Contradiction eine zimbliche Qualität genohmmen, oder aber der weihten Entlegenheit halber versilbert, dagegen dannen Holtz zum Beschuß, Balkken und sonsten von Embden oderaus Hollandt angekauffet werden.

13 mo Fenster, Thueren und sonstige Schreinerarbeit muß zu Münster angefertiget und per Schiff abgeschicket werden, im gleichen alle Schloßer und Glaserarbeit

14 to wlrdt die Hoffcammer die Noturfft an Fuhren und Handtdiensten von selbsten ohngefehrlig ohne einigen Abgang des aerary haben, maeßen der orthen die Unterthanen zu Leistung ohngemeßener Diensten verpflichtet und dieselbe mit Gelde zu redimiren zeithero nicht zu vermögen gewesen seindt.

15 ty wirdt es dle ohnumbgängliche Noturfft erforderen, zu Sogell einen Bawschreiber und Zahllmeister an zu ordtnen, wohr zu der darhier beym Barmhertzlgen Closter-Baw gewesener Bawschreiber Schultze, sodan der zu Sögell wohnender Jürgen Beenes in ohnmaßgebigen Vorschlag gebracht werden, welche gehalten sein sollen, accurat Buch zu halten, wochentliche Tag Zettulen einzuschicken und von hieraus unter meines Hoffcammer Präsidenten Vidimation die Zahlungsorders zu gewärtigen, zu deme dan

16 ty dem herrn ArtiIlerie obristen Schlaun dependent von der Munsterischen Hoff-Cammer, oder einer ggst angeordnetwerden wollender Commihsion die direction des geheelen Bawwesens an zu vertrawen, so muß nach vorheriger des Bawschreibern Attestatton und des gen: Herrn Obristen Unterschrifft keine Rechnung bezahlet werden; gleich wie dan auch

17 mo aus dem Riß wahrgenommen worden, daß daß Obere deren Tächeren wegen darinne verordtneten Mezaninen sehr flach zu liggen kommen wlrdt, so wlrdt der obrister Schlaun am besten zu überlegen wissen ob die Dächer mit Pfannen, Zungen, Schindell, Schieffer, Kupffer oder Bley zu bedecken sey.

Solten nuhn

18 mo Pfannen und Zungen zu gebrauchen sein, können selbige gleichfalls zu Sögell gebrennet werden, wle dan auch der Schindell von guten Eichenholtz zu haben ist, hergegen der Schieffer von Wesell abgehoelet, mithin Kupffer und Bley thewer angekauffet werden muß.

19: Wirdt auff diese ohnmaßgebige Puncta präliminaria Ihre

ad 19 19 mm

Kan derplatz Nachdem deswegen vorhern mit denen etwah Interehsirten Richtigkeit gemachet worden abgestochen, auch alles nöthige zum Baw dergestalten veranstaltet werden, auff daß bey ersterer bequemer Jahres-Zeit damit ein anfang gemachet werden könne. Urkundt ggsten Handtzeichens und beygedrückten geheimen Cantzlay-Insiegels. Bonn. den 9 ten Janarii.1735 (gemeint ist 1736).

Clement August Churfürst

Churfürstl: Dchl: unseres gnädigsten Fürsten und Herrn abhelffliche gnädigste Entschließung und Resolution unterthänigst ausgebotten, damit soforth allnötiges veranstaltet, der Platz ausgestochen die etwahe im wege stehende Baume und Struellen wohe möglig ausgenohmmen und sonsten mit den Plantage bey der bequemen Saison der Anfang gemachet und reguliret werden können. Ulterioribus Salvis:
Sig: Münster am letzten Tag des 1700 fünff und dreißigsten Jahrs.

Johan Rudolff Freyh: von Twickel

B. Munstermann

Anhang 2

Bericht des jeverschen Gesandten Anton Balich vom 3. September 1739 (Niedersächsisches Staatsarchiv Oldenburg, Bestd. 90, Tit. 57 a Nr. 1)

Des jetzt regierenden Churfürsten zu Coln neulich in Ao. 1737 neu angelegtes Jagthaus, nach Ihro Churfürstl. Durchl. genandt Clemenswerth liegt im Bischoffthum Münster auff den so genandten Hümeling etwann 1000 Schritte von dem Dorffe Sögel auf einer an allen Seiten abhangenden höheh des herrschafftliche hauß ist ein achteck mlt vier flügeln von etwa 15 fuß ins quadrat von außen.

die haupt-entrée ist gegen Sögel drey stufen erhoben wo in dem flügel eine gedoppelte stiege zu beyden seyten an der Mauer angeleget so oben in der Mitte zusammenläufft das geländer ist von eysen worin zwischen laubwerck des Churfürsten initial Buchstaben C. A. und die Bayerschen Wapen, oben in der Mitte aber das Teutsche ordens kreutz verguldet das übrige aber schwarz zu sehen.

die Decke dieser treppe ist mit einem Gemälde die Diane im Triumph vorstellend und in dessen mitte einer hangenden großen Laterne versehen, und die wände von gipßarbeit mit Figuren verschtedene Jagten vorstellend.

unten zwischen den beyden stiegen formiret der räum ein kleines Vestibule aus welchen man in den acht ecklgen Sahl tritt, welcher im durchschnitt etwa 35 fuß begreiffet, gerade gegen der thür über sind 2 Camine von roth und weißen Marmor, mlt dergleichen von anderer Couleur eingeleget welches verschiedenes Wildpret vorstellet zwischen beyden ein fenster und dergleichen sind noch 4. in diesem sahl. die Wände zwischen diesem wie auch die decke sind von Stuccatur arbeit en bas relief gar künstlich gearbeit wle auch dle corniches alles auf verschiedene jagten abzlehlend.

der fußboden ist von marmor à la Mosaique, in der mitte einen stern von grün und weiß mit 16 spitzen vorstellend, zwischen welchen so viel compartiments von unterschiedlichen farben. Zur rechten und linken ist ein Cabinet mlt weiß und schwarz geäderten marmornen flohren belegt, in dem einen ist eine auf Leinwand gemahlte Tapet die parforceiagt vorstellend und in das andere soll dergleichen eine Reiger Beitze repraesentterend kommen.

hinten gegen der haubt-entrée über sind in dem 4. flügel zwey escaliers derobbés zu den oberen gemächern.

oben an der haubt stiege in der mitte ist die tühre zu einer antlchambre so zu 2 appartemens dienet, und etwa den 3en theil von dem 8eck ausmachet, zur rechten hand ist die tühr zu des Churfürsten fast drey eckigten Schlaffzimmer und aus selbiger eine andere in ein Cabinet in beyden sind Camine von dunckel grünem fast schwartzen marmor, das Schlaffzimmer ist mit ostindischen Zitz behangen wovon auch das bette und die sessel, die retirade oder das Cabinet mit von pappier ausgeschnittenen biIdern auf Leinwand bleyfärben couleur geklebet und mit weißen firniß überzogen, hinter dem Schlaffzimmer ist eine kleine garderobbe worin ein abtritt und bey solchem die thüre zu der heimlichen treppe die fuß boden sind gleich die Lambrisure überall von Muscowitischen Eichen Holtzrauten oder wecken weiſse eingeleget.

über alle Camine sind spiegel rahmen von künstlicher BiIdhauerarbeit vergüldet. Zur lincken hand ist es eben wie zur rechten eingetheilet aber noch nlcht fertlg.

die antichambre soll mit einer Tapisserte de haute lisse behangen werden. oben in der Mansarde sind apartements vor kammer bediente das dach ist en Dome mit einen groſsen Schornstein in der Mitten worin alle feuer Mauren des gantzen hauses geleitet sind mit kupfergedecket wovon auch die zinnen; über die frontispices der 4 flügel stehen Urnen oder Blumen Töpfe von grau oder Sandstein.

Etwa 3 fuſs aber der Erde ist die mauer dieses hauses von Graustein die übrige Mauer aber von ostfrisischen Backsteinen wovon auch dle pilastres, die corniche ist wieder gleich auch alle Fenster und Thürrahmen von graustein auf welchen die kupferne Rinne lieget.

dle fenster sind von franschen Glaſse in vergüldet bley eingefaſset oben rundt auf das dritte theil mit einem durchschnitt und übrigens mlt 2 schlägen, auch sind alle thüren oben rund, und wie die fenster à deux battants in den seiten gebäuden aber sind die fenster scheiben in holtz gefaſset.

an der mauer zwischen den fenstern auſsen herumb hangen gleichsahm 8 festons von allerhand Jäger geräthschafft und wiIdpret ungemein schön von graustein gehuen. In den 4 fronttspices sind in dergleichen stein Jagtstücke en bas relief und über solchen chronodlsticha zu sehen, als

über der Entrée
DeCet haeC Venatlo a Vg Vsto regUM
eX sang VIne natos
über den flügel ins Süden
InnoCentes IVerI InsIDIasqVe gressvs
LVpI evertere gLorIosVM est
über den flügel ins Westen wo der Eingang zu den escaliés derobbés
aD VsqVe nVbes et per arDVa
seqVItVr DoneC VInCat
über den flügel ins norden
qVot Lepores aLItesqVe eDVCat
sogeLanVs ager tot eCCe sVo nVtrit
prinCIpI DeLICLas

das ganzte haus stehet auf einem gewölbe worinnen verschiedene Weinkeller aptiret aber der haubt tühre ist folgendes eingehauen: dieses lst ein festes hauſs

Zu beyden seiten der Entrée stehet ein Schilderhauſs und oben auf jeden ein 8eckigte groſse Laterne gleich auch an der hinter thüre, und umb das hauſs noch 8 kleinere auf pfeiIeren.

Umb das herrschafftliche hauſs etwa 50 Schritte lst der runde Platz mit Kiselsteinen gepflaster, und wie der kleine Wald in welchen dieses gebäude stehet mlt 8 allees durchschnitten etwa von 36 fuſs breit so ist zwischen zwey alléen ein hauſs also davon 8 angeleget, wovon 4 bis unters dach fertig welche vor dle küche, Cantzeley, Capelle und logirung der vornehmsten bedienten destiniret sind, sie sind alle 2 stufen über den grund einige sind mit gewolbten kellern ln der mitte ist die tühre und auf jede seite ein fenster zu jeder seite des hauses aber 3 fenster unten sind 4 Zimmer und oben verschiedene kleine apartements in der Mansarde, vor bediente hinten an den häusern ist ein etwa 6 fuſs breiter schornstein worinnen die Röhren aus den zimmern geleitet sind, doch kann ln der Mansarde kein feuer gemacht werden, hinten an den häusern lst noch etwa 8 fuſs breit angebauet, vor dle offices, als confiturerie,

hinter der Capelle werden zellen vor 3 patres Capeziener und einen frater, imgleichen vor selbige ein groſser garten, welcher bey gegenwarth des hofes auch die küche fourniren soll angeleget diese patres hat der Churfürst versorget auch ihnen ein ansehnliches an allerhand wild und rocken jährlich angewiesen.

dise 8 gebäude sind theiIs schon mlt braunen schwedlschen oder heſsischen flöhren gedecket und sind alle gleichförmig.

hinter den gebäuden ist ein kleiner walt angeleget worden worin dieses jahr 18 000 Eichen gepflanzet und zu ende deſselben werden verschiedene fischteiche und in deren mitte ein groſses bassin gegraben.

von dem dorffe Sögel ist eine allée 60 fuſs breit mit 2 reihen Iinden Bäumen bis an den walt gepflantzet, und forne im walde der Stall vor 100 Pferde in einem halben Zirkel bis an diese allée erbauet an beyden enden deſselben sind zwey kleine Cammern vor stallofficirs und in der Mitte wird ein apartement in form eines Erckers worunter dle groſse Pforte von Graustein erbauet, alle ThürPfosten und fenster sind darin von Graustein nebst zwey ZiehBrunnen.

gegen dieses gebäude soll ein gleiches vor die jagtbediente, hunde und carossen erbauet werden, wozu die materialia schon angeschaffet seyn.

Man rechnet das alles in 2 Jahren fertig seyn kann, und die kosten auf 2 Tonnen goldes; was vorhanden soll schon über 1 Tonne goldes gekostet haben.

Anhang 3

Bericht des französischen Gesandten Augustin Blondel (Paris, Archives du Ministère des Affaires Etrangères, C. P. Cologne Vol. 79, fol. 191–93. Übersetzung nach Bußmann 1973, S. 117–18, dort die französische Transkription):

Im Hümmling, den 28. September 1744
Da ich noch einen Augenblick Zeit habe vor der Jagd, muß ich Ihnen über diesen komischen Ort berichten. 18 armselige Strohhütten, schlimmer als die erbärmlichsten in Frankreich, bilden das ganze Dorf, den einzigen Ort im Umkreis von 6 Meilen um Clemenswerth, das von hier nur eine achtel Meile entfernt ist. Diesen Ort und diese Hütten bewohnte der Kurfürst selbst, bevor er sich Clemenswerth errichten ließ. Die Hütten sind alle gleich gebaut: eine Halle, in die sie die Karren stellen, rechts und links davon Gitter, die auf der einen Seite die Ställe für die Schweine, auf der andern für die Pferde und Kühe absperren, am Ende der Halle, ohne Abtrennungen, ein Kamin, oder eher eine Feuerstelle ohne Abzug, wo man nur Torf verbrennt, dessen Rauch den ganzen Schuppen füllt. Hinter diesem Kamin sind zwei etwas höher gelegene Kammern, deren Gestank Sie sich leicht vorstellen können, ausgestattet mit ein paar Stühlen und einem Tisch, als Betten haben sie nur Gestelle mit Strohsäcken.

Das ist alles, was ich in dem Hause vorgefunden habe, das man mir zugewiesen hat, und das zu den anständigsten gehört, denn es ist das des Pfarrers. Ich muß gestehen, daß ich das Ganze zuerst für einen Scherz hielt, vor allen Dingen, da ich einen Kurier vorausgeschickt hatte, um mir eine Unterkunft zu reservieren, aber am anderen Morgen sah ich, daß Graf Cobentzel und Herr von Zuwigel (Schwichelt), der hannoversche Gesandte, noch schlechter untergebracht waren als ich, denn ihr Haus war so schlecht gedeckt, daß es überall durchregnete; glücklicherweise hatte ich mein eigenes Bett mitgenommen und Vorräte. Die achtzehn Hütten sind dermaßen vollgestopft, daß es unmöglich war, für die Diener eine Unterkunft zu finden. Meinem hat man immerhin eine Scheune zugewiesen, ohne Tür und Fenster, gefüllt mit Heu, in das sie sich jeden Abend bis zum Hals verkriechen, so daß das Heu ihnen gleichzeitig als Matratze, Bettuch und Decke dient. Mein Sekretär schläft in meiner Kutsche und mein Koch und Kammerdiener auf Stroh. Aber auf der andern Seite muß ich Ihnen sagen, daß Schloß Clemenswerth bezaubernd ist. Es ist ein großer Pavillon, in dem der Kurfürst allein wohnt, umgeben von acht weiteren Pavillons in der Art von Marly, allerdings bilden sie ein Achteck um den Pavillon des Kurfürsten. Sie sind sehr schön dekoriert und ausgestattet und sind nur zur Aufnahme der Bedienung und der Damen bestimmt, die der Kurfürst mit sich führt. Das Schloß ist von sehr schönen Alleen umgeben in einer weiten Heidelandschaft von mehr als dreißig Meilen. In der Mitte der Hauptallee sind auf der einen Seite der Marstall, auf der andern der Zwinger in Form eines Halbmondes. Der Kurfürst ist ein höchst aufmerksamer Gastgeber, der den Tag damit zubringt, Vergnügungen zu organisieren. Jeden Morgen schickt man uns Kutschen, um uns ins Schloß zu holen und wieder zurückzubringen, man bietet uns Jagdpferde und Kaleschen für Spazierfahrten. Aber sonst ist es in jeder Hinsicht das übelste Land, das ich in meinem Leben gesehen habe.

Neue Fronte
am Schmisinger Hoff.
217
10
20
30
40
50 fuss

37

Großer Schmisinger Hof, Umbau und Erweiterung 1736–38

Münster, Neubrückenstraße 58

Die Bauherren waren Franz Anton Freiherr von Landsberg und Kaspar Heinrich Freiherr von Korff genannt Schmising. Landsberg hatte das ehemalige Renaissancehaus bereits in den Jahren 1713 bis 1716 von Gottfried Laurenz Pictorius unter Verwendung einiger alter Mauern praktisch neu errichten lassen: eine Dreiflügelanlage mit Ehrenhof. Als Landsberg 1727 ohne männliche Erben starb, ging das Anwesen durch Heirat in den Besitz von Korff genannt Schmising über, der Schlaun damit beauftragte, den Hof zu modernisieren. Nach den Kontrakten begannen die Arbeiten 1736 und endeten mit dem Verputz des Treppenhauses 1738.

Neben weniger bedeutenden Arbeiten im Innern des Baus liegt Schlauns Anteil vor allem in der symmetrischen Gestaltung der repräsentativen Fassade und der Systematisierung des Hofes, die jedoch nur zum Teil ausgeführt, zum Teil nachträglich verändert wurde. Pictorius hatte eine um einen paralleltrapezförmigen Ehrenhof gelegene Dreiflügelanlage hinterlassen, gebildet aus dem Rechteck des zweigeschossigen Herrenhauses mit Walmdach und zwei stumpfwinklig anstoßenden, nahezu gleich hohen Flügeln. Daran schlossen sich zwei weitere zunächst eingeschossig geplante, dann zweigeschossig ausgeführte Nebenflügel an, die am ausgeführten Bau parallel zueinander zurücksprangen. Diese brachen die durch die Hauptflügel vorgegebenen auseinanderlaufenden Fluchtlinien, der zwischen den Nebenflügeln gelegene Hofteil war somit rechtwinklig.

Schlauns Plan (Kat.-Nr. 37.1) sah vor, durch Parallelisierung der Fluchtlinien der Nebenflügel mit den Hauptflügeln, durch den Anbau zweier eingeschossiger Remisen (Kat.-Nr. 37.3) an die Nebenflügel und ein schmiedeeisernes Ehrenhofgitter mit wuchtigen Torpfeilern den Blick perspektivisch zu zentrieren. Vor dem Betrachter sollte sich die Hauptfassade mit Freitreppe, einem dreiachsigen Mittelrisalit mit einem repräsentativ vortretenden Zentralmotiv und Dreiecksgiebel als Schaufront entfalten (Kat.-Nr. 37.2).

Auf dem Grundriß kann man erkennen, daß Schlaun die Torpfeiler direkt auf die Freitreppe bezogen hat. Das Gitter bricht stumpfwinklig um und fluchtet mit den eingeschossigen Remisenflügeln an der Straße. Diese Flügel stehen mit ihren Hofmauern wiederum rechtwinklig zum Gitter und geben durch ihre dadurch einwärts gewendeten, auf die Freitreppe zulaufenden Mauern die Blickrichtung vor. Der Aufriß der neuen Fassade, hinter der sich ein neu angelegtes Vestibül und gleich rechts davon das Treppenhaus verbarg, an der linken Seite, wo sich die Küche befand, ein Nebentreppenhaus für die Dienerschaft, zeigt eine andere Lösung der Freitreppe als der Grundriß. Während dort die Treppenläufe parallel zur Fassade ausgerichtet sind, schwingen sie hier dem Besucher einladend entgegen. Dieses Motiv wird, anders als im Grundriß angegeben, in der Ausführung auf das Ehrenhofgitter übertragen, dessen Hauptpfeiler zurückgesetzt und mit geschwungenen Anschlußstücken einen kleinen Platz ausbilden. Die seitlichen Pfeiler mitsamt Gitter stammen aus dem 19. Jahrhundert. Ob und wann, wie Geisberg meint, das Gitter auseinandergesägt und neu zusammengefügt wurde, läßt sich heute nicht mehr feststellen. Die Torpfeiler mit kapitellartigen Akanthuskränzen, geschwungenen Giebelaufsätzen und den bekrönenden Sphingen entstammen dem üblichen Formenvokabular Schlauns. Sie sind als das zentrale ordnende Moment zu begreifen, von dem aus sich die sukzessiv gestaffelte Anlage über die perspektivisch eingesetzten Hauptleitlinien erschließt.

Die Fassade, zweigeschossig mit großen Fenstern auf hohem Kellergeschoß, verbindet die Tradition der Münsteraner Adelshöfe mit dreiachsigem Mittelarisalit und Wappenfeld im Dreiecksgiebel mit dem französischen Zentralmotiv einer die Geschosse zusammenfassenden Rustikabänderung, die das Dachgesims mit dem Segmentogen des Obergeschoßfensters überschneidet. Diese Würdeform hatte Schlaun auf engerem Raum in ähnlicher Form be-

LITERATUR

Hartmann 1910, S. 234–37; Eugen Müller, *Westfälische Adelshöfe,* Münster 1921, S. 131; Geisberg 1928, S. 5–14; W. Linz, *Die Baugeschichte des Schmisingerhofes,* in: *Festschrift zum 160. Stiftungsfeste vom Civilklub,* 1935, S. 5ff; Geisberg 1935, Münster IV, S. 60–74, bes. S. 69-73; Rensing 1954, S. 30.

QUELLEN

Die Quellen zur Baugeschichte befinden sich laut Geisberg im Besitz des Civilklubs Münster.

37.2 Münster, Großer Schmisinger Hof, Hoffront des Corps de logis

1 Münster, Großer Schmisinger Hof, Ansicht (um 1900)

37.1

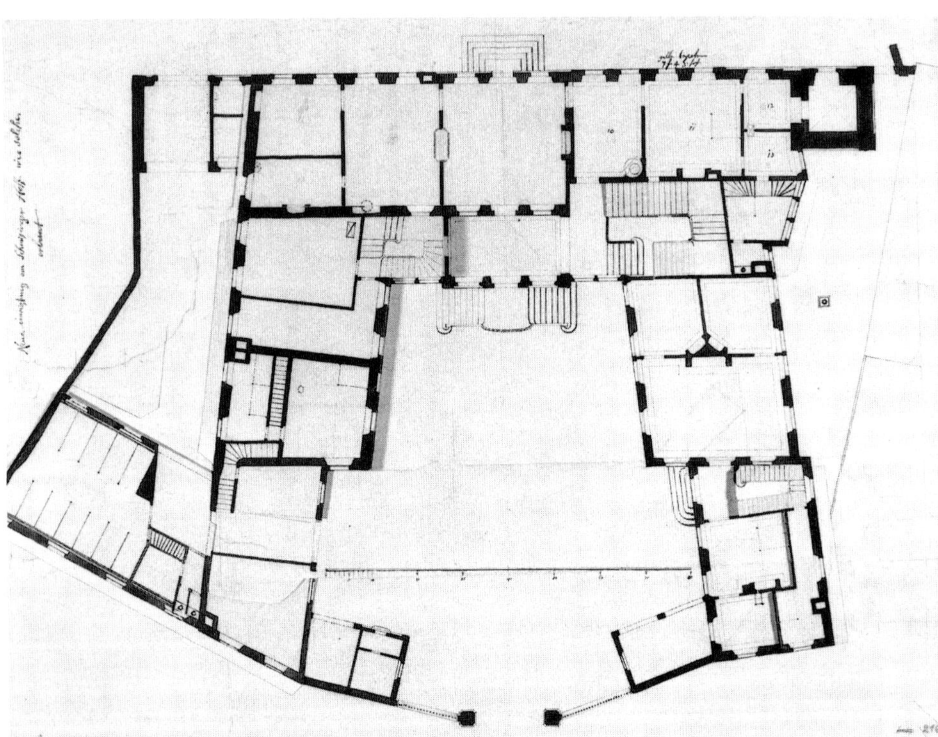

reits für eine Domherrenkurie am Domplatz geplant (Kat.-Nr. 25), später, 1753–55, für sein eigenes Haus in der Hollenbecker Straße verwendet (Kat.-Nr. 58) und 1766 am kurfürstlichen Schloß in Ahaus wiederholt (Kat.-Nr. 73).

Zwischen den Wangen der Freitreppe führte eine breite Tür in die Vorratskeller, darüber das Hauptportal, begleitet von zwei gleichartigen Fenstertüren, allerdings ohne Bandrustika, die in einem Rahmenfeld vertieft liegen. Das Obergeschoß ist durch ein Gesims und durch einen auf drei Konsolen stehenden Balkon getrennt, der ein schmiedeeisernes Gitter erhalten sollte. Die darüberliegende Fenstertür, begleitet von Rechteckfenstern, deren Form zu den Fenstern der je zwei seitlichen Achsen überleiten, ist in dem Band der Rustika nach innen eingekehlt, ein Würdemotiv, das das Auftreten des Bauherrn an dieser Stelle repräsentativ hinterfängt.

An der Rückseite des Hofes befand sich über der Haupttür eine Bauinschrift, die die enge Verbundenheit der Bauherren mit Clemens August, die beide geheime Räte im Dienste des Kurfürsten waren, zum Ausdruck brachte: Svae serenitatis Electoralis CLEMENTIS AUGUSTI principis monasteriensis vtriusque Bavariae Dvcis Consiliarii intimi Franciscvs antojius Liber Baro de Landsberg, vrbis et arcis hvivs gvbernator ac svpremvs belli et copiarum monasteriensivm Praefectvs, et Anna maria ex illustrissima familia baronum de Gahlen nec non Casparvs Henricvs Liber Baro de Korff condictvs schmising satrapa in Cloppenbvrch. et antonnetta de Landsbergh Conivges aedes hasce sibi svaeque posteritati exstvxere Anno 1716. ampliavere Anno 1738.

1927 erwarb der Civilklub die Besitzung und gestaltete das Gebäude im Innern zu seinen Zwecken um. Der Schmisinger Hof wurde im Zweiten Weltkrieg zerstört.

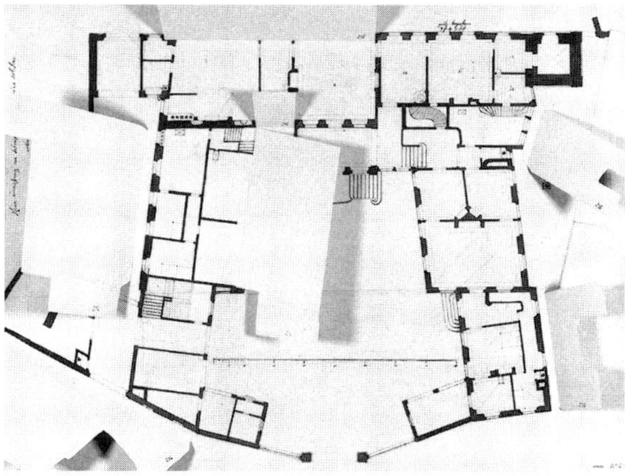

37.1 (Deckblätter, offen)

37.1
Münster, Großer Schmisinger Hof
Grundriß des Erdgeschosses

Lavierte Federzeichnung (schwarzgrau, blaßgelb), 41,5 x 54,8 cm
Titel: *Neue einrigtung am Schmisinger Hoff wie solches erbaut* (von der Hand Schlauns)
Beischrift: *gelbe tapeten 7f A 3 fues* (Kennziffern)
7 Deckblätter von unregelmäßiger Form
Maßstab: *80* = 21,2 cm

Westfälisches Landesmuseum Münster, Schl.-Bd. 216

37.2
Münster, Großer Schmisinger Hof
Hoffront des Corps de logis, Aufriß und Grundrisse für beide Geschosse

Lavierte Federzeichnung (grau), 41,2 x 32 cm
Titel: *Neue Fronte am Schmisinger Hoff.-*
Maßstab: *50 fues* = 26 cm

Westfälisches Landesmuseum Münster, Schl.-Bd. 217

Die Gitter an Treppe und Balkon sind fortgelassen. Die Zeichnung entspricht der Ausführung, nur liegen die drei Stichbogen im ersten Geschoß des Mittelrisalits ein wenig höher. Der Schnitt durch die Südmauer des Nordflügels zeigt ein Zwischengeschoß, das hier fehlte, aber im nördlichen Außenflügel vorhanden war.

37.3

37.3
Münster, Großer Schmisinger Hof
Remise, Grundriß und Aufrisse; Torgitter, Grundriß und Aufriß

Lavierte Federzeichnung (grau), 57,3 x 40 cm
Beischrift: *Einfahrt am Schmisinger Hoff.*
Maßstab: *20 fues* = 15,9 cm

Westfälisches Landesmuseum Münster, Schl.-Bd. 218

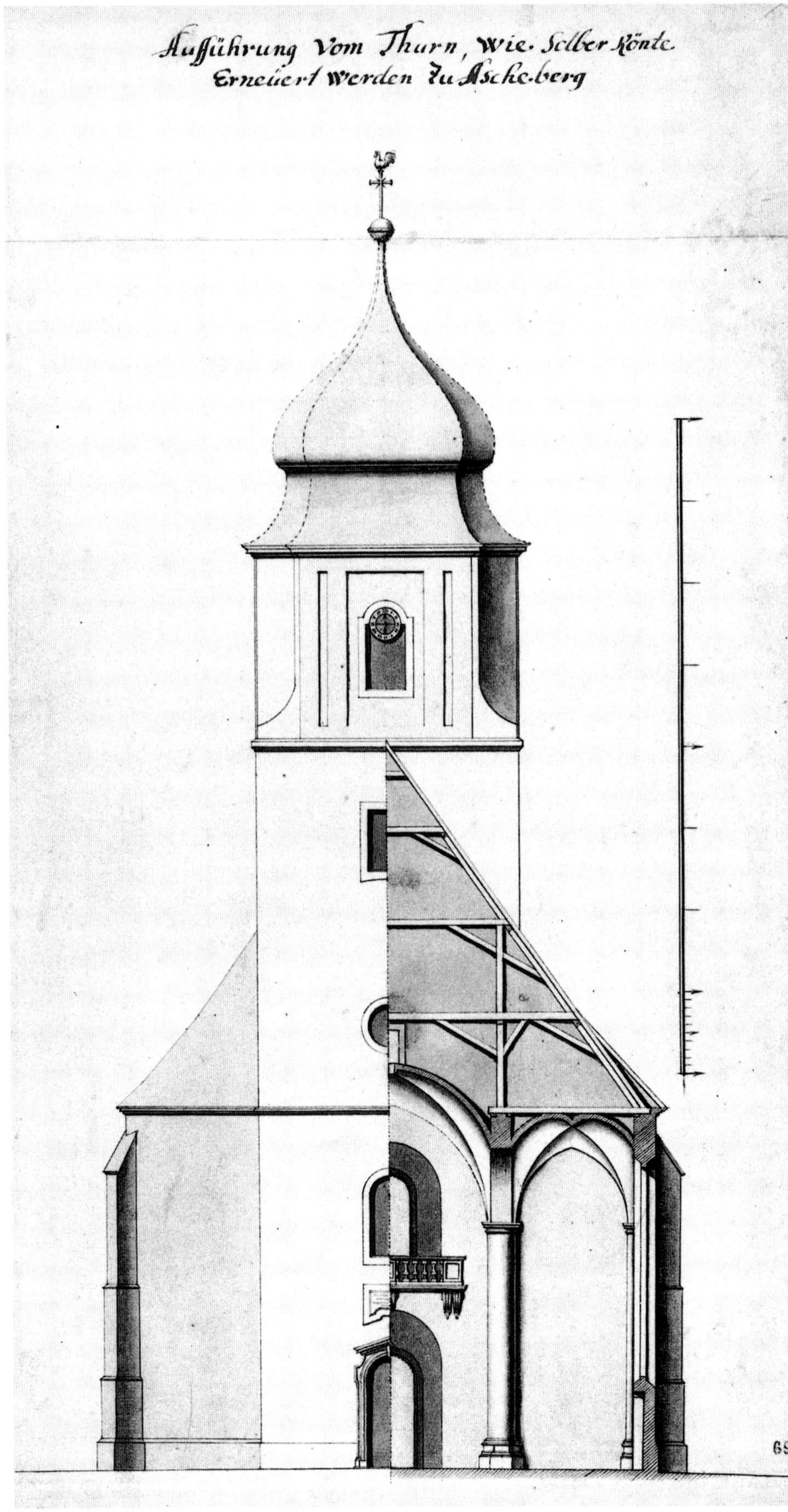
Außführung Vom Thurn, wie Selber könte
Erneüert werden zu Ascheberg
69

38
Pfarrkirche St. Lambertus, Erweiterung, 1737–41
Ascheberg

Im Jahre 1737 legte Schlaun Umbau- und Erweiterungspläne für die 1524 errichtete spätgotische Hallenkirche vor. Auftraggeberin war Bernadine Gräfin von Plettenberg zu Nordkirchen, die Witwe Ferdinands von Plettenberg, des Patronatsherrn der Ascheberger Kirche und somit Nachfolger der Herren von Morrien zu Davensberg und Nordkirchen.

Das Projekt (Kat.-Nr. 38.1–3) sah den Anbau eines quadratischen Backsteinchors mit hohen Rundbogenfenstern, Walmdach und anschließender Sakristei sowie die Modernisierung des mittelalterlichen Kirchturmes vor. Jedoch gelangten lediglich die Erweiterungsarbeiten im Ostteil der Kirche zur Ausführung, die 1741 abgeschlossen waren. Der geplante Umbau des gedrungenen, dreigeschossigen Turmes wurde nicht realisiert, der unproportionierte Turmhelm auf quadratischem Grundriß, der zu dem oktogonalen Zeltdach überleitet, gibt den Zustand von 1910 wieder.

Die kombinierte Aufriß- und Schnittzeichnung der Außenfassade und der inneren Westwand (Kat.-Nr. 38.2) zeigt einen erheblich in die Höhe gestreckten, ausgewogen proportionierten Turm mit Welscher Haube. Die Vertikale über dem Portal wird durch eine Folge verschiedener Fensterformen aus Rundbogen-, Okulus- und Rechteckfenstern gebildet. Das Glockengeschoß mit Turmuhr, durch Doppellisenen gegliedert, leitet durch die konkav eingezogenen Ecken vom quadratischen Grundriß des mittelalterlichen Vorgängerbaues zum achtseitigen Grundriß der Welschen Haube über. Schlaun orientiert sich bei der Proportionierung des Turmes an den Vorgaben der bestehenden Kirche, indem er den Ansatz des steilen Satteldaches über dem Langhaus und die Höhe des Dachfirstes als Grenzen für das erste und zweite Turmgeschoß bestimmt, die jeweils durch ein starkes Gesims getrennt werden. Schließlich entspricht auch das abschließende Uhrturmgeschoß mit dem Turmhelm den Höhenverhältnissen der beiden unteren Geschosse. Schlauns Umbauplan verleiht damit der Fassade insgesamt eine harmonische Erscheinungsform, die den Ausgleich zum sehr dominanten Satteldach des mittelalterlichen Baues schafft.

Das Portal mit darüber liegendem Inschriftfeld, das den Stifter Plettenberg nannte, sollte sicherlich am Scheitelpunkt das Allianzwappen der Familie führen. Ein zweites Mal tritt es dann an prominenter Stelle im Innenraum über dem Schildbogen des Chorquadrates auf; hier ist die Zeichnung zusätzlich mit der Jahreszahl 1737 datiert. Abgeleitet aus dem bekannten römischen Formenrepertoire (Abb. 1) weist das Eingangsportal die Plettenbergs als Stifter der modernisierten Pfarrkirche aus. Wie in der Pfarrkirche St. Agatha in Eys (Kat.-Nr. 23), ein ebenfalls von Plettenberg errichteter Bau, an den sich die Aufrißdisposition des schlanken Kirchturms anlehnt, hatte Schlaun in Ascheberg an der inneren Westwand eine Fürstenloge mit aufwendiger, von Konsolen getragener Balustrade vorgesehen. Der doppelte Anbringungsort des Wappens außen und innen evoziert die ständige Erinnerung an die Großzügigkeit des Patronatsherren. An dieser prominenten Stelle über dem Zugang zum Chor ist es sowohl den Anwesenden im Kirchenschiff als auch der auf der Loge sitzenden Auftraggeberin präsent, die sich damit nicht allein durch die Teilnahme am Gottesdienst, sondern gleichzeitig im Anblick des eigenen, selbstbewußten Zeichens ihres Seelenheiles vergewissert.

DENKMALPFLEGE
Einzelberichte zur Denkmalpflege in: Westfalen 41, 1963, S. 15f.; 46, 1948, S. 196f.

38.2 Ascheberg, Pfarrkirche St. Lambertus, Teilaufriß der Westseite und Teilquerschnitt nach Westen

1 Domenico de Rossi, Studio d'architettura civile, Rom 1713, Teil 1, Taf. 50, Fassadenfenster des Palazzo Barberini von Borromini

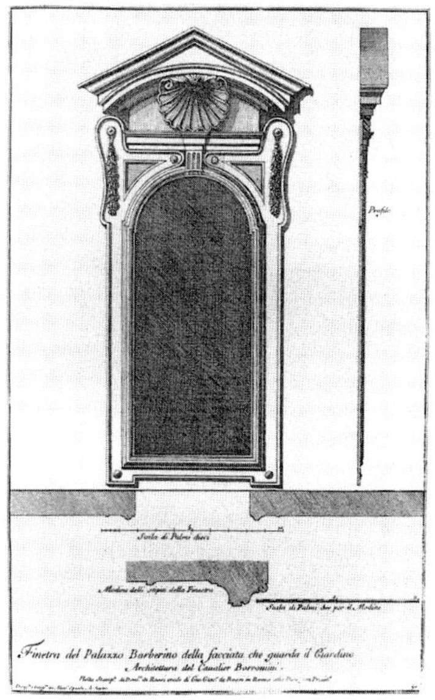

2/3 Ascheberg, Pfarrkirche
St. Lambertus (Vorkriegsaufnahmen)

38.1
Ascheberg, Pfarrkirche St. Lambertus
Grundriß der Kirche mit Plan vom Turm und des Chores

Lavierte Federzeichnung (grau, schwarz), 54,1 x 32,5 cm
Titel: *Plan vom Thurn der Kirchen undt neuen Chor zu Ascheberg, wie auch der Sachristey.*
Maßstab: *80* (Einheiten) = 23,1 cm

Westfälisches Landesmuseum Münster, Schl.-Bd. 68

38.2
Ascheberg, Pfarrkirche St. Lambertus
Teilaufriß der Westfassade und Teilquerschnitt nach Westen (Abb. S. 386)

Lavierte Federzeichnung (grau, blaßrot, hellgelb), 55,1 x 30,2 cm
Titel: *Aufführung vom Thurn, wie Selber könte Erneüert werden zu Ascheberg.*
Maßstab: *80* (Einheiten) = 23,1 cm

Westfälisches Landesmuseum Münster, Schl.-Bd. 69

38.1

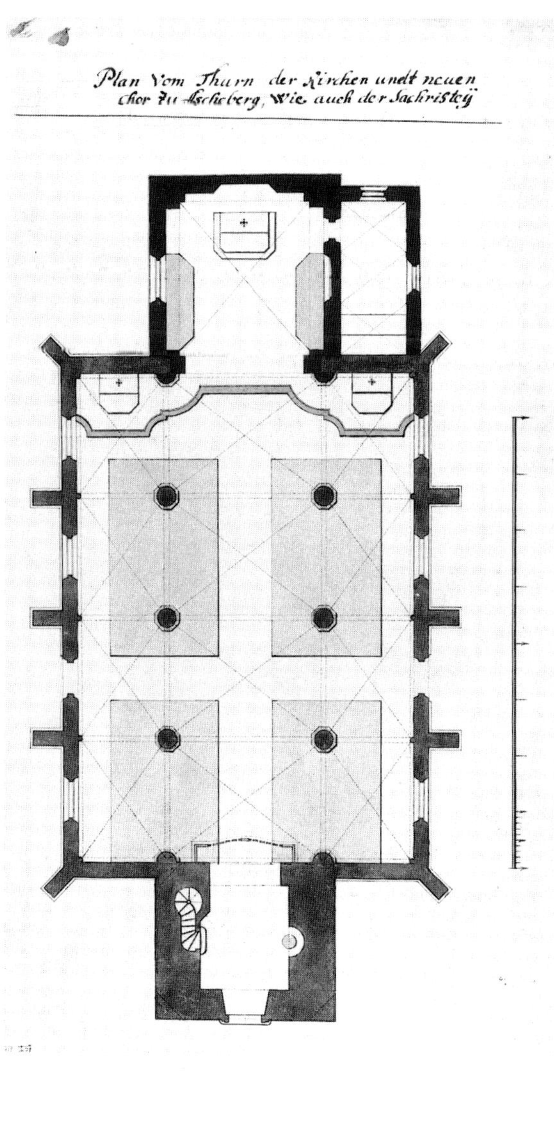

38.3

38.3

Ascheberg, Pfarrkirche St. Lambertus

Querschnitt und Längsschnitt, Schnitt durch den Chor mit der Sakristei, 1737

Lavierte Federzeichnung (grau, blaßrot, hellgelb), 69 x 53,9 cm
Titel: *Profil der Kirchen, Chor undt Sacristey zu Ascheberg.; Profil vom Thurn, der Kirchen u Chor zu Ascheberg.*
Datierung (über dem Chorbogen im Allianzwappen der Plettenberg): *1737*
Maßstab: *80 fues Münsterisch* = 23,2 cm

Westfälisches Landesmuseum Münster, Schl.-Bd. 70

39

Haus für Succentor und Concentor, 1743–47

Münster

LITERATUR
Geisberg 1933, Münster II, S. 209-13.

Das verputzte Fachwerkhaus am Horsteberg 10–13, das nach den archivalischen Nachrichten 1747 vollendet war, ist eines der wenigen bekannten Bauten des Fähnrichs Johann Leonhard Mauritz Gröninger. Von den drei Zeichnungen aus dem Jahre 1743 im Archiv des Domkapitels zeigen zwei einen Entwurf, in dem für das Haus nur ein Bewohner vorgesehen ist, während der Ausführungsentwurf eine Variante bietet, nach der sich Succentor und Concentor die Räume zu teilen haben. Beim Bau des Hauses scheint es zu manchen Meinungsverschiedenheiten mit dem Domkapitel, das hier als Bauherr auftrat, gekommen zu sein. In diesen Zusammenhang gehört offenbar auch ein Entwurf Schlauns für einen Neubau der ehemaligen Concentorei, der jedoch nicht ausgeführt wurde.

Die Bauaufnahme (Kat.-Nr. 39.1) zeigt die Ausgangssituation: eine Baugruppe kleinerer Gebäude für die beiden Amtsinhaber, in der Zeichnung oben, an der Südseite, schließt sich die Mauer des nördlichen Domumgangs an. Schlaun hat die rückwärtige Mauer des projektierten Wohn- und Amtshauses gestrichelt eingezeichnet. Zwar ist die Fassade des unbedeutenden Bauwerks als Behausung des Succentors bezeichnet (Kat.-Nr. 39.5), dessen Wohnung im ersten Geschoß liegen sollte, doch ist im Grundriß des zweiten Geschosses auch von einer Wohnung für den Concentor die Rede (Kat.-Nr. 39.4), so daß dieser Entwurf offenbar ebenso wie in der Ausführung Gröningers von einem kombinierten Amts- und Wohnhaus für beide ausging. Das Haus wurde im Zweiten Weltkrieg zerstört.

39.1

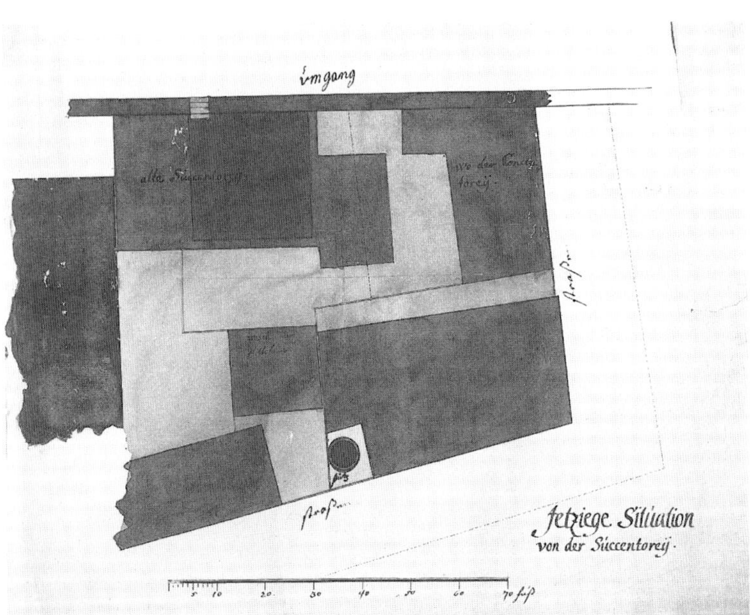

39.1
Münster, Succentorei
Situationsplan

Lavierte Federzeichnung
Titel: *Jetziege Situation von der Succentorey*
Beischrift: *Umgang; Straßen* (2x); *wo der Concentorey; alte Succentorey; weschh oder Holtshaus; Pütz*
Maßstab: *70 fuß*

Archiv von Ketteler, Münster

39.2
Münster, Succentorei
Grundriß Erdgeschoß

Lavierte Federzeichnung
Titel: *fundament und Keller.* – .
Beischrift: *Keller, welcher fast von der gröse wie der jetzige.*
Maßstab: *30 fues*

Archiv von Ketteler, Münster

39.3
Münster, Succentorei
Grundriß erstes Obergeschoß

Lavierte Federzeichnung
Titel: *Etage.*
Beischrift: *Küchel.; Entrée; Entresole.; Schlaff=Kammer.; Stube.*
Deckblatt Entresole
Maßstab: *30 fues*

Archiv von Ketteler, Münster

39.4
Münster, Succentorei
Grundriß zweites Obergeschoß

Lavierte Federzeichnung
Titel: *Zweite Etage.*
Beischrift: *Zimmer vor einen frömde.; Knechte=Kammer.; wohnung; vor den Concentor.*
Maßstab: *30 fues*

Archiv von Ketteler, Münster

39.5
Münster, Succentorei
Aufriß

Lavierte Federzeichnung

Titel: *Aufführung des Succentoris behausung.-.-.*
Beischrift: *NB. die hinteren fenster Können von puhren backsteinen formieret werden.; Mauer vom Umgang.*
Maßstab: *30 fues*

Archiv von Ketteler, Münster

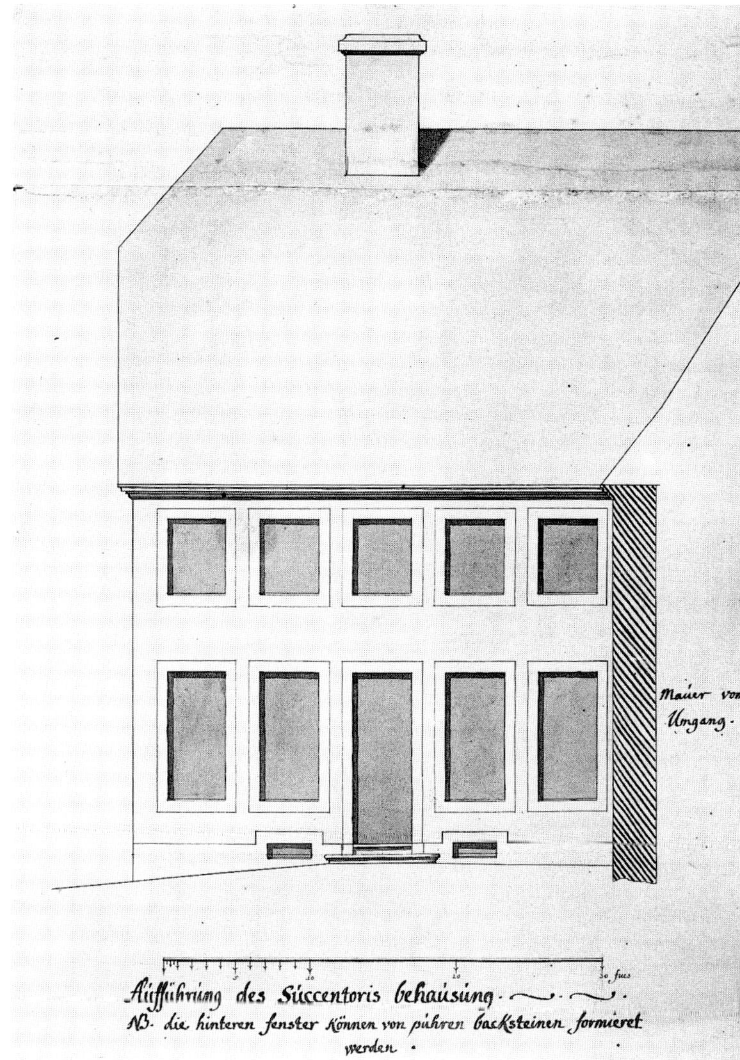

39.5

39.2

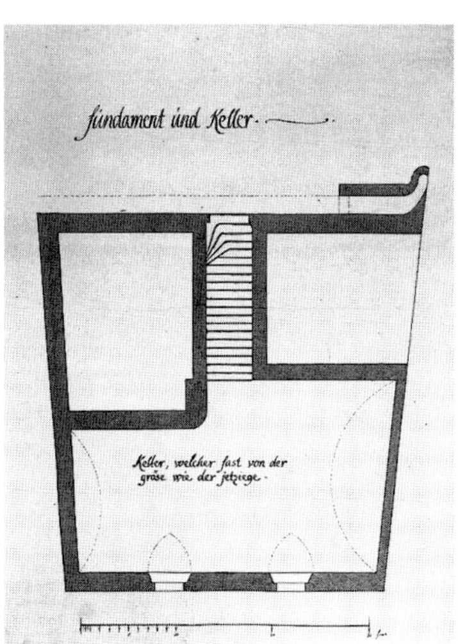

39.3

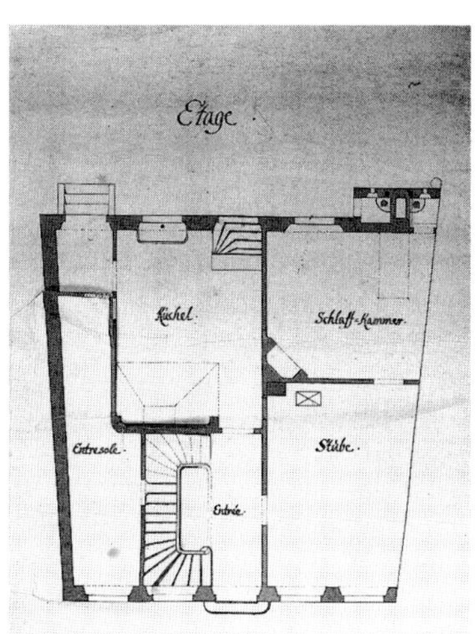

39.4

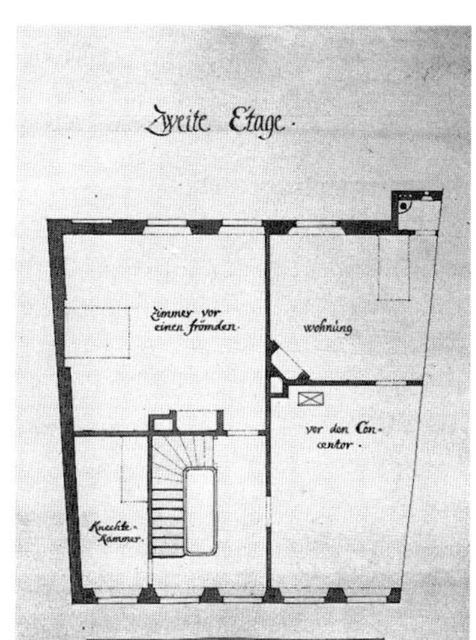

Groses Altar behüff der Kirchen zu Nievenheim.

40
Pfarr- und Wallfahrtskirche St. Salvator, Hoch- und Seitenaltäre, 1741–43
Nievenheim

Nach dem Dreißigjährigen Krieg war Nievenheim, zwischen Neuss und Köln in der Nähe des Prämonstratenserklosters Knechtsteden gelegen, zu einer bedeutenden Wallfahrtsstätte geworden, nachdem hier eine spätgotische Christus-Salvator-Figur aus Duisburg aufgestellt worden war.

AUFTRAGGEBER: Der Kölner Kurfürst und Erzbischof Clemens August stiftete 1740 nicht nur den in der Tradition des niederrheinischen Barock errichteten Neubau der für die Pilgermassen zu klein gewordenen Hallenkirche, sondern auch den Hochaltar zur Aufstellung der Salvator-Figur. Schlaun selbst hatte in Nievenheim mit dem Geld seiner Frau, die einer Eupener Textilunternehmerfamilie entstammte (vgl. Kat.-Nr. 50), das Gut Sülzhoff erworben (Kat.-Nr. 71). Mit der Wahrnehmung und Übernahme der Rechte des Gutsvorgängers verbunden war das Recht der Wappenführung, einer eigenen Bank in der Kirche sowie das Erbbegräbnis für seine Familie. Schlaun stiftete deshalb aus eigenen Mitteln den südlichen Seitenaltar, dessen Gemälde mit der Anbetung der hl. drei Könige am unteren Bildrand sein Wappen zeigte. Der nördliche, in der Konzeption fast identische Seitenaltar ist eine Stiftung des Kölner Bürgermeisters Melchior Rutger Kerig und seiner Frau Maria Sibilla, geb. Bruyn von Blankenhorst, deren Allianzwappen den Altar bekrönt.

Da im Oktober 1743 die neue Kirche eingeweiht wurde und der Familienaltar Schlauns bereits errichtet war, müssen nach der Auftragsvergabe – die Zeichnung des Hochaltars nennt auf der Rückseite das Datum des 21. Juni 1741 – zwischen Juli 1741 und Oktober 1743 alle Altäre nach den Entwürfen Schlauns durch den Tischler Ägidius Rheindorf und den Schnitzer Johann Christoph Manskirch gefertigt worden sein. Schlaun hatte sich bei der Konzeption der drei Altäre an der bestehenden Architektur der Hallenkirche orientiert: ein Mittelschiff mit 3/8-Chorschluß und die gleich hohen Seitenschiffe, die durch die massiven toskanischen Säulen deutlich vom Hauptschiff getrennt sind. Deshalb bilden die drei Altäre keinen Gesamtprospekt, sondern sind als selbständige Einheiten konzipiert.

HOCHALTAR: Die Ausführung von Manskirch entspricht weitgehend der Entwurfszeichnung mit Grund- und Aufriß des Hochaltars (Kat.-Nr. 40.1). Auf der Rückseite des Blattes haben mit Datum vom 21. Juni 1741 der Pfarrer von Nievenheim und der Beauftragte des Kölner Erzbischofs die Auftragsvergabe an Schlaun bestätigt. Der eingeschossige Nischenaltar ist auf einer mannshohen Sockelzone postiert, die mit Durchgängen und aufgesetzten Assistenzfiguren den Altar mit der Kirchenarchitektur verbindet. Auf der Mensa hatte Schlaun wie in der Clemenskirche in Münster einen Drehtabernakel vorgesehen, der im 19. Jahrhundert ebenso wie die Altarmensa ausgetauscht wurde (Abb. 1). Flankiert von je zwei Säulen und Pilastervorlagen kompositer Ordnung wird die spätgotische Salvator Figur von einem Baldachin bekrönt, dessen Vorhang Putti halten. Für die seitlichen Assistenzfiguren hatte Schlaun zwei Varianten vorgesehen: In der Ausführung stehen rechts Joseph und links Maria (Kat.-Nr. 40.1, Deckblatt geschlossen). Alternativ hätten diese durch Figuren des hl. Johannes Nepomuk rechts und Johannes des Täufers links ausgetauscht werden können (Kat.-Nr. 40.1).

Den oberen Abschluß des Altars bildet ein gesprengter Segmentgiebel mit aufgesetztem attikaähnlichem Rahmenfeld, vor dem das kurfürstliche Stifterwappen schwebt. In der zentralen Achse zwischen Salvator-Figur und bekröntem Wappen schwebt vor dem Gebälk Gottvater auf Wolken, assistiert von Engeln. Tabernakel, Baldachin und das Motiv der gebälksprengenden Figur Gottvaters verweisen auf den Altar in der kurfürstlichen Clemenskirche in Münster, deren Ausführungsprojekt zeitgleich in Planung war und 1745 begonnen wurde (Kat.-Nr. 44). Die Gesamtkonzeption des Altars rezipiert gängige römische Altardispositionen, wie sie etwa in

LITERATUR

Kunstdenkmäler der Rheinprovinz, Bd. 3, Kreis Neuss, Düsseldorf 1894, S. 412f.; Hartmann 1910, S. 260f.; Griese 1952, S. 139; Rensing 1954, S. 25; Peters 1955; Rensing 1955; Kisky 1965, S. 111; Seifert 1983, S. 462f.; Klaus Bußmann, *Johann Conrad Schlaun, Entwurf zum Hochaltar der Kirche zu Nievenheim,* Münster 1989.

QUELLEN

Lateinische Weiheinschrift auf dem südlichen Seitenaltar zwischen Tabernakel und Altarblatt, die um 1900 überstrichen wurde: *Zur höheren Ehre des Herrn, zu Ehren des fleischgewordenen Wortes und Gottessohnes, seiner hochheiligen jungfräulichen Mutter, der Hl. Familie, der Hl. Drei Könige, des Hl. Antonius von Padua und des Hl. Philipp Neri, seiner Patrone, ließen diesen Altar 1743 errichten die Eheleute Johann Conrad Schlaun, Seiner Durchlaucht des Kurfürsten von Köln, des außerordentlichen Wohltäters dieses Gotteshauses, Oberst der Münsterischen Truppen und Kommandant der Artillerie, Brigadekommandeur und Chef des Proviantwesens, und Anna Catharina Rehrmann. Möge ihnen und ihrer Familie Gott gnädig sein* (Übersetzung zit. n. Peters 1955, S. 243, Anm. 32); Düsseldorf, Staatsarchiv, Kurköln – Lehen 223 (Urkunden und Akten), teilweise publiziert bei Peters 1955.

40.1 Nievenheim, Pfarr- und Wallfahrtskirche St. Salvator, Entwurf für den Hochaltar der Kirche, Aufriß und Grundriß, geöffnetes Deckblatt mit Alternativentwurf und Detail des geschlossenen Deckblattes mit Ausführungsentwurf.

1 Nievenheim, Pfarr- und Wallfahrtskirche St. Salvator, Hochaltar (1994)

2 Andrea Pozzo, Perspectiva pictorum atque architectorum, lat. und dt. Ausgabe, Augsburg 1706, II, Fig. 77, »Altar in Verona«

3 Altarentwurf, Schlaun-Werkstatt

den ›Perspektiva‹ des Andrea Pozzo als Vorlage in publizierter Form bereitstanden (Abb. 2). Eine geringfügig veränderte Nachzeichnung dieses Altarentwurfs (Abb. 3, Kat.-Nr. 80.7.3) hat sich aus der Schlaun-Werkstatt erhalten und belegt einmal mehr die beinahe serielle Rezeption und Verfügbarkeit international bekannter ›Würdeformen‹.

SEITENALTÄRE: Auch die Grund- und Aufrißdispositionen der beiden Seitenaltäre sind dem Musterbuch Pozzos entnommen (Abb. 4, 5). Der nördliche Nebenaltar war ursprünglich Maria geweiht, das Altarblatt wurde Anfang des 19. Jahrhunderts durch ein Nazarener-Gemälde ersetzt. Der südliche Nebenaltar ist eine Stiftung Schlauns, mit der das Privileg eines Erbbegräbnisses vor dem Altar verbunden war, von der die Familie allerdings keinen Gebrauch machte. In enger Anlehnung an das römi-

4 Nievenheim, Pfarr- und Wallfahrtskirche St. Salvator, südlicher Seitenaltar (1994)

5 Andrea Pozzo, Perspectiva pictorum atque architectorum, lat. und dt. Ausgabe, Augsburg 1706, II, Fig. 67, »Altar in der Ignatius=Kirche zu Rom«

sche Vorbild hat Schlaun einen monumentalen Triumphbogen angelegt, der von einem ornamentalen Attikaaufsatz bekrönt wird. Dem kurfürstlichen Stifterwappen entspricht hier die Kartusche mit der Inschrift CMB für die Namen Caspar, Melchior, Balthasar. Die Anbetung der Könige ist auch das Thema des flämischen Altarblatts aus der Zeit um 1700. Die heute übermalte Stifterinschrift (siehe Quellen) nennt außerdem den hl. Antonius von Padua und den hl. Philipp Neri, die als Assistenzfiguren den Altar flankieren. In der Ausführung zwar weniger aufwendig und kostspielig hat Schlaun in seinem Familienaltar aber eine nicht weniger würdevolle Formensprache römischer Herkunft als in dem Hochaltar seines Landesherrn und wichtigsten Auftraggebers eingesetzt.

40.1

Nievenheim, Pfarr- und Wallfahrtskirche St. Salvator

Entwurf für den Hochaltar der Kirche, Aufriß und Grundriß, 1741 (Abb. S. 392)

Lavierte Federzeichnung (rot, hellgrau, dunkelgrau), 64,1 x 37,2 cm
Titel: *Groses Altar behuff der Kirchen zu Nievenheim.*
Beischrift: (Randbemerkungen von 1852)
Beischrift: (auf der Rückseite Vertragsabschluß, datiert 21. Juni 1741)
Maßstab: *30 fues* = 35,8 cm; *12 Moduli* = 9,6 cm
Deckblatt mit Ausführungsentwurf, links Maria (das rechte Deckblatt mit der Figur des Joseph ist verloren), 12,7 x 6,7 cm

Westfälisches Landesmuseum Münster, KdZ 2991

RENOVATUM

41

Ehem. Klosterkirche St. Antonius von Padua, Hochaltar, 1743

Endorf-Brenschede

Die Klosterkirche gehörte ursprünglich zu dem 1722 nahe einer heilbringenden Quelle im Brenscheder Wald erbauten Kapuzinerkloster Brunnen, das 1834 im Zuge der Säkularisation aufgehoben wurde. 1729–35 wurden die Klostergebäude errichtet, 1742–46 erbaute der Maurermeister Josephus aus Augsburg die schlichte Kirche als Saalbau mit Rechteckchor und Dachreiter. Kurfürst Clemens August stiftete ebenso wie in Nievenheim (Kat.-Nr. 40) den Hochaltar der gut besuchten Wallfahrtskirche.

Der erhaltene Entwurf Schlauns mit dem Titel »Copia des Capuziner Altahrs zu Brenschede« (Kat.-Nr. 41.1) kam allerdings nicht hier zur Ausführung, sondern in der 1744–46 errichteten Antoniuskapelle in Wahn (Kat.-Nr. 42). Vor der Chorwand in Form einer Serliana mit Segmentbogen plazierte Schlaun den eingeschossigen Altar mit diagonaler Säulen- und Pilasterstellung. Über dem abschließenden Dreiecksgiebel sitzt das von Putten getragene kurfürstliche Stifterwappen. Bußkamp hat auf die Vorbildfunktion des bei de Rossi publizierten Hochaltars in SS. Apostoli in Rom von Francesco Fontana hingewiesen.

Zur Ausführung in den Jahren 1743–48 kam ein wesentlich repräsentativerer, zweigeschossiger Hochaltar mit einer Gesamthöhe von acht Metern, dessen Entwurf sicherlich auch auf Schlaun zurückgeht (Abb. 1) und der durch die beiden Kapuzinerbrüder Thomas und Antonius gefertigt wurde. Die römische Grund- und Aufrißdisposition rezipiert offensichtlich den Hochaltar in Nievenheim (Kat.-Nr. 40.1): Die Salvator-Figur nimmt hier das Altarblatt mit der Taufe Christi von dem münsterschen Maler Gerhard Koppers ein, an der Stelle des schwebenden Gottvaters in Nievenheim halten in der Gebälkzone zwei Engel das prominente kurfürstliche Stifterwappen. Darüber folgt das zweite Geschoß, gerahmt von dem gesprengten Giebel, mit der zentralen Figur Gottvaters in der Muschelnische. Als Assistenzfiguren fungieren im unteren Geschoß links Johannes der Täufer und rechts der hl. Johannes Nepomuk. Die auf der Schlaunzeichnung des Hochaltars von Nievenheim unter den Deckblättern angegebenen Alternativfiguren kamen im Altar der Wallfahrtskirche des Kapuzinerklosters Brunnen bei Endorf zur Ausführung. Gleichzeitig verwandte Schlaun den vergleichsweise einfachen ursprünglichen Altarentwurf (Kat.-Nr. 41.1) wenige Zeit später in der bescheidenen Antoniuskapelle in Wahn. Diese Folge von Alternativ- und Ausführungsentwürfen in Nievenheim, Endorf und Wahn zur gleichen Zeit und für den gleichen Auftraggeber macht den beinahe seriellen Einsatz eines bestimmten Formenrepertoires deutlich, das abhängig vom Aufwand der finanziellen Mittel und der Prominenz der Aufgabe variiert wird.

LITERATUR

Rensing 1954, S. 38; Borchers 1959, S. 272; Kat. *Clemens August* 1961, S. 252; Seifert 1983, S. 422; Walter Hümmerich, *Anfänge des kapuzinischen Klosterbaues. Untersuchungen zur Kapuzinerarchitektur in den rheinischen Ordensprovinzen* (Rhenania Franciscana Antiqua, Bd. 3), Mainz 1987, S. 279–81; Bußkamp 1992, S. 185, 189.

41.1 Brenschede, Ehemalige Klosterkirche, Hochaltar, Aufriß und Grundriß

1 Brenschede, Ehemalige Klosterkirche, Hochaltar (1903)

41.1

Brenschede, Ehemalige Klosterkirche

Hochaltar, Aufriß und Grundriß

Lavierte Federzeichnung (grau, blaßrot), 45,3 x 31,4 cm
Titel: *Copia des Capuziner Altahrs zu Brenschede.*

Westfälisches Landesmuseum Münster, Schl.-Bd. 165

42

Kapelle St. Antonius, 1744–46

Wahn

Am Dorfausgang in Richtung Sögel lag die alte Antonius-Kapelle des Dorfes Wahn, 1615 nachweisbar, vermutlich aber wesentlich älter. Der Weg zur Pfarrkirche nach Sögel war sehr lang. Ein Bittbrief der Wahner Einwohner, den der wohlhabende Kaufmann Bernard Langen am 10. Oktober 1739 an Clemens August gerichtet hatte, veranlaßte den Kurfürsten, die Clemenswerther Kapuziner anzuweisen, an Sonn- und Feiertagen eine Frühmesse in Wahn zu lesen. Vermutlich seit 1741 war ständig ein Pater aus Clemenswerth in Wahn anwesend.

Bald erwies sich die alte Kapelle als zu klein. Schlechte Bausubstanz und die unzureichende Wohnmöglichkeit für den Kapuzinerpater waren ausschlaggebend für den Bau einer neuen Kapelle in der Dorfmitte.

Bauherr war der Kurfürst, wie das Wappen von Clemens August über dem Portal belegt, der seine Handwerker und seinen Architekten aus Münster für diese Aufgabe freistellte. Nach den Plänen Schlauns entstand ein äußerlich schlichter, rechteckiger, gewölbter Saalbau, errichtet mit den gleichen Formziegeln, wie sie auch beim Jagdschloß Clemenswerth Verwendung fanden. Bauakten sind nicht überliefert.

Rensing datierte die Kapelle 1744–46, was in der Literatur durchgängig übernommen wurde. Reckers nahm das Jahr 1749 als Termin der Fertigstellung an. Er bezog sich auf das Chronogramm der ehemaligen Portalinschrift – nach Lesung von Bußkamp: »Uni Trinoque numini sub Divo Augusti Confiteoris et Antonie Abbatis Patrocinio« –, wonach 1748 das Vollendungsjahr sein müßte und nicht 1749, wie Reckers angibt. Ein Bericht Schlauns über Clemenswerth aus dem Jahre 1747 gibt an, daß der Innenraum der Kapelle bereits verputzt sei und man mit der Verlegung des Paviments begonnen habe.

Bußkamp nimmt an, daß die Handwerker von der Clemenswerther Schloßbaustelle zum Bau der Kapelle in Wahn abgezogen wurden, da das Jagdschloß zwar bereits 1747 an den Bauherrn übergeben werden konnte, sich letzte Arbeiten jedoch bis in das folgende Jahrzehnt hinzogen. Somit wären auch die Werkstätten des Maurermeisters Retenbach, des Schreinermeisters Schils und des Malermeisters Rottmann in Wahn tätig gewesen sein.

1750 stiftete Bernard Langen laut Inschrift der Nischenrahmung eine hölzerne Marienstatue für die Fassade. Das Gegenstück, eine Josefsfigur, war ein Geschenk von G. Langen aus dem selben Jahr. Nachträglich eingefügt, gehen sie nach Ausweis der Zeichnungen nicht auf die Planungen Schlauns zurück.

Vom 19. Dezember 1751 datiert eine Stiftung Bernard Langens und seiner Ehefrau über 32 Messen, die an genau festgelegten Feiertagen »zur Vermehrung der andacht deren Christgläubigen zu Wahden« gelesen werden sollten. 1753 bat Langen den Kurfürsten in einem undatierten Brief, die von ihm gestifteten Messen zu bestätigen und »selbige den zu Clemenswerth wohnenden Patres zu übertragen«. Gleichzeitig bedankt sich Langen in dem Schreiben, daß der Kurfürst nicht nur die neue Kirche erbaut, sondern auch das liturgische Gerät und die Paramente gestiftet habe. Clemens August kam Langens Bitte am 6. Oktober 1753 nach und verfügte, »daß von denen Capuciner Patres zu Clemenswerth die in der Capellen zu Wahden bereits gestifteten sowohl als auch ferner etwa zu stiftende heilige Meßen gelesen, mithin die von denenselben in besagter Capellen der Gottesdienst beständig unterhalten werden möge«.

Die Betreuung durch die Kapuziner dauerte bis 1816, als nach der Säkularisierung der letzte Pater das Dorf verließ. 1869 wurde Wahn zur eigenständigen Pfarrei erhoben, was kurze Zeit später eine Vergrößerung der Kapelle nach sich zog. 1888 ersetzte man die angeschlossene Kapuzinerwohnung durch ein weiteres Langhausjoch und einen eingezogenen Chor – keine endgültige Lösung, da man 1905, vermutlich auch wegen der maroden Bausubstanz, begann, für den Bau einer größeren Kirche zu sam-

LITERATUR

Rensing 1936, S. 33; Rensing 1954, S. 39; Borchers 1959, S. 133–220; Pfarrer Reckers, *Die St. Valentinskapelle und die erste St. Antoniuskirche,* in: *Use olde Woahn,* Werlte, o. J. [1981], S. 27–29; B. Holtmann, *Die Seelsorger der ehemaligen katholischen Pfarrei St. Antonius Eremita zu Wahn auf dem Hümmling 1500–1942,* Osnabrück 1981; H. Lemmermann, *Die alte Antoniuskapelle in Wahn,* in: *Use olde Woahn,* 1981, S. 31–35; Kat. *Clemens August* 1987, S. 321; Bußkamp 1992, S. 185–94.

QUELLE

Staatsarchiv Münster, Fürstentum Münster, KAB-Reg. 420, fol. 7: 1747 Innenraum verputzt, Paviment wird gelegt.

1 Wahn, Kapelle St. Antonius, vor dem Abriß

meln. 1923 war Bau-, besser Umbaubeginn: Unter der Leitung des Münsteraner Architekten Hubert Wartenberg blieben lediglich die Fassade mit dem Turm und das westliche Joch der Schlaunschen Kapelle erhalten, Frontispiz der mit Schlaunschen Stilzitaten angereicherten neobarocken Kirche. Das Ensemble wurde 1931 durch einem Glockenturm mit Welscher Haube komplettiert.

1939–42 fiel das gesamte Dorf der Erweiterung des Kruppschen Schießplatzes zum Opfer, die Häuser sowie die Kirche wurden abgerissen und die Einwohner Wahns umgesiedelt.

Die wichtigsten Ausstattungsstücke der barokken Kapelle haben sich anderenorts erhalten: der Hauptaltar in der St. Walburgiskirche in Emden, die Kanzel in der St. Antonius-Gemeinde in Rastdorf, Nischenfiguren der Fassade in St. Antonius-Eremit in Lathen-Wahn (Madonna) und St. Johannes in Rulle (Josef). Auch die von Clemens August gestiftete Monstranz ist heute im Besitz der Gemeinde St. Antonius-Eremit in Lathen-Wahn. Das kurfürstliche Wappen, einst über dem Portal, wird heute im Emsland Museum, Schloß Clemenswerth, aufbewahrt.

ANLAGE: Die ganz in Backstein ausgeführte Kapelle ist ein schlichter Saalbau mit eingezogenem Turm, der in der Seitenansicht wie ein Dachreiter wirkt, an der Fassade jedoch repräsentativ vortritt. Diese Durchdringung verschiedener Raumtypen, die zuerst Palladio an den Fassaden seiner venezianischen Kirchen vorgeführt hat, verwandelt Schlaun zum zentralen Motiv einer Dorfkapelle. Die Außenhaut der Kapelle und der risalitartige, wenig hervortretende Turmunterbau werden durch Mauerstreifen und -bänder geschichtet und gegliedert. Tafelmotive, Doppelung der Rahmung, Abschrägung der Turmecken als Überleitung zur achtseitigen Haube, kräftige Profilierung der Gesimse verleihen dem harmlosen Bau ein unverwechselbares Gepräge. Ein vertieftes Wandfeld bildet auch die Folie für das Sandsteinportal – von Bußkamp als Variante der Obergeschoßfenster in Nordkirchen, der Portale der Dyckburgkapelle oder der 1745 begonnenen Clemenskirche zu Münster erkannt. Aus der feingeschnittenen Profilrahmung entwickeln sich borromineske ›Ohren‹, die in Voluten auslaufen und die Inschrifttafel betonen, die das Wappen des Kurfürsten Clemens August trägt. Bußkamp hat die Vorbilder klar benennen können: Sie waren in Domenico de Rossis »Studio d'architettura civile« publiziert und leicht zugänglich (Teil 1, Tafel 122: G. A. de Rossis Portal im Palazzo Altieri), in Rom bereits allgemeines Formvokabular.

Die Autorschaft Schlauns ist durch vier, in Privatbesitz befindliche, undatierte und unsignierte Pläne gesichert, die aber zweifelsfrei von seiner Hand stammen. Das Westfälische Landesmuseum Münster verwahrt eine »Copia des Capuziner Altares zu Brenschede« (Kat.-Nr. 41.1), die zwar nicht als Entwurf des Wahner Altars bezeichnet ist, jedoch mit der Ausführung weitestgehend übereinstimmt.

Der Grundriß zeigt einen schlichten, kastenartigen Saal mit vier Fensterachsen. Durch den eingezogenen Turm entsteht eine Art Vorhalle mit einer Empore – ein fürstliches Motiv, das die Präsenz des Bauherrn verbildlichte. Die Verbindung von Wappen und dem großen Rundfenster, das die Empore beleuchtet und den Fürsten gleichsam in einer Lichtgloriole erscheinen läßt, verweist schon am Außenbau auf diesen Zusammenhang. Der Chor wird durch eine ausschwingende Stufe und Balustrade vom Langhaus abgegrenzt. Die vier Joche der Kapelle sind durch lisenenartige verdoppelte Wandstreifen gegliedert, die den Rahmen für die großen Fenster bilden. Am Außenbau entspricht den inneren Doppelstreifen jeweils eine Vorlage. Der Vergleich von Grundriß und Aufriß zeigt die logische Vollendung, die harmonische Entsprechung von Außenbau und Innenraum. Dem hoheitsvollen Gegenüber von Empore und Altar, den im übrigen ebenfalls das Wappen des Fürsten ziert, entspricht im Chorraum ein Querzug, der durch die Gegenüberstellung von Beichtstuhl und Kanzel auf der einen Seite sowie einem Kirchenstuhl für weitere Kapuziner oder privilegierte Besucher auf der anderen Seite betont wird.

Der Querschnitt zeigt die Gliederung der Chorwand durch eine Serliana mit Segmentbogen. Der Hochaltar ist vor einem etwas zurücktretenden Wandfeld aufgestellt, wodurch eine Staffelung der Rahmung erreicht und die zurückliegende Wandschicht zur Folie des Hauptaltars wird. Ein kräftig profiliertes Gebälk, darüber die Voutendecke fassen den Raum zusammen.

Eine Besonderheit ist die zweigeschossige, beheizbare Wohnung der Kapuziner hinter dem Altar, deren rechteckige Portale seitlich des Altars unter den geraden Gebälkansätzen der Serliana angeordnet sind, darüber die quadratischen Fenster. Der Dreitaktung der Fassade antwortet die Dreiteilung der Altarwand, auch diese Fassade eines Gehäuses, dessen Bewohner, über die Fenster des Obergeschosses mit dem Chorraum verbunden, an der Messe teilhaben konnten. Man kennt solche Dispositionen aus dem Escorial oder aus Spitälern. Möglicherweise sollten in den oberen Räumen Kranke gepflegt werden, wofür auch die Heizbarkeit der Räume ein Indiz sein könnte.

Der Aufriß des Altars zeigt den Ädikulaaltar mit jeweils einer Säule und zwei rechtwinklig zusammengesetzten Pilastern beiderseits des Altarblattes auf hohen Postamenten. Die gesamte Architektur ist einschließlich der verkröpften Gebälkstücke auf Pilastern und Säulen schräg nach vorn konvergierend ausgerichtet. Das Gebälk des Retabels wird von der Rahmung des Gemäldes überschnitten. Ein einschwingender Dreiecksgiebel mit dem Auge Gottes im Tympanon und dem bekrönenden Wappen des Kurfürsten, von Putten präsentiert, schließt den Mittelteil des Retabels ab. Auf den seitlichen Gebälkstücken knien adorierende Engelchen. Das Gemälde stellt den Besuch des hl. Antonius Eremit bei dem hl. Paulus Eremit dar. Es befindet sich heute in Lathen-Wahn.

Bußkamp sieht die Formen des Altars als Variation der Wittemer Seitenaltäre, unter Kenntnis von de Rossis »Studio d'architettura civile« (Rom 1721, Teil 3, Tafel 18: Francesco Fontanas Hochaltar in SS. Apostoli).

2 Wahn, Kapelle St. Antonius, Hauptaltar in altem Zustand, vor 1940

42.1
Wahn, Kapelle St. Antonius
Grundriß

Lavierte Federzeichnung (grau, gelbgrün, hellrot), 39,6 x 30,7 cm
Deckblatt mit der Wohnung des Kapuziners, 5,3 x 14,5 cm
Deckblatt mit der Tribüne, 7,1 x 14,5 cm
Titel: *Plan der neüen Capelle zu Wahn nebst der wohnung vor den Capuziner wan selber alda gegenwertig.*
Beischrift: *vorplats.; stübge.; Schlaffkemmerge.; tribüne* (auf den Deckblättern); *Entrée.; plats vor torff.; Sacristey.* (unter dem Deckblatt); (Maßzahlen)
Num.: *121.*
Maßstab: *60 fues* = 26,2 cm

Privatbesitz, Klebeband Clemenswerth, P 95r

42.1

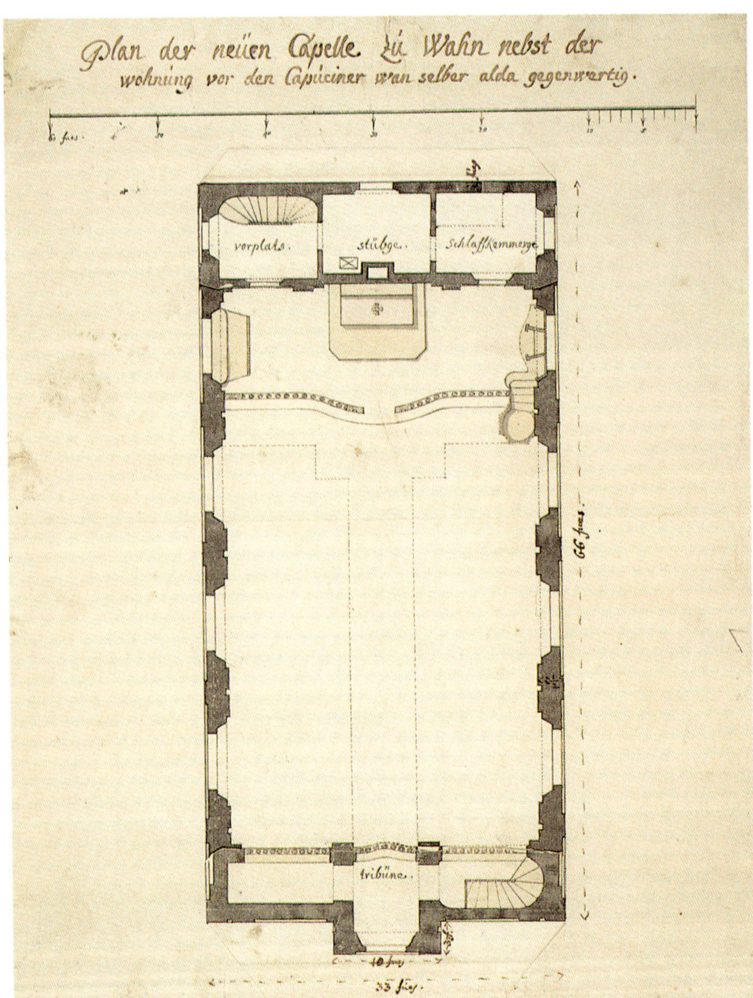

42.2

42.2
Wahn, Kapelle St. Antonius
Aufriß der Westseite

Lavierte Federzeichnung (blau, hellrot), 39,9 x 30,7 cm
Titel: *fordere Aufführung der Capelle zu Wahn.*
Num.: *122.*
Maßstab: *60 fues* = 26,2 cm

Privatbesitz, Klebeband Clemenswerth, P 96r

42.3

Wahn, Kapelle St. Antonius

Aufriß der Südseite

Lavierte Federzeichnung (blau, grau, hellrot), 30,7 x 39,9 cm

Titel: *Seiten=Aufführung der Capelle zu Wahn.*

Num.: *123.*

Maßstab: *50 fues* = 22 cm

Privatbesitz, Klebeband Clemenswerth, P 97r

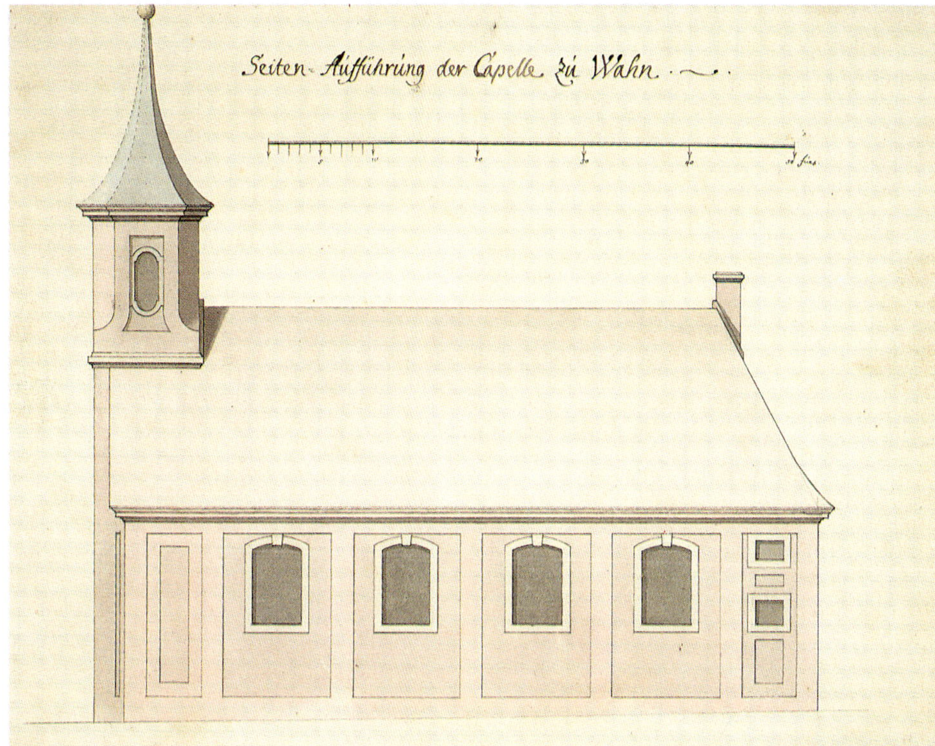

42.3

42.4

42.4

Wahn, Kapelle St. Antonius

Querschnitt mit Altarwand

Lavierte Federzeichnung (grau, rot, gelb), 30,9 x 20 cm

Titel: *Profil*

Beischrift: *N3 unter diesen 2 thüren soll noch eine sohl=bank kommen.*

Num.: *124.*

Maßstab: *40 fues* = 17,5 cm

Privatbesitz, Klebeband Clemenswerth, P 98r

Unter dem Maßstab mit Bleistift der Grundriß des Altars mit Pfeilervorsprüngen, versehen mit Maßzahlen (31/2; 31/2).

43
Schloß Senden, 1744
Senden

LITERATUR
Mummenhoff 1984, S. 103, der die Pläne nur allgemein erwähnt.

Um 1744 ließ Franz Arnold Mauritz Droste zu Senden, offenbar aus Anlaß seiner Heirat mit Beatrix von Ledebur, von Schlaun einen Gesamtplan ausarbeiten, der nicht zur Ausführung kam. Die Grundrisse des Schlosses in der Art einer Maison de plaisance sind nur als Kopien nach Schlaun erhalten, doch für die Ökonomie und die kleinen Vorgebäude haben sich eigenhändige Zeichnungen erhalten. Das Projekt Schlauns steht in einer Reihe von Plänen im Archiv Droste zu Senden, die unpubliziert sind. Die ältere Anlage war in Teilen reguliert worden, doch stand der Neubau eines Herrenhauses in der Alleeachse noch immer aus (vgl. die Planungen Corfeys für Senden Kat.-Nr. 76.2).

1 Schloß Senden (Vorkriegsaufnahme)

43.1

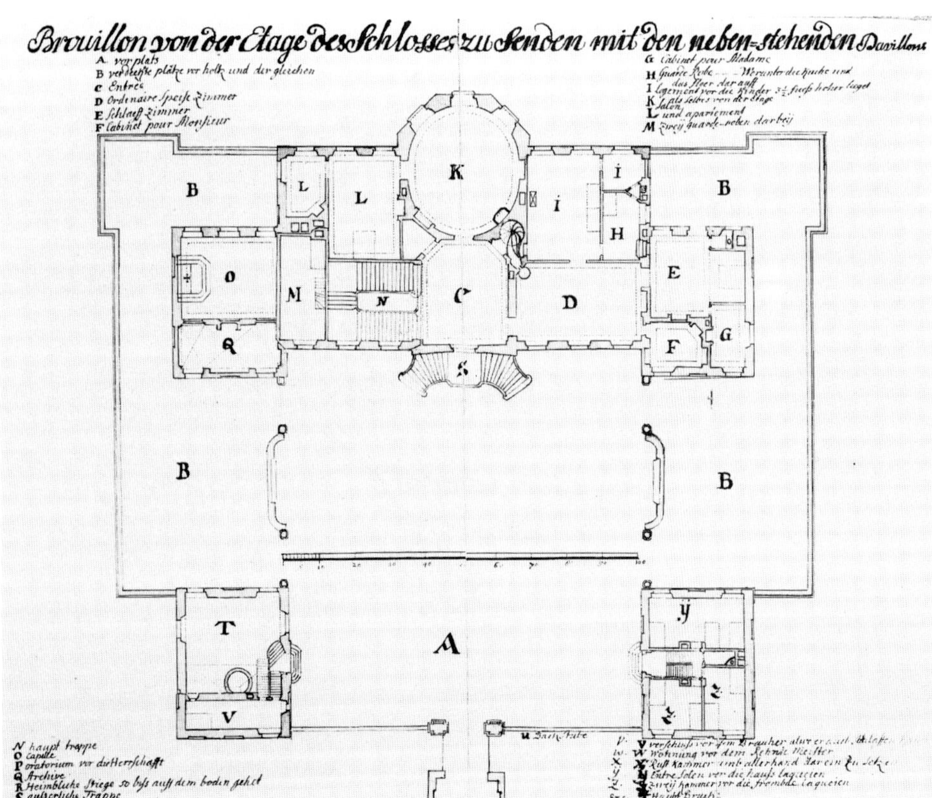

43.1
Schloß Senden
Kopie der Schlaun-Werkstatt
Plan der Gesamtanlage, Grundriß Erdgeschoß

Lavierte Federzeichnung
Titel: *Brouillon von der Etage des Schlosses zu Senden mit den neben=stehenden Pavillons*
Legende: *A vorplats; B verdeckte plätze vor holtz und der gleichen; C Entrèe; D Ordenaire Speise Zimmer; E Schlaeff Zimmer; F Cabinet pour Monsieur; G Cabinet pour Madame; H Guarde Robe Worunter die Kuche und das Floer dar auff; I Logement vor die Kinder 3 1/2 Fues hoher lieget als selbes von der Etage; K Salon; L und apartement; M zwey guarde-roben dar bey; N haupt trappe; O Capelle; P oratorium vor die Herrschafft* (unter der Klappe M)*; Q Archive; R Heimbliche Stiege so biss auff dem boden gehet* (nicht zu sehen)*; S auszerliche Trappe; T Brauh= und Back=hauss; U Backstube; V verschluss vor dem Brauher alwo er auch schlaffen kann; W Wohnung vor dem Renthe Meister; X Rustkammer und allerhand dar ein zu setzen; Y Entre Solen vor die hauss laqueien; zwey kammer vor die frombde laqueien; &c Haubt Brucke*
Maßstab: 100 fues

Verwalter nicht bekannt

Man betritt den ›Ehrenhof‹ in der Achse der Allee über eine Brücke und steht einem siebenachsigen Herrenhaus gegenüber, dessen dreiachsige Flügel risalitartig nach vorn treten. In der Mitte führt eine geschwungene Freitreppe zum Portal, das in Schlaunscher Manier den Gast mit einem leichten Innenschwung des Risalits zum Eintritt auffordert; dahinter das polygonal gebrochene Vestibül und der längsovale Salon, gleich links das Treppenhaus – die übliche Anordnung. Das Herrenhaus entspricht in der Grundrißdisposition einer kleinen Maison de plaisance in der Art von Cuvilliés' Schloß Falkenlust in Brühl (1729–40), eine Achse breiter und mit vorspringenden Flügeln besetzt, die das Appartement der Dame im rechten sowie Kapelle und Archiv im linken Flügel beherbergen. Die Disposition hinkt an manchen Stellen: so ist die Enfilade der Gartenseite nicht durchgezogen, die der Hofseite läuft unter der Treppe durch und hat Anschluß an das Archiv und das Oratorium der Familie. Das Cabinet des Hausherrn mit Zugang nur vom Speisezimmer aus liegt etwas abseits. Es scheint, daß Schlaun wie später bei Haus Beck (Kat.-Nr. 74) große Schwierigkeiten hatte, entweder französisch zu disponieren, oder aber Zugeständnisse an seinen Auftraggeber machen mußte, der ihn mit Extrawünschen geplagt haben mag. Die Nebengebäude in der Achse der Flügel beidseitig der Brücke in der Alleeachse wirken wie Wachthäuschen und geben der Anlage Größe. Die Überleitung zum Herrenhaus besorgen geschwungene Mauerstücke, die den Blick auf die Lagerplätze rechts und links an der Gräfte versperren. Diese Plätze ziehen sich um die Flügel herum, bastionsartig treten sie an den Ecken in die Gräfte vor.

43.2

Schloß Senden

Kopie der Schlaun-Werkstatt

Plan der Gesamtanlage, Grundriß Obergeschoß

Lavierte Federzeichnung

Titel: *Brouillon der 2ten Etage; A* (Vorplatz)

Legende: *a. Entrée; b. Salon; c. 5 apartementer; d guarderoben darbey; e. Entre Solen fur Schwartz und weiss linnen; f. Guarde=moble war auff allerhandt moblen conservirt werden; G: Dorn dass Maltz zu trockenen; H: Maltz boden deren Vier uberein ander kommen konnen; J: zwey logementer vor frombde geistlichen oder So mitteler Extraction Seynd; g.; h.; i.* (ohne Eintrag)

Maßstab: 100 fues

Verwalter nicht bekannt

43.2

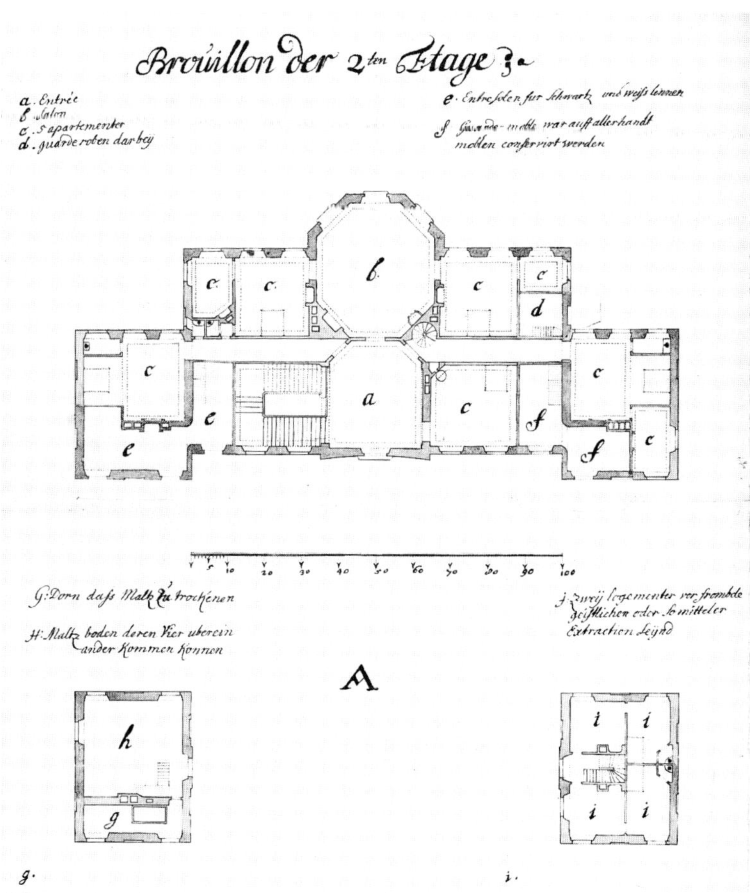

43.3

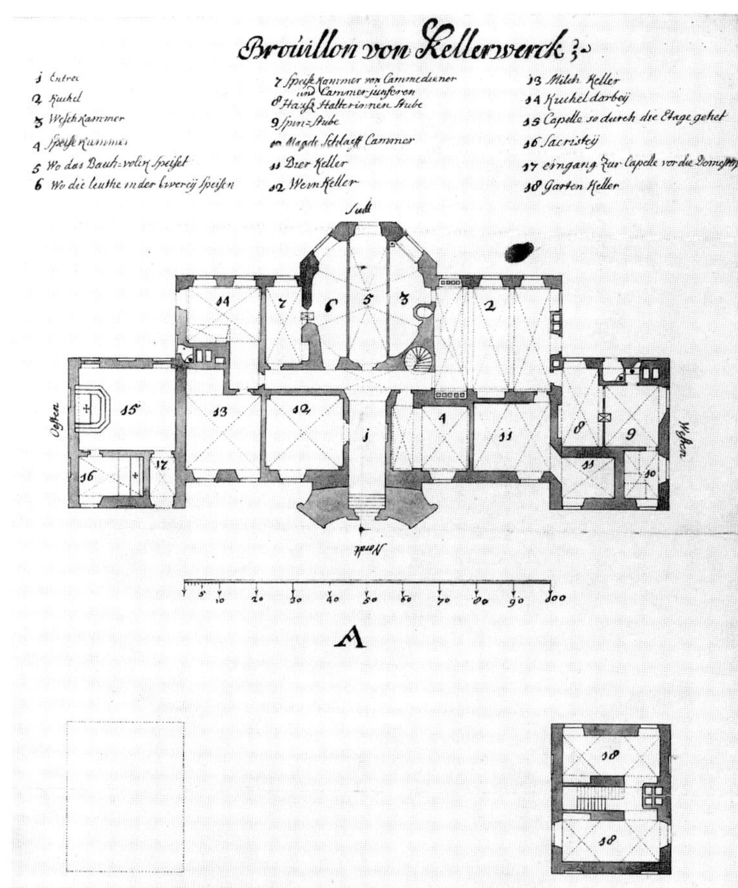

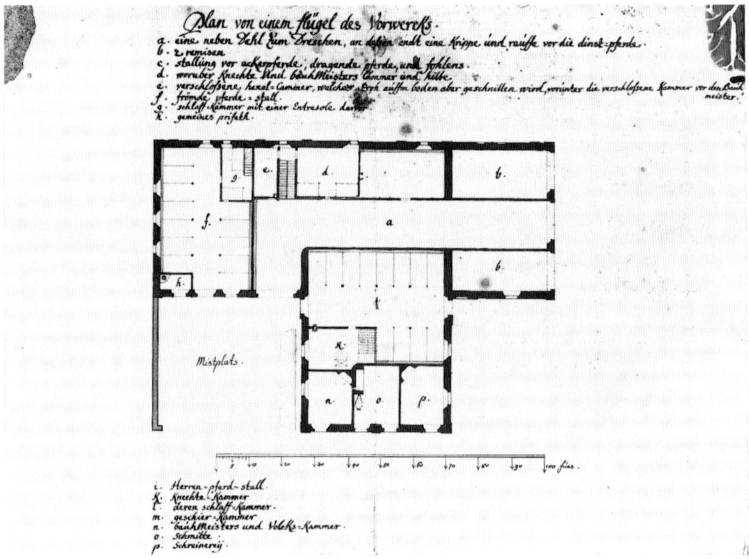

43.4

43.5

43.6

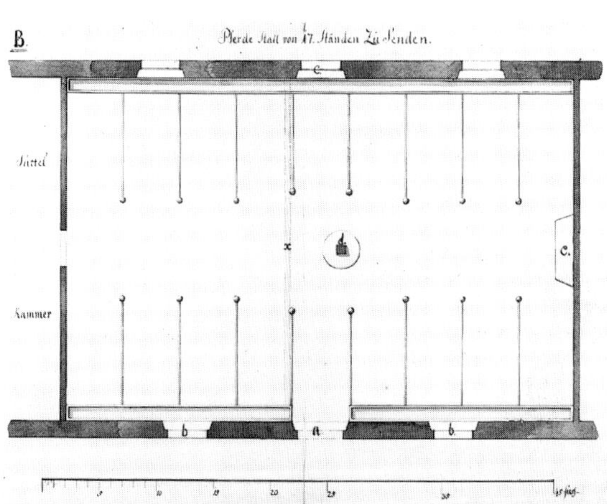

43.3
Schloß Senden
Kopie der Schlaun-Werkstatt
Plan der Gesamtanlage, Grundriß Keller

Lavierte Federzeichnung
Titel: *Brouillon von Kellerwerck; A* (Vorplatz)
Beischrift: *Oesten / Sudt / Westen / Nordt*
Legende: *1 Entree; 2 Kuchel; Weschkammer; 4 Speisekammer; 5 Wo das Bauh=volck Speiset; 6 Wo die Leuthe in der* (?) *werey Speisen; 7 Speisekammer von Cammediener und Cammer-jungferen; 8 Hauß Halterinnen Stube; 9 Spin=Stube; 10 Magde Schlaeff Cammer; 11 Bier Keller; 12 Wein Keller; 13 Milch Keller; 14 Kucheldarbey; 15 Capelle so durch die Etage gehet; 16 Sacrsitey; 17 eingang zur Capelle vor die Domestiquen; 1 8 Garten Keller.*
Maßstab: 100 fues

Verwalter nicht bekannt

43.4
Schloß Senden
Kopie der Schlaun-Werkstatt
Grundriß Erdgeschoß des östlichen Vorwerks

Lavierte Federzeichnung
Titel: *Plan von einem Flügel des Vorwercks.*
Beischrift: *Mistplats.*
Legende: *a. eine neben Dehl Zum Dreschen, an dessen endt eine Krippe und rauffe vor die dinst=pferde.; b. 2 remisen; c. stallung vor ackerpferde, dragende pferde, und fohlens.; d. woruber Knechte Und bauhMeisters Cammer und hille* (?)*.; e. verschlossene hexel=Cammer, welches Stroh auffm boden aber geschnitten wird, vorunter die verschlossene Kammer vor den Bauhmeister.; f. frömde pferde=stal.; g schlaff=Kammer mit einer Entresole darvor.; h. gemeines prifath.; i Herren=pferd=stall; k. Knechte=Kammer.; l. deren schlaff=Kammer. m. geschier=Kammer; n. bauhMeisters und Volcks=Kammer.; o. Schmitte.; p. Schreinerey.*
Maßstab: *100 fues*

Verwalter nicht bekannt

43.5
Schloß Senden
Grundriß Erdgeschoß des östlichen Vorwerks

Lavierte Federzeichnung
Titel: *Plan vom anderen Flügel des Vorwercks*
Beischrift: *Mistplats*
Legende: *q. Dresche=Dehl und Viehe=Haus.; r. stallung vor 50 Stuck=Horn=Vieh, voruber lauhter offene hillen, über der trappen aber komt die Schlaffkammer der Meirischen.; s. Stallung mit einem gang davor vor 5 tragende Schweine, voriiber noch rauh=stroh; kan geworffen werden.; t. Stallung mit*

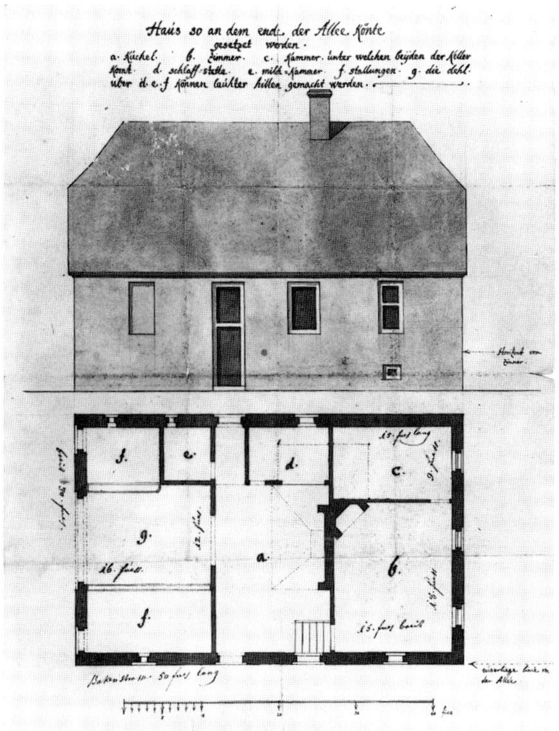

43.7

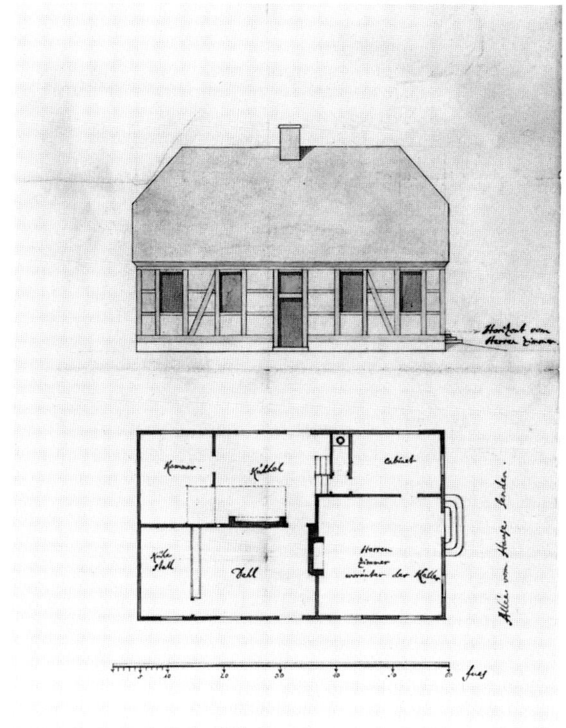

43.8

einem gang vor die Maast=schweine, worüber der Kaffboden.;
u. noch vor Mastschweine; v. Stallung vor faselschweine;
w. gemeines priefeth. ;(u., v., w.) woruber der hunerstall komt.;
x. verschlossene Hexelkammer worüber das stroh geschnitten wird.;
y. schaffstall.; stall vor welsche=hüner; et. gänse=stall.;
1. Anten=stall.; (g., z., et.) worüber plats vor torff und trochenes holts.; 2. Vieh=Kuchel mit der Aas=gruben.;
3. Brand=Weins=brauerey.
Maßstab: *100 fues*

Verwalter nicht bekannt

43.6
Schloß Senden
Kopie der Schlaun-Werkstatt
Grundriß eines Pferdestalls

Lavierte Federzeichnung
Titel: *B. / Pferde Stall von 17. Ständen Zu Senden*
Beischrift: *Sattelkammer,* (Buchstaben) *a, b, c, d, e, x*
Maßstab: *45 fuss*

Verwalter nicht bekannt

43.7
Schloß Senden
Aufriß und Grundriß einer ›Favorite‹

Lavierte Federzeichnung (hellviolett, grau),
40,7 x 32,4 cm

Titel: *Haus so an dem ende der Allee könte gesetzet werden.*
Beischrift (nicht von Schlaun): *Horizont vom Zimmer. / eüserliege linie von der Allée.* (Maßangaben im Grundriß nicht von Schlaun)
Legende: *A. Küchel.; b. Zimmer.; c. Kammer. unter welchen beyden der Keller komt.; d. schlaff-stette.; e. milch=Kammer.; f. stallungen.; die dehl. uber d.e.f können lauther hillen gemacht werden.*
Maßstab: *40 fues* – 18,2 cm

Archiv Droste zu Senden

43.8
Schloß Senden
Aufriß und Grundriß einer ›Favorite‹

Lavierte Federzeichnung (hellviolett, gelb, grau),
40,7 x 32,2 cm
Beischrift: *Horizont vom herren Zimmer. / Allée vom Hause Senden.;*
Herren Zimmer worunter der Keller; Cabinet; Kuchel; Dehl; Kammer.; Kühe Stall
Maßstab: *60 fues* = 18,7 cm

Archiv Droste zu Senden

Für die ›Favorite‹ in der Achse des Herrenhauses am Ende der Zufahrtsallee zeichnete Schlaun alternative Entwürfe.

Glossar der Fachterminologie

ÄDIKULA (lat.) Bezeichnet ursprünglich einen kleinen, einer antiken Tempelfront ähnlichen Aufbau zur Unterbringung einer Statue; seit dem Mittelalter jede aus Säulen, Pfeilern oder Pilastern und einem Giebel in Dreieck- oder Segmentbogenform bestehende Umrahmung von Nischen, Fenstern Portalen, Altären usw. In der Barockarchitektur dient die Ädikula vor allem zur Gliederung großer Wandflächen.

ALTAN (von ital. altana) Ein bis zum Erdboden unterbauter und mit einer Brüstung versehener balkonähnlicher Austritt an oberen Stockwerken, der Balkon im Gegensatz dazu ist frei vorkragend.

ALTAR Stätte des eucharistischen Mahles, in der Regel aus Stein oder Holz. Auf der fundamentigen Altarplatte, der Mensa, oder hinter dem Altar wird oft eine Schauwand, das Retabel, angebracht, das durch das Antependium, meist eine kunstvoll bearbeitete Tafel oder ein Stoffbehang, dekoriert werden kann, teilweise durch die sockelartige Predella noch einmal erhöht und als zentraler Hochaltar oft von zwei kleineren Seitenaltären flankiert wird. Während im Mittelalter und in der Renaissance der Flügelaltar durch die Möglichkeit des Auf- und Zuklappens verschiedener Darstellungen den liturgischen Gegebenheiten angepaßt werden konnte, überwiegt im Barock das zentrale Altarblatt, häufig ein Gemälde, das sich zusammen mit der rahmenden Architektur des Altars in Form einer Ädikula als bühnenartige Schauwand präsentiert.

ANTEPENDIUM (lat.) Vordere Bekleidung des Altarblocks, oft aus Metall, Mit Edelstein- oder Elfenbeinschmuck, auch aus Holz oder kostbarem Stoff.

ANTICHAMBRE (franz.) Vorzimmer in Schlössern und Adelspalästen, oft zwei bis drei hintereinander liegende Räume als Warte-, Empfangs- oder Botenzimmer.

APPARTEMENT (franz.) Bezeichnung für eine Gruppe zusammengehöriger Zimmer bzw. eine Raumfolge in Schlössern und Adelspalästen, Appartement double bezeichnet die symmetrische Verdopplung von Raumfolgen.

APSIS/KONCHE (griech.) Rundung, Bogen. In spätrömischer Zeit aufkommende Bezeichnung für einen halbkreisförmigen, mit einer Halbkuppel überwölbten Raum, der an den Hauptraum angebaut ist und sich meist in seiner vollen Breite und Höhe zu diesem öffnet. Als Konche bezeichnet man eigentlich nur die einer Muschel vergleichbare Halbkuppel einer Apsis, heute allgemein für einen halbrunden Anbau gebrauchter Begriff.

ARCHIDIAKONAT Ein Archidiakon ist zunächst Leiter des Kollegiums der Diakone an einer Bischofskirche, später Stellvertreter des Bischofs. Im Mittelalter selbständiger Leiter der ihm zugeordneten Sprengel (Archidiakonate) eines Bistums. Diese bestanden bis zur Säkularisation 1803.

ARCHITECTURA CIVILIS, ARCHITECTURA MILITARIS (lat.) Zivilbaukunst. Die Architekturtheorie unterscheidet zwischen der Zivilbaukunst und der Militärbaukunst (architectura militaris). In der Regel mußte der barocke Baumeister, oft zugleich Architekt und Ingenieur, sowohl militärische Anlagen, wie Festungen, als auch zivile Bauten, Schlösser, Residenzen, Wohnhäuser, errichten können.

ARCHITRAV Waagerechter Balken aus Holz oder Stein über zwei Stützen, der die Dach- oder Giebelkonstruktion trägt.

ARKADE Bogen über Säulen oder Pfeilern, auch eine Reihe solcher Bogenstellungen wird als Arkade bezeichnet.

ARTES LIBERALES Das System der ›Septem Artes Liberales‹, der Sieben freien Künste, enthielt und ordnete im Mittelalter den Lehrstoff und zugleich den Gang der höheren Bildung. Es umfaßte in der Regel Grammatik, Rhetorik, Dialektik, Arithmetik, Geometrei, Musik und Astronomie und schloß sich an den Elementarunterricht an. Innerhalb dieses Systems werden zwei Gruppen unterschieden: 1) die der »rechenden« Künste, das sogenannte Trivium (der Dreiweg), bestehend aus Grammatik, Rhetorik und Dialektik und 2) die der »rechnenden« Künste, das sogenannte Quadrivium (der Vierweg), der die Bereiche Arithmetik, Geometrie, Musik und Astronomie umfaßt. Die Philosophie verteilte die sieben Künste auf das Trivium im Bereich der Logik und das Quadrivium im Bereich der Physik.

ARTES MINORES Im Unterschied zu den Sieben Freien Künsten, den artes liberales, der Allgemein- und Seelenbildung, ist artes minores seit dem Mittelalter die Bezeichnung für die rein körperlichen Tätigkeiten (Handwerke, z. B. für die Baukunst).

ATTIKA (lat.) Niedriger Aufbau über dem Hauptgesims eines Bauwerks als oberer Abschluß eines Gebäudes, der den Dachansatz verdeckt. Herkunft von antiken Triumphbögen, wo sie zur Anbringung von Inschriften und als Sockel für Skulpturen diente, im Barock oft als Attikageschoß ausgebildet. Die Balustrade, eine geländerartige Brüstung.

AUSKRAGUNG Das Vorspringen eines Bauwerkes oder eines Bauteiles, z. B. eines Erkers oder eines Balkons.

BALUSTRADE (franz.) Ein aus Balustern (ein untersetztes Stützglied aus Stein oder Holz an einer Brüstung oder einem Geländer) gebildetes durchbrochenes Geländer an Treppen, Brücken, Balkonen usw. oder als Dachabschluß. Die Balustrade ist die typische Form von Geländern und Brüstungen der Renaissance und des Barock, oft wird sie auch durch Pfeiler in einzelne Abschnitte unterteilt.

BANDELWERK Symmetrische, geschwungene Bänder, die rankenähnliche Ornamente bilden. Dekoration des frühen 18. Jahrhundert, mitunter von figürlichen Motiven durchsetzt, besonders häufig als Wand- und Deckenstukkaturen.

BASIS Der ausladende Fuß einer Säule oder eines Pfeilers.

BASTION (franz.) Ursprünglich ein aus der Stadtmauer rund vorspringendes Verteidigungswerk, das im 16. Jh. aufkam und zur Aufstellung von Geschützen diente, mit denen ein von mehreren Seiten andringender Feind beschossen werden konnte.

BELÉTAGE (franz.) Das architektonisch und funktional hervorgehobene Hauptgeschoß eines Gebäudes, in der italienischen Architektur spricht man von dem Piano nobile.

BELVEDERE (ital.: Schönblick; franz. Bellevue) Bezeichnet einen architektonisch gestalteten Aussichtspunkt in Parkanlagen oder eine Aussichtsterasse auf dem Dach oder im Dachgeschoß von Wohnhäusern, Villen, Palästen und Schlössern; ebenso als Name von schön gelegenen Gartenpalästen und Lustschlössern, vornehmlich der Renaissance und des Barock.

BLENDFELD Vertieftes Wandfeld in der Fassadengliederung.

BOISERIE (franz.) Getäfel, Tafelwerk

BOSKETT (franz. und ital.) Teil des barocken Gartens, in direktem Anschluß an das Broderieparterre, der aus streng beschnittenen, geometrisch oder ornamental angelegten Buchshecken besteht, in Sonderfällen auch als Irrgarten. (Gehölzgruppe)

BOSSE Die nur roh zugerichtete, daher buckelige Fläche eines Steines (bossieren, Bossierung).

BOZZETTO (ital.) Erster, plastischer, skizzenhafter Entwurf für eine Skulptur aus Ton, Wachs, Gips, Kreide, Pappmaché oder Stuck. Der Bozzetto kam in der italienischen Frührenaissance auf. Seine Blütezeit war im Barock.

CAMPANILE (von ital. campana: Glocke) Freistehender Glockenturm.

CHARMILLE Allee, Hagebuchengang, -hecke oder -laube.

CHOR Der für das Gebet der Mönche bestimmte Platz in der Kirche. In der Architektur Bezeichnung für den meist östlichen Abschluß der Kirche.

CHORSCHLUSS Der Abschluß des Chors kann gerade, d. h. flach geschlossen, halbrund oder polygonal aus mehreren Seiten eines Vielecks gebildet sein, besteht z. B. der Chor aus fünf Seiten eines Achtecks, so spicht man von einem 5/8-Schluß.

CORETTO (ital.) Kleiner, logenartiger Balkon im Innenraum, der sich zu großen Sälen oder Kirchenräumen öffnet.

CORPS DE LOGIS (franz.) Mittleres Hauptgebäude einer zumeist mehrflügeligen Schloßanlage, in der die Herrschaft residiert.

COUR D'HONNEUR (franz.) Der von drei Flügeln umgebene Ehrenhof auf der Eingangsseite einer barocken Schloßanlage.

DACHFORMEN Die Form eines Daches wird nach der Anordnung der geneigten Dachflächen zueinander bestimmt. Die einfachste und häufigste Form ist das Satteldach aus zwei gegeneinander ansteigenden Dachflächen, wobei senkrechte dreieckige Giebel entstehen. Wenn bei einem Satteldach diese beiden Giebelfelder durch je eine weitere Dachfläche ersetzt wird, spricht man von einem Walmdach, wenn nur der obere Teil der Giebel abgewalmt ist, von einem Krüppelwalmdach. Das nach dem französischen Architekten des 17. Jahrunderts benannte Mansarddach ist ein geknicktes Dach mit steilerer Neigung im unteren und flacherer Neigung im oberen Teil. Bei dem Dach oder dem Helm eines im Grundriß quadratischen Gebäudeteils unterschiedet man zwischen dem Zelt- und dem Kegeldach. Turmdächer mit geschweifter Kontur werden Haubendach (Dachhaube) oder Kuppeldach genannt. Zu den Haubendächern gehören die Welsche Haube (Zwiebeldach, seltener Kaiserdach), die unten konvex und oben konkav geschweift sind, und das umgekehrt geschweifte Glockendach. Den bekrönenden Abschluß auf dem Dachfirst durch einen türmchenartigen Aufbau nennt man Dachreiter, der als Lichtquelle für den Innenraum dienende wird auch Laterne genannt.

DÉGAGEMENT (franz.) Verborgener Nebenausgang, Nebentreppe.

DOMKURIE Den Angehörigen des Domkapitels wurde ein Grundstück in der Domfreiheit zur Verfügung gestellt, das sie aus ihren Mitteln zu bebauen hatten. Im 18. Jahrhundert wurden die Domkurien in der Regel als Dreiflügelanlagen um einen Ehrenhof errichtet.

EMPORE Galerieähnlicher Aufbau in einem Kirchenbau, der entweder im Innenraum steht oder sich in der Regel beidseits des Mittelschiffs zu diesem hin öffnet. In funktionaler Hinsicht unterscheidet man zwischen Nonnenemporen in Klosterkirchen und Emporen für Fürsten und Kaiser oder aber architektonisch genutzten Emporen wie zum Beispiel für die Orgel.

ENFILADE (franz.) Bezeichnet eine Zimmerflucht, bei der die Tür- und Fensteröffnungen an einer Achse liegen, so daß bei geöffneten Türen eine Durchsicht vom ersten bis zum letzten Zimmer möglich ist.

ENTRESOLE (franz.) Niedriges Zwischengeschoß, meist von den Treppenaufgängen aus zugänglich, wobei die Geschoßhöhe halbiert und ein Zwischenboden eingezogen wird. Die Entresoleräume waren für Garderoben oder als Zimmer für das Dienstpersonal vorgesehen.

EPITAPH (griech.) An der Außen- oder Innenwand einer Kirche aufgestelltes oder -gehängtes Mal zum Gedächtnis an einen Verstorbenen, meist mit einer ausführlichen Inschrift und figürlichen Darstellungen versehen. Das Epitaph ist oft nicht mit der Grabstätte identisch und wurde in Renaissance und Barock zu einem prunkvollen, architektonisch gegliederten Grabdenkmal mit reichem plastischem Schmuck.

ESPLANADE (span.-franz., von lat. planus: eben) Die Esplanade bezeichnet zum einen eine künstlich eingeebnete freie Zone, in Festungen zwischen Zitadelle und Stadt. Daneben versteht man unter dem Begriff auch eine besonders breite Straße, die meist bei einer Stadterweiterung an Stelle der Befestigung angelegt wurde.

ETAGE NOBLE (ital.) Belétage, Etage noble, Hauptgeschoß eines größeren Gebäudes mit Repräsentationsräumen, meist über dem Erdgeschoß.

ETANGS (franz.) Teich, Weiher

FASANERIE Nebengebäude im Garten einer barocken Schloßanlage für die Haltung seltener Vogelarten.

FAUSSE BRAIE Unterwall; in die vordere Wallböschung eingeschobene, vor dem Hauptwall verlaufende Wallstufe einer Befestigungsanlage.

FESTON (franz.) Dekorationsmotiv in Form von bogenförmig durchgehenden oder glatt herabhängenden Gewinden aus Laub, Blumen und Früchten.

FLANKE Die rechte oder linke Seite eines Gegenstandes in ihrer ganzen Ausdehnung in die Tiefe. In der Befestigungskunst sind Flanken Verteidigungsanlagen, von denen aus das Vorgelände einer anderen Anlage flankiert, d. h. ein dagegen angreifender Gegner in seiner Flanke beschossen werden kann.

FRONTISPIZ Frontgiebel, Giebeldreieck über dem Mittelrisalit eines Gebäudes, auch über Türen und Fenstern, wird oft mit dem französischen Wort ›±Fronton‹ bezeichnet.

GADEM (von lat. gades) Eingezäunter Ort Als »Gadem« bezeichnet man ein kleines Zimmer oder Gemach, Kammer, einen Raum zum Wohnen. In Münster kommt der »Kramgadem« vor, ein Raum im Hause des Kramers zur Ausübung seines Gewerbes, oft mit einer sogenannten »Feiltür« ausgestattet, einem herunterklappbaren Laden, auf dem die Ware feilgehalten wurde. Vor allem bedeutete Gadem aber in Münster ein kleines, zunächst einräumiges Reihenhaus, dessen Traufe parallel zur Straße stand, wobei zwei Häuser einen gemeinsamen Kamin hatten. Auch nicht Wohnzwecken dienende kleine Nebenhäuser (Holzställe, Back- und Brauhäuser) wurden manchmal Gadem genannt. Diese Wohnhäuser sind aus dem Münsteraner Stadtbild nach den Zerstörungen des Zweiten Weltkrieges verschwunden, in Norddeutschland waren sie allgemein häufig im 17. und 18. Jahrhundert anzutreffen.

GARTEN In der Barockzeit war die Gartenanlage unerläßlicher Bestandteil repräsentativer Architekturen wie Schloß oder Adelssitz und bedeutet die Fortführung der gebauten Architektur in die Natur. Im 17. und 18. Jahrhundert überwiegt der französische Garten, der symmetrisch um eine Mittelachse angelegt und durch Parterres, ebene Gartenflächen, und Bosketts, geometrisch oder ornamental angelegte Hecken gegliedert ist. Am Ende der Hauptachse steht oft eine Gloriette, ein kleiner Pavillon, der manchmal Räumlichkeiten zum privaten Rückzug aufweist. Der italienische Garten dagegen ist regelmäßig um ein Zentrum konzipiert, während der englische Landschaftsgarten seit dem späten 18. Jahrhundert malerischer und natürlicher oft als Park gestaltet ist, also die geometrische Strenge des Barockgarten negiert. Bestandteil des Parks war meist ein Tiergehege.

GEBÄLK Horizontales Bauglied, meist als Auflager auf Säulen. Das Gebälk besteht aus Architrav, dem untersten »Trägerteil« des Gebälks, dem Fries, ein horizontal verlaufendes Schmuckband, und dem abschließenden Kranzgesims.

GIEBEL Bezeichnet entweder die Abschlußform eines Satteldaches, einer Ädikula oder anderer Bauteile wie Fenster oder Portal. Der Giebel kann dreieckig, segmentbogenförmig, abgetreppt (Treppen- oder Staffelgiebel) oder kurvenfömig ausgebildet sein. Seit der Renaissance werden Giebel durch geschwungene Voluten geschmückt, die Mitte eines Giebels ist, besonders in der Barockzeit, teilweise nicht geschlossen (»gesprengter« Giebel). Der Giebel über dem Mittelrisalit eines Gebäudes heißt Frontgiebel oder Frontispiz, als Blend- oder Ziergiebel werden auch Giebel bezeichnet, denen kein Dachquerschnitt entspricht.

GIRLANDE Durchhängendes Blumen- oder Blattgewinde, mit Früchten oder Bändern durchsetzt. Dekorationselement der Renaissance und des Barock.

GLORIETTE Kleiner Pavillon im französischen Garten, oft in der Hauptachse, der manchmal Räumlichkeiten zum privaten Rückzug aufweist.

GRÄFTE Wassergraben um ein Landhaus oder eine Burg.

GRISAILLE (franz.) bezeichnet die einfarbige (monochrome) Malerei grau in grau, zuweilen auch steinfarben oder bräunlich in feinen Helldunkelabstufungen; in allen Maltechniken üblich.

GURTBOGEN Verstärkungsbogen eines Gewölbes, der quer zur Längsachse des Gebäudes oder Raumes verläuft. Der Gurtbogen trennt beispielsweise die einzelnen Joche einer Kirche. Sein Pendant, der sogenannte Scheidbogen, trennt hingegen die Schiffe voneinander.

GUTTAE Tropfenartige Gebilde der Dorischen Ordnung (die älteste der griechischen Säulenordnungen, benannt nach den Dorern, einem der Hauptstämme Altgriechenlands), die in drei Gruppen zu sechs Tropfen an den Mutuli (Dielenköpfe) und außerdem in zwei Gruppen zu sechs Tropfen unter der Regula, eine schräge Gesimsleiste des Gebälks, angebracht sind.

HERME Büste, die unmittelbar aus einem hohen Sockel herauswächst, oft als tragendes Architekturteil anstelle einer Säule oder eines Pilasters.

KÄMPFER Bezeichnet die meist durch ein profiliertes Gesims betonte Zone, an der die Krümmung eines Bogens oder eines Gewölbes beginnt, und an der die Lasten eines Bogens oder eines Gewölbes vom aufgehenden Mauerwerk aufgenommen werden.

KALOTTE (franz.) Haube, Kappe. Bezeichnet die Fläche einer Flachkuppel oder eines sphärischen Gewölbes.

KANNELUREN (griech.-lat. canna: Rohr) Senkrechte konkave Rillen am Schaft eines Pfeilers oder einer Säule. Gliederungselement, das aus der antiken Säulenordnung übernommen und seit der Renaissance wiederverwendet wurde. Die Kanneluren können im unteren Teil des Schaftes mit sogenannten Pfeifen, kleinen wulstartig hervortretenden Rundstäben, gefüllt sein.

KANZEL Der im Innenraum einer Kirche eingerichtete Standort für den Prediger ist neben dem Altar, der Orgel und dem Taufbecken das wichtigste Ausstattungsstück. Der erhöhte Kanzelkorb steht zumeist auf ein oder mehreren Stützen und wird über eine Freitreppe betreten. Den oberen baldachinartigen Abschluß der Kanzel nennt man Schalldeckel, der ebenso wie der Kanzelkorb mit einem reichen figürlichen oder dekorativen Skulpturenprogramm verziert ist.

KAPITELL Ausladendes Kopfstück einer Säule oder eines Pfeilers.

KARNIES (span. carnisa) Gesims- oder Leistenprofil mit S-förmiger Kontur, das aus einem konvexen (Stab) und einem konkaven Element (Kehle) besteht. (Glokenleiste)

KARTUSCHE Medaillonförmiges Ornamentmotiv mit Volutenrahmung, das für Wappen, Inschriften oder als reine Zierform in Architektur und Kunsthandwerk verwendet wurde.

KARYATIDE (griech.: Tänzerin aus Karyä) Mädchengestalt mit korb- oder polsterförmigem Kopfputz, die anstelle tektonischer Stützen ein Gebälk trägt.

KASKADE (ital. cascare: fallen) Bezeichnet einen künstlich abgetreppten Wasserfall, hauptsächlich in Parkanlagen der Renaissance und des Barock.

KIRCHENBAU Im Bereich des christlichen Gotteshauses unterscheidet man in funktionaler Hinsicht zwischen Bischofs-, Pfarr-, Wallfahrts- und Klosterkirchen, in der Grundrißdisposition zwischen Zentral- und Langbauten, der einschiffigen Saalkirche, der mehrschiffigen Basilika mit abgestuften Höhen der einzelnen Schiffe und der Hallenkirche mit gleich hohen Schiffen. Den Mittelpunkt und Abschluß einer Kirche bildet die Apsis bzw. der Chor, die von Nebenräumen, wie etwa der Sakristei, flankiert werden können.

KOLOSSALORDNUNG Säulen oder Pilaster, die samt ihrer Sockel mehrere Geschosse einer Fassade zusammenfassen.

KOMMENDE Versammlungs- bzw. Verwaltungsgebäude der geistlichen Ritterorden, wie der Johanniter, Maltheser oder Deutschordensherren; der Komtur war der Vorsteher einer Kommende. Kommende bezeichnet daneben auch einen Begriff aus dem katholischen Kirchenrecht, die Übertragung der Einkünfte eines Kirchen- oder Klostervermögens unter Befreiung von den Amtspflichten.

KONSOLE (franz.) Vorspringendes Trageelement, im Steinbau ein vorkragender Stein, auf dem ein Bogen, ein Gesims, Skulpturen, Balken, Balkone u. ä. ruhen.

KRANZGESIMS Als Gesims bezeichnet man ein meist horizontales Bauelement, das eine Außenwand in einzelne Abschnitte gliedert. Die Grundform des Gesimses besteht aus vorspringenden Platten mit waagerechter Begrenzung, die ebenso schräge Abdeckflächen haben (Schräggesims) oder unterschnitten sein können (Kaffgesims, Wasserschlag). Das Kranzgesims ist ein stark über die Mauerflucht ausladendes Gesims meist unterhalb des Dachansatzes, das unter der Abdeckplatte noch zusätzliche Schmuckelemente wie Hohlkehlen, Friese, Konsolen oder Reliefstreifen aufweist.

KEILSTEIN Keilförmiger, nach unten schmal zulaufender Stein für den Bau von Bögen oder Gewölben. Keilsteine im Bogenscheitel von Fenstern oder Portalen werden zumeist durch ihre Größe und ihren teilweise ornamentalen Schmuck besonders hervorgehoben.

LAMBRIS (franz.) Deckgetäfel, Tafelwerk aus Holz, Täfelung an Zimmerwänden, ebenso als Gipsverkleidung.

LATERNE (von lat. lanterna: Lampe) Turmartiger Aufbau als bekrönender Abschluß auf dem Dachfirst, der als Lichtquelle für den Innenraum dient.

LISENE Leicht hervortretende, vertikale Mauerverstärkung zur Gliederung einer Fassade, im Gegensatz zum Pilaster ohne Basis und Kapitell.

LOGGIA (ital.) Offene Laube oder Säulenhalle eines Bauwerks, selten unterhalb des Daches, aber sehr oft als selbständige, offene Säulenhalle an Plätzen anzutreffen.

LÜNETTE Halbkreisförmiges, meist dekoriertes Wandfeld über einer Tür oder einem Fenster.

MAISON DE PLAISANCE/LANDHAUS Das herrschaftliche Anwesen auf dem Lande im Gegensatz zur Residenz des Stadtpalastes im Zeitalter des Barock bezeichnet eine Architektur, die sowohl die funktionalen Bedingungen eines landwirtschaftlichen Betriebs wie auch die repräsentativen Ansprüche der Bewohner zu erfüllen hatte, darüber hinaus aber nicht den alltäglichen Gebrauchsansprüchen eines Dauerwohnsitzes genügen mußte. In den warmen Sommermonaten ließ man die Geschäfte in der Stadt ruhen, um sich auf dem Lande zu erholen, zu vergnügen und sich der vermeintlichen bäuerlichen Idylle hinzugeben. Vorbild für das Landhaus des deutschen Barock ist vor allem die italienische Villa des 16. Jahrhunderts, zum Beispiel im Veneto durch Andrea Palladio vorgebildet, und die französische Maison de plaisance (Lusthaus) bzw. Maison de campagne (Landhaus) des 17. und 18. Jahrhunderts. In Westfalen wird der Typus auch für die Herrenhäuser der Landgüter des Adels verwendet.

MARSTALL Nebengebäude einer Schloßanlage zur Unterbringung der Pferde (Stallgebäude). Neben den Stallungen können sich im Gebäude ebenso Räume für die Stallknechte und Appartements für Gäste befinden.

MAUERWERK Im Barock verwendete man prinzipiell drei verschiedene Arten des Mauerwerks zur Fassadengestaltung: das Ziegel- oder Backsteinmauerwerk kann nachträglich verputzt sein, so daß die Steinlagen nicht mehr erkennbar sind und eine gleichmäßige Wandfläche entsteht. Der Werk- oder Haustein bezeichnet den sorgfältig von allen Seiten behauenen, rechteckig geformten Naturstein. Im 17. und 18. Jahrhundert benutzte man häufig den unverputzten rotbraunen Ziegel für die Wandflächen in Kombination mit dem Haustein aus gelb-beigem Sandstein für die Dekorationsformen wie zum Beispiel Fenster- und Portaleinfassungen. Die Rustika bezeichnet ein Mauerwerk aus roh behauenen Bruch- oder Werksteinen, oft mit Randschlag versehen und entweder in der Rohbehauung stehengelassen (»in Bosse«) oder fein bearbeitet; die Rustika wurde meist für die Sockelzone eines Gebäudes verwendet.

MAUSOLEUM Grabmalsbau

MENSA Platte eines Altares, die auf Stipes (Stützen) oder auf einem Block aufliegt.

MEZZANIN Niedriges Halb- oder Zwischengeschoß, meist zwischen dem obersten Stockwerk und dem Dach angeordnet.

MONSTRANZ (lat.) Schaugefäß für die geweihte Hostie in einem aus Edelmetall gefertigtem Giergehäuse, das in der Gotik meist turmförmig, im Barock scheiben- oder strahlenförmig gestaltet ist.

PANNEAU (franz.) Füllung/Fläche innerhalb einer erhöhten Einfassung; Holzplatte, auch Fläche eines behauenen Steins.

PARTERRE EN BRODERIE (franz.) Unmittelbar vor dem Schloß gelegener ebener Gartenteil, dessen Teppichbeete durch geordnete Blumen, seltener Kieselsteine zwischen niedrigen Hecken (Bosketts) wie eine Stickerei gemustert sind. Diese Gartenflächen sind typische Bestandteile des Barockgartens.

PIANO NOBILE (ital.) Belétage, Etage noble, Hauptgeschoß eines größeren Gebäudes mit Repräsentationsräumen, meist über dem Erdgeschoß.

OCHSENAUGE Meist elliptisches Rundfenster.

OKULUS Kreisrundes Fenster.

ORANGERIE Gewächshaus im Garten einer barocken Schloßanlage, meist für exotische Pflanzen.

ORATORIUM Betsaal oder kleine Kapelle, meist im Emporengeschoß neben dem Chor, mit Fensteröffnungen zu diesem.

ORGEL Die Orgel als liturgisch wichtigstes Musikinstrument einer Kirche wurde im Barock meist auf der Westseite über dem Eingang auf einer eigens dafür eingerichteten Empore installiert und an ihrer Schauseite durch einen dekorierten Prospekt präsentiert.

PARTERRE (franz.) Teil des französischen Gartens; bezeichnet die ebenen Gartenflächen.

PATROZINIUM Kirchen stehen unter dem Patrozinium, das heißt der Schutzherrschaft des Heiligen, dem sie geweiht ist, dessen Grab sie auch zuweilen beherbergen. Im Mittelalter war der Kirchenpatron juristisch der Besitzer der Kirche und ihrer Güter.

PAVILLON (franz.) Bezeichnet entweder einen kleinen freistehenden Bau wie zum Beispiel einen Gartenpavillon oder aber einen mit dem Schloß durch eine Galerie oder unmittelbar verbundenen Baukörper, der durch das Dach von diesem klar abgetrennt ist.

PATTE D'OIE (franz.) Gänsefuß, im französischen Garten der Knotenpunkt dreier Wege.

PENDENTIF Hänge- oder Eckzwickel. Bezeichnet den Übergang vom quadratischen Grundriß des Unterbaus zum Kreis einer Kuppel in Form konkav gewölbter, sogenannter sphärischer Dreiecke; die Seiten des Dreiecks sind dabei nicht gerade und gleichseitig sondern viertelkreisförmig ausgebildet, so daß eine fließende Überleitung zum Rund der Kuppel erfolgt.

PILASTER Im Gegensatz zum freistehenden rechteckigen Pfeiler ist der Pilaster ein immer mit der Wand verbundener flacher Pfeiler. Im Barock verwendet man oft die kolossale Pilasterordnung, die mindestens zwei Geschosse der Außenfassade oder des Innenraums gliedert. Im Gegensatz zur Lisene hat der Pilaster wie die Säule auch Basis und Kapitell.

PLAFOND (franz.) Flachdecke

POLYGON, POLYGONAL
Vieleck, vieleckig.

PONTIFIKAT Amtsdauer eines Papstes oder eines Bischofs.

PORTIKUS (lat.) Eine von Säulen oder Pfeilern getragene Vorhalle vor der Hauptfront eines Gebäudes.

PRÄBENDE Zuteilung aus Benefizien und Pfründen, im katholischen Kirchenrecht ein von der zuständigen kirchlichen Autorität errichtetes Rechtsinstitut, das aus Kirchenamt und nutzungsfähiger Vermögensmasse besteht, deren Ertrag den Unterhalt des Amtinhabers sichern soll.

PREDELLA Der auf der Altarmensa aufsitzende Sockel eines Retabels oder eines Flügelaltars, meist mit Malereien oder Bildwerken geschmückt oder als Reliquienbehälter genutzt.

RAVELIN (franz.) Halbmondschanze, ursprünglich halbkreisförmige Schanze, ab dem 16. Jahrhundert drei- oder fünfeckig.

REFEKTORIUM (lat.) Speisesaal in einem Kloster, meist in dem der Klosterkirche gegenüberliegenden Flügel des Kreuzganges, kann jedoch auch als eigener Baukörper quer zum Kreuzgang angeordnet sein. Zisterzienserklöster hatten zwei Refektorien, eines für die Laienbrüder und ein anderes für die Mönche, letzteres das baulich bedeutendere.

REMISE Nebengebäude einer Schloßanlage zur Unterbringung der Kutschen.

RETABEL Altaraufsatz, entweder direkt auf der Mensa, auf einem Zwischenstück (Predella) oder hinter dem Altar auf einem eigenen Unterbau als Schauwand. Mit Bildern oder Skulpturen geschmückt, meist aus Holz oder Stein.

RISALIT (ital.) Der vor die Flucht des Hauptbaukörpers vorspringende Bauteil, der auch höher als dieser sein kann und oft ein eigenes Dach hat, so daß das Gebäude an dieser Stelle einen starken Akzent erhält. Je nach Lage des Risalits unterscheidet man zwischen dem Mittelrisalit an der zentralen Position eines Gebäudes, meist der Stelle des Eingangs, und den Seitenrisaliten, die an den äußeren Achsen eines Gebäudes vortreten. Die Unterscheidung zwischen Seitenrisaliten und kurzen Seitenflügeln ist nicht immer eindeutig. Risalite kommen hauptsächlich bei Profanbauten des Barock vor.

ROCAILLE (franz.) Muschelförmiges asymmetrisches Dekorationselement des Spätbarock, nach dem der Stil des Rokoko benannt wurde.

RUSTIKA Wandgestaltung aus grob behauenen Steinquadern. (vgl. auch Mauerwerk)

SÄKULARISATION Einziehung und Beschlagnahme kirchlichen Eigentums durch staatliche Gewalt. Aufhebung aller Fürstbistümer, Reichsabteien und Klöster durch den Reichsdeputationshauptschluß 1803.

SÄULENORDNUNGEN Aus der Antike abgeleitete Regelung für Säulen bzw. Pilaster und ihre Gebälklagen. Eine Säulenordnung besteht zumeist aus einer Basis, dem Säulen- bzw. Pilasterschaft und dem Kapitell. Darauf liegt das Gebälk auf, das sich wiederum aus dem Architrav, dem Fries und dem Kranzgesims zusammensetzt. Die einzelnen genannten Elemente können unterschiedlich gestaltet sein. Kanneluren, Vertikalauskehlungen, können verwendet werden. Die Neuzeit unterscheidet dabei fünf Ordnungen:
– Dorisch: die Säulenbasis entfällt, das Kapitell besteht aus einem einfachen wulstartigen Ring, im Fries wechseln Triglyphen und sog. Metopenfelder.
– Toskanisch: ähnlich der dorischen Ordnung, aber mit Säulenbasis.
– Ionisch: Folge von Basis, Säule, Kapitell, das hier aus zwei großen Voluten besteht.
– Korinthisch: Kapitell mit dreifachem Blätterkranz.
– Komposit: Verbindung des ionischen und korinthischen Kapitells.

Bereits im 17. Jahrhundert hat es in Frankreich und Deutschland Bestrebungen gegeben, eine nationale Säulenordnung einzuführen, mit gallischem Hahn und deutschem Eichenlaub.

SALA TERRENA Zum Garten führender Erdgeschoßsaal.

SCHANZE Geschlossener Stützpunkt im Befestigungswesen. Kleinere Befestung mit Erdwall, Graben und Brustwehr zur Verteidigung eines begrenzten Abschnittes.

SCHLEPPGAUBE Bezeichnet ein stehendes, mit senkrechten Seitenwänden versehenes Dachfenster, dessen Dach von einer Anhebung der Dachhaut gebildet wird.

SCHLOSSANLAGE Im Gegensatz zur stark befestigten Burganlage des Mittelalters und den wehrhaften Vierflügelanlagen des 16. Jahrhundert wird das Schloß des 17. und 18. Jahrhunderts zur Stadt und zum Land geöffnet. Beim barocken Schloßbau entfiel der vierte Flügel, die häufigste Grundrißform ist die Dreiflügelanlage mit einem Hauptgebäude, dem Corps de Logis oder Herrenhaus, und zwei kürzeren Seitenflügeln, die einen offenen Ehrenhof, den Cour d'Honneur, U-fömig umschließen, der oft durch ein Ehrenhofgitter vom Schloßplatz abgetrennt ist. An der Rückseite liegt die axial auf das Schloß bezogene Gartenanlage. Neben dieser klassischen Form findet man in Westfalen noch die Vierflügelanlage, die wie bei der mittelalterlichen Burg oder dem Renaissance-Schloß einen zentralen Hof umschließt, sowie Anlagen mit H-förmigem Grundriß. Die Grenzen zwischen Burg und Schloß sind oft fließend, da in Westfalen in vielen Fällen mittelalterliche Burganlagen in der Barockzeit modernisiert und umgebaut wurden und so den Charakter und Anspruch eines Schlosses erhielten. Von den begleitenden Nebengebäuden des Hauptschlosses sind u. a. zu nennen: die Vorburg und das Torhaus mit Einfahrt oder Durchfahrt zum Herrenhaus, flankierende Wachhäuser, Wirtschafts- oder Ökonomiegebäude, Magazine, der Marstall für Pferde, Remisen für die Kutschen sowie im Garten die Orangerie, das Gewächshaus für zumeist exotische Pflanzen, und die Fasanerie für die Haltung seltener Vogelarten.

SERLIANA Von Bramante erfundenes, nach Sebastiano Serlio benanntes Architekturmotiv (oft auch Palladio-Motiv genannt), das aus einer dreiteiligen Säulenstellung besteht, deren Mitte von einem halbrunden Bogen geschlossen wird, während die seitlichen Achsen in Ansatzhöhe des Bogens ein gerades Gebälkstück als Abschluß besitzen.

SCHEITEL Höchster Punkt eines Bogens oder eines Gewölbes.

SIMA (griech.) Profilierte Rinnleiste unterhalb der Dachtraufe.

SUPRAPORTE (lat.) Eine in der Renaissance und im Barock oft bildlich oder dekorativ belebte und gerahmte Fläche über dem Türsturz (Bildfeld über einer Tür).

STREBEPFEILER Zur Verstärkung der Außenmauern senkrecht vorstehende Mauerzungen am Widerlager des Gewölbes. Die meist abgestuft gemauerten Strebepfeiler nehmen den Schub der Gewölbe auf und leiten ihn ab. Auf diese Weise wird die Wand entlastet.

STUCCO LUSTRO Stuck ist ein mit Leimwasser angemachter Gipsmörtel. Je nach Zusammensetzung (Kalk, Marmor) unterscheidet man Gipsstuck, Weißstuck, Kalkstuck, Zementstuck und Graustuck. Stucco lustro, auch Stuckmarmor genannt, immitiert die geäderte Maserung des Marmors.

TABERNAKEL (lat.) Gehäuse für die Verwahrung von Hostien auf einem Altar oder von Stützen getragener Überbau eines Altars (Ziborium, Baldachin).

TAMBOUR (franz.) Bezeichnet den zylinderförmigen Unterbau einer Kuppel mit Fenstern zur Belichtung des Kuppelraumes.

TAPISSERIE (franz.) Wandteppich zum Schmuck oder zur Bespannung der Wand.

TENNE Teil einer Scheune, der zum Dreschen des Getreides dient.

TEPIDARIUM (griech.) Bezeichnet den Raum für das warme Bad in einer römischen Badeanlage. Zwar hatten auch schon die griech. Gymnasien Bäder, doch haben erst die Römer die Bäder systematisch zu großen Anlagen weiterentwickelt, die streng symmetrisch angeordnet sind. Weitere wichtige Räume einer römischen Thermenanlage: Auskleideraum (Apodyterium, Vestiarium), Kaltbad (Frigidarium) mit einem Schwimmbecken (Piscina), Raum für das heiße Bad (Caldarium), Salbräume (Aleipterion), Schwitzbad (Sudatorium).

THERMENFENSTER Halbrundes Fenster, durch zwei vertikale Pfosten dreigeteilt.

TRAVÉE (franz.) Gewölbefeld oder Gewölbeabschnitt, durch Stützen, Gurt- und Scheidbogen (joch- und schiffstrennenden Bogen) als vollständiges Einzelelement eines größeren Gewölbesystems ausgeschieden.

TREILLE/TREILLAGE (franz.) Bezeichnet ein in die Fensteröffnung eingemauertes Gitter aus Eisenstäben, z. B. bei Gefängnissen oder bei Kellerfenstern, ebenso eine Sprosse, eine schlanke Docke, ein Baluster am Treppengeländer. Eine Treillage ist ein Gitterwerk oder eine Drahtanlage.

TREPPENFORMEN Vor allem im Zeitalter des Barock erhielt die Treppe eine wichtige funktionale und repräsentative Bedeutung, so daß eigene Architekturformen von großartigen Treppenhäusern entwickelt wurden. Prinzipiell unterschiedet man bei den verschiedenen Treppenformen die einläufige Treppe, die ohne Absatz (Podest) von Geschoß zu Geschoß führt, von der mehrläufigen Treppe, die bei den Podesten ihre Richtung ändern kann. Darüber hinaus gibt es auch zweiläufige Treppen, die von einem gemeinsamen Podest ausgehen oder sich hier wieder treffen, wobei jeder Arm wieder durch Zwischenpodeste in mehrere Läufe geteilt sein und so seine Richtung ändern kann. Im Barock sind die Treppenhäuser oft so gestaltet, daß der Blick von unten ungehindert bis zum Plafond reicht, der meist mit dem Deckengemälde versehen ist. Die beliebteste Treppenform des Barock am Außenbau ist die zwei- oder doppelläufige Freitreppe.

TRUMEAU (franz.) Wanderkleidung aus Holz, Wandspiegel, der bis an den Fußboden reicht.

TYMPANON (griech.) Fläche über einem Portal innerhalb des Bogenfeldes, bemalt oder mit figürlichem Schmuck, etwa der Darstellung des Jüngsten Gerichts.

VERKRÖPFUNG Vorziehen eines Gebälkes mit Fries oder eines Gesimses über einen vorstehenden Bauteil, etwa eine Wandsäule, einen Pilaster oder Mauervorsprung.

VESTIBÜL (lat.) Vor- bzw. Eingangshalle eines Hauses, oft als Durchfahrt für Kutschen gestaltet; im Barock schließt sich in der Regel ein repräsentatives Treppenhaus an.

VIERUNG Bezeichnet den Raumteil einer Kirche, in dem sich Querhaus und Langhaus mit meist gleicher Breite durchdringen, so daß die Vierung einen quadratischen Grundriß ausbildet (Vierungsquadrat).

VILLA SUBURBANA (lat.) Vorstädtisches Landhaus.

VOLIÈRE (franz.) Großer Flugkäfig für Vögel.

VOLUTE Schnecken- oder spiralförmig gewundene Ornamentform am Kapitell oder am Giebel.

VORLAGE Gliederung einer Fassade durch vorgelegte Halbsäulen, Lisenen oder Pilaster.

VOUTE (franz.) Deckenkehle, konkav gerundeter Übergang zwischen Wand und Deke.

WELLERWERK Wellerbau = Lehmbau.

WELSCHE HAUBE Haubendach, Dachhelm oder Turmdach mit geschweifter Kontur, oft mit einer Laterne bekrönt.

ZWERCHHAUS (auch ZWERGHAUS) Eine aus der Flucht der Fassade in das Dach übergehende große Dachgaube (Dacherker).

Register der Orte, Objekte und historischen Personen

(Die fett gedruckten Seitenzahlen verweisen auf die zentrale Bearbeitung der jeweiligen Bauaufgabe)

N

O

P

T

U

V

W

X

Z

Impressum

Johann Conrad Schlaun
Das Gesamtwerk, 2 Bände

KONZEPTION
Florian Matzner, Ulrich Schulze

REDAKTION
Florian Matzner, Ulrich Schulze

GRAFISCHER ENTWURF, UMSCHLÄGE
Kühle und Mozer, Köln

SATZ UND SCHWARZWEISS-LITHOS
Weyhing, Stuttgart

FARBLITHOS
Kruse, Vreden

DRUCK UND BINDUNG
Mariogros, Turin

ISBN 3-927789-79-8

Die Deutsche Bibliothek – CIP-Einheitsaufnahme

Matzner, Florian: Johann Conrad Schlaun: 1695–1773;
das Gesamtwerk / Florian Matzner; Ulrich Schulze.
Hrsg. von Klaus Bußmann im Auftr. des Landschaftsverbandes
Westfalen-Lippe mit Unterstützung der NRW-Stiftung Natur-
schutz, Heimat- und Kulturpflege. – Stuttgart: Oktagon.
ISBN 3-927789-79-8
NE: Schulze, Ulrich; Schlaun, Johann Conrad [Ill.]; HST

Bd. 1 (1995)

Umschlag:
Münster, Kloster der Barmherzigen Brüder, Ausführungsprojekt St. Clemenshospital und Kirche, Grundriß, 1744 –
Lavierte Federzeichnung von Johann Conrad Schlaun

Seite 2:
Johann Conrad Schlaun als Generalmajor, Unbekannter Maler, nach 1750 (Westfälisches Landesmuseum Münster)

Johann Conrad Schlaun
Das Gesamtwerk

Band 2

Florian Matzner Ulrich Schulze

Johann Conrad Schlaun
1695–1773

Das Gesamtwerk

herausgegeben von
Klaus Bußmann

im Auftrag des
Landschaftsverbandes Westfalen-Lippe mit Unterstützung der
NRW-Stiftung Naturschutz, Heimat- und Kulturpflege

Oktagon

Inhalt

Band 1

Band 2

44

St. Clemenskirche und Hospital Kloster der Barmherzigen Brüder, 1744/54

Münster

Die ehemalige Hospitalskirche St. Clemens bildete das vorgeschobene Zentrum einer unregelmäßigen Vierflügelanlage am Schnittpunkt zweier sich kreuzender Straßen. Mit ihrer geschwungenen Fassade und der Kuppel mit Laterne setzte sie einen ersten römischen Akzent in der Metropole des von Köln aus regierten Fürstbistums. Die Anlage mit dem Bezugspunkt der Kirche ist in ihrer Bedeutung als städtebauliche Konzeption heute stark gemindert durch das Fehlen der anschließenden Klostergebäude, die in Höhe und Verlauf die Kirche in ihrer Gestalt als Form und Symbol erst erklärten. Die Clemenskirche hatte durch die Luftangriffe des Zweiten Weltkrieges schweren Schaden erlitten, Kuppel mit Tambour stürzten ein, das Hospital wurde vollständig zerstört. Erst nach langwierigen Verhandlungen stimmte die Stadt einem eingeschränkten Wiederaufbau zu.

Bauherr war Kurfürst Clemens August von Köln und Fürstbischof von Münster. Hospital und Kirche sind seine Stiftung. Seiner Verherrlichung diente das architektonische und ikonographische Programm, seinem Namenspatron, dem Märtyrerpapst Clemens I., ist der Bau gewidmet.

Die Baugeschichte ist kompliziert. Man kann grundsätzlich drei Planstufen unterscheiden, die an verschiedenen Orten in der Stadt sehr verschiedene Lösungen zeigten:
1. Planung 1732 im Zusammenhang mit der Residenzplanung am Neuplatz; Baustop ein Jahr später.
2. Zweites Projekt für den Bocksplatz, Ecke Kreuzstraße und Buddengasse, zwischen 1734 und 1744.
3. Ausführungsprojekt auf der ehemaligen St. Pauli- oder Niesing-Freiheit bei der Servatiikirche: Grundsteinlegung 30. Juni 1745; 1747 ist der Rohbau der Kirche bis zum Gesims vollendet; im Juli 1749 beginnen der Hofmaler Johann Adam Schöpf und der Stukkateur Jakob Rauch mit der Innenausstattung der Kirche; Februar 1751 ist die Ausstattung im wesentlichen vollendet; am Außenbau und im Inneren der Kirche werden die Gerüste entfernt; 1753 folgt die Einweihung der Kirche, 1754 die Übersiedlung der Kranken in das neue Hospital.

LITERATUR

Hermann Kock, *Series episcoporum Monasteriensium,* Teil IV, Münster 1805, S. 57; *Über das Clemenshospital hierselbst,* Münsterisches Intelligenz-Blatt 1825, S. 160; Albert Wilkens, *Versuch einer Geschichte der Wohltätigkeits-Anstalten als Beitrag zu einer besonderen Geschichte der Stadt Münster,* Münster 1827, S. 45; (F. Guilleaume), *Beschreibung der Stadt Münster,* Münster 1836, S. 266; *Nachrichten über die Stiftung und Errichtung der Kranken-Anstalten in Münster,* Münster 1854, S. 6; A. Tibus, *Die Stadt Münster,* Münster 1882, S. 210; *Nachrichten über Kranken- und Wohltätigkeits-Anstalten in der Stadt Münster,* Münster 1884, S. 7 (mit einem Grundriß des Hospitals); Renard 1896, S. 85; Huyskens 1904 (mit Grundriß und Abbildungen); *Zur anderthalbhundertjährigen Jubelfeier des Klemenshospitals,* M.A. 12.9.1904, Nr. 566; *Zur 100jährigen Jubelfeier der Genossenschaft der Clemens-Schwestern,* M.A. 1., 3. und 6.9.1908, Nr. 723, 727 und 737; L. Schmitz-Kallenberg, *Monasticon Westfaliae,* Münster 1909, S. 59, Nr. 28 u. 29; Hartmann 1909/1910, S. 104-27; P. Schmedding, *Fürsorge für Arme und Kranke in Münster,* M. A. 13.9.1912, S. 7; S. P. Widmann, *Die Aufnahme der barmherzigen Schwestern in das Clemens-Hospital,* ebd. S. 8; H. Vahle, *Das Ende des Klosters der Barmherzigen Brüder und die Einführung der Elisabetherinnen in das Klemenshospital,* Westfälische Zeitschrift 73 (1915), S. 173; M. Goering 1934, S. 364; Rensing 1936, S. 24; Geisberg 1941, Münster VI, S. 406-54; Rensing 1954, S. 19, S. 27-30; Peters 1955, S. 244; Busen 1959, S. 276-86; Braubach 1961, S. 68, S. 74; Wolff-Metternich 1963, S. 239-61; C. A. Barigozzi-Brini, K. Garas, *Carlo Innocenzo Carloni,* Mailand 1967; Kat. *Schlaun* 1973, Bildteil, Kat.-Nr. 53; Noehles 1973, S. 125-57; Hager 1973, S. 28-31; Claussen 1975, S. 159-73; Zava Boccazzi, F. Pittoni, *Venedig* 1979; Seifert 1983, S. 387f., 457f.; Schopf 1988, S. 48, 66; Noehles 1994.

QUELLEN

Domenico de Rossi, *Studio d' architettura civile,* 3 Bde., Rom 1702, 1711, 1721 (Nachdruck Richmond 1972); erste Zusammenstellung der Quellen zu Hospital und Kirche bei Schmitz-Kallenberg 1909; die von Huyskens 1904 ausdrücklich als im Stadtarchiv befindlich erwähnten Akten waren bereits zu Geisbergs Zeit dort nicht mehr nachzuweisen; Staatsarchiv Münster: Domänen-Registratur I 51 b (1-5), darunter bei 1. Abschriften zahlreicher Urkunden aus der Mitte des 18. Jhds; Dom.-Reg. I 49, 10 und Archiv der neueren Zeit 47 Nr. 70 (Inventar der Kirchengeräte) und 66 (Krankenregister bis 1833) Fürstentum Münster, Kabinettsregistratur P XXII A Nr. 6: Umrißskizzen der drei Altargemälde für den Maler Schöpf; Archiv des Generalvikariats: Nr. 1 Bauerlaubnis des Fürstbischofs zu einer Loretokapelle 21.10.1743; Nr. 2 Spezifikation der Fonds, Neuhaus, 18.2.1750; Nr. 9 Protestschrift eines Klosterinsassen von 1782, Handschrift 164. J. G. Kümpers, Spicilegium ecclesiasticum mit verschiedenen Druckschriften: Festrede des Jesuiten und Dompredigers Jakob Zurmühlen, S. J., zur Kirchweihe 14.10.1753 (zit. bei Noehles 1994: »Ehrenrede...« zum Lobe des Kurfürsten Clemens August anläßlich der Weihe von St. Clemens), Krankenbericht des Leibmedicus Zurmühlen über die 1733-53 aufgenommenen Kranken, Verfügung des Generalvikars Franz Frh. v. Fürstenberg vom 4. 9.1754 für die feierliche Überführung der Kranken in das Hospital.

DENKMALPFLEGE

Einzelberichte zur Denkmalpflege in: Westfalen 53 (1975), S. 608; 56 (1978), S. 271, S. 542-546; 62 (1984), S. 591; Gutschow/Stiemer 1982, S. 112-114.

1 Münster, St. Clemenskirche (vor 1945)

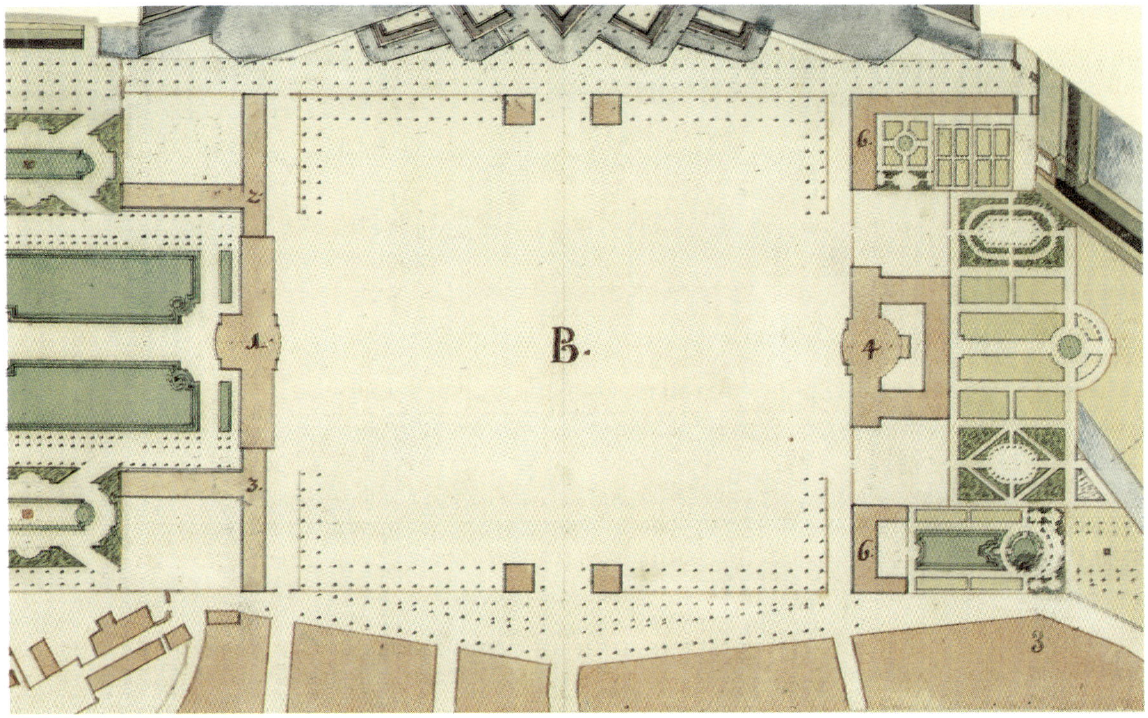
B.
1.
2.
3.
4
6.
6.
3

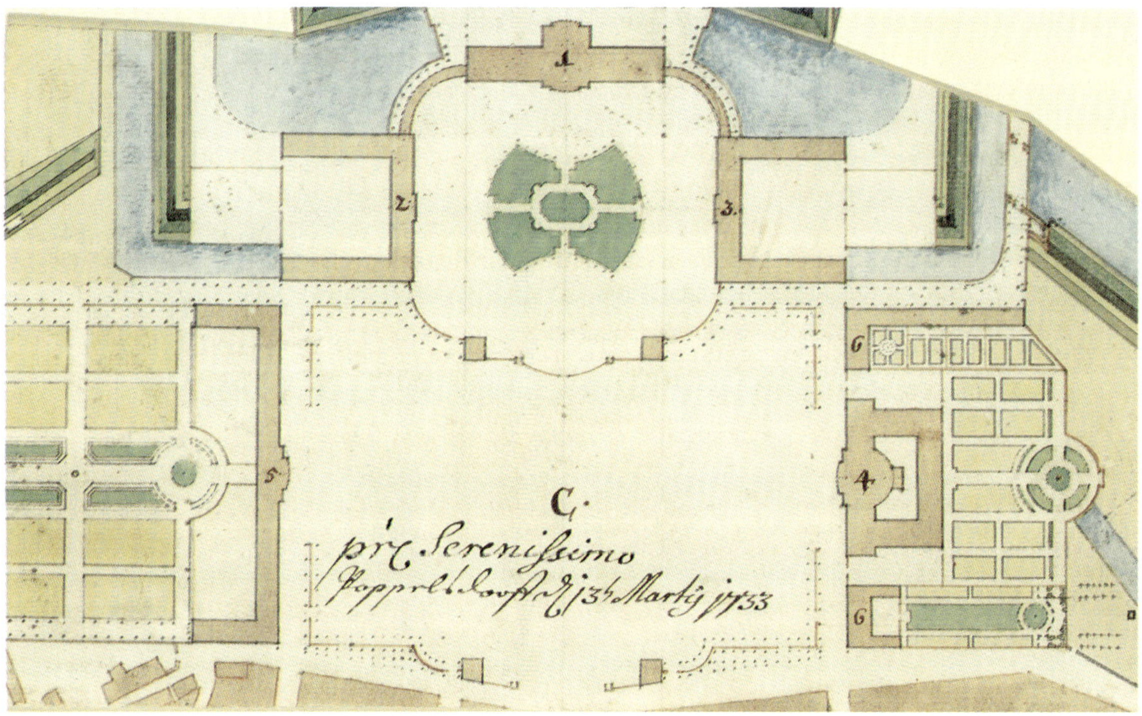
1.
2.
3.
4
5.
6
6
C.
pr. Serenissimo

1. Projekt am Neuplatz, 1732/33

Fürstbischof Clemens August teilte am 2.4.1732 seinem Generalvikar Nikolaus Herrmann von Ketteler mit, er sei gewillt, »zu mehrerem Troste seiner Untertanen in ihren Krankheiten« für die Errichtung eines Hospitals 100.000 Gulden bereitzustellen. Als Krankenpfleger wollte er die Brüder des Ordens des hl. Johannes von Gott berufen, die Fratres de Misericordia beati Johannes de Deo, deren Wirken er wohl in deren Kloster »Fratebenefratelli« auf der römischen Tiberinsel kennengelernt hatte.

Die Grundsteinlegung erfolgte am 24.11.1732 auf der Nordseite des Neuplatzes. Diese Planung gehört zu der frühen Planung der Residenz, die, von Plettenberg vorangetrieben, nach seiner Entlassung zum Stillstand kam. Das belegen eindeutig die frühen Pläne zur Residenz (Abb. 2, 3), deren einer, der das Schloß bereits an die heutige Stelle stellt, den gleichen Präsentationsvermerk trägt, »Poppeldorff, d. 13. Martij 1733«, wie die vier Pläne im Landesmuseum zu Kirche und Hospital. Das geplante Schloß ist mit seinem vorgeschobenen Ehrenhof zur Stadt ausgerichtet, in der Querachse steht der Kloster- und Hospitalanlage die Kaserne gegenüber. Dieses monumentale Projekt dürfte von vornherein keine Chance zu einer Realisierung als Ganzes gehabt haben. Noehles ist der Meinung, daß interessierte Kreise Münsters, offenbar mit Hilfe des aus ihrer Mitte stammenden mächtigen Ministers Plettenberg, die Gunst der Stunde nutzen und von dem stiftungswilligen Fürsten mit Hilfe der repräsentativ angelegten Pläne Schlauns das 1719 anläßlich seiner Wahl versprochene Residenzschloß einfordern wollten. Es ist bezeichnend für die Situation, daß in den Plänen nur Hospital und Kirche detailliert ausgeführt sind; die Residenz blieb zunächst ein Luftschloß.

Mit dem Bau des Hospitals dagegen wurde begonnen; Schlaun hatte bereits Holz für die drei Geschosse beschafft. Doch kaum schaute der Bau über die Fundamente hinaus, wurden alle Arbeiten abrupt eingestellt. Äußerer Anlaß war die sogenannte Roll-Affaire: einer der engsten Freunde des Kurfürsten wurde 1733 von einem Verwandten Plettenbergs im Duell getötet. Intrigen taten das übrige, Plettenberg mußte gehen, all dies verbunden mit erheblichen Folgen für die Reichspolitik, aber auch die Sache des Landes. Der von Clemens August nicht geliebte Residenzbau wurde endgültig zu den Akten gelegt, der Grundstein des Klosters nach Jahren wieder ausgegraben und mit dem Baumaterial an den neuen Bauplatz geschafft.

FASSADE

Auf der frühesten Planstufe waren Kirche und Kloster der Barmherzigen Brüder Teil einer großangelegten Residenzplanung (Abb. 1, 2 – Kat.-Nr. 27). Sie bildeten die nördliche Begrenzung des Schloßplatzes. Die südliche Front der schlichten Klosteranlage (Kat. Nr. 44.1) wird von der machtvollen Fassade der Kirche beherrscht: eine straff zusammengefaßte, hochgereckte Baugruppe, bekrönt von der geschweiften Haube der Kuppel. Den hohen Tambour gliedern korinthische Pilaster in acht Felder, die vier größeren von Stichbogenfenstern in Rahmenfeldern durchbrochen. Die offenen, mit Pilastern und Segmentbogen ausgezeichneten Glocken- und Uhrtürme mit ihren ›Kürbishauben‹ sind eng mit dem Tambour verwachsen. Wie ein Risalit tritt der Zentralbau aus der schlichten Baugruppe des Hospitals erheblich nach vorn, seine Tempelfassade über zwei Geschosse mit kolossalen Pilastern der kompositen Ordnung gegliedert. Die drei mittleren der fünf Achsen, deren Pilaster sich im Gebälk verkröpfen, werden von einem Dreiecksgiebel zusammengefaßt und treten konkav nach vorn. Die beiden Außenachsen dagegen sind eben und bereiten auf die Türme vor. Über dem Hauptgesims folgt eine Attikazone mit Statuensockeln; die Figuren ›lehnen‹ gleichsam an den Uhrentürmen – die inneren auf die Front, die äußeren wie Wächter auf die Flanken der Fassade bezogen – und überschauen beherrschend die gesamte Platzanlage. Flächenfelder werden in Rahmen aufgelöst; im Untergeschoß besetzt mit einer Folge von Rundbogenfenstern, rundbogigen Blendnischen, der Arkade des Portals, darüber in der Mittelachse das Palladiomotiv mit freistehenden Säulen wie in Schloß Augustusburg (vgl. Kat.-Nr. 16) begleitet von rundbogigen Figurennischen und rechteckigen, versuchsweise mit Rundbogen überzeichneten Fenstern außen. Die Fensterordnung im Obergeschoß ist, soweit erkennbar, die Tuskana. Doppelläufig abgesetzte Freitreppe, Palladiomotiv, Dreiecksgiebel mit Wappenkartusche und bekrönender Figur des Titelheiligen, das Figurenprogramm und die Inschriftentafeln zu seiten des Eingangsportals komplettieren die noble fürstliche Erscheinungsform. Die gesamte Anlage ist unterkellert und

2 Münster, Residenzschloß, Gesamtplan 1732/33, Variante B (Kat.-Nr. 27.2)

3 Münster, Residenzschloß, Gesamtplan 1732/33, Variante C (Kat.-Nr. 27.3)

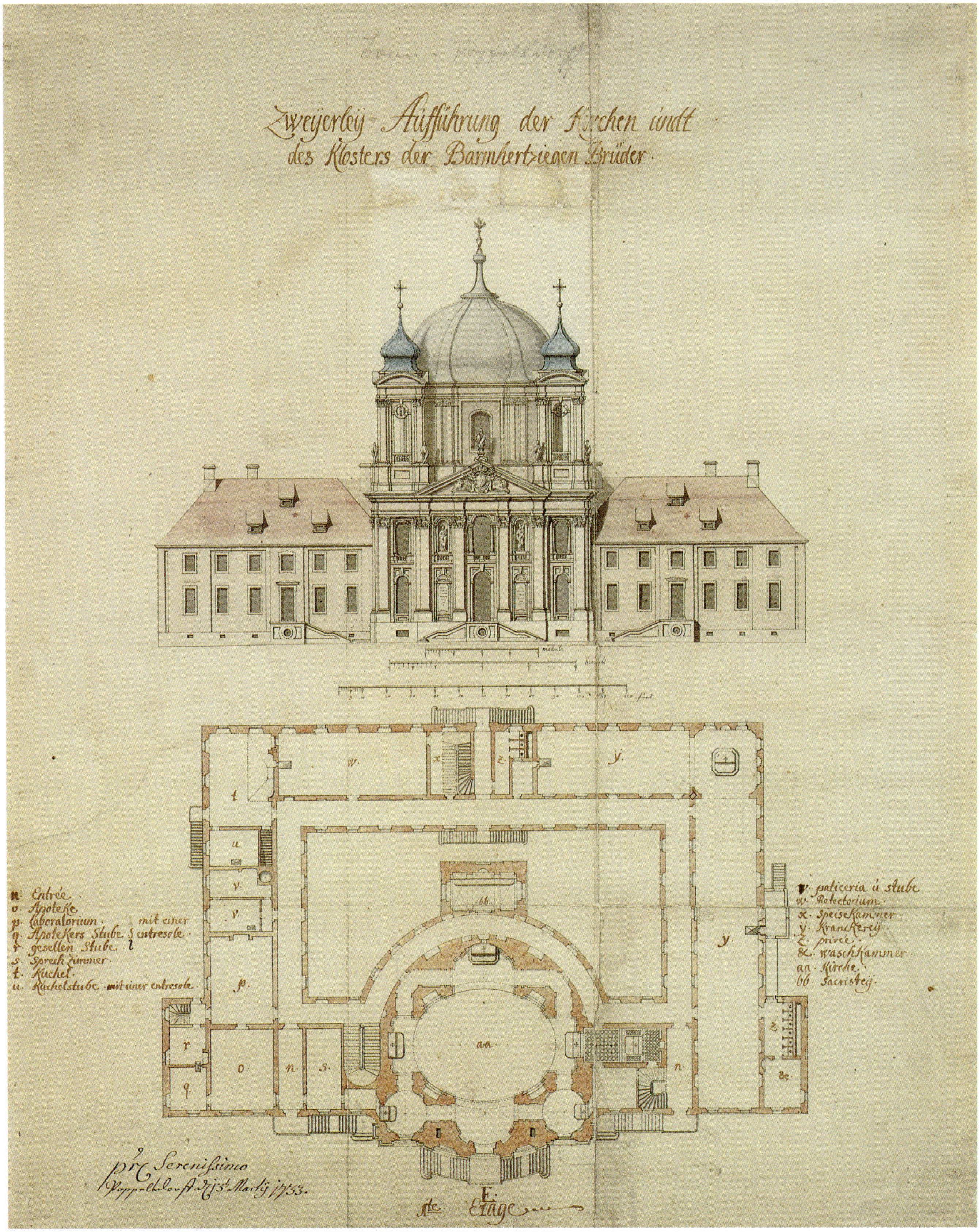
Zweijerleij Aufführung der Kirchen undt
des Klosters der Barmhertzigen Brüder
n. Entrée
o. Apoteke
p. Laboratorium
q. Apotekers Stube
r. gesellen Stube
mit einer entresole
s. Sprech Zimmer
t. Kuchel
u. Kuchelstube mit einer entresole
v. paticeria u. stube
w. Refectorium
x. Speisekammer
y. Kranckereij
z. privé
&. waschkammer
aa. Kirche
bb. Sacristeij
pr. Serenissimo
Poppelsdorff A. d. 13. Martij 1753
Etage

steht damit gleichsam auf einem Sockel, wobei Schlaun die Sockelzone des Hospitals tiefer legt, optisch zurücknimmt – obgleich, wie man an den Freitreppen erkennen kann, das Fußbodenniveau in Kirche und Hospital gleich hoch liegt.

In einer Variante zu diesem Entwurf (Kat. Nr. 44.1., Deckblatt mit Präsentationsvermerk) ist die Pilasterordnung durch Rahmen ersetzt. Die Gliederung ist jetzt sehr viel zurückhaltender, dafür kommen die bis zu vier Wandschichtungen klarer zur Geltung. Das zentrale Fenster über dem Portal zur Fürstenloge zeigt nicht mehr die Serliana, sondern überschneidet – ebenfalls ein Palladiomotiv – das Gebälk. Der ganze Bau wirkt durch die Veränderungen noch kompakter, sein Höhenzug noch mehr akzentuiert.

Borrominis S. Agnese in Agone in Rom ist oft als Vorbild des Planes herangezogen worden. S. Agnese ist allerdings ein Rezeptionsbau von St. Peter, und es ist der Forschung bislang entgangen, daß auch der erste Plan Schlauns für die Münsteraner Hofkirche direkt, ohne den Umweg über S. Agnese, auf St. Peter zurückgreift. Schlaun muß in Rom die Pläne Berninis für die Fassade der Peterskirche mit den Kampanilen gesehen haben, oder er hatte Phantasie genug, Berninis Planungen in den unvollendeten Bau hineinzudenken. Er greift direkt darauf zurück – als Zitat, nicht als Kopie –, und zwar benutzt er die Ordnung, um den Zusammenhang klarzumachen: Kolossalordnung im exakt gleichen Rhythmus, Rundbögen und eingestellte Säulen, die Bernini wie Schlaun von Michelangelos Konservatorenpalast auf dem Kapitol importiert haben, Zusammenfassung der drei mittleren vortretenden Achsen unter einen Dreiecksgiebel, figurenbestandene Attika, mit verkröpften Doppelpilastern gegliederter Tambour, darüber die Kuppel, das Ganze mit demselben Höhenzug angelegt. Diesen Höhenzug hat Schlaun gleichsam mit einem Trick erreicht, denn die hohe Tambourzone hat keine Entsprechung im Innern. Er spiegelt die hochliegende Kuppel nur vor. Selbstverständlich gibt es eine ganze Reihe von Abweichungen; vor allem die Stellung der Türme ist anders, bei Schlaun sind sie in den Bau integriert. Die Doppelgeschossigkeit und vor allem die »päpstliche« Benediktionsloggia für den Kölner Erzbischof und Münsteraner Fürstbischof zeugen von dem hohen Anspruch, der mit diesem Zitat verbunden ist, und den das Vorbild S. Agnese nicht hätte einlösen können.

Ein weiterer bedeutender Unterschied zu dem großen Vorbild ist die konvexe Vorwölbung der Fassade, die bereits auf den querelliptischen Innenraum vorbereitet; die Kuppel ließ es vermuten: ein Zentralbau über ovalem Grundriß. Allerdings ist die Grundrißform komplizierter: das zentrale Oval ist in

44.1 Münster, Kloster der Barmherzigen Brüder, Neuplatzprojekt, St. Clemenskirche und Hospital, Grundriß des Erdgeschosses und Aufriß der Südseite

Deckblatt mit Aufrißvariante der Kirchenfassade

44.7 Münster, Kloster der Barmherzigen Brüder, Neuplatzprojekt, St. Clemenskirche und Hospital, Querschnitt von Norden nach Süden

ein Rechteck eingeschrieben – der Umgang mit den Turmkapellen ist wiederum eine Rezeption der Peterskirche in Rom –, das Rechteck wiederum wird von den im Kreis errichteten Außenmauern der Kirche umfangen, die hoch in den Klosterhof hineinragen. Der Kreis ist weiterhin Grundform von Hauptaltar und Eingangskonche sowie der Turmkapellen. Die Durchdringung dreier verschiedener Raumformen macht Schlaun somit bereits am Außenbau deutlich und folgt damit eigentlich eher der französischen Forderung der Convenance, nach der bereits der Anblick einer klar gegliederten Fassade die Distribution im Inneren annonciert.

Bei einem Staatsgebäude konveniert auch die große Ordnung, allerdings wäre sie nicht mehr angemessen, wenn die Kirche nicht, wie im ersten Gesamtentwurf, dem Schloß gegenübersteht, sondern achsial auf die Nebengebäude, die Kaserne, bezogen wird, wie dies im zweiten Entwurf der Fall ist. Aus diesem Grund hat Schlaun in der Variante die aufwendige Dekoration eliminiert. Die vom Kurfürsten abgezeichnete Variante auf dem Deckblatt gehört deshalb zu dem gleichfalls mit dem Präsentationsvermerk versehenen Gesamtplan C.

INNENRAUM

Noehles hat gezeigt, daß Schlauns Lösung der Problematik eines querovalen Kirchenbaus nur von der Auseinandersetzung mit Bernini, mit S. Andrea al Quirinale und vor allem der Kollegkapelle des Instituts der Propaganda Fide, zu begreifen ist. Dem Tiefenzug der Hauptachse von der Eingangsapsis zur halbrunden Konche des Hauptaltars schwingt der elliptische Hauptraum entgegen und betont damit die Querachse, deren Enden ebenfalls prominent besetzt sind mit zwei großen Altären in den rechteckig geschlossenen Kapellenräumen.

Sehr aufwendig instrumentiert Schlaun den Innenraum. Er ist wie die Türme und der ›falsche‹ Tambour der aufwendigeren Planfassung durch korinthische Pilaster gegliedert, in den Altarräumen gedoppelt, am Hauptaltar gestuft und verkröpft. In die mächtigen, von gestuften Pilastern gerahmten ›Vierungs‹-Pfeiler sind rundbogige Nischen geschnitten. Sie weisen, ebenso wie die Arkaden der Altarretabel, in Kämpferhöhe ein Gesims auf, das hinter der Pilasterordnung durchläuft und ebenfalls den gesamten Raum umzieht und zusammenfaßt.

Das Oval des Grundrisses wird nicht durch Pendentifs zur Kuppel vermittelt, sondern die Zwikkel zwischen den Gurtbogen der Anräume steigen senkrecht auf und ziehen den durch breites Hauptgesims und Kuppelbasis betonten hohen Raumzylinder bis in die ovale Kuppel; der Raum hat, etwa dreimal so hoch wie tief, einen enormen Höhenzug. Er wird bestimmt durch das hohe Queroval und die wie Kreuzarme an den Zenralraum grenzenden dreigeschossigen Altarräume. Lediglich die Eingangskonche ist zweigeschossig ausgebildet, wobei der obere Raum nicht nur als Musikertribüne, sondern auch als Fürstenloge fungieren sollte. Der Fürst wäre unter der hohen Kalotte im hellen Licht des einzigen Fassadenfensters zum Zentralraum hin erschienen, unmittelbar gegenüber dem Hauptaltar, hinter ihm die römische Serliana, prominentes Signum des Papsttums (Raffaels St. Peter-Pläne, Bramantes Belvedere-Hof). Genau an dieser Stelle unterbricht Schlaun die sonst umlaufende Ordnung, wie man am Schnitt und am Grundriß des Obergeschosses ablesen kann; auch das Gesims bricht ab. An der Leerstelle unter der Kalotte der Konche erscheint der Fürst, durchaus barock inszeniert, vor dem Palladiomotiv, das wie ein Emblem an dieser Stelle erscheint.

Der Platz des lebenden Fürsten gegenüber dem Allerheiligsten korrespondiert übrigens mit seinem Platz nach dem Tode unter dem Altar, denn im Gegensatz zu der ausgeführten Clemenskirche sollte unter diesem Bau eine geräumige Gruftkrypta angelegt werden. Im Kellergrundriß hat Schlaun den Platz für eine Grabtumba eingetragen; die Kirche sollte – als römische Memorialkirche einem römischen Märtyrer geweiht, St. Clemens papa et martyr, Namenspatron des regierenden Kurfürsten aus dem Hause Wittelsbach – zugleich als Fürstengruft dienen. Schlaun könnte bei dem Entwurf der Kryptenanlage von 1733 an die Sottochiesa von S. Agnese gedacht haben, in der er bei seinen Bauaufmessungen die schlichte Grabsttätte Innocenz X. gesehen haben dürfte. Auch eine Anregung durch den Dôme des Invalides kommt der Idee nach in Frage. Ludwig XIV. hatte den anspruchsvollen Zentralkuppelbau vermutlich als seine Grabkirche und zu Ehren seines Namenspatrons im Zusammenhang mit dem Pariser Soldatenhospiz errichten lassen.

Bereits Geisberg hat auf die trotz aller Unterschiede verwandte Dispositon der großen Altarräume mit Borrominis S. Agnese in Agone verwiesen, ebenso auf die Vorbildlichkeit der Ovalkirchen Berninis, etwa S. Andrea al Quirinale und die zumindest im Grundriß bekannte Kirche der Propaganda Fide, die 1647 einem Neubau Borrominis hatte weichen müssen. Die in einem großen Rechteck geführten Umgänge, die die kreisförmigen Altarkapellen im Unterbau der Türme verbinden, vor den Altären der Hauptnischen herlaufen und an der Nordseite in Türen zum Kreuzgang münden, sind für Geisberg ohne das Vorbild von St. Peter nicht erklärbar.

Wolff-Metternich dagegen betont den fundamentalen Unterschied, der in der Vermittlung zwischen Achteckraum und kreisförmiger Kuppel durch Pendentifs liegt, den Gegensatz der kompakten Fassade Schlauns zu der breit gelagerten von S. Agnese. Remineszenzen an S. Agnese erkennt Wolff-Metternich allerdings darin, daß Schlaun über das Hauptgesims der Pilasterordnung eine attikaartige Zone legt, in deren konkaven Flächen die Bogen der Kreuzarme einschneiden. Schlaun füllt die Felder zwischen diesen Bogen mit einem Rahmendekorum, das dem von S. Agnese grundsätzlich entspricht und erzeugt die optische Illusion einer achteckig ausgeweiteten Vierung nach Art von S. Agnese, über die sich eine von Pendentifs getragene Kuppel legt. Diese Ambivalenz von Schein und Sein führt Metternich zu S. Carlo a le Quattro Fontane von Borromini, einem barocken Kirchenraum, dessen unterschiedliche Interpretationen bereits Wissenschaftsgeschichte sind.

Das Prinzip der räumlichen Verunsicherung im Grundriß und der Zusammenbindung der disparaten Räume im Aufriß hat Schlaun an den verblüffenden Raumschöpfungen der Vätergeneration in Rom studiert, allerdings nicht sklavisch abgekupfert, sondern den Vorgaben des Auftraggebers und des vorhandenen Baugrunds optimal angepaßt. Es hilft deshalb wenig, wenn immer weitere mögliche Vorbilder ins Spiel gebracht werden – für die Konfiguration des Grundrisses etwa Fischer von Erlachs Dreifaltigkeitskirche in Salzburg, die Karlskirche in Wien und die Kirche des Collège des Quatre Nations von Levau in Paris, für das ›Raumbild‹ und die Zusammenballung der Baumassen Hildebrandts Peterskirche in Wien (Wolff-Metternich) – denn wie Noehles betont, ist das verwandte Formmaterial zwar sämtlich römischen Ursprungs, doch keineswegs kompilatorisch rezipiert, sondern zu eigenständiger Fassaden- und Raumgestaltung verbunden.

LORETOKAPELLE

An die große Altarnische rechterhand schließt sich hinter dem Altarretabel unmittelbar eine Loretokapelle an, kenntlich an der speziellen Zeichnung des Fußbodens. Die Kirche selbst ist nicht geostet, doch hätte die reale Ausrichtung der Loretokapelle und ihres Altares nach Osten der liturgischen Tradition entsprochen. Dies erklärt funktional den starken Querzug, den Schlaun mit dem quergelagerten Oval des Kirchenraums konstruiert. Der Kult der Casa santa war ein Anliegen des Kurfürsten: zweimal hat er das Wallfahrtsheiligtum in Loreto besucht. Wie in der ausgeführten Clemenskirche gibt es keine Trennwand zwischen Kirche und Kapelle. Auch hier hat man sich einen Mechanismus vorzustellen, mit dem das Altarbild entfernt und dahinter den Gläubigen die Reproduktion des ›wahren Ortes‹ der Ereignisse von Nazareth erschienen wäre.

HOSPITAL

Das Hospital ist gleichfalls unterkellert. Abgesetzte einfache Freitreppen führen zu den Portalen, die, aus der Mitte gerückt, durch eine vorgezogene Wandschicht (Mitteltafel) betont und durch die im Dreieck gesetzten Dachfenster rhythmisch akzentuiert werden. Die Außenkanten der Bauten erhalten mehr Gewicht durch eine zusätzliche Fensterachse auf der zweiten Wandschicht (Ecktafel), die mit einem pilasterartigen Randstreifen die Außenkante der Baugruppe markiert. Im Gegensatz zu der mit Schiefer gedeckten Kirche hatte Schlaun für das Hospital die architekturikonographisch rangniedrigeren Dachziegel vorgesehen. Der Chor der Kirche ragt mit seinen Nebenräumen, Sakristei und Bibliothek, als großer Halbkreis in einen rechteckigen Hof, um den sich die Kloster- und Krankengebäude symmetrisch gruppieren. Neben den Vorrats- und Wirtschaftsräumen finden sich hier drei Zellen für die »Ohnsinnigen«. Im Erdgeschoß sollten die Küche sein, das Refektorium, die Apotheke, Laboratorium, Sprechzimmer und vor allem die über Eck liegenden großen Krankensäle, für deren Seelenheil ein gemeinsamer freistehender Altar im Winkel der beiden Räume vorgesehen war. Diese Disposition geht auf eine ähnliche Anlage im Hospital von S. Spirito in Sassia in Rom (1474–82) zurück. Im Obergeschoß befinden sich die Zellen der Brüder, für Seelsorge und Krankenpflege zuständig. Zu ihrer Erbauung und medizinischen Fortbildung war über der Sakristei im Erdgeschoß eine Bibliothek geplant. Beide Räume sind über einen ringförmigen Gang zu betreten, der um das Rund der eigentlichen Außenwände der Kirche gelegt ist. Überhaupt kann man im Obergeschoß um den gesamten Kircheninnenraum herumgehen; der Fürst gelangte über die kreisförmigen Oratorien an der Fassadenseite zu seinem Fürstenstuhl; den Brüdern war die Gelegenheit gegeben, über rechtwinklige Korridore an der Seite des Hauptaltars zu den mit Balustraden gesicherten Coretti zu gelangen, wo sie, ohne die Kirche zu betreten, den Messen an den drei Hauptaltären beiwohnen konnten. Auch diese Orte waren selbstverständlich bevorzugte Oratorien, vergleichbar entsprechenden Einrichtungen in der Schloßkapelle, wohl auch für die Höflinge gedacht, denn es ist anzunehmen, daß eine Kirche am Schloß in diesen Dimensionen auch als Schloßkirche vorgesehen war.

44.5

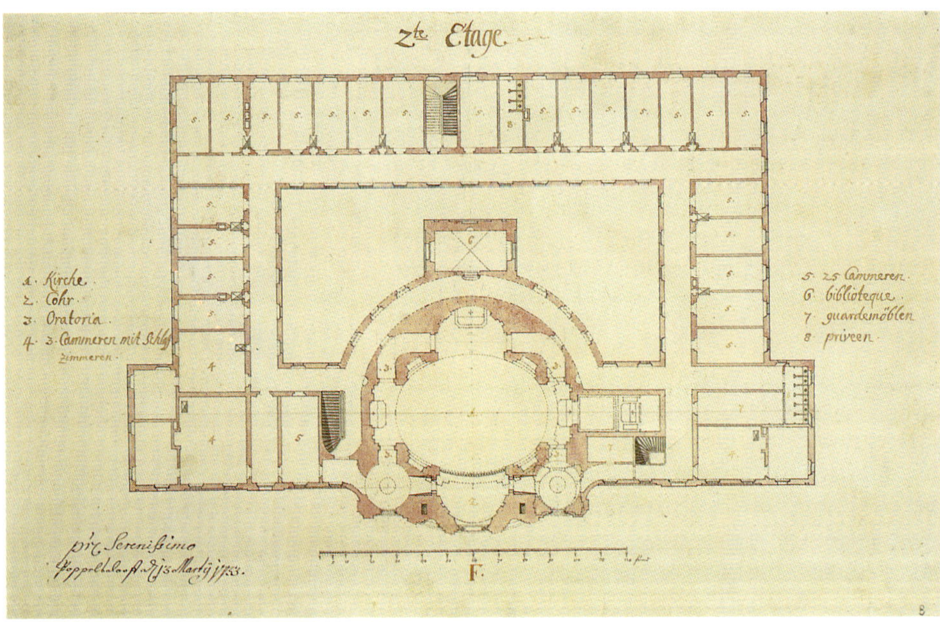

44.1
Münster, Kloster der Barmherzigen Brüder, Neuplatzprojekt
St. Clemenskirche und Hospital, Grundriß des Erdgeschosses und Aufriß der Südseite, 1732 (Abb. S. 436)

Lavierte Federzeichnung (grau, braun, grau, blaßrot, blau, blaßblau), 62,3 x 51 cm
Deckblatt mit Aufrißvariante der Kirchenfassade, 23,6 x 11,5 cm (Abb. S. 437)
Präsentationsvermerk auf dem Deckblatt: *prs. Serenissimo Poppelsdorff dn 13tn Martij, 1733.*
Titel: *Zweyerley Aufführung der Kirchen undt des Klosters der Barmhertziegen Brüder. E. 1te Etage*
Legende: *n: Entrée.; o. Apoteke; p. laboratorium. mit einer; q. Apotekers Stube.; r. gesellen Stube.* (Zusatz zu q.-r.:) *entresole.; s. SprechZimmer.; t. Kuchel.; u. Kuchelstube. mit einer entresole.; v. paticeria u stube.; w. Refectorium.; x. SpeiseKammer.; y. Kranckerey.; z. privée.; waschKammer.; aa. Kirche.; bb. Sacristey.*
Präsentationsvermerk: *prs. Serenissimo Poppelsdorff dn 13tn Martij 1733.*
Maßstäbe: *120 fues* = 15,0 cm, *40 Moduli* = 5,9 cm, *40 Moduli* = 9,7 cm

Westfälisches Landesmuseum Münster, Schl.-Bd. 7

44.2 (ohne Abb.)
Münster, Kloster der Barmherzigen Brüder, Neuplatzprojekt
Johann Mauritz Güding?, Kopie nach Schlaun
St. Clemenskirche und Hospital, Grundriß des Erdgeschosses

Lavierte Federzeichnung (rotbraun, grau, blaßgelb), 31,7 x 39,5 cm (29,5 x 37,4 cm)
Titel: *1te Etage*
Legende: *N Entrée; O: apoteke; P: Laboratorium; q apotekers Stube mit einer antresole; R gesellen Stube; S: Spreich Zimmer; T Kuchel; U: Kuchel Stube mit einer entresole; V: Paticeria u Stube; W: Refectorium; X Speisekammer; Y Kranckereiy; Z privée; &: Wachskammer; aa Kirche; BB Sacristey*
Maßstab: *120 fues* = 15,0 cm

Westfälisches Landesmuseum Münster, Schl.-Bd. 250 (Kopie nach 44.1.)

44.3 (ohne Abb.)
Münster, Kloster der Barmherzigen Brüder, Neuplatzprojekt
Kopie der Schlaunwerkstatt, St. Clemenskirche und Hospital, Aufriß der Südseite

Lavierte Federzeichnung (rot, blau), 48 x 59 cm
Titel: *Aufführung der Kirchen und des Klosters der Barmhertzigen Brüder zu Münster* (oben); *1te Etage* (unten)
Legende: *N: Entrée; O: Apoteke; P: Laboratorium; Q: Apotekeres Stube mit einer Entree Sole; R gesellen Stube; S: Sprech Zimmer; T: Kuchel; U: Kuchel Stube mit Einer Entresole; V: Paticceria ú: Stube; W: Refectorium; X Speisekammer; Y Kranekery; Z Privée; &: Waschkammer; aa: Kirche; bb: Sacristey*
Maßstab: *120 fues*

Niedersächsisches Staatsarchiv Bückeburg, S 1 A 1286 (Kopie nach 44.1.)

44.4 (ohne Abb.)
Münster, Kloster der Barmherzigen Brüder, Neuplatzprojekt
Johann Mauritz Güding?, Kopie nach Schlaun
St. Clemenskirche und Hospital, Aufriß der Südfront
Lavierte Federzeichnung (rot, blau, blaßrot, blaßblau), 31,7 x 40,4 cm (29,8 x 38,3 cm)
Maßstab: *120 fues* = 15,0 cm

Westfälisches Landesmuseum Münster, Schl.-Bd. 248 (Kopie nach 44.1 - Deckblatt)

44.5
Münster, Kloster der Barmherzigen Brüder, Neuplatzprojekt
St. Clemenskirche und Hospital, Grundriß des Obergeschosses, 1732

Lavierte Federzeichnung (rot, grau), 28,8 x 47 cm
Titel: *2te Etage*
Beischrift: *F.*
Legende: *1. Kirche.; 2. Cohr.; 3. Oratoria.; 4. 3 Cammeren mit SchlaffZimmeren.; 5. 25 Cammeren.; 6. biblioteque.; 7. guardemöblen.; 8. priveen.*
Präsentationsvermerk prs. Serenissimo Poppelsdorff dn 13tn Martij 1733.
Maßstab: *120 fues* = 15,0 cm

Westfälisches Landesmuseum Münster, Schl.-Bd. 8

44.6 (ohne Abb.)
Münster, Kloster der Barmherzigen Brüder, Neuplatzprojekt
Johann Mauritz Güding?, Kopie nach Schlaun
St. Clemenskirche und Hospital, Grundriß des Obergeschosses

Lavierte Federzeichnung (rotbraun, grau, blaßgelb), 31,7 x 39,7 cm (29,6 x 38,2 cm)
Titel: *2te Etage*
Legende: *1: Kirche; 2 Cohr; 3 Oratoria; 4: 3 Cammeren mit SchlaffZimmeren; 5: 25 Cammeren; 6: biblioteque; 7: guardemöbeln; 8: priveen*
Maßstab: *120 fues* = 15,0 cm

Westfälisches Landesmuseum Münster, Schl.-Bd. 251 (Kopie nach 44.5)

44.7
Münster, Kloster der Barmherzigen Brüder, Neuplatzprojekt
St. Clemenskirche und Hospital, Querschnitt von Norden nach Süden, 1732 (Abb. S. 438)

Lavierte Federzeichnung (rot, grau), 44,5 x 28,4 cm
Titel: *profil der Kirchen.*
Beischrift: *G.*
Präsentationsvermerk: *prs. Serenissimo Poppelsdorff dn 13tn Martij 1733.*
Maßstäbe: *120 fues* = x cm, *50 Moduli* = 7,9 cm

Westfälisches Landesmuseum Münster, Schl.-Bd. 9

44.8
Münster, Kloster der Barmherzigen Brüder, Neuplatzprojekt
St. Clemenskirche und Hospital, Grundriß des Kellergeschosses, 1732

Lavierte Federzeichnung (braun, grau, blaßrot), 29,2 x 47,4 cm
Titel: *D. Kellerwerck.*
Legende: *a. begrebnus.; b. Holtsmagacin.; c. MatherialKammer.; d. SpeiseKeller.; e. brauw u. backhaus.; f. back-stube.; g. broth-Keller.; h. bierKeller.; i. weinKeller.; k. gartenKeller.; l. vor die Ohnsinniegen.; m. Holts-Magacin.*
Präsentationsvermerk: *prs. Serenissimo Poppelsdorff dn 13tn Martij 1733*
Maßstab: *120 fues* = 15,0 cm

Westfälisches Landesmuseum Münster, Schl.-Bd. 6

44.9 (ohne Abb.)
Münster, Kloster der Barmherzigen Brüder, Neuplatzprojekt
Johann Mauritz Güding, Kopie nach Schlaun
St. Clemenskirche und Hospital, Grundriß des Kellergeschosses

Lavierte Federzeichnung (grau, rotbraun, blaßrotbraun), 31,7 x 39,5 cm (29,1 x 37,4 cm)
Titel: *D Kellerwerck*
Legende: *A Begrebnus; B: Holtzmagacin; C: Material-Cammer; d: Speisekeller; E: Brauw und Backhaus; F Bachstube; g Broth Keller; H Bier Keller; j Wein Keller; K garten Keller; L: Vor die ohnsinniegen; M: Holtz Magacin*
Maßstab: *120 fues* = 15,0 cm

Westfälisches Landesmuseum Münster, Schl.-Bd. 249 (Kopie von 44.8)

44.8

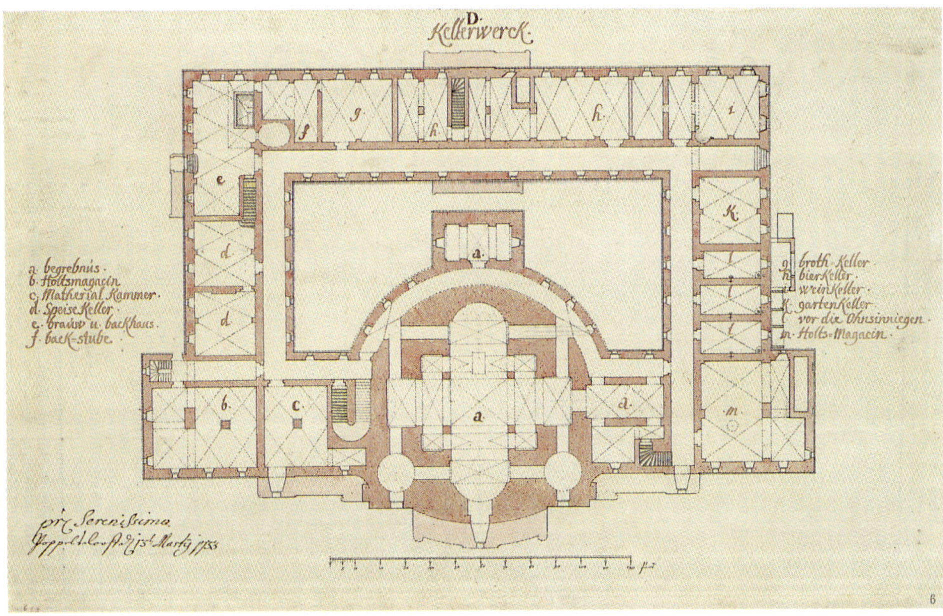

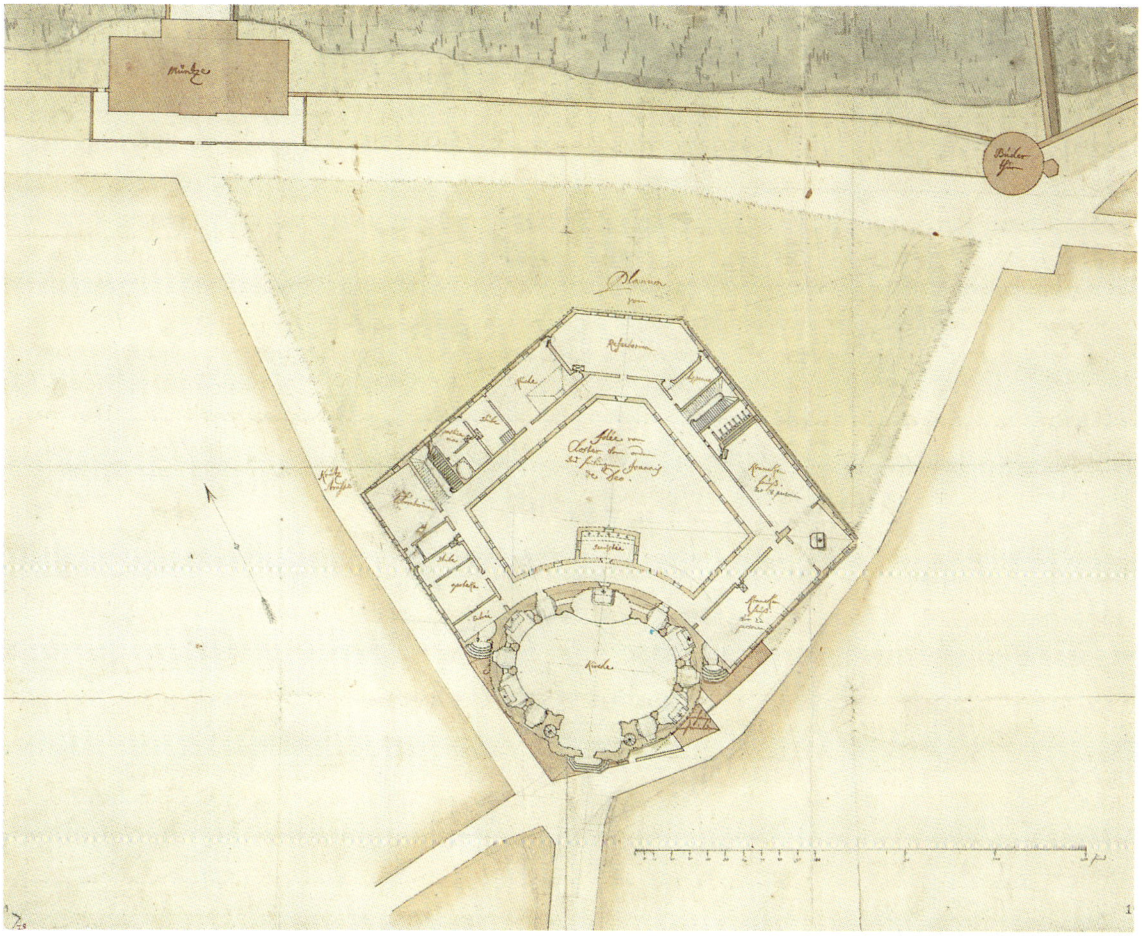

44.10 Münster, Kloster der Barmherzigen Brüder, Bocksplatzprojekt, St. Clemenskirche und Hospital, Lageplan

2. Projekt am Bocksplatz, 1734/1744

Die Datierung kann einstweilen nur durch den terminus post 1734 (Einstellung der Bauarbeiten am Neuplatz) und den terminus ante quem 1744 (Beginn der Planung des definitven Projektes) eingegrenzt werden. Das ungünstige Baugelände auf dem Bocksplatz an der Gabelung von Buddengasse und Kreuzstraße machte eine Umgestaltung des Grundrisses notwendig (Kat.-Nr. 44.10). Dem unregelmäßigen Fünfeck der Klosteranlage ist die querovale Kirche vorgelagert, mit großer Eingangshalle und fünf Kapellen auf jeder Seite – drei kleine und zwei große rhythmisch wechselnd. Die Kapellen sind untereinander durch einen schmalen, dem Oval des Raumes folgenden Gang verbunden. Für den Aufriß der Kirche liegt kein Plan vor, doch kann man anhand des Grundrisses darauf schließen, daß Schlaun den großen Ovalraum durch ein in der rhythmischen Travée geordnetes Rahmenwerk von Pilastern gliedern wollte, über den kleineren Kapellen Coretti, in den großen Altäre. Die ovale Kupel hätte ohne Tambour direkt auf dem Gesims der großen Ordnung aufgesetzt (vgl. Aufrißrekonstruktion bei Wolff-Metternich 1963, S. 248). Auf Türme hat Schlaun verzichtet.

Eine konventionelle Anlage mit einer Fassade gegen eine der beiden Gassen hätte keinerlei Aussicht auf repräsentative Wirkung gehabt. Darum verlegte Schlaun den Kirchenbau in den Winkel des Grundstücks über Eck, um dadurch die Schauseite als point de vue einer größeren einmündenden Straße zuwenden zu können. Auch die Eingänge zum Kloster liegen seitlich in der Längsachse des Ovals der Kirche. Schlaun verwendet hier zum ersten Mal das Schema des Zentralbaus als Gelenkstelle einer auf die Diagonalachse bezogenen Vierflügelanlage, was ihm erlaubt, das Konzept einer symmetrisch-harmonischen Grundrißstruktur beizubehalten. Besonders gelungen an dieser städtebaulich perfekt eingefügten Anlage erscheint die geschickte Kaschierung der schiefen Winkel beim Zusammenschluß der Trakte an den Querecken, etwa bei dem Kapellenraum zwischen den Krankensälen, oder die achsiale Einfügung des Refektoriums in der rückwärtigen Ecke der Vierflügelanlage.

Dem seitlichen Ausschwingen des Hauptraumes hat Schlaun wiederum eine wirksame Achsenbetonung vom Eingang zum Hauptaltar entgegengesetzt. Er verzichtet jedoch, anders als beim Neuplatzprojekt, auf Kreuzarme in der Querrichtung.

Offenbar bezieht sich Schlaun erneut auf Bernini, doch anstelle der Kirche des Collegio di Propaganda Fide greift er hier auf S. Andrea al Quirinale (1662–70) zurück. Schlaun erweitert gegenüber dem Vorbild die Distanz der beiden Brennpunkte, wodurch er die starke Quertendenz seines Ovals erreicht. Dem in die Kirche Eintretenden bietet sich die gegenüberliegende kurvig schwingende Raumschale des Ovalzylinders als Schauwand. Durch den gleichmäßigen Rhythmus der Annexräume, die den Ovalzylinder umgeben, wirkt der Raumzylinder in der Querrichtung nicht offen wie am Neuplatz, zumal die zweigeteilten Schmalachsen durch Coretti einen gleichsam geschlossenen Abschluß des Hauptraumes suggerieren. In S. Andrea stehen in der Querachse Wandpfeiler mit Pilastern und gebieten der Breitenausdehnung Einhalt. Schlauns Kapellenfolge setzt hingegen auf ein harmonisches Kontinuum. Aber er verhindert dennoch durch enge Anräume mit Coretti ein unangemessenes Ausstrahlen über die ausschwingende Querachse des Hauptraumes hinaus. Das ist der wesentliche Unterschied der Querovalkompositionen bei Berninis Propaganda Fide-Kapelle und S. Andrea einerseits und Schlauns Kirchenprojekt im Residenzplan und dem Bocksplatzentwurf andererseits (Noehles 1994, S. 15–16).

4 Rekonstruktion der Kirche des 2. Projektes am Bocksplatz von Franz Graf Wolff-Metternich

44.10

Münster, Kloster der Barmherzigen Brüder, Bocksplatzprojekt

St. Clemenkirche und Hospital, Lageplan mit Deckblatt, 1734/1744 (Abb. S. 443)

Lavierte Federzeichnung (grün, braun, grau), 47,4 x 59,6 cm
Titel: *Planum vom Bocksplats,*
Beischrift: *Müntze; Budenthurn; Krützstraße; witwe affüppe; juffer Riberth; armenhauss fünfwunden; Hoffbauer*
Maßstab: *250 fues* = 23,75 cm
Deckblatt dazu mit Erdgeschoßgrundriß des Klosters und der Kirche, 23 x 26 cm
Titel: *Idée vom Closter vom orden des heiligen Joannis de Deo.*
Beischrift: *Kirche; Sacristia; Kranckenhauß vor 22 personen; Kranckenhauß vor 18 personen; dispence; Refectorium; Kuche; stube; pasticeria; laboratoium; Stube; apoteka; Entrée*

Westfälisches Landesmuseum Münster, Schl.-Bd. 10

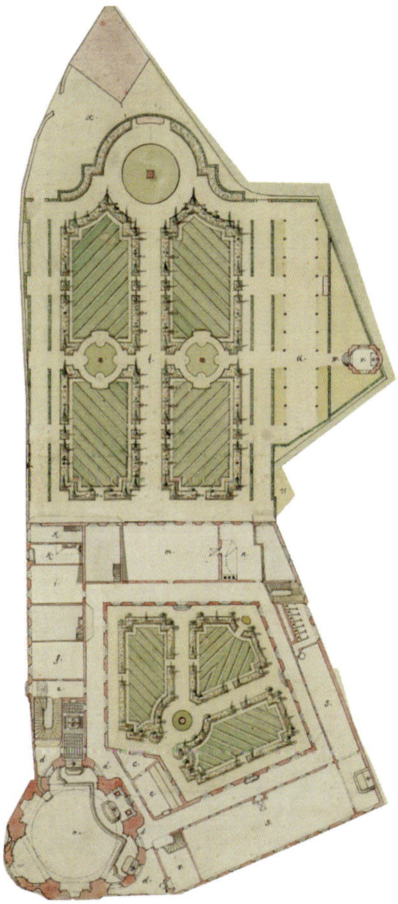

44.11 Deckblatt

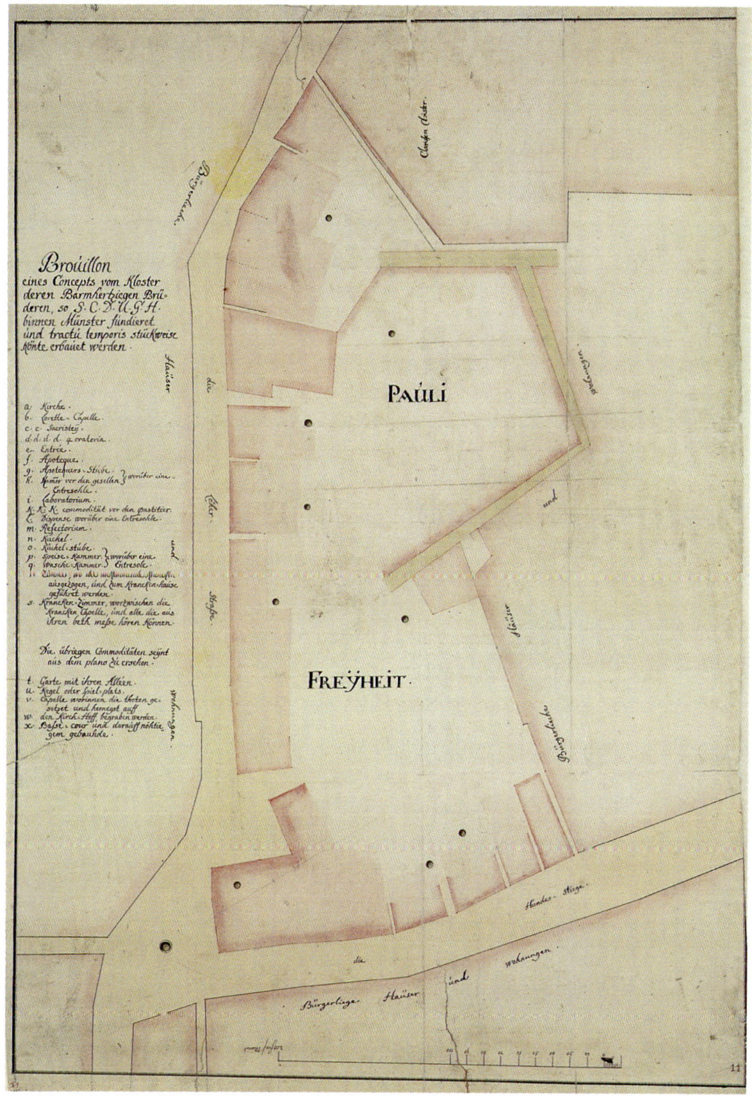

44.11 Münster, Kloster der Barmherzigen Brüder, Ausführungsporjekt, St. Clemenskirche und Hospital, Lageplan

3. Ausführungsprojekt an der St. Pauli- oder Niesing-Freiheit, heute Clemensstraße, 1744/54

1744 konnte der Prior Soukup dem Kurfürsten berichten, der Domdechant habe sich bereit erklärt, die St. Pauli- oder Niesing-Freiheit bei der Servatiikirche zu einem Preise von 18.000 Talern für die Errichtung des Klosters zu verkaufen. Die Aufmessung des Grundstücks durch Gröninger ist 1744 datiert (im Staatsarchiv). In einem Dankschreiben für die besondere Gabe von 4140 Talern vom 26.3.1745 erwähnen die Brüder, der »Brigadier Schlaun lasse sich angelegen sein, einen Grundriß und Entwurf zu verfertigen, der baldigst vorgelegt werden solle.« Am 30.6.1745 erfolgte die feierliche Grundsteinlegung. Die Portalinschrift lautet: »PRO PERENNI VERAE MISERICORDIAE SIGNO EXPENSIS SVIS ERIGEBAT AVGVSTVS BAVARIAE PRINCEPS PATER PATRIAE«. Die Inschrift ist in Versalien geschrieben, die hier verwendeten großen Buchstaben sind in der Inschrift besonders hervorgehoben: ein Chronogramm, das die Jahreszahl 1751 ergibt, das Jahr der weitgehenden Fertigstellung der Kirche.

DER GRUNDRISS

Der Bauplatz der St. Pauli-Freiheit war zwar größer als der Bocksplatz und erlaubte die Anlage eines Gartens (Kat. Nr. 44.11). Aber seine Unregelmäßigkeit stellte Schlaun vor noch größere Probleme. Bei größtmöglicher Nutzung des Grundstückes konnte ein geschlossener Baukomplex nur in dem Winkel zwischen Loerstraße und der sogenannten Hundestiege (später Clemensstraße) entstehen. Eine repräsentative Fassadengestaltung erlaubte wiederum nur eine Ecklösung, der des Bocksplatzes verwandt. Den Grundriß der Kirche hat Schlaun von Borrominis römischer Universitätskirche Sant'Ivo abgeleitet, die er während seines Romaufenthaltes mehrfach gezeichnet hatte. Wie Borromini entwickelt er seine Grundrißfigur über einem Sechseck, gleichsam einem Davidstern, von dem drei Spitzen gerundet und drei gekappt wurden. Er erhält dadurch eine alternierende Abfolge von drei breiteren Halbkreisapsiden und drei schmaleren Flachnischen. Zwei der Apsiden wenden sich in Richtung der Trakte von Kloster und Hospital, die dritte ist auf die Spitze der Straßengabel gerichtet und bildet das Eingangsvestibül. Am Außenbau folgt ihr ein Konvexschwung des Mittelrisalits der Fassade, die seitlich mit zwei zurückweichenden Konkavachsen zu den Flanken des Baues überleitet. Probleme, die beim ersten Entwurf über dem ungleichmäßigen Sechseck mit der Vermittlung von Raum und Kuppel über Pendentifs auftraten, löste Schlaun, indem er die Raumform seiner zwickellosen Ovalkuppelräume vom Neu- und Bocksplatz auf einen Kreiszylinder übertrug, auf dessen Raummantel unmittelbar die Kalotte der Kuppel aufsitzt – ein Zentralbau vom Typ des römischen Pantheons, der in moderner Form von Bernini in der Assunta-Kirche in Ariccia (1662–64) vorgestellt wurde.

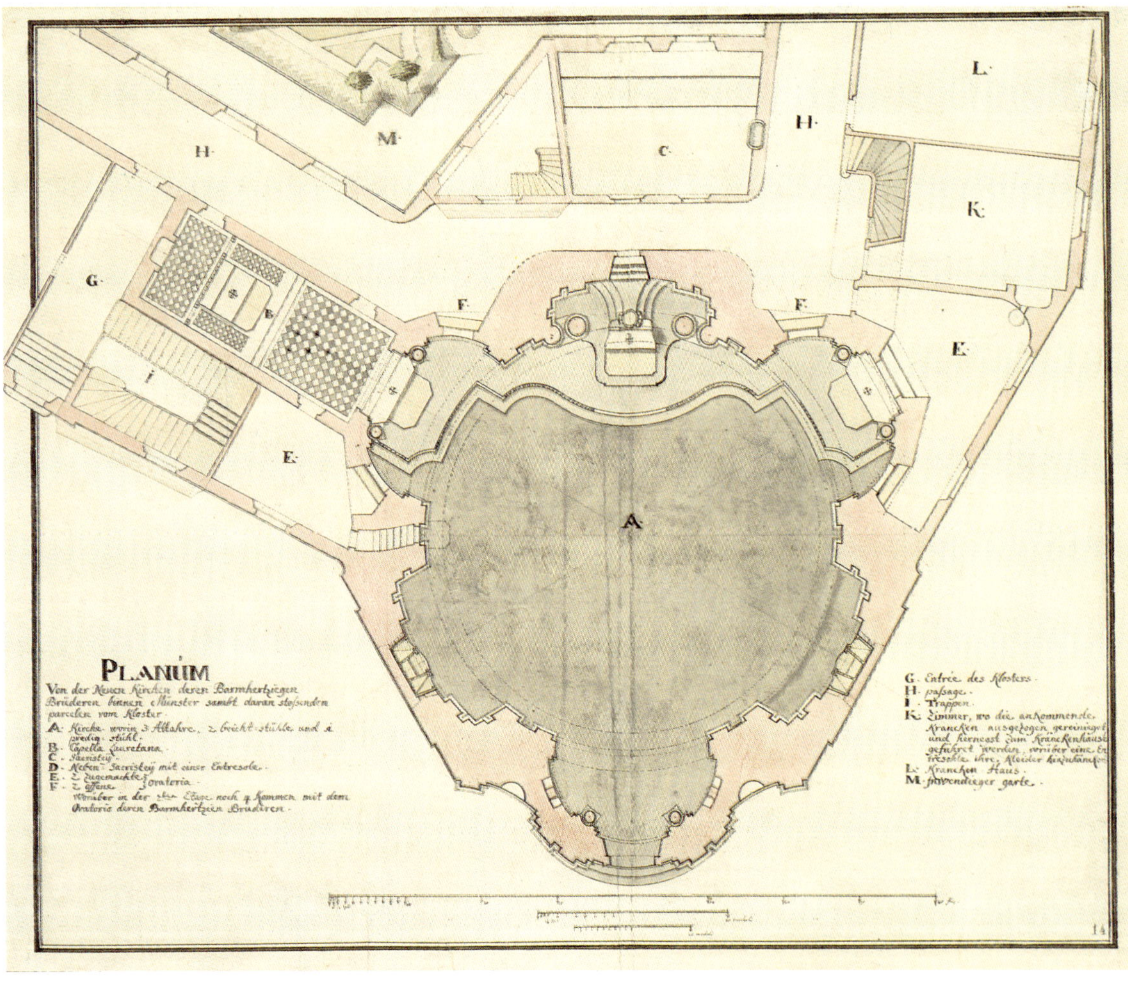

44.12 Münster, Kloster der Barmherzigen Brüder, Ausführungsprojekt, St. Clemenskirche und Hospital, Grundriß Erdgeschoß

44.13 Münster, Kloster der Barmherzigen Brüder, Ausführungsprojekt, Aufriß der Kirchenschauseite

5 Münster, St. Clemenskirche, Fassade (vor 1945)

6 Münster, St. Clemenskirche, Blick auf den Hauptaltar (vor 1895)

7 Münster, St. Clemenskirche, Blick zum Eingang

8 Münster, St. Clemenskirche, Blick auf die drei Altäre (vor 1945)

DER INNENRAUM

In der rhythmischen Abfolge von Apsis- und Flachnischen orientierte sich Schlaun jedoch am Pantheon, vereinheitlichte die Öffnungsbreiten, akzentuierte den inneren Raumzylinder durch den Gleichtakt gekuppelter Pilaster und das ringsum unverkröpft durchlaufende Gebälk. Die zylindrische Raumform wird gleichsam in der zweiten Schicht auf die Wände der Flachnischen übertragen, die – freilich nur rudimentär – wie Teile eines äußeren zweiten Raumzylinders erscheinen beziehungsweise als solche gedacht werden können. Die Hauptaltarnische ist nahezu eine Kopie von Berninis S. Andrea al Quirinale: Ebenso wie dort wird die umlaufende Ordnung unterbrochen und durch gekuppelte Vollsäulen bereichert, deren innere frei vor der Nische stehen, das Gebälk vorgekröpft und durch Segmentbogenschwünge überfangen. Wie ein Wandretabel hebt sich dieses Motiv aus dem Kontinuum des zylindrischen Raummantels heraus, bleibt ihm aber verbunden. Zugleich jedoch wirkt es wie die Proszeniumsarchitektur einer Theaterbühne, die das dramatische Geschehen auf dem Altarblatt der Rückwand der »Bühne« in ungewisser Distanz als eine Form des Theatrum sacrum erscheinen läßt. (Noehles 1994, S. 28). An der Rückwand der Hauptaltarnische befand sich ein Ölgemälde von Giovanni Battista Pittoni, das die Ertränkung des hl. Papstes Clemens zum Thema hat. Das Gemälde ist gerahmt von einem Stuckwandbehang, dessen Enden durch Engelsfiguren vor den äußeren Säulen der Altarnische getragen werden. Stuckornamente mit Wolken und Engeln greifen über das Gebälk und den gesprengten Giebel über bis in das Kuppelgemälde hinein, das die Aufnahme des hl. Clemens in den Himmel darstellt. Der Maler Johann Adam Schöpf hat es signiert und datiert. Es war 1750 fertig. Schöpf, in Regensburg geboren, war Hofmaler für Clemens August in Brühl und bei der Ausstattung der Hl. Stiege in Bonn zusammen mit dem Wesso-

brunner Stukkateur Jakob Rauch beschäftigt, der die Ausführung des Hochaltars besorgte, die nicht den vorhandenen Entwürfen des Architekten entspricht, sondern dem klar gegliederten Raum eine gehörige Portion bayrischen Temperaments verpaßt. Der Außenbau blieb davon unberührt.

Auch an den Nebenaltären breiten sich Stuckornament mit Engelsfiguren und Wolken bis über das Gebälk aus. Die Altarbilder stammen, wie Hilde Claussen zeigen konnte, von Carlo Carlone, den der Kurfürst als Freskant des Neumannschen Treppenhauses in Brühl beschäftigte; eine Ölskizze der Verkündigung des linken Nebenaltars hat sich in Dublin erhalten. Der rechte Nebenaltar hatte das Thema »Dem heiligen Johannes de Deo erscheint die Madonna mit einer Dornenkrone«. Eine geschwungene Altarschranke schließt die drei Altäre zusammen. In die Rückwände der beiden flachen Nischen sind Beichtstühle eingepaßt, für die sich Entwürfe Schlauns erhalten haben.

9 Münster, St. Clemenskirche, Marienaltar mit Blick in die Loretokapelle (1900)

10 Münster, St. Clemenskirche, rechter Seitenaltar (vor 1945)

11 Münster, St. Clemenskirche, Blick in die Kuppel mit Fresko des Adam Schöpf (1936)

12 Münster, St. Clemenskirche, Tabernakel des Hauptaltars (1938)

DIE AUSSENFASSADE

Die Fassade der Kirche ist entgegen der breiter gelagerten, aus Teileinheiten zusammengefügten Fassade des Neuplatzprojekts eine einzige plastische ›Antwort‹ auf die enge Raumsituation. Sie nimmt in ihrer Durchbildung die gegebenen Raumrichtungen auf und bindet sie in einer anschaulichen Symbolfigur: Die Schauwand stößt in der Mittelachse kräftig vor und weicht in den Seitenachsen elegant zurück: Betonung der Eingangsfront kontrastiert mit der weichen Überleitung zu den Flanken an der Straßengabel. Die Kirche sitzt wie ein Scharnier an den schief aufgeklappten Flügeln. Diese für den zeitgenössischen Betrachter wenig repräsentative Situation weiß Schlaun durch allmähliche Steigerung der Formen aus der Tiefe heraus bis zur Mitte zu begegnen. Absolute Konzentration auf eine Achse, die deshalb vortreten und mit einem dominanten Vertikalzug ausgestattet werden muß.

Die ionische große Pilasterordnung hält den Betrachter auf Abstand. Schlaun akzentuiert die dominante Mittelachse, indem er mit gekuppelten Pilastern die rückwärtige Ordnung überlagert und entsprechend das Gebälk verkröpft, es im Mittelteil sogar unterbricht. Dadurch kann er eine durchgängige Vertikalbahn aufsteigen lassen, die vom mehrfach gerahmten Portal mit Inschriftsupraporte über das hochovale Fenster zur Wappenkartusche im Giebelscheitel führt, eine Aufwärtsbewegung, die die Attika überspringt, noch über das Mansardfenster hinaus von der Kuppellaterne aufgenommen wird.

Seitlich schließen sich im Gegensinn geschwungen je eine Travée an, deren innere Pilaster von den Doppelpilastern der Mittelachse überschnitten werden. In dem gerahmten Binnenfeld dieser Travéen sitzen Figurennischen mit dem hl. Augustinus mit Putto und dem hl. Johannes von Gott, dornengekrönt und einem knieenden Armen ein Gewand reichend, und in der Form abgestimmte Spiegel. Die zu den Hospitalflügeln überleitenden zurückspringenden Flanken der Kirche zeigen lediglich eine Tafel, besetzt mit randlosem Rundfenster und Spiegel.

Die Kirche stand in dem engen Gassengeviert hinter dem Grundstück des Erbdrostenhofes. Keine der engen Gassen führte direkt auf die Mittelachse der Fassade zu. Man nahm die Fassade meist plötzlich, zunächst in Schrägansichten wahr. Tatsächlich hat Schlaun bei der Konzeption der tiefenräumlich kurvigen Entfaltung der kleinen Schauwand mit einem sich bewegenden Betrachter gerechnet. Ähnlich konsequent auf kleinem Raum hatte Borromini in Rom eine Straßenkreuzung städtebaulich gestaltet. Der Dreierschwung der Fassade ist ein Rückgriff auf S. Carlo alle Quattro Fontane. In der endgültigen Formfindung der Clemenskirche hat Schlaun die Gestaltungsprinzipien Berninis (im Innenraum) mit denen Borrominis vereint: Wandelt er im Grundriß Borrominis Konzeption von S. Ivo auf originelle Weise ab, so bestückt er die Fassade zurückhaltender, aber monumental: anstelle der zweigeschossigen Säulenfront von S. Carlo kommt die große Pilasterordnung zur Anwendung, die den kleinen Platz formt, aber nicht erdrückt.

13 Münster, St. Clemenskirche, Straßenfassade zwischen Clemens- und Loerstraße (1920)

14 Münster, St. Clemenskirche, Blick in die Clemensstraße (vor 1945)

15 Blick auf Kirche und Klostergebäude von Süden (1904)

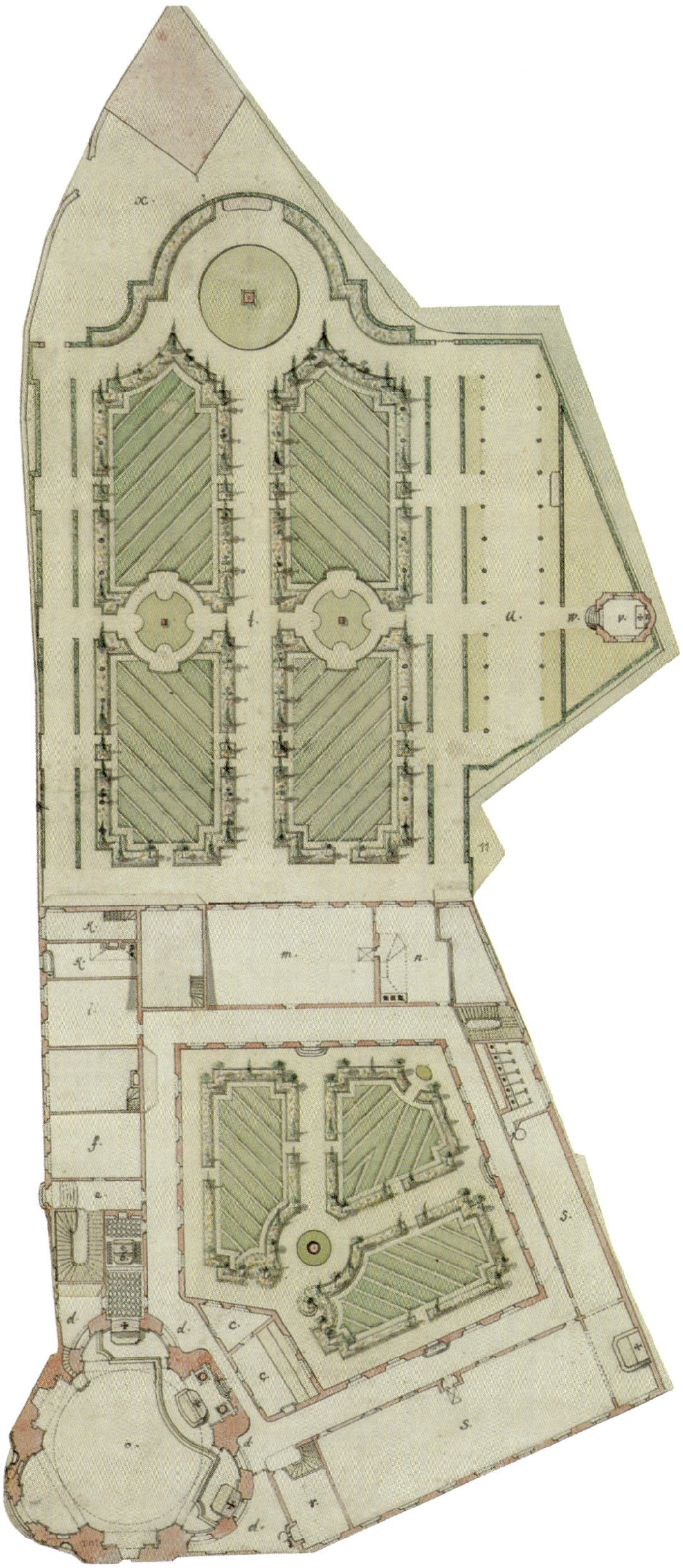

Der erste Entwurf zeigt für den Klosterhof eine Ideallösung. Da der Kirchenbau nach rückwärts schräg zwischen die anschließenden Trakte hineinragt, kaschiert Schlaun diese Situation durch einen stumpfen Vorsprung der Hoffront. Um die Symmetrie des unregelmäßigen fünfeckigen Hofraumes zu erreichen, proportioniert er den rechten rückwärtigen Trakt gegenüber den anderen drei Flügeln erheblich schmaler. Die Symmetrieachse verläuft diagonal über den Hofraum in den Winkel der Flügel. Drehpunkt der Perspektive ist der Brunnen, von dem aus die Parkwege auf die beiden breiten Hoffronten mit ihren Portalen zulaufen, die eine breit ausladende Schauwand bilden. Schlaun versteht es, auch in dieser äußerst komplizierten, eigentlich unmöglichen Grundstücksdisposition ein raumkünstlerisches Konzept zur Wirkung zu bringen, das alle Maßstäbe repräsentativer Ordnungskriterien erfüllt. Allerdings ging die ideale Hofraumgestaltung durch die Verschmälerung eines Krankenhaustraktes auf Kosten der Funktion. Im Verlaufe der weiteren Plaung mußte Schlaun eine Umverteilung der Räume vornehmen. Der Ausführungsentwurf sieht statt zwei nur einen großen Krankensaal in dem rechten hinteren Trakt vor, der damit breiter proportioniert werden mußte. Mit der Symmetrie des Hofraumes war es vorbei.

Der Grundriß zeigt bereits die Grundkonzeption des ausgeführten Baus: Ein Zentralraum, dessen gleichmäßige Nischenfolge planimetrisch auf einen Brennpunkt bezogen ist, wird richtungsbetont umfunktioniert. Daß dieser Vorentwurf im Aufriß unbefriedigend hätte wirken müssen, hat seine Ursache darin, daß von Borrominis römischer Universitätskirche S. Ivo della Sapienza (1643–61) zwar die planimetrische Grundrißfigur adaptiert, aber in entscheidenden Punkten abgewandelt wurde. Die innere Grenze des Davidsterns, d.h. das Sechseck, das die sich durchdringenden gleichseitigen Dreiecke gemeinsam haben, macht Schlaun zur Grundlage seines Hauptraumes. Doch wählte er die Dreiecke unterschiedlich groß, da er die Apsiden um ein Drittel weiter öffnen wollte als die Flachnischen. Die in dieses ungleiche Sechseck eingeschriebene Kreiskuppel berührt daher mit ihrem Sprengring nur die Bögen der Apsiden, erreicht aber nicht die Flachnischen. Die Folge ist, daß die Überleitung vom Sechseck zum Kuppelrund (Pendentifs) unorganisch über die Flachnischen hinweg sich zu den Berührungspunkten von Sprengring und Apsisgurten hinziehen mußte. Der Sechseckgrundriß verursachte nicht nur Probleme in der Zwickelzone zwischen Raumprisma und Kreiskuppel. Auch war der Kuppelradius zu eng, um großzügiges Raumvolumen entfalten zu können. Außerdem standen die Pilaster auf den Innenseiten der Nischen in keinem harmonischen Verhältnis zueinander (Noehles 1994, S. 25).

Bei dem zweiten Plan (Kat.-Nr. 44.12) hat Schlaun eine entscheidende Veränderung vorgenommen. Statt über Pendentifs vermittelt, setzt er die Kuppel direkt auf das Hauptgesims auf, wodurch er zum einen eine weitaus verbesserte Pilasterstellung erreicht, zum anderen eine Zusammenfassung des Raumes durch die veränderte Linie der Anräume. Die Rückwände aller Nischen sind nicht mehr gradlinig gezogen, sondern folgen konzentrisch dem Verlauf der Kuppel, was sich vor allem in den Flachnischen des Hauptaltares und der Beichtstühle bemerkbar macht. Sie erscheinen wie eine zweite, den Raum umschließende Wandschicht, ebenso gegliedert wie der Zentralraum. Bereits in diesem Planstadium hat Schlaun Berninis Altarlösung von St. Andrea eingebaut. Die Schaufront der drei Altäre wird zusätzlich durch eine Balustrade betont, die in Entsprechung der Fassade vor und zurück schwingt.

Am Aufriß (Kat.-Nr. 44.13) kann man die Steigerung der Motive zur Mittelachse gut ablesen. Elegant behandelt Schlaun das unterschiedliche Sockelniveau von Kirche und Hospital. Das Niveau des Klosters wird in der Sockelzone der Kirche zunächst optisch weitergeführt, bricht dann vor der gegliederten Schaufront ab, die mit hohen Sockeln anhebt, während in der Mittelachse das nahezu ebenerdige Portal einladend zwischen der großen Ordnung geöffnet ist.

Die drei das Wappen haltenden Engel und die Wolken im Dreieckgiebel des Risalits sind nicht ausgeführt. Die äußere Gestalt der Kuppel ergibt sich nicht aus der Kalottenform im Inneren, was eine Komplizierung der Verdachung über den sechs Anräumen zur Folge gehabt hätte, vielmehr faßt Schlaun den Kirchenbau einheitlich unter der polygonalen Haube eines Mansarddaches über einer umlaufenden Attika zusammen. Das bewirkt zum einen die Angleichung der äußeren Erscheinung der Kirche an die Klosterflügel und zum anderen an die einst das städtische Quartier bestimmenden Häuser der Bürgerschaft. Nur durch die leicht herausgehobene Dachsilhouette und die überkuppelte Laterne hob sich die Kirche aus dem Häusermeer der Stadt dezent heraus. Während das Projekt im Rahmen der Residenzplanung mit anspruchsvoll überhöhter Außenkuppel und Doppelturmfassade gesteigerten Repräsentationsansprüchen hatte gerecht werden sollen, gibt sich die ausgeführte Kirche in ihrer äußeren Erscheinung zurückhaltend.

Die Querschnittzeichnungen (Kat.-Nr. 44.14, 15) gehören weder zum ersten Entwurf, da die vier Säulen zu seiten des Altares in einer Reihe stehen, und auch nicht zum dritten Entwurf, da bei diesem die Verschiebung des Glockentürmchens über die Sakristei im Grundriß des Obergeschosses angedeutet ist, während bei dem Längsschnitt, der von dem hier besprochenen Querschnitt nicht zu trennen ist, das hölzerne Treppentürmchen noch über dem Korridor liegt. Die Rechtecke zu seiten des Altaraufbaues sind in keinem Grundriß angedeutet. Der Altar weicht von dem späteren völlig ab. Die Säulen sind nicht kanneliert. Das Altarbild umgibt ein geschnitzer Rahmen, nicht ein flatterndes Tuch, das zum Teil um die Säulen geschlungen ist. Natürlich ist Schlaun schon bei diesem Entwurf über die Thematik des Szenenbildes orientiert. Er vermerkt in der Legende der Zeichnung: »a. Das altahrblath stellet Vor das Martirium St.i Clemntis in öhlfarben.« Und noch stärker wird der Eindruck einer theatralischen Aktion hervorgerufen, weil sich aus dem gesprengten Rundgiebel der Märtyrer in einer Engelsaureole aufwärts in das Kuppelrund zu bewegen scheint und daß dort (wieder nach Schlauns Legende) » ... der Hr Fresco Mahler weiter seine gute gedanken in der Cupel wirdt ergehen lassen.« Schlaun wußte zumindest generell, daß das Fresko eine Trinität und einen reich bevölkerten Heiligenhimmel darstellen sollte.

Er bettet seinen Heiligen in eine Engelwolke und Strahlenglorie nach dem Vorbild des Maler-Architekten Pietro da Cortona in dessen Altar des hl. Franciscus Xaverius in der römischen Jesuitenkirche Il Gesù, den er gewiß durch direkten Augenschein kannte, aber wohl eher nach einem Stich aus de Rossis Architettura civile kopierte. Schlaun entsendet die Strahlen der Glorie, die man sich wahrscheinlich nach Cortonas Vorbild vergoldet denken muß, teils vor das Gebälk, teils läßt er sie unter diesem im Nischenraum hervortreten, um die Illusion zu erzeugen, der Heilige in der Glorie sei effektiv aus dem »Bühnenraum« hinter dem Proszenium aufgestiegen (Noehles 1994, S. 28-29).

Bei dem dritten Entwurf (Kat.-Nr. 44.21-23) sind die beiden Oratorien zu seiten des Hauptaltares durch eine lange gerade Mauer von dem dort nur 6 1/2 Fuß (1,90 m) breiten Kreuzgang getrennt. Die zur Mittelachse der Kirche liegenden Fenster in den Konchen der Nebenaltäre wurden vermutlich schon

44.11 Deckblatt. Erster Grundrißplan zu Clemenskirche und Hospital an der Niesing Freiheit

16 Entwurf für die Kanzel der St. Clemenskirche (?) – Jakob Rauch

früh durch hohe Glastüren ersetzt, hinter denen geschwungene Treppen zu dem beträchtlich höher liegenden Flur des Klosters emporführen.

Die Klosteranlage übernimmt aus den früheren Entwürfen den umlaufenden Kreuzgang, die jenseits des Kreuzgangs liegende Sakristei, wie eine verwandte, wenn auch modifizierte Reihenfolge der Räumlichkeiten. Der erste Entwurf (Kat.-Nr. 44.11) zeigt noch die Konzeption des Altarraums im Winkel zweier anschließender großer Krankensäle mit Sicht auf den Altar. Im ausgeführten Entwurf ist nur ein Krankensaal enthalten mit anschließendem Altarraum, während im Winkel der Nordflügel folgt mit Treppenhaus, Laboratorium und Apotheke, die bis dahin im Ostflügel vorgesehen war. An den Krankensaal im Westflügel schlossen sich Aufnahmezimmer und Küche (nur geplant, in der Ausführung als Krankenzimmer bestimmt) und Waschkammer an. Im Südflügel ist nur das quadratische Refektorium fertig gebaut worden.

Im Kellergeschoß sind zwei Zimmer für Irrsinnige untergebracht, Backstuben und verschiedene Magazine, im Obergeschoß die Zellen für die Mönche, fünf herrschaftliche Krankenzimmer, vier andere für zahlende Kranke. In der Südwestecke drei Zimmer für den Prior und zwei (nicht ausgeführt) für den Sekretär. Neben der Loretokapelle bei der Nebentreppe drei Zimmer (nicht ausgeführt), die für den inspizierenden Provinzial vorgesehen waren. Über der Sakristei befindet sich die Bibliothek, die wiederum den Unterbau für den Uhrenturm bildet.

Der Bau eines genialen Architekten wurde von hochqualifizierten Raumausstattern ›ausgekleidet‹. Schlaun war aber sensibel genug, einen Hochaltar zu entwerfen, der sich dem Stil der Ausstattungskünstler weitgehend anpaßte. Allerdings ging dem ein Vorentwurf des Stukkateurs voraus und zudem erfolgte die Realisierung durch Spezialisten für Glanzstuck und stucco lustro. Auf die Gestaltung der Kanzel und natürlich auf alle sonstige Stuckplastik, sei es auf die das Gebälk überspielenden Rocailleornamente mit Engelputten oder auf die Begleitfiguren der seitlichen Altarretabel hatte er keinen Einfluß (Noehles 1994, S. 33–34).

Die Zeichnung von Jacob Rauch (Kat.-Nr. 44.26) für die Hauptaltarnische, die Altarmensa und die Glorie des hl. Clemens behält noch Elemente der Schlaun-Komposition bei. Rauchs Idee wird es gewesen sein, das Hauptaltarbild mit einer aus Stuck gefertigten, scheinbar vom Winde und von Engelputten bewegten Draperie zu hinterfangen und die flatternden Enden dieses Vorhangs um die äußeren Säulen (!) herumzuführen (Zustand vor 1892). Da diese Säulen sich mit den Nachbarpilastern durchdringen, schien sich die Drapierung durch den festen Verband der Architekturglieder hindurchgedrängt zu haben. Dies geschah in der Absicht, das Altarbild für den Augenschein von der Wandfläche zu lösen, es auf dem bewegten Vorhang locker schwebend erscheinen zu lassen und die beiden Säulenpaare, die wahrscheinlich erst im Zuge dieser Transformation des schlaunschen Entwurfs Kanneluren erhielten, illustionistisch von der übrigen Pilasterarchitektur des Raumzylinders herauszulösen. Die von Schlaun bewußt zurückgedrängten »berninesken« Illusionismen schlichen sich jetzt auf dem Umweg über ein nicht ganz ausgereiftes bayerisches Rokoko, wie es der damals etwa dreißigjährige Rauch vermittelte, in die Konzeption ein.

Der Stukkateur hat denn auch die ›recompence‹ des hl. Clemens gegenüber Schlauns Entwurf gründlich verändert. Über das Gebälk hinweg drängt sich ein asymmetrisch bewegtes Arrangement aus Rocaille, Wolken, einem Putto und einem größeren Engel nach vorn in den Raum, so daß sich die Engelgestalt schließlich ganz vom Grund vollplastisch löst. Auch das ist ins Rokoko umgedachter Bernini. Offensichtlich hat der Dekorateur noch einmal den Stich mit der Innenansicht von S. Andrea bei De Rossi zu Rate gezogen, denn der Engel nimmt weitgehend die Pose des hl. Andreas an, die dann im Gegensinne noch einmal von der Gestalt des hl. Clemens aufgegriffen wird, die oberhalb des Giebels, bereits auf der Fläche der Kuppelkalotte in einer Engelwolke den Anschluß an die Freskodekoration von Johann Adam Schöpf sucht und deshalb auch zu flächiger Reliefdarstellung übergeht, das Pluviale des Märtyrerpapstes breitet sich im Fluge, wodurch sich eine gewisse Relation zu der hinter dem Gemälde mit der Darstellung des Martyriums des Heiligen herabhängenden Draperie ergibt (Noehles 1973, S. 150–51).

44.11

Münster, Kloster der Barmherzigen Brüder, Ausführungsprojekt

St. Clemenskirche und Hospital, Lageplan und Aufmessung der Grundstücke auf der Pauli-Freiheit, 1745 (Abb. S. 445)

Lavierte Federzeichnung (rot, blaßgelb, grün), 72 x 50,3 cm (67,9 x 48,9 cm)
Deckblatt mit Plan der Gesamtanlage mit Garten, Grundriß des Erdgeschosses der Kirche und des Hospitals, erster Entwurf, 1745 (55,5 x 23 cm, unregelmäßig), (Abb. S. 458)
Deckblatt mit Entresole über l.
Deckblatt mit Entresole über o., p., q.
Deckblatt mit Entwurfsvariante einer Treppe
Titel: *PAULI FREYHEIT*
Titel: *Brouillon eines Concepts vom Kloster deren Barmhertziegen Brüderen, so S.C.D.U.G.H. binnen Münster fundieret und tractu temporis stückweise könte erbauet werden.*
Beischrift: *Bürgerliege Haüser und Wohnungen; Clarissen Cloister; die Löher Strasse; die Hundes - stiege*
Legende: *a. Kirche.; b. Lorette-Capelle.; c.c. Sacristey.; d.d.d.d. 4 oratoria.; e. Entrée.; f. Apoteque.; g. Apotequers-Stube, worüber eine Entresohle.; h. Kamer vor den gesellen, worüber eine Entresohle.; i. Laboratoium.; k.k.k. commodität vor den pastitier.: l. Dispense worüber eine Entresohle.; m. Refectorium.; n. Kuchel.; o. Kuchel-stube, worüber eine Entresohle.; p. speise-kammer, worüber eine Entresohle.; q. Waschw-Kammer, worüber eine Entresole.; r. Zimmer, wo die ankommende Krancken ausgezogen, und zum Krancken-hause geführet werden.; s. Krancken-Zimmer, worzwischen die Krancken-Capelle, und alle die aus ihren beth messe hören können.; Die übriegen Commoditäten seynt aus dem plano zu ersehen.; t. Gärte mit ihren Alleen.; u. Kegel oder Spiel-plats.; v. Capelle worinnen die thoten gesetzet und hernegst auff; w. den Kirch-Hoff begraben werden.; x. Basse-cour und darauff nöhtiegem gebauhde.*
Maßstab: *100 fues* = 11,5 cm

Westfälisches Landesmuseum Münster, Schl.-Bd. 11

44.12

Münster, Kloster der Barmherzigen Brüder, Ausführungsprojekt

St. Clemenskirche und Hospital, Grundriß Erdgeschoß, zweiter Entwurf, 1745 (Abb. S. 446)

Federzeichnung (rot, blaßgelb, grau), 43,1 x 52,2 cm (41,1 x 49,5 cm)
Deckblatt über der Treppe neben dem Eingang
Deckblatt über der Nebensakristei
Titel: *PLANUM von der Neuen Kirchen deren Barmhertziegen Brüderen binnen Münster sambt daran stossenden parcelen vom Kloster.*
Legende: *A. Kirche worin 3 Altahre, 2 beicht = stühle und 1 predig = stuhl.; B. Capella Lauretana.; C. Sacristey.; D. Neben = Sacristey mit einer Entresole.; E. 2 Zugemachte; F. 2 offene* (Zusatz zu E.-F., zusammenfassende Klammer:) *oratoria.; Worüber in der 2ten Etage noch 4 Kommen mit dem Oratorio deren Barmhertzien Bruderen.; G. Entrée des Klosters.; H. passage.; I. Trappen.; K. Zimmer, wo die ankommende Krancken ausgezogen gereinieget und hernegst zum Kranckenhause geführet werden, vorüber eine Entresohle ihre Kleider hinzuhäncken.; L. Krancken Haus.; M. Inwendieger garte.*
Maßstäbe: *80 fues* = 27,8 cm, *20 moduli* = 8,7 cm, *20 moduli* = 5,3 cm

Westfälisches Landesmuseum Münster, Schl.-Bd. 14

44.13

Münster, Kloster der Barmherzigen Brüder, Ausführungsprojekt

St. Clemenskirche und Hospital, Aufriß der Kirchenschauseite mit den anstoßenden Flügeln, 1745 (Abb. S. 447)

Lavierte Federzeichnung (grau, blaßblau), 56,3 x 49,9 cm (54,7 x 48,2 cm)
Titel: *AUFFÜHRUNG Der Kirchen deren Barmhertziegen Brüderen binnen Münster mit anhänckung Zweyer flügelen vom Kloster.-.*
Maßstäbe: *80 fues* = 27,85 cm, *20 moduli* = 8,75 cm

Westfälisches Landesmuseum Münster, Schl.-Bd. 15

PROFIL.
Worauſs die auffühfrung des Groſsen Altahrs Zu Erſehen
a. .. Das altahrblath ſtellet Vor das Martirium Sti Clementis in öhlfarben.
b. . die Recompence da der Heilieger Clemens nach der martir Zur Ewiegen Glorie auff genohmen wirdt
wornach der hl. fresco Mahler weiter ſeine gute gedancken in der Cupel wirdt ergehen Laſsen.
c. . oratoria.
d. . profil Von der Cantzel.
12

44.14

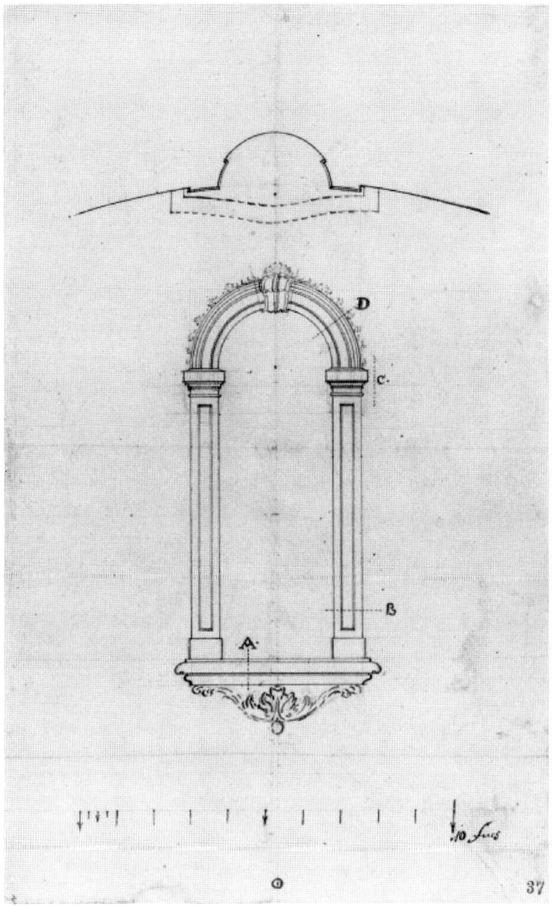

44.19

44.15

44.14
Münster, Kloster der Barmherzigen Brüder, Ausführungsprojekt
St. Clemenskirche, Querschnitt der Kirche mit Blick zum Altar, zweiter Entwurf, 1745

Lavierte Federzeichnung (rot, grau, blaßgelb), 57,1 x 44,1 cm (55,2 x 41,7 cm)
Titel: *PROFIL Worauss die auffführung des Großen Altahrs zu Ersehen*
Legende: *a. Das Altahrblath stellet Vor das Martirium Sti* (ti ist unterstrichen) *Clementis in Öhlfarben-; b.. die Recompence da der Heilieger Clemens noch der Martir Zur Ewiegen Glorie auff genohmen wirdt wornach der hr. fresco Mahler weiter seine gute gedancken in der Cupel wirdt Ergehen Lassen.; c.. oratoria.; d.. profil Von der Cantzel.*
Maßstäbe: *100 fues* = 34,7 cm, *20 moduli* = 8,65 cm, *20 moduli* = 53 cm

Westfälisches Landesmuseum Münster, Schl.-Bd. 12

44.15
Münster, Kloster der Barmherzigen Brüder, Ausführungsprojekt
St. Clemenskirche, Querschnitt der Kirche mit Blick zum Altar, zweiter Entwurf, 1745

Kopie oder Vorentwurf von Schl.-Bd. 12
Federzeichnung
Maßstäbe: *100 fues, 2x 20 moduli*

Verwalter nicht bekannt

PROFIL
der Kirchen deren Barmhertziegen Brüderen binnen Münster
B wan die schildereij von diesem Altahr, so annuntiationem B: M: V: præsentieret, aüffgezogen ist, so gibt dieses aüs der Kirchen die
öffnüng der coretto Capelle üm darinnen meße hören zü Können
B

44.16

44.16

Münster, Kloster der Barmherzigen Brüder, Ausführungsprojekt

St. Clemenskirche, Längsschnitt der Kirche, zweiter Entwurf, 1745

Lavierte Federzeichnung (rot, grau, blaßgelb), 58,6 x 47,4 cm (55,6 x 44,9 cm)
Titel: *PROFIL der Kirchen deren Barmhertziegen Brüderen binnen Münster.-.*
Legende: *B wan die schilderey von diesem Altahr, so annuntiationem B.M.V. praesentieret, auffgezogen ist, so gibt dieses aus der Kirchen die Öffnung der Loretto Capelle um darinnen messe hören zu Können.*
Maßstäbe: *100 fues* = 34,7 cm, *20 moduli* = 8,65 cm, *20 moduli* = 5,3 cm

Westfälisches Landesmuseum Münster, Schl.-Bd. 13

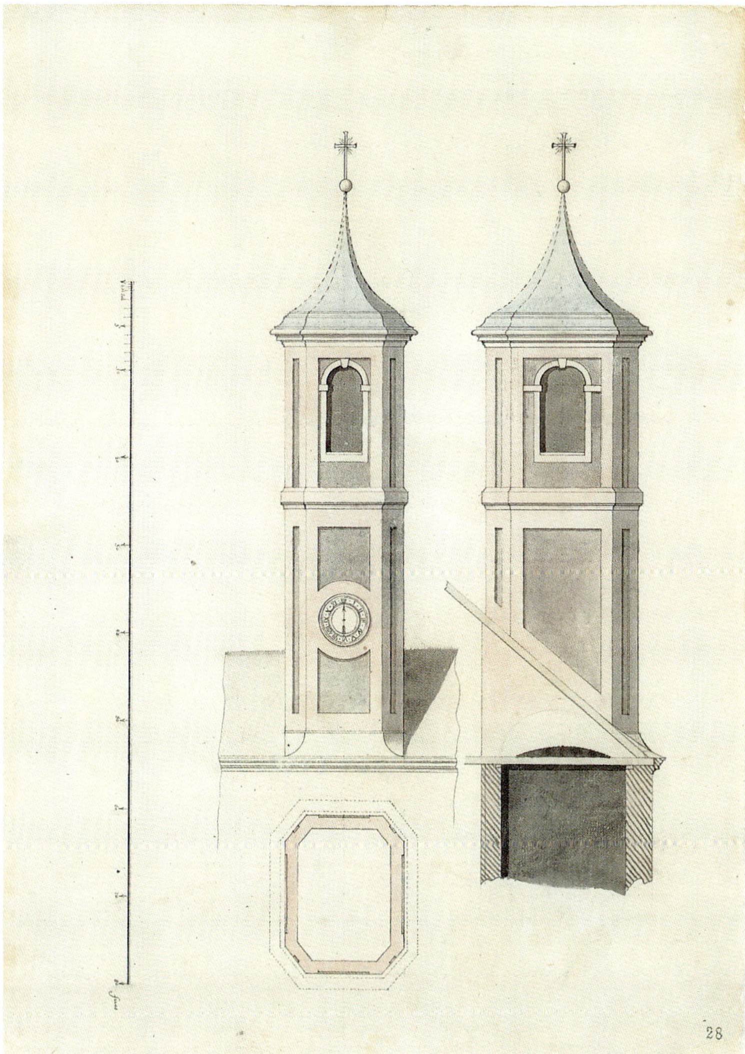

44.17

44.18

44.17

Münster, Kloster der Barmherzigen Brüder, Ausführungsprojekt

St. Clemenskirche, Aufrisse und Grundriß des Glockenturms, 1745

Lavierte Federzeichnung (gelb, grau, blau), 41,8 x 30,5 cm
Maßstab: *80 fues* = 27,8 cm

Westfälisches Landesmuseum Münster, Schl.-Bd. 28

44.18

Münster, Kloster der Barmherzigen Brüder, Ausführungsprojekt

St. Clemenskirche, Aufriß und Schnitt des zweiflügeligen Eingangsportals

Lavierte Federzeichnung (grau), 32,2 x 20 cm
Maßstab: *10 fues* = 18,9 cm

Westfälisches Landesmuseum Münster, Schl.-Bd. 40

44.19
Münster, Kloster der Barmherzigen Brüder, Ausführungsprojekt
St. Clemenskirche, Wandnische der Außenfront, Grundriß und Aufriß (Abb. S. 461)

Federzeichnung, 32,1 x 20,3 cm
Maßstab: *30 fues* = 14,0 cm

Westfälisches Landesmuseum Münster, Schl.-Bd. 37

Die vier Profile A–D fehlen. Die Ausführung entspricht dem Entwurf (Geisberg Münster VI 1941, S. 416, Kat.-Nr. 40).

44.20 (ohne Abb.)
Münster, Kloster der Barmherzigen Brüder
Johann Mauritz Güding?, Kopie nach Schlaun
St. Clemenskirche, Wandnische der Außenfront, Grundriß und Aufriß (ohne Abb.)

Federzeichnung und Bleigriffel, 31,7 x 20,8 cm
Maßstab: *10 Fuß* = 14,0 cm

Westfälisches Landesmuseum Münster, Schl.-Bd. 286 (Kopie nach 44.19)

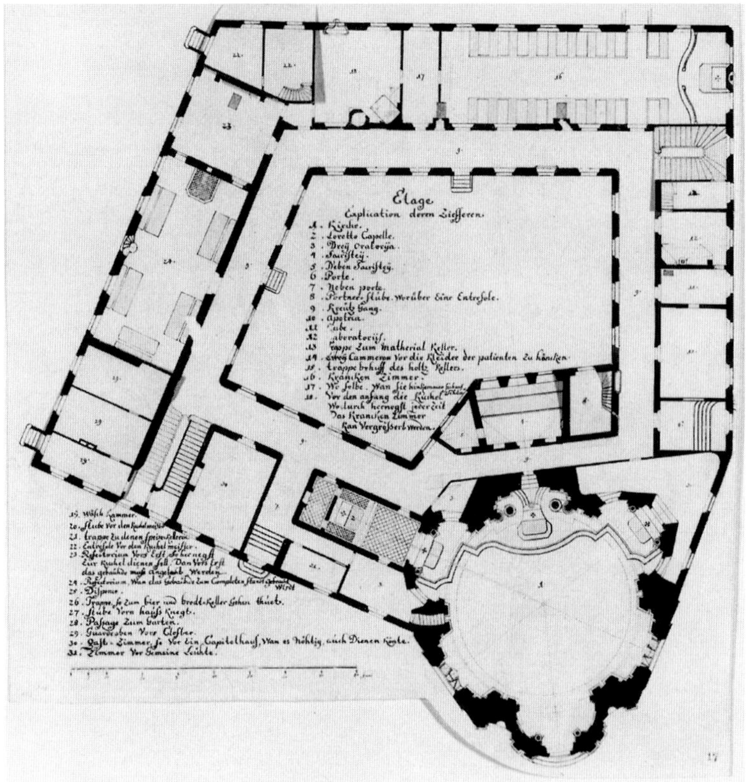

44.21

44.21
Münster, Kloster der Barmherzigen Brüder, Ausführungsprojekt
St. Clemenshospital und Kirche, Grundriß des Erdgeschosses, dritter Entwurf, 1745

Lavierte Federzeichnung (schwarz, blaßgelb), Bleigriffel, 41,5 x 44,4 cm
Deckblatt mit Entresole über Raum 8
Deckblatt mit Garderobe über Raum 25-28
Deckblatt mit Entresole über Raum 19-21
Deckblatt mit Entresole und Treppenhaus zu Raum 13-15
Beischrift: *Etage*
Legende (Mitte): *Explication deren Ziefferen & 1. Kirche.; 2. Loretto Capelle.; 3. Drey Oratorya.; 4. Sacristey.; 5. Neben Sacristey.; 6. Porte.; 7. Neben porte.; 8. Pörtner = Stube. Worüber Eine Entresole.; 9. Keuütz Gang.; 10. Apoteca.; 11. Stube.; 12. Laboratoiis.; 13. Trappe Zum matherial Keller.; 14. zwey* (durchgestrichen) *Cammeren* (en ist durchgestrichen) *Vor die Kleider der patienten zu häncken.; 15. trappe behuff des holtz Kellers.; 16. Krancken Zimmer.; 17. Wo selbe. Wan Sie hinkommen sich aussihen.; 18. Vor den anfang die Kuchel Wodurch hernegst jederZeit Das Krancken Zimmer Kan Vergrössert werden.*
(links unten:) *19. Wäsch Kammer.; 20. Stube Vor den Kuchel meistor; 21. trappe Zu denen Speise = Kelleren; 22. Entresole Vor den Kuchel meister.; 23. Refectorium Vors Erst, So hernegst Zur Kuchel dienen soll, Dan Vors Erst das gebaühde muss* (durchgestrichen) *angelacht Werden.; 24. Refectorium, Wan das Gebaühde Zum Completen standt gebracht Wirdt; 25. Dispence.; 26. Trappe, so Zum bier und brodt = Keller Gehen thuet.; 27. Stube Vorn hauss Knegt.; 28. Passage Zum Garten.; 29. Guardroben Vors Closter.; 30. Gast = Zimmer, so Vor Ein Capitelhaus, Wan es nöhtig, auch Dienen Könte.; 31. Zimmer Vor Gemeine Leühte.*
Maßstab: *80 fues* = 17,8 cm

Westfälisches Landesmuseum Münster, Schl.-Bd. 17

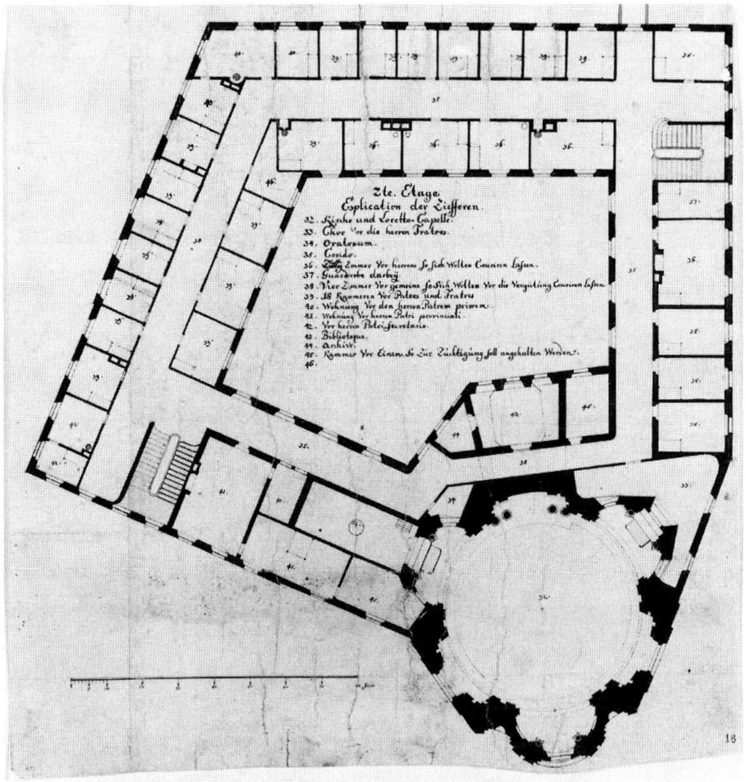

44.22

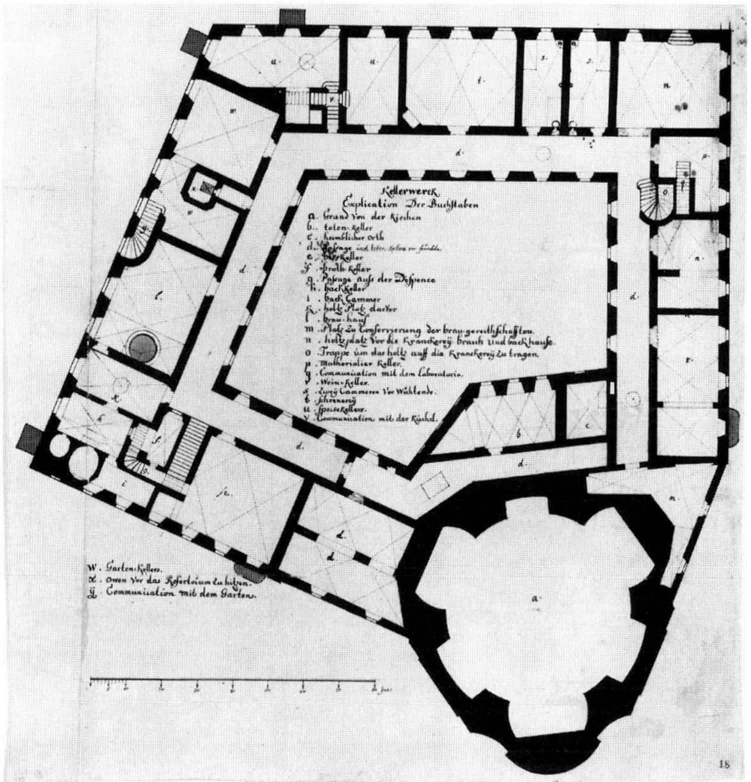

44.23

44.22
Münster, Kloster der Barmherzigen Brüder, Ausführungsprojekt
St. Clemenskirche und Hospital, Grundriß des Obergeschosses, dritter Entwurf, 1745

Lavierte Federzeichnung (schwarz, blaßgelb), 47,1 x 44,4 cm
Beischrift: 2. *Etage*
Legende: *Explication der Zieфferen. & 32. Kirche und Loretto-Capelle.; 33. Chor Vor die herren Fratres.; 34. Oratorium.; 35. Coridor.; 36. Zweÿ* (durchgestrichen und korrigiert durch:) *Fünff Zimmer Vor herren so sich Wölten Couriren Lassen.; 37. Guraderobe darbey.; 38. Vier Zimmer Vor gemeine So Sich Wölten Vor die Vergütung Couriren Lassen.; 39. 18 Kammeren Vor Patres und Fratres; 40. Wohnung Vor den herren Patren priorem.; 41. Wohnung Vor herren Patri provinciali.; 42. Vor herren Patri Secretario.; 43. Bibliotheque.; 44. archive.; 45. Kammer Vor Einen, So Zur Zuchtigung soll angehalten Werden.; 46.* (nicht ausgefüllt)
Maßstab: 80 *fues* = 17,3 cm

Westfälisches Landesmuseum Münster, Schl.-Bd. 16

44.23
Münster, Kloster der Barmherzigen Brüder, Ausführungsprojekt
St. Clemenshospital und Kirche, Grundriß des Kellergeschosses, dritter Entwurf, 1745

Lavierte Federzeichnung (schwarz), 45,9 x 45,5 cm
Beischrift: *Kellerwerck*
Legende: *Explication Der Buchstaben a. Grund Von der Kirchen; b. toten = Keller.; c. heimblicher Orth; c. Passage und toten = Kellers vor frömbde.; e. bierKeller; f. broth = Keller; g. Passage auss der Despence; h. backKeller; i. backCammer; k. holtz Platz darVor; l. brau = haus; m. Platz Zu Conservierung der brau = gereithschafften.; n. holtzplatz Vor die Kranckerey = brauh und backhause.; o. Trappe um das holtz auff die KrancKerey zu tragen.; p. Matherialier Keller.; q. Communication mit dem Laboratorio.; r. Wein = Keller.; s. Zwey Cammeren Vor Wühtende.; t. Schreinerey; u. SpeiseKellers.; v. Communication mit der Kuchel.; w. Garten = Kellers.; x. owen Vor das Refectorium zu hitzen.; y. Communication mit dem Garten.*

Westfälisches Landesmuseum Münster, Schl.-Bd. 18

44.24
Münster, Kloster der Barmherzigen Brüder, Ausführungsprojekt
Jakob Rauch (?)
St. Clemenskirche, Entwurf zu einem Kapitell der Hauptpilaster, 1749

Lavierte Federzeichnung (grau), 57,5 x 45 cm
Maßstab: *12 Zoll* = 18,4 cm

Westfälisches Landesmuseum Münster, Schl.-Bd. 19

In der Ausführung ist die Deckplatte gerade durchgeführt, das Ornament in der Mitte verkleinert, das über den Unterrand herabreichende Ornament beibehalten.

Gegen die Autorschaft Schlauns spricht die Handschrift, die Art der Maßstabangaben und vor allem das freie asymmetrische Spiel von Rocailleformen auf der Fläche und die Auflösung der tektonischen Gestalt des Kapitells in ihrer Umrißlinie. In Schlauns eigenhändigen Entwürfen sind solche, vom klassischen Kanon abweichenden Architekturdetails nirgends anzutreffen. Auch in der von Geisberg mit Recht angeführten Querschnittzeichnung zur Clemenskirche weist der Ordo rein kanonische Formen auf. So sehr es auch überraschen muß: der Kapitellentwurf, der für die Ausführung bestimmend gewesen ist, stammt nicht vom Architekten und demnach wohl auch nicht das ganz »unschlaunsche« Simaprofil des ausgeführten Gebälkfrieses. Wir müssen also damit rechnen, daß Schlaun dem Stukkateur auch im Bereich der eigentlichen Bauzier freie Hand ließ, oder – was nicht auszuschließen wäre – auf höhere Weisung lassen mußte (Noehles 1973, S. 149).

Jakob Rauch war vor seiner Tätigkeit in Münster zusammen mit seinem Lehrer Ignaz Finsterwalder für Clemens August bei der Ausgestaltung der Hl. Stiege in Bonn tätig. Er gehörte, 1718 in Unterpeissenheim geboren, zur letzten Generation der Wessobrunner Stukkatoren-Schule und muß besonders eng mit den Brüdern Feichtmayr verbunden gewesen sein, deren Schwester er 1752 heiratete.

Literatur: Geisberg, Münster VI 1941, S. 406-55, bes. S. 414; Noehles, in: Kat. Schlaun 1973 (Textteil), S. 125-57, bes. S. 149-50; Noehles 1994, S. 3-41, bes. S. 35-36.

44.24

44.25
Münster, Kloster der Barmherzigen Brüder, Ausführungsprojekt
St. Clemenskirche, Aufriß und Grundriß des Hauptaltares, Ausführungsentwurf, 1749/50

Lavierte Federzeichnung (schwarz), 48 x 20,5 cm
Inschrift: *EXCE AGNUS DEI*
Maßstäbe: *8 Fuess* = 16,2 cm, *4 model* = 1,3 cm

Westfälisches Landesmuseum Münster, Schl.-Bd. 35

Eindeutig ein Blatt von des Architekten eigener Hand. An dem mit Strahlenglorie und Putten reich verzierten Tabernakelaufsatz – architektonisch eine barocke Variante von Berninis Ziborium über dem Petersgrab en miniature – fehlt jegliche asymmetrische Rocailledekoration, wie sie für die Wessobrunner (Kat. Nr. 35.23) typisch ist.

44.26

44.25

44.26
Münster, Kloster der Barmherzigen Brüder, Ausführungsprojekt
Jacob Rauch
St. Clemenskirche, Entwurf des Hauptaltars, 1749

Aquarellierte Bleigriffelzeichnung
(grau, rosa, hellgrün, gelb), 31,1 x 20 cm
Beischrift: *Münster in Westfahlen Ot. 1749.*

Westfälisches Landesmuseum Münster, Schl.-Bd. 33

44.27

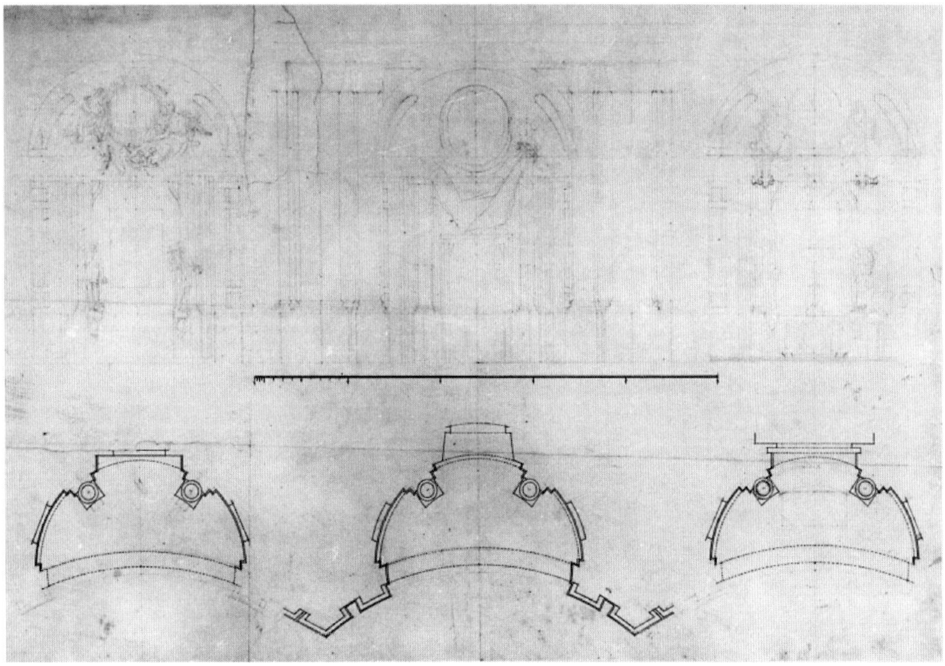

44.29

44.27
Münster, Kloster der Barmherzigen Brüder, Ausführungsprojekt
Jakob Rauch
St. Clemenskirche, Doppelentwurf zur Mensa eines Seitenaltares mit Aufsatz, 1749

Aquarellierte Bleigriffelzeichnung (rot, blaßgelb), 19,6 x 29,8 cm

Westfälisches Landesmuseum Münster, Schl.-Bd. 36

In der Technik der Lavierung der marmorierten Oberfläche identisch mit der vorhergehenden Zeichnung. Eigentümlich ist die perspektivische Verzeichnung, die offenbar Aufriß und Perspektive zugleich darstellen wollte.

44.28
Münster, Kloster der Barmherzigen Brüder, Ausführungsprojekt
St. Clemenskirche, Grund- und Teilaufriß des Tabernakels eines der Nebenaltäre, 1749/50

Lavierte Federzeichnung (grau), 36,5 x 27,3 cm
Maßstab: *8 Fuß* = 16,1 cm

Westfälisches Landesmuseum Münster, Schl.-Bd. 34

44.29
Münster, Kloster der Barmherzigen Brüder, Ausführungsprojekt
St. Clemenskirche, Auf- und Grundrisse der beiden Seitenaltarnischen und der Eingangsnische, dritter Entwurf, 1749/50

Lavierte Federzeichnung (Tusche, Bleigriffel), 51,5 x 73,8 cm
Maßstab: *50 fues* = 34,9 cm

Westfälisches Landesmuseum Münster, Schl.-Bd. 32

44.28

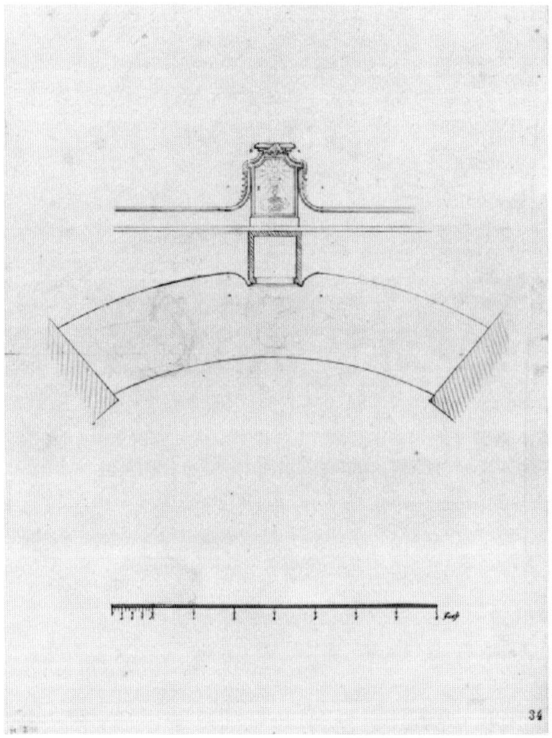

44.30
Münster, Kloster der Barmherzigen Brüder, Ausführungsprojekt
St. Clemenskirche, Aufriß und Schnitt eines Beichtstuhls, erster Entwurf, 1745

Federzeichnung (rot, grau, blaßgelb), 41,2 x 31,1cm
Maßstab: *30 fuess* = 31,1 cm

Westfälisches Landesmuseum Münster, Schl.-Bd. 38

44.31

44.30

44.31
Münster, Kloster der Barmherzigen Brüder, Ausführungsprojekt
St. Clemenskirche, Aufriß und Grundriß eines Beichtstuhls, Variante 1745/49

Lavierte Federzeichnung (schwarzgrau, grau, blaßgelb), 29,3 x 23,3 cm (28 x 22,2 cm)
Maßstab: *10 Fuß* = 17,4 cm

Westfälisches Landesmuseum Münster, Schl.-Bd. 39

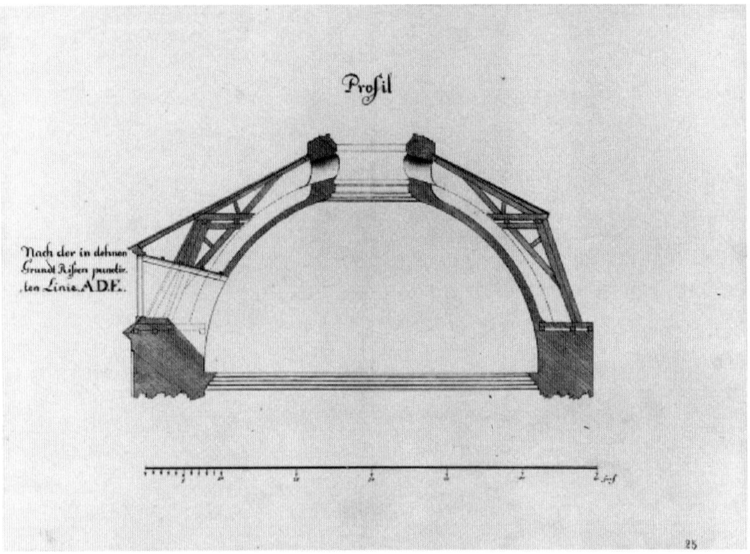

44.37

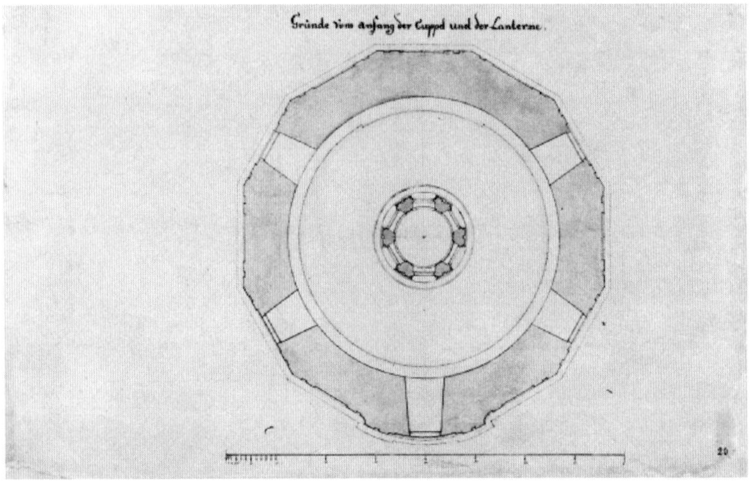

44.32

44.33

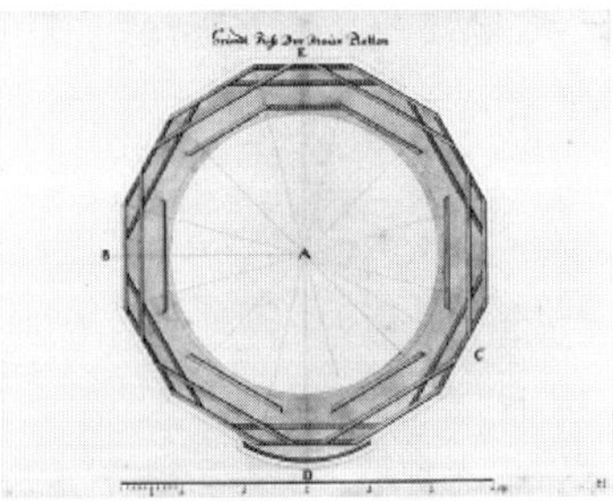

44.34

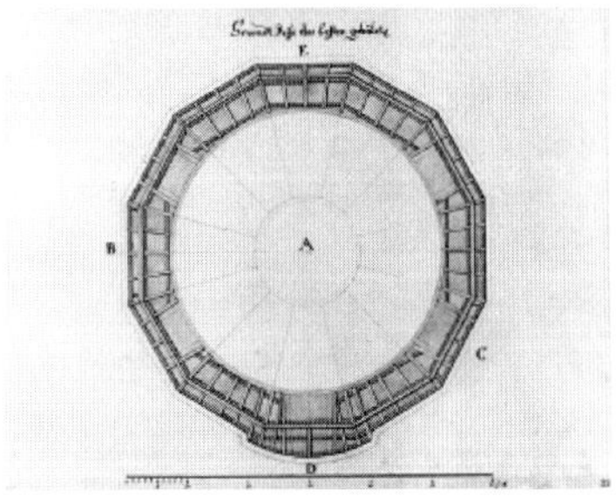

44.32
Münster, Kloster der Barmherzigen Brüder, Ausführungsprojekt
Schlaun-Werkstatt
St. Clemenskirche, Grundrisse Kuppel und Laterne, dritter Entwurf, 1745

Lavierte Federzeichnung (rot), 32,3 x 52 cm
Titel: *Gründe vom anfang der Cuppel und der Lanterne*
Maßstab: *80 fues* = 27,7 cm

Westfälisches Landesmuseum Münster, Schl.-Bd. 20

44.33
Münster, Kloster der Barmherzigen Brüder, Ausführungsprojekt
Schlaun-Werkstatt
St. Clemenskirche, Kuppel, Grundriß des Mauerrings, dritter Entwurf, 1745

Lavierte Federzeichnung (schwarz, rot, braun), 32,5 x 41,3 cm
Titel: *Grundt Riss Der Maur Platten*
Maßstab: *80 fues* = 27,7 cm

Westfälisches Landesmuseum Münster, Schl.-Bd. 21

44.34
Münster, Kloster der Barmherzigen Brüder, Ausführungsprojekt
Schlaun-Werkstatt
St. Clemenskirche, Kuppel, Grundriß der Balkenlage auf dem Mauerkranz, dritter Entwurf, 1745

Lavierte Federzeichnung (schwarz, rot, blaßgelb, braun), 32,5 x 41,5 cm
Titel: *Grundt Riss des Ersten gebälcks*
Maßstab: *80 fues* = 27,7 cm

Westfälisches Landesmuseum Münster, Schl.-Bd. 22

44.35
Münster, Kloster der Barmherzigen Brüder, Ausführungsprojekt
Schlaun-Werkstatt
St. Clemenskirche, Kuppel, Grundriß des Dachgebälks, dritter Entwurf, 1745

Lavierte Federzeichnung (schwarz, blaßgelb, hellbraun), 30,2 x 39,7 cm
Titel: *Grundt Riss des 2ten gebälcks*
Maßstab: *80 fues* = 27,7 cm

Westfälisches Landesmuseum Münster, Schl.-Bd. 23

44.36

Münster, Kloster der Barmherzigen Brüder, Ausführungsprojekt

Schlaun-Werkstatt

St. Clemenskirche, Kuppel, Querschnitt, dritter Entwurf, 1745

Lavierte Federzeichnung (rot, hellbraun), 31,8 x 41,3 cm
Titel: *Profil*
Beischrift: *Nach Der in dehnen Grundt Rissen Punctirten Linie A.B.*
Beischrift: *Nach der in dehnen Grundt Rissen Punctirten Linie A.C.*
Maßstab: *80 fues* = 27,7 cm

Westfälisches Landesmuseum Münster, Schl.-Bd. 24

44.37

Münster, Kloster der Barmherzigen Brüder, Ausführungsprojekt

Schlaun-Werkstatt

St. Clemenskirche, Kuppel, Querschnitt in der Hauptachse, dritter Entwurf, 1745

Lavierte Federzeichnung (schwarz, rot, hellbraun), 29,1 x 41,5 cm
Titel: *Profil*
Beischrift: *Nach der in dehnen Grundt Rissen Punctirten Linie A.D.E.*
Maßstab: *80 fues* = 27,7 cm

Westfälisches Landesmuseum Münster, Schl.-Bd. 25

44.38

Münster, Kloster der Barmherzigen Brüder, Ausführungsprojekt

St. Clemenskirche, Kuppeldachstuhl, Aufriß zweier Polygonalseiten, dritter Entwurf, 1745

Lavierte Federzeichnung (schwarz, hellbraun), 30,9 x 41,3 cm
Titel: *Zwey Dachwändt*
Maßstab: *80 fues* = 27,7 cm

Westfälisches Landesmuseum Münster, Schl.-Bd. 26

44.39

Münster, Kloster der Barmherzigen Brüder, Ausführungsprojekt

Schlaun-Werkstatt

St. Clemenskirche, Laterne, Grundriß des Gebälks und Schnitt durch die Haube, dritter Entwurf, 1745

Federzeichnung, Bleigriffel, 32,4 x 41cm
Maßstab: *40 fues* = 27,8 cm

Westfälisches Landesmuseum Münster, Schl.-Bd. 27

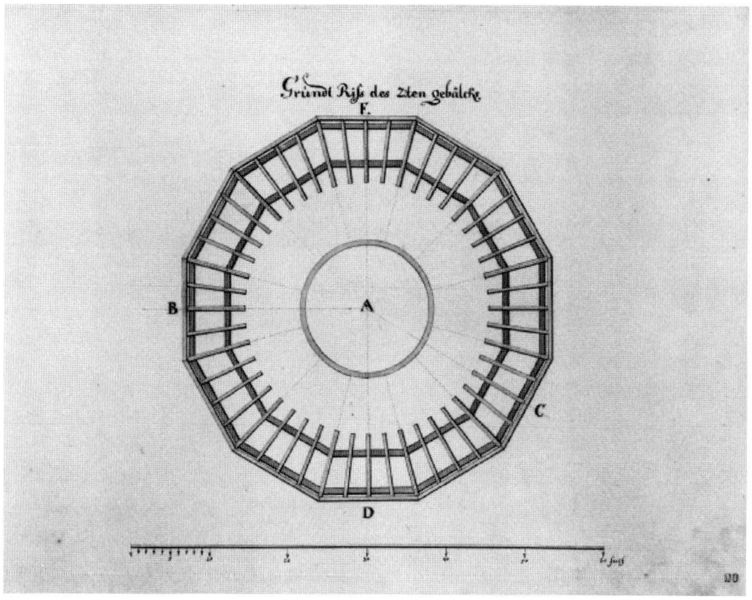

44.35

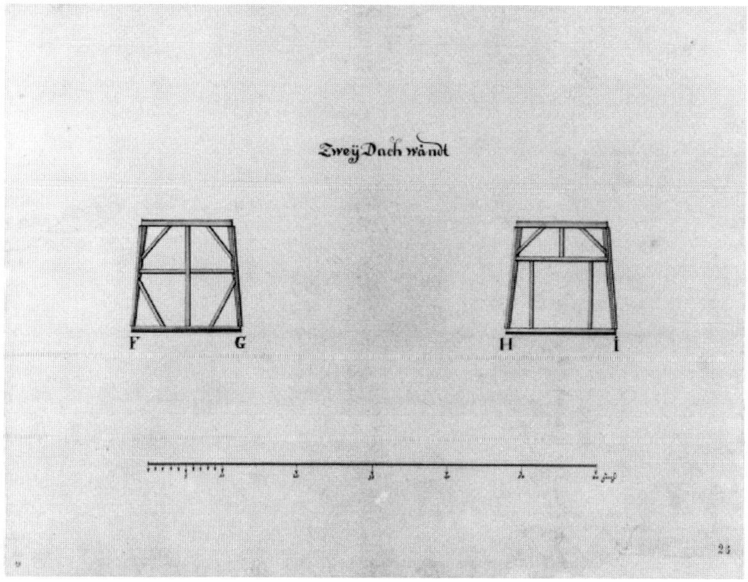

44.38

44.36

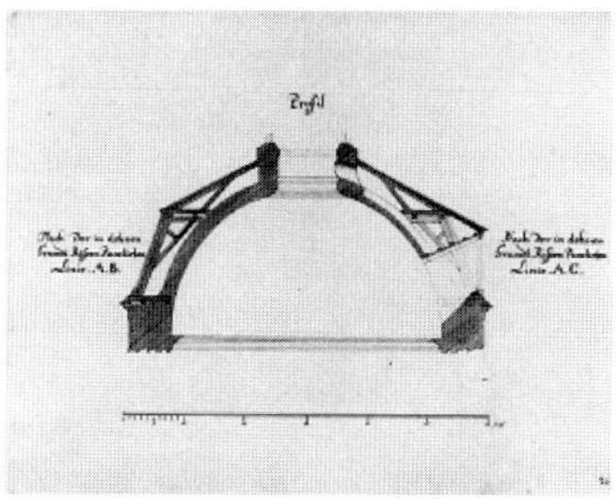

44.39

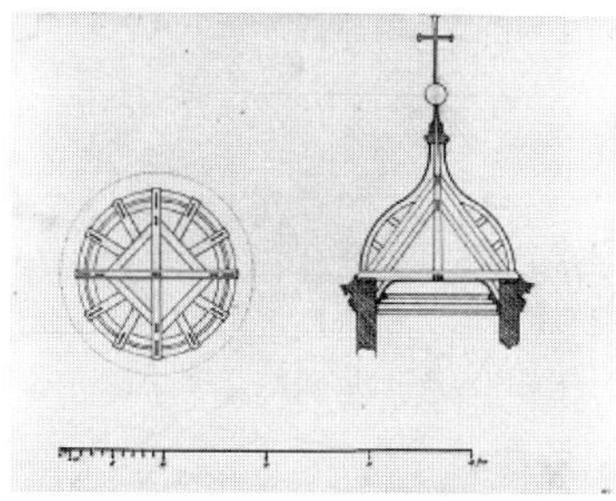

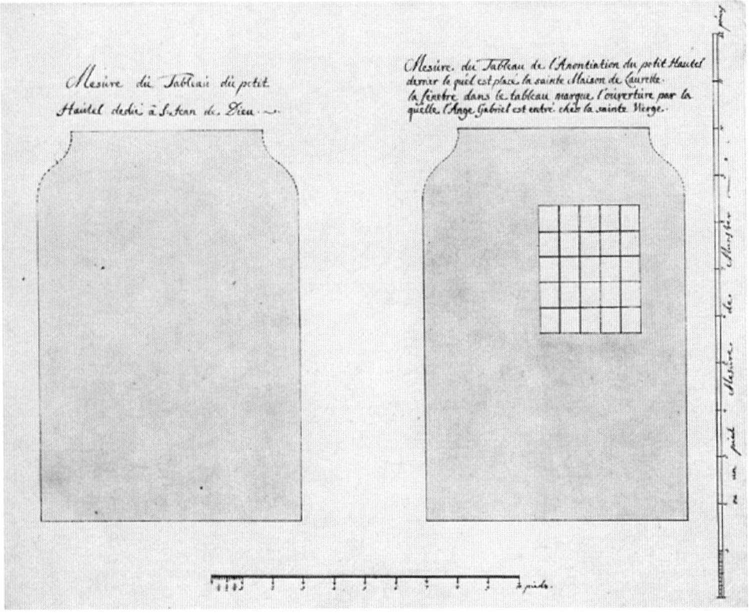

44.40

LITERATUR

P. V. Martorelli, *Teatro istorico della Santa Casa Nazarena della B. Virgine Maria e sua ammirabile Traslatione in Loreto*, 3 Foliobde. Rom 1732–35, Bd. 2, S. 164; Geisberg 1941, Münster VI, S. 406-55, bes. S. 444; Hegel 1961, S. 24; F. da Marrovalle, Loreto nell'Arte, Genua 1965; Noehles 1973, S. 125-57; Claussen 1975, S. 159-73; Hilde Claussen, *Carlo Carlones Bozzetto for a Destroyed Altar-Piece in the Church of St. Clement, Münster*, in: Burlington Magazine 1975, S. 109f.; Hansmann 1978, S. 36-38; Noehles 1994, S. 3-41, bes. S. 20-41.

44.40 Münster, Kloster der Barmherzigen Brüder, Ausführungsprojekt St. Clemenskirche, Umrisse der Altarbilder für die ausführenden Maler, 1750

44.43 Münster, Kloster der Barmherzigen Brüder, Ausführungsprojekt St. Clemenskirche, Loretokapelle, Aufriß des Abschlußgitters von Norden und Grundriß des Altares, 1745/49

DIE LORETOKAPELLE

Die an den Marienaltar sich anschließende, in Höhe des Klosterflures liegende Lauretanische Kapelle ist eine Nachahmung jenes von der Legende als das wahre Haus der Verkündigung bezeichneten Heiligtums in der Kirche von Loreto, eines 9,15 x 3,75 m messenden, mit einem Tonnengewölbe versehenen Innenraumes, dessen Ziegelwände mit dem nur bruchstückweise erhaltenen Verputz und den mit schwarzer Farbe aufgetragenen Freskomalereien getreu nachgeahmt sind. An der südlichen Rückwand befindet sich in einem Rahmen eine Nachbildung des lebensgroßen, ehemals mit einer Seidenhülle verdeckten Gnadenbildes. Zur Kirche hin ist der Raum durch das mittels eines Mechanismus bewegliche Gemälde und durch ein zierliches schmiedeeisernes Gitter mit den Initialen MRIA abgeschlossen. Der Mauerschlitz, in dem das Altargemälde hochgezogen wurde, ist auf Schlauns Entwurf deutlich zu erkennen. Schlaun mußte das Original der »casa santa« minutiös nachbilden. Dazu wird er die einschlägigen Stichvorlagen benutzt haben, z.B. die Beschreibung von Martorelli (vgl. Abb. 126 in Claussen 1975, S. 166). Vor der Schmalseite der Kapelle steht wie in Loreto der Verkündigungsaltar. Er befindet sich dort unterhalb ihres einzigen kleinen Fensters, durch das der Engel Gabriel mit der Botschaft einschwebte. Claussen hat nachgewiesen, daß der Maler Carlone auch auf dem Gemälde ein Fenster anzubringen hatte, um auf Wunsch des Kurfürsten bereits im Altarbild einen Hinweis auf den unmittelbar hinter diesem liegenden real vorgestellten Verkündigungsort zu geben. In einem Brief vom 13. Juli 1749, dem die Umrißzeichnungen der drei Altäre mit den nötigen Maßangaben für den Maler beigegeben sind, schreibt Schlaun: » ... gemelter Schöpf hatt mir auch hinterbracht, wie daß Ew. Churfürstl. Durchl. mildest geruhet selber ggst anzubefehlen mir zu sagen, wie daß ich die maase deren 3 Althärblättern der barmhertzigen Kirch nochmahlen und zwarn directa zu ggsten händen zu schicken hätte. Ew. Churfürstl. Durchl. geruhen also ggst zu erlauben, daß selbe zu gehorsamster einfolge hierbey geschloßen ....« Der Kurfürst hatte also die Zeichnungen angefordert, um sie offenbar persönlich an die von ihm beauftragten Künstler weiterzuleiten. Eine der Umrißzeichnungen zeigt das Altarblatt der Verkündigung, auf dem – übrigens wie in einer weiteren Zeichnung Schlauns (Kat.-Nr. 44.29) – das Rechteck eines Fensters angegeben ist. In der Beschriftung Schlauns heißt es: »Mesure du Tableau de l'Annociation du petit Hautel, derrier le quél est placé la sainte Maison de Laurette, la fenêtre dans le tableau marque l'ouvertúre par la quélle l'Ange Gabriel est entré chés la sainte Vierge.« Offenbar war an dieser Stelle ein reales Gitterfenster vorgesehen, denn auch die Rückseite des Altarblattes war bemalt und mit einem Gitterfenster an der entsprechenden Stelle versehen. Warum sonst auch sollte Schlaun das Fenster in seinen Zeichnungen so genau vermerken. Technisch wäre es ohne weiteres möglich gewesen, der Schlitz für das Gemälde hätte einem ausreichend starken Bildträger Platz gelassen, in den sich ein Gitterfenster leicht hätte montieren lassen.

Der Einbau einer »casa santa« muß auf eine Forderung des Kurfürsten zurückgehen; schon in dem Neuplatzprojekt war eine solche Kapelle im Anschluß an einen Seitenaltar vorgesehen, während sie beim Entwurf für den Bocksplatz nicht geplant war. Clemens August, der zur Volksfrömmigkeit neigte, hat Wallfahrten nach Kevelaer, Telgte, Altötting und Loreto durch großzügige Schenkungen gefördert. Er selbst feierte die Silvesternacht 1727 in Loreto und hat die Wallfahrt 1755 wiederholt. Im Juli 1749 (Brief vom 13. d. Mts. an den Kurfürsten) schickte Clemens August das Standbild der lauretanischen Madonna »just wie dass originale zu Lauretto«, das er in Münster hatte fertigen lassen, nach Bonn, damit dieses nach seinen Anweisungen bekleįdet werden könne. Auch auf den Landschlössern Hovestadt (nach 1733) und der Dyckburg bei Münster (1735) errichtete Schlaun im Anschluß an das Schloßplatzprojekt Loretokapellen.

44.43

44.40

Münster, Kloster der Barmherzigen Brüder, Ausführungsprojekt

St. Clemenskirche, Umrisse der Altarbilder für die ausführenden Maler, 1750

Lavierte Federzeichnung
Beischrift: *Mesure dú Tableaú dú petit Haútel dedié à S:Jean de Dieu; Mesure du Tableau de l'Annociation du petit Hautel, derrier le quél est placé la sainte Maison de Laurette, la fenêtre dans le tableau marque l'ouvertúre par la quélle l'Ange Gabriel est entré chés la sainte Vierge*
Maßstab: *10 pieds*

Staatsarchiv Münster, Fürstentum Münster, Kabinettsregistratur P XXII A Nr. 6 (z. Zt. nicht verfügbar)

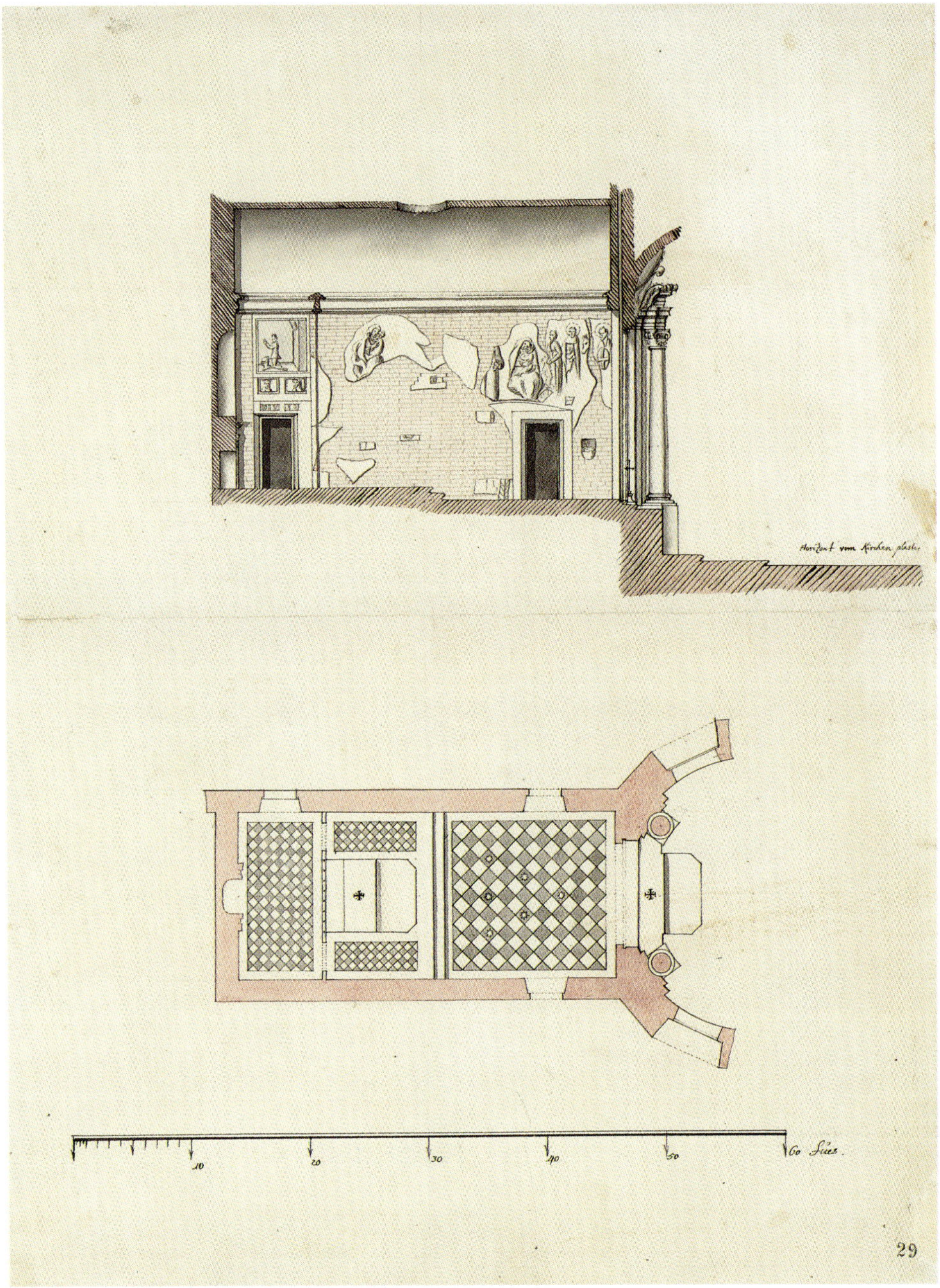

44.41

44.41

Münster, Kloster der Barmherzigen Brüder, Ausführungsprojekt

St. Clemenkirche, Loretokapelle, Grundriß und Längsschnitt gegen die Westwand, 1745/49

Lavierte Federzeichnung (grau, rot), 39,7 x 29,9 cm
Beischrift: *Horizont vom Kirchen plaster*
Maßstab: *60 fues* = 22,7 cm

Westfälisches Landesmuseum Münster, Schl.-Bd. 29

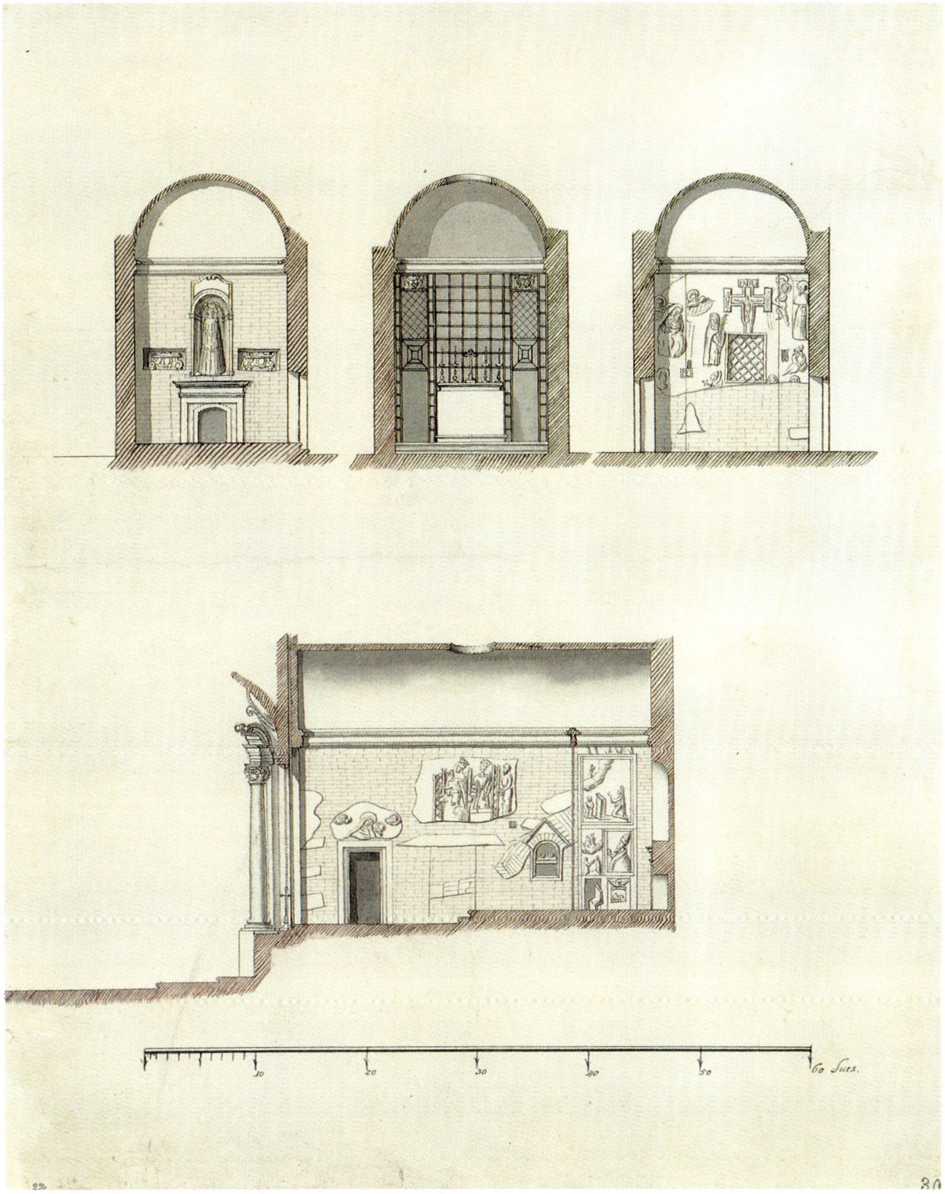

44.42

44.42

Münster, Kloster der Barmherzigen Brüder, Ausführungsprojekt

St. Clemenskirche, Loretokapelle, Querschnitte und Längsschnitt nach Osten, 1745/49

Lavierte Federzeichnung (grau, rot), 39,1 x 32,4 cm
Maßstab: *60 fues* = 22,7 cm

Westfälisches Landesmuseum Münster, Schl.-Bd. 30

44.43

Münster, Kloster der Barmherzigen Brüder, Ausführungsprojekt

St. Clemenskirche, Loretokapelle, Aufriß des Abschlußgitters von Norden und Grundriß des Altares, 1745/49

Lavierte Federzeichnung
(grau, blaßgelb), 41,9 x 31,6 cm
Maßstab: *20 fues* = 15,2 cm

Westfälisches Landesmuseum Münster, Schl.-Bd. 31

In beiden Seitenteilen ist das Wappen des Fürstbischofs angebracht.

1850 und 1890 Restaurierungen der Kuppelfresken, 1882 Erneuerung des Skulpturenschmucks der Fassade, 1889–92 Veränderungen und Restaurierungen des Innenraumes (Abrundung der seitlichen Flachnischen; Säulen und Pilaster werden mit Stuckmarmor versehen; der Vorhang um das Hauptaltarbild wird verändert).

Schon beim ersten Luftangriff am 10.10.1943 wurden die Hospitaltrakte durch Brand- und Sprengbomben völlig zerstört. Dach und Glockenturm der Kirche brannten ab, doch die Kuppel hielt vorerst stand und schützte den Innenraum. Am 30.9.44 stürzte auch die Kuppel unter Bombenvolltreffern zusammen und begrub den Kirchenraum unter den Steinmassen. Nur die vom Luftdruck stark beschädigten Außenmauern blieben stehen. Das Baupflegeamt stufte 1946 das Bauwerk als »total zerstört« ein. Erst 1954 folgten beschränkte Sicherungsarbeiten, vor allem am Mittelteil der Fassade, partielle Restaurierung des einsturzgefährdeten Portals, eher aufgrund der Gefährdung für Passanten. Die Ruine blieb jahrelang ungeschützt der Witterung ausgesetzt.

Unter Druck des Kultusministers und der Öffentlichkeit geraten, faßte der Rat der Stadt 1955 den Entschluß zum Wiederaufbau der Kirche (Ratssitzung am 28.2.55). Zur Wiedererrichtung der an die Kirche anschließenden Hospitaltrakte, die wesentlicher Bestandteil der Konzeption Schlauns waren, wollte man sich allerdings nicht entschließen – in Abstimmung mit dem Landeskonservator wurde auf die Hospitaltrakte zugunsten eines Parkplatzes verzichtet, die Schlaunsche Konzeption damit nach dem Kriege rücksichtslos und endgültig vernichtet. Der Vermerk von Baurat Scharf, der sich als einziger schon 1947 für den Wiederaufbau eingesetzt hatte, benennt die Verantwortlichen: »Zu der grundsätzlichen Frage, ob die Flügelbauten, die früher vorhanden waren und unmittelbar an die Kirchenbauten anstießen, bei einer Wiederherstellung notwendig sind, äußerte sich Herr Prof. Dr. Hager sowohl wie auch der Vertreter des Landeskonservators Dr. Busen, daß diese Flügelbauten wenn auch erwünscht, aber nicht unbedingt erforderlich seien. Ohne die Flügelbauten würde der Zentralbau, um dessen Ergänzung bzw. Wiederherstellung es in erster Li-

nie gehe, auch ohne die Flügelbauten denkbar, daß darüber hinaus sogar gesagt werden könne, daß der Zentralbau als solcher ohne Flügelbauten vor der Windthorststraße bzw. vom Parkplatz her viel stärker in Erscheinung treten werde. Auch der Turm würde nicht wie früher von den Flügelbauten halbwegs verdeckt, sondern als Campanile losgelöst vom Kuppelbau städtebaulich sehr schön zur Wirkung kommen.« Die führenden Vertreter der Münsteraner Denkmalpflege dachten 1956 noch in den Kategorien des 19. Jahrhunderts, die es sich anmaßte, historische Bauten in der Art eines Denkmals freizustellen und nicht davor zurückschreckte, stadtplanerisch herausragende Architekten wie Schlaun aus ihrer engen Sicht heraus zu ›verbessern‹ – der vom Parkplatz aus stärker in Erscheinung tretende ›Campanile‹ spricht in der Tat für sich.

Die Kritik an der bezugslosen Rekonstruktion der Clemenskirche verstummte nicht. Dabei handelte es sich nicht nur um die fehlenden Flügelbauten, auch der ursprüngliche Bezug zum Niesingkloster und zu St. Servatii war verlorengegangen. Mit der Planung des Karstadt-Neubaus wurde in den 70er Jahren erneut über die Einbindung der Clemenskirche in eine Blockbebauung nachgedacht. Weiterreichende Pläne sahen auch eine Berichtigung des Raumes zwischen den beiden Kirchen vor. Vor allem der Wiederaufbau des Marstalls des Erbdrostenhofes in Verbindung mit den Flügelbauten hätte dem ›römischen‹ Entwurf Schlauns in Bezug auf seinen stadtplanerischen Geniestreich den notwendigen engen Raum und die Straßenfluchten zurückgegeben. Heute vermitteln nur noch einige historische Fotos und ein ausgezeichnet recherchiertes Modell des Stadtviertels von Ulf-Dietrich Korn und Winfreid Preis im Erbdrostenhof einen Eindruck der Situation, wie Schlaun sie erdacht hatte.

Der 1956 begonnene äußere Wiederaufbau konnte bis Ende 1959 im wesentlichen abgeschlossen werden. Das durch langjährige Witterungseinflüsse morsch gewordene Mauerwerk mußte bis unter das Kranzgesims abgetragen werden, manche Teile des figürlichen und ornamentalen Dekors, die den Bombenangriff überstanden hatten, waren in der Zwischenzeit verloren gegangen. Nach Ausbesserung der Umfassungswände und ihrer Sicherung

17/18 St. Clemenskirche nach der Zerstörung

18–22 St. Clemenskirche, Details aus dem Kupelfresko von Adam Schöpf – Zustand um 1940

durch einen Stahlbetonkranz in der Mauerkrone wurde die Kuppel wieder aus Ziegeln freihändig aufgemauert. Als Basis der Laterne, die entsprechend dem Urbild in Werkstein neu entstand, wurde ein Druckring aus Stahlbeton eingefügt. Infolge des Verzichts auf die Flankentrakte mußten die von Schlaun eingebauten und daher rohen Seitenwände der Kirche außen neu gestaltet werden. Ihr Aufbau erfolgte in Angleichung an die Hauptfassade, in einer sie vereinfachenden Form. Der ausgebrannte, im Mauerwerk aber erhaltene Glockenturm, ebenfalls von den Klostergebäuden umschlossen, stand nach deren Abbruch campanileartig frei und mußte in den unteren Geschossen ummantelt und neu gestaltet werden.

1961 begann die Restaurierung des Innenraumes. Da die Wandglieder – Pilaster, Säulen, Gebälke und Nischenrahmen – zwar beschädigt, doch noch vorhanden waren, in Nord- und Eingangskonche sich auch noch Teile des figürlichen und ornamentalen Stucks erhalten hatten, entschloß man sich zur Gesamtrekonstruktion aller Architekturglieder und des Ornaments. Die Veränderungen an Architektur und Farbgewand anläßlich der Renovierung des 19. Jahrhunderts (1889/92) wurden dabei beseitigt. Man hatte damals die Flachnischen zu seiten der Eingangsapsis, die ursprünglich ebenso wie die Hochaltarnische gerade Flanken aufwiesen und flach gedeckt waren, mit Gewölben und gerundeten Wänden versehen, die ursprünglich geputzten und hellrötlich gestrichenen Wandpilaster mit dunkel rotgrundigem Stuckmarmor verkleidet und die kannelierten, leuchtend blau marmorierten Altarsäulen nach Abschlagen der Kanneluren mit einem dicken teils grau-blauen, teils schwarzen Stuckmarmorüberzug versehen, die vorderen Zipfel des stukkierten Vorhangs um den Hochaltar bei dieser Gelegenheit mitsamt den Putten, die den Vorhang hielten, zerstört.

Das gestalterische Hauptproblem war die Kuppel. Nach verschiedenen mehr oder weniger abstrakten Lösungsmöglichkeiten entschloß man sich 1963 zugunsten der vollständigen Rekonstruktion des ursprünglichen Kuppelfreskos von Adam Schöpf und der zugehörigen Stukkaturen von Jakob Rauch. Eine kritische Bestandsaufnahme hatte ergeben, daß die im Landesamt vorhandenen Farbdias zusammen mit einer Reihe von farbigen Großfotos eine solche Rekonstruktion erlaubten. 1964 begannen die zeichnerischen Vorarbeiten, Entzerrung der Fotos mit Schrägansichten und ihre Einordnung in ein Gesamtbild der Kuppel mit Koordinatensystem.

23/24 St. Clemenskriche, Kuppel und Innenraum nach der Wiederherstellung

Anfang 1965 wurde die Vorzeichnung in der Kuppel angebracht. Am 9.3.1964 entstand das erste ›Tagwerk‹ in Fresko. Schon 1963 begann die Rekonstruktion der Stucchi. Den figürlichen Schmuck fertigte bis 1973 der Bildhauer Siegfried Springer. 1970 wurden eine Kopie des verlorenen Hochaltarbildes von Pittoni erstellt und die Nebenaltargemälde von Carlone rekonstruiert. 1969 konnte auch mit der Rekonstruktion der Kanzel, Altartische und Tabernakel in Stuckmarmor begonnen werden. Für die neuen Kirchenbänke dienten die von Schlaun entworfenen Bänke in der Kapelle von Clemenswerth als Vorbild. 1974 war der Innenausbau der Clemenskirche abgeschlossen.

AUSFÜHRUNG: Fresko: Paul Reckendorfer, Gerta Reckendorfer, Herbert Pass/Wien; Figürlicher Stuck: Siegfried Springer/Münster; Architekturstuck und Ornament: Norbert König/Düsseldorf (bis 1965), Siegfried Springer/Münster, Franz Gathmann/Roxel, Alois Fuchs/Würzburg (die letztgenannte Firma fertigte auch alle Ausstattungsstücke aus Stuckmarmor); Altarbilder: Kurt Schmidt-Thomsen/Münster; Kommunionbank, Gestühl und Türen: A. Tombusch/Ascheberg; Schnitzarbeiten: Siegfried Springer/Münster; die zeichnerischen Unterlagen, Ansichten, Grundrisse, Schnitte und Details: Winfried Preis/Westfälisches Landesamt für Denkmalpflege Münster.

45

Haus Rüschhaus, 1745–49

Münster-Nienberge

1743 erwarb Schlaun das seit dem 14. Jahrhundert bezeugte Lehngut der Bischöfe von Münster von der Witwe des Grafen Friedrich Bernhard Wilhelm von Plettenberg-Lehnhausen außerhalb der Stadt Münster nahe dem Dorf Nienberge. 1745 erfolgte die Belehnung durch den Kölner Kurfürsten und Fürstbischof von Münster Clemens August. Noch im selben Jahr begann Schlaun den Neubau der Hofanlage als ›Sommersitz‹; sie wurde 1749 vollendet.

Als Johann Conrad Schlaun im Begriff stand, das Landgut Rüschhaus zu kaufen, beauftragte er den vereidigten Landmesser Johann Bernhard Fix mit der genauen Vermessung des gesamten Besitzes. Die Karte liegt als von Fix beglaubigte Kopie vor (Kat.-Nr. 45.1) und zeigt das »Rüsch-Haus nebst seinen um sich liegenden Adelich Freyen Gründen wie solche 1743 im Septembri aufgenommen und alles aus gesehen hat«. Am rechten Bildrand vorn hat der Zeichner eine Papierrolle mit dem genauen Verzeichnis aller zum Gut gehörigen Ländereien und derer Erträge an einen Lattenzaun geheftet. Links daneben öffnet sich eine landschaftliche Perspektive: über eine Bretterbrücke führt ein Weg in die Tiefe, vorbei an einem Stück Flechtzaun und einer Hecke zu einer zweiten Holzbrücke mit einem Gittertor. Im Mittelgrund steht ein Fachwerkhaus, offenbar ein Vierständerbau, an den eine Kübbung und ein offener Schuppen angebaut sind. Im Giebelfeld des zweistöckigen Vorbaus erkennt man einen Taubenschlag, der zusammen mit Auslucht und Wetterfahne auf den freiadeligen Sitz des Bauernhauses hinweist. Schlaun hat das neue Hauptgebäude rechtwinklig zum Altbau auf einer Ausbuchtung der alten Gräfteninsel errichtet, so daß dieser während der Arbeiten zunächst stehen bleiben konnte. Der Baubeginn erfolgte 1745, ein Jahr später war der Rohbau fertig.

Schlaun entstammte der gehobenen bäuerlichen Schicht, aus der sich in der Regel die Amtleute und Rentmeister der Klöster und des Adels rekrutierten, doch seit 1725 – der Zeit als kurkölnischer Oberbaumeister und seiner ersten Heirat – hat er einen sozialen Aufstieg vollzogen und sich deutlich von seiner Herkunft distanziert. Er verzichtete auf das Wappen seines Vaters mit Pfeilen und bürgerlichem Stechhelm und führte das Wappen der 1636 in männlicher Linie ausgestorbenen hessischen Adelsfamilie Schlaun von Linden mit einem dem Adel vorbehaltenen Turnier- oder Spangenhelm. Lange vorher hatte er seinen bäuerlichen Namen Schluen in das hochdeutsche Schlaun geändert. Die Bewirtschaftung seiner Güter übertrug er einem Verwalter, ganz ähnlich wie in der venezianischen Terra ferma, wo zwar Landwirtschaft betrieben wurde, wo man aber zugleich nach den langen Wintern in der Stadt die Sommerfrische genoß.

Der neue Herr von Rüschhaus baute sich kein Bauernhaus, sondern eine Villa rustica, was schon der Vergleich der Aufnahme von Fix mit dem Grundrißplan Schlauns deutlich zeigt (Kat.-Nr. 45.2). Schlaun hat die unregelmäßige Anlage zunächst systematisiert und ihr durch die regelmäßige Stellung der einzelnen Gebäude der Gesamtanlage und ihren Bezug auf das Haupthaus eine klar gegliederte Hierarchie gegeben. Auf der späteren Bauaufnahme (Kat.-Nr. 45.3) erkennt man deutlich, daß eine von Gräben begleitete Allee die lange Hauptachse ausbildet. Sie erweitert sich vor der von Pfeilern flankierten Brücke zu einem kleinen Platz, der, dem Verlauf der Gräfte folgend, von schräg gestellten kleinen Schuppen begrenzt wird, die vor 1865 durch größere Wirtschaftsgebäude ersetzt wurden (Abb. 3).

Am Ende der Allee steht das Haupthaus mit der reich gegliederten Fassade, flankiert von niedrigeren Nebengebäuden, die das Motiv der Fassade des Haupthauses im kleinen wiederholen und durch halbkreisförmige Mauerstücke mit diesem verbunden sind. Sie bilden zusammen eine Art Cour d'honneur, auf dem allerdings zwei Mistgruben angelegt waren. Die Zusammengehörigkeit der Bauten-Trias markierte Schlaun abgesehen von den im Münsterland üblichen Materialien Haustein und Ziegel zum

LITERATUR

Hartmann 1910, S. 55f.; Schulte-Kemminghausen, 1936, S. 200–02; Rensing 1936, S. 24; Rensing 1954, S. 26; Peters 1955, S. 235f.; Risse, in: *Auf Roter Erde,* 1961, Nr. 34; Mummenhoff 1965, S. 28; Hager 1973, S. 40; Korn 1973, S. 278–300, S. 294; Mummenhoff 1973, S. 172; Schaa 1973, S. 311f.; Winter 1973, S. 77–80; Hansmann 1978, S. 308–10; Mummenhoff 1986, S. 3–23; Püttmann-Engel 1987, S. 51; Schopf 1988, S. 84f., 140–42; Hansmann 1995; Schulten 1995.

Einzelberichte zur Denkmalpflege in: Westfalen 62, 1984, S. 608; 67, 1989, S. 678–81.

1 Nienberge, Haus Rüschhaus, Hofseite (vor 1945)

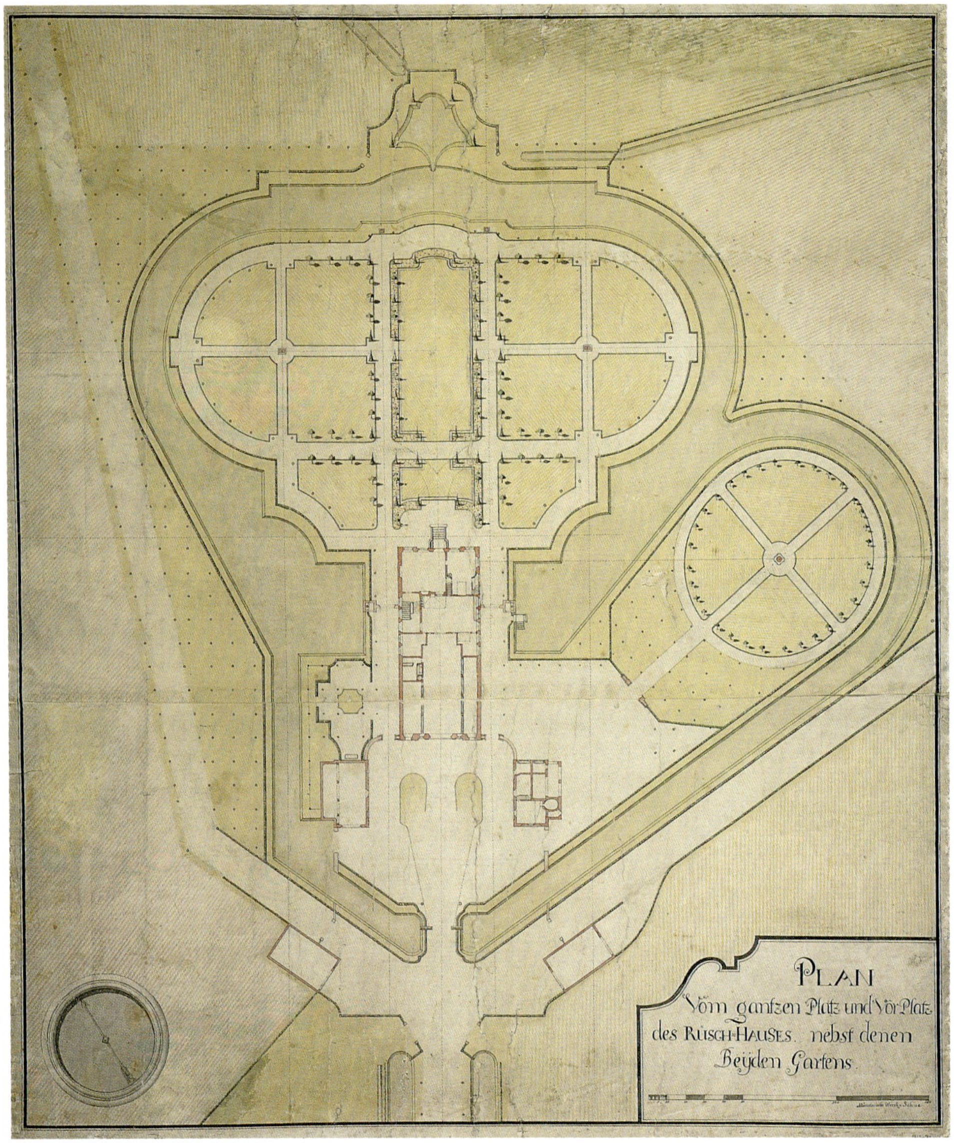

45.3 Nienberge, Haus Rüschhaus, Gesamtplan mit den Gärten, Grundrisse für Haus und Nebengebäude

einen über die Form der Krüppelwalmdächer, die wie Dreiecksgiebel über der Fassade stehen, zum anderen über die sorgfältige Behandlung der Kranzgesimse, die in der Hauptsache aus speziellen Formziegeln gemauert, deren Abschlüsse aber aus fein behauenem Sandstein gefertigt sind. Diese Abschlüsse sind bei den Nebengebäuden leicht gebogen und verweisen so auf das Motiv der Fassaden. Die Nebengebäude weisen jeweils zu den Außenseiten der Gebäudegruppe etwas zurückversetzte Anbauten auf, deren ansteigende Dächer mit dem breiten Kranzgesims den Eindruck vermitteln, als würden sie sich über die Baugruppe hinweg vereinen wollen, ähnlich dem Prinzip des gesprengten Giebels, wodurch die enge Zusammengehörigkeit der Bauten nochmals betont wird.

Es ist mehrfach darauf hingewiesen worden, daß diese Systematik vom Palladianischen Villenbau abgeleitet ist, daß es sich bei Haus Rüschhaus um einen sich »rustikal gebenden Sproß der palladianischen Villa« handele. Als direktes Vorbild der Grunddisposition der drei in Längsrichtung stehenden, durch Viertelkreise verbundenen Gebäude wurde die Villa Thiene in Cigogna genannt. Das ist der entscheidende Unterschied zu weiteren benannten Vorbildern wie etwa dem Trianon de Porcellaine in Versailles oder dem Typus der Maison de plaisances. Als Grundtypus für das bei Haus Rüschhaus verwandte Motiv der zur Mitte hin gesteigerten Giebeltrias hat man eine Verbindung zur Villa Barbaro in Maser hergestellt, wo die repräsentativen Haupt- oder Wohnräume ebenfalls zur Gartenseite liegen und sich zur Hofseite Ställe, Remisen und Lagerräume öffnen. Der Begriff des Bauhauses, einer im

2 Nienberge, Haus Rüschhaus, Hofseite, Nebengebäude

3 Nienberge, Haus Rüschhaus, Luftaufnahme

4 Nienberge, Haus Rüschhaus, Hofseite

Bereich des niederen landständischen Adels entwickelten Sonderform des Bauernhauses, oft auf den Vorburgen münsterländischer Wasserburgen, trifft ebenfalls nicht zu, da die Qualität der extravaganten Wandbehandlung der Baugruppe dort so nicht vorkommt. Rüschhaus ist letzten Endes ein Künstlerhaus mit den Funktionen eines Bauernhofes und einer Villa suburbana. Dem Arbeitsbereich werden die sakralen Formen und Inschriften zugeordnet, dem Wohnen die herrschaftlich repräsentativen. Der sorgfältige und an einigen Stellen überraschende Umgang mit dem Material, aber auch mit der Form nobilitiert den Architekten und den Bauherrn zugleich.

Die Gliederung der Fassade erfolgt, wie bereits bemerkt wurde, mittels eines Motivs aus dem Sakralbau, worauf im übrigen auch die Inschriften hinweisen, die in der Mitte der Trinität, deren Symbol in der Wetterfahne des Haupthauses erscheint, im linken Nebengebäude der heiligen Famile und im rechten den Engeln, Erzengeln und allen Heiligen gelten, also der Gesamtheit des himmlischen Hofstaats. Das ›sakrale Motiv‹ rahmt in der vordersten Wandschicht im Untergeschoß die rechteckige Tordurchfahrt, abgeschlossen durch Keilstein und einen mächtigen Gesimsblock, schwingt im Obergeschoß bedingt durch die Dachform volutenartig nach innen und erhält als oberen Abschluß einen Segmentbogen, dessen Kreisausschnitt durch eine Sonnenuhr mit einer Art Feston aus Haustein zum Kreis vollendet wird. Diese Form ist eigentlich eine dem Dach zugehörende Lukarnenform, die Schlaun aus Sturms Davilerausgabe von 1725 (S. 141) kannte, wo sie als Giebel- oder Rahmenform geradezu inflationär verwendet vorkommt. Darunter befindet sich das der Rahmenform entsprechende Binnenfeld mit der Inschrift. Die Gesamtform wird wiederholt durch einen stufenweise zwei Wandschichten zurückspringenden Rahmen, der in Gesims- und Segmentgiebelhöhe in der zweiten Wandschicht durch Horizontalstreifen weiter untergliedert wird. Dreieckig vertiefte Tafelfelder über den Seitenachsen vermitteln als Überleitungsformen zur Dachschräge. Auch die Nebengebäude sind im Obergeschoß dreischichtig gegliedert, im Untergeschoß, das beim linken Gebäude in eine Durchfahrt geöffnet war, geht die vordere Wandschicht an den Gebäudekanten in eine Doppelstreifengliederung über.

Seitlich des Haupthauses stehen Torpfeiler (nicht original), die zusammen mit den am hinteren Teil des Hauses aufgestellten Torbogen den Beginn der beiden zentralen Gartenachsen markieren. Nach dem Plan (Kat.-Nr. 45.3) diente das linke Nebengebäude als Remise mit offenem Tor, das rechte beherbergte den Schweinestall. Im Südteil war das Backhaus mit großem Backofen und Kaminbosen, über dem Backofen der Hühnerstall, die Lage der Hühnertreppe ist an der Ostwand noch zu erkennen.

Die Gartenfassade mit fünf Fensterachsen im Erdgeschoß, drei Achsen im Obergeschoß, ist durch Streifen und Tafelfelder gegliedert, die sowohl auf als auch in der Wand liegen. Das Appartement des Bauherrn im Erdgeschoß liegt erhöht über dem Keller und öffnet sich zum Garten über eine kleine Freitreppe mit Ausbuchtungen für einen Sitzplatz. Diese Freitreppe ist der Auftakt eines schmalen Mittelrisalits, der mit dem Allianzwappen der Schlaun-Rehrmann auf einem Tafelfeld mit geschweiftem Rahmen das Portal mit dem repräsentativen Rundbogenfenster des Obergeschosses zusammenfaßt. Das gekrönte Wappen ist 1756 datiert, die Buchstabenfolge verweist auf das Motto: »Conservat Cuncta Cupido«. Diese im doppelten Sinn verstandene Verbindung wird noch betont durch die raffinierte Bandrustika aus Buchstein, in deren Fugen die Werksteinrahmung durchscheint, gleichsam eine Umkehrung der gewohnten Verwendung der Materialien. Der Risalit wird durch einen geschweiften Giebel repräsentativ abgeschlossen.

Die Raumdisposition folgt den sogenannten Bauhäusern, die stets eingeschossig, meist massiv aus Ziegeln errichtet wurden, im vorderen Teil aus Längsdeele mit flankierenden Stallungen und großem Deelentor in der Mitte bestehen, an die sich rückwärts ein Wohnteil für den Verwalter anschließt. Dieser Wohnteil setzt sich aus Querküche und unterkellerten ›Upkammern‹ zusammen.

Das hohe Einfahrtstor an der Hofseite öffnet sich zur Deele, rechts sind die Kuhställe, links durch eine Fachwerkwand verschlossen die Pferdeställe angeordnet. Vor dem Rundbogentor zur Küche verengen beidseitig eingebaute Stuben die mit gemustertem Piksteinpflaster belegte Deele. Dahinter liegt die Küche mit einer Herdstelle unter großem Bosen, Herdplatte und Fliesenfeldern. Großformatige Baumberger Sandsteinplatten auf dem Boden und Deckenbalken unterstreichen den rustikalen Charakter des Raumes. An der Westseite der Küche, von außen durch einen separaten Eingang zugänglich, liegt das Treppenhaus. Eine Eichenholztreppe mit geschnitztem Geländer führt zum höhergelegenen Gartensaal und in das Obergschoß mit den Gemächern der Hausherrin.

Im Erdgeschoß waren die Räume Schlauns untergebracht: eine zweiflüglige Tür führte in den Salon, als Gartensaal mit Freitreppe über dem Wegenetz der Anlage in repräsentativer Symmetrie gestaltet. Daneben das Schlafzimmer des Hausherrn mit dem Lit en niche, von dem aus über Tapetentüren die Dégagements zugänglich waren, Treppen für die Dienerschaft, die auf Klingelzeichen, ohne die Wege der Herrschaft zu kreuzen, deren Wünschen zur

5/6 Nienberge, Haus Rüschhaus, Gartenseite (vor 1945, 1938)

Verfügung stehen konnten, und die es dem Hausherrn gestatteten, unbemerkt ins Obergeschoß zu gelangen.

Die Verbindung von Funktion und Repräsentation zeigt sich nicht zuletzt in der Doppelnutzung des Gartensaals als ›Schloßkapelle‹: hinter einer Scheintür verbirgt sich der Hausaltar, der sich mit wenigen Handgriffen hervorholen läßt. Vermutlich mußte Schlaun eine Kapelle in Rüschhaus einrichten, denn nach einem Rechtsstreit um von ihm verletzte Wegerechte der Bauern – Schlaun hatte seine Allee mit Schlagbäumen gesichert – hatte man 1753 unter Anstiftung des verarmten Herrn von Schencking dem hohen Herrn seine Kirchenbank in der Pfarrkirche von Nienberge in Teilen vor die Tür gelegt. Andererseits war ein geweihter Altar im Herrenhaus ein ansonsten dem Adel vorbehaltenes Privileg, mithin ein weiteres Indiz für den beanspruchten Rang des Bauherrn. Diese Disposition hat ihre Vorläufer in Frankreich, z.B. in Bouchefort (1705/06) von Germain Boffrand für Max Emanuel von Bayern errichtet. Schlaun hat die Lösung möglicherweise auch von Jean François Blondel übernommen, der in seinem Traktat über die Distribution einer Maison de plaisance von 1737 über die »Chapelles dans des armoires placées dans des anti-chambres« spricht (I, Pl. 36). Auch ein von Mariette 1727 (III, Pl. 397) publizierter Plan zeigt ein derart genutztes Antichambre.

Der Garten wurde 1983/84 einschließlich des seitlichen Nebengartens wiederhergestellt. Drei Kompartimente bilden nahe der Hausfassade mit der Freitreppe den Auftakt: in der Mitte ein von Blumenrabatten mit Taxusbäumchen gesäumtes Rasenstück, ursprünglich von Gemüsebeeten gesäumt, heute Rasen. Diese Abfolge wiederholt sich im exedraartig ausschwingenden Hauptteil des Gartens, wobei die durch ein Wegekreuz untergliederten einstigen Gemüsefelder in den Exedren heute ebenfalls mit Rasen bestanden sind. Ein Ringweg führt entlang der Gräfte um die Anlage. Vier Skulpturensockel standen bereit für ein kleines Programm. Die heute dort aufgestellten Plastiken von Johann Christoph Manskirch stammen, wie allgemein angenommen wird, aus dem Garten des Stadthauses von Schlaun und wurden erst nach Schlauns Tod nach Rüschhaus überführt. Zur Wasserversorgung der Gräften ist durch Schlaun außerhalb des Graben-

rings in der Symmetrieachse ein höher gelegenes Sammelbassin angelegt worden, das das überschüssige Wasser aus dem feuchten Buschkamp mittels eines kleinen Überlaufs in die Gartengräfte leitete. An der Stelle des alten nach Osten gerichteten »Hoppengartens« legte Schlaun auf einer Nebeninsel einen halbrund geschlossenen, symmetrischen Nutzgarten an, unter Benutzung der alten Ringgräfte, in dessen Zentrum er 1746 eine Sonnenuhr auf geschweiftem Postament aufstellen ließ (Kat.-Nr. 45.4). Man betritt ihn durch ein Tor, auf dessen Pfeilern steinerne Ananas mit eisernen Blattschöpfen stehen. Zwischen Tor und Rundweg lag eine kleine Obstplantage. Die Gärten wurden zwischen 1982 und 1984 nach dem Plan Schlauns weitgehend wiederhergestellt.

Zu dem schatzfreien Haus Rüschhaus gehörte in der Nienberger Pfarrkiche auch eine Kirchenbank und auf dem Kirchhof ein Begräbnisplatz. Schlaun stiftete den St. Sebastiansbildstock am Kirchhof, der nach seinem Entwurf ausgeführt wurde (Kat.-Nr. 45.5).

7 Nienberge, Haus Rüschhaus, Schlafzimmer (1973)

8 Nienberge, Haus Rüschhaus, Salon (1953)

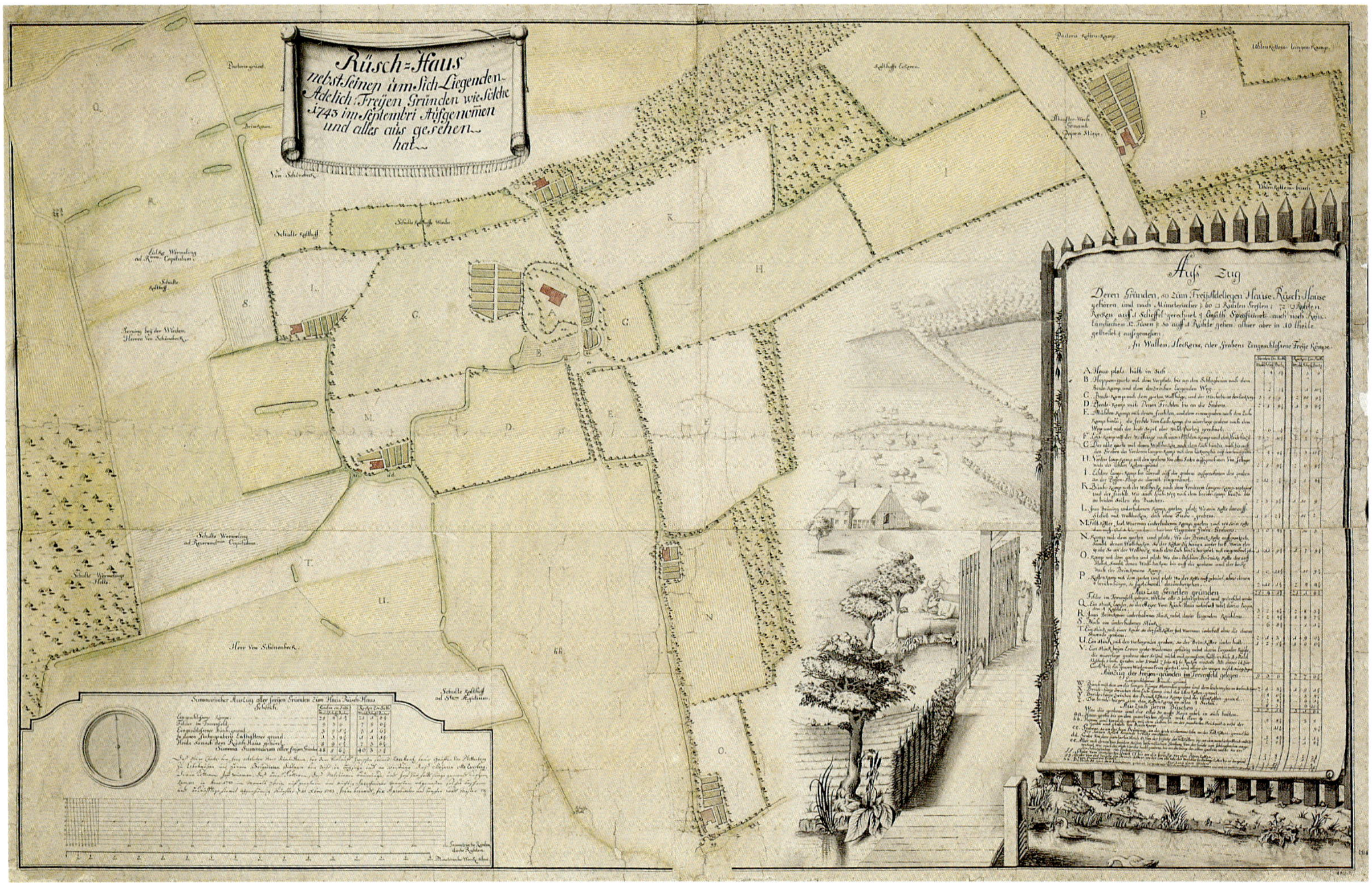

45.1

45.1

Münster-Nienberge, Haus Rüschhaus

Johann Mauritz Güding nach Entwurf von Johann Bernhard Fix

Plan des Hauses vor dem Umbau mit den zugehörigen Ländereien, 1743

Lavierte Federzeichnung (grün, blaßgelb, rot, grau), 85,6 x 135,9 cm (81,7 x 132,6 cm)
Titel: *Rüsch=Haus nebst seinen um sich Liegenden Adelich:Freyen Gründen wie solche 1743 im Septembri Aufgenomen und alles ausgesehen hat*
Beischrift: Kennbuchstaben (Bezeichnung der einzelnen Gründe); *Summarischer Auszug aller freyen Gründen zum Haus Rüsch-Haus gehörich* (es folgt die Aufrechnung der Grundstücke); *Daß obige Charte vom frey adelichen Haus Rüsch-Hause, vor dem Verkauff zwischen seiner Excellentz frau Gräffin Von Plettenberg zu Lehnhausen und Herren Brigadieren Schlaun von mihr in beyseyn undt anweißung deß Meyeren otto Ewerberg deren Kötteren Jost würman, deß Brink-Kotteren, deß Melchioren Brüningh, und Jost Zur Feldstiege genandt Kürtzeren Kemper in Anno 1743 im monath 7bris auffgenohmen und richtig Spezificirter maaßen abgemeßen solches bescheine undt bekräfftige hiemit aygenhändig Münster dn 11 xbris 1743 Johan bernardt Fix Aprobirter und beaydter Landtmeßer mp.*
Legende: (Auszug) *Deren Gründen, so zum FreyAdeliegen Hause Rüsch-Hause gehören und nach Münsterische /: 60* (Quadrat) *Ruhten Gersten; 72* (Quadrat) *Ruhten Rocken auff 1 Scheffel gerechnet :/ Einsath Specificieret auch nach Reinländischen 12 Tusend /: so auff 1 Ruhte gehen alhier aber in 10 theile getheilet :/ aussgemessen.; In Watten* (?), *Heckens, oder Grabens Eingeschlossene Freye Kampe.* (Es folgen Erläuterungen aller Grundstücke mit Flächenmaßen. Buchstaben A-Z und aa bis hh.)
Maßstäbe: *110 Rheinl. Ruten* = 34,2 cm; 1500 *Münst. Werk Schuh* = 35,9 cm

Westfälisches Landesmuseum Münster, Schl.-Bd. 404

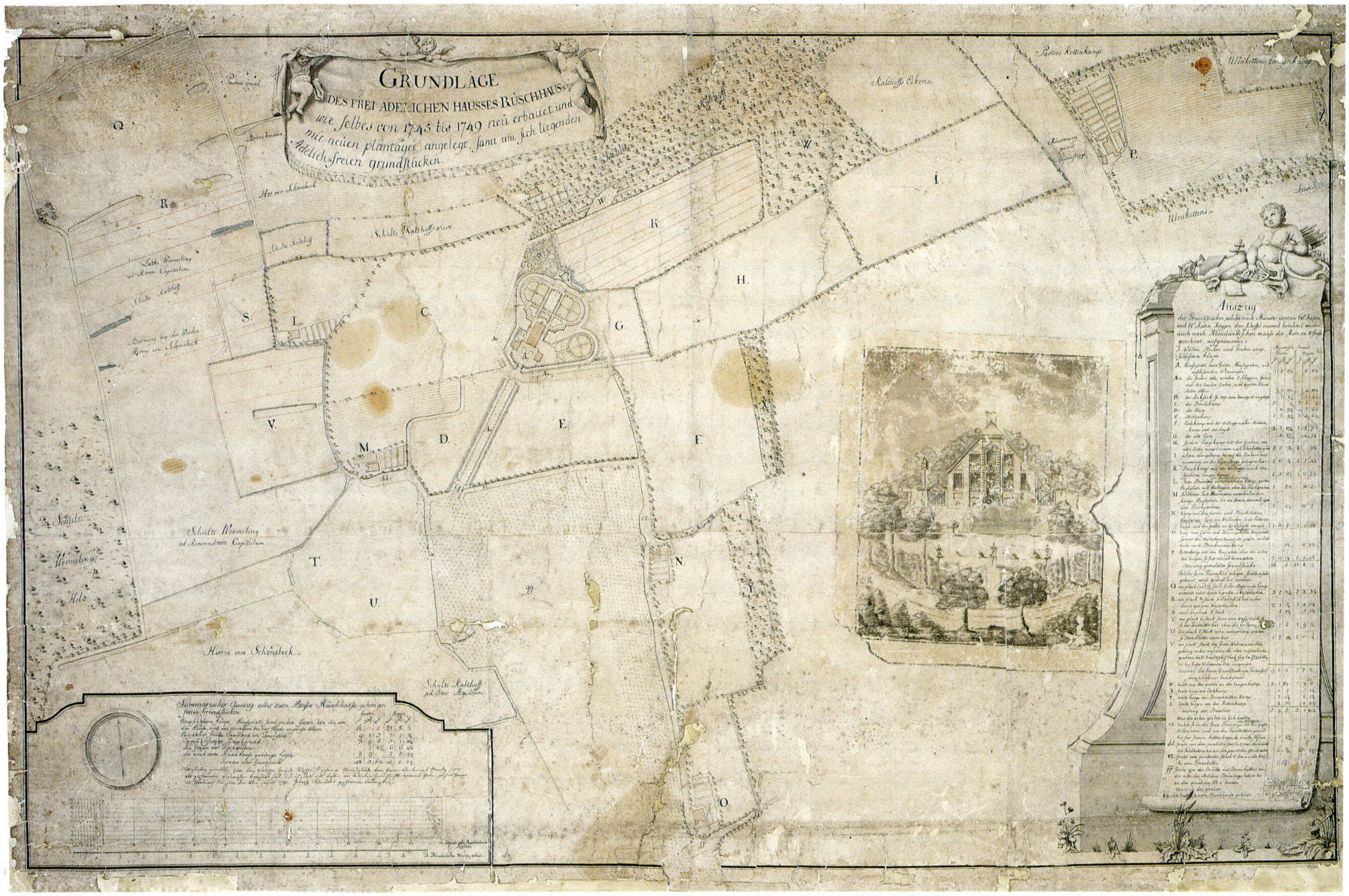

45.2

45.2 (Ausschnitt)

45.2

Münster-Nienberge, Haus Rüschhaus

Joseph Schmeddes nach Friedrich Mertz
Plan des Hauses nach dem Umbau mit den zugehörigen Ländereien, 1791

Lavierte Federzeichnung (grün, rot, grau), 86,2 x 135,8 cm (81,2 x 132,8 cm)
Titel: *Grundlage des frei adelichen Hausses Rüsch-Hauss wie selbes von 1745 bis 1749 neu erbauet und mit neuen Plantagen angelegt, samt um sich liegenden Adelich-freien Grundstücken.*
Beischrift: Kennbuchstaben (Bezeichnung der Gründe)
Beischrift: *Summarischer Auszug aller zum Hausse Rüsch-Hauss gehörigen freien Grundstücken* (es folgt die Aufrechnung der Grundstücke); *Daß oben gemeldte zum frey adelichen Haußse Rüschhauß gehörige Grundstücke vom Herren Lieutenant Mertz selig als geschwornen Landmeßer berechnet sind, und ich solche aus deßen mit bekanten Handschrifft copiieret habe, solches zeugi ich hierdurch Münster*

den 2ten julius 1791. Joseph Schmeddes geschworner landmeßer.
Legende: (Auszug) *der Grundstücken, welche nach Münster Gersten 60* (Quadrat) *Ruten 72* (Quadrat) *Ruhten Rocken auff 1 Scheffel gerechnet :/ Einsath Specificieret auch nach Reinländischen 12 Tusend /: so auff 1 Ruhte gehen alhier aber in 10 theile getheilet :/ aussgemessen.; In Watten* (?), *Heckens, oder Grabens Eingeschlossene Freye Kampe.*
Maßstäbe: *110 Rheinl. Ruten* = 34,4 cm; *1500 Münst. Werk Schuh* = 36 cm

Westfälisches Landesmuseum Münster, Schl.-Bd. 404a oder Bz 28

Eine Notiz in der Maßstabsvignette besagt, daß diese Karte eine Kopie des geschworenen Landmessers Joseph Schmeddes von 1791 ist, die dieser nach den Unterlagen des verstorbenen Leutnants Mertz gezeichnet hat. Letzterer war, wie Johann Mauritz Güding, ein enger Mitarbeiter Schlauns. Eine Darstellung der Gartenfassade von Haus Rüschhaus ist sorgfältig ausgeschitten in die Karte eingeklebt worden, vielleicht aus der Karte des Leutnants Mertz. Man erkennt einen eleganten Steinsockel mit Erläuterungstafel. Oben lagert auf eine leere Wappenkartusche gestützt ein Putto als Genius der Vermessungskunst mit seinen Attributen: Bussole, Lot, Winkelmesser, Jacobsstab, Meßstäben, Meßkette und Zirkel.

9 Nienberge, Kirchplatz, St. Sebastiansbildstock (1993)

10 Münster-Nienberge, Haus Rüschhaus (1995)

45.3
Münster-Nienberge, Haus Rüschhaus
Gesamtplan mit den Gärten, Grundrisse für Haus und Nebengebäude (Abb. S. 484)

Lavierte Federzeichnung (grün, blaßgelb, rot), 85 x 72,2 cm (81,1 x 69,8 cm)
Titel: *Plan vom ganthen Platz und VorPlatz des Rüsch-Hauses. nebst denen Beyden Gartens.* (von der Hand Johann Mauritz Güdings)
Maßstab: *150 Münsterische Werck-Schue* = 21,4 cm

Westfälisches Landesmuseum Münster, Schl.-Bd. 403

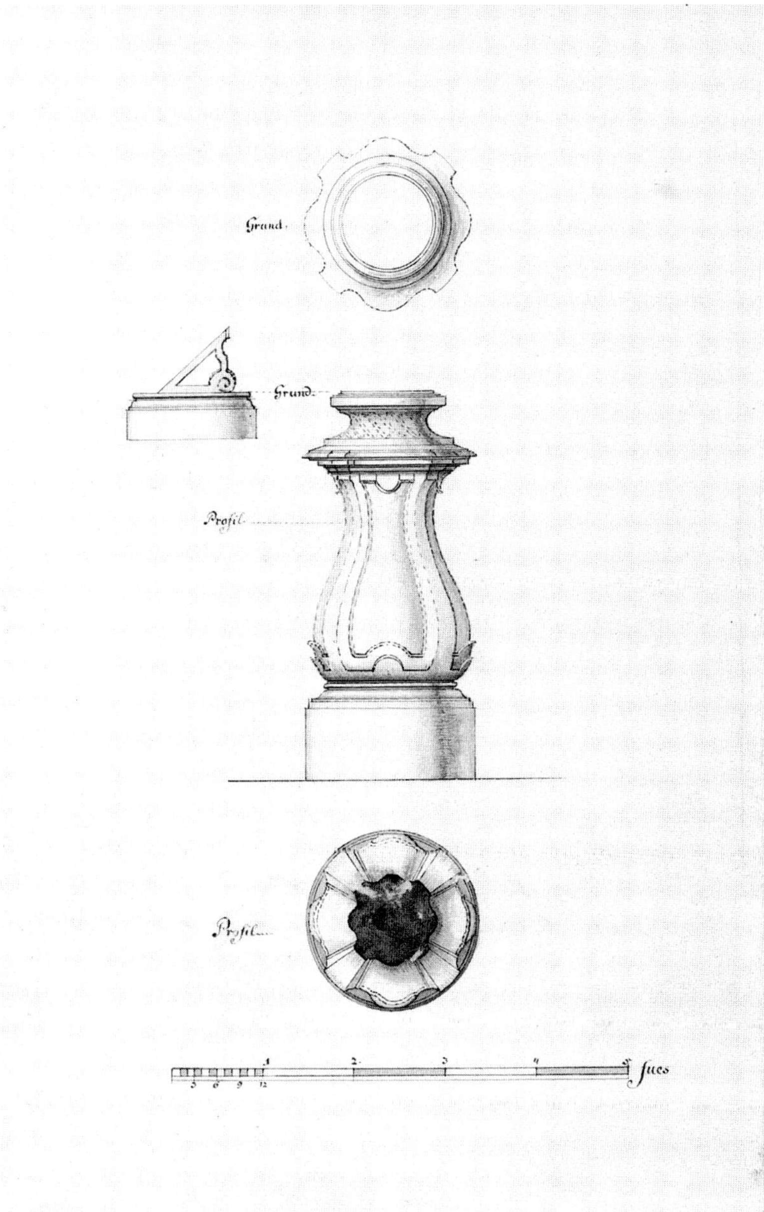

45.4

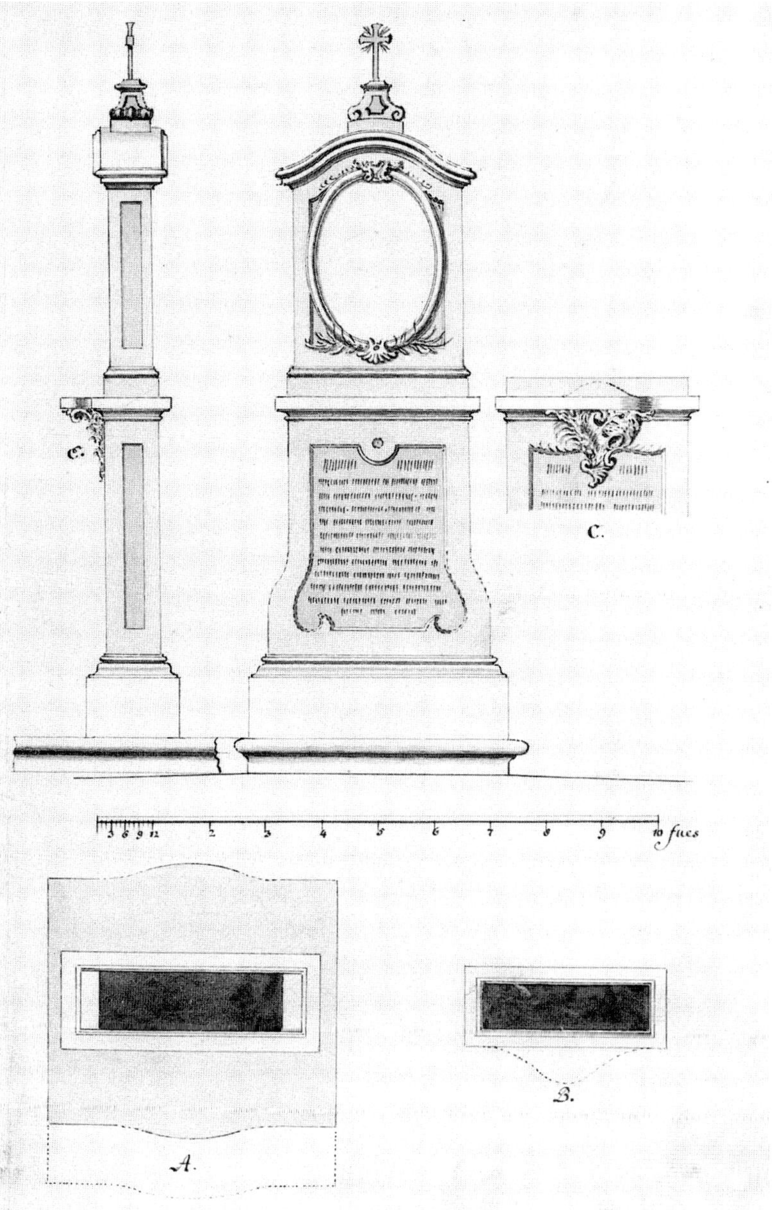

45.5

45.4
Münster-Nienberge, Haus Rüschhaus
Johann Mauritz Güding?
Nebengarten, Entwurf einer Sonnenuhr; Aufsicht der Deckplatte, Aufriß, links herausgezeichnet die Deckplatte mit dem Sonnenzeiger, Schnitt durch den Fuß

Lavierte Federzeichnung (grau), 31,7 x 20,5 cm
Beischrift: *Grund.* (2x); *Profil.* (2x)
Maßstab: *5 fues* = 12,1 cm

Westfälisches Landesmuseum Münster, Schl.-Bd. 232

45.5
Münster-Nienberge, St. Sebastiansbildstock
Johann Mauritz Güding (nach Entwurf von Schlaun)
Bildstockentwurf für den Kirchplatz bei St. Sebastian, Aufrisse und Schnitte

Lavierte Federzeichnung (grau), 31,7 x 20,5 cm
Beischrift: Kennbuchstaben
Maßstab: *10 fues* = 15 cm

Westfälisches Landesmuseum Münster, Schl.-Bd. 233

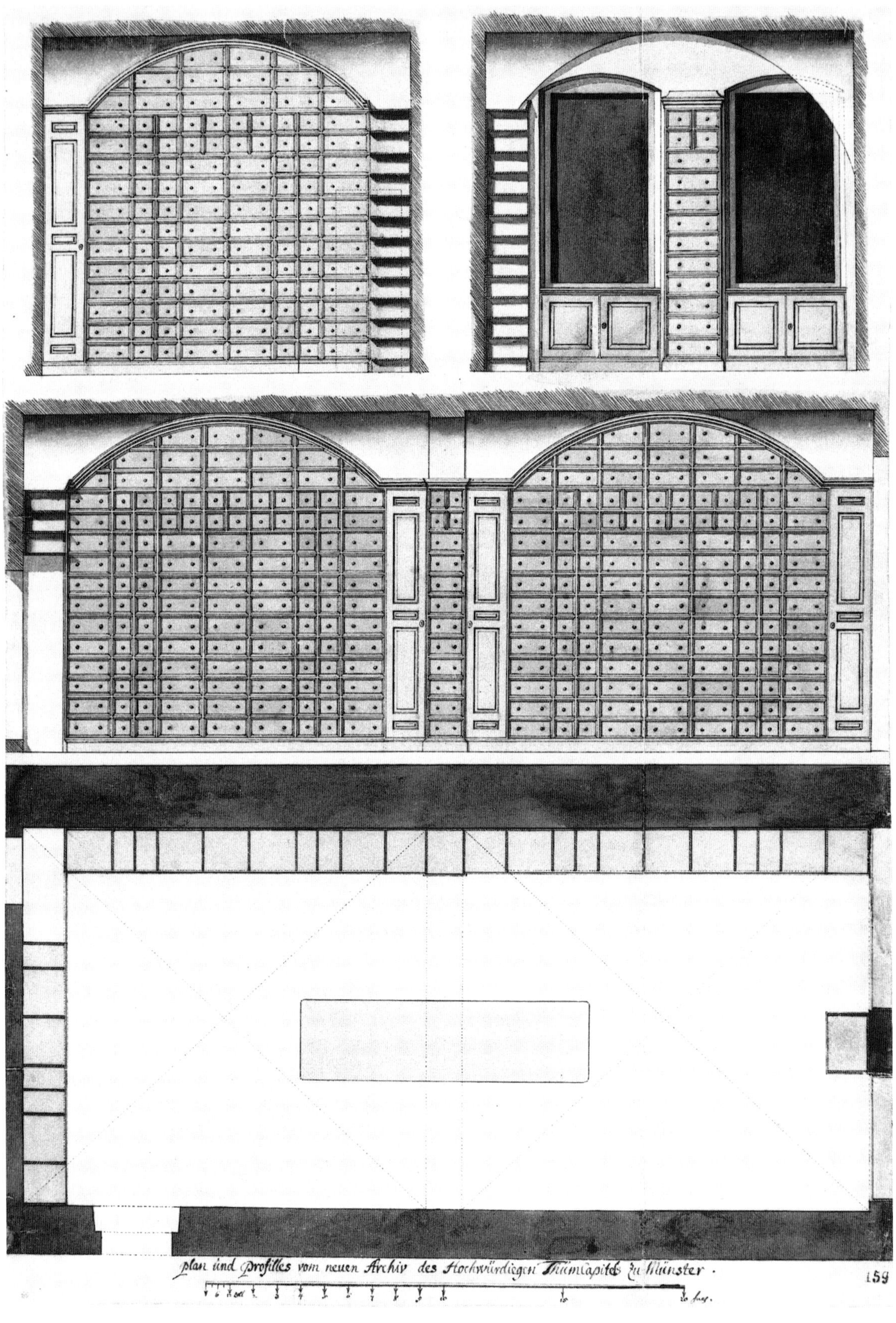
plan und Profilles vom neuen Archiv des Hochwürdiegen Thumcapitels zu Münster.
159

46

Arbeiten für das Domkapitel, 1737–52

Münster

Unter Fürstbischof Friedrich Christian von Plettenberg (1688–1706) wurde mit der Barockisierung des St. Paulus-Domes begonnen. Um 1705 war die Neugestaltung des Hochchores vollendet, 1706 schufen Johann Mauritz und Johann Wilhelm Gröninger das Grabmal des Fürstbischofs. Unter Franz Arnold von Wolff-Metternich zur Gracht (1701–18) gelangten weitere Barockstatuen und das prominente Grabmal Ferdinand von Plettenbergs von Johann Wilhelm Gröninger zur Aufstellung. Die letzte Phase der Umgestaltung unter Kurfürst Clemens August datiert in die Jahre 1745–55. Der Venezianer Giovanni Murari stattete das Westwerk mit Gewölbefresken aus. Auch Schlaun war in diesen Jahren an der durchgreifenden Umgestaltung der Kirche und des Domhofes – des heutigen Domplatzes – maßgeblich beteiligt.

Bereits 1737 entwarf Schlaun für den Kapitelsaal des Domes einen neuen Archivschrank (Kat.-Nr. 46.1), 1747 lieferte er einen Entwurf zur Bepflanzung des Domhofes (Kat.-Nr. 46.2). Ein Jahr später liegen Pläne für die Umgestaltung des Lettneraltars vor. 1750–52 wurde die sogenannte Rote Mauer an der Südseite des Domes zwischen den beiden südlichen Querschiffen errichtet (Kat.-Nr. 46.3–5 – Abb. 2). Schlaun war auch an dem 1752–55 durchgeführten Neubau der Orgel beteiligt. Für den am Westportal angelegten, im Grundriß ovalen Vorhof (Abb. 1) mit Steinsockel, hohem Eisengitter und zwei Skulpturengruppen auf den Eingangspfeilern ist Schlaun vermutlich nicht verantwortlich. Der Vorhof muß zwischen 1710 und 1748 angelegt worden sein, da er auf dem Gesamtplan vom Domhof (Kat.-Nr. 46.2) bereits eingezeichnet ist. Wahrscheinlicher ist die Autorschaft des Bildhauers Johann Christoph Manskirch, jedenfalls fehlen Zeichnungen oder Archivalien, die eine Beteiligung Schlauns bestätigen könnten.

Archiv des Domkapitels, 1737–49

Von dem zweistöckigen Kapitelhaus, im Winkel zwischen Hochchor und dem Umgang des nordöstlichen Querschiffs, ist durch den Bau der neuen Sakristei 1885 wenig übriggeblieben. Am 3. Juli 1737 berichtete der Domdechant dem Kapitel, »wie und welcher Gestalt nach Meinung des Oberingenieurs Schlaun oben das Capitelhaus wohl die notige Reparanda ferners eingerichtet, als auch an dem daselbst angelegten neuen Archivio die Fenster und Türen bestens angelegt werden können«. Aus Gründen der Sicherheit beschloß man ein Jahr später, »vor den Fenstern Drahtwerk zu machen«. Am 30. April 1739 wurde der Entwurf Schlauns (Kat.-Nr. 46.1) positiv verabschiedet: »Auf praesentierten Abriß wie das oben des Kapitulhauses zu machen resolviertes Archivium eingerichtet werden könne, placet, das solches vorgeschlagener Maßen gemacht und eingerichtet werden möchte.«

Das domkapitularische Archiv war ein ca. 10 x 5 Meter großer Raum mit zwei Kreuzgewölben. In der Mitte stand ein langer Tisch zur Bearbeitung der Akten, Urkunden und Archivalien. Schlaun hat die Wandflächen mit Einbauschränken verkleidet, in die Schubladen in zwei verschiedenen Größen nach festgelegtem, türförmigem Muster eingelassen sind. 1749 folgte noch einmal ein Umbau, das Domkapitelprotokoll vom 13. November vermerkt eine Auftragsvergabe an Schlaun für den »Abriß eines neuen Daches for das Archiv«.

Domhof, Entwurf einer Plantage, 1747–48

Im Jahre 1747 legte Schlaun nach Auftrag des Domkapitels einen Gesamtplan zur Neubepflanzung auf dem unregelmäßigen, durch die mittelalterliche Bebauung bestimmten Domhof, des »campus dominicus«, vor (Kat.-Nr. 46.2). Der Präsentationsvermerk vom 18. März 1748 nennt den für das Kapitel stellvertretenden Auftraggeber, den Domdechanten Friedrich Christian von Galen, der am 15. Februar gestorben war. Die vorliegende Zeichnung ist – so der Titel – eine Kopie des Plans, der sich im Nachlaß von Galens befinde und vielleicht demnächst wiedergefunden werde.

LITERATUR

Geisberg 1932, Münster I, S. 57, Nr. 94; Geisberg 1933, Münster II, S. 12–20; Geisberg 1937, Münster V, S. 151–57, 178–80, 194–96, 209–11; Kat. *Münster. Bilder aus fünf Jahrhunderten,* Landesmuseum Münster, Münster (2) 1981; Géza Jászai, *Dom und Domkammer in Münster,* Königstein i.T. 1981.

QUELLEN

Staatsarchiv Münster, Domkapitelprotokolle aus den Jahren 1737–52.

46.1 Münster, Dom St. Paulus, Archiv des Domkapitels, Querschnitte und Grundriß

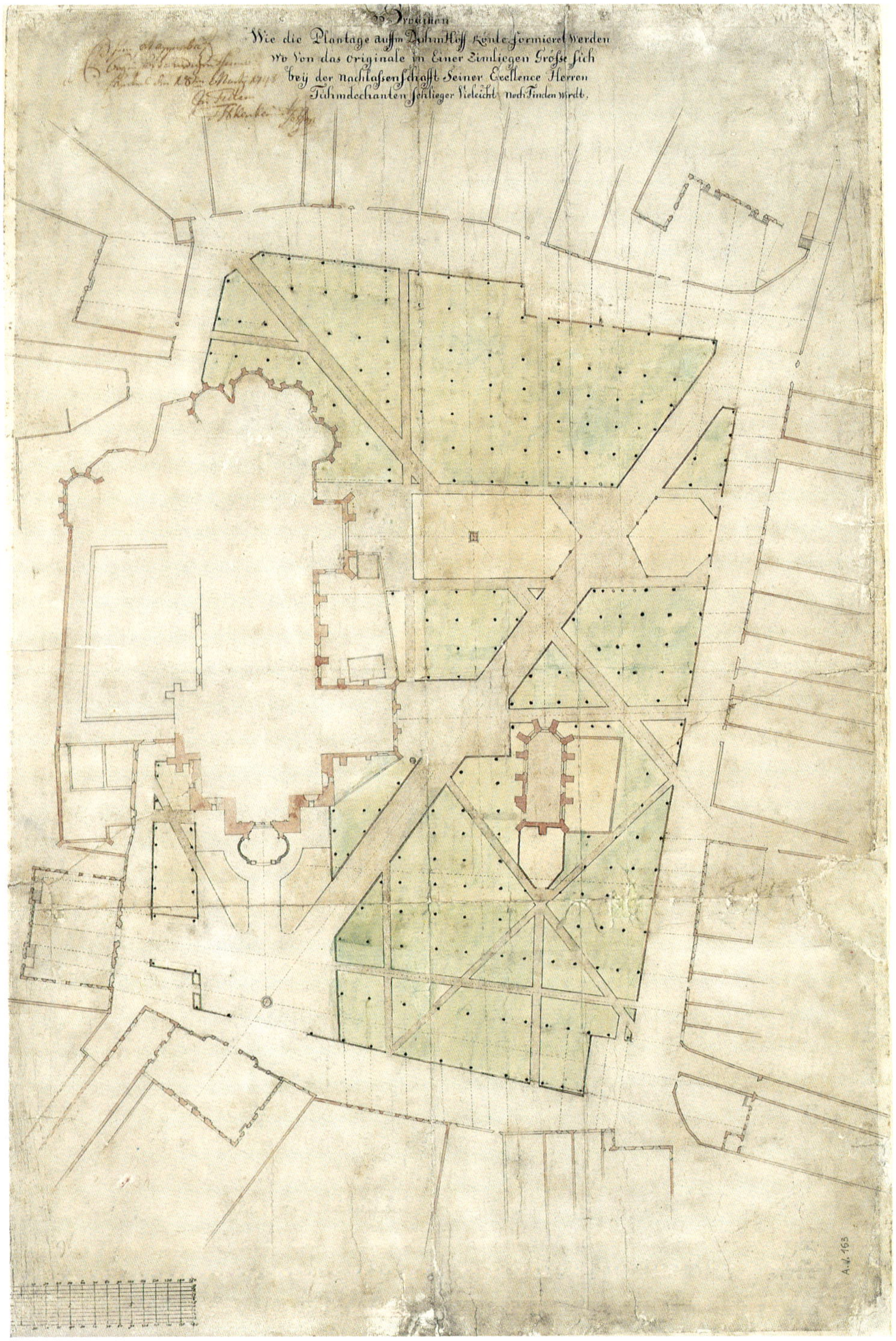

46.2

Schlaun mußte sich bei der Gestaltung auf die Randlage des Domes – der ovale Vorplatz am Westportal und der Vorgängerbau der Roten Mauer sind ebenfalls eingezeichnet –, die südlich gelegene, 1812 abgerissene Dompfarrkirche St. Jacobus sowie auf die angrenzende Bebauung durch die Domkurien beziehen. Die Systematisierung sah zwei Diagonalachsen vor: Die Hauptachse verlief von Südosten nach Nordwesten, verband also das Michaelistor vom Prinzipalmarkt mit der von Peter Pictorius d.J. errichteten Domdechanei, dem heutigen Bischöflichen Hof. Eine zeitgenössische Ansicht (Abb. 2) verdeutlicht diese breite Blick- und Wegachse, die das Zentrum der weltlichen Macht – den Rat der Stadt am Prinzipalmarkt – mit dem der geistlichen Macht – der Domdechanei – verband und selbstbewußt gegenüberstellte. Die zweite Diagonalachse lief auf die Ostseite des Altbaues des heutigen Landesmuseums zu. Zahlreiche Parallel- und Schnittachsen suchten die weitere Systematisierung der unregelmäßigen Gesamtanlage durch Blick- und Wegachsen. Geisberg hat darauf hingewiesen, daß die Achsen an allen Endpunkten exakt auf die Portale beziehungsweise Fenster der Domkurien treffen, während Baumreihen die Mauerflächen der Gebäude verdecken. Die genannte Ansicht (Abb. 1) zeigt darüber hinaus, daß die Hauptachse sowie die äußeren Grenzen des gesamten Areals durch rot gestrichene

46.2 Münster, Domplatz, Entwurf zur Bepflanzung des Domhofes – Kopie der Schlaun-Werkstatt

1 Münster, Dom St. Paulus, Westportal mit Vorhof (1863)

2 »Veritable Prospect des Thum=hofs der Stadt Münster«, unbekannter Maler, 1760–80 – Ansicht des Domplatzes von Südosten

3 Münster, Domplatz, Luftaufnahme (1942)

Holzschranken eingefaßt waren. Schlaun hatte drei verbleibende Rasenflächen vorgesehen: vor dem östlichen Querschiff und vor der Paradieshalle des Domes sowie zwischen dem Westportal und der Domdechanei, wo er in den Schnittachsen Steindenkmale o.ä. vorgesehen hatte.

Neben der Hauptachse zwischen Domdechanei und Rathaus wäre also ein beziehungsreiches System von Nebenachsen entstanden, die wie ein Netz die wichtigsten Bauten des Domkapitels miteinander ›verknüpften‹. Es läßt sich heute nicht mehr mit Sicherheit rekonstruieren, ob Schlauns Plan in allen Details realisiert worden ist. Die grundsätzliche Systematisierung durch die diagonale Hauptachse hat bis zum Zweiten Weltkrieg bestanden (Abb. 3). Vollkommen zufrieden scheint aber das Domkapitel mit der Neubepflanzung nicht gewesen zu sein. Der Gesamtplan (Kat.-Nr. 46.2) ist darüber hinaus mit der Angabe versehen, daß sich das Original dieses Entwurfes vielleicht noch im Nachlaß des verstorbenen Domdechanten Friedrich Christian von Galen wiederfinden werde. Seine Entstehung fällt also wohl spätestens in das Jahr 1747. Auf denselben Entwurf bezieht sich auch ein Kapitelbeschluß vom 2. März 1748, aus dem hervorgeht, daß die bestehende Bepflanzung nach Entwurf des Fähnrichs Johann Leonhard Mauritz Gröninger von 1739 lediglich umgearbeitet werde. Trotzdem ist bemerkenswert, daß das Domkapitel Schlaun wegen seiner Verdienste um die Gestaltung des Domhofes sowie der zeitgleichen Planungen eines neuen Lettneraltars einen silbervergoldeten Becher zum Geschenk machte.

Dom, Lettneraltar, 1748

Im Zuge der Neugestaltung des Dominnern hatte das Kapitel überlegt, den gotischen Lettner im Hauptschiff vor dem Vierungsjoch zu modernisieren und den veränderten liturgischen Anforderungen anzupassen. Schlaun teilte in einem Schreiben vom 9. November 1748 dem Dechanten mit, »wie hoch der von mir projectierte Mittelaltar wird zu stehen komme«. Er habe die »erfahrenste, besten dazu ausersehen«, deren Angebote beilägen. Der Bildhauer Johann Christoph Manskirch forderte »für die Statuen Petri und Pauli von Alabaster«, darüber hinaus für Schreinerarbeit aus Eichenholz und das Postament des Altars aus Baumberger Sandstein 725 Reichstaler, der Maler Anton Koppers für das Altarblatt der Unbefleckten Empfängnis 74 Reichstaler, der Maler Henrich Joseph Damelet d. J. für die Bemalung »aller Bildhauerei des Altars einschließlich der über beide Türen (des Lettners) hangende Festonen mit 2 Ornamenten, an welchen gedachte Festonen angeheftet sind, 4 Säulen mit Gesimser, sowohl oben die Säulen als Worauff die beide Aposteln sitzen, mit Lapsislazuli« zusammen 230 Reichstaler, so daß die Gesamtkosten 1050 Reichstaler betragen würden. Schlaun fährt fort: »Sollte ein Hochwürdiges Thumbkapitel aber zukünftig hin noch mal auf den Gedanken kommen, den Apostelgang (des Lettners) wegzunehmen und das große Altar in der Mitte des jetzigen Chores zu setzen und das Chor gantz hinten hin zu transferieren, welches zwar sehr große Depensen, die jetzige aber ganz inutil seyn würden.« Die weitreichenden Umbaupläne, von denen sich keine Zeichnung Schlauns oder seiner Werkstatt erhalten hat, wurden bis Mitte des Jahres 1750 immer wieder im Domkapitel diskutiert, dann aber – vor allem aus finanziellen Gründen – verworfen: Es wurden lediglich Reparatur- und Verschönerungsarbeiten vorgenommen, jedenfalls erhielten Damelet und Koppers Zahlungen für die »Anfarbung des letzten Bogens mit Einschluß zum Apostelgang«.

Dom, Rote Mauer, 1750–52

Bereits vor der Errichtung der sogenannten Roten Mauer hatten zwei Magazinhäuser in dem Freiraum zwischen den beiden Querschiffarmen auf der Südseite des Domes, dem Paradiestor und dem Johanneschor, bestanden, denn Schlaun vermerkte auf den am 8. Mai 1750 dem Domkapiel vorgelegten Plänen (Kat.-Nr. 46.3–5): »Wie die verfallene Mauer Zwischen dem Paradeis und S. Johannis Chor… könte gezogen.« Der 1748 vorgelegte Plan zur Neubepflanzung des Domhofes (Kat.-Nr. 46.2) zeigt diese beiden Lager und die sie verbindende Abschlußmauer. Da das östliche Magazinhaus einen Teil der Fassade des Johanneschores verdeckte, die Mauer darüber hinaus baufällig war und man eine neue Bibliothekstreppe am Paradiestor errichtet hatte, sollte das Ensemble von Grund auf neu gestaltet werden.

Die Rote Mauer, so genannt wegen ihrer Backsteinbauweise im Gegensatz zum gelben Baumberger Sandstein des Domes, sollte mehrere Funktionen erfüllen: Zum einen lag dahinter ein Depot für Reparaturmaterialien wie Stein und Holz, zum anderen sollte die Treppe zur Bibliothek (Kat.-Nr. 46.3) verdeckt werden sowie ein schnell erreichbarer Platz für die Brandleitern und die »ornamenta so in diebus festivis gebraucht werden« angelegt werden. Darüber hinaus wollte man die Mauer mit vorhandenen Sandsteinreliefs und sechs Figuren der Apostelfürsten und Evangelisten schmücken. Drei Monate zuvor hatte Schlaun erste Überlegungen im Domkapitel vorgetragen, das Protokoll vom 4. Februar 1750 vermerkt, daß »zu der Mauer beym Paradies die dasselbst unden der Mauer vorratige Statuen gebraucht werden möchten, was es fuglich geschehen könnte, und wäre Herr General Schlaun zu ersuchen, des Ends einen Abriß zu machen«. Nach der Vorlage dieser Pläne am 8. Mai stellte das Kapitelprotokoll am 28. Mai fest: »verlesen Schreiben des Generalmajoren v. Schlaun sambt beigefügten Rissen über die zu erbauen dienlich befundene Mauer, auch wie dabei referiert worden, daß bei der Fabrik soviel Gelder vorrätig wären, woraus solcher Bau bestritten werden könnte, ist resolviert, daß die Mauer nach dem producierten Riß zu verfertigen, indessen mit Herrn v. Schlaun wegen des eigentlichen Preises ein sicherer Accord zu schließen.« Und am 9. Juni berichteten Schlaun und die zuständige Baukommission, daß »die Mauer mit Material und Spanfuhren, wan die neue Stiege zur Bibliotheke zugleich mitangelegt werden sollte, ... mit den Zierraten und Bildhauerarbeit 1881 Reichstaler 25s. 6d. kosten wird«. Schlaun sei die »Arbeit selbst in Verding anzunehmen nicht gesinnt, indessen mit möglichster Menage die Direktion über das ganze Werk zu übernehmen erbötig. Beschlossen, mit der Arbeit vorgeschlagener Maßen fortzufahren und Schlaun um die Übernahmung der Direktion zu ersuchen, da Ziegelpfannen vom Kettlerschen Hof und Baumberger Steine vom Merveldter Bau (vorhanden)«.

Schlauns Pläne mit Präsentationsvermerk vom 8. Mai 1750 (Kat.-Nr. 46.3–5), die vermutlich unter der maßgeblichen Beteiligung des Bildhauers Johann Christoph Manskirch realisiert wurden, sahen zwei quergelagerte Magazinhäuser mit zentraler Einfahrt vor, die auf den Innenhof mündete. Die seitlichen Nebenportale führten in die Bibliothek und die beiden Magazine. Der Fassadenaufriß (Kat.-Nr. 46.4) zeigt eine eingeschossige Architektur mit abschließender Attikazone, die durch die Felder für die Sandsteinreliefs und die Nischen für die Apostelfiguren gegliedert ist. In merkwürdig krassem Gegensatz zur Strenge der angrenzenden mittelalterlichen Kirchenarchitektur sollte diese barocke Bilderwand – so der Vermerk Schlauns – der »aufferbauung und auffmunterung Der Vorbeygehenden« dienlich sein, wie dies die zeitgenössische Ansicht des Domes vermittelt (Abb. 1). Die großzügige Bilderschau fiel dem Zeitgeist des 19. Jahrhunderts zum Opfer und wurde im Juli 1842 abgerissen: »das abfällige Urteil der Jahre vor dem Abbruch ist für unsere heutige Auffassung unverständlich« (Geisberg 1937).

Dom, Neubau der Orgel, 1752–55

Johann Patroclus Möller aus Lippstadt hatte im Auftrag des Domkapitels 1752 eine Orgel im Alten Chore erbaut. Zwei Jahre später vermerkte das Ratsprotokoll vom 15. November 1754: »Der Riß von Schlaun, wie der Zuschlag hinter der Orgel nach dem Alten Chor zu machen, wird genehmigt.« Zeichnungen Schlauns für den Orgelprospekt haben sich nicht erhalten. Dies gilt auch für die Zusammenarbeit zwischen Möller und Schlaun beim Bau der neuen Orgel im Dom zu Osnabrück (Kat.-Nr. 64). 1755 ist der Orgelbau im Dom zu Münster vollendet. Ein bei Geisberg publizierter Bericht des 19. Jahrhunderts beschreibt die Ausstattung: »Ausgezeichnet ist ein unter der Orgel angebrachtes Gemälde, von dem Münsterschen Maler Pictorius ..., in der Manier des Annibal Caraccio. Es stellt den Erzengel Michael beim Kampf mit den gefallenen Engeln dar. Auf beiden Seiten des Hauptgemäldes sind Deckenstücke von demselben Meister ... Die übrigen Gemälde auf dem Alten Chore sind Copien, teils nach Rembrandt, teils nach Leonardo da Vinci, und von Eichler und Kaullius 1724 bis 1725 ausgeführt. Eines von ihnen, die Grablegung Christi vorstellend, ist vorzüglich gelungen. Unter den Bildhauerarbeiten ist die schmerzhafte Mutter auf dem Altare mit dem Christus auf dem Schoße, ferner die Krönung Christi mit der Dornenkrone in stehenden Figuren von sehr großem Werte. Der Kreuzgang Christi, gegenüber an der anderen Seite, hat weniger Wert.«

46.1
Münster, Dom St. Paulus
Archiv des Domkapitels, Querschnitte und Grundriß (Abb. S. 494)

Lavierte Federzeichnung (grau, gelb), 53 x 37,2 cm
Titel: *plan und profilles vom neuen Archiv des Hochwürdiegen ThumCapitels zu Münster.*
Maßstab: *20 fues* = 20,3 cm

Westfälisches Landesmuseum Münster, Schl.-Bd. 159

46.2
Münster, Domplatz
Kopie der Schlaun-Werkstatt
Entwurf zur Bepflanzung des Domhofes (Abb. S. 496)

Lavierte Federzeichnung (grün, grau, blaßrot), 73,5 x 49,5 cm
Titel: *Brouillon; Wie die Plantage auffm DuhmHoff könte formieret werden wo Von das originale in Einer zimliegen Grösse sich bey der nachlassenschafft Seiner Exellence Herren Tuhmdechanten*

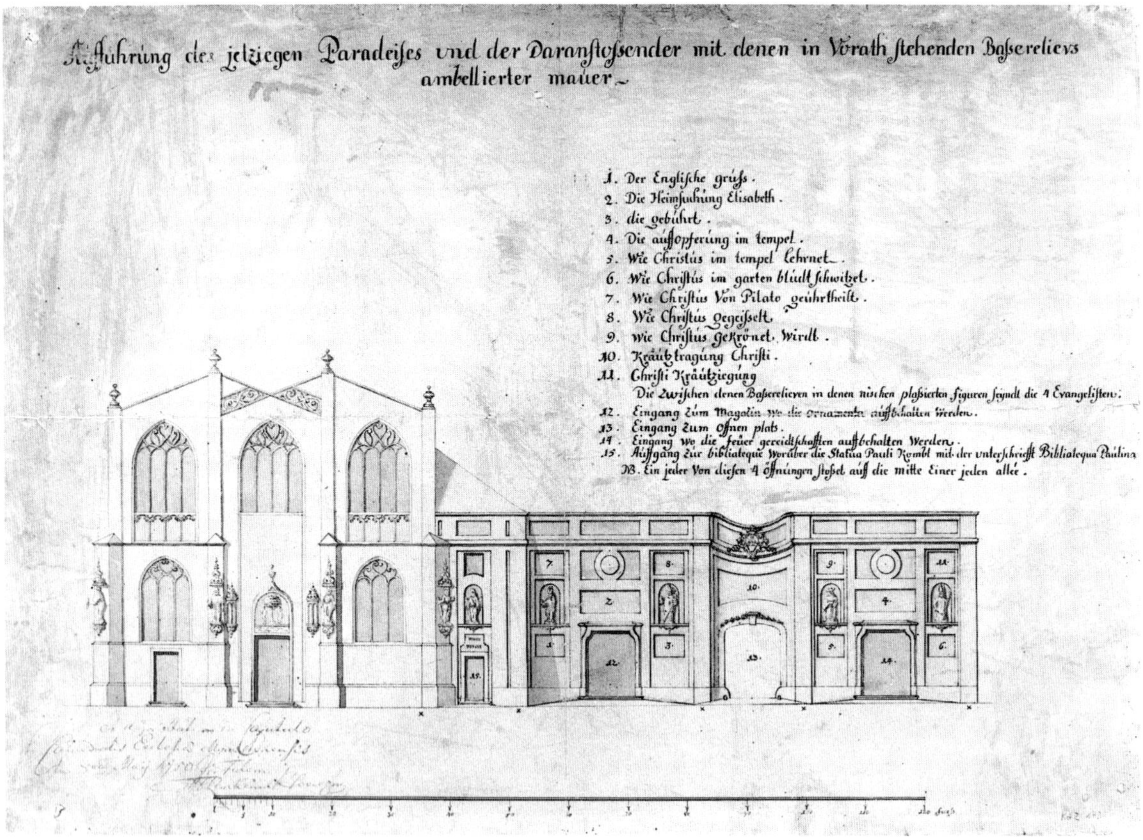
Aufführung des jetzigen Paradeises und der Daranstossender mit denen in Vorath stehenden Basserelievs ambellierter mauer
1. Der Englische gruss.
2. Die Heimsuchung Elisabeth.
3. die geburt.
4. Die auffopferung im tempel.
5. Wie Christus im tempel lehrnet.
6. Wie Christus im garten bludt schwitzet.
7. Wie Christus Von Pilato geuhrtheilt.
8. Wie Christus gegeisselt.
9. Wie Christus gekrönet wirdt.
10. Kräutztragung Christi.
11. Christi Kräutziegung
12. Eingang zum Magazin
13. Eingang zum offnen plats.

46.4

46.3

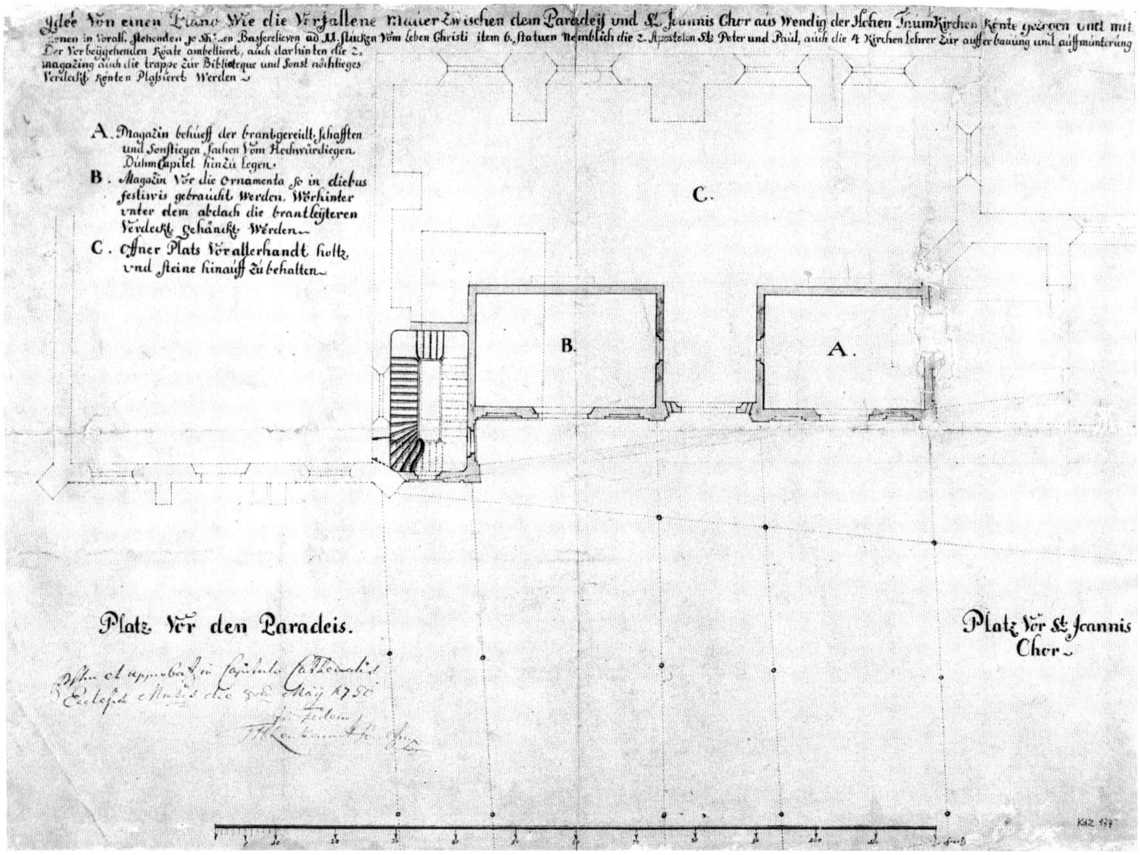
C.
B.
A.
Platz Vor den Paradeis.
Platz Vor St. Joannis Chor

sehlieger vieleicht noch Finden wirdt.
Präsentationsvermerk: *Ptum et approbat beym hochwurdigen Thumb Capitul den 18.ten Martij 1748 F H Kerckerinck Sec mp.*
Maßstab: *140* (Einheiten) = 10,5 cm

Westfälisches Landesmuseum Münster, A.V. 163

46.3
Münster, Dom St. Paulus
Schlaun-Werkstatt
Die Rote Mauer, Grundriß

Lavierte Federzeichnung (grau), 37,5 x 52 cm
Titel: *2Idee Von einen Plano Wie die Verfallene Mauer Zwischen dem Paradeis und St. Joannis Chor auswendig der Hohen Thum-Kirchen könte gezogen und mit denen in Vorath stehenden so schönen Baßerelieven ad 11. stücken vom Leben Christi item 6. statuen nemblich die 2. Apostelen St. Peter und Paul, auch die 4 Kirchen Lehrer zur Aufferbauung und Auffmunterung Der vorbeygehenden könte ambellieret, auch darhinten die 2 magazing auch die trappe zur Biblioteque und sonst nöchtieges verdeckt könten Plaßieret werden-*
Beischrift: Kennbuchstaben
Legende: *A. Magazin behueff der brantgereidtschaff ten und sonstiegen sachen vom Hochwürdiegen DuhmCapitel hinzu legen.; B. Magazin vor die ornamenta so in diebus festivis gebraucht werden, worhinter unter dem abdach die brantleyteren verdeckt gehänckt werden.; C. offener Plats vor allerhandt holtz und steine hinauff zu behalten.; Platz vor den Paradeis.; Platz vor St. Joannis Chor.*
Präsentationsvermerk: *Pstm et approbat in Capitulo Cathedralis Ecclesie Mnsis die 8va May 1750 In Fidem JH Kerckerinck Secr mp.*
Maßstab: *120 fues* = 32,9 cm

Westfälisches Landesmuseum Münster, KdZ 174

46.4
Münster, Dom St. Paulus
Schlaun-Werkstatt
Die Rote Mauer, Aufriß der Südseite

Lavierte Federzeichnung (grau), 37,5 x 53,4 cm
Titel: *Aufführung zu jetziegen Paradeises und der Daranstossender mit denen in Vorath stehenden Basserelievs ambellierter mauer-*
Beischrift: Kennziffern
Legende: *1. Der Englische gruss.; 2. Die Heimsuchung Elisabeth.; 3. die geburth.; 4. Die auffopferung im tempel.; 5. Wie Christus im tempel Lehrnet.; 6. Wie Christus im garten bludt schwitzet.; 7. Wie Christus Von Pilato geuhrtheilt.; 8. Wie Christus gegeisselt.; 9. wie Christus geKrönet wirdt.; 10. Kräutztragung Christi.; 11. Christi Kräutziegung.; Die zwischen denen Basserelieven in denen nischen plassierten figuren seyndt die 4 Evangelisten.; 12. Eingang zum Magacin wo die ornamenta auffbehalten werden.; 13. Eingang zum offnen plats.; 14. Eingang wo die feüer gereidtschafften auffbehalten Werden.; 15. Auffgang zur bibliateque Worüber die Statua Pauli Kombt mit der unterschriefft Bibliatequa Paulina; NB. Ein jeder Von diesen 4 Öffnungen stosset auff die mitte Einer jeden allée.*
Präsentationsvermerk: *Pstm et approbatum in Capitulo Cathedralis Ecclesiae Monasteriensis die 8va May 1750 In Fidem J H. Kerckerinck Secret. mp.*
Maßstab: *120 Fueß* = 33,2 cm

Westfälisches Landesmuseum Münster, KdZ 173

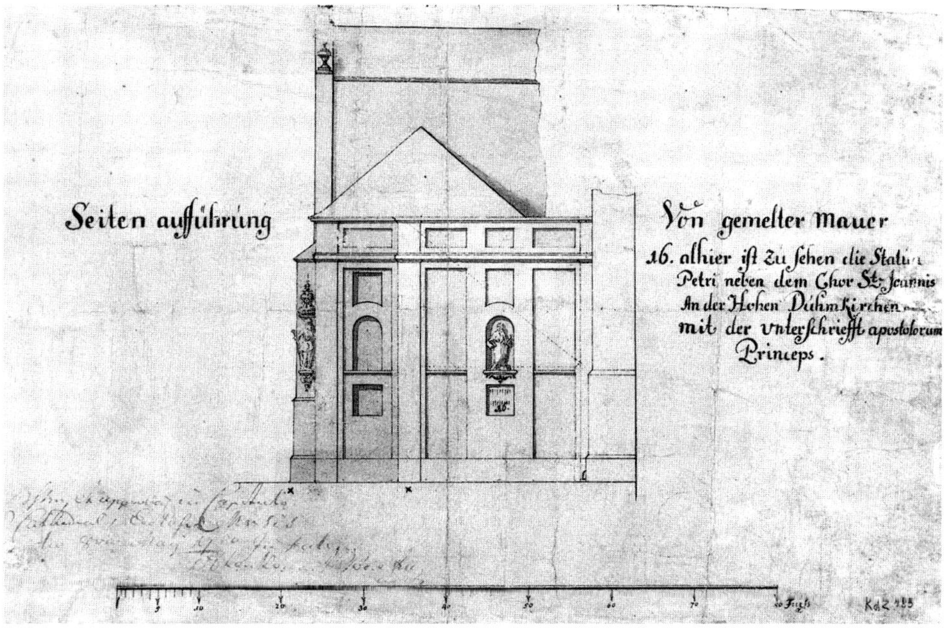

46.5

46.5
Münster, Dom St. Paulus
Schlaun-Werkstatt
Die Rote Mauer, Aufriß der Ostseite

Lavierte Federzeichnung (grau), 20,3 x 32,5 cm
Titel: (links:) *Seiten auffühnrung;* (rechts:) *von gemelter Mauer*
Beischrift: Kennziffer
Legende: *16. alhier ist zu sehen die Statue Petri neben dem Chor St. Joannis An der Hohen Duhmkirchen mit der unterschrifft apostolorum Princeps.*
Präsentationsvermerk: P*stm et approbat in Capitulo Cathedralis Ecclesia Mnsis die 8va May 1750 Ad Fidem J.H. Kerckerinck Secret mp.*
Maßstab: *80 Fueß* = 21,9 cm

Westfälisches Landesmuseum Münster, KdZ 185

47
Wiederaufbauplanung Stiftsbezirk, 1748–54
Aschebergsche Kurie, 1750
Nottuln

LITERATUR
Rensing 1936, S. 33; Rensing 1954, S. 31; Pieper 1976, S. 255–59, bes. S. 258; Boer 1976, S. 261–69, bes. S. 262f.

QUELLEN
Staatsarchiv Münster, Stift Nottuln, A 72, Heft 3; A 94; Mscr. IV, 27, S. 121f.; ebd., Fstm. Münster, Amt Horstmar, A 302; ebd., Aufschwörungstafeln, Nottuln Nr. 20; Bistumsarchiv Münster, Pfarrarchiv Nottuln, A 11; Staatsarchiv Münster, Kartenslg., Reg.-Bez. Münster, Nr. 491 Bl. 1 (Aufmessung von 1825).

DENKMALPFLEGE
Einzelberichte zur Denkmalpflege in: Westfalen 31, 1953, S. 163; 41, 1963, S. 183: *Fast alle Um- und Neubauten in Nottuln wurden ohne Unterrichtung des Landesdenkmalamtes ausgeführt. Die Verschandelung des einst historisch bedeutenden und schönen Ortsbildes macht Fortschritte;* 46, 1968, S. 402; 53, 1975, S. 641f.; 56, 1978, S. 570; 62, 1984, S. 591; 67, 1989, S. 691.

Stiftsbezirk, 1748–54

Im heutigen Ortszentrum lag der ehemalige Stiftsbereich des ältesten adeligen Kanonissenstiftes der Diözese Münster, gegründet in der ersten Hälfte des 9. Jahrhunderts. Im Jahre 1493 folgte die Umwandlung in ein weltliches Kanonissenstift, das »Hochadelige Freiweltliche Stift«, 1524 wurde die Vita communis aufgehoben. Am 3. Mai 1748 vernichtete ein verheerender Brand Dorf und Stift und ermöglichte den barocken Wiederaufbau der Stiftskurien nach einem Gesamtplan von Johann Conrad Schlaun. Das Stift wurde 1811 im Zuge der Säkularisation aufgehoben.

Dem Brand waren neben dem Turm und Dach der Stiftskirche auch zwölf Kurien für die adeligen Stiftsdamen und weitere vierzig schatzbare und über zweihundert nicht schatzbare Häuser zum Opfer gefallen. Schlaun hat bereits 1748 in Nottuln kurz nach dem Brande Vermessungen vorgenommen. Im Hochstift wurde eine Kollekte zugunsten des Stifts gehalten, Briefe mit der Bitte um Spenden gingen an adelige Familien in ganz Deutschland, sogar an den König in Polen. Schlaun selbst ist zu dieser Zeit nicht in Nottuln gewesen, einer seiner Mitarbeiter, der Fähnrich Boner, leitete die Angelegenheiten ›vor Ort‹. Der Stiftsamtmann Henrici zahlte am 17. Juli 1748 an ihn und seinen Bruder »für auffnehm des Stifftes, Abzeichnung des backhaußes und Ambtskammer ... die Zehrungskosten« in Höhe von 15 Rth. Der Wirt Zumbülte bekommt im August noch einmal 2 Rth 10 sh für den Verzehr der beiden, »wie sie das Stifft aufgenohmen«. Auf diese Aufnahme Boners dürfte die Karte des zerstörten Stiftes Nottuln vom Sommer 1748 zurückgehen, die sich bei den Plänen zur Münsteraner Residenz im Landesmuseum Münster als Hinterklebung fand.

Bei den Neuplanungen ging es vor allem darum, den mehr oder weniger zusammengewachsenen Stiftsbezirk neu zu ordnen und, soweit dies die Besitzverhältnisse zuließen, durch eine zentrale Achse zu gliedern, die den Platz vor der Stiftskirche erschließen sollte. Man ist diesem Konzept gefolgt: Nahezu parallel zur Ost-West-Achse der Kirche und parallel zum sogenannten Nonnenbach wurde eine zweihundert Meter lange mit Linden bestandene breite Allee angelegt und die Kurien mit ihren Fassaden daran ausgerichtet. Darüber hinaus haben im Jahre 1754 Schlaun Pläne für die Erneuerung der Turmhaube vorgelegen, die offenbar der Zimmermeister und Leyendecker Johann Franz Thewes aus Werl eingereicht hatte.

Aschebergsche Kurie, 1750

Die Aschebergsche Kurie ist ein schlichter, zweigeschossiger Backsteinbau, sieben Achsen, das Portal auf der vorspringenden Mitteltafel als Zentralmotiv betont und mittels des hinterlegten Sandsteinwappens mit dem Obergeschoßfenster zu einer Einheit verbunden. Die Gebäudekanten sind durch lisenenartige Streifen abgestützt, so daß die je drei Fensterachsen in der Rücklage sitzen. Die Kurie steht auf einem Kellersockel, der wie die Fenster- und Portalrahmen sowie das Kranzgesims aus Sandstein gearbeitet ist. Aus dem 18. Jahrhundert ist heute nur noch die renovierte Fassade des Gebäudes.

An der Autorschaft Schlauns bzw. seiner Werkstatt besteht kein Zweifel, es haben sich Pläne der Schlaun-Werkstatt für ein Kuriengebäude erhalten, die zwar nicht identisch sind mit der ausgeführten Kurie, ihr im Aussehen jedoch außerordentlich nahekommen. Anders sind die Proportionen, die gebaute Kurie ist breiter gelagert, eine Achse tiefer und wird an den Gebäudekanten von rahmenden Streifen abgefangen. Das heutige Krüppelwalmdach war ursprünglich allerdings tatsächlich nicht geplant, was aus dem Plan Bertelings für den Wiederaufbau der Aschebergschen Kurie hervorgeht. Wann die Schleppgauben des Mansarddaches den Restaurierungen zum Opfer fielen, läßt sich heute nicht mehr sagen, genauso wenig, ob Schlaun sie so angeordnet hat. Die Pläne stammen aus dem Archiv der Familie Twickel, die später die Kurie am Stiftsplatz Nummer 7 innehatte. Diese wurde nach dem Tode der Anna Maria von Reck Abtei, ist aber ein größerer Bau aus Werkstein. Möglicherweise hat die Schlaun-Werkstatt Pläne für mehrere Kurien geliefert, die mehr oder weniger nach einem Modell gezeichnet wurden, das dann je nach dem geforderten Raumbedarf abgewandelt wurde: Die Unterschiede zwischen der Zeichnung und der Aschebergschen Kurie sprächen dafür, ebenfalls die Gemeinsamkeiten wie etwa das Portal auf der vorspringenden Mitteltafel als Zentralmotiv.

1 Nottuln, Aschebergsche Kurie, Wappenfeld und Inschrift, 1750 (1993)

2 Nottuln, Aschebergsche Kurie, 1750 (1953)

47.1

47.2

47.4

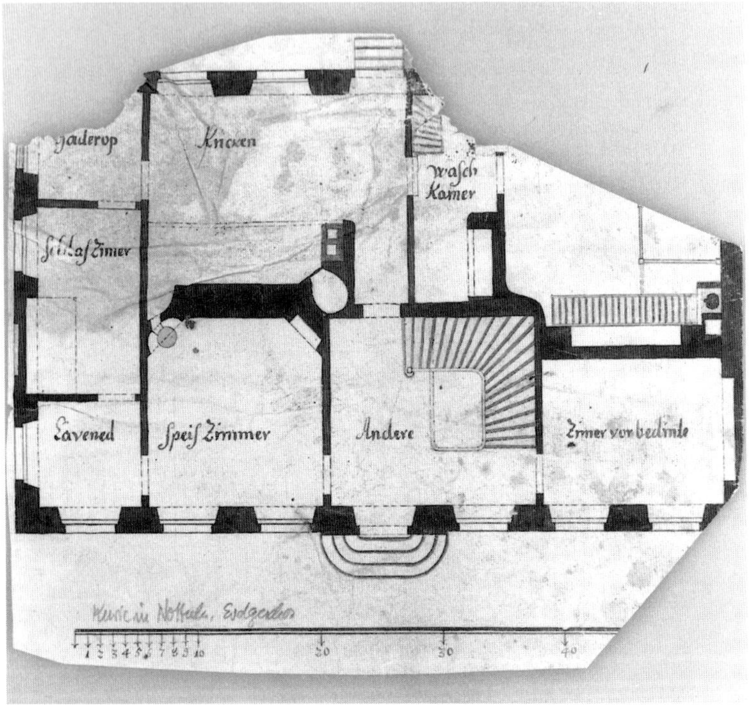

47.5

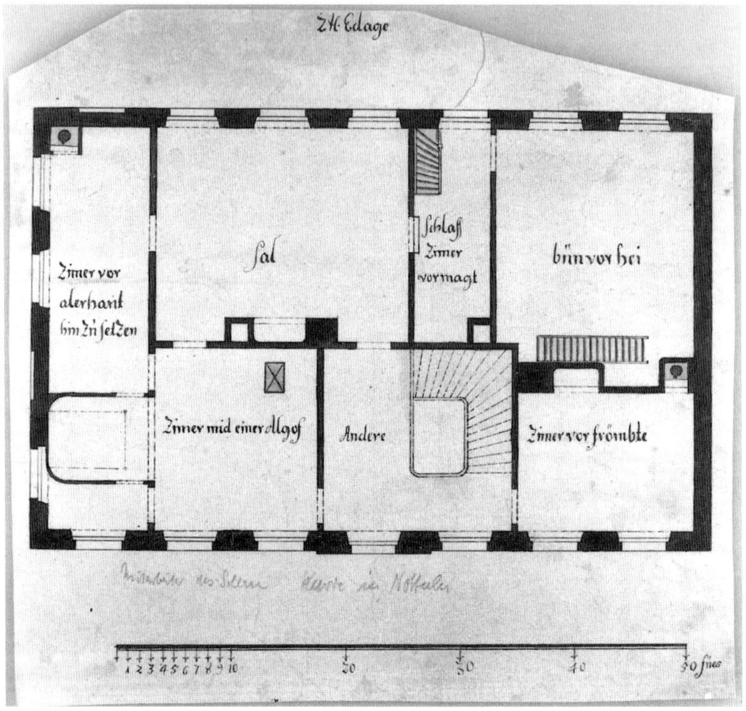

47.1
Kuriengebäude für Nottuln
Schlaun-Werkstatt
Aufriß der Fassade zur Allee

Lavierte Federzeichnung (rosa, grau), 31 x 24, 8 cm
Titel: *fordere Auffürung*
Maßstab: *40 fues* = 15,7 cm

Archiv Twickel, Havixbeck, Lade 1

47.2
Kuriengebäude für Nottuln
Schlaun-Werkstatt
Aufriß der Fassade zum Hof

Lavierte Federzeichnung (rosa, grau), 30 x 25 cm, unregelmäßig beschnitten
Titel: *hintere Auffürung*
Maßstab: *50 fues* = 19,5 cm

Archiv Twickel, Havixbeck, Lade 1

47.3

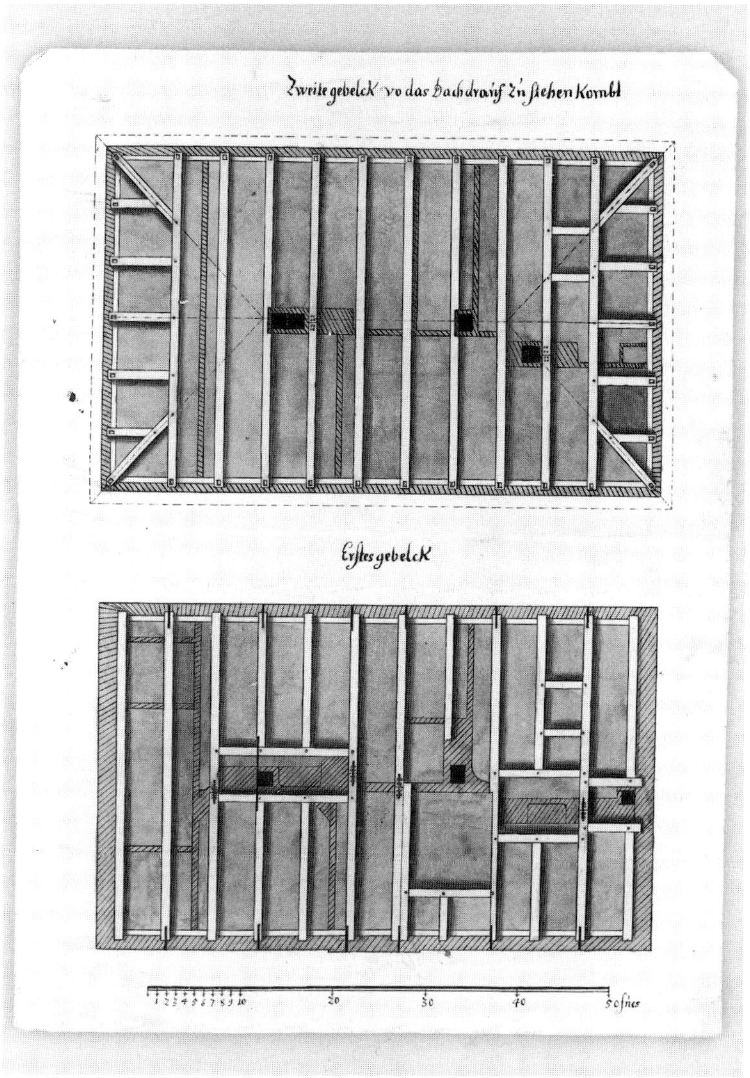

47.6

47.3
Kuriengebäude für Nottuln
Schlaun-Werkstatt
Längsschnitt

Lavierte Federzeichnung (grau), 28,5 x 17 cm, unregelmäßig beschnitten
Titel: *Profil*
Maßstab: *30 fues* = 11,8 cm

Archiv Twickel, Havixbeck, Lade 1

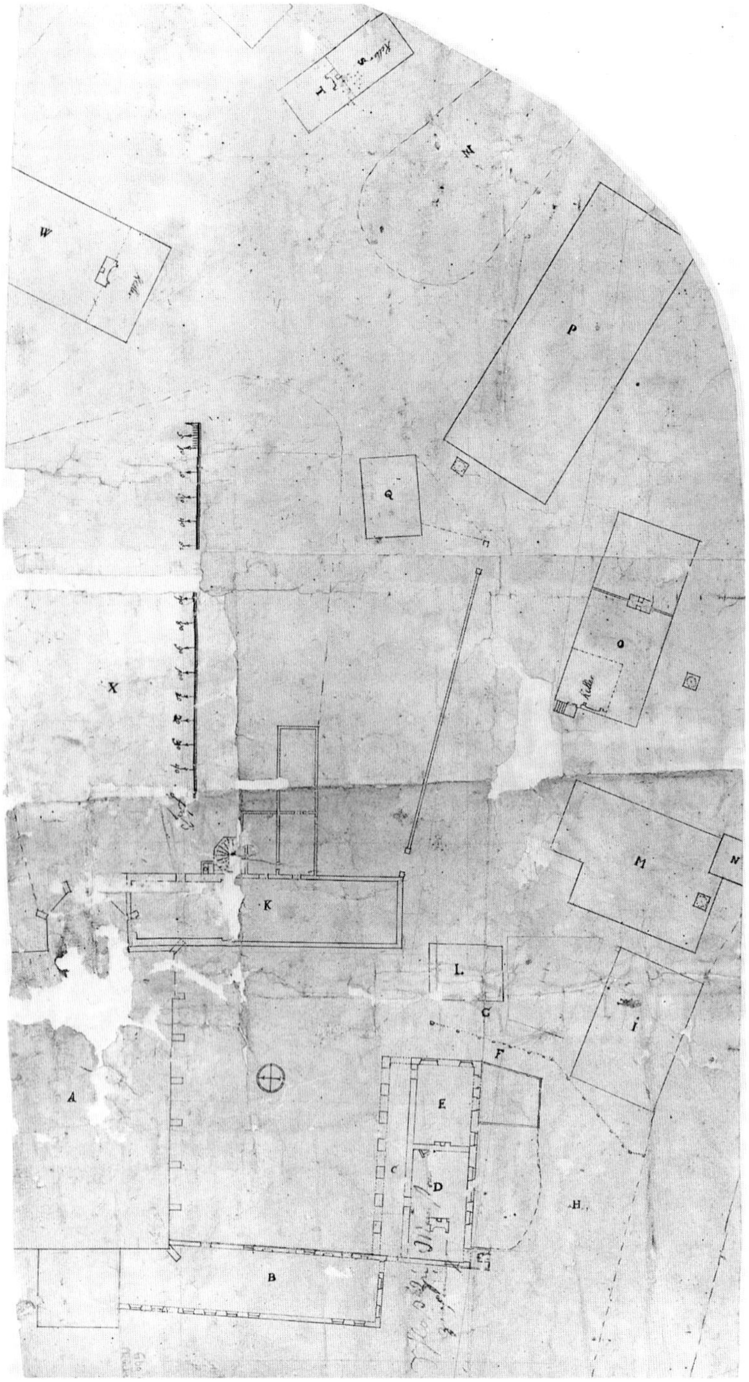

47.7

47.4
Kuriengebäude für Nottuln
Schlaun-Werkstatt
Grundriß Erdgeschoß

Lavierte Federzeichnung (grau), 19 x 23,5 cm, unregelmäßig beschnitten
Beischriften: *Garderop; SchlafZimer; Cavened; Kücken; SpeisZimmer; Andere; Waschkamer; Zimer vor bediente*
Maßstab: *40 fues* = 15,6 cm

Archiv Twickel, Havixbeck, Lade 1

47.5
Kuriengebäude für Nottuln
Schlaun-Werkstatt
Grundriß Obergeschoß

Lavierte Federzeichnung (schwarz, grau), 23 x 25 cm, unregelmäßig beschnitten
Titel: *2te Edage*
Beischrift: *Sal; Zimer mid einer Algof; Zimer vor alerhant hin Zusetzen; Zimer vor frömbte; SchlaffZimer vor magt; bün vor hei Andere*
Maßstab: *50 fues* = 19,6 cm

Archiv Twickel, Havixbeck, Lade 1

47.6
Kuriengebäude für Nottuln
Schlaun-Werkstatt
Zwei Grundrisse für die Gebälklagen

Lavierte Federzeichnung (schwarz, grau), 40 x 30 cm
Titel: *Erstes Gebelck; Zweite gebelck, vo das Dach drauf zu stehen kombt*
Maßstab: *50 fues* = 19,6 cm

Archiv Twickel, Havixbeck, Lade 1

47.7
Nottuln, Vermessung des 1748 abgebrannten Ortskerns mit Kirche und Stiftsgebäuden
Schlaun-Werkstatt
Lageplan, vermutlich 1748

Federzeichnung (grau), 67 x 33,5 cm unregelmäßig beschnitten
Beischrift: *Keller* (3x)
Beischrift: *Schloß Zu Münster zeichnungen*
Authentizität: später von fremder Hand
Maßstab: *150 Fuß* = 163 mm

Westfälisches Landesmuseum Münster, Gbg. 13 verso

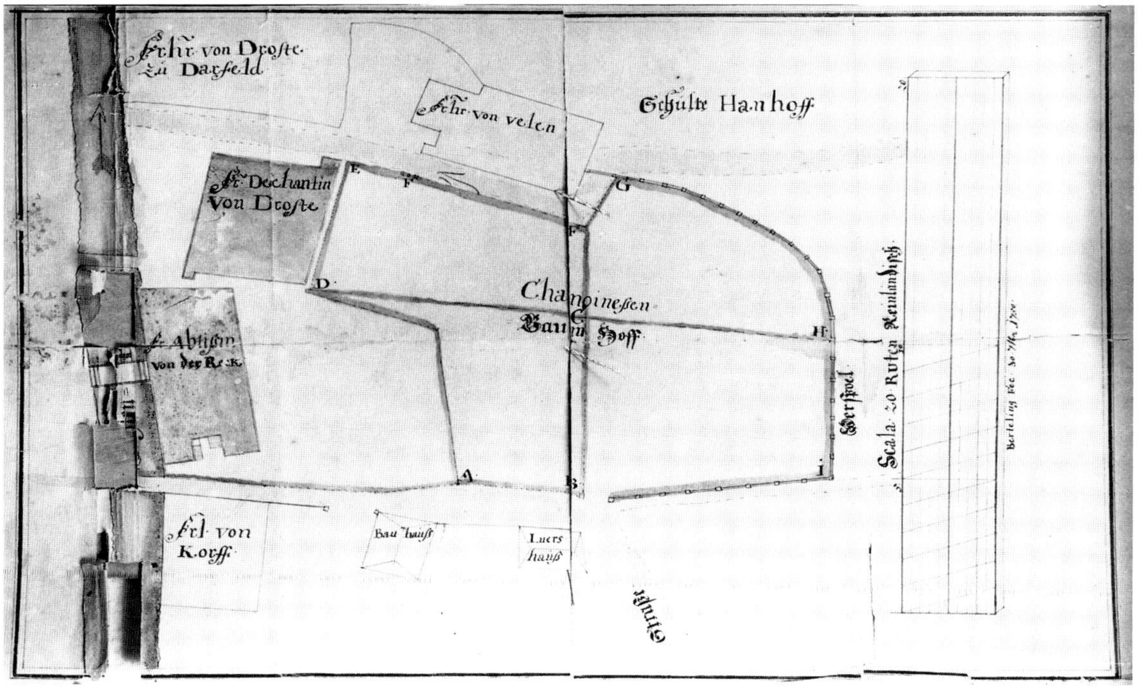

47.9

47.8

Nottuln, Vermessungsskizze für den Wiederaufbau der Aschebergschen Kurie, nach 1748
Johann Henrich Berteling

Lavierte Federzeichnung
Titel: *Brouillon wie Die Behaußung Der Hochwhlgeb Freyhn von Ascheberg wiederumb Zu erbauen*
Beischrift: Kennbuchstaben, Maßangaben
Beischrift: *ABTEY ZU NOTTULEN.; Großе ALLÉE; Vieh und Bau Hauß zur ABTEY; Nottuler BACII, BɪUCKe und Flues weg; garten; Muhlen und Back-Hauß; Eck von Ihro EXL. Herr Erb-Drosten-Hauß*
Maßstab: *Scala 150 Fues Reinländisch*

Nottuln, Archiv der Gemeinde

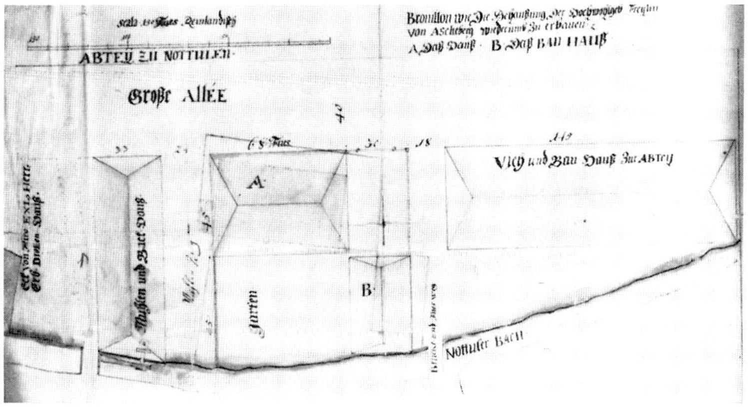

47.8

47.9

Nottuln, Vermessungsskizze für vier Stiftskurien, 1750
Johann Henrich Berteling

Lavierte Federzeichnung
Beischrift: Kennbuchstaben
Beischrift: *Frhr. von Droste zu Darfeld; Frhr. von velen; Schulte Hanhoff; Fr. Dechantin von Droste; Fr. Abtissin von der Reck; Changinessen Baum Hoff* (?); *Frl. von Korff. Bau hauss; Luers hauss; Straße; Werspoel*
Signatur: *Berteling Fec ao* …(?) *1750*
Maßstab: *Scala 20 Ruthen Reinländisch*

Nottuln, Archiv der Gemeinde

CLEM
für Sport u. Ge
ADLER

48
Oerscher Hof, um 1748
Münster, Königstraße 42

Auftraggeber war der Freiherr Nikolaus Herman Joseph von Beverfoerde, der um 1748 das Grundstück erwarb und mit dem Neubau begann. In den Straßen-Kataster von 1760-1801 wird das Haus als Hof des Freiherrn von Beverfoerde zu Stockum geführt. Gemeint ist das Rittergut Stockum im Kreise Ahaus, das um 1650 an die Familie kam und 1798 nach dem Tode des Letzten dieser Linie, Goswin von Beverfoerde, in Auswirkung des von ihm gestifteten Familienfideikommisses an die Freiherrn von Oer zu Egelborg überging.

Das Haus an der Königstraße ist ein zweigeschossiger, vierachsiger Backsteinbau mit Krüppelwalmdach. Die Gliederung der Straßenfront erfolgt einzig durch Rahmenstreifen, die jeweils an den Ecken und in der Mitte der Fassade zu Doppelstreifen zusammengefaßt sind, die Gliederungselemente und Fenstereinfassungen bestehen aus Haustein. Der südliche Teil des Hauses ist unterkellert, darüber befindet sich ein Halbgeschoß, das als Dienerzimmer benutzt wurde. Vom Garten gelangte man durch einen Gang in die Küche, an die sich das Treppenhaus und zwei nahezu quadratischen Räume mit einer Kaminwand anschlossen. An der Nordseite ist in der Straßenflucht ein kurzer, zweistöckiger, vierachsiger Teil mit Traufendach nachträglich angebaut, dessen südliche Hälfte im Erdgeschoß eine Durchfahrt mit einem im Stichbogen geschlossenen Tor einnimmt. Geisberg, der den Oerscher Hof aus stilistischen Gründen Schlaun zuschreibt, macht eine Entstehung des Anbaus nach dem Jahre 1798 wahrscheinlich. Archivalien, die die Zuschreibung des Oerscher Hofes belegen könnten, existieren nicht. Der Oerscher Hof ist der einzige Bau Schlauns, der den Zweiten Weltkrieg ohne größere Schäden überstanden hat. Bauuntersuchungen zeigten, daß das Haus im Kern gesund und der Dachstuhl intakt ist. Ab 1976 wurde der Hof restauriert, wobei die Raumaufteilung im wesentlichen erhalten blieb. Lediglich im Treppenhaus mußte die Verlegung eines Treppenlaufs im Obergeschoß und der Einbau einer Treppe im Erdgeschoß in Kauf genommen werden. Die auffälligste Veränderung gegenüber dem Vorkriegszustand war die Beseitigung der Putzschicht von etwa 1900. Im Gegenzug wurden im Dach vorher nicht vorhandene Schleppgauben angebaut.

LITERATUR
Geisberg 1935, Münster IV, S. 204–05; Rensing 1954, S. 38.

DENKMALPFLEGE
Einzelberichte zur Denkmalpflege in: Westfalen 56, 1978, S. 553.

1 Münster, Oerscher Hof in der Königstraße, links daneben der Droste zu Sendensche Hof mit dem Anbau von 1873 (um 1935)

2 Münster, Oerscher Hof in der Königstraße (1994)

49

Gartenhäuser, 1749–67

Münster, Dülmen und Darfeld

Das Gartenhaus in der Josephstraße, 1749

Viele Bürger und Angehörige des Adels verfügten um die Festungswerke vor den Toren der Stadt Münster über Anwesen, die zugleich Nutz- und Ziergärten waren. Hier wurden einfache Lauben, hölzerne Gartenhäuser oder aufwendige Pavillons errichtet, für die auch Schlaun Entwürfe lieferte. Nahe beim Mauritztor stand in der Karlstraße ein 1749 datiertes Gartenhaus, das kurz vor 1911 von J. Hötte angekauft und im Garten des St.-Josephs-Hauses, Josephstraße 2, unter Verwendung des alten Materials wiederaufgebaut wurde (Abb. 1). Dabei ließ man den östlichen, späteren Anbau fort und baute in die ehemalige Südmauer im Erdgeschoß ein Fenster ein. Die Inschrift APOV MCCIL zeigt vermutlich die Initialen des unbekannten Erbauers und seiner Ehefrau. Die Zuschreibung Hartmanns an Schlaun ist durch Geisberg bestätigt worden. Sie stützt sich auf stilistische Kriterien, so die runden Ecken, die Streifengliederung und die ›typischen Ohren‹. Hinzuzufügen wäre, daß Schlaun beinahe gleichzeitig die Fassade von Haus Rüschhaus durch parallele Horizontalstreifen gliederte und zwar wie hier, um die Geschoßteilung zu untermauern, die er beim Gartenhaus allerdings durch ein wie die Inschrifttafel in Rüschhaus nach innen eingebuchtetes, geschwungenes Tafelmotiv wieder aufhebt.

Gartenhausentwürfe

Für Gartenhäuser wie in der Josephstraße hat Schlaun eine Reihe von Entwürfen gezeichnet (Kat.-Nr. 49.1–5): schlichte Pavillons aus Backstein mit der üblichen Streifengliederung, die Gliederungselemente mit Haustein abgesetzt, quadratisch oder oktogonal, mit Zelt- oder Mansarddach. Wann diese Entwürfe gezeichnet wurden und ob sie im einzelnen ausgeführt wurden, ist nicht bekannt.

Dülmen, Gloriette für Rentmeister von Galen

Die Gloriette in Dülmen, von deren Obergeschoßfenster der Rentmeister in die ›Campagne‹ zu schauen gedachte, gibt es in zwei Versionen: zweigeschossig mit Zeltdach und eingeschossig mit Mansarddach (Kat.-Nr. 49.6–12). Beide Male ist das Backsteinhaus mit Doppelstreifen gegliedert, im ersten Entwurf leitet über der Eingangsarkade mit Korbbogen ein geschweiftes Rahmenfeld zu dem reich profilierten Obergeschoßfenster über. Man erkennt im Erdgeschoß eine Nische mit einem Figurensockel, gegenüber sind Steinbänke vorgesehen, hinter der Rückwand versteckt liegt die Treppe ins Obergeschoß und ein Abstellraum. Im Obergeschoß gibt es einen Kamin. Ob die Gloriette gebaut wurde und wann die Zeichnungen entstanden, ist nicht bekannt.

Darfeld, Schloß, Antoinettenburg im Schloßgarten, 1757

Auftraggeber war der Erbdroste Adolph Heidenreich Freiherr von Droste-Vischering. Die Antoinettenburg, ein vornehmes Gartenhaus, liegt im Garten von Schloß Darfeld am Ende einer Allee (Kat.-Nr. 49.13–14). Das eingeschossige Gebäude mit ausgebautem Mansarddach ist durch ein Rahmen-Streifen-System gegliedert, als Mittelmotiv sitzt das profilierte Portal auf einer Werksteintafel, das Mansardfenster darüber, eine Fenstertür, ist durch einen Segmentgiebel ausgezeichnet und öffnet sich zu einem Balkon, dessen schmiedeeisernes Balkongitter die Jahreszahl 1757 zeigt (Abb. 2). Es wird vermutet, daß auch die beiden symmetrisch auf die Vorburg des Schlosses bezogenen Wirtschaftsgebäude von Schlaun stammen (Abb. 3).

LITERATUR

Hartmann 1910, S. 269; Schmitz 1911, S. 163; Eugen Müller, *Altmünsterische Gartenhäuser,* in: Münsterischer Anzeiger, 8. April 1925; Geisberg 1935, Münster IV, S. 179f., 210–11; Rensing 1936, S. 29; Rensing 1954, S. 25, 33; Hansmann 1966, S. 62.

1 Darfeld, Schloß, Antoinettenburg im Schloßgarten, 1757

49.1

49.1
Entwurf für ein Gartenhaus, Aufriß und Grundriß

Lavierte Federzeichnung (schwarz, grau, blaßrot), 50,2 x 30,7 cm
Titel: *Idée von einen Simpelen Gartenhäuschen*
Maßstab: *20 fues* = 20,1 cm

Westfälisches Landesmuseum Münster, Schl.-Bd. 213

49.2
Entwurf für ein Gartenhaus, Aufriß mit Mansarddach und Grundriß

Lavierte Federzeichnung (schwarz, grau, blaßrot, hellblau), 40,1 x 31,4 cm
Beischrift: *Auffuhrung mit einen leyen Dach.-.; grund.; Wo anjetzo daß Spalier kan hingesetzet werden.; linie wie weith das mauerwerck ins bauhaus kommen thäte.*
Deckblatt mit einer Entwurfsvariante des Daches: Aufriß Zeltdach, 12,8 x 15,3 cm
Beischrift: *Dach mit Ziegel=pfannen gedecket.*
Maßstab: *20 fues* = 14, cm

Westfälisches Landesmuseum Münster, Schl.-Bd. 150

49.2

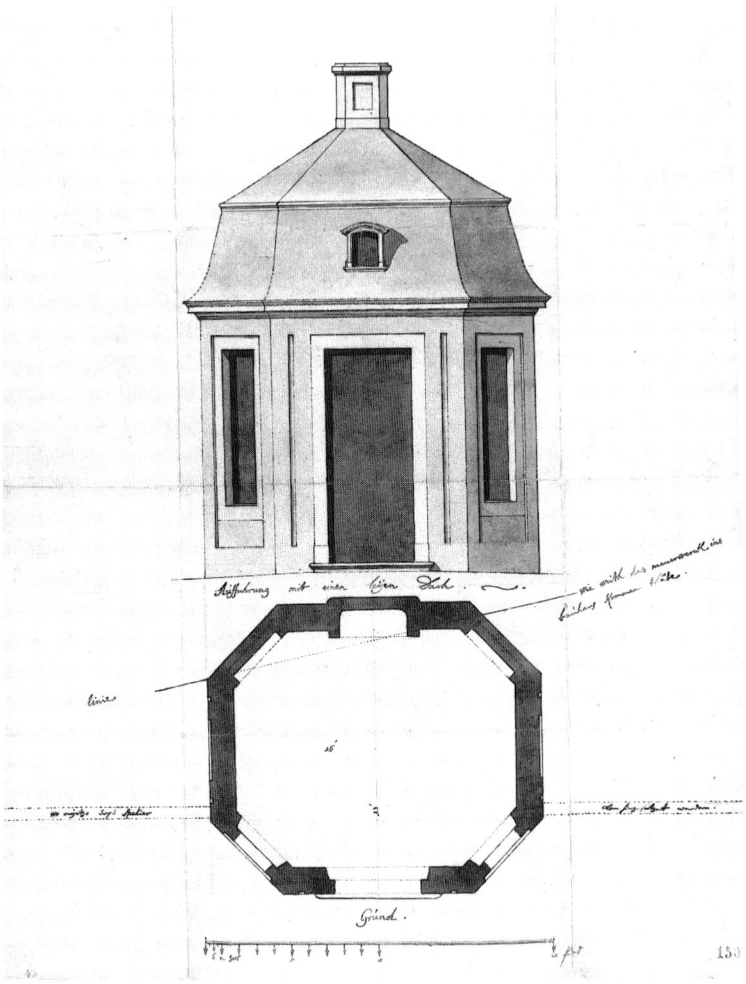

49.3 (ohne Abb.)
Entwurf für ein Gartenhaus, Aufriß der Vorderfront und Grundriß
Johann Mauritz Güding, Kopie nach Kat.-Nr. 49.2

Lavierte Federzeichnung (schwarz, grau, blaßrot, hellblau), 39,9 x 31,3 cm
Titel: *Auffuhrung und grund eines garten hausel.*
Beischrift: *mittm leyen dach. die punctirte linien weisen an wan mans=ziegel decken wölte*
Maßstab: *20 fues* = 14,7 cm

Westfälisches Landesmuseum Münster, Schl.-Bd. 262

2 Münster, Gartenhaus in der Karlsstraße (1993)

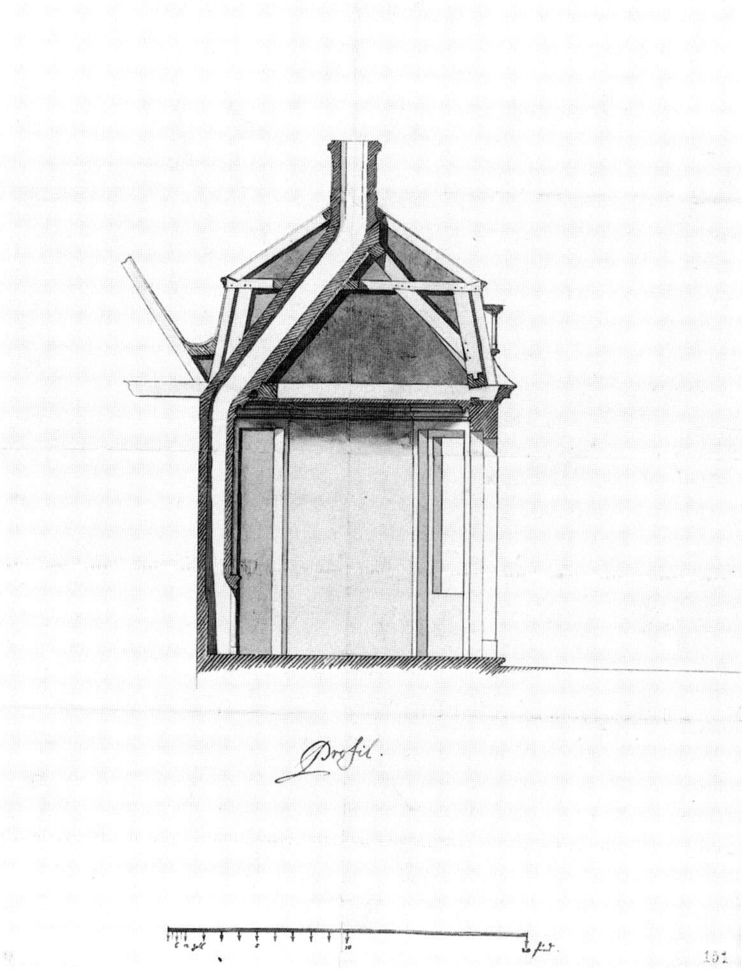

49.4

49.4
Entwurf für ein Gartenhaus, Querschnitt

Lavierte Federzeichnung (grau, blaßrot, blaßgelb), 40 x 31,1 cm
Titel: *Profil*
Maßstab: *20 fues* = 14,7 cm

Westfälisches Landesmuseum Münster, Schl.-Bd. 151 (gehört zu Kat.-Nr. 49.2)

49.5 (ohne Abb.)
Entwurf für ein Gartenhaus, Querschnitt
Johann Mauritz Güding, Kopie nach Kat.-Nr. 49.4

Lavierte Federzeichnung (schwarz, grau, blaßrot, blaßgelb), 31,5 x 20 cm
Titel: *Profil des gartenhäusell.*

Westfälisches Landesmuseum Münster, Schl.-Bd. 261

49.7

49.7
Dülmen, Gloriette, Aufriß der Frontseite

Lavierte Federzeichnung (grau, blaßrot), 33,3 x 23,1 cm
Titel: *Auffuhrung darvon.*
Maßstab: *20 fues* = 15,6 cm

Westfälisches Landesmuseum Münster, Schl.-Bd. 220

49.6

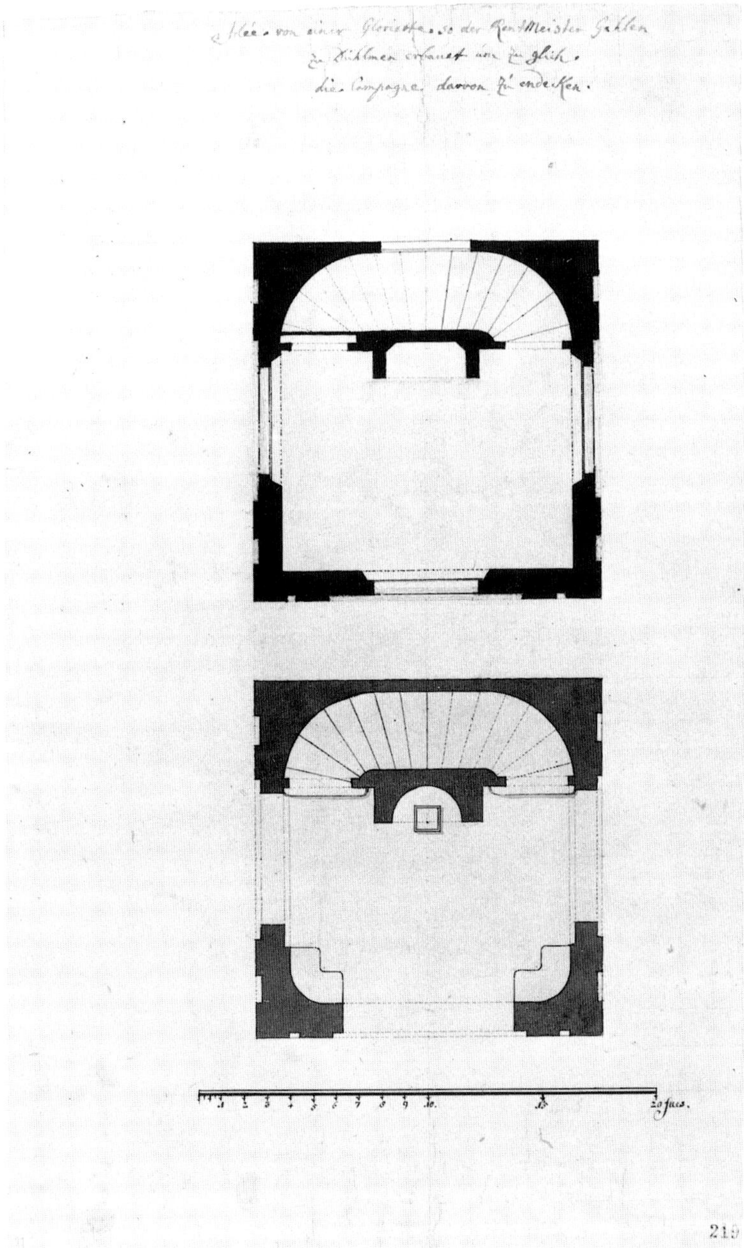

49.6
Dülmen, Gloriette
Grundriß des Erd- und Obergeschosses

Lavierte Federzeichnung (schwarz, grau, blaßgelb), 40,8 x 25,2 cm
Titel: *Idée von einer Gloriette so der RentMeister Gahlen zu Dühlmen erbauet um zu glich die Campagne darvon zu entdecken.*
Maßstab: 20 *(Fuß)* = 15,6 cm

Westfälisches Landesmuseum Münster, Schl.-Bd. 219

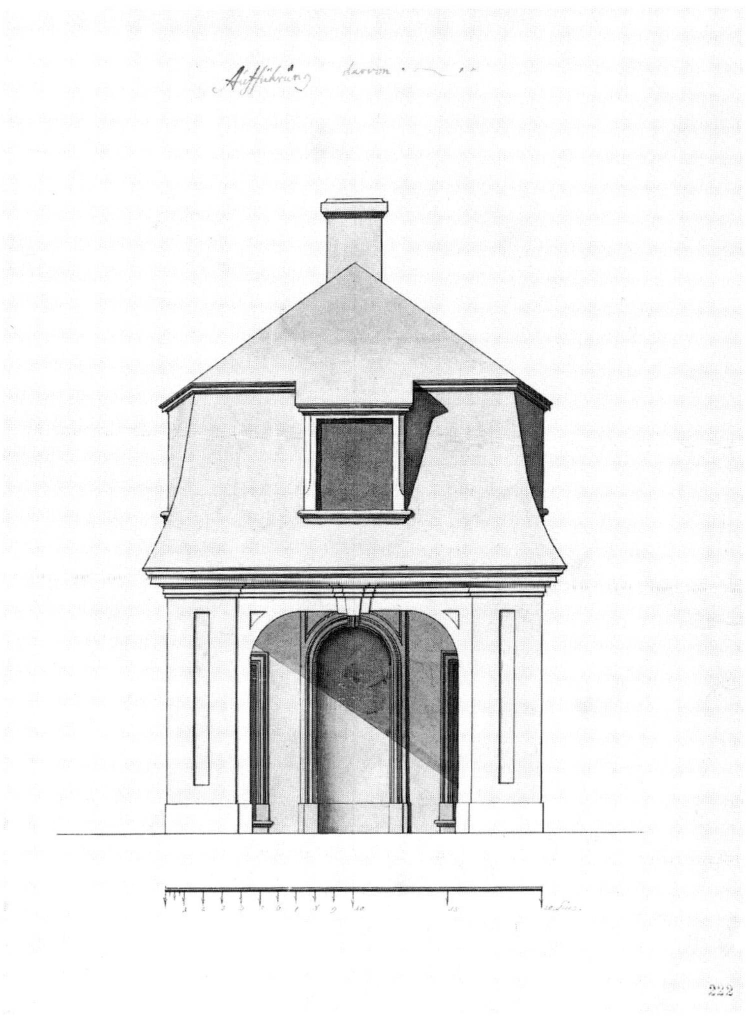

49.9

49.8
Dülmen, Gloriette
Grundriß des Erd- und Obergeschosses

Lavierte Federzeichnung (schwarz, grau, blaßgelb),
42 x 31,2 cm
Titel: *Noch eine Gloriette wo die aussigt in der Mansarde Komt.*
Maßstab: 20 *fues* = 15,6 cm

Westfälisches Landesmuseum Münster, Schl.-Bd. 221

49.9
Dülmen, Gloriette
Aufriß der Frontseite

Lavierte Federzeichnung (grau, bräunlich, blaßrot),
40,2 x 31,5 cm
Titel: *Aufführung darvon.*
Maßstab: 20 fues = 15,6 cm

Westfälisches Landesmuseum Münster, Schl.-Bd. 222
(vgl. Kat.-Nr. 36.109)

49.10 (ohne Abb.)
Dülmen, Gloriette
Grundriß des Obergeschosses und Aufriß der Vorderfront
Kopie der Schlaun-Werkstatt nach Kat.-Nr. 49.6–7

Lavierte Federzeichnung (grau, blaßrot, blaßgelb),
31,5 x 41 cm
Titel: *Grundt der Etage – Garten hausgen mitt einer Etage.*
Maßstab: 20 *fues* = 15,6 cm

Westfälisches Landesmuseum Münster, Schl.-Bd. 258

49.11 (ohne Abb.)
Dülmen, Gloriette
Kopie der Schlaun-Werkstatt nach Kat.-Nr. 49.8
Grundrisse des Erdgeschosses und der Mansarde

49.8

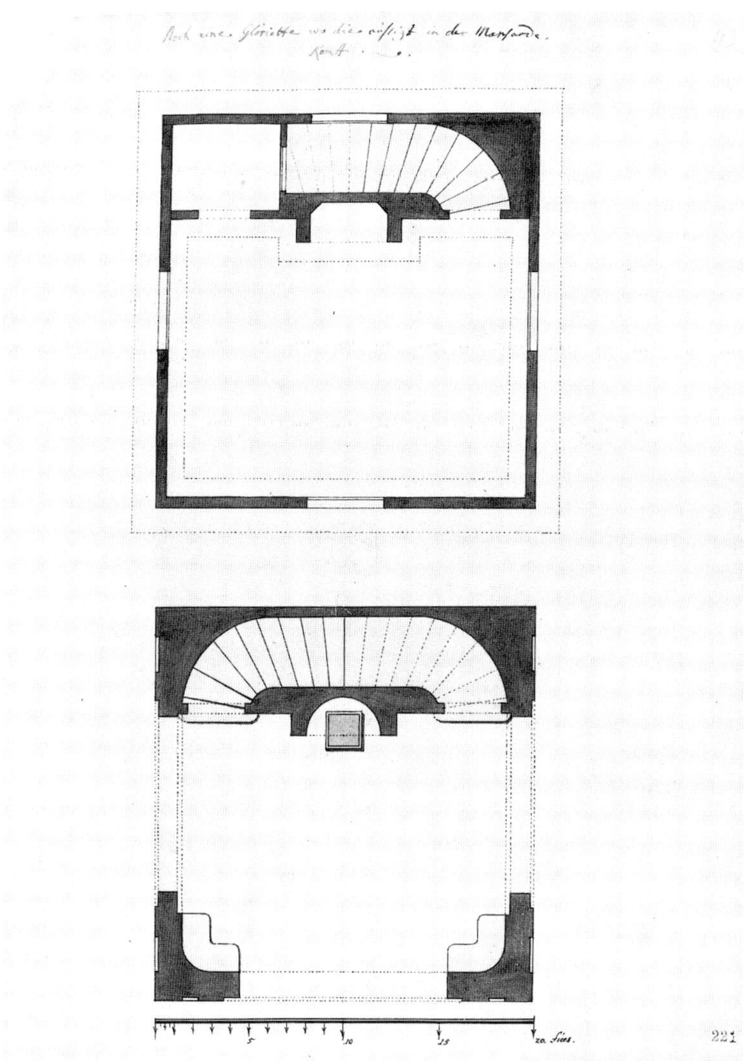

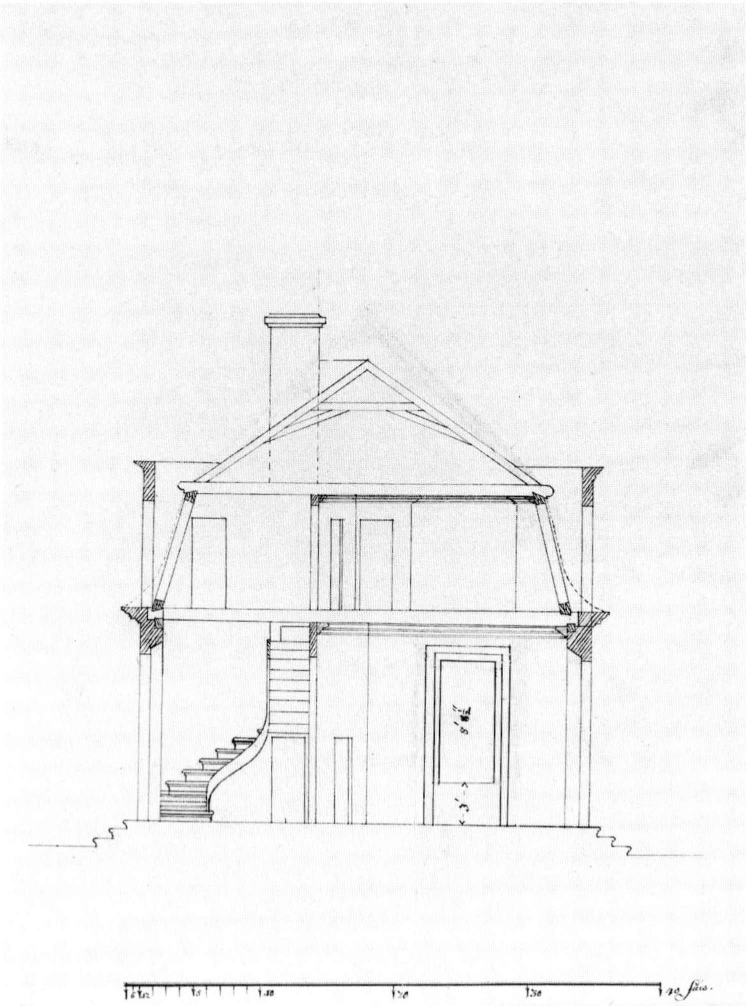

49.14

Lavierte Federzeichnung (grau, blaßrot, blaßgelb), 40,5 x 31,7 cm (38,3 x 29,6 cm)
Titel: *Mansarde – grund eines Garten häusell*
Maßstab: *20 fues* = 15,6 cm

Westfälisches Landesmuseum Münster, Schl.-Bd. 259

49.12 (ohne Abb.)
Dülmen, Gloriette
Kopie der Schlaun-Werkstatt nach Kat.-Nr. 49.9
Querschnitt

Lavierte Federzeichnung (schwarz, grau, blaßrot, blaßgelb), 31,5 x 20 cm
Titel: *Profil des gartenhäusell.*
Maßstab: *20 fues* = 15,6 cm

Westfälisches Landesmuseum Münster, Schl.-Bd. 260

49.13
Rosendahl, Schloß Darfeld, Antoinettenburg
Schlaun-Werkstatt
Grundrisse des Erd- und Obergeschosses

Lavierte Federzeichnung (grau, blaßgelb), 41,6 x 31,4 cm
Beischrift (Erdgeschoß): *Salon.; petite Cuisine; Retirade.;* (Obergeschoß:) *Chambre à Cousche.; Guarderobe.; Retirade. ou Chambre pour une fille.*
Deckblatt zum Grundriß des Erdgeschosses mit Entwurfsvariante zur Entresole, 8,7 x 9 cm
Beischrift: *Entresole*
Deckblatt zum Grundriß des Erdgeschosses über der Retirade
Maßstab: *40 Fuß* = 21,2 cm

Westfälisches Landesmuseum Münster, Schl.-Bd. 192

49.13

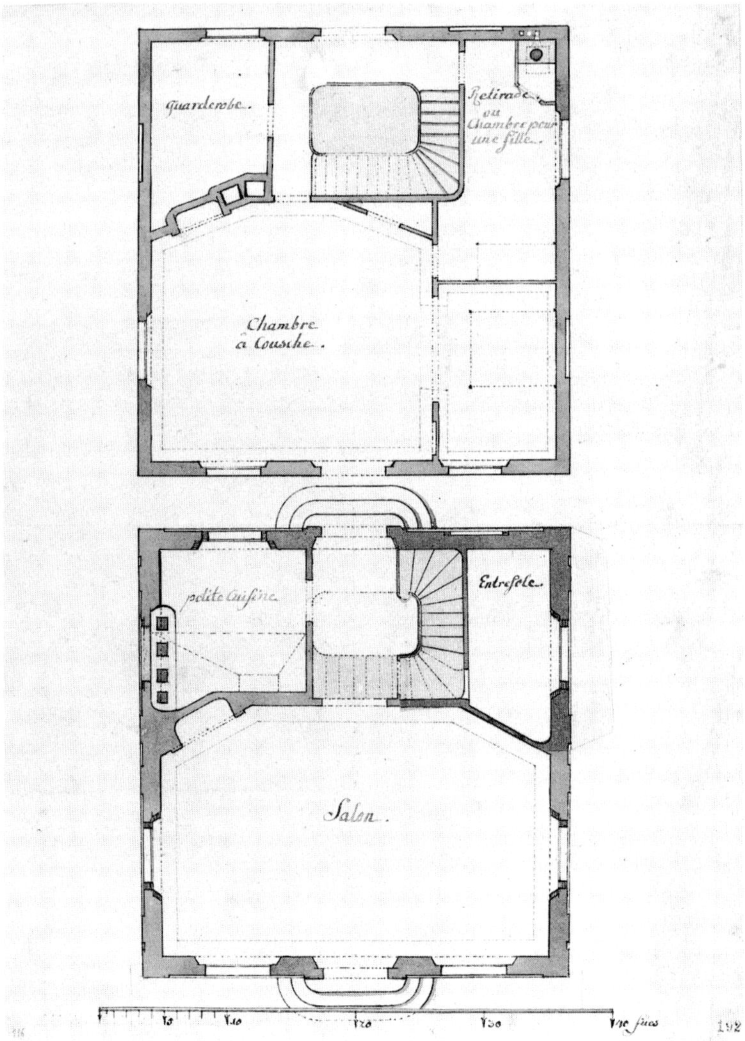

49.14
Rosendahl, Schloß Darfeld, Antoinettenburg
Schlaun-Werkstatt
Längsschnitt

Lavierte Federzeichnung (grau), 40,3 x 32,2 cm
Maßstab: 40 *Fuß* = 21,3 cm

Westfälisches Landesmuseum Münster, Schl.-Bd. 187

3 Darfeld, Schloß, Ökonomiegebäude gegenüber dem Schloß

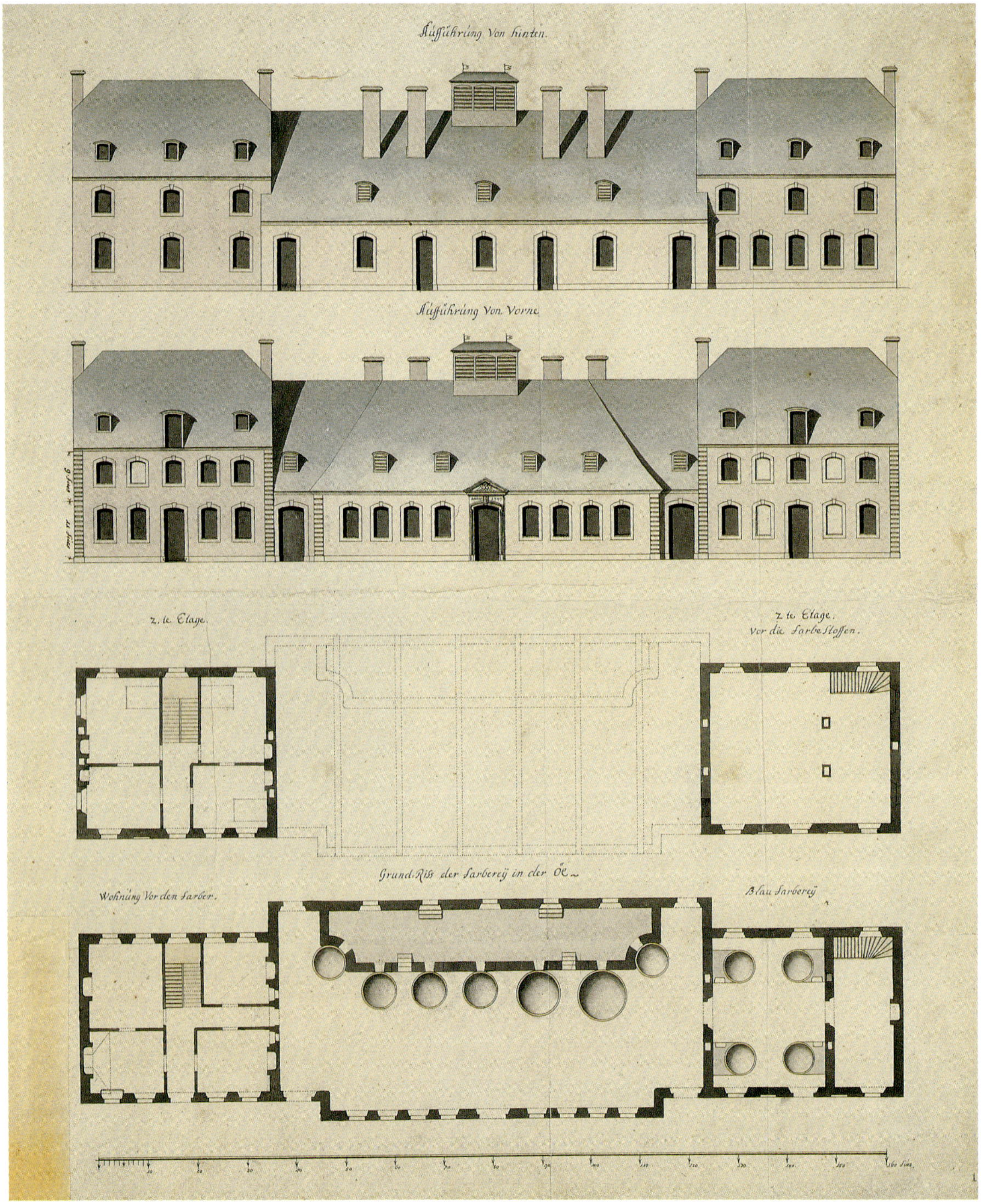
Außführung Von hinten.
Außführung Von Vorne.
2. te Etage.
2. te Etage. Vor die Farbe Stoffen.
Grund-Riß der Farberey in der Öe.
Wohnung Vor den Farber.
Blau Farberey

50

Färberei Rehrmann, 1749

Eupen, Oestraße

Für den Tuchfärber Martin Rehrmann, den Vater seiner zweiten Frau Margarethe, die Schlaun 1741 in Eupen geheiratet hatte, plante Schlaun ein Fabrikationsgebäude mit Färberwohnung im Tal der Oe. Rehrmann hatte dafür ein Grundstück an der Straße nach Membach erworben und errichtete dort zugleich mit der Färberei ein Wohnhaus und eine Walkmühle.

Die unterschiedlichen Methoden der Färberei verlangten nach einer ausgeklügelten Planung der Werkstätten, die einen möglichst zweckmäßigen Ablauf der technischen Vorgänge gewährleistete. Der Ausführungsentwurf (Kat.-Nr. 50.1), der auf Planungen des Aachener Stadtbaumeisters L. Mefferdatis zurückgreift, zeigt einen eingeschossigen gestreckten Mitteltrakt mit breitem Risalit, über dem das Satteldach abgestuft wird, und zweigeschossige Seitengebäude mit Krüppelwalmdächern. Gequaderte Ecklisenen fassen den Mittelrisalit und die Seitengebäude ein, in der untergeordneten Achse zwischen den Bauteilen befinden sich die Einfahrten. Sie bilden zusammen mit dem durch einen Dreiecksgiebel ausgezeichneten Hauptportal der Fabrik und den Portalen von Wohnhaus links und Kesselhaus für die Blaufärberei rechts einen Rhythmus aus, dem die gut proportionierten Fensterachsen folgen, akzentuiert von den Dachgauben und den Schornsteinen, vor allem durch den mächtigen Rauchabzug in der Mitte. Auch die ansonsten schmucklose Rückansicht erhält ihre Qualität durch die Rhythmisierung und die akzentvoll gesetzte Proportionierung.

Der Mittelbau diente der Schwarz- und Rotfärberei. Hierfür sind heizbare Kessel nötig, worin das Fasermaterial in der Lösung der Farbstoffe gekocht wird. Den Platz, den die Färbekessel wegnehmen, gewinnt Schlaun zum größten Teil durch den Risalit zurück. Der Raum hat einen offenen Dachstuhl, durch dessen Abzug der Rauch entweichen kann. Die Blaufärberei ist eine Fabrikationsart für sich. Schlaun verlegt sie deshalb in das rechte Nebengebäude, dessen Obergeschoß er als Lager für die Farbstoffe vorsieht. Bei der Blaufärberei werden die Textilfasern in Waid- oder Indigoweißlösung getaucht. Die Blaufärbung ergibt sich erst beim Trocknen an der Luft durch Oxydation. Die Lösung behält für Leinen und Baumwolle ihre natürliche Temperatur, für Wolle wird sie durch heißes Wasser erwärmt, das die Kessel umgibt. Das linke Gebäude ist die Wohnung des Färbers mit acht beheizbaren, großzügig bemessenen Räumen in klarer Anordnung, darunter die Küche im Erdgeschoß und Schlafzimmer im Obergeschoß. Ein Korridor führt unmittelbar in die große Färberei. Durch kleine Fenster in der Wand zwischen Wohnung und Färberei ist von den Räumen beidseits des Korridors der Arbeitsablauf jederzeit zu beobachten. Zweckmäßigkeit und formale Ausgewogenheit finden in allen Einzelheiten der Raumdisposition zusammen.

Der Alternativentwurf ist weniger originell (Kat.-Nr. 50.2–5). Die Nebengebäude werden jetzt flügelartig vorgezogen, so daß eine Art Ehrenhof ausgebildet wird. Nur sie tragen die gequaderten Ecklisenen. Ihre beiden niedrigen Geschosse stehen in Kontrast zu dem eingeschossigen Mitteltrakt, in den sie mit einer abgeschrägten Ecke hineinragen. Die Aufteilung der Funktionen ist identisch mit der Ausführung.

Im 19. Jahrhundert (evtl. schon im späten 18. Jahrhundert) wurde der niedrige Mittelteil aufgestockt und zur Wohnung des Fabrikbesitzers umgebaut (Abb. 1). Der stillgelegte Teil der Fabrik Peltzer & Cie. wird heute zu Wohnzwecken genutzt.

LITERATUR

Hartmann 1910, S. 239; Rensing 1954, S. 32; Korn 1976, S. 290 f.; Hansmann 1978, S. 296–98.

50.1 Eupen, Färberei Rehrmann, Ausführungsentwurf

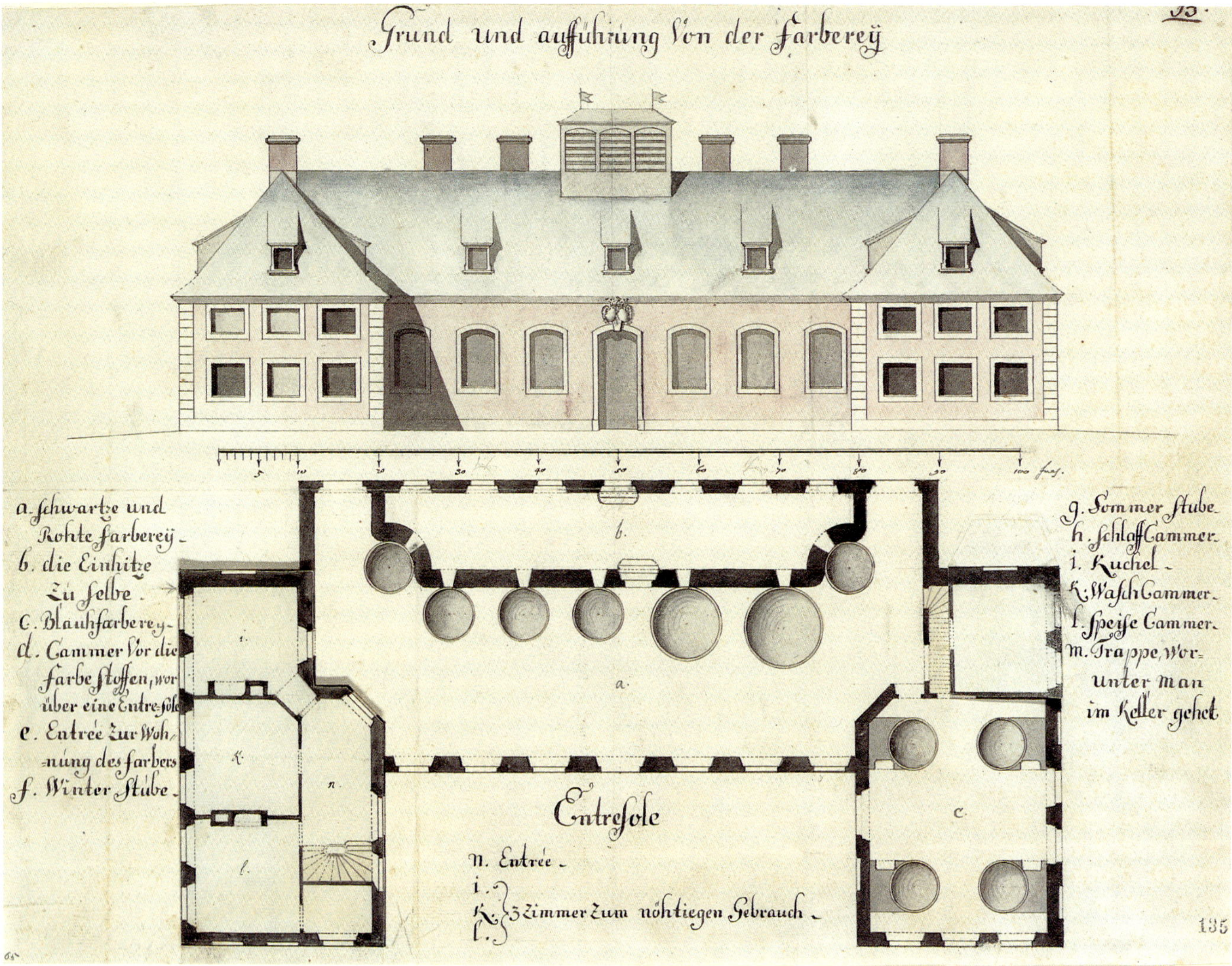

50.2

1 Eupen, Färberei Rehrmann

50.1
Eupen, Färberei Rehrmann
Aufrisse der Vorder- und Rückseite; Grundrisse des Erd- und Obergeschosses, Ausführungsentwurf, 1749
(Abb. S. 518)

Lavierte Federzeichnung (grau, blau, hellrot, hellgelb, schwarz), 63,3 x 53,3 cm
Beischrift: *Aufführung von hinten; Aufführung von vorne; 2.te Etage; 2te Etage vor die FarbeStoffen.; Grund=Riss der Farberey in der Öl-, Wohnung Vor dem farber; Blau Farberey*
Datierung: *ANNO 1749*
Maßstab: *160 fues* = 42,4 cm

Westfälisches Landesmuseum Münster, Schl.-Bd. 134

50.2
Eupen, Färberei Rehrmann
Aufriß der Vorderfront und Grundriß, Zweiter Entwurf, 1749

Lavierte Federzeichnung, 30,8 x 41,4 cm
Titel: *Grund und aufführung Von der Farberey*
Beischrift: (Kennbuchstaben); *Entresole*
Legende: *a. schwartze und Rothe farberey.; b. die einhitze Zu selbe.; c. Blauhfarberey.; d. Cammer Vor die farbestoffen; worüber eine Entre = sole; e. Entrée Zur Wohnung des farbers; f. Winter Stube.; g. Sommer Stube.; h. SchlaffCammer.; i. Kuchel.; K. WaschCammer.; l. SpeiseCammer.; m. Trappe; worunter man im Keller gehet.; n. Entrée; i.; K., l.* (zusammenfassende Kammer) *3 Zimmer zum nöhtiegen Gebrauch*
Deckblatt a zum Grundriß der Seitenflügel, Entresole
Deckblatt b zum Grundriß der Seitenflügel, Entresolegeschoß
Maßstab: *100 fues* = 26,7 cm

Westfälisches Landesmuseum Münster, Schl.-Bd. 135

50.3
Eupen, Färberei Rehrmann
Aufriß der Seitenfront, Zweiter Entwurf, 1749

Lavierte Federzeichnung (grau, blaßrot, blau), 20,3 x 32 cm
Titel: *Seiten aufführung*
Beischrift: Oben rechts trägt das Blatt die Reihennummer *C.*
Maßstab: *80 fues* = 21,6 cm

Westfälisches Landesmuseum Münster, Schl.-Bd. 136

50.3

50.4 (ohne Abb.)
Eupen, Färberei Rehrmann
Johann Mauritz Güding, Kopie nach Kat.-Nr. 50.2
Aufriß der Hauptfront und Grundriß

Lavierte Federzeichnung (grau, blaßrot, gelb, hellblau), 31,7 x 38,9 cm
Titel: *Grundt und Auffuhrung von einer Farberey*
Beischrift: Kennbuchstaben
Deckblatt a, Entresole
Deckblatt b, Entresole
Maßstab: *100 fues* = 26,7 cm

Westfälisches Landesmuseum Münster, Schl.-Bd. 268

50.5 (ohne Abb.)
Eupen, Färberei Rehrmann
Johann Mauritz Güding, Kopie nach Kat.-Nr. 50.3
Aufriß der Seitenfront

Lavierte Federzeichnung (grau, blaßrot, hellblau), 31,7 x 19,9 cm
Titel: *Seiten aufführung*
Beischrift: *Explie der farberey*
Legende: *a: Schwartz = und Roth farberey; b: die einheitze darzu c: blauw farberey d: Kammer für die farb stoffen, woruber eine entresole e: entree zur wohnung des farbers; f: winter stube; g. Sommer stube; h: Schlaffcammer i: Speise cammer i:k:l: drey Zimmer zum gebrauch in der entresole m: trappe worunter man ins Keller werck gehet*

Westfälisches Landesmuseum Münster, Schl.-Bd. 269

M·
M·
L·
das Orgel gesetzet wird.
inwendiege
Auffführung
M· 2 Colonnen, vor selben schiessen sich aber besser
im profil gezeichnete Dorische mit K.
20 pied
3.
215

51
Kirche des Welschnonnenklosters, 1750
Bonn

Im Jahre 1597 gründete Peter Pierre Fourier in Lothringen den Orden der Regulierten Chorfrauen des hl. Augustinus, Congregatio Beatae Mariae Virginis, die sich 1664 in Bonn ansiedelten. Die Schwestern wurden ihrer Herkunft entsprechend im Volksmund als »französische« oder »welsche Nonnen« bezeichnet. Auf dem Blankartshof an der Fuchsgasse unweit des Kölntores errichteten sie in den folgenden Jahren Kirche und Kloster und widmeten sich dem Unterricht und der Erziehung der weiblichen Jugend, um damit zur »religiös-sittlichen Reform der Gesellschaft« beizutragen. Bauvorschriften für Kloster und Kirche gab es wohl nicht, doch war es im allgemeinen üblich, das Kloster durch eine Mauer von der Außenwelt abzuschirmen und für die Nonnen eine abgetrennte Empore oder ein Oratorium einzurichten.

Fürstbischof Clemens August schenkte den Schwestern am 4. Februar 1747 3000 Reichstaler »zu ihrem vorhabenden Kirchen baw«. Im Jahre 1750 war das neue Gotteshaus offenbar im Bau, da der Kurfürst den Nonnen auf ihr Bitten am 23. April 1750 genehmigte, eine Tür einzuplanen, die den direkten Zugang vom Kloster in die Kirche ermöglichte und den Chorfrauen den Weg über die öffentliche Straße ersparte. Weitere in diesem Zusammenhang wichtige Akten über den Neubau liegen nicht vor.

Die Zuschreibung an Schlaun ist archivalisch nicht zu sichern, doch sprechen neben typischen Stilmerkmalen, wie der Streifengliederung und sphärisch gerundeten Bogen, vor allem seine Entwürfe für die Orgel der Kirche, die jedoch vermutlich erst einige Jahre nach Vollendung der Kirche entstanden sein dürfte, für seine Urheberschaft.

Die an der Kölnstraße (heute Stiftsplatz) gelegene Anlage bestand aus der Kirche und den unregelmäßig um einen Hof gruppierten zweistöckigen Klostergebäuden, die in ihren vielfach gebrochenen Dachlinien und der Weitläufigkeit trotz der schlichten Einzelformen eine imposante Wirkung ausübten. Schlaun errichtete die Kirche als Saalbau auf rechteckigem Grundriß mit abgerundeten Ecken und einem eingezogenen Chor im Süden, der mit einer flachen Rundung schließt. Ein flaches Tonnengewölbe mit Stichkappen, getragen von paarweise angeordneten Pilastern mit reich profiliertem verkröpftem Architrav, überspannte den Raum. Wie in Wittem und Eys vermittelt ein gekehlter Bogen zwischen Langhaus und Chor, letzterer analog zum Schiff durch ein rundbogiges Fenster beleuchtet und gleichfalls mit einer Stichkappentonne gewölbt. Die konkave Einziehung des Triumphbogens wiederholt sich als Überleitungsmotiv am Chorschluß.

Das Aussehen der dem Chor gegenüberliegenden Wand ist durch die Zeichnungen Schlauns überliefert. Dem Triumphbogen des Chors entspricht ein gleichartiger Bogen im Norden, dessen Öffnung jedoch durch die glatte Trennwand des anschließenden zweigeschossigen Nonnenoratoriums geschlossen ist. Ein vergittertes rechteckiges Fenster unten und ein großes Rundbogenfenster oben ermöglichten den Nonnen die Teilnahme am Gottesdienst, ohne selbst gesehen zu werden. Die Nonnenempore war zugleich Orgelbühne.

Wie Bußkamp zeigen konnte, stellt der Grundriß der Welschnonnenkirche eine Variante der Konzeption von Eys dar (Kat.-Nr. 23). Durch gekehlte Bogen wird hier wie da eine Zentralisierung angedeutet und ein fließendes Raumkontinuum angestrebt, was in Bonn durch den nur wenig eingezogenen Chor und den Tiefenzug der Tonne betont wird, ebenso wie das Portal in der verbreiterten Mittelachse die Zentralisierungstendenzen verstärkt. Wie in Eys entspricht die Gliederung des Außenbaus der inneren Struktur: Die äußeren pfeilerartigen Wandvorlagen finden ihre Entsprechung im Inneren und übernehmen so neben ihrer gliedernden Funktion auch die verstärkender Strebepfeiler.

Die Außenwände der Kirche waren verputzt (Bußkamp vermutet aufgrund der exakten Backsteinlagen nachträglich), durch Blendfelder, abgerundete Ecken, Fenster- und Türumrahmungen ge-

LITERATUR

Denkwürdiger und nützlicher Rheinischer Antiquarius, 3. Abt., Bd. 14, Koblenz 1869, S. 438ff.; Paul Clemen, *Die Kunstdenkmäler der Stadt und des Kreises Bonn* (Die Kunstdenkmäler der Rheinprovinzen Bd. 5,3), o. O. 1905, S. 437–39; Rensing 1936, S. 26f.; Rensing 1954, S. 230; Peters 1955, S. 235; Kat. *Clemens August* 1961, S. 221; A. Wienand, *Das Wirken der Orden und Klöster in Deutschland*, Bd. 2, Köln 1964, S. 190ff.; Lahrkamp 1981, S. 205–07; Wilfried Hansmann, *Die Bau- und Kunstgeschichte*, in: *Bonn als kurkölnische Haupt- und Residenzstadt 1597–1794* (Geschichte der Stadt Bonn, Bd. 3), Bonn 1989, S. 433; Bußkamp 1992, S. 192–204; Juliane Jürgens, *Studien zu den barocken Orgelprospekten in Westfalen*, Münster 1993, S. 200–70.

QUELLEN

Nordrhein-westfälisches Hauptstaatsarchiv Düsseldorf, Bonn, Ursulinen, Urkunden 2; Kurköln, II, 1750, fol. 20–25.

51.2 Bonn, Welschnonnenkirche, Orgelempore mit der Orgel, Aufriß

gliedert und die Walmdächer entsprechend der Zuordnung der Baukörper zueinander gestaffelt. Auch bei der Fassade ist aufgrund der Verwendung einiger markanter Motive die Autorschaft Schlauns sicher. Doppelte Rahmenstreifen unter einem profilierten Gesims findet man bereits bei der Loretokapelle der Dyckburg oder dem Plettenberger Hof (Kat.-Nr. 13, 35), die umknickende Rahmung, die hinter dem Mittelrisalit und dessen Rahmung wiederum hinter der kolossalen Portalarkade durchläuft, ist geradezu ein Markenzeichen der Wandgliederung Schlauns (vgl. Kat.-Nr. 15). Die breitgelagerte Fassade, die den Kirchenraum von der Längsseite erschließt, bezieht ihre monumentale Wirkung vor allem aus der Staffelung und Steigerung der fünf Achsen zur Mitte hin, die in der Größensteigerung der Rundbogenfenster ihre Entsprechung findet – das kleinere Chorfenster ergänzt ein aufgelegtes Tafelmotiv. Als Überleitungsmotiv bereitet eine gerahmte konkave Einziehung den mächtigen, mit eigenem Dach versehenen Risalit vor und verweist zugleich auf die Gliederung des Innenraums, wo am und im Chor dasselbe Motiv vermittelt. Vor dem Risalit liegt wie eine große Nische eine durch kolossale Doppelstreifen ausgezeichnete Arkade, deren Bogen über das Dachgesims hinausgeschoben ist, ein rudimentäres Palladiomotiv, eine Hoheitsformel, die Schlaun gleichsam über Frankreich importiert und mehrfach verwendet (vgl. Kat.-Nr. 25, 58 u. a.). Hier springt die Wandfläche, wiederum vermittelt durch eine konkave Einziehung, einladend zurück, während das Portal aus Haustein, von Säulen und kannelierten Pilastern unter einem Sprenggiebel flankiert, neben der Schrägstellung der Pfeiler und Säulen eine im Gegensinn zu der konkaven Auskehlung der palladianischen Kolossalarkade ausschwingende Rahmung zeigt. Die Portalpfeiler tragen zwei Hälften eines gleichsam gesprengten Giebels, wie man es inzwischen von Schlauns Altären oder Brückenpfeilern kennt – neubarocke Veränderungen, wie Bußkamp sie sieht, sind nicht vorhanden.

Vermutlich war Schlaun auch für die rückwärtigen Anbauten zuständig, die in der gestaffelten Dachform und der Streifengliederung den Kirchenbau weiterführen. Die übrigen Bauten des Nonnenoratoriums und des Klosters dagegen zeigen, wie Bußkamp nachweisen konnte, die deutlich unterschiedene Handschrift eines anderen Architekten.

Nach der Auflösung des Klosters 1802 wurden die Gebäude zunächst von der französischen Garnison, seit 1818 von der preußischen Militärverwaltung übernommen: Die Kirche diente als Speisesaal, das Kloster als Kaserne, der große Klosterhof wurde ringsum mit Stallungen umbaut. Dem kurz vor dem Abbruch entstandenen Foto des Innern zufolge war eine Zwischendecke eingezogen worden, die die tief vorspringende Nonnenempore verlängerte. Offenbar hatte man auch die ursprünglich hohen Rundbogenfenster zu Rechtecken verändert und zusätzliche Fenster im Erdgeschoß eingehauen. Die Anlage wurde bis zum Abbruch 1907/08 militärisch genutzt. Lediglich das Portal blieb – in Teilen – erhalten und diente bis zur Zerstörung im Zweiten Weltkrieg als Rahmung für einen Brunnen auf dem Martinsplatz.

1–3 Bonn, Welschnonnenkloster, Fassade, Innenraum und Portal (vor 1907/08)

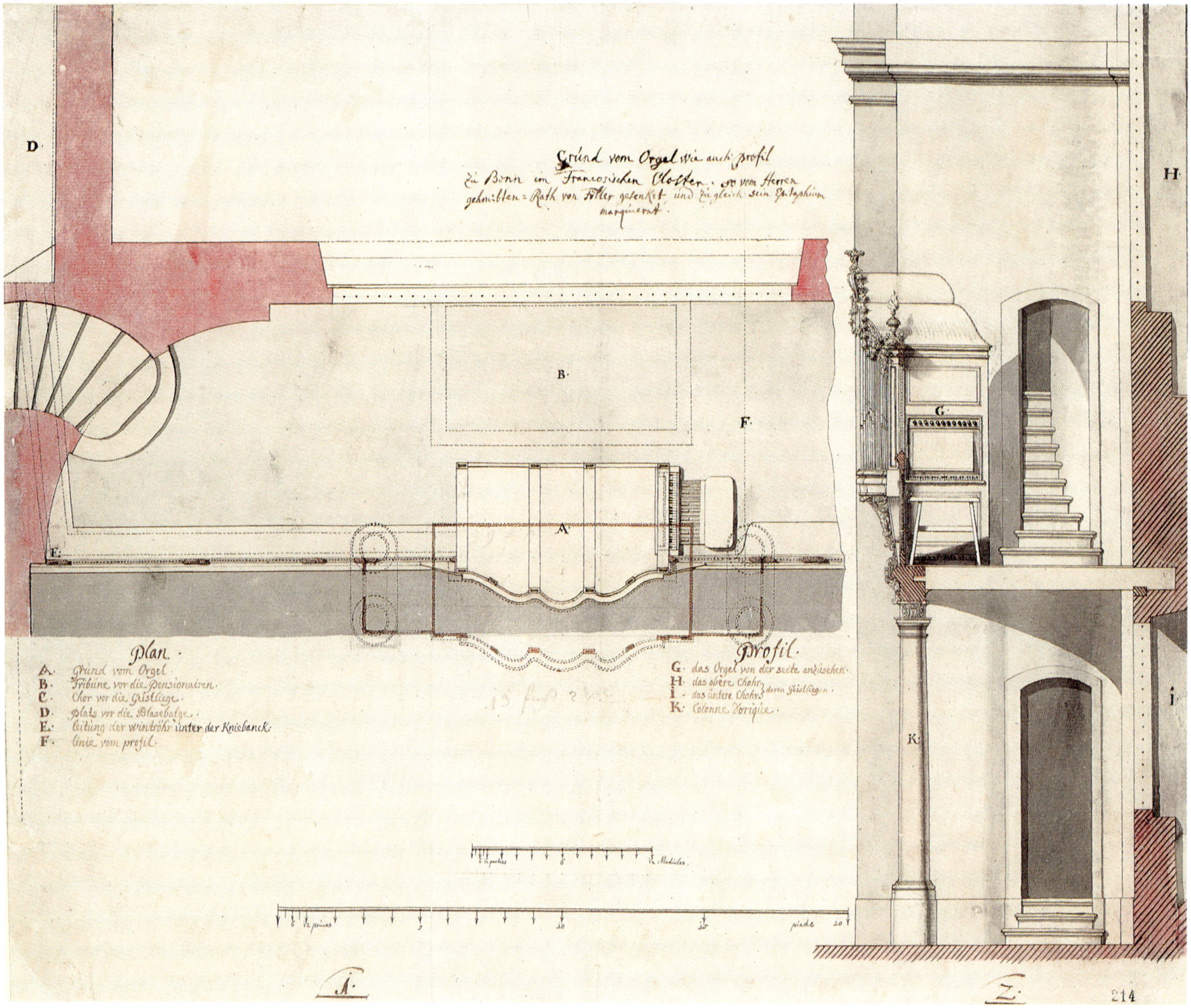

51.1

51.1
Bonn, Welschnonnenkirche
Orgelempore mit der Orgel, Grundriß und Schnitt

Lavierte Federzeichnung (grauschwarz, rot, gelb, grau), 37,4 x 48,4 cm
Titel: *Grund vom Orgel wie auch profil zu Bonn im Francosischen Closter, so vom Herren geheibten=Rath von Föllner gesenket, und zugleich sein Epitaphium marquieret.*
Beischrift: Kennbuchstaben; Kennziffern
Legende: (zum Grundriß:) *Plan. A. grund vom Orgel. B. Tribüne vor die pensionairen. C. Chor vor die Geistliege. D. plats vor die Blasebalge. E. leitung der wintröhr unter der Kniebanck. F. linie vom Profil.*
(zum Schnitt:) *Profil. G. das Orgel von der seite anzusehen. H. das obere Chohr, I. das üntere Chohr (deren Geistliegen.). K. Colonne Dorique.*
Maßstäbe: *20 pieds* = 23,2 cm; *12 Modules* = 7,3 cm

Westfälisches Landesmuseum Münster, Schl.-Bd. 214

Zur Biographie und zur politischen Funktion des kurkölnischen Geheimrats Johann Adolf Anton von Föller (geb. um 1700, gest. 10.8.1769): Max Braubach, in: Annalen des historischen Vereins für den Niederrhein 144/145, 1946/47, S. 184–95.

51.2 Deckblatt

51.2

Bonn, Welschnonnenkirche

Orgelempore mit der Orgel, Aufriß (Abb. S. 522)

Lavierte Federzeichnung (grauschwarz, rot, gelb, grau), 38 x 46,6 cm
Titel: *Inwendiege Auffiührung davon.*
Beischrift: Kennbuchstaben; Kennziffer
Legende: *L. jetziege Tribüne, wo in der mitte das Orgel gesetzet wird. – M. 2 Colonnen, vor selben schicken sich aber beßer im profil gezeichnete Dorische mit K.*
Deckblatt: Entwurfsvariante zum Orgelprospekt
Maßstäbe: *20 pieds* = 23,2 cm; *12 Modules* = 7,3 cm

Westfälisches Landesmuseum Münster, Schl.-Bd. 215

Das erste Blatt zeigt im Grundriß alternative Lösungen zur Plazierung des Orgelgehäuses innerhalb der Empore sowie einen Schnitt einer Seitenansicht des Gehäuses. Der andere mit einem Deckblatt versehene Entwurf stellt eine Ansicht der Orgelempore dar mit einer Variante des Orgelgehäuses. Bei geschlossenem Deckblatt erkennt man über einem mensaartigen, mit Schlitzblenden profiliert gerahmten Unterbau einen drei- bzw. fünfachsigen Prospekt, der von Pfeilern mit weiteren aufgelegten Schlitzblenden gerahmt wird. Wird das Kläppchen geöffnet, entfallen die rahmenden Eckpfeiler. Die zunächst vorgesehene memento mori-Symbolik der Soffite wird durch spielerische Rocaille-Formen ersetzt. Der nachdrückliche Einsatz der Schlitzblende verdeutlicht, wie architektonische Gestaltungselemente an Ausstattungsstücken zur Anwendung kommen.

52

Haus Ruhr, Umbauten von 1742, und Haus Alvinghof, 1750

Albachten und Bösensell

Haus Ruhr bei Albachten, Umbau, 1742

Nach den im Archiv der Familie von Rensing aufgefundenen Akten hat Schlaun im Hauptbau von Haus Ruhr für Friedrich Christian von und zur Mühlen Modernisierungsarbeiten durchgeführt; auch die Torpfeiler und die Erweiterung der Stallgebäude sollen auf ihn zurückgehen. Der Vertrag mit dem Maurermeister Bernd Froning datiert wie der Wappenaufsatz am Walmdach in das Jahr 1742. Was im einzelnen ausgeführt wurde, läßt sich heute nicht mehr feststellen, da keine Pläne vorliegen. (Abb. 2)

Haus Alvinghof bei Bösensell, 1750

Der Vicekanzler und Archivarius Friedrich Christian von und zu Mühlen erwarb das Gut 1749 aus einem Konkurs der Familie Kerckering-Borg. Nach einer Zeichnung des 16. Jahrhunderts (Abb. 3) hatte Haus Alvinghof, damals im Besitz der Familie Caesem, das Ansehen eines wasserumwehrten Bauernhauses, dessen Zugang aus Richtung Münster durch ein Porthaus führte. Aus den Akten geht hervor, daß Schlaun nicht nur den Entwurf gemacht, sondern den Bau auch betreut hat, da bei den Abrechnungen sowohl Schlaun als auch sein Adjutant, der Fähnrich Johann Engelbert Boner, mehrfach erwähnt werden. Schlaun hat die Lage des alten Anwesens mit gepunkteten Linien in seinen Gesamtplan eingezeichnet (Kat.-Nr. 52.1). Man erkennt, daß er zunächst ein weitaus aufwendigeres Projekt im Sinn hatte als später zur Ausführung kam (Abb. 1, 4, 5). Das Herrenhaus mit direktem Zugang zum Garten jenseits der Gräfte zeigt einen zum Hof hin kräftig vorspringenden Treppenhausrisalit mit seitlich leicht schräg angesetzten Flügeln. Diese Unregelmäßigkeit gestattet es, der an den Außenkanten zur Gräfte vortretenden Gartenfassade einen dreiachsigen, konkav zurücktretenden Mittelrisalit vorzublenden, eine für den Grafen Plettenberg in Wittem oder kurz darauf für den Erbdrosten in Münster konzipierte Würdeform römischer Herkunft.

In den Plan ist eine Variante der Gartenfassade eingezeichnet, die zur Ausführung bestimmt wurde (erste Verträge über den Abbruch des Porthauses 1751). Die Fassade ist begradigt mit einer dreiachsigen Mitteltafel als Risalit; an den Seiten schließen sich kleine quadratische Anbauten an, die als Aborte mit Direktanschluß der Fallrohre in die Gräfte dienten. Der weit vorspringende Treppenhausrisalit wurde nicht ausgeführt, die Hoffassade plan geschlossen und die enge Stiege in den linken Teil des der Raumfolge an der Gartenseite vorgelegten Korridors verlegt. Das Haus ist ein auf hohem Kellergeschoß stehender siebenachsiger, zweigeschossiger Backsteinbau mit Walmdach, die Mittelachse an der Hofseite auf einer Tafel; eine einläufige Freitreppe führt zum Portal, das mit dem Obergeschoßfenster durch eine gemeinsame Rahmung zu einem Mittelmotiv verbunden ist; das Wappenfeld steht noch in Bosse. Die Gebäudekanten werden durch breite Streifen abgefaßt, die unter dem Dachgesims fortgesetzt und mit der Mitteltafel zu einem Rahmensystem verbunden sind. An der Gartenseite wurden die Aborterker durch eine Doppelstreifenordnung abgefaßt, wohingegen der dreiachsige, eigentlich zu hoch gelegene Gartensaal auf einer Tafel als Risalit hervortritt. Auch hier führt eine Freitreppe hinunter zur Brücke über die Gräfte in den von Schlaun als Nutzgarten geplanten Garten, dessen mittleres Beet mit von Taxus besetzten Blumenrabatten gerahmt werden sollte. Die Aborterker an den Flanken des Gebäudes hatten eine unregelmäßige Dachgestaltung zur Folge, die Schlaun durch seitliche Krangauben optisch auszugleichen suchte.

Der moderne Grundriß (Abb. bei Zinkann) zeigt ein schmales Vestibül an der Hofseite, von dem aus man durch eine Doppelarkade links zum engen Treppenhaus gelangt, rechts in einen Nebenraum; in der Achse liegt der dreiachsige Gartensaal. Die drei Räume an der Gartenseite sind durch eine Enfilade verbunden, die allerdings an den Aborttüren abrupt endet. Im Obergeschoß findet man eine ähnliche Aufteilung, nur füllt der Salon die gesamte Hausbreite, weshalb es dort keinen Korridor gibt.

LITERATUR

Rensing 1941, S. 221; ders. 1954, S. 31; Hansmann 1966, S. 51–52; Kat. *Schlaun* 1973, Bildteil, S. 201, Kat.-Nr. 48.

LITERATUR

Rensing 1941, S. 221; ders. 1954, S. 31; Zinkann 1989, S. 41–50.

1 Bösensell, Haus Alvinghof, Gartenseite

Der Gesamtplan, der nicht ausgeführt wurde – die heutigen Bauten sind von unterschiedlicher Größe und stehen sogar schief zur Mittelachse (Abb. 4) –, zeigt auf der regelmäßig geformten Gräfteninsel zunächst die große Mistgrube; die parallel gestellten Wirtschaftsgebäude springen L-förmig ein, so daß ein vorderer Platz ausgeschieden wird, der an den Seiten durch Pfeiler markierte Durchfahrten zu den Lagerhöfen dahinter aufweist. Die gleichen Pfeilerdurchfahrten findet man am hinteren Ende dieser Gebäude, an die sich S-förmig geschwungene Mauerstücke anschließen, die einerseits den Blick auf das Herrenhaus konzentrieren, andererseits zwei von Rabatten umrahmte kleine Rasenparterres ausgrenzen, die die ambivalente Stellung dieses Herrenhauses als Gutshaus und als Maison de plaisance hervorheben.

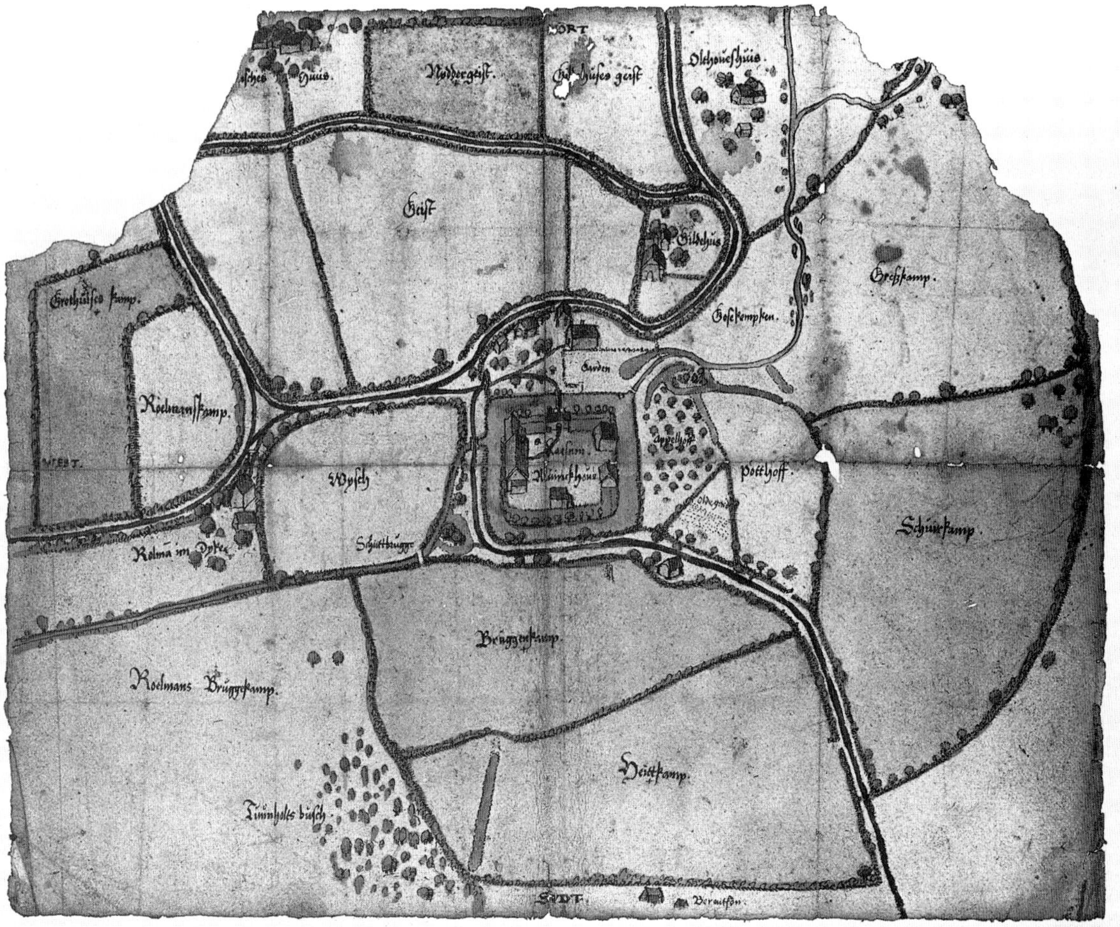

2 Albachten, Haus Ruhr, Gartenportal

3 Bösensell, Haus Alvinghof im 16. Jahrhundert

4 Bösensell, Haus Alvinghof, Gesamtansicht

5 Bösensell, Haus Alvinghof, Hofseite

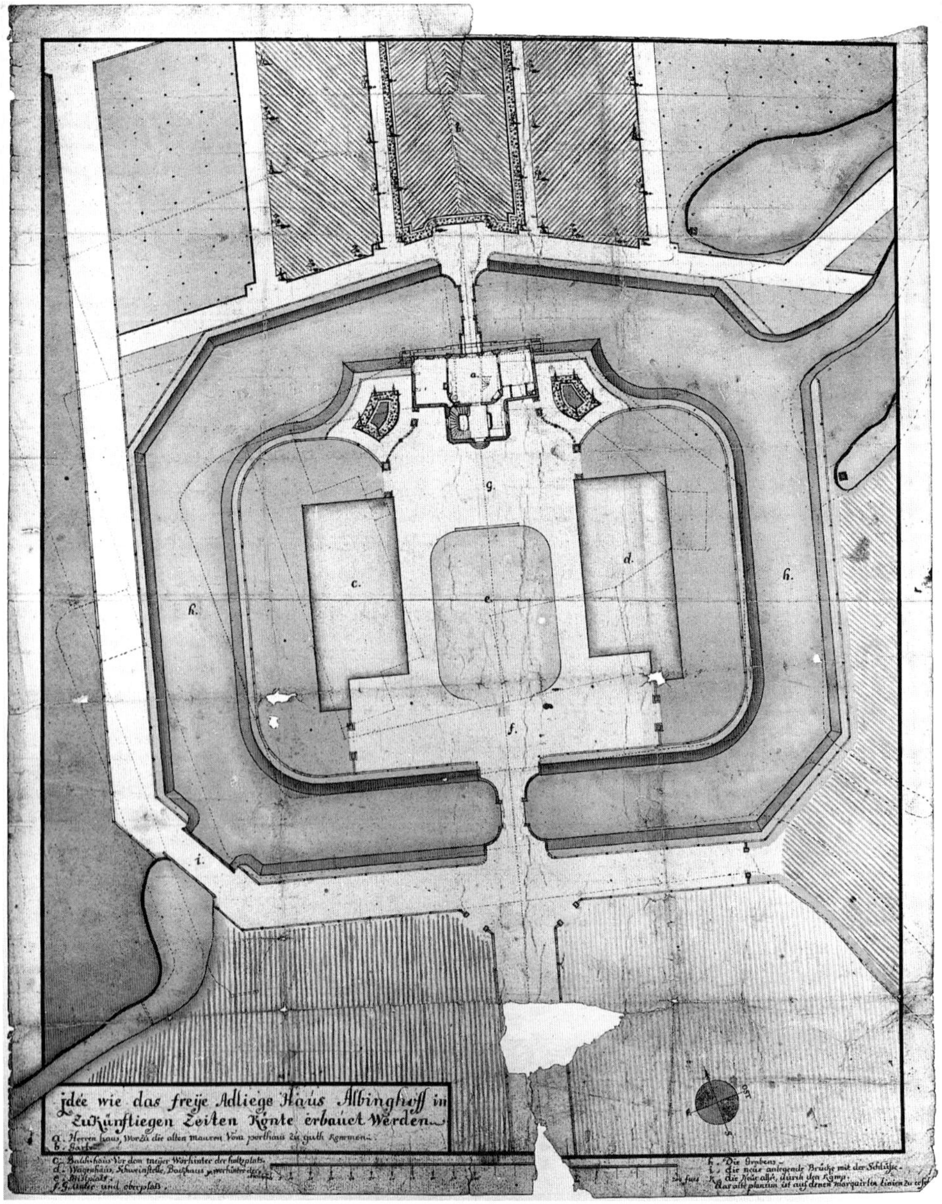

52.1

52.1

Senden-Bösensell, Haus Alvinghof

Plan der Gesamtanlage

Lavierte Federzeichnung, 60 x 48 cm
Titel: *idée wie das freye Adliege Haus Albinghoff in ZuKünftiegen Zeiten Könte erbauet Werden –*
Beischrift: Kennbuchstaben
Legende: *a. Herren haus, WorZu die alten mauren Vom porthaus Zu guth Kommen –., b. Garten, c. Bauh-haus Vor dem meyer* (?) *Worhinter der holtzplats., d. Wagenhaus, Scheinstelle, Backhaus, worhinter der* (…), *e. Mistplats., f. G(…) und oberplats., h. Die Grabens –, i. die neue anlegende Brücke mit der Schlüsse., k. die Neue allée, durch den Kamp. Das alte planum ist auf demem* (?) *marquirten linien zu erseh(en)*
Maßstab: *210 fues*

Private Sammlung

52.2

Senden-Bösensell, Haus Alvinghof

Schleusenbrücke mit Angabe des Wasserlaufs und der Wallanschlüsse

Lavierte Federzeichnung (grau, grün, hellgelb), 31,9 x 40,9 cm
Titel: *Grund von der Schlüse Zum Albinghoff.*
Maßstab: *40 Fuß* = 16,5 cm

Westfälisches Landesmuseum Münster, Schl.-Bd. 201

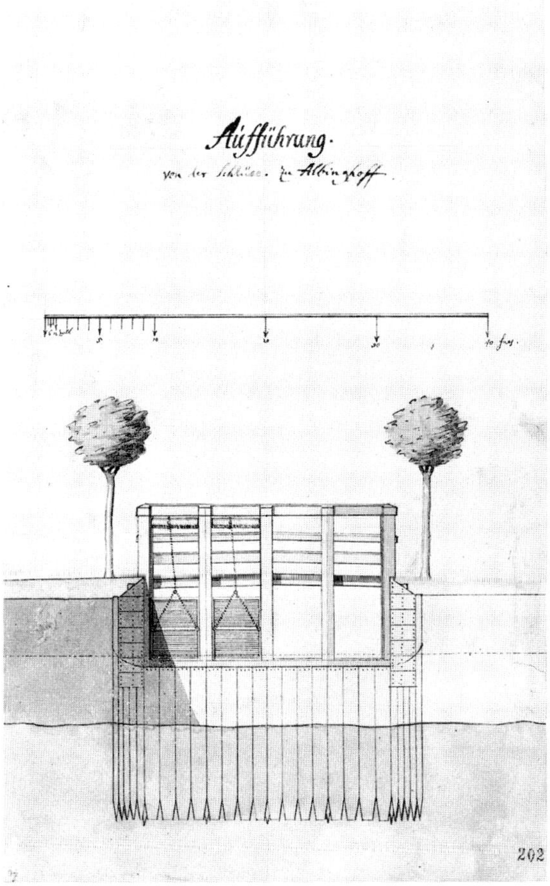

53.3

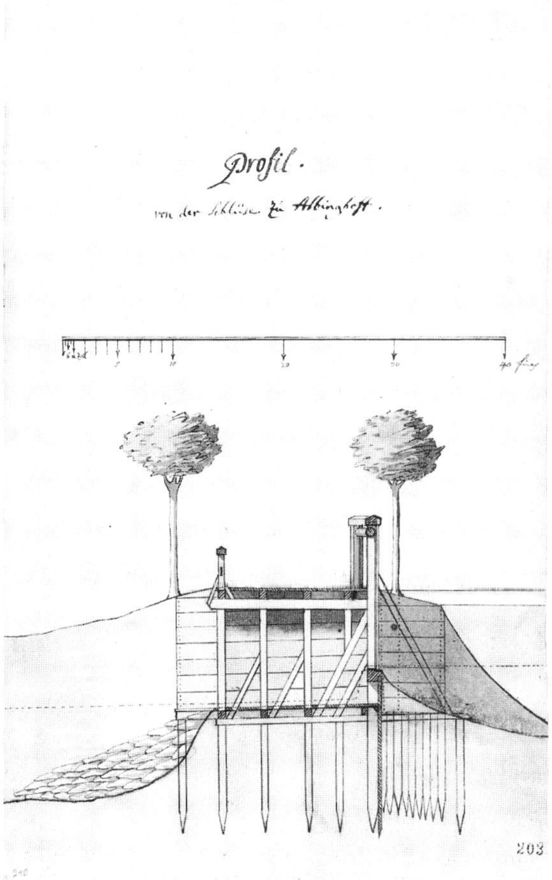

53.4

52.3

Senden-Bösensell, Haus Alvinghof
Schleusenbrücke, Aufriß der Schleusenseite

Lavierte Federzeichnung, Tusche (grau, grün, blaßgelb), 32,1 x 20,4 cm
Titel: *Aufführung. von der Schlüse zu Albinghoff.*
Maßstab: *40 Fuß* = 16,5 cm

Westfälisches Landesmuseum Münster, Schl.-Bd. 202

52.4

Senden-Bösensell, Haus Alvinghof
Schleusenbrücke, Querschnitt

Lavierte Federzeichnung (grau, grün, blaßgelb), 32 x 20,2 cm
Titel: *Profil. von der Schlüse zu Albinghoff.*
Maßstab: *40 Fuß* = 16,5 cm

Westfälisches Landesmuseum Münster, Schl.-Bd. 203

52.2

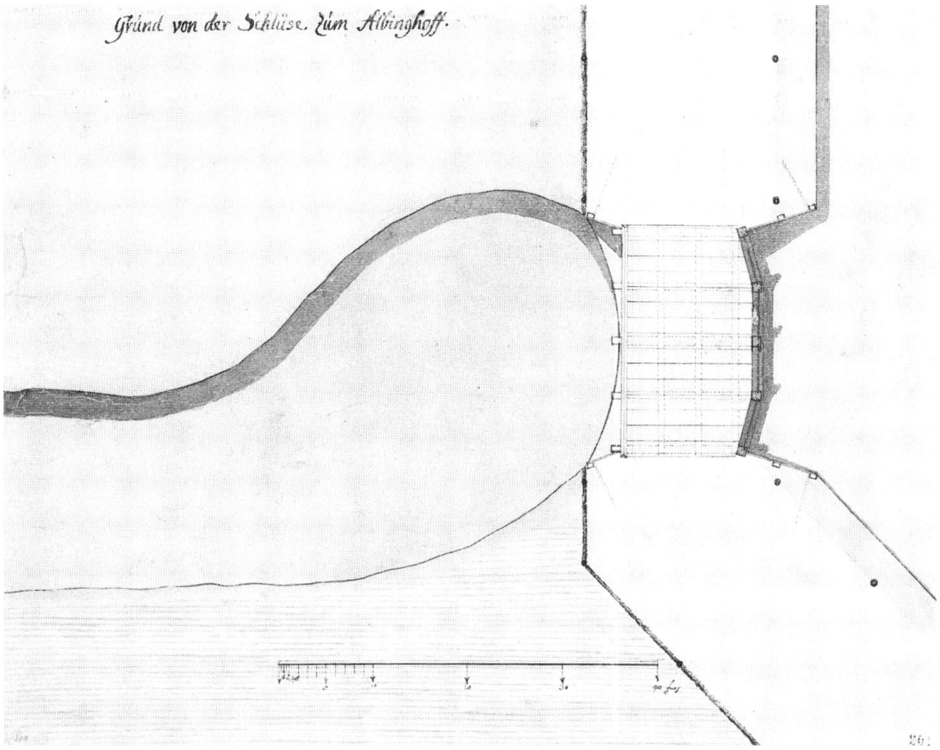

Qui habitat in
adjutorio Altissimi
in protectione
Dei caeli commo
rabitur

53
Benediktinerkloster Iburg, Umbau und Erweiterung, 1750–55
Bad Iburg

Ein Sonderfall im Œuvre Schlauns ist das Benediktinerkloster in Iburg. Aus dem erhaltenen Briefwechsel Schlauns mit dem Abt ist bekannt, daß sich das spätmittelalterliche Kloster in einem ruinösen Zustand befand. Schlaun legte im Jahre 1750 einen Plan vor, der von Kurfürst Clemens August genehmigt wurde. »Nachdem der Bau beschlossen war, wurde unter verschiedenen Plänen ein vom General von Schlaun entworfener vor den übrigen von dem ehrwürdigen Konvent als der passendste unter der Bedingung gewählt, dass der Herr Abt von dem einmal gewählten und gutgeheissenen keinen Fingerbreit abweiche. Wenn diese Bedingung, wie es doch recht gewesen wäre, genau gehalten worden wäre, hätten wir ein ganz vorzüglich und aufs beste eingerichtetes Gebäude bekommen. Aber da der Herr Abt nachher ohne Rücksicht auf den einmal gewählten Riss sich vornahm, selbst die Rolle eines Baumeisters zu spielen, und da er trotz des Widerspruchs des Konvents allerlei Erfindungen und Veränderungen nach seinem eigenen Kopfe anbrachte, so geschah es leider, dass das Gebäude in verschiedenen Punkten so übel ausfiel, dass infolge davon der Herr Abt statt unvergänglichen Ruhm zu erlangen…, sich eine nicht unerhebliche Kritik gefallen lassen musste. Die von ihm vorgenommenen Änderungen waren nicht nur Ursache schlechter Erfolge, sondern auch unnützer Ausgaben« (Zeitgenössischer Bericht des Maurus, zit. n. Hartmann 1910).

Es ist nicht bekannt, welche Veränderungen der Abt vorgenommen hat, weshalb es nahezu unmöglich ist, den Anteil Schlauns festzustellen. Die Eingriffe waren jedoch derart schwerwiegend, daß Schlaun die Bauleitung niederlegte und ein Meister Hermann Niemann aus Bevergern den Bau ausführte. Über eine persönliche Anwesenheit Schlauns in Iburg gibt es keine Nachricht, obwohl Borchers berichtet, er habe persönlich den Grundstein gelegt. Der Bau begann am Südflügel, dem sogenannten Mönchsflügel, im Jahre 1751, der Nordflügel mit der Abtwohnung wurde 1754 vollendet. 1755 standen die Sakristei und das Kapitelhaus. Der Grundriß ist H-förmig, so daß der Bau als Dreiflügelanlage nach Westen den Kreuzganghof und einen Teil der Klosterkirche umfaßt und nach Osten eine auf weite Sicht berechnete Schauseite ausbildet. Die beherrschende Lage auf einem Hügel über der Stadt wird durch die kolossale Hausteingliederung des Putzbaus mit Walmdach betont, wobei ein gewisses Mißverhältnis zwischen dem repräsentativen Eingang zur Abtwohnung und der zweiflügeligen Freitreppe zum Mittelrisalit besteht, wo lediglich eine schlichte Tür in das Kellergeschoß führt. Der Bau steht insgesamt auf einem hohen Sockelgeschoß, das Erdgeschoß durch Segmentbogenfenster ausgezeichnet, das Obergeschoß untergeordnet mit schlichten rechteckigen Fenstern, und wird von kolossalen Doppellisenen gegliedert, die an der Sockelzone und am Dachgesims zu einem Rahmen verbunden sind. Der dreiachsige Mittelrisalit wölbt sich in der mittle-

LITERATUR

Hartmann 1910, S. 58-61; Stüve 1892, S. 45–70; Jänecke 1909; ders. 1919, S. 108ff.; ders. 1920, S. 65–69; Crusius 1952, S. 14, 31; Rensing 1954, S. 30; Borcher 1959, S. 175–89; Kat. *Clemens August* 1961, S. 34, 248, 254f.; Wagner 1993, S. 141.

QUELLEN

Staatsarchiv Osnabrück, Rep. 100, Abschn. 339, Nr. 73; Nachrichten in der katholischen Pfarrbücherei in Iburg über Korrekturen, die der Abt Adolf Hane an den Plänen Schlauns vornahm.

1, 2 Benediktinerkloster Iburg, Ansichten der Ostfassade

ren Achse konvex vor und ist von einem Zwerchhaus aus Werkstein bekrönt. In der rundbogigen Fensternische, von einem abgetreppten Korbbogen überfangen, befindet sich die Figur der Madonna mit Kind.

Doppelte kolossale Sandsteinlisenen gliedern die Flügel, deren mittlere der drei Achsen den großen Nischen mit den Klosterheiligen Benno II. und Clemens vorbehalten sind. Auf Schlaun verweisen neben der Wandstruktur auch die Fensterformen im Erdgeschoß des Abtflügels, die zum einen die Seitenachsen und die zwei Läufe der Freitreppe aufnehmen, zum anderen zum Hauptmotiv des Obergeschosses überleiten, indem sie nach innen auf die Breite der mittleren Achse mit der Statuennische schwingen – trotz der Schlichtheit ein Motiv aus dem Sakralbau. Aufgrund des abfallenden Geländes wird der Nordflügel gegenüber den übrigen Bauteilen sehr hoch. Dennoch gelingt es dem Baumeister, die steile Flügelfront mittels der Freitreppe, der übereinandergesetzten kleinen Fenster mit dem Überleitungsmotiv, das von den Formen des Portals und dem geschwungenen Sockel darüber noch einmal aufgenommen wird, so gut zu proportionieren, daß die Vermutung naheliegt, zumindest dieser Teil der Ostfassade könne nach seinen Plänen entstanden sein.

3 Benediktinerkloster Iburg, Teilansicht der Ostfassade (1953)

54

Fürstenhof und Hofkapelle St. Michael, Umbau, 1751

Münster, Domplatz

Im Fürstenhof, vormals ›Domus Episcopi‹ genannt, wohnten seit dem Ende des 13. bis zur Mitte des 17. Jahrhunderts die Landesfürsten, sofern ihre Anwesenheit in Münster erforderlich war und sie es nicht vorzogen, sich auf einem ihrer Jagd-, Lust- oder Residenzschlösser im Lande aufzuhalten. Hier entwickelten sich die Zentralbehörden des Bistums; der Fürst beriet mit seinen Räten und den Ständen über landespolitische Angelegenheiten. Während des Westfälischen Friedens diente das schlichte zweiflügelige Gebäude den Vertretern der Reichsstände als Tagungsort.

Mit der Errichtung eines dritten Flügels im Westen, vermutlich durch Gottfried Laurenz Pictorius ab 1687, dem Kanzleiflügel, zu dem auch die Pfennigkammer gehörte, wurde der Fürstenhof zum ersten Dreiflügelbau nach französischem Muster in Münster, der, wenn auch von unregelmäßigem Grundriß, maßstabgebend für eine ganze Reihe von Folgebauten wurde. Der Ostflügel beherbergte die Hofkammer; an ihn schloß sich im Obergeschoß die Michaelskapelle an, die den Zugang zum Domhof gleichsam auf der Ebene der Heiligen bewachte; vor der Durchfahrt lag in der Achse, bereits auf dem Gebiet der Stadt, ein Brunnen als Hoheitszeichen der Kommune (Kat.-Nr. 54.2). In der östlichen Hälfte des querliegenden Hauptgebäudes waren Kaisersaal, Fürstenstube und Ständekammer untergebracht. Sie wurden um 1710 laut Geisberg von Gottfried Laurenz Pictorius zu einem großen Repräsentationsraum vereinigt, der bald als Hofsaal, bald als Rittersaal bezeichnet wurde. Im westlichen, noch mittelalterlichen Teil des Hauptgebäudes lagen im Erdgeschoß die Wohnung des Hofvogts, die Hofvogtei oder Hausvogtei (Kat.-Nr. 54.2–3).

Das Kellergeschoß der Vogtei ist durch eine Aufmessung Schlauns bekannt (Kat.-Nr. 54.1); es hat neun auf vier Säulen ruhende Kreuzgewölbe. In der Mitte der Westwand befindet sich ein großer Kamin, an der Außenwand der Südseite ein achteckiges Türmchen mit Wendeltreppe, das die Verbindung mit den oberen Geschossen herstellt. An der Nordseite führt vom Kanzleiplatz her eine steinerne Freitreppe ins Erdgeschoß.

Zum Fürstenhof gehörte weiterhin die Michaelskapelle über dem östlichen Tor des Dombezirks zwischen der Domkurie Sparr und dem Fürstenhof, wie es der Plan Kraffts von 1650 zeigt (vgl. Kat.-Nr. 34, Abb. 1). Ein Plan von Gottfried Laurenz Pictorius (zwischen 1715 und 1720) gibt den Grundriß des Erdgeschosses wieder (Westfälisches Landesmuseum Münster, P 63). Die drei Aufmessungen Schlauns, die als Kopien von 1824 erhalten sind, entstanden wahrscheinlich 1751, als das Domkapitel den Fürstbischof gebeten hatte, die Michaelskapelle als Hofkapelle wiederherzustellen (Kat.-Nr. 54.2–4). Mit den viertelkreisförmigen Einbuchtungen am Zugang vom Rathaus hat Schlaun diese städtebaulich wichtige Situation zwischen Stadt und Domfreiheit akzentuiert. Diese Maßnahme ist im Zusammenhang mit der Neuorganisatation des Domplatzes zu sehen, wo Schlaun eine straßenähnliche Diagonalachse von der Michaelskapelle zur Domdechanei angelegt hatte, die in ihrer Schnittstelle mit einer weiteren Achse von der Dechanei zum Westportal des Domes durch einen Pfahl oder Stein, vermutlich einen Statuensockel, akzentuiert werden sollte (Kat.-Nr. 46).

Auch das Obergeschoß der Hofkapelle sollte verändert werden: Schlaun sah vor, den an die Kapelle stoßenden nördlichen Raum des Ostflügels durch ein großes Fenster zu öffnen, so daß der Fürstbischof von hier aus dem Gottesdienst in der Kapelle hätte beiwohnen können. Eine außen am Zimmer des Geheimen Rates vorbeigeführte Eisengalerie sollte es dem Kurfürsten ermöglichen, geschützt zur Kapelle zu gelangen. Der Hauptaltar ist von der Ostmauer weg vor eine zwischen die seitlichen Mauerstücke gezogene Zwischenwand gerückt, und für den Fürsten ist in dem südlich anstoßenden Oratorium, durch Tür und Schiebefenster abgeschlossen, ein Platz geschaffen. Die Kanzel sollte beseitigt, von

LITERATUR

Geisberg 1932, Münster I, S. 283–310; Bußmann 1972, S. 74.

QUELLEN

Staatsarchiv Münster, Hofkammer, VI 21a–f; ebd. M.L.A. 443.

den beiden östlichen Sakristeiräumen der nördliche nach Westen und Osten vergrößert, die Nordtür zur Außentreppe in ein Fenster umgewandelt und das Fenster verkleinert werden. Clemens August lehnte den Antrag am 9. September 1751 ab, die Pläne wurden nicht ausgeführt. Erst 1756 brach man zunächst den Turm, zwanzig Jahre später die baufällige Kapelle insgesamt ab. Mit dem Bau des Residenzschlosses und der neuen Schloßkapelle war die schützende Funktion des Erzengels Michael an dieser Stelle obsolet geworden und eine Hofkapelle beim Fürstenhof nicht mehr nötig. Ihr Patronat verlegte man in die neue Kapelle (vgl. Kat.-Nr. 75). Damit war die strenge Grenze zwischen dem städtischen Markt, dem Rathaus sowie der Stadtpfarrkirche und der Domimmunität an dieser Stelle zumindest optisch aufgehoben. 1779 wurde Wilhelm Ferdinand Lipper damit beauftragt, anstelle der Kapelle dem Ostflügel eine neue Fassade vorzublenden. 1784 zeichnete er Pläne für die gänzliche Umgestaltung der Domkurie, die jedoch nicht zur Ausführung kamen. Der Fürstenhof mußte 1886 einem Neubau weichen.

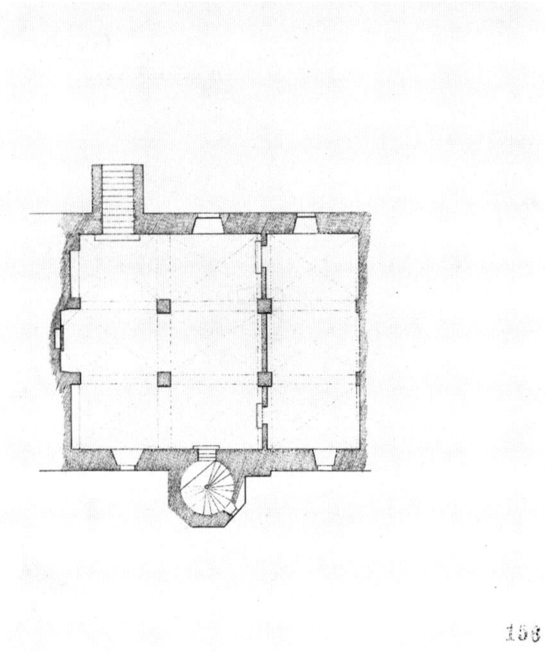

54.1

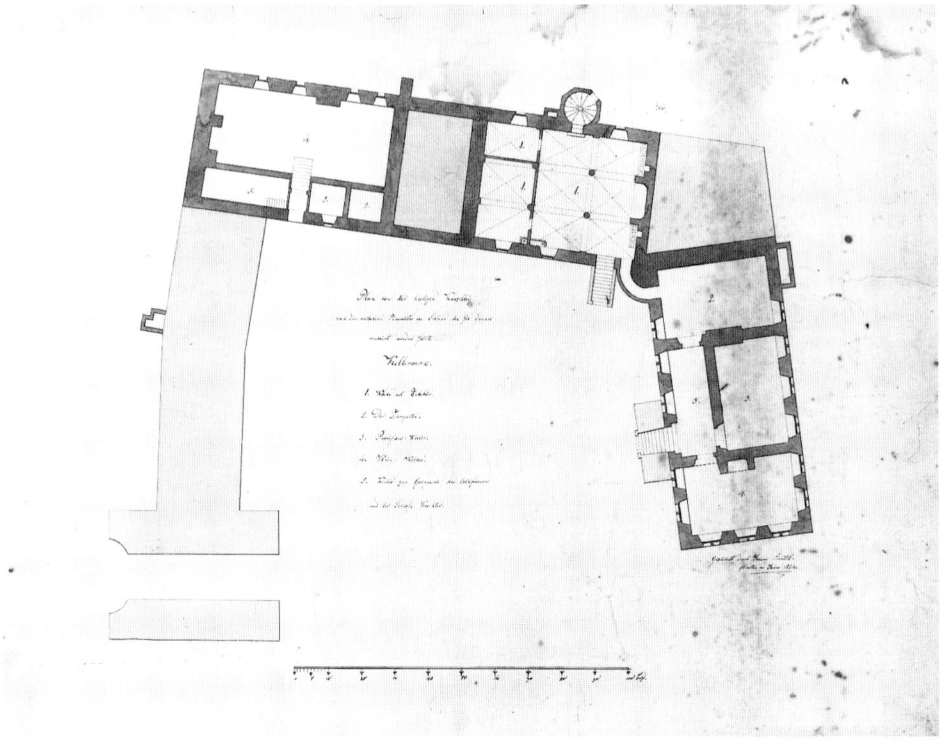

54.2

54.1
Münster, Fürstenhof
Grundriß des Kellers, Umbauplan, 1751

Lavierte Federzeichnung (schwarz), 18,6 x 16,4 cm
Titel: *Grundt-Riß als D.* (ausgeblichen)

Westfälisches Landesmuseum Münster, Sch.-Bd. 156

54.2
Münster, Fürstenhof
Johann Schmidt, Kopie nach Schlaun
Grundriß Kellergeschoß, 1824

Lavierte Federzeichnung (rotbraun), 51,5 x 72 cm
Titel: *Plan von der hiesigen Kanzelley nach dem verstorbenen Baumeister von Schlaun wie sie damals renoviert werden sollte. Kellerwerck.*
Signatur: *Gezeichnet durch Johann Schmidt Münster im Jahre 1824.*
Beischrift: Kennziffern
Legende: *1: Küche mit Zubehör.; 2: Ziergarten.; 3: Provisions-Keller.; 4: Wein-Keller.; 5: Keller zum Gebrauche der Altfrau und des Schloßknechtes.*
Maßstab: *100 Fuß* = 22,8 cm

Staatsarchiv Münster, Kartensammlung A 2813

54.3
Münster, Fürstenhof
Johann Schmidt, Kopie nach Schlaun
Grundriß Erdgeschoß, 1824

Lavierte Federzeichnung (rotbraun), 51,5 x 72 cm
Titel: *Zu Zeiten Seiner Churfürstlichen Durchlaucht entworfener Plan vom Baumeister Schlaun zu jetziger Kanzelley, vor diesem die Bischöfliche Residenz.*
Signatur: *Gezeichnet durch Johann Schmidt Münster im Jahre 1824.*
Beischrift: Kennziffern
Legende: *6: Zusammenkunft der Regierung.; 7: Kanzley darzu.; 8: Landes-Archiv.; 9: Pfennig-Kammer.; 10: Hof-Kammer.; 1: Kanzelley darzu.; 12: Archiv.; 13: Wohnung für den Schloßknecht.; 14: Wohnung für die Altfrau.; 15: Wohnung für den Haus-Vogt.; 16: Hinterplatz für Holz und dergleichen.; 17: Passage vom Domhofe zum Marckte.*
Maßstab: *100 Fuß* = 22,8 cm

Staatsarchiv Münster, Kartensammlung A 2814

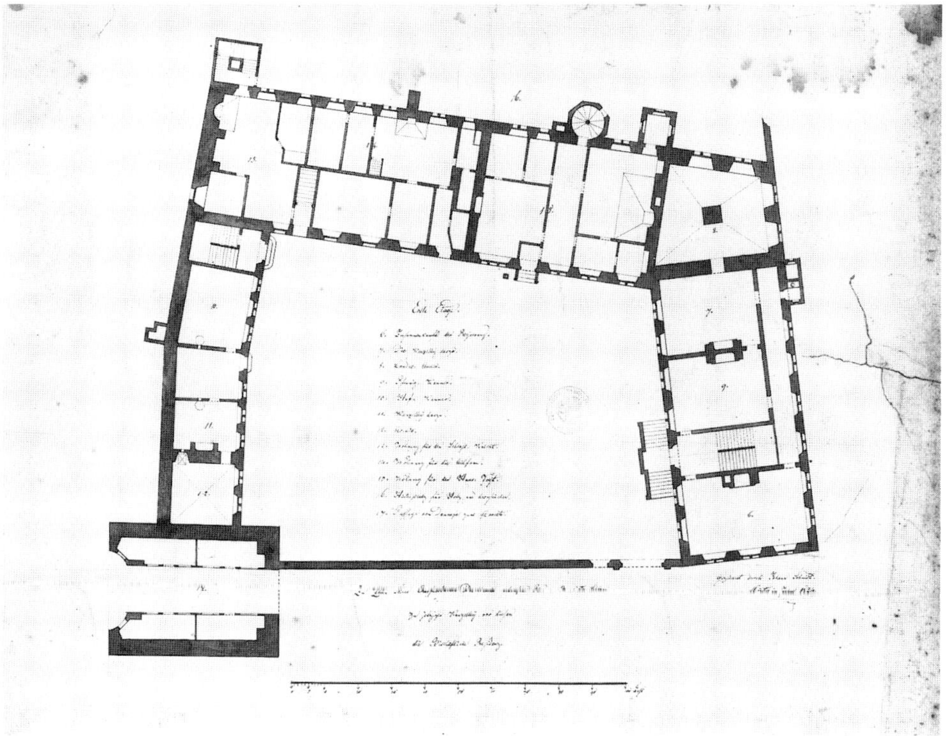

54.3

54.4
Münster, Fürstenhof
Johann Schmidt, Kopie nach Schlaun
Grundriß Obergeschoß, 1824

Lavierte Federzeichnung (rotbraun), 51,5 x 72 cm
Titel: *Etage Noble von der hiesigen Kanzelley*
Signatur: *Gezeichnet durch Johann Schmidt Münster im Jahre 1824.*
Beischrift: Kennbuchstaben
Legende: *a: Großer Saal.; b: Zimmer, wo der Geheime Rath gehalten wird.; c: Zimmer für die Kanzellisten.; d: Zimmer, welches zum Oratorium könnte gebraucht werden.; e: Sancti Michaelis Capelle.; f: Zimmer für den Hofrath.; g: Für die Lehnkammer.; h: Archive für den Hofrath.; i: Dienen jetzt zu einer Retirade, wenn Seiner Churfürstl. Durchl. mahl aufm Hofsahle tractirte.; k: eine Tr(e)illage von Eisenwerck für S. Churfürstl. Durchl., um verdeckt zur Capelle zu kommen.*
Maßstab: *100 Fuß* = 22,8 cm

Staatsarchiv Münster, Kartensammlung A 2815

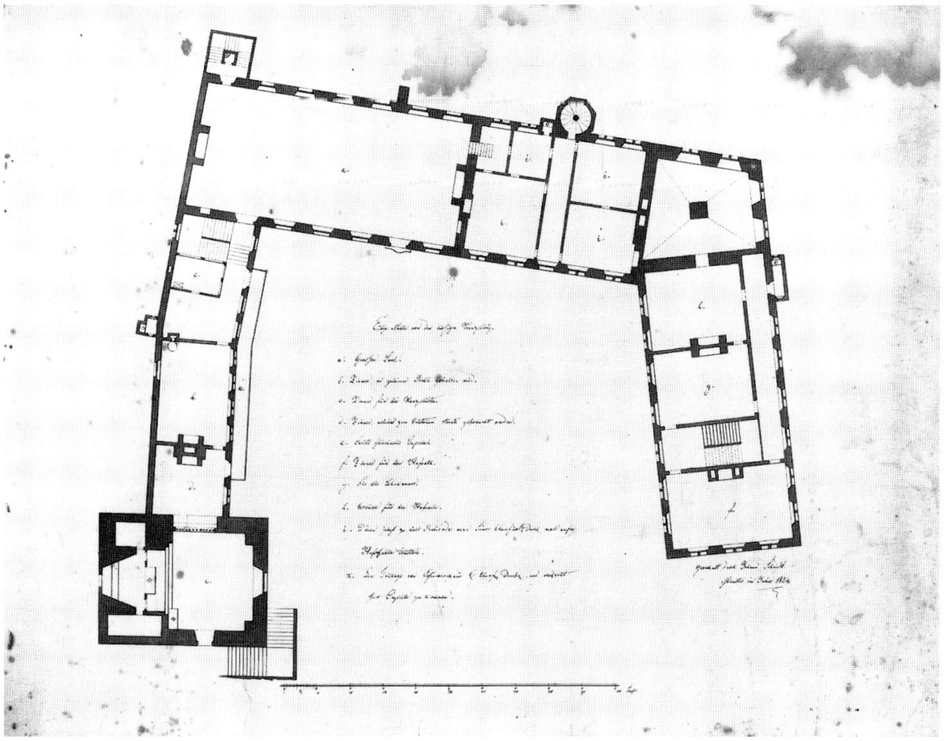

54.4

55
Schloß Tatenhausen, Frans-Annen-Burg, 1751
Bokel

Die sogenannte »Frans-Annen-Burg« bei Schloß Tatenhausen wurde 1751 für den Grafen Franz von Korff-Schmising als Gartenkasino und Treibhaus abseits vom Schloß als architektonischer Bezugspunkt des Gartens errichtet. Sie besteht aus einem halbrund vortretenden dreiachsigen Mittelpavillon mit Treibhausflügeln, wie sie auch aus Nordkirchen bekannt sind (Kat.-Nr. 11). Als Point de vue einer Gartenachse ist das Hauptportal mit dem Allianzwappen und der volutenartig vermittelten Mansardfenstertür mit Segmentbogen und Balkongitter zu einem zentralen Gesamtmotiv zusammengefaßt. Die nahezu skulpturale Erscheinungsform wird betont durch die dreifache Wandschichtung und das Absetzen des Mansarddaches gegenüber den schlichten Annexen, die das Oval des zentralen Saals am Außenbau wie einen in den plan geschlossenen Funktionsbau hineingeschobenen Zentralbau erscheinen lassen. An der Nordseite (Kat.-Nr. 55.1, rechts) wird der Mittelbau durch zwei weitere Achsen erweitert, die Haupt- und Nebentreppenhaus mit einem Funktionsraum für den Gärtner beherbergen. Auch dieser anderthalbgeschossige Gebäudeteil trägt ein Mansarddach mit großen Fenstern. Die beiden anschließenden eingeschossigen Achsen bieten Zugang zum Keller mit den Öfen und dienen zugleich der Zirkulation der erhitzten Luft. Die Funktion wird am Außenbau durch die Kamine über den Kanten des vor die Rückwand der eigentlichen Treibhäuser risalitartig vorspringenden Bauteils deutlich gemacht. An der Südseite (Kat.-Nr. 55.1, links) erkennt man die große schräg eingesetzte Glaswand für eine günstige Sonneneinstrahlung, die bis an den dreiachsigen, vortretenden Saalrisalit herangeschoben ist, so daß das Mansarddach über je zwei Achsen des Treibhauses aufragt. Die am Außenbau kenntlich gemachte Überlagerung der Bereiche wird im Innern fortgesetzt, eine Enfilade schafft eine durchgehende Verbindung der Räume. Die den Nutzfunktionen zugedachten Bereiche sind zwar von den Gesellschaftsräumen geschieden, jedoch wird durch das Übergreifen des Mansarddaches die ambivalente Funktion der Treibhäuser dargestellt, die selbstverständlich hier wie überall auch zu den höfischen Lustbarkeiten genutzt wurden. Der zentrale ovale Festsaal konnte sowohl von der Nordseite als auch von der Südseite her betreten werden. Die Querachse war mit Kamin und »Cascade en Niche«, Feuer und Wasser, begleitet von den Durchgängen der Enfilade und an der anderen Seite von entsprechenden Nischen symmetrisch betont; im Sommer wie im Winter hatte man einen idealen Festsaal für Diners im kleineren Kreis, Erholung und frische Luft erhielt man im Salon des Mansardgeschosses, das zum Rauchen und Schauen gleichermaßen gedacht war – ein Belvedere. Im Sommer, wenn die Treibhäuser leergeräumt und die Pflanzen im Garten aufgestellt waren, standen auch diese für Festlichkeiten im Garten zur Verfügung.

Wie Püttmann betont hat, weist der Aufriß der Hauptfassade der Frans-Annen-Burg gewisse Ähnlichkeiten mit dem Aufriß Schlauns für den Zwinger des Jagdschlosses in Clemenswerth auf (Kat.-Nr. 36.132). Auch hier schließen sich an einen Mittelbau mit Mansarddach und vortretendem dreiachsigem Risalit seitliche Flügel an, die die untergeordneten Räume beherbergen. Trotz dieser äußerlichen Verwandtschaft gehört die Frans-Annen-Burg typologisch eindeutig zu den Orangerien, die, ausgestattet mit einem kleinen Festsaal und einem Belvedere, die Funktionen einer Gloriette mit denen eines Treibhauses verbinden.

LITERATUR

Hartmann 1910, S. 244–46; Rensing 1954, S. 25, 38; Püttmann 1988, S. 41–46, Nr. 38.

DENKMALPFLEGE

Einzelberichte zur Denkmalpflege in: Westfalen 31, 1953, S. 187.

1 Schloß Tatenhausen, Frans-Annen-Burg (1935)

2 Schloß Tatenhausen, Frans-Annen-Burg (1994)

55.1

Halle-Bokel, Schloß Tatenhausen, Frans-Annen-Burg

Aufriß und Grundrisse des Kellers und des Erd- und Obergeschosses

Lavierte Federzeichnung (grau, blaßrot, blau), 61,4 x 42,2 cm
Titel: *Aufführung Eines Treibhauses so zu ThadenHausen konte Erbauet werden.*
Beischrift: *an zu sehen - Von süder Seite – Von Nord Seiten; Mansarde; Rez de Chaussez; Sutterain* (Kennbuchstaben)
Legende (zur Mansarde): *i. Salon um Lufft zu schöpfen und Taback zu Rauchen; K. Trocken Zimmer und Magazin Vor den Gärtner.;* (zum Grundriß Chez de Chaussez:) *E. Salon mit Einen Camien und einer Cascade en Niche.; F. Escailler.; G.G. TreibHäuser.; H. Trappe welche auff des Gärtners trocken Kammer und Magazin gehen thuet –;* (zum Grundriß Sutterain:) *A.A. Platz Vor die Treibhäuser zu hitzen.; B.B. Passagen wo durch die hitze Circulieret.; C. Platz Vor die Gereidtschafft des gärteners.; D. Garten Keller wan selber erfordert wirdt.*
Maßstäbe: *15 Meter* = 18 cm

Westfälisches Landesmuseum Münster, Schl.-Bd. 225

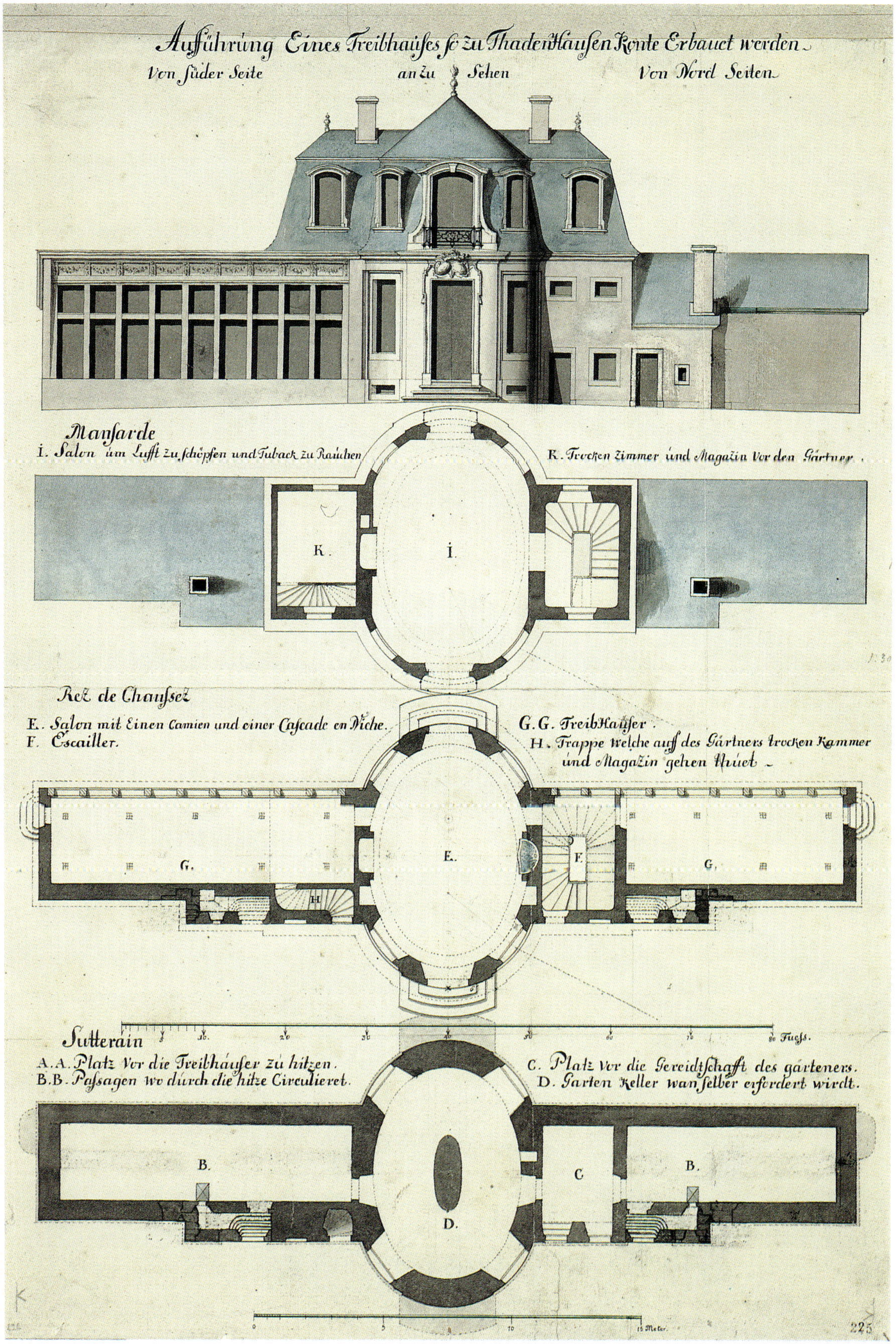
Außführung Eines Treibhaußes so zu Thadenhausen Konte Erbauet werden
Von Süder Seite
an zu Sehen
Von Nord Seiten
Mansarde
I. Salon um Lufft zu schöpfen und Tuback zu Rauchen
K. Trocken Zimmer und Magazin Vor den Gärtner.
K.
I.
Rez de Chaussez
E. Salon mit Einen Camien und einer Cascade en Niche.
F. Escailler.
G.G. Treibhaüser.
H. Trappe welche auff des Gärtners trocken Kammer und Magazin gehen thuet.
G.
E.
F.
G.
H
Sutterain
10. 20 30 40 50 60 70 80 Fuess.
A.A. Platz Vor die Treibhäuser zu hitzen.
B.B. Passagen wo durch die hitze Circulieret.
C. Platz vor die Gereidtschafft des gärteners.
D. Garten Keller wan selber erfordert wirdt.
B.
C
B.
D.
0 5 10 15 Meter
225

63
Aegidiistrasse

56
Velenscher Hof, Umbau und Erweiterung, 1752
Münster, Ägidiistraße 63

BAUHERR: Seit 1741 war das Grundstück an der Ägidiistraße im Besitz des Geheimen Rates und Drosten Hermann Anton Bernhard Freiherrn von Velen, der 1752 beschloß, den Renaissance-Bau des 16. Jahrhunderts durch Schlaun modernisieren zu lassen. Schlaun löst diese Aufgabe, indem er den vorhandenen Bau mit seiner Fassade aus Baumberger Sandstein in seinen Motiven und seiner Gliederung symmetrisch wiederholte, vereint durch eine risalitartige Mitttelache, die mit dem Borromini-Motiv des verdoppelten Fensters die Verdoppelung der Hausfront aufnahm. Schleppgauben im schlichten traufständigen Walmdach betonten die ehedem von dem Staffelgiebel vorgegebene Rhythmisierung der Fensterachsen wirkungsvoll, hervorgehoben noch durch die von Konsolen getragenen Verkröpfungen des breiten Dachgesimses. Die Mittelachse bestand aus gedoppelten Fenstern im Erdgeschoß und einer beherrschenden Fenstertür im Obergeschoß, die zu einem Motiv zusammengeschlossen wurden, unterstützt durch den Balkon mit kunstvoll geschmiedetem Gitter und die das Dachgesims sprengende Arkade, die auch den geschweiften Giebel mit dem gekrönten Allianzwappen aufzubrechen scheint. Zum Mittelmotiv gibt es zwei Varianten, die zunächst von dem Renaissancemotiv ausgehend verschiedene Stufen bis zur endgültigen Lösung aufzeigen. Bei der ersten Version mit Dreiecksgiebel ohne Bekrönung und unter Beibehaltung des Renaissancegiebels treffen die einzelnen Motive sehr hart und unverbunden aufeinander. In der zweiten Version hat Schlaun den Renaissance-Giebel (Deckblatt) eliminiert und zeigt das Motiv des durch das Wappen aufgebrochenen geschweiften Giebels über dem Dachgesims, jedoch bleibt der ›Weserrenaissancebalkon‹ erhalten. Erst in der letzten Version wird das Mittelmotiv vereinheitlicht und die veraltete Kleinteiligkeit aufgegeben zugunsten der französischen Variante, die Schlaun ein Jahr später ebenso in seinem Wohnhaus in der Hollenbecker Straße verwandte (Kat.-Nr. 58) und mit der er dem Haus in Münster seine unverkennbaren Stempel aufdrückte. Am linken Seitenflügel paßte Schlaun eine Durchfahrt ein, die die übliche Auskehlung erhielt.

AUSFÜHRUNG: In der Ausführung verzichtete man auf das geschoßtrennende Gesims, wodurch eher der Vertikalzug der Fassade betont wurde (Abb. 1). In den Grundrissen erkennt man zwei Varianten: Variante 1, der Ausführungsentwurf, mit schiefwinkligem Hof und gebrochener Außenmauer; Variante 2 mit rechtwinkligem Hof und begradigter Außenmauer, was zwar am Außenbau eine größere Einheitlichkeit zur Folge hatte, im Innern jedoch den Platz vor allem im Treppenhaus erheblich einschränkte.

Die Ausstattung der Räume des neuen Flügels (Abb. 5) muß sehr qualitätvoll gewesen sein, da, wie Geisberg berichtet, die Stuckdecken von Joseph Geitner, der auch in Clemenswerth und Schloß Velen tätig war, an künstlerischem Wert den Decken im nördlichen Flügel des Schlosses in keiner Weise nachstanden. Gelobt wurde vor allem auch die Ausstattung des kleinen Kabinetts in der Nordwest-Ecke mit Wandbespannungen aus gemalter Papiertapete, die steinernen Einfassungen der Kamine und das Treppenhaus.

Neben den Zeichnungen ist Schlaun als Architekt auch archivalisch belegt: Am 10. November 1752 erklärt er vor dem Rat der Stadt, allen seinen Leuten verboten zu haben, außer am Velenschen Hof irgendwelche Schreinerarbeit in der Stadt auszuführen. Das Gebäude wurde im Zweiten Weltkrieg vollkommen zerstört.

LITERATUR

Hartmann 1910, S. 233; Schmitz 1911, S. 163; Müller 1921, S. 118; Geisberg 1934, Münster III, S. 273–81; Rensing 1938, S. 339–41; Rensing 1954, S. 31.

QUELLEN

Staatsarchiv Münster, Dep. Gräfl. Landsbergsches Archiv (Briefe von Schlaun zum Bau)

1 Münster, Velenscher Hof (1932)

2 Münster, Velenscher Hof, Mittelrisalit (1932)

56.1 Münster, Velenscher Hof, Lageplan

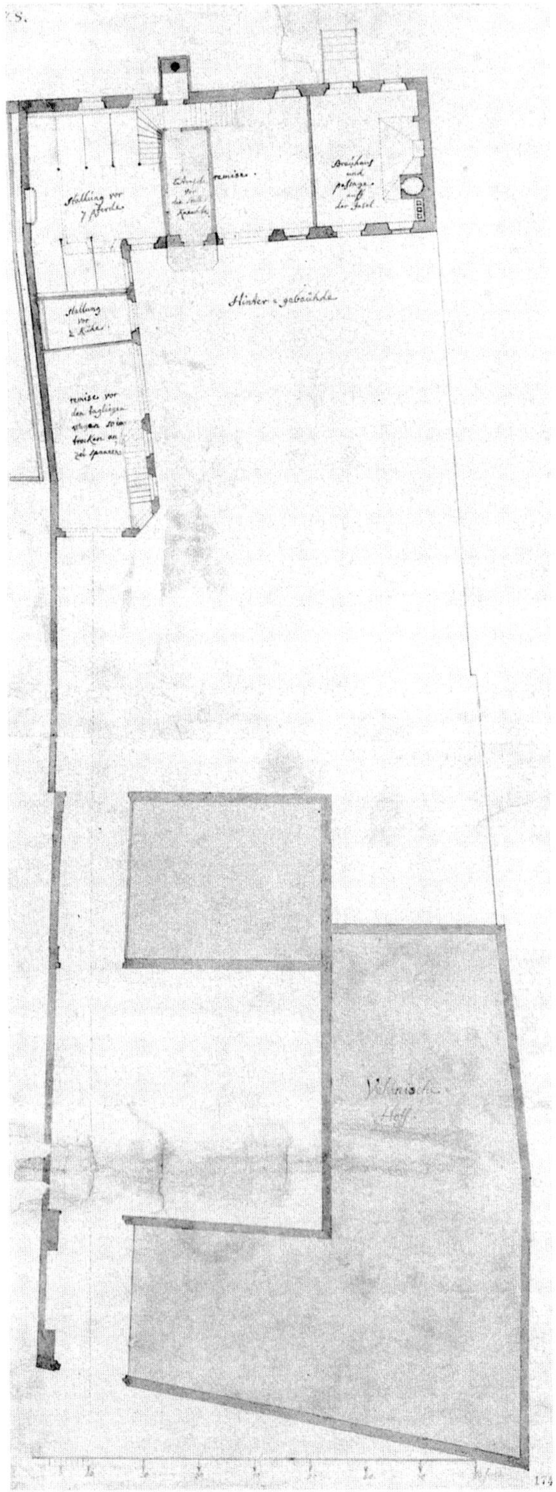

3 Münster, Velenscher Hof nach der Zerstörung (1949)

4 Münster, Velenscher Hof (1932)

5 Münster, Velenscher Hof, Saal (1938)

56.1

Münster, Velenscher Hof

Lageplan des Gesamtgrundstücks und Umbauentwurf des Stallgebäudes

Lavierte Federzeichnung (grau), 76,6 x 29,4 cm
Beischrift: (Hauptgebäude:) *Vehlnische Hoff.;*
(Stallgebäude:) *Hinter-gebäuhde; Stallung vor 7 pferde, remise, Brauhaus und passage auff der Insel; Stallung vor 2 Kühe; remise vor den tagliegen wagen so im trocken an zu spannen*
Deckblatt zum Grundriß des Stallgebäudes
Beischrift: *Entresole vor die Stall-Knechte*
Maßstab: *50 fues* = 14,3 cm

Westfälisches Landesmuseum Münster, Schl.-Bd. 174

Das Blatt ist aus zwei Bögen zusammengeklebt. Über dem Grundriß des Stallgebäudes ein Deckblatt. Die Bauten Schlauns an der Straße sind nur mit Randlinien angedeutet, dagegen ist der Grundriß des Erdgeschosses der den Westabschluß des Grundstückes bildenden Remisen, Stallungen für zwei Kühe und sieben Pferde und des Brauhauses mit dem Durchgang zur Insel mit genauer Angabe der Mauern ausgeführt.

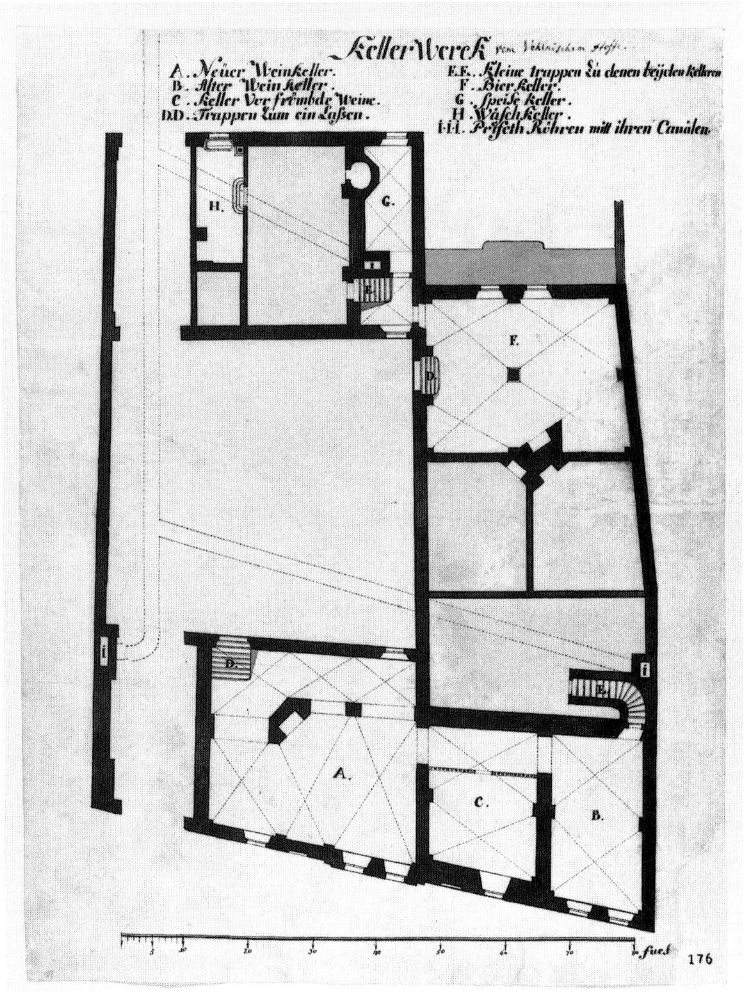

56.2

56.2

Münster, Velenscher Hof

Grundriß des Kellergeschosses (Variante 1)

Lavierte Federzeichnung (grau, schwarz), 41,1 x 32,8 cm
Titel: *KellerWerck; vom Vehlnischen Hoffe.*
Beischrift: Kennbuchstaben
Legende: *A. Neüer WeinKeller.; B. Alter WeinKeller.; C. Keller Vor frömbde Weine.; D.D. Trappen Zum ein Lassen.; E.E. Kleine trappen zu denen beyden kelleren.; F. BierKeller.; G. SpeiseKeller.; H. WäschKeller.; I.I.I. Prifeth Röhren mitt ihren Canälen.*
Maßstab: *80 fues* = 23,9 cm

Westfälisches Landesmuseum Münster, Schl.-Bd. 176

56.3

Münster, Velenscher Hof

Grundriß des Erdgeschosses (Variante 1)

Lavierte Federzeichnung (grau), 40,5 x 31,4 cm
Titel: V*eränderung der behausung Sr. Excellence Herren Geheimbten Raht u. Drosten V. Velen; Réez de Chaussée*
Beischrift: Kennbuchstaben
Legende: *a.a. Durchfahrten.; b.b. Wohnung Vor den Pörtner Wor:bey die frömbde Laqueien ihre herrschafft abZuWarten.; c. Platz um im trockenen auszusteigen.; d. Entrée mit der haubtstiege.; e. VorZimmer.; f. Salon.; g. VorZimmer.; h. SpeiseZimmer.; hl. SchlaffZimmer. k. Cabinet à poudrer.; l. Cabinet.; m. Entréesole.; n. Guarderobe.; o. Treppe Vor den Keller.;*

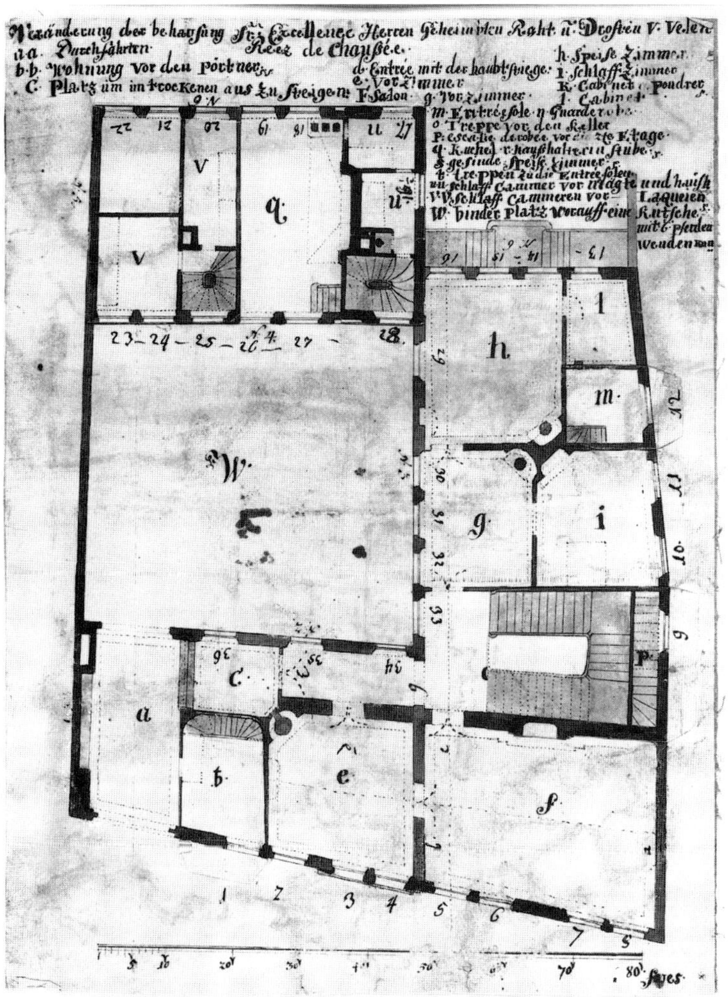

56.3

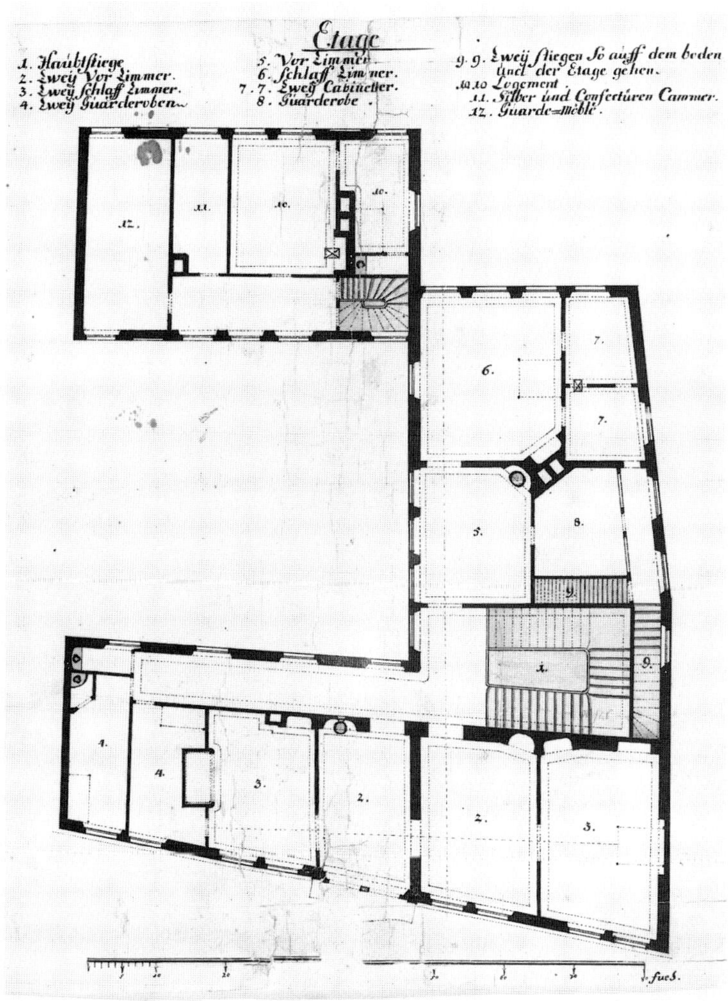

56.4

p. Escalie derobée Vor die 2te Etage.; q. Kuchel.; r. Hausshalterin Stube.; s. Gesinde=SpeiseZimmer; t. Treppen Zu die Entresolen.; u.u. SchlaffCammer Vor die Mägde und haussh(alterin); v.v. SchlaffCammer Vor die Laqueien.; w. binderplatz Worauff eine Kutsche mit 6 pferden wenden kan..
Beischrift: Maßzahlen
Maßstab: *80 fues* = 24 cm
2 Deckblätter

Staatsarchiv Münster, Kartensammlung A 9135
(Dep. Gräfl. Landsbergsches Archiv)

56.4
Münster, Velenscher Hof
Grundriß des Obergeschosses (Variante 1)

Lavierte Federzeichnung (gelb, grau), 41,2 x 32,5 cm
Titel: *Etage*
Beischrift: Kennziffern
Legende: *1. Hauptstiege.; 2. Zwey VorZimmer.; 3. Zwey SchlaffZimmer.; 4. Zwey Guarderoben.; 5. VorZimmer.; 6. SchlaffZimmer.; 7.7. Zwey Cabinetter.; 8. Guarderobe; 9.9. Zwey Stiegen So auff dem boden und der Etage gehen.; 10.10. Logement.; 11. Silber und Confectüren Cammer.; 12. Guarde=Möble.*
Maßstab: *80 fues* = 24,1 cm

Staatsarchiv Münster, Kartensammlung A 9131
(Dep. Gräfl. Landsbergsches Archiv)

56.5
Münster, Velenscher Hof
Grundriß des Kellergeschosses (Variante 2)

Lavierte Federzeichnung (blaßrosa, grau, schwarz), 41,6 x 32,6 cm
Titel: *KellerWerck*
Beischrift: Maßzahlen
Legende: *A. Neüer WeinKeller.; B. Alter WeinKeller.; C. Keller Vor frömbde Weine.; D.D. Trappen Zum ein Lassen.; E.E. Kleine trappen zu denen beyden kelleren.; F. BierKeller.; G. SpeiseKeller.; H. WäschKeller.; I.I.I. Prifeth Röhren mitt ihren Canälen.*
Maßstab: 80 *Fues* = 24,1 cm

Staatsarchiv Münster, Kartensammlung A 9137
(Dep. Gräfl. Landsbergsches Archiv)

56.6 (ohne Abb.)
Münster, Velenscher Hof
Grundriß des Kellergeschosses (Variante 2 – Kopie nach Kat.-Nr. 56.3)

Lavierte Federzeichnung (blaßrosa, grau), 41,6 x 32,6 cm
Titel: *KellerWerck*
Legende: *A. Neüer WeinKeller.; B. Alter WeinKeller.; C. Keller Vor frömbde Weine.; D.D. Trappen Zum ein Lassen.; E.E. Kleine trappen zu denen beyden kelleren.; F. BierKeller.; G. SpeiseKeller.; H. WäschKeller.; I.I.I. Prifeth Röhren mitt ihren Canälen.*
Maßstab: 80 *Fues* = 24 cm

Staatsarchiv Münster, Kartensammlung A 9136
(Dep. Gräfl. Landsbergsches Archiv)

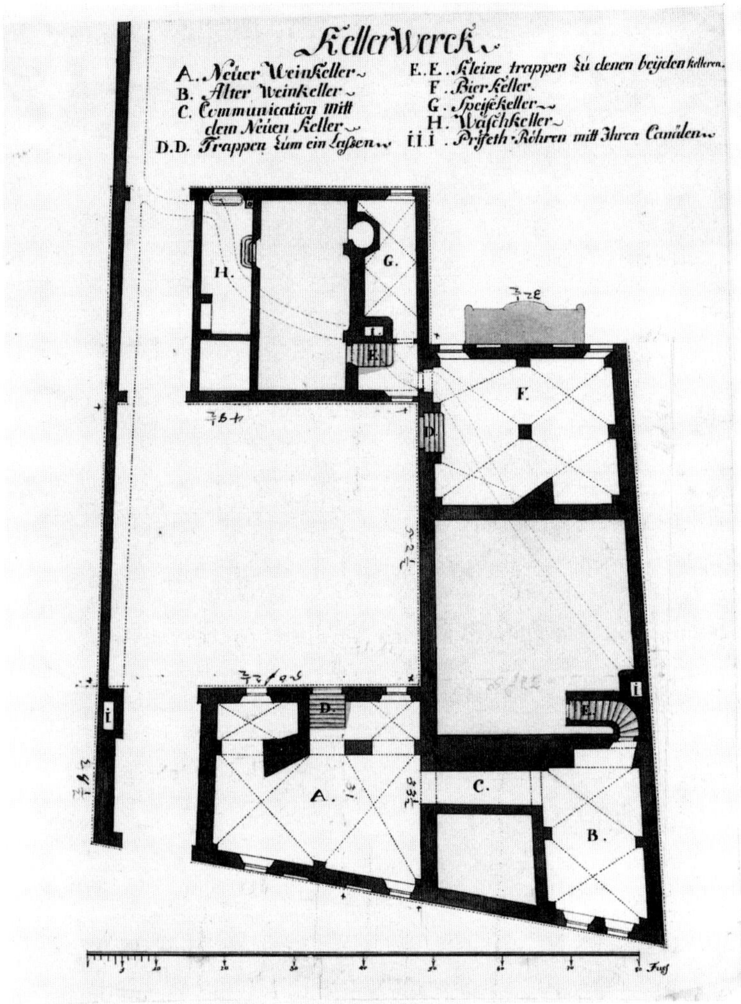

56.5

56.7
Münster, Velenscher Hof
Grundriß des Erdgeschosses (Variante 2)

Lavierte Federzeichnung (grau), 40,9 x 30,8 cm
Titel: *Verenderung der behausung Seiner Excellence Herren Geheimbten Rahten und Drosten Von Vehlen; Réez de Chaussée*
Beischrift: Kennbuchstaben
Legende: *a.a. Durchfahrten.; b.b. Wohnung Vor den Pörtner Wor:bey die frömbde Laqueien ihre herrschafft abZuWarten.; c. Platz um im trockenen ausZusteigen.; d. Entrée mitt der haubtstiege.; e. VorZimmer.; f. Salon.; g. VorZimmer.; h. SpeiseZimmer.; hl. SchlaffZimmer. k. Cabinet à pudrer.; l. Cabinet.; m. Entresole.; n. guarderobe.* (Zusatz h.–n., zusammenfassende Klammer:) *Kan Vors apartement Vor Madame oder dem Herren dienen; o. Trappe Vor den Keller.; p. Escalie derobée Vor die 2te Etage.; q. Kuchel.; r. HausshalterinStube Worunter SpeiseKammer.; s. Gesinde=SpeiseZimmer, Worunter die Wäsch-Kammer; t. Trappen Zu die Entresolen.; u.u. SchlaffKammer Vor die Mägde und haushalterin; v.v. SchlaffKammer Vor die Laqueien Vor Madame und Monsieur Worbey auch eine Kammer Vor selbe Was selbe ordinaire unter händen.; w. binderplatz Woraff eine Kutsche mit 6 pferden wenden kan-*
2 (?) Deckblätter fehlen
Maßstab: 80 *fues* = 24 cm

Westfälisches Landesmuseum Münster, Schl.-Bd. 178

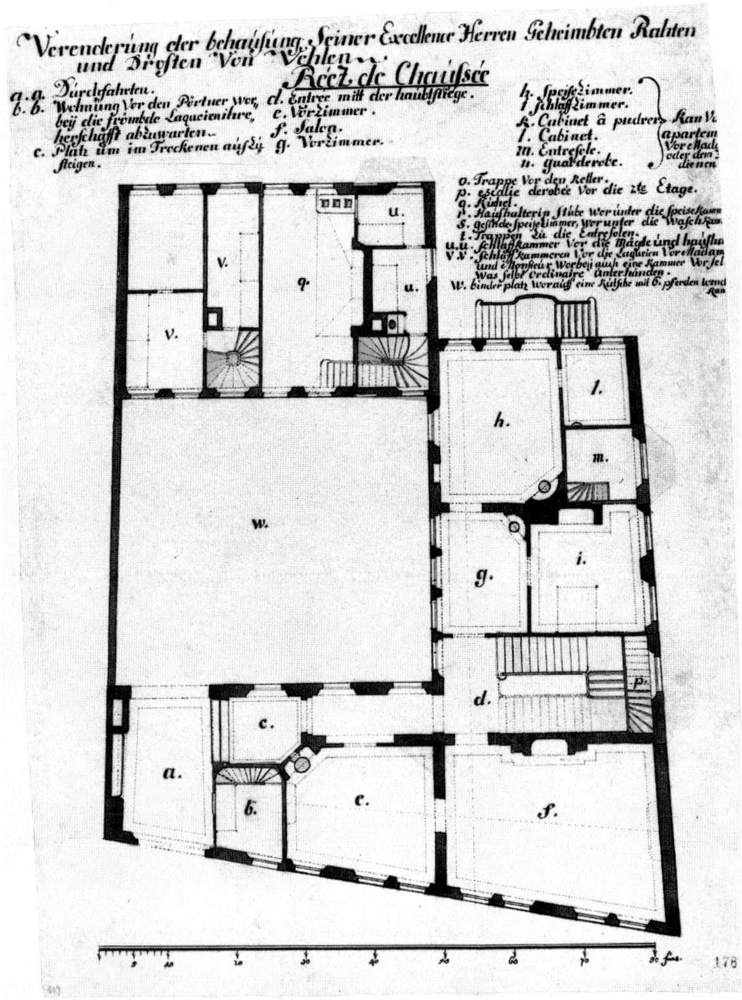

56.7

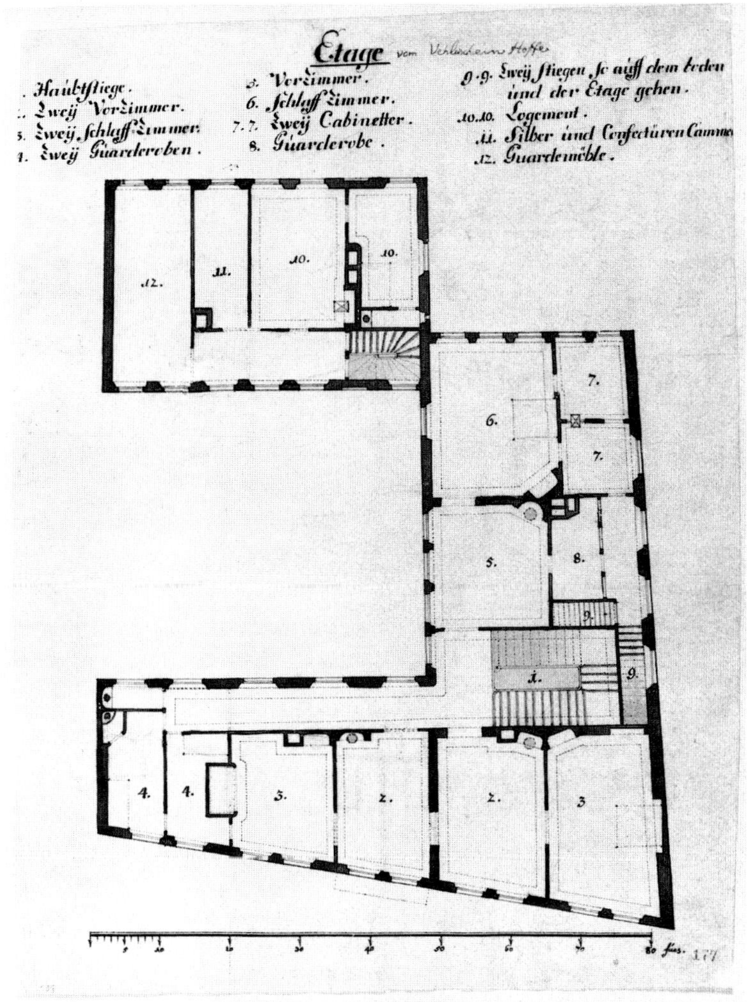

56.8

56.8
Münster, Velenscher Hof
Grundriß des Obergeschosses (Variante 2)

Lavierte Federzeichnung (schwarz, grau), 40,5 x 30,8 cm
Titel: *Etage; vom Vehlischen Hoffe.*
Beischrift: Kennziffern
Legende: *1. Hauptstiege.; 2. Zwey VorZimmer.; 3. Zwey SchlafſZimmer.; 4. Zwey Guarderoben.; 5. VorZimmer.; 6. SchlaffZimmer.; 7.7. Zwey Cabinetter.; 8. Guarderobe.; 9.9. Zwey Stiegen So auff dem boden und der Etage gehen.; 10.10. Logement.; 11. Silber und Confectüren Cammer.; 12. Guardemöble.*
Maßstab: *80 fues* = 23,8 cm

Westfälisches Landesmuseum Münster, Schl.-Bd. 177

56.9 (ohne Abb.)
Münster, Velenscher Hof
Grundriß des Obergeschosses (Variante 2 – Kopie nach Kat.-Nr. 56.8)

Lavierte Federzeichnung (ocker, grau), 41,5 x 33,4 cm
Titel: *Etage*
Beischrift: Kennziffern
Legende: *1. Hauptstiege.; 2. Zwey VorZimmer.; 3. Zwey SchlaffZimmer.; 4. Zwey Guarderoben.; 5. VorZimmer.; 6. SchlaffZimmer.; 7.7. Zwey Cabinetter.; 8. Guarderobe; 9.9. Zwey Stigen So auff dem boden und der Etage gehen.; 10.10. Logement.; 11. Silber und Confectueren Cammer.; 12. Guardemöble.*
Maßstab: *80 fues* = 23,9 cm

Staatsarchiv Münster, Kartensammlung A 9132 (Dep. Gräfl. Landsbergsches Archiv)

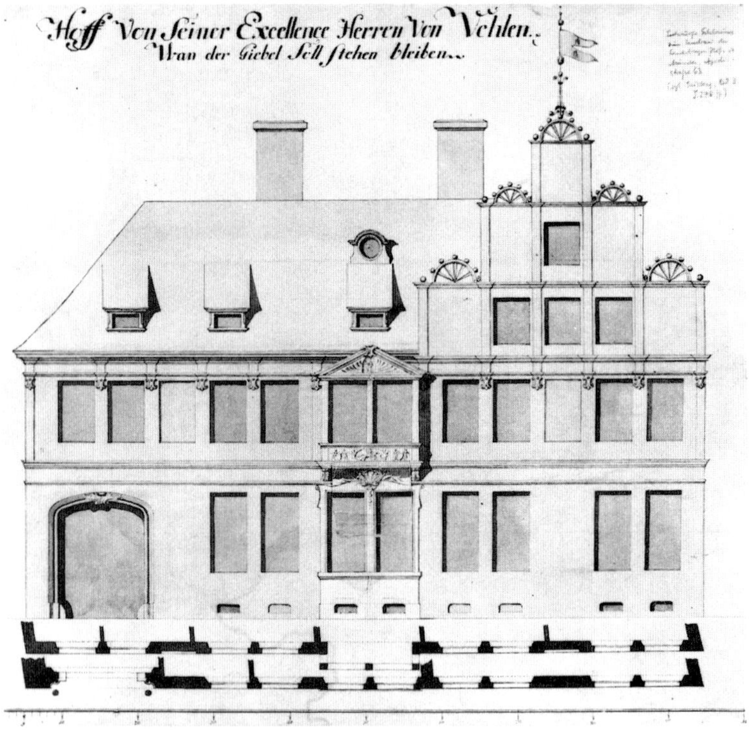

56.10

56.10

56.10
Münster, Velenscher Hof
Aufriß der Straßenfront unter Erhaltung des Renaissancegiebels, Grundrisse der Fassaden in Erd- und Hauptgeschoß

Lavierte Federzeichnung, 44,5 x 46 cm
Titel: *Hoff Von Seiner Excellence Herren von Vehlen. Wan der Giebel Soll stehen bleiben*
Deckblatt mit Entwurfsvariante des skulpturalen Dekors unter dem Balkon
Deckblatt mit einem Wappengiebel über dem Dachgesims bei Abnahme des Renaissancegiebels
Titel: *Wan der Giebel soll abgenommen werden*
Maßstab: *100 fues* = 44,5 cm

Staatsarchiv Münster, Kartensammlung
(Dep. Gräfl. Landsbergsches Archiv)

56.11
Münster, Velenscher Hof
Aufriß der Straßenfront

Lavierte Federzeichnung (blaßrot, grau), 43,6 x 45 cm
Titel: A*uffuhrung der Behausung Sr Excellence Herrn Geheimen Rathen u Drosten Freyherrn von Velen auff St. Ägidiy Straes binnen Münster 1752 wie es an der Gassen zu stehen kombt.*
Maßstab: *100 fues* = 44,4 cm

Staatsarchiv Münster, Kartensammlung A 9123
(Dep. Gräfl. Landsbergsches Archiv)

56.12
Münster, Velenscher Hof
Aufriß der Straßenfront, Fassadengrundrisse, Schnitt

Federzeichnung (grau), 44,2 x 47,9 cm
Titel: *Verenderung der Auffuhrung am Vehlischen Hoffe*
Beischriften: Maßangaben
Maßstab: *100 fues* = 44,6 cm

Westfälisches Landesmuseum Münster, Schl.-Bd. 179

56.13
Münster, Velenscher Hof
Aufriß der Balkontür im Obergeschoß der Straßenfront

Lavierte Federzeichnung (grau), 58,4 x 34 cm
Titel: *Porte croisé so auff den Balckon im Vehlischen Hoff gehen thuet.*
Beischrift: *35.*
Maßstab: *10 fues* = 31,4 cm

Westfälisches Landesmuseum Münster, Schl.-Bd. 180

56.14 (ohne Abb.)
Münster, Velenscher Hof
Entwurf für die Anlage des Gartens

Lavierte Federzeichnung, 41,4 x 31,8 cm
Titel: *Hinter-plats und garte vom Vehlnischen Hoff.*

Westfälisches Landesmuseum Münster, Schl.-Bd. 175
(z.Z. nicht auffindbar)

56.11

56.13

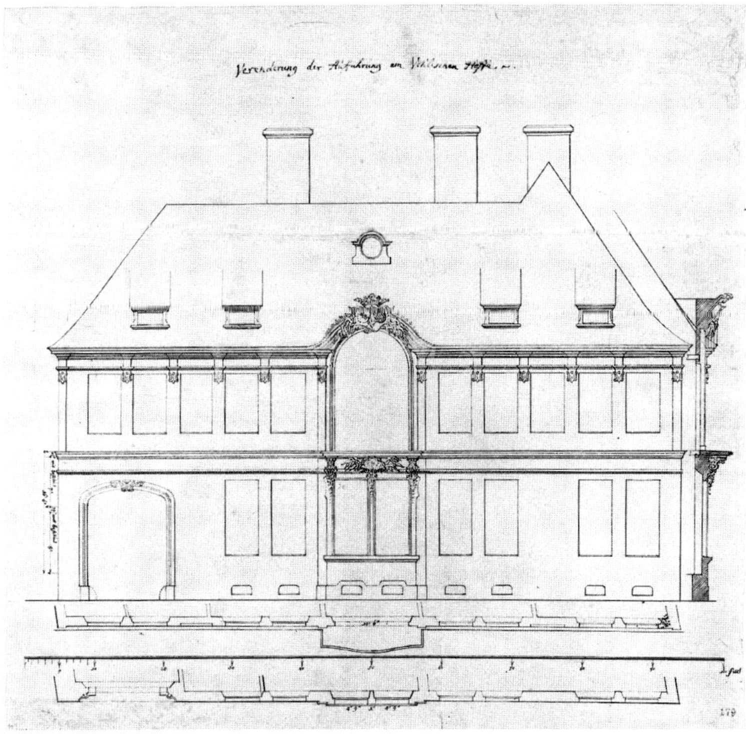

56.12

57
Jagdschloß Hirschberg, Hoftor, 1753
Warstein

LITERATUR

Hartmann 1910, S. 229, 255f.; Rensing 1954, S. 30; Kat. *Clemens August* 1961, bes. S. 265f.; Günter Sandgathe, *Ein Jagdjahr im Arnsberger Wald zur Zeit des Kurfürsten Clemens August,* in: Westfalen 45, 1967, S. 189–92; Günter Sandgathe, *Jagd und Politik am Hoflager des Kurfürsten Clemens August im Herzogtum Westfalen (1724–1761),* in: Westfälische Zeitschrift 136, 1986, S. 336f.

QUELLEN

Inschrifttafeln in den Supraporten der beiden Torpfeiler: (links:) *CLEMENZ AUGUST D. G. ARCHEPS. COL. S. RO. IMP. P. ITAL. ARCHICA. ET. EL. LEG. NAT. S. SED. AP. AD. SUP. BOR. ORD. TEUT. P. GERM. ITAL. TRASMARIQ. PRAEF. EPS. HIL. PAD. MO. E. OSN. UTRIUSQ. BAVA. SUP. PAL. WEST. ET. ANG. DUX. ETC.;* (rechts:) *portas eX fVnDaMento eXstrVCtas hIs statVIs eXornaRI CVrabat* (= 1753).

DENKMALPFLEGE

Einzelberichte zur Denkmalpflege in: Westfalen 53, 1975, S. 300; Westfalen 56, 1978, S. 330.

Kurfürst Maximilian Heinrich von Bayern hatte sich in den Jahren 1662–68 durch den Frater Bonitius in Hirschberg bei Warstein ein Jagdschloß errichten lassen. Geplant war ein Vierflügelbau mit vier Pavillontürmen an den Ecken. Anscheinend blieb das Werk unvollendet, im Jahre 1691 waren nur zwei Türme vorhanden. Unter Clemens August wurde das Schloß modernisiert; zusammen mit dem benachbarten Schloß in Arnsberg (Kat.-Nr. 18) diente Hirschberg als Aufenthaltsort für die zahlreichen Jagdausflüge des Kurfürsten und seiner Gäste im wildreichen Waldgebiet zwischen Arnsberg, Eversberg und Hirschberg.

Während das Burgschloß in Arnsberg von Schlaun umfassend um- und neugebaut wurde, beschränkte man sich in Hirschberg auf die Neugestaltung der Innenräume. Im Inventar von 1761 ist von dem kurfürstlichen Appartement der Speisesaal, das Billardzimmer und die Kapelle genannt. Im Obergeschoß lagen einfach eingerichtete Schlafzimmer, jedes mit Bett, Tisch und zwei Stühlen. Nach einem Schloßbrand im Jahre 1788 begann man mit dem Wiederaufbau, brach aber 1802 die Anlage bis auf unbedeutende Reste ab. Gleichzeitig wurde das Eingangstor 1826 nach Arnsberg nahe der Propsteikirche am Eingang des ehemaligen Klosterbezirks versetzt (Abb. 1, 2). Außer dem Hirschberger Tor ist aus der Schloßkapelle noch der Hubertusaltar mit dem Patron der Jäger erhalten geblieben, der sich heute in der Pfarrkirche St. Christoph in Warstein-Hirschberg befindet.

HIRSCHBERGER TOR: Den Ehrenhof der bestehenden Dreiflügelanlage ließ Clemens August 1753 durch eine Hofmauer mit Torpfeilern schließen. Die erhaltene Entwurfszeichnung aus der Schlaun-Werkstatt (Kat.-Nr. 57.1) zeigt die Ansicht der niedrigen Einfassungsmauer, die in den beiden monumentalen Torpfeilern endet. Durch zwei elegante gußeiserne Torflügel konnte der Hof verschlossen werden. Auf den Pfeilern sind zwei Skulpturengruppen mit Jagdszenen dargestellt, die von dem Bildhauer Johann Christoph Manskirch gearbeitet wurden. Die Ausführung in veränderter Form integriert in den Torpfeilern dagegen je eine Fußgängerpforte, die Pfeiler selbst schwingen volutenartig nach oben auf. Die Komposition der Jagdszenen argumentiert zur Feldseite hin.

Der rechte Pfeiler (Abb. 1) zeigt die Parforcejagd, bei der ein Hirsch von Hunden gestellt wird, in der Supraporte befindet sich die Kartusche mit dem kurfürstlichen Wappen. Auf dem linken Pfeiler wird ein Keiler von mehreren Hunden gerissen, hier in der Supraporte eine Kartusche mit dem Mongramm »CA« des Kurfürsten. Während die Feldseite dem Ankommenden die Funktion der Anlage und deren Besitzer nennt, sind in den Supraporten auf der Hofseite Inschrifttafeln angebracht, die den Schloßherrn feiern: »Clemens August, von Gottes Gnaden Erzbischof von Köln, des hl. römischen Reiches durch Italien Erzkanzler und Kurfürst, geborener Legat des hl. apostolischen Stuhles, Hochmeister von Preußen, Meister des deutschen Ordens in Deutschland, Italien und den überseeischen Gebieten, Bischof von Hildesheim, Paderborn, Münster, und Osnabrück, Herzog beider Bayern, der Oberpfalz, Westfalen und Engern etc. ließ das von Grund aus neugebaute Thor mit diesen Statuen schmücken.«

57.1

1 Arnsberg, Hirschberger Tor, Pfeiler mit der Hirschjagd, ehemalige Feldseite (1973)

57.1
Jagdschloß Hirschberg
Schlaun-Werkstatt
Toranlage, Aufriß und Grundriß

Lavierte Federzeichnung (grau, blaßrot, blaßblau),
55,9 x 47,6 cm (47,4 x 43,5 cm)
Maßstab: *20 fues* = 21,8 cm

Westfälisches Landesmuseum Münster, Schl.-Bd. 142

57.2 (ohne Abb.)
Jagdschloß Hirschberg
Johann Mauritz Güding
Aufriß und Grundriß eines Torpfeilers
(Teilkopie nach Schl.-Bd. 142, Kat.-Nr. 57.1, ohne
Darstellung der Tiergruppe)

Lavierte Federzeichnung (grau, blaßrot, blaßgrün),
31,3 x 20 cm
Beischrift: *Aufführung; Grundt*
Maßstab: *15 fues* = 16,4 cm

Westfälisches Landesmuseum Münster, Schl.-Bd. 278

2 Arnsberg, Hirschberger Tor, Detail des Pfeilers mit der Keilerjagd, (1994)

H. Aldick,
Weinhandlung.

58

Das Stadthaus Schlauns, 1753–55

Münster, Hollenbeckerstraße 9

Schlaun hatte das Grundstück in der Hollenbeckerstraße 1753 aus einer öffentlichen Versteigerung erworben. Schriftliche und zeichnerische Quellen sind nicht erhalten. Die Ruine des Hauses, das im Zweiten Weltkrieg ausgebrannt war, wurde 1953 niedergelegt. Außer einem neuzeitlichen Aufmaß, drei Grundrissen, drei Aufrissen, einem Schnitt und einigen Details, gibt es lediglich einige Photographien, durch die zumindest das Aussehen der Straßenfront, ein Teil der Gartenfassade und einige Räume überliefert sind.

Das Stadthaus Schlauns war ein zweigeschossiger, unterkellerter, teilweise verputzter Backsteinbau mit traufständigem Krüppelwalmdach und einem niedrigeren Remisentrakt mit einer Durchfahrt, der in der Flucht des Haupthauses etwas zurücksprang (Abb. 1–3). Die Gliederung der neunachsigen Fassade erfolgte durch einen dreiachsigen Mittelrisalit und jeweils drei begleitende Fensterachsen, unten mit Segmentbogen, oben rechteckig geschlossen. Beherrschendes Motiv ist der Mittelrisalit: Aus Backsteinquadern gebildete, rustizierte Lisenen hinterlegen in der Zentralachse eine das reiche Kranzgesims überschneidende große Arkade, so daß als Eingangsmotiv eine kolossale Serliana hervortritt. Die gemauerte Rustikarahmung ist im Zentrum ausgekehlt, der Balkon mit seinem schmiedeeisernen Gitter erscheint im Gegensatz zu den trennenden Gesimsen mit nur einer Konsole wie eingehängt, ohne den Höhenzug der Arkade merklich zu unterbrechen. Der Auftrittsort des Hausherrn auf dem Balkon unter der hohen Arkade, fürstlich zentriert von der Auskehlung, angehoben von einer kleinen Freitreppe zum Hauptportal, hatte einen gesteigerten Repräsentationswert, besonders, wenn man bedenkt, daß Schlaun in denselben Jahren mit diesem Motiv den Erbdrostenhof auszeichnete (Kat.-Nr. 59).

Das Überschneiden des Kranzgesimses mit einer Rustikaarkade hatte Schlaun in Paris gesehen, publiziert war diese eigentlich dem Adel vorbehaltene Nobiltierungsform von Charles Etienne Briseux in ›L'Art de bâtir des maisons de campagne‹ von 1743. In Münster hatte er das Motiv bereits für die nicht ausgeführte Domkurie Twickel und in veränderter Form für den Schmisinger Hof verwendet (Kat.-Nr. 25; 37). Das Motiv der Serliana war dem Kurfürsten Clemens August vorbehalten. Indem Schlaun sein Wohnhaus damit auszeichnet, verweist er auf seine hohe Stellung als Baumeister des Fürstbischofs.

Ob das Haus von Anfang an verputzt oder möglicherweise ein reiner Backsteinbau gewesen ist, läßt sich heute nur noch vermuten. Für ersteres spräche der gesuchte Wechsel zwischen den Materialien, mit dem Schlaun durch den Wechsel an seiner eigenen Häusergruppe den Rhythmus der abwechselnd verputzten oder backsteinsichtigen Häuserzeile aufgenommen hätte, für letzteres der auf den Photographien erkennbare Überstand des Putzes vor den Sandsteinrahmungen der Fenster und die offenbar bei den Aufmessungen von Geisberg festgestellte alternierende Werksteineckquaderung, ein der Palastarchitektur entnommenes Rahmenmotiv, das vom Rang her höher zu bewerten ist als die einfachen Doppellisenen, mit denen Schlaun die Remise von den weiteren Häusern der Straße abgrenzt.

Die südliche dreiachsige Stirnfront (Abb. 1) hatte anstelle der Serliana im Obergeschoß eine reich skulptierte Statuennische, die gleichsam emblematisch auf die Lesart des Hauptbalkons verwies. Die kleinen Fenster darüber nahmen in der Mitte die Rundung der Nische wieder auf, und an den Seiten leiteten sie mit ihrer Dreiecksform (vgl. Haus Rüschhaus, Kat.-Nr. 45) zu dem auch hier reich profilierten Dachgesims über.

Die Gartenfassade (Abb. 5) trat in den drei mittleren Achsen polygonal vor, die Zentralachse durch Lisenen, Hausteingesims, Balkon und die Bauinschrift »ANNO 1755« besonders ausgezeichnet. Neben dem monumentalen Eingangsmotiv wird hier bereits vor dem Eintritt ins Haus deutlich gemacht, um welchen Bautyp es sich eigentlich han-

LITERATUR

Hartmann 1910, S. 126–29; Pinder 1929, S. 26; Geisberg 1935, Münster IV, S. 244–54, Abb. 1107–17; Rensing 1954, S. 26-27; Hansmann 1955; Peter Hirschfeld, *Mäzene. Die Rolle des Auftraggebers in der Kunst,* München-Berlin 1968, S. 290; Mummenhoff 1973, S. 158–77; Hansmann 1978,S. 306–08; Hans-Peter Schwarz, *Das Künstlerhaus. Anmerkungen zur Sozialgeschichte des Genies,* Braunschweig 1990; Kat. *Künstlerhaus. Eine Architekturgeschichte des Privaten,* Hans-Peter Schwarz mit Heike Lauer und Jörg Stabenow (Hg.), Frankfurt a.M./Braunschweig 1989.

QUELLEN

Staatsarchiv Münster A VIII Nr. 89; Haus Ruhr, Akten E 120 (im Wortlaut bei Mummenhoff 1973).

1 Münster, Schlauns Wohnhaus, Ansicht von Südosten (um 1900)

2 Münster, Schlauns Wohnhaus, Straßenfront (1919)

58.1 Münster, Schlauns Wohnhaus, Plan des Grundstücks

3 Münster, Schlauns Wohnhaus, Straßenfront, Teil des Mittelrisalits (1922)

4 Münster, Schlauns Wohnhaus, Grundrisse von Keller-, Erd- und Obergeschoß (moderne Aufmessungen)

delt. Schlaun, aufgestiegen in der gesellschaftlichen Hierarchie zum fürstlichen Baumeister und Kommandant der münsterischen Artillerie, hatte für sich eine Maison de plaisance erbaut, zwar nicht auf dem Lande, sondern in einer relativ engen Straße, jedoch mit Hof, Remise und Garten.

Ein Blick auf den Grundriß macht die Sache klar (Abb. 4). Betritt man das Haus über die Freitreppe, die durch ihre Lage in der Nische ein kleines Podest ausbildet, so gelangt man zunächst in das Vestibül, an das sich rechts das Treppenhaus und gegenüber der große querovale Saal anschlossen (Abb. 10, 11). Die Flügeltüren in der Längsachse waren Scheintüren, denn nur ein Flügel ließ sich bewegen. Der Saal erschien repräsentativer. Es entstand der Eindruck, als schlössen sich große Räume an, was nicht der Fall war. Die Stuckdecke des Saals zeigte emblematische Darstellungen des Kultus, des Ackerbaus, des Handels und der Wissenschaft, die unter der Herrschaft der Fürstbischöfe blühten, deren Wappen (Franz Arnold von Plettenberg) und deren Bildnis (Clemens August) über den Kaminen angebracht waren.

Links des Saals schloß sich das Schlafzimmer Schlauns an mit einem Bettalkoven (Abb. 7) und dem über eine Wendeltreppe zugänglichen Entresol für den Diener, das seine Beleuchtung über ein im Schlafzimmer Schlauns wirksames repräsentatives Korbbogenfenster über dem ›lit en niche‹ erhielt. Der kräftig profilierte Alkovenrahmen war mit dem Entresolfenster durch eine illusionistisch gemalte Rahmung zusammengefaßt, die den Eindruck erzeugte, als wäre das Alkovenwandfeld konvex nach vorn geschwungen. Im Deckenspiegel befand sich ein Gemälde mit einem mythologischen Thema. Hinter dem Schlafzimmer hatte Schlaun sein Kabinett vorgesehen.

An der rechten Seite des Saals lag das Speisezimmer von unregelmäßigem Grundriß, dahinter das Nebentreppenhaus. Die Funktion der Räume links des Vestibüls ist nicht überliefert, es handelt sich aber vermutlich um das Appartement des Hausherrn mit Kabinett und Empfangszimmer.

Das Obergeschoß folgt im wesentlichen der Aufteilung der Räume unten. Wahrscheinlich befand sich hier die Wohnung der Hausfrau. Mummenhoff vermutet, daß der große Raum über dem Speisezimmer das Zeichenatelier Schlauns gewesen ist, sein Architekturbüro, worauf der Einbau eines im Obergeschoß sonst nicht üblichen steinernen Ausgußbeckens hindeutet, das möglicherweise zum Reinigen der Federn und Pinsel benötigt wurde, und der große Einbauschrank, in dem sich vielleicht die Plansammlung befand.

Die Commodité des Hauses gewährleistete Schlaun durch gute Beheizbarkeit der Räume, erkennbar an der Anzahl der Kaminzüge und der vier mächtigen Kamine auf dem Haus, sowie über die Nebentreppen, Dégagements, die der aus Frankreich importierten bequemen Raumkommunikation dienten. Anders als die übrigen Erdgeschoßräume lag die Küche zu ebener Erde. Eine Holztreppe mit fest eingebauter Sitzbank führte in die Anrichtekammer, von wo aus man direkt ins Speisezimmer gelangte. Die Küche an der Straßenseite, mit Hauptzugang von der Remise, wäre für eine höfische Maison de plaisance sehr ungewöhnlich gewesen.

Im oberen Saal (Abb. 10) befanden sich in der Kehle der Stuckdecke sechzehn kleine Gemälde, die zuammen mit acht Stuckemblemen ein ikonographisches Programm bildeten, das die gesellschaftliche Stellung und den Beruf des Hausherrn als Architekt und hoher Militär feierte: Putti, die eine Kanone abfeuern, vor dem Schuß erschrecken, die Explosion einer Granate, einen Mörser, Putti mit Schaufel, Harke und Früchten, mit einem Zielaufsatz, mit Blumen und Holzgabel, mit großem Feldmaßapparat, mit Fernrohr und Thermometer, mit einem Kalender, mit Fischen und Holzbottich und mit einem nautischen Instrument. Im Stuck waren die Embleme von Architektur, Artillerie, Feldmessung, Feuerwerkerei, Mathematik, Geographie, Geometrie und Astronomie dargestellt. Hinzu kamen die aus der Schloßikonographie geläufigen Embleme der Elemente und der Jahreszeiten, die in ihrer zyklischen Anordnung die Gesamtheit des Kosmos repräsentierten.

Das wandfeste Mobiliar hat Schlaun selbst entworfen. Aber es ist auch offenbar ein Teil der übrigen Ausstattung nach seinen Angaben angefertigt

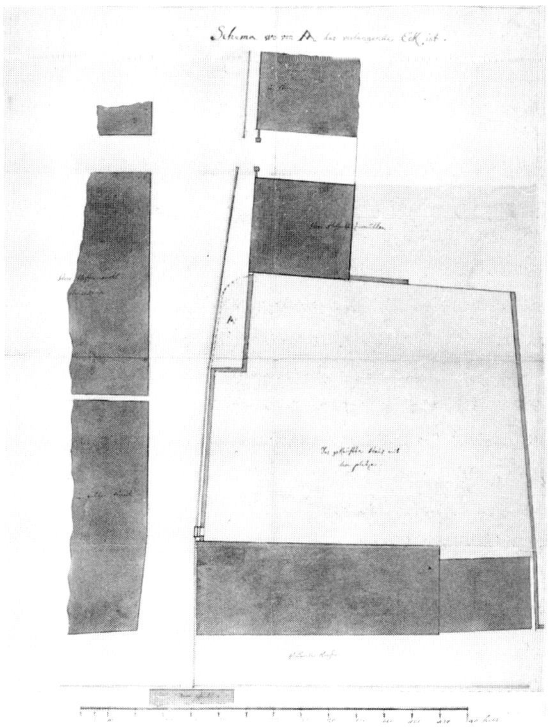

58.1

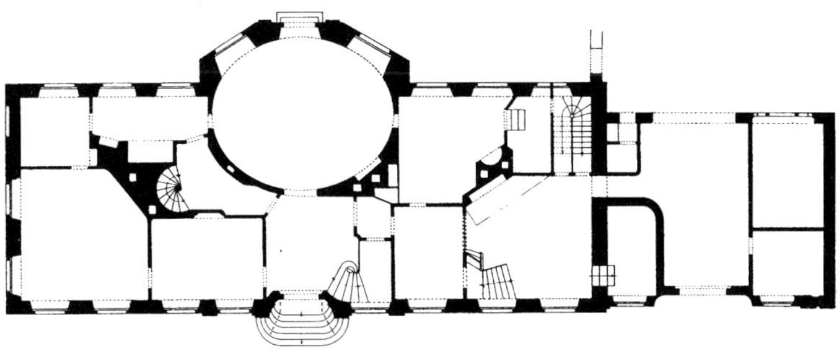

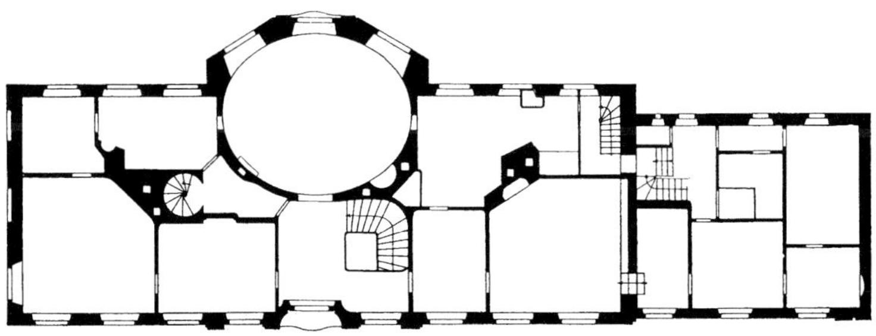

5 Münster, Schlauns Wohnhaus, Gartenfront (1910)

worden. Unter den wenigen Möbelzeichnungen von ihm oder seinen Mitarbeitern findet sich ein Blatt mit dem Riß für eine Kommode, eigenhändig bezeichnet: »Commode so in anfang meiner behausung verfertieget.« In dem sogenannten 3. Sammelband des Johann Mauritz Güding findet sich eine Variante dieser Zeichnung, bereichert durch einen einfachen Kleiderständer (Kat.-Nr. 58.3). Weitere Zeichnungen ebendort für einen Trumeautisch, einen zierlichen Schreibtisch (ein »bonheur du jour«) und einen Stuhl könnten in diesen Zusammenhang gehören (Kat.-Nr. 58.4–8).

Hansmann hat das Wohnhaus Schlauns mit den Häusern von Jules Hardouin-Mansart und Balthasar Neumann verglichen und dabei festgestellt, daß auch Mansart für das Haupthaus den Typus der Maison de plaisance wählte, obwohl die Abmessungen keine vollständige Ausprägung der gebräuchlichen Mittelfiguration erlaubt hätten. Neumanns erstem Wohnhaus dagegen kam Mustercharakter zu. Auf Drängen des Fürstbischofs hatte er zusammen mit einem Hofbeamten das Grundstück erworben und plante »hauptsächlich der Stadt zur Zierde, wo das wenigste Comercium zu treiben sei«, einen langen dreigeschossigen Flügelbau, der aus drei Häusern besteht, einen formvollendeten monumentalen Block mit Mansarddach. Der einzige Akzent der Fassade von Gewicht sollte das Portal sein, die innere Einteilung des Hauses durch ihre Zweckmäßigkeit und die guten Maßverhältnisse der Räume bestechen. Links von der Durchfahrt führte ein Treppenhaus bis ins zweite Obergeschoß, wo ein reich stukkierter Festsaal lag. Das Erdgeschoß beherbergte die Werkstätten. Schlauns Raumdisposition steht der von Hardouin-Mansart in nichts nach. Der Franzose verlegte die Bereiche Wirtschaften, Wohnen und Repräsentation in eigene Gebäudetrakte; Schlaun faßte diese Funktionen in einem Baukomplex zusammen, wobei er das französische Raffinement der bequemen Raumanordnung für seine Wohn- und Arbeitsbedürfnisse weiterentwickelte. Dabei beweist Schlaun einen ausgeprägten Sinn für Repräsentation. Das zeigt sich auch in den Bildprogrammen. Während Hardouin-Mansart Porträts des Königs und seines unmittelbaren Vorgesetzten, des Surintendanten des bâtiments in sein Wohnhaus holte, waren es für Schlaun die Landesherren, seine Lehns- und Dienstherren, die er im unteren Salon seinen ›Kunden‹, die in den meisten Fällen der adeligen Oberschicht angehörten, präsentierte. Dieser gesellschaftlichen ›Basis‹ wurde mit dem Programm des Obergeschoßsaales das Tätigkeitsfeld des Hausherrn gewissermaßen als ›Überbau‹ aufgesetzt. In dieser Programmgestaltung geht die eindeutig und einseitig auf die Person des Fürsten ausgerichtete absolutistische Funktionszuweisung der Kunst widerspruchslos auf. Das Neumann-Haus in Würzburg ist ein Beispiel für den urbanistischen Prototyp des Künstlerhauses, in diesem Falle sogar als »Modelltyp der eigenen urbanistischen Konzeptionen«. Schlaun hatte nicht vor, mit seinem Neubau, dem guten »werck vor der anliegender straßen«, ein Musterhaus zu errichten. Er hat ein Künstlerhaus gebaut, das seinen berufsständischen Anspruch mit dem gehobenen gesellschaftlichen Status zugleich demonstrierte, indem er sich eines ästhetischen Vokabulars bediente, das nur einem Baumeister seines Ranges zur Verfügung stand: Genauigkeit, schöne Maßverhältnisse, handwerkliche Solidität und handschriftliche Originalität machten diese Architektur zum Ausweis seiner Könnerschaft und zum Ausdruck seiner Künstlerpersönlichkeit.

6 Münster, Schlauns Wohnhaus nach der Zerstörung im Zweiten Weltkrieg

58.4

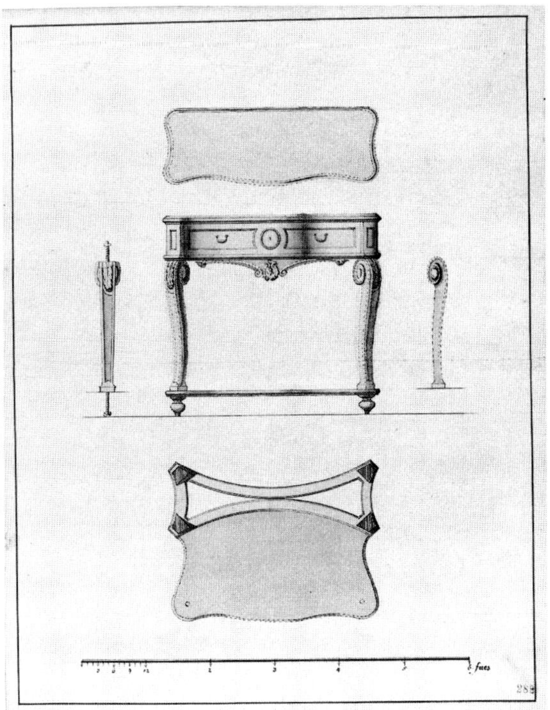

58.2

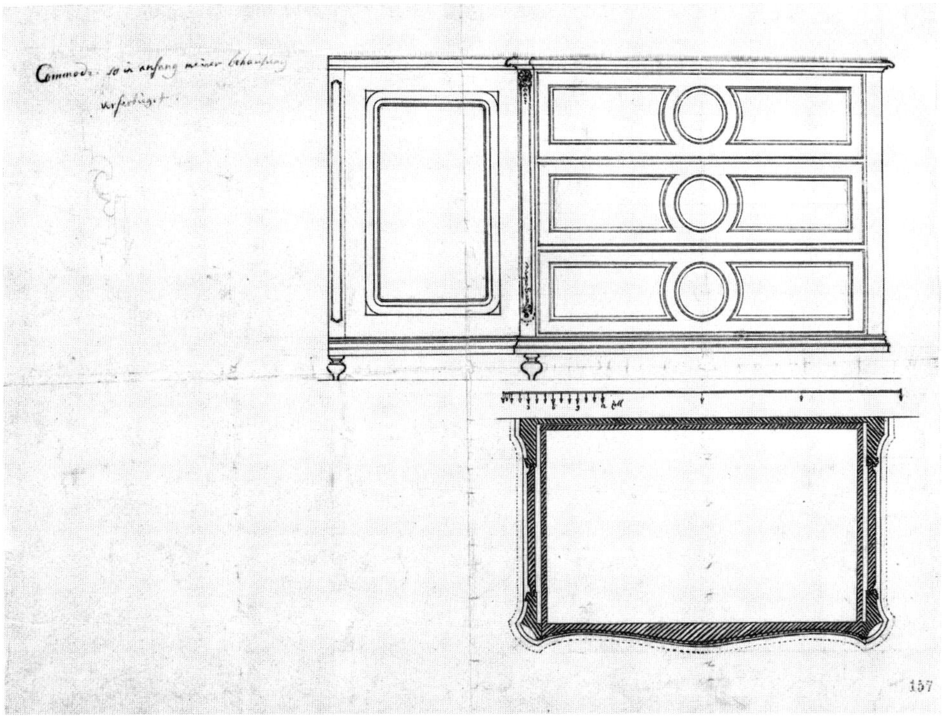

7 Münster, Schlauns Wohnhaus, Schlauns Schlafzimmer (1912)

8/9 Münster, Schlauns Wohnhaus, Einzelheiten aus dem Speisezimmer

10 Münster, Schlauns Wohnhaus, Gartensaal, 1912

11 Münster, Schlauns Wohnhaus, Obergeschoß, Treppendiele, 1912

58.3

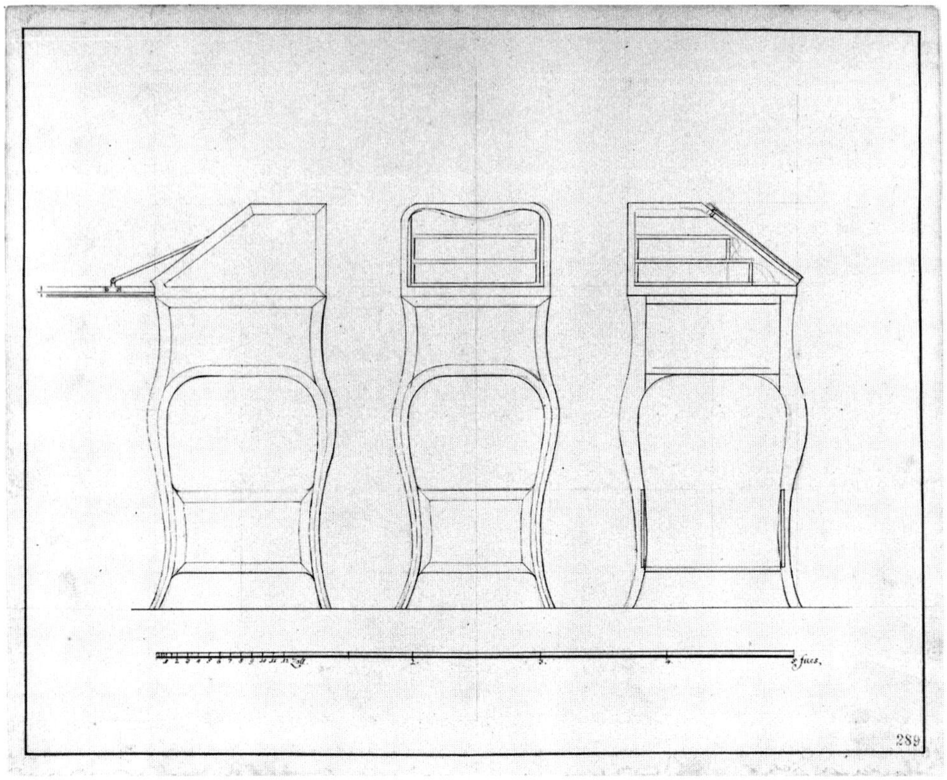

58.5

58.1
Münster, Haus Johann Conrad Schlaun
Plan des Grundstücks (Abb. S. 559)

Lavierte Federzeichnung, 40,5 x 32,3 cm
Titel: *Schema wo von A . das verlangende Eck ist.*
Beischrift: *Holbecker Straße; Das gekaufte Haus mit dem Platze; Herr Hofrath Zurmühlen; (?)*
Maßstab: *140 fues* = 22 cm

Stadtarchiv Münster, D 31a

58.2
Münster, Haus Johann Conrad Schlaun
Kommode, Aufriß der Vorder- und Seitenteile, Horizontalschnitt (Abb. S. 561)

Federzeichnung, 30,1 x 41,4 cm
Titel: *Commode so in anfang meiner behausung verfertieget*
Maßstab: *4* (Fuß) = 17,5 cm

Westfälisches Landesmuseum Münster, Schl.-Bd. 157

58.3
Münster, Haus Johann Conrad Schlaun
Johann Mauritz Güding?
Kommode und Mantelständer, Aufrisse, Schnitt und Grundriß

Lavierte Federzeichnung (grau), Bleigriffel, 31,7 x 40,5 cm (29,8 x 38,3 cm)
Maßstab zur Kommode: *4 Fuß* = 17,5 cm;
Maßstab zum Mantelständer: *4 Fuß* = 8 cm

Westfälisches Landesmuseum Münster, Schl.-Bd. 287

58.4
Münster, Haus Johann Conrad Schlaun
Konsoltisch, Aufriß, Schnitt und Aufsicht (Abb. S. 561)

Lavierte Federzeichnung (grau, blaßgelborange), 40,2 x 31,7 cm (38,4 x 29,8 cm)
Maßstab: *6 Fuß* = 22,4 cm

Westfälisches Landesmuseum Münster, Schl.-Bd. 288

58.5
Münster, Haus Johann Conrad Schlaun
Klappschreibtisch, zwei Aufrisse und ein Schnitt
Lavierte Federzeichnung (grau), Bleigriffel,
31,7 x 40,5 cm (29,6 x 38,3 cm)
Maßstab: 5 *Fuß* = 27,3 cm

Westfälisches Landesmuseum Münster, Schl.-Bd. 289

58.6
Münster, Haus Johann Conrad Schlaun
Kleiner Kastenschrank, Aufriß kombiniert mit Schnitt;
Grundriß kombiniert mit Aufsicht
Lavierte Federzeichnung (grau), Bleigriffel,
31,7 x 20,1 cm (29,9 x 18,8 cm)
Maßstab: 2 *Fuß* = 14,6 cm

Westfälisches Landesmuseum Münster, Schl.-Bd. 290

58.7
Münster, Haus Johann Conrad Schlaun
Konsole, Seiten- und Vorderaufriß kombiniert
Lavierte Federzeichnung (grau), Bleigriffel,
31,7 x 20,4 cm (29,9 x 19,3 cm)

Westfälisches Landesmuseum Münster, Schl.-Bd. 291

58.8
Münster, Haus Johann Conrad Schlaun
Stuhl, zwei Aufrisse, Detailzeichnung eines Stuhlbeins
Lavierte Federzeichnung (grau), Bleigriffel,
31,7 x 40,5 cm (29,8 x 38 cm)
Maßstab: 4 *Fuß* = 27 cm

Westfälisches Landesmuseum Münster, Schl.-Bd. 292

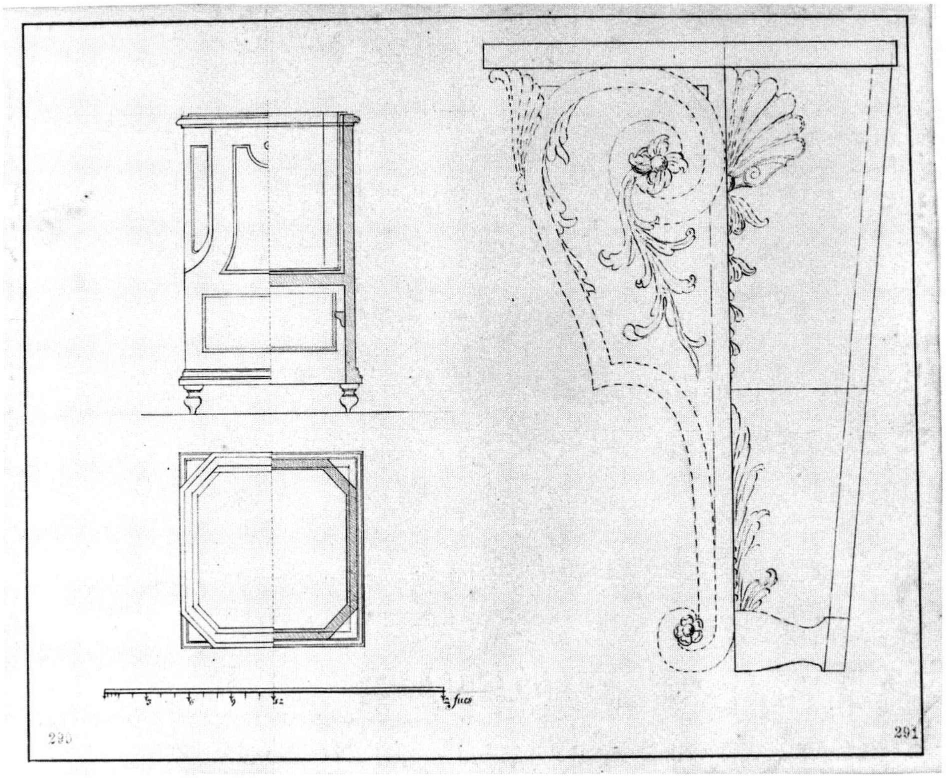

58.6/7

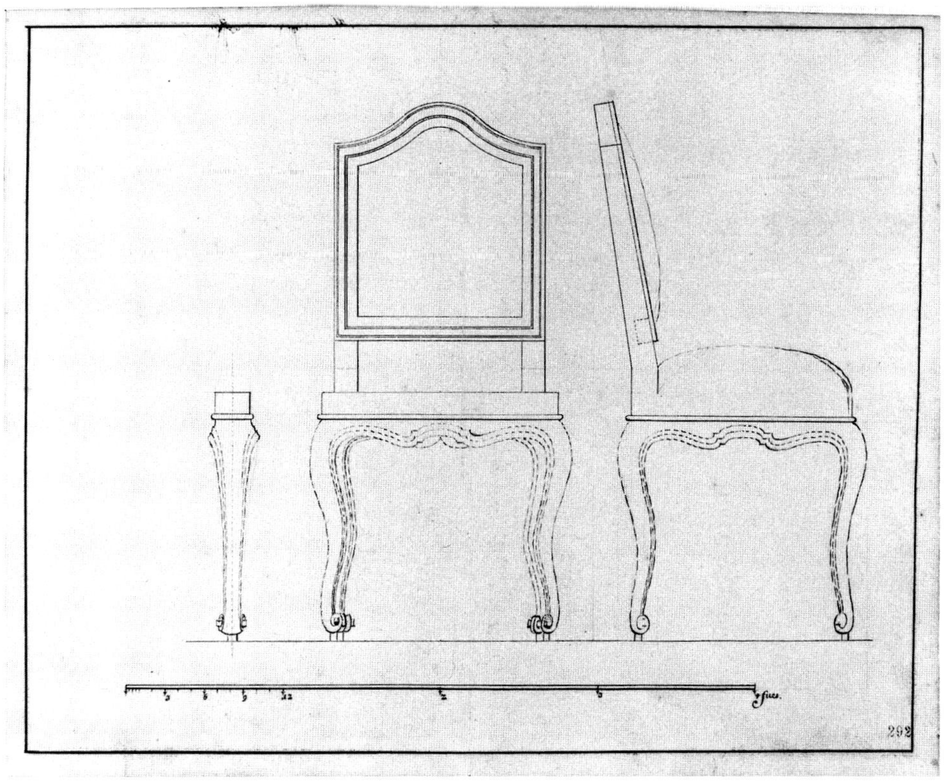

58.8

59

Erbdrostenhof, 1753–57

Münster, Salzstraße 38

Am 7. März 1749 berichtet der fürstbischöflich münsterische General Friedrich von Wenge, der direkte militärische Vorgesetzte Schlauns, in einem Brief an den Obristhofmeister und kurkölnischen Konferenzminister Hermann Werner von der Asseburg nach Bonn: »Der jetziger Herr Erbdrost, vormahliger Herr von Vorhelm, hat so viel Häußer zusammen gekauft, das er ein superbes Gebäu ohnweit oder nechst beyden Barmhertzigen Brüdern erbaue, mithin unserem gnädigsten Herrn gewis gefallen wirdt; wan alles zu Geldt geschlagen wirdt, muß es wenigstens ad 70.000 Rthl. kosten. Der General Schlaun macht den Riß, undt wirdt sich eine Reputation machen, indem er nichts erspahren, sondern moderne bauen soll. Wann Ew. Excellence nur ein Wort von Ihro Churfüstlichen Durchlaucht gnädigstem Gefallen in der Antwort mercken laßen, so ich dem Erbdrosten vorleßen könte, so macht er noch Zehndausendt mehr, dann ihne selbsten erfreue, das sein Gebäu denen Barmhertzigen Brüdern ein Lustre mache«.

BAUHERR: Bauherren waren der fürstbischöfliche Erbdroste (Erbtruchseß) Adolph Heidenreich Freiherr Droste zu Vischering, einer der ranghöchsten Würdenträger im Bistum, und seine Gemahlin Maria Antonette Freiin von Ascheberg zu Botzlar, deren Stammsitz Haus Vorhelm bei Beckum lag. Die Familie war durch Erbgang in den Besitz des alten Hofes der Erbmännerfamilie von Schenking an der Salzstraße gelangt, den alten Buckschen Hof an der Ringoldsgasse und am Servatii-Schild hatte der Erbdroste von dem Freiherrn von Kerckerinck zu Stapel erworben und das Grundstück durch Tausch des Pfarrhauses von St. Servatii am Servatiikirchhof arrondiert.

BAUGESCHICHTE: 1751 wurden die alten Gebäude niedergelegt, 1753 begann man mit dem Neubau. 1754, die Jahreszahl erscheint an den Balkongittern, war der Rohbau vollendet, 1757 signierte der Maler Loder die Fresken in Treppenhaus und Saal. Auch die übrige Ausstattung des Hauses war vermutlich fertig, denn noch im selben Jahr – inzwischen war der Siebenjährige Krieg ausgebrochen – bestimmte der französische Marschall d'Estrées den Erbdrostenhof zu seinem Hauptquartier.

Der Baugrund, der sich nach Zusammenlegung der Einzelgrundstücke an der Salzstraße, Ringoldsgasse und Kleiboltengasse ergab, war ausgesprochen ungünstig. Zwar annähernd rechteckig, doch zum Teil schiefwinklig verzogen, blieb nicht genug Platz, um eine repräsentative Fassade an der Salzstraße zu entfalten. Durch Drehung des Baus in die Diagonale gewann Schlaun Raum für einen von einem Gitter abgegrenzten Ehrenhof. Der Betrachter wird dadurch auf Distanz gebracht, der Blick durch die Torpfeiler und das transparente Lanzengitter mit den Sphingenpfeilern zentriert auf die vornehm zurückschwingende Fassade, die sich als breit gelagerte Schauwand präsentiert. Mit dem Einfangen des Raumes durch die ausschwingenden Flügel des Baukörpers und dem dynamischen Hineinbuchten des Gitters in die Straße wird der Stadtraum von dieser Architektur ungleich mehr in Anspruch genommen und beherrscht als von einem konventionellen Dreiflügelbau mit plan abschließendem Ehrenhofgitter.

DIE FASSADE

Die Fassade des Erbdrostenhofes (Abb. 1) erweist sich, was den Mittelrisalit betrifft, als ein in den Einzelheiten ›verbessertes‹, in der Grunddisposition der Instrumentierung jedoch wörtliches Zitat der Stadtfassade des kurfürstlichen Residenz- und Jagdschlosses Augustusburg in Brühl (Abb. 4 Detail – Kat.-Nr. 16) und zwar in der Form, wie Schlaun sie 1724 für Clemens August geplant hatte: Fünf Achsen, die mittleren drei risalitartig vorgezogen und von einem Dreiecksgiebel bekrönt, gliedern den dreigeschossigen Bau, dessen Obergeschosse von einer kolossalen korinthischen Pilasterordnung zusammengefaßt werden. Zentrales Motiv ist die Serliana in der Étage noble, darüber ein Rundbogenfenster mit begleiten-

LITERATUR

Gurlitt 1889, S.364–67; Hartmann 1910, S.126-47; Pinder 1912, S.109; Geisberg 1935, Münster IV, S. 221-42; Hager 1942, S. 133, 354; Rensing 1954, S. 29f; Noehles 1966, S. 299f; Hager 1973, S. 31–35; Winter 1973 (Kat. *Schlaun*), S. 208-12, ders. 1973, S. 65ff; Dietrich Ellger, Faltblatt ›Erbdrostenhof‹ zum Schlaunjahr 1973; Norberg-Schulz 1975, S. 280; Korn 1988, S. 3-38; ders. 1990.

QUELLEN

Archiv Graf Bocholtz-Asseburg, Schloß Hinnenburg (Brief des General von Wenge); Schloß Darfeld, Archiv Vorhelm, Schrank C 8, Nr. 1–18; Staatsarchiv Münster, Hs. 8, S. 364: Münsterische Chronik *Begebenheiten im Siebenjährigen Krieg in Münster 1757–1762*

DENKMALPFLEGE

Einzelberichte zur Denkmalpflege, in: Westfalen 41, 1963, S. 173; 46, 1968, S. 388ff; 53, 1975, S. 364f, 400ff, 619f; 56, 1978, S. 553; 62, 1984, S. 598; ferner Hilde Claussen, Faltblatt ›Erbdrostenhof‹ zum Schlaunjahr 1973.

1 Münster, Erbdrostenhof, Ansicht der Fassade (1936)

2 Münster, Erbdrostenhof, Ansicht der Fassade (um 1920)

den Streifen, das das Abschlußgesims sprengt und überschneidet. Dabei handelt es sich ebenfalls um eine Serliana, ein Motiv, das Palladio mit der Villa Barbaro in Maser bekannt gemacht hatte und das in Brühl von Fischer von Erlachs kaiserlicher Hofbibliothek importiert worden war. Durch die Bogenführung über das Abschlußgesims hinaus erhält der gesamte Mittelrisalit des Erbdrostenhofes den Charakter eines monumentalen Palladiomotivs, mit dem Schlaun übrigens, wenn auch in rangniedrigeren Formen, zur gleichen Zeit sein Wohnhaus repräsentativ ausstattete. Auch im Erdgeschoß gliedert Schlaun die Arkade der Durchfahrt mit den begleitenden rechteckigen Eingängen und den darüber abgesetzten Fenstern nach diesem Prinzip. Vergleicht man zum Schluß noch die ansteigende Balustrade über dem Dreiecksgiebel mit der Stadtfassade Brühl, so wird klar, daß dem Kurfürsten und Fürstbischof von Münster hier architektonisch Referenz erwiesen wurde.

Die äußeren Achsen des Mittelrisalits gehören aufgrund der Fensterformen sowohl zum Risalit als auch zum Corps de logis. Hinter ihnen liegen die Antichambres, die auch noch die nächste Achse am Flügel in Anspruch nehmen. Der Festsaal besetzt nur die drei mittleren Achsen – die mit dem Palladiomotiv ausgezeichnet sind, Außenbaugliederung und Raumdistribution stimmen nicht überein. Die äußeren Fensterachsen der vierachsigen Flügel, Werksteintafeln mit verdoppelter Rahmenblende, sind mit Ausnahme der Pilastergliederung mit den äußeren Achsen des Mittelrisalits identisch und schließen die Fassade seitlich ab. Durch die Wiederaufnahme der Motivik und die Betonung der mittleren ›Backsteinachse‹ am Flügel durch ein Mansardfenster, wobei die äußeren Mansardfenster die Abstufung der Balustrade über dem Mittelrisalit auffangen, schafft Schlaun neue Blickzentren, was der Dreiecksform des Hofes entgegenkommt. Dadurch wird der Baublock noch dichter zusammengebunden, erscheint wie aus einem Guß. Die Ecke schwingt spitzwinklig aus; das raumgreifende Moment dieser Kurvatur wird von dem Hofgitter aufgenommen. Die wohlproportionierte Harmonie der Anlage wird zusätzlich betont durch die exakte Setzung der Mansardfenster in jeder zweiten Achse, dazwischen Lukarnen, auf dem Dachfirst eine Phalanx großformatiger Kamine aus Werkstein.

Bereits Geisberg hat die Übereinstimmung der Gliederung des Erbdostenhofes mit dem dreizehn Jahre später errichteten Residenzschloß hervorgehoben: »Hier wie dort die Quaderung der Erdgeschoßmauern, das durchlaufende Hauptgesims und das zwischen den Kolossalsäulen und den Pilastern durchgeführte zweite Gesims, die Dreiecksgiebel der Risalite, die geraden Sturze der Fenster im Erd- und Obergeschoß, ihre Stichbogen im Hauptgeschoß, die Backsteinblenden, die bei dem Schloß nur Fensterbreite zeigen, die Backsteinstreifen zwischen den Sandsteinlisenen und das Mansarddach.« Geisberg versteht das Schloß jedoch nicht als Weiterentwicklung des Erbdrostenhofes, sondern er vermutet zu Recht ein Zurückgreifen Schlauns auf seine Residenzplanung von 1732/33. Es ist jedoch bereits darauf hingewiesen worden, daß Schlaun bei der Schloßplanung von 1766/68 auf seine alten Pläne zurückgegriffen hat (vgl. Schulze 1995 zum Residenzschloß). Hinweise darauf geben die erhaltenen Pläne für die Hofkirche (Kat.-Nr. 44.1) und der Um-

3 Münster, Erbdrostenhof,
Ansicht der Fassade (um 1860)

4 Brühl, Schloß Augustusburg –
Entwurf Schlaun, 1724

5 Münster, Erbdrostenhof,
Fassade der Rückseite

6 Münster, Erbdrostenhof, Planetenbilder und Monate am Mittelrisalit vor 1945)

7 Münster, Erbdrostenhof, Saturn, Januar und Februar (1927)

8 Münster, Erbdrostenhof, Luna, November und Dezember (1927)

rißplan des Schlosses (Kat.-Nr. 27.3). Die Hofkirche zeigt im übrigen die auf den Sakralbau übertragene Ordnung der Brühler Stadtfassade: an die Stelle des Erdgeschosses ist dort ein hoher Sockel mit Freitreppe getreten, auf dem die Kolossalordnung aufsetzt. Als zentrales Motiv dient die Serliana, lediglich die das Gebälk durchstoßende Arkade fehlt, anstelle der Balustrade steht eine Attika. Die Fassade der Hofkirche verweist auf die Fassade der Peterskirche in Rom (vgl. Kat.-Nr. 44). Mit dem Zitat der kaiserlichen Hofbibliothek in Wien wird der Impetus der für Clemens August verwandten Architekturformen deutlich: als hoher kirchlicher Würdenträger bedient er sich päpstlicher Formen, als Kurfürst unmittelbar verbunden mit dem Kaisertum verweist er auf Wien. Der Erbdroste, der sich der Kenntnisse des Programms kurfürstlicher Bauten im Fürstbistum Münster durch Schlaun bedienen konnte, folgt in der Wahl der Bauformen diesem Programm, um sich zum einen dem Landesherrn unterzuordnen, zum anderen ihm über die Bauformen und das Programm eine angemessene Wohnung anzubieten und zum dritten, um sich selbst über dieses Programm als Hausherr zu nobilitieren. Daß er mit den Bauformen und der Ausstattung seines Hofes alles übertraf, was bisher in Münster an Adelshöfen stand, sei nur am Rande bemerkt.

Man hat darauf hingewiesen, daß der konkave Schwung der Fassade auf Francesco Borrominis Oratorium der Filippiner in Rom zurückzuführen sei (Korn 1995); Schlaun hat dieses Prinzip des öfteren angewandt. Doch die komplizierte Lage des Grundstücks verweist auch auf einen anderen prominenten Bau, die Eingangsschaufront zur Wiener Hofburg: Auftraggeber war Kaiser Karl VI., sein Architekt zunächst Lucas von Hildebrandt, der mit der Fassade zur Stadt ein im Prinzip ähnliches Problem zu lösen hatte wie Schlaun: einen repräsentativen Platz zu schaffen an einer Kreuzung, der durch zwei im stumpfen Winkel aufeinanderstoßende Straßen gebildet wurde. Hildebrandt läßt in seinen Entwürfen von 1724/25 die Arme zurückschwingen und setzt dagegen ins Zentrum das Kreissegment eines Zentralbaus: Mit einladender Geste schafft er damit zunächst Raum, um dann im Gegenzug eine nobilitierte Würdeform im Zentrum vortreten zu lassen. Was Schlaun von den Wiener Bauten wußte, gehört oder in Stichwerken nachgeschlagen hat, ist nicht bekannt. Wir wissen auch nicht, ob er es war oder sein Bauherr, der entschieden hat, daß der Bau in der Diagonalen errichtet werden sollte. Verblüffend bleibt die Lösung, die Flanken des Corps de logis in einen rechten Winkel zu stellen, die der Betrachter mit sieht, wenn er dem Prospekt in angemessenem Abstand gegenübersteht.

Beim Näherkommen erkennt man, daß der Erbdrostenhof mit einem reichen Skulpturprogramm ausgezeichnet ist (Abb. 6–8). Die sieben Keilsteine der Fensterstürze des Mittelbaus und die der äußeren Achsen tragen im Erdgeschoß die Zeichen der Gestirne, die den Wochentagen zugeordnet sind: die Sonne im Zentrum, begleitet links von Mars, Jupiter

9 Münster, Erbdrostenhof, Seitenfassade des Flügels zur Salzstraße (vor 1945)

und Saturn, recht von Venus, Merkur und Luna. Die Balkonkonsolen stellen von links nach rechts den Zyklus der Monate mit den entsprechenden Tätigkeiten des Jahres dar, im Giebelfeld das große, von Rosengirlanden umkränzte Allianzwappen Droste zu Vischering/von Ascheberg. Die Attika bekrönen zwei Vasen; neben ihnen fehlen vier große Figuren, vermutlich einer der zahlreichen durch Putten dargestellten Viererzyklen wie die Jahreszeiten und Lebensalter. Der Bildhauer ist nicht bekannt, man vermutet Feill oder Manskirch. An dem geschmiedeten Balkongitter des Mittelrisalits erkennt man in vergoldeten Kartuschen die Initialen der Bauherren DE (Droste-Erbdroste) und VA (Von Ascheberg), darüber die Jahreszahl Anno 1754.

Die Rückseite des Erbdrostenhofes ist in gewisser Weise die schlichte Ausgabe der Vorderfront (Abb. 5): so treten Doppelstreifenfigurationen an die Stelle der Kolossalpilaster, die wie die Säulen des Palladiomotivs an den Fenstern des Mittelrisalits durch Rahmenstreifen ersetzt werden. Hinter der Gliederung aus Haustein sind die Travéen aus Backstein aufgemauert, ebenso fehlt die Balustrade über dem Dreiecksgiebel. In dieser Ansicht treten die Flügel hervor, die an der Vorderfront nicht wirksam wurden. Sie bilden jedoch keinen Ehrenhof, sondern leiten links über zu den L-förmig angeschlossenen niedrigen Wirtschaftsgebäuden mit Marstall und Remise. Die Seitenfronten des Erbdrostenhofes in der Salzstraße und der Ringoldsgasse besitzen je fünf Fensterachsen, von denen die mittlere als Tafel gebildet ist, ähnlich den Ecktafeln der Hoffront; abgeschlossen werden die Nebenfassaden durch Doppelstreifen (Abb. 10).

DAS VESTIBÜL

In das geräumige Vestibül gelangte man zu Pferd oder mit der Kutsche durch eine von einem Korbbogen überspannte offene Einfahrt (Abb. 10/11*). Das rückwärtige Portal, das in den Wirtschaftshof führte, war durch eine Tür verschlossen. Wurde sie geöffnet, erkannte man in der Achse eine übergiebelte Figurennische, eine Reminiszenz an den fehlenden Garten. Das Vestibül hat Schlaun mit toskanischen Doppelsäulen gegliedert, die hoch aufgesockelt auf den Podesten der einladend geschwungenen Treppen stehen. Sie tragen gemeinsam mit den Wandpilastern ein schweres Gebälk, wodurch dem hinteren Teil des Vestibüls, vor allem den Raumkompartimenten der Treppenabsätze, ein mehr als im vorderen Bereich geschlossenes Aussehen verliehen wird. Die Seitenfassaden des Vestibüls sind wie die übrigen Innenfronten in drei Travéen geteilt, gegliedert durch toskanische Doppelpilaster, links bilden den Scheintüren mit schmiedeeisernen Gittern die symmetrische Ergänzung der Haustüren. Die mittlere Achse springt, begleitet von einem überschnittenen Pilaster, als Folie einer großen Statuennische zurück.

Die äußeren Doppelpilaster stehen in den Raumecken, ein römisches Motiv, das Schlaun von Borromini übernommen hat. Mit der Außenbaugliederung verweist Schlaun auf den ambivalenten Charakter dieses Architekturteils, denn nach Palladio war das Vestibül ein halböffentlicher Platz, weder Außenbau noch Innenraum. Von dieser halb öffentlichen, halb privaten Situation des ›Atrio a quattro colonne‹ leitet sich die Ausstattung mit einer Ordnung ab, die weder ganz dem einen noch dem anderen Bereich zuzuordnen ist. Das Vestibül stellt hier wie übrigens auch beim Residenzschloß eigentlich eine Außenarchitektur dar, die Elemente eines Innenraumes aufweist.

DAS TREPPENHAUS

Das repräsentative Treppenhaus befindet sich an der linken Seite, dahinter liegen einige Wohnräume. Die rechte Haustür, die sich in nichts von der gegenüberliegenden unterscheidet, führt in ein weiteres Appartement. Es besteht im Erdgeschoß keine Verbindung der durch das Vestibül getrennten Flügel. Das nicht besonders große Treppenhaus ist mit einem zartrosafarbenen Kachellambris ausgestattet und mittels illusionistischer Malereien in einen hohen Pfeilerbau verwandelt worden (Abb. 12–15). Seine Anlage über rechteckigem Grundriß folgt den Empfehlungen François Blondels, der Typus war weit verbreitet, man findet ihn in nahezu jeder Maison de plaisance. Während des Hinaufsteigens passiert man eine Folge von Wandfresken, die Szenen eines höfischen Festes mit Maskeraden, adeligen Märkten mit einer Krambude und einer Falkenjagd, wie sie etwa in dem Zeremoniellbuch des Freiherrn von Rohr beschrieben wurden. Hoch oben am Plafond der Voutendecke erkennt man Jupiter auf den Wolken thronend im Olymp, ihm zu Füßen der Adler mit dem Blitzbündel und den herbeieilenden Merkur. Eine Allegorie mit einer Inschrifttafel »unicuiq(ue) Suum«, jedem das Seine, und einem Rauchfaß verweist auf die Verdienste des Bauherrn, eine andere mit aneinandergeketteten Herzen, dem Sinnbild ehelicher Liebe und Treue, auf die Familie, Eifersucht und Mißgunst drohen, von Schlangen gepeinigt, aus dem Bild zu stürzen.

10 Münster, Erbdrostenhof, Vestibül (1905)

11 Münster, Erbdrostenhof, Vestibül (vor 1945)

12 Münster, Erbdrostenhof, Treppenhaus mit Deckenfresko von N. Loder (1936)

13–15 Münster, Erbdrostenhof, Treppenhaus, Freskomalereien von N. Loder (1936)

16 Münster, Erbdrostenhof, Festsaal (1936)

17 Münster, Erbdrostenhof, Festsaal (ca. 1930)

DER FESTSAAL

Im Obergeschoß gelangt man in den längsrechteckigen Festsaal, der die volle Breite des Stadtpalastes einnimmt; eine weitere Tür führt gleichsam durchs Hinterzimmer in eines der beiden Appartements. Selbstverständlich betrat man bei festlichen Gelegenheiten, wie es das Zeremoniell erforderte, die Appartements grundsätzlich nur vom Festsaal aus, der, wie Palladio es beschrieb, noch als halböffentlich anzusehen ist, während die Antichambres bereits den Rang der vorgelassenen Besucher anzeigten. Die Annahme, daß sich im rechten Flügel das Appartement des Hausherrn befand, während der linke Flügel einem hohen Gast vorbehalten sein sollte, muß insofern korrigiert werden, daß, falls der Kurfürst der in der Architektur und im Programm formulierten Einladung seines Erbdrosten tatsächlich gefolgt wäre, er selbstverständlich das größere Appartement beansprucht hätte. Der linke Flügel wies nämlich aufgrund der hier eingebauten Treppe ein Vorzimmer weniger auf und war im Rang entsprechend niedriger einzustufen.

Der Festsaal, eine ›Salle à l'Italienne‹, erstreckt sich über zwei Geschosse (Abb. 16+17). Eine von Konsolen getragene Galerie mit einem schmiedeeisernen Gitter bot Platz für die Musiker, zugleich diente sie als Verbindung der Appartements im zweiten Obergeschoß. Aufgrund der geschwungenen Fassade buchtet der Festsaal mit den drei Fensterachsen leicht ein, was sich im Innern jedoch kaum bemerkbar macht. Die Wandpfeiler zwischen den Fensterachsen sind mit vergoldeten Konsoltischen und Spiegeln in Rocaillerahmen besetzt, die Ost- und Westwand traditionell durch die symmetrische Anordnung von Kamin und seitlichen Türen gegliedert. Über den Kaminen stehen sich in großen Rocaille-Rahmen die Portraits des Kurfürsten und Landesherrn Clemens August und des Kaisers Franz I. gegenüber. Clemens August trägt über der roten Soutane des geistlichen Fürsten den kurfürstlichen Hermelinmantel und das brillantenbesetzte Brustkreuz des Deutsch-Ordens-Hochmeisters, neben ihm die bischöfliche Mitra, der Kurhut, das erzbischöfliche Pallium und der weiße Mantel mit dem Hochmeisterkreuz. Kaiser Franz I., der Gemahl Maria Theresias, trägt die reich mit Gold bestickte spanische Hoftracht, den Orden vom Goldenen Vlies und das Reichszepter, neben ihm auf einem Kissen Krone und Reichsapfel und die Krone des Königs von Jerusalem.

Die Doppelsäulen im Hintergrund verweisen auf die beanspruchte Weltherrschaft des Hauses Habsburg. Die Anwesenheit von Kaiser und Kurfürst in diesem herrschaftlichen Festsaal bezeugt die Absicht des Bauherrn, seinen Rang durch die Einbindung der eigenen Person in das Reichsregiment zu zementieren. Das illusionistische Deckengemälde Loders zeigte dementsprechend die Apotheose des Bauherrn. Über dem Porträt des Landesherrn, in einer Verkröpfung des gemalten Gebälks, erscheint Fama, begleitet von Genien, die den Ruhm des Bauherrn ausposaunen. Sie tragen das Wappen mit der Kette des bayerischen St.-Michael-Ordens und den Initialen DE für Droste-Erbdroste in den olympischen Himmel, wo Jupiter der Götterversammlung vorsteht, assistiert von zahlreichen Putten. An der gegenüberliegenden Seite wird von geflügelten Genien das Wappen der Raesfeld erhoben.

Der Festsaal ist im unteren Geschoß durch eine illusionistisch gemalte toskanische Pfeilerordnung gegliedert, die verkröpft vor die Wand zu treten vorgibt. An der scheinbar tieferliegenden Wand erkennt man Gehänge mit allerlei Musikinstrumenten. In den abgerundeten Saalecken stehen die Statuen der Hera, Athena und Aphrodite, neben der Tür zum Treppenhaus Paris mit dem goldenen Apfel und einem Schild mit der Inschrift »à la plus Belle«: einerseits ein Hinweis auf die Macht der irdischen Liebe, andererseits in der Rechtsikonographie eine Warnung an den Richter oder Fürsten, kein Fehlurteil zu fällen. In den Lünettenfeldern sind die Tageszeiten dargestellt, ihnen entsprechen im Obergeschoß die Elemente über den Türen und die Jahreszeiten an den Fensterwänden.

Das Obergeschoß zeigt eine komposite Pilasterordnung mit einem schweren, weit vorkragenden Gebälk, dessen Verkröpfungen von freistehenden Säulen getragen werden. Es reicht bis weit in die Deckenvoute und läßt den Saal höher erscheinen als er ist. Zwischen den Säulen stehen an der Ostwand die Kardinaltugenden: in der Mitte die Liebe mit Herz und Fackel, begleitet von dem Glauben mit einem Schild, auf dem zwei verschlungene Hände in einem Kranz dargestellt sind, und der Hoffnung mit dem Anker. An der Westwand weltliche Tugenden: in der Mitte die Freigebigkeit mit Füllhorn und Blumenkorb, begleitet von der gerüsteten Minerva, die für Tapferkeit und Klugheit steht, und der Friedfertigkeit. In der südwestlichen Ecke stürzen die Laster in den Abgrund. Vier Putten über den Fenstern vertreten die Architektur, die Dichtkunst, die Skulptur und die Malerei, die unter der Herrschaft von Kaiser und Kurfürst gedeihen.

18 Münster, Erbdrostenhof, Festsaal,
Deckenfesko von N. Loder (vor 1945)

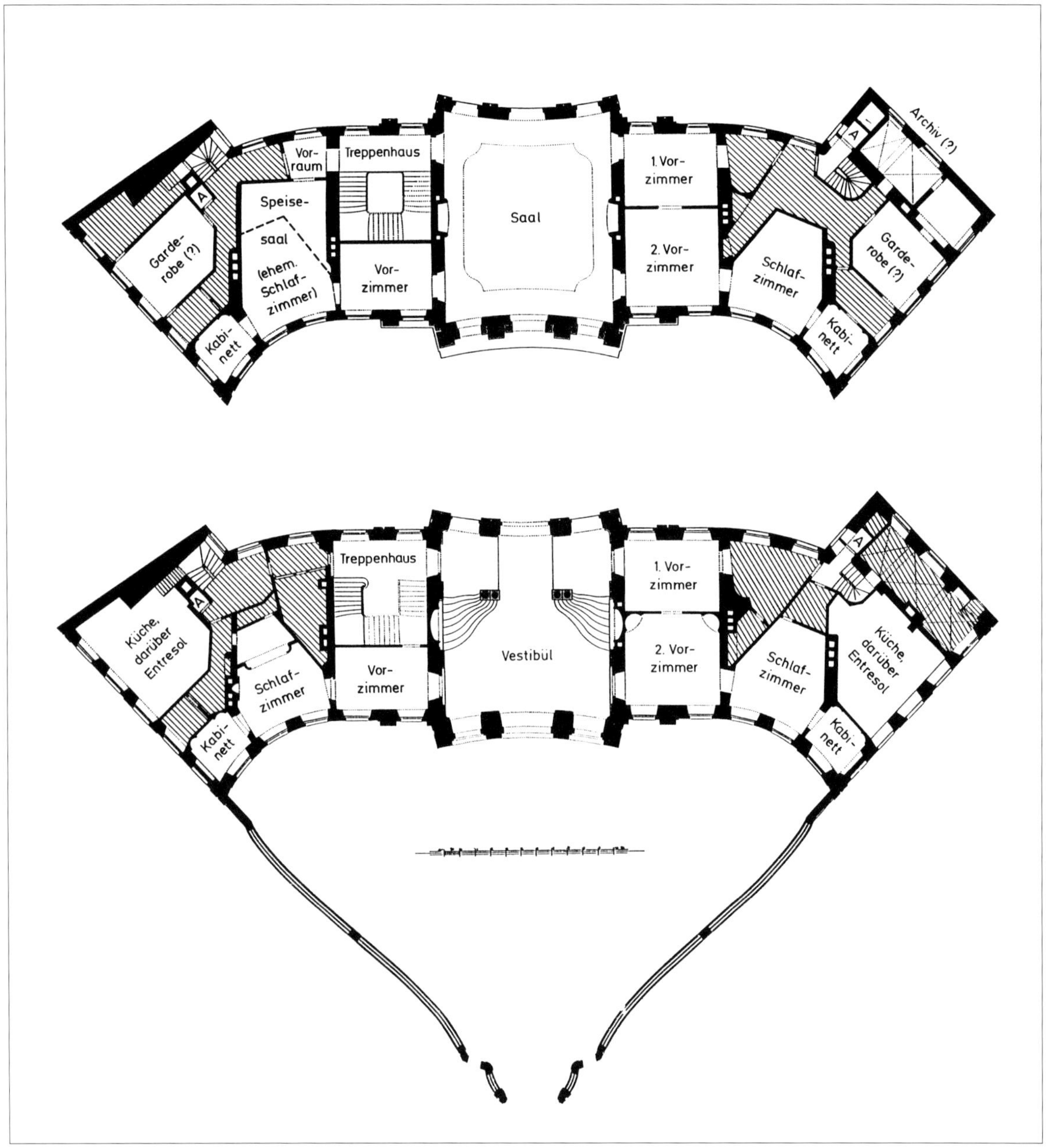

DIE APPARTEMENTS

Der unbestrittenen Leistung des Architekten im Außenbau entspricht ein Grundriß (Abb. 19/20*), der die Schwierigkeiten bei der Raumdistribution zeigt. In der Étage noble folgen rechts auf zwei Antichambres das etwa fünfeckige Schlafzimmer und ein Kabinett. Enfilades waren natürlich nicht möglich, doch erstaunt die Platzverschwendung, die in beiden Flügeln um einen unregelmäßigen Korridor angeordnete unregelmäßige Resträume entstehen ließ. Dort hat Schlaun die Dégagements für die Dienerschaft untergebracht. Der linke Flügel, der durch das Treppenhaus ohnehin sehr klein geraten war, ist vermutlich verändert worden, als durch den Bau der Residenz mit dem hohen Logiergast nicht mehr zu rechnen war. Das Schlafzimmer wurde zu einem schiefrechteckigen Speisesaal umgebaut, dessen ursprüngliche Funktion die Bildthemen der Supraporten ›Nacht‹ und ›Morgen‹ verraten. Von vornherein als Speisezimmer gedacht war die zweite, größere Antichambre im gegenüberliegenden Flügel. Die Supraporten zeigten dementsprechend Stilleben mit Früchten, Wild, Geflügel und Fischen, an der Wand hing ein Gemälde des Kurfürsten Maximilian Friedrich von Königsegg-Rothenfels (Abb. 20). Das Erd-

19/20 Münster, Erbdrostenhof, Grundrisse Erdgeschoß und Étage noble

21 Münster, Erbdrostenhof, Blick aus dem Festsaal durch die erste Antichambre in das Speisezimmer mit dem Bildnis des Fürstbischofs Maximilian Friedrich von Königsegg-Rothenfels (ca. 1930)

geschoß entsprach mit zwei weiteren Appartements weitgehend der Étage noble. Die beiden erhaltenen Grundrißzeichnungen des Kellerwerks zeigen neben den verschiedenen Planungsstadien für den Mittelrisalit, der zunächst wesentlich flacher hervortreten sollte (Kat.-Nr. 59.1, 2), die Anordnung der Küchen. Sie ragten aufgrund ihrer Raumhöhe in das Erdgeschoß hinein, weshalb die äußeren Räume der Appartements von vornherein als Entresoles gestaltet waren. Vielleicht hat man dort das Personal untergebracht.

DIE WIRTSCHAFTSGEBÄUDE

In einem älteren Entwurfsstadium (Kat.-Nr. 59.1) hatte Schlaun einen dreiflügligen Wirtschaftshof geplant. In der Ausführung (Abb. 22–24) wurde die zehnachsige Hoffront des Marstalls an der Kleiboltengasse durch eine breite Tordurchfahrt und eine hohe Aufzugsluke im Dach zentriert und mit einem Streifen-Rahmen-System gegliedert. Die Hofseite des rechtwinklig angesetzten Flügels zur Ringoldsgasse nahmen im Erdgeschoß die vier breiten, korbbogigen Remisentore ein, deren südlichstes zugleich als Durchfahrt diente. Die tief eingeschnittene ›Porte-cochère‹ lag zwischen dreiachsigen, von Lisenen eingefaßten Rücklagen.

DENKMALPFLEGE

Der Erbdrostenhof wurde im Zweiten Weltkrieg durch Brand- und Sprengbomben getroffen und brannte bis zum Keller aus. Der Ostflügel zur Salzstraße stürzte ein, ebenso die Fassade zur Ringoldsgasse; die stehengebliebenen Mauern zeigten schwere Luftdruckschäden. Marstall und Remise waren weitgehend zerstört, das Ehrenhofgitter großenteils vernichtet. Das Mobilar und große Teile der festen Ausstattung waren glücklicherweise rechtzeitig ausgelagert worden. 1948–51 begannen erste Sicherungsarbeiten am Mittelbau, dessen reiche Fassade mit plastischem Schmuck und Balkongittern erstaunlich wenig beschädigt war, und am Westflügel, die durch Betondecken versteift wurden. 1953/54 erfolgte der Wiederaufbau des Ostflügels in Rohmauerwerk. Die Ruinen der rückwärtigen Hofgebäude wurden wegen eines Straßendurchbruchs abgerissen. 1955/56 brachte man das endgültige Dach auf, womit die notwendige Sicherung des Baues abgeschlossen war. Leider hat man dabei einiges verändert: Die äußeren Mansardfenster sitzen nicht in den Achsen, die Kamine am Ende des Dachfirsts fehlen ganz, die Proportionen der übrigen entsprechen nicht den Proportionen Schlauns.

1957–1961 erfolgte die allmähliche Instandsetzung der Außenfronten unter Schonung der erhaltenen Partien, zerstörte Teile der Architekturplastik wurden ergänzt. Gleichzeitig begann 1957–59 der Innenausbau des Westflügels, in den das Landesamt für Denkmalpflege einzog. Die teilweise erhaltene Erdgeschoßhalle und zwei Räume im Hauptgeschoß dieses Flügels bekamen wieder ihre historische Form, die übrigen Räume wurden für Bürozwecke eingerichtet. 1963/64 baute man Sockelmauer, Pfeiler und das nach Resten modellierte und gegossene eiserne Gitter des Ehrenhofes wieder auf, wobei

22–24 Münster, Erbdrostenhof, Marstall und Remise (vor 1912)

man den Grundriß Schlauns zugunsten einer geringfügigen Straßenverbreiterung nicht exakt einhielt.

1965–68 stellte man den Festsaals im Mitteltrakt wieder her. Die ursprüngliche Freskoausmalung Loders von 1757 wurde durch Paul Reckendorfer nachempfunden, die schmiedeeisernen Gitter und die ornamentalen und figürlichen Konsolen der Galerie neugeschaffen (H. Fischer, F. Gathmann und S. Springer), die Kamine rekonstruiert. Man baute die erhaltenen Ausstattungsstücke, vier Spiegel mit Konsoltischen und die Gemälde im Festsaal wieder ein, versetzte den originalen, später veränderten Kronleuchter des Saales in seinen ursprünglichen Zustand zurück und fertigte die zugehörigen vier kleinen Kronleuchter nach erhaltenen Resten neu an. 1966–68 erfolgte der innere Ausbau des Ostflügels für weitere Arbeitsräume des Landesdenkmalamtes und eine Wohnung für den Besitzer. Der kleine Raum an der Frontseite neben dem Festsaal wurde in den einstigen Maßen neu errichtet und wieder mit seiner geretteten ursprünglichen Ledertapete, mit Supraporten und Spiegeln ausgestattet, ein weiterer Raum für die Aufbewahrung historischer Instrumente eingerichtet. Aus Haus Brockhausen wurde der Deckenstuck des 18. Jahrhunderts in drei Räume des Erbdrostenhofes übertragen. Das Haupttreppenhaus erhielt nach den Kachelpaneelen (1968) wieder seine schmiedeeisernen Geländer (1971). Vorläufiger Schlußpunkt war die Rekonstruktion der Freskomalereien im Treppenhaus 1983–85 durch Johann Rauchegger. Da sich beim Wiederaufbau nach dem Zweiten Weltkrieg die Deckenhöhe verringert hatte, fiel bei der Rekonstruktion der Freskomalereien die Voute fort und mußte durch illusionistisch gemalten Stuck ersetzt werden. Was noch ansteht, ist der Ersatz der vier großen Attikafiguren auf dem Mittelrisalit und der Wiederaufbau der Wirtschaftsgebäude.

25 Münster, Erbdrostenhof, nach den Zerstörungen des Zweiten Weltkriegs (1946/47)

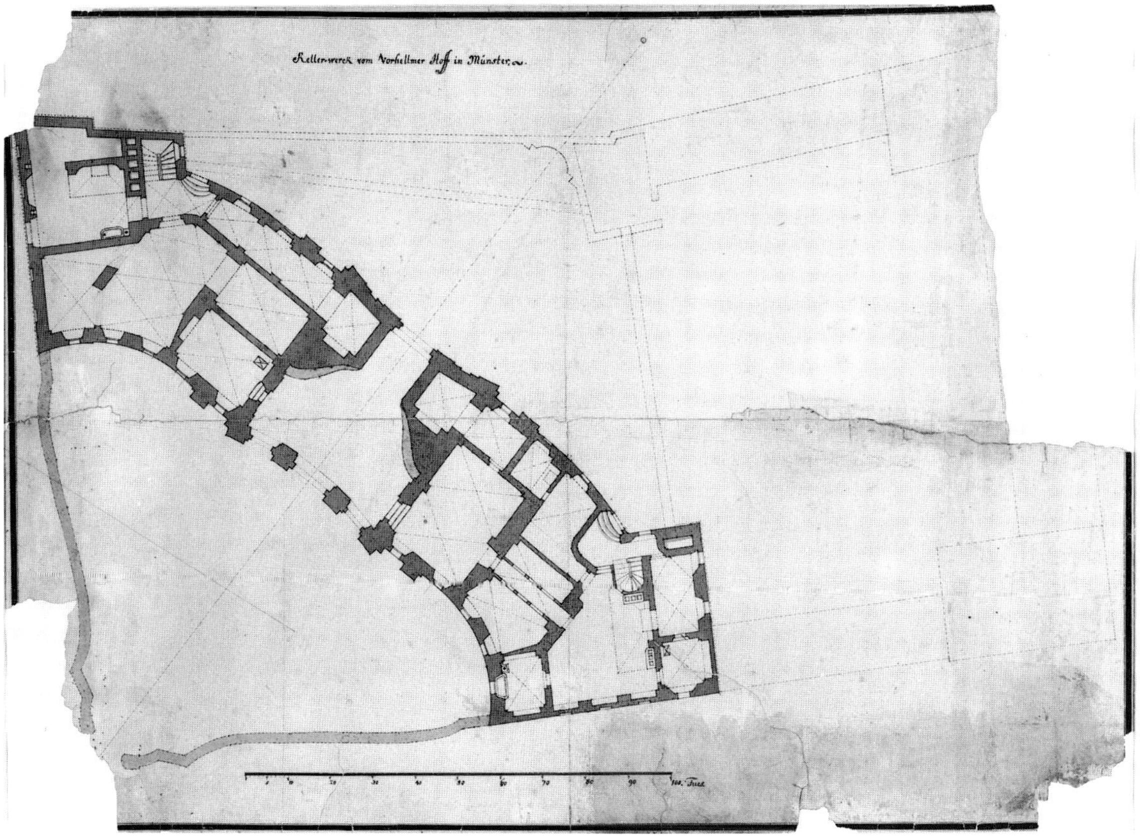

59.1

59.2

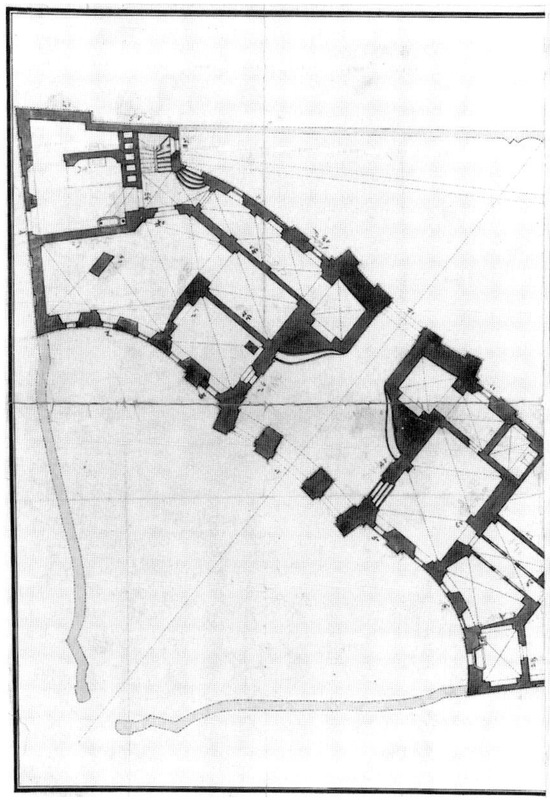

59.1
Münster, Erbdrostenhof
Grundriß des Kellergeschosses mit Angabe der Fundamente der Hofgittermauer und der Anlage der Wirtschaftsgebäude hinter dem Haus, um 1750

Lavierte Federzeichnung (grau), 53 x 75 cm
Titel: *Kellerwerck vom Vorhellmer Hoff in Münster.–.*
Maßstab: *100 Fues* = 28 cm

Gräflich von Droste zu Vischeringsches Archiv, Darfeld

59.2
Münster, Erbdrostenhof
Grundriß des Kellergeschosses, um 1750

Lavierte Federzeichnung (grau), 38,3 x 54,7 cm

Gräflich von Droste zu Vischeringsches Archiv, Darfeld

60

Schloß Velen, 1744–55

Umbau Nordflügel 1744/45, Orangerie 1753/54, Fasanerie 1755

Schloß

Das aus einer 1245 erstmals erwähnten Burg hervorgegangene Wasserschloß Velen am Oberlauf der Aa war das Produkt reger Bautätigkeit des 17., 18. und frühen 19. Jahrhunderts. Bis ins 18. Jahrhundert noch eine Zweiinselanlage, hat es während seiner baugeschichtlichen Entwicklung alle Stadien vom »Festen Haus« über den Zweiflügelbau bis zur Dreiflügelanlage nach französischem Vorbild durchlaufen. Die durchgreifendsten Systematisierungsversuche gehen dabei auf den Frühklassizisten August Reinking zurück, allerdings ist immer wieder auch die Tätigkeit Schlauns am Nordflügel und am Nordwestturm konstatiert worden. Ein Plan Schlauns, eine Bauaufnahme um 1745 (Kat.-Nr. 60.1), später im Besitz Reinkings, zeigt jedoch nur, daß er bereits zu dieser Zeit mit dem Freiherrn Hermann Anton Bernhard von Landsberg-Velen, dem Bauherrn des Velener Hofes in Münster (Kat.-Nr. 56), in Verbindung stand. Aufgrund der Umgestaltungen durch Reinking, neuerlicher Umbauten der Fassaden im Stil der Neorenaissance im späten 19. Jahrhundert, vor allem aber wegen des verheerenden Brandes von 1931, dem die gesamte Innenarchitektur mit Ausnahme der Kapelle zum Opfer fiel, und des Wiederaufbaus von 1934 unter vollständiger Veränderung des Innern sowie der fehlenden Akten bleibt die Beteiligung Schlauns am Hauptschloß weiterhin ungewiß.

LITERATUR

Theodor Rensing, *Zur Baugeschichte des Schlosses Velen,* in: Westfalen 31, 1953, S. 245ff; Rensing 1954, S. 39; Dehio Westfalen 1969, S. 561; Püttmann 1988, S. 96; Haucke 1991, S. 164–65; Püttmann 1995, S. 535–39.

DENKMALPFLEGE

Hermann Bartels, *Der Wiederaufbau von Schloß Velen,* in: Westfalen 31, 1953, S. 247; Einzelberichte zur Denkmalpflege in: Westfalen 21, 1936; 41, 1963, S. 246; 53, 1975, S. 744; 62, 1984, S. 693f; 67, 1989, S. 780.

Orangerie

In der Werkstatt Schlauns entstanden um 1751 Entwürfe für die Orangerie von Schloß Velen, ein zunächst eingeschossig geplanter, neunachsiger Bau auf dem Sockel eines Kellergeschosses mit einem von Schleppgauben besetzten mächtigen Walmdach (Kat.-Nr. 60.2). Das Portal auf einer risalitartigen Tafel ist durch eine Rampe, Inschriftenfeld und Ochsenauge akzentuiert; je vier sandsteingerahmte Rechteckfenster sitzen in einer Rücklage, deren Rahmung den Bau an den Kanten abfaßt. Offenbar war dem Bauherrn das Projekt Schlauns zu wenig repräsentativ, denn er forderte ein zweigeschossiges Gebäude, für das ein zeitweiliger Mitarbeiter Schlauns, Gerhard van der Giese, neue Entwürfe zeichnete (Kat.-Nr. 60.3–6). Der wenig elegante Bau wurde 1753/54 fertiggestellt (Abb. 1); er folgte in Achsenzahl und Fassadenstruktur dem Plan Schlauns und erhielt neben dem zweiten Geschoß ein flach geneigtes Krüppelwalmdach, dessen schlichte Giebelfronten mit drei quadratischen Fenstern ausgestattet wurden. Das Erdgeschoß besetzt in der Hauptsache der Orangeriesaal. In der Achse liegt im hinteren Teil des Gebäudes das Treppenhaus, links die Gärtnerwohnung, rechts die Schreinerei. Dem Portal der Südfassade mit vorgelagerter Rampe für den Transport der Kübel entsprechen an der Rückfront symmetrisch angelegte einläufige Freitreppen, die rechts in die Schreinerei, links in einen Verbindungsgang zwischen Gärtnerzimmer und Treppenhaus führen. Dieser Gang wurde nachträglich auf Kosten der Gärtnerwohnung zu einem Entréesaal erweitert. Im Obergeschoß lagen zu seiten des Salons kleine Appartements und ein Billardsaal. Neben der Enfilade durch die Raumfolge der Südseite erfolgt die eigentliche Erschließung des Appartement double durch einen breiten mittleren Gang, an dessen östlichem Ende eine »porcelaine Kammer« als Höhepunkt geplant war. Die detailliert ausgeführten, jedoch dilettantischen Zeichnungen Gieses (im Staatsarchiv) für die Wanddekoration wurden nicht realisiert. Allerdings stattete man die Räume mit originellen und durchaus repräsentativen Stuckdekorationen aus.

1 Schloß Velen, Orangerie (Vorkriegsaufnahme)

2 Schloß Velen, Fasanerie (Zustand 1994)

Fasanerie

Die 1753–55 errichtete Fasanerie liegt im Waldgebiet des sogenannten »Thiergartens« an der »Allée so vom Sloss Vehlen Komt« an der Längsseite des von einer hohen Ziegelsteinmauer umfaßten Fasanengartens (Kat.-Nr. 60.7–8). Schlaun hat für den Garten eine bereits von ihm bekannte Grundrißdisposition verwendet: ein Rechteck mit angesetzten, exedrenartigen Ausbuchtungen (vgl. Haus Rüschhaus oder Haus Beck, Kat.-Nr. 45.72). Der Schnittpunkt der Zugangsachse mit der vom Portal der Fasanerie ausgehenden Hauptachse ist mit einem Sockel besetzt, der vermutlich eine Vase oder Sonnenuhr tragen sollte. Die Fasanerie (Abb. 2) ist ein schlichter eingeschossiger Backsteinbau, der durch ein Rahmen-Streifen-System mit Doppelstreifen an den Gebäudekanten und einem risalitartig auf einer Tafel vorgezogenen Portalmotiv mit Doppelstreifenrahmung gegliedert wird. Über dem Portal prangt das Allianzwappen der Bauherrn, akzentuiert durch die Dachgaube und die Kamine auf dem Walmdach.

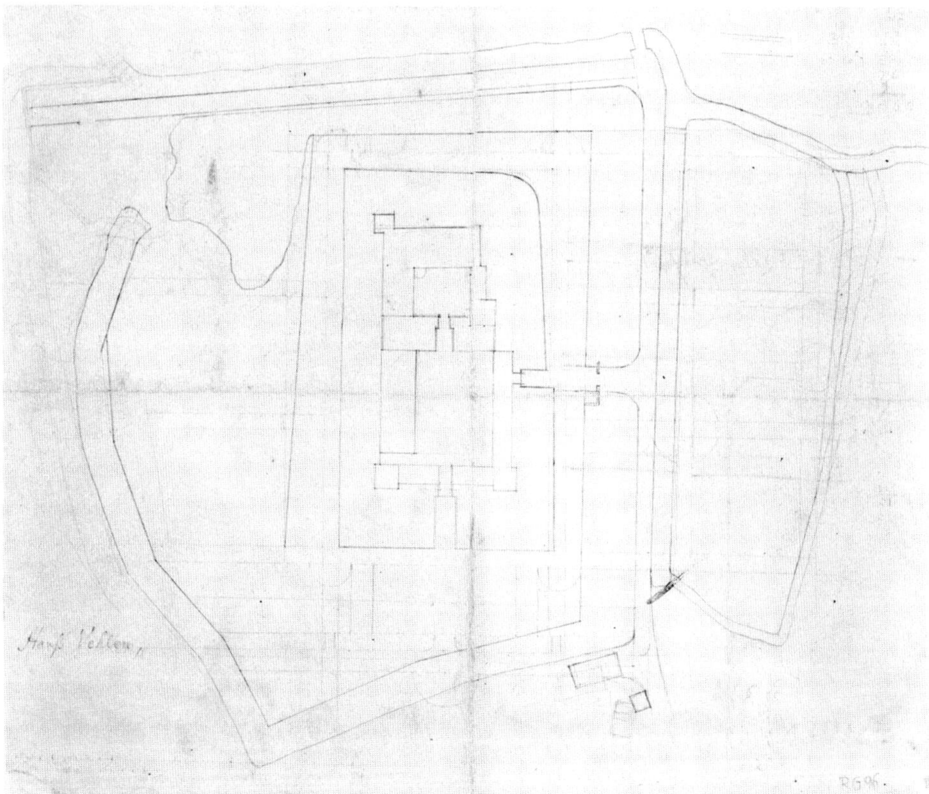

60.1

Schloß Velen

Lageplan der Gesamtanlage mit Korrekturen, um 1750

Lavierte Federzeichnung (rot), Bleigriffel, 31,5 x 38,4 cm
Titel: *Hauss Vehlen*
Beischrift: Zahlenkolonnen

Westfälisches Landesmuseum Münster, Rg 46 Ha

Entresohle.

60.8

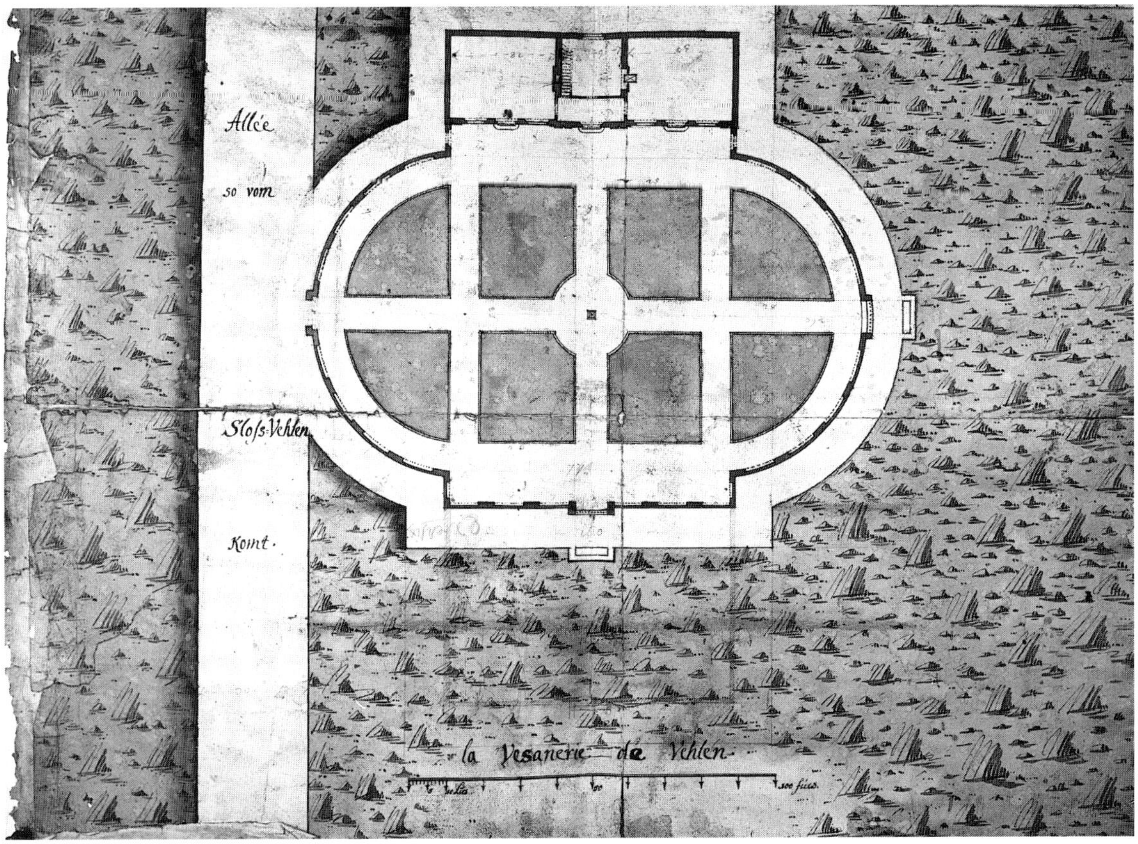
Allée
so vom
Sloss Vehlen
Komt.
la Vesanerie de Vehlen

60.7

60.2

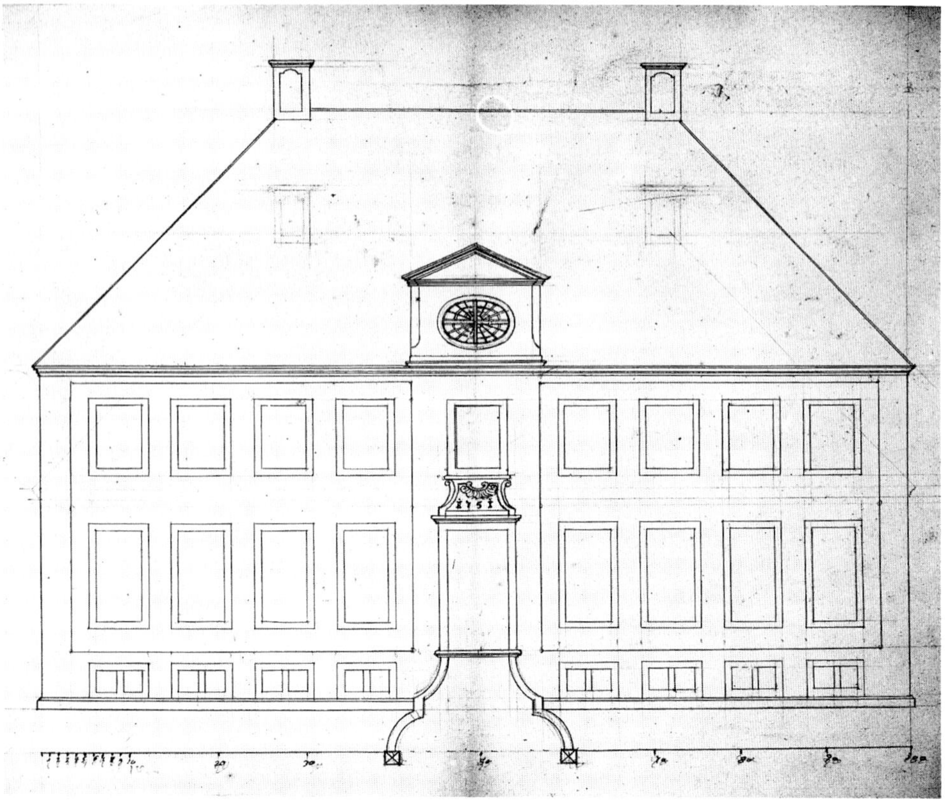

60.3

60.2
Schloß Velen, Orangerie
Schlaun-Werkstatt
Aufriß der Gartenseite

Lavierte Federzeichnung, 32,9 x 45,5 cm
Maßstab: *100 fues Reinländisch* = 39,5 cm

Staatsarchiv Münster, Depositum von Landsberg-Velen, Karten und Pläne, A 8718

60.3
Schloß Velen, Orangerie
Gerhard van der Giese
Grundriß der Gartenseite

Federzeichnung, Bleigriffel, 35,6 x 45,5 cm
Maßstab: *100* (Fuß) = 39,7 cm

Staatsarchiv Münster, Depositum von Landsberg-Velen

60.4
Schloß Velen, Orangerie
Gerhard van der Giese
Grundriß des Erdgeschosses, um 1753

Lavierte Federzeichnung, 35,4 x 46,7 cm
Titel: *Erste Etage*
Beischrift: *Eusserliche Treppe* (2x); *Gärtner Zimmer; Gang; Zimmer* (2x); *Treppe; Schreinerey; Orangerie* (2x); (Angabe der Himmelsrichtungen oben:) *Septentrio;* (rechts:) *Oriens;* (unten:) *Meridies;* (links:) *Occidens*
Maßstab: *100 fues* = 39,65 cm

Staatsarchiv Münster, Depositum von Landsberg-Velen, Karten und Pläne, A 9021

60.5
Schloß Velen, Orangerie
Gerhard van der Giese
Grundriß des Obergeschosses, um 1753

Lavierte Federzeichnung, 33,5 x 46,5 cm
Titel: *2te Etage*
Beischrift: *BillardZimmer; Holtzplatz; Camin; Cabinet; Entrée; Zimmer; Camin; Holtzplatz; Gang zum privée; porcelain Kammer; Gang; Garderobe* (2x); *Zimmer* (2x); *Salon;* (Angabe der Himmelsrichtungen oben:) *Septentrio;* (rechts:) *Oriens;* (unten:) *Meridies;* (links:) *Occidens*
Maßstab: *100 fues* = 39,5 cm

Staatsarchiv Münster, Depositum von Landsberg-Velen, Karten und Pläne, A 9023

60.6 (ohne Abb.)
Schloß Velen, Orangerie
Gerhard van der Giese (Kopie nach Kat.-Nr. 60.4)
Grundriß des Obergeschosses, um 1753

Federzeichnung, 29 x 46,7 cm
Titel: *2te Etage*
Beischrift: *BillardZimmer; Holtzplatz; Camin; Cabinet; Entrée; Zimmer; Camin; Holtzplatz; Gang zum privée; porcelain Kammer; Gang; Garde-robe* (2x); *Zimmer* (2x); *Salon;* (Angabe der Himmelsrichtungen oben:) *Septentrio;* (rechts:) *Oriens;* (unten:) *Meridies;* (links:) *Occidens*
Maßstab: *100 fues* = 39,5 cm

Staatsarchiv Münster, Depositum von Landsberg-Velen, Karten und Pläne, A 9024

60.7
Schloß Velen, Fasanerie
Plan der Gesamtanlage

Lavierte Federzeichnung (gelbgrün), 38,4 x 53,3 cm
Titel: *la Vesanerie de Vehlen*
Beischrift: *Allée so vom Sloss-Vehlen Komt.*
Maßstab: *100 fues* = 17,7 cm

Staatsarchiv Münster, Depositum von Landsberg-Velen, Karten und Pläne, A 9139

60.8
Schloß Velen, Fasanerie
Aufriß der Südseite und Grundriß

Lavierte Federzeichnung (graugelb), 37,2 x 48,7 cm
Titel: *Vesanerie de Vehlen.*
Beischrift (zum Grundriß): *Entresohle.*
Deckblatt mit Entwurfsvariante zur Entresole
Maßstab: *60 fues* = 31,5 cm

Staatsarchiv Münster, Depositum von Landsberg-Velen, Karten und Pläne, A 8720

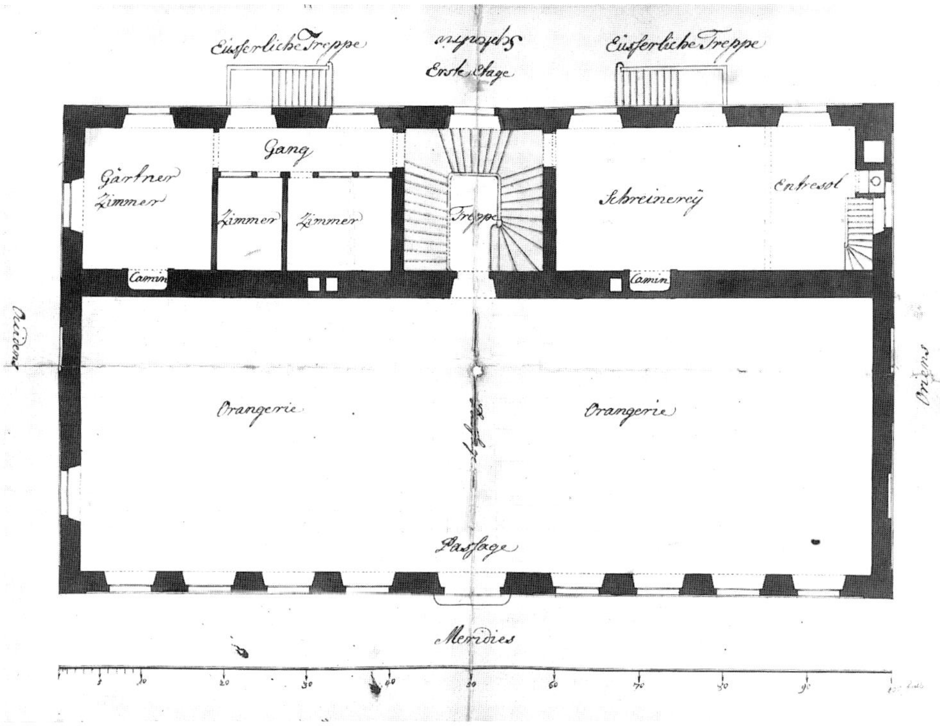

60.4

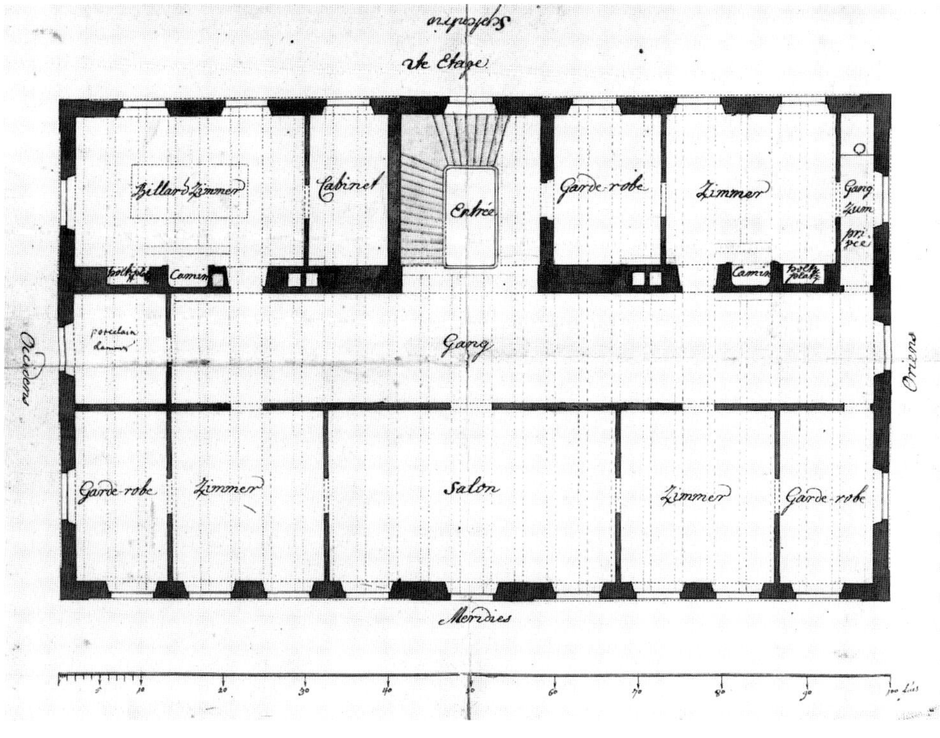

60.5

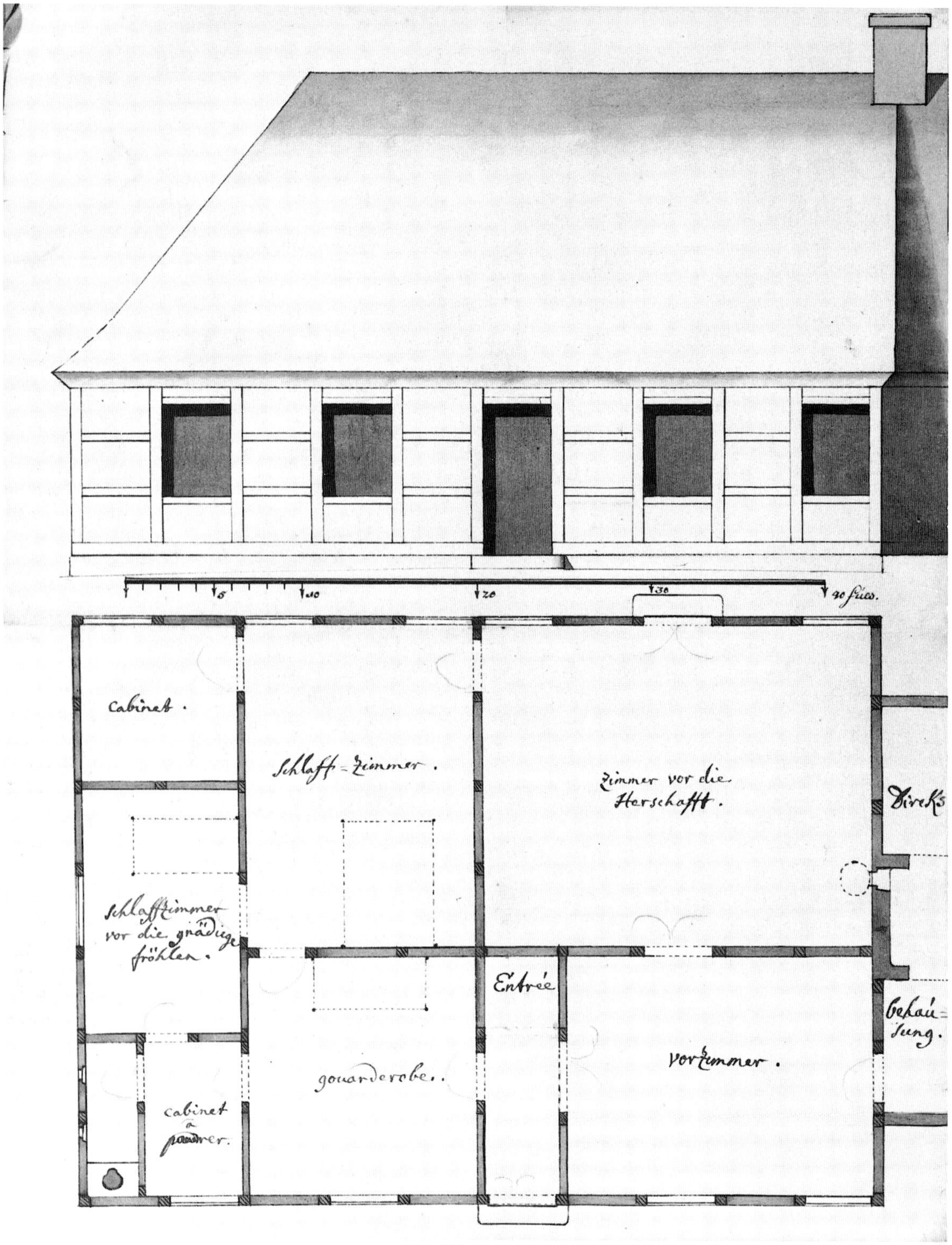
5
10
20
30
Cabinet.
Schlafft=Zimmer.
Zimmer vor die
Herschafft.
Entrée
Vorzimmer.
gouarderobe..
cabinet
a

61

Campagnenhaus des Drosten Hermann Anton Bernhard von Velen, 1755

Sögel

Nicht nur Clemenswerther Jagdereignisse haben die häufige Anwesenheit des Meppener Drosten Hermann Anton Bernhard Freiherr von Velen in dem abgelegenen Dorf Sögel erfordert, auch der Bau des Schlosses verlangte des öfteren seine Präsenz. Daß bei der Knappheit dörflicher Quartiere nicht einmal für den Drosten und seine Equipage auf dem Schloß Platz war, zeigt die Unterbringung seiner Kutscher und Reiter im Haus Schleper oder die seiner Pferde im Hause Volmaring in Sögel. Häufiges Quartier (so 1747 und 1749) nahm er im Haus auf dem Bült, das dem bereits 1737 als Clemenswerther Bauzahlmeister und Schloßverwalter eingestellten Kaufmann Georg Josef Behnes (1694–1761) gehörte. Wohl aus Gründen der schwierigen Quartiersituation entschloß sich der Droste, nach Plänen von Schlaun ein eigenes Landhaus in Sögel bauen zu lassen: ein kleines Fachwerkhaus mit Satteldach, seitlich angebautem Küchen- und Bedienstetentrakt, ähnlich der Pavillonkonzeption von Schloß Clemenswerth. Der Grundriß zeigt eine Raumfolge von Flur, Garderobe, Zimmer für die Herrschaft, Schlafzimmer mit Doppelbett, Schlafzimmer für die Tochter Anna Theresia, ein Kabinett und eine Toilette mit Vorraum. Schriftwechsel und Bauberechnungen ziehen sich hin bis 1762. Über die Ausführung und den Standort des Campagnenhauses in Sögel ist nichts bekannt.

LITERATUR

Holger Lemmermann, *Sögel im Spiegel seiner Häuser,* Sögel 1983, S. 93, 103, 166, 169; Kat. *Clemens August* 1987, S. 286.

61.1

Haus Velen

Aufriß und Grundriß des Campagnenhauses, 1755?

Lavierte Federzeichnung, 41 x 32,2 cm

Beischrift: *cabinet., Schlaff-Zimmer. Zimmer vor die Herschafft., SchlaffZimmer vor die gnädiege fröhlen., cabinet a poudrer.; gouarderobe., Entrée., vorZimmer., behausung., DireKs*

Maßstab: *40 fues*

Staatsarchiv Münster, Dep. Landsberg-Velen/Dep. Gräfl. Landsbergsches Archiv, Nr. 114

62

Haus Schücking, 1754

Sassenberg

Auftraggeber des Landhauses in Sassenberg war der bischöfliche Kanzler Christoph Bernhard Engelbert Schücking. Vier Pläne Schlauns überliefern das Aussehen der heute vor allem an der Hoffassade durch Umbauten des 19. Jahrhunderts entstellten kleinen Maison de plaisance, die der Architekt selbst als Tusculanum bezeichnet. Die Hofseite gegenüber der Pfarrkirche ist bescheiden gehalten: ein eingeschossiger Backsteinbau mit Walmdach, wobei das alles beherrschende steile Dach den Baukörper um mehr als die Hälfte überragt. Die mächtigen Kamine und die zentrale Schleppgaube über der Mittelachse setzen auch die gut proportionierten rhythmischen Akzente. Schlaun zog übrigens zwei weitere etwas versetzte Dachfenster in Betracht, die den Akzent mehr zu den Seiten verlagert hätten. So aber konzentriert sich der Blick auf das Eingangsportal, das in einer doppelten Streifenrahmung liegt. Sie läuft um die Fensterfelder herum und fängt die Fassade an den Kanten ab, der Sockel vervollständigt die Rahmengliederung, ein kräftiges Dachgesims schließt den Wohnbereich der Herrschaft nach oben ab. In der Mitte wird das Gesims nach oben aufgebogen, bildet gleichsam einen Segmentbogen, ein französisches Kürzel für das von Schlaun anderenorts als Hoheitsformel verwendete Palladiomotiv, das hier das einfach profilierte Portal mit dem Wappenfeld auszeichnet.

Die Gartenfassade ist der Hoffassade übergeordnet. Sie weist neben dem dreiachsigen Zwerchhausrisalit eine reichere Gliederung mit Doppelstreifen auf; hier befinden sich unten der Salon und die beiden Schlafzimmer, oben im Risalit die Zimmer der Kinder und ihres Praeceptors. Vergleicht man die Gartenseite mit dem Lippeschen Landhaus (Kat.-Nr. 63), so fällt der formale Zusammenhang der beiden Bauten sofort auf. Hier wie dort der dreiachsige Mittelrisalit, in Sassenberg setzt statt des Dreiecksgiebels unmittelbar das Dach des Risalits an, das jedoch eine ähnliche Wirkung entfalten sollte, wie an dem aufgesetzten Akroterion ablesbar ist. Drei bei beiden Bauten über den Erdgeschoßfenstern eingelassene Felder nehmen in Sassenberg die Form der Fensterbogen auf und lassen keinen Zweifel daran, daß auch das Lippesche Landhaus trotz fehlender Archivalien von Schlaun stammt. Wie dort hat Schlaun versuchsweise ein Mansarddach eingestrichelt, das in der Höhe des Dachgesimses des Risalits gebrochen werden sollte und den gleichen Neigungswinkel wie dessen Dach aufgewiesen hätte. Offenbar hat man jedoch die Mehrkosten gescheut, denn eine ausgebaute Mansarde hätte ein Treppenhaus zur Folge gehabt; weitere Räume in der Mansarde, vorher offener Dachstuhl, hätten ausgestattet werden müssen. Übrigens zeigt sich an diesem Bau, daß die ›runde Ecke‹ weniger als eine Erkennungsformel für Schlaun denn als Zitat von Schloß Augustusburg in Brühl (Kat.-Nr. 16) aufzufassen ist, denn während das Zitat bei einem Hofbeamten in Oberkassel bei Bonn durchaus Sinn macht, ware es in Sassenberg, zumal an einem so unbedeutenden Bau, nicht angemessen.

Die Raumdistribution ist französisch: durch eine schmale Entrée gelangt man direkt in den Salon, wo rechts und links die Schlafzimmer anschließen, das linke versehen mit einem Cabinet und Garderobe im Entresol, unter der Treppe ein Nachtstuhl, daran anschließend an der Hofseite ein weiteres Wohnzimmer. An der rechten Seite liegen Küche und Speisekammer, darüber ein Entresol für die Bedienten. Die Türen liegen an der Hof- und an der Gartenseite in einer Flucht, was allerdings naheliegt. Der Salon ist zugleich Gartensaal, ein Portal führt über sechs Stufen direkt auf die Hauptachse des ehemals französischen Gartens mit einer Herkulesgruppe als Point de vue. Weitere Gartenfiguren, Allegorien der vier Jahreszeiten, stammen vermutlich von Johann Christoph Manskirch.

LITERATUR

Hartmann 1910, S. 166, 231f., 289; *Bau- und Kunstdenkmäler von Westfalen. Kreis Warendorf*, 1936, S. 363ff.; Rensing 1954, S. 31; Kat. Clemens August 1961, S. 271f.; Zinkann 1989, S. 50–53.

1 Sassenberg, Haus Schücking, Gartenfassade

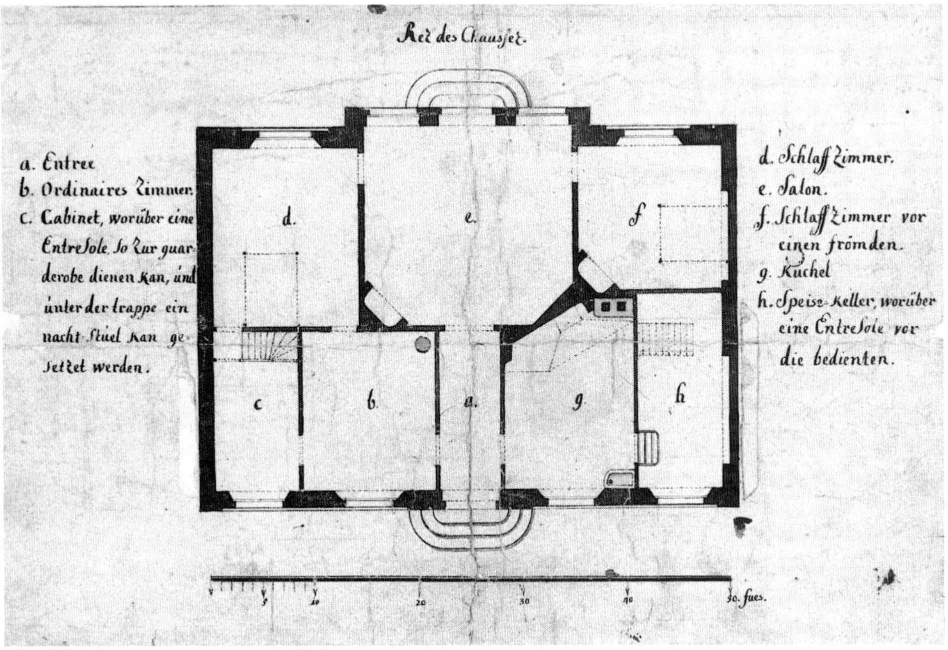

62.1

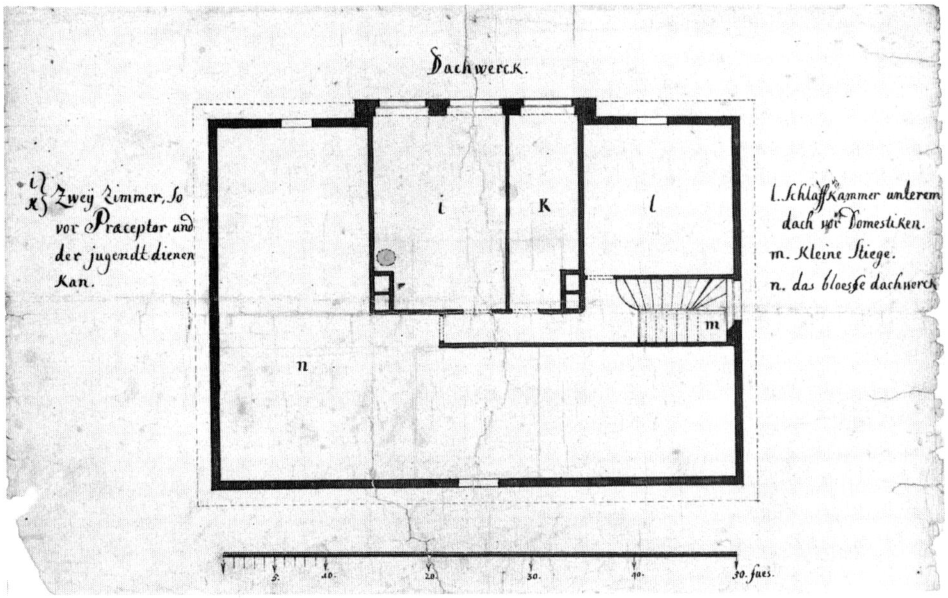

62.2

62.1
Sassenberg, Haus Schücking
Grundriß des Erdgeschosses

Lavierte Federzeichnung (schwarz), 20,5 x 32,3 cm
Titel: *Rez de Chaussez.*
Beischrift: Kennbuchstaben
Legende: *a. Entree; b. Ordinaires Zimmer.; c. Cabinet, worüber eine Entresole so Zur guarderobe dienen Kan; und unter der trappe ein nacht stuel Kan gesetzet werden.; d. SchlaffZimmer.; e. Salon.; f. SchlaffZimmer vor einen fömden.; g. Kuchel; h. Speisz-Keller, worüber eine Entresole vor die bedienten.*
Maßstab: *50 fues* = 17,6 cm

Depositum Schücking, Sassenberg, o.Nr.

62.2
Sassenberg, Haus Schücking
Grundriß des Obergeschosses

Lavierte Federzeichnung (schwarz), 19,6 x 32,4 cm
Titel: *Dachwerk*
Beischrift: Kennbuchstaben
Legende: *i; K* (zusammenfassende Klammer:) *Zwey Zimmer, So vor Praceptor und der jugendt dienen Kan.; l. SchlaffKammer unterem dach vor DomestiKen.; m. Kleine Stiege.; n. das bloosse dachwercK*
Maßstab: *50 fues* = 17,2 cm

Depositum Schücking, Sassenberg, o.Nr.

62.3
Sassenberg, Haus Schücking
Aufriß der Straßenseite

Lavierte Federzeichnung (blaßrot, grau), 20,4 x 31,9 cm
Titel: *Concept eines Tusculani vor den H. Cantzleren von Schücking zu Sassenberg.; Fordere Aufführung*
Datierung: *1751*

Depositum Schücking, Sassenberg, o.Nr.

62.4
Sassenberg, Haus Schücking
Aufriß der Gartenseite

Lavierte Federzeichnung (blaßrot, grau), 20,6 x 32 cm
Titel: *Aufführung nach dem Garten.*
Beischrift: *NB. Wan von dem dach solte Profiliret werden, so könte Selbes auch wie punctiret Verfertiget werden.*

Depositum Schücking, Sassenberg, o.Nr.

Concept eines Tusculani vor den H. Cantzeleren
von Schücking zu Sassenberg.
Fordere Aüfführung

62.3

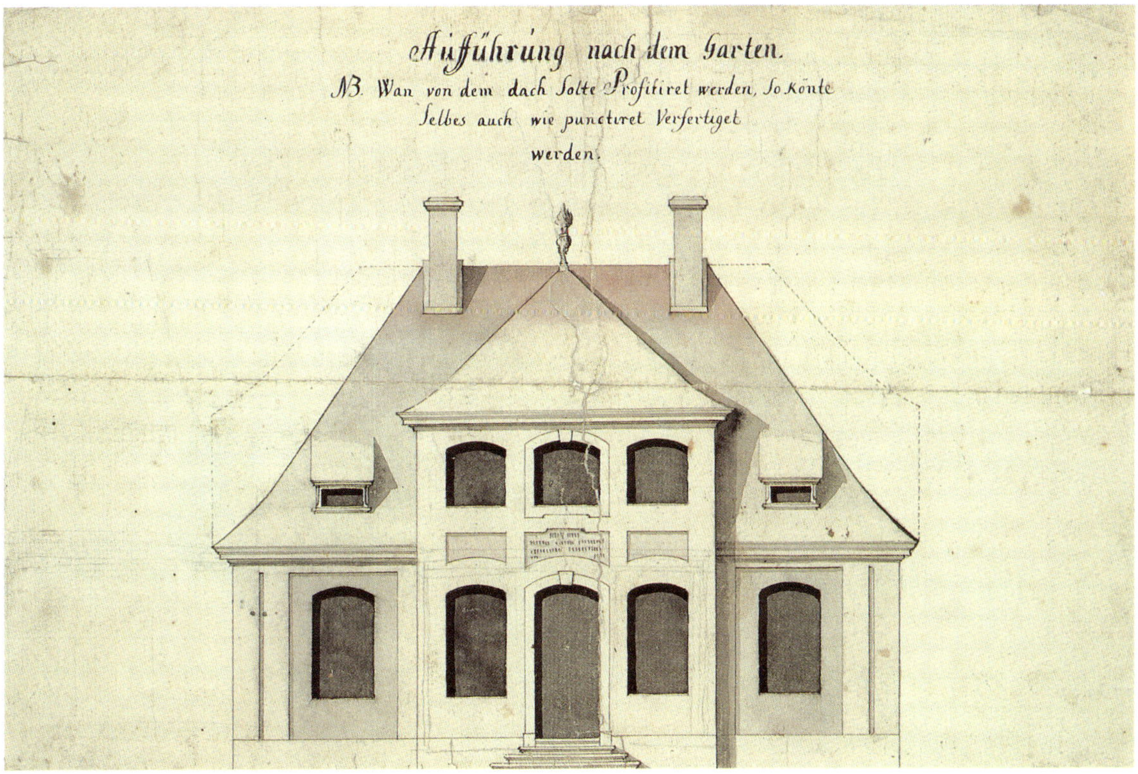
Aüfführung nach dem Garten.
NB. Wan von dem dach Solte Profitiret werden, So könte
Selbes auch wie punctiret Verfertiget
werden.

62.4

63
Lippesches Landhaus, 1750/60
Oberkassel

Besitzer des Gutes zu Oberkassel war Anfang des 18. Jahrhunderts das Kölner Patriziergeschlecht von Meinerzhagen, das durch den Besitz von Silber- und Bleibergwerken bei Mechernich in der Eifel zu großem Reichtum gelangt war. Johann Gerhard Edler von Meinerzhagen (geb. 1682), kurpfälzischer Rat und Pfennigmeister des westfälischen Kreises, heiratete 1738 Margaretha du Fay aus Frankfurt am Main. Er ließ um die Mitte des 18. Jahrhunderts das heutige Landhaus erbauen. 1761 starb er hier. Die Erbin des Gutes, Reichsgräfin Elisabeth Johanna von Meinerzhagen, brachte durch ihre Heirat 1770 den Besitz an den Grafen Friedrich Wilhelm zur Lippe-Biesterfeld.

Über die Qualität der Architektur dieses Gebäudes bestand zu keiner Zeit Unklarheit: Bereits Edmund Renard würdigte es in dem 1907 erschienenen Kunstdenkmälerinventar des Siegkreises – der damaligen Zeitauffassung entsprechend – gebührend, nannte es eine »reizvolle Anlage« und sprach von dem »malerischen Herrenhaus«. Seit den Forschungen Theodor Rensings in den 30er Jahren gilt das Lippesche Landhaus durch stilkritische Zuschreibung als ein Werk Johann Conrad Schlauns, der bereits für hochgestellte Hofchargen des Kurfürsten Clemens August auf der Höhe des Vorgebirges Schloß Rösberg und in der Nähe von Euskirchen die Große Burg von Kleinbüllesheim errichtet hatte. Die Beauftragung Schlauns entspricht einer in dieser Epoche vielfach zu beobachtenden Tendenz: Die Adeligen treten, dem Beispiel ihrer geistlichen und weltlichen Landesherren nacheifernd, verstärkt als Auftraggeber und Förderer der Kunst auf, öffnen durch die von ihnen unternommenen Neu- und Erweiterungsbauten die Tore für Architekten, Künstler und Kunsthandwerker.

Die Anlage des Lippeschen Landhauses bestand ursprünglich aus dem Herrenhaus und zwei vorgezogenen rechtwinkeligen Nebenflügeln, dazu kam an der Südseite ein Wirtschaftshof, das ganze eingebettet in eine Parklandschaft, die sich jenseits der Straße als Baumgarten bis zum Rhein hin erstreckte.

Das Herrenhaus ist eingeschossig aus Bruch-steinen und Ziegel errichtet, verputzt und mit einem hohen Mansarddach gedeckt, das die Gestalt des Hauses prägt. Die Hauptseiten bestehen aus sieben, die Nebenseiten aus je drei Fensterachsen. Alle Fenster und Türen sind in Werkstein gerahmt. Die drei Mittelachsen der Hauptseiten liegen jeweils in einem Mittelrisalit, der bis zum Knick des Mansarddaches hochgeführt ist und von einem Dreiecksgiebel bekrönt wird. Beide Giebel sind mit dem Allianzwappen Meinerzhagen/du Fay geschmückt. Charakteristisch für Schlaun ist die Belebung der Wandflächen durch Blendfelder sowie die Abrundung der Ecken, die er, aus der römischen Palazzoarchitektur übernommen, erstmals am Brühler Schloß verwendete. Auf bauplastischen Schmuck ist fast vollkommen verzichtet. Der Außenbau lebt ganz aus seinen noblen Maßverhältnissen.

Der Grundriß zeigt in der Mitte Diele (Vestibül) und Gartensaal, die beiden Raumkonstanten dieses Typus. Das Vestibül beginnt schmal und erweitert sich T-förmig auf die Breite des Gartensaals. Links und rechts an die Raumfiguration der Mitte schließen jeweils drei Raumeinheiten an; darunter in der Mitte der linken Raumgruppe das Treppenhaus, das auf einen geräumigen, zentral angeordneten Flur im Mansardgeschoß führt. Um diesen Flur liegt eine Anzahl von Gast- und Schlafräumen.

An alter Ausstattung bewahrt der Gartensaal einen hölzernen Schmuckfußboden mit Blütenintarsien, einen verzierten Kamin und eine ornamentale Stuckdecke. Erhalten ist ebenfalls die ursprüngliche hölzerne Treppe mit Balustern und geschnitzten Treppenpfosten. Des weiteren sind im ganzen Haus die originalen, mit Profilen verzierten Türen erhalten.

Durch umfassende Restaurierungen in den Jahren 1980–1982 konnte das vom totalen Zerfall bedrohte Haus in seiner Grundsubstanz gerettet werden. Trotz neuer Nutzung zu Bürozwecken blieb die ursprüngliche Grundrißdisposition bewahrt.

GISBERT KNOPP

LITERATUR

Rensing 1954, S. 31, Abb. 63; *Das Lippesche Landhaus Bonn-Oberkassel.* Hg. Versorgungswerk der Architektenkammer Baden-Würtemberg, Stuttgart 1982; Zinkann 1989, S. 53–56.

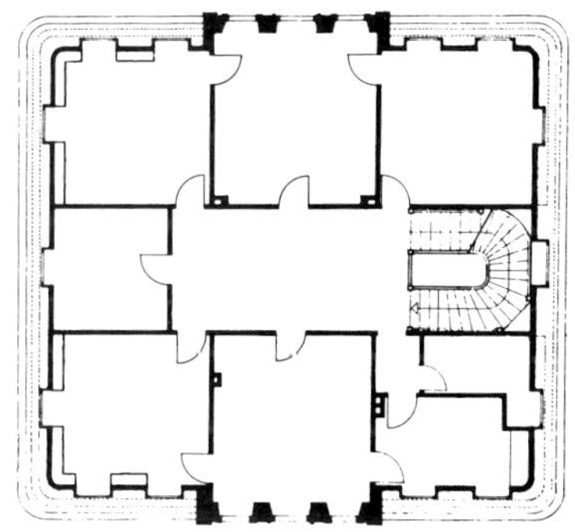

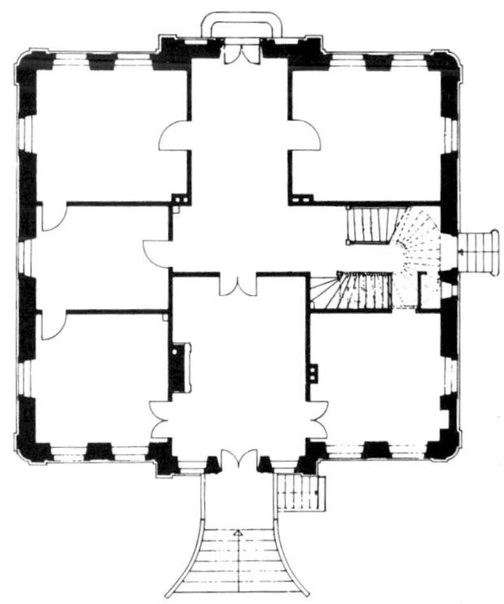

1 Oberkassel bei Bonn, Lippesches Landhaus (1994)

2/3 Oberkassel bei Bonn, Lippesches Landhaus, Grundrisse von Erd- und Obergeschoß (1994)

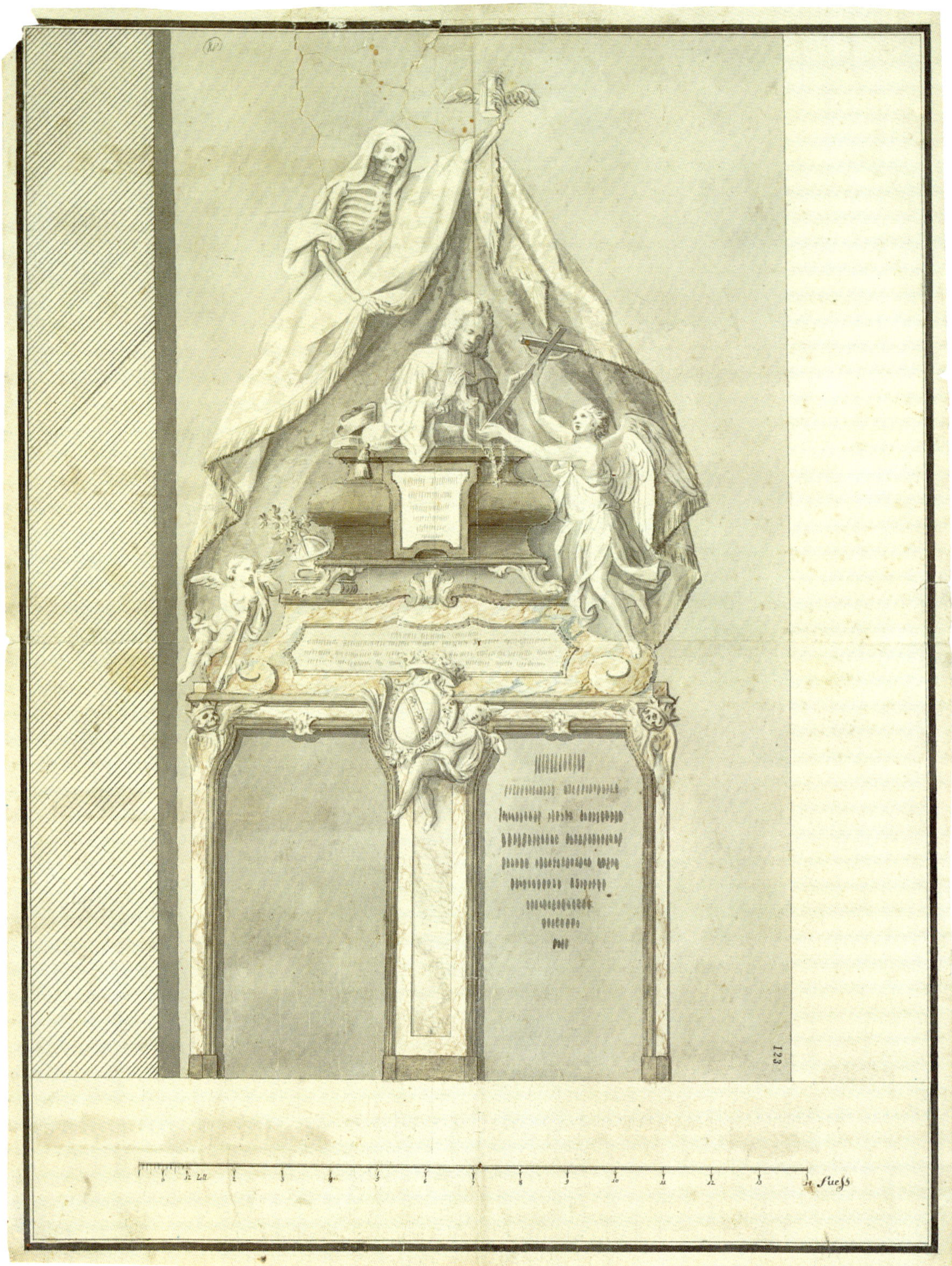

64
Kathedralkirche St. Petrus, Ausstattung 1749–56
Osnabrück

Epitaph des Ferdinand von Kerssenbrock, 1754–56

Auftraggeber des Epitaphs ist Ferdinand Graf von Kerssenbrock (1676–1754). Im § 46 seines Testaments vom 25. August 1750 legte Kerssenbrock fest, »daß in der osnabruckschen thumb-kirchen, in welcher ich verlange begraben zu werden, ein gutes Epitaphium errichtet werden solle; zu welchem Ende gleichwohl nicht mehr als höchstens tausend Reichsthaler sollen verwendet werden mögen; auff, oder in dieses Epitaphio soll mein Effigies etwa in lebens größe vor einem Crucifixbild kniend und bettend vornemblich repraesentiret werden«.

Kerssenbrock, drittes Kind des Freiherrn Rembert Jost von Kerssenbrock und der Freiin Katharina Sybilla von Schmising-Tatenhausen zu Brincke, machte wie in der Familie üblich eine geistliche Karriere. Mehrere seiner Vorfahren waren Domherren in Paderborn, Osnabrück und Hildesheim. 1692–94 studiert er die Rechtswissenschaften an der Universität Würzburg, 1689 erhält er eine Präbende am Osnabrücker Domkapitel, 1699/1700 Kavaliersreise durch Süddeutschland und Italien mit einjährigem Aufenthalt in Rom. 1706 erlangt er eine Präbende am Domkapitel in Münster. 1716 ist er an der Wahl Ernst Augusts II., des evangelischen Herzogs von Braunschweig-Lüneburg, zum Fürstbischof von Osnabrück beteiligt (aufgrund der Capitulatio perpetua Osnabrugensis, des Wechsels zwischen katholischen und evangelischen Kirchenfürsten).

1719 päpstliche Ernennungsurkunde zum Dompropst von Osnabrück – er steht damit an erster Stelle in der Hierarchie des Domkapitels. Es kommt zu Auseinandersetzungen mit dem evangelischen Fürstbischof. Kerssenbrock bezieht die Eversburg vor Osnabrück, das bedeutendste domkapitularische Gut, und baute es zu einer repräsentativen Residenz mit prächtiger Gartenanlage aus.

Am 4. November 1728 erfolgte die Wahl des neuen, jetzt katholischen Fürstbischofs von Osnabrück, Kurfürst Clemens August von Wittelsbach, unter Kerssenbrocks Leitung als Subdiakon. Durch sein gutes Verhältnis zu Clemens August und zum Grafen von Plettenberg Ernennung zum Geheimen Rat, 1730 sogar zum Präsidenten des Geheimen Rats der fürstbischöflich-osnabrückischen Regierung. 1741 jagt er mit dem Kurfürsten auf Clemenswerth, 1747 wird er Statthalter und damit offizieller Stellvertreter des Kölner Kurfürsten im Fürstbistum Osnabrück. Kerssenbrock war ein maßgeblicher Förderer der barocken Umgestaltung des Osnabrücker Domes.

Über die Errichtung des Epitaphs im Südquerhaus des Osnabrücker Domes hat sich im Archiv von Haus Brincke, dem Stammsitz der Kerssenbrock, ein umfangreicher Schriftwechsel erhalten, darunter die Entwurfszeichnung Schlauns und der Kontrakt mit dem Architekten und dem Bildhauer Johann Christoph Manskirch aus Münster, der das Denkmal aus Alabaster und Marmor gefertigt hat.

In einem Schreiben vom 8. Januar 1755 erinnert Schlaun die Testamentsvollstrecker, den Dechant Freiherrn von Spies und den Syndikus Hesselmeier an die Vorauszahlung von 500 Reichstalern: »... wozu respondieren könte, wan es nöhtig; dan ich die gelder ja im hause so lange behalten könte bis die blöcke marmor kommen thäten ... Der Mansquirschen hatt allen Marmor schon verschrieben und ist würcklich am Modelle zu poussieren«.

Am 6. Juli 1757 bittet Schlaun, nach der Überführung des Epitaphs von Münster nach Osnabrück, einen Platz zu dessen Verwahrung anzuweisen. Wegen der Kosten, die der Siebenjährige Krieg auch im Fürstbistum Osnabrück verursacht hatte, verzögert sich zunächst die Aufstellung, schließlich wird es im südlichen Querschiff des Osnabrücker Domes errichtet. Die vom Iburger Prior erdachte, ursprünglich sehr viel ausführlichere Laudatio wurde wegen der Lohnforderungen des Bildhauers Manskirch über 136 Reichstaler wesentlich gekürzt auf großen Schiefertafeln ausgeführt.

LITERATUR

Borchers 1959, S. 199–212; Margret Kröger, *Untersuchungen zum Kerssenbrock-Epitaph im Dom zu Osnabrück, schriftliche Hausarbeit für die Lehramtsprüfung* (masch.), Universität Osnabrück 1979, S. 55–65, nach Akten im Familienarchiv Kerssenbrock, Haus Brincke; Porträts Ferdinands Graf von Kerssenbrock im Diözesanmuseum Osnabrück und im Besitz des Grafen von Kerssenbrock, Haus Brincke zu Borgholzhausen, vgl. Kat. *Clemens August* 1961, S. 171, Nr. 78; Kat. *Osnabrück* 1980, S. 53f., Nr. 34; Kat. *Clemens August* 1987, S. 379–81; Kat. *Imagination* 1993, S. 270.

QUELLEN

Portalinschrift des Epitaphs: *Honoris et Immortalis Gloria / Monumentum / Ferinando de Kerssenbrock / Domino haereditario in Brincke, Overkamp, Niehaus Horstmar Laer Rockel etc. / Sacrum / Qui clarus Sanguine, sed excelsis dotibus clarior / omnes disciplinas principes emensus / ad amplissimas dignitates ascendit / Cathedralis Ecclesiae Monasteriensis Canonicus Capitularis / hujus vero et insignis ad S. Joem. Praepositus major / Equestris Ordinis S. Michaelis magnus Commendator / Serenissimis Electoribus et Epp. Osnab. / Carolo Lotharingo et Clementi Augusto Bavaro / a legationibus ab intimis et patriae Consilius / dignus Ipse Principatu dignissimus Proprinceps / Cathedralis utriusque Senior, hujus autem in vita / advocatus, et post mortem strenuus defensor / Eximium Cleri decus, justitiae Custos, Religionis Vindex / Gloriae Dei Promotor, Pauperum et Egenorum pariter / post mortem, Liberales Pater solabrium, et vita / ad extremum usque senium semper sibi constans / summa autoritate praefuit et profuit / Anno Abbatis LXXIX Domini MDCCLIV X Cal. Nov. / Decessit velut alter Phoenix, relicta novo / aviti nominis, virtutis et bonorum haerede / ex*

64.1 Entwurf für das Epitaph des Ferdinand von Kerssenbrock

cineribus resurgente / quos claudit hic ex adverso funestus lapis / R. I. P. (Zit.n. Borchers 1959, S. 201f.); Umfangreicher Schriftwechsel im Archiv des Grafen Korff-Schmising-Kerssenbrock im Hause Brinck zu Borgholzhausen.

1 Osnabrück, Kathedralkirche St. Petrus, Epitaph des Ferdinand Graf von Kerssenbrock

Der Entwurf steht zweifellos in der Tradition römischer Papstepitaphien, die Schlaun während seiner Romreise studieren konnte. Der Vergleich von Zeichnung und ausgeführtem Epitaph zeigt, wie eng sich der Bildhauer an die Vorgaben Schlauns hielt. Trotz der nur mäßigen Begabung Schlauns für das Zeichnen von Figuren übernahm Manskirch deren Disposition bis in die kleinsten Einzelheiten.

Im Zentrum des Wandepitaphs oberhalb eines Sarkophags mit der Inschrifttafel »QUAE EST EXSPECTATIO MEA? NONNE DOMINUS ps. 38 v. 5« ist die Büste des Statthalters angebracht. Eine gewisse Portraitähnlichkeit kann man der Zeichnung nicht absprechen. Zu ihm heran schwebt ein Engel, der ihm das Kruzifix zur Anbetung präsentiert. Aus Rom kennt man die schwere, dreieckig aufgebaute Draperie, die die Komposition überhöht und zusammenfaßt, beherrscht von dem Skelett des Todes, der triumphierend das Stundenglas erhebt und dem Betrachter die Vergänglichkeit alles Irdischen vor Augen führt. Ein trauernder Putto links, der sich die Tränen aus den Augen wischt, verweist auf die Gelehrsamkeit des Grafen: Bücher, eine Weltkugel mit Zirkel und ein Blütenzweig. Am Trumeaupfeiler des Portals zu einer anderen Welt tummelt sich ein weiteres Engelein mit dem Wappen der Kerssenbrocks. Sein Blick weist auf die lateinische Inschrift am rechten Portalfeld, die den Grafen als »Wächter der Religion, Beschützer der Gerechtigkeit, als Vater der Armen, Witwen und Waisen« rühmt.

64.1

Entwurf für das Epitaph des Ferdinand von Kerssenbrock (Abb. S. 600)

Lavierte Federzeichnung, 52 x 22 cm

Archiv Korff-Schmising-Kerssenbrock, Haus Brincke, Borgholzhausen, PSa3

Orgel und Hochaltar, 1749/55

Stiftung des Kurfürsten Clemens August für den Dom, der in der Mitte des 18. Jahrhunderts weitgehend barockisiert wurde. Die Pläne Schlauns zu Hochaltar und Orgel haben sich nicht erhalten, lediglich seine Beteiligung am Umbau bzw. Neubau der Osnabrücker Orgel ist archivalisch belegt und von Wulfhorst publiziert worden. Über den in den Jahren 1749–50 durchgeführten Umbau der Orgel zeigte sich der Domorganist wenig zufrieden, so daß das Domkapitel am 26. Juni 1754 eine Renovierung anordnete. Johann Patroclus Möller erschien am 8. Juli in Osnabrück, um im Auftrag des kurfürstlichen Kommissars Schlaun die Orgel zu visitieren. Seinen mündlichen Bericht reichte er dem Domkapitel am folgenden Tage als offizielles Gutachten ein, das gleichzeitig Oberbaudirektor Schlaun in Abschrift zugeleitet wurde. Im folgenden Jahr erhielt Möller den Auftrag zur Abnahme der Domorgel. Auch in den 1752–55 durch Möller erstellten Domorgelneubau zu Münster war Schlaun involviert (Kat.-Nr. 46).

LITERATUR

Ulrich Wulfhorst, *Der westfälische Orgelbaumeister Johann Patroclus Möller 1698–1772*, Kassel / Basel / Paris / London / New York 1967, S. 45–55, 114–16, 178; Winfried Schlepphorst, *Der Orgelbau im westlichen Niedersachsen* I (Veröffentlichungen der Orgelwissenschaftlichen Forschungsstelle im Musikwissenschaftlichen Seminar der Westfälischen Wilhelms-Universität Münster), Kassel 1975, S. 40; Hans Hermann Wikel, *Auswärtige Orgelbauer in Westfalen*, Kassel / Basel / London 1984, S. 50, S. 119, S. 208; *Orgelkunst und Orgelforschung. Gedenkschrift Rudolf Reuter*, hg. von W. Schlepphorst, Kassel / Basel / London / New York, 1990; Juliane Jürgens, *Studien zu den barocken Orgelprospekten in Westfalen*, Diss. Ms. Münster 1993; dies., *Ein neuer Rekonstruktionsversuch zur Johann-Patroclus-Möller-Orgel von 1752/55 im Dom zu Münster*, in: das Münster 47, 1994, S. 155f.

QUELLEN

Protokoll des Domkapitels über die Abnahme der Domorgel durch Johann Patroclus Möller vom 9.7.1754 (StAO, Rep. Dom. Kam. Hannover III Domkapitel Nr. 66, Nr. 66 fol. 11 verso, zit.n. Wulfhorst 1967): *… praesentirte der Orgelmacher Patroculs Muller aus Lipstadt der gestern aufgetragenermassen von ihme verfertigten schriftlichen Brieff über die hiesige neue Tumbsorgel. … daß er das Originale zu alteriren und copiam davon … dem Herrn General Schlaun als churfürstlichen commissario zu weiterer Verfügung zuzustellen …* ; weitere Quellen bei Borchers 1959.

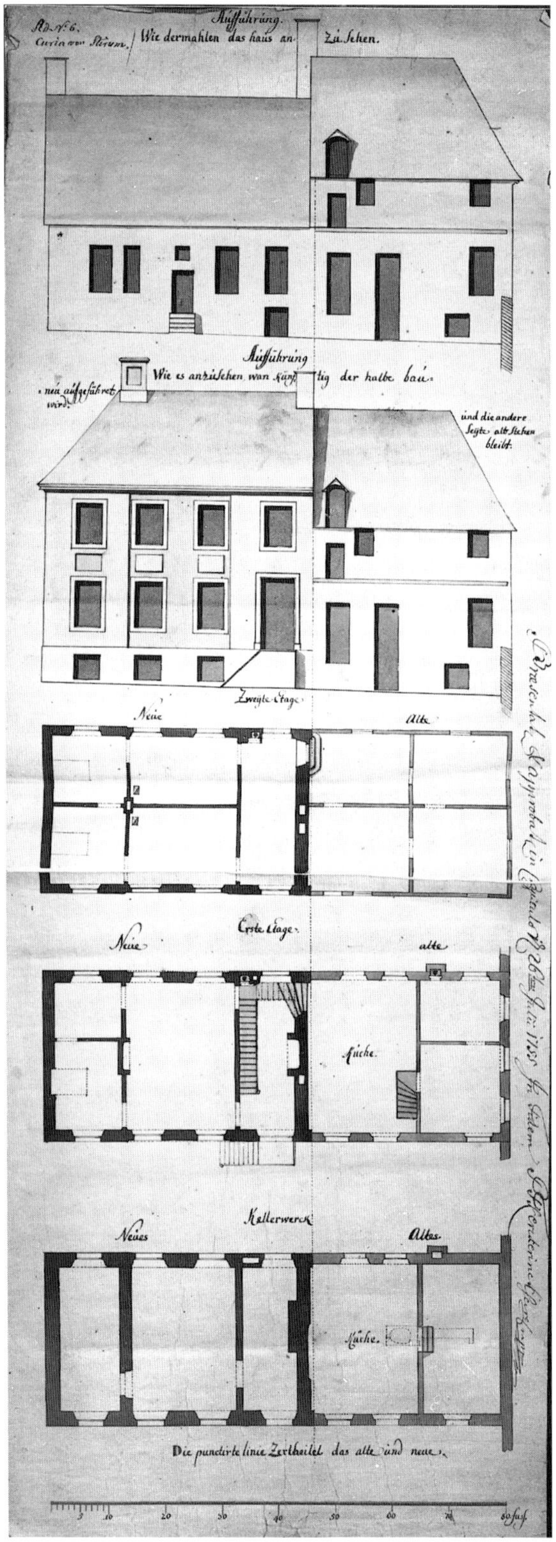
Wie dermahlen das haus an Zu sehen.
Wie es anzusehen wan künftig der halbe bau
und die andere Seyte alt stehen bleibt.
Zweyte Etage
Alte
Erste Etage
alte
Küche
Kellerwerck
Altes
Küche
Die punctirte linie Zertheilet das alte und neue.

65

Domkurie Styrum, 1755

Münster, Domplatz 18

Graf Philipp Carl von Limburg-Styrum, der spätere Fürstbischof von Speyer, beauftragte Schlaun mit dem Neubau der östliche Hälfte (Halbscheid) einer Domkurie des 17. Jahrhunderts. Die Bauzeichnung Schlauns, die zugleich die Aufrisse der Nord- und Südfront sowie die Grundrisse der drei Geschosse des westlichen Teils der alten Kurie überliefert, zeigt einen zweistöckigen Backsteinbau mit hohem Kellergeschoß und Walmdach, im Gegensatz zur Ausführung durch Wandschichtung und Spiegelfelder gegliedert, der nach Beendigung der ersten Bauphase symmetrisch komplettiert werden sollte. Das geschah erst nach dem Tod Schlauns. Johann Kaspar von Stael, der die Kurie inzwischen optiert hatte, begann 1781 mit dem Neubau. Am 10. November 1782 teilte er dem Domkapitel mit, daß er den von Seiner Hochfürstlichen Gnaden zu Speyer, dem Grafen Styrum, nur zur Halbscheid erbauten Canonical-Hof nunmehr gänzlich ausgeführt und auch die andere Halbscheid desselben, welche bis auf die Fundamente verfallen gewesen, in bewohnbaren Stand gesetzt habe.

Im Gegensatz zum Entwurf brachte man über der Eingangstür eine reiche Rokokokartusche an, die Freitreppe wurde zweiläufig ausgeführt und der von Schlaun geplante Sandsteinsockel mitsamt der gänzlich ungegliederten Front verputzt. Geisberg hat vermutet, daß man die Wandschichtung in Backstein, den auf Sicht versetzten Sandsteinsockel und die Spiegelfelder 1781 als veraltet am östlichen Teil des Hauses beseitigt und am westlichen, neugebauten Teil der Kurie von vornherein fortgelassen habe. Die Kellerfenster wurden niedriger, die des ersten Geschosses höher ausgeführt, das Dach dagegen wieder flacher. Die Innentreppe hat man 1781 an die Westwand des verbreiterten Flurs verlegt.

Im Jahre 1803 richtete die preußische Regierung in der Kurie ein »Banco-Comptor« ein, seit 1817 nutzte man sie als Stadt- und Landgericht und ab 1862 als Rentenbank, im Zweiten Weltkrieg wurde sie zerstört.

LITERATUR

Geisberg 1933, Münster II, S. 90–96.

1 Münster, Domkurie Styrum (Vorkriegsaufnahme)

65.1

Domkurie Styrum

Aufrisse und Grundrisse der Alten und Neuen Kurie, 1755

Lavierte Federzeichnung, 86,6 x 30,1 cm
Titel: *Aufführung. Wie dermahlen das haus anzusehen.; Aufführung Wie es anzusehen, wan künf=tig der halbe bau neu auffgeführet wirt und die andere Seyte alt stehen bleibt.; Zweyte Etage.; Erste Etage.; Kellerwerck.*
Beischrift: (zur zweiten Etage:) *Neue; Alte;* (zur ersten Etage:) *Neue; alte, Küche;* (zum Keller:) *Neues; Altes; Küche; Die punctirte linie Zertheilet das alte und neue.; Ad N.&. Curia v. Stirum.*
Präsentationsvermerk: *Praesentatum et approbatum in Capitulo d. 26ten Julii 1755 In Fidem PF Kerckerinck secret. mp.*
Maßstab: *80 fues* = 24,8 cm

Staatsarchiv Münster

66

Jesuitenkirche, Hochaltar und Seitenaltäre, 1755–58

Meppen

Für die Errichtung des Jesuitenklosters in Meppen in den Jahren 1726–29 hatte Clemens August 1.000 Gulden gestiftet, ebenso unterstützte er 1743–46 den Bau der Jesuitenkirche mit der stattlichen Summe von 10600 Reichstalern und einer Materialspende von 80000 Ziegelsteinen. Hinweise auf diese großzügige Förderung hat Clemens August an mehreren Stellen anbringen lassen: sein Stifterwappen befindet sich am Portalrisalit, in der Stuckdecke und am Orgelprospekt.

1755 stiftete der Kurfürst dann auch den Hochaltar, für dessen Entwurf und Fertigung Schlaun 1100 Reichstaler erhielt, wie die Litterae Annuae der Meppener Jesuitenresidenz berichten. Im Jahre 1758 folgte – so die Litterae Annuae – die Aufstellung der beiden Nebenaltäre mit den Nischenfiguren der Jesuitenheiligen St. Ignatius und Franz Xaverius. Die Autorschaft Schlauns kann urkundlich nicht nachgewiesen, auf Grund der offensichtlichen stilistischen Übereinstimmungen mit anderen Altarentwürfen aber angenommen werden. Die Ausführung der drei Altäre durch den Bildhauer und -schnitzer Johann Christoph Manskirch oder Heinrich Wies, dem ursprünglich der Hauptaltar zugeschrieben worden war, läßt sich lediglich vermuten.

In den 3/8-Chor der einfachen Saalkirche mit Vouten-Decke hat Schlaun den eingeschossigen Hauptaltar gesetzt, dessen halbkreisförmiger Grundriß (vgl. Altar in Wolbeck, Kat.-Nr. 20) den gesamten Chorschluß ausfüllt. Die Aufrißdisposition folgt dem üblichen Schema der als Triumphbogen ausgebildeten monumentalen Serliana. Vor deren Halbkreisnische befindet sich an prominenter Stelle zwischen dem Altarblatt und dem von Engeln getragenen Monogramm Christi »IHS« im Zentrum des Strahlenkranzes das Stifterwappen mit dem Kurfürstenhut.

Schlaun hat die Nebenaltäre der Ordensheiligen auf den Hauptaltar bezogen. Das Fehlen der Seitenschiffe als übliche Plazierung hat ihn dazu veranlaßt, die Seitenaltäre gleichsam als Assistenzaltäre zu begreifen und durch ihre konkave Grundrißform auf den monumentalen Hauptaltar auszurichten. Dem Aufrißschema des Hochaltars folgend, sind die Nebenaltäre jedoch durch das Weglassen des Triumphbogenmotivs – vorbehalten für das kurfürstliche Wappen – ikonographisch deutlich untergeordnet. Ähnlich wie in der Kloster- und Hofkirche der Residenz Ferdinand von Plettenbergs in Wittem (Kat.-Nr. 22) verbinden sich die Seitenaltäre durch ihre Diagonalstellung mit dem Hauptaltar zu einem Szenenprospekt mit bühnenartiger Raumwirkung.

LITERATUR

Braun 1908, S. 227, 233; Hartmann 1910, S. 271; Crusius 1952, S. 13; Geppert 1951, S. 98f.; Borchers 1960; Carl Knapstein, *Die Gymnasialkirche zu Meppen. Eine Würdigung,* hg. vom Kreisheimatverein Meppen, Meppen 1979; Seifert 1983, Anhang S. X; Otto Friederichs, *Materialien zur Lebensgeschichte des Bildhauers Joseph Ignatius Feill,* in: Westfalen 62, 1984, S. 198–215; Hanschmidt 1986; Seifert 1993.

1/2 Meppen, Jesuitenkirche (1994 und 1953)

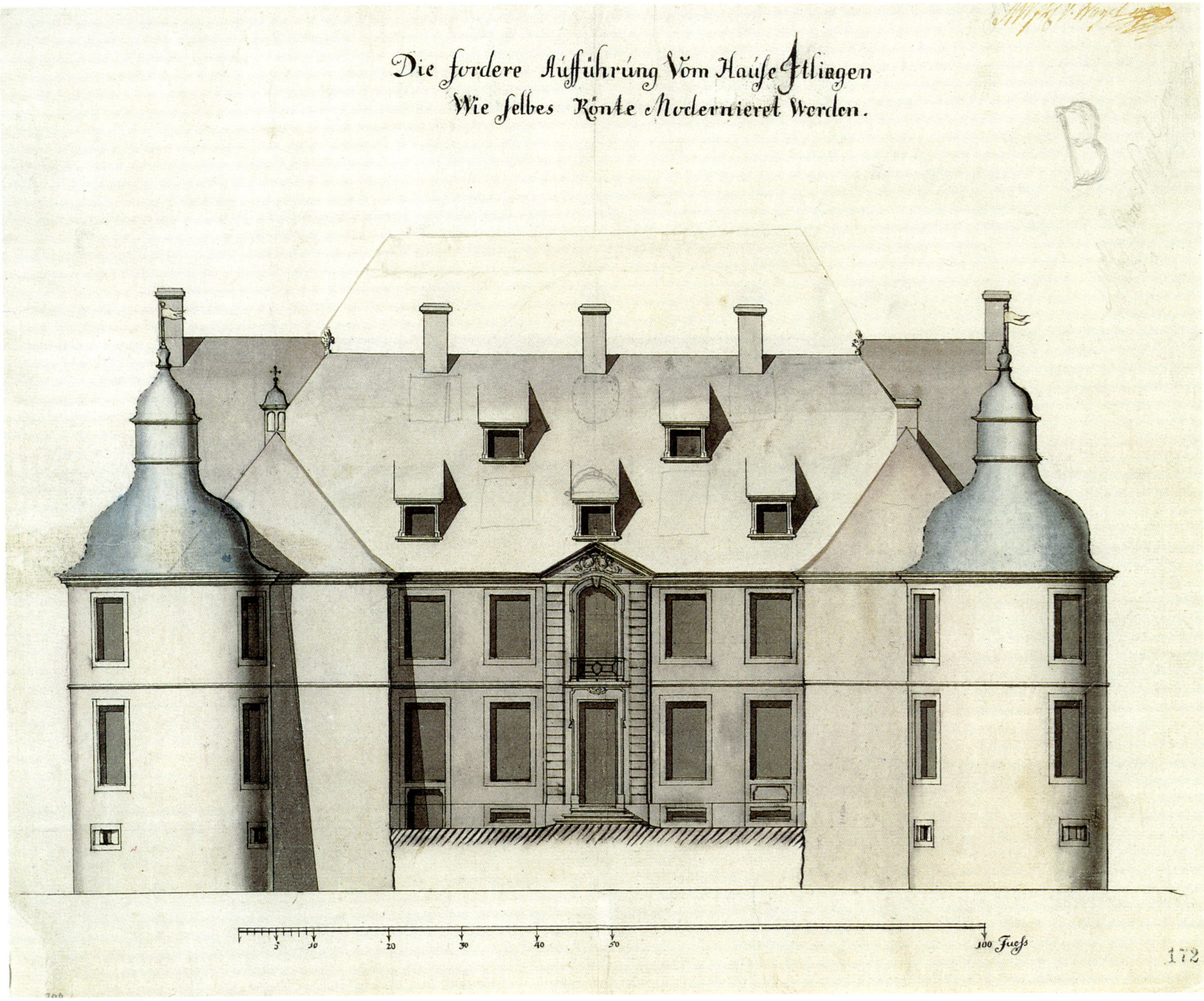
Die fordere Auffuhrung Vom Hause Itlingen
Wie selbes Könte Modernieret Werden.
5 10 20 30 40 50
100 Fuess
172

67

Haus Itlingen, 1755
Ascheberg-Herbern

Vermutlich um 1755 beauftragte Adrian Freiherr von Nagel Schlaun, das auf einer unregelmäßig geformten Insel gelegene Herrenhaus, bestehend aus einem älteren Mittelbau und einem Seitenflügel mit Eckturm von 1692, zu einer symmetrisch angeordneten, nach Süden geöffneten Dreiflügelanlage mit zwei runden Pavillontürmen an den Ecken umzubauen (Abb. 4). Der ältere Baubestand ließ dem Architekten nur wenig Spielraum, fehlende Geldmittel verhinderten offenbar eine aufwendigere Instrumentierung. Ähnlich wie er es bereits in Brühl für den Kurfürsten geplant hatte (Kat.-Nr. 16), ließ Schlaun nicht etwa den alten Kapellenturm abreißen, sondern ergänzte ihn symmetrisch um einen weiteren Rundturm, in dem er ein Gästeschlafzimmer unterbrachte. Die Ausführung folgte mit Abweichungen in wenigen Details den Plänen (Kat.-Nr. 67.1–5), wobei die Krangauben zwischen die Achsen der Flügel versetzt wurden, der Dachreiter mit Glocke und Uhr auf das Dach über dem Mittelrisalit wanderte und auf die Schleppgauben insgesamt verzichtet wurde.

Die Symmetrie der Anlage kommt durch die Trias von seitlichen Rundtürmen und vor allem durch den eleganten Mittelrisalit zum Tragen, der der durch einen Rahmen geschichteten fünfachsigen Wand des Corps de logis in der mittleren Achse vorgeblendet wurde. Breite gequaderte Bänder fassen in der Art von Kolossallisenen die beiden Geschosse zusammen, bekrönt von einem Dreiecksgiebel mit dem Wappen. Gegenüber dem Aufriß verändert (Kat.-Nr. 67.1) ist die Zusammenfassung des über einige Stufen zugänglichen Portals mit Balkon und Obergeschoßfenster: Ein geschwungenes Tafelmotiv mit Konsole trägt den mit einem schmiedeeisernen Gitter verzierten Balkon, auf den man durch eine Fenstertür mit profilierten Rahmen hinaustreten konnte. Anders als am Schmisinger Hof (Kat.-Nr. 37), auf den der Entwurf zurückgeht, jedoch in Anlehnung an sein Wohnhaus in Münster (Kat.-Nr. 58) hat Schlaun den Auftrittsort des Bauherrn mit einer Nische hinterfangen, wodurch er Platz gewinnt, und der Balkon nur in leichtem Schwung vor die Fassade tritt. Der Segmentbogen der Fenstertür wird von der Nische aufgenommen, die so das Gebälk des Dreiecksgiebels aufbiegt – ein Motiv, das Schlaun in mehreren Varianten verwendet hat, das hier aber ebenfalls vom Schmisinger Hof abgeleitet ist.

Im Grundriß des Erdgeschosses (Kat.-Nr. 67.4) ist durch punktierte Linien der ältere Baubestand eingetragen. Man erkennt, daß der alte Bau einen Mittelrisalit besaß. Schlaun hat, ebenso wie beim Schmisinger Hof, das Corps de logis verbreitert und an der Ehrenhofseite eine neue Fassade errichtet. Im Innern ist die Raumfolge weitgehend systematisiert worden. Man gelangt zunächt in ein Entrée mit integriertem Stiegenhaus, rechts der große Speisesaal, hinten links ist der alte Salon oder Festsaal erhalten geblieben, rechts davon das Appartement für die Dame des Hauses. Unter den anschließenden Räumen, die für die Kinder und Mägde vorgesehen waren, liegt im Kellergeschoß die Küche, die wegen ihrer Höhe bis in das Erdgeschoß hineinragt. Der rechte Flügel beherbergt die Räume des Hausherrn, dessen Garderobe sich, über eine Nebentreppe zugänglich, im Obergeschoß befand, und ein Appartement für einen Gast. Dieser hatte sein Schlafzimmer der Schloßkapelle gegenüber im alten Rundturm. Im Obergeschoß liegt über der Kapelle die Bibliothek, ein Billardzimmer und Appartements für Gäste.

Die Schloßkapelle in einem Rundturm, der ehedem Wehrhaftigkeit ausdrückte, verdeutlichte hier den besonderen Rang und das Alter der Familie, die mit Herrenhaus und Gütern, vor allem aber über die Ahnenprobe ihre Landtagsfähigkeit zu beweisen hatte. Das Vorbild war sicher die von Schlaun geplante Kapelle im Rundturm von Schloß Augustusburg in Brühl (Kat.-Nr. 16), doch gab es auch in Frankreich die Tendenz, mittelalterliche Relikte, meist den Donjon, als Beleg für das Alter des Besitzes und die Tradition der Familie stehenzulassen. In

LITERATUR

Hartmann 1910, S. 223–25, 267; Kat. *Clemens August* 1961, S. 114; Rensing 1954, S. 30f.; Mummenhoff 1962, S. 42; Hansmann 1966, S. 62; S. Lietz, *Das Fenster des Barock,* München 1982, S. 150–52; Püttmann-Engel 1987, S. 127f., 202f.

DENKMALPFLEGE

Einzelberichte zur Denkmalpflege in: Westfalen 41, 1963, S. 129; 46, 1968, S. 329f.; 53, 1975, S. 530; 56, 1978, S. 486.

QUELLEN

Archiv Freiherr von Nagel zu Itlingen, Bestand Itlingen, Nr. 230; Bistums Archiv Münster, GV Herbern, Itlingen, A 29.

67.1 Ascheberg-Herbern, Haus Itlingen, Herrenhaus, Aufriß der Hoffront

seinem ›Livre d'architecture‹ von 1745 bildet Germain Boffrand die Gartenfassade von Château Haroué ab, eine Anlage, die ähnlich wie Haus Itlingen durch die Verdoppelung der Rundtürme systematisiert wurde (Abb. 3). Im Anschluß an das Herrenhaus legte man offensichtlich einen französischen Garten an, von dem jedoch keine Pläne vorhanden sind. Auch für die äußerst qualitätvollen Stuckdekorationen des Salons (Abb. 1, 2) aus dem Atelier des Johann Nepomuk Metz soll Schlaun laut Hartmann und Rensing die Vorlagen geliefert haben; auch dazu gibt es weder Quellen noch Zeichnungen.

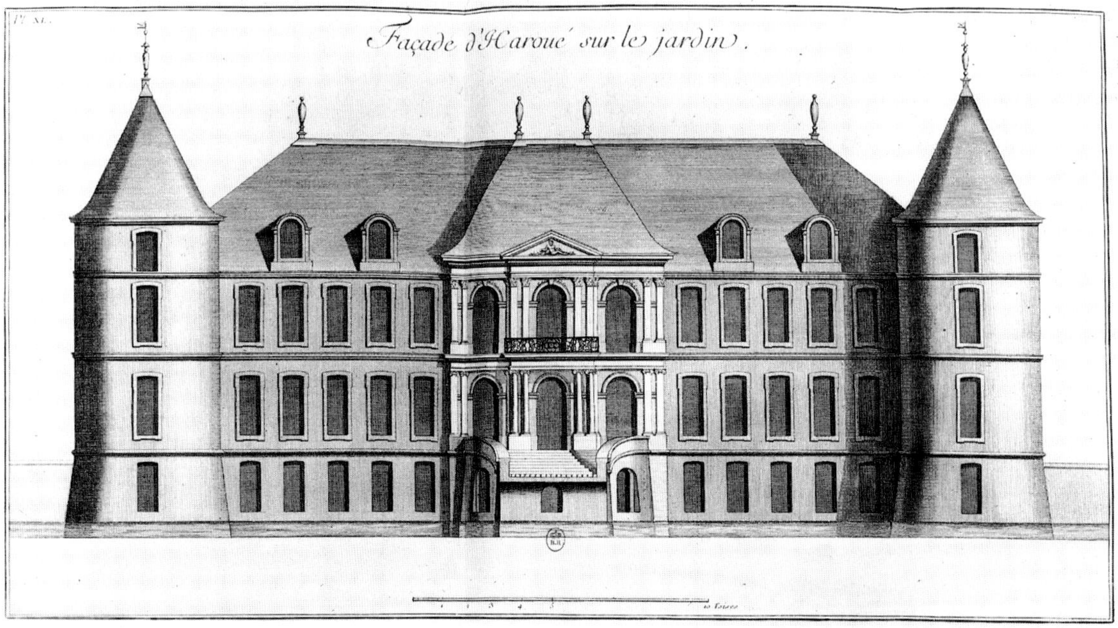

1/2 Ascheberg-Herbern, Haus Itlingen (um 1900)

3 Germain Boffrand, Livre d'architecture, 1745, Château Haroué

4 Ascheberg-Herbern, Haus Itlingen (um 1900)

67.1
Ascheberg-Herbern, Haus Itlingen
Herrenhaus, Aufriß der Hoffront (Abb. S. 598)

Lavierte Federzeichnung (grau, hellblau), Bleigriffel, 30,8 x 38,3 cm
Titel: *Die fordere Aufführung Vom Hause Itlingen Wie selbes könte Modernieret werden.*
Präsentationsvermerk: *A.W.Frh.v.Nagel mp.*
Deckblatt mit Entwurfsvariante zur Dachkonstruktion und Verteilung der Dachfenster; auf dem Deckblatt Bleigriffelkorrekturen.
Maßstab: *100 Fuß* = 23,7 cm

Westfälisches Landesmuseum Münster, Schl.-Bd. 172

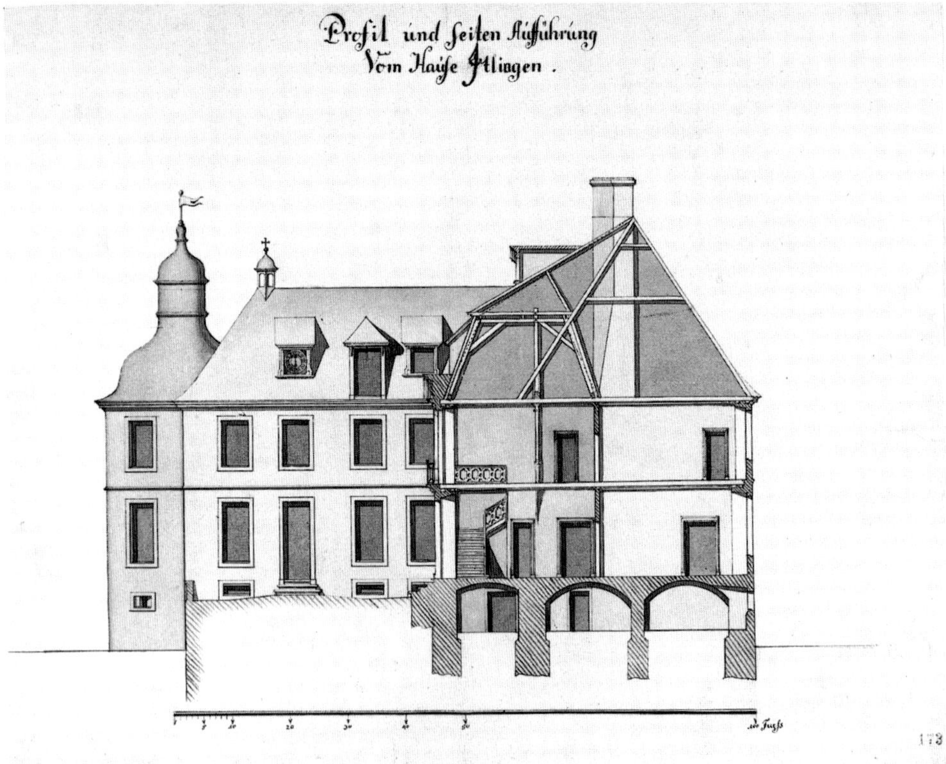

67.2

67.2
Ascheberg-Herbern, Haus Itlingen
Herrenhaus, Querschnitt durch den Mittelbau und Aufriß des linken Seitenflügels, Hofseite

Lavierte Federzeichnung (grau, blaßrot, blaßgelb, hellblau), 30,6 x 38,4 cm
Titel: *Profil und Seiten Aufführung Vom Hause Itlingen.*
Maßstab: *100 Fuß* = 23,7 cm

Westfälisches Landesmuseum Münster, Schl.-Bd. 173

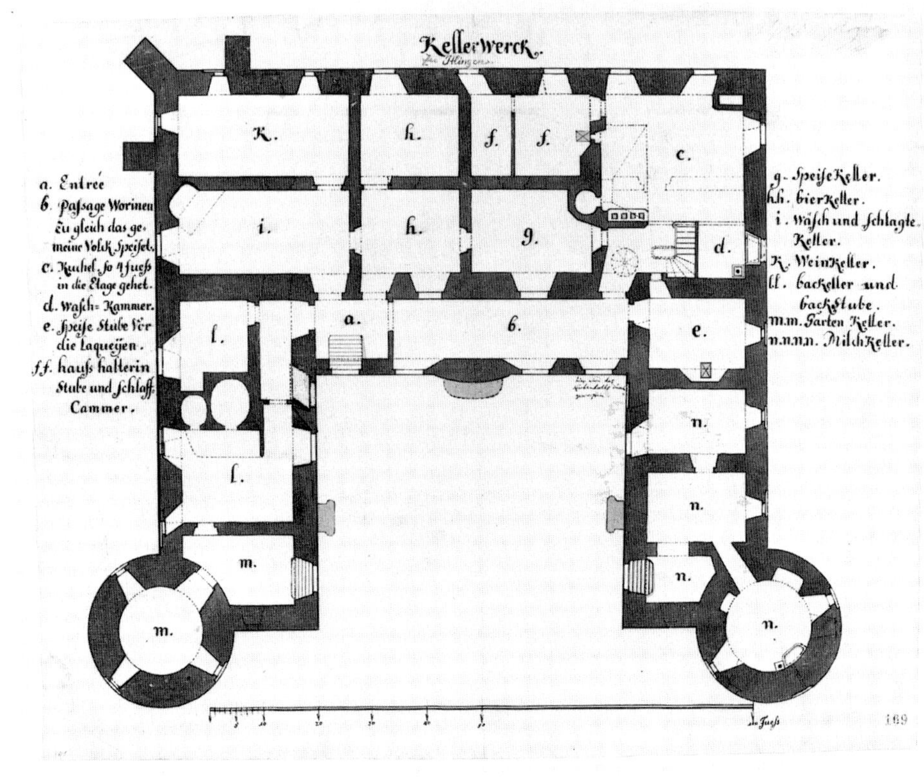

67.3

67.3
Ascheberg-Herbern, Haus Itlingen
Herrenhaus, Grundriß des Kellers

Lavierte Federzeichnung (schwarz, schwarzgrau), 31,2 x 38,7 cm
Titel: *Kellerwerck; Zu Itlingen.* (späterer Zusatz)
Beischrift (Mittelbau, Fenster rechts): *hier wird das Kuchenholts durchgeworffen;* (Kennbuchstaben)
Legende: *A. Entrée; b. Passage Worinen Zu gleich das gemeine Volck Speiset.; c. Kuchel. so 4 fueß in die Etage gehet.; d. Wasch-Kammer.; e. Speise Stube Vor die Laqueyen.; ff. hauß halterin Stube und Schlaff-Cammer.; g. SpeiseKeller.; hh. bierKeller.; i. Wäsch und schlagteKeller.; k. WeinKeller.; ll. backeller und backStube.; m.m. Garten Keller.; n.n.n.n. MilchKeller.*
Präsentationsvermerk: *A.W.Frh.v.Nagel mp.*
Maßstab: *100 Fuß* = 23,7 cm

Westfälisches Landesmuseum Münster, Schl.-Bd. 169

67.4

Ascheberg-Herbern, Haus Itlingen

Herrenhaus, Grundriß des Erdgeschosses

Lavierte Federzeichnung (schwarzgrau, grau), 31,5 x 38,7 cm
Titel: *Rez des Chaussez.*
Beischrift: (Kennbuchstaben)
Legende: *A. Entrée mit der Großen Stiege.; B. SpeiseZimmer.; C. SchlaffZimmer.; D. Cabinet-* (Zusatz zu C und D:) *pour Madame.; E. KinderKammer.; F. MagdeKammer.; G. Zimmer.; H. Archiv.; I. Cabinet.* (Zusatz zu G bis I:) *pour Monsieur.; B: auß dem ordinaire SpeiseZimmer SchlaffZimmer Von Madame und Cabinet Vom Herren kan die Kuchel Kinder und mägde=Cammer gesehen Werden.; K. Paßage.; L.L.L. apartement Vor eine frömden.; O. Capelle.; P. heimliege Stiege.*
Präsentationsvermerk: *A.W.Frh.v.Nagel mp.*
Präsentationsvermerk: *Nagel mp* (Bleigriffel)
Maßstab: *100 Fuß* = 23,7 cm

Westfälisches Landesmuseum Münster, Schl.-Bd. 170

67.5

Ascheberg-Herbern, Haus Itlingen

Herrenhaus, Grundriß des Obergeschosses

Lavierte Federzeichnung (schwarzgrau, grau), 31,2 x 38,6 cm
Titel: *Etage.; Zu Itlingen.* (späterer Zusatz)
Beischrift: (Kennbuchstaben)
Legende: *Q. Entrée.; R. Zimmer Vor Ein Billard.; S.S.; T.T.T.; V.V.; W.W.W.; und X.X. 5 logementer Vor fraumde.; Y. Guarderobe Vor den Herren. Z.Z. Guardemoble.; &. Biblioteque.*
Präsentationsvermerk: *A.W.Frh.v.Nagel mp.*
Maßstab: *100 Fuß* = 23,7 cm

Westfälisches Landesmuseum Münster, Schl.-Bd. 171

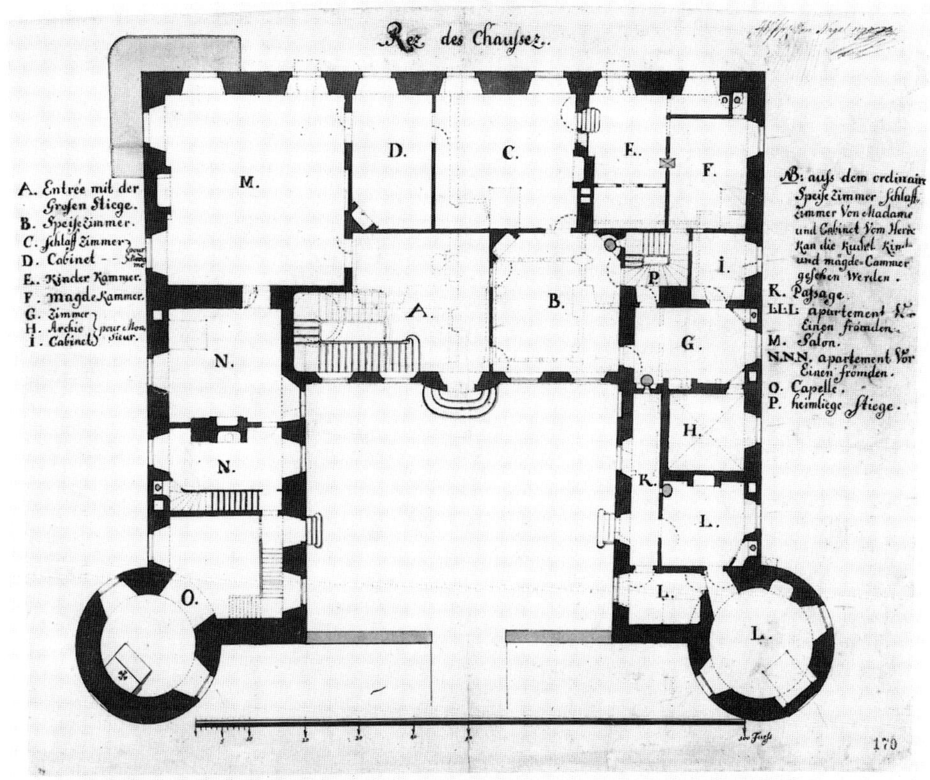

67.4

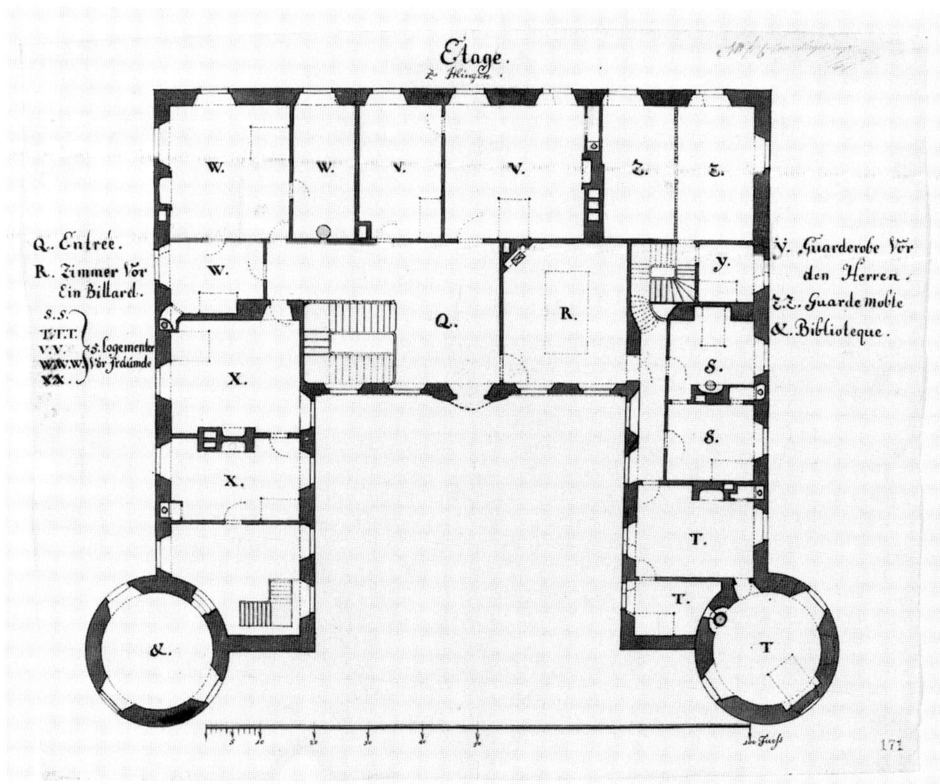

67.5

68
Gefängnis und Zuchthaus, 1755/80
Osnabrück

LITERATUR

Crusius 1952, S. 36–40; Borchers 1959, S. 214–17; Borchers, in: Kat. *Clemens August* 1961, S. 256f., S. 260/ Anm. 37; Kat. *Schlaun* 1976, S. 160; Kat. *Möser* 1994, S. 146f.; Wolfgang Seegrün, *Das Bistum Osnabrück im Bischofsreich des Clemens August von Bayern,* in: Kat. *Clemens August* 1987, S. 69; Matzner 1995.

QUELLEN

Ratsprotokolle und Akten zur Baugeschichte im Niedersächsischen Staatsarchiv Osnabrück, teilweise publiziert bei Crusius 1952, S. 36–40; Rechenschaftsbericht Johann Boners mit Begleitschreiben Schlauns an den Kurfürsten vom September 1755, enthält die Nachricht, daß das Zuchthaus unter der Bauaufsicht Boners errichtet wurde (publiziert in: Kat. *Schlaunstudie* III 1976, S. 112); Justus Möser, *Vorschlag zur Beschäftigung der Züchtlinge,* in: Wöchentliche Osnabrückische Anzeiger, 19.12.1767 (publiziert in Kat. *Möser* 1994, S. 147f.).

Pläne für den Bau eines Zuchthauses in der Stadt Osnabrück gab es schon in den Jahren 1721/22 unter Fürstbischof Ernst August II. (1716-28). Aber erst nach der Jahrhundertmitte, mit der ausdrücklichen Unterstützung durch den Kurfürsten Clemens August, kam es zu einer Realisierung des Vorhabens auf Initiative des Domkapitels und der Ritterschaft gegen den Willen der Stadt, die einen zu großen landesherrlichen Einfluß vor allem auf die Gerichtshoheit in Osnabrück befürchtete.

BAUGESCHICHTE: Man ließ sich für die Planungen des Bauwerks Berichte, Betriebsordnungen und Entwürfe von den Zuchthäusern in Hamburg, Bremen und Braunschweig kommen. Das Hamburger Zucht- und Arbeitshaus war in den Jahren 1667/70 als Vierflügelanlage mit anschließendem Armenhaus errichtet worden, das Zucht- und Armenhaus in Bremen 1696-1702 als einfacher langgestreckter Bau mit äußerst repräsentativem Hauptportal und Uhrturm als Bekrönung des Walmdaches. Vermutlich zog man andere Pläne zu Rate, um sich weniger über die Architektur denn über die Möglichkeiten der optimalen Raumdispositionen entsprechend der Funktionsverteilungen zu informieren.

Die Landstände beauftragten Schlaun als Architekten des Kurfürsten erst, nachdem Anton Mang bereits 1751 einen Entwurf vorgelegt hatte, den man aber ablehnte. 1754 fragte der Osnabrücker Geheime Rat dann offiziell bei Clemens August an, ob Schlaun beauftragt werden solle, womit sich dieser einverstanden erklärte. In einer protokollarisch festgelegten Sitzung vom 24. Januar 1755 stimmten die Stände der Übernahme der Bauleitung durch Schlaun zu. Im April wurde mit den Arbeiten begonnen, Schlaun gab jedoch relativ schnell die Bauausführung an seinen Mitarbeiter, den Fähnrich Johann Boner, ab. Bereits im September meldete Boner, der spätere münsterische und noch preußische Oberst, in seiner neuen Funktion als Bauleiter den Fortgang der Arbeiten am Zuchthaus dem Kurfürsten. Das Projekt sah vermutlich zunächst nur einen Kerker vor, während die Einrichtung der beiden Etagen des Zuchthauses aus Kostengründen vorerst zurückgestellt wurde. Zu diesem Ausbau kam es in den Jahren ab 1760. Erst 1780 vollendet, wurde das Zuchthaus 1874/78 abgerissen und auf seinem Grund ein neues Justizgebäude, das heutige Osnabrücker Land- und Amtsgericht, errichtet.

ANLAGE: Über das Aussehen des nach dem Schloß zweiten großen landesherrlichen Gebäudes in der Stadt ist wenig bekannt. Es existiert nur noch in den Umzeichnungen des Zimmermeisters F.J. Schulze nach den Plänen Schlauns. Diese Zeichnungen, die Grundrisse der vier Geschosse sowie die Aufrisse der rückwärtigen Fassade und einer Seitenwand, lassen zumindest eine detaillierte Rekonstruktion der Funktionsverteilung zu. Wichtig ist, daß sich in dem einen Gebäude alle drei Bereiche des Rechts- und Strafvollzugs befanden: der Kerker bzw. das Gefängis – die Legende nennt es »Prison« – für die Verbrecher, die die bürgerlichen Ehrenrechte verloren hatten und entweder eine lebenslange Freiheitsstrafe verbüßten oder aber zum Tode verurteilt worden waren. Das Zuchthaus dagegen war bestimmt für Personen, die kleinere Vergehen begangen hatten, und jene, die die öffentliche Moral verletzten und von der Polizei aufgegriffen wurden, also Bettler, Vagabunden oder Prostituierte. Diese »Corrigendi«, als noch ›formbar‹ und damit als in die Gesellschaft wiedereingliederbar deklariert, mußten zur körperlichen und geistigen ›Reinigung‹ und ›Heilung‹ im sogenannten Fabrikhaus arbeiten. Die Osnabrücker Anstalt wird damit bereits den Forderungen des ›modernen‹ Strafvollzugs gerecht.

Unter Einbeziehung der Fundamente und des Kellerwerks der ehemaligen Augustinerkirche wurde ein 17achsiger langgestreckter Bau mit Walmdach errichtet, dessen Haupteingang in der Mitte über dem hohen Sockelgeschoß durch eine doppelläufige Freitreppe erschlossen wird. Allerdings sollte von hier aus lediglich das Zucht- und Arbeitshaus betreten werden. Der Eingang des Gefängnisses im Kellergeschoß befand sich auf der Rückseite durch zwei kleine ›Hintertüren‹. Die Aufrisse der Rück- und Seitenwand (Kat.-Nr. 68.3–4) zeigen ein vierstöckiges Gebäude ohne jegliche architektonische Ordnung. Der geradezu ›karge‹ Nutzbau erhält lediglich durch die Fensterachsen und die vier großen Schornsteine eine gewisse Fassadenordnung. Vermutlich war nur das Portal an der Hauptfassade repräsentativ mit dem oder den Stifterwappen im bekrönenden Segmentgiebel dekoriert.

GEFÄNGNIS: Die »Prison« gliederte sich prinzipiell in fünf Bereiche unterschiedlicher Funktionen: rechts der große Raum mit zwei anschließenden Kammern, bestimmt für die »Corteguarde nebst der Officier Stube« und einen »Condemnirten um sich Zum Todte Zu bereiten«; in dem großen Saal befand sich außerdem an der Außenwand ein nischenartiger Schacht, vermutlich der ehemalige Eingang des Kerkers vor dem Bau des Zuchthauses, wo »den Zum Tott Condemnirten das Urtheil Kan gelesen werden«. Der Urteilsverkündung konnte also von außen im Erdgeschoß durch die Öffentlichkeit beigewohnt werden. Links an den ›Verurteilungstrakt‹ schließt sich eine Doppelfolge von neun Einzelzellen an, die je durch einen Gang erschlossen werden. In der Mitte des Kellergeschosses liegt der ›Versorgungstrakt‹ mit Brau- und Backhaus, Brot- und Bierkeller usw. Der Zellentrakt wird links noch einmal in identischer Raum- und Gangfolge wiederholt, so daß hier insgesamt 17 Schwerverbrecher inhaftiert werden konnten. Ganz links lag eine unregelmäßige Raumsdiposition mit der großen Küche und Zimmern für das Personal.

ZUCHT- UND ARBEITSHAUS: Hinter dem Haupteingang mit doppelläufiger Freitreppe und dem Kellereingang zu den Räumen des Fabrikmeisters befand sich das kleine Vestibül – hier ein Deckblatt mit Entresole über dem Eingang –, anschließend die große Küche sowie der Speisesaal, dazu ein Zimmer für den »Cantor«. Separiert von den Schwerverbrechern im Keller lag hier im linken Flügel eine Raumfolge mit »7 Prisons vor stats oder Distinguirte gefangene« sowie eine »verhor stube« und »Tortur=Cammer«. Den rechten Flügel bildeten zwei große Säle, der mit langen Bänken ausgestattete Speisesaal für die Zuchthäusler, von dem aus eine große Treppe die oberen Geschosse erschloß, sowie ein Magazin für die in der Fabrik zu verarbeitenden Materialien wie »flahs, Hanff, Garn, und gewebten Linnen«. Alternativ – so die Legende – könne dieser Raum auch als separater Arbeitsraum für die »Spinner« genutzt werden, das Material solle dann auf dem Dachboden gelagert werden. Über die Treppe gelangten die Zuchthäusler in die beiden oberen Stockwerke, hier waren Männer und Frauen geschoßweise voneinander getrennt. Im ersten Obergeschoß schloß links von der zentralen großen Fabrikhalle ein langer Gang an, beidseitig flankiert von den 12 Zellen und einem Personalraum am Ende der Zellenflucht; eingezeichnet sind insgesamt 43 Pritschen für männliche Gefangene. Diese Raumdisposition wiederholt sich im zweiten Obergeschoß für die »Weibspersonen«.

Dem Zellentrakt gegenüber ist auf der anderen Seite der beiden Fabrikationsräume die große, zweistöckige Hauskapelle plaziert, »so vor die Catholische und Lutherische Dienen kan«. Der längsrechteckige Saal wird am Ende durch die konkav eingeschwungene Altarnische begrenzt. Dahinter liegt der Raum der Sakristei, im Geschoß darüber eine Einzelzelle, in dem »in der Noth einen Geistlichen« aufgenommen werden kann, natürlich diskret separiert von den anderen Zuchthäuslern, wie dies auch bereits im Zuchthaus in Münster vorgesehen war (Kat.-Nr. 28). Die große Empore im 2. Obergeschoß, gestützt durch zwei Säulen, war vermutlich für die Frauen vorgesehen, während die Männer im unteren Geschoß dem Gottesdienst folgen mußten.

FUNKTION: Die klare Disposition der einzelnen Stockwerke und Raumfolgen vereinigt in einem Gebäude – gleichsam hierarchisch von unten nach oben geordnet – den Kerker für die Verbrecher mit dem Zuchthaus, wo Männern und Frauen getrennt lebten und arbeiteten. Die maximale Kapazität von 17 Verbrechern sowie mehr als 80 männlichen und weiblichen Zuchthäuslern war nahezu identisch mit den Zahlen des Münsteraner Projekts (Kat.-Nr. 28). Die architektonische Nähe von großem Arbeitssaal und Zuchthauskapelle verdeutlicht wiederum das Erziehungsideal des ›Ora et labora‹, der geistigen und moralischen Säuberung durch mehr oder minder schwere körperliche Arbeit. Gleichzeitig war das Osnabrücker Zuchthaus, prominent am Neumarkt gelegen und größer als den realen Bedürfnissen entsprechend, nach dem Kurfürstlichen Schloß das bedeutendste Bauprojekt der Residenzstadt, als architektonisches Manifest stand hier dem höfischen Zeremoniell des Adels augenfällig die polizeiliche Reglementierung des Bürgertums gegenüber.

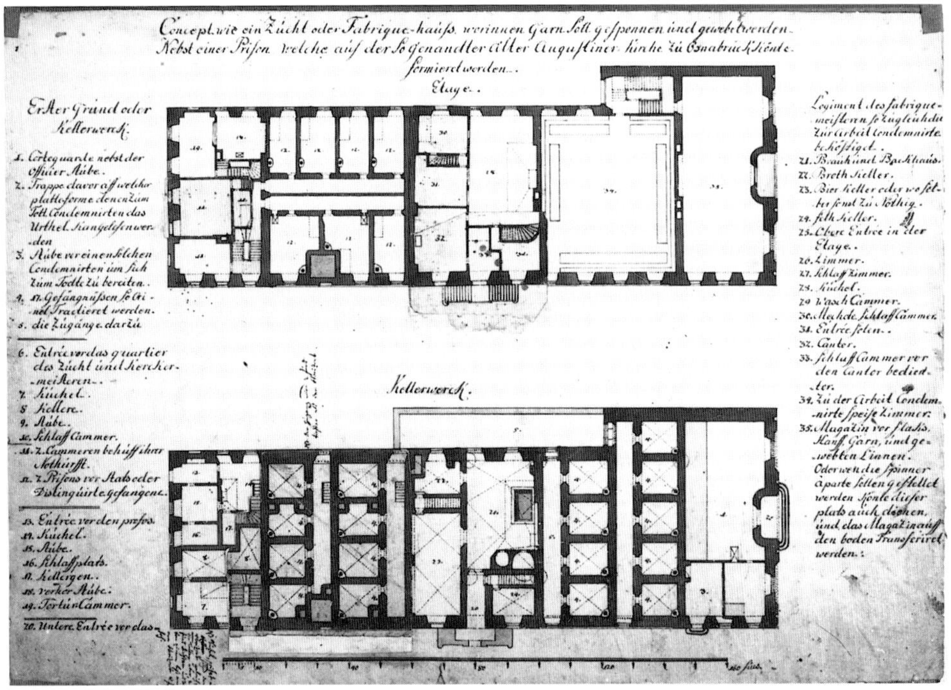

68.1

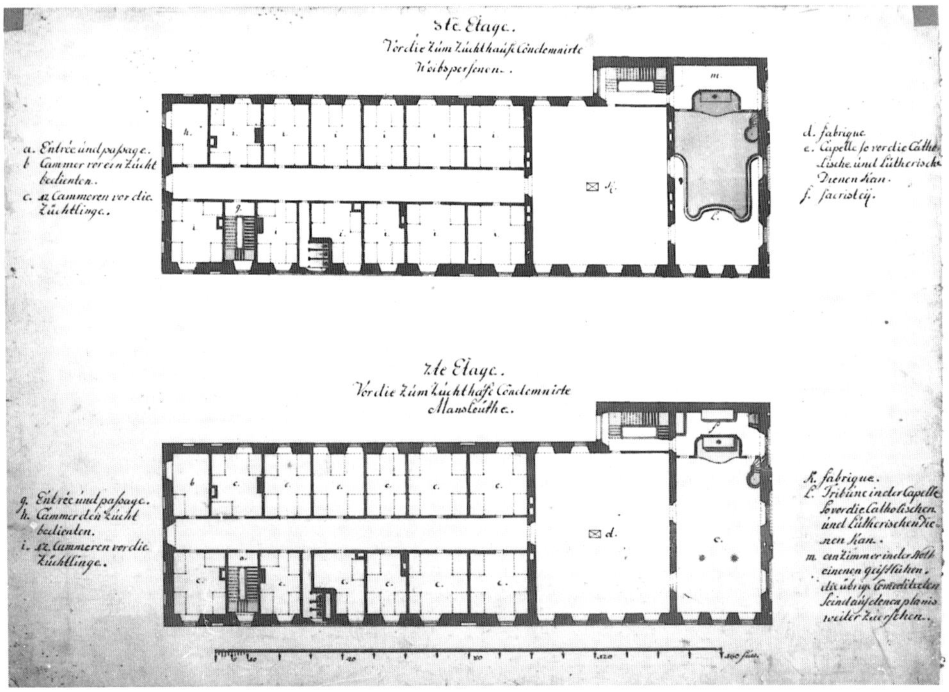

68.2

68.1

Osnabrück, Gefängnis und Zuchthaus

J.F. Schulze

Grundrisse Keller- und Erdgeschoß

Lavierte Federzeichnung, 37 x 52 cm

Titel: *Concept wie ein Zucht oder Fabrique-hauss, worinnen Garn soll gesponnen und gewebt werden. Nebst einer Prison, welche auf der so genandter Alter Augustiner=Kirche Zu Osnabrück könte formieret werden.*

Beischrift: *Etage.; Kellerwerck.*

Beischrift: Kennziffern

Beischrift: *NB. der Eingang wird 2 fues tiefer als der Horizont.; NB. Kuchel, prifat* (?) *u.* (?) *Keller* (...?) *den Horizont geleich* (?), *die Keller aber 2 fues* (...?) *und zu den* (...?) *auch vom Horizont 2 fues hoch.*

Legende: *Erster Grund oder KellerwercK.; 1. Corteguarde nebst der Officier Stube.; 2. Trappe davor a'ff welcher platteforme den Zum Tott Condemnirten das Urthel Kan gelesen werden; 3. Stube vor einen solchen Condemnirten um sich Zum Todte Zu bereiten.; 4. 17. Gefängnüssen so Orinel Tractieret werden.; 5. die Zugänge darZu; 6. Entrée vor das quartier des Zucht und KercKermeisteren.; 7. Kuchel.; 8 Kellere.; 9. Stube.; 10. Schlaff Cammer.; 11. 2 Cammeren behuff ihrer Nothurfft.; 12. 7. Prisons vor stats oder Distinguirte gefangene.; 13. Entrée vor den profos.; 14. Kuchel.; 15. Stube.; 16. Schlaffplatzs.; 17. Kellergen.; 18. verhor stube.; 19. Tortur=Cammer.; 20. untere Entrée vor das Logiment des fabriquemeisteren so Zugleich die Zur Arbeit Condemnirte beKöstiget.; 21. Brauh und BacKhaus.; 22. Broth Keller.; 23. Bier Keller oder wo selber sonst Zu Nöthig.; 14. feth Keller.; 25 Obere Entrée in der Etage.; 26. Zimmer.; 27. Schlaff Zimmer.; 28. Kuchel.; 29 Wasch Cammer.; 30 Mechde Schlaff Cammer.; 31. Entréesolen.; 32. Cantor.; 33. Schlaff Cammer vor den Cantor bedienter.; 34. Zu der Arbeit Condemnirte speise Zimmer.; 35. MagaZin vor flachs, Hanff, Garn, und gewebten Linnen.; Oder wen die spinner aparte sollen gestellet werden Könte dieser platzs auch dienen, und das MagaZin auff den boden Trasferiret werden.*

Maßstab: *160 fues* = 28,0 cm

Niedersächsisches Staatsarchiv Osnabrück,
K 61 a Neumarkt, Nr. 1 H, Blatt a

68.2
Osnabrück, Gefängnis und Zuchthaus
J.F. Schulze
Grundrisse 1. und 2. Obergeschoß

Lavierte Federzeichnung, 37 x 53 cm
Titel: *3te Etage.; Vor die Zum Zuchthausse Condemnirte Weibspersonen.*
Titel: *2te Etage.; Vor die Zum Zuchthaüse Condemnirte Mansleüthe.*
Beischrift: Kennbuchstaben
Legende: *a. Entrée und passage.; b Cammer vor ein Zucht bedienten.; c. 12 Cammeren vor die Züchtlinge.; d. fabrique; e. Capelle so vor die Catholische und Lutherische Dienen Kan.; f. sacristey.; g. Entrée und passage.; h. Cammer den Zucht bedienten.; i. 12. Cammeren vor die Züchtlinge.; K. fabrique.; l. Tribunde in der Capelle so vor die Catholischen und Lutherischen Dienen Kan.; m. an Zimmer in der Noth einenen geistlichen. die übrige Comoditeeten seind auf denen planis wieter Zu ersehen.*
Maßstab: *160 fues* = 28,5 cm

Niedersächsisches Staatsarchiv Osnabrück,
K 61 a Neumarkt, Nr. 1 H, Blatt b

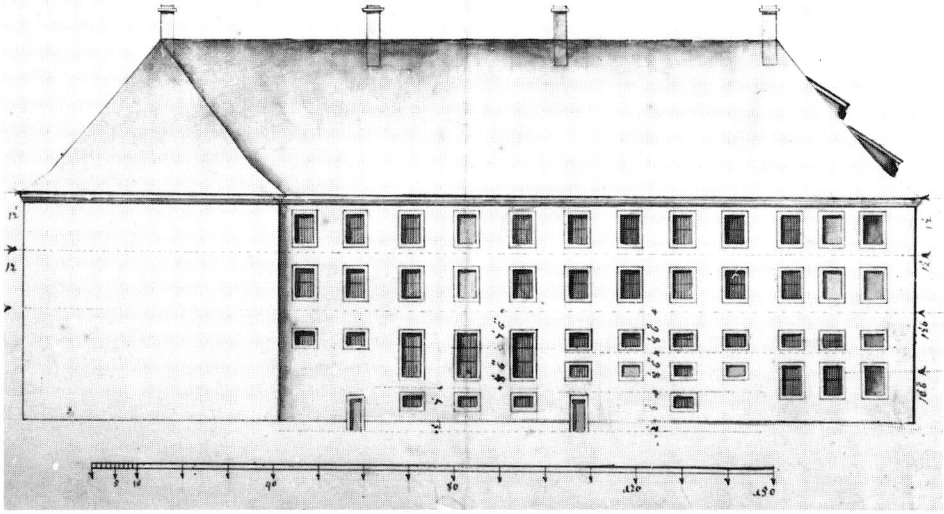
68.3

68.3
Osnabrück, Gefängnis und Zuchthaus
J.F. Schulze
Aufriß der Längsfassade

Lavierte Federzeichnung, 32,4 x 41,4 cm
Beischrift: Maßangaben
Maßstab: *150* (Fuß) = 28,5 cm

Niedersächsisches Staatsarchiv Osnabrück,
K 61 a Neumarkt, Nr. 1 H, Blatt c

68.4

68.4
Osnabrück, Gefängnis und Zuchthaus
J.F. Schulze
Aufriß der Seitenfassade

Lavierte Federzeichnung, 32 x 39,3 cm
Titel: *Hintere Auffuhrüng vom Zuchthause Zu OsnabrücK*
(von der Hand Schlauns)
Beischrift: Maßangaben
Maßstab: *160 fues* = 35,6 cm

Niedersächsisches Staatsarchiv Osnabrück,
K 61 a Neumarkt, Nr. 1 H, Blatt d

69

Bürensche Gademen, 1762

Münster, Loerstraße

LITERATUR
Geisberg 1935, Münster IV, S. 270; Sarrazin 1971, S. 144–54.

Der Hofrat und Pfennigmeister von Büren ließ im Anschluß an sein Wohnhaus in der Loerstraße am Südende des Clemenshospitals im Jahr 1762 nach Plänen der Schlaun-Werkstatt fünf völlig gleichmäßig gestaltete Gademen errichten. Die Häuser konnten bereits im Erbauungsjahr 1762 bezogen werden; sie wurden im Zweiten Weltkrieg zerstört.

Gademe, einen heutzutage verschwundenen Bautyp, nannte man in Münster kleine Reihenhäuser aus Fachwerk, im 18. Jahrhundert aus verputztem Backstein, deren Traufen parallel zur Straße standen, wobei je zwei Häuser einen gemeinsamen Kamin hatten. Sie wurden zunächst eingeschossig errichtet, nicht unterkellert, später dann zweigeschossig, doch von niedrigerer Raumhöhe. Von der Straße aus gelangte man meist unmittelbar in die Wohnküche, ihr gegenüber lag oft noch eine kleine Kammer, die bei Handwerkern wie Schneidern oder Schuhmachern als Werkstatt benutzt wurde. Dahinter befand sich eine steile Treppe zu weiteren Kammern im Obergeschoß. Im Dach hatten die Gademe einen Ausbau mit vorspringenden kräftigen Kopfbändern, in dem der Kranenbalken zum Aufziehen des Brennholzes angebracht war. Waren sie unterkellert, gab es sogenannte Upkammern mit erhöhtem Bodenniveau für die Kinder, den Knecht oder die Magd. Die Gademe wurden vermietet, als Stiftungen unterhalten oder von den Besitzern als Wohnungen für arme Verwandte oder die Bediensteten vorgesehen.

Die Zeichnung der Schlaun-Werkstatt (Kat.-Nr. 69.1) zeigt links das fünfachsige Wohnhaus des Rentmeisters, das von den fünf neuen Gademen durch die anschließende Wagenremise mit Pferdestall sowie ein offenbar älteres größeres Gadem getrennt ist. Vermutlich sollte zugleich mit den Gademen die rückwärtige Fassade des Wohnhauses neu gestaltet werden. Sie stand in einer Flucht mit der Mauer, die die Gademe von dem architektonisch gestalteten Nutzgarten trennte. Die zweigeschossigen, dreiachsigen unverputzten Backsteinhäuschen waren von der Straße aus über einen kleinen Flur zugänglich, von wo aus man in die Küche und in die Stube mit einer Bettstatt unter der Treppe gelangte. Im hinteren Teil befand sich über einem kleinen Speisekeller die Upkammer für die Magd. Im Obergeschoß, das auf einem zweiten, nicht erhaltenen Plan dargestellt war, befanden sich ein beheizbares Zimmer und zwei weitere Kammern.

Der Garten mit der langen querliegenden Hauptachse ist in seinem Achssystem einerseits auf das Wohnhaus bezogen, dessen seitliche Durchfahrten von Querachsen aufgenommen werden, andererseits erschließt er sich dem flanierenden Hausherrn erst in der langen Längsachse. An ihrem unteren Ende steht eine Steinbank in einem Boskettraum, über zwei Fontänenrondells gelangt man zu einem von hohen Hecken mit Statuennischen gerahmten runden Platz mit einem oktogonalen Gartenpavillon, die Achse läuft am oberen Ende in ein Halbrund mit Boskettträumen in den Zwickeln aus, Point de vue wiederum eine Steinbank. Die Nutzbeete, in der rechten Hälfte mit Obstbäumen bestanden, sind von Blumenrabatten eingefaßt, in denen architektonisch beschnittene Kugel- oder Pyramidentaxusbäumchen aufgestellt sind.

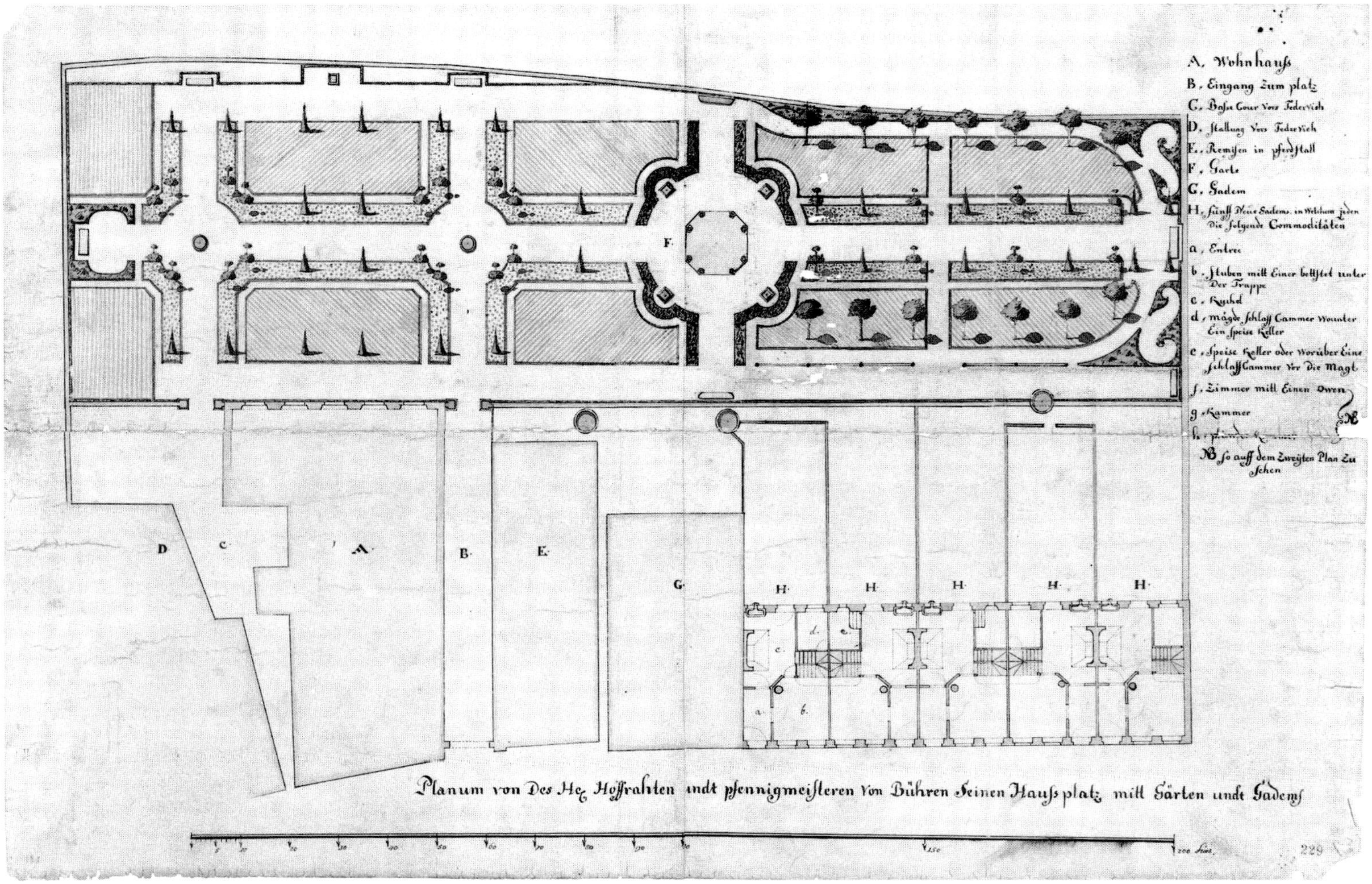

69.1

Münster, Loerstraße, Haus des Pfennigmeisters und Hofrats von Büren

Schlaun-Werkstatt

Plan der Gesamtanlage mit Garten und Gademen

Lavierte Federzeichnung (rot, grün, gelb, grau), 39,5 x 62,7 cm

Titel: *Planum von Des Hr. Hoffrathen undt pfennigmeisteren von Büren Seinen Hauss platz mitt Gärten undt Gadems*

Beischrift: Kennbuchstaben

Legende: *A. Wohnhauss; B. Eingang Zum platz; C. Basse Cour Vors Federvieh; D. Stallung Vors Federvieh; E. Remissen in pferdstall; F. Garte; G. Gadem; H. fünff Neue Gadems, in welchem jede Die folgende Commoditäten; a. Entrée; b. Stuben mitt Einer bettstet unter Der Trappe; c. Kuchel; d. mägde Schlaff Cammer worunter Ein Speise Keller; e. Speise Keller oder worüber Eine SchlaffCammer vor die Magt; f. Zimmer mitt Einen Owen; g. Kammer; h. pl* (?) *Kammer; NB so auff dem Zweyten Plan Zu sehen*

Maßstab: *200 fues* = 45,2 cm

Westfälisches Landesmuseum Münster, Schl.-Bd. 229

1 Münster, Loerstraße, Gademen des Hofrats und Pfennigmeisters von Büren (um 1920)

70

Lotharinger Kloster und Kirche, 1764–73

Münster, Hörster Straße

Die ersten Klosterfrauen des in Lothringen 1598 gegründeten Ordens der Regulierten Chorfrauen des hl. Augustinus – auch als Congrégation de la Nôtre Dame, als Konvent der französischen Chor-Jungfrauen oder Ursulinen bezeichet – ließen sich 1642 in Münster nieder. Sie erhielten vom Rat der Stadt erst 1679 die Zulassung des Ordens in Münster, allerdings mit der Auflage, nicht der Bettelei nachzugehen und die Zahl der Konventsmitglieder auf zwölf zu beschränken. Bereits 1655 hatte der Orden ein kleines Grundstück an der Hörster Pforte erworben. Für das Jahr 1698 ist hier eine kleine Kapelle belegt. 1716 kaufte man ein weiteres Grundstück, 1753 fand die Grundsteinlegung zum Kirchenneubau statt. In den Bombardements des Siebenjährigen Krieges wurde 1759 das noch unvollendete Kloster und die Kirche, die »ohne Gewölb war«, durch Feuer zerstört.

BAUGESCHICHTE: Für den Neubau von Kirche und Kloster bewilligte der Kurfürst am 5. Februar 1760 eine auf zwei Jahre begrenzte Kollekte. Kurfürst Maximilian Friedrich beauftragte den Propst von S. Aegidii, den Offizial des Geistlichen Gerichts und Kanonikus der Kollegiatkirche zu Dülmen, Bernhard Heinrich Anton Deitermann, mit seiner Vertretung bei der Grundsteinlegung am 11. Juli 1764. Den Klosterneubau leitete vermutlich Schlauns Neffe und Mitarbeiter in seiner Werkstatt, Obristleutnant Anton Joseph Thelen. Nach vierjähriger Bauzeit war das Kloster 1768 bezugsfertig. Erst 1771 wurde mit dem Bau der Kirche begonnen, am 18. September im Beisein Schlauns der Grundstein gelegt. Der am 13. Mai geschlossene Vertrag zwischen der Oberin des Ordens und dem Maurermeister Johann Hermann Vahlkamp über Fundamentierungs-, Maurer- und Steinhauerarbeiten hatte zur Grundlage die Pläne »vom herrn General und Ingenieuren Von Schlaun …, worinnen alle maaßen accurate geschrieben stehen«. Wegen der Auslastung Schlauns seit 1766 mit den Planungen und Arbeiten am Residenzschloß (Kat.-Nr. 75) erhielt Hauptmann Johann Leonhard Mauritz Gröninger die Bauleitung. Ende des Jahres 1772 war die Kirche eingedeckt, im Frühjahr 1773 der Rohbau fertig, die Bauarbeiten vermutlich im Sommer 1773 im wesentlichen abgeschlossen. Weder Schlaun noch Gröninger erlebten die Vollendung des von ihnen betreuten Baus, zog sich die Innenaustattung doch bis in das Jahr 1775 hin: Gröninger starb am 9. August, Schlaun am 21. Oktober 1773.

BAUBESCHREIBUNG: Der Planungsvorgang für Kirche und Kloster ist lediglich durch eine Zeichnung aus der Schlaun-Werkstatt dokumentiert (Kat.-Nr. 70.1), darüber hinaus existiert ein bei Geisberg publizierter Grundriß der Gesamtanlage in Höhe des Obergeschosses (Abb. 1). Das Kloster berücksichtigte die bestehenden Straßenführungen und wurde als nach hinten geöffnete Dreiflügelanlage disponiert. Entsprechend der Straßenflucht (Abb. 2) ist die später erbaute Kirche in die Diagonale verschoben, isoliert vom Klosterkomplex plaziert und lediglich durch den Rechteckchor mit diesem verbunden. Der Grundriß von Geisberg und der Aufriß der Schlaun-Werkstatt zeigen die Klosterfassade als einfache zweigeschossige Architektur mit Walmdach. Die rechts von der Kirche drei- und links zehnachsige Fassade hatte im Erdgeschoß hochrechteckige, im flacheren Obergeschoß annähernd quadratische Fenster. Der Eingang zum Kloster befand sich links von der Kirche in der zweiten Achse über einer einfachen ein- oder zweiläufige Freitreppe.

Vermutlich aus Platzgründen zeigt der Grundriß eine ungewöhnlicherweise querrechteckige Kirche. Die Fassade, aufgenommen 1772 – so die Datierung in der Wetterfahne –, also kurz vor Vollendung des Baues, setzt sich deutlich von den schlichten, zurückgesetzten Klostergebäuden ab. Sie schwingt im Eingangsbereich konvex vor und bildet so einen Mittelrisalit, der im Dachbereich durch einen halbkreisförmig geschlossenen Volutengiebel gleich einer Serliana bekrönt wird. Hier befindet sich an zentraler Stelle die Sonnenuhr – in der Ausführung

LITERATUR

Hartmann 1910, S. 218–21; Sophie Inkmann, *Die Lotharinger Chorfrauen in Münster 1642–1812,* Manuskript im Staatsarchiv Münster, o. O., o. J.; dies., *Die Oberinnen und Professen des Klosters der Lotharinger Chrofrauen 1642–1812,* in: Quellen und Forschungen zur Geschichte der Stadt Münster, Bd. 4, Münster 1931, S. 317–24; Rensing 1936, S. 33; Geisberg 1941, Münster VI, S. 470–76, bes. S. 475f.; Rensing 1954, S. 33f.; Lahrkamp 1978, S. 20f.; Bußkamp 1992, S. 207–15.

QUELLEN

Zur Baugeschichte: Staatsarchiv Münster, Kleinere Klöster der Stadt Münster, Lotharinger Kloster, Akten 17, 18; Archiv Haus Welbergen, Akten 803, 804 (teilweise publiziert bei Bußkamp 1992, bes. S. 256–62).

DENKMALPFLEGE

Einzelberichte zur Denkmalpflege in: Westfalen 31, 1953, S. 153; 41, 1963, S. 169; 46, 1968, S. 385; 53, 1975, S. 613–15; 56, 1978, S. 552.

70.1 Münster, Lotharinger Kirche, Aufriß der Südseite, 1772 – Schlaun-Werkstatt

ein Okulus-Fenster –, das Wappen mit den Initialen des Offizials des Konvents, Bernhard Heinrich Anton Deitermann, sowie flankierend zwei monumentale Vasen mit dem flammenden, von einem Pfeil durchbohrten Herzen, Sinnbild der gottgefälligen Amor Dei der Ordensmitglieder.

Im Gegensatz zum heutigen Zustand (Abb. 2,3) sind in der Bauzeichnung von 1772 einige Wandflächen in hellroter Lavierung abgesetzt. Dies betrifft das Wandfeld des Giebels und das Gebälk des Mittelrisalits sowie die aufgelegten Mauerstreifen der geschwungenen Kompartimente. Ebenso sind die gerundeten Ecken gegenüber den Liseneneinfassungen hell betont. Letztendlich läßt sich jedoch nicht mit Sicherheit feststellen, ob Schlauns Planung eine Sandsteingliederung oder die kostengünstigere Lösung eines farbigen Putzes vorsah.

Die fünfachsige Kirchenfassade ist ausgewogen zum Zentrum hin rhythmisiert. Auf niedrigem Sockelgeschoß bilden die umlaufenden Lisenen und die zweifach zurückgesetzte Wandfläche die kolossale Pilasterordnung aus. Die großen Fenster in den äußeren und der Mittelachse alternieren mit Nischenöffnungen in den konvex vortretenden ›Zwischenachsen‹. Fenster und Nischen sind jeweils oben und unten durch zurückgesetzte Wandfelder in Form eines Tafelmotivs hervorgehoben. Am Mittelrisalit wird die Kolossalordnung klassisch umgesetzt: Die seitlichen Doppelstreifen auf hier höherem Sockelgeschoß führen oben in das deutlich, durch Profile akzentuierte Gebälk. In der horizontalen Fassadengliederung ergibt sich eine klare Zentrierung von den äußeren, abgerundeten Gebäudeecken über die schmalen, konvex schwingenden Überleitungsachsen zur mittleren Achse mit dem Kirchenportal. Hier erhält der Bau einen enormen Vertikalzug: Die Freitreppe, das Portal mit Supraporte und Inschrifttafel, das darüber sitzende Fenster, die – auf der Zeichnung nicht eingetragene – Wappenkartusche vor dem Gebälk und der Volutengiebel vor dem Mansarddach leiten zu dem schlanken Campanile mit Welscher Haube über, der die eher bescheidene Gesamtanlage an wenig prominenter Stelle im Stadtgefüge trotzdem weithin sichtbar werden ließ.

DENKMALPFLEGE: Im Zuge der Säkularisation wurde das Kloster aufgehoben. Kirche und Klosterbereich dienten seit 1827 als preußische Kaserne. Man baute auf Grund der neuen Nutzung Zwischendecken ein, schloß das Portal und brachte zusätzliche Fensteröffnungen an (Abb. 2). Im Zweiten Weltkrieg erlitt die Kirche kaum Schäden, allerdings wurden der Chor und das Kloster zerstört. 1961 begann man mit der Wiederherstellung, wobei die Zwischendecken entfernt und die Kirchenfassade bis 1973 nach der vorhandenen Zeichnung von 1772 teilweise rekonstruiert wurden (Abb. 3). Das Innere paßte man den Bedürfnissen des münsterischen Stadtarchivs an, das dort seit 1978 beherbergt ist.

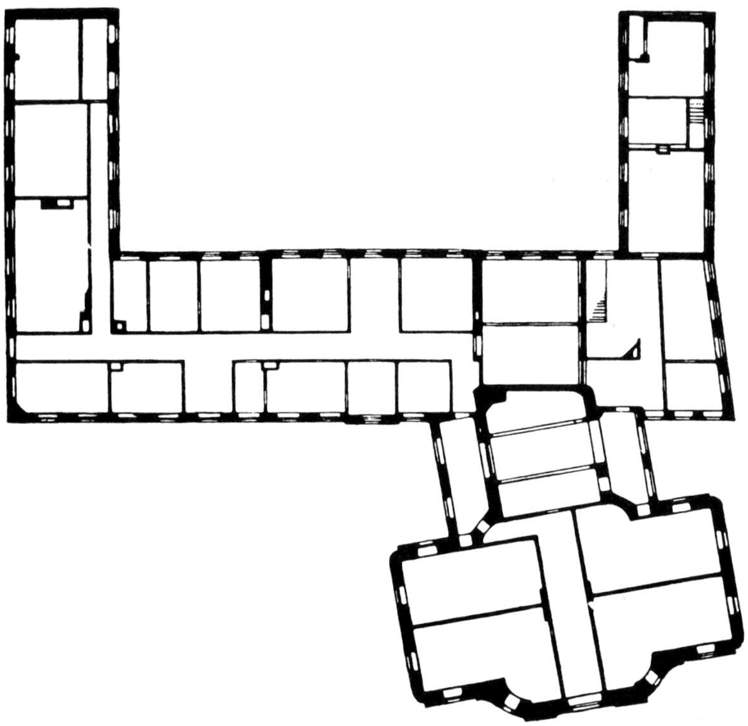

70.1
Münster, Lotharinger Kirche
Schlaun-Werkstatt?
Aufriß der Südseite, 1772 (Abb. S. 620)

Lavierte Federzeichnung, 40,5 x 38,9 cm
Datierung (in der Wetterfahne): *1772*

Westfälisches Landesmuseum Münster, A.V. 172

1 Münster, Lotharinger Kirche und Kloster, Grundriß der Gesamtanlage, 2. Obergeschoß nach dem Umbau zur Kaserne

2 Münster, Lotharinger Kirche und Kloster, Ansicht von Südosten (1932)

3 Münster, Lotharinger Kirche, Ansicht von Süden (1994)

71
Hof Sülzhof, Wirtschaftsgebäude, 1766
Nievenheim

Nachdem das kölnische Lehnsgut Sülzhof zu einem Fünftel durch Erbschaft der Frau Schlauns, Maria Catharina Bourel, der Tochter eines Kölner Ratsherren aus einer Eupener Textilunternehmerfamilie, zugewiesen worden war, erwarb Schlaun im Jahre 1732 mit ihrem Geld das gesamte Gut. Mit der Wahrnehmung und Übernahme der Rechte des Gutsvorgängers verbunden war das Recht der Wappenführung, einer eigenen Bank in der Pfarr- und Wallfahrtskirche St. Salvator sowie das Erbbegräbnis für seine Familie. Schlaun stiftete deshalb 1743 aus eigenen Mitteln den südlichen Seitenaltar in der Kirche (Kat.-Nr. 40).

Erst 1761 scheint Schlaun wieder Interesse an dem Gut gefunden zu haben; nach dem Tod des Kurfürsten bat er dessen Nachfolger Maximilian Friedrich, ihn in seinem Lehen zu bestätigen. Die Erneuerung des Lehens erfolgte am 28. September 1761. Im Jahre 1766 ließ Schlaun die Wirtschaftsgebäude des Hofes von Grund auf neu errichten. Seitlich des Hoftores (Abb. 2) sind Wappensteine angebracht: links die Initialen »JCS« mit dem Wahlspruch »IN DEO SPES MEA«, rechts das Familienwappen, datiert »ANNO MDCCLXVI«. Bemerkenswert ist, daß die Initialen und das Wappen mit der fünfzackigen Adelskrone versehen sind – wie in Haus Rüschhaus (Kat.-Nr. 45) –, obwohl Schlaun nachweislich nie geadelt wurde.

Die Neubauplanungen sind durch drei Zeichnungen aus der Hand Johann Mauritz Güdings erhalten. Man kann annehmen, daß es sich hier nicht um Kopien handelt, sondern daß Güding als der engste Mitarbeiter der Werkstatt die Entwürfe nach Schlauns Vorgaben anfertigte, war dieser doch seit 1766 in die Planungen des Residenzschlosses in Münster (Kat.-Nr. 75) involviert. Der Grundriß (Kat.-Nr. 71.1) zeigt eine rautenförmig geöffnete Vierflügelanlage mit hinterer Abschlußmauer sowie mit zentraler Tordurchfahrt auf der zur Straße hin gelegenen Schmalseite. Lediglich das Portal an der Feldseite zeichnet die ansonsten schmucklose Architektur (Abb. 1) der Wirtschaftsgebäude aus: der Aufriß der Durchfahrt mit Korbbogen ist auf das Portalgewände übertragen (Kat.-Nr. 71.2 – Abb. 2), das in einem Viertelkreis konkav einschwingt. So öffnet sich das Portal gleichsam einladend auf den kreisförmig angelegten Vorplatz, der zudem die Wegbiegung markiert.

Die Disposition der Innenräume folgt den funktionalen Anforderungen eines Gutshofes. Von der Durchfahrt aus gelangt man rechts in zwei Räume, einen Vorraum mit angrenzendem Schlafzimmer, das »quartier wan der Herr hin komb«. Es folgen das Backhaus, die Stallungen für Schweine, Rinder, Kälber und Pferde. Der äußere rechte Flügel beherbergt den Schafstall und den Schneideraum, über denen im flachen Zwischengeschoß die Schlafkammern der Knechte liegen. Der Flügel links der Einfahrt enthält symmetrisch zur Gutsherrenwohnung die Räume für den Gutsverwalter mit anschließender Küche – darüber Zimmer für »mägde und Kinder« – sowie die »Stallung vor milch vieh«. Der große äußere Flügel mit Pfeilerstellung ist als Kornscheune (Kat.-Nr. 71.3) ausgewiesen, im Innenhof hat Güding den zentralen Mistplatz vorgesehen (Abb. 2).

Die schlichte Architektur der Wirtschaftsgebäude erhält lediglich durch die symmetrische Grundrißform der Gesamtanlage, die auf die bestehenden Wegführungen reagiert, und die Durchfahrt mit vorgelagertem Platz einen gewissen herrschaftlichen Anspruch.

LITERATUR
Hartmann 1910, S. 238; Rensing 1954, S. 26, 39; Peters 1955.

QUELLEN
Belehnungen in den Jahren 1731, 1732 und 1761 in: Hauptstaatsarchiv Düsseldorf, Kurköln - Lehen 223, Akten und Urkunden 15, 16 (teilweise publiziert bei Peters 1955).

1 Nievenheim, Hof Sülzhof, Gesamtansicht

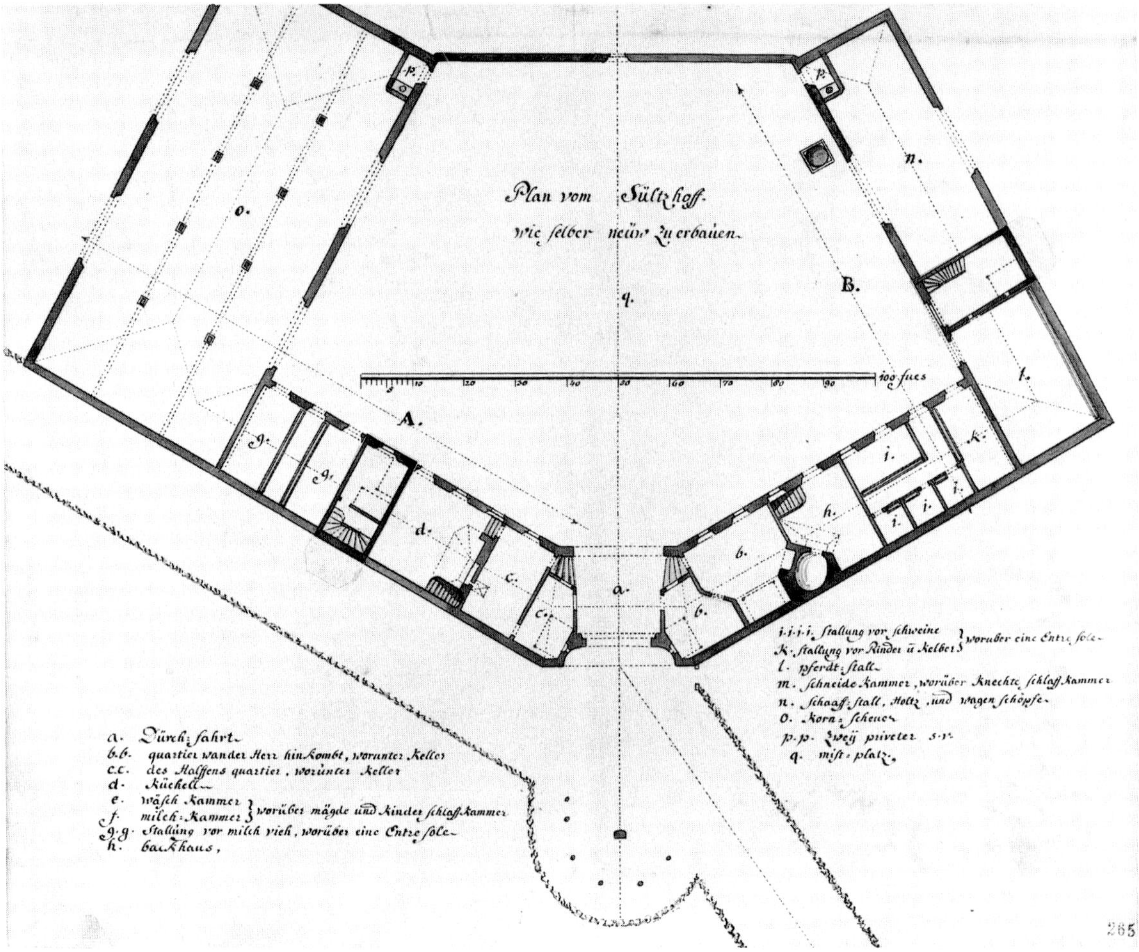

71.1

2 Nievenheim, Hof Sülzhof, Innenhof

71.1
Nievenheim, Hof Sülzhof
Johann Mauritz Güding
Gesamtanlage, Grundriß des Erdgeschosses

Lavierte Federzeichnung (schwarz, grau, gelb), 32,5 x 40,5 cm
Titel: *Plan vom Sültzhoff, wie selber neüw zu erbauen.*
Beischrift: Kennbuchstaben
Legende: *a. Dürch=fahrt; b.b. quartier wan der Herr hinkombt, worunter Keller; c.c. des Halffens quartier, worunter Keller; c. Küchell; e. wäsch Kammer; f. milch=Kammer* (Zusatz zu e. und f.): *worüber mägde und Kinder SchlaffKammer; g.g. Stallung vor milch vieh, worüber eine Entresole; h. backhaus; i.i.i.i. Stallung vor Schweine; k. Stallung vor Rinder u Kelber* (Zusatz zu i.i.i.i. und k.): *woruber eine Entresole; l. pferdt=Stall; m. Schneide Kammer, worüber Knechte Schlaff Kammer; n. Schaaf=Stall, Holtz, und wagen Schöpfe; o. Korn=Scheuer; p.p. Zwey priveter s.v.; q. mist=platz.*
Deckblatt a mit Entwurfsvariante zur Treppe im linken Wirtschaftsflügel
Deckblatt b mit Entwurfsvariante zur Treppe im rechten Wirtschaftsflügel
Maßstab: *100 Fuß* = 18,1 cm

Westfälisches Landesmuseum Münster, Schl.-Bd. 265

71.2
Nievenheim, Hof Sülzhof
Johann Mauritz Güding
Aufriß der Toreinfahrt, Feldseite, Aufriß des Stallgebäudes, Hofwand und Schnitt durch den rechten Flügel

Lavierte Federzeichnung (schwarz, grau, rot, blaßrot, blaßgelb), 19,5 x 31,5 cm
Titel: *Aufführung der aüßerlichen Porten der Dürch=fahrt; Auffuhrung und Profil der linie B.*
Maßstab: *100 Fuß* = 18,1 cm

Westfälisches Landesmuseum Münster, Schl.-Bd. 267

71.3
Nievenheim, Hof Sülzhof
Johann Mauritz Güding
Aufriß der Toreinfahrt, Innenseite, Aufriß des linken Flügels, Hofwand und Schnitt durch die Scheune

Lavierte Federzeichnung (schwarz, grau, rot, blaßrot, blaßgelb), 20 x 31,5 cm
Titel: A*ufführung der binner=porten der dürch=fahrt; Auffuhrung und Profil der linie A.*
Maßstab: *100 Fuß* = 18,1 cm

Westfälisches Landesmuseum Münster, Schl.-Bd. 266

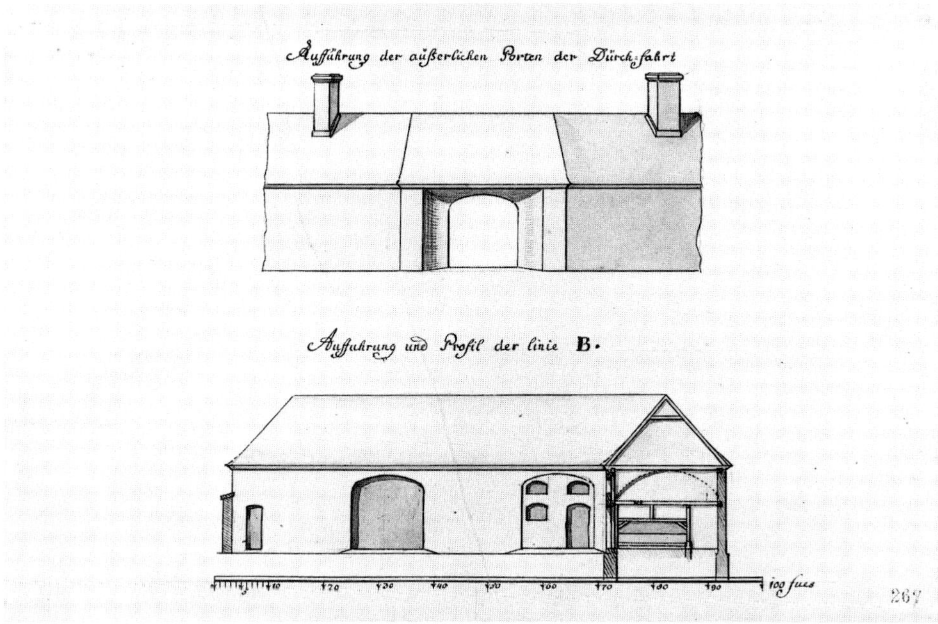

71.2

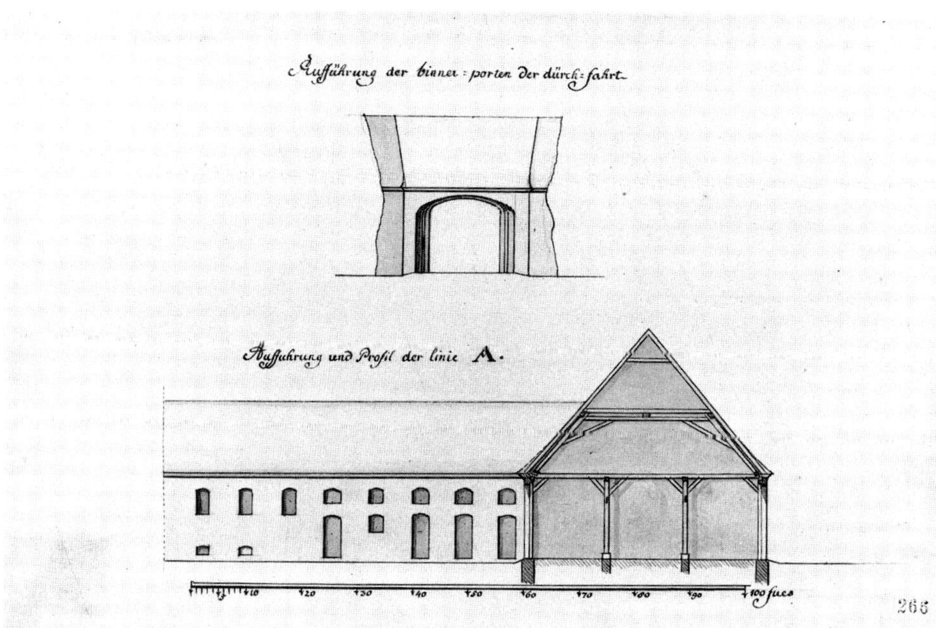

71.3

72

Haus Beck, 1744, Baubeginn 1766

Kirchhellen-Feldhausen bei Bottrop

Die Planungsgeschichte von Haus Beck, gut überliefert durch Pläne Schlauns und den Briefwechsel mit seinem Auftraggeber, ist die Geschichte zähen Ringens zwischen einem französisch geschulten Architekten und einem westfälischen Militär, der seinen Landsitz vor allem als herrschaftliches Zentrum eines funktionierenden landwirtschaftlichen Betriebes begriff. Praktische Erwägungen gingen einher mit einer permanent unzureichenden Finanzlage, die den Baubeginn, nachdem bereits 1744 ein Kontrakt über die Lieferung von 300000 Ziegelsteinen abgeschlossen war, noch über zwanzig Jahre hinauszögerten. Haus Beck ist zum anderen die Geschichte des Wandels einer Bauidee: Aus einem Herrenhaus mit Gutsbetrieb wurde in der Auseinandersetzung mit dem Bauherrn ein landwirtschaftlicher Betrieb mit einem in Anlehnung an den Typus einer Maison de plaisance errichteten Herrenhaus.

Bauherr war »Friedrich Florens Raban Freyherr von der Wenge, auch Herr zu Wenge und Kolventhurn, seiner Churfürstl. Gnaden zu Cöllen, fürst- und Bischoffen zu Münster würklich - geheimer Etats und Krieges Rath, Cammerer, General Lieutenant und Commandant deren sämbtlich münsterischen Trouppen, Gouverneur der Stadt und Vestung Münster, auch inhaber und obrister eines Infanterie Regiments, und des hohen Sanct Michaelis orden groß Creutzherr…, dermaliger Herr und Besitzer… des hochadelichen stammhauses der reichsfreyherrlichen Familie von der Wenge zu Beck, altershalben in solchen Verfall, und umstand gerathen, das solches fürderhin nicht mehr standhalten, und wie uns allen Bekant, ohne evidente gefahr der einstürtzung nicht bewohnet werden könne«.

General von Wenge, 1700 geboren, seit 1740 mit Marie Charlotte Freiin von Harff verheiratet, verließ seine Gemahlin in der Hochzeitsnacht, um auf kaiserlichen Befehl an die Spitze der Truppen gegen die Türken zu treten, und kam erst nach dem Tod seiner Frau zurück. Er war als General en chef Oberkommandierender und nur dem Kurfürsten und Fürstbischof von Münster Clemens August unterstellt.

Die Bau- oder besser Planungsgeschichte ist kompliziert. Es lassen sich insgesamt sechs Planstufen unterscheiden, von denen sich die ersten beiden auf Renovierungen des baufälligen Vorgängerhauses beziehen. Im Archiv Wolff-Metternich befindet sich neben einer Reihe von Plänen der Briefwechsel, den der General mit seinem Baumeister geführt hat und aus dem man erfährt, welche Intentionen zu den verschiedenen Änderungen geführt haben.

1744: Bauaufnahme der Wasseranlage auf zwei Inseln, Systematisierungsentwurf der unregelmäßigen Vorburg.

1. Planstufe 1744: Pläne zur Renovierung des alten Herrenhauses, der Anlage von flankierenden Wirtschaftsgebäuden und -höfen auf derselben Insel, die in der Achse des Haupthauses zugänglich sein soll. Der General bestellt 300000 Ziegelsteine.

2. Planstufe 1746: Schlaun plant die Ergänzung des Wohnhauses um zwei Flügel, die Umwandlung der Wirtschaftshofinsel in einen französischen Garten, die Erweiterung der Hauptinsel zu einer Hofanlage; davor, über eine Brücke zugänglich, sollte in der Achse ein weiterer Hof mit flankierenden Wirtschaftsgebäuden liegen.

3. Planstufe 1751: erster Neubauentwurf an anderer Stelle, von dem nur die unregelmäßigen Grundrisse des Haupthauses mit stark vorgezogenen Flügeln bekannt sind.

4. Planstufe 1751: erster Gesamtplan, der die neue Situation zeigt: Herrenhaus mit rund vortretenden Mittelrisaliten über einem Nutzgarten in französischem Stil, durch ein ausbuchtendes Gitter abgetrennter innerer Hof, Wirtschaftshof mit eng gestellten Parallelbauten, hinter denen sich die Misthaufen befinden, rund vortretende Abschlußmauer mit Brücke in der Achse, die auf den Vorplatz mündet, von wo ein in das Gehölz geschlagener Dreistrahl

LITERATUR

Hartmann 1910, S. 240–44, 267; Kerckering zur Borg/Klapheck 1912, S. Xf; Crusius 1951, S. 49f; Rensing 1954, S. 33; Mummenhoff 1962; Winter 1973, S. 81ff; August Kracht, *Burgen und Schlösser im Sauerland, Siegerland, Hellweg, Industriegebiet,* Frankfurt a.M. 1976; Püttmann-Engel 1987, S. 70, 163–66; Schopf 1988, S. 85f, 140f; Zinkann 1989 (1979); Krause 1995; Zinkann 1995.

QUELLEN

Archiv Beck im Besitz Wolff-Metternich, München, Faszikel 1, 3, Faszikel S^{2} 5^{3}, Blatt 9–11.

DENKMALPFLEGE

Einzelberichte zur Denkmalpflege in: Westfalen 46, 1968, S. 201; 53, 1975, S. 319; 56, 1978, S. 344; 62, 1984, S. 430f; 67, 1989, S. 430ff.

1 Haus Beck, Hoffassade (1927)

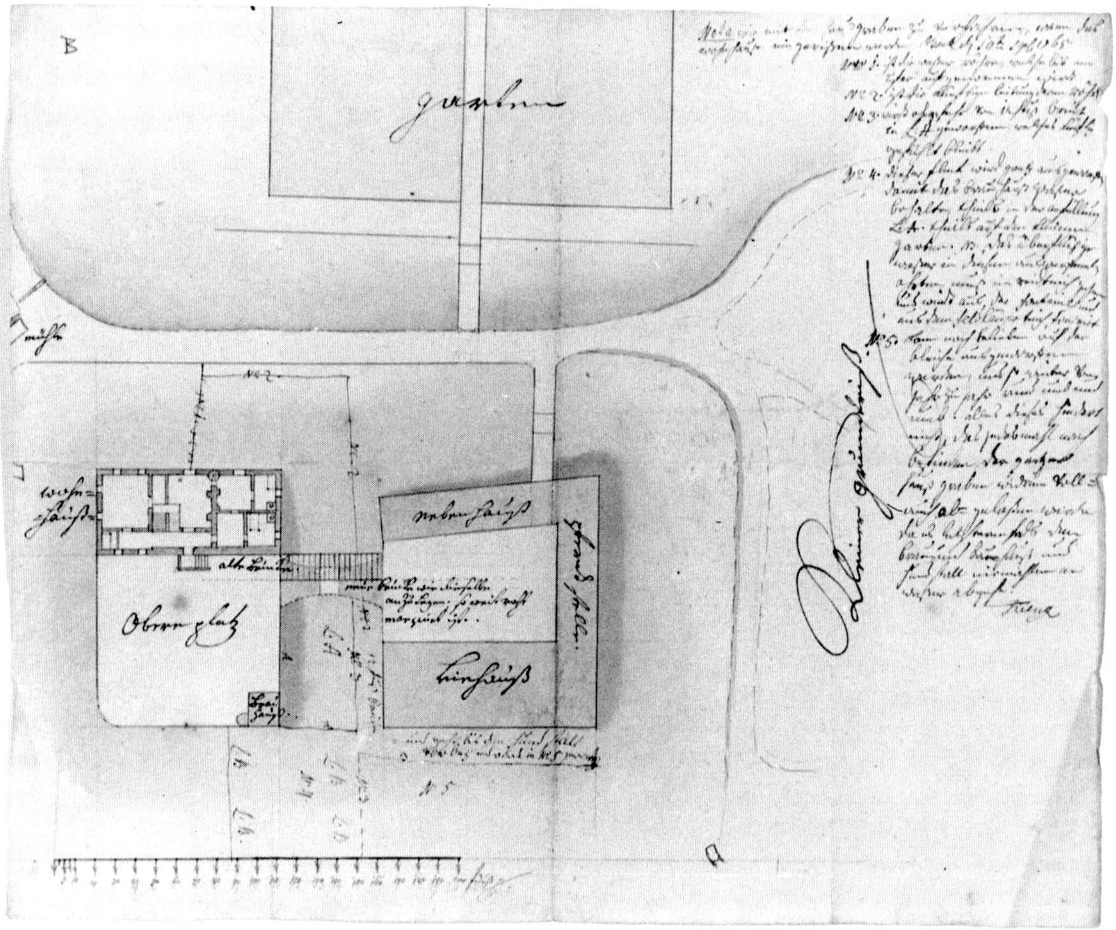

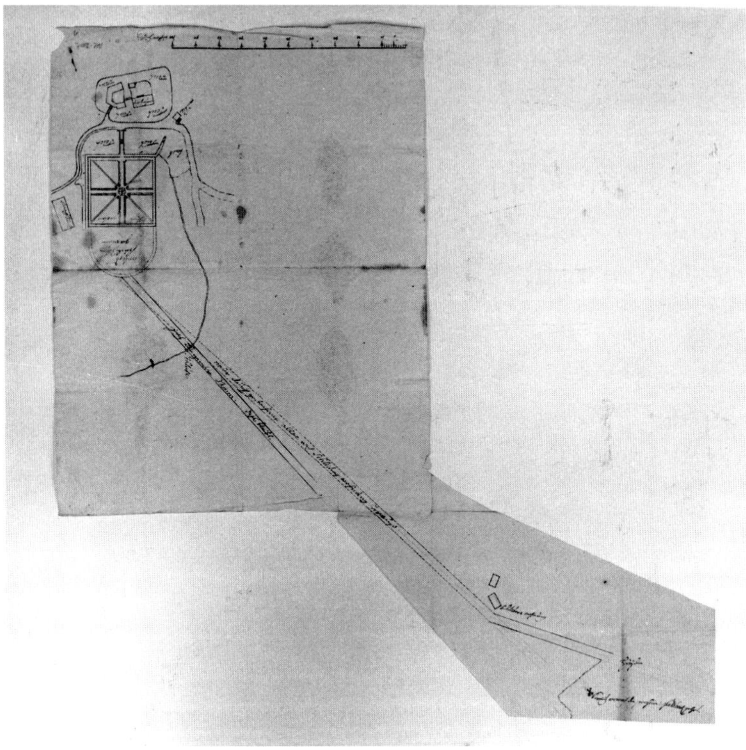

2 Haus Beck, Umbauplan des Vorwerks, 1744

3 Haus Beck, Bauaufnahme, 1744

ausgeht. In dieser Planstufe gibt es eine Reihe von Änderungen in den noch immer unsystematischen Grundrissen von Herrenhaus und Nebengebäuden. Die wichtigste betrifft die Wirtschaftsgebäude, die an den Rand der Insel gestellt werden, so daß die Misthaufen ins Blickfeld geraten.

5. Planstufe 1759: schlichter Rechteckbau ohne jede Gliederung.

6. Planstufe 1766 – Ausführung: Nach dem Ende des Siebenjährigen Krieges kommt der General zu Geld und läßt neue Pläne zeichnen. Am 22. April 1766 wird der Grundstein gelegt. Vestibül und Saal treten am Mittelbau jetzt dreiseitig mit akzentuierter zentraler Achse hervor, die Avantcorps entfallen. Der zurückhaltend gegliederte Bau wird auf ein ausgebautes Kellergeschoß gestellt, der Grundriß systematisiert, so daß ein Appartement double entsteht mit einer durch fünf Räume an der Gartenseite laufenden Enfilade und über alle Geschosse gehende Nebentreppenhäuser. Am Ende der über zwanzigjährigen Planungsgeschichte baut Schlaun dem General eine Maison de plaisance, mit Ausnahme vielleicht des zu hoch gelegenen Erdgeschosses, reinsten französischen Zuschnitts (Abb. 1).

Planungsgeschichte

Der Planungsgeschichte muß vorrausgeschickt werden, daß bis 1766 nichts gebaut wurde. Aus den Quellen geht jedoch hervor, daß das alte Anwesen derart baufällig war, daß Reparaturen an allen Gebäuden dringend vonnöten waren. Der älteste Plan, eine grobe Aufnahme der Gegebenheiten, zeigt eine unregelmäßige Anlage auf zwei Inseln, das längsstehende kleine Herrenhaus nur über die Vorburg zu erreichen (Abb. 3). Ein Entwurf in Umrissen, den der General vor Baubeginn 1766 beschriftet hat, stellt noch einmal den projektierten Garten jenseits der Gräfte dar sowie den Versuch, die Wirtschaftsgebäude neu zu ordnen und die Zufahrt zur Vorburg parallel zur Gartenachse zu verlegen (Abb. 2). Im Jahr 1744 schließt von Wenge einen Kontrakt über 300.000 Ziegel, die angefertigt werden.

1. Planstufe 1744

Die erste Planstufe ist in drei Plänen überliefert (Kat.-Nr. 72.1–3). Auf dem Umrißplan und dem Gesamtplan erkennt man, daß Schlaun die Wirtschaftsgebäude abreißen, die beiden Inseln zusammenlegen, an der gegenüberliegenden Seite die Gräfte verlegen und die ganze Anlage zu einer symmetrischen Hofanlage über einer neuen, auf das Portal des Herrenhauses zulaufenden Achse organisieren wollte. Der Vorplatz, der von einschwingenden Mauerstücken mit Torpfeilern eingefaßt ist, wurde von parallel liegenden Wirtschaftsgebäuden flankiert, hinter denen die Mistplätze und andere wenig ansehnliche Bestandteile der Landwirtschft untergebracht werden sollten. Neben der Hauptzufahrt gab es einen auf die Form der alten Insel Rücksicht nehmenden Vorhof an der Seite, über den man das Anwesen gleichsam durch den Hintereingang befahren konnte. Das Herrenhaus sollte lediglich umgebaut werden; die Grundrisse weisen es als einen auf einem Kellergeschoß stehenden, zweigeschossigen, offenbar gänzlich ungegliederten Baublock aus, sieben Achsen mit Mansarddach und zweiläufiger Freitreppe. Die Küche liegt im Keller, womit ein zentrales Problem der ersten Entwürfe benannt ist, denn aufgrund der nötigen Raumhöhe mußten die Zimmer rechts des Saals an der Gartenseite erhöht liegen. Eine repräsentative Raumfolge wurde dort unmöglich. Immerhin gibt es bereits ein quadratisches Vestibül, daran anschließend den Salon mit abgeschrägten Ecken, links vom Vestibül liegt die winzige Kapelle, rechts das Treppenhaus zum Obergeschoß mit nahezu identischer Raumfolge. Durch das Fehlen der Kapelle und der hochliegenden Personalräume gelingt es Schlaun, das erste Obergeschoß in zwei gleichartige kleine Appartements an beiden Seiten des Salons zu organisieren und zumindest hier den Bautypus einer Maison de plaisance durchscheinen zu lassen.

2. Planstufe 1746

Am 24. Januar 1746 schreibt Schlaun an den General: »Aus Euer Excellence gnädigstes (Schreiben) unterm 15. dieses ersehe mit größte Verwunderung, wie hochdieselbe noch auf die Gedanken kommen können, zu Beck sowohl am Hause als an denen Vorwerken nur eine Reparation vorzunehmen; ich ersehe nun aus allem dem, wie dass Ew. Ex. alles dieses fast schon über ein Haufen liegendes, verfallenes und veraltetes Wesen so en Bagatelle zu traktieren, und so leicht hinzuschlagen gesinnet sein. Da ich nun aber nimmer zu einer solchen Ausbesserung anraten konnte, sondern nochmalen sagen muß, daß solche Gelder platt in Dreck geworfen und eine solche Reparation keinen Bestand haben könnte, worüber hochderoselben nochmalen mein avis verlangen und da das alte Wohnhaus angeblicher Maßen nach dem Abriß so ohne-dessen bis aufs Kellerwerk müßte abgebrochen, renoviert, moderniert und durch die angesetzten Flügel verstärkt und inclaviniert werden, so wird solches wenigstens kommen nach dem darüber gemachten calculo ad 17000 Rthlr. Die Vorwerke, an welchen vorserst der Platz für die Scheune und Stallung zu klein selbe sind also stark wegen ihres Altertums zum Ruin geraten, daß davon wie schon gesagt keine Reparation hat den geringsten Vorteil (weil selbe aus Holz) mehr konnte angebracht werden oder einer solche Ausbesserung mehr wert. Und deswegen Ew. Ex. werden genötigt sein, die Vorwerken auf einen Platz von einer größeren etendue zu setzen, und das darüber gemachte und eingeschickte planum sollte emplatiert werden, so wird solche depence mit Ausbesserung des Grabens, Materialien, Arbeitslohn und aber zum wenigsten ad 25000 Rthlr., doch könnten die Materialien hiervon abgezogen werden, so Ew. Ex. auch selbst hätte und hochdieselbe kein Geld kosten täten. Empfehle mich übrigens zu beständigen Gnaden zeitlebens mit schuldigem Respect ...«

Der zugehörige Gesamtplan (Kat.-Nr. 72.4), auf dem die ursprüngliche Anlage angedeutet ist, sieht eine neue Gesamtkonzeption vor. Das Wohnhaus wird um seitliche Flügel ergänzt, die ehemalige Wirtschaftsinsel in einen kleinen Garten mit Springbrunnen verwandelt und der Oberplatz wird entsprechend der Hausbreite erweitert. Eine Brücke führt zum Unterplatz, der symmetrisch von Remisen, Ställen und Bedienstetenwohnungen eingerahmt wird. Zwei kleine Pavillongebäude – rechts und links der unteren Toreinfahrt, als Wohnungen für den Rentmeister, Förster, Jäger und andere Bedienstete gedacht – begrenzen die Anlage, die durch eine weitere Brücke über eine lange repräsentative Hauptachse verfügt. Hinter dem rechten Wirtschaftsgebäude befindet sich ein weiterer Hof mit Schweine- und Hundestall sowie der Schmiede. Die Mistplätze sind vom Herrenhaus unsichtbar vor den Wirtschaftsgebäuden angelegt. Dieser Plan hätte umfangreiche Erdarbeiten und eine weitgehende Neuanlage der Gräfte zur Folge gehabt, auf der anderen Seite jedoch einige der vorgefundenen Gegebenheiten mit einbezogen.

In den Grundrissen (Kat.-Nr. 72.5–7) erkennt man, daß Schlaun unter teilweiser Beibehaltung des Mauerwerks eine neue Konzeption vorschlägt. Das Vestibül und mit ihm die Freitreppe treten in drei Achsen rund hervor, begleitet von kurzen Seitenflügeln, die an der Gartenseite als Risalite ausgebildet sind. Der Grundriß ist insgesamt besser proportioniert, doch gibt es noch immer die ins Erdgeschoß hineinragende Küche, die eine repräsentative Raumfolge an der Gartenseite verhindert. Anschließend an das Vestibül liegt wie üblich der Salon, beheizbar durch einen von hinten bedienbaren Ofen oder einen Kamin. An der Hofseite hat Schlaun eine durchgehende Enfilade angelegt, die rechts über das Nebentreppenhaus auf das Schlafzimmer des Hausherrn zuläuft und links über die Hauptstiege zu der Herrschaftsempore der Schloßkapelle führt. Der Altar stand in dem entsprechenden Raum des Kellergeschosses, wo auch die Domestiken der Messe beiwohnen konnten. Das Obergeschoß ist durch den bis in die Mansarde erhöhten Saal als Étage noble ausgezeichnet, die Raumaufteilung folgt weitgehend dem Erdgeschoß, doch ist hier eine lange Gartenenfilade über fünf Räume angelegt, die über die in der Achse stehenden Fenster nach außen fortgesetzt wird. Die drei Grundrisse gehören eindeutig zu dem Gesamtplan (Kat.-Nr. 72.4), sind jedoch von einem Mitarbeiter kopiert und bezeichnet worden, dessen Handschrift sonst nicht vorkommt.

Im Entstehungsjahr dieser Pläne, 1746, leidet von Wenge unter derart großem Geldmangel, daß er in Erwägung zieht, das Haus nur eingeschossig zu errichten; doch aufgrund des Einwands eines »Adlatus«, daß es, abgesehen vom Platzmangel, unmöglich aussähe, wenn die Wirtschaftsgebäude eine Etage höher wären als das Herrenhaus, sieht er von diesem Vorhaben ab. Offenbar sausten dem General bereits die Balken um die Ohren, denn 1750 vermerkt er: »Hab ich endlich auf Antrieb meiner Brüder wegen augenblicklicher Lebensgefahr mit dem von Herrn General Schlaun gemachten Riß eines neu zu erbauenden Hauses Beck den Anfang machen müssen« und daß, nachdem seine Brüder approbiert hätten, die Anlage nach den Plänen Schlauns gebaut werden solle. Aus den detaillierten Kostenvoranschlägen geht hervor, daß für 1751 der Baubeginn festgelegt war. Doch der General zögerte.

3. PLANSTUFE ANFANG 1751

Von Wenge berät sich jetzt mit einem Kollegen bei Hofe, der bereits auf einige Erfahrung mit einem Bau Schlauns vom selben Typ zurückgreifen konnte, dem kurfürstlichen Oberjägermeister Ferdinand Joseph von und zur Weichs, dem Bauherrn des 1730–31 errichteten Schlosses Rösberg (Kat.-Nr. 26). Weichs, der offenbar mit den Verhältnissen auf Beck vertraut war, rät zu einem Abbruch des alten Anwesens und zu einem Neubau an anderer Stelle: »Wenn ich das Haus Beck zu bauen hätte, setzte ich es auf den Platz wo ungefähr der Schafstall steht, dann hätte ich es nach der Situatio und Ansicht wie ich es haben wollte ... ebenso den Keller täte ich nicht tief ausgraben ... hiermit machte ich mir mein Haus luftiger, sonderlich da es derorten in etwa phlegmatisch ist, auch könnte es nicht neue Unkosten geben... Wannen man auf einem neuen Platz baut, kann man sich alles nach seiner Commodität und wie man will einrichten, da man sich sonst nach dem alten Fundament richten muß. Richtet man sich nach den alten Fundamenten, muß man feststellen, was in seinem Haus gegen seinen Willen verderbe... Ich spreche mit Experience davon, wenn ich es nicht so gemacht hätte, nicht richtig gemacht, auch war nicht soweit kommen, dass was für ein Unterschied auf alten Fundament wieder was neues zu bauen, hiervon kann ich hier in Köln und zu Roesberg räsonnieren, welches schriftlich zu weitläufig und ich mich mündlich explizieren könnte.«

Der General folgt dem klugen Rat, nicht jedoch ohne seinen zum Bau drängenden Bruder Franz von der Wenge zu konsultieren, der wiederum vorschlägt, die dringend nötigen Gelder von dem vermögenden Bruder Levin, seines Zeichens Dompropst zu Hildesheim, zu besorgen, der jedoch in solchen Angelegenheiten etwas zögerlich ist und seine geistlichen Einkünfte nicht fürs Bauen verwenden will. Bruder Franz schlägt diesen Einwand aus, denn: »Wäre das ein Todsünd, so müßten vile Thumbherren dereinst in der Hölle braten, quod absit. Ich bitte den Herrn Bruder, mein Konzept zu überlegen und sich zur Herreise zu resolvieren, nicht darüber zu schreiben, damit es geheimb pleibe, sonst fürchte ich, kommt es nicht zu Gebäwe« Offenbar war trotz der diplomatischen Bemühungen die Börse des frommen Bruders verschlossen, denn es kam »nicht zu Gebäwe«.

Die Entwürfe (Kat.-Nr. 72.8-9) sehen zwar einen Neubau vor, sind jedoch bis auf die größere Tiefe des Hauses und den zum Garten hin rund vortretenden Festsaal anstelle der seitlichen Risalite und vor allem, was die Raumdisposition anbetrifft, den vorhergehenden Umbauplänen sehr ähnlich. Merkwürdig unmotiviert erscheinen die runden Ecken an den Flügeln, denen die Entsprechung an der Gartenseite fehlt, möglicherweise in Anlehnung an von Weichs' Schloß Rösberg entworfen. So verwirrend der Grundriß im ersten Moment erscheint, so unbefriedigend ist die gefundene Lösung. Trotz des jetzt tiefer gelegenen Kellers ragt noch immer die Küche in das Erdgeschoß, jetzt als Rez de chaussée bezeichnet, hinein, wodurch einige der Räume nur über Zwischentreppen zu erreichen sind. Übrigens zeigt auch der Entwurf des Herrenhauses für Senden eine vergleichbare Hauptraumdisposition. Auch dort tangiert die Küche das Erdgeschoß (Kat.-Nr. 43), was, nebenbei bemerkt, sogar noch beim Erbdrostenhof der Fall ist (Kat.-Nr. 59). Es gibt keine Enfilades, eine Reihe von unbelichteten Gängen und Treppen lassen das Ganze, folgt man französischen Maßstäben der Distribution, recht unübersichtlich und kleinteilig erscheinen. In der von Sturm besorgten Daviler-Ausgabe von 1747 heißt es zu dem Problem der Küche im Herrenhaus: »... inmassen man lieber siehet, daß die Bediente die Speisen in zugedeckten Schüsseln aus der Ferne zur Tafel tragen, als daß man die mit den Kellergeschossen verknüpfte Beschwernüsse erdulten müsse. Dann leget man die Küche und Speise-Gewölber mit nicht geringen Kosten in ein Keller-Geschoß, so können diese nicht anders als durch Tage-Löcher erleuchtet werden, und diese verderben wegen Mangel genugsamer Luft die darinnen aufbehaltende Speisen. Weil auch das Wasser daraus nicht anders als in Mist-Gruben und versenckte Tröge abgezogen werden kan, so verstincket dieses die Küche und der übele Geruch davon nebst den Kohlen und Speisen ziehet sich in die oberen Gemächer, worinnen alsdenn die Möbeln anlauffen und zu schanden werden; zugeschweigen der großen Beschwernüß des Gepolters, so von dem Ab- und Niedersteigen der Bedienten entstehet.« Auch für Briseux kommt eine Unterbringung der Küchenräume im Untergeschoß des Haupthauses nicht in Frage.

4. Planstufe 1751

Der Gesamtplan (Kat.-Nr. 72.10) zeigt die neue Situation: Das Herrenhaus mit rund vortretendem Mittelrisalit und kurzen Avantcorps steht als Baublock zwischen dem durch ein geschwungenes Gitter auf Distanz gebrachten Wirtschaftshof und dem Nutzgarten auf einer Halbinsel umgeben von Gräfte und Teich in französischem Stil. Die Lage des alten Hauses erkennt man in der Fortsetzung der Querachse des Gartens links. Drei Alleen strahlen von dem Platz vor den Vorwerken aus, deren Blickpunkte eine Kapelle und ein heiliges Häuschen sein sollten. Der Ausbuchtung des Platzes antwortet die der Gräfte, die, zum Teil als Abwasserleitung unterirdisch geführt, hier in zwei kurzen gebogenen Stücken als Sperre wieder erscheint. Über eine erste Brücke erschließt sich der Wirtschaftshof, flankiert von den planen Fronten der in Hufeisenform angelegten Nutzgebäude, hinter denen die unansehnlichen Bestandteile eines landwirtschaftlichen Gutes verborgen sind. Ein weiteres ausschwingendes Gitter trennt einen inneren Hof ab und bereitet auf das im Herrenhaus hervortretende Vestibül vor, während dessen kurze Flügel ihre Entsprechung in den parallelen Nebengebäuden und den durch Pfeiler oder Statuen gefaßten Nebenstrahlen der ›Patte d'oie‹ finden. Seitlich an den Flügeln des Herrenhauses vorbeiführende Duchgänge erschließen die Hauptwegachsen des Gartens, in der Zentralachse mit Bassin und Fontäne besetzt. Diese ist jedoch nicht begehbar, sondern erschließt sich vom Salon aus nur optisch. Der Garten sollte, wie man an der Schraffur erkennt, als Nutzgarten angelegt werden, einige der Beete sind mit Randverzierung und geometrisch beschnittenen Taxusbäumchen verziert; am Ende der gedachten Hauptachse befinden sich ein kleines Rasenparterre und ein Skulpturensockel als Points de vue der Parallelwege. Die kleine Ausbuchtung des Gartens in die Gräfte nimmt das Zentralmotiv des Haupthauses ein letztes Mal auf. In der Querachse des Gartens setzt Schlaun in die exedrenartig vorgeschobenen Boskettinseln jeweils ein Bassin. Die seitliche Erweiterung des Gartens durch große Exedren, alles immer inmitten der Gräfte, hatte Schlaun bereits in seinem eigenen Landhaus Rüschhaus angelegt, allerdings mit weniger Zierelementen, wie es die gesellschaftliche Rangordnung verlangte (Kat.-Nr. 45).

Den Grundriß (Kat.-Nr. 72.13) verändert Schlaun insofern, daß er die Flügel durch kurze Avantcorps ersetzt. Der Aufriß »nach dem Platz« zeigt die neunachsige zweigeschossige Fassade auf niedrigem Kellersockel im Dreierrhythmus gegliedert von kurzen vortretenden Flügeln und dem Rund des Vestibüls (Kat.-Nr. 72.11). Dieser Mittelteil steht mit seinem abgestuften Dach wie ein Zentralbau vor dem Corps de logis, was durch die Uhr in der geschweiften Tafel mit dem abgesetzten Segmentgiebel und der Flammenvase noch stärker akzentuiert wird. In einer Variante (Kat.-Nr. 72.15) hat Schlaun bereits zu diesem Zeitpunkt vorgeschlagen, den Mittelrisalit an der Hof- und Gartenseite wie in der Ausführung dreiseitig vorspringen zu lassen. Die Flügelfronten sind durch kolossale Doppelstreifen gegliedert, die sich unter dem zu einem geschweiften Dreiecksgiebel aufgebogenen Abschlußgesims zu einem Rahmenmotiv zusammenschließen. Zinkann hat bereits darauf hingewiesen, daß diese Anordnung zumindest in der Seitenansicht erhebliche Einbußen in der Gestaltung des Daches mit sich bringt (Kat.-Nr. 72.12). Die Rez de chaussée ist durch die Segmentbogenfenster entgegen den Aussagen der Grundrisse als das höherrangige Geschoß ausgewiesen, doch stören die vier Kellerzugänge erheblich (Kat.-Nr. 72.11). An der Gartenseite werden einige Motive der Hofseite in anderem Zusammenhang aufgegriffen. Die Form der Uhr erscheint in den Lukarnen, das aufgebogene Gesims der Flügel wird im Dreiecksgiebel wiederholt. Dic kurzen Flügel entfallen, doch bleibt die Gliederung der Wand die gleiche. Die Akzentuierung wird durch Mansardfenster übernommen. Statt der lästigen Kellertüren mit den unschön darüber gesetzten Fenstern öffnen jetzt Portale mit Treppenstufen den Raum zum Garten.

Noch immer hat es Schlaun nicht verstanden, das Problem der Küche zu lösen, die »5 1/2 Fues in die Etage springet« (Kat.-Nr. 72.13). Über ihr befinden sich jetzt die Kinderzimmer und das Cabinet à poudrer, beide wieder nur über Stufen zugänglich. Zinkann hat auf die Verwandtschaft mit Rösberg hingewiesen, und sicherlich hat der Kontakt zu von Weichs Einfluß auf die Wünsche des Generals gehabt. Gegenüber den vorhergehenden Plänen ist es Schlaun immerhin gelungen, die verwirrenden Abräume und Dégagements weitgehend zu eliminieren, doch bleibt der wenig großzügige Zuschnitt der Räume insgesamt erhalten, der natürlich auch auf den Wunsch des Auftraggebers nach möglichst unauffälligem Schalten und Walten des Personals zurückzuführen ist.

Großzügig, nach französischem Muster geschnitten erweist sich einzig die Folge von Vestibül, Saal und Treppenhaus. Das kreisförmige Vestibül mit acht Türen bzw. Fenstern in gleichmäßiger Anordnung ist die Drehscheibe für die verschiedenen Funktionen; in der Verlängerung der Mittelachse liegt der Salon, dessen Ecken entsprechend der Ausbuchtung in den Garten abgerundet sind. Die fehlende Enfilade zur rechten Seite versucht Schlaun durch eine Wandnische zu kaschieren, was er als symmetrisierendes Moment an der Längswand noch einmal aufnimmt. Zu dieser Planstufe gehören noch zwei weitere Entwürfe, die jedoch nur geringfügige Änderungen aufweisen, so fallen u.a. die beiden seitlichen Treppen in den Garten fort (Kat.-Nr. 72.18, 19).

Insgesamt wirken diese Pläne mit zu vielen verschiedenen Räumen in Rez de chaussée und Étage, dazu Nebentreppen und Dégagements zergliedert und unübersichtlich, gemessen an den Idealgrundrissen der französischen Maisons de plaisance aus den Traktaten. Die Wirtschaftsräume und ein Schlafraum für das Personal im Keller wären dunkle

Löcher und die Fenster nur schmale, schräge Lüftungsschlitze gewesen, da das Rez de chaussée nur vier Treppenstufen über dem Erdboden gelegen hätte; eine derartige Disposition wäre in Frankreich undenkbar. Der Bauherr wollte außen eine Maison de plaisance mit niedrigem Rez de chaussée, er war jedoch nicht bereit, die daraus folgenden Konsequenzen im Innern zu tragen. Der westfälische Landadel war es gewohnt, daß Küche, Wirtschaftsräume und Aufenthaltsräume für das Personal in einem weit aus dem Boden herausragenden Untergeschoß lagen, welches nur so tief in die Erde gesenkt wurde, wie es das Grundwasser erlaubte oder um auf gewachsenen Grund zu kommen. Das führte zu den beschriebenen Mängeln der hochliegenden Küche mit den ›Entresoles‹ inmitten der Folge der Paraderäume.

»Mistfall im Gesicht«: Am 13. Mai 1751 vermerkt der General zu dem Gesamtplan Schlauns (Kat.-Nr. 72.10), daß dieser die Vorwerksgebäude nach außen verlegen soll, so daß ein großer Hof entsteht, auf dem in Ansicht des Herrenhauses die Misthaufen stehen: »Also werd's darauf ankommen, dass das Dessin von der basse cour en gros jetzt gestellt werde, wobei dann weiter nichts zu erinnern: als dass der Mistfall im Gesicht, mithin die innerlichen Flügel auswärts gelegt würden nach beliebiger Facon,« Das Bassin mit Fontäne im französischen Garten mißfällt ihm: »... wäre ich der Meinung, dass man diese Wasserröhren durch den neuen Hausgraben bis im Oberhof littera C bis in der Einfahrt des Schlußes führe und daselbst ein Bassin einführe, mithin die Schlußmauer weglasse, allermaßen der Garten um und um Wasser genug habe und ohnedem ein Wirtschaftsgarten sei. Mithin wäre das Bassin so anzulegen, dass es der Erde gleich sei und en talus tief sei, sodass alles Geflügel, Gänse und Enten darauf schwimmen und baden. In der Mitte müßte aber eine Maschine herauskommen, woraus das Wasser dergestalt in das Bassin springe, dass man mit Eimer und Flaschen das Wasser fassen könne.« Das abfließende Wasser dieses Brunnens sollte dann über den Hof so geführt werden, daß es die Mistlachen aufnehmen und in die Gräfte vor dem Eingang ableiten könnte, von wo es »die Wiesen verbessern sollte«. Ein Entwurf Schlauns für den Brunnen liegt vor (Kat.-Nr. 72.65). Der General kümmert sich um alle Einzelheiten der Raumverteilung in den verschiedenen Ställen, Remisen und Schuppen usw.: »Aber diese Einteilung hat noch Zeit, und ist genug, dass ich das Planum davon habe, um den neuen Weg zu machen, indem ich mich vorstelle, dass der dermalige Plan wegen dem Bassin und im Zentrum bringende Mistplätze eine andere facon bekommen werde.«

Schlaun war, mit Sicherheit gegen seinen Willen, gezwungen, den trotz aller Mängel großzügigen Gesamtplan aufzugeben, die Vorwerke umzudrehen, um einen großen Innenhof zu erhalten und den Brunnen anzulegen (Kat.-Nr. 72.20). Die Wegführung wird geändert, einem Hinweis des Bauherrn folgend: »Kann man das Wohnhaus nicht bauen, es sei denn, dass der neue Weg von der Mühle heran gelegt werde.« Es liegen verschiedene Grundrisse der Vorwerke vor (Kat.-Nr. 72.21-22), zu letzterem gehört ein Aufriß (Kat.-Nr. 72.23), der das schlichte, aber immerhin rhythmisierte eingeschossige Stallgebäude mit dem hohen Walmdach zeigt. In der Ausführung werden diese Gebäude wahrhaft bäuerlich. Im übrigen zeigen beide Entwürfe »manches, was für eine agrarhistorische Untersuchung von Interesse sein könnte«, womit Zinkann den Kern trifft.

5. PLANSTUFE 1759

Ein kürzlich im Staatsarchiv Bückeburg aufgefundener Plan der Vorwerke zeigt den Wengeschen Geflügelbrunnen in der Achse vor dem Haupthaus, das in dieser Darstellung flach geschlossen, lediglich durch eine Mitteltafel akzentuiert erscheint (Kat.-Nr. 72.24). Vermutlich handelt es sich hier um einen der Entwürfe von 1759, die Zinkann aus den Quellen erschlossen hat: Im Jahr 1759 denkt der General mitten im Siebenjährigen Krieg wieder einmal über den Neubau nach: »Je länger ich lebe, desto mehr vergehet mir die Lust zu bauen, wie nötig es auch weidlich sei, da aber der Krieg und sonstige Unglücksfälle die Kräften benommen, eine kostbares Gebäu anzulegen, so werde doch dem Plane welchen Euer Wohlgeb. mir gütigst entworfen, in allen seinen Bezirken einfolgen, wenn nur das Wohnhaus simpler angelegt werden möchte.« Es hieß also weiterhin sparen. Er bittet Schlaun, neue Pläne zu machen. Offenbar hat er sich mit dem Kurfürsten überworfen, der von ihm nichts wissen und hören wolle, er müsse deshalb den Winter in Beck verbringen. Das vor Jahren gefällte Bauholz fange bereits an zu verderben, deshalb habe er die Absicht, es im Winter nach dem neuen Riß schneiden und herrichten zu lassen. Er raisonniert über den Abwasserkanal, Einsparungen bei den Fenstern, für die er keine Hausteingewände mehr haben will, und die Verminderung der Anzahl der Dachfenster. Die Kapelle soll nun nicht mehr zweistöckig werden, sondern nur

noch im Keller liegen, der untere Saal modifiziert werden »und zur Eintheilung der Zimmer gebraucht und employiert werden, indem das angegebene Billardzimmer in der 2. Etage genugsam für so ein kleines Gütigen für einen Saal passieren oder bestehen kann«.

Schlaun hat dem General den gewünschten Entwurf mit der Bemerkung zurückgesandt: »Um das Haus Beck simpler und kleiner zu machen wegen Verhütung aller Kosten, so bin ich auf beiliegende Gedanken gefallen. Dieses projektierte Haus ist aber 76 Fuß lang und 42 Fuß breit, ganz schlicht oder simpel, nur daß es hinten mit dem wengischen Turm geziert (Wappen)... (Die) hauskapelle ist noch miragirliger und commoder gemacht, daß die Herrschaft in ihrem Zimmer oder Kapelle und die Domestiquen sowohl auf der unteren als oberer Entrée können Messe hören, und überaus wohl und commode herauskommen wird... Allhier ist unten im Haus kein Sahl, sondern ... das Ansprachezimmer, so doch jederzeit vor den kommenden Frömbden propre muß gehalten werden. Und kommt der Sahl oben an den luftigsten Ort und zugleich vor ein Vorzimmer zu beiderseits logementer dienet.«

AUSFÜHRUNG

Nach dem Ende des Siebenjährigen Krieges besserten sich die Vermögensverhältnisse des Generals von Wenge aufgrund von Erbschaft und Erledigung anhängiger Streitfälle merklich, und am 22. April 1766, einundzwanzig Jahre nach Beginn der Planungen, wird endlich der Grundstein gelegt. Schlaun hatte neue Pläne gezeichnet, die, was das Haupthaus betrifft, im wesentlichen zur Ausführung kamen (Kat.-Nr. 72.34-35, 44 – Abb. 4–7). Auf der Grundlage der sparsamen Version von 1759 entfielen die Flügel, der Bau erhielt eine äußerst einfache Gliederung, die an Aufwand dem Entwurf der Planstufe 4 für die Gartenseite entspricht (Kat.-Nr. 72.11). Der markante Unterschied zu den früheren Planungen ist das dreiseitige Hervortreten des Vestibüls über der zurückschwingenden Freitreppe zum hochgelegenen Eingangsportal, das auf den ersten Blick durch gequaderte kolossale Doppellisenen, den Überleitungsmotiven mit dem Wappen über dem Portal und der Inschrift über dem Fenster zu einem zentralen Hauptmotiv zusammengefaßt wird (Kat.-Nr. 72.37–39). In Wirklichkeit handelt es sich jedoch um eine rustizierte Wandfläche mit Schlitzblen-

4/5/6 Haus Beck, Gesamtansicht, Hoffassade, Gartenfassade (1994)

7 Haus Beck, Schloßkapelle, Altar – Joseph Ignatius Feill

den, der die Portal-Fenster-Motive lediglich aufgelegt sind. Durch die nahezu parallele Übereinanderordnung ensteht der Eindruck der Doppellisenen, die Schlaun bei Haus Loburg (Kat.-Nr. 73) dann auch konsequent anwendet. Die Uhr in dem einschwingenden Tafelaufsatz mit dem in der Art eines Palladio-Motivs getreppten Kreissegmentgiebel ist ein römisches Motiv, das in Sturms Daviler-Ausgabe von 1725 verbreitet wurde (Anhang, Fig. 4, 7).

Die drei Seitenachsen treten elegant zurück, sie werden durch eine über beide Geschosse gehende Rahmen-Streifen-Ordnung gegliedert, die die Außenachsen durch kolossale Doppelstreifen risalitartig akzentuiert, ohne sie jedoch durch das Hervortreten aus der Rücklage als solche zu kennzeichnen. Der Bau schaut diesmal mit dem Kellergeschoß konsequent kräftig aus der Erde, so daß unter der Treppe ein ausreichend großer Zugang zu den Kellern angelegt werden konnte. Für das leidige Problem mit der Küche fand Schlaun eine naheliegende Lösung: Anstatt sie in das Erdgeschoß hineinragen zu lassen, legte er ihren Fußboden tiefer (Kat.-Nr. 72.41). Auch für ausreichend große Fenster des jetzt erstmals als Souterrain bezeichneten Kellergeschosses ist gesorgt. Der Hauptzugang zum Keller wird begleitet von einer Kellerpforte und einem Kellerfenster in den Scheinrisaliten, die in den oberen Ecken einen viertelkreisförmigen Einzug aufweisen. Diesen Einzug sollte auch der zentale Zugang erhalten (Kat.-Nr. 72.43), wodurch die Pforten in der Ordnung der Türformen ganz unten angesiedelt sind, wie es ihrer Funktion entspricht. Derselbe Einzug findet sich etwa an den Speichertoren zum Packhaus in Münster (Kat.-Nr. 78.1.2). Dort werden die Scheinrisalite durch die Mansardtüren mit den Lastkränen besonders akzentuiert. Schlaun hatte keine Chance, den Bau von den sichtbaren Funktionen freizuhalten. Entgegen den Plänen kamen an der Hofseite noch vier Mansardfenster dazu, wie sie auch an der Gartenseite vorgesehen waren. In der Ausführung weisen sie jedoch merkwürdig steile Giebel über den Segmenten auf, ebenso wie die beiden Lukarnen, gegenüber vier in der Planung, die anstelle der Formübernahme des Giebels der Uhr jetzt dieselben schlichten Formen zeigen. Die auf den älteren Photographien erkennbaren Fensterläden sind eine Zutat des 19. Jahrhunderts und inzwischen entfernt worden. Auch die Freitreppe änderte ihre Laufrichtung gegenüber den Entwürfen (Kat.-Nr. 72.43); sie schwingt dem Besucher jetzt einladend entgegen. Die Gartenfront entspricht weitgehend der Hoffassade mit der Ausnahme, daß anstelle des Wappens hier eine Fenstertür mit schmiedeeisernem Balkon eingefügt und die Uhr durch einen Segmentgiebel mit Wappenkartusche ersetzt wurde. Die Freitreppe führt einläufig in die Hauptachse des Gartens.

Auf einem der Aufrisse und im Querschnitt (Kat.-Nr. 72.34, 39) hat Schlaun den Abwasserkanal eingezeichnet, der »unter das gantze gebau hergehet«. In diesen Kanal, der sein Gefälle vom Stau an der Mühle bezog und in die tieferliegende Gräfte floß, mündeten sämtliche Abflußschächte der Toiletten, die Abflüsse der Küche und eine Stichleitung vom Spültrog der Wäschekammer. Das war, was Hygiene und Geruchsbelästigung anbelangt, sehr modern. Die wichtigste Änderung bei den Grundrissen betrifft die Nebentreppenhäuser, die jetzt in der Mitte der Schmalseiten untergebracht werden und vom Keller bis in die Mansarde führen. Dadurch sind alle Appartements auch ohne Benutzung der Hauptstiege erreichbar. Es gelingt Schlaun, im Erd- und Obergeschoß eine überzeugende Raumverteilung im Sinne der französischen Maison de plaisance durchzuführen. Es gibt in beiden Geschossen zwei gleiche Appartements zu seiten des Salons, die durch eine lange, über die Außenfenster in den Garten geführte Enfilade verbunden sind. In den Grundrissen (Kat.-Nr. 72.44, 47) erkennt man an der Einzeichnung der Türanschläge, daß in der Gartenenfilade die zweiflügeligen Türen so angeschlagen waren, daß sie sich beim Öffnen in die Türlaibungen legten und nicht in den Raum hineinstanden wie etwa noch in Rösberg (Kat.-Nr. 26). Diese Lösung war allerdings nichts Besonderes, sondern in hochherrschaftlichen Häusern der Standard. An der Hofseite lagen das Speisezimmer und die Doppelkapelle; Türen vom Speisezimmer zum herrschaftlichen Schlafzimmer und von dem Nebentreppenhaus zum Schlafzimmer, Speisezimmer und zur Kapelle ließen hier erstmals ein Appartement double enstehen. Das Speisezimmer mit direktem Zugang zur Bediententreppe ermöglichte ein diskretes Auftragen der Speisen, ohne daß das Vestibül oder eine der engen, unbeleuchteten Treppen der Vorentwürfe hätte passiert werden müssen. Auch die Türen der Hofseite lagen in einer in die Landschaft fortgeführten Flucht.

Die herrschaftliche Doppelkapelle ist wie in den Vorentwürfen mit einem Deckendurchbruch versehen, so daß die Dienerschaft im Kellergeschoß an der Messe teilnehmen kann, jedoch nur akustisch und mit Einschränkung optisch, denn einerseits gibt es keine Verbindungstreppe mehr für den Priester zwischen den Räumen und zum anderen steht der Altar oben gegenüber der Herrschaftsempore (Kat.-Nr. 72.57–62). Die Nachteile wurden gesehen und der Entwurf so nicht ausgeführt: Im Erdgeschoß richtete man stattdessen eine Schreibstube, im Keller eine Spinnstube ein, die Hauskapelle brachte man in dem links des Treppenhauses gelegenen »Cabinet pour Monsieur« unter. In der Längsachse, also am Ende der Enfilade wurde der Hubertusaltar aufgestellt, den laut Vertrag der Bildhauer Joseph Ignatius Feill in den Jahren 1768/69 angefertigt hat (Abb. 7).

Obwohl Schlaun Entwürfe für die Wandgestaltung geliefert hatte (Kat.-Nr. 72.51–55), lag die Ausführung offenbar in anderen Händen. Er hatte ab 1766 mit der Planung der Residenz in Münster wichtigeres zu tun und ist vermutlich nicht mehr in Beck gewesen. Das Obergeschoß, vor allem der Salon, zeigt den gleichen Stilwechsel, den man in Münster nach dem Tod Schlauns konstatieren kann, während im Untergeschoß wenigstens zum Teil noch nach seinen grundsätzlichen Angaben gearbeitet worden ist.

Zur Farbigkeit der Fassaden: Bei den Ausführungsplänen der früheren Variante (Kat.-Nr. 72.31, 33) ist die Wand blaßrosa koloriert, während das Dach in der Fläche ebenfalls blaßrosa und in den Einfassungen sowie über dem Mittelavantcorps blau-grau getönt ist. Hier sollten eine Backsteinausführung und ein Ziegeldach mit Schiefereinfassung angedeutet werden, was nach Zinkann auch aus einer pro memoria zu schließen ist. Die Fensterrahmungen wurden in der Ausführung wie die Werksteine des Avantcorps übergeschlämmt und ebenso wie der Kellersockel blau-grau gestrichen, die Wandfläche hatte man strohfarben verputzt, das Dach mit Schiefer gedeckt. Die endgültige gelbe und blau-graue Ausführung mit verputzter Wand und Schieferdach wurde laut Zinkann eingehend in der Korrespondenz diskutiert, die Ausführungspläne (Kat.-Nr. 72.34–35) zeigen den Kellersockel grau, die Hausteinelemente blau und das Dach insgesamt in grau für den Schiefer. Die Wandflächen sind ohne Farbe gehalten, was vermutlich auf die Putzfassung hindeutet.

Garten: Von der letzten Planungsstufe zeigt der Gesamtplan (Kat.-Nr. 75.25) einen geometrisch gegliederten Nutzgarten, dessen Hauptachse in die Landschaft verlängert ist. Man erkennt noch die Lage der alten Vorburg links und die Folgen der Systematisierungbemühungen Schlauns, der die Anlage in ihrer Beziehung zur Landschaft geordnet und erfahrbar gemacht hat. Auf die Vorburg bezogen ist die große Querachse des Gartens, die in einem Point de vue des in der Gräfte gelegenen exedrenartigen Halbrunds endet. Zu diesem Teil des Gartens gibt es zwei weitere Pläne Schlauns (Kat.-Nr. 72.26–27), die vorsehen, hier nicht einen Nutzgarten, sondern einen architektonischen Garten mit Brunnen, Bosketts und Parterres en broderies zu gestalten. Dazu gehört auch ein Entwurf (Kat.-Nr. 75.28), der die Anbindung des Hauses an den Garten zeigt, dessen rückwärtige Treppe auf eine dreieckige Plattform über einer rasenbepflanzten Böschung zeigt, von der aus man die Parterres betrachten sollte. Der zweite Gesamtplan (Kat.-Nr. 72.29) stammt von Franz Conrad Haas auf der Grundlage der Entwürfe Schlauns. Er gibt die Gebäude des Vorwerks wieder mit den Mistgruben und dem geometrisch geformten Bassin mit Springbrunnen, seitlich des Herrenhauses sind offenbar Rasenparterres vorgesehen, von beschnittenem Taxus gerahmt. Eine Neuerung stellen die Überlegungen an der Rückfront des Herrenhauses dar, wo in dem jetzt französisch angelegten Garten zum ersten Mal eine Mittelachse ausgebildet wird, begleitet von Parterres en broderie und Parterres à l'anglois, im Schnittpunkt der Hauptachsen ein Bassin mit Fontäne. Laut mündlicher Überlieferung hat es auf Beck einen solchen Garten nie gegeben.

Vorwerk: Von den Vorwerken existieren mehrere Pläne (Kat.-Nr. 72.63–73), die nur wenige Unterschiede aufweisen. Wie der General es verlangt hatte, liegen die Vorwerke außen und rahmen den großen Hof mit den Mistplätzen ein. Die einzige bedeutende Abweichung liegt darin, daß an die Stelle der im Winkel angeordneten Seitenflügel jetzt getrennt stehende Pavillons getreten sind. Die Raumnutzung der Vorwerke entspricht der vorhergehenden Planstufe, durch die zweigeschossige Ausführung der Nutzbauten mit abgerundeten Ecken, schmalen Türen und Fenstern im Erdgeschoß und Luken im Obergeschoß steht jedoch weit mehr Platz zur Verfügung (Kat.-Nr. 72.72–73). Die Gebäude tragen hohe Walmdächer; die Ernte, das Viehfutter, Heu und Stroh können durch zwei Krangauben hineingebracht werden. Ebenso wie über das elegante Herrenhaus in französischen Formen definiert sich der General über den wohlgeordneten hochmodernen landwirtschaftlichen Großbetrieb – letztlich über die Größe der Misthaufen.

Fazit: Nichtsdestotrotz stellt Haus Beck zumindest, was die äußere Erscheinung des Haupthauses anbelangt, eine Maison de plaisance nach französischem Zuschnitt dar, wie sie zwar nicht als Idealtypus in den Traktaten von Blondel oder Briseux vorgestellt wurde, wie sie aber real von Pierre Bullet, der bereits um 1686 mit Schloß Issy den Prototyp eines Landsitzes für wohlhabende Bürger von Paris entwickelt hatte, und seinem Sohn Jean-Baptiste Bullet de Chamblain mit Schloß Champs vor Augen standen (Abb. 8–10). Champs, ab 1703 für den Finanzmann Bourvalais errichtet, wurde nach dem 1661 vollendeten Vaux-le-Vicomte der erste Bau mit einem allerdings recht bescheidenen Mittelrisalit und begleitenden Avantcorps. Dieser Risalit, hinter dem sich wie in Haus Beck ein niedriges Vestibül und der Salon im Erdgeschoß bzw. Vorzimmer und Salon im Obergeschoß befanden, trat in drei Achsen vor und wurde durch ein eigens abgestuftes Dach besonders akzentuiert. Das Treppenhaus lag unmittelbar links oder rechts des Vestibüls, der Wunsch nach mehr Bequemlichkeit statt repräsentativem Prunk forderte eingeschossige Salons auf jeder Etage. Für die lange Enfilade hatte er in dem kompakten, querrechteckigen Bau keinen Platz. Zu seiten der Paraderäume waren die Wohnungen so zugeschnitten, daß die unerläßlichen Nebenräume, wie mehrere Garderoben, Dienstbotenzimmer und Toiletten untergebracht werden konnten. Erd- und Obergeschoß waren nahezu identisch, Keller und Mansarddach wurden für Diensträume genutzt.

Vergleicht man die letzten Entwürfe für Haus Beck mit Schloß Champs (Kat.-Nr. 72.34–35, 44, vor allem Planstufe 4, Kat.-Nr. 72.11, 13, mit den kurzen Nebenrisaliten oder Avantcorps mit Abb. 8–10), so steht außer Frage, daß dieser Bau bei der Konzeption von Haus Beck Pate gestanden hat. Man erkennt auch, daß es in Frankreich durchaus nicht immer üblich war, auf ein Kellergeschoß zu verzichten. Die Strenge der Gliederung des 17. Jahrhunderts war in den französischen Landsitzen nach der Wende zum 18. Jahrhundert durch eine größere Vielfalt in der Strukturierung der Bauteile ersetzt worden, die die äußerst sparsame Dekoration der Fassaden aufwog. Man begann, den Gartensalon in einem polygonalen oder rund aus der Fassade vorspringenden Bauteil nach außen hin sichtbar zu machen und Beleuchtung und Ausblick durch die schräg stehenden Fenster zu variieren.

Die früheste Maison de plaisance im Kurfürstentum Köln war das von Cuvilliés für Clemens August errichtete Lustschloß Falkenlust bei Brühl, als dessen unmittelbares Vorbild man Schloß Issy bei Paris feststellen konnte (vgl. Krause 1995). Mit Issy hatte Pierre Bullet einen Bautypus entwickelt, der sich mit geringfügigen Veränderungen den Bedürfnissen der verschiedenen Auftraggeber anpassen ließ. Er wurde durch zahlreiche Beispiele um und in Paris bekannt, durch die Stiche in Jean Mariettes ›Architecture française‹ (1727) und durch Jacques-François Blondels ›Distribution des maisons de plaisance‹ (1737/38) publiziert. Das zweigeschossige Herrenhaus mit zentralem Salon galt als Inbegriff einer Maison de plaisance. Falkenlust war noch im Bau (ab 1729), als Schlaun durch den Oberjägermeister des Kurfürsten, von Weichs, den Auftrag zum Bau von Schloß Rösberg erhielt (Kat.-Nr. 26). Die Übereinstimmung der Gesamtdisposition und der allgemeinen Züge von Grundriß und Geschoßgliederung sowie der Hinweis auf Schloß Brühl mit den abgerundeten Ecken zeigen, daß der Bauherr Schlaun mit der Imitation des neuesten und modernsten kurkölnischen Baus beauftragt hatte.

Von Rösberg abhängig erweist sich wiederum die Konzeption von Haus Beck, was nicht weiter verwundert, wenn man bedenkt, daß der Oberjägermeister von Weichs in gutem Kontakt zum General von Wenge stand, der seinerseits wiederum der unmittelbare militärische Vorgesetzte von Schlaun war. Hier allerdings sollte kein Zitat oder Imitat eines Kurkölner Lustschlosses entstehen, sondern ein moderner Bau, der den Ansprüchen einer Landadelsfamilie genügte. Das Herrenhaus und die zugehörigen Güter hatten die Landtagsfähigkeit des dem Ritterstand angehörigen Landadels zu sichern. Neben der Aufschwörung – man hatte sechzehn adelige Vorfahren nachzuweisen – war der Besitz eines solchen Gutes die Voraussetzung zur Aufnahme in den Ritterstand, um damit auf die politischen Geschicke des Landes Einfluß zu gewinnen. Solcherart war das Erscheinungsbild eines Herrenhauses zugleich Standesausweis und entsprechend zu pflegen. Die meisten Adelssitze wurden dabei lediglich umgebaut, Neubauten waren realtiv selten und in der Vielzahl der Fälle nicht nötig. Oft integrierte man Bestandteile der Vorgängerbauten, um die Kontinuität der Familie repräsentativ auszustellen. All das ist dank der Einflußnahme Schlauns in Beck nicht geschehen, sondern am Ende hat er dem General ein Haus gebaut, das in seiner Erscheinungsform einen Bautyp vertritt, der mit Schloß Champs als Vorbild den Typus der Maison de Plaisance aufgreift und ihn zu einer eigenständigen Lösung entwickelt, die in ihrer schlichten Eleganz auch dem Landadel konvenieren konnte.

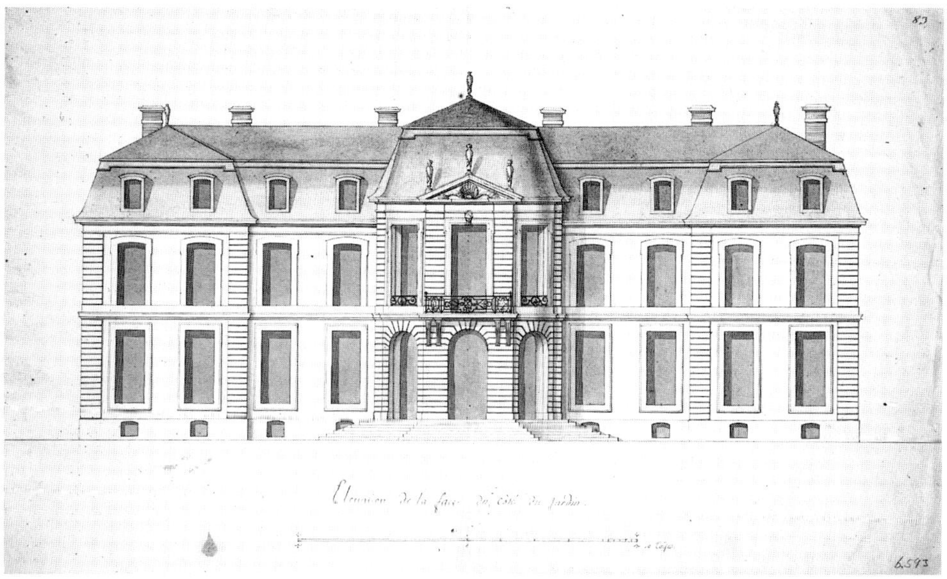

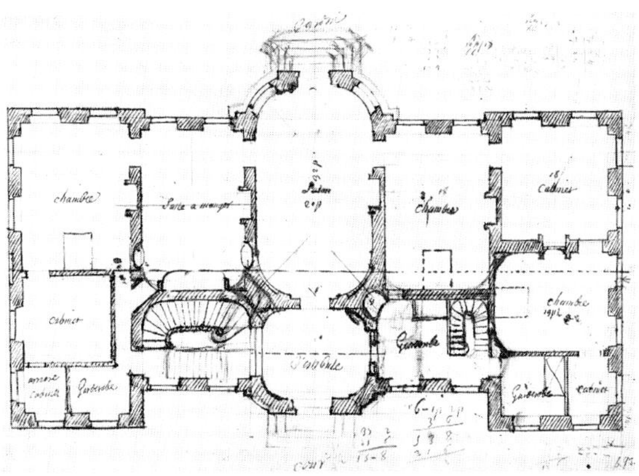

8/9/10 Château de Champs, Grundriß Erdgeschoß, Hoffassade, Gartenfassade – Pierre Bullet/Jean-Baptiste Bullet de Chamblain, 1703/1707

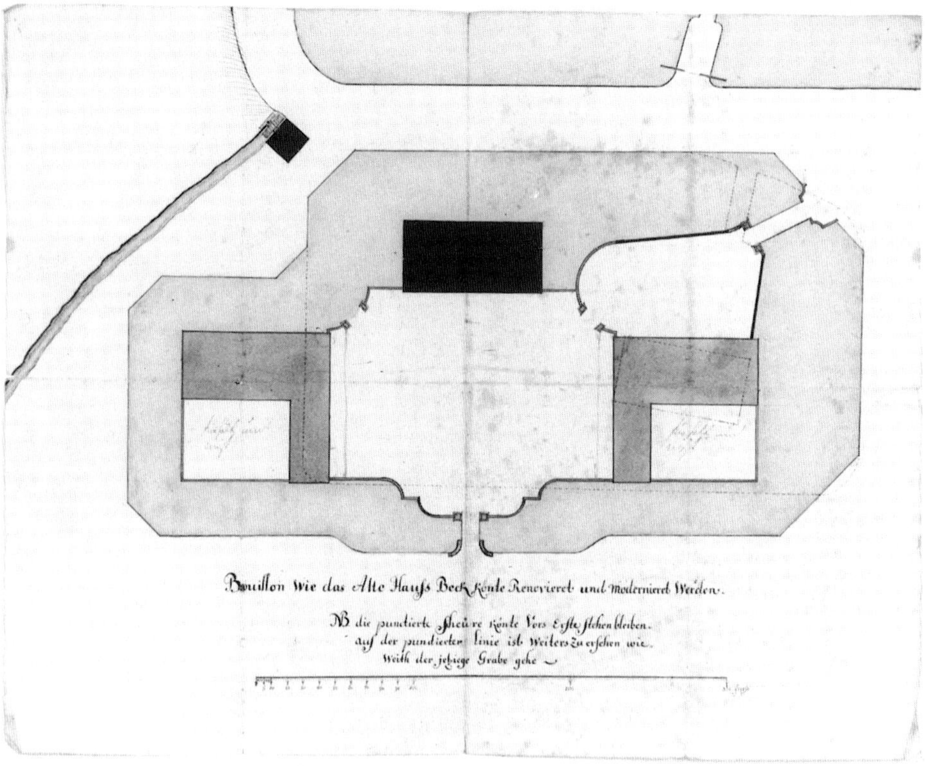

72.1

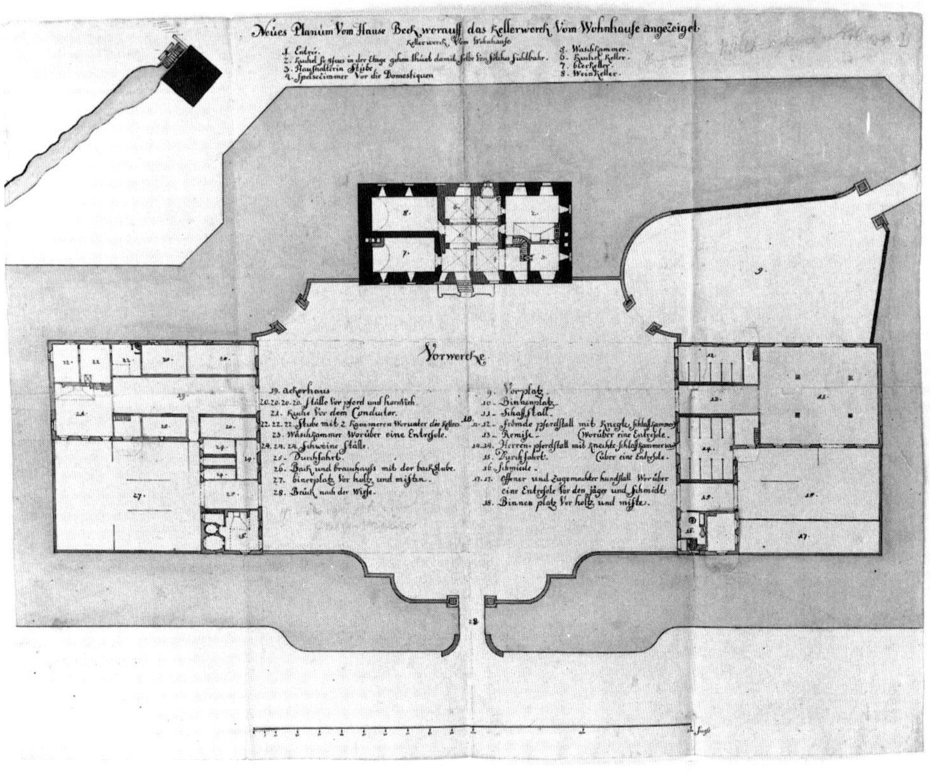

72.2

1. Planstufe

72.1
Kirchhellen-Feldhausen, Haus Beck
Gesamtanlage, 1. Planstufe

Lavierte Federzeichnung (grau, grün), 32,5 x 42 cm
Titel: *Brouillon wie das Alte Hauß Beck könte Renovieret und Modernieret Werden.*
Beischrift: *NB die punctierte Scheure könte Vors Erste stehen bleiben auf der punctierten linie ist Weiters Zu ersehen wie Weith der jetziege Graben gehe –*
Maßstab: *30 fues* = 20,2 cm

Archiv des Grafen Wolff-Metternich zur Gracht, München, B 1

72.2

Kirchhellen-Feldhausen, Haus Beck

Gesamtanlage, Grundrisse Kellerwerk und Vorburg, 1. Planstufe

Lavierte Federzeichnung (grau, gelb, grün), 37,5 x 59 cm
Titel: *Neues Planum Vom Hause Beck worauff das Kellerwerck Vom Wohnhause angezeiget.*
Beischrift: *Kellerwerck Vom Wohnhause; Vorwercke.;* (Kennziffern)
Legende (zum Wohnhaus): 1. *Entrée.;* 2. *Kuchel so 4 fues in der Etage gehen thuet damit selbe Von sölches sichtbar.;* 3. *Haushalterin Stube;* 4. *SpeiseZimmer Vor die Domestiquen;* 5. *Waschkammer.;* 6. *Kuchel Keller.;* 7. *bierKeller.;* 8. *WeinKeller.*
(zum Vorwerk:) 9. *Vorplatz –;* 10- *Binnenplatz –;* 11- *Schaff-Stall.;* 12.12- *frömde pferdStall mit Knegte SchlaffKammer (woriiber eine Entresole.;* 13- *Remise -;* 14.14. *Herren=pferdStall mit Knechte SchlaffKammer worüber eine Entresole.;* 15. *Durchfahrt.;* 16. *Schmiede – ;* 17.17. *offener und Zugemachter hundstall Woriiber eine Entresole Vor den jäger und Schmidt.;* 18. *Binnen platz Vor holtz und miste.;* 19. *ackerhaus;* 20.20.20.20. *Ställe Vor pferd und hornVieh.;* 21. *Kuche vor dem Conductor.;* 22.22.22. *Stube mit 2 Kammeren Worunter die Kellers.;* 23. *WäschKammer Woriiber eine Entresole.;* 24.24.24. *Schweine Ställe.;* 25. *Durchfahrt.;* 26. *Back und brauhauss mit der backStube.;* 27. *binerplatz Vor holtz und misten.;* 28. *Brück nach der Wiese.*
4 Deckblätter zu Entresoles über den Wirtschaftsgebäuden
Maßstab: *100 fues* = 15 cm

Archiv des Grafen Wolff-Metternich zur Gracht, München, B 2

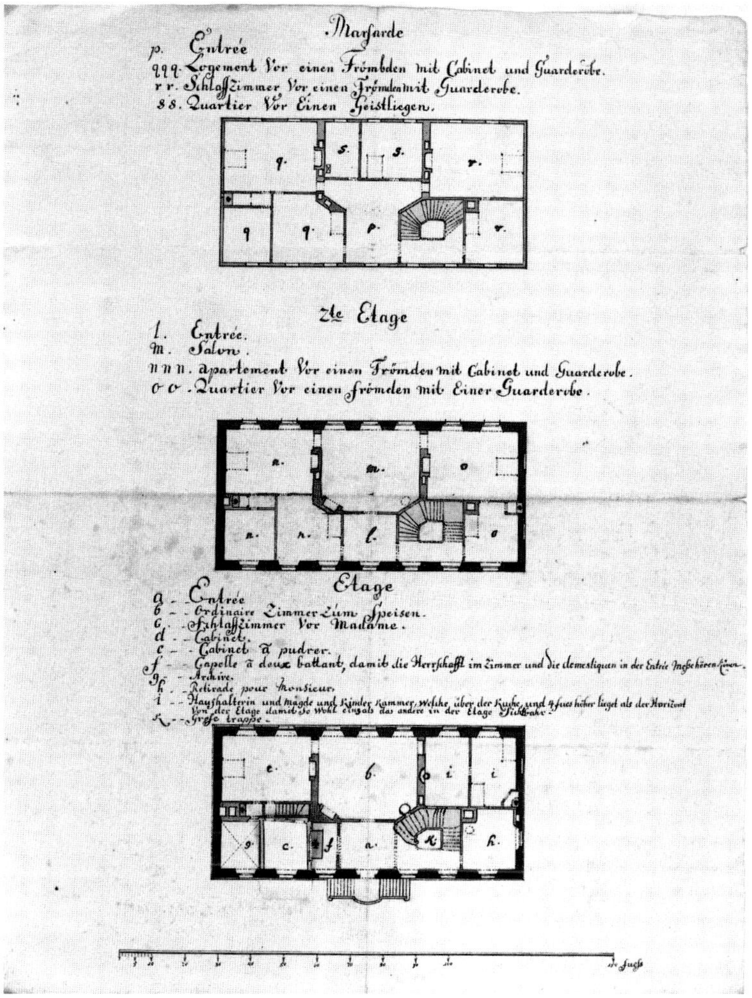

72.3

72.3

Kirchhellen-Feldhausen, Haus Beck

Herrenhaus, Grundrisse von Etage, 2. Etage und Mansarde, 1. Planstufe

Lavierte Federzeichnung (grau, gelb), 41,5 x 33 cm
Titel: *Mansarde; 2te Etage; Etage*
Beischrift: (Kennbuchstaben)
Legende (zur Mansarde): *p. Entrée; qqq. Logement Vor einen Frömbden mit Cabinet und Guarderobe.; rr. SchlaffZimmer Vor einen Frömden mit Guarderobe.; ss. Quartier Vor Einen Geistliegen.*
Legende (zur 2ten Etage): l. *Entrée.; m. Salon.; nnn. Apartement Vor einen Frömden mit Cabinet und Guarderobe.; oo. Quartier Vor einen frömden mit Einer Guarderobe.*
(zur Etage:) *a – – Entrée; b – – ordinaire Zimmer Zum Speisen.; c – – SchlaffZimmer Vor Madame.; d – – Cabinet.; e – – Cabinet à pudrer.; f – – Capelle à deux battant, damit die Herrschafft im Zimmer und die domestiquen in der Entrée Messe hören Könen; g – – Archive.; h – – Retirade pour Monsieur.; i – – Haushalterin und Mägde und Kinder Kammer, welche über der Kuche und 4 fues höher lieget als der Horizont; Von der Etage damit so wohl eins als das andere in der Etage sichtbahr.; k – –Große trappe.*
Deckblatt über dem Grundriß der Etage (Schlafzimmer für die Frau des Hauses)
Maßstab: *10 fues* = 15 cm

Archiv des Grafen Wolff-Metternich zur Gracht, München, B 3

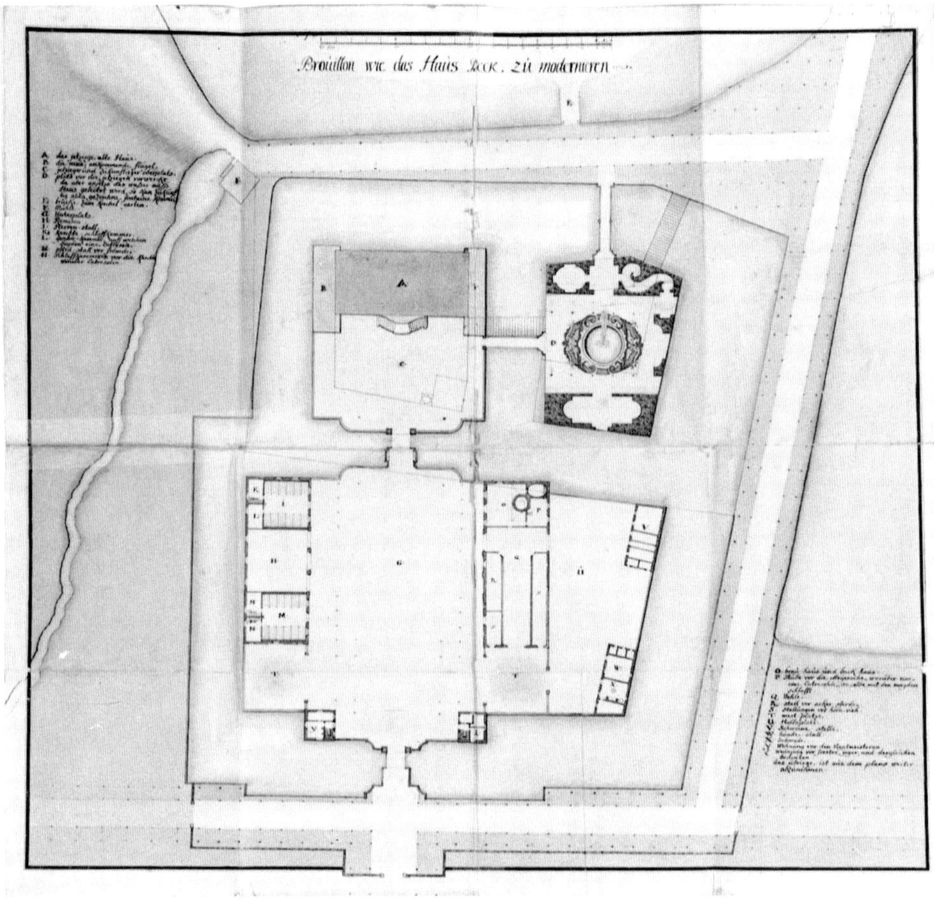

72.4

72.5

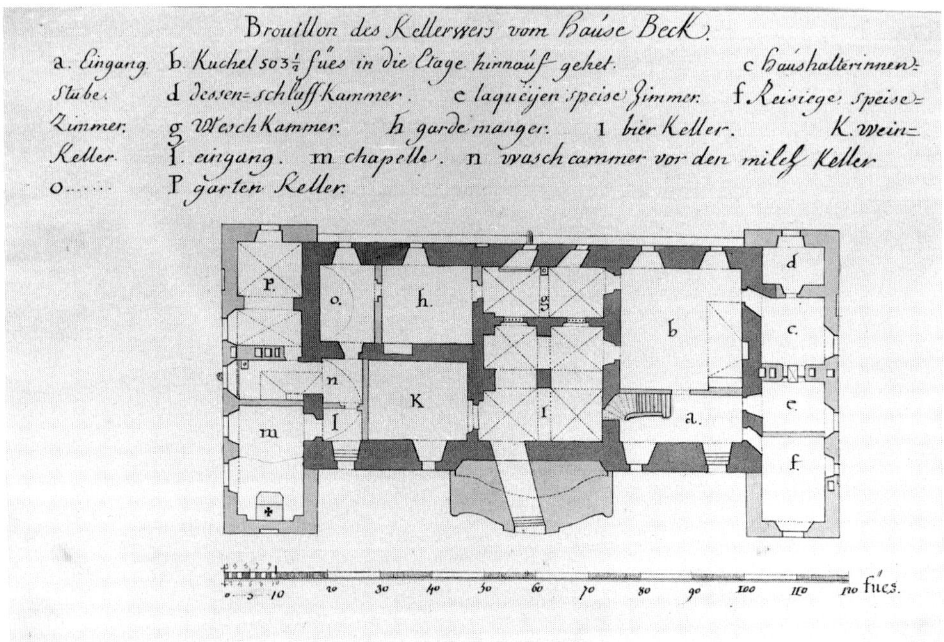

2. Planstufe

72.4
Kirchhellen-Feldhausen, Haus Beck
Gesamtanlage, 2. Planstufe

Lavierte Federzeichnung (grün, blaßrot, rot), 69,5 x 75,5 cm
Titel: *Brouillon wie das Haus Beck. zu modernieren.*
Beischrift: (Kennbuchstaben)
Legende: *A. das jetziege alte Haus.; B. die neue anKommende Hügel.; C. jetzieger und ZüKunftieger oberplats.; D. plats vor die jetziegen vorwercKe, da aber anjetzo das Wasser auffs Haus geleitet wird, so Kan ZuKünfftig alda geZeichne fontaine Kommen; E. brücKe Zum Kuchel=garten.; F. Mühle.; G. Unterplats.; H. Remisen.; I. Herren=stall.; K. Knechte=schlaffKammer; L. geschir=Kammer, auff welchen beyden eine Entreseole.; M. pferd=stall vor frömbde.; N. schlaffkammeren vor die Knechte worüber entresolen.; o. brau=haus und back=haus.; P. Stube vor die Meyersche, worüber eine (eine) Entresohle, wo selbe mit den magden schlafft.; Q. Dehle.; R. stall vor acker=pferde.; Stallungen vor horn=vieh.; T. mist=platze.; U. Holtsplats.; V. Schweine=stelle.; W. hunde=stall.; X. Schmide.; Y. Wohnung vor den Rentmeisteren.; Z. Wohnung vor forster, jager und dergleichen bedinten. das übriege ist aus dem plano weiter abzunehmen.*
Maßstab: *100 fues* = 12 cm

Archiv des Grafen Wolff-Metternich zur Gracht, München, C 1

72.5
Kirchhellen-Feldhausen, Haus Beck
Herrenhaus, Grundriß des Kellers, 2. Planstufe

Lavierte Federzeichnung (grau), 18,3 x 28,5 cm
Titel: *Brouillon des Kellerwers vom hause Beck.*
Beischrift: (Kennbuchstaben)
Legende: a. *Eingang.; b. Kuchel so 3 1/2 fues in die Etage hinnauf gehet.; c haushalterinnen=Stube.; d dessen=Schlaff-Kammer.; e laqueuen speise Zimmer.; f Reisiege speise=Zimmer.; g Wesch Kammer.; h garde manger.; i bier Keller.; K. wein=Keller.; l. eingang.; m chapelle.; n wasch cammer vor den milch Keller; o ....; P garten Keller.*
Maßstab: *120 fues* = 19 cm

Archiv des Grafen Wolff-Metternich zur Gracht, München, C 2

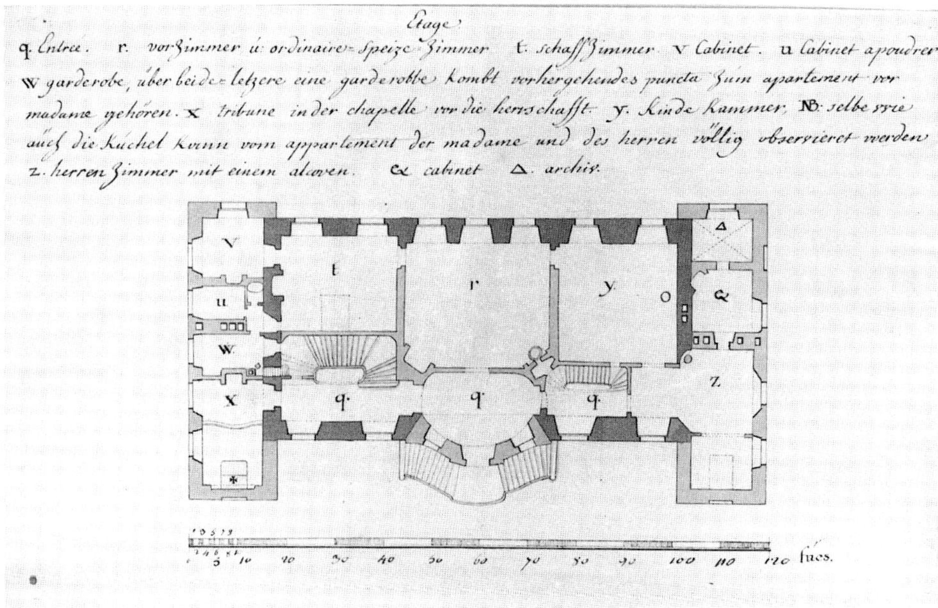

72.6

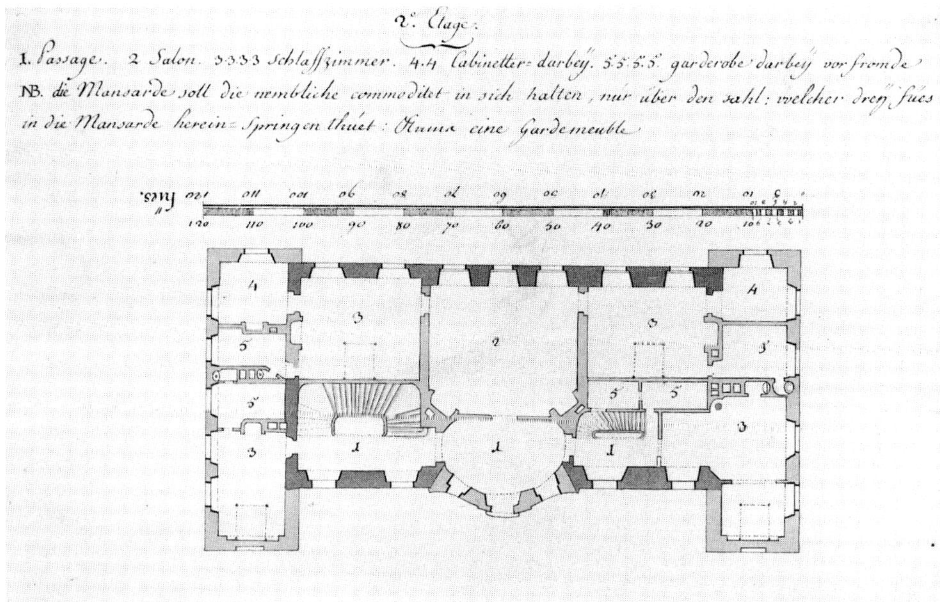

72.7

72.6
Kirchhellen-Feldhausen, Haus Beck
Herrenhaus, Grundriß der Etage, 2. Planstufe

Lavierte Federzeichnung (grau), 18 x 30,5 cm
Titel: *Etage.*
Beischrift: (Kennbuchstaben)
Legende: *q. Entree., r. vorZimmer u: ordinaire=Speize=Zimmer.; t. schlaffZimmer.; V. Cabinet.; u Cabinet apoudrer; W garderobe, über beider letzere eine garderobbe Kombt vorhergehendes puncta Zum apartement vor madame gehören.; X tribune in der chapelle vor die herrschafft.; y. Kinde Kammer,; NB: selbe wie aüch die Kuchel Kann vom appartement der madame und des herren völlig observieret werden; Z. herrenZimmer mit einem alcoven. cabinet; archiv.*
Maßstab: *120 fues* = 19 cm

Archiv des Grafen Wolff-Metternich zur Gracht, München, C 3

72.7
Kirchhellen-Feldhausen, Haus Beck
Herrenhaus, Grundriß 2. Etage, 2. Planstufe

Lavierte Federzeichnung (grau), 18 x 29,7 cm
Titel: 2. *Etage.*
Beischrift: (Kennbuchstaben)
Legende: *1. Passage.; 2 Salon.; 3.3.3.3 schlaffzimmer.; 4.4 Cabinetter=darbey.; 5.5.5.5. garderobe darbey vor fromde; NB. die Mansarde soll die nembliche commoditet in sich halten, nur über den sahl: welcher drey fues in die Mansarde herein=springen thuet:* (?) *eine Gardemeuble*
Maßstab: *120 fues* = 19 cm

Archiv des Grafen Wolff-Metternich zur Gracht, München, C 4

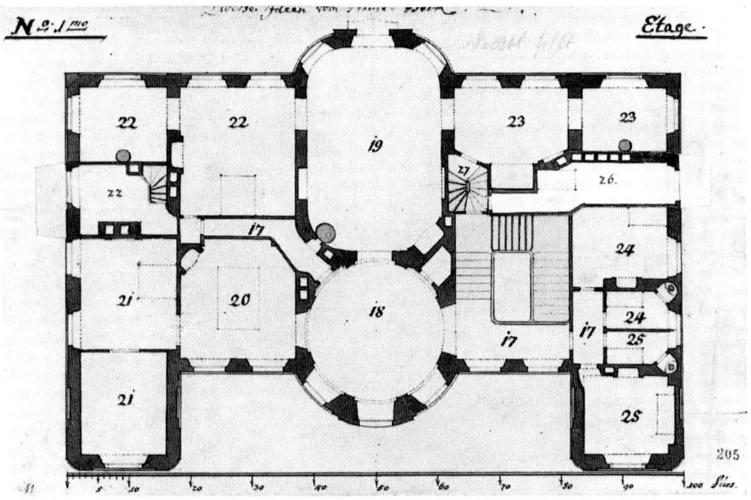

72.8

72.9

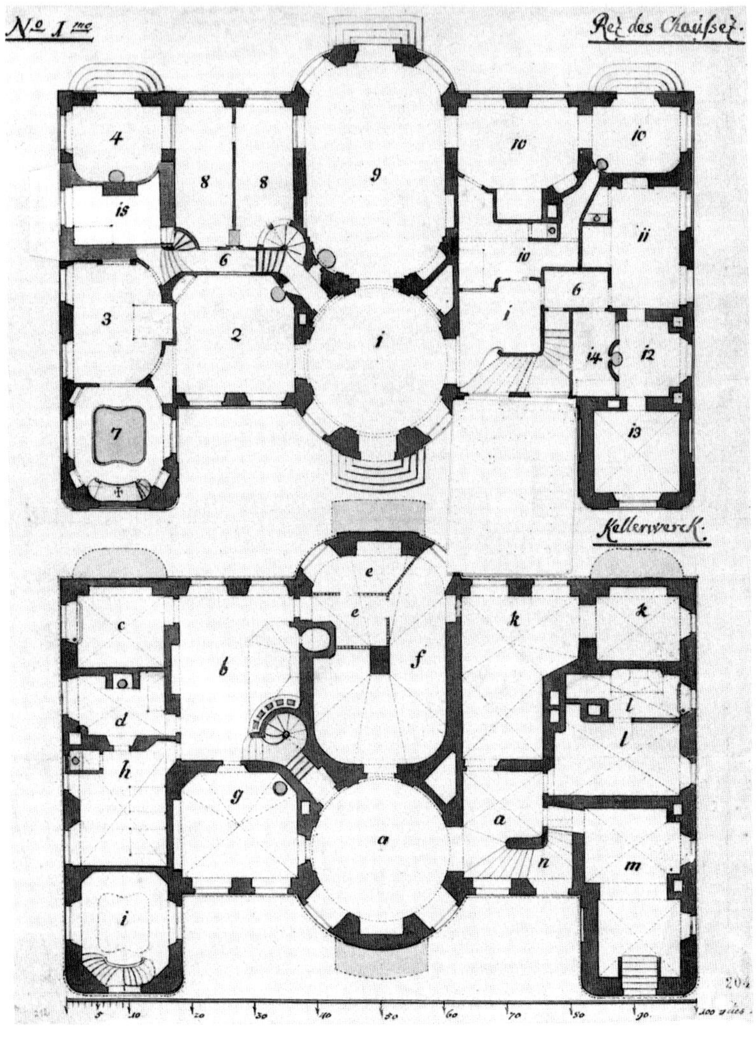

3. Planstufe

72.8
Kirchhellen-Feldhausen, Haus Beck
Herrenhaus, Grundriß des Obergeschosses, 3. Planstufe

Lavierte Federzeichnung (grau, blaßgelb), 20,9 x 32,4 cm
Titel: *Diverse Ideen vom Hause Beck.*
Beischrift: *No 1mo; Etage.* (Kennziffern)
Maßstab: *100 fues* = 26,8 cm
Deckblätter mit Entwurfsvarianten Raum 22, 26

Westfälisches Landesmuseum Münster, Schl.-Bd. 205

72.9
Kirchhellen-Feldhausen, Haus Beck
Herrenhaus, Grundrisse des Kellers und des Erdgeschosses, 3. Planstufe

Lavierte Federzeichnung (grau, blaßgelb), 41,3 x 31,5 cm
Beischrift: *No 1mo; Rez des Chaussez.; Kellerwerck.*
Beischrift: (Kennbuchstaben; Kennziffern)
Maßstab: *100 Fuß* = 26,7 cm
Deckblätter mit Entwurfsvarianten Raum 15, 18

Westfälisches Landesmuseum Münster, Schl.-Bd. 204

4. Planstufe

72.10
Kirchhellen-Feldhausen, Haus Beck
Plan der Gesamtanlage mit Garten und Vorwerken,
4. Planstufe

Lavierte Federzeichnung (grün, blaßrot), 110 x 53 cm
Titel: *Concept wie das HochAdlige Haus Beck von neuens Könte erbauet werden.*
Beischrift: (Kennbuchstaben)
Legende: *A. Garte.; B. wohnhaus worauf 3 alleen gegen dem Garten hinzufallen.; C. Vorplatz.; D. basse Cour.; E. Vorwercker mit ihren mist platzen.; F.F. Holtz platze, eine Vor dem Herren, der andere vor dem conducter.; G.G.G. Gräfte um den Garten, Zugleich der Mühlen Grabe.; H. Gräfte so den platz Schliesset-; I. Euserlicher platz vor denen Vorwerckeren.; K. ofne allée nach dem Helweg und dem Dorffe.; L. Allée Zu welchem end der Thuren von der Capelle Sichtbar.; M. Allée Zu welchem ende das heyligen=häuschen Sichtbar; N. Tafel wie das alte haus gestanden So anjetzo die Bleiche; O. Mühle; P. Kleine platz wiese.; Q. bohnenplatz wiese.; R. Allée so das holtz gehet.; S. Großer Teich.; T. die Kalber wiese.; V. der Esch.; W. Velthauser Camp.; NB. Was punctirt bedeutet der alte Grund.*
Maßstab: *300* (Fuß) = 15,5 cm

Archiv des Grafen Wolff-Metternich zur Gracht, München, LE 1

72.10

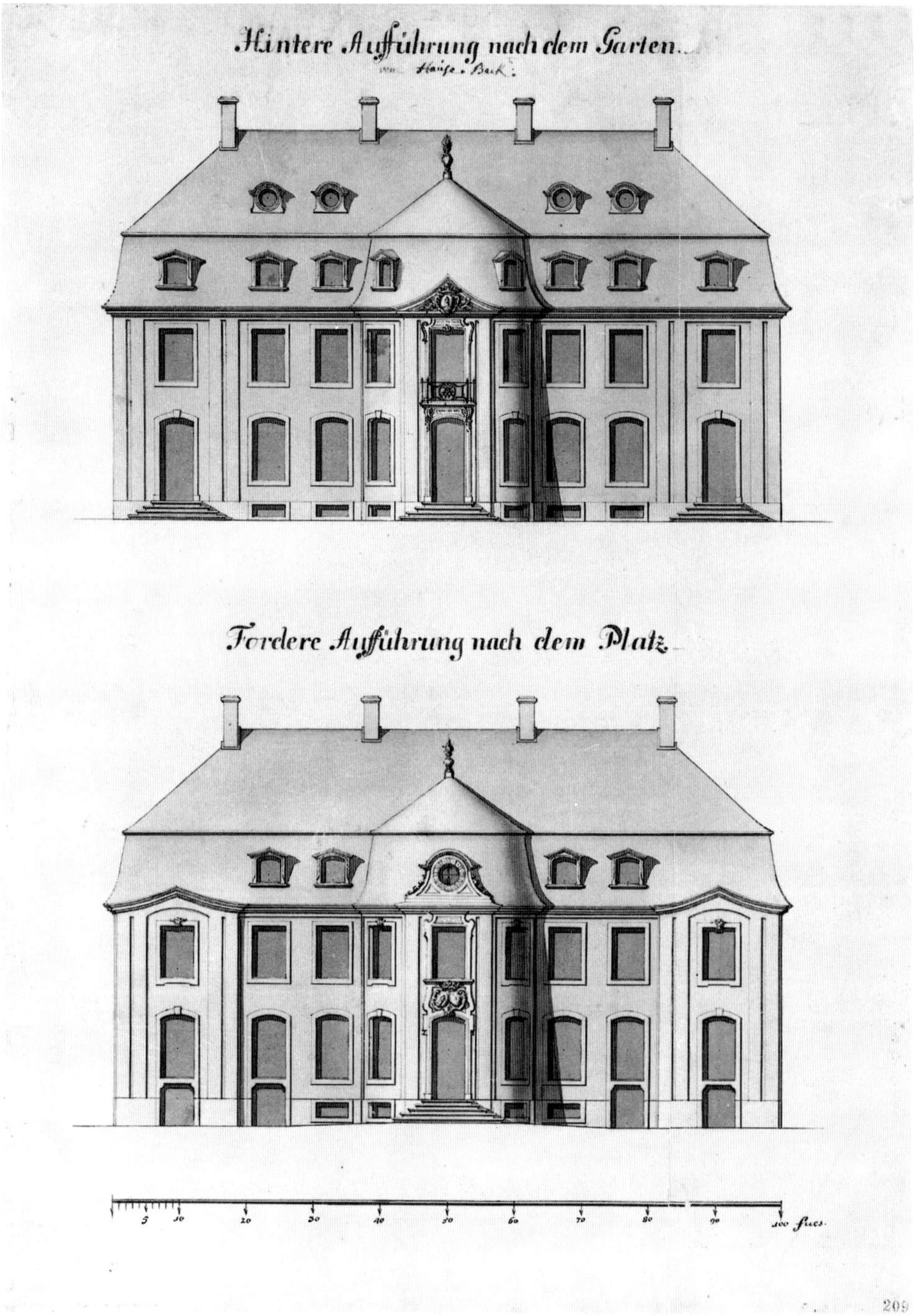

72.11

72.11

Kirchhellen-Feldhausen, Haus Beck

Herrenhaus, Aufrisse der Eingangs- und Gartenfront, 4. Planstufe

Lavierte Federzeichnung (grau, blaßblau, blaßrot), 52,5 x 36,8 cm
Titel: *Hintere Aufführung nach dem Garten; vom Hause Beck; Fordere Aufführung nach dem Platz*
Maßstab: *100 fues* = 26,6 cm

Westfälisches Landesmuseum Münster, Schl.-Bd. 209

72.12

Kirchhellen-Feldhausen, Haus Beck

Herrenhaus, Querschnitt durch den Mittelbau, 4. Planstufe

Lavierte Federzeichnung (grau), Bleigriffel, 27,3 x 47 cm
Maßstab: *80 fues* = 21,3 cm

Westfälisches Landesmuseum Münster, Schl.-Bd. 210

72.13

Kirchhellen-Feldhausen, Haus Beck

Herrenhaus, Grundriß des Erdgeschosses und des Kellers, 4. Planstufe (identisch mit Kat.-Nr. 72.14)

Lavierte Federzeichnung (schwarzgrau), 53,1 x 37,1 cm
Titel: *Brouillon Vom WohnHause zur Beck*
Beischrift: *Retz des Chaussetz; Kellerwerck;* (Kennziffern; Kennbuchstaben)
Legende (zum Erdgeschoß:) *1.1. Entree.; 2. Ordinaire Speise Zimmer.; 3. Schlaff Zimmer. – ; 4. Cabinet -; 5. Cabinet à pudrer -; 6. Kinder, und Cammer Junfferen Zimmer und Garderobe und findet sich in der Mansarde die Zweyte Guardrobe-* (Zusatz zu 3.–6.:) *pour Madame; 7. Capelle.; 8. Passage.; 9. Salon.; 10.10.10. Apartement Vor frömbde Herrschafften.; 11. Zimmer.; 12. Cabindet.; 13. Archiv; 14. Guarderobe* (Zusatz zu 11.–14.:) *Pour Monsieur.; die guarderobe Vor die Kleider und dergleich findet sich die 2te. gleich über der Archive in der Etage.; 15. Haubttrappe.*
(zum Keller:) *a.a. Entree.; b. Kuchel, So 5 1/2 fues in die Etage Springet.; c.. WeschKammer.; d. Haushalterin'Stube.; e.e. Speise Keller.; f. bierKeller.; g. Speise=Stube Vor die bedienten.; h. Magde SchlaffKammer.; i. Capelle Vors Volck.; k. Provisions Keller.; l.l. Milch Keller.; m. WeinKeller.; n. Communication mit der obristen Etage —*
Maßstab: *100 fues* = 26,5 cm

Westfälisches Landesmuseum Münster, Schl.-Bd. 207

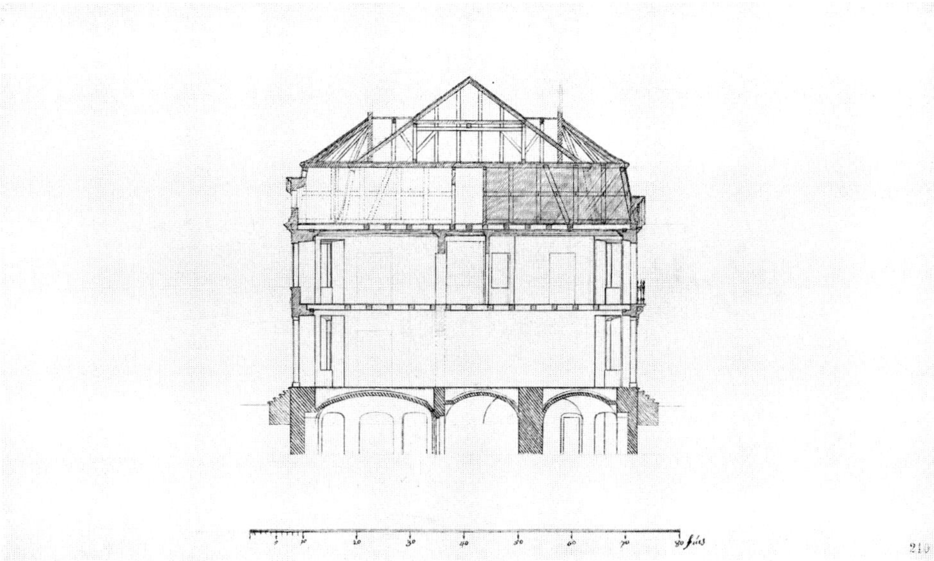

72.12

Legende: a.*a. Entrée.; b. Kuchel so 5 1/2 fues in die Etage Springet.; c. Wasch Kammer.; d. Haushalterin Stube.; e.e. Speise Keller.; f. bier-Keller.; g. Speise Stube Vor die bedienten-; h. Magde Schlaff Kammer.; i. Capelle Vors Volck.; k. provisions Keller.; l.l. Milch Keller.; m. WeinKeller.; n. Communication mit der obristen Etage.*
Deckblatt mit Entwurfsvariante Raum 13
Maßstab: *100 fues* = 26,5 cm

Archiv des Grafen Wolff-Metternich zur Gracht, München, E 1

72.15
Kirchhellen-Feldhausen, Haus Beck
Herrenhaus, Grundriß Erdgeschoß, Vestibül und Saal, 4. Planstufe (Variante zu Kat.-Nr. 72.13)

72.14 (ohne Abb.)
Kirchhellen-Feldhausen, Haus Beck
Herrenhaus, Grundrisse des Erdgeschosses und des Kellers, 4. Planstufe (identisch mit Kat.-Nr. 72.13)

Lavierte Federzeichnung (grau), 53 x 37 cm
Titel: *Brouillon Vom WohnHause Zur Beck*
Beischrift: *Retz des Chaussez, Kellerwerck;* (Kennziffern)
Legende: *1.1. Entrée.; 2. ordinaire Speise Zimmer.; 3. Schlaff Zimmer –; 4. Cabinet –; 5. Cabinet à pudrer –; 6. Kinder und Cammer Junfferen Zimmer und guarderobe, und findet sich in der Mansarde die Zweyte Guarderobe -;* (Zusatz zu 3.–6.:) *pour Madame.; 7. Capelle.; 8. Passage.; 9. Salon.; 10.10.10. Apartement Vor frömbde HerrSchafften.; 11. Zimmer; 12. Cabinet.; 13. Archiv.; 14. Guarderobe* (Zusatz zu 11.–14.:) *Pour Monsieur; die guarderobe Vor die Kleider und dergleichen findet sich die 2te gleich über der Archive in der Etage.; 15. Haubttrappe.*

72.15

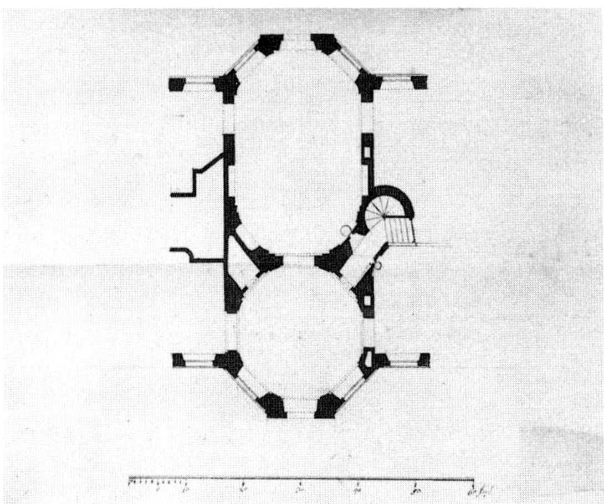

72.13

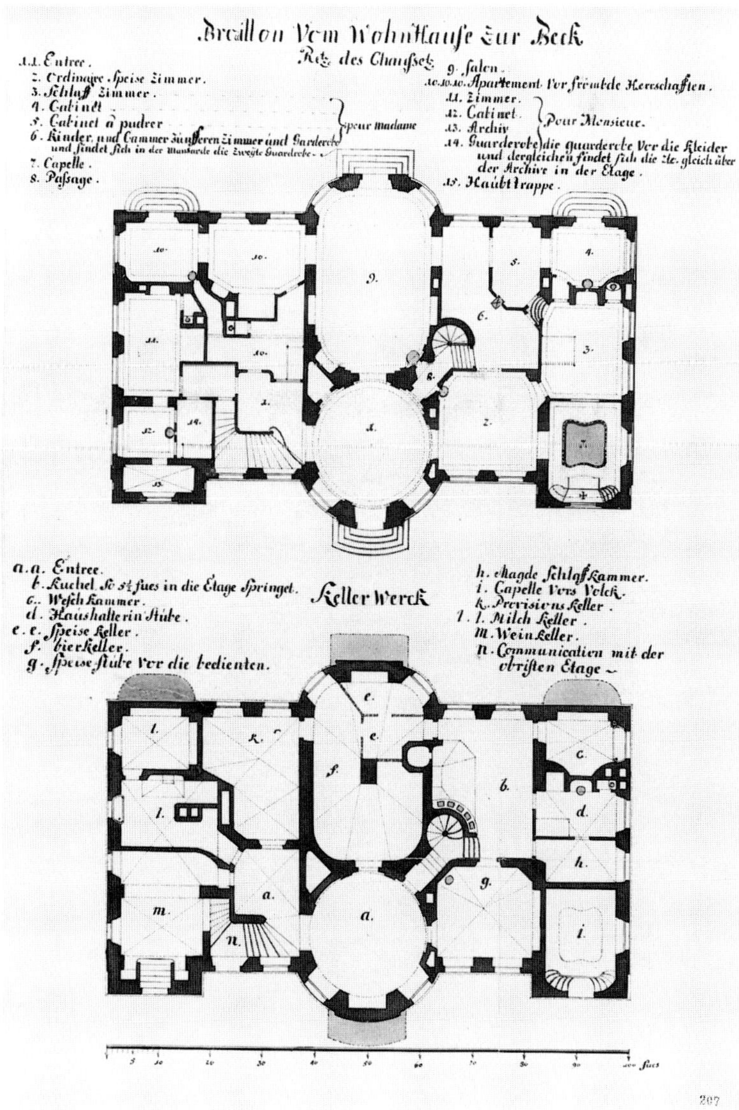

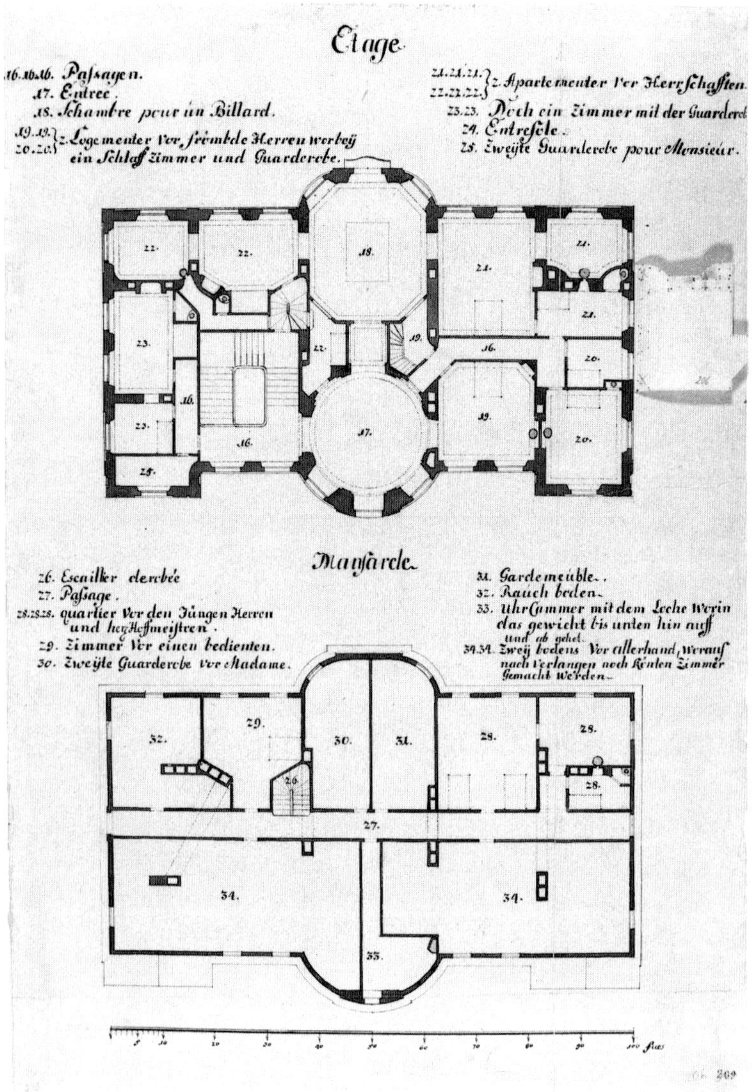

72.16

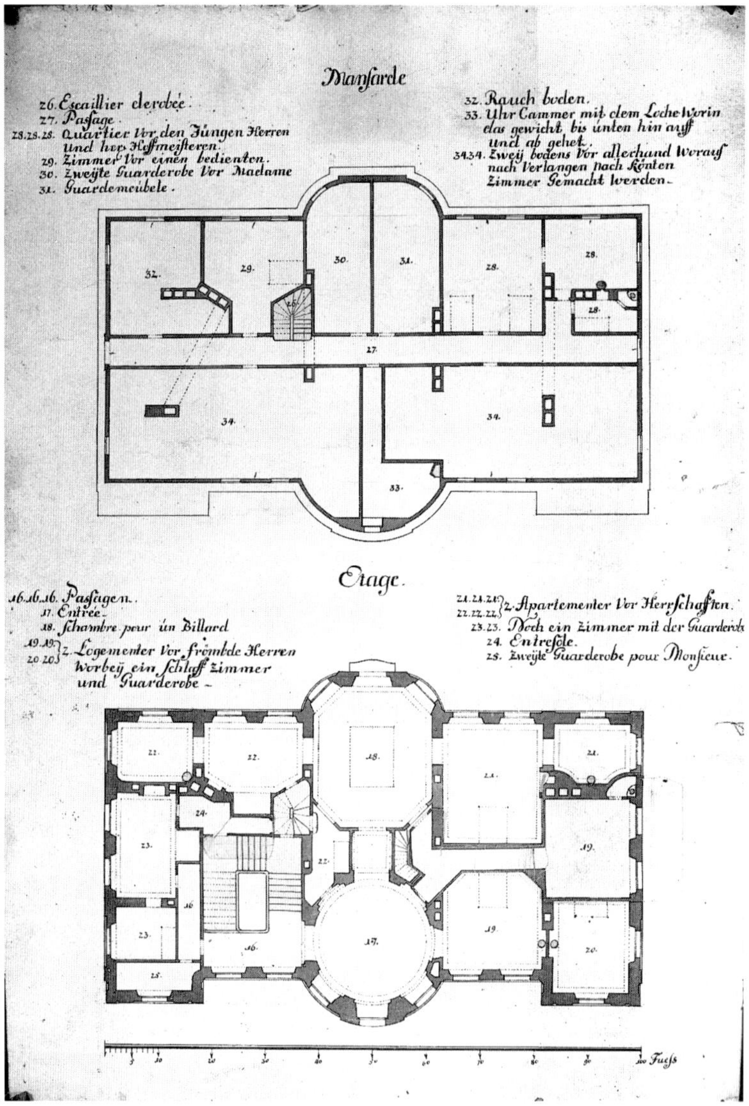

72.17

Lavierte Federzeichnung (schwarz), 23,5 x 28,5 cm
Maßstab: *60 fues* = 16 cm

Archiv des Grafen Wolff-Metternich zur Gracht, München

72.16
Kirchhellen-Feldhausen, Haus Beck
Herrenhaus, Grundrisse des Obergeschosses und der Mansarde, 4. Planstufe

Lavierte Federzeichnung (schwarzgrau), 53,5 x 37,4 cm
Titel: *Noch einige Ideen vom Hause Beck*
Beischrift: *Etage; Mansarde;* (Kennziffern)
Legende: (zur Etage): *16.16.16. Passagen.; 17. Entree.; 18. Schambre pour un Billard.; 19.19.; 20.20.* (zusammenfassende Klammer) 2. *Logementer Vor frömbde Herren worbey ein SchlaffZimmer und Guarderobe.; 21.21.21.; 22.22.22.* (zusammenfassende Klammer) 2. *Apartementer Vor Herrschafften.; 23.23. Noch ein Zimmer mit der; 24. Entresole.; 25. Zweyte Guarderobe pour Monsieur.*
(zur Mansarde): *26. Escaillier derobée; 27. Passage.; 28.28.28. quartier Vor den Jüngen Herren und herz Hoffmeistren.; 29. Zimmer Vor einen bedienten.; 30. Zweyte Guarderobe vor Madame.; 31. Gardemeuble.; 32. Rauch boden.; 33. UhrCammer mit dem Loche Worin das gewicht bis unten hin auff und ab gehet-; 34.34. Zwey bodens Vor allerhand, woraus nach Verlangen auch Könten Zimmer Gemacht werden-*
Maßstab: 100 fues = 26,6 cm
Deckblatt zum Grundriß des Obergeschosses mit Entwurfsvariante Raum 19

Westfälisches Landesmuseum Münster, Schl.-Bd. 206

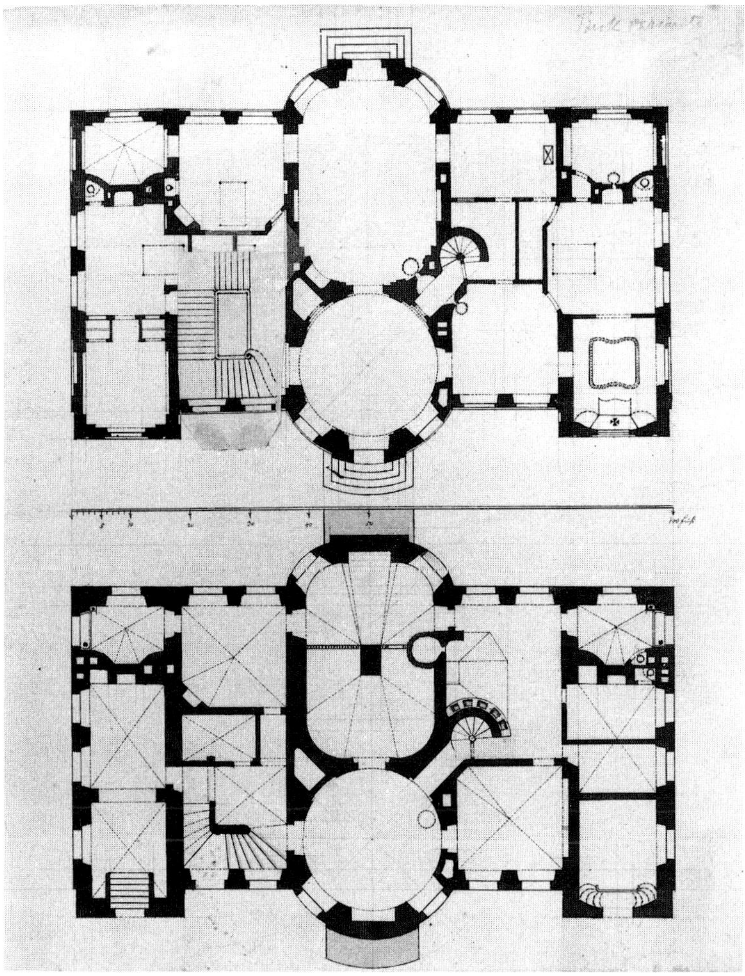

72.18

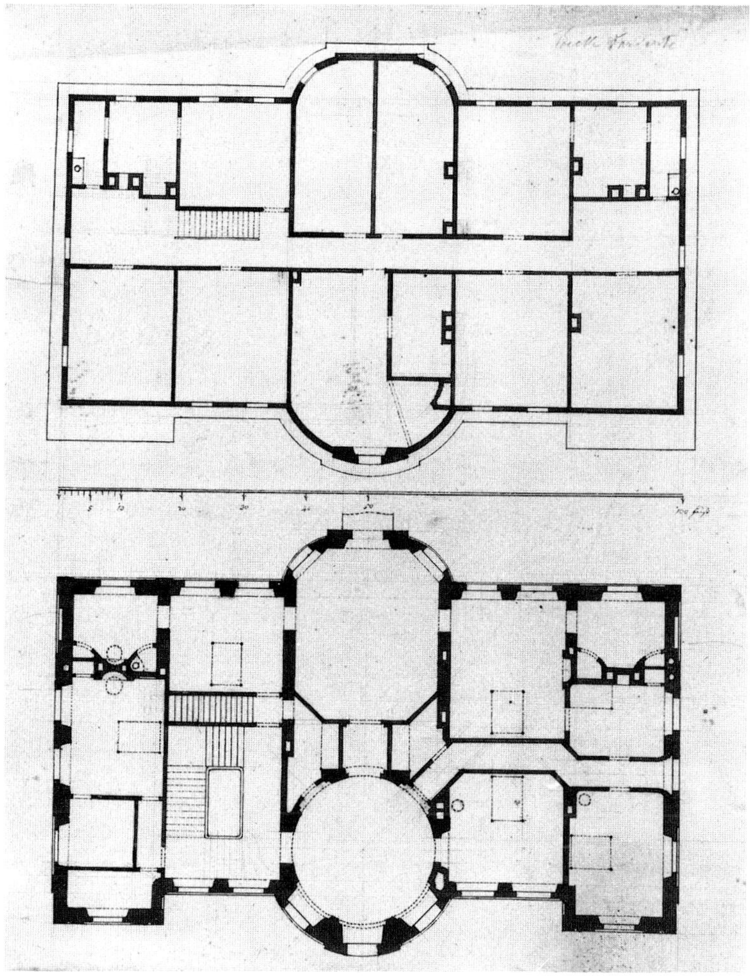

72.19

72.17
Kirchhellen-Feldhausen, Haus Beck
Herrenhaus, Grundrisse des Obergeschosses und der Mansarde, 4. Planstufe

Lavierte Federzeichnung (grau), 52,5 x 36,5 cm
Beischrift: *Mansarde; Etage* (Kennziffern)
Legende (zur Mansarde): *26. Escaillier derobée.; 27. Passage.; 28.28.28. Quartier Vor den Jüngen Herren und herz Hoffmeisteren.; 29. Zimmer Vor einen bedienten.; 30. Zweyte Guarderobe Vor Madame; 31. Guardemeuble.; 32. Rauch boden.; 33. Uhr Cammer mit dem Loche Worin das gewicht bis unten hin auff und ab gehet.; 34.34. Zwey bodens Vor allerhand Worauf nach Verlangen noch Könten Zimmer Gemacht werden-* (zur Etage:) *16.16.16. Passagen.; 17. Entrée-; 18. Schambre pour un Billard; 19.19.; 20.20.* (zusammenfassende Klammer) *2. Logementer Vor frömbde Herren Worbey ein Schlaff Zimmer und Guarderobe -; 21.21.21.; 22.22.22.* (zusammenfassende Klammer) *2 Apartementer Vor HerrSchafften.; 23.23. Noch ein Zimmer mit der Guarderobe; 24. Entresole.; 25. Zweyde Guarderobe pour Monsieur.*
Deckblatt zum Grundriß des Obergeschosses mit Entwurfsvariante Raum 19
Deckblatt zum Grundriß des Obergeschosses mit Entwurfsvariante Raum 24
Maßstab: *100 Fues* = 26,5 cm

Archiv des Grafen Wolff-Metternich zur Gracht, München, E 2

72.18
Kirchhellen-Feldhausen, Haus Beck
Herrenhaus, Grundrisse, 4. Planstufe

Lavierte Federzeichnung (schwarz), 41,5 x 33,5 cm
Deckblatt zum oberen Grundriß mit Entwurfsvariante der Treppe
Maßstab: *100 fues* = 26,9 cm

Archiv des Grafen Wolff-Metternich zur Gracht, München, F 1

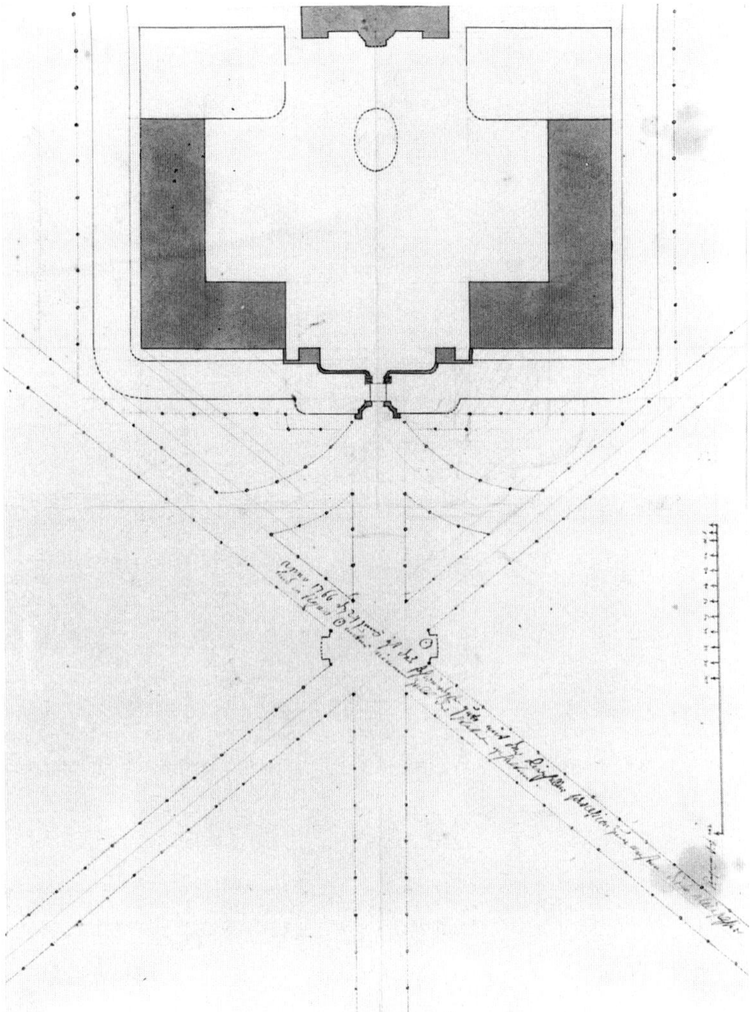

72.20

72.23

72.19

Kirchhellen-Feldhausen, Haus Beck

Herrenhaus, Grundrisse, 4. Planstufe

Lavierte Federzeichnung (schwarz), 40,5 x 32,5 cm
Maßstab: *100 fues* = 26,8 cm

Archiv des Grafen Wolff-Metternich zur Gracht, München, F 2

72.20

Kirchhellen-Feldhausen, Haus Beck

Vorwerk, Änderungsplan, 4. Planstufe

Lavierte Federzeichnung (grau), 40,8 x 31,8 cm
Datierung: *Anno 1766 den 24 Juni ist das hochwürdigste Gut Monstranz mit Hostie mit der Kirchheller Prozession zum 1. Dorfallee passiert und in Signo – unter einem Zelt die Station gehalten*
Maßstab: *200* (Fuß) = 12,8 cm

Archiv des Grafen Wolff-Metternich zur Gracht, München, VE 1

72.21

Kirchhellen-Feldhausen, Haus Beck

Vorwerk, Grundriß, 4. Planstufe

Lavierte Federzeichnung (grau), 37 x 53 cm
Titel: *Project Deren Vorwercken Vom Hauss Beck*
Beischrift: (Kennbuchstaben)
Legende: *a. Conductoris Küchel.; b. Stube -; c. SchlaffCammer –; d. Plunder Cammer – ; e. Cammer vor einen frömbden – ;* (Quadrat im Umriß). *Mägde SchalffCammer –* (Zusatz zu b.- Quadrat im Umriß:) *worunter bierKeller, MilchKeller, weschCammer, undt FethKeller.;* (Quadrat im Umriß mit Binnenkreuz). *brau undt backhauss.; f.f.f. Stallung vor 33 stück horn vieh- ; g.g.g. passagen- ; h.h.h. 3 Stallung vor allerhand Schweine* (Zusatz zu f.–h.:) *worüber Entresolen.; i.i. 2 dehlen- ; K.K.K. wo das Kohrn von unten auff gebaelget (?) wird.; l.l.l.l.l. Kleine Stallungen vor hünervieh undt dergleichen- ; m. Schmidde welcher zugleich die porte beobachten Kan- ; n. SchaffStall.; o. remise undt vorwagens.; p. frömde pferd=Stall.; q. SchlaffCammer darbey; NB.; t. Herren pferdStall.; u. Schlaff Cammer.; v. geschierCammer* (zusammenfassende Klammer:) *NB.; w. hund-Stall.; x. offen hund-Stall.; y. Cammer vor den Jager. NB.; z.z. 2 Cammeren vor frömde worunter der garten = Keller; & Cammer vor den gärtner NB.; wobey NB. gemacht darüber kommen Entresolen.; A. grosser = platz.; B.B. 2 mist plätze.; C.C. holtz = plätze.; D. Wohnhauss.; E. garte*
Maßstab: *100* (Fuß) = 14 cm

Archiv des Grafen Wolff-Metternich zur Gracht, München, VE 2

72.22

Kirchhellen-Feldhausen, Haus Beck

Vorwerk, Grundriß, 4. Planstufe

Lavierte Federzeichnung (grau)
Titel: *Brouillon Von denen Vorwerckeren Auff dem Hause Beck.*
Beischrift: (Kenniffern)
Legende: *1 Das Hernschafftliche Haus; 2 der Vorplatz; 3 Küche vor den Conductor; 4 Zwey Zimmer worunter die Keller; 5 die WaschKammer; 6 SchlaffZimmer; 7 Kinder Kammer* (Zusatz zu 5-7, zusammenfassende Klammer:) *worüber eine Entresole; 8 Back- und Brauhaus; 9 BackStube worüber eine Entresole; 10 SattelKammer; 11 vor Kutscher und Vorreüther; 12 Herren Stallung vor 14 pferdt; 13 Ackerhaus; 14 Stallung für pferdt, und Hornzvieh; 15 Auff-fahrt; 16 der SchaafStall; 17 für den Schäffer; 18 für den Pförtner; 19 Kleine Dehle; 20 Stallung für frömbde pferde; 21 für den Kutscher und reüthKnecht; 22 Schweine Ställe; 23 Remisen; 24 die Schmitt; 25 Zimmer für einen Pater; 26.26 Zimmer für frembde bediente worüber eine Entresole für Gärtner und Jäger; 27 für einen frömbden worunter der GartenKeller; 28 HundStalle; 29 offnener HundStalle; 30 für hüner Gänse und Enten.; 31 Holtzplätze*
Maßstab: *100* (Fuß) = 22,5 cm

Archiv des Grafen Wolff-Metternich zur Gracht, München, VE 3

72.23

Kirchhellen-Feldhausen, Haus Beck

Vorwerk, 4. Planstufe (gehört zu Kat.-Nr. 72.22)

Lavierte Federzeichnung (blaßrot, grau), 32 x 41 cm
Titel: *Aufführung vom Bauhaus auf dem Haus Beck*
Maßstab: *150 fues* = 32 cm

Archiv des Grafen Wolff-Metternich zur Gracht, München, VE 5

5. Planstufe

72.24

Kirchhellen-Feldhausen, Haus Beck

Vorwerk, Plan der Wirtschaftsgebäude, 5. Planstufe

Lavierte Federzeichnung, 32 x 40 cm
Titel: *Brouillon vom Vorwerck. des Hauses Beck.*
Beischrift: *Norden.; Süden.; Westen.;* (Kennbuchstaben)
Maßstab: *100 fues*

Niedersächsisches Staatsarchiv Bückeburg, S 1, B 2362,1

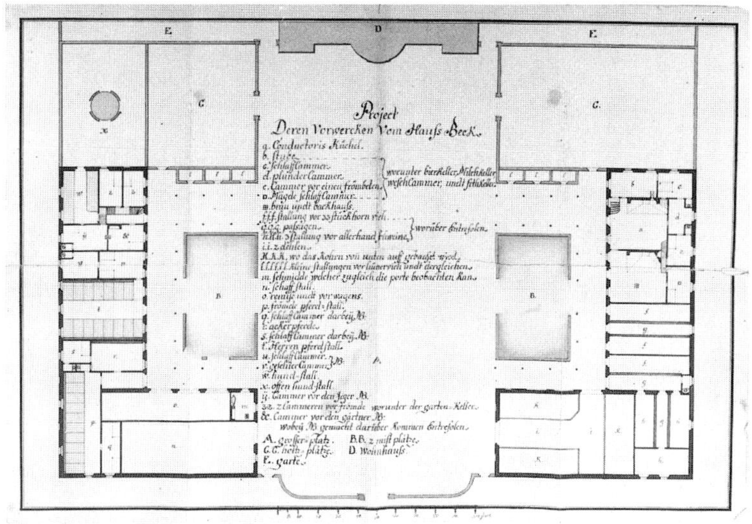

72.21

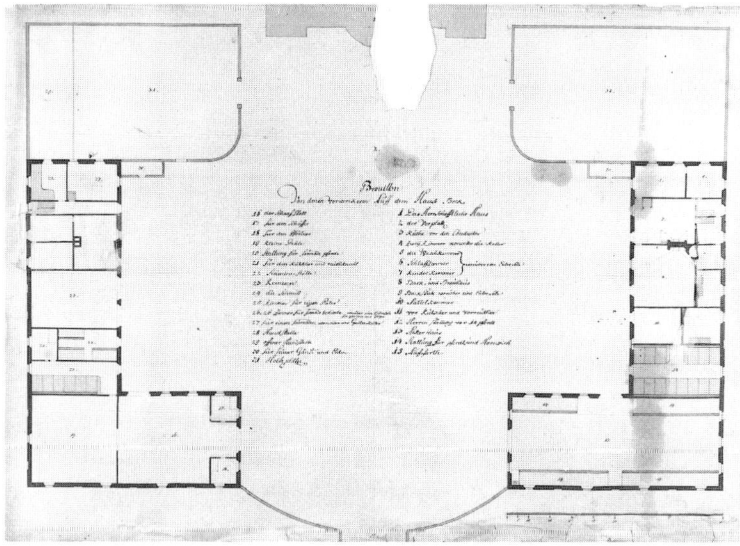

72.22

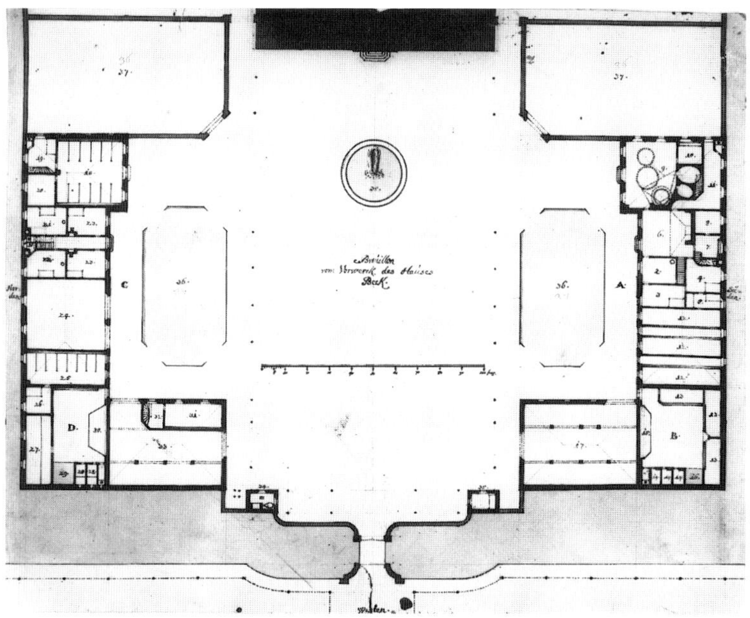

72.24

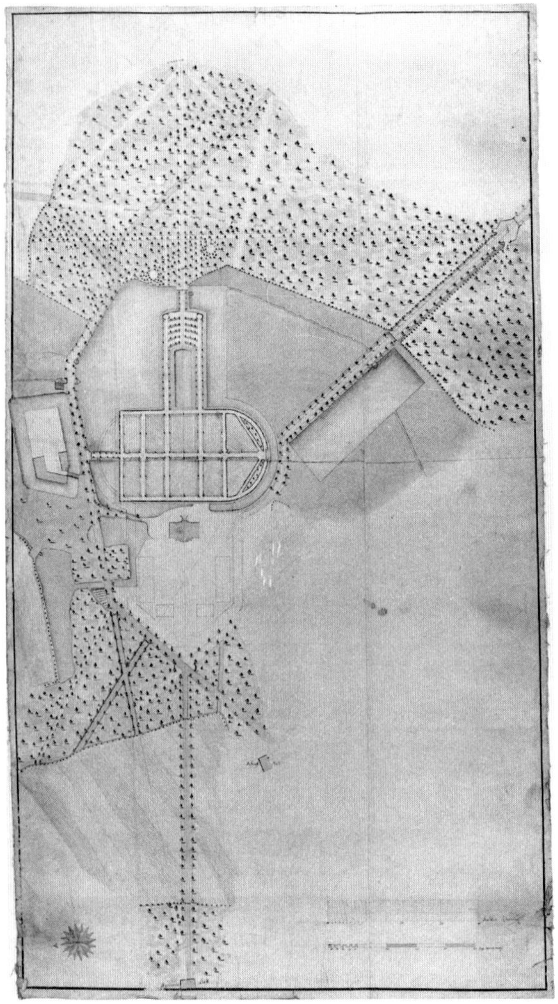

72.25

72.26

72.26
Kirchhellen-Feldhausen, Haus Beck
Gartenplan

Federzeichnung, 41 x 32,5 cm
Maßstab: *300 fues* = 23,5 cm

Archiv des Grafen Wolff-Metternich zur Gracht, München

Ausführung

72.25
Kirchhellen-Feldhausen, Haus Beck
Gesamtplan mit Garten

Lavierte Federzeichnung (grün, blaßrot, grau)
Beischrift: *Alt-Beck; Schaaf-Stall; MariannenLust; Allee so grad auff den Dorster Thurm gerichtet*
Maßstab: *40 Ruthen Rheinländ.* = 21,5 cm

Archiv des Grafen Wolff-Metternich zur Gracht, München, LG 2

72.27
Kirchhellen-Feldhausen, Haus Beck
Gartenplan

Lavierte Federzeichnung (rosa, grün, grau), 41 x 32,5 cm
Beischrift: (unleserlich); (Kennziffern)
Präsentationsvermerk: *fwenge*
Maßstab: *300 fues* = 24 cm

Archiv des Grafen Wolff-Metternich zur Gracht, München

72.27

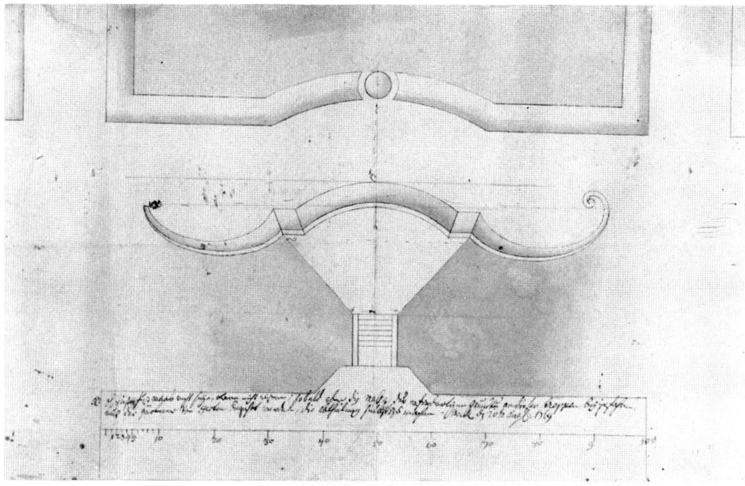

72.28

72.29

72.28
Kirchhellen-Feldhausen, Haus Beck
Teilplan des Gartens mit Umrißplan des Herrenhauses

Lavierte Federzeichnung (grau), 28 x 40 cm
Beischrift: (unleserlich; nennt Datum 20. Aug. 1769)
Maßstab: *100* (Fuß) = 29 cm

Archiv des Grafen Wolff-Metternich zur Gracht, München

72.29
Kirchhellen-Feldhausen, Haus Beck
Franz Conrad Haas
Gesamtplan mit Garten, Ausführung

Lavierte Federzeichnung (grau, grün), 75 x 54 cm
Signatur: *Frans Conrad Haas*
Maßstab: *120 Pied* = 9,7 cm

Archiv des Grafen Wolff-Metternich zur Gracht, LG 3

72.31

72.33

72.30 (ohne Abb.)
Kirchhellen-Feldhausen, Haus Beck
Herrenhaus, Aufriß der Hoffassade, Ausführung

Lavierte Federzeichnung (grau), 49 x 37 cm
Titel: *Fordere Aufführung nach dem Platz –*
Beischrift: *No 5to; flor vom Canal, So Vom höchsten Wasser biss auff die fläche des Mühlen wassers unter dem gantzen gebauhde hergehen tuhet.*
Maßstab: *100* (Fuß) = 32 cm

Archiv des Grafen Wolff-Metternich zur Gracht, München, G 3

72.31
Kirchhellen-Feldhausen, Haus Beck
Herrenhaus, Aufriß der Hoffassade, Ausführung

Lavierte Federzeichnung (blaßrot, blau, grau), 51 x 36,5 cm
Titel: *Fordere Aufführung nach dem Platz*
Beischrift: *Copia; flor vom Canal So Vom hochsten Wasser biss auff die fläche des Mühlen Wassers unter dem gantzen gebauhde hergehen thuet-*
Maßstab: *100 fues* = 32 cm

Archiv des Grafen Wolff-Metternich zur Gracht, München, G 3a

72.32 (ohne Abb.)
Kirchhellen-Feldhausen, Haus Beck
Herrenhaus, Aufriß der Gartenfassade, Ausführung

Lavierte Federzeichnung (blaßrot, blau, grau), 51 x 37 cm
Titel: *Hintere Aufführung nach dem Garten*

Beischrift: *No 6ts*
Maßstab: *100 Fues* = 32 cm

Archiv des Grafen Wolff-Metternich zur Gracht, München, G 3

72.33
Kirchhellen-Feldhausen, Haus Beck
Herrenhaus, Aufriß der Gartenfassade, Ausführung

Lavierte Federzeichnung (blaßrot, blau, grau), 52 x 36,5 cm
Titel: *Hintere Aufführung nach dem Garten*
Beischrift: *Copia*
Maßstab: *100 fues* = 32 cm

Archiv des Grafen Wolff-Metternich zur Gracht, München, G 3

72.34

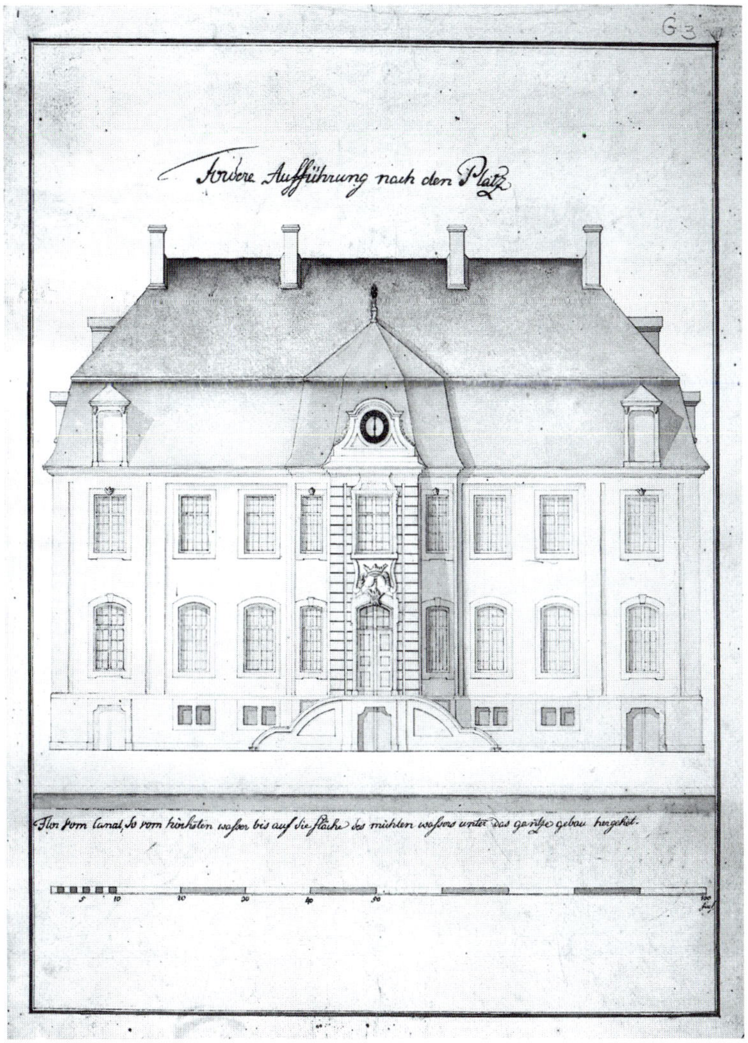

72.35

72.34
Kirchhellen-Feldhausen, Haus Beck
Herrenhaus, Aufriß der Hoffassade, Ausführung

Lavierte Federzeichnung (grau, blau, gelb), 44 x 36,5 cm
Titel: *Fordere Aufführung nach den Platz*
Beischrift: *Flor vom Canal, So vom höchsten wasser bis auf die fläche des mühlen wassers unter das gantze gebau hergehet.*
Maßstab: *100 fues* = 32 cm

Archiv des Grafen Wolff-Metternich zur Gracht, München, G 4

72.35
Kirchhellen-Feldhausen, Haus Beck
Herrenhaus, Aufriß der Gartenfassade, Ausführung

Lavierte Federzeichnung (grau, gelb, hellblau), 41,5 x 36,5 cm (40,6 x 36 cm)
Titel: *Hinter Aufführung nach dem Garten*
Maßstab: *100 Einheiten* = 32 cm

Westfälisches Landesmuseum Münster, KdZ 295

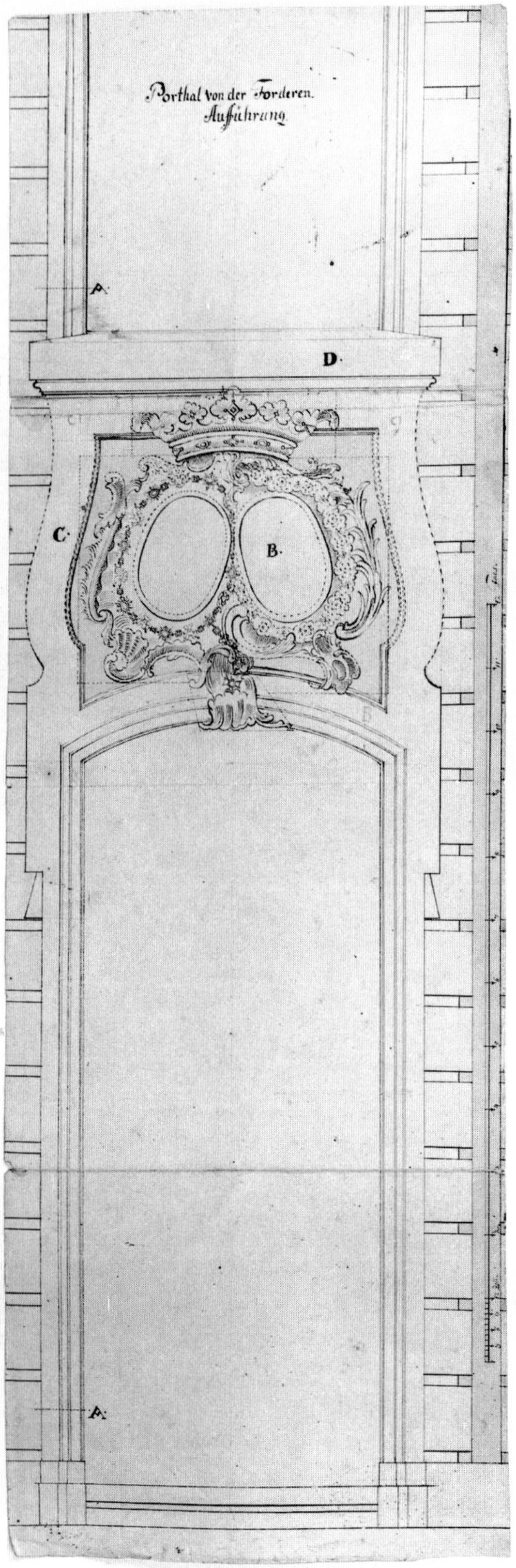

72.37

72.38

72.36 (ohne Abb.)
Kirchhellen-Feldhausen, Haus Beck
Herrenhaus, Aufriß der Gartenfassade, Ausführung
(Identisch mit Kat.-Nr. 72.35)

Lavierte Federzeichnung (grau, blau, gelb), 54 x 36 cm
Titel: *Hintere Aufführung nach den Garten*
Maßstab: *100 fues* = 32,8 cm

Archiv des Grafen Wolff-Metternich zur Gracht,
München, G 4

72.37
Kirchhellen-Feldhausen, Haus Beck
Herrenhaus, Teilaufriß der Hoffassade mit Einzeichnung der Bossierungen für das Allianzwappen

Lavierte Federzeichnung (grau), 70 x 24 cm
Titel: *Porthal von der Forderen Aufführung*
Beischrift: (Kennbuchstaben)
Maßstab: *12 Fues* = 34 cm

Archiv des Grafen Wolff-Metternich zur Gracht, München

72.38
Kirchhellen-Feldhausen, Haus Beck
Herrenhaus, Teilaufriß der Gartenfassade mit dem Portal

Lavierte Federzeichnung (grau), 55 x 26,5 cm
Beischrift: (Kennbuchstaben)
Maßstab: *12 Zoll* = 3 cm

Archiv des Grafen Wolff-Metternich zur Gracht, München

72.39
Kirchhellen-Feldhausen, Haus Beck
Herrenhaus, Allianzwappen und Wappenkartusche der Gartenseite

Federzeichnung, 39,5 x 31 cm
Titel: *Wapen in die Verdeckung. von der Fronte nach dem Garten; Portal von der forderen Aufführung*
Beischrift: (Kennbuchstaben)
Maßstab: *5 fues* = 17 cm

Archiv des Grafen Wolff-Metternich zur Gracht, München

72.40
Kirchhellen-Feldhausen, Haus Beck
Herrenhaus, Teilaufriß des Portals und Doppelgrundriß vom Balkon

Lavierte Federzeichnung (grau), 16 x 26 cm (beschnitten)
Titel: *Obere Grund vom Balcon; Grund vom Porthal mit dem Balcon; Porthal von der hinteren Aufführung.*
Beischrift: (Kennbuchstaben)

Archiv des Grafen Wolff-Metternich zur Gracht, München

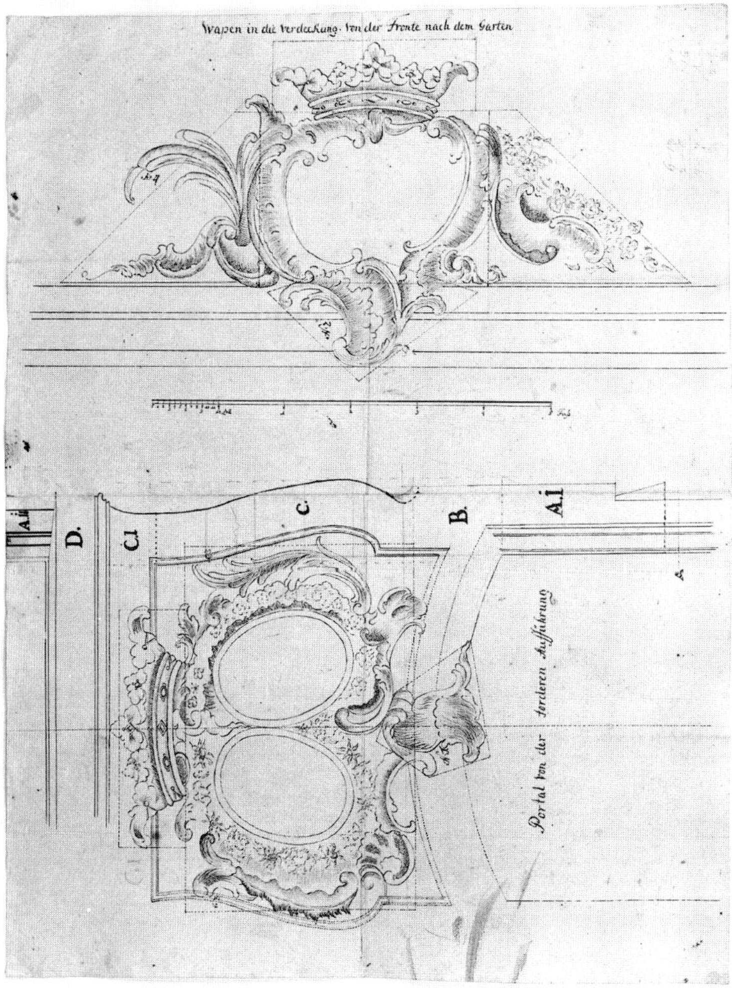

72.39

72.40

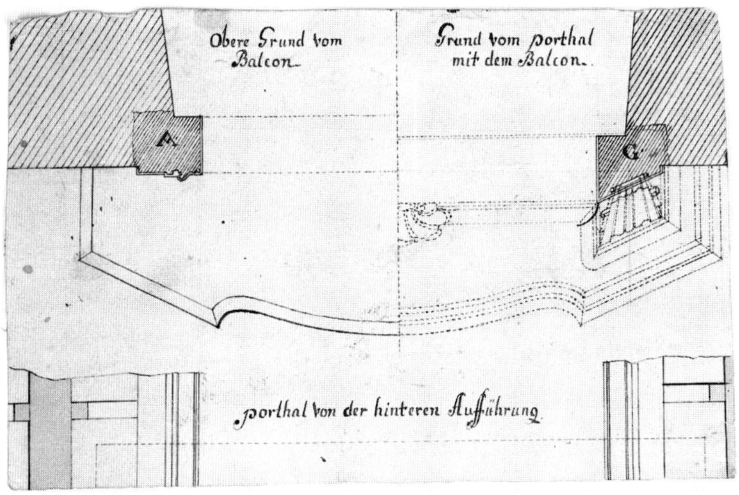

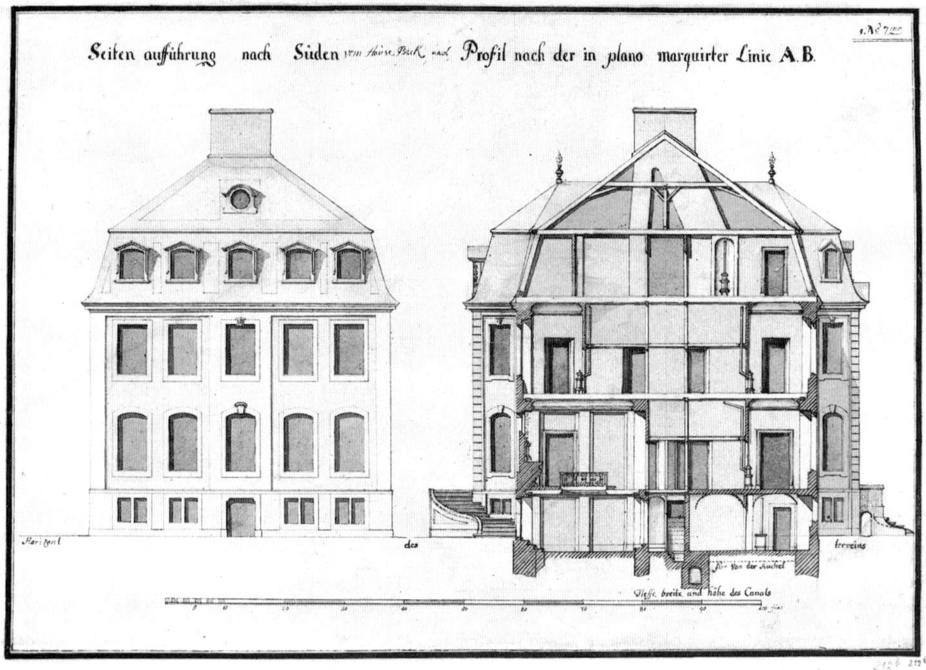

72.41

72.41
Kirchhellen-Feldhausen, Haus Beck
Herrenhaus, Aufriß der Südseite und Querschnitt, Ausführung

Lavierte Federzeichnung (grau, blaßblau, blaßrot, gelb), 35,4 x 50,5 cm (33,6 x 48,5 cm)
Titel: *Seiten aufführung nach Süden; Profil nach der in plano marquirter Linie A.B.;* (zwischen den beiden Überschriften, eingefügt:) *vom Hause Beck, und*
Beischrift: *No 7mo; Horizont des terreins; flor Von der Kuchel; Tieffe, breite und höhe des Canals*
Maßstab: *100 fues* = 31,5 cm

Westfälisches Landesmuseum Münster, Schl.-Bd. 212b

72.42
Kirchhellen-Feldhausen, Haus Beck
Herrenhaus, Längsschnitt durch das Dachwerk

Federzeichnung, Bleigriffel, 32 x 41 cm
Beischrift: (Maßangaben)
Maßstab: *50 fues*

Archiv des Grafen Wolff-Metternich zur Gracht, München

72.43
Kirchhellen-Feldhausen, Haus Beck
Herrenhaus, Grundriß und Aufriß der Freitreppe

Lavierte Federzeichnung (grau), 47,8 x 59 cm
Titel: *Träppe vom Hauss Beck wie selbe verfertieget.*
Maßstab: *36 Fuß* = 5,1 cm

Westfälisches Landesmuseum Münster, Schl.-Bd. 208

Auf der Rückseite ein Entwurf der Treppe für Haus Loburg, eine mit unwesentlichen Veränderungen genaue Kopie der Treppe von Haus Beck (vgl. Kat.-Nr. 73.3).

72.44
Kirchhellen-Feldhausen, Haus Beck
Herrenhaus, Grundrisse des Erdgeschosses und des Kellers, Ausführung

Lavierte Federzeichnung (grau), 53 x 37 cm
Titel: *Plana Vom Zukünfftigen Hause Bech Rez des chausses; Souterrins*
Beischrift: *No 2so.; No 1mo*
Legende (zum Erdgeschoß): *A. Euserlige Träppe Vorm hause; B. Entre; CCC. Passagen; D.D.D.D. Comoditeten vor das haus; E. Salon; F. SpeiseZimmer, Woraus die Herrschafft Zu ihre Tribüne in der Capelle FF gehen,; G. das HerrSchafftlige Schlaff-zimmer; H. Cabinet pour Madame; I. Cabinet á poucher Worüber die Guarderobe; K. Cabinet pour Mr.; L. Archive.; M.N.O. Apartement Vor eine Frömde HerrSchafft mit ihrer Entresole.; P.P. Escailiers derobés; Q. Grund von der Haubt-trappe*
(zum Souterrain:) *a. Entre; b. Kuchel So 2 fues höher als das übrige Kellerwerck; c. Wasch Kammer; d. Haushalterin Stube,; e. Mägde Kammer; f. Speise Stube Vor die bedienten.; g. Bier Keller; h. Milch Kuchel; i. Milch Keller; k. Wein Keller; l. gärten Keller; m SpeiSe und profisions Keller; n. platz in der Capelle Vor die Bedienten wovon das Klocken Seyhl verdeckt in der Mauer hencken thuet; o. Canal So S: N: unter alle priveter, und unter das gantze Kellerwerck hergehet,; p. Escailier derobe Worunger S:V: das privet Vor die Bedienten und nebenthür Zum Holt-platz; q.q.q. Passagen; r. Grund Von die Euserlige Haustrappen.; s. Eingang vom Kellerwerck*
Deckblatt zum Grundriß des Erdgeschosses mit Entwurfsvariante Raum O.
Deckblatt zum Grundriß des Erdgeschosses mit Entwurfsvariante Raum I.
Maßstab: *100 fues* = 31,5 cm

Archiv des Grafen Wolff-Metternich zur Gracht, München, G 1a

72.45 (ohne Abb.)

Kirchhellen-Feldhausen, Haus Beck

Herrenhaus, Grundrisse des Erdgeschosses und des Kellers, Ausführung (Kopie von Kat.-Nr. 72.44)

Lavierte Federzeichnung (grau, blaßrot, blaßgelb), 53,5 x 35cm (51,9 x 34,6 cm)
Titel: *Plan von zukünfftigen Hause Beck; und wie solges gebauet; Rez de chaussèe; Soutertains*
Beischrift: Kennbuchstaben
Legende (zum Erdgeschoß): *A. Eüsserliche Träppe vorm Hausse; B. Entrèe; c Passage; DDDD Commoditeten Vor dass Haus; E Salon; F SpeiseZimmer, worauss die Herrschafft Zu ihrer Tribüne in der Capelle FF gehet; G dass HerrSchafftliche SchlaffZimmer; H Cabinet pour Madame; I Cabinet a Coucher Worüber die Garderobe; K. Cabinet pour Mr; L. Archive; M.N.O. apartement vor eine frömbde HerrSchafft mit ihrer Entre-Sole; P.P. Escaliers derobès; Q. grund von der Haubt Träppe* (zum Soutertain:) *a Entrèe; b Kuchel, so 2 fuss höher als dass übrige Kellerwerck; c WaschZimmer; d Hausshalterin Stube; e MägdeKammer; f Speise Stuben vor die Bedienten; g BierKeller; h MilchKuchel; i MilchKeller; k WeinKeller; l GartenKeller; m Speise und provisions Keller; n platz in der Capelle vor die bedienten, wovon das Klocken Seil verdeckt in die Mauer hencket; o Canal, so S.V. unter alle privès, und unter dass gantze Kellerwerck hergehet; p Escalier derobè, worunter S.v. dass privè vor die bedienten, und nebenthur zum holtz platz; q.q.q. passagen; r.r. grund von die Eusserliche Hausstrāppe; s. Eingang vom Kellerwerck.*
Maßstab: *100 fues* = 31,5 cm
Deckblatt zum Grundriß des Erdgeschosses mit Entwurfsvariante Raum O.
Deckblatt zum Grundriß des Erdgeschosses mit Entwurfsvariante Raum I.

Westfälisches Landesmuseum Münster, Schl.-Bd. 212a

72.46 (ohne Abb.)

Kirchhellen-Feldhausen, Haus Beck

Herrenhaus, Grundrisse des Erdgeschosses und des Kellers, Ausführung (Kopie von Kat.-Nr. 72.44)

Lavierte Federzeichnung
Titel: *Plan vom Hause Beck; Rez des Chaussés; Souterrains*
Beischrift: (Bemerkung zur Zisterne)
Legende (zum Erdgeschoß): *A. äusserliche Treppe vorm Hause; B. Entrée; CC.C. Passagen; D.D.D.D. Comoditäten; E. Salon; F. Speisezimmer woraus die Herrschafft in ihre Tribune in der Capelle FF. gehen kan; G. Das Herrschaftl. Schlaffzimmer; H. Cabinet pour Madame; I. Cabinet à coucher; J. Cabinet pour Msr.; L. Archive; M.N.O. appartement für eine frömbde Herrschaft; P.P. Escaliers Derobés; Q. Grund der haubt Treppe* (zum Souterrain:) *a Entrée; b Kuchel so z.t. höher als das uebrige Kellerwerck; c wäschKammer; d Haushalterin stube;*

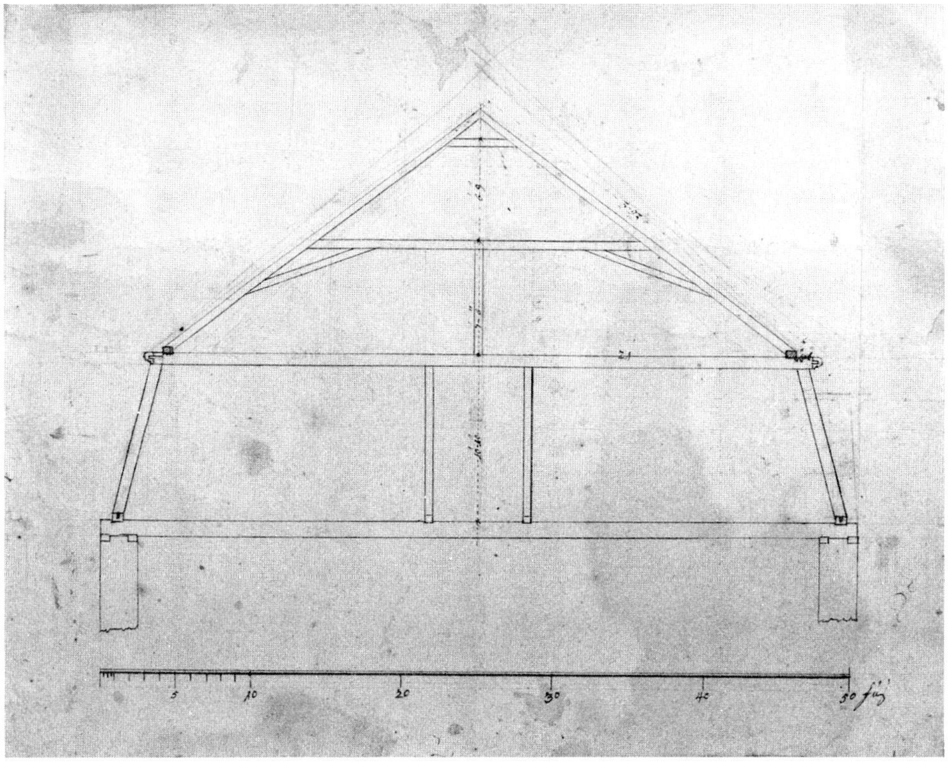

72,42

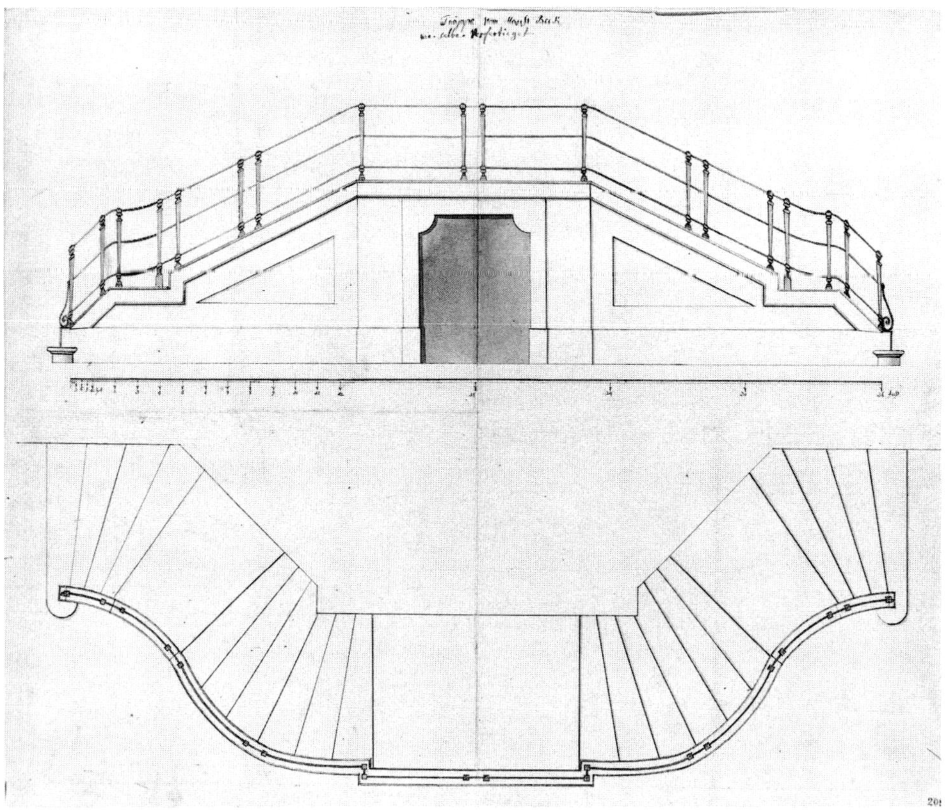

72.43

e Mägde Kammer; f Speise stube vor die bedienten; g Bier Keller; h Milch Kuchel; i milch Keller; k Wein Keller; l ProvisionsKeller; m provisionskeller; n platz in der capelle vor bediente; o canal so unter alle privets und gantze Kellerwerck hergehet; p Escalier Derobe, worunter das privet für bediente, und neben thür zum Holtzplatz; q.q.q passagen; r Gund der äusserlichen hausstreppe; s eingang vom Kellerwerck
Deckblatt zum Erdgeschoß mit Entwurfsvariante Raum O.
Deckblatt zum Erdgeschoß mit Entwurfsvariante Raum I.
Maßstab: *100* (Fuß) = 31,5 cm

Archiv des Grafen Wolff-Metternich zur Gracht, München, G 1

72.47
Kirchhellen-Feldhausen, Haus Beck
Herrenhaus, Grundrisse des Obergeschosses und der Mansarde, Ausführung

Lavierte Federzeichnung (grau), 53 x 36,5 cm
Titel: *La ManSarde; Etage*
Beischrift: *No 4to; No 3tio;* (Kennziffern; Kennbuchstaben)
Legende (zur Mansarde): *1.1 Escaliers Derobés; 2. Passage; 333. Logement Vor junge HerrSchafften mit ihren Hoffmeister; 4. Neben Garderobe Vor Mr et Mdme .; 5. Gouarde Möble=; 6. Wo das getrockte Linnen kan gestrichen Werden; 7. Rauch=Boden; 8. Boden um Linnen Zu Trocken; 9. Magazin Vor allerhand Hausgeraht darauff Zu Setzen; 10. Platz Vor die Hauss=uhr, Wovon dass gewicht verdeckt in der Mauer herauf und herunter gehet.; das übrige ist auf denen planis Zu ersehen.*
(zum Obergeschoß:) *R. Salon Vor die Billards Taffel; S.* (9x) *drey apartements Vor Frömbde mit ihren EnteSolen.; T. Zimmer Vor einen particulairen Frömbden; U.U.U. Passagen; V.V. Hauss Commoditeten; W.W. Escalliers derobes; X obere Entrée; Y. Grosse Stiege.*
Deckblatt zum Grundriß der Etage mit Entwurfsvariante Raum W und S (links)
Deckblatt zum Grundriß der Etage mit Entwurfsvariante Raum W und S (rechts)
Maßstab: *100* (Fuß) = 32 cm

Archiv des Grafen Wolff-Metternich zur Gracht, München, G 2

72.48 (ohne Abb.)
Kirchhellen-Feldhausen, Haus Beck
Herrenhaus, Grundrisse des Obergeschosses und der Mansarde, Ausführung (Kopie von Kat.-Nr. 42.47)

Lavierte Federzeichnung (grau), 53 x 36,5 cm
Titel: *La ManSarde; Etage*
Beischrift: (Kennziffern; Kennbuchstaben)
Legende (zur Mansarde): *1.1 Escaliers derobés; 2. Passage; 333. Logement Vor junge HerrSchafft mit ihren Hoffmeister; 4. Neben Garderobe Vor Mr et Mdme; 5. Garde Möbles; 6. Wo das getrockene Linnen kan gestrichen Werden; 7. Rauch Boden; 8. Boden, um Linnen Zu trockenen; 9. Magazin, Vor allerhand Haussgeraht darauff Zu Setzen; 10. Platz Vor die Hauss uhr, Wovon das gewicht in der mauer verdeckt herauff und herunter gehet.; das übrige ist auf den plan Zu ersehen.*
(zum Obergeschoß:) *R. Salon, Vor die Billards Taffel; S* (9x) *drey apartements Vor frembde, mit ihren EnteSolen.; T. Zimmer Vor einen particulairen frembden; uuu. passagen; V.V. Hauss Commoditeten; WW. Escaliers derobès; X obre Entrée; Y. Grose Stiege.*
Deckblatt zum Grundriß der Etage mit Entwurfsvariante Raum W und S (links)
Deckblatt zum Grundriß der Etage mit Entwurfsvariante Raum W und S (rechts)
Maßstab: *100* (Fuß) = 32 cm

Archiv des Grafen Wolff-Metternich zur Gracht, München, G 2a

72.49 (ohne Abb.)
Kirchhellen-Feldhausen, Haus Beck
Herrenhaus, Grundrisse des Obergeschosses und der Mansarde, Ausführung (Kopie von Kat.-Nr. 42.47)

Lavierte Federzeichnung (grau), 52,5 x 36,5 cm (50,9 x 34,6 cm)
Titel: *La Mansarde; Etage*
Beischrift: *Copia* (Kennbuchstaben; Kennziffern)
Legende (zur Mansarde): *1.1. Escailliers derobes,; 2. Passage,; 3.3.3. Logement vor junge HerrSchafften mit ihren Hoffmeister; 4. Nebenguarderobe Vor Mr. und Madame; 5. Gourade Möble,; 6. Wo das getrockte Linnen Kan geStrichen werden,; 7. Rauch-Boden,; 8. Boden um Linnen Zu trocken,; 9. MagaZin Vor allerhand Hausgeräth darauff Zusetzen ; 10. Platz Vor die HauS-uhr, Wovon dass gewicht Verdeckt in der Mauer herauf und herunter gehet. das übrige iSt aus denen Planis Zu erSehen*
(zum Obergeschoß:) *R. Salon Vor die Billards Taeffel; S.* (9x) *drey apartements Vor frömde mit ihren EntreSolen; T Zimmer Vor eine particulairen Frömden; U.U.U. Passagen.; V.V. Haus Commoditeten.; W.W. Escaillers derobes,; X. obere Entre,; Y. Grosse Stiege.*
Deckblatt zum Grundriß der Etage mit Entwurfsvariante Raum W und S (links)
Deckblatt zum Grundriß der Etage mit Entwurfsvariante Raum W und S (rechts)
Maßstab: *100 fues* = 31,5 cm

Westfälisches Landesmuseum Münster, Schl.-Bd. 212

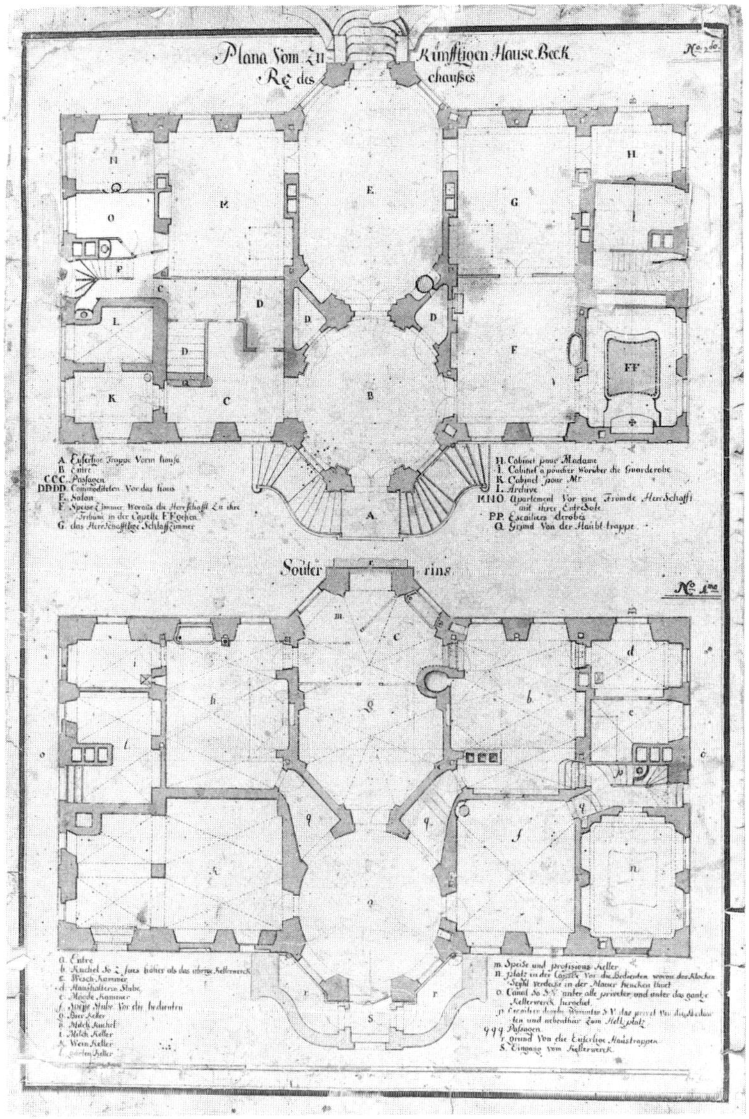

72.44

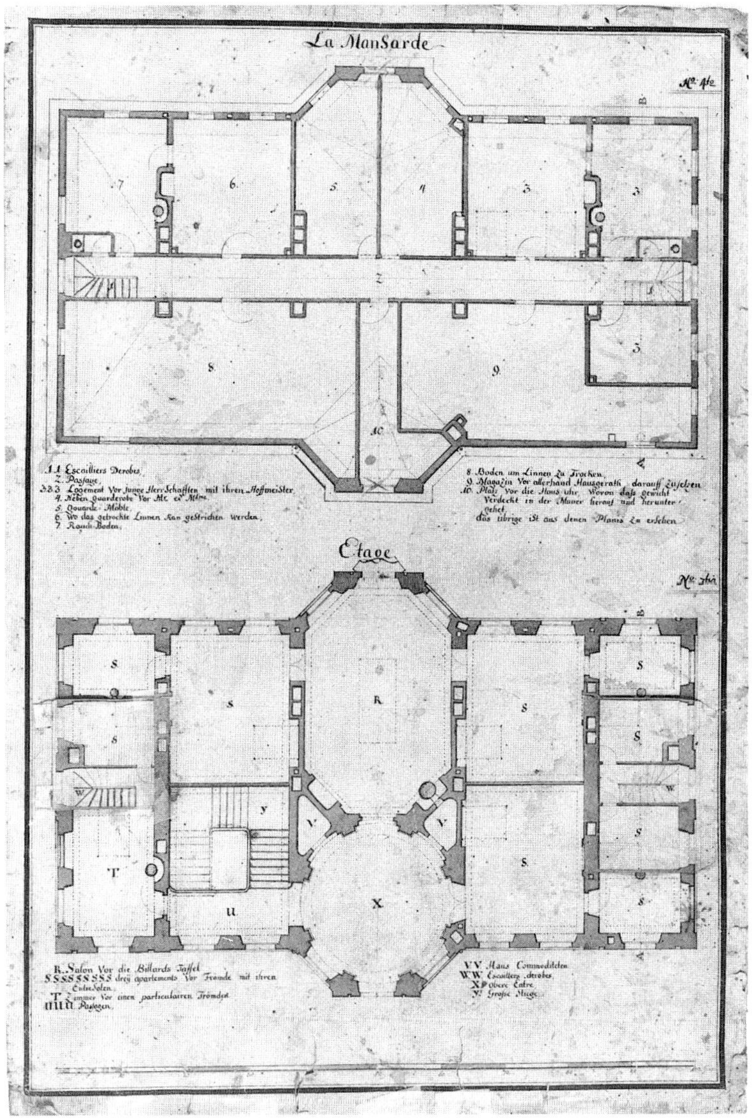

72.47

72.50

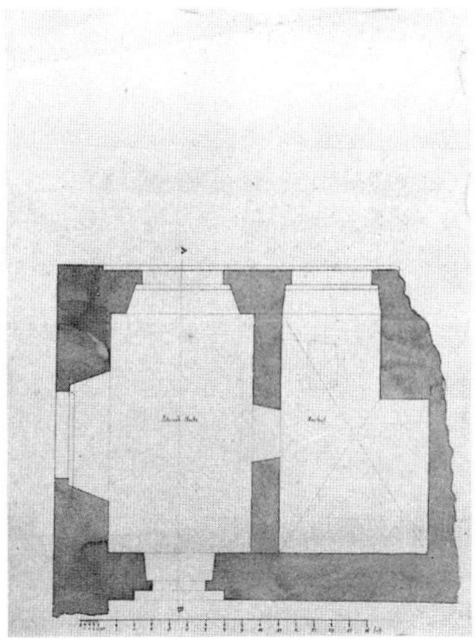

72.50
Kirchhellen-Feldhausen, Haus Beck
Herrenhaus, Grundriß Archiv und Arbeitszimmer
Lavierte Federzeichnung (grau), 40 x 32,5 cm
Beischrift: *Schreib Stube; Archif*
Maßstab: *16 fues* = 19 cm

Archiv des Grafen Wolff-Metternich zur Gracht, München

72.51

72.52

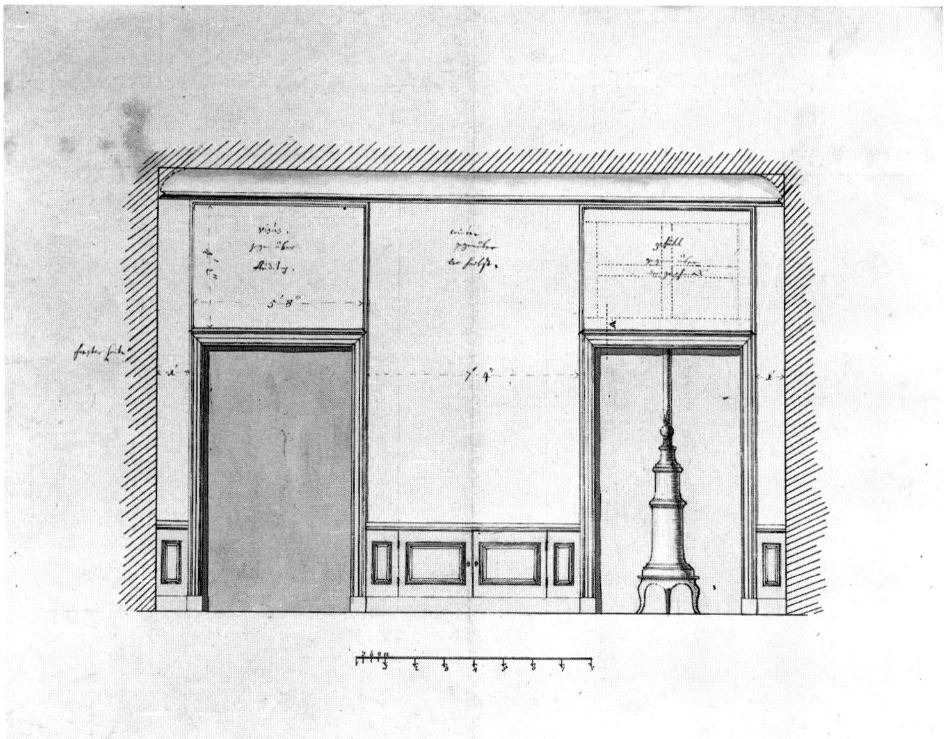

72.53

72.51
Kirchhellen-Feldhausen, Haus Beck
Herrenhaus, Entwurf eines Kaminaufsatzes
Lavierte Federzeichnung (grau, rosa, hellblau), 31 x 20 cm
Beischrift: (?) *und portrait Sr. Hochfürstl. Gnaden zu Hildesheim*
Maßstab: *9 fues* = 15,5 cm

Archiv des Grafen Wolff-Metternich zur Gracht, München

72.52
Kirchhellen-Feldhausen, Haus Beck
Herrenhaus, Entwurf eines Kaminaufsatzes

Lavierte Federzeichnung (grau, rosa, hellblau), 31 x 20 cm
Beischrift: (?) *und portrait Sr. Hochfürstl. Gnaden zu Hildesheim*
Maßstab: *10 fues* = 17 cm

Archiv des Grafen Wolff-Metternich zur Gracht, München

72.53
Kirchhellen-Feldhausen, Haus Beck
Herrenhaus, Wandaufriß mit Tür und Ofennische

Lavierte Federzeichnung (grau), 20 x 31,5 cm
Beischrift: (Maßangaben); *fenster seite; visus* (?). *gegen über Auditus* (?); *winter gegenüber der herbst.; gefühl gegen über der geschmack*
Maßstab: *6 fues* = 17,5 cm

Archiv des Grafen Wolff-Metternich zur Gracht, München

72.54
Kirchhellen-Feldhausen, Haus Beck
Herrenhaus, Wandaufriß

Lavierte Federzeichnung (grau), 31 x 40 cm
Beischrift: (Maßangaben)
Maßstab: *8 fues* = 10 cm

Archiv des Grafen Wolff-Metternich zur Gracht, München

72.55
Kirchhellen-Feldhausen, Haus Beck
Herrenhaus, Wandaufriß

Lavierte Federzeichnung (grau), 31,5 x 40 cm
Beischrift: (Maßangaben); *frühling.; der geruch; Sommer*
Maßstab: *8 fues* = 10 cm

Archiv des Grafen Wolff-Metternich zur Gracht, München

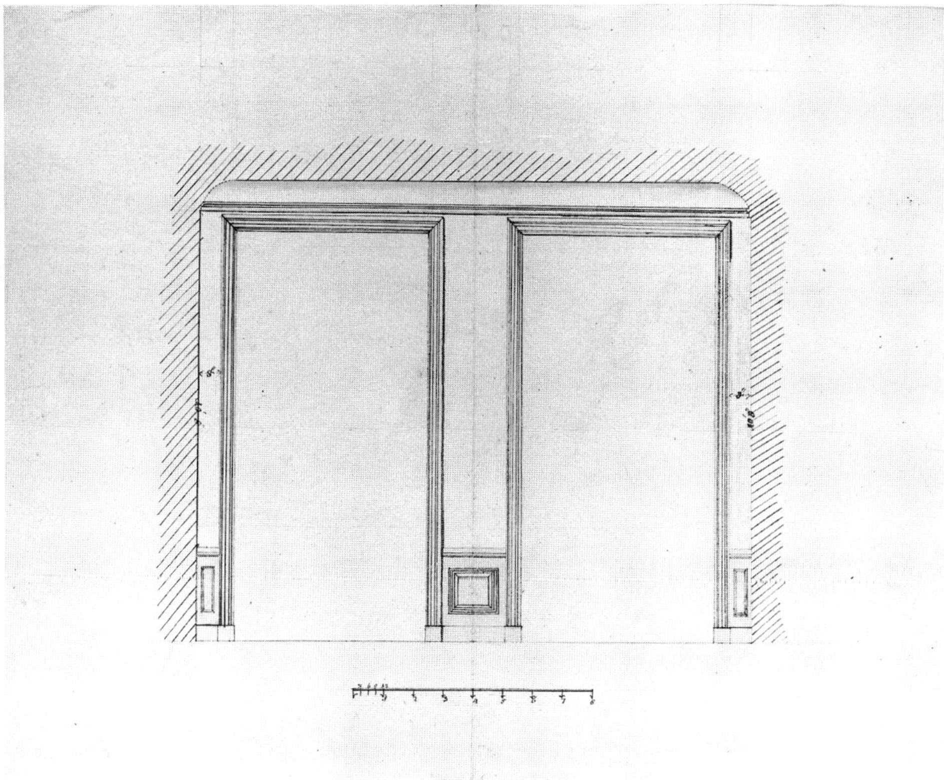

72.54

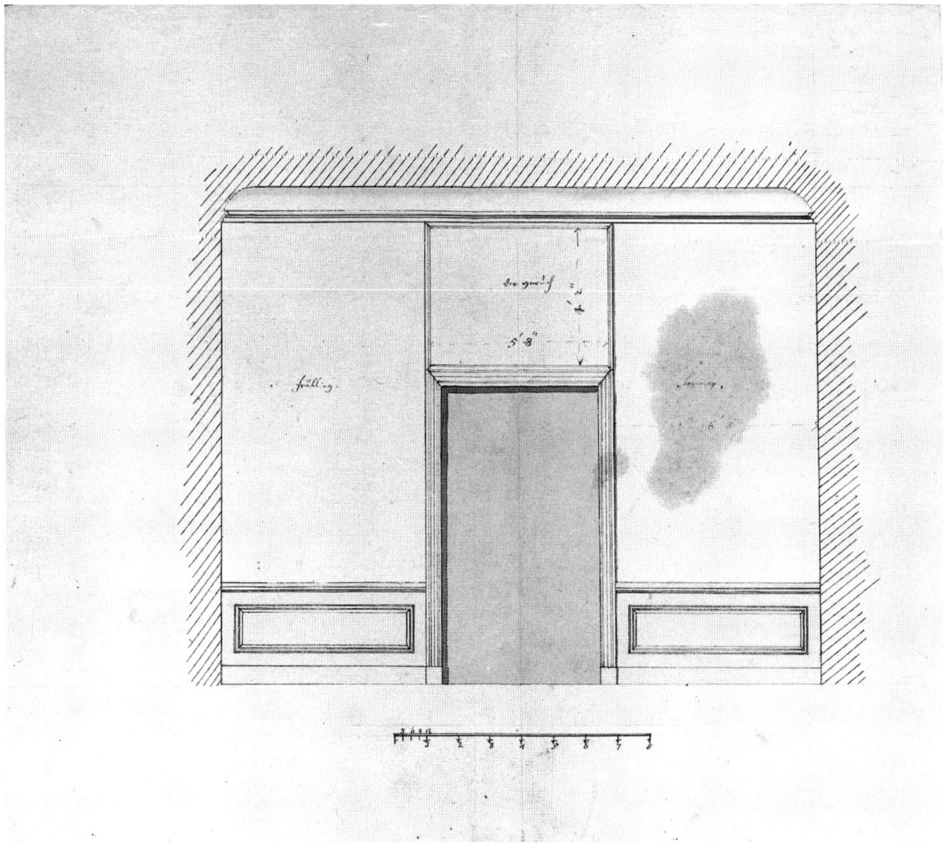

72.55

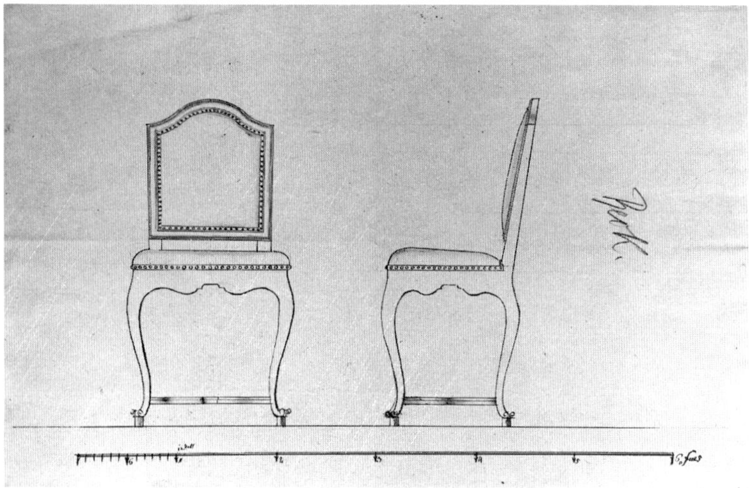

72.56

72.57
Kirchhellen-Feldhausen, Haus Beck
Herrenhaus, Kapelle, Grundriß des oberen Kapellenraumes

Lavierte Federzeichnung (grau, gelb), 48 x 30 cm
Titel: *Obere plan der Capelle vom Hause Beck.*
Präsentationsvermerk: *Frid: v Wenge*
Maßstab: *20 fues* = 27 cm

Archiv des Grafen Wolff-Metternich zur Gracht, München, G 8

72.56
Kirchhellen-Feldhausen, Haus Beck
Herrenhaus, Entwurf eines Stuhls

Lavierte Federzeichnung (grau), 31,5 x 36,5 cm
Maßstab: *8 fues* = 10 cm

Archiv des Grafen Wolff-Metternich zur Gracht, München

72.58
Kirchhellen-Feldhausen, Haus Beck
Herrenhaus, Kapelle, Grundriß des oberen Kapellenraumes

Lavierte Federzeichnung (grau), 39,8 x 31 cm
Titel: *Blaffon von der Oberen Capelle, welche simple. oder in denen mittelen undt ecken mit ornamenten kan gezieret werden.*
Maßstab: *20 fues* = 26,8 cm

Westfälisches Landesmuseum Münster, Sch 241

72.58

72.59

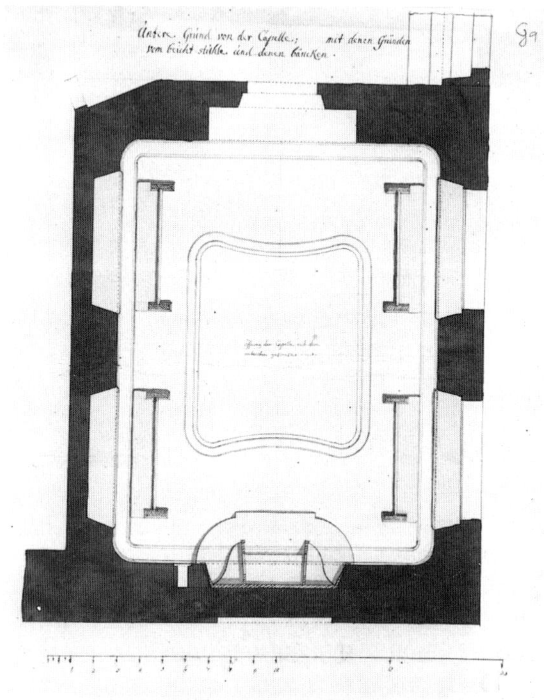

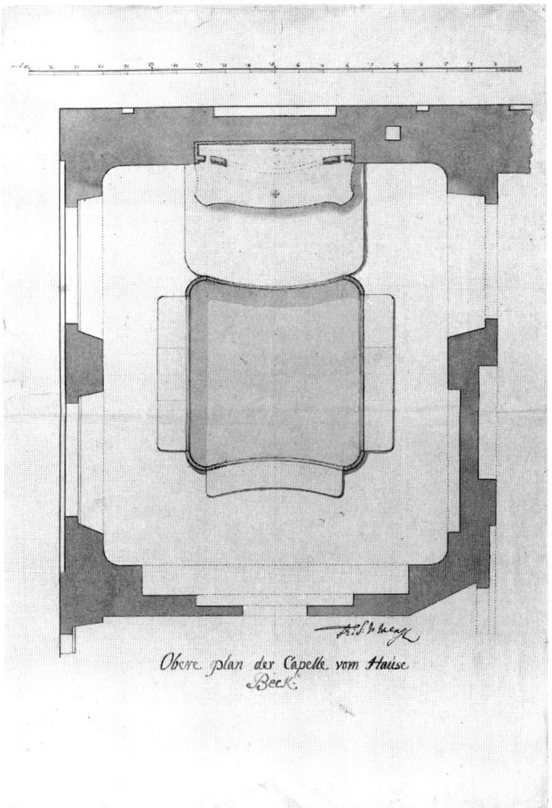

72.57

72.61

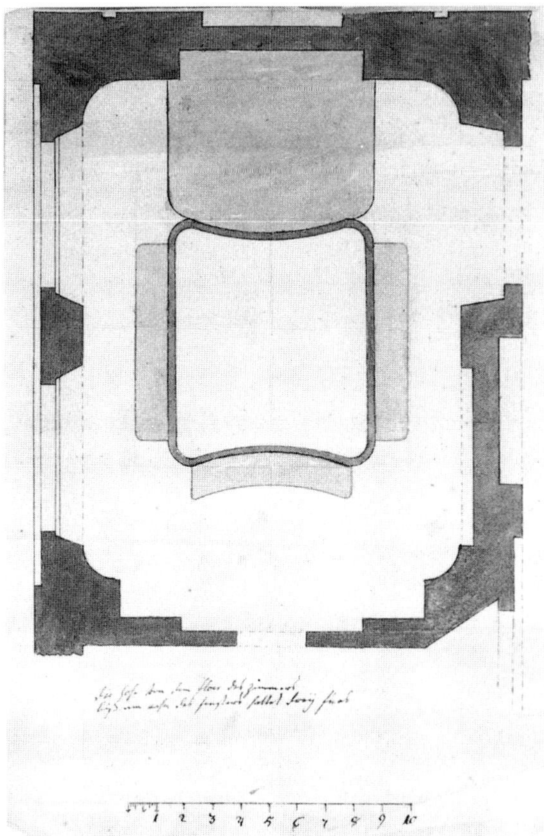

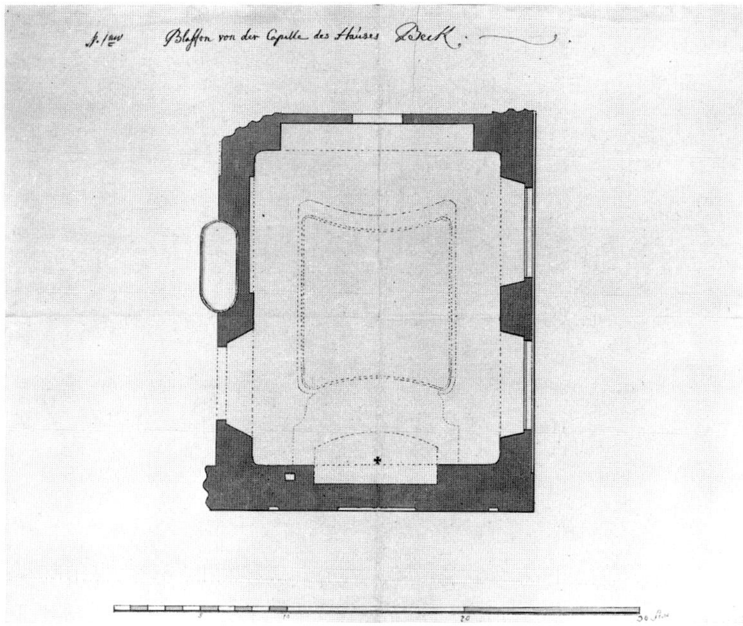

72.62

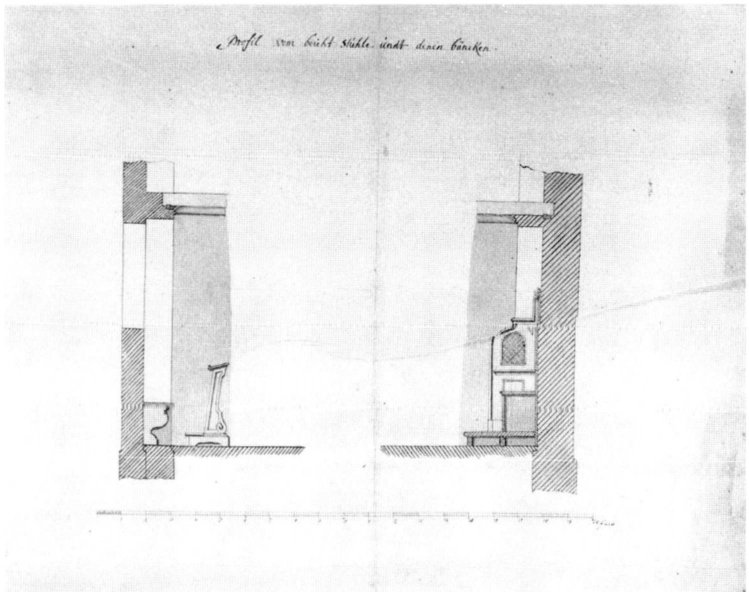

72.60

72.59
Kirchhellen-Feldhausen, Haus Beck
Herrenhaus, Kapelle, Grundriß des unteren Kapellenraumes

Lavierte Federzeichnung (schwarz, gelb), 41,5 x 32,5 cm
Titel: *Untere Grund von der Capelle. mit denen Gründen vom beicht=stuhle und denen bänken.*
Beischrift: *Öffnung der Capelle mit dem untersten gesimse*
Maßstab: 20 (Fuß) = 27 cm

Archiv des Grafen Wolff-Metternich zur Gracht, München, G 9

72.60
Kirchhellen-Feldhausen, Haus Beck
Herrenhaus, Kapelle, Querschnitt durch Beichtstuhl und Bänke der unteren Kapelle

Lavierte Federzeichnung (grau, gelb), 32 x 41 cm
Titel: *Profil vom beicht stuhle undt denen bäncken.*
Maßstab: *20 fues* = 27 cm

Archiv des Grafen Wolff-Metternich zur Gracht, München, G 10

72.61
Kirchhellen-Feldhausen, Haus Beck
Herrenhaus, Kapelle, Grundriß des oberen Kapellenraumes

Lavierte Federzeichnung, 41,5 x 28 cm
Beischrift: *die hohe von dem floer des Zimmers biß am Rahmen* (?) *des Fensters haltet drey Fues*
Maßstab: *10 Einheiten* = 15,5 cm

Archiv des Grafen Wolff-Metternich zur Gracht, München, G 11

72.62
Kirchhellen-Feldhausen, Haus Beck
Herrenhaus, Kapelle, Grundriß des oberen Kapellenraumes

Lavierte Federzeichnung
Titel: *N.1mo; Blaffon von der Capelle des Hauses Beck.*
Maßstab: *30 fues*

Archiv des Grafen Wolff-Metternich zur Gracht, München, G 12

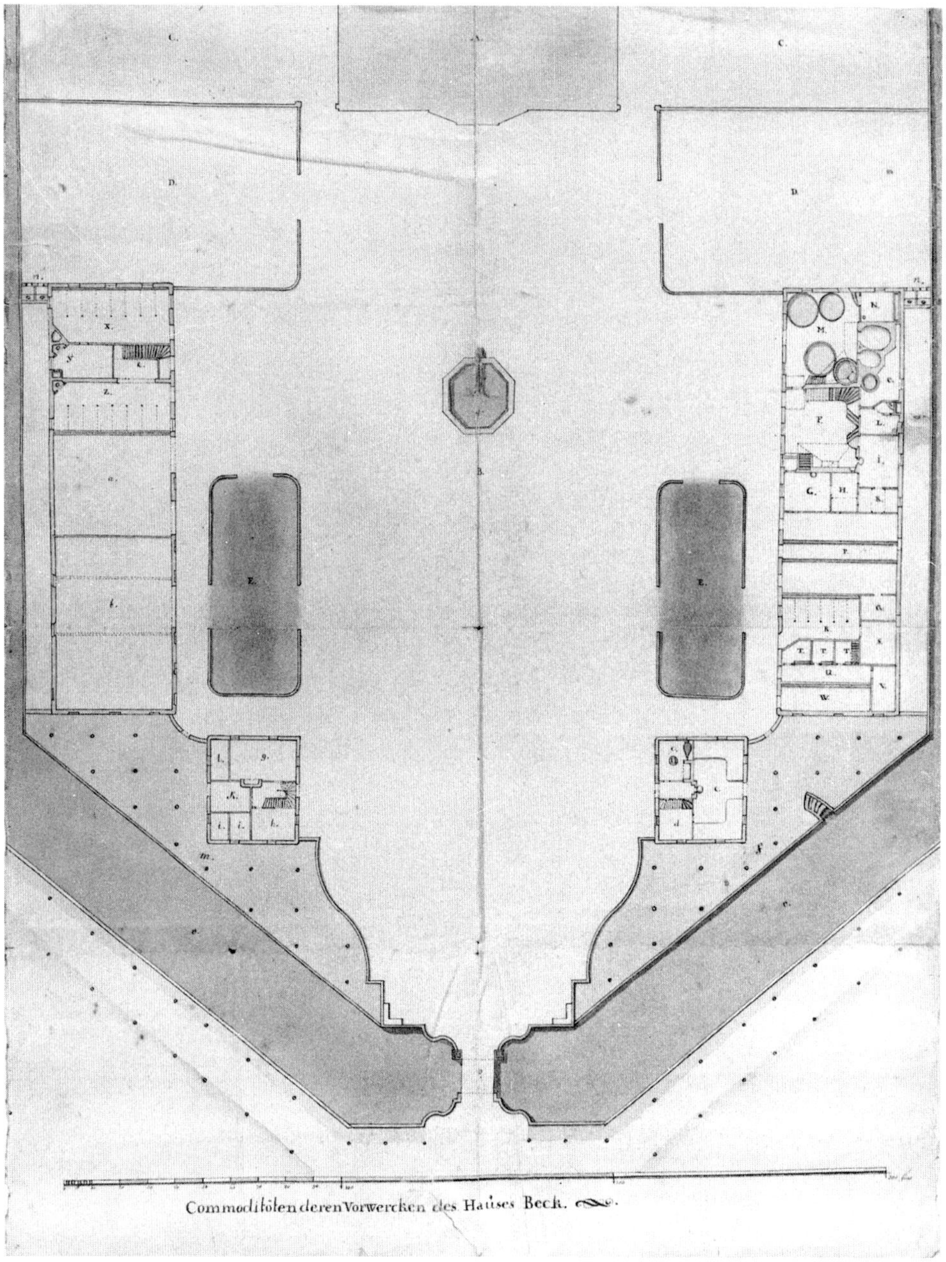

72.63

72.63
Kirchhellen-Feldhausen, Haus Beck
Vorwerk, Gesamtplan, Ausführung

Lavierte Federzeichnung (grau, gelb), 54,5 x 43 cm
Titel: C*ommoditöten deren Vorwercken des Hauses Beck.-.*
Beischrift: (Kennbuchstaben)
Maßstab: *300* (Fuß) = 38 cm

Archiv des Grafen Wolff-Metternich zur Gracht, München, VG 1

1. Erklärungsblatt dazu:
Titel: *Commoditöten deren Vorwercken. des Hauses Beck.*
Legende: *A. Verfertigtes Wohnhaus.; B. der grosse Vorhoff.; C. partie Vom garten.; D. holtz plätze; E. mist plätze*
F*lügel nach der Süder Seite.*
F. Kuchel vor den Rentmeister oder Conductor.; G. dessen Stube. und; H Schlaffcammer Woraus der gantze platz bis Zur brücke, die Kuchel und alles Was darum lieget, ein herein, und heraus gehen Zu observiren.; I. mägde Stube, und Wo Sich das geSinde

des Winters Wermen Kam.; K. ihre Schlaffcammer Woraus selbe auff das horn Vieh achtung geben Können.; L. WaSche Cammer.; M. brauh und bacKhaus, Worunter auch eine Senckung um Commode die draffe. Vor das Vieh herein und heraus Zu thuen.; N. bacK Stube.; O. einen Kessel Vor den brandwein Zu brenännen. unter obigen parcelen Können garten Keller, bier und millig Keller, und in der Mezanini und dachwerK die Mallzung und Was darzu gehört, Krancken Cammer Vor die Mägde, rauch boden y.; P. Stallung Vor 20 Stück rinth=Vieh, Worüber Von beyden Seiten eine Rille Vor Stroh.; Q Vor abgeZeltzte Kälber.; R. platz Vor 6 ackerpherde und Schlaffen die Knechte über Q.S.; S. Stall Vor ein drächtiges pherd oder fohlen Stall.; T. 6 Separirte Ställe Vor mast Schweine; U. füttergang.; V. vor eine dragende Sauhe. (Zusatz zu T.-V., zusammenfassende Klammer:) *Worüber eine Rille Kombt Vor Stroh Vor die Ackerpherde und Vor Schweine zu Sträuen; W. Vor fasel Schweine. Woruber der huner Stall Kombt. Von P. bis Zum einde des flügels Kombt in der Mezanini das reine Korn und im dachwercK das notige heu Vor das horn Vieh und ackerpherde.*
Flügel nach der nord Seite.
X. heren pherd Stall.; Y bedienten SchlaffKammer; Z främbde pherd Stall.; & Wo die Stall bedienten Schlaffen. (Zusatz zu X.-&., zusammenfassende Klammer:) *Woruber Commoditeten Vor främbde geistliche, KrancKe Knechte und dergleichen Kommen thuen; im tagwercK Kombt der heu boden Vor die pherde.;*
a. Remisen Vor Kutschen un Wagen; b. Korn Scheur. So Von unten bis in die Spitze des dachs Voll gebändet Wird. und So mehr erfordert Wird So Kan noch im tagwercK uber die remise Continuiret Werden.

2. Erklärungsblatt dazu:
Erklärungsblatt zu Kat.-Nr. 72.63 – zu den Pavillons
Legende: *Pavillon nach der Süder Seite.*
a. Hund Stall; b. Kammer Vor den jäger Wo selber zugleich stricKen Kan undt eine entresoles zu Schlaffen.; c. Schmitte mit einer entresoles; d. offener hund platz.
Pavillon nach der nord Seite.
g. Schlagwerck.; h. Vor den portener; i. Vor abge (?) *läufische Hunde.; k.; l. Vor Schaafen und gänse* (Zusatz zu i.–l., zusammenfassende Klammer:) *Woruber eine* (?) *Vor becker* (?) *Zu Schlaffen und Vor allerhand* (?); *m. offener platz Vor* (?); *n. S* (?) *8* (?) *Vor die gemeinde* (?) *von beyden Seiten.; o.* (?); *p. Zugbrücken; q. fontaine das* (?) *aus dem Mauer Zu* (?).
NB. Was sich (?) *Vor quartiere in der Mezanini nach der norden Seite befindem.;*
x. auffgang für den Mezanini; y. 4 Zimmer Vor geistliche, Vor Kanntz (?) *Vom Stauck* (?)*.; l. geschir Kammer.; u. Haber boden. & Mezanini nach der Süden-* (?)
a (?) *Maltzboden Wovon unten das maltz Kan hinauf gezogen, und auff die* (?) *ge* (?) *Werden.; b. Zimmer Vor ein Frömbder; c. Kinder Kammer Vor den Verwalter; d. Krancken Kammer Vor die Mägde.; e.; f. heu und Stroh boden Vor das Vieh; g. untere anbei* (?) *um darauff Zu Kommen.; F. das reine Korn Kombt auff den hierüber Kommenden boden.; M* (?)*. die Mezaninen oder* (?) *StocKwercK ist ofene Dach.*

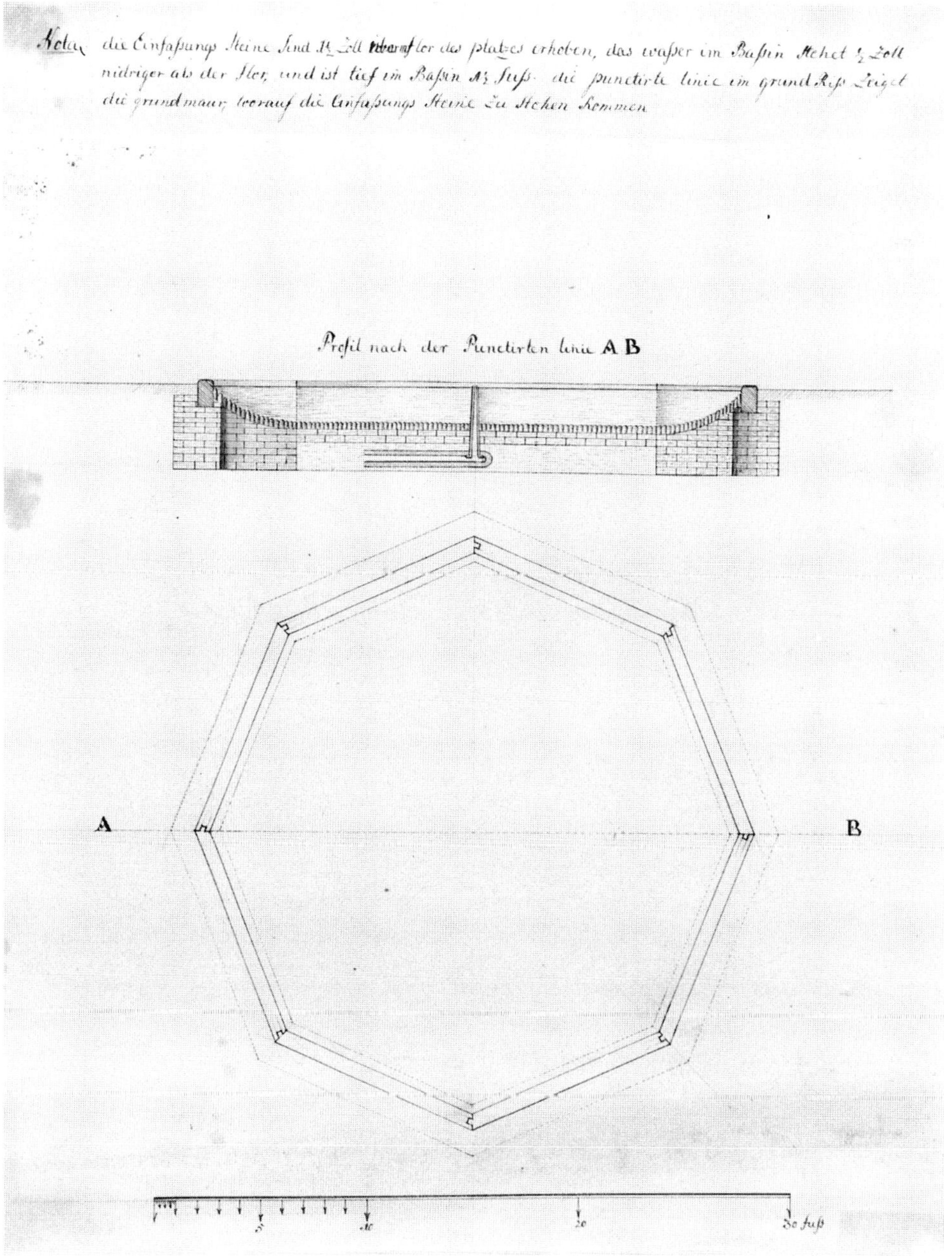

72.65

72.64 (ohne Abb.)
Kirchhellen-Feldhausen, Haus Beck
Vorwerk, Ausführung
(Kopie nach Kat.-Nr. 72.63)

Lavierte Federzeichnung (grau), 55 x 43 cm
Titel: *Commoditöten deren Vorwercken des Hauses Beck.*
Maßstab: *300* (Fuß) = 38 cm

Archiv des Grafen Wolff-Metternich zur Gracht, München

72.66

72.65
Kirchhellen-Feldhausen, Haus Beck
Vorwerk, Grundriß und Schnitt eines Brunnens

Lavierte Federzeichnung, 40 x 32 cm
Beischrift: *Nota; die Einfassungs Steine Sind 1 1/2 Zoll überm flor des platzes erhoben, das wasser im Bassin stehet 1/2 Zoll nidriger als der flor, und ist tief im Bassin 1 1/2 Fuss. die puctirte linie im grund Riss zeiget die grundmaur, worauf die Einfassungs Steine zu stehen kommen; Profil nach der Punctirten linie A B;* (Kennbuchstaben)
Maßstab: *30 fuss* = 21 cm

Archiv des Grafen Wolff-Metternich zur Gracht, München

72.66
Kirchhellen-Feldhausen, Haus Beck
Vorwerk, Wachthaus auf der Hofmauer zur Gräfte, Grundriß und Aufriß

Lavierte Federzeichnung (grau), 33 x 41 cm
Beischrift: *Pavillon*
Maßstab: *20 fues*

Archiv des Grafen Wolff-Metternich zur Gracht, München

72.67
Kirchhellen-Feldhausen, Haus Beck
Vorwerk, Gesamtplan rechte Seite, Ausführung

Lavierte Federzeichnung (blaßrot, gelb), 112 x 53 cm
Titel: *Comoditöten deren Vorwercken des Hauses. Beck. Was auf diesen Platz sichtbahr.*
Beischrift: (Kennbuchstaben)
Legende: *Flügel nach der Süder Seite.*
A. der halbe grosse Vorhoff.; B. der eine holtz platz; C. der eine mist platz; D. Kuchel Vor den Rentmeister oder Conductor; E dessen Stube und.; F. SchlaffZimmer, Woraus der gantze platz bis Zur die Kuchel und alles Was darum liegt, um herein und her-ausgehen Zu observiren; G. Mägde Stube, und wo Sich das gesinde des Winters Wermen Kan.; H. ihre SchlaffKammer, Woraus Selbe auff das horn Vieh achtung geben Könen.;
I. WaSche Cammer; K. brauh und Backhaus. Worunter auch eine Senckung, um Commode die draffe Vor das Vieh herein, und heraus Zu thuen; L. BacKStube; M. Hitze Vor die Maltzüng; N. einen Kessel Vor den BrandtWein Zu brennen.; O. Stallung Vor 20 Stuck rinth Vieh, Worünber Von beyden Seiten eine hille Vor Stroh.; P. platz Vor abgeZetzte Kelber.; Q platz Vor 6 acKerpherde, und Schlaffen die Knechte über Q.S.; R. Stall Vor ein drächtiges pherd oder fohlen stall.; S. 3 Separirte Ställe Vor mast Schweine; F. futtergang; V. Vor eine dragende sauhe; U. Vor fasel Schweine, Woruber der hüner Stall Kombt.
Kellerwerck.
W. Vor den Gartener des herren.; X. Millig Keller Vor den Conductor.; Y Trappe Zum Millig Keller.; Z. bier Keller Vor den Conductor.; &. loch Vor die asche. Mezanini.
a. gibserne MaltZ boden. Wovon unten das maltz Kan herauff gezogen, und auff die dorn getrucKnet Werden.; b. Zimer Vor ein främbder.; c. Kinder Kammer Vor den VerWalter; d KrancKen Kammer Vor die Mägde; e; f; g; (zusammenfassende Klammer:) *heu und Stroh boden Vor das Vieh. neben entrée um darauff zu Kommen.; NB das reine Korn Kombt auff den hier uber Kommenden boden.*
Pavillon nach der Süder Seite.
h. hund Stall; i. Kammer Vor den jäger Wo Selber stricken (?) *Kan Worüber ein entresoles; k. zu Schlaffen.; l. Schmiede mit einer Entresoles.; m.; n. offener hundStall.; der rest ist aus dem plano zu ersehen.*
Maßstab: *100* (Fuß) = 32 cm

Archiv des Grafen Wolff-Metternich zur Gracht, München, VG 2

72.68
Kirchhellen-Feldhausen, Haus Beck
Vorwerk, Gesamtplan rechte Seite, Ausführung

Lavierte Federzeichnung (grau, blaßrot, gelb), 112 x 53 cm
Titel: *Commoditöten deren Vorwercken des Hauses Beck. Was auff diesen platz sichtbahr –.*

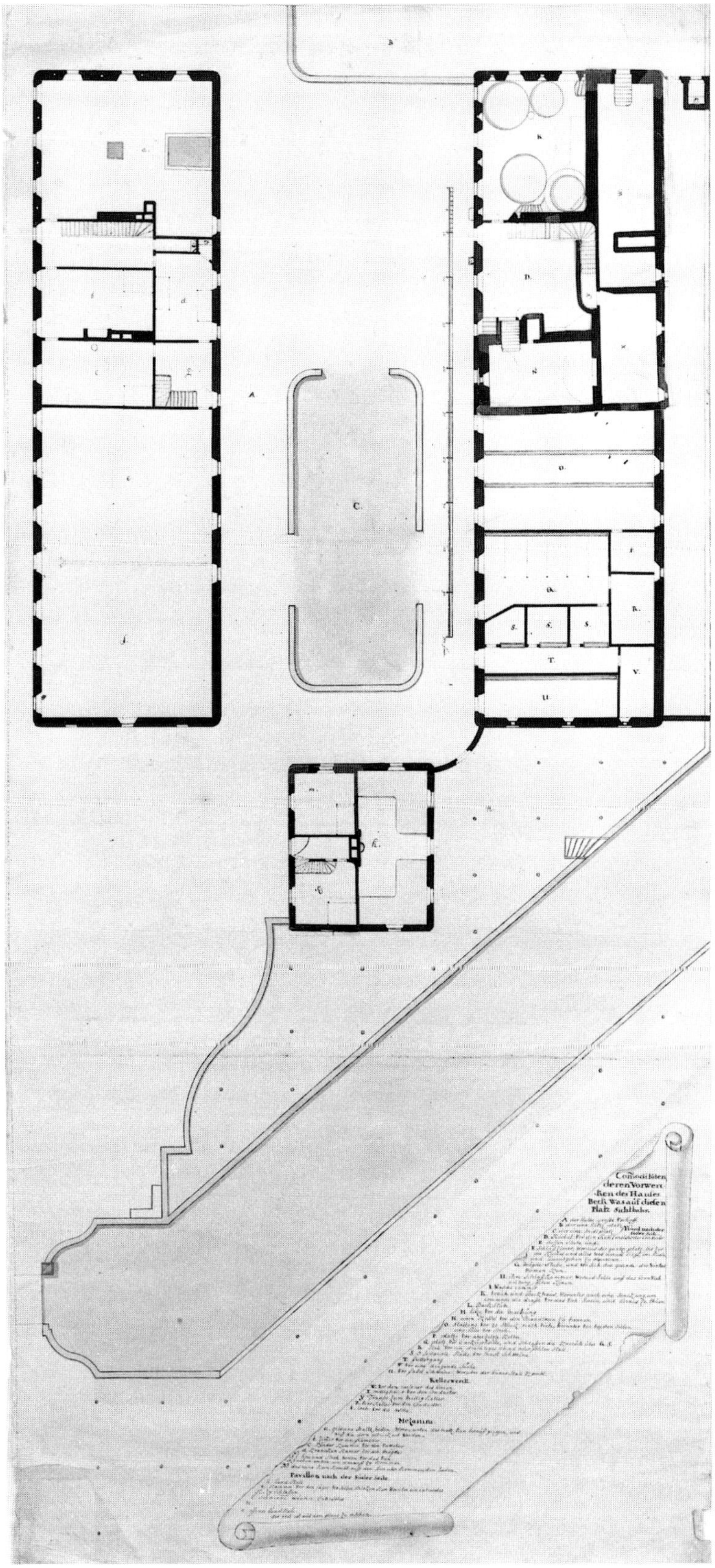

72.67

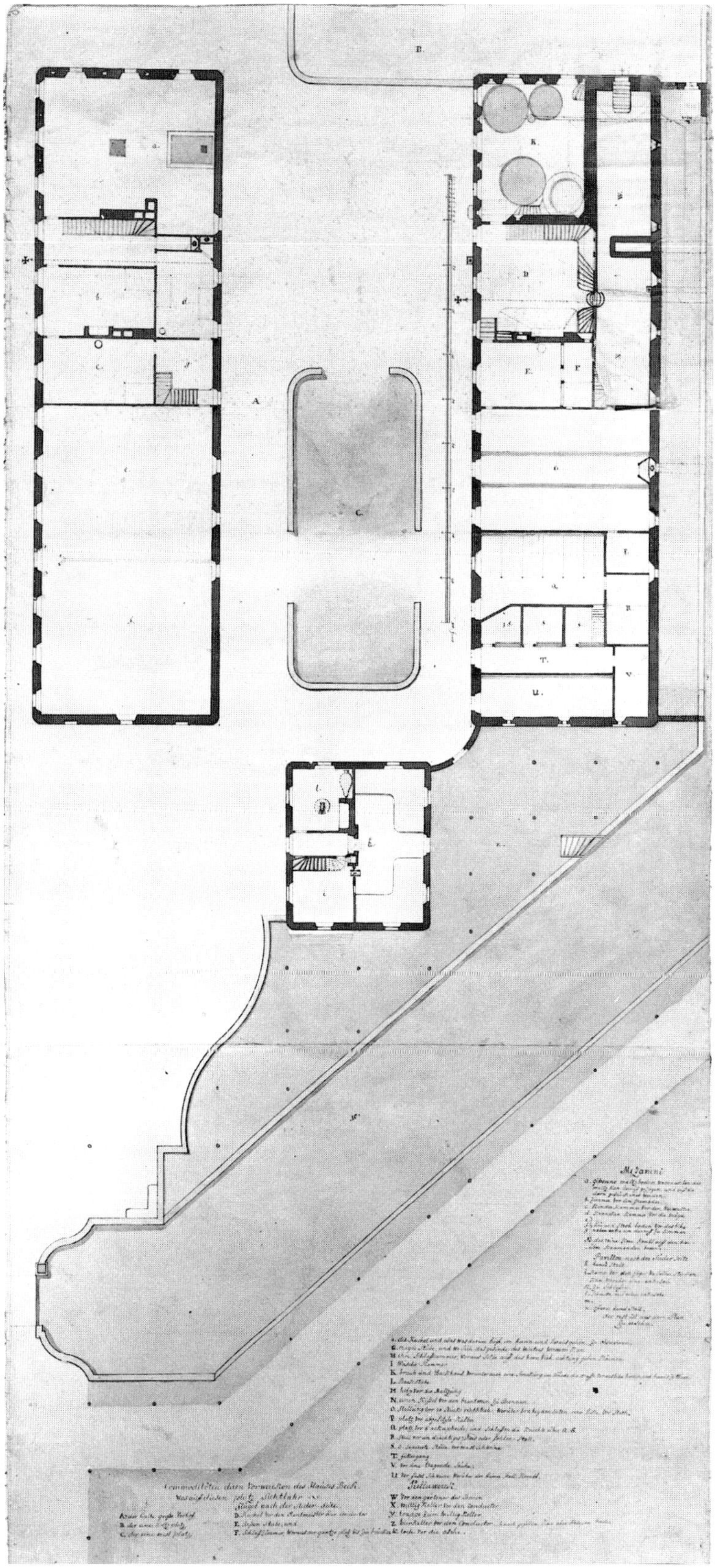

72.68

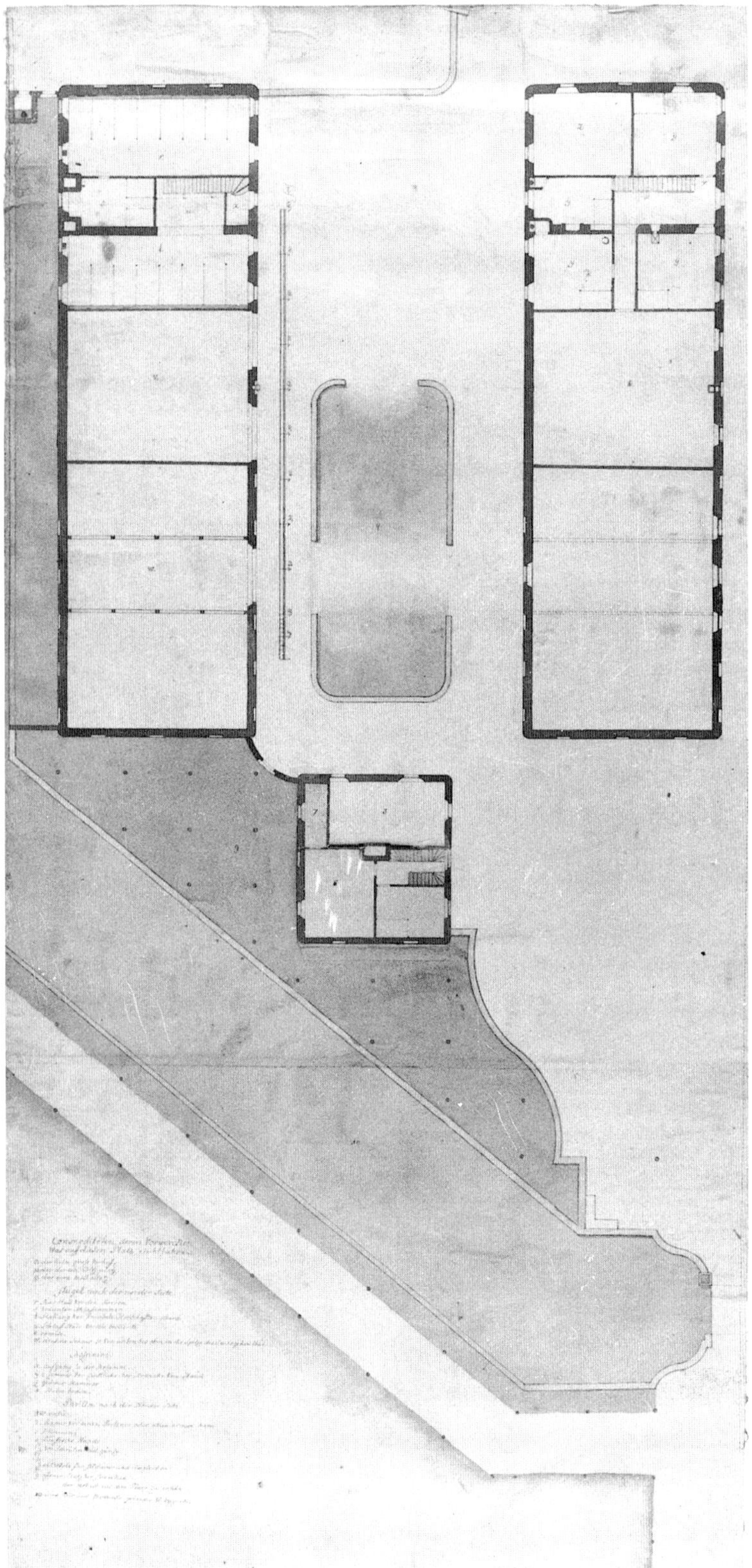

72.69

Beischrift: (Kennbuchstaben)
Legende: *Flügel nach der Süder Seite.*
A. der halbe grosse Vorhoff.; B. der eine holtzplatz.; C. der eine mist platz.; D. Kuchel Vor den Rentmeister oder Conductor; E. dessen Stube, und.; F. SchlaffZimmer, Woraus der gantze platz bis Zur brücke die Kuchel und alles Was darum liegt, im herein und heraus gehen Zu observiren.; G. magde Stube, und Wo Sich das gesinde des Winters Wermen Kan.; H. ihre Schlaffcammer, Woraus Selbe auff das horn Vieh achtung geben Können; I WäSche=Kammer.; K. brauh und BacKhaus, Worunter auch eine SencKung um Comode die draffe Vor das Vihe herein, und heraus Zu thuen; L. BacKStube; M. hitze Vor die Maltzung; N. einen Kessel Vor den brantwein Zu Brennen.; O. Stallung Vor 20 Stück rinthVieh, Worüber Von beyden Seiten eine hille Vor Stroh.; P. platz Vor abgesetzte Kälber.; Q. platz Vor 6 ackerpherde, und Schlaffen die Knechte über Q.S.; R. Stall vor ein drächtiges pherd oder fohlen=Stall.; S. 3. Separirte Ställe Vor mast Schweine; T. futtergang.; V. Vor eine tragende Sauhe.; U Vor fasel Schweine Worüber der hüner-Stall Kombt.
Kellerwerck.
W. Vor den gartener des Herren.; X. MilligKeller Vor den Conductor.; Y trappe Zum MilligKeller.; Z bierKeller Vor den Conductor So nach gefallen Kan abgeschlagen werden.; &. loch Vor die asche.
MeZanini
a. gibserne Maltzboden Wovon unten das maltz Kan herauff ge-Zogen und auff die dorn getrucKenet Werden.; b. Zimmer Vor ein frembder.; *c. KinderKammer Vor den Verwalter.; d. KrancKen Kamer Vor die Mägde; e.; f.; g* (zusammenfassende Klammer:) *heu und Stroh boden Vor das vihe neben entre um darauff Zu Kommen.; NB. das reine Korn Kombt auff den hierüber Kommenden boden.*
Pavillon nach der Süder Seite.
h. hund Stall.; i. Kamer Vor den jäger Wo Selber StricKen (?) *Kan worüber eine entresole; K. Zu Schlaffen.; l. Schmitte mit einer entresole; m.; n. offener hund Stall.; der rest ist aus dem Plan Zu ersehen.*

Archiv des Grafen Wolff-Metternich zur Gracht, München, VG 3 (rechts)

72.69
Kirchhellen-Feldhausen, Haus Beck
Vorwerk, Gesamtplan linke Seite, Ausführung

Lavierte Federzeichnung (grau, grün, gelb), 112 x 53 cm
Titel: *Commoditöten deren Vorwercken Was auff diesen Platz sichtbahr –.*
Beischrift: (Kennbuchstaben; Kennziffern)
Legende: *o. der halbe gross Vorhoff.; p. der der ein holtz platz.; q. der eine mist platz.*
Flügel nach der norder Seite.
r. MarStall Vor den Herren; s. bedienten Schlaffcammer.; t. Stallung Vor frembde HerSchafften pherd.; u. Schlaff Stade Vor

die bediente; v. remise.; w. dresche Scheür So Von unten bis oben in die Spitze des dachs gehen thut.
MeZanini.
x. aufgang Zu der MeZanini.; y 4 Zimmer Vor Geistliche. Vor KrancKe Vom Hause.; Z geSchirKammer; &. Haber boden.
Pavillon nach der Norder Seite
1mo entre; 2. Kamer Vor einen Pörtener oder alten armen Mann.; 3 Schreinerey; 4 Läuffische Hunde; 5 6 (zusammenfassende Klammer:) *Vor Schruten und gänze; 7 8* (zusammenfassende Klammer:) *entreSole fur feldhüner und dergleichen; 9. offener Platz Vor feder Vieh; der rest ist aus dem Plano Zu erSehn.; 10. ums haus und VorwercKe gehender Wassergrabe.*

Archiv des Grafen Wolff-Metternich zur Gracht, München, VG 3 (links)

72.70
Kirchhellen-Feldhausen, Haus Beck
Vorwerk, Ställe an der rechten Seite, Grundriß Erdgeschoß mit Balkenlagen

Lavierte Federzeichnung (grau, gelb), 19,5 x 31 cm
Titel: G*rundt=riss deren Küche, pfert und Schweine=ställe, wohrauff das gebälck punctiret und gelb angestrichen. Die balcken kenen von unterschidlicher länge genommen werden und auf denen Durch Scherungen gelaschet werden, wie in der Specification Des Zimmer gehöltzses zu sehn.*
Maßstab: *60 fues* = 19,5 cm

Archiv des Grafen Wolff-Metternich zur Gracht, München, VG 3 (links)

72.71
Kirchhellen-Feldhausen, Haus Beck
Vorwerk, Gesamtplan, Ausführung

Lavierte Federzeichnung (grün, blau, grau), 60 x 35,5 cm
Beischrift: *die ausfahrt* (2x); *mist Platz* (2x); *bleibt wie im Vorigen; gleichfalls beym Vorigen; Graß Plätz* (2x); *bleibt wie in dem Vorigen Riß nur daß lit(era) G die haußhalterin Zu wohnen Komt.; mit Bäumen zugepflantzer Holtz-platz; gleichfalls im Holtz-platz*

Archiv des Grafen Wolff-Metternich zur Gracht, München, VG 4

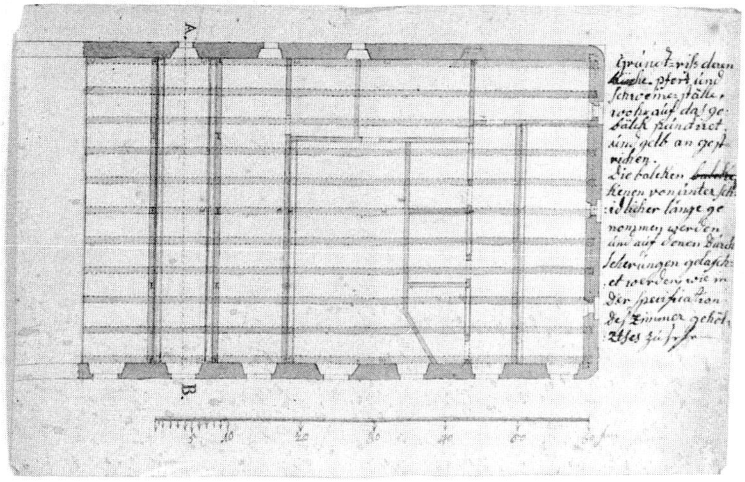

72.70

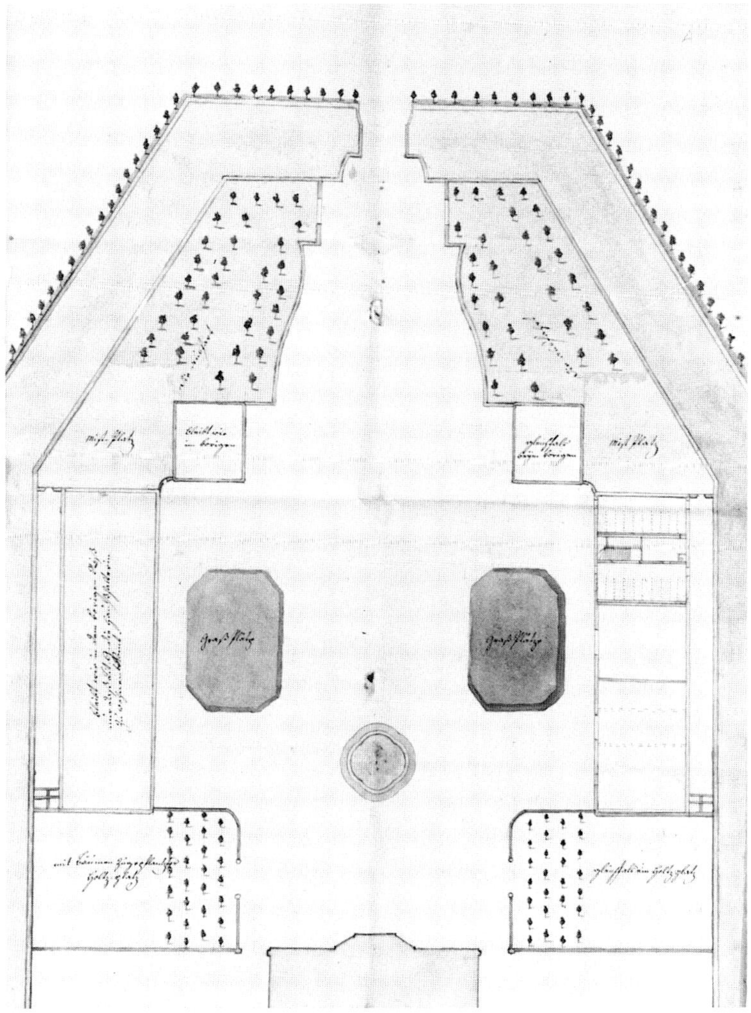
72.71

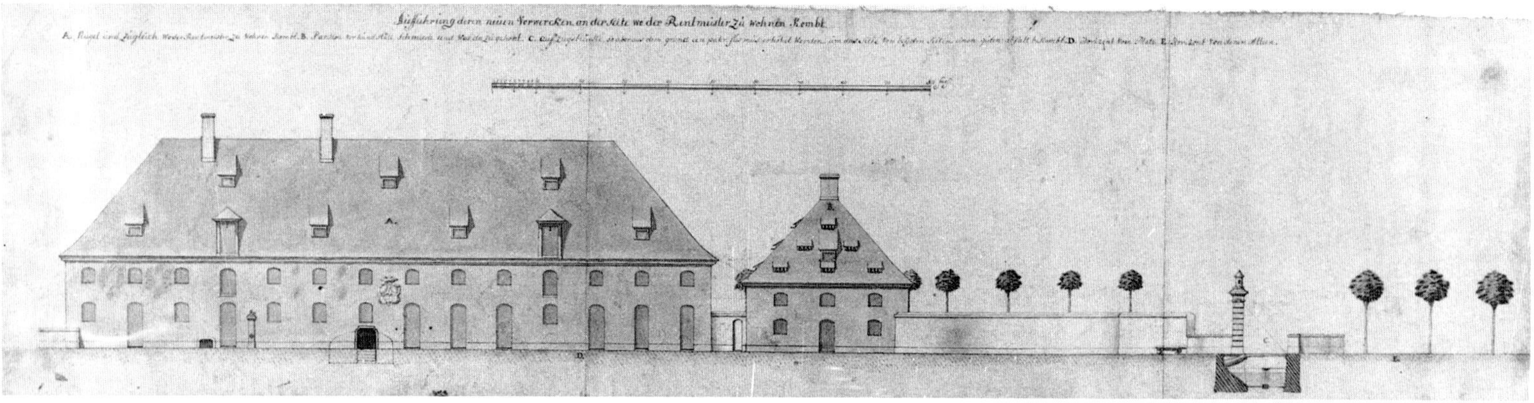

72.73

72.72

72.72

Kirchhellen-Feldhausen, Haus Beck

Vorwerk, Aufriß, Ausführung

Lavierte Federzeichnung (grau), 53 x 113 cm

Titel: *Aufführung deren neuen Vorwercken des Hauses Beck. an der Seite Wo der Rentmeister Zu Wohnen Kombt.*

Legende: *A. flügel und zugleich Wo der Rentmeister zu wohnen Kombt.; B. Pavillon Vor hundstalle Schmiede und Was darzu gehört.; C. Auffzugsbrücke so aber aus dem grund ein pahr fus mus erhöhet werden; das selbe von beyden Seiten einen guten abfall bekombt.; D. Horizont vom Platz.; E. Horizont von denen Aleen.*

Maßstab: *100* (Fuß) = 32 cm

Archiv des Grafen Wolff-Metternich zur Gracht, München, VG 5a

72.73
Kirchhellen-Feldhausen, Haus Beck
Vorwerk, Aufriß, Ausführung

Lavierte Federzeichnung (grau), 27 x 111 cm
Titel: *Aufführung deren neuen Vorwercken an der Seite wo der Rentmeister Zu wohnen Kombt.*
Legende: *A. Flügel und Zugleich wo der Rentmeister Zu wohnen kombt.; B. Pavillon Vor Hundstall, Schmiede und was dazu gehört.; C. Auffzugsbrücke, so aber aus dem Grund ein pahr fus mus erhöhet werden, um dasselbe von beyden Seiten einen guten abfall bekombt.; D Horizont vom Platz.; E Horizont von denen Alleen.*
Maßstab: *100* (Fuß) = 32 cm

Archiv des Grafen Wolff-Metternich zur Gracht, München, VG 5b

Denkmalpflege

1966–77 umfangreiche Instandsetzungsarbeiten an den Wirtschaftsgebäuden und am Herrenhaus: Rekonstruktion des Fassadenbilds aus dem 18. Jahrhundert, Neuverputz und Neuanstrich, wobei der gelbe Farbton nicht am Haupthaus, sondern lediglich am südlichen Wirtschaftsgebäude nachgewiesen werden konnte; die Werksteinteile wurden ›bleu‹ gefaßt, nach Schlauns »gedanken wie das neue hauss Beck zu verputzen«; Rückführung der Sprossenaufteilung der Fenster, Erneuerung und farbliche Fassung der Türflügel und des Portalgewändes sowie heraldische Fassung des von Brabeck-Knippingschen Allianzwappens. 1981–83 Reparatur des Naturschieferdaches. Im Inneren wurde zunächst das ›Musikzimmer‹ im Obergeschoß restauriert. Auch die Wirtschaftsgebäude und die Kavaliershäuser wurden weitgehend in den Zustand des 18. Jahrhunderts zurückgeführt. Reparatur und Konservierung der Brückenpfeiler und Rekonstruktion der Brückenbrüstung samt Geländer und Torflügel.

Feldhausen, Kapelle, 1751

Freiherr Friedrich von Wenge ließ den schlichten quadratischen Putzbau mit Streifengliederung und abgeschrägten Ecken laut Wappen und Jahreszahl 1751 erbauen. Der Bau ist stark restauriert und im Innern verändert.

Literatur
Rensing 1954, S. 39; Buskamp 1992, S. 205f.

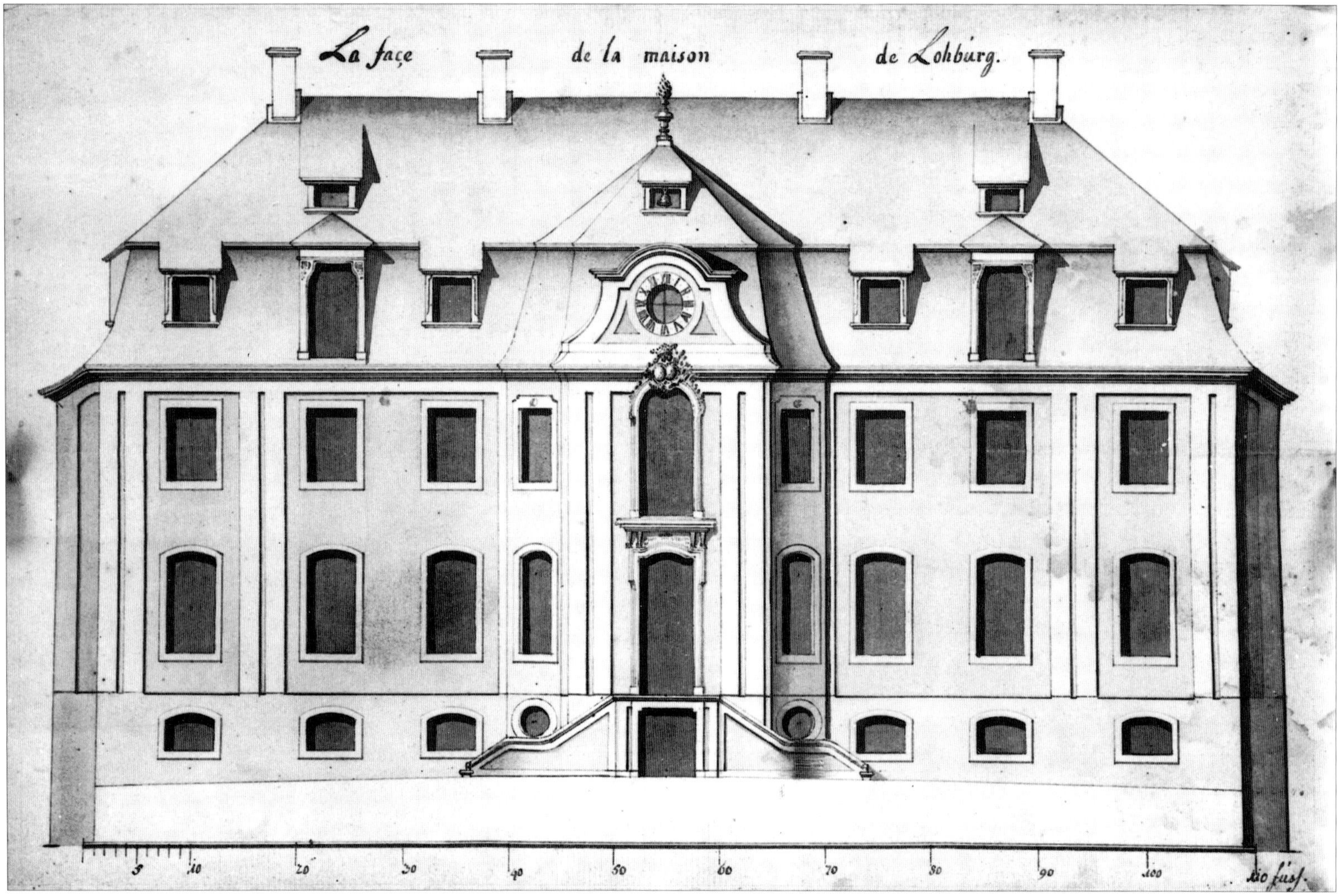
La façe de la maison de Lohburg.
5
10
20
30
40
50
60
70
80
90
100
110 fus.

73
Haus Loburg, 1766
Ostbevern

Schloß Loburg, 1766 vom Freiherrn Marsilius von Nagel-Itlingen und seiner Frau Maria, geb. von Herrl, errichtet, wurde 1899 durch einen Brand vollständig zerstört und durch einen neubarocken Bau ersetzt. Das Herrenhaus lag auf einer von breiten Gräften eingefaßten, langrechteckigen Insel, vorgelagert zwei L-förmige Wirtschaftsgebäude, die offenbar zum Teil auf altem Bestand erneuert wurden. Die Anlage wurde über eine Brücke mit vasenbekrönten Torpfeilern erschlossen, die mit den Wirtschaftsgebäuden durch viertelkreisförmige Mauerstücke verbunden waren (Abb. 1–3). Eine lange Hauptachse führte auf das Herrenhaus zu, das sich auf den ersten Blick als eine beinahe wörtliche Kopie von Haus Beck erweist. Der neunachsige, zweigeschossige massive Backsteinbau mit ziegelgedecktem Mansarddach stand auf einem hohen Kellergeschoß aus Werkstein und wurde in den drei mittleren Achsen kräftig akzentuiert durch das dreiseitige Hervortreten des polygonalen Vestibüls. Über einer zurückschwingenden Freitreppe mit Kellerzugang befand sich das Eingangsportal, das mit der Inschrifttafel, dem Balkon und der hohen Fenstertür mit dem Allianzwappen der Bauherren am Abschlußgebälk sowie dem von Haus Beck übernommenen Motiv der Uhr in dem geschwungenen Sockelrahmen eine einheitliche zentrale Achse ausbildete, von kolossalen Doppelstreifen hervorgehoben. Das Giebelmotiv über der Uhr, das in Loburg gleichsam als Wahrzeichen eingesetzt mehrfach erschien, nahm den Bogen der hohen Arkade auf, die den oberen Streifenrahmen überschnitt. Ursprünglich sollte die Uhr ergänzt werden durch die Glocke in einer Lukarne. In der Ausführung hat man darauf verzichtet. Anders als in Beck saßen die Krangauben in den mittleren Achsen des Corps de logis. Sie bildeten zusammen mit den beiden Schleppgauben und den Lukaren je eine rhythmische Trias, die jedoch gegenüber der klaren Gliederung in Beck unruhig wirkt, vor allem, weil die Akzentuierung der Außenachsen dadurch negiert wird. Die Scheinrisalite der äußeren Travéen wurden wiederum durch Doppelstreifen akzentuiert, doch die Situation wird unklar, da an den Gebäudeflanken Treppenhausrisalite vorgezogen waren. Eine Veränderung gegenüber Beck bedeuteten auch die Rundfenster über dem ersten Absatz der Freitreppe, die, soweit man das auf den Photographien erkennen kann, offenbar nicht nach den Plänen Schlauns ausgeführt wurde, sondern gerade verläuft. Schlaun hatte ein Umbiegen des Treppenlaufes zusammen mit dem Zurückweichen der Wandflächen des Avantcorps geplant. Der eklatanteste Unterschied betraf jedoch das Material. Weniger exklusiv als in Beck wurde hier wieder die gewohnte Verbindung von Backsteinwand und Gliederungselementen aus Sandstein verwendet.

Die Rückfront ist in Loburg nicht auf einen Garten bezogen, sondern auf die Gräfte. Folgerichtig hat Schlaun die Wand in den mittleren Achsen anders strukturiert, indem er sie nicht hervortreten ließ, sondern auf einer Hausteintafel zusammenfaßte, deren seitliche Schlitzblenden das Motiv der Doppelstreifen der Scheinrisalite wieder aufnahmen und so wie an der Hoffront das Kontinuum der aufeinanderliegenden Wandflächen deutlich machten. Die mittlere Achse wurde unten mit Balkon und Fenstertür, im Obergeschoß durch einen Balkon betont; den Rhythmus der Fassade konnte man noch einmal an der Reihung der Mansardfenster ablesen.

Die Grundrisse haben sich nur als Pausen erhalten; sie entstammen nach Ausweis der Zeichentechnik und der Beschriftung jedoch eindeutig der Schlaunwerkstatt. Sie entsprechen weitgehend den Ausführungsentwürfen von Haus Beck (vgl. Kat.-Nr. 72.35, 36). Aufgrund des fehlenden Avantcorps mußte der zusätzliche Raumbedarf im Salon zu Lasten des Vestibüls gehen, das als gedrücktes Oktogon nicht mehr die klare Schönheit der Rotunde in Beck hatte. Die Außenwand des Salons schloß flach ab, so daß an der Rückfront eine gleichmäßige Enfilade von fünf Räumen jeweils abnehmender Raumgrößen enstand, wie sie die Regel der französischen

LITERATUR

J. B. Nordhoff, *Kunst- und Geschichtsdenkmäler des Kreises Warendorf,* Münster 1886, S. 87ff (Beschreibung der Innenausstattung); Hartmann 1910, S. 258; Hölker 1936, BKW Warendorf, S. 317; Rensing 1936, S. 29f; ders. 1954, S. 30; Crusius 1952, S. 49; Püttmann-Engel, 1987, S. 214; Zinkann 1989, S. 56–61; dies. 1995.

DENKMALPFLEGE

Einzelberichte zur Denkmalpflege in: Westfalen 53, 1975, S. 575; 56, 1978, S. 520.

73.1 Ostbevern, Haus Loburg, Herrenhaus, Aufriß der Hofseite

1 Ostbevern, Haus Loburg, Ansicht der Hoffront (vor 1899)

2 Ostbevern, Haus Loburg, Ansicht der Wirtschaftsgebäude (1970)

3 Ostbevern, Haus Loburg, Ansicht der Hoffront (1872)

Distribution vorschrieb. Auch an der Hofseite hatte Schlaun eine Enfilade angelegt, die wie bei den Entwürfen von Beck das Kabinett des Hausherrn mit der Schloßkapelle verband. Die Räume im Obergeschoß waren entsprechend aufgeteilt. Von Beck übernommen wurde die Lösung der Nebentreppenhäuser als bequeme Dégagements, die in der Mitte der Schmalseiten bis in die Mansarde reichten. Das stellte die direkte Verbindung von der Küche im Keller zum Speisezimmer an der Hofseite her. Abweichend von Beck ragten diese Treppenhäuser jedoch in die Flankenrisalite hinein, die ähnlich einer mittelalterlichen Burganlage die Toiletten enthielten, deren Fallrohre unmittelbar in die Gräfte führten.

Die Wirtschaftsgebäude sind mit Gewißheit von Schlaun renoviert und soweit möglich formal dem Herrenhaus angeglichen worden. Allerdings sprangen die Querflügel mit den abgerundeten Ecken verschieden weit vor, da offenbar alter Baubestand zu berücksichtigen war. Zum Herrenhaus hin hat Schlaun die Dächer beider Bauten kräftig abgewalmt und vor die Fronten gleichartige Fassaden gesetzt, die mit dem Abschlußmotiv eines abgetreppten Segmentbogens mit Rundfenster auf die der Schloßuhr verwiesen und als Bekrönung eine Vase trugen. Die Wirtschaftsgebäude wurden 1972 abgerissen, lediglich die Brücke mit den Pfeilern und Mauerwangen ist erhalten geblieben.

73.2

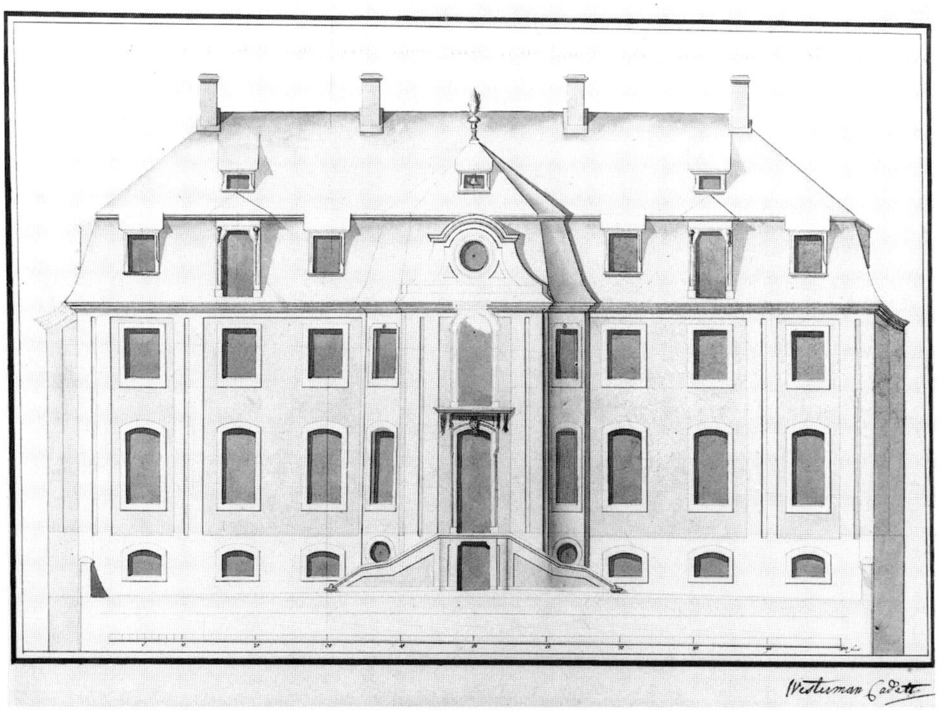

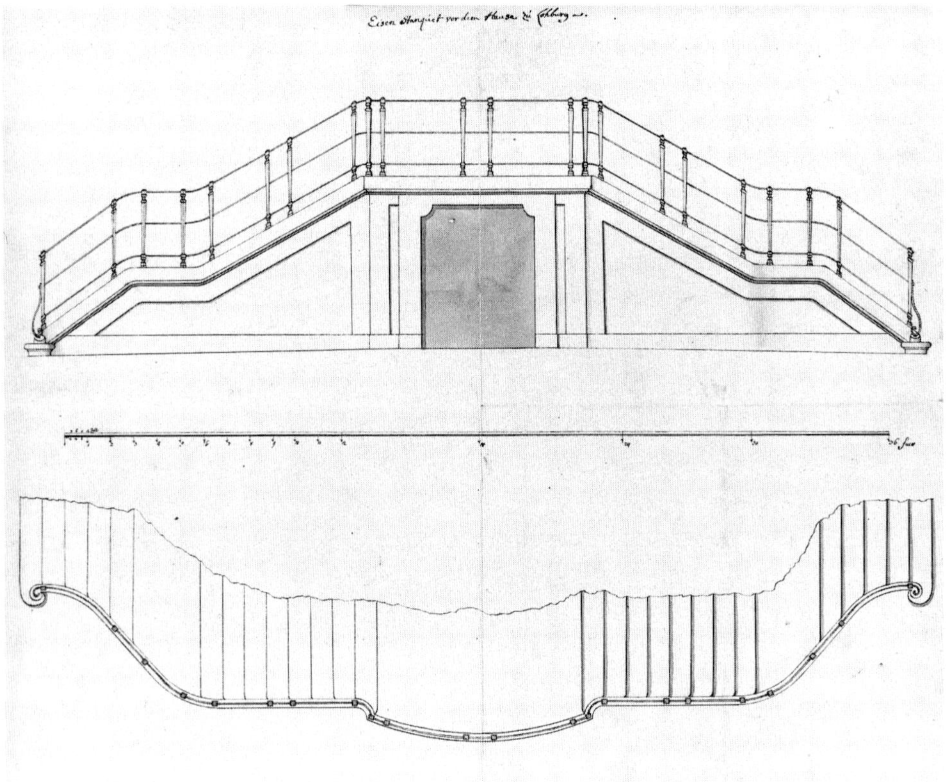

73.3

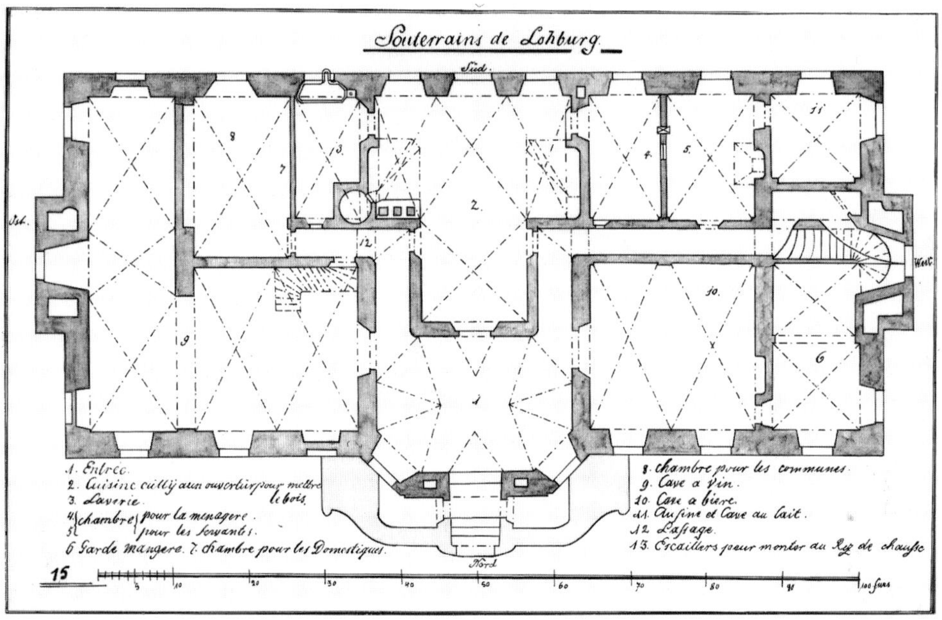

73.4

73.1
Ostbevern, Haus Loburg
Schlaun-Werkstatt
Herrenhaus, Aufriß der Hofseite

Lavierte Federzeichnung (blaßrot, grau), 20 x 32 cm
Titel: *La façe de la maison de Lohburg.*
Maßstab: *100* (Fuß) = 28 cm

Archiv des Grafen Wolff-Metternich zur Gracht, München

73.2
Ostbevern, Haus Loburg
Kadett Westermann
Herrenhaus, Aufriß der Hoffassade

Lavierte Federzeichnung (rotbraun), 51 x 36 cm
Signatur: *Westermann Cadett*
Maßstab: *100 fues*

Niedersächsisches Staatsarchiv Bückeburg, S 1, B2362, Bl. 2

73.3
Ostbevern, Haus Loburg
Herrenhaus, Grundriß und Aufriß der Freitreppe

Lavierte Federzeichnung (schwarzgrau, grau), 47,8 x 59 cm
Titel: *Eisen Stanquet vor dem Hause zu Lohburg.*
Rückseite: Aufriß und Grundriß der Freitreppe von Haus Beck
Titel: *Träppe vom Hauß Beck wie selbe verfertieget*

Westfälisches Landesmuseum Münster, Schl.-Bd. 208 (Rückseite)

73.4
Ostbevern, Haus Loburg
Schlaun-Werkstatt
Herrenhaus, Grundriß Souterrain (Abb. S. 676)

Lavierte Federzeichnung, 28,7 x 47,6 cm (Pause)
Titel: S*outerrain de Lohburg*
Maßstab: *100 fues* = 36,5 cm

Westfälisches Amt für Denkmalpflege Münster

73.5
Ostbevern, Haus Loburg
Schlaun-Werkstatt
Herrenhaus, Grundriß Erdgeschoß

Lavierte Federzeichnung, 28,9 x 47,5 cm (Pause)
Titel: *Rez de chaase de Lohburg*
Maßstab: *100 fues* = 36,4 cm

Westfälisches Amt für Denkmalpflege Münster

73.6
Ostbevern, Haus Loburg
Schlaun-Werkstatt
Herrenhaus, Grundriß Obergeschoß

Lavierte Federzeichnung, 29 x 47,8 cm (Pause)
Titel: *Etage de Lohburg*
Maßstab: *100 fues* = 37,4 cm

Westfälisches Amt für Denkmalpflege Münster

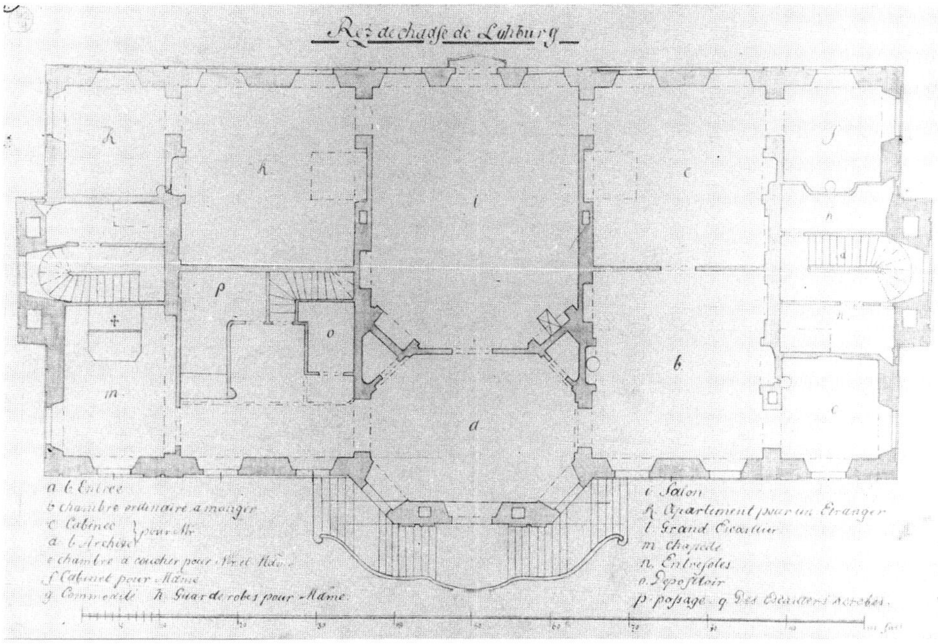

73.5

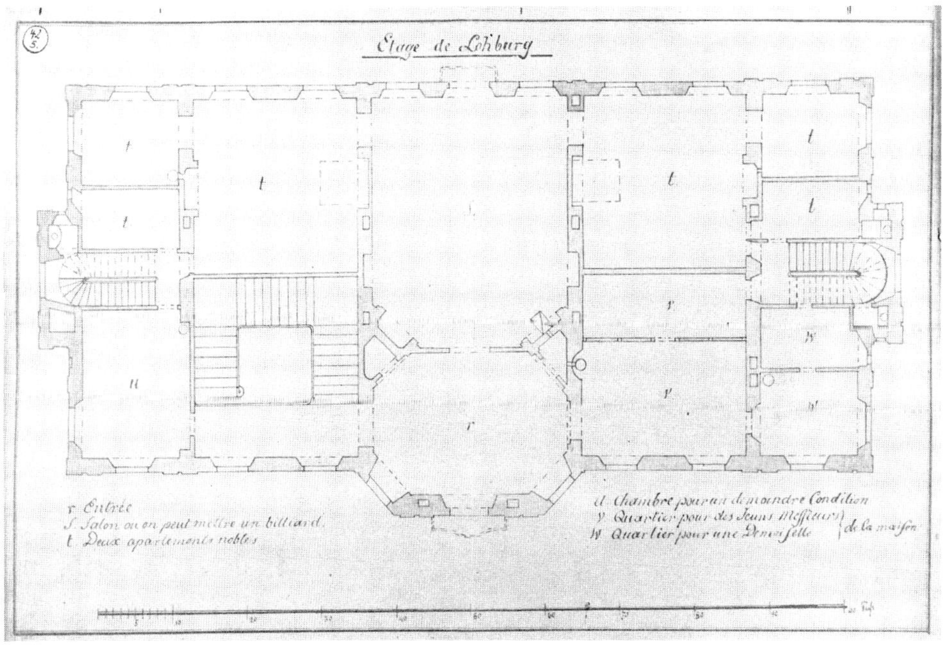

73.5

74
Residenzschloß Ahaus, Umbau, 1764–67

Die mittelalterliche Landesburg Ahaus wurde 1688 abgerissen und nach Plänen des Ambrosius von Oelde durch Fürstbischof Friedrich Christian von Plettenberg als Dreiflügelanlage zwischen 1690 und 1693 neu erbaut. Das Schloß, eine ursprünglich auf zwei Inseln gelegene Wasseranlage von wehrhaftem Charakter, ist mit der Stadt durch eine Achse verbunden und zeigt eine wirkungsvolle Steigerung der Portalfolge: auf die quergelagerte Vorburg mit Torturm folgt hinter der Brücke zur Oberburg ein Triumphtor zwischen dreiachsigen Wachthäusern, von dem aus man in den Ehrenhof gelangt. Ziel des Triumphweges ist der dreiachsige Mittelrisalit des Herrenhauses (Abb. 3). Er wird von den massiven, nur von Fensterachsen und Gesimsen gegliederten Blöcken der übrigen Bauteile durch die zweiläufige Freitreppe und das Hauptportal mit reichverziertem Wappengiebel und das von einer korinthischen Pilasterordnung gegliederte Obergeschoß mit dem darüber aufgebauten Staffelgiebel mit Balustrade und Segmentbogen deutlich unterschieden. Hier ist in einer Statuennische der Münsteraner Metropolitanheilige, der Apostelfürst Paulus, ausgestellt. Vier kleine Eckpavillons stehen wie Bastionen in der Gräfte und begrenzen die Rasenparterres an den Flanken des Schlosses. Auf einer dritten Insel lag hinter dem Schloß der Garten, der von Clemens August als architektonischer Garten angelegt wurde, wie ein Stich von Metz/Mettely zeigt (Abb. 2). Unter Clemens August plante man nach 1723 auch den Bau einer »Churfürstlichen Küche« durch Peter Pictorius d.J, ein eingeschossiger Anbau an der Südseite der Dreiflügelanlage, der jedoch nicht über die Fundamente hinauskam. Das Vorbild für Schloß Ahaus war die ab 1633 errichtete Schloßanlage für den Kardinal Richelieu, ein Zitat, das im 17. Jahrhundert als Verweis auf die beanspruchte Stellung des Fürstbischofs Geltung gehabt haben mochte, im 18. Jahrhundert jedoch hoffnungslos veraltet war.

Ahaus hatte im Siebenjährigen Krieg mehrfach unter Einquartierungen zu leiden, das Schloß wurde beschossen, allerdings nicht schwerwiegend beschädigt. Der Nachfolger von Clemens August, Fürstbischof und Kurfürst Maximilian Friedrich von Königsegg-Rothenfels, nahm anläßlich der Besichtigung der Residenz Ahaus seinen General und Landbaumeister Schlaun mit, der zum einen die notwendigen Reparaturen durchführen, zum anderen einen durchgreifenden Modernisierungsvorschlag unterbreiten sollte. Schlaun schickte den Kostenvoranschlag mit den Plänen nicht an den Kurfürsten direkt, sondern an dessen Kammerpräsidenten und Geheimen Rat, den Freiherrn Kaspar Anton von Belderbusch, der bereits unter Clemens August am kurfürstlichen Hof war und unter Maximilian Friedrich 1766 als Premier-, Hof- und Staatsminister zum eigentlichen Lenker des Kurstaates wurde. Als Kammerpräsident war Belderbusch, ein kühler Rechner und energischer Reformer von Wirtschaft und Staat, für die Bauvorhaben zuständig. Schlaun schreibt: »Seine Churfürstlichen gnaden bey der höchsten retour von Ahausen eröfneten mir die gnädigste willensmeinung wie höchst dieselben einige Veränderungen allda an und in dem schloß gnädigst verlangten; Zu folge deßen bin gleich nach der höchsten abreise von hier dahingangen um Meine gedanken nach der gnädigsten von Mir begriestenen intention darüber nebst der ohngefehrlichen depense zu entwerffen; so hierbey in aller Unterthänigkeit zu präsentieren die gnadt habe.« Mit dieser Einleitung beginnt Schlaun die »Depence von der Enderung des Schlosses Ahausen«, die, neben drei nicht erhaltenen Plänen, Erläuterungen zu den geplanten Änderungen und eine umfassende Kostenaufstellung für sämtliche Materialien und Löhne enthält. Schlaun ließ zunächst einen Lageplan der bestehenden Anlage und einen Grundrißplan vom Schloß und den übrigen Gebäuden erstellen, der in einer Kopie des Gardebrigadiers Jungeblodt kürzlich aufgefunden wurde (Kat.-Nr. 74.1).

»Das Planum No 3tio aber zeigt an die gnädigst verlangende Veränderungen und daß höchst die-

LITERATUR

Albert Ludorff, *Die Bau- und Kunstdenkmale des Kreises Ahaus,* Münster 1900, S. 9; Hartmann 1910, S. 61–68; Clemens Storp, *Das Schloß Ahaus,* in: Aus alter Zeit (Organ des Vereins für Geschichtsforschung und Altertumskunde des Kreises Ahaus). Beilage zum Ahauser Kreisblatt, 9. Jg. 1911, Nr. 7 (Juli), S. 410; Rensing 1934, S. 317–26; ders. 1954, S. 33; A. Bierhaus, *Das Barockschloß in Ahaus,* in: Unsere Heimat. Jahrbuch des Kreises Borken 1977, S. 147–54; Schopf 1988, S. 57–59; Püttmann-Engel 1987, S.148f; Püttmann 1990, S. 33-92; Höper 1991.

QUELLEN

Archiv von Böselager-Heimerzheim: Akten V 1, 21 (Briefe »Depence von der Enderung des Schloßes Ahausen«, o.D., vom 18.06.1765, 13.09.1766, 18.10.1772 und 04.11.1772; Staatsarchiv Münster, Ftm., Cab.Reg. 79, 99, 1768, 2432, 2441; zur »Affaire Osterhaus«: ebd. Cab.Reg. 78 u. 98; Rekonstruierter Grundriß Wartenbergs im Westfälischen Amt für Denkmalpflege, Münster (WAfD), Planarchiv, Ahaus; Ahauser Ratsprotokoll II 223 V. nach: Carl Tücking, *Geschichte der Herrschaft und der Stadt Ahaus,* in: Zeitschrift für Vaterländische Geschichte, 28, 1869, S. 1–78; 30, 1872, S. 1–102; 31, 1873, Teil 1, S. 1–83, Neudruck Ahaus 1971, Teil II, S. 4f.

DENKMALPFLEGE

Einzelberichte zur Denkmalpflege in: Westfalen 31, 1953, S. 110; 41, 1963, S. 4; 46, 1968, S. 182f; 53, 1975, S. 282f; 56, 1978, S. 319; 62, 1984, S. 349; 67, 1989, S. 359.

1 Schloß Ahaus, Gartenfassade

selben in der Rez des Chausses zu logieren sich mildest entschloßen, dabey auch festgestellet durch eine brücke die Communikation des Gartens mit dem Schloß verfärtigen zu lassen.« Hiermit sind die wesentlichen Änderungen benannt: Der Fürst wünschte nicht wie seine Vorgänger in der Étage noble zu residieren, sondern im Erdgeschoß, das durch eine Brücke mit dem Garten verbunden werden sollte. Die Idee war nicht neu. Auf dem Stich von Metz/Mettely (Abb. 2) erkennt man die Weiterführung der Gartenachse zum Schloß, die hier vermutlich schon wie später von Schlaun vorgeschlagen als schwimmende, nur bei Anwesenheit des Fürsten aufzuschlagende Schiffsbrücke ausgeführt war, denn ohne Brücke hätte man den Schloßgarten nur mit dem Boot erreichen können. »Zu welchen end aber ohnumgänglich sein wird in der Mitte auß dem Schloß eine Öffnung zu machen um commode zu solcher Communication zu gelangen zu können: zufolge dessen aber wird nötig sein, die jetzige Haupttreppe zu verlegen und wie solches am füglichsten geschehen auf dem gemelten Plano No 3tio nebst der Commodität vollig zu ersehen. Die besagte Öffnung mit der Communication zu machen würde eine von der vornehmsten depence mitt seien, doch auch nach mildesten befehl zurück verbleiben kan wan der gnedigste Herr auf höchstderoselben Apartement eine tour zu der brücken im garthen außwendig herum machen wollte.«

Mit der Anlage der Brücke verband sich die Fortführung der Hauptachse von der Stadt bis in den Garten und darüber hinaus. Das bedeutete, daß die alte Treppe, die bis dahin einer Verlängerung dieser Achse im Wege gestanden hatte (Kat.-Nr. 74.1), abgebrochen werden mußte, um einem Gartensaal Platz zu machen, dessen Zugang über eine Freitreppenanlage mit der schwimmenden Brücke verbunden werden sollte. Daß dieser Anlage auch am Außenbau gestalterisch Rechnung getragen werden mußte, versteht sich von selbst. Die zuvor nur durch Fensterachsen gegliederte Gartenfassade erhielt einen dem Ehrenhof entsprechenden dreiachsigen Risalit in französischen Formen, der den Bezug zum Garten erst herstellte (Abb. 1, 2, 4, 5): »Wie nun auch im jetzigen Gebäude in der Mitte sich am Platzeröffnung ein Pilaster befindet so wird nötig sein, die Öffnung ad 25 Fuß mitten nach dem Garten hinzubrechen, hernegst durch ein Maur fronte ohnge-

2 Schloß Ahaus, Gartenseite – Stich von Metz/Mettely, um 1755

3 Schloß Ahaus, Mittelrisalit der Stadtseite (vor 1945)

fehr gemäß Nr. 4to wiederum herzustellen, so aber Merstlich aus guten Backsteinen formiret wird.« Der Kostenvoranschlag Schlauns für den Mittelrisalit sah zwei von Pilastern hinterlegte Säulen auf Postamenten mit Basis und Kapitell in Geschoßhöhe vor, dazu weitere »2 1/2 Pilaster« von gleicher Höhe. Ausgeführt wurde eine schlichtere Version, laut Bauinschrift fertiggestellt 1766. Der dreiachsige Gartenrisalit Schlauns steht trotz des gleichen Materials in krassem Gegensatz zu der älteren Fassade und ist nur im Zusammmenhang mit der doppelläufigen Freitreppe mit dem hohen Altan zu begreifen. »Sollte dieses vorhergehendes und alles so gnädigst gefallen, so könnte nichts bessers als die Communikation des Gartens durch eine Brücke zunächst kommen... Ehe man nun zu dieser Brücke kommt muß eine Dessente formieret werden, das man auf selbe Commode kummen kan...« Die Brücke zum Garten war demontierbar und wurde bei Abwesenheit des Fürsten im Marstall aufbewahrt: »...damit nun selbe nicht zu hoch ins Geld kommen täte, so bin bedacht, eine Art von einer Schiffsbrücke in aller Untertänigkeit fortzuschlagen, wie aus beigehenden Planum No. 3 tio gnädigst zu ersehen; welche in ein ad zwei Tagen vor ... höchster Ankunft seiner kurfürstlichen Gnaden könnt aufs Wasser geworfen, sonst bei Abwesenheit sonst dero selben in Mahrstall auf bealten oder die 7 Pfieste (Pfosten), so darunten könnte solange wegen ihrer Konservation ins Wasser stets versinket werden; Item kann selbe Schiffbrücke alle Abend bei höchster Anwesenheit Eminentisseme durch eine Person und sehen mal zu sehen, gebrochen, und des Morgens gleich auf selbe Weise wiederhergestellet werden.«

Schlaun hat die hohe Böschungsmauer der Schloßinsel aufgeschnitten und eine von Pfeilern eingeleitete untere Plattform geschaffen, von der aus die Freitreppe mit einem durch den Mauersprung kenntlich gemachten Absatz auf das Bodenniveau der Insel führte. Zwischen den Pfeilern, deren Motiv sich an den Anstiegen der in der hinteren Ebene gelegenen Treppenläufe wiederholt, erscheint als zentrales Motiv ein in eine Arkade gesetztes blindes Ovalfenster mit kräftigem Sandsteinrahmen und Keilstein gleichsam als Ersatz eines hier nicht vorhandenen Eingangs zum Kellergeschoß.

Der auf Bodenniveau ansetzende gegenläufige hintere Teil der Freitreppe mit S-förmig geschwungenen Treppenstufen führt auf den Altan vor dem Gartensaal. Darüber erhebt sich der dreiachsige, von einem Dreiecksgiebel mit dem Wappen des Landesherrn bekrönte Risalit, dessen elegante For-

men den langweiligen Rhythmus der mit viel Raum in die breit gelagerte Wandfläche gesetzten, nahezu rechteckigen Fenster mit ihren steinernen Fensterkreuzen neu interpretiert. Gegenüber der massiven Wand öffnet sich der Risalit im Erdgeschoß in dem Dreiertakt der Fenstertüren mit Segmentbogen, darüber, von Konsolen getragen, drei Balkone, auf die der Fürst in der Mitte durch eine in die Gebälkzone stoßende Arkade, seine Begleiter in den seitlichen Travéen durch rechteckige Fenstertüren treten konnten, um die Parterres des französischen Gartens zu betrachten. Das übergreifende Motiv ist aufgrund des nur leicht das Gebälk aufbiegenden Bogens gleichsam als eine rudimentäre Serliana zu verstehen, die zudem von einem Dreiecksgiebel überspannt wird. Die mittlere Achse sitzt folgerichtig auf einer Sandsteintafel, während die zurückliegenden Nebenachsen von Backsteinquadern gerahmt werden, wie Schlaun sie zuletzt bei seinem Wohnhaus verwendet hatte (Kat.-Nr. 58). Man erkennt, welche hoheitliche Form er für sich in Anspruch nahm. Anders als bei seinem Wohnhaus oder etwa beim Erbdrostenhof (Kat.-Nr. 59), wo es sich jedesmal um eine echte Serliana handelt, wird hier das modernisierte Brühler Motiv des in die Gebälkzone stoßenden Rundfensters verbunden mit dem Dreiecksgiebel der Stadtfassade von Brühl zitiert, während die Freitreppe vom Prinzip her eine Wiederholung der Freitreppe in Arnsberg darstellt (vgl. Kat.-Nr. 18).

Die Backsteinquaderung am Gartenrisalit in Ahaus wird zwar als Ordnungselement empfunden, ist in Wirklichkeit jedoch – hinter der Mitteltafel, aber vor der Ebene der Fenster liegend – eine als Kontinuum zu denkende Wandschicht. Die raumgreifende perspektivische Staffelung der Ebenen verweist in der vielfachen Schichtung der verschiedenen Mauerverbände gewissermaßen auf die sich im Inneren des Corps de logis bis zur Hauptachse an der Stadtseite fortsetzende Raumfolge, was nichts anderes bedeutet als die Verlängerung des Raumgefüges in die Landschaft. Möglicherweise sollten die Backsteinquader verputzt werden, um, ähnlich wie an der Gartenseite von Haus Loburg, den Eindruck von Sandstein hervorzurufen: »Item die neue Faciade mit der äußerlichen Verputzung wieder aufzuführen …«

Der umfassendste Eingriff im Innern war die Verlegung des Haupttreppenhauses in den Südflügel (Abb. 8). Eine Nebentreppe, die Höper aufgrund der unrichtigen Rekonstruktionspläne Wartenbergs von 1922 annimmt, hat es hier nicht gegeben, wie man der Bauaufnahme des Brigadiers Jungeblodt

4 Schloß Ahaus, Gartenfassade (1994)

entnehmen kann (Kat.-Nr. 74.1). Um ausreichend Platz für die jetzt notwendige mehrfache Brechung der Treppenläufe zu erhalten, mußte Schlaun in diesem Bereich eine »Mittelmauer« entfernen, die den Gang zwischen Küche und den außen angebauten Aborten teilte. Am stuckierten Plafond des Treppenhauses prangte das Wappen Maximilian Friedrichs und seine Initialen mit der Jahreszahl 1765. Mit der Verlegung des Treppenhauses war der Weg frei für die Umbauten im Mittelbereich, die jedoch mit Ausnahme der Anlage des Gartensaals, der über das korridorbreite Vestibül zugänglich war, eher kleineren Umfangs waren. Der Gartensaal füllte mit 6,20 m die Breite des neuen Gartenrisalites und erhielt mit 8,25 m Tiefe eine entsprechende Größe. Er wurde mit Motiven aus dem Gartenbau stuckiert. Über der Tür befindet sich ein Chronogramm auf das Jahr 1767: »RestaVrabat aC aMpLIflCanDo eXornabat Maximilian. Friederic.elect.Colon.Eps.Mon.« Die Repräsentationsräume und das Appartement des Kurfürsten im nördlichen Teil des Corps de logis und im Nordflügel ließ Schlaun dagegen weitgehend neu ausstatten. Der Kostenvoranschlag nennt Stuckdecken und Fußböden sowie Kamine aus Baumberger Sandstein. Im nördlichen Pavillon befand sich die Schloßkapelle, daran anschließend das kurfürstliche Schlafzimmer, das mittels eines Durchbruchs mit dem neuangelegten Fürstenstuhl verbunden wurde. Dafür mußte Schlaun den Altar von der Ostseite auf die Nordwand gegenüber dem Hofportal versetzen. Das Appartement des Kurfürsten wurde zum Mittelpunkt des Hauses zwischen Speise- und Gartensaal im Corps de logis und der Hofkapelle im nördlichen Pavillon. An der anderen Seite lag die Küche, die Wohnung des Hofmarschalls und Zimmer für weitere Angehörige des Hofes. Dieser Teil des Schlosses blieb mit Ausnahme des Treppenhauses unverändert.

Im Obergeschoß beschränkte sich Schlauns Tätigkeit auf den nördlichen Teil des Hauptflügels und den Nordflügel. Da im Erdgeschoß nur zwei Räume für das kurfürstliche Appartement zur Verfügung standen, verlegte er die zum Kabinett und Schlafgemach gehörende Garderobe ins Obergeschoß und erneuerte deshalb die Nebentreppe.

Durch Photographien überliefert sind der Festsaal und der anschließende Salon im Obergeschoß (Abb. 6, 7). Die Räume entlang der Gartenfront

5 Schloß Ahaus, Gartenfassade mit der Freitreppe (vor 1945)

lagen an einer Enfilade an der Fensterseite. Den Festsaal, der sich an den über dem Gartensaal gelegenen Raum anschloß, hatte man mit schlichten umlaufenden Holzlambris ausgestattet, über denen in regelmäßigen Abständen lebensgroße Portraits von Maximilian Friedrich und seinen sechs direkten Vorgängern im Amt des Fürstbischofs angebracht waren. Mit Blattwerk und Blüten geschmückte Voluten und Rocaillen umschlossen die Wappen der Fürsten. Die Supraporten zeigten Landschaften. Das überquellende Blattwerk der Rahmung griff mit seinen Rocaillen nach oben zum Teil bis auf das Kranzgesims über. Die Mitte der nördlichen Wand des Raumes nahm als Aufbau über dem Kamin ein großer Spiegel ein. Er besaß nur eine schlichte Rahmung, erst das verbleibende Feld darüber erhielt eine Betonung durch sparsame Rocaillen und eine Bekrönung mit einem vollplastisch gearbeiteten Vogel, offenbar einem Fischreiher. Im Zentrum der Stuckdecke stand ein Emblem aus Jagdutensilien, die zusammen mit den Darstellungen jagdbarer Tiere in der Voute auf eine der höfischen Freuden in Ahaus verwies. Der Kamin ist gleichsam Standard der Schlaunwerkstatt ebenso wie die übrigen Dekorationsmotive. Bereits in den Entwürfen für Clemenswerth (Kat.-Nr. 36) hatte Schlaun vergleichbare Supraportenrahmungen vorgelegt. Die etwas ungewohnte Ausführung ist offenbar auf die Handwerker und Stukkateure zurückzuführen, wobei wie in dem folgenden Salon (Abb. 7) nicht immer die Achsen exakt eingehalten wurden, was bei Schlaun unvorstellbar gewesen wäre.

Kurfürst Maximilian Friedrich von Königsegg-Rothenfels hat sich des öfteren in seinem modernisierten Jagdschloß aufgehalten, nach den Schilderungen eines Zeitgenossen führte er hier jedoch ein eher bescheidenes Leben und umgab sich während seiner Aufenthalte in Ahaus mit älteren Damen, die ihm aus Wielands »Goldenem Spiegel« vorlasen, während er dabei ruhig schlief.

6 Schloß Ahaus, Festsaal im Obergeschoß (vor 1945)

7 Schloß Ahaus, Salon neben dem Festsaal im Obergeschoß (vor 1945)

8 Schloß Ahaus, Treppenhaus im Südflügel (vor 1945)

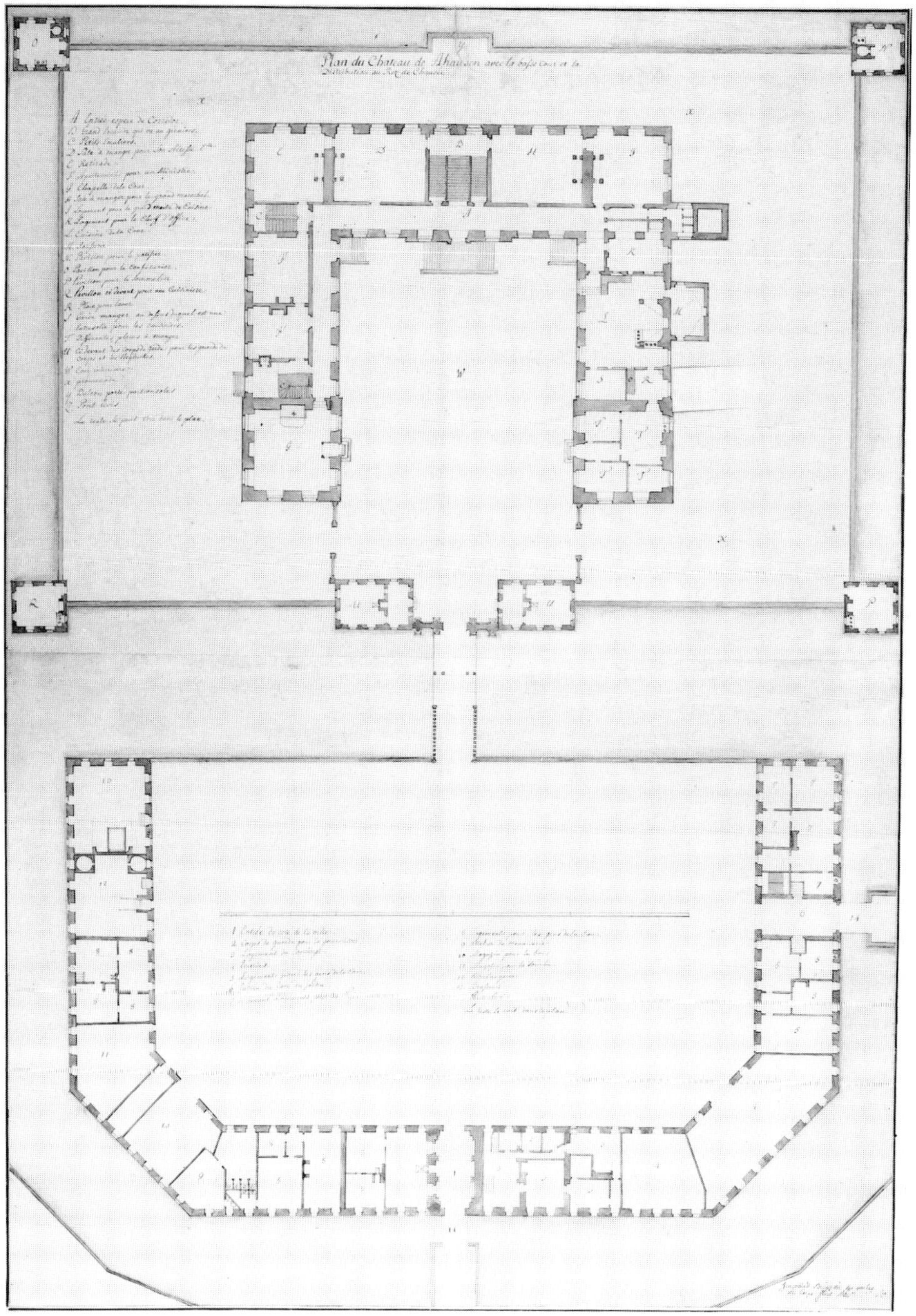

74.1
Residenzschloß Ahaus
Gardebrigadier Jungeblodt
Plan der Gesamtanlage, Grundriß Erdgeschoß, 1764

Lavierte Federzeichnung (rot, gelb, blau), über 100 x 74,9 cm
Titel: *Plan du Chateau de Ahausen avec la basse cour et la Distribution au Rez de Chausée.*
Beischrift: Kennbuchstaben; Kennziffern
Legende (zum Schloßgebäude): *A Entrée espece de Corridor.; B Grand Escalier qui va au gieniers.; C Petis Escaliers.; D Sale á manger pour Son Altesse Elle; E Retirade.; F Apartements pour un Minister; G. Chapelle dela Cour.; H Sale à manger pour le grand marchal.; I Logement pour le grand maitre de Cuisine; K Logement pour le Cheff d'office.; L Cuisine dela Cour.; M Rousserie; N. Pavillon pour le patisier.; O Pavillon pour le Confiturier.; P. Pavillon pour le Sommelier; Q Pavillon ci devant pour une Cuisiniere; R Place pour lavez; S. Garde manger au dessus duquelest une Entresole pour les cuisiniers.; T. Différentes places à manger.; U ci devant des corps de garde pour les guarde du corps et les Heyduikes.; W Cour interieure.; X promenade; Y Balcon porté parsconsoles; Z. Pont levis; Le reste le peut voir dans le plan.*

Legende (zum Vorwerk): *1 Entrée du coté de la ville.; 2 Corps de guarde pour la guarnison.; 3 Logement du Concierge.; 4 Ecuries.; 5 Logements pour les gens dela Cour.; 6 Entrée du coté du jardin.; 7 ci devant Logements pour les Pages; 8 Logements pour les gens dela Cour.; 9 attelier de monaiserie; 10 Magazin pour la bois; 11 Magazin pour la Tourbe; 12. Boulangerie; 13. Brasserie; 14. Ponts levis.; Le reste le voit dans la plan*
Signatur: *Jungeblodt Brigadier des gardes du Corps fait 1764*

Niedersächsisches Staatsarchiv Bückeburg, S 1, Vorl.Sign.: Acc. 21/91, Nr. 1681

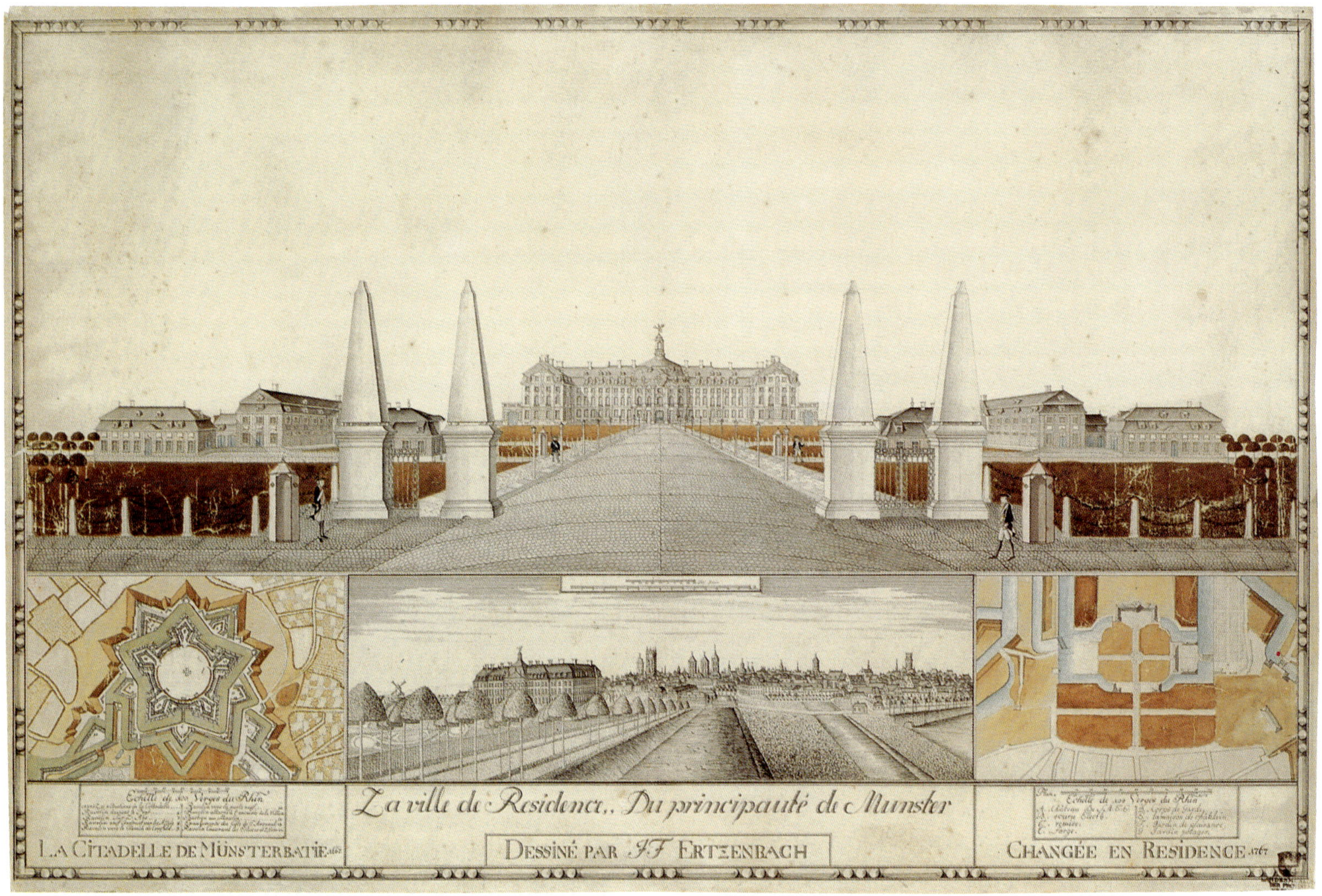
Echelle de 100 Verges du Rhin
La ville de Residence,, Du principauté de Munster
LA CITADELLE DE MÜNSTERBATIE
DESSINÉ PAR I.F. ERTZENBACH
Echelle de 100 Verges du Rhin
CHANGÉE EN RESIDENCE 1767

75
Residenzschloß Münster, 1766–84

Die Residenz der Fürstbischöfe in Münster war eine mächtige breitgelagerte Dreiflügelanlage mit beherrschendem reich instrumentiertem Mittelpavillon und begleitenden Flügelbauten, die zur Stadt hin geöffnet einen großen Ehrenhof bildeten (Abb. 1, 2). In der Planung Schlauns wurde das Schloß von sorgsam in der Höhe gestaffelten Nebengebäuden flankiert: symmetrisch angeordnete Marställe, Magazinhäuser und Wagenremisen. Im Grundriß L-förmige Wachthäuser schlossen den gleichsam auf einer ›Insel‹ gelegenen Schloßplatz ab. Die breite Hauptachse rückte die Anlage in eine respektgebietende Distanz zur Stadt, die bei der Annäherung zum Ehrenhof allmählich aufgehoben wurde. Hatte man erst einmal das Vestibül betreten oder mit der Kutsche die offene Zufahrt des Mittelpavillons passiert, erschloß sich dem Blick die lange Zentralachse des hinter dem Schloß liegenden Gartens, der nach dem Generalplan Schlauns mit Broderieparterres, Bosketts und einem zentralen Bassin mit Fontäne in französischen Formen angelegt werden sollte. Die Residenzanlage besetzte das Terrain der ehemaligen, von Festungsgräben umgebenen Zitadelle: ein symbolischer Akt, mit dem das gebaute Zeichen fürstlich-militärischer Gewalt durch ein repräsentatives Staatsgebäude ersetzt wurde. An die Stelle der Kanonen sollte die Etikette treten.

Bauherren waren Fürstbischof Maximilian Friedrich von Königsegg-Rothenfels, der nach dem Tod des Wittelsbachers Clemens August mit dessen Nachfolge auch die alte Verpflichtung übernommen hatte, in Münster eine Residenz zu errichten, und die Landstände des Fürstbistums Münster, deren maßgebliche Beteiligung am Schloßbau sich vor allem in der Inschrift am Mittelpavillon, aber auch im ikonographischen Programm manifestierte.

Maximilian Friedrich, aus kleinem schwäbischen Adelsgeschlecht, war Ende 1762 gegen den ausdrücklichen Willen Friedrichs II., der hoffte, die Fürstbistümer Münster, Paderborn und Hildesheim für Preußen einziehen zu können, zum Fürstbischof von Münster gewählt worden. Er residierte fast ausschließlich in Bonn, so daß die Verwaltung des Bistum seinem Minister und Generalvikar Franz Friedrich Wilhelm von Fürstenberg oblag. Wie bereits sein Vorgänger im Jahre 1732/33 beauftragte auch der neue Kurfürst den inzwischen fast siebzigjährigen Schlaun mit der wichtigsten Baumaßnahme, die im Fürstbistum Münster zu vergeben war.
Erste Pläne lagen im Jahre 1766 vor, Baubeginn war im August 1767. Nach Einspruch des Domkapitels, das als der erste der Stände maßgeblichen Anteil an der Finanzierung des Projektes hatte und seine Rolle nicht nur über die ausgiebige Mitsprache an der Planung zu manifestieren gedachte, sondern zugleich den erfolgreichen Versuch unternahm, seine Bedeutung auch in den Formen der Schloßfassade zum Ausdruck zu bringen, fertigte Schlaun die veränderten endgültigen Entwürfe Anfang 1768 an, die im Februar dem Kurfürsten zur Approbation vorlagen. Die Bauarbeiten gingen rasch vonstatten. Bereits im Mai 1769 standen die Mauern des Erdgeschosses, und man legte die Balken für die Étage noble. Auch die Promenaden des Schloßgartens waren zu einem Viertel fertig. Im Dezember 1769 approbierte der Kurfürst den Generalplan Schlauns, der vor allem die Disposition von Garten und Schloßplatz regelte. Umfangreiche Erdarbeiten auf dem Gebiet der ehemaligen Zitadelle wurden geleistet, zur eigentlichen Anlage des französischen Gartens ist es allerdings nicht mehr gekommen. Im Oktober 1771 stand der Rohbau im südlichen Teil des Schlosses bis zur Mansarde, und man arbeitete bereits an der Einrichtung der Appartements im Mezzanin, das der Kurfürst als erste provisorische Wohnung vorgesehen hatte. Im selben Jahr begann man auch mit dem Bau des Marstalls und der übrigen Nebengebäude. Die Schloßkapelle war so weit fertig, daß der Kurkölner Stukkateur Joseph Anton Brilli im Mai 1772 mit der Arbeit beginnen konnte. Mitte des Jahres war der Außenbau des Residenzschlosses errichtet, auch der

QUELLEN
Staatsarchiv Münster, Kabinetts-Registratur: Cameralia VI A 1 (Schloßbau) – wichtigste Akte, 2 (Oberbaudirektor), 3 (Inspektor und Bauschreiber), 4 (Gehälter), 5 (Schloßkapelle), 6 (Küster und Kapellendiener), 7 (Brandanstalten), 8 (Hofgärtner), 9 (Alter Hofgarten und Ballhaus), 10 (Bauunglück), 11 (Dachdecker), 12 (Schloßplatz), 13 (Wagenremisen); ebd. VII A 1 (Kanzlei), 2 (Fraterhaus), 3 (Eiskeller), 4 (Alter Marstall), 5 und 6 (Hofgärtner), 7 (Pumpen); ebd. VIII A 1 (Garde-Meuble), 2 (Öfen, Saal), 3 (Landessilber), 4 (Silberinventar), 5 (Trompeten), 6 (Silberdiener), 7 (Schloß-Inventar), 8 (Tapezier Merz); ebd. IX A 1 und 1a (Reitschule), 2 (Futterschreiber), 3 (Heubinder), 4 (Winterbrand), 5 (Tagelöhner), 6 (Verlegung der Sommerreitschule), 7 (Marstall-Inventar), 8 (Stallamt), 9 (Gehülfe), 10 (Reparaturen); Hofkammer VI 10 (Fraterhaus) , 12 (Residenzbau), 14 a und b (Hofkapelle und Küster), 17 a (Reparaturen 1800), 19 (Öfen), 20 (Schiefer), 31 (Alter Hofgarten), 36 (Hofküchengarten), 39 (Schloßplatz), 40 (Verkauf des Alten Hofgartens), 41 (Neuplatz), 42a (Schloßplatz, Hofgarten), 43 (Fischereidirektor), 45 (Promenadenverbindung); Domänen-Registratur I 137, 1 (Einrichtung zur Wohnung von Blücher und vom Stein 1803), 2 (Verkauf des Silberwerks 1804), 3 (Rückstände davon), 4 (Inventar und Verkauf der Möbel I), 5 (desgl. II), 6 (Instandsetzung 1807), 7 (Inventar 1807), 8 (Tisch und Leinen), 9 (Vermietung an den Präfekt 1811), 10 (alte Schloßinventare), 11 (Unterhaltung 1812/13); ebd. I 1 38, 1 (Reparaturen 1803 I, fehlt), 2 (desgl. II), 3 (Bauetat 1803), 4 (Rech-

1 Ansicht des Neuplatzes mit dem Schloß und Plänen der Zitadelle (1667) und der Residenzanlage (1767), lavierte Federzeichnung von Johann Friedrich Ertzenbach, um 1778

nungen des Schloßverwalters), 5 (Pumpen 1808), 6 (Instandhaltung des Schloßgartens 1809 f); Diözesanarchiv Münster, Dep. Fürstenbergnachlaß FN 46, 121, 122, 124, 125; Archiv Boeselager-Heimerzheim (über Rheinisches Amt für Archivpflege, Abtei Brauweiler), Akten V I, 22 a+b, 23 – Korrespondenz Schlauns, F I, 14.
Für die Zeit nach der Säkularisierung siehe die Angaben bei Geisberg 1932, Münster I, S. 345.
Die Akten über den Bau des Schlosses sind unvollständig. Viele Entscheidungen wird der Kurfürst mündlich gegeben haben, so daß eine schriftliche Niederlegung nicht erfolgt ist. Andererseits sind viele Archivalien schon früh verloren gegangen, Schriftstücke, Pläne und Entwürfe, die in den erhaltenen Akten ausdrücklich erwähnt sind. Dadurch, daß die Kabinettsregistratur und die Hofkammer in Münster getrennte Akten führten, erklärt sich, daß von manchen Schriftstücken heute sowohl die Ausfertigungen wie die Konzepte vorhanden sind. Der Quellennachweis bei Hartmann 1910 ist unbrauchbar. Schon Geisberg gelang es in vielen Fällen nicht, seine fehlerhaften Angaben aufzuklären. Hartmann führt die Akten der Bauinspektion Münster über den Schloßbau an: 1. Acta betr. Umbau des Schloßdaches, 2. Acta über Schloß Münster von 1812–1905, Bd. 1–5; Akten des Geheimen Staatsarchives in Berlin-Dahlem (Rep. 70, Nr. 3, Münster, Sectio XXX Nr. 1–13 ab 1802).

LITERATUR

(Franz Guilleaume), *Beschreibung der Stadt Münster,* Münster 1836, S. 274;
L. Schücking und F. Freiligrath, *Das malerische und romantische Westfalen*, Leipzig o.J. (1840), S. 133; (Franz Guilleaume), *Münster und seine nächsten Umgebungen,* Münster 1855, S. 169; H. Geisberg, *Merkwürdigkeiten der Stadt Münster,* 4. Auflage, Münster 1866, S. 51; Gurlitt 1889, S. 367; Max Geisberg, *Ansichten und Pläne der Stadt Münster i. W.,* Münster 1910, S. 77, Nr. II und Tafel XIII; Hartmann 1910, S. 148–218; Kerckerinck/Klapheck 1912, S. XXXI u. XXXV; Hölscher, *Der Skulpturenschmuck des Schlosses,* in: Münsterischer Anzeiger 1912, Nr. 51; Pinder 1912, S. 16; J. A. Kissenkoetter, *Canonicus Wilhelm Ferdinand Lipper,* Münster 1918 (Diss. Ms.); E. Müller, *Die Adelshöfe der Stadt Münster,* Münster 1921, S. 212; Rose 1922, S. 135; Naendrup 1928; Wackernagel 1930, S. 239; Geisberg 1932, Münster I, S. 343–524; Rensing 1936, S. 21f, 31;

Mittelpavillon mit der Laterne war bereits gedeckt. Anfang 1773 begann man mit der Einrichtung der Paraderäume in der Étage noble des Corps de logis nach den Plänen Schlauns. Am 9. Juli bezog der Kurfürst zum ersten Mal die als Interimquartier eingerichteten Räume des Mezzanins, eine mit den Paraderäumen der Étage noble identische Raumfolge. Am 21. Oktober 1773 starb Schlaun. Er hat also noch miterlebt, daß der Bauherr ›sein‹ Schloß bezogen hat. Wilhelm Ferdinand Lipper wurde die Bauleitung übertragen, er führte die Arbeiten bis 1784 zu Ende.
Die Grunddisposition der Gesamtanlage, der Außenbau des Schlosses einschließlich Wachthaus und Marstall an der Nordseite des Schloßplatzes sind das Werk Schlauns, während die übrigen Nebengebäude von Lipper errichtet wurden, der sich weitgehend an die Vorgaben seines Vorgängers zu halten hatte. Erhebliche Eingriffe nahm Lipper allerdings bei der Gestaltung der Innenräume vor, er plante sogar die Anlage des Treppenhauses zu verändern, was der Kurfürst jedoch nicht gestattete. Bei den Räumen in der Südhälfte des Corps de logis war Lipper gezwungen, die Dekoration und Einrichtung der Räume den bereits fertiggestellten Plafonds Schlauns anzupassen, um »Contrastes Choquants« zu vermeiden. Der Nordflügel, den der Kurfürst am Ende zu seiner Wohnung bestimmte, ist dagegen im Innern ganz das Werk Lippers ebenso wie der zweigeschossige Festsaal, den dieser entgegen den Entwürfen Schlauns auch im Grundriß entscheidend veränderte. Sogar die Schloßkapelle blieb nicht von den Eingriffen Lippers verschont, der dem repräsentativen Altar mit einem von Schlaun geplanten dramatisch bewegten Orgelprospekt und Musikeremporen in unstimmiger Zurückhaltung die Spannung nahm.

Sieht man einmal von den Planungen Schlauns von 1732/33 ab, auf deren Basis alle weiteren Entwürfe stehen (Kat.-Nr. 27), kann man im wesentlichen vier Planstufen unterscheiden:
1. Planstufe 1766: Der einzige erhaltene Entwurf Schlauns zeigt wie in dem Plan C von 1732/33 eine geschlossene Stadtfront mit stark gewölbtem, reich instrumentiertem Mittelrisalit und dreiachsigen Eckrisaliten, die Flügel mit den Flügelpavillons sind an der Gartenseite angeordnet, so daß ungewöhnlicherweise dort ein Ehrenhof ausgebildet wird.
2. Planstufe 1766/67: Die Flügel und der Ehrenhof liegen jetzt an der Stadtseite; die grundsätzliche Distribution der Räume mit der Abfolge von Vestibül, Treppenhaus und Festsaal im Mittelpavillon und der Folge der Staatsräume an der Stadtseite in einer langen Enfilade wird jedoch beibehalten ebenso wie die grundsätzliche Instrumentierung der Fassaden.
3. Planstufe 1768 – Ausführungsentwurf: Auf Anordnung des Kurfürsten verbreitert Schlaun die Garde- und Speisesäle des Mittelbaus im Corps de logis und erreicht damit eine Abstufung und Staffelung der einzelnen Baukörper zur Mitte hin, die bis in die Dächer fortgesetzt wird. Auf Vorschlag des Domkapitels werden auch die Flügel und deren Flügelpavillons um eine Achse verbreitert, was die ungewöhnliche Aufteilung der Pavillonfassaden in vier Achsen, also ohne eigentliche Mittelachse, zur Folge hat, im Innern die Disposition der für das Hofzeremoniell äußerst wichtigen Thron- oder Audienzsäle jedoch beeinträchtigt, da durch den Ersatz einer Fensterachse durch eine Tür zu den Korridoren der Flügel die Symmetrie des Raumes aufgegeben werden mußte. Insgesamt führten jedoch die Änderungen zu ausgewogenen Proportionen der Gesamtanlage und zu einer erheblichen Aufwertung der Flügelpavillons gegenüber dem beherrschenden Mittelrisalit und damit auch zu einer Aufwertung der Münsteraner Stände, die über das ikonographische Programm vor allem an eben diesen Flügelbauten präsent waren. In der 3. Planstufe wurden ferner Veränderungen in der Instrumentierung an der Gartenseite des Mittelpavillons vorgenommen, der anstelle einer einfachen Streifenrahmung in den Ausführungsplänen doppelte Kolossallisenen erhielt. Die Nebengebäude, Marstall und Magazinhaus werden in der von Schlaun vorgesehenen Distribution am nördlichen Schloßplatz ausgeführt. Als südliches Pendant dieser Anlage hatte Schlaun einen zweiten Marstall mit einer Reitschule geplant. Der Hofgarten wird projektiert, aber nicht mehr angelegt.
4. Planstufe 1773–84: Vollendung des Innenausbaus, der Nebengebäude und Anlage der reduzierten Schloßgärten durch Wilhelm Ferdinand Lipper.

Baugeschichte

Nach dem Tode des Kurfürsten Clemens August erneuerten die münsterschen Landstände »Sede Vacante« ihre alte Forderung nach einer Residenz in der Hauptstadt des Fürstbistums mit Nachdruck. In der Wahlkapitulation des Jahres 1762 verpflichteten sie den neuen Fürstbischof Maximilian Friedrich von Königsegg-Rothenfels, mit finanzieller Unterstützung der Stände, aber auch auf eigene Kosten eine Residenz in Münster zu errichten: »Zu Erbauung einer Fürstlichen Residentz in der Stadt Münster, zu

2 Residenzschloß Münster, Ansicht der Stadtfassade (um 1935)

wessen erster Einrichtung die landschafft gern ein Merkliches beyzutragen geneigt seyn wird, wird der Neu erwehlender Herr ein Erkleckliches und sonderlich an Baarschafft ohne dessen zu erwarten habender Erstattung aus dem Seinigen mit Fürst Väterlicher Freygebigkeit umb so mehr geneigt seyn, weilen sothaner Bau zu derselben und der Herren Successoren Commodität gereichet, immaßen dann auch, wann sothane Residentz neu erbauet seyn wird, dieselbe aus Landes Herrlichen eigenen Mitteln ohne des Landes ferneren Beytrag jederzeyth unterhalten werden soll.«

Der Fürst residierte bei seinen Aufenthalten in Münster im Fraterhaus, dessen Behelfsmäßigkeit er von Beginn an heftig kritisiert hatte. Das alte Kloster war von Fürstbischof von Galen, dem »Bommen Berend«, notdürftig als Residenz mit einer Art Paradeappartement und kleinem Garten eingerichtet worden. Seit 1683 etwa dachte man über einen Neubau der Residenz an dieser Stelle nach. Einer der erhaltenen Pläne zeigt einen Vierflügelbau mit Ecktürmen, im Ehrenhof je einen Risalit in der Mitte jedes Flügels, ähnlich der Residenz auf der Zitadelle in Coesfeld von Peter Pictorius d. Ä. Doch kam es lediglich zur Vergrößerung einiger Fenster und der Anlage eines neuen Treppenhauses durch Gottfried Laurenz Pictorius.

Bereits der Fürstbischof Friedrich Christian von Plettenberg und vor allem der prachtliebende Clemens August von Wittelsbach waren von einer derart behelfsmäßigen Residenzwohnung wenig erbaut und hatten ihren Aufenthalt in Münster deshalb möglichst eingeschränkt. Maximilian Friedrichs Beurteilung der Fraterhaus-Residenz spricht Bände: »Es ist bekannt, daß der Landesherr in der Stadt Münster vormals keine Wohnung hatte, als miethweise nur einige Zimmer in dem Fraterhause, einem alten Kloster und einem der schlechtesten von allen, eine Wohnung, daß wenig bemittelte Particuliers so schlecht und unbequem logiert waren. Ein Eingang

Geppert 1951, S. 98; Beisenkötter 1952; Crusius 1952, S. 20, 42, 58, 62, 65; Rensing 1954, S. 18, 34ff., Abb. S. 19, 37, Abb. 72-80; Peters 1955, S. 238; Powell 1959, S. 104; Kat. *Clemens August* 1961, S. 267–69, 273f., 284, Abb. 18, 19; Hempel 1965, S. 279; Mummenhoff 1966, S. 298f.; Noehles 1966, S. 300; Bußmann 1972, S. 30–60; Bußmann 1973, S. 178–94; Hager 1973, S. 36–39; Winter 1973, S. 200–04; Friederichs 1984, S. 201; von Schopf 1988, S. 79–80; Püttmann-Engel 1987, S. 29, 35–44, 223–32; Kat. *Vagedes* 1994, S. 11; Ringbeck 1993, S. 3–34; Schulze 1995.

DENKMALPFLEGE

Einzelberichte zur Denkmalpflege in: Westfalen 31, 1953, S. 157f.; 41, 1963, S. 170; 46, 1968, S. 388; 53, 1975, S. 618; 56, 1978, S. 552f.; 62, 1984, S. 596; 67, 1989, S. 676; Gutschow/Stiemer 1982, S. 104ff.

durch elende, finstere Klostergänge, die Feuchtigkeit des Gebäudes, die die Wohnung desselben der Gesundheit höchst gefährlich und nachteilig machte. Der gänzliche Mangel einer bequemen Einrichtung, die Enge des Raums, eine mannigfaltige Beschädigung, die das alte Gebäude vollends im Kriege gelitten hatte, machten diese Wohnung unerträglich. Und doch war sie die einzige, die die Hauptstadt des Landes für einen der angesehensten Bischofen und Fürsten Deutschlands hatte. Eine natürliche Folge davon war, daß sie dafür auch selten ihren Landesherren in ihren Mauern hatte. Entweder hatten die Bischöfe noch andere Länder, wo der Reitz eines bequemeren und anständigeren Aufenthalts sie zurücke hielt, oder sie lebten von der Stadt entfernt auf Landschlössern; wie denn um nur ein Beyspiel anzuführen, mein Vorfahrer Clement August nach seiner Wahl zum Erzbischofen und Kuhrfürsten zu Köln, die hiesige so genannte alte Residenz fast nie anders als wie ein Quartier zum Absteigen auf der Reise betreten hat ... Welche Unbequemlichkeit nicht mir, welchen wirklichen Schaden für die Unterthanen diese Enfernung Ihres Landesherren haben mußte, wäre überflüssig, weitläufig auseinanderzusetzen ... Auf dem Landtage des Jahres 1767 waren wieder die wichtigsten staatswirtschaftlichen Absichten meiner Landstände und ihre Besorgnis, daß die Unanständigkeit und die aus der Feuchtigkeit des Gebäudes entspringende Gefahr für meine Gesundheit mich von dieser Stadt entfernen möge, die Triebfedern, die beyde Vorderstände zu dem erneuerten Antrag auf die Erbauung eines neuen Schlosses und zu der Bewilligung einer Summe Geldes zu diesem Endzwecke bewogen; Triebfedern, die auch in den folgenden Jahren die Fortsetzung dieser Bewilligung und die Zustimmung des städtischen Corporis bewirkten.«

Der Kurfürst hatte bereits am 2. März 1762 die Besichtigung der alten Residenz angeordnet. Das Protokoll vom 28. Februar 1763 durch den Hofkammerrat Zur Eick, Johann Conrad Schlaun und den Sekretär des Domkapitels Kerkerinck d.J. ist im Staatsarchiv erhalten. Es gibt Auskunft über die Ausstattung der verschiedenen Räume, die, soweit brauchbar, nach und nach in die neue Residenz gebracht wurde (Kat.-Nr. 75.83–85).

Maximilian Friedrich wurde der Schloßbau nicht auferlegt, sondern das Projekt war auf seinen ausdrücklichen Wunsch und die Initiative der Landstände in Gang gesetzt worden. Motor des ganzen war Franz von Fürstenberg, Minister des Kurfürsten und zugleich dem Münsteraner Adel zugehörig, der als eloquenter Wortführer beider Parteien wie schon sein Vorgänger Plettenberg als geistiger Vater des Schloßbaus und seines Staatsprogramms anzusehen ist. Der Minister wünschte die Residenz, um zum einen das Staatsbewußtsein im Fürstbistum Münster zu stärken und zum anderen durch Belebung der Baukonjunktur der Gesamtwirtschaft Münsters und des Bistums einen wirksamen Impuls zu geben. Stadt und Land waren durch den Siebenjährigen Krieg, 1757–1764, heruntergekommen, Aufschwung in jeder Hinsicht war allererste Bürgerpflicht, das heißt, er wurde von oben verordnet und durchgeführt. Beteiligt daran waren, wie im Lande üblich, Domkapitel und Ritterschaft, personell eine homogene, insgesamt dem Hochadel angehörige Gruppe, in untergeordneter Position die Städte, allen voran natürlich Münster.

Die Ursache für die relativ spät im Jahre 1766 aufgenommene Planung muß man den Auswirkungen des Siebenjährigen Krieges zuschreiben, der auch in Münster große Teile der Stadt in Schutt und Asche gelegt hatte. Jetzt war die Situation günstig, denn über dreißig Jahre nach den gescheiterten Anstrengungen in Richtung Residenzbau durch Plettenberg und Clemens August (vgl. Kat.-Nr. 27) hatte sich in Münster eine durchaus vergleichbare politische Konstellation ergeben. Der Landesherr regierte das Fürstbistum wiederum in Personalunion mit Köln, und mit dem Freiherrn von Fürstenberg stand ihm ein starker Minister zur Seite, der die Interessen Münsters am kurkölnischen Hof mit Nachdruck und großem Geschick zu vertreten wußte.

Spätestens 1766 war an Schlaun der Auftrag ergangen, Baupläne für die Schloßanlage auszuarbeiten. Am 24. Januar 1767, in einer Willenserklärung zum Bau der Residenz, erwähnt der Kurfürst Schlauns Schloßbaupläne und erteilt sein Placet. Er ernennt Schlaun zum Direktor des Schloßbaus und stellt ihm als Oberkommissar den Freiherrn von Droste zu Füchten zur Seite, einen Angehörigen des Domkapitels, der die Organisation des Bauwesens, die Materialbeschaffung, die Finanzierung und die Berichterstattung an den Kurfürsten übernehmen soll, und als Bauschreiber Arnold Boner, einen Leutnant, zugleich Sekretär und Bauinspektor. Drei Tage später bewilligt der Landtag dem Kurfürsten ein einmaliges Geschenk von 12.500 Reichstalern plus 100.000 Reichstaler für die nächsten vier Jahre zum Schloßbau. Die Bausumme erwies sich allerdings als unrealistisch. Obgleich wichtige Bereiche wie Residenzgarten und die südliche Marstallanlage nur fragmentarisch oder überhaupt nicht ausgeführt wurden, beliefen sich die Gesamtkosten am Ende auf rund 500.000 Reichstaler.

Die Vorarbeiten für den Bau begannen sofort. Schon am 3. Februar 1767 übergab Schlaun der Hofkammer eine genaue Aufstellung des benötigten Bauholzes; die zum Bau erforderlichen Ziegelsteine gewann man zum Teil beim Abbruch der Stadtbefestigung, mit dem man am Neuplatz begann, ein transitorischer Akt, der den Neubau gleichsam aus den Ruinen der obsolet gewordenen Befestigung entstehen ließ. Die Befreiung Münsters von der Zitadelle nennt der erste erhaltene Gesamtplan der Residenzanlage als wichtigen Grund für den Schloßbau (Kat.-Nr. 75.10): »... pour profiter en même temps de la demolition de la Citadelle et d'une si belle et ouverte situation.« Auch die nicht publizierte Stichvorlage Johann Friedrich Ertzenbachs zeigt das Vorher und Nachher: »la cittadelle de münster batie 1667 changée en residence« (Abb. 1). Besonders deutlich wird diese Situation aus dem Repräsentationsplan (Kat.-Nr. 75.8–9). Schlaun kopierte einen Stadtplan von 1695, der die militärisch bedrohliche Gegenüberstellung von Zitadelle und Stadt mit dem dazwischen liegenden freien Schußfeld für die gegen die Stadt gerichteten fürstbischöflichen Kanonen darstellt. Darüber legt er ein aufklappbares Deckblatt, das im Gegensatz dazu die geplante Anbindung der Stadt an die Residenz verdeutlicht.

Nachdem das Baugelände vorbereitet war, begann man am 22. Juni mit den Arbeiten an der Fundamentierung des Baus. Am 26. August 1767 legte der Kurfürst in Anwesenheit des Domkapitels, der Ritterschaft und der Bürger den Grundstein der Schloßkapelle. Geisberg zitiert eine Chronik, in der die Zeremonie anschaulich beschrieben wird: ein pomphaftes Aufgebot des Domkapitels, der Ritterschaft und der Bürger holte den Fürsten von seiner vorläufigen Residenz im Fraterhaus ein. Nachdem Maximilian Friedrich den Grundstein gelegt hatte, vollzogen die einzelnen Domherren der Reihe nach die Zeremonie noch einmal und dokumentierten so, Ziegel um Ziegel, ihren geforderten Anteil an der Bauherrenschaft. Auch die »Herren von Adel und die Damen klopften mit dem Silberhammer darauf«. Anläßlich des Baubeginns wurde eine Silbermedaille geprägt und verteilt, die die Großherzigkeit des Bistums Münster allegorisch zur Anschauung brachte, das dem gottgewollten Fürsten mit der gleichzeitigen Zerstörung der Zitadelle und dem Bau des Schlosses huldigt.

Den Residenzbau hat man nicht nur als persönliche Angelegenheit des Fürstbischofs, sondern auch als Akt der Selbstdarstellung des Staates zu verstehen. Die Streitigkeiten um die Ausführung, die Zugeständnisse, die beide Parteien machen mußten, die Akribie, mit der der Kurfürst selbst bei kleinsten Entscheidungen die Pläne begutachtet, wobei in den Quellen Schlaun als unparteiischer Fachmann erscheint, zeigen deutlich, daß der Münsteraner Residenzbau auch Ausdruck der bestehenden Machtverhältnisse im geistlich regierten Ständestaats war.

Der Fürstbischof hatte den Ständen bereits in der Wahlkapitulation ein Mitspracherecht an der Planung zusagen müssen, von dem diese bereits kurze Zeit nach der Grundsteinlegung ausführlich Gebrauch machten. Der Briefwechsel zwischen dem Kurfürsten, dem Domkapitel als dem ersten der Stände und Schlaun als Kommentator der angemaßten Eingriffe in die Planung ist insofern bemerkenswert, »daß damals eine geistliche Korporation von zwanzig anwesenden adeligen Mitgliedern soviel Fachkennnisse zu besitzen glaubte, die vom Landesherrn genehmigten Entwürfe eines hocherfahrenen, alten Baumeister kritisieren zu können, und vor allem, daß sie tatsächlich in der Lage waren, in zwei wesentlichen Punkten Vorschläge zu machen, die Bauherr und Baumeister als Verbesserungen anerkannten. Daß sie nachher in den anderen Punkten, in denen die Genannten ihnen nicht beipflichteten, ärgerlich an ihren Standpunkten festhielten, kann nicht verwundern« (Geisberg 1932).

Geisberg und Bußmann haben diese Auseinandersetzung ausführlich analysiert: Nachdem der Fürstbischof dem Kapitel die Pläne vorgelegt hatte, schlugen die Herren vor, den Corps de logis zu verbreitern und neben weiteren Änderungen vor allem die Flügel und damit verbunden die Flügelpavillons um eine Achse zu verbreitern. Noch am selben Tag gingen die Vorschläge des Kapitels mit den Plänen an Schlaun mit dem Ersuchen, binnen einer Woche dazu Stellung nehmen und entsprechend abgeänderte Pläne zu zeichnen. Schlaun entsprach diesem Wunsch, Pläne und Kommentar lagen dem Kapitel am 10. September 1767 in der gewünschten Form vor. Man beschloß, unter Aufrechterhaltung der geäußerten Änderungsvorschläge den Vorgang dem Kurfürsten zu übergeben, denn trotz des vereinbarten und angemaßten Mitspracherechts lag die letzte Entscheidung ausschließlich bei Maximilian Friedrich, wie aus seiner Reaktion deutlich wird. Bezeichnend sind übrigens die Titel aller Präsentationszeichnungen zwischen 1766 und 1769, die das Projekt ausdrücklich als Idee oder Absicht des Kurfürsten benennen: »la Residence selon l'idée d'Eme

Electeur« oder »Étage noble du Pallais selon Intention de S:A: Electorale de Cologne Prince de Münster«.

Die Änderungswünsche des Domkapitels betrafen zum großen Teil die Bestimmung der Räume, die Größe des Treppenhauses, aber auch die Verbreiterung des gesamten Corps de logis. All das lehnten Schlaun und der Kurfürst ab, zum Teil mit ausführlicher Begründung. Der erste der Wünsche des Domkapitels wurde jedoch akzeptiert: »Wann der Flügel 9 Fuß breiter, sodann der Pavillon auch 9 Fuß breiter angelegt, würden alle appartements als auch das äußerliche Gebäude ein besseres Ansehen gewinnen.« Dazu Schlaun: »Diese Änderung nach gnädigster Approbation kann geschehen, wie im Enderungs Plano marquiret und lasse ich deswegen an dieser Seiten mit denen Fundamenten, Graben und Mauren gleich einhalten, damit weiter nichts Verlohrenes gemacht werde.« Der Kurfürst: »Diese Veränderung lasse ich mir gefallen. M.F.« Die beiden Flügelbauten wurden um neun Fuß, also um die Breite einer Fensterachse verbreitert (vgl. Kat.-Nr. 75.2 und 75.14), während der Corps de logis an der Stadtfassade jetzt an jeder Seite eine Achse weniger hatte. Regelwidrig entstanden mit Ausnahme der Gesamtanlage an allen Fassadenteilen gerade Achszahlen, was gleichsam einen ›Verlust der Mitte‹ mit sich brachte. Anstelle des einachsigen Nebenrisalits am Corps de logis zentrierte Schlaun die Wandflächen seitlich des Mittelpavillons mit einem zweiachsigen Sandsteinrisalit, was gegenüber der vorher eher zaghaften Unterbrechung der langweiligen Fensterreihung eine Verbesserung der Proportionen mit sich brachte. Für die innere Ordnung bedeutete die Änderung jedoch eine empfindliche Störung der Raumhierarchie, denn die wichtigsten Säle der Paradeappartements, die Thron- oder Audienzsäle, auf die die Enfilade vom Festsaal in der Mitte her zuführte, wiesen jetzt nur noch zwei Fenster auf, wurden also asymmetrisch beleuchtet, während die vor ihnen liegenden Antichambres ihre drei Fensterachsen beibehielten (Kat.-Nr. 75.27–29).

Eine weitere Änderung, die der Kurfürst seinem Baumeister bereits selbst befohlen hatte, betraf die Paraderäume an der Gartenseite des Corps de logis. Der Fürst wünschte die Garde- und Speisesäle in einer Länge von jeweils sechs Achsen erheblich zu verbreitern. »Höchst dieselben haben den salle à manger nach der Gartenseite deswegen angelegt umb zu gleicher Zeit solchen davon gaudiren zu können, auch die deswegen schon geschehene Verbreiterung und würklich angelegte Vergrößerung verusachet« (vgl. Kat.-Nr. 75.4 mit 75.28). Das bot für die innere Disposition den Vorteil einer besseren Proportionierung der vorher sehr schmal geschnittenen Speisesäle, im Äußeren erlaubte es die Staffelung der einzelnen Bauteile zur Mitte hin. Neben dem Mittelpavillon entstand hier ein Mittelbau, der in Verbindung mit der zu Recht geforderten Verbreiterung der Flügel dem zuvor eher an einen Verwaltungsbau gemahnenden langen Baukörper ein kompaktes, auf die Mitte hin orientiertes und günstiger proportioniertes Ansehen gab.

Das Kapitel hatte vorgeschlagen, den Raum y (Kat.-Nr. 75.28 – jetzt v) und die Südwesttreppe in einen Speisesaal umzuwandeln, das Treppenhaus eine Fensterachse weiter nach Süden zu schieben und schließlich einen weiteren Raum z (jetzt die linke Hälfte von W) als Anrichtezimmer zu verwenden. Schlaun lehnte das ab, da der Kurfürst, der für die Speisesäle die beiden großen Räume auf der Westseite an den Enden des Mittelbaues vorgesehen hatte, den Corps de logis zu einer doppelten Wohnung einrichten wollte, um hohen Herrschaften wie Fürstlichkeiten oder Ministern, im Idealfall dem Kaiser, ein angemessenes, d.h. seinem eigenen gleiches Appartement anbieten zu können, wozu auch ein identischer Speisesaal gehört hätte. Das Domkapitel lehnte diesen kurfürstlichen Reichsbezug ab und war der Meinung, der Speisesaal T (jetzt U) wäre überflüssig. Er sollte zur Hälfte als Audienzzimmer und als Schlafzimmer verwendet werden. Schlaun fertigte nach Beendigung der Diskussion mit dem Domkapitel neue, endgültige Pläne an, die am 14. Februar 1768 Maximilian Friedrich vorlagen und von diesem zur Ausführung bestimmt wurden.

Am 12. Mai 1769 erhielt der Kurfürst einen Bericht über den Stand der Bauarbeiten: Die Mauern des Erdgeschosses standen und man begann die Balken zum Hauptgeschoß zu legen. Am 13. Dezember 1769 genehmigte der Kurfürst den Generalplan Schlauns für die Residenz mit Schloßplatz und Residenzgarten (Kat.-Nr. 75.11). Im September 1770, bei einer Besichtigung der Baustelle, gab er, auf Bitten Schlauns, erneut den Befehl, die Stadtmauern abzubrechen, um Ziegel für den Schloßbau zu gewinnen.

Am 2. März 1771 schreibt Schlaun an den Kölnischen Staatsminister von Belderbusch, daß der Kurfürst mit dem Schloßbau sehr zufrieden sei, »obschon die münsterische Welt dieselbige Besinnung unter uns gesagt davon nicht sagen möchte, wovon der Herr Obriststallmeister Freiherr von Vorstmeister Excellence ein näheres wo dartun wird«. Er hofft, das Schloß noch im selben Jahr »völlig unter

Dach bringen zu können«, doch im Dezember des Jahres ist es nur zu einem Drittel gedeckt. Am 29. August 1771 gibt der Kurfürst bei einem Besuch in Münster sein Placet zu Schlauns Plänen für den Marstall an der Nordseite des Schloßplatzes. Am 18. Oktober des Jahres berichtet die Baukommission, daß die Mansarde des Südflügels gedeckt, die Durchfahrt zum Teil mit Quadern belegt, die zweite Treppe des Südflügels angefangen sei. Am 26. November schreibt Schlaun einen Brief an den kurkölnischen Stukkateur Joseph Anton Brilli, er möge sich darauf einrichten, im März nach Münster zu kommen. Er teilt ihm mit, daß bereits ein braver Stukkateur da sei, mit Namen Metz und aus dem Sauerland gebürtig, der aber lange in Hamburg, Berlin und im Holsteinschen gearbeitet habe. Gemeint ist Johann Nepomuk Metz (1750–80 nachweisbar). Einem Brief an den Kölnischen Staatsminister von Belderbusch fügt er einen Detailplan der provisorischen ersten Wohnung für den Kurfürsten im Mezzaningeschoß des Corps de logis bei, die später als Winterwohnung vorgesehen war. Am 26. Dezember 1771 befiehlt der Kurfürst, den Marstall ebenso wie das Schloß mit Schiefer decken zu lassen. Im Bericht der Baukommission vom 2. Mai 1772 heißt es, die äußere Verputzung des Teils, in dem der Kurfürst logieren werde, sei zu Pfingsten fertig, unter dem Südflügel seien alle Keller gewölbt, man arbeite am Innenputz, besonders am Interimquartier des Kurfürsten. Joseph Anton Brilli habe mit den Stuckarbeiten in der Kapelle begonnen. Am Nordflügel solle das Dachwerk der Mittelfront Ende Juli aufgerichtet sein. Auch mit dem Bau von Marstall, Wachtpavillon und Remisen habe man bereits begonnen.

In einem Brief vom 18. Oktober 1772 erwähnt Schlaun, daß die Flügel und den Corps de logis bis auf den Mittelpavillon eingedeckt seien und daß der Fürst beschlossen habe, zunächst im Mezzanin Wohnung zu nehmen. Offenbar gab es Schwierigkeiten mit der »verdrießlichen Baukommission«, denn Schlaun beschwert sich bei Belderbusch mit dem rhetorischen Wunsch, der Kurfürst möge ihn gnädigst davon entlassen: mehr Köpfen als höchstselben von seinem gnädigsten Herrn nachzufolgen, sei ihm unmöglich. Das wirft ein bezeichnendes Licht auf die permanenten Einmischungen der Stände, die mit dem Oberkommissar der Baukommission, zunächst Droste zu Füchten, und als dieser 1770 Dechant des Domkapitels geworden war, vertreten durch den Domscholaster Johann Matthias von Landsberg, erheblichen Einfluß zu nehmen suchten. Am 4. November 1772 berichtet Schlaun, daß er dem Tapezierer Henry die Maße für die Supraporten des Interimquartiers mitgegeben habe, damit in Bonn die Gemälde bestellt werden könnten. Die Sujets seien in Münster noch nicht bekannt. Im Februar 1773 reicht er die Pläne zu den Antichambres und den drei Sälen im Appartement de parade in der Étage noble ein. Am 8. April wird der zweite Entwurf Schlauns für die Stuckdecke des Audienzsaals genehmigt, des wichtigsten Raums für das Zeremoniell, der neben dem Festsaal das bedeutendste ikonographische Programm bekam. Im Oktober werden Schlauns Plafondentwürfe des Speisesaals und des Gardesaals approbiert. Bereits am 9. Juli hatte der Kurfürst noch zu Lebzeiten Schlauns zum erstenmal im Interimquartier des Mezzanin residiert.

Am 21. Oktober 1773 stirbt Schlaun. Die Bauleitung erhält Wilhelm Ferdinand Lipper, der bereits vorher von Fürstenberg oder dem Kurfürsten selbst unter Schlaun am Schloßbau beteiligt wurde.

Baubeschreibung

DIE STADTFASSADE

Die beste Vorstellung der von Schlaun geplanten Residenz in Münster vermittelt eine Zeichnung Johann Friedrich Ertzenbachs, die die Schloßanlage in einer Idealansicht von der Stadt aus zeigt, wenn auch einige Einzelheiten wie die Obelisken auf Lipper zurückgehen, die Gebäude um den Wirtschaftshof links der Hauptachse nicht ausgeführt wurden und auch der Garten eine Projektion in die Zukunft darstellte (Abb. 1). Die strenge Symmetrie an der mächtigen Hauptachse verbunden mit der sorgfältigen Staffelung der einzelnen Gebäude der Gesamtanlage leitet den Blick unweigerlich zum Zentrum der Baugruppe, dem reich instrumentierten Mittelpavillon, der von einem Glockenturm mit der Fortuna als Wetterfahne bekrönt wird. Hier befand sich das Herz der neuen Residenz: der Festsaal oder besser Kaisersaal, in dem von nun an das politische Leben der Metropole des Fürstbistums seinen höfisch repräsentativen Rahmen bekommen sollte.

Das Schloß ist eine Dreiflügelanlage, die mächtigen Flügelpavillons sind dem Mittelpavillon untergeordnet. Sie bilden einen zur Stadt hin geöffneten Cour d'honneur, den in der Planung Schlauns (Kat.-Nr. 75.11) ein Ehrenhofgitter mit drei von Pfeilern flankierten Durchfahrten gegen den Schloßplatz abgegrenzt hätte. Die Offenheit gegenüber der Stadt wird relativiert durch die Geschlossenheit der heute

3–6 Vier Ansichten des Schlosses und der Nebengebäude von einem unbekannten Meister, um 1778 (?)

nicht mehr vorhandenen Anlage der Nebengebäude. Die beiden Wachthäuser, in der Planung Schlauns wiederum durch ein geschweiftes Eisengitter und Pfeiler mit Durchgängen in der Art des Ehrenhofgitters am Erbdrostenhof ausgestattet (Kat.-Nr. 59), haben einen L-förmigen Grundriß und antworten damit auf die Dreiflügelanlage des Schlosses, die sie gleichsam ideal zu einer geschlossenen Vierflügelanlage ergänzen.

Die Residenz wurde auf dem Terrain der Zitadelle errichtet (vgl. Kat.-Nr. 27). Betrachtet man den Generalplan Schlauns (Kat.-Nr. 75.11), so erkennt man, daß der wehrhafte Charakter trotz der optischen Offenheit nicht ganz aufgegeben wurde, denn die Anlage liegt vom Schloßgraben umgeben insgesamt auf einer ›Insel‹ und ist, sieht man einmal von der ohnehin nicht realisierbaren Gartenbrücke im Westen ab, nur über die Hauptachse zugänglich.

Kernstück der Vorburg ist der Schloßplatz, ein großes Rechteck mit halbkreisförmig abgerundeten Ecken, zentriert in einem vierteiligen Rasenparterre, um das der Schloßgraben hufeisenförmig herumgreift, so daß das Schloß regelrecht als Sperriegel zwischen Schloßplatz und Garten geschoben erscheint. Die Flanken des Schloßplatzes werden von den parallel stehenden Marställen besetzt, hinter denen die Ökonomiegebäude eigene Plätze für allerlei Verrichtungen mit den Pferden, Kutschen usw. ausbilden sollten. Die seitlichen Durchfahrten zum Garten sind durch rustizierte Tore verstellt. Auch der vordere Schloßplatz, die sogenannte Esplanade, war durch etwa mannshohe Barrieren, die Hauptzufahrt durch ein Drehtor abgesperrt, zu dem sich eine Zeichnung Schlauns erhalten hat (Kat.-Nr. 75.120–122). Übrigens gibt der Generalplan (Kat.-Nr. 75.11) keinerlei Aufschluß über die Frage, wie sich Schlaun den Anschluß an die Promenaden am Flußloch und an der Windmühlenschanze gedacht hat. Er trägt einseitig den Interessen des Schloßbewohners Rechnung, denn die Esplanade wäre eine vollkommene Unterbrechung der städtischen Promenade gewesen.

Die Gebäude der Schloßanlage sind allesamt mit schiefergedeckten Mansarddächern ausgezeichnet und sorgfältig in der Höhe gestaffelt. Der Blick passiert zunächst die niedrigen eingeschossigen Wachthäuser, die quergelagerten Magazinhäuser und Wagenremisen weisen über den Fenstern noch Tafeln auf, sind also bereits etwas höher, dann die zweigeschossigen Marställe mit einem Mittelrisalit und schließlich das dreigeschossige Schloß auf hohem Kellergeschoß, in der Mitte noch einmal erhöht mit der Attika, die auf den mehr als zweigeschossigen Festsaal im Innern verweist, wodurch das Mansarddach gleichsam ein Geschoß höher liegt und zudem noch von dem Glockenturm überragt wird.

Schlaun steigerte die Bedeutung der einzelnen Bauteile durch die Hierarchie des Materials und die Formen des Dekorums. Betrachtet man die historischen Aufnahmen und zeitgenössische Veduten (Abb. 3–6), so fällt auf, daß alle Bauten der Residenz durch den Wechsel von Backstein und Werkstein bestimmt sind, wobei allerdings der konstatierten Staffelung der Bauteile die sukzessive Steigerung des Anteils an gelbem Baumberger Sandstein entspricht, bis am Mittelpavillon der Backstein nur noch als Folie der gleichsam überbordenden Würdeformen in Werkstein erscheint.

Es ist von der Forschung bereits darauf hingewiesen worden, daß sich Schlaun in der Gesamtkonzeption eng an seinen Entwurf von 1732/33 anschließt: »Der Kernbezirk der Residenz, die Gruppierung der Gebäude um den Schloßplatz herum (und natürlich auch die achsiale Beziehung zur Stadt) entspricht dem älteren Plan fast völlig, mit der wesentlichen Einschränkung, daß der Schloßbau selbst eine Dreiflügelanlage geworden ist, und damit die Abfolge der Plätze: cour d'honneur, Schloßplatz, Neuplatz, sich weiter differenziert hat. Am Neuplatz allerdings sind die großen seitlichen Begrenzungsbauten gefallen, eine einfache Grünanlage füllt die Leerzone zwischen Stadt und Residenz. Die komplexe Raumstruktur hat mit dem Verlust der Querachse über den Neuplatz hinweg zwischen Hospital und Kasernenbauten sich wesentlich reduziert auf den eigentlichen Schloßbezirk, dessen Verhältnis zum angrenzenden Neuplatz ambivalent wird. Einerseits öffnet er sich wie vorher auf den breitgelagerten Platz, andererseits verstärkt sich die Tendenz zur Isolierung gegen Platz und Stadt: Die Wassergräben werden um die Wirtschaftsgebäude herumgeführt bis an die beiden Wachhäuser, die mit den sie verbindenden Mauern und Gittern den Bezirk abschließen. Der Inselcharakter der Gesamtanlage verstärkt sich, die Residenz wird wieder zu einem Wasserschloß« (Geisberg 1932).

Beherrschendes Motiv der Schloßfassade ist die elegant geschwungene Front des fünfachsigen zentralen Hauptpavillons, der als massiver Block mit höher liegendem Gebälk wie ein Fremdkörper in den Haupttrakt einschneidet, dessen mittlere drei Achsen konvex vorgewölbt sind, während die seitlichen dazu im Gegenschwung antworten. Das ist das bekannte Borromini-Motiv, das hier ein letztes Mal von Schlaun in festlich gesteigerter Form verwendet wird. Durch den Wechsel der Ordnung von Dreiviertelsäulen im vorschwingenden Teil und Pilastern in den gebogenen Seitenteilen entsteht im Zusammenspiel mit der starken Verkröpfung des Gesimses der Eindruck, als laufe diese Pilastergliederung hinter der Säulenordnung durch, ein Motiv, das Schlaun des öfteren verwendet hat und das ganz und gar römisch ist, aber auch bei Palladio zu studieren war. Erst im Grundriß wird deutlich, daß die Seitenteile jeweils ihren eigenen Mittelpunkt haben und nicht wie bei Borrominis römischem Oratorio Filippo Neri, bei der Liebenburg im Fürstbistum Hildesheim (Kat.-Nr. 76.18), der Residenz Plettenbergs in Wittem (Kat.-Nr. 22) oder letztlich beim Mittelrisalit des Erbdrostenhofes (Kat.-Nr. 59) zu einer großen konkaven Schauwand verbunden sind. Die geschwungenen Nebenachsen der Residenz erwecken nur den Anschein, spiegeln am Außenbau die hinter den Fenstern der Außenachsen gelegenen hochrangigen Anräume des Festsaals, der mit seinem Oval in diese hineinragt.

Bereits in der Planung von 1732/33 hatte Schlaun einen Mittelpavillon projektiert, der in den zentralen drei Achsen konvex vortrat, während die äußeren Achsen plan schließen sollten. Man kann diese Anordnung klar erkennen, auch wenn nur ein Umrißplan vorliegt (Kat.-Nr. 27.3). Schlaun behält diese Disposition noch 1766 in den ersten beiden Planstufen bei (Kat.-Nr. 75.1, 2, 4). Man hat bisher übersehen, daß sich auch die gebaute Fassade eng an die Planungen für Clemens August anschließt, man muß sich nur an das erste Clemenskirchenprojekt halten, deren Fassade selbstverständlich auf die geplante Schloßfassade bezogen war (vgl. Kat.-Nr. 44.1 mit 27.3). Die fünfachsigen Fassaden treten in den mittleren drei Achsen konvex hervor und sind durch eine aufgesockelte, von Pilastern hinterlegte korinthische Kolossalordnung ausgezeichnet, am Schloß kolossale Halbsäulen, an der Schloßkirche kolossale Pilaster. Während bei der Kirche eine Freitreppe in den ›Festsaal‹ führt, gelangt man am Schloß durch die rustizierte Sockelzone erst in das Vestibül. Der Festsaal liegt im Obergeschoß, ein Queroval wie bei der Schloßkirche, denn von hier aus erst klärt sich diese Grundrißdisposition. Die Kirche sollte als Schloßkirche bereits 1732/33 als gleichsam sakraler Festsaal den ranghöchsten Raum im Fürstbistum Münster abbilden, den ovalen Festsaal im Schloß, in dessen Genealogie die vornehmsten Schloß- und Palastbauten vertreten waren, etwa Vaux-Le-Vicomte (1655–61), dessen geschwungener doppelgeschossiger Zentralraum wie aufgeladen mit räumlicher Energie beschrieben wurde, der die reale Anwesenheit des Fürsten in seinem Ausbrechen aus der Flucht der Fassaden in Architektur faßt.

Sowohl bei der Kirche als auch beim Schloß wird der Saal durch das Vorwölben der Fassade vorbereitet und jeweils über beide Geschosse mit der korinthischen Kolossalordnung instrumentiert. Auch der vortretende Dreiecksgiebel entstammt der Planung für Clemens August, versehen mit einem Skulpturenprogramm und dem Wappen. Beide Male sind als Binnenformen Rahmen verwendet worden. Die mittlere Achse hat Schlaun optisch verbreitert, indem er jedesmal auf die Hinterlegung der Pilaster bzw. Halbsäulen verzichtete. An dieser Stelle wird mit dem zentralen Balkon gleichsam die Benediktionsloggia des Kölner Erzbischofs in Münster präsentiert. Im Zusammenhang mit der Fassadengestaltung der Münsteraner Hofkirche, an anderer Stelle als Zitat von Berninis St. Peter-Fassade in Rom beschrieben (Kat.-Nr. 44), wird klar, daß Schlaun auch am Ende seines Lebens noch immer am römi-

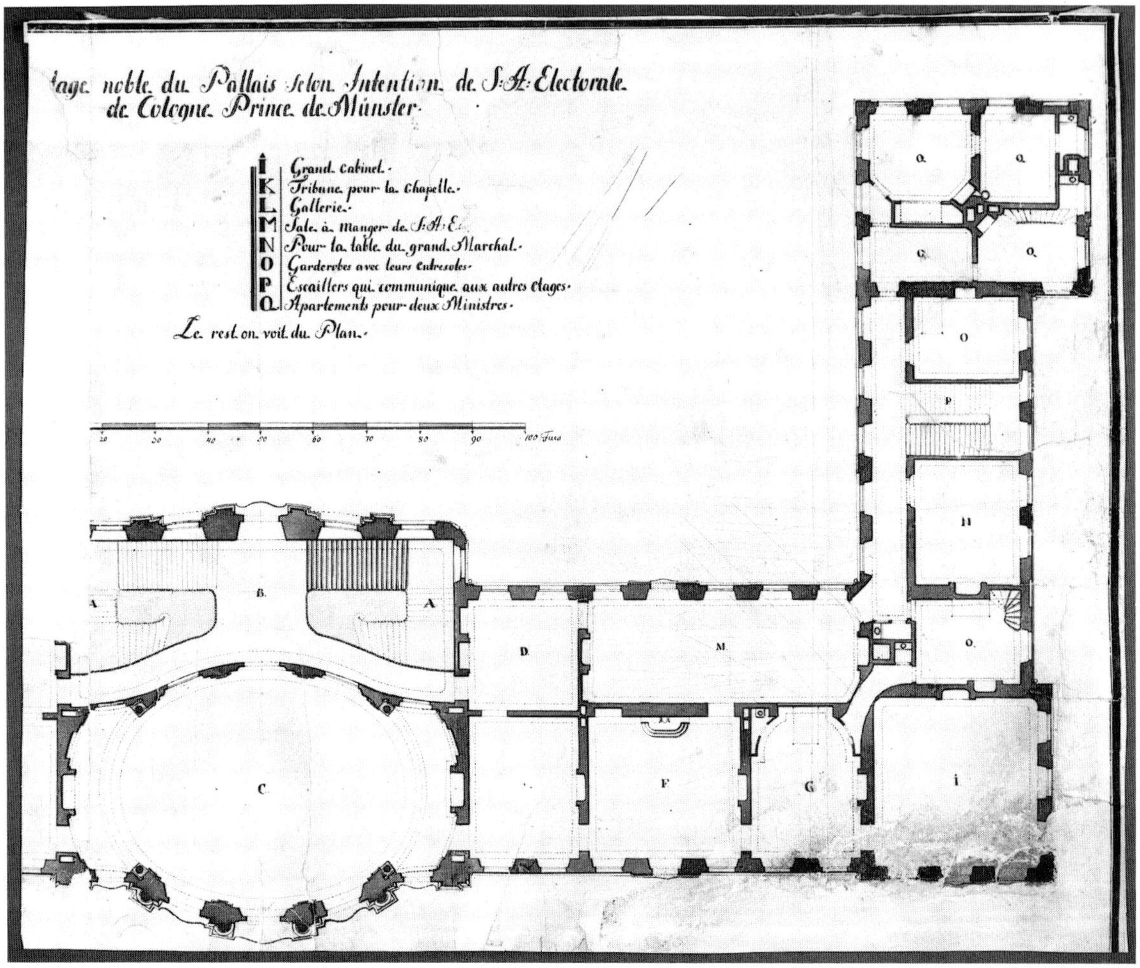

75.1 Residenzschloß Münster, Grundrißfragment Hauptgeschoß

schen Formenapparat festhielt. Der Mittelpavillon war offenbar, abgesehen vielleicht von einigen Details, bereits in ganz ähnlicher Form für Clemens August geplant. Es ist zu vermuten, daß Schlaun die Pläne in der Schublade hatte und sie bei der Erneuerung des Auftrags dem Kurfürsten Maximilian Friedrich vorlegte, der zwar einen Dreiflügelbau mit Ehrenhof verlangte, gegen den mächtigen Mittelpavillon aber offenbar nichts einzuwenden hatte.

Man kann davon ausgehen, daß in der Residenzplanung Schlauns für Clemens August das mittlere Fenster der Étage noble zunächst als Serliana ausgebildet war, als Referenz an dessen Residenz Augustusburg in Brühl (Kat.-Nr. 16.4, 5). Noch bei den ersten Planungen für den Mittelrisalit des Marstalls zeichnete Schlaun eine Serliana (Kat.-Nr. 75.100-102), was er auf Anordnung des Kurfürsten jedoch in einen aufgebogenen Giebel abändern mußte von der Form, wie sie der Fürstenstuhl in der Schloßkapelle und vor allem die ausgeführte Schloßfassade an eben der Stelle aufweist (Abb. 41 – Kat.-Nr. 75.108).

Die Serliana als Zitat von Brühl war in Münster bereits prominent präsent, nämlich am Erbdrostenhof (Kat.-Nr. 59). Der Erbdroste von Vischering hatte das Stadtpalais entgegen der Tradition in Anlehnung an die bereits benannten Residenzplanungen Schlauns vom selben Architekten errichten lassen, um dem Kurfürsten Clemens August anstelle des Fraterhauses ein angemessenes Appartement in Münster anbieten zu können.

Auch die Fassade des Erbdrostenhofes erweist sich als ein in den Einzelheiten ›verbessertes‹, in der Grunddisposition der Bestandteile der Instrumentierung wörtliches Zitat von Brühl. In Münster wäre der Bezug auf die Fassade der Hofkirche von 1732/33 evident gewesen, deren Rhythmus mit drei zentralen und zwei begleitenden Achsen des Mittelrisalits und der kolossalen Pilasterordnung mit der Serliana wieder aufgenommen wird, während das Rundbogenfenster, das hier in großer Geste das Gebälk durchstößt, zwar in Brühl noch als Rezeption der kaiserlichen Hofbibliothek Fischer von Erlachs in Wien zu begreifen ist, sich hier aber eindeutig als Rückgriff auf die kurfürstliche Form aus Brühl erweist. Auch das erhöhte Gebälk des zweigeschossigen Festsaals, die Rustika im Erdgeschoß wie die hier ausschließliche Verwendung des Werksteins am Mittelrisalit gegenüber den rangniedrigeren Seitenflügeln erweisen den Erbdrostenhof trotz aller Großartigkeit der Erfindung in Schlauns Ordnungssystem als von der Hofkirche bzw. dem projektierten Residenzschloß abhängig. Bezeichnenderweise hat Schlaun die drei mittleren Achsen des Erbdrostenhofes nicht vortreten lassen, was ja durchaus möglich gewesen wäre und als Lösung mindestens ebenso elegant hätte ausfallen können. Das prominenteste Beispiel dafür waren die Pläne Lucas von Hildebrandts für die Wiener Hofburg von 1724/25, Auftraggeber war Kaiser Karl VI., der mit der Fassade zur Stadt ein im Prinzip ähnliches Problem zu lösen hatte wie Schlaun: einen repräsentativen Platz zu schaffen an einer Kreuzung, die durch zwei im stumpfen Winkel aufeinanderstoßende Straßen gebildet wurde. Hildebrandt läßt die Arme zurückschwingen und setzt dagegen ins Zentrum das Kreissegment eines Zentralbaus: mit einladener Geste schafft er damit zunächst Raum, um dann im Gegenzug eine nobilitierte Würdeform im Zentrum

7 Residenzschloß Münster, Ansicht der Stadtfassade (1919)

repräsentativ vortreten zu lassen. Falls Schlaun in Wien war, hat er die Lösung Hildebrandts gesehen, denn dieser hatte den Zugang zur Hofburg bereits 1712 errichtet. Er wurde 1728 abgerissen, ist jedoch durch Kupferstiche Salomon Kleiners und J. A. Pfeffels verbreitet worden.

Trotz der grundsätzlich verwandten Raumlösung hat Schlaun mit seiner Lösung in der Sprache der Architektur gleichsam eine Verneigung vor dem Landesherrn vollzogen. Denn ansonsten überschritt der Erbdroste mit seinem Bau die Grenze der Convenance erheblich: Ehrenhofgitter, Geschoßhöhe, korinthische Kolossalordnung, die verschwenderische Verwendung des Werksteins und vor allem auch das reiche, nahezu anmaßende ikonographische Programm rückten das Adelspalais in gefährliche Nähe zu Vaux-Le-Vicomte. Hier in Münster ist der Bau vor allem mit dem allein auf Clemens August bezogenen Programm der Porträts von Kaiser und Kurfürst offenbar als gebaute, immerwährende Einladung an den Landesherrn verstanden worden. Mit diesen vom ikonographischen Programm und als Zitat von Brühl kenntlichen Architekturformen des Mittelrisalits einher geht die architekturikonographische Geste der einladend vorschwingenden Flügel. Borromini äußerte über die ausschwingenden Flügel seiner Fassade des Oratorio dei Filippini in Rom: »... als ich die Fassade zeichnete, hatte ich den menschlichen Körper im Sinn (mi figurai il Corpo Umano con le braccia aperte), mit ausgestreckten Armen, als ob er alle umarme, die eintreten.« (Francesco Borromini, Opus Architectonicum, Rom 1725, S. 11)

Schlaun bezieht sich bei der Gestaltung der Residenzflügel auf das vornehmste Münsteraner Adelspalais, um die Hierarchie der Bauteile zu verdeutlichen. Es ist darauf hingewiesen worden, daß die schwingenden Flügel des Erbdrostenhofes gleichsam eine Reminiszenz der in Münster tradierten dreiflügeligen Adelshöfe seien. Gerade der Vergleich mit dem Schloß zeigt, daß der Bau vielmehr als reduzierte Schloßarchitektur zu begreifen ist, gleichsam als Residenzschloß ohne Flügel. Man hat dabei immer zu bedenken, daß Schlaun das Schloß bereits einmal geplant hatte und zwar ohne Flügel, aber mit dominantem Mittelpavillon. Als der Kurfürst 1766 an die Realisierung des Vorhabens ging, hatte er den Erbdrostenhof in allen Formen zu übertreffen, wollte er nicht zum Gespött der Leute werden. Wenn er also in vornehmer Zurückhaltung seinem Architekten befahl, den Bau so anzulegen, daß »das Mauerwerk durchweg aus einer simplen, proportionirlichen Angabe bestehe und keine Ornamente äußerlich mehr angelegt werden sollen, als nur für die Northurfft, auch Ehre und Anständigkeit eines Gnädigsten Landesherren und des Landes erfordern thuen«, so war das eine rhetorische Wendung. Schlaun sollte genau so viel tun, daß der Bau alles übertraf, was bis dahin in Münster stand, und zwar derart, daß die vornehmsten Bauten sich gleichsam als Ableger des Residenzschlosses erweisen, der Fürst also auch architektonisch als Erster unter Ungleichen dastand.

Betrachtet man daraufhin den Aufriß der Seitenflügel, so wird deutlich, daß Schlaun auf die Wandgliederung des Erbdrostenhofs zurückgreift: Kellergeschoß, hohes Erdgeschoß mit hochrechteckigen Fenstern, Étage noble mit Segmentbogenfenstern, die auf einem fast identisch profilierten Gesims sitzen, darüber ein Tafelmotiv, das an der Unterseite an den Fensterbogen angepaßt wurde, darüber die nahezu quadratischen Fenster des Mezzanin, Mansarddach mit Schleppgauben, die Lukarnen sind anders, aber vorhanden, auf dem Dachfirst die rhythmisch angeordneten schlichten, aber mächtigen Kamine. Die Mitten der Seitenflügel sind beim Schloß durch zweiachsige Sandsteinrisalite betont, in der zweiten Planstufe hatten sie nur eine Achse. Auch dieses Motiv, zusammen mit der Bandrustika im Erdgeschoß, übernahm Schlaun vom Erbdrostenhof, die Schlitzblende, die den Außenstreifen optisch verdoppelt, verwendet er an den Risaliten der Flügelfronten. Wie sehr sich der Erbdrostenhof, obwohl älter, als ein auf die Größe eines Adelspalais zugeschnittener Rezeptionsbau der Residenz erweist, zeigt besonders das Vestibül. Bei beiden Bauten fuhr man mit der Kutsche durch den vergitterten Ehrenhof direkt in den Mittelpavillon ein. Das Vestibül ist bei beiden Bauten mit toskanischen Säulen gegliedert – ein Zitat aus Brühl. Doch während sich beim Schloß eine weite Halle auftat, an die sich das zweiteilige repräsentative Treppenhaus anschloß, gab es im Erbdrostenhof zwar auch eine Halle, deren Treppenantritte endeten jedoch an den seitlichen Türen.

Die Stände hatten auf der Verbreiterung der Flügel bestanden, was sich zwar vorteilhaft auf die Gesamtproportionen auswirkte, jedoch regelwidrig gerade Achsenzahlen an der Fassade zur Folge hatte. Schlaun war gezwungen, die Mittelrisalite und -tafeln an den Flügelfronten und am Corps de logis zweiachsig aufzuführen. Das hatte kein geringerer als François de Cuvilliés bereits einmal machen müssen, und zwar bei einem Bau, den Schlaun ge-

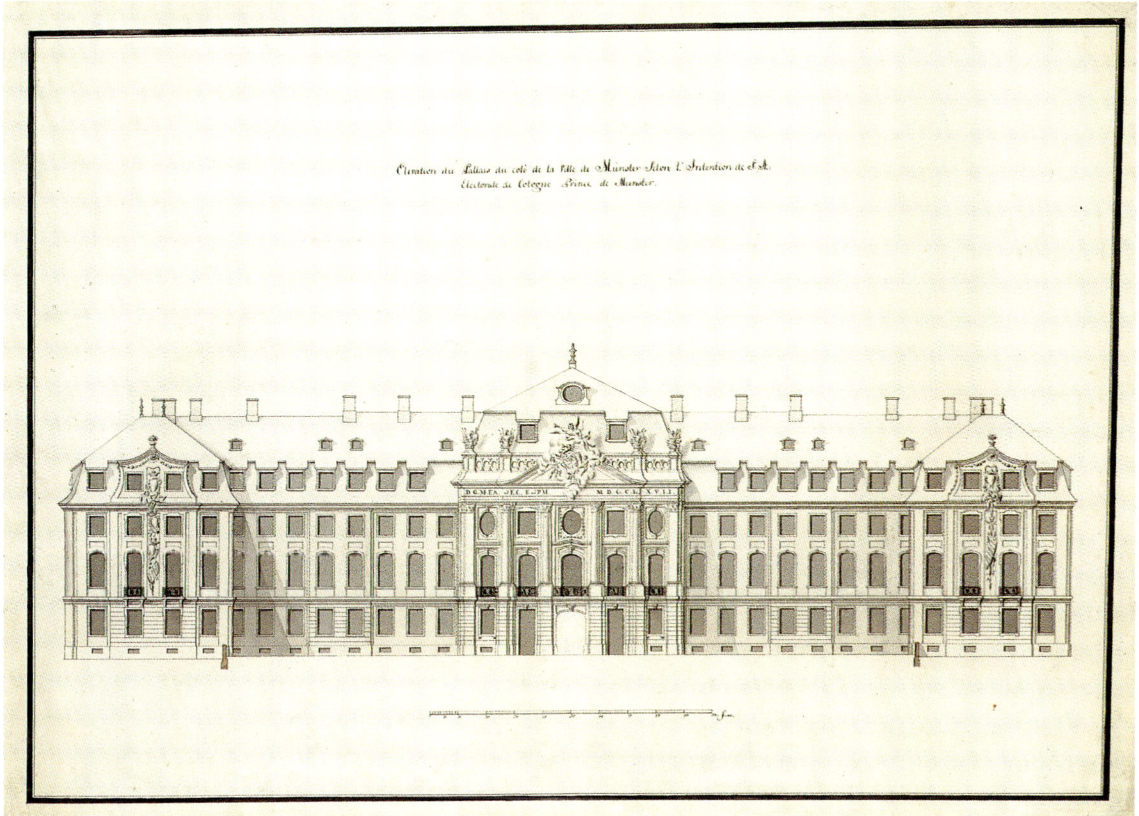

75.14 Residenzschloß Münster, Aufriß der Stadtfassade, 3. Planstufe

nau kannte und dessen Gartenfassade es nun zu übertreffen galt: das Jagd- und Residenzschloß Augustusburg in Brühl (Kat.-Nr. 16). Schlaun hatte bei seinem Umbau einen zweiten Eckturm als Schloßkapelle an den Corps de logis angefügt. Nach dessen Entlassung war Cuvilliés gezwungen, einen vierachsigen Mittelrisalit zu entwerfen, der nach Abriß des Turmes asymmetrisch als leicht verrutschter Point de vue der Gartenseite vorgeblendet war. Auch mußte sich der Kurfürst damit abfinden, daß im Zentrum der Gartenachse gleichsam nichts war, ein leeres Feld. Immerhin schuf Cuvilliés Ausgleich, indem er das breite Feld zwischen den beiden Risalitachsen mit Bauskulptur füllte, im oberen Feld Putten mit Falken, im unteren Feld ein Gehänge mit einem erbeuteten Reiher und Falknergerät, alles überragt von der mächtigen Waffentrophäe mit zwei posauneblasenden Engeln.

Den Zwang, in Münster vier Achsen repräsentativ zu gliedern, nutzte Schlaun, indem er auf Cuvilliés' Gartenfassade in Brühl verwies. Für das leere Mittelfeld des zweiachsigen Sandsteinrisalits plante er je ein festliches Gehänge, dessen ikonographisches Programm den Anteil der Stände am Schloßbau präsentierte, deren Embleme jedoch den Symbolen der guten Regierung des Kurfürsten unterstellt wurden: Schwert und Buch – Arma et Litterae (Kat.-Nr. 75.14). Auch das volutenförmig geschweifte Tafelfeld des Giebels der Flügelfronten, das den nur durch Streifen gegliederten Risalit oben abschließt, ist als Rahmenform und Trägerfeld der Skulptur dem Dreiecksgiebel des Mittelrisalits deutlich untergeordnet, ganz im Gegensatz zu Brühl, wo sich die Fronten an der Ehrenhofseite durch die Ordnung, das Dekorum und die ebenfalls gleiche Höhe des Hauptgesimses einheitlich, d. h. von einer Hand, dem Kurfürsten, beherrscht erweisen. Um das Zitat von Brühl deutlich zu markieren, hat Schlaun in der Ausführung anders als in der zweiten Planstufe (Kat.-Nr. 75.2) runde Ecken geplant, die auch in Brühl (Kat.-Nr. 16.4) auf römische Formen verwiesen, jedoch ganz anders etwa als in Pommersfelden die Aufgabe hatten, die mittelalterlichen Rundtürme vorzubereiten, die in der ersten Planung der Augustusburg stehen bleiben sollten. Erst nachdem die Entscheidung gefallen war, die Rundtürme zu eliminieren, waren die runden Ecken ohne jeden weiteren formalen Bezug zum Bau gleichsam zitierfähig, was ja dann auch wirklich geschah (vgl. Kat.-Nr. 21 und 63).

DIE GARTENFASSADE

Während die Seitenfassaden des Schlosses relativ schlicht gestaltet sind (Kat.-Nr. 75.20-21), entfaltet sich die breit gelagerte Westfassade beherrschend über dem Garten, die Baumasse durch eine Staffelung in drei Baukompartimente gegliedert (Abb. 8). Am Mittelpavillon führt Schlaun das ganze Instrumentarium barocker Würdeformen vor, allerdings in gegenüber der Stadtseite reduzierten Formen. An die Stelle der Säule tritt die Pilasterordnung, die äußeren Achsen erhalten gegenüber einer Vorplanung (Kat.-Nr. 75.15, 17) kolossale Doppelstreifen, die auch in der Rustika des Erdgeschosses abgebildet werden, eine Attika fehlt. Der dreiachsige Mittelrisalit verweist mit dem leicht konvexen Vortreten der mittleren Achse auf den hinter dem Treppenhaus liegenden Festsaal; nur in dieser Achse wird das Motiv der Balkone der Stadtseite wiederholt. Die Ecken des Mittelpavillons sind abgerundet, das wird formal an der Abstufung des Mittelbaus (am Ende des Speisesaals) wiederholt. Zwei- bzw. einachsige Tafeln zentrieren die Fassadenabschnitte, die Mansardfenster sorgen in Verbindung mit den mächtigen Kaminen für die nötige Rhythmisierung. Insgesamt ist die Fassade auf den architektonischen Garten bezogen (Kat.-Nr. 75.11). Ihre Abstufung wird von der gefaßten Mittelachse über die Parterres, Nebenachsen und Bosketts zu den höher führenden seitlichen Alleen und dem hochliegenen Rondell aufgenommen.

Analyse der Form

ERSTE PLANSTUFE 1766

Die erste Planstufe ist nur durch ein Grundrißfragment der Étage noble überliefert mit einem als Durchfahrt gestalteten Vestibül und dem doppelläufigen Treppenhaus mit einer Brücke zum zweigeschossigen Festsaal (Kat.-Nr. 75.1, S. 700). Diese Disposition, die offensichtlich auf die Planungen von 1732/33 zurückgeht, hat Schlaun durch alle Entwurfsphasen bis zur Ausführung beibehalten. Auch die anschließende Folge der Staatsräume mit Antichambre, Audienzzimmer, Schlafzimmer und großem Kabinett mit Garderobe an der großen Enfilade der Stadtseite, an der Gartenseite Gardesaal und Speisezimmer, ist später weitgehend realisiert worden, wenn auch das Kabinett zur zweiten Antichambre und die Raumfolge in gleich große, je dreiachsige Räume harmonisiert wurden. Der oder die Flügel mit Nebentreppenhaus und Ministerappartement in den Pavillons, die durch einen Gang erschlossen werden sollten, zeigen eine der Ausführung verwandte Raumverteilung. Den ersten Entwurf verbindet mit der Ausführung eine weitere Besonderheit, die in der zweiten Planstufe kurzfristig eliminiert wurde: Die Aufteilung der Fassaden der Flügelbauten in vier Achsen, bei denen die beiden mittleren durch ein gemeinsames Tafelmotiv hervorgehoben sind. Wie oben gezeigt, ist auch dieses seltene Motiv ein Zitat der Gartenfassade von Brühl.

Allerdings sind die Flügel zum Garten hin orientiert, was ungewöhnlich ist, denn in der Regel wurde der Ehrenhof nach dem Beispiel Versailles der Stadt zugeordnet. Es steht zu vermuten, daß der Kurfürst diese Disposition zunächst forderte und dann wieder verwarf. Als Vorbild stand ihm Schlauns erster Gesamtplan für Brühl zur Verfügung, wo der Ehrenhof ebenfalls zum Garten hin orientiert war, während die Stadtseite mit den großen Rundtürmen eher wehrhaft abweisend wirkte (Kat.-Nr. 16.3, 5). In Brühl hat man auf Einspruch des kurfürstlichen Bruders Karl Albrecht Cuvilliés und Girard damit beauftragt, den Garten unter einer repräsentativen Treppenanlage mit Terrasse an der Südseite anzulegen, Galerien vermittelten zwischen Schloß und Stadt.

In Versailles war die Ehrenhofseite mit dem Schlafzimmer des Königs der Stadt Paris zugewandt, man könnte auch sagen, gleichsam einladend geöffnet, während die Gartenseite, auf den zu disziplinierenden Adel bezogen, als geschlossene Schaufront mit großer Ordnung hoheitsvolle Dominanz demonstrierte. Architekturikonographisch könnte man die ablehnende Haltung des ersten Entwurfs gleichsam als einen Akt der Unfreundlichkeit gegenüber der Stadt Münster ansehen, der der Fürst die ›Privatheit‹ seines Ehrenhofes vorzuenthalten gedachte.

Bereits in dieser Planstufe bereitet Schlaun die Form des Festsaals an der Fassade vor, indem er die Ausbuchtung des Querovals in den mittleren drei Achsen des Mittelrisalits konvex vortreten läßt und mit einer von Pilastern hinterlegten kolossalen Säulenordnung auszeichnet. Gegenüber dem Ausführungsentwurf fehlt hier allerdings der Gegenschwung der äußeren Travéen, andererseits ist die zentrale Achse bereits durch das Fehlen der Pilasterhinterlegung wie in der Ausführung optisch verbreitert worden. Die drei Achsen der Eckrisalite und die sieben Achsen des Corps de logis erhalten ihre Zentrierung jeweils durch ein Tafelmotiv. An der Garten- oder Ehrenhofseite sollte der Mittelrisalit auf-

8 Residenzschloß Münster, Ansicht der Gartenfassade (um 1900)

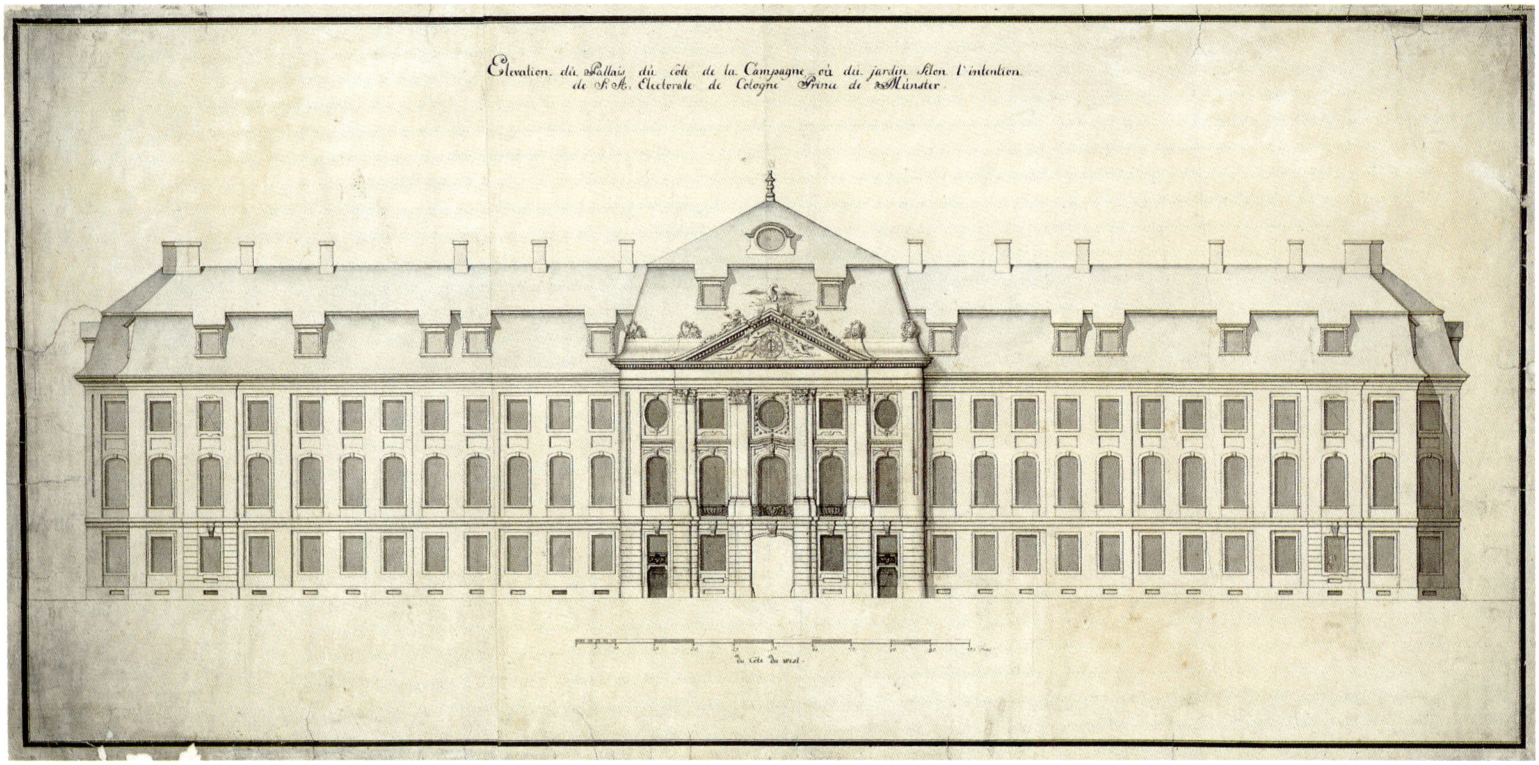

75.3 Residenzschloß Münster, Aufriß der Gartenseite, 2. Planstufe

grund des dort angeordneten Treppenhauses um eine Achse vortreten. Auch dort wird der Schwung des Festsaals durch das Hervortreten einer großen Pilasterordnung vorbereitet. Die Ecken des Treppenhauses sind abgerundet – ein Verweis auf Schloß Augustusburg in Brühl. Doch tritt das Motiv in dieser Planstufe ausschließlich am Treppenhausrisalit auf, ein Hinweis auf das Vorbild der Bauten der geistlichen Reichsfürstenfamilie der Schönborn, ihrer Grabkapelle am Dom zu Würzburg und dem repräsentativen Zeremonial-Treppenhausbau in Pommersfelden. Die runde Ecke ist also nicht als ein bloßes Überleitungsmotiv oder gar als stilistische Eigenart Schlauns zu verstehen, sondern als ein Zitat, mit dem man sich an die Bauformen des geistlichen Machtimperiums der Schönborn anschloß.

In eben diesem Sinn, als Zitat, hat man auch das Oval des Festsaals und der Hofkirche zu verstehen, das Schlaun bereits 1732/33 als Leitform der Festsäle im Schloß und in der Hofkirche vorgesehen hatte. Die ›ovalreichen‹ Planungen in Würzburg von 1719/21 (erste Mainzer Bauplanung, Maximilian von Welsch) müssen während des Aufenthalts von Schlaun in Würzburg Tagesgespräch gewesen sein. Die geplante Hofkirche im Oval bleibt bekanntermaßen als Form bestehen, der Inhalt, die Hofkirche, wandert in Würzburg wie in Münster in den Flügel. Die architekturikonographisch auf einen Sakralbau verweisende Form bleibt in Würzburg dem Oval verhaftet. Schlaun überträgt diese Form auf den Festsaal und damit auf den Mittelpavillon, der architektonisch allein auf den Kurfürsten bezogen ist. Das Motiv des Ovalraums ist zwar seiner Herkunft aus dem päpstlichen Sakralraum nach römisch, hier jedoch als Ausweis geistlicher Macht im Heiligen Römischen Reich Deutscher Nation zu verstehen. Der Kurfürst definiert sich über die imperialen Bauten der reichsgeistlichen Herrschaft der Schönborn verbunden mit dem Zitat seiner Brühler Residenz, das zugleich die Kontinuität der Herrschaft der Kölner Kurfürsten in Münster deutlich macht.

Als am Ende Schlaun beauftragt wird, über dem Oval des Festsaals die Laterne aufzustellen, wie sie die 1740 publizierte, doch bereits 1722/23 aufgenommene Ansicht Kleiners der Würzburger Residenz mit der Hofkirche im Oval überliefert, wird mit diesem Motiv aus dem Festsaal des Fürstbischofs von Münster architekturikonographisch ein Sakralraum. Daß Kleiners Ansicht den Hauptpavillon von Würzburg mit großer Ordnung und der Serliana als zentralem Motiv der Étage noble ausweist, die Schlaun bereits in Brühl und auch 1732/33 als dem Bischof angemessene Würdeform an der Hofkirche und ver-

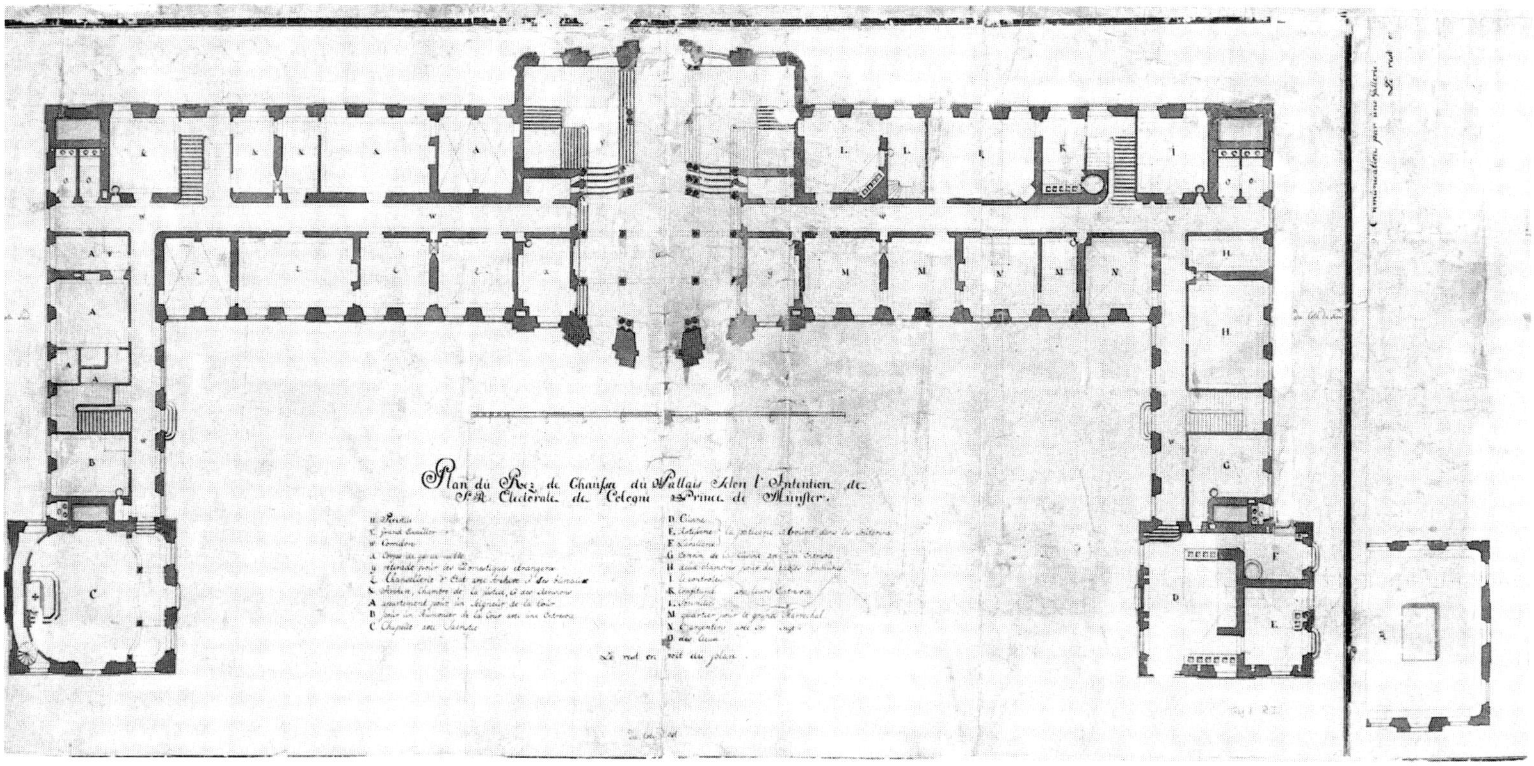

75.4 Residenzschloß Münster, Grundriß Erdgeschoß, 2. Planstufe

mutlich auch an der Schloßfassade anbrachte, zeigt nur noch einmal Schlauns Bemühungen, so etwas wie eine durchgängige Architekturikonographie der Kölner Kurfürsten in Münster zu schaffen.

ZWEITE PLANSTUFE 1766/67

Die zweite Planstufe, die bereits Geisberg in seinem Inventarband nach den Quellen rekonstruiert hatte und die 1973 von Bußmann nach dem Planfund von 1939 im Landesmuseum Münster weitgehend bestätigt wurde – es handelte sich um Grundrisse von Erd- und Mansardgeschoß und den Aufriß der Gartenseite des Schlosses (Kat.-Nr. 75.3–7) –, kann aufgrund eines weiteren Planfunds im Staatsarchiv Bückeburg, einer Kopie von Johann Conrad Güding nach dem Originalplan Schlauns der Stadtfassade, näher bestimmt werden (Kat.-Nr. 75.2).

Die Ausbildung der vortretenden Fassaden des Mittelpavillons zur Stadt- und Gartenseite folgt dem ersten Entwurf (Kat.-Nr. 75.1) ohne die Schrägstellung der Pilaster der äußeren Achse an der Stadtseite, durch die erst der Gegenschwung der Fassade zu dem konvexen Hervortreten der beiden mittleren Achsen erzielt wird (vgl. Ausführung – Kat.-Nr. 75.24ff). Auch hier tritt die ›runde Ecke‹ noch ausschließlich am Treppenhauspavillon auf. Allerdings gibt es einen bislang nicht beachteten fragmentarischen Erdgeschoßgrundriß (Kat.-Nr. 75.6), der die Seitenfassade der Schloßkapelle, dreiachsig mit Mitteltafel, konvex vortreten läßt und damit ihre Funktion als Sakralraum in Parallele zu der Vorbereitung des Festsaals am Mittelpavillon bereits am Außenbau ankündigt. Dieses Motiv wird in der Ausführung beibehalten.

Die Gartenfassade (Kat.-Nr. 75.3) zeigt eine »recht altmodische Gliederung im Dreierrhythmus. Beherrschendes Motiv der Fassadenordnung ist der Mittelpavillon mit seinem Risalit.« An den Enden der Fassade bilden drei Achsen durch das Tafelmotiv mit den begleitenden Streifenrahmen eine Art Scheinrisalit aus. »Zwischen ihnen und dem Mittelpavillon geben wieder zwei ein wenig hervorgehobene Achsen die Mitte an, um die sich wiederum je drei Fensterachsen gruppieren. Außer dem Mittelrisalit tritt jedoch keine Achse der Fassade stärker vor, auch das Mansarddach, in dem die Fenster die Fassadengliederung noch einmal akzentuieren, läuft gerade durch, so daß sich bei der Länge der Fassade eine gewisse Monotonie einstellt.« Winter hat recht, wenn er behauptet, daß formal die Gartenfassade – und das gilt genauso für die Stadtfassade – dieser Planstufe in Einzelteile zergliedert wurde, die »dann durch formale Verwechselbarkeit wieder zusammenzufügen« sind, und daß der Mittelpavillon aus dieser

Konzeption völlig herausfällt, daß ihm »weder aufgrund der Motivik noch der Gliederung eine Möglichkeit des Dialogs gegeben ist, ganz entgegen der Bildung von Corps de logis und Außenflügel, die ja recht eng verbunden werden«. Die Problematik einer solchen Betrachtungsweise liegt darin, nicht zu fragen, warum das so ist, sondern die Fassade als ein abstraktes Gebilde zu begreifen, an dem ein Gestaltungskünstler nach der formal befriedigenden Lösung sucht. Schlaun war jedoch kein Fassadenkünstler, sondern er suchte seine Bauten streng nach den Regeln der französischen Akademietradition zu disponieren und das Innere am Außenbau kenntlich zu machen. Daß es dabei zu Konflikten kam, versteht sich von selbst.

Der zweite Entwurf, vor allem die Formulierung der Stadtfassade (Kat.-Nr. 75.2–4), hatte sowohl den Kurfürsten wie auch das Domkapitel zu erheblicher Kritik aufgerufen, die in Anbetracht der Langeweile, die dieser bis auf den Mittelpavillon nahezu akzentlose ›Kasernenbau‹ verbreitet hätte, durchaus berechtigt war. Zweimal neun Achsen Corps de logis an beiden Seiten, lediglich die mittlere Achse jeweils durch ein Tafelmotiv herausgehoben, erscheinen gegenüber den schwachen dreiachsigen Flügelfronten als endlose Reihung von Fensterachsen, hinter denen man eher Büroräume als Paradegemächer vermuten würde. Demgegenüber ist der Mittelpavillon sehr dominant. Nur er durchbricht die einheitliche Dachlinie. Die vor allem an der Fassade zur Stadt monotone Setzung der Schleppgauben des Mansarddaches und die zaghafte Rhythmisierung der Kamine verstärken diesen Eindruck noch.

Dem Domkapitels war wohl klar geworden, daß architekturikonographisch der Fürst im zentralen Pavillon repräsentierte, während der Anteil der Stände gleichsam in der monotonen Reihung der äußerst sparsam akzentuierten Flügel zum Ausdruck kam, die in ihrem architektonischen Rang tief unter dem Mittelbau stehen. Durch das Fehlen jeglicher staffelnder Elemente, der gleichförmigen Rhythmisierung und der durchlaufenden Fensterreihungen und Gesimse scheint an der Stadtfassade der Corps de logis geradezu hinter dem Mittelpavillon durchgeschoben, so als stünde dieser gleichsam vor einem stark vergrößerten Adelshof oder einer Domkurie, einem Dreiflügelbau mit Ehrenhof, wie sie in Münster seit etwa 1700 geplant und errichtet wurden.

Der Mitttelpavillon dagegen fährt das gesamte Instrumentarium höfischer Pracht- und Machtentfaltung auf und demonstriert mit der hoch aufgesockelten Kolossalordnung die Hierarchisierung der ständischen Gesellschaft. Vergleicht man das Projekt mit den Planungen Schlauns für die Schloßkirche des Kurfürsten Clemens August von 1732/33 (Kat.-Nr. 44.1–2), so wird deutlich, daß das Verhältnis der dortigen Ordnungssysteme von Hofkirche und Kloster genau dem entspricht, das Schlaun für den fürstlichen Mittelpavillon und den ›ständischen‹ Corps de logis mit den Flügelfronten entwirft. Dasselbe Prinzip wandte Schlaun im übrigen am Zuchthaus an, dem frühesten Repräsentationsbau des Kurfürsten in Münster (vgl. Matzner 1995), wo der Fürst lediglich durch Dreiecksgiebel, Wappen und Freitreppe an dem geschwungenen Mittelrisalit der beiden Zuchthausflügel präsent ist, eine nur symbolische Würdeform, da das Zuchthaus zwar Stiftung des Kurfürsten war, er darin jedoch verständlicherweise keinen Raumbedarf anmelden wollte. Bei der Ausführung des ikonographischen Programms durch den Bildhauer Joseph Ignatius Feill waren die Flügelfronten den Ständen vorbehalten, während das Programm des Mittelbaus selbstverständlich auf den Kurfürsten bezogen war. Leider hat sich zu der zweiten Planstufe kein Grundriß der Étage noble erhalten. Aufgrund der schriftlich fixierten Auseinandersetzung mit dem Domkapitel und des erhaltenen Grundrißfragments der Étage noble der ersten Planstufe kann man jedoch davon ausgehen, daß die Distribution bis auf die markierten, allerdings bedeutenden Änderungen der Ausführung entsprach.

Der Minister Fürstenberg hätte demnach im nördlichen Flügelpavillon sein Appartement gehabt, ein an sich würdiger Raum der Schloßkapelle gegenüber. Durch die Verlagerung der Sakralbauformen auf den Mittelpavillon und das sparsame Dekorum in Verbindung mit den geringen Ausmaßen (zwei mal drei gegen insgesamt 29 Achsen) bedeutete das jedoch eine erhebliche Abwertung des mächtigsten Vertreters des Fürstbistums Münster am kurfürstlichen Hof. Vermutlich war es Fürstenberg, der das Domkapitel davon überzeugte, daß die Forderung nach Verbreiterung der Flügel ein politisch wichtiges Ziel nach würdevoller Repräsentanz der Stände an der Residenz des Kurfürsten wäre, eine Baumaßnahme, die sie ja immerhin in der Hauptsache bezahlten.

Auch im Ausführungsentwurf (Kat.-Nr. 75.18) unterscheiden sich die Flügelpavillons nur durch die ausschwingende Altarwand der Schloßkapelle voneinander. Schließlich wurde sogar das ikonographische Programm weitgegend angeglichen. Am Ende war für Fürstenberg das zunächst für den Obristmarschall vorgesehene Appartement unmittelbar unter dem Staatsappartement des Kurfürsten vorgesehen; der Obristmarschall, 1767 bekleidete Clemens Reichsgraf von Merveldt, Droste zu Wolbeck, dieses Amt, sollte dagegen die Wohnung unter dem symmetrisch dazu angelegten Appartement im Nordteil des Corps de logis beziehen. Die höchsten Hofämter in Münster waren also gleichsam der Rustika des Erdgeschosses zugeordnet, auf ihren Schultern ruhte die Last der Regierung, während über ihnen die Étage noble dem Regenten zugeordnet war.

DRITTE PLANSTUFE 1767/68 – AUSFÜHRUNG

Daß der Kurfürst bei der architektonischen Umsetzung seiner Machtansprüche in Münster Kompromisse eingehen mußte, zeigt auch die Änderung der monumentalen Bauinschrift am Hauptpavillon (Abb. 2, 7). Der Entwurf der Fassade der Stadtseite (Kat.-Nr. 75.14, S. 703) – es handelt sich nicht um den Ausführungsentwurf, der nicht erhalten ist – zeigt die schlichte Buchstabenfolge D.G.M.F.A.E.C.E.P.M. M.D.C.C.L.X.V.I.I.: Dei Gratia Maximiliano Friderico Archiepiscopo Electori Coloniensi et Pontifici Monasteriensi 1767. Von den Ständen ist hier keine Rede. Das Programm des Mittelpavillons ist wesentlich martialischer geplant: die Attika war mit Harnischen, Wappen und Fahnen besetzt. In der Ausführung sind auch die Buchstaben D.G. für Dei Gratia durch den kurzen Hinweis auf die Stiftung der Stände, aber auch durch eine erweiterte Panegyrik, in der der vornehme Fürst als Vater des Vaterlandes angesprochen wird, ergänzt worden: Principi Optimo Patri Patriae Ordines Monasterienses (AR.EL.C.E.P.M.PRINC.OPT.P.P.ORDD.MON. MDCCLXVII). Auch wurde das ikonographische Programm verändert, denn jetzt war Platz geschaffen in den Mittelfeldern zwischen dem zentralen Achsenpaar (vgl. unten).

Eine ganz entscheidende Veränderung im Hinblick auf die architektonische Disziplinierung der Stadt sowohl formaler als auch inhaltlicher Art bedeutete das Aufsetzen des Glockenturms mit der Uhr, der zwar in den Grundrissen eingezeichnet ist, in den Aufrissen aber erst in den Dachkonstruktionszeichnungen erscheint (Kat.-Nr. 75.34, 75.68). Mit der oben beschriebenen Inanspruchnahme sakraler Formen durch den Kurfürsten ist es nämlich nicht getan. Mit Glockenturm und Uhr verdeutlicht der Fürst zugleich seine Inbesitznahme der Zeit, ein uralter Topos, der vom Mittelalter, als die Städte der Kirche durch den Bau von Glockentürmen die vorher gleichsam kirchliche Zeit streitig machten, bis hin zu Don Camillo und Pepone, wo die kirchlichen Uhren anders gingen als die der kommunistischen Partei, reicht. Die Uhr darf hier nicht als Vanitas-Symbol verstanden werden. In dieser Funktion tritt sie an der Gartenseite auf (Kat.-Nr. 75.17, Abb. 8), wo sie im Dreiecksgiebel von Chronos begleitet wird und im Zusammenhang mit der Sanduhr auf die Vergänglichkeit der irdischen Herrschaft Maximilian Friedrichs verweist, der unten über dem Gartenportal als Apoll gefeiert wird. Der Glockenturm mit der Uhr an der Stadtfassade ist auf die gleichsam ewig gedachte Herrschaftsordnung des Ständestaates gerichtet, auf die Kontinuität der Regierung der Kölner Kurfürsten in Münster. Neben den konstatierten Änderungen inhaltlicher Art, also der Bedeutung der Architektur, brachten alle Änderungen auch formale Verbesserungen in der Proportionierung der Gesamtanlage mit sich. Das geht hin bis zur Anbringung von Fenstertüren und Balkongittern an den Risaliten des Corps de logis in der Étage noble, der Änderung der Anzahl der Mansardfenster und der Kamine.

DIE GARTENPLÄNE

Für den Schloßgarten liegen drei Entwürfe vor. Regine von Schopf hat Schlaun dabei eine souveräne Raumbeherrschung attestiert. Den Entwürfen ist gemeinsam, daß sie auf die Grundkonzeption des in der Ebene gelegenen Parterres gegenüber den sanft, aber immerhin auf einige Meter ansteigenden seitlichen Alleen Rücksicht nehmen, die die drei ehemaligen Bastionen erschließen. Der erste Entwurf (Kat.-Nr. 75.10) hat gegenüber dem 1769 approbierten Generalplan (Kat.-Nr. 75.9, 11) den Nachteil, daß die Hauptachse in einem zentralen Rundparterre endet, das höher gelegene Rondell auf der äußeren Bastion also nur von den im Halbrund geführten seitlichen Alleen und über seitliche Rampen zugänglich ist. Dieses Halbrund wird noch einmal aufgenommen von den Nebenwegen, die die Parterres, Parterres à l'anglois, und die Boskettstreifen erschließen. Der Konzentration der Anlage im Rundparterre antworten die Diagonalwege, die als Rampen zu den äußeren Bastionen führen.

Der zweite Plan (Kat.-Nr. 75.9) unterscheidet sich von dem approbierten Generalplan (Kat.-Nr. 75.11) hauptsächlich dadurch, daß die Diagonalwege stumpf an den Böschungen der Nebenalleen enden sollten. War das Parterre des ersten Plans also in der Achse begrenzt, so kam man hier an den Seiten nicht weiter.

Zur Ausführung bestimmt wurde der Generalplan (Kat.-Nr. 75.11). Auf den Mittelpavillon bezogen öffnet sich die breite Hauptachse, begleitet von Rasenbändern mit architektonisch beschnittenen Büschen und von Parterres de broderies mit je zwei Fontänenbassins in der Breite des Corps de logis. Diese Hauptachse führt auf ein großes rundes Bassin zu, das Zentrum des Gartens, von dem aus Diagonalrampen die höher, auf den ehemaligen Bastionen gelegenen Boskettsalons erschließen sollten. Das ist die Besonderheit dieser Anlage Schlauns, der sich die Vorgaben der Zitadelle zu nutze machen wußte. Von den höher gelegenen, mit drei Baumreihen bestandenen Alleen hatte man noch einmal die Aufsicht auf die Parterres de broderie und die Parterres de l'anglois, die in Kompartimenten um das zentrale Bassin angeordnet waren. Die Hauptachse wurde beidseitig um dieses Bassin herumgeführt und setzt sich hinter ihr mit einer repräsentativen Treppenanlage mit großem Zwischenpodest fort, um in einem weiteren hochgelegenen Rondell zu enden (zu den Höhenverhältnissen vgl. Kat.-Nr. 75.11, 13). Von dort aus hatte man einen wahrhaft großen Blick zurück über die Vielzahl der tiefergelegenen Parterres auf die Gartenfassade des Schlosses, auf das von hier aus die Gartenanlage bezogen erscheint. Noch die um das Rondell geführten Nebenachsen erschließen die seitlich der Flügel errichteten Gartentore.

Gegenüber dem ersten Plan hat Schlaun die Anlage auf das Rondell der äußersten Bastion ausgerichtet, die vorher geschlossene Wegführung der großen Außenalleen im gegenläufigen Schwung geöffnet. Jenseits des Rondells sollte sich die Achse fortsetzen und über eine Brücke ins Land weitergeführt werden. Diese von Versailles entlehnte Beherrschung der Landschaft durch den absoluten Fürsten hätte in Münster jedoch eine rein optische Beherrschung bleiben müssen, denn aufgrund der höher gelegenen Bastion gegenüber dem niedrigen Gelände dahinter wäre die Ausführung mittels einer Brücke, wie Schlaun sie eingezeichnet hat, nicht möglich gewesen.

Die Pläne Schlauns zu dem französischen Garten sind nicht ausgeführt worden. Die geschwungene Führung seiner Hauptalleen im Generalplan hat Lipper in ein starres Fünfeck verwandelt. Auch die von Schlaun projektierte große Breite des Schloßgrabens ist niemals erreicht worden, Geisberg vermutet, weil eine Lösung des Platzanschlusses an die Promenaden noch nicht gefunden war. So sind, zumal die Bebauung des südlichen Seitenflügels sich immer mehr hinausschob und schließlich ganz unterblieb, gerade an der Südostecke des Schloßplatzes eine Reihe von Resten der verschiedenen Werke der Zitadelle erhalten geblieben.

DAS VESTIBÜL

Betrat oder befuhr man das geräumige Vestibül – die Kutschen konnten an der Gartenseite gleich wieder herausfahren und seitlich durch die Gartenportale unauffällig verschwinden –, so hatte man das Gefühl, zwar bereits einen Innenraum betreten zu haben, der jedoch durch den Außenbau-Charakter des Dekorums der weiten Halle gemindert wurde (Abb. 9, 10). Dieser Eindruck wurde durch die hochaufgesockelte toskanische Säulenordnung verstärkt. Das vor dem eigentlichen Treppenhaus gelegene ›Artrio a quattro colonne‹, das Viersäulenatrium, entsprach dem italienischen Formenkanon, wie ihn bereits Palladio entwickelt und formuliert hatte: »Daneben haben alle wohl angelegten Gebäude in der Mitte und in ihrem schönsten Teil einige Räumlichkeiten, die mit allen anderen in Beziehung stehen. Im Erdgeschoß nennt man sie gewöhnlich Eingänge, im oberen Gebäudeteil Säle ... Sie sind gleichsam öffentliche Plätze.« Palladio benutzt den terminus »gleichsam öffentliche Plätze« für die Funktion des Vestibüls wie auch des Festsaals, nicht im Sinne von offener Platz, sondern als Ort der Öffentlichkeit, wobei der Begriff der Privatheit in der Öffentlichkeit als Repräsentationsform eine wichtige Rolle spielt. Von dieser halb öffentlichen, halb privaten Situation des Eingangsatriums leitet sich die Ausstattung mit einer Ordnung ab, die weder ganz dem einen noch dem anderen Bereich zuzuordnen ist, also, wie übrigens auch im Erbdrostenhof, eigentlich eine Außenarchitektur darstellt, die Elemente eines Innenraumes aufweist.

Den ersten Entwurf für ein ›Artrio a quattro colonne‹ hatte Schlaun in der zweiten Planstufe vorgelegt (Kat.-Nr. 75.4). Die Säulen fluchten dort mit der äußeren Reihe der Doppelsäulenstellungen, während in der Ausführung regelwidrig die einzeln stehenden Säulen zwischen die Reihen gestellt sind, und man sich fragt, was sie eigentlich tragen. Das etwas unglückliche Dekorum Lippers weiß darauf auch keine Antwort, wie überhaupt das Dekorum der Decke im Vestibül ein heilloses Durcheinander von kaum begreifbaren Balkenlagen und Rahmenfeldern darstellt (Abb. 10). Offenbar hatte der Kurfürst die eingestellten Säulen im Zusammenhang mit der flachen Decke als zu bedrückend empfunden – später verwarf er Lippers Treppenhausentwurf unter anderem deshalb, weil ihn die Säulenpaare, die das Vestibül tragen sollten, störten. Sie ständen »près-

9 Residenzschloß Münster, Treppenhaus, Ausführung durch Wilhelm Ferdinand Lipper (1901)

10 Residenzschloß Münster, Vestibül, Ausführung durch Wilhelm Ferdinand Lipper (1932)

qu'au milieu du grand pallier d'en bas & contre la petite porte qui donne au jardin« –, denn in der dritten Planstufe sind sie nicht mehr vorhanden (Kat.-Nr. 75.24, vgl. auch Kat.-Nr. 75.54–55). Stattdessen wurde die Decke bzw. der Fußboden des Saals durch miteinander verbundenen doppelten Balkenlagen getragen, denen Diagonalverstrebungen zusätzlichen Halt geben sollten. Im Grundriß erkennt man die Einzeichnung eines geschweiften Plafonds, der als vertieftes Feld auch im Längsschnitt zu erkennen ist (Kat.-Nr. 75.24; 75.57). Offenbar war hier ein illusionistisches Deckengemälde vorgesehen, um dem jetzt weiten Raum optische Höhe zu geben.

Die Halle wurde vermutlich nach den Plänen Schlauns ausgeführt. Durch die Umbauten Lippers, die auch das Treppenhaus betrafen, ist nicht mehr zu klären, wann die Halle die Form eines ›Artrium a quattro colonne‹ erhielt. Hinzu kommt, daß Lipper bei der Einrichtung des Festsaals eine Reihe von Schwierigkeiten mit der Statik bekam, die möglicherweise bereits auf die große Spannweite der Halle zurückzuführen sind.

DAS TREPPENHAUS

Nachdem man im großen Vestibul ausgestiegen war, betrat man über einige Stufen das erste Treppenhauspodest, von wo aus sich bereits der Blick auf die geplante Ordnung oder die gemalte Scheinordnung des Treppenhauses öffnete. »Die Haupttreppe war symmetrisch zu beiden Seiten der Durchfahrt angelegt in zwei Läufen, die an zwei Podesten zweimal sich um 90° wendeten, um sich in der Étage noble über der Durchfahrt zu vereinigen. Die drei Abschnitte jedes Treppenlaufes waren verschieden lang; neun, vier und zuletzt fünfzehn Stufen führten in die Höhe des Hauptgeschosses auf das lange Podest über der Durchfahrt, das Treppe und Salon verband und wie eine Galerie an der Außenwand des Salons sich hinzog zu den Räumen der Appartements« (Geisberg 1932). Zwei kurze Antrittsarme brachten den Besucher in die Zielrichtung, der Raum wurde zunehmend heller, dann der lange Lauf des Hauptarmes, bei dessen Emporsteigen sich die weite Halle des ›Totalraumes‹ dem Besucher öffnete und den uneingeschränkten Blick zum Plafond der von zwölf großen Fenstern hell erleuchteten Halle gewährte, wo ein illusionistisches Fresko die Apotheose des Fürsten im Festsaal vorbereiten sollte. Das entsprach genau den Intentionen der deutschen Zeremonial-Treppenhäuser des 17. und 18. Jahrhunderts. Das Treppenhaus zog sich durch die ganze Höhe von Étage noble und Mezzanin und nahm die

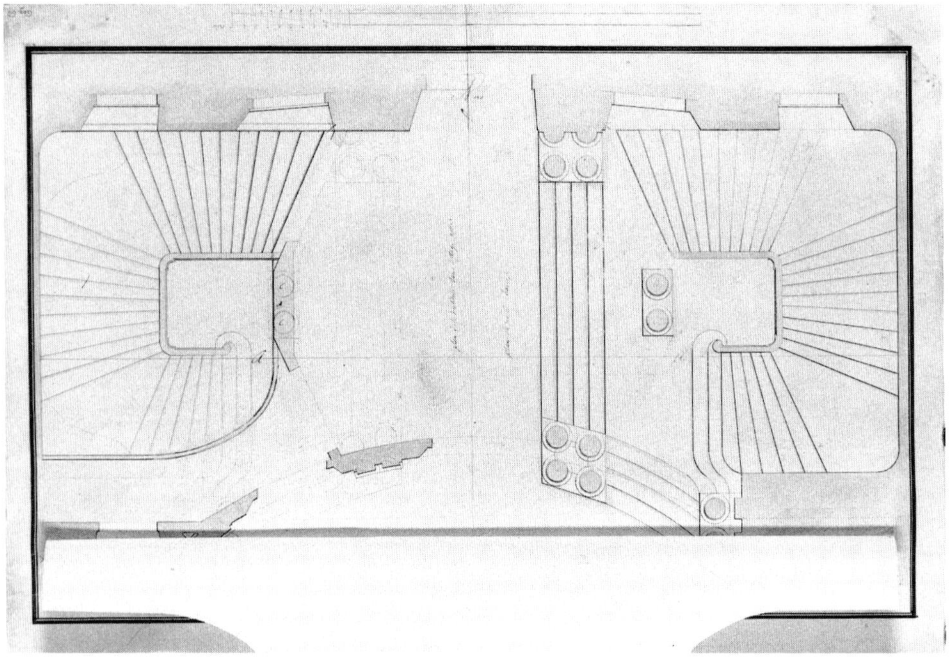

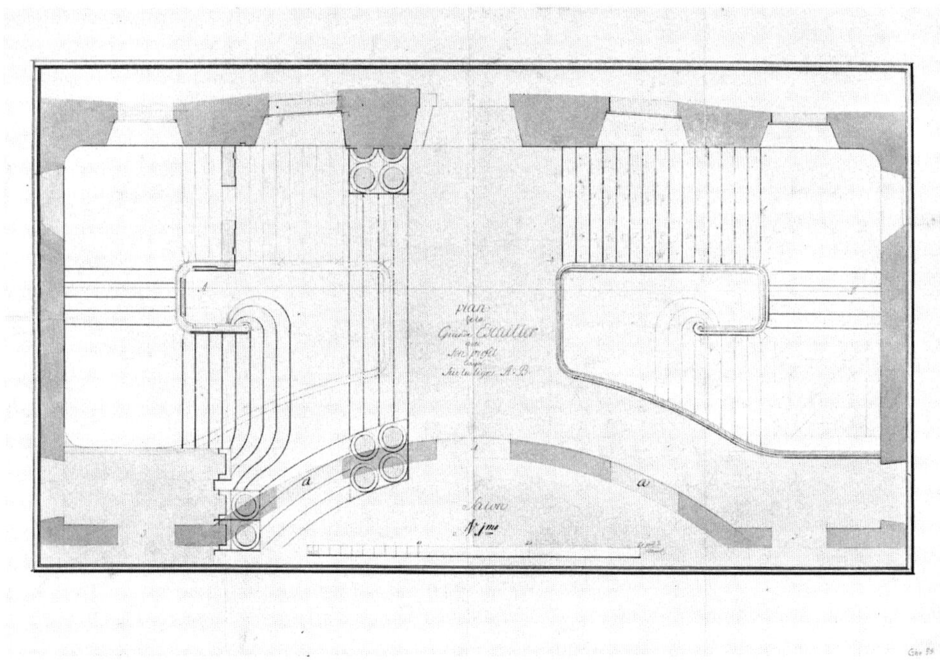

11 Residenzschloß Münster, Treppenhaus, Grundriß von Wilhelm Ferdinand Lipper

12 Residenzschloß Münster, Treppenhaus, Grundriß von Wilhelm Ferdinand Lipper

gesamte Breite des Mittelpavillons ein. Auf seiner östlichen Seite buchtete die Wand des großen Saales in ihn hinein, wodurch die Halle gleichsam zu einem Raumfragment, zu einer Negativform für den großen Saal wurde. Bereits Bußmann hat darauf hingewiesen, daß diese Disposition eher Außenraumqualitäten besitzt, die Treppenanlage mit der relativ schmalen Brücke an eine Freitreppe erinnert. Gerade deshalb vermißt man ein oberes Vestibül wie in Pommersfelden oder Wien. Der Plan des Treppenhauses stammt von Schlaun (Kat.-Nr. 75.52–58). Lipper plante zwar das Treppenhaus durch Einbau eines oberen Vestibüls zu ›verbessern‹ (Abb. 11), doch der Kurfürst befahl ihm, die Pläne Schlauns auszuführen (Abb. 12, 14). Lipper mußte sich damit begnügen, den Raum zu dekorieren und einige Veränderungen vorzunehmen, die den schmalen, gleichsam am Saal hängenden Gang betrafen, dessen Geländer nicht neben der Tür endet, sondern zwischen den Pilastern, während zugleich der entsprechende Umgang im Mezzanin diese Tür anschneidet. Nun ist das Hereinragen des Ganges in den Treppenlauf äußerst ungeschickt, da die Raumhöhe an dieser Stelle der menschlichen Größe ziemlich nahe kommt. Schlaun hatte das Problem wesentlich eleganter gelöst, indem er unter den Gangenden im Erdgeschoß zwei schmale Räume vorgesehen hatte (Kat.-Nr. 75.24 – ohne Bezeichnung, gegenüber t und c), die erstens den Gang trugen und zweitens mit ihm zusammen die innere Abschlußwand des Treppenhauses im Erdgeschoß bildeten.

Als Vorbild des Münsteraner Treppenhauses hat Bußmann die Hauptstiege des Mannheimer Schlosses von Johann Clemens Froimont, möglicherweise nach Plänen von Louis Remy de la Fosse, benannt. Mit dem Treppenhaus Hildebrandts in Pommersfelden dagegen hat der Entwurf Schlauns auf den ersten Blick wenig zu tun, wenn auch die Verdoppelung und das zweimalige Ändern der Laufrichtung der Treppe um 90° dort bereits vorgeprägt war. Eher noch kommen Palladios Entwürfe für die Casa Civena in Vicenza als direktes Vorbild in Betracht, wo auf das Atrium mit den vier eingestellten Säulen eine Doppeltreppe der bestehenden Art folgt, die allerdings ihren Anlauf im rückwärtigen Teil des Treppenhauses hat, so daß keine Brücke zum Saal benötigt wird, sondern der Besucher direkt auf einem Altan vor dem Saal ankommt, der auf den vier Säulen des Vestibüls steht. Diese Anordnung wurde für die Kaiserin-Treppe von Schloß Schönbrunn und für Pommersfelden vorbildlich. Der einzige Unterschied zum kaiserlichen Treppenhaus in Wien besteht darin, daß Schlaun die Anordnung der Treppenläufe umkehrt, so daß anstelle eines Vestibüls wie in Wien oder Pommersfelden, für das er in Münster keinen Platz hat, eine Brücke den für das Zeremoniell notwendigen Abstand zum Festsaal schafft. Das Vorbild dafür fand Schlaun in dem Entwurf in Paul Deckers ›Fürstlichem Baumeister‹ von 1711–16, wo auf Tafel 2 und 3 genau diese Anordnung mit der Brücke vor dem Festsaal dargestellt ist, um das Treppenhaus wenig tief zu halten.

13 Residenzschloß Münster – Anton Stratmann, Skizze zum Deckenfresko des Treppenhauses, »Apotheose«, 1784

14 Residenzschloß Münster, Treppenhaus, Schnitt von Wilhelm Ferdinand Lipper

15 Residenzschloß Münster, Festsaal, Schnitt von Wilhelm Ferdinand Lipper

16 Residenzschloß Münster – Anton Stratmann, Skizze zum Deckenfresko des Festsaals, erster Entwurf die »vergöterung des Kaysers Titus«, 1784

17 Residenzschloß Münster, Festsaal (Vorkriegsaufnahme)

Anders als in Pommersfelden, wo der Mittelpavillon weit aus der Flucht des Corps de logis vorspringt und die Dimensionen des Ehrenhofs empfindlich stört, man könnte auch sagen, ihn beherrscht, ist das Treppenhaus Schlauns an der Gartenfassade Zentrum der sukzessiven Staffelung der Gebäudeteile zur Mitte hin, besetzt beherrschend die Hauptachse des Gartens, bleibt hier jedoch integrativer Bestandteil der Gesamtanlage.

Der Kurfürst hatte in seiner Residenz zunächst zwei vollkommen gleiche Appartements du parade für sich und einen idealen Gast, den Kaiser, anlegen lassen. Auch der Festsaal entsprach als Kaisersaal diesem Anspruch.

Das Treppenhaus der Residenz Münster in seiner generellen Ableitung von Pommersfelden und vor allem von dem zweiten Projekt Fischer von Erlachs für das kaiserliche Lustschloß Schönbrunn, dessen ›Kaiserin-Stiege‹ dem Entwurf Palladios am nächsten kommt, erweist sich als Kaisertreppe, womit noch einmal, und zum letztenmal, der Gedanke des alten Reiches vorgetragen wurde. Das Münsteraner Schloß war die letzte Residenz mit imperialem Anspruch, der übrigens auch noch von Lipper beim Umbau des Festsaals zum antiken Kaisersaal mit der großen Ordnung der kaiserlichen Diokletiansthermen in Rom formuliert wurde.

Hagers Gedanke, daß »mit Pommersfelden … Franken Anschluß an den Wiener Kaiserstil gewann«, hat auch für die Residenz Münster Gültigkeit: die große Hauptraumfolge mit Vestibül, Treppenhaus, Kaisersaal und zwei identischen Appartements doubles mit je einer langen Enfilade präsentiert das Schloß als gebauten Ausdruck der reichsrechtlichen Verbindung von Kurfürst und Kaiser und trägt den imperialen Anspruch des Kölner Kurfürsten in Münster vor. Dieses Programm erhält seinen reichspolitischen Impetus dadurch, daß nicht Maximilian Friedrich als einzelner angesprochen ist, sondern der Kölner Kurfürst qua Amt. Damit stellt der Erzbischof von Köln, als Kurfürst zugleich Reichsfürst, den permanenten Anspruch auf das Amt des Fürstbischofs in Münster, denn für einen Bischof aus den Reihen Münsters wäre diese architektonisch präsentierte Inbesitznahme zweifellos zu hoch gegriffen. Hier kommt das Selbstverständnis des Fürsten hinsichtlich seiner staatsrechtlichen Stellung zu Kaiser und Reich zum Ausdruck, wie es der Fürstbischof von Würzburg und Bamberg, Friedrich Karl von Schönborn, 1730 formulierte: »Der glanz der Majestät des reichs ist in dem haupt und der kaiserlichen Majestät, deren glieder und radii seind die chur-und fürsten. Dahero haben chur- und fürsten nicht allein qua tales, sondern ex imperio mixto des beständigen beirats und consensus, ob sie zwar vasalli et sub imperatore sein, doch ihre beständige aigenschaft als membra imperatorial. Majesatis und als freie kur- und fürsten ihre vota libera ... Dannenhero das principium ohnstreitig ist, das corpus et membra unum corpus constituiren und eines ohne verdunkelung des anderen nicht kann besonder gehalten werden.«

DER FESTSAAL ODER KAISERSAAL

Die Grundform des Festsaals ist ein quergelagertes großes, den Mittelpavillon beherrschendes Oval, an das zwei Raumkompartimente angefügt sind, die das Oval an seinen Schmalseiten verlängern, oder besser gesagt, ihm zwei direkt aufeinander bezogene Anräume hinzufügen (Kat.-Nr. 75.59). Der Saal kann vom Treppenhaus her durch drei Zugänge betreten werden und wird zunächst als Querraum empfunden (Kat.-Nr. 75.55 – linke Hälfte). Die gegenüberliegende Wand mit den großen Fenstertüren und der Ordnung der gekuppelten ionischen Pilaster, darüber korinthische Pilaster, in den Fensternischen Festons, bietet sich dem Eintretenden als festlich repräsentativ geordnete, lichtdurchflutete Schauwand dar, die den hohen Anspruch des zweigeschossigen Saales unmittelbar einsichtig macht. Das Queroval mit seiner Richtungstendenz zu den Schmalseiten zwingt den Blick des Eintretenden jedoch in die Längsrichtung (Kat.-Nr. 75.52–54). Dort kompliziert sich die Raumform etwas, wird ambivalent: Die Anräume werden einerseits als integrierende Bestandteile des Raumes empfunden, da das Oval weit aufgebrochen ist, »andererseits wird die Geschlossenheit und Selbständigkeit des Ovals betont durch die Galerie in der Höhe des Mezzanin, die in einer schmalen Zone das Oval schließt, und durch die Verwendung von Säulenordnungen im Oval und Panneauxgliederung in den Raumkompartimenten.

Diese Trennung von Festsaal und Raumhintergrund wird verstärkt durch die leichte Einschnürung des Saales an den Übergängen: das Oval macht den Ansatz, sich zu schließen, setzt dann sofort aus, betont aber diesen Ansatz durch Vollsäulen, die sich sonst nirgendwo im Saal befinden, und durch Atlanten im Mezzaningeschoß. Die Einschnürung ist immerhin so stark, daß ein Teil der Wand des Raumkompartiments dahinter verdeckt wird, so daß die Kontinuität der Wand hier unterbrochen ist und die Raumkompartimente den Charakter von Raumfolien erhalten, die dem halboffenen Ovalraum als ungewisser Raumabschluß dienen« (Bußmann 1972).

Diese Raumform hatte Bramante für den Papst erfunden. Er überschnitt in der beschriebenen Weise die große Nische des Belvedere-Hofes im Vatikan, um den Eindruck eines sich vollendenden Zentralraums zu erzeugen. Andrea Palladio hat dieses Prinzip genau verstanden und zur Nobilitierung der seitlichen Konchen der berühmten Benediktinerkirche S. Giorgio Maggiore in Venedig angewendet. Es handelt sich hier zwar um eine Verunklärung des Raums, aber im Sinne einer illusionistischen Vollendung mit Hilfe einer der Papstarchitektur entnommenen Würdeform. Dem Zentralraum im Zentrum des Schlosses, dessen Ecken übrigens abgerundet sind, sind zwei Scheinzentralräume zugeordnet, die zu den jeweiligen Appartements gehören und dem Kurfürsten und seinem idealen Gast, dem Kaiser, ein glanzvolles Gegenüber bereitgestellt hätten.

In der Mitte dieser Anräume befindet sich in den Plänen Schlauns je ein Marmorkamin mit einem stuckierten Spiegelrahmen darüber, seitlich davon Scheintüren und an der Stadtseite die Enfilade der Paradeappartements, im Obergeschoß die Musikeremporen mit schmiedeeisernen Geländern. Die Hermenpilaster, wie sie zum Beispiel im Treppenhaus von Brühl, an der Fürstenloge in Clemenswerth, aber auch in der Schloßkapelle in Münster Verwendung fanden, verweisen auf die Ikonographie dieser Emporen, die in den von korinthischen Säulen gerahmten Feldern – kenntlich an der Enthasis und vor allem der durch die Schattierung angedeuteten Rundung – die Portraits des Kaiserpaares aufnehmen sollten. Der Kurfürst selbst sollte seine Apotheose im Fresko der Voutendecke erhalten. Die Korrespondenz und zwei Entwürfe des Malers Stratmann liegen vor (Abb. 13, 16) .

Auch die großen Ovalfenster im Obergeschoß erweisen sich als ein Zitat aus Pommersfelden, dessen Vorbildlichkeit bereits Hager herausgestellt hat, lassen sich aber ebenso von der Gartenfassade von Würzburg erklären, wo sie den Kaisersaal auszeichnen und übrigens genau die abgeschnittenen Längskurven des Hochovals zeigen, die Schlaun bei den Fensternischen im Innenraum verwendet. Den Duchgang vom Kaisersaal zum Weißen Saal in Würzburg zeichnen zwei Hermen oder Atlanten aus. Der Bezug auf die Imperialbauten der Kurfürstenfamilie der Schönborn ist unübersehbar.

Auch der große Saal erweist sich mithin nicht als einfacher Fest- oder Ballsaal zum Zwecke höfischen Amusements, sondern als Kaisersaal. Lipper hat diesen bereits von Schlaun formulierten Anspruch des Kurfürsten später durch seinen Umbau auf dem Grundriß einer Ellipse (Kat.-Nr. 75.60) mit Kolossalsäulen im Dekorum der Diokletianthermen und den Medaillons römischer Kaiser Rechnung getragen (Abb. 15, 17). Lipper schreibt an den Kurfürsten: »Ew. Churfürstliche Gnaden werden ggst. aus dem plan riß zu ersehen geruhen, daß die ornamenten völlig mit dem großen übereinstimmen. die verhältnisse der großen und reiche der ornamenten ist nach den säulen der thermes diocletian genommen, welche in diesem Sallon eine besondere würckung verursachen werden.« Lipper meint damit nicht die Thermenkirche Michelangelos, S. Maria degli Angeli, sondern bezieht sich explizit auf die Ordnung der antiken Kaiserthermen. Schlauns ›barockes‹ Konzept wird beibehalten, jedoch in ›modernen‹ Formen ausgedrückt.

Der Grundrißplan Schlauns, den Lipper dazu benutzt, sein neues Raumkonzept zu präsentieren, markiert den Übergang von Schlaun zu Lipper oder vom Spätbarock zum Klassizismus. Die innere Linie von Lippers Ellipse ist dabei die innere Begrenzungslinie der Kolossalsäulen. Die lediglich lavierte, noch nicht ausgezogene äußere Linie tastet sich gleichsam an den neuen Ablauf der inneren Mauerwand heran. Zugleich macht der Plan klar, wie Schlauns Konzeption eines Ovalraums mit Anräumen von Lippers in diese Annexe dynamisch hineinfahrender Ellipse durchdrungen wird, was vor allem auch in der Dekoration von Plafond und Fußboden erfahrbar wird.

Die Ausstattung der Paraderäume

Während dem Kurfürst bereits das Appartement im Mezzanin als Interimquartier zur Verfügung stand (Kat.-Nr. 75.83–85), arbeitete man an der Ausstattung der Paraderäume in der Étage noble (Kat.-Nr. 75.86–95). Der Kurfürst hatte sich zunächst für die Raumfolge südlich des Festsaals entschieden und das Appartement im Norden ideal dem Kaiser, real einem hohen Gast vorbehalten. Am 20. Juni 1772 schreibt der Minister Franz von Fürstenberg der Baukommission, daß die Skizzen Schlauns des Fürsten »höchstes Wohlgefallen« und seine Genehmigung fänden. Am 20. Februar 1773 sendet Schlaun die von ihm verlangten Schnitte der ersten und zweiten Antichambre mit den genauen Maßen der dafür bestimmten »Tapeten«, worunter Gobelins zu verstehen sind (Kat.-Nr. 75.86–89). Übrigens gehören auch die Entwürfe des Interim-Appartements zu diesem Schreiben (Kat.-Nr. 75.83–85).

Die erhaltenen Ansichten der Räume zeigen allerdings bis auf die Plafonds und den Schnitt der

Säle vor allem die Einrichtung Lippers, der sich zwar an den Entwürfen Schlauns orientierte, sie aber doch entscheidend glättete (Abb. 17–37). Hinzu kommt, daß der Eindruck entscheidend geprägt ist von der zum Teil wahllosen Möblierung vom Neubarock bis zum Neuklassizismus und den geradezu aufdringlichen Tapeten des 19. Jahrhunderts. Die Parketts wurden größtenteils 1775 gelegt, ob nach den Entwürfen Schlauns ist zweifelhaft; sie wurden offenbar bereits im vorigen Jahrhundert ersetzt.

Auf den Grundrissen (Kat.-Nr. 75.28–31) erkennt man die symmetrische Aufteilung der Appartements in der Étage noble. Vom Kaisersaal gelangte man über die Enfilade der Stadtseite durch zwei Antichambres in den Thronsaal, dessen Ecken zu seiten des Throns abgerundet waren, was durch die Abrundung der Ecken in den Anräumen des Kaisersaals bereits vorbereitet war (vgl. Grundriß Kat.-Nr. 75.59). Am Ende der Raumfolge lag das Schlafzimmer mit eingezogenem Alkoven, seitlich davon die Kabinette. Vom zweiten Kabinett an der Gartenseite konnte man über das Nebentreppenhaus und den kleinen Raum, in dem die Speisen arrangiert wurden (»pour ranger les plates«), in das Speisezimmer gelangen, der Fürst wird allerdings den ranghöheren Weg über die zweite Antichambre gewählt haben.

Auch die Räume an der Gartenseite lagen an einer durchgehenden Enfilade, die allerdings durch den um das Oval des Festsaales laufenden Gang im Zentrum gestört war. Der Salle de gardes war von der ersten Antichambre zugänglich mit Verbindung zum Treppenhaus und zum Speisesaal. Bei der Bewertung des ikonographischen Programms der Räume, dessen Bedeutung in diesem Rahmen nur angedeutet werden kann, hat man zu bedenken, daß die Räume neben der in ihrer Bezeichnung ausgedrückten Bestimmung weitere, meist staatspolitische Funktionen hatten. So war es etwa an vielen Höfen Europas Sitte, daß im Gardesaal neben der regulären Bestimmung als Aufwartungsplatz der Garden wichtige Regierungsfunktionen ausgeübt wurden. Joseph Clemens von Wittelsbach hatte in einem Brief an Robert de Cotte geäußert, daß er im Gardesaal der Bonner Residenz die Landtage einzuberufen und ebendort Belehnungen auszusprechen und Huldigungen entgegenzunehmen gedächte.

Die Hauptraumfolge hat Schlaun genau nach Maßgabe der Traktate entworfen, da das Hofzeremoniell einen entsprechenden architektonischen Rahmen verlangt. Nach Leonhard Christoph Sturm hatte ein fürstliches Appartement zu bestehen aus einem »Vor=Gemach ein Audienz- oder Parade-Gemach / ein Schlaff-Gemach und ein Guarderobbe«. Bei »regierenden Herrn« muß ein großes Vorzimmer vorhanden sein, das auch als »Speise=Saal« dienen kann und ein kleineres Vorzimmer, »darein nur die Abgesandten / Staats=Minister, Generals=Persohnen und dergleichen vom Höhern Rang / frey einzutretten Macht haben«. In diesem Vorzimmer hat ein »Kammer= Juncker«, in dem anderen »ein Hof=Junker« die »Aufwartung«. Bei »Königlichen Zimmern« sind drei »Vor-Gemächer« angemessen. Die »Aufwartung« haben hier »Hof=« und »Kammer=Junker« und im kleinsten Zimmer ein »Kammer=Herr, an dem die Aufwartung bei der Herrschafft ist«. »Das Audienz-Gemach des regierenden Herrn muß auch ansehnlich und das gezierteste unter allen seyn / auch mit einem Audienz-Saal und darüber hangenden Baldequin versehen werden ... Königliche Audienz-Gemächer sollen billig in der einen Wand eine halb=runde Vertieffung und in derselben einen zwey biß drey Stufen hoch erhabenen Thron haben«. Genau das hat Schlaun mit den abgerundeten Ecken an der Thronseite für den Kurfürsten geplant. Neben dem »Schlaf=Gemach« mit dem »Parade=Bette« sollte noch ein »Cabinet« mit einem »kleinen Alcoven« oder einem »ordinar-Ruhe=Bett« stehen, »so doch auch vor zwey Persohnen Platz haben muß«. »Denn weil grosse Herren offt zu dieser / offt zu anderer Zeit Tages=Ruhe zu halten pflegen / das ordentliche Schlaf=Gemach aber allezeit wohl aufgeräumt haben wollen / müssen sie noch eine solche Ruhe=Stelle à part haben / das Cabinet selbst aber muß doch also aufgeprünkt seyn / daß auch Fremde hinein kommen können«. In der Nähe dieser Schlafräume muß die »Guarderobbe« mit einer »Stube« und möglichst mit zwei »Kammern« liegen, wo sich »die Kammer=Diener / Leib=Page, und Kammer=Lakay« aufhalten. Hier sollte »das Secret oder der Nacht=Stuhl nahe seyn«, und hier sollte auch eine »besondere Treppe« liegen, die fremden Besuchern verborgen bleibt. »Die übrigen Fürstliche Zimmer müssen in guter Proportion Stuffen=weiß / an Gemächlichkeit und Raum abnehmende / angelegt werden / damit man auf alle Casus Fürstliche Persohnen bequem / und doch mit Distinction zu logiren / im Stande sey«.

Die Abstufung des architektonischen Aufwandes findet ihre Entsprechung im Hofzeremoniell, das auf den Fürsten ausgerichtet ist und alle Mitglieder eines Hofes ebenso wie fremde Diplomaten oder Abgesandte in ein verpflichtendes Verhaltensmuster einbindet. Für das Deutsche Reich dürfte bis ins 18. Jahrhundert hinein weitgehend das burgundische

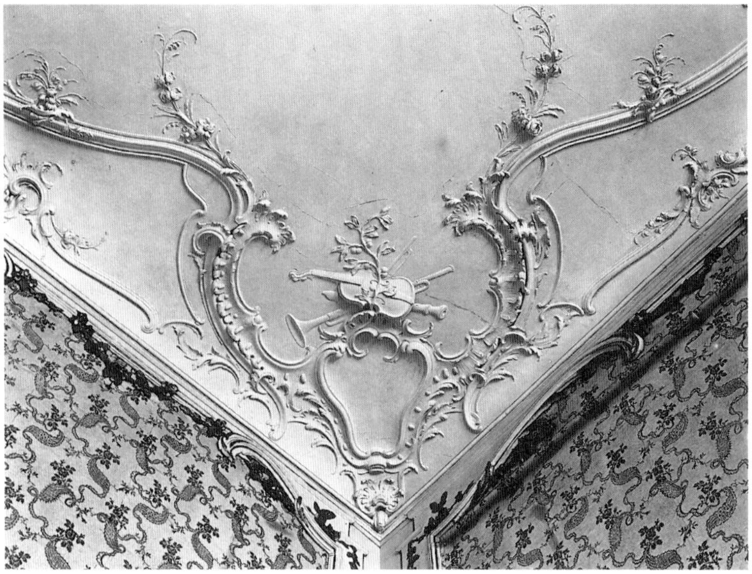

Hofzeremoniell verbindlich geblieben sein, das seit dem späten 17. Jahrhundert auch einige Elemente des französischen Hofes übernommen hatte. Sturms Hinweise darauf, daß man im dritten Teil von Veit Ludwig von Seckendorffs ›Teutschem Fürsten=Stat‹ genaueres finden könne, zeigen, wie stark die Architekturbücher in den Kontext der politischen Bücher eingebunden sind.

ERSTE UND ZWEITE ANTICHAMBRE: Die erste und zweite Antichambre (Kat.-Nr. 75.31 und 75.86–89) sind mit den Aufrissen aller Wände und dem Grundriß mit halbiertem Parkett und Plafond angegeben. Man erkennt im Vergleich mit den Photographien (Abb. 19, 21) deutlich den kleinteiligeren, aber wohlproportionierten Zuschnitt der geplanten Dekoration. Schlaun hatte die »anbefohlenen Profile der 1. und 2. Antichambre von der Étage noble mit den justen Maßen deren darin kommenden Tapeten« vorgelegt, damit man in Bonn die entsprechenden Gobelins fertigen konnte. Die beiden Warte- und Versammlungssäle waren nahezu identisch.

Die zweite Antichambre (Abb. 18, 20, 22) verfügte neben dem Kamin über einen zusätzlichen Ofen in einer mit Kacheln verkleideten Raumecke. Ebenso wie das Parkett waren auch die Stuckdecken ähnlich dem ersten Vorzimmer geplant, allerdings stand das ikonographische Programm offenbar noch nicht bis in die letzten Einzelheiten fest, denn bei der Ausführung wurden im ersten Raum die Masken durch Darstellungen der vier Temperamente ersetzt: an der Nordwand ein Jüngling mit Hut und langem Haar (Phlegmatiker), dann ein Mann mit Schnurrbart und Messer (Choleriker), das Brustbild einer dekolletierten Dame mit Halskette, Kopfschmuck und Traube (Sanguinikerin) und an der Westwand ein Greis mit mißvergnügtem Ausdruck, der den Kopf in die Hände stützt (Melancholiker). Die Supraporten zeigen Tierstücke.

In der zweiten Antichambre erkennt man auf dem Entwurf Schlauns (Kat.-Nr. 75.88) an der Nordseite Putti an einer Feuerschale (Winter – Feuer). Die emblematische Darstellung gehört zu den vier Jahreszeiten. Laut Geisberg wurden sie in der Ausführung ergänzt durch Putti mit Blumen und einer Schale Rosen (Frühling), Putti mit einer Fruchtschale, mit Sichel, Fächer und Sonnenschirm (Sommer), zwei angeheiterte Putti mit einer Schale Weintrauben (Herbst) und in den Raumecken verschiedene Musikinstrumente. Die Supraporten zeigten eine ideale Landschaft, eine Nachtlandschaft und eine Winterlandschaft.

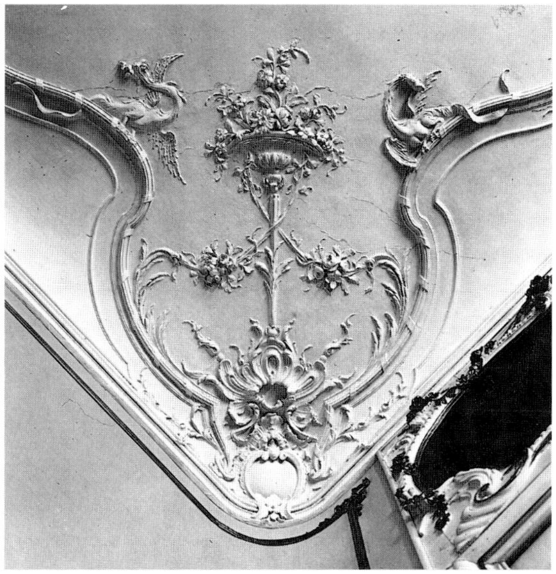

20 Residenzschloß Münster, zweite Antichambre, Deckenstuck mit Musikinstrumenten

19 Residenzschloß Münster, erste Antichambre, Deckenstuck, Melancholie (1930)

20 Residenzschloß Münster, zweite Antichambre, Deckenstuck mit der Allegorie des Sommers

21 Residenzschloß Münster, erste Antichambre, Deckenstuck (1930)

22 Residenzschloß Münster, zweite Antichambre, Ansicht

23 Residenzschloß Münster, Audienzsaal mit Blick durch die Enfilade der Antichambres (1930)

24 Residenzschloß Münster, Audienzsaal, halbrunde Vorlage der Thronwandecken

DER AUDIENZSAAL: Nach den ersten Plänen Schlauns verfügte der Audienzsaal wie die übrigen Paraderäume an der Stadtseite über drei Fensterachsen. Nach der Verbreiterung der Flügel mußte eines der Fenster der notwendig gewordenen Tür zum Korridor weichen, was eine erhebliche Einbuße in der Belichtung dieses Thronsaals bedeutete. Der Thron stand an der Westseite, gerahmt von den halbrunden Vorlagen in den westlichen Raumecken, die so eine Zentrierung des Blicks auf den Fürsten bewirkten, wie es Sturm gefordert hatte.

Neben dem Kaisersaal war der Audienzsaal der ranghöchste weltliche Raum in der Residenz. Dem entsprach sein Programm, dessen Ausführung weitgehend den Entwürfen Schlauns folgte (Abb. 23–26 – Kat.-Nr. 75.92, 93): die gerechte Regierung des Reichsfürsten, der sich als hoher Kurfürst in die Tradition der römischen Cäsaren stellt und unter dessen Herrschaft Wissenschaften und Künste gedeihen. Vom Anspruch der Stände ist hier nichts mehr zu merken. In der Mitte sitzen auf Wolken zwei sich umarmende weibliche Allegorien. Die linke mit einer Waage, ein Putto trägt ihr lorbeergeschmücktes Schwert, verkörpert die Gerechtigkeit, ihre Begleiterin mit Lorbeerzweig und dem Liktorenbündel die Gerechtigkeit, Autorität und Eintracht. In diesem Zusammenhang muß auf das Deckenbild im Kaisersaal der Neuen Residenz in Bamberg verwiesen werden, das aufgrund der habsburgischen Gesinnung bei der Allegorie des ›Guten Regiments‹ die Gerechtigkeit mit Waage, Schwert und dem Titulus »Per me reges regant« zeigt. Begleitende Putti halten Liktorenbündel und Lorbeerkranz als Zeichen der strafenden und belohnenden Gerechtigkeit. Der Bezug auf die Reichsidee wird in Münster durch die Kaiserbüsten in den Kartuschen der Randleiste evoziert: Trajan, Vespasian, Augustus, Caesar, Titus, Nerva und Marc Aurel. In die Reihe der Imperatoren stellt sich an der Stadtseite dem Thronsessel gegenüber der Fürstbischofs mit seinem Porträt und den Initialen, mit seinem Wappen, dem Pedum und der Mitra. Seinen Ruhm verkündet die Fama.

In gleichsam verkleinerter Form lag dem Raum ein Programm zugrunde, das in Pommersfelden und in Brühl bereits einmal mit großer Geste formuliert worden war: eine Ikonographie, die dem Gast die

Größe des Kaisers, des Kurfürsten und ihre Bezogenheit vorwies. Die Gegenüberstellung von Kurfürst und Kaiser, wiederholt in der Zweiteilung der guten Regierung unter der Herrschaft der Gerechtigkeit und der Einigkeit, greift auf den uralten Topos der Teilung der Gewalten zurück, wie sie bereits im Mittelalter in vielerlei Form beschworen wurde. Cesare Ripa hat für diese Vorstellung die Figur der Aristokratia ›erfunden‹, die eng mit dem Programm des Saales verknüpft ist. Ihre Attribute sind der Thron, die Krone, das Liktorenbündel mit Lorbeerkranz, oft ein Helm und ein Beil, um die Wehrhaftigkeit und die gerechte Strafe zu verdeutlichen, wie auch Reichtümer verteilt werden als Sinnbild der staatserhaltenden Belohnung der Gerechten – was in Münster allegorisiert im Schlafzimmer geschah. Nach Ripa ist die Aristokratia die allervollkommenste Regierungsform. Zwar meint er die Herrschaft des Adels insgesamt, doch richte sich ihre Botschaft auch an den Alleinherrscher: »die Bestellung eines Regiments, so durch die vornehmste Persohnen eines Landes oder Stadt geschicht ... Ein Monarch, solange er Wahrheit und Recht liebet, und wachsam darüber hält, ist unstrittig eine auserwählte Gabe des Himmels.« Andererseits müsse auch der Monarch dem Gesetz folgen, sonst richte er erst Land und Leute, dann sich selbst zugrunde.

Auf der geschwungenen Umrahmung sitzen Putten, die die unter dem Guten Regiment des Fürsten gedeihenden Artes darstellen, in denen der gebildete Herrscher zumindest idealiter selbst dilettierte: antike Ruinen und das neuerbaute Schloß stehen für die Architektur, Putti mit Plan und Maßstab, Lotblei, Lot-Dreieck und Papierrolle, am Rahmen Lineale, Winkel, Zirkel und Meßgarn verweisen auf die zugehörigen Instrumente. Daneben steht die Fama, in der Zeichnung Schlauns begleitet von Ruinen und einem Brunnen, ein Putto zeichnet die Geschichte auf, dazu Stundenglas und Sense. Es folgt die Astronomie: Putti mit Globus und Kreismaßstab, mit Zirkel und Tafel, dazu Astrolabium, Fernrohr und Maßstab. Dann die Malerei und Bildhauerei: ein Putto zeichnet einen Profilkopf, ein zweiter hält eine ovale Tafel. Links vom Thron des Fürsten erkennt man die Malerei nach antiken Büsten, rechts davon die Musik, ein Putto komponiert, einer spielt, rechts ein Obelisk mit dem Bildnis des Herrschers, dem ein weiterer Putto einen Lorbeerkranz übergibt. Was der Entwurf Schlauns nicht zeigt, beschreibt Geisberg nach dem Augenschein: noch einmal die Musik, Putti spielen Flöte und Geige, seitlich Noten und Instrumente, am Rahmen Tambourin, Schalmei, Flöte und Noten, zuletzt Handel und Gewerbe: ein Putto mit Tonflasche und Glas lehnt an einem Weinfaß, der andere mit einem Brief, einem Geldbeutel und dem Geschäftsbuch steht an einem Warenballen, am Rahmen Elle und Waage. In der Ecknische befanden sich Ährenbündel, Weintrauben und Ackergerät, Schwert und Feldherrnstab sowie ein mit Lorbeer geschmücktes Zepter, in der gegenüberliegenden Nische Liktorenbündel, Schwert und Pfeile mit Lorbeer, seitlich links Krone und Schwert, rechts das Zepter. Somit hat alles seine Ordnung.

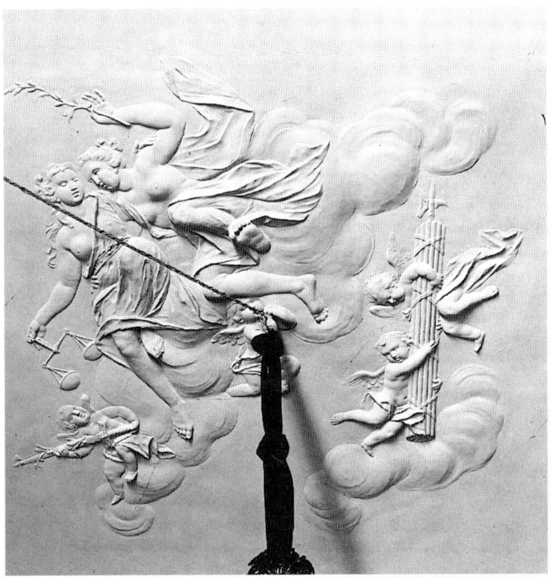

25 Residenzschloß Münster, Audienzsaal, Deckenstuck mit der Darstellung des Guten Regiments

26 Residenzschloß Münster, Audienzsaal, Deckenstuck mit der Darstellung des römischen Kaisertums und der Künste und Wissenschaften

27 Residenzschloß Münster, Schlafzimmer, Ansicht mit dem Bettalkoven

28 Residenzschloß Münster, Schlafzimmer, Allegorie der Vorsehung

SCHLAFZIMMER: Am Ende der Enfilade vom Festsaal über Antichambres und Audienzsaal lag das Schlafzimmer (Abb. 27–31), dessen eingezogener Alkoven auch im Parkett deutlich wird (Kat.-Nr. 75.90). Im Zentrum des ikonographischen Programms stand, am Plafond über dem Bett des Kurfürsten, die Allegorie der Vorsehung mit einem Szepter, an dem das göttliche Auge im Dreieck mit Strahlenkranz angebracht ist. Darüber ein Wappenschild mit den Initialen des Kurfürsten, das von einem Putto gekrönt wird, sein Pendant, ein Putto mit verlöschender Fackel, stellt die Nacht dar. In den Ecken Allegorien der geistlichen Weltherrschaft mit Zepter, Weltkugel und Diadem mit Kreuz, zugehörig ein schlafender Putto mit dem Staatsruder, die Weltkugel mit einem Tuch verhüllt, eine Allusion auf den schlafenden Herrscher. Gegenüber verkörpert der Putto an der Fensterseite mit dem Löwenfell des Herkules die erwachende Staatsmacht. Über der Tür zum Thronsaal sitzt die Freigiebigkeit, die aus ihrem Füllhorn Münzen verteilt, über den Fenstern der Ruhm mit Lorbeerkränzen und die Allegorie des Überflusses mit zwei Füllhörnern, die Schmuck und Geld, aber auch Getreide und Früchte des Landes austeilt. Die Supraporten zeigen Blumenstilleben und Vanitasbilder.

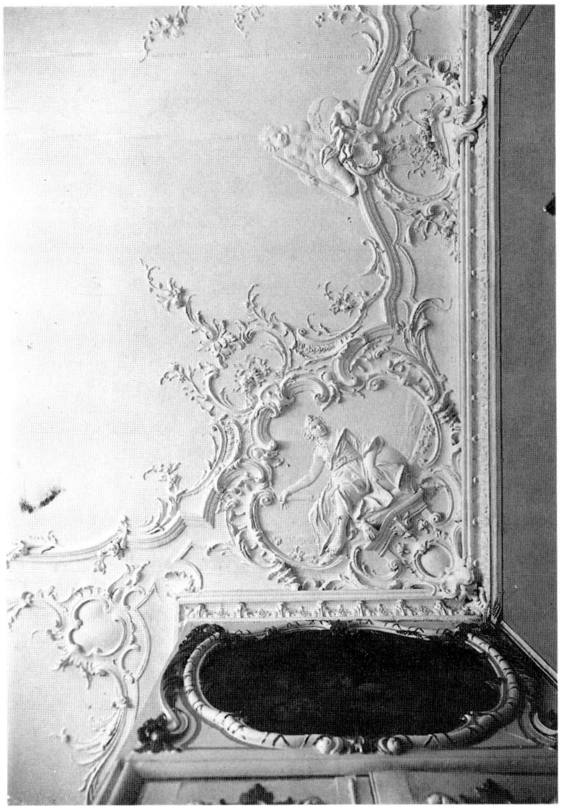

29 Residenzschloß Münster, Schlafzimmer, Allegorie der Weltherrschaft mit dem ›schlafenden‹ Staatsruder

30 Residenzschloß Münster, Schlafzimmer, Allegorie des Ruhms und des Überflusses

31 Residenzschloß Münster, Schlafzimmer, Putto mit dem fürstbischöflichen Wappen

32 Residenzschloß Münster, erstes Kabinett, Allegorie der Kriegskunst und der Wahrheit oder der Wachsamkeit im hohen Amte

33 Residenzschloß Münster, zweites Kabinett, Flora

34 Residenzschloß Münster, Speisesaal, Ansicht

ERSTES KABINETT: Das erste Kabinett war ein schmaler Raum hinter dem Schlafzimmer, der zurückgezogenen Zusammenkünften des Kurfürsten mit hohen Würdenträgern dienen konnte (Abb. 32 – Kat.-Nr. 75.31, Raum T, 75.91, Raum H). Sein allegorisches Programm zeigte in den Ecken Personifikationen der Kriegskunst, Krieger mit Waffen, die Allegorie der Wahrheit oder der Wachsamkeit im hohen Amte mit Sonnendiadem, über den Fenstern die Klugheit mit Spiegel und der Friede mit dem Ölzweig. An den Längsseiten erkannte man szenische Darstellungen der Musik und der Geometrie, die mit Sockel und Vase sowie einem Obelisk den Nachruhm des Fürsten garantieren sollten. Die Supraporte der Tür zum Schlafzimmer zeigte eine Landschaft mit Jagdschloß und Hochwild, über dem Spiegel zwischen den Fenstern befand sich die Grisaille einer Burgruine.

ZWEITES KABINETT: Das zweite Kabinett schloß sich an eine weitere Garderobe an und hatte über eine eingezogene Nische Zugang zum kurfürstlichen Schlafzimmer (Kat.-Nr. 75.31 – Räume WW). Die Räume lagen an der Gartenseite, und der Plafond zeigte entsprechend eine blumenstreuende Flora mit einem Füllhorn umgeben von Putti, deren einer mit einem reifen Weinstock bereits auf den Herbst verweist, der andere hält ein umkränztes Medaillon mit dem Bildnis des Kurfürsten (Abb. 33).

GARDESAAL: Am 23. August 1773 wurden die Entwürfe der Stuckdecken des südlichen Speisesaals

35/36 Residenzschloß Münster, Speisesaal, Neptun und Venus

37 Residenzschloß Münster, Gardesaal mit Blick zum Speisesaal

und des Gardesaals bei der Anwesenheit des Kurfürsten genehmigt (Kat.-Nr. 75.95–99). Die Ausführung entsprach der Vorlage. Der signierte Entwurf der Decke des Gardesaals verdeutlicht mit kriegerischen Emblemen die Bestimmung des Saales: antikrömische Waffen in allen Ecken, dazu Pauken, Trompeten und grobes Geschütz, in der Ausführung ein Vexilium mit »SPR«, ein Verweis auf den Reichsgedanken (Abb. 37 – Kat.-Nr. 75.94).

SPEISESAAL: Die Stuckdecke des Speisesaals wurde gemäß der schwarz gezeichneten Hälfte eines Doppelentwurfs von Schlaun ausgeführt (Abb. 34–37, Kat.-Nr. 75.95, 75.31, Saal R). Am Plafond erkennt man zwei Gruppen von Putten mit Ranken und Blumen, die die Vorrichtungen zum Aufhängen der beiden Kronleuchter kaschierten. In den Raumecken herrschen die Elemente: Neptun mit Dreizack und mit einer Amphore, aus der eine Quelle strömt, Ceres mit Garbe und Sichel sowie Früchten der Erde, Vulkan in einer Grotte mit Hacke, in seiner Esse brennt Feuer, in der Luft Venus mit Cupido und zwei Pfauen. Auch in der Mitte der Längswände sind figürliche Darstellungen angebracht: an der Gartenseite ein Mädchen mit Blumen und Fruchtkorb, dahinter ein Knabe, im Westen Bacchus an einem Faß lehnend mit Schale und Traube, links ein Wein zapfender Putto. In den anstoßenden Feldern der Umrahmung erkennt man an der Ostwand links erlegte Enten und ein Fruchtkorb, rechts Stangen zum Ernten der Früchte und Fische mit Netz und dreizackiger Stechgabel, an der Westwand links Früchte und Ähren und Korbflasche und Trauben, rechts Flaschen, Gläser, Heber, Weinreben und Feuerbecken, Schaufel, Blasrohr und Zange, in den entsprechenden Feldern der Umrahmung an der Nordwand ein Rost, Sieb, Vorlegegabel und Geflügel, an der Südwand Fische, Hummer und Gemüse mit Harke und Schaufel. Die Supraporten setzten das Speiseprogramm fort mit Darstellungen der Jagd und allerlei erlegten Wilds.

Nach dem Tode Schlauns hat Lipper 1774 die ›barocke Speisekarte‹ mit entsprechenden Darstellungen der Wandtäfelungen vollendet. Nach einem Bericht vom 3. März 1775 waren im Speisesaal nur Tierstücke vorgesehen, deren Maße nach Bonn übersandt und vermutlich auch dort gemalt wurden.

Bei der Arbeit an den Paraderäumen in der Südhälfte des Corps de logis war Lipper gezwungen, die Einrichtung den schon fertigen Plafonds Schlauns anzupassen, »d'accomoder les ornemens de la porte, des trumeaux, de la cheminée et le parquet au plafond dejà fini«, um einen »contraste choquant« zu vermeiden. Er läßt jedoch die Arbeiten nicht nach den teilweise vorhandenen Plänen Schlauns weiterführen, sondern zeichnet neue Entwürfe im Rocaillegeschmack, von denen er die wichtigsten, etwa die zum großen Speisesaal, dem Kurfürsten im August 1774 vorlegt.

DAS INTERIMQUARTIER IM MEZZANIN: Im Bericht der Baukommission vom 2. Mai 1772 heißt es, die äußere Verputzung des Teils, in dem der Kurfürst logieren werde, sei zu Pfingsten fertig, unter dem Südflügel seien alle Keller gewölbt, man arbeite am Innenputz, besonders am Interim-Quartier des Kurfürsten. Auch die Schloßkapelle war so gut wie fertig, so daß der Kurfürst sein Appartement im Mezzanin am 9. Juli 1773, drei Monate bevor Schlaun starb, zum ersten Mal beziehen konnte. Die großen Schützen paradierten dabei »mit manchen Übungen, sowohl mit den Schlagschwertern als mit der Fahne«. Drei Pläne Schlauns, von denen Geisberg bereits angenommen hatte, daß sie sich aufgrund der Raumhöhe auf das Mezzanin beziehen, haben sich als Ausstattungsentwürfe für das Interimquartier erwiesen. Sie gehören zu den Ausführungsplänen (Kat.-Nr. 75.32–33). Dort sind unter Nr. 6 mehrere kleine Appartements für adelige Herren ausgewiesen. Einige dieser Räume links vom Festsaal an der Stadtseite hat Schlaun zu einer repräsentativen Raumfolge mit zwei Antichambres, einem Audienzsaal und einem Schlafzimmer zusammengefaßt, für die die erhaltenen Ausstattungsentwürfe bestimmt sind (Kat.-Nr. 75.83–85). Für die erste Antichambre liegen keine Pläne vor, seine Lage und Größe, die ersten drei Achsen links vom Festsaal an der Stadtseite, ergeben sich jedoch aus der Position des zweiten Vorzimmers, das die nächsten drei Achsen einnimmt und im Grundriß beinahe identisch ist. Die erforderlichen Raumgrößen gewann Schlaun, indem er zunächst die leichten Trennwände, die die Räume später in kleinere Appartments unterteilen sollten, wegließ. An die zweite Antichambre (Kat.-Nr. 75.83) schloß sich der Audienzsaal mit zwei Fensterachsen an, die asymmetrisch in der Wand lagen, mit Kamin und drei Türen mit Supraporten (Kat.-Nr. 75.84). Eine der Türen führte zum Gang, die anderen erschlossen zwei kurze Enfiladen, die den Regeln der Distribution und den repräsentativen Ansprüchen selbst für eine zeitweilige Absteige Genüge taten.

Spannend wird die Sache, wenn man die Lage des Interim-Appartements mit der Lage der Paraderäume der Beletage vergleicht, die zur selben Zeit eingerichtet wurden und die sich mit Ausnahme des um eine Korridorachse breiteren Audienzsaales am gleichen Ort ein Geschoß darüber befanden. Das hat Folgerungen, denn von hier aus kann man darauf schließen, daß sich auch der Speisesaal an entsprechender Stelle befand (Kat.-Nr. 75.31 – U=Salle à Manger). Schlaun mußte nur die nichttragende Trennwand weglassen. Er konnte sie ja später einziehen. Der Gardesaal lag unmittelbar vor dem Speisesaal (P=Salle des Gardes), sogar der kleine Raum links vom Speisesaal, um die Platten zu arrangieren, war vorhanden (V). Eine Garderobe, die »lieux« und zwei wenn auch kleine Treppenhäuser ergänzten die Räume zu einem komfortablen, ausreichend repräsenativen Appartement, von dem aus der Fürst bei seinen Besuchen in Münster den Fortgang der Bauarbeiten mit Wohlwollen und Stolz verfolgen konnte, denn Bauen war eine Fürstentugend – sie erscheint allegorisiert im Programm des Audienzsaales – und der sichtbare Ausdruck davon, die Baustelle, galt im 18. Jahrhundert als Garant der Leistungsfähigkeit des Staates oder der Staatsmacht.

Die Einrichtung des Appartements sollte offenbar zum Teil aus dem Fraterhaus übernommen werden. Nach dem Tode des Fürstbischofs Clemens August hatte Max Friedrich am 2. März 1762 die Besichtigung der alten Kurfürstenresidenz verfügt. Das Protokoll dieser Besichtigung vom 28. Februar 1763 durch den Hofkammerrat Zur Eick, Johann Conrad Schlaun und den Sekretär des Domkapitels Kerkerinck d. J. ist im Staatsarchiv erhalten. Es gibt Auskunft über die Ausstattung der verschiedenen Räume. In den Plänen sind vier große Spiegel farbig eingezeichnet, die zur Dekoration der Zimmer benutzt werden sollten, und den Vermerk von Schlauns Hand tragen: »Beyde spiegel häncken auff den Audience-Zimmer im Fraterhause« und »Auffen Billard im Fraterhause«. Schlaun schreibt am 20. Februar 1773 an den Kurfürsten: »Was nun aus dem Fraterhause alhie in der Residenz füglich und solide kan employiert werden, selbes wird daraus a proportion genommen, nachdem solches gleich wiederum employiert oder plassieret werden kann.«

Die Ökonomie und den Erfindungsgeist, die Schlaun beweist, wenn er dem Kurfürsten gleichsam en passant ein vollständig eingerichtetes Paradeappartement zur Verfügung stellt, das in der Raumfolge bereits den damals geplanten Staatsräumen entspricht, zeigt den Hofbaumeister als großen Organisator, der durch schlichtes Weglassen der nichttragenden Wände optimale Raumgrößen für den Repräsentationsbedarf seines Fürsten schuf. Nach dessen Umzug in die Beletage hätten lediglich die Trennwände eingezogen und einige Details der Dekoration den neuen Raumgrößen angepaßt werden müssen, um den projektierten Raumschnitt der Gesamtpläne zu erzielen.

KÜCHENFLÜGEL: Es scheint, daß der Kurfürst schon während der Arbeiten in den südlichen Gemächern den Entschluß gefaßt hatte, seine Wohnung im Nordflügel zu nehmen. In Schlauns Plan von 1768 war im Eckpavillon des Nordflügels, dem Kapellenpavillon gegenüber, die Wohnung des Ministers von Fürstenberg vorgesehen. Die erste Änderung am Nordflügel ist durch den Grundriß (Kat.-Nr. 75.45) festgelegt, der zwar den Placet-Vermerk des Kurfürsten, aber kein Datum trägt. Gegenüber dem Plan von 1768 ist die Treppe eine Achse weiter nach Osten geschoben, der Flur auf der Südseite des Flügels in drei Räume geteilt, von denen der mittlere einen unmittelbaren Verbindungsgang mit dem Schlafzimmer des Kurfürsten, dem späteren Assemblée-Saal hat, um dessen Breite das Kabinett östlich von dem Schlafzimmer an Tiefe verkürzt ist. Der Gang entlang der Nordseite des Flügels war damals noch nicht vorgesehen. Ein Grundriß der Étage noble (Kat.-Nr. 75.29) zeigt diese Umänderung und auch die geschwungenen Wände der Nische in dem Schlafzimmer als ausgeführt und nicht als nachträglich eingezeichnete Korrektur, ebenso wie er die Trennwand der Antichambres, des späteren Fürstensaales, als noch vorhanden angibt. Demnach muß die Veränderung des Planes früh vorgenommen worden sein, jedenfalls vor 1773, dem Todesjahre Schlauns.

Unter Lipper wurden dann die Querwand begradigt, das Vorzimmer mit dem Schlafzimmer zu einem großen Saal vereinigt, der Nordostraum auf Kosten des Nordwestkabinetts so weit vergößert, daß er in der Nordwand zwei Fenster erhielt und von dem Nordwestraum südlich noch ein kleiner Alkoven abgetrennt (Kat.-Nr. 75.28 – oberstes Deckblatt von Lipper auf dem Plan Schlauns). Von einer Benutzung dieser Räume durch den Minister war damals keine Rede mehr. Er hatte ins Erdgeschoß ziehen müssen. Auf einer Zeichnung Lippers (Abb. 38) werden der Südsaal als »Grand Appartement«, der Nordostsaal als »Grand Cabinet donnant sur la terrasse« (»das gelblackierte Kabinett«), der Nordwestraum als »Cabinet donnant sur la terrasse, pouvant servir de bibliothèque«, der Alkoven als »Passage très commode à diverses usages« bezeichnet. Nach dem Tode Schlauns hatte der Kurfürst die Repräsentation zugunsten der Commodité zurückgestellt. Das zeigt vor allem die Anlage des Ganges an der Nordseite des Flügels, an dessen Ende sich ein besonders geräumiger Abort mit einer »chaise à l'angloise« befand.

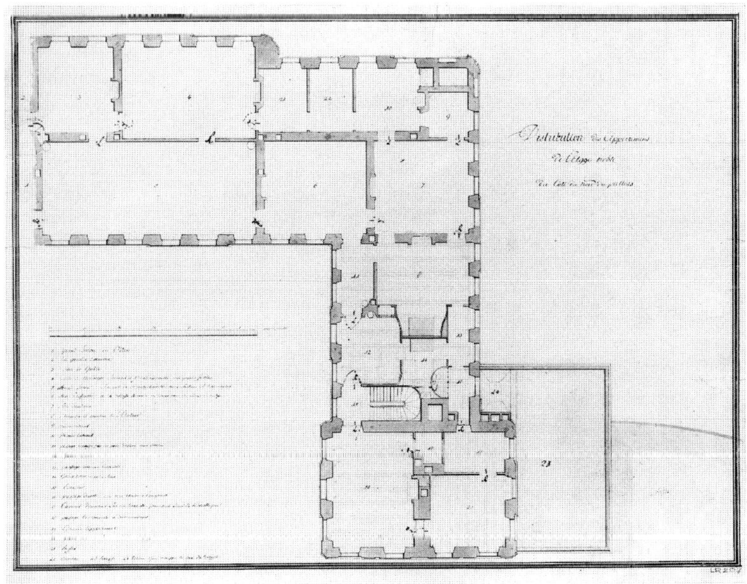

38 Residenzschloß Münster, Grundriß der Etage noble, Appartement des Fürstbischofs im Nordflügel – Wilhelm Ferdinand Lipper

Die Wohnung an der Nordseite bot sehr viel mehr Platz, da zu den Räumen des Corps de logis noch die des seitlichen Flügels und des Nordpavillons kamen. Die Anzahl der Räume erlaubte auch eine Abstufung des offiziellen Charakters der Gemächer bis zu den fast ›privaten‹ Räumen über der Küche, deren Ausstattung im Mai 1775 als erste in Angriff genommen wurde.

39 Residenzschloß Münster, Schloßkapelle, Ansicht der Altarseite (um 1900)

40 Residenzschloß Münster, Schloßkapelle, Ansicht der Hoflogen und des Fürstenstuhls (um 1900)

DIE SCHLOSSKAPELLE

Die Schloßkapelle der Residenz folgte in den Rechten und im Patronat der Heiligen Michael und Eligius der Kapelle über dem großen Immunitätstor des Domkapitels. Der Domplatz gegenüber der Stadt, diese Grenze markierte die Torkapelle, wurde damit auf der Ebene der Heiligen ebenso entfestet wie die Stadt Münster durch den Bau der Residenz auf der ehemaligen Zitadelle, denn der Erzengel Michael hatte hier die Funktion eines gewappneten Wächters. Baubeginn war der 26. August 1767. Das genaue Datum der Weihe ist nicht bekannt. Beim Tode Schlauns war die Schloßkapelle bis auf die Bekrönung der Oratorien zu Seiten des Altars und den Auszug des Altars fertig.

Die Schloßkapelle lag im südlichen Flügelpavillon des Residenzschlosses. Sie unterscheidet sich von dem gegenüberliegenden Küchenpavillon lediglich durch das leichte Ausbuchten der Altarwand und ist dadurch zwar als ranghöherer Raum, nicht aber als Sakralraum gekennzeichnet. Dies bleibt dem Mittelpavillon mit dem eigentlich zur Kapelle gehörenden Glockenturm vorbehalten.

Vergleicht man die historischen Fotos mit den Plänen Schlauns (Abb. 39–42 – Kat.-Nr. 75.72–74), wird deutlich, daß die Altarseite ursprünglich reicher dekoriert werden sollte. Schlaun hatte anstelle des glatten Gebälks ein die Gebälkzone durchstoßendes Altarblatt vorgesehen, über dem sich ein reich skulptierter und dramatisch bewegter Orgelprospekt erheben sollte. Im Gegensatz zu dem apokalyptischen Thema Lippers erkennt man in der Zeichnung Schlauns musizierende Engel mit Cello und Fagott, über der Orgel zwei posauneblasende Engel mit dem Wappen des Kurfüsten, musizierende und singende Putti tummeln sich auf der Balustrade der Sängeremporen und dem Scheitel des Altarrahmens.

Der weiß gehaltene Saalraum mit stuckierter Voutendecke ist im Erdgeschoß durch an den Längsseiten gekuppelte ionische Pilaster auf hohen Postamenten und in der Étage noble durch Doppelhermen gegliedert, Engel, die nahezu unbekleidet in eleganter Geste das Abschlußgebälk tragen. Die Raumecken sind gerundet, sie werden besetzt durch Pilaster und Hermen. Die dominanten Motive sind die Fürstenloge und der Altar. Die Fürstenloge wird durch die tragenden ionischen Vollsäulen ausgezeichnet, neben den eingestellten Säulen an den kai-

41 Residenzschloß Münster, Schloßkapelle, Hermenengel (um 1900)

42 Residenzschloß Münster, Schloßkapelle, Zugang zur Empore (um 1900)

serlich-kurfürstlichen Anräumen des Kaisersaals die einzigen Vollsäulen der Residenz, und durch das Motiv der Serliana, die wie ein Emblem im lichtdurchfluteten Raum der durch drei große Fenster beleuchteten Empore steht (Abb. 40). Ihr geschwungener Segmentbogen verweist auf das Mittelfenster des Festsaals. Demgegenüber bleibt die Altarseite durch den Einbau der Sakristei und der Treppen zu den seitlichen Oratorien und der Sängertribüne mit den Blindfenstern darüber im Dunkeln. Das mittlere Fenster wäre durch den Einbau der Orgel geschlossen worden. Der Altar wird von der Seite her beleuchtet. Der theatralische Effekt des Erscheinens im Gegenlicht bleibt also dem Fürsten vorbehalten. Die Empore schwingt wie die Fassade des Mittelpavillons konvex vor, während die Seiten wie dort im Gegenschwung zurückweichen. Darauf bezogen ist das konvexe Hervortreten der Doppelsäulen des Altars, ein Motiv, das durch das Fehlen des Gebälks allerdings unvollendet bleibt und durch diese Leerstelle den Bezug der Fürstenloge zum Altar optisch evoziert. Folgerichtig verbindet Schlaun die Faszien des Gebälks mit der Arkade der Altarrahmung zu einem reduzierten Palladiomotiv.

Vor den Doppelsäulen stehen zwei männliche Heilige. Es handelt sich nicht um die Patrone, deren Ikonographie als Bischof und Erzengel eindeutig wäre, sondern man erkennt rechts an seinem Barett den hl. Johannes von Nepomuk, die linke Figur ist zunächst nicht zu identifizieren. Der hl. Nepomuk jedoch ist als politischer Heiliger der Staatsheilige der habsburgischen Monarchie. Durch die Intervention Kaiser Karls VI. und seiner Gemahlin Elisabeth Christine zur Ehre der Altäre erhoben, war der Heilige als Schützer des Herrschers und des Verbandes seiner Länder wieder zur Erde zurückgekehrt. Zahlreiche politische Darstellungen der Verbindung des Kaiserhauses mit dem Nepomukkult belegen dessen enge Verbindung zum Reich. Auf einem Thesenblatt der Ettaler Ritterakademie reicht der Heilige Karl VI. als Überwinder der Türken den Globus zum Zeichen der Weltherrschaft mit einer in Latein verfaßten Inschrift: »Du wirst über viele Völker herrschen, aber über dich wird niemand herrschen.« In der ersten Konzeption hatte man also auch in der Wahl des Kapellenheiligen einen Bezug des Kurfürstentums von Maximilian Friedrich zum Reich herstellen wollen.

Der Altar erscheint durch die Trennung der beiden Doppelsäulenstellungen nach oben hin aufgebrochen. Die nach außen gestellten geschweiften Bogenfragmente auf den mächtigen Gebälkstücken verweisen auf das Rom der Päpste. Das Motiv hat Schlaun aus der Peterskirche, vom Portal der Heilig-Kreuz-Kapelle von Bernini übernommen (Domenico de Rossi und Alessandro Specchi, Studio d'architettura civile, Rom 1701–1721, Bd. 1, Tafel 21). Auch die Trennung der Säulenstellungen, deren Bogenfragmente unverbunden bleiben und den Raum nach oben aufbrechen, stammen von Bernini (Domenico de Rossi, Disegni di vari altari e capelle nelle chiese di Roma, Rom 1684, Tafel 20, Altar in San Domenico e Sisto). Mit der Öffnung des Bogens nach oben wird der Raum frei gemacht für die Verbindung der irdischen Sphäre mit dem heiligen Geschehen in der himmlischen Sphäre. Zudem fungieren die nach außen gestellten Segmentstücke als Überleitungsform zu den Sängertribünen (Kat.-Nr. 75.73–74). Die Apotheose des Fürsten in der Schloßkapelle hat ihren sichtbaren Ausdruck in der Rezeption der Formen von Balthasar Neumanns Treppenhaus in Brühl. Zusammen mit den Doppelhermen im Obergeschoß ist es vor allem der Verweis auf die Triumpharchitektur mit den Doppelsäulen und der eingestellten Arkade mit dem Wappenaufbau und den allegorischen Figuren, an die der Münsteraner Altar erinnert.

Die Architektur stammt in toto von Schlaun. Er hat dabei Elemente des Kaisersaals auf den Sakralraum übertragen, damit in der heiligen Messe zugleich dem Fürsten gehuldigt werden konnte. Die Schloßkapelle war für das Volk durch ein Portal im Ehrenhof zugänglich. Der Kurfürst gelangte direkt über den Flügelkorridor von seinem Appartement in die Fürstenloge im Obergeschoß: die ausgestellte Privatheit in der Öffentlichkeit ist sein Privileg. Der Hofstaat, unterteilt in Vornehme in der Étage noble und weniger Vornehme im Erdgeschoß, konnte von Logen aus an der Messe teilnehmen, die wie die Fürstenloge mit holländischen Schubfenstern vor den neugierigen Blicken des Volkes abgeschlossen werden konnten. Der Architekturtheoretiker Leonhard Christoph Sturm hatte gefordert: »Die Schloßkapelle soll billich in dem untersten Stockwerk liegen und durch zwey bis drey Stockwerke durchgehen. Sie muß aber so angelegt seyn, daß die Herrschaft sowohl mit solennem Gefolge, ohne viel Treppen zu steigen, gleich in ihren Stuhl und auch allein, gleichsam geheim, dahin gelangen kann.« Übrigens hatte Schlaun Alternativentwürfe gezeichnet, bei denen die Schloßkapelle mit hoher Voutendecke auch den Raum des Mezzanin einnehmen sollte (Kat.-Nr. 75.70–71). Dort wurde später der Billardsaal eingerichtet.

Die Balustrade der Empore und der Sängertribüne ist an den Seiten als Scheingalerie um den gesamten Raum gezogen. Es wird damit der Eindruck einer königlichen Doppelkapelle erzeugt – Vorbild die Hofkapelle in Versailles, Archetypen die Hagia Sophia und die Pfalzkapelle in Aachen. Hier wird noch einmal an die bekannte Szene in der Schloßkapelle von Versailles erinnert, wo die Großen des Reiches stehend einen weiten Kreis um den Altar bildeten, mit dem Rücken zum Priester und den Blick zu ihrem König erhoben, den man auf der Tribüne knien sah: »Dieses Volk scheint den Fürsten und der Fürst Gott anzubeten.« Von Versailles aus ist auch die Disposition der kurfürstlichen Loge gegenüber dem Altar zu verstehen, über dem sich wie dort der Orgelprospekt erhob. Sein ikonographisches Programm ist eng verknüpft mit den Engelschören, deren Ikonographie formal an die Musikerempore des Kaisersaals gebunden ist, wo die Hermen der Musikertribünen auf die Kaiserbilder verweisen.

Die Wandgliederung wurde weitgehend nach den Entwürfen von Schlaun ausgeführt (Kat.-Nr. 75.72). Anstelle der direkt über den Kragsteinen der Hermenpilaster ansetzenden Volutenklammern der Stuckvoute, wie sie der Plan vorsieht, entschied man sich für ein umlaufendes Gesims, in das die Kragsteine als Verkröpfungen eingesetzt wurden, was die ›Arbeit‹ der Hermenengel wesentlich erleichterte. Auf den Entwürfen haben sie noch die gesamte Last der Decke zu tragen. In der Ausführung deuten sie diese Funktion mit leichter Geste nur an, während sie in Wirklichkeit der Repräsentation ihrer auf den Fürsten und den Hofstaat bezogenen würdevollen Stellung Ausdruck verleihen.

Der hl. Michael ist der Hauptheilige der Schloßkapelle. Als Schutzherr des Heiligen Römischen Reiches Deutscher Nation war er zusammen mit dem hl. Bischof Eligius wie kein zweiter geeignet, auch im Sakralbereich das Gesamtprogramm der kurfürstlichen Herrschaft in ihrer Bedeutung gegenüber Kaiser und Reich herauszustellen, denn Eligius als heiliger Bischof von Noyon führt in seiner Ikonographie zwei goldene »sellae« mit, Thronsessel, auch als Sättel gedeutet, die er dem König übergab. Daß er nebenbei noch die Missionierung Flanderns betrieb, mag gleichsam als hagiographische Zugabe willkommen gewesen sein.

Michael als Repräsentant der Erzengel ist als einziger Engel individuell gekennzeichnet durch die Initialen QUD für QUIS ut DEUS, das Antlitz Gottes.

Die übrigen Engel, die den Raum im Obergeschoß umstehen, erhielten paarweise je ein Spruchband, das sie als Vertreter der jeweiligen Gruppe der zehn, eigentlich nur neun Engelschöre ausweist. Die Anordnung der ›Himmlischen Heerscharen‹, über deren Hierarchie nach christlicher Überlieferung das stufenweise Wirken Gottes verdeutlicht wird, entspricht der Hierarchie des Kapellenraums. Dante beschreibt im »Paradies«, daß Gott im Zentrum von der Engelshierarchie umgeben ist: hinter dem Altar links die Seraphine, dem göttlichen Licht in immerwährender Anbetung am nächsten, rechts die Cherubime, die nach Gregor die ganze Fülle des Wissens enthalten. Daneben, bereits an der Seite des Hofstaates stehen die Throni: sie bereiten dem Herrscher der Welt den Thronsitz. In der Mitte dieser Wand sind die Dominationes, die Herrschaften, als Überbringer höchster Befehle den Höflingen zugeordnet, unfähig ihr Amt zu mißbrauchen. Neben ihnen an derselben Wand die Principatus, Vertreter der Fürstentümer, zugleich Herren der nächsten Gruppe, der Custodes, die die Fürstentümer überwachen. Sie stehen zusammen mit den Potestates, die mit der ihnen innewohnenden Kraft die Feinde Gottes abwehren, hinter der Fürstenloge und verkörpern zusammen mit den Principatus an der Höflingsseite das Prinzip des von den göttlichen Heerscharen beschützten geistlichen Staates von Gottes Gnaden. Ihnen folgen als Herrscher der erdverbundenen Naturgewalten die Virtutes, als Tugenden ausgestattet mit der Macht über schwierige Angelegenheiten, daneben an der Fensterseite zur Stadt die Archangeli und die Angeli als Schutzengel der Städte und Menschen, repräsentiert von Michael in der Mitte der Ostwand.

Die göttlichen Heerscharen, das absolutistisch-höfische Hauptthema der Kapelle, bildeten den Hofstaat Gottes ab. Die Vorstellung über die Tätigkeit und Inanspruchnahme der Heiligen und der Engel war vom Mittelalter bis ins 18. Jahrhundert im Rahmen der theologischen Hierarchie bzw. Theokratie eine höfisch orientierte und instanzenhafte. Man sah die Majestät Gottes umgeben von den Heerscharen der Engel und der in den Hofstaat aufgenommenen Heiligen, mit deren wirksamen Unterstützung man seine Bitten und Anliegen an den Herrscher des Himmels richten konnte. Vorbild des ›englischen‹ Programms ist die Dreifaltigkeitssäule in Wien, die Kaiser Leopold I. 1682–93 aus Stein errichten ließ und die in zahlreichen Wiederholungen die »Pietas Austria« im Lande verkündete. Neben der Trinität, deren staatspolitisch dynastische Bedeutung für das Kaiserhaus sich u.a. an dem von Schlaun rezipierten Hochaltar von Mariazell manifestiert, hatte Friedrich III. das Patrozinium der Kapelle der Wiener Hofburg auf ›alle Heiligen‹ ausgedehnt. Mit diesem Patrozinium weihte der Kaiser den religiösen Mittelpunkt seiner Residenz und damit des Reiches dem himmlischen Hof. Auch bei den Neun Chören der Engel der Dreifaltigkeitssäule in Wien liegt dieser Gedanke der Vorbildlichkeit des himmlischen Hofstaates hinsichtlich der verschiedenen Ämter und Funktionen, von denen die beiden unteren Ränge für die Lenkung und Regierung der Welt zuständig sind, nahe. In den entsprechenden Bibelstellen, auf denen die Idee der Neun Chöre der Engel aufbaut, geht es vorwiegend um die Beherrschung der Welt durch die Abgesandten Gottes. Die in Wien mehrfach vorgetragene Analogie zwischen dem himmlischen Hof Gottes und dem des irdischen Monarchen aus dem Hause Habsburg beanspruchte in Münster der Kurfürst.

Der hl. Michael, der an der Domimmunität gleichsam ›Objektschutz‹ geleistet hatte, trat am Schloß als Beschützer des Fürstenstaates vor den von außen angetragenen Ansprüchen auf. Zugleich verdeutlichte er an dieser Stelle im Gegenzug den Schutz des Kurfürsten als Vertreter der göttlichen Macht auf Erden, der der Stadt Münster zuteil wird. Da die Anordnung der Engelschöre zwar zentral ausgerichtet ist, auf der anderen Seite jedoch eindeutige Achsbeziehungen aufnimmt, indem den einzelnen Polen die ihnen zugehörigen Kräfte zugeordnet werden, unterstützt sie die Hauptachse der Kapelle von der Empore zum Altar, von der irdisch geistlichen zu der christlich geistlichen Macht. Dadurch daß die Szenographie von Altar, Orgel und den Musikeremporen mit den das Gebälk überschneidenden Arkaden der Coretti dabei einem lebhaft bewegten, dramatisch inszenierten Theatrum Sacrum entsprechen sollte, macht sie den Fürsten zum Teilnehmer und Autor des heiligen Bühnenbildes. Die Inszenierung seiner Macht findet als geistliches Schauspiel statt. Der von Püttmann-Engel konstatierte, sich von selbst verstehende Verzicht auf die Anbringung der herrschaftlichen Insignien innerhalb dieses Programms trifft dabei nicht einmal für die Ausführung durch Lipper zu. Schlaun hatte an höchster Stelle das Wappen des Kurfürsten vorgesehen, gehalten von Posaune blasenden Engeln, das im Brausen der Orgel zum Thron Gottes getragen wurde, gegenüber am Eingangsportal ein weiteres Wappen mit den Initialen des Kurfürsten, mit Kurhut, Schwert und Pedum, über der Herrschaftsloge ruhte auf einem Kissen der Kurhut. Der Bezug zwischen Fürst und Altar, zwischen weltlichem und geistlichem Bereich, markiert den Übergang vom weltlichen Herrschaftsbreich von Gottes Gnaden zum ewigen Leben, das von der Kirche garantiert wird. Die Kapelle ist somit Ort weltlicher Überordnung und kosmologischer Unterordnung.

DER SCHLOSSPLATZ

Zu einer Residenz gehörten geräumige Stallungen und Remisen zur Unterbringung der Pferde und Kutschen eines ranghohen Logiergastes, mit dem der Kurfürst, wie aus der Verteilung der Appartements in der Beletage ersichtlich wird, rechnete. Die Stallungen dienten auch zur Unterbringung der elf Hengste, die als Landesgestüt »zum Zwecke der Hebung der Pferdezucht« und der Repräsentation in Münster gehalten wurden. Am 29. August 1771 genehmigt der Kurfürst die Pläne Schlauns für den Marstall und die Remisen auf der Nordseite des Schloßplatzes. Beim Tode Schlauns hatte man auf der nördlichen Seite des Schloßplatzes den Marstall im Rohbau errichtet, das Wachthaus schon bezogen, während das Magazinhaus und die Remisen erst 1774 nach Plänen Lippers ausgeführt wurden. Von den Gebäuden der Südhälfte des Platzes, wo Schlaun einen dem nördlichen gleichen Marstall samt Remisen und einer Reitschule vorgesehen hatte, kam außer dem Wachthaus nichts zur Ausführung, das Lipper in genauer Entsprechung 1779 als Schloßverwalterwohnung einrichtete.

Die beiden, untereinander völlig gleichen, langgestreckten Marställe sollten mit ihren Fassaden zusammen mit den Wachthäusern, deren Hakenform im kleinen dem Dreiflügelbau des Schlosses antwortet, den eigentlichen Schloßplatz ausgrenzen und dabei durch ihre Symmetrie und den Bezug der stark durchbildeten Mittelrisalite eine wirksame Querachse ausbilden (Kat.-Nr. 75.11). Diese Achse hätte einen mächtigen Querschub bewirkt, der dem Betrachter in dem durch ein vierteiliges Rasenparterre definierten idealen Mittelpunkt des Schloßplatzes Einhalt geboten hätte, um die Wirkung der Schaufront der Residenz mit aller Kraft zur Geltung zu bringen. Wie bei der Marstallanlage in Clemenswerth hat man nach dem Tode Schlauns die Bedeutung dieser Symmetrie nicht mehr begriffen, so daß auch hier nur ein Torso entstand. Die Fassaden der Marställe sollten nahezu die gesamte Breite der Seiten einnehmen und durch halbhohe Mauern mit dem Schloß und den Wachthäusern verbunden werden. Die verbleibende schmale Durchfahrt an der Stadtseite ist ebenfalls durch ein gebogenes Mauerstück geschlossen; man hatte dort die Pferdetränke angelegt. In den Schloßgraben vorgeschoben, hinter den Fassaden der Marställe versteckt, lagen wie Halbinseln die rechteckigen Wirtschaftshöfe mit Magazinhaus und Wagenremise. Einen Eindruck von der Bedeutung der Marställe und der Staffelung der Nebengebäude als Vorbereitung auf die dominante Schauwand der Schloßfassade gewährt die Zeichnung Ertzenbachs, die mit den Lipperschen Obelisken als Repoussoirmotiv die angestrebte perspektivische Wirkung noch steigert (Abb. 1, 3–6).

MARSTALL UND REMISE: Schlaun vermeidet das Motiv der Serliana an der Schloßfassade, da es in Münster als Zitat von Brühl bereits am Erbdrostenhof als permanente Einladung an den Kurfürsten prominent besetzt war und eine Wiederholung nun nicht mehr standesgemäß sein konnte. Dagegen war seine emblematische Verwendung am Marstall durchaus opportun, denn als päpstlich-kurfürstliche Form hatte sie unter Clemens August mehrfach Verwendung gefunden, unter anderem an der Hofloge in der Schloßkapelle, aber auch am Marstall in Clemenswerth, dessen Mittelrisalit das Vorbild der Münsteraner Anlage bildet (Kat.-Nr. 36.126). Allerdings hat Schlaun, der Bedeutung einer Residenz gegenüber einem Jagdschloß angemessen, die Marställe in Münster zweigeschossig angelegt mit hohem schiefergedecktem Mansarddach, Mittelrisalit und Mitteltafeln, an den Gebäudekanten Doppelstreifen, die wie eine Kolossalordnung die beiden Geschosse zusammenfassen. Der dreiachsige Mittelrisalit ist durch das höhere Dach als eigener Baukörper definiert, an den Kanten abgefaßt durch Doppelstreifen, in der leicht vortretenden, von kräftigen Lisenen gerahmten Mittelachse zentriert mit Durchfahrt, Überleitungstafel mit Wappen und Serliana, die in den Dreiecksgiebel stößt, und einem die Geschosse teilenden Gesims (Abb. 45 – Kat.-Nr. 75.97–98). Die Gliederung erweist den Marstall als Nebengebäude des Schlosses. Der Mittelrisalit ›imitiert‹ den zentralen kurfürstlichen Hauptpavillon, die beiden Seitenteile scheinen durch die Kontinuität der geschichteten Rahmen- und Streifengliederung wie beim Schloßprojekt der zweiten Planstufe hinter dem Mittelteil zu einem Baukörper verbunden: architekturikonographisch bedeutet das nichts anderes als eine zumindest äußerlich vollkommene Trennung der

43 Residenzschloß Münster, Remise (1930)

44 Residenzschloß Münster, Wachthaus (Vorkriegsaufnahme)

Bereiche. Der Fürst, vertreten durch seinen Oberstallmeister, ist im zentralen Hauptbau präsent, während die Pferde und die zugehörigen Stallknechte dem rangniedrigeren Bauteil zugeordnet sind.

Offenbar hat dem Kurfürsten das inzwischen als ›überholt‹ erscheinende Motiv der Serliana nicht zugesagt, denn Schlaun mußte Änderungsvorschläge vorlegen (Kat.-Nr. 75.104–105). Die Mittelachse stößt jetzt wie ein Zwerchhausgiebel über das Dachgesims, die große Arkade anstelle des Fensters wird von einem zweiten Rahmen hinterfangen und biegt das geschwungene Gesims kräftig auf – ein römisches Motiv vom Oratorium Filippo Neri Borrominis, das im Zentrum der Schloßfassade und am Fürstenstuhl in der Schloßkapelle gleichsam als ranghohes Motiv des Fürsten erschien. Im Scheitel der Arkade findet jetzt repräsentativ das Wappen Platz, außerdem entfaltet Schlaun hier ein kleines ikonographisches Programm, das mit den beiden Putti mit einer Art Lanze, Zügel und Zaumzeug auf die hohe Schule der fürstlichen Reitkunst verweist. Der Balkon mit schmiedeeisernem Gitter verleiht dem repräsentativen Freitritt den Charakter einer Benediktionsloggia – und darauf hatte sich letztlich schon die Serliana bezogen.

Die zur Stadt oder zum Schloß hin orientierte Stirnseite des Marstalls (Kat.-Nr. 75.103) zeigt das hier allerdings nicht vortretende Mitteltafelmotiv mit dem unten eingedrückten, gleichsam sattelförmigen Ovalfenster, das Schlaun möglicherweise von Guarino Guarini entlehnt hatte (Guarino Guarini, Architettura civile, Turin 1737, Tafel 16, S. Filippo Neri in Turin), darüber Tafel und Rechteckfenster, an den Gebäudekanten abgefangen wiederum durch Doppelstreifen. Wenig befriedigend wirken die schmalen Seitenachsen, wo die Fenster regelrecht, besser gegen alle Regel verkümmern. Ertzenbach ›verbessert‹ auf seiner Zeichnung die Stadtfassade und fügt ein Portal ein. Ob dieser Zustand, den Geisbergs Aufmessung bestätigt, auf den Umbau Lippers 1774 oder noch auf Schlaun selbst zurückgeht, bleibt offen. Eine Zeichnung Schlauns, die Lipper in Teilen mit einem eigenen Entwurf überklebt und beschriftet hat, zeigt noch die alten breiten Treppenhäuser im Mittelbau, zugleich aber die Treppenhäuser und Portale an den Stirnfronten, wie sie ausgeführt worden sind (vgl. Kat.-Nr. 75.110 mit 113). Merkwürdigerweise waren die Fenster an der Schloßplatzfassade kleiner als an der Hofseite. Lipper hat die Staffelung des Baukörpers aufgegeben. Im Gegensatz zu den Entwürfen Schlauns lief der Dachfirst in einer Linie durch, der Mittelbau erhob sich nicht über die Flügel.

In den Stallhälften zu beiden Seiten des Mittelbaues sind auf jeder Seite 14 Pferdeboxen angelegt. Schlaun hatte zu beiden Seiten der Durchfahrt zunächst zwei nahezu quadratische Kammern vorgesehen, von denen eine mit einem Kamin ausgestattet war. Die Vermutung Geisbergs, daß Lipper die schmalen, ›italienischen‹ Treppen zu beiden Seiten der Durchfahrt angelegt habe, um weitere acht Einstellplätze zu gewinnen, trifft nicht zu, denn es liegen bereits Pläne Schlauns vor, die diese Disposition zeigen (Kat.-Nr. 75.110–111). Die Umbauarbeiten Lippers, bei denen er die Änderungen zum Teil auf den vorhandenen Entwürfen Schlauns einzeichnete, sind durch einen Bericht der Baukommission an den Kurfürsten dokumentiert: »… die puncten, worauf es bei der gnädigsten bestimmung ankommt, lege ich samt dem general plan, und den theils vom abgelebten General Major Schlaun, theils vom Canonico lipper verfertigten rißen zur gnädigsten verordnung hiebey.«

Die Gebäude auf dem südlichen Rechteck sind nicht ausgeführt worden. Vom nördlichen Flügelbaukomplex der Residenzanlage, der aus Marstall, Wagenremise und Magazinhaus gebildet wurde, ist nur noch die Wagenremise in ihrer ursprünglichen Form erhalten (Abb. 43 – Kat.-Nr. 75.113). Der neunachsige, eingeschossige Backsteinbau, der 1773/74 nach Schlauns Plänen von Friedrich Wilhelm Lipper errichtet wurde, diente zur Aufnahme des fürstbischöflichen Wagenparks. Die Bossen über ihrem Mittelportal wie über den blinden Portalen ihrer Schmalseiten sind stehengelassen und zeigen, daß der Werkstein versetzt und dann erst von Steinmetzen oder Bildhauern bearbeitet wurde. Die Remise gibt eine getreue Vorstellung des ihr gegenüberliegenden, 1911 abgebrochenen Magazinhauses, von dem Geisberg Aufmessungen hat anfertigen lassen.

REITSCHULE: Am 27. Juni 1774 legte Franz von Landsberg dem Kurfürst einige wichtige Fragen über den Ausbau der Remisen zur Entscheidung vor (Kat.-Nr. 75.11; 75.108–109). Unter Beifügung eines noch aus der Zeit Schlauns stammenden Generalplanes und zweier Entwürfe Lippers wies Landsberg darauf hin, daß Schlaun an der Ostseite des südlichen Rechtecks eine Reitschule von 120 mal 50 Fuß, an jener des nördlichen ein Magazinhaus von 123 mal 40 Fuß vorgesehen hatte. Der in der Höhe der Dächer sich auswirkende Unterschied der Breiten beider Gebäude hätte eine symmetrische Wirkung von Reitschule und Magazinhaus verhindert. Lipper ließ mit »der höheren Aufführung« der Remise, die sich damals schon im Bau befunden haben muß, einhalten. Nach seinem Plan sollte ihr Dach 39 Fuß 4 Zoll, nach jenem Schlauns 40 Fuß 8 Zoll hoch werden, das Dach des Magazinhauses 45 Fuß 9 Zoll. Der Bischof entschied am 6. Juli 1774, daß die Reitschule »parallel mit den Stallungen« an der Südseite des Schloßplatzes, das Magazin in derselben Breite wie die Remise und seine Front nach dem Entwurfe Lippers ausgeführt werden sollte (Kat.-Nr. 75.113).

WACHTHÄUSER: Von den beiden über rechtwinkligem Grundriß errichteten, eingeschossigen Wachthäuser am Ostrand des Platzes diente eines als Unterkunft für die Wachmannschaften, das andere als Wohnung für den Schloßverwalter (Abb. 44; Kat.-Nr. 75.11; 75.114–118). Auf beide bezieht sich die Erläuterung Schlauns: »L'élevation de ces deux derniers Battiments sont tres bass pour ne pas empèscher la moindre vu di Pallais.« Sie sollten miteinander durch ein Eisengitter mit niedriger Steinbrüstung verbunden werden. Das nördliche Wachthaus bezeichnet Schlaun als »la grande garde et le logement du valet de la residence«. Es beherbergte die nach Norden gelegene Wachtstube für die Offiziere, die daran anschließende große Stube für die Soldaten, die zugehörigen Aborte und die davon getrennte Wohnung für den Schloßverwalter.

Zur Stadtseite hatte Schlaun als Gliederungsmotiv eine Mitteltafel vorgesehen, an den Kanten Schlitzblenden, die gleichsam als ›Dorica‹ der Streifenordnung im Zusammenspiel mit den Fensterachsen auf gedoppelte Lisenen verweisen, womit die Einheitlichkeit des Ordnungssystems innerhalb der Residenzbauten gewahrt bleibt. Folgerichtig haben auch die Wachthäuser schiefergedeckte Mansarddächer mit Schleppgauben, eines der Fenster ist mit einem überdachten Aufzug für Vorräte und vermutlich Feuerholz versehen. Insgesamt fünf Zugänge sollten den reibungslosen Ablauf der verschiedenen hier untergebrachten Funktionen garantieren. Zum Schloßplatz hin hat Schlaun das Dach über kurzen Mauerstücken und Konsolen weit vorkragen lassen, vermutlich als Wetterschutz für die Schloßwache.

Das Pendant des nördlichen Wachthauses hat Lipper gebaut. Er legte am 20. Februar 1779 einen Plan für die Wohnung des Schloßverwalters mit Hausknecht zur Genehmigung vor, dessen Maße dem gegenüberliegenden Wachthaus Schlauns entsprachen. Lipper betont, daß er die Wohnung für den Schloßverwalter sehr bequem disponiert hätte, besonders weil »im Kellerwerk gegen den Graben Logis für Gesinde hatte gemacht« werden können. Die Genehmigung erfolgte am Tag darauf.

45 Residenzschloß Münster, Marstall (um 1900)

75.2

1. Planstufe

75.1
Residenzschloß Münster
Grundrißfragment Hauptgeschoß, nördliche Hälfte, 1. Planstufe (Abb. S. 700)

Lavierte Federzeichnung, 46,5 x 56,5 cm
Titel: *(E)tage noble du Pallais selon Intention de S:A:Electorale de Cologne Prince de Münster*
Beischrift: Kennbuchstaben
Legende: *I Grand cabinet.; K Tribune pour la Chapelle.; L Gallerie.; M Sale à Manger de S:A:E.; N Pour la table du grand Marchal.; O Garderobes avec leurs entresoles.; P Escaillers qui communique aux autres etages.; Q Apartements pour deux Ministres.; Le rest on voit du Plan.*
Maßstab: *100 Fues* (abgerissen)
Rückseite: Grundriß Schloßkapelle EG, 2. Planstufe (vgl. Kat.-Nr. 75.6)

Westfälisches Landesmuseum Münster, Gbg. 10

2. Planstufe

75.2
Residenzschloß Münster
Johannes Conrad Güding, Punktkopie von 1773 nach einem Entwurf von Schlaun
Aufriß der Stadtfassade, 2. Planstufe

Lavierte Federzeichnung (grau), 32 x 100 cm
Signatur: *J. C Güding 1773*
Maßstab: *100 Fuss*

Niedersächsisches Staatsarchiv Bückeburg, Bückeburg, S 1, A 1254

75.3
Residenzschloß Münster
Aufriß der Gartenseite, 2. Planstufe (Abb. S. 706)

Lavierte Federzeichnung (grau), 51,2 x 106,3 cm
Titel: *Elevation du Pallais du côte de la Campagne ou du jardin Selon l'intention de S: A: Electorale de Cologne Prince de Munster.*
Beischrift: *du Côte du west.*
Maßstab: *100 Fues* = 27,3 cm

Westfälisches Landesmuseum Münster, Gbg. 9

75.6

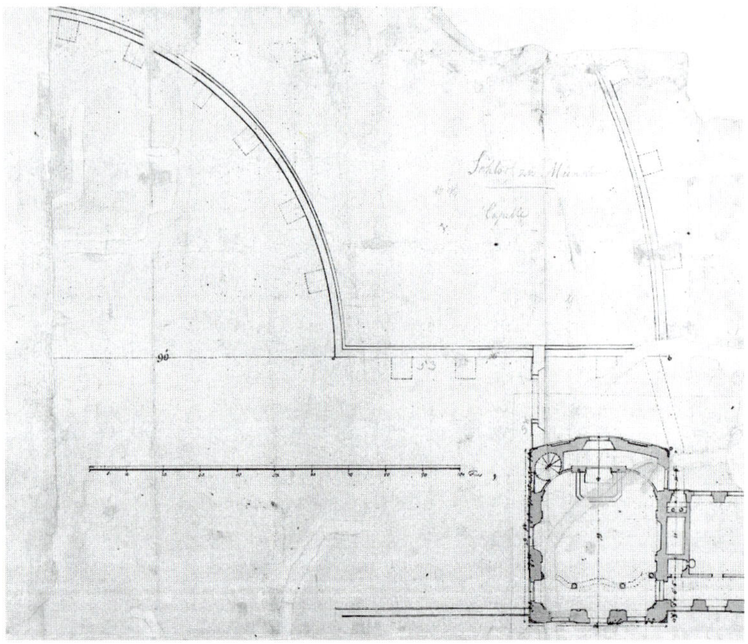

75.4

Residenzschloß Münster

Grundriß Erdgeschoß, 2. Planstufe (Abb. S. 707)

Lavierte Federzeichnung (schwarzgrau, grau, hellblau), 49,5 x 97,5 cm
Titel: *Plan du Rez de chaussee du Pallais Selon l'Intention de S: A: Electorale de Cologne Prince de Munster*
Beischrift: Kennbuchstaben
Beischrift: *du cote de West; du cote d'Ost; du Cote de Nord;* (…) *cote Sud* (Himmelsrichtungen)
Legende: *u. Peristile; v.. Grand Escailler; w. Corridore; x.. Corps de garde noble; y retirade pour les Domistiques etrangeres.; z. Chansellerie d'Etat avec Archive et des bureaux.; &. Archive, Chambre de la justice, et des revisions; A. apartement pour un Seigneur de la Cour; B pour un Aumonier de la Cour avec une entresole; C. Chapelle avec Sacristie (D. cuisene.; E. Rotißerie.; F. Lavallerie) la paticerie se trouvet dans les Souterins.; G. Ecrevin de la cusine avec un'entresole.; H. deux chambres pour les tables communes.; I. le controleur; K. Confiturie avec leurs entresoles; L. Sommilier; M. quartier pour le grand Marrechal.; N. l'argenterie avec son …inge.; O. des lieux.; Le rest on voit du plan.*
Maßstab: *100 fues* = 26,9 cm

Westfälisches Landesmuseum Münster, Gbg. 8 (Rückseite I)

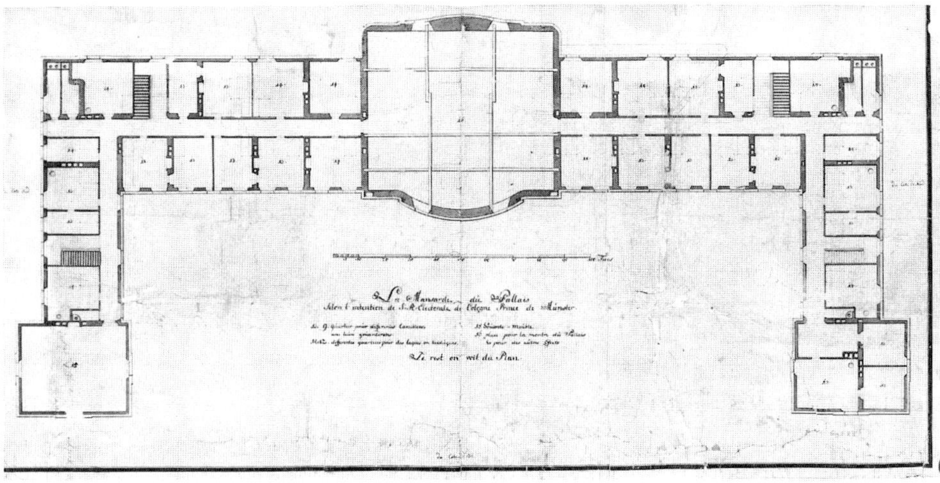

75.7

75.5

75.5

Residenzschloß Münster

Grundrißfragment Mezzaningeschoß: Grundrisse des Nord- und Südpavillons, 2. Planstufe

Lavierte Federzeichnung (grau, schwarzgrau), 13,4 x 97,3 cm
Beischrift: Kennziffern
Legende (Rest der Erläuterungen:) *9. C*(o)*mmunication par une Gallerie.; Salon pour le Billard; apartement pour un Ministre.; 4 differentes quartiers pour des Cavalliers.; Le rest on* (voit) *du Plan.*

Westfälisches Landesmuseum Münster, Gbg. 8 (Rückseite II und Fragment von I)

Das Fragment gehört zu dem an Kat.-Nr. 75.4 angeklebten Fragment eines Plans der zweiten Planstufe, zweites Obergeschoß, dem Mezzaningeschoß, mit Billardsaal über der Schloßkapelle und einem Ministerappartement im Küchenpavillon. R I zeigt nur noch die nicht ganz vollständigen Grundrisse des Süd- und Nordpavillons.

75.6

Residenzschloß Münster

Erdgeschoß, Grundriß der Schloßkapelle und eines Teils der Umfassungsmauern des Schloßgrabens, 2. Planstufe

Lavierte Federzeichnung, 46,5 x 56,5 cm
Beischrift: Maße
Maßstab: *100 Fues* = 27,2 cm

Westfälisches Landesmuseum Münster, Gbg. 10 (Rückseite)

75.7

Residenzschloß Münster

Grundriß Mansardengeschoß, 2. Planstufe

Lavierte Federzeichnung (grau, schwarzgrau), Bleigriffel, 49,7 x 98,1 cm
Titel: *La Mansarde du Pallais Selon l'intention de S. A. Electorale de Cologne Prince de Münster.*
Beischrift: Kennziffern, Himmelsrichtungen
Legende: *13. 9 Quartier pour differentes Cavaillers.; 14. 12 differentes quartiers pour des laques ou heiduques.; 15. Gouarde-Meuble.; 16. place pour la montre du Pallais & pour des autres Effets.; Le rest on voit du Plan.*
Maßstab: *100 fues* = 26,9 cm

Westfälisches Landesmuseum Münster, Gbg. 8 (Rückseite III)

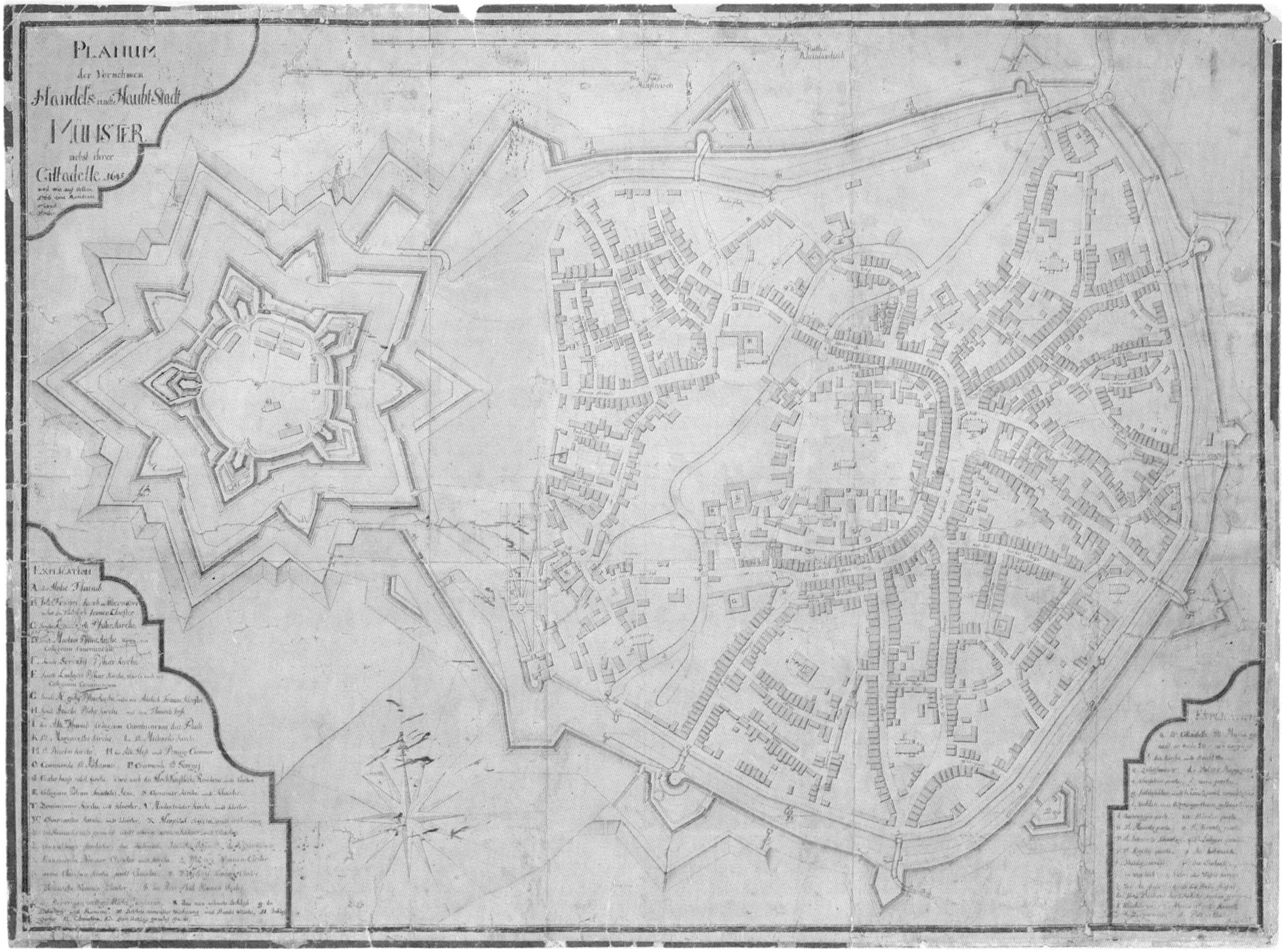

75.8

3. Planstufe 1767

75.8
Münster, Plan der Stadt und Zitadelle

Lavierte Federzeichnung (schwarzgrau, blaßrot, grau, braun), 69,4 x 97,2 cm (67,1 x 94,9 cm)
Titel: P*LANUM der vornehmen Handels undt HaubtStadt MÜNSTER nebst ihrer citadelle 1695*
Titel: *und wie auf selben 1766 eine Residence erbauet worden*
Beischrift: Kennbuchstaben; Kennziffern; Straßennamen
Legende: *Explication; A. der Hohe Thumb.; B. libe Frauen Kirch in Überwaßer nebst ein Adelich frauenKloester.; C Sancti Lamberti PfahrKirche; D. Sancti Martini PfahrKirche, worin ein Collegium Canonicorum.; E. Sancti Servatij PfahrKirche.; F. Sancti LudgeriPfahrKirche, worin auch ein Collegium Canonicorum.; G. Sancti AEgidij PfahrKirche, nebst ein Adelich: FrauenKloester.; H. Sancti Jacobi PfahrKirche auß dem Thum:hofs.; I. der Alte Thumb, Collegium Canonicorum divi Pauli.; K. Stae MargarethaKirche.; L Sti Michaelis Kirche.; M. Sti NicolaiKirche,; N der Alte Hoff undt Pennig:Cammer.; O. Commende Sti Johannis.; P. Commende Sti Georgij.; Q. Fraterhauß nebst Kirche, alwo auch die HochFürstliche Residence, undt Garten.; R. Collegium Patrum Societatis Jesu, S. Capuciner Kirche undt Kloester.; T. Dominicaner Kirche undt Kloester,; V. Minderbrüder Kirche undt Kloester.; W. Observanten Kirche undt Kloester,; X. Hospital Kirche undt wohnung; Y. im Honenkamp genant undt ubrige armenhaüser undt Elenden.; Z. Convicthauß: fondation fur Studirende Adeliche jugendt.; &. Gymnasi-*

um.; 1. Fransosische Nonnen Cloester undt Kirche.; 2. Niesing Nonnen:Cloester.; 3. arme Clarißen Kirche undt Cloester.; 4. Wehrspoel Nonnen closter.; (5) *Rhiensche Nonnen Closter,; 6. im Rosenthal Nonnen Closter.;* (7) *im Hoffringen weltgeistliche Junferen.; 8. das neu erbaute Schloß.; 9. die Stallungen und Remisen.; 10. Schloß-verwalter Wohnung und HaubtWache.; 11. Schloßgarten,; 12. gloretten,; 13. Zum Schloß gemües-garte,;* (Die Erläuterungen 8.–13. beziehen sich auf das Deckblatt Inv.-Nr. P 33; mit schwarzer Tinte.)
Legende: *Explication; a. die Cittadelle, Sta Maria genant, so anno 16(..) neü angelegt.; b. die Kirche undt HaubtWache.; c. Zeüghaüser.; d. Pulver Magazins.; e. Coesfelder porte.; f. neue porte.; g. Jüddefelder undt h. Kreutzporte verschloßen.; i. budden: undt k. Zwengerthurn, gefängnüßen.; l. Neubruggen porte,; m. Hörster porte.; n. St Mauritz porte.; o. St Servatz porte.; p. St Johannis Schantze.; q. St Ludgeri porte.; r. St Aegidij porte.; s. Aa bolwerck.; t. Stuckgiesereiy,; v. der Einlaeß,; x. im Voß loch,; y. bährs oder Waßer halter.; z. der Aa fluss, so durch die Stadt fließet.; die fünff Bastions der Cittadelle werden genennet 1. Klöckleien,; 2. Ahnebart,; 3. Kiwitt,;* (4) *Hultzenwambs,; 5. Pulver thurn.*
Maßstäbe: *200 Ruthen Rheinländisch* = 32,5 cm; *2000 fuess Münsterisch* = 26,6 cm
Deckblatt: Nr. P 33 (Kat.-Nr. 75.9) Gesamtplan der Residenz

Westfälisches Landesmuseum Münster, A.V. 135

Für die Erläuterungen W-Z, 1–13, a–e, g–k, n–s fehlen in dem Plan in seinem heutigen Zustande die Vorlagen. Die Straßennamen sind eingeschrieben. Die Buchstabenformen der Überschrift decken sich mit denen der beiden Schlaunbände im Landesmuseum, und die im Gesamtplan eingetragenen Erläuterungen 8-13 beziehen sich auf das Deckblatt mit der Anlage des Schlosses und Schloßgartens. Bauliche Veränderungen aus den Jahren von 1695–1770 sind nicht berücksichtigt, wohl aber finden sich in den Erläuterungen Zusätze, die für die letzten Jahre des 17. Jahrhunderts noch nicht gelten dürften, wie die Bezeichnung der zuerst für 1736 bezeugten Niederlassung der Dominikanessen, die Verwendung des Zwingers als Gefängnis und die Namen der fünf Bastionen in der Zitadelle.

75.9

75.9
Residenzschloß Münster
Entwurf der Gesamtanlage: Neuplatz, Schloßbezirk und Schloßgarten

Lavierte Federzeichnung (grau, grün, braun), 32 x 20 cm (unregelmäßig beschnitten)
Beischrift: Kennziffern
Deckblatt zu der Kopie Schlauns nach Schmitz von 1695

Westfälisches Landesmuseum Münster, P 33

Idée d'un Plan General de la Residence de Munster projeté et deja commencé par S.A. Electorale Eminentissime pour profiter en même tems de la demolition de la Citadelle et d'une si belle et ouverte situation
a. la Residence selon l'idée de S. Eme Electeur.
b. deux places cachés proche des offices pour mettre le bois et les necessaires.
c. Cour du Pallais enfermee avec une muraille d'appui.
d. grand avant Cour
e. des Ecuries pour 120 Chevaux et davantage avec logement pour le departement du grand Ecuijer et ce qui en depende.
f. remises, manege et magazin pour les Ecuries
g. pour la forge
h. pour le Sellier
de la Cour
i. places pour le fumier
k. bas Pavillons pour la garde.
l. Place d'armes
m. la Ville de Munster
n. les deux places pourront à l'avenir servir pour des potagers.
o. Jardins de la Cour.
p. Orangerie et logement pour le jardinier.
q. Promenade.
r. le jardin fleurie à l'abri de l'eclat de ce Soleil.
le reste s'en voit du Plan.
Pro 200

75.10

75.10
Residenzschloß Münster
Plan der Gesamtanlage

Lavierte Federzeichnung (rot, rosa, grün, grau, gelb), 53 x 36, 5 cm (unregelmäßig)
Titel: *Idée d'un Plan general de la Residence de Munster projecté et deja commencé par S. A. Electorale Eminentissime pour profiter on même tems de la demolition de la Citadelle et d'une si belle et ouverte situation.*
Beischrift: Kennbuchstaben
Legende: *a. la Residence selon l'idée d'Eme Electeur.; b. Deux places carties proche des offices pour mettre le bois et les necessaires.; c. Cour du Pallais en fermée avec une muraille l'appui.; d. Grand avant Cour; e. Des Ecuries pour 120 Cheveaux et Davantage avec logement piur le Departement du grand Ecuijer et ce qui en depende.; f. remises manége et magazin pour les Ecuries.; g. pour la forge; h. pour le Sellier* (Zusatz zu g.–h., zusammenfassende Klammer:) *de la Cour; i. places pour le fumier; k. bass Pavillon pour la garde.; l. Place d'armes.; m. la ville de Munster; n. les deux places pour=ront à l'avenir servir pour des potagers.; o. jardins de la Cour.; p. orangerie et logement pour le jardinier.; q. Promenade.; r. ce jardin florica à l'avenir d'Eclat de ce Soleil.; le reste s'en voit du Plan.*
Maßstäbe: *1600 pieds d'Allemagne* = 15,25 cm; *150 Verges* = 22,85 cm

Archiv des Grafen Wolff-Metternich zur Gracht, München

75.11
Residenzschloß Münster
Gesamtplan der Residenz mit Neuplatz und Schloßgarten

Lavierte Federzeichnung (grau, verschiedene Grüntöne), zweiteilig, 182 x 102 cm
Titel: *Planum Generale de la nouvelle Residence Episcopale de la Principaute die Munster avec toute sa Situation exterieur e interieure.*
Beischrift: Kennbuchstaben
Legende: *A. La Residence du Prince aujourdiu S:A:Eme*(?) *Maximilian Friderich Electeur de Cologne.; B. la Cour interirue du Pallais entouré*(?) *d'un Murhille d'apujie.; C. Avant Cour enfermé des deux Ecuries avec l'attachement de deux places, ou en trouvet les Remises, la manege et outre l'attiments en necessaires. envirennè de fosses.; D. ; E. la grande Garde e le logement du valet de la Residence.; F. logement du Concierge avec un quartier pour un Etrange. l'Elevation des ces deux derniers Battiments sont tres bass pour ne pas empeschur la meindre vu du Pallais, e enferme avec un trillage de fer. Hors de l'avant cour se trouve la grande Place du côte de là ville, avec ses promenades.; G. à deux côte de la Residence se trouvent deux places Chasché, une pour mettre le bois des offices.; H. e à l'autre côte pour le jardinier.; L. à deriere de la Residence on trouvet l'Ensien fortresse tout à fait demoli, e en*

tell manier racè pour en construir le jardin avec (...?) bosquets, allees, e promenades.; K. ; Le rest on voit du Plan.
Präsentationsvermerk: *placet per totum den 13ten xber 1769 Max Fr Churfürst.*
Maßstäbe: *50 Vierges du Reihn* = 38,1 cm; *600 pieds de Münster* = 28,8 cm

Staatsarchiv Münster, Kartensammlung A 1192 (Ftm. Münster 728 a)

75.12
Residenzschloß Münster
Schloß und Garten, Aufmessung, 3. Planstufe

Lavierte Federzeichnung (schwarz, grau, gelb), 41,2 x 32,8 cm
Beischrift: Maßangaben
Maßstab: *500 pieds de Münster* = 9,4 cm
Rückseite: Acht Felder, längsrechteckig (Bleigriffel)

Westfälisches Landesmuseum Münster, Sch 230

Das Schloß ist danach 330 Fuß lang, 140 breit, der Mittelbau 80, die Außenteile der Westseite je 60 lang, die Flügel springen 86 vor und sind 42 breit. Die Breite der viertelkreisförmigen Wassergräben beträgt 87, der parallelen Schloßgräben 140, die der übrigen 120. Das Parkett des Schloßgartens ist 770 breit. Vom Zentrum des Gartens bis zu den Spitzen der Bastione 800, bis zu den einspringenden Winkeln 500, bis zum Rande des Parketts 385. Die Fortführung der Promenade nach Osten parallel den Seitenflügeln des Schlosses bis vor die Wassergräben entspricht dem Plan Schlauns (Kat.-Nr. 75.11) vom Dezember 1769, während das Parterre des Schloßgartens halbkreisförmig, nicht in geschweifter Linie mit zwei Terrassen in der Hauptachse abschließt. Die Breite der Flügel ist aber mit 42 Fuß angegeben, während sie bis September 1767 mit 33 vorgesehen war.

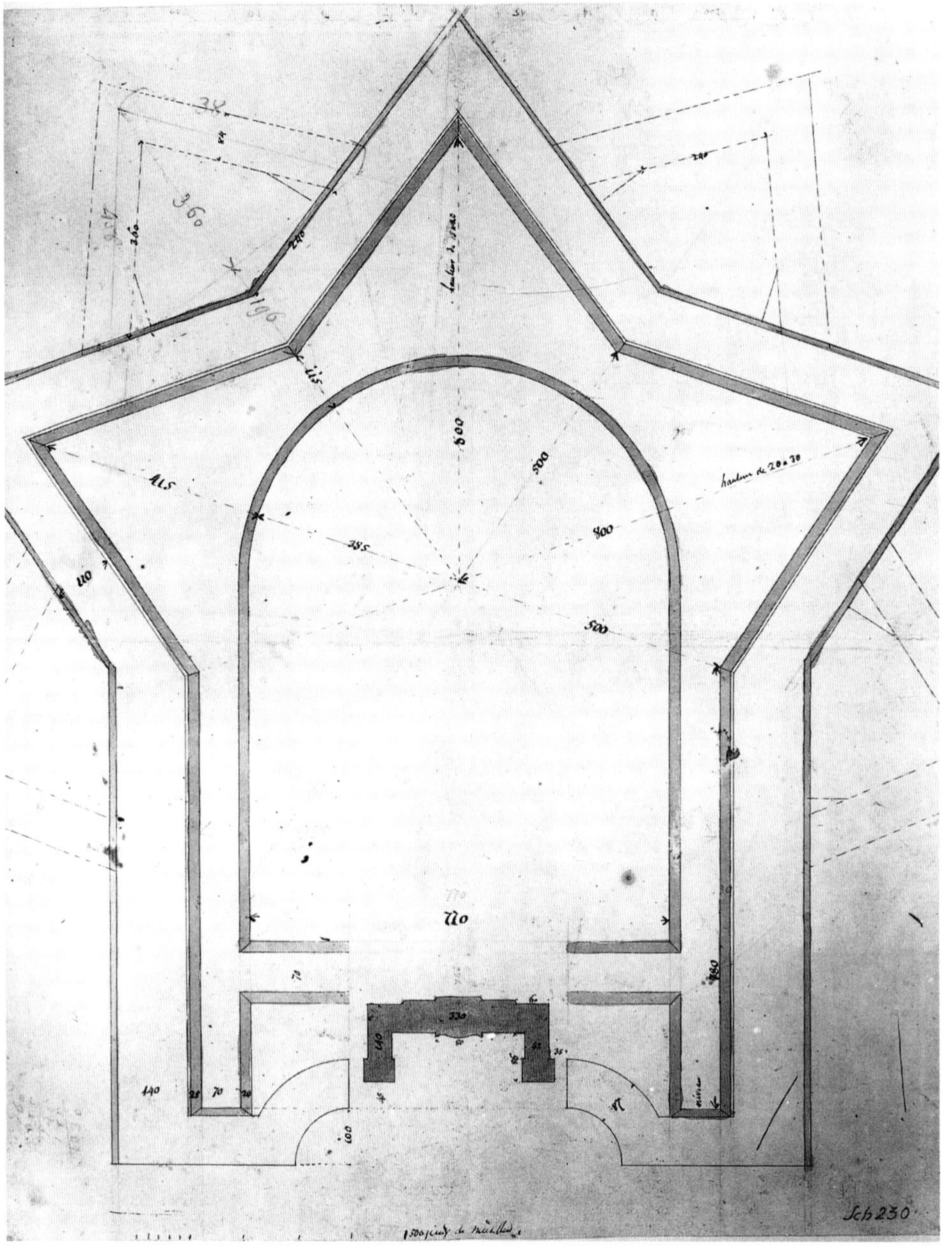

75.12

75.13
Residenzschloß Münster
Vermessungsskizze des Neuplatzes, der Schloßanlage und der Zitadelle mit Zustandsangaben/70

Lavierte Federzeichnung (grau), Bleigriffel, 63,7 x 54 cm
Beischrift (Gelände südlich des Neuplatzes:) *Flußloch; Hoffgarten;* (Neuplatz:) *Plantage* (2x); *von D nach E ist der fall 5', von D nach F ist der Fall 1'.;* (Gelände nördlich des Neuplatzes:) *Zeughaus; (Neu Thor); von G nach F ist der fall 10', von G nach H ist der fall 61/2';* (Hofküchengarten:) *hoffgärtners haus; würcklich Demolirt; ThorSchreiberey;* (Zitadelle, Südravelin:) *noch nicht demolirt; die Brustwehr dieses Ravelins ist 15 1/2' höher als das Waßer des haubt grabens; die oberflache des waßers 8' tiefer als L.;* (Südwestravelin:) *noch nicht demoliert; die Brustwehr dieses Ravelins ist 14' 4" höher als das waßer des haubtgrabens.;* (Nordwestravelin:) *noch nicht demoliert; die Brustwehr vom waßer 15';* (Kernzitadelle, Südostecke:) *Cavalier; dies quarree ist horizontal von J nach K verfall 1' 5", von J nach L 2', von M nach J ist der fass 16' 7".;* (Kernzitadelle, Südbastion:) *von N nach M der fall 4' 5", von M nach O ist der fall 7' 7".;* (Kernzitadelle, Westbastion:) *von O nach P ist der fall 2' 7";* (Kernzitadelle, Nordbastion:) *Von R nach Q der fall 4' 4", von Q nach O ist der fall 1' 8".;* (Kernzitadelle, Nordostecke:) *Cavalier;* (Mittelachse:) *von A bis B ist der fall 7' 8", von A bis C ist der fall 1' 10".*
Maßstab: *100 Ruthen jede von 12 fuß Rheinl.* = 23 cm
Bleigriffel-Eintragung der Neuanlage des Max-Tores (Neutores)

Westfälisches Landesmuseum Münster, Gbg. 17

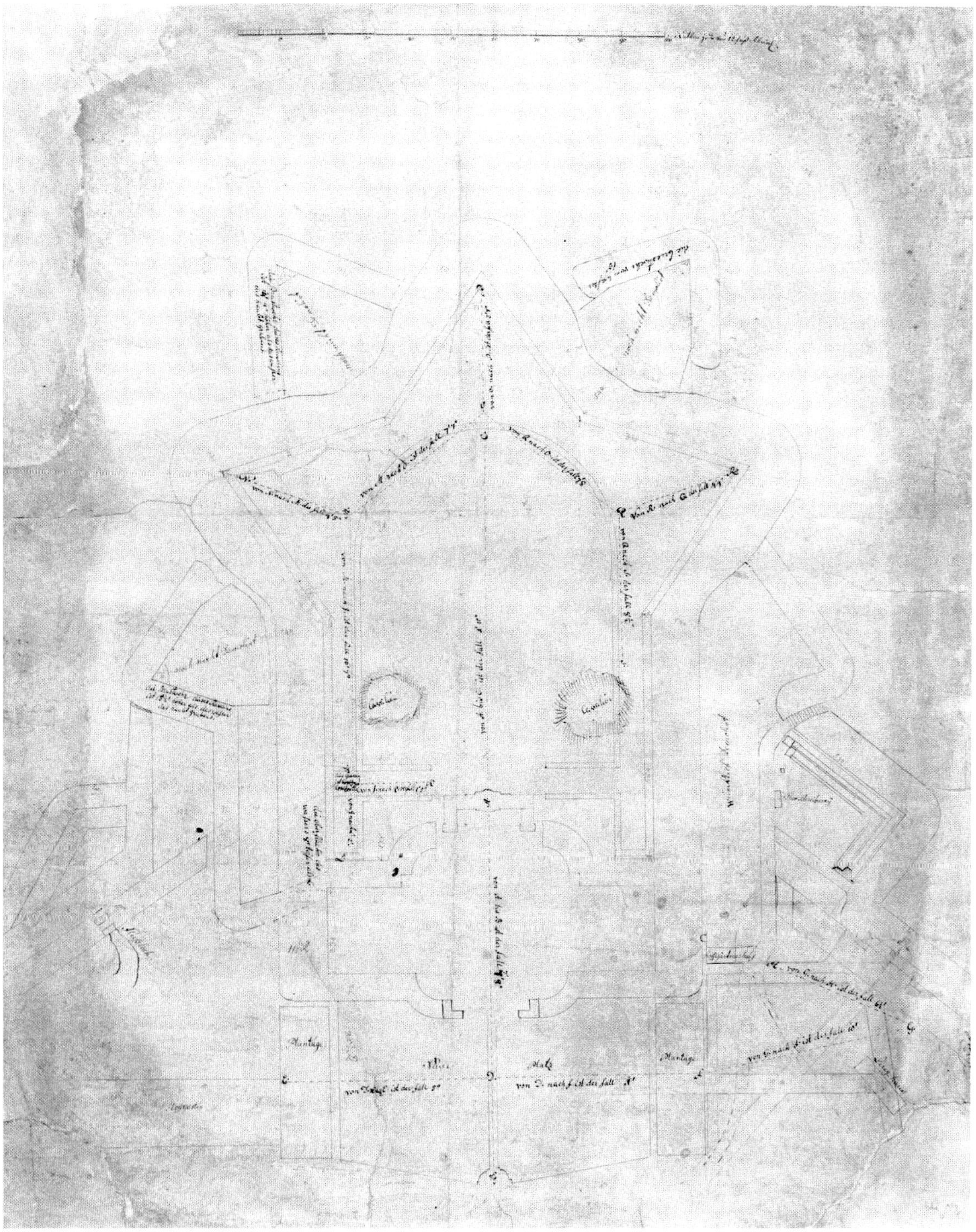

75.13

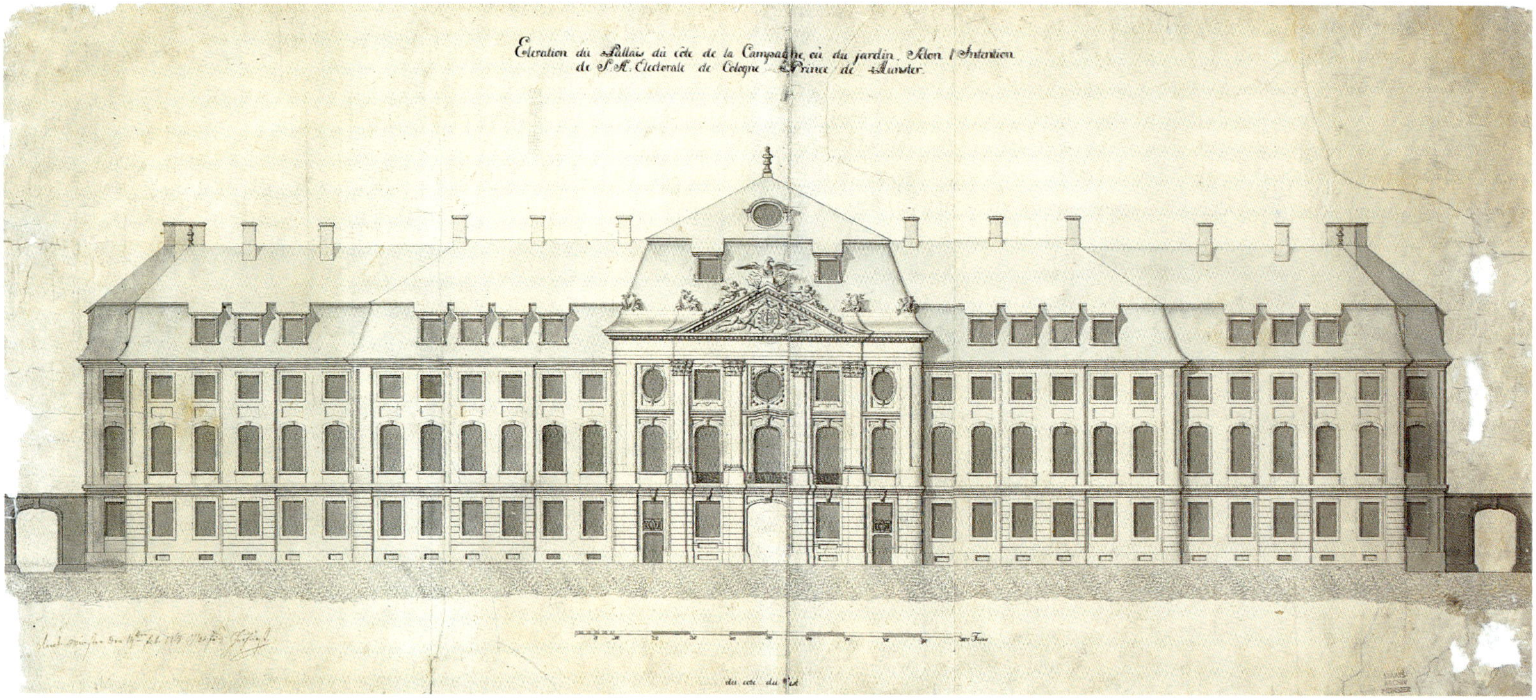

75.15

75.14

Residenzschloß Münster

Aufriß der Stadtfassade, 3. Planstufe (Abb. S. 703)

Lavierte Federzeichnung (grau, blau), 53 x 75,1 cm (47,6 x 69,5 cm)
Titel: *Elevation du Pallais du cotè de la Ville de Münster Selon l'Intention de S:A: Electorale de Cologne Prince de Munster.*
Inschrift: *D.G.M.F.A. EC. E. PM. M.D.C.C.L.X.V.I.I.* (ausgeführt: MAXIMILIANO FRIDERICO AR EL C E P M PRINC OPT P P ORDD MON MDCCLXVII)
Maßstab: *100 fues* = 18,3 cm

Archiv Graf von Bocholtz-Asseburg, Höxter

75.15

Residenzschloß Münster

Aufriß der Gartenfassade, 3. Planstufe

Lavierte Federzeichnung (grau), 49,1 x 110,3 cm
Titel: *Elevation du Pallais du côte de la Campagne, ou du jardin, Selon l'Intenion de S:A:Electorale de Cologne Prince de Munster.*
Beischrift: *du cote du West*
Präsentationsvermerk: *placet Munster den 14ten feb. 1768 Max. Frid. Churfürst.*
Maßstab: *100 Fues* = 27,5 cm

Staatsarchiv Münster, Kartensammlung A 1099 (Ftm. Münster 728 l)

75.16 (ohne Abb.)
Residenzschloß Münster
Aufriß der Gartensseite, 3. Planstufe, Kopie nach Kat.-Nr. 75.15

Lavierte Federzeichnung (blau, grau), 52,5 x 74,8 cm (47,5 x 69,5 cm)
Titel: *Elevation du Pallais du côte de la Campagne ou du jardin, Selon l'Intention de S:A:Electorale de Cologne Prince de Munster.*
Maßstab: *100 fues* = 18,3 cm

Archiv Graf von Bocholtz-Asseburg, Höxter

75.17
Residenzschloß Münster
Corps de logis, Mittelpavillon, Aufriß der Gartenseite (Ausführungsentwurf), um 1770

Lavierte Federzeichnung (grauschwarz, grau, blaßgelb), 87,1 x 79,4 cm (beschnitten)
Maßstab: *80 fues* = 60 cm

Westfälisches Landesmuseum Münster, Gbg. 30

75.18

75.17

75.18
Residenzschloß Münster
Kapellenpavillon, Aufriß der Stadtfassade, Ausführungsentwurf, um 1770

Lavierte Federzeichnung (schwarzgrau, grau, blaßgelb), Bleigriffel, 72 x 47,6 cm
Titel: *Vordere Aufführung der Capellen und der Kuchel nach der stadt hin.*
Beischrift (Kennbuchstabe:) *w*
Beischrift: *Schloß Capelle 12 Bl.*
Maßstab: *50 Fuß* = 37,4 cm

Westfälisches Landesmuseum Münster, Gbg. 33

75.19

Residenzschloß Münster

Kapellenflügel, Aufriß der Ehrenhofseite (Ausführung), um 1770

Lavierte Federzeichnung (grau, hellblau), 75 x 53,2 cm
Titel: *Vordere Auffführung der Capelle und der Kuchel nebst ihren flügelen im binder platz des Schlosses*.
Maßstab: *60 fues* = 44,8 cm

Westfälisches Landesmuseum Münster, Gbg. 36

75.20
Residenzschloß Münster
Kapellenflügel, Aufriß der Südseite, 3. Planstufe

Lavierte Federzeichnung, 43,3 x 58,5 cm
Titel: *Elevation exterieur du côte midy avec le Profil de la place cache pour le bois & les choses necessaires piur les offices*
Maßstab: *100 Fues* = 27,2 cm

Staatsarchiv Münster, Kartensammlung A 1093
(Ftm. Münster 728 g)

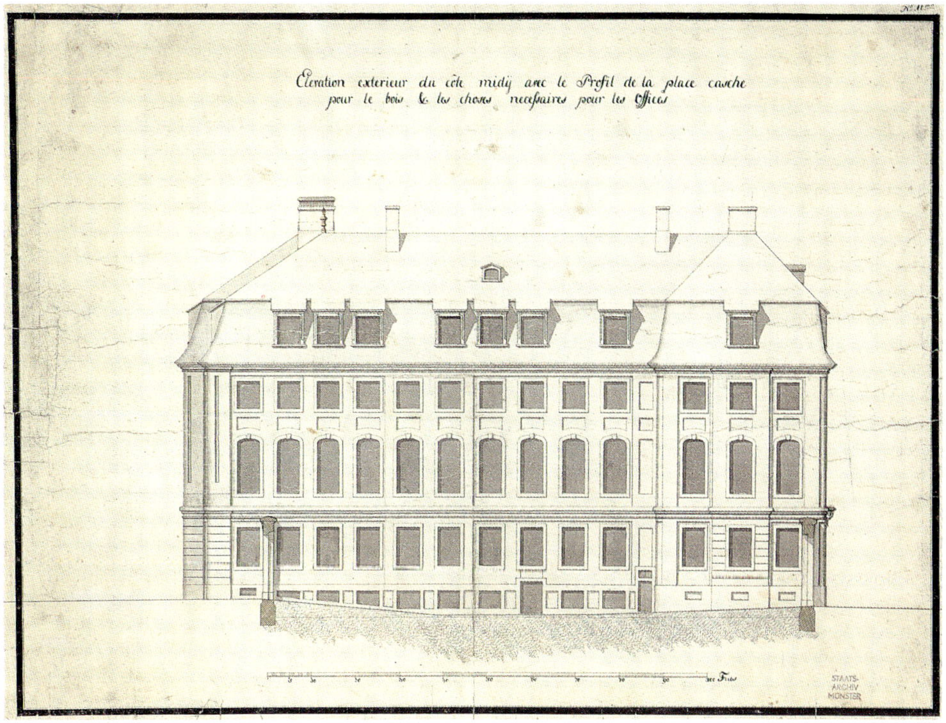

75.20

75.21

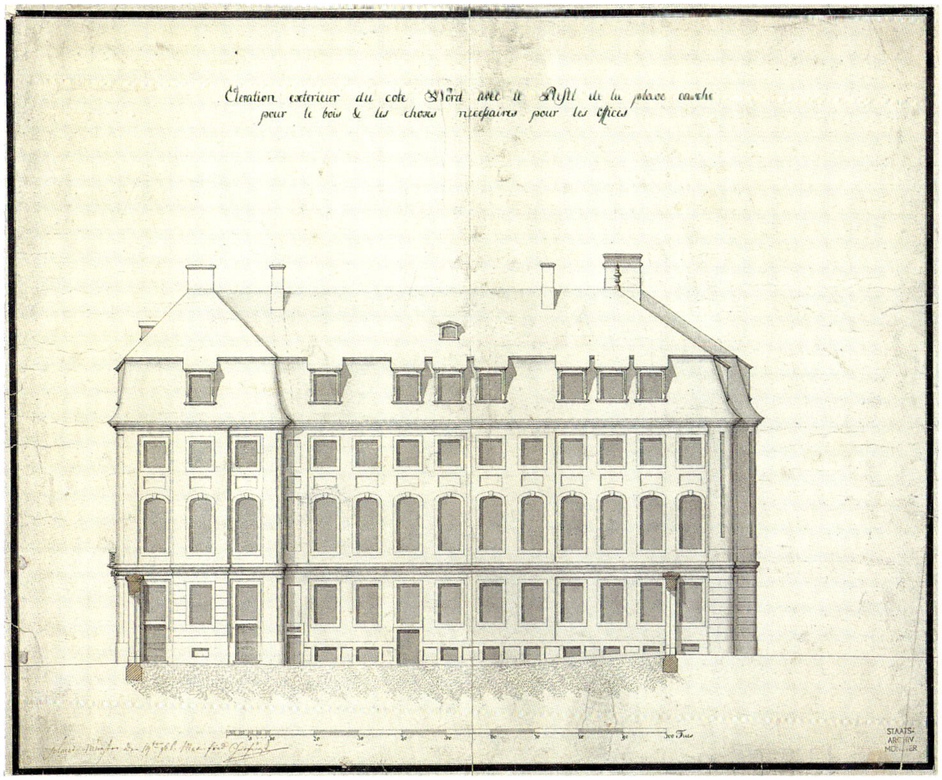

75.21
Residenzschloß Münster
Küchenflügel, Aufriß der Nordseite, 3. Planstufe

Lavierte Federzeichnung (grau), 44,4 x 56,3 cm
Titel: *Elevation exterieur du côte Nord avec le Profil de la place cache pour le bois & les choses necessaires piur les offices*
Präsentationsvermerk: *placet Munster den 14ten feb. Max. Frid. Churfürst.*
Maßstab: *100 Fues* = 27,2 cm

Staatsarchiv Münster, Kartensammlung A 1095
(Ftm. Münster 728 i)

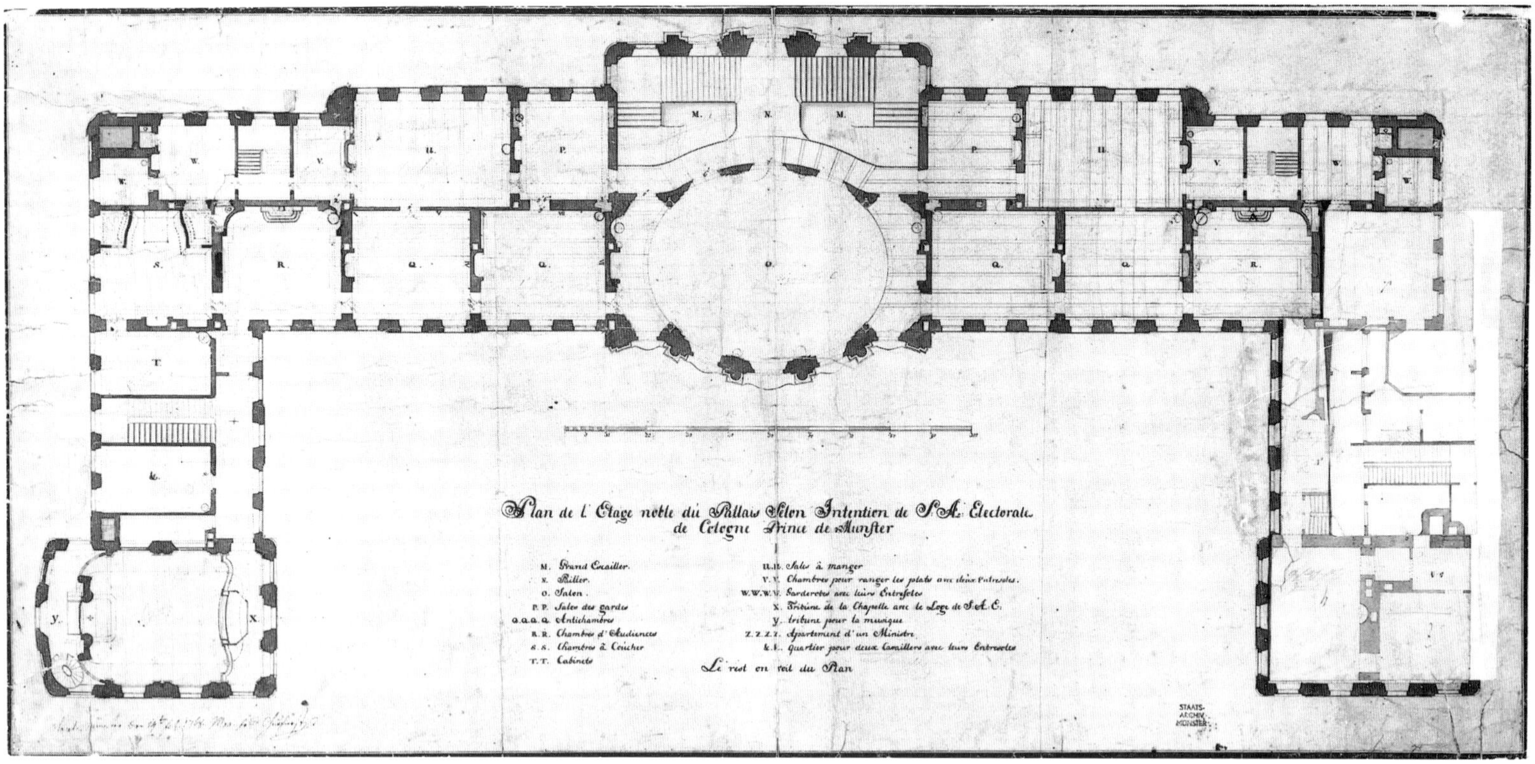
Plan de l' Etage noble du Pallais Selon Intention de S.A. Electorale de Cologne Prince de Munster
M. Grand Escailler.
N. Palier.
O. Salon.
P.P. Sales des gardes
Q.Q.Q.Q. Antichambres
R.R. Chambres d' Audiences
S.S. Chambres à Coucher
T.T. Cabinets
U.U. Sales à manger
V.V. Chambres pour ranger les plats avec deux Entresoles.
W.W.W.W. Garderobes avec leurs Entresoles
X. Tribune de la Chapelle avec le Loge de S.A.E.
Y. tribune pour la musique
Z.Z.Z.Z. Apartement d'un Ministre
&.&. Quartier pour deux Cavalliers avec leurs Entresoles
Le rest on voit du Plan

75.28

75.24

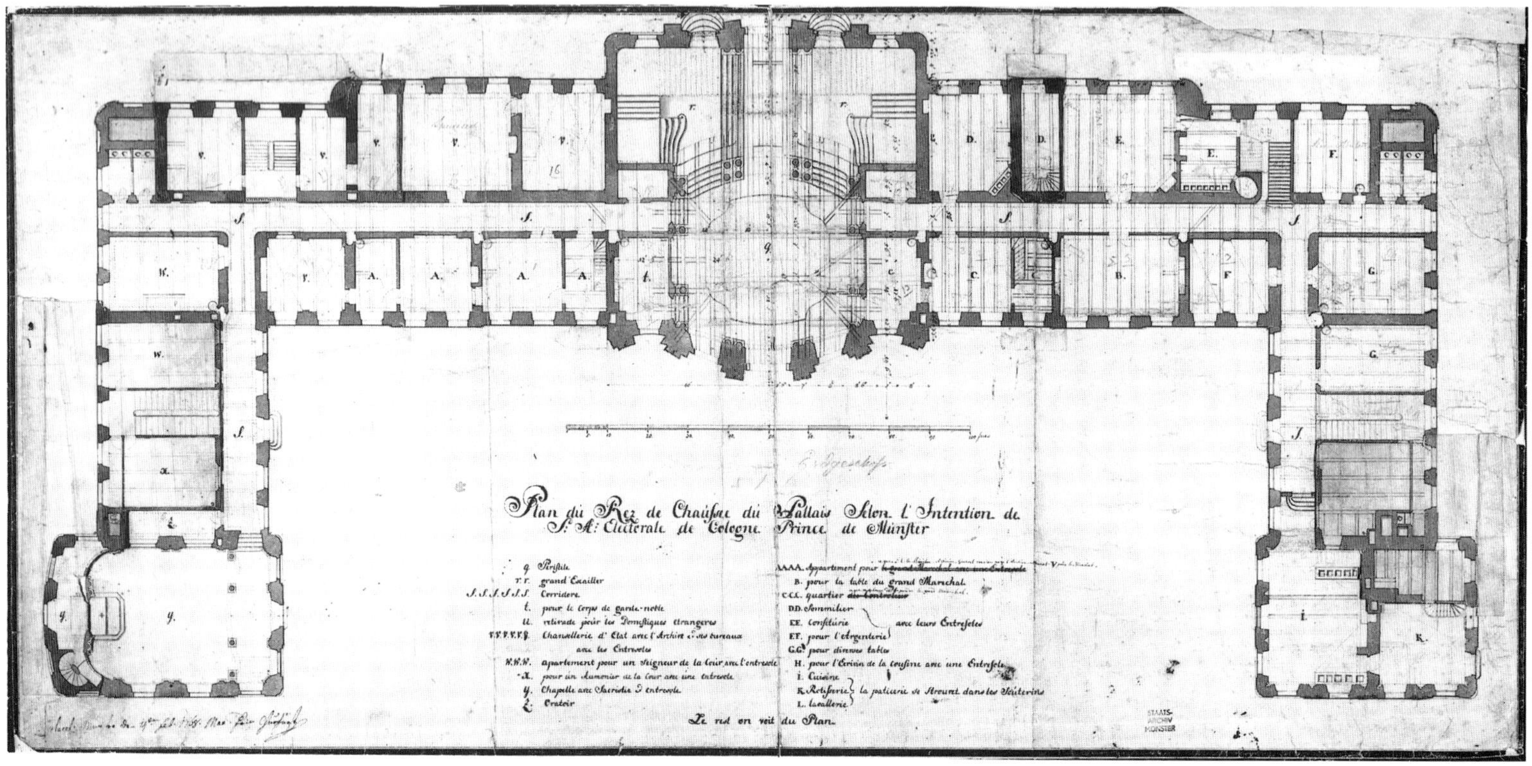
Plan du Rez de Chaussée du Pallais Selon l' Intention de S. A. Electorale de Cologne Prince de Münster
q. Peristile
r.r. grand Escailler
S.S.S.S.S.S. Corridors
t. pour le Corps de garde-noble
u. retirade pour les Domestiques etrangeres
v.v.v.v.v. Chancellerie d' Etat avec l'Archive et ses bureaux avec les Entresoles
w.w.w. apartement pour un Seigneur de la Cour avec l'entresole
x. pour un Aumonier de la Cour avec une entresole
y. Chapelle avec Sacristie et entresole
z. Oratoir
A.A.A.A. Appartement pour
B. pour la table du grand Marechal
C.C.C. quartier
D.D. Sommilier
E.E. Confiturie
F.F. pour l'Argenterie
avec leurs Entresoles
G.G. pour diverses tables
H. pour l'Ecrivain de la cousine avec une Entresole
I. Cuisine
K. Rotisserie
L. lavallerie
la paticerie se trouvent dans les Souterins
Le rest on voit du Plan

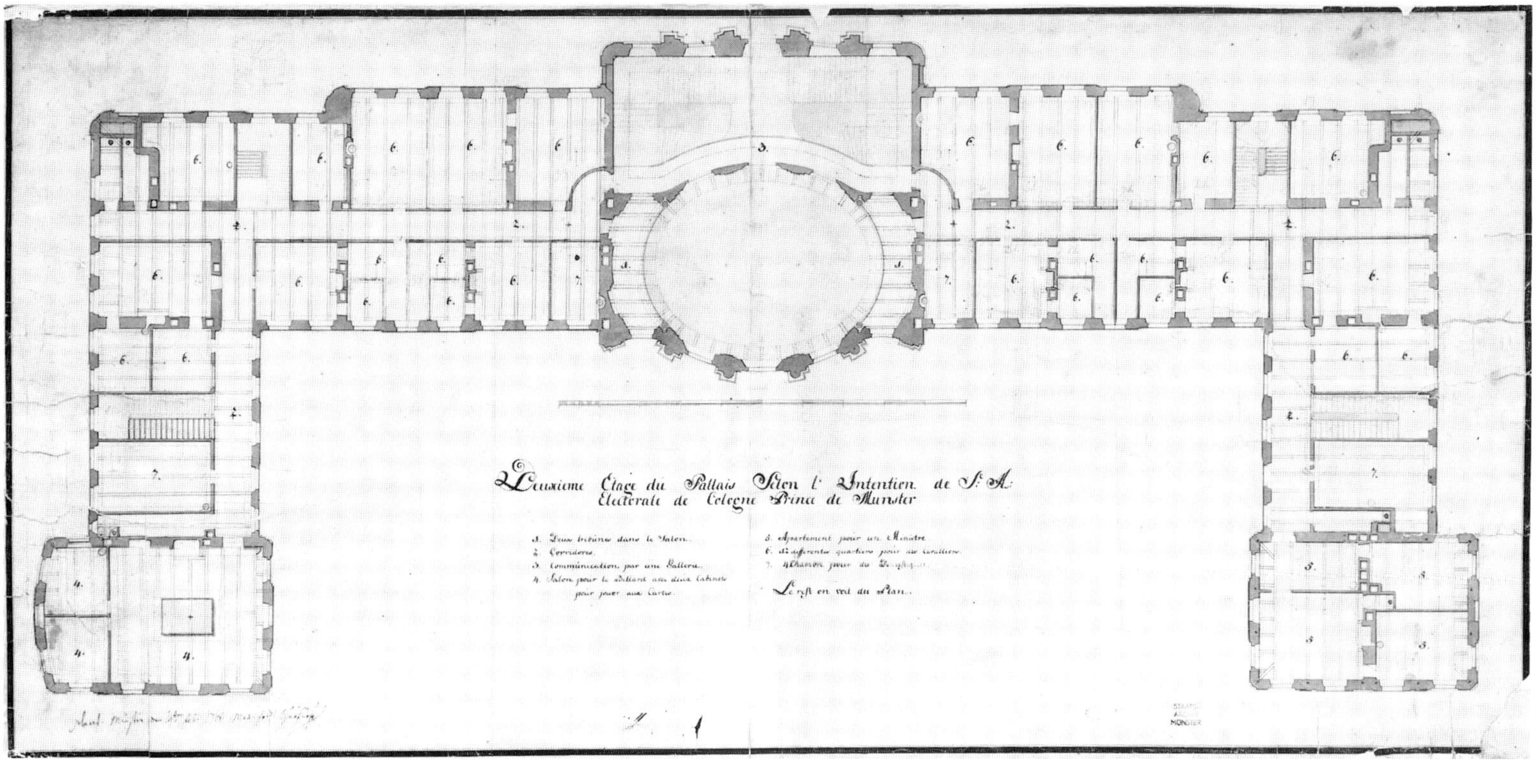
Deuxieme Etage du Pallais Selon l' Intention de S: A:
Electorale de Cologne Prince de Munster
1. Deux tribunes dans le Salon.
2. Corridores.
3. Communication par une Galleria.
4. Salon pour le Billard avec deux Cabinets
pour jouer aux Cartes.
5. Apartement pour un Ministre
6. 12 differents quartiers pour des Cavalliers.
Le rest on voit du Plan.

75.32

75.34

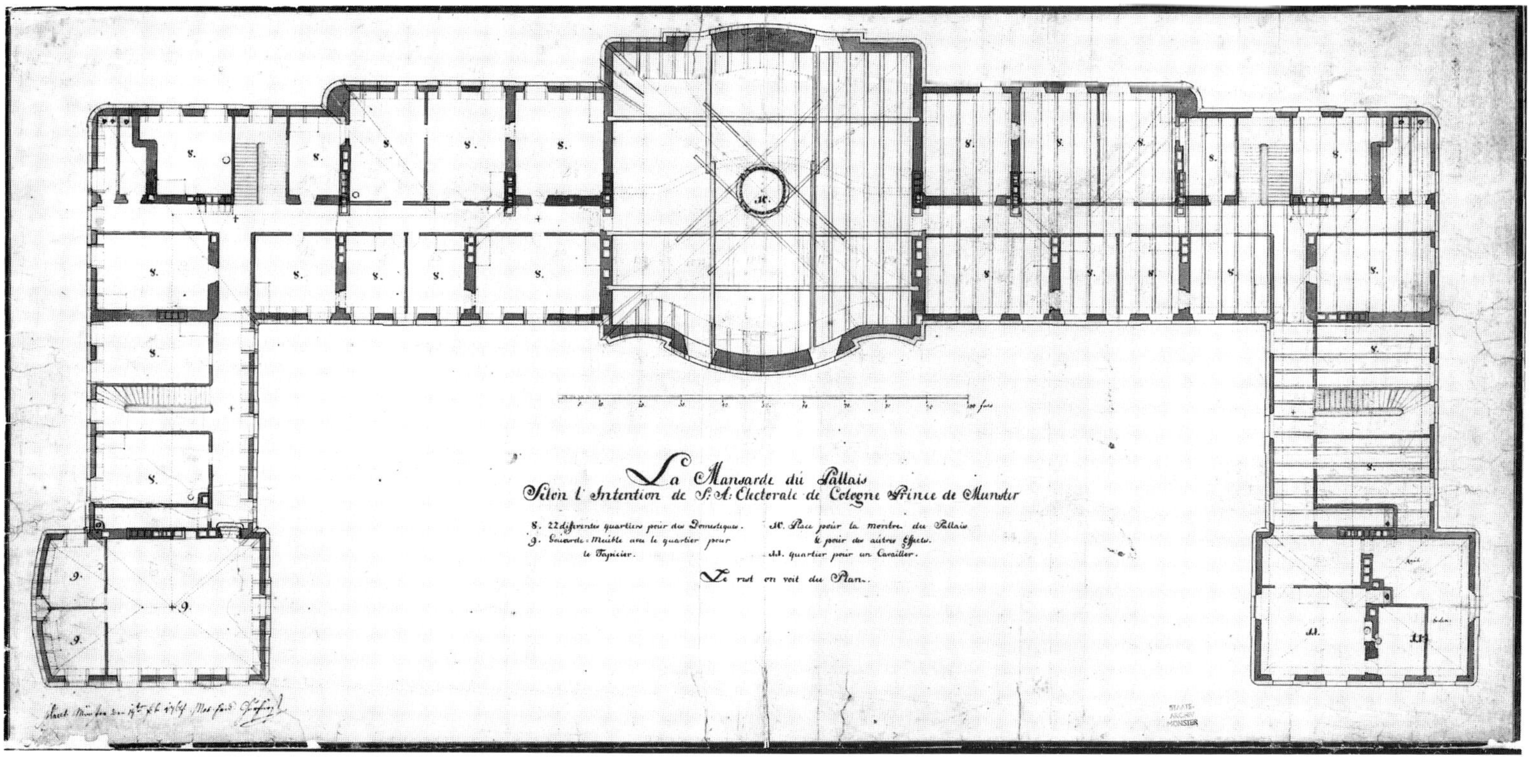
La Mansarde du Pallais
Selon l' Intention de S: A: Electorale de Cologne Prince de Munster
8. 22 differentes quartiers pour des Domestiques.
9. Gouarde-Meuble avec le quartier pour
le Tapissier.
10. Place pour la montre du Pallais
& pour des autres Effects.
11. quartier pour un Cavallier.
Le rest on voit du Plan.

75.22
Residenzschloß Münster
Grundriß Kellergeschoß, 3. Planstufe (Abb. S. 752)
(Ausführungsentwurf)

Lavierte Federzeichnung (grau), 53,2 x 75, 1 cm
(47,9 x 70,1 cm)
Titel: *Soutterin du Pallais Selon l'Intention de S: A: Electorale de Cologne Prince de Munster.*
Beischrift: Kennbuchstaben
Legende: *a.a. Dessentes dans les Souterins; b.b. places avant les Cave du rin et de bierre; c. Chambre pour le Maitre de la Cave; d.d.d. la Dispence ou et caves pour le Vin; e.e.e. la dispence ou et caves pour la biere; f. passages; g. dessente de la couisine au Souterrans; h. pour le Paticier; i. la dispence pour la Couisine; k. Garde â manger; l. Magazin pour les Charbons; m.m. Dessentes de la place Commune e casché pour les Souterins; n. lieux pour les Gens Communes; o. pour le jardinier; p.p. places Casché pour le bois e autres choses necessaire â la Cour; Le rest on voit du Plan*
Maßstab: *100 fues* = 18,6 cm

Archiv Graf von Bocholtz-Asseburg, Höxter

75.23
Residenzschloß Münster
Grundriß Nordhälfte Kellergeschoß, 3. Planstufe
(Ausführungsentwurf, Abb. S. 751)
Werkplan mit detaillierten Maßangaben für die Handwerker und Eintragung der verzogenen Kaminzüge

Lavierte Federzeichnung (schwarzgrau, grau), Rötel, Bleigriffel, 111,5 x 103,5 cm
Beischrift: Maßangaben
Maßstab: *40 Fuß* = 29,7 cm

Westfälisches Landesmuseum Münster, Gbg. 18

75.24
Residenzschloß Münster
Grundriß Erdgeschoß, 3. Planstufe (Abb. S. 748)
(Ausführungsentwurf)

Lavierte Federzeichnung, 48,2 x 102,5 cm
Titel: *Plan du Rez de Chaussee du Pallais Selon l'Intention de S: A: Electorale de Cologne Prince de Munster*
Beischrift: Kennbuchstaben; Maßangaben
Beischrift: Erdgeschoß (von fremder Hand, später)
Legende: *q. Peristile; r.r. grand Escailler; s.s.s.s.s. Corridore; t. pour le Corps de Garde=noble; u. retirade pour les Domestiques etrangeres; v.v.v.v.v.v. Chansellerie d'Etat avec l'Archive e ses bureax avec les Entresoles; w.w.w. apartement our un Seigneur de la Cour avec l'entresole; x. pour un Aumonier de la Cour avec une entresole; y. Chapelle avec Sacristie e entresole; z. Oratoir; AAAA. Appartement pour (le grand Marechal avec une Entresole* [durchgestrichen]); *B. pour la table du grand Marechal; CCC. quartier (Conroleur* [durchgestrichen]); *DD. Sommilier; EE. Confiturie; FF. pour l'Argenterie* (Zusatz zu D.–F., zusammenfassende Klammer:) *avec leurs Entresoles; GG. pour diverses tables; H. pour l'Ecrivin de la cousine avec une Entresole; I. Cuisine; K. Rotisserie; L. Cavallerie* (Zusatz zu I.–L., zusammenfassende Klammer:) *la paticerie se trouvet dans les Souterins; Le rest on voit du Plan.*
Legende (zu AAAA.:) *ce que S. E. le Ministre et vicaire General prendra avec l'Archive attenant V pour le Vicariat* (von der Hand Schlauns); (zu CCC.:) *ce que en echange veut prendre le grand Marechal* (von der Hand Schlauns)
Deckblatt 1 mit Entresole (y, x, w)
Deckblatt 2 mit Entresole (v, Räume südlich und nördlich von der Südwesttreppe)
Deckblatt 3 mit Entresole (A, Raum auf der Ostseite neben dem Mittelpavillon)
Deckblatt 4 mit Entresole (D, einfenstriger Raum auf der Westseite)
Deckblatt 5 mit Entresole (C, einfenstriger Raum auf der Ostseite)
Deckblatt 6 mit Entresole (E, F, nach Westen gelegene Räume zu beiden Seiten der Nordwesttreppe)
Deckblatt 7 mit Entresole (H, L, Schlafzimmer des Küchenschreibers und kleines Zimmer im Nordpavillon)
Präsentationsvermerk: *placet Munster den 14ten feb. 1768 Max. Frid. Churfürst.*
Bleigriffel-Einzeichnung der Balkenlagen und Korrekturen
Maßstab: 100 fues = 27,45 cm

Staatsarchiv Münster, Kartensammlung A 1101
(Ftm. Münster 728 n)

75.25
Residenzschloß Münster
Grundriß Erdgeschoß, 3. Planstufe (Abb. S. 752)
(Ausführungsentwurf), Kopie nach Kat.-Nr. 75.24

Lavierte Federzeichnung, 53,4 x 75, 2 cm (45,4 x 70,3 cm)
Titel: *Plan du Rez de Chaussee du Pallais Selon l'Intention de S:A: Electorale de Cologne Prince de Munster*
Beischrift: Kennbuchstaben
Legende: *q. Peristile; r.r. grand'Escailler; S.S.S.S.S.S.S. Corridore; t. pour le Corps de Garde=noble; u. retirade pour les domistiques etrangeres; v.v.v.v.v.v. Chancellerie d'Etat avec l'Archive et ses bureaux avec les Entresoles; W.W.W. apartement pour un Seigneur de la Cour, avec l'entresole; x. pour un Aumonier de la Cour, avec une entresole; y. Chapelle avec Sacristie et entresole; z. Oratoire; A. Appartement pour le grand Marechal avec une entresole; B. pour la table du grand Marechal; C.C. quartier du Controlleur; D.D. Sommilier; E.E. Confiturie; F.F. pour l'argenterie* (Ergänzung zu D.D., E.E., F.F.) *avec leurs entresoles;*

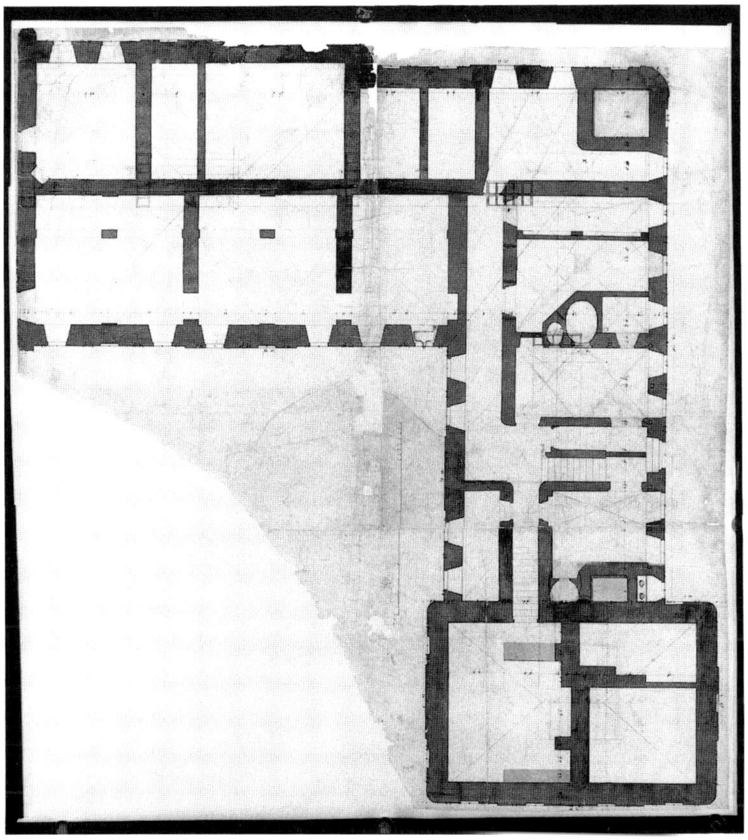

75.23

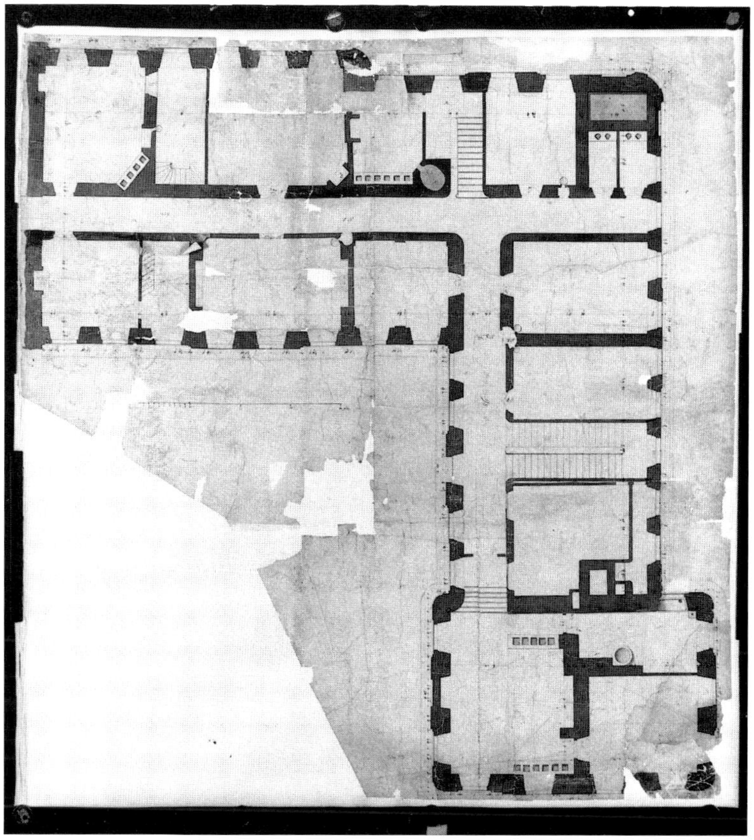

75.26

G.G. pour diverses tables; H. pour l'Ecrevin de la cusine avec une entresole; I. Cuisine; K. rotisserie; L. Lavallerie (Ergänzung zu I.K.L.) *la paticerie se trouvet dans les Souterins; Le rest on voit du Plan*
Deckblatt 1: Entresoles über den Räumen y., x., W.
Deckblatt 2: Entresoles über den Räumen v., v., v.
Deckblatt 3: Entresole über dem Raum A.
Deckblatt 4: Entresole über dem Raum D.
Deckblatt 5: Entresoles über den Räumen E., F.
Deckblatt 6: Entresole über dem Raum H.
Maßstab: *100 fues* = 18,5 cm

Archiv Graf von Bocholtz-Asseburg, Höxter

75.26
Residenzschloß Münster
Grundriß Nordhälfte Erdgeschoß, 3. Planstufe, Werkplan

Lavierte Federzeichnung (schwarzgrau, grau), 109,6 x 105,8 cm
Beischrift: Maßangaben
Deckblatt über dem an die Küche stoßenden Raum im Nordflügel, 23 x 19 cm (unregelmäßig)
Deckblatt über einem kleinen Raum im Corps de logis, Ostseite, 5 x 10 cm (unregelmäßig)
Maßstab: *40 Fuß* = 29,7 cm
Rückseite: ehemals aufgeklebt eine Aufmessung der Stiftsgebäude in Nottuln (Kat.-Nr. 47)

Westfälisches Landesmuseum Münster, Gbg. 13

75.27 (ohne Abb.)
Residenzschloß Münster
Grundriß Südhälfte Erdgeschoß, fragmentiert, 3. Planstufe, Werkplan

Lavierte Federzeichnung (schwarzgrau, grau), 97,8 x 109,6 cm
Beischrift: Maßangaben
Maßstab: *50 Fuß* = 37,3 cm

Westfälisches Landesmuseum Münster, Gbg. 8 (der Plan ist aus drei älteren Plänen zusammengeklebt (R I, II, III)

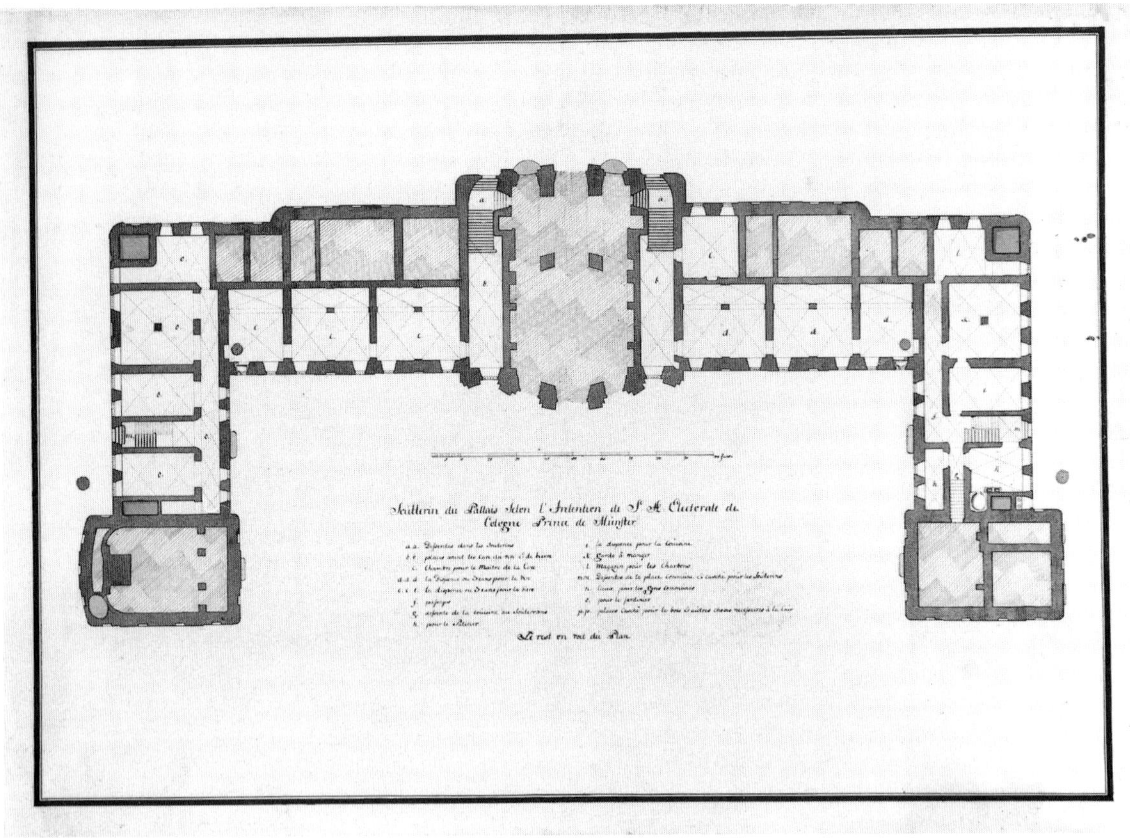
Soutterin du Pallais selon l'Intention de S. A. Electorale de
Cologne Prince de Münster
Le rest en voit du Plan

75.22

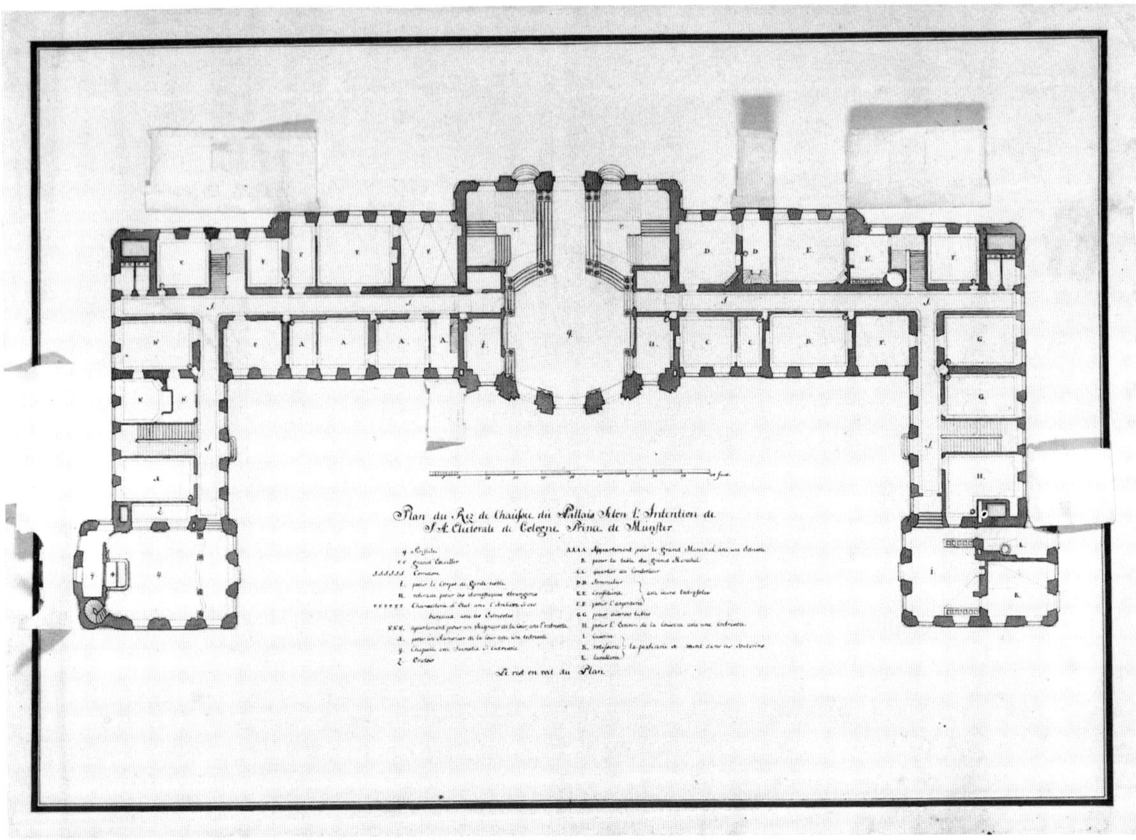
Plan du Rez de Chaussée du Pallais selon l'Intention de
S. A. Electorale de Cologne Prince de Münster
Le rest en voit du Plan

75.25

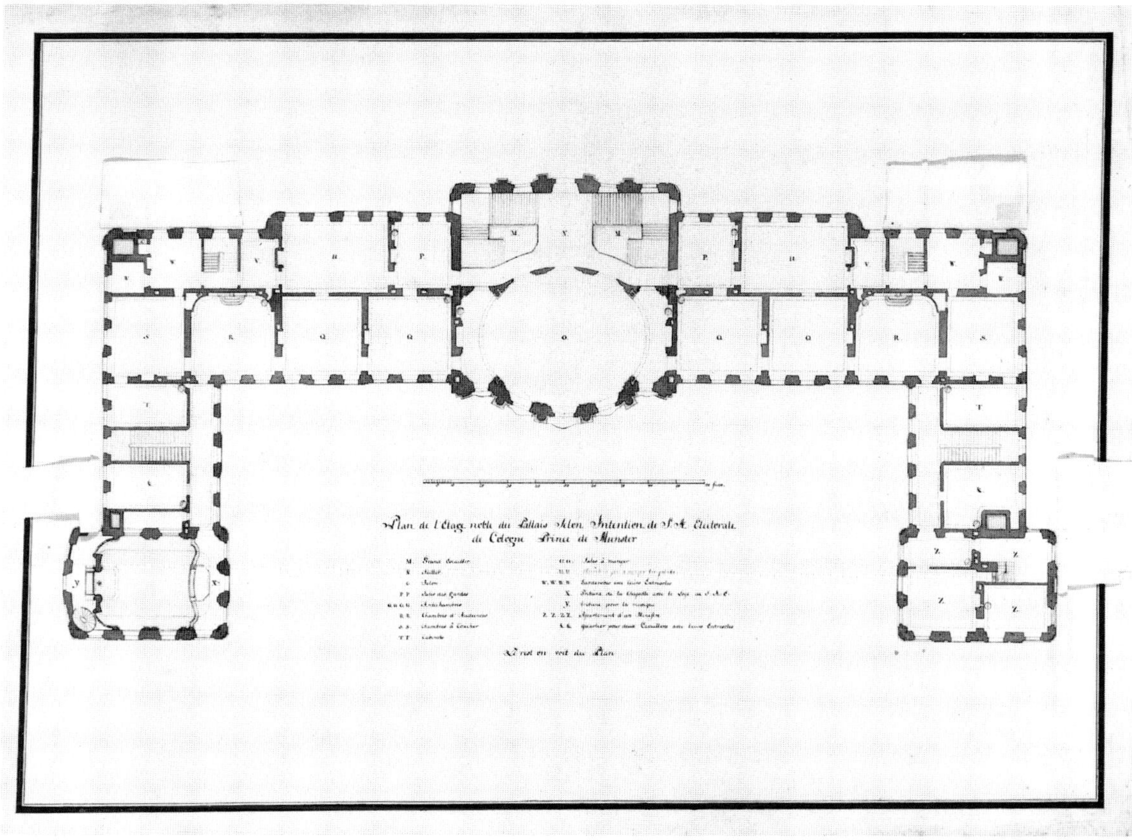
Plan de l'Etage noble du Pallais selon l'Intention de S. A. Electorale
de Cologne Prince de Munster
Le rest en voit du Plan

75.31

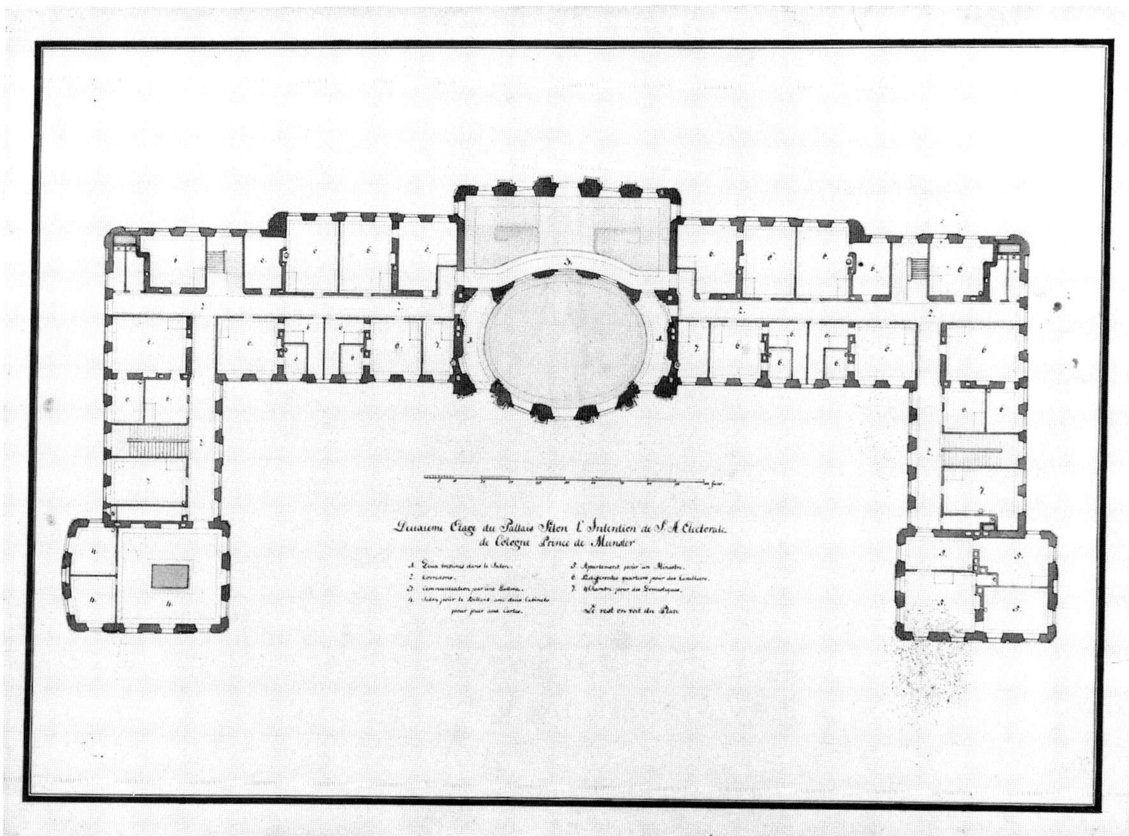
Deuxieme Etage du Pallais Selon l'Intention de S. A. Electorale
de Cologne Prince de Munster
5. Apartement pour un Ministre.
7. Chambre pour des Domestiques.
Le rest en voit du Plan

75.33

75.28
Residenzschloß Münster
Grundriß Hauptgeschoß, 3. Planstufe (Abb. S. 748) (Ausführungsentwurf)

Lavierte Federzeichnung (schwarzgrau), 49,1 x 102,1 cm
Titel: *Plan de l'Etage noble du Pallais Selon Intention de S: A: Electorale de Cologne Prince de Munster*
Beischrift: Kennbuchstaben; Maßangaben
Legende: *M. Grand Escailler.; N. Pailler.; O. Salon.; P.P. Salon des gardes; Q.Q.Q.Q. Antichambres; R.R. Chambres d'Audiences; S.S. Chambres à Coucher; T.T. Cabinets; U.U. Sales à manger; V.V. Chambres pour ranger les plats avec deux Entresoles; W.W.W.W. Garderobes avec deux Entresoles; X. Tribune de la Chapelle avec le Loge de S: A: E:; Y. tribune pour la musique; Z.Z.Z.Z. Apartement d'un Ministre; &.&. quarier pour deux Cavaillers avec leurs Entresoles; Le rest on voit du Plan*
Deckblatt 1 mit Entresole (Zimmer östlich von der Nordtreppe)
Deckblatt 2 mit Entresole (Zimmer östlich von der Südtreppe)
Deckblatt 3 mit Entresole (WW, Garderoben Nordseite)
Deckblatt 4 mit Entresole (WW, Garderoben Südseite)
Deckblatt 5 mit Grundiß des Zwischengeschosses ohne Pavillon, Nordflügel aufgeklebt, 13,5 x 10 cm
Deckblatt 6 mit Veränderung des Grundrisses durch Lipper um 1780, 30,9 x 13,5 cm
Präsentationsvermerk: *placet Munster den 14ten feb. 1768 Max. Frid. Churfürst.*
Einzeichnung der Balkenlagen
Maßstab: *100 fues* = 27,25 cm

Staatsarchiv Münster, Kartensammlung A 1103 (Ftm. Münster 728 o)

75.29
Residenzschloß Münster
Grundriß Hauptgeschoß, (Ausführungsentwurf) Kopie nach Kat.-Nr. 17.28

Lavierte Federzeichnung, 43 x 94,5 cm (unregelmäßig beschnitten)
Titel (Rückseite): *Plan der Etage noble der Hochfurstlichen Residence 1769.*
Beischrift: *NB. Diese Wand ist erst in neuerer Zeit hinausgenommen* (späterer Zusatz zum Fürstensaal)
Bleistiftnotiz: *Herausnahme der Trennmauern der beiden Antichambres* (Umwandlung zum Fürstensaal)
Deckblätter der Entresols verloren
Maßstab: *100 fues* = 27,7 cm

Staatsarchiv Münster, Kartensammlung A 2807 (Ftm. Münster 880)

75.30 (ohne Abb.)
Residenzschloß Münster
Grundriß Hauptgeschoß, 3. Planstufe (Ausführungsentwurf), Kopie nach Kat.-Nr. 75.28

Lavierte Federzeichnung, 50,7 x 72,8 cm (47,1 x 69,1 cm)
Titel: *Plan de l'Etage noble du Pallais Selon Intention de S: A: Electorale de Cologne Prince de Munster*
Beischrift: Kennbuchstaben
Legende: *M. Grand Escailler.; N. Pailler.; O. Salon.; P.P. Sale des gardes.; Q.Q.Q.Q. Antichambres.; R.R. Chambres d'Audiences.; S.S. Chambres â Coucher.; T.T. Cabinets.; U.U. Sales â manger.; V.V. Chambres pour ranger les plats; W.W.W.W. Garderobes avec leurs Entresoles.; X. tribune de la Chapelle avec le Loge de S:A:E:; Y. tribune pour la musique.; Z.Z.Z.Z. Apartement d'un Ministre.; &.&. Quartier pour deux Cavaillers avec leurs Entresoles.; Le rest on voit du Plan*
Maßstab: *100 fues* = 18,5 cm

Archiv Graf von Bocholtz-Asseburg, Höxter

75.31
Residenzschloß Münster
Grundriß Hauptgeschoß, 3. Planstufe (Ausführungsentwurf), Kopie nach Kat.-Nr. 75.28

Lavierte Federzeichnung, 52,7 x 75,4 cm (47,6 x 70,1 cm)
Titel: *Plan de l'Etage noble du Pallais Selon Intention de S: A: Electorale de Cologne Prince de Munster*
Beischrift: Kennbuchstaben
Legende: *M. Grand Escailler.; N. Pailler.; O. Salon.; P.P. Sale des gardes.; Q.Q.Q.Q. Antichambres.; R.R. Chambres d'Audiences.; S.S. Chambres â Coucher.; T.T. Cabinets.; U.U. Sales â manger.; V.V. Chambres pour ranger les plats; W.W.W.W. Garderobes avec leurs Entresoles.; X. tribune de la Chapelle avec le Loge de S:A:E:; Y. tribune pour la musique.; Z.Z.Z.Z. Apartement d'un Ministre.; &.&. Quartier pour deux Cavaillers avec leurs Entresoles.; Le rest on voit du Plan*
Deckblatt 1: Entresole über dem Raum &
Deckblatt 2: Entresoles über den Räumen W., W.
Deckblatt 3: Entresoles über den Räumen W., W.
Deckblatt 4: Entresoles über den Räumen &., Z.
Maßstab: *100 fues* = 18,5 cm

Archiv Graf von Bocholtz-Asseburg, Höxter

75.32
Residenzschloß Münster
Grundriß Mezzaningeschoß, 3. Planstufe (Abb. S. 749) (Ausführungsentwurf)

Lavierte Federzeichnung (grau), 49,2 x 103 cm
Titel: *Deuxieme Etage du Pallais Selon l'Intention de S: A: Electorale de Cologne Prince de Munster*
Beischrift: Kennziffern

Legende: *1. Deux tribunes dans le Salon.; 2. Corridores.; 3. Communication par une Gallerie.; 4. Salon pour le Billard avec deux Cabinets pour jouer avec Cartes.; 5. Apartement pour un Ministre.; 6. 12 differentes quartiers pour des Cavalliers.; 7. 4 Chambre pour des Domestiques.; Le rest on voit du Plan.*
Präsentationsvermerk: *placet Munster den 14ten feb. 1768 Max. Frid. Churfürst.*
Einzeichnung der Balkenlagen und eine Entwurfsvariante zur Südwesttreppe
Maßstab: *100* = 27,45 cm

Staatsarchiv Münster, Kartensammlung A 1096
(Ftm. Münster 728 k)

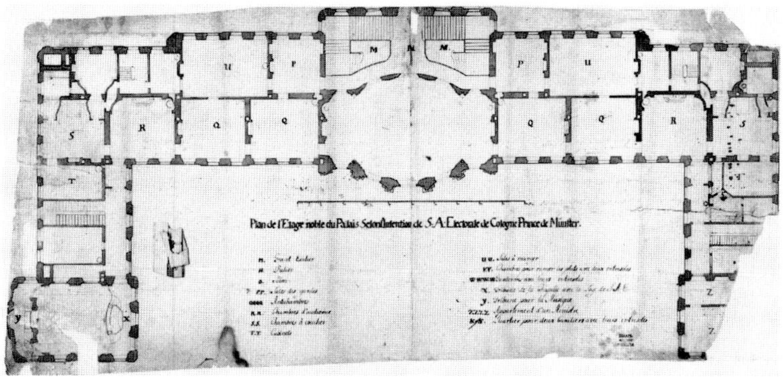

75.29

75.33
Residenzschloß Münster
Grundriß Mezzaningeschoß, 3. Planstufe (Abb. S. 753) (Ausführungsentwurf), Kopie nach Kat.-Nr. 75.32

Lavierte Federzeichnung (grau), 53,1 x 75 cm
(47,6 x 69,7 cm)
Titel: *Deuxieme Etage du Pallais Selon l'Intention de S: A: Electorale de Cologne Prince de Munster*
Beischrift: Kennziffern
Legende: *1. Deux tribunes dans le Salon.; 2. Corridores.; 3. Communication par une Gallerie.; 4. Salon pour le Billard avec deux Cabinets pour jouer aux Cartes.; 5. Apartement pour un Ministre.; 6. 12 differentes quartiers pour des Cavalliers.; 7. 4 Chambre pour des Domestiques.; Le rest on voit du Plan.*
Maßstab: *100 fues* = 18,4 cm

Archiv Graf von Bocholtz-Asseburg, Höxter

75.34
Residenzschloß Münster
Grundriß Mansardgeschoß, 3. Planstufe (Abb. S. 749) (Ausführungsentwurf)

Lavierte Federzeichnung, 48,2 x 101,3 cm
Titel: *La Mansarde du Pallais Selon l'Intention de S: A: Electorale de Cologne Prince de Munster*
Beischrift: Kennziffern
Legende: *8. 22 differentes quartiers pour des Domestiques.; 9. Gouarde-Meuble avec le quartier pour le Tapicier.; 10. Place pour la montre du Pallais & pour des autres Effectes.; 11. quartier pour un Cavailler.; Le rest on voit du Plan.*
Präsentationsvermerk: *placet Munster den 14ten feb. 1768 Max. Frid. Churfürst.*
Einzeichnung der Balkenlagen und Grundriß des runden Dachtürmchens.
Maßstab: *100 Fues* = 27,45 cm

Staatsarchiv Münster, Kartensammlung A 1100
(Ftm. Münster 728 m)

75.35 (ohne Abb.)
Residenzschloß Münster
Grundriß Mansardgeschoß, 3. Planstufe (Ausführungsentwurf), Kopie nach Kat.-Nr. 75.34

Lavierte Federzeichnung (grau), 53 x 74,9 cm
(47,7 x 69,5 cm)
Titel: *La Mansarde du Pallais Selon l'Intention de S: A: Electorale de Cologne Prince de Munster*
Beischrift: Kennziffern
Legende: *8. 22 differentes quartiers pour des Domestiques.; 9. Gouarde-Meuble avec le quartier pour le Tapicier.; 10. Place pour la montre du Pallais & pour des autres Effectes.; 11. quartier pour un Cavailler.; Le rest on voit du Plan.*
Maßstab: *100 fues* = 18,5 cm

Archiv Graf von Bocholtz-Asseburg, Münster

75.36 (ohne Abb.)
Residenzschloß Münster
Grundriß Mansardgeschoß, 3. Planstufe (Ausführungsentwurf), Kopie nach Kat.-Nr. 75.34

Lavierte Federzeichnung (grau), 44,2 x 97,2 cm
Titel: *La Mansarde du Palais Selon l'Intention de S: A: Electorale de Cologne Prince de Münster*
Beischrift: Ziffern
Legende: *8. 22 Differentes quartiers pour des domestiques.; 9. Guarde meuble avec le quartier pour le Tapicier.; 10. Place pour la montre du Pallais et pour des autres effêts.; 11. quartier pour un Cavalier.; Le rest on voit du Plan.*
Maßstab: *100 fues* = 27,2 cm

Westfälisches Landesmuseum Münster, Gbg. 19

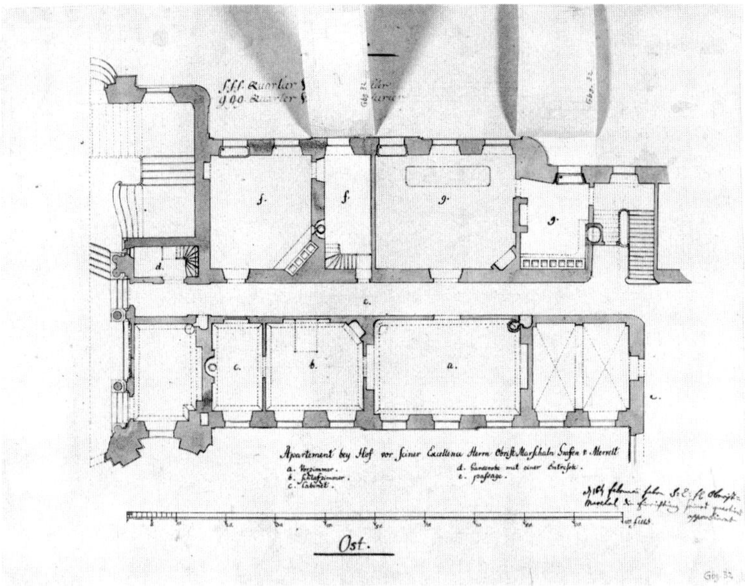

75.37

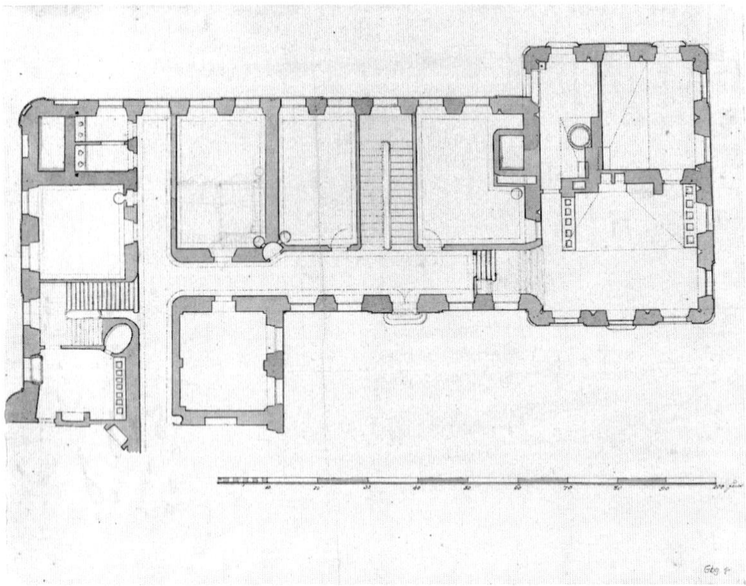

75.38

75.37
Residenzschloß Münster
Grundriß Erdgeschoß, Corps de logis, Nordseite, 3. Planstufe (Ausführungsentwurf)

Lavierte Federzeichnung (schwarz, grau), 32,2 x 40,8 cm
Titel: *Apartement bey Hof vor seiner Excellence Herrn Obrist-Marschaln Grafen v. Mervelt*
Beischrift: Kennbuchstaben
Beischrift: *West.; Ost.*
Beischrift: *d 16tn februarii haben S:E:H: Obrist-Marchal die Einrichtung seines quartiers approbieret* (von der Hand Schlauns)
Legende: *a. Vorzimmer.; b. Schlafzimmer.; c. Cabinet.; d. Garderobe mit einer Entresole.; e. paßage.; fff. Quartier V or den Somiller; ggg. Quarter Vor den Confiturier*
Deckblatt mit Entresole f, 9,2 x 3,5 cm
Deckblatt mit Entresole g, 8 x 4,4 cm
Maßstab: *100 fues* = 27 cm

Westfälisches Landesmuseum Münster, Gbg. 32

75.38
Residenzschloß Münster
Küchenflügel und Nordpavillon, Grundriß Erdgeschoß, 3. Planstufe

Lavierte Federzeichnung (schwarz, grau), Bleigriffel, 32,4 x 41,2 cm
Maßstab: *100 fues* = 27,4 cm

Westfälisches Landesmuseum Münster, Gbg. 1 (entspricht Kat.-Nr. 75.24)

75.39
Residenzschloß Münster
Küchenflügel, Grundriß Erdgeschoß, 3. Planstufe (Änderungsentwurf)

Lavierte Federzeichnung (schwarz, grau), 20 x 31,6 cm
Titel: *Bruillon von flügel nach Norden*
Beischrift: Kennbuchstaben
Beischrift: *AbEnderung von der Rez de Chaussée; F. Silber=diner worüber eine Entresole vor leinwand; G.G.G. Diverse Taffletzimmer vor den Hoff; H. Zimmer vor den Kuchelschreiber mit seinem repositoriis unter der Trappe; F Silber=Kammer*
Deckblatt über Raum H: *H Kuchelschreibers Schlaffzimmer*
Präsentationsvermerk: *Max. Fried. Churfürst.*
Maßstab: *40 fues* = 11 cm

Westfälisches Landesmuseum Münster, Sch 231 (gehört zu Kat.-Nr. 75.45)

Die Zeichnung gibt den Grundriß ohne den Nordpavillon wieder. Im Vergleich zu Kat.-Nr. 75.24 ist die Treppe um eine Fensterachse nach Osten verschoben, der Raum der Treppe in ein drittes Tafelzimmer G verwandelt und das Zimmer des Küchenschreibers mit seinem Entresol um eine Fensterachse schmaler gemacht, wobei die Repositorien unter dem Treppenlauf untergebracht werden konnten. Das Zimmer erhält seinen Eingang vom Flur östlich von den Flurstufen.

75.40
Residenzschloß Münster
Erdgeschoß und Hauptgeschoß, Grundrisse der Räume in der Südwestecke des Corps de logis, 3. Planstufe (Ausführungsentwurf)

Lavierte Federzeichnung (schwarz, grau, gelb), 31,9 x 41 cm
Titel: *Abgeendertes Apartement nach Süden.*
Beischrift: Kennbuchstaben
Legende: *a. Audience=Zimmer; b. Schlaff=Zimmer; c. Cabinet nach Süden; d. Cabinet nach Westen; e Wass zu denen garderoben in der Etage noble.; f. in der Rez des Schaußes darzu gehoret, und durch die Escalier derobée verKnüpft wird.; Dass übrige ist weiter an dem plano zu ersehen.*
Präsentationsvermerk: *placet Max. Frid. Churfürst*
Maßstab: *40 fues* = 10,8 cm

Westfälisches Landesmuseum Münster, Gbg. 2

75.41 (ohne Abb.)
Residenzschloß Münster
Hauptgeschoß und Erdgeschoß, Grundrisse der Räume in der Südwestecke des Corps de logis, 3. Planstufe (Ausführungsentwurf), Kopie nach Kat.-Nr. 75.40

Lavierte Federzeichnung (schwarz, grau), 30,5 x 39,9 cm
Titel: *Abgeendertes Apartement Nach Suden.*
Beischrift: Kennbuchstaben
Legende: *a. Audience Zimmer; b. Schlaff Zimmer; c. Cabinet nach Süden; d. Cabinet nach Westen; e Wass zu denen garderoben in der Etage noble.; f. in der Rez des Schaußes darzu gehöret, und durch die Escalier derobée veKnüpft wird.; Dass übrige ist weiter an dem plano zu ersehen.*
Maßstab: *70 fues* = 19,1 cm

Westfälisches Landesmuseum Münster, Gbg. 2b

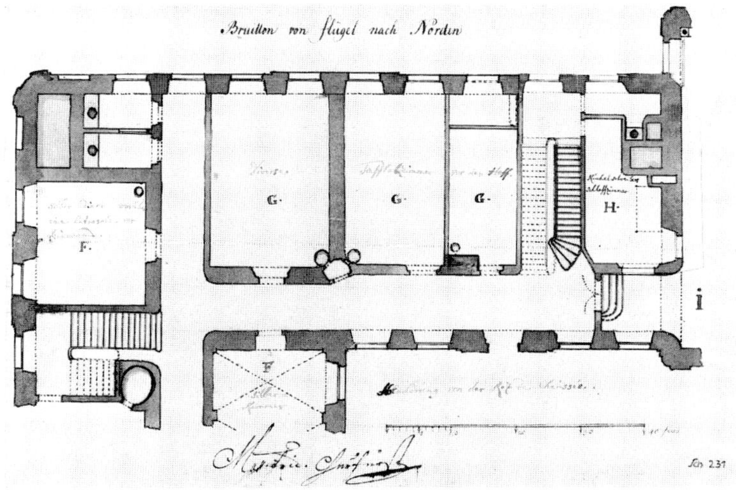

75.39

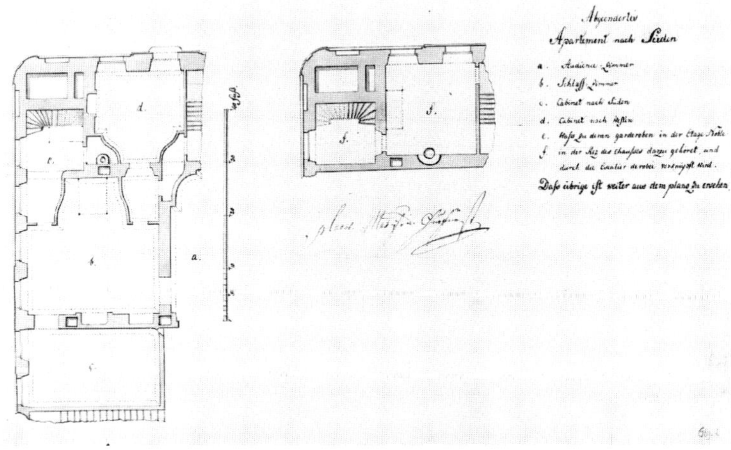
75.40

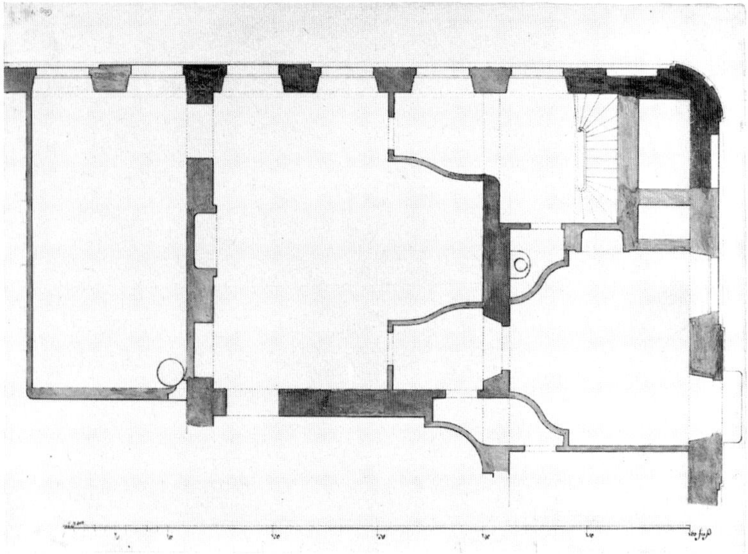

75.42

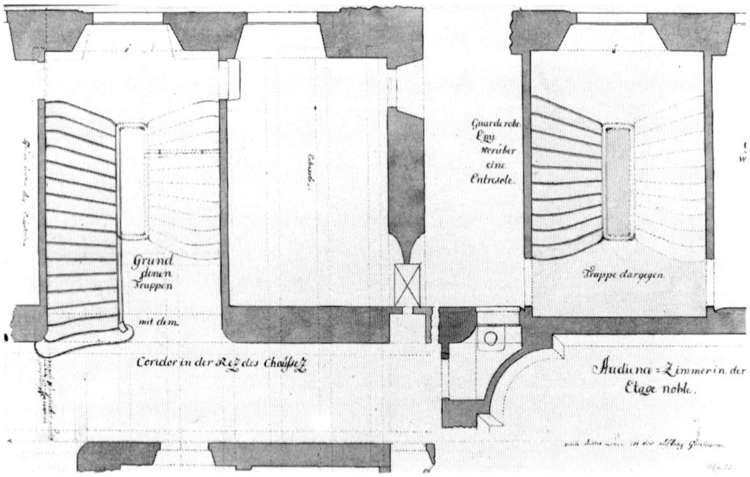

75.43

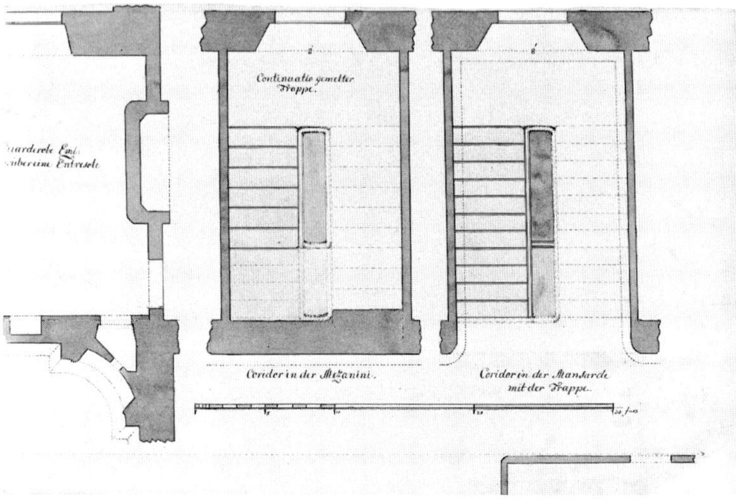

75.44

75.42
Residenzschloß Münster
Hauptgeschoß, Grundriß der Räume in der Südwestecke des Corps de logis, 3. Planstufe (Ausführungsentwurf), Kopie nach Kat.-Nr. 75.37)

Lavierte Federzeichnung (schwarz, schwarzgrau), Bleigriffel, 34,6 x 48,6 cm
Maßstab: *60 fues* = 41 cm

Westfälisches Landesmuseum Münster, Gbg. 4

75.43
Residenzschloß Münster
Erd- und Hauptgeschoß, Grundrisse der südwestlichen Nebentreppe im Corps de logis, 3. Planstufe (Ausführungsentwurf)

Lavierte Federzeichnung (schwarz, grau, gelb), 29,5 x 48 cm (beschnitten)
Beischrift: *Audience=Zimmer in der Etage noble.; Grund denen Trappen mit dem Coridor in der Rez des Chaußez.; Entresole.; Guarderobe. Emi woriiber eine Entresole; Trappe dargegen; Grund unter der Entresole; nach punctirter Linie ist die gantze trappe profillirt; nach dieser Linie ist der auftrag Geschehen*

Westfälisches Landesmuseum Münster, Gbg. 27 (zugehörig der Schnitt Kat.-Nr. 75.50)

75.44
Residenzschloß Münster
Hauptgeschoß, Mezzanin- und Mansardgeschoß, Südappartement im Corps de logis, Grundrisse der Garderobe und der Mansardentreppen, 3. Planstufe (Ausführungsentwurf)

Lavierte Federzeichnung (schwarz, braun, blaßgelb), 30 x 48,3 cm
Beischrift: *Coridor in der Mezanini.; Coridor in der Mansarde mit der Trappe.; Guarderobe Emi: (w)orüber eine Entresole; Continuatio gemelter Trappe.*
Maßstab: *30 fues* = 26,9 cm

Westfälisches Landesmuseum Münster, o.Nr. N 10

75.45
Residenzschloß Münster
Küchenflügel (Nordflügel), Grundriß Hauptgeschoß, 3. Planstufe (Änderungsentwurf)

Lavierte Federzeichnung (schwarz, grau), 19,5 x 31,5 cm
Titel: *Bruillon von der abenderung in den flügel nach Norden der Etage noble.*
Beischrift: Kennbuchstaben (von der Hand Schlauns)
Deckblatt über den Räumen T und am Ostende des Flügels
Präsentationsvermerk: *placet Max Fried. Churfürst*
Maßstab: *40 fues* = 11 cm

Westfälisches Landesmuseum Münster, Sch 233

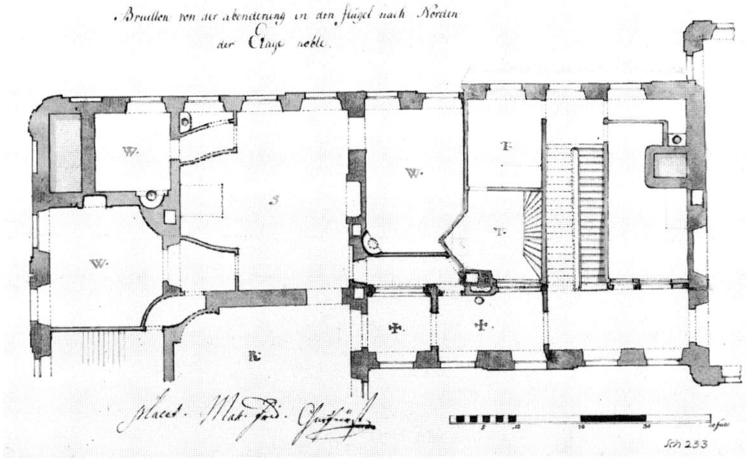

75.45

75.46 (ohne Abb.)
Residenzschloß Münster
Küchenflügel (Nordflügel), Grundriß Hauptgeschoß, 3. Planstufe (Änderungsentwurf), Kopie nach Kat.-Nr. 75.45

Lavierte Federzeichnung (schwarz, grau), 17,8 x 30,9 cm
Titel: *Bruillon Von der Abenderung in den flügel Nach Norden der Etage noble.*
Beischrift: Kennbuchstaben
Deckblatt über den Räumen T und dem Ostende des Flügels
Maßstab: *80 fues* = 22 cm

Westfälisches Landesmuseum Münster, Sch 232

75.47
Residenzschloß Münster
Küchenflügel (Nordflügel), Grundrisse, Hauptgeschoß, 3. Planstufe (Änderungsentwurf)

Lavierte Federzeichnung (schwarz, grau), 29 x 44 cm
Beischrift: *No.1.; No.2.*
Beischrift: Kennbuchstaben

Westfälisches Landesmuseum Münster, Sch 235

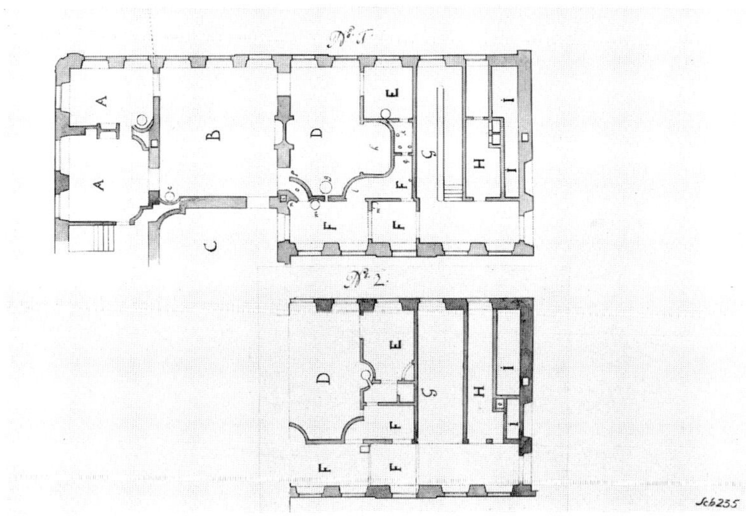

75.47

75.48
Residenzschloß Münster
Küchenflügel (Nordflügel), Grundriß, Mezzaningeschoß, 3. Planstufe (Änderungsentwurf)

Lavierte Federzeichnung (schwarz, grau), 20,2 x 32 cm
Titel: *Bruillon von der abenderung in den flügel nach Norden der Mezanini.*
Beischrift: Kennziffern
Präsentationsvermerk: *placet Max.Frid. Churfürst*
Maßstab: *50 fues* = 13,7 cm

Westfälisches Landesmuseum Münster, Gbg. 3 (zugehörig Kat.-Nr. 75.45)

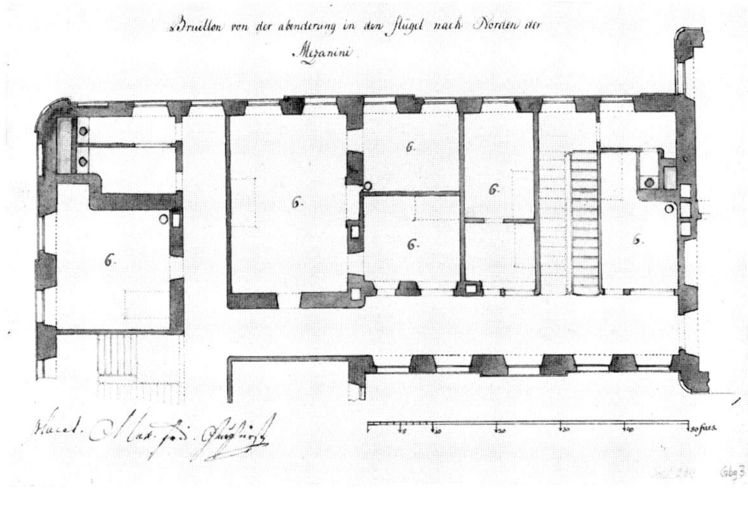

75.48

75.50

75.49 (ohne Abb.)
Residenzschloß Münster
Küchenflügel (Nordflügel), Grundriß, Mezzaningeschoß, 3. Planstufe (Änderungsentwurf), Kopie nach Kat.-Nr. 75.48

Lavierte Federzeichnung (schwarz, grau, blaßgelb), 21,9 x 36,2 cm
Titel: *Bruillon Von der Abenderung in den Flügel Nach Norden der Mezanini.*
Beischrift: Kennziffern
Maßstab: *90 fues* = 24,7 cm

Westfälisches Landesmuseum Münster, Sch 234

75.50
Residenzschloß Münster
Corps de logis, zwei Schnitte durch das südwestliche Treppenhaus, 3. Planstufe (Ausführungsentwurf)

Lavierte Federzeichnung (grau, blaßrot, blaßgelb), 82,2 x 58,1 cm
Titel: *Profil der gantzen neben Trappen. nach der im Grund punctirter Linie.–; Profil Von der im grund punctirter Linie durch alle Etagen.–.*
Beischrift: Maßangaben
Beischrift: *Coridor in der Mansarde.; Coridorn in der MeZanini; Audience Zimmer in der Etage noble.; Corido in der ReZ de Chaussé. mit seiner neben Trappe en Profil, welche bis in die Mansarde lauft.; Coridor in der Mansarde Worinen Sich die Trappe endiget.; Coridor in der MeZanini mit Continuation ihrer Trappe.*
Maßstab: *40 fues* = 36,1 cm

Westfälisches Landesmuseum Münster, Sch 236 (zugehörig Grundrisse Kat.-Nr. 75.43)

75.51

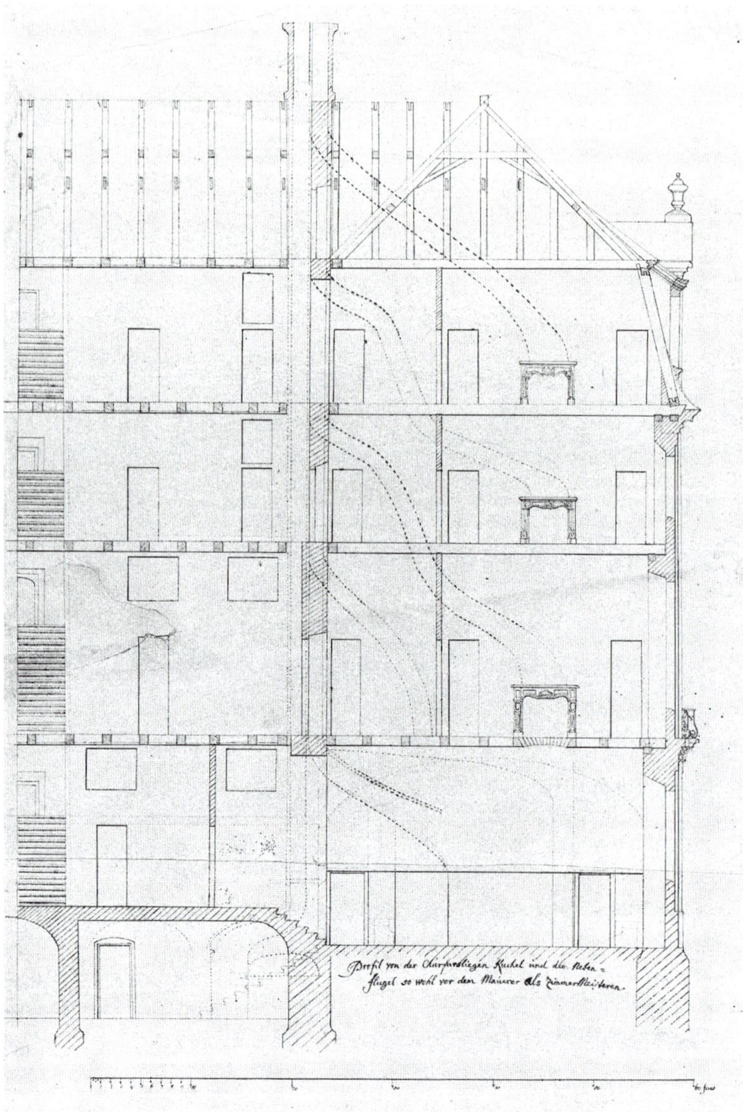

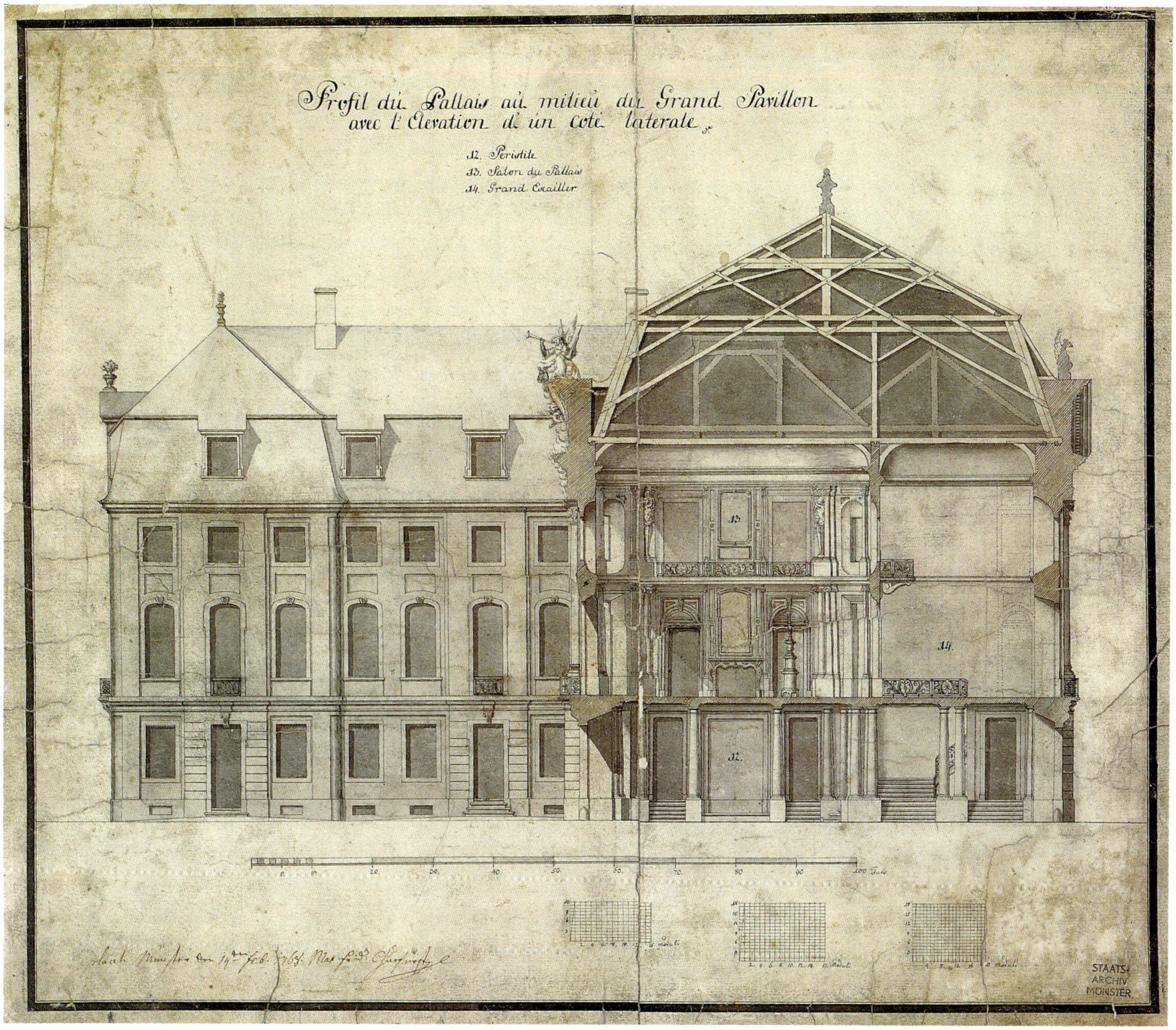

75.52

75.51
Residenzschloß Münster
Küchenflügel (Ostende) und Nordpavillon, West-Ostschnitt nach Norden, Werkzeichnung, 3. Planstufe (Ausführungsentwurf)

Lavierte Federzeichnung (schwarzgrau, braun), 82,2 x 56,2 cm
Titel: *Profil von der Churfurstliegen Kuchel und dem Nebenflugel so wohl vor dem Mauerer als ZimmerMeisteren.*
Maßstab: *60 Fuß* = 45 cm

Westfälisches Landesmuseum Münster, Bz 15

75.52
Residenzschloß Münster
Schnitt durch die Mittelachse, Blick gegen die Südwand, 3. Planstufe (Ausführungsentwurf)

Lavierte Federzeichnung (grau), 45,5 x 54 cm
Titel: *Profil du Pallais au milieu du Grand Pavillon avec l'Elevation d'un coté laterale.*
Beischrift: Kennziffern
Legende: *12. Peristile; 13. Salon du Pallais; 14. Grand Escailler*
Präsentationsvermerk: *placet Münster den 14ten feb. 1768 Max. Frid. Chrufürst*
Maßstab: *100 Fues* = 27,75 cm
Transversalmaßstäbe: *15 moduli; 17 moduli; 20 moduli*

Staatsarchiv Münster, Kartensammlung A 1094
(Ftm. Münster 728 h)

75.53

75.53
Residenzschloß Münster
Schnitt durch den Mittelpavillon, Blick gegen die Nordwand, 3. Planstufe (Ausführungsentwurf)

Lavierte Federzeichnung (schwarzgrau, grau, blaßrot), Bleigriffel, 54,5 x 75,5 cm
Beischrift: *rechte Veritable Hohe des gebelks von der Etage noble.*
Beischrift: Maßangaben; Zahlenkolonnen; Schriftzeilen
Maßstab: *40 fues* = 29,9 cm
Transversalmaßstab

Westfälisches Landesmuseum Münster, Gbg. 56

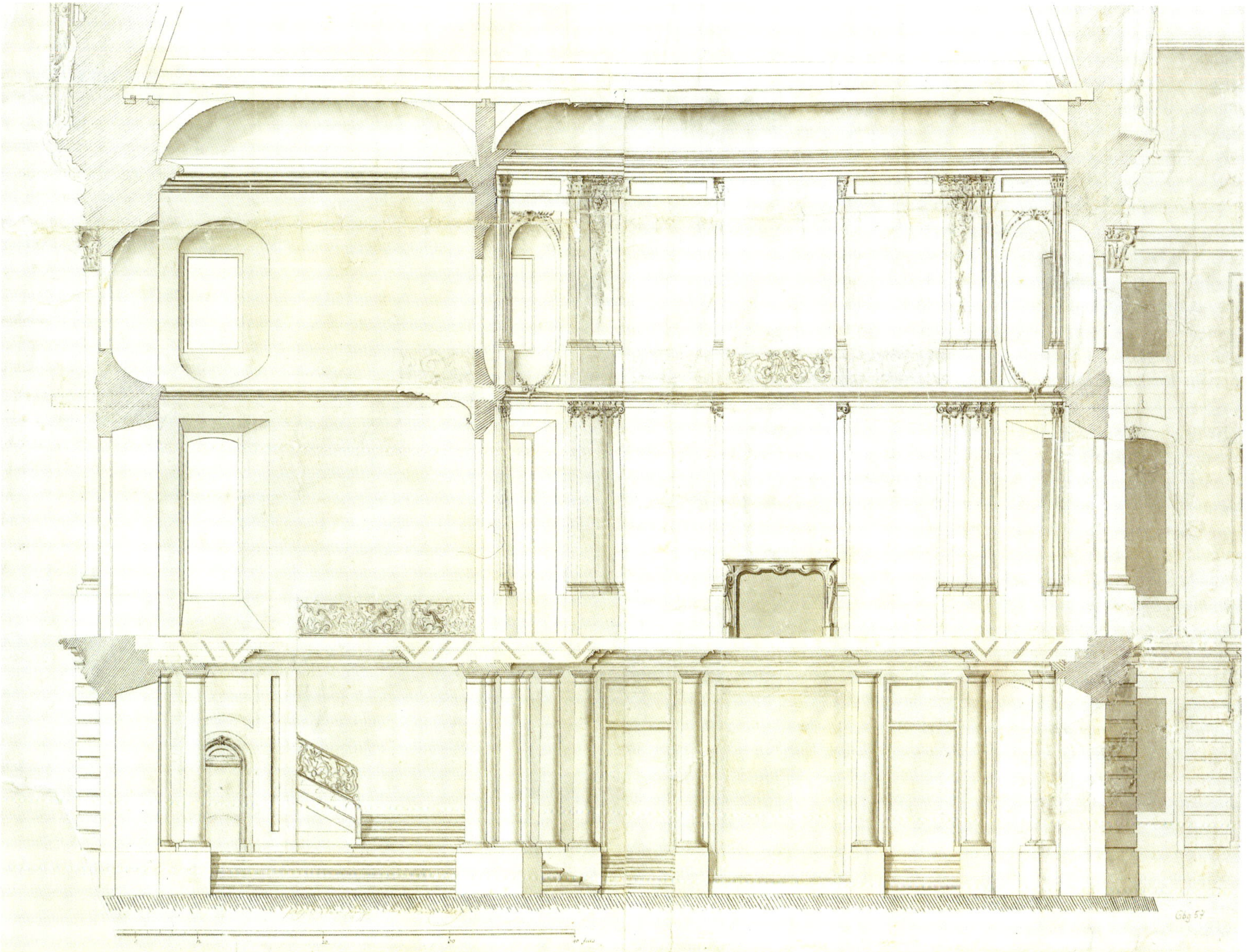

75.54

75.54
Residenzschloß Münster
Schnitt durch den Mittelpavillon, Blick gegen die Nordwand, 3. Planstufe (Ausführungsentwurf)

Lavierte Federzeichnung (grau), Bleigriffel, 56,7 x 75 cm
Beischrift: *Profil der trape der breite nach*
Maßstab: *40 fues* = 30 cm

Westfälisches Landesmuseum Münster, Gbg. 57

75.55

75.56

75.55
Residenzschloß Münster
Schnitt durch Mittelpavillon, Längsschnitt geteilt: linke Hälfte: Blick gegen die Ostwand des großen Saales; rechte Hälfte: Blick gegen die Westwand des Haupttreppenhauses, 3. Planstufe (Ausführungsentwurf)

Lavierte Federzeichnung (grau), Bleigriffel, 55,8 x 69 cm
Maßstab: *40 Fuß* = 29 cm

Westfälisches Landesmuseum Münster, Bz 12

75.56
Residenzschloß Münster
Corps de logis, Großes Treppenhaus, Längsschnitt, Blick auf die Westwand

Lavierte Federzeichnung (grau) Bleigriffel, 54,1 x 75 cm
Maßstab: *60 Fuß* = 44,7 cm

Westfälisches Landesmuseum Münster, Bz 11

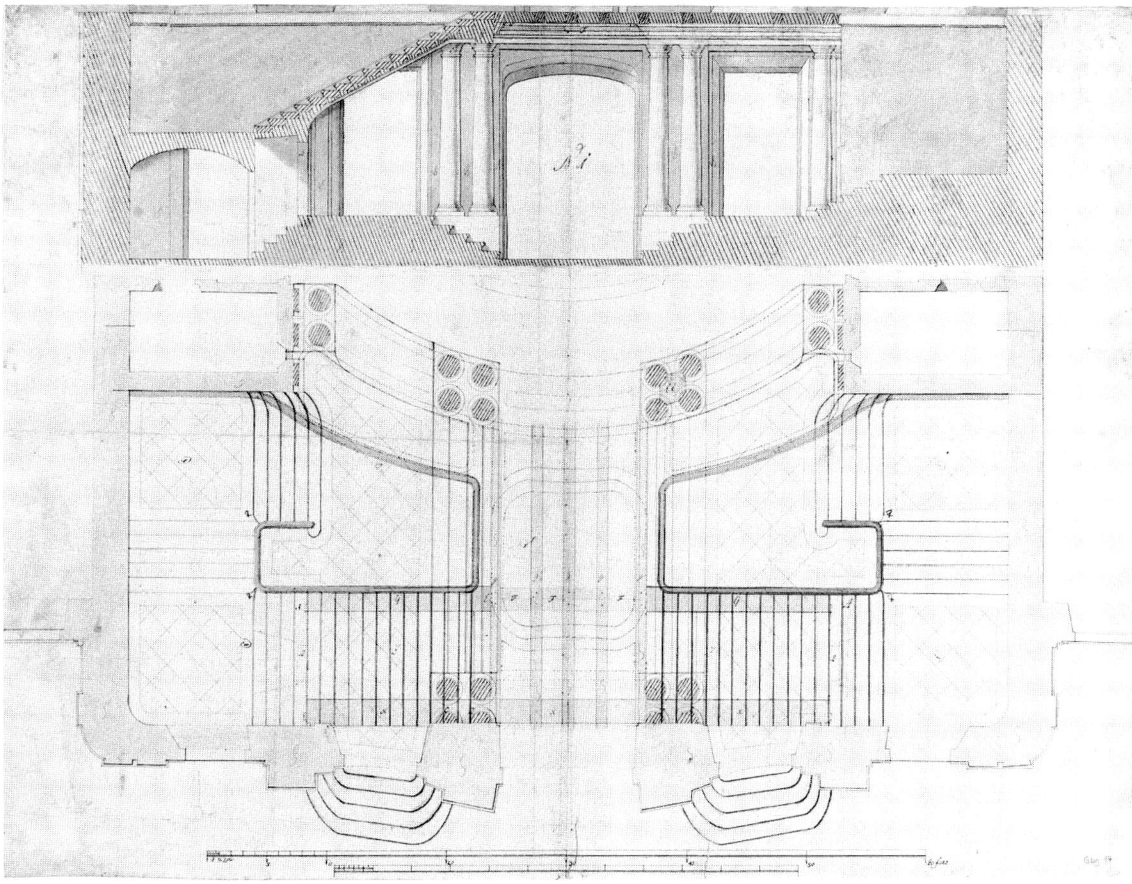

75.58

75.57

75.57
Residenzschloß Münster
Corps de logis, Großes Treppenhaus, Längsschnitt, Blick auf die Ostwand,

Federzeichnung, Bleigriffel, 54,1 x 75,2 cm
Beischrift: *allerhand Ausgearb Risse vom Can Lipper* (später)
Maßstab: *60 Fuß* = 44,5 cm

Westfälisches Landesmuseum Münster, Gbg. 53

Die Beischrift verweist auf Lipper, was unrichtig ist, da die Zeichnung zu der Serie der Schnitte des Mittelpavillons von Schlaun gehört.

75.58
Residenzschloß Münster
Corps de logis, Großes Treppenhaus, Erdgeschoß, Grundriß und Längsschnitt (Ausführungsentwurf)

Lavierte Federzeichnung (schwarz, grau, blaßgelb, hellbraun), 52,3 x 70,7 cm

Numerierung: *N 1* (von der Hand Lippers)
Beischrift: Kennbuchstaben
Maßstäbe: *60 Fuß* = 44,7 cm; *12 Einheiten* = 28,7 cm

Westfälisches Landesmuseum Münster, Gbg. 14

Die Bezeichnung N 1 stammt zwar von Lippper, doch der Plan selbst geht zumindest in der Erfindung auf Schlaun zurück. Er gehört zur 3. Planstufe, wie die Segmentbogenform der Durchfahrt zeigt, die in dem Ausführungsplan Schlauns und in den späteren Plänen Lippers als Korbbogen mit scheitrechtem Sturz ausgebildet ist. Gehört zu Kat.-Nr. 75.5.

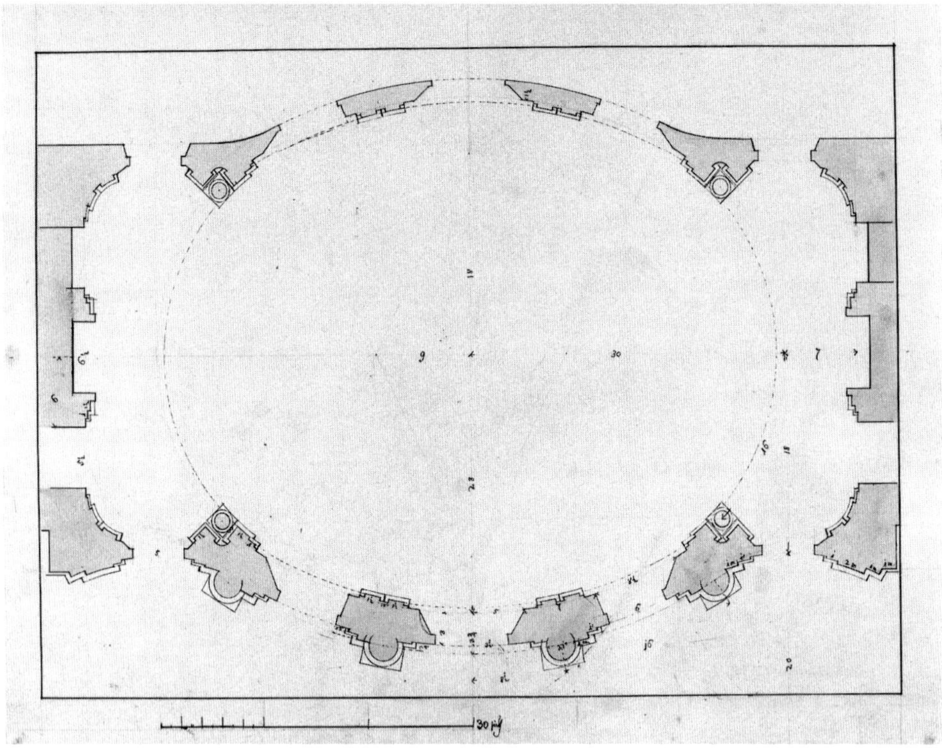

75.59

75.60

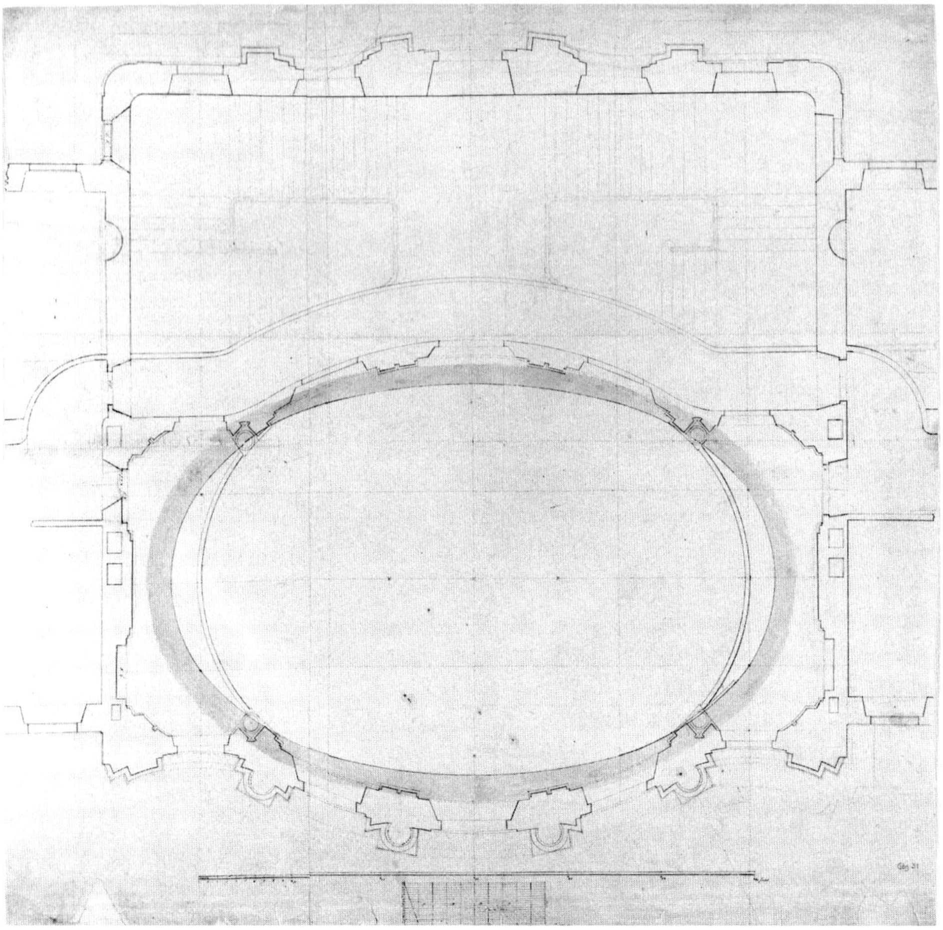

75.59
Residenzschloß Münster
Festsaal, Grundriß

Lavierte Federzeichnung (schwarz, braungelb), 30,9 x 40,9 cm (26,4 x 37,4 cm)
Beischrift: Maßangaben
Maßstab: *30 Fuß* = 13,6 cm

Westfälisches Landesmuseum Münster, Gbg. 80

75.60
Residenzschloß Münster
Wilhelm Ferdinand Lipper, Kopie nach Schlaun mit Eintrag des projektierten neuen Grundrisses
Mittelpavillon, Grundriß Mezzanin, 3. Planstufe

Lavierte Federzeichnung (grau, schwarzgrau, braun), 71 x 74,5 cm
Maßstab: *60 Fuß* = 44,5 cm
Transversalmaßstab

Westfälisches Landesmuseum Münster, Gbg. 31

Das Dachwerk

Für die barocken Dachwerke werden die bereits im 15. Jahrhundert voll entwickelten Konstruktionselemente des Kehlbalkendachwerks mit liegendem und stehendem Stuhl allgemein üblich. Im steten Bemühen, die Dachwerke horizontalschubfrei auf die Mauerkronen aufzusetzen, griff man auf die tradierten Erfahrungen des Zimmerhandwerks zurück. Begriffe wie Statik waren noch nicht bekannt, eher ging es um ein richtiges Proportionieren des Daches, dem ein hohes Verständnis für Konstruktion unterlag. So ist auch zu erklären, warum es zu einer Vielzahl an teilweise recht aufwendigen längs- und querversteifenden Gewerken kam. Neue Möglichkeiten, große Spannweiten zu überdecken, wurden ausprobiert, Tragekonstruktionen für die Aufhängung der schweren Holzstuckdecken mußten entwickelt werden. Dabei zeichnen die barocken Dachwerke zugfeste Verbindungsmittel wie geschmiedete Laschen, Bügel, Zuganker, Bolzen und Schrauben aus, die allgemein Anwendung finden. Für die druckfesten Anschlüsse bleiben die üblichen Holzverbindungen wie Verblattung, eine unverschiebbare, winkelfeste Verbindung, bei welcher der Einschnitt eines Holzes (Blatt) den eines anderen (Blattsasse) aufnimmt und meist durch einen Holznagel sichert, oder Verzapfung verbindlich.

Nahezu durchgehend ist für das barocke Dachwerk eine Kombination aus liegendem Stuhl mit einem Hänge- oder Hängesprengwerk zu beobachten. Die vertikalen Hängesäulen tragen dabei zur Entlastung des horizontalen Binderbalkens bei, indem sie die Last desselben von oben aufnehmen und über seitliche Streben ableiten, das Hängesprengwerk unterstützt die gesamte Konstruktion noch zusätzlich von unten, da hierbei die seitlichen Streben, über die Binder geblattet, in das feste Mauerwerk auslaufen. Alle diagonal angeordneten Streben dienen zur Aussteifung der Gewerke, sichern also vor Abknickung, und übernehmen zusätzlich auch noch lastableitende Funktionen. Letztlich handelt es sich um die ausgewogene Verteilung und Ableitung der Dachlast, die Kombination von liegendem Stuhl und Hängewerk kam dieser Anforderung besonders nach.

Mit dem Beginn des 18. Jahrhunderts wird das aus Frankreich kommende sogenannte Mansarddach in Deutschland eingeführt, wo es ein großes Spektrum an Sonderformen ausbildet. In konstruktiver Sicht handelt es sich um übereinander angeordnete, liegende und stehende Dachstühle, die durch ein Dachbruchgesims an der Außenhaut in Unter- und Oberdach getrennt sind. Entgegen der weitläufigen Annahme, nach der das französisch gebrochene Dach den Namen seines »Erfinders« François Mansart (1598–1666) erhalten habe, verwendete Mansart diese Art der Dachwerksform nicht häufig.

Gerade diese Form der Dachkonstruktion veranlaßte Baumeister und Architekturtheoretiker zur vielfachen Auseinandersetzung, indem sie versuchten, verbindliche Regeln aufzustellen, in der Art eines Lexikons für den Holzbau dem Zimmermann und Architekten Anleitungen und Beispiele zu liefern. Zu den wichtigsten Publikationen zählten: Johann Wilhelm: »Architectura civilis oder Beschreibung und Vorreissung vieler vornehmer Dachwerck anderer zu Baukunst beförderlichen Werke«, Frankfurt a.M. 1649, Nürnberg 1668 und 1705; Johann Jacob Schübler: »Nützliche Anweisung zur unentbehrlichen Zimmermanns-Kunst … Und daraus die Italiänische, Französische und Teutsche Heng- und Spreng-Wercke«, Nürnberg 1731; ders.: »Sciagraphia arts tignariae oder nutzliche Eröffnung zu der sichern fundamentalen Holz=Verbindung bey dem Gebrauch der unentbehrlichen Zimmermanns= Kunst«, Nürnberg 1736. Im Unterschied zum französisch gebrochenen, sehr flachen Dach bemühten sich Wilhelm und besonders Schübler um eine harmonische Proportion der Dacheinheiten, die sie untereinander in Beziehung setzten und daraus bestimmte konstruktive Erfordernisse ableiteten. 1729 entwickelte Heimberger die erste deutsche Regel für Mansarddächer, die sich durch eine klare konstruktive Trennung von Unter- und Oberdach auszeich-

LITERATUR

Friedrich Ostendorf, *Geschichte des Dachwerks,* Berlin 1908, (Reprint Hannover 1982); Friedrich Schnell, *Die Entwicklung des Dachstuhls am Mittelrhein,* Diss. Darmstadt 1915; Paul Schüler, *Die Entstehung und die praktische Bedeutung des Mansart-Daches,* Diss. TU Berlin 1939; H. Mühlfeld, *Das deutsche Zimmermannsdach,* Berlin 1944; Friedrich Hess, *Dachstühle und Dachdeckungen,* Stuttgart 1947; Johann Martin Deinhard, *Spannungen und Sicherheitsgrade historischer Holzkonstruktionen,* Diss. TH Darmstadt 1962; Hans-Joachim Sachse, *Barocke Dachwerke, Decken und Gewölbe. Zur Baugeschichte und Baukonstruktion in Süddeutschland,* (Habilitationsschrift TU Berlin), Berlin 1975; Manfred Gerner, *Fachwerk. Entwicklung, Gefüge, Instandsetzung,* Stuttgart 1979; Hans E. Mennemann, *Die Entwicklung der Dachkonstruktionen westfälischer Kirchen während des Mittelalters und deren Weiterentwicklung im 17. und 18. Jahrhundert,* Diss. TH Aachen 1980; Franzl Ludwig, *Balthasar Neumann, Dachwerke seiner Landkirchen,* Diss. TU Berlin 1982; Günter Binding; Udo Mainzer; Anita Wiedemann, *Kleine Kunstgeschichte des deutschen Fachwerkbaus,* 4. Aufl., Darmstadt 1989; Günther Binding (Hg.), *Fachterminologie für den historischen Holzbau, Fachwerk – Dachwerk,* 2. überarbeitete Auflage, Köln 1990; Günther Binding, *Das Dachwerk auf Kirchen im deutschen Sprachraum vom Mittelalter bis zum 18. Jahrhundert,* München 1991.

net, eine größere Unterdachneigung als in Frankreich und ein steileres Oberdach aufweist, wobei die Höhe des Unterdaches den jeweiligen Erfordernissen angepaßt werden konnte. Diese Standardwerke, die unter anderem im Besitz Balthasar Neumanns nachzuweisen und nach deren Vorlagen einige seiner Dachwerke über Sakralbauten entstanden sind, dürfen für die Dachwerkzeichnungen Schlauns ebenso verbindlich gewesen sein.

In dem Konvolut von Bauzeichnungen, die 1939 im Landesmuseum Münster gefunden wurden, befinden sich acht Zeichnungen, die die Dachkonstruktion des Mandarddaches über dem Mittelpavillon des Residenzschlosses in Münster wiedergeben. Es handelt sich um Grundrisse und Aufrisse des Dachstuhls, die alle aufgrund der Grundrißdisposition der 3. Planstufe des Residenzbaues (ab 1768, Ausführungsentwurf) zuzuordnen sind. In dieser Phase hat es für das Dachwerk über dem Mittelpavillon offensichtlich zwei Planungsvarianten gegeben. Der wesentliche Unterschied beider Entwurfsphasen ist im Zusammenhang mit der Projektierung der Laterne auf dem Dachfirst und der damit verbundenen Änderung der Tragekonstruktion und der Aufschlagrichtung des Daches in Längsrichtung (Nord-Süd) zu benennen. Den Plänen gemeinsam ist, daß es sich wohl um Präsentationszeichnungen handelt, die nicht für die Zimmerleute auf dem Bauplatz bestimmt waren, die jedoch die Konstruktion in ihren technisch notwendigen Details wie Holzverbindungen spiegeln. Nach solchen Zeichnungen müssen dann Werkpläne für die Zimmerer entstanden sein, um die einzelnen Hölzer zuzurichten. Generell erfolgte ein erstmaliges Aufschlagen des Dachwerks auf dem Zimmerplatz, indem die Hölzer plan zusammengelegt und mit sogenannten Abbundzeichen, kleinen Einkerbungen an den jeweiligen Schnittstellen, versehen wurden. Diese Abbundzeichen garantierten die exakte Zuordnung der Hölzer bei der letztendlichen Errichtung des Daches. Notwendigerweise mußte die Konstruktion dafür genaustens vorbereitet und alle Verbindungspunkte ausgearbeitet sein. Gerade hierin erweist sich die perfekte Ausführung der Zeichnungen, die jede erforderliche zug- oder winkelfeste Holzverbindung in den Aufrissen und jeden Ansatzpunkt für die vertikalen Hölzer und damit die lasttragenden oder -ableitenden Punkte in den Grundrissen vermerkt.

ERSTE PLANUNGSVARIANTE: Die erste Planungsvariante (Kat.-Nr. 75.61–66) zeigt ein Mansarddach mit liegendem Stuhl und doppeltem Hängewerk über dem Festsaal, einfachem Hängewerk über dem Treppenhaus im Unterdach und liegendem Stuhl mit Kehlbalken im Oberdach. Hierzu gehören je zwei Grundrisse für das Unter- und Oberdach und zwei Aufrisse bzw. Schnitte. Die Zuordnung der Pläne ergibt sich durch den Vermerk einer Schnittlinie in den Grundrissen, die den Aufrissen entspricht und aufgrund der gleichen Anordnung der Balkenlage. Ebenso stimmen die Angaben für die Zapflöcher der Vertikalhölzer in den Grundrissen mit den Aufrissen überein. Lediglich der zweite Grundriß des Unterdaches (Kat.-Nr. 75.62) deutet eine Variante mit verändertem Aufstellungsort des Hängewerks über dem Festsaal an. Ein Grundriß des Oberdaches und ein Aufriß (Kat.-Nr. 75.64, 66) müssen ferner als Reinzeichnungen ihrer Pendants (Kat.-Nr. 75.63, 65) angesehen werden, die noch Konstruktionsskizzen in Bleigriffel enthalten.

Der Grundriß des Unterdaches (Kat.-Nr. 75.61) zeigt die Balkenlage der Binderbalken, die in Nord-Süd-Richtung unter vier Überzüge (Ost-West-Richtung) gelegt sind. Er gibt weiterhin mit einer zweifachen Doppellinie die Führung der Außenmauer des Mittelpavillons wieder; die Doppellinie an der Mauraußenkante vermerkt den Abstand, den das Dachgesims über die Außenflucht der Wand vortritt, die zweite Linie an der Innenkante der Mauer bezeichnet den Mauerrücksprung, der als Auflager für die Holzverschalung der Stuckdecke notwendig ist. An den Innenwänden des Mittelpavillons (Nord- und Südwand) sind in dunkler Lavierung die Kaminabzugsschächte verzeichnet, der Mauerverlauf des Festsaales in nord-südlicher Richtung wird ebenso durch eine Doppellinie angegeben. Punktiert ist der Deckenspiegel des Festsaales und – in quadratischem Grundriß – die Brechung des Mansarddaches auf der Höhe der Binderbalken des Oberdaches, wie es auf dem Schnitt zu sehen ist, eingezeichnet. Ganz schwach ist schon auf dieser Zeichnung die mittig auf dem Mittelpavillon vorgesehene Laterne im Grundriß ihres Mauerrings zu sehen.

In die Binderbalken, die über die Innenwände des Mittelpavillons gelegt sind, binden im rechten Winkel kleine sogenannte Stichbalken und an den Ecken Gratstichbalken ein. Die Holzverbindung erfolgt vermutlich mit einem Zapfen, einer Verbindung, bei der an der Schnittfläche des Stichbalkens ein reduziertes Ende ausgearbeitet und in einen Schlitz in den Binderbalken eingefügt ist. Verzapfungen (in Zeichnungen in Form eines Punktes) werden in der Regel dann mit einem Holznagel winkelfest gesichert. Nur der zugehörige Aufriß (Kat.-Nr. 75.65–66) läßt im Querschnitt der Binderbalken die

Verzapfung erkennen, indem die Aussparung für das Zapfloch mit einer Linie angedeutet wird. Über die Binderbalken sind in gleichmäßigem Abstand vier Überzüge gelegt, die als Standfläche für die Hängesäulen dienen.

Alle Zapflöcher für Sparren, an den Außenseiten, Stuhl- und Hängesäulen sind angegeben. Die dreifach nebeneinander auftretenden Zapflöcher über dem punktiert verzeichneten Grundriß der Schildmauer des Festsaales verweisen auf die im Schnitt gezeigte stehende Stuhlsäule mit den seitlich einbindenden Streben des doppelten Hängewerks. Aufgrund der ovalen Grundrißform des Festsaales und seiner geschwungen geführten Mauer ändert sich der Querverband des Dachstuhls analog zum Mauerverlauf, da die tragende Funktion der ovalen Festsaalmauer zur Stabilisierung des Dachstuhls als Auflager genutzt wird.

Eine Variante gibt der zweite Grundriß des Unterdaches (Kat.-Nr. 75.62) wieder, der die gebündelten Zapflöcher an den äußeren Binderbalken über dem Festsaal nicht mehr über der Festsaalmauer darstellt, sondern im Zwischenraum zweier Binderbalken westlich davon. Aufgrund der veränderten Plazierung der stehenden Stuhlsäule ist diese Konstruktion im hinteren Dachwerkbereich über dem Festsaal statisch ungünstiger zu bewerten. Offensichtlich wurde hier der Verlauf des Deckenspiegels des Festsaales als tragende Mauer angenommen. Der ableitende Schub der Hängestreben, der mit der lasttragenden Funktion der stehenden Stuhlsäule an einem Punkt zusammentrifft, hätte in dieser Variante nicht auf die lastaufnehmende Festsaalmauer abgeleitet werden können und einen enorm starken Druck auf die Binderbalken und die Überzüge ausgeübt. Dieser Grundriß kann deswegen wohl als Vorstufe angesehen werden.

Die Balkenlage des Oberdaches (Kat.-Nr. 75.63) zeigt die Binderbalken, die quer über den vier Spannriegeln des Dachstuhls des Unterdaches liegen, in die an den Langseiten Stichbalken einbinden. Die Zapflöcher an den Außenseiten für die oberen Sparren sind eingezeichnet. Die Außenkanten der Binder- und Stichbalken sind wie auf dem Grundriß des Unterdaches (Kat.-Nr. 75.61) nur punktiert vermerkt. Das deutet darauf hin, daß sie über die Länge der Spannriegel nach außen vortreten und ihnen gleichzeitig – was wiederum im Schnitt zu sehen ist – ein Aufschiebling vorgezapft ist, der die Dachneigung des Oberdaches zum Gesims der Dachbrechung hin reduziert bzw. abfängt. Die Außenlinie des Grundrisses bezeichnet also die von außen sichtbare Kante des Oberdaches. Diagonal über den Binderbalken liegen gekreuzt paarweise Unterzüge oder sogenannte Scherbalken des Laternensockels auf. An ihren Fußpunkten sind ebenfalls Zapflöcher verzeichnet, die für die Einbindung der Stützstreben des Laternensockels dienen, der obere Mauerring der Laterne ist angegeben. Im Kreuzungspunkt der quer aufliegenden Scherbalken des Laternensockel ist hier eine vermutlich im Schnitt gezeichnete Firstsäule vorgesehen. Die in dunkler Schraffur des inneren Laternenrings verzeichneten Stellen verweisen auf die geschnittenen Ständer des Laternensockels. Offensichtlich wird hier noch mit verschiedenen Möglichkeiten der optimalen Plazierung der Scherbalken gespielt, wie die Angabe der in unterschiedlichen Winkeln gezogenen Linien deutlich macht.

Bei der zweiten Variante des Grundrisses für das Oberdach (Kat.-Nr. 75.64) handelt es sich um eine Kopie bzw. um eine Reinzeichnung zur vorhergehenden. Beiden Zeichnungen gemeinsam ist die Angabe je zwei doppelter Zapflöcher an den Außenseiten, die sich auf die liegenden Stuhlkonstruktionen des Oberdaches beziehen, wie sie im Schnitt angegeben sind.

Der Aufriß des Dachwerks (Kat.-Nr. 75.66) zeigt den Schnitt analog der punktierten Schnittlinie der beiden Grundrisse des Ober- und Unterdaches (Kat. Nr. 75.61, 64). Wie die Angabe des Festsaales deutlich macht, wird das Dach quer zum Baukörper in West-Ost-Richtung aufgeschlagen. In die Außenkante der Mauern sind jeweils Mauerschwellen eingelassen, die knapp über die Maueroberkante hinausragen und über die an den Außenmauern die Stichbalken gekämmt sind. Die Verkämmung bezeichnet eine Verbindung sich kreuzender, nicht bündig übereinanderliegender Hölzer, indem der an der Unterseite des oben liegenden Holzes ausgeschnittete sogenannte Kamm in die auf der Oberseite des unteren Holzes entsprechend eingeschnittene Sasse eingreift. Alle vertikalen und horizontalen Hölzer (liegende Stuhlsäulen, Hängestreben, Spannriegel und Kopfbänder) sind offensichtlich durch Verzapfung, jedoch ohne Angabe eines Holznagels miteinander verbunden. Die Hängesäulen stehen auf den Überzügen des Unterdaches auf, deren Last sie mit den darunter befindlichen, in die Binderbalken gezapften Füllhölzer durch Eisenbänder aufnehmen. Eigentümlicherweise stehen sie jedoch nicht direkt über den Binderbalken auf, sondern sind leicht versetzt angeordnet. Das findet eine Erklärung darin, daß die Hängesäulen mittig über dem darunterliegenden frei zu überspannenden Raum angeordnet werden sollten (vgl. Kat.-Nr. 75.61), um die leichte Asymmetrie des Dachquerschnittes auszugleichen. Die Ostseite des Unterdaches ist steiler, die Außenmauer dort stärker und dadurch bedingt der Ansatzpunkt der Stuhlsäulen etwas weiter von dem schraffiert verzeichneten Dachsparren abgesetzt, mit dem sie durch eine durchlaufende Pfette verbunden sind. Die Ableitung der Last auf die Mauerkrone des Festsaales von zwei Seiten durch die Streben des Hängewerks ist für den Ausgleich der Druckverhältnisse auf dieselbe nötig. Den liegenden Stuhlsäulen und der stehenden über der Mauer des Festsaales kommt dabei auch eine lasttragende Funktion für die Deckenbalken der zweiten Ebene, des Oberdaches des Dachwerks zu. Das im Schnitt sichtbare Stuhlrähm, das in Längsrichtung, also in die Tiefe, die liegenden Stuhlkonstruktionen der einzelnen Gebinde miteinander verbindet und aussteift, ist mit den Stuhlsäulen verzapft, die jeweils in der Mitte ein Zapfloch für den Stuhlverband, ebenfalls eine Längsaussteifung, aufweisen. Darüber liegen die Stichbalken des Oberdaches auf, die im rechten Winkel in die Binderbalken (im Schnitt schraffiert gezeichnete Quadrate) gezapft sind. Das abschließende Satteldach weist einen liegenden Stuhl mit Kehlbalken auf, dessen Stuhlsäulen durch Kopfstreben mit den Kehlbalken verbunden sind, die der Queraussteifung der Konstruktion dienen. Den Stichbalken des Oberdaches ist ein Gesims und ein sogenannter Aufschiebling, ein Vorholz, das im Sinne einer einheitlichen Dachfläche zum Ausgleich zwischen Sparren und Dachbalken gesetzt ist, vermutlich vorgezapft. Weiterhin deutet die Zeichnung nur schematisch die Substruktion der Dachlaterne an. Eine Variante des Aufrisses (Kat.-Nr. 75.65) läßt eine weitere Zeichnung darin erkennen, daß hier der Querverband des nächstfolgenden Gebindes analog des Verlaufs der ovalen Festsaalmauer eingetragen ist. Angedeutet sind zwei Hängestreben, die auf eine nur einfache Hängekonstruktion verweisen. Der Grundriß des Unterdaches (Kat.-Nr. 75.61) verzeichnet jedoch an der Außenseite zwei Zapflöcher für ein doppeltes Hängewerk, dessen Hängesäulen im Vergleich zu den im Schnitt gezeigten leicht nach innen versetzt, aber ebenso mittig über der freigespannten Stelle des Festsaales plaziert sind. Die Angabe der skizzierten Streben müßte laut Grundriß steiler und nicht auf eine Säule hin ausgerichtet gezeichnet sein. Auf der Ostseite des Daches, in der Zeichnung links, ist ferner unterhalb des Dachgesimses des Oberdaches in Bleigriffel eine Dachgaube angedeutet, die an dieser Stelle zur Ausführung kam.

Zweite Planungsvariante: Der wesentliche Unterschied dieser Planungsvariante liegt in der veränderten Tragekonstruktion für das Unterdach und der Aufschlagrichtung des Dachwerks, die nicht mehr quer durch den Mittelpavillon von Ost nach West, sondern in Längsrichtung (Nord-Süd) verläuft, wie an dem Deckenspiegel des Festsaales deutlich wird, der die gesamte Breite des Mittelpavillons einnimmt. Diesem Entwurf lassen sich zwei Pläne (Kat.-Nr. 75.67–68) zuordnen, ein kombinierter Grundriß der Balkenlage des Unter- und Oberdaches mit Einzeichnung des Laternensockels und ein Aufriß, der jetzt den hölzernen Unterbau für die Laterne auf dem Dachfirst in allen Details aufzeigt. Die Konstruktion gibt sich als liegender Stuhl mit mehrfachem Hängesprengwerk im Unterdach und liegendem Stuhl im Oberdach zu erkennen. Mit der veränderten Aufschlagrichtung, die nun die gesamte Länge des Festsaales mehr oder weniger frei überspannt, mußte eine Dachkonstruktion gefunden werden, die den schweren Laternensockel trägt und die Binder vor dem Durchbiegen sichert.

Der Grundriß (Kat.-Nr. 75.67) gibt die Balkenlage des Oberdaches des Mansarddaches im Gesamtgrundriß des Mittelpavillons wieder. In gepunkteter Umrißlinie unterlegt sind die Binder- und Stichbalken des Unterdaches verzeichnet. Offensichtlich sind nur zwei Längsverbände im Unterdach vorgesehen, wie die beiden lavierten, vermutlich als Spannriegel zu verstehenden Hölzer unterhalb des Laternensockels deutlich machen, deren Auflagerfläche an der Nord- und Südseite des Mittelpavillons jedoch nicht eindeutig zu bestimmen ist. Hier binden in die Binderbalken des Oberdaches kürzere Stichbalken ein, so daß insgesamt zwei Balkenlagen hinzukommen (vgl. Kat.-Nr. 75.63–64). Die Spannriegel, die als Auflager der oberen Deckenbalken dienen, sind zu den Außenseiten des Mittelpavillons nicht angegeben. Der dazugehörige Längsschnitt durch den Dachstuhl (Kat.-Nr. 75.68) vermerkt im Unterschied zu den Aufrissen (Kat.-Nr. 75.65–66) einen nur sehr dünnen Spannriegel. Ebenso sind hier alle Zapflöcher für die Sparrenfußpunkte vorgesehen, jedoch fehlen die doppelten Zapflöcher für die liegenden Stuhlsäulen, wie sie im Schnitt zu sehen sind. An den Außenkanten der Binder- und Stichbalken ist ein kleiner Absatz eingetragen, der den Zapfen für das davorgesetzte Dachgesims kennzeichnet. Das Deckblatt zeigt den Grundriß der Laternenhaube, wie er oberhalb des gemauerten Laternenrunds aufliegt. Die mittig auf dem Dachfirst des Mittelpavillons aufsitzende Laterne verlangt ein gleichmäßiges Abfangen bzw. Ableiten ihrer Last auf die Außenmauern des Pavillons. Vermutlich ist hierin der Grund für die veränderte Aufschlagrichtung des Dachwerks in diesem Entwurf (Kat.-Nr. 75.68) zu sehen, da die lastableitende Unterstützung durch die Festsaalmauer (vgl. Kat.-Nr. 75.65) als eine Art ›Zwischenstütze‹ im vorhergehenden Entwurf zwar gegeben war, die Laterne jedoch nicht direkt über der Mauer, sondern nach Osten versetzt zu stehen kommt. Möglicherweise hätte ihr Gewicht einen zu starken Druck auf die stehende Stuhlsäule ausgeübt, so daß selbst bei der gleichmäßigen Verteilung der vertikalen Stützen im Unterdach die Belastung auf die Festsaalmauer zu groß geworden wäre. Dem Druckausgleich von der anderen Seite durch die vereinzelte Hängestrebe hätte das Übergewicht der ostlichen Dachwerkseite wohl nicht stand gehalten. Mit der Konzeption des mehrfachen Hängesprengwerks (Kat.-Nr. 75.68) mußte nicht mehr auf die Festsaalmauer als Auflager zurückgegriffen werden, da die Dachlast direkt auf die Außenmauern, in diesem Fall die Innenmauern des Mittelpavillons, abgeleitet werden kann.

Diese Variante hat einen weiteren Vorteil auch darin, daß den freigesetzten Horizontalschubkräften die analog dazu verlaufenden Mauerzüge der Seitenflügel des Corps de logis als Widerlager entgegengesetzt werden konnten. Der Aufriß zeigt ein vierfaches Hängewerk, dessen Hängesäulen an ihren Fußpunkten mit den Binderbalken und den Überzügen durch geschmiedete Eisenbänder und Bolzen verbunden werden. Ebenso sind an allen Auflagerpunkten der Überzüge auf den Bindern Eisenanker vermerkt. Die mittleren Hängesäulen verbindet ein mit doppelten Kopfstreben versehener Spannriegel. Sehr lange, über die äußeren Hängesäulen und die Binderbalken geblattete Sprengstreben mit Stirnversatz, einer Zapfverbindung, bei der beide Hölzer durch flaches Einschneiden ineinander greifen, fangen die Last von zwei Hängesäulen von der Außenmauer her ab. Sie unterstützen also den Binderbalken und die äußeren Hängestreben von unten und nehmen gleichzeitig die Last der mittleren Säulen auf. Diagonal zu der verlaufenden Abstrebung der Hängesäulen sind dünne Streben von den Säulen bis zu den Dachsparren geblattet, die zur winkelfesten Aussteifung der Konstruktion dienen. Die sogenannte Stuhlschwelle und das Stuhlrähm, die im Schnitt gezeigten Hölzer unter- und oberhalb der Stuhlsäulen, die diese in Längsrichtung miteinander verbinden und aussteifen, sind mit der liegenden Stuhlsäule verzapft, die gleichzeitig mit dem darüber aufliegenden Stichbalken, vermutlich mit einem Blatt, verbunden sind. Auch hier ist den Stichbalken ein Gesims vorgezapft; auf Aufschieblinge wird in dieser Variante jedoch verzichtet (vgl. Kat.-Nr. 75.65).

Im Oberdach ist analog des Grundrisses (Kat.-Nr. 75.67) die Substruktion der Laterne ausgeführt, die sich auf diagonal zu den Binderbalken aufliegenden Scherbalken erhebt. Die Stützstreben der Laternenkonstruktion sind an ihren Fußpunkten in die Scherbalken gezapft und doppelt vernagelt, die vertikalen Ständer der Laterne werden untereinander mit horizontalen Riegeln und Andreaskreuzen verstrebt, die mit Zapfen in die Ständer eingreifen. Die entsprechenden Zapflöcher sind an den im Schnitt dargestellten äußeren Ständern vermerkt. Die Konstruktion des Oberdaches entspricht ansonsten der ersten Planungsvariante: ein liegender Stuhl mit einfacher Kehlbalkenlage. Angegeben ist nun jedoch die Sicherung der Zapfverbindung durch mehrfache Holznägel, besonders deutlich an den in die Stuhlsäulen einbindenden Kopfstreben zu sehen, die hier in sehr spitzem Winkel in dieselben nahezu auslaufen. Der etwas veränderte Umriß der Kuppel des Uhrturms ist auf der linken Seite gesondert, die Uhrglocken nachträglich eingezeichnet.

Für beide Entwurfsvarianten kann festgestellt werden, daß sie entgegen der üblicherweise in Deutschland vorkommenden Mandsarddachgestaltung mit durchgehender Hängesäule im Unter- und Oberdach auf Hängesäulen im oberen Geschoß des Daches verzichten. Vermutlich wurde diese aufgrund der eher flachen Dachneigung im Oberdach und wegen des Einbaus der Laterne nicht projektiert.

Welcher der beiden Entwürfe zur Ausführung kam, kann nicht mehr nachgewiesen werden. Die statisch günstigere Variante scheint die zweite Planung zu sein. Das Problem der Anbindung an die Dächer der Seitenflügel des Corps de logis in Verbindung mit dem Aufschlagen des Daches in Nord-Süd Richtung, also entgegen der Aufschlagrichtung der übrigen Dächer, stellte sich zudem nicht, da das Mansarddach über dem Mittelpavillon als eigenständiges Dach, gut ein Geschoß höher konzipiert und ausgeführt ist.

ANDREA PUFKE

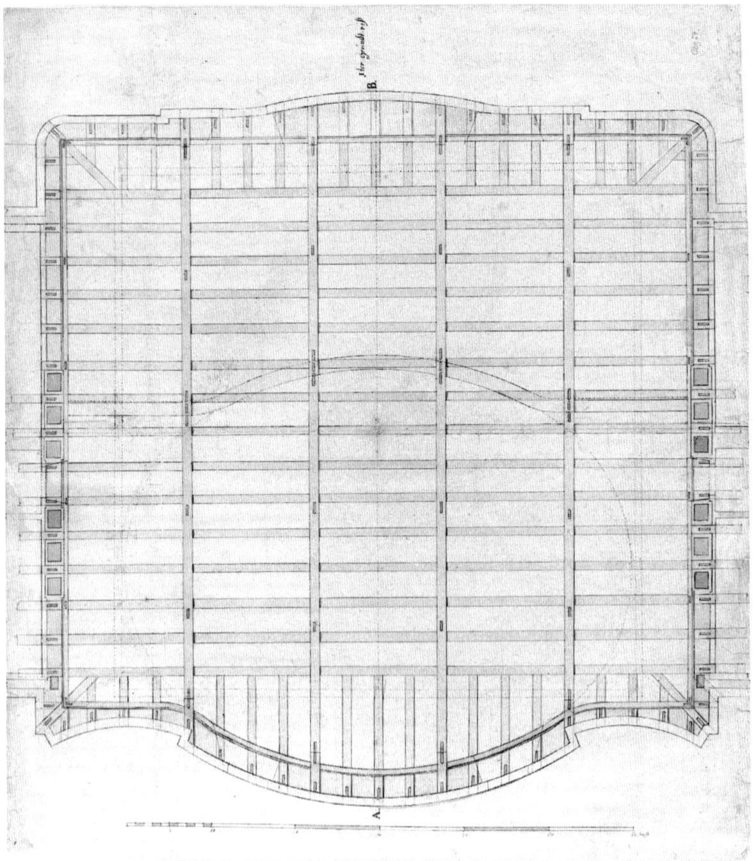

75.61

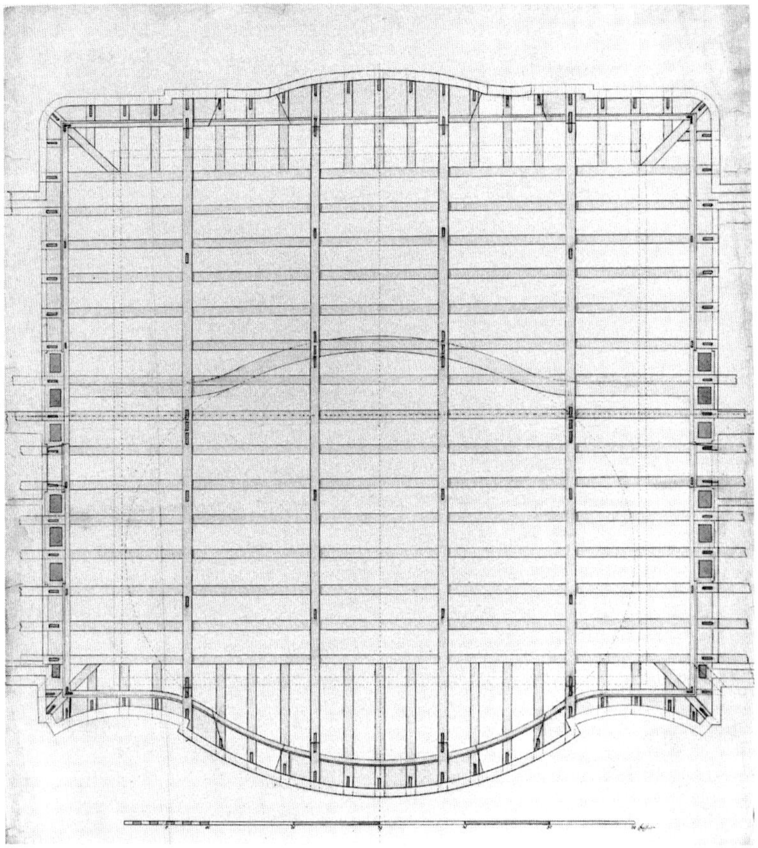

75.62

75.61
Residenzschloß Münster
Corps de logis, Mittelpavillon, Grundriß der Balkenlage der ersten Ebene des Mansarddaches (Ausführungsentwurf), Entwurfsvariante 1

Lavierte Federzeichnung (blaßrot, grau, blaßgelb), 66,4 x 74,1 cm
Beischrift: *1 ter Grundt-riß*
Beischrift: Kennbuchstaben
Maßstab: *60 Fuß* = 45,2 cm

Westfälisches Landesmuseum Münster, Gbg. 24

75.62
Residenzschloß Münster
Corps de logis, Mittelpavillon, Grundriß der Balkenlage der ersten Ebene des Mansarddaches (Ausführungsentwurf), Vorstufe zur Entwurfsvariante 1

Lavierte Federzeichnung (blaßrot, schwarzgrau, grau, blaßgelb), 72,3 x 66,6 cm
Maßstab: *60 Fuß* = 45,3 cm

Westfälisches Landesmuseum Münster, Bz 10

75.63
Residenzschloß Münster
Corps de logis, Mittelpavillon, Grundriß der Balkenlage des Oberdaches des Mansarddaches (Ausführungsentwurf), Entwurfsvariante 1, Version 1

Lavierte Federzeichnung (grau, blaßgelb), Bleigriffel, 58,5 x 48,4 cm
Beischrift: *2 ter Grundt-riß*
Beischrift: Kennbuchstaben
Maßstab: *60 Fuß* = 45,4 cm

Westfälisches Landesmuseum Münster, Gbg. 22

75.64
Residenzschloß Münster
Corps de logis, Mittelpavillon, Grundriß der Balkenlage des Oberdaches des Mansarddaches (Ausführungsentwurf), Entwurfsvariante 1, Version 2

Lavierte Federzeichnung (schwarzgrau, grau, blaßgelb), Bleigriffel, 58,3 x 47,9 cm
Maßstab: *60 Fuß* = 45,4 cm

Westfälisches Landesmuseum Münster, Gbg. 21

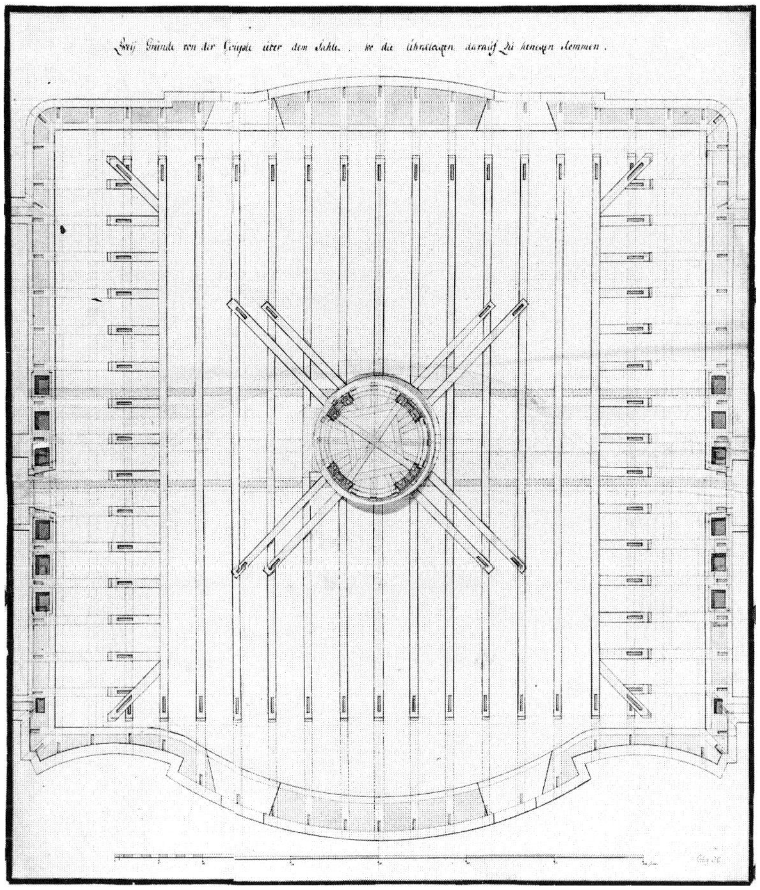

75.67

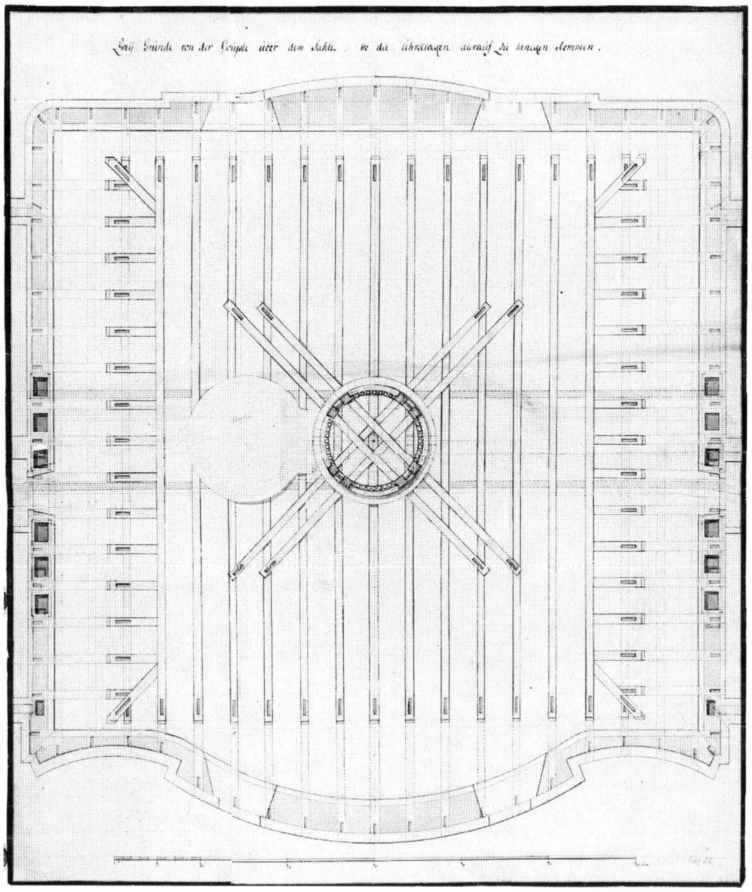

75.67 (Deckblatt offen)

75.63

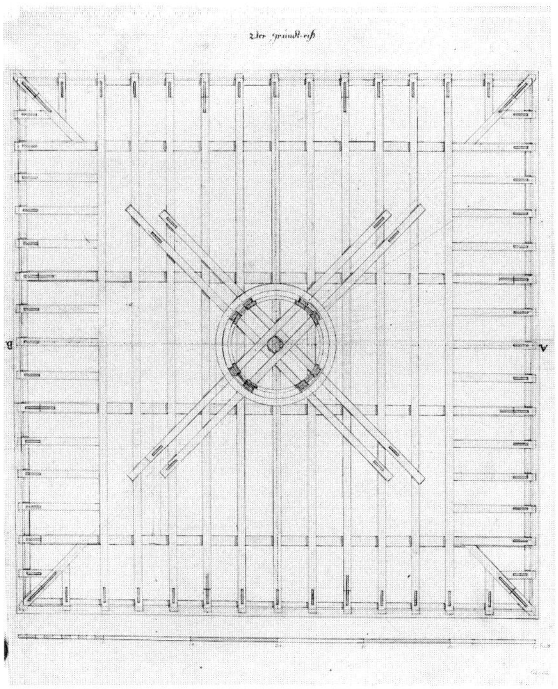

75.64

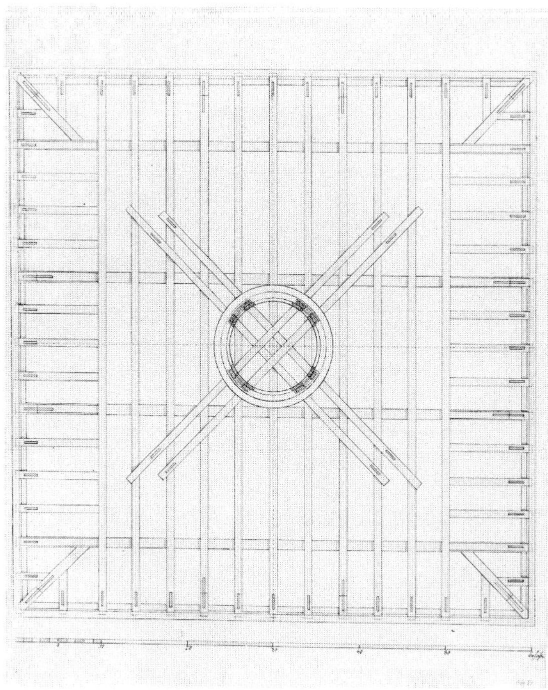

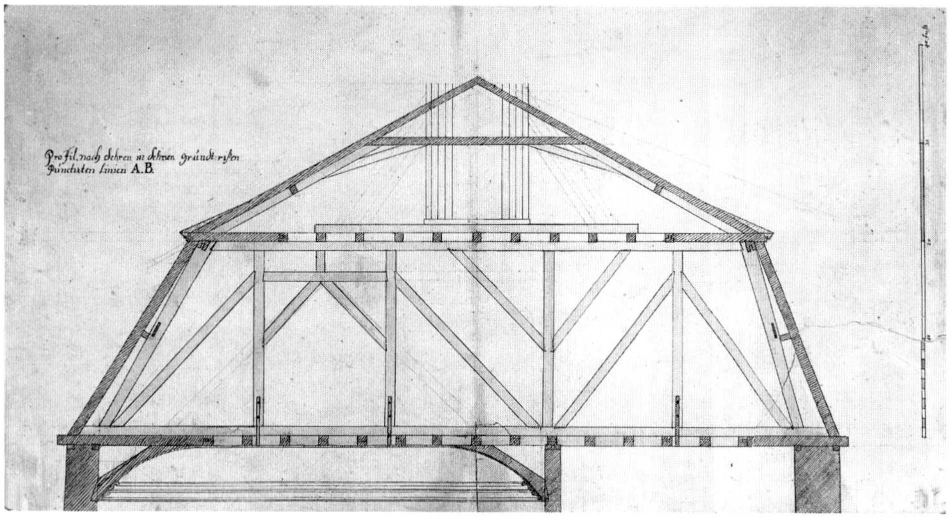

75.65

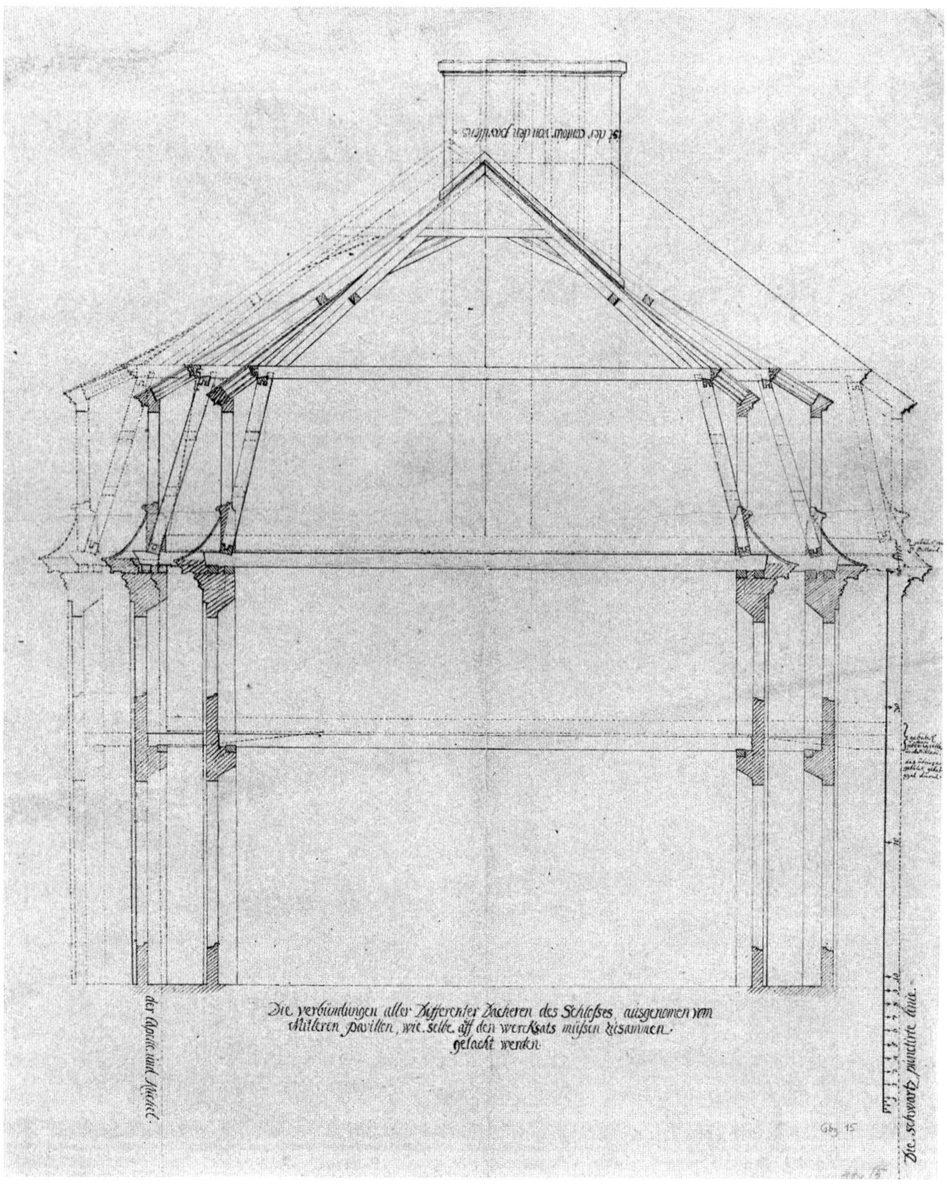

75.69

75.65
Residenzschloß Münster
Corps de logis, Mittelpavillon, Querschnitt von West nach Ost durch den Dachstuhl (Ausführungsentwurf), Entwurfsvariante 1

Lavierte Federzeichnung, Bleigriffel
Titel: *Profil, nach dehren in dehnen grundt=rissen punctirten Linien A.B.*
Maßstab: *40 fuss*

Westfälisches Landesmuseum Münster, Gbg. 7

75.66 (ohne Abb.)
Residenzschloß Münster
Corps de logis, Mittelpavillon, Querschnitt von West nach Ost durch den Dachstuhl (Ausführungsentwurf), Entwurfsvariante 1, Kopie nach Kat.-Nr. 75.65

Lavierte Federzeichnung, 39,7 x 74,6 cm
Tusche, Wasserfarbe (schwarz, blaßrot, blaßgelb)
Maßstab: *40 Fuß* = 30,1 cm

Westfälisches Landesmuseum Münster, Gbg. 7a

75.67
Residenzschloß Münster
Corps de logis, Mittelpavillon, Grundriß der Balkenlage des Dachstuhls, 1. und 2. Ebene (Ausführungsentwurf), Entwurfsvariante 2

Lavierte Federzeichnung (grau, blaßgelb), 71,6 x 63,7 cm
Titel: *Zwey Gründe von der couple über dem Sahle, wo die Uhrklocken darauf zu hencken kommen.*
Deckblatt mit Balkenlage der Uhrturmkuppel
Maßstab: *60 Fuß* = 45,2 cm

Westfälisches Landesmuseum Münster, Gbg. 26

75.68
Residenzschloß Münster
Corps de logis, Mittelpavillon, Längsschnitt von Nord nach Süd durch den Dachstuhl (Ausführungsentwurf), Entwurfsvariante 2

Lavierte Federzeichnung (grau, blaßgelb), 74,4 x 59,2 cm; Rahmen: 72,9 x 57,6 cm
Titel: *Profil von der Couple uber dem Sahle, worauss zu ersehen, wie das gantze werck muss gesprenget, und in einander gefüget werden.*
Maßstab: *60 Fuß* = 45,2 cm

Westfälisches Landesmuseum Münster, Gbg. 6

75.69

Residenzschloß Münster

Schloßgebäude, Kombinierte Schnitte durch die oberen Geschosse mit den einzelnen Dachstuhlkonstruktionen ohne Mittelbau, Werkzeichnung

Lavierte Federzeichnung (rot, schwarz), 69,4 x 56,4 cm
Titel: *Die verbündungen aller Differenter Dacheren des Schlosses, ausgenommen vom Mitleren pavillon, wie selbe a(u)ff den wercKsats müssen zusammen gelacht werden.*
Beischrift: (Umschrift:) *die schwartz punctirte linie=ist der contour von den pavillons=der Capelle und Kuchel.;* (rechts am Rand:) *gebälK vom Billard; gebälK über der Kapelle und billard.; das übriege gehet egal durch.*
Maßstab: *40 fues* = 30 cm

Westfälisches Landesmuseum Münster, Gbg. 15

Die Zeichnung vereinigt die verschiedenen Dachgrößen der einzelnen Gebäudeteile (Eckpavillons, Nebenflügel und Seitenflügel des Corps de logis). Alle Dachwerke weisen liegende Stuhlkonstruktionen ohne Zwischenstützen wie Hängewerke auf. Um eine einheitliche Linie des Dachfirstes zu erreichen, sind die Dächer je nach der Breite der entsprechenden Gebäudeteile mehr oder weniger steil geneigt. Die Dachbrechungen des Mansarddaches sind senkrecht nach unten geführt, wobei die Sparren des Oberdaches über den Ansatzpunkt seiner Balkenlage nach unten reichen. Erst kurz vor dem Dachgesims werden sie durch einen Aufschiebling abgefangen. So ergeben sich für das Mansardgeschoß nahezu senkrechte Wände, in die die Dachgauben eingeschnitten sind; eine optimale Raumnutzung für das Mansardgeschoß ist gewährleistet. Den liegenden Stuhlsäulen des Unterdaches werden keine Sparren vorgesetzt, sie übernehmen in den Fenster- oder Gaubenzwischenräumen das Auflager für die Dachhaut.

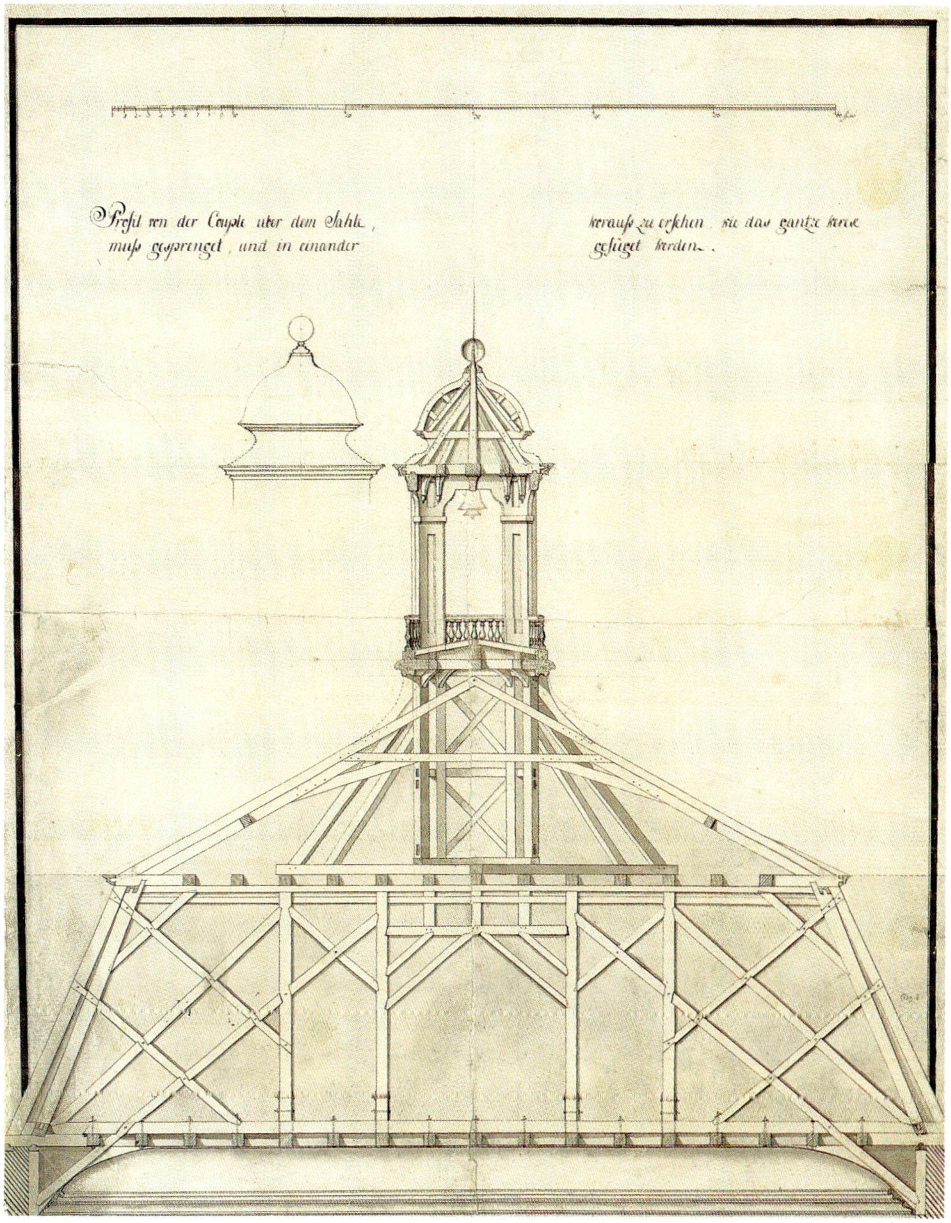

75.68

Profil du Pavillon de la Chapelle.
O. du Coté d'Hotel
P. Sacristie & de qu'il y a la dessus
Q. du Coté de l'Entré de la Chapelle avec la Tribune
L. l'Oratoir en haut pour les Dames & en bas
D. pour les Cavailiers.
S. Sal pour le Billard avec
T. deux Cabinets à jouer ici joint
U.
V. Closche pour la Chapelle
W. Charpanteries du Toit de la Mansarde.

75.70

75.70

Residenzschloß Münster

Kapellenpavillon, Längsschnitt durch die Schloßkapelle, Blick auf die Westwand, 3. Planstufe

Lavierte Federzeichnung (grau, blaßrot), 73,6 x 52,8 cm (72,5 x 51,5 cm)
Titel: *Profil du Pavillon de la Chapelle.*
Beischrift: Kennbuchstabe
Legende: *O. du Coté d'Hotel.; P. Sacristie et de qu'il y a la deſsus.; Q. du Coté de l'Entré de la Chapelle, avex la Tribune et la loge de S.A.E.; L l'oratoir en haut pour les Dames et en bas; R. l'Oratoir pour les Cavaillers.; S. Sal pour le Billard avec; T. deux Cabinets à jouer ici joint.; U.* (Text radiert)*; V. Closche pour la Chapelle.; W. Charpanterie du Tois de la Mansarde.*
Inschrift (Spruchbänder): *Gerubini; Throni; Dominationes; Principatus; Cus(todes)*
Maßstab: *40 fues* = 30 cm

Westfälisches Landesmuseum Münster, Bz 14

Im Mezzanin- und Mansardengeschoß sind in gepunkteter Linie die Kaminabzugsschächte angegeben. Alternativentwurf unter Einbeziehung des Mezzaningeschosses, in dem später der Billardsaal Platz fand. Die Legende ist nicht auf die Räume übertragen. Dieser Entwurf gehört in die gleiche Planungsstufe wie Kat.-Nr. 75.71 und ist als Alternative zu Kat.-Nr. 75.72 anzusehen.

75.71

75.71

Residenzschloß Münster

Kapellenpavillon, Querschnitt durch die Schloßkapelle, Blick nach Norden zur Loge des Kurfürsten, 3. Planstufe (Ausführungsentwurf)

Lavierte Federzeichnung (schwarzgrau, grau, blaßgelb), Bleigriffel, 52,3 x 40,7 cm (50,4 x 38,6 cm)
Titel: *Profil du coté de l'Entree. Q.*
Beischrift: Kennbuchstaben
Legende: *I. Loge et Tribune pour S.A.E.; N. Sa Communication dans l'Etage noble.; E passage du Rez des Chausse dans la Chapelle.; S. la Sal pour le Billiard.*
Inschrift (Spruchbänder): *Custodes; (Principates,* geändert in:) *Potestates*
Maßstäbe: *30 fues* = 22,4 cm; *12 Zoll* = 1 fues

Westfälisches Landesmuseum Münster, Gbg. 39

75.72

75.73

Residenzschloß Münster

Kapellenpavillon, Querschnitt durch die Schloßkapelle, Blick nach Süden zum Altar, 3. Planstufe (Ausführungsentwurf)

Lavierte Federzeichnung (grau, gelb), 42,4 x 41,5 cm (40 x 39,3 cm)
Titel: *Profil du côte d'Hotel*
Beischrift: Kennbuchstaben
Legende: *O. Avec Son Elevation.; P. Sacrisie.; L. Deux Oratoires on haut pour les Dames et en bas.; D. pour le Cavailler; F.F. logement pour un Aumonier; M.M. logement pour un Cavailler; S. Sal pour le Billard*
Präsentationsvermerk: *Max. Frid. Churfurst*
Maßstab: *30 fues* = 22,4 cm
Transversalmaßstab

Westfälisches Landesmuseum Münster, Gbg. 37

75.74

75.72

Residenzschloß Münster

Kapellenpavillon, Längsschnitt durch die Schloßkapelle, Blick auf die Westwand, 3. Planstufe

Lavierte Federzeichnung (grau, gelb, blaßrot), 71,7 x 53 cm
Maßstab: *60 fues* = 44,9 cm
5 Deckblätter mit den Engeln der Ostseite

Westfälisches Landesmuseum Münster, Gbg. 35

75.74

Residenzschloß Münster

Kapellenpavillon, Querschnitt durch die Schloßkapelle, Blick nach Süden zum Altar, 3. Planstufe (Ausführungsentwurf)

Lavierte Federzeichnung (schwarzgrau, grau, blaßgelb), 59 x 43,8 cm
Maßstab: *40 Fues* = 29,8 cm
Transversalmaßstab: *10 Modulen*

Westfälisches Landesmuseum Münster, Gbg. 38

Alternativentwurf zu Kat.-Nr. 75.73. Mittelfiguration, bestehend aus Altar und Orgelprospekt, identisch mit Kat.-Nr. 75.73. Demgegenüber als Veränderungen lediglich Ersatz der hochovalen Fenster über den Türen zu seiten des Altares durch »coretti«, deren Arkaden das Gesims der Etage noble überschneidet.

75.73

75.74a

Residenzschloß Münster

Kapellenpavillon, Schloßkapelle, Wandgliederung mit Lambris und Hermenpilaster (Ausführungsentwurf)

Federzeichnung, Bleigriffel, 38,9 x 32,3 cm
Maßstab: *12 fues* = 25,9 cm

Westfälisches Landesmuseum Münster, o.Nr. N 11

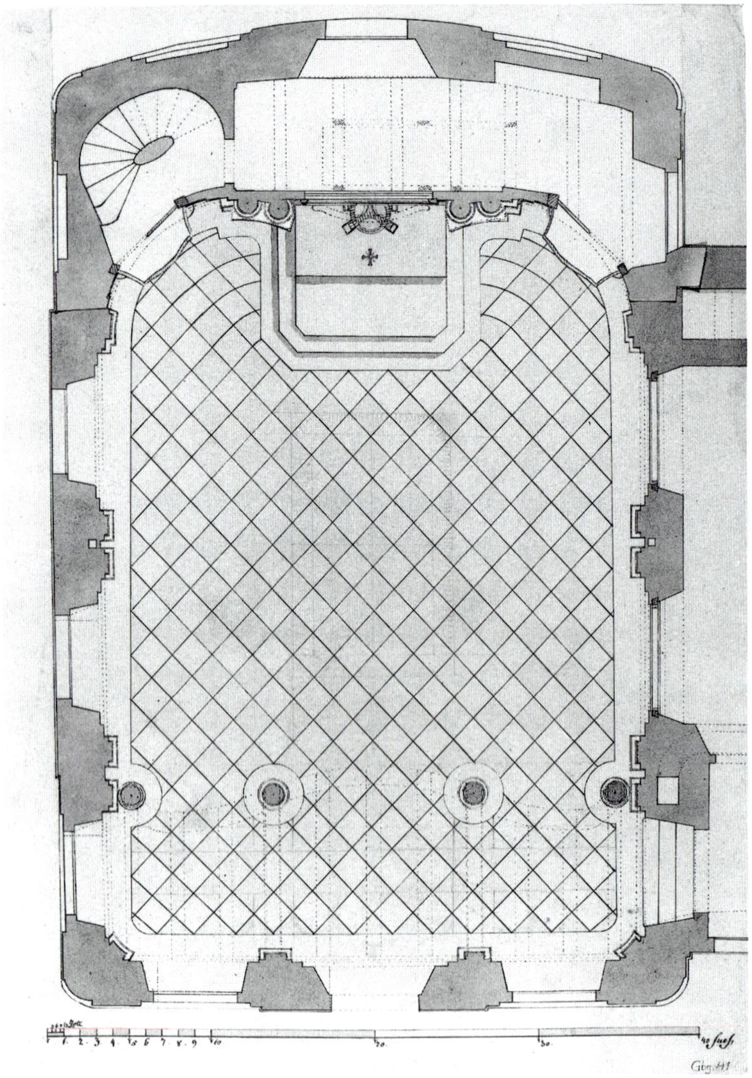

75.75

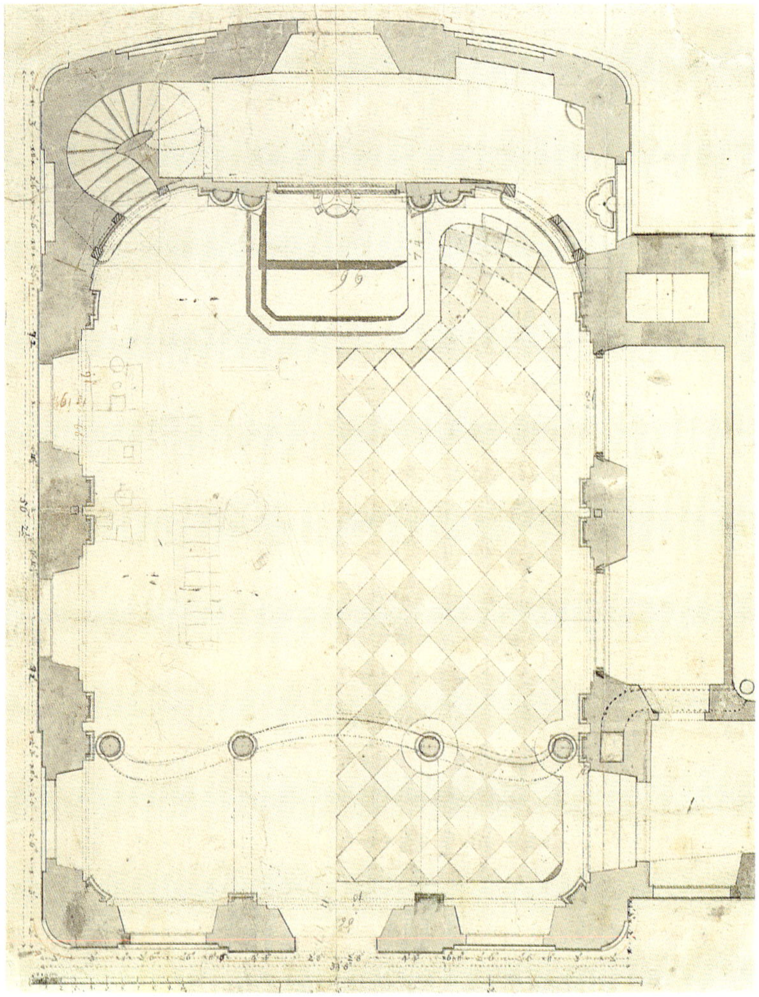

75.76

75.78

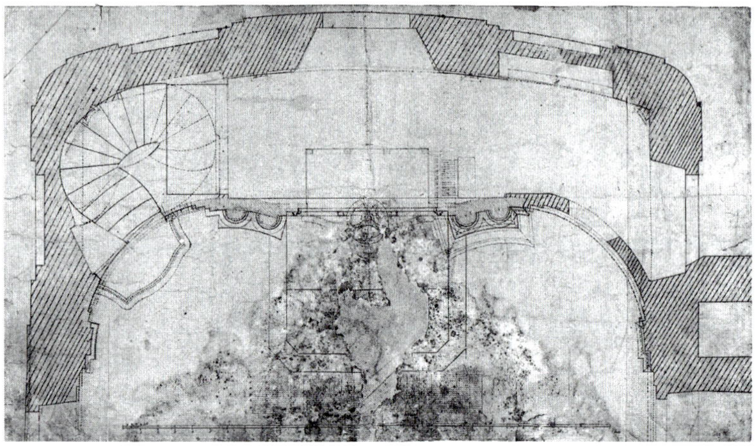

75.75
Residenzschloß Münster
Schloßkapelle, Grundriß des Erdgeschosses, 3. Planstufe (Ausführungsentwurf)

Lavierte Federzeichnung (schwarz, grau, blaßgelb), Bleigriffel, 48,4 x 34,4 cm
Deckblatt mit Entresolgeschoß hinter dem Altar
Deckblatt
Maßstäbe: *40 fues* = 30,1 cm; *12 Zoll* = 1 fues

Westfälisches Landesmuseum Münster, Gbg. 41

75.76
Residenzschloß Münster
Schloßkapelle, Grundriß des Erdgeschosses, 3. Planstufe (Ausführungsentwurf)

Lavierte Federzeichnung (schwarz, grau), Bleigriffel, Rötel, 47,3 x 37 cm
Beischrift: Maßangaben
Maßstäbe: *40 Fuß* = 29,8 cm; *12 Zoll* = 1 fues

Westfälisches Landesmuseum Münster, o.Nr. N 17

In diesem Plan sind die in Kat.-Nr. 75.75 noch mit Bleigriffel zusätzlich markierten Lavabos und Ausgußnische an der westlichen Wand der Sakristei (Waschbecken unterhalb des Fensters) eingezeichnet. Der Grundriß gleicht Kat.-Nr. 75.75 und ist mit diversen Einzeichnungen und Maßangaben versehen.

75.77
Residenzschloß Münster
Schloßkapelle, Grundriß mit Einzeichnung eines Plafondentwurfes

Lavierte Federzeichnung (grau, schwarzgrau), Bleigriffel, 53,6 x 32,6 cm
Beischrift: *Copia* (unterstrichen); *Brouilon von dem Blaffon von* (von ist durchgestrichen) *der Schlos=Capelle zu Münster nach ihrer accurahten Maas. a. die grosse. DecKe. b. einer von die 20 Kragsteinen so von den 9 Cöhren der Engelen undt Custodem davon anjetzo 10te getragen werden. c. einer deren zwischen=spatia deren Kragsteinen. d. 4 ovale oder EcKstücKe.*
Maßstäbe: *40 fues* = 29,9 cm, *12 Zoll* = 1 fues

Westfälisches Landesmuseum Münster, Gbg. 43

75.77

75.78
Residenzschloß Münster
Schloßkapelle, Grundriß der Ostwand und inneren Altarwand, Erd- und Obergeschoß kombiniert, Werkzeichnung, 3. Planstufe (Ausführungsentwurf)

Lavierte Federzeichnung (schwarz, rot), 54,2 x 96,5 cm
Maßstab: *28 fues* = 62,9 cm
Transmissionsmaßstab

Westfälisches Landesmuseum Münster, Gbg. 11

Der Plan stellt die Sakristei und die Orgelempore hinter der Altarwand und eine der Logen mit der Schlupftreppe dar. Eingetragen ferner der Altar mit Drehtabernakel und die Orgel darüber mit dem Pfeifengehäuse und dem Spieltisch.

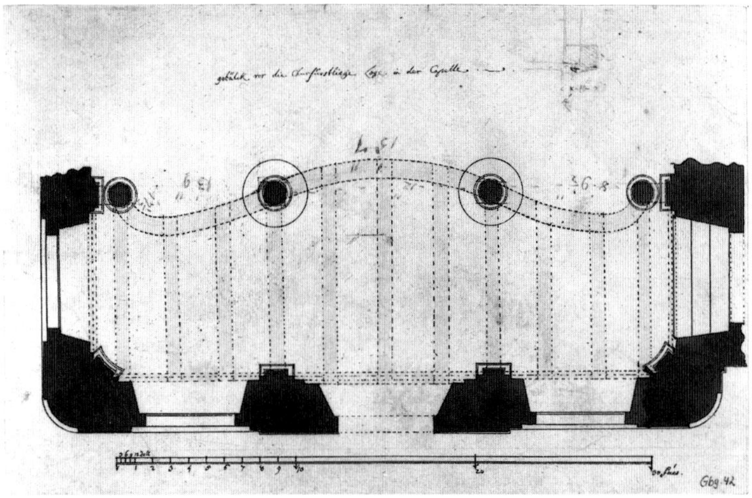

75.79

75.79

Residenzschloß Münster

Schloßkapelle, Erdgeschoß, Teilgrundriß mit Angabe der Balkenlage für die Fürstenloge (Ausführungsentwurf)

Lavierte Federzeichnung (schwarz, grau, gelb), Bleigriffel, 20 x 31,7 cm
Titel: *gebälcK vor die Churfürstliege Loge in der Capelle.-.*
Beischrift: Maßangaben
Maßstäbe: *30 fues* = 22,7 cm; *12 Zoll* = 1 fues

Westfälisches Landesmuseum Münster, Gbg. 42

75.80

Residenzschloß Münster

Schloßkapelle, Profil des Hauptgesimes, Werkzeichnung

Federzeichnung (schwarzgrau), 57 x 25 cm
Beischrift: *Chor Mauer; No.; F.-5*

Westfälisches Landesmuseum Münster, Gbg. 44

75.82

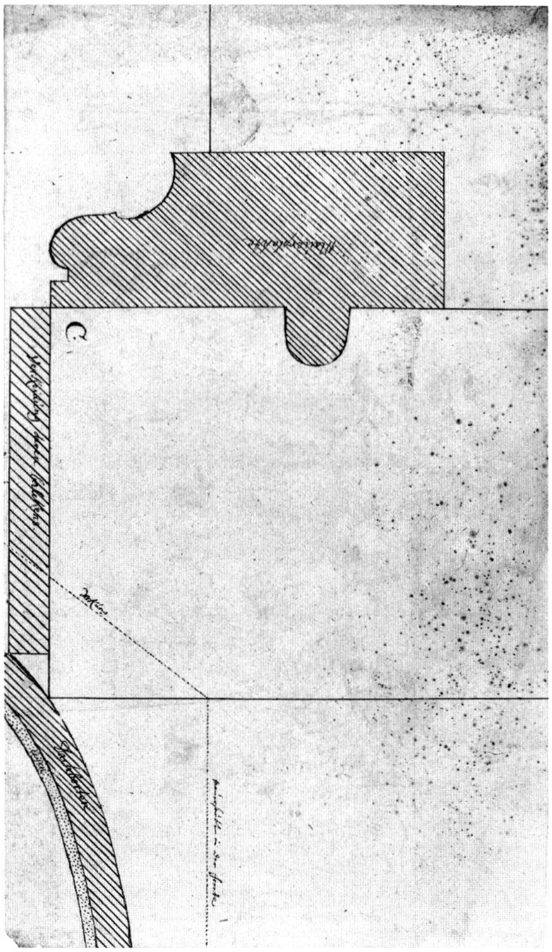

75.82

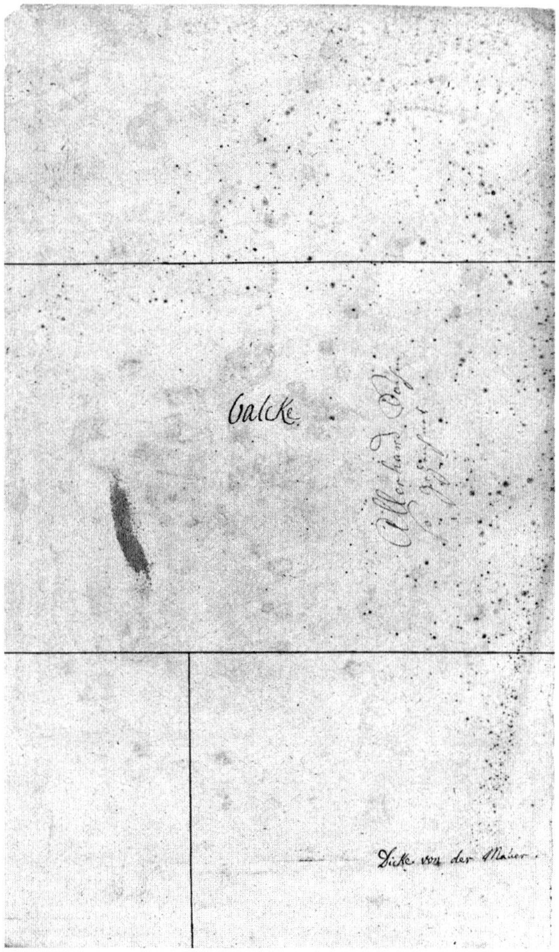

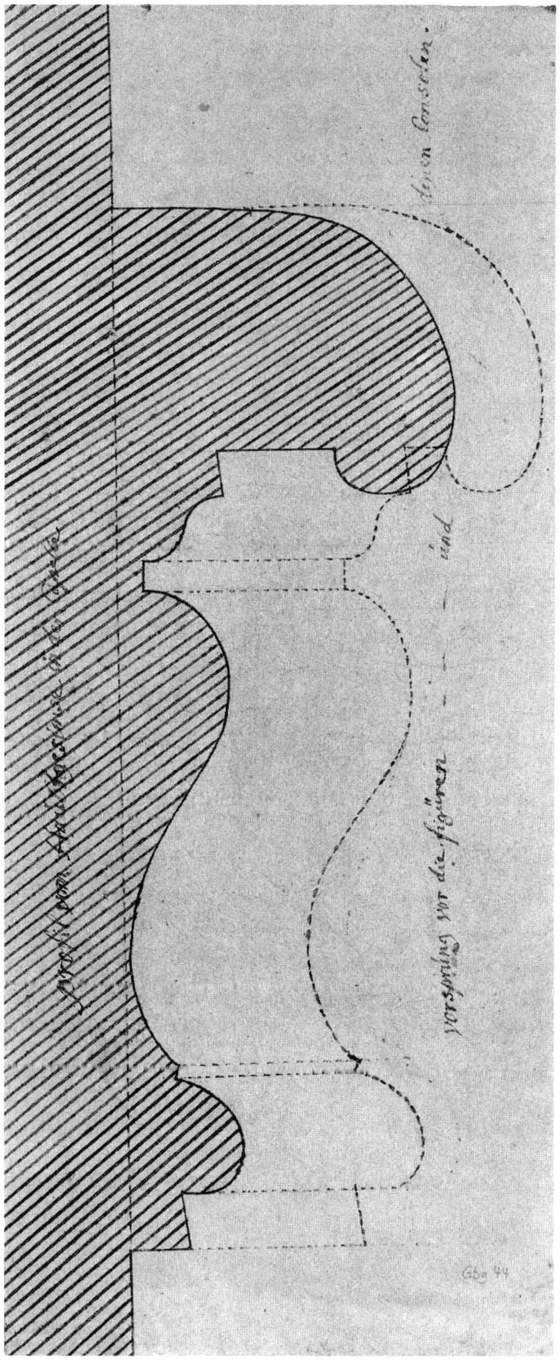

75.81

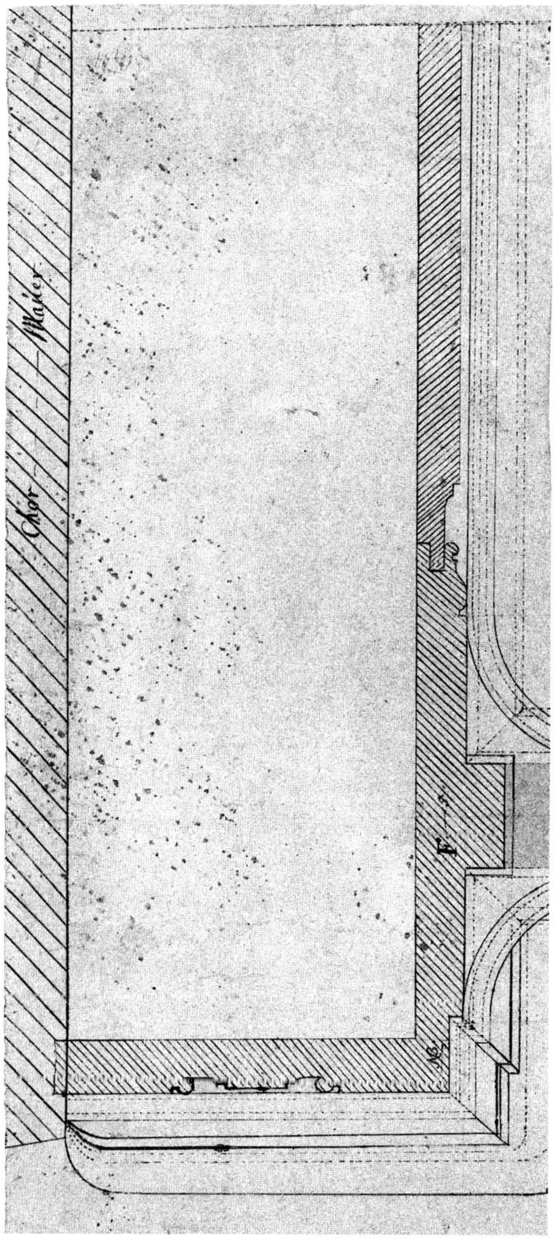

75.80

75.81
Residenzschloß Münster
Schloßkapelle, Schnitt Kapelle, Schnitt durch den Altar

Federzeichnung (schwarzgrau), 57 x 25 cm (beschnitten)
Beischrift: *profil vom Haubtgesimse in der Capelle.; vorsprung vor die figüren – und – denen Consolen.*

Westfälisches Landesmuseum Münster, Gbg. 44

75.82
Residenzschloß Münster
Schnitt durch ein Gesims mit Dachansatz, Fragment

Lavierte Federzeichnung (grau), 58,5 x 67,5 cm (unregelmäßig)
Beischrift: D*icke von der Mauer; Mauerplahte; balcke; Verkleidung deren balckens; Dachborten: leyen; deckung; Mauerhaubt in der fronte; Allerhand Sachen so gezeichnet*

Westfälisches Landesmuseum Münster, Bz 18

75.83

75.84

75.84
Residenzschloß Münster
Interimquartier im Mezzanin, Aufrisse und Grundrisse der Wände des Audienzsaals, 1773

Lavierte Federzeichnung (grün), 53,5 x 40,9 cm
Beischrift: *Audience Zimmer;* (oberer Spiegel:) *6* (Kennziffer)
Maßstab: *40 fues* = 33,3 cm

Westfälisches Landesmuseum Münster, P 106

75.83
Residenzschloß Münster
Interimquartier im Mezzanin, Vier Aufrisse und Grundrisse der Wände der zweiten Antichambre, 1773

Lavierte Federzeichnung (schwarz, hellblau, gelb), 53,9 x 38,7 cm
Beischrift: *2te Antichambre; beyde Spiegel hängen* (?) *auff dem audience Zimmer im Fraterhause*
Maßstab: *40 fues* = 33,2 cm

Westfälisches Landesmuseum Münster, P 108

75.85

Residenzschloß Münster

Interimquartier im Mezzanin, Aufrisse und Grundriß des Schlafzimmers, 1773

Lavierte Federzeichnung (grün), 55 x 42 cm (der Aufriß der Wand zum Gang oben beschnitten)
Beischrift: *Schlaffzimmer.*
Beischrift: *(Rißen*[?]*) Auffm Billard im Fraterhause*
Deckblatt mit Trumeauxspiegel-Variante
Maßstab: *40 fues* = 33,3 cm

Westfälisches Landesmuseum Münster, P 107

75.86

Residenzschloß Münster

Etage noble, Grundriß mit Einzeichnung der halben Decke und des halben Parketts sowie Aufriß der Westwand der ersten Antichambre des kurfürstlichen Appartements, 1773

Lavierte Federzeichnung (blaßviolett, ocker, gelb, grau), 49,2 x 36,9 cm
Legende oder Beischrift: *A Parquet; B Blaffon von der ersten Antichambre seiner Kuhrfurstl. gnaden; Seite nach Westen,; CD Platz vor die 2 piecen der tapeten mit ihren maase, wovor das licht plat vorfallen thut*
Beischrift: *12 Zoll oder ein natürlicher Münster fuß, wonach alles gemacht wird.*
Beischrift: Kennbuchstaben; Maßangaben
Maßstab: *40 fues* = 33,3 cm

Staatsarchiv Münster, Kartensammlung A 2453 (Ftm. Münster, Cabinettsregistratur, Cameralia, C VIII A 1, Bl. 20)

75.87

Residenzschloß Münster

Etage noble, Aufriß von drei Wänden der ersten Antichambre des kurfürstlichen Appartements, 1773

Lavierte Federzeichnung (blaßviolett, ocker, gelb, grau), 49,1 x 37,2 cm
Beischrift: *Seite nach Süden, EF Platz vor die 2 piecen der Tapeten mit ihren Maase, worauf das licht von der Ost-Seite fallet; Seite nach Osten woraus zu ersehen, wie selbe ohngefehr könte orniret, oder nach ggsten gefallen geendert werden.; Seite nachNorden, G Platz vor die piece der tapete mit ihren maase worauf das licht von der Ost-Seite fallet*
Beischrift: Kennbuchstaben; Maßangaben
Maßstab: *40 fues* = 33,3 cm

Staatsarchiv Münster, A 2451 (Ftm. Münster, Cabinettsregistratur, Cameralia C VIII A 1, Bl. 18)

75.85

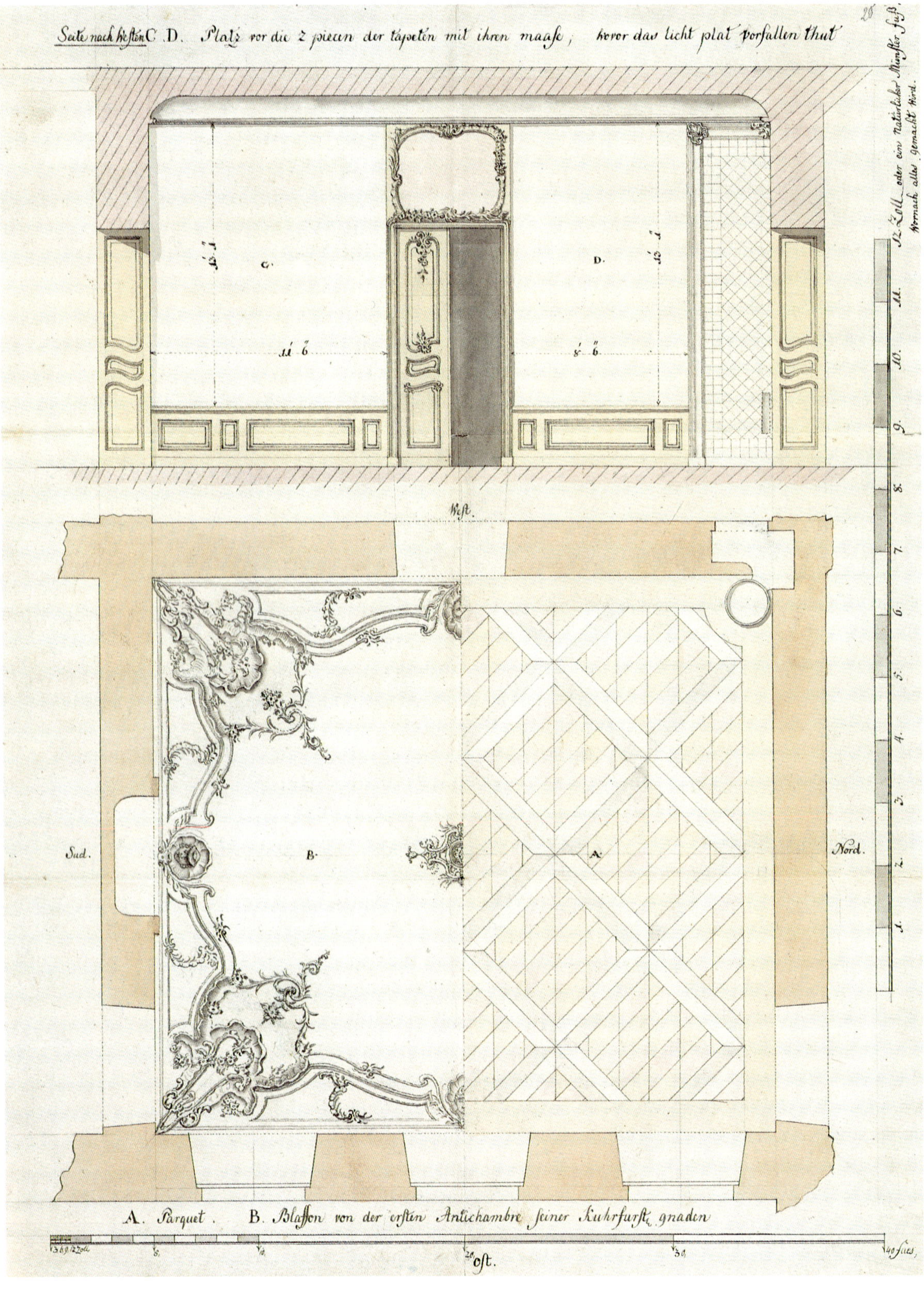

Seite nach Westen C. D. Platz vor die 2 piecen der tapeten mit ihren maaße; wovor das licht plat vorfallen thut
C.
D.
West.
Sud.
B.
A.
Nord.
A. Parquet. B. Plaffon von der ersten Antichambre seiner Kuhrfurst. gnaden
ost.

75.86

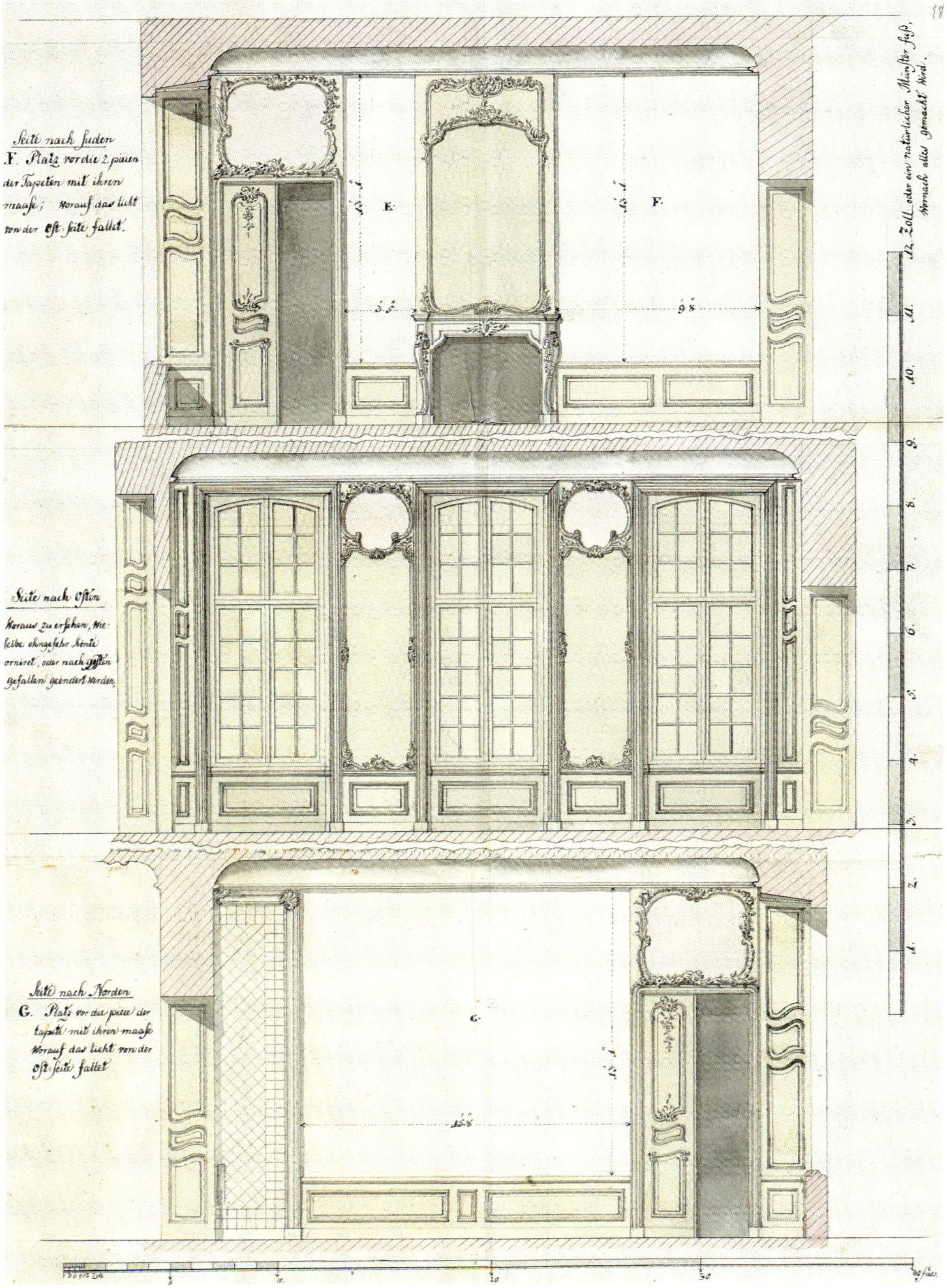
Seite nach Suden
F. Platz vor die 2 pieen der Tapeten mit ihren maafse; worauf das licht von der Ost-seite fallet.
Seite nach Osten
woraus zu ersehen, wie selbe ohngefehr könte orniret, oder nach gusten gefallen geändert werden.
Seite nach Norden
G. Platz vor die piece der tapete mit ihren maafse worauf das licht von der Ost-seite fallet
E.
F.
G.
12. Zoll oder ein natürlicher Münster fuß, wornach alles gemacht wird.

75.87

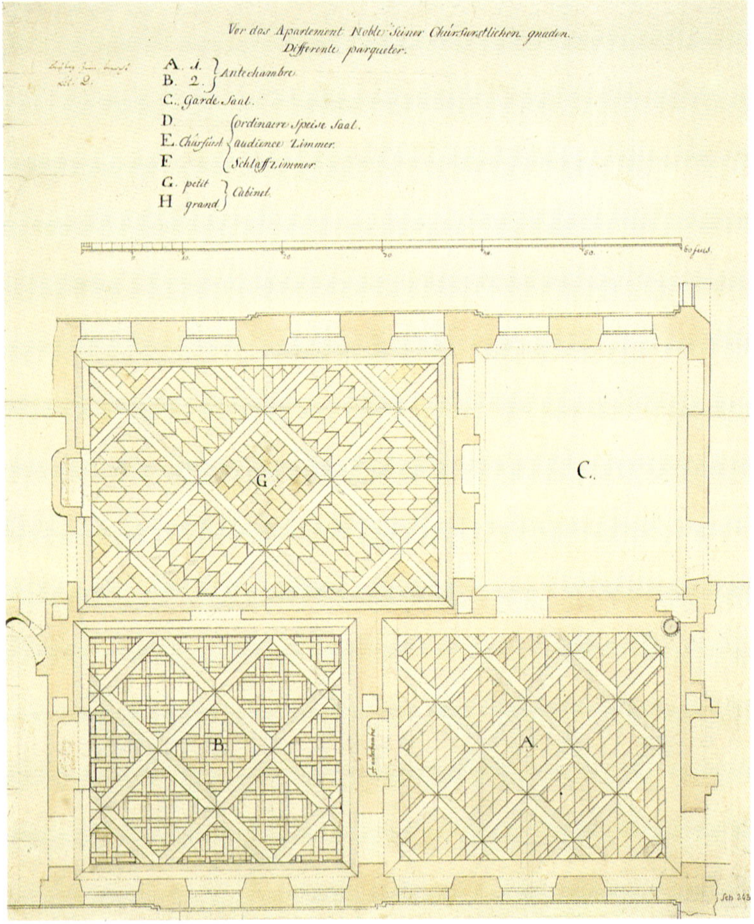

75.90

75.89
Residenzschloß Münster
Etage noble, Aufriß von drei Wänden der zweiten Antichambre des kurfürstlichen Appartements, 1773

Lavierte Federzeichnung (blaßviolett, ocker, gelb, grau), 49,6 x 37,2 cm
Legende oder Beischrift: *Seite nach Süd, MN platz vor die 2 piecen der tapeten mit ihren maase, worauff das licht von der Ost-Seite fallet; Seite nach Osten woraus zu ersehen, wie selbe ohngefehr könte orniret werden, oder nach ggsten gefallen geendert werden; Seite nach Norden, O platz vor die piece der tapete mit ihrem maase worauf das licht von der Ostseite fallen thuet*
Beischrift: Kennbuchstaben; Maßangaben
Maßstäbe: *40 fues* = 33,25 cm; *12 Zoll oder ein natürlicher Münster-Fuß, wornach alles gemacht Wird* = 29 cm

Staatsarchiv Münster, Kartensammlung A 2452 (Ftm. Münster, Cabinettsregistratur, Cameralia C VIII A 1, Bl. 19)

75.88
Residenzschloß Münster
Etage noble, Grundriß mit Einzeichnung der halben Decke und des halben Parketts sowie Aufriß der Westwand der zweiten Antichambre des kurfürstlichen Appartements, 1773

Lavierte Federzeichnung (blaßviolett, ocker, gelb, grau), 49,3 x 36,8 cm
Beischrift: *Beylage z. bericht Lit. A.*
Legende oder Beischrift: *Seite nach West.; K.L. Platz vor die 2. piecen der tapeten mit ihren maase, wovor das licht plat vorfallen thuet.*
Legende: (1772, geändert in:) *1773 H. Parquet. I. Blaffon von der zweyten Antichambre Seiner Kuhrfürstl. Gnaden.*
Beischrift: Kennbuchstaben; Maßangaben
Beischrift zum Grundriß: *Süd.; West.; Nord.; Ost.*
Präsentationsvermerk: *placet. Bonn den 9ten Mertz Max Frid. Churfürst.*
Maßstäbe: *40 fues* = 33,3 cm; *12 Zoll oder ein natürlicher Münster-Fuß, wornach alles gemacht Wird* = 29 cm

Westfälisches Landesmuseum Münster, Sch 242

75.91

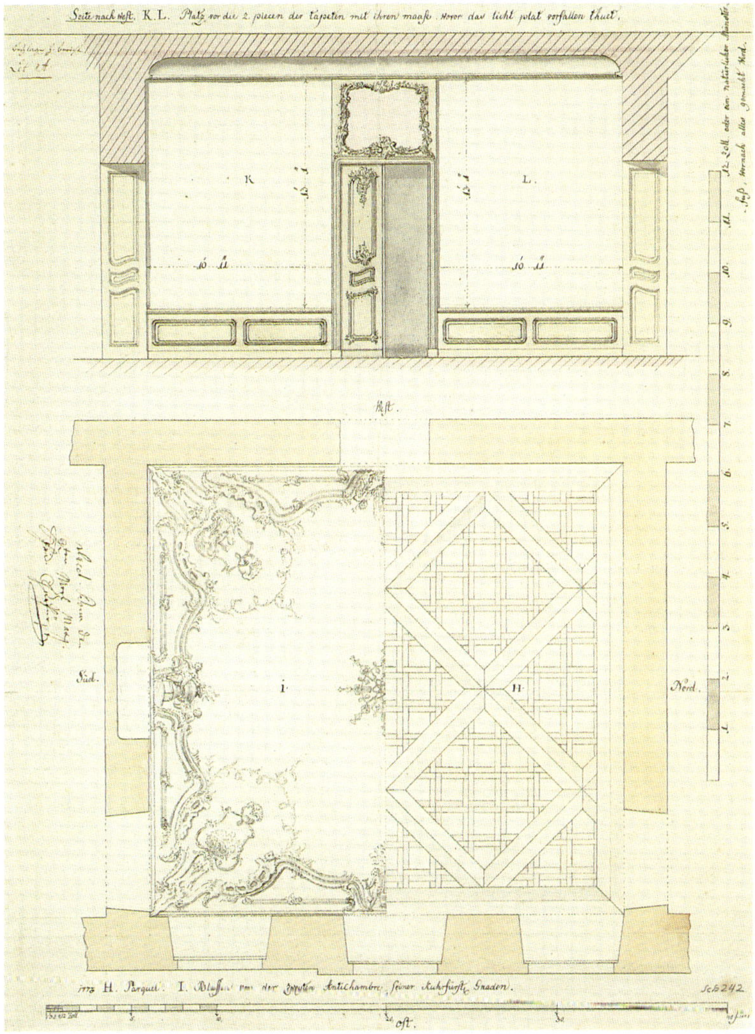

75.88

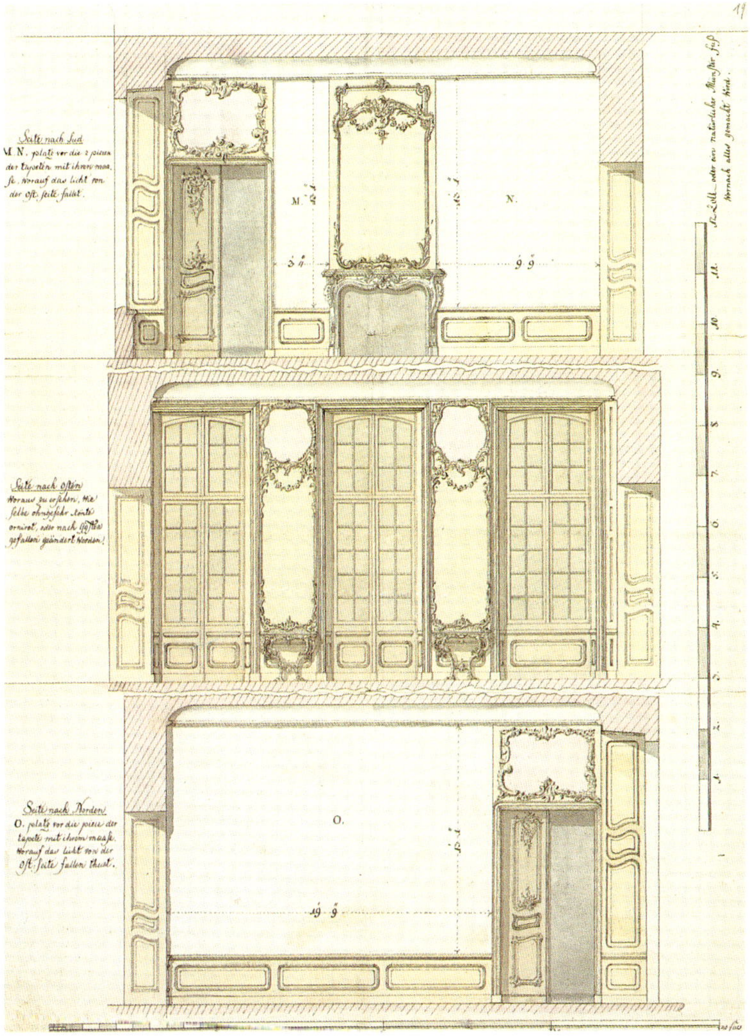

75.89

75.90
Residenzschloß Münster
Etage noble, Grundriß des Speisesaals, Gardesaals und der beiden Antichambres des kurfürstlichen Appartements, mit Entwürfen des Parketts, 1773

Lavierte Federzeichnung (schwarz, grau, blaßgelb, blaßrot), 49,3 x 41,5 cm
Titel: *Vor das Apartement Noble Seiner Churfurstlichen gnaden. Differente parqueter.*
Beischrift: Kennbuchstaben
Beischrift: *Beylage zum bericht Lit D.*
Beischrift: *Hintere Cabinet; 1te antechambre; 2te antechambre*
Legende: *A. 1. Antechambre.; B. 2. Antechambre.; C. Garde Saal.; D. Churfurst: ordinaire Speise Saal.; E. Churfurst: audience ~~Zimmer~~.; F. Churfurst: Schlaffzimmer.; G. petit Cabinet.; H. grand Cabinet.*
Maßstab: *60 fues* = 32,7 cm

Westfälisches Landesmuseum Münster, Sch 243

75.91
Residenzschloß Münster
Etage noble, Grundriß von Audienzsaal, Schlafzimmer und Kabinett mit Entwürfen des Parketts des kurfürstlichen Appartements, 1773

Lavierte Federzeichnung (schwarz, grau, grün, ocker), 28,2 x 39,4 cm
Beischrift: Kennbuchstaben
Beischrift: *Beylag zum bericht lit. D.*
Beischrift: (zu Raum E:) *audience;* (zu Raum F:) *SlaffZimmer* (Erläuterungen siehe Kat.-Nr. 75.90)
Maßstab: *60 fues* = 32,8 cm

Westfälisches Landesmuseum Münster, Sch 244

75.92

75.92
Residenzschloß Münster
Etage noble, Entwurf der Stuckdecke des Audienzzimmers des kurfürstlichen Appartements, Erster Entwurf, 1773

Lavierte Federzeichnung (schwarz, grau, blaßrot), Bleigriffel, 37,2 x 41,6 cm
Maßstab: *12 Fuß* = 14,4 cm

Westfälisches Landesmuseum Münster, Sch 238

75.93

75.93 (Ausschnitt)

75.93

Residenzschloß Münster

Etage noble, Entwurf der Stuckdecke des Audienzzimmers des kurfürstlichen Appartements, Zweiter Entwurf, 1773

Lavierte Federzeichnung (schwarz), 34 x 39,2 cm (32,2 x 37 cm)
Titel: *Corrigirtes Plafond vom Audience Zimmer im Apartement-noble*
Präsentationsvermerk: *Die pyramide außgenohmen placet. Bonn den 8ten april Max Frid.*
Deckblatt mit Kartusche und zwei Genien, 8,8 x 11,6 cm
Maßstab: *10 Fuß* = 19 cm

Westfälisches Landesmuseum Münster, Sch 239

75.94

75.94

Residenzschloß Münster

Etage noble, Entwurf der Stuckdecke im Gardesaal des kurfürstlichen Appartements, 1773

Lavierte Federzeichnung (grau, braun), 40,7 x 30,7 cm
Beischrift: *La Sale de Gouarde dn 23tn augusti 1773 haben S:C:G: obieges mildest behnehmet.*
Signatur: *J:C:Schlaun mp.*
Maßstab: *10 fus* = 13,15 cm

Westfälisches Landesmuseum Münster, Sch 240

75.95

Residenzschloß Münster

Etage noble, Entwürfe der Stuckdecke für den Speisesaal des kurfürstlichen Appartements, 1773

Lavierte Federzeichnung (grauschwarz, grau, hellbraun), Bleigriffel, 36,4 x 55,8 cm (33,6 x 54,4 cm)
Beischrift: *Speise=Sahl, d 23 tn augusti haben daß schwartze touschirte seine Churfürstl:gnaden mildest behnähmet nur daß daß mitlere vom plafond des selben ggst gefällig, sich auch über die festons ggst explicieret.*
Signatur: *J:C:Schlaun mp.*
Maßstab: *10 fus* = 13,1 cm

Westfälisches Landesmuseum Münster, Sch 237

75.96

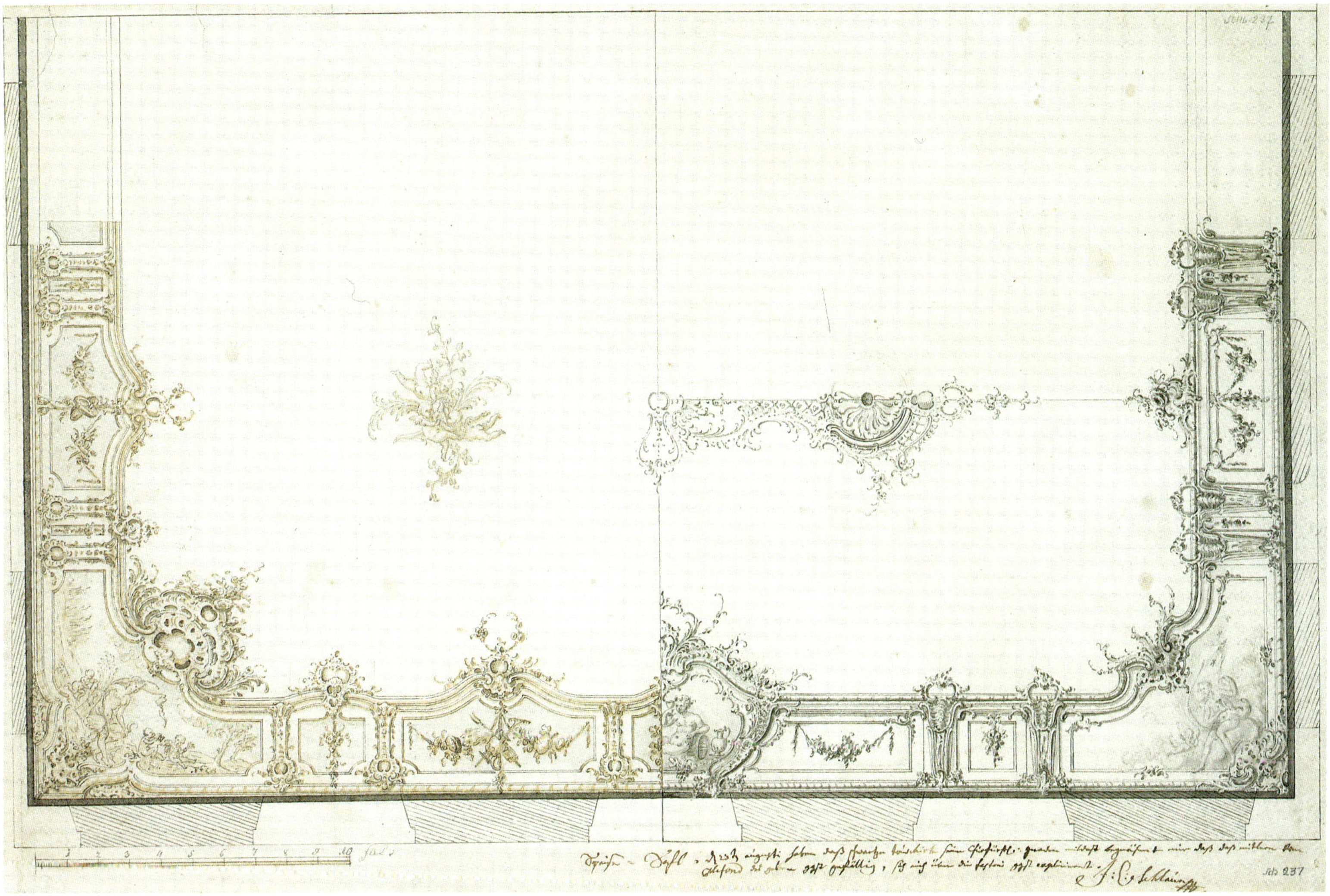

75.95

75.96

Residenzschloß Münster

Innenaufriß und Schnitte eines Fensters im Erdgeschoß

Lavierte Federzeichnung (schwarzgrau), 46 x 29,1 cm
Titel: *Eine offnung in der Rez des Chossé mit ihren blendungen* (von der Hand Schlauns)
Maßstab: *14 fues* = 25,1 cm

Westfälisches Landesmuseum Münster, Sch 245

75.99

75.97

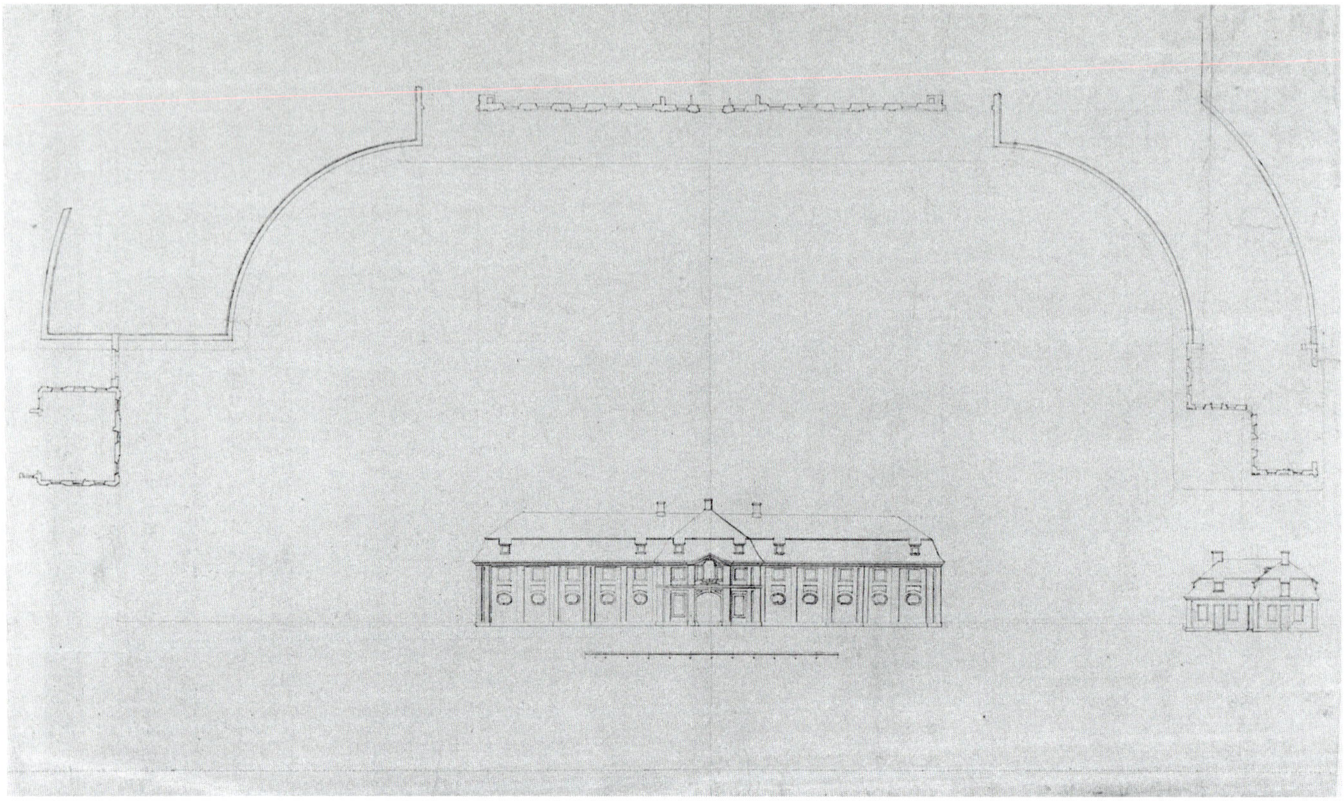

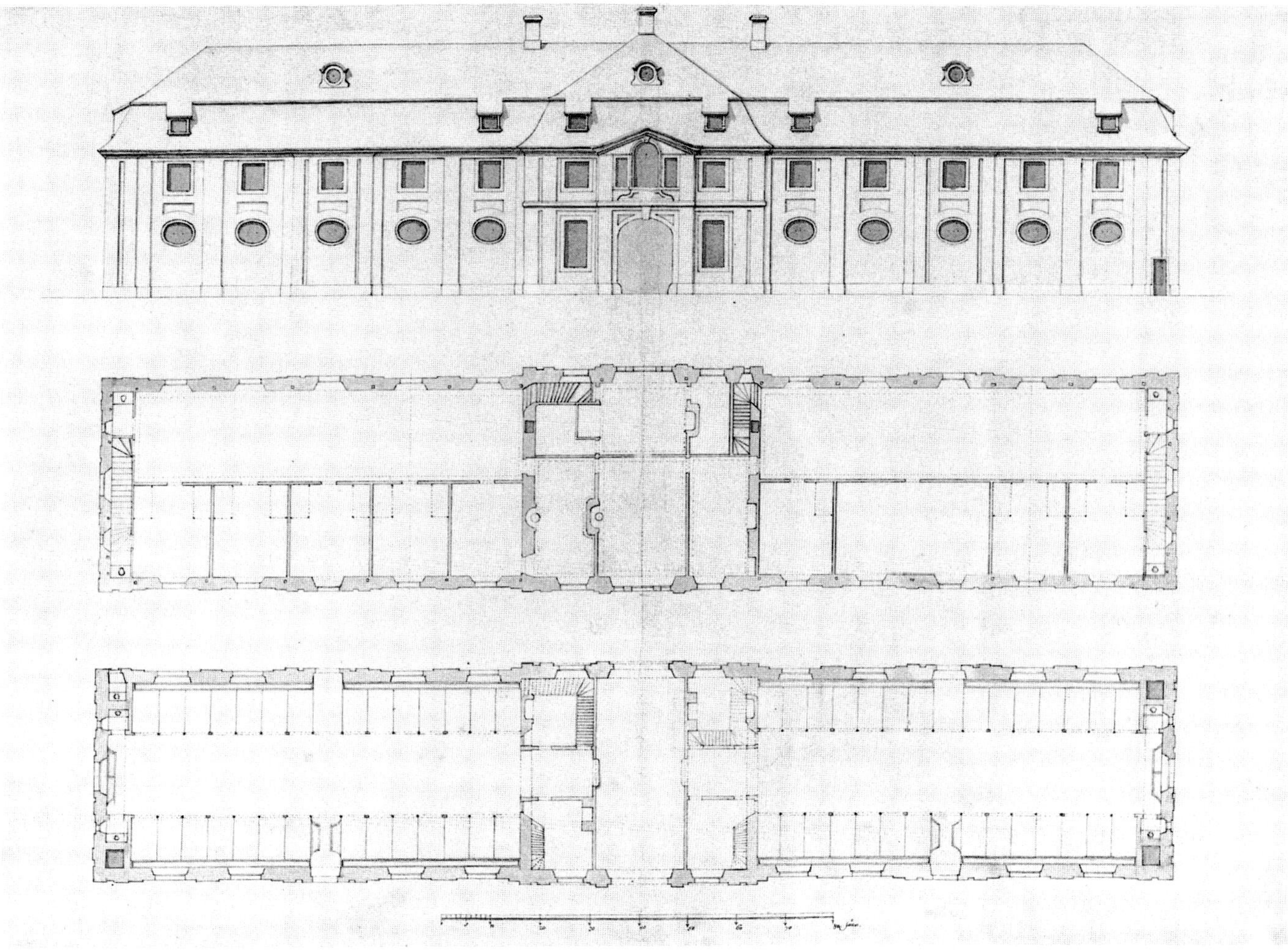

75.98

75.97
Residenzschloß Münster
Vorplatz, Übersichtsplan des Nordabschlusses und Aufriss der Südfront des Marstalls und der Südseite des nördlichen Kavalierhauses, 1771

Lavierte Federzeichnung (schwarzgrau), 48,4 x 81,7 cm
Maßstab: *12 Einheiten* = 15,6 cm

Westfälisches Landesmuseum Münster, Bz 4

75.98
Residenzschloß Münster
Marstall, Aufriß der Nordseite und Grundrisse des Erd- und Obergeschosses, 1771

Lavierte Federzeichnung (blaßgelb, grau), 51 x 71,6 cm
Maßstab: *80 Fuß* = 21,7 cm

Westfälisches Landesmuseum Münster, o.Nr. N 4 (entspricht Bz 20)

75.99
Residenzschloß Münster
Marstall, geteilter Aufriß, Nord- und Südseite, 1771
Lavierte Federzeichnung (grau), 30 x 48 cm

Titel: *Elevation des Ecuries deux Cotes.*
Beischrift: Maßangaben
Maßstab: *100 fues* = 27,2 cm
Rückseite: Aufriß einer Wand mit zwei Fenstern und einer Tür. Dazwischen jonische Pilaster oder Halbsäulen.
Maßstab: *30 Fues* = 27,25 cm

Westfälisches Landesmuseum Münster, o.Nr. N 16

75.100
Residenzschloß Münster
Marstall, Grundriß des Obergeschosses, 1771

Lavierte Federzeichnung (beige), 61,2 x 26,9 cm
(59,4 x 12 cm
Beischrift: Kennbuchstaben
Maßstab: *100 fuß* = 27 cm

Westfälisches Landesmuseum Münster, Bz 50
(entspricht o.Nr. N 4)

75.101
Residenzschloß Münster
Marstall, Grundriß des Erdgeschosses, Westhälfte, 1771

Lavierte Federzeichnung (grau, blaßgelb, schwarz), Tusche, 21,6 x 40 cm (beschnitten)
Beischrift: Kennbuchstaben; Maßangaben; *die gantze* (...) *ist; Die gantze breite 42'* (fragmentarisch)
Maßstab: (Teilstück) *40 Einheiten* = 10,8 cm

Westfälisches Landesmuseum Münster, o.Nr. N 21

75.99 (Rückseite)

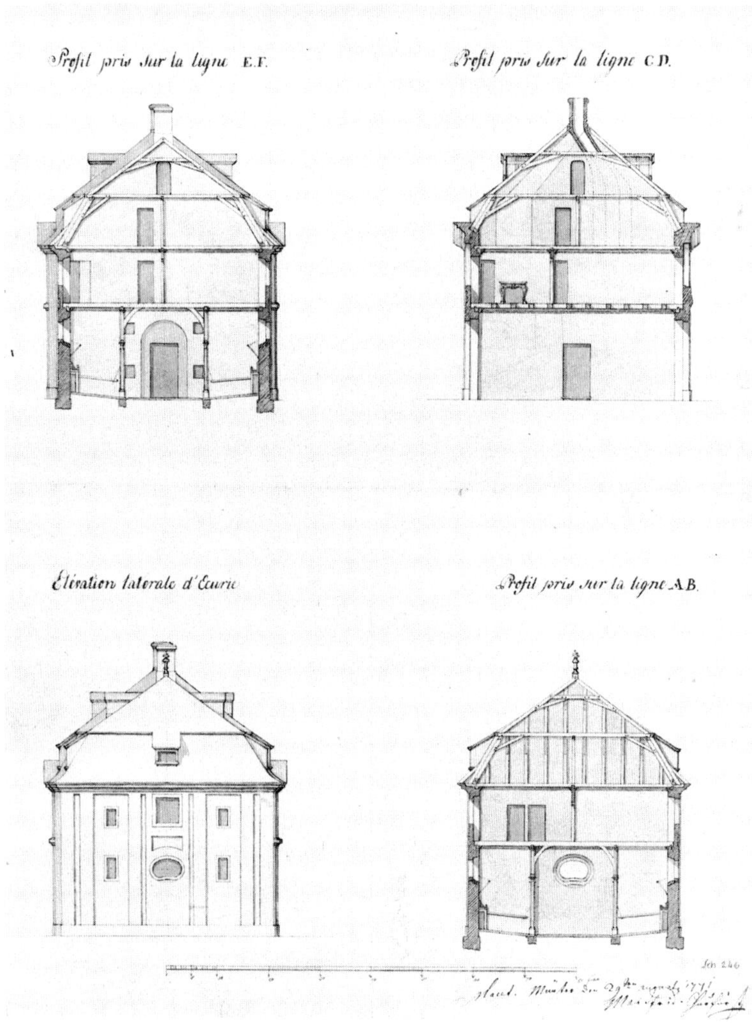

75.103

75.101

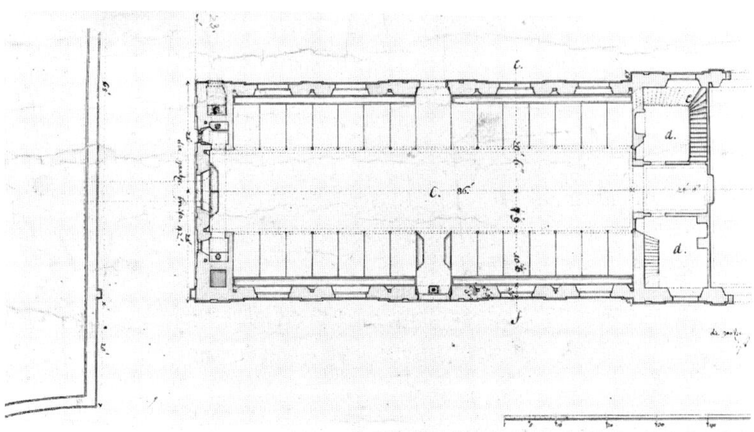

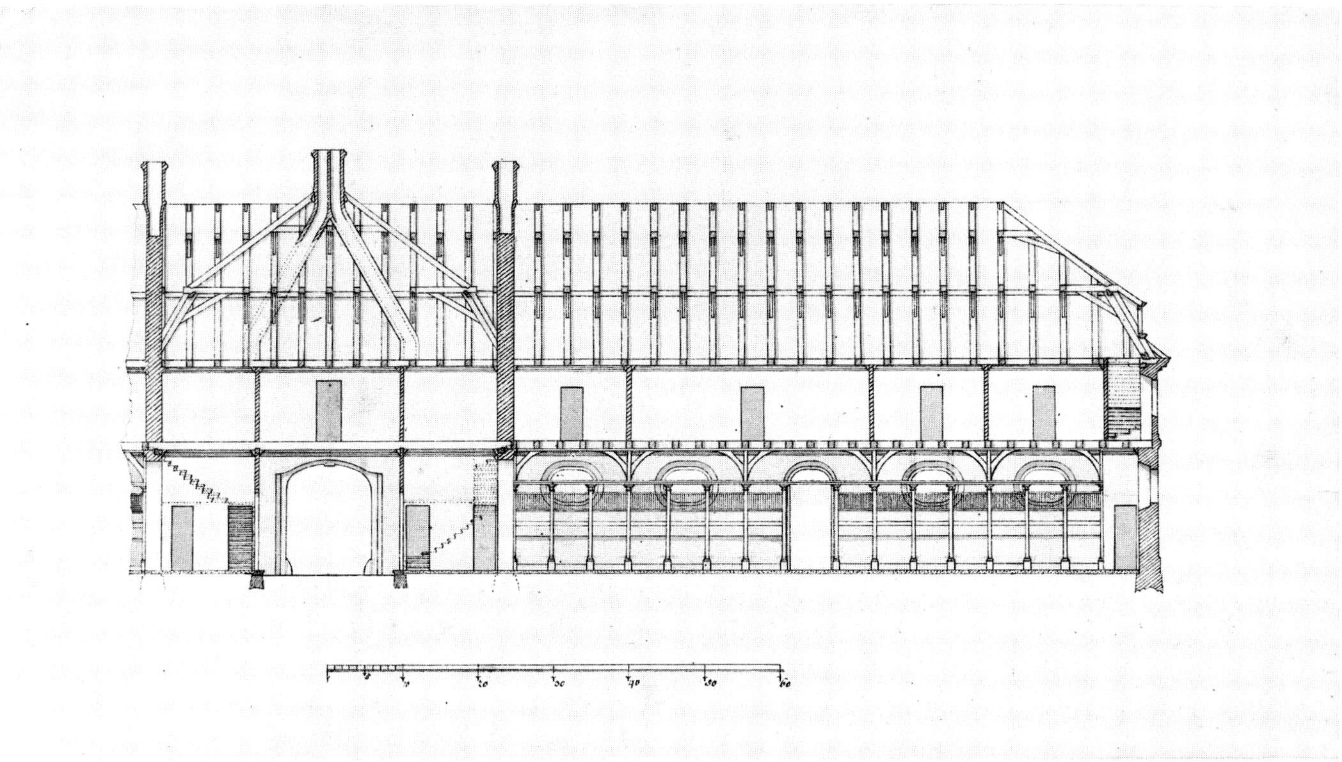

75.102

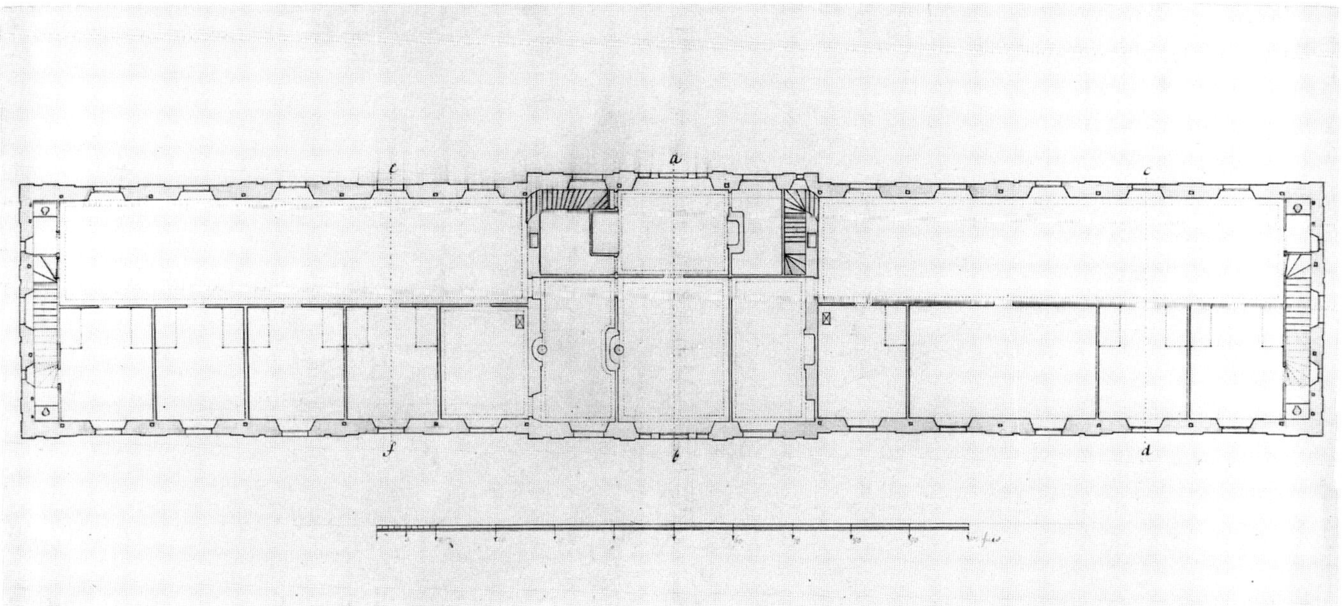

75.100

75.102
Residenzschloß Münster
Marstall, Längsschnitt durch den Mittelbau und eine Hälfte des Stalles, 1771

Lavierte Federzeichnung (schwarz, grau, blaßgelb), 27,2 x 48,6 cm
Maßstab: 60 Einheiten = 16,2 cm

Westfälisches Landesmuseum Münster, o.Nr. N 12

75.103
Residenzschloß Münster
Marstall, drei Schnitte und ein Aufriß, 1771

Lavierte Federzeichnung (grauschwarz, grau, gelb, rot), 52,3 x 39,8 cm
Beischrift: *Profil pris sur la ligne E.F.; Profil pris sur la ligne C.D.; Elevation laterale d'Ecurie.; Profil pris sur la ligne A.B.*

Präsentationsvermerk: *placet. Münster den 29ten august 1771 Max Frid. Churfürst.*
Maßstab: *80 fues* = 21,6 cm

Westfälisches Landesmuseum Münster, Sch 246

75.104
Residenzschloß Münster
Marstall, Teilaufriß des Mittelrisalits, 1771

Lavierte Federzeichnung (grau, rot), Bleigriffel,
41,4 x 53,8 cm
Bleigriffelkorrekturen im Obergeschoß des Risalits
Maßstab: *40 Fuß* = 32,7 cm
Rückseite: Marstall, vier Aufrisse von Innenwänden in Räumen des Obergeschosses mit den zugehörigen Wandgrundrissen.

Westfälisches Landesmuseum Münster, o.Nr. N 9

75.104

75.105

75.105

Residenzschloß Münster

Marstall, Aufriß des Mittelrisalits, 1771

Lavierte Federzeichnung (grau, blaßgelb, rot, blaßblau), 48,3 x 68,3 cm
Titel: *Veränderte und Vergrößerte Mittel öffnung am Kuhrfürstlichen Mahrstal mit einem Balckon, von Seiner Kuhrfürstlichen Gnaden durch Herrn Obrist Mahrschalen Grafen von Merfeld Exelence Nach der Retour Von Dörsten überbracht worden.*
Beischrift: *untere flor im Marstal; 2ter stock beschus im Marstal; liegende balken im Marstal*
Maßstab: *60 fues* = 49,4 cm

Westfälisches Landesmuseum Münster, Bz 19

In der rechten Hälfte des Aufrisses später eingezeichnete Änderungen von der Hand Wilhelm Ferdinand Lippers: rechteckige Fenster, Verlegung der Fußbodenhöhen. Verwandlung der mittleren Balkontür im Obergeschoß in ein Fenster; aufgeklebt neuer Fenstersockel unter Beseitigung der Balkonplatte.

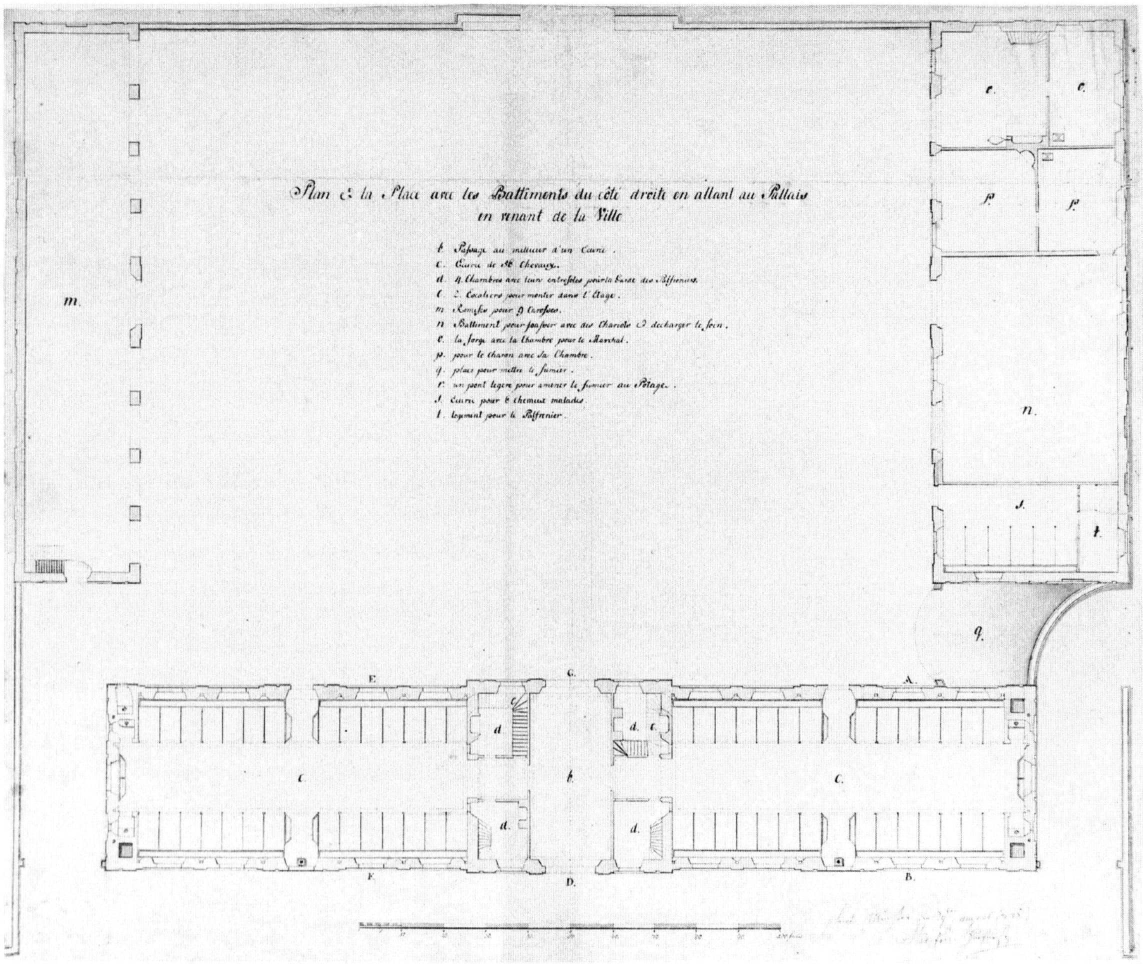

75.106

75.106
Residenzschloß Münster
Vorplatz, Marstall, Remise und Magazin, Nordhälfte, Grundrisse des Erdgeschosses, Variante 1, 1771

Lavierte Federzeichnung (grau, blaßgelb, grau), 59,6 x 72,7 cm
Titel: *Plan et la Place avec les Battiments du côté droite en allant au Pallais en venant de la Ville*
Beischrift: Kennbuchstaben
Legende: *b. Paßage au millieur d'un Ecurie.; c. Ecurie de 56 Chevaux.; d. 4 Chambres avec leurs entresoles pour la Garde des Palfreniers.; e. 2 Escaliers pour monter dans l'Etage.; m. Remises pour 9 Caroßes.; n. Battiment pour passer avec des Chariots et decharger le foin.; o. la forge avec la Chambre pour le Marchal.; p. pour la Charon avec sa Chambre.; q. place pour mettre le fumier.; r. un pont legere pour amener le fumier au potage.; s. Ecurie pour 6 Chevaux malades.; t. logement pour le Palfrenier.*
Präsentationsvermerk: *placet Münster den 29ten august 1771 Max Frid. Churfürst.*

Maßstab: *100 Fuß* = 27,1 cm

Westfälisches Landesmuseum Münster, Bz 21 (zugehörige Aufrisse und Schnitte Kat.-Nr. 75.103)

75.107
Residenzschloß Münster
Vorplatz, Marstall, Remise und Magazin, Nordhälfte, Grundrisse des Erdgeschosses, Variante 2, 1771

Lavierte Federzeichnung (gelb, grau, braun), 53,5 x 73,8 cm
Titel: *Plan et la place avec les Battiments du Côté (gauge* in Bleigriffel verbessert:) *droite en allant au Pallais en venant de la ville.*
Beischrift: Kennbuchstaben; Maßangaben
Beischrift: *Place interieure d'Ecurie.*
Legende: *Paßage au millieur d'un Ecurie.; b. Ecurie de 56 chevaux; c. 4 Chambres avec leurs entresoles pour les Palfrenier;*

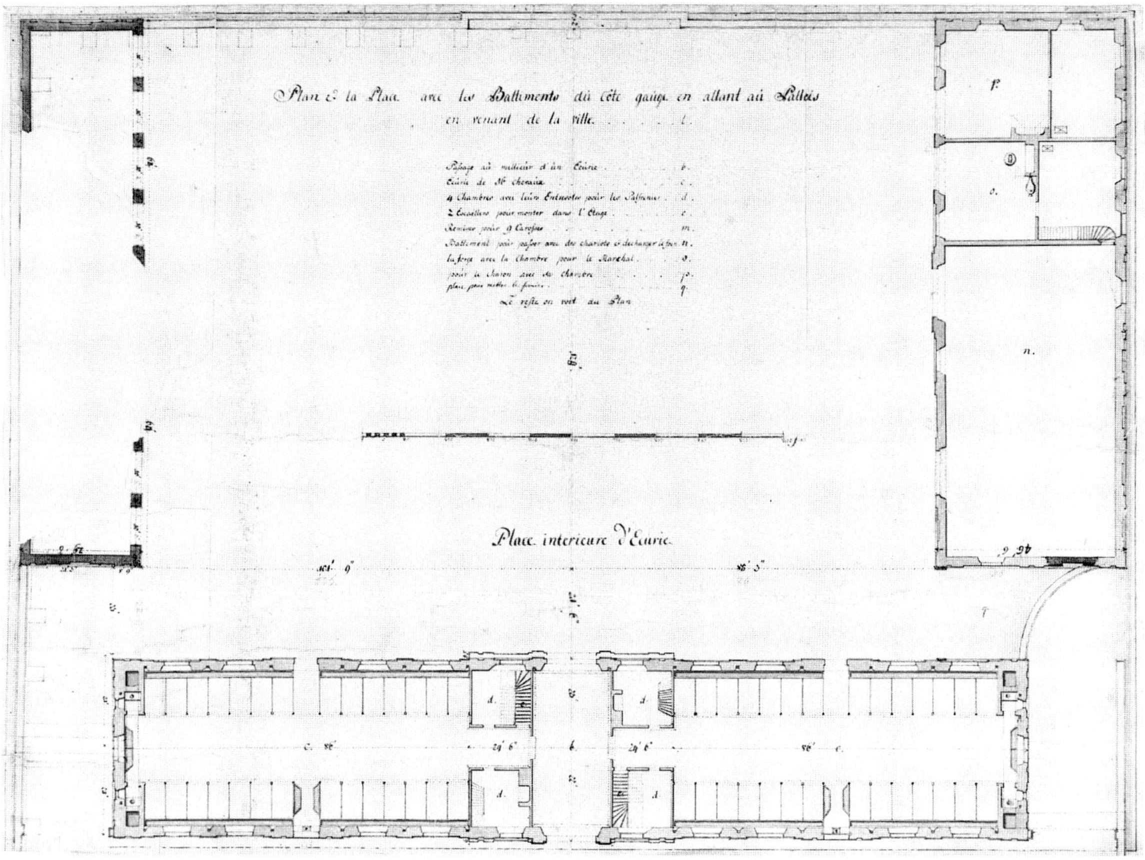

75.107

75.108

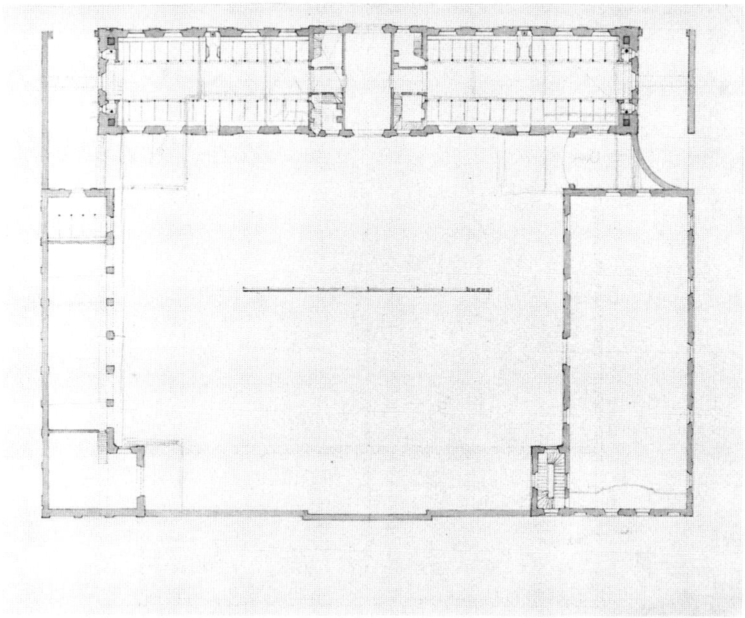

d. 2 Escaillers pour monter dans l'Etage; e. Remises pour 9 Caroßes; m. Battiment pour passer avec des chariots et decharger le foin; n. la forge avec la Chambre pour le Marchal; o. pour le Charon avec sa Chambre; p. place pour mettre le fumier; q. Le reste on voit du Plan
Maßstab: *100 Fuß* = 27,1 cm

Westfälisches Landesmuseum Münster, Bz 20

75.108
Residenzschloß Münster
Marstall und Remisen, Südseite, Gesamtgrundriß des Erdgeschosses, 1771

Lavierte Federzeichnung (schwarz, grau), Bleigriffel, 31,3 x 39,7 cm
Bleigriffelkorrekturen
Maßstab: *10 Einheiten* = 13 cm

Westfälisches Landesmuseum Münster, o.Nr. N 18

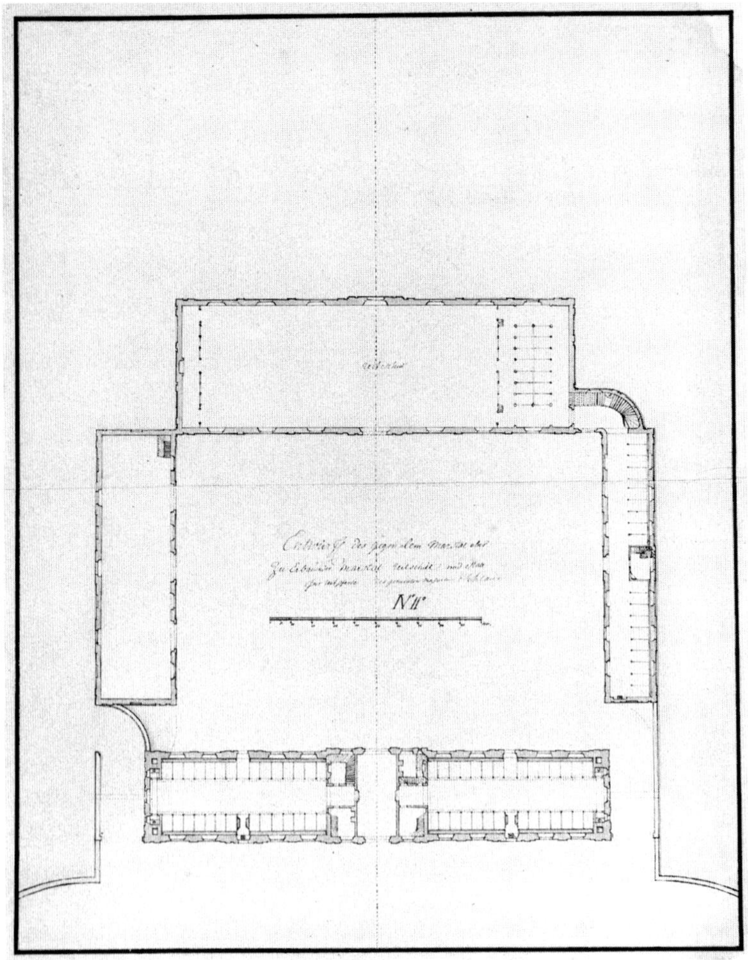

75.109

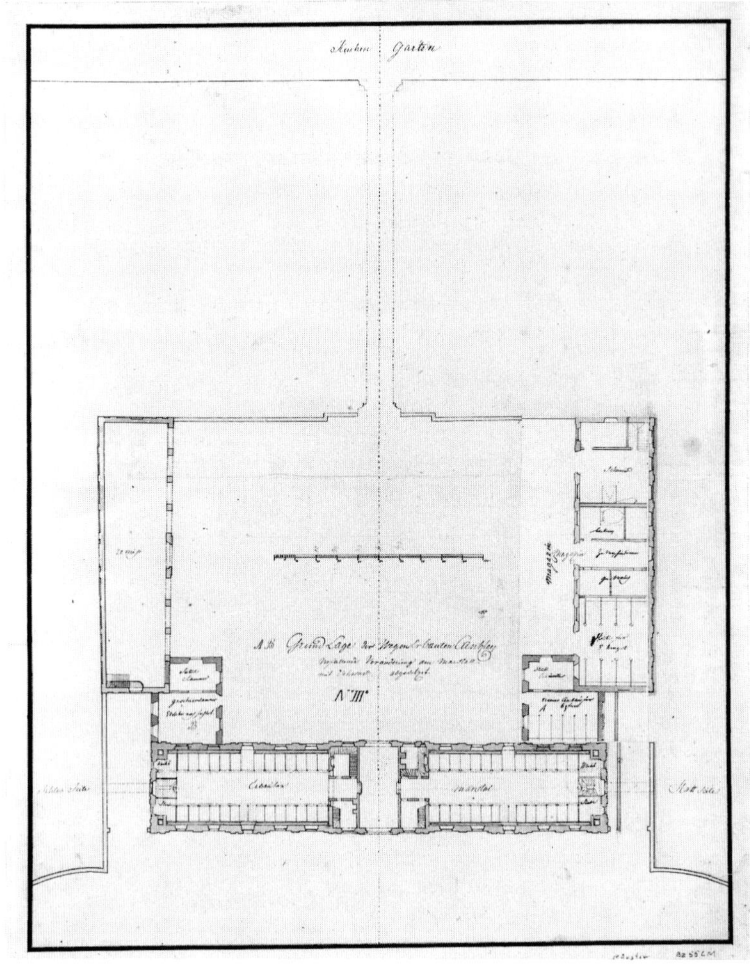

75.110

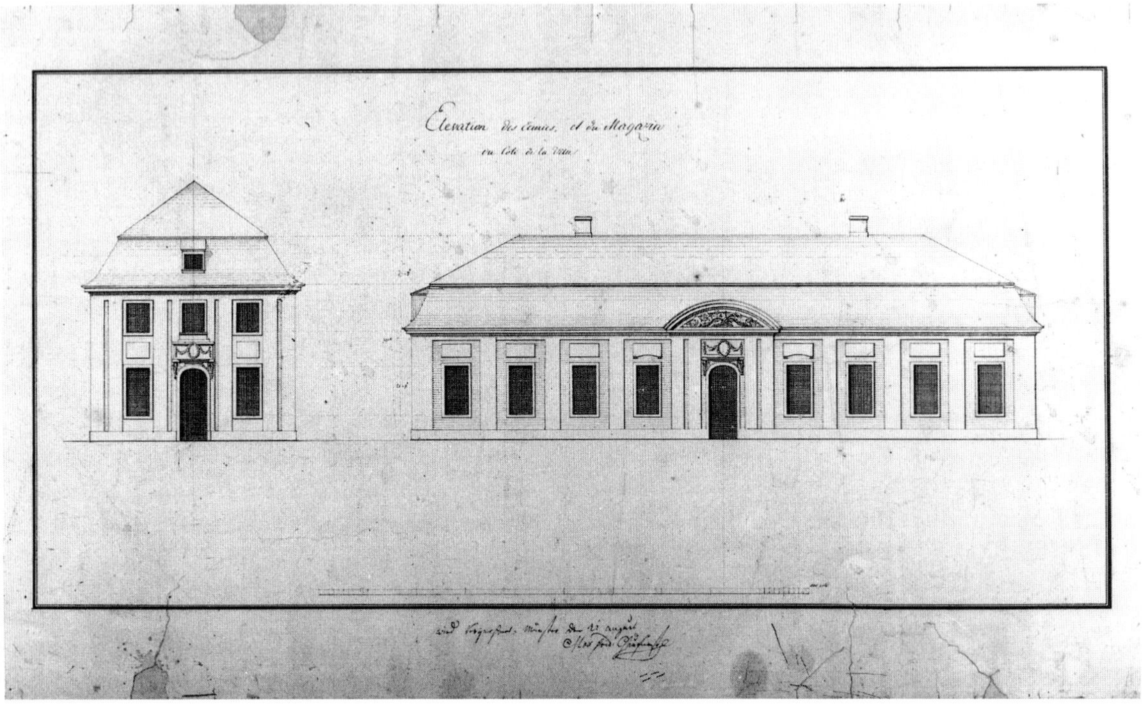

75.113

75.109
Residenzschloß Münster
Marstall und Remisen, Reitschule, Südseite, Grundriß

Lavierte Federzeichnung, 57,5 x 45,5 cm
Titel: *Entwurf des gegen dem Marstal uber zu erbauende Marstal Reitschule und Stall für Reitpferde des generalen majoren Schlaun; No II* (Beschriftung Lipper)
Beischrift: *Reitschul*
Maßstab: *10* Einheiten

Westfälisches Landesmuseum Münster, o.Inv.Nr. 4

75.110
Residenzschloß Münster
Überklebung und Beschriftung von Wilhelm Ferdinand Lipper, Marstall, Grundriß, 1774

Lavierte Federzeichnung, 46,3 x 57,6 cm (44 x 55,4 cm)
Titel: *AB Grund Lage der Wegen Erbauten Cantzley Verfassende Veranderung am Marstalle mit Schwarz abgesetzet. N° III°*
Maßstab: *100* = 13,1 cm

Westfälisches Landesmuseum Münster, Bz 55

75.111
Residenzschloß Münster
Marstall, Teilgrundriß und Teilschnitt durch die Pferdeboxen, 1771

Lavierte Federzeichnung (blaßrot, grau), 33,2 x 42,1 cm
Maßstab: *30 Fuß* = 24,8 cm

Westfälisches Landesmuseum Münster, o.Inv.Nr. 12

75.112
Residenzschloß Münster
Marstall, Teilgrundriß der Durchfahrt und des anstoßenden Stalles, 1771

Lavierte Federzeichnung (grau, blaßgelb, blaßrot), 32,7 x 41,8 cm
Titel: *Grund von der Duchfahrt des Churfürstliegen Mahrstals.*
Beischrift: Kennbuchstaben
Legende: *aa. Trappe zur Etage worunten plats vor allerhand nothwendigkeithen, als Eimer, beesens, und dergleichen vor dem Stalle nothwendich.; b. Eingang zum Mahrstall.; c. Stände vor die pferde.*
Maßstab: *30 Fuß* = 24,8 cm

Westfälisches Landesmuseum Münster, o.Nr. N 19

75.113
Residenzschloß Münster
Wilhelm Ferdinand Lipper (in Anlehnung an den Entwurf Schlauns)
Nebengebäude, Magazinhaus und Pferdestall, Entwurf der Fassaden, um 1779

Lavierte Federzeichnung, 38,5 x 70,7 cm
Titel: *Elevation des Ecuries, et du Magazin du Coté de la Ville*
Beischrift: Maßangaben
Präsentationsvermerk: *wird verquisiert Munster den 21 august MaxFrid. Churfürst*
Maßstab: *100 pieds*

Niedersächsisches Staatsarchiv Bückeburg, Bückeburg, S 1, A 1382,2

75.111

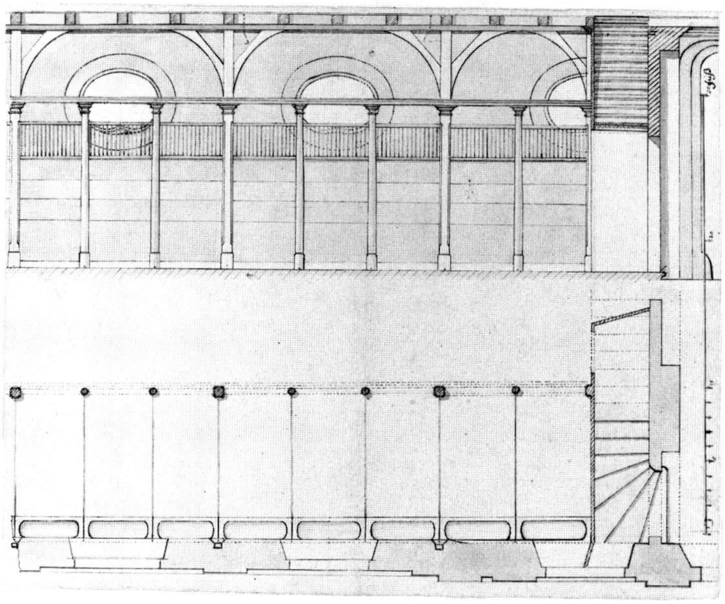

75.112

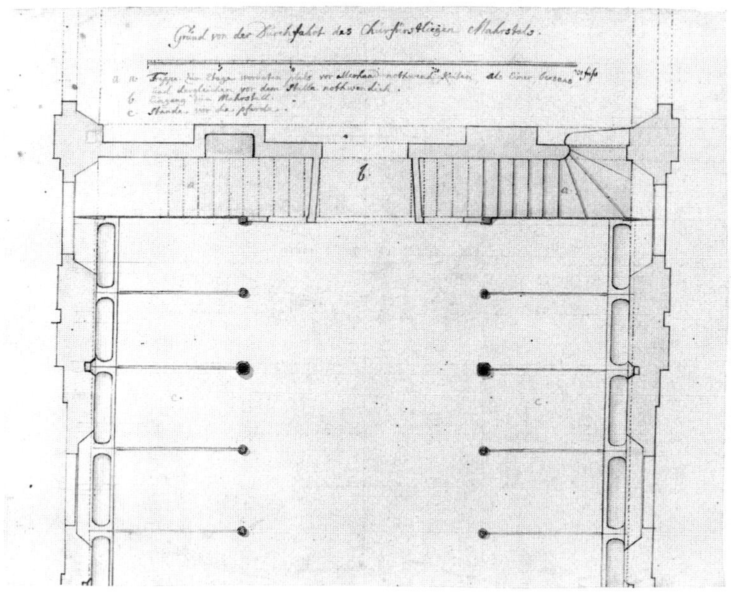

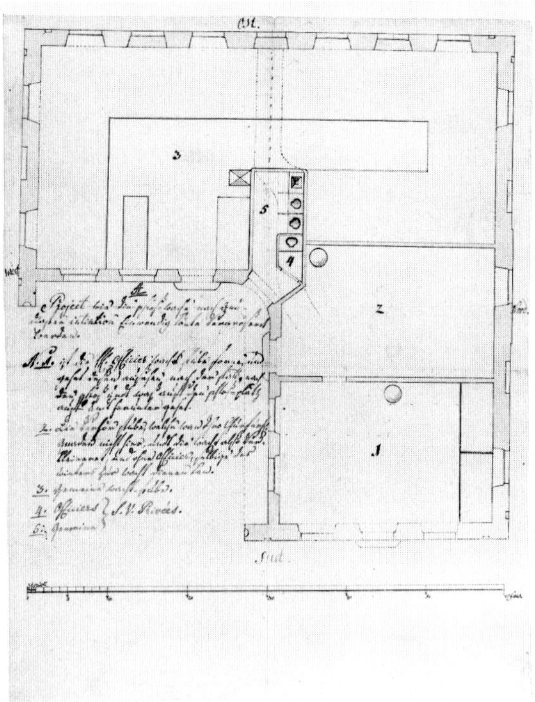

75.114

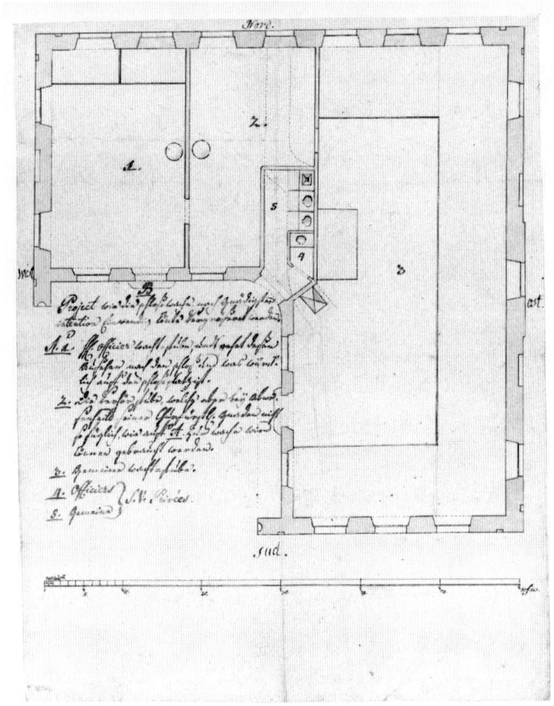

75.115

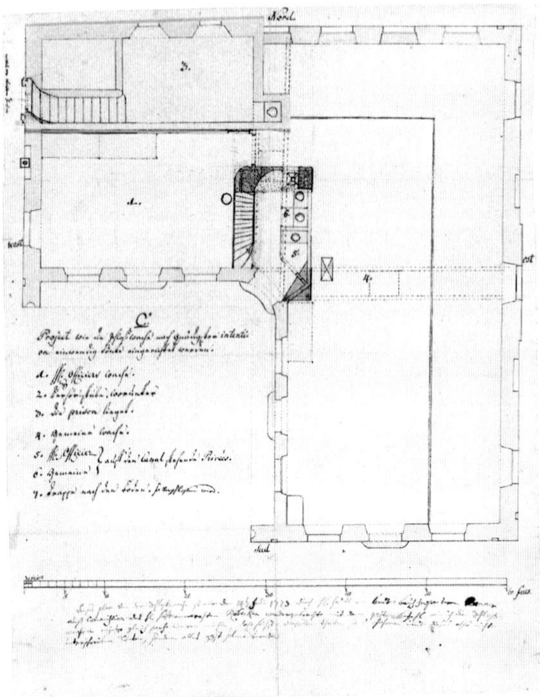

75.116

75.114
Residenzschloß Münster
Nördliches Wachhaus, Grundriß des Erdgeschosses, Umbauentwurf des Inneren, Variante 1, 1773

Lavierte Federzeichnung (schwarz, blaßgelb, grau), 41 x 33 cm
Titel: *A* (unterstrichen) *Project wie die schloß=wache nach gnädigstem intention Einwendig könte vergrößeret werden.*
Beischrift: Kennziffern
Beischrift: *Ost.; Nord; Sud.; West;* (falsch angegeben) (Himmelsrichtungen)
Legende: *N. 1. ist die Cfl. officier wacht stube forne, und gehet deßen außehen nach der statt, nach den schloß undt waß auff den schloß=platz auff undt herunter gehet.*; 2. *Die Verhör stube, welche wand Ihro Churfürstl. Gnaden nicht hier, undt die wacht also verkleineret, und ohne officier, selbige des winters zur wacht dienen kan.*; 3. *Gemeine wacht=stube.*; 4. *Officiers*; 5. *Gemeine S.V. Priveés.*
Maßstab: *60 fues* = 29,5 cm
Rückseite: Durchzeichnung des Grundrisses in Bleigriffel

Westfälisches Landesmuseum Münster, o.Nr. N 14

75.115
Residenzschloß Münster
Nördliches Wachhaus, Grundriß des Erdgeschosses, Umbauentwurf des Inneren, Variante 2, 1773

Lavierte Federzeichnung (schwarz, blaßgelb, grau, braungelb, blaßrot), Bleigriffel, 41,5 x 33 cm
Titel: *B* (unterstrichen) *Project wie die schloß=wache nach gnädigster intention Einwendig könte vergrößeret werden.*
Beischrift: Kennziffern
Beischrift: *Nord.; Ost., Sud.; West.* (Himmelsrichtungen)
Legende: *N. 1. Cfl officier wacht=stube, undt gehet deßen aussehen nach den schloß und was würcklich auff den schloß=platz ist.; 2. die Verhör stube, welche aber bey abwesenheit seiner Churfürstl. Gnaden nicht so füglich, wie auff A* (unterstrichen) *zur wache wird können gebraucht werden.; 3. gemeine wacht=stube.; 4. Officiers; 5. gemeine S.V. Privées.*
Maßstab: *60 Fuß* = 29,7 cm

Westfälisches Landesmuseum Münster, o.Nr. N 15

75.116
Residenzschloß Münster
Nördliches Wachhaus, Grundriß des Erdgeschosses, Umbauentwurf des Inneren, Variante 3, 1773

Lavierte Federzeichnung (schwarz, blaßgelb, grau, braun), Bleigriffel, 40,9 x 32,7 cm
Titel: *C.* (unterstrichen) *Project wie die Schloß=wache nach gnädigster intention einwendig könte eingerichtet werden.*
Beischrift: Kennziffern
Beischrift: *Nord; Ost; Sud; West* (Himmelsrichtungen)
Legende: *1. Hfli. officiers wachw.; 2. Verhör=stube, worunter; 3. die prison lieget.; 4. gemeine wache.; 5. Hfli. Officier; 6. gemeine auff den Canal stehende Privées.; 7. Trappe nach den boden, so verschlossen wird.*
Beischrift: *Dieses plan von der Schloßwache ist mit den 14tn Julii 1773 durch H. Haubtman undt bauhInspectoren Bonner auß commission des H. hoffcammerathe Röbecken wiedergebracht mit dem ggsten befehl wie ich die Schloß=wachen anjetzo gleich perfectionieren möchte, daß höchst dieselben thäten so außfahren undt dieses also nicht unterschreiben könten, sondern alles ggst placedieret.* (von der Hand Schlauns)
Deckblatt mit Grundriß des Gefängniskellers unter der Verhörstube, 7,7 x 14,7 cm
Maßstab: *60 fues* = 29,6 cm

Westfälisches Landesmuseum Münster, o.Nr. N 20

75.117
Residenzschloß Münster
Wachpavillon, Grundriß des Erdgeschosses und angeschnittener Teil des Aufrisses in Gesimshöhe, 1771

Lavierte Federzeichnung (schwarz, grau), Bleigriffel, 54,4 x 64,1 cm

Westfälisches Landesmuseum Münster, o.Nr. N 5

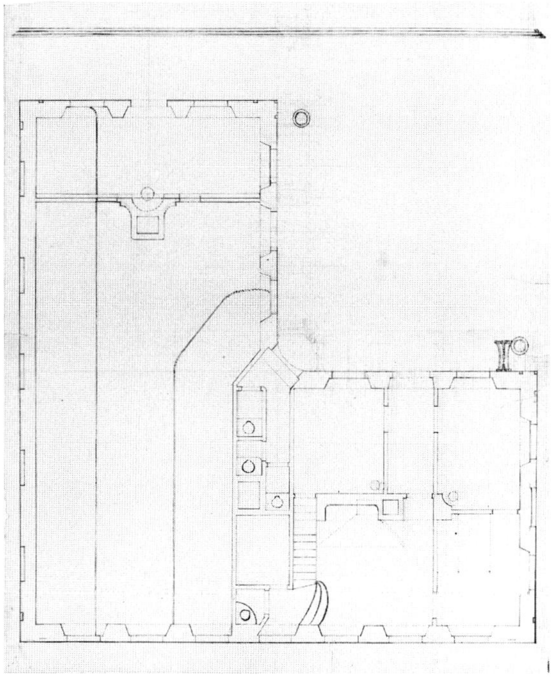

75.117

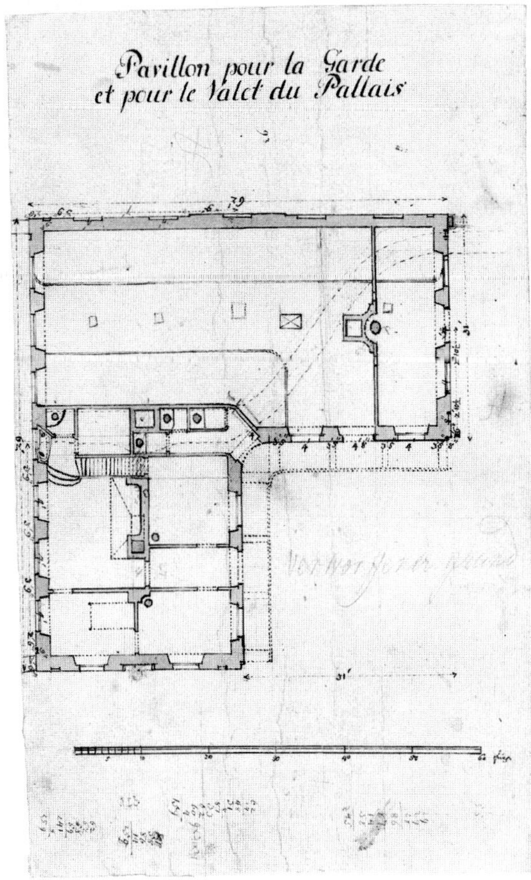

75.118

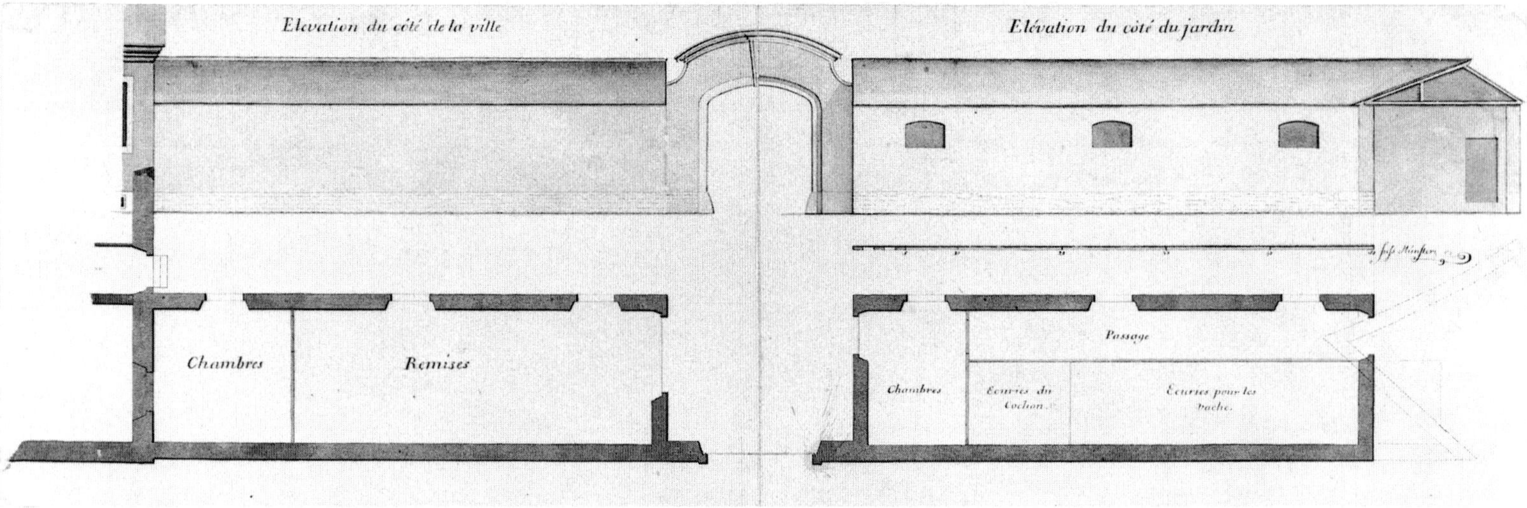

75.119

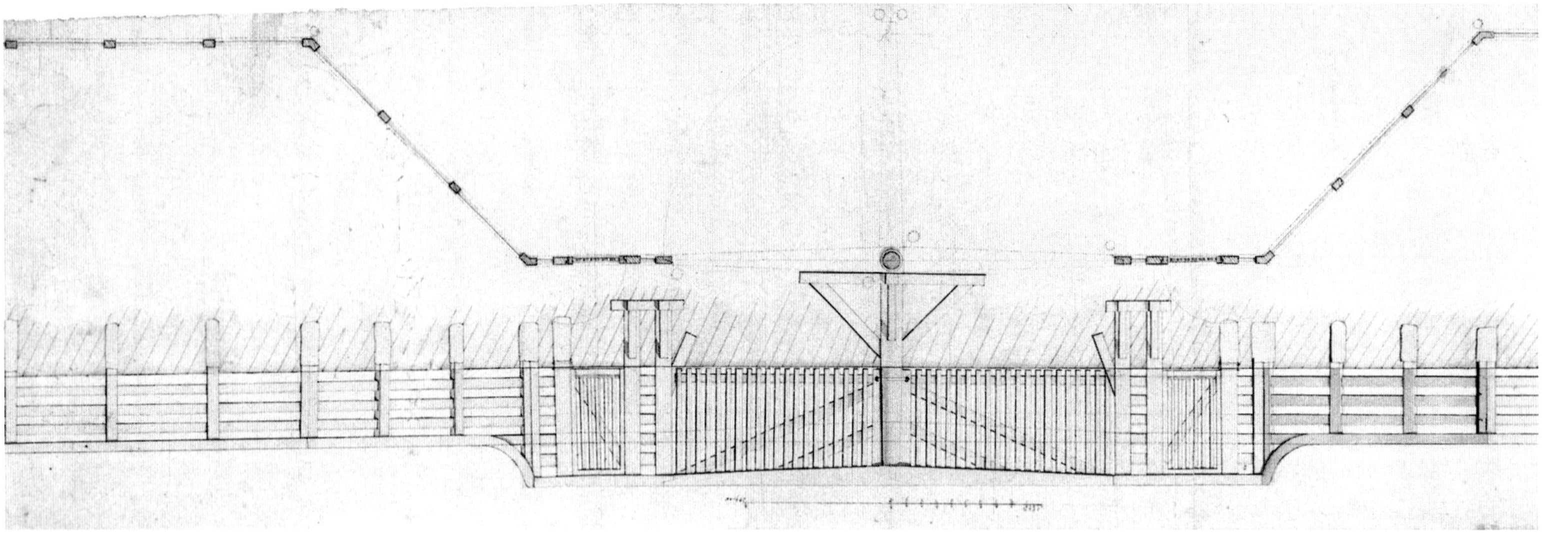

75.122

75.118
Residenzschloß Münster
Wachpavillon, Grundriß des Erdgeschosses, 1771

Lavierte Federzeichnung (braungelb, grau), Rötel, Bleigriffel, 32,5 x 20,7 cm (Korrekturen in Rötel)
Titel: *Pavillon pour la Garde et pour le Valet du Pallais*
Beischrift: Maßangaben; Zahlenkolonnen
Beischrift: *verworfener grund*
Maßstab: *60 fues* = 16,3 cm

Westfälisches Landesmuseum Münster, o.Nr. N 13

75.119
Residenzschloß Münster
Stall und Remisengebäude am Hofküchengarten (?), Grundriß und Aufrisse der beiden Fronten

Lavierte Federzeichnung (grau, blaßrot), 23,5 x 73,2 cm
Beischrift: (über dem Aufriß:) *Elevation du côté de la ville; Elevation du côté du jardin;* (im Grundriß:) *Chambres; Remises; chambres; Ecuries du cochon; Ecuries pour les vache; Passage*
Beischrift Rückseite: *pforte undt stallung DSM hoffgarten*
Maßstab: *50 Fuß* = 24,8 cm

Westfälisches Landesmuseum Münster, o.Nr. N 25

75.120
Residenzschloß Münster
Umzäunung der Esplanade, Teilaufriß des Gatters mit einer kleinen Pforte und Grundriß

Lavierte Federzeichnung (schwarzgrau, grau, blaßgelb), 21 x 33,6 cm
Beischrift: *Schlaun band* (?)
Maßstab: *20 fues* = 19,6 cm

Westfälisches Landesmuseum Münster, o.Inv.Nr. 15

75.121
Residenzschloß Münster
Umzäunung der Esplanade, Teilaufriß, Schnitt und Grundriß einer Ecke, Angabe der Baumbepflanzung

Lavierte Federzeichnung (grau, blaßgelb), 31,2 x 46 cm
Titel: *Barriere so um die Esplanade gezogen wird.–; Grund der Barriere.–*
Maßstab: *40 Fuß* = 38,7 cm

Westfälisches Landesmuseum Münster, o.Inv.Nr. 13

75.122
Residenzschloß Münster (?)
Hölzernes Drehtor mit anschließendem Balkenzaun, Aufriß und Grundriß

Lavierte Federzeichnung (grau, rot, blaßgelb), Bleigriffel, 33,5 x 105,5 cm
Maßstab: *20 fues* = 19,4 cm

Westfälisches Landesmuseum Münster, o.Nr. N 7

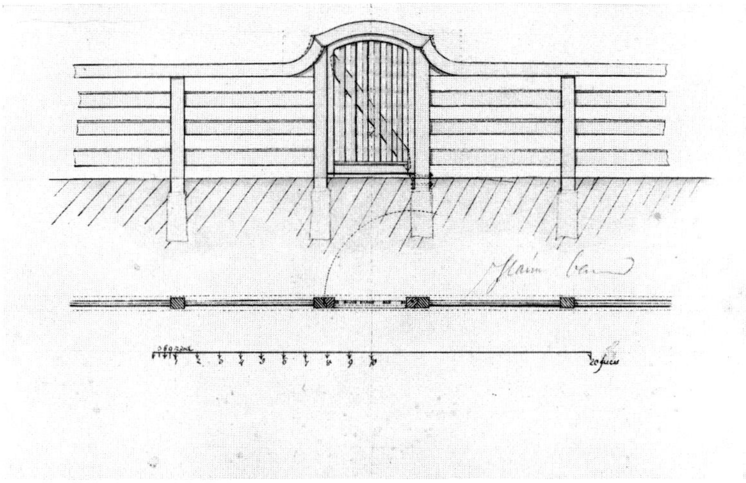

75.120

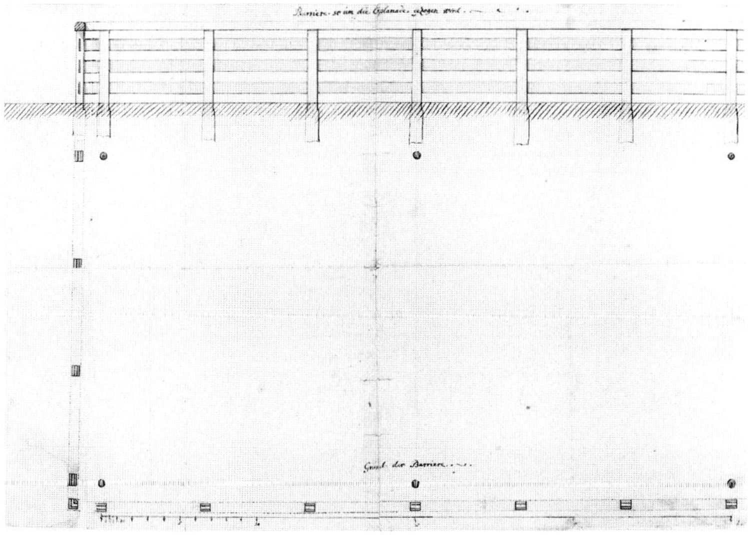

75.121

Anhang

Briefwechsel zwischen Domkapitel und Fürstbischof Maximilian Friedrich von Königsegg-Rothenfels mit den Kommentaren Schlauns, Münster 1767 (Staatsarchiv Münster)

DOMKAPITEL:
Observations sur l'Etage noble
P bleibt der Sahl de Garde.
QQRS könnten dienen zu zwei Antichambres und Audienzzimmer.
SS bleibt das Cabinet.
ij und die stiege etc. könnten alsdann zum Sahl à manger gebrauchet und demnächst die stiege angelegt, sodann der Platz, welcher mit Z marquiret, zum nötigen Gebrauch bei dem Speise Zimmer dienen.

SCHLAUN:
Dieses wird zerfallen laut § 3tio, auch da S. Churfurstl. Gnaden, weilen das Corps de Logis zum doppelten Appartement eingerichtet, umb zugleich einen großen fremden Herren logiren zu können, so haben höchst dieselben sich noch nicht recht gnädigst entschlossen, an welche Seithe S. Churfurstliche gnaden sich logieren werden.

Dazu der Kurfürst: Placet M. F.

DOMKAPITEL:
T könnte die Halbscheidt zum privataudientz Zimmer und die übrige Halb scheid zum Schlafzimmer.

SCHLAUN:
Hochstdieselben haben den sahl à manger nach der Gartenseite deswegen angelagt umb zu gleicher Zeit solchen davon gaudiren zu können, auch die deswegen schon geschehene Verbreiterung und würklich angelegte Vergrößerung verursachet.

DOMKAPITEL:
U könnte zum Oratorium oder Zimmer zum Kleiden bleiben.

VV Beide können zur Garderobe und dergleichen verbleiben.

SCHLAUN:
Das Ankleiden geschieht allezeit im Schlafzimmer.

Dazu der Kurfürst: Placet M. F.

DOMKAPITEL:
1. Wann der Flügel 9 Fuß breiter, so dann der Pavillon auch 9 Fuß breiter angelegt, würden alle Appartements als auch das äußerliche Gebäude ein besseres Ansehen gewinnen.

SCHLAUN:
1. Diese Abänderung nach gnädigster Approbation kann geschehen, wie im Enderungs Plano marquiret und lasse ich deswegen an dieser Seiten mit denen Fundamenten, Graben und Mauren gleich einhalten, damit weiter nichts Verlohrenes gemacht werde.

Dazu der Kurfürst: Diese Veränderung lasse ich mir gefallen. M. F.

DOMKAPITEL:
2. Wann auch das gantze Corps de logis nach der dermaligen Proportion 7 Fuß breiter gemacht wurde, glaubt man in allen Teilen nützlich ja notig zu sein, umsomehr, als die Entree sehr klein, auch die stiege nicht breit genug zu sein scheinet.

SCHLAUN:
2. Das Corps de Logis ist breit 58 Fuß und der mittlere Pavillon der Entre und großer Sahl 80 Fuß im Quadrat, welche bereits à proportion dieser ganzen

Anlage des Schlosses gewißlich groß; wan selbe noch breiter, das Dach darauf müsse in der Mitte gebrochen und eine kupferne Kalle darzwischen gelagt werden, umb das Wasser von beiden Seiten abzuführen, worinnen noch des Winters der Schnee liegen bleibt, so ein Ruin vor das ganze Schloß in zukünftigen Zeiten sein oder daraus wachsen würde, wovon zu Bonn und Herzogsfreud die Probe zu sehen, oder das Dach à proportion expremirter in dem Wind müßte hoher aufgeführt werden. Zudem durch eine solche Verbreiterung würden die Zimmer auch breiter und da ein eichener neuer Balke keine 20 Fuß sich selbst tragen kann, ohne sich nicht zu senken oder biegen, was würde selber tun, so er sich über 30 Fuß selbst tragen und seine Last halten müßte, hierzu könnte ich gar nicht anraten, dann die Breite, Längde und Hohe deren Zimmern mir bekannt und deren Größe in allen gewiß resonable proportionierlich. Die Entree hat in diesem Werk mit den unteren Peristile, grand Escaille und oberen paille ihre Vereinigung und Anhang der Entrée, auch gewißlich à proportion dieses gantzen Werkes nicht klein; die Tritte der stiegen werden 2 Fuß länger als selbe zu Ahausen ad 11 Fuß, so keine geringe Breite von der Stiege ausmachet und großer zu machen, dazu ich gar nicht raten könnte, absonderlich, da selbe doppelt und sonst zum gantzen Werke eine Disforme machen würde, da doch die fordere Linie nach der Stadt noch nicht angelagt, so könnte das Corps de logis eine 2 Fuß in allen bis auf eine 60 Fuß noch erbreitert werden.

Dazu der Kurfürst: Wan die zwei Fuß zu gewinnen sind, umb die Stiege zu verbreitern, placet.

DOMKAPITEL:

3. Wan die rechte Seite des Corps de logis nach der westen Seite aufs nämliche Art eingerichtet würde wie linker seiten nach westen in Vorschlag gebracht, konnten hohe Herrschaften, auch Ministern darin logieren, anerwogen der sub. T. angezeigter Speißsahl überflüssig scheinet; die seite nach Osten konnte verbleiben wie dieselbe dermalen gezeichnet ist.

SCHLAUN:

3. Dieses ist auch die gnädigstae Intention seiner Churfürstlichen Gnaden, so mir mildest anbefohlen, und wegen daß Speisesahl T. das Corps de Logis schon erbreitern lassen, auch hochstdieselbe das Degagement in der Etage noble mildest gesinnet beizubehalten.

DOMKAPITEL:

4. Die Marschalls-Tafel könnte nächst an des H. Hofmarschalls Apartement ohngefähr unter dem Churfürstlichen Speisezimmer angelagt werden.
5. ist nicht ohne, daß die übrige Etage viel bequemer durch diese Vergrößerung werden würde, die Gänge auch wenigstens 4 Fuß breiter sein könnten.

SCHLAUN:

4. und 5. Ist eine gantz gute Erinnerung und hoffentlich Eminentissimus gnädigst approbiren werden.

Dazu der Kurfürst: Das wird sich nachgehend finden.

DOMKAPITEL:

6. Da die Mezzaninen bey heißen Sommer und kalten Winter fast ohnbrauchbar seind und mehrere Inconvenientien veranlassen, auch dem Schloß kein Ansehen geben, so wird anheim gegeben, ob solche bleiben sollen, im gleichen die angemerkte Entresolen, auch einige neben lieux per exemplum nächst an der Schloßkapellen und sonsten.

SCHLAUN:

6. Da die Mansarden, absonderlich wan das Schloß mit Leyen soll gedecket werden, so sehe keine Inconvenience davon, absonderlich wo selbe zu destinieret, da selbe wenigstens des sommers und des Winters so viel die Hitze und Kälte abhalten, als wenn es ausgemauerte reihe-wände sein könnte, wie zu Clemenswert und zu Bonn überall die Erfahrnuß gibt, absonderlich wan selbe gut verputzet, auch das Dach davon nimmer einen übelen Effect machen würde. Die angemerkte Entresolen formiren keine geringe Commoditäten, absonderlich wan die Zimmer hoch, dann ein jeder particulair herr seine Bedienten und Garderobe doch gern bei der Hand wird haben wollen, weswegen die Entresolen und Mansarden meinem wenigen Denken nach keine geringe Nüntzlichkeit oft im Gebäude verursachen.

Dazu der Kurfürst: Placet.

Eine schematische Darstellung des ikonographischen Programms befindet sich auf den Seiten 962 bis 964

46 Residenzschloß Münster, Ansicht der Stadtfassade (1930)

Staatssymbolik am Schloß zu Münster

Das Residenzschloß in Münster ist mit auffallend reicher Bauskulptur versehen. Der Skulpturenzyklus hat zwei Leserichtungen, die der Hierarchie der Architektur folgen: horizontal und vertikal.

Im Erdgeschoß hatte der Fürst der Architekturikonographie folgend nichts zu suchen, hier sollten sein Minister für Münster und der Hofmarschall wohnen, hier waren gleichsam die ›Ämter‹ untergebracht, während die Étage noble von Zeremoniell und Etikette bestimmt wurde. Dem Festsaal, der sich über die Étage noble bis in das Mezzanin erstreckte, waren deshalb die olympischen Götter zugeordnet. Über allem herrschte der Fürst, vertreten durch sein Wappen im beherrschenden Dreiecksgiebel. Die Flügelfronten sind der Selbstdarstellung der Landstände vorbehalten, über ihnen die Symbole des weisen, aber gerüsteten Regiments: »Arte et Marte« oder »Arma et Litterae«.

Zusammengefaßt wird das Programm in der zentralen Bauinschrift. Der Entwurf Schlauns von der Stadtfassade (Abb. 46, 47) zeigt die Buchstabenfolge »D.G.M.F.A.E.C.E.P.M.M.D.C.C.L.X.V.I.I.«, also »Dei Gratia Maximiliano Friderico Archiepiscopo Electori Coloniensi et Pontifici Monasteriensi 1767«. Von den Ständen ist nicht die Rede. In der Ausführung sind die Buchstaben für »Dei Gratia«

durch den kurzen Hinweis auf die Stiftung der Stände, aber auch durch eine erweiterte Panegyrik, in der der vornehme Fürst als Vater des Vaterlandes angesprochen wird, ergänzt worden: »Principi Optimo Patri Patriae Ordines Monasterienses.«

Das Erdgeschoß als Sockel der Étage noble zeigt folgerichtig als Basis allen Geschehens den Zeitablauf, symbolisiert im Wechsel der Monate und Jahreszeiten (Abb. 48–53). Die monatlichen Feste werden betont, die entsprechenden Arbeiten angedeutet. Die Monate sind seit dem Mittelalter an den Brunnen und Kathedralen als Kreislauf des Lebens, der Feste, der Verwaltung und des Steuerjahres begriffen worden. Auch das paarweise Erscheinen der Monatspersonifikationen – hier in der Herrschaftsform der Büste – ist tradiert und bezieht sich häufig auf die Geschlechterrollen oder aber auf verschiedene Aspekte derselben Sache. So zeigt der Monat März etwa den Kriegsgott zum einen mit aufgerollter Fahne, zum anderen mit ausgebreiteter Standarte. Verkörpert wird so die Kampfbereitschaft des Fürstbistums in Krieg und Frieden.

Am Mittelrisalit wird der Monatszyklus durch die Allegorien der Jahreszeiten unterbrochen, die zugleich die Lebensalter verkörpern und als Zusammenfassung und Interpretation des steten Ablaufs der Monate zu verstehen sind (Abb. 54–57). Hier wechselt die Leserichtung in die Vertikale, während die Monate am Erdgeschoß des Corps de logis weiterlaufen. Der gesamte Zyklus ist zentriert in der Herrschaft des Saturn oder besser des Chronos, der wie Apoll in den Metamorphosen des Ovid mit dem Beginn des Goldenen Zeitalters auf die Herrschaft des Fürsten bezogen wurde (Abb. 50). Er befindet sich in Begleitung eines Putto mit Blumenkranz, der das Tuch der Zeit aufhebt. Im Fond links hinter der Büste des Chronos erscheint das neu erbaute Schloß zu Münster, man erkennt deutlich den Hauptpavillon links und den rechten Flügel, davor in einem Korb Masken, Musikinstrumente und eine geflügelte Sanduhr, pralle Früchte und Blumen, im Fond rechts eine altertümlich mit Zinnen befestigte Ruine, davor ein Säulenschaft, gestürzt und beschädigt, das Kapitell heruntergefallen, die Fahne zerfetzt, verdorrte Blumen und Kapseln – über allem die Sense des Chronos.

Bereits die Neuplatoniker hatten Chronos als Vater der Götter und Menschen gleichgesetzt mit dem Vater aller Dinge, dem »weisen alten Baumeister«. Die Ruine steht auf der Seite des Mars, eine altertümliche Burg oder Festung mit dicken Rundtürmen und Zinnen, wie sie in Münster durch den Bau des Schlosses ersetzt worden war. Mit Chronos als Baumeister wird ein Topos beschworen, den Jean Baptiste Colbert bereits 1664, kurz nach seiner Ernennung zum Generalintendanten und Oberbauleiter Ludwigs XIV., benannt hatte, »daß in Ermangelung glänzender Kriegstaten nichts die Größe und den Geist des Fürsten in höherem Maße beweist, als die Errichtung von Baudenkmälern«.

Die Hauptgötter Venus, Juno, Neptun und Vulkan stehen in der Étage noble, während der Götterbote Merkur und der Halbgott Herkules dem Mezzanin zugeordnet sind und dort zugleich zwei der fünf Sinne verkörpern. Mit Venus, Juno und Merkur an der linken Seite und den ihnen zugehörigen

47 Residenzschloß Münster, Ansicht der Stadtfassade (1930)

48/49 Residenzschloß Münster, Stadtfassade, Monatsbilder Februar, März (1927/28)

50 Residenzschloß Münster, Stadtfassade, Chronos (1927)

51/52 Residenzschloß Münster, Stadtfassade, Monatsbilder November, Dezember (1927/28)

53 Residenzschloß Münster, Stadtfassade, Portal des nördlichen Flügels zum Ehrenhof, Monatsbild des Oktober (1929)

54–57 Residenzschloß Münster, Stadtfassade, Lebensalter und Jahreszeiten (1927–29)

Aspekten der Liebe, des Hausstandes und der Wissenschaften kommt das Leben in Friedenszeiten zum Ausdruck (Abb. 59), während auf der rechten Seite mit dem bewaffneten Neptun, Vulkan, der durch den Hammer und die eisernen Pfeilspitzen als Schmied ausgewiesen ist – der einäugige Zyklop aus seiner Waffenschmiede mit Helm, Schwert und Schild über ihm bestätigt die Zuweisung –, und Herkules mit Pfeil und Bogen eine Reihe bewaffneter Götter steht, die in der staatssymbolischen Sinnebene gerüstet sind, das friedfertige Staatswesen zu verteidigen (Abb. 61). Darüber hinaus verweisen die Gottheiten über ihre Attribute der schnäbelnden Taube, der Früchte, der Quelle und des Feuers auf die vier Elemente, die sich mit dem Windgott Aeolus (Luft), den Feldfrüchten (Erde), den Muscheln (Wasser) und Zyklopen (Feuer) direkt über ihnen befinden.

Am zentralen Fenster der Étage noble, über dem ›Benediktionsbalkon‹, kommt der Reichtum des Fürsten im Goldenen Zeitalter seiner Regierung zum Ausdruck: Abundantia, die Verschwendung, schüttet ihr Füllhorn aus, das mit dem Kurhut, der Mitra, dem Bischofsstab und dem Metropolitankreuz den Überfluß an Würden des Bauherrn vorführt, Sinnbild für das Glück im Frieden (Abb. 46). Über dem Füllhorn beugt sich, bereits überleitend zum Gebälk mit der Bauinschrift, ein Putto vor und beobachtet das Geschehen. Er hält eine große Feuerschale, deren Rauch bis hoch in den Himmel steigt: die Opferschale steht für das Wohl des Reichs. In der Hand des Kaisers bedeutet sie die Vereinigung der Priesterwürde mit der des Kaisers. Damit ist der Begriff des Pontifex angesprochen, mit dem der Kurfürst in der Widmungsinschrift benannt wurde. Der Landesherr war zugleich oberster Priester.

Der Opferschale zugeordnet ist ein Weihrauchfaß, das auf den Geruchssinn verweist. Seitlich davon schließen sich die übrigen Sinne an (Abb. 59–61), das Gehör vertreten durch Tambourin und Panflöte, das Sehen durch Merkur, der ein drittes Auge auf der Stirn trägt, mit Brille, Linse und einem Stab-Fernrohr, an dem man deutlich den Griff zum Scharfstellen erkennen kann, zur rechten Seite Silen mit Eselsohren und Eselskopf, die Zunge herausstreckend, dazu Weintrauben: der Geschmack. Rechts daneben, am Ovalfenster, steht der bärtige Herkules mit Pfeil und Bogen, der Keule und dem Fell des nemeischen Löwen. Das brennende Nessos-Hemd, an dem Herkules zugrunde ging, verweist auf das Gefühl.

Im Dreiecksgiebel schließlich erscheint von drei Putten gehalten das Wappen des Kurfürsten mit Krone, Bischofsstab und Schwert, bekrönt von der Fama (Abb. 60). Wie an der Decke des Treppenhauses von Brühl erscheint sie in Münster mit zwei Tuben, mit der einen verkündet sie den Ruhm des Fürsten, die andere, natürlich nicht benutzte, wäre nach Cesare Ripa für seinen schlechten Ruf bestimmt gewesen. Der Fama werden auf der Attika vier Herrschertugenden zugeordnet: ein Putto mit Helm und Lanze steht als Stellvertreter der Minerva an der Seite der »Litterae« für die gewappnete Weisheit, rechts neben ihm ein zweiter mit einer Schlange verweist allgemein auf die Klugheit, im besonderen aber auf Herkules in der Wiege als Schlangenwürger. »Dadurch zu bedeuten / daß die Tugend gleich in ihrem aufgang sich blicken lasse / und diejenigen / welche zu großen dingen gebohren / alsobald von ihrer Kindheit an dessen Kennzeichen von sich geben« (Bressand, Beschreibung des Einweihungsfestes von Schloß Salzdahlum, 1694). Eine Medaille auf die

58 Residenzschloß Münster, Stadtfassade, Seite der »Litterae«, Putto als Herkules Musarum, Allegorie der Beredsamkeit, Bücher (1928)

59 Residenzschloß Münster, Stadtfassade mit Merkur und Musik, Luft und Erde, Venus und Juno (1927)

60 Residenzschloß Münster, Stadtfassade, Wappengiebel mit der Fama (1928)

61 Residenzschloß Münster, Stadtfassade, Silen und Herkules, Wasser und Feuer, Neptun und Vulkan (1927)

62 Residenzschloß Münster, Stadtfassade, Seite der »Arma«, Putto als Herkules, Allegorie der Stärke, Waffen (1928)

Geburt Karls VI. zeigte eben diese Szene. Rechts außen, über dem Herkules des Mezzanin, an der Seite der »Arma« steht ein mit einer Keule bewaffneter Putto, die Fortitudo. Links von ihm verkörpert ein anderer Putto mit Liktorenbündel, wie er auch als Trabant des guten Regiments im Audienzsaal erscheint, die Gerechtigkeit, Autorität und Eintracht. Hier oben, wo Schlaun zunächst vier waffenstarrende Aufsätze vorgesehen hatte (Kat.-Nr. 75.17), wurde in der Ausführung noch einmal auf den herrschaftlichen Aspekt militärischer Stärke verwiesen.

Eine ganz entscheidende Veränderung gegenüber den ersten Entwürfen Schlauns im Hinblick auf die architektonische Disziplinierung der Stadt bedeutete das Aufsetzen des Glockenturms mit der Uhr (Abb. 46, 47). Der Glockenturm mit der Uhr an der Stadtfassade ist auf die ewig gedachte Herrschaftsordnung des kurfürstlich regierten Ständestaates Münster gerichtet und kündigt im Zusammenhang mit der den Lorbeerkranz reichenden Fortuna auf der Weltkugel die Vollendung des Goldenen Zeitalters unter der Herrschaft der Kölner Kurfürsten an.

An den Flügelpavillons der Stadtseite werden die Stände mit ihren Wappen präsentiert (Abb. 58, 62). Schlaun hatte dem Bildhauer dafür einen architektonisch merkwürdigen Bereich bereitgestellt: Die Flügelfronten sind in vier Travéen gegliedert, verfügen also über keine eigentliche Mitte. Schlaun bindet die beiden zentralen Achsen mit Rustika, Tafelfeld und Giebelaufbau in Haustein zusammen, während er die seitlichen Travéen in Ziegel hält und durch die abgerundete Ecke in ihrer Gesamtwirkung dem Mittelbau gegenüber mindert. In diesen Hausteinrisalit ist ein Backsteinfeld zentral eingefügt, das, vom Hauptgesims unterbrochen, bis hoch in den von Voluten vermittelten geschweiften Dreiecksgiebel hineinragt. Dieses Feld dient in der Étage noble und im Mezzanin als Folie der Repräsentation der drei Landstände: unten die dreizehn landtagsfähigen Städte (Wappenschild mit Paulus), darüber die Hochlöbliche Ritterschaft (Ritter Georg). In der Mansardzone wird die Kartusche des Domkapitels mit dem hl. Paulus mit Schwert und Buch von je einem Putto getragen, am linken Flügel nackt, am rechten gerüstet. Diese Putti verweisen in ihrer schwer gebückten tragenden Haltung auf Herkules, der die Weltkugel des Altas getragen hatte. Sie symbolisieren hier zunächst das schwere Staatsamt des Domkapitels oder seine die Welt tragende und erhaltende Funktion.

Auf den Giebeln stehen links eine Schale mit Büchern, rechts eine Schale mit Waffen, darunter zwei große Köpfe, einer mit einem Pfeil im Mund, der andere mit einem Helm. Sie vertreten das Grundprinzip der seit der Antike über das Mittelalter tradierten Staatslehre von den »Arma et Litterae«, hier dargestellt als Allegorie der Eloquentia oder, damit verbunden, der Diplomatie (Kopf mit Pfeil im Mund – darüber die Bücherschale) und als Allegorie der Kriegskunst (Kopf mit Helm – darüber Waffen). Das Prinzip der durch die ›Waffe der Rede‹ verkörperten Eloquentia hängt eng mit Apoll zusammen, dem die tödlichen Pfeile zugehören, aber auch mit Merkur, der die göttliche Botschaft beredsam vertritt. Merkur erscheint häufig unter diesem Aspekt als Gott der Dichter. Die Art der Darstellung der Eloquentia mit dem Pfeil im Mund wurde von den bereits im Mittelalter bekannten Apokalypsedarstellungen Christi übernommen, die den Herrn über das Richterwort mit einem oder gar zwei Schwertern darstellten, die aus seinem Mund kamen, um das Prinzip der Gewalt des Wortes zu verdeutlichen. Auf dem anderen Flügelpavillon steht hinter dem Symbol der Staatsmacht mit dem behelmten Kopf die Vorstellung des gerüsteten Mars.

Personifiziert sind in diesen Köpfen allgemeine Prinzipien menschlichen Handelns unter der Herrschaft des Buches und der Herrschaft des Schwertes: »Arma et Litterae«, Prinzipien, die dem Staatslenker opportun sind und waren. »Arte et Marte«, durch Wissenschaft und Kriegskunst zu regieren etwa ist Bestandteil des umfangreichen Programms der Wiener Hofburg, wo die Rolle des Buches insgesamt durch die Ikonographie der Hofbibliothek vertreten wird. Dort spielt Merkur eine entscheidende Rolle, hat er doch Minerva, der Göttin der Wissenschaften und Künste, den von Genien herbeigetragenen Bücherschatz verschafft. In der Widmung des ›Entwurfs einer historischen Architektur‹ von Fischer von Erlach von 1721, die Fischers Freund, der Wiener Hofikonograph Carl Gustav Heraeus verfaßt hatte, wird Karl VI. in administrativer und militärischer Hinsicht, als Regent und Feldherr wie auch als Friedensfürst und Förderer der Künste und Wissenschaften mit den römisch-antiken Kaisern verglichen: »Ee. Ke. M. machen sich dem Caesar, dessen unüberwindliches Reich Sie Glorreichst beherrschen, eben so gleich durch die Hochhaltung der Wißenschaften, als durch den Szepter ... Ee. Ke. M. sind ebenfalls den Caesar nicht nur in denen am Ende Europens besiegten Herculischen Säulen, sondern auch darin gleich, daß Sie dafür halten, die Bücher seyen einem Helden nicht unanständiger als Waffen, und das wahre Lob eines rechten Caesars seye nicht anders, als durch beydes zu erlangen.« Dieser Gedanke bestimmte mit der Verherrlichung des »Hercules Musarum« als Symbolfigur des gelehrten Herrschers das Programm der kaiserlichen Hofbibliothek mit dem Kriegs- und Friedensflügel. Herkules verkörpert dort die ideale Verbindung des Gelehrten und Helden, weil er von Atlas in der Astrologie bzw. Astronomie, die als der Gipfel der Wissenschaft galten, unterrichtet worden war.

In der kurfürstlichen Bibliothek der Bonner Residenz der Kurfürsten befand sich eine ausführliche Beschreibung der Dekoration der Gesandtentreppe von Versailles von L. C. le Fevre, der als Erläuterung Kupferstiche beigegeben waren. Die Pracht der Ausstattung, so beginnt le Fevre, solle dem Betrachter zunächst Respekt einflößen vor dem Herrscher, den er später auf dem Thron leibhaftig sehen werde. Stärke und Weisheit seien die wahren Tugenden, die die Könige auszeichnen. Es sei die Verbindung dieser beiden Eigenschaften, die in den Königreichen jene schöne, so seltene wie wunderbare Ordnung bewirke, von der das Glück des Staates abhänge. Zwölf Hermenpilaster mit den Darstellungen der Monate sind wie in Münster gleichsam Basis des Programms, das wie hier in der Person des Herrschers kulminiert.

Das Buch zusammen mit Palme, Füllhorn und Schwert erscheint auf einem Emblem als Sinnbild der Staatskunst: »Nichts hat ohne Gesetze festen Bestand: mit achtunggebietenden Bemühungen (und) Überlegungen lenke Frieden und gerechte Kriege. Was du ohne kluges Urteil und Wissen unternimmst – seien es Bündnisse oder sei es auch, daß du Krieg führst –, das mißglückt. Kriegskunst und ehrwürdiger Senat, beide haben ihren Wert und geben dem Vaterland sicheren Schutz.« Besser kann man das Verhältnis der Landstände in bezug auf den Landesherrn nicht ausdrücken, denn in gewisser Weise kontrollierten sie, anders als in dem rein absolutistischen Frankreich, die fürstliche Regierungsgewalt, wenn auch mehr affirmativ, so doch als offizielle Bestätigung. Sie wirkten vor allem an der Verteilung der Steuereinnahmen mit, die für die künstlerischen und kriegerischen Unternehmungen des Kurfürsten von beträchtlicher Bedeutung waren. Die Mitwirkung der Stände trug »wesentlich zur Wahrung der strengen Moral bei, die für die Amtsausübung der deutschen Landesväter oft kennzeichnend war.« Dem entspricht, daß die deutschen Staatslehren im Gegensatz zu den französischen »den Zusammenhang der Lehre vom Staat und den fürstlichen Tugenden mit der Lehre von der Gesellschaft und den menschlichen Tugenden insgesamt« nicht hatte abreißen lassen. Die Bindung an den Humanismus und an das System der scholastischen Wissenschaft, die der Ethik, also der praktischen Theologie, einen dominierenden Platz einräumte, blieb bestehen. Die neue Idee der Staatsräson, die von sich aus neue Maßstäbe für den souveränen Umgang des Herrschers setzte, wurde in ihrer Wirksamkeit beschränkt.

Auch der Kaiser war in gewissem Maße von seinen Landständen abhängig. Anläßlich der Erbhuldigung der niederösterreichischen Stände wurde eine Medaille geprägt, die Heraeus in einem Kupferstich in ein symbolisches Arrangement versetzt und erläutert. Herkules übergibt auf der Medaille das Füllhorn der Amalthea an Österreich, ein Hinweis auf die zwölf Taten, für die im übrigen zuweilen auch die Monatsdarstellungen stehen. Er hat seine Säulen als Siegeszeichen an die Küste von Gibraltar gesetzt. Der Schriftzug, der beide Säulen verbindet, ist aus Virgil entnommen und bezieht sich auf den Kaiser, dessen Macht weiter als die des Herkules reicht. »Die eine Seite stellet vor den Ruhm der Waffen; Die andere die Glückseligkeit des Friedens / so die freyen Künste hoffen.« Die Säulen stehen für Fortitudo und Constantia, das Motto des Kaisers. Sie werden begleitet von dem römischen Adler mit einem lorbeerumwundenen Schwert in der Klaue, Schild und Harnisch verweisen auf den gerüsteten Staat. Die andere Säule verkörpert die Friedensherrschaft mit Palmzweigen, dem Liktorenbündel, den vier Szeptern und dem Caduceus des Merkur. Eine ganz ähnliche Anordnung hat Heraeus in einem weiteren Kupferstich publiziert, der die Fortitudo als kriegerische Tugend des Fürsten preist, während die Constantia mit der konstantinischen Kaiserstandarte auf der Seite des Friedens steht. Wiederum verkörpern die Säulen des Herkules die zwei Aspekte der Staatstugenden Karls VI.

In Anlehnung an die kaiserliche Ikonographie der zwei Säulen, die etwa in den Kupfern in Fischer von Erlachs ›Entwurf einer Historischen Architektur‹ mit Schönbrunn und der Karlskirche in ihrer Bedeutung für das Imperium klar zum Ausdruck kamen, hatten sich in Münster die Stände, vor allem der erste Stand, das Domkapitel, als die staatstragenden Säulen begriffen und dieses Programm über die Ikonographie des ›Herkules in zweierlei Gestalt‹ an der Stadtfassade durchsetzen können.

In der Vorstellung des 18. Jahrhunderts galt der Garten als Abbild der Schöpfung, als irdisches Paradies. In ihm konnte der forschende Geist nicht nur den göttlichen Weg irdischen Daseins finden, sondern zugleich die Regeln sicherer Herrschaft, die Vorschriften einer geschickten Politik. Der Garten lehre die Tugend der Planeten, der Sterne, den Gebrauch der Geometrie und der Medizin. »Sintemal wir dafür halten, daß eben so wol das Buch der natur das beste sey, woraus man die Sitten=Weisheit und die Staats-Klugheit begreiffen könne«, heißt es im Arminius-Roman Lohensteins, der, in Betrachtung eines Gartens versunken, einen Fürstenspiegel entwirft.

Das Programm der Gartenseite in Münster ist weniger umfangreich als das der Stadtfassade. Im Zentrum der jugendliche Apoll (Abb. 63, 64), umgeben von seinen Attributen, links als Führer der Musen, rechts mit Pfeil und Bogen, Symbole des siegreichen Kampfes mit der Python. Hier wird mit dem mythisch-mythologischen Vorbild des Fürsten das Phänomen gestaltet, das Ernst Cassirer den ›Mythus des Staates‹ genannt hat. Apoll wird begleitet von den antiken Göttern, die ihn in seiner weltherrschaftlichen Stellung und deren verschiedenen Aufgabenbereichen und Angelegenheiten den funktionalen Zuständigkeiten dieser Götter entsprechend charakterisieren. Er hat seine Waffen nach erfolgreichem Kampfe beiseite gelegt, was er nur zu tun pflegt, wenn er den Sonnenwagen lenkt, und fördert mit dem Strahlen der Sonne das Wachstum in seinem Reich. Durch das Zusammenklingen der Saiten seines Instruments wird die Harmonie zum Ausdruck gebracht. Harmonia ist auch das Ergebnis der Vereinigung von Venus und Mars, die rechts und links von Apoll dasselbe Prinzip vertreten.

Eine schematische Darstellung des ikonographischen Programms befindet sich auf den Seiten 962 bis 964

Das Planetenprogramm ist nicht zyklisch, sondern statisch, symmetrisch ausgerichtet, auf die Mitte bezogen. Neben Mars und Venus bilden Jupiter

63 Residenzschloß Münster, Gartenfassade (1920)

64 Residenzschloß Münster, Gartenfassade, Apoll über dem Hauptportal (1928)

und Saturn als Sohn und Vater ein Paar, Merkur und Diana ganz außen als Gottheiten menschlicher Betriebsamkeit in den Künsten und der Jagd ein drittes (Abb. 65–67, 70–72). Sie alle verkörpern das Kreisen der Planeten um die Sonne. Bezogen auf den Hof des Kurfürsten sind die aufgehende Sonne oder der Mond, der seinen Schein von der Sonne empfängt, und die Planeten vertraute Embleme, die die Stellung und das Verhältnis des Fürsten zu seinem Hofstaat verdeutlichen. Bei Hofe betrachtete man immer »den Menschen in seiner Beziehung zu anderen«. Hinter dem leidenschaftslosen Auftreten mußten die treibenden Affekte der Konkurrenten erkannt werden, damit die bestehende Konstellation nicht zu den eigenen Ungunsten beeinflußt wurde.

Merkur steht als Verkörperung des Prinzips der Künste bzw. des kunstvollen menschlichen Handelns links außen (Abb. 65). Seine Erfindungskraft schuf die Instrumente, die, klug genutzt, Wohlstand und Reichtum versprachen, Voraussetzung allen künstlerischen Gestaltens. Merkur als Sohn Jupiters und Gott des Handels – der Geldbeutel, der ihm hier als weiteres Attribut beigegeben wird, verdeutlicht seine Zuständigkeit für die Finanzen – steht nach antikem Vorbild für die Unternehmungen des Kurfürsten zur Förderung des Handels und der Wirtschaft. In der Herrschersymbolik erscheint Merkur an den Bauwerken Karls VI. häufig als Zeugnis der Förderung des Gemeinwohls, an der Hofbibliothek verkörpert er als Maskaron mit Flügelhut und zwei gekreuzten Stäben die Förderung der allgemeinen Bildung durch den Kaiser als exemplarisches und zentrales Werk der Salus publica. Auf Merkur folgt der gekrönte Jupiter (Abb. 66), dem zwei Adler mit Zepter und Blitzen in den Fängen beigegeben sind, wiederum ein Hinweis auf das Kaiserhaus und die enge Verbindung des Kurfürstentums mit dem Reich. In einem von Matsche zitierten Gedicht der Vita Karls VI. erkennt Jupiter die Überlegenheit des Kaisers an: »Mir wird ein Adler von Göttern zugestellt / Der in den Klauen Blitz und Hagel-Steine hält / Dem aber hat das Glück zwey Adler wollen gönnen / Wie sollte nun nicht Carl gedoppelt donnern können.« Mars, ebenfalls ein Sohn Jupiters,

65–67 Residenzschloß Münster, Gartenfassade, Zyklus der Götter, Merkur, Jupiter und Mars (1927)

68/69 Residenzschloß Münster, Gartenfassade, Zyklus der Tageszeiten, Morgen und Mittag (1928)

70–72 Residenzschloß Münster, Gartenfassade, Zyklus der Götter, Venus, Chronos und Diana (1928)

73/74 Residenzschloß Münster, Gartenfassade, Zyklus der Tageszeiten, Abend und Nacht (1928)

mit Eichenlaub ist Ausdruck der siegreichen militärischen Macht (Abb. 67).

An der gegenüberliegenden Seite des Corps de logis steht Saturn oder Chronos zwischen Venus und Diana (Abb. 71). Er verkörpert mit Stundenglas und Sense die Zeit, von Ovid edax rerum genannt, die alles verschlingt, was sie erschuf. Der angstvoll fliehende Putto verweist auf diese Bedeutung. Zugleich aber wurde Chronos als das entlarvende Prinzip der Zeit verstanden, das die Wahrheit enthüllt. Venus und Amor sind verbunden mit der Idee verlockender sexueller Wollust (Abb. 70). Diana dagegen, im höfischen Bereich als Göttin der Jagd, im Zuge der Planeten als Gottheit des Mondes angesprochen, galt als Trabant der Sonne, also als Herrscherin, eine Bedeutung, die für einen Erzbischof selbstverständlich nicht in Frage kam (Abb. 72). Für ihn verband sich mit Diana das Prinzip der Keuschheit. In dieser Konstellation war die Dreiergruppe nur so zu verstehen, daß die Keuschheit mit Hilfe der Zeit über die Wollust siegt, der Sieg des Geistes über die Kräfte der Natur. Die entsprechende Gruppe an der Nordseite des Corps de logis zeigt Jupiter als Herrscher in der Mitte, begleitet von Mars und Merkur – das ist die Wiederholung und Bestätigung des Prinzips der Stadtfassade: »Arma et Litterae«.

Die Sonne wird begleitet von den Tageszeiten, die wie die Jahreszeiten an der Stadtfassade zugleich als Lebensalter gestaltet sind (Abb. 68, 69, 73, 74). Zwar deutet sich hier eine Reihung an, doch sind die Tageszeiten wie an der Stadtseite in ihrer Gesamtheit als das den Makrokosmos durchwaltende Prinzip aufzufassen. Mit dem Bau des Schlosses, der an der Stadtseite durch den ›Baumeister‹ Chronos verdeutlicht wird, führte der Kurfürst nach den Jahren der Barbarei des Siebenjährigen Krieges die Herrschaft Apolls und der Musen nach Münster zurück. Der Lorbeer, der als Attribut des Münsteraner Phoebus erscheint, galt in erster Linie als Ausdruck der Friedensherrschaft des Sonnengottes: Plinius berichtet, Augustus habe nach der Schlacht von Actium in Verehrung für Apoll den Lorbeer in Rom als Zeichen der Triumphatoren eingeführt. Er stand dort zeichenhaft für die durch die Schlacht eingeleitete Friedenszeit, die sich nach dem Sibyllenspruch unter dem »regnum Apollonis« erfüllt.

75–77 Residenzschloß Münster, Gartenfassade, Giebel mit Chronos und der Zeit, geflügelter Sanduhr und der Eule

Diana, zugleich Königin der Nacht, Chronos als die allesverschlingende Zeit, Apoll, das ewige Kreisen der Planeten um die Sonne versinnbildlichen das Generalthema der Gartenfassade, die Einordnung des irdischen Herrschers und seiner Schöpfung, von Schloß und Garten in den Makrokosmos, unter den Einfluß der Planeten, den Gegensatz von irdischer Herrschaft und der Unendlichkeit göttlicher Schöpfung. Die Mezzaninfenster sind wie an der Stadtfassade mit reicher Bauzier ausgestattet. Früchteensembles deuten auf den Überfluß einer unter der Herrschaft des Sonnengottes geordneten Natur hin, die der Residenzgarten real vertritt. Die Putti am Dachansatz und auf dem Dreiecksgiebel mit Blumenvasen und Girlanden sind gleichsam die Stellvertreter der Hofgärtner, die im Dienste des Fürsten die Natur ordnen, nach Cesare Ripa versinnbildlichen sie das erwachende Leben (Abb 75, 76).

Weiter oben klingt das von Chronos bereits angeschlagene Thema der Zeit in der Eule als Vogel der Nacht und des Todes noch einmal an, begleitet von einem geflügelten Stundenglas (Abb. 77). Am Giebel, wo an der Stadtseite das Wappen des Kurfürsten als Triumph irdischer Macht prangte, enthüllt Chronos die Zeit, eine mit einem Tuch verhangene Uhr in den Wolken, gefolgt von einem Putto, der die Wahrheit vertritt: Veritas filia Temporis. »Vater Chronos« kam an dieser Stelle die Aufgabe zu, als eine universale Macht zu handeln, »die mittels eines Kreislaufs von Zeugung und Zerstörung das schafft, was man kosmische Kontinuität nennen könnte«. Das bedeutet im Zusammenhang der angesprochenen höfischen Inhalte des Programms, die zeitliche Gestalt des irdischen Staatsgefüges sei dazu bestimmt, den Umriß der überzeitlichen zu versinnbildlichen. Erst wenn Mikrokosmos und Makrokosmos übereinstimmen, menschliche Schöpfung sich dem göttlichen Werk eingliedert, kann jene Harmonie entstehen, die den richtigen und ideal eingerichteten Staat kennzeichnet.

78 Residenzschloß Münster beim Königsbesuch 1865, ältestes Foto vom Schloß

79 Residenzschloß Münster unter preußischer Verwaltung mit Briefkasten und Hausnummer (1907)

Die heutige Schloßanlage hat mit den Planungen Schlauns nur noch wenig zu tun. Die Brandbomben vom Palmsonntag 1945 hatten sie bis auf die Außenmauern ruiniert. Der unsensible Wiederaufbau des Außenbaus – im Innern ist nichts mehr, wie es war – bietet durch die fehlende oder fehlerhafte Abstufung der Baukörper ein verfälschendes Bild, das es in den Planungen Schlauns so nicht gegeben hat. Vor allem die Trennung von der Stadt durch eine vierspurige Autostraße und die Preisgabe des groß angelegten Schloßvorplatzes an den ›ruhenden Verkehr‹ zeigen die Gleichgültigkeit der Planer für das durch den Promenadenring und die zentrale Hauptachse miteinander verbundene, repräsentative Gegenüber von Residenzstadt und Residenzschloß Münster.

Bis 1850 wurden am Schloß keine bedeutenden Reparaturen unternommen, von 1850–55 wurde der Dachstuhl abgenommen und ein neues Schieferdach aufgeführt. Bei einer Herstellung des Außenbaus von 1895–97 verdarb man große Teile des plastischen Schmucks dadurch, daß man den Oberflächencharakter der Skulpturen vergröberte. Bereits 1903 wurde der Marstall abgebrochen, um dem preußischen Oberpräsidium Platz zu machen. 1911/12 folgte das Magazinhaus an der Ostseite. Lediglich die Wagenremise blieb erhalten.

1947 wurden die beiden ausgebrannten Wachthäuser mit kaum merklichen Abweichnungen wiederhergestellt. Im November 1946 befürwortete Provinzialkonservator Wilhelm Rave die Verwendung des Schlosses als Kolleggebäude. In einem Brief an den Rektor der Landesuniversität schrieb er unter anderem: »Die Umfassungswände des Schlosses sind noch so gut erhalten, daß man alles daransetzen müßte, dieses weitberühmte Meisterwerk Schlauns der Nachweit zu erhalten. Das geschieht am zweckmäßigsten, wenn man die Ruine wieder mit Leben erfüllt, so daß dem Bauwerk auch in Zukunft die erforderliche Pflege zuteil wird. Da nun einerseits die lnnenausstattung, zum Teil sogar die Innenmauern zerstört sind, und es uns unmöglich ist, den alten Glanz des lnnem wiederherzustellen, haben wir bei der Planung der Aufteilung große Freiheit, die ganz der neuen Bestimmung dienstbar gemacht werden soll. Nach Möglichkeit sind aber wegen der Kostenersparnis die Innenmauern wieder auf den noch vorhandenen Kellerfundamenten aufzurichten.«

Im Mai 1947 sandte Hans Malwitz den Vorentwurf zum Ausbau des Schlosses als Verwaltungs- und Hörsaalgebäude der Universität dem Provinzialkonservator zur Stellungnahme bezüglich der konservatorischen Belange. Malwitz erläuterte seinen Entwurf folgendermaßen: »Das Äußere des Gebäudes soll wieder in seinen ursprünglichen Zustand gebracht werden. Das Innere muß, seiner neuen Zweckbestimmung entsprechend, unter möglichst weitgehender Ausnutzung der bestehenden Fundamente neu gestaltet werden. Ausgenommen ist die Kapelle, die erst später für Gottesdienste in ihrer historischen Form wieder hergestellt werden soll. Um die dort noch vorhandenen Reste plastischer Innenausgestaltung vor weiterem Verfall zu schützen, ist beabsichtigt, den Raum mit einer Massivdecke demnächst zu überspannen.«

Im Sommer 1949 entwickelte sich eine breite Auseinandersetzung über die Wiederherstellung des Glockenturms, weil sich Malwitz in Abstimmung mit dem Minister für Wiederaufbau dagegen entschieden hatte und stattdessen eine Plattform auf dem Mittelpavillon errichten wollte. Der Minister für Wiederaufbau Rühl begründete die Entscheidung gegen den Turm mit der Ablehnung reiner Rekonstruktionen und den hohen Kosten. Der Rektor als Bauherr, der Regierungspräsident und der Landeskonservator äußerten strikte Bedenken gegen eine Plattform – sie wünschten den historischen Turm, der als wichtiges barockes Stilelement Schlauns herausgestellt wurde, als Mittelpunkt des Gebäudes. Der Landeskonservator machte den Vorschlag, den Saal im Dachgeschoß durch vergrößerte Mansarddächer zu belichten, unter Verwahrung gegen den Vorwurf des Historismus und Ablehnung des Kostenaspekts. Im Herbst 1953 wurde der Turm unter Zuhilfenahme einer vergrößerten Photographie des letzten Zustandes vor dem Kriege durch Malwitz gebaut.

Die Gliederung der Baumassen ist eines der wichtigsten Gestaltungselemente Schlauns, dem der Wiederaufbau nicht gerecht wurde. Werner Hager hat dies 1973 so formuliert: »Will man dem Schloß zu Münster gerecht werden, wie es sich heute neu erstanden darstellt, so muß man in Gedanken zunächst die Abstufung des Daches über dem Haupttrakt ergänzen, die die Abstufung des Baukörpers fortführte und nach oben hin abschloß. Infolge ihrer unverantwortlichen Beseitigung ist hier eine Grundeigenschaft Schlaunscher Architektur gestört, ihre physische Bewegung in rhythmischen Abläufen, die ebenso fein abgewogen sind wie die Abläufe auf den Wandflächen, was bei den empfindlichen Verhältnissen dieses etwas überlangen Mittelbaus besonders ins Gewicht fiel.«

76
Unsichere oder abgeschriebene Bauten

76.1

Drensteinfurt, Schloß Drensteinfurt, 1704–09

Lambert Friedrich Corfey

Auftraggeber war Johann Matthias Freiherr von der Recke, münsterisch geheimer Rat und Obriststallmeister sowie Droste des Amts Werne, Herr zu Drensteinfurt und Heesen, seit 1699 verheiratet mit Magdalena von Plettenberg und nach deren Tode 1709 mit Anna von Wolff-Metternich. Über diese Verbindungen stand er in verwandtschaftlichen Beziehungen zu den Fürstbischöfen Friedrich Christian von Plettenberg (1688-1706) und Franz Arnold von Wolff-Metternich. Er starb 1739.

1704 begannen die Planungen für den Neubau an der Stelle des mittelalterlichen Herrenhauses: Abbruch und Verschüttung des Hausgrabens 1706, Neubau 1707–09 mit regulierter Gräfte. Die Entwurfe stammen, wie Mummenhoff darlegen konnte, von Lambert Friedrich Corfey (Kat. Nr. 76.1.1–2 – Abb. 1). Haus Drensteinfurt war der erste Dreiflügelbau in reduzierter Form in Westfalen, die Seitenflügel nur um zwei Achsen vorgezogen, der Mittelrisalit springt auf der Hof- und Gartenseite nur in Mauerstärke vor. Auf der Hofseite wird er von ionischen Pilastern in Backstein gerahmt, die über einem breiten Architrav einen Dreiecksgiebel mit dem Wappen von der Reckes tragen. Die Fronten der Flügel sind dem Mittelrisalit entsprechend mit lisenartigen Streifen gegliedert. Der Bau steht auf hohem Sockel, eine zweiflügelige Freitreppe bedient das Eingangsportal, mit Dreiecksgiebel bekrönt und rustikagerahmt, darunter der schlichte Zugang zum Keller. Der Bau bezieht seine Wirkung durch die monumentale Einfachheit. Ursprünglich sollte das steile Dach das Corps de logis noch einmal um das Doppelte überragen.

Die Raumdisposition in den Obergeschossen, überliefert in Maßaufnahmen von 1921 (Abb. 2–3), stellt, offenbar den Wünschen des Auftraggebers folgend, eine Reihe von zweiachsigen Wohnräumen zur Verfügung: Entrée und Gartensaal im Erdgeschoß, das Treppenhaus gleich rechts, im Obergeschoß durchzieht der Saal die gesamte Tiefe des Hauses. Enfilades auf der Hof- und Gartenseite sind Standard, links des Saals wird die Raumfolge vom Treppenhaus für die Dienstboten unterbrochen.

Nach Fertigstellung des Haupthauses 1709 wurden, wie Pläne im Archiv Drensteinfurt zeigen, das auf der Ostseite der Vorburg gelegene Brauhaus »in gerader richtung gebracht«, weitere Anbauten errichtet und ein ummauerter Garten jenseits des Hausgrabens an der Südseite angelegt, ebensolche flankierten den besonders ausgeschiedenen Cours d'honneur. Als Abschluß der ›barocken‹ Systematisierung erfolgte 1715 an der Südseite des Hausgartens in der Achse des Schlosses der Bau der Orangerie. Bereits 1675 hatte man an der Straße nach Münster acht Gademe errichtet.

Als Schlaun 1717 seine große Vermessungskarte (Kat.-Nr. 79.2) anlegte, waren sämtliche Arbeiten abgeschlossen. Er hat lediglich die bereits fertiggestellte Gesamtanlage aufgemessen. Gegen die von Rensing erstmals 1936 geäußerte, mit den handschriftlichen Vermerken auf den Zeichnungen Corfeys begründete und danach kolportierte Meinung, Corfey sei Schlauns Lehrer gewesen, spricht die Zugehörigkeit Corfeys zur münsterischen Artillerie, während Schlaun offenbar bis 1720 bei der Paderborner Infanterie Dienst leistete. Die Zeichnungen Corfeys von Schloß Drensteinfurt und Haus Senden, die Anlaß für Rensings Vermutung waren, gelangten vermutlich erst nach dem Tode Corfeys 1733 in den Besitz Schlauns. Mummenhoff vermutet, daß sie ihm auf dem Dienstweg übergeben wurden, als er den Posten seines verstorbenen Vorgesetzten Corfey als Oberst und Kommandeur der münsterischen Artillerie übernahm. Möglicherwesie wurden ihm die Pläne anläßlich seiner Vermessung im Jahre 1717 vom Bauherrn zur Verfügung gestellt (Kat.-Nr. 79.2).

LITERATUR

Hartmann 1910, S. 280 (Einfluß auf Schlaun); Rensing 1936, S. 34–45; Rensing 1954, S. 7; Volkhardt 1976, S. 148; Mummenhoff 1984, S. 96–99; Bußkamp 1992, S. 25.

DENKMALPFLEGE

Berichte zur Denkmalpflege in: Westfalen 41, 1963, S. 74; Westfalen 56, 1978, S. 412; Westfalen 62, 1984, S. 455.

1 Drensteinfurt, Schloß Drensteinfurt, 1704–09 – Lambert Friedrich Corfey

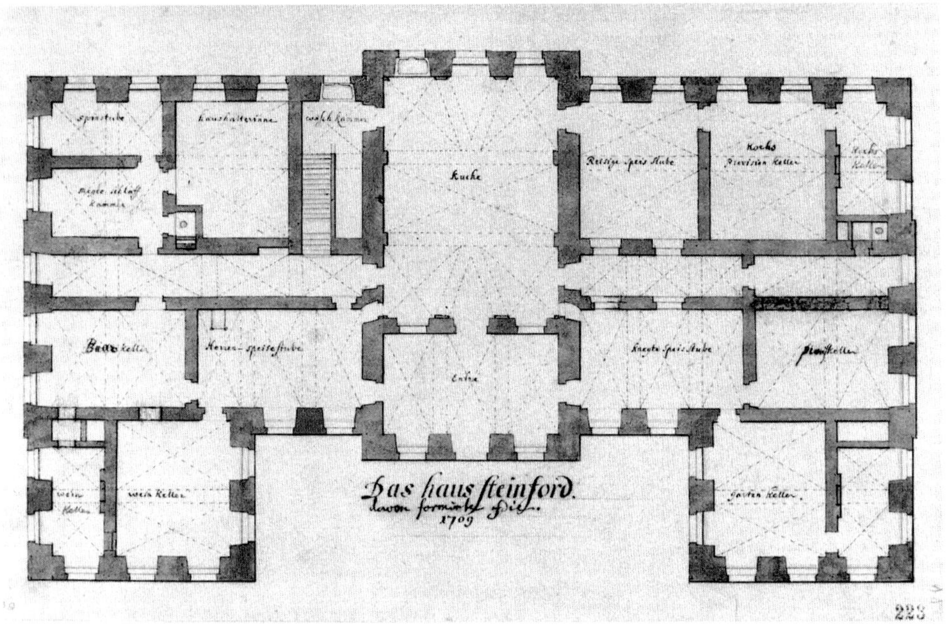

76.1.1

76.1.1

Drensteinfurt, Schloß Drensteinfurt
Lambert Friedrich Corfey
Grundriß des Kellergeschosses, 1709

Lavierte Federzeichnung (grau) und Bleigriffel,
19,3 x 31,2 cm
Titel: *Das haus Steinford. 1709* (von der Hand Corfeys); *davon formierte Idée* (von der Hand Schlauns)
Beischrift: *weinKeller, weinKeller, ButterKeller* (mit Tinte – unleserlich – geändert), *Herren-speisestube, Megde Schlaff Kammer, spinstube, haushalterinne, waschKammer, Kuche, Entré, Reisige Speis Stube, Kochs* (=Zusatz mit Tinte) *provison Keller, Kochs Keller* (=Zusatz), *Knegte Speisstube*

Westfälisches Landesmuseum Münster, Schl.-Bd. 223

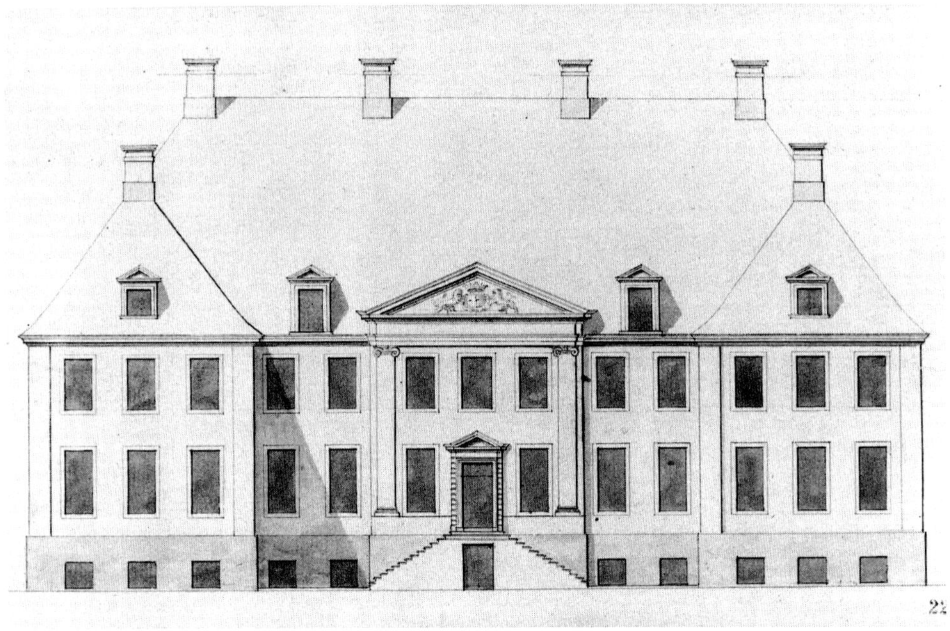

76.1.2

76.1.2

Drensteinfurt, Schloß Drensteinfurt
Lambert Friedrich Corfey
Aufriß der Hofseite nach Norden

Lavierte Federzeichnung (grau), Bleigriffel,
18,9 x 31,3 cm

Westfälisches Landesmuseum Münster, Schl.-Bd. 224

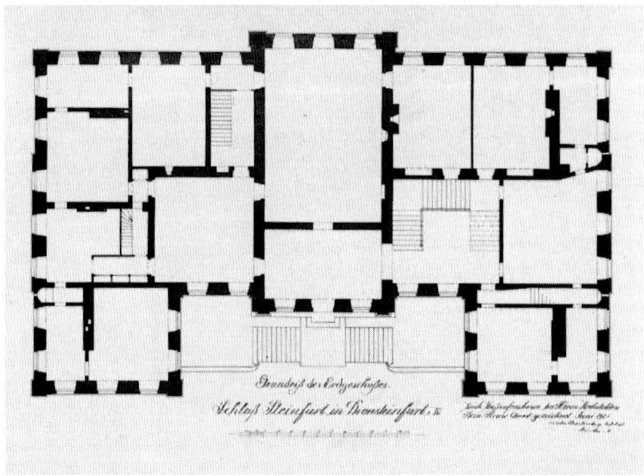

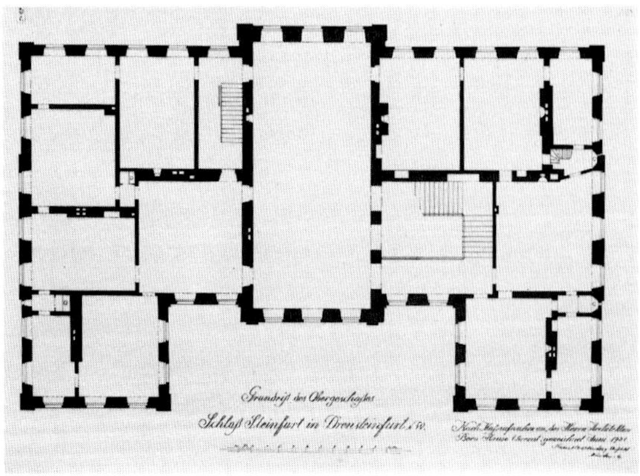

2/3 Drensteinfurt, Schloß Drensteinfurt,
Grundrisse Erd- und Obergeschoß

76.2

Senden, Schloß Senden, 1713

Lambert Friedrich Corfey

Auftraggeber war Jobst Adolf Droste zu Senden (1655–1711), seit 1682 mit Dorothea von Nagel zu Vornholz verheiratet. In der zweiten Bauphase unter Schlaun ließ Franz Arnold Mauritz Droste zu Senden die Arbeiten fortführen (vgl. Kat.-Nr. 43).

Das nicht ausgeführte Projekt Corfeys von 1713 steht in einer ganzen Reihe von Plänen im Archiv Droste zu Senden. Der erhaltene Plan zeigt die Grundrisse von Keller und Erdgeschoß. Zeichnung und Beschriftung sind mit Sicherheit von Corfey. Da das Blatt später im Besitz von Schlaun war, der die Notiz »Idée davon« einfügte, glaubte Rensing, der die Zeichnung Schlaun zuschrieb, ein Lehrer-Schüler-Verhältnis Corvey-Schlaun daraus ableiten zu können. Diese Vermutung ist jedoch nicht zu belegen und von Mummenhoff zu Recht abgewiesen worden.

Der geplante Baukörper hat Ähnlichkeit mit Drensteinfurt (Kat.-Nr. 76.1), jedoch bestehen in der Raumdisposition grundsätzliche Unterschiede. Eine große Eingangshalle, die das gesamte Erdgeschoß bis zum Gartenrisalit einnimmt, beherbergt eine repräsentative zweiflügelige, abgesetzte Treppenanlage mit Brücke, die in dieser Form in Westfalen einmalig gewesen wäre. Allerdings verwundert die Raumverteilung: die Küche links der Treppe an prominenter Stelle, das Nebentreppenhaus im Seitenrisalit und der Gartenrisalit, der seinen Sinn erst als Alkoven bekommen würde, wenn er im Obergeschoß durch seitliche Gänge über den Treppenanläufen zugänglich wäre. In Drensteinfurt liegen Küche und Nebenräume im Souterrain. Von den Plänen kam außer Umbauten, Regulierungen und der Verlegung der Brücke in die Alleeachse kaum etwas zur Ausführung.

Um 1744 ließ Franz Arnold Mauritz Droste zu Senden, offenbar aus Anlaß seiner Heirat mit Beatrix von Ledebur, von Schlaun einen Gesamtplan ausarbeiten, der aber ebenfalls nicht zur Ausführung kam. Die Grundrisse des Schlosses in der Art einer Maison de plaisance sind nur als Kopien nach Schlaun erhalten, doch für die Ökonomie und die kleinen Vorgebäude haben sich eigenhändige Zeichnungen erhalten.

76.2.1

Senden, Schloß Senden

Lambert Friedrich Corfey

Grundrisse des Kellers und des Erdgeschosses, 1713

Lavierte Federzeichnung (grau), Bleigriffel, 41 x 31,5 cm

Titel: *Das Haus Senden; 1713 22 apr.* (von der Hand Corfeys); *Idée darvon* (von Schlaun)

Beischrift zum Erdgeschoß: *KinderStube; garderobbe; Cabinet; SchlafKammer; TafelZimmer; waschKa.; Küche; Entré; Sallkammer; SalKam.; Sall; garderobbe; garderobbe; alcove* (in den einzelnen Räumen außerdem Maßzahlen)

Beischrift zum Keller: *KeesKeller; MolckenKeller; waschKeller; weinKell.; provisions – Keller; BierKeller*

Westfälisches Landesmuseum Münster, Schl.-Bd. 198

LITERATUR

Hartmann 1910, S. 258-59, 267; Karl Eugen Mummenhoff, *Die Profanbaukunst im Oberstift Münster von 1450–1650*, in: Westfalen 15 (Sonderheft 1961), S. 261; Mummenhoff 1984, S. 103; Bußkamp 1992, S. 25.

76.2.1

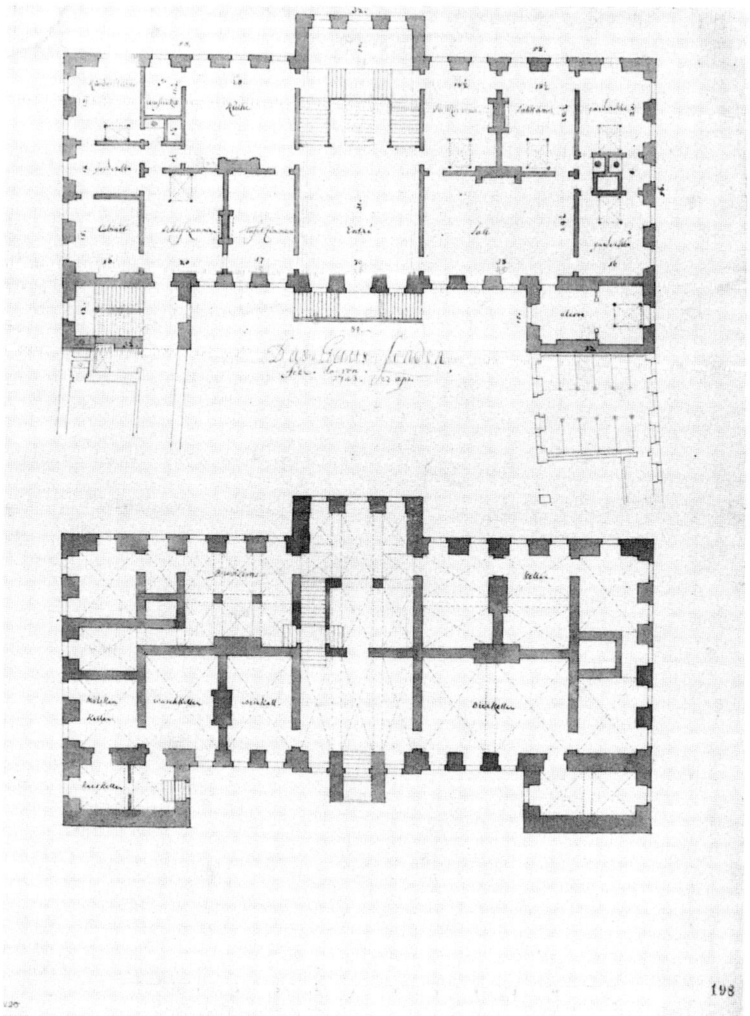

LITERATUR
Dehio Westfalen 1977, S. 4; Kat. *Schlaun* 1973, Bildteil, S. 64, Kat.-Nr. 14; Lahrkamp 1980, S. 142 (Anm. 18); Bußkamp 1992, S. 216.

76.3
Ahsen, Katholische Pfarrkirche Mariä Heimsuchung, 1720–23
Gottfried Laurenz Pictorius

Der Neubau erfolgte direkt nach dem Brand von 1720 und war offenbar 1722 vollendet, das Wappen des Stifters Ferdinand von Plettenberg ist 1723 datiert, jedoch bereits 1722 von Johann Wilhelm Gröninger quittiert. Der Entwurf für die Kirche und das Portal kann deshalb nicht von Schlaun stammen, der bis März 1723 auf seiner Studienreise war. Lahrkamp schreibt den Neubau den Brüdern Pictorius zu (Abb. 5).

LITERATUR
Mummenhoff 1975, S. 88-89.

76.4
Nordkirchen, Rentei, um 1730

Das Baujahr des Hauses ist nicht überliefert. Die Proportionen und die Blendengliederung der Fassade weisen aber auf die 1730er Jahre hin (Abb. 4); sie zeigt, obwohl verwandt, nicht die Hand Schlauns. Ein Umbau der 1780er Jahre hat außen und innen seine frühklassizistischen Spuren hinterlassen.

76.5
Schloß Herzford bei Lingen, 1732–34
Peter Pictorius d. J.

Bauherr war Hermann Josef Werner von Schorlemer. Von der Anlage sind das dreiflügelige Herrenhaus und die Brückenpfeiler erhalten, ein eingeschossiger Ziegelbau von elf Achsen über einem Sockelgeschoß mit hohem Walmdach, zweigeschossigem Mittelrisalit mit geschweiftem Giebel, doppelläufiger Freitreppe und kurzen Flügelanbauten (Abb. 6). Die Wappenkartusche verweist auf den Bauherrn von Schorlemer und seine Frau Antoinette von Brabeck. Daß Schlaun das Haus 1750 erworben haben soll, ist wohl Legende. Umbauen durfte er es jedenfalls nicht, wie aus einem Vergleich des Grundrisses mit seinen Maisons de plaisance eindeutig hervorgeht: Allein das Fehlen eines zentralen Gartensaals spricht gegen Eingriffe Schlauns in die Architektur.

Schlaun soll auch die beiden um 1950 abgebrochenen Torpavillons mit Mansarddach gebaut haben sowie die Brückenpfeiler und die Gartenanlage. Laut Mummenhoff stammt jedoch die gesamte Anlage, auch der Garten, von Peter Pictorius d. J. (1673–1735).

Schopf schreibt den erhaltenen Plan (Kat.-Nr. 76.5.1) trotz einiger Abweichungen von seinen übrigen Gartenplänen Schlaun zu. Als Begründung dafür führt sie die Verschleifung der rechten Winkel durch Kurvaturen und die Gestaltung des viergeteilten quadratischen Parterres an, was sie mit der Twickelschanze vergleicht. Die Beschriftung ist mit Sicherheit von Schlaun, doch das besagt nur, daß sich der Plan, aus welchen Gründen auch immer, in seinem Besitz befunden hat. Vorstellbar wäre hier, daß tatsächlich auf der Basis des Pictorius-Plans ein Umbau vorgesehen war und Schlaun oder einer seiner Mitarbeiter die Vermessung vorgenommen hat.

Die Disposition der Anlage, die einen von Mauern begleiteten Ehrenhof ausbildet, von zahlreichen Laternen hell erleuchtet, von Wachthäusern begleitet, mit einem Parterre an der Gartenseite, Springbrunnen und fünf in die Tiefe führenden Alleen, die mittlere mit einer Gloriette am Ende, hat hochherrschaftlichen Charakter. Die einladend ausschwingende Brückenanlage erinnert zwar an Schlaun, reicht jedoch für eine Zuschreibung nicht aus. Die Wachthäuser mit der Säulenstellung wären für ihn absolut ungewöhnlich, nur von seinen Glorietten in Nordkirchen und Clemenswerth bekannt. Erstaunlich ist immerhin die Form der vorgeschobenen Insel, mit der im Viertelkreis umgelenkten Gräfte, die die Nebengebäude so umschließt, daß diese gleichsam auf einer Halbinsel liegen. Auf diese Form greift Schlaun bei den Neuplanungen der Münsteraner Residenz zurück (vgl. vor allem Kat.-Nr. 75.9).

Das durch einen Springbrunnen zentrierte vierteilige Parterre nimmt auf der anderen Seite des Ehrenhofs die gesamte verbleibende Fläche der Insel ein. Der Tiefenzug der zentralen Achse wird am Ende des Gartens durch eine in die Gräfte vorgerückte Gloriette verstellt, ein Gartenbelvedere, von dem aus der Besitzer den Garten entdecken konnte (vgl. Kat.-Nr. 49.6). Dem antwortet an der anderen Seite eine Ausbuchtung des Ufers, womit der Tiefenzug der Alleeachse ins Land erneut ansetzt. Die Ausbuchtungen und -schwingungen der Plätze im Garten – Pictorius plante einen zweiten kleinen Ehrenhof durch Abgrenzung mit Gittern auf der Gartenseite – sind stets vorbereitet. Wo die Wege keinen Point de vue aufweisen, werden sie durch die viertelkreisförmigen Mauern des Ehrenhofes oder durch halbrunde Rasenstücke aufgefangen. Die Kanäle der Gräfte beiderseits der eigentlichen Schloßinsel, mit dem Vorwerk durch zierliche Brücken verbunden, geben der Anlage durch den Wechsel von Wasserweg, Parterrekarree und den äußeren Alleen auf kleinstem Raum ein verblüffend abwechslungsreiches Gepräge. Die Technik der Gartengestaltung mit den umlaufenden, mit Rasen zu bepflanzenden plate-bandes coupées en compartiments, im Wechsel von pyramidenförmig oder kegelförmig beschnittenen Stauden besetzt, hat Pictorius dem Gartenwerk des Dezallier d'Argentville entlehnt und bereits in ähnlicher Form bei seinen Planungen für den Plettenberger Hof in Münster verwendet (vgl. Abb. 1000 bei Geisberg 1935, Münster IV, S. 107). Mummenhoffs Zuschreibung der Zeichnung an Peter Pictorius d.J. ist damit sicher. Auch die von Rensing angegebene Datierung der Zeichnung 1750 ist hinfällig; wahrscheinlicher sind die Jahre 1732-34, der Bauzeit von Schloß Herzford.

Die Nebengebäude und die Anlage der Stallungen auf dem Vorwerk sind symmetrisch angeordnet, die korrespondierenden Pfeilerstellungen führen zu je zwei Höfen, an deren Enden vierachsige, zweigeschossige Wirtschaftstrakte in L-Form liegen. Von denen wiederum erschließen sich über schmale Brücken die Nebenalleen der wie Halbinseln in der Gräfte gelegenen seitlichen Dämme.

Der zweite Plan, offenbar eine Bestandsaufnahme der von Pictorius hinterlassenen unfertigen Gesamtanlage, stammt mit Sicherheit aus der Schlaunwerkstatt (vgl. etwa den Plan von Haus Alvinghof, Kat.-Nr. 52.1). Die punktierte Hauptsymmetrieachse verweist auf zukünftige Planungen, die die gebaute Architektur in die gestaltete Natur verlängern und sie im Gegensatz zu der geschlossenen Form des Pictorius in die Landschaft öffnen sollte. Das Überschneiden des Plans durch den Rahmen ist ein typisches Schlaun-Motiv bei Präsentationszeichnungen (vgl. Clemenskirche).

LITERATUR
Rensing 1954, S. 39 (Zuschreibung an Schlaun und Datierung 1750); Borchers 1959, S. 196f.; Schopf 1988, S. 65f., 92, 104, 160, 180f.

4 Nordkirchen, Rentei, um 1730

5 Ahsen, Katholische Pfarrkirche Maria Heimsuchung, Portal, 1720–23 – Gottfried Laurenz Pictorius

6 Schloß Herzford bei Lingen, Aquarell

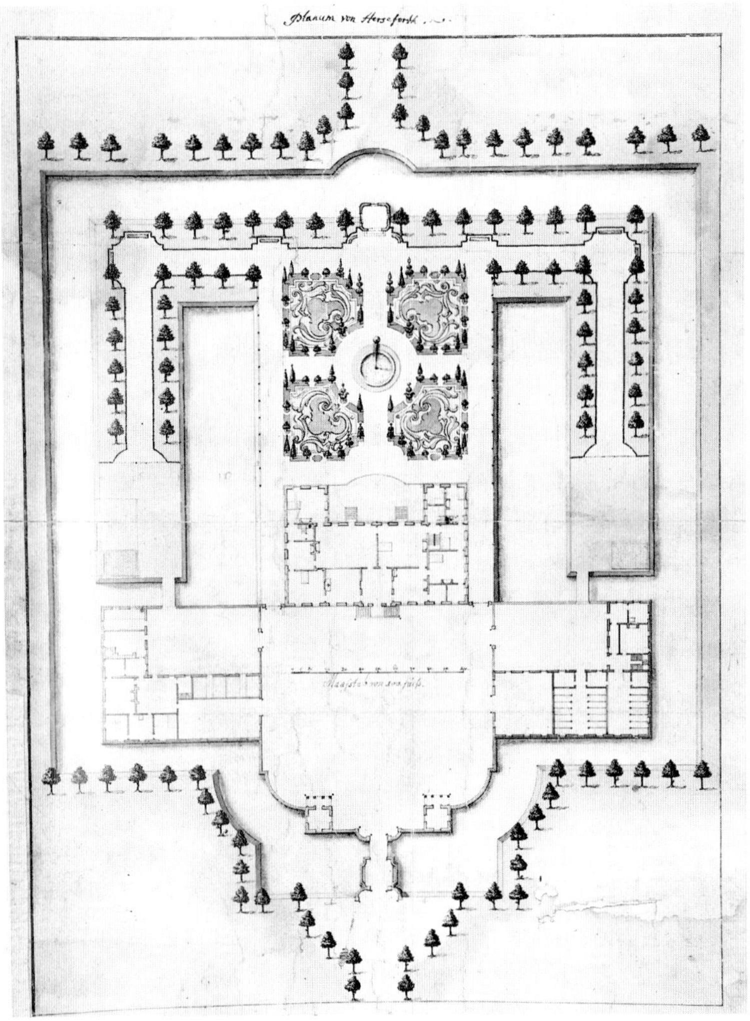

76.5.1

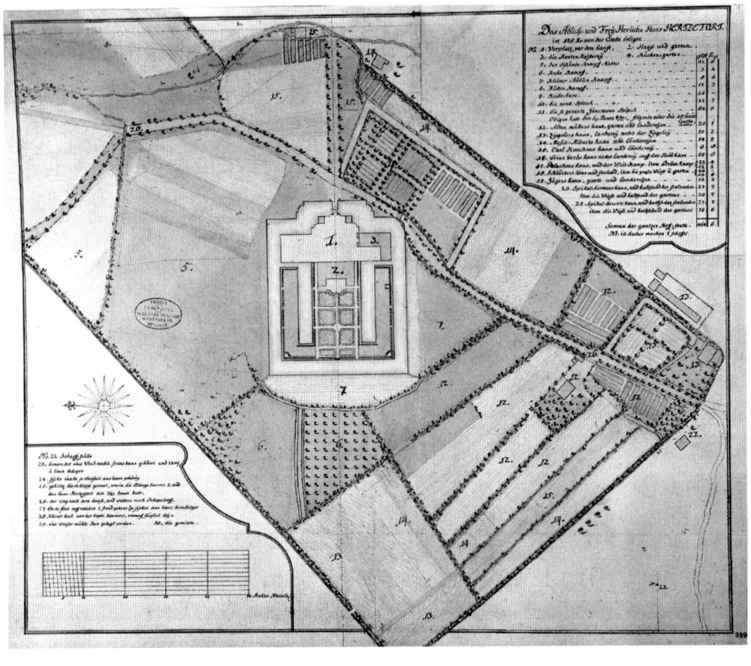

76.5.2

76.5.1
Schloß Herzford bei Lingen
Peter Pictorius d.J.
Plan der Gesamtanlage

Lavierte Federzeichnung (braun, schwarz, rot, grau, grün, blau), 68,8 x 48,4 cm (64,1 x 44,7 cm)
Titel: *Planum von Herseforth.* –
Maßstab: *100 fuess* = 11,2 cm

Westfälisches Landesmuseum Münster, Schl.-Bd. 166

76.5.2
Schloß Herzford bei Lingen
Schlaun-Werkstatt
Plan der Gesamtanlage und der zugehörigen Ländereien

Lavierte Federzeichnung (grauschwarz, blaßrot, grau, grün, blaßgelb), Bleigriffel,
54,9 x 65,7 cm (52,8 x 62,8 cm)
Titel: *Das Adlich= und Frey=Herliche Haus HERTZEFORT. ist 178 Rr von der Embs belegen*
Beischrift: Kennziffern
Legende: *No 1. Vorplatz vor dem hause,; 2. Hauss und garten.; 3. die RentenMeisterey; 4. Küchen=garten.; 5. der Schüren Kampff hältet; 6. Kuche Kampff.; 7. Kleiner Mühlen Kampff.; 8. Rüben Kampff.; 9. Heidt-hare; 10. die neue SpiecK.; 11. die so genannte jüncKeren SpiecK; Obiges hatt der hg Rente Mster, folgendes aber die 10 heuer leute, unter; 12. Alten mütters haus, garten und landereyen; 13. Ziegelers haus, landerey nebst der Ziegeley; 14. Mesch=Alberts haus und ländereyen; 15. Carl KuncKens haus und länderey; 16 Prine Gerds haus nebst landerey auff der Heidhare; 17. PolacKens haus, und der Weit=Kamp. item BrämKamp; 18. Schlücters haus und ſeeland, item die grosse Wiese u garten; 19. Jägers haus, garte und landereyen; 20. SpiKel=hermens haus, und halbsceid des ſeelandes item die Wiese und halbsceid des gartens; 21. SpiKel=berents haus, und balbs=des ſeelandes item die Wiese und halbscheid des gartens;* (Zusatz zu 1.-21., rechts daneben in zwei Spalten Maßangaben in fuß und bech:); *Summa der gantzen Hoff=Sacth-; NB: ib. becher machen 1 Scheffel*
Legende: *No. 22 Schaeff-Ställe; 23.. bemercKet eine Wind=muhle. so ans haus gehöret und 23v à linea belegen; 24. fische lache so ebenfals ans haus gehörig; 25. gehöltz die Schlipse genant, worin die Elberge baueren 2, und das haus Hertzefort den 3ten baum hatt.; 26. der weg nach dem hause, und weiteres nach Schepsdorff,; 27. Embs flus auff welchen 2 stund gehens Zu fischen das haus berechtiget; 28. Kleiner bach aus der heyde Komment, worauff fueglich bey= ; 29. eine wasser mühle Kan gelagt werden.; 30 die gemeinte*
Maßstab: *50 Ruhten Rheinla(nd)* = 18,4 cm

Westfälisches Landesmuseum Münster, Schl.-Bd. 339

76.6
Ennigerloh-Ostenfelde, Haus Vornholz, 1720/30
Lambert Friedrich Corfey

Haus Vornholz, eine Zweiinselanlage mit Doppelgräben und Wall, Sitz der 1172 urkundlich erwähnten Ritter von Ostenfelde, befand sich seit 1656 in der Hand der Familie von Nagel. Ab 1666 erfolgte der Neubau für den Generalwachtmeister Dietrich Hermann von Nagel anstelle der abgebrannten Burg. Ältester Teil des dreiflügeligen Herrenhauses ist der blockhaft geschlossene, zweigeschossige Mittelbau aus verputztem Bruchstein mit mächtigem Walmdach; bis auf das übergiebelte Hauptportal mit Wappenaufsatz und Freitreppe völlig schmucklos. Ihm ordnen sich die etwas jüngeren, niedriger gehaltenen Seitenflügel – im nördlichen die Hauskapelle – mit je einem Eckturm unter. Schräg zum Hauptschloß liegt die Vorburg mit langgestreckten, randständigen Wirtschaftsgebäuden und zwei Ecktürmen aus dem 17. Jahrhundert, südlich des Schlosses die alte Rentei –, gut proportionierter einstöckiger Ziegelbau mit Mansarddach, Mitte 18. Jahrhundert.

Der Entwurf ist, obgleich aus Schlauns Besitz, eindeutig von Lambert Friedrich Corfey, wie der Vergleich des Schriftzugs auf seinen Präsentationszeichnungen belegt. Mummenhoff datiert ihn in die zwanziger Jahre. Auftraggeber war vielleicht der münsterische Kavalleriegeneral Edmund Friedrich Levin von Nagel (1689–1744). Hauchdünne Bleistiftstriche unter der zarten Kolorierung, hauptsächlich im Bereich des großen Gartens, beweisen die Übertragung aus einer Geländevermessung und zeigen die Rekonstruktion der Beeteinteilung.

LITERATUR
BKW Kreis Soest 1905, S. 14f., 20; Heimatkalender des Kreises Soest 1965, S. 23–26, 53f.; Püttmann-Engel 1987, S. 185f.

QUELLEN
Stadtarchiv Werl, Dep. Archiv der Mellinschen Stiftung, Nr. 395.

DENKMALPFLEGE
Einzelberichte zur Denkmalpflege in: Westfalen 53, 1975, S. 441f.

76.6.1
Ennigerloh-Ostenfelde, Haus Vornholz
Lambert Friedrich Corfey
Schloß, Lageplan mit Gärten

Lavierte Federzeichnung (grau, braun, grün, blaßrot, hellblau),
31,8 x 21 cm
Titel: *Das Haus Varnholtz*

Westfälisches Landesmuseum Münster, Schl.-Bd. 168

76.6.1

76.7 (ohne Abb.)
Haus Füchten in Hünningen, 1726

Auftraggeber waren Ernst Dietrich Anton von Droste zu Füchten und seine Frau Ursula Sibilla aus der Familie der von Plettenberg. Das Herrenhaus des 16. Jahrhunderts wurde 1726 durch einen südlichen Seitenflügel für die Schloßkapelle erweitert. Am Eingang des langen Wirtschaftshofes errichtete man zwei kleine Pavillons, die mit den Ökonomiegebäuden durch viertelkreisförmige Gelenkbauten verbunden wurden. Die vermutete Autorschaft Schlauns für die Kapelle und die Torhäuser läßt sich archivalisch nicht belegen, das Formenrepertoire der zweigeschossigen Schloßkapelle zeigt eine für ihn untypische Dekorationsgliederung der Wand.

LITERATUR
Rensing 1954, S. 39; Mummenhoff 1984, S. 112; Schopf 1988, S. 193.

LITERATUR

Hartmann 1910, S. 46, 52; *Die Kunstdenkmäler der Rheinprovinz.* Ergänzungsband: *Die ehemaligen Kirchen, Klöster, Hospitäler und Schulbauten der Stadt Köln* (Hg. Paul Clemen), Düsseldorf 1937, S. 389–93.

7–9 Köln, Jesuitengymnasium Tricoronatum, 1728

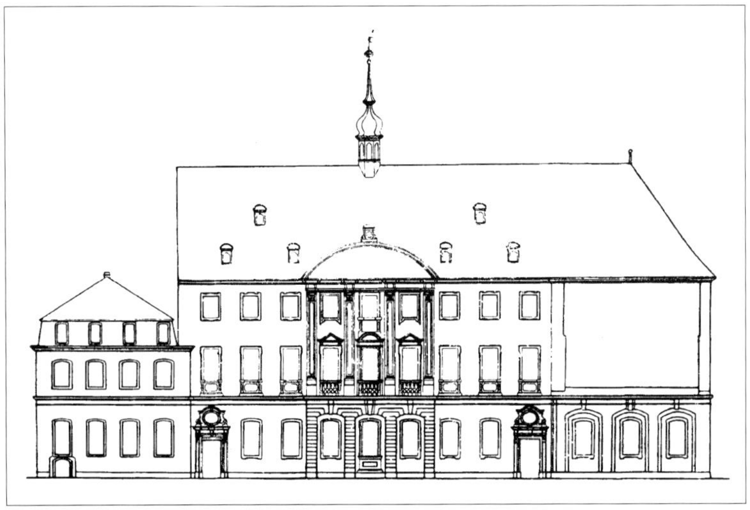

76.8

Köln, Jesuitengymnasium Tricoronatum (Marzellengymnasium), 1728

Am 11. November 1727 brannte der Westflügel des 1672/74 an der Marzellenstraße errichteten Jesuitengymnasiums nieder. Laut Hartmann und Clemen wurde der gleich in Angriff genommene Neubau nach einem Entwurf des »Bonner Hofbaumeisters Johann Konrad Schlaun« ausgeführt. Am 28. April 1728 begann der Wiederaufbau, im November 1729 konnten schon die Aula und sieben Klassen wieder benutzt werden. Der dreigeschossige Neubau hinter einem der Straße zu gelegenen Vorhof, ausgeführt von dem Stadtzimmermeister Jakob Burscheid und dem Steinhauermeister Adam Decken, sollte durch einen dreiachsigen Mittelrisalit und ebenfalls dreiachsige Nebenrisalite gegliedert werden, von denen jedoch nur der rechte ausgeführt wurde. Auf dem Walmdach befand sich ein Glockentürmchen mit geschweiftem Helm. 1828/32 wurde die Fassade stark verändert, der Bau 1912 abgerissen. Die Bildquellen (Abb. 7–8) lassen, soweit man ihnen vertrauen kann, die Autorschaft Schlauns zweifelhaft erscheinen. Der Bau wirkt insgesamt eher französisch, vergleicht man ihn etwa mit den Entwürfen Guillaume Hauberats für Brühl. Vor allem die kolossalen Pilaster mit der Binnenrahmung, die sich auch an den Portalen als Dekorationsform wiederfindet, kommen ebenso wie der riesige Segmentgiebel über den drei Achsen des Mittelrisalit sonst bei Schlaun nicht vor. Das gilt auch für die Dreiecksgiebel der Obergeschoßfenster, während die abgetreppten Segmentbogen, wie sie auch über den ovalen Portaloberlichtern erscheinen (Abb. 9), zwar auf den ersten Blick von Schlaun sein könnten, doch zeugen die eingedrehten Voluten und die breiten Konsolen trotz der Schrägstellung der Pilaster von einer altertümlichen Stilhaltung, die man bei Schlaun nicht mehr findet. Das Portalmotiv, römisch und von de Rossi publiziert, bei Dientzenhofers Neumünsterportal in Würzburg rezipiert, findet sich auch bei Daviler, dem verbreitetsten Musterbuch des 18. Jahrhunderts überhaupt.

Die Portale der Michaelskapelle in Lembeck (1726 – Kat.-Nr. 19), der Klosterkirche in Wittem, (1729 – Kat.-Nr. 22) oder von Schloß Grimberg (1733 – Kat.-Nr. 31) sind zwar vergleichbar, jedoch insgesamt zierlicher und schärfer akzentuiert.

76.9
Bonn, Stiftskirche St. Maria in Dietkirchen, 1729

Bauherr war Kurfürst Clemens August, Grundsteinlegung 1729, 1880 wurde die Kirche abgerissen. Die von Mühlberg kolportierte Beteiligung Schlauns am 1729 begonnenen Neubau der Stiftskirche Dietkirchen zu Bonn durch Maevis Bongarts, die auch im Dehio-Handbuch noch vermutet wird, ist archivalisch nicht zu belegen, ebensowenig wie die Zuschreibung an Michel Leveilly durch Renard. Die Durchsicht der betreffenden Akten im Hauptstaatsarchiv Düsseldorf blieb ergebnislos, ebenso befindet sich im Pfarrarchiv der Stiftskirche kein Hinweis auf eine mögliche Beteiligung Schlauns. Auch aus stilistischen Gründen – die Durchbildung der Pilaster auf hohen Sockeln sowie die Fenster- und Portalverdachung wären ganz untypisch – kommt zumindest eine maßgebliche Mitarbeit Schlauns nicht in Frage.

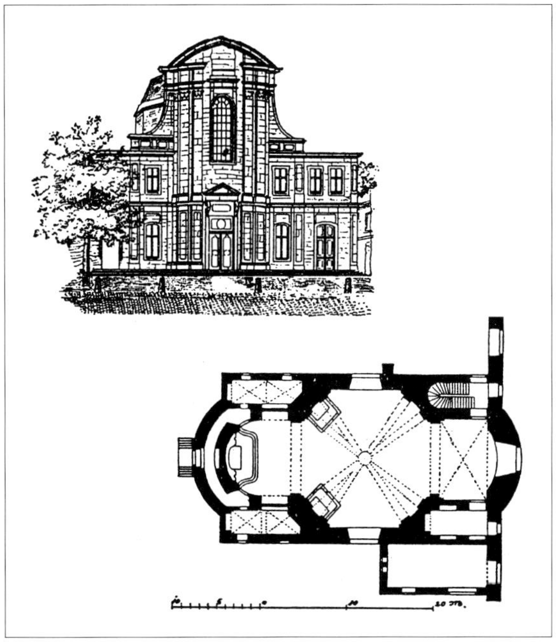

LITERATUR
Renard 1896, S. 58, Abb. S. 57; F. Mühlberg, Rez. v. Rensing 1954, in: Kunstchronik Bd. 8, 1955, Heft 2, S. 55; Dehio Rheinland 1967, S. 79; Bußkamp 1992, S. 216.

QUELLEN
Nordrhein-Westfälisches Hauptstaatsarchiv Düsseldorf, Stift Dietkirchen, Akten 4.

10 Bonn, Stiftskirche St. Maria in Dietkirchen, 1729

76.10 (ohne Abb.)
Münster, Domplatz, Domkurie von Nagel, Herrenhaus, 1729
Peter Pictorius (?)

Die dem Zweiten Weltkrieg zum Opfer gefallene Kurie optierte 1723 Heidenreich Adolf von Nagel zu Loburg, der spätere Propst von S. Mauritz. 1728 äußerte er die Absicht, seinen Hof zu verbessern; es wurde eine Kommission zur Besichtigung ernannt. 1728 präsentierte er den endgültigen Abriß für die fundamentale Erneuerung der Kurie, 1729 wurde das neue Herrenhaus erbaut, das bis zur Horsteberg-Gasse reichte und dessen Baumeister sowohl das romanische Steinhaus wie die Fundamente des älteren Herrenhauses benutzen mußte. Das kleine Haus an der Domhof-Grenzmauer verschwand; an seine Stelle trat ein kleines, zweifenstriges Garten- oder Torhäuschen hart an der Nordostecke des Domhofes, dessen Grundriß der Plan der Domplatzbebauung (Kat.-Nr. 46) von 1748 wiedergibt. Als 1748 der Bauherr starb, erhielt der von ihm als Nachfolger benannte Propst von St. Mauritz, Clemens August von Korff genannt Schmising zu Tatenhausen, die Kurie. Die Zuschreibung an Schlaun erfolgte durch Rensing ohne jede Begründung; sie ist weder durch Quellen noch durch Zeichnungen zu belegen, der stilistische Vergleich schließt die Zuschreibung aus. Geisberg vermutete Gottfried Laurenz Pictorius als Baumeister, der aber bereits am 17. Januar 1729 starb; möglicherweise hat sein Bruder Peter Pictorius die Kurie errichtet.

LITERATUR
Geisberg 1933, Münster II, S. 166–79, bes. S. 176–78; Rensing 1954, S. 38.

76.11
Münster, Entwurf zu einem münsterischen Almanach, vor 1729
Gottfried Laurenz Pictorius

Eine Ädikulaarchitektur mit einem von Putti gehaltenen Rahmen für zwölf Monatsfelder. An den Hauptpilastern und im Giebelaufsatz die Leerfelder für die Wappen des Bischofs und der Mitglieder des Domkapitels, nebst einer Schriftkartusche. Auf dem Architekturstück die Stiftsheiligen: »S. Carolus Magnus – SS Ewaldi – S Ludgerus – S Paulus« zusammen mit den Figuren Gottvaters, der Gottesmutter und der Taube des Heiligen Geistes, dazu allegorische Figuren der Hoffnung (Anker) und des Glaubens (Hostie), der Gerechtigkeit (Waage) und der Guten Regierung bzw. des Friedens und der Glückseligkeit (Schlangenstab), dazwischen in einer Kartusche das Stadtbild Münsters. Die Beschriftung ist von der Hand Schlauns, doch stammt der Kalenderentwurf eindeutig von Gottfried Laurenz Pictorius, denn der hat ihn signiert: »G.L. Pictorius delin«.

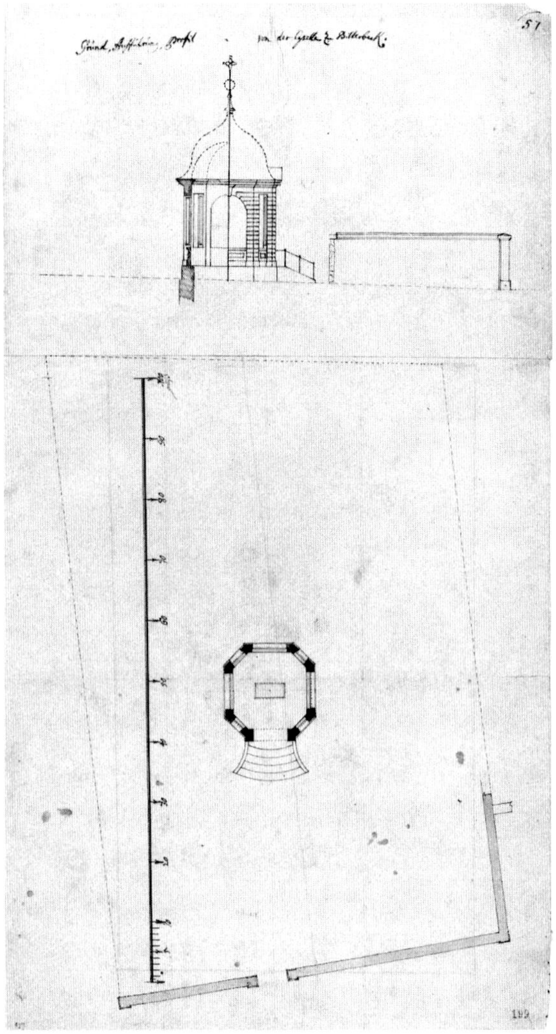

76.12.1

76.11.1

Münster, Entwurf zu einem münsterischen Almanach, vor 1729
Gottfried Laurenz Pictorius

Lavierte Federzeichnung (braun, grau),
42 x 22,8 cm (39,7 x 21,3 cm)
Titel: *Concept von einen Munsterischen Almanach.*
Beischrift: *S. Carolus Magnus; SS Ewaldi; S Ludgerus; S Paulus*
Maßstab: *5* Einheiten = 17,8 cm
Signatur: *G. L. Pictorius delin*

Westfälisches Landesmuseum Münster, KdZ 172

76.12.1

Billerbeck, Ludgeruskapelle
Schnitt, Aufriß und Grundriß mit Angabe der Mauer um den Kapellenbezirk

Lavierte Federzeichnung (grau, schwarz), 57,5 x 31,5 cm
Titel: *Grund, Auffühnung, Profil von der Capelle zu Billerbeck.*
Maßstab: *100 fues* = 33,5 cm

Westfälisches Landesmuseum Münster, Schl.-Bd. 199

76.11.1

76.12

Billerbeck, Ludgeruskapelle, 1732

Peter Pictorius d.J.

Auftraggeber war Goswin Reinhardts. Billerbeck ist der Sterbeort des hl. Ludger, des ersten Bischofs von Münster. Die Sterbekapelle des Peter Pictorius d.J. aus den Jahren 1732 bis 1735 wurde beim Bau des neugotischen Domes im späten 19. Jahrhundert abgerissen und verbaut. Sie war ein achteckiger Zentralbau mit großen Fensterflächen auf einem Sockel, über eine geschwungene Treppe zu betreten. Die Bildung der Wand sowie die Dekoration der durchlaufenden Bänderung ist für Schlaun absolut untypisch. Als Architekt der Ludgeruskapelle in Billerbeck, deren Bau 1732 begonnen wurde, konnte Ilisch Peter Pictorius d.J. archivalisch nachweisen. Schlaun wurde offenbar nach dem Tode des Pictorius beauftragt, eine Umfassungsmauer zu errichten, was seine erhaltene Zeichnung erklärt.

LITERATUR

Hartmann 1910, S. 266f.; Rensing 1954; Kat. *Clemens August* 1961, S. 176, 265; Peter Ilisch, *Die Ludgeruskapelle in Billerbeck, ein Bau von Peter Pictorius d.J.*, in: Geschichtsblätter des Kreises Coesfeld, 13. Jg., 1988, S. 55–61; Bußkamp 1992, S. 216.

11 Münster, Domdechanei, Abschlußgitter, 1734 – Peter Pictorius d.J.

76.13

Domdechanei, Abschlußgitter, 1734

Münster, Domplatz

Peter Pictorius d.J.

Im Jahr 1732 ließ der Domdechant Friedrich Christian von Galen einen umfassenden Umbau der alten Domdechanei aus dem 16. Jahrhundert im Sinne eines Pariser Stadtpalais' vornehmen. Das Ehrenhofgitter (Abb. 11) entwarf Peter Pictorius d.J., wie eine Zeichnung von ihm im Landesmuseum Münster belegt (Hinweis Mummenhoff).

LITERATUR

Cornelius Gurlitt, *Geschichte der deutschen Baukunst*, Stuttgart 1900, S. 100 (Corfey); Geisberg 1932, Münster I, S. 531–52, bes. S. 544–52; vgl. Rave 1932, S. 3, Anm. 3; Rensing 1954, S. 39 (Bauleitung Peter Pictorius d.J.); Géza Jászai, *Der Gartensaal des Bischöflichen Hofes zu Münster am Nordflügel des Domkreuzganges*, Münster 1984.

LITERATUR
Geisberg 1935, Münster IV, S. 180.

76.14
Das Gartenhaus in der Kirchstraße, 1737

Das Gartenhaus für die Familie von Herding an der Kirchstraße (Abb. 12) hat Rensing offenbar aufgrund der z.B. bei Haus Rüschhaus wiederverwendeten Portalrahmung Schlaun zugeschrieben. Da keine Archivalien oder Zeichnungen die Zuweisung erhärten, muß die Autorschaft jedoch offenbleiben. Die Inschrift nennt den Auftraggeber Ernst Melchior von Herding und die Jahreszahl 1737.

LITERATUR
Walter Tecklenburg, *Die Johannes-Kapelle,* in: Festschrift zum 50. Jubelfest des katholischen Gesellvereins Rietberg, Rietberg 1929, S. 62 (Zuschreibung); Rensing 1941, S. 214ff. (Zuschreibung); Rensing 1954, S. 28f.; Schmitz 1969, S. 144; Conrad 1978, S. 174–81 (Abschreibung); Franz Krins, Die *Stiftung der Johannes-von-Nepomuk-Kapelle in Rietberg,* in: Westfalen, 60, 1982, S. 257–59; Bußkamp 1992, S. 216.

76.15
Rietberg, Johannes von Nepomuk-Kapelle, ab 1747

Bauherrin war Maria Ernestine, Gräfin von Kaunitz, geborene Gräfin zu Ostfriesland und Rietberg, Mutter des späteren Staatskanzlers Wenzel Anton von Kaunitz-Rietberg; sie ordnete an, »eine überauß Kostbahre und schöne Capelle auff Romenische Art erbauen zu laßen«, von daher erklären sich auch die römischen bzw. Wiener Formen (Abb. 13). Die bereits 1973 angemeldeten Zweifel an der Autorschaft Schlauns konnten 1978 durch Conrad bekräftigt werden. Die Pläne stammen vermutlich von einem Architekten in Brünn, möglicherweise von Mauritz Grimm (1699–1757).

LITERATUR
Rensing 1954, S. 39; Bußkamp 1992, S. 216.

76.16
Visbeck bei Dülmen, Kapelle, 1749

Die Zuschreibung durch Rensing 1954 ist nicht aufrecht zu erhalten; es gibt keinerlei Anhaltspunkte für Schlauns Autorschaft. So sind der Grundriß und die verwendete Lisenengliederung gegenüber der 1751 erbauten Kapelle in Kirchhellen-Feldhausen und dem nahezu gleichzeitig entstandenen Turm der Clemenskirche vergleichsweise simpel. Im übrigen fehlt in Visbeck die für Schlaun typisch obere horizontale Verbindung der Lisenen (Abb. 14).

76.17

Schloß Eggermühlen, Orangerie, 1754

LITERATUR

Borchers 1959, S. 197; Püttmann-Engel 1988, S. 41, 92, Nr. 32.

Bauherr war der kurfürstliche Kammerherr Caspar Heinrich von Boeselager und seine Frau Maria Anna Agnes Franziska von Weichs zur Wenne. Die Orangerie wurde 1754 auf einer langgestreckten Terrasse errichtet und diente als architektonische Verankerung eines nicht mehr erhaltenen barocken Gartenparterres (Abb. 15). Dem dreiseitig vorspringenden Mittelpavillon mit Zeltdach, der für gesellschaftliche Zwecke gedacht war, schließen sich zwei zur Pflanzenzucht bestimmte dreiachsige Seitenflügel mit Satteldächern an. Einziger Schmuck der Backsteinfassade sind die Sandsteineinfassungen der Fenster und des wappenbekrönten Eingangs. Das Fehlen jeglicher Strukturierung der Wand macht im Vergleich mit den übrigen Beispielen die Zuschreibung an Schlaun mehr als fraglich, die Borchers allein aufgrund der engen Beziehungen der Famile Weichs und Böselager vorgenommen hat.

12 Das Gartenhaus in der Kirchstraße, 1737

13 Rietberg, Johannes von Nepomuk-Kapelle, ab 1747

14 Visbeck bei Dülmen, Kapelle, 1749

15 Schloß Eggermühlen, Orangerie, 1754

LITERATUR

Hans Tintelnot, *Die barocke Freskomalerei in Deutschland,* München 1951, S. 180; *Konrad Algermissen, Bischof von Hildesheim* (1724–1761), in: Kat. *Clemens August* 1961, S. 31ff.; Rensing 1961, S. 282–87; Hans Reuther, *Die Schloßkapellen von Kurfürst Clemens August als Fürstbischof von Hildesheim,* in: Das Münster, 17, 1964, S. 301–10; ders., *Die Schloßkapellen von Kurfürst-Erzbischof Clemens August in den niedersächsischen Herrschaftsgebieten,* in: *Geschichte des katholischen Sakralbaus in Niedersachsen,* Niedersächsische Beiträge zur Kunstgeschichte 14, 1975, S. 148–54; Hermann Braun, *Joseph Gregor Winck,* Hannover 1983, S. 33.

76.18

Jagdschloß Liebenburg am Harz, 1754–60

Das vom Kurfürst und Fürstbischof von Hildesheim in Liebenburg errichtete Jagd- und Residenzschloß im Stil einer Maison de plaisance ist ein katholischer Propagandabau, der die Stelle einer bereits im 13. Jahrhundert errichteten Grenzburg gegen die Welfen zwischen 1750 und 1760 auf einem Bergrücken oberhalb des Ortes Liebenburg einnahm (Abb. 16–19). Als Baumeister hat man einen gewissen Jürgen Köppel vermutet, der sich jedoch erst 1760 beim Hildesheimer Domkapitel um den Posten eines Baumeisters bewarb auch der mehrfach genannte Peter Franz Linden, Sekretär des Liebenburger Drosten Jobst Edmund von Brabeck, war lediglich als Bauinspektor tätig. 1749 hatte Clemens August Johann Ludwig Hoefer neben Justus Wehmer als Hildesheimer Landbaumeister bestellt, der als ausführender Bauleiter etwa für den Paderborner Hofbaumeister von 1751–55 Schloß Ruthe bei Hildesheim errichtet hat.

Das Aktenmaterial zu Schloß Liebenburg ist 1943 im Staatsarchiv Hannover verbrannt, doch zeigt schon der erste Blick auf den ausgeführten Bau, daß im Hintergrund der Planungen die Schlaun-Werkstatt gestanden haben muß.

Das Schloß ist ein breit gelagerter Kubus von 15 Achsen auf hohem Werksteinsockel mit Mansarddach, ausgezeichnet an der Eingangsseite durch einen dreiachsigen Risalit, an der Rückseite springt der Festsaal dreiseitig vor. Die Gliederung erfolgt durch die gut proportionierten Fensterachsen und Schleppgauben, an den Seiten wird der Bau durch Werksteinbänder abgefangen, die in der Art der von Schlaun meist verwendeten Rahmen unter dem Dachgesims fortgeführt werden und hinter dem konkav einschwingenden Mittelrisalit durchzulaufen scheinen. Der Mittelrisalit aus Werkstein ist als Zitat von Brühl zu begreifen. Die Disposition der großen Ordnung über dem Portalgeschoß, wobei jeweils zwei Pilaster durch das Gebälk gekuppelt werden, das im Sinne des Palladiomotivs in der Mitte von einem Rundbogenfenster durchbrochen wird, darüber der Dreiecksgiebel – das ist mehr noch als in der ausgeführten Version in der Erfindung ganz Schlaun (vgl. Kat.-Nr. 16). Reuther hat auf die Verwandschaft der Risalite des zeitgleichen Erbdrostenhofes hingewiesen (Kat. Nr. 59), der seinerseits auf die Stadtfassade von Brühl zurückgeht. Einzelformen wie die lambrequinartigen Schilde mit angehängten Rocaillen, die die Kapitelle der Lisenen vertreten, oder die hoch unter das Abschlußgesims

16 Jagdschloß Liebenburg am Harz, Ansicht des Mittelrisalits der Eingangsfassade, 1754–60

17 Jagdschloß Liebenburg am Harz, Schloßkapelle, Blick zum Altar, 1754–60

geschobenen Fenster mit Segmentbögen mögen auf die ausführenden örtlichen Bauleute, vielleicht auf Hoefer zurückgehen, denn ob Schlaun jemals in Liebenburg war, ist mehr als fraglich. Zu vermuten steht jedoch, daß der Kurfürst Schlaun hat Pläne zeichnen lassen, die unter mehr oder weniger weitreichenden Abänderungen zum Maßstab dieses Baus wurden.

Das bestätigt sich, betrachtet man den Kapellenflügel. Die Flanke des Gebäudes, die zur Fassade der Schloßkapelle wurde, bildet in der Mitte einen kräftig vortretenen Eingangsrisalit aus, der von einer Rahmen-Streifen-Struktur aus Werkstein gegliedert wird, die ähnlich wie später bei Haus Beck, das damals allerdings bereits in Planung war (Kat.-Nr. 72), durch das Zusammenfügen des übereinandergestellten Mittelmotivs mit Portal, Ovalfenster, Inschrifttafel und Obergeschoßfenster den Eindruck einer gekuppelten Kolossallisenenordnung erweckt, ein Eindruck, der durch die Doppellisenen an den Außenkanten noch verstärkt wird.

Die gesamte westliche Hälfte des Baus wird von der Schloßkapelle eingenommen, die durch einen Dachreiter mit Glockenstuhl und einen Portalrisalit ausgezeichnet ist. Sie wurde bis 1760 fertiggestellt, während der Innenausbau des Ostflügels erst im 19. Jahrhundert erfolgte. Der schlichte, zweigeschossige Saal ist mit einer dreiseitigen, über dem Eingang kurvig ausschwingenden Empore ausgestattet, im Erdgeschoß von schlichten Doppelpfeilern getragen, im ›fürstlichen‹ Obergeschoß von gekuppelten Kompositsäulen. Zuseiten der eingezogenen flachbogig ausschwingenden Altarnische sind Fürstenlogen abgetrennt, die die Nähe des Herrschers zum heiligen Geschehen garantieren. Eine Besonderheit ist der als Scheinarchitektur auf die flache Apsisnische gemalte Hauptaltar und das Deckenfresko mit Szenen aus der Vita des hl. Clemens Romanus von Joseph Gregor Winck, der auch die Entwürfe für die Kanzel und Nebenaltäre geliefert hat. Gegenüber dem Eingang befindet sich die Orgel. Püttmann-Engel hat darauf hingewiesen, daß die Disposition der Doppelkapelle von der Schloßkapelle in Versailles abhängig ist. Als Grund für die Errichtung eines überwiegend von einer Kapelle bestimmten Landschlosses sieht sie die Situation der katholischen Diaspora im Bistum Hildesheim, wo es zum Erhalt und zur Förderung des Glaubens nötig schien, Kirchen zu stiften, insbesondere solche, denen wie hier eine gewisse Überredungsgabe innewohnte, die durch das Zitat des berühmten Vorbilds verbunden mit der süddeutschen Illusionstechnik des Freskanten dem unsicheren Gläubigen gleichsam den Himmel zeigte. Wie wichtig Clemens August die Einrichtung des Sakralraumes war, wird dadurch deutlich, daß man zuerst an dessen Fertigstellung ging und die Paraderäume liegenließ. Das Schloß ist in der Tat als ein spätes Beispiel der Propaganda Fide des Deutschmeisters zu begreifen, dessen Wappen mit dem Kreuz des Ordens im Dreiecksgiebel steht.

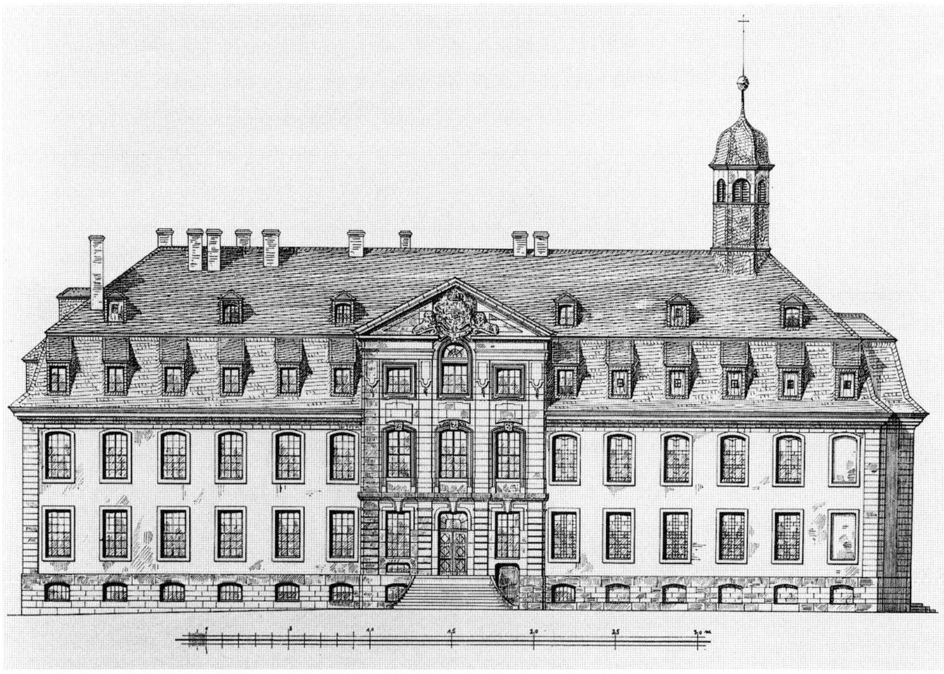

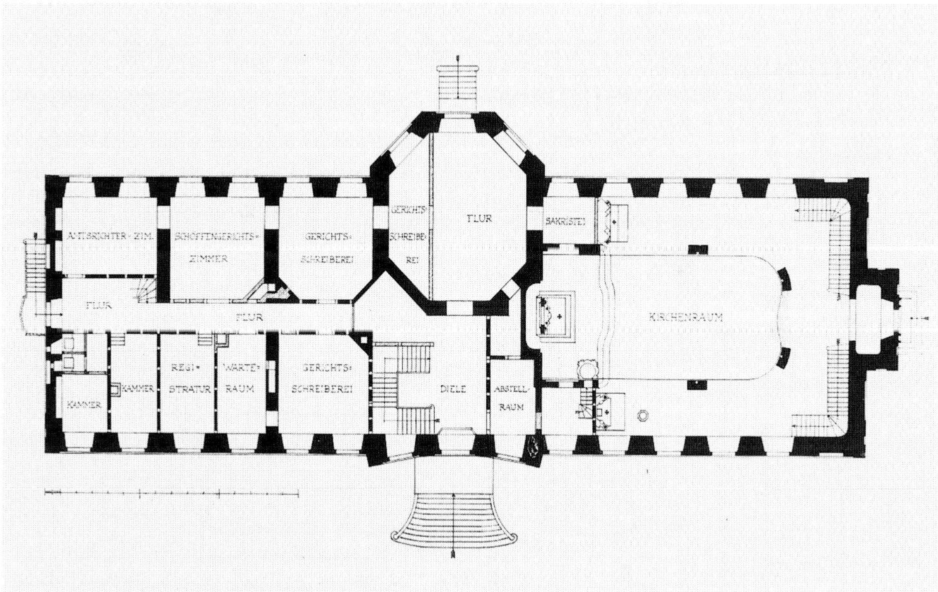

18 Jagdschloß Liebenburg am Harz, Aufriß der Eingangsfassade, moderne Bauaufnahme, 1754–60

19 Jagdschloß Liebenburg am Harz, Grundriß Erdgeschoß, moderne Bauaufnahme, 1754–60

LITERATUR
Geisberg 1935, Münster IV, S. 259f.; Geisberg 1941, Münster VI, S. 90f.

76.19
Münster, Pfarrhaus St. Mauritz, 1758
Mauritzsteinpfad 16

Erbaut für Johann Wilhelm von Oidtmann aus Köln, seit 1729 Kanonikus des Stiftes St. Mauritz, 1765 dessen Dechant. Bauinschrift: A.O.D. Joan W(?)ilhelm Oidtman Coloniensis Can(oni)cus et Cellerarius Curiam 4tam posuit Anno 1758. Das siebenachsige (heute) verputzte Gebäude (Abb. 20) wird einzig durch die von Werkstein gefaßten Fenster, das mit reicherem Profil versehene Portal mit Wappenkartusche und Krone und das kräftige Kranzgesims gegliedert. Die Dachgauben des Mansarddaches mit zwei mächtigen Kaminen und die Kellerfenster in Breite der Fenster liegen in den Achsen. Zur Eingangstür gelangt man über eine zweiläufige Treppe. Der Innenausbau ist nicht von Schlaun; Treppe und Sandsteinkamin zeigen nicht seine Hand. Zwar schließen die ausgewogenen Proportionen eine Zuschreibung an Schlaun nicht aus, doch ist die Ausbildung der Formen, auch die der Wappenkartusche, die Geisberg mit dem Domkapitelswappen am Zuchthaus vergleicht (Kat.-Nr. 28), nicht gerade so unverwechselbar, daß eine eigenständige Arbeit Schlauns notwendig gefolgert werden müßte. Im Zusammenhang mit dem Bau des Pfarrhauses sind auch die Immunitätspfeiler errichtet worden (drei Pfeiler in Höhe der Dechaneistraße erhalten), die Geisberg wie das Pfarrhaus Schlaun zugeschrieben hat. Doch ist dort auch allein in der Profilierung so viel »Allgemeingut«, daß Schlaun als Autor keineswegs zwingend erscheint.

LITERATUR
Geisberg 1941, Münster VI, S. 169-208, bes. S. 182-85; Rensing 1954, S. 33.

76.20
Münster, Pfarrkirche Sankt Martini, Turmhaube, 1760–73
Franz Arnold Matthias Boner

Heftige Windstöße zerstörten 1703 den Turmhelm der Martinikirche in Münster. Nach den Akten im Staatsarchiv wurde Lambert Friedrich Corfey mit der Wiederherstellung betraut. Es folgten erneute Zerstörungen im Siebenjährigen Krieg, der das ganze Martiniviertel schwer getroffen hatte. Kirchendach und Turm wurden diesmal unter Leitung des Leutnants Arnold Boner wiedererrichtet (Abb. 21). Die Zuschreibung des Entwurfs der Turmhaube an Schlaun durch Geisberg beruht auf der Vermutung, daß hinter der Person Boners, des späteren Bauschreibers und -leiters beim Residenzbau, der planende Schlaun gestanden habe. Weder stilistische noch archivalische Quellen können das belegen. Eine im Landesmuseum erhaltene Zeichnung zu einer Turmhaube stammt offenbar von Corfey.

20 Münster, Pfarrhaus, 1758, Mauritzsteinpfad 16 (1993)

21 Münster, Pfarrkirche Sankt Martini, Turmhaube, nach 1763 – Franz Arnold Matthias Boner

22 Canstein, Burg Canstein, um 1765, Ölgemälde

23 Münster, Wienburg, um 1765

76.21
Canstein, Burg Canstein, um 1765

LITERATUR
Rensing 1941, S. 223; ders. 1954, S. 39.

Der Erweiterungsbau einer Renaissanceanlage für den Landdrosten Otto Hermann von Spiegel wurde um die Mitte des 19. Jahrhunderts weitgehend umgebaut (Abb. 21). Die Zuschreibung an Schlaun erfolgte vermutlich aufgrund der runden Ecken und der Streifengliederung durch Rensing ohne Begründung, Quellen oder Zeichnungen.

76.22
Münster, Wienburg, um 1765

LITERATUR
Rensing 1954, S. 39.

Bei Haus Wienburg handelt es sich um ein einfaches Landhaus im Norden vor den Toren der Stadt, ehemals mit einem barocken Garten (Abb. 23). Zuschreibung an Schlaun durch Rensing ohne Begründung, Quellen oder Zeichnungen. Die Formen des Häuschens sind jedoch so schlicht, daß »um 1765« nahezu jeder Maurermeister als ›Architekt‹ in Frage kommt.

76.23 (ohne Abb.)
Geeste-Groß Hesepe, St. Nikolaus-Kirche, Hauptaltar, 1766

LITERATUR
Seifert, 1983, S. 380f., 422 (ohne Abbildung und nähere Angaben).

Der Hochaltar von 1766 soll von W. Weber aus Sögel nach einem Entwurf von Schlaun ausgeführt worden sein, die Altarfiguren von Josef Geitner. Quellen existieren unseres Wissens genausowenig wie Zeichnungen.

LITERATUR
Dehio Niedersachsen 1977; Seifert 1983, S. 380f., 422; Friedrichs 1984, S. 211.

76.24
Dorsten, Kirche des Ursulinenklosters, Hauptaltar, 1750/70

Der Bösenseller Altar wurde 1922 vom Ursulinenkloster in Dorsten erworben, er ging 1945 im Bombenhagel verloren (Abb. 24). Aus der oberen Bekrönung blieb die Gruppe »Gottvater mit der Weltkugel« in stark beschädigtem Zustand erhalten. Seifert übernimmt offenbar die Zuschreibung des ›Dehio‹ an Schlaun, die weder durch Zeichnungen noch durch Archivalien belegt ist. Im Vergleich mit Meppen oder Wolbeck (Kat.-Nr. 20, 66) fällt allerdings auf, daß trotz der Ähnlichkeit der kurvierten Attika-Altäre gerade ein für Schlaun typisches Motiv, nämlich das Aufbrechen des Gebälks in Richtung himmlischen Geschehens, fehlt. Auch das wenig einfallsreiche Tabernakel (vgl. etwa das Tabernakel Schlauns in Rheder, Kat.-Nr. 3) spricht eher für die Arbeit eines Epigonen.

LITERATUR
Rensing 1954, S. 33, 39.

76.25
Ascheberg bei Herbern, Gartenhaus im Garten von Haus Venne, 1767

Haus Venne wurde von 1710 bis 1716 durch Lambert Friedrich Corfey für Johann Matthias von Ascheberg erbaut (Abb. 25). Der zweigeschossige Gartenpavillon, ein längsrechteckiger Bau mit abgeschrägten Ecken an der Frontseite, dient heute als Grabkapelle. Das Portal mit der Rocaille-Rahmung hat Rensing vermutlich veranlaßt, den Bau Schlaun zuzuschreiben. Er datiert ihn 1767. Da keine Archivalien oder Pläne bekannt sind, bleibt die Autorschaft Schlauns zweifelhaft.

LITERATUR
Rensing 1954, S. 33; Zinkann 1989, S. 61–63.

76.26
Westkirchen, Haus Dieck, 1771

Haus Dieck (Abb. 26), aufgrund der formalen Ähnlichkeit mit Haus Loburg von Rensing Schlaun zugeschrieben, zeigt über dem Portal das Allianzwappen der Auftraggeber, des Freiherrn Leopold von Hanxleben und seiner Frau Aloisia von der Recke, sowie die Inschrift »Leopoldus Liber Baro ab Hanxleden et Aloisia Libera Baronessa a Reck ex Steinfurt has aedes ex propriis aedificari mandarunt MDCCLXXI«. Das Herrenhaus wurde 1771 an der einzigen noch freien Stelle einer etwa rechteckigen Insel in einer Gräftenanlage errichtet, auf der bereits ein Torhaus von 1615 mit Remisen, das alte Herrenhaus, ein Fachwerkbau von 1650, eine Jägerei und das Brauhaus von 1550 standen. Eine Systematisierung der Anlage wie in Beck oder Loburg wurde nicht vorgenommen, an der Rückseite jedoch bereits im Jahr 1771 ein französischer Garten angelegt. Der Grundriß ist, von Kleinigkeiten abgesehen, eine Kopie der Pläne von Loburg, lediglich die Nebentreppe in der rechten Haushälfte fehlt. Da die Küche im hohen Kellergeschoß unter dem Mittelsalon angeordnet war, mußten die Speisen über das Haupttreppenhaus nach oben und durch das Vestibül ins rechts liegende Speisezimmer gebracht werden, was Schlaun niemals erwogen hätte. Die Hoffassade zeigt zwar den gleichen Fensterrhythmus wie in Loburg und Beck, doch fehlt die Gliederung, die auch gar nicht möglich gewesen wäre, denn Fensterachsen gibt es in dem Sinn überhaupt nicht, da sowohl die Fenster des Kellergeschosses wie die Dachgauben den Rhythmus der Wohngeschosse negieren. Die zweiflügelige Eingangstreppe mit Kellereingang ist neu. Auch an der Gartenfassade stehen die Fenster in Dreiergruppen in der gänzlich ungegliederten Wand. Zinkann vermutet, daß der Bauherrn aufgrund seiner Verwandtschaft mit dem Freiherrn Marsilius von Natel-Ittlingen, dem Besitzer von Haus Loburg, eine kleinere Kopie in einfacherer Ausstattung wünschte, eine Sparversion, wofür sprache, daß nur die Hofseite im Suden und die Wetterseite im Westen gemauert wurden, während die übrigen Seiten in verputztem Fachwerk ausgeführt sind. Schlaun kommt als Architekt deshalb nicht in Frage.

76.27
Gutachten zum Speyerer Dom, Entwurf des Hochaltars, 1758 und 1771/72

Wegen der Wiederherstellung der Osttürme und der Vierungskuppel des Doms zu Speyer wurden vom Baumeister der Bistums Leonhard Stahl, Johann Valentin Thomann aus Mainz und dem Oberbaudirektor Nikolaus de Pigage aus Mannheim Pläne eingereicht, die Schlaun, der deswegen nach Speyer reiste, zur Begutachtung vorgelegt wurden. Er entschied sich für den Entwurf Stahls, der dann zur Ausführung gelangte.

1771/72 kam es erneut zu einer Beratung wegen des Dombaus. Stahl, Thomann und Ignatz Michael Neumann wurden aufgefordert, Entwürfe für die neue Vorhalle des Domes vorzulegen. Der Fürstbischof entschied den Plan Neumanns zur Ausführung. Als Stahl die Festigkeit und Dauerhaftigkeit des Vorhabens anzweifelte, schickte der Bischof am 21. April 1772 die gesamten Unterlagen an Schlaun mit der Bitte um Erstellung eines Gutachtens. Am 27. Mai 1772 antwortete Schlaun zugunsten von Neumann, »das dessen Werk gründlich und fundamental das Alte mit dem Neuen wohl vereiniget und ausstudiret, und daß mit seinen anmerkungen und erleuchterungen Alles klar dargetan.« Er lobt die Konstruktion, betont die Harmonie der Entwürfe und vergißt nicht, seine Unabhängigkeit mit dem Hinweis herauszustellen, daß er den Herrn von Neumann nicht kenne.

Laut Hartmann und Rensing hat Schlaun die Entwürfe für den Hochaltar Anton Peter von Verschaffelts geliefert, was nicht überprüfbar ist, da dieser 1794 durch Brand vernichtet wurde.

LITERATUR

Hartmann 1910, S. 68–70; Rensing 1954, S. 33; Volkardt 1976, S. 348.

24 Dorsten, Kirche des Ursulinenklosters, Hauptaltar, 1750/70

25 Ascheberg bei Herbern, Gartenhaus im Garten von Haus Venne, 1767

26 Westkirchen, Haus Dieck, 1771

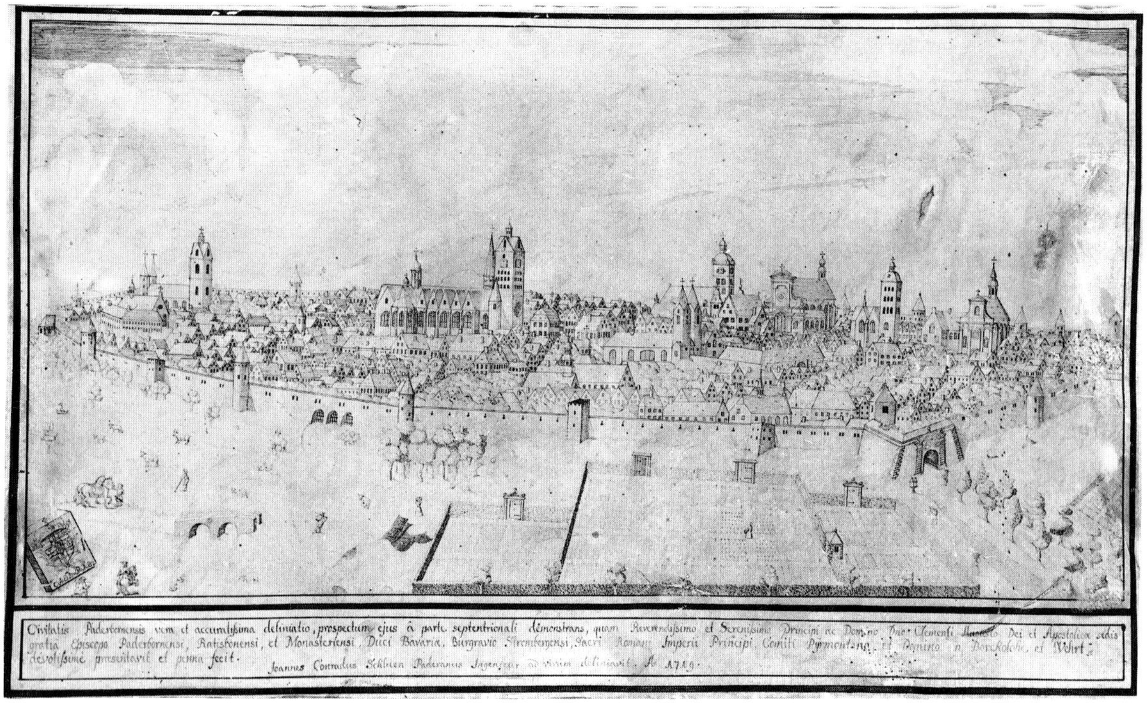
Civitatis Paderbornensis vera et accuratissima deliniatio, prospectum ejus à parte septentrionali demonstrans, quam Reverendissimo et Serenissimo Principi ac Domino Dno Clementi Augusto Dei et Apostolicæ sedis gratia Episcopo Paderbornensi, Ratisbonensi, et Monasteriensi, Duci Bavariæ, Burgravio Strombergensi, Sacri Romani Imperii Principi, Comiti Pyrmontano, et Domino in Borckelohe, et Wehrt; devotissime præsentavit et penna fecit.
Joannes Conradus Schluen Paderanus ad vivum deliniavit. A. 1719.

77.1.1

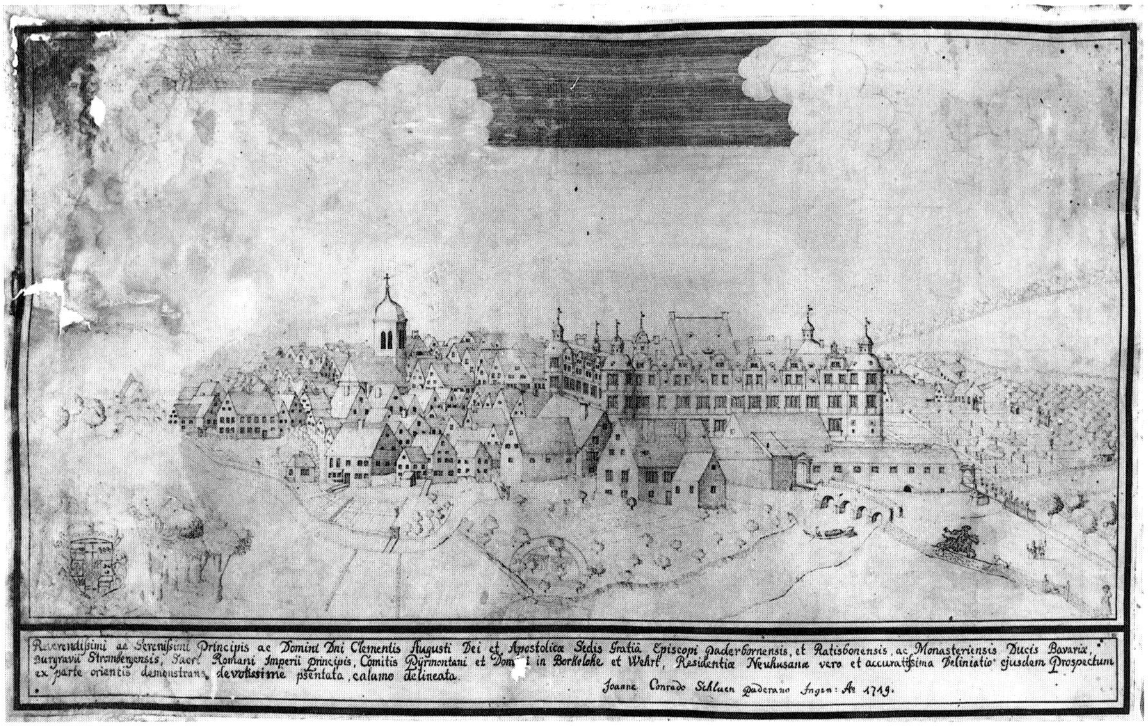
Reverendissimi ac Serenissimi Principis ac Domini Dni Clementis Augusti Dei et Apostolicæ Sedis Gratiâ Episcopi Paderbornensis, et Ratisbonensis, ac Monasteriensis Ducis Bavariæ, Burgravii Strombergensis, Sacr. Romani Imperii Principis, Comitis Pyrmontani et Domini in Borkelohe et Wehrt, Residentiæ Neuhusanæ vero et accuratissima Deliniatio ejusdem Prospectum ex parte orientis demonstrans devotissime psentata, calamo delineata.
Joanne Conrado Schluen Paderano Ingen: Ao 1719.

77.1.2

77
Feuerwerke, Dedikationsbilder und Festarchitekturen

77.1
Paderborn und Residenzschloß Neuhaus, Ansichten, 1719

Ähnlich wie zuvor in Münster wurde Clemens August als neuerwählter Fürstbischof am 23. April 1720 auch in Paderborn empfangen. Außer den Berittenen waren 60 sechsspännige Galakutschen im Zuge, die Bürgerschaft bildete mit den Fahnen Spalier, Militär paradierte vor dem Rathaus, alle Glocken läuteten, von den Wällen antwortete das grobe Geschütz, Pauken und Trompeten schmetterten auf dem Wege, bei den Feierlichkeiten im Dom und im Residenzschloß Neuhaus. Ein großes Feuerwerk im Schloßgarten, das der junge Schlaun eingerichtet hatte, bildete den Abschluß des zweiten, die Illumination der Landeshauptstadt jenen des dritten und letzten Tages der Huldigungsfeierlichkeiten. Nach dem Einzug in den Dom unterzeichnete der neue Landesherr zunächst persönlich die Wahlkapitulation, die Plettenberg in seinem Auftrag allerdings bereits vor der Wahl am 27. März 1719 gebilligt hatte. Es folgten die feierliche Inthronisation, das Te Deum, wiederum mit Pauken und Trompeten, sowie Salutschüsse der Geschütze, schließlich das Hochamt des Domdechanten.

Clemens August ließ eine Denkmünze gießen; die Jesuiten von Büren, Falkenhagen und Paderborn hatten eine gemeinsame 84-seitige Adresse verfassen lassen, der sie zwei Kupferstiche beigaben, Paderborn und München, allegorisch überhöht zur Ehre der Wittelsbacher. Ein weiterer Gratulant mit eigenen Interesssen war Schlaun, der sich mit zwei Zeichnungen von Hauptstadt und Residenz zu empfehlen trachtete. Der Zweck dieser Huldigung ist in den Widmungsunterschriften deutlich ausgesprochen: Schlaun wollte unter dem neuen Landesherrn die Stellung eines Hofarchitekten erreichen, was ihm unter dem Vorgänger dank der Protektion von Mengersens so gut wie gelungen war.

LITERATUR

Hartmann, 1910, S. 42f, Abb. 13, 14; Wackernagel 1930, S. 222; Renard 1934, S. 15; Rensing 1936, S. 15; Rensing 1954, S. 9, 37; Kat. *Clemens August* 1961, S. 28, 172; Schmitz 1969, S. 105.

QUELLEN

Altertumsverein Paderborn, Codex 210, fol. 289ff.

77.1.1
Paderborn, Ansicht von Nordwesten mit Paderausfluß und Neuhauser Tor, 1719
Dedikationsentwurf Schlauns an Kurfürst Clemens August als Glückwunsch zu dessen Wahl als Fürstbischof von Paderborn

Federzeichnung auf Pergament, 32 x 55 cm
Titel: *Civitatis Paderbornensis vera et accuratissima deliniatio, prospectum ejus á parte septentrionali demonstrans, quam Reverendissimo et Serenissimo Principi ac Domino Dno Clementi Augusto Dei et Apostolica sedis gratia Episcopo Paderbornensi, Ratisbonensi, et Monasteriensi, Duci Bavaria, Burgravio Strombergensi, Sacri Romani Imperii Principi, Comiti Pyrmontano et Domino in Borcklohe et Wehrt, devotissimè preseritavit et penna fecit.*
Signatur: *Joannes Conradus Schluen Paderanus Ingenieur ad vivum deliniavit. Ao 1719*

Erzbischöfliches Diözesanmuseum und Domschatzkammer Paderborn, Depot Altertumsverein

77.1.2
Residenzschloß Neuhaus, Ansicht von Osten, unten links Wappen von Clemens August, 1719
Dedikationsentwurf Schlauns an Kurfürst Clemens August als Glückwunsch zu dessen Wahl als Fürstbischof von Paderborn

Federzeichnung auf Pergament, 32 x 55 cm
Titel: *Reverendissimi ac Serenissimi Principis ac Domini Dni Clementis Augusti Dei et Apostolica Sedis Gratia Episcopi Paderbornensis, et Ratisbonensis, ac Monasteriensis Ducis Bavaria, Burgravii Strombergensis, Sacri Romani Imperii Principis, Comitis Pyrmontani et Dom* (..) *i* (an dieser Stelle ist das Blatt beschädigt) *in BorKelohe et Wehrt, Residentia Neuhusana vero et accuratissima Delinatio ejusdem Prospectum ex parte orientis demonstrans devotissime psentata, calumo delineata.*
Signatur: *Joanne Conrado Schluen Paderano Ingen: Ao 1719.*

Erzbischöfliches Diözesanmuseum und Domschatzkammer Paderborn, Depot Altertumsverein

LITERATUR

Hartmann 1910, S. 44, Abb. 15, S. 274, Anm. 1, Abb. 151; Renard 1927, S. 14–15; Arthur Lotz, *Das Feuerwerk*, Leipzig 1940, S. 128 ff.; Rensing 1954, S. 37; Eberhard Fähler, *Feuerwerke des Barock*, Stuttgart 1974, S. 194 ff.; Mummenhoff 1976, S. 207–36.

QUELLEN

Staatsarchiv Münster, Dep. Altertumsverein, Abt. Münster, MScr. 375h.

77.2

Residenzschloß Neuhaus, Feuerwerksentwurf anläßlich der Inthronisation von Clemens August als Fürstbischof von Paderborn, 1719

Nach dem Tod des Fürstbischofs Franz Arnold verstand es Schlaun, sich dem neu gewählten bayerischen Prinzen aus dem Hause Wittelsbach durch das Feuerwerk zu empfehlen, das anläßlich der Festlichkeiten seines Einzugs in Paderborn abgehalten wurde. Der Entwurf hatte Clemens August um den Jahreswechsel 1719/20 vorgelegen. Zusammen mit den Dedikationszeichnungen (Kat.-Nr. 77.1–2) kann man hier den Beginn der Karriere Schlauns unter dem Protektorat von Clemens August ausmachen. Gewiß waren repräsentative Feuerwerke in Paderborn oder Neuhaus nicht unbekannt, aber man darf annehmen, daß es dort vorher kaum eine Veranstaltung von derartiger Üppigkeit und technischer Raffinesse gegeben hat. Es kann als sicher gelten, daß das Feuerwerk nicht nur im Entwurf, sondern auch in der praktischen pyrotechnischen Ausführung das Werk des 25-jährigen Artillerieleutnants und Ingenieurs Johann Conrad Schlaun gewesen ist. Mit dieser organisatorischen Glanzleistung hat er sich wohl entscheidend bei seinem neuen Landesherrn und dessen Minister Ferdinand von Plettenberg eingeführt, zumal er ja bereits auch in der Architektur einige sehr beachtliche Leistungen vorweisen konnte. Noch im Jahre 1720 erfolgte denn auch seine Ernennung zum Kapitänleutnant und seine Einweisung als Landmesser des Fürstbistums Münster. Noch im gleichen Jahr trat er auf Kosten seines Landesherrn die große Ausbildungsreise an, von der er erst 1723 nach Münster zurückkehrte. Die durch Schlauns Fortgang von Paderborn vakant gewordene Ingenieursstelle scheinen für kurze Zeit die Ingenieure Justus Wehmer und Gottlieb Daniel Schleich wahrgenommen zu haben, denn erst 1725 wurde Franz Christoph Nagel auf die Landingenieursstelle berufen. Noch 1724 hatte Schlaun für das Paderborner Domkapitel das Projekt eines Gerichtsgebäudes in Lippspringe ausgearbeitet, seine, soweit wir wissen, letzte amtliche Aufgabe als Architekt im Fürstbistum Paderborn.

Über den Ablauf des Feuerwerks sind wir gut unterrichtet, denn neben dem Entwurf Schlauns gibt es den Bericht, der, in der Hofdruckerei der Fürstbischöfe von Münster und Paderborn gedruckt, zur Verbreitung der zum Ruhme von Stadt und Fürst veranstalteten Festlichkeiten dienen sollte. Schlauns Zeichnung war gewiß auch als Vorlage für einen beiliegenden Kupferstich gedacht, doch dazu haben offenbar Zeit oder Mittel nicht mehr gereicht. Auftraggeber waren die Stände. Schlaun wird den Auftrag durch Vermittlung von Mengersens erhalten haben.

»Bericht desjenigen Kunst-Feuers welches wegen der schon längst verlangten glücklichen Hohen Ankunfft des Hochwürdigst-Durchläuchtigsten Fürsten und Herrn Clementis Augusti, Bischoffen zu Paderborn und Münster / Probsten zu Alten Oettingen / in Ober- und NiederBayern / auch der Obern-Pfaltz Hertzogen / Pfaltzgraffen bey Rhein / Landgraffen zu Leuchtenberg / Burggraffen zum Stromberg / des Heiligen Römischen Reichs Fürsten / Graffen zu Pyrmondt / Herrn zu Borckeloh und Werth etc. In Ihro Hoch-Stifft Paderborn von dero treuesten Land-Ständen und Unterthanen auff dem Residentz-Schloß Neuhauß folgender Gestalt unterthänigst praesentiret worden.« Handschriftlicher Zusatz: »den 24. Aprilis 1720«.

»Erklärung.
Es wird vorgestellt zu Ehren Ihro Hoch-Fürstl. Durchläucht eine Ehren-Pforte von Corinthischer Ordre, auff deren Fronton zwey Engelen sitzen haltende das Hoch-Fürstliche Wapen / mit einer leuchtender Unterschrifft.

Unter dieser Arcade liget der Neptunus mit der Pader / welcher sich aber wegen Freud der hohen Ankunfft Seiner Hochfl. Durchläucht anjetzo in Feuer verwandlen thuet.

Umb die Ehren-Pforte ist eine Jardinage oder Gartenwerck gemacht / dessen rechter und lincker Seithen folgen zwey Pyramiden von weissen Liechteren / nach deme vier Gallerien so mit vielem Feuer bespicket / zwischen selben stehen zwey grosse Armaturen / von welchen eine das Bayrische Insigne, die andere den Namenzug mit sich führet / auch eine weiß die andere blau brennen thuet.

Nach diesem wird das gantze Werck mit zwey Feuerspeyenden Fontainen beschlossen; Unter denen Bogen stehen allerhand Statuen, welches auß folgendem weiters zu ersehen.

Diese völlige Machine so gantz perspective gestehet wird / nimbt einen Platz von 350 Fußen lang 250 Fußen breit ein / die Höhe von selber ist 38 Fueß; das Feuer bestehet alle in weissen und blauen Couleuren wie das Wapen mit sich bringet.

Actus primus.

Imo. Wird mit 12 Canonen doppelter Salve und 100 Schlägen das Zeichen zum Lust-Feuer gegeben.

2. Darauff wird durch Ihro Hoch-Fürstl. Durchläucht im Saal stehend / das Feuerwerck mit eigener gnädigster Hand angezündet / und brennen im Anfang in grossen weissen flammigten Buchstaben die Litteren:

V.C. A. E. P. E. M. D. B.

welche 50 Fueß über der Erde brennen / auch zugleich das gantze Werck beleuchten / und nach Außbrennung allerhand außfliegende Feuer mit einem grossen Knall von sich geben.

3. Weiter werden zwey Girandel-Kasten eröffnet / jeder bestehend auß 100 Ranqueten, eine weiß die andere blau Feuer außspeyend.

4. Siehet man ein grosses Trophaeum in der Mitte / worinnen ein Neptunus mit der Pader / dieses Chronicum außfliessend QVIs MIhI nVnC festos, Det, ego ConVertar In Ignes, et rVtILeM lgnItIs paDera CLarUs aqVls?

Oben in der Fronte Sr. Hoch-Fürstl. Durchläucht Insigne, von zwey Engelen gehalten / mit der Unterschrifft: CLeMens aVgVstVs paDerae tVtator & aLphae.

Welche Engelen zugleich außblasen ein Syllogismum Chronicum

nemblich der Engel an der Rechten: sl gente est baVarVs, bonVs est, MIhI CreDIte, prInCeps.

An der Lincken: seD praesVL CLeMens baVarVs, ergo bonvs.

Worauff solches in Augenschein zu nehmen ein kleiner Halt gemacht wird.

5. Werden auß vier Mörseren Bienenschwärme geworffen so auff die Pader fallen sollen und ihren völligen Effect auff selbiger thuen / und so bald sie auß den Mörseren geworffen / ist ihr Brand 6 Fueß in Diametro.

6. Unter welchem brennen 100 Wasser-Taucher / 100 Wasser-Katzen / 100 Pfündige Wasser-Ranqueten auff das Wasser geworffen werden.

Actus secundus.

1. Das Zeichen zum anderen Actu wird mit hundert Schlägen gegeben.

2. Zur Rechten des Trophaei stehet Carolus Magnus Fundator Episcopatus, sagend: franCIsCVs CeCIDIt, sVCCeDIt bolCVs heros!

Zur Lincken S. Liborius Patronus Patriae, sagend: hIC VbI fons aMIsIs, pa Derae, LVplaeqVe Labora!

3. Werden vier Lust-Kugelen auß Höltzern Mörsern geworffen / so mit zwey oder drey Kugelen in einander versetzet.

4. Steigen 150 einpfündige Ranqueten mit Stern-Putz versetzet.

5. Sihet man zwey Pyramiden brennen auß weissen Liechteren bestehend / die darauff stehende Kugelen speyen zur Letzt ein wunderliches Feuer auß.

Actus tertius.

1. Das Zeichen zum dritten Actu wird mit 100 Schlägen gegeben.

2. Genius Reverendissimi Capituli Paderbornensis redet also Seine Hoch-Fürstl. Durchläucht an: te CLeMens aVgVste DeVs regnare VoLebat.

Genius totius Nobilitatis frolocket darüber / sagend: soLVs Is eXtInCto pensabIt DaMna phILIppo.

3. Vier und zwantzig Kugelen lauffen auff der Erden herumb wie grosse Sternen / speyen allerhand Feure und Schläge von sich / unter welchem Spiel die Menge Feuer auß der Erden auß Erdmörsern geworffen wird.

4. Steigen 150 Pfündige Ranqueten mit lauter Schwärmer versetzet.

5. Spielen auß vier Mörseren vier Lust-Kugelen davon zwey mit weissen zwey mit blauen Regen-Feuer versetzet.

Actus quartus.

1. Das Zeichen zum 4ten Actu mit 100 Schlägen.

2. Genius Urbis Paderanae wünschet Seiner Hoch-Fürstl. Durchläucht Glück / sagend: eXhILerat Laetos DoMInI praesentIa CIVes.

Genius aliarum Urbium & Oppidorum thuet solches ebenfals / sagend: bolarVs hIC prInCeps, DIVtVrnos IMperet annos.

3. Werden auß vier Mörseren vier Lust-Kugelen geworffen / so mit lauter Schwärmern versetzet.

4. 150 Dreypfündige Ranqueten mit weiß und blau Feuer versetzet.

5. Ferners sihet man beyderseits zwey auff Postamenter stehende Armaturen / auff einer Seiten brennet das Bayrische Wapen in ihren Couleuren von zwey Löwen gehalten / so weiß brennen und roht Feuer weit außspeyen / auff der anderen Seiten brennet der Nahmenzug seiner Hoch-Fürstl. Durchläucht weiß / mit blauen umgebenden Armaturen / wobey auch 2 Canons gemacht / so ebenfals ein weisses Feuer auß ihrer Mündung blasen. Die an beyden Seiten rangirende Gallerie thuet alsdann auch ihren Effect. Wornach auß 8 curieusen Pompen / 8 stehenden , 8 ligenden Kannen gespielet; wie auch 6 GirandelKasten wechselweise geöffnet werden.

Actus quintus.
1. Das Zeichen zum 5ten Actu wird abermahl mit 100 Schlägen gegeben.
2. Sihet man zwey schöne weiß brennende künstliche Fontainen, und brennen vor der zur rechten Seiten in blauen Buchstaben: CLeMentis bonItas fVndIt se taLIs VbiqVe.
Vor der Lincken: ILLe bonVs princeps VtI fons se fVnDIt In oMnes.
3. Werden ins Wasser zwey im ersten Tempo mit Schwärmer im anderen mit Wasser-Kugelen versetzte Bienen-Körbe / noch 4 doppelte Bienen-Schwärme geworffen / welche gewaltig auß ihren Körben wechselweise herauß fliegen. Wornach 24 curieuse grosse WasserRäder auffm Wasser angezündet / so curieuse Effecten mit Schlägen und Außenspeyung des rohten und weissen Feuers thuen.
4. Werden ins Wasser 50 Wasser-Kugelen geworffen / etliche darvon werden der Todtenkopff genennt / so auff eine besondere Art brennen / die übrigen werden mit einen oder zwey Tempi außfahrenden Ranqueten verfertiget. Worunter 100 umblauffende Wasser-Schwärmer / 100 umblauffende Wasser-Ranqueten. 100 umblaufende Wasser-Katzen / und 100 umblauffende Wasser-Taucher bey hinein geworffen werden.
5. Werden auff dem Wasser zwey Girandel-Kasten angezünd / so vorerst ein grosses Feuer von zehen Fußen in Diametro breit von sich geben / nachgehends in die Lufft fahren. Worzu ein extra schönes Wasser-Kübel hinein gesetzet und also das End mit 400 Schlägen / 12 Canon-Schüssen doppelter Salve nach Außbrennung dessen geendiget wird.«

Der Triumphbogen war im Gegensatz zur Zeichnung von korinthischer Ordnung. Die perspektivische Anordnung der ›Maschine‹, womit der ganze technische Apparat gemeint ist, wird ausdrücklich betont. Aufführungsort war das direkt vor der Schloßnordfront liegende Parterre, groß genug für den Feuerwerksaufbau. Schlaun wählte die bayerischen Farben blau und weiß für seine pyrotechnischen Effekte. Abweichend von der Zeichnung haben die sechs allegorischen Figuren nicht frei, sondern unter Arkaden gestanden. Die Akte sind in Szenen aufgeteilt, der erste in sechs, die übrigen in fünf; sie folgen einer Grundordnung. Stets wird der Akt mit hundert Schlägen begonnen, der erste zusätzlich mit 12 Kanonen; vierhundert Schläge und wiederum zwölf Kanonen beenden das Ganze.

Der Fürstbischofs stand am Mittelfenster des großen Saals im ersten Obergeschoß des Nordflügels. Hier hatte er den von Schlaun vorgesehenen zentralen Platz der Feuerwerksperspektive und konnte das Feuerwerk mit einem Schnurfeuer starten – der Fürst als der Ausgangspunkt und Endpunkt des allegorischen Schauspiels. Die Buchstaben befanden sich entgegen der Zeichnung auf einem Gerüst gegenüber der ›Fürstenloge‹ in einer Höhe von etwa fünfzehn Metern: Vivat Clemens Augustus Episcopus Paderbornensis Episcopus Monasteriensis Dux Bavariae. Nach einem Zwischenstück mit zwei sogenannten Girandolen, großen Raketenfontänen, erstrahlte die Ehrenpforte, das zentrale Motiv des Triumphbogens, mit Neptun als Beherrscher der Pader, mit der rhetorischen Frage, wer die Wasser der Pader in Feuer verwandle. In der Kartusche unter dem Staatswappen erschien als Antwort der Name des neuen Fürsten. Die Engel bliesen die Posaunen: es erschienen Lobsprüche auf die Herkunft des Fürsten und sein Land: fünf Verse als Chronogramme auf das Jahr 1720. Zum Schluß des ersten Aktes wurde wie angekündigt die Pader, hier stellvertretend der Schloßgraben, in Feuer verwandelt.

Im zweiten Akt traten die historischen Figuren Karl der Große als Verteter der weltlichen Macht und der Bischof Liborius als Verteter der geistlichen Macht auf den Plan. Die Inschrift auf dem Sockel der Kaiserfigur verwies auf den Vorgänger des Wittelsbachers, Franz Arnold von Wolff-Metternich, als hoher Reichsfürst, bei der Heiligenfigur wiederholt, erinnerte sie an die Aufgaben als geistlichen Landesvater im Land an den Quellen der Ems, Pader und Lippe. Pyramiden als Symbole des Reichtums und der Standhaftigkeit des Fürsten leuchteten und entzündeten die auf ihnen stehenden Feuerkugeln.

Im dritten und vierten Akt wurde in fünf Szenen die Grundordnung des zweiten Aktes wiederholt. Allegorische Figuren traten als Vertreter der Landstände auf: im geistlichen Gewande mit Barett und Buch als Verkörperung des Domkapitels, im Panzer mit Schwert als Verkörperung der Ritterschaft. Ihnen folgten die Städte, allen voran Paderborn mit Stadtkrone und Wappenschild, dann die übrigen Städte des Hochstifts, ebenfalls unter einer Stadtkrone, in der Hand eine Landkarte mit den Städtenamen. Ihre Sprüche enthielten den frommen Wunsch nach häufiger Anwesenheit des Fürsten im Lande und die Hoffnung auf eine gute Regierungszeit. Die sechs Sockelinschriften zeigten ein Chronogramm auf das Jahr 1720.

Der letzte Akt, das Finale, wird begonnen mit zwei leuchtenden Inschriften auf die Güte des Fürsten. Eine gewaltige Kanonade beschloß die Vorführung. Die im letzten Akt angegebenen Schriften sind auf der Zeichnung nicht vermerkt. Umgekehrt fehlen im Text Hinweise auf den Tisch mit den fürstbischöflichen Insignien und auf die hoch in den Himmel zu schießenden vier Wappenschilde. Die Differenzen zwischen Zeichnung und gedruckter Beschreibung legen die Vermutung nahe, daß das Blatt vermutlich ein erster Entwurf war, zugehörig eine eingehende Erläuterung von der Hand Schlauns. Abgesehen von der erwähnten Korrektur im Staatswappen sind keine Änderungswünsche auf dem Blatt vermerkt. Wahrscheinlich wurden diese Schlaun ebenfalls schriftlich von Münster aus mitgeteilt, die dieser im Ausführungsplan dann berücksichtigt hat (Mummenhoff 1976, S. 216).

77.2.1

Residenzschloß Neuhaus, Feuerwerksentwurf anläßlich der Inthronisation von Clemens August als Fürstbischof von Paderborn, 1719

Lavierte Federzeichnung (grauschwarz, hellrot, gelb), 55 x 45,5 cm
Inschrift: *VCAEPEMDB*
Signatur: *J.C. Schluen*

Archiv des Rhein-Sieg-Kreises, Siegburg, Inv.-Nr.: 188

LITERATUR

Hartmann 1910, S. 44, Abb. 15; Renard 1927, S. 14–15; Arthur Lotz, Das Feuerwerk, Leipzig 1940, S. 128ff.; Rensing 1954, S. 37; Kat. Schlaun 1973, Bildteil, S. 22, Nr. 9.5; Eberhard Fähler, Feuerwerke des Barock, Stuttgart 1974, S. 194 ff; Mummenhoff 1976, S. 207–36.

77.3

Feuerwerk in Schloß Neuhaus als Abschluß des Libori-Jubiläums 1736

1735/36 erhielt Schlaun vom Kurfürsten und Fürstbischof Clemens August den Auftrag, für das im Juli 1736 geplante große Fest des 900-jährigen Liborius-Jubiläums ein großes Feuerwerk zu entwerfen und zu organisieren. Es sollte als Abschluß und Höhepunkt der achttägigen Festveranstaltung am Montag, dem 30. Juli, im Schloßgarten zu Neuhaus vorgeführt werden. Die Invention dieses pyrotechnischen Schauspiels ist in einem Kupferstich überliefert, der zu einer gedruckten Beschreibung des Liboriusfestes gehört und in deutscher Sprache 1736 in Hildesheim erschienen ist. Im Gegensatz zu der Druckschrift für das Feuerwerk auf Schloß Neuhaus von 1720 ist diese Beschreibung, die das ganze Fest umfaßt, erst nach der Veranstaltung erschienen. Der Kupferstich, der auf eine Zeichnung Schlauns zurückgeht, zeigt eine lockere bühnenhafte Aufstellung der einzelnen Szenarien. Der Bühnenraum ist einheitlich. Ganz im Vordergrund findet man wieder die inzwischen durch eine Brücke zweigeteilte Wasserzone, den Schloßgraben, dahinter in der Brückenachse ein großer Aufbau mit den bekannten Flußgöttern, diesmal jedoch unarchitektonisch mit Felsen und Schilf ausgeführt. Ganz hinten, ebenfalls in der Mittelachse, in einer gewaltigen Gloriole ein Triumphwagen, der frontal auf den Fürsten zufährt: links, gepanzert unter der Bügelkrone mit Schwert und Reichsapfel, thront Kaiser Karl, zu seiner Seite Putten mit einem flammenden Herzen, dem Zeichen der Barmherzigkeit, und mit Schwert und Waage, der Gerechtigkeit.

Der hl. Liborius erscheint im bischöflichen Ornat mit Krummstab und Buch, ihm zur Seite Putten, einer mit Kelch und Hostie, dem Zeichen des Glaubens, der andere mit einer Fackel, dem Zeichen der Nächstenliebe. Links vor dem Thriumphwagen erscheint Papst Leo III. (795–816) mit Tiara, Hirtenstab und Petersschlüssel, bei ihm ein geflügelter Genius mit Wappen, rechts der Kurfürst und Fürstbischof Ferdinand I. von Bayern (1618–1650) auf dem Löwen mit Reliquienschrein und dem Krummstab. Balustraden mit großen Waffentrophäen schließen den Platz ab: links die bayerischen Insignien, Herzogskrone und Fürstenhut der Architekturkulisse von Schloß Neuhaus zugeordnet, rechts die Insignien der Erz- und Fürstbistümer in Gestalt von Mitra und Kurhut mit dem Dom von Paderborn. Den ›Flankenschutz‹ gewähren rein militärische Trophäen mit Kesselpauken und Kanonenrohren. Die Architekturkulissen von Dom und Schloß werden von Obelisken auf hohen Sockeln verstellt. Locker gesetzte schlanke, mit Flämmchen bedeckte Gueridons, Mörser sowie eine Reihe Bodenfeuerwerke entwickeln das Bild nach vorn. Am Rand des Feldes, in der Reihe der Mörser, stehen vier im Dunkeln bleibende Zelte, von wo aus die Feuerwerker offenbar verborgen die einzelnen Effekte steuern konnten. Die Darstellung der Flüsse vorn ist konventionell in Gestalt dreier Flußgottheiten mit Amphoren, Netz, Muschel und Schilf. Vor dem mittleren Flußgott, vermutlich der Lippe, liegt der Paderborner Wappenschild, vor der Alme links der Schild des Herzogtums Westfalen, rechts die Pader mit dem Halbbild des hl. Liborius, bei dessen Heiligtum sie entspringt.

Das Feuerwerk fand auf dem großen Parterre im Zentrum bei der Hauptfontaine des Schlosses Neuhaus statt. Die geometrische Ordnung des Parterres spielte zur Zeit der Vorführung keine Rolle. Dagegen ist die auch auf der Vogelschau des Gartens von Franz Christoph Nagel angegebene ornamental geschnittene Hecke zwischen Graben und Parterre vorn deutlich zu sehen. Der Kurfürst und sein Gefolge standen auf dem inzwischen errichteten Balkon des Saals in der Etage noble. Die Beschreibung des Feuerwerks folgt der Invention Schlauns, der ausdrücklich als Autor des Textes genannt wird:

»In dem Hertzen nun dieses Lust-Gartens nemlich bey der grossen Fontaine ware das Kunst- und Freuden-Feuerwerck zugerichtet, wodurch Ih. Churfürstl. Durchl. so viele des H. Liborii Lob-sprechende Zungen in die Höhe geschicket, als Sie den Lufft erleuchtende Flammen und Funcken haben abfliegen lassen. In der Mitte ware ein schöner und grosser Triumph- oder Ehren-Wagen, auff welchem der H. Liborius und Carolus Magnus sassen, und wurde durch diese Vorstellung die Uberbringung deren heiligen Gebeinen bedeutet, dann obschon selbige unter der Regierung Ludovici des Frommen eines Sohns Caroli geschehen: so ist doch dieser heilige Carolus jener geharnischte Apostel gewesen, welcher nach hiesiger Ohrten überwundenen West- und Oistphälingeren oder Nieder-Sachsen das Licht des wahren Glaubens in diese Länder eingeführet hat. Der Wage wurde von vier unterschiedlichen Thieren gezogen, als nemlich von einem Adeler, einem Löwen, Phoenix und Pfauen, davon ein jedwedes Thier seine besondere Bedeutung und Beischrifft hatte.

Um aber die Gedancken und Meinung des berühmten Erfinders dieses sinnreichen Lust-Feuers desto sicherer zu erreichen und zu Papier zu bringen / wie auch um selbiges mit denen aus allerhand Sprachen entlehnten Kunst-Werteren desto besser und kühner auszudrücken / setzet man dieselbige Beschreibung hieher / welche der erfahrne Ingenieur und Baumeister Herr Joan Conrad Schlauen selbst übergeben hat / die Abschrifft, so mir darvon zu Handen kommen, lautet, wie folget:

Der Adeler führet das Lemma oder Zuspruch Discutit et fovet, Er verjagt und hegt. Erstlich geschicht die Allusion auff Carolus Magn. so die Ungläubige aus diesen Länderen vertrieben, und gehegt die wahre Christglaubige.

Zweytens auff S. Liborius, welcher als wehrfester Schutz-Patron des Vatterlands von selbigem durch seine Fürbitt bey GOtt alle wiedrige Fäll und Trangsahl abkehret.

Drittens auff Ihro Churfürstl. Durchl. so die von GOTT Ihm anvertrauete Unterthanen in gewünschtem Flor sucht zu erhalten, die Ubelgesittete und Gesinnete verjagt.

Unter dem Löwen Ad nullius pavebit occursum. Kein Anfall ihn schreckt Sein Schutz euch bedeckt. Leo fortissimus belluarum ad nullius pavebit occursum Prov.30. bedeutet erstlich den Schutz und Obhut, so das liebe Varterland von ihrem mächtigen Patronen zu gewarten hat.

Zweytens ist die Allusion auff Pabst Leonem, so die hohe Thum-Kirche zu Paderborn consecriret mit dem Beysatz: Portae inferi non praevalebunt adversus eam, Matth. 16.v.18.

Drittens ist die Allusion auff die von Bayeren niemahlen abstammende Löwens-Arth, Krafft dero Ihro Churfürstl. Durchl. ist dem Lande zum Nutz, den Feinden zum Trutz.

Unter dem Phoenix. Viget in cinere virtus. Wann in Aschen verdorben Ein neues Leben hat erworben. Bedeutet das Lob des H. Liborii, dessen Tugend und Leben sich erst nach dem Todt hervorthuet und durch Wunder leuchtet. Sacris Divorum cineribus mira indita est virtus ad plurima beneficia in homines transfundenda, S. Hieron.

Unter dem Pfauen. Sibimet pulcherrima virtus, Die eigene Tugend Prob Ist ihm das beste Lob. Mit eigener Tugend-Zierd, Heiligkeit und Meriten, nicht von frembden Lob-Gepräng ist S. Liborius herrlich. über dem Triumph-Wagen befindet sich in der Gloria dieses Gronographicum: CVrrVs trIVMphaLls sacra plgnora beatl Llborll epIsCopl artIfICloso et IVbILaeo Igne pIe CeLebrans.

Darunter: Llborl proteCtor In CoeLestIbVs IVbILans, pVgna pro prInCIpe nostro CLeMente, statIbVs, Vrbls, aC patriae bono (Chronogramme auf das Jahr 1736).

Etwas unter dem Triumph-Wagen sitzen einer Seiths der H. Pabst Leo der 3te, welcher diese Thum-Kirche consecriret, und ander Seiths Ferdinandus Glor-reichen Andenckens, welcher die entführte Reliquien wieder hergestellet.

Auff der rechten Seith dieser Machine siehet man die Insignia des Chur-Hauses Bayeren, des Teutschen Ordens, dieses und anderer Ihro Churfürstl. Durchl. zugehörigen Fürstenthümeren nebst dem Neuhausischen Schloß.

Auff der lincken Seith die Insignia des Ertz- dieses und deren anderen Bischoffthumeren nebst der Paderbornischen Thum-Kirchen, so auff beyden Seithen von sechs grossen stehenden Leuchteren beläuchtet und mit einer angehenckten Gallerie geendiget wird.

Vornen an ligt der Pader-Fluß und hat die Lippe und Alme zur Gesellschafft.

Erster Antritt.

Primo. Wird das Zeichen mit 24 Canons gegeben, demnächst sich Ihro Churfürstl. Durchl. auff Ihren deßfalls zubereiteten Platz mit anwesender hohen Gesellschafft begeben, und wird von dero hohen Persohn das Feuer dem Paderbornischen genio gegeben. so selbiges der Machine überbringet, wonach sicht man gleich darauff augenblicklich in weissem Feuer und gleich über der Gloria brennen: Carolus fundans. Liborius jubilans.

Carolus Magnus fundirt und stifftet die hohe Thum-Kirche samt dem wahren Glauben. Liborius jubiliret wegen der vollbrachten neun hundert Jahren von Zeit seiner Uberbringung.

Wodurch das gantze Werck auff einmahl illuminiret wird, welches nach dessen Endigung in der Luff allerhand wunderliche Auffwerffungen durch Leucht-Kügelgens und vier kleine Girandolen thut, unter welchem völligen Werck 3000 pfündige mit lauter differentem Feuer versetzte Raquetten steigen.

Secundo. Wonach 16 Lufft-Kugelen mit Schwermeren besetzet geworffen worden.

Tertio. Nach dem werden 24 Vertical-Stäbe und 24 mit Schwermer versetzte Erdmörser abgefeuert.

Quarto. Melden sich die drey unirte Flüß, nemlich die Pader, Lippe und Alme, so das Zeichen mit drey Musquetier Salve, 6 Bienen Schwermen, 6 Horizontal-Stäben und 6 von 24 Raquetten versetzten Girandolen geben, wonach 24 grosse leuchtende corpora, 40 kleine und 60 WasserRaquetten ins Wasser geworffen werden.

Quinto. Wird dieses durch 8 Lust-Kugelen mit blauem Feuer versetzet und einer Girandole von 200 Raquetten geendiget.

Zweyter Antritt.

Primo. Wird das Zeichen hierzu abermahlen mit 24 Canons gegeben, und sicht man wieder im Brand über der Glorie: Leo consecrans. Ferdinandus reducens.

Pabst Leo der Dritte hat consecriret die Hohe Paderbornische ThumKirche. Ferdinandus Hertzog von Bayeren Churfürst zu Cölln und Bischoff zu Paderborn hat die entführte H. Reliquien wieder zurück gebracht. Worunter allerhand Feuer ausfahret und zwey Girandolen steigen.

Secundo. Sicht man aus 16 Mörseren Lufft-Kugelen mit lauter Schwermeren versetzet geworffen.

Tertio. Sicht man die 4 Gallerien nebst 12 Girandolen spielen.

Quarto. Und fängt das Wasser-Werck wiederum durch das Zeichen dreyer Musquetier Salve an, werden 6 Bienen Schwerme, 6 HorizontalStäbe und 6 Girandolen geöffnet, wonach 24 schwebende sehr gewaltig brennende corpora, 40 kleine und 60 Wasser-Raquetten aufs Wasser geworffen werden.

Quinto. Wird dieses durch 8 Lust-Kugelen mit weissem Feuer versetzet und ein Girandole von 200 Raquetten geendiget.

Dritter Antritt.

Primo. Wird das Zeichen hierzu abermahl mit 24 Canons gegeben, wornach man wiederum in weissem Feuer brennen sicht: Clemens honorans. Augustus conservans.

Ihro Churfürsti. Durchl. erneuret die Ehr und Glorie des H. Liborii bey jubiläischer Solennität und erhaltet solche in schuldigster Veneration auch das liebe Vatterland in gewünschtem Flor.

Welches sich mit 28 Becheren von Schwermeren und 2 Girandel-Kasten endiget.

Secundo. Aus 16 Mörseren werden 16 Kugelen geworffen, so mit blauem Feuer versetzet.

Tertio. Sicht man die zwey grosse Piramiden in weissem Feuer brennen, von einer Seithen sicht man unter dem Nahmen Augusto Magnificentia Duce Unter dem Nahmen Clemente Clementia Comite. Worhinter 12 Girandolen auch die Urnen auff denen zwey Piramiden ihren Effect thuen.

Quarto. Melden sich wiederum die drey Flüsse durch 3 Musquetier Salven, wornach sicht man 6 grosse corpora, 3 Wapen, so die Flüsse für ihr Kennzeichen mit sich führen und 6 kleine Girandolen ausfahren, wornach wird weiter auff dem Wasser praesentiret: Quot guttas Padera, tot annos Patria

Wie viel Tropffen so viel Jahren So mit Glück sich zu verpaaren.

Nach welchem Ausbrand 24 grosse herumlauffende corpora 60 kleine und 100 Wasser-Raquetten auffs Wasser geworffen werden.

Quinto. Zum Beschluß steigen noch 16 Lust-Kugelen mit weissem Feuer versetzet, nachgehends noch 3 Girandolen jede mit 1000 Raquetten versetzet, wornach sich eine Musquetterie und 24 Canons hören lassen.«

Die drei Akte der Aufführung sind in fünf Szenen eingeteilt, jeder Akt beginnt mit Kanonensalven und in jedem Akt wird die vierte Szene durch eine Gewehrsalve hervorgehoben, sie findet als Wasserfeuerwerk bei den Flußgöttern im Vordergrund statt – die perspektivische Entwicklung sollte den Fürsten beeindrucken. Die Eröffnung des Feuerwerks vollzog der Kurfürst selbst, gleichsam Autor und Adressat in Person. Er entzündete ein Schnurfeuerwerk, das von Raketenkraft getrieben zu der großen Glorioie glitt und die Gesamtillumination in Gang setzte. Die erste flammende Inschrift nannte das Thema des Gesamtprogramms: geistliche und weltliche Gewalt, zunächst noch geteilt in Kaiser und Bischof, fielen jetzt mit der Person des Reichsfürsten, Bischofs und Landesherrn Clemens August in eins; sie zog sich im Bogen hoch über der Glorienwolke hin, begleitet von der Illumination von Kirche und Schloß, gleichfalls Symbole der verschiedenen Aspekte seiner Herrschaft. Danach erfolgte der erste Höhepunkt in Gestalt 3000 buntfarbiger Raketen. Mummenhoff sieht in der Gloriole im Zentrum, in der kompositorischen Verteilung von Lichtkern, Wolkenzone und Strahlenkranz ein Zitat der Cathedra Petri in Rom, wie auch die Flußgötter in bewegtem Schilf römischen Ursprungs seien, ohne daß eine bestimmte Anlage namhaft gemacht werden könne.

Als Auftakt des zweiten Aktes leuchteten zunächst die äußeren Schriftbänder, dann die beiden Obelisken, die für Reichtum und Standfestigkeit der geistlichen Herrschaft (Mitra, Krummstab, Kirchenfahnen, Paderborner Wappenschild, Fürstenkrone mit »C« für Clemens, bayerisches Wappen) und für die weltliche Herrschaft standen (Ritterrüstung, weltlichen Fahnen, Namensbuchstaben »A« wie August, Ritterhelm). Die Sockelinschriften wiederholten diesen Gedanken: Clementia und Magnifizentia sind die beiden Säulen, auf denen die Herrschaft des neuen Landesfürsten baut – in thematischer Anverwandlung der alte Topos von der Vita activa et contemplativa oder den Arma et Litterae.

Es genügte nicht, ein Feuerwerk künstlerisch vollendet zeichnerisch auszuarbeiten, sondern der Entwerfer hatte ein ausgebildeter Feuerwerker zu sein. Er mußte den inneren Aufbau aller zur Anwendung vorgesehenen Feuerwerkskörper genau kennen, um ihre Wirkung einzeln oder im Zusammenspiel vorher sicher beurteilen zu können. Sein künstlerischer Geschmack ergab dann erst die Schönheit und die wohlberechneten optischen Steigerungen bei der in einzelne Abschnitte aufgeteilten Aufführung. Das gelang nur nach einer gründlichen Ausbildung und dem Studium der umfangreichen Traktatliteratur. Wo Schlaun diese erhalten hat, ist nicht bekannt. Die Feuerwerksaufführung verlangte auch ein Team gut ausgebildeter Hilfsfeuerwerker, die imstande waren, nach genauem Plan und Kommando die einzelnen Raketengruppen zu zünden. Die Erwähnung von eingegrabenen Mörsern sowie von Mörserbatterien zum Werfen von Feuerwerkskörpern setzte zudem sichere artilleristische Fähigkeiten voraus, denn diese Geräte mußten sehr genau eingerichtet werden, um die Körper in die vorgesehene Richtung zu bringen. Das in den Programmen erwähnte Zusammenspiel von Geschütz- und Musketenfeuer war ohne militärische Erfahrung nicht denkbar und ohne Mitwirkung regulärer Truppeneinheiten nicht durchführbar.

In Münster waren pyrotechnische Vorführungen seit dem Friedensschluß 1648 Sache der Artillerieoffiziere. Mit der Wahl des Fürstbischofs Clemens August von Bayern häuften sich die festlichen Aufführungen. Schon vor dem feierlichen Einzug in seine Residenzstadt Münster hatte der Freiherr Ferdinand von Plettenberg den jungen Landesherrn als dessen Mentor und späterer Premierminister auf seinem Schloß Nordkirchen empfangen und ihn dort, wohl abends am 13. Dezember 1719, »durch ein fürtreffliches und costbahres Luft- und Wasserfeuerwerk« geehrt. Es ist dies in Westfalen das einzige bisher bekannte Feuerwerk, das ein Privatmann ausgerichtet hat. Schon wenige Abende später, am 17. Dezember, gaben die Landstände zum Einzug ihres neuen Fürstbischofs in Münster ein großes Feuerwerk, nachdem die ganze Stadt schon zwei Tage vorher festlich illuminiert worden war. Vermutlich hat Lambert Friedrich Corfey die Vorbereitungen und die Aufführung geleitet. Auch Schlaun hat weitere Feuerwerksentwürfe geliefert. 1728 plante er im Auftrag von Clemens August Entwürfe für ein Feuerwerk in Bonn, das zu Ehren des kurfürstlichen Bruders Karl Albert von Wittelsbach, des späteren Kaisers, vorgeführt wurde. Er erhielt dafür 1236 Taler. 1730 mußte er in Bonn eine große Illumination arrangieren, die beim Staatsbesuch des preußischen Königs Friedrich Wilhelm I., in dessen Begleitung sich der Kronprinz, der spätere König Friedrich der Große, befand, die Stadt im festlichsten Glanz zeigte. Für diesen Auftrag erhielt Schlaun 1466 Taler. Im zeichnerischen Nachlaß Schlauns befanden sich sechs Entwürfe für Feuerwerke, die heute verloren sind: »Abriß eines Feurwerckes so zu Münster praesentiret, ein Feurwerck zu Bonn, ein Feurwerck zu Munchen, noch ein Feurwerck zu Munchen, ein anderes zu Munchen, daß ao 1736 zu Neuhauß praesentirte Feurwerck.«

77.3.1

Feuerwerk in Schloß Neuhaus als Abschluß des Libori-Jubiläums 1736

Kupferstich von Johann Andreas Pfeffel nach Johann Conrad Schlaun, 48,8 x 35,5 cm (43,5 x 25,8 cm)
Eingebunden in: »Ausführliche mit feinen Kupffer-Stichen versehene Beschreibung Des acht tägigen Jubel-Fests Welches zu Ehren des Hl. Liborii vormahligen Bischoffs zu Mans in Franckreich glorreichen Patronen und Schutz-Heiligen des Hoch-Stiffts Paderborn daselbst auff das prächtigste angestellet hat Der Hochwürdigste Durchläuchtigste Ertz-Bischoff und Chur-Fürst zu Cölln Clemens August Der H. R. Reichs durch Italien Ertz-Cantzler / Legatus Natus des H. Apostolischen Stuhls zu Rom / Administrator des Hochmeisterthums in Preussen, Meister teutschen Ordens in Teutsch- und Wällschen Landen, Bischoff zu Hildesheim, Paderborn, Münster und Ossnabrück, in Ob- und Nieder-Bayern, auch der Obern-Pfaltz in Westphalen und zu Engern Hertzog, Pfaltz-Graff bey Rhein, Land-Graff zu Leuchtenberg, Burggraff zum Stromberg, Graff zu Pyrmont, Herr zu Borckeloh, Werth, Freudenthal und Eulenburg, etc. Anno 1736, den 23. Julii Als 900 Jahr verflossen waren / dass des H. Liborii wunderthätige Gebein nach Paderborn überbracht worden.
Hildesheim, gedruckt bey Schlegels Erben.«
Titel: *AUGUSTUS CONSERVANS, LEO CONSECRANS, FERDINANDUS REDUCENS, CLEMENS HONORANS, QUOT GUTTAS PADERA TOT ANNOS PATRIA MAGNIFICENTIA DUCE CLEMENTIA COMITE*
Signatur: *Joannes Conradus Schlaun Rmi et Smi El. Colon. copiar. torment. Monasteriensis Praefectus, nec non ibidem operum bellic. supremus Machinator. J.C. Schluen*

Westfälisches Landesmuseum Münster

77.3.1

LITERATUR
Mummenhoff 1976, Anm. 52; Püttmann 1990, S. 235.

77.4

Entwurf zu einer Festdekoration – Weinbrunnen mit Illumination, 1728

Der Entwurf ist laut Mummenhoff Schlaun zuzuschreiben; ungewiß ist, ob er für Osnabrück oder Bonn bestimmt war. Er gehört in den Rahmen der Feierlichkeiten, die 1728 anläßlich der Wahl des Kurfürsten zum Fürstbischof von Osnabrück durch Clemens August selbst ausgerichtet worden sind. Der Aufbewahrungsort dieser Zeichnung in Bonn, Archiv des Rhein-Siegkreises, ist identisch mit den Feuerwerksentwürfen von 1720 und 1722 in Neuhaus und Münster. Zeichenweise und vor allem das Arrangement des Wappens weisen deutlich auf Schlaun. Wappenstellung, Genien und Putten nehmen in ihrer Komposition das große Staatswappen an der Residenz in Münster in gewissem Maße vorweg.

LITERATUR
Volkhardt 1976, S. 161; Mummenhoff 1976, S. 229; Mummenhoff 1976, S. 234, Anm. 36.

QUELLEN
Das Schreiben des Weihbischofs datiert vom 23. April 1754 aus Hildesheim und befindet sich im Bistumsarchiv Münster, Generalvikariat, Bestand St. Clemens Telgte.

77.5

Triumphbogen für die Telgter Säkularfeier, 1754

Auf Antrag des Hildesheimer Weihbischofs Johann Wilhelm Freiherrn von Twickel bewilligt Clemens August im Jahre 1754 ein großes Programm für die Säkularfeier der Einrichtung der großen Marienprozession und der Gnadenkapelle in Telgte. Es möge »gnädigst vergönnen werden, mithin was zu Bewerckstellung dieses christlichen Vorhabens nothwendig sein wolte, unter Höchstdero Schutz auch gnädigst erlaubender Mitwürckung des Münstrischen Vicarii Generalis und Dohmb Dechantens Freyherrn von Fürstenberg, auch meiner Wenigkeit als Archidiacono zu gedachten Telligt, so dann Höchstdero General Majoren von Schlaun Anordnung, jedoch mit möglicher Menage dörffte befördert und eingerichtet werden«. Demnach hat Schlaun nicht nur die 75 Fuß, also 22 Meter, hohe Pyramide entworfen und auf dem Telgter Marktplatz aufstellen lassen, sondern einen großen Teil der organisatorischen Arbeit geleistet. Der Gnadenaltar für den Telgter Marktplatz im Rahmen des großen Marienfestes von 1754 ist eine Rezeption des Vierströmebrunnens von Bernini auf der Piazza Navona, wo sich über einer Felsengrotte ein Obelisk erhebt. In Telgte wurde das Gnadenbild während der Festtage unter dieser Grotte aufgestellt.

77.4.1

Entwurf zu einer Festdekoration – Weinbrunnen mit Illumination, 1728

Lavierte Federzeichnung, 47,7 x 46 cm
Beschriftung
Titel: *QUIS TAM MUNIFICO NOLIT PARERE LEONI.*

Archiv des Rhein-Sieg-Kreises, Siegburg, Inv.-Nr.: 189

77.5.1

Triumphbogen für die Telgter Säkularfeier, 1754

Kupferstich der Gebrüder Klauber nach Entwurf von Schlaun
Titel: *Vorstellung von der ersten faciata des Viereckigten Ehren Geprängs, welches unser Glorwürdigster Regierung Sr. Churfurstl. Drchl. zu Cöllen und Bischoffen zu Münster Clemntis Augusti in Dero Hochstifft Münster und Statt Telgt auf den 2ten Iul. 1754 zu Ehren des dasigen Gnaden Bild bey gegenheit des daselbst hochfeyrlich begangenen Jubelfests aufgerichtet worden.*
Signatur: *Klauber Cath. A?*

Heimathaus Münsterland, Telgte

77.5.2

Triumphbogen für die Telgter Säkularfeier, 1754

Kupferstich der Gebrüder Klauber nach Entwurf von Schlaun mit eingeklebtem Stich des Telgter Gnadenbildes
Titel: *Vorstellung von der ersten faciata des Viereckigten Ehren Geprängs, welches unser Glorwürdigster Regierung Sr. Churfurstl.* (?) *Drehl.* (?) *zu Cöllen und Bischoffen zu Münster Clemntis Augusti in Dero Hochstifft Münster und Statt Telgt auf den 2ten Iul. 1754 zu Ehren des dasigen Gnaden Bild bey gegenheit des daselbst hochfeyrlich begangenen Jubelfests aufgerichtet worden.*
Signatur: *Klauber Cath. A?*

Heimathaus Münsterland, Telgte

77.4.1

77.5.1

77.5.2

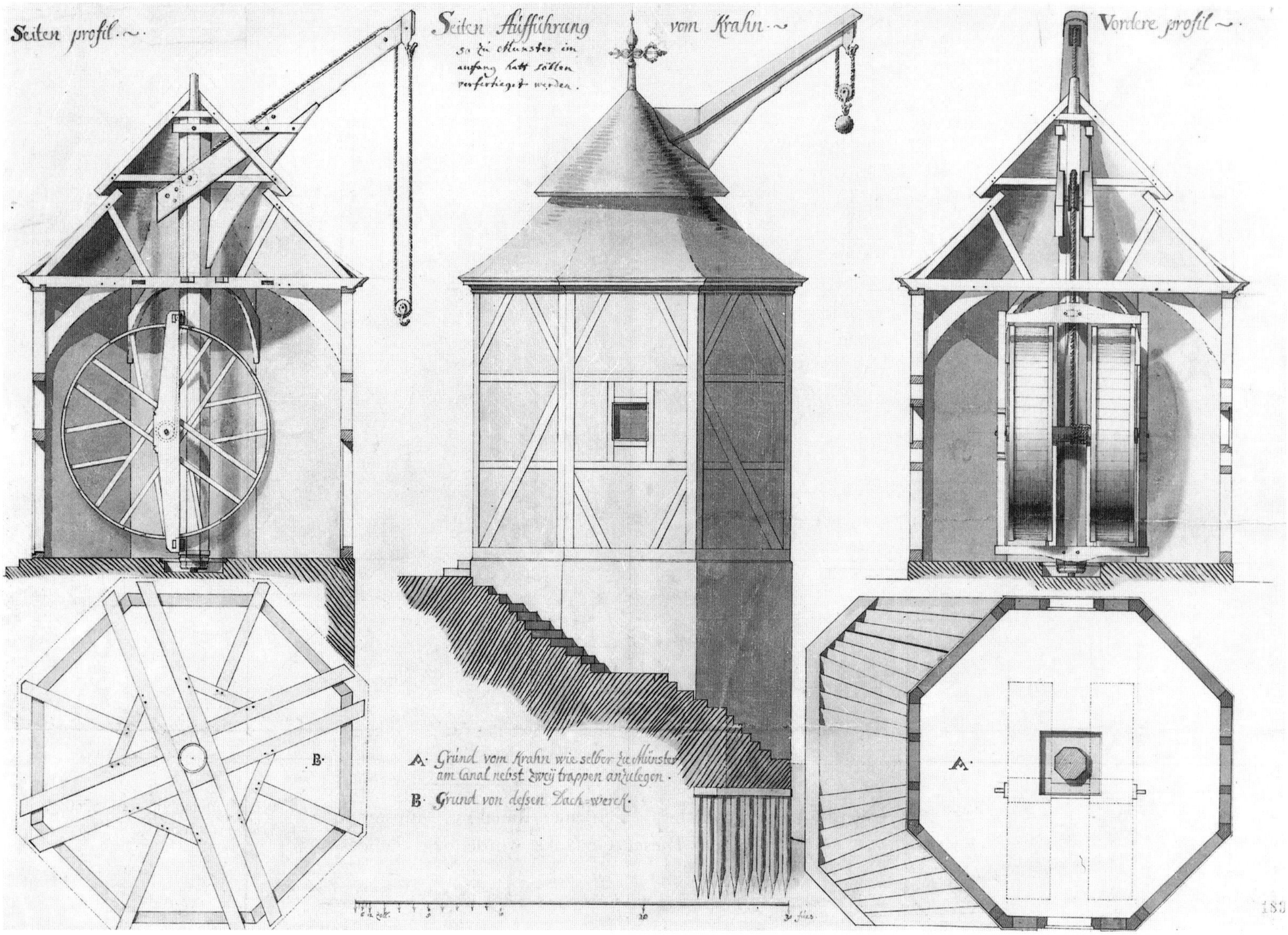
Seiten profil.
Seiten Aüfführung vom Krahn.
so zu Münster im anfang hatt söllen verfertieget werden.
Vordere profil.
B.
A.
A. Grund vom Krahn wie selber zu Münster am Canal nebst zweij trappen anzulegen.
B. Grund von defsen Dach-werck.

78
Technische Bauwerke

78.1
Max-Clemens-Kanal 1724, 1731, 1753 und 1764
Vermessungen und Bauten im ehemaligen Fürstbistum und in der Stadt Münster

Der Max-Clemens-Kanal war gleichsam als Vorläufer des heutigen Dortmund-Ems-Kanals dazu bestimmt, eine Wasserverbindung von Westfalen zur Nordsee herzustellen, zur Förderung des Handels und damit zur Verbesserung der kurfürstlichen Zolleinnahmen. Heute ist der Kanal fast verschwunden. Verfolgt man seinen ehemaligen Lauf vom Norden der Stadt Münster in nordwestlicher Richtung, trifft man ab und zu auf die zum Teil versumpften und zugewachsenen Überreste des Kanals, der sich über die Dörfer Wettringen über Neuenkirchen an der Burgsteinfurter Aa entlang Richtung Rheine und über Clemenshafen nach Maxhafen zog. Der Kanal blieb unvollendet und endete ohne Anschluß an eine andere Wasserstraße im freien Feld südlich von Rheine in Clemenshafen. Der Schiffsverkehr blieb höchst bescheiden, da alle Frachten mit Fuhrwerken an- und abgefahren werden mußten. Das ganze Unternehmen des Kurfürsten Clemens August und der Partei der »Canalisten« muß als Fehlschlag angesehen werden.

Die älteren Kanalprojekte im Fürstbistum Münster hatten je nach politischer Lage ihren Zielort in Emden oder in den holländischen Städten Zwolle und Groningen. Schon Fürstbischof Christoph Bernhard von Galen hatte 1659 mit der Stadt Zwolle über ein Projekt verhandelt, einen Kanal von der bei Zwolle in die Zuidersee mündenden Vechte zur Ems oberhalb von Lingen zu graben, was die Position Zwolles erheblich gestärkt hätte. Friedrich Wilhelm von Brandenburg, der Große Kurfürst, regte 1683 in einer Konferenz mit dem Fürstbischof Max Heinrich von Münster den Ausbau der Ems bis Rheine an, da diese den Direkthandel über die Nordsee diesmal unter Umgehung Hollands ermöglicht hätte. 1696 wollte der Fürst von Ostfriesland einen Kanal von Weener an der unteren Ems nach Neuschanz und vielleicht noch weiter nach Groningen bauen, doch die Emdener, die um ihren Handel bangten, erwirkten ein Verbot dieses Projekts durch den Kaiser. Immerhin hatte man die Ems im Laufe der Jahre einigermaßen schiffbar gemacht, 1702 war der Wasserweg bis unterhalb Rheine frei. Auch der nächste Landesherr, Friedrich Christian von Plettenberg, trug sich mit dem Gedanken, einen Kanal bis nach Münster zu bauen. Doch keines der ehrgeizigen Projekte kam über die Verhandlungsebene hinaus.

Kurz nach 1720 entstand bei der Kaufmannschaft der Städte Münster und Zwolle der Plan, die Vechte von dem Endpunkt der Schiffahrt bei Nordhorn weiter aufwärts durch die ganze Grafschaft Bentheim bis zur Bilker Brücke in etwa 40 Kilometer Entfernung von Münster für Treckschuten schiffbar zu machen und durch einen Kanal mit Münster zu verbinden. Dieser Gedanke wurde dem Landesherrn Clemens August 1723 von dem Fürsprecher der Kaufleute Jan van Mey und dem münsterschen Domherr und Osnabrücker Domscholaster Carl Franz von Wachtendonck vorgetragen.

Kanalbau war eine königliche Aufgabe, wie das Projekt des Canal du Midi von 1666 in Frankreich gezeigt hatte. Hinzu kam, daß Clemens August »ohnlengst bey dehro hollendischen Reyse wahrgenommen, von was fur Importannce dergleichen Treckfahrten seien« und »einen sonderbaren Appetit und Verlangen geschöpffet, ein so wichtiges und von dehro Vorfahren vergeblich gewünschtes Werck unter ihrer regierung zu Stande zu bringen«. Eine direkte Schiffsverbindung zwischen Münster und Zwolle versprach ein lukrativer Handelsweg zu werden, den der Kurfürst durch ein Zollabkommen mit den Ständen der Provinz Oberyssel abzusichern suchte. Das Nachsehen hatten die Emdener, die den Verlust ihrer Handelsbeziehungen zum Fürstbistum befürchteten. Sie entsandten deshalb im Jahre 1724 eine Abordnung zu Clemens August, um eine Verlegung des Kanals zur Ems zu fordern: Eine Kanalver-

LITERATUR

Der Max-Clemens-Kanal und sein Erbauer Kurfürst Clemens August von Köln, Bischof zu Münster, mit Einleitung von Oberbürgermeister Fürbringer in Emden, in: Jahrbuch der Gesellschaft für bildende Kunst und vaterländische Altertümer zu Emden, Bd. 8, 1. Heft, 1888, S. 103–28; Knüfermann 1907, S. 1–145; Geisberg 1935, Münster IV, S. 144–47, Nr. 706; Rensing 1936, 243f.; F. M. Driver, Bibliotheca Monasteriensis, Münster 1799, S. 22f.; Westfälische Bibliographie I, Münster 1955, S. 221; B. Lensing, *Der Max-Clemens-Kanal im Gebiete des ehem. Fürstbistums Münster 1724–1840,* in: Auf Roter Erde XI, 1936, S. 81–95; P. Werland, *Der Max-Clemens-Kanal,* in: Das schöne Münster 11, 1939, S. 145–160; H. Rothert, *Westfälische Geschichte,* Bd. III, Gütersloh 1951, S. 234; Mummenhoff 1961, S. 267; Kat. *Clemens August* 1961, S. 351, Kat.-Nr. 681, Tf. 161c; H. Weiler 1975, S. 20, Nr. 24; K. U. Komp, *Wasserstraßen,* in: Kat. *Köln-Westfalen* 1980, Bd. 1, S. 320; Volkhardt 1976, S. 153; Lahrkamp 1977, S. 301–24.

QUELLEN

Knüfermann 1907, S. 3f: dort die zahlreichen Quellenangaben und zwei Übersichtspläne; die Aufzeichnungen Corfeys zum Kanal im Archiv des Altertumsvereins Münster, Mscr. 142 A (87 Seiten).

78.1.5 Münster, Kanalstraße, Kran am Packhaus für den Max-Clemens-Kanal, Aufriß, zwei Schnitte und zwei Grundrisse, um 1731

bindung von Münster nach Zwolle sei »dem Ostfriesischen Commercio ohnstreitig schädlich«. Doch zunächst besichtigten die Deputierten am 9. Juni 1724 den Kanalbau, an dem münstersche Soldaten und Tagelöhner arbeiteten. Kanalbaumeister Meetsma erklärte ihnen, daß es noch nicht zu spät sei, den Kanal nach der Ems zu leiten. Man wisse in Münster wohl, daß man die meisten Waren, deren man im Münsterland bedürfte, besser von Emden als von Zwolle einführen könne, »wie dann auch solches die darüber consultirte Münsterische Kaufleute gestanden«; doch sei man in Verlegenheit, wie man die Lastkähne der Schiffer auf der Rückfahrt befrachten könne, weil das grobe Linnen als Hauptausfuhrposten des Münsterlandes in Emden weniger gut als in Amsterdam abzusetzen sei. Mit der Führung des Kanals nach Zwolle bezwecke man Münster zur Niederlage der Waren zu machen, die von Leipzig, Frankfurt und Braunschweig nach Amsterdam expediert würden und dann von Münster mit geringen Kosten versandt werden könnten, »welches über Emden wegen Gefahr der See und des Dollart nicht so füglich geschehen konte«. Nach einer Audienz beim Dompropst, der sich »sehr diplomatisch« gegenüber den Ausführungen der Deputierten verhielt, gingen die Ostfriesen am 13. Juni 1724 nach Neuhaus, wo sie eine Audienz beim Kurfürsten Clemens August erhielten und ihr Anliegen vorbrachten. Clemens August antwortete: »Wegen des zu graben angefangenen Canals werde ich mit meinen Ministern reden und sodann den Canal auch wohl auf Emden graben.«

Mit dieser Alternative im Hut übte der Kurfürst politischen Druck auf die Stadt Zwolle aus. Er verlangte vor allem, die Zölle einzufrieren, damit die Preise nicht stiegen, eine Beteiligung an den Baukosten, aber etwa auch die Zusicherung, aus Münster stammende Katholiken in Zwolle einzubürgern. Die Gesandtschaft der Stadt gab jedoch ausweichende Antworten, zu einem regelrechten Vertrag ist es nie gekommen; auch die Generalstaaten im Haag standen dem Projekt offenbar ablehnend gegenüber.

Doch der Kurfürst wollte unbedingt bauen. Bei der ersten Konferenz unter seiner Leitung am 28. August 1723 wurde eine Kommission bestellt, der Wachtendonck, Obermarschall von Merveldt und Oberstallmeister von der Recke zu Drensteinfurt angehörten, mit Zuziehung des Obristen Corfey. Die Herren Ingenieure sollten eine exakte Karte der Ländereien erstellen, durch die der Kanal führen sollte. In Gegenwart Wachtendoncks und Corfeys wurde vom 1. September an durch den Oberlandingenieur und Obristleutnant Gottfried Laurenz Pictorius, den Kapitän Schlaun und Fähnrich Brakel die Linie des zukünftigen Kanals mit Baken abgestochen (Kat.-Nr. 78.1.1). Der Kapitän Corfey und der Ingenieur-Leutnant Thibaut nivellierten den Wasserstand von Werse und Aa. Wachtendonck erhielt durch Corfey am 26. September den Extrakt aller Nivellements, der Kurfürst persönlich einen »Abriß von dem Profil des Horizonts von Münster bis an die Düsterebach«.

Der westfriesische Wasserbauingenieur Georg Michael Meetsma, der bereits für den Landgrafen von Hessen-Kassel tätig war, kam im Herbst 1723 nach Münster, legte der Kommission sein Kanalbauprojekt vor und verlangte selbstbewußt: »daß, wer nuhr einen Zweifel daran hette, seine dubia kühnlich vorbringen möchte«. Die Entwürfe sahen einen Kanal von Münster zur Vechte vor, der von der Aa bei Münster sein Wasser erhalten sollte und, wenn diese im Sommer fast versiegte, von der Werse versorgt werden sollte, was allerdings zum einen Überschwemmungen und zum anderen das Trockenlegen einiger Mühlen zur Folge gehabt hätte. Den Einspruch Corfeys bezüglich der Einleitung der Werse akzeptierte Meetsma zwar, nahm jedoch in der Zukunft alle Abmessungen, Nivellements und »Recognoscirung« ohne Beteiligung von Corfey und Pictorius vor. Als nach einer Ordre des Kurfürsten die Münsteraner Ingenieure einen Kostenvoranschlag fertigen sollten, weigerten sie sich und forderten, daß Meetsma zunächst seine Intentionen betreffs der Lage, Länge, Breite und Tiefe darlegen solle, ein Modell der Schleusen erstellen und seinen Personalbedarf anmelden müsse. Die nächste Sitzung fand unter Vorsitz des Kurfürsten statt, der Obrist Lambert Friedrich Corfey und Oberleutnant Gottfried Laurenz Pictorius wurden angewiesen, »alle mögliche« Bedenken vorzutragen. Ihr Gutachten (abgedruckt bei Lahrkamp 1977, S. 304–24) verlangte zunächst, daß von der gesamten Länge des Kanals ein perfekter Grundriß »von Stunde zu Stunde oder von 1000 zu 1000 Ruten« vorgenommen werde, um unter anderem zu sehen, wieviele und welche Brücken und Schleusen gebaut werden müßten, und ein genauer Kostenvoranschlag angefertigt werde. Sie empfahlen vor allem, den Kanal »von unten« anzufangen, da dieses Verfahren erhebliche Erleichterungen mit sich brächte; weiterhin, die Verhandlungen mit der Stadt Zwolle, »denen Herren Stenden der Overijssel wegen des Tarifs« und mit »denen Herren Generalstaten« wegen eines Handelsvertrages abzuwarten, um sich nicht über Gebühr abhängig zu machen. Ihre Vorschläge wurden jedoch nicht befolgt. Es begann im Gegenteil eine bösartige Auseinandersetzung zwischen Corfey und Pictorius einerseits und Meetsma andererseits, letzterer von Corfey als gefährlicher Mann tituliert, dem er nichts mehr schriftlich gäbe, da dieser möglicherweise seine eigenen Fehler auf falsche Nivellierungen der Offiziere zurückführen werde. Corfey und Pictorius verweigerten die weitere Mitwirkung unter Meetsmas Bauleitung. Der Kurfürst entzog daraufhin Pictorius sein Amt als Oberlandingenieur (später rückgängig gemacht) und befahl Corfey mit dem Vermessen fortzufahren.

Meetsma veranschlagte die Baukosten bis zum Düsterbach mit 120.000 Reichstalern, ohne die Fuhren einzurechnen, doch wurde umgekehrt der Gewinn von der Kaufmannschaft äußerst großzügig berechnet, um den Kurfürsten zum Bau zu drängen.

Am 6. Mai 1724 wurde der Kanalbau beschlossen, drei Tage später tat der Kurfürst am Jahrestag seiner Koadjutorwahl, im Beisein des Domkapitels und der vornehmsten Landstände und Damen, den ersten Spatenstich mit einem silbernen Spaten unter Lösung von zwanzig Kanonen. »Nach geendigtem Stich wurde magnifique in dreyen türckischen Zelten tractirt, wobey sich dan auch ein königlich polnischer und ein königlich preussischer Abgesanter befunden.« Corfey übergab das Konzept einer Medaille, auf der einen Seite mit dem Porträt des Kurfürsten, auf der anderen Minerva mit Spaten und Füllhorn, zu Füßen der Göttin ein Warenballen und ein Merkurstab; die Umschrift lautete: »Utilitati publ. et commerciis – fossa aperta MDCCXXIV 9. Maii«. Die in Silber geprägten Gedenkmünzen verteilte Clemens August auf dem Landtag im August. Man begann, zunächst unter Mithilfe des Militärs, den Kanal zu graben.

Am 15. Dezember 1725 konnte Clemens August im Beisein seines Bruders, des Prinzen Theodor, des Ministers Plettenberg und des Hildesheimer Weihbischofs Ernst Friedrich von Twickel zum ersten Male auf einem Teilstück des neuen Kanals fahren, Meetsma als Steuermann. Ein Jahr später baute man bei Blomberg die erste Schleuse, groß genug, um vier bis fünf Kanalschiffe zugleich aufzunehmen. Beinahe zwei Jahre dauerte der Bau. Im münsterschen Ratswahlbuch findet sich die Eintragung: »Am Blumenberg ist auf dem Canal die kostbare Schleuse verfertigt worden, darzu 10.000 Fuder Baumberger Steine wie auch eine unbeschreibliche Menge Holtz verwendet worden.« Sie wurde im Sommer 1727 fertiggestellt. Am 23. Juni 1728 befuhr probeweise der Graf von Plettenberg mit seinem Gefolge den Kanal: »Bey Arrivirung an der Schleusen ist die Herrschaft ausgestiegen, umb die Öffnung der Schleusen und die Einfarth desto gemächlicher zuzusehen; nachdem nuhn nach Loßziehung der kleinen Communication das Bassin in Zeit von 15 Minuten so weit angeschwollen, daß die obere Thuer hat können eröffnet werden, ist der Herr Meetsma allein hineingefahren und die Herrschaften en Carosse zuruckkommen.« Als der Kurfürst im Oktober in Münster ankam, befuhr er am nächsten Tage den Kanal. Er wurde »bey dem Embarquement mit dreymahliger Salve von 6 aufm Wall gegen den Canal gepflantzten kleinen Canons von dem Herrn Obristen Corfey und bey der Schleusen mit drey Salven aus 12 Canons von dem Fendrich Eddeler entpfangen, da dan Ihro Churf. Durchlaucht ein sonderbares Vergnügen bezeuget«. Bei seiner Abreise nach Neuhaus äußerte der Kurfürst den Wunsch, Corfey möge »ein Concept machen, die neue Schleuse mit 4 Statuen zu verzieren. Und obschon ein solches demselben annoch etwas unzeitig vorgekommen«, konnte der Obrist nicht »umbhinn, nachfolgende Statuen mit diesen Inscriptionibus« zu erfinden:

»1. Alpha (Aa)
Rustica sum, fateor, sed capta canalis amore
Hinc mea tam promptas hydria fundit aquas.
Ich bin ein schlecht Rivier, doch im Canal verliebet,
Darum dan mid Plaisir mein Krug sein Wasser
giebet.
2. Paedoryax (kleine Bäche)
Infantes fluvios in publica commoda natos
Instruit Alphaeis provida mater aquis.
Die Nymphenkinder auch zum Nützen seint
erschaffen
Und lernen den Gebrauch der Mutter
nachzuapffen.
3. Vider (Vechte)
Mercibus AVgVstum Batavis ditabo canalem
Ut discant cives utilitate frui.
Ich will Augusti Farth mid Reichthum ubergiessen
Und zeigen an die Arth: den Nutzen zu geniessen.
4. Amisis (Ems)
Vider, ut in partem veniat tua gloria mecum
AVGVSTVS vitrea junget utrumque via.
Damit, o Vecht, dein Ehr auch seye mein Vergnügen
So wird der Landesherr uns bald zusammenfügen.«

Bei Corfeys Text befinden sich 2 Blätter mit Zeichnungen der Flußgottheiten und seinen Versen; der Figurenschmuck der Schleuse (auf der Höhe von

Greven) wurde nicht ausgeführt. Die Entwürfe wurden dem Kurfürsten nach Neuhaus nachgeschickt und auch »sehr gnädig angenommen, also, daß dieselbe, als sie am 20. Novembris wieder zu Münster angelangt, den 21. an der Taffel ein besonderes Vergnügen bezeiget und den 22. wiederum den Canal befahren, umb die Gelegenheit, wo die Statuen an der Schleusen zu setzen, in hohen Augenschein zu nehmen«.

Im Winter gab es am Kanal »mit Einreissung der Uferen« merkliche Schäden. Am 14. Juni 1729 befuhr Corfey in Gesellschaft des Dompropstes und des Domdechanten sowie einiger jüngerer Domherren erstmals den Kanal. Zum Mittagsmahl bei Schulte Lintelo war auch Meetsma eingeladen und war »diesmahl etwas complaisanter, als man sonsten an ihm gewohnt«. Die Schleuse an sich war ein »massives Gebew von lauter Quadersteinen, hielte ungefer 14 ad 15 Fues Wasser«. Corfey notierte, »daß diese Schleuse alzuweit von Münster angelegt sey und umb ein einzig Schiff alzuviel Wasser verlieren thue; dagegen wan der Herr Meetsma nach den oberen Wasser der Enckingmuhlen den Canal angelegt hette, würde er kaum die Halbscheid zu graben gehabt haben, auch den Wellsand evitiren können und were besser gewesen, kleinere und mehrere Schleusen anzulegen, als soviel Kosten auf eine allein zu verwenden«. Der Kanal litt unter ständigem Wassermangel; Meetsma ließ daher die Steinfurter Aa in die münstersche Aa leiten, wodurch dem Grafen von Bentheim-Steinfurt drei Mühlen ruiniert wurden.

Im September 1729 setzte der Landesherr eine neue Kanalbau-Kommission unter dem Vorsitz des Kammerpräsidenten Johann Philipp von Droste zu Erwitte ein, der u.a. Corfey, der Kammerrat Kettelhack und der münstersche Kaufmann Clute angehörten. Als im Dezember viel Regen fiel, »haben diese sonsten gahr schlechte Revieren sich dergestalten vereinbart, daß dadurch nicht allein in Münster eine niemahls erlebte hohe Wasserfluth entstanden, sondern auch an dem Canal kein geringer Schad geschehen sey«. Zu der Schadensbesichtigung lud der Kammerpräsident auch Corfey ein, »so aber sich entschuldiget, daß es seine Affaire und Metier nicht were. Man mögte dazu denjenien gebrauchen, der da für da were und gagirt seye, nemblich den Ober-Ingenieuren und Obristlieutenanten Schluen. Dieser aber hat sich mit Catharren excusirt«. Schlaun war 1724 an der Aufmessung beteiligt gewesen; seine 4,33 m lange Karte des Kanalverlaufs befindet sich im Staatsarchiv Münster (Kat.-Nr. 78.1.1).

1729 hatte man den Kanal bis zum Frischhofsbach geführt, nur noch wenige Kilometer von der Burgsteinfurter Aa entfernt. Nachdem mehrere Pläne den Kanal mit der Vechte in und außerhalb der Grafschaft Bentheim zu vereinen, politisch gescheitert waren, sollte der Kanal zwischen der Ems und Bentheim in fast gerader Richtung nach Norden durch das Bourtanger Moor mit Benutzung des Wassers der holländischen »Ruiten Ahe« bis in den Dollart geleitet werden. Ein Zweigkanal über Windschoten nach Groningen war vorgesehen. Geldmangel ließ jedoch das gesamte Projekt stocken, dazu kam, daß die von Meetsma vereinigten Flüßchen Steinfurter Aa und Münsteraner Aa bei Hochwasser solchen Schaden an den Uferdossierungen des Kanals anrichteten, daß der gesamte folgende Sommer mit Reparaturen vertan werden mußte. Meetsmas ohnehin schon angeschlagene Stellung als Ingenieur und Bauleiter war erschüttert. Anfang 1730 beschloß Clemens August, nicht weiterzubauen, sondern das fertige Stück in Betrieb zu nehmen, um die Kosten des Weiterbaus möglicherweise aus dem Ertrag decken zu können. Im Frühjahr 1731 kam es dann zum endgültigen Bruch mit Meetsma, ihm wurde die Bauleitung entzogen, und er verschwand. An seine Stelle als Ingenieur, später als Kanalinspektor, trat sein Vetter oder Neffe Gerben Meetsma, der die notwendigen Arbeiten zur Inbetriebnahme leitete, etwa den Bau von Kränen an beiden Enden des Kanals.

Die Münsteraner Gebäude, Kran und Packhaus, errichtete Schlaun (vgl. Kat.-Nr. 78.1.2–5), wobei das Packhaus, trotz aller Schlichtheit, neben dem Zuchthaus und den Planungen für die Residenz der erste kurfürstliche Neubau in Münster war. Als Sitz des Expediteurs plante Schlaun das Haus als Backsteinbau mit Walmdach mit dreiachsigem, zweigeschossigem Mittelbau und seitlichen eingeschossigen Stall- und Lagerraumflügeln. Der Mittelbau ist durch das bekannte Rahmen-Streifen-System gegliedert, die Außenkanten durch ›kolosssale‹ Doppelstreifen akzentuiert. Über dem Portal befindet sich als Hoheitszeichen das Wappen des Landesherrn mit dem Deutschordenskreuz, in den seitlichen Achsen Tafeln zwischen den Fenstern der beiden Geschosse. Die Seitenflügel sind entsprechend ihrer Funktion mit breiten Eingängen versehen, darüber hohe Krantüren zum Aufziehen der Waren in den Speicher unter dem Dach. Der Spediteur hatte seine Wohnung in der Etage des Mittelbaus, im Erdgeschoß befand sich die große Küche und im Keller hatte man ihm eine Schankwirtschaft gestattet.

Den nördlichen Endpunkt des Kanals hatte man Clemenshafen genannt; auch dort wurde ein Speditions- und Packhaus gebaut; ob Schlaun daran Anteil hatte, ist nicht bekannt. Schiffe wurden vom Stapel gelassen, sogenannte Treckschuten, die von Postpferden gezogen wurden. Allerdings drohte der Kanal aufgrund einer fehlenden Absperrung seitens der Aa bald zu versanden. Auch die Gefahr des Dammbruchs bei Hochwasser bestand weiter. 1739, nach einem erneuten teueren Dammbruch, entschied man sich endlich für den Bau einer kleinen hölzernen Schleuse hinter Kinderhaus. Damit waren die Arbeiten unter Clemens August abgeschlossen. Merkwürdigerweise hat der Kurfürst das Angebot einer Gesellschaft, das marode Unternehmen 1731 zu pachten, abgelehnt – der Kanal mußte offenbar, trotz miserabler Finanzen, ein landesherrliches Unternehmen bleiben. Nach der Inbetriebnahme wurde der Kanal mit dem fürstbischöflichen Postwesen vereinigt und in Vertretung des Hofkammerpräsidenten von einem Post- und Kanalkommissar verwaltet, denn es gab ab sofort neben dem Güterverkehr auch fahrplanmäßige Personen- und Postbeförderung. Seit 1733 verkehrte das Postschiff zweimal wöchentlich. Der Kanal wurde ein wichtiger Kommunikationsweg von Zwolle, Groningen, Emden über Münster nach Paderborn und Kassel mit Anschluß nach Leipzig, Nürnberg und Frankfurt, über Dorsten nach Duisburg, Köln und Bonn und über die Kaiserliche Post nach Süddeutschland.

Die Gründung der Asiatischen Kompagnie in Emden durch Friedrich II. von Preußen, der seit 1744 auch in Ostfriesland herrschte, hatte den am Handel mit der Gesellschaft interessierten Münsteraner Fürstbischof veranlaßt, den Generalmajor Schlaun und den Artilleriemajor von Thelen zu beauftragen, das Gelände zwischen dem Düsterbach und der Ems bei Rhede unterhalb Lingens zwecks Verlängerung des Kanals nach Norden zu nivellieren. Das Resultat der Untersuchungen war ein in mehreren Zeichnungen festgelegter Entwurf (ein über 13 Meter langer Plan von 1753 im Landesmuseum, Kat.-Nr. 78.1.6), nach welchem der Kanal vom Düsterbach aus, zwischen Wettringen und Neuenkirchen gelegen, zunächst an dem Dorf Haddrup vorbei die Richtung auf Salzbergen einschlug, in der Mitte zwischen den Orten aber nach links abbog und nun durch das Moorgebiet parallel zur Ems auf die holländische Festung Bourtange zulief, westlich vorbei an Embsbüren, Lohn, Dalheim, Hesepe, Rühle, Meppen, Versen, Danckeren, Walchum, Dersum, Schapenburg, lenkte dann nach rechts und mündete bei dem Dorf Rhede in die Ems. Die Gesamtlänge der Linie betrug 24250 Ruten, vierzehn Schleusen waren vorgesehen, da der Geländeabfall zwischen Düsterbach und Rhede 144 Fuß betrug. Der Siebenjährige Krieg und der latente Geldmangel ließen jedoch auch dieses Projekt scheitern.

Doch jetzt bewährte sich der vorhande Kanal, denn als Münster 1758 für eine drohende Belagerung durch Herzog Ferdinand von Braunschweig verproviantiert werden mußte, schaffte man in kürzester Zeit das gesamte englische Kornmagazin von Clemenshafen nach Münster. Fünfzehn Schiffe fuhren Tag und Nacht. Nach dem Tode des Kurfürsten übernahm die Kaufmannschaft, unterstützt von der auf Initiative des Ministers Franz von Fürstenberg ins Leben gerufenen Kommerzienkommission, die Kanalinitiative. Nicht mehr der Landesherr, sondern die Stadt verfolgte jetzt das ehrgeizige Projekt. Man plante, den Kanal zu verpachten. Im Jahre 1764 wurde damit begonnen, die erheblichen Kriegsschäden zu beseitigen, ein neuer Kran wurde in Auftrag gegeben und vor allem war man nun gewillt, den Kanal bis zur Ems auszubauen. Oberstleutnant Thelen sollte das Gelände vom Kanalende bis zur Ems nivellieren. Der neue Kölner Kurfürst und Landesherr Maximilian Friedrich war mit dem Vorhaben einverstanden. Bereits im Herbst des Jahres 1764 lieferte Thelen einen Plan der Verbindung des Kanals mit der Ems: von Clemenshafen ostwärts zur Ems bei Mesum, etwas nördlich von Rheine (vgl. Kat.-Nr. 78.1.7). Der Plan gelangte nicht zur Ausführung, offenbar waren die Interessen des 1766 zwischen Preußen und dem Kölner Kurfürst vereinbarten Projekts der Schiffbarmachung der Lippe hinderlich. 1769 trat Münster dieser Konvention bei, und man schlug vor, Lippstadt, das vorgesehene Ende der schiffbaren Lippe, mit Münster, also dem Ausgangspunkt des Kanals zur Nordsee, zu verbinden. Nichts davon wurde realisiert. Der Kanalspediteur und Pächter Duesberg hat den Kanal bis 1771 nur bis zum Wettringer-Neuenkirchener Weg verlängern können, der Endpunkt erhielt den Namen Maxhafen, dem Kurfürsten als Pachtgeber zu Ehren.

Auf Handel und Gewerbe der Hauptstadt Münster hat der Kanalbau wenig fördernden Einfluß gehabt, doch war er immerhin etwa 110 Jahre bis 1840 in Betrieb, wurde dann trotz der Anstrengungen der Münsteraner Kaufmannschaft, ihn als Handelsweg zu erhalten, auf Befehl des preußischen Königs mitsamt den zugehörigen Liegenschaften und Gebäuden versteigert. Der Bau von gut befahrbaren Landstraßen.

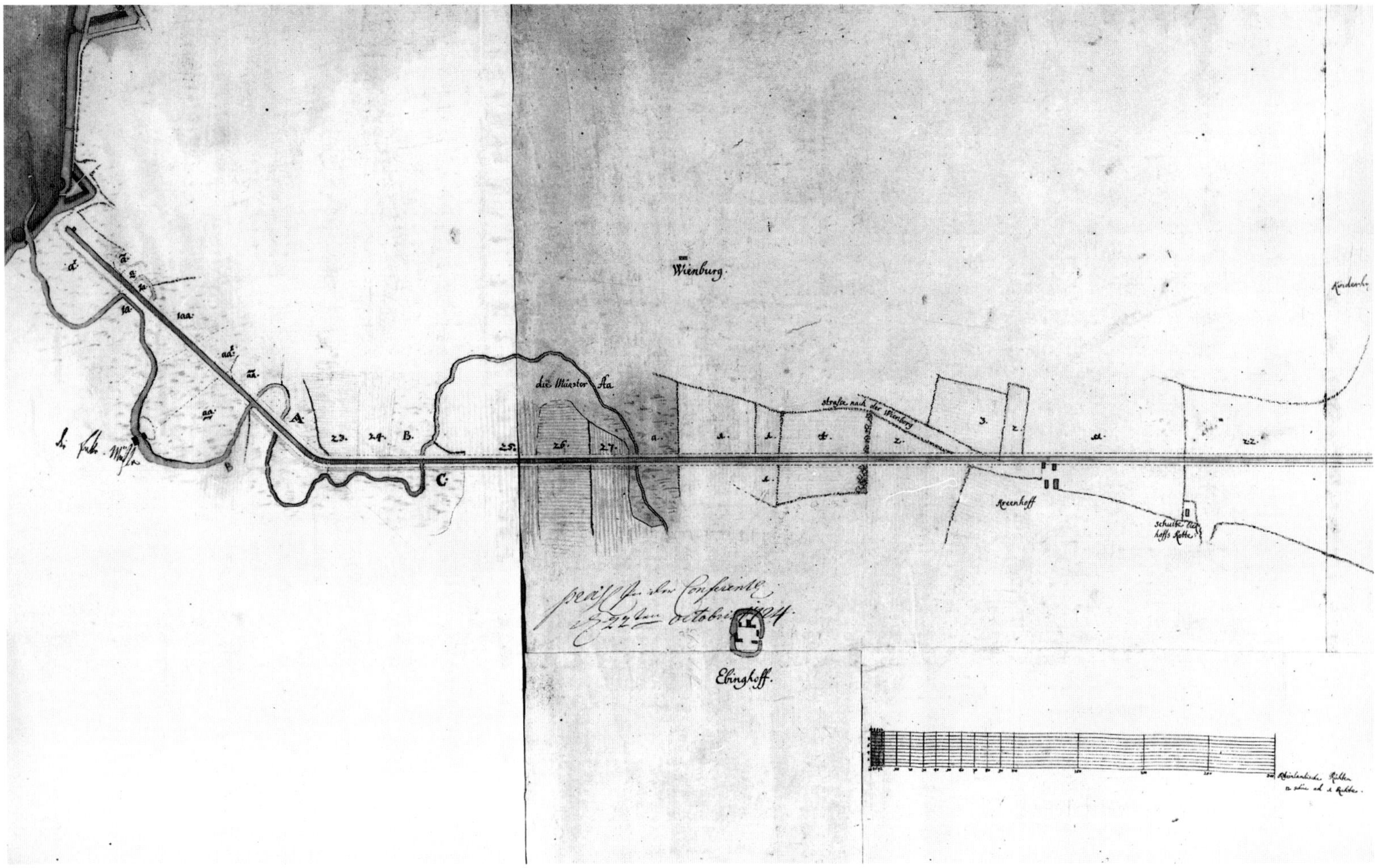

78.1.1

78.1.1
Max-Clemens-Kanal, Vermessungsplan, 1724

Lavierte Federzeichnung, Länge 433 cm
Titel: *Planum des Münsterischen Canales.*
Beischrift: *die Münster Aa; Wienburg.; strasse nach der Wienburg; Kreenhoff; schulte Dick=hoffs Kotte; Kinderhuss; Kinderhuss=bach; Ebinghoff* (Kennziffern, Kennbuchstaben)
Präsentationsvermerk: p*räsentiert zu der Conferentz den 22ten octobris 17*
Maßstäbe: *300 Rheinländische Ruhte; 12 schue ad 1 Ruhte*

Staatsarchiv Münster, Kartensammlung A 10467

Der Plan ist bei Geisberg im Inventar nicht erwähnt. Datierung 1724 von Volkhardt 1976, S. 154, Abb. 43.

78.1.2
Münster, Kanalstraße
Packhaus und Spediteurwohnung am Max-Clemens-Kanal, Aufriß und Grundrisse des Erd- und Obergeschosses, um 1731

Lavierte Federzeichnung (rot, blaßrot, grau, grauschwarz), 52,9 x 37,4 cm
Titel: A*uffuhrung vom pacK=hause und wohnung vor den Expediteur neben dem Kranen Zu Munster am Canal. -; Etage.; Plan.*
Beischrift: Kennziffern
Legende: *1. Entrée mit der trappe.;* 2-2 *Stube und Schlaff-Zimmer vor den Expediteur,; 3. Kuchel,; 4.-4 Spühl und Speise-Kammer woruber eine Entresole; 5 vor mägde Kammer.; 6. Keller so etwas gros weilen selben erlaubt seyn soll eine Kleine wirtschafft zu halten.; 7. pacKhaus.; 8. Stallung vor Schiffpferde und welche die wahren in Munster fahren.; 9. Knegte=Kammer woruber das Hexel Kan geschnitten, u das heu gelacht werden.*
Deckblatt zum Grundriß des Erdgeschosses mit Entwurfsvariante Raum 6: 13, 4 x 8,6 cm
Maßstab: *80 fues* = 25,5 cm

Westfälisches Landesmuseum Münster, Schl.-Bd. 184

78.1.3

Münster, Kanalstraße

Packhaus und Spediteurwohnung am Max-Clemens-Kanal, Aufriß der Schauseite, drei Dachstuhlschnitte, Grundriß des Dachstuhls und Grundriß des Hauses, um 1731

Lavierte Federzeichnung (rot, blaßrot, grau, gelb, schwarzgrau), 58,9 x 39,4 cm
Titel: *Weitere Plani vom Packhause*
Beischrift: Kennziffern; Kennbuchstaben
Legende: *A,, Das Keller werch.; B,, grunt und plan Desen pert stall wohn und packhaus.; C,, Entresole.; D,, grunt Dern 2tn Etage Desen wohnhaus.; E,, werckh Satz oder zu läg Desen wohnhauses.; f,, werckh saz Desen packhaus und pertstall.; B,, Ein profil Des Dachs über Dem wohnhaus.; h,, Ein profil Desen Dach über Das packhaus.; g,, Ein profil Desen Dach über Das packhaus nach Der länge Des hauses.; K,, Die völlige auswindige Aufführung vom pack und wohnhaus so zu Münster an Canal neber den Kranen zu stehen Kompt.*
1. Entree mit der trappen.; 2–2. stube und Schlaffzimmer vor den Expediteur.; 3. Küchell.; 4-4. Spühl und SeiseKamer – worüber eine Entresole.; 5. Ein EntreSöle vor MägteKammer.; 6. Kellerwerck.; 7. packhaus.; 8. stallung vor Shiff und andere pfede.; 9. KnegteKammer worüber das hexell und hew gelgt werden.; 10. Entree mit der trappen.; 11. Salon.; 12. 2 ShlaffKammern.
Deckblatt a zum Grundriß des Hauses, 11,6 x 10,4 cm
Deckblatt b zum Grundriß des Hauses, 4,9 x 4 cm
Deckblatt c zum Grundriß des Hauses, 11,7 x 8,1 cm
Maßstab: *80 fues* = 25,5 cm

Westfälisches Landesmuseum Münster, Schl.-Bd. 185

78.1.2

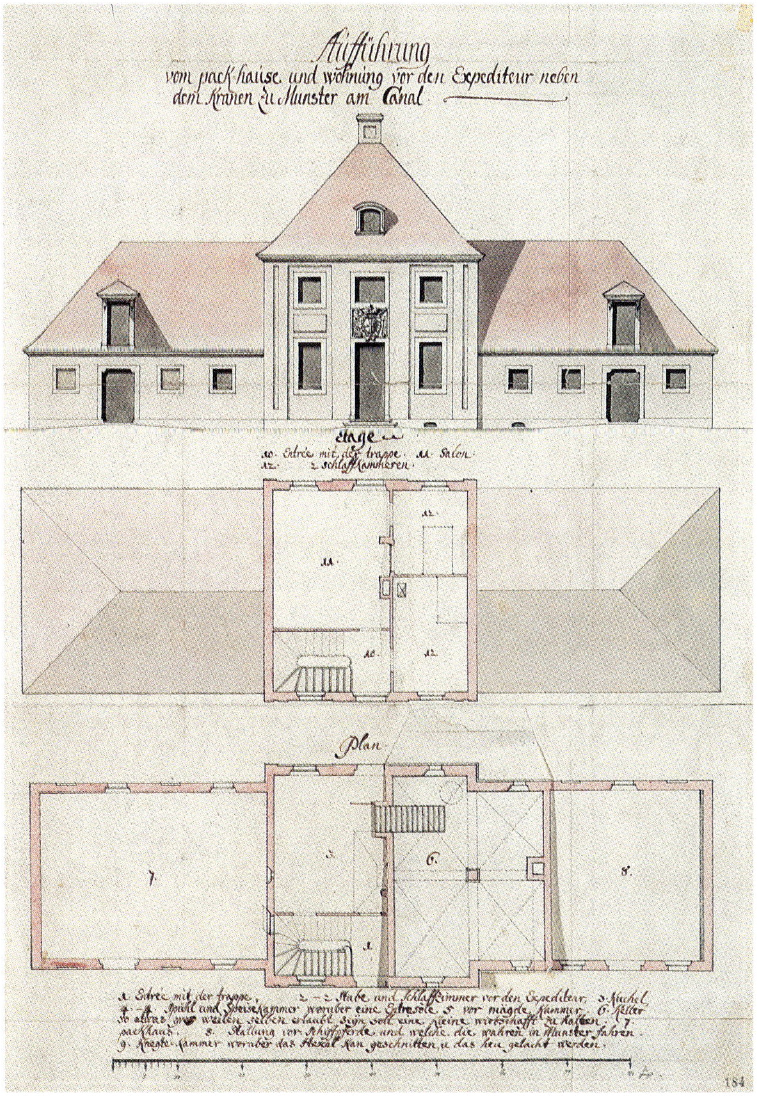

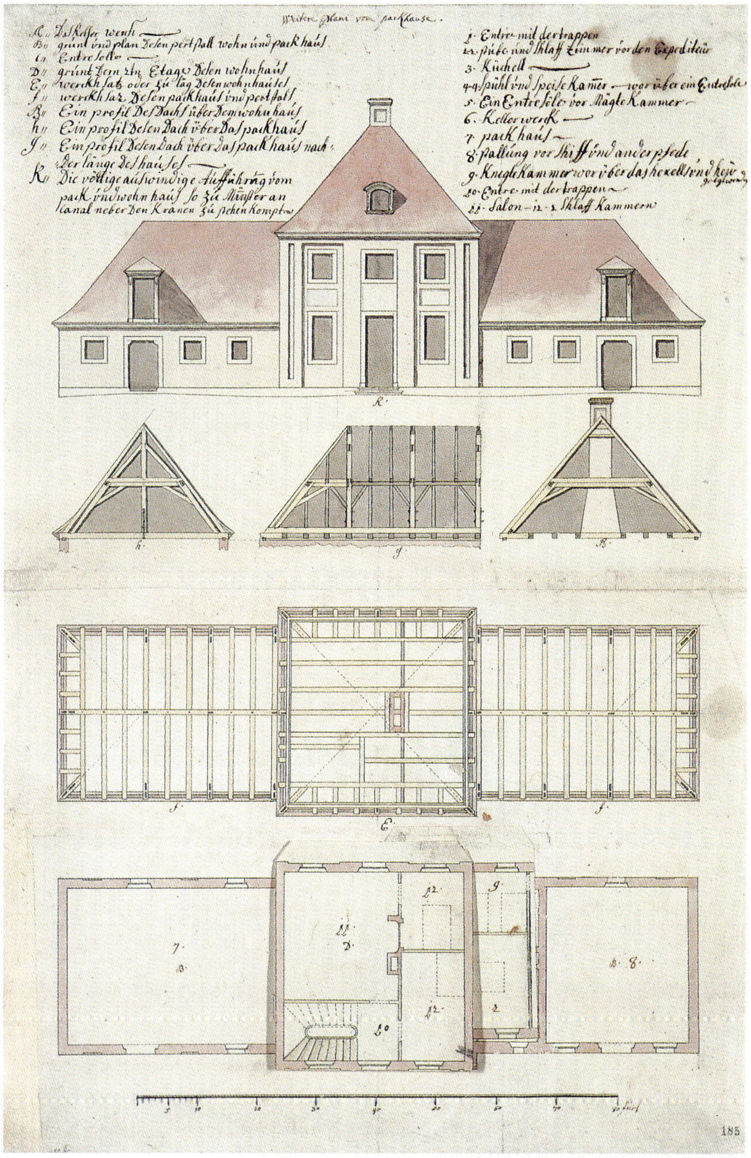

78.1.3

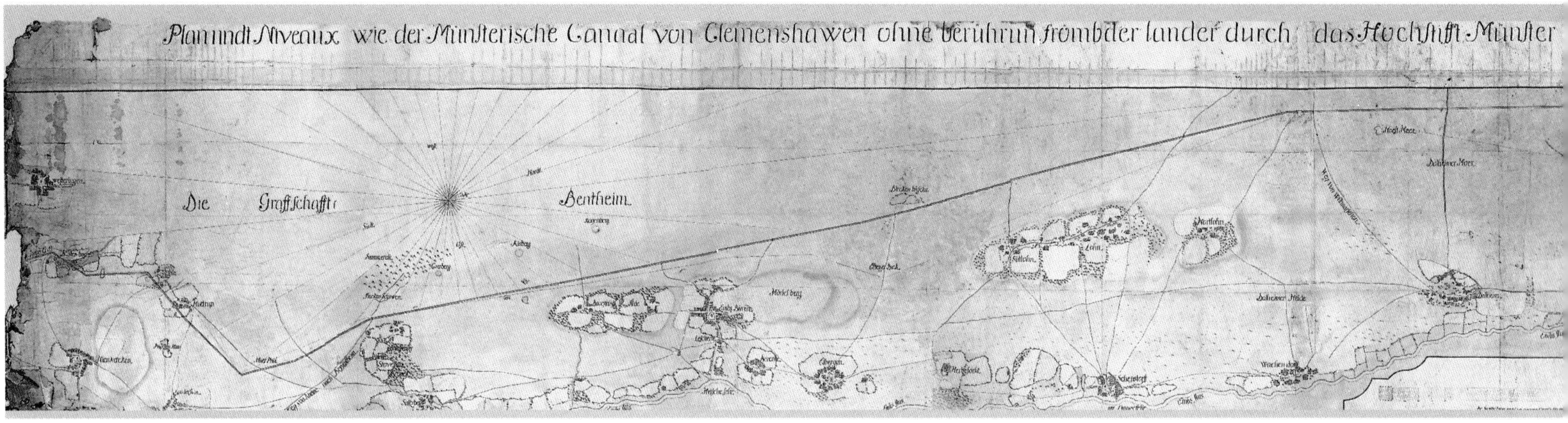

78.1.4

Münster, Kanalstraße

Max-Clemens-Kanal, Kran mit Stangengewinde, Aufriß und Aufsicht, um 1731

Lavierte Federzeichnung (blaßgelb, grau), 47,1 x 28,8 cm
Titel: *Krahn so unten am Canahle zu gebrauchen.; auch verfertiget* (von der Hand Schlauns).
Maßstab: 20 *fues* = 20,2 cm

Westfälisches Landesmuseum Münster, Schl.-Bd. 186

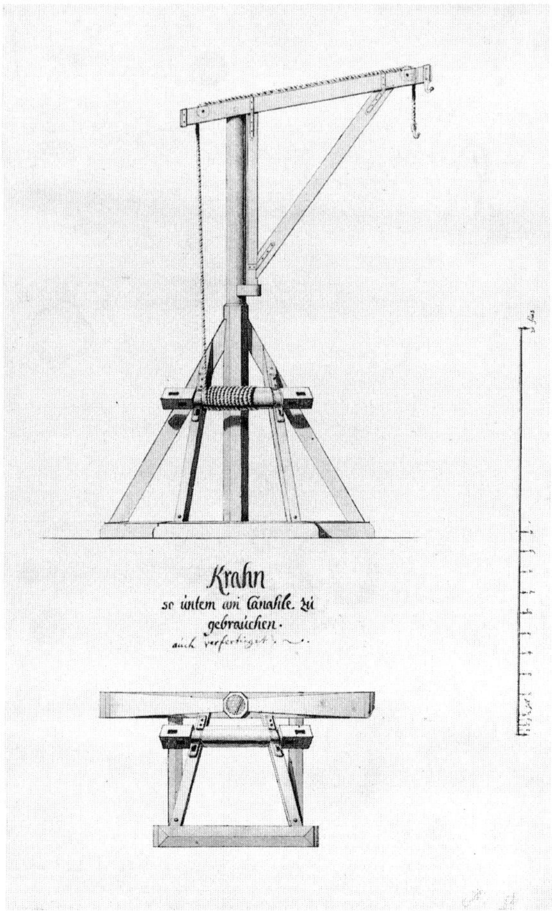

78.1.5

Münster, Kanalstraße

Kran am Packhaus für den Max-Clemens-Kanal, Aufriß, zwei Schnitte und zwei Grundrisse, um 1731 (Abb. S. 848)

Lavierte Federzeichnung (rot, blaßgelb, grau, schwarzgrau), 36,8 x 53,3 cm
Titel: *Seiten profil.-.; Seiten Aufführung vom Krahn.-; Vordere profil -.*
Beischrift: (Zusatz zum Titel:) s*o Zu Münster im anfang hatt söllen verfertieget werden.* (Kennbuchstaben)
Legende: *A. Grund vom Krahn wie selber Zu Münster am Canal nebst Zwey trappen anZulegen.; B. Grund von dessen Dach=wercK.*
Maßstab: *30 fues* = 17,6 cm
Westfälisches Landesmuseum Münster, Schl.-Bd. 183

Nicht ausgeführte Entwürfe Schlauns zu Bauten am Endpunkt des von Clemens August begonnenen Kanals: Packhaus, Spediteurswohnung, Hebekräne. Danach wurden im Frühjahr 1731 an den beiden Enden der Wasserstraße Kräne zum Verladen der Güter gesetzt und ein Speditions- und Posthaus am Clemenshafen erbaut. Man darf annehmen, daß damals auch am Südende des Kanals am Neubrückentor in Münster ein den gleichen Zwecken dienendes Gebäude geplant war. Ausgeführt ist es indessen damals nicht. Auf keinem der Belagerungspläne des Siebenjährigen Krieges ist es dargestellt. Zum ersten Male erscheint ein Packhaus auf dem Plane des Joseph Schmeddes von 1802 (vgl. Geisberg 1932, Münster I, Abb. 56). Die Urheberschaft Schlauns ist durch die Herkunft, die zum Teil erst später hinzugesetzten Schriftzüge und die Doppellisenen an den Ecken des Mittelbaues gesichert. Die Entwürfe, die in dem von Knüfermann durchgearbeiteten Aktenmaterial nicht erwähnt werden, entstanden vermutlich in dem selben Jahr, in dem das Speditions- und Posthaus am Clemenshafen erbaut wurde, 1731.

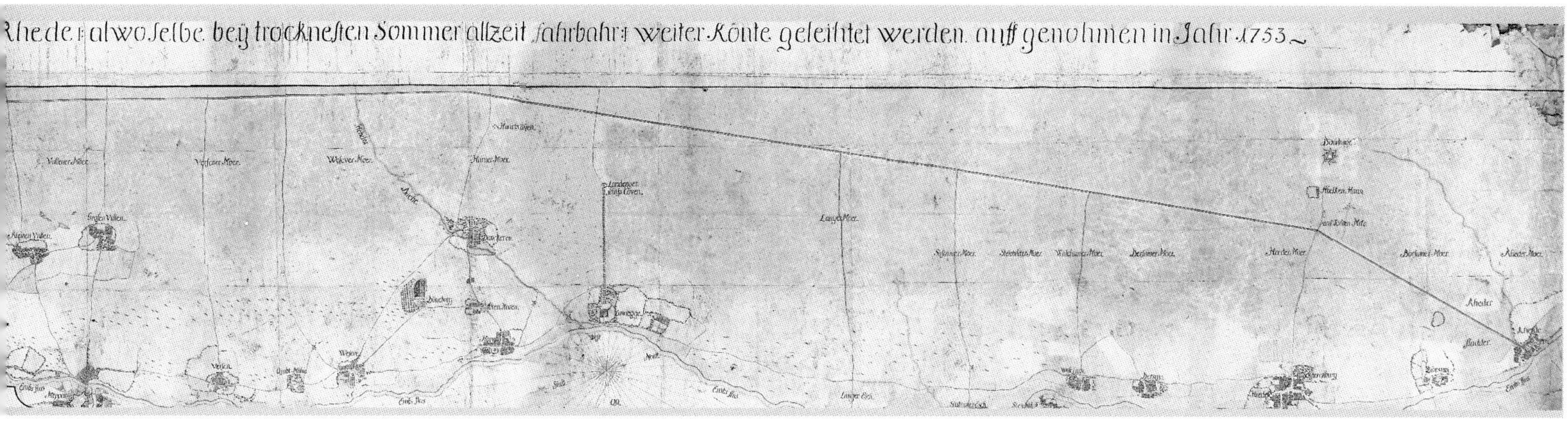

78.1.6

78.1.6

Max-Clemens-Kanal, Vermessungsplan, 1753
Obristleutnant Anton Joseph von Thelen

Lavierte Federzeichnung, ca. 15,0 x 134,7 cm
Titel: *Plan undt Niveaux wie der Münsterische Canaal von Clemenshawen ohne berührung frömbder lander durch das Hochstifft Münster bis in die Embse unter Rhede I: alwo selbe bey trocknesten Sommer allzeit fahrbar :I weiter könte geleihtet werden auffgenohmen im Jahre 1753*
Beischrift: *Die Gantze Lange vom Endt Hiesigen Canaals bis in die Embse bey Rhede belauffet sich auff 24.250 Rheinländische Ruthen*
Signatur: *Auffgemessen undt verfertiget durch den Artillerie Major A. J. Thelen Anno 1753*
Maßstab: *3000 Rheinländische Ruthen*

Westfälisches Landesmuseum Münster

78.1.7

Max-Clemens-Kanal, Vermessungsplan, 1753
Obristleutnant Anton Joseph von Thelen

Lavierte Federzeichnung, 44,5 x 310,5 cm
Titel: *Plan und Niveau Wie von Clemenshaven aus ein neuer Canal langs den post Wege durch die Bauerschafften Katenhorn und Hauenhorst eine halbe stundt an disseit der Stadt Rhene in die Embse könte geführet werden.*
Beischrift: (Kennbuchstaben) *Scala proportionalis in Rheinländischen Ruhten, nach Welcher auch die Höhen des Profils auffgetragen synd, davon aber eine Ruhte im Grundriß, vor einen Geometrischen fues im profil angenommen worden. Canal Carte.; Present. dn. 13tn november 1764.; Plan wie der Canal Von Clemenshaven bis oberhalb Rheine in die Embse könne geleitet werden vom Obristlieut. Thelen verfertiget.*
Legende: (*A* und *B* bezeichnen Schleusen, *C* und *D* Bacheinläufe in den Kanal)
A. Plan: *Schiermans busch; Schulte Schierman; Weg nach Wetteringen; Clemenshaven Weg nach Nienkercken; Bache So unter den Canal herfliesset und die Elpertings Mühle treibet; Weg von Torffvenne nach Nienkercken; post weg von Clemenshaven nach Rhene; Bauerschafft Brochtrup; gaermans Cuhoff; Weg von Nienkercken nach Meisum; Stigemans Camp; Bauer Schafft Katenhoren upmans Camp; post Brücke; post Weg nach Rhene; Liss Camp; Langen Camp; Stigemans beck Camp; brameyers Wiese; Brameyers Brücke; Brameyer; Niebel; Weg nach Elpertings Mühle; Hauenhorster Esch; Bauer Schafft Hauenhorst; Höeren Camp; Höeren Camps Brücke; höeren Kamps Wiese; Wesseling: Wernings wiese; Weg von Münster nach Rhene; Embse-Fluß.*
B. Profil: Clemenshaven; post-brücke; brameyersbrücke; höerencamps brücke; fall der Hauenhorster bache von der postbrücke biß in die Embse; höhe des Wassers im Canal; brücke auff der Landstraße; höhe des Wassers in der Embse.
Maßstab: *200 Ruthen* = 31,4 cm

Westfälisches Landesmuseum Münster, A.V. 182

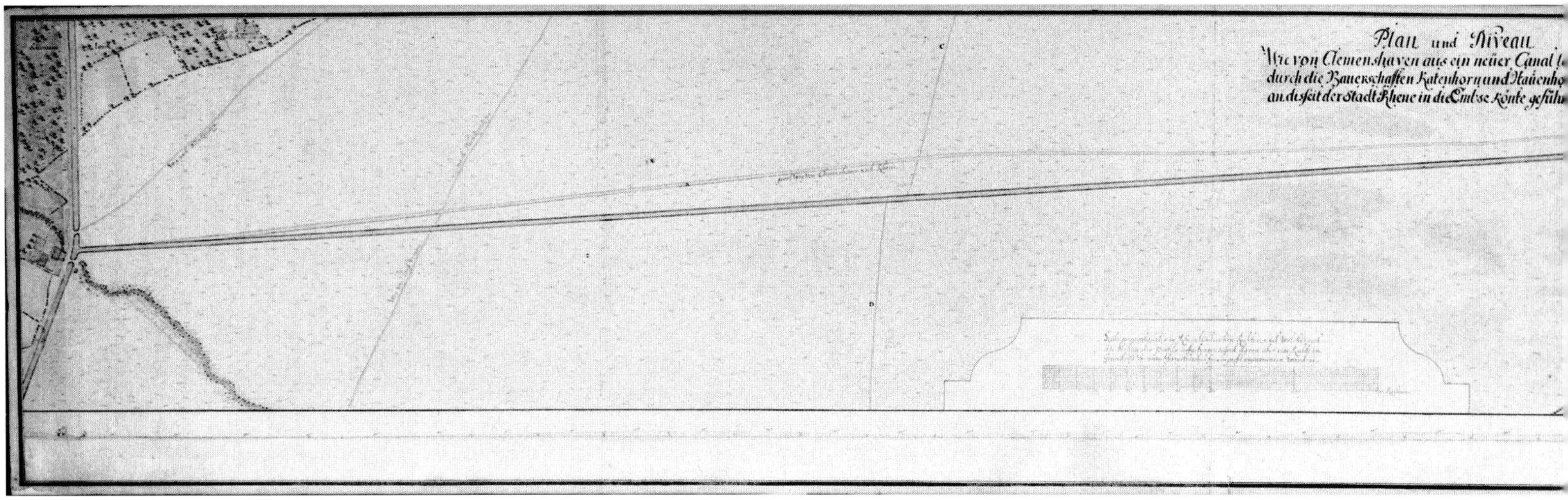

78.1.7

78.1.8
Rhede, Schleusenanlage
Schnitt, Aufriß und Grundriß

Lavierte Federzeichnung (schwarz, grau, gelb), Bleigriffel, 38,2 x 22,4 cm (35,4 x 19,8 cm)
Titel: *Plan, Profil et Section d'une Ecluse à faire a Rhede dans l a Dähne.*
Maßstab: *30 pieds de Münster* = 8,8 cm

Westfälisches Landesmuseum Münster, Sch 247

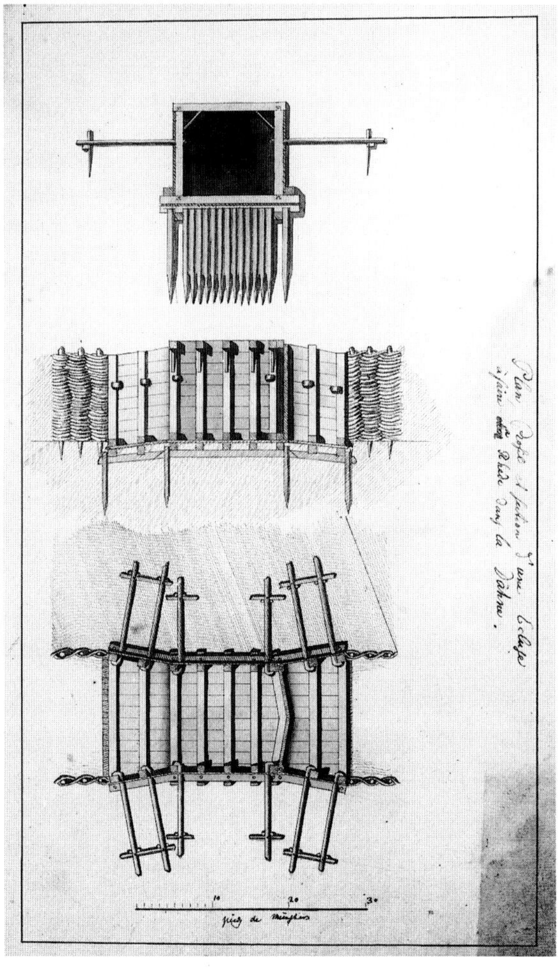

78.1.8

LITERATUR
Kat. *Schlaun* 1976, S. 104-06, Dok.-Nr. 34: Bericht Schlauns über neue Schäden am Emswehr zu Rheine und Anfrage wegen der Ablieferung eingenommenen Geldes. Dok.-Nr. 35: Der Artillerie-Leutnant Johann Boner berichtet über die Hochwasserschäden am Emswehr zu Rheine und macht Angaben über ihre Behebung (Abb. 38).

78.1.9
Rheine, Emswehr und Schleuse mit Aufnahme von Hochwasserschäden, nach 1746
Johann Engelbert Boner (?)

Lavierte Federzeichnung
Titel: *Zeichnung Von dem Damm und Verlas zu Rheinen und wass für Mängele daran zu repariren seind*
Beischrift: (Kennbuchstaben) *Am Verlaes von A. bis B, von C. bis D, von E bis F ist noth=wendig von grund auss Neu zu machen, wie auch die Thüren K, K Am Damm von G. bis H ist der bruch nothwendig zu repariren, und an etlichen örteren da die Steine einfag seint zerbrochen und ausgetriben, Von L. bis M gehet das wasser durch die oberste lage, ist nothwendig Zu repariren; Der bogen I. ist nothwendig Zu repariren.; N. Öhel=Muhlen,; O.. walcK=Mühlen.; P Korn=Mühlen.; Q.Q. Ahlfang*
Maßstab: *200 fues Rheinlandisch*

Staatsarchiv Münster, Ftm Münster, Hofkammer XVIII E, Nr. 1b

Von 1746 an nimmt ein großes Ems-Projekt Schlaun in Anspruch; der Bau eines Dammes in Rheine, der den alten »Bär« ersetzt, verbunden mit einer neuen Schleuse. In Rheine saß als Bauinspektor Johann Boner, der nach den Plänen Schlauns ab 1755 auch das Zuchthaus in Osnabrück errichtete (Kat.-Nr. 68). Schon 1754 muß Schlaun die durch die Flutkatastrophe stark beschädigten Mühlen und den Damm in Rheine teuer reparieren lassen.

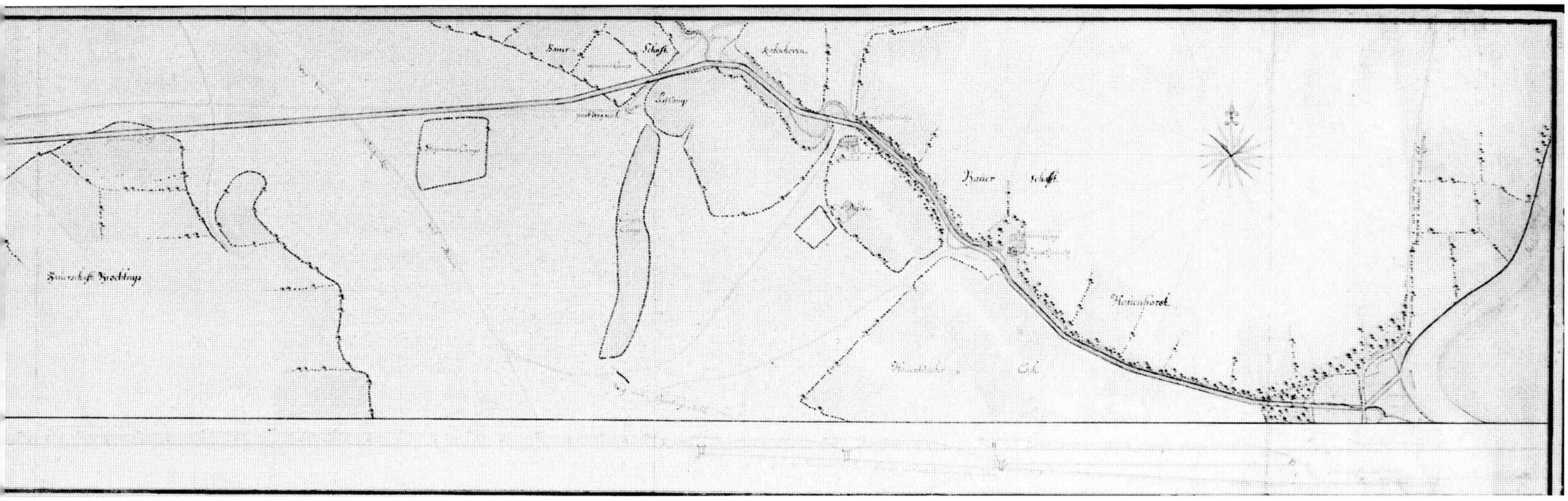

78.1.9

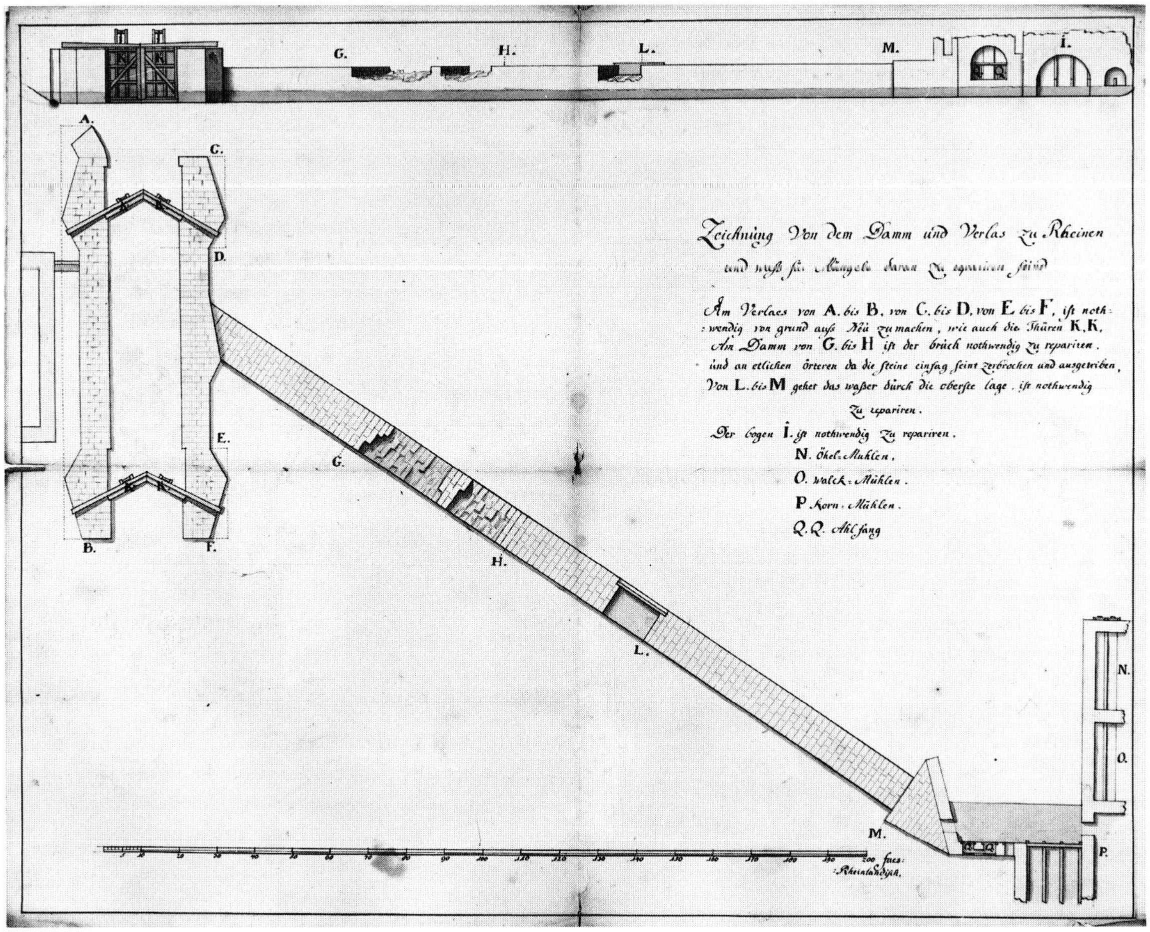

G. H. L. M. I.
A. C. D. E. B. F. G. H. L. M. N. O. P.
Zeichnung Von dem Damm und Verlas zu Rheinen
Am Verlaes von A. bis B. von C. bis D. von E bis F, ist noth:
:wendig von grund auff Neü zu machen, wie auch die Thüren K, K.
Am Damm von G. bis H ist der brüch nothwendig zu repariren.
und an etlichen örteren da die steine einfag seint zerbrochen und ausgetriben,
Von L. bis M gehet das waßer dürch die oberste lage. ist nothwendig
Zu repariren.
Der bogen I. ist nothwendig zu repariren.
N. Öhel=Mühlen,
O. walck=Mühlen.
P Korn=Mühlen.
Q.Q. Ahlfang

LITERATUR

Gisbert Knopp, *Zur Geschichte und Ausstattung des kurfürstlichen Weingartenschlößchens »Vinea Domini« in Bonn,* in: Annalen des historischen Vereins für den Niederrhein, 179, 1977, S. 137-57.

78.2 (ohne Abb.)

Bonn, Vinea Domini, Modell einer Confidenz-Tafel, 1728

Besitzer der Vinea Domini war die Erz- und Hofbruderschaft St. Michaelis Archangeli, der der Kurfürst Joseph Clemens den Weinberg vermacht hatte; auch das von Guillaume Hauberat 1722 erbaute, zugehörige Lustschlößchen war nach seinem Tode in deren Besitz übergegangen, das Inventar allerdings versteigert worden. 1726 pachtete Clemens August das Grundstück, um das direkt über dem Rhein gelegene Lusthaus als Gartenpavillons für kleine Lustbarkeiten zu nutzen. Vorbild war der Pavillon d'Aurore im Park von Sceaut, der, 1673 für Colbert errichtet, für Musikaufführungen diente. »Zwei wesentliche Komponenten trafen bei diesem Schlößchen zusammen: Einerseits war es ganz auf diesen herrlichen Ausblick und den Genuß von Wein hin konzipiert, andererseits aber kam ihm als erstem kurfürstlichen Gebäude, dessen die Rheinreisenden kurz vor dem Eintreffen in die Residenzstadt ansichtig wurden, eine wichtige repräsentative und erwartungsweckende Aufgabe zu« (Knopp 1977). Der Pavillon bestand aus einem oktogonalen, vermutlich überkuppelten Saal, an den sich seitlich quadratische Räume anschlossen, die als Speisesäle dienten, womit die Funktion des Schlößchens umrissen ist. Dem entsprach im Souterrain eine große Küche; im Raum unter dem Saal war in der Mitte »die Maschine des aufgehenden Tisches angebracht«, die Schlaun 1728 als Modell zu kopieren hatte. In der »General Hoff-Schatz-Ambts-Rechnung« aus diesem Jahre heißt es: »dito dem Baw-meister Schlaun das modell von der Machine in Vinea Domini so er von Holtz machen laßen, undt Ihro Churfstl. Durchlaucht in Bayern überschickt, zahlt 2 louisdor = 9 Rthr. spec. 52 1/2 Stüber.« Karl Albrecht, der Bruder des Kurfürsten, hatte von hier aus dem Feuerwerk Schlauns auf dem Rhein zugeschaut und vermutlich den Wunsch geäußert, den versenkbaren Tisch nachbauen zu lassen. Knopp hat betont, daß die Anlage 1723 bereits voll funktionsfähig gewesen wäre, daß Schlaun also nicht der Erbauer dieser faszinierenden Einrichtung gewesen sein kann. Als Erfinder des »Tischleindeck-dich« nennt Julius Bernhard von Rohr in seiner ›Ceremoniell-Wissenschaft der großen Herren‹ von 1733 den Dresdener Hof-Modell-Meister: »Es wird eine unbedeckte Tafel aus dem Koeniglichen Zimmer erster Etage in das unter demselben befindliche Anrichtungs-Gemach durch eine besondere Bewegung hinunter gezogen, hingegen kommt eine mit vollem Service und Speisen besetzte Tafel, nebst vier Gueridons, deren jeder von vier Fachen oder 4 Tellern, von unten durch den sich eroeffnenden Fuß-Boden hinauf, ohne daß Ihro Majestaet einer anderen besonderen bedienung zur Aufhebung der Tafeln dabey noethig haben. In der Tafel ist noch eine a parte kleine Eroeffnung, dadurch mit einer Schiefer-Tafel denen unten befindlichen Bedienten Nachricht gegeben werden kan, was Ihro Majestaet von Getraencke oder sonst haben wollen, welches denn unten durch gewisse Eröffnungen hinauf getriben wird. Es heist dieses eine Confidenz-Tafel, und dienet dazu, wenn Ihro Majestaet mit einigen vertrauten Ministris allein speisen wollen.«

78.3.

Brücke bei Schönefliet, 1735

Grundriß und Aufriß

Lavierte Federzeichnung, 31,6 x 40,3 cm
Titel: *Aufführung / Grund / der in ao 1735 gemachter brücke nemlich die halbseid / der noch zu machender halbscheid von der brücke / zu Schönen=flehte.*
Beischrift: *Wirtshauss.*
Maßstab: *80 fues*

Staatsarchiv Münster, Domkapitel Münster, Amt Schönefliet Nr. 226

Dazu gehören zwei Schriftstücke im Staatsarchiv Münster, Domkapitel Münster, Amt Schönefliet Nr. 226, eine Erklärung Schlauns zur Brücke und eine Anweisung Schlauns an den Maurermeister Neuhaus.

78.4

Hameln, Schleuse, Bagger

Lavierte Federzeichnung (grau, olivgrün, blaßgrün, braun, rot, blaßrot, gelb), 22,6 x 35 cm (20,6 x 33,9 cm)
Titel: *Grundt=Ris von der zu Hamelen neü angelegten Schleüssen fait p(ar) Christian Ludwig Dammert 1737 d 21. Augusti; Profil; Profill und Grund=ris Von der neü inventirten Müdde Machine*
Beischrift: *unterwerts Niedrieges Wasser.; oberwerts Hohes Wasser.; Pilotirung* (Kennziffern)
Maßstab: *30 fues* = 14 cm
Erläuterungsblatt: 31,5 x 40 cm

Westfälisches Landesmuseum Münster, Schl.-Bd. 293

78.5.1
Bonn, Lilienstraße
Pumpe, Aufriß und Schnitt

Lavierte Federzeichnung (grau, rot, grau, blau), 46 x 26,3 cm (44,5 x 24,7 cm)
Titel: *Pumpe auff der Lilien Straße zu Bonn.*
Maßstab: *6* (Fuß) = 9,2 cm

Westfälisches Landesmuseum Münster, Schl.-Bd. 341

78.5.1

78.5.2 (ohne Abb.)
Bonn, Lilienstraße
Johann Mauritz Güding (?)
Pumpe, Aufriß und Schnitt, Kopie nach Kat.-Nr. 78.5.1

Lavierte Federzeichnung (grau, rot, grau, gelb, blau, hellblau), 39,9 x 31,7 cm (38,2 x 29,7 cm)
Titel: *Entwurff einer dopelten Pompen.*
Maßstab: *6 fues Fransosisch* = 9,2 cm

Westfälisches Landesmuseum Münster, Schl.-Bd. 283

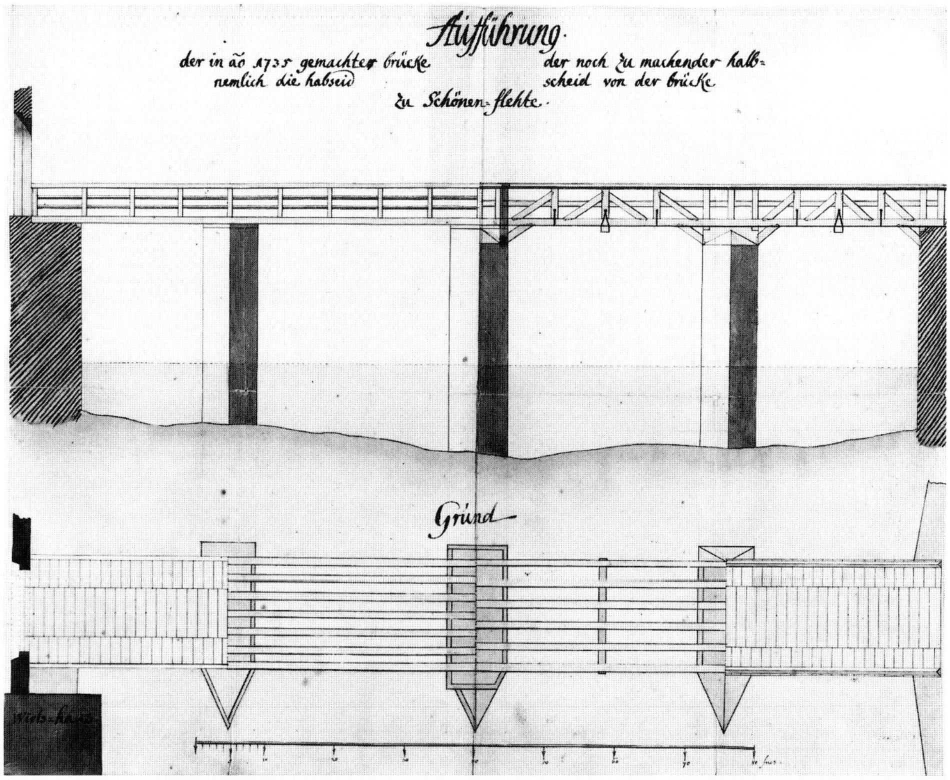

78.3

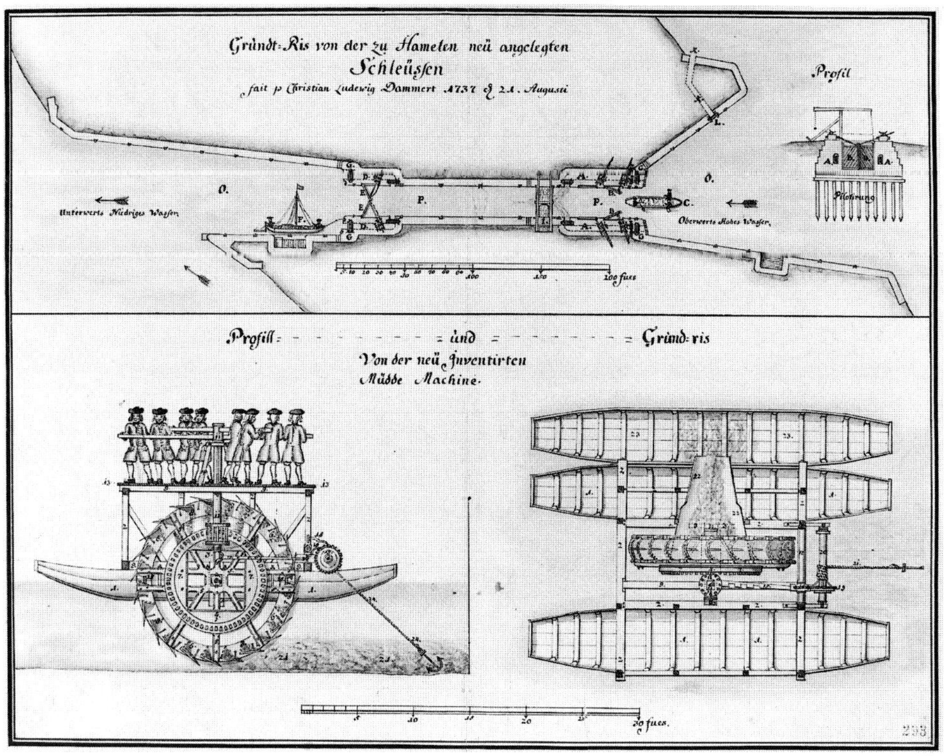

78.4

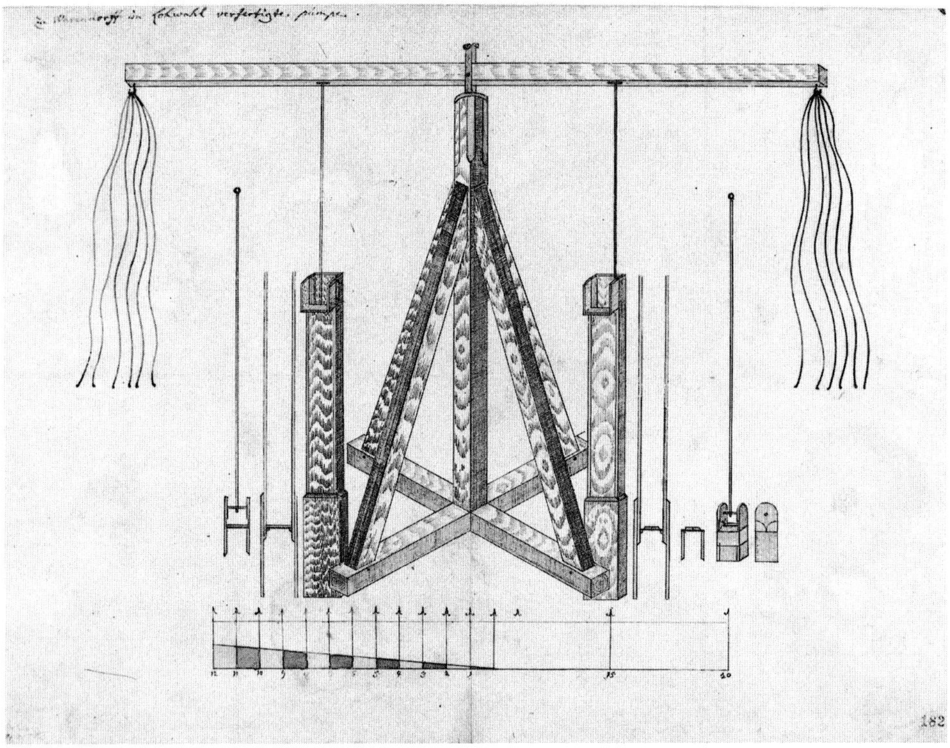

78.6.1

78.6.1

Warendorf, Doppelpumpe

Perspektivische Ansicht, Kolben und Ventile herausgezeichnet

Lavierte Federzeichnung (grau, braun), 31,5 x 40,4 cm
Beischrift: *Zu Warendorff im Lohwahl verfertigte pumpe.*
Maßstab: *20 Einheiten* = 21,7 cm

Westfälisches Landesmuseum Münster, Schl.-Bd. 182

78.6.2

Warendorf, Zifferblatt einer Sonnenuhr, 1737

Johann Conrad Schlaun (?)

Lavierte Federzeichnung (braun), Bleigriffel, 41,3 x 31,7 cm
Inschrift: *ortus; Hora; occasus; Diei; Longitudo; Noctis*
Datierung: *1737*
Inschrift: *Barcellona in Europa; Bagdat olim Babylon in Asia; Cayro in Africa; Mexico in America; WARENDORFF*

Westfälisches Landesmuseum Münster, Schl.-Bd. 316

78.6.2

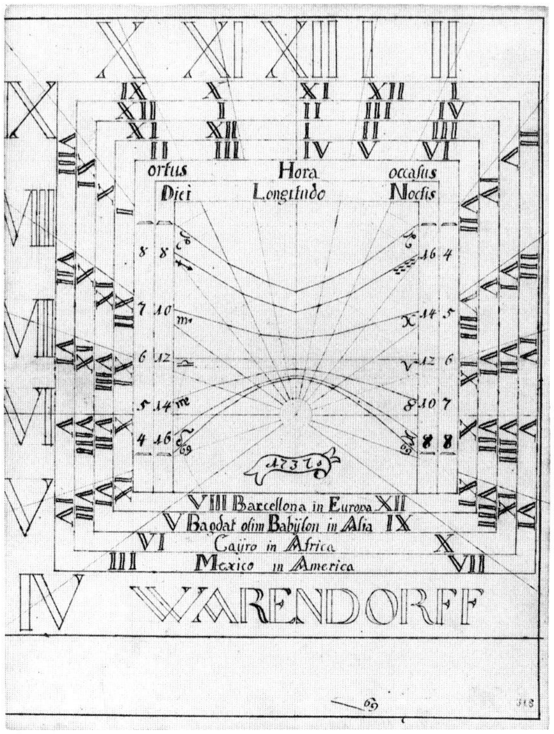

78.6.3

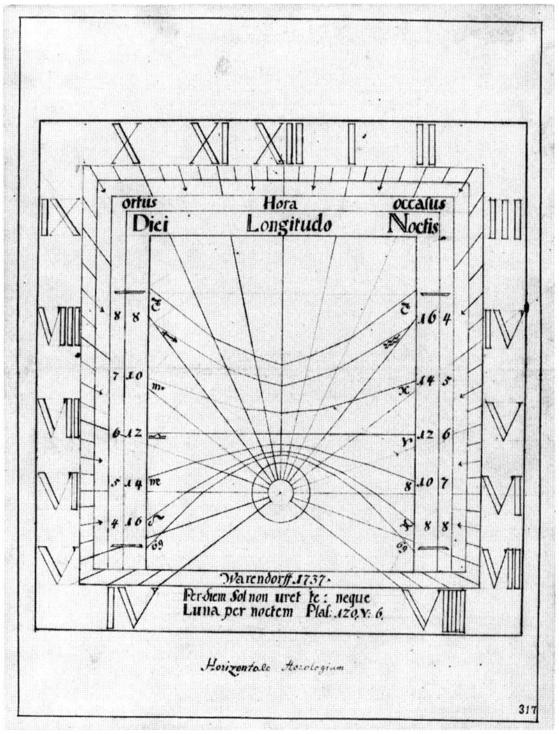

78.6.3
Warendorf, Zifferblatt einer Sonnenuhr, 1737
Johann Conrad Schlaun (?)

Lavierte Federzeichnung (braun), Bleigriffel, 40,2 x 31,7 cm (38,3 x 29,9 cm)
Inschrift: *ortus; Hora; occasus; Diei; Longitudo; Noctis; Warendorff 1737.; PER DIEM SOL NON URET TE : NEQUE LUNA PER NOCTEM PSAL: 120, V: 6,*
Beischrift: *Horizontale Horologium*

Westfälisches Landesmuseum Münster, Schl.-Bd. 317

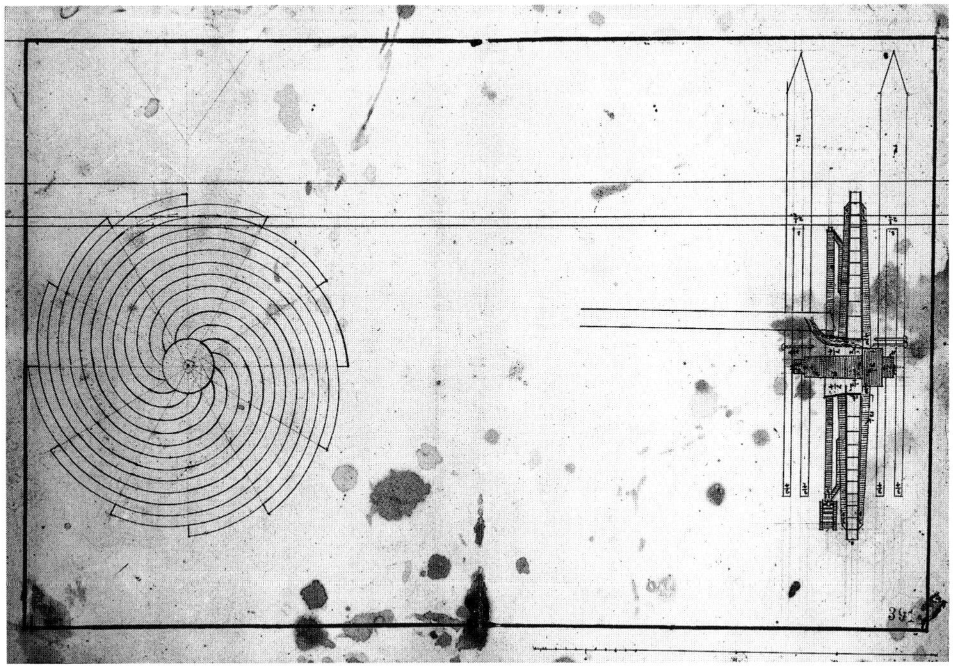

78.7.1

78.7.1
Wasserrad und Pumpe
Schlaun-Werkstatt (?), Peter Pictorius d.Ä. (?)

Lavierte Federzeichnung (braun), Bleigriffel, 22,6 x 35 cm (20,6 x 33,9 cm)
Maßstab: *30 m.F.* = 15,6 cm

Westfälisches Landesmuseum Münster, Schl.-Bd. 391

78.7.2

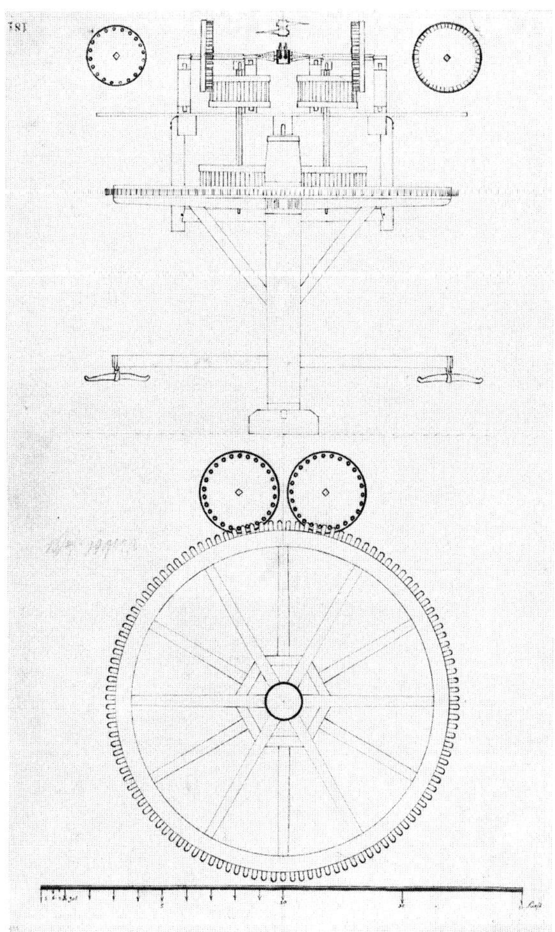

78.7.2
Göpelwerk (Roßmühle?)
Schlaun-Werkstatt
Aufriß und Aufsicht auf die Hauptzahnräder

Lavierte Federzeichnung (grau, schwarz), 47,9 x 29,5 cm
Maßstab: *20 fues* = 25,2 cm

Westfälisches Landesmuseum Münster, Schl.-Bd. 181

78.8
Neuhaus, Schloßpark, Brücken

Die Konstruktion der beiden Brücken ist aus dem Dachwerkbau übernommen. Bei beiden Entwürfen handelt es sich um Hängesprengwerke. Brücke a weist ein doppeltes Hängesprengwerk auf. Die beiden Hängesäulen, die mittleren Pfosten des Brückengeländers, sind durch Eisenanker mit dem Spannbalken verbunden, dessen Gewicht sie aufnehmen und über die seitlichen, vermutlich verzapften Hängestreben ableiten. Gleichzeitig dienen diese Hängestreben als Sprengstreben, indem sie die Last des horizontalen Brüstungsbalkens von unten her an zwei Punkten unterstützen und ebenfalls nach unten ableiten. Das Gewicht des Spann- und des Brüstungsbalkens leitet sich, jeweils von den Unterstützungspunkten ausgehend, horizontal nach beiden Seiten ab. Die beiden äußeren Pfosten des Geländers, die direkt über der Kante der Brückenmauer aufstehen, sind nach unten verlängert und binden in dieselbe ein. An ihren Fußpunkten laufen die über den Spannstreben geblatteten Hänge- bzw. Sprengstreben aus. Eine Verzapfung ist angedeutet. Die schräg auf diesen Fußpunkt treffenden Kräfte werden wiederum geteilt, indem sie sowohl zu den Seiten, also in die Mauer, als auch nach unten auslaufen. Brücke b zeigt ein einfaches Hängesprengwerk, dessen Hängesäule von zwei seitlichen Sprengstäben, die über den Spannriegel geblattet und in die Säule gezapft sind, unterstützt wird. Daneben nehmen zwei seitliche, ebenfalls in die Hängesäule gezapfte Hängestreben die nach oben geleitete Kraft des Spannriegels am Kopfpunkt der Säule auf und leiten diese schräg nach unten auf die Brückenpfeiler ab. Die Hängesäule selbst ist nicht wie bei Brücke a mittels eines Eisenankers mit dem Spannriegel verbunden, sondern hier außen vorgelegt. Sie nimmt an ihrem Fußpunkt einen Unterzug auf, der, wie die Aufsicht deutlich macht, die vier Spannriegel quer zu ihrem Verlauf unterfängt. Unterzug und Hängesäule sind durch einen Eisenanker mit einander verbunden.

Insgesamt läßt sich sagen, daß die Zeichnung zwar die Konstruktion der Brücken wiedergibt, jedoch nicht die gleiche sorgfältige Behandlung der Details – Holzverbindungen – wie etwa die Zeichnungen zum Dachwerk des Residenzschlosses aufweist. Vergleichbar mit den letztgenannten ist aber auf jeden Fall die Behandlung der Verzapfungen, die in beiden Fällen nur angedeutet werden, indem der einbindende Zapfen punktiert oder durchgezeichnet dargestellt ist. Der Entwurf Brücke a läßt darüber hinaus nicht erkennen, in welcher Weise die Querverbindung gedacht ist. Ferner bleibt unklar, wie die äußeren, in die Kanten der Brückenmauer einbindenden Pfosten an den Spannbalken gefügt sind.

78.8.1

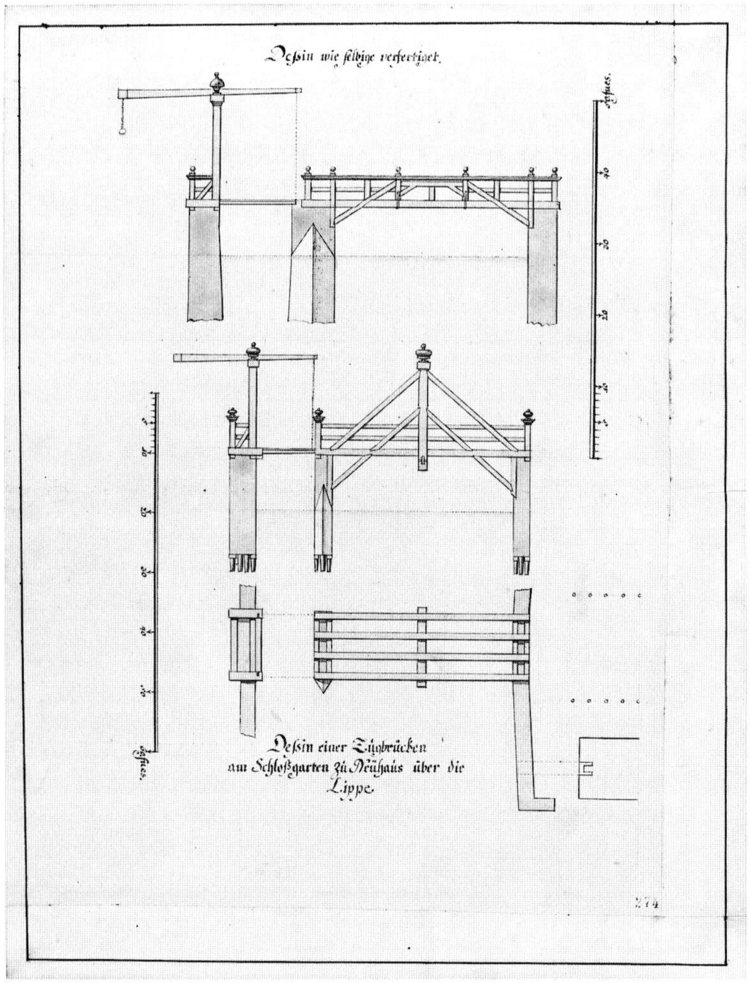

78.8.1

Neuhaus, Schloßpark

Zwei Brücken: a Holzbrücke, Aufriß; b Holzbrücke über die Lippe, Aufriß und Grundriß

Schlaun-Werkstatt

Lavierte Federzeichnung (grau, blaßrot, blaßgelb, hellblau), 40 x 31,7 cm (38,3 x 29,8 cm)
Titel: (Brücke a:) *Dessin wie selbige verfertiget.;*
(Brücke b:) *Dessin einer Zugbrücken am Schloßgarten zu Neuhaus über die Lippe*
Maßstab: (Brücke a:) *50 Fuß* = 14,6 cm;
(Brücke b:) *60 Fuß* = 14,7 cm

Westfälisches Landesmuseum Münster, Schl.-Bd. 274

78.8.2

Zugbrücke

Aufriß und Grundriß

Schlaun-Werkstatt

Lavierte Federzeichnung (grau, blaßrot, grün, hellblau, blaßgelb), 31,7 x 39,9 cm (29,8 x 38,4 cm)
Titel: *Aufführung einer Zugbrücken; Planum*
Maßstab: *80 fues* = 27,2 cm

Westfälisches Landesmuseum Münster, Schl.-Bd. 273

78.8.3

Brücke

Aufriß und Grundriß

Schlaun-Werkstatt

Lavierte Federzeichnung (blaßrot, grau, grün, blaßgrün, hellblau), 31,7 x 40 cm (29,8 x 38,5 cm)
Titel: *Standtriß einer Brücken; Grundtriß*
Beischrift: (zum Aufriß:) *Horizont deß höchsten wassers*
Maßstab: *80 fues* = 27,1 cm

Westfälisches Landesmuseum Münster, Schl.-Bd. 272

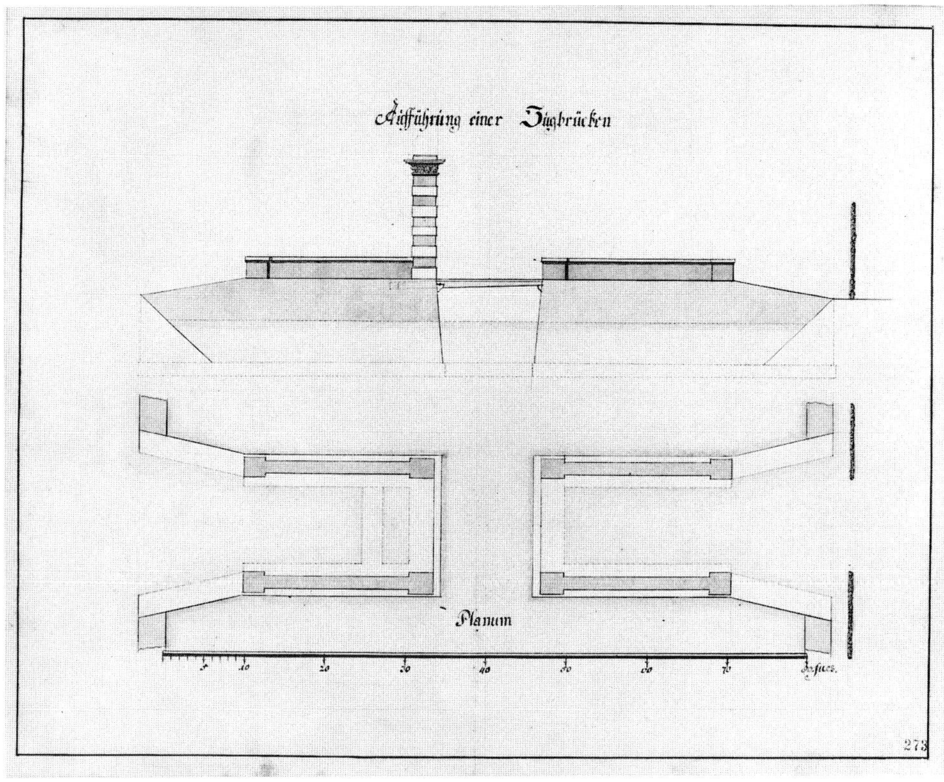

78.8.2

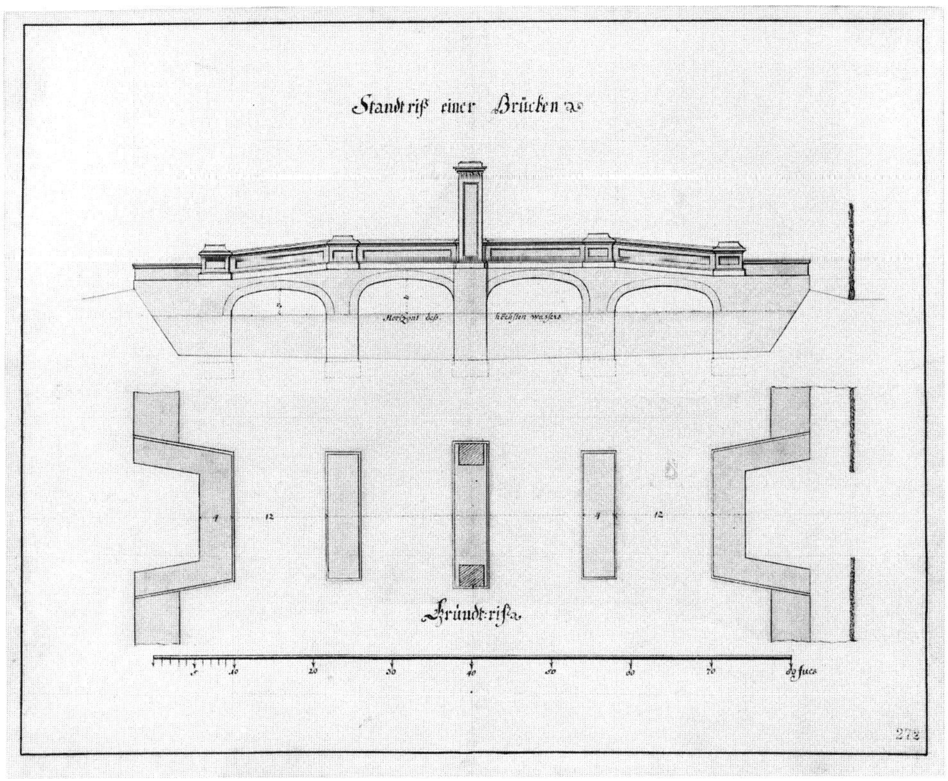

78.8.3

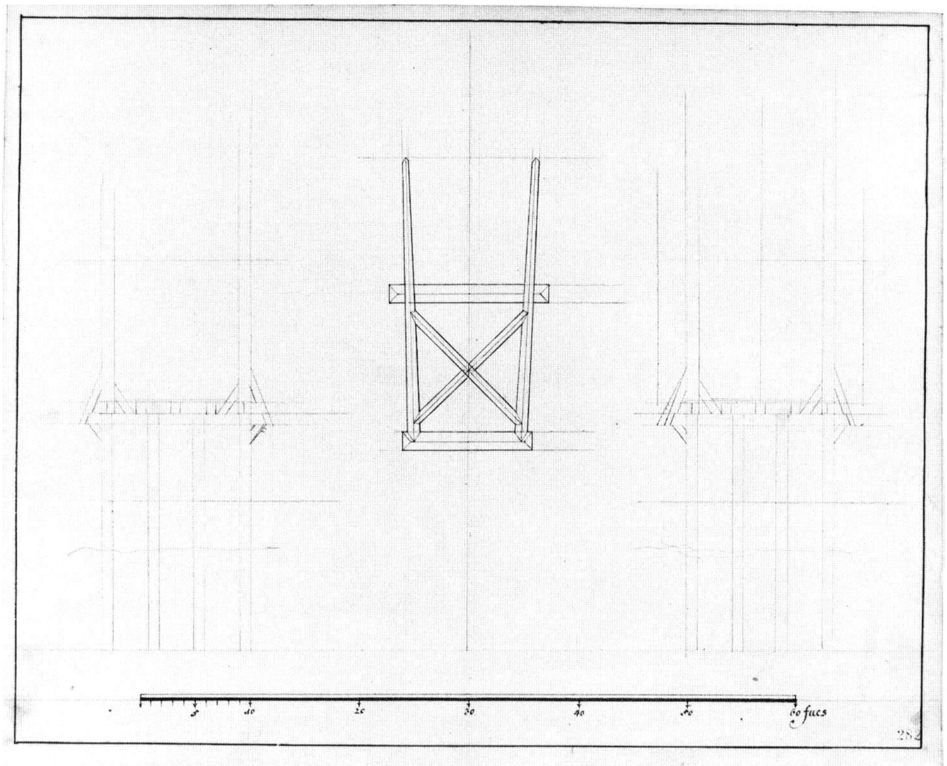

78.8.4

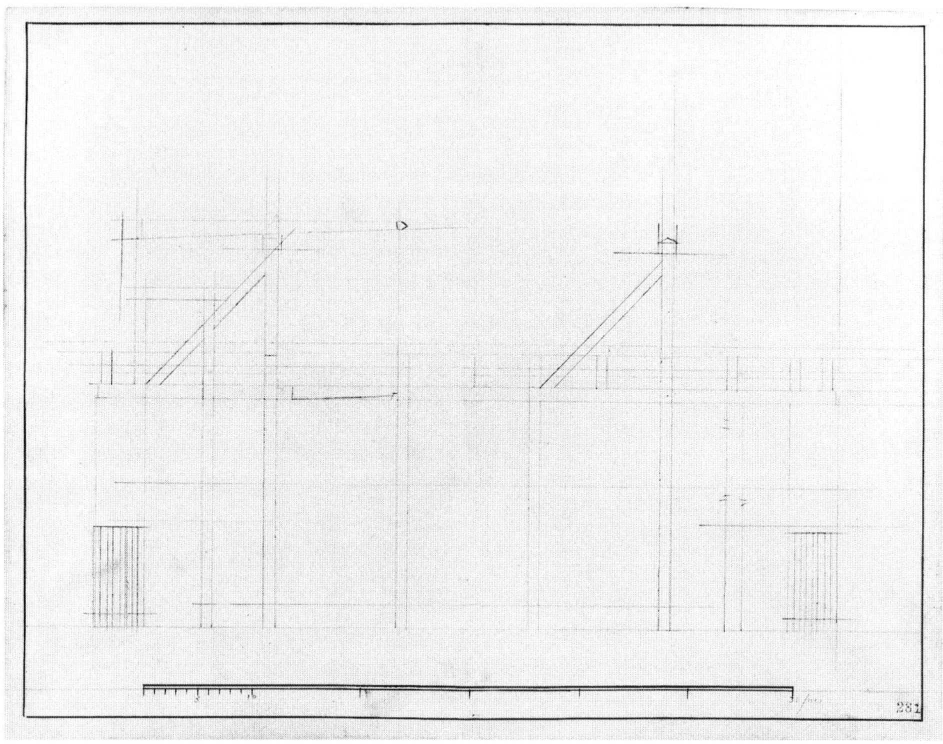

78.8.5

78.8.4

Brücke

Zwei Schnitte und Aufsicht des Zugbrücken-
schwenkhebels

Schlaun-Werkstatt

Lavierte Federzeichnung (grau), Bleigriffel,
31,7 x 40 cm (29,8 x 38,2 cm)
Maßstab: *60 fues* = 27,6 cm

Westfälisches Landesmuseum Münster, Schl.-Bd. 282

Die Zeichnung ist nicht vollendet. Darstellung zweier Schnitte mit Angabe des Wasserstandes und des Grundes. In der Mitte in Tusche ausgezogen die Aufsicht des Schwenkhebels des Zugbrückenjochs.

78.8.5

Brücke

Aufriß

Schlaun-Werkstatt

Bleigriffel, 31,7 x 40,1 cm (29,8 x 38,3 cm)
Maßstab: *60 Fuss* = 27,6 cm

Westfälisches Landesmuseum Münster, Schl.-Bd. 281

Die Zeichnung ist nicht vollendet. Dargestellt ist eine Holzbrücke mit Zugbrückenjoch. Zusammengehörig mit der folgenden Zeichnung (Kat.-Nr. 78.8.6)

78.8.6

Brücke

Zwei Grundrisse

Schlaun-Werkstatt

Lavierte Federzeichnung (grau), Bleigriffel,
31,7 x 40,3 cm (29,8 x 38,4 cm)
Maßstab: *60 Fuß* = 27,6 cm

Westfälisches Landesmuseum Münster, Schl.-Bd. 280

Die Zeichnung ist nicht vollendet. Dargestellt ist eine Holzbrücke. Der obere Riß liegt in Höhe der Fahrbahn oder des Geländers, der untere gibt die Lage der Pfosten an.

78.9.1

Münster, Brücke zwischen Domplatz und Überwasser Kirchhof über die Aa

Lavierte Federzeichnung
Titel: *plan wie die neue brücKe Zwischen den Thumhoff und Uberwassers=Kirchoff über die Aa Könte von holts angelacht werden, damit selbe fahrbahr. die brustmaueren an beiden = seiten wurden aber von rauhen = steinen auffgeführt.-.*
Beischrift: *NB. wan der Steinweg von der brücKen nach Uberwassers Kirchoff schon gleich nicht mitgemacht würde, so müste die brücKe doch gleich so angelagt werden damit selbes alle Zeit geschehen Könte.*
Maßstab: *120 fues*

Verwalter nicht bekannt

78.9.2

Münster, Brücke zwischen Domplatz und Überwasser Kirchhof über die Aa

Aufsicht und Grundriß

Lavierte Federzeichnung
Titel: *Obere fläche der BrücKe.-.; Grund der BrücKe -.*
Maßstab: *60 fues*

Verwalter nicht bekannt

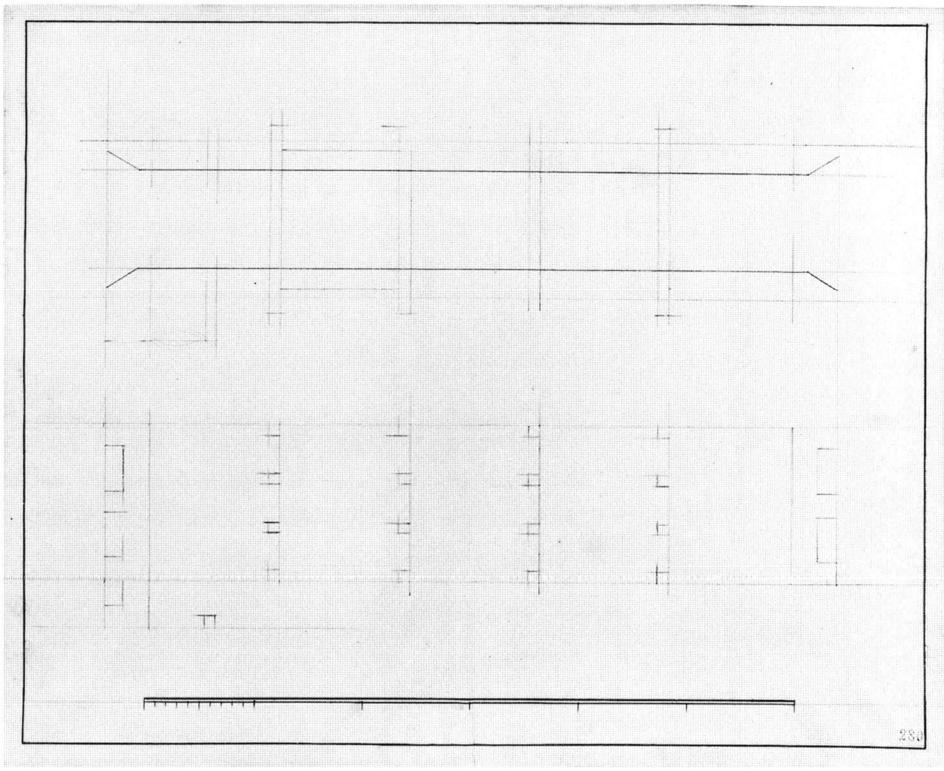

78.8.6

78.9.1

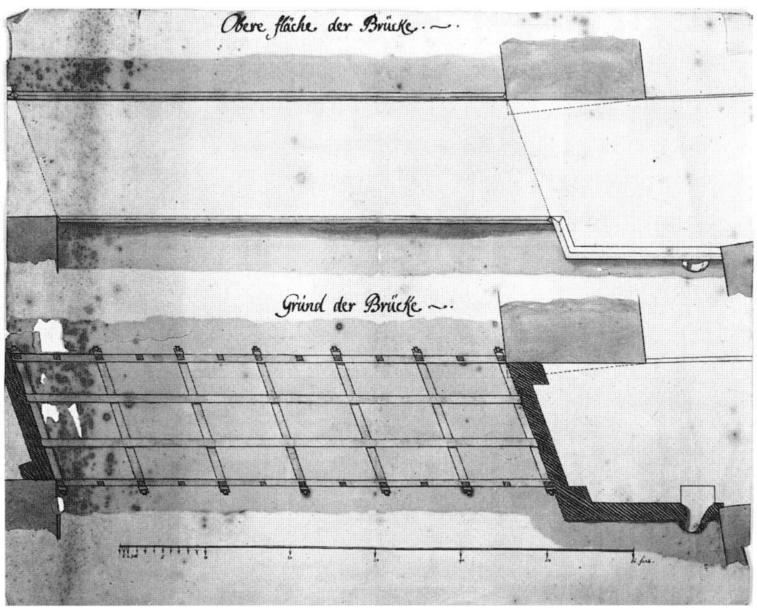

78.9.2

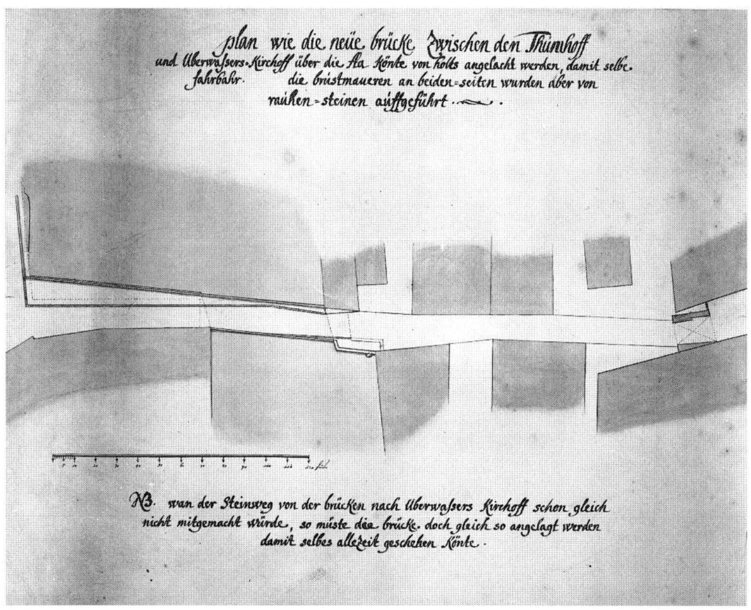

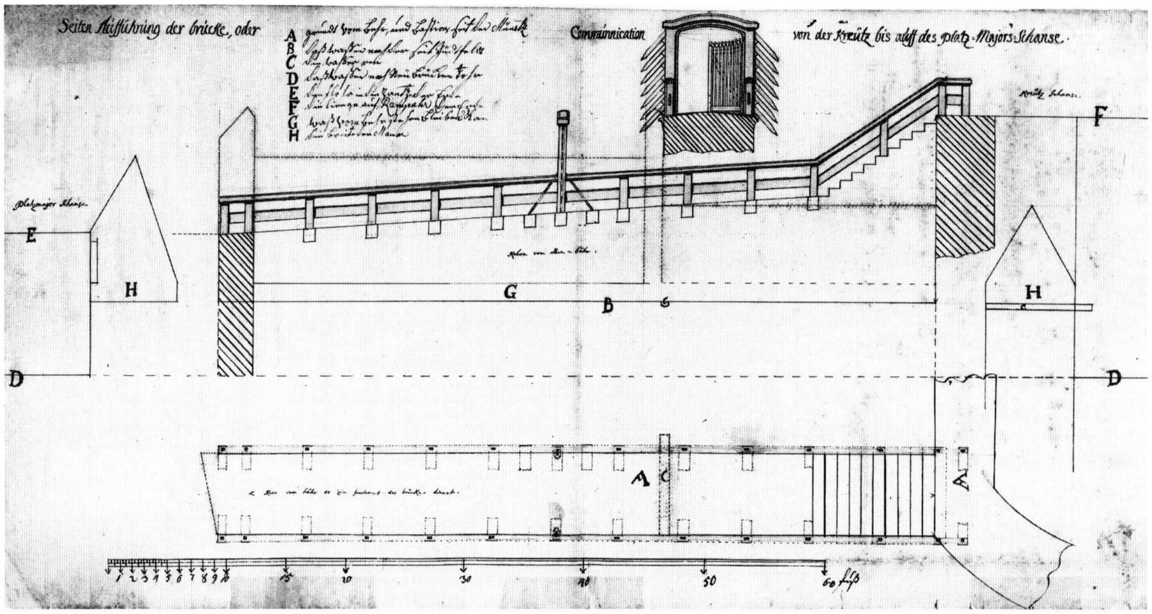

78.9.3

LITERATUR
Geisberg 1932, Münster I, S. 142, Anm. 90; Volkhardt 1976, S. 160; Kat. *Schlaun* 1976, S. 35, Nr. 120, Abb. 29.

78.9.3
Münster, Holzbrücke an der Kreuzschanze, 1745/1772
Grundriß, Aufriß, Schnitt

Lavierte Federzeichnung, 35 x 70 cm
Titel: *Seiten Auffühung der brücKe, oder Communication von der Kreütz bis auff des platz=Majors=Schanse.*
Beischrift: *platzmajor Schanse; Kreütz Schanse*
Legende: *A grundt vom Behr, und Bastion …? Münstz ?; B daß waßer nachder si…?; C der waßerarm; D daß waßer nach Neubrückentohr; E …?; F …?; G waß vom Behr …?; H die brücke…? Mauer*
Maßstab: *60 fues*

Staatsarchiv Münster, Kartensammlung Münster, A 312

Volkhardt datiert den Bau der Holzbrücke durch den Zimmermeister Boner in das Jahr 1745. Der Plan zeigt das Gattertor Homey-Pforte für die erst 1899 entfernte Brücke, die über den Wasserbär zwischen Kreuztorrondell und Außenschanze führte. Um 1772 wurde der Bär zwischen Rondell und Kreuzschanze in eine Brücke verwandelt. Danach sollte der etwa 6 1/2 Fuß breite Bär oben eine Steinbrücke mit Holzgeländer und Gittertoren erhalten. Der zugehörige undatierte Kostenanschlag des fürstlichen Zimmermeisters Franz Boner berechnet die Kosten »nach dem mit von Herrn Generalmajor v. Schlaun gegebenen Abriß« einschließlich Holz ohne Nägel auf 53 Rtlr. Der Übergang wurde 1899 entfernt.

LITERATUR
Kat. *Schlaun* 1976, S. 145, Abb. 41.

78.10.1 (ohne Abb.)
Münster, Abwasserkanal unter der Neubrückenstraße, 1746/1772
Schnitt

Lavierte Federzeichnung
Titel: *Wie der Canal auff der NeübrücKer Strassen von Steinen könte formieret werden. beym auffbrechen wird sichs ? zeigen ob selber vieleicht etwaß Spetieles ? Könen gemacht werden.*
Beischrift: *Schale;* (Maßangaben)
Maßstab: *2 fues*

Stadtarchiv, Kartensammlung, Nr. C 9a

Im Jahr 1746 schlägt Schlaun eine für die damalige Zeit moderne, großzügige Kanalisation vor, deren Bau aus Kostengründen hinausgeschoben wird. Erst Jahrzehnte später erhält Münster eine Abwässeranlage; ob dazu die alten Pläne durch Schlauns Nachfolger herausgesucht wurden, ist bisher nicht geprüft worden.

78.11.1

78.10.2 (ohne Abb.)
Münster, Abwasserkanal, 1745
Schnitt

Lavierte Federzeichnung
Titel: *Profil des Haubt=Canals unter denen strassen Zu Münster.-.*
Beischrift: *wie die andern Canale in dem haubtCanal einZuführen.*

Stadtarchiv Münster

LITERATUR
Kat. *Schlaun* 1976, S. 33, Abb. 28.

78.11
Münster, Plan zur Neuregulierung der Aa, 1741

Der Teilplan, eine Kopie des Stadtplanes von 1695, wurde zur Verhinderung der ›exhorbitanten inundationes‹ der Aa angefertigt, für die Schlaun schon 1734 eine Brücke am Spiegelturm entworfen hatte. An 16 durch die Buchstaben A–O gekennzeichneten Stellen sind die Breiten der Aa eingeschrieben. Zum Schutz der Wiesen zwischen Breul und der Aa (von der Bergstraße bis zum Neubrückentor) soll ihr eine Mauer am linken Aaufer hinter der Bergstraße Halt gebieten. Vor dem Zusammenflusse des westlichen Armes mit dem östlichen ist eine Ableitung in der Richtung auf den Bentheimer Turm und von hier aus entlang dem Breul bis zum Neubrückentor vorgesehen. Das Aabett vom Neubrückentor ab ist bedeutend verbreitert. Der Zeichner des Planes ist nach Ausweis der Schrift Schlaun. Die Domdechanei, die Kettlersche Kurie und das Gefängnis mit Anbau sind nachträglich eingezeichnet, der Schmisinger Hof hat noch die alte Form (Geisberg 1932, Münster I, S. 55).

LITERATUR
Geisberg 1932, Münster I, S. 55, Nr. 92.

78.11.1
Münster, Plan zur Neuregulierung der Aa innerhalb der Stadt, Stadtplan-Ausschnitt, 1741

Lavierte Federzeichnung (grau, blaßrot, blaßgelb, grün, blau), 75,8 x 26,6 cm (71,9 x 22,4 cm)
Titel: *Litt. A; Planum oder Schema occulare Von beyliegender, Explication um deutlieger aufzuzeigen wie nach dem gnädigsten befehl de dato ds. 4tn fabruarii 1741 die exhorbitanten inundationes Könten verhindert werden.*
Beischrift: Kennbuchstaben; Maßangaben

Westfälisches Landesmuseum Münster, A.V. 184

78.11.2 (ohne Abb.)
Münster, Plan zur Kanalisierung der Aa, von der Rothenburg bis zur Aa am Bispinghof, 1746 (?)
Schlaun-Werkstatt

Lavierte Federzeichnung

Münster, Stadtarchiv, Kartensammlung, Nr.: C 10

LITERATUR
Kat. *Schlaun* 1976, S. 27, Nr. 94; Volkhardt 1976, S. 160 (ohne Abb.).

78.11.3 (ohne Abb.)
Münster, Plan zur Kanalisierung der Aa, vom Flußloch bis zum Neubrückentor, 1746?
Schlaun-Werkstatt

Lavierte Federzeichnung
Titel: G*rundlage der durch Münster fliesende Ahe*

Münster, Stadtarchiv, Kartensammlung, Nr.: C 110

Die Zeichnungen sind im Inventar von Geisberg nicht aufgeführt. Eventuell besteht ein Zusammenhang mit den Zeichnungen im Stadtarchiv Münster, Kartensammlung C 9A; Kat. Schlaun 1976, Kat.-Nr. 117, Abb. 41 und 118, Abb. 28, ohne nähere Angabe der Inv.-Nr. des Stadtarchives. Vgl. dazu auch Dok.-Nr. 66 im Kat. Schlaun 1976, S. 144. Offensichtlich muß es im Zusammenhang mit diesem Schreiben noch mehrere Zeichnungen geben.

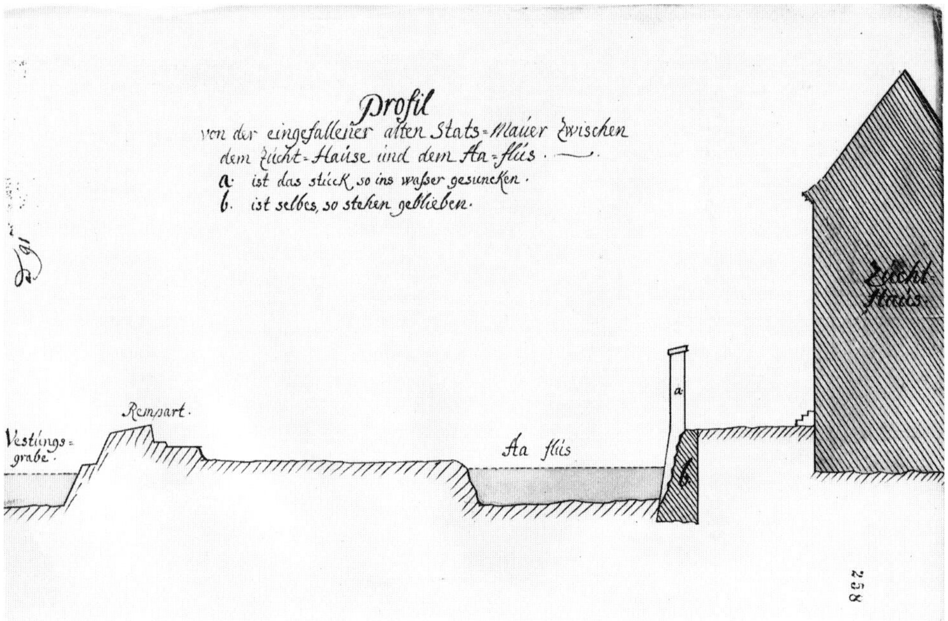

78.11.4

LITERATUR
Kat. *Schlaun* 1976, S. 110, Abb. 40.

78.11.4
Münster, Mauereinsturz an der Aa beim Zuchthaus, 1755

Lavierte Federzeichnung
Titel: *Profil von der eingefallener alten Stats=Mauer zwischen dem Zucht=Hause und dem Aa=flus.-.*
Beischrift: *Verstungsgrabe; Rempart; Aa flus; Zucht=Haus*
Legende: *a. ist das stuck so ins wasser gesuncken*
b. ist selbes, so stehen geblieben.

Staatsarchiv Münster, Ftm Münster, Geh. Rat, Nr. 77

79
Stadtplanung und Landvermessung

79.1
Plan der Grenzvermessung zwischen Paderborn und Corvey bei Löwendorf, 1717

Lavierte Federzeichnung
Titel: *Carte von der hochfürstl: Paderbörnischen und Corbeischen Landgränse schnad ohnweit von Löwendorff ...*
Maßstab: *Scala Geometrica*

Staatsarchiv Münster, Kartensammlung Minden, A 1

79.2
Plan der Vermessung des Besitzes Drensteinfurt, 1717
Johann Conrad Schlaun

Lavierte Federzeichnung, 192,5 x 352 cm
Titel: *GRUNDRIS DES ADLICHEN HAUSES UND DER HERLICKEIT DRENSTENFURT WIE AUCH DEREN ADLICH FREYEN GRÜNDEN EINHALT BEY MORGEN UND GAHRT ZU SEHEN.*
Signatur: *Anno 1717 fecit JC Schl*
Beischrift: Kennbuchstaben; Kennziffern, Straßennamen
Legende: *DESIGNATIO DEREN ADELICHEN FREJEN GRUNDEN.*; (Flurnamen; Maßangaben) *DESIGNATIO DEREN SCHATZBAHREN GRÜNDEN;* (Flurnamen; Maßangaben)
Inschrift: (Wappenkartusche:) *PERILLUSTRI AC GRATIOSO DOMINO D:IOANNI MATTHIAE LIBERO BARONI DE RECK DOMINO IN STEINFORT; AMELSHÜHREN ET VELNHAUSEN SERENISSIMI PRINCIPIS ET EPISCOPI MONASTE ET PADERBORNENSIS CONSILIARIO INTIMO; SUPREMO STABULI PRAEFECTI ET SATRYPAE IN WERNAE; Joannes Conradus Schluen*
Deckblatt mit Wappenkartusche, Allianzwappen von der Recke / Wolff-Metternich, 1717
Inschrift: *Dem Hochwohlgebohrnen undt gnädiegen Herren Herren Joanni Mathia Freyherren von der Reck bey seiner hochfürstlien gnaden zu Münster undt Paderborn geheimden Rath, Oberstallmeistern, Drosten zu Werne undt der Hochwohlgebohrnen undt gnädiegen FreyFrauen von der Reck genand wohlff Metternicht, Herr und Frau von Stenfurt, Amelsbuhren, venhausen Riepensel, undt wölpendorff. 1717*
Signatur: *Joannes Conradus Schluen*

Maßstäbe: *SCALA GEOMETRICA = 1900 Einheiten; SCALA MECHANICA MÜNSTERANA = 3000 fues*

Archiv Drensteinfurt

Diese bislang unpublizierte Karte zeugt von dem Selbstverständnis des jungen Landvermessers Schlaun. Stolz signiert er Karte und Kartusche und führt die Meß- und Zeicheninstrumente eines Landmessers vor. Die Karte ist ein Beleg für die Anwesenheit Schlauns in Drensteinfurt

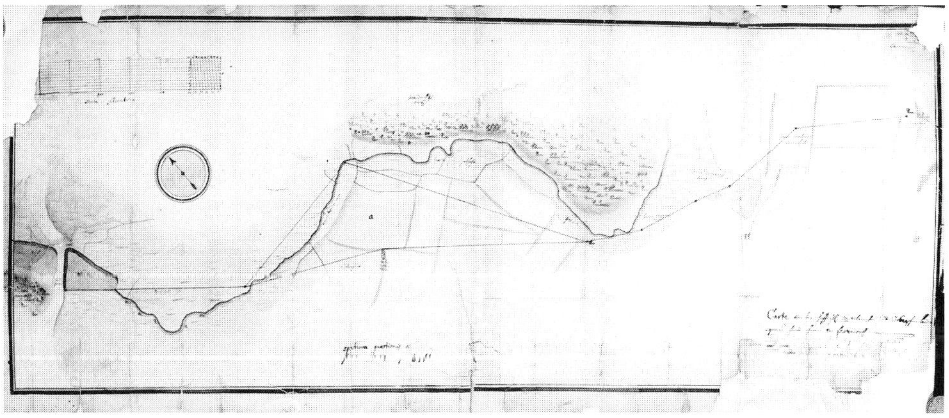

79.1

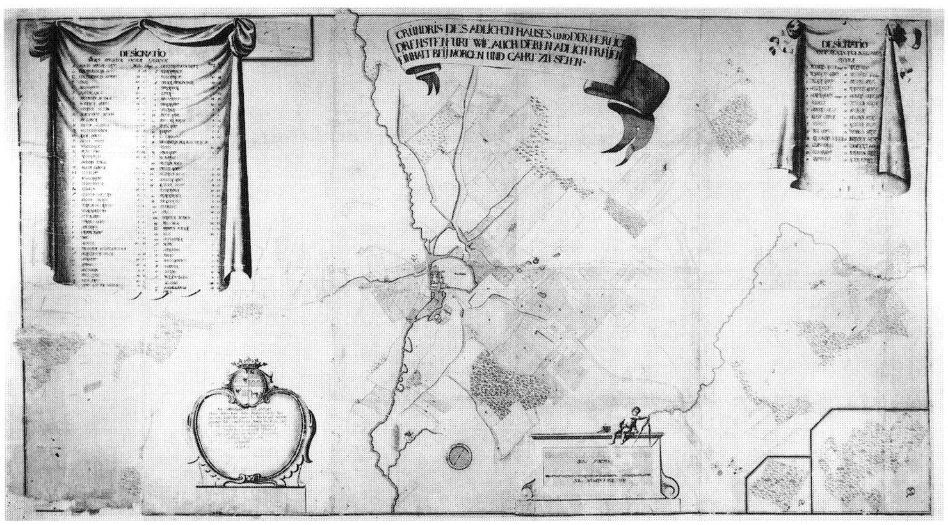

79.2

1717, also im Münsterschen, vielleicht auf Vermittlung seines Paderborner Auftraggebers, des Fürstbischofs von Münster und Paderborn, Franz Arnold von Wolff-Metternich, mit dem der Herr auf Drensteinfurt, Freiherr von der Recke, über seine Frau verschwägert war.

LITERATUR

Schaa 1976, S. 45-46.

79.3

Münster, Entwürfe für Friedhöfe vor den Toren der Stadt

Im Jahre 1728, nach der rückseitigen Datierung einer Zeichnung, fertigte Schlaun, damals Landmesser und wohl auch schon designierter Landingenieur des Fürstbistums, Entwürfe mit technischen Erläuterungen für Friedhöfe außerhalb der Stadtmauern Münsters an: »Entwurff undt Explication der Kirchhöffen ausser der Statt. Sancti Adidii Porte A. Kirchhoff, so vom Kirspel St. Agidii würcklich angekaufft, kan mit einem höltzernen Stancket oder Riegelwerck, undt einer lebendigen Hecke von Weißdörnern umgeben werden. B. Plats vor dem Koth, so mit kurtzen alten undt zu sonst nichts nutziegen Pallisaden kan abgeschlagen werden; waß von harten Grund aber auß der Statt gefahren wird, ist nützlich in dem Weg abgeworffen zu werden, maasen der Weg von der Brücken biß an den Kirchhoff sehr niederig; der weige Grund kan noch besser in daß Bastion b gelasen werden, maasen es guth so daß enfonsement hier: Grube darinnen gefüllet.« Am 4. April 1729 ergingen Resolutionen des Geheimen Rates, der unter anderem auch für die innere Verwaltung des Fürstbistums zuständigen Behörde, an die Provisoren der Kirchspiele Überwasser und St. Aegidii, die für die neuen Friedhöfe vorgesehenen und bereits vermessenen Plätze vor dem Neuen Tor und vor dem Aegidii-Tor innerhalb von drei Wochen auf Kirchspielskosten mit einem »Riegelwerck« zu umgeben, je ein Kruzifix aufzustellen und zu geeigneter Jahreszeit eine Hecke und Linden um die Plätze zu pflanzen.

79.3.1

Münster, Skizze für einen Friedhof vor dem Aegidii-Tor, 1728

Lavierte Federzeichnung
Titel: *St AEgidii porte* (unterstrichen)
Beischrift: *Aa.; gartens* (3x); (Kennbuchstaben)

Staatsarchiv Münster, Ftm Münster, Geheimer Rat, Nr. 73

79.3.2

Münster, Skizze für einen Friedhof vor dem Neutor, 1728

Lavierte Federzeichnung
Titel: *Neuporte;* (Kennbuchstaben)

Staatsarchiv Münster, Ftm Münster Geheimer Rat, Nr. 73

79.3.3

Münster, Skizze zu einem Platz für Abfälle und Straßenschlamm am Neubrückentor, 1728

Lavierte Federzeichnung
Titel: *NeubrücKer Porte.*
Beischrift: *gartens* (4x); (Kennbuchstaben)

Staatsarchiv Münster, Ftm Münster, Geheimer Rat, Nr. 73

79.3.4

Münster, Skizze für einen Friedhof vor dem Hörster Tor, 1728

Lavierte Federzeichnung
Titel: *Höster Porte*
Beischrift: *gartens* (3x); *St. moritii porte; pagenstiege;* (Kennbuchstaben)

Staatsarchiv Münster, Ftm Münster, Geheimer Rat, Nr. 73

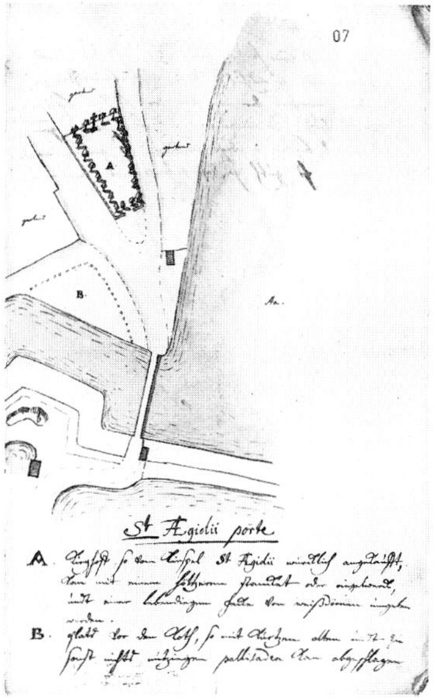

79.3.1

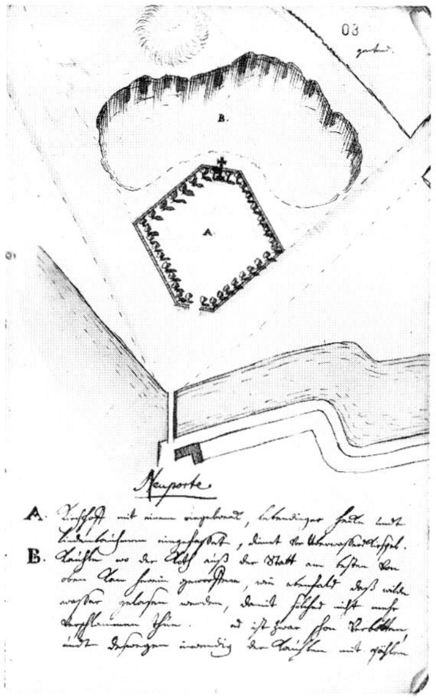

79.3.2

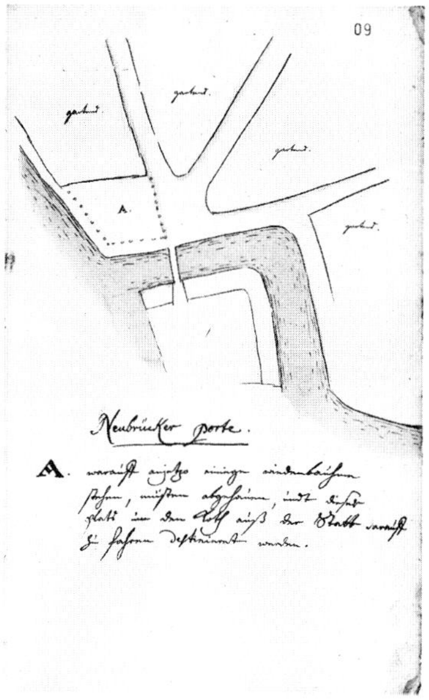

79.3.3

79.3.4

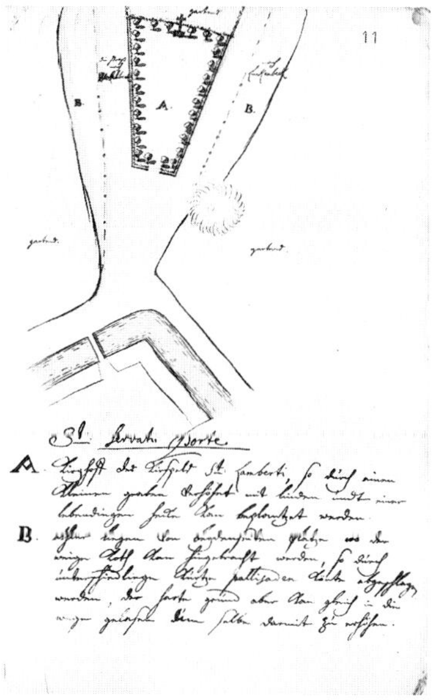

79.3.5

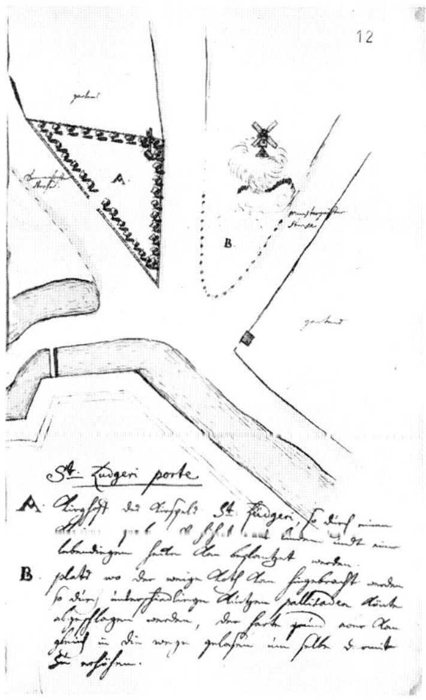

79.3.6

79.3.5

Münster, Skizze für einen Friedhof vor dem Servatii-Tor, 1728

Lavierte Federzeichnung
Titel: *St. Servatii Porte*
Beischrift: *gartens* (2x); *die straß nach Wohlbeck; nach…* (?) *cKenbecK;* (Kennbuchstaben)

Staatsarchiv Münster, Ftm Münster, Geheimer Rat, Nr. 73

79.3.6

Münster, Skizze für einen Friedhof vor dem Ludgeri-Tor, 1728

Lavierte Federzeichnung
Titel: *St. Ludgeri porte*
Beischrift: *gartens* (2x); *Munstergeister Strase; Dannenhorster Strase.;* (Kennbuchstaben)

Staatsarchiv Münster, Ftm Münster, Geheimer Rat, Nr. 73

79.4

Karte der Ems, der Aa und der Landstraße bei Reher-Brock und Geese, 1736

Lavierte Federzeichnung, 72 x 90,5 cm
Titel: *plan; Wie die Landstraße nach Ostfries=und Holland aus dem Hoch=stifft Münster durch das Ambt Meppen bey Sommer=winter und frost=Zeiten, wie auch bey hohen wasser kan angelagt werden ohne die Rheder=brücke zu passieren, und wie sölches anzugreiffen, aus der Specificierten Explication und beylage ein mehres zu erseen.*
Beischrift: Ortsangaben, Straßennamen
Maßstäbe: *1000 Schritt; 300 Ruhten â 16 fues p. Ruhte*

Staatsarchiv Münster, Kartensammlung, Nr. A 773

79.4

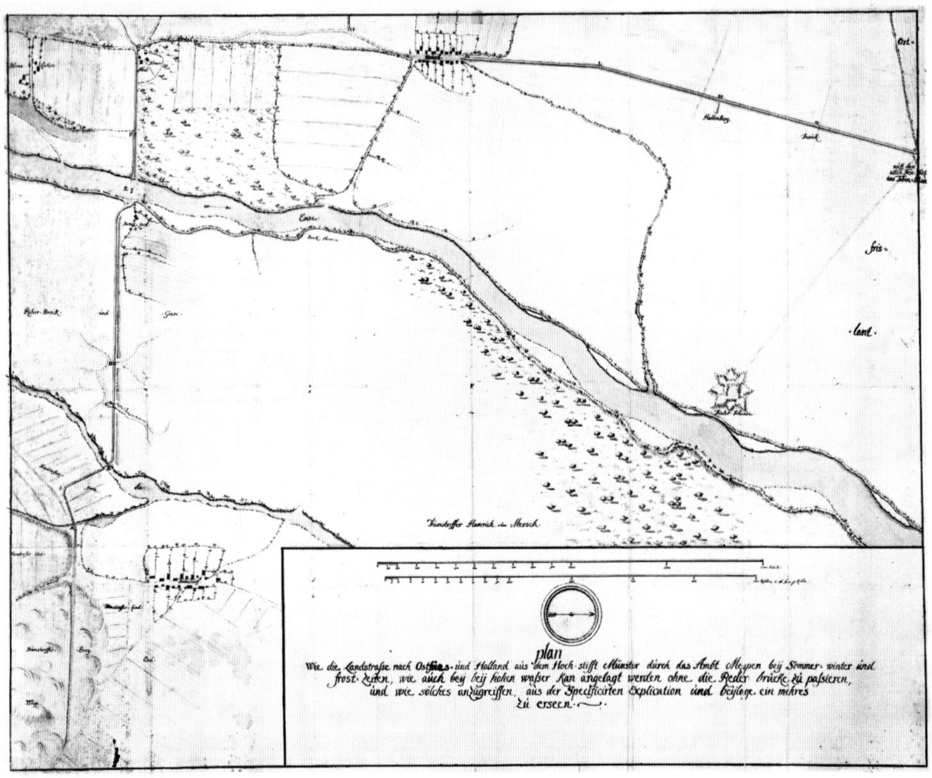

79.5

Sassenberg, Landesburg Sassenberg, Umbau, ab 1721

Im Burghaus der 1305 erstmals urkundlich erwähnten münsterischen Landesburg, zugleich Sitz des Amtes Sassenberg, empfing Fürstbischof Christoph Bernhard von Galen 1677 den Großen Kurfürsten von Brandenburg. Ausbauten folgten: Der Bischof erweiterte die »Freiheit« und legte ausgedehnte Gärten an. Unter dem Landesherrn Friedrich Christian von Plettenberg wurde 1695 sogar der Bau eines neuen Residenzschlosses geplant und zunächst mit der Vorburg nach Entwürfen von Ambrosius von Oelde begonnen. Zum Bau des Schlosses ist es dann nicht mehr gekommen, doch richtete Gottfried Laurenz Pictorius in den Trakten der Vorburg ab 1721 Wohnräume ein. Die Anlage wurde zum Teil abgetragen, der Rest ist heute als Fabrik entstellt.

79.5.1

Sassenberg, Landesburg Sassenberg
Gottfried Laurenz Pictorius
Lageplan der alten Burg, der Wallanlagen, der Vorburg, der Freiheit und Anschluß der Gärten

Lavierte Federzeichnung (blaßblau), Bleigriffel, 30,9 x 45,1 cm (29,8 x 43,9 cm)
Beischrift: A*, B, C, D* (Meßpunkte); (auf der Freiheit): *Kettelers hoff undt Garten. - Hauß:voigts Wohnungh.*
Maßstab: *300 Munstersche Fueß Maase* = 13,1 cm

Westfälisches Landesmuseum Münster, Schl.-Bd. 148

79.5.2

Sassenberg, Landesburg Sassenberg
Lageplan des Schlosses, des Schloßparks und der Freiheit

Lavierte Federzeichnung (grün, blaßrot, grau), 43,8 x 58,8 cm (41,4 x 56,5 cm)
Titel: *Saßenberg*
Beischrift: Kennbuchstaben
Legende: *A. Altes Ambt-haus so von Eberhardo den 32. Bischoffen zu Münster im Jahr 1300 erbauet worden.; B. das neue Vorhaus, ist von Friderico Christiano erbauet.; C. die alte hoff Capelle; E. der flecken Saßenberg; G. der Garten; I. Schneckenberg; L. , D. die Drosten-burg; F. Klingenhagen; H. Küchen garten; K. die Mühle.*
Maßstab: *600 Fuß* = 16,9 cm
Westfälisches Landesmuseum Münster, Schl.-Bd. 329

79.6 (ohne Abb.)

Karte des Bourtanger Moores, 1729

Schlaun-Werkstatt

Lavierte Federzeichnung, 79 x 31 cm (78,2 x 30,3 cm)
Beischrift: *Copia Einer Von ihrer Hochmoegenden Herren Obristen und Directeüren Van Mellama Verfertigter und Van Enenten Hochmoegenden Herren deputirten in specie Van denen Edelmoegenden Herren Baronen Van Kempenaer und Van Lewe forts.v. für jetz prätendirten Limiten Carte, Welche denen Münsterischen Herren Deputirten Van denen Besagten Herren Deputirten Van jhro Hochmoegenden in der, den 7t 7br. in Heede gehaltenen Conference, VorLauffig Communiciert und Van denen Munstri. Herren Depütirten ohne einigen des Munstrische Territorij und angewiesenen Limiten präjuditz. auch ohne die geringste der Carten approbation ad protodollum genommen worden.*
Beischrift: (topographische Angaben); *H. Mellama Directeur van de Fortificatie van den Staat int Departement vam Westerwoldingerlandt,* (und H. Schlaun) *den CurFürstelijken Overste Luijtenandt van de Münsterse Atteleríj en Landt Ingenieur; Actum Bourtange den 7. September 1729*

Westfälisches Landesmuseum Münster, Dep. von und zur Mühlen, Bz 32

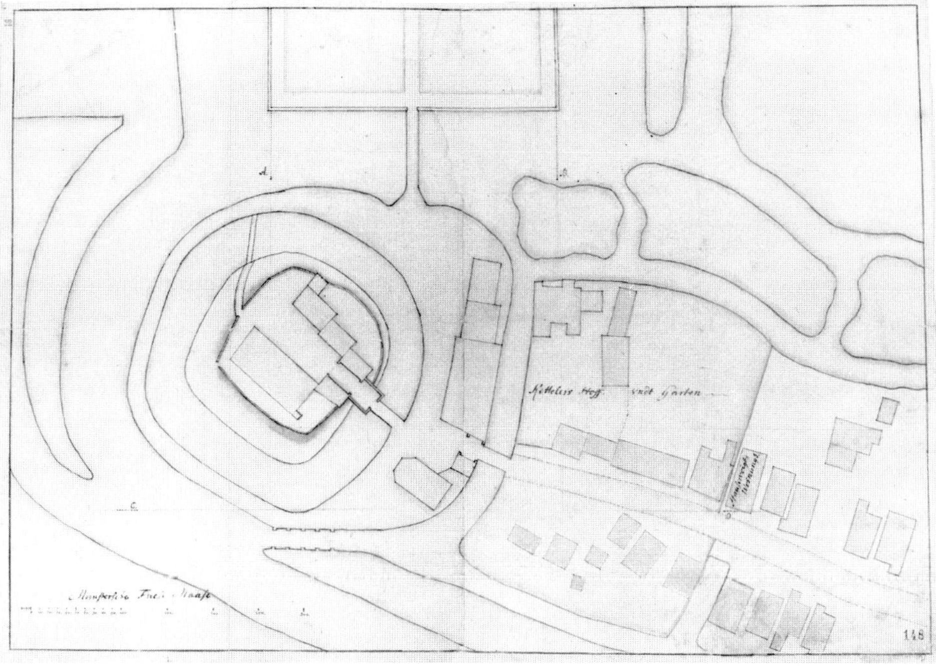

79.5.1

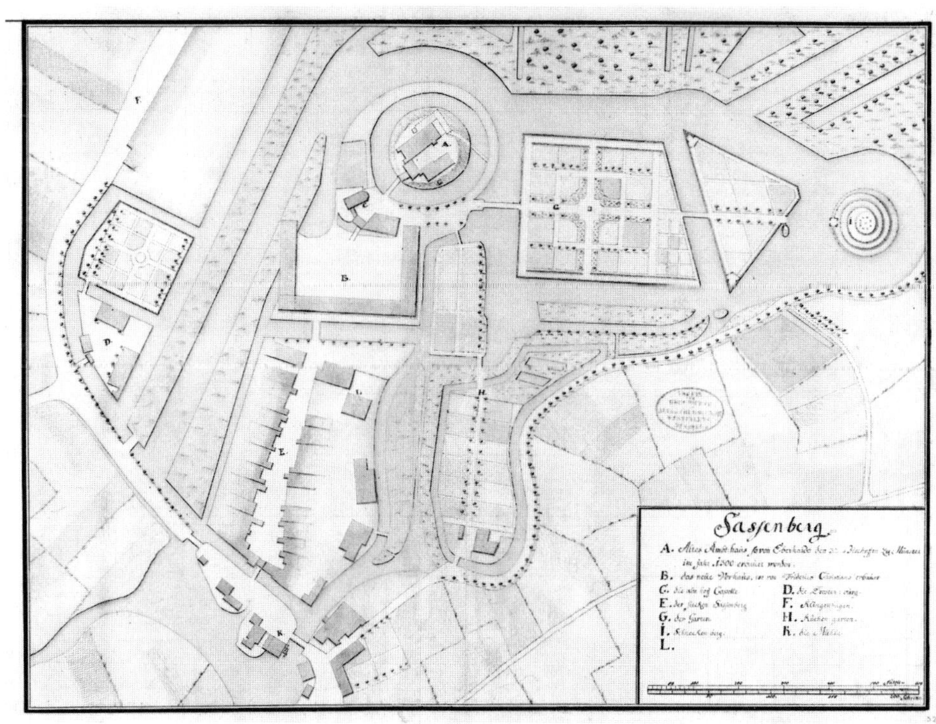

79.5.2

79.7

Grenzvermessung zwischen dem Niederstift Münster und der Grafschaft Oldenburg zwischen Garrel und Barßel, 1755

Am 5. Juni 1755 wird Schlaun von der Münsterischen Regierung aufgefordert, an der Grenze zur Grafschaft Oldenburg bei Garrel im Amt Cloppenburg Vermessungen zu machen, um »Limiten-Streitigkeiten« zu bereinigen. Für Oldenburg hatte der königlich dänische Kammerrat und Deichgraf Hinrichs seinerseits eine Karte nach Münster gesandt, die Schlaun an Ort und Stelle prüfen und begutachten soll. Der längst zum General beförderte und aus der Vermessung »deren Schnaden und Gräntzen« herausgewachsene Schlaun wird von den Landständen darauf hingewiesen, daß er immer noch beeideter Landmesser des Hochstifts sei und 100 Taler jährlich von der Pfennigkammer beziehe. Man habe »zu solcher Arbeit mitt außerordentlichen Kösten andere abhibiren müssen, obwohl ein dießes Hochstifts beaydet- und im Landes salario stehender Landmesser solches vigore officii et intuitu salarii zu verrichten schuldig wäre und Uns dan nicht bekant, ob Ihr zu Vornehmung allsolchen wichtigen actus anderer Landesgeschäften halber obsonsten verhindert, und alßo auff Euere Kösten einen anderen des

LITERATUR
Volkhardt 1976, S. 152-53.

Wercks Verständigen zu substituiren für nöthig erachtet«. Und so weiter. Schlaun dazu: »Darauff habe die Gnad, in tieffster Devotion mich zu erklehren, daß gleich wie ich jehe und alle Zeit zu Ewer Churfürstlichen Durchlaucht höchsten Diensten, ich mag vigore officii dazu verbunden sein oder nicht, gewiedtmet bin, ich mich zu Verrichtung solch importanten actus … zu sistieren keinen Umbgang nehmen werde, wan sonsten Ewer Churfürstlichen Durchlaucht höchste Anwesenheit zu Clemenswerth hieran nicht hinderlig sein mögte. Solchenfals ich sodan den Obrist Lieutenant Thelen, obsonsten einen anderen der Artillerie gnugsamb qualifizirten Officier in meiner Platz und auff meine Kosten … zu substituiren ohnermangeln werde. Was sonsten die von den löblichen Herren Landständen mehrmalen geführte Klage betrifft, seindt Ewer Churfürstliche Durchlaucht gahr zu milde berichtet, maeßen in Ewigkeit auch meine ärgesten Feinde nicht zu erweisen imstand seindt, daß ich jemahlen auff erhaltenen Befehl mich meinen schuldigsten Diensten in Oblegigenheiten entsaget habe. Wan aber andere Landmesser anstatt meiner zur Beschwehr des Landes mit Verwendung vieler Kosten gebrauchet sein, ein solches werden Ewre Churfürstliche Durchlaucht mit zur Ungnad umb so weniger rechnen wollen, als mich die vorerzehlte Umbstände zum Vollen justificiren…«

79.7.1

Grenzvermessung zwischen dem Niederstift Münster und der Grafschaft Oldenburg zwischen Garrel und Barßel, 1755

Anton Joseph Thelen im Auftrag Schlauns

Lavierte Federzeichnung
Titel: *Carte Von der Streitigen Gräntze und umligender Gegend Zwischen dem Hochstifft Münster und der Graff=Schafft Oldenburg Wie Solche nebstdem dazu Gleichfals Commuittirten Herrn Cammeraht und Teich Gräffen Von Hünrichs nach jeder Seitigen Anzeige der präsendirten Gräntz Örter und Zeichen im September 1755 Auffgemessen Worden.*
Beischrift: *Die Grafschaft Oldenburg; Das Hochstift Münster;* Orts- und Gebietsangaben; Grenzlinien
Signatur: *Der grenzen*…(?) *äntige Carte fuer eintrag* …(?) *nebst dem* …(?) *attestiren hirmit Munster dn 10 tn May 1767. J. Thelen Artillerie obristlieutnant undt Ingenieur.*
Präsentationsvermerk vom 21. Juli 1768
Maßstab: *Maestab Von 1200 Rheinländischen Ruthen zu 17 fuess*

Staatsarchiv Münster, Kartensammlung Münster, A 277

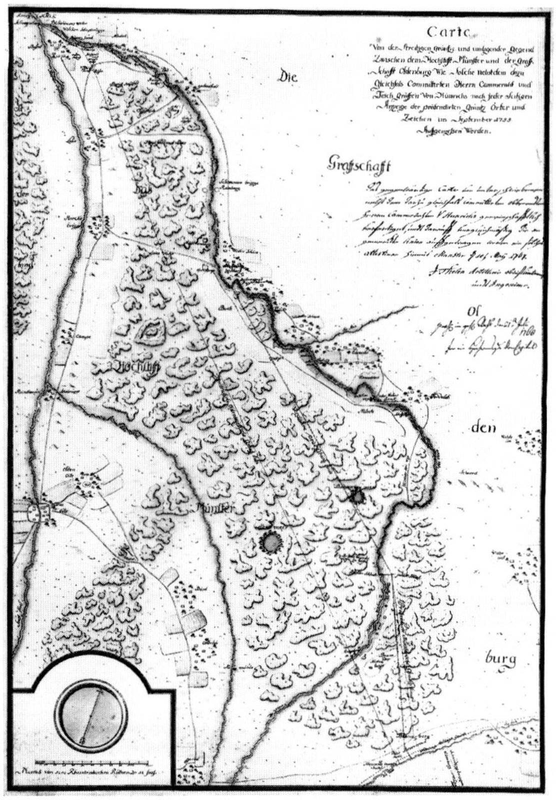

79.7.1

Kat. Schlaun 1976, S. 106-09, Dok.-Nr. 36: 1. Anfrage der Münsterischen Regierung bei Schlaun wegen seines Dienstes als Landmesser des Hochstifts Münster allgemein und wegen eines Gutachtens über Grenzstreitigkeiten mit der Grafschaft Oldenburg; 2. Konzept der Antwort Schlauns mit der Verteidigung gegen die von den Landständen vorgebrachten Beschwerden.

79.8
Schloß Bentheim, 1731

Das Fürstbistum Münster unterhielt in Bentheim, einem strategisch wichtigen Platz, eine kleine Garnison, vermutlich seit der Kaiser 1723 dem Kurfürsten Clemens August als Mitdirektoren des Westfälischen Reichskreises die Verwaltung der Grafschaft Bentheim für den geisteskranken Grafen Hermann Friedrich (1693–1731) und dessen unmündigen Sohn Friedrich Karl (1725–1803) übertragen hatte. Die münsterische Besatzung blieb auch nach dem Übergang der Grafschaft in hannoverschen Pfandbesitz 1753 zunächst noch in Bentheim. Die Aufnahme Schlauns, der ein vernichtendes Gutachten über den Zustand der ruinösen Anlage beilag, geht nach Mummenhoff ebenso wie eine weitere Zeichnung von der Hand Lambert Friedrich Corfeys von 1717 auf eine ältere Aufmessung der Anlage zurück. Schlaun schlägt den Bau eines kleinen Schlosses, vermutlich einer Maison de plaisance, mit Flügeln vor, da eine Reparatur im Prinzip nicht lohne.

LITERATUR
Volkhardt 1976, S. 152; Kat. *Schlaun* 1976, S. 49-55, S. 29, Kat.-Nr. 98; Mummenhof 1984, S. 114.

79.8.1
Bentheim, Schloß Bentheim
Lageplan der Schloßanlage, 1731

Lavierte Federzeichnung (grau, grün, blaßrot), 45 x 63,1 cm (42,6 x 59,9 cm)
Titel: *Gräfls Schlos Bentheim*
Beischrift: (Kennbuchstaben)
Legende: *A die untere porte; B Cortegarde; C Schloszgarte; D untere platz; E Zweite porte; F die bügel-bahn; G dritte porte; H Cantzeley; I Officiers wacht; K alte Kirche; L Batterie; M pulverthurn; N scharffen höwel; O pferdstall; P herschafftliege thurn; Q Schlos-platz; R. Back und Brauhaus; S brunne; T der frauen Zimmer; V hinder platz; W Speise Sahl und Küche; X Kronenburg; Y batterie hinter der Küche*
Rückseite: Clemenswerth, Hauptpavillon, Grundrisse zweier
Kabinette
Maßstab: *200 fues* = 12,4 cm

Westfälisches Landesmuseum Münster, Schl.-Bd. 330

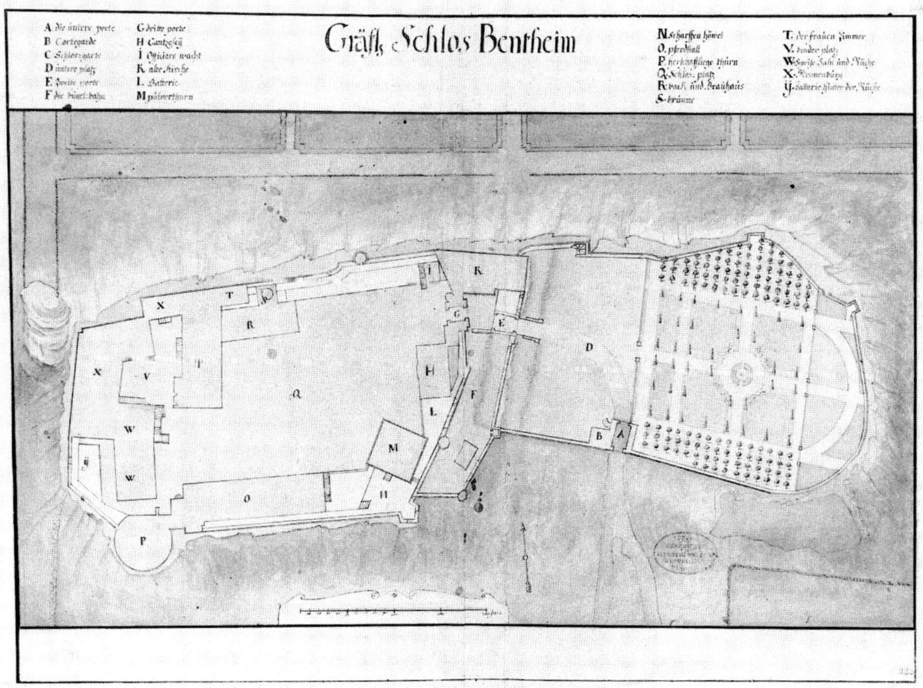

79.8.1

79.8.2 (ohne Abb.)
Bentheim, Schloß Bentheim
Kopie der Schlaun-Werkstatt
Lageplan der Schloßanlage, 1731

Lavierte Federzeichnung
Titel: *Schlos Bentheim -.*
Beischrift: (Kennbuchstaben)
Legende: *A. die untere porte; B. Cortegarde.; C. Schloßgarte.; D. Untere plats.; E. Zweite porte.; F. die bügel-bahn.; G. dritte porte.; H. Cantzeley.; I officiers wagt.; K. alte Kirge.; L. Batterie.; M. pulverthurn.; N. scharffen höwel.; O. pferdstall.; P. Herschafftliege thurn.; Q. Schloß=platz.; R. Back und Brauhaus.; S. brunnen.; T der frauenZimmer.; V binderplats.; W. Speise=sahl und Kuche.; X. Kronenburg.; Y. batterie hinter der Kuche.*

Staatsarchiv Osnabrück, K 11 Bentheim, Nr. 1429 H

79.8.3

Bericht Schlauns über den Zustand des Schlosses Bentheim mit Vorschlägen für die Behebung der Schäden und den Neubau eines Schlosses. Mit einem eigenhändig gezeichneten Grundriß.

Fürstliches Archiv Burgsteinfurt, G 1442

»Besichtigung des Schloß Bentheim nebst sämbtlichen Außenwercken, lauth beykommenden Abrisse marquiret mit A., B., C. und wie solches nach meiner ohnvorgreifflichen Meinung zu repariren.

A. Unterpforte

Die Unterpforte, worüber das Untergericht gehalten wird, ist Massive von Steinen erbauet. Weilen aber die bleyerne Gossen unter dem Dach platt auff das Gesimse gelacht seyn, selbe aber, weilen das Dach mit Pfannen gedeckt und mit Kalck eingeschmieret, durch Bewegung eines Windes alsdan Abfallung des Kalcks stets verstopfet werden und also, am Platz, daß der Regen durch solche Gossen sollte abgeführet werden, von solchen abgefallenen Kalck aber stutzet und sich nachgehents über die Gosse gieset, völlig sowohl außwendig die Maur, als inwendig das Gehöltz und Pliesterwerck völlig ruinieren thuet, und so solches anietzo nicht corrigiret wird, der Schade dadurch stets größer daraus waxen thuet. Die Correction hierannen were leicht, wo nur selbige Pfannen über das Gesimse her gezogen würden.

B. Cortogarde

Diese Cortogarde ist unten von der Seite an vorhero gemelte Pforte angehäncket, um selbe zu bewachen. Weilen aber der Regen wegen steter Verstopfung aus der Kalben der Maur entlanges herunterfließet, dardurch nicht alleine die eingestochene Balckens verfaulen, ja sogahr daß Wasser heuffiger auff die Britzen fließet und in der Cortogarde thuet stehen bleiben, so würde durch Corrigirung oberen gemelten Kalbe dieser Fehler ebenfalls corrigiret.

C. Schloßgarte; D. Unterplatz

Die Maur, so den Schloßgarten und Unterplatz umfanget, ist außwendig mit Quadersteinen bekleidet, inwendig aber rauh außgemauret und mit Plahten bedecket. Wie nun selbe Decksteine wegen Länge der Zeit so ruineus worden, daß selbe überall den Regen und die Feuchtigkeiten durchlassen und also in Winterzeit selbe darin frieren thuet, wodurch sich die gehauene Steine von der anderen Maur absetzen und also auff einigen Orthen schon anfangen abzufallen; welches aber durch Außbesserung der Plahten mit zuthuung eines Küts und Einschmierung der Quader mit einen guten Kalck müßte redressiret werden.

E. Zweyte Pforte; F. Bügel-Bahn; G. Dritte Pforte; H. Cancelley

Dritte Pforte mit der Haubtwacht, worüber der Commendante logiret an welchen beyden dasselbe zu observiren und zu corrigiren, waß an No. A an der unteren Pforten, welcher Fehler nur am Dach lieget zu corrigiren, und, so dieses bey Zeiten nicht geschieht, entstehen nach einiger Zeit ein großer Schade daraus, dan das Dach wegen Abhaltung der Feuchtigkeiten die Conservation jedes Haußes seyn muß.

J. Officiers Cortogarde, so vor einigen Jahren noch von neuen erbauet worden.

K. Alte Kirche, worauff seynd unter dem Dach die Casernen gebauet. Der Klockthurn, so daran, ist mit Schindel oder Eichenspahne gedecket, und hatt selber unter der Haube auff denen vier Ecken noch 4 kleine Austiche, so Thürngen daran formieren thuen, welche daran aber sehr schädlich. Dan solche viele Krimpen und Öffnungen daran veruhrsachen, wordurch das Wasser, weilen selbe nicht wohl versehen, hauffen-weise kommen thuet und den darunter liegenden Holtzgrund völlig verfaulen und vergehen machet. Diese 4 eusserliege kleine Thürngens müßten aber um solches zu corrigiren, völlig darum genohmmen, und die Ecken von der großen Hauben nur schlicht continuiret und von selbigen Schindel gedecket werden, so anjetzo leicht zu thuen, nachgehens aber, so solches nicht geschieht, ein großer Schade, so schon vorhin sichtbahr, daraus entstehen muß.

L. Batterie, worunter die Schmitte und Wagenschopfe, ist zwaren gewölbt, aber mit keinen Tras und sothane Prante versehen, weßwegen der Regen oder die Nässe durchschlagen thuet. Und muß das obere Pflaster wieder auffgenohmmen werde, wornach das Gewölbe obenauff erst mit einem guten Trass versehen, worinne nachgehens die Plastersteine völlig müssen wohl geschlossen eingelacht werden.

M. Pulverthurn. Dieser ist ein trefflicher und massiver Thurn, auff den obristen Gewölbe mit Bley bedecket, welcher aber obenauff hin und wieder müßte nachgesehen und außgebessert werden.

N. Scharffen Höwel, so eine Batterie.

O. Pferdestall, worüber die Frucht- und Heubodens, einige Zimmer und die Rüstkammer. Die erste Etage dieses Gebäude, nemlich die vordere Seite nach dem Platz hinzu, ist eine massive Mauer. Was nun weiter nach dieser Seite darauff stehet, ist von Holtz. Die völlige Balckens dieses Gebäude aber seynd alle in die heranstoßende Ringmauer hineingestochen. Wie nun aber das Dach hiervon (?) einerseits auff die eußerliche dicke Maur liegen, aber solche nicht mit bedecken, und der Regen darum platterdings stets darauff fließen thuet, die Bedeckung dieser Maur um den Regen abzuführen zwar von großen abhängigten Plahten gemacht, so hatt doch durch langwieriger Zeith die Nässe oder Dachdrüppe durch die Mauer stets gedrungen, wodurch die Balcken darinnen so wohl von der oberen bis Unteretage völlig an dem Ende verfaulet, also daß an diesem Gebäude keine Reparation mehr finde oder werth seye. Dan so man dieses alte im geringsten moviren wird, solches gewißlich über die Hauffen völlig fallen, oder nur stets Flickerey bleiben, auch viel kosten würde.

P. Der Herrschafftliche Thurn. Dieses Gebäude ist völlig in einem guten Stand, außer, daß der Borth des Dachs nicht genug über die Maur hergehen und selbe bedecken thuet; so aber leicht zu korrigiren, so nur solcher Borth einen Fues verlängert und mit Schieffer bedecket wird.

Q. Schloßplatz. Die äußerlichen Mauren, so diesen Platz umfangen, müssen völlig visitiret und absonderlich ihre Bedeckung eingeschmieret werden, dan es sonst und an etzlichen Orthen würcklich so gehen thuet, wie bey C. und D. schon gemeldet und auff selbe Weis auch muß corrigiret werden.

R. Back- und Brauhaus. Dieses Gebäude, so ebenfals alt, völlig ruineus, wird zwarn noch einige Jahren, wie die anderen Gebäude so hin stehen, meritiret aber keine sonderliche Reparation mehr.

S. Der Brunnen, so in Felsen gehauen, dessen Machine, wormit man daß Wasser hinauff bringet, mit einem Dach bedecket, stehet auch noch so hin.

T. Der Frauen Zimmer. Dieses Gebäude ist zwarn massive von Steinen auffgeführet, aber sehe nicht wegen Schwäche dessen Holtzwerck eine Reparation, so daß Gebäude meritiren thäte, mehr anzubringen; der große Camin auff dem Sahl hatt kein Fundament, dan er deßwegen so starck gesuncken, daß man befürchten muß, es könte dardurch ein größeres Ohnglück entstehen und gar mahl anschlagen. Oben auff ist ein großer Sahl, dessen Balckens von einem biß zum anderen End auff der äußerlichen Mauren liegen thuen, ohne Gehänck, ohne Gesenck, ohne Unterstützen, und also sich völlig durchgezogen. Daß völlige Dachwerck ist hierauff so schwach und so miserabel ohne den geringsten Dachstuhl gemacht, daß nicht mehr sonderliche Befestigungen mehr anbringen zu können, und, so die umliegende Gebäude es vor den Zustand nicht schützen thäten, es schon längst von den geringsten Wind über ein Hauffen würde geworffen seyn.

V. Binderplatz.

W. Herrschafftliche Speisesahl und Küche, worüber die Communication nach dem herrschafftlichen Thurn. Dieses alles sieht von unten biß oben so verfallen aus, und hat der Regen, so schon von langer Zeith her durch die vielen auff dem Dach befindlichen Krimpfen und verstopfte Rennen so durchgedrungen, daß sogar unten im Speisesahl die Tapeten davon verfaulen, viel mehr das Holtz fast durch und durch angegangen und ohnmöglich eine Reparation mehr werth ist.

X. Kronenburg. Dieses Gebäude ist zwarn von unten biß oben massive, aber vor die Herrschafften keine sonderliche Commodität darinnen, als nur Keller und Capelle. Wie ich nun oben auff das Dach kommen bin, so die Communication mit dem Dach des herrschafftlichen Speisezimmers und Küche hatt, so finde darauff die Menge Ohnsaubrigkeit, welche fast auff einigen Orthen einer Miste ähnlich sahe. Die Dachfenster stunden ebenfals merstlich offen, also daß der Regen an vielen Orthen einschlagen könte, und dieses alles herrührte von der Nachlässigkeit des Burchvogdts, so darnach sehen und die Conservation absonderlich des Dachs, so die Erhaltung eines Gebäudes in Obacht nehmen müste. Auch weilen dieses Dach an einigen Orthen nicht über die Mauren gnug hangen, sondern an einigen Orthen darauff liegen thuet, so gehen alda die Mauren zugrunde, weilen das Wasser darin ziehen und des Winters darinnen frieren thuet. Die Ohnsaubrigkeit rühret daher, daß jederzeit der Gruß, so am Dach etwas außgebessert, stets ist liegengeblieben und nimmer wird abgekehret und sauber gemacht. Welches veruhrsachet, daß das völlige Beschußgehöltz darunter versticket und fast nichts mehr davon guht seye. Worauff ich dan auch den Burchvogdt quaestioniret, warum er so nachlässig und anjetzo selber sehen thäte, waß hierdurch vor ein Schade entstanden, worauff er mir keine Antworth hatt geben können. Andere Beystehende aber gaben mir zur Antworth, daß dieser drey Vogtsdienste hätte und ohnmöglich solche alle respicyren könte, weßwegen er eine vor das andere vernachlässigen müste, wornach dergleichen Schaden entstehen muste.

Y. Batterie hinter der Küchen. An dieser Batterie ist derselbe Schade zu finden, wie bey H. und L. und auff selbige Weise zu corrigiren.

Wie nun die Gebäuder marquieret mit No. C., R., R., T., W. so miserable verfallen, daß selbige keine Veränderung mehr verdienen, so were mein ohnvorgreifflicher Vorschlag, selbe nur eben im Dach zu unterhauen. Die übrigen Gebäude aber, so durch eine Reparation noch gar leicht können geholffen werden, völlig erst in vorgeschriebenen Stand zu setzen, damit selbe zu keiner weiteren Baufälligkeit gerahten. So solches nun geschehen und die darzu nöhtigen Mittel fast in Vorraht, so were besser, daß auff allen denen vorbenahmten Gebäuden nicht reflectiret würde, nur die Materialien davon zu conserviren, und vorhin ein rechtes außstudirtes Planum gemachet würde, daß zum Exemple ein Corps de Logis, welches mittel auff die Cancelley H. gehen thäte und zwey etwas weit davon detachirten Flügelen, worinnen alle und viel mehr Commoditäten könten gebracht werden, alß jetzo in dieser alten ruineusen Weitläuffigkeiten, von neuens ein nicht so groses, aber artliches Schloß eines nach dem anderen erbauet würde, welches, wan es recht eingerichtet, mit Conservirung der alten Materialien mit grosen Vortheil geschehen könte. Die Kosten, so aber vorhero zu denen annotirten reparirenden Gebäuden gehen werden, werden ohngefehr mit 3300 Rthl., sage dreytausen dreyhundert Rthl. können bestritten werden. Und so Anstalten der Reparation recht eingerichtet werden, könte solches wegen dabey habenden Beneficien es vieleicht so hoch nicht kommen. Aber auff allen muß absonderlich acht gegeben werden, daß was gemacht wird, nicht von der Hand geschlagen, sonderen recht exequiret werde.

Münster, den 20ten Martij 1731
gez. J. C. v. Schlaun

LITERATUR

Geisberg 1932, Münster I, S. 172, Anm. 237, S. 247–48.

QUELLEN

Staatsarchiv Münster, Fstm. Münster, Geheimer Rart, Kat.-Nr. 76, Dokument Nr. 55.

79.9

Münster, Ludgeri-Bastion und Schützenwall, 1772

Gutachten Schlauns mit Zeichnung: »Hochwürdigster Ertzbischof Gnädigster Churfürst und Herr. Auf Ewer Churfürstlichen Gnaden mit ertheilten Gnädigsten Befehl von 7 ten Decembris 1772 zwischen St. Ludgeri und Aegidii anzulegenden Kirchhoffen betreffend, und sind die Anmerckungen darüber verfasset, folgende. Unter der Thor Schreiberey findet sich ein Canal . a . b, welcher das etwa zu hochsteigende Wasser in den Graben zwischen Servatii und Ludgeri Thor abwässert, dieser Canal liegt so tief, das ohne grose Kosten derselbe nicht kan beybehalten werden, wie so dan ein unterirdischer Canal von b. bis an dem Beer C müste angelegt werden, dan aus dem inneren Graben kan das Wasser in den äusseren nicht abgeführet werden, wiel in dem äusseren das Wasser beynahe einen Fuß ca. 0,288 m höher stehet, es wäre also kein ander Mittel, als gedachten Canal hinter der Thorschreiberey mit einen hinlänglich starcken Damm zuzulegen, wobey aber die im Wall zwischen Servatii, und Ludgeri obhandene Gärtens, in so lang der innere Graben noch nicht zugefüllet, bey nasser Witterung Schaden leiden dörfften, jedoch könte das jenige Wasser, welches von Servatii Strape in diesen Graben rinnet, in den anderseitigen Graben nach der Höxter Porten hinzu geleitet werden; die Abwässerung von Ludgeri Strassen, welche ohngefehr 6 oder mehr Schue höher als oben gedachter Canal, würde langs dem Schützen Wall d.E., mittels einer flachen Verdiefung, oder einer ad interim durch den Beer X abgelassen werden, weil die Planierung gedachter Kirchhöffe nicht höher als die Strasse oder Pavee G. in Ludgeri Thor werden dörfen, die Kirchhöffe wären so dan in h h h h usw. am vorlaegeden, und deren Strassen gelegesten Öhrten auszustecken, nun ist zwahr das Wasser in den äuseren Graben zwischen Lüdgeri Brücke bis an den Beer X etwas niedriger, allein dahin das Wasser zu führen, wäre viel mehr Schwierikeiten unterworfen, als vorgemeld unterirdischen Canal von b biß C, massen so dan die Abwässerung unter das Bastion, oder Zwenger durch, von I in K veranstaltet werden müste, es ist also meines Ermessens am dinlichsten vin vorhero schon ohnmaasgeblich gethanen Vorschlag mit erstlicher Zudemmung des Canals zu exequieren, mithin die unnötgen Kösten zu solcher Abwässerung zu erspahren, weil ohnehin der Graben zugefüllet werden soll. Nach abgebrochenen Stadts-Mauren, und egalisirten innerlichen Stadtswall ohngefehr von der Höhe mit der innerlichen Strasse zwischen S. Ludgeri Porte G. kann das aus der Stadt kommende Wasser, wie die rothe linie zeiget, von dieser Porte biß zu St. Aegidii Porte geführet, und mit dessen Abwässerung conjungiret, und unter der Mühlen von St. Georgii mit selben gebracht werden. Welches hirvon in aller untertänigkeit, nebst beygehenden Plan vors erst hinterbringen kan.

Ewer Churfürstlichen Gnaden Unterthänigsttrewgehorsamster J.C.Schlaun manu propria.

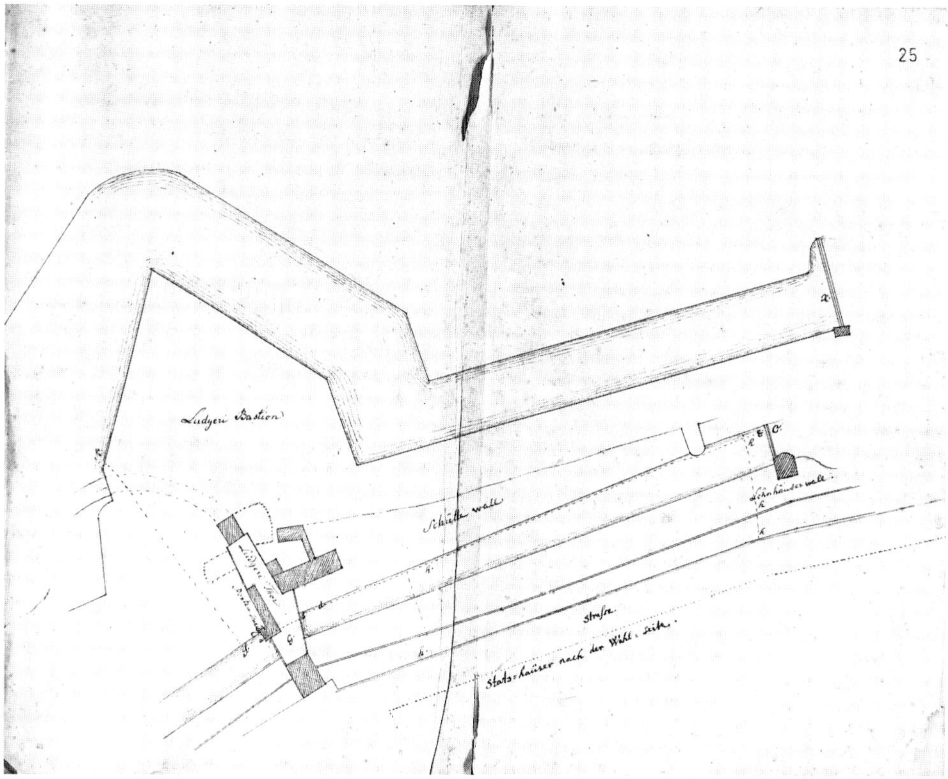

79.9.1

Münster, Ludgeri-Bastion und Schützenwall, 1772

Schlaun-Werkstatt

Lavierte Federzeichnung

Beischrift: *Ludgeri Bastion; Ludgeri Thor; Ponten Schreiber Schütte wall; stats=häuser nach der Wahl=Seite.; Straße; Lehnhäuser wall.;* ...(?); (Kennbuchstaben)

Staatsarchiv Münster, Ftm Münster, Geh. Rat, Nr. 73

79.10

Münster, Entwurf für die Promenade, 1772

Nach dem Siebenjährigen Krieg werden die Festungen des Hochstifts als zu kostspielig aufgegeben. Schlaun entwirft Pläne, nach denen die Bastionen der Zitadelle von Münster zum Teil abgetragen und auf ihnen und auf den Stadtwällen eine »Promenade und Spatzirfahrt« geschaffen werden soll. In einem undatierten Schreiben an den Kurfürsten heißt es: »Ewer Churfürstlichen Gnaden geruhen per Extractum Protocolli Consilii Intimi vom 23. Martii mir gnädigst anzubefehlen, daß bey Schleiffung der Stadtwällen und jetzt anlegender Plantage die Spitzen der Wercker oder sonst verschiedentlich, wo Platz vorhanden und wo es füglich könnte angebracht werden, Ruheplätze angelegt würden, ohne die Promenade und Spatzirfahrt zu benachteiligen. So habe gleich auf dem schon praesentiret und gnädigst approbirten Plan die Ruheplätze, wo selbe füglich könnten angebracht werden, gezeichnet und habe hiermit die Gnade zu praesentieren«. Ob die Anlage der Promenaden im besonderen Fürstenberg zuzuschreiben ist, wie mehrfach angegeben wird, bleibt zweifelhaft. Der Fürstbischof wie die Landstände werden kaum geringeren Anteil daran haben. Die Entwürfe stammen von Schlaun, die er mit einer besonderen Kommission abzustimmen hatte. Nach den Ratsprotokollen wurde die Demolierung der Münsterschen Zitadelle 1764 begonnen, die Zerstörung der Festungswerke der Stadt folgte etwas später.

In den Erläuterungen zu Punkt eins des Entwurfs der Promenade im Norden Münsters sind die Worte »die Gründe« eigenhändiger Zusatz Schlauns (Kat.-Nr. 79.10.1). Die auf dem Plan dargestellte, aber anscheinend noch nicht ausgeführte Verbindung zwischen Außenwall und Bergstraße ist in dem Text unter ›M.‹ mit einer entsprechenden Forderung des Geheimen Rates vom 9. April 1772 in Verbindung gebracht worden. Danach bestand damals noch die Möglichkeit, die Bäume des vierreihigen Teiles der Promenade westlich vom Buddenturm bis zum Neubrückentor ›en quinconce‹ zu pflanzen. Hier sowohl wie auf dem anschließenden Plan vom Zwinger bis zum Hörstertor ist der Promenadenweg auf einer neuen Brücke östlich am Zwinger vorbeigeführt. Von hier an bot die Fortführung der Promenade bis zum Flußloch keine nennenswerten Schwierigkeiten. Der Raum zwischen Münze und Buddenturm, der nach Reuters Chronik 1773 als Kirchhof eingeweiht wurde, ist noch als Wiese wiedergegeben, während für den schmalen Streifen des ehemaligen inneren Stadtwalles zwischen Buddenturm und Neubrückentor eine solche Verwendung als noch von der Entscheidung des Fürstbischofs abhängig gemacht wird.

Ein weiterer Entwurf Schlauns (Kat.-Nr. 79.10.2) sieht vor, den Innengraben bis zum Zuchthausplatz und die Außengräben rechts und links vom Tore zuzufüllen, den Fahrweg offen, ohne Gewölbe, mitten durch das Rondell zu der bisherigen Brücke zu führen und die alte Wassergosse zwischen dem Rondellgraben und dem inneren Stadtgraben nach Norden bis zu dem nächsten Wasserbären zu verschieben. Die Schanze wird auf diese Weise ein großes, mit dem Promenadenwall zusammenhängendes Dreieck. Schlaun beabsichtigte, die Promenade östlich am Zwinger vorbeizuführen und den Innenwall ganz zu beseitigen, was geschah.

79.10.1

Münster, Entwurf für die Promenade im Norden der Stadt, 1772

Lavierte Federzeichnung, 32,8 x 155,4 cm
(linker Rand abgerissen)
Titel: *Plan von der gewesenen Judefelder Porte bis an die Neubrücken=Porte den Zwenger vorbey*
Legende: *A. Judefelder Strasse; B. Vorm Schlossplatz herkommende Strasse; C. Mühlenberg; D. Neue promenade bis zur Neubrücken porte gehent wo selbe doppelt en quinconce könte geplantzet werden.; E. Gewesenes Kreutz Bastion, wo Selbes anjetzo zur Zierde und bequemlichkeit der promenade könte eingerichtet werden.; F. Ravelin davor worzu zukunftig die passage über den Băährs könte gemacht werden, absonderlich wan zukunftig der pulver tuhrn darin solte plassiret werden.; G. Neubrücker porte.; H. Zukünftiges Wachthausgen, So auch vor einen offizier eingerichtet wie angestochenes dessein ausweist.; I. Planirung der Gründen von der gewesenen Judefelder porte bis der Budden-thurn einschlisslich Bevor* (?) *vielleicht selber* (?) *verkauft werden.; K. die Müntze.; L: demolirende zwei thürne.; M. wäre die gdgst verlangte communication vom haubtwall nach der Bergstrasse, damit in dieser langen linie wenigstens ein degagement zufolge gndgsten Protocolli Consilii Intimi de 90 Aprili 1772 verbleiben thate.; N. Gemeine Strasse.; O Stollenbecker Strasse.; P. vor der Bocksplatz hergehende Strasse.; Q. Bergstrasse.; R. plats vor die Lörs.; S. platz vor einen Kirchhoff oder weiter deswegen wird gndgst befohlen werden.; T. Verlängerung der promenade, und könte just gegen den Canal heruber eine angenehme rast gemacht werden.; U. Continuatio der promenade weswegen aber eine neue Brucke zu formiren.; V. Zwenger Thurn.; Das ubrige ist aus dem plan zu ersehen.*
Authentizität: später Johann Conrad Schlaun
Maßstab: *60 Ruthen* = 28,4 cm

Staatsarchiv Münster, Kartensammlung Münster, Nr. A 313

79.10.2

Münster, Entwurf für die Promenade vom Zwinger bis zum Hörstertor, um 1772

Lavierte Federzeichnung, 43 x 54,4 cm
Titel: *Brouillon von der Veranderung der Höchster=porte*
Beischrift: S*tadt Münster;* (Kennbuchstaben)
Legende: *A das Höchster-thor; B. Thorschreibers haus; C. jetziege verdekte passage.; D. Wacht-haus; E. die jetziege offene passage; F. Zwenger; G. Zuchthaus.; H. inwendige graben am Zuchthaus.; I. könte gefüllet werden. wan der Canal L. gemacht wäre.; K. Eusserliche graben : Zukünftig erforderliche Canal.; M. der damm, so das Wasser vom haubtgraben bis dahin gehalten und hernegst durchgestochen werden könte.; N. wo sonst der Zuflus des wassers zum Zuchthause hergehen thut.; O. die theile so vom eusserlichen graben könten gefpllet werden; P. wie künftig die passage grad geführet werden könte; Q Einwendiger Wall so ebenfals kan abgetragen werden. Das ubrige ist aus dem Brouillon abzunehmen.* (von fremder Hand)
da eine daß jetziege wacht=haüschen (?) *D. wan auch das portenschreibers Behausung B. in sehr schlegtem Stande, die jetziege verdeckte passage C. undt daß Hörster=thor A in t* (?) *ftkuegeb* ...(?) *Mauer bestehen* (?)*, so wan wohl zu überlegen, ob nicht zuKünftig mit wenigen Kösten von C. daß wachthauß undt A die portenschreibery zu formieren.* (von der Hand Schlauns)

Staatsarchiv Münster, Kartensammlung Münster, A 205

79.10.3

Münster, Promenade

Joseph Rüdinger
Lageplan der Promenade, Abschnitt Neubrückentor bis Twickel-Schanze, um 1772

Lavierte Federzeichnung, 17,4 x 93,5/49,9 cm
Titel: *Projekt die Promenaden auf denen abzutragenden wällen anzulegen und mit denen schon gepflanzten alleen durch neue brücken über die Ahe zu* (?)
Signatur: *nachgezeichnet durch J.Rudinger GDC*
Maßstäbe: *600 Schu; 60 Rhuten*

Niedersächsisches Staatsarchiv Bückeburg, S 1, B 2514

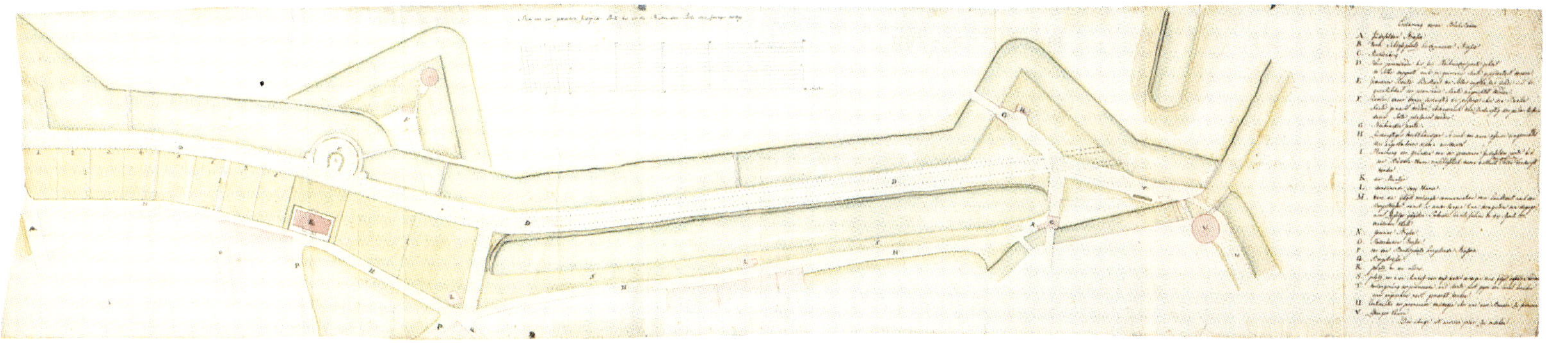

79.10.1

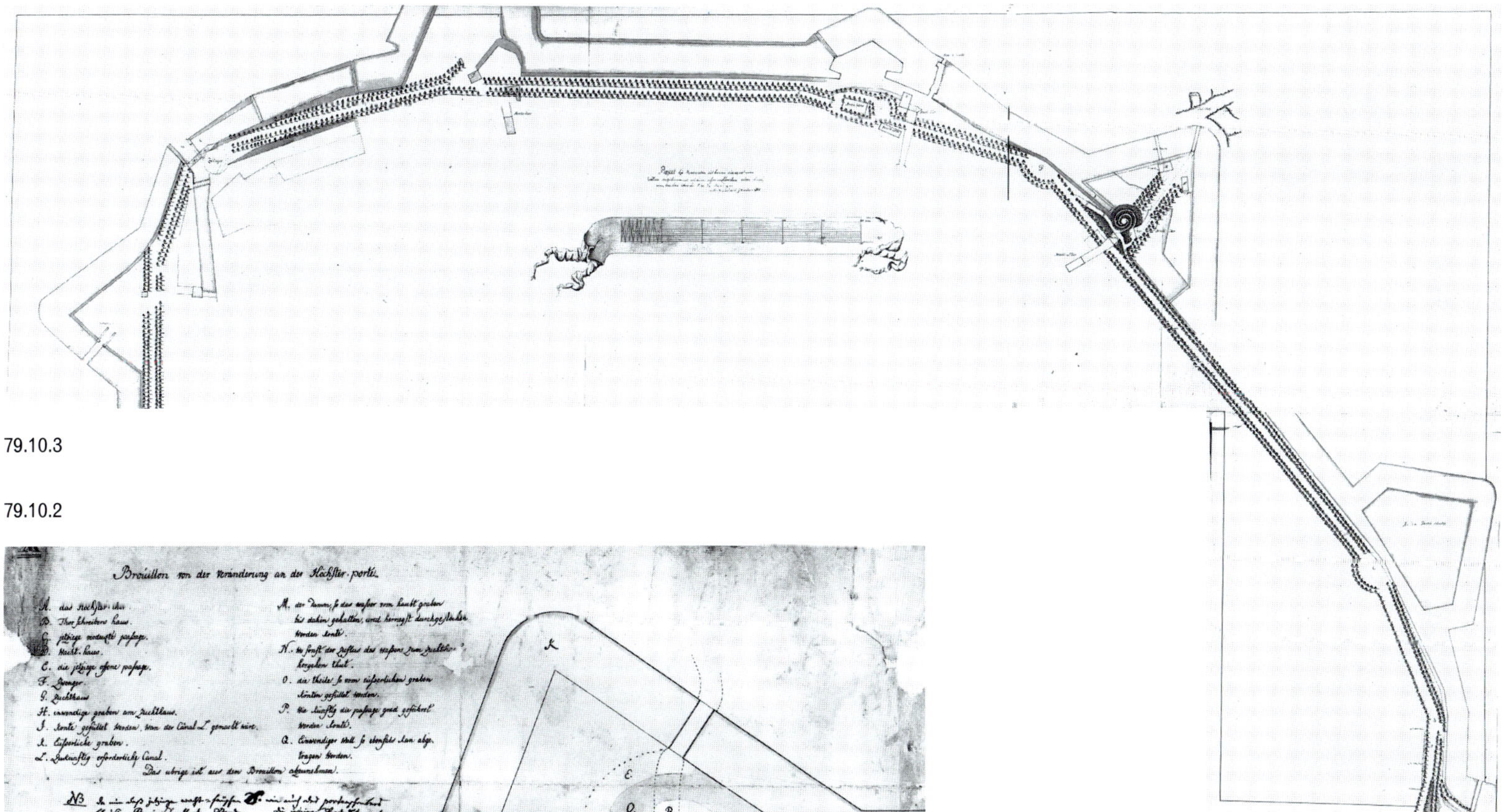

79.10.3

79.10.2

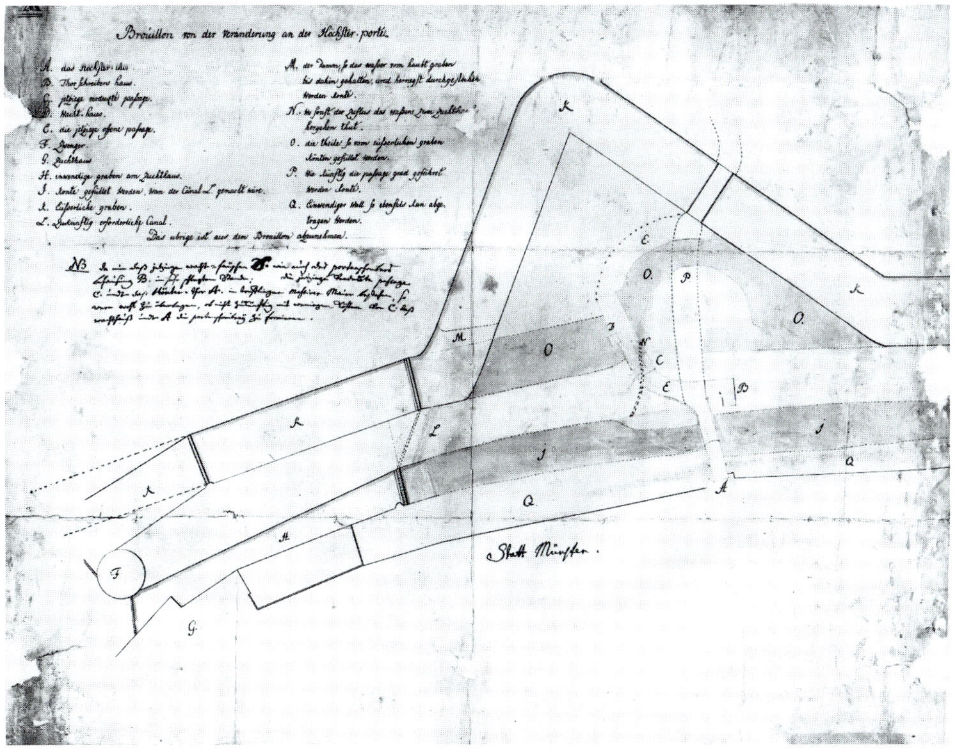

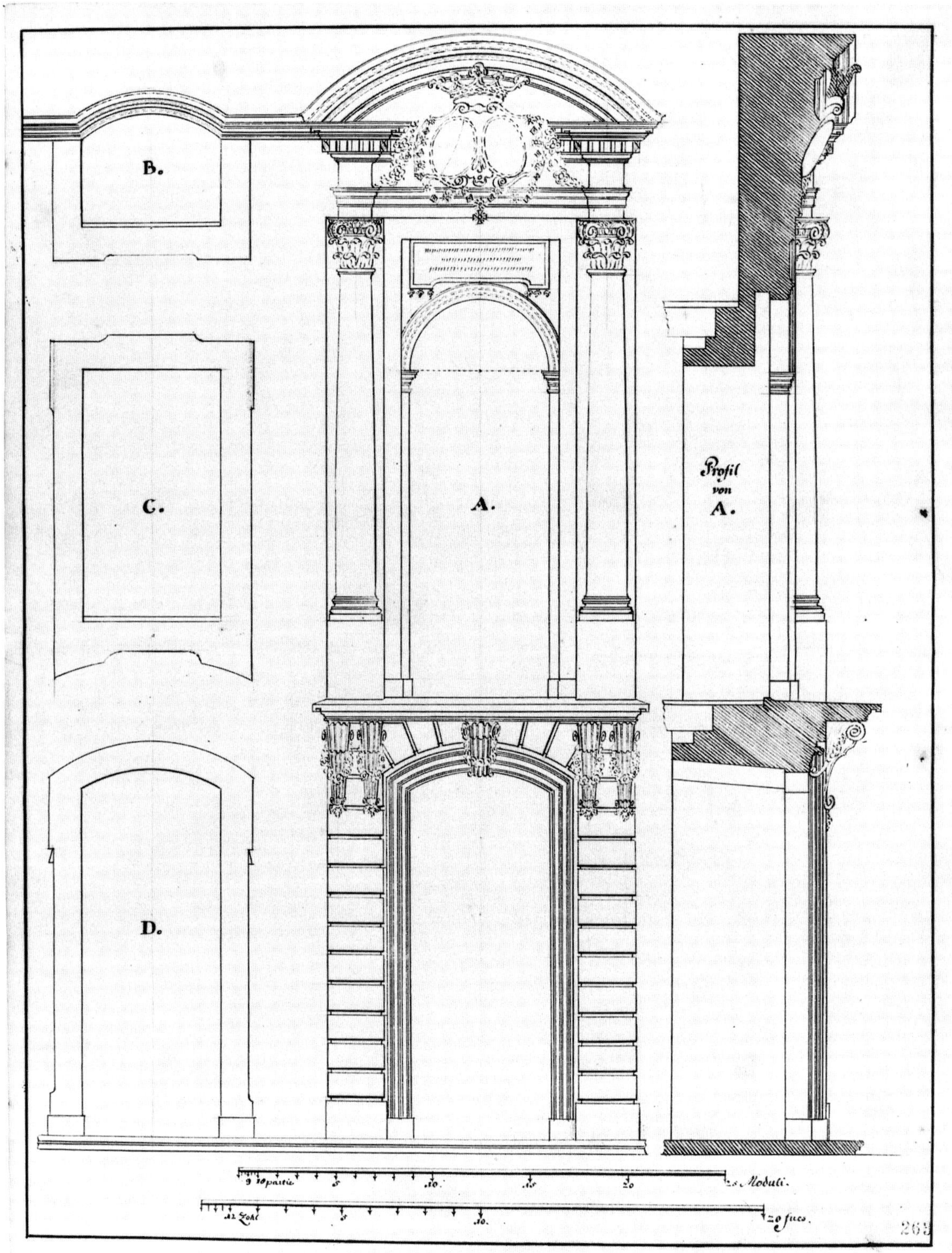
B.
C.
A.
Profil von A.
D.
9 10 partie 5 10 15 20 25 Moduli.
12 Zohl 5 10 20 fues.
269

80
Entwürfe zu unbekannten Objekten

80.1
Münster, Plettenberger Hof (?), 1724

Die zweigeschossige Fassade bezieht sich offenbar auf die Planungen Schlauns zum Plettenberger Hof in Münster (Kat.-Nr. 13). Einige Indizien wie etwa die Ebenerdigkeit des Erdgeschosses und die gleichen Abmessungen, vor allem aber das Allianzwappen, dessen linkes Schild mit der darüberlaufenden Linie sich eindeutig als das Wappen Plettenbergs erweist, sprechen dafür. Die Fensterformen mit den ›hängenden‹ Rahmen findet man an den Fenstern der Seitenflügel eines Entwurfs (Kat.-Nr. 13.9) und die an der Abtreppung des Nebenportalrahmens angebrachten guttaeartigen Formen an den Fenstern beider Geschosse des Mittelbaus. Vor allem aber zeigt die zentrale Achse mit dem rustizierten Portal, den Konsolen der Balkonplatte und den eingestellten Säulen im Obergeschoß und dem Dreiecksgiebel, daß die Entwürfe zu einem Bau gehören. Die Unterschiede sind zwar eklatant, doch nicht grundsätzlich: Anstelle des vorgetäuschten Kellergeschosses plant Schlaun die konsequente Öffnung des Erdgeschosses zur Straße hin mit segmentbogengerahmten Portalen und Fenstertüren, wie sie eigentlich dem Lusthaus vor der Stadt zugehören. Das Erdgeschoß ist durch die Segmentbogen gegenüber dem Obergeschoß als das ranghöhere ausgezeichnet. Eine Besonderheit sind die ›Mezzaninfenster‹ der Nebenachsen, die ein solches Geschoß möglicherweise nur vortäuschen, also Blindfenster darstellen. Ihr oberer Rahmen ist weggelassen, dafür biegen sie das Gesims segmentbogenartig noch oben aus. Im Zusammenhang der ganzen Planreihe von den Pictorius über Moreau hat Schlaun offenbar verschiedene Entwürfe vorgelegt, von denen einer mit den beiden Zeichnungen in rudimentärer Form vorliegt.

◁ 80.1.1

80.1.1
Fassade
Teilaufriß mit Risalit, Schnitt des Risalits

Lavierte Federzeichnung (grau), Bleigriffel, 40,5 x 31,7 cm (38,7 x 29,8 cm)
Titel: *Profil von A.;* (Kennbuchstaben)
Maßstäbe: *20 Fuß* = 18,6 cm; *1 Fuß* = 12 Zoll; *25 Moduli* = 16 cm; *1 Modul* = 10 partie

Westfälisches Landesmuseum Münster, Schl.-Bd. 263

80.1.2
Fassade
Grundrisse der Fassaden im Erd- und Obergeschoß

Lavierte Federzeichnung (grau), 31,7 x 40,5 cm (29,9 x 38,4 cm)
Titel: *Planum von A.*
Beischrift: *2te Etage; 1te Etage*
Maßstäbe: *20 Fuß* = 18,6 cm, *25 Moduli* = 16 cm

Westfälisches Landesmuseum Münster, Schl.-Bd. 264

80.1.2

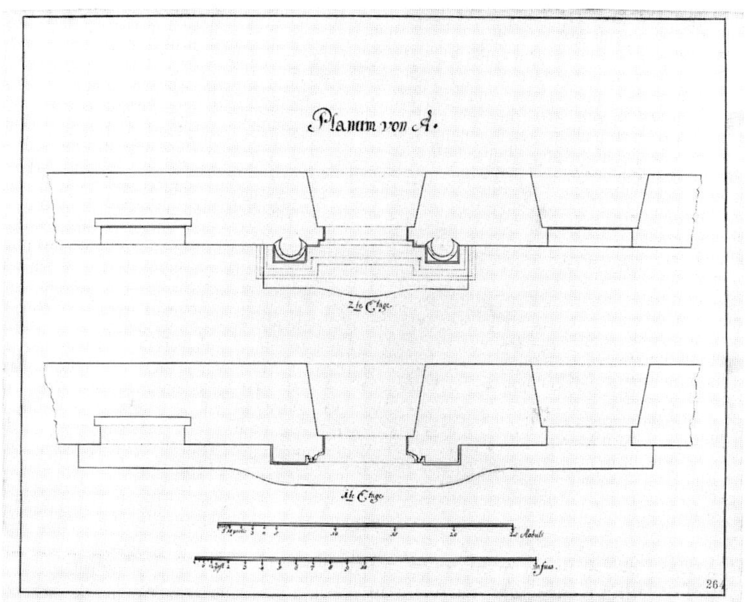

80.2

80.3.1

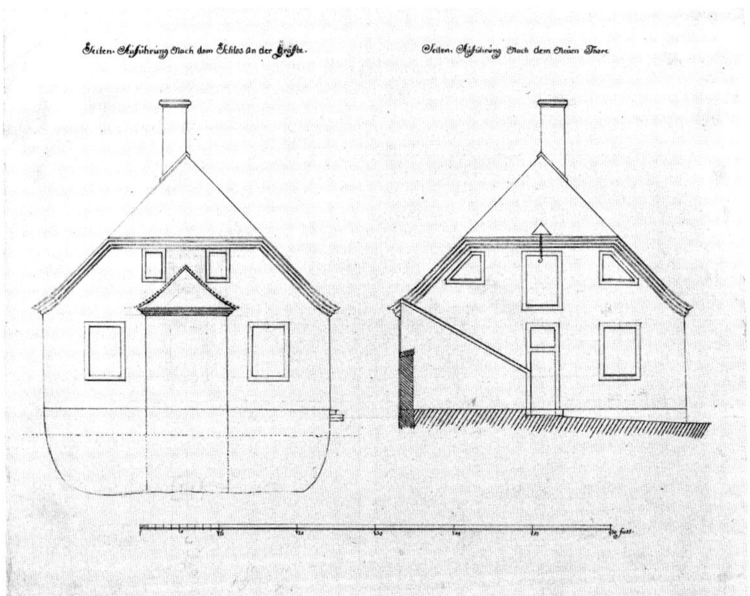

80.2

Stadtpalais

Längsschnitt, Grundrisse der Fassade im Erd- und Obergeschoß

Schlaun-Werkstatt (?)

Federzeichnung, Bleigriffel, 42,3 x 33,2 cm

Westfälisches Landesmuseum Münster, o.Inv. Nr. 16

80.3

Bei kleinen Bauaufgaben zeigt Schlaun bisweilen ungewöhnliche Lösungen. Beim Entwurf dieses Ökonomiegebäudes etwa, dessen Funktion nicht bekannt ist, das aber möglicherweise im Zusammenhang mit der Münsteraner Residenz steht, greift er auf den Fassadenaufriß seines Landsitzes Haus Rüschhaus zurück, von dem er das Krüppelwalmdach, die Form des Abschlußgesimses und die der Dachschräge folgenden angeschnittenen Fenster übernimmt. Ungewöhnlich ist die unmittelbar den Gedanken an Palladio evozierende elegante Proportionierung, die den Fenstern viel freie Wandfläche beläßt.

80.3.1

Residenzschloß Münster (?)

Ökonomiegebäude mit Gewächshaus, Aufriß beider Giebelfronten

Schlaun-Werkstatt

Federzeichnung, Bleigriffel, 31,3 x 40,6 cm
Titel: *Seiten=Aufführung nach dem Schlos an der Gräffte.; Seiten=Aufführung nach dem Neuen Thore*
Maßstab: *60 fues* = 25,2 cm

Westfälisches Landesmuseum Münster, o.Nr. N 23

80.3.2

Residenzschloß Münster (?)

Ökonomiegebäude mit Gewächshaus, Aufriß der Rückfront nach dem Gemüsegarten

Schlaun-Werkstatt

Federzeichnung, Bleigriffel, 40,1 x 30,8 cm
Titel: *Hintere Aufführung nach dem Potage*
Maßstab: *60 fues* = 25,2 cm

Westfälisches Landesmuseum Münster, RG 379

80.4

Münster, Strohmagazin

Aufrisse, Schnitt und Grundriß
Schlaun-Werkstatt

Lavierte Federzeichnung (schwarz, grau, blaßrot), 31,5 x 41,3 cm
Titel: *Dessein Wie das so Genante francösiche Stroh=magazin Zur Conservation Des neuen Fuhr wehsen Könte Eingerichtet und Darvon Recht Erbauet Werden-*
Beischrift: (zum Aufriß und Schnitt:) a*uffuhrung, profil vom gibfel.* (von der Hand Schlauns); (zum Aufriß der Längsseite:) a*uffuhrung von der Seite, welche bogens mit alten pallisaden Können zugesetzet werden.* (von der Hand Schlauns); *Grundt*
Maßstab: *100 fues* = 22,8 cm

Westfälisches Landesmuseum Münster, Schl.-Bd. 226

Ein Magazinhaus in der neuen Bastion erscheint zuerst auf dem Plan von 1689. Trotz der versuchten Zerstörung durch Feuer 1759 behauptete es als Zeughaus seinen Platz, wurde erst im August 1821 demoliert, aber nicht beseitigt und stand als Strohmagazin und Husarenpferdestall bis nach 1856 jeder Regelung eines Wegenetzes und besseren Gestaltung des Neuplatzes hindernd im Wege. Ob der Entwurf Schlauns diesem Zustand ein Ende bereiten und wo genau das neue Strohmagazin aufgestellt werden sollte, läßt sich nicht mehr feststellen, denn offensichtlich wurde es nicht ausgeführt (Geisberg 1932, Münster I, S. 135f, Anm. 65).

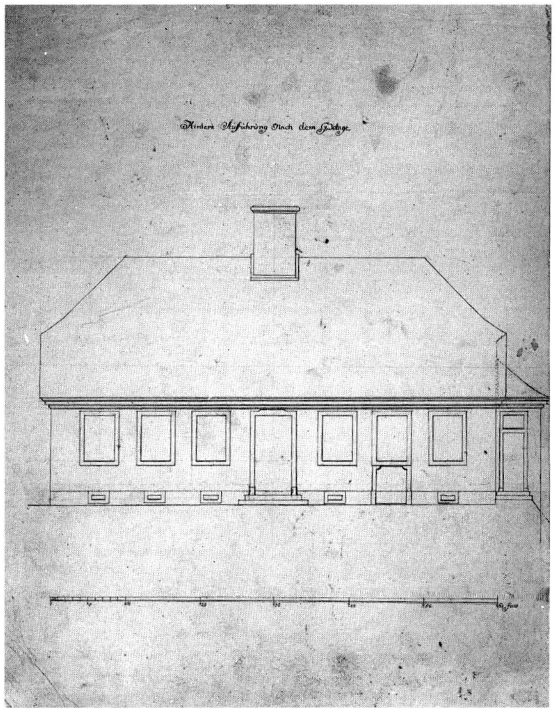

80.3.2

80.4

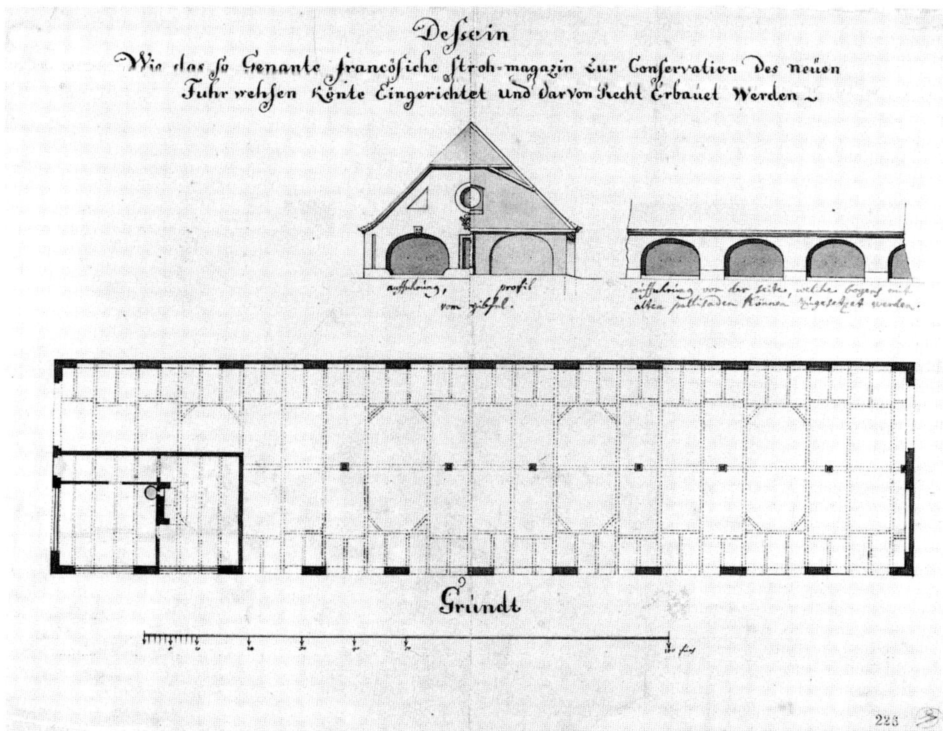

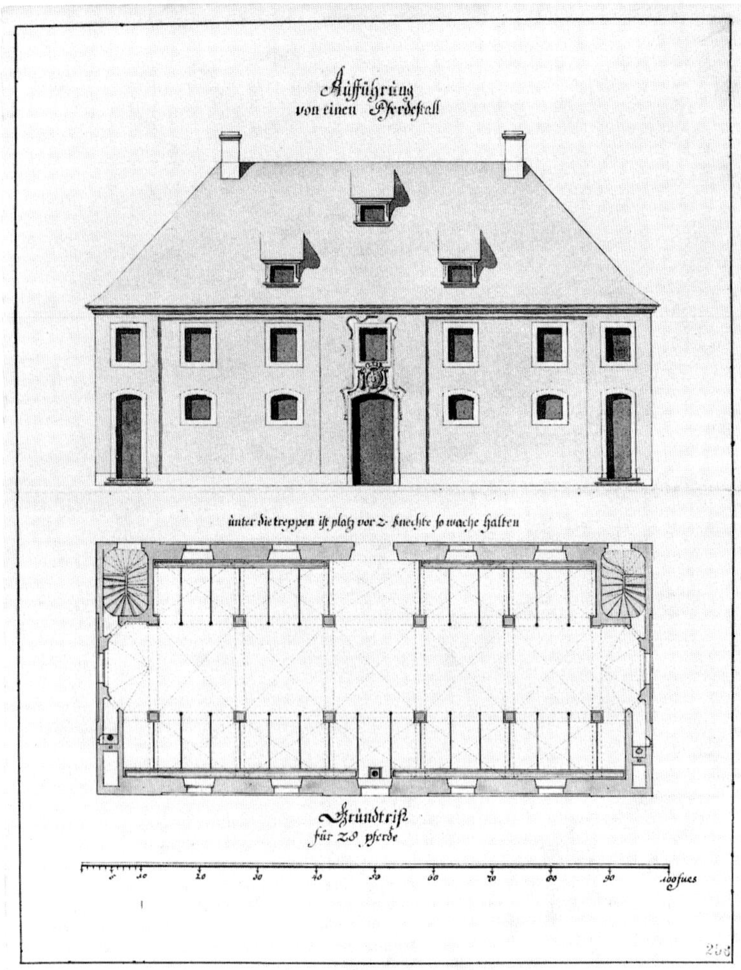

80.5.1

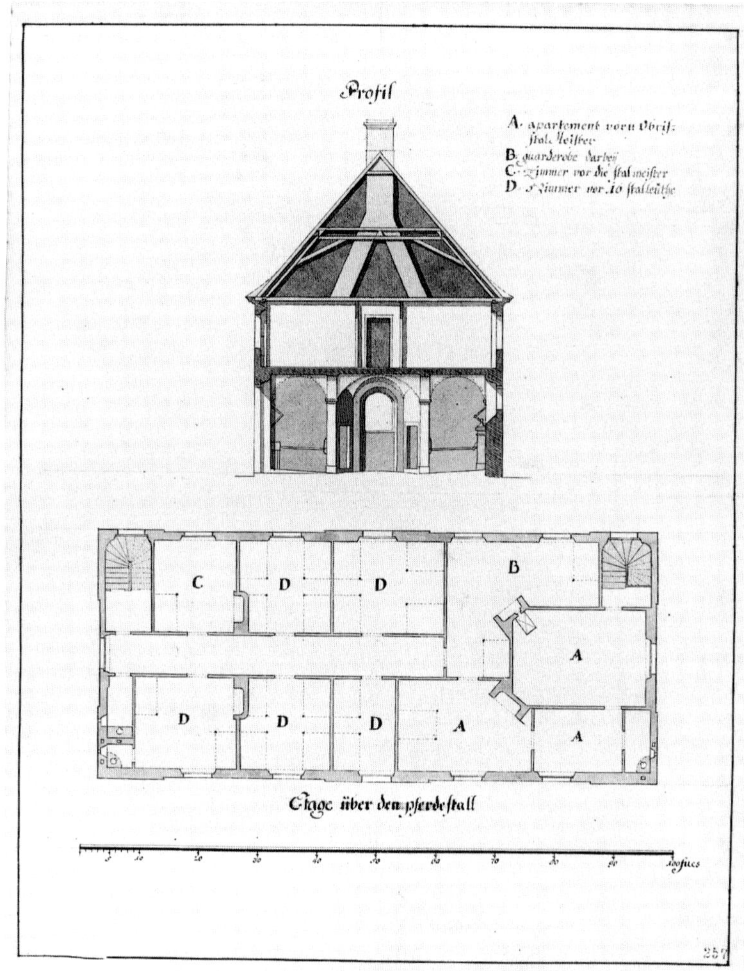

80.5.2

80.5.1
Pferdestall
Aufriß und Grundriß des Erdgeschosses
Schlaun-Werkstatt

Lavierte Federzeichnung (grau, blaßrot, orange),
40 x 31,7 cm (38,4 x 29,8 cm)
Titel: *Aufführung von einen Pferdestall; Grundtriß für 28 pferde*
Beischrift: (zum Grundriß:) *unter die treppen ist platz vor 2-knechte so wache halten*
Maßstab: *100 Fuß* = 24,5 cm

Westfälisches Landesmuseum Münster, Schl.-Bd. 256

80.5.2
Pferdestall
Querschnitt und Grundriß des Obergeschosses
Schlaun-Werkstatt

Lavierte Federzeichnung (grau, blaßrot, orange),
40,5 x 31,7 cm (38,3 x 29,7 cm)
Titel: *Profil; Etage über den pferdestall*
Beischrift: Kennbuchstaben
Legende: *A. apartement vorn Obrisstal Meister; B=guarderobe darbey; C.=Zimmer vor die stalmeister; D. 5 Zimmer vor 16 stalleüthe*
Maßstab: *100 Fuß* = 24,7 cm

Westfälisches Landesmuseum Münster, Schl.-Bd. 257

80.6
Ziegelei (?)
Schlaun-Werkstatt

Federzeichnung, 46 x 30,6 cm
Maßstab: *60* (Fuß) = 24,6 cm

Westfälisches Landesmuseum Münster, Schl.-Bd. 133

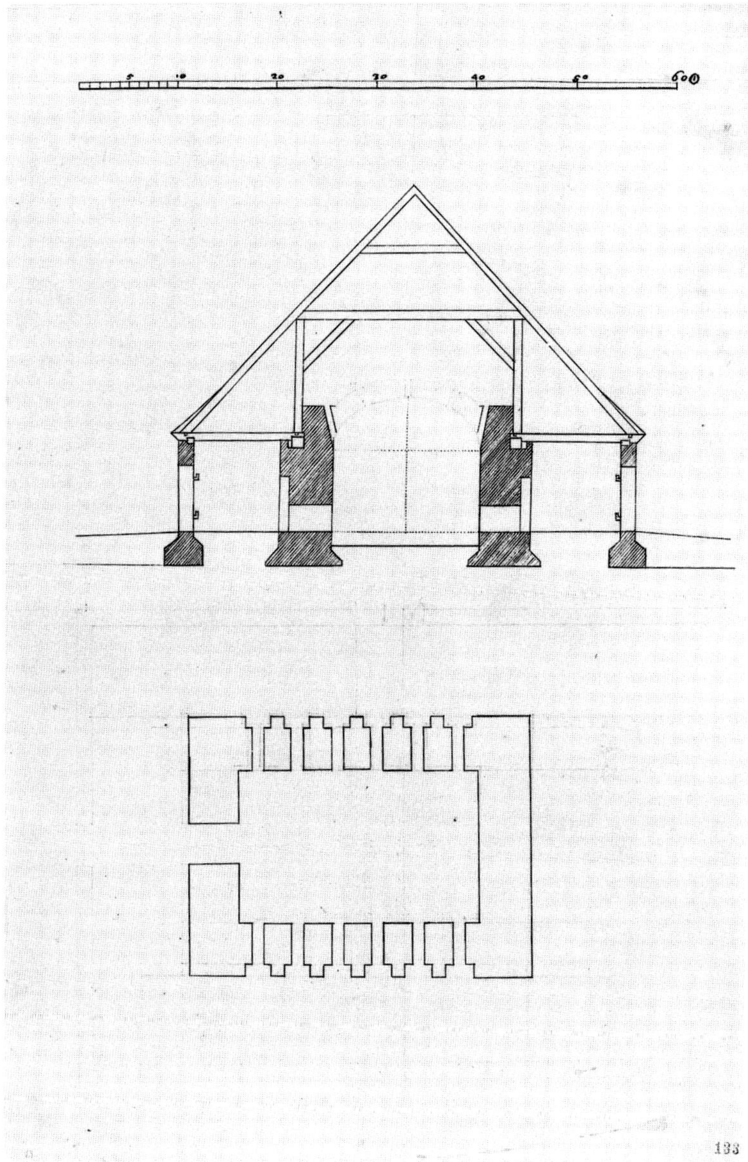

80.6

80.7.1

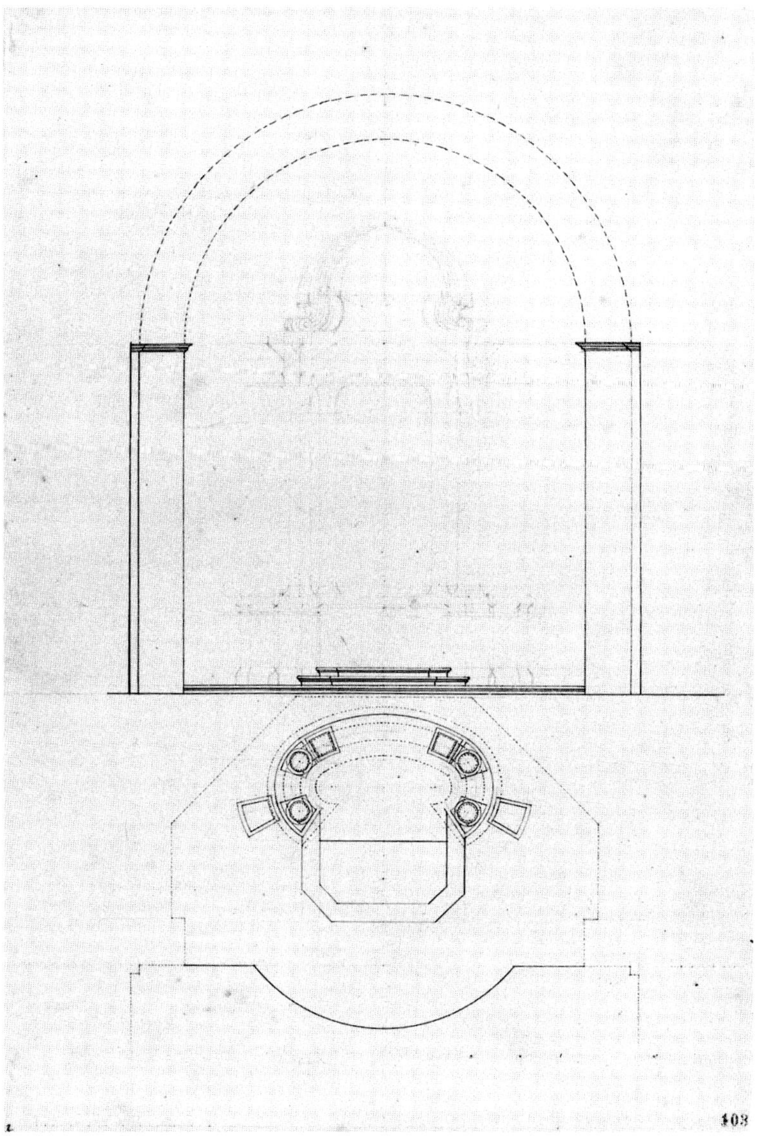

80.7.1
Altarentwurf
Aufriß und Grundriß

Lavierte Federzeichnung (schwarz), Bleigriffel,
42,2 x 28 cm
Titel: *heute verrieben: Lucia S. Morits (?)*

Westfälisches Landesmuseum Münster, Schl.-Bd. 103

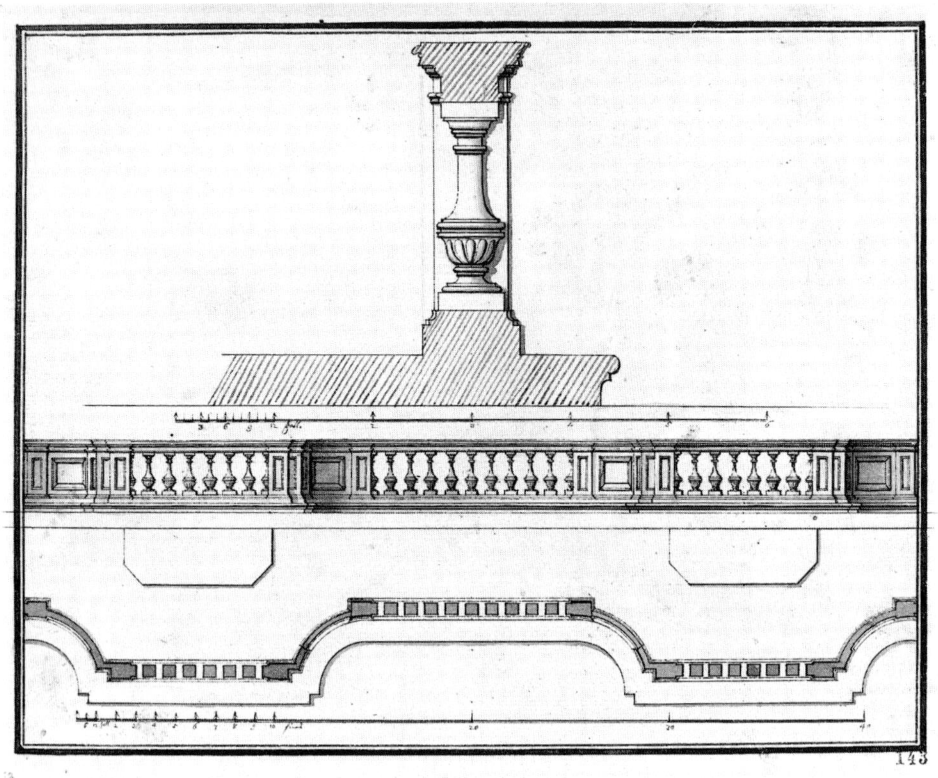

80.7.2

80.7.2

Balustrade

Aufriß und Grundriß, Aufriß eines Balusters
Schlaun-Werkstatt

Lavierte Federzeichnung (grau), 22,7 x 28,7 cm
Maßstab: *6* (Fuß) = 18,1 cm

Westfälisches Landesmuseum Münster, Schl.-Bd. 143

Andrea Pozzo, Der Mahler und Baumeister Perspectio, II. Teil, Augsburg 1719. Fig. 77

80.7.3

80.7.4

80.7.3
Altarentwurf des hl. Sebastian
Grundriß und Aufriß
Schlaun-Werkstatt (?)

Lavierte Federzeichnung (grau), 68 x 48 cm
(64,2 x 44,2 cm)
Transversalmaßstab: *11* (EH) = 9,7 cm

Westfälisches Landesmuseum Münster, o.Inv.Nr. N 2

80.7.4
Altarentwurf (zwei weibliche Heilige)
Grundriß und Aufriß
Schlaun-Werkstatt (?)

Lavierte Federzeichnung (grau), 69,5 x 48,8 cm
Transversalmaßstab: *15* (EH) = 15,3 cm

Westfälisches Landesmuseum Münster, o.Inv.Nr. 2

80.7.5
Altarentwurf
Aufriß
Schlaun-Werkstatt (?)

Bleigriffel, 73,9 x 47,8 cm (2 zusammengeklebte Blätter)

Westfälisches Landesmuseum Münster, o.Inv.Nr. 3

80.7.6
Entwurf eines Portals
Grundriß und Aufriß
Schlaun-Werkstatt (?)

Lavierte Federzeichnung (grau, schwarz), Bleigriffel, 68,1 x 47,3 cm (62 x 38,7 cm)

Westfälisches Landesmuseum Münster, o.Inv.Nr.N 24

80.7.5

80.7.6

80.8.1
Zwei Wände eines Kabinetts
Grundriß und Aufriß
Peter Pictorius d.J. (?)

Lavierte Federzeichnung (braun, grau, beige, rosa), 42,7 x 28,7 cm (am oberen Blattrand ist ein Streifen von 3,4 bis 3,8 cm, am unteren von 0,8 bis 1,8 cm angesetzt)
Titel: *Grund, profil von einem Cabinet* (von der Hand Schlauns)
Beischrift: *Spigel* (2x)
Numerierung: *12; 26*
Maßstab: *20 fuess Münsterisch* = 15,3 cm

Stadtmuseum Münster

80.8.2
Zwci Fenstertüren
Aufrisse
Peter Pictorius d.J. (?)

Lavierte Federzeichnung (grau, gelb, grün, hellbraun), 28,9 x 41,6 cm (am rechten Blattrand ist ein Streifen von 4,2 bis 4,6 cm angesetzt)
Titel: *Aufführung von 2 fensteren* (von der Hand Schlauns)
Numerierung: *13*
Maßstab: *20 pieds de france* = 17,7 cm

Stadtmuseum Münster

80.8.1

80.8.2

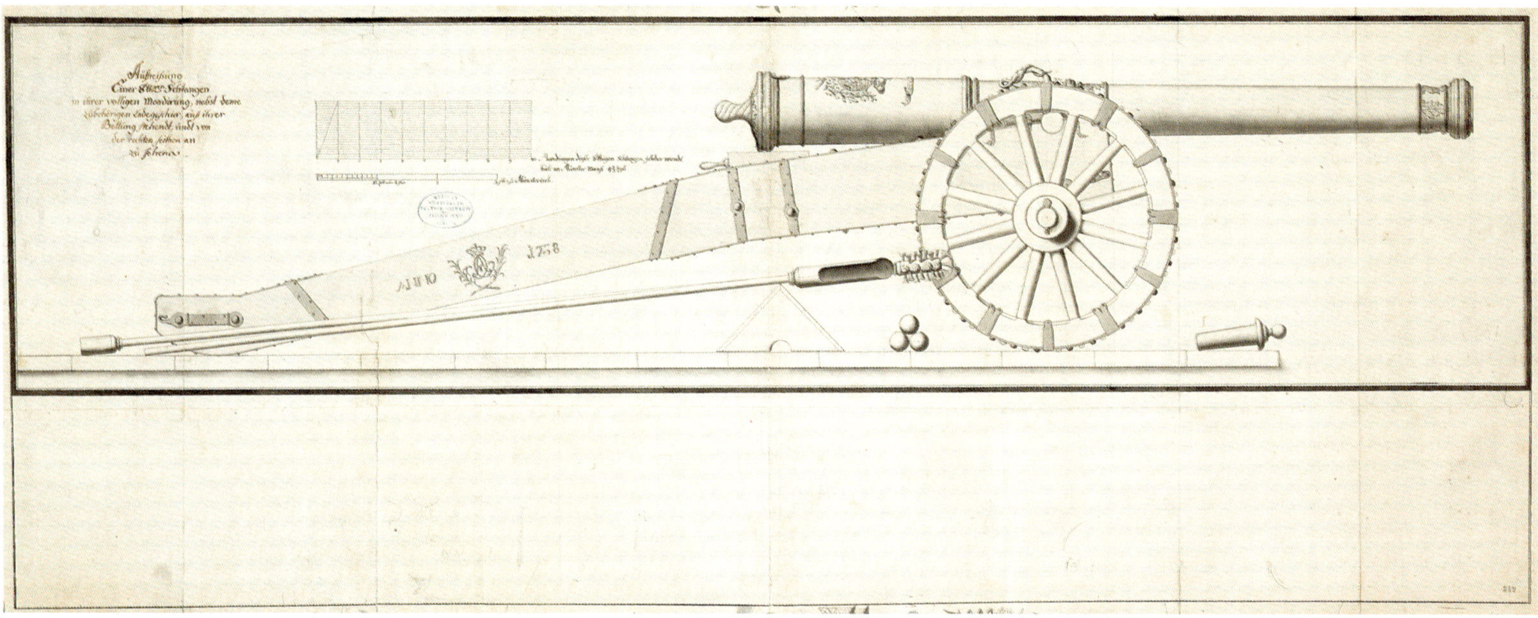

81
Militaria

81.1
Münster

81.1.1
Münster, Plan der Stadt und Festungswerke mit der Umgebung. Eintragung der Belagerungsoperation 1759
Schlaun-Werkstatt

Lavierte Federzeichnung (braun, grau), 47,8 x 74,8 cm (46,2 x 73,2 cm)
Titel: *Plan der Stadt und Citadelle Münster*
Maßstab: *250 Toises* = 11,5 cm

Westfälisches Landesmuseum Münster, A.V. P 25

LITERATUR
Geisberg 1932, Münster I, S. 59-61, Nr. 109.

81.1.2 (ohne Abb.)
Münster, Entwurf einer Neubefestigung, um 1683
Schlaun-Werkstatt

Lavierte Federzeichnung (braun, gelb, braun, grau), 57,5 x 75,4 cm (unregelmäßig, ausgerissen)
Beischrift: *Concept wie Münster bey Zeiten Bischoffen Friderici Christani hatt söllen fortificieret werden* (späterer Eintrag Schlauns)
Maßstab: *130 Ruthen rh.* = 16,8 cm

Westfälisches Landesmuseum Münster, KdZ 645

LITERATUR
Geisberg 1932, Münster I, S. 36-37, Nr. 70.

81.1

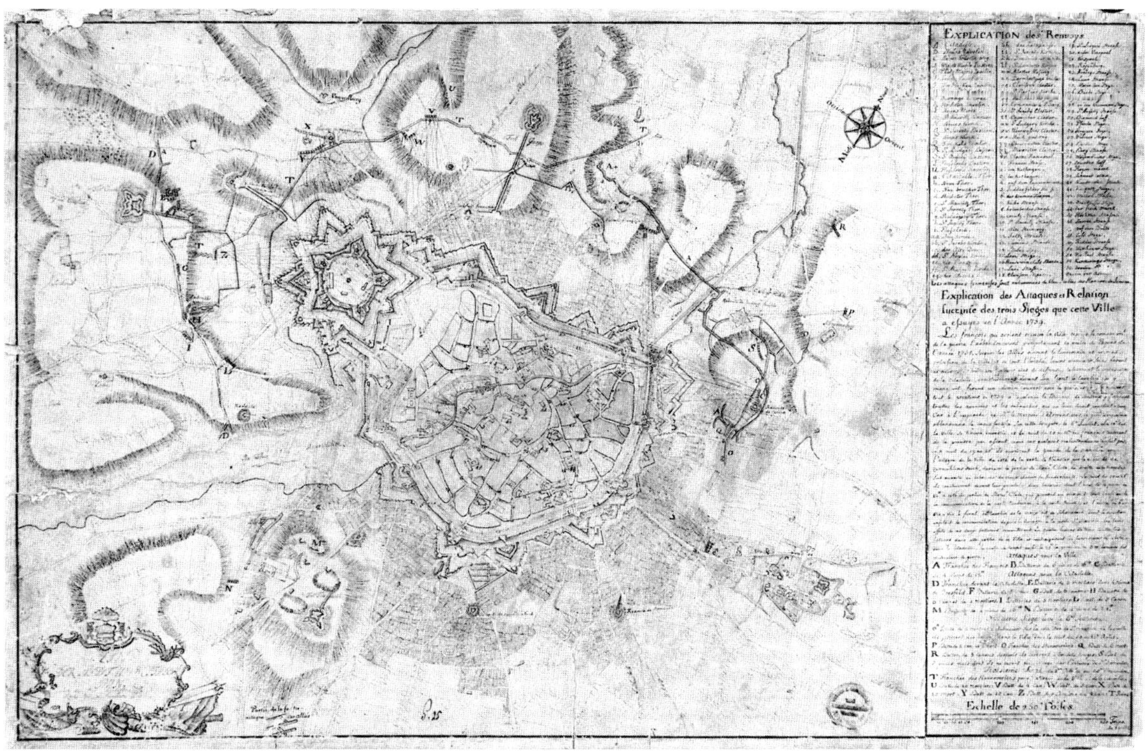

81.18.1 Entwurf einer Achtpfündigen Feldschlange mit Lafette und Ladegeschirr, 1738

81.1.3 (ohne Abb.)
Münster, Bastion beim Aegidii-Tor »Kanonenberg«, nach 1763
Grundriß der Werke mit Flächenberechnung

Lavierte Federzeichnung
Beischrift: *Ludgeri Cortine; Weeg aus Egidii Thor.*
Legende mit Maßangaben: *A. Cortine* (zusammenfassende Klammer:) *Talend, paparapet, terre plain; B. franque* (zusammenfassende Klammer:) *Talend, parapet, terre plain; C. Face* (zusammenfassende Klammer:) *Talend, parapet, Terre plain; D. Traverse.; E. Face* … (?) (zusammenfassende Klammer:) *Talend, parapet; F flanque; G. Cortine parapet.; H. Traverse; Summa*
Signatur: *J:C:Schlaun.*

Staatsarchiv Münster, Ftm Münster, Geheimer Rat, Nr. 76

LITERATUR
Geisberg 1932, Münster I, S. 196–201; Kat. *Schlaun* 1976, S. 33, Kat.-Nr. 113, Abb. 26.

81.1.4 (ohne Abb.)
Münster, Bastion vor dem Jüdefelder Tor, nach 1763
Grundriß mit Flächenberechnung einzelner Wallabschnitte

Lavierte Federzeichnung
Beischrift: *Zeugthaus*
Signatur: *J:C:Schlaun.*

Staatsarchiv Münster, Ftm Münster, Geheimer Rat, Nr. 76

LITERATUR
Geisberg 1932, Münster I, S. 133-36; Doppelfolio, Federzeichnung der Schlaun-Werkstatt, nach 1763. Kat. *Schlaun* 1976, S. 33, Kat.-Nr. 114, Abb. 27.

81.2 (ohne Abb.)
Coesfeld, Plan der Stadt und Zitadelle vor 1688, 1775
Johann Mauritz Güding

Lavierte Federzeichnung
Titel: *PLAN der Stadt und Citadelle Coesfeldt*
Beischrift: Kennziffern, Kennbuchstaben
Legende: *A. das wohnhaus.; b. die Küche; C. das Zeughaus; C. Commendantenhaus.; E. Brauhaus.; FF. Baraquen.; G. Stallungen.*
Legende: *1. Alte Münster Pforte verschlossen; 2. Neue Münster pforte offen.; 3. Letter* (?) *pforte verschlossen.; 4. Sürings pforte offen.; 5. Neue St Marien pforte offen.; 6. Vihe pforte nach dem Alad…* (?)*.; 7. VolKen brüggen pforte verschlossen.; 8. Grosse Schwester Closter.; 9. Annuntiaten Closter.; 10. Schenlings Hoff.; 11. St. Jacobi Kirch.; 12. Adeliches Closter.; 13. Klein St. Geist Armenhaus.; 14. Satrum* (?) *Societates.; 15. Ratsthaus.; 16. Spiegelhaus.; 17. St. Lamberti Kirche.; 18. Capuciner.; 19. Stolterings* (?) *Jungfern.; 20. Alte Mühle.; 21. Gross St. Geist.; 22. Schwerings Mühle.; 23. WinKs Thurn.; 24. Twengs Thurn.; 25. Schinken SchanZ.*

Photographie im Westfälischen Amt für Denkmalpflege, Münster

LITERATUR
Kat. *Schlaun* 1976, S. 41-48, bes. S. 42-45, Abb. 32, Dok.-Nr. 1: Gutachten des Münsterischen Oberlandingenieurs Gottfried Laurenz Pictorius von 1663–1729 über den Zustand der Werke in den Festungen des Oberstifts Münster.

81.3
Stadt und Festung Meppen

Johann Conrad Schlaun wurde im Jahre 1750 zum Generalgouverneur der Festung Meppen ernannt. Eine Zeichnung Schlauns zeigt die dortige Wohnung des Gouverneurs. Sie ist Anlage zu einem Befehl des Rentmeisters Lipper an den Bürgermeister von Meppen vom 9. Dezember 1752, das Gouvernement, d.h. die Dienstwohnung des Gouverneurs, endlich reparieren zu lassen. Die zweite Anlage ist ein Kostenvoranschlag Schlauns zur Reparatur. Nach Ausweis der Akten wird die Reparatur am 17. Juni 1754 erneut angemahnt, ohne daß ersichtlich ist, ob etwas unternommen wurde. Der Plan zeigt mithin die Dienstwohnung Schlauns in Meppen, ein schlichtes Haus mit Stall und Remise für den Reisewagen, ein Appartement bestehend aus Salon, Schlafzimmer und Kabinett, daneben eine große Küche und Nebenräume für die Wache.

Aufgrund der strategisch günstigen Lage am Zusammenfluß von Ems und Hase wurde die Stadt Meppen seit dem späten Mittelalter zu einer der am stärksten befestigten Städte des Fürstbistums Münster ausgebaut. Eine Zeichnung aus der Schlaun-Werkstatt macht das ausgeklügelte Verteidigungssystem mit seinen Schanzen und Wällen, den Gräben und der Contrescarpe, dem Gegenwall, deutlich. Klar erkennbar ist auch der Grundriß der Stadt, der sich weitgehend unverändert bis heute erhalten hat. Im Süden der Stadt erhebt sich auf erhöhtem Grund die Propsteikirche. Zwischen dem kirchlichen Bereich und dem angerförmigen Marktplatz befindet sich das Rathaus. Im Niederstift Münster wurden während der Regierungszeit Clemens Augusts lediglich zwei Festungen unterhalten. Die Zitadelle Vechta diente zum Schutz des östlichen Landesteils, die Festung Meppen diente der Sicherung nach Westen. Beide Festungsanlagen wurden unter Clemens August verstärkt.

Auf Anregung Schlauns ließ Clemens August ein Jahr später auf dem Gelände der mittelalterlichen Paulsburg im Nordosten der Stadt für 3450 Reichstaler ein neues Zeughaus errichten. Nach mehreren Umbauten erinnert heute allerdings lediglich eine Sandsteinkartusche mit dem Wappen des Kurfürsten an den Erbauer. Nach schweren Zerstörungen im Siebenjährigen Krieg wurden die Festungsanlagen der Stadt Meppen in den Folgejahren mit Ausnahme der Contrescarpe, dem heutigen Stadtwall, geschleift.

81.3.1
Meppen, Gouvernement, 1750/52

Lavierte Federzeichnung (grau), 41,3 x 32,6 cm
Beischrift: *B*
Maßstab: *80 fues*

Niedersächsisches Staatsarchiv Osnabrück, Dep. 63b (Stadtarchiv Meppen), Nr. 60 (Kommandantenhaus 1752–1810)

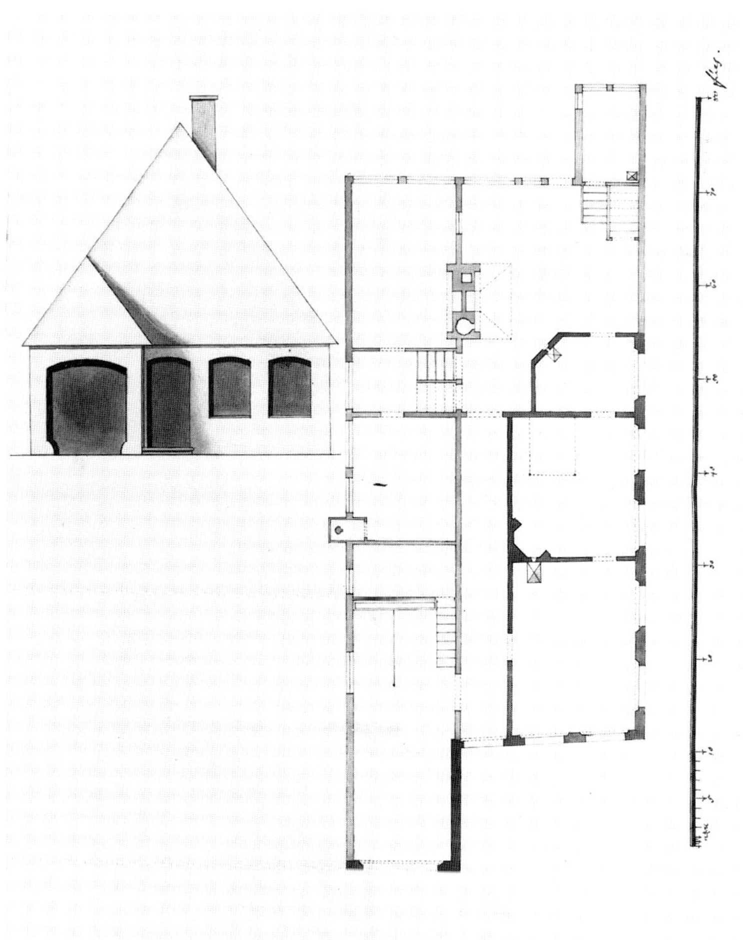

81.3.1

81.3.2

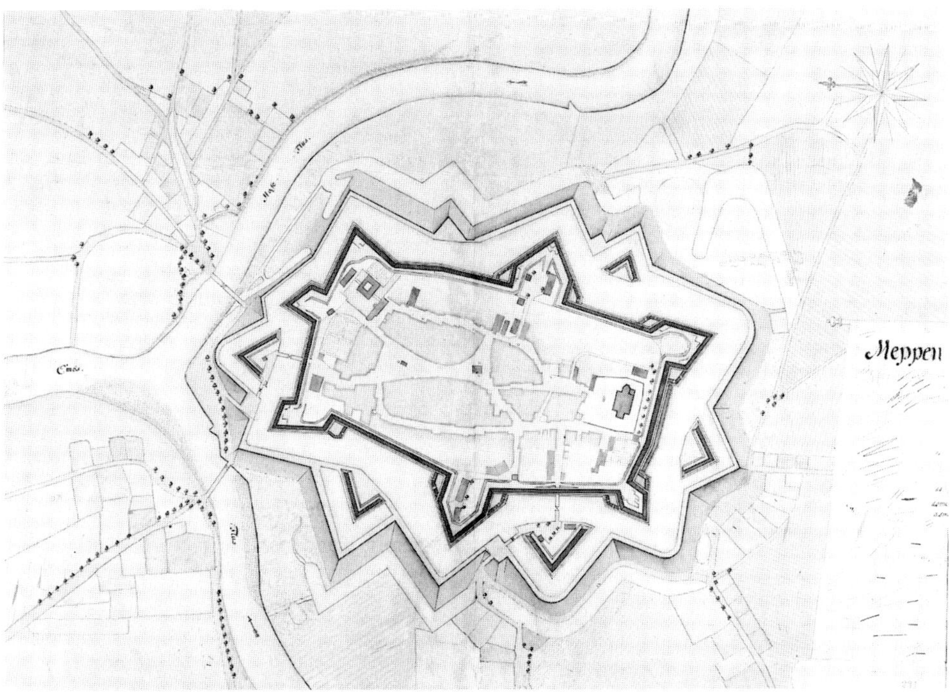

81.3.2
Meppen, Gesamtplan der Stadt und Festung, um 1760
Schlaun-Werkstatt

Lavierte Federzeichnung (grau, schwarz, grün, rot), 45,6 x 65,3 cm, verworfenes Studienblatt
Titel: *Meppen*
Beischrift: *Embs Flus; Hase Flus*

Westfälisches Landesmuseum Münster, Schl.-Bd. 331

LITERATUR
Roswitha Poppe, *Bau- und Kunst-Denkmäler in Meppen,* in: Festschrift zur 600-Jahr-Feier der Stadt Meppen, Münster 1960, S. 109–15; Kat. *Clemens August* 1961, S. 252f; Kat. *Schlaun* 1976, Dok.-Nr. 18, S. 69–75, Abb. 35; Karl Pardey, *Beiträge zur Geschichte der Festung Meppen,* in: Jahrbuch des Emsländischen Heimatbundes, Bd. 30, 1984, S. 30–42.

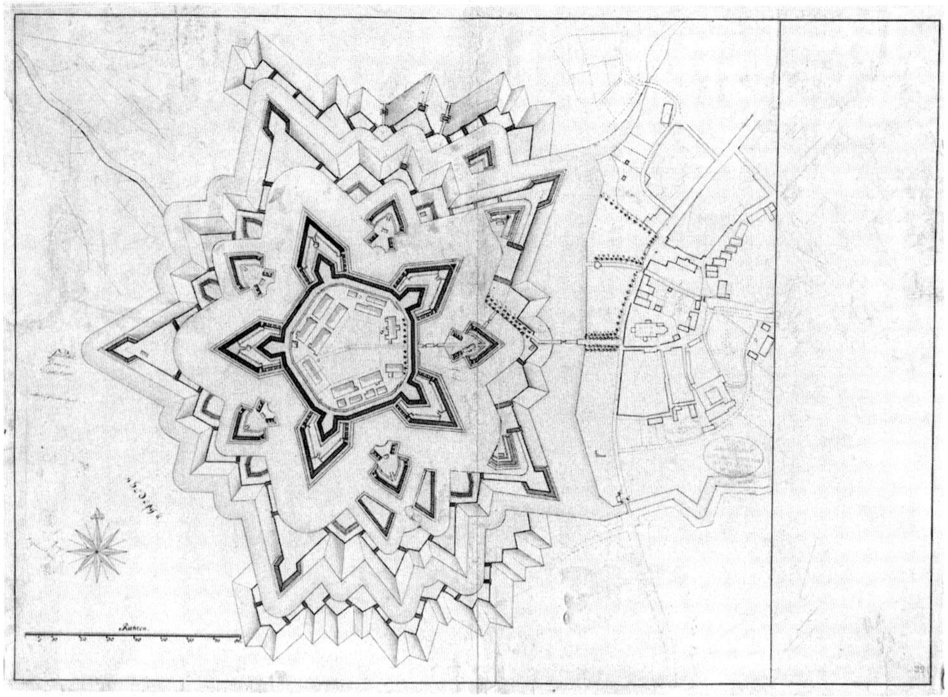

81.4.1

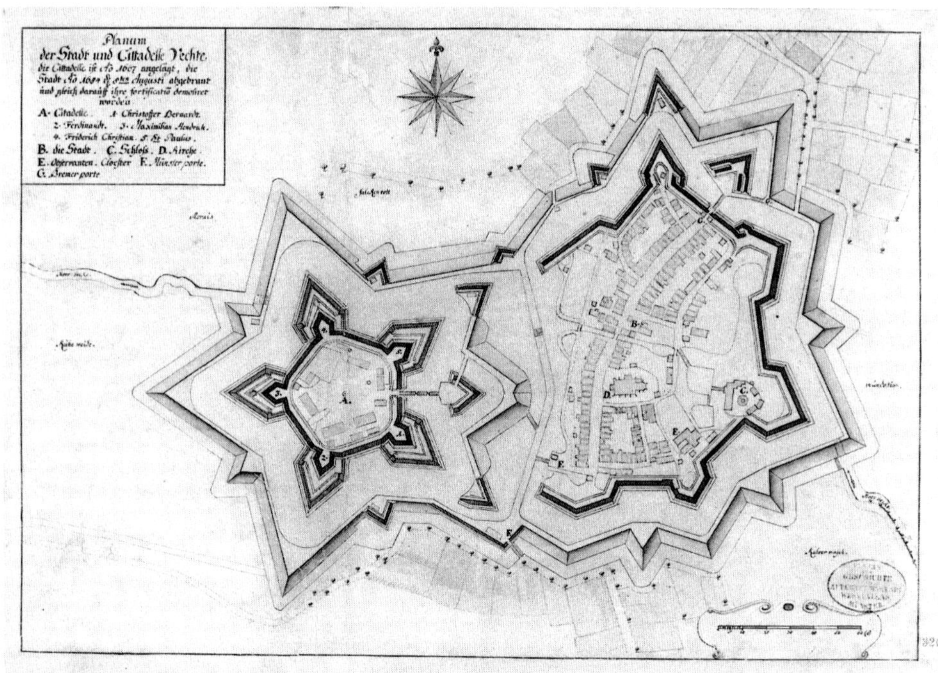

81.4.2

81.4.1
Vechta, Lageplan der Zitadelle und Teilplan der Stadt
Schlaun-Werkstatt

Lavierte Federzeichnung (blaßrot, grau, grün, blaßgelb), Bleigriffel, 46,3 x 65,8 cm (44,8 x 64,2 cm)
Maßstab: *80 Ruten* = 15,1 cm

Westfälisches Landesmuseum Münster, Schl.-Bd. 321

81.4.2
Vechta, Plan der Stadt und der Zitadelle
Schlaun-Werkstatt

Lavierte Federzeichnung (blaßrot, grau, grün), 34,7 x 50,2 cm (32,1 x 47,8 cm)
Titel: *Planum der Stadt und Cittadelle Vechte, die Cittadelle ist Ao 1667 angelägt, die Ao 1684 den 8ten Augusti abgebrant und gleich darauff ihre fortificatio demoliret worden.*
Beischrift: (Kennbuchstaben, Kennziffern) *Kühe weide; Morais; Falckenrott; inundation; Kalvermasch* (Flurnamen)
Legende: *A. Citadelle. 1. Christoffer Bernardt. 2. Ferdinandt. 3. Maximilian Hendrich. 4. Friderich Christian. 5. St. Paulus.; B. die Stadt.; C. Schloß.; D. Kirche.; E. Observanten Cloester.; F. Münsterporte.; G. Bremerporte.*
Maßstab: *60 Einheiten* = 7,7 cm

Westfälisches Landesmuseum Münster, Schl.-Bd. 320

81.4.3 (ohne Abb.)
Vechta, Ravelin-Brücke der Festung
Grundriß, Seitenansicht und Schnitt einer Holzbrücke
Schlaun-Werkstatt

Lavierte Federzeichnung
Titel: *Nötige Abrisse behuefs einer neuen Ravelins brücKen der Vestung Vechte*
Beischrift: *Profille; Auffühurung; Grund.; UnterwercK.*
Maßstab: *80 fuess*

Westfälisches Landesmuseum Münster (verschollen)

LITERATUR
Kat. *Schlaun* 1976, S. 29, Kat.-Nr. 107, Abb. 23.

81.4.4 (ohne Abb.)
Vechta, Steinbrücke vor dem Münstertor, 1753 (?)
Aufriß und Schnitt
Schlaun-Werkstatt

Lavierte Federzeichnung
Titel: *Aufführung und Profil Von der neü anzulegenden steinernen brücKen Vor der Münster porten der Stadt Vechte*
Maßstab: *30 fuess*

Westfälisches Landesmuseum Münster (verschollen)

LITERATUR
Kat. *Schlaun* 1976, S. 29, Kat.-Nr. 108, Abb. 24.

81.4.5 (ohne Abb.)
Vechta, Umbaupläne für eine Block-Baracke der Zitadelle
Grundrisse und Aufriß
Schlaun-Werkstatt

Lavierte Federzeichnung
Beischrift (zum Gesamtgrundriß): *Würcklicher Gurndriss von einen alten blocK baraquen auff der Vestung Vechta.* (zum Teilgrundriß:) *Grundriss der forderen Aufführung nebst anzeige wie des H. Platz Adjudanten=Baraque zu Corrigiren.* (zum Aufriß:) *fordere Aufführung Wie selbe von Stein Konte gemacht werden. N. die Maurarbeit ist veraccordiret p kl. Quadrat. ruthe ad 2 Rhte 18 sche 8.de nebst aussgrabung des Fundaments.*
Maßstab: *100 fuess*

Westfälisches Landesmuseum Münster (verschollen)

LITERATUR
Kat. *Schlaun* 1976, S. 29, Kat.-Nr. 109, Abb. 25.

81.5
Warendorf, Plan der Stadt und der Befestigungswerke
Schlaun-Werkstatt

Lavierte Federzeichnung (grau, blaßrot, grün, schwarz), 45,2 x 51,6 cm (42,8 x 49,8 cm)
Titel: *Grundtriß der Stadt WARENDORFs.*
Beischrift: Kennbuchstaben
Legende: *a. daß Marckt.; b. alte Kirche.; c. Franciscaner Kirch.; d. newe Kirche.; e. Rahthauß.; f. Bentheim.; g. Weberschantz.; h. Kleine Flancke.; i. Rondeel.; k. Laboratorium.; l. Freckenhorsterpor.; m. Keßel:Rondeel.; n. Oist:porte.; o. beim Nachtigall.; p. Münster:porte.; q. topfsgiesereiy.; r. Saßenthurn.; s. bleich: Schantze.; t. löher:Schantze.; v. Embs:porte.; u. löher:wahl.; w. Embs:flus.; x. alte Embs.; y. die Muhle.; z. die Quabbe.* (Norden unten)

Westfälisches Landesmuseum Münster, Schl.-Bd. 332

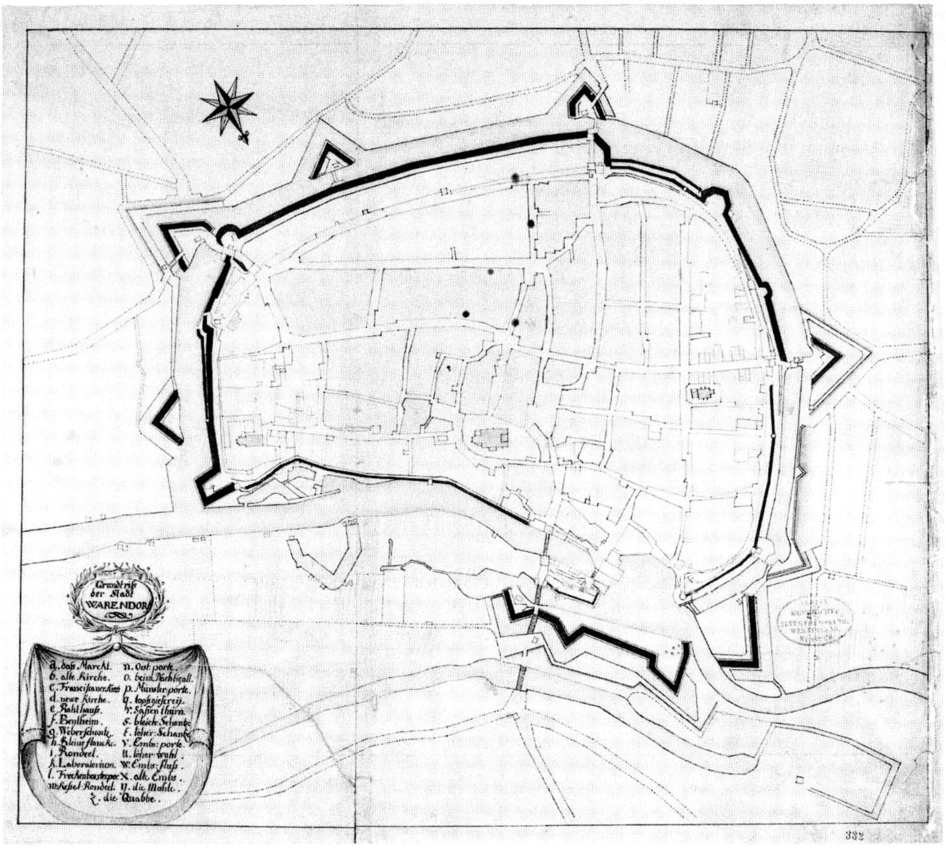

81.5

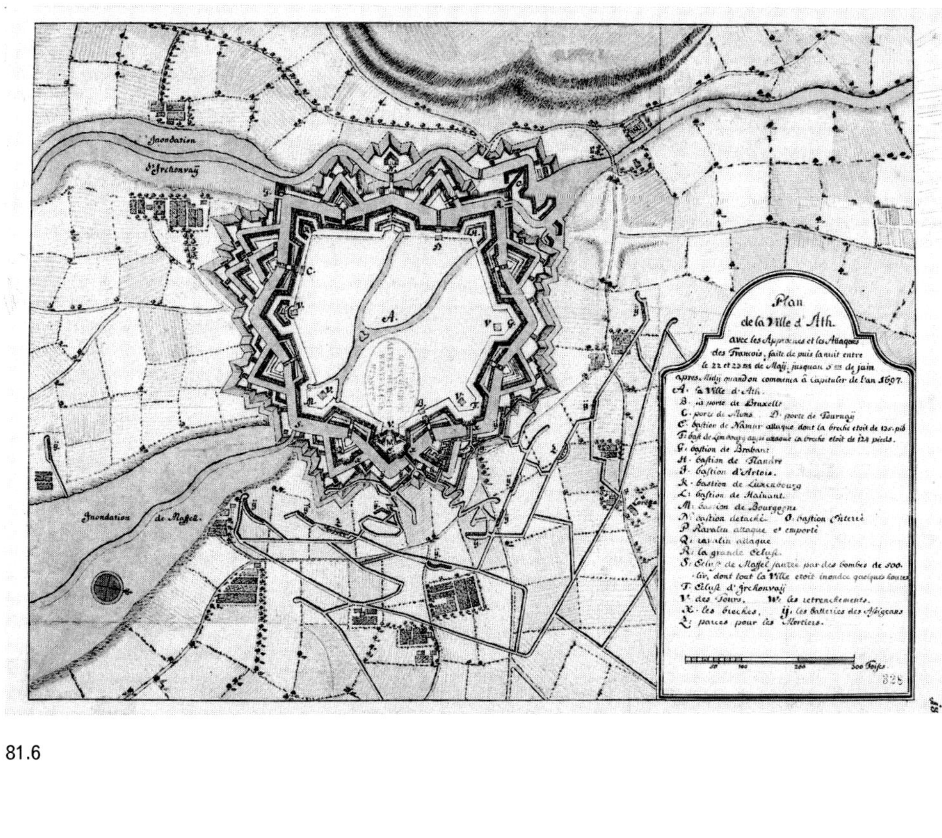

81.6

81.6

Ath (Belgien, Hennegau), Plan der Festungswerke mit Umgebung

Schlaun-Werkstatt

Lavierte Federzeichnung (grau, grün, blaßrot, blaßgelb), 33,1 x 46,1 cm (31,4 x 43,4 cm)
Titel: *Plan de la Ville D'Ath avex les Approches et les Attaques des Francois, faite de puis la nuit entre le 22 et 23me de May, jusquau 5me de juin apres Midy quand on commenca à Capituler de l'an 1697.*
Beischrift: Kennbuchstaben
Maßstab: *300 Toises* = 8,3 cm

Westfälisches Landesmuseum Münster, Schl.-Bd. 328

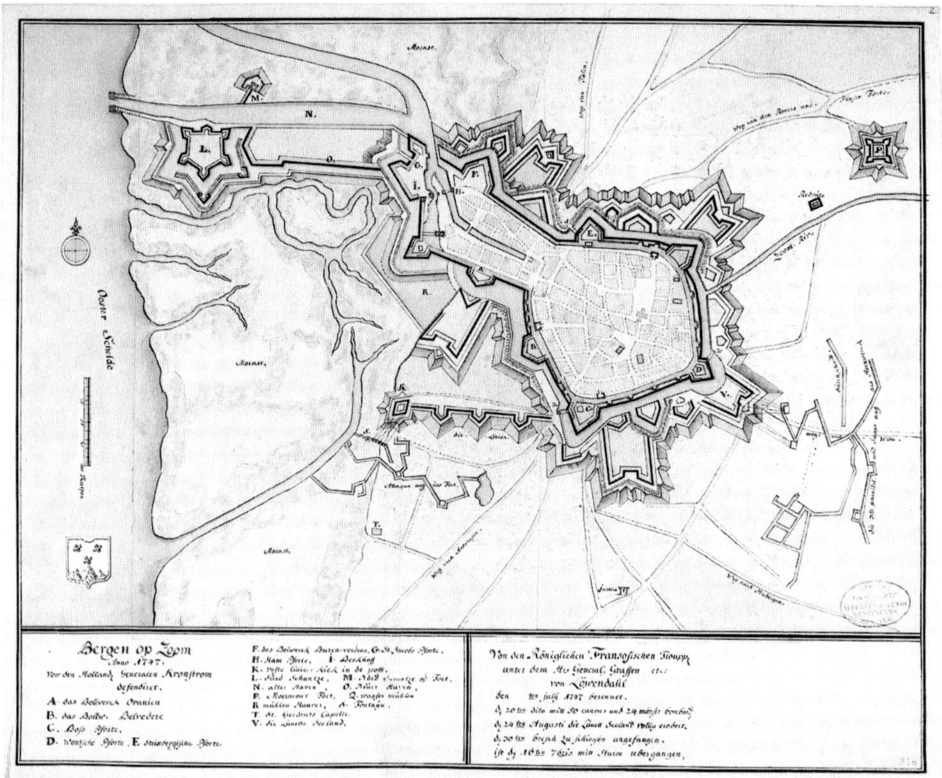

81.7

81.7

Bergen op Zoom (Niederlande), Festungs- und Belagerungsplan

Schlaun-Werkstatt

Lavierte Federzeichnung (schwarzgrau, grau, grün, blaßrot, blaßgelb), 46,3 x 57,1 cm (44,5 x 55,2 cm)
Titel: *Bergen op Zoom Anno 1747 von den Hollan. Generalen Kronstrom defendiret; Von den Königlichen Fransosischen Troupp. unter Hrn. General. Graffen etc. von Löwendahl den (...)ten July 1747 berennet.*
Beischrift: Kennbuchstaben
Maßstab: *100 Ruten* = 5,3 cm

Westfälisches Landesmuseum Münster, Schl.-Bd. 318

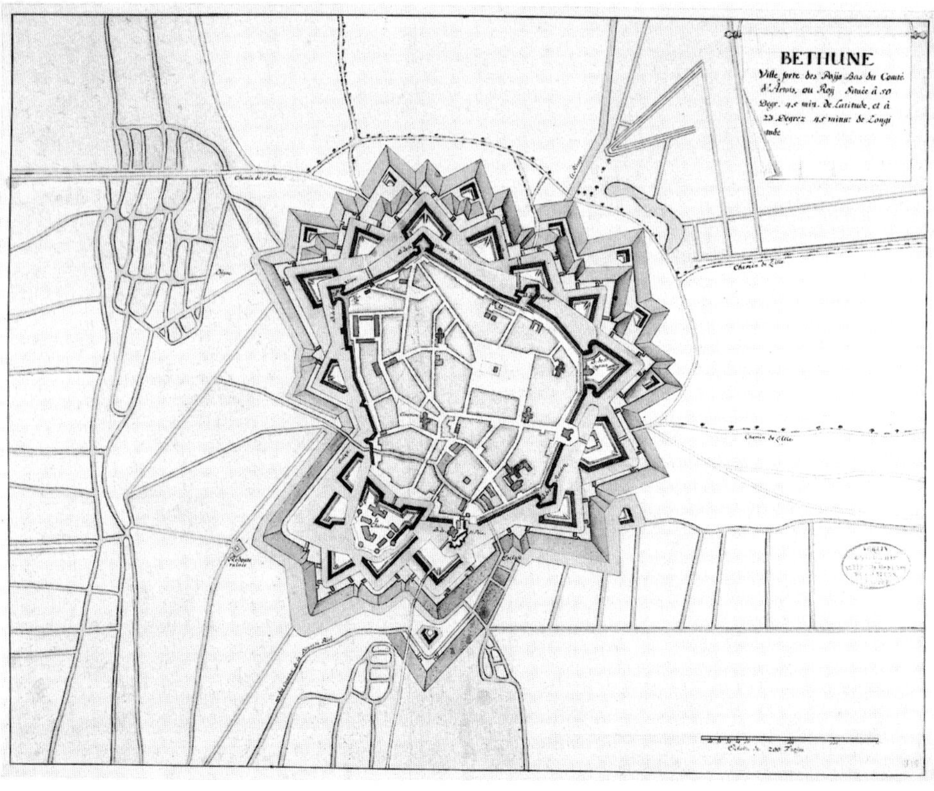

81.8

81.8

Bethune (Frankreich), Festungsplan

Schlaun-Werkstatt

Lavierte Federzeichnung (schwarzgrau, rot, grün, braun, blau), 46 x 57,3 cm (44,6 x 56,1 cm)
Titel: *BETHUNE Ville forte des Pays Bas du Comté d'Artois, ou Roy Située à 50 Degr. 45 min. de Latitude, et à 23 Degrez 45 minut de Longitude*
Maßstab: *200 Thoises* = 10,9 cm

Westfälisches Landesmuseum Münster, Schl.-Bd. 319

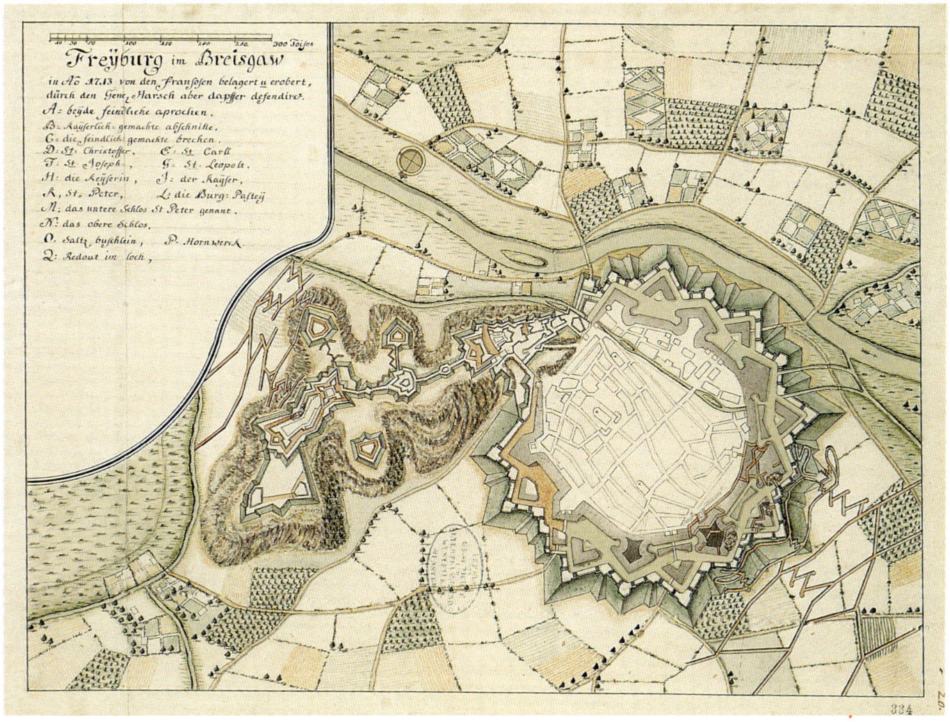

81.9

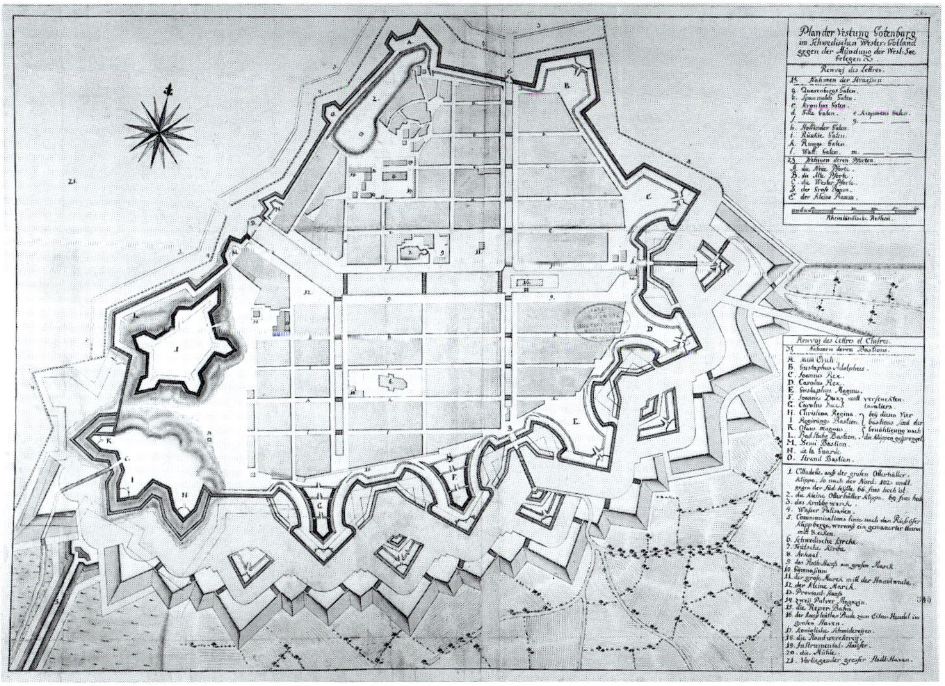

81.10

81.9
Freiburg im Breisgau, Festungs- und Belagerungsplan
Schlaun-Werkstatt

Lavierte Federzeichnung (schwarz, grau, grün, braun), 33,8 x 45,9 cm (31,4 x 43,3 cm)
Titel: *Freyburg im Breisgaw in Ao 1713 von den franzosen belagert u erobert, dürch den General Harsch aber dapffer defendiret.*

Westfälisches Landesmuseum Münster, Schl.-Bd. 334

81.10
Gotenburg, Festungsplan
Schlaun-Werkstatt

Lavierte Federzeichnung (schwarz, grau, rot, grau, grün, braun), 48,4 x 70,2 cm (46,8 x 68,7 cm)
Titel: *Plan der Vestung Gotenburg im Schwedischen Wester-Gotland gegen der Mündung der West-See belegen.*

Westfälisches Landesmuseum Münster, Schl.-Bd. 340

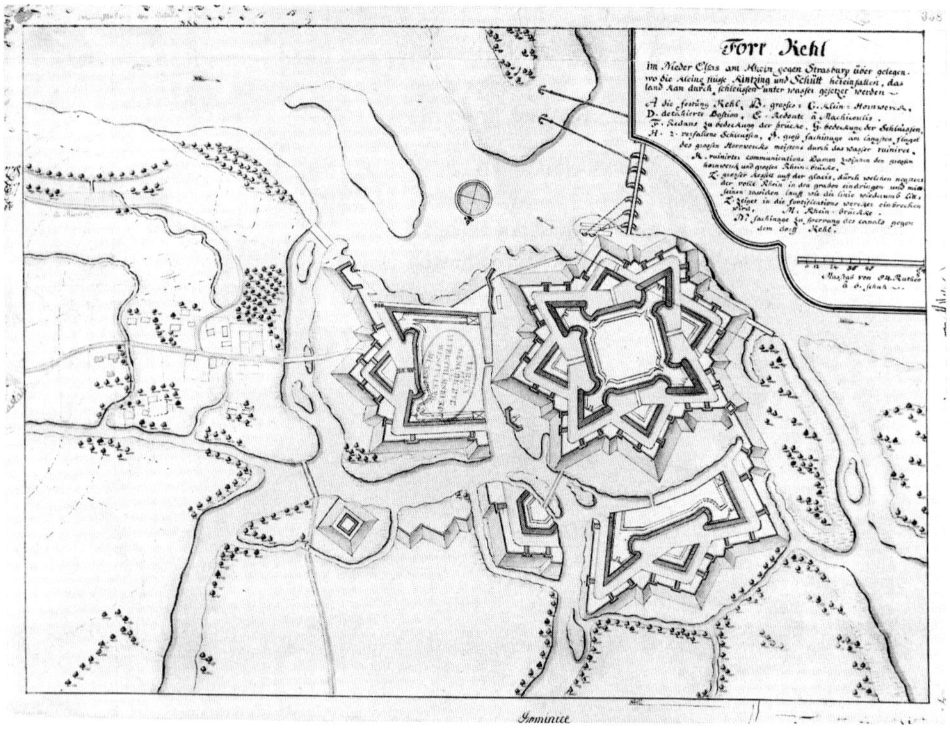

81.11

81.11
Fort Kehl, Festungsplan
Johann Mauritz Güding

Lavierte Federzeichnung (schwarz, grau, braun), 33,4 x 45,1 cm (31,2 x 43,3 cm)
Titel: *Fort Kehl im Nieder Elsas am Rhein gegen Strasburg über gelegen . wo die kleine flüße Kintzing und Schütt hereinfallen, das land kan durch schleußen unter waßer gesetzet werden -*
Beischrift (Rückseite): *Guding*

Westfälisches Landesmuseum Münster, Schl.-Bd. 338

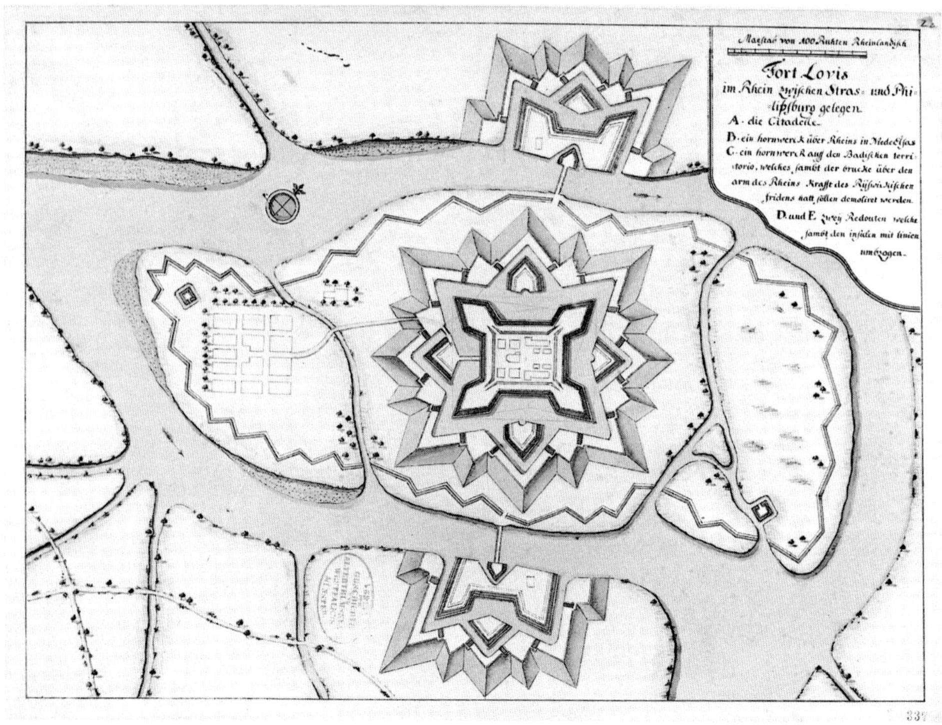

81.12

81.12
Fort Louis, Festungsplan
Schlaun-Werkstatt

Lavierte Federzeichnung (schwarz, grau, grün), Bleigriffel, 33,7 x 45,5 cm (31,7 x 43,5 cm)
Titel: *Fort Lovis im Rhein zwischen Stras- und Philipsburg gelegen.*

Westfälisches Landesmuseum Münster, Schl.-Bd. 337

81.13

Maastricht, Festungsplan

Johann Mauritz Güding

Lavierte Federzeichnung (schwarz, rot, grau, grün), 34 x 46,5 cm (31,5 x 43,7 cm)
Titel: *Maestricht tel, qu'il est au jourduy*
Beischrift: (Rückseite: zahlreiche Federübungen, darunter:) *»fait par Gud«*.

Westfälisches Landesmuseum Münster, Schl.-Bd. 333

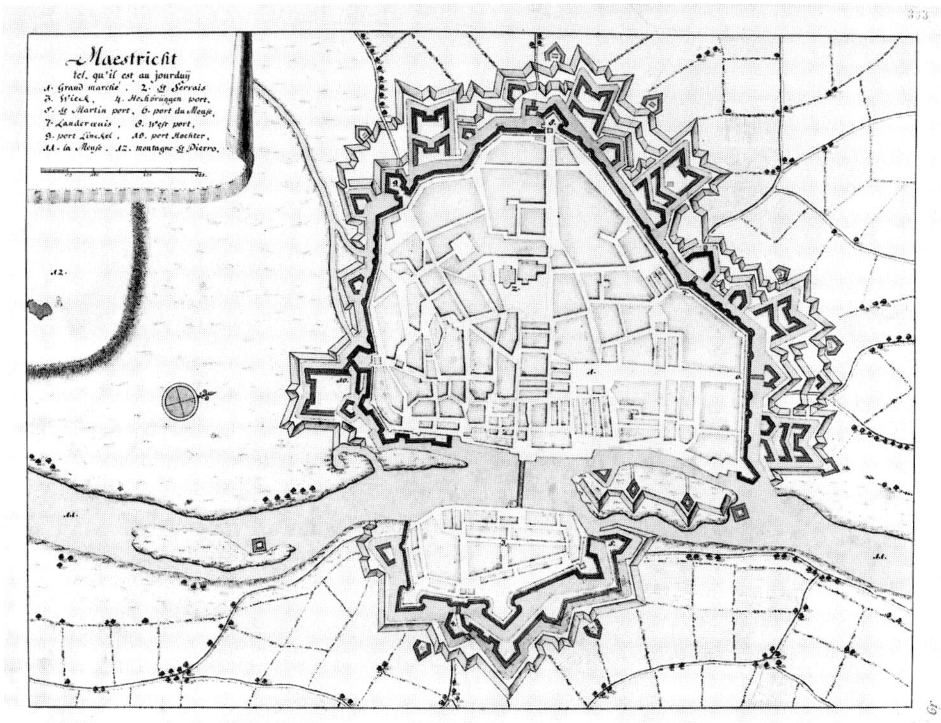

81.13

81.14

Malmö, Plan der Festungswerke

Schlaun-Werkstatt

Lavierte Federzeichnung (schwarz, grau, rot, grün, hellgelb), 47,7 x 69,3 cm (46,4 x 68,2 cm)
Titel: P*lan der neugebaueten Swedischen Vestung undt Haubt-Stadt Malmoe in Schonen.*

Westfälisches Landesmuseum Münster, Schl.-Bd. 322

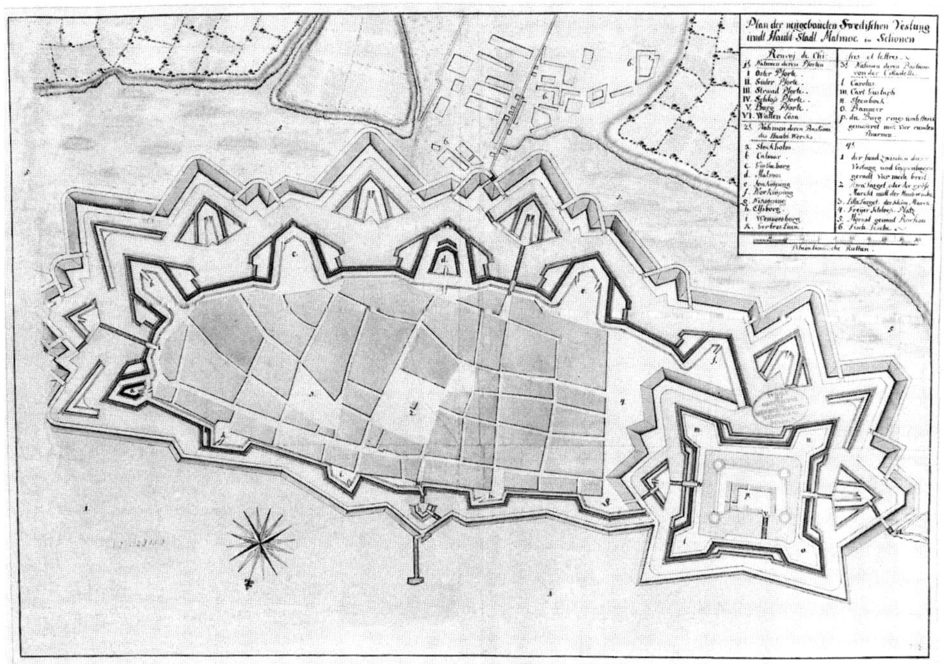

81.14

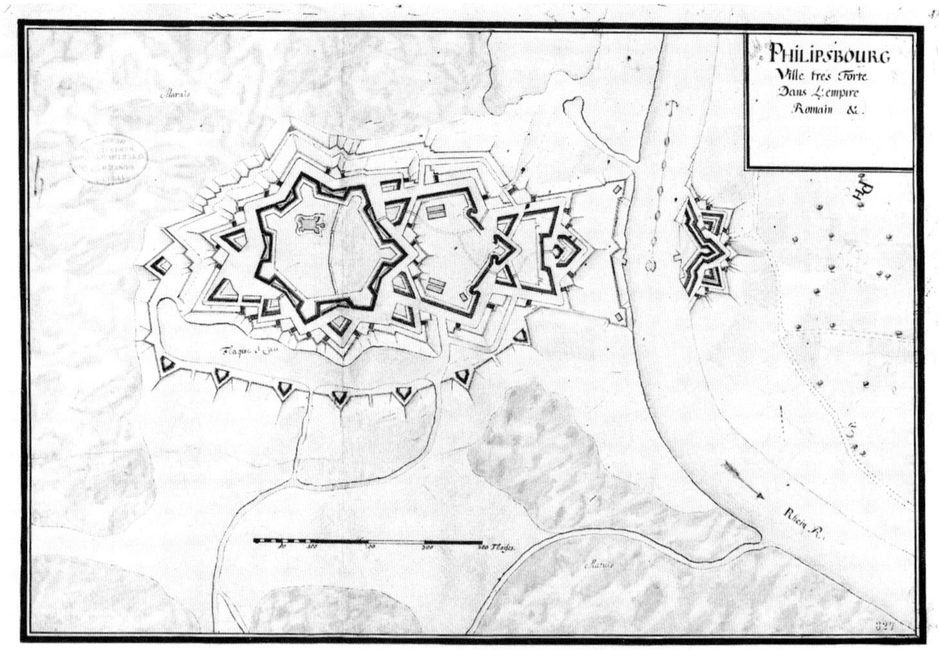

81.15

81.15

Philippsburg (Rhein), Lageplan der Festung
Schlaun-Werkstatt

Lavierte Federzeichnung (schwarzgrau, blaßrot, grau, grün, hellblau), 35,4 x 51,3 cm (33,1 x 49 cm)
Titel: *Philipsbourg Ville tres Forte Dans L'empire Romain etc.*
Maßstab: *400 Thoises* = 12,3 cm

Westfälisches Landesmuseum Münster, Schl.-Bd. 327

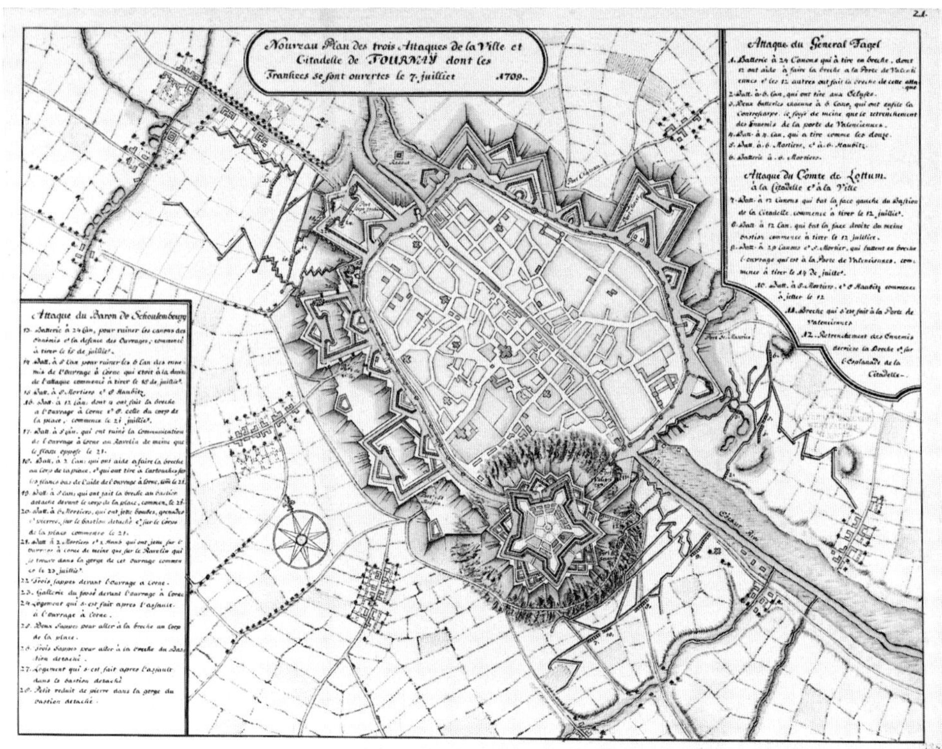

81.16

81.16

Tournay (Frankreich), Festungs- und Belagerungsplan
Schlaun-Werkstatt

Lavierte Federzeichnung (schwarz, rot, grau, grün, braun), 38,1 x 49,7 cm (36,2 x 47,7 cm)
Titel: *Nouveau Plan des trois Attaques de la Ville et Citadelle de TOURNAY dont les Tranhees se sont ouvertes le 7. juillet 1709.*
Beischrift: Kennbuchstaben

Westfälisches Landesmuseum Münster, Schl.-Bd. 335

81.17.1

Lager der Reichsarmee bei Bayreuth, 1750

Schlaun-Werkstatt

Lavierte Federzeichnung (rot, blaßgrün, gelb, grau), 20,8x31,8 cm (18,1 x 30,8 cm)
Titel: *Lager der Reichs=Armee bey Bayreüt im Majo 1758*
Maßstab: *2000 Schritt* = 15,3 cm

Westfälisches Landesmuseum Münster, Schl.-Bd. 301

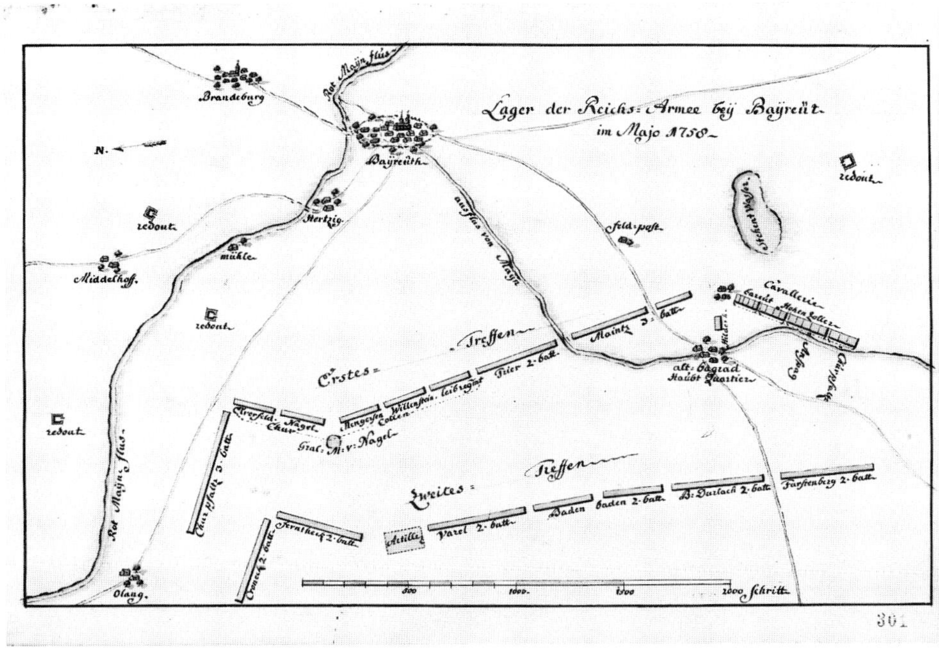

81.17.1

81.17.2

Ordnung der Schlacht bei Eger

Schlaun-Werkstatt

Lavierte Federzeichnung (rot, blaßgrün, gelb, grau), 20,8x31,8 cm (18,1 x 30,8 cm)
Titel: *Ordre de Bataille du Camp prés d'Eger*
Maßstab: *2000 Schritt* = 14,2 cm

Westfälisches Landesmuseum Münster, Schl.-Bd. 302

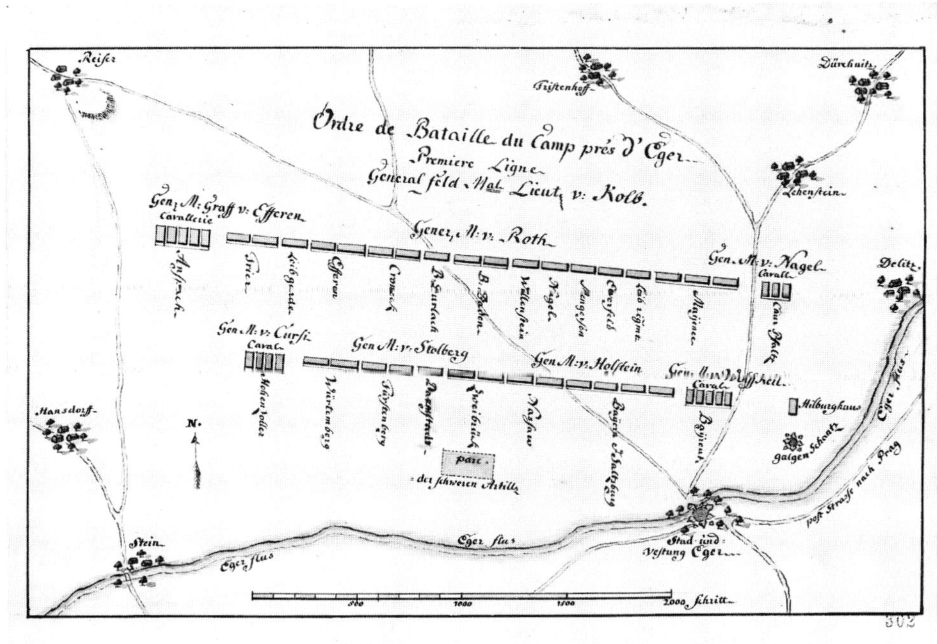

81.17.2

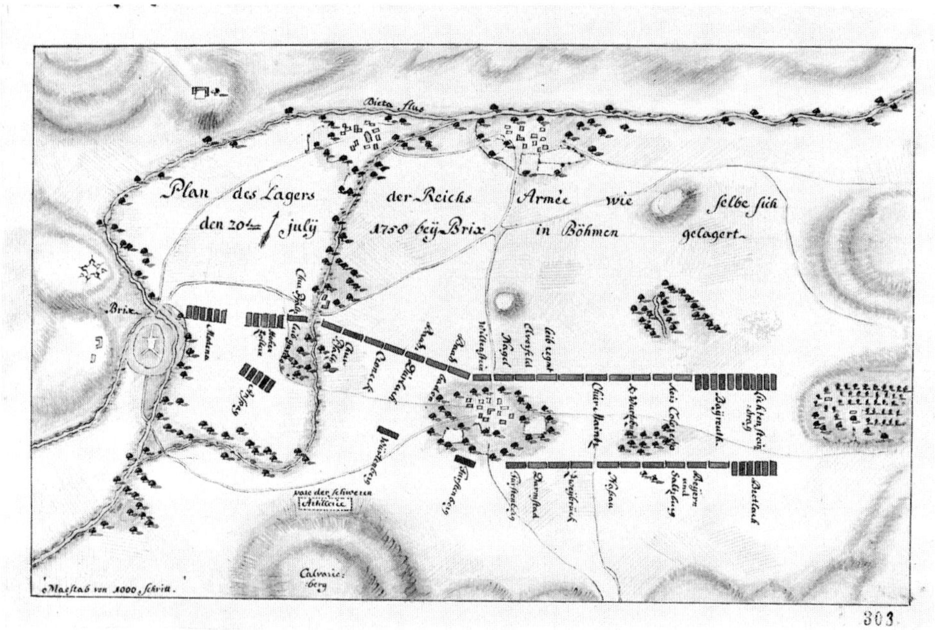

81.17.3

81.17.3
Plan des Lagers der Reichsarmee
Schlaun-Werkstatt

Lavierte Federzeichnung (blaßrot, blaßgrün, gelb, grau), 20,8x31,5 cm (18.2 x 28,4 cm)
Titel: *Plan des Lagers der Reichs Armée wie Selbe sich den 20oten july 1758 Brix in Böhmen gelagert*

Westfälisches Landesmuseum Münster, Schl.-Bd. 303

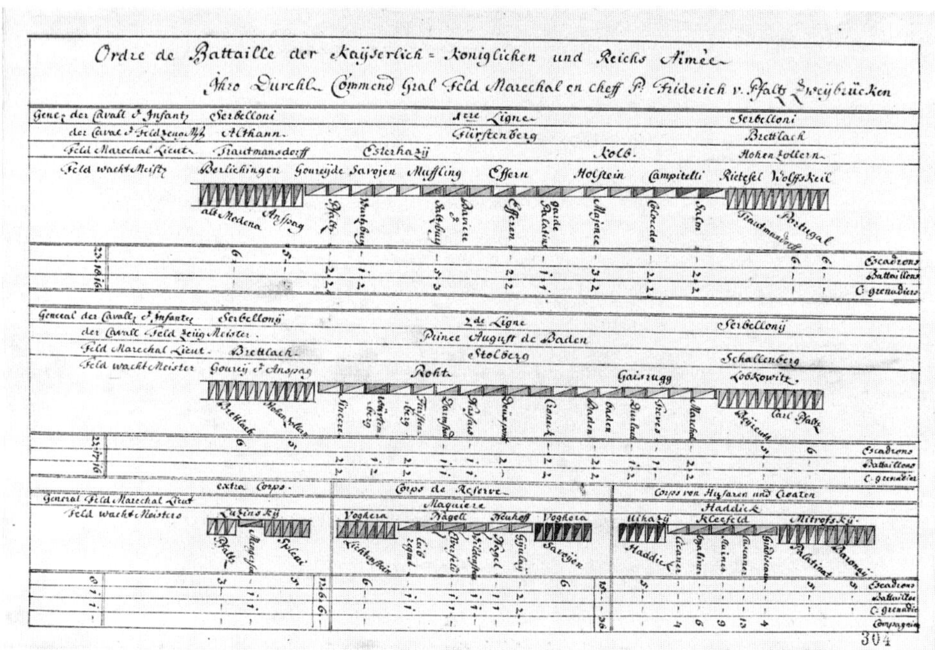

81.17.4

81.17.4
Schlachtordnung der Reichsarmee
Schlaun-Werkstatt

Lavierte Federzeichnung (rot, blau, grün, grau, ocker), 31,5 x 20,8 cm
Titel: *Ordre de Bataille der Kayserlich = koniglichen und ReichsArmée Ihro Durchl. Commend G*(ene)*ral Marechal en cheff P. Friedrich v. Pfalts Zweybrücken*

Westfälisches Landesmuseum Münster, Schl.-Bd. 304

81.17.5

Schlachtordnung der Preußischen Armee

Schlaun-Werkstatt

Lavierte Federzeichnung, 20,5 x 31,7 cm

Titel: *Ordre de Bataille der Königl. Preussischen Armee gegen den Keyserl. Feld. M: G: von Daun*

Westfälisches Landesmuseum Münster, Schl.-Bd. 305

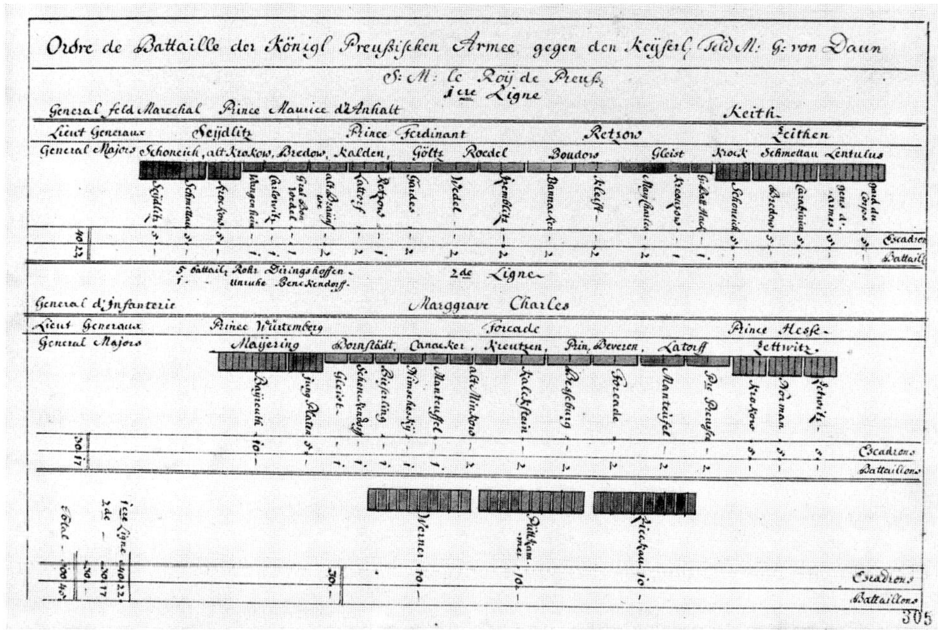

81.17.5

81.17.6

Plan eines Feldlagers für 800 Mann

Schlaun-Werkstatt

Federzeichnung, 40,3 x 31,5 cm

Titel: *Plan Eines Regulair auffgeschlagenen Lagers von 800 man, nebst 2 Regiments:Stücken*

Maßstab: *150 Schridt* = 14,9 cm

Westfälisches Landesmuseum Münster, Schl.-Bd. 306

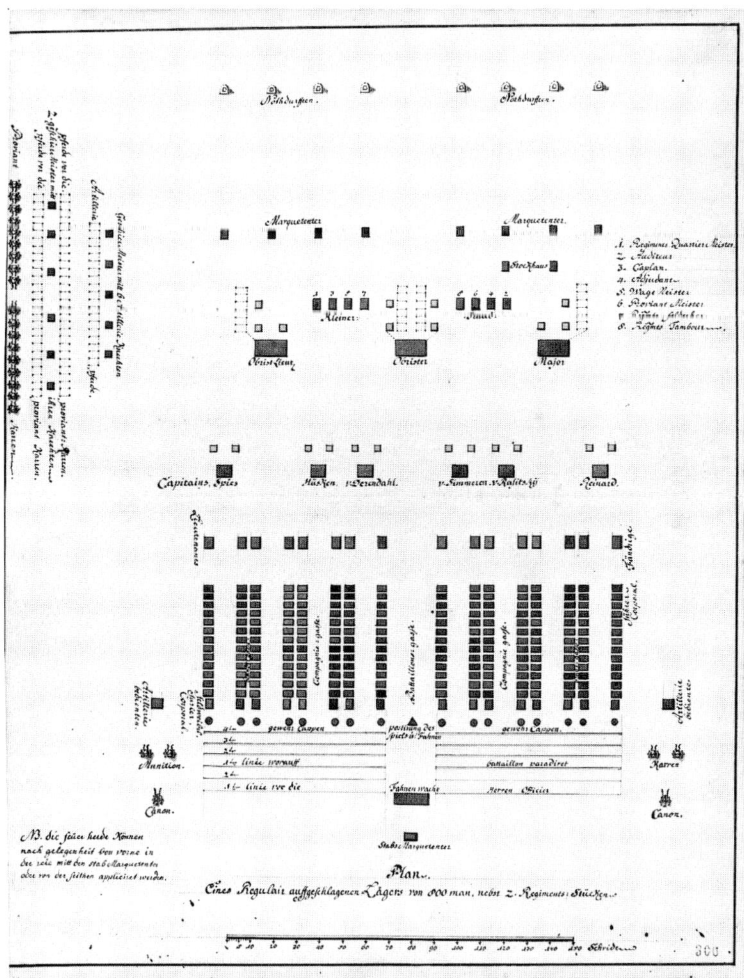

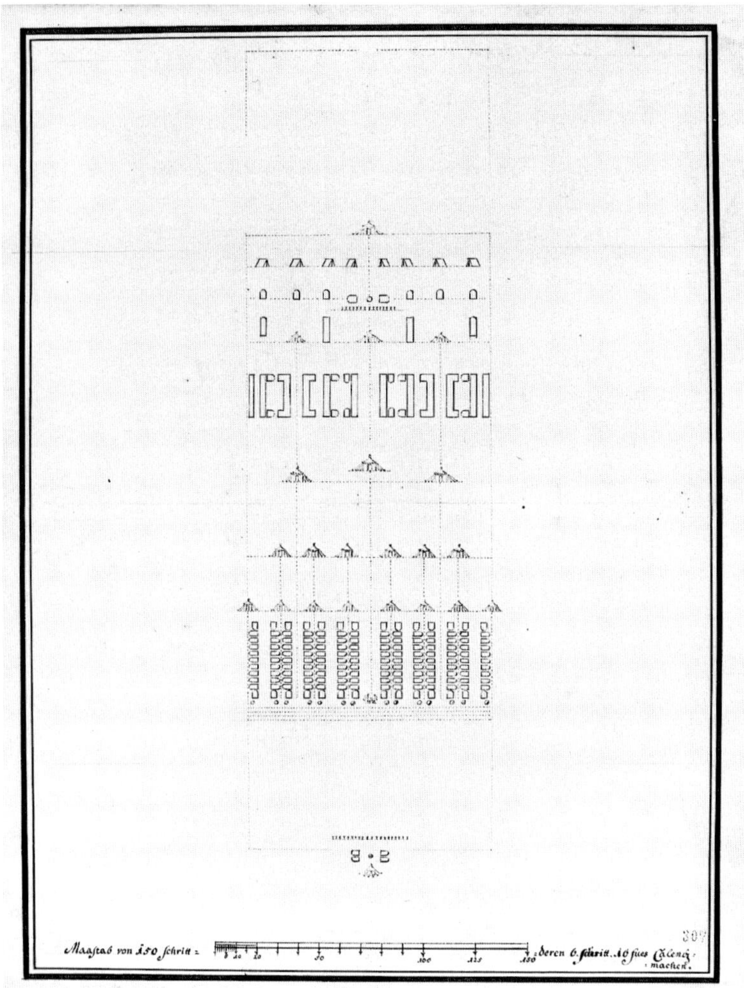

81.17.7

81.17.7
Feldlager
Schlaun-Werkstatt

Federzeichnung, 40,6 x 31,6 cm
Maßstab: *Maastab von 150 Schritt deren 6 Schritt 16 fues Calenbg machen* = 13,15 cm

Westfälisches Landesmuseum Münster, Schl.-Bd. 307

81.17.8
Feldlager eines Münsterischen Regiments
Schlaun-Werkstatt

Lavierte Federzeichnung (grau), 41 x 31,4 cm
Titel: *Abriss wie ein Münsterisches Regiment campiren solle nebst der explication a(nn)o 1758, den 12ten Marty*
Maßstab: *600 Fues Rheinisch* = 17,85

Westfälisches Landesmuseum Münster, Schl.-Bd. 308

81.17.8

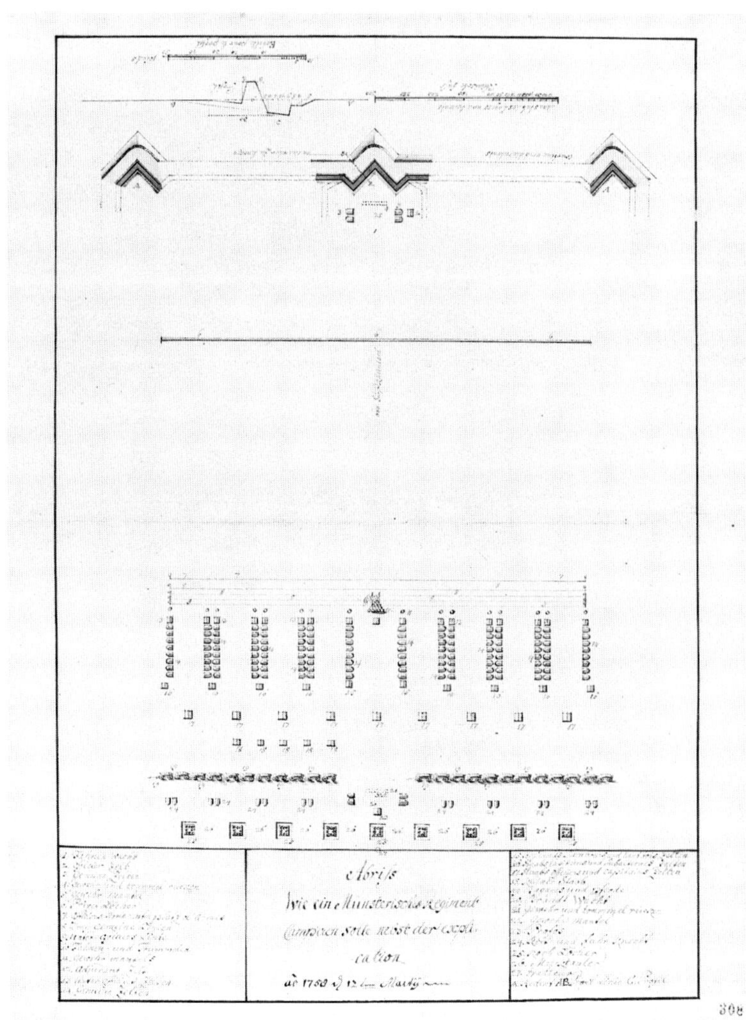

81.17.9
Feldlager
Schlaun-Werkstatt

Lavierte Federzeichnung (rot, gelb, grün, grau), 20,2 x 16 cm (aufgeklebt auf ein erläuterndes Beiblatt, 30,7 x 41,6 cm)

Westfälisches Landesmuseum Münster, Schl.-Bd. 309

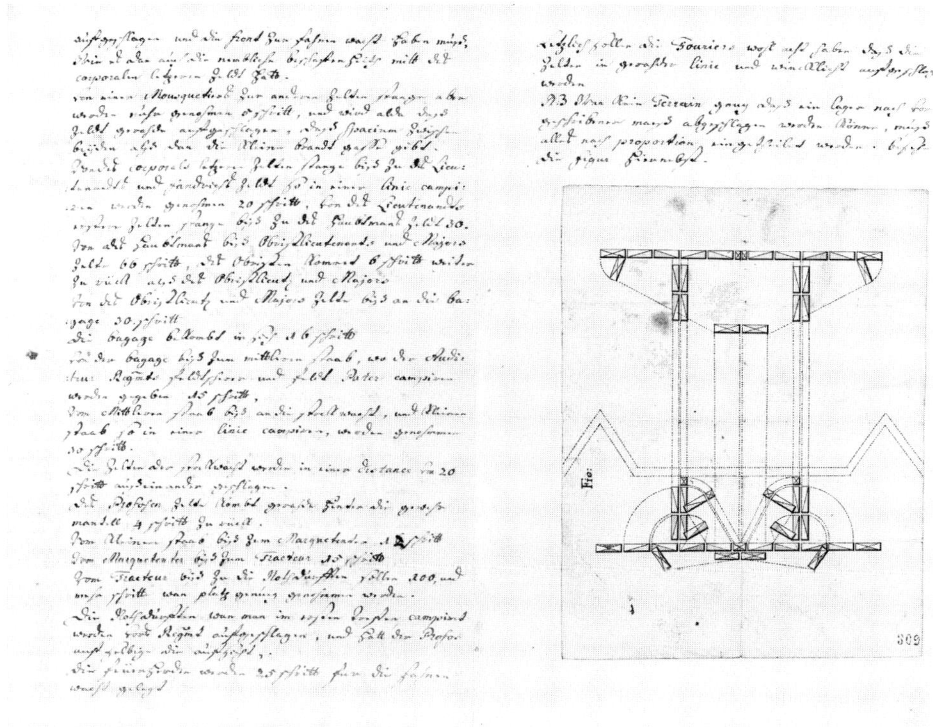

81.17.9

81.17.10

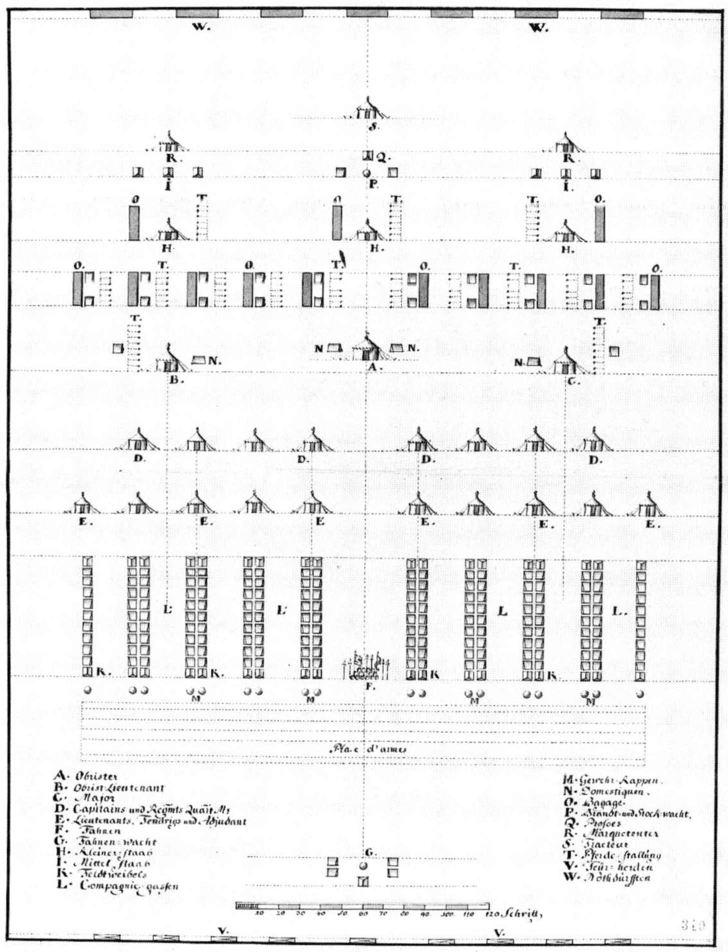

81.17.10
Feldlager
Schlaun-Werkstatt

Federzeichnung, 40,2 x 31,6 cm
Maßstab: *120 Schritt* = 10,8 cm

Westfälisches Landesmuseum Münster, Schl.-Bd. 310

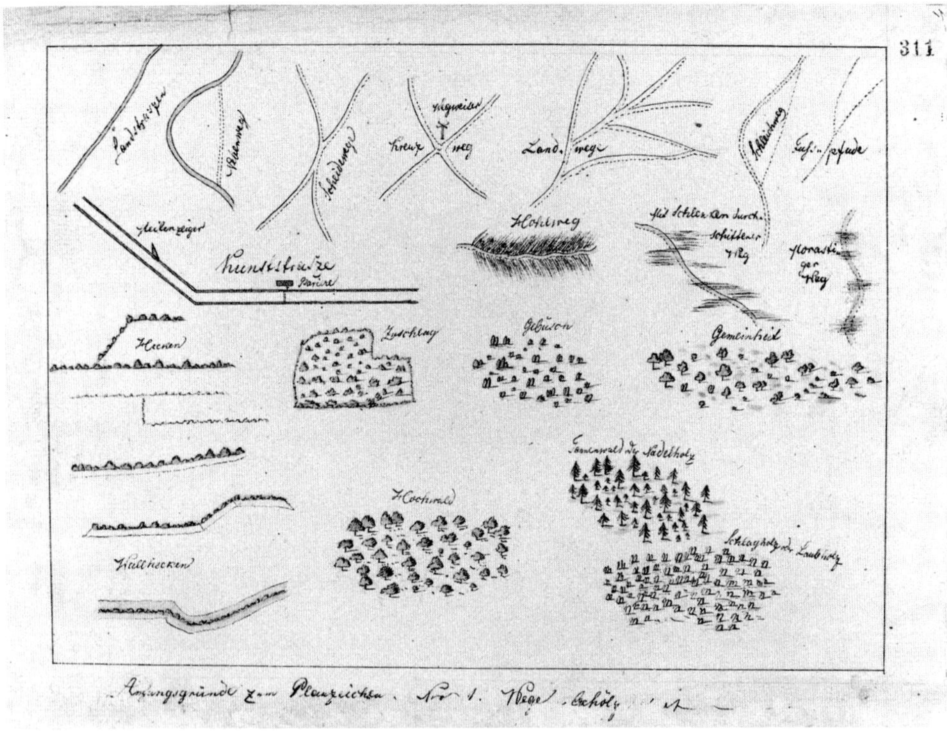

81.17.11

81.17.11
Anfangsgünde zum Planzeichnen
Schlaun-Werkstatt (?)

Lavierte Federzeichnung (rot, blau, grau, ocker), 20,9 x 28,2 cm
Titel: *Anfangsgünde zum Planzeichnen No. 1. Wege Gehölz*

Westfälisches Landesmuseum Münster, Schl.-Bd. 311

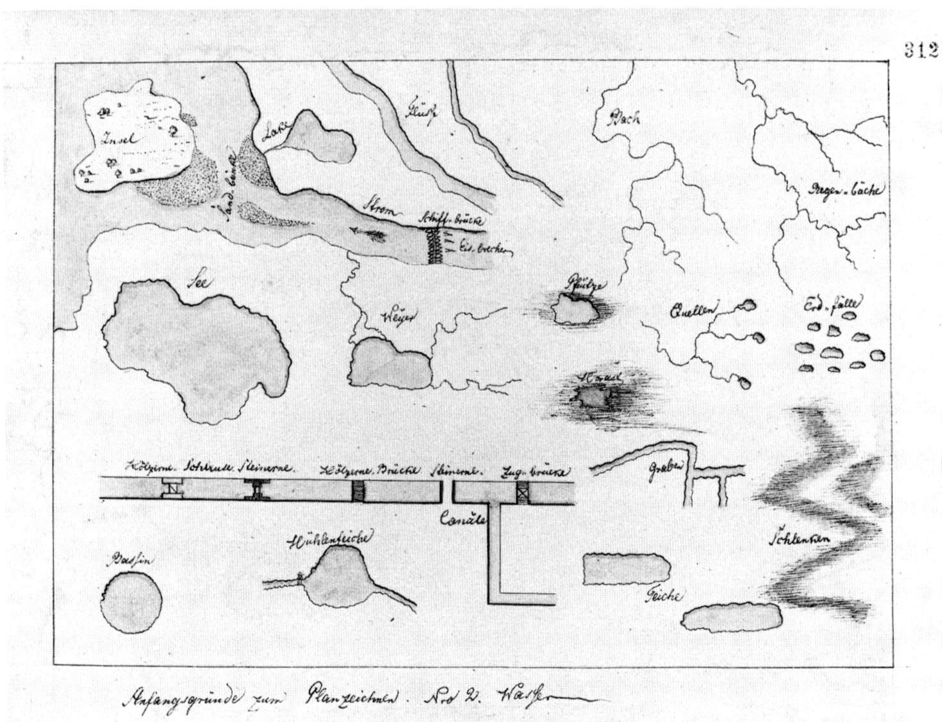

81.17.12

81.17.12
Anfangsgünde zum Planzeichnen
Schlaun-Werkstatt (?)

Lavierte Federzeichnung (rot, blau, grün, ocker), 21 x 28 cm
Titel: *Anfangsgünde zum Planzeichnen No. 2. Wasser*

Westfälisches Landesmuseum Münster, Schl.-Bd. 312

81.17.13
Anfangsgünde zum Planzeichnen
Schlaun-Werkstatt (?)

Lavierte Federzeichnung (rot, grün, grau, ocker), 19,8 x 31,3 cm
Titel: *Anfangsgünde zum Planzeichnen No. 9. Felder Städte, Dörfer etcetc.*

Westfälisches Landesmuseum Münster, Schl.-Bd. 313

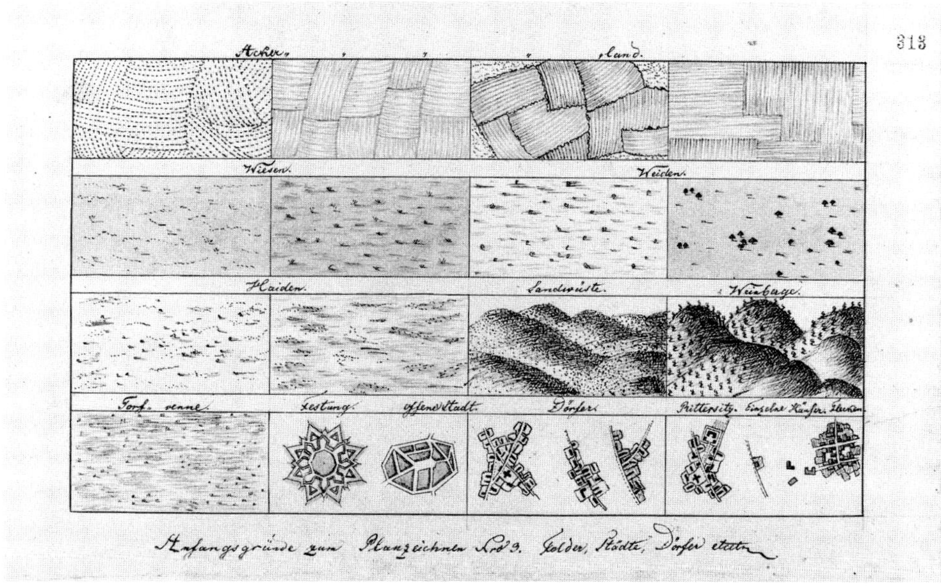

81.17.13

81.17.14
Anfangsgünde zum Planzeichnen
Schlaun-Werkstatt (?)

Lavierte Federzeichnung (rot, grün, grau, ocker), 18,3 x 31,4 cm
Titel: *Anfangsgünde zum Planzeichnen No. 4. Militärische Gegenstände*

Westfälisches Landesmuseum Münster, Schl.-Bd. 314

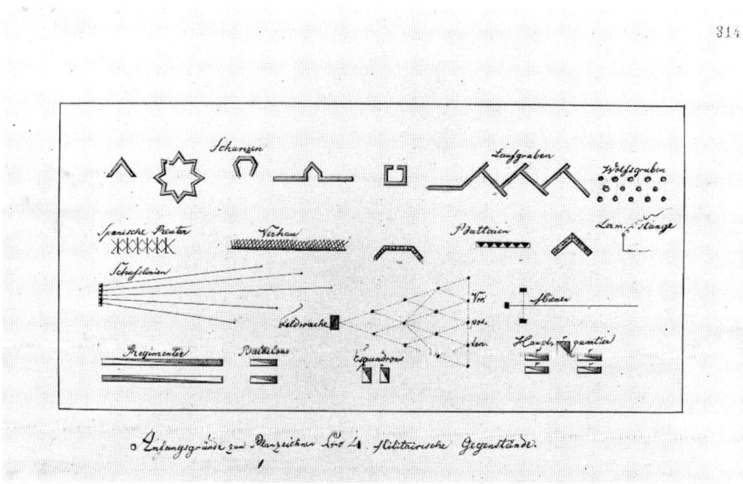

81.17.14

81.17.15

81.17.15
Plan der Schlacht bei Collin
Schlaun-Werkstatt

Lavierte Federzeichnung (blau, grün, blaßrot), 19,9 x 27,2 cm (13 x 19,7 cm
Titel: *Plan der Schlacht bei Collin, wo die Preussen unter König Friedrich II. vom General Feldmarschall Daun, der die Österreicher anführte nach einem hartnäckigen Kampfe gänzlich geschlagen worden sind, den 18 Junij Anno 1757.*

Westfälisches Landesmuseum Münster, Schl.-Bd. 315

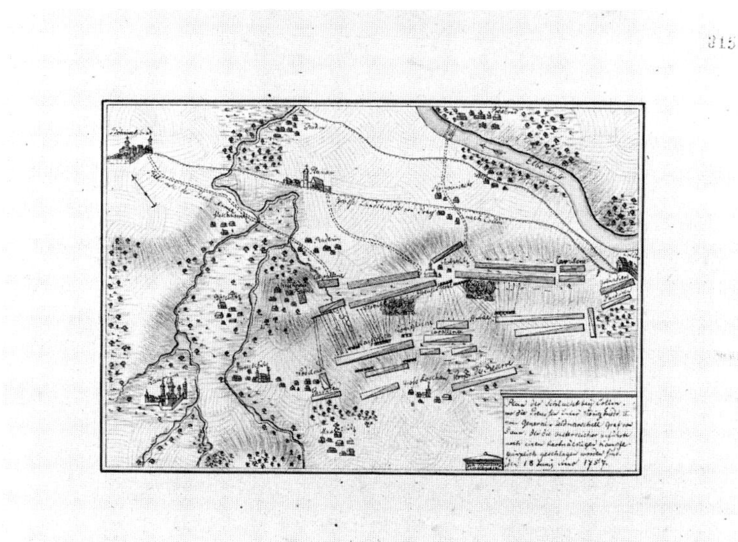

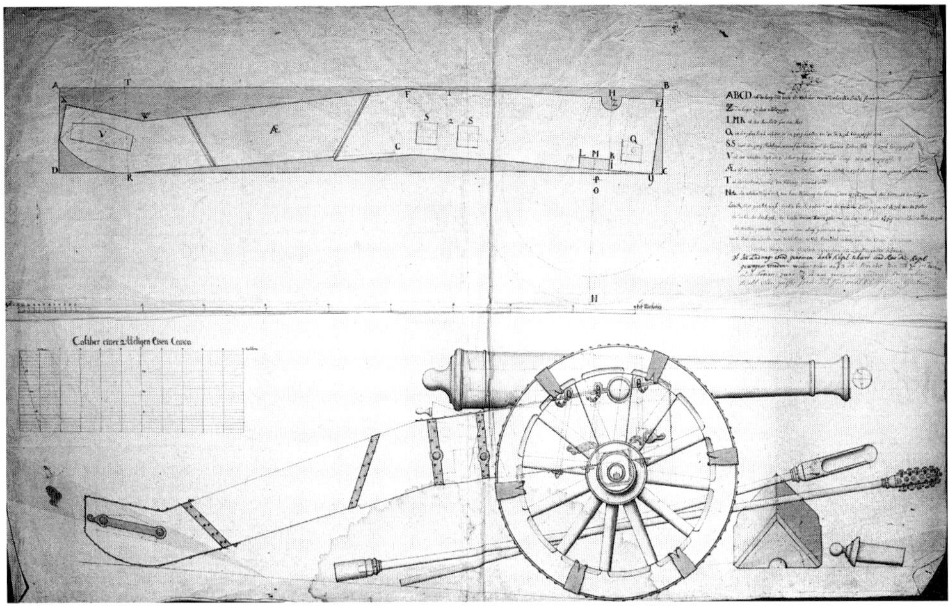

81.18.2

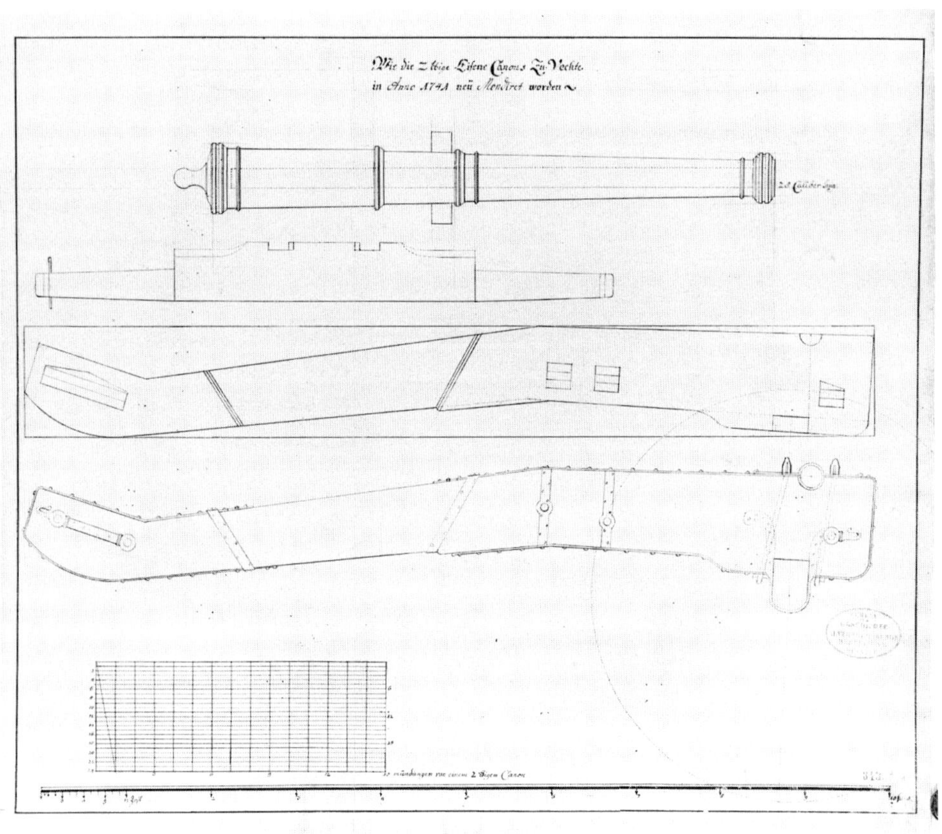

81.18.3

81.18
Kanonen

81.18.1
Entwurf einer achtpfündigen Feldschlange mit Lafette und Ladegeschirr, 1738
Schlaun-Werkstatt (Abb. S. 906)

Lavierte Federzeichnung (grau), 45,7 x 118 cm
Titel: *Auffreissung Einer 8* (pfünd)*igen Schlangen in ihrer volligen Mondirung, nebst deme zubehörigen Ladegeschier, auff ihrer Bettung stehendt, undt von der rechten Seithen an zu sehen.*
Inschrift: *Anno 1738*
Monogramm: *CA*
Maßstab: *10 fues Munsterisch* = 16,4 cm; 3 fues = 13,7 cm

Westfälisches Landesmuseum Münster, Schl.-Bd. 342

Der Geschützpark der Münsteraner Artillerie war – ehe ihn Freund und Feind im Siebenjährigen Kriege mitgehen ließen – reich, aber veraltet. Das belegen auch die beiden einschlägigen Risse: die 8pfündige Schlange von 1738 wurde in dieser Form sonst nach 1740 kaum noch geführt, kehrt aber doch auch noch in Schlauns Reorganisations-Entwurf von ca. 1765 wieder. Die detailliert ausgeführte Darstellung der Kanone enthält zudem Maßangaben und sämtliches Artilleriezubehör. Auf dem Rohr das Wappen des Kurfürsten Clemens August, an der Lafette die Initialen »CA« unter dem Kurhut in Palmenzweigen und Inschrift »Anno 1738«.

LITERATUR
Kat. *Schlaun* 1976, S. 26, Kat.-Nr. 85; Bleckwenn 1976, S. 173–94, bes. S. 193, Kat.-Nr. 3.

81.18.2
Entwurf einer zweipfündigen eisernen Kanone mit Lafette und Ladegeschirr, 1. Hälfte 18. Jh.
Schlaun-Werkstatt

Lavierte Federzeichnung (grau), 64,5 x 98 cm
Titel: *Caliber einer 2 tteligen Eisen Canon*
Maßstab: *Fuß Münsterisch*

Staatsarchiv Münster, Dep. Landsberg-Velen

LITERATUR
Kat. *Schlaun* 1976, S. 24, Kat.-Nr. 75; Bleckwenn 1976, S. 173-94, bes. S. 193, Kat.-Nr. 3.

Die 2pfündige Kanone wurde als zu schwach im 18. Jahrhundert nur noch ganz selten im Feld verwendet, gibt aber doch einen guten Eindruck von der Konstruktion der Feldgeschütze überhaupt in der ersten Hälfte des Jahrhunderts. Auf grauem Grundpapier ist die Kanone in allen Einzelheiten dargestellt, dazu ein Lafettenaufriß und das artilleristische Zubehör.

81.18.3

Vechta, Kanone

Aufrisse des Rohrs, der Achse und der Lafette

Schlaun-Werkstatt

Federzeichnung (grau), 44,5 x 52,3 cm (41,8 x 50,5 cm)
Titel: *Wie die 2 ige Canons Zu Vechte in Anno 1741 neü Mondiret worden.-*
Beischrift: (um Rohraufriß:) *28 Caliber lang*
Maßstab: *10 Fuß* = 47,6 cm
Transversalmaßstab: *15 mündungen von einem 2-igem Canon* = 16,2 cm
Rückseite: Clemenswerth, Mittelpavillon. Grundriß des Vestibüls

Westfälisches Landesmuseum Münster, Schl.-Bd. 343

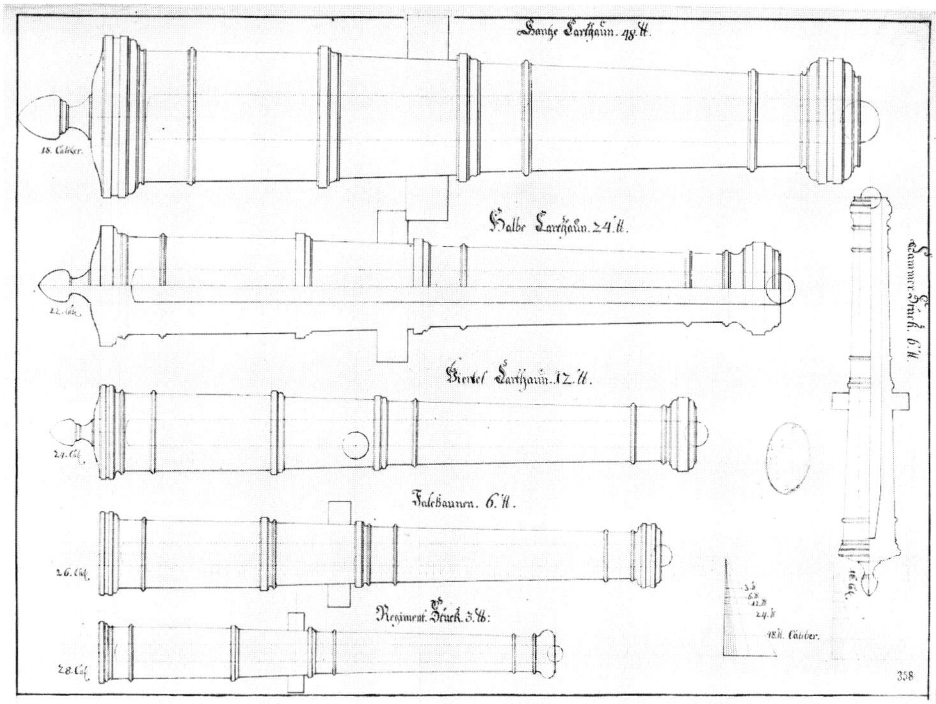

81.18.4

81.18.4

Sechs Kanonen verschiedenen Kalibers

Aufrisse und Teilschnitte der Rohre

Schlaun-Werkstatt

Federzeichnung (grau), 41,4 x 57,8 cm (39,8 x 56 cm)
Beischrift: *Gantze Carthaun 48 Pfd.; Halbe Carthaun 24 Pfd; Viertel Carthaun 12 Pfd; Falckaunen 6 pfd; Regiment Stuck 3 Pfd; Cammer Stuck 6 Pfd*
Angabe der Kalibergrößen und zwei Kalibermaßstäbe.
Rückseite: Mörser, Teilschnitt durch das Rohr (graue Tusche).

Westfälisches Landesmuseum Münster, Schl.-Bd. 358

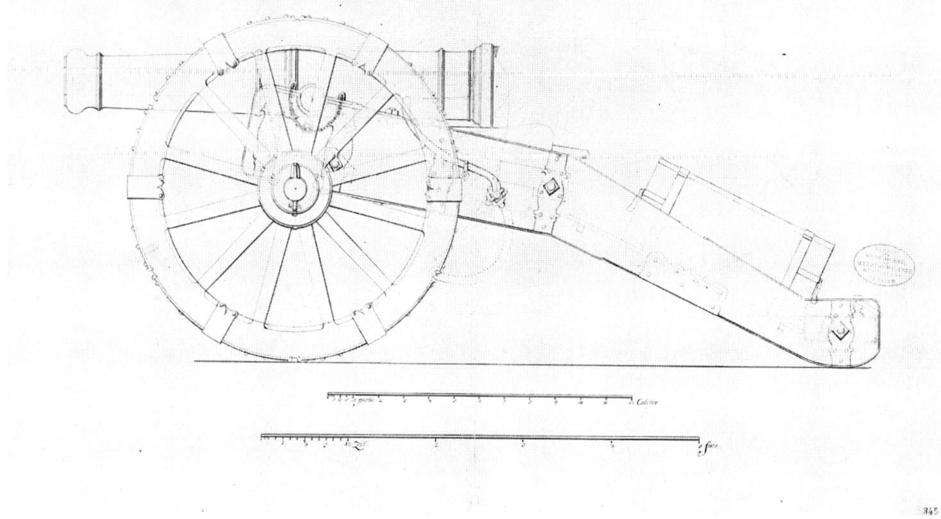

81.18.5

81.18.5

Entwurf einer Kanone

Seitenriß

Schlaun-Werkstatt

Federzeichnung (grau), Bleigriffel, 47,2 x 64,6 cm (44,5 x 64,3 cm)
Maßstab: 12 *Caliber* = 20,7 cm; 5 *fues* = 29,9 cm

Westfälisches Landesmuseum Münster, Schl.-Bd. 345

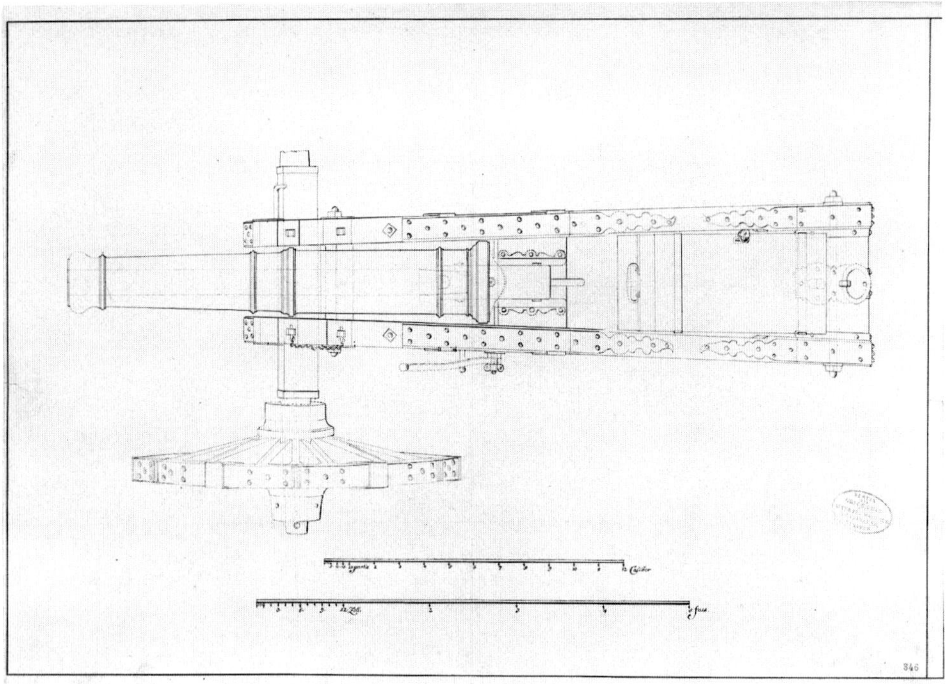

81.18.6

Entwurf einer Kanone, Rohr, Lafette und halbe Achse

Riß von oben

Schlaun-Werkstatt

Federzeichnung (schwarz), 47,3 x 64,9 cm (44 x 63,6 cm)
Maßstab: *12 Caliber* = 20,7 cm; *5 fues* = 29,9 cm

Westfälisches Landesmuseum Münster, Schl.-Bd. 346

81.18.7

Entwurf eines Doppelmörsers

Perspektivischer Riß der beiden auf einer Lafette montierten Mörser

Schlaun-Werkstatt

Federzeichnung (grauschwarz), Bleigriffel, 41,2 x 83,5 cm
Maßstäbe: *64 Einheiten* = 5 cm; *64 Einheiten* = 8,5 cm

Westfälisches Landesmuseum Münster, Schl.-Bd. 347

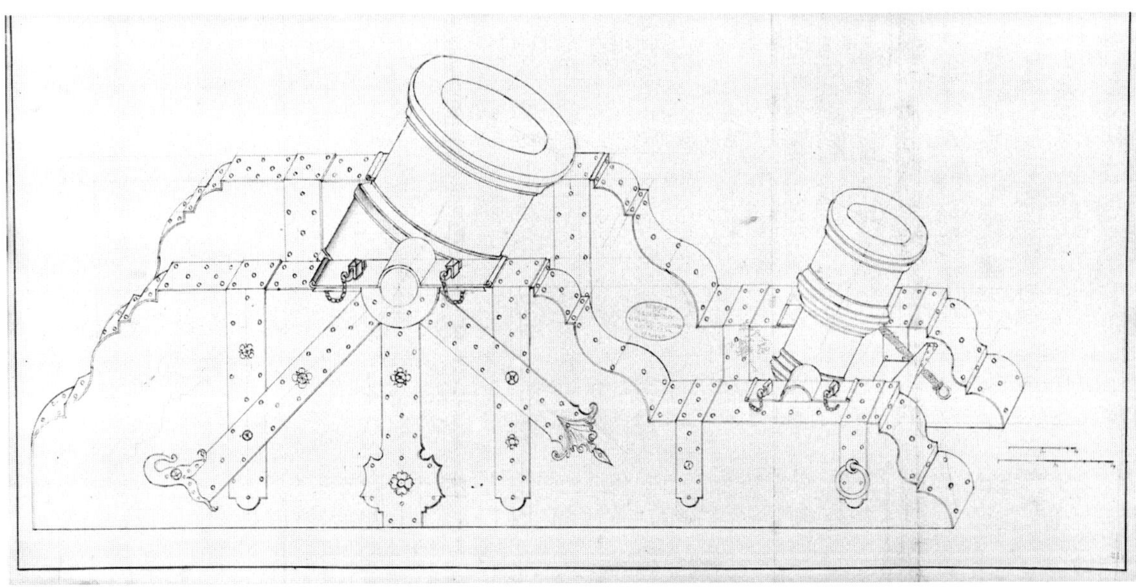

81.18.8
Entwurf eines Mörsers
Aufsicht auf das Rohr
Schlaun-Werkstatt

Federzeichnung (grauschwarz), Bleigriffel, 55,8 x 39 cm
(52,1 x 34,7 cm)
Monogramm: *CA* (Clemens August)
Datierung: MDCCXXXIIII (1734)
Inschrift: *I.F.I.C. á.T. in YETTENBACH*
Maßstab: *64 Einheiten* = 15,8 cm

Westfälisches Landesmuseum Münster, Schl.-Bd. 348

81.18.8

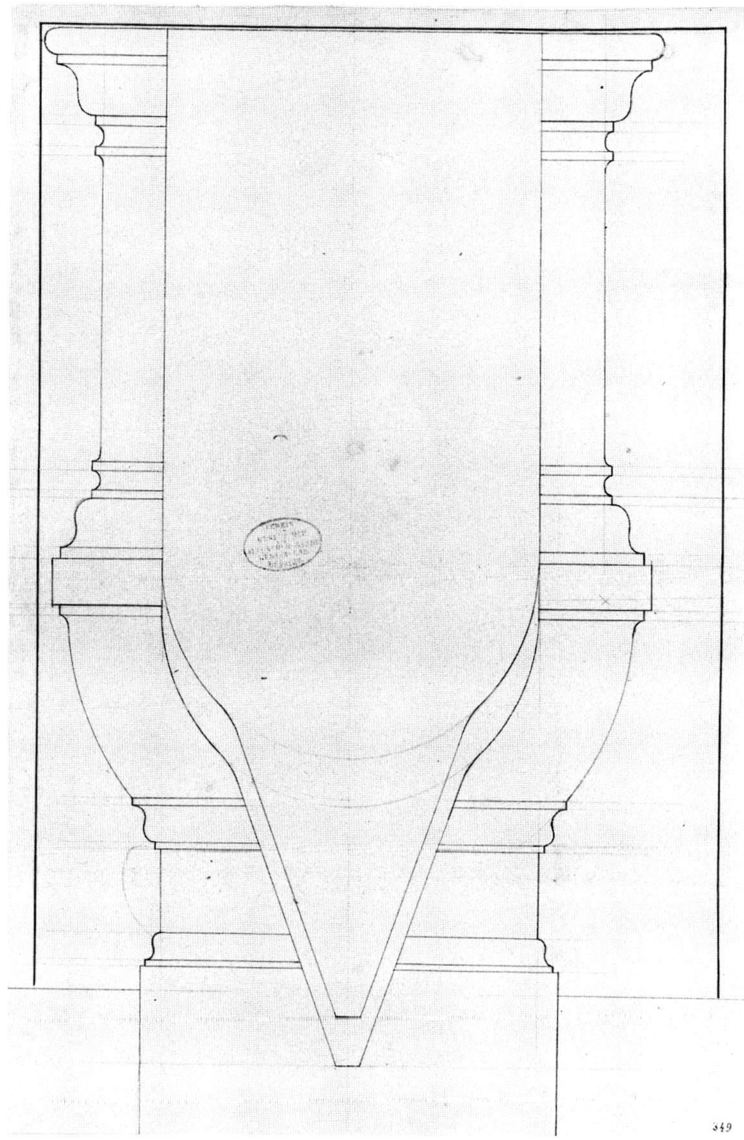

81.18.9

81.18.9
Entwurf eines Mörsers
Schnitt durch das Rohr
Schlaun-Werkstatt

Federzeichnung (schwarzgrau), Bleigriffel, 59,3 x 40,2 cm

Westfälisches Landesmuseum Münster, Schl.-Bd. 349

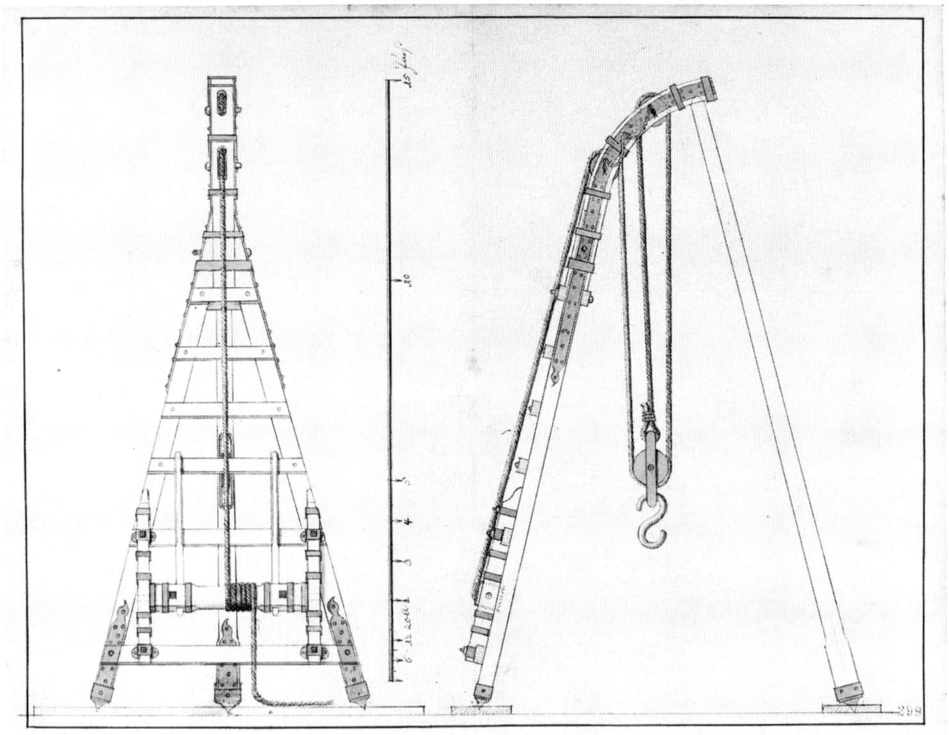

81.18.10

81.18.10
Dreibockkran; Geschütz-Hebezeug
Zwei Aufrisse
Schlaun-Werkstatt

Lavierte Federzeichnung (grau), Bleigriffel, 31,7 x 40,5 cm (30 x 38,3 cm)
Maßstab: *15 Fuß* = 25,3 cm

Westfälisches Landesmuseum Münster, Schl.-Bd. 299

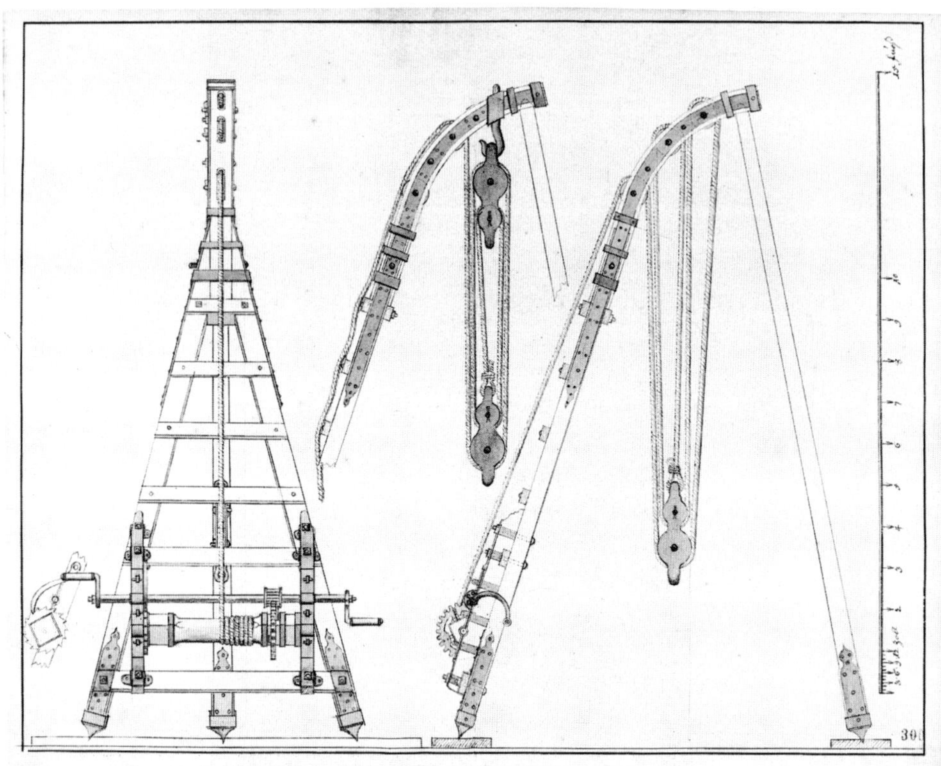

81.18.11

81.18.11
Dreibockkran; Geschütz-Hebezeug
Zwei Aufrisse, dazu eine Variante
Schlaun-Werkstatt

Lavierte Federzeichnung (grau), Bleigriffel, 31,2 x 40 cm (29,5 x 38,2 cm)
Maßstab: *15 Fuß* = 25,2 cm

Westfälisches Landesmuseum Münster, Schl.-Bd. 300

Zum Seitenaufriß ist eine Variante mit angehängtem Flaschenzug herausgezeichnet. Bei der Rückansicht ist die Sperrklinkeneinrichtung gesondert gezeichnet.

81.19

Regimentskleidergelderkasten – dreiteiliger Stollenschrank, 1735

Aufrisse der Vorder- und Seitenwand, Schnitt

Lavierte Federzeichnung (blaßgelb, grau, braun), 30,5 x 31,2 cm

Titel (oben links:) *Profil.;* (oben Mitte:) *seiten Aufführung.;* (oben rechts:) *fordere Aufführung.*

Beischrift: V*erschlossene Commoden, so vor die Regiments=Kleider=gelder verfertieget; Mengersen; Corfey*

Präsentationsvermerk: *Prs: im geh. rhat d 11. Marty 1735. Wirdt dem Artillerie obristen und oberIngnieuren Schlaun obiger regiments=Kleider=gelder Kasten mit bester Menage Verfürgen zu Laßen auffgegeben, decret: in Cons: ut Supra J.G.Walschart mp.*

Maßstab: *10 fues* = 23,3 cm

Westfälisches Landesmuseum Münster, Schl.-Bd. 158

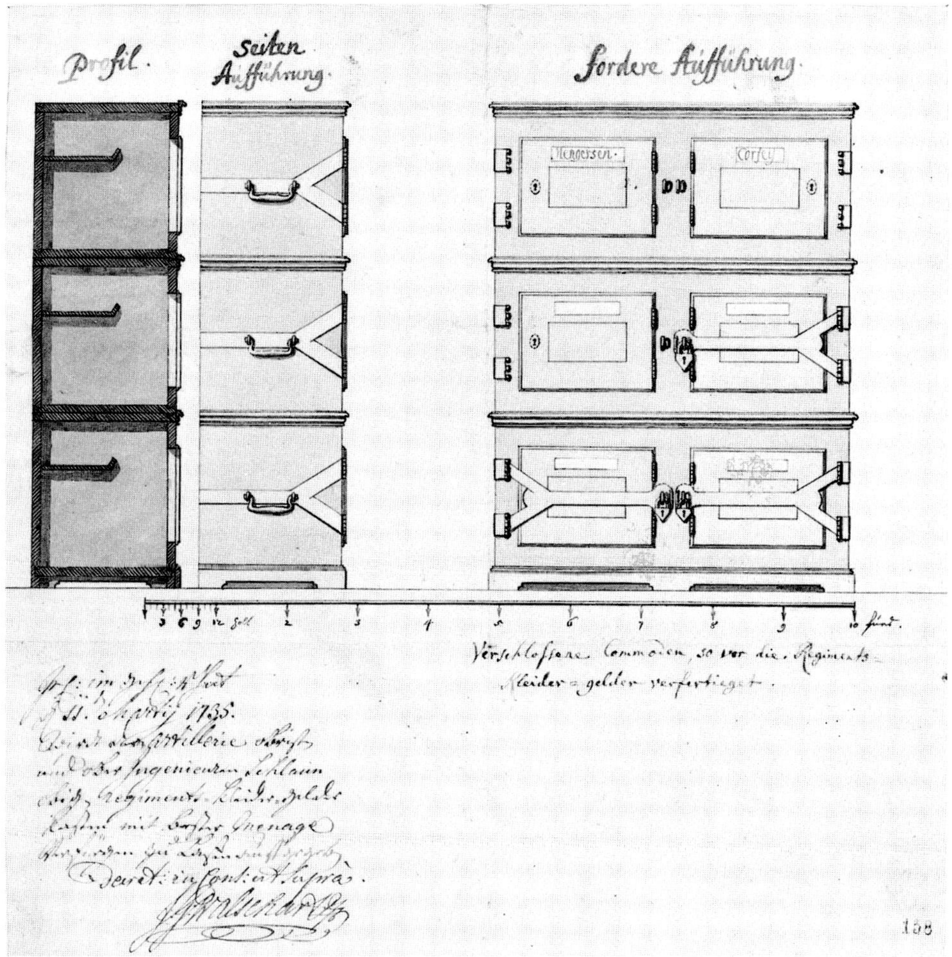

81.19

Anhang

HANS-PETER BOER

Itinerar und Werkverzeichnis

Johann Conrad Schlaun als Generalmajor, um 1750

In der nachstehenden Aufstellung sind die bekannten Aufenthalte Johann Conrad Schlauns und die wichtigsten Daten seiner Biographie und seiner Arbeiten aufgelistet.[1] Im ITINERAR sind die für seine Biographie wichtigen Ereignisse und Aufenthalte, in der Rubrik BAUAUFGABEN seine Werke im zeitlichen Ablauf verzeichnet. Dabei ist zu beachten, daß Schlaun an mehreren Projekten gleichzeitig arbeitete. Die Anmerkungen sind fortlaufend für das ITINERAR und anschließend für die BAUAUFGABEN durchnumeriert.

		ITINERAR	BAUAUFGABEN
1694	27. Juli	Ossendorf bei Warburg, Trauung des Henricus Schlaun (* Ahden 1659), Hardehausener Amtmann und Patrimonialrichter zu Nörde, mit der Agnes Berendes (* Schwaney ca. 1656).[2]	
1695	5. Juni 8. juni	Nörde, Johann Conrad Schlaun wird geboren.[3] Ossendorf, Taufe.[4]	
1706		Paderborn, Besuch des Jesuitengymnasiums Theodorianum bis 1711.[5]	
1710	15. Januar	Nach eigener Angabe (Paderbornisches) Fähnrichspatent.[6]	
1711		Schlaun verläßt wegen schlechter Leistungen das Paderborner Gymnasium.[7]	
1711/12		Ausbildung zum Ingenieur und Architekten in Hannoverschen Diensten. Teilnahme an letzten Feldzügen des Spanischen Erbfolgekrieges in Brabant. Aufenthalt im Kurfürstentum Brandenburg (Halle).[8]	
1713	7. Dezember	Darlehen des Hardehausener Abtes von 30 Rth an Schlauns Vater, »umb seinen sohn in der bawkunst weiter instruiren zu lassen«.[9]	
1713/14		Nach eigenen Angaben wieder in Paderbornschen Diensten.[10]	
1715	22. Juni 12. September 6. November	Schlaun wird Lieutnant u. Paderborner Ingenieur.[11] Brakel (?), Grundsteinlegung Kapuzinerkirche.[12] Schloß Neuhaus.[13]	Brakel, Entwurf und Ausführung der Kapuzinerkirche SS. Franziskus und Kilian. Einweihung 12. Juni 1718.[311]

		ITINERAR	BAUAUFGABEN
1716	15. Januar	Schloß Neuhaus.[14]	Konkurrenzentwurf für das Jesuiten-Kolleg in Büren (nicht ausgeführt). Bauleitung für das Projekt bis 1720.[312] Einstieg Schlauns in den Kirchenbau S. Katharina zu Rheder. Fertigstellung bis ca. 1720.[313] Pfarrhaus in Delbrück.[314] Bauleitung für die Vorburg in Rheder.[315]
	25. Januar	Schloß Neuhaus.[15]	
	6. Mai	Brakel.[16]	
	9. Mai	Brakel.[17]	
	Sommer	Rheder, Übernahme des Baus von St. Katharina.[18]	
	6. Juli	Rheder, Steinhauervertrag.[19]	
1717		Drensteinfurt.[20]	Vermessung der Herrschaft Drensteinfurt im Münsterland.[316] Planung und Errichtung des Dalheimer Hofes in Paderborn.[317] Planung und Errichtung der Corpus-Christi-Kapelle in Büren.[318]
		Paderborn (Dalheimer Hof, bis 1720).[21]	
	9. Januar	Neuhaus.[22]	
	2. April	Schloß Neuhaus.[23]	
	16. Juni	Büren (?), Grundsteinlegung Sakramentskapelle.[24]	
	7. November	Ossendorf, Heirat der Schwester A. M. Schlaun mit L. E. Thelen. Schlaun Trauzeuge (?).[25]	
	Herbst	Löwendorf, Grenzvermessung.[26]	
	14. Dezember	Büren, Honorarempfang für die Bauleitung.[27]	
1719	26./27. März	Clemens August von Wittelsbach wird zum Fürstbischof von Paderborn und Münster gewählt.	Hochaltar der Warburger Neustädter Kirche.[319] Stadtansichten von Paderborn und Neuhaus zur Begrüßung des neuen Landesherrn Clemens August von Wittelsbach.[320] Entwurf für das Begrüßungsfeuerwerk für Clemens August.[321]
		Paderborn.[28]	
		Schloß Neuhaus.[29]	
	10. Juni	Warburg, Kontrakt über den Hochaltar.[30]	
1720	27. Februar	Bestallung Schlauns zum Münsterischen Landmesser.[31]	Umbauentwurf für die Merveldtsche Domkurie in Münster (nicht ausgeführt).[322] Ausführung des Begrüßungsfeuerwerks in Schloß Neuhaus.[323] Aufnahme einer Wassermühle aus Würzburg.[324]
	19. März	Sassenberg (?). Beförderung Schlauns zum ›Capitain-Lieutnant‹.[32]	
	24. April	Schloß Neuhaus, Begrüßungsfeuerwerk.[33]	
	5.September	Münster, Vereidigung Schlauns als Landmesser.[34]	
	20. September	Büren, Gehaltsquittung.[35]	
	Spätherbst	Aufbruch zur Bildungsreise nach Würzburg, Rom und Paris.	
1721		Aufenthalt in Würzburg, Reise nach Rom.	Rom. Zahlreiche Studienzeichnungen.[325]
1722	17. April	Rom[36]	
		Reise nach Paris.	
1723		Flandern	Planungen und Arbeiten für den Clemens-Kanal. Übernahme des Ausbaus von Schloß Nordkirchen. Beginn der Gestaltung der Inneneinrichtung des Ostflügels. Neuplanung des Gartens (bis 1735) und der Oranienburg.[326] Vermessung Gut Wintrop bei Uentrop (Arnsberg).[327]
	19. März	Rückkehr nach Münster.[37]	
	26. April	Beförderung Schlauns zum Capitain.[38]	
	28. August bis 8. September	Münster.[39]	
	25. September	Münster .[40]	
1724		Bonn, Brühl.	Entwürfe und Baubeginn in Schloß Brühl (bis 1728).[328] Plan für einen Gefängnisbau in Lippspringe.[329] Planung und Baubeginn für die Kapuzinerkirche in Münster.[330] Fertigstellung 1728.[331]
		Reise nach München (?).[41]	
		Münster (Baubeginn Kapuzinerkirche).	
	März	Vermessungen am Clemens-Kanal.	
	11. März	Münster, Konferenzen der Kanalbau-Kommission.	
	21. März	Münster.	
	25. März	Münster.	
	6. Mai	Münster.	

		ITINERAR	BAUAUFGABEN
		Münster, Feierlicher Baubeginn des Kanals.	
		Münster, Kanalbau-Konferenz.[42]	
1725		Paderborn.[43]	Beginn des Um- und Wiederaufbaus von Schloß Hirschberg bei Arnsberg.[332] Ausbau der Oranienburg in Nordkirchen.[333] Planung und Ausführung von Teilen der Festung Bonn (bis 1726).[334] Planung Michaelskapelle in Lembeck (Zuschreibung Rensing).[335]
		Schlaun wird Kurkölnischer Oberbaumeister.[44]	
		Nordkirchen, Gartenanlagen (bis 1735).[45]	
	8. Juli	Brühl.[46]	
	3. November	Bonn, Vermählung Schlauns mit Maria Catharina Bourel.[47]	
1726		Arnsberg.[48]	Planung und Bau der Michelskapelle in Lembeck (Zuschreibung Rensing), Weihe 1727.[336]
	27. Februar	Bonn, Patenschaft Schlauns.[49]	
	27. Mai	Bonn, Patenschaft Schlauns.[50]	
	26. Juli	Bonn, Patenschaft Schlauns.[51]	
	12. September	Beförderung Schlauns zum Major.[52]	
	19. November	Bonn, Patenschaft Schlauns.[53]	
1727		Hildesheim, Gutachten Kanzleigebäude.[54]	Bau der Orangerie in Nordkirchen (bis 1730).[337] Bau der Fasanerie in Nordkirchen (bis 1728).[338] Gedächtnisaltar für den Droste von Merveldt in Wolbeck (Zuschreibung Rensing).[339]
	9. April	Münster, Kostenrechnung Altar Kapuzinerkirche.[55]	
	27. Juni	Bonn, Taufe des ersten Kindes aus der Ehe Schlaun-Bourel, Kurfürst Clemens August ist Pate.[56]	
	14. Oktober	Bonn, Patenschaft Schlauns.[57]	
1728		Münster.	Neubau eines Flügels des Gymnasiums Tricoronatum in Köln.[340] Friedhofsplanungen für Münster (nicht ausgeführt) bis 1729.[341] Schloß Kleinbüllesheim für die Herren von Bourscheidt.[342] Entwurf eines Weinbrunnens zum feierlichen Regierungsantritt Clemens Augusts in Osnabrück.[343]
	26. Februar	Bonn, Patenschaft Schlauns.[58]	
	4. September	Beförderung Schlauns zum Obrist-Lieutnant.[59]	
	5. Dezember	Münster (?), Einweihung der Kapuzinerkirche.	
1729	7. bis 28. April	Wittem.[60]	Modernisierungsarbeiten an Schloß Lembeck (Brückenanlage und Innenausstattung).[344] Bau der Domkurie von Nagel in Münster (Zuschreibung Rensing).[345] Beginn der Arbeiten für das Kapuzinerkloster in Wittem (Südlimburg Niederlande), bis 1733.[346]
	Dezember	Münster.[61]	
		Landingenieur des Fürstbistums Münster.[62]	
1730	16. Januar	Münster, Taufe der Tochter Anna Maria Gertrudis.[63]	Bau des Hospitals, der Vikarie und eines Armenhauses (letzteres nicht erhalten) im Dorf Nordkirchen. Beim Schloß Errichtung von Brauhaus und Fischhaus (nicht erhalten).[347] Planung für die Umgestaltung der Twickelschanze in Münster.[348]
	Juni/Juli	Wittem.[64]	
	August	Meppen und Vechta, Visitation der Festungen.[65]	
	November	Wittem, Bonn, Köln.[66]	
1731		Bentheim.	Kapelle im Ostflügel von Schloß Nordkirchen.[349] Packhaus und Nebenbauten am Kanal in Münster.[350] Arbeiten an der Warendorfer Stadtbefestigung.[351] Alternativ-Pläne für den Bau der Kirche in Eys (Südlimburg Niederlande). Baubeginn 1732, Fertigstellung bis 1736.[42] Vermessung und Aufnahme von Schloß Bentheim.[353] Schloß Roesberg bei Sechtem für den Freiherren von Weichs.[354]
		Warendorf, Visitation der Befestigung (?).[67]	
	17. März	Vornholz , Bericht über Warendorf.[68]	
	20. März	Münster, Bericht zu Bentheim.[69]	
	20. April	Münster, Befestigung in Warendorf.[70]	
1732		Nordkirchen.[71]	Baubeginn der Ökonomie in Nordkirchen (unvollendet).[355] Planung und Bau des Zuchthauses in Münster

		ITINERAR	BAUAUFGABEN
			(bis 1734).[356] Umbau Schloß Gulpen bei Neuburg (Südlimburg-Niederlande).[357] Erstentwurf für eine Residenzplanung in Münster.[358] Erstentwurf für Clemenskirche und Hospital in Münster.[359]
1733		Rheine, Besichtigung des Dammbaus.	Entwurf des Epitaphs für Lambert Friedrich Corfey.[360] Marstall für Haus Oberwerries bei Hamm.[361] Brücke und Torpfeiler für Haus Havixbeck.[362] Beginn der Arbeiten für Schloß Grimberg bei Gelsenkirchen; umfangreiches Programm bis 1748 für Innen- und Außenanlagen.[363]
	Januar	Burgsteinfurt.[72]	
	23. Februar	Tod Corfeys, Beförderung Schlauns zum Obristen.[73]	
	März bis Mai	Bonn.[74]	
	23. März	Poppelsdorf, Vorstellung der Residenzpläne für Münster.[75]	
	10. Mai	Münster.[76]	
	10. September	Münster, Almosen an das Clemenshospital.[77]	
1734	5. März	Münster, Taufe der Tochter Maria Magdalena.[78]	Nordkirchen, Entwurf für ein Heiliges Grab in der Pfarrkirche.[364]
	15. September	Münster, Almosen an das Clemenshospital.[79]	
1735	5. März	Münster, Almosen an das Clemenshospital.[80]	Plan Emsbrücke bei Schöneflieth.[365] Entwurf »Regimentskleidergelderkasten« (Stollenschrank).[366] Stiftung eines »Heiligen Grabes« durch Schlaun für die Kapuzinerkirche in Münster.[367] Domherrenkurie von Sparr in Münster.[368] Erste Entwürfe für das Jagdschloß Clemenswerth bei Sögel.[369]
	10. Mai	Münster, Beglaubigung einer Personalliste.[81]	
	14. September bis 6. Oktober	Sögel / Hümmling, Jagdaufenthalt Clemens Augusts. Wahrscheinlich erteilt der Kurfürst während dieser Tage den Planungsauftrag für Clemenswerth an Schlaun.[82]	
	31. Dezember	Münster (?), Organisationsplan für Clemenswerth.[83]	
1736	9. Januar	Bonn (?), Genehmigung des Bauplans Clemenswerth.[84]	Modernisierung des Schmisinger Hofes in Münster.[370] Pläne und Baubeginn Haus Dyckburg (bis 1740).[371] Libori-Feuerwerk in Schloß Neuhaus.[372] Pläne für Clemenswerth.
	2. Februar	Münster, Visitation der Festung.[85]	
	Februar	Clemenswerth, Abstechen der Alleen.[86]	
	22. März	Münster, Ziegeleicontrakt für Clemenswerth.[87]	
	1. Mai	Münster (?), Bericht über Clemenswerth.[88]	
	29. Mai	Münster, Visitation der Festung.[89]	
	13. Juni	Münster, Anweisung Schönefliether Emsbrücke.[90]	
1737	19. Februar	Münster, Visitation der Festung.[91]	Umbau der Kirche in Ascheberg.[373] Plan zum Umbau des Kapitelshauses am Dom zu Münster.[374] Entwurf der Einrichtung des Domkapitelsarchives.[375] Ingenieurarbeiten an der Saline Gottesgabe in Rheine.[376] Baubeginn Clemenswerth (Zentralpavillon, Pavillon Hildesheim).[377]
	30. März	Anweisung zum Baubeginn für Clemenswerth.[92]	
	Frühjahr	Clemenswerth, Grundsteinlegung.[93]	
	30. Oktober	Clemenswerth, Grundsteinlegung Kapelle.[94]	
1738		Clemenswerth.	Clemenswerth.
	9. Februar	Münster.[95]	
	12. Februar	Münster, Visitation der Festung.[96]	
	18. Juni	Freckenhorst, Besichtigung der Abtei.[97]	
	21. November	Münster, Tod der »Frau Obristin Schlaun genannt Maria Catharina Bourell«. [98]	
1739	4. März	Münster.[99]	Bau des Domkapitelsarchives nach Schlauns Plänen.[378] Fertigstellung des Zentralpavillons Clemenswerth.[379] Marstall Clemenswerth.[380] Clemenswerth: Kapelle, Pavillons Paderborn und Osnabrück.[381]
	25. April bis 6. Mai	Reise und Aufenthalt Clemenswerth.[100]	
	11. Juni bis 28. Juni	Reise und Aufenthalt Clemenswerth.[101]	
	23. Juni bis 25. Juni	Weener und Emden, von Clemenswerth aus.[102]	

		Itinerar	Bauaufgaben
	14. bis 27. Juli	Reise und Aufenthalt Clemenswerth.[103]	
	6. August bis 21. Oktober	Reise und Aufenthalt Clemenswerth.[104]	
1740	18. Januar	Münster.[105]	Clemenswerth.
	31. Mai	Münster.[106]	
	Juni	Spa, Kur[107]; Aachen, Treffen mit Clemens August.[108]	
	28. Juni	Abreise nach Clemenswerth. [109]	
	12. Juli	Clemenswerth, Ankunft des Malers Holzer.[110]	
	21. Juli	Clemenswerth, Tod Holzers.[111]	
	27. Juli	Ende der Reise.	
	30. Juli	Münster.[112]	
	11. bis 26. August	Reise und Aufenthalt Clemenswerth.[113]	
	15. bis 19. August	Nach Groningen von Clemenswerth aus.[114]	
	22. August	Haselünne.[115]	
	23. August	Abreise nach Münster	
	29. September	Ankunft in Münster.[116]	
	1. bis 13. Oktober	Abreise Münster nach Clemenswerth.[117] Clemenswerth.[118]	
	13.bis 14. Oktober	Rückreise nach Münster.[119]	
	29. Oktober	Münster, Abrechnung der Reisekosten.[120]	
	12. November	Clemenswerth.[121]	
	25. November	Eupen, 2. Ehe mit Anna Catharina Rehrmann.[122]	
1741	Februar	Clemenswerth.[123]	Clemenswerth.
	22. Juli	Clemenswerth.[124]	Plan zur Regulierung der Aa in Münster.[382]
	14. August	Beförderung Schlauns zum Brigadier.[125]	
	11. September	Münster, Taufe des Sohnes Martin Schlaun.[126]	
	17. November	Münster, Einquartierung der Franzosen.	
1742		Vechta, Visitation der Festung.[127]	Clemenswerth.
	11. Oktober	Münster, Taufe des Sohnes Gerhard Mauritz.[128]	Modernisierungsarbeiten an Haus Ruhr bei Albachten.[383]
1743	8. Juli	Münster.[129]	Clemenswerth.
	11. Oktober	Münster, Taufe der Tochter Maria Anna.[130]	Altarentwürfe für die Pfarrkirche in Nievenheim.[384]
	26. Dezember	Münster.[131]	Altarentwurf für das Kapuzinerkloster Brenschede.[385]
			Entwurf für die Succentorei auf dem Horsteberg in Münster.[386] Bestandaufnahme und Planungsbeginn für Haus Rüschhaus.[387] Hauptaltar Pfarrkirche Nenndorf (Zuschreibung Seifert).[388]
1744		Meppen, Visitation der Festung.[132]	Clemenswerth: Pavillons Clemens-August, Köln, Münster, Mergentheim.
	Oktober	Münster, Bewerbung Wagenmacher Hintzenbrock.[133]	
	10. November	Münster.[134]	Wiederaufnahme des Projektes Clemenshospital in Münster.[389]
	22. November	Münster, Patent für den Fähnrich Peters.[135]	
1745	6. Januar	Münster, Passierschein für den Tilman.[136]	Baubeginn von Haus Rüschhaus bei Nienberge (bis 1748).[390]
	21. März	Münster, Bericht zur Infanterieausrüstung.[137]	Grundsteinlegung des Clemens-Hospitals am 30. Juni.[391]
	Juli	Meppen.[138]	
	5. Juli	Münster.[139]	
	16. Juli	Münster.[140]	

		ITINERAR	BAUAUFGABEN
	21. Juli	Münster, Taufe der Tochter Maria Antonia.[141]	
	15. Oktober	Münster.[142]	
	11. November	Münster.[143]	
	16. November	Münster.[144]	
	23. November	Beförderung Schlauns zum General-Major.[145]	
	30. November	Münster.[146]	
	5., 8. bis 10., 12., 16. Dez.	Münster.[147]	
1746	29. Januar	Eupen.[148]	Meppen, Bau zweier Brücken an der Ems beim Fuller Damm.[392] Arbeiten am Emswehr zu Rheine.[393] Erste Planungen für Haus Beck bei Kirchhellen.[394] Antoniuskapelle in Wahn auf dem Hümmling (bis 1747).[395]
	3. Februar	Eupen.[149]	
	12. April	Münster.[150]	
	18. April	Meppen.[151]	
	10. Mai	Münster, Visitation der Festung.[152]	
	11. Mai	Münster (?).[153]	
	14. Juli	Meppen, Visitation der Festung.[154]	
	19. Juli	Vechta, Visitation der Festung.[155]	
	16./17. August	Münster.[156]	
	Herbst	Eupen (?).[157]	
1747	22. April	Münster, Visitation der Festung.[158]	Plan zur Gestaltungs des Domhofs in Münster.[396] Gloriette im Kapuzinergarten zu Clemenswerth.[397]
	Frühling	Clemenswerth.[159]	
	2. Juli	Münster, Arbeitsplanung für Clemenswerth.[160]	
	3. Juli	Münster, Verhandlung über Waffenverkäufe.[161]	
	30. August bis 8. November	Clemenswerth.[162]	
	16. August	Clemenswerth, Schloßübergabe.[163]	
	25. November	Münster.[164]	
1748	9. Mai	Nottuln, Besichtigung nach der Feuersbrunst.[165]	Nottuln, Wiedererrichtung der Stiftsimmunität nach einer Feuersbrunst. Gesamtplanung mit Allee, Adelshöfen, Wirtschaftsgebäuden und Kirchenreparatur (Turmhaube und Dach).[398] Neubau der Emsmühlen in Telgte.[399] Projekt eines neuen Altars im Dom zu Münster.[400] Oerscher Hof in Münster.[401]
	28. Mai	Telgte, Besichtigung der Emsmühlen.[166]	
	Ende Mai	Münster, Zitadelle.[167]	
	13. August	Vechta, Visitation der Festung.[168]	
	August	Meppen, Visitation der Festung.[169]	
	August	Rheine.[170]	
1749	6. Mai	Münster, Visitation der Festung.[171]	Planungen für das Welschnonnenkloster in Bonn. (Zuschreibung Rensing).[402] Plan für die Färberei Rehrmann in Eupen.[403] Gartenhaus an der Karlstraße in Münster.[404] Orgel und Hochaltar im Osnabrücker Dom.[405]
	17. Mai	Reise nach Meppen und Clemenswerth.[172]	
	19. Mai	Meppen, Visitation der Festung.[173]	
	23. Juni	Münster, Reisebericht Clemenswerth.[174]	
	13. Juli	Münster, Baubericht Clemenskirche.[175]	
	15. Juli	Münster.[176]	
	September	Meppen/Vechta, Visitation der Festung.[177]	
	9. September	Münster.[178]	
	13. Oktober	Münster.[179]	
1750		Meppen, Visitation der Festung.[180]	Entwurf der Roten Mauer am Dom zu Münster (Südseite). Verwirklichung bis 1752.[406] Votivbild Kirchplatz in Nienberge (Datierung unsicher).[407] Welschnonnenkloster in Bonn.[408] Haus Alvinghoff bei Bösensell.[409] Beginn der Arbeiten für Kloster Iburg (bis 1755, unvollendet).[410]
		Ernennung zum Gouverneur der Festung Meppen.[181]	
		Arnsberg.[182]	
	23. April	Vechta, Visitation der Festung.[183]	
	15. Mai	Münster, Unterstützung für die Witwe Starck.[184]	
	3. Juni	Münster, Baubericht Clemenskirche.[185]	

		ITINERAR	BAUAUFGABEN
1751	23. Februar	Münster, Baubericht Clemenskirche.[186]	Plan und Bau des Zeughauses in Meppen.[411] Frans Annenburg bei Schloß Tatenhausen.[412] Kapelle in Kirchhellen-Feldhausen.[413] Plan für das Rathaus in Ahlen (Ausführung Boner 1752/53).[414] Plan für Dienstwohnung des Meppener Gouverneurs.[415]
	März	Münster, Unterstützung für die Witwe Gent.[187]	
	Mai	Münster, Bericht für den Stadtrat.[188]	
	23. Mai	Münster, Anciennitätsliste.[189]	
	30. Mai	Münster.[190]	
	5./6. Juli	Münster, Arbeiten am Dom.[191]	
	15. Oktober	Meppen.[192]	
	13., 15. Nov.	Münster.[193]	
	19. November	Münster, Abrechnung Domhof.[194]	
1752		Clemenswerth.[195]	Velenscher Hof an der Aegidiistraße in Münster.[416]
	17. Juni	Vechta, Visitation der Festung.[196]	
	28. Juni	Münster, Bericht über Kanal bei Clemenswerth.[197]	
	Sommer	Arnsberg (?).[198]	
	9. November	Münster, Domhof.[199]	
1753	Januar	Münster.[200]	Schlauns eigenes Wohnhaus in Münster (bis 1755).[417] Fertigstellung und Weihe (14.10.) der Clemenskirche.[418] Baubeginn für den Erbdrostenhof (bis 1757).[419] Eingangstor für das Jagdschloß Hirschberg.[420] Pläne für Orangerie und Fasanerie in Velen.[421]
	Februar	Reise nach Meppen, Vechta, Bourtange.[201]	
		Vechta, Visitation der Festung.[202]	
	März	Meppen, Visitation der Festung.[203]	
	11. März	Münster, Bericht über Arbeiten in Vechta.[204]	
	27. April	Arnsberg, Schloß Hirschberg.[205]	
	Sommer	Vechta, erneute Visitation der Festung.[206]	
	21. Juli	Münster, Schreiben bzgl. Hollenbecker Straße.[207]	
	2. Dezember	Münster.[208]	
1754	25./27. März	Warendorf, Visitation der Festung.[209]	Haus Schücking in Sassenberg.[422] Orangerie bei Schloß Eggermühlen (Zuweisung Borchers).[423] Entwurf Kerssenbrock-Epitaph im Osnabrücker Dom.[424] Entwurf der Säkularpyramide in Telgte.[425]
	April	Arnsberg.[210]	
	5. Juni	Münster.[211]	
	Juni/Juli	Telgte, Teilnehmer an den Säkularfeiern.[212]	
	24. Oktober	Vechta.[213]	
1755	3. Februar	Münster.[214]	Bau des Zuchthauses in Osnabrück nach Schlauns Plänen.[426] Sanierungen der Aa-Ufer in Münster.[427] Plan für das Campagnenhaus derer von Velen in Sögel.[428] Domherrkurie Limburg-Styrum in Münster.[429] Seitenaltäre der Gymnasialkirche in Meppen.[430] Umbau der Wasserburg Itlingen bei Herbern.[431] Haus Hovestadt bei Soest (Rensing »nach 1733«).[432]
	15. Februar	Münster.[215]	
	15. März	Münster, Bericht über Mauersturz an der Aa.[216]	
	1. Juni	Arnsberg.[217]	
	3. Juni	Münster, »retour von Arnsberg«.[218]	
	5. Juni	Münster.[219]	
	August	Arnsberg.[220]	
	September	Münster.[221]	
	September	Clemenswerth.[222]	
1756	Herbst	Erkrankung Schlauns: »keine kleine lahmigkeit«.[223]	Statisches Gutachten (bis 1758) und Entwurf eines Altars für den Speyerer Dom (Datierung unsicher).[433]
1757	29. März	Münster, Materialanforderung Zitadelle.[224]	Antoinettenburg bei Schloß Darfeld.[434]
	22. Juni	Münster, Urlaubsantrag zur Kur in Aachen.[225]	
	Sommer	Aachen,[226] Arnsberg,[227] Clemenswerth.[228]	
	22., 23., 29. September	Münster, Ausrüstung mehrerer Regimenter.[229]	
1758	Januar	Münster.[230]	Kurie von Oidtmann auf St. Mauritz bei Münster.[435]
	Frühjahr (?)	Speyer, Beratung wegen des Kaiserdomes.[231]	

		ITINERAR	BAUAUFGABEN
1759		Spa (?).[232]	
	28. Juli	Münster, Darlehen an v. Spiegel-Desenberg.[233]	
	12. August	Werl, Malerauftrag für Clemenswerth.[234]	
1760	13. April	Bonn, Bericht über Besetzung von Clemenswerth.[235]	Plan Kirchturmhaube St. Martini in Münster (Zuschreibung Geisberg).[436]
	15. Mai	Bericht Thelen »an Herrn Generalen Schlaun auff Bonn«.[236]	
1761	5. Februar	Tod Clemens Augusts in Ehrenbreitstein.	
		Münster (?), Hochzeit der Tochter Maria Anna.[237]	
1762	31. Juli	Nachlaß-Rechnungen Clemens-August.[238]	
1763	Januar	Münster, Rückkehr mit von Wenge.[239]	Gutachten zur Schiffbarmachung der Berkel Coesfeld-Zutphen.[437]
	28. Februar	Münster, Visitation des Fraterhauses.[240]	
	5. April	Münster.[241]	
	28. Mai	Münster, Zeugnis für Johannes Koppers.[242]	
	Juni	Münster, Reparatur Schützenwall.[243]	
	6. Juni	Münster, Ratsprotokoll.[244]	
	Oktober	Münster, Gutachten Witwe Lette.[245]	
	(?)	Ahaus, Visitation des Schlosses.[246]	
1764	20. Februar	Münster, Visitation der Festung.[247]	Neubau Kloster der Lotharinger Chorfrauen.[438] Lippesches Landhaus in Oberkassel (Zuschreibung Rensing).[439]
	2. März	Münster, Darlehens-Streit v. Spiegel-Desenberg.[248]	
	26. März	Münster, Visitation der Festung.[249]	
	Juni	Münster, Bewerberbeurteilungen.[250]	
	27. Juni	Ahaus.[251]	
	17. September	Münster, Zeugnis Thelen.[252]	
1765	27. April	Ahaus.[253]	Erweiterungsbau Burg Canstein (Datierung/Zuschreibung Rensing).[440] Landhaus Wienburg bei Münster (Datierung/Zuschreibung Rensing).[441]
	Juli	Ahaus.[254]	
	Juli	Münster.[255]	
	27. August	Ahaus.[256]	
1766	Februar	Ahaus.[257]	Beginn der Promenadengestaltung in Münster nach Schlauns Plänen. Die Arbeiten ziehen sich über Schlauns Tod hinaus hin.[442] Neubau der Wirtschaftsgebäude des Sülzhofes in Nievenheim.[443] Umbau des Schlosses in Ahaus.[444] Baubeginn von Haus Beck bei Kirchhellen.[445] Haus Lohburg bei Ostbevern.[446] Entwurf des Hochaltares Geeste-Groß Hesepe (Zuweisung).[447] Erste Planungen für das neue Residenzschloß in Münster.[448]
	11. Februar	Erste Erbteilung Schlauns mit seinen Kindern.[258]	
	21. Februar	Münster, wegen Demolierung der Festung.[259]	
	3. Mai	Bonn, Verkauf von Kriegsmaterial.[260]	
	21. Mai	Münster, Visitation der Festung.[261]	
	14. August	Ahaus.[262]	
	28. Oktober	Ahaus, Abrechnung Gröninger.[263]	
1767	Januar	Münster, Zeugnis für Meister Hüder.[264]	Gartenpavillon für Haus Venne bei Drensteinfurt.[449] Baubeginn des Residenzschlosses in Münster.
	26. Mai	Ahaus, Streitsache Osterhaus.[265]	
	11. Juni	Ahaus.[266]	
	13. Juni	Münster.[267]	
	4. Juli	Münster, Bericht über Vermessungsarbeiten.[268]	
	25. August	Münster, Grundsteinlegung Schloß.[269]	
1768	21. Januar	Münster, Geschützverkauf.[270]	Residenzschloß Münster.
	2. März	Münster.[271]	

		ITINERAR	BAUAUFGABEN
	6. März	Münster, Holzanweisung zum Schloßbau.[272]	
	17. März	Münster, wg. der Stadtmaße.[273]	
	16. April	Münster, Visitation der Festung.[274]	
	27. April	Münster, Visitationsbericht.[275]	
	11. Juni	Münster, Visitation der Festung.[276]	
	19./21. Juli	Eupen, Erbschaftsregelung Rehrmann.[277]	
1769	20. Februar	Münster, Reparatur des Zwingers.[278]	Residenzschloß Münster.
	Mai	Münster, Bewerbung Glockengießer Stocky.[279]	
	12. Mai	Münster, Schloßbaubericht.[280]	
	8. Juni	Münster, Steintransporte aus den Baumbergen.[281]	
	13. Juli	Münster, Steintransporte aus den Baumbergen.[282]	
	21. Juli	Münster, Steintransporte aus den Baumbergen.[283]	
	13. Dezember	Münster.[284]	
1770	1. Januar	Münster, Anciennitätsliste.[285]	Residenzschloß Münster.
	16. Februar	Münster, Steintransporte aus den Baumbergen.[286]	
	24. April	Münster, Visitation der Festung.[287]	
	15. Juni	Münster.[288]	
1771	7. Mai	Münster, Visitation der Festung.[289]	Residenzschloß Münster.
	9./10. Juli	Münster.[290]	Bau der Kirche der Lotharinger Chorfrauen. (Bauleitung Gröninger nach Schlauns Plänen). Fertigstellung mit Inneneinrichtung ca. 1776.[450]
	9. September	Münster, Schlaun macht sein Testament.[291]	
	18. September	Münster, Grundsteinlegung Lotharinger-Kirche.[292]	
	Dezember	Münster, Landmesserprüfung.[293]	
	18. Dezember	Münster, Baubericht Residenzschloß.[294]	
1772	14. Januar	Münster.[295]	Residenzschloß Münster.
	31. März	Münster.[296]	Entwurf genormter Ziegelsteine und Dachpfannen.[451]
	2. Mai	Münster, Baubericht Residenzschloß.[297]	Entwurf einer Kanalisation in der Neubrückenstraße/Münster.[452] Arbeiten an der Promenade, Planung Friedhofsanlagen.[453] Zweites Gutachten für den Speyerer Dom.[454]
	7. Mai	Münster, Kanalisation Neubrückenstraße.[298]	
	29./30. Mai	Münster.[299]	
	14. Oktober	Münster, Gutachten Buddenturm.[300]	
	2. Dezember	Münster, Vertrag zur Unterbringung der Tochter Maria Antonia im Lotharinger Kloster.[301]	
1773	1. Januar	Münster.[302]	Residenzschloß Münster.
	7. Januar	Münster.[303]	
	4. Februar	Münster, Nachtrag Schlauns zum Testament.[304]	
	20. Februar	Münster, Baubericht Residenzschloß.[305]	
	7. März	Münster.[306]	
	August	Münster, Baubericht Residenzschloß.[307]	
	23. August	Münster, letztes handschriftliches Zeugnis Johann Conrad Schlauns.[308]	
	21. Oktober	Münster, Tod Johann Conrad Schlauns.[309]	
	23. Oktober	Münster, Begräbnis in der Überwasserkirche.[310]	

Die nachfolgenden Titel sind hier als Kurztitel zitiert und in der chronologischen Schlaun-Bibliographie vollständig wiedergegeben.

1 Dieses Verzeichnis setzt die Bemühungen fort, die Rensing 1936, 1954, und Volkhardt 1973, S. 343-49, begonnen haben. Der Verfasser weiß sich besonders Hans Georg Volkhardt und seiner breiten Datensammlung verpflichtet. Große Bestände – wie z.B. Nordkirchen – sind für dieses Thema noch unbearbeitet.
2 Korn 1973, S. 278-300, hier S. 281.
3 Ebd., S. 280.
4 Ebd.
5 Ebd., S. 286f.
6 Kat. Schlaun 1976, Abb. 2, S. 12.
7 Schaa 1973, Textteil, S. 309-11.
8 Bußkamp 1992, S. 22f.
9 Korn 1973, S. 292.
10 Volkhardt 1976, S. 147, S. 168, Anm. 2.
11 Kat. Schlaun 1973, Abb. 2, S. 12.
12 Bußkamp 1992, S. 82.
13 Rensing 1935, S. 1f.
14 Bußkamp 1992, S. 229.
15 Ebd., S. 84, 230.
16 Püttmann 1990, S. 233.
17 Bußkamp 1992, S. 84.
18 Ebd., S. 94.
19 Ebd., S. 239.
20 Vermessung der Herrschaft, Karte Haus Steinfurt.
21 Püttmann 1990, S. 235.
22 Bußkamp 1992, S. 234.
23 Püttmann 1990, S. 234.
24 Bußkamp 1992, S. 109.
25 Korn 1973, S. 299, Anm. 41.
26 Kat. Schlaun 1976, S. 150f., Abb. 42.
27 Staatsarchiv Münster, Herrschaft Büren, 390, fol. 51.
28 Dedikationsentwurf, Kat. Schlaun 1973, S. 14.
29 Dedikationsentwurf, Kat. Schlaun 1973, S. 14.
30 Kat. Schlaun 1976, S. 343.
31 Ebd., S. 48.
32 Ebd., S. 12, Abb. 2.
33 Mummenhoff 1973, S. 209.
34 Kat. Schlaun 1976, S. 49.
35 Bußkamp 1992, S. 53, Anm. 104.
36 Steckeling 1989, S. 294. Paß der kaiserlichen Botschaft in Rom für Schlaun für eine Reise nach Wien.
37 Volkhardt 1976, S. 153.
38 Kat. Schlaun 1973, Abb. 2, S. 12.
39 Kanalbaukonferenzen, Vermessungsarbeiten; Volkhardt 1976, S. 343.
40 Ebd. Kontrakt für Nordkirchen.
41 Rensing 1954, S. 37; Braubach 1973, S. 48; Hansmann 1973, S. 64.
42 Volkhardt 1976, S. 343.
43 Ebd.
44 Rensing 1954, S. 12.
45 Püttmann 1990, S. 235.
46 Volkhardt 1976, S. 343.
47 Korn 1973, S. 296, Anm. 3.
48 Volkhardt 1976, S. 344.
49 Korn 1976, S. 335, Anm. 39.
50 Ebd.
51 Ebd.
52 Kat. Schlaun 1973, Abb. 2, S. 12.
53 Korn 1976, S. 335, Anm. 39.
54 Rensing 1954, S. 38; Kat. Schlaun 1973, S. 344.
55 Bußkamp 1992, S. 245.
56 Rensing 1954, S. 26.
57 Korn 1976, S. 335, Anm. 39.
58 Ebd.
59 Kat. Schlaun 1976, Abb.2, S. 12.
60 Bußkamp 1992, S. 141.
61 Ebd., S. 142, S. 158, Anm. 28.
62 Rensing 1954, S. 38.
63 Ebd., S. 26.
64 Bußkamp 1992, S. 142
65 Volkhardt 1976, S. 350.
66 Bußkamp 1992, S. 158, Anm. 39.
67 Volkhardt 1976, S. 350.
68 Ebd., S. 344.
69 Kat. Schlaun 1976, S. 49-55, Plan Abb. 34.
70 Ebd., S. 55.
71 Volkhardt 1976, S 344
72 Kat. Schlaun 1976, S. 56.
73 Ebd., Abb. 2, S. 12.
74 Volkhardt 1976, S. 344.
75 Noehles Schlaun 1973, S. 129.
76 Volkhardt 1976, S. 344.
77 Ebd.
78 Rensing 1954, S. 26.
79 Volkhardt 1976, S. 344.
80 Ebd.
81 Ebd.
82 Wagner 1987, S. 128, 165.
83 Ebd., S. 141-44.
84 Ebd., S. 128.
85 Volkhardt 1976, S. 350.
86 Ebd., S. 344; s. a. Bußmann 1973, S. 119, Anm. 6.
87 Wagner 1987, S. 133.
88 Bußmann 1973, S. 119, Anm. 6.
89 Volkhardt 1976, S. 350.
90 Staatsarchiv Münster, Domkapitel, Amt Schöneflieth, 226.
91 Volkhardt 1976, S. 350.
92 Wagner 1987, S. 134.
93 Ebd.
94 Ebd., S. 135.
95 Volkhardt 1976, S. 344.
96 Ebd., S. 350.
97 Ebd., S. 344.
98 Korn 1973, S. 296, Anm. 3.
99 Volkhardt 1976, S. 345.
100 Kat. Clemens August 1987, S. 452; s. a. Kat. Schlaun 1976, S. 345 (differenziertere Daten).
101 Kat. Clemens August 1987, S. 452.
102 Ebd., S. 137, 452.
103 Ebd., S. 452.
104 Ebd.
105 Volkhardt 1976, S. 344.
106 Ebd., S. 344.
107 Bußmann 1973, S. 121, Anm. 13.
108 Ebd., S. 121, Anm. 13.
109 Ebd.
110 Rensing 1941, S. 35 ff.
111 Ebd.: Holzer wurde am 23. Juli in der Sögeler Kirche beigesetzt, Schlaun berichtete am 24. dem Bruder in Sils/Tirol. Ein bei Borchers, Kat. Schlaun 1973, Textteil S. 91, zitierter Brief Schlauns »aus Münster« vom gleichen Datum mit einem Baubericht über Clemenswerth ist irrig lokalisiert.
112 Volkhardt 1976, S. 345.
113 Kat. Schlaun 1973, S. 58f; s. a. Kat. Clemens August 1987, S. 452.
114 Ebd.
115 Ebd., S. 345.
116 Kat. Schlaun 1976, S. 58f.
117 Ebd.
118 Ebd.
119 Ebd.
120 Ebd., S. 61.
121 Volkhardt 1976, S. 345.
122 Korn 1976, Tafel 3, n. S. 312.
123 Volkhardt 1976, S. 345.
124 Ebd.
125 Kat. Schlaun 1976, Abb. 2, S. 12.
126 Korn 1976, Tafel 3, n. S. 312.
127 Volkhardt 1976, S. 350.
128 Korn 1976, Tafel 3, n. S. 312.
129 Volkhardt 1976, S. 345.
130 Korn 1976, Tafel 3, n. S. 312.
131 Volkhardt 1976, S. 345.
132 Ebd., S. 350.
133 Ebd., S. 346.
134 Ebd., S. 345.
135 Ebd., S. 346.
136 Ebd.
137 Kat. Schlaun 1976, S. 67.
138 Volkhardt 1976, S. 346.
139 Ebd.; Staatsarchiv Münster, Frstm. Münster, Pfennigkammer 111, fol 190, bringt Reisekostenrechungen aus 1745 für Schlaun »Borgsteinfort, Vechta und Meppen« (68-22-8 Rth).
140 Volkhardt 1976, S. 346.
141 Korn 1976, Tafel 3, n. S. 312.
142 Volkhardt 1976, S. 346.
143 Ebd.
144 Ebd.
145 Kat. Schlaun 1976, Abb. 2, S. 12.
146 Volkhardt 1976, S. 346.
147 Ebd.
148 Korn 1976, S. 292.
149 Ebd., S. 294.
150 Volkhardt 1976, S. 346.
151 Ebd.
152 Ebd., S. 350.
153 Ebd., S. 68, bezieht die Ortsangabe »ex aedibus Excellentissimi« auf Clemenswerth.
154 Ebd., S. 350.
155 Ebd.
156 Ebd., S. 346.
157 Korn 1976, S. 297.
158 Volkhardt 1976, S. 350.
159 Staatsarchiv Münster, Frstm. Münster, Kab. Reg. 420, fol. 7f.
160 Ebd.
161 Kat. Schlaun 1976, S. 85f.
162 Kat. Clemens August 1987, S. 452.
163 Ebd. und S. 137, Kat. Schlaun 1976, S. 346, nennen (nach Braubach) den 18.08.1747 als Datum der Übergabe des fertigen Schlosses Clemenswerth.
164 Volkhardt 1976, S. 346.
165 Boer 1976, S. 262.
166 Kat. Schlaun 1976, S. 87.
167 Kat. Schlaun 1973, S. 135.
168 Volkhardt 1976, S. 350.
169 Ebd.
170 Ebd., S. 346.
171 Ebd., S. 350.
172 Staatsarchiv Münster, Frstm. Münster, Kab. Reg. 420, fol. 14.
173 Volkhardt 1976, S. 350.
174 Staatsarchiv Münster, Frstm. Münster, Kab. Reg. 420, fol. 14.
175 Noehles 1973, S. 139.
176 Volkhardt 1976, S. 347.
177 Ebd., S. 350.
178 Ebd., S. 347.
179 Ebd.
180 Ebd.. S. 350.
181 Laut Güdings Chronik; s. Schaa 1973, S. 314.
182 Volkhardt 1976, S. 347.
183 Ebd., S. 350.
184 Kat. Schlaun 1976, S. 98f.
185 Noehles 1973, S. 139.
186 Ebd.
187 Volkhardt 1976, S. 99f., 347.
188 Geisberg 1933, Münster II, S. 275.
189 Volkhardt 1976, S. 347.
190 Ebd.
191 Ebd.
192 Ebd.
193 Ebd.
194 Ebd.

195 Kat. Schlaun 1976, S. 100.
196 Volkhardt 1976, S. 350.
197 Kat. Schlaun 1976, S. 101, 347.
198 Schlaun-Studie III, S. 101.
199 Volkhardt 1976, S. 347.
200 Ebd.
201 Ebd.
202 Ebd., S. 350.
203 Ebd.
204 Kat. Schlaun 1976, S. 102.
205 Ebd., S. 103; Volkhardt 1976, S. 347.
206 Volkhardt 1976, S. 350.
207 Kat. Schlaun 1973, Textteil, S. 174f.
208 Volkhardt 1976, S. 347.
209 Ebd., S. 350.
210 Boer 1976, S. 265.
211 Volkhardt 1976, S. 347.
212 Ebd., S. 161 f.
213 Ebd., S. 347.
214 Ebd.. S. 348.
215 Ebd.
216 Kat. Schlaun 1976, S. 110f.
217 Volkhardt 1976, S. 348.
218 Ebd.
219 Ebd.
220 Ebd.
221 Ebd.
222 Ebd.
223 Schaa 1973, S. 327f.
224 Kat. Schlaun 1976, S. 114.
225 Schaa 1973, S. 327f.
226 Volkhardt 1976, S. 348.
227 Ebd.
228 Ebd.
229 Kat. Schlaun 1976, S. 115f; Volkhardt 1976, S. 163, 348.
230 Volkhardt 1976, S. 348.
231 Ebd.; s.a. Rensing 1954, S. 32.
232 Volkhardt 1976, S. 348.
233 Staatsarchiv Münster, Herrschaft Desenberg, 7777. Frdl. Hinweis H. Warnecke.
234 Staatsarchiv Münster, Frstm. Münster, Kab. Reg., 1151.
235 Kat. Schlaun 1976, S. 116f.
236 Ebd., S. 117f.
237 Korn 1976, Tafel 3 n. S. 312.
238 Staatsarchiv Münster, Frstm. Münster, Kab. Reg. 1151, fol 2.
239 Volkhardt 1976, S. 163
240 Prot. in Staatsarchiv Münster, Frstm. Münster, Kab. Reg. 86; s.a. Geisberg 1932, Münster I, S. 327.
241 Volkhardt 1976, S. 348.
242 Staatsarchiv Münster, Frstm. Münster, Kab. Reg. 1999.
243 Staatsarchiv Münster, Frstm. Münster, Kab. Reg. 3277, fol. 7.
244 Volkhardt 1976, S. 348.
245 Ebd.
246 Archiv von Boeselager-Heimerzheim: Akten VI, 2(3); vgl. Höper 1991, S. 29.
247 Volkhardt 1976, S. 350.
248 Staatsarchiv Münster, Herrschaft Desenberg, 7777.
249 Volkhardt 1976, S. 350.
250 Staatsarchiv Münster, Frstm Münster, Kab. Reg. 1833, fol. 28,30,34,36,41.
251 Kat. Schlaun 1976, S. 119-22; Volkhardt 1976, S. 348.
252 Staatsarchiv Münster, Frstm Münster, Kab. Reg. 1833, fol. 39.
253 Volkhardt 1976, S. 348.
254 Ebd.
255 Ebd.
256 Ebd.
257 Ebd.; Kat. Schlaun 1976, S. 123 f.
258 Nolte 1980, S. 225.
259 Kat. Schlaun 1976, S. 127; Volkhardt 1976, S. 348.
260 Kat. Schlaun 1976, S. 129.
261 Volkhardt 1976, S. 350.
262 Staatsarchiv Münster, Frstm. Münster, Kab. Reg. 1833, fol. 55
263 Ebd. 1918.
264 Ebd. 3253.
265 Kat. Schlaun 1976, S. 131; Volkhardt 1976, S. 348.
266 Volkhardt 1976, S. 348.
267 Kat. Schlaun 1976, S. 132.
268 Ebd.
269 Bußmann 1973, S. 180.
270 Volkhardt 1976, S. 348.
271 Ebd.
272 Staatsarchiv Münster, Frstm. Münster, Kab. Reg. 67, fol 112.
273 Kat. Schlaun 1976, S. 134; Volkhardt 1976, S. 348.
274 Volkhardt 1976, S. 350.
275 Ebd., S. 348.
276 Ebd., S. 350.
277 Korn 1976, S. 297.
278 Volkhardt 1976, S. 139.
279 Staatsarchiv Münster, Frstm. Münster, Kab. Reg. 3091, fol. 04.
280 Ebd. 67, fol 89.
281 Geschichtsblätter Kreis Coesfeld, 5/1980, S. 84ff.
282 Ebd.
283 Ebd.
284 Volkhardt 1976, S. 349.
285 Kat. Schlaun 1976, S. 138f.
286 Geschichtsblätter Kreis Coesfeld, 5/1980, S. 86f.
287 Volkhardt 1976, S. 350.
288 Staatsarchiv Münster, Frstm. Münster, Kab. Reg. 1833, fol. 42.
289 Volkhardt 1976, S. 350.
290 Ebd., S. 349.
291 Nolte 1980, S. 225-29.
292 Bußkamp 1992, S. 214, Anm. 19, S. 258.
293 Kat. Schlaun 1976, S. 140.
294 Staatsarchiv Münster, Frstm. Münster, Kab. Reg. 67, fol 166.
295 Volkhardt 1976, S. 349.
296 Ebd.
297 Staatsarchiv Münster, Frstm. Münster, Kab. Reg. 67, fol 170.
298 Kat. Schlaun 1976, S. 144.
299 Volkhardt 1976, S. 349.
300 Kat. Schlaun 1976, S. 143.
301 Lahrkamp 1981, S. 205-7.
302 Volkhardt 1976, S. 349.
303 Ebd.
304 Nolte 1980, S. 230f.
305 Staatsarchiv Münster, Frstm. Münster, Kab. Reg. 67, fol 183.
306 Volkhardt 1976, S. 349.
307 Staatsarchiv Münster, Frstm. Münster, Kab. Reg. 67, fol 186. Das Papier aus Mitte/Ende August trägt eine deutlich durch Alter und Krankheit verkümmerte Unterschrift Schlauns.
308 Kat. Schlaun 1973, Bildteil, Nr. 92.35.
309 Bistumsarchiv Münster, KB Münster, Überwasser; Münsterisches Intelligenzblatt Jg. 1773, Meldung vom 25. Oktober, Archiv Verlag Aschendorff, Münster.
310 Ebd.
311 Bußkamp 1992, S. 82-91.
312 Ebd., S. 105-8.
313 Ebd., S. 94.
314 Kat. Schlaun 1973, Bildteil Nr. 5.
315 Ebd. Nr. 7.
316 Datierte und eigenhändig unterzeichnete Karte Schlauns im Besitz des Frhr. v. Landsberg-Velen, Haus Steinfurt, Drensteinfurt.
317 Kat. Schlaun 1973, Bildteil, Nr. 4.
318 Bußkamp 1992, S.109f.
319 Kat. Schlaun 1973, Bildteil, Nr. 8.
320 Ebd. Nr. 9.1 und 9.2.
321 Ebd. Nr. 9.3.
322 Ebd. Nr. 11.
323 Mummenhoff 1976, S. 207-36.
324 Kat. Schlaun 1973, Bildteil, Nr. 12.1.
325 Ebd. Nr. 12.2-13.
326 Ebd. Nr. 13; Püttmann 1990, S. 235.
327 Staatsarchiv Münster, Domkapitel Paderborn, Akten 1617, Blatt 301.
328 Kat. Schlaun 1973, Bildteil, Nr.17.
329 Ebd. Nr. 15.
330 Ebd. Nr. 16.
331 Bußkamp 1992, S. 111-31.
332 Kat. Schlaun 1973, Bildteil, Nr. 18.
333 Ebd. Nr. 13; s. a. Püttmann, Westfalen 68, 1990.
334 Aders 1976, S. 243.
335 Bußkamp 1992, S. 132-36.
336 Ebd., S. 132-36; Kat. Schlaun 1973, Bildteil Nr. 19.
337 Ebd. Nr. 13.
338 Ebd.
339 Ebd. Nr. 20.
340 Ebd. Nr. 21.
341 Schaa 1976, S. 243-54.
342 Kat. Schlaun 1973, Bildteil Nr. 22.
343 Ebd. Nr. 9.6; s.a. Mummenhoff 1973, S. 235, Anm. 52.
344 Kat. Schlaun 1973, Bildteil Nr. 23.
345 Ebd. Nr. 24.
346 Ebd. Nr. 25.
347 Ebd. Nr. 13.
348 Ebd. Nr.27.
349 Ebd. Nr.13.
350 Ebd. Nr. 29.
351 Kat. Schlaun 1976, S. 49.
352 Bußkamp 1992, S. 160-71.
353 Kat. Schlaun 1976, S. 29.
354 Kat. Schlaun 1973, Bildteil Nr. 28.
355 Püttmann 1990, S. 235.
356 Kat. Schlaun 1973, Bildteil Nr. 32.
357 Ebd. Nr. 31.
358 Ebd. Nr. 33 bzw. 92.
359 Ebd. Nr. 34 bzw. 53.
360 Ebd. Nr. 35.
361 Ebd. Nr. 36.
362 Ebd. Nr. 39.
363 Ebd. Nr. 37.
364 Ebd. Nr. 13.
365 Staatsarchiv Münster, Domkapitel, Amt Schöneflieth, Nr. 226.
366 Kat. Schlaun 1973, Bildteil Nr. 41.
367 Geisberg 1941, Münster VI, S. 290.
368 Kat. Schlaun 1973, Bildteil Nr. 42.
369 Ebd. Nr. 44.
370 Ebd. Nr. 45.
371 Bußkamp 1992, S. 172-84; Kat. Schlaun 1973, Bildteil Nr. 43.
372 Ebd., Nr. 9.5; s.a. Mummenhoff 1976, S. 207-36.
373 Kat. Schlaun 1973, Bildteil Nr. 46.
374 Geisberg 1937, Münster V, S. 178.
375 Kat. Schlaun 1973, Bildteil Nr. 55.4.
376 Ilisch 1973, S. 308, Anm. 23.
377 Kat. Clemens August 1987, S. 134; Borchers 1973, S. 81.
378 Geisberg 1937, Münster V, S. 178.
379 Kat. Clemens August 1987, S. 135f.
380 Borchers 1973, S. 81.
381 Ebd.
382 Kat. Schlaun 1973, Bildteil Nr. 47.
383 Ebd. Nr. 48.
384 Ebd. Nr. 49.
385 Ebd. Nr. 50.
386 Ebd. Nr. 51.
387 Mummenhoff 1986, S. 10.
388 Püttmann 1990, S. 237.
389 Kat. Schlaun 1973, Bildteil Nr. 53.

390 Mummenhoff 1986, S. 11.
391 Kat. Schlaun 1973, Bildteil Nr. 53; Noehles 1973, S. 139.
392 Volkhardt 1976, S. 114.
393 Kat. Schlaun 1976, S. 86.
394 Zinkann 1989, S. 113 ff.
395 Kat. Schlaun 1973, Bildteil Nr. 52; die Datierung durch Rensing ist unsicher; s.a. Bußkamp 1992, S. 185-94; hier wird als Fertigstellungsjahr 1748 angenommen. Schlaun selbst berichtet am 21.07.1747 (Staatsarchiv Münster, Frstm. Münster, Kab.Reg. 420, fol.8.), daß die Kirche im Herbst konsekriert werden könnte.
396 Kat. Schlaun 1973, Bildteil Nr. 55.1.
397 Staatsarchiv Münster, Frstm. Münster, Kab. Reg. 420, fol. 7 v.
398 Boer 1976, S. 261-69; Kat. Schlaun 1973, Bildteil Nr. 61.
399 Kat. Schlaun 1976, S. 87.
400 Geisberg 1937, Münster V, S. 105.
401 Kat. Schlaun 1973, Bildteil Nr. 56; Datierung unsicher.
402 Bußkamp 1992, S. 195-204.
403 Kat. Schlaun 1973, Bildteil Nr. 58; Ausführung wohl gemeinsam mit dem Aachener Stadtbaumeister L. Mefferdatis.
404 Kat. Schlaun 1973, Bildteil Nr. 57.
405 Ebd. Nr. 60.
406 Geisberg 1937, Münster V, S. 194-96; Kat. Schlaun 1973, Bildteil, Nr. 55.2.
407 Ebd. Nr. 54.5.
408 Ebd. Nr. 62.
409 Ebd. Nr. 64.
410 Ebd. Nr. 65.
411 Püttmann 1990, S. 237.
412 Kat. Schlaun 1973, Bildteil, Nr. 67.
413 Bußkamp 1992, S. 205f.
414 Kat. Schlaun 1973, Bildteil, Nr. 68.
415 Staatsarchiv Osnabrück, Dep. 63b (Stadtarchiv Meppen), Nr. 60.
416 Kat. Schlaun 1973, Bildteil, Nr. 69.
417 Ebd. Nr. 70.
418 Noehles 1973, S. 139.
419 Kat. Schlaun 1973, Bildteil, Nr. 71.
420 Ebd. Nr. 72.
421 Ebd. Nr. 73.
422 Ebd. Nr. 65.
423 Ebd. Nr. 74.
424 Ebd. Nr. 75.
425 Volkhardt 1976, S. 161f.
426 Kat. Schlaun 1973, Bildteil Nr. 80; s.a. Püttmann 1990, S. 237.
427 Kat. Schlaun 1976, S. 109f.
428 Kat. Schlaun 1973, Bildteil Nr. 76.
429 Ebd. Nr. 77.
430 Ebd. Nr. 78.
431 Ebd. Nr. 79.
432 Ebd. Nr. 38; s.a. Püttmann 1990, S. 236.
433 Rensing 1954, S. 33.
434 Kat. Schlaun 1973, Bildteil Nr. 81.
435 Ebd. Nr. 82.
436 Ebd. Nr. 83.
437 Hermann Terhalle, *Die Berkelschiffahrt*, Vreden 1975, S. 53.
438 Bußkamp 1992, S. 207; s.a. Kat. Schlaun 1973, Bildteil Nr. 93.
439 Ebd. Nr. 84.
440 Ebd. Nr. 85.
441 Ebd. Nr. 86.
442 Kat. Schlaun 1976, S. 125-28, 132, 134, 142f.
443 Kat. Schlaun 1973, Bildteil, Nr. 87.
444 Ebd. Nr. 88.
445 Ebd. Nr. 89.
446 Ebd. Nr. 90.
447 Püttmann 1990, S. 237.
448 Kat. Schlaun 1973, Bildteil, Nr. 92.
449 Ebd. Nr. 91.
450 Bußkamp 1992, S. 207-15.
451 Kat. Schlaun 1976, S. 141.
452 Ebd., S. 144.
453 Schaa 1976, S. 258.
454 Rensing 1954, S. 33.

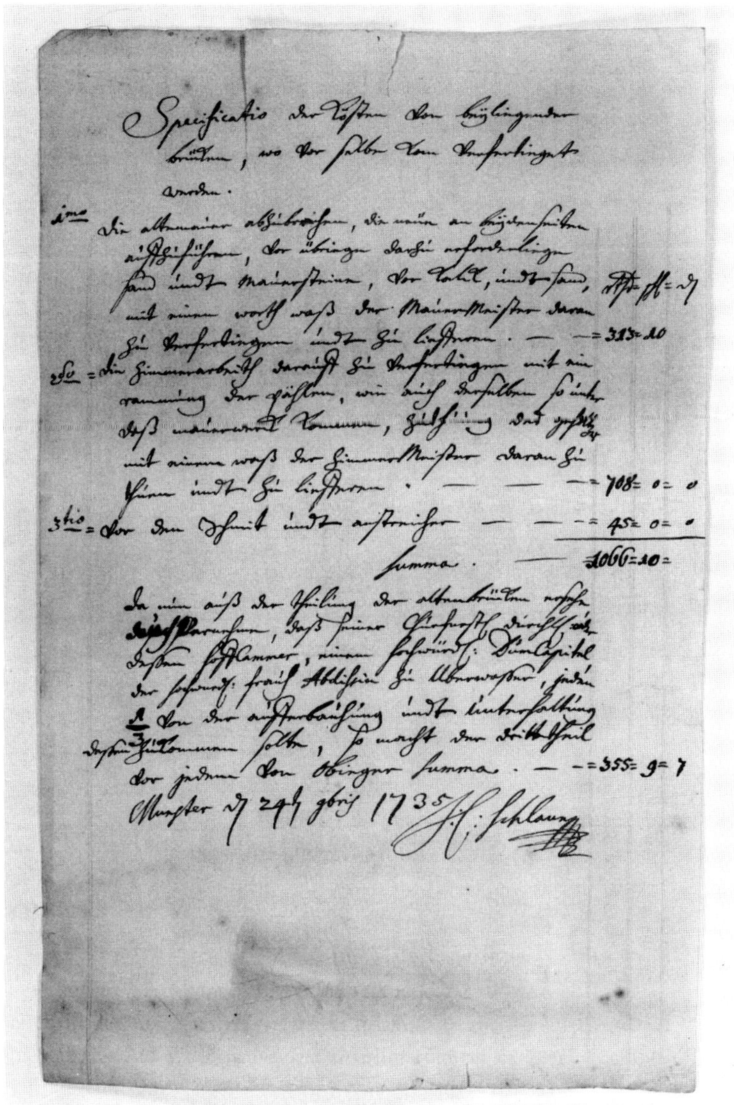

Johann Conrad Schlaun – Kostenauflistung für den Bau einer Brücke vom 24. 11. 1735

Glossar der Fachterminologie

ÄDIKULA (lat.) Bezeichnet ursprünglich einen kleinen, einer antiken Tempelfront ähnlichen Aufbau zur Unterbringung einer Statue; seit dem Mittelalter jede aus Säulen, Pfeilern oder Pilastern und einem Giebel in Dreieck- oder Segmentbogenform bestehende Umrahmung von Nischen, Fenstern Portalen, Altären usw. In der Barockarchitektur dient die Ädikula vor allem zur Gliederung großer Wandflächen.

ALTAN (von ital. altana) Ein bis zum Erdboden unterbauter und mit einer Brüstung versehener balkonähnlicher Austritt an oberen Stockwerken, der Balkon im Gegensatz dazu ist frei vorkragend.

ALTAR Stätte des eucharistischen Mahles, in der Regel aus Stein oder Holz. Auf der fundamentigen Altarplatte, der Mensa, oder hinter dem Altar wird oft eine Schauwand, das Retabel, angebracht, das durch das Antependium, meist eine kunstvoll bearbeitete Tafel oder ein Stoffbehang, dekoriert werden kann, teilweise durch die sockelartige Predella noch einmal erhöht und als zentraler Hochaltar oft von zwei kleineren Seitenaltären flankiert wird. Während im Mittelalter und in der Renaissance der Flügelaltar durch die Möglichkeit des Auf- und Zuklappens verschiedener Darstellungen den liturgischen Gegebenheiten angepaßt werden konnte, überwiegt im Barock das zentrale Altarblatt, häufig ein Gemälde, das sich zusammen mit der rahmenden Architektur des Altars in Form einer Ädikula als bühnenartige Schauwand präsentiert.

ANTEPENDIUM (lat.) Vordere Bekleidung des Altarblocks, oft aus Metall, Mit Edelstein- oder Elfenbeinschmuck, auch aus Holz oder kostbarem Stoff.

ANTICHAMBRE (franz.) Vorzimmer in Schlössern und Adelspalästen, oft zwei bis drei hintereinander liegende Räume als Warte-, Empfangs- oder Botenzimmer.

APPARTEMENT (franz.) Bezeichnung für eine Gruppe zusammengehöriger Zimmer bzw. eine Raumfolge in Schlössern und Adelspalästen, Appartement double bezeichnet die symmetrische Verdopplung von Raumfolgen.

APSIS/KONCHE (griech.) Rundung, Bogen. In spätrömischer Zeit aufkommende Bezeichnung für einen halbkreisförmigen, mit einer Halbkuppel überwölbten Raum, der an den Hauptraum angebaut ist und sich meist in seiner vollen Breite und Höhe zu diesem öffnet. Als Konche bezeichnet man eigentlich nur die einer Muschel vergleichbare Halbkuppel einer Apsis, heute allgemein für einen halbrunden Anbau gebrauchter Begriff.

ARCHIDIAKONAT Ein Archidiakon ist zunächst Leiter des Kollegiums der Diakone an einer Bischofskirche, später Stellvertreter des Bischofs. Im Mittelalter selbständiger Leiter der ihm zugeordneten Sprengel (Archidiakonate) eines Bistums. Diese bestanden bis zur Säkularisation 1803.

ARCHITECTURA CIVILIS, ARCHITECTURA MILITARIS (lat.) Zivilbaukunst. Die Architekturtheorie unterscheidet zwischen der Zivilbaukunst und der Militärbaukunst (architectura militaris). In der Regel mußte der barocke Baumeister, oft zugleich Architekt und Ingenieur, sowohl militärische Anlagen, wie Festungen, als auch zivile Bauten, Schlösser, Residenzen, Wohnhäuser, errichten können.

ARCHITRAV Waagerechter Balken aus Holz oder Stein über zwei Stützen, der die Dach- oder Giebelkonstruktion trägt.

ARKADE Bogen über Säulen oder Pfeilern, auch eine Reihe solcher Bogenstellungen wird als Arkade bezeichnet.

ARTES LIBERALES Das System der ›Septem Artes Liberales‹, der Sieben freien Künste, enthielt und ordnete im Mittelalter den Lehrstoff und zugleich den Gang der höheren Bildung. Es umfaßte in der Regel Grammatik, Rhetorik, Dialektik, Arithmetik, Geometrei, Musik und Astronomie und schloß sich an den Elementarunterricht an. Innerhalb dieses Systems werden zwei Gruppen unterschieden: 1) die der »rechenden« Künste, das sogenannte Trivium (der Dreiweg), bestehend aus Grammatik, Rhetorik und Dialektik und 2) die der »rechnenden« Künste, das sogenannte Quadrivium (der Vierweg), der die Bereiche Arithmetik, Geometrie, Musik und Astronomie umfaßt. Die Philosophie verteilte die sieben Künste auf das Trivium im Bereich der Logik und das Quadrivium im Bereich der Physik.

ARTES MINORES Im Unterschied zu den Sieben Freien Künsten, den artes liberales, der Allgemein- und Seelenbildung, ist artes minores seit dem Mittelalter die Bezeichnung für die rein körperlichen Tätigkeiten (Handwerke, z. B. für die Baukunst).

ATTIKA (lat.) Niedriger Aufbau über dem Hauptgesims eines Bauwerks als oberer Abschluß eines Gebäudes, der den Dachansatz verdeckt. Herkunft von antiken Triumphbögen, wo sie zur Anbringung von Inschriften und als Sockel für Skulpturen diente, im Barock oft als Attikageschoß ausgebildet. Die Balustrade, eine geländerartige Brüstung.

AUSKRAGUNG Das Vorspringen eines Bauwerkes oder eines Bauteiles, z. B. eines Erkers oder eines Balkons.

BALUSTRADE (franz.) Ein aus Balustern (ein untersetztes Stützglied aus Stein oder Holz an einer Brüstung oder einem Geländer) gebildetes durchbrochenes Geländer an Treppen, Brücken, Balkonen usw. oder als Dachabschluß. Die Balustrade ist die typische Form von Geländern und Brüstungen der Renaissance und des Barock, oft wird sie auch durch Pfeiler in einzelne Abschnitte unterteilt.

BANDELWERK Symmetrische, geschwungene Bänder, die rankenähnliche Ornamente bilden. Dekoration des frühen 18. Jahrhundert, mitunter von figürlichen Motiven durchsetzt, besonders häufig als Wand- und Deckenstukkaturen.

BASIS Der ausladende Fuß einer Säule oder eines Pfeilers.

BASTION (franz.) Ursprünglich ein aus der Stadtmauer rund vorspringendes Verteidigungswerk, das im 16. Jh. aufkam und zur Aufstellung von Geschützen diente, mit denen ein von mehreren Seiten andringender Feind beschossen werden konnte.

BELÉTAGE (franz.) Das architektonisch und funktional hervorgehobene Hauptgeschoß eines Gebäudes, in der italienischen Architektur spricht man von dem Piano nobile.

BELVEDERE (ital.: Schönblick; franz. Bellevue) Bezeichnet einen architektonisch gestalteten Aussichtspunkt in Parkanlagen oder eine Aussichtsterasse auf dem Dach oder im Dachgeschoß von Wohnhäusern, Villen, Palästen und Schlössern; ebenso als Name von schön gelegenen Gartenpalästen und Lustschlössern, vornehmlich der Renaissance und des Barock.

BLENDFELD Vertieftes Wandfeld in der Fassadengliederung.

BOISERIE (franz.) Getäfel, Tafelwerk

BOSKETT (franz. und ital.) Teil des barocken Gartens, in direktem Anschluß an das Broderieparterre, der aus streng beschnittenen, geometrisch oder ornamental angelegten Buchshecken besteht, in Sonderfällen auch als Irrgarten. (Gehölzgruppe)

BOSSE Die nur roh zugerichtete, daher buckelige Fläche eines Steines (bossieren, Bossierung).

BOZZETTO (ital.) Erster, plastischer, skizzenhafter Entwurf für eine Skulptur aus Ton, Wachs, Gips, Kreide, Pappmaché oder Stuck. Der Bozzetto kam in der italienischen Frührenaissance auf. Seine Blütezeit war im Barock.

CAMPANILE (von ital. campana: Glocke) Freistehender Glockenturm.

CHARMILLE Allee, Hagebuchengang, -hecke oder -laube.

CHOR Der für das Gebet der Mönche bestimmte Platz in der Kirche. In der Architektur Bezeichnung für den meist östlichen Abschluß der Kirche.

CHORSCHLUSS Der Abschluß des Chors kann gerade, d. h. flach geschlossen, halbrund oder polygonal aus mehreren Seiten eines Vielecks gebildet sein, besteht z. B. der Chor aus fünf Seiten eines Achtecks, so spicht man von einem 5/8-Schluß.

CORETTO (ital.) Kleiner, logenartiger Balkon im Innenraum, der sich zu großen Sälen oder Kirchenräumen öffnet.

CORPS DE LOGIS (franz.) Mittleres Hauptgebäude einer zumeist mehrflügeligen Schloßanlage, in der die Herrschaft residiert.

COUR D'HONNEUR (franz.) Der von drei Flügeln umgebene Ehrenhof auf der Eingangsseite einer barocken Schloßanlage.

DACHFORMEN Die Form eines Daches wird nach der Anordnung der geneigten Dachflächen zueinander bestimmt. Die einfachste und häufigste Form ist das Satteldach aus zwei gegeneinander ansteigenden Dachflächen, wobei senkrechte dreieckige Giebel entstehen. Wenn bei einem Satteldach diese beiden Giebelfelder durch je eine weitere Dachfläche ersetzt wird, spricht man von einem Walmdach, wenn nur der obere Teil der Giebel abgewalmt ist, von einem Krüppelwalmdach. Das nach dem französischen Architekten des 17. Jahrunderts benannte Mansarddach ist ein geknicktes Dach mit steilerer Neigung im unteren und flacherer Neigung im oberen Teil. Bei dem Dach oder dem Helm eines im Grundriß quadratischen Gebäudeteils unterschiedet man zwischen dem Zelt- und dem Kegeldach. Turmdächer mit geschweifter Kontur werden Haubendach (Dachhaube) oder Kuppeldach genannt. Zu den Haubendächern gehören die Welsche Haube (Zwiebeldach, seltener Kaiserdach), die unten konvex und oben konkav geschweift sind, und das umgekehrt geschweifte Glockendach. Den bekrönenden Abschluß auf dem Dachfirst durch einen türmchenartigen Aufbau nennt man Dachreiter, der als Lichtquelle für den Innenraum dienende wird auch Laterne genannt.

DÉGAGEMENT (franz.) Verborgener Nebenausgang, Nebentreppe.

DOMKURIE Den Angehörigen des Domkapitels wurde ein Grundstück in der Domfreiheit zur Verfügung gestellt, das sie aus ihren Mitteln zu bebauen hatten. Im 18. Jahrhundert wurden die Domkurien in der Regel als Dreiflügelanlagen um einen Ehrenhof errichtet.

EMPORE Galerieähnlicher Aufbau in einem Kirchenbau, der entweder im Innenraum steht oder sich in der Regel beidseits des Mittelschiffs zu diesem hin öffnet. In funktionaler Hinsicht unterscheidet man zwischen Nonnenemporen in Klosterkirchen und Emporen für Fürsten und Kaiser oder aber architektonisch genutzten Emporen wie zum Beispiel für die Orgel.

ENFILADE (franz.) Bezeichnet eine Zimmerflucht, bei der die Tür- und Fensteröffungen an einer Achse liegen, so daß bei geöffneten Türen eine Durchsicht vom ersten bis zum letzten Zimmer möglich ist.

ENTRESOLE (franz.) Niedriges Zwischengeschoß, meist von den Treppenaufgängen aus zugänglich, wobei die Geschoßhöhe halbiert und ein Zwischenboden eingezogen wird. Die Entresoleräume waren für Garderoben oder als Zimmer für das Dienstpersonal vorgesehen.

EPITAPH (griech.) An der Außen- oder Innenwand einer Kirche aufgestelltes oder -gehängtes Mal zum Gedächtnis an einen Verstorbenen, meist mit einer ausführlichen Inschrift und figürlichen Darstellungen versehen. Das Epitaph ist oft nicht mit der Grabstätte identisch und wurde in Renaissance und Barock zu einem prunkvollen, architektonisch gegliederten Grabdenkmal mit reichem plastischem Schmuck.

ESPLANADE (span.-franz., von lat. planus: eben) Die Esplanade bezeichnet zum einen eine künstlich eingeebnete freie Zone, in Festungen zwischen Zitadelle und Stadt. Daneben versteht man unter dem Begriff auch eine besonders breite Straße, die meist bei einer Stadterweiterung an Stelle der Befestigung angelegt wurde.

ETAGE NOBLE (ital.) Belétage, Etage noble, Hauptgeschoß eines größeren Gebäudes mit Repräsentationsräumen, meist über dem Erdgeschoß.

ETANGS (franz.) Teich, Weiher

FASANERIE Nebengebäude im Garten einer barocken Schloßanlage für die Haltung seltener Vogelarten.

FAUSSE BRAIE Unterwall; in die vordere Wallböschung eingeschobene, vor dem Hauptwall verlaufende Wallstufe einer Befestigungsanlage.

FESTON (franz.) Dekorationsmotiv in Form von bogenförmig durchgehenden oder glatt herabhängenden Gewinden aus Laub, Blumen und Früchten.

FLANKE Die rechte oder linke Seite eines Gegenstandes in ihrer ganzen Ausdehnung in die Tiefe. In der Befestigungskunst sind Flanken Verteidigungsanlagen, von denen aus das Vorgelände einer anderen Anlage flankiert, d. h. ein dagegen angreifender Gegner in seiner Flanke beschossen werden kann.

FRONTISPIZ Frontgiebel, Giebeldreieck über dem Mittelrisalit eines Gebäudes, auch über Türen und Fenstern, wird oft mit dem französischen Wort ›±Fronton‹ bezeichnet.

GADEM (von lat. gades) Eingezäunter Ort
Als »Gadem« bezeichnet man ein kleines Zimmer oder Gemach, Kammer, einen Raum zum Wohnen. In Münster kommt der »Kramgadem« vor, ein Raum im Hause des Kramers zur Ausübung seines Gewerbes, oft mit einer sogenannten »Feiltür« ausgestattet, einem herunterklappbaren Laden, auf dem die Ware feilgehalten wurde. Vor allem bedeutete Gadem aber in Münster ein kleines, zunächst einräumiges Reihenhaus, dessen Traufe parallel zur Straße stand, wobei zwei Häuser einen gemeinsamen Kamin hatten. Auch nicht Wohnzwecken dienende kleine Nebenhäuser (Holzställe, Back- und Brauhäuser) wurden manchmal Gadem genannt. Diese Wohnhäuser sind aus dem Münsteraner Stadtbild nach den Zerstörungen des Zweiten Weltkrieges verschwunden, in Norddeutschland waren sie allgemein häufig im 17. und 18. Jahrhundert anzutreffen.

GARTEN In der Barockzeit war die Gartenanlage unerläßlicher Bestandteil repräsentativer Architekturen wie Schloß oder Adelssitz und bedeutet die Fortführung der gebauten Architektur in die Natur. Im 17. und 18. Jahrhundert überwiegt der französische Garten, der symmetrisch um eine Mittelachse angelegt und durch Parterres, ebene Gartenflächen, und Bosketts, geometrisch oder ornamental angelegte Hecken gegliedert ist. Am Ende der Hauptachse steht oft eine Gloriette, ein kleiner Pavillon, der manchmal Räumlichkeiten zum privaten Rückzug aufweist. Der italienische Garten dagegen ist regelmäßig um ein Zentrum konzipiert, während der englische Landschaftsgarten seit dem späten 18. Jahrhundert malerischer und natürlicher oft als Park gestaltet ist, also die geometrische Strenge des Barockgarten negiert. Bestandteil des Parks war meist ein Tiergehege.

GEBÄLK Horizontales Bauglied, meist als Auflager auf Säulen. Das Gebälk besteht aus Architrav, dem untersten »Trägerteil« des Gebälks, dem Fries, ein horizontal verlaufendes Schmuckband, und dem abschließenden Kranzgesims.

GIEBEL Bezeichnet entweder die Abschlußform eines Satteldaches, einer Ädikula oder anderer Bauteile wie Fenster oder Portal. Der Giebel kann dreieckig, segmentbogenförmig, abgetreppt (Treppen- oder Staffelgiebel) oder kurvenfömig ausgebildet sein. Seit der Renaissance werden Giebel durch geschwungene Voluten geschmückt, die Mitte eines Giebels ist, besonders in der Barockzeit, teilweise nicht geschlossen (»gesprengter« Giebel). Der Giebel über dem Mittelrisalit eines Gebäudes heißt Frontgiebel oder Frontispiz, als Blend- oder Ziergiebel werden auch Giebel bezeichnet, denen kein Dachquerschnitt entspricht.

GIRLANDE Durchhängendes Blumen- oder Blattgewinde, mit Früchten oder Bändern durchsetzt. Dekorationselement der Renaissance und des Barock.

GLORIETTE Kleiner Pavillon im französischen Garten, oft in der Hauptachse, der manchmal Räumlichkeiten zum privaten Rückzug aufweist.

GRÄFTE Wassergraben um ein Landhaus oder eine Burg.

GRISAILLE (franz.) bezeichnet die einfarbige (monochrome) Malerei grau in grau, zuweilen auch steinfarben oder bräunlich in feinen Helldunkelabstufungen; in allen Maltechniken üblich.

GURTBOGEN Verstärkungsbogen eines Gewölbes, der quer zur Längsachse des Gebäudes oder Raumes verläuft. Der Gurtbogen trennt beispielsweise die einzelnen Joche einer Kirche. Sein Pendant, der sogenannte Scheidbogen, trennt hingegen die Schiffe voneinander.

GUTTAE Tropfenartige Gebilde der Dorischen Ordnung (die älteste der griechischen Säulenordnungen, benannt nach den Dorern, einem der Hauptstämme Altgriechenlands), die in drei Gruppen zu sechs Tropfen an den Mutuli (Dielenköpfe) und außerdem in zwei Gruppen zu sechs Tropfen unter der Regula, eine schräge Gesimsleiste des Gebälks, angebracht sind.

HERME Büste, die unmittelbar aus einem hohen Sockel herauswächst, oft als tragendes Architekturteil anstelle einer Säule oder eines Pilasters.

KÄMPFER Bezeichnet die meist durch ein profiliertes Gesims betonte Zone, an der die Krümmung eines Bogens oder eines Gewölbes beginnt, und an der die Lasten eines Bogens oder eines Gewölbes vom aufgehenden Mauerwerk aufgenommen werden.

KALOTTE (franz.) Haube, Kappe. Bezeichnet die Fläche einer Flachkuppel oder eines sphärischen Gewölbes.

KANNELUREN (griech.-lat. canna: Rohr) Senkrechte konkave Rillen am Schaft eines Pfeilers oder einer Säule. Gliederungselement, das aus der antiken Säulenordnung übernommen und seit der Renaissance wiederverwendet wurde. Die Kanneluren können im unteren Teil des Schaftes mit sogenannten Pfeifen, kleinen wulstartig hervortretenden Rundstäben, gefüllt sein.

KANZEL Der im Innenraum einer Kirche eingerichtete Standort für den Prediger ist neben dem Altar, der Orgel und dem Taufbecken das wichtigste Ausstattungsstück. Der erhöhte Kanzelkorb steht zumeist auf ein oder mehreren Stützen und wird über eine Freitreppe betreten. Den oberen baldachinartigen Abschluß der Kanzel nennt man Schalldeckel, der ebenso wie der Kanzelkorb mit einem reichen figürlichen oder dekorativen Skulpturenprogramm verziert ist.

KAPITELL Ausladendes Kopfstück einer Säule oder eines Pfeilers.

KARNIES (span. carnisa) Gesims- oder Leistenprofil mit S-förmiger Kontur, das aus einem konvexen (Stab) und einem konkaven Element (Kehle) besteht. (Glokenleiste)

KARTUSCHE Medaillonförmiges Ornamentmotiv mit Volutenrahmung, das für Wappen, Inschriften oder als reine Zierform in Architektur und Kunsthandwerk verwendet wurde.

KARYATIDE (griech.: Tänzerin aus Karyä) Mädchengestalt mit korb- oder polsterförmigem Kopfputz, die anstelle tektonischer Stützen ein Gebälk trägt.

KASKADE (ital. cascare: fallen) Bezeichnet einen künstlich abgetreppten Wasserfall, hauptsächlich in Parkanlagen der Renaissance und des Barock.

KIRCHENBAU Im Bereich des christlichen Gotteshauses unterscheidet man in funktionaler Hinsicht zwischen Bischofs-, Pfarr-, Wallfahrts- und Klosterkirchen, in der Grundrißdisposition zwischen Zentral- und Langbauten, der einschiffigen Saalkirche, der mehrschiffigen Basilika mit abgestuften Höhen der einzelnen Schiffe und der Hallenkirche mit gleich hohen Schiffen. Den Mittelpunkt und Abschluß einer Kirche bildet die Apsis bzw. der Chor, die von Nebenräumen, wie etwa der Sakristei, flankiert werden können.

KOLOSSALORDNUNG Säulen oder Pilaster, die samt ihrer Sockel mehrere Geschosse einer Fassade zusammenfassen.

KOMMENDE Versammlungs- bzw. Verwaltungsgebäude der geistlichen Ritterorden, wie der Johanniter, Maltheser oder Deutschordensherren; der Komtur war der Vorsteher einer Kommende. Kommende bezeichnet daneben auch einen Begriff aus dem katholischen Kirchenrecht, die Übertragung der Einkünfte eines Kirchen- oder Klostervermögens unter Befreiung von den Amtspflichten.

KONSOLE (franz.) Vorspringendes Trageelement, im Steinbau ein vorkragender Stein, auf dem ein Bogen, ein Gesims, Skulpturen, Balken, Balkone u. ä. ruhen.

KRANZGESIMS Als Gesims bezeichnet man ein meist horizontales Bauelement, das eine Außenwand in einzelne Abschnitte gliedert. Die Grundform des Gesimses besteht aus vorspringenden Platten mit waagerechter Begrenzung, die ebenso schräge Abdeckflächen haben (Schräggesims) oder unterschnitten sein können (Kaffgesims, Wasserschlag). Das Kranzgesims ist ein stark über die Mauerflucht ausladendes Gesims meist unterhalb des Dachansatzes, das unter der Abdeckplatte noch zusätzliche Schmuckelemente wie Hohlkehlen, Friese, Konsolen oder Reliefstreifen aufweist.

KEILSTEIN Keilförmiger, nach unten schmal zulaufender Stein für den Bau von Bögen oder Gewölben. Keilsteine im Bogenscheitel von Fenstern oder Portalen werden zumeist durch ihre Größe und ihren teilweise ornamentalen Schmuck besonders hervorgehoben.

LAMBRIS (franz.) Deckgetäfel, Tafelwerk aus Holz, Täfelung an Zimmerwänden, ebenso als Gipsverkleidung.

LATERNE (von lat. lanterna: Lampe) Turmartiger Aufbau als bekrönender Abschluß auf dem Dachfirst, der als Lichtquelle für den Innenraum dient.

LISENE Leicht hervortretende, vertikale Mauerverstärkung zur Gliederung einer Fassade, im Gegensatz zum Pilaster ohne Basis und Kapitell.

LOGGIA (ital.) Offene Laube oder Säulenhalle eines Bauwerks, selten unterhalb des Daches, aber sehr oft als selbständige, offene Säulenhalle an Plätzen anzutreffen.

LÜNETTE Halbkreisförmiges, meist dekoriertes Wandfeld über einer Tür oder einem Fenster.

MAISON DE PLAISANCE/LANDHAUS Das herrschaftliche Anwesen auf dem Lande im Gegensatz zur Residenz des Stadtpalastes im Zeitalter des Barock bezeichnet eine Architektur, die sowohl die funktionalen Bedingungen eines landwirtschaftlichen Betriebs wie auch die repräsentativen Ansprüche der Bewohner zu erfüllen hatte, darüber hinaus aber nicht den alltäglichen Gebrauchsansprüchen eines Dauerwohnsitzes genügen mußte. In den warmen Sommermonaten ließ man die Geschäfte in der Stadt ruhen, um sich auf dem Lande zu erholen, zu vergnügen und sich der vermeintlichen bäuerlichen Idylle hinzugeben. Vorbild für das Landhaus des deutschen Barock ist vor allem die italienische Villa des 16. Jahrhunderts, zum Beispiel im Veneto durch Andrea Palladio vorgebildet, und die französische Maison de plaisance (Lusthaus) bzw. Maison de campagne (Landhaus) des 17. und 18. Jahrhunderts. In Westfalen wird der Typus auch für die Herrenhäuser der Landgüter des Adels verwendet.

MARSTALL Nebengebäude einer Schloßanlage zur Unterbringung der Pferde (Stallgebäude). Neben den Stallungen können sich im Gebäude ebenso Räume für die Stallknechte und Appartements für Gäste befinden.

MAUERWERK Im Barock verwendete man prinzipiell drei verschiedene Arten des Mauerwerks zur Fassadengestaltung: das Ziegel- oder Backsteinmauerwerk kann nachträglich verputzt sein, so daß die Steinlagen nicht mehr erkennbar sind und eine gleichmäßige Wandfläche entsteht. Der Werk- oder Haustein bezeichnet den sorgfältig von allen Seiten behauenen, rechteckig geformten Naturstein. Im 17. und 18. Jahrhundert benutzte man häufig den unverputzten rotbraunen Ziegel für die Wandflächen in Kombination mit dem Haustein aus gelb-beigem Sandstein für die Dekorationsformen wie zum Beispiel Fenster- und Portaleinfassungen. Die Rustika bezeichnet ein Mauerwerk aus roh behauenen Bruch- oder Werksteinen, oft mit Randschlag versehen und entweder in der Rohbehauung stehengelassen (»in Bosse«) oder fein bearbeitet; die Rustika wurde meist für die Sockelzone eines Gebäudes verwendet.

MAUSOLEUM Grabmalsbau

MENSA Platte eines Altares, die auf Stipes (Stützen) oder auf einem Block aufliegt.

MEZZANIN Niedriges Halb- oder Zwischengeschoß, meist zwischen dem obersten Stockwerk und dem Dach angeordnet.

MONSTRANZ (lat.) Schaugefäß für die geweihte Hostie in einem aus Edelmetall gefertigtem Ziergehäuse, das in der Gotik meist turmförmig, im Barock scheiben- oder strahlenförmig gestaltet ist.

PANNEAU (franz.) Füllung/Fläche innerhalb einer erhöhten Einfassung; Holzplatte, auch Fläche eines behauenen Steins.

PARTERRE EN BRODERIE (franz.) Unmittelbar vor dem Schloß gelegener ebener Gartenteil, dessen Teppichbeete durch geordnete Blumen, seltener Kieselsteine zwischen niedrigen Hecken (Bosketts) wie eine Stickerei gemustert sind. Diese Gartenflächen sind typische Bestandteile des Barockgartens.

PIANO NOBILE (ital.) Belétage, Etage noble, Hauptgeschoß eines größeren Gebäudes mit Repräsentationsräumen, meist über dem Erdgeschoß.

OCHSENSENAUGE Meist elliptisches Rundfenster.

OKULUS Kreisrundes Fenster.

ORANGERIE Gewächshaus im Garten einer barocken Schloßanlage, meist für exotische Pflanzen.

ORATORIUM Betsaal oder kleine Kapelle, meist im Emporengeschoß neben dem Chor, mit Fensteröffnungen zu diesem.

ORGEL Die Orgel als liturgisch wichtigstes Musikinstrument einer Kirche wurde im Barock meist auf der Westseite über dem Eingang auf einer eigens dafür eingerichteten Empore installiert und an ihrer Schauseite durch einen dekorierten Prospekt präsentiert.

PARTERRE (franz.) Teil des französischen Gartens; bezeichnet die ebenen Gartenflächen.

PATROZINIUM Kirchen stehen unter dem Patrozinium, das heißt der Schutzherrschaft des Heiligen, dem sie geweiht ist, dessen Grab sie auch zuweilen beherbergen. Im Mittelalter war der Kirchenpatron juristisch der Besitzer der Kirche und ihrer Güter.

PAVILLON (franz.) Bezeichnet entweder einen kleinen freistehenden Bau wie zum Beispiel einen Gartenpavillon oder aber einen mit dem Schloß durch eine Galerie oder unmittelbar verbundenen Baukörper, der durch das Dach von diesem klar abgetrennt ist.

PATTE D'OIE (franz.) Gänsefuß, im französischen Garten der Knotenpunkt dreier Wege.

PENDENTIF Hänge- oder Eckzwickel. Bezeichnet den Übergang vom quadratischen Grundriß des Unterbaus zum Kreis einer Kuppel in Form konkav gewölbter, sogenannter sphärischer Dreiecke; die Seiten des Dreiecks sind dabei nicht gerade und gleichseitig sondern viertelkreisförmig ausgebildet, so daß eine fließende Überleitung zum Rund der Kuppel erfolgt.

PILASTER Im Gegensatz zum freistehenden rechteckigen Pfeiler ist der Pilaster ein immer mit der Wand verbundener flacher Pfeiler. Im Barock verwendet man oft die kolossale Pilasterordnung, die mindestens zwei Geschosse der Außenfassade oder des Innenraums gliedert. Im Gegensatz zur Lisene hat der Pilaster wie die Säule auch Basis und Kapitell.

PLAFOND (franz.) Flachdecke

POLYGON, POLYGONAL
Vieleck, vieleckig.

PONTIFIKAT Amtsdauer eines Papstes oder eines Bischofs.

PORTIKUS (lat.) Eine von Säulen oder Pfeilern getragene Vorhalle vor der Hauptfront eines Gebäudes.

PRÄBENDE Zuteilung aus Benefizien und Pfründen, im katholischen Kirchenrecht ein von der zuständigen kirchlichen Autorität errichtetes Rechtsinstitut, das aus Kirchenamt und nutzungsfähiger Vermögensmasse besteht, deren Ertrag den Unterhalt des Amtinhabers sichern soll.

PREDELLA Der auf der Altarmensa aufsitzende Sockel eines Retabels oder eines Flügelaltars, meist mit Malereien oder Bildwerken geschmückt oder als Reliquienbehälter genutzt.

RAVELIN (franz.) Halbmondschanze, ursprünglich halbkreisförmige Schanze, ab dem 16. Jahrhundert drei- oder fünfeckig.

REFEKTORIUM (lat.) Speisesaal in einem Kloster, meist in dem der Klosterkirche gegenüberliegenden Flügel des Kreuzganges, kann jedoch auch als eigener Baukörper quer zum Kreuzgang angeordnet sein. Zisterzienserklöster hatten zwei Refektorien, eines für die Laienbrüder und ein anderes für die Mönche, letzteres das baulich bedeutendere.

REMISE Nebengebäude einer Schloßanlage zur Unterbringung der Kutschen.

RETABEL Altaraufsatz, entweder direkt auf der Mensa, auf einem Zwischenstück (Predella) oder hinter dem Altar auf einem eigenen Unterbau als Schauwand. Mit Bildern oder Skulpturen geschmückt, meist aus Holz oder Stein.

RISALIT (ital.) Der vor die Flucht des Hauptbaukörpers vorspringende Bauteil, der auch höher als dieser sein kann und oft ein eigenes Dach hat, so daß das Gebäude an dieser Stelle einen starken Akzent erhält. Je nach Lage des Risalits unterscheidet man zwischen dem Mittelrisalit an der zentralen Position eines Gebäudes, meist der Stelle des Eingangs, und den Seitenrisaliten, die an den äußeren Achsen eines Gebäudes vortreten. Die Unterscheidung zwischen Seitenrisaliten und kurzen Seitenflügeln ist nicht immer eindeutig. Risalite kommen hauptsächlich bei Profanbauten des Barock vor.

ROCAILLE (franz.) Muschelförmiges asymmetrisches Dekorationselement des Spätbarock, nach dem der Stil des Rokoko benannt wurde.

RUSTIKA Wandgestaltung aus grob behauenen Steinquadern. (vgl. auch Mauerwerk)

SÄKULARISATION Einziehung und Beschlagnahme kirchlichen Eigentums durch staatliche Gewalt. Aufhebung aller Fürstbistümer, Reichsabteien und Klöster durch den Reichsdeputationshauptschluß 1803.

SÄULENORDNUNGEN Aus der Antike abgeleitete Regelung für Säulen bzw. Pilaster und ihre Gebälklagen. Eine Säulenordnung besteht zumeist aus einer Basis, dem Säulen- bzw. Pilasterschaft und dem Kapitell. Darauf liegt das Gebälk auf, das sich wiederum aus dem Architrav, dem Fries und dem Kranzgesims zusammensetzt. Die einzelnen genannten Elemente können unterschiedlich gestaltet sein. Kanneluren, Vertikalauskehlungen, können verwendet werden. Die Neuzeit unterscheidet dabei fünf Ordnungen:
– Dorisch: die Säulenbasis entfällt, das Kapitell besteht aus einem einfachen wulstartigen Ring, im Fries wechseln Triglyphen und sog. Metopenfelder.
– Toskanisch: ähnlich der dorischen Ordnung, aber mit Säulenbasis.
– Ionisch: Folge von Basis, Säule, Kapitell, das hier aus zwei großen Voluten besteht.
– Korinthisch: Kapitell mit dreifachem Blätterkranz.
– Komposit: Verbindung des ionischen und korinthischen Kapitells.

Bereits im 17. Jahrhundert hat es in Frankreich und Deutschland Bestrebungen gegeben, eine nationale Säulenordnung einzuführen, mit gallischem Hahn und deutschem Eichenlaub.

SALA TERRENA Zum Garten führender Erdgeschoßsaal.

SCHANZE Geschlossener Stützpunkt im Befestigungswesen. Kleinere Befestung mit Erdwall, Graben und Brustwehr zur Verteidigung eines begrenzten Abschnittes.

SCHLEPPGAUBE Bezeichnet ein stehendes, mit senkrechten Seitenwänden versehenes Dachfenster, dessen Dach von einer Anhebung der Dachhaut gebildet wird.

SCHLOSSANLAGE Im Gegensatz zur stark befestigten Burganlage des Mittelalters und den wehrhaften Vierflügelanlagen des 16. Jahrhundert wird das Schloß des 17. und 18. Jahrhunderts zur Stadt und zum Land geöffnet. Beim barocken Schloßbau entfiel der vierte Flügel, die häufigste Grundrißform ist die Dreiflügelanlage mit einem Hauptgebäude, dem Corps de Logis oder Herrenhaus, und zwei kürzeren Seitenflügeln, die einen offenen Ehrenhof, den Cour d'Honneur, U-fömig umschließen, der oft durch ein Ehrenhofgitter vom Schloßplatz abgetrennt ist. An der Rückseite liegt die axial auf das Schloß bezogene Gartenanlage. Neben dieser klassischen Form findet man in Westfalen noch die Vierflügelanlage, die wie bei der mittelalterlichen Burg oder dem Renaissance-Schloß einen zentralen Hof umschließt, sowie Anlagen mit H-förmigem Grundriß. Die Grenzen zwischen Burg und Schloß sind oft fließend, da in Westfalen in vielen Fällen mittelalterliche Burganlagen in der Barockzeit modernisiert und umgebaut wurden und so den Charakter und Anspruch eines Schlosses erhielten. Von den begleitenden Nebengebäuden des Hauptschlosses sind u. a. zu nennen: die Vorburg und das Torhaus mit Einfahrt oder Durchfahrt zum Herrenhaus, flankierende Wachhäuser, Wirtschafts- oder Ökonomiegebäude, Magazine, der Marstall für Pferde, Remisen für die Kutschen sowie im Garten die Orangerie, das Gewächshaus für zumeist exotische Pflanzen, und die Fasanerie für die Haltung seltener Vogelarten.

SERLIANA Von Bramante erfundenes, nach Sebastiano Serlio benanntes Architekturmotiv (oft auch Palladio-Motiv genannt), das aus einer dreiteiligen Säulenstellung besteht, deren Mitte von einem halbrunden Bogen geschlossen wird, während die seitlichen Achsen in Ansatzhöhe des Bogens ein gerades Gebälkstück als Abschluß besitzen.

SCHEITEL Höchster Punkt eines Bogens oder eines Gewölbes.

SIMA (griech.) Profilierte Rinnleiste unterhalb der Dachtraufe.

SUPRAPORTE (lat.) Eine in der Renaissance und im Barock oft bildlich oder dekorativ belebte und gerahmte Fläche über dem Türsturz (Bildfeld über einer Tür).

STREBEPFEILER Zur Verstärkung der Außenmauern senkrecht vorstehende Mauerzungen am Widerlager des Gewölbes. Die meist abgestuft gemauerten Strebepfeiler nehmen den Schub der Gewölbe auf und leiten ihn ab. Auf diese Weise wird die Wand entlastet.

STUCCO LUSTRO Stuck ist ein mit Leimwasser angemachter Gipsmörtel. Je nach Zusammensetzung (Kalk, Marmor) unterscheidet man Gipsstuck, Weißstuck, Kalkstuck, Zementstuck und Graustuck. Stucco lustro, auch Stuckmarmor genannt, immitiert die geäderte Maserung des Marmors.

TABERNAKEL (lat.) Gehäuse für die Verwahrung von Hostien auf einem Altar oder von Stützen getragener Überbau eines Altars (Ziborium, Baldachin).

TAMBOUR (franz.) Bezeichnet den zylinderförmigen Unterbau einer Kuppel mit Fenstern zur Belichtung des Kuppelraumes.

TAPISSERIE (franz.) Wandteppich zum Schmuck oder zur Bespannung der Wand.

TENNE Teil einer Scheune, der zum Dreschen des Getreides dient.

TEPIDARIUM (griech.) Bezeichnet den Raum für das warme Bad in einer römischen Badeanlage. Zwar hatten auch schon die griech. Gymnasien Bäder, doch haben erst die Römer die Bäder systematisch zu großen Anlagen weiterentwickelt, die streng symmetrisch angeordnet sind. Weitere wichtige Räume einer römischen Thermenanlage: Auskleideraum (Apodyterium, Vestiarium), Kaltbad (Frigidarium) mit einem Schwimmbecken (Piscina), Raum für das heiße Bad (Caldarium), Salbräume (Aleipterion), Schwitzbad (Sudatorium).

THERMENFENSTER Halbrundes Fenster, durch zwei vertikale Pfosten dreigeteilt.

TRAVÉE (franz.) Gewölbefeld oder Gewölbeabschnitt, durch Stützen, Gurt- und Scheidbogen (joch- und schiffstrennenden Bogen) als vollständiges Einzelelement eines größeren Gewölbesystems ausgeschieden.

TREILLE/TREILLAGE (franz.) Bezeichnet ein in die Fensteröffnung eingemauertes Gitter aus Eisenstäben, z. B. bei Gefängnissen oder bei Kellerfenstern, ebenso eine Sprosse, eine schlanke Docke, ein Baluster am Treppengeländer. Eine Treillage ist ein Gitterwerk oder eine Drahtanlage.

TREPPENFORMEN Vor allem im Zeitalter des Barock erhielt die Treppe eine wichtige funktionale und repräsentative Bedeutung, so daß eigene Architekturformen von großartigen Treppenhäusern entwickelt wurden. Prinzipiell unterschiedet man bei den verschiedenen Treppenformen die einläufige Treppe, die ohne Absatz (Podest) von Geschoß zu Geschoß führt, von der mehrläufigen Treppe, die bei den Podesten ihre Richtung ändern kann. Darüber hinaus gibt es auch zweiläufige Treppen, die von einem gemeinsamen Podest ausgehen oder sich hier wieder treffen, wobei jeder Arm wieder durch Zwischenpodeste in mehrere Läufe geteilt sein und so seine Richtung ändern kann. Im Barock sind die Treppenhäuser oft so gestaltet, daß der Blick von unten ungehindert bis zum Plafond reicht, der meist mit dem Deckengemälde versehen ist. Die beliebteste Treppenform des Barock am Außenbau ist die zwei- oder doppelläufige Freitreppe.

TRUMEAU (franz.) Wanderkleidung aus Holz, Wandspiegel, der bis an den Fußboden reicht.

TYMPANON (griech.) Fläche über einem Portal innerhalb des Bogenfeldes, bemalt oder mit figürlichem Schmuck, etwa der Darstellung des Jüngsten Gerichts.

VERKRÖPFUNG Vorziehen eines Gebälkes mit Fries oder eines Gesimses über einen vorstehenden Bauteil, etwa eine Wandsäule, einen Pilaster oder Mauervorsprung.

VESTIBÜL (lat.) Vor- bzw. Eingangshalle eines Hauses, oft als Durchfahrt für Kutschen gestaltet; im Barock schließt sich in der Regel ein repräsentatives Treppenhaus an.

VIERUNG Bezeichnet den Raumteil einer Kirche, in dem sich Querhaus und Langhaus mit meist gleicher Breite durchdringen, so daß die Vierung einen quadratischen Grundriß ausbildet (Vierungsquadrat).

VILLA SUBURBANA (lat.) Vorstädtisches Landhaus.

VOLIÈRE (franz.) Großer Flugkäfig für Vögel.

VOLUTE Schnecken- oder spiralförmig gewundene Ornamentform am Kapitell oder am Giebel.

VORLAGE Gliederung einer Fassade durch vorgelegte Halbsäulen, Lisenen oder Pilaster.

VOUTE (franz.) Deckenkehle, konkav gerundeter Übergang zwischen Wand und Deke.

WELLERWERK Wellerbau = Lehmbau.

WELSCHE HAUBE Haubendach, Dachhelm oder Turmdach mit geschweifter Kontur, oft mit einer Laterne bekrönt.

ZWERCHHAUS (auch **ZWERCHAUS**) Eine aus der Flucht der Fassade in das Dach übergehende große Dachgaube (Dacherker).

Literaturverzeichnis

1838
J. B. Diepenbrock, *Geschichte des vormaligen münsterschen Amtes Meppen*, Münster 1838.

Ch. Quix, *Das Schloß und die Herrschaft Wittem*, in: Beiträge zur Geschichte der Stadt Aachen und ihrer Umgebung, Bd. 3, Aachen 1838, S. 51-69.

1860
Levin Schücking, *Bilder aus Westfalen*, Elberfeld 1860.

1886
Joseph Bernhard Nordhoff, *Kunst- und Geschichtsdenkmäler des Kreises Warendorf*, Münster 1886.

1889
Cornelius Gurlitt, *Geschichte des Barockstiles und des Rococo in Deutschland*, Stuttgart 1889.

1892
C. Stüve, *Zur Baugeschichte des Klosters Iburg*, in: Osnabrücker Mitteilungen, Bd. 17, 1892, S. 45-70.

1893
Albert Ludorff, *Kreis Lüdinghausen* (Bau und Kunstdenkmäler von Westfalen [BKW]), Münster 1893.

1894
Paul Clemen (Hsg.), *Stadt und Kreis Düsseldorf* (Die Kunstdenkmäler der Rheinprovinz), Düsseldorf 1894.

1895
Joseph Hoffmann, *Die Deutschordensritter - Commende zu Mühlheim an der Möhne*, Koblenz 1895.

1896
Edmund Renard, *Die Bauten der Kurfürsten Joseph Clemens und Clemens August von Köln. Ein Beitrag zur Geschichte des Rokoko in Deutschland*, T. 2, in: Bonner Jahrbücher, Jahrbücher des Vereins von Alterthumsfreunden im Rheinlande, 1896, Heft 99, S. 165-240; 1896, Heft 100, S. 1-102.

1897
Paul Clemen, *Landkreis Köln* (Die Kunstdenkmäler der Rheinprovinz), Düsseldorf 1897.

Albert Ludorff, *Kreis Beckum* (BKW), Münster 1897.

Albert Ludorff, *Kreis Münster-Land* (BKW), Münster 1897.

1899
Albert Ludorff, *Kreis Paderborn* (BKW), Münster 1899.

1900
Albert Ludorff, *Kreis Ahaus* (BKW), Münster 1900.

Edmund Renard, *Die Kunstdenkmäler der Kreise Gummersbach, Waldbroel und Wipperfürth* (Die Kunstdenkmäler der Rheinprovinz), Düsseldorf 1900.

1904
V. Huyskens, *Das Clemenshospital zu Münster*, Münster 1904

1905
Albert Ludorff, *Kreis Soest* (BKW), Münster 1905.

1906
Albert Ludorff, *Kreis Arnsberg* (BKW), Münster 1906.

1907
Heinrich Knüfermann, *Geschichte des Max-Clemens-Kanals im Münsterland*, Hildesheim 1907.

1908
Joseph Braun, *Die Kirchenbauten der deutschen Jesuiten*, Bd. 1, Freiburg 1908.

Albert Ludorff, *Kreis Gelsenkirchen-Stadt*, in: BKW 1908.

Albert Ludorff, *Kreis Halle*, in: BKW 1908.

1909
Heinrich Hartmann, *Johann Conrad Schlaun*, Münster 1909.

Wilhelm Jänecke, *Die Baugeschichte des Schlosses Iburg* (Beiträge zur westfälischen Kunstgeschichte, Heft 4), Münster 1909.

A. Weskamp, *Die beiden Vikarien auf Haus Lembeck*, II: *Die Michaelis-Kapelle und das neben ihr errichtete Kranken- und Waisenhaus*, in: Vestische Zeitschrift, Bd. 19, 1909, S. 82-86.

1910
Ernst Fritz, *Herrensitze im Münsterland*, Münster 1910.

Heinrich Hartmann, *Johann Conrad Schlaun* (Beiträge zur westfälischen Kunstgeschichte, Heft 5), Münster 1910.

Heinrich Siebern und Erich Fink, *Regierungsbezirk Osnabrück. Stadt Osnabrück* (Die Kunstdenkmäler der Provinz Hannover), Hannover 1910.

1911
Georg Erler, *Geschichte der Herrschaft und des Schlosses Nordkirchen*, in: *Nordkirchen. Festschrift zur Prinz-Heinrich-Fahrt*, Münster 1911.

Joseph Aistermann, *Beschreibung des Schlosses und des Parks von Nordkirchen*, in: *Nordkirchen. Festschrift zur Prinz-Heinrich-Fahrt*, Münster 1911.

Hermann Schmitz, *Münster*, Leipzig 1911.

1912
Georg Erler, *Beiträge zur Geschichte der Nordkirchener Gemäldegalerie*, in: Westfalen 4, 1912, S. 22-29, 59-65.

Freiherr von Kerckering zur Borg und Richard Klapheck, *Alt Westfalen. Die Bauentwicklung Westfalens seit der Renaissance* (Westfälische Kommission für Heimatschutz), Stuttgart 1912, S. 34f.

Wilhelm Pinder, *Deutscher Barock*, Düsseldorf/Leipzig 1912.

1913
Albert Ludorff, *Kreis Coesfeld* (BKW), Münster 1913.

Hans Vogts, *Westfälische Landsitze des 16., 17. und 18. Jahrhunderts*, in: Rhein.-westf. Kunstalmanach, Köln 1913, S. 29-39.

1914
Max Geisberg, *Verschwundene geschichtliche und kunstgeschichtliche Denkmäler in Münster*, in: Münsterische Heimatblätter, 1914, S. 89-95.

Albert Ludorff, *Kreis Höxter* (BKW), Münster 1914.

Hermann Schmitz, *Die münsterische Baukunst von der Mitte des 18. bis Mitte des 19. Jahrhunderts*, in: Münsterische Heimatblätter, Bd. 1, 1914, S. 14-16.

J. Vaders, *Der Max-Clemens-Kanal*, in: Münsterische Heimatblätter, Bd. 1, 1914, S. 68-71.

1915
Hans Vahle, *Das Ende des Klosters der Barmherzigen Brüder und die Einführung der Elisabetherinnen in das Clemenshospital zu Münster*, in: Zeitschrift für vaterländische Geschichte und Altertumskunde, Bd. 73, 1915, S. 173-212.

Martin Wackernagel, *Die Baukunst des 17. und 18. Jahrhunderts in den germanischen Ländern*, Berlin-Neubabelsberg 1915.

1916
Karl Faymonville, *Die Kunstdenkmäler der Stadt Aachen* (Die Kunstdenkmäler der Rheinprovinz), Düsseldorf 1916.

1917
Eugen Müller, *Altmünstersches Gesellschaftsleben*, in: Westfalen 9, 1917/18, S. 33-69.

1919
Friedrich Castelle, *Das Schloß zu Münster*, in: Münsterische Heimatblätter, Bd. II, 1919, S. 73f.

Wilhelm Jänecke, *Die Klosterkirche in Iburg*, in: Zeitschrift für vaterländische Geschichte und Altertumskunde, Bd. 77, Münster 1919, S. 108ff.

1920
Wilhelm Jänecke, *Die Veränderungen der Iburger Klosterkirche*, in: Zeitschrift für Denkmalpflege, 1920, S. 65-69.

Friedrich Schultze, *Die Denkmalpflege*, Berlin 1920.

1921
Max Geisberg, *Der Hof auf der Engelschanze zu Münster*, in: Westfalen 11, 1921/22, S. 45-49.

B. Mommertz, *Das Schloß zu Arnsberg*, Arnsberg 1921.

1922
Siegfried Giedion, *Spätbarocker und romantischer Klassizismus*, München 1922.

Edmund Renard, *Schloß Augustusburg in Brühl*, Berlin 1922.

Hans Rose, *Spätbarock – Studien zur Geschichte des Profanbaues in den Jahren 1660 bis 1760*, München 1922.

Ferdinand Schmidt/Richard Klapheck, *Haus Beck*, in: Die Heimat, 4. Jg., April/Dezember 1922, S. 43-50.

Ferdinand Schmidt/Richard Klapheck, *Schloß Grimberg*, in: Die Heimat, 4. Jg., April/Dezember 1922, S. 174-184.

1923
Albert Erich Brinckmann, *Platz und Monument. Untersuchungen zur Geschichte und Ästhetik der Stadtbaukunst in neuerer Zeit*, 3. Aufl., Berlin 1923.

Hans Hüer, *Fürstbischof Christoph Bernhard von Galen und sein Baumeister Peter Pictorius*, in: Westfalen, Sonderheft 3, 1923.

1925
Josef Morper, *Über die künstlerische Arbeitsweise des 18. Jahrhunderts*, in: Christliche Kunst, 22. Jg., 1925/26, S. 284ff.

1926
Johannes Körner, *Kreis Büren* (BKW), Münster 1926.

1927
Edmund Renard, *Clemens August Kurfürst von Köln. Ein rheinischer Mäzen und Weidmann des 18. Jahrhunderts* (Monographien zur Weltgeschichte, Bd. 33), Bielefeld/Leipzig 1927.

1928
Max Geisberg, *Die Baugeschichte des Schmisinger Hofes*, in: Der Civilclub, Münster 1928, S. 5-14.

Hubert Naendrup, *Das Schloß in Münster, eine Symphonie von Leben, Tod und Unsterblichkeit*, München 1928.

1929
Heinrich Freiherr von Droste-Hülshoff, *Johann Conrad von Schlaun und seine Familie. Nach einem Promemoria des Schwiegersohnes von Schlaun: Georg von Müller aus dem Jahre 1782.* »Stamm und Scholle« aus dem Münsterischen Anzeiger Nr. 6, 19. April 1929.

Johannes Körner, *Landkreis Recklinghausen und Stadtkreise Recklinghausen, Bottrop, Buer, Gladbeck und Osterfeld* (BKW), Münster 1929.

Max Osborn, *Die Kunst des Rokoko* (Propyläen-Kunstgeschichte Bd. XIII), Berlin 1929.

1930
Georg Dehio, *Geschichte der deutschen Kunst*, Bd. III, Berlin/Leipzig 1930.

Max Geisberg, *Der Kampf um den Neuplatz*, in: Münsterischer Anzeiger, 4./6. Mai 1930.

Bruno Haas-Tenckhoff, *Das Fürstbischöfliche Münsterische Militär im 18. Jahrhundert*, in: Westfalen 15, 1930, S. 141-154.

Engelbert Kirschbaum, *Deutsche Nachgotik*, Augsburg 1930.

Martin Wackernagel, *Johann Conrad Schlaun*, in: Westfälische Lebensbilder, Bd. 1, 1930, S. 221-41.

1931
Karl Lohmeyer, *Die Baumeister des rheinisch-fränkischen Barocks*, Heidelberg 1931.

Hermann Kreyenborg, *General Schlaun. Aus einer ungedruckten Monographie »General Schlaun« Joseph Bernhard Nordhoffs*, in: Münsterischer Anzeiger, 23. und 25. Januar 1931.

Martin Wackernagel, *Münster*, Berlin 1931.

1932
Max Geisberg, *Die Stadt Münster*, 1. Teil (BKW, Bd. 41), Münster 1932.

Paul Michels, *Das Schloß in Neuhaus bei Paderborn*, in: Westfalen 17, 1932, S. 233-39.

Wilhelm Rave, *Die Architektenfamilie Pictorius-Lipper-Reinking*, in: Westfalen 17, 1932, S. 1-7.

Wilhelm Rave, *Bericht des Provinzialkonservators über die Jahre 1930–32*, in: Westfalen 17, 1932, S. 179-205.

1933
Hermann Bartels, *Neue Zeit und alte Burgen*, in: Westfalen 18, 1933, S. 245-52.

Max Geisberg, *Die Stadt Münster*, 2. Teil (BKW, Bd. 41), Münster 1933.

Theodor Rensing, *Kapuzinerkirche in Münster*, in: Münsterischer Anzeiger, 20. Okt. 1933.

Christian Züllighoven, *Schlauns Geburtshaus in Nörde*, in: Die Warte, 1. Jg., 1933, S. 100ff.

1934
Max Geisberg, *Die Stadt Münster*, 3. Teil (BKW, Bd. 41), Münster 1934.

Max Goering, *Die Tätigkeit der Maler Piasetta und Pittoni für den Kurfürsten Clemens August von Köln*, in: Westfalen 19, 1934, S. 364-72.

Wilhelm Rave, *Bericht des Provinzialkonservators über das Jahr 1934*, in: Westfalen 19, 1934, S. 265-91.

Wilhelm Rave, *Der Schloßgarten zu Münster*, in: Westfalen, 1934, S. 338-43.

Edmund Renard, *Schloß Brühl*. Bearbeitet von Franz Graf Wolff Metternich unter Mitarbeit von Wilhelm Dernette, Berlin 1934.

Theodor Rensing, *Schloß Ahaus und sein Baumeister*, in: Westfalen 19, 1934, S. 317-26.

Theodor Rensing, *Die Kapuzinerkirche in Brakel – ein Bauwerk von Schlaun*, in: Heimatborn. Beilage zum Westfälischen Volksblatt 14, 1934, Nr. 7, S. 25f.

Theodor Rensing, *Die Kapuzinerkirche in Brakel, ein Bauwerk von Schlaun*, in: Auf roter Erde. Beiträge zur Geschichte des Münsterlandes und der Nachbargebiete, 9. Jg., 30.7.1934, S. 73-75.

Amélie Freifrau von Stralenheim, *Nachrichten über Johann Conrad von Schlaun und seine Familie*, in: Westfalen 19, 1934, S. 219-22.

1935
Max Geisberg, *Die Stadt Münster*, 4. Teil (BKW, Bd. 41), Münster 1935.

Wilhelm Rave, *Bericht des Provinzialkonservators über das Jahr 1935*, in: Westfalen 20, 1935, S. 297-321.

Wilhelm Rave, *Kunstgeschichtliche Beziehungen zwischen der Twente und dem Münsterland*, in: Westfalen 20, 1935, S. 116-24.

Theodor Rensing, *Schloß Schwarzenraben*, in: Westfalen 20, 1935, S. 333-40.

Theodor Rensing, *Drei Briefe über den frühesten Bau von Schlaun*, in: Westfalen 20, 1935, S. 1-3.

Theodor Rensing, *Zur Kunstgeschichte der Kapuzinerkirche in Münster*, in: Westfalen 20, 1935, S. 200-03.

1936
Heinrich Donner, *Beiträge zur Geschichte des adligen Damenstifts in Nottuln*, Münster 1936.

Karl Hölker, *Kreis Warendorf* (BKW, Bd. 42), Münster 1936.

Harald Keller, *Das Treppenhaus im deutschen Schloß- und Klosterbau des Barock*, München 1936.

Wilhelm Rave, *Bericht des Provinzialkonservators über das Jahr 1936*, in: Westfalen 21, 1936, S. 171-94.

Theodor Rensing, *Lambert Friedrich von Corfey*, in: Westfalen 21, 1936, S. 234-45.

Theodor Rensing, *Johann Conrad Schlaun*, Dortmund 1936.

Theodor Rensing, *Schlaun, Westfalens größter Barockbaumeister*, in: Heimat und Reich 18, 1936, S. 259-68.

Karl Schulte-Kemminghausen, *Haus Rüschhaus*, in: Westfalen 21, 1936, S. 200-02.

Thieme-Becker, *Allgemeines Lexikon der bildenden Künstler*, Bd. 30, hg. von Hans Vollmer, Leipzig 1936.

Ch. Völker, *Das erzbischöfliche Palais in Paderborn – ein Werk von Schlaun*, in: Heimatborn, Monatsschrift für Heimatkunde, 16. Jg, Nr. 7, Paderborn 1936.

1937
Max Braubach, *Ferdinand von Plettenberg*, in: Westfalen 22, 1937, S. 165-75.

Alois Fuchs, *Die Alexiuskapelle in Paderborn*, in: Westfalen 22, 1937, S. 148-56.

Max Geisberg, *Die Stadt Münster*, 5. Teil (BKW, Bd. 41), Münster 1937.

Eberhard Maßmaier, *Geschichte des ehemaligen Kapuzinerklosters zu Münster*, Paderborn 1937.

Theodor Rensing, *Paderborner Architekten des 18. Jahrhunderts*, in: Westfalen 22, 1937, S. 111-23.

Hermann Schmitz, *Baumeisterzeichnungen des 17. und 18. Jahrhunderts in der Staatlichen Kunst-Bibliothek zu Berlin*, Berlin/Leipzig 1937.

1938
Wolfgang Braunfels, *François de Cuvilliés*, Würzburg 1938.

Hans Eugen Pappenheim, *Die Ursprünge einer radialen Jagdanlage des Barock bei Fürstenried und ihre Weiterbildung in höfischen Forstbauten der Zeit*, in: Zeitschrift für bayerische Landesgeschichte, 1938, S. 222-31.

Wilhelm Rave, *Bericht des Provinzialkonservators über das Jahr 1938*, in: Westfalen 23, 1938, S. 303-26.

Theodor Rensing, *Der Landsberger Hof in Münster*, in: Westfalen 23, 1938, S. 339-41.

Richard Zürcher, *Der Anteil der Nachbarländer an der Entwicklung der deutschen Baukunst im Zeitalter des Spätbarock*, Basel 1938.

1939
Nikolaus Rodenkirchen, *Kreis Warburg* (BKW, Bd. 44), Münster 1939.

1940
Klara Trost, *Schlaun, der Meister des westfälischen Barock*, in: Deutscher Kulturwart, Heft 1, Cottbus 1940, S. 29-32.

1941
Max Geisberg, *Die Stadt Münster*, 6. Teil (BKW, Bd. 41), Münster 1941.

Arthur Lotz, *Das Feuerwerk – Seine Geschichte und Bibliographie*, Leipzig 1941.

Theodor Rensing, *Schlaun über den Tod des Malers Johann Evangelist Holzer*, in: Westfalen 26, 1941, S. 35-38.

Theodor Rensing, *Nachlese zum Werk von Johann Conrad Schlaun*, in: Westfalen 26, 1941, S. 206-23.

1942
Werner Hager, *Die Bauten des Deutschen Barocks*, Jena 1942.

Leo Meyer, *Der westfälische Altar in seiner Entwicklung von 1650–1780* (Lebensräume der Kunst, Heft 9), Wattenscheid 1944.

1948
Alois Fuchs, *Der Stifter und die Meister des ehemaligen Hochaltars der Gaukirche in Paderborn*, in: Westfalen 27, 1948, S. 27-33.

Jost Trier, *Clemenswerth*, in: Westfalen 27, 1948, S. 48-60.

1949
Georg Dehio, *Handbuch der Deutschen Kunstdenkmäler*. Neu bearbeitet von Ernst Gall. *Niedersachsen und Westfalen*, 2. Aufl., München/Berlin 1949.

1950
Clarenz Gerlach, *Clemenswerth und seine Geschichte*, Münster 1950.

Hans Thümmler, *Die Stilbildung des Barock in der Kirchenbaukunst Westfalens*, in: Festgabe für Alois Fuchs, Paderborn 1950, S. 173-99.

1951
Alexander Geppert, *Meppen – Abriß einer Stadtgeschichte*, Meppen 1951.

1952
G. Beisenkötter, *Das Schloß zu Münster*, Münster 1952.

Eberhard Crusius, *Die Land- und Justizkanzlei in Osnabrück und das öffentliche Bauwesen im Hochstift während des 18. Jahrhunderts*, in: Osnabrücker Mitteilungen, Bd. 65, 1952, S. 1-74.

Gustav Griese, *Johann Conrad Schlauns Bautätigkeit auf Schloß Grimberg an der Emscher*, in: Vestisches Jahrbuch, Bd. 54, 1952, S. 134-51.

Theodor Anton Henseler, *Das kurfürstliche Lustschlößchen »Vinea Domini«*, in: Bonner Geschichtsblätter, Bd. VI, 1952, S. 31-42.

Paul Michels, *Kreis Brilon* (BKW, Bd. 45), Münster 1952.

Karl Knappstein, *Das hochfürstliche Lehrhaus zu Meppen. Staatl. Gymnasium zu Meppen*, in: Festschrift zur Dreihundertjahrfeier 1952 des Staatlichen Gymnasiums in Meppen, Meppen 1952, S. 19-33.

1953
Max Braubach, *Von den Schloßbauten und Sammlungen der kölnischen Kurfürsten des 18. Jahrhunderts,* in: Annalen des historischen Vereins für den Niederrhein, Heft 153/154, 1953, S. 98-147.

F. von Klocke, *Westfälische Kavaliersreisen nach Rom, Paris und London*, in: Beiräge zur westfälischen Familienforschung, 12, 1953, S. 1-13.

Franz Mühlen, *Einzelbericht zur Denkmalpflege für die Jahre 1941–1952*, in: Westfalen 31, 1953, S. 110-93.

Theodor Rensing, *Zur Baugeschichte des Schlosses Velen*, in: Westfalen 31, 1953, S. 244-57.

1954
Wilhelm Rave, *Kreis Borken* (BKW, Bd. 46), Münster 1954.

Theodor Rensing, *Johann Conrad Schlaun*, München/Berlin 1954.

Hans Thümmler, *Der Dom zu Osnabrück*, München 1954.

1955
Max Braubach, *Rezension zu Rensing 1954*, in: Annalen des Historischen Vereins für den Niederrhein, Heft 157, 1955, S. 226f.

Eberhard Crusius, *Rezension zu Rensing 1954*, in: Osnabrücker Mitteilungen, Bd. 67, 1956, S. 312.

Johannes Hasenkamp, *Sprickmann, Schwick und die Anfänge des münsterschen Theaters*, in: Westfalen 33, 1955, S. 47-55.

Fried Lübbecke, *Das Palais Thurn und Taxis zu Frankfurt am Main*, Frankfurt a. M. 1955.

Fried Mühlberg, *Rezension zu Rensing 1954*, in: Kunstchronik, 1955, S. 54-56.

Heinz Peters, *Johann Conrad Schlaun. Ein Beitrag zu seiner Tätigkeit in Nievenheim*, in: Düsseldorfer Jahrbuch, Bd. 47, 1955, S. 235-53.

Theodor Rensing, *Über Schlauns Tätigkeit in Nievenheim*, in: Westfalen 33, 1955, S. 224.

Hans Tintelnot, *Rezension zu Rensing 1954*, in: Westfalen 33, 1955, S. 243-45.

1956
Eberhard Hempel, *Geschichte der deutschen Baukunst*, 2. Aufl., München 1956.

Wend Graf Kalnein, *Das kurfürstliche Schloß Clemensruhe in Poppelsdorf* (Bonner Beiträge zur Kunstwissenschaft, Bd. 4), Düsseldorf 1956.

1957
Karl Ignaz Pöppel, *Henricus Schluen iudex ...,* in: Heimatbeilage der Westfalen-Zeitung Paderborn, 1957, Nr. 48.

Theodor Rensing, *Über den Tod des Lambert Friedrich von Corfey*, in: Westfalen 35, 1957, S. 171.

Theodor Rensing, *Johann Conrad Schlaun 1695–1773*, in: Die großen Deutschen, Bd. 5, Berlin 1957, S. 147-57.

1958
Kurt Brüning, *Niedersachsen und Bremen*, in: Handbuch historischer Stätten, Bd. 2, Stuttgart 1958.

Clarenz Gerlach, *Clemenswerth – seine Entstehung und seine Geschichte auf Grund von Quellen dargelegt*, Münster 1958.

Hermann Nottarp, *Die Wappen des Fürstbischofs Clemens August von Bayern*, in: Westfalen 36, 1958, S. 103-09.

Marie-Luise Schlicht, *Von fürstlicher Jagd auf dem Hümmling*, in: Jahrbuch des Emsländischen Heimatvereins, Bd. 5, 1958, S. 32-37.

1959
Walter Borchers, *Zum Schaffen Johann Conrad Schlauns und seines Künstlerstabes im Osnabrücker Raum*, in: Osnabrücker Mitteilungen, Bd. 68, 1959, S. 133-220.

Hermann Busen, *Die Clemenskirche zu Münster. Planung und Wirklichkeit*, in: Westfalen 37, 1959, S. 276-86.

Nicolas Powell, *From Baroque to Rococo*, London 1959.

Kat. *Das Osnabrücker Land in alten Karten, Plänen und Bildern*, Ausstellung des Städtischen Museums und des niedersächsischen Staatsarchivs Osnabrück, 1959.

1960
Walter Borchers, *Kurfürst Clemens August von Köln und die Stadt Meppen*, in: Festschrift zur 600-Jahr-Feier für die Stadt Meppen, Münster 1960, S. 102-08.

Roswitha Poppe, *Die Instandsetzung von Schloß Clemenswerth bei Sögel, Kreis Aschendorf-Hümmling*, in: Niedersächsische Denkmalpflege, Bd. 4, 1958/59, Hildesheim 1960, S. 58-73.

Theodor Rensing, *Beschützen und Erhalten, Bemerkungen zur Denkmalpflege*, in: Westfalen 38, 1960, S. 90-110.

Theodor Rensing, *Fürstbischof Friedrich Christian von Plettenberg als Auftraggeber und Mäzen*, in: Westfalen 38, 1960, S. 174-201.

Hans Reuther, *Rezension zu Rensing 1954*, in: Das Münster, 1960, S. 273.

Hans Reuther, *Rezension zu Borchers 1959*, in: Das Münster, 1960, S. 273.

Marie-Luise Schlicht, *Weidwerk der Falknerei*, in: Jahrbuch des Emsländischen Heimatvereins, Bd. 7, 1960, S. 96-109.

Hans Sedlmayr, *Neuer Versuch über Borromini*, in: Epochen und Werke, Bd. 2, Wien/München 1960, S. 80-93.

1961
Walter Bader, *Aus Schloß Augustusburg zu Brühl und Falkenlust*, Köln 1961.

Ludwig Baron Döry, *Die Stukkaturen der Mainzer Deutschordenskommende. Fragen der kunstgeschichtlichen Erforschung von Raumdekorationen der Zeit um 1725*, in: Mainzer Zeitschrift, Jg. 56/57, 1961/62, S. 55-86.

Werner Hager, *Münster in Westfalen*, München/Berlin 1961.

Hans Kisky, *Burgen, Schlösser und Hofesfesten im Kreis Euskirchen*, Euskirchen 1961.

Hans Kisky, *Michael Leveilly. Ein bönnischer Baumeister im Künstlerkreis um den Kurfürsten Clemens August*, in: Bonner Geschichtsblätter, Bd. XV, 1961, S. 315-35.

Adolf Risse, *Nienberger Streitfall mit J. C. Schlaun 1749*, in: Auf roter Erde, Dezember 1961, S. 3f.

Arthur Schlegel, *Die Baugeschichte des Mainzer Deutschordenshauses*, in: Mainzer Zeitschrift, Jg. 56/57, 1961/62, S. 1-54.

Katalog der Ausstellung *Kurfürst Clemens August. Landesherr und Mäzen des 18. Jahrhunderts*, Köln 1961, darin Aufsätze von:

Max Braubach, *Clemens August, Versuch eines Itinerars*, S. 64-75.

Hans Kisky, *Die Baugeschichte des Brühler Schlosses*, S. 112-23.

Erich Depel, *Die Bautätigkeit des Kurfürsten Clemens August in seinem Residenzbereich Bonn-Brühl*, S. 216-31, Katalogtext S. 232-43.

Herbert Rode, *Clemens August und der Kölner Dom*, S. 244-47.

Walter Borchers, *Die Bauten des Kurfürsten Clemens August im Bereich des heutigen Bistums Osnabrück*, S. 248-60, Katalogtext S. 261-63.

Karl Eugen Mummenhoff, *Bemerkungen zu den Bauten des Kurfürsten Clemens August in den Bistümern Münster und Paderborn, dem Herzogtum Westfalen und dem Veste Recklinghausen*, S. 264-71, Katalogtext S. 272-79.

Erwin Schalkhausser, *Schloß Hirschberg und seine Ausstattung*, S. 280f.

Theodor Rensing, *Baumeister neben und um Schlaun in den Bistümern Münster, Paderbom und Hildesheim*, S. 282-87.

Johann Martin Metz, *Die Schloßansichten und zwei Skizzenbücher von Renier Roidkin*, S. 288-92.

1962
Max Braubach, *Ferdinand von Plettenberg*, in: Westfälische Lebensbilder, 1962, S. 34-51.

W. Marres und J. J. F. W. van Agt, *De Provincie Limburg. Derde stuk: Zuid Limburg, uitgezondert Maastricht* (De Nederlandse monumenten van geschiedenis en kunst), s'Gravenhage 1962.

Karl Eugen Mummenhoff, *Wasserburgen in Westfalen*, München/Berlin 1962 (mehrere Auflagen).

1963
Max Braubach, *Kurfürst-Fürstbischof Clemens August als Jagd- und Bauherr im Hümmling (Clemenswerth)*, in: Dona Westfalica, Georg Schreiber zum 80. Geburtstag, Münster 1963, S. 9-18.

Karl Eugen Mummenhoff, *Einzelberichte zur Denkmalpflege für die Jahre 1953–61*, in: Westfalen 41, 1963, S. 3-272.

Wilhelm Schulte, *Westfälische Köpfe*, Münster 1963.

Franz Graf Wolff Metternich, *Römisches bei Kirchenentwürfen des westfälischen Architekten Johann Conrad Schlaun*, in: Scritti di storia in onore di Mario Salmi, Bd. 3, Rom 1963, S. 239-61.

1964
Alois Fuchs, *Nachrichten über Bernhard Jodokus Brüll aus Geseke*, in: Westfalen 42, 1964, S. 253-60.

Alois Fuchs, *Paderborn*, München/Berlin 1964.

Wilhelm Götz, *Deutsche Marställe des Barock*, München/Berlin 1964.

Herta Hesse-Frielinghaus, *Ein Beitrag zum Lebensbild von Johann Conrad Schlaun*, in: Westfalen 42, 1964, S. 275-80.

Hans Reuther, *Schloßkapellen von Kurfürst Clemens August als Fürstbischof von Hildesheim*, in: Das Münster, 17. Jg., 1964, S. 301-10.

Paul Schoenen, *Johann Joseph Couven*, Düsseldorf 1964.

Clemens Steinbicker, *Die Ahnenbildersammlung Levin Schückings in Sassenberg*, in: Westfalen 42, 1964, S. 401-14.

1965
Eberhard Hempel, *Baroque art and architecture in Central Europe* (The Pelican History of Art), 1965.

Dieter Hennebo und Alfred Hoffmann, *Geschichte der deutschen Gartenkunst,* 3 Bde., Hamburg 1962-65, vor allem Bd. 2: *Der architektonische Garten*, Hamburg 1965

Hans Kisky, *Studien zur Ausstrahlung kurkölnischer Hofkunst des 18. Jahrhunderts am Niederrhein* (I), in: Annalen des historischen Vereins für den Niederrhein, 1965, S. 106-23.

Walter Kordt und Walter Bader, *Die Gärten von Brühl*, Köln 1965

Karl Eugen Mummenhoff, *Profanbauten des westfälischen Herrenstandes*, in: *Der Raum Westfalen* IV, 2: Beiträge zur Volkskunde und Baugeschichte, Münster 1965, S. 231-60.

Theodor Rensing, *Das Vorbild zu Schlauns Erbdrostenhof*, in: Westfalen 42, 1965, S. 272-75.

1966
Ekhart Berckenhagen, Katalog der Ausstellung *Barock in Deutschland – Residenzen*, Berlin 1966.

Jörg Gamer, *Entwürfe von François Cuvilliés d.Ä. für den Kurfürsten Clemens August von Köln und den Kardinal Fürstbischof Johann Theodor von Lüttich*, in: Aachener Kunstblätter, Heft 32, 1966, S. 126-62.

Wilfried Hansmann, *Kunstwanderungen in Westfalen*, Stuttgart 1966.

Friedrich Mielke, *Die Geschichte der deutschen Treppen*, Berlin/München 1966.

Karl Eugen Mummenhoff, *Neue Plandokumente zur Gesamtanlage der fürstbischöflichen Residenz in Münster*, in: Kunstchronik 19, 1966, S. 298f.

Karl Noehles, *Zur Auseinandersetzung Schlauns mit der italienischen Architektur*, in: Kunstchronik 19, 1966, S. 299f.

Theodor Rensing, *Rezension zu Kordt und Bader 1965*, in: Westfalen 44, 1966, S. 286-88.

Rudolf Reuter, *Der äußere Aufbau der münsterischen Domorgel von 1752/55*, in: Westfalen 44, 1966, S. 325-42.

1967
Maria Elisabeth Brockhoff, *Musik am Fürstbischöflichen Hof von Paderborn vom 16. bis zum 18. Jahrhundert*, in: Westfalen 45, 1967, S. 231-44.

Georg Dehio, *Handbuch der Deutschen Kunstdenkmäler. Nordrhein-Westfalen*, 1. Bd.: *Rheinland*. Bearbeitet von Ruth Schmitz-Ehmke, München/Berlin 1967.

Helmuth Müller, *Dülmener Stühle für Clemenswerth*, in: Westfalen 45, 1967, S. 315f.

1968
Werner Hager, *Barockarchitektur*, Baden-Baden 1968.

Erich Hubala, *Renaissance und Barock,* Frankfurt 1958.

Dorothea Kluge, *Einzelberichte zur Denkmalpflege für die Jahre 1962-66*, in: Westfalen 46, 1968, S. 181-528.

1969
Walter Borchers, *Clemenswerth*, in: Jahrbuch des Emsländischen Heimatbundes, Bd. 16, 1969, S. 9-17.

Georg Dehio, *Handbuch der Deutschen Kunstdenkmäler. Nordrhein-Westfalen*, 2. Bd.: *Westfalen*. Bearbeitet von Dorothea Kluge und Wilfried Hansmann, München/Berlin 1969.

Julius Hobbeling, *Der Schloßpark Clemenswerth - seine Entstehung und seine Entwicklung*, in: Jahrbuch des Emsländischen Heimatbundes, Bd. 16, 1969, S. 29-38.

H. Nolte und A. Schmeling, *Höfische Gärten auf dem Hümmling – die Gartenanlagen des Jagdschlößchens Clemenswerth bei Sögel,* in: Jahrbuch des Emsländischen Heimatbundes, Bd. 16, 1969, S. 39-46.

Hans Eugen Pappenheim, *Schloß Clemenswerth, Niedersachsens Musterbeispiel für die jagdlichen Zentralbauten des Barocks*, in: Jahrbuch des Emsländischen Heimatbundes, Bd. 16, 1969, S. 18-29.

Volker Plagemann, *Die Jagdschlösser des Kurfürsten Clemens August. Falkenlust - Clemenswerth - Herzogsfreude*, Hamburg/Berlin 1969.

Karl Josef Schmitz, *Grundlagen und Anfänge barocker Kirchenbaukunst in Westfalen*, Paderborn 1969.

1970
Ekhart Berckenhagen, *Architektenzeichnungen 1479-1979 von 400 europäischen und amerikanischen Architekten aus dem Bestand der Kunstbibliothek Berlin*, Berlin 1970.

Wilfried Hansmann, *Die Stuckdecken des Gelben Appartements in Schloß Augustusburg zu Brühl. Zur Frage nach dem Anteil François de Cuvilliés' an der Gestaltung*, in: Beiträge zur rheinischen Kunstgeschichte und Denkmalpflege, Düsseldorf 1970, S. 241-68.

1971
Harald Keller, *Die Kunst des 18. Jahrhunderts* (Propyläen-Kunstgeschichte, Bd. X), Berlin 1971.

Tiedeken/Zürlik, *›Clemenswerth – zum Leben erwacht!‹. Begrüßungsansprache und Festrede zur Schloßeinweihung am 24. Juli 1971*, in: Jahrbuch des Emsländischen Heimatbundes, Bd. 18, S. 66-81.

1972
Klaus Bußmann, *Wilhelm Ferdinand Lipper*, Münster 1972.

Wilfried Hansmann, *Das Treppenhaus und das Große Neue Appartement des Brühler Schlosses*, Düsseldorf 1972.

Christian Norberg-Schulz, *Architettura Tardobarocca*, Venedig 1972.

1973
Gebhard Aders, *Bonn als Festung*, Bonn 1973.

Christian Norberg-Schulz, *Architektur des Spätbarock und Rokoko*, Stuttgart/Mailand 1973.

Eckard Wagner, *Auf den Spuren Johann Conrad Schlauns im Emsland*, in: Jahrbuch des Emsländischen Heimatbundes, Bd. 20, 1973, S. 58-66.

Gundolf Winter, *Johann Conrad Schlaun. Das Gestaltungsprinzip und seine Quellen* (Schlaunstudie II), Münster 1973.

Katalog der Ausstellung *Johann Conrad Schlaun* (Schlaunstudie I), Bildteil und Textteil, hg. von Klaus Bußmann, Münster 1973, Aufsätze im Textteil:

Werner Hager, *Schlaun, Versuch eines Umrisses*, S. 13-45.

Max Braubach, *Die politische Umwelt und ihre Einwirkung auf Schlauns Leben und Wirken*, S. 46-54.

Manfred Weiß, *Die frühen Arbeiten Schlauns und ihre westfälischen Voraussetzungen*, S. 55-63.

Wilfried Hansmann, *Die Planung Johann Conrad Schlauns für Schloß Brühl*, S. 64-79.

Walter Borchers, *Das Jagdschloß Clemenswerth im Hümmling*, S. 80-103.

Klaus Bußmann, *Die Entwürfe Schlauns, Leveillys u. a. für das Jagdschloß Clemenswerth*, S. 104-23.

Karl Noehles, *Die Clemenskirche und das Hospital der Barmherzigen Brüder in Münster*, S. 125-57.

Karl Eugen Mummenhoff, *Das Wohnhaus Johann Conrad Schlauns*, S. 158-77.

Klaus Bußmann, *Zur Planungs- und Baugeschichte der münsterischen Residenz*, S. 178-94.

Gundolf Winter, *Gestaltungstendenzen im Spätwerk J. C. Schlauns*, S. 195-213.

Ulf-Dietrich Korn, *Der Paderborner Hofbaumeister Franz Christoph Nagel, ein Zeitgenosse Johann Conrad Schlauns*, S. 214-77.

Elisabeth Korn, *Woher stammte Johann Conrad Schlaun?*, S. 278-300.

Peter Ilisch, *Schlauns soziale Umwelt*, S. 301-08.

Gerd Schaa, *›Ich als Chef‹ – Zur Person Schlauns*, S. 309-31

1974
D. Erpenbeck, *Chronogramme an Schlaun-Bauwerken*, in: Auf Roter Erde, 30. Jg., 1974, Nr. 176, S. 1f.

E. Henneböhle, *Baumeister, Steinhauer, Bildschnitzer und Maler in Rüthen nach dem 30jährigen Krieg bis um 1750*, in: Beiträge zur Heimatkunde des Landkreises Lippstadt, Bd. 5, Lippstadt 1974.

Helmut Lahrkamp, *Bildhauer Joseph Ignatius Feill*, in: Westfalen 52, 1974, S. 153-55.

Margret Nolte, *Beitrag zur Familiengeschichte des Barockbaumeisters Johann Conrad Schlaun*, in: Geseker Heimatblätter, Nr. 183, Jg. 32, August 1974.

1975
Walter Borchers, *Das Jagdschloß Clemenswerth im Hümmling*, in: Jagdschloß Clemenswerth auf dem Hümmling. Geschichte und Sinn, bearb. von Eckard Wagner, Sögel 1975.

Hilde Claussen, *Zwei Altargemälde Carlo Carlones für die Clemenskirche in Münster*, in: Westfalen 53, 1975, S. 159-73.

Einzelberichte zur Denkmalpflege für die Jahre 1967-1973, in: Westfalen 53, 1975, S. 277-810.

Karl Eugen Mummenhoff, *Schloß Nordkirchen*, München 1975.

Margret Nolte, *Beziehungen des Barockbaumeisters Johann Conrad Schlaun zum Raum Eupen ...*, in: Geschichtliches Eupen, Bd. IX, 1975, S. 45-52.

Hans Reuther, *Geschichte des katholischen Sakralbaus in Niedersachsen 1648 1789*, in: Niedersächsische Beiträge zur Kunstgeschichte, Bd. 14, 1975, S. 148ff.

1976
Wilfried Hansmann und Gisbert Knopp (Hg.), *Die Schlösser des Kurfürsten Clemens August. Veduten - Capricci, 21 Kupferstiche von Nikolaus Mettely und Peter Wyon, nach Zeichnungen von Johann Martin Metz*, München 1976.

Katalog der Ausstellung *Schlaun als Soldat und Ingenieur* (Schlaunstudie III), hg. von Ulf-Dietrich Korn, Münster 1976, darin die Aufsätze:

Hans Georg Volkhardt, *Schlaun als Soldat und Ingenieur*, S. 147-71.

Hans Bleckwenn, *Zur Formation und Ausrüstung der Münsterischen Truppen im 18. Jahrhundert*, S. 173-205.

Karl Eugen Mummenhoff, *Die Feuerwerksentwürfe von Johann Conrad Schlaun*, S. 207-36.

Gebhard Aders, *Johann Conrad Schlaun als Festungsbaumeister in Bonn 1725–26*, S. 237-42.

Gert Schaa, *Skizzen Schlauns für Münstersche Friedhöfe*, S. 243-54.

Ferdinand Pieper, *Ein Bildnis der Maria Catharina Bourel?*, S. 255-59.

Hans-Peter Boer, *Der Nottulner Stiftsbezirk von 1748 – ein Werk Johann Conrad Schlauns*, S. 261-69.

Hans Horstmann, *Die Lustjacht des Kurfürsten Clemens August in Clemenswerth*, S. 271-76.

Elisabeth Korn, *Schlaun und die Rehrmanns – eine familienkundliche Studie*, S. 277-337

Hans Georg Volkhardt, *Daten für einen Kalender der Feldzüge und Gefechte der Truppen des Fürstbistums Münster*, S. 339-42.

Hans Georg Volkhardt, *Daten zu einem Itinerar Johann Conrad Schlauns*, S. 343-50.

1977
Wilfried Hansmann und Gisbert Knopp, *Stadt Brühl* (Die Bau- und Kunstdenkmäler von Nordrhein-Westfalen, I. Rheinland 7.3), Berlin 1977.

Gisbert Knopp, *Zur Geschichte und Ausstattung des kurfürstlichen Weingartenschlößchens ›Vinea Domini‹ in Bonn*, in: Annalen des Historischen Vereins für den Niederrhein, Heft 179, 1977, S. 136-57.

Helmut Lahrkamp (Hg.), *Lambert Friedrich Corfey, Reisetagebuch 1698–1700* (Quellen und Forschungen zur Geschichte der Stadt Münster, N. F. Bd. 9), Münster 1977.

1978
Horst Conrad, *Zur Baugeschichte der Johannes-von-Nepomuk-Kapelle*, in: Westfalen 56, 1978, S. 174-81.

Einzelberichte zur Denkmalpflege für die Jahre 1974–76, in: Westfalen 56, 1978, S. 317-684.

Wilfried Hansmann, *Baukunst des Barock. Form, Funktion, Sinngehalt*, Köln 1978.

Helmut Lahrkamp, *Zur Baugeschichte des alten Lotharinger Klosters*, in: Stadtarchiv im Lotharinger Kloster, Dokumentation 1/78, Münster 1978, S. 20-24.

Jochen Luckhardt, *Die Dominikanerkirche des Lambert Friedrich Corfey zu Münster. Studien zu Geschichte, Form und Funktion einer Ordenskirche ›um 1700‹* (Phil. Diss.), Münster 1978.

Karl Eugen Mummenhoff, *Das Schloß Nordkirchen von 1918 bis 1976*, in: Westfalen 56, 1978, S. 146-73.

1980
Helmut Lahrkamp, *Corfey und Pictorius. Notizen zur Barockarchitektur Münsters 1700–1722*, in: Westfalen 58, 1980, S. 139-52.

Margret Nolte, *Johann Conrad Schlaun 1695–1773*, in: Westfälische Zeitschrift, Bd. 130, 1980, S. 192-244.

1981
Ulrike Evers, *Schloß Lembeck. Ein Beitrag zur Baukunst Westfalens*, Münster 1981.

Wilfried Hansmann und Gisbert Knopp (Hg.), *Rheinlands Schlösser und Burgen* (hg. v. Alexander Duncker 1857–1883), neu hg. und kommentiert v. W. Hansmann und G. Knopp (Puplikationen der Gesellschaft für Rheinische Geschichtskunde LXII, 2 Bde.), Düsseldorf 1981.

Dieter Hennebo, Alfred Hoffmann, Gustav u. Rose Wörner, *Parkpflegewerk für den Park des Schlosses Nordkirchen*, Düsseldorf 1981.

Helmut Lahrkamp, *Ein Kontrakt Schlauns mit dem Lotharinger Kloster in Münster aus dem Jahre 1772*, in: Westfälische Zeitschrift, Bd. 131/132, 1981/82, S. 205-07.

H. Lemmermann, *Die alte Antonius-Kapelle in Wahn*, in: Use old Waohn, Werlte o. J. (1981), S. 31-35.

Karl Eugen Mummenhoff u.a., *250 Jahre Schloß Erpernburg 1731–1981*, Münster 1981.

Margret Nolte, *Aufstieg westfälischer Militärs–Ritter des Maria-Theresia-Ordens in Oesterreich-Ungarn in der 2. Hälfte des 18. Jahrhunderts*, in: Westfälische Zeitschrift, Bd. 131/132, 1981/82, S. 387-412.

1982
Niels Gutschow und Regine Stiemer, *Dokumentation Wiederaufbau der Stadt Münster 1945–1961*, Münster 1982.

Wilfried Hansmann und Gisbert Knopp, *Schloß Brühl. Die kurkölnische Residenz Augustusburg und Schloß Falkenlust* (mit umfangreichem Literaturverzeichnis), Köln 1982.

Z. Kolks, *Schlaun-Bauten in Holland. Die Backsteinbauten zu Eys und Wittem*, in: Auf Roter Erde. Monatsblätter für Landeskunde und Volkstum Westfalens, 38 Jg., 1982, Nr. 237, S. 2.

Das Lippesche Landhaus Bonn Oberkassel, Hg. Versorgungswerk der Architektenkammer Baden-Württemberg, Stuttgart 1982.

Hans Reuther, *Johann Conrad Schlauns römische Studienblätter in der Berliner Kunstbibliothek*, in: Bericht über die 31. Tagung für Ausgrabungswissenschaft und Bauforschung der Koldewey-Gesellschaft in Osnabrück 1980, o. O. 1982, S. 82-87.

1983
Angelika Seifert, *Westfälische Altarretabel 1650–1720*, Bonn 1983.

1984
Hans Joachim Brüning, *Zur Kunst- und Baugeschichte der Abtei Corvey in der Barockzeit*, in: Westfalen 62, 1984, S. 129-52.

Einzelberichte zur Denkmalpflege für die Jahre 1977–1979, in: Westfalen 62, 1984, S. 346-739.

Otto Friederichs, *Materialien zur Lebensgeschichte des Bildhauers Joseph Ignatius Feill*, in: Westfalen 62, 1984, S. 199-215.

Géza Jászai, *Der Gartensaal des Bischöflichen Hofes zu Münster am Nordflügel des Domkreuzganges*, Münster 1984.

Karl Eugen Mummenhoff, *Beiträge zum architektonischen Oeuvre des Lambert Friedrich Corfey*, in: Westfalen 62, 1984, S. 93-128.

Karl Pardey, *Beiträge zur Geschichte der Festung Meppen*, in: Jahrbuch des Emsländischen Heimatbundes, Bd. 30, 1984, S. 30-42.

1986
A. Hanschmidt, *Der Hochaltar in der Jesuitenkirche zu Meppen. Ein Werk nach dem Entwurf Johann Conrad Schlauns*, in: Osnabrücker Mitteilungen, 91, 1986, S. 237-46.

Karl Eugen Mummenhoff, *Haus Rüschhaus* (Westfälische Kunststätten, Heft 40), Münster 1986.

Klaus Georg Püttmann, *Die barocken Schloßbauten Justus Wehmers in Westfalen* (Denkmalpflege und Forschung in Westfalen, Bd. 13), Bonn 1986.

1987
Kristin Püttmann-Engel, *Schloßkapellen im Raum Westfalen 1650–1770* (Denkmalpflege und Forschung in Westfalen, Bd. 14), Bonn 1987.

Katalog zur Ausstellung *Clemens August, Fürstbischof, Jagdherr, Mäzen*, hg. vom Landkreis Emsland, Schloß Clemenswerth, Bramsche 1987, darin die Aufsätze zur Architektur:

Rolf-Jürgen Grote und Peter Königfeld, *Jagdschloß Clemenswerth im Emsland. Baugeschichte, Restaurierung und denkmalpflegerische Perspektiven*, S. 109-18.

Eckard Wagner, *Schloß Clemenswerth, ein Höhepunkt jagdlicher Zentralanlagen in Europa*, S. 119-48.

Horst-Rüdiger Jarck, *Clemens August – Jagdherr im Hümmling*, S. 149-60.

Jahrbuch des Emsländischen Heimatbundes, Bd. 33, 1987: Sonderteil zum Jagdschloß Clemenswerth, darin die Aufsätze:

Christian Harms, *Baumaterialien aus dem Hümmling für Clemenswerth. Flurnamen rund ums Schloß*, S. 32-38.

Karl Pardey, *Die Schwefinger Ziegelhütten nahe Meppen*, S. 39-51.

Rainer A. Krewerth, *Pan ist vorbeigeschritten. Spurensuche auf dem Hümmling*, S. 52-71.

Eckard Wagner, *Clemens August und seine Jagdschlösser*, S. 72-95.

Horst-Rüdiger Jarck, *Pferde, Hunde und ein Fürst. Die Jagd des Bischofs Clemens August im Emsland,* S. 96-123.

Eckard Wagner, *Als das Emsland nach den Sternen griff. Europas Jagdsterne und Schloß Clemenswerth,* S. 124-67.

Holger Lemmermann, *Das Dorf und das Schloß*, S. 168-89.

Roswitha Poppe, *Ein Schloß wird erhalten. 150 Jahre Denkmalpflege der Herzöge von Arenberg für Clemenswerth*, S. 190-205.

Dieter Hennebo, *Der Klostergarten*, S. 206-26.

P. Lambert Bons Ofm. Cap., *Kloster und Kapelle Clemenswerth*, S. 227-37.

Walter Ordemann, *Die herzogliche Standesherrschaft Arenberg-Meppen und Schloß Clemenswerth*, S. 238-48.

Theo Kröger, *Clemenswerth im 2. Weltkrieg – die Kanadier in Sögel*, S. 249-63.

1988
Peter Ilisch, *Die Ludgeruskapelle in Billerbeck, ein Bau von Peter Pictorius d. J.*, in: Geschichtsblätter des Kreises Coesfeld 13, 1988, S. 33-61.

Ulf-Dietrich Korn, *Der Erbdrostenhof in Münster* (Westfälische Kunststätten, Heft 50), Münster 1988.

Kristin Püttmann, Katalog *›...zur noth und zur lust‹ - Orangerien und Gewächshäuser in den Gärten westfälischer Schlösser*, hg. vom Landschaftsverband Westfalen-Lippe, Museumsamt, Münster 1988.

Regine von Schopf, *Barockgärten in Westfalen* (Grüne Reihe. Quellen und Forschungen zur Gartenbaukunst, Bd. 10), Worms 1988.

Franz-Joachim Verspohl, *Johann Conrad Schlaun. Ein Architekt zwischen Barock und Régence – Das Jagdschloß Clemenswerth in Sögel*, in: Niedersächsisches Jahrbuch für Landesgeschichte, Bd. 60, 1988, S. 65-69.

1989
Hans J. Böker, *Unbekannte Planzeichnungen Lambert Friedrich von Corfeys*, in: Westfalen 67, 1989, S. 171-83.

Dietrich von Frank, *Die ›maison de plaisance‹. Ihre Entwicklung in Frankreich und Rezeption in Deutschland*, München 1989.

Siegfried Rudigkeit, *Kolleg und Kirche der Jesuiten zu Büren. Planungs- und Baugeschichte*, Münster 1989.

Claudia Steckelings, *Zur Studienreise von Johann Conrad Schlaun, 1720–1723*, in: Westfalen 67, 1989, S. 294.

Karin E. Zinkann, *Der Typ der Maison de Plaisance im Werk von Johann Conrad Schlaun* (Schlaunstudie IV), Münster 1989.

1990
Hans J. Böker, *Eine Planung Lambert Friedrich Corfeys für Schloß Nordkirchen*, in: Westfalen 68, 1990, S. 89-100.

Schloß Ahaus 1690–1900, hg. von Kristin Püttmann, Borken 1990.

Klaus Püttmann, *Johann Conrad Schlaun in der Forschung von 1973–1988*, in: Westfalen 68, 1990, S. 232-39.

1992
Barbara Bußkamp, *Johann Conrad Schlaun. Die Sakralbauten* (Schlaunstudie V), Münster 1992.

1993
Hans J. Böker, *Der Architekt der Pfarrkirche von Rheder*, in: Jahrbuch des Kreises Höxter 1993.

Michael Mette, *Studien zu den barokken Klosteranlagen in Westfalen* (Denkmalpflege und Forschung in Westfalen 25), Bonn 1993.

Heike Möller, *Die Orangeriebauten Johann Conrad Schlauns*, Heidelberg 1993.

Birgitta Ringbeck, *Das Schloß zu Münster* (Westfälische Kunststätten, Heft 65), Münster 1993.

Angelika Seifert, *Stilkritische, szenographische und ikonologische Aspekte der barocken Kirchen- und Altararchitektur im Fürstbistum Münster*, in: Katalog der Ausstellung *Imagination des Unsichtbaren, 1200 Jahre bildende Kunst im Bistum Münster*, Münster 1993, S. 214-45, bes. S. 239-45.

Eckard Wagner, *Johann Conrad Schlaun*, in: Katalog der Ausstellung *Westfalen in Niedersachsen. Kulturelle Verflechtungen. Münster - Osnabrück - Emsland - Oldenburger Münsterland*, hg. von Hans Galen und Helmut Ottenjan, Cloppenburg 1993, S. 139-44.

1994
Karl Noehles, *Die Clemenskirche in Münster* (Westfälische Kunststätten, Heft 70), Münster 1994.

Karl Eugen Mummenhoff, *Der Garten auf der Twickelschanze in Münster*, in: Gärten Kunst Geschichte. Festschrift für Dieter Hennebo zum 70. Geburtstag, hg. von Erika Schmidt u.a., Worms 1995, S. 56-60.

Katalog der Ausstellung *›Patriotische Phantasien‹. Justus Möser (1720–1794). Aufklärer der Ständegesellschaft*, Osnabrück 1994, S. 146f., S.270.

1995
Katalog der Ausstellung *Johann Conrad Schlaun in Münster*, hg. von Hans Galen, Münster 1995, darin die Aufsätze:

Gerd Dethlefs, *Drei Pläne zum Nordkirchener Hof in Münster – vielleicht von Dominique Girard.*

Gerd Dethlefs, *Fünf Dekorationsentwürfe für den Plettenberger Hof in Bonn von Stephan Laurent Delarocque.*

Karl Eugen Mummenhoff, *Unbekannte Architekturzeichnungen des 18. Jahrhunderts.*

Karl Noehles, *Wessobrunner Stuck in Münster,* in: Zeitschrift für Kunstgeschichte, 1995 (in Druck).

Klaus Bußmann/Florian Matzner/Ulrich Schulze, *Johann Conrad Schlaun. 1695–1773. Architektur des Spätbarock in Europa*, Stuttgart 1995.

Residenzschloß Münster

zu Kat.-Nr. 75

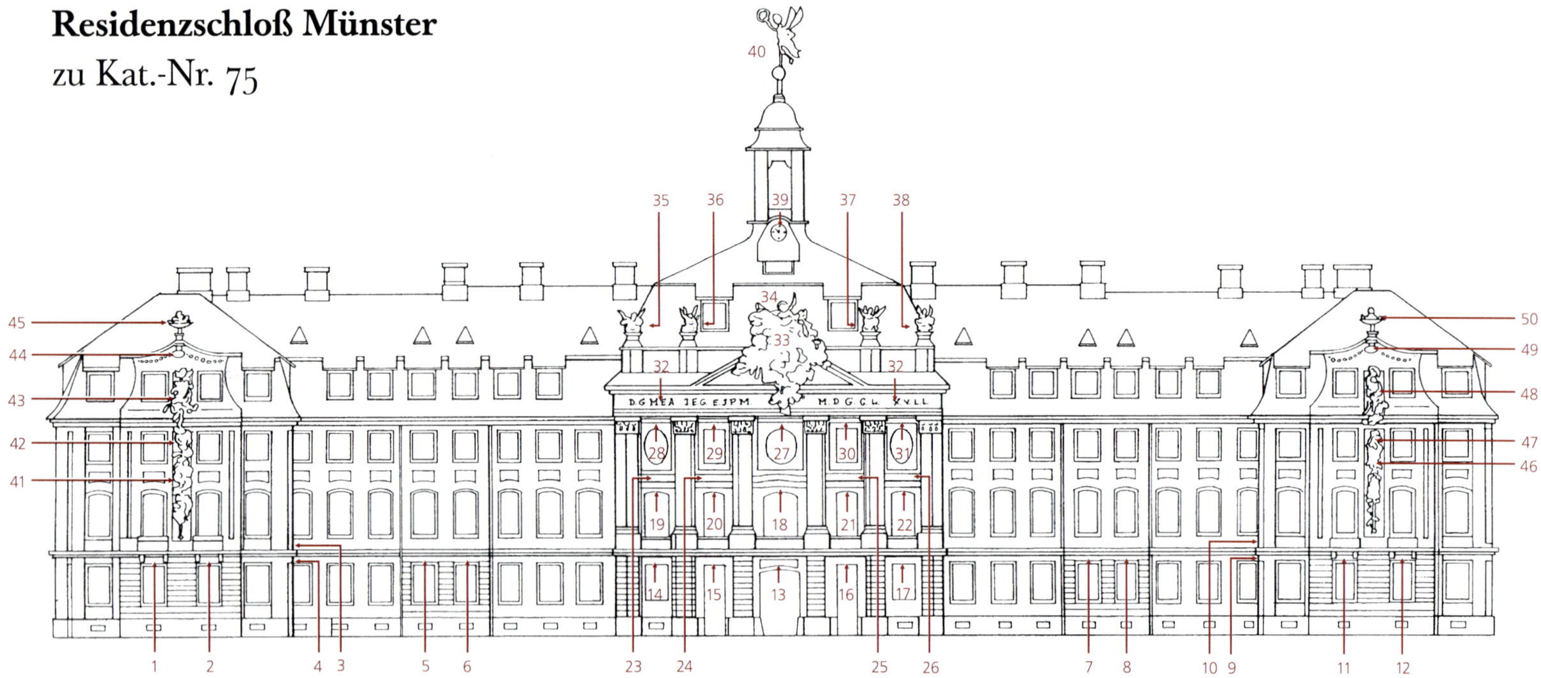

92 Schematische Darstellung des Skulpturenprogramms der Stadtfassade

1 Januar - Wassermann
Janus mit Krone, Doppelgesicht
Querflöte, Notenblätter, Schlittschuhe

Eislaufen, Schlittenfahren
Mann mit warmen Pelz
Tuch, Schellengeschirr, Peitsche, Efeu

2 Februar - Fische
Frau als Columbine
Blockflöten, Notenblätter, Klarinetten

Karneval
Mann als Pierrot
Maske, Trompete mit Kordel und Quasten, Notenblatt, Efeu

3 März - Widder
alter Mars mit Vollbart, Helm, Lorbeer, Kreuz, eingerollte Fahne, Pistolen, Ölbaumzweige

Gerüstet in Krieg und Frieden
junger Mars mit Schnurrbart, Helm, Lorbeer, Kreuz, Standarte mit Deutschordenskreuz

4 April - Stier
Frau mit Blumen im Haar und am Kleid
Spaten, Leine, Gartenschere, Harke

Gartenarbeit
Mann mit Blumen am Hut, Rock und Hemd
Blumenzweige und Stengel

5 Mai - Zwillinge
junger Mann mit Draperie, Blumen im Haar
Blumen

Frühlingsfreuden
Mädchen mit Draperie, Blumen im Haar
Blumenranken

6 Juni - Krebs
Frau im Jagdkostüm
Jagdfalke, Reiher - Blumen, Rosen

Falkenjagd
Jäger
richten der Falken, Schäferschüppe

7 Juli - Löwe
Mann, ländlich, mit Zweispitz

Ährengarbe, Wetzstein, 2 Tauben

Erntemonat
Frau mit Kleid und Schärpe, Blumen im Haar
Feldfrüchte, Kirschen, Rosenranken

8 August - Jungfrau
Frau mit Kleid, Rosen im Haar
Früchte , Sichel, Ährenbündel

Vogeljagd
Mann im Hemd, Mütze, Eichenlaub
Vogelwild, Rosenranken

9 September - Waage
Frau mit Blumen- und Früchtekranz
Früchte: Melone, Äpfel, Pflaumen

Vogelfang
Mann mit Hut und Früchten daran Artischocken, Rebhühner, Käfig (Falle), Netz, Fruchtzweige

10 Oktober - Skorpion
Frau mit Weinlaub, Trauben im Haar
gebratenes Wild, Vögel, Korbflasche

Trinkfreuden, Jagd
Mann mit Weinlaub im Haar
Weinglas, Holzbrett mit Kräutern - Weinreben und Trauben

11 November - Schütze
Frau mit Stirnmond (Diana)

Bogen und Köcher mit Pfeilen, Jagdvögel

Niedere Jagd
Mann im Jagdanzug, am Hut Eichenbruch
3 Fasanen (Jagdbeute), Jagdhorn, Hase und Vogel - Beerentrauben

12 Dezember - Steinbock
Frau mit Pelzhaube

Hirschkopf, Enten, Stechpalmen

Hohe Jagd
bärtiger Mann mit Mantel und Pelzmütze
Wildschweinkopf, Schinken

13 Saturn/Chronos – Allegorie der Zeit

14 Frühling (Amor) – Kindheit mit Krone, Blumen

15 Sommer (Ceres) – Jugend - Ceres mit Getreidekrone, Sichel und Wetzstein

16 Herbst (Bacchus) – Mannesalter, Bacchus mit Bocksgesicht, Weintrauben

17 Winter – Greisentum mit Pelzkapuze, Krücke, Brennholz, Efeuranke

18 Abundantia schüttet ihr Füllhorn aus: Kurhut, Mitra, Bischofsstab und Metropolitankreuz; Sinnbild für Glück und Frieden

19 Venus mit Tuch und schnäbelnder Taube – Luft (darüber Merkur, darunter Amor, gehört zum Frühling)

20 Juno mit Früchten, einem Schlüsselpaar – Erde (darüber die Musik, darunter Ceres - gehört zum Sommer)

21 Neptun mit Dreizack, Schilfkrone, umgestürzten Krug – Wasser (darüber Silen, darunter Bacchus - gehört zum Herbst)

22 Vulkan mit Pfeilen – Feuer (darüber Zyklop; gehört zum Winter)

23 Luft – Aeolus

24 Erde – Früchte

25 Wasser – Muschel

26 Feuer – Zyklop

27 Putto mit Weihrauchfass und Opferschale, deren Rauch in die Tympanonzone steigt – Wohl des Reichs, Vereinigung der Priesterwürde mit der des Kaisers; Geruchssinn

28 Merkur mit Brille, Linse und Fernrohr – Sehen

29 Musik
Tambourin, Panflöte – Gehör

30 Silen mit Eselsohren und Eselskopf, die Zunge herausstreckend, Weintrauben – Geschmack

31 Herkules mit Pfeil und Bogen, Keule, Fell des nemeischen Löwen, Nessos-Hemd – Gefühl

32 Inschrift: MAXIMILIANO
FRIDERICO
AR(CHIEPISCOPO)
(EL)ECTORI C(OLONIENSI)
E(T) P(ONTIFICI)
M(ONASTERIENSI)
PRINC(IPI) OP(TIMO) P(ATRI)
P(ATRIAE) ORDD(INES)
MON(ASTERIENSES)
MDCCLXVII

33 Drei geflügelte Putten mit dem Staatswappen des Furstbischofs mit Schwert, Fürstenkrone und Bischofsstab in den Wolken

34 Fama mit zwei Posaunen

35 Putto mit Helm und Lanze – Minerva/Sapientia

36 Putto mit Schlange – Herkules in der Wiege als Schlangenwürger/Prudentia

37 Putto mit Liktorenbündel – Concordia

38 Putto mit Keule – Herkules/Fortitudo

39 Schloßuhr – die Zeit als Herrschaftssymbol

40 Fortuna auf der Weltkugel mit Windfahne und Lorbeerkranz

41 Stand der Städte: St. Paulus mit Buch und Schwert, Wappenschild

42 Stand der Ritterschaft: St. Georg als berittener Drachentöter mit Lanze, Wappenschild

43 Stand des Domkapitels: St. Paulus mit Buch und Schwert, nackter, gekrönter Putto über vier Büchern als Träger des Wappenschilds

44 Kopf mit Mütze und Pfeil im Mund: Eloquentia

45 Schale mit Büchern – ›Litterae‹

46 Stand der Städte: St. Paulus mit Buch und Schwert, Wappenschild

47 Stand der Ritterschaft: St. Georg als Drachentöter mit Lanze, Wappenschild

48 Stand des Domkapitels: St. Paulus mit Buch und Schwert, gerüsteter Putto über Waffen als Träger des Wappenschilds

49 Kopf mit Helm: Mars

50 Schale mit Waffen und Helm, dabei ein Köcher mit Pfeilen – ›Arma‹

Residenzschloß Münster
zu Kat.-Nr. 75

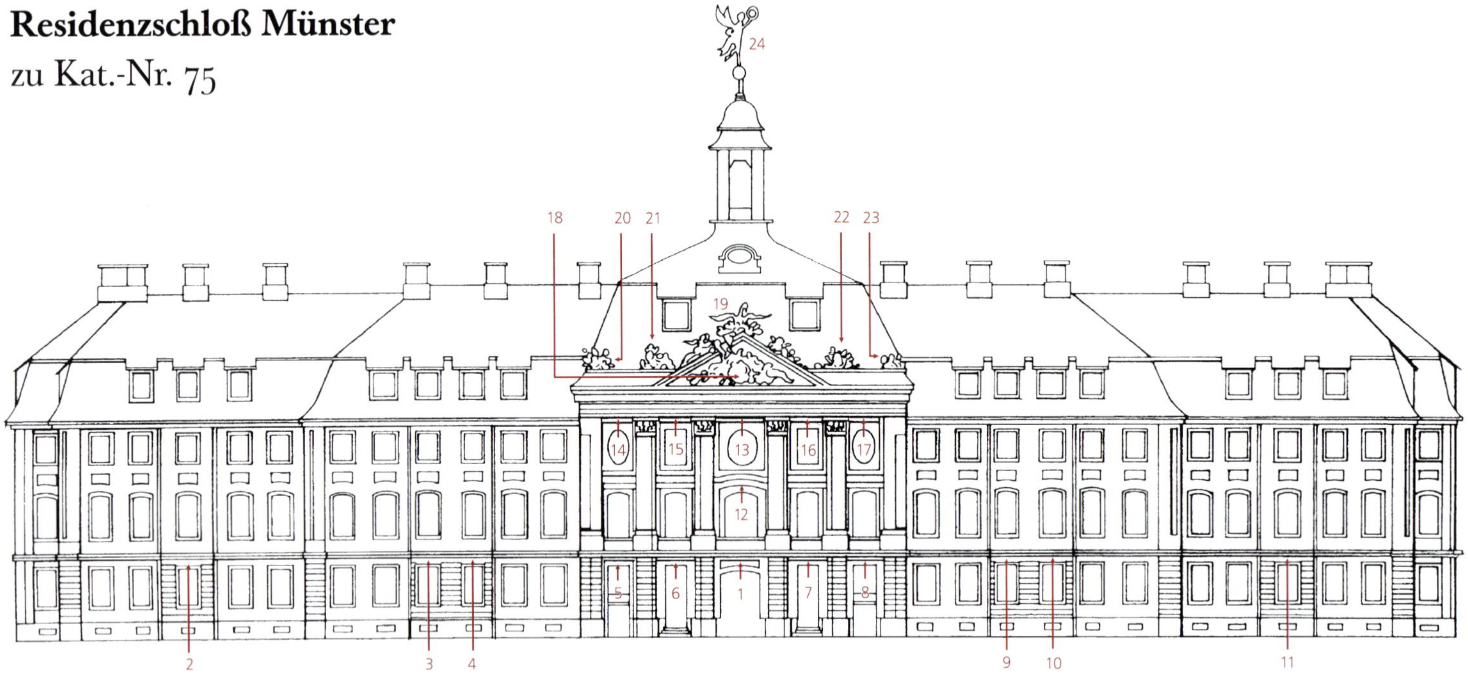

93 Schematische Darstellung des Skulpturenprogramms der Gartenfassade

1 Apoll – Waffen und Attribute der Musen

2 Merkur mit Flügelhelm mit Maske (Gorgo) und geflügeltem Cadeus als Gott der Dichtkunst, Musik, Architektur, Malerei, Skulptur, Goldschmiedekunst, der Kunst des Handels – Schlüssel, Geldbeutel, Schreibtafel, Flöte, Schmuckkette, Medaille am Band, Schwert, Büste, Palette und Pinsel, Zirkel und Winkelmaße

3 Jupiter – Krone, zwei Adler mit Zeptern und Blitzen in den Fängen, Sturmwolken

4 Mars – Schwerter, Schild, Köcher mit Pfeilen, Blasinstrumente, Tambourin, Triangel - Marschmusik, Sturmwolken - Eichenlaub

5 Morgen – Jüngling mit Nachtmütze. Morgenstern auf der Stirn, ein Hahn kräht ihm ins Ohr, darunter sitzt eine Eule auf einem Sarkophag

6 Mittag – junge Frau mit Diadem und Sonnenschirm, ein Vogel pickt an einem Knochen

7 Abend – Kahlköpfiger im Mannesalter, eine Fledermaus am Kinn, daunter die Mondsichel

8 Nacht – bärtiger Alter mit geschlossenen Augen und Nachtmütze

9 Venus, Amor mit Bogen zeigt die Stelle, an der sein Pfeil die Göttin traf, Turteltauben, Tausendfüßler, Rosen

10 Saturn mit angstvoll fliehendem Putto – geflügeltes Stundenglas, Sense - Rose, Blätter

11 Diana – Diadem als Mondsichel, Perlenkette, Jagdtasche, Jagdhörner, Pfeil und Bogen, Voluten als Mondgesichter, Eichenlaub

12 Eule als Vogel der Nacht und des Todes, festliche Blumengirlande

13 geflügeltes Stundenglas am mittleren Rundfenster, Wolken

14 Ovalfenster – schlangenumwundener Thyrsusstab, Frühjahr

15 Rechteckfenster – Hopfendolde, Sommer

16 Rechteckfenster – Kürbis, Herbst

17 Ovalfenster – verblühte Rosen, Winter

18 Uhr in den Wolken, von dem geflügelten Chronos und der Allegorie der Zeit enthüllt

19 Putti, die eine große Blumenvase tragen

20 Vase mit Blumenzier

21 Putto mit Sonnenhut und Blumengirlande

22 Putto mit Blumenkörbchen

23 Vase mit Blumenzier

24 Glockenturm, Fortuna auf der Weltkugel mit Windfahne und Lorbeerkranz

Register der Orte, Objekte und historischen Personen

(Die fett gedruckten Seitenzahlen verweisen auf die zentrale Bearbeitung der jeweiligen Bauaufgabe)

T

U

V

W

X

Z

Abbildungsnachweis

Kunstbibliothek, Staatliche Museen Preußischer Kulturbesitz Berlin: S. 42, 44, 46–49, 51–53, 199
Verwertungsgesellschaft Bild, Bonn (Albert Renger-Patzsch): S. 568
Niedersächsisches Staatsarchiv Bückeburg: S. 239 oben, 653 unten, 679 unten, 689 rechts, 736, 802 unten, 895 Mitte
Archiv Graf von Bocholtz-Asseburg, Höxter: S. 752–753,
Bildarchiv Foto Marburg: S. 22 oben, 26 unten, 36, 82 unten, 123, 230, 239 Mitte, 454, 492, 503 oben, 513, 517, 588
Staatliche Graphische Sammlung, München: S. 458
Archiv des Grafen von Wolff Metternich, München: S. 642–645, 647, 649 unten rechts, 650 rechts, 651, 652, 653 oben und Mitte, 654–659, 661 oben, 663–665, 666 oben links und unten rechts, 667–674, 676, 740
Nordrhein-Westfälisches Staatsarchiv Münster: S. 41, 589–592, 604, 741, 744, 747, 748–749, 755, 761, 786–787, 789 rechts, 866, 866, 871 unten, 873 oben rechts,882, 883 oben, 885–886, 888, 893, 895 oben, unten, 924 oben
Stadtarchiv Münster: S. 559
Stadtmuseum Münster: S. 72 unten, 73 rechts, 81, 91, 108, 111–113, 115, 116, 118–119, 905
Westfälisches Amt für Denkmalpflege Münster: S. 16, 19, 20, 23, 26 oben, 30, 31, 33, 34, 35, 59, 64–65, 67, 73 links, 82 oben, 83, 93, 117, 120, 126 links, 133, 143, 152, 156 oben, Mitte, S. 157, 178 unten, 192 unten, 207, 209, 225, 226, 231–232, 239 unten, 240 oben, 244–245, 249, 250 links, 270, 274, 278–287, 289, 297, 301, 384 oben, 388, 390–391, 306 rechts, 398, 401, 404 oben, 432, 448–453, 455, 476, 477–482, 484 unten, 485–488, 496 rechts, 497 unten, 503 unten, 508, 510, 528, 530 oben, 531, 534–536, 540, 544, 546–547, 556, 558, 559 rechts oben, 560, 561 oben, 562–563, 566, 569 unten, 570–584, 586, 594, 605, 607, 610 oben, 611, 619 unten, 623 oben, 628, 675, 678, 679 oben, 680 unten, 681, 683, 685, 687–688, 689 links, 693, 701, 705, 711, 715 unten, 718–725, 728–729, 733, 735, 810–817, 820-826, 828, 832, 839–842, 844, 845 unten, 846–847, 880
Niedersächsisches Staatsarchiv Osnabrück: S. 350, 351 unten, 369, 616–617, 909 oben
Rheinisches Amt für Denkmalpflege, Pulheim, Abtei Brauweiler: S. 130, 132, 135, 141, 161, 192, 193 oben, 525, 599, 684, 836
Nationalmuseum, Stockholm: S. 641
Hans-Peter Boer, Nottuln: S. 22 unten
Aus Hartmann 1910: S. 32
Andreas Lechtape, Münster: S. 60, 61, 158, 165 unten, 168, 169, 252 rechts, 394 oben links, 395 links, 509, 542, 555 unten, 598, 602, 606, 623 unten, 637–638, 686
Volker Licht, Amsterdam: S. 276
Karl E. Mummenhoff, Münster: S. 104–105
Annet van der Voort, Drensteinfurt: S. 883 unten

Die Bildrechte der Zeichnungen ohne Nachweis von Johann Conrad Schlaun und seiner Werkstatt sowie von Peter d.Ä., Peter d.J. und Gottfried Laurenz Pictorius und Lambert Friedrich Corfey liegen beim Westfälischen Landesmuseum für Kunst und Kulturgeschichte Münster. Dasselbe gilt für die fotografischen Aufnahmen ohne Nachweis.

Johann Conrad Schlaun
Das Gesamtwerk, 2 Bände

KONZEPTION
Florian Matzner, Ulrich Schulze

REDAKTION
Florian Matzner, Ulrich Schulze

GESTALTUNG:
Georg Kühle, Lena Mozer

SATZ UND SCHWARZWEISS-LITHOS
Weyhing, Stuttgart

FARBLITHOS
Kruse, Vreden

DRUCK UND BINDUNG
Mariogros, Turin

ISBN 3-927789-79-8

Die Deutsche Bibliothek – CIP-Einheitsaufnahme

Matzner, Florian: Johann Conrad Schlaun : 1695–1773;
das Gesamtwerk / Florian Matzner; Ulrich Schulze.
Hrsg. von Klaus Bußmann im Auftr. des Landschaftsverbandes
Westfalen-Lippe mit Unterstützung der NRW-Stiftung Natur-
schutz, Heimat- und Kulturpflege. – Stuttgart : Oktagon.
ISBN 3-927789-79-8
NE: Schulze, Ulrich: Schlaun, Johann Conrad [Ill.]; HST

Band 2 (1995)

Umschlag:
Münster, Clemenskirche und Hospital, Ansicht der Kirchenfassade (um 1900)

Seite 426:
Johann Conrad Schlaun als Generalmajor, Unbekannter Maler, nach 1750 (Westfälisches Landesmuseum Münster)